Erhard Wiersing

Geschichte des
historischen
Denkens

Gedruckt mit freundlicher Unterstützung der
Carl Friedrich von Weizsäcker-Gesellschaft
Wissen und Verantwortung

Der Autor:

Prof. Dr. Erhard Wiersing, geboren 1940 in Glogau (Schlesien), 1960-1966 Studium der Romanistik, Germanistik, Philosophie und Pädagogik in Göttingen und Caen (Frankreich), 1967-1972 Gymnasiallehrer für Deutsch und Französisch in Hannover und Hameln, 1972-1978 (Ober-)Studienrat am Seminar für Pädagogik der Universität Hannover, 1977 dort Promotion in Erziehungswissenschaft, 1978-2005 Professor für Erziehungswissenschaft an der Hochschule für Musik Detmold. Forschungsschwerpunkte: Bildungstheorie, (Pädagogische) Anthropologie und Vormoderne Bildungsgeschichte; 1985 Mitbegründer und 1985-2002 Sprecher des *Arbeitskreises „Vormoderne Erziehungsgeschichte"* (AVE) in der *Deutschen Gesellschaft für Erziehungswissenschaft* (DGfE); zahlreiche Veröffentlichungen insbesondere bildungshistorischer Thematik, u.a. Humanismus und Menschenbildung. Zu Geschichte, Gegenwart und Zukunft der bildenden Begegnung der Europäer mit der Kultur der Griechen und Römer (2001); Humanistische Bildung und Platons ‚Politeia' heute. Anmerkungen zum Schreckensbild des Erziehungsstaats (2001); Schillers Theorie der ästhetischen Bildung (2006).

Erhard Wiersing

Geschichte des historischen Denkens

Zugleich eine Einführung in die Theorie der Geschichte

Ferdinand Schöningh
Paderborn · München · Wien · Zürich

FÜR EVA

Bibliografische Information der Deutschen Nationalbibliothek

Die Deutsche Nationalbibliothek verzeichnet diese Publikation in der Deutschen Nationalbibliografie; detaillierte bibliografische Daten sind im Internet über http://dnb.d-nb.de abrufbar.

Umschlaggestaltung: Evelyn Ziegler, München

Gedruckt auf umweltfreundlichem, chlorfrei gebleichtem und alterungsbeständigem Papier ⊚ ISO 9706

© 2007 Ferdinand Schöningh, Paderborn
(Verlag Ferdinand Schöningh GmbH & Co. KG, Jühenplatz 1, D-33098 Paderborn)

Internet: www.schoeningh.de

Alle Rechte vorbehalten. Dieses Werk sowie einzelne Teile desselben sind urheberrechtlich geschützt. Jede Verwertung in anderen als den gesetzlich zugelassenen Fällen ist ohne vorherige schriftliche Zustimmung des Verlages nicht zulässig.

Printed in Germany. Herstellung: Ferdinand Schöningh, Paderborn

ISBN 978-3-506-75654-1

Inhaltsverzeichnis

Vorwort   10

1. **Geschichte und historisches Denken:**
   Zur Notwendigkeit einer „begriffenen" Geschichte   19

A. Vormodernes Geschichtsdenken

2. **„Kulturelles Gedächtnis" und „Ereigniszeit":**
   Grundformen historischen Denkens in frühen Kulturen   36

3. **Staatlichkeit, Götterglauben und Literalität:**
   Konstitutive Momente frühhochkulturellen Geschichtsbewußtseins   44

4. **Griechischer Mythos:**
   Religiöses und poetisches Denken der Vergangenheit   61

5. **Historía, Phýsis und Idéa:**
   Zeit- und Geschichtsbewußtsein im klassischen Altertum   72

6. **Die Welt in der Hand des Einen Gottes:**
   Jüdisches Zeit- und Geschichtsbewußtsein in der Allgegenwart Jahwes   90

7. **Weltgeschichte als Heilsgeschichte:**
   Frühchristliches Geschichtsbewußtsein   106

8. **Europa im Zeichen des christlichen Glaubens:**
   Mittelalterliches Geschichtsbewußtsein unter geistlicher Vormundschaft   134

9. **Islam:**
   Zeit und Ewigkeit im anderen Sproß des jüdischen Monotheismus   161

10. **Renaissance – Humanismus**
    Christliche Kultur im Rückbezug auf das Erbe der paganen Antike   173

11. **Reformation:**
    Europas christlich-fundamentalistischer Weg in die Moderne   186

12. **Die „Natur der Dinge":**
    Die Ahistorizität der frühneuzeitlichen Philosophie und Physik   207

13. **Staat und Menschenleben:**
    Der Wandel des kulturellen Verständnisses im 16. und 17. Jahrhundert   224

B. Die Entstehung des modernen Geschichtsdenkens im 18. Jahrhundert

14. Aufklärung:
Die Entdeckung der Geschichtlichkeit der Kultur im „Zeitalter der Natur"   246

15. Rousseau und Herder:
„Bildung" als Integrationsbegriff des historischen Denkens   267

16. Menschenbildung:
Lebensgeschichtliches Denken und Dichten vor 1800 in Deutschland   284

17. Kant:
Der geschichtliche Fortschritt als „verborgene Naturabsicht"   294

18. Schiller:
Der Weg der Menschheit von der Natur über die Kunst zur Vernunft   300

C. Geschichtsdenken im „historischen 19. Jahrhundert"

Grundbegriffe des modernen historischen Denkens im Übergang vom 18. zum 19. Jahrhundert   314

19. Hegel:
Die Weltgeschichte als Geschichte des Geistes   321

20. Geschichte der Philosophie, der Sprachen und der Literaturen:
Durch „Geschichte" (neu) begründete Wissenschaften   338

21. Geschichte der Musik und der Bildenden Künste:
Die Schönen Künste - jetzt auch historisch-wissenschaftlich betrachtet   356

22. Historismus:
Fach- und populärgeschichtliches Denken im 19. Jahrhundert   369

23. Marx:
Historischer Materialismus und Universalgeschichte   395

24. Darwin:
Die Naturgeschichte des Lebens   414

25. Kultureller Evolutionismus:
Archäologische und ethnologische Deutung der Frühzeit der Menschheit   427

26. Kulturkritik:
Der Aufstand gegen das historische Denken — 440

27. Dilthey, Weber, Lamprecht:
Geistes- und sozialwissenschaftliche Begründungen der Historie — 459

D. WEGE UND WENDEN DES HISTORISCHEN DENKENS IM 20. JAHRHUNDERT

28. Kulturphilosophie und *histoire totale*:
Kulturwissenschaftliche Anstöße am Beginn des 20. Jahrhunderts — 480

29. Kulturelle Diffusion und „Kulturkreise":
Die kulturhistorische Methode der deutschen Völkerkunde — 499

30. Kultureller Relativismus und Funktionalismus:
Die (A-)Historizität der westlichen Ethnologien — 509

31. „Geschehende" Geschichte:
Existenzphilosophische und nationalsozialistische „Erfahrungen" — 526

32. Restauration, Werkimmanenz, Strukturen:
Die entideologisierten Kulturwissenschaften nach 1945 — 539

33. Gesellschafts- und Wissenschaftskritik:
Traditionskritik und Neuorientierungen seit der Mitte der 60er Jahre — 564

34. Empirische Sozialgeschichte:
Die sozialwissenschaftliche Wende des historischen Denkens — 574

35. Kritische Gesellschaftsgeschichte:
Geschichtstheoretische Aspekte der Kritischen Theorie — 592

36. Habermas:
Die diskursiv-dialektische Methode des Denkens der Geschichte — 602

37. Geschichte der Vielen:
Geschichte des Alltags, der Lebensformen und der Lebenswelten — 620

38. Die „subjektive Wende":
Historische Psychologie und Biographieforschung — 632

39. Historische Anthropologie:
Mentalitäten im historischen Wandel — 649

40. Postmodernismus:
Die Moderne in diskursanalytischer, neostrukturalistischer und
„dekonstruktivistischer" Deutung und Kritik   660

41. Die kulturwissenschaftliche Wende:
Von den Geistes- und Sozialwissenschaften zu den *„cultural studies"*   688

42. Geschichte (Historik I):
Das vom Historiker vorausgesetzte Geschehen   707

43. Historie (Historik II):
Die erforschte, gedeutete und konstruierte Geschichte   723

44. Historiographie (Historik III):
Die dargestellte Geschichte und die wirkende Historie   742

45. Geschichtsbewußtsein im Wandel:
Schwund, NS-Traumatisierung und Globalisierung   750

46. Historie im Zeitalter der Neuen Medien:
Das historische Denken in einer Welt medialer Wirklichkeitserfassung   769

E. NATURWISSENSCHAFTLICHES GESCHICHTSDENKEN IM 20. JAHRHUNDERT

*Von der Notwendigkeit, den Problemen und den Chancen einer die
Natur- und die Kulturwissenschaften übergreifenden Theorie der
Geschichte*   782

47. Die Naturgeschichte der Welt:
Von der absoluten zur naturgeschichtlichen Zeit   789

48. Quantentheorie:
Wahrscheinlichkeiten im Mikrokosmos der Welt   803

49. Selbstorganisation und Gestaltenwachstum:
Die kosmische Dialektik von Chaos und Ordnung   816

50. Historizität als ein allgemeines Weltprinzip:
Phänomenalismus – Monismus – Historizität   832

51. Die Entstehung des Lebens:
Biogenese – organismische Existenz – Ontogenese   843

52. Evolution der Arten:
Die Naturgeschichtlichkeit der Vielfalt und des Wandels der Lebewesen   858

53. Die Naturgeschichte des Menschen:
Die Evolution von Homo sapiens   876

54. Der menschliche Geist:
Zum Status der neueren Hirn- und Bewußtseinsforschung   897

55. Die Evolution des Handelns:
Das im Erleben, Erkennen, Denken und Sprechen begründete Tun   918

56. Die Evolution des personalen (Selbst-)Bewußtseins:
Das im Denken, Handeln und Empfinden sich auf sein Selbst beziehende Ich   933

57. Die Evolutionäre Erkenntnistheorie:
„Hypothetischer Realismus" und die Emergenz des Geistes   949

58. Gehirn und Bewußtsein:
Zum epistemologischen Status des menschlichen Subjekts in der Welt   956

59. Determinismus oder (bedingte) Willensfreiheit?
Neuro- und bewußtseinsphilosophische Lösungsversuche   969

F. HISTORIE UND ANTHROPOLOGIE

60. Der Mensch in seiner Geschichte:
Grundsätze einer Allgemeinen Historischen Anthropologie   992

Literaturverzeichnis   1013
Personenregister   1073
Sachregister   1083

Vorwort

Der Gegenstand dieses Buches ist die „Geschichte" in der denkbar weitesten Bedeutung des Begriffs. Dabei meint Geschichte vor allem dreierlei: Erstens, zeitlich alles umfassend, die *Geschichte der Natur*, d.h. das vom Urknall bis heute reichende Geschehen, in dem sich das Universum entfaltet hat, das Leben auf der Erde entstanden ist und der Mensch sich evolutionär aus dem Tierreich entwickelt hat. Zu dieser sich sozusagen bloß in den Dingen, also ohne bewußtes Darzutun des Menschen, vollziehenden Geschichte tritt mit seinem Aufkommen zweitens die *Geschichte der Kultur*, d.h. die Geschichte der sich in den einzelnen Kulturen auf anthropologischer Grundlage in großer Fülle spezifisch artikulierenden Formen u.a. des Sprechens, Denkens und Glaubens, des gesellschaftlichen, politischen und individuellen Verhaltens und Handelns und des lebenspraktischen und künstlerischen Lernens, Lehrens und Schaffens. Zugleich mit der kulturellen Lebensform entsteht als eine dritte Form von Geschichte die *Lebensgeschichte*, d.h. die durch die natürliche Entwicklung vorgeprägte und durch die kulturelle Dimension der Sozialisation, Bildung und Personalisation ausgezeichnete Geschichte menschlicher Individuen.

Dieses Verständnis von Geschichte und die auf ihre drei Arten bezogenen spezifischen Formen der Erschließung sind freilich selbst das Produkt einer langen und komplexem Geschichte: der *Kulturgeschichte des historischen Denkens*. Ihre Darstellung ist das zentrale Thema dieses Buches. Was diese Geschichte charakterisiert und was ihre „Hauptepochen" sind, kann hier nur kurz angedeutet werden. Als allgemeine Grundlage des historischen Denkens gilt die Fähigkeit des Menschen, das Hier und Jetzt in Richtung auf die Vergangenheit und auf die Zukunft willkürlich zu überschreiten, in der Erinnerung Vergangenes zu vergegenwärtigen und gegenwärtig Erfahrenes und Gedachtes dem Gedächtnis anzuvertrauen. Letzteres artikuliert sich in den frühen Kulturen der Menschheit zunächst vor allem im genealogischen und lebensgeschichtlichen Gedächtnis der Individuen, sodann in kommunikativen Tradierung des alltagspraktischen Wissens und der sozialen Regeln über die Generationen hinweg und schließlich in der gemeinschaftlichen Pflege des *mythologisch-kulturellen Gedächtnisses*, welches die Urform der ethnienspezifischen Deutung der Welt und ihrer Geschichte ist. Eine höhere Stufe erreicht das historische Denken mit dem Entstehen von Hochkulturen. In ihnen wird das zuvor ausschließlich mündlich und szenisch überlieferte Wissen von der Vergangenheit zunehmend verschriftlicht und durch eine dann auch schon oft institutionell betriebene Form der *Geschichtsschreibung* inhaltlich immer mehr angereichert, thematisch differenziert, methodisiert und nach seiner Geltung teils kanonisiert, teils bloß bewahrt und teils ausgeschieden. Allemal wächst dabei die religiöse, ideelle und politische Bedeutung der Überlieferung. Zum Gegenstand von eigenständigen Wissenschaften, von *historischen* Wissenschaften werden diese Formen des historischen Denkens freilich erst seit der europäischen Aufklärung. Denn erst jetzt beginnt man, den Geschichtsbegriff nicht mehr nur für eine Bezeichnung des ephemeren Wandels in der Welt, für in der Zeit geschehende und sich folgenlos ablösende und allenfalls der Belehrung dienende Taten, Ereignisse und Veränderungen zu halten. Man begreift – und das ist die moderne Vorstellung –, daß Geschichte in den Dingen selbst wirkt und dort unumkehrbare Veränderungen bewirkt und so einen eigenen Status gegenüber dem der scheinbar zeitlosen Natur und ihrer Gesetze beanspruchen kann. Der erst jetzt entstehende Kollektivsingular Geschichte meint eben dies im Hinblick auf die Geschichte der Völker und dann auch der ganzen Menschheit. Entsprechendes meint der Begriff der Lebensgeschichte bzw. der inneren Geschichte eines Menschen mit Bezug auf seine personale Entwicklung und Bildung. Der forschungsgeschichtlich nächste Schritt der Erweiterung des Bedeutungsinhalts von Geschichte besteht in Darwins Entdeckung der *Naturgeschichte* des Lebens unter Einschluß der des Menschen. Dem folgt als letzter Schritt im Laufe des 20. Jahrhunderts die Entdeckung der Naturgeschichte auch des Kosmos und seiner Elemente. Am Ende der bisherigen Geschichte des historischen Denkens steht so die Erkenntnis, daß „Geschichte" ein die Kultur *und* die ganze Natur konstitutiv verbindendes Prinzip ist und die *Geschichtlichkeit* (*Historizität*) ein universales Deutungsprinzip der Welt ist. Danach ist „Geschichte" als ein zugleich unumkehrbarer, rückbezüglicher und, in Grenzen, zur Zukunft hin offener Prozeß, in welchem Neues aus Früherem „organisch" hervorgeht, so daß Momente des Früheren im Neuen „aufgehoben" sind und in ihm fortwirken.

Eine so verstandene Geschichte des historischen Denkens enthält zugleich bereits alle Elemente einer heute möglich gewordenen *allgemeinen Theorie der Geschichte*. Zwar sind alle deren Elemente bereits seit längerem etablierte Gegenstände der Forschung. Dennoch ist bisher noch von keiner Seite – sei es von der Geschichtsphilosophie, der Philosophischen Anthropologie oder von der Allgemeinen Wissenschaftstheorie der Geschichte – der Versuch gemacht worden, sie zu einer solchen Theorie zusammenzufügen. Dies hat sich der Autor des vorliegenden Buch zum Ziel gesetzt. Als der beste Weg der Darstellung und Begründung dieser Theorie ist ihm der eben angedeutete *Durchgang durch die Geschichte der bisherigen Grundformen des historischen Denkens* erschienen. Dies war nie und ist auch heute nicht der übliche Weg in die Theorie der Geschichte, gleich ob es sich um Theorie der Natur-, der Kultur- oder der Lebensgeschichte handelt. Bevorzugt wurde und wird ihre systematische Darstellung, früher zumeist in Gestalt der Geschichtsphilosophie, heute überwiegend der Wissenschaftstheorie der jeweiligen Fächer. Dem historischen Weg ist hier – jenseits seines Eigenwertes – vor allem aus zwei Gründen der Vorzug gegeben worden. Zum einen ist die Geschichte des historischen Denkens selbst ein genuin wissenschaftsgeschichtlicher Ausdruck des Prinzips der allgemeinen Historizität. Denn viele in der Forschung bisher eingeschlagenen Wege haben direkt oder indirekt im heutigen historischen Denken Spuren hinterlassen und geben Anlaß, ihre damaligen Antworten auf immer wieder oder neu sich stellende Fragen zu erwägen. Zum andern ist diese Geschichte durch ihre enge Verbindung mit den konkreten Gegenständen der (Wissenschafts-)Geschichtsschreibung auch so etwas wie der Schlüssel zur Bestimmung der Möglichkeiten und Grenzen der Theorie der Geschichte.

Der Durchgang durch diese Geschichte gliedert sich, mit insgesamt 60 Kapiteln, in fünf größere Abschnitte, in die Teile *A. Vormodernes Geschichtsdenken, B. Die Entdeckung des modernen Geschichtsdenkens im 18. Jahrhundert, C. Geschichts-*

denken im „historischen 19. Jahrhundert", D. Wege und Wenden des historischen Denkens im 20. Jahrhundert und *E. Naturwissenschaftliches Geschichtsdenken im 20. Jahrhundert.*

Die Ausführungen in Teil A schlagen einen großen Bogen von den ur- und frühgeschichtlichen und rezenten Primitivgesellschaften über die frühen und entwickelten Hochkulturen des Alten Orients und des klassischen Altertums bis zum christlichen Mittelalter und zur frühen Neuzeit. Die Teile B bis D thematisieren zunächst die Entstehung des modernen historischen Denkens im 18. Jahrhundert, dann seine Entfaltung im „historischen 19. Jahrhundert" und schließlich seine mehrfachen „Wenden" im 20. Jahrhundert. Aus dieser Gliederung wird ersichtlich, daß sich die Darstellung des historischen Denkens von Altertum bis heute im wesentlichen auf den europäischen Kulturkreis beschränkt, also alle anderen Hochkulturen ausgeklammert werden, obwohl diese z.T. eine hochentwickelte mündliche und schriftliche Geschichtskultur gehabt haben. Auch wird das historische Denken Europas selbst noch einmal begrenzt, und zwar durch eine Bevorzugung jener Traditionen, die nach seiner Selbsteinschätzung auf den „Westen" zulaufen. So stehen exemplarisch für die Antike Athen, Rom und Jerusalem und für das Mittelalter und die Neuzeit das „Abendland". Byzanz und der Islam werden trotz ihrer großen Bedeutung nur gestreift. Hinsichtlich des 19. und der erste Hälfte des 20. Jahrhunderts wird dem deutschen Ansatz der historischen Forschung und Theorie eine gewisse Vorzugsstellung gegenüber den westeuropäischen Ansätzen eingeräumt. Die Darstellung des historischen Denkens danach wird zwar wieder großräumiger, bleibt aber auch da, wo sie „globalgeschichtlich" argumentiert, im wesentlichen innerhalb des westlichen Wissenschaftsraums.

Thematisch indes greift die Darstellung trotz ihrer eurozentrischen Engführung viel weiter aus, als dies bisher in der Geschichtstheorie der Kultur und speziell auch in der traditionellen Universalgeschichte üblich war und ist. Denn sie bezieht im Prinzip alles ein, was den Menschen als „Kulturwesen von Natur" von nahverwandten Tieren unterscheidet und sich in einem langen Lernprozeß der Menschheit und der Völker in kulturellen Phänomenen ausgeprägt hat: die Naturbemächtigung durch bewußt entwickelte und gehandhabte *Techniken*, die Verständigung durch erlernte *Sprachsymbole*, die Orientierung in der Welt durch *Systeme des Wissens und Glaubens*, die regelgeleitete Organisation des sozialen Lebens durch *Moral, Politik und Institutionen*, die Intensivierung und „Intimisierung" des Soziallebens durch persönliche *Bindungen* und *Beziehungen* und die generationenübergreifende Sicherung der gemeinsamen Kultur durch *Bildung*, kurz: alles, was Ausdruck und Erzeugnis des menschlichen Empfindens, Denkens und Handelns ist und deswegen auch Geschichte hat. Wenn es sich dabei auch nur um die großen Linien und die bedeutenden Ansätze handeln kann, wird doch das historische Denken in einer Vielzahl von Wissenschaften und Lebensbereichen aufgesucht: in der Philosophie, der Theologie, der Wissenschaftsgeschichte, in den Sprach- und die Literaturwissenschaften, in der Musikgeschichte, den Kunstwissenschaften, in der Rechtswissenschaft, der Wirtschaftsgeschichte und der Volks- und Völkerkunde ebenso wie in den zahlreichen Disziplinen der Geschichtswissenschaft selbst.

Eine wichtige Position nimmt in diesem Buch, mit etwa einem Viertel seines Umfangs, der Teil E ein. In ihm werden die *naturhistorischen Erkenntnisse* zunächst der Physik im Hinblick auf die Geschichte des Alls, dann die der Biologie im Hinblick auf die Evolution des Lebens und schließlich die der Neurowissenschaften im Hinblick auf Evolution des menschlichen Geistes thematisiert. Dabei wird im Prinzip alles erfaßt, was direkt oder indirekt auf die Naturgeschichte des Menschen verweist: sein körperliches Erscheinungsbild, seine „natürlichen" Verhaltensformen und geistigen Fähigkeiten, seine ontogenetische Entwicklung und seine innerkörperlichen Prozesse der Einpassung in seine physische und belebte Umwelt ebenso wie die ihm unbewußt bleibenden, jedoch z.T. (neuro-)physiologisch zugänglichen Funktionsprozesse seiner Geistigkeit, seiner Handlungsfähigkeit und des Aufbaus seiner Person. Davon ist gewiß vieles erst in neuerer und neuester Zeit in das wissenschaftliche Blickfeld geraten. Aber alles, was einmal als bedeutsam für das Verständnis der Geschichte der menschlichen Natur erkannt ist, muß als ein zumindest potentieller Gegenstand der Theorie der Geschichte gelten. Es werden hier deshalb die Kosmogonie, Evolutionsbiologie, Paläoanthropologie, Evolutionäre Erkenntnistheorie, Humanethologie, die Neurowissenschaften und im besonderen die Neuroepistemologie nach ihrem Beitrag zu deren Deutung befragt.

Diese fünf historiographischen Teile werden flankiert durch ein einführendes Kapitel zur Begründung der *Notwendigkeit einer „begriffenen Geschichte"* und durch ein systematisches Schlußkapitel 60, welches Grundsätze einer *Allgemeinen Historischen Anthropologie* entwirft. Ein vorläufiges *kulturtheoretisches Fazit* ziehen, am Ende des Durchgangs durch das 20. Jahrhundert, drei Historik-Kapitel (42-44). Zudem sind fast alle Kapitel durch geschichtstheoretische Überlegungen charakterisiert. Das dabei insgesamt anvisierte Fernziel ist eine *Anthropologie*, die einen Zuwachs an Substanz durch die hier vorgestellte Geschichte und Theorie des historischen Denkens erhält.

Das Erreichen eines derart hochgesteckten Ziels muß freilich fast unmöglich erscheinen, zumal der Versuch hierzu nicht von einer größeren Forschungsgruppe, sondern von einem Einzelnen unternommen wird. Die mögliche Überforderung rührt nicht so sehr aus der Nachzeichnung der Etappen des historischen Denkens im engeren Sinne her. Denn es gibt zwar nicht allzu viele Darstellungen der Historiographie- und der (Natur-)Wissenschaftsgeschichte, aber man kann durchaus an die vorhandenen und vor allem an die zahlreichen wissenschaftsmethodischen Begründungen in der historischen Literatur selbst anknüpfen. Die Gefahr der Überforderung rührt auch nicht so sehr aus schwer lösbaren Erkenntnisproblemen der Geschichtstheorie selbst her. Denn diese ist in den einschlägigen Wissenschaftstheorie reich entfaltet und bewegt sich, was etwa die geschichtswissenschaftliche Historik in Deutschland betrifft, von Droysen bis Rüsen auf einem klar vorstrukturierten Feld des Argumentierens. Die große Schwierigkeit – welche freilich auch den Reiz einer Herausforderung hat – besteht vielmehr in der Notwendigkeit, einen Überblick über die vielen Wege der Forschung und über die dabei gewonnenen Einsichten in die Geschichtlichkeit ihrer Gegenstände zu gewinnen. Denn wer die vielen Formen des historischen Denkens in den größeren Zusammenhang einer einzigen Wissenschaftsgeschichte der Historie einordnen und zum Bestandteil einer allgemeinen Theorie der Geschichte machen will, muß zudem Kenntnis von den historischen Primärphänomenen selbst haben. Dies nötigt zu einer Kenntnisnahme der Gegenstände zumindest der hauptsächlichen historischen Wissenschaften. Man mag bezweifeln, ob die die große thematische Ausdifferenzierung der historischen Forschung die Gewinnung einer solchen Übersicht heute noch erlaubt, wie man überhaupt das ganze hier skizzierte Vorhaben für vermessen halten mag. Der Verfasser ist sich aller dieser Bedenken bewußt. Es sind seine eigenen. Er ist zugleich aber davon überzeugt, daß dieser Versuch gewagt werden muß, jedenfalls dann, wenn die Geschichte und die Theorie des historischen Denkens in der Fülle ihrer Einsichten nicht im Status des weitgehend unverbundenen Wissens verbleiben sollen. Der Autor hofft, hierzu in einem ersten Anlauf einen Beitrag geleistet und mit seinem Konzept Wege zu einer neuen Grundlegung der Geschichtstheorie wenigsten in Umrissen gewiesen zu haben.

Einführung ist er trotz der Neuakzentuierung seines Gegenstandes eher traditionellen Grundsätzen der Darlegung verpflichtet. Lehrbuchartig werden so die Grundformen des historischen Denkens und Forschens in ihrem geschichtlichen Wandel und in ihrem theoretischen Status vorgestellt. Als *Grundlegung* wird der hier vertretene Ansatz einer die Natur- und die Kulturgeschichte umfassenden Theorie der Geschichte im gleichen Zuge entwickelt und begründet. In beiderlei Hinsicht, als Einführung *und* als Grundlegung, wendet sich dieses Buch sowohl an Kenner als auch an Laien, an ausgewiesene Wissenschaftler ebenso wie an Studierende und überhaupt an alle Leser, die sich für die allgemeinen Voraussetzungen des historischen Denkens interessieren. Die Verquickung von Einführung und Grundlegung, von Lehrbuch und Abhandlung hat den Verfasser freilich mitunter in einen Konflikt gebracht. Als Einführung mußten die Etappen des historischen Denkens und die Grundeinsichten und Methoden der heutigen Geschichtsschreibung mit einer gewissen Ausführlichkeit und leichten Faßlichkeit dargestellt und zudem Sachinformationen über jene historischen Epochen und Phänomene bereitgestellt werden, deren Bekanntheit – was insbesondere das naturwissenschaftliche Wissen, jedoch auch das über die Vormoderne betrifft – nicht durchweg beim Leser vorausgesetzt werden kann. Demgegenüber verlangte der Theorieanspruch der – in manchen Aspekten auch als Streitschrift auftretenden – Grundlegung eine Auseinandersetzung mit der Vielfalt der Forschungsstimmen, genaue Nachweise der herangezogenen Literatur und ein Argumentationsniveau und einen Stil, die dem Gewicht der Sache angemessen sind.

In dem gewählten mittleren Weg zwischen den Anforderungen an ein Studienbuch und an eine Grundlegung hat der Verfasser versucht, die Darlegung und die Argumentation so konzentriert, informativ und problemorientiert wie möglich abzufassen. Es werden deshalb zwar zentrale Begriffe und wichtige Theorieansätze so genau wie möglich erläutert, Zitate aus der Primär- und Sekundärliteratur jedoch – auch um eine flüssige Lektüre zu ermöglichen – nur sparsam herangezogen, wie überhaupt der Darstellung der Sache der Vorrang vor der expliziten Auseinandersetzung mit den vielen Stimmen aus der Forschung eingeräumt wird. Zu weiterführender Bearbeitung der Thematik werden in den Fußnoten dem Leser immerhin zahlreiche Hinweise auf weitere Literatur gegeben. Bei der erstmaligen Nennung einer Veröffentlichung in einem Kapitel wird der Titel im vollen Wortlaut wiedergegeben, hierauf in abgekürzter Form, d.h. mit der Nennung des Verfasser- bzw. Herausgebernamens, des Erscheinungsjahres und der Seite(n). Die vollständige Fundstelle findet sich in dem beigegebenen Literaturverzeichnis.

Hervorgegangen z.T. aus Vorlesungen, tragen die Kapitel in Umfang und Form den Charakter von auch für sich allein verstehbaren Einheiten. Das macht unter dem Blickwinkel der jeweiligen Sache zwar einige einführende Hinweise und Wiederaufnahmen des bereits an anderer Stelle Ausgeführten nötig, verdeutlicht jedoch dem Leser immer wieder den Zusammenhang, in dem sie stehen, und vermeidet vor allem das unverbundene Neben- und Nacheinander von Spezialistenwissen, wie es sich oft in den von einem größeren Forscherkollektiv erstellten großen Überblicksbänden findet. Der Band wird beschlossen mit einem *Personen-* und einem *Sachregister*.

* * *

Dem Autor sei hier noch eine persönliche Bemerkung gestattet. Wissenschaftler aus dem angloamerikanischen Sprachraum bekunden mitunter, daß ihnen die Idee zu einem Buch gerade erst vor einigen Jahren, z.B. während eines Waldspaziergangs oder bei einem Partygespräch, gekommen sei. Dies ist hier nicht der Fall. Mein Interesse am Gegenstand dieses Buches hat eine lange Geschichte. Es reicht bis in meine Schüler- und Studentenzeit zurück und artikulierte sich zunächst in schlichten Fragen der Art, wie die Welt entstanden ist, woher wir Menschen kommen, wer die Geschichte lenkt, welchem Ziel sie zustrebt, warum Menschen sich früher so ganz anders kleideten und anders lebten und dachten und wie wir überhaupt wissen können, daß es früher so war, wie uns dies Texte sagen und Bilder zeigen. Sie erhielten dann erste Antworten und Anregungen vor allem im schulischen Religions-, Geschichts-, Literatur-, Physik-, Biologie- und Philosophieunterricht. Substanz hat dieses Nachdenken während meines Studiums der Sprach- und Literaturgeschichte, der Historischen Pädagogik und der Geschichte der Philosophie angesetzt. In die Sache tiefer eingedrungen bin ich dann durch meine Forschung und Lehre in der Allgemeinen Pädagogik mit dem Schwerpunkten in der Philosophischen, Pädagogischen und Biologischen Anthropologie und in der Erziehungs- und Bildungsgeschichte des klassischen Altertums, des Mittelalters und der frühen Neuzeit, was mich Anfang der 80er Jahre veranlaßt hat, mit Christian Rittelmeyer den bis heute bestehenden interdisziplinären „Arbeitskreis Vormoderne Erziehungs- und Bildungsgeschichte" (AVE) zu gründen. Daraus sind im Laufe der Jahre eine Reihe von Einzelveröffentlichungen zu bestimmten Aspekten des hier behandelten Themas hervorgegangen. Zur Abfassung dieses Buches habe ich mich dann doch erst auf Nachfrage von Studenten entschlossen, die meine Ausführungen in Vorlesungen auch einmal in geschlossener Form nachlesen wollten. Wegen der aufwendigen Arbeit hieran hat sich das Erscheinen des Buches – trotz zweimaliger Gewährung eines Forschungsfreisemesters seitens meiner Hochschule – leider sehr verzögert, so daß der Text ihnen und interessierten Kollegen und Freunden erst jetzt, nach fast zehn Jahren, zugänglich ist und ich ihnen erst jetzt für Zusprache und Hilfe auf diesem Weg danken kann. Mein Dank gilt zunächst jenen Kollegen und studentischen Mitarbeitern, die die Abfassung des Buches aktiv mit Rat und Tat begleitet haben. Unter den Kollegen geht mein Dank besonders an den Freund *Frank Benseler* (Universität Paderborn), der als Soziologe mich vielfältig angeregt und immer wieder angespornt hat, den multidisziplinären Anspruch meines Ansatzes beizubehalten, dann an den Philosophen *Volker Peckhaus* mit seinen Kollegen und Mitarbeitern *Thomas Kater* und *Marcello Ghin* (alle ebenfalls Universität Paderborn), die als genaue Leser und Kenner der Philosophiegeschichte und der neueren Bewußtseinsphilosophie mich vor Fehldeutungen bewahrt und auf neuere Sichtweisen aufmerksam gemacht haben, an den Biologen *Jürgen Döhl* und den Physiker *Gerhard Löffler* (beide Universität Bielefeld), die mit viel persönlichem Engagement den fachfremden Forscher Wiersing in vielen Punkten belehrt und den Text auch für Naturwissenschaftler akzeptabel und nachdenkenswert gemacht haben, an den Musikpädagogen und langjährigen Detmolder Kollegen *Karl Heinrich Ehrenforth*, der in einer Frühphase der Arbeit deren große Linie mit Gewinn für mich reflektiert hat und der seinerseits als Ertrag seiner vielfältigen Forschung und Lehre eine allseits gelobte, Parallelen mit meinem Ansatz aufweisende „Geschichte der musikalischen Bildung. Eine Kultur-, Sozial- und Ideengeschichte in 40 Stationen. Von den antiken Hochkulturen bis zur Gegenwart" (Mainz 2005) vorgelegt hat, und schließlich an den Erziehungswissenschaftler *Christian Heichert* (Universität Paderborn) und den Altphilologen *Manfred Fuhrmann* (Universität Konstanz), denen ich den Dank für ihr kritisches Gegenlesen leider nur noch postum abstatten kann. Ideell möchte ich in diesen Dank nicht zuletzt auch die vielen, mir zum größten Teil unbekannten Forscher einschließen, die mir durch ihre Schriften die Bearbeitung der Thematik erst ermöglicht haben.

Einen großen Dank spreche ich sodann besonders gern meinen Hilfsassistentinnen *Angela Stefer*, *Vera Toro* (zuvor Nobbe) und *Kathrin Strickmann* aus. Sie haben das Manuskript von seiner ersten bis zu seiner endgültigen Fassung immer wieder einer gründlichen inhaltlichen Überprüfung unterzogen, im Hinblick auf seine Gemeinverständlichkeit stilistische Verbesserungen vorgeschlagen und überhaupt in zahllosen Gesprächen das Konzept und den Text mit mir kritisch durchdacht. Für die Endphase der Erstellung des Textes hebe ich mit Dank das Engagement von *Michael Werner*, dem Programmverantwortlichen für Geschichte im Verlag Ferdinand Schöningh, und von *Andrea Franzmann* hervor, die als Graphikerin mit großer Umsicht den Schriftsatz erstellt hat. Danken möchte ich dann auch der *Carl Friedrich von Weizsäcker Gesellschaft „Wissen und Verantwortung"*, welche durch ihre finanzielle Zuwendung das Erscheinen des Buches wesentlich erleichtert hat. Den größten Dank aber schulde ich schließlich meiner *Frau*. Ihr habe ich dieses Buch gewidmet. Unter Hintanstellung vieler sonst möglich gewesener gemeinsamer Unternehmungen hat sie den Fortgang der Arbeit an diesem Buch mit großer Geduld begleitet, ihrem endlichen Abschluß jedoch manchmal auch – und dies zu Recht – mit Ungeduld entgegengesehen.

Eine doppelte Bitte habe ich noch an den geneigten Leser. Es ist die Bitte zunächst um Nachsicht für Fehler, die mir unterlaufen sind. Bei dem Umfang dieses Buchs und der Vielzahl der in ihm behandelten Themen und der hierzu herangezogenen Disziplinen ist es zudem fast unvermeidlich, daß Kenner gerade „ihr(e)" Kapitel für korrekturbedürftig halten werden. Sie – und das ist die andere Seite der Bitte – sollten mir mitteilen, was zu verbessern wäre. Das gäbe mir die Möglichkeit, mich mit problematischen Passagen und eventuell gewichtigen Einwänden gegen die großen Linien des Konzepts auseinanderzusetzen und dies in einer weiteren Auflage zu berücksichtigen, und zwar in der Absicht, gerade dadurch diesem Konzept eine größere Geltung zu verschaffen.

Die Hoffnung, daß dieses Konzept die historischen Wissenschaften insgesamt zum Überdenken ihrer Theorie zumindest anregt, hege ich auch insofern, als der vorliegende Band der erste eines auf drei Bände geplanten und in großen Teilen bereits abgefaßten Werks ist. Dieses führt in einem *Dreischritt* von der *Allgemeinen Geschichte* (Band 1) über eine *Theorie der Menschenbildung* (Band 2) zu einer *Geschichte des bildungshistorischen Denkens von den Anfängen bis heute* (Band 3). Dessen zweiter Schritt wendet unter dem Blickwinkel der Menschenbildung die im vorliegenden Bande entwickelte Historische Anthropologie ins Systematische und ist so eine anthropologisch begründete Allgemeine Bildungstheorie. Ihr schließt sich im dritten und letzten Schritt eine Geschichte und Theorie des bildungshistorischen Denkens an. Die „Geschichte der Bildung" ist – wie dort zu zeigen sein wird – nicht nur ein konstitutives Teilphänomen der „Geschichte der Kultur", sondern im gewissen Sinne auch ihr zentrales Bewegungsmoment. Hieraus erklärt sich, weshalb der Theorie und der Geschichte der Bildung je ein eigener Band gewidmet wird, auch, weshalb hier, im vorliegenden Band, zwar alles potentiell Historische bedacht, diese Thematik jedoch immer nur angedeutet wird. Dennoch: Es ist die allgemeine Theorie der Geschichte, die den grundbegrifflichen Rahmen auch für die Theorie und die Geschichte der Bildung aufspannt und so auch allem bildungshistorischem Denken zugrunde liegt. Das dieses umfangreiche Werk verbindende und alles durchdringende Interesse schließlich aber, das den Autor das Wagnis dazu hat unternehmen lassen, ist ein anthropologisches, und zwar in jenem weiten Sinne, den ihm Kant 1784 auf dem „Felde der Philosophie" gegeben hat, als er sie – die Anthropologie – in der Einleitung zu seiner „Logik" (III. Begriff von der Philosophie überhaupt) im Kontext der anderen (Human-)Wissenschaften als die alles integrierende Denkbemühung der Philosophie bezeichnet hat.

1. Geschichte und historisches Denken:
Zur Notwendigkeit einer „begriffenen" Geschichte

1. Die objektive und die subjektive Geschichte als Gegenstand der Theorie der Geschichte   19
2. Historie: Die bewahrte, gedeutete und geschriebene Geschichte   21
3. Das historische Denken und die Theorie der Geschichte (Historik)   23
4. Die Grundlegung der Theorie der Geschichte durch die Geschichte des historischen Denkens   27
5. Schriften zur Annäherungen an die Theorie der Geschichte   29

1. Die objektive und die subjektive Geschichte als Gegenstand der Theorie der Geschichte

Der Gegenstand der *Theorie der Geschichte*[1] ist ein doppelter: „Geschichte" in ihrer objektiven und in ihrer subjektiven Bedeutung. Im *objektiven* Sinne meint der Begriff Geschichte – dies gilt ebenso für die Entsprechungen *history, histoire* usw. in anderen Sprachen – den komplexen Geschehenszusammenhang, in dem sich alle menschliche Kultur, im Kleinen wie im Großen, in der Zeit ereignet und wandelt, im *subjektiven* Sinne meint er die Erforschung, das Wissen, die Deutung und die (re-)konstruktive Darstellung dieses Geschehenszusammenhanges oder einzelner seiner Teilen. Hierfür wird zur Vermeidung möglicher Mißverständnisse des doppeldeutigen Begriffs „Geschichte" oft auch der Begriff „Historie" gebraucht.

Als *objektiv* können geschichtliche Phänomene insofern gelten, als es sich bei ihnen um Ereignisse, Taten, Werke, Situationen, Verhältnisse und Abläufe in der Welt des Menschen handelt, die, rückwärts gewandt, als unwiederholbar, unwiderruflich und einmalig erscheinen, also als geschehene Tatsachen unverrückbar „feststehen", und, vorwärts gewandt, offen oder verdeckt gleichsam aus sich selbst heraus in die Zukunft hineinwirken, ohne daß sie gänzlich von ihrer Vergangenheit her bestimmt erscheinen. Geschichte in diesem Sinne vollzieht sich gleichsam hinter dem Rücken der Menschen: Sie mögen diese Geschichte kennen oder nicht, sich eine andere Vergangenheit wünschen, als sie haben, sie in ihr aktuelles Handeln bewußt einbeziehen oder sie ignorieren wollen. Immer ist ihre Gegenwart zwangsläufig eine Fortsetzung ihrer Vergangenheit und immer befindet sich jede Veränderung zur Zukunft hin im „Strom der Zeit". Ein absoluter Neuanfang ist den Menschen grundsätzlich verwehrt, und hinter den einmal geschaffenen kulturellen und gesellschaftlichen Stand, wie er sich etwa in der Ausbildung der Sprachen, in der Erfindung von Werkzeugen, in der immer differenzierteren Erkenntnis der physischen Natur, in der Konzeption von Ideen und in der Schaffung von Institutionen niedergeschlagen hat, können sich die Menschen – eine gesellschaftliche Kontinuität vorausgesetzt – nicht mehr auf eine frühere Stufe und erst recht nicht auf die einer als möglich vermuteten „natürlichen" Existenzform zurückfallen lassen. Der Erwerb der Kultur hat den Frühmenschen erst eigentlich zum Menschen gemacht,

---

[1] Hier und in fast allen Kapiteln der Teile A bis D schließt der Geschichtsbegriff noch nicht die Geschichte der *Natur* ein, wie sich auch der adjektivische Gebrauch von „geschichtlich" und „historisch" hier nur auf Kultur bezieht.

hat ihn zu einem unumkehrbar Anderen werden lassen. Wenn die Kulturalität als ein artspezifisches Erbe einerseits alle Menschen verbindet, ist sie andererseits die Ursache ihrer kulturellen Differenz. Denn auf jener anthropologischen Grundlage hat jede je entstandene menschliche Gemeinschaft im Laufe ihrer Geschichte eine je eigene Kultur ausgebildet, ist ihre jeweilige Geschichte im wesentlichen identisch mit der Geschichte ihrer Kultur und ist die Menschheit insgesamt grundsätzlich eine der kulturellen Mannigfaltigkeit. Zudem sind menschliche Individuen nicht nur überhaupt Träger von Kultur, sondern sie unterscheiden sich nach ihrer Zugehörigkeit zu einer bestimmten Gemeinschaft auch immer durch ihre besondere Kultur. Dieses den Individuen, Gruppen und Völkern in ihrer jeweiligen Zeit schicksalhaft auferlegte historisch-kulturelle Erbe ist einerseits „Last der Geschichte"[2], nämlich die Unausweichlichkeit, den durch sie erzeugten Gegebenheiten Rechnung tragen zu müssen, andererseits die Chance, die es allen nachgeborenen Individuen und Geschlechtern gegenüber den vorangegangenen insofern einräumt, als jene von den Erfahrungen der vorangegangen lernen und sie in ihren Leistungen übertreffen können.

Weil nun aber alle als objektiv vorausgesetzte Geschichte dem Menschen über historische Zeugnisse nur als ein Bewußtseinsphänomen zugänglich ist, kann diese streng genommen, also erkenntnistheoretisch, nur als eine subjektive Geschichte gelten. Diese anthropologische Gegebenheit legt sich nicht nur von Mensch zu Mensch und von Gesellschaft zu Gesellschaft inhaltlich sehr verschieden aus, sondern wird auch durch die Geschichte selbst des historischen Denkens der Völker und der Menschheit geformt. Wenn deshalb heute in der Theorie der Geschichte – und eben z.B. nicht in der Geschichtsreflexion vormoderner Philosophien – die „Geschichtlichkeit" („Historizität") als ein Prinzip gilt, das aller Kultur[3] zukommt, dann ist auch diese Annahme ein (wissenschafts-)geschichtliches Produkt. So haben menschliche Individuen und Gesellschaften zwar immer schon Geschichte „gehabt", d.h. gemacht und erfahren, aber während des größten Teils der Menschheitsgeschichte diese Veränderungen noch nicht im Sinne des modernen Verständnisses von Geschichte wahrgenommen. Unser heutiger Blick auf die Geschichte der Völker, der Kulturkreise und der ganzen Menschheit ist erst allmählich aus einem reflexiven Umgang mit der Geschichte selbst gewonnen worden. Die subjektive Seite der Geschichte hat, indem sie von Anfang an an bestimmte Erkenntnisfähigkeiten und -leistungen des Menschen gebunden ist, deshalb einen anderen Status als die objektive Seite der Geschichte. Erst dadurch, daß Menschen eine Vorstellung von ihrer persönlichen und kollektiven Vergangenheit und von den Möglichkeiten ihrer Zukunft haben, ihr Handeln und Wahrnehmen sich über den erlebten Augenblick hinaus erstreckt und sie das vielfältige, in sich widersprüchliche Kaleidoskop von persönlichen Erlebnissen, Erfahrungen, gehörten Geschichten, von überlieferten und vorgefundenen Zeugnissen der Vergangenheit zu einem Sinnganzen zusam-

---

[2] Vgl. dazu *F. Nietzsches* berühmte kulturkritische Reflexion: „Vom Nutzen und Nachteil der Historie für das Leben" (Leipzig 1874) als „Zweites Stück" seiner „Unzeitgemäße(n) Betrachtungen" (ausführlich zu Nietzsches Kritik des Historismus des 19. Jahrhunderts in Kapitel 26.3.).

[3] Zur Historizität ideeller Objekte vgl. Kapitel 49.3.1.

menfügen und auf dieser Deutungsgrundlage dann auch selbst handeln und in den objektiven Geschichtsprozeß eingreifen, wird Geschichte in diesem zweiten Sinne möglich und Geschichte im ersten Sinne gemacht.

„Geschichte" und „Historie" sind dabei auf eine komplexe Weise untrennbar miteinander verbunden. Denn die Verwandlung des „objektiven" geschichtlichen Geschehens in ein „subjektiv" verstandenes Geschehen hängt zugleich von den Quellen als einem Ausdruck des objektiven Geschehens und vom individuellen Geschichtsbewußtsein als einem Ausdruck der historisch-gesellschaftlich gewachsenen Wahrnehmungsschemata ab, so daß nicht nur die objektive Geschichte jeweiliger Geschehnisse und Verhältnisse und ihre Deutung durch Subjekte, sondern auch der Stand des *historischen Denkens* und sein überindividueller und zeitenübergreifender Wandel das Bild bestimmen, das wir uns von der Geschichte machen.[4] So ist die historische Deutung nicht einfach ein mehr oder weniger gelungenes Abbild dessen, was sich vermutlich „wirklich" zugetragen hat, sondern das, was Menschen sehr selektiv, interessengeleitet daraus machen und was ihnen in Abhängigkeit von ihrer Gesellschaft und Zeit überhaupt erst denkbar und erforschbar ist oder erscheint. Während den Menschen die letztere Abhängigkeit nur über eine Theorie und eine Geschichte des historischen Denkens zugänglich ist, ist ihnen die erstere bereits im Alltagsverstand mehr oder weniger bewußt. So wissen wir, daß das allermeiste von dem, was Menschen und Völker selbst erleben oder berichtet bekommen, über kurz oder lang vergessen wird, ja wegen der erdrückenden Menge ständig neuer Erfahrungen und des immer begrenzten individuellen und kollektiven Gedächtnisses auch in der Historie unberücksichtigt bleiben muß. So wie Individuen immer nur das behalten, was eine persönliche Bedeutung für sie hat, hat auch nur das eine Chance, in den Grundstock des gesellschaftlichen Wissens bzw. – im Falle der Historiker von Beruf – des historischen Wissens aufgenommen und überliefert zu werden, was einer größeren Menschengemeinschaft wichtig erscheint und was dann sekundär auch zum Gegenstand geschichtstheoretischer Reflexionen werden kann.

2. Historie: Die bewahrte, gedeutete und geschriebene Geschichte

Historie im Sinne der bewahrten, überlieferten und gedeuteten Vergangenheit manifestiert sich in schriftlosen Kulturen durchweg in Form von in heiligen Orten, Gegenständen, Gebäuden, Mythen, Kulten und Erzählungen wachgehaltenen Erinnerungen an eine oder die „Urzeit" bzw. „Gründungszeit" der eigenen Gruppe und an wichtige Ereignisse und Bezugspersonen – von Erinnerungen übrigens, in denen die jüngere Vergangenheit zumeist fast gar nicht vorkommt. Eine dauerhaftere, genauere Bewahrung der Vergangenheit erlaubt seit den frühen Hochkulturen ihre Fixierung durch die Schrift: Gesetzestexte, dynastische Berichte, heilige Texte und Dichtungen werden für spätere Generationen aufbewahrt, im allgemeinen lange bevor erste Versuche einer Geschichtsschreibung in unserem Verständnis beginnen und Ereignisse und kulturelle Neuerungen berichtet und reflektiert in einen größeren Zusammenhang gestellt werden, wie es frühestens im Griechenland des 5. vor-

---

[4] Zur Kontinuitätsthese in diesem Sinne vgl. *D. Carr*: Die Realität der Geschichte, in: Müller/Rüsen 1997, 309-327.

christlichen Jahrhunderts geschieht. Obwohl das, was uns von diesen in rund 5000 Jahren Schriftkultur entstandenen Zeugnissen erreicht hat, in einer Hinsicht wenig ist – denn das allermeiste ist zwischenzeitlich verloren gegangen und viele uns heute interessierende Details des Lebens sind wegen ihrer damaligen Alltäglichkeit und Selbstverständlichkeit nie verschriftlicht worden –, ist es der Menge nach doch beträchtlich. Diesen Quellen vor allem verdanken wir die Kenntnis von Ereignissen, Situationen und Einschätzungen, die Zeitzeugen, Chronisten und „Ideologen" überlieferungswert erschienen sind. Schriftlose Kulturen dagegen – wie reichhaltig auch ihre materielle Hinterlassenschaft sein mag – lassen uns ihre Geschichte nur wie durch einen Schleier wahrnehmen, und „finster" sind uns deshalb in Hochkulturen vor allem jene kulturellen Teilbereiche, in denen die Schriftkultur noch nicht Einzug gehalten hatte, und jene Epochen, in denen sie zwischenzeitlich weitgehend zum Erliegen gekommen war.

Das recht differenzierte Bild, das wir heute von der Geschichte unseres Kulturkreises vom Alten Orient an bis zur Gegenwart haben, ist dann jedoch in hohem Maße das Verdienst der vielen nachgeborenen Historiker, die die materiellen Spuren und schriftlichen und bildhaften Quellen der Nachwelt erhalten, aufbereitet, ausgelegt und daraus erzähl- und verstehbare Geschichte bzw. Historie gemacht haben. Der uns heute im Vergleich zu früher so viel leichtere archivalische und historiographische Zugang zu den Quellen gibt uns wiederum die Möglichkeit, die in ihnen dargestellten Sachverhalte und vorgenommenen Deutungen immer wieder neu und kritisch zu lesen, verdeckte Zusammenhänge zu erkennen und dadurch bestimmte Sachverhalte und Probleme anders und mitunter besser zu verstehen, als es früheren Historikern und z.T. selbst den damals Handelnden möglich war.

Welterfassung im denkbar weitesten Sinne ist in der Tat das primäre persönliche, kollektive und wissenschaftliche Motiv aller Beschäftigung mit der Vergangenheit: das Interesse, sich auf ihrer Grundlage in einer unübersichtlichen Welt zu orientieren, das zeitlich und räumlich nicht (mehr) Gegenwärtige in der Vorstellung wiederzubeleben, die erlebte Gegenwart aus der „Erfahrung der Geschichte" zu deuten und sich auf Künftiges vorzubereiten. Dieser weit gespannte Anspruch der Beschäftigung mit der Vergangenheit spiegelt sich bereits in der Herkunft des Wortes Historie. So hat das griechische Wort *historíe (historía)*, das sich von dem archaischen Verb *Fid = sehen, wissen* und dann von *historéo (er-)fragen* herleitet, ursprünglich die Bedeutung von „Erkundung". Es bezeichnet im Rahmen der frühen griechischen Naturphilosophie soviel wie „Kunde von der Natur", und zwar im weiten Sinn einer Beschreibung der „natürlichen" Phänomene der „Physik", der Geometrie, der Geographie und der „Biologie", was sich im lateinischen Begriff der *historia naturalis = „Naturgeschichte"*[5] noch ebenso findet wie in der Bezeichnung des frühneuzeitlichen Gelehrtentyps des Polyhistors, der die sichtbare Welt in ihrer ganzen Fülle darstellen will. Das Wort nimmt dann jedoch schon sehr früh, nämlich im 5. vorchristlichen Jahrhundert bei *Herodot* (um 490-430), dem *pater historiae* (Cicero), als *historíes apódexis* i. S. von „Darlegung der Erkundung bzw. der Zusammenhänge" und wenig später noch mehr bei Thukydides (um 460-400),

---

[5] Vgl. *F. Kambartel*: Artikel „Naturgeschichte", in: Ritter/Gründer, Bd. 6, 1984, Sp. 526-528.

dem „Beschreiber" des Peloponnesischen Krieges, die Akzentuierung einer die Ursachen ergründenden und kritisch prüfenden Darstellung des (insbesondere politischen und kriegerischen) Geschehens der Menschenwelt an.[6] In der auf diesen Vorbildern fußenden antiken, mittelalterlichen und frühneuzeitlichen Historiographie werden die *res gestae*, d.h. die (für objektiv gehaltenen) „Taten", „Geschäfte", „Handlungen" der Menschen, in der *historia rerum gestarum*, d.h. in den (subjektiven) „Erzählungen geschehener Dinge und Taten"[7], vor dem Hintergrund des in allem gleichbleibenden Kosmos zwar durchaus schon psychologisch, gesellschafts- und staatstheoretisch im heutigen Sinne gedeutet. Aber erst seit dem 18. Jahrhundert beginnt man in Europa, den Begriff *historia* im oben angedeuteten „modernen" Sinne zu verstehen und „Geschichte" als ein alles Veränderliche umfassendes Prinzip zu begreifen.

3. Das historische Denken und die Theorie der Geschichte
3.1 Persönliche Erinnerungen, das „kulturelle Gedächtnis" und die traditionelle Historie:
Das unreflektierte und wenig methodenbewußte historische Denken

Die Theorie der Geschichte ist im größeren humanwissenschaftlichen Kontext die Wissenschaftstheorie des historischen Denkens. Nun steht diese Art des Denkens in den Fachwissenschaften und erst recht im Alltagsverstand Wißbegieriger in dem nicht ganz unbegründeten Ruf, realitätsfern und steril zu sein, weshalb man auch und gerade in den historischen Wissenschaften hören kann, man solle sich besser gleich der Sache zuwenden und Methodenfragen nur dann stellen, wenn sie zur Klärung der Sache selbst unumgänglich sind. Daß Theorien nicht immer nötig sind, bestätigt sich in der Tat z.B. bei vielen gleichsam natürlichen Arten, persönliche Geschichte zu betreiben, wie etwa bei den zahllosen nie ausgesprochenen Gedanken der Erinnerung, bei den im üblichen Lebenszusammenhang zumeist nur mündlich ausgetauschten Äußerungen über Erlebtes und Geschehenes, bei den vielen seit dem Entstehen einer entwickelten Schriftkultur angefertigten Briefen, Protokollen, Kommentaren, Tagebucheintragungen und (Auto-)Biographien und den heutzutage zusätzlich in Ton, Bild und elektronischer Speicherung festgehaltenen Lebensdokumenten: Als Ausdruck eines gelebten historischen Bewußtseins kommen alle diese Erinnerungen und Zeugnisse in der Regel ganz ohne theoretische Begründungen aus.[8]

Wenig reflektiert in diesem Sinne waren über die Jahrtausende jedoch auch jene kollektiven, z.T. weit in die Geschichte der Gruppen und Völker zurückreichenden Lebens- und Bildungserfahrungen, wie sie sich in den sog. traditionellen Gesell-

---

[6] Vgl. *Ch. Meier*: Die Entstehung der Historie, in: Koselleck/Stempel 1973, 251–305; Näheres zur griechischen Geschichtsschreibung in Kapitel 5.1.

[7] Die Unterscheidung zwischen *res gestae* und *historia rerum gestarum* ist alt und findet sich in der hier gewählten Formulierung z.B. auch in Hegels „Vorlesungen über die Philosophie der Weltgeschichte" (Bd. 1/1.Hälfte: Die Vernunft in der Geschichte, 1830, hg. von J. Hoffmeister, Hamburg 1970, 164).

[8] Vgl. die Beiträge zum Thema „Erinnern" in: der blaue reiter. Journal für Philosophie, Heft 18, Stuttgart 2003.

schaften[9] in immer wieder erzählten Geschichten, Lebensläufen und Lebensweisheiten von den „Großen" der Vergangenheit und allgemein in den das „kulturelle Gedächtnis" (J. Assmann)[10] ausmachenden und es festigenden Darstellungen urzeitlicher Mythen und im Vollzug religiöser und sonstiger gemeinschaftsstiftender Riten finden. Alles das, was gemeinhin kulturelle Tradition genannt wird, wurde in Form nicht abreißender Aneignungs- und Bewahrungsbemühungen ohne bewußte Methode von Generation zu Generation weitergereicht und war doch – in der erinnernden Wieder- und Weitergabe von Älteren und Eingeweihten an Jüngere und Unwissende – zumeist gut gegliedert, genau die Sache bewahrend und durchaus auch reflexiv bedacht. Dies belegen allgemein die mündliche Erzähltradition der Völker und die persönliche Erinnerung an existentielle Ereignisse.[11] Wenig reflektiert ist schließlich oft auch jene Art von Geschichtsschreibung gewesen, die von einer politischen, religiösen oder weltanschaulichen Position aus entweder ganz naiv oder bewußt parteiisch über Vergangenes berichtet und darüber geurteilt hat. Der Mythos und allgemein die religiöse Tradition verlangen geradezu, die Autorität der urzeitlichen und heiligen Überlieferung unkritisch anzuerkennen und gegen alle Einwände des „gesunden Menschenverstandes" gelten zu lassen.

3.2 Die kritisch-reflektierte Geschichtsschreibung

Zugleich treten mit der Entwicklung der Schrift in den frühen Hochkulturen jedoch auch schon Darlegungen auf, die zeigen, gerade weil sie bestimmten – kultischen, herrrschaftslegitimierenden, verwaltungstechnischen, ästhetischen und pädagogischen – Zwecken dienen, daß ihre Autoren ein sehr differenziertes Bewußtsein von den Themen, Zielen und Methoden ihrer Vergangenheitsvermittlung gehabt haben. Das historische Denken, Forschen und Schreiben ist deshalb – schon wegen seiner jeweils aktuellen Bedeutung – von Anfang an geprägt von Grundsätzen und Begründungen, von Geboten der rechten Überlieferung und der rechten Auslegung, von Kommentaren und Widerlegungen und ist durchaus auch durchsetzt von Kritik und Zweifel am Wahrheitsgehalt des überlieferten Geschichtsbildes. Alle Historiographie begleitet so seit ihren Anfängen zumindest eine implizite Theorie. Von den alten Griechen an wird es in den Schriften der Philologen, Geschichtsschreiber, Philosophen, Rhetoren und Theologen dann auch üblich, diese Gedanken dem Leser zu

---

[9] Zwischen den zur Charakterisierung der Kulturen der sog. Primitiven verwendeten Adjektiven „traditionell" und „traditional" wird in der ethnologischen Literatur zumeist nicht klar unterschieden; der synonyme Gebrauch überwiegt.

[10] *J. Assmann*: Das kulturelle Gedächtnis. Schrift, Erinnerung und politische Identität in frühen Hochkulturen, München 1992. Zum selben Thema vgl. auch die Beiträge in: *A. Haverkamp/R. Lachmann* (Hg.): Memoria. Vergessen und Erinnern, München 1993.

[11] Ein beeindruckendes Beispiel für diese Fähigkeit der Menschen sind die Protokolle, die im 14. Jahrhundert die Inquisition von den Erinnerungen und dem religiösen Wissen der schriftunkundigen Bevölkerung des Pyrenäendorfes Montaillou angefertigt und der französische Historiker *E. Le Roy Ladurie* ausgewertet hat: Montaillou. Ein Dorf vor dem Inquisitor (Montaillou, village occitan de 1294–1324, Paris 1975), Frankfurt 1983. Einen ähnlichen Eindruck vermitteln die Inquisitionsprotokolle, die der italienische Historiker *C. Ginzburg* für seine Studie über das Weltbild eines einfachen Müllers in der frühen Neuzeit ausgewertet hat: Der Käse und die Würmer. Die Welt eines Müllers um 1600 (it.1976), Frankfurt 1979.

unterbreiten. Seit der Zeit der Ausbildung der historischen Wissenschaften um 1800 schließlich gehört die Methodenreflexion zum Standard ihrer Forschung.

Betrachtet man Geschichtswerke unter dem Blickwinkel, inwieweit ihr Autor den jeweiligen methodischen und inhaltlichen Ansatz erkennen läßt, dann stellt man fest, daß dies sehr unterschiedlich geschieht: *explizit* etwa in einer Vorrede an den Leser[12] oder in einem eigenen Kapitel, eher *beiläufig* durch eingestreute Bemerkungen oder gar nur *implizit* durch die Darlegung selbst. Die mehr argumentativ-begründende Geschichtsschreibung bevorzugt bis heute den expliziten Weg, die mehr erzählende den impliziten. Unmittelbar in die sachbezogene Darstellung oder Erörterung steigen Autoren zumeist dann ein, wenn der betrachtete Gegenstand klar umrissen ist, eine begriffliche Kontinuität über die Zeiten aufweist und seine Darlegungsart sich in eine bestimmte historiographische Tradition einfügt. In umfangreicheren und Grundfragen der Historie berührenden Werken werden allerdings zumeist beide Wege in wechselseitigem Bezug beschritten. Explizit begründet werden dabei die Themenstellung und die Anlage der Untersuchung, während dem impliziten Weg vor allem dort der Vorzug gegeben wird, wo Material ausgebreitet und gedeutet wird. Letzteres erlaubt dem Verfasser, beim Durchgang durch die Zeiten, Gesellschaften und Quellen, die vorläufig definierten Grundbegriffe inhaltlich zugleich offen und phänomennah zu halten. Dies entspricht im allgemeinen auch dem Forschungsprozeß.

Im Grunde bedarf aber jede einigermaßen gewichtige Darstellung einer expliziten Begründung, und zwar, weil erstens nur so der Leser zureichend über die Voraussetzungen, Fragestellungen und Vorgehensweisen des Forschers aufgeklärt wird, zweitens das seit dem 18. Jahrhundert gewachsene wissenschaftsmethodische Problemverständnis die naiv-voraussetzungslose Anknüpfung an jeweilige Verfahren und Begriffe nicht mehr zuläßt und drittens, weil keine Darstellung mehr um einen vorgängig wenigstens versuchsweise ausformulierten Begriff von der Sache selbst herumkommt. Im Blick auf die Grenzen, die das implizite Verfahren charakterisieren, erkennt man die eigentlichen Gründe dafür. Ein erster ist, daß in jede Geschichtsschreibung ganz unvermeidlich die subjektive Sichtweise ihres Autors eingeht. Alle die Sache unvermittelt angehenden und entfaltenden Darlegungen erwecken jedoch den Eindruck, als sei ein von persönlichen Voreingenommenheiten freies, nur dem Gegenstand verpflichtetes, „quellenimmanentes" Verstehen möglich. Ein jegliches (*Objekt-*)Verstehen ist aber immer eines von jeweiligen menschlichen *Subjekten*. Jeder Versuch, den ursprünglichen Sinn menschlicher Handlungen zu verstehen, muß deshalb zwar so weit wie möglich die in den Spuren und Quellen selbst angelegten Deutungskategorien nach den Regeln der kritischen Interpretationsmethodik nutzen. Der Historiker muß sich jedoch bewußt sein, daß eben auch dieses Verstehen aus seiner eigenen Perspektive geschieht. Denn die Quellen „sagen" von sich aus gar nichts und geben auch bei gewissenhaftester Nachzeichnung des von ihren Autoren vermutlich gemeinten Sinns nur einen unzureichenden Interpretationsrahmen ab. Ein zweiter Grund besteht darin, daß historische Forschung erst dann das

---

[12] Die Begründung des Ziels und des Vorgehens in einem Vorwort hat seit Herodot und seit Thukydides eine lange Tradition in der Historiographie.

Feld bloßer Neugier, schlichter Mutmaßungen und anscheinend sinnverstehender Paraphrasierung überschreitet, wenn an die Überlieferung Fragen gestellt werden, ein bestimmtes Vorverständnis überprüft wird, eine darüber hinausgehende Deutung gewagt und begründet wird und dabei auch die vielen stillschweigend gemachten Annahmen offengelegt werden.

Ein noch tiefer reichender Grund für eine explizite Darlegung der Voraussetzungen, Ziele, Formen und Vorgehensweise der historischen Forschung ist schließlich, daß alle Humanwissenschaften ihren Gegenstand sowohl unter einem weitgehend zeitenthobenen theoretisch-systematischen als auch unter einem lebensweltlich-historischen Blickwinkel betrachten können und dies auch müssen, da erst die Verschränkung beider Zugangswege ihre spezifischen Leistungen möglich und das anvisierte Ganze erkennbar machen. Für dieses dialektische Wechselverhältnisses von „Geschichte und Theorie" hat *Jörn Rüsen* mit Bezug auf *Johann Gustav Droysen* (1808-1884), den Namengeber und Begründer der geschichtswissenschaftlichen Historik, den glücklichen Ausdruck der „*Begriffene(n) Geschichte*"[13] benutzt. Danach gelangt man im Prozeß historischer Selbstaufklärung von der „Geschichte" zur „Theorie", indem man das sich beim Umgang mit historischen Quellen einstellende Verständnis eines Ausschnitts der vergangenen Wirklichkeit an deren Kontext und durch Vergleiche mit ähnlichen Quellen auf seine Plausibilität überprüft, es korrigiert, in ein geschärfteres Verständnis überführt und im Durchgang durch weitere Quellen immer mehr Material und Erkenntnisse zur Konstruktion einer „Theorie" darüber gewinnt. Von solch einer „Theorie" gelangt man (wieder) zur „Geschichte", indem man die (so zuvor entwickelten) theoretischen Kategorien an (weitere) Quellen anlegt, so daß man die in ihnen verborgenen historischen Sachverhalte und Lebenswelten beschreiben und ihre Bedeutung rekonstruieren kann. Mit der gängigen Formulierung von der historisch-systematischen Durchdringung der Phänomene ist genau dies gemeint, wobei das systematische Vorgehen primär sachlogischen, das historische primär sinnverstehenden Erfordernissen zu genügen pflegt und beides zusammen die „begriffene Geschichte" zum Ziel hat.

Dabei ist jedoch zu bedenken, daß erstens sowohl das „Eintauchen" in die Geschichte, welches sich der lebensweltlichen Sichtweise von Zeitzeugen und Autoren von Quellen anvertraut, als zweitens auch die Theorie eines Gegenstandsbereichs, welche ein Produkt nachgeborener Historiker ist, und drittens auch noch ihre wechselseitige Kritik und Korrektur jenen zumeist unbewußt bleibenden sog. „strukturellen" Einstellungen und Ansichten unterliegen, an die Historiker unvermeidlich, d.h. jenseits ihrer persönlichen Befangenheiten, Voreingenommenheiten und ihrer offen erklärten oder verborgenen Wirkabsichten, allein durch ihren Stand, ihre Bildung und ihre Zeitgenossenschaft gebunden sind. Dieser Verzerrung der Erkenntnis versucht die historische Forschung zwar schon seit langem, durch Quellen- und Urteilskritik und in neuerer Zeit zudem durch „Ideologiekritik" entgegenzuarbeiten. Aber die sich auf die innere Dialektik von „Geschichte" und „Theorie" beschränkende Forschungspraxis reicht dafür nicht aus – es sei denn, daß „Theorie" hier um

---

[13] *J. Rüsen*: Begriffene Geschichte. Genesis und Begründung der Geschichtstheorie J.G. Droysens, Paderborn 1969.

die Dimension erweitert wird, die sie von ihrer bloßen methodischen Funktionalität im Forschungsprozeß abhebt und zu einer eigenständigen Reflexionsinstanz des historischen Denkens macht. Die spezifische Leistung einer so definierten Theorie der Geschichte besteht darin, daß durch sie der Historiker – freilich auf der Grundlage eingehender Kenntnis der Verfahren und der Verstehensleistungen historischer Forschung und unter Einbezug der allgemeinen Wissenschafts- und Erkenntnistheorie, der Historischen Anthropologie und der theoretischen und empirischen Erkenntnisse der nicht-historischen Kulturwissenschaften – die *allgemeinen Strukturen der Geschichte* und des darauf bezogenen *historischen Denkens* in den Blick nehmen kann. Dies ist der zentrale Gegenstand dieses Buches.

4. Die Grundlegung der Theorie der Geschichte durch die Geschichte des historischen Denkens

4.1 Die systematisch begründete und historisch entwickelte Theorie Geschichte

Das primäre Interesse derjenigen, die etwas von der Vergangenheit bewahrt, erforscht und überliefert haben, hat gewiß fast nie der Theorie der Geschichte gegolten. Da aber alles menschliche Erinnern potentiell von einem Nachdenken über die Art der Vergegenwärtigung des Nicht-Gegenwärtigen begleitet wird, das historische Denken also von seinen allerersten Ursprüngen an reflexiv ist, dieses Moment erst recht alle schriftlich abgefaßte Historie auszeichnet und „Theorie" den wissenschaftlichen Status der historischen Fächer seit ihrem Entstehen als Disziplinen um 1800 begründet, thematisiert die Theorie der Geschichte einen konstitutiven Aspekt des historischen Denkens. Die Wissenschaftstheorien der historischen Fächer sind nur die sozusagen institutionalisierte Form dieses Nachdenkens. Als solche sind sie heute in allen Fächern lebhaft betriebene Subdisziplinen, die sich mit zumeist hochelaborierten Schriften an die (Fach-)Öffentlichkeit wenden. Deren Einsichten und Anregungen überschauen indes inzwischen fast nur noch die Vertreter dieser Theorien, kaum mehr die Erforscher der Primärgegenstände – was zum Nachteil beider gerät, da sie heute mehr denn je einander bedürfen.

Nun stehen der Grundlegung auch der Geschichtstheorie sowohl der systematische als auch der historische Weg offen. Der *systematische* Weg zeichnet sich auch hier durch den logischen Aufbau einer adäquaten Begrifflichkeit und durch das Ziel aus, zu Aussagen von allgemeiner Geltung zu gelangen. Das Erreichen dieses Erkenntnisziels wird hier allerdings leicht gerade dadurch behindert, daß der Gegenstand der Theorie, nämlich die Art der Erfassung der konkreten historischen Realität als eines auf einer niedrigeren Stufe der Abstraktion gelagerten Phänomens, in der Vorstellung zu verblassen droht. In der Tat charakterisiert die systematische Begründung der Geschichtstheorie zumeist ein sehr hohes Niveau der Verallgemeinerung. Sie eignet sich deshalb auch kaum für den Einstieg in die Historie, erweist ihren Wert vielmehr zumeist erst unter dem Blickwinkel schon erworbener Forschungspraxis und erprobter Forschungsmethoden, wie sich ja z.B. die disziplinäre Entstehung der Historik im 19. Jahrhundert fast ausnahmslos der nachgängigen Reflexion quellenerfahrener Historiker verdankt.

Anders ist jener Weg in die Theorie der Geschichte, der der *Geschichte des historischen Denkens selbst* folgt. Er bleibt, weil er in enger Verbindung mit dem in Quellen belegten Gang der Historiographie in der Zeit fortschreitet, phänomen- und forschungsnäher. Er wird viel leichter gerecht zunächst den spezifisch frühgeschichtlichen und vormodernen Formen des historischen Denkens, wie vor allem denen des Mythos und des Kults, wie allgemein dann auch dem Wandel seiner kommunikativen, sozialen, künstlerischen und „ideologischen" Formen, wie u.a. dem der Moral, des Rechts, der Sprache (z.B. in der Metaphorik), der literarischen Fiktionalität (z.B. in Legenden, Utopien und Gleichnissen), der bildnerischen Imagination und der religiösen und philosophischen Vorstellungen. Gerade weil dabei seine Erforscher nicht von einer festen und gleichbleibenden Begrifflichkeit ausgehen können, sondern diese in Auseinandersetzung mit immer anderen Gegenständen und mit neuen Richtungen des historischen Denkens inhaltlich immer wieder neu fassen und immer grundsätzlich offen für die Aufnahme weiterer Begriffe und Bedeutungen sein müssen, loten sie das Potential dieses Denken mehr aus, als es ihnen mit dem starreren systematischen Ansatz möglich ist. Dies schließt indes eine gleichzeitige Orientierung an den Einsichten der systematisch begründeten Geschichtstheorie nicht nur nicht aus, sondern macht sie sogar nötig, da das Verständnis des Wandels des historischen Denkens von Etappe zu Etappe immer wieder einen gleichsam systematischen Vergleich nötig macht und überhaupt auch beide Wege der Begründung der Theorie letztlich auf die Erkenntnis allgemeiner Strukturen des historischen Denkens zielen.[14]

Auffällig ist, daß dem systematischen Weg dennoch bisher bei weitem der Vorzug vor dem historischen gegeben worden ist. Zumindest für die in der Geschichtswissenschaft reich entfaltete Historik trifft dies zu. Das mag erstaunen, wenn man bedenkt, daß in allen historischen Wissenschaften die gleichsam natürliche Art der Erforschung *und* der Darlegung eines Gegenstandes die historische ist, daß vom Beginn des 19. Jahrhunderts an bis in die jüngste Zeit die sich an das Zeitgerüst haltende, „erzählende" Historiographie (in den Formen etwa der Kultur-, Ideen-, Sozial-, Institutionen-, Problem- ... Geschichte) die beherrschende war und zumeist auch noch die neueren strukturgeschichtlichen, diskursanalytischen und postmodernistischen Richtungen ihre Sichtweise als Antwort auf ungelöste oder nicht bedachte Fragen der bisherigen Historie verstanden haben. Es läge deshalb nahe, die Theorie der Geschichte ebenso zu begründen und sie aus den Erkenntnissen der „Historiographiegeschichte" herzuleiten. Dies ist bisher aber kaum geschehen, so daß die von *H.W. Blanke* in seiner Schrift: Historiographiegeschichte als Historik (Stuttgart/ Bad Cannstadt 1991), programmatisch erhobene Forderung und ihre Anwendung immerhin auf die Entstehung und den Wandel der geschichtswissenschaftlichen Historik von Beginn des 19. Jahrhunderts bis zur Gegenwart eher eine Ausnahme sind. Es ist indes auch der Weg, den der Verfasser des vorliegenden Buches unter Abwä-

---

[14] Eine größere systematische Zusammenfassung in diesem Sinne findet sich hinsichtlich der Historik der kulturhistorischen Denkens in den Kapiteln 42-44 und hinsichtlich des historisch-anthropologischen Denkens insgesamt im Schlußkapitel 60.

gung der genannten Gründe und natürlich unter vollem Einbezug der Literatur auch der systematischen Forschung eingeschlagen hat.

5. Schriften zur Annäherungen an die Theorie der Geschichte

Hinsichtlich der Literatur hat der Autor bei seiner Arbeit vor dem Problem zugleich der Überfülle und des Mangels gestanden. Die Überfülle rührt zum einen daher, daß – wie oben schon gesagt – alle historische Forschung von ihren Anfängen an besonders theoriehaltig ist und deshalb Beiträge zur Deutung des historischen Denkens potentiell aus der gesamten historischen Literatur zu erwarten sind, zum andern, daß das seit dem 19. Jahrhundert geschärfte Methodenbewußtsein in allen historischen Fächern eine umfangreiche wissenschaftstheoretische und methodologische Forschung hervorgebracht hat. Die in Verbindung mit der fachlichen und thematischen Ausdifferenzierung der historischen Forschung bis heute noch ständig anschwellende Flut von einschlägigen Veröffentlichungen überfordert freilich jeden einzelnen Historiker hoffnungslos, zumal dann, wenn es um eine Integration der vielen Einsichten in eine Theorie der Geschichte geht. Dies dürfte zugleich der Hauptgrund für den hier als Mangel bezeichneten Sachverhalt sein, daß es noch keine wirklich umfassende Geschichte des historischen Denkens gibt, jedenfalls nicht in dem hier anvisierten Sinne einer auch die Naturgeschichte mit einschließenden und die Kulturgeschichte universalhistorisch erfassenden Geschichte.

Einen Anspruch hierauf kann natürlich auch nicht der Autor dieses Buches erheben. Aber er hat dazu einen Anfang gemacht. Beim Studium ausgewählter Werke zur Theorie des historischen Denkens hat er nicht nur viele ihm zuvor unbekannte Arten des Zugangs, des Verständnisses und der Nutzung der Geschichte kennengelernt, sondern zahlreiche in der Forschung bisher nicht beachtete Verbindungslinien zwischen den verschiedenen historischen Fächern haben sich ihm erschlossen und, zu seinem Erstaunen, viele zunächst gänzlich heterogen erscheinende Mosaiksteinchen zu einem durchaus stimmigen Bild von der Geschichte des historischen Denkens zusammengefügt. Daß der Versuch zu diesem Vorhaben überhaupt unternommen werden konnte, verdankt sich so der Arbeit vor allem solcher Historiker, die ihre fachlichen Gegenstände auch aus Interesse an größeren kulturellen und anthropologischen Zusammenhängen durchleuchtet haben. Durch zahlreiche Literaturnachweise wird darüber in den einzelnen Kapiteln Rechenschaft zu geben sein. Aus der Vielzahl der herangezogenen Schriften werden im Sinne eines Vorausblicks hier nur diejenigen Werke aufgeführt und nur jene Geschichtstheoretiker benannt, auf deren Leistung der Autor in diesem Buch des öfteren zurückgegriffen hat.

5.1 Fachhistorische Grundliteratur

Eine allgemeine Voraussetzung zum Studium der geschichtswissenschaftlichen Historik leisten zunächst *Handbücher, Nachschlagewerke, Einführungen und sonstige Überblicksdarstellungen*. Dazu zählen heute u.a:

O. Brunner/W. Conze/R. Koselleck (Hg.): Geschichtliche Grundbegriffe. Historisches Lexikon zur politischsozialen Sprache in Deutschland. 7 Bde. und Register, Stuttgart 1972-1997 (Sonderausgabe. Darmstadt 2004);

H.-U. Wehler (Hg.): Deutsche Historiker. 9 Bde., Göttingen 1977-90;
W. Conze, K.G. Faber/A. Nitschke (Hg.): Funkkolleg Geschichte. 13 Studienbegleitbriefe, Tübingen 1979/80;
E. Boshof: Grundlagen des Studiums der Geschichte, Köln ³1983;
V. Reinhardt (Hg.): Hauptwerke der Geschichtsschreibung, Stuttgart 1997 [mit 228 Essays zu Werken von Herodot bis zur Gegenwart];
V. Sellin: Einführung in die Geschichtswissenschaft, Göttingen 1997;
H.-J. Goertz (Hg.): Geschichte. Ein Grundkurs, Reinbek 1998 [ein Band, der zur Zeit den thematisch reichhaltigsten Überblick über das Studium der Geschichtswissenschaft gibt];
K. Boyd (Hg.): Encyclopedia of Historians and Historical Writing. 2 Bde., London/Chicago 1999;
Ch. Cornelißen (Hg.): Geschichtswissenschaften. Eine Einführung, Frankfurt 2000;
M. Maurer (Hg.): Aufriß der Historischen Wissenschaften in sieben Bänden, Stuttgart 2001 ff. [worin in Bd. 2:
W.E.J. Weber (2001, 15–98) einen guten Überblick über den heutigen Stand der Universalgeschichte gibt];
R. vom Bruch/R.A. Müller (Hg.): Historikerlexikon. Von der Antike bis zur Gegenwart (1991), München ²2002 [ein knapp gefaßtes Nachschlagewerk, das in 600 Artikeln Auskunft über bedeutende Historiker gibt];
J. Eibach/G. Lottes (Hg.): Kompass der Geschichtswissenschaft. Ein Handbuch, Göttingen ²2006 [ein anderer guter allgemeiner Überblick über das Ganze des Fachs].

Aus der größeren Zahl neuerer Werke zur geschichtswissenschaftlichen *Theorie der Geschichte* sind hervorzuheben:
F. Meinecke: Zur Theorie und Philosophie in der Geschichte, Stuttgart 1959;
E.H. Carr: Was ist Geschichte?, Stuttgart ³1963;
H. Seiffert: Die Hermeneutik und die historische Methode [in: Bd. 2 des immer wieder aufgelegten und einen leicht verständlichen systematischen Überblick über die Theorie und die Methodologie der historischen Fächer gebenden Buches: Einführung in die Wissenschaftstheorie], München 1970 ff., 43–195.
K.G. Faber: Theorie der Geschichtswissenschaft, München ⁴1978;
R. Koselleck/W.-D. Stempel (Hg.): Geschichte – Ereignis und Erzählung, München 1973;
H. Lübbe: Geschichtsbegriff und Geschichtsinteresse. Analytik und Pragmatik der Historie, Basel 1977; *Theorie der Geschichte*. Beiträge zur Historik. 6 Bde. München 1977-1990;
L. Paul: Gesetze der Geschichte. Geschichtslogische Rekonstruktionen zur Ortsbestimmung der Gegenwart, Weinheim 1978;
R. Koselleck: Vergangene Zukunft. Zur Semantik geschichtlicher Zeiten, Frankfurt 1979;
J. Rüsen: Grundzüge einer Historik.
   I. Historische Vernunft: Die Grundlagen der Geschichtswissenschaft, Göttingen 1983;
   II. Rekonstruktionen der Vergangenheit: Die Prinzipien der historischen Forschung, Göttingen 1986;
   III. Lebendige Geschichte: Formen und Funktionen des historischen Wissens, Göttingen 1989 [die von der früheren Theorie der Geschichte weitgehend losgelöste Theorie eines der Hauptvertreter der neueren Historik, mit einer gewissen Nähe zur Analytischen Philosophie und einer Fundierung des historischen Denkens in lebensweltlichen Interessen und Funktionen];

Ch. Meier/J. Rüsen (Hg.): Historische Methode, München 1988;
W. Küttler/ J. Rüsen/ E. Schulin (Hg.): Geschichtsdiskurs. 5 Bde., Frankfurt 1993–99 [die Bände bieten zwar keine vollständige Geschichte des historischen Denkens, reflektieren aber in der Abfolge ihrer kritischen Beiträge recht gut den Wandel dieses Denkens vom 18. Jahrhundert bis zur Gegenwart];
I.-S. Kowalczuk (Hg.): Paradigmen deutscher Geschichtsschreibung, Berlin 1994;
H.-J. Goertz: Umgang mit Geschichte. Eine Einführung in die Geschichtstheorie, Reinbek 1995 [die gegenwärtig beste Einführung in die *geschichtswissenschaftliche* Geschichtstheorie];
A. Fößl/Ch. Kampmann (Hg.), Wozu Historie heute?, Köln u.a. 1996;
K.E. Müller/J. Rüsen (Hg.): Historische Sinnbildung. Problemstellungen, Zeitkonzepte, Wahrnehmungshorizonte, Darstellungsstrategien, Reinbek 1997;
Th. Mergel/Th. Welskopp (Hg.): Geschichte zwischen Kultur und Gesellschaft. Beiträge zur Theoriedebatte, München 1997;
Ch. Lorenz: Konstruktion der Vergangenheit. Eine Einführung in die Geschichtstheorie, Köln u.a.1997;
F. Jaeger: Geschichtstheorie, in: Goertz 1998, 724–756 [dieser Aufsatz ist besonders für den Einstieg in die Theorie der Geschichtswissenschaft geeignet und mit einer guten Auswahlbibliographie versehen];
R.. Koselleck: Zeitschichten. Studien zur Historik, Frankfurt 2000 [eine Aufsatzsammlung des Autors aus drei Jahrzehnten]
J. Rohbeck: Technik – Kultur – Geschichte. Eine Rehabilitierung der Geschichtsphilosophie, Frankfurt 2000;
J. Rüsen: Kultur macht Sinn. Orientierung zwischen Gestern und Morgen, Köln u.a. 2006.
Vgl. auch die *internationalen Zeitschriften*:
History and Theory, 1960 ff. [mit zahlreichen Beiheften: Theme Issues]
Storia della Storiografia, 1982 ff. [erscheint viersprachig]

Von den wenigen Schriften, die die *Theorie der Geschichte historiographiegeschichtlich* entwickeln, sind außer der erwähnten von Blanke 1991 noch zu nennen:
W. Oelmüller/R. Dölle/R. Piepmeier: Diskurs: Geschichte, Paderborn 1980 [Dieser ältere Band ist insofern noch von Interesse, als er aus philosophischer Sicht einen Abriß über die Geschichte des historischen Denkens von der Antike bis zur Gegenwart gibt, diesen mit einschlägigen Texten zur Theorie der Geschichte flankiert und in einem längerem Anhang Grundliteratur zur Thematik auflistet].
Ch.-O. Carbonell: L' historiographie, Paris 1981 [eine zwar sehr knapp gefaßte, aber universalhistorisch angelegte Darstellung, die auch die Geschichtsschreibung in den nicht-westlichen Kulturen einbezieht];
W.D.v. Barloewen/C.v. Barloewen: Die Gesetzmäßigkeit der Geschichte. Evolution und Zivilisation: Von den Anfängen der Menschheit bis ins dritte Jahrtausend, Frankfurt 1988 [von diesem Werk ist nur Band 1 erschienen, welcher die Menschheitsgeschichte materialreich und kulturenübergreifend von der Ur- und Frühgeschichte bis zum Ende des Römischen Reichs nachzeichnet und dabei eine Theorie der Geschichte im Sinne einer „Geschichtsanthropologie" entwirft. Diese Theorie berührt sich in vieler Hinsicht – insbesondere durch den Einbezug der bioanthropologischen Seite der Kultur des Menschen - mit dem Grundsätzlichen der hier entwickelten Theorie der Geschichte];

W. Hardtwig (Hg.): Über das Studium der Geschichte, München 1990 [eine Einführung im Zuge einer Wiedergabe klassischer Texte der Geschichtstheorie in Ausschnitten von Chladenius bis J. Kocka];

Ch. Simon: Historiographie. Eine Einführung, Stuttgart 1996 [der Band gibt einen Überblick über die Geschichte der Historiographie von der Antike bis zur Gegenwart und eignet sich besonders für den Einstieg];

D. R. Woolf (Hg.): Global Encyclopedia of Historical Writing. 2 Vol., New York/London;

Th.E. Fischer: Geschichte der Geschichtskultur. Über den öffentlichen Gebrauch der Vergangenheit von den antiken Hochkulturen bis zur Gegenwart, Köln 2000;

L. Raphael: Geschichtswissenschaft im Zeitalter der Extreme. Theorien, Methoden, Tendenzen von 1900 bis zur Gegenwart, München 2003 [Der Vorzug dieser sich auf das 20. Jahrhundert beschränkenden Darstellung ist, daß sie auch die nicht-deutsche Historiographie des Westens einbezieht];

M. Völkel: Geschichtsschreibung. Eine Einführung in globaler Perspektive, Köln 2006 [Diese Schrift überschneidet sich thematisch und im Anspruch zum Teil mit dem vorliegenden Buch. Eine Würdigung und Auseinandersetzung mit dem dort durchaus kritisch vertretenen globalen Ansatz ist hier leider nicht möglich, weil der Autor erst nach Abschluß seines Manuskripts Kenntnis davon erlangt hat.].

Eine geschichtstheoretische Fundgrube sind auch die Darstellungen und Nachschlagewerke der Historischen Anthropologie, der Universalgeschichte, der „Geschichte der Kultur" und der Geschichte der Philosophie, der Literatur, der Religion, des Rechts und anderer Grundphänomene des Menschlichen. Aus der Vielzahl seien exemplarisch einige wenige genannt:

Kindlers Enzyklopädie Der Mensch. 10 Bde. Hg. H. Wendt/N. Loacker, Zürich 1982-1985;

Propyläen Weltgeschichte. Eine Universalgeschichte. 10 Bde., hg. G. Mann/A. Heuß,/ A. Nitschke (1960-1964), Sonderausgabe Berlin 1986;

W. Durant/A. Durant: Kulturgeschichte der Menschheit (engl.: The Story of Civilization, 1935 ff.), 18 Bde., hg. von H. Dollinger, Frankfurt 1981 [ein von der wissenschaftlichen Kritik kaum gewürdigtes monumentales Werk, das wegen seiner (zumeist impliziten) Theorie, seines Materialreichtums und seiner zeitlichen Erfassung und globalen Zusammenschau durchaus auch einen geschichtstheoretischen Wert hat];

F. Schupp: Geschichte der Philosophie im Überblick. 3 Bde., Bd. 1: Antike, Bd. 2: Christliche Antike und Mittelalter, Bd. 3: Neuzeit, Hamburg 2003;

Historisches Wörterbuch der Philosophie, hg. J. Ritter/K. Gründer. 12 Bde., Darmstadt/ Basel 1971-2004;

Kindlers Literaturlexikon. 12 Bde., hg. W. v. Einsiedel, Zürich 1965 (fotom. Nachdruck München 1986); *Kindlers Neues Literatur Lexikon (1996),* 23 Bde., hg. W. Jens, Hamburg.

5.2 Historische und gegenwärtige Anregungen zu einer umfassenden Theorie der Geschichte

Das mit diesem Buch ins Auge gefaßte Ziel ist freilich eine viel weiter gefaßte Theorie des historischen Denkens, als sie im Großteil der eben angeführten Literatur thematisiert wird. Denn sie will alle bisher je im größeren Umfang bedachten Gegenstände und angewandten Formen dieses Denkens umschließen. Das Material und die Vorstellungen für eine solche universale Theorie haben so außer den schon benannten Schriften zahllose weitere erst im fortlaufenden Text angegebene geliefert. Die primäre Grundlage freilich für diese Theorie der Geschichte sind die *klassischen Texte der Geschichtstheorie* selbst. Ein tieferes Eindringen in ihre Fragestellungen und Antwortversuche ist nur möglich durch die Lektüre der einschlägigen Texte insbesondere von Herodot, Thukydides, Cicero, Tacitus, Augustinus, Vico, Montesquieu, Voltaire, Rousseau, Herder, Kant, Schiller, Hegel, Droysen, Ranke, Marx, Darwin, Spencer, Morgan, Burckhardt, Nietzsche, Freud, Dilthey, M. Weber, Lamprecht und Cassirer. Es kommen außer der oben genannten Literatur im 20. Jahrhundert zahlreiche Werke zumeist geschichts*philosophischer* Art von überwiegend noch lebenden Autoren hinzu, wie vor allem die von Mitgliedern der französischen Annales-Schule (M. Bloch, L. Febvre, F. Braudel, J. Le Goff, G. Duby und anderen), von (Sozial-)Philosophen (N. Elias, K. Löwith, H. Blumenberg, K. Flasch, J. Habermas, K.-O. Apel, P. Ricoeur, H. Schnädelbach, V. Hösle), von Fachhistorikern (A. Borst, Th. Nipperdey, G. Dux), Literarhistorikern (E.R. Curtius, M. Fuhrmann, W. Burkert, A. Gurjewitsch, H.-R. Jauß, J. Bumke, U. Eco), Kunsthistorikern (A. Warburg, J. Huizinga, E. Panofsky, E.H. Gombrich), Ethnologen (K.E. Müller), Ägyptologen (J. Assmann), Kulturanthropologen (Scheler, Plessner, Gehlen, Landmann), Evolutionstheoretikern (K. Lorenz, G. Vollmer, H. Markl, N. Bischof) und Neurophilosophen (E. Oeser, P. Bieri, Th. Metzinger).

Die kritische Vorstellung und Befragung aller dieser Autoren macht einen Großteil der Darlegungen dieses Buches aus. Das insgesamt hierfür herangezogene Wissen ist – unbeschadet aller faktischen Einschränkungen – im Prinzip jedoch das ganze bisherige historische Denken auf allen seinen möglichen Betrachtungsebenen. Weil dabei aber im Zentrum des Interesses nicht die Inhalte, sondern die Formen, Funktionen und Strukturen des historischen Denkens stehen, werden Ausführungen über das historische Geschehen selbst und seinen Wandel natürlich zumeist nur exemplarisch zur Verdeutlichung der theoretischen Aussagen gemacht. Abgewichen von diesem Grundsatz wird in größerem Umfange nur in den Kapiteln des Teils A über das vormoderne Geschichtsdenken und in Teil E über das naturhistorische Denken im 20. Jahrhundert. In Teil A werden wichtige Erkenntnisse der kulturhistorischen Forschung selbst skizziert und die Darstellung nimmt in größeren Passagen den Charakter einer kleinen *Kulturgeschichte der Vormoderne* von der Frühgeschichte bis zur frühen Neuzeit an. Der Grund hierfür ist, daß das historische Wissen über diesen Zeitraum beim nicht speziell vorgebildeten Leser heute im allgemeinen sehr lückenhaft ist, der Ursprung des historischen Denkens und die bis heute nachwirkenden damaligen Weichenstellungen aber nur im Kontext des universalhistorischen Wandels der Kultur zu verstehen sind. In Teil E tritt dieses Problem in verschärfter Form auf. Hier dürfte es so sein, daß die Grundinformationen über den heutigen Erkenntnisstand der Physik, der Biologie und der Neurowissenschaften für nicht wenige der kulturwissenschaftlichen Leser überhaupt erst verständlich machen, warum der Geschichtsbegriff auch in bezug auf die Natur seine Berechtigung hat und was dadurch für die allgemeine Theorie der Geschichte gewonnen ist. Teil E ist so zugleich eine *Einführung in die Philosophie der Naturwissenschaften* und darüber hinaus ein Beitrag zur *Philosophie der Natur.*

5.3 „Der Mensch in seiner Geschichte" (C. F. v on Weizsäcker):
Die Idee zur hier entwickelten Theorie der Geschichte

Die hier vertretene Theorie der Geschichte geht ganz wesentlich auf die *historische Anthropologie* eines Nicht-Historikers, auf die des Naturwissenschaftlers, Philosophen und Sozialwissenschaftlers *Carl Friedrich von Weizsäcker*, zurück. Er hat diese Anthropologie in drei großen Schritten entwickelt: in seiner bereits 1948 in Vorlesungen dargelegten Theorie zur „Geschichte der Natur"[15], dann in seinen 1977 unter dem Haupttitel „Der Garten des Menschlichen" veröffentlichten „Beiträge(n) zur geschichtlichen Anthropologie" (München/Wien) und schließlich in seiner dieses historisch-anthropologische Denken 1991 in mehreren historischen Durchgängen zusammenfassenden Schrift: Der Mensch in seiner Geschichte (München/Wien). Wenn sich der vorliegende Band auch in keiner Weise mit der Philosophie und Anthropologie von Weizsäckers messen kann und will, so nimmt er doch dessen Grundverständnis von Geschichte auf und expliziert es in einigen Punkten weiter.

Zu erwähnen ist hier noch ein anderer Forscher mit seinem neuesten Buch. Es handelt sich um die Schrift „Die Geschichte der Ethnologie" (Wuppertal 2004) von *Werner Petermann*. Er thematisiert in seiner die europäische Kulturgeschichte von der Antike bis zur Gegenwart insgesamt erfassenden und dabei äußerst materialreichen und zugleich theoretisch anspruchsvollen Darstellung einen Großteil eben jener geschichtstheoretischen Fragen, die auch hier Gegenstand sind. Es darf vermutet werden, daß diese Schrift bald nicht nur ein Standardwerk der Ethnologie, sondern auch ein solches der historischen Wissenschaften insgesamt sein wird.

---

[15] Die Geschichte der Natur. Zwölf Vorlesungen, Göttingen 1948.

Teil A
Vormodernes Geschichtsdenken

2. „Kulturelles Gedächtnis" und „Ereigniszeit":
Grundformen historischen Denkens in frühen Kulturen

1. Existentiell-natürliche Zeiterfahrung und traditionalistisch geformtes
   Geschichtsbewußtsein   36
2. Pragmatisches Zeitbewußtsein und urzeitliches „kulturelles Gedächtnis" 39

Wenn sich auch die heutige Vorstellung von Geschichte, Geschichtlichkeit und Geschichtsbewußtsein erst im 18. Jahrhundert im Europa der Aufklärung langsam herausgebildet hat und so im Vergleich dazu alle früheren Geschichtsvorstellungen defizitär erscheinen müssen, so ist man sich doch heute sicher, daß Menschen bereits von der frühesten Zeit an Geschichte nicht nur, wie die Tiere, unbewußt „erfahren", sondern auch selbst ein Bewußtsein vom Wandel der Dinge, Menschen, Gedanken und Gefühle in der Zeit gehabt haben und deshalb auch alle sog. prähistorischen und jüngeren schriftlosen Völker immer schon geschichtlich gehandelt und ein Bewußtsein vom geschichtlichen Wandel gehabt haben – obwohl dieses die modernen historischen Wissenschaften und auch die Ethnologie ihnen, den „geschichtslosen Völkern", lange Zeit abgesprochen haben. Gewiß unterscheidet sich deren Geschichte – im objektiven wie im subjektiven Sinne – in mehrfacher Hinsicht von der bei den Schriftkundigen, wie zugleich auch in jenen oralen Gesellschaften „Geschichte" von Kultur zu Kultur jeweils eine andere ist. Aber alle steinzeitlichen und frühkulturellen Funde und alle ethnologischen Studien lassen keinen Zweifel daran zu, daß die Geschichtlichkeit im doppelten Sinne des Begriffs zu den Grundbestimmungsmerkmalen der menschlichen Existenz und Sozialität zählt.[1] Die Ausführungen dieses Kapitels nehmen ihren Ausgang von der existentiell-natürlichen Zeiterfahrung der Individuen und von dem durch die jeweilige Ethnie traditionalistisch geformten Geschichtsbewußtsein und legen dann dar, wie sich schon auf der Stufe der frühen Kulturen die dann auch von den Zivilisierten lange Zeit gepflegte Unterscheidung zwischen einem pragmatischen und einem „urzeitlichen" Zeit- und Geschichtsbewußtsein herausgebildet hat.

1. Existentiell-natürliche Zeiterfahrung und traditionalistisch geformtes Geschichtsbewußtsein

Der Ausgangspunkt allen Geschichtsbewußtseins und seine auch in den entwickelten Kulturen fortbestehende Grundlage ist das natürliche Zeitbewußtsein des Menschen.[1a] Es besteht darin, daß er das Hier und Jetzt seiner Situation bewußtseinsmäßig überschreiten, länger zurückliegende Zustände, Handlungen und Ereignisse erinnern und zeitlich „verorten" und die Welt insgesamt und sich selbst als im steten Wandel begriffen sehen kann. Dies öffnet ihm den Blick auf gegenwärtig nicht wahrnehmbare Teile der Welt und gewährt ihm überhaupt eine geistige Distanz gegenüber allen aktuell auf ihn einwirkenden Erfahrungen von außen und Regungen von innen. Diesen im Vergleich zu den Tieren wesentlich erweiterten

---

[1] Zur Begründung dieser an sich selbstverständlichen Annahme vgl. R. *Schott*: Die Macht des Überlieferungswissens in schriftlosen Gesellschaften, in: Saeculum 1990, 273-316.
[1a] Zur Evolution des natürlichen Zeitbewußtseins vgl. ausführlicher die Kapitel 53-55.

Ausgriff auf die Welt muß man – entgegen allzu einfacher Annahmen über das Zeit- und Raumbewußtsein früher Menschen – schon bei unseren steinzeitlichen Vorfahren, zumindest seit dem Aufkommen von Homo sapiens in Afrika vor rund 200.000 Jahren, voraussetzen. Alle sog. prähistorischen Spuren deuten darauf hin, daß sie bereits ein Bewußtsein von ihrem Lebenslauf, ihrer verwandtschaftlichen, sozialen und ethnischen Herkunft, ihrem Heranwachsen, Reifen und Altern, von markanten Ereignissen in ihrer Lebenszeit und von dem ihnen bevorstehenden Tod gehabt haben. Auch dürften sie schon früh ein Wissen vom normalen Weltenlauf, von der spezifische Zeitdauer und den natürlichen Ablaufschemata der Dinge und Geschehnisse, vom Wachsen, Gedeihen und Vergehen der Pflanzen und vom Lebenslauf der Tiere gehabt haben. Erst dieses Wissen hat die Hominiden einerseits zu Subjekten ihrer Lebensführung und andererseits – im Wissen, daß sich die eigene Existenz ständig in Abhängigkeit von der Welt befindet – zu Objekten der sie hervorbringenden, tragenden, ernährenden, knapp haltenden und sie im Tod letztlich zurückholenden Welt gemacht.[2] Im Unterschied dazu leben auch noch die am höchsten entwickelten Tiere so sehr in ihrer Gegenwart und sind in ihrer Selbstwahrnehmung noch so wenig von der Welt geschieden, daß man annehmen muß, daß sie sich nicht als Wesen mit einer situationsübergreifenden, lebenszeitlichen individuellen Identität wahrnehmen können.[3]

Streng genommen ist die Rede von einem natürlichen Zeitbewußtsein ungenau. Denn dem Menschen ist zwar die Anlage zur Vergegenwärtigung des nicht mehr Gegenwärtigen und des noch nicht Geschehenen gegeben. Aber diese Anlage bedarf zu ihrer Verwirklichung des Bewußtseins differenzierter Vorstellungsbilder und Verlaufsmuster und dann auch der Anhaltspunkte zur imaginativen Verortung der Ereignisse und Situationen auf einer inneren Zeitachse. Dies alles setzt aber bereits Kultur voraus. Das heißt, daß sich das menschliche Bewußtsein des Verfließens der Zeit und der Differenz zwischen der Gegenwart und einer in sich zeitlich gestuften Vergangenheit strukturell im Rahmen der Evolution der Kulturalität und inhaltlich in Abhängigkeit von den entstehenden jeweiligen Kulturen herausgebildet haben dürfte.[4] Individuell formt es sich deshalb bis heute einerseits in universaler kognitiver Strukturalität, andererseits in kulturspezifischer Inhaltlichkeit aus. Lebensgeschichtlich entfaltet sich so das Zeitbewußtsein von der frühen Kindheit bis zum hohen Alter überall auf der Erde in ähnlichen Formen und nimmt dennoch überall einen besonderen kulturellen Charakter an. Denn in jeder Gesellschaft wird

---

[2] Nach *N. Bischof*: Das Rätsel Ödipus. Die biologischen Wurzeln des Urkonflikts von Intimität und Autonomie, München/Zürich (1985), München 1989, 551 f., ist das Bewußtsein des jedem Individuum bevorstehenden Todes der letzte Reifeschub, der den Hominiden zum Menschen gemacht hat. Vgl. auch *W. Becker*: Das Dilemma der menschlichen Existenz. Die Evolution der menschlichen Individualität und das Wissen um den Tod, Stuttgart 2000.

[3] Tieren werden immerhin Erinnerungen z.B. an gute oder schlechte Futterplätze aus vorigen Jahren oder an Gefahrenstellen und einigen höherentwickelten Tieren sogar eine Art Trauer um verstorbene Artgenossen zugesprochen. Und es mag auch eine nicht nur instinktiv geregelte, sondern bewußt erlebte Zeiterfahrung geben, die ihrerseits der Keim menschlicher Zeiterfahrung ist.

[4] Über das Verhältnis von Natur und Kultur aus biologischer Sicht vgl. die Kapitel des Teils E und aus ethnologischer Sicht die Kapitel 25, 29, 30 und 32.3.

die erlebte und gestaltete Zeit entsprechend der für sie typischen Handlungs- und Denkformen[5], der in ihr im Jahresablauf praktizierten Arbeiten, religiösen Riten und Feiern, der in ihr erzählten Geschichten vom Ursprung der Welt und von der Bestimmung der eigenen Gemeinschaft und der den Individuen im Passieren der Lebensalter auferlegten Erfahrungen jeweils anders wahrgenommen und erinnert.[6]

Zwei Faktoren dürften das sich lebens- und gruppengeschichtlich überschneidende Zeitbewußtsein in allen urgeschichtlichen Kulturen besonders gefördert haben: die sich im Vergleich zu den nahen Tierverwandten verbessernde *Orientierung im Lebensraum* und die sich herausbildende *genealogische Orientierung*. Wie auch heute noch das Raum- und Zeitbewußtsein in der Vorstellung eng beieinander liegen und sich gegenseitig stützen, so ist zu vermuten, daß die in prähistorischer Zeit in größeren Territorien je nach Nahrungsangebot im jahreszeitlichen Rhythmus umherschweifenden menschlichen Kleingruppen ein ausgeprägtes Wege-, Orts- und Raumgedächtnis entwickelt und dabei die freundschaftlich-kooperative und feindliche Begegnung mit Fremdgruppen etwa in Bezug auf die gemeinsame Nutzung von Wasserstellen und von Sammel- und Jagdrevieren sehr genau in der Erinnerung bewahrt haben müssen. Dadurch dürfte sich die innere „Landkarte" der Individuen im Lebenslauf immer mehr mit eigenen Erlebnissen, berichteter Erfahrung anderer und Erzählungen von den Vorfahren angefüllt haben und muß aus dem Zusammenschluß dieser „Landkarten" ein die Generationen überdauerndes gemeinsames Wissen der Gruppen auch von der näheren und ferneren Vergangenheit entstanden sein. Eine entsprechende Rolle hat der Faktor Zeit natürlich im Ausgriff auch auf die nähere oder fernere Zukunft gehabt. Denn alle kulturellen Tätigkeiten beruhen nicht nur auf vorgängiger Erfahrung, sondern haben zum größten Teil ihr Ziel auch in der Zukunft, werden also, wie z.B. das Sammeln und Bevorraten, Bauen, Herstellen von Werkzeugen, Fallenstellen und Jagen, Säen und Züchten, Erziehen und Lehren, begonnen, ohne daß ihr Erfolg oder Nutzen momentan schon greifbar oder auch nur sicher ist.[7]

Eine sicherlich noch größere Bedeutung für die Ausbildung eines geschichtlichen Bewußtseins dürfte die Knüpfung interfamilialer und intergruppaler Ban-

---

[5] Den konstitutiven Zusammenhang von Zeitbewußtsein und Handeln hat besonders *G. Dux*: Die Zeit in der Geschichte. Ihre Entwicklungslogik vom Mythos zur Weltzeit, Frankfurt 1989, herausgearbeitet: „Alle ... Zeit ist Handlungszeit." (1989, 49) und „Die zeitliche Organisation der Handlung ist die zeitliche Organisation *kat'exochén*" (1989, 121).

[6] Daß erzählte Geschichten die verfließende Zeit strukturieren, sinnerfüllte Einheiten hervorbringen und Gesellschaften kulturell orientieren, ist die zentrale These von *J. Rüsen* in seiner Schrift: Zeit und Sinn. Strategien historischen Denkens, Frankfurt 1990. Vgl. auch *F. Vonessen*: Signaturen des Kosmos. Welterfahrung in Mythen, Märchen und Träumen, Reutlingen 1992.

[7] Vgl. *K.E. Müller*: Das magische Universum der Identität. Elementarformen des sozialen Verhaltens. Ein ethnologischer Abriß, Frankfurt/New York 1987; vgl. auch sein Resümee zu einer Theorie der Geschichte der Kultur, ebd., 369 ff.; ders.: Prähistorisches Geschichtsbewußtsein. Versuch einer ethnologischen Strukturbestimmung, in: Mitteilungen des ZIF 3, 1995, 3-17 (=Zentrum für Interdisziplinäre Forschung Bielefeld); ders.: Zeitkonzepte in traditionellen Kulturen, in: Müller/Rüsen 1997, 221-239; und ders.: Anfänge der Kulturentwicklung, in: F. Jaeger/B. Liebsch (Hg.): Handbuch der Kulturwissenschaften. Bd.1: Grundlagen und Schlüsselbegriffe, Stuttgart/Weimar 2004, 401-416.

de durch die allein beim Menschen bewußtwerdende Inzestvermeidung und durch den daraus folgenden Exogamiezwang gehabt haben.[8] Denn was bei Tieren, einschließlich der Menschenaffen, allein in natürlichen Dispositionen begründet ist, wird im Evolutionsprozeß personaler Beziehungsfähigkeit des Menschen durch die bewußte Kenntnis der verwandtschaftlichen Herkunft der Gruppenmitglieder gestützt. Stimmt man der phylogenetisch, humanethologisch und ethnologisch sehr plausibel gemachten These zu, daß die Ablösung der Hominiden von den äffischen Primatenlinien ganz wesentlich durch die Entstehung der Intimgemeinschaft Familie, d.h. des Paares mit seinen Kindern, und des Zwanges der Individuen erfolgt ist, diese erste Gemeinschaft in der Jugendzeit zu verlassen und durch eine zweite zu ersetzen, die mit einem fremden Geschlechtspartner zu schließen ist, dann bedeutet dies, daß die interpersonale Orientierung der jeweils zusammenlebenden Individuen außer durch das von Natur aus angelegte und durch Kultur geprägte aktuelle Beziehungsgeflecht ganz fundamental durch die Erinnerung an frühere Beziehungen und durch die in der Gruppe vermittelte Kenntnis der Abstammungs- und Verwandtschaftslinien begründet ist. Es läßt sich deshalb das spezifische Handeln und Denken der Menschen in frühen Kulturen nur angemessen verstehen, wenn man auch deren bewußten Rückgriff auf das eigene und von den Vorfahren überlieferte genealogische und Weltwissen einbezieht. Das ist ein gewichtiger Grund, weshalb zur Erforschung rezenter primitiver Gesellschaften über die bloße Ethnographie des Aktuellen hinaus Ethnohistorie[9] in dem Sinne betrieben werden muß, daß deren Mitglieder nach ihrem Wissen über die Vergangenheit befragt werden.[10]

2. Pragmatisches Zeitbewußtsein und urzeitliches „kulturelles Gedächtnis"
2.1 Ereigniszeit und Weltzeit:
Die pragmatische und die religiös-mythische Begründung des Zeitbewußtseins

Klarere Konturen dürfte das nur zu erahnende früheste Zeitbewußtsein mit dem Entstehen der ersten Ackerbau- und Viehzüchter-Kulturen vor gut 10.000 Jahren, danach mit der weltweiten Entstehung und Verbreitung von sog. Stammesgesellschaften und schließlich mit der Herausbildung erster Hochkulturen im Alten Orient vor gut 5.000 Jahren angenommen haben. Die sich im Bewußtsein der Individuen seither immer deutlicher abzeichnende Differenz zwischen dem Früheren und dem Heutigen und dem Veränderlichen und Beständigen im Leben schlug sich hier bereits in einer ersten bewußt artikulierten Geschichtsdeutung nieder, und zwar in der Unterscheidung zwischen der aus der Vergangenheit linear auf die Gegenwart und die Zukunft zulaufenden und von den Individuen pragmatisch erfahrenen und genutzten *Ereigniszeit* einerseits und der in einem göttlichen Schöpfungsakt geschaffenen, immerwährenden und deshalb für bedeutender gehaltenen und im

---

[8] Die These von der natürlichen Exogamieanlage hat der Biologe und Psychologe N. Bischof in seiner o.g. Schrift aus der Perspektive aller einschlägigen Humanwissenschaften sehr ausführlich und überzeugend begründet.
[9] Zum Status der Ethnohistorie in der deutschen Völkerkunde vgl. Kapitel 29.
[10] Einen populärwissenschaftlichen Überblick im guten Sinne gibt der von *G. Burenhult* herausgegebene Band 2 der „Illustrierte(n) Geschichte der Menschheit" (The Illustrated History of Mankind): Die Menschen der Steinzeit. Jäger, Sammler und frühe Bauern, Augsburg 2000.

„kulturellen Gedächtnis"[11] aufgehobenen „*Weltzeit*"[12] andererseits.[13] Kulturenübergreifend ist dabei, daß die Ereigniszeit, d.h. die Zeit des alltäglichen Lebens, fast überall realistisch-diesseitig begründet ist, die Weltzeit des kulturellen Gedächtnisses dagegen im wesentlichen auf religiös-mythischen Vorstellungen fußt. Diese in allen traditionalen Gesellschaften in großer Vielfalt anzutreffende und die Weltanschauung insgesamt fundierende Unterscheidung von Ereigniszeit und Weltzeit bedarf einer näheren Erläuterung.

2.2 Die pragmatische Überlieferung zwischen Erneuerung und Bewahrung der Kultur

Das auf die Ereigniszeit bezogene pragmatische Geschichtsbewusstsein legt sich in den frühen Kulturen nochmals in zwei polar aufeinander bezogenen Deutungsrichtungen aus.[14] So steckt in der Übermittlung des aus der Vergangenheit kommenden Weltwissens an die jeweils nachwachsende Generation einerseits ein beharrendes, konservatives Moment, andererseits aber zumindest die Möglichkeit, daß dabei, indem dieses Wissen immer durch das Nadelöhr der subjektiven Weitergabe und Aufnahme gehen muß, die bisherige Kultur verändert wird und überhaupt ganz Neues entsteht und gefunden wird. In letzterer Hinsicht zielt die Enkulturation[15] über das Erlernen des seit alters Bewährten hinaus auf die Erprobung der darin enthaltenen, jedoch noch nicht verwirklichten Möglichkeiten und verweist so auf die Zukunft. Denn erst dadurch, daß dabei erstmals gemachte Erfahrungen, Entdeckungen und Erfindungen, gewonnene Einsichten, geschaffene Werke und ausgebildete Fähigkeiten und Techniken sich nicht in der Lebenszeit jeweiliger Individuen und in der Bestandzeit einzelner Gruppen erschöpfen, sondern an andere Gruppen und die folgenden Generationen weitergegeben werden, wird Kultur als der zeitübergreifende, gemeinsam in Ethnien geteilte Komplex von Wissen und Können inhaltlich weiter angereichert und differenziert. In der ersteren Hinsicht sind sich jedoch alle Gesellschaften dessen bewußt, daß jedes Neue ein Risiko in sich birgt. Sein augenblicklicher Erfolg muß nicht von Dauer sein, kann sich sogar als ein Schaden herausstellen. Das wissen insbesondere die Alten aus ihrer längeren Lebenserfahrung und

---

[11] Vgl. hierzu vor allem Assmann 1992.
[12] Begriff nach *K.E. Müller* (1997). Er gliedert die Zeit insgesamt in die „schöpferische Urzeit", die „lebendig erlebte Gegenwart" und die nur etwa drei Generationen umfassende „Zeit dazwischen", die des Ahnenkults (226-230).
[13] Die Notwendigkeit einer solchen Unterscheidung gehört heute zu den Grundeinsichten der Ethnologie und der Mythologieforschung. Vgl. außer den genannten Schriften von *K.E. Müller* die folgenden von *H.P. Duerr*: Traumzeit. Über die Grenze zwischen Wildnis und Zivilisation, Frankfurt 1978; *H. Blumenberg*: Arbeit am Mythos, Frankfurt 1979; *K. Hübner*: Die Wahrheit des Mythos, München 1985; *W. Burkert*: Mythos und Mythologie, in: Propyläen Literaturgeschichte, Bd. I, Berlin 1981, 11 ff.; *A. Grabner-Haider*: Strukturen des Mythos. Theorie einer Lebenswelt, Würzburg 1993; *K.-H. Kohl*: Ethnologie. Die Wissenschaft vom kulturell Fremden, München 1995; *J. Taubes*: Vom Kult zur Kultur. Bausteine zu einer Kritik der historischen Vernunft. Gesammelte Aufsätze zur Religions- und Geistesgeschichte, hg. von A. u. J. Assmann u.a., München 1996.
[14] Vgl. hierzu besonders die o.g. Darlegungen von K.E. Müller 1995 und 1997.
[15] Dieser ethnologische Begriff bezeichnet den individualgeschichtlichen Prozeß der Verinnerlichung des kulturellen Wissens im weitesten Sinne.

aus den in Sprichwörtern, Lebensweisheiten und Erzählungen aufgehoben Lehren – und stemmen sich deswegen zumeist gegen die Aufgabe des Bewährten und die schnelle Annahme des Neuen. Vor einer allzu raschen heutigen Kritik an dem damit verbundenen Verzicht der meisten traditionalen Gesellschaften, Neues zu erproben und zum Anlaß weiterer Entwicklung und Verbesserung zu machen, also an ihrem „trägen" Festhalten am Traditionellen, ist zu bedenken, daß ihnen auf ihrem „naturwissenschaftlichen" und „technischen" Kenntnisstand jene Möglichkeiten in der Regel undurchschaubar bleiben mußten und wegen der ungeheuer langsamen Entwicklung der Kultur insgesamt ihnen die Einsicht in die „Mechanik" des durch einzelne Veränderungen bewirkten längerfristigen historischen Wandels verwehrt war. Denn wie in wechselnden Situationen ständig Altes mit Neuem konkurriert, wie in Veränderungsprozessen das eine auf dem anderen aufbaut, es aufhebt und modifiziert und warum im Zusammenschluß einzelner Erfindungen und Entdeckungen mitunter etwas ganz Neues und Zukunftsträchtiges oder auch Katastrophales entsteht, das haben selbst die entwickelten Hochkulturen mit all ihrer aufwendigen wissenschaftlichen Forschung nur langsam und auch das oft nur in groben Umrissen und zu spät erkannt.

Aus dieser ebenso realistischen wie tief verankerten geschichtlichen Erfahrung überwiegt in den traditionellen Gesellschaften das konservative Moment das progressive bei weitem. Deshalb haben sich die von den Vorfahren übernommenen Lebensweisen scheinbar immer fast unverändert in die Zukunft hin fortgesetzt und hat zum Teil auch die Ethnologie bis in die jüngste Zeit gemeint, den Stammesgesellschaften der Primitiven eine bzw. ihre Geschichte, und zwar auch im Sinne des objektiven Wandels der Verhältnisse und Sichtweisen, absprechen zu müssen. Bei den Primitiven selbst hat sich dies in einer Haltung niedergeschlagen, die den dennoch unübersehbaren, ständig im eigenen Lebensraum herbeigeführten und ständig erfahrenen Wandel der Verhältnisse – etwa mit dem Tod der nahen Anverwandten, den kriegerischen Auseinandersetzungen und den Naturkatastrophen – als unbedeutend erklärt und jedenfalls den „Lauf der Welt" dadurch nicht angetastet sieht. Die Enkulturation konnte in diesen Gesellschaften deshalb auch keine andere Gestalt als die annehmen, daß durch sie die bisher bewährte materielle Kultur, die Sprache, der Kult, die Moral und die Lebens-, Wirtschafts- und Herrschaftsformen so unverändert wie möglich von Generation zu Generation weitergereicht wurden.

2.3 Die genealogische, religiös-mythische und natürlich-kosmische Begründung des
  kulturellen Gedächtnisses

Es ist vermutlich diese Haltung, die das die Zeit stillstellende und den Wandel negierende „kulturelle Gedächtnis" im Laufe vieler Generationen hervorgebracht hat. Neben der Neigung, einem geschlossenen, auf Dauer angelegten und sinnkonstituierenden Weltbild zu vertrauen, gibt es drei weitere Gründe, die dieses im wechselseitigen Bezug erst wirklich konstituieren: die genealogische, die religiös-mythische und die natürlich-kosmische Vorstellung von der „*Urzeit*". Der erste Schritt hierzu dürfte seinen Ausgang von dem genealogischen Bewußtsein genommen haben, genauer: von der Erweiterung der genealogischen Ahnenverehrung in Richtung auf die Vorstellung von einem Urvater, der in sagenhafter Frühzeit die eigene Gemeinschaft geschaffen habe. Seit seinem Gründungsakt, so wird angenommen, wacht dieser über deren Wohl und Wehe, weshalb ihm alle Nachgeborenen aus Dankbarkeit und zum Erhalt seiner weiteren Gunst an einem heiligen Ort, gegenüber seinem heiligen Abbild (Totem) und im heiligen Ritus Verehrung schulden. In der Projektion kann dieser Urvater auch bereits der göttliche Schöpfer der ganzen Welt sein. In den meisten Mythen ist er aber ein an dessen Macht nur partizipierender direkter Abkömmling.

Der zweite, die Tiefe der Zeit noch weiter auslotende Schritt dürfte in den meisten Ethnien in Vermutungen über den Anfang der Welt bestanden haben. Jedenfalls ist nach verbreiteter mythischer Darstellung die Ausgangssituation der Welt- und Menschengeschichte ein zeitindifferentes Chaos, aus dem während einer dramatischen Schöpfungszeit die Welt entsteht. Ein Unglück läßt dann, zumeist noch in der Urzeit, die gut geschaffene Weltordnung „doppelbödig" werden, als eine flüchtige, ständig bedrohte Menschen-Gegenwart einerseits und eine von dem Schöpfergott und ihm entstammenden weiteren Göttern getragene, sich vor allem in kosmischen Phänomenen zeigende, ewige Weltzeit andererseits. Die lineare, rasch entstehende und vergehende, allenfalls zeitweilig stabilisierbare, mit Leiden und Freuden ausgefüllte Ereigniszeit der Menschen erhält so einen festen Grund. Die die Welt und alles menschliche Leben begründende „Urzeit" wird an den Höhepunkten des Gruppenlebens, vor allem im Fest, in religiösen Riten und kunstvoll erzählten, szenisch dargestellten und so erlebnismäßig wiederbelebten Mythen immer wieder beschworen, so daß die alltägliche Existenz der Individuen und das sonstige aktuelle Geschehen in der Gruppe als unbedeutende Ereigniszeit und „Oberflächen"-Geschichte dagegen verblaßt. Dieser Urzeit-Mythos vermittelt den Individuen nicht nur ein elementares Bewußtsein von der Geschichte der Welt und der eigenen Gruppe, sondern gibt dem gegenwärtigen Erfahrungsraum auch einen größeren Sinn und verspricht für künftige Zeiten einen sicheren Halt. Ein solches Zeit- und Geschichtsbewußtsein dient so auch dem inneren Zusammenhalt der Ethnien selbst – weshalb diese ein Interesse daran haben, ihr mythologisches Gedächtnis ihren Mitgliedern zeitlebens unverlierbar einzuprägen – und der existentiellen Vergewisserung der Individuen. Denn diese Geschichte gibt ihrem „kleinen" Leben im Wechsel der Generationen einen Sinn und allgemein im Strom der Zeit einen Ort. Von seinem allgemeinmenschlichen motivationalen Ursprung her ist so das kulturelle Gedächtnis eine „Kontingenzbewältigungsstrategie", ein Ausdruck des Sicherheits- und Sinnbedürfnisses der Menschen und damit sicherlich auch der in allen frühen Kulturen nachweisbaren Religiosität, d.h. des Bedürfnisses, hinter der mit den Sinnen wahrnehmbaren Welt eine andere, mächtigere Welt der Geister und Götter anzunehmen. Gerade weil zu den frühesten bewußten Erfahrungen der Menschen die Beobachtung gehört haben dürfte, daß der übliche Lauf der Dinge jederzeit durch eine Wendung zum Guten oder zum Schlechten hin unterbrochen werden kann, daß etwa die Witterung, das Nahrungsangebot, das Auftauchen von Feinden, der Verlauf von Krankheiten nicht sicher vorhersagbar sind, wirkte das Undurchschaubare und anscheinend Widersprüchliche der Welt dann am wenigsten beunruhigend und war dann am leichtesten zu begreifen, wenn man sie als Ausdruck strafender oder wohlwollender jenseitiger

Mächte und damit als aktuelle und letztlich unwesentliche Abweichungen der von ihnen als unwandelbar geschaffenen Ordnung betrachtete.

Diese übernatürliche Begründung der Welt erhielt schließlich eine zusätzliche Bekräftigung aus der Beobachtung der *Kreisförmigkeit kosmischer und natürlicher Vorgänge* in der sichtbaren Welt selbst. Denn bei aller Vorsicht, die geboten ist, wenn man sich in die Bewußtseinslage von Menschen früher Kulturen versetzen will, darf man doch vermuten, daß den Menschen die Grundverfassung der Welt, des menschlichen Lebens und sozialen Geschehens als gleichbleibend erschienen ist. Wohin der einzelne auch blickte, alles blieb entweder unverändert (an seinem Ort) oder kehrte nach einer Weile zu seinem Ausgangspunkt zurück.[16] Auch die leibliche Seite des Menschen und die individuellen und sozialen Lebensvollzüge müssen ihnen in die natürlichen Kreisläufe eingebettet erschienen sein, wie sie ja auch die zeitliche Gliederung sowohl ihres Alltags als auch ihres Festtagskalenders nach dem Stand von Sonne, Mond und Firmament bestimmt und später darauf ihre Uhren geeicht haben.

Fragt man deshalb pointiert danach, warum die Menschheit über den längsten Teil ihrer Geschichte den geschichtlichen Wandel der Dinge im modernen Sinne von Geschichtlichkeit nicht wahrgenommen hat, so kommt man zu der Annahme, daß es gerade das genaue Befolgen der geschichtlich entstandenen Konventionen und Sichtweisen, d.h. ihr Traditionalismus, ihr Verhaftetsein in Geschichte, gewesen ist, der ihnen ein Bewußtsein vom geschichtlichen Wandel verwehrt hat. In beiden Formen des Zeitbewußtseins freilich, der Ereignis- wie der Weltzeit, ist Tradition die einzig mögliche Strategie der personalen und kollektiven Kontinuität, Konsistenz und Kohärenz.[17]

---

[16] Diese Grundvorstellung von der an natürliche und kosmische Rhythmen gebundenen Zirkularität des Menschlichen charakterisiert auch viele andere nicht-europäische Hochkulturen wie etwa den Kalender der Mayas oder die Annahme einer Seelenwanderung und Wiedergeburt u.a. im Hinduismus.

[17] Vgl. *B. Auerochs*: Tradition als Grundlage und kulturelle Präfiguration von Erfahrung, in: Jaeger/Liebsch 2004, 24-37.

3. Staatlichkeit, Götterglauben und Literalität:
Konstitutive Momente frühhochkulturellen Geschichtsbewußtseins

1. Kontinuität und Wandel des historischen Bewußtseins beim Entstehen
   von Hochkulturen   45
2. Zivilisationen als staatlich verfaßte, religiös legitimierte und schriftgestützte Kulturen   47
3. Das kommunikative und das kulturelle Gedächtnis als Träger der Tradition   52
4. Das textuelle Gedächtnis als festere Form des sozialen Gedächtnisses   56

Die frühkulturelle Art der Geborgenheit des Menschen in einem mythisch-transzendent begründeten kulturellen Gedächtnis, auf das seit dem 18. Jahrhundert nicht wenige Menschen in Europa nostalgisch zurückblicken, ist auch noch den meisten Menschen der frühen und entwickelten Hochkulturen der Vormoderne in ihren Religionen erhalten geblieben. So lebt in den „Ideologien" des alten Ägyptens, des Alten Orients, des klassischen Altertums und des christlichen Mittelalters ein Großteil jenes frühkulturellen Erbes fort und setzt das kulturelle Gedächtnis überhaupt aller Völker dem raschen kulturellen Wandel bis heute einen erheblichen Widerstand entgegen. Das ist auch deswegen nicht verwunderlich, weil der doppelte Zeitbezug einer pragmatischen ereigniszeitlichen Vergangenheits- und Gegenwartsorientierung und einer zeitübergreifenden ideellen Verankerung ein durchaus tragfähiges Modell der Wirklichkeitsbewältigung für die Gesellschaft und für jeden einzelnen ist. Und ähnlich wie die alten Ägypter in der Verehrung ihrer Götter und des göttlichen Pharao und im Festhalten an einer zeitlos gültig erscheinenden sozialen Ordnung ihre dynastische und politische Ereignisgeschichte bloß als deren wechselnden Ausdruck gedeutet und im langen Zeitraum von rund dreitausend Jahren das Leben der Individuen in seinem irdischen und jenseitigen Verlauf in diese Ordnung einfügt sahen, haben auch viele andere Hochkulturen bis zu ihrem Eintritt in die Moderne ein solches Zeit- und Geschichtsverständnis gehabt. Gerade dieser Vergangenheitsbezug ist es, der sie, neben anderen Merkmalen der Traditionalität, dem vormodernen Gesellschaftstyp zugehörig erscheinen läßt.[1]

Der Beginn dieses inzwischen rund 5000 Jahre währenden Menschheitsexperiments „Zivilisation" hat allerdings einen nochmals mindestens *5000 Jahre währenden Vorlauf*. Dieser ist vor allem charakterisiert durch einen neuen Umgang mit bestimmten Tieren und Pflanzen, mit ihrer bewußt betriebenen Züchtung zu Haustieren und zu angebauten Nutzpflanzen. Das hat nicht nur Veränderungen der äußeren Lebensbedingungen und Lebensformen der Menschen zur Folge, sondern greift auch von Anfang an tief in ihren „seelischen Haushalt" ein und ist umgekehrt seinerseits vermutlich hauptsächlich in einem vorgängigen Wandel des Welt- und Selbstverständnis und damit des Zeit- und Traditionsverständnis der Menschen begründet. Das so in Jahrtausenden angebahnte, ermöglichte und beförderte Entste-

---

[1] Grundsätzliches bei *E. Voegelin*: Ordnung und Geschichte. Die kosmologischen Reiche des alten Orients – Mesopotamien und Ägypten, hg. von J. Assmann. Aus dem Engl. (Louisiana 1956) von R.W. Sonnenschmidt, München 2002 (Bd. 1 des aus dem Englischen ins Deutsche übersetzten zehnbändigen Opus magnum von Voegelin: Order and History, München 2001-2005).

hen einzelner Hochkulturen führt dann aber doch zu einer nochmals grundsätzlich neuen Art des menschlichen Zusammenlebens und leitet auch einen Bruch mit der früheren Art des Traditionsbewußtseins und –verhaftetseins ein. Zum Verständnis dieses Wandels wird im Folgenden etwas ausführlicher auf den real- und mentalitätsgeschichtlichen Kontext des sich unter zivilisatorischen Verhältnissen herausbildenden neuen Geschichtsbewußtseins eingegangen. Es wird so zunächst der kulturgeschichtliche Weg von den frühen Kulturen zu den Hochkulturen nachgezeichnet. Es folgt die Charakterisierung der Zivilisationen als Kulturen, die staatlich verfaßt, religiös legitimiert und schriftgestützt sind. Dabei zeigt sich schließlich, daß und inwiefern die Entstehung, die Erhaltung und Entfaltung der frühen Hochkulturen in der Pflege ihres „kommunikativen, kulturellen und textuellen Gedächtnisses" (J. Assmann) begründet sind.[2]

1. Kontinuität und Wandel des historischen Bewußtseins beim Entstehen von Hochkulturen

1.1 Das Leben in der Zivilisation als Herausforderung an die Psyche des Menschen

Die zentrale – in gewisser Hinsicht bis heute aktuelle – Herausforderung des Menschen in der Zivilisation hat in der Meisterung des Problems bestanden, wie er damit fertig wird, daß er als ein Kleingruppenwesen von Natur von nun an sein Leben inmitten vieler anderer, ihm zumeist unbekannt bleibender Menschen in einem sozialen Großgebilde führen muß. Hat sich das Leben über Jahrhunderttausende zuvor auf ein kleines im wesentlichen verwandtschaftlich organisiertes Gemeinwesen mit losen Kontakten zu benachbarten Gruppen desselben Typs beschränkt, so weitet sich jetzt der Horizont der Individuen räumlich und mitmenschlich ins Unüberschaubare, müssen die Individuen und kleinen Gruppen jetzt hinnehmen, daß es jenseits des lokalen Lebenskreises von Familie, Clan und Dorf und der regionalen Kult- und Stammesgemeinschaft „hinter den Bergen" – in einer Stadt, auf einer Burg, in einer Residenz – eine in ihr Leben über Beamte regulierend eingreifende weltliche und religiöse Herrschaft gibt, daß sie als Einzelne nach Geburt und Besitz einem bestimmten Stand angehören, die Art der Befriedigung ihrer elementaren Lebensbedürfnisse ganz entscheidend von der Nähe oder Ferne zu den mit Macht ausgestatteten und untereinander hierarchisch positionierten Herrschaftsbeauftragten abhängen und daß ihr zwischenmenschlicher Umgang von einem weiträumig geltenden Recht geprägt ist. Die bisherige hochkulturelle Geschichte lehrt uns, daß die menschliche Psyche mit diesen Herausforderungen im allgemeinen fertig geworden ist und trotz der dabei in Kauf zu nehmenden Nachteile und Verluste die Überlegenheit und die Attraktivität der zivilisatorischen Form des Zusammenlebens bis heute sogar immer noch gewachsen sind.

---

[2] Einen Gesamtüberblick über die frühen Hochkulturen des Alten Orients geben *J.M. Sasson* (Hg.): Civilizations of the Ancient Near East. 4 vol., New York 1995; *H. Steuer/ U. Zimmermann* (Hg.): Streifzüge durch die frühen Hochkulturen. Ein historisches Lesebuch, München 1994; Band 3 von *Burenhult* 2000: Die Kulturen der Alten Welt. Die ersten Städte und Staaten.

1.2 Der kulturgeschichtliche Weg von den frühen Kulturen zu den Hochkulturen

Nun hat der Prozeß der Entstehung und der Entfaltung zumindest der originären Hochkulturen einen Zeitraum von mehreren Jahrtausenden eingenommen und sind alle zivilisatorischen Neuerungen im Laufe von Jahrhunderten auf ihre anthropologische Kompatibilität und ihren unmittelbaren und längerfristigen Nutzen an der Wirklichkeit überprüft worden. Dabei hat man feststellen können, daß alle Hochkulturen – seien es die von Mesopotamien, Ägypten, China, Indien oder Mittel- und Südamerika – im Grundsatz, den geographischen und klimatischen Bedingungen freilich Rechnung tragend, den gleichen Weg beschritten haben. Das legt die Annahme nahe, daß die Zivilisation als ein Typ des Zusammenlebens schon vor ihrer Entstehung als eine Möglichkeit in der Natur des frühen Menschen angelegt war, Zivilisationen bei einem fortgeschrittenen Stand der Technik mit einer gewissen Notwendigkeit entstehen mußten und ihre Strukturen heute zu Recht Gegenstand einer universalistisch argumentierenden Soziologie sind.

Von Seiten einer fortgeschrittenen Naturbeherrschung beginnt dieser Prozeß mit der Entwicklung von Ackerbau und Viehzucht. Er setzt sich mit dem Übergang von der bloßen Subsistenzwirtschaft zu einer Überschußproduktion fort. Diese hat ein beträchtliches Bevölkerungswachstum zur Folge, was zur Gründung und dauerhaften Bewohnung größerer Siedlungen und Städten führt, die ihrerseits der Ort sind, an dem ein durch grundlegende technische Erfindungen beförderter und arbeitsteilig verfaßtes Handwerk entsteht. In seinem Gefolge nimmt der kommunikative Wissens- und der händlerische Warenaustausch ständig zu und mündet die wachsende Konkurrenz der Siedlungsgemeinschaften, Stämme und Städte untereinander entweder in den friedlichen Abschluß von Handels- und Verteidigungsbünden oder entlädt sich in kriegerischen Auseinandersetzungen, an deren Ende nach der Schaffung großräumiger Abhängigkeitsverhältnisse, der gewaltsamen Unterwerfung der Nachbarn und der Eroberung größerer Territorien in Verbindung mit der Integration aller dort früher selbständig siedelnden Stämme und Ethnien zumeist ein von einem Herrschaftszentrum aus verwalteter Staat entsteht.

1.3 Fragen nach den Bedingungen der Entstehung von Hochkulturen

Entgegen dieser idealtypischen Entwicklungslinie weiß man jedoch, daß die Entstehung von Hochkulturen ein umweghafter, ständig von gewaltsamen Konflikten geprägter, instabiler und oft in Sackgassen endender Prozeß gewesen ist, so daß es erstaunlich ist, daß sich die hochkulturelle Sozialität trotzdem weltweit durchgesetzt hat. Denn auf der Verlustseite steht vieles: die Aufgabe der ausschließlichen Loyalität gegenüber persönlich bekannten Menschen des eigenen Lebenskreises zugunsten einer fernen Herrschaftsinstanz und die damit verbundenen Probleme der Individuen, sich in einem unüberschaubaren Großgebilde zu orientieren und sich mit ihm zu identifizieren, die Hinnahme der Akkumulation von wirtschaftlicher und politischer Macht in und durch herrschende Familien und Geschlechter und allgemein schließlich die weitgehende Entmündigung der lokalen Gruppen und überhaupt des „Volkes" oder doch zumindest die Einschränkung ihres früheren Rechts, die eigenen Angelegenheiten nach „Väterbrauch" in gemeinsamer Beratung zu regeln – und dies alles zugunsten einer Sozialität, die im Sinne des modernen Begriffs der strukturellen Gewalt durch eine institutionalisierte und in der Regel geburtsständisch definierte Ungleichheit ihrer Mitglieder gekennzeichnet ist. In der Tat sind alle vormodernen Hochkulturen im Vergleich zu den eher egalitär und „demokratisch" verfaßten frühen Kulturen durchweg Gesellschaften der prinzipiell Ungleichen, der sozialen Differenzierung und vielfachen Abstufung in Freie und Unfreie, Mächtige und Ohnmächtige, in Herrschende, Verwaltende und Produzierende, Reiche und Arme, Gebildete und Ungebildete, in berufsständisch organisierte Städter und einfache Landbewohner. Die Frage ist deshalb unabweislich, wie es im Übergang von den primitiven zu den staatlichen Gesellschaften den herrschenden Gruppen hat gelingen können, immer mehr Menschen unter ihre Gewalt zu bringen, ihren Befehlen auch ohne ständige persönliche Gegenwart Geltung zu verschaffen, bzw. aus der anderen Perspektive gefragt, warum in den Zivilisationen die Vielen den Wenigen gehorchen und sich einer Ordnung fügen, die Wenigen die alleinige Verfügungsgewalt über Menschen und Mittel zugesteht. Es scheint sicher, daß zur Erklärung dessen nicht allein das Argument der Einschüchterung durch Gewaltanwendung und die menschliche Bereitschaft zur Unterordnung und zum Gehorsam reicht, sondern auch die historisch-gesellschaftlich erzeugte Prägung des Bewußtseins und die Wirkung der neu entstehenden Lebensformen eine wichtige Rolle spielen.

2. Zivilisationen als staatlich verfaßte, religiös legitimierte und schriftgestützte Kulturen

Die genaueren Antworten auf diese Fragen lassen sich aus den Strukturen der geschichtlich erfolgreichen Hochkulturen erschließen. Diese sind durch drei Merkmale gekennzeichnet: durch eine legitim erscheinende und administrativ effektive staatliche Herrschaft, einen alle Individuen und Teilgruppen verbindenden Götterglauben und den Gebrauch eines die Herrschaft und die Ideologie sichernden Schriftsystems. Staat, Götterglauben und Schrift sind in der Tat auch die drei konstitutiven und zukunftsträchtigen Merkmale der seit dem späten vierten vorchristlichen Jahrtausend im alten Ägypten und – bei wechselnder Herrschaft von Völkern – in Mesopotamien sich herausbildenden ersten Hochkulturen der Welt. Wenn sich dieser Gesellschaftstyp trotz der in seinem Gefolge immer produzierten sozialen Verwerfungen, wirtschaftlichen Katastrophen und ideellen Verunsicherungen immer mehr auf der Erde durchgesetzt hat, dann beruht dies auf der wechselseitigen Durchdringung, Stützung und Weiterentwicklung von „Staat", „Religion" und „Schrift".[3]

2.1 Staatlichkeit: Ordnung, Recht, Verwaltung, Technologie, Versorgung und Sicherheit

Eine erste Antwort auf die oben gestellten Fragen ist deshalb, daß die staatlich verfasste Herrschaft trotz der offensichtlichen Benachteiligungen der Mehrheit

---

[3] Vgl. u.a. *K. Eder*: Die Entstehung staatlich organisierter Gesellschaften. Ein Beitrag zu einer Theorie sozialer Evolution, Frankfurt 1976; *W. Leuthäusser*: Die Entwicklung staatlich organisierter Herrschaft in frühen Hochkulturen am Beispiel des Vorderen Orients, Paderborn: Diss. 1996.

der Menschen auch für sie Vorteile gehabt oder zumindest scheinbar gehabt hat. Der Staat schafft einen weltlich-vernünftigen Handlungs-, Verwaltungs- und Ordnungsrahmen, setzt gewisse Rechtsnormen durch, die die einzelnen vor schierer Willkür und partikularer Gewaltanwendung der „Starken" schützen, bedient sich einer vor Ort wirkenden, gegenüber der Zentralmacht verantwortlichen Beamtenschaft, sorgt für ein weiträumiges Kommunikationsnetz, verbindet unterschiedliche Ethnien und Sprachgemeinschaften durch eine staatliche Verkehrssprache, fördert die Wirtschaft, die Entwicklung der Technik, organisiert Großprojekte, löst Teile der Bevölkerung zeitweilig oder auf Dauer aus der Urproduktion heraus, bildet sie zu herrscherlichen, priesterlichen, militärischen, künstlerischen, gewerblichen und handwerklichen Sonderzwecken aus und sichert so – idealiter – die Versorgung aller Menschen mit den lebensnotwendigen Gütern und gibt ihnen ihren Ort und damit auch ihre besondere Identität im großen gesellschaftlichen Gefüge.

Diese *Identität der Individuen* hat sich vor allem im Bezug auf drei Lebenskreise ausgebildet: auf Familie, Stand und Staat.[4] Wie schon in den frühgeschichtlichen Kulturen und noch in den meisten modernen Gesellschaften ist auch hier das erste Zuhause und der die elementare Existenz lebenslang sichernde Lebenskreis die *Familie* unter Einschluß der nahen Verwandtschaft und oft auch der örtlichen Siedlungsgemeinschaft. Hier befriedigen die Menschen den Großteil ihrer Lebensbedürfnisse und hier kommen sie ihren primären sozialen Pflichten nach. Um diesen ersten Lebenskreis schließt sich der des *Standes*. Er verliert seine lebensbestimmende Bedeutung schrittweise erst seit den demokratischen Revolutionen der Moderne. Bis dahin hängt der Zugang eines Individuums zu einer sozialen Position von dem Status ab, den seine Familie im Staat und den es selbst in Konkurrenz mit seinesgleichen in seinem Stand hat. Bereits im alten Mesopotamien und Ägypten finden sich voll ausgebildet die drei ständischen Grundtypen der vormodernen Zivilisationen: Bauern auf dem Lande, Handwerker in den Städten, Priester-Herrscher in den Tempel-Residenzen, wobei die diesen Ständen zugehörenden Individuen Aufnahme in den untereinander hierarchisch geordneten Personenverbänden nur fein abgestuft nach der besonderen genealogischen Herkunft, beruflichen Ausbildung und persönlichen Eignung finden. Die Stände wiederum definieren sich in ihrem Bezug zum *Staat*, und ihre relative Geltung bestimmt sich aus dem Grad der Nähe zu seinem Zentrum. Das räumliche Zentrum im engeren Sinne ist zumeist ein bzw. der bedeutendste Tempelbezirk des Staates, im weiteren Sinne die ihn umgebende Stadt. Das „Land" wird von nun an und bleibt es bis heute – sieht man von den stadtfernen Herrschaftssitzen (Burgen und Höfe) des europäischen Adels im Mittelalter und anderer Feudalgesellschaften ab – zur Peripherie. Im städtischen Zentrum findet eine Verdichtung von Menschenmassen statt, wie sie zuvor die Menschheit nicht gekannt hat. An der Verwaltung des Staats, an der handwerklichen Produktion, am Bau der staatlichen Repräsentationsbauten, am niederen Dienst an den Herren sind so an einem Ort eine große Zahl von einander verwandtschaftlich nicht ver-

---

[4] Vgl. *S. Donadoni* (Hg.): Der Mensch des Alten Ägypten, Frankfurt/New York 1992. I. *Shaw/P. Nicholson* (Hg.): Reclams Lexikon des alten Ägypten. Aus dem Engl., Stuttgart 1998; *G. Rachet*: Lexikon des alten Ägyptens. Aus dem Franz., Darmstatt 1999.

bundener, nur z.T. einander bekannter und dennoch zusammenwirkender Menschen beteiligt. Mehr noch als die Landbevölkerung orientieren sich die Menschen der Stadt und des Tempelbereichs, in Sonderheit der Beamtenapparat, in Ausführung des Willens der Herrscher an der gemeinsamen Rechtsordnung. Der Stand der Beamten ist deswegen das Rückgrat des Staats. Seine Mitglieder halten orts- und regionenüberschreitende Verbindungen und üben untereinander Solidarität, so daß etwa ein ägyptischer Beamter des Südens einem ihm unbekannten Kollegen im weit entfernten Norden in seinem Habitus und seinen Interessen näher steht als dem Diener an seiner Seite. Der damit angedeutete Wandel der Zwischenmenschlichkeit zeigt sich zwar am deutlichsten bei den Herrschern und Beamten selbst, wirkt sich jedoch auch bei den „Betroffenen", den Arbeitenden und Dienenden in den Städten und auf den Dörfern, ja selbst bei Hirten und anderen kulturellen Randgruppen aus. Denn sie alle wissen, daß hinter jedem Befehlenden ein Höherer steht und gegen die Staatsmacht kein einzelner im Konfliktfalle ankommt.

Trotz der Rationalisierung und Funktionalisierung der Verwaltung des Staats verrät der frühhochkulturelle (Stadt-)Staat in seiner Selbstdeutung zumeist noch seine frühgeschichtliche Herkunft aus familial und verwandtschaftlich organisierten Kulturen. Dort wie hier sind fast nie die Individuen Eigentümer von Grund und Boden, von Rechten und Pflichten, sondern der Staat bzw. der Herrscher, der den Gruppen, Familien und Individuen ihre Rollen zuweist. Wenn so der Pharao in Ägypten an der Spitze des Staates steht, seine von ihm berufenen Beamten unter seiner Weisung das Land regieren und die Masse der Bevölkerung sich in dienender Stellung befindet, entspricht dies in größerem Maßstab durchaus der Funktionsteilung und Macht- und Prestigeabstufung, wie sie zuvor in relativ autonomen Familien, Sippen, Clans und Abstammungsgemeinschaften zwischen den Individuen und Teilgruppen üblich waren. Nach dieser familialen Selbstdeutung sind auch die Herrscher und Beamten als „Väter", „Älteste" und „Oberste" den ihnen Untergebenen verpflichtet, ist ihr Handlungsspielraum durch „alte Sitte" oft sehr begrenzt, so daß im gewissen Sinne im Staat alle Menschen Abhängige sind und auch der König nicht „absolutus ex legibus" regieren kann.

2.2 Gemeinsamer Götterglaube: Ideelle Orientierung und Legitimation von Herrschaft

Die hier in ihrer möglichen Funktionalität und Effektivität skizzierte Staatlichkeit hat nicht nur wegen der unvermeidlichen faktischen Abweichung von diesem Modell und der verbreiteten schieren Willkür staatlicher Herrschaft, sondern auch aus prinzipiellen Gründen einer zusätzlichen Legitimation bedurft. Diese hat alle vormoderne Herrschaft aus der Berufung auf ihre von den Göttern veranlaßte Einsetzung bezogen. Eine gemeinsame Religion ist das wichtigste Band und Mittel, das vormoderne Staaten über alle dynastischen, politischen und wirtschaftlichen Krisen hinweg auf längere Zeit zusammenhält, die Individuen in ihrem Zusammenleben und vor allem im Dienst an dem unbekannten fernen Herrscher zusammenschmiedet, sie moralisch in ihrem Handeln orientiert und ihnen eine transzendent begründete Identität verleiht.

Wie unterschiedlich die Religionen auch sind, so weisen sie doch auf der hochkulturellen Ebene der Antike eine Reihe gemeinsamer Züge auf. Es handelt sich durchweg um Religionen, die als Kosmosreligionen erstens das Ganze der mit den Sinnen wahrnehmbaren Welt und einer „dahinter" angenommenen Welt deutend erfassen und den eigenen Staat und seine Herrscher als von dort legitimiert betrachten, deren fast ausnahmslos polytheistische Jenseitsvorstellungen zweitens als Vorbild der diesseitigen Herrschaftsstruktur gelten – bzw. aus heutiger Perspektive: als deren Abbild zu deuten sind – und die drittens den Dienst an den von den Göttern „eingewohnten" Kultbildern für eine Notwendigkeit zum Erhalt der Gunst halten, die sie einem Staat, einer Provinz oder einem Lebensbereich gewähren. Die fast immer gegebene Allianz von Kultberechtigten und Herrschenden und häufig auch von deren Personalunion – wie sie sich im göttlichen Pharao und in den Priesterkönigen findet – weisen vormoderne Hochkulturen fast ausnahmslos als Theokratien aus. Die Tempel, Statuen, Herrschergräber und Paläste sind so zugleich Symbole ihrer weltlichen und geistlichen Selbstdarstellung und Macht. In ihrer Größe, Kostbarkeit und „überirdischen" Schönheit scheinen sie ein Abglanz jener anderen Welt zu sein und schaffen zudem eine Distanz zwischen dem kleinen, bescheidenen Leben der Mehrheit der Menschen und der daran teilhabenden Priesterschaft.[5] Weil so bei allen altägyptischen Herrscherdarstellungen in Stein und Schrift Rang und Funktion der Person immer deren individueller Eigenheit vorgeordnet sind und sie fast ausnahmslos nur die zeremoniell-symbolische Seite von deren Existenz zeigen, darf man die abgebildete Leiblichkeit nicht für ein Porträt und die Texte fast nie beim Wort nehmen, mit der Folge, daß wir trotz der großen Zahl der Zeugnisse und Relikte nur schemenhaft wissen, wie die Pharaonen und Beamten wirklich gelebt haben.

2.3 Literalität: Die Schrift als zivilisationsbegründendes Medium

Die Schrift[6] schließlich ist einerseits nur ein besonders subtiles Kommunikationsmittel, dessen sich die weltliche und geistliche Herrschaft zur Erreichung ihrer Zwecke bedient. Sie ist andererseits aber jene Erfindung, die – noch vor den beiden anderen Merkmalen der Staatlichkeit und des Götterglaubens – Zivilisationen letztlich konstituiert, indem sie nämlich die staatliche Verfaßtheit der Gesellschaft im eben beschriebenen Sinne und die theologisch reflektierte und umfassend begründete Religiosität, deren der Staat bedarf, überhaupt erst ermöglicht und, zumindest aus heutiger Sicht, ohne die die Weiterentwicklung und weltweite Verbreitung von Hochkulturen undenkbar erscheinen. Denn wie komplex die Herrschafts- und Interaktionsformen in und zwischen oralen Stammesgesellschaften, wie hoch die technologischen Standards dort bereits z.T. entwickelt und wie differenziert die „Weltanschauung", der Kult und die Mythologie auch dort im Einzelfall (gewesen)

---

[5] Vgl. Grundsätzliches bei *K.-H. Ohlig*: Religion in der Geschichte der Menschheit. Die Entwicklung des religiösen Bewußtseins, Darmstadt 2002.

[6] Zur revolutionären Wirkung der Schrift vgl. *J. Goody* (Hg.): Literalität in traditionalen Gesellschaften (engl. 1968), Frankfurt 1981; *J. Goody/I. Watt/K. Gough*: Entstehung und Folgen der Schriftkultur. Mit einer Einleitung von H. Schlaffer, Frankfurt 1986; Grundsätzliches auch bei *W.J. Ong*: Orality and Literacy, London/New York 1982; und *H. Weinrich*: Gedächtniskultur – Kulturgedächtnis, in: Merkur 7, 1991, 569 ff..

sein mögen, es trennt sie ein kultureller Graben von den literalen Gesellschaften. Die Grundleistung der Schrift besteht darin, daß sie die rasch verklingende, flüchtige Rede des Menschen – über ihre an die Erinnerungsfähigkeit und Lebensspanne bestimmter Individuen gebundene und immer lückenhafte und unzuverlässige Speicherung im Gedächtnis hinaus – dauerhaft in einem sichtbaren Medium fixiert.

Die Erfindung der Schrift ist kulturgeschichtlich eine relativ späte Errungenschaft. Die Höhlenmalerei als der Versuch, die mit den Augen wahrgenommene und innerlich vorgestellte und magisch beschworene Welt in beständiger Form abzubilden, ist ihr in der „menschheitsgeschichtlichen Asymmetrie von Oralität und Literalität" (H. Blumenberg)[7] um etwa 25 000 Jahre vorangegangen, ohne jedoch zu einem universalen Medium der Kommunikation werden. Es ist kein Zufall, daß die Erwerbung der Schrift erst so verhältnismäßig spät, nämlich vor gerade einmal gut 5000 Jahren, gelingt und überhaupt auch nur einige wenige Gesellschaften, die wir deswegen zu den Hochkulturen zählen, selbständig ein die menschliche Rede einigermaßen vollständig erfassendes Schriftsystem entwickelt haben. Denn die Überführung von Sprachlauten und sinntragender Rede in konventionell festgelegte Zeichen verlangt einen hohen Grad der Abstraktion. Dabei beruht die Erfindung der Schrift – als die zweite große Medienrevolution von menschheitsgeschichtlicher Bedeutung nach dem urgeschichtlichen genetischen Erwerb der Sprachfähigkeit und ihrer kulturspezifischen Entfaltung in bestimmten Wortsprachen – auf der Anwendung desselben digitalen Prinzip wie jene erste.[8] Diese evolutionäre Neuerung hatte darin bestanden, daß zur Übermittlung von Gemeintem, zusätzlich zu den gestisch-mimischen Mitteln nonverbaler Kommunikation, nun auch besondere Lautfolgen benutzt werden konnten, deren Sinn in einem von Kommunikationsgemeinschaften erfundenen und tradierten System festgelegt war. So wie die Wortsprache menschliche Sinngehalte konventionell und digital, also mit Hilfe von durch Übereinkunft gefundenen und sachindifferent definierten Zeichen, kodiert, überführt auch die echte (Laut-)Schrift sinntragende akustische Ereignisse in eine bestimmte willkürlich festgelegte sichtbare Zeichengestalt, so daß die im Akt des Schreibens produzierte und im Lesen erkannte Zeichenfolge ebenso wenig ein Abbild der Lautfolge ist, wie die Rede materialiter ein Abbild der damit verbundenen mentalen Akte ist. Zwar verraten die Schriften der Sumerer und Ägypter in der Weiterverwendung von Ideogrammen, d.h. von Gegenstände oder Handlungen darstellenden Bildzeichen, noch deren piktographische Herkunft. Als echte (Konsonanten-)Schriften zeichnen sie sich aber durch eine nur noch im Ausnahmefall bildliche, im Grundsatz aber konventionelle Zuordnung von Lauten, Lautfolgen und Redeteilen zu Zeichen und Zeichenverbindungen aus.[9]

---

[7] *H. Blumenberg*: Die Lesbarkeit der Welt, Frankfurt 1981.
[8] In Fortsetzung dieser Zählung könnte man die Erfindung des Buchdrucks als die dritte und die der elektronischen Speicherung als die vierte große Medienrevolution bzw. interaktionale Epochenschwelle der Menschheit bezeichnen.
[9] Zur Entstehung und zum Status der Schrift im alten Ägypten vgl. *A. Schlott*: Schrift und Schreiber im alten Ägypten, München 1989.

Die Universalität der Schrift zeigt sich nun darin, daß sie im Prinzip jegliche menschliche Rede fixieren kann und damit – wie die Sprache selbst – in Bezug auf fast alle menschlichen Situationen zur Anwendung kommen und alle mit den Hochkulturen neu aufkommenden Möglichkeiten und Bedürfnisse unterstützen und fördern kann. Die Schrift ist so bei der Landvermessung, bei der Verwaltung, beim Handel und beim Ritus ebenso einsetzbar wie etwa bei der Vorbereitung eines Vortrags, der Benachrichtigung eines fernen Beamten, der Aufsetzung eines Vertrages, der Verkündigung eines Gesetzes und der Akkumulation und Verbreitung des bisherigen und der Erkenntnis des neuen Wissens.

Schon von Anfang an zeigt sich dabei die Ambivalenz, die die Schriftbeherrschung diskriminierend bis heute kennzeichnet. Als Privileg einer zumeist kleinen und mit der politischen und geistlichen Herrschaft verbundenen Gruppe hebt sie die Schriftgelehrten aus der Menge der Analphabeten heraus, macht diese zu Herrschenden und die anderen zu Unmündigen und Ohnmächtigen, macht alle Schriftkundigen potentiell zu Schreibern und Lehrern, lesenlernende Jugendliche zu Schülern, und entwertet den Status des „bloß" gesprochenen Wortes. Nicht zuletzt dürfte der bis zur jüngeren Gegenwart immer noch gewachsene Abstand zwischen den primitiven und den zivilisierten Gesellschaften in der Schriftverwendung letzterer begründet sein. Sie hat die kulturelle Entwicklung nicht nur beschleunigt, sondern den Menschen auch ganz neue Möglichkeiten erschlossen.

Fragt man nach dem gemeinsamen Sinn der drei elementaren kulturellen Erfindungen der Hochkulturen, nämlich von Staat (Recht, Verwaltung), Religion (Ideologie) und Schrift, so sind diese nicht nur die begründenden Momente, sondern auch genau die Strategien, um jenen von der Menschennatur aus instabilen und immer vom Verfall, ja von der Katastrophe bedrohten Großgebilden menschlicher Sozialität Dauer zu verleihen. Sie sind so auch Antworten auf ein Problem, vor dem heutige Kulturen genauso noch stehen wie jene vor 5000 oder 3000 Jahren.

3. Das kommunikative und das kulturelle Gedächtnis als Träger der Tradition

Wegen der aktuellen gesellschaftlichen Funktionalität und des Zukunftspotentials der Staatlichkeit, des Götterglaubens und der Literalität könnte man vermuten, daß der Vergangenheitsbezug in den frühen Hochkulturen geringer sein müßte als in den frühen Stammesgesellschaften. Dies ist aber nicht der Fall. Die Vergewisserung der Gegenwart in der Vergangenheit wird hier sogar bewußter betrieben und nimmt im öffentlichen und familialen Leben einen größeren Raum ein. Während nämlich die frühen Kulturen in der Regel ein gleichsam natürliches, wenig reflektiertes und kaum je in Frage gestelltes Verhältnis zu ihrer in langen Zeiträumen gewachsenen Tradition haben, so daß sie diese im Alltag und besonders bei den festlichen Anlässen immer nur wieder bekräftigen müssen, sind in den zivilisatorischen Großgebilden wegen der heterogenen Herkunft der Gruppen und der sich zumeist erhaltenden Unterschiede in Sprache, Kult, Sitte und Lebenserwerb das Zusammengehörigkeitsgefühl und die Ausrichtung auf das gemeinsame staatliche Zentrum – zumal während des Entstehungsprozesses und in Zeiten der Krise – im allgemeinen geringer ausgeprägt, als es sie in den alten Stammesgesellschaften waren. Zivilisationen droht deshalb mehr als jenen der Zerfall, und sie stehen unter einem größeren Legitimationszwang als jene.

Die Lösung dieses Problems hat in dauerhaft bestehenden Zivilisationen zumeist darin bestanden, daß die drei mächtigen Integrationsfaktoren Staat, Glauben und Schrift als Resultate der gemeinsamen Entstehungsgeschichte ausgegeben werden und in Gestalt eines Staatsgründungsmythos den Menschen im alltäglichen Handeln und in großen öffentlichen Erinnerungswerken und -ereignissen eingeprägt werden. Die dabei gepflegten zivilisatorischen, religiösen und literalen Formen des gesellschaftlichen und nationalen Erinnerns werden hier in begrifflicher und inhaltlicher Anlehnung an die Schriften des Ägyptologen J. Assmann das *kommunikative*, das *kulturelle Gedächtnis* und das *textuelle Gedächtnis* genannt.[10] Die beiden ersten Formen führen strukturell und z.T. inhaltlich das frühkulturelle Erbe fort, die dritte erschließt medial neue Möglichkeiten des Vergangenheitsbezuges.

3.1 Die Erweiterung des traditionellen kommunikativen Gedächtnisses durch Akkulturation

Unter dem *kommunikativen Gedächtnis* versteht Assmann das zu allen Zeiten und in allen Gesellschaften zur Befriedigung der elementaren Lebensbedürfnisse benötigte und unter ihren Mitgliedern in großer Vielfalt und in sicherer Beherrschung verbreitete Wissen, welches die Sozialwissenschaften heute auch *Alltagswissen* nennen.[11] Dieses ist oben unter den Begriffen von Ordnung, Recht, Verwaltung, Technologie, Versorgung und Sicherheit bereits in seiner zivilisatorisch entwickelten Form als Voraussetzung einer funktionierenden Staatlichkeit dargestellt worden. Dieses Wissen vermittelt und beherrscht zwar die Gegenwart, verdankt sich aber wie alle Kultur der Vergangenheit. Das wird den Handelnden vor allem immer dann bewußt, wenn sie sich im Streit um die rechte Lebensführung, die kunstgerechte Erledigung einer Arbeit oder um die Regelung einer gemeinschaftlichen Unternehmung auf die Norm des Althergebrachten berufen. Dieses Wissen ist so im allgemeinen der unmittelbare Ausfluß und Ausdruck einer gewachsenen kulturellen Tradition. Das Spezifikum aller gerade erst entstehenden imperialen Zivilisationen ist, daß sie eine solche Tradition kommunikativ-pragmatischen Wissens bei der Zusammenführung unterschiedlicher Ethnien, sei sie gewaltsam oder friedlich, im Zuge einer *Akkumulation*, d.h. eines interethnisches Lernens und einer Angleichung der von da an für alle verbindlichen und sie so verbindenden Standards, erst erstellen müssen.[12] Wenn

---

[10] Die Grundsätze seiner Theorie hat *J. Assmann* in seiner Schrift: Das kulturelle Gedächtnis. Schrift, Erinnerung und politische Identität in frühen Hochkulturen (München 1992) erstmals niedergelegt. Als allgemeine Darstellung der Geschichte und Kultur des alten Ägypten sind besonders zu empfehlen von *J. Assmann*: Ägypten. Eine Sinngeschichte, München 1996; *ders.*: Sinnkonstitution im alten Ägypten, in: Jaeger/Liebsch 2004, 454-461; und von *M. Clauss*: Das Alte Ägypten, Berlin 2001. Parallel dazu empfiehlt sich ein vergleichender Blick auf *J. Assmann/A. Mittag*: Kulturelle Komplexität in den Hochkulturen: Sinnkonstruktionen im alten Ägypten und im alten China, in: Jaeger/Liebsch 2004, 453-470.
[11] Vgl. allgemein *H. Welzer*: Das kommunikative Gedächtnis. Eine Theorie der Erinnerung, München 2002.
[12] Zur akkulturierenden Funktion der Begegnung mit dem Fremden vgl. *Ch. Lüth/R.W. Keck/E. Wiersing* (Hg.): Der Umgang mit dem Fremden in der Vormoderne. Studien zur Akkulturation

dabei der militärisch überlegene Eroberer sein Wissen und Können den Besiegten auch zumeist einfach aufzwingt[13], so lernen in der Regel doch auch die Sieger und hat der Zusammenschluß von kleineren Ethnien und Stammesgesellschaften zu einem größeren staatlichen Gebilde fast immer einen Kulturschub zur Folge.

Allerdings verbreiten sich technische Erfindungen und neue und erfolgreiche Methoden der Naturbeherrschung über kurz oder lang auch durch Handel, Wanderungen und Begegnungen von Menschen im weitesten Sinne über die Erde. Nachdem die Verbreitung aller bedeutenden neuen Kultur in den Jahrhundert- und Jahrzehntausenden der Steinzeit sehr viel Zeit brauchte, geschieht der kulturelle Austausch seit dem Beginn der neolithischen Revolution vor gut 10000 Jahren sehr viel rascher und heben sich das schon im dritten Jahrtausend v.u.Z. erreichte hohe Niveau der handwerklichen Produktion, der umfangreiche, weiträumige und schnelle Waren- und Gedankenaustausch und die Differenziertheit städtischer Lebensformen in den ersten Hochkulturen der Welt deutlich von jenem kommunikativen Gedächtnis ab, das die rezenten frühen Kulturen in der sachkulturellen und intellektuellen Dimension charakterisiert. Auch haben die während der letzten gut 200 Jahre im alten Ägypten und Mesopotamien gemachten Ausgrabungen gezeigt, daß die Menschen in den Städten nach Geschlecht, Beruf und Neigung schon sehr speziell ausgebildet waren und sich deshalb auch in ihrem kommunikativen Gedächtnis voneinander und vor allem gegenüber den „einfachen Leuten vom Lande" unterschieden haben.

3.2 Der im Ritus und im Bild dargestellte Staatsgründungsmythos

Wenn aus der Übernahme und Aneignung überlegenen fremden lebenspraktischen Wissens innerhalb vielgliedriger Hochkulturen auch nicht immer problemlos ein neues gemeinsames Wissen erwachsen ist und überhaupt das *kommunikative* Gedächtnis nach jeweiliger Herkunft des Wissens dort auf Dauer vielfältig erhalten bleibt, so stehen doch der Ausbildung eines gemeinsamen *kulturellen* Gedächtnisses noch wesentlich größere Hindernisse entgegen. Denn Gruppen halten an nichts so zäh fest wie am „Glauben ihrer Väter". Zugleich waren aber, wie schon angedeutet worden ist, alle sich formierenden Hochkulturen aus Gründen des Selbstlegitimation, der Bindung der Untertanen an sich und der Vermittlung von individuellem Lebenssinn darauf angewiesen, die Vielzahl der ethnischen, sozialen und religiösen Herkünfte in einem neuen, auch gegen Widerstände durchzusetzenden gemeinsamen kulturellen Gedächtnis zu integrieren.

Die Lösung dieses Problems muss bei allen Staatsgründungen sehr schwierig gewesen sein, weshalb auch viele imperiale Gebilde nur kurze Zeit Bestand hatten. Die ägyptische Kultur, jedoch auch die sich ablösenden Reiche in Mesopotamien und Kleinasien und später dann auch die Nachfolgestaaten des Alexanderreiches und das Imperium Romanum haben aber gezeigt, wie die zunächst einander frem-

---

in bildungshistorischer Sicht, Köln u.a. 1997.

[13] Daß der Sieger die Kultur des Besiegten auch fast ganz übernehmen kann, dafür ist die Hellenisierung Roms das welthistorisch berühmteste Beispiel; ein anderes ist die Romanisierung der germanischen Franken im Merowingerreich.

den Gruppen und Stämme zugleich ihre bisherige Identität bewahren und eine neue gemeinsame annehmen konnten. Der hierzu eingeschlagene Weg hat im allgemeinen darin bestanden, daß der Staat den einzelnen Ethnien einerseits ihre bisherige familiale, verwandtschaftliche, lokalgemeinschaftliche, sprachliche, soziale, kultische und mythische Identität so weit wie möglich belassen, sie sogar ausdrücklich anerkannt und ihre jeweilige Pflege im Ensemble der vielen Herkunftsidentitäten mehr oder weniger gleichberechtigt zugelassen hat, er diese Herkunftsidentität andererseits aber nur als eine Teilidentität der neuen Staatsidentität hat erscheinen lassen. Der Kern einer solchen Staatsidentität und damit eines neuen gemeinsamen kulturellen Gedächtnisses ist zumeist ein *Staatsgründungsmythos* gewesen.

Der Ansatzpunkt für die Konstruktion einer solchen gemeinsamen Vergangenheit ist fast immer die Erinnerung an die Kämpfe, die zur Vereinigung unter der einen Herrschaft geführt haben, an das dabei angenommene wohlwollende Mitwirken der sich dem siegreichen obersten Staatsgott unterstellenden Schutzgötter der unterworfenen bzw. aufgenommenen Stämme und Völkerschaften und an das große Versöhnungsritual, das einst den neuen Bund besiegelt hat. Geradezu paradigmatisch lassen sich alle Elemente eines solchen Staatsgründungsmythos im kulturellen Gedächtnis des alten Ägyptens nachweisen: die Vereinigung von Unter- und Oberägypten, symbolisiert u.a. in der doppelten Königskrone, die mythische Genealogie der Ursprungsgötter, die darin gegebene göttliche Abkunft und Identität des Pharao, seine tagtägliche und lebenszeitliche Wandlung und Vergegenwärtigung als lebender Horus und toter Osiris, die nicht nachlassende Verehrung aller anderen Götter, die in Gestalt von Bildern in den ihnen gehörenden Tempeln residieren und ihre Gaue beherrschen, das öffentliche Miterleben der Urszenen, wenn die Götter sich bei den großen Prozessionen in ihren Bildern den Menschen zeigen, die Mitwirkung zahlloser Menschen am Bau der Grabstätten und am Totendienst der Pharaonen und schließlich die Deutung des diesseitigen und des jenseitigen Lebens aller Menschen im Rahmen des gemeinsamen kosmischen, kultischen und mythischen Gedächtnisses. In der staatlichen Gründungszeit sicherlich von Kultbeauftragten geschaffen, wird der Inhalt dieses kulturellen Gedächtnisses in der Folgezeit – in Ägypten für etwa 3000 Jahre – für unveränderbar und ewig erklärt. Die Mittel zur Verewigung dieses Gedächtnisses sind zunächst das strenge Festhalten am Ritus des Kultes, wonach an ihm über die Zeiten nicht das Kleinste verändert werden darf, sodann die Abbildung der Götter im unvergänglichen Material des Steins und des Goldes und schließlich in heiligen Texten, inschriftlich an Tempeln und an Gräbern angebracht und dem Papyrus anvertraut.[14]

Wenn auch die genaue Kenntnis des staatskulturellen Gedächtnisses mit seinen z.T. sehr komplexen Formen des tempelinternen Kultes der schreibkundigen

---

[14] *J. Assmanns* Buch: Stein und Zeit. Mensch und Gesellschaft im alten Ägypten, München 1991/1995, enthält prägnant die These, daß „ ... der Stein als das Medium ägyptischer Erinnerung und Selbstverewigung, und die Zeit als die Dimension, in der und gegen die diese Kultur des Steinernen aufgestellt ist." (11) gelten können. Vgl. auch *A. und J. Assmann*: Das Gestern im Heute. Medien und soziales Gedächtnis, in: Funkkolleg Medien (1990/91), SBB 5, 41 ff.; und die unter dieser Perspektive die ganze europäische Geschichte erfassende Arbeit von *A. Assmann*: Zeit und Tradition: Kulturelle Strategien der Dauer, Köln u.a. 1999.

Priesterschaft vorbehalten war, so ist doch anzunehmen, daß die in Festen und Prozessionen immer wieder vergegenwärtigten Grundelemente des kulturell-religiösen Gedächtnisses Gemeinbesitz der Bevölkerung waren und insbesondere die in großen Plastiken und in kostbar ausgestatteten Kultbildern weit sichtbar und schön gezeigte Gegenwart der Götter nachhaltig auf die Gedanken und Gefühle aller Menschen gewirkt haben muß. Im nun freilich viel größeren Rahmen als bei den Primitiven muß so den Menschen in den frühen Hochkulturen auch die Differenz zwischen der linear verfließenden Zeit ihres Alltags und der durch ewige Wiederholung des Gleichen festgestellten heiligen Zeit sich deutlich eingeprägt haben. Dazu hat im alten Ägypten sicherlich auch der private Totendienst der Familien beigetragen. Wie der Mythos immer in der Vergangenheit spielt und sich doch auf die Gegenwart der ihn aufleben lassenden Menschen bezieht, so ist auch das Totengedenken zugleich eine Begegnung mit der Familienvergangenheit und, in der immer wieder erneuerten Kommunikation der Lebenden mit den Toten, eine Art nie vergehender Gegenwartsgeschichte.[15] Über den ausgeprägten Totendienst im alten Ägypten hinaus sind das kultische Gedenken an die eigenen und national verehrten Toten und mit ihm Gräber und Friedhöfe in allen Kulturen zentrale Anlässe und Orte des historischen Denkens.

4. Das textuelle Gedächtnis als festere Form des sozialen Gedächtnisses

Unter den drei Medien der Vergangenheitsbewahrung nimmt die Schrift in den Hochkulturen eine Sonderrolle ein. Als textuelles Gedächtnis verleiht sie dem kommunikativen und dem traditionellen kulturellem Gedächtnis eine zusätzliche Genauigkeit und Festigkeit der Überlieferung und begründet zudem die Geschichtsschreibung im Wortsinn als eine neue Art und Qualität des Umgangs mit der Vergangenheit. Zu Verwaltungszwecken erfunden und dann in vielen Lebensbereichen verwendet, hält die Schrift zunächst und vor allem das jeweils gegenwärtig für wichtig gehaltene Denken und Handeln auf leicht zugänglichem und beschreibbarem Material fest, erlaubt – im Brief wie auf der Gesetzestafel – die wortgenaue Übermittlung und Verbreitung von Nachrichten, Geboten und Aufträgen und produziert so Zeugnisse, auf die man im Streitfall auch noch nach längerer Zeit zurückgreifen kann. Dennoch ist das der Schrift anvertraute Wissen und Handeln über lange Zeiträume thematisch sehr eingeschränkt und insgesamt sehr spärlich gewesen. Denn die schriftliche Niederlegung war nur den wenigen Schriftkundigen möglich und war immer mit einem verhältnismäßig hohen Aufwand an Material und Zeit verbunden. Deshalb ist alles in einer jeweiligen Zeit Alltägliche und Selbstverständliche unberücksichtigt geblieben und ist auch von dem Wichtigen nur das aufgenommen worden, das über den Tag hinaus von größerer Bedeutung erschien oder von seinen Herstellern und Auftraggebern von vornherein zur Überlieferung an die Nachfahren, wenn nicht gar zur „ewigen" Bewahrung bestimmt war.

---

[15] Zur flüchtigen ersten und der dauerhaften zweiten Lebenszeit vgl. *B. Schmitz*: Das Zeiterleben im altägyptischen Kulturkreis, in: *R.W. Keck/E. Wiersing* (Hg.): Vormoderne Lebensläufe – erziehungshistorisch betrachtet, Köln 1994, 49-58.

4.1 Politische, rechtliche, moralische, poetische, mythologische und kultische Textüberlieferung

Dazu zählen in der profanen Zweckbestimmung zum einen die Quellen zur dynastischen, politischen und Rechtsgeschichte. Wie in allen ständischen Gesellschaften waren schon in den frühen Hochkulturen die herrschenden Familien auf den Nachweis ihres hohen Alters und ihrer Nähe zu den vergöttlichten Vorfahren angewiesen. Wie fiktiv vieles an den überlieferten Königslisten, Annalen, Chroniken, Berichten über Schlachten und Gründungen von Städten, Heiligtümern und Institutionen zur Legitimation und der Erhöhung der Autorität von Herrschern auch sein mag, diese Überlieferung gab damals schon und gibt noch heute das Grundgerüst für die epochale und personale Gliederung der Geschichte dieser Völker ab.

Zu den über Jahrhunderte und Jahrtausende aufbewahrten profanen Texten gehören sodann die Lehren der sog. Weisheitsliteratur und die Dichtung. Beides geht aus der mündlichen Tradition hervor und beides wird in ihr weiterhin gepflegt. Die schriftliche Fixierung der seit alters umlaufenden Lehren über das richtige Verhalten und über die besonderen Tugenden der Beamten und Vornehmen und der bei Hofe von Sängern und Barden vorgetragenen und von Mund zu Mund überlieferten Dichtung markiert aber in der Tradition der ethischen Reflexion, des rationalen Welt- und Selbsterkenntnis, der Wissenschaften und Schönen Künste und der damit verbundenen Bildungstradition eine Schwelle, nach deren Überschreiten die Literalität in diesen Bereichen der Oralität im Status übergeordnet wird.

Von noch größerer Bedeutung ist aber in allen frühen Hochkulturen die Etablierung des Prinzips der Schriftlichkeit im Sakralbereich. Es ist dies der Einbruch der Schrift in eine Sphäre, die bis dahin ausschließlich im Anschauen des Kosmos, im Erzählen des Mythos und im genauen Befolgen des Kultes bestanden hat. Von den Göttern selbst in den Urzeiten begründet, war deren Heiligkeit und Wirkkraft an das Charisma und besonderes Wissen gebunden, das die Götter den Kultbevollmächtigten immer wieder neu zukommen ließen. Die Verleihung des höchsten Autoritätsgrades nun an das geschriebene Wort – auch wenn es zunächst nur die bisherigen Vorstellungen, Erzählungen und kultischen Praktiken fixierte und, in den Offenbarungsreligionen, von dem obersten Gott selbst diktiert galt – unterbricht die Unmittelbarkeit des Gewißheits- und Wahrheitsanspruches der bisherigen sich in Inhalt und Form durchaus wandelnden Tradition, schreibt diese im doppelten Sinne des Wortes fest, stellt sie in Gestalt eines Kanons heiliger – das heißt hier: unantastbarer – Schriften still und ermächtigt von nun an nur noch die schriftkundige oberste Priesterschaft, die Schriften auszulegen. Der „Verwaltung" der sakralen Tradition sind damit einerseits enge Grenzen gesetzt, denn das heilige Schriftwort duldet keine wesentliche Abweichung von seinem Gebot. Der wachsende kulturelle und besonders sprachliche Abstand von der Zeit ihrer schriftlichen Niederlegung erzwingt andererseits aber ihre Erweiterung und Anpassung an neue Situationen, was wiederum nur über eine immer wieder fortgesetzte Neu- und Umdeutung der alten heiligen Schriften möglich ist. Im Gefolge dieses Umgangs mit der Schrift entsteht in den frühen Hochkulturen – wenn natürlich noch nicht unter dieser Bezeichnung – die Theologie, welche versucht, die aus der heterogenen Tradition herrührenden

Widersprüche aufzuheben, im Schriftwort einen anscheinend von den Göttern in es hinein gelegten mehrfachen Sinn zu entdecken und daraus eine rational begründete und systematisch angelegte Glaubenslehre zu erstellen.[16] Dies ist in wissenschaftsmethodischer Sicht noch weit entfernt von der modernen kritischen Religionsgeschichtsschreibung, hat aber doch den mit der Erfindung der Schrift einsetzenden, nachdenklichen und distanzierten Umgang mit den überlieferten Texten, die Auseinandersetzung mit ihrem Gehalt, den Streit um den rechten ursprünglichen Sinn, die Einsicht in die Differenz zwischen der Sichtweise früherer und gegenwärtiger Generationen befördert und damit den später von den Griechen auch faktisch beschrittenen Weg zur Entstehung einer Philologie, Philosophie und Historiographie vorgebahnt.

4.2 Wirkungsgeschichtliche Aspekte des textuellen Gedächtnisses

Inhaltlich und funktional unterscheiden sich die sakralen Vorstellungen der frühen Hochkulturen, ihr Schriftverständnis und allgemein ihre Schriftkultur freilich erheblich. So bleiben im alten Ägypten der „monumentale Diskurs"[17] des Staates in Gestalt der Pyramiden und Tempel, der rituelle Dienst an den Götterbildern und die Totenpflege den heiligen Inschriften übergeordnet. In Mesopotamien stehen die Unberechenbarkeit und Willkür der Götter in einem seltsamen Kontrast zu der ihnen angesonnenen Funktion, gegenüber den Menschen als eine Art „völkerrechtlicher Instanz"[18] aufzutreten und ihnen eine Rechtsordnung in schriftlichen Gesetzen (Gesetze des *Hammurabi* um 1750 v.u.Z.) zu geben. Allein die spät entstandene frühe Hochkultur Israel macht das von Jahwe schriftlich offenbarte Wort zum alleinigen Maßstab der rechten Religiosität. Über allem Leben der Juden steht das „Bewahre und gedenke!", d.h. die Erinnerung an das, was Gott ihnen an bestimmten Orten, an den „*lieux de mémoire*"[19], durch seine auserwählten Führer Gutes getan und seinen Propheten an Botschaften hat zukommen lassen. Die gleichfalls spät entstehende Hochkultur der Griechen wiederum kennt gar keine heiligen Texte, unterwirft sich keiner einheitlichen Rechtsordnung und duldet erst recht keine „Tyrannei eines einzigen Buches" (Lessing), sondern pflegt von Anfang an einen freien Umgang mit der schriftlichen Überlieferung. Dennoch verändert die Schrift – über ihre pragmatisch-gegenwartsbezogenen Funktionen und über ihre Differenzen hinaus – in allen frühen Hochkulturen das Verhältnis zur Vergangenheit in einer vergleichbaren Art und Weise. Dies läßt sich in drei Punkten aufweisen.

Erstens findet dadurch eine „*Disziplinierung des Traditionsstroms*" (J. Assmann) statt. Durch die Schrifttradition wird der zuvor in den oralen Gesellschaften frei – wenn zumeist auch etwas zäh – fließende Traditionsstrom in dem Sinne

---

[16] So wird in der theologischen Ausdeutung der grausige Ursprungsmythos der Ägypter in der Ma'at, dem alles umfassenden Ordnungsprinzip der Welt, aufgehoben.

[17] Assmann 1992, 268.

[18] Assmann 1992, 256.

[19] Zum Begriff vgl. *P. Nora* (Hg.): Les lieux de mémoire, Paris 1984–92; vgl. auch *M. Halbwachs*: Das kollektive Gedächtnis (frz. La mémoire collective, Paris 1950), Frankfurt 1985; und *ders.*: Stätten der Verkündigung im Heiligen Land. Eine Studie zum kollektiven Gedächtnis. Hg. und aus dem Französischen übers. von St. Egger, Konstanz 2003.

diszipliniert, daß die jeweils Nachgeborenen sich nun gegenüber den vorhandenen Schriftzeugnissen „ins Benehmen setzen" müssen, in Rechnung stellen müssen, was diese Dokumente über die eigene Vergangenheit aussagen, und sie sich deshalb nicht mehr eine ganz andere Vergangenheit erfinden können. Deshalb ist von nun an die Zeit für die Imaginierung neuer Mythen vorbei, nähert sich das sozusagen noch erlaubte „Ausspinnen" des alten Mythos in neuen Geschichten z.T. dem Status der belehrenden, moralisierenden, unterhaltenden Dichtung an und bekommt die distanzierend-kritische Betrachtung des Mythos und früherer Zeitdokumente allmählich den Charakter einer reflektierenden Theologie und Philosophie.

Zweitens ermöglicht die sich aus Schriftquellen verschiedener Zeiten speisende Überlieferung, daß *der Schriftkundige in seiner Gegenwart zum Zeitgenossen von Menschen aus unterschiedlichen Zeiten* wird, er mit ihren Autoren wie in einer Art „zerdehnter" Gegenwart über die Zeiten, in Ägypten über Jahrtausende, hinweg in einen fiktiven Dialog eintreten und ihre Aussagen kritisieren kann. Indem er so unvermittelt, d.h. ohne den „Umweg" über die seitherige mündliche oder schriftliche Tradition, Zugang zu geschichtlichen Sinngehalten erhält und davon lernen kann, mag er sich darin auch als ein Mensch wie alle anderen wiedererkennen und über die Geschichte das Allgemeinmenschliche entdecken.

Darin zeigt sich drittens schließlich auch, daß von da an bis an die Schwelle zur Moderne alle *Schreib- und Lesekundigen* zu den potentiell *Mächtigen* gehören und sozusagen die geborenen *Historiker* sind. Denn in ihrer Funktion als „Schreiber", d.h. als Beamte, Priester, Schriftgelehrte, Dichter, Lehrer und sonstige Kult- und Kulturbevollmächtigte, befinden sie sich im Machtzentrum ihrer Gesellschaften. Und als Leser haben sie es zu einem erheblichen Teil, vor allem in schriftarmen Zeiten, mit früher angefertigten Texten, mit älterer Literatur zu tun, müssen sich dadurch der besonderen Mühe des Entzifferns, Verstehens und Deutens unterziehen und werden damit mehr als andere Menschen mit dem sich gegenüber jeder Vergangenheit in jeder Gegenwart rasch einstellenden Fremdheitseindruck konfrontiert. Historisch betrachtet sind sie natürlich überhaupt die ersten Historiographen im modernen Wortsinne, gegenüber denen die älteren „Historiker" der ausschließlich mündlichen Kulturen, nämlich die Geschichtenerzähler und Gedächtniskünstler als „Sänger", Griots, Schamanen, Barden seither immer mehr in den Hintergrund treten, entweder nur noch im „Volk" wirken oder zu Poeten am Hof aufsteigen, dabei aber den Schriftgelehrten die „Verwaltung" der Vergangenheit überlassen müssen. Aus alledem erklärt sich auch, warum die modernen historischen Wissenschaften die „Geschichte" traditionell erst mit dem Eintritt eines Volkes in die Schriftkultur beginnen lassen, sich z.B. sowohl gegen die Archäologie als auch gegen die Historische Volks- und Völkerkunde mit ihren bloß materiellen Dokumenten und bloß oraler Überlieferung abgrenzen und überhaupt alles historische Denken in schriftlosen Kulturen nicht als eine Form früher Historie anerkennen, sondern als „Vorgeschichte" (Prähistorie) abwerten.

Fragt man schließlich noch nach der Bedeutung, die die frühhochkulturelle Entstehung des textuellen Gedächtnisses für die spätere (wissenschaftliche) Historie hat, so kann man zwei Punkte herausheben. Der erste ist, daß dadurch erstmals die

Möglichkeit eines wirklichen *Zugangs zum Denken früher lebender Menschen* geschaffen wird. In der Tat ist alle frühere Menschengeschichte stumm und „spricht" sie erst von dem Moment an, als sie entzifferbare Schriftdokumente hinterlassen hat. Wie schwierig es ist, ein Blick in die Geschichte oraler Kulturen zu werfen, lehrt heute noch die Ethnologie. Sie kann in Ethnographien zwar ein differenziertes Bild der Gegenwart einer Kultur erstellen, gelangt aber bei ihren ethnohistorischen Versuchen sehr rasch an unüberwindbaren Grenzen. Zwar sind für sie Heiligtümer, der Mythos und der Kult, also das „kulturelle Gedächtnis" und auch die Alltagswelt mit ihren Gegenständen, ihren Sprachen, Sitten und Gebräuchen, vor allem durch die kulturvergleichende und –diffusionistische Methodik, interpretierbare Zeugnisse der Vergangenheit. Aber sie lassen sich nur schwer in der Zeit „lokalisieren", mit anderem in Verbindung und in eine Abfolge bringen und sperren sich bei der Bestimmung des Realgeschichtlichen innerhalb des Imaginären. Anders verhält es sich mit der literalen Tradition. Auch sie ist sperrt sich in vieler Hinsicht der Erkenntnis darüber, wie es „einmal gewesen ist". Aber Texte sind doch bei aller Stilisierung, gleich, ob sie in Tontafeln eingeritzt, auf Papier geschrieben oder inschriftlich in Stein gemeißelt vorliegen, in einem besonders hohem Grade *authentische Zeugnisse* ihrer Autoren oder Auftrageber, und zwar insofern als sie, unabhängig vom jeweiligen Schriftinhalt und besser als alle sonstige Hinterlassenschaft, einen Rückschluß auf deren jeweiligen Wirkabsicht und darüber hinaus auf das Denken und Handeln in einer bestimmten Zeit erlauben.

4. Griechischer Mythos:
Religiöses und poetisches Denken der Vergangenheit

1. Ursprungsdenken im Mythos und im Kult der Griechen   62
2. Entstehung und Wandel des griechischen Mythos   66
3. Der gedichtete Mythos: Homer als Begründer der schriftlichen und poetischen Wirklichkeitserfassung in Europa   67

Mit Ausnahme der jüdischen Kultur haben im langen Zeitraum von etwa 3500 Jahren die Hochkulturen des Altertums bei all ihrer sonstigen Vielfalt und ihrem Wandel nicht nur unverändert an den sie begründenden Merkmalen der (Stadt-)Staatlichkeit, der sie legitimierenden polytheistischen Religiosität und der sie medial verbindenden Schriftlichkeit festgehalten, sondern auch an dem sie von ihren frühgeschichtlichen Anfängen her charakterisierenden doppelten Geschichtsbewußtsein von einer in ihren Grundfesten unwandelbaren Welt kosmischer Gebilde und mächtiger unsterblicher Wesen einerseits und einer dem „natürlichen" Wandel unterworfen „sublunaren" Welt des Sichtbaren und Vergänglichen andererseits. An diesem Welt- und Geschichtsmodell orientieren sich im Grundsatz auch die beiden klassischen Hochkulturen des Altertums, die Griechenlands und Roms. In den etwa 1500 Jahren ihres Bestehens heben Griechen und Römer in der Tat die Dichotomie von einer sakralen und in ewigen Kreisen sich ergehenden mythischen Ur- und Weltzeit einerseits und einer profanen linear-natürlichen Lebenszeit der Individuen und einer ebenso geschichtlich voranschreitenden Zeit der Ethnien und Völker nicht auf. Sie differenzieren diese Grundunterscheidung aber in zahlreichen Typen des kulturellen und historischen Gedächtnisses, wozu freilich das textuelle Gedächtnis wesentlich beiträgt.

So gliedert sich bei ihnen das Phänomen des URZEITLICHEN MYTHOS einerseits auf
(1) in ein *kultisch-religiöses Gedächtnis,* in dem die zeitlose Geltung des Mythos vom Ursprung der Welt und der Götter vorausgesetzt wird,
(2) in eine *mündliche Sagentradition,* deren Gegenstand die Taten der Götter und Helden während der ethnischen Frühzeit sind,
(3) in einen *dichterisch-musisch ausgesponnenen Mythos,* der in seiner schriftlichen und wirkungsvollsten Form seinen Ausgang von Homers Werk nimmt, und
(4) in einer die mythische Urzeit „feststellenden" *Metaphysik ewiger Ideen.*

So zeigt sich das HISTORISCH-PRAGMATISCHE GEDÄCHTNIS andererseits
(1) in einem *kommunikativen alltagspraktischen Gedächtnis,* das das Wissen und Können der Individuen und Lebensgemeinschaften schriftlos überliefert,
(2) in einer auf Forschung beruhenden und schriftlich niedergelegten *Welterkundung (historía),* die sich vor allem auf das politische Geschehen, das Recht, die Beschaffenheit der Erde (Geographie), die Sitten der Völker (Ethnographie) und auf außerordentlich gelungene technische Werke bezieht und damit auch zeit- und ethnospezifische Ausschnitte geschichtlicher Wirklichkeit erfaßt,

(3) in einer *Geschichtsschreibung des eigenen Gemeinwesens* („ab urbe condita" und einzelner Epochen) und
(4) in der *Bewahrung, Verbreitung und Deutung der intellektuellen und künstlerischen Werke,* d.h. vor allem der Werke des religiösen, mythologischen, poetischen, rhetorischen, philosophischen und wissenschaftlichen Denkens und künstlerischen Schaffens.

Diese Arten des Umgangs mit der Vergangenheit haben sich in wechselseitiger Durchdringung, Verbindung und Abgrenzung zunächst in Griechenland und dann in Rom vielfältig heraus- und umgebildet. Nur im Sinne einer Idealtypik können sie deshalb überhaupt erfaßt werden. Im folgenden werden diese Arten des historischen Denkens unter den drei Gesichtspunkten Mýthos, Historía und Idéa dargestellt. Davon thematisiert das vorliegende Kapitel 4 das mythologische Denken und Dichten im archaischen Griechenland, mit Ausblicken auf dessen kultische, poetische und nationale Fortentwicklung bis zum Untergang der paganen Antike. Das folgende Kapitel 5 wendet sich zunächst den unterschiedlichen Formen der Historía und dann der Idéa in Hellas und Rom zu, d.h. der das historische Denken herausfordernden Philosophie der Natur und der Metaphysik der Zeitlosigkeit. Mit anderen Worten wird so in der Darstellung der Weg vom ursprünglichen und dann auch gedichteten Mythos über die profane Welterkundung und Geschichtsschreibung bis zu dem Versuch beschritten, die Welt philosophisch zu erfassen und zu deuten und damit im gewissen Sinne die Geschichtlichkeit der Welt als bloße Sinnestäuschung erscheinen zu lassen.

1. Ursprungsdenken im Mythos und im Kult der Griechen

Der Mythos ist eine frühkulturelle Grundform des menschlichen Denkens über den (göttlichen) Ursprung der Welt, der Götter, des Menschengeschlechts und der eigenen Ethnie und damit auch eine elementare Form des Umgangs mit der Vergangenheit. Der Begriff Mythos leitet sich aus griechisch *mythos,* d.h. Wort, Rede, Erzählung, her und meint heute allgemein in den Wissenschaften das frühkulturelle Denken und Erzählen dieses Ursprungs und das darauf bezogene kultische Handeln der Menschen. Als ein solches universales Phänomen war und ist die von den Völkern überlieferte und gepflegte Mythologie ein bevorzugter Gegenstand der allgemeinen Kulturtheorie. Er eignet sich insbesondere zur Erörterung der Grundfragen nach der Entstehung der Kultur und der Religion. Denn im Medium des Mythos haben die Menschen am frühesten gelernt, die Welt als ein Ganzes zu deuten. Im gewissen Sinne ist so der Mythos die früheste Form von Philosophie, Theologie, Anthropologie, Wissenschaft, Poesie und auch von Historie in ihrer imaginären Form. In Bezug auf die frühen (Hoch-)Kulturen ist von der geschichtstheoretischen Bedeutung des Mythos bereits in den vorigen Kapiteln gesprochen worden. Von seiner konstitutiven Funktion auch bei der Entstehung der griechischen Kultur wird, mit Ausblicken insgesamt auf die Thematik des mythischen Denkens, im folgenden die Rede sein.[1]

In der Tat ist auch bei den Griechen der Ausgangspunkt ihrer Begegnung mit der Vergangenheit der Mythos, und zwar zum einen, wie bei allen anderen Völkern, mit Vorstellungen über den Anfang der Welt und der Götter und seiner Vergegenwärtigung im religiösen Ritus, zum andern aber mit seiner ausgeprägten Artikulation im sprachlich-musischen Vortrag und in szenischer Darstellung. So verehren die Griechen – ähnlich wie fast alle früheren Hochkulturen des alten Orients und dann auch die Römer – ihre Götter in Tempeln und in Gestalt von Götterbildern, bringen ihnen Opfer dar und glauben, daß diese in der Urzeit gezeugt worden sind, ihre endgültige Macht erst nach Kämpfen gegen göttliche Konkurrenten errungen haben, als unsichtbare und unsterbliche Wesen nun die Herrschaft über die Welt ausüben, unterschiedliche Gestalten annehmen können, bestimmte Zuständigkeiten haben und sich (un-)heilbringend in kosmischen Phänomenen, in Dingen, Pflanzen, Tieren und Menschen und an bestimmten Orten manifestieren. Auf dieser allgemeinen naturreligiösen Grundlage unterscheiden sich das Bild, das sich die Griechen von ihren Göttern machen, und der Umgang, den sie mit ihnen pflegen, dennoch in mehr als einer Hinsicht von denen bei den anderen Völkern.

1.1 Ein Pantheon „menschlicher" Götter

In einer ersten Hinsicht ist dies das, was man die „Menschlichkeit" der griechischen Götter nennen könnte. Denn außer der sie auszeichnenden Unsterblichkeit, Verwandlungsfähigkeit und übermenschlichen Macht kommen ihnen zunächst alle die Eigenschaften und Fähigkeiten zu, die Menschen auch haben, „vergrößert" allerdings im positiven wie im negativen Sinne. Als solche sind die Götter keine ganz „Anderen", sondern trotz ihrer Unsichtbarkeit Wesen mit einem Leib, mit einer Lebensgeschichte, mit einem spezifischen Charakter, mit menschlichen Begierden und

---

[1] Folgende Schriften sind hierzu vor allem herangezogen worden:
W. Nestle: Vom Mythos zum Logos. Die Selbstentfaltung des griechischen Denkens (1940), Stuttgart ²1972;
K. Kerényi: Die Mythologie der Griechen. Bd. I: Die Götter- und Menschheitsgeschichten, Bd. II: Die Heroen-Geschichten (1955/1966), München ¹⁶1994;
Ders.: Die Eröffnung des Zugangs zum Mythos. Ein Lesebuch (1967), Darmstadt ⁵1996;
M. Fuhrmann (Hg.): Terror und Spiel. Probleme der Mythenrezeption, München 1971;
W. Burkert: Griechische Religion, Stuttgart 1977;
ders.: Mythos und Mythologie, in: Propyläen Literaturgeschichte, Bd. I, Berlin 1981, 11 ff.;
H. Blumenberg: Arbeit am Mythos, Frankfurt 1979;
H. Poser (Hg.): Philosophie und Mythos. Ein Kolloquium, Berlin 1979;
M. Eliade: Die Schöpfungsmythen, Darmstadt 1980;
K. Hübner: Die Wahrheit des Mythos, München 1985;
H. Reinwald: Mythos und Methode. Zum Verhältnis von Wissenschaft, Kultur und Erkenntnis, München 1991;
F. Graf: Griechische Mythologie. Eine Einführung, Darmstadt 1991;
A. Grabner-Haider: Strukturen des Mythos. Theorie einer Lebenswelt, Würzburg 1993;
J.N. Bremmer: Götter, Mythen und Heiligtümer im antiken Griechenland, Darmstadt 1996;
R. Müller: Die Entdeckung der Kultur. Welt- und Menschenbild der Antike, Düsseldorf 2003.
J. v. Ungern-Sternberg/H. J. Reinan (Hg.): Vergangenheit in der mündlichen Überlieferung. Colloquium Rauricum Bd. 1, Stuttgart 1988.

mit der ganzen Widersprüchlichkeit, die auch Menschen charakterisiert. Das macht sie in der Begegnung verstehbar und „nahbar". Obwohl sie eine Gegen- und Grenzinstanz der Menschen sind, sind sie keine über alles erhabene, jenseitige Gestalten, sondern Teil einer gemeinsamen Welt. Ihre Menschenähnlichkeit zeigt sich auch in ihrer Sozialität. Diese ist in vielen Merkmalen ein Abbild der frühen griechischen Adelsgesellschaften. So ist das auf dem Olymp angesiedelte Pantheon eine aristokratische Gesellschaft, in der der „Göttervater" Zeus oft kaum mehr als ein Erster unter gleichen „Götterfürsten" ist. Dort berät man sich, dort verfolgen die einzelnen Götter ihre Absichten mit Witz, Charme und Intrigen oder mit Dummheit und plumper Gewalt, dort hilft man sich jedoch auch und pflegt Geselligkeit. Wie ungerecht, grausam und unbeherrscht viele dieser Göttergestalten auch sind, so haben doch Leser bis heute keine prinzipiellen Schwierigkeiten, sie in ihren Befindlichkeiten, Motiven und Handlungsweisen zu verstehen. Unter dem Blickwinkel der europäischen Kultur- und Bildungsgeschichte begründet so der Götterglauben der Griechen eine Quasi-Anthropologie und -Sozialtheorie der Innerweltlichkeit, der Umgänglichkeit und des Wettstreits. Spuren davon haben sich bis heute als Momente des Habitus und der Sozialität europäischer Menschen erhalten. Im Spiegel der Götter haben die Europäer begonnen, sich selbst als Personen und Gesellschaften zu deuten.

1.2 Geschichten von Göttern und Helden als kultisch-kulturelles Band aller Griechen

Ein weiterer Aspekt des griechischen Pantheons ist, daß die Götter eigentlich immer ihre Geschichte(n) sind, sie als idealisierte Menschen im Bewußtsein der Menschen hauptsächlich in ihrem Handeln gegenwärtig sind, die griechische Mythologie im wesentlichen eine Sammlung von Geschichten ist. Während sonst im Zentrum des Mythos zumeist der Kult steht, im feierlichen Ritus immer wieder das Geschehen der Urzeit vergegenwärtigt und der Beistand der Götter je nach ihren besonderen Fähigkeiten erfleht wird, überwiegt im griechischen Mythos das erzählerische Moment. Ihm ist es zuschreiben, daß die seit dem achten Jahrhundert zum Teil weit über den Mittelmeerraum verstreut siedelnden Griechen ihre hellenische Identität außer in ihrer Sprache vor allem in den Erzählungen von ihren Göttern und weniger in gemeinsamen Heiligtümern und Kultformen bewahrt haben. Wenn Homers und Hesiods Vorstellungen und Systematisierungen des Götterhimmels seit dem 7. Jahrhundert auch eine gewisse Autorität genießen, hat doch jede Polis ihren eigenen Gründungsmythos, verehrt man von Polis zu Polis jeweils nur bestimmte Götter und unterscheidet sich der ihnen entgegengebrachte Kult deutlich von denen anderenorts. Das gemeinsame religiöse und kulturelle Band bleiben indes die Geschichten von den olympischen Göttern. Sie stiften und erhalten die hellenische Identität. Durch sie hat Homer zum „Erzieher der Griechen" werden können.[2]

1.3. Menschliches Leben in der Gewalt und in der Obhut der Unsterblichen

Wird so das Personal der mythischen Erzählungen überwiegend von den Göttern und herausgehobenen Menschen der griechischen Gründungszeit, den vergöttlichten Heroen, gestellt und wechselt der Ort des Handelns rasch zwischen Himmel

---

[2] *Platon* (Politeia 606 e ff.) ist nicht der einzige, der diese Formulierung gebraucht.

und Erde, sind das Leben der Menschen in „historischer" Zeit dann und ihre natürliche Umwelt durchwirkt von den spezifischen Fähigkeiten der göttlichen Wesen, sei es im Brausen des Sturms, im Murmeln der Quellen oder in den Tätigkeiten und Strebungen der Menschen und in ihrem Schicksal. Ein Beispiel unter vielen möglichen ist hierfür – mit großen Parallelen etwa bei den Römern – die dem göttlichen Wirken unterliegende *Zeit der Menschen*. So wird ihnen die Lebensspanne von den Moiren, drei Töchtern des Zeus und der Themis, welche beide die Hüter von Gerechtigkeit und die Ordnung sind, zugemessen; gilt es bei allen wichtigen Tätigkeiten, den *kairós*, den rechten Augenblick, zu finden, muß man der Týche, der vorbestimmten göttlichen Fügung, dem glückhaften Schicksal bzw. dem Daimon, der göttlichen Stimme im Innern des Menschen, folgen, muß man sich mit der Fortuna, dem Glück, verbünden und die *occasio*, die Gelegenheit, „am Schopf ergreifen"; hat – für Penelope – „alles seine Zeit"; vermag der Mensch durch die göttliche Gabe der *phrónesis* bzw. der *prudentia*, also durch Verstand und Klugheit, den Gefahren und Verführungen des Lebens, mitunter wohl auch der Bestrafung durch die Götter, entgehen; bringt jedoch die „Zeit" irgendwann alles an den Tag; gestehen die Götter den von ihnen bevorzugten Menschen Reichtum, Ansehen, Gesundheit und ein langes Leben zu, schenken sie ihnen *scholé* bzw. das *otium*, also die erfüllte Zeit, die ruhende Versenkung in der Muße, im Gegensatz zur *ascholía* bzw. zum *nec-otium*, der von Geschäftigkeit und Unruhe geprägten Zeit; wird der Mensch von Apoll durch den Mund der Pythia in Delphi aufgefordert, „sich (als sterbliches Wesen) selbst zu erkennen"; „erleidet" man in Rom nicht den Tod, sondern „geht ihm entgegen" (*mortem obire*); verschlingt letztlich aber alles Chronos, die allem Irdischen übergeordnete Zeit und tilgt Lethe in der Unterwelt alle Erinnerung. Im Wechselspiel von göttlicher Vorsehung und menschlicher Klugheit begreifen sich so Griechen und Römer den Göttern im allgemeinen nicht ausgeliefert, wenn sie letztlich auch gezwungen sind, deren Übermacht anzuerkennen.

1.4. Der freiheitlich-kreative Umgang mit dem Mythos und seine Lehre

Ein wichtiges Charakteristikum dieser in Geschichten und in göttlichen „Einflüssen" begründeten Religiosität ist schließlich, daß sie die Menschen auf eine zwanglose Art prägt und verbindet, sie diese also gerade nicht – wie in den drei monotheistischen Religionen – dogmatisch bindet und ihrem Denken inhaltliche und rituelle Fesseln anlegt, sondern sie zum Weiterdenken anregt. Ihr Mythos wird weder in streng von der Masse der Menschen abgetrennten Herrschaftsresidenzen und Tempelbezirken von Gottkönigen und Priesterschaften gepflegt und ausgelegt wie im Alten Orient noch, wie bei den Juden, durch von Jahwe legitimierte und gesandte Führer und Propheten verkündet und mit immer neuen Offenbarungen und Weisungen an sein auserwähltes Volk erweitert. Zwar bleiben der griechische und der römische Mythos mit ihrem Personal und der Grundstruktur der Geschichten bis in die Spätzeit der Antike immer der frühgeschichtlichen Herkunft verpflichtet. Dies jedoch in der Weise, daß die Menschen dieser Tradition nicht bloß folgen, sondern sie konstruktiv, reflexiv und „dialektisch", d.h. im Gespräch, in Rede und Gegenrede, auslegen, befragen, überprüfen, kritisieren, sie zu verbessern suchen und poetisch ausspinnen, kurz: daß sie diesem von den Vorfahren überlieferten Bild der göttlichen und ethnischen Frühe selbstbewußt, frei und kreativ begegnen. Ein Ausdruck dessen ist der auf der öffentlichen Agora der Städte und in den privaten Symposien der Gebildeten gepflegte Gedankenaustausch über „Gott und die Welt".

2. Entstehung und Wandel des griechischen Mythos

Der so charakterisierte griechische Mythos hat gemeinsam mit dem von ihm getragenen Kult und den von ihm evozierten Vorstellungen von der Urzeit natürlich selbst eine Geschichte. Eine Skizze seines Weges von der frühkulturellen Entstehung bis zu seiner frühhochkulturellen Entfaltung ist insofern geschichtstheoretisch instruktiv, als es ein typischer und zugleich ein ungewöhnlicher, ja in Bezug auf seine Fernwirkung in der europäischen Zivilisation ein kulturell einzigartig produktiver Weg ist. Die erste und vermutlich längste Phase dieses Weges liegt, wie überall, fast ganz im Dunkel der Geschichte. Eine deutlichere Gestalt dürfte er im zweiten vorchristlichen Jahrtausend gewonnen haben. Seine damalige Geschichte ist z.T. immerhin erschließbar, zunächst aus bestimmten Bemerkungen Homers über den Sinn von Kultformen und über die Namen der Mitglieder des Pantheons, dann aus Hesiods mythologischer Darstellung der Entstehung der Welt, der Götter und des Menschengeschlechts, welch letzteres in der Abfolge von einem glücklichen „goldenen Zeitalter" über ein silbernes, ehernes und heroisches bis zu einem eisernen in einer mühevollen Gegenwart ein immer schlimmeres Schicksal zu erleiden muß[3], und schließlich aus überlieferten, aber schwer zu deutenden Details der autochthonen Polis-Kulte in späterer Zeit. Hervorgegangen aus den Göttervorstellungen von in mehreren Schüben von Norden her eindringenden Indogermanen und von solchen der ansässigen altmediterranen Bevölkerung, ist das griechische Pantheon als ein Verschmelzungsprodukt von Anfang an nicht nur vielgestaltig, sondern auch offen für die Aufnahme immer weiterer Götter, so daß es ein Grundprinzip dieser Religiosität bis zu ihrem Ende und ihrer Ablösung durch den monotheistischen Mythos des Christentums ist, daß sich ihre Götter trotz der Abstufungen im Rang und des ständigen Familienstreits zwischen ihren Mitgliedern im Grundsatz alle wechselseitig als solche anerkennen. Innerhalb dieser Phase dürfte schon früh, spätestens wohl seit der Mitte des zweiten vorchristlichen Jahrtausends, die mündliche Sagentradition der Dichter-Sänger begonnen haben, welche Homer Aoidoí nennt. Diese haben sicher auch vom „Ursprung aller Dinge" gesungen, vornehmlich aber Geschichten von den Gründungstaten der Heroen, der göttergleichen Vorfahren erzählt. Gewisse Elemente der typischen Queste eines solchen Sagenhelden, der allein oder mit Gefährten in der Fremde eine Stadt und ein Land erobert und dort zum Urahn eines königlichen Geschlechts wird, dürften ein Nachklang realgeschichtlicher Landnahmen, Kriege, Städtegründungen und tragisch gescheiterter Expeditionen

---

[3] *Hesiod* (um 700) schildert die Genese der Welt und der Götter in: Theogonie, übersetzt und kommentiert von W. Marg (in: Sämtliche Gedichte, Zürich/Stuttgart 1970). Die Schilderung der fünf Weltalter findet sich in: Werke und Tage (Erga kai hémerai) (in: ebd., V. 109 ff.); vgl. *E. Heitsch* (Hg.): Hesiod, Darmstadt 1966. Dem Geschichtsbild von dem in der Abfolge von Metallen symbolisierten Verfall liegen orientalische Weltaltersagen zugrunde (vgl. dazu *R. Günther/R. Müller*: Das Goldene Zeitalter. Utopien der hellenistisch-römischen Antike, Stuttgart 1988, 20).

oder doch noch glücklich beendeter Irrfahrten sein. Der größte Teil der von Homer und späteren Dichtern ausgesponnenen Sagen – der Sagen über die Argonauten, über Herakles und Theseus ebenso wie die über die „Sieben von Theben" und vor allem über den Krieg um Troja und das Schicksal der überlebenden Heimkehrer – dürfte von jenen Dichter-Sängern erfunden worden sein, die sie an den höfischen Zentren bei den Festen im Sprechgesang unter Leierbegleitung und angefüllt mit festen Formeln vorgetragen und in ganz Hellas verbreitet haben, ganz wie es Homer in mehreren Gestalten sehr plastisch darstellt. Es ist zu vermuten, daß es diese von den Sängern sprachlich-musisch schön gestaltete, von einer immer kennerischer werdenden Zuhörerschaft geschätzte und im Volk umlaufende Erzähltradition von den Taten der idealisierten Vorfahren gewesen ist, die die Hellenen bereits *vor* Homer nicht nur unterhalten hat, sondern zumal die in der geographischen Zerstreuung lebenden Hellenen auch kultisch und ideell zusammengehalten hat. Darüber hinaus dürfte es diese mythische Erzähltradition in Verbindung mit dem Einsatz ihrer *schriftlichen* Überlieferung sein, die den hochkulturellen Status von Hellas begründet hat.

3. Der gedichtete Mythos: Homer als Begründer der schriftlichen und poetischen Wirklichkeitserfassung Europas

Auf diese Tradition der Dichter-Sänger hat sich Homer, selbst noch ihnen zugehörig, stofflich und zum großen Teil wohl auch in der Verwendung ihrer poetischen Mittel gestützt. Zur Geburtsstunde der europäischen Kultur haben die dem „Homeros" zugeschriebenen Großepen *Ilias* und *Odyssee* aus der zweite Hälfte des achten vorchristlichen Jahrhunderts dann jedoch nur deshalb werden können, weil er die erst wenige Jahrzehnte zuvor entwickelte vollständige Alphabetschrift hat nutzen können und als ein genialer Erzähler aus Elementen der oralen Heldenepik etwas geschaffen hat, das in seiner Welthaltigkeit, anthropologischen Wahrheit, motivischen und thematischen Vielfalt und kompositorischen und poetischen Gestalt schon seine Zeitgenossen so beeindruckt hat, daß sie es alsbald über Rhapsoden, die neue SängerGeneration, und dann auch als Grundbuch der *musiké*, d.h. der musischen Bildung der Jugend, über ganz Griechenland verbreitet haben.[4]

3.1 Homer an der Schwelle zwischen Oralität und Literalität

Zu beidem können im Rahmen der Thematik dieses Buch nur wenige Anmerkungen gemacht werden. Die Erfindung der vollständigen Alphabetschrift in Griechenland mag im Blick auf die so viel älteren und erprobten Schriftsysteme des Alten Orients nur als eine kleine Verbesserung erscheinen. Im Rückblick aber auf ihre sich weltweit bis heute immer noch ausbreitende Anwendung, auf ihre sich schon bei der Überlieferung von Homers Werk in der Antike bewährende Überlegenheit

---

[4] Vgl. hierzu die zahlreichen Arbeiten von *J. Latacz*: Homer. Der erste Dichter des Abendlandes, München/Zürich 1989; ders.: Homer. Die Dichtung und ihre Deutung, Darmstadt 1991; speziell zum Typus des Sängers und Dichters die Schrift von *W.F. Otto*: Die Musen und der göttliche Ursprung des Singens und Sagens, Düsseldorf/Köln 1956, und den Aufsatz von *E. Wiersing*: Musiké und Paideía. Die Dichter als Erzieher der Hellenen, in: Keck/Wiersing/Wittstadt 1996, 67-88.

über alle anderen Schriftsysteme und auf die in ihr angelegte Hervorbringung einer im Prinzip allen Menschen durch relativ geringen Lernaufwand zugänglichen neuen Schriftkultur hat sie eine kulturelle Revolution ausgelöst, ohne die sich der poetisch-künstlerische, gedankliche und stoffliche Erfindungsreichtum Homers und der Griechen wahrscheinlich nie entfaltet hätte. Auch unabhängig von Homers persönlicher Leistung markiert diese Erfindung einen menschheitsgeschichtlichen Wendepunkt. Denn sie hat der europäischen Kultur von den Griechen an dazu verholfen, ihre Denkerzeugnisse rasch und eindeutig zu verschriftlichen und ihnen eine intersubjektiv verläßliche und über die Zeiten beständige Gestalt zu geben. Auch hat sie schließlich dadurch der Vermehrung historischer Quellen gedient und dem historischen Denken die Möglichkeit zu einer Historiographie im genauen Wortsinn eröffnet.[5]

Einzigartig ist aber auch Homers Werk selbst. In der europäischen Kulturgeschichte gibt es nur noch die Bibel, die es in der Breiten- und Tiefenwirkung übertrifft. Eine Quelle ersten Ranges ist es allemal für alle historischen Wissenschaften. Denn es leuchtet die vorliterale Geschichte des Griechentums vielschichtig aus und ist, weil es die Schrifttradition des europäischen Kulturkreises begründet, der unmittelbare oder zumindest mittelbare Ausgangspunkt fast allen schriftgestützten religiösen, künstlerischen und wissenschaftlichen Denkens von der Antike bis heute und steckt damit auch in aller europäischer Historiographie.

3.2 Homers Welt als ein kulturell und sozial komplex geschichtetes Bild der Vergangenheit

Nun ist das von Homer entworfene Vergangenheitsbild als eine aus unterschiedlichen Quellen schöpfende Dichtung außerordentlich komplex, so daß gefragt worden ist, ob es überhaupt etwas Verläßliches über die griechische Frühzeit aussagt oder nur ein märchenhaftes Phantasieprodukt ist. In über 200jähriger moderner Forschung ist es gelungen, die historischen Schichten dieses Werks in großen Teilen aufzuklären, so daß heute zwar immer noch viele Fragen unbeantwortet sind und wohl immer offen bleiben werden, man aber doch in etwa durchschaut, welche Zeitschichten, welche Quellen und welche Arten, die Vergangenheit wahrzunehmen, Homer vermischt und zu einem in sich stimmigen Bild verbunden hat.[6] Es lassen sich zumindest sieben Arten des historischen Bezugs unterscheiden: ein ur- und ein sagenzeitlicher, ein real- und ein zeitgeschichtlicher, ein utopisch-fiktionaler, ein gesellschafts- und schließlich auch noch ein bildungstheoretischer.

Urzeitlich-mythische Elemente finden sich bei Homer in der Darstellung von Kulthandlungen, so vor allem in den alle bedeutenden Begegnungen und Ereignisse begleitenden und konstituierenden Opferhandlungen, Götteranrufungen und Begräbnisriten. *Sagenzeitlich* ist Homer überall dort, wo er Elemente der oben skizzierten traditionellen Heldenepik aufnimmt, sich also an das hält, was sein Publikum

---

[5] Vgl. *E.A. Havelock*: Schriftlichkeit. Das griechische Alphabet als kulturelle Revolution. Mit einer Einleitung von A. und J. Assmann, Weinheim 1990. *W. Kullmann/M. Reichel* (Hg.): Der Übergang von der Mündlichkeit zur Literatur bei den Griechen, Tübingen 1990.

[6] Vgl. *J. Latacz* (Hg.): Zweihundert Jahre Homerforschung. Rückblick und Ausblick, Stuttgart 1991 [ein Werk, das auch den Forschungsstand zur vorhomerischen Heldenepik wiedergibt].

schon von den „göttergleichen" Helden im Krieg um Troja, von der immer wieder verhinderten Heimkehr des Odysseus und von den Parteinahmen der Götter für ihre Schützlinge weiß. Im Ansatz *realgeschichtlich* könnte man jene Elementen nennen, die Homer der damals gut 200 Jahre zurückliegenden Zeit in Hellas entnommen hat. Ihr Gegenstand ist die in den beiden Epen ausführlich dargestellte und den historischen Rahmen abgebende Adelsgesellschaft, welche in der Forschung zumeist „die homerische Gesellschaft" oder auch, wie es *M.L. Finley* in einer bedeutenden Arbeit tut, die „Welt des Odysseus" (engl. 1954, dt. Frankfurt 1992) genannt wird und vermutlich auch unabhängig von ihrer sängerischen Idealisierung mittels der allgemeinen mündlichen Überlieferung noch im Bewußtsein von Homers Zuhörerschaft gegenwärtig gewesen, ihr aber doch als definitiv ver- und untergegangen erschienen sein dürfte. Der seit dem 8. Jahrhundert in seinem Herrschaftsanspruch bedrohte Adel, dem Homer wohl selbst angehört und der ihm den Ort seines öffentlichen Wirkens gegeben hat, dürfte diese Zeit als die letzte „gute alte Zeit" betrachtet haben, bevor politische Wirren um und nach 1000 seine Macht schmälerten und die „neue Zeit" des 8. Jahrhunderts – mit den sich selbst verwaltenden, weiträumig Handel betreibenden und neue Poleis gründenden Stadtstaaten – allen tatkräftigen Menschen ebenso viele Chancen wie Risiken zu bieten schien. Gleichwohl dürfte in Homers Werk – wohl eher unbeabsichtigt – auch viel *Zeitgeschichtliches*, natürlich Griechisches vor allem, aber auch Fremdes, insbesondere „Orientalisches"[7], eingeflossen sein, vor allem aber das, was Homer so selbstverständlich erschien, daß er es auch im frühen Sagenzeitraum einfach als gegeben voraussetzte. Der Tendenz der Zeitgeschichtlichkeit hat Homer zweifellos gegengesteuert, indem er die für sein gegenwärtiges Publikum erfundenen neuen Episoden in der von ihm geliebten Vergangenheit angesiedelt und hierzu bewußt Repristinationen vorgenommen hat, so daß seine Erzählungen von Göttern, Heroen und Menschen stofflich mehreren Zeitschichten entstammen, fiktional in einer imaginären Vergangenheit Zeit spielen und mentalitätsgeschichtlich ein Produkt der Lebenszeit seines Autors und seiner Zuhörer ist.

Wenn deshalb gefragt wird, ob die *Ilias* und die *Odyssee* historische Quellen sind, dann sind sie dies allemal, jedoch in unterschiedlichen Sinne, je nach dem man die mythen-, sagen-, ereignis-, sozial-, zeit-, literatur-, mentalitäts- oder allgemein die kulturgeschichtliche Dimension anvisiert. In jeder dieser Hinsichten ist die historische Forschung fündig geworden. Und unabhängig von der Frage, ob Homers Erzählungen vom Kampf um Troja überhaupt einen realgeschichtlichen Kern haben, ob Homers Vorgänger, die Dichter-Sänger, und Homer selbst der überkommenen Sagentradition einen Wahrheitsgehalt zuerkannt und Homer seinen sich in vielen neuen Erzählungen niederschlagenden Erfindungsgeist als von den Musen inspiriert und damit „Wahres verkündend" (Hesiod) empfunden hat, hat er doch – wie auch seine weniger berühmten Zunftgenossen – zweifellos mit Hilfe der alten Erzählungen sein Publikum unterhalten und belehren und sicherlich auch die Welt insgesamt, das Zusammenleben der Menschen und das irdische Los des Menschen

---

[7] Vgl. *W. Burkert*: Die Griechen und der Orient. Von Homer bis zu den Magiern. Aus dem Italienischen ins Deutsche übertragen vom Verfasser, München 2003.

im schön geformten und eindringlich vorgetragenen Wort deuten wollen. Homers Geschichten, die nicht des Humors und der Ironie entbehren, sind in der Tat immer auch historische, sozialtheoretische und anthropologische *Lektionen*. Denn sie erwecken erstens durch detaillierte und durchaus auch realistische Beschreibungen eine untergegangene Welt zum Leben und sind trotz der Erkenntnis des Fabulösen damals für ihre Hörer eine *Geschichtsquelle* und *Historie ihrer Kultur* gewesen, wie sie bis heute für die wissenschaftliche Historie als ein unverzichtbares Zeugnis des archaischen Griechenlands sind. Sie enthalten zweitens eine implizite *Staatstheorie*, indem Homer nämlich mit dem Staat der Phaiaken[8] die Utopie des guten Gemeinwesens, mit der Schilderung des Zustands Ithakas vor Odysseus' Rückkehr[9] das Gegenbild eines Staates in Auflösung und mit dem Bildnis auf dem Schild des Achill[10] die prekäre Lage der auf sich gestellten Polis realistisch darstellt. Und sie entwerfen drittens eine implizite *Psychologie* und *Anthropologie*, indem sie vielfältige Exempla des Menschlichen geben und Götter und Menschen vergleichen.

3.3 Der dramatisierte, verwandelte und konstruierte Mythos in der Nachfolge Homers

Die die polytheistische Religiosität und die vorliterale Vergangenheit Griechenlands zugleich mythisch-imaginativ, realhistorisch und theoretisch evozierende Dichtung Homers ist von Anbeginn ihrer Verbreitung so attraktiv gewesen, daß ihre Wirkungsgeschichte nicht nur überhaupt bis heute reicht und eine umfängliche historische Quellengattung begründet hat, sondern selbst den Rang einer konstitutiven Komponente der europäischen Kulturgeschichte und des historischen Bewußtseins der Europäer beanspruchen kann. Dies soll hier nur in Bezug auf drei antike Traditionsstränge, auf die der Geschichte der Philologie, der Literatur und der Geschichtsschreibung, kurz angedeutet werden. Der erste Sproß dieser Wirkungsgeschichte ist die schon wenige Jahrhunderte nach Homer entstehende *Philologie*, also die dann auch bald gezielt betriebene Bemühung, Homers Text authentisch zu erhalten, ihn zu verbreiten, ihn in seinen unverständlich werdenden Wortwendungen zu erklären, ihn als Muster unterschiedlicher Stile und Figuren in der Rhetorik zu nutzen und ihn im mehrfachen, insbesondere allegorischen Sinn zu deuten.[11] Noch vor der Bibelexegese ist so die Homer-Philologie zum ersten Probierstein der Hermeneutik geworden. Damit verbunden ist die wohl am tiefsten reichende und sich am umfänglichsten artikulierende Wirkung Homers, nämlich die von ihm stofflich, thematisch und in Gattungen angestoßene Entfaltung der *Musenkünste*, also die in seiner

---

[8] Od. 6. Gesang und folgende.
[9] Od. 1. und 2. Gesang.
[10] Ilias, 18. Gesang, Verse 478–608. Vgl. dazu *E. Wiersing*: Der Schild des Achill. Zur erziehungshistorischen Bedeutung des literarischen und bildlichen Kunstwerks, in: Rittelmeyer/Wiersing 1991, 1-22.
[11] Von den zahllosen älteren und neueren Ausgaben und Übersetzungen der Werke Homers seien hier nur genannt Homeri Opera edd. by D.B. Monro et T.W. Allen, I-V, Oxford , ³1919 ff.; die bis heute nachwirkende und immer wieder aufgelegte Übersetzung der Ilias (1793) und der Odyssee (1781) ins Deutsche durch *J.H. Voß*; die zweisprachige Ausgabe der Ilias durch H. Rupé (München/Zürich ⁹1989) und die Prosaübersetzung der Odyssee durch *W. Schadewaldt* (Hamburg 1958).

Spur von späteren „Sängern" geschaffenen Werke, die das Leben der Menschen in epischer, lyrischer und dramatischer Dichtung existentiell erfassen, exemplarisch darstellen, reflektieren und zum Gegenstand sowohl der Unterhaltung als auch der lebenspraktischen und moralischen Belehrung machen. Anknüpfend an den Homer gelungenen „vollendeten Anfang"[12] und an seine fast bis heute reichende Allgegenwärtigkeit haben ihn die Dichter und Künstler seither in großer Freiheit nachgeahmt und ausgesponnen und nach seinem Modell Neomythen geschaffen. Antike Beispiele dessen sind etwa die in Plastiken, Mosaiken und auf Vasen dargestellten Götter- und Heroengestalten, die Geschichten und Figuren der klassischen Tragödien und Komödien, die erdichteten Verwandlungen mythischer Gestalten in Ovids „Metamorphosen" und Vergils neomythische Vision vom Ursprung Roms in Troja und von seiner sich von daher begründenden Bestimmung zur Herrschaft über die Welt und zur Heraufführung eines neuen Goldenen Zeitalters. Bis in die Gegenwart hat es deshalb für alle Künstlern unserer Kultur gleichsam selbstverständlich die Möglichkeit gegeben, ihre Werke in der griechisch-mythischen Welt spielen zu lassen.

---

[12] Formulierung nach *G. Fink*: Die griechische Sprache. Eine Einführung und eine kurze Grammatik des Griechischen, Darmstadt1986, 222.

5. Historía, Phýsis und Idéa:
Zeit- und Geschichtsbewußtsein im klassischen Altertum

1. Historía:
   Antike Welterkundung, politische Geschichtsschreibung und Historie des Denkens   72
2. Phýsis und Idéa:
   Die Geschichtslosigkeit der Welt im Licht der griechischen Naturphilosophie
   und der platonischen Ideenlehre   81

Wie eingangs des vorigen Kapitels angedeutet, stehen sich in der klassischen Zeit des griechischen und römischen Altertums zwei Arten der Deutung der Welt gegenüber: zum einen die der Historía, d.h. der realistischen Erkundung, Beschreibung und Deutung der gegenwärtigen und vergangenen Welt, zum andern die der Idéa, d.h. des Versuchs, die Welt in zeit- und geschichtsindifferenten Allgemeinbegriffen zu erfassen. Die erstere Art der Welterfassung schlägt sich vor allem in der Darstellung des alltagspraktischen, technischen, geographischen und völkerkundlichen Wissens, in der politischen Geschichtsschreibung und in der Pflege und Überlieferung der Werke der geistigen Kultur nieder. Die andere Art ist durch zwei bis heute bestehende Ausprägungen charakterisiert: durch den Versuch, die physischen Phänomene der Welt von ihren letzten Ursachen her „naturphilosophisch" zu erklären, und durch eine Seins- und Erkenntnislehre (Ontologie), die die Welt als ganze in einer „Philosophie" bzw. „Metaphysik" der Ideen begründet sieht, wobei beide Ansätze der Welterfassung einen prinzipiellen Ahistorismus vertreten, nach dem die verfließende Zeit dem Sein der Welt nichts anhaben kann.

1. Historía:
Welterkundung, politische Geschichtsschreibung und Historie des Denkens
In klassischer Zeit bekommt so die bis dahin vorherrschende mythisch, poetisch, bildlich imaginierte Begegnung mit der Vergangenheit als erstes eine Konkurrenz durch die Historía, d.h. durch eine Wirklichkeitsbeschreibung, die das natürliche lineare Zeitverständnis des Menschen zur Voraussetzung hat, den Phänomenen der Welt mit einer neugierigen Offenheit begegnet, Vergangenes *und* Gegenwärtiges in der Vielfalt ihrer Details und Geschehensabläufe realistisch erfaßt, es dabei zugleich pragmatisch und kritisch deutet und so den empirischen Forschungsgrundsätzen und dem Geschichtsbewußtsein der modernen Historie bereits in vielen Aspekten nahekommt. Ihr Hauptinteresse gilt zum einen den Sitten und Gebräuchen der Völker, zum andern dem politischen Handeln und den kriegerischen Auseinandersetzungen der jüngeren und jüngsten Vergangenheit, modern gesprochen: der *Kulturgeschichte* i.S. der Ethnographie und Sozialhistorie und der *politischen (Zeit-)Geschichte*.

1.1 Die Entstehung einer kritischen politischen und ethnographischen Geschichtsschreibung
Diese Geschichtsschreibung setzt mit geo- und ethnographischen Beschreibungen durch sog. *Logographen* ein, deren bedeutendster HEKATAIOS VON MILET (um 500)[1]

---

[1] Von seiner „Erdbeschreibung" bzw. „Rundreise" (*Periégesis*), die Herodot viel benutzt und

ist. Sie erlebt ihre klassische Periode im Griechenland des 5. und 4. Jahrhunderts mit Darstellungen vor allem militärischer Unternehmungen von nationaler Bedeutung. Zu deren bedeutendsten Vertretern zählen HERODOT (485–425) durch seine *historíes apódexis*, d.h. „Darlegung der Erkundung" (der Perserkriege)², THUKYDIDES (455–395) durch seine *Geschichte des Peloponnesischen Kriegs*³ und XENOPHON (430-355) durch seine *Anábasis*, d.h. seinen Augenzeugenbericht über den „Rückzug der Zehntausend", nämlich eines griechischen Söldnerheeres in persischen Diensten von Mesopotamien bis zum Schwarzen Meer um 400, durch seine *Helleniká*, d.h. seine Thukydides' Werk fortsetzende Darstellung der griechischen Geschichte zwischen 411 und 362, und seine *Erinnerungen an Sokrates*⁴. Diese Art der Geschichtsschreibung setzt sich über die hellenistische Zeit bis zur Spätantike vor allem in Kriegs- und Reiseberichten – wie etwa in denen des PAUSANIAS (2. Jahrhundert u.Z.)⁵, jedoch auch in Darstellungen der Geschichte von den Anfängen bis zur Gegenwart fort.

Es charakterisiert diese Geschichtsschreibung zunächst allgemein, daß sie eine erlebte und erforschte Geschichte zur Grundlage hat. Herodot, Thukydides und Xenophon haben sowohl vorhandene Darstellungen, Dokumente und Spuren ausgewertet als auch aus eigener Erfahrung berichtet und Ortsansässige und – bei Ereignissen – Zeit- und Augenzeugen befragt. Es kennzeichnet ihre Nachforschungen zumeist auch eine über den jeweiligen zeitgeschichtlichen Hauptgegenstand hinausgehende Neugier, die äußere Natur, die Wirtschafts- und Lebensweise, die Architektur, die Heiligtümer, Kulte, Sitten, Gesetze und politischen Einrichtungen der fremden Völker zu erkunden, zu beschreiben und in reflexiver Distanz zum Erkannten bereits auch die Funktion und den Sinn auffälliger Eigenarten zu thematisieren, modern gesprochen: ethnologische bzw. noch allgemeiner sozialwissenschaftliche Forschung zu betreiben. Diese Neugier dürfte eine historische Wurzel darin haben, daß die Griechen schon seit der Achaier-Zeit fern von ihrem Mutterland Handel betrieben, seit dem 8. Jahrhundert „in Übersee" zahlreiche neue Poleis gegründet haben und sich so schon früh gezwungen sahen, die Lebensweisen vorfindlicher autochthoner Bevölkerungen näher kennenzulernen und die Erkenntnisse darüber ihren Landsleuten mitzuteilen und dann auch schriftlich festzuhalten. Die Begegnung mit den Fremden und damit auch mit dem Fremden war so von früher Zeit an für die an sich in der Kleinräumigkeit von Poleis lebenden Griechen ein konstitutives Element ihrer Weltsicht.⁶

---

kritisiert hat, sind jedoch nur Fragmente erhalten.

2 *Herodot*: Historien. Zweisprachige Ausgabe, hg. J. Feix, München/Zürich. ⁶2001. Vgl. *W. Marg* (Hg.): Herodot. Wege der Forschung, Darmstadt ²1965.

3 *Thukydides*: Geschichte des Peloponnesischen Krieges *(Ho pólemos ton Peloponnesíon kaì Athenaíon*. 2 Bde. Hg. C. Hude, Leipzig 1901/1925), übersetzt v. G.P. Landmann, Zürich/München 1991.

4 *Xenophon*: Memorabilien. Erinnerungen an Sokrates. Übertragen und erläutert von P. M. Laskowsky, München.

5 *Pausanias*: Beschreibung Griechenlands (in Auswahl übersetzt und kommentiert) durch E. Meyer, Zürich 1954.

6 Die Begegnung mit den Fremden nimmt in Homers Epen einen wichtigen Platz ein. Vgl. dazu

Das Hauptmotiv Herodots und Thukydides' ist freilich, die als „historisch" empfundenen politisch-militärischen Auseinandersetzungen um und in Hellas im 5. Jahrhundert vor dem Vergessen zu bewahren und dadurch den eigenen Zeitgenossen und künftigen Geschlechtern deren Bedeutung für das hellenische Selbstverständnis einzuprägen. Zielte Herodots Werk darauf, das Bewußtsein für den Wert der politische Selbstbehauptung Griechenlands gegenüber der nicht-hellenischen Welt der „Barbaren" zu befestigen, so ging es Thukydides darum, die Vorzüge und die Gefährdungen der weltoffenen, den Wissenschaften und Künsten zugeneigten und das Individuum achtenden Lebensformen der attischen Demokratie den kollektiven Lebensformen des spartanischen Militärstaats gegenüberzustellen. Dabei versuchen diese Geschichtsschreiber indes, der objektiven Lage und der Sichtweise der jeweiligen Konfliktparteien gerecht zu werden und ihre durchaus auch deutlich geäußerten Urteile und Verurteilungen sachlich zu begründen, wobei Herodot eher einfach die Fakten sprechen läßt, während Thukydides, weniger naiver als jener, darüber hinaus nach ihren Ursachen in der Natur des Menschen und der Umstände fragt. So bemüht sich Thukydides, nicht nur so genau wie möglich das diplomatische Ringen und den Verlauf der Kämpfe darzustellen, sondern auch die Ziele der Beteiligten und die Umstände der Geschehnisse zu erschließen. Eine besondere Aufmerksamkeit genießen bei ihm das Handeln der Verantwortung tragenden Anführer und hierbei dann vor allem die Gründe, die zu einer problematischen oder katastrophalen Situation geführt haben. So zeichnet sich vor allem sein Werk durch den Versuch aus, neben den offensichtlichen auch die verborgenen Ursachen (*aitíai*) der Konflikte zu ergründen und damit deren Entstehung und Verlauf rational zu erklären und deren mögliche Folgen zu bedenken. Eine solche verhältnismäßig wenig voreingenommene, frei „von der Parteien Gunst und Haß" urteilende und rational begründende Historiographie scheint welthistorisch erstmals in Griechenland und auch dort erst zur Zeit der Demokratie möglich gewesen und entstanden zu sein. In diesen Qualitäten ist sie bis zur Gegenwart ein frühes Vorbild einer kritischen Historie. Auf sie hat man deshalb bei der Ausarbeitung der modernen Geschichtstheorie seit dem 19. Jahrhundert auch immer wieder Bezug genommen.[7]

1.2 Dargestellte Menschenwirklichkeit:
   Homers anthropologische und ethnographische Leistung

Zusätzlich zu dieser allgemeinen Charakterisierung muß hier noch einmal genauer die ethnographische und anthropologische Leistung der griechischen Historía innerhalb ihrer politischen Geschichtsschreibung betrachtet werden. Denn das sie anleitende Menschenbild und die von ihr in Angriff genommene gründliche Erfassung der kulturellen und sozialen Wirklichkeit menschlicher Gemeinwesen gehören ebenso

---

E. *Wiersing*: Zur Lehre des griechischen Mythos über den Umgang mit dem Fremden, in: Lüth/Keck/Wiersing 1997, 31-60.

[7] Zum größeren Rahmen vgl. *H. Ottmann*: Geschichte des politischen Denkens. Von den Anfängen bei den Griechen bis auf unsere Zeit, hier: Band 1, Teilband 1: Die Griechen, Stuttgart 2001; *D. Dahlheim*: Die Antike. Griechenland und Rom von den Anfängen bis zur Expansion des Islam, Paderborn 1994.

wie die in Fakten fundierte Darstellung der politischen und militärischen Ereignisse zu den von da an in unserem Kulturkreis nicht mehr aufgegebenen Kennzeichen der historischen Überlieferung. Dabei wird zumeist übersehen, daß diese neue politische und sozial Welterkundung in mehr als einer Hinsicht in der Tradition Homers steht. Das muß auf den ersten Blick paradox erscheinen. Denn wenn man sie mit der mythologischen Beschreibung der Menschenwelt durch Homer vergleicht, fallen einem zunächst vor allem die unterscheidenden Merkmale auf. Statt Fiktionen bietet die Historía Fakten, statt frühgeschichtlicher Ferne zeitgeschichtliche Nähe, statt göttlicher Beratschlagung und Interventionen ausschließlich menschliches Handeln und natürliche Umstände, statt nostalgischer Idealisierung und Überhöhung von Menschen und ihrem Tun eine nüchtern-realistische – und d.h. auch kritische – Charakterisierung der Menschen und statt schön in Versen erzählter Geschichten sachliche Berichte und argumentativ begründete Darlegungen in Prosa. Und dennoch baut sich die neue Geschichtsschreibung auf Homers Welterfassung auf und hat sie sich an seiner Kunst der Darstellung geschult. Denn wie sehr sich auch der Inhalt seiner Erzählungen bereits vom alltäglichen Leben und vom kriegerischen Handeln des Adels seiner eigenen Zeit und dann erst recht in allen späteren Zeiten unterschieden haben dürfte, so deutet doch der ununterbrochene große Erfolg der Epen darauf hin, daß ihre Zuhörer darin ein den Kern ihres personalen Seins treffendes Bild gesehen und in der dort beschriebenen sozialen und kulturellen Welt die Grundfesten ihrer eigenen Welt erkannt haben. Wenn die Griechen bis in ihre antike Spätzeit Homer für seine Menschenkenntnis und für die Welthaltigkeit seines Werks gelobt haben, dann genau deshalb, weil seine Hörer und Leser sich in seine Gestalten hineinversetzen haben können und sie die von ihm vorgestellte Welt sehr plastisch vor ihrem inneren Auge haben entstehen sehen, wie dies ja bis heute bei Lesern geschieht. Schiede man die göttlichen Interventionen aus „Homers Welt" aus, dann bliebe das Werk eines Autors übrig, der sein umfassendes geographisches, völkerkundliches, historisches, gesellschaftliches, anthropologisches und kulturelles Wissen aus dem 8. Jahrhundert in Gestalt von Geschichten aus einer schon damals seiner Zuhörerschaft entrückten sagenhaften Frühzeit zum Ausdruck bringt.

Die Situation der Geschichtsschreiber des 5. und 4. Jahrhunderts ist demgegenüber gewiß eine in vieler Hinsicht andere als die Homers. Indem sie sich auf die eben geschehenen und den Zeitgenossen zumindest vom Hörensagen bekannten militärischen Ereignisse beziehen, können sie nicht – und wollen sie auch nicht – so frei über Geschehnisse und Umstände verfügen, wie jener es tut. Aber wenn sie Menschen charakterisieren, ihnen Dialoge und Ansprachen zuschreiben und ihre Erwägungen, Affekte und Auseinandersetzungen sozusagen aus deren Innensicht betrachten, gleich, ob es sich um Angehörige griechischer Poleis oder nicht-griechischer Völkerschaften handelt, dann nehmen auch sie sich ganz bewußt die Freiheit heraus, Menschen und Sachverhalten so darzustellen, wie es ihnen aus der Logik der äußeren Geschehnisse und Umstände allein angemessen, ja im eigentlichen Sinne wahr erscheint, und tun sie dann eben das, was Homer in seiner Projektion in vorzeitliche Verhältnisse tut, und orientieren sie sich auch in der Art der Darstellung der Menschenwirklichkeit an Homers Modell. Der Dichter-Sänger Homer und die Historiker treffen sich so darin, daß der über die literarische Fiktion und die historischen Faktizitäten hinausführende und angezielte *Wahrheitsgehalt ihrer Erzählungen bzw. Berichte* darin besteht, daß sie den „Menschen in seiner Zeit" darstellen. Dies in dem Sinne, daß beide menschliches Handeln im Kontext der imaginär unterstellten wie der real belegten Vorstellungen, Ziele und Handlungsweisen einer bestimmten Zeit, Gesellschaft und Konfliktlage aus sich heraus verständlich machen wollen. Sie gelangen dabei zu einem Menschenbild und zu einem Sozialverhalten, das letztlich das Gemeinsame von Griechen und Nachbarn mehr heraushebt als das Trennende. Das zeigt sich bei Homer darin, daß sich griechische Achäer und Trojaner ganz selbstverständlich als ebenbürtig betrachten[8], und erklärt, warum in den von Herodot, Thukydides und Xenophon beschriebenen Kriegen nicht wenige Anführer die Partei haben wechseln können und auch als Söldner in fremde Dienst getreten sind. Trotz aller Differenzen in Sprache, Sitten, Herrschaftsform und Machtinteresse und trotz der verbreiteten Abwertung der nicht-griechisch sprechenden Völker als „Barbaren" seitens der Griechen scheinen sich die Völker und ihre Menschen der damaligen Mittelmeerwelt, in ihrem Menschsein wechselseitig anerkannt zu haben.

Die Historía wie auch der gedichtete Mythos gehen demnach von einer alle Menschen verbindenden Anthropologie aus. Die in späteren Epochen und in anderen Kulturen so oft gegebene und Menschen und Völker aus religiösen, rassistischen und nationalen Gründen prinzipiell trennende Unterscheidung zwischen „Gläubigen" und „Ungläubigen", Reinen und Unreinen und eigenen und fremden Leuten scheint für sie – anders freilich als die zwischen Herrschenden und Abhängigen, zwischen Freien und Sklaven und zwischen Reichen und Armen bestehende Ungleichheit – nur eine untergeordnete Rolle gespielt zu haben. Die faktischen Unterschiede in den Lebensformen schreiben sie vor allem den wirtschaftlichen und kultischen Traditionen der anderen und den jeweils herrschenden besonderen Umständen zu.

In diesem Sinne kann man dann sagen, daß Homer und die klassische Historía eine alle Menschen verbindende Anthropologie vertreten und durch ihre Werke gemeinsam den Grund für eine bestimmte Traditionslinie der politischen, ethnographischen und mentalitäts- und sozialhistorische Geschichtsschreibung, also für die Kulturhistorie im weitesten Sinne des Begriffs, gelegt haben. Wenn man hierbei die Initiativleistung von Homer so hoch veranschlagt, dann ist zu bedenken, daß alle früheren schriftlichen Zeugnisse vor oder unabhängig von Homer, also die des Alten Orients und der anderen Hochkulturen, in der Kunst der Menschendarstellung und der Politik so sehr viel inhaltsärmer, undifferenzierter und unpsychologischer sind. So beschränken sich die Mythen und sachlichen Darlegungen aller frühgeschichtlichen und primitiven Völker zumeist nicht nur auf eine sehr geringe Zahl von Gegenständen, sondern werden zumeist auch nur in einer schlichten formelhaften Sprache geäußert. Inhaltlich und sprachlich liegen aus Gründen der kulturgeschichtlichen Entwickeltheit Welten zwischen ihren und Homers Überlie-

---

[8] Die Menschlichkeit auch der jeweils anderen hat besonders eindrücklich Herodot dargestellt. Vgl. R. *Bichler*: Herodots Welt. Der Aufbau der Historie am Bild der fremden Länder und Völker, ihrer Zivilisation und ihrer Geschichte, Berlin ²2001.

ferungen. Denn auch die sog. einfachen sprachlichen Formen des Berichtens, Erzählens, Deutens und Reflektierens und die komplexeren literarischen Formen der darlegenden, beschreibenden, argumentierenden, hinterfragenden, fadenanspinnenden, dramatisch zuspitzenden und mit Rückblenden, Verzögerungen und Vorgriffen arbeitenden Gestaltung von Gegebenheiten, Situationen, Handlungsverläufen, Ursachen und Folgen sind keine natürlichen Formen des menschlichen Geistes, sondern kulturelle Formen, die im Zuge der Jahrtausende währenden Ausbildung des Sprechens im Medium zunächst allein des gesprochenen und dann auch des verschriftlichten Wortes kulturspezifisch entstanden sind. Indem Homer, seinerseits die jahrhundertealte Tradition der rein oralen Dichtung beerbend, die Möglichkeiten des Darstellens von Welt zu einem sehr frühen Zeitpunkt der Literalität schon fast in seiner ganzen Breite ausgelotet und alle griechische Schriftkultur von ihm gelernt hat, dürfte er der europäischen Kultur insgesamt einen Vorsprung vor den anderen Hochkulturen verschafft und dabei auch der in seinen Spuren entstandenen Historía und dann aller weiteren Historie Muster der Aufbereitung und Ausdeutung von Quellen, ihrer Verknüpfung zur Geschichten und ihrer literarischen Gestaltung an die Hand gegeben haben. Einen Anteil an dieser humanwissenschaftlichen Leistung dürfte auch die theatralische Ausarbeitung, „Existentialisierung" und Inszenierung des griechischen Mythos in den Tragödien des 5. Jahrhunderts haben.[9]

---

[9] Zur Entstehung der Geschichtsschreibung in diesem umfassenden Sinne im alten Griechenland und zu ihrer Ausprägung dann in der Antike insgesamt vgl. die Darstellungen und Überblicke bei; *J. Burckhardt*: Griechische Kulturgeschichte (1898-1902), München 1977 [trotz der vielfach dagegen erhobenen Kritik immer noch unentbehrlich für das Verständnis des Griechentums]; *W.E. Mühlmann*: Geschichte der Anthropologie (1948), Wiesbaden 1984 [das ältere Standardwerk der Geschichte der Ethnologie]; *K.E. Müller*: Geschichte der antiken Ethnographie und ethnologischen Theoriebildung. Von den Anfängen bis auf die byzantinischen Historiographen, 2 Bde., Wiesbaden 1972 und 1980 (Neuauflage als Taschenbuch unter dem Titel: Geschichte der antiken Ethnologie, Reinbek 1997), [die grundlegende Darstellung der älteren Historie der Ethnologie]; *Ch. Meier*: Die Entstehung der Historie, in: Koselleck/Stempel 1973, 251–305; *H. Strasburger*: Die Wesensbestimmung der Geschichte durch die antike Geschichtsschreibung, Wiesbaden³1975; *K. Meister*: Die griechische Geschichtsschreibung. Von den Anfängen bis zum Ende des Hellenismus, Stuttgart u.a. 1990; *W. Nippel*: Griechen, Barbaren und „Wilde". Alte Geschichte und Sozialanthropologie, Frankfurt 1990; *V. Ladenthin:* Betrachtungen zur antiken Geschichtsschreibung, in: Geschichte in Wissenschaft und Unterricht 1985, 737-760; *J.-M. Alonso-Nuñez* (Hg.): Geschichtsbild und Geschichtsdenken im Altertum, Darmstadt 1991; *O. Lendle*: Einführung in die griechische Geschichtsschreibung von Hekataios bis Zosimos, Darmstadt 1992; *A. Dihle*: Die Griechen und die Fremden, München 1994; *W. Nippel* (Hg.): Über das Studium der Alten Geschichte, München 1993, vgl. darin bes; *E.-R. Schwinge* (Hg.): Die Wissenschaften vom Altertum am Ende des 2. Jahrtausends n. Chr., Stuttgart/Leipzig 1995; *D. Timpe*: Die alte Geschichte und das moderne Geschichtsbewußtsein (1973), 1993, 353–72; *J. Deininger*: Antike: Der Beginn einer methodisch begründeten Geschichtsschreibung, in: Goertz 1998, 214–232; Ders.: Alte Geschichte. Entwicklung und Hauptforschungsgebiete, in: Goertz 1998, 261-272; *H.-J.Gehrke*.: Die „Klassische" Antike als Kulturepoche – Soziokulturelle Milieus und Deutungsmuster in der griechisch-römischen Welt, in: Jaeger/Liebsch 2004, 471-489; *R. Müller*: Die Entdeckung der Kultur. Welt- und Menschenbild der Antike, Düsseldorf 2003. Einen ethnologiehistorischen Gesamtüberblick, der bei Hekataios beginnt und bis zur Gegenwart führt und die gesamte (vor-)moderne kulturanthropologische Reflexion einbezieht, gibt *Petermann* 2004. Einen Überblick über den „Kanon" der griechischen und römischen Historiker gibt Völkel 2006, 43-69.

1.3. Das nationale Handeln der Großen: Römische Geschichtsschreibung

Die große Zeit der römischen Geschichtsschreibung fällt in die beiden Jahrhunderte um die Zeitenwende. Zuvor hatten – neben Schlachten und Personengemälden, Totenreden, Annalen und Gründungssagen – im zweiten vorchristlichen Jahrhundert allerdings schon zwei Autoren den spezifisch römischen Ton des historischen Denkens angeschlagen. Der ältere CATO (234-149) hatte mit den „Origines"[10], in deutlicher und nationalbewußter Abgrenzung vom Vorbild der Griechen die „Urgeschichte" Roms zum Thema gemacht. Bedeutender noch nach Ziel, Umfang und Methodik war die „Weltgeschichte" des „Römer-Griechen" POLYBIOS (ungefähr 200–118)[11]. In der Linie von Thukydides hatte er unter Ausschluß aller Legenden die Historie als einen durch menschliches Handeln konstituierten Gesamtzusammenhang begriffen und von daher unter einer universalhistorischen Perspektive die aufstrebende römische Republik als zur Weltherrschaft berufen gesehen. Ausgesprochen national gesonnen und in Verbindung mit einer romantisch-idealisierenden Auffassung der Frühgeschichte Roms und einer Kritik am „Verfall der Sitten" in der Gegenwart, ist dann fast die ganze römische Geschichtsschreibung: zunächst bei SALLUST (86–35) mit seiner Kritik an der krisengeschüttelten Senatorenrepublik (*De bello Iugurthino*), dann bei Titus LIVIUS (59 v.–17 n. Chr.) mit seinem großen Gang durch die mit Legenden beginnenden und bis zur Gegenwart führenden Geschichte Roms „*Ab urbe condita*"[12] und schließlich bei dem bedeutendsten römischen Historiker Cornelius TACITUS (ungefähr 56–118), der in seiner „*Germania*" durch die Schilderung der Sitten und Gebräuche der Germanen seinen Landsleuten einen Gegen-Spiegel vorhält und in seinen „*Historiae*" und seinen „*Annales*" über die jüngere Zeitgeschichte Roms die politische Geschichtsschreibung auf eine gerade von der deutschen „historischen Schule"[13] bewunderten und zum Vorbild genommenen Höhe führt.[14] Alle diese römische Selbstkritik ist letztlich aber Ausdruck des nationalen Selbstbewußtseins. Im Bewußtsein, als „wilder" Eroberer Griechenlands einst gleichsam gezwungen worden zu sein, dessen überlegene Kultur, in den schönen Künsten ebenso wie in den Wissenschaften, in das „ländlich-bäuerliche Latium" einzuführen, sieht man sich seit der Zeit von Augustus über den imperialen Anspruch hinaus auch kulturell auf gleicher Höhe mit den Griechen[15], was z.B. die große Griechen und Römer einander gegenüberstellenden „Paralellbiogra-

---

[10] Geeignet ist am ehesten die französische Ausgabe *Cato*: Les Origines. Fragments. Texte établi, traduit et commenté, Paris 1986.

[11] *Polybios*: Geschichte. 2 Bde. Übersetzt von H. Drexler, Zürich/München 1978/79.

[12] *Livius*: Römische Geschichte (lateinisch-deutsch).11 Bde., übersetzt von J. Feix u. H.J. Hillen, München 1974 ff. Das zeitgleich entstandene Versepos „Aeneis" von *Vergil* hat eine vergleichbare Botschaft von der welthistorischen Mission Roms.

[13] Vgl. Kapitel 22.

[14] *Tacitus*: Historien. Übers. von J. Borst, Darmstadt 1984; Annalen. 4 Bde. Übers. von E. Koestermann, Heidelberg 1963-68.

[15] Nach dem berühmten Satz von *Horaz*: *Graecia capta ferum victorem cepit et artes intulit agresti Latio* (Das eroberte Griechenland hat den wilden Sieger seinerseits erobert und die Künste dem ländlichen Latium dargebracht), in: Versepistel 2.1. Zur Rezeption der griechischen Kultur durch die Römer vgl. *J. Christes*: Rom und die Fremden. Bildungsgeschichtliche Aspekte der Akkulturation, in: Lüth/Keck/Wiersing 1997, 99–116.

phien" des Griechen PLUTARCH (um 50–120)¹⁶ ausweisen. Das Lob der Größe von Staatsmännern, Heerführern, Rednern und Philosophen charakterisiert überhaupt die römische Geschichtsschreibung insgesamt. So hat sie den Mächtigen zur Begründung und zum Preis des eigenen Handelns gedient – das erste und zugleich bekannteste und bedeutendste Beispiel sind CAESARS (100–44) Berichte „De bello Gallico" und „De bello civile" – , dann den „Familien" zur dynastischen Legitimation¹⁷, den nachgeborenen „Politikern" und Feldherren zur Orientierung, den Philosophen, Rednern und Literaten zur stofflichen und gedanklichen Anregung und allgemein den Heranwachsenden und den Gebildeten als *magistra vitae*, als Lehrmeisterin des Lebens (Cicero). Diesen Erwartungen ihrer Leser konnten die Geschichtsschreiber aber nur nachkommen, wenn sie die Glaubwürdigkeit ihrer Darstellung durch rhetorische Formung – entgegen der heutigen Distanz dazu – erhöhten. Nicht zufällig gedeiht die Geschichtsschreibung von der Antike bis ins 18. Jahrhundert schulmäßig in der Rhetorik und will sie selbst, als Kleio bzw. Clio, eine der neun Musen(künste) sein.¹⁸

1.4 Die entwickelte wissenschaftliche und künstlerische Kultur der Antike – ohne eine Darstellung ihrer Geschichte

Blickt man auf das historische Denken der Antike insgesamt zurück, so ist zunächst festzuhalten, daß Griechen und Römer in ihrer sowohl poetisch-verklärenden als auch fakten-bewahrenden, sachlich-erzählenden, kritisch-deutenden und schon methodenbewußt und -kritisch forschenden Geschichtsschreibung bereits die theoretischen Grundlagen für alle spätere Geschichtswissenschaft, für die Universal-, Sozial- und Kulturgeschichte ebenso wie für die politische Geschichte geschaffen haben. Seither verbindet sich mit *historía* die Vorstellung, daß das Thema der Geschichte sowohl die Kultur- und Sittengeschichte der Völker als auch – und das vor allem – deren politische Ereignisgeschichte ist, und man aus beidem für das Leben lernen könne, die Historie somit eine lebenspraktische, kulturelle und politische Erfahrungslehre sei. Auch ist man sich dessen bewußt, daß die Kultur allgemein Menschen- und nicht Götterwerk ist und sie eine Geschichte hat. In der Konkurrenz mit den ahistorischen Vorstellungen des Platonismus dürfte insgesamt wohl das antike Geschichtsverständnis im Sinne eines historischen Wandels der menschlichen Dinge die Oberhand gehabt haben.¹⁹

Angesichts dieses weitgefaßten historischen Interesses muß es erstaunen, daß Griechen und Römer *weder eine die Geschichte des Denkens und Wissens* nach-

---

[16] *Plutarch*: Große Griechen und Römer. Übers. von K. Ziegler, Zürich/München 1954/65 (vom selben Autor in lateinischer Sprache: Vitae parallelae. 4 Bde.).

[17] Die genealogische Geschichtsschreibung der Vormoderne hatte hauptsächlich diese Funktion.

[18] Zur römischen Geschichtsschreibung in einem weiten Sinne vgl. die neuere Literatur bei:*D. Flach*: Römische Geschichtsschreibung, Darmstadt ³1998; *M. Fuhrmann*: Rom in der Spätantike. Porträt einer Epoche, München u.a. 1994; *A. Mehl*: Römische Geschichtsschreibung. Grundlagen und Entwicklungen. Eine Einführung, Stuttgart 2001.

[19] Das historische Denken in den Jahrhunderten des Hellenismus hätte hier eines eigenen Abschnitts bedurft. Zum Nachschlagen vgl. *H.H. Schmitt/E. Vogt* (Hg.): Lexikon des Hellenismus, Wiesbaden 2005.

zeichnende allgemeine Kulturgeschichte *noch besondere Darstellungen der Geschichte* der Literatur, der bildenden Kunst, der Technik, der Architektur, der Medizin, der Rhetorik, des Rechts, der Philosophie, der Mathematik und der Erziehung hervorgebracht haben.[20] Das vermißt man vor allem auch deswegen, weil sie spätestens seit der hellenistischen Zeit alles nur einigermaßen bedeutsam erscheinende Schriftgut in Bibliotheken[21] gesammelt, philologisch aufbereitet, kommentiert und der Forschung zur Verfügung gestellt haben und im Zuge der sog. *alexandrinischen Philologie* außer der kulturschaffenden Tätigkeit selbst die reflexive Gelehrsamkeit immer gepflegt haben. Rhetorisch und philosophisch gebildet durch die *enkýklios paideía* bzw. die *artes liberales*, haben Griechen und Römer in ihren Schriften auch davon Zeugnis abgelegt, daß sie ein differenziertes historisches Wissen über Personen, Werke und geistige Entwicklungen hatten. Nicht zuletzt entsteht bei ihnen in der Schönen Literatur der Typus des sich der ganzen Tradition bedienenden und viele Anspielungen einarbeitenden *poeta doctus*. Jedenfalls haben Athen und Rom eher ihr politisches als ihr kulturelles Gedächtnis historiographisch explizit gemacht. Daraus kann man den Schluß ziehen, daß es bei einer reich entwickelten kulturimmanenten Tradition keiner besonderen Darstellung der „Geistesgeschichte" bedarf. Daß es aber eine dichte Rezeption und Auseinandersetzung mit Vorläufern, Gewährsleuten und Vorbildern wirklich gegeben hat, alle kulturell Schaffenden sehr bewußt, vielfältig und genau an die Überlieferung angeknüpft haben, belegen hinreichend die Werke selbst, aber auch die von den modernen Altertumswissenschaften genutzten Möglichkeiten, jene implizite Geschichte – trotz der schon in der Antike selbst und der danach eingetretenen großen Verluste in der Schrifttradition – in großen Darstellungen zu rekonstruieren.[22]

Aus der auch in anderen Epochen und in anderen Kulturen bekannten Praxis einer Bewahrung des historischen Wissens hauptsächlich im kulturellen Leben selbst könnte man zudem folgern, daß es bei aller Überlieferung nicht so sehr auf die genaue realgeschichtliche Kenntnis von Personen, Handlungen und Geschehnissen ankommt, sondern darauf, das zu kennen, was – wie selektiv auch immer – ins kulturelle Gedächtnis der Gebildeten und Kulturschaffenden eingegangen ist, und zu wissen, wie etwas gedanklich bewältigt und künstlerisch gestaltet worden ist und aktuell weiterwirkt. Deshalb sind die sich um geschichtliche Ereignisse rankenden Sagen, welche oft erst im Abstand von Jahrhunderten entstanden sind und sich dann

---

[20] Am nächsten kommen solch einer Darstellung noch einige zumeist unkritische Kompilationswerke, unter denen für die Geschichte der Philosophie am wichtigsten das zehnbändige Sammelwerk des griechischen Schriftstellers *Diogenes Laertios* (3. Jh. u. Z.): Leben und Meinungen berühmter Philosophen (hg. von K. Reich, Hamburg 1967) ist. Das naturphilosophische Wissen faßt der Aristoteles-Schüler Theophrast in seinen „Lehrmeinungen der Physiker" (*Physikon doxai*) zusammen.

[21] Die um 300 in Alexandria gegründete Bibliothek soll vor ihrem ersten, von Caesars Truppen verursachten Brand etwa 700 000 Papyrusrollen besessen haben. Zur Geschichte dieser und anderer größerer antiker Bibliotheken vgl. W. *Hoepfner* (Hg.): Antike Bibliotheken, Mainz 2002; und *L. Casson*: Bibliotheken in der Antike. Aus dem Englischen v. A. Beck, Düsseldorf 2002.

[22] Vgl. u.a. *R. Pfeiffer*: Geschichte der klassischen Philologie I. Von den Anfängen bis zum Ende des Hellenismus, München 1978; Dihle (1967) 1991; *A. Lesky* (1957/58) 1971, dtv 1993; H. Lausberg: Handbuch der literarischen Rhetorik, München 1960 ff.

aber im nationalen Gedenken und in der Dichtung im Laufe der Zeit immer „monumentaler" ausgeben, historisch eigentlich immer bedeutsamer als die Ereignisse selbst und ist etwa der von Homer fiktional dargestellte Krieg um Troja – selbst wenn es ihn wirklich gegeben haben sollte – kulturgeschichtlich wichtiger als etwa der soviel authentischer überlieferte Peloponnesische Krieg.

2. Phýsis und Idéa:
Die Geschichtslosigkeit der Welt im Licht der griechischen Naturphilosophie und der platonischen Ideenlehre

Noch aus einem anderen Grund haben die bedeutenden Denker der Antike nicht auch den Schritt zu einer umfassenden Geschichte der Kultur gemacht. Es ist jene sich zeitgleich mit der Historía ausbildende Philosophie, die den Wandel in der sichtbaren Welt nur für ein Oberflächenphänomen, die Geschichtlichkeit der Kultur nur für eine Täuschung des menschlichen Geistes hält, überhaupt dem Wandel der Dinge in der Zeit ein Sein im eigentlichen Sinne abspricht und deswegen auch gar keine Theorie der Geschichte (des Seienden) hat erstellen können. Eine dieser Deutung nahekommende Sichtweise steckt indes schon im Geschichtsverständnis des Mythos, wonach sich nämlich nach der urzeitlichen Schöpfung der Welt in ihr nichts wesentlich Neues mehr ereignet hat, ja nicht hat ereignen können. Was die Völker und die Menschen tun und erleben, geschieht so auf dem Grunde der urzeitlich gesetzten und von da an gleichbleibenden Weltordnung. Was ihnen selbst entweder als ein in der Zeit sinnvoll aufeinander folgendes und aufeinander aufbauendes oder als ein konflikthaft oder leidvoll immer wieder hereinbrechendes Geschehen erscheint, ist in diesem Sinne nichts anderes als das schicksalhafte Zusammenspiel der unwandelbaren Vorgaben des göttlichen Kosmos und der menschlicher Natur auf der einen Seite und des an jeweilige Charaktere und Intentionen gebundenen Handelns von Individuen auf der anderen Seite. Den Menschen bleibt danach nichts anderes übrig, als im Rahmen ihrer Möglichkeiten entweder zu versuchen, Widrigkeiten zu vermeiden, auf Katastrophen lebensklug zu reagieren und nach dem Modell von *kairós* und fortuna in der letztlich undurchschaubaren Welt sich dem Schicksal zu ergeben bzw. die zufällig sich bietende gute Gelegenheit zu nutzen, oder sich aus dem Getümmel der menschlichen Irrtümer und Torheiten weise in eine „schauende Betrachtung" der Welt – griechisch: in die *theoría* – zurückzuziehen und dabei der wahren Erkenntnis auf dem Grunde des Seins teilhaftig zu werden. Diese letztere Haltung nennen die Europäer im Anschluß an die Griechen seither „Philosophie", also „Liebe zum Wissen".

Sie prägt sich historisch in zwei sich teils ausschließenden, teils ergänzenden Denkanstrengungen aus. Die erstere beruht auf der „naturphilosophischen" Entpersonalisierung und Elementarisierung allen Geschehens in der natürlichen Welt, die letztere auf dessen radikaler „ideenphilosophischer" Entmaterialisierung, Entzeitlichung und Verganzheitlichung. Auch diese beiden Ansätze haben ihren Ursprung im mythischen Denken und führen – sowohl in der durch Elemente, Zahlen, Figuren und Bewegungen erfaßten Erkenntnis der Natur als auch in der begrifflich und vorstellungsmäßig erfaßten Idee von der Welt – zu zeitlos geltenden Annahmen. Und beide haben damit der europäischen Methode des natur- und geisteswissenschaftlichen Denkens und Forschens eine seither zwar mehrfach erweiterte, modifizierte und auch schon von der griechischen Sophistik grundsätzlich in Frage gestellte, aber nie gänzlich verlassene Grundlage gegeben. Die Kehrseite dieser Konzentration auf das Unveränderliche im Veränderlichen ist die Negierung der sich im Veränderlichen zugleich auch manifestierenden Geschichtlichkeit. Um dessen Gegenpol muß es hier im folgenden zunächst aber gehen.[23]

2.1 Vergegenständlichung der Welt und methodische „Disziplinierung" des Denkens: „Vom Mythos zum Logos" (W. Nestle) in der Naturphilosophie

Die griechische Naturphilosophie, unter welchem Begriff man in der Geschichte der Philosophie die erst genannte Denkanstrengung von hauptsächlich ionischen Naturforschern seit dem 6. Jahrhundert v.u.Z. zusammenfaßt, hat in der Tat die Naturerkenntnis als Wissenschaft überhaupt erst begründet. Sie tut dies, indem sie erstens einen Bruch mit der bisherigen naturreligiösen und personalistischen Deutung des Geschehens in der sichtbaren Welt vollzieht und im Gegenzug nur noch Stoffe und apersonale Kräfte und Bewegungen gelten läßt und zweitens indem sie systematisch forscht und ihre Annahmen methodisch begründet und reflektiert, was gegenüber dem bereits hochentwickelten naturkundlichen und technologischen Wissenserwerb insbesondere der Babylonier und Ägypter einen qualitativen Fortschritt einleitet.[24]

Um einen Bruch mit der bisherigen religiösen und kulturellen Tradition handelt es sich, weil die Naturphilosophen, indem sie versuchen, die Phänomene und das Geschehen in der Welt ausschließlich auf bestimmte Grundelemente und -kräfte zurückzuführen, diese vom Wirken göttlicher Wesen abkoppeln. Denn für den im Kult

---

[23] Von den vielen einführenden Darstellungen zur Begründung und Darstellung der Geschichte der Philosophie werden hier nur genannt: *W. Nestle*: Vom Mythos zum Logos. Die Selbstentfaltung des griechischen Denkens von Homer bis auf die Sophistik und Sokrates, Stuttgart 1940; *W. Kranz*: Die griechische Philosophie. Zugleich eine Einführung in die Philosophie überhaupt, Bremen ⁴1958; *K.H. Volkmann-Schluck*: Einführung in das philosophische Denken [Kap. I und II], Frankfurt ²1983; *K. Held*: Treffpunkt Platon. Philosophischer Reiseführer durch die Länder des Mittelmeers, Stuttgart 1990 [das Buch ist eine vorzügliche Einführung in der Philosophie der Antike, also sehr vielmehr als ein „Reiseführer"]; *F. Schupp*: Geschichte der Philosophie im Überblick. Bd. 1: Antike, Hamburg 2003 [der zur Zeit beste „Überblick"].

[24] Zur Entstehung und historischen Entwicklung der europäischen *Naturphilosophie* insgesamt vgl. *A. Pichot*: Die Geburt der Wissenschaft. Von den Babyloniern zu den frühen Griechen, Frankfurt 1995; *Gernot Böhme* (Hg.): Klassiker der Naturphilosophie. Von den Vorsokratikern bis zur Kopenhagener Schule, München 1989. Eine gute Einführung in die *griechische* Naturphilosophie ist die von *W. Röd*: Von Thales bis Demokrit, Bd. 1, München 1976, in: ders. (Hg.): Geschichte der Philosophie in 4 Bden; *K. Held*: Heraklit, Parmenides und der Anfang von Philosophie und Wissenschaft. Eine phänomenologische Besinnung, Berlin 1980. Die moderne *Quellengrundlage* verdankt sich vor allem den Arbeiten von H. Diels. Die von W. Kranz in achter Auflage herausgegebene und von G. Plamböck mit Einführungen versehene Quellensammlung ist unter dem Titel erschienen: *H. Diels*: Die Fragmente der Vorsokratiker. Griechisch-deutsch (1903), Hamburg ⁸1957 ff. Darauf stützt sich das Buch: Die Anfänge der abendländischen Philosophie. Fragmente und Lehrberichte der Vorsokratiker. Eingleitet von E. Howald, übertragen von M. Grünwald, Zürich 1949. Eine neuere Zusammenstellung und Übersetzung der Texte ist die von *J. Mansfeld*: Die Vorsokratiker. Griechisch-Deutsche Auswahl der Fragmente, übers. und erläutert, Stuttgart 1987.

geglaubten alten Mythos wie auch noch für den von Homer und Hesiod gedichteten neuen Mythos ist die Welt in ihren natürlichen, d.h. kosmischen, unbelebten und belebten irdischen Einzelerscheinungen *beseelt,* so daß letztere nach dem Modell menschlichen Handelns, Erlebens und Lebens als Ausdruck personalen göttlichen Wirkens in der Natur gedeutet werden können. Demgegenüber besteht für die Naturphilosophie die Welt aus Elementen und Kräften, die nach festen unpersönlichen Gesetzen miteinander reagieren. Auch diese Vorstellung war freilich schon im Mythos und sogar noch viel fundamentaler und menschheitsgeschichtlich früher in der menschlichen Sprache vorgebildet. Auf der Grundlage sprachlicher Universalien ist in den semantischen, syntaktischen und pragmatischen Kategorien aller natürlichen Sprache die Vorstellung vorgebildet, daß die mit Wörtern und ihren Verbindungen bezeichneten Objekte, Verhältnisse und Geschehnisse Repräsentanten einer in der Wirklichkeit „objektiv" vorgegebenen Dingwelt sind. Gleiches gilt auch für die den Objekten zugesprochenen Eigenschaften. Beispiele dafür sind bei Homer etwa die in Metaphern, in charakterisierenden Epitheta (die „rosenfingrige" Morgenröte) und in „geflügelten („befiederten") Worten" festgehaltenen bzw. sozusagen sprachbegrifflich erstarrten Eigenschaften und Erkenntnisse. Darüber geht hinaus die schon bei Homer nachweisbare Vergegenständlichung (Hypostasierung) von Eigenschaften, Umständen, Verhältnissen und Handlungen zu Wesen eigener Art, so, wenn Adjektive, Adverben und Verben in Neutra-Substantive überführt werden, wenn etwa vom „schönen Himmel" das „Schöne (an sich)" (*to kalón*) abgelöst wird, von der Tätigkeit des „Sehens" (*ideín*) eines Objektes das „Sehen (an sich)" (*to idénai*).[25] Dem dabei vorstellungsmäßig eingeschlagenen Weg dürfte es zuzuschreiben sein, daß die Naturphilosophie die Grundfragen nach dem Urstoff, nach dem Urgrund (*arché*), nach der Verursachung (*aitía*) eines Vorfindlichen und nach dem Grund der Mannigfaltigkeit allen Seins (*ta onta*) überhaupt hat stellen und Vermutungen derart äußern können, daß allem Seienden „Elemente" und Prinzipien (Weltgesetze) „zugrunde liegen".

Zu Hilfe gekommen ist den griechischen Naturphilosophen und später den Mathematikern und Naturwissenschaftlern zweifellos das Natur-Wissen, das die frühen Hochkulturen des Alten Orients in den 2000 Jahren ihrer Zivilisation in ihrer Technik bereits erworben, jedoch kaum zusammenhängend begründet hatten. Dieses leistungsfähige Wissen haben sich die Griechen nach 1000 v.u.Z., vor allem in ihrer sog. orientalisierenden Epoche um 800, rasch und gründlich sozusagen „hypoleptisch", angeeignet, d.h. den Faden jener aufnehmend und sich dadurch zugleich die Umwege jener ersparend. Seit dem 6. Jahrhundert haben sie es dann auch einer genaueren Prüfung unterzogen und dabei jene Fragen gestellt und Antworten gefunden, die diesem Wissen eine neue Grundlage gegeben und es bis in unsere heutige

---

[25] Nach *W. Schadewaldt*: Die Anfänge der Philosophie bei den Griechen. Die Vorsokratiker und ihre Voraussetzungen. Tübinger Vorlesungen, Bd. 1, Frankfurt 1978, 138, ist das Neutrum eine geniale „Erfindung" des Indogermanischen, denn sie führe bei den Griechen letztlich zur platonischen Ideenlehre, „wo das Es-Selbst der Sache in der Form der Idee gefaßt wird [...]".

Gegenwart durch Theorien, Hypothesen, Experimente und Gesetze in mathematischer Form erweitert haben.[26]

Eine besondere Rolle hat dabei die Grundfrage nach der *Natur* der Dinge gespielt. Entsprechend seiner Herleitung aus dem Verb *phyo* „wachsen lassen", „hervortreiben" meint das dafür verwendete griechische Wort *physis* hier vor allem eine in den Dingen wirkende Kraft. Die naturphilosophische Frage nach dem „Ursprung", der *arché,* der Dinge ist deshalb keine historische Frage im modernen Sinne. *Arché* meint weniger den zeitlichen Ursprung als die überzeitliche Ursache, wie in Verbindung damit der *logos* das die Beständigkeit der Welt von diesem Ursprung her garantierende Prinzip ist. Noch die moderne Annahme der Naturgesetzlichkeit der Welt, der die neuzeitliche Physik und die anderen Naturwissenschaften ihre Erfolge verdanken, hat ihren Ursprung in dieser Weltdeutung.

Obwohl die Überlieferung des naturphilosophischen Denkens der sog. Vorsokratiker nur aus Splittern besteht und diese zudem von Nachfahren aus späterer Zeit zumeist tendenziell verwendete Zitate sind, lohnt es sich in diesem Zusammenhang nochmals genauer nach der Rolle zu fragen, die diese Denker dem Verfließen der Zeit im Hinblick auf die Phýsis, die Archê und den lógos der sichtbaren Welt beigemessen haben. Dabei zeigt sich, daß sowohl die von ihnen geteilten als auch sie trennenden Annahmen fast bis in die Gegenwart das naturphilosophische und –wissenschaftliche Denken angeregt haben.

Eine von Anfang an bis heute bestehende Herausforderung ist so zunächst die alle Naturphilosophen verbindende Auffassung gewesen, daß die Welt ungeschaffen und immerwährend ist, sich also keinem Schöpfer verdankt und auch weder einen Anfang noch ein Ende hat, mit den Worten *Heraklits*: „Diese Weltordnung, dieselbige für alle Wesen, schuf weder einer der Götter noch der Menschen, sondern sie war immerdar und ist und wird sein ewig [...]" (Fragment 29, Diels 1957, 25) . Mit dieser These unterscheiden sich diese Forscher bereits in einem zentralen Punkt von der später beherrschend werdenden Philosophie Platons und Aristoteles'. Denn diese setzt – trotz des Ewigkeitscharakters der „Ideen" – zumindest für die sichtbare Welt einen Anfang und für ihre Gestalt einen göttlichen „Baumeister" (Demiurg) bzw. einen „ersten Beweger" voraus. Wenn die Annahme von der ewigen Natur dann auch seit der christlichen Ära über die Jahrhunderte keine Chance mehr gehabt hat, sich Gehör zu verschaffen, wird sie doch spätestens seit der frühen Neuzeit und verstärkt durch die Physik des 20. Jahrhunderts wieder zu einem beachteten Gegenmodell.[27]

Sodann vertreten fast alle frühgriechischen Naturphilosophen, indem sie von der Einheit der unbelebten und belebten Welt ausgehen und diese auch in ihren materiellen Elementen für durch Kräfte bestimmt halten, einen – modern gesprochen – psycho-physikalischen Monismus. Danach wirkt der Logos sowohl in den Gestirnen und in der unbelebten Welt auf der Erde als auch in den Lebewesen und im Geist der Menschen und Völker. Götter und ausschließlich immaterielle Substanzen haben in diesem großem gesetzmäßigen Zusammenhang allerdings keinen Platz.

---

[26] Näheres hierzu in Kapitel 12.
[27] Vgl. dazu die Ausführungen in Kapitel 47.

Weil aber der Logos dieser einen Welt nicht ohne weiteres erkennbar ist bzw., wie der „dunkle" Heraklit sagt, es die in allem wirkende Natur „liebt", sich zu „verbergen" (Fragment 123, Diels 1957,30), konkurrieren drittens unter den Naturphilosophen unterschiedliche Auffassungen darüber, welchen Status der Logos gegenüber den sichtbaren Dingen beanspruchen kann und wie der Wandel der Dinge in der Zeit zu erklären ist.

Die sozusagen gegenständlichste Antwort kommt von *Anaxagoras* (500-428) und den sog. Atomisten, vor allem von *Leukipp* (5. Jahrhundert) und seinem Schüler *Demokrit* (460-370). Für sie besteht die Welt aus „Spermata" bzw. „Atomen", d.h. aus unendlich vielen und sehr kleinen unteilbaren Urteilchen, die sich im leeren Raum in ständiger Bewegung befinden, sich untereinander immer wieder neu verbinden und trennen und durch solche Mischung und Entmischung Dinge und Lebewesen entstehen und vergehen lassen. Diese Lehre haben noch in der Antike die materialistischen Philosophen *Epikur* (342-270) und dann *Lukrez* (96-55) weiter entwickelt, so daß im 18. Jahrhundert die materialistische Naturphilosophie und die Naturwissenschaften daran anknüpfen konnten und ihnen der Weg zur Atomtheorie des 20. Jahrhunderts gewiesen wurde. Da die antiken Atomisten die kleinsten Teilchen zumindest potentiell für belebt bzw. „belebend" und „begeisternd" hielten, konnten zudem die modernen Bio- und Neurowissenschaften in jenen gewisse Vorläufer sehen.

Von ebenfalls großer wirkungsgeschichtlicher Bedeutung ist die Lehre von der Kreisförmigkeit des Geschehens in der sichtbaren Welt geworden. Sie hat als erster wohl *Anaximander* (611-546), der zugleich als Begründer der Naturphilosophie überhaupt gilt, in seinem Buch „Über die Natur" (*Peri phýseos*) vorgetragen. Für ihn ist der Ursprung aller Dinge das *ápeiron*, das Grenzenlose, Unbestimmbare, Unendliche. Aus ihm scheiden sich durch Bewegung das Feste und das Flüssige, das Kalte und das Warme, d.h. die Elemente Erde, Wasser, Luft und Feuer, ab. Das Schicksal der daraus hervorgehenden Dinge ist es allerdings, daß sie, nachdem sie ihre Zeit gehabt haben, wieder, und zwar mit „Notwendigkeit", in das hineingehen, aus dem sie entstanden sind. Indem sie so im Vergehen zu ihrem Ursprung zurückkehren, büßen sie sozusagen dafür, daß sie überhaupt entstanden sind (Fragment 1, Diels 1957,13). Es ist eine Dialektik, freilich ohne Ziel und Entwicklung.

Eine solche mit Ziel und Entwicklung hingegen, also eine Deutung, die die Welt nicht nur einem steten Wandel und Wechsel begriffen sieht, sondern sie im „Fließen" stets etwas Neues erschaffen und eine unumkehrbare Richtung einschlagen läßt, hat Platon der Naturphilosophie des Heraklit unterstellt, wohl fälschlicherweise, wie heute die Forschung meint. Denn der nach Platon immer wieder zitierte Ausspruch: „Denen, die in dieselben Flüsse hineinsteigen, strömen andere und wieder andere Wasserfluten zu" (Fragment 12, Diels 1957, 24) und der im späteren Altertum zum „Alles fließt" (*Panta rhei*) zusammengezogene Satz drücken zwar prägnant eine heute nicht mehr bestrittene Einsicht aus, widersprechen aber fundamental der sonst von Heraklit vertretenen Weltsicht. Diese gründet nicht auf dem Modell des Zeitpfeils, sondern auf dem einer zeitlosen Dialektik des Kampfes von Gegensätzen um die Vorherrschaft, weshalb für ihn der „Krieg Vater aller Dinge" und der „Kampf das Herrschende und Erzeugende" sind.

Fragt man insgesamt nach dem kulturgeschichtlichen Ertrag der – im übrigen über die ganze klassisch-griechische, hellenistische und römische Zeit weiter gepflegten – frühgriechischen Naturphilosophie, so wird trotz ihres schlechten Überlieferungsstandes doch zweierlei deutlich: zum einen, daß sie in den Begriffen der Physis (der Natur), der Arche (der Ursache) und des Logos (des Naturgesetzes) den Beginn des naturwissenschaftlichen Denkens Europas markiert und in der Fülle ihrer Deutungsansätze über die Urstoffe der Welt und des Geschehens in ihr auch inhaltlich der neuzeitlichen Physik vorgearbeitet hat, zum andern aber, daß sie – im Einklang damit – dem historischen Denken nicht nur nicht den Weg gebahnt hat, sondern es im Prinzip zur Erklärung des Geschehens in der Natur auch ausgeschlossen hat.

2.2 Die Geschichtslosigkeit einer sich ideellen Urbildern verdankenden Welt

Als eine auf das Unveränderliche in der Welt und in der Natur des Menschen abhebende Sichtweise entsteht die platonische Ideenlehre um die Wende vom 5. zum 4. Jahrhundert. Sie knüpft durchaus an gewisse Grundsätze der Naturphilosophie an, verschärft sie aber und akzentuiert sie neu. Hatte diese die gesetzmäßigen Zusammenhänge in den Dingen der einen physischen Welt lokalisiert, geht *Platon* (427–347) von einer prinzipiellen Statusdifferenz zwischen dem Ideellen und dem Wahrnehmbaren aus und nimmt eine *Zweiteilung* der Welt in eine nur geistig erfaßbare Welt zeitlos existierender und wirkender Urbilder (Ideen, Formen) und in eine aus dieser abgeleiteten, mit den Sinnen wahrnehmbaren und bloße Abbilder jener Urbilder darstellenden Welt an. Dabei hat er sich an der zuvor schon von PARMENIDES (um 540–470)[28] vorgetragenen Lehre vom „Seienden" orientieren können. Nach ihr ist „Sein" nur das, was auch als immer seiend und unveränderlich gedacht werden muß: „Aber dasselbe ist Denken und Sein." (Fragment 3, Diels 1957, 45). Alles der sinnlichen Erfahrung Zugängliche und alles sich offensichtlich ständig verändernde und schließlich auch immer vergehende Sein hat dagegen nur eine Scheinexistenz.[29]

In entsprechender Weise ruht für Platon die jenseitige Welt der Ideen als eine wahre, vollkommene und schöne Welt zeitlos und unwandelbar in sich. Ihr im Rang nachgeordnet ist die vom Weltschöpfer, dem „Demiurgen", nach dem Muster (*paradeigma*) der Ideen geschaffene sichtbare Welt. Deren Dinge haben an ihrem ideellen Urbild immerhin teil (*methexis* = Teilhabe), so daß auch noch in ihren rangniedrigeren Erscheinungen das zeitlose Sein aufscheint. Insbesondere ist im *logistikón* des Menschen, d.h. im vernunftgeleiteten Teil seiner Seele, der *logos* selbst, d.h. die Idee des Vernünftigen, gegenwärtig, was den vom Schicksal dafür vorbestimmten und darin ausgebildeten Menschen die *theoría*, d.h. die Schau der Ideen erlaubt.

---

[28] Text und Deutung in: *Diels* 1957, 40-48. Eine neuere Darstellung ist: *Parmenides:* Vom Wesen des Seienden. Die Fragmente. Griechisch-Deutsch, hg., übers. und erl. von U. Hölscher, Frankfurt[1] 1986.

[29] Vgl. *Kranz* 1958, 51-67 (II.4. Sein und Werden: Heraklit und Parmenides) und Held 1990, 44-55 (III. Parmenides und die Entstehung der Metaphysik).

5. Klassische Antike

Den Seinsstatus des menschlichen Individuums und des aus dem Aufbau seiner Seele abgeleiteten Staates hat Platon prägnant im sog. Höhlengleichnis seines großen Dialogs „Politeía" dargestellt. Danach sind sowohl der dreifache Aufbau der menschlichen Seele (mit einem vernünftigen, einem muthaften und einem sinnlich-begehrenden Teil) als auch die nach dem jeweils vorherrschenden Seelenteil vorbestimmte Zugehörigkeit der Individuen zu einem Stand im Staat und überhaupt die ganze Staatsverfassung ein für allemal in der Idee des Menschen und in der des Staates vorgeprägt.[30] Alle sichtbaren Erscheinungen bleiben auf der Erde notwendigerweise hinter ihrem Urbild „im Himmel" zurück.[31] Eine größere Annäherung des irdischen Staats an die Idee des Staates wäre nach Platon nur möglich, wenn in jenem Staat die Philosophen Könige oder die Könige Philosophen wären, aller Wandel der Staatsform, der dann nur eine Verschlechterung sein könnte, unmöglich würde und die Zeit hier – wie im Ideenhimmel – stillgestellt wäre.[32]

Wenn *Aristoteles* (384–322) Platons radikalem Versuch der vollständigen Enthistorisierung der Welt auch nicht in Gänze folgt, er den Wandel, der den sichtbaren Dingen konstitutiv eingepflanzt und auf ein spezifisches Ziel gerichtet ist („Entelechie"), ernst nimmt und sich überhaupt die Welt von einem ersten „Beweger" gleichsam angeschoben denkt, so setzt er doch genauso wie sein Lehrer die prinzipielle Unwandelbarkeit der so begründeten Welt voraus. So verläuft bei ihm aller Wandel im Sichtbaren in ewigen Kreisen und sind alle individuellen Abweichungen, z.B. in den Mitgliedern einer Spezies der Pflanzen, Tiere und Menschen, nur Varianten der einem Wesen zukommenden Natur. Die nach seinem Tode „Metaphysik" (*metà tà physiká* = „nach der Physik", d.h. die in der Bibliothek nach den naturphilosophischen Schriften aufgestellten Werke) genannte Seinslehre hat es so ebenfalls mit dem immer und überall geltenden Wissen über das Sein der Dinge zu tun. Dies zeigt sich auch daran, daß der nach Erkenntnis strebende „Philosoph" sich die Wahrheit nicht entstanden und nach den Umständen sich wandelnd, sondern als immer-seiend denkt, weshalb er sich ihr, sie in Rede und Gegenrede suchend bzw. sie gleichsam umkreisend, als einer unverändert Bestehenden nähert und von ihrer Gültigkeit und Macht selbst gleichsam bezwungen sein will.[33]

---

[30] Eine knapp gefaßte Einführung in Platons Ideenlehre mit besonderem Bezug auf seine Anthropologie und Staatstheorie und eine ausführlichere Kritik daran am Beispiel von Platons „*Politeía*" gibt *E. Wiersing*: Humanistische Bildung und Platons „Politeía" heute. Anmerkungen zum Schreckensbild des Erziehungsstaat, in: ders. 2001, 244–313. Vgl. *E. Rudolph* (Hg.): Polis und Kosmos. Naturphilsophie und politische Philosophie bei Platon, Darmstadt 1996.

[31] Dies gilt natürlich auch für die Götterstatuen, die in Marmor jedoch eine gewisse Geschichts- und Zeitlosigkeit ausstrahlen.

[32] Gleichwohl entwirft Platon in der „Politeía" eine menschheitsgeschichtliche Genealogie des Staates, die durch zunehmende Verstöße der Menschen gegen die ideelle Ordnung geprägt ist. Auch stellt er in dem von ihm geschaffenen Neomythos dem nach den Ideen gut geordneten Ur-Athen das dem Untergang geweihte Atlantis als negative Utopie gegenüber.

[33] *Aristoteles*: Metaphysik A 3, 984 a 18 sq, b 9 sq.

2.3 Das geschichtlich-empirische Geschehen – „aufgehoben" im ewigen geistigen Sein der Idee(n)

Der Zusammenschluß von natur- und ideenphilosophischem Denken hat der europäischen Wissenschaft – hier jetzt unter Einschluß der islamischen Wissenschaft im Mittelalter – jene methodisch reflektierte Sicherheit verliehen, zu der das Wissen der anderen Hochkulturen nicht gelangt ist. Die sich ergänzende Einheit einer naturgesetzlichen Welterklärung und einer idealistischen Weltdeutung war aber zugleich bis an die Schwelle des 18. Jahrhunderts der widerständigste Gegenpol zu allen Versuchen, dem Wandel in der Welt und dem Wandel der Welt selbst ein konstitutives, nicht bloß ephemeres Moment zuzusprechen. Erst danach hat sich die Vorstellung von der Geschichtlichkeit der geistigen und dann auch der physischen Welt als ein komplementäres Deutungsmoment zur ahistorischen Sicht der Dinge herausgebildet. Bis dahin sind in der Philosophie alle Versuche, der Geschichtlichkeit einen eigenen Status zuzuerkennen, an dem Bollwerk von Logik, Mathematik und klassischer Naturwissenschaft abgeprallt und hat sich die Historía/Historie im Sinne einer historischen Welterkundung, politischen Geschichtsschreibung und Historie des Denkens mit dem Status eines nur temporär existierenden Einbettungsphänomens innerhalb der Ordnung objektiver, zeitloser Gestalten und des gesetzmäßigen Wandels der Dinge in der empirischen Welt abfinden müssen.[34] Diese Position hat im Prinzip die ganze folgende Philosophie der Antike eingenommen. Es würde aber das Zeit- und Geschichtsbewußtsein im klassischen Altertum verzerren, wenn man dies auch für die vorherrschende Wahrnehmungsweise der Welt in der Antike hielte. In pragmatischer Hinsicht dürfte es gerade umgekehrt gewesen sein, nämlich, daß das vorfindliche und überlieferte weltliche Wissen, also das der Historía, das Denken und Handeln der Menschen im Alltag wie im nationalen und kulturellen Gedächtnis bestimmt hat. Dazu haben sicherlich auch die kulturellen Formen der „alten Erziehung" (*archaía paideía*) durch die Musenkünste (*musiké*) und den sportlichen Wettkampf (*gymnastiké*) und die Unterhaltung durch die Komödien beigetragen, vor allem aber die lebenspraktisch und politisch angelegte Soziallehre der sog. Sophisten, die in der zweiten Hälfte des 5. und im ersten Drittel des 4. Jahrhunderts als Wanderlehrer dem zeitlosen Denken der Natur- und Ideenphilosophen ausdrücklich eine aufklärerische Anleitung zur Lösung zeitbedingter Probleme des *zôon polikón* entgegengesetzt haben. Freilich hat die von ihnen vertretene Gesellschaftstheorie und erhobene Gegenwarts- und Traditionskritik keine daraus erwachsene Kultur- und Sozialhistorie hervorgebracht.

Wie aber haben die antiken Denker die beiden Grundformen des Zeitbewußtseins, das streng ahistorische und das historische, in der praktischen Philosophie und in der politischen Geschichte zusammengebracht und als miteinander vereinbar verstanden? Sie haben darin wohl weder eine Konkurrenz noch erst recht einan-

---

[34] Das hier nur angedeutete Menschen- und Weltbild legt sich in den philosophischen Lehren der Antike vielfältig aus. So unterscheiden sich etwa die Stoa und der Epikureismus sicherlich in vielem; was sie jedoch verbindet, ist die Annahme einer die ganze Welt bestimmenden „ontologischen" Ordnung. Vgl. A. Graeser: Sophistik, Sokratik, Platon und Aristoteles, Bd. 2, München 1983; M. Hossenfelder: Stoa, Epikuräismus und Skepsis, Bd. 3, München 1985.

der ausschließende Alternativen gesehen. Vielmehr haben alle eine in begrenzten Zeiträumen linear verlaufende Geschichte menschlicher und gesellschaftlicher Erfahrung angenommen, die allerdings von einem ewigen kosmischen und anthropologischen Rahmen umschlossen wird. Ihren bildungshistorischen Ausdruck findet diese Aufspaltung des Zeitbewußtseins in den beiden auch schulisch gepflegten Traditionslinien von Philosophie und Rhetorik. Während erstere in die Erkenntnis der zeitenthobenen Natur der Dinge einführen will, gibt letztere den Menschen historische Beispiele aus der rhetorischen Tradition an die Hand und zeigt, wie man sich in jeweiligen Lebenssituationen klug und überzeugend verhält. Für letzteres steht Ciceros Diktum, daß man die „Geschichte zur Lehrmeisterin des Lebens" (*historia magistra vitae*) erheben müsse. Gerade in diesem Lob der Geschichte aber setzen Cicero und mit ihm fast alle an einer praktischen Weisheitslehre interessierten Denker und Lehrer die *Unwandelbarkeit der Natur des Menschen* voraus. Denn gerade wenn sich die Menschen in der Spur jener Maxime unbefangen – wenn auch nicht unkritisch – und zeiten- und völkerübergreifend des „Schatzhauses" der Geschichte bedienen und die Erfahrung der Geschichte pragmatisch-rhetorisch nutzen, bestätigen sie durch die Art, wie sie dies tun, indirekt nochmals die Auffassung von der der prinzipiellen Ungeschichtlichkeit der Welt. Indem sie nämlich die mit dem Veränderlichen befaßte Deutung der Lebensläufe der Individuen und des Geschehens in den Staaten von der Erkenntnis der gleichbleibenden Natur der Dinge und des Menschen abtrennen, tragen sie den Ansprüchen beider Sphären Rechnung: Für die sinnlich erfahrbare Welt und für die politische Erfahrungslehre gibt es das pragmatische Geschichtsbewußtsein, für den zeitlosen Urgrund der Welt gibt es das am urzeitlichen Mythos, an einer Kosmologie oder einer Philosophie orientierte Bewußtsein. Darin hebt sich *Cicero* auch von Aristoteles ab, der die Historiographie – im Unterschied etwa zur Dichtung, deren Gegenstand das Allgemeine, die „Natur" des Menschen ist – bloß auf die Erfassung des Besonderen beschränkt.[35] Denn er – Cicero – begreift in seiner „Kulturtheorie", welche den Götterglauben, die Dichtung, die Philosophie, die Geschichtsschreibung, die politische Theorie und die Rhetorik umfaßt, die Geschichte als den großen, unverzichtbaren Raum menschlicher Erfahrung. Eine Aufklärung eben dieser Erfahrung hat die Moderne der Geschichtsschreibung wieder zur Aufgabe gemacht und unter eben dieser Zielsetzung haben die modernen historischen Wissenschaften auch ihre Theorie der Geschichte ausgebildet.

---

[35] So heißt es bei Aristoteles: „... der eine erzählt, was geschehen ist, der andere, was geschehen könnte. Darum ist die Dichtung auch philosophischer und bedeutender als die Geschichtsschreibung. Denn die Dichtung redet eher vom Allgemeinen, die Geschichtsschreibung vom Besondern." (in: Poetik. Übersetzung, Einleitung und Anmerkungen von O. Gigon. Abschnitt 9, Stuttgart 1961, 39).

6. Die Welt in der Hand des Einen Gottes:
Jüdisches Zeit- und Geschichtsbewußtsein in der Allgegenwart Jahwes

1. Das schöpfungsgeschichtliche Welt- und Selbstverständnis der Juden 91
2. Jahwes Weg vom Schutzgott eines Hirtenvolks zum Herrn der Welt 95
3. Status und Geschichte der jüdischen Theologie im Kontext der naturreligiösen Antike 101

Gegenüber der in den naturreligiösen Hochkulturen der Antike vorherrschenden ahistorischen Weltsicht war im Judentum schon früh eine erste Vorstellung von Geschichte im annähernd modernen Sinn entstanden. Denn hier hat sich der Gedanke der Unumkehrbarkeit und der Zielgerichtetheit des Verlaufs der Zeit erstmals klar artikuliert. Hier wird bestimmten Geschehnissen, die durch das Handeln einer transzendenten Macht erklärt werden, eine weltzeitliche, d.h. hier: das Schicksal des Volkes Israel betreffende, Bedeutung zugesprochen. Zwar erzählen auch in anderen frühen Kulturen Mythen von einem Anfang der Welt und kennen auch andere altorientalische Kulturen und dann auch die Griechen die Vorstellung von einer Abfolge vom Weltzeitaltern – nicht selten in der Abfolge von einem ursprünglich vollkommenen über zwischenzeitlich weniger guten bis zu einem gegenwärtig schlechten Zeitalter. Auch wird bei anderen Völkern der urzeitliche Mythos nicht selten um sagenhafte Erzählungen erweitert, die von nachurzeitlichen Ereignissen, von Wanderzügen, Siedlungs-, Geschlechter- und Stammesgründungen und Großtaten gewisser Ahnen berichten.[1] Aber zumeist hält man dabei an dem zuvor von den Göttern geschaffenen kosmischen Rahmen fest und nimmt für den irdischen Schauplatz der Völker entweder eine Gleichförmigkeit oder eine wiederholte kreisförmige Rückkehr zu ihm in großen Zeiträumen an.

Das primäre Spezifikum des Judentums im Kontext der antiken Kulturen ist jedoch sein Monotheismus. Ist im Polytheismus die ganze Welt beseelt und wird die sichtbare Welt von einer Vielzahl von Mächten angetrieben, konzentriert das Judentum alle unsichtbare und unerklärliche Macht und Kraft in einem einzigen Wesen, das der von ihm geschaffenen Welt aufgrund seiner Geistigkeit in substantieller Differenz und Überlegenheit gegenübersteht. Diese Vorstellung übernimmt das Christentum und später dann auch der Islam. Der Ein-Gott-Glaube unterscheidet in der Tat Juden, Christen und Muslime grundsätzlich von den Mitgliedern anderer Religionen der Alten Welt und von den meisten der Welt überhaupt, so daß der Ägyptologe *Jan Assmann* darin die Anti-Religion zur Antike schlechthin sieht, und zwar deshalb, weil sein Universalanspruch und seine strikte Unterscheidung von wahrem und falschem Glauben zur Folge hat, daß aus seiner Sicht alle „Heiden" Ungläubige sind und ihr Glaube eine Selbsttäuschung ist.[2]

Nun ist die frühe Geschichte der Juden und ihres Glaubens kaum in zeitgeschichtlichen Quellen belegt und beruht die Kenntnis der späteren Geschichte bis in die Zeit Jesu zudem fast nur auf der innerjüdischen Überlieferung.[3] Dennoch darf

---

[1] K.E. *Müller* 1995, 11 f.
[2] Vgl. *J. Assmann*: Heiden: Der religiöse Unterschied, in: Merkur H. 9/10, 1995, 957 ff.
[3] Das immer wieder aufgelegte Erfolgsbuch von *W. Keller*: Und die Bibel hat doch recht (1955),

man dem mythisch-kulturellen Gedächtnis der Juden soweit folgen, daß sich ihre ethnische und religiöse Existenz und Identität dem Glauben an einen Stammesgott Jahwe, an einen von ihren „Erzvätern" mit ihm geschlossenen Bund, eine ihm zugeschriebene Befreiung des Volks aus „ägyptischer Knechtschaft" und an die von ihm veranlaßte Ansiedlung im „gelobten Land" Kanaan verdankt. Unstrittig ist auch, daß die Juden durch den ständigen erinnernden Rückbezug auf dieses geschichtliche Handeln ihres Gottes, durch die Einhaltung der ihnen durch ihren Führer Moses von ihm überbrachten Gesetze und durch das Vertrauen in seine Verheißung zusammengehalten worden sind, daß er sie dereinst durch einen Messias in einem Gottesreich von allen Leiden in dieser Welt befreien wird von allen Leiden in dieser Welt befreien wird. Weltgeschichtliche Bedeutung hat dieses jüdische Gottes- und Geschichtsbild vor allem dadurch erlangt, daß es als sog. Altes Testament integraler Bestandteil des Christentums geworden ist, auch den Islam mitbegründet hat und bis heute in aller religionsgeschichtlichen und -wissenschaftlichen Forschung das Grundmodell des europäischen Monotheismus abgibt..[4]

1. Das schöpfungsgeschichtliche Welt- und Selbstverständnis der Juden

1.1 Jahwe als der Herr der Geschichte, der Gegenwart und der Zukunft

Nach jüdischem und dann auch christlichem und islamischem Glaubensverständnis ist Gott – unter welchem Namen auch immer – der ewige Urgrund allen Seins, der „Schöpfer Himmels und der Erde", der Welt mit allem, was sie „trägt" und

---

Neubearbeitung Düsseldorf 1978, ist im archäologischen Sinne unseriös. Eine kritische Revision des Wahrheitsgehalts der jüdischen Bibel über die Zeit vor dem 7. Jahrhundert v.u.Z. geben *K. Finkelstein/N.A. Silberman*: Keine Posaunen vor Jericho. Die archäologische Wahrheit über die Bibel (engl. The Bible Unearthed), München 2002; sie halten fast alles für Mythos.

[4] Aus der unübersehbaren theologischen und kulturwissenschaftlichen Literatur zum Status und zur antiken Geschichte des Judentums seien hier nur die folgenden Schriften genannt: *H.H. Ben-Sasson* (Hg.): Geschichte des jüdischen Volkes (History of Jewish People), X Bde., München 1978 ff. ; *P.L. Berger*: Zur Dialektik von Religion und Gesellschaft. Elemente einer Theorie, Frankfurt 1973, Berlin u.a. 1986; *M. Clauss*: Das alte Israel. Geschichte – Gesellschaft – Kultur, München 1999; *G. Cornfeld/G.J. Botterweck* (Hg.): Die Bibel und ihre Welt. Eine Enzyklopädie in zwei Bänden, (Tel Aviv 1964; für die deutsche Ausgabe bearbeitet von G.J. Botterweck) Hersching 1991; *K. Jaros*: Wurzeln des Glaubens. Zur Entwicklung der Gottesvorstellung von Juden, Christen und Muslimen, Mainz 1995; *A.B. Kilcher* u.a. (Hg.): Metzlers Lexikon jüdischer Philosophen. Philosophisches Denken des Judentums von der Antike bis zur Gegenwart, Stuttgart/Weimar 2003; *H. Küng*: Das Judentum, München/Zürich 1991; *B. Lang*: Jahwe. Der biblische Gott, München 2002; *J. Miles*: Gott. Eine Biographie. Aus dem Amerikanischen von M. Pfeiffer, München 1996; *H.D. Preuß/K. Berger*: Bibelkunde des Alten und des Neuen Testaments, 2 Bde., Wiesbaden 1989; *K. Schubert*: Jüdische Geschichte, München 1995; *F. Schupp*: Schöpfung und Sünde. Von der Verheißung einer wahren und gerechten Welt, vom Versagen der Menschen und vom Widerstand gegen Zerstörung, Düsseldorf 1990, bes. 97-178; *F. Stolz*: Grundzüge der Religionswissenschaft, Göttingen 1988; *H. Simon/M. Simon*: Geschichte der jüdischen Philosophie, Berlin (Ost)/München 1984;*G. Stemberger*: Die Juden. Ein historisches Lesebuch, München 1995;*J. Waardenburg*: Religionen und Religion. Systematische Einführung in die Religionswissenschaft, Berlin u.a. 1986; *H. Waldenfels* (Hg.): Lexikon der Religionen. Phänomene – Geschichte – Ideen, Freiburg 1987; *R. Wendorff*: Zeit und Kultur. Geschichte des Zeitbewußtseins in Europa, darin: Judentum. Hoffnung auf die Zukunft macht lineare Zeit zur Grundvorstellung des Lebens, Opladen 1980, 26-38; *H. Zinser* (Hg.): Religionswissenschaft. Eine Einführung, Berlin 1988.

ausmacht, und insbesondere auch des Menschen, der allmächtige, allwissende und allgegenwärtige Herr(scher) dieser Welt, an ihrem Ende der Richter über alle Menschen und der „von Ewigkeit zu Ewigkeit" Unsichtbare, Unnahbare, Unerkennbare, Unvergleichliche, eben der ganz „Andere" und – weil ihn ein Abgrund von allem Anderen trennt – auch der sich selbst genügende Alleinige und Einsame. Als solcher ist er selbst seine eigene Ursache, hat er die Welt kraft allein seines Willens *ex nihilo* als sein Gegenüber geschaffen und ist er der Herr der Vergangenheit, Gegenwart und Zukunft. Er unterteilt die Zeit in die vor und nach der Schöpfung, in die vor und die nach dem Kommen des Messias bzw. Gottes-Sohnes. Auf seine Veranlassung und Vorherbestimmung hin wird das jüdische Volk nach Ägypten und später von dort ins Land Kanaan geführt. Alle wesentlichen Akte auf Erden sind so Ausdruck seines Willens und hängt so das Schicksal der Welt, der Völker und auch jedes einzelnen Menschen ganz und gar vom seinem unerforschlichen Zugriff ab. Alles Irdische ist so – „wenn es Gott will" – der Zufälligkeit, der Beliebigkeit und – entgegen dem, was die aufgeklärten Griechen und ihre Nachfolger schon früh behaupten – auch der unpersönlichen und überzeitlichen Naturgesetzlichkeit der Welt enthoben.

1.2 Der Mensch als herausgehobenes Geschöpf und stellvertretender Herrscher über die Welt

Für den geschichtlichen Anfang gilt, daß die Welt von Gott gut und vollkommen geschaffen worden ist und er den Menschen in einer ihn von allen Geschöpfen abhebenden und ihn auszeichnenden Weise „ihm zum Bilde" geformt hat.[5] Diese Ebenbildlichkeit besteht in dem, was Gott vor aller seiner schöpferischen und herrscherlichen Tätigkeit „ist", nämlich Geist. Mit Geist beseelt Gott den Menschen im „anhauchenden" Schöpfungsakt und setzt ihn dadurch zugleich als seinen stellvertretenden Herrscher über alles auf der Erde ein. Diese Sonderstellung des Menschen in und über die Welt ist ein Spiegel von Gottes Allmacht: Wie die Welt insgesamt ihrem Schöpfer untertan ist und als seine Entäußerung zwar vollkommen, aber selbst nicht heilig und göttlich ist, wird sie auch vom Menschen beherrscht, hat sie keinen Anteil an dessen Geistigkeit und steht ihm zur vollständigen Nutzung zur Verfügung. Während alle polytheistischen Naturreligionen den Kosmos für beseelt und bestimmte Orte in ihm für heilig halten, göttliches Wirken in auffälligen Erscheinungen der mit den Sinnen wahrnehmbaren Welt sehen und ihnen deshalb mit einer gewissen Scheu und Ehrfurcht begegnen, spricht der Monotheismus der Welt jegliche Beseeltheit und Geistigkeit und damit auch den Menschen die Möglichkeit ab, Gott in seiner irdischen Schöpfung zu verehren, und wehrt so z.B. auch das Mitgefühl mit dem Tier ab. Gott hat alle Schöpfung ausschließlich auf das Wohl des Menschen hin eingerichtet, und der Mensch setzt in der Bestellung des Feldes und in der Tierzucht dieses Werk Gottes fort. So hat Gott Sonne und Mond allein zum Nutzen der Menschen als „Lampen" an den Himmel geheftet, läßt er die Früchte für sie im Garten Eden wachsen und sind die Tiere – neben ihrer kultischen Opferrolle und ihrer je besonderen (Un-)Reinheit – auch ganz selbstverständlich für seine Ernährung

---

[5] Hier und im folgenden zitiert nach dem 1. Buch Mose der „Stuttgarter Jubiläumsbibel mit erklärenden Anmerkungen", Stuttgart 1912 ff.

bestimmt. Dementsprechend ist der Mensch in seinen irdischen Bezügen primär ein die Welt erkennendes, Dinge herstellendes und technisch handelndes Wesen und ist die Welt folglich die Möglichkeit seines Zugriffs, seiner Eroberung, seiner (Be-)Arbeit(ung) und Gestaltung. In dieser Übereignung der Welt an ihn und in der Profanierung der Natur als sein Ausbeutungsobjekt zeigt sich, daß es Gott nicht um die Welt und die Mannigfaltigkeit ihrer natürlichen Erscheinungen, sondern nur um den Menschen geht. Deshalb nimmt die biblische Tradition die nicht-menschliche Welt trotz der vielen Vorschriften über den menschlichen Umgang mit ihr kaum wahr, sondern kennt eigentlich nur zwei wesentliche Seinsformen: das absolute Subjekt Gott und das geschaffene Subjekt Mensch, sei es als Individuum oder als „Volk". Das zentrale Thema der jüdischen Religion ist das spannungsreiche Verhältnis dieser beiden Subjekte, die Welt ist bloß der Ort ihrer Auseinandersetzung.

1.3. Leben in Schuld und anheimgefallen der Knappheit und dem Tod:
    Die Folgen des Sündenfalls

Die im Paradies auf Dauer gestellte Ordnung – ohne Aggression, Not und Tod und deswegen auch ohne Geschichte – wird jäh durch die Unbotmäßigkeit des Menschen gestört. Das kraft seiner Geistigkeit mit Freiheit begabte Menschenpaar verstößt gegen das Verbot Gottes, vom „Baum der Erkenntnis" zu essen. Von den vielen Möglichkeiten, dieses mythische Geschehen heilsgeschichtlich zu verstehen, wird in der theologischen Literatur am wenigsten die durch die Begriffs- und Bildwahl naheliegendste, jedenfalls sich dem unverstellten Blick aufdrängende und von den christlichen Kirchenvätern auch ausgesprochene Deutung herangezogen. Nach ihr kann der sog. Sündenfall zunächst eigentlich nur darin bestehen, daß Adam und Eva, die sich zuvor ihrer Nacktheit nicht schämen, also asexuell brüderlich und schwesterlich zusammenleben, sich geschlechtlich vereinigen, im Zeugungsakt – wie zuvor nur Gott – neues Leben schaffen und, von Gott zur Rede gestellt, sich ihrer Nacktheit bewußt werden. Entsprechend stellt Gott nach dem „Sündenfall" fest, der Mensch sei „geworden wie unsereiner, der zeugen kann". Deshalb wird die „Männin" jetzt Eva genannt (hebr. *chava* Leben), „weil sie ist die Mutter aller Lebendigen". Zur Strafe werden beide, „damit er [der Mensch] nicht breche auch vom Baum des Lebens und esse und ewig lebe", – „bekleidet" – aus dem Paradies vertrieben. Sie gehen damit der göttlichen Versorgtheit verlustig und werden sterbliche Wesen, die nur noch in ihren Nachkommen fortleben können. Anthropologisch heißt dies, daß der Mensch zu der ihm von Gott geschenkten geistigen Ebenbildlichkeit eine Gott Konkurrenz machende „gegenbildliche" leibliche Kreativität aus eigenem Willen hinzugefügt hat, dafür aber mit seinem individuellen Tod büßen und zeitlebens in einer Welt der Widersprüche und Leiden leben muß.

In letzterer Hinsicht, in der kosmischen wie in der menschheitlichen Dimension, wird durch den aufrührerischen Akt des Menschen die im Paradies auf ewige Harmonie gestellte Zeit abrupt unterbrochen, erscheint im Bild des sich seiner Schöpfung erfreuenden Gottes plötzlich der strafende Gott, wird die Existenz des Bösen in die von Gott zuvor ganz und gar gut geschaffene Welt eingeführt, gewinnen Plackerei, Entbindungsschmerz, Elend und Tod ihre Gewalt über die Menschen und werden von nun an überhaupt alle Taten des Menschen in die Spannung von

Gut und Böse gestellt. Dabei ist der Maßstab für das gute und das böse Handeln des Menschen nicht dessen Verantwortbarkeit gegenüber dem Mitmenschen oder dem Gemeinwesen, sondern dessen Gottgefälligkeit oder Sündhaftigkeit. Auch wo die biblische Ethik ausdrücklich auf die Nächstenliebe und auf das Wohl des Gemeinwesens zielt, ist dem der Gehorsam gegen Gott vorgeordnet. Ein Beispiel hierfür ist der erste in der Bibel berichtete Mord: Kain tötet seinen Bruder Abel „um Gottes Willen". Ein anderes Beispiel ist Abraham, der unter Zurückstellung aller natürlichen väterlichen Gefühle und aller familialer und sozialer Gebote bereit ist, seinen Sohn Isaak auf Geheiß Gottes zu opfern.

1.4 Wirkungsgeschichtliche Aspekte von Schöpfung und Sündenfall

Der Schöpfungs- und Sündenfallmythos entstammt in seinen Elementen zum Großteil der babylonischen und ägyptischen Kultur und ist als eine existentiell eindrückliche und ätiologische, d.h. die Ursachen gegenwärtiger Gegebenheiten erklärende Geschichte vermutlich auch erst verhältnismäßig spät in den Kanon der jüdischen Bibel aufgenommen worden. Aber er ist in mehr als einer Hinsicht bis heute von größter theologischer Bedeutung. Zunächst darin, daß er der urzeitlichen göttlichen Macht nicht nur – wie es die Mythologie vieler Völker sagt – die Herstellung von Ordnung in einem vorfindlichen Chaos zuschreibt, sondern überhaupt auch das kosmische Dasein der Welt durch die göttliche Schöpferkraft erklärt. Zwar steht das Judentum auch damit nicht allein da. In Verbindung aber mit dem Platonismus und seiner philosophischen Ausdifferenzierung in der europäischen Metaphysik schafft dieser Mythos in seiner theologisch-dogmatischen Fortsetzung im Christentum und Islam die Grundvoraussetzung dafür, daß hier die materielle Welt als ein Ausfluß der immateriellen geistigen Welt und Kräfte gilt und ihnen deshalb im Status nachgeordnet wird. Sodann enthält dieser Mythos das theologisch unlösbare sog. *Theodizee-Problem*. Wenn Gott gut, allmächtig und allwissend ist, warum hat er dann nicht den Fehltritt Adams und Evas verhindert, fragen seither die Philosophie (*Si deus est, unde mala?*, Boethius), die Theologie und der vom Zweifel erfaßte Gläubige, und warum hat er in seinem Schöpfungsplan überhaupt das Böse vorgesehen und duldet es weiterhin? Die dafür im Mythos gegebene Erklärung schließlich verträgt sich erst recht nicht mit der Vorstellung vom liebenden und gerechten Gott. Denn die Verstrickung der ersten Menschen in Sünde kann er ihren Nachkommen nicht persönlich zurechnen, und Schlimmes geschieht ständig in der Welt auch ohne das bewußte Tun von Menschen. Dies wirft Hiob Gott vor, ohne von ihm eine ethisch und rational befriedigende Antwort zu erhalten.

Freilich hat die jüdische Theologie – über die oben genannten „Erschwernisse" der *conditio humana* nach der Vertreibung aus dem Paradies hinaus – den Menschen nicht mit einer ihn allein schon durch die Zugehörigkeit zum Menschengeschlecht gegebenen Schuld belastet. Sie setzt die Fähigkeit des Menschen zum Tun des Guten immerhin voraus. Der Mensch kann aus eigener Kraft die Sünde vermeiden, gerecht vor Gott leben und bedarf deshalb als einzelner vor Gott auch keines Mittlers oder Erlösers. Wohl aber muß er sich dessen bewußt sein, daß auf Erden die zum Bösen neigende Natur des Menschen überall ungerechte und gottlose Herrschaft entstehen läßt, das Volk Israel der Befreiung durch den „Messias" bedarf und die anderen Völker die Bestrafung für ihre Missetaten gewärtigen müssen. Das Christentum spitzt den urzeitlichen Fehltritt Adams dann indes in der sog. Erbsündenlehre zu. Über die Reformation hinaus halten alle christlichen Konfessionen an dem Grundsatz fest, daß die menschliche Natur durch jene Schuld ein für allemal so verderbt ist, daß der Sünder erst durch Jesu Sühne am Kreuz mit Gott wieder versöhnt werden kann und Gott ihn vor der ewigen Verdammnis nur aus Gnade – also wider Recht – erretten kann. Zwar ist die Lehre von der Erb- bzw. Ursünde (*peccatum originale*) erst vom christlichen Apostel Paulus behauptet und dann vom Kirchvater Augustinus dogmatisch ausgearbeitet worden, sie ist aber in der Art, wie Gott Adam und Eva und alle ihre Nachkommen und damit das ganze Menschengeschlecht bestraft, wie er allen Menschen „böses Sinnen und Trachten" (1. Mose 6, 5 f.) unterstellt und nur einige wenige davon durch Erwählung ausnimmt, bereits in der jüdischen Bibel enthalten.

2. Jahwes Weg vom Schutzgott eines Hirtenvolks zum Herrn der Welt

Am Anfang des kulturellen Gedächtnisses der Juden steht jedoch nicht der Schöpfungs- und Sündenfall-Mythos, der als Teil der Tora von seinem ältesten Erzähler, dem „Jahwisten", nicht vor 900 abgefaßt sein kann, sondern die Erinnerungsgeschichte der Nachfahren Adams: der erste, Noah verkündete Bund Gottes mit dem Menschengeschlecht, die Genese des Volkes Israel, die Geschichte der von Jahwe berufenen und gesegneten „Patriarchen" Abraham, Isaak und Jakob, dann die Erzählungen von den zwölf Söhnen des letzteren als Begründern der Stämme Israels, die Knechtschaft der „Kinder Israels" in Ägypten, der von Moses auf Geheiß Gottes bewirkte und geleitete Auszug aus Ägypten und die 40 Jahre währenden Wanderung durch die Wüste, die Erneuerung des Bundes durch Gott am Berg Sinai, die Übergabe der zehn Gebote und der anderen Gesetze an sein Volk, die Eroberung des „gelobten Landes" Kanaan, seine Besiedlung durch das Volk Israel und die Errichtung des Königreichs Israel unter Saul, David und Salomon. So lebendig diese Ereignisse und die sie tragenden Personen geschildert und so juridisch genau die Gesetze aufgeführt werden und so denknotwendig dies als Voraussetzung des Jahwe-Glaubens erscheint, so wenig sind doch die politischen Etappen der jüdischen Früh- und Königszeit realgeschichtlich belegt und so wenig sind die Schritte zum Ein-Gott-Glauben mentalitätsgeschichtlich rekonstruierbar.[6] Denn über die urgeschichtlich-mythische Zeit gibt es naturgemäß keine schriftlichen Quellen und die späteren Schriftzeugnisse sind als Fixierung älterer mündlicher Überlieferung nicht zeitgeschichtlich und als ausschließlich innerjüdische „Geschichtsschreibung" zudem Dokumente, die vor allem den Glauben an Jahwe befestigen sollen. Immerhin scheinen die sich in späteren Texten niedergeschlagenen „Erinnerungen" einen historischen Kern in folgender Hinsicht zu haben.

Das jüdische Volk als eine im 2. Jahrtausend sich herausbildende Ethnie erlangt erst recht spät, am Beginn des 1. Jahrtausends, in einer ersten Staatsgründung inmitten des zivilisierten Vorderen Orients den Status einer Hochkultur. Als eine

---

[6] Ein Teil der heutigen Archäologie bezweifelt, ob es im 11./10. Jahrhundert überhaupt ein jüdisches Großreich unter David und Salomon gegeben hat.

solche erhält sie – wie am anderen Ort die Griechen – die Gelegenheit, die viel älteren Zivilisationen Ägyptens und der Mesopotamiens in zahllosen kulturellen und näherhin auch religiösen Elementen zu beerben. Dadurch ist der historisch erfolgreiche Eigencharakter des Judentums zugleich eine selbständige Weiterentwicklung jener Anleihen und eine noch bewußtere Entgegensetzung gegen sie. Darin steckt die Annahme, daß sich auch die Vorstellung von dem einen und allmächtigen Gott erst allmählich in Orientierung am und zugleich in Abgrenzung vom Vielgötter-Glauben der Umwelt und in ähnlicher Auseinandersetzung mit ihren gesellschaftlichen Grundsätzen herausgebildet hat, der jüdische Monotheismus also auch ein historisch-gesellschaftliches Phänomen wie alle andere Arten der Religiosität ist und sich nicht dem Handeln und dem Charisma einer bestimmten Gründerpersönlichkeit verdankt, wie es gleichwohl Mose, auch mit Bezug auf Echnatons Versuch, mit der Verehrung allein des Sonnengottes in Ägypten einen Monotheismus durchzusetzen, zugeschrieben worden ist. Der Weg vom Schutzgott nomadischer Wüstenstämme über den Gott des bäuerlichen und dann auch staatlichen Volkes Israel zum einen Gott der ganzen Welt scheint jedenfalls lang und durch das Passieren bestimmter Etappen charakterisiert gewesen zu sein. Dieser Weg läßt sich in sechs Punkten kurz umreißen.

2.1 Jahwe als Schutzgott eines von ihm auserwählten Hirtenvolkes
Erstens dürfte Jahwe von der frühesten Zeit bis zum Beginn der Staatsgründung in Palästina im wesentlichen nur der Schutzgott eines die Wüsten durchziehenden Hirtenvolkes gewesen sein. Der Gott, der als Jahwe mit Noah einen ersten Bund schließt, den Urvätern im Kampf um ihre ethnische Selbstbehauptung beisteht und ihren Abkömmlingen eine große Zukunft als Volk verheißt, setzt geradezu die Vorstellung voraus, daß er neben vielen anderen Göttern der Patron eines, nämlich „seines" Volks ist. Schon sehr früh scheinen die Juden von der Vorstellung durchdrungen gewesen zu sein, daß ein Gott sie ausersehen hat, sie beschützt und führt. Und während des ganzen Zeitraums, vom staatlichen Aufstieg Israels unter Saul, David und Salomon im 10. Jahrhundert über Ende und Teilung des Reichs im 8. Jahrhundert, das sog. Babylonische Exil (586–538) und die begrenzte Autonomie in jüdischen Teilstaaten unter Fremdherrschaft bis zur Zerstörung des zweiten Tempels (70 u.Z.) und der darauf verstärkt in der ganzen damaligen Welt einsetzenden zerstreuten Siedlung, ist es der Jahwe-Glaube gewesen, der die kulturelle, religiöse und volkstumsmäßige Identität der Juden in der Antike gewahrt hat und ihnen auch in den Jahrhunderten der gänzlichen Zerstreuung über die Welt Halt und Hoffnung gegeben hat. Für den gläubigen Juden bedeutet das, daß er inmitten aller Ungesichertheit des Lebens, aller Katastrophen und unverhofften Umschwünge die planende, lenkende und letztlich errettende Hand Gottes erblickt.

2.2 Der Schreckensdialog zwischen Jahwe und seinem auserwählten Volk
Die Zusage des Schutzes und die Einlösung des Versprechens, das Volk stark an Personenzahl zu machen, ihm ein Land zu geben, „in dem Milch und Honig fließen", und es durch einen Messias über alle Völker zu erheben, verknüpft Jahwe zweitens freilich mit der Einforderung eines unbedingten Gehorsams. Weil das Volk

und seine Führer immer wieder dem bösen Teil der menschlichen Natur nachgeben, sich von den „Götzenbildern" anderer Völker verführen lassen und sich gegen Jahwes Weisungen eigensinnig auflehnen, sieht dieser sich in dem auf Gegenseitigkeit geschlossenen Bund wiederholt zur Bestrafung seines Volkes genötigt. Bis zu seinem allmählichen „Verstummen" in den letzten vorchristlichen Jahrhunderten führt deshalb Jahwe einen „schreckenerregenden Dialog"[7] mit seinem Volk. Eifersüchtig wacht er über die Einhaltung seiner Gebote, ahndet die Verfehlungen und besonders jeden Abfall vom Glauben, schließt erneut einen Bund mit ihm, tötet die Feinde Israels und straft den erneuten Götzendienst seines Volkes mit militärischer Niederlage, Vertreibung und Exil. Die sehr anthropomorphen Züge der Zuwendung, Anleitung, Verteidigung, Enttäuschung, des Zorns, der Rachsucht, der Grausamkeit und der Verzeihung und der Gnade weisen Jahwe so als einen den mesopotamischen Gottkönigen nicht unähnlichen Herrscher aus. Aus diesem ambivalenten Gottesbild von einem alle anderen Götter an Macht übertreffenden (Kriegs-)Herrn und einem liebenden und Treue haltenden und zugleich hart strafenden und mitunter auch verstoßenden Vater scheint der Mythos von der Schöpfung, dem Sündenfall und die Vertreibung aus dem Paradies hervorgegangen zu sein.[8]

2.3 Israels Bestehen auf seiner Andersartigkeit

Drittens charakterisiert die Völkerschaft der Juden, daß sie sich als eine aus der Fremde zugewanderte Ethnie konstituiert, durch das Bestehen auf ihrem Jahwe-Glauben den Status der Differenz zu den anderen Kulten auf Dauer gefestigt und auch in der Zerstreuung inmitten unterschiedlichster Gesellschaften ihre Besonderheit bewahrt hat. Denn Abraham kommt aus Mesopotamien, Mose mit dem Volk aus Ägypten, und auch im „gelobten Land", in Kanaan, sind die Juden zunächst Fremdlinge wie dann zwangsweise auch im Babylonischen Exil. Von der Zerstörung des zweiten Tempels an bis zur Gründung des modernen Staats Israel bleiben sie in der Diaspora trotz jahrhundertelangen Zusammenlebens mit den Menschen der jeweiligen Mehrheitskultur durch die Verweigerung der Assimilation „andere", so, als wären sie immer noch nur auf Zeit Zugewanderte. Mit alledem begründet die Jahwe-Religion die Identität des jüdischen Volkes, sein nationales Gedächtnis und seine historische Kontinuität.

2.4. Normierung des Kults und der gesamten Lebensführung am Gesetz Gottes

Die Wahrung der jüdischen Identität in nun mehr als 2500 Jahren verdankt sich viertens sicherlich sehr stark der Normierung des Kults und der gesamten Lebensführung durch das „mosaische Gesetz" und allgemein dem spezifischen Rechtscharakter des jüdischen Glaubens. Von der ersten Verheißung an, die Jahwe Noah gibt, über alle weiteren Bekräftigungen des gemeinsamen Bundes und der sich daraus ergebenden wechselseitigen Verpflichtungen scheint es die Vorstellung von der

---

[7] *Wendorff* 1980, 27.
[8] Zum Geschichtsdenken des Alten Testaments vgl. *G.v. Rad*: Theologie des alten Testaments, Bd. 1: Die Theologie der geschichtlichen Überlieferungen Israels, München 1957, bes. 332-344.

„Gerechtigkeit Jahwes" (hebr. *Sedakah*) gegeben zu haben.[9] Diese Gerechtigkeit ist – anders etwa als die *dikaiousýne* bei den Griechen – keine der Welt gesetzmäßig-natürlich innewohnende kosmische und soziale Ordnung, an der sich z.b. selbst das Handeln der griechischen Götter messen lassen muß, auch keine von menschlichen Gemeinschaften ethisch-rational gesetzte und nach Umständen zu modifizierende Gerechtigkeit, sondern eine, die ausschließlich an Jahwe, sein Handeln und seine Gebote gebunden ist. Gerecht handelt das Volk dann und nur dann, wenn es dem ihm von Jahwe vorgezeichneten Weg folgt, über alles Leid hinweg sich ihm anvertraut und ihm im Gedenken dessen, was er dem Volk in der Vergangenheit alles an Gutem getan hat, immer wieder mit Opfern, Psalmen und Hymnen dankt.

Dem sich in großen Ereignissen artikulierenden kollektiven Rechtsverhältnis zwischen Volk und Jahwe fügt dieser für die Lebensführung der Einzelnen im Alltag die Mose übergebenen Gesetze hinzu. Vor Gott und Menschen lebt gerecht, wer diese hält. Dies bezieht das ganze Leben ein. Alles, was die Menschen und die Gemeinschaft tun, ist von Bedeutung, die alltäglichen Verrichtungen ebenso wie die kultischen Handlungen, die Besiedlung eines Ortes ebenso wie etwa die Be- bzw. Mißachtung eines Reinigungsgebots. Es gibt im Judentum keinen Bereich, der nicht religiös-rechtlich geregelt wäre. Über alle Arten der Weisung wacht barmherzig, langmütig, erhaben und zugleich eifrig und zornig – eben „herrlich" – Gott als Richter: „Gott ist ein rechter Richter und ein Gott, der täglich droht. Will man sich nicht bekehren, so hat er sein Schwert gewetzt und seinen Bogen gespannt und zielt darauf tödliche Geschosse; seine Pfeile hat er zugerichtet zu Verderben." (Psalm 7, 12 14). Dessen ständig eingedenk, ist zu vermuten, daß die Juden die religiöse Dimension des Gewissens, d.h. die Orientierung an den von einer unsichtbaren Macht gegebenen und je nach Einhaltung entweder mit Strafe bewehrten oder Belohnung nach sich ziehenden Vorschriften, schon früh und strenger als andere Völker in sich ausgebildet haben. Inhaltlich schöpft das „Gesetz" aus dem viel älteren mesopotamischen Recht (u.a. des Hammurabi), mündlich entwickelt und wandelt es sich über Jahrhunderte in Brauch und Sitte, schriftlich fixiert wird es vermutlich zunächst nur in (volks-)erzieherischer Absicht, wofür bis heute die regelmäßigen Tora-Lesungen in der Synagoge stehen. Den Status des im Alltag und vor Gericht absolut geltenden Rechts gewinnt es erst durch seine Deutung als persönliche Weisung Jahwes.[10]

2.5 Der in sich alle göttliche Macht über die Welt vereinende Jahwe

Fünftens dürfte sich das Volk Israel den ihm im Laufe der Geschichte von seinen religiösen Führern verkündigten Allmachtsanspruch Jahwes über alle Völker der Erde immer mehr zu eigen gemacht haben. Von Mose bis heute wird dem Volk in Erinnerung gerufen, daß es allein durch Jahwes Handeln aus größter Not gerettet worden und sein Gott mächtiger als alle anderen sei. Einen entscheidenden Schritt zum Ein-Gott-Glauben dürften die Kämpfe während des Zuges durch die Wüste und um die Besiedlung Kanaans gewesen sein. Hier sind die unter der Leitung des

---

[9] Zur „Gerechtigkeit Jahwes" vgl. ausführlich Schupp 1990, 97–178.
[10] Über die Eigenarten des jüdischen Rechts gibt einen guten Überblick der Artikel „Gesetz Israels", in: Cornfeld/Botterweck 1991, I, 549–564.

Wüstengottes Jahwe lebenden Israeliten u.a. auf den in Tiergestalt verehrten Fruchtbarkeitsgott „Baal" bäuerlicher Stämme gestoßen. Ihn haben die Israeliten auf Geheiß Moses zwar als göttliche Person und erst recht in Gestalt seines Kultbildes verworfen, wohl aber nicht in seiner Potenz, die Natur zu beleben und für gute Ernten zu sorgen. War Jahwe deshalb zuvor hauptsächlich ein Gott der Hirten, so wurde er jetzt auch zu einem Gott der Bauern. Auf diesem Wege der Integration und Konzentration von immer mehr göttlichen Fähigkeiten und Zuständigkeiten in dem einen Gott Jahwe und schließlich der Zentralisierung aller nur denkbaren Macht in ihm scheint sich der jüdische Monotheismus um 1000 herausgebildet zu haben. Diesen Prozeß könnte man auch so beschreiben, daß in ihm die Götter und Dämonen der altorientalischen Stämme depotenziert, entgöttlicht und Jahwes Macht unter- bzw. eingeordnet werden. Aus diesem personimmanenten Polytheismus könnte man Jahwes zwischen Liebreiz und Grausamkeit schwankende Unberechenbarkeit und Widersprüchlichkeit erklären.[11] Für die unbegrenzte Machtfülle in einer Person gab es im Typus des orientalischen Gott-Königs freilich damals schon irdische Vorbilder und hat es seitdem im absoluten König- und Kaisertum der Antike und im absolut regierenden „Fürsten" der europäischen Neuzeit eher noch eine Ausweitung dieses Anspruchs gegeben, so daß man hierin sogar ein frühes Zeichen politisch-religiöser Modernität erblicken kann. Dies um so mehr, als Jahwe nicht nur keinen Konkurrenten neben sich duldet und Herrscher über alle Völker ist, sondern dann auch noch der Schöpfer der Welt wird, und ihm schließlich zugeschrieben wird, alle Gedanken und Gefühle der Menschen erkennen und lenken zu können, so daß sich niemand vor ihm verbergen kann – was in christlich-mittelalterlicher Zeit der monarchisch regierende und die Gewissen der Gläubigen lenkende und – vermittels der Ohrenbeichte seiner Priester – überwachende römisch-katholische Papst als Vertreter Christi auf Erden dann auch offen beansprucht. Freilich dürften erst die Propheten den konsequenten Monotheismus im diesem Sinne durchgesetzt haben, so daß z.B. Jesaja Jahwe hat sagen lassen können: „Ich bin der Erste, und ich bin der Letzte, und außer mir ist kein Gott" (Jesaja 44,6; ähnlich 45,5 und 14). Überhaupt glaubt die heutige historisch-kritische Forschung, den alten Grundsatz „Gesetz und Propheten" in die Reihenfolge „Propheten und Gesetz" umkehren zu müssen, wonach z.B. der Dekalog nicht nur nicht von Mose und auch nicht in seiner Zeit um 1200 oder zur Zeit des Königtums nach 1000 formuliert ist, sondern das Produkt einer späten Zusammenfügung aus unterschiedlich alten orientalischen und jüdischen Quellen durch Propheten um 600 zu sein scheint.[12]

---

[11] In der Rezension von *J. Miles'* neuerem Buch: Jesus. Der Selbstmord des Gottessohnes. Aus dem Engl. Von F. Griese (München 2001), spricht Lütkehaus deshalb von der „Polymorphie einer multiplen Persönlichkeit" (in: Die Zeit. Sachbuch, 4. Okt. 2001, 98 f.).
[12] Vgl. *R. Smend*: Die einzigartige Karriere der Zehn Gebote, in: Forschung – Mitteilungen der DFG, 3/4, 1992, Exkurs, VI.

2.6 Nationaler Messianismus und universale Apokalypse:
Das in die Zukunft projizierte (heils-)geschichtliche Handeln Jahwes

Sechstens schließlich entsteht im Zusammenhang mit diesem Glauben die Vorstellung, daß Jahwe auch der Herr der Zeit und der Geschichte ist und er zum einen sein Volk mit Hilfe eines vom ihm gesandten „Messias" endgültig von allem Leid befreien, zum andern in einem „Gottesreich" das Zusammenleben die ganzen Menschheit auf eine neue Grundlage stellen wird. Das erste Grundmuster einer national-messianischen Zukunftserwartung findet sich bereits seit der babylonischen Gefangenschaft vereinzelt in Visionen der Propheten. Diese Hoffnung gewinnt seit dem zweiten vorchristlichen Jahrhundert eine deutlichere Gestalt vor allem durch die Geschichtsvision des Propheten Daniel. In ihr errichtet der „Gott des Himmels", nachdem er selbst vier mächtige irdische Weltreiche „zermalmt" hat (Daniel 2, hier bes. V. 44), das dem Volk Israel vorbestimmte Königreich, „das nimmermehr zerstört wird". Das andere Grundmuster ist ebenfalls jüdischen Ursprungs, setzt sich in großer Wirkung dann vor allem in der christlichen „Apokalypse des Johannes" als eine universal-eschatologische Erwartung fort. Danach würde im Zuge schrecklicher Kämpfe, in denen alle irdischen Reiche hinweggefegt werden, ein tausendjähriges Gottesreich entstehen, die irdische Geschichte und die Geschichte der Menschheit überhaupt an ihr Ende kommen und würde nach der Auferstehung schließlich der Toten und dem Jüngsten Gericht über sie die Welt in die ewige, d.h. zeit- und geschichtslose Herrschaft Gottes übergehen.

Während aber die Christen das ewige Heil, das Gott den vor ihm gerechtfertigten Sündern zugesagt hat, nicht auf dieser Welt erwarten, sondern in der Erwartung leben, daß Gott die von ihm geschaffene sichtbare Welt wieder zurücknimmt und das ewige Leben seinen Ort „im Himmel" bei Gott hat, bleibt für die Juden die Schöpfung erhalten und bricht nach dem Kommen des Messias und dem endgültigen Niederringen des Bösen in Gestalt des himmlischen Widersachers (Teufel), der bösen Wesen und Völker zwar ein neues Äon an, führt aber der gewaltsame Bruch mit aller bisherigen Geschichte nicht auch schon zum Ende der Welt, sondern zur Errichtung eines ewigen Reiches des Friedens und der Gerechtigkeit hier auf der Erde, wo dann alle Völker nach Jerusalem strömen werden. Der Zeitpunkt des Kommens des Messias ist zwar unbekannt und wird nur wenigen Menschen in Zeichen, Träumen und Bildern von Gott angekündigt, kann aber jeder Zeit eintreten und wird die meisten Menschen unvorbereitet treffen. Die Prophetie in Gestalt sowohl des jüdische Messianismus als auch in Gestalt der christlichen Apokalyptik, d.h. der „Enthüllung" bzw. „Offenbarung", kann so als das in die Zukunft projizierte (heils-)geschichtliche Handeln Gottes verstanden werden.[13]

---

[13] Zum prophetischen Geschichtsdenken der Juden vgl. *G.v. Rad*: Theologie des alten Testaments, Bd. 2: Die Theologie der prophetischen Überlieferungen Israels, München 1960.

3. Status und Geschichte der jüdischen Theologie im Kontext der naturreligiösen Antike

3.1 Von der impliziten zur expliziten Theologie

Versteht man unter Theologie den Versuch, den Anspruch einer in mythischen Erzählungen überlieferten, in kultischen Formen praktizierten und die vorfindliche natürliche Welt kosmologisch deutenden Religiosität begreiflich zu machen und ihre theoretischen Voraussetzungen und Annahmen darzulegen, vernünftig zu ordnen und möglichst widerspruchsfrei erscheinen zu lassen, dann wird man Anfänge davon beim Judentum nicht vor seiner Begegnung mit dem Hellenismus erkennen können. Man wird der jüdischen Religion aber zugestehen müssen, daß sie fast von Anfang an und in höherem Grad, als es der Fall bei den meisten Naturreligionen der Antike ist, von einer eingehenden Reflexion begleitet, stimuliert und geformt worden sein dürfte. Auch in ihr werden zunächst, wie freilich ähnlich überall, die Entstehung der Welt und der Menschheit und die Stiftung des eigenen Volkes und seines Glaubens in einem urzeitlichen Mythos und in legendenhaften Vätergeschichten einfach behauptet und einfach geglaubt worden sein. Außer vor dem leidgeprüften Hiob läßt sich deshalb Jahwe auch niemals herab, sein Handeln vor seinem Volk zu rechtfertigen, wie zugleich auch jeder Anschein vermieden wird, daß es in der Welt ein Geschehen geben könnte, das – wie es etwa die griechische Naturphilosophie annimmt - nicht Gott unterworfen sein könnte. Im Unterschied aber etwa zur ägyptischen Religion, in der der Mythos vor allem im Ritus des Tempeldienstes, der Prozessionen und des Totengedenkens zur Darstellung gebracht wird, oder zur griechischen Religion, in der der Kult ebenfalls in Tempeln und in Festen gepflegt wird und der Mythos vor allem in gedichteten Erzählungen über Götter und Helden lebt, ist der Mythos und das kulturelle Gedächtnis der Juden ein gedanklich reflektierter, existentiell zugespitzter und auch immer schon sozusagen programmatisch auf die Zukunft des Volkes zielender Vorstellungszusammenhang. Natürlich lassen sich auch in der jüdischen Religion viele Eigenheiten und insbesondere auch der Ein-Gott-Glauben – wie oben angedeutet – aus den kulturhistorischen Umständen, etwa aus der Heimatlosigkeit umherziehender Viehzüchter-Stämme, ihrem Mangel an ortsgebundenen Heiligtümern und Kultbildern, und mit der Notwendigkeit, ihren Gott in rein geistiger Vorstellung sozusagen von Ort zu Ort zu transportieren, erklären. Ein reflektierter Glaube hat der jüdische Monotheismus aber auch deswegen von Anfang an und immer sein müssen, weil er sich in Auseinandersetzung mit und in Abkehr von den ihn umgebenden naturreligösen Polytheismen herausgebildet hat und dieses nur durch eine große kollektive intellektuelle Anspannung und eine große affektive Vereinnahmung und Gewissenskontrolle der Individuen möglich gewesen sein dürfte. Wenn so der biblische Paradies-Mythos, die Legenden von der Gründung des abrahamitischen Geschlechts, die alttestamentliche Deutung der Geschichte Israels und auch noch die nachexilischen Warnungen und Visionen der Propheten zwar noch keine explizite Theologie sind, so dürfte doch das Denken und Sprechen diesen Glauben mehr kennzeichnen als den anderer damaliger Völker.

3.2 Von der Tora zum Talmud :
Entfaltung der Theologie in der Auslegung der Schrift und der Erstellung einer Dogmatik

Den Anstoß zu expliziten Formen einer jüdischen Theologie dürfte die Begegnung mit dem Hellenismus seit dem 2. Jahrhundert v.u.Z. gegeben haben, und zwar sowohl im Versuch, sich von der verführerischen Überlegenheit dieser Kultur hart abzugrenzen als auch von ihr zu lernen und dadurch dem eigenen Glauben eine philosophische Gestalt zu geben. Es waren also Antworten zu finden auf die Fragen: In welchen Formen hat sich Jahwe offenbart? Was soll in der schriftlichen Überlieferung als sein authentisches Wort gelten? Wie soll man dieses richtig verstehen? Welche Instanz urteilt im Zweifel über den von Gott gemeinten Sinn? Was dazu Propheten, das aristokratische Tempelpriestertum der Sadduzäer, die gemäßigten „Schriftgelehrten" der Pharisäer, die Führer der Endzeitsekten (wie z.B. die der Essener) und später dann bis heute Rabbinen in Palästina, in Bagdad und woanders gesagt und in Lebenspraxis überführt haben, findet sich allgemein in der Bewahrung der religiösen Tradition und im besonderen in der Erstellung des Kanons heiliger Schriften, zunächst in der hauptsächlich zwischen dem 5. und 2. Jahrhundert abgefaßten *Tora*, dann in den anderen Schriften der jüdischen Bibel und schließlich in der pragmatischen und theoretischen Auslegung der „Schrift" im palästinischen und babylonischen *Talmud*, einschließlich der darauf bezogenen umfangreichen religiösen Literatur.[14]

Die seither überlieferte hebräische Bibel enthält einerseits eine relativ geschlossene und stimmige, wenn auch spannungsreiche Theologie. Nach ihr hat sich Gott den Menschen in dreifacher Form geoffenbart hat: in der Schöpfung, im geschichtlichen Handeln an seinem Volk und im „heiligen Wort", wobei er sich seinen urzeitlichen Partnern und seinen Propheten unmittelbar mündlich, im Traum und in der Vision mitgeteilt hat. Die jüdische Bibel ist andererseits als ein sehr „menschliches" Wort" ein Zeugnis zahlloser Widersprüche, Vieldeutigkeiten, Lücken, ungelöster Probleme und insgesamt rational nicht auflösbarer „Glaubenswahrheiten", wie dies gar nicht anders sein kann in einem Buch, dessen Texte viele Autoren haben, aus vielen Jahrhunderten stammen und bis zum Zeitpunkt ihrer Kanonisierung mehrfach umgeschrieben worden sind. Spätestens aber von diesem Zeitpunkt an verschärft sich das schon vorher bestehende Problem, das darin besteht, daß für den gläubigen Juden – wie dann später auch für den Christen inbezug auf das Neue Testament und für den Moslem inbezug auf den Koran – die einmal als Gottes eigenes Wort (an-)erkannte Wahrheit, seine „heilige Schrift" zeitlos gültig ist, von keinem Menschen verändert werden darf und allenfalls zum genaueren und neuen Situationen gerecht werdenden Verständnis ausgelegt werden darf. Die sich in den Jahrhunderten wandelnden und von Gesellschaft zu Gesellschaft abweichenden Lebensbedingungen haben die Rabbinen zu immer neuen Arten der Schriftdeutung

---

[14] Zur jüdischen Schrifttradition vgl. *G. Botterweck*: Lexikonartikel „Bibelkanon" (Bd. I, 310–314) und „Bibelkritik" (Bd. I, 314–347), in: Cornfeld/Botterweck 1991. Der „Babylonische Talmud" in der Übersetzung von L. Goldschmidt von 1930–1936 liegt jetzt in einem zwölfbändigen Neudruck vor, Darmstadt 2002.

gezwungen, mitunter auch zu einer spitzfindigen Rabulistik geführt, vor allem aber unter dem Einfluß der alexandrinischen Tradition der Homerauslegung den Weg zur spätantiken und mittelalterlichen Allegorese und zum sog. mehrfachen Schriftsinn gebahnt.[15] Auffällig ist hierbei, daß das sonst alles Fremde abwehrende Judentum vom hellenistischen Denken zunächst erheblich beeinflußt wird und deswegen unter den Juden auch ein Streit über die rechtgläubige Auslegung der Jahwe-Tradition entsteht, dagegen die hellenistischen Welt am Judentum keinerlei Interesse zeigt.[16] Bevor Longinus im 1. Jahrhundert u.Z. aus der Septuaginta, der für hellenisierte Juden zum Gebrauch bestimmten Übersetzung der hebräischen Bibel ins Griechische, zitiert, hat kein griechischer Philosoph, Dichter oder Geschichtsschreiber, jedenfalls nach dem Ausweis der schriftlichen Überlieferung, vom jüdischen Glauben je Notiz genommen, so daß dieser Glauben bis zum Aufkommen des Christentums und seiner Mission eine im wesentlichen innerjüdische Sache geblieben ist und auch später nirgendwo eine wirkliche Verbindung oder Vermischung mit einer anderen Religion eingegangen ist, was A. Toynbee in Anspielung auf das im vorigen Kapitel zitierte berühmte Horaz-Wort zur Feststellung veranlaßt hat, daß es dem erobernden Hellenismus letztlich nicht gelungen ist, das eroberte Jerusalem für sich kulturell einzunehmen.[17]

Trotz oder gerade wegen dieser Abgrenzung gegen andere Religionen, Philosophien und Weltanschauungen wurde und wird bis heute die Bibel von den Juden selbst sehr vielfältig ausgelegt und liegen die Richtungen – heute z.B. die sog. orthodoxen und die liberalen – miteinander im Streit um Jahwes Wahrheit, zumal das Judentum keine normierende Zentralinstanz, keine Kirche im christlichen Sinne kennt und die theologischen Lehrmeinungen von der Anerkennung durch berühmt gewordene Rabbinen und durch die Vorsteher bedeutender Gemeinden abhängen. Das hat aber nie zu einer Glaubensspaltung geführt, weil das Judentum, lässt man die vielen Einzelvorschriften beiseite, theologisch einen recht eindeutigen und harten Kern hat. Das läßt sich z.B. an der bis heute wirkenden Systematisierung der jüdischen Religion in 13 „Glaubenswahrheiten" durch den mittelalterlichen Philosophen und Arzt *Maimonides* (1135–1204) aus Spanien zeigen. Unter Absehung aller lebenspraktischer Vorschriften beschränkt er sich dabei auf fünf Aussagen über die Einzigartigkeit des Schöpfers, auf vier über den Offenbarungscharakter der Tora und auf je eine über die Allwissenheit Gottes, seine Richterschaft über den Menschen, die nicht aufzugebende Erwartung des Messias und die Auferstehung der Menschen von den Toten.

3.3 Das Judentum als die grundsätzlich andere Religion
Unter den auf den geistigen Gehalt des Judentums konzentrierten Glaubenswahrheiten nach Maimonides gibt es kaum eine, die nicht mit dem Christentum und dem

---

[15] Vgl. Kap. 8.2.2.
[16] Vgl. *G. Stemberger*: Das Klassische Judentum. Kultur und Geschichte der rabbinischen Zeit (70–1040 n. Chr.), München 1979.
[17] *A. Toynbee*: Hellenism, London 1959, 177; vgl. auch *A. Momigliano*: Begegnung mit dem Hellenismus, in: Sternberger 1995, 55–64.

Islam vereinbar wäre. Gerade dadurch und im Vergleich mit den polytheistischen Religionen der Antike wird klar, daß das Judentum eine prinzipiell „andere Art von Religion" (Assmann 1995) begründet hat. Keine andere frühe Religion trifft so klar und unnachgiebig die Unterscheidung zwischen wahrer und falscher Lehre, zwischen vorbehaltloser Zustimmung zum Glauben und schroffer Ablehnung jeglichen anderen Glaubens, zwischen Reinem und Unreinem, zwischen einer bilderlosen Anbetung Gottes[18] einerseits und dem „Götzendienst" in mythischer und kultischer Vielfalt andererseits und zwischen Juden und Nicht-Juden. Keine andere behauptet, daß ihr Gott der Herrscher über die ganze Menschheit ist und dabei zugleich ein Volk bevorzugt hat, und in keiner anderen – mit Ausnahme des Islam – besteht die Frömmigkeit so sehr in einem durch die Schrift bestimmten Gehorsam. Schon in der Antike zeigt sich die Ambivalenz dieser Abgrenzung, dieser „Treue zum Glauben der Väter". Durch sie hat sich das Judentum über die Zeiten erhalten und zugleich seine ethnische und religiöse Existenz ständig gefährdet. Eine ambivalente Neuerung des jüdischen Glaubens ist schließlich noch, daß er einerseits jegliche weltliche Herrschaft von einem transzendenten Punkt aus kritisierbar macht – so müssen sich jüdische Herrscher mitunter den von Gott zu seinem Sprachrohr legitimieren Propheten beugen – , und zerstört er andererseits gerade dadurch das Vertrauen in die Annahme, daß alle Herrschaft ein Teil der kosmischen Ordnung ist und daher im Prinzip gut ist. Zeichnet nach Assmann den naturreligiösen Glauben ein „kosmischer Frieden" aus, seien Juden gehalten, die durch den „Aberglauben" gestörte Ordnung in der Bekämpfung des Bösen wieder herzustellen und im Auftrage Jahwes dazu auch Gewalt anzuwenden[19].

Von den anderen Kulturen der Antike unterscheidet sich das Judentum, außer durch seine Glaubenslehre, noch besonders durch sein Zeit- und Geschichtsbewußtsein.[20] Im einzelnen zunächst dadurch, daß Jahwe die ganze Zeit, die vor der Schöpfung, die darauf folgende Menschenzeit und dann die dem Gericht folgende ewige Zeit, sozusagen vereinnahmt. Ungeschichtlich und zeitlos ist die Existenz Gottes vor der Schöpfung und dann wieder nach dem Jüngsten Tag. Nur in der kurzen Zeit dazwischen handelt er geschichtlich. Ist er vor der Schöpfung der ganz Einsame, der Gott ohne jedes Gegenüber, so lebt er nach dem irdischen Intermezzo immerhin in Gemeinschaft mit den himmlischen Heerscharen und den trotz ihrer Sünde von ihm begnadigten Menschen. Die irdische Karriere des streitbaren Gottes ist wechselvoll und Ereignisse und Handlungen verknüpfend, eben geschichtlich im modernen

---

[18] Vgl. *Ch. Dohmen*, Das Bilderverbot. Seine Entstehung und seine Entwicklung im Alten Testament, Frankfurt 1994.

[19] Mit Bezug auf diese Ambivalenzen und die harten Abgrenzungen des Judentums von den anderen Religionen ist im Anschluß an das Buch von *J. Assmann*: Moses der Ägypter. Entzifferung einer Gedächtnisspur, Darmstadt 1998, in den vergangenen Jahren darüber gestritten worden, ob die Entwicklung des Monotheismus durch die Juden nicht der Ursprung des seither in unserem Kulturkreis und darüber hinaus immer wieder entfachten religiösen Streits ist. Das neuere Buch von *J. Assmann*: Die mosaische Unterscheidung oder der Preis des Monotheismus, München 2003, präzisiert diese These.

[20] Vgl. *K. Löwith*: Weltgeschichte und Heilsgeschichte. Die theologischen Voraussetzungen der Geschichtsphilosophie, Stuttgart 1953, besonders 13 ff. .

Sinne des Wortes. Am Anfang steht Gottes Großtat, die Schöpfung, sie wird durch den Menschen in einem geschichtlichen Akt mißhandelt. Im Wechsel von Strafe und Verzeihung kündigt Gott den seinem Volk zugesagten Bund mehrfach auf und stellt ihn jeweils wieder auf eine neue Grundlage. Aus Enttäuschung über den wiederholten Abfall des Volkes hüllt er sich nach der Prophetenzeit immer mehr in Schweigen, kündigt aber, um sich nicht selbst und seinen Verheißungen untreu zu werden, dem Volk die Errettung aus aller Not durch einen Messias an. In der säkularen Deutung ist dieses Ausweichen auf die endgültige Erfüllung in der Zukunft, wie vieles andere im Alten und Neuen Testament, ambivalent. Es ist politisch zugleich eine Schwäche und eine Stärke. Als Schwäche kann sie insofern gedeutet werden, als die Widerwärtigkeiten jeglicher aktuellen Geschichte im Grunde belanglos erscheinen müssen und geduldig hingenommen werden müssen: Die Kompensation für das erfahrene Leid wird ja jedem einzelnen Gerechten und dem ganzen Volk verheißen. Als Stärke insofern, als der Jude in seiner Gegenwart nach den Zeichen des Kommenden, d.h. nach dem Messias, nach der großen Wende in der irdischen Geschichte, Ausschau hält und somit immer auf Umwälzungen (Revolutionen) hofft. Während der klassische und spätantike Philosophengott der Griechen und Römer sich nach der Schöpfung als Person ganz aus der Welt zurückgezogen hat und allein durch die Naturgesetze, die so etwas wie seine Gedanken sind, wirkt oder das Weltgeschehen überhaupt als Ausfluß einer apersonalen Ordnung in zyklischen Ereignisketten gilt, ist für die Juden die Zeit Eigentum Gottes und gerichtet auf das, was er vorhat. Man darf vermuten, daß sich aus dieser Haltung die europäische Vorstellung von der Geschichtlichkeit der Zeit entwickelt hat und die europäische Hoffnung auf Fortschritt von dorther ihre Wurzel hat.

7. Weltgeschichte als Heilsgeschichte:
Frühchristliches Geschichtsbewußtsein

1. Erfüllte und erneuerte Prophetie in Jesus:
   Die Neubegründung der Menschheitsgeschichte in frühchristlicher Sicht   107
2. Die spätantike Etablierung der christlichen Theokratie: Auf dem Wege zu
   einer kirchlich legitimierten geistlichen und weltlichen Herrschaft   116
3. Geschichtstheoretische Aspekte des antiken Christentums   124

Die Aussagen dieses Kapitels nehmen ihren Ausgang von den heilsgeschichtlichen Vorstellungen der frühen Christen. Ihnen hat Jesus nach dem Zeugnis der Evangelien das nah bevorstehende „Himmelreich" angekündigt. Nach seinem gewaltsamen Tode leben sie in den sich alsbald bildenden ersten christlichen Gemeinden deshalb zunächst in der Erwartung der unmittelbaren „Wiederkunft des Herrn" und beginnen, wie ihnen Jesus geboten hat, die „neue Botschaft" „allen Völkern" im Römischen Reich zu predigen. Dabei wird die sich verzögernde Wiederkunft Christi durch apokalyptische Visionen vom Ende der Welt auf eine höhere, die ganze Menschheit einbeziehende Ebene der Erwartung gehoben. Diese von jüdischen Propheten erschaute und von Christen erneuerte und erweiterte Zukunft ist als Heilsgeschichte die bis heute – vor allem auch wegen ihres Weiterlebens in der säkularen Form des „Fortschritts" – wirkmächtigste Universalhistorie und Geschichtsphilosophie.[1]

Die von ihr vorgenommene Interpretation der Menschenzeit, gespannt zwischen die heilsgeschichtlichen Ereignispole von Schöpfung, Sündenfall und Inkarnation, Tod und Auferstehung Jesu einerseits und Endzeit, Gottesgericht und Leben im ewigem Gottesreich andererseits, ist zwar ein relativ einfaches Schema. Es hat aber ungezählten Menschen eine sie überzeugende Perspektive der Deutung der Vergangenheit, Gegenwart und Zukunft der Welt eröffnet und sie auch noch nach dem Schwinden des Glaubens an Gott als den „Herrn der Geschichte" an eine diesseitige „Fortschrittsgeschichte" bzw. einen „Sinn in der Geschichte" glauben lassen.

Aus der Sicht der christlichen Antike wird im folgenden zunächst die heilsgeschichtliche Neubegründung der Menschheitsgeschichte vom Wirken Jesu bis zur kirchlichen Dogmatisierung des Christentums im Römischen Reich in zehn Punkten dargestellt. Es werden dann in Verbindung mit der Theologie und Geschichtstheorie des Kirchenvaters Augustinus die Hauptetappen des institutionell verfaßten Christentums zur Ausbildung einer kirchlichen Theokratie innerhalb des Römischen Reichs nachgezeichnet. Das Kapitel wird mit einigen anthropologischen und universalhistorischen Überlegungen zum den Sieg des Christentums im 4. Jahrhundert beschlossen.

---

[1] Die grundlegende Untersuchung hierzu hat *K. Löwith* vorgelegt: Weltgeschichte und Heilsgeschehen. Die theologischen Voraussetzungen der Geschichtsphilosophie (1953), Stuttgart 1979. Er plädiert darin für eine Abkehr von der jüdisch-christlichen Tradition und für die Wiederaufnahme der zyklischen Geschichtstheorie der klassischen Antike.

1. Erfüllte und erneuerte Prophetie in Jesus:
Die Neubegründung der Menschheitsgeschichte in frühchristlicher Sicht

1.1 Jesus im Verständnis des Neuen Testaments:
Inkarnation Gottes, Botschaft, Tod, Auferstehung, Verheißung, Apokalypse und Gericht

Die Geschichte des christlichen Zeitalters Europas beginnt mit dem Wirken des *Jesus von Nazareth* in Palästina. Dem ist später, im 6. Jahrhundert, kalendermäßig dadurch Rechnung getragen worden, daß sein mutmaßliches Geburtsjahr zur „Zeitenwende" erklärt worden ist. Realhistorisch ist an seinem Leben indes fast alles Berichtete ungesichert. Er selbst scheint nichts Schriftliches hinterlassen zu haben und die ihm im Abstand von wenigstens 40 Jahren nach seinem Tode zugeschriebenen Aussprüche und Predigten sind Zeugnisse des Glaubens an ihn und nicht in realhistorischer Absicht angefertigte Quellen.

Trotz der Schriftrollen-Funde in Qumran und dem Fund einiger weniger früher biblischer Schriftfragmente in letzter Zeit sind auch nach über 200 Jahren Leben-Jesu-Forschung die Evangelien fast die einzige Quelle geblieben, nehmen wir seine Person nur wie durch einen Schleier wahr und wird uns der historische Jesus vermutlich immer verschlossen bleiben. Der gleichwohl zwischen eher negierenden und eher affirmativen Kirchenhistorikern weiterhin heftig geführte Streit über den Wirklichkeitsgehalt der Evangelien sind im Kontext der vorliegenden Theorie der Geschichte indes ohne Belang. Denn es kommt hier zunächst nur auf die Sichtweise der Christen und dann auch ihrer antiken Kritiker an.[2]

In der Tat kommt keine Historie um die Wirkung herum, die diese Person bei den an ihn glaubenden Menschen, den Christen, gehabt hat und noch hat. Für sie war und ist er als „wahrer Mensch und wahrer Gott" der „eingeborene Sohn" Gott Vaters und der Überbringer der „frohen Botschaft" (gr. *euangélion*) seines liebenden Vaters an die ganze Menschheit. Mit seinem Tod am Kreuz hat er Gott mit der sündigen Menschheit versöhnt und für alle Einzelnen die sie errettende Erlösungstat vollbracht. Es begründet den Glauben der ersten Christen an ihn, daß er seinen Jüngern nach seinem Tode im Geiste wieder erschienen, in Anwesenheit vieler Zeugen leiblich zum Himmel gefahren sein soll und mehr als einmal verkündet habe, als Friedensfürst zu ihnen zurückzukehren. Seiner Botschaft und dieser Verheißung vertrauend, ihn für den in ihren heiligen Schriften geweissagten Messias haltend und sich zu ihm öffentlich bekennend, haben sich seine ersten Anhänger in der Erwartung seiner baldigen Wiederkunft zu in Gütergemeinschaft und lieben-

---

[2] Aus der unüberschaubaren Literatur vgl. hier nur *G. Prause*: Die kleine Welt des Jesus Christus. Was Theologen, Philologen, Historiker und Archäologen erforschen, Hamburg 1981; *H. Braun*: Jesus – der Mann aus Nazareth und seine Zeit, Stuttgart 1984; *H. Waldenfels* (Hg.): Lexikon der Religionen. Phänomene – Geschichte – Ideen (1987), Freiburg ³1996; *A.M. Ritter*: Alte Kirche (= Kirchen- und Theologiegeschichte in Quellen, Bd. I.), Heidelberg 1991; *H.-J. Klauck*: Die religiöse Umwelt des Urchristentums. Bd. I: Stadt und Hausreligion, Mysterienkulte, Volksglaube, Stuttgart 1995; *G. Stemberger* (Hg.): 2000 Jahre Christentum. Illustrierte Kirchengeschichte in Farbe, Erlangen 1994; *W.L. Gombocz*: Die Philosophie der ausgehenden Antike und des frühen Mittelalters, München 1997; *H. Küng*: Das Christentum. Wesen und Geschichte, München ²1999; *F. Schupp*: Geschichte der Philosophie im Überblick. Bd. 2: Christliche Antike und Mittelalter, Hamburg 2003.

der Eintracht miteinander lebenden Gemeinden Jesu Christi zusammengeschlossen und alsbald begonnen, seine Botschaft unter ihren jüdischen Glaubensgenossen und unter den „Heiden" in mündlicher Lehre und dann auch in den schriftlichen Zeugnissen der „Evangelisten", in den Briefen des Heidenapostels Paulus und in den apokalyptischen Visionen des Johannes „in alle Welt", d.h. in die Ökumene des Römischen Reichs, zu tragen.

1.2 Die jüdische Distanzierung vom Christusglauben

Diesem Glauben hat der Großteil der Juden von Anfang an widersprochen. Für sie hat Jesus allein schon deshalb nicht der ihnen verheißene Messias sein können, weil er nicht als Erretter Israels aufgetreten, sondern als ein Unruhestifter schändlich am Kreuz gestorben sei. Eine noch tiefer ansetzende Kritik war und ist für sie die Vorstellung, daß der seinem Wesen nach „eine" Gott und nach seiner Substanz ausschließlich „geistseiende" Gott sich in einen Menschen aus Fleisch und Blut verkörpert und als „liebender Vater" seinen obendrein unschuldigen Sohn für die sündige Menschheit getötet haben könnte. Ersteres würde seiner Göttlichkeit und monotheistischen Einzigartigkeit Abbruch tun, letzteres höbe das Prinzip seiner göttlichen Gerechtigkeit auf. Und was Jahwe Abraham schließlich doch nicht zugemutet habe, könne er nicht dem von ihm gesandten Messias und erst recht nicht dem eigenen Sohn antun. Sein Opfertod, von den Christen als das Zentrum ihres Glaubens im „Christe, du Lamm Gottes, der du trägst die Sünden der Welt ..." in der Feier des Abendmahls bekannt, würde die Grundsätze des jüdischen Gottesglaubens aufheben. Die Evangelisten haben sich demgegenüber bemüht herauszustellen, daß Jesus wirklich der von Gott gesandte Messias gewesen sei, er in seiner Person alle früheren Prophezeiungen erfüllt habe und durch seine Botschaft der (Nächsten-)Liebe das „Gesetz" nicht etwa aufgehoben, sondern auf eine von Gott gewollte höhere Stufe gehoben habe. Die ihm nicht folgenden Juden seien vielmehr mit Blindheit geschlagen gewesen – „Der Messias ist gekommen und sein Volk hat ihn nicht erkannt." –, hätten Gottes Versöhnungsgeschenk an die erlösungsbedürftige Menschheit nicht angenommen und nicht verstanden, daß Jesu Königsherrschaft erst mit seiner Wiederkunft und nach dem Niederringen der bösen irdischen Mächte beginne. Die Sichtweise der neuen jüdischen Sekte der Christen war so von Anfang unvereinbar mit dem traditionellen Glauben der Juden, lief auf eine „Enterbung" ihrer Messias-Erwartung hinaus und mußte bei einer Fortexistenz dieser beiden Wege zu Gott unvermeidlich zum Konflikt führen. Wie unannehmbar die christliche Deutung des Jesus von Nazareth für die gesetzestreuen Juden war und ist und in welch prekäre antijüdische Position das Neue Testament die meisten Christen gebracht hat, erschließt sich in seiner ganzen Dimension erst heute nach einer fast 2000jährigen Judenverfolgung.

1.3 Die Urgemeinde in der Erwartung der Wiederkunft Jesu, seines Reichs und des göttlichen Gerichts

Über die rechte Deutung der Person Jesu und seines göttlichen und heilsgeschichtlichen Status ist jedoch auch innerhalb der christlichen Gemeinden alsbald nach seinem Tode gestritten worden. Dieser Streit entzündet sich in voller Schärfe im Zuge der enttäuschten Erwartung der baldigen Wiederkunft Jesu (Parusie). Die in den Evangelien angelegte hauptsächliche Deutungslinie betont, daß das Himmelreich nicht nur nahe, sondern schon „gekommen *ist*" (Matth. 4,17, gr. *engígke*) und damit auch schon die auf das Ende der Welt und die Erlösung hinführende Zeit begonnen hat. In Wiederaufnahme des Gleichnisses vom Sauerteig – „Das Himmelreich gleicht dem Sauerteig, den eine Frau nahm und unter drei Scheffel Mehl mengte, bis der ganze Teig durchsäuert war." (Matth. 13, 33) – hat die katholische Kirche später davon gesprochen, daß das Reich Gottes zunächst fast unmerklich in der noch den alten widergöttlichen Gesetzen folgenden Welt heranwachse, es mit Hilfe der durch den heiligen Geist angeleiteten Kirche immer größer und allen Menschen und Völkern immer mehr offenbar werde. Dann würden die letzten Tage der alten Welt anbrechen, würde der Satan nochmals für eine kurze Zeit die Herrschaft an sich reißen, bevor er vom wiedergekommenen Christus besiegt würde. Schließlich würde der Weltbrand alles Irdische verzehren, würde Gott Gericht über Gerechte und Ungerechte halten und würde die neue, ewige Welt als „neuer Himmel, neue Erde" (Apok. 21, 1) beginnen. Damit konkurriert die vor allem in der „Offenbarung des Johannes" ausgeführte Deutungslinie. Danach befände sich die Welt bis zur Wiederkehr des Herrn – deren „Zeit und Stunde niemand kennt" – weiterhin in einem ganz dem Bösen verfallenen Wartestand, sei der Menschheit aber vor dem Ende der Welt noch ein tausendjähriges Friedensreich beschieden. Hierfür werde ein Engel vom Himmel kommen, der den „Drachen, die alte Schlange, welche ist der Teufel und Satan" (Offenb. 20, 2) binden und tausend Jahre gefangen halten werde. Danach werde der aus seinem Gefängnis losgebundene Satan als „Antichrist" nochmals eine Schreckensherrschaft errichten, bis der wiedergekommene Christus und die göttlichen Mächte ihn in einem fürchterlichen Kampf ein für allemal besiegen würden. Das wirkliche Ende der Welt beginne dann damit, daß die Toten aus ihren Gräbern leiblich auferstünden, im „Jüngsten Gericht" Recht über sie gesprochen werde und die durch göttliche Gnade Gerechtfertigten in die ewige Glückseligkeit des Himmels eingingen, während die zur Hölle Verdammten ihre ewige Qual antreten müßten.[3] Diese apokalyptischen Vorstellungen sind so etwas wie der bleibende Untergrund des christlichen Glaubens. Im politischen und religiösen Alltag haben sie zumeist nur wenig Beachtung gefunden, in Zeiten gesellschaftlicher und persönlicher Krisen haben sie aber die Menschen immer wieder in eine aufs höchste gespannte Haltung der Erwartung des Friedensreiches und der Angst vor dem Jüngsten Gericht versetzt und sie aufmerksam auf mögliche Anzeichen des kommenden Umbruchs blicken lassen.[4]

---

[3] Zur Psychologie des immer wieder beschworenen Beginns der/einer Endzeit vgl. *A. Decke-Cornill*: Endzeitstimmung. Zur Psychologie apokalyptischer Phantasien, in: Neue Sammlung 4,1999, 671-658.

[4] Mit Bezug auch auf die neuzeitlichen Geschichtsteleologien vgl. *J. Taubes*: Abendländische Eschatologie, Bern 1947.

1.4 Die Heidenmission des Apostels Paulus und seine Christologie

Von den Juden unterscheiden sich die frühen Christen in der Öffentlichkeit jedoch vor allem dadurch, daß sie Mission betreiben, dabei nicht nur Juden für den neuen Glauben gewinnen wollen, sondern, dem Gebot Jesu folgend, anfangen, das Evangelium unter allen Völkern zu verbreiten, Menschen zu Christus zu bekehren und Gemeinden Jesu Christi zu gründen. Als von Jesus selbst in die Welt „(Aus-)Gesandte" (gr. *apóstolos*), beginnen damit zunächst seine Jünger. Ihnen schließen sich Bekehrte an. Lebensgeschichtlich beispielhaft dafür ist der „Völkerapostel" Paulus durch seine Bekehrung „vom Saulus zum Paulus" und seine Berufung zum Verbreiter des Evangeliums geworden.[5] Er ist es auch, der durch seine an die neuen Gemeinden in der Ökumene gerichteten und dann in den Kanon der neutestamentlichen Schriften eingegangenen „Epistel" (gr. *epistolê* Weisung, Brief) das entstehende Christentum im Sinne einer zusammenhängenden Christologie begründet hat.[6] Die Paulinischen Briefe besitzen als Lebenszeugnisse zwar eine größere historisch Authentizität als die Evangelien, sind dennoch wie diese im wesentlichen Glaubens- und Bekehrungszeugnisse und Mahnschreiben an die gerade erst entstandenen Gemeinden und lassen den sozialen und politischen Zusammenhang der frühen Christianisierung nur ahnen. Deutlich wird immerhin, daß sich das Christentum relativ rasch, weiträumig und zumeist auch ungestört durch die weltliche Obrigkeit im Römischen Reich ausbreitet, Verfolgungen also entgegen der späteren märtyrologischen Legendenbildung recht selten sind, die zum Christentum Bekehrten ihren staatsbürgerlichen und sozialen Pflichten nach dem Satz „Gebt dem Kaiser, was des Kaisers ist ..." und des Apostels Paulus Satz: „Alle Obrigkeit ist von Gott." im allgemeinen nachkommen und überhaupt in ihrem Alltag wenig auffällig sind, wenn sie auch glauben, ihr eigentliches „Bürgerrecht im Himmel" zu haben.[7] Auch darin kommt der im Unterschied zum jüdischen Volkspartikularismus universalistische Anspruch des Christentums zum Ausdruck: Gleich welcher ethnischen und sozialen Herkunft jemand ist, als gläubiger Christ führt er im festen Blick auf die künftige gemeinsame Heimat aller Christen im Himmel sein irdisches Leben immer in dem Stand und an dem Ort, wohin er gestellt ist.

1.5 Spätantike Erlösungssehnsüchte und die überzeugende Antwort des Christentums darauf

Das Christentum breitet sich so zwar stetig im Römischen Reich aus, bleibt dabei aber mit seiner komplexen, den Alltagsverstand überfordernden und die philosophische Vernunft befremdenden Glaubenslehre lange Zeit die Religion einer kleinen

---

[5] Von den zahlreichen Darstellungen von Leben und Werk des bedeutendsten Apostels sei hier aus neuerer Zeit nur hingewiesen auf *E. Lohse*: Paulus. Eine Biographie, München 1996. „Bekehrung und Berufung" sind freilich eine in der Antike bereits verbreitete Stilfigur.

[6] Die Hauptschrift der sich bei ihm abzeichnenden systematischen Theologie ist der „Römerbrief". Er liegt jetzt in einer neuen Übertragung mit Kommentaren von *W. Jens* vor (Stuttgart 2000).

[7] Vgl. hierzu die ausführlich kommentierte neuere Quellensammlung von *P. Guyot/R. Klein* (Hg.): Das frühe Christentum bis zum Ende der Verfolgungen. 2 Bde., Darmstadt 1993 (vgl. Anm. 10).

Minderheit. Das ändert im Laufe der Jahrhunderte allmählich. Die jüdische Sekte der Christen erhält trotz zeitweiliger einschränkender Maßnahmen gegen sie – aufgrund ihrer Weigerung, sich am staatsbürgerlichen Kaiserkult zu beteiligen – und in Konkurrenz zugleich zu den polytheistischen Kulten und den neueren, meist orientalischen Mysterienreligionen einen immer größeren Zulauf. Gegen Ende des 3. Jahrhunderts wird sie von den einen als eine den Staat bedrohende, von den anderen ihn rettende Macht betrachtet. Und als sie dann im Laufe des 4. Jahrhunderts zur beherrschenden Staatsreligion im Römischen Reich aufsteigt, erhebt sich für ihre Kritiker die Frage, wie es dazu hat kommen können. Die mentalitätsgeschichtliche Antwort auf diese Frage wird heute vor allem in der Kontingenzerfahrung und den verbreiteten Erlösungssehnsüchten jener Menschen im späten Römischen Reich gesucht, die sich von der innerweltlichen Frömmigkeit der Götterkulte und den philosophischen Weisheitslehren immer weniger getragen fühlen und zugleich oft politisch entwurzelt und wirtschaftlich in ihrer Existenz bedroht sind. Im Gegenzug versprechen ihnen die aus dem Orient kommenden neueren Mysterienreligionen, zu denen auch das Christentum zu zählen ist, eine enge Gemeinschaftlichkeit, eine persönliche Beziehung zu einem göttlichen Wesen und ein Leben nach Tode. Sie scheinen so sowohl die metaphysischen als auch die elementaren psychischen Bedürfnisse befriedigt zu haben.[8] Insbesondere jenen Menschen, die von Gefühlen existentieller Ohnmacht und Sinnlosigkeit und von Schuldgefühlen geplagt wurden und kein sie davon freisprechendes Gegenüber fanden, schien nur noch der mystische Weg ins eigene Seeleninnere gangbar bzw. die Suche nach dem Göttlichen jenseits dieser Welt, in der „Transzendenz", sinnvoll.

Der Anspruch des Christentums, auf alle diese Bedürfnisse und Sehnsüchte die einzig richtige Antwort zu haben, hat zunächst vor allem auf die in Armut lebenden und sonst in ihren Möglichkeiten eng beschränkten Volksmassen Eindruck gemacht, dann aber auch auf die philosophisch gebildeten Menschen. Großen Widerhall hat das Christentum gerade bei den nachdenklichen und an der Welt leidenden Menschen darin gefunden, daß seine sich im Besitz der absoluten Wahrheit wähnenden Apostel und Prediger ihr Evangelium mit einem ungeheuren Sendungsbewußtsein verbreitet haben. Ihre Aufforderung, das bisherige Leben und allen Besitz hinter sich zu lassen, innerlich „umzukehren" – die Grundbedeutung der neutestamentliche Formulierung Matth. 4,17 *metanoéite* ist nicht „Tut Buße", sondern „Werdet eines anderen Sinns!" -, ein neuer Mensch zu werden und sich zum rechten Glauben rückhaltlos und gläubig wie ein Kind zu „bekehren", schien vielen Menschen der Weg zu sein, sich schon hier auf Erden von vielem Nichtigen zu befreien. Unmittelbar überzeugt hat die Armen vor allem das christliche Versprechen einer gerechten, brüderlichen und angstfreien Welt, in der alle Menschen – ob sie nun Freie oder Sklaven, Mächtige und Besitzende oder Ohnmächtige und Mittellose waren – vor Gott gleich sind. Auch, daß jeder allein durch den Glauben vor ihm gerechtfertigt

---

[8] Vgl. dazu vor allem *Schupp Bd. 2*, 2003, 3 ff. . Nach *P. Brown*: Die Entstehung des christlichen Europas, München 1996, sind für die meisten Gläubigen die sozialen und existentiellen Aspekte des Christentums wichtiger gewesen als die dogmatischen Festlegungen und der Streit darüber.

ist – „Dein Glauben hat dir geholfen!" -, sich die Gläubigen schon hier auf Erden mit dem auferstandenen Christus beim rituellen Trinken seines Blutes und beim Essen seines Leibes im Abendmahls vereinigen können – „Er das Haupt und wir die Glieder" – , und der Glaube sie in der Hoffnung bestärkt hat, nach dem Tode in seiner Gegenwart im Himmel leben zu können. Vor allem der sozialethische Gehalt der Seligpreisungen und des Gebots der unbedingten Nächstenliebe in der sog. Bergpredigt (Matth. 5-7) war ebenso sehr eine aktuelle praktische Herausforderung wie eine Verheißung für das Leben nach dem Tode.

1.6 Ambivalenzen des Christentums und das gnostische und manichäische Konkurrenzangebot

Im Kontext der spätantiken Kultur des Römischen Reichs ist das Christentum freilich in seinem Traditionsbezug im doppelten Sinne ambivalent. Es ist gekennzeichnet durch eine sowohl die jüdische als auch hellenistische Tradition in vieler Hinsicht bewahrende und –bekräftigende Kontinuität und zugleich durch eine deutliche Distanzierung von beiden Traditionslinien. So setzt das Christentum das Judentum nicht nur allgemein voraus, sondern setzt dieses auch fort, hebt es aber durch die Art, wie es das tut, zugleich aus den Angeln und begründet damit den bis heute existierenden Antijudaismus. Auch knüpft es durchaus an die weltflüchtigen, die Sinneswelt diskreditierenden und asketischen Grundsätze der pythagoreischen und platonischen Philosophie und an die durch eine Ethik der Sorge um die eigene Seele charakterisierten hellenistischen Weisheitslehren an und verwirft doch zugleich alle Versuche einer innerweltlichen Selbstvervollkommnung und –erlösung als eitles Menschenwerk. Und so nimmt das Christentum schließlich auch zahlreiche Motive der durch Erlösungs-, Entsühnungs- und Wiedergeburtsvorstellungen gekennzeichneten Mysterienreligionen auf und distanziert sich zugleich von diesen Formen einer nur Eingeweihten zugänglichen Religiosität der Ekstase und der Innerlichkeit.

Gerade aus diesen Doppeldeutigkeiten, die Heterogenes auf eine komplexe Art verbinden und damit den Typ einer neuen Religion der Innerlichkeit schaffen, erwuchs dem Christentum in den Jahrhunderten vor seiner endgültigen Dogmatisierung und politischen Durchsetzung im Reich in Gestalt der sog. Gnosis und der sich mit ihr z.T. überschneidenden Bewegung des Manichäismus ein Konkurrenzmodell, das durch seine Radikalität und innere Logik bei den kritischen und philosophisch gebildeten Geistern längere Zeit im Begriff stand, das bisher noch schwankende christliche Selbstverständnis zu überflügeln.

Während die Herkunft des *gnostisches Denkens* schwer zu bestimmen ist, sein Wirken sich bereits um die Zeitenwende in den philosophischen Weisheitslehren, orientalischen Religionen und auch im Johannesevangelium nachweisen läßt, geht der *Manichäismus* personell und zeitlich eindeutig datierbar auf die Lehre des von 216–276 lebenden persischen Religionsgründers Mani zurück und erreicht auf dem Höhepunkt seiner Wirkung im 4. Jahrhundert trotz Verfolgung durch die christlichen Kaiser eine fast so große Verbreitung wie das Christentum, wobei sich die Grundsätze beider in unterschiedlicher Gestalt in christlichen und nicht-christlichen Kulten fortsetzten.

Die Radikalität des Manichäismus und der Gnosis[9] besteht in der klaren dualistischen Unterscheidung zwischen dem alttestamentlichen Schöpfer- und dem neutestamentlichen Erlösergott. Ersterer ist danach der sich im Materiellen manifestierende böse Gott der Finsternis. Er hat die Urkatastrophe der Schöpfung der Erde verursacht und mit ihr die Erschaffung des Menschen in seiner Leiblichkeit. Letzterer ist der rein geistige, gute Gott des Lichtes. Indem es ihm bei der Erschaffung des Menschen gelungen ist, einen Funken des Geistes in jeden Menschen einzusenken, hat er in seinem Kampf gegen das Werk des bösen Gottes immerhin einen Ansatzpunkt, um den Menschen und die Menschheit aus ihrer Befangenheit im Leiblich-Materiellen zu erlösen. Der böse Schöpfergott – in Anlehnung an Platons Begriff vom Weltbaumeister auch „Demiurg" genannt – habe den Menschen nur deshalb mit einem Körper und mit Sinnen und Trieben geschaffen, um ihn bei der ersten Versuchung scheitern zu lassen und tückischerweise hernach vorgeben zu können, ihn trotz aller seiner Sündhaftigkeit bei einem Mindestmaß an Wohlverhalten und Gehorsam aus Liebe und „Gnade vor Recht" nach seinem Tode erlösen zu wollen. Dieses Versprechen sei aber eine bloße Täuschung. Denn nur auf der bösen, dem Fall unrettbar preisgegeben Erde habe der Schöpfergott eine gewissen Macht. Im großen Endkampf mit dem Lichtgott werde er aber unterliegen.[10]

Welchen Status nun Jesus in diesem sich in vielen religiösen Bewegungen der Spätantike vielfältig artikulierenden gnostischen Drama beigemessen wird, hängt davon ab, ob er in seiner Eigenschaft als ein Sendbote des guten Gottes und ein Verkünder der Erlösung im Geist dennoch ein leiblicher Mensch gewesen und damit noch dem Bereich des Bösen zugehörig gewesen sei oder ob er die Menschengestalt nur zum Schein angenommen habe, göttlichen Geschlechts oder gar Repräsentant der Lichtgott selbst gewesen sei. Das Johannes-Evangelium und die Offenbarung des Johannes sind in vielen Formulierungen Ausdruck letzterer Vorstellung. Danach nahm das göttliche Wort, der „Logos", das „Licht" Menschengestalt in Jesus nur deswegen an, um den Menschen Kunde über das bevorstehende Niederringen des Schöpfergottes und seiner Heerscharen und über die endgültige Vernichtung der Erde zu geben und um die Menschen auf ihre Erlösung von der Leiblichkeit und auf ihr wahres Leben im Geist vorzubereiten. Die große Attraktivität dieser Konstruktion besteht darin, daß sie den Erlösergott von der Verantwortung für den „Pfusch"

---

[9] In Abhebung von der „Gnosis" als einem Glauben wird ihre Lehre auch „Gnotizismus" genannt. Auf diese Unterscheidung wird hier und im folgenden der Einfachheit halber ebenso verzichtet wie auf die sowieso nur schwer mögliche klare Abgrenzung zwischen Gnosis (bzw. Gnostizismus) und Manichäismus.

[10] Grundsätzliches zur Gnosis findet sich u.a. bei *G. Quispel*: Gnosis als Weltreligion, Zürich 1951; *E. R. Dodds:* Heiden und Christen in einem Zeitalter der Angst. Aspekte religiöser Erfahrung von Marc Aurel bis Konstantin. Aus dem Engl. (1979), Frankfurt 1985; *H. Blumenberg*: Die Legitimität der Neuzeit, Frankfurt 1988, 228 ff.; *E. M. Cioran*: Die verfehlte Schöpfung, Frankfurt 1979; *F. Schupp*: Die Faszination der Negation, in: ders.: Schöpfung und Sünde 1990, 220 ff.; *K. Rudolph*: Die Gnosis, Göttingen ³1990 (Nachdruck 1994); *P. Sloterdijk*: Die wahre Irrlehre. Über die Religion der Weltlosigkeit, in: P. Sloterdijk/Th.H. Macho (Hg.): Weltrevolution der Seele. Ein Lese- und Arbeitsbuch der Gnosis von der Spätantike bis zur Gegenwart. 2 Bde., Gütersloh 1991, 17 ff.; *M. Brumlik*: Die Gnostiker. Der Traum von der Selbsterlösung des Menschen, Frankfurt 1992; *Ch. Markschies*: Die Gnosis, München 2001.

des Schöpfergottes, d.h. für das Leid auf der Erde freispricht, sie das Theodizee-Problem also gar nicht erst aufkommen läßt und alles Gute in den Gott des Lichtes hinein projiziert.[11] Darin ist auch die gnostische Tendenz zum Antijudaismus eingeschlossen.

1.7 Das Christentum zwischen Abwehr der Gnosis und seiner Prägung durch sie

Wenn das sich im 2. und 3. Jahrhundert dogmatisch formierende Christentum dem gnostischen Weg dennoch nicht gefolgt ist, vielmehr an der Einheit von Schöpfer- und Erlösergott festgehalten hat, dann hat das zum einen seinen Grund im integrierenden und universalen, d.h. möglichst viele Menschen ansprechenden und gewinnenden Charakter der „guten Botschaft" Jesu, zum andern darin, daß man das in den Evangelien überlieferte und bereits zum Gemeinbesitz der Christen gewordene Selbstverständnis Jesu, daß er der Sohn des Gottes Israels sei und in seinem Auftrag die dem jüdischen Volk gemachten Verheißungen erfülle, nicht mehr ohne die Selbstgefährdung der religiösen Bewegung aufheben konnte[12] – auch wenn sich das Christentum dadurch gezwungen sah, den grausamen, launischen Gesetzes-Gott der Juden in Kauf zu nehmen, sein Geschöpf Mensch wegen eines Fehltritts als der Sünde verfallen hinzustellen, den Mord an seinem Sohn als Erlösungstat des die Menschheit liebenden Vaters zu rechtfertigen und hinzunehmen, daß er sein eigenes Schöpfungswerk, die Welt, schließlich „am Ende aller Tage" zerstören werde.

Trotz der Abwehr der Gnosis bleibt aber ihre Wirkung im Christentum vor allem bei der Abwertung der Welt und in der Ausrichtung auf die „letzten Dinge" (Eschatologie) erhalten. Diese Wirkung artikuliert sich in der Antike zunächst in der „Weltflucht" der radikal ihren Glauben lebenden Christen, in der Lebensführung der „Mönche" (gr. *monachos* d.h. der „allein" Lebende), Asketen und „Wüstenväter", die die „Welt verlassen", und, weniger radikal, in der verbreiteten Auffassung der weiter „in der Welt" lebenden Christen, daß sie sich trotz ihres irdischen Bürgerrechts hier in einer Art Exil, „in der Fremde" befinden und nach dem Tode „heimgehen", um ihr eigentliches Bürgerrecht dann im Himmel wahrnehmen.[13] Bevor das Himmelreich für die Guten zur ewigen Gegenwart werden kann, muß indes auf Erden radikal aufgeräumt werden, muß der totale Sieg über die Feinde Gottes errungen, Gericht über die Bösen gesprochen werden und das einmal als gut angeschaute und dann durch die Menschen verdorbene Schöpfungswerk Erde vernichtet werden. Durch das gnostische Element wird also im Christentum keine Wiederherstellung der Schöpfung in Aussicht gestellt, sondern ihre Überbietung durch ihre Erlösung vom Materiellen. In der christlichen Gnosis ist Jesus so zwar die Mitte auch der irdi-

---

[11] Die Faszination des gnostischen Denken ist bis heute in der Wirkung nachweisbar, die etwa vom gnostischen Christentum des *Markion* (2. Jahrhundert) ausgeht. Ein neueres Beispiel hierfür ist die literarische Verarbeitung durch *Harry Mulisch* in seinem Roman: Die Entdeckung des Himmels (ndl. Amsterdam 1992), München/Wien 1993.

[12] Vgl. Schupp 1990, 206.

[13] *R. Feldmeier*: Die Christen als Fremde. Die Metapher der Fremde in der antiken Welt, im Urchristentum und im 1. Petrusbrief, Tübingen 1992. Der berühmte Text von *Diognet* über die doppelte Bürgerschaft der Christen im Himmel und auf Erden ist u.a. wiedergegeben bei Markschies 1997 und Guyot/Klein 1993.

schen Weltgeschichte, jedoch in dem besonderen Sinne, daß er in der Verkündigung der neuen Schöpfung im Geist die Weltwende in Richtung auf das Weltende ist.

1.8 Die christlich-gnostische Eschatologie als eine auf das Ende der Welt zulaufende Geschichtstheorie

Begrenzt das Christentum das gnostische Denken so zwar auf den inneren Kampf des Menschen zwischen Gut und Böse, zwischen wahrer Gotteserkenntnis (gr. *gnosis* Erkenntnis) und täuschendem Irrglauben und auf die Erwartung des endzeitlichen Kampfes und Sieges Christi, so haben doch beide, Christentum und Gnosis, in ihrem Zeitkonzept etwas fundamental Gemeinsames. Denn beide gründen sie in einer weltzeitlichen Ereignis- und Geschichtstheorie. Beide zielen in einem heilsgeschichtlichen Durchgang durch Katastrophen hier auf Erden auf die letztendliche Aufhebung dieser Geschichte in einer ewigen Ordnung der Zeitlosigkeit im Himmel. Und beide grenzen sich mit dieser Teleologie schließlich vom katastrophenlosen und zugleich „fortschrittslosen" Kosmosdenken der klassischen Antike ab. Dabei ist freilich zu bedenken, daß weder die gnostische Katastrophen- und Endzeitgeschichte noch die jüdisch-christliche Heilsgeschichte „Geschichte" im heutigen Sinn sind. Denn zum einen greifen hier die göttlichen Mächte bzw. greift der eine Gott „von außen" willkürlich und alle natürlichen Gesetze aufhebend in das irdische Geschehen ein, zum andern gilt das künftige Schicksal der Welt ebenso genau bis ins Kleinste von Gott vorherbestimmt, wie für ihn alles Frühere und Gegenwärtige auch schon immer „vorgesehen" war, was ein eigenständisches und ursächliches, also geschichtliches Herausentwickeln von irdischen Ereignissen in der Zeit ausschließt.

Durch ihre Erzählung von Sturz und Erlösung sprengt die Gnosis freilich die griechische Lehre vom zeitlos Seienden weit mehr, als es die jüdische und die frühchristliche Religion tun, und setzt dadurch „den hellenischen Geist unter Druck, seine statische Ontologie dem Drama [sc. der Welt] zu öffnen" (P. Sloterdijk). Die „Gnosis", als eine Lehre der Erkenntnis im Wortsinne, will in der Tat den Menschen die Augen nicht nur über die Differenz zwischen Schöpfer- und Erlösergott öffnen, sondern will sie auch über die fundamental irrationale Struktur und den undurchschaubaren Trug des Kosmos aufklären und sie damit von alledem erlösen.[14] Indem die Gnosis der antiken Philosophie den Kosmos als den Inbegriff der aus sich selbst heraus verbindlichen und alles umfassenden Wirklichkeit bestreitet und ebenso die Physis (Natur) des Menschen als Inbegriff einer geordneten Seinsbestimmung negiert, geht sie, wie gesagt, über die jüdische und christliche Schöpfungstheologie und Anthropologie weit hinaus. Um eine Rückgewinnung aber genau jener antiken Wirklichkeitsdeutung geht es in der Spätantike schon dem christlichen Neuplatonismus[15] und geht es dann bis heute der Theologie der römisch-katholischen Kirche, insofern sie nämlich mit Hilfe der aristotelischen und platonischen Philosophie das Christentum vernünftig zu begründen sucht. In seiner berühmten Darstellung der

---

[14] Vgl. Blumenberg 1988, 228.
[15] Vgl. *K. Held*: Was heißt Neuplatonismus? Christliches Denken im Westen, in: ders. 1990, 247 ff.; s.u. 2.2.

Gnosis hat deshalb A. von Harnack die These aufgestellt hat, daß die ganze mittelalterliche Scholastik als Versuch verstanden werden müsse, die „Welt als Schöpfung aus der Negativierung ihres demiurgischen Ursprungs zurückzuholen und ihre antike Kosmos-Dignität in das christliche System hinüberzuretten".[16]

1.9 Von der jesusnahen Überlieferung des Glaubens zu seiner kirchlichen Kanonisierung
Mit alledem erweist sich das Christentum auch philosophisch auf der Höhe der Zeit. So halten nicht wenige der gebildeten Christen im Anschluß an die Auffassung der sog. Apologeten des 2. Jahrhunderts, die hellenistische Paideía und den christlichen Glauben für miteinander vereinbar, den christlichen Glauben für die „wahre Philosophie" und ihre eigene christliche Bekehrung für den neuen Weg zur Glückseligkeit.[17] Nur zu Zeiten und an einzelnen Orten freilich dürfte das gemeindliche Leben der Christen von diesen großen Auseinandersetzungen um die rechte Deutung des Glaubens tiefer berührt worden sein. Am wichtigsten dürfte den meisten Christen die Botschaft der Nächstenliebe, die immer wieder sinnlich erfahrene Vereinigung mit Jesus in der Feier der Eucharistie und überhaupt der gemeinsame Geist des Glaubens gewesen sein. Stand so bei den meisten Christen die Verkündigung (gr. *kêrygma*) der guten Botschaft und ihre praktische Umsetzung in der Lebensführung weit vor den Fragen nach der besonderen Art der Göttlichkeit Jesu und allgemein nach der Verbindlichkeit bestimmter Glaubenssätze, sahen sich doch die Leiter der Gemeinden und insbesondere die Missionare dazu aufgerufen, den neuen Glauben gedanklich zu durchdringen, ihn in zusammenhängender, sich nicht selbst in Widersprüche verwickelnder Form zu lehren und gegenüber den philosophisch Gebildeten soweit es geht mit rationalen Gründen zu verteidigen. Unter dieser Vorgabe dürfte schon die Niederlegung und die gegen Ende des 2. Jahrhunderts weitgehend abgeschlossene Kanonisierung der Schriften des Neuen Testaments unter Ausschluß der dann nur noch „apokryph", also „verborgen" zirkulierenden Evangelien und Apostelgeschichten erfolgt sein. Schon darin, nämlich in der Auswahl und Endredigierung der vier Evangelien, der „Apostelgeschichte des Lukas", der Apostelbriefe und der „Apokalypse", zeichnet sich der Schritt von der einfach nur anzunehmenden und zu glaubenden Botschaft Jesu zum Botschafter, zum über die Zukunft der Welt und über alle einzelnen befindenden göttlichen Herrn Jesus Christus ab.

2. **Die spätantike Etablierung der christlichen Theokratie:**
   Auf dem Wege zu einer kirchlich legitimierten geistlichen und
   weltlichen Herrschaft
2.1 Die Leitung der Gemeinden und kirchlichen Provinzen durch „Älteste" und Bischöfe
Die allmähliche Dogmatisierung des Glaubens wird befördert durch die zunehmend zentralistische Leitung der christlichen Gemeinden selbst und der sich herausbildenden Glaubensprovinzen. Zwar werden, wie im Judentum, die christlichen Gemeinden noch lange Zeit bloß von „Ältesten" (gr. *presbýteros* [Gemeinde-]Äl-

---

[16] *A. v. Harnack*: Marcion. Das Evangelium vom fremden Gott, Leipzig ²1924.
[17] Vgl. *P. Stockmeier:* Glaube und Paideia. Zur Begegnung von Christentum und Antike (1967), in: Johann 1976, 527-548; und *W. Jaeger:* Paideia Christi, in: Johann 1976, 487-502.

tester, „Priester") geleitet, die einem Erwerbsberuf nachgehen, häufig verheiratet sind und sich im religiösen Status nicht von den anderen Gläubigen unterscheiden. Aber schon früh, gegen Ende des 1. Jahrhunderts, nehmen unter ihnen monarchische Tendenzen zu, werden ab dem 2. Jahrhundert „Metropoliten" als Bischöfe (gr. *episkopos* „Aufseher") über die Gemeinden einer Provinz bestellt, bilden sich institutionelle Strukturen der Über- und Unterordnung aus und werden seit dem 3. Jahrhundert Entscheidungen über organisatorischen Fragen und Streitpunkte in der Lehre von Bischofssynoden auf der Grundlage des Wortes der Evangelisten und der Apostel getroffen. Die zugleich auf die Deutung der gegenwärtigen und künftigen Welt und auf die Bewältigung des Alltags in Arbeit und Nächstenliebe gerichtete christliche Glaubenslehre hätte freilich keine weltgeschichtliche Wirkung erzielt, wenn sie – wie es beim Judentum über Jahrhunderte und vergleichbar bei den konkurrierenden Erlösungsreligionen der Spätantike der Fall war – auf die Mitglieder einer Religionsgemeinschaft innerhalb des römischen Reichs beschränkt geblieben und nicht in das Zentrum selbst dieses mächtigsten Staates der damaligen Welt vorgedrungen wäre und dort sowohl die geistliche als auch die weltliche Herrschaft neu begründet hätte. Erst von daher – ganz abgesehen von ihren damals noch nicht zu erahnenden Auswirkungen im späteren Europa – sind schon die Etappen der frühchristlichen Geschichte und Geschichtsschreibung von größter historischer Bedeutung.

2.2 Der Zusammenschluß von geistlicher und weltlicher Macht in der römischen Reichskirche

Die Verbindung von *imperium* und *sacerdotium* im 4. Jahrhundert verändert auf jener frühchristlichen Grundlage dann sowohl den römischen Staat als auch das Christentums selbst ganz und gar. Über die Jahrhunderte hatte die Mehrzahl der Christen das Römische Reich als ihren Feind betrachtet und gehofft, daß mit der zunehmenden Bekehrung der Menschen zum Christentum diese „widergöttliche irdische Herrschaft" untergehen würde. Diese Ablehnung verwandelte sich aber innerhalb weniger Jahrzehnte zu einer Bejahung dieses Reichs, als sie sahen, daß Gott ihnen darin nicht nur den Sieg über die „Heiden" ermöglicht, sondern ihnen auch dessen Machtmittel zur weiteren Verbreitung ihres Glaubens verschafft hatte. Indem die jetzt erst eigentlich entstehende römisch-katholischen Kirche als Reichskirche nicht nur ideell, sondern auch mit staatlicher Gewalt ihren universalen Anspruch vertreten konnte und sich so Staat und Kirche in der politisch schwierigen Lage des wiederholten Einfalls germanischer Stämme in das Reich gegenseitig stützen konnten, entstand im Westen sehr rasch jene gemischte geistlich-weltliche Herrschaftsform, die die abendländische Geschichte bis zum Anbruch der Moderne charakterisiert hat. Da diese Herrschaft von Anfang an zweigeteilt war und gerade nicht die Personalunion ihrer Hauptrepräsentanten vorsah – wie dies in vielen traditionellen und neueren Gesellschaften der Fall war und ist und im gewissen Sinne dann auch im sich verselbständigenden christlichen Ostrom geschah – , ist jene Geschichte von Anfang an durch den strukturellen Konflikt der Konkurrenz beider geprägt. Über lange Zeit war dabei die geistliche der weltlichen Macht überlegen. Denn sie reklamierte, nicht nur für den geistlichen Beistand der Seelen im Diesseits und für deren

Heil im Jenseits zuständig zu sein, sondern darüber hinaus auch als von Christus beauftragte und legitimierte irdische Institution des allmächtigen Gottes, als Kirche Jesu Christi, allen anderen Mächten im Reich und überhaupt auf der Welt übergeordnet zu sein. Daraus leitet sich der Anspruch der katholischen – d.h. wörtlich der „alles umfassenden" – Kirche auf das räumlich und zeitlich unbegrenzte irdische Herrschafts- und Glaubensmonopol ab. Gemessen am Kriterium des Erfolgs, hat der faktische Verlauf der europäischen Geschichte dieser theokratischen Ideologie fast bis in die Gegenwart recht gegeben. Die römisch-katholische Kirche hat sich im Westen als einzige Institution von der Antike bis heute in Kontinuität erhalten, wenn sie seit dem hohen Mittelalter auch ihr zumindest ideell weiter vertretenes Herrschaftsmonopol gegen die Könige und die erstarkende Fürstenmacht immer weniger durchsetzen konnte, sie ihr Glaubensmonopol in Europa durch die Reformation einbüßte und ihr seit der Aufklärung sowohl das geistige als auch das weltliche Monopol grundsätzlich bestritten wurde und es heute auch bei ihren Gläubigen kaum mehr eingefordert wird.

Über die wichtigen Etappen des Mailänder Toleranzediktes von 313, das dem Christentum volle staatliche Anerkennung zusichert, des Konzils von Nikaia im Jahre 325, das die wesentlichen Grundsätze des bis heute von allen Christen anerkannten „Glaubensbekenntnisses" beschließt, und der Erhebung des Christentums zur Staatsreligion im Jahre 391, die das Verbot und die Verfolgung aller anderen Kulte zur Folge hat, tätigt die katholische Kirche im Verein mit der weltlichen Macht im 4. Jahrhundert drei große, bis heute nachwirkende Weichenstellungen: erstens die gänzliche Verkirchlichung des Christentums, zweitens die durchgehende Dogmatisierung des Glaubens und drittens die prinzipielle Intoleranz gegenüber den „Ungläubigen" innerhalb ihres Einflussbereichs und die Selbstverpflichtung auf die Bekehrung aller Völker der Erde.

2.3 Die Verkirchlichung des Christentums

Die erste Weichenstellung reicht zwar schon in die frühchristliche Zeit zurück, als im Zuge der Mission und der Ausbildung der christlichen Lehre Strukturen einer institutionell verfassten Glaubensgemeinschaft entstehen. Aber erst seit dem 3. Jahrhundert wird in Auslegung eines Christus-Wortes bei Matthäus (16, 18 und 19) – entgegen der neutestamentlichen Grundbedeutung des Wortes *ekklesía* als „Zusammenkunft" bzw. „Versammlung" (der christlichen Gemeinden) – die Auffassung vertreten, daß Jesus selbst bereits die Gemeinschaft der an ihn Glaubenden kirchen-institutionell begründet, seine Jünger mit Leitung der so geschaffenen christlichen Kirche betraut und Petrus zu seinem Stellvertreter auf Erden berufen habe und daß die damit verbundenen Amtsvollmachten auch an alle seine Nachfolger im Apostelamt übergegangen seien. Diese Deutung findet jetzt ihren dogmatischen Abschluß im Anspruch der Kirche, die geistliche Gewalt über alle Christen übertragen bekommen und in der Person des jeweiligen Papstes in Rom kraft der lückenlosen Sukzession im Amt des Petrusnachfolgers den Stellvertreter Christi auf Erden zu haben. Aber erst seit der sog. Konstantinischen Wende (313) hat die Kirche mit diesem Anspruch ernst machen können, d.h. eine mit umfassenden Machtmitteln ausgestattete Hierarchie (gr. *hiera arché* heilige Herrschaft) errichten können, dabei eine deutliche Trennlinie zwischen dem Stand der geweihten und allein zur Austeilung der Sakramente und zur Lehre berechtigten Kleriker einerseits und dem Kirchenvolk der Laien andererseits ziehen zu können. Der Primat des Bischofs von Rom über alle anderen Bischöfe ist zwar nur im Westen unwidersprochen geblieben, aber auch im Osten der Christenheit ist der siegreiche Glauben von nun an kirchlich und das heißt hier: zentralistisch verfaßt.

2.4 Die Dogmatisierung des Glaubens

Damit ist die zweite Weichenstellung verbunden. Sie besteht darin, daß die von Christus gegründete und in ihrem Handeln vom „heiligen Geist" inspirierte Institution Kirche in ihren lehramtlichen Entscheidungen von nun an als unfehlbar gilt und die Päpste – zunächst nur unter Zustimmung von Konzilien und später dann auch allein „*ex cathedra*" – im Namen Christi in Glaubensfragen verbindlich sprechen können. Davon haben die Konzilien des 4. Jahrhunderts in engem Zusammenwirken mit den Kaisern Gebrauch bei der Verkündigung des Glaubensbekenntnisses von Nikaia (325) und Konstantinopel (381) gemacht. Letzteres setzt in der Konkurrenz zwischen der arianischen und der athanasianischen Auffassung das Dogma der Wesensgleichheit – gegenüber der bloßen Sohnschaft – Christi mit Gott Vater durch und schreibt die christliche Grunddoktrin der Dreifaltigkeit von Vater, Sohn und Heiligem Geist fest, von der die Evangelisten noch nichts wissen und die in jüdischer und dann in islamischer Sicht eine Abkehr vom Monotheismus ist. Das im 5. Jahrhundert mit ganz geringen Abweichungen davon formulierte sog. Apostolicum ist das gemeinchristliche Glaubensbekenntnis bis heute. Die bisherige Glaubens- und Deutungsvielfalt wird durch eine für alle Christen verbindliche Dogmatik und eine Theologie abgelöst, die die Auslegung der Heiligen Schrift an die Lehrmeinung der sog. Kirchenväter bindet.[18] Dabei wird aus der urchristlichen Feindlichkeit gegenüber den jüdisch gebliebenen Glaubensgenossen jetzt auch ein offen erklärter und sich in Repressionen und Verfolgungen niederschlagender kirchlicher Grundsatz.

2.5 Die prinzipielle Intoleranz des Christentums gegenüber „Häresien" und „Ungläubigen"

Die Dogmatisierung des Glaubens hat schließlich drittens zur Folge gehabt, daß von nun an kirchliche Lehrmeinungen und Entscheidungen unter einem grundsätzlichen Kritikverbot stehen, Abweichler exkommuniziert, verdammt – mit Bezug auf Mk 16,16 heißt es nun: „Wer das Dogma nicht glaubt, sei verdammt." (*anáthema sit.*) -, verfolgt und auch getötet werden, überhaupt aller nicht-christlicher Kult bekämpft wird und Menschen zur Annahme des Christentums gezwungen werden. Mußten die dem Missionsbefehl (nach Matth. 28, 19f.) folgenden Apostel und Christen ihre Mitmenschen bis dahin durch Überzeugung für den Glauben gewinnen, so konnten sie jetzt auch Zwangsmittel einsetzen und wurde seit dieser Zeit jener Befehl immer mehr zu einem weltweiten Auftrag zur Ausrottung des „Heidentums". Die

---

[18] Vgl. *H. Kraft*: Einführung in die Patrologie, Darmstadt 1991; *R. Markus*: Von Rom zu den Barbarenreichen (330 -700), in: *H. Mc Manners* (Hg.): Geschichte des Christentums, Frankfurt 1993, 29 ff.; und Brown 1996.

damals beschlossene prinzipielle Intoleranz gegenüber aller anderen religiösen und weltanschaulichen Lehre und auch gegenüber jeder Abweichung von der kirchlich legitimierten Deutungslinie gehört zum schlimmsten Erbe des Christentums.[19]

2.6 Prädestination und Gnadentheologie:
Augustins Lehre von der Erbsünde und der Erwähltheit

Einer besonderen Berücksichtigung bedarf hier wegen seiner großen kirchen-, jedoch auch und gerade heilsgeschichtlichen Bedeutung der lateinische Kirchenvater *Aurelius Augustinus* (354-430).[20] Ohne daß dieser von der bisherigen christlichen Dogmatik im Grundsätzlichen abweicht, prägt er doch durch die Akzentuierung bestimmter Glaubenssätze das Christentum in einer Weise, die nur den Evangelien selbst und dem Werk des Apostels Paulus gleichkommt. Ausgangspunkt seiner Lehre ist die Schwäche der menschlichen Natur. Diese sei durch den Sündenfall von Adam und Eva so verderbt worden, daß auch alle ihre Nachkommen allein schon durch ihre Zeugung und Geburt mit dieser „Ur-", bzw. „Erbsünde" (*peccatum originale*) so sehr behaftet seien, daß sie aus eigener Kraft nicht mehr zum Tun des Guten fähig seien und eine Errettung vor der ewigen Höllenpein nur durch die unverdiente, durch nichts zu erwirkende „erwählende" Gnade Gottes erhoffen könnten. Nicht nur sei so der Mensch als Mensch bereits geistig und moralisch defekt, sondern sei er es selbst dann noch, wenn er durch Gottes Gnade zur Einsicht in das Gute gelangt sei, er das Böse vermeiden wolle und ihm die Gemeinschaft beim Tun des Guten beistehe. Er könne nicht anders, als immer wieder sündig zu handeln: „Denn ich begreife mein Handeln nicht: Ich tue nicht das, was ich will, sondern das, was ich hasse ..." (so freilich schon Paulus in: Röm. 7.15). Wenn einem Menschen Gott nicht helfe und ihn nicht zum Guten vorherbestimmt habe, verfehle auch ein noch so guter Wille sein eigentliches Ziel, nämlich Gott. Nur die göttliche Prädestination bewahre den einen vor dem Bösen, während sie den anderem der Sünde überlasse.[21] Diese Anthropologie bewirkt eine Verschärfung der existentiellen Lage des Christen vor Gott, die weit über das hinausgeht, was das Judentum, und das frühe Christentum und später auch die römisch-katholische Kirche in Abmilderung dieses Grundsatzes von der Ohmacht des Menschen seit dem Mittelalter lehren.

2.7 Reduktion des Menschen auf das Geistige im augustinisch-christlichen Neuplatonismus

Eine Erklärung findet Augustins Prädestinations- und Gnadentheologie zum einen in seinem Lebensweg. So ist der spätere Bischof und Kirchenvater vor seiner Bekehrung zum Christentum stark von der Gnosis und dem Manichäismus ergriffen worden. Und wenn er sich hernach davon auch hart abgegrenzt hat, so bleibt er doch weiter von der abgrundtiefen Sündhaftigkeit der Welt und des Menschen über-

---

[19] Den Weg in die christliche Intoleranz zeichnet *B. Kötting*: Religionsfreiheit und Toleranz im Altertum, Opladen 1977, nach.

[20] Eine gute Einführung gibt das Augustin-Kapitel von *K. Flasch*: Das philosophische Denken im Mittelalter von Augustin zu Machiavelli, Stuttgart 1986, 27-43. Eine gute Werkauswahl hat *K. Flasch* herausgegeben (mit einem Vorwort von P. Sloterdijk), München 2000.

[21] Diese Theologie lebt in der späteren Reformation auf und findet ihre besondere neuzeitlich Gestalt im Kalvinismus.

zeugt.²² Zum andern aber nimmt Augustinus einen Faden auf, den vor ihm schon andere Kirchenväter angesponnen haben: den des (Neu-)Platonismus. Diese Lehre geht im wesentlichen auf den nicht-christlichen griechischen Philosophen Plotin (205-270) zurück. In Anknüpfung an die alte orphisch-pythagoreische und dann auch platonische Vorstellung vom „Leib" (gr. *sôma*) als dem „Grab" (gr. *sêma*) der Seele und an den im platonischen Höhlen- und Sonnengleichnis geschilderten Aufstieg der Seele zum Licht der Wahrheit hatte dieser eine Emanationslehre des Geistes (*noûs*) entworfen. Nach ihr geht aus dem „Einen" (gr. *hen*), d.h. aus der absoluten Einheit und Fülle des Guten, alles andere hervor: die Weltseele (*psychê*), die Einzelseelen, die körperlichen Gebilde und die im substantiellen Sinne nicht eigentlich mehr „seiende" Materie, und strebt alles dies im reinigenden, vom Eros getriebenen Wiederaufstieg gegenläufig zum „Einen" zurück. In der christlich-patristischen Theologie formt sich diese neuplatonische Vorstellung vom *Aufstieg der Seele zum Einen* in Verbindung mit Gedanken der Gnosis so aus, daß die vom göttlichen Licht in der Bekehrung zu Christus erleuchtete Seele der einen Wahrheit teilhaftig wird und damit schon im irdischen Leben die herunterziehende Macht des Leiblich-Sinlichen hinter sich läßt.²³ Für das Welt- und Selbstverständnis des Christen bedeutet dies erstens, daß eine klare Trennlinie zwischen der mit den Sinnen wahrnehmbaren Welt einerseits und der nur im Glauben wahrnehmbaren geistigen Welt andererseits verläuft, wobei erstere das Böse, Sündige verkörpert und letztere das Gute repräsentiert. Zweitens bedeutet dies, daß nur das im Geist Existierende wahr und wirklich ist und der Mensch wesentlich nur seine Seele *ist*. Daraus folgt drittens, daß die Sorge des Christen allein dem eigenen Seelenheil gelten, der Weg seiner Seele ausschließlich auf die himmlische Glückseligkeit gerichtet sein soll und daß deswegen alles andere auf der Welt letztlich bedeutungslos ist. In den Worten Augustins: „Gott und die Seele will ich erkennen. Weiter nichts? Gar nichts." (Selbstgespräche 17,1). Der unerschütterliche Glaube an Gott befreit die Seele von ihrer Affizierung durch Dinge der Körperwelt und bewirkt ihren Aufstieg zu Gott. Erst wenn die Seele zeitenthoben in Gott ruht, hat sie sich „aus der Flüchtigkeit des Augenblicks und der Zerteiltheit in Erinnerung und Erwartung" (Schupp Bd. 2, 2003, 80) gelöst und genießt die volle und ungeteilte Glückseligkeit. Während für die Juden und auch noch für die frühen Christen die menschliche Seele die vitale und geistige Lebendigkeit des Körpers und die verheißene Auferstehung der Toten auch dessen leibliche Wiederbelebung und nicht nur dessen Vergeistigung meint, verwerfen die Gnosis, der Neuplatonismus und das radikal auf das Seelenheil ausgerichtete Christentum in der Spätantike immer mehr das Materiell-Dingliche, das Sinnliche und insbesondere die körperlichen Genüsse. In der kirchlichen Lehre prägt

---

[22] Die Hauptquelle über sein Leben sind die „Confessiones". Sie liegt im Original und in zahlreichen Übersetzungen vor: Augustinus: Confessiones – Bekenntnisse. Lateinisch und Deutsch. Eingeleit., übers. und erl. von J. Bernhart, München 1955; aus neuerer Zeit vgl. die von K. Flasch und B. Mojsisch besorgte Neuübersetzung (Bekenntnisse, Stuttgart 1996). Das gleiche gilt für die Biographien; vgl. u.a. *H. Chadwick*: Augustin (engl. 1986), Göttingen 1987; *P. Brown*: Augustinus von Hippo, München 2000.

[23] In Plotins Philosophie führt übersichtliche ein *K. Held*: Was heißt Neuplatonismus?, in: ders. 1990, 247 ff.

sich die Leib- und Sexualfeindlichkeit unter anderem im Mythos der Jungfrauengeburt Jesu, im prinzipiellen Ausschluß der Frau von allen kirchlichen Ämtern und in der Verpflichtung des Klerus und insbesondere des Mönchtums auf die lebenslange Keuschheit aus. Allgemein kennzeichnet diesen Glauben ein totales Desinteresse an der natürlichen Welt, an der Kultur und letztlich auch an den Mitmenschen. Und weil nur der Blick ins eigene Innere zählt und dabei die auf Gott gerichtete die Seele auch das einzige Erkenntnisorgan ist, führt der Glaube auch zu einer Abkehr vom Denken und vom sprachlichen Logos. Das Wort dient zwar noch als ein Mittel zur Erkenntnis der in der Heiligen Schrift niedergelegten Wahrheit, diese selbst aber offenbart sich den „Augen des Geistes" (Platon) letztlich sprachtranszendent. Während etwa die christliche Gnosis in Christus einen *paid-agogós*, d.h. hier: einen zur Erkenntnis führenden Lehrer, gesehen und das wahre Wort für den reinen Ausdruck des Geistes gehalten hatte, ist für Augustinus – wie philosophisch und rhetorisch gebildet er auch ist – die letzte Instanz der Wahrheit ein sprachloses Mysterium. Auch darin zeigt sich der allgemeine Rationalitätsverlust der christlichen Antike gegenüber ihrer paganen Vorgeschichte.

2.8 Christliche Weltgeschichte: Kirche und Staat in Erwartung des Gottesreiches

Einen sehr großen Einfluß auf die europäische Geistesgeschichte hat schließlich auch Augustins Zeit- und Geschichtsdenken gehabt.[24] Während das göttliche Sein zeitenthoben ewig ist, gilt ihm die Zeit der Welt und der Menschheit als mit den Kennzeichen der Endlichkeit behaftet. Dadurch sind sowohl die von Menschen zu verantwortende Geschichte als auch die vom göttlichen Eingreifen bestimmte irdische Geschichte letztlich ephemere Phänomene. So gibt es - jetzt in Unterschied zu Platon - keine Idee des Menschen und sind alle irdische Herrschaft und Staatlichkeit nichtig, wie überhaupt die Welt dem Untergang geweiht ist, und begründet selbst die Heilsgeschichte keinen „Sinn der Geschichte", denn deren Ausgangs-, Katastrophen-, Wende- und Endpunkte sind streng genommen kein Teil der von Menschen gemachten Geschichte, insofern sie alle auf die unergründlichen Ratschlüsse Gottes zurückgehen und so allenfalls markante Punkte in der Geschichte Gottes sind.

Weil das vorhergesagte Tausendjährige Reich aber, wie unbedeutend es sich auch vor der Ewigkeit Gottes ausnimmt, die der Endkatastrophe vorgeschaltete Zeit vor dem Jüngsten Gericht und der Zeitlosigkeit des himmlischen Reiches ist, hat Augustinus als Bischof seiner Kirche in seiner Schrift über den „Gottesstaat" (*De Civitate Dei*, 413/426) eine kirchengeschichtliche Theorie der irdischen Staatlichkeit und der Geschichte der Menschheit entworfen und dadurch versucht, die gerade erst entstandene römisch-christliche Theokratie als Verbindung der christlichen Kirche mit dem vormals heidnischen Römischen Reich theologisch als eine zwischenzeitliche gottgewollte Notwendigkeit zu rechtfertigen.[25] Danach habe vor

---

[24] Vgl. *E.A. Schmid*: Zeit und Geschichte bei Augustinus, Heidelberg 1985. Zur geschichtstheoretischen Unterscheidung Augustins zwischen der Gegenwart der Vergangenheit, des Jetzt und der Zukunft in der menschlichen Zeiterfahrung in seinen „Confessiones" vgl. die Ausführungen im vorliegenden Buch in Kapitel 47.1.1.

[25] *Augustinus*: Vom Gottesstaat. Aus dem Lateinischen übertr. von W. Thimme München 1978;

der Erschaffung der Welt Luzifer mit anderen von Gott abgefallenen Engeln eine Lücke in die himmlische Gottesbürgerschaft gerissen, hätten die danach zur Füllung der Lücke geschaffenen ersten Menschen durch ihren Sündenfall ihre Zugehörigkeit zum paradiesischen Gottesstaat ebenfalls verwirkt und gehe danach in der Abfolge von sechs tausendjährigen Zeitaltern ein Riß durch die Menschheit, der in der Koexistenz des noch unsichtbaren Gottesstaates der Heiligen und Frommen und des Weltstaats der vom Bösen und der Eigenliebe besessenen Menschen in Gottesferne bestehe. Mit der Geburt Christi, seiner Verkündigung des „Himmelreiches" und seiner Erlösungstat sei das in den prophetisch-apokalyptischen Büchern beschriebene Tausendjährige Reich als das sechste und letzte Jahrtausend vor dem ewigen „Weltsabbat" Gottes bereits angebrochen. Während Jesu Jünger dies schon unmittelbar erfahren hätten und es im Wirken der von Christus selbst gegründeten Kirche auch schon gegenwärtig sei, würden den meisten Menschen im Weltstaat, einschließlich der Bekehrten, die Zeichen dieser Gottesstaatlichkeit nur erst zum Teil bewußt sein. Dem so von Anfang an im Geist der Christen schon wirkenden, allgemein aber noch nicht offenbar gewordenen neuen irdischen Gottesstaat sei es vorbestimmt, solange innerhalb des mit dem Bösen behafteten, aber kraft seiner politisch-militärischen Macht zunächst noch unentbehrlichen Römischen Reiches zu wachsen, bis der Gottesstaat dieses Reich mit einem Schlage und sichtbar für alle ersetzt und in der Lage ist, sich dem Kampf mit dem heraufziehenden Antichrist zu stellen.

Die Vorstellung von der vorläufigen Akzeptanz und Nutzung der weltlichen Herrschaft zugunsten der äußeren Ausbreitung der Christentums und seines innerlichen Wachsens, also von einem „Vorlauf" (*procursus*) der irdischen Kirche hin zum „himmlischen Jerusalem", hat Augustinus inhaltlich freilich nur wenig ausgeführt. Dies beschreibt jedoch sein Schüler *Orosius* in seiner „Weltgeschichte gegen die Heiden" (*„Historiarum adversum paganos libri VII"*, 417/18).[26] Unter Einbezug auch jüdisch-hellenistischer Vorstellungen verfaßt dieser eine erste *christliche Weltgeschichte*. Ihr vorgeschaltet sind der Aufstieg und der Fall der früheren großen heidnischen Weltreiche. Im christlich gewordenen Römischen Reich vermischen sich dann der „Gottesstaat" und der weltliche Staat, das Reich Christi und das Römische Reich, die Heilgeschichte und die politische Geschichte und verbinden sich zu einem Reich, in dem die Christenheit unter gemeinsamer geistlicher und weltlicher Herrschaft bis zum Anbruch des Weltendes leben soll.[27] Diesem Geschichtsverlauf liegt bereits jene Geschichtsphilosophie zugrunde, die im europäischen Mittelalter die christliche Theokratie legitimiert, zu immer weiteren Visionen über die Abfolge von Weltzeitaltern anregt und die Menschen auf die möglichen Vorzeichen des

---

Übersetzungen (Lateinisch/Deutsch) u.a. von C. J. Perl (Salzburg 1952, Paderborn 1980).

[26] Hg. von C. Zangemeister, Leipzig 1889.

[27] Ähnlich läßt *Isidor von Sevilla* (um 560–636) in seinen im Mittelalter weitverbreiteten „Etymologiae" (ed. W.M. Lindsay, Oxford 1911/1962) mit Bezug auf das Sechs-Tage-Werk Gottes und die dem entsprechenden sechs Lebensaltern des Menschen (*infantia, pueritia, adolescentia, iuventus, gravitas, senectus*) in jeweils tausend Jahren die Zeitalter Adams, Noahs, Abrahams, Moses, Davids und Christi aufeinanderfolgen, bis das ewige Zeitalter Gottes kommt.

Zeitpunkts des Umschlags zum Jüngsten Gericht bzw. erst noch des Beginns des Tausendjährigen Friedensreiches blicken läßt.

2.9 Augustinus am Wendepunkt vom gemeinchristlichen Glauben zum römischen Katholizismus

Die große Wirkung von Augustins Anthropologie, Theologie und Geschichtstheorie rührt zeitgeschichtlich sicherlich auch daher, daß die damaligen anarchischen politischen Verhältnisse im Römischen Reich auf das baldige Ende der Welt überhaupt hinzudeuten schienen und im Hinblick darauf das Heil der Menschen allein in der Hinwendung zu dem sich schon im Anzeichen manifestierenden künftigen christlichen Welt zu erhoffen wäre. Kirchen- und theologiegeschichtlich dürfte aber noch wichtiger gewesen sein, daß Augustinus wie auch Hieronymus und Ambrosius, die beiden anderen bedeutenden Kirchenväter des Westens, an einer welthistorischen Nahtstelle im zweifachen Sinne gelebt haben, nämlich zum einen in der Umbruchszeit von der religiös und weltanschaulich vielfältigen Kultur zur christlichen Einheitskultur und zum andern in der Zeit, in der das siegreiche Christentum beginnt, sich im lateinischen Westen gegenüber dem griechischen Osten des Reichs stärker abzugrenzen und eine eigene Tradition auszubilden. So hatten alle drei Kirchenväter noch eine gründliche hellenistische Bildung genossen, überblickten sie noch die Philosophie und die Kultur der Antike von ihren griechischen Anfängen bis zur Gegenwart und konnten dementsprechend die christliche Lehre sprachlich-gedanklich noch auf hohem Niveau vertreten, während schon ein bis zwei Generation nach ihnen in Westrom kaum jemand – außer *Boethius* – mehr die griechische Sprache beherrschte, damit außer einem Großteil der antiken Dichtung und Sachliteratur auch die Kenntnis der Philosophie verloren ging und die römisch-katholische Kirche sich von da an immer mehr von den in der griechischen Koinê abgefaßten christlichen Grundschriften abschnitt. Diesen Prozeß haben jedoch gerade diese drei Kirchenväter dadurch verstärkt, daß sie ihre Schriften in lateinischer Sprache abgefaßt, Latein zur Kirchensprache Roms erhoben und die Vulgata, die lateinische Bibelübersetzung des Hieronymus, zur Textgrundlage auch ihrer Theologie gemacht haben. Die religiöse und kulturelle Eigenständigkeit des Abendlandes hat hier einige seiner kräftigsten Wurzeln.

3. Geschichtstheoretische Aspekte des antiken Christentums

Der Sieg des Christentums im 4. Jahrhundert ist ein Wendepunkt nicht nur in der Geschichte Roms, sondern – im Rückblick von heute läßt sich dies zweifellos sagen – überhaupt in der Geschichte unseres Kulturkreises. Dabei erheben sich eine Reihe gewichtiger zivilisationsgeschichtlicher und geschichtstheoretischer Fragen, wie insbesondere: Gab es damals so etwas wie eine welthistorische Notwendigkeit oder auch nur die Tendenz dazu, daß der im alten Orient entstandene und in Griechenland und Rom weiterentwickelte und in einem Zeitraum von über 3000 Jahren durch große und vielfältige Leistungen auf allen Gebieten der Kultur hervorgetretene Kulturkreis noch einmal religiös und politisch gänzlich neuansetzen mußte? Dies einmal vorausgesetzt: Mußte die Alternative zur bisherigen polytheistischen

Religiosität, rationalen Philosophie und säkularen Politik und Lebensführung ein alles Denken, Handeln und Schaffen durchdringender und absolute Geltung beanspruchender monotheistischer Glauben sein? Weiter: Mußte es dann die von den Juden kommende und im Römischen Reich orientalistisch-hellenistisch geformte Erlösungsreligion des Christentums sein? Dann: Müßte dieses Christentum in den Jahrhunderten der Spätantike eben die Gestalt annehmen, die es historisch angenommen hat? Ferner, wenn damals auch nicht vorhersehbar: Mußte wenige Jahrhunderte danach in Gestalt des Islam ein weiterer Monotheismus von weltgeschichtlich vergleichbarer Bedeutung entstehen, welcher als ein weiterer religiöser Sproß des Judentums und zugleich des Christentums der schon bestehenden wechselseitigen Verwerfung dieser beiden Monotheismen einen dritten mit einer ebenso grundsätzlichen Unverträglichkeit in Fragen des Glaubens hinzufügt? Schließlich im Hinblick auf den Verlauf, den das Christentum danach in dem sich nach dem Untergang des Römischen Reichs herausbildenden Abendland genommen hat: Mußte das westliche (wie auch das östliche) Europa mit allen seinen Völkern erst einmal ganz und gar christlich werden und die Möglichkeiten dieses Glaubens im Zeitalter des sog. Mittelalters religiös und kulturell im weitesten Sinne ausloten, bis es sich nach Ablauf von fast 1000 Jahren im Renaissance-Humanismus wieder anschicken konnte, sich seines paganen Ursprungs im konstruktiven Sinne zu erinnern und sich in der Aufklärung des 18. Jahrhunderts von der öffentlichen und privaten Vorherrschaft des Glaubens zu befreien und schrittweise die staatliche Herrschaft und die Moral der Individuen nach anderen, „modernen" Grundsätzen in Konkurrenz zu denen der christlichen Vormoderne neu zu begründen?

3.1. Die weltgeschichtliche Affirmation des Christentums als Heils- und Fortschrittsgeschichte

In heutiger geschichtstheoretischer Sicht kann man nicht anders, als alle diese Fragen zu verneinen. Natürlich mußte nichts so kommen, wie es gekommen ist. Immer gab es auch im Christentum zu jedem Zeitpunkt mehrere Möglichkeiten des Wandels und der Weiterentwicklung. Beschränkt man sich zunächst nur auf die großen kirchlichen Weichenstellungen des 4. und frühen 5. Jahrhunderts – die ja im Glaubensverständnis der Christen bis heute ihre Gültigkeit ja bewahrt haben –, dann muß man immerhin jene Argumente bedenken, die im Sinne einer gewissen Zwangsläufigkeit des Siegs des Christentums außer Theologen auch vielen Historikern und Kulturtheoretikern, z.T. bis heute, überzeugend erschienen sind. So ist etwa von philosophischer und speziell von altertumswissenschaftlicher Seite die These vertreten worden, daß die antike Kultur nach ihrer zweiten Blütezeit im Rom um die „Zeitenwende" in der darauffolgenden Kaiserzeit zunehmend unproduktiv und orientierungslos geworden sei, sich aus Erschöpfung in endlosen Nachahmungen ergangen habe, in den „Herbst" ihrer Existenz eingetreten sei und daß das Christentum, als die Zeit dafür reif war, durch eine Neuausrichtung des Bewußtseins auf eine einzige transzendente Instanz und durch eine existentielle Verinnerlichung der Lebensführung und des geistigen Schaffens die absterbende antike Kultur wiederbelebt habe.²⁸ Während nicht zuletzt wegen dieser negativen Einschätzung die Profangeschichte der Spätantike fast immer im Schatten des Klassischen Altertums gestanden hat, ist diese Zeit als Begründungsepoche des Christentums für die Kirchengeschichte und Theologie immer gerade von besonderem Interesse gewesen ist. In christlicher Sicht haben sich die Ausbreitung und die institutionelle Vorherrschaft des Glaubens im Reich ohnehin immer als ein von Gott vorgezeichneter und gelenkter Prozeß dargestellt. Unter einer weltgeschichtlichen Perspektive hat danach Gott die Menschen im Zeitalter der primitiven Kulturen zunächst naturreligiös eingestimmt, sie im heidnischen Altertum im Medium der Philosophie denken gelehrt und sie erst dann – nachdem er sich zuvor allerdings den Juden geoffenbart hatte – mit seiner frohen Botschaft zu Christus hingeführt. In der Weise haben Augustinus und Orosius Gottes bisheriges Handeln gegenüber den Menschen beschrieben und sein künftiges heilsgeschichtliches Handeln über die Etappen des tausendjährigen Friedensreichs und des Endkampfs mit dem Satan bis zum Jüngsten Gericht gedeutet. Eine inhaltlich und strukturell ähnlich affirmative Deutung des weltgeschichtlichen Status des Christentums findet sich dann jedoch auch bei aufgeklärten Theologen und Nicht-Theologen um 1800, wie z.B. bei Herder, Lessing und Hegel.²⁹ Ihr schließt sich eng die These an, daß es das Christentum – in seiner freilich säkularisierten, also innerweltlich gewendeten Form – ist, dem sich die von Europa ausgehende und weltweit verbreitende Vorstellung vom Fortschritt der Menschheit und allgemein von der Zielgerichtetheit der Geschichte verdankt, und etwa auch Marx' Historischer Materialismus und insbesondere seine säkulare Heilslehre von der klassenlosen Gesellschaft dem jüdisch-christlichen Geschichtsdenken entstammt.³⁰

3.2. Universalhistorische Ansätze der Kritik des Christentums
Nun hat es auf der Gegenseite die Kritik am Christentum vom 4. bis zum 18. Jahrhundert schwer gehabt, sich innerhalb seines Herrschaftsbereich Gehör zu verschaffen. Und dies, obwohl sich das Christentum Widerständen seit seinen Uranfängen gegenübersah. Nicht nur hat die weltweite Missionierung der „Ungläubigen" immer den Charakter eines ideellen und zumeist auch eines kriegerischen Kampfes getragen. Auch ist die innere Geschichte des Christentums fast bis in die Gegenwart ein unaufhörlichen Kampf gegen den „Unglauben" und die „Häresien" ihrer Mitglieder gewesen. Im weltweiten Vergleich dürfte es keine andere Religion, einschließlich des Islam, geben, die in ihrer Geschichte soviel Gewalt gegenüber Menschen ausgeübt hat wie das Christentum. Der Streit um den „rechten Glauben" hat, wie oben dargelegt, bereits in den ersten Gemeinden begonnen. Der Kampf gewinnt eine neue Qualität im 4. Jahrhundert mit der Beseitigung aller anderen Kulte, also

---

²⁸ Es mehren sich seit einiger Zeit die Stimmen, die die römische Spätantike nicht als eine Verfallszeit, sondern als eine alles in allem glückliche Zeit des Nebeneinanders der Kulturen und Religionen deuten. So *R. Bollmann:* Lob des Imperiums. Der Untergang Roms und die Zukunft des Westens, Berlin 2006.
²⁹ Vgl. Kapitel 15.2.1. u.2. und 19.2.
³⁰ Vgl. Kapitel 23. bes. 4.

mit der Aufhebung des Prinzips des duldenden Zusammenlebens unterschiedlicher Formen der Religiosität. Wie bedrohlich und weltumstürzend die Jahrzehnte nach der sog. Konstantinischen Wende von den an ihrem jeweiligen Kult festhaltenden Gläubigen empfunden worden ist, davon gibt es zwar nur wenige Dokumente. Denn das allermeiste davon ist vernichtet worden, wie auch die Erinnerung an die Widerständler mit Verleumdung belegt oder ganz ausgelöscht worden ist. Das bekannteste Beispiel auf der politischen Ebene ist die kirchliche Verdammung des nur zwei Jahre (361-363) während Versuchs des Kaisers Julian („Apostata", d.h. des „Abtrünnigen")[31], das Geschehen der 50 Jahre davor rückgängig zu machen. Ein Beispiel auf der mehr privaten Ebene sind die Zeugnisse des Erschreckens und der Trauer über die Zerstörung der hellenischen Kultur und Religiosität durch die Christen, die der Rhetoriklehrer *Libanios* (314-393) in seiner Autobiographie, seinen Reden und zahlreichen Briefen geäußert hat.[32] Während so die christliche Historie einerseits mit Legenden über die Christenverfolgung erfüllt ist, erscheint der „triumphierenden Kirche" die gewalttätige Auslöschung aller nichtchristlichen Kulte und nicht-kirchenkonformen Glaubensgesinnung als ein von Gott gewolltes und angeleitetes und deshalb jeglicher Kritik und jeden Mitgefühls für die Opfer enthobenes Handeln.

Erst seit dem Entstehen der neuzeitliche Bibel- und Religionskritik, des historisch-kritischen Umgangs auch mit den Quellen des Glaubens im 18. Jahrhundert ist deshalb der aufgeklärten Christenheit diese Kehrseite ihrer Religion allmählich bewußt geworden. Sie konfrontiert heute fromme Christen wie auch alle anderen Menschen, die in der geistigen und religiösen Tradition Europas stehen, mit einem schlimmen und allemal gegen zentrale Grundsätze der Zwischenmenschlichkeit und des friedlichen Zusammenlebens der Völker verstoßenden Erbe. Während so seither auch von theologischer Seite und natürlich erst recht von kirchenkritischer Seite die „Kriminalgeschichte des Christentums" (K. Deschner) ein Gegenstand der Forschung und des Bedauerns ist, haben die großen christlichen Kirchen selbst jedoch, zumal die katholische Kirche, allenfalls Fehlwege einzelner ihrer Mitglieder bei der Missionierung und bei der Verkündigung und Durchsetzung der „rechten Lehre" einräumt, sich aber nicht von den institutionell legitimierten und veranlaßten Verbrechen aus Glaubensgründen formell distanziert.

3.3 Die Frage, ob es innerchristliche Alternativen zum faktischen Verlauf dieser
    Geschichte gab

Es wird in den folgenden Kapiteln noch mehrfach Bezug auf den historiographischen Status der von Christen in nunmehr fast 2000 Jahren an Mitmenschen um des Glaubens willen zumeist mit guten Gewissen verübten Taten genommen werden. Hier sollen zunächst nur einige Überlegungen über mögliche Alternativen eines

---

[31] Sein früher Tod auf dem Schlachtfeld ist als ein Gottesurteil betrachtet worden. Der christlichen Verleumdung folgt erst seit dem 18. Jahrhundert eine gewisse Rehabilitierung, vgl. *K. Rosen*: Julian. Kaiser, Gott und Christenhasser, Stuttgart 2006.

[32] Vgl. *Libanios*: Briefe. Griechisch-deutsch. In Auswahl hrsg., übers. u. erläutert von G. Fatouros u. T. Krischer, München 1979.

„menschlicheren" Christentums zur Zeit seiner Entstehung im römischen Reich angestellt werden. Die historisch-kritische Geschichtstheorie nimmt freilich von dem „Was wäre geschehen, wenn ..." aus guten Gründen im allgemeinen Abstand.[33] Im Hinblick auf die weitreichenden Folgen, die dogmatische Entscheidungen im Christentum gehabt haben, mag ein solches Gedankenexperiment dennoch einigen Sinn haben. Es veranlaßt den Historiker zumindest, über die in einer bestimmten geschichtlichen Situation nicht verwirklichten, jedoch gegebenen Möglichkeiten nachzudenken und damit Anregungen für ein Lernen aus der Geschichte zu geben.[34] Fragt man so, dann versteht es sich von selbst, daß dann nicht auch jene Seiten des Glaubens einer kritische Prüfung zu unterziehen wären, die bis heute einvernehmlich, auch von Nicht-Christen, positiv bewertetet werden, wie insbesondere die Vorstellungen, Gebote und Verheißungen vom „liebenden Vater im Himmel", von der aktiv auszuübenden Nächstenliebe und von dem Leben in einer dem Einzelnen Halt und Geborgenheit gebenden Gemeinschaft, sondern jene Seiten, die wie die *Theologie der Erbsünde, der Prädestination und der Erlösung allein aus Gnade* den Gläubigen existentiell so viel mehr abverlangen, als es die anderen Religionen tun, und die im Rückblick auf ihre Folgen einerseits heute so problematisch oder gar fatal erscheinen, andererseits aber möglicherweise den Grund dafür gelegt haben, daß sich der christliche Glauben gegenüber seinen Konkurrenten durchgesetzt, sich über die Jahrhunderte erhalten, gefestigt und verbreitet hat und in einzigartiger Weise im weitesten Sinne kulturell produktiv geworden ist. Letzteres bedeutete, daß der Erfolg des Christentums mit oder sogar hauptsächlich auf seinen intellektuellen, existentiellen und sozialen Zumutungen beruht.

3.4 Statt einer *Christologie* des Blutopfers ein *Jesuanismus* der Nächsten- und Gottesliebe

Es ist oben schon ausgeführt worden, warum das Christentum für gläubige Juden unannehmbar war. Die Provokation war für sie und die Mitglieder anderer Kulte nicht so sehr die dem Mythos zuzurechnenden Berichte über die Jungfrauengeburt Jesu, seine Auferstehung und leibliche Himmelfahrt selbst. Denn wenn für die Gebildeten im römischen Reich der Glaube an übernatürliche Geschehnisse auch der Vergangenheit angehörte, so war doch allen Kulten weiterhin und sogar zunehmend in den Jahrhunderten nach Jesus eine Wundergläubigkeit inhärent. Stein des Anstoßes war die darauf beruhende Christologie eines göttlichen Blutopfers für die Erlösung der ganzen Menschheit. Zwar kann man sich ein Christentum ohne diese Deutung des in den Evangelien berichteten Geschehens um Jesus nur schwer vorstellen und erscheint ein solches schon von der Formulierung her paradox. Aber eben genau dieses, nämlich die pure irdische Menschlichkeit eines vom Glauben an seinen „Vater im Himmel" inspirierten außergewöhnlich charismatischen reli-

---

[33] Vgl. die Anregungen im Buch von *A. Demandt*: Ungeschehene Geschichte. Ein Traktat über die Frage: Was wäre geschehen, wenn ...?, Göttingen 1986.

[34] Die im vorliegenden Buch kirchenkritisch angelegte Darstellung findet ihr affirmatives Pendant in zahllosen christlich-apologetischen Werken. In diesem Sinne christlich und dennoch kritisch ist von *H. Ottmann*: Geschichte des politischen Denkens. Von den Anfängen bei den Griechen bis auf unsere Zeit, hier: Band 2: Die Römer. Teilband 1: Die Römer, Stuttgart 2002.

giösen Führers, dürfte das sein, als was Jesus sich selbst verstanden hat. Für diese Annahme gibt es immerhin gewisse Anhaltspunkte in den Evangelien. Auch ist der bis zur Formulierung des gemeinchristlichen Glaubensbekenntnisses im 4. Jahrhundert heftig geführte Streit über die Göttlichkeit Jesu sicherlich ein Ausdruck des Zweifels darüber, ob das Zentrum des Glaubens wirklich die heilsgeschichtliche Deutung oder Jesu Gebot der Nächstenliebe und des Vertrauens in Gott ist.

Den (Rück-)Weg zu einem bloßen jüdischen „Jesuanismus" haben aber bereits früh zu zentralen Aussagen erhobene Jesus-Worte der Evangelisten und dann der Apostel Paulus versperrt. Dies zeigt sich erstens in der Radikalität, mit der der meist friedfertig dargestellte Jesus den unbedingten Glauben seiner Jünger einfordert. Gegen alle Grundsätze des Gehorsams gegenüber den Eltern und der beruflichen und sonstigen sozialen Verpflichtungen sollen sie ihm nachfolgen, soll der „reiche Jüngling" sich von allem Besitz trennen und soll der Weg zum Vater nur über ihn selbst beschritten werden können. Und bei Lukas (12,49,51) heißt es: „Ich bin gekommen, ein Feuer zu entzünden auf der Erde, und was wünschte ich mehr, als es brennte schon. Meint ihr, ich sei gekommen, Frieden zu bringen auf der Erde? Nein, sage ich euch, sondern das Schwert." Hierzu merkt von Weizsäcker an: „Daß Jesus das Schwert, die bewaffnete Gewalt, nicht wollte, ist vielfach belegt [...]. Daß die Spaltung, die zu bringen sein Schicksal war, immer wieder mit dem Schwert ausgetragen werden würde – sollte er das nicht geahnt haben. (1991, 59 f.)

Der Zweifler am Wort der Evangelisten vermutet, daß es sich hier wie bei den anderen Aussagen mit Ausschließlichkeitsanspruch um sog. unechte Jesus-Worte handelt. Dies dürfte zweitens insbesondere für die im Zentrum des christlichen Selbstverständnisses stehende *Opfertheologie* gelten. Denn das Blutopfer, das Gott von seinem eigenen Sohn verlangt und das er zu seiner eigenen Versöhnung mit der Menschheit an ihm auch vollzieht, widerspricht den Vorstellungen, die Jesus in vielen Reden von Gott als einem gerechten, liebenden, verzeihenden, gnädigen und Gutes belohnenden „Vater im Himmel" gehabt und gepredigt hat. Als ebensowenig ursprünglich jesuanisch dürfte schließlich die neutestamentliche und dann im Glaubensbekenntnis festgeschriebene Folgerung aus dem von Gott verlangten Opfertod Jesu sein, nämlich, daß Jesus jeden Menschen „mit seinem Blut teuer erkauft" habe und der Gläubige allein deshalb hoffen könne, beim Jüngsten Gericht trotz seiner Sünden freigesprochen zu werden.[35] Ambivalent ist diese Verheißung dadurch, daß dem Menschen zwar die Hoffnung darauf gemacht wird, er sich dessen aber grundsätzlich nicht sicher sein darf.

Freilich: Weil es nur die christologisch geformte Überlieferung gibt, wird sich nie klären lassen, ob der historische Jesus selbst bereits die Grundlagen zu dem heilsgeschichtlichen Mysterium des Opfertodes gelegt hat. Es lassen sich jedoch einige Aussagen über die Folgen dieses Glaubens machen. In kirchenkritischer Absicht hat sie der Philosoph H. Schnädelbach[36] wie folgt vorgetragen.

---

[35] Vgl. *Ch. Markschies*: Warum Gott sterben mußte. Ein Streifzug durch die Deutung der Passion und Auferstehung Jesu, Berlin 2004.
[36] Zu den mentalitätsgeschichtlichen Folgen des Christentums vgl. *H. Schnädelbach*: Der Fluch des Christentums, in: Die Zeit 20, 2000, 41, und die sich mit diesem Artikel kritisch

Danach dürfte die Vorstellung der frühen Christen von dem für ihre Sünden am Kreuz leidenden und sterbenden Gott jene Blutspur hervorgerufen oder doch zumindest mitlegitimiert haben, die das Christentum bis weit in die Neuzeit charakterisiert hat, und zwar in dem doppelten Sinne, daß der Christ in einer Art direkter Christusnachfolge mit seinem Leben für den rechten Glauben als „Märtyrer", d.h. Blutzeuge, einstehen soll und der „Ketzer", Leugner und Feind des Glaubens mit dem Tod bestraft werden darf. Für beides liefere schon das antike Christentum die Beispiele, zum einen in den Märtyrer- und Heiligenlegenden, in denen der Gottesfürchtige gegen alle Versuchung des Abfalls vom Glauben standhaft bleibt und als Unschuldiger in den Tod geht, zum andern in der gewaltsamen Verfolgung und Tötung „Unbelehrbarer" und Abweichler, was schon im 4. Jahrhundert geschieht (und u.a. dann auch durch Augustinus bekräftigt wird, als er als Bischof von Hippo den „weltlichen Arm" zur gewaltsamen Zurückführung von „Häretikern" einsetzt). Die immer wieder vor der Gemeinde verlesene und später in Bildern und szenisch dargestellte Passionsgeschichte mag so durchaus die Wirkung einer Anleitung zum gottgefälligen Märtyrertod und zur grausame Behandlung von „Nicht-Gläubigen" gewesen sein, wie überhaupt die aus dem Glauben heraus ausgeübte Gewalttätigkeit den Christen fast bis in die Gegenwart wenig Gewissensbisse verursacht, ihnen im Gegenteil eher ein gutes Gewissen verschafft zu haben scheine. Dabei verstoße die zwangsweise Bekehrung von Ungläubigen und erst recht die Folter zur Erzwingung eines bestimmten Bekenntnisses nicht erst gegen die modernen Menschenrechte, sondern auch schon gegen den eigenen christlichen Grundsatz, daß der Glaube im wesentlichen ein Geschenk Gottes an den Menschen ist und sich in der Bekehrung entweder ohne jede Belehrung spontan oder durch eine solche von innen vorbereitet einstellt.

3.5 Statt einer Anthropologie der Sündhaftigkeit und Erlösungsbedürftigkeit (Augustinus) eine der Freiheit zum Tun des Guten (Pelagios)

Anders bewerten muß man die von Augustinus vertretene *Erbsünden- und Prädestinationslehre*. Denn zu ihr hat es innerhalb des Christentums zeitgleich eine ausformulierte Alternative gegeben, nämlich die des Mönchs *Pelagius* (gest. nach 418).[37] Dieser hat in Adams und Evas Ungehorsam und in Gottes Strafe nur ein Beispiel gesehen, das die Menschen von der Sünde abhalten soll, und hat umgekehrt im wohltätigen Heilen, Handeln und Lehren Jesu ein zur Nachahmung anreizendes Beispiel erkannt. Er hat damit jedem Menschen die Fähigkeit zum Tun des Guten zugebilligt und alle Menschen vor Gott als gleiche verstanden. In der Tat verstoßen die persönlich jedem Menschen zugerechnete Erbsünde ebenso wie die unverdient gewährte Erwählung einzelner im Leben und noch mehr die im Jüngsten Gericht aus „Gnade vor Recht" einzelnen Gläubigen zugesprochene Begnadigung gegen das subjektive Rechtsempfinden. Sie zerstören überhaupt von Grund auf den Glauben an die Gerechtigkeit Gottes und die Orientierung an der von ihm eingeforderten Sittlichkeit. Von daher erhält die schon in den Evangelien und besonders in der „Offenbarung des Johannes" beschriebene grausame und hoffnungslose Lage der zur Hölle Verdammten eine Bedeutung, die überhaupt nicht zum Gott der Liebe passen will. Weil die Kirche aber als „Verwalterin des Gottesschreckens"[38] über die Jahr-

---

auseinandersetzende ausführliche Diskussion.

[37] Zur Auseinandersetzung zwischen Augustinus und Pelagius und der Verurteilung des letzteren vgl. besonders Schupp 1990, 279-291.

[38] Das Christentum steht hier freilich nicht allein da. So haben etwa die aztekischen Götter durch-

hunderte zweifellos die Ängste der Gläubigen vor dem Gottesgericht geschürt und zu ihrer Lenkung instrumentalisiert hat und so zu einer „Organisation des Terrors und der Angst"[39] geworden ist, ist zu Recht, auch von frommen Christen, immer wieder gefragt worden, wie viele Ängste den Christen vor ihrem möglichen Schicksal nach dem Tode erspart geblieben wären und welche Befreiung es bedeutet hätte, wenn sich das menschenfreundlichere Christentum des Pelagius gegen das des Augustinus durchgesetzt hätte. Man kann vermuten, daß der kirchenamtlich 413 verurteilte Pelagianismus näher an Jesu Botschaft gelegen hat als der Augustinismus.

3.6 Die Annahme der Sündhaftigkeit des Menschen und seiner Erlösungsbedürftigkeit aus Gnade in anthropologischer Sicht (Schuldbewußtsein)

Nach dieser Problematisierung der christlichen Dogmatik ist es eher schwieriger als leichter, eine befriedigende Antwort auf die Frage zu finden, wie es möglich war, daß sich dieser Glaube innerkirchlich gegenüber möglichen Alternativen durchgesetzt und in dieser Form ständig noch neue Mitglieder gefunden hat. Gewiß erklären die oben schon benannten Gründe der politischen und individuellen Verunsicherung der Menschen schon vieles aus der Zeit. Die Gefühle des Ausgeliefertseins, zumindest der Volksmassen, an das Walten der undurchschaubaren Schicksalsmächte einerseits und die christliche Verheißung der Erlösung von allem Leid wenn schon nicht auf der Erde, so doch nach dem Tod andererseits hat sie sich einem allmächtigen Herrgott bedingungslos unterwerfen lassen. Alles dies hat in einer Atmosphäre der apokalyptischen Gerichtserwartung die Neigung zum Christentum verstärkt. Dennoch bleibt es ein zivilisationstheoretisches und machtpolitisches Rätsel, wie es möglich war, daß eine zu Beginn des 4. Jahrhunderts bei der Mehrheit der Menschen im Reich noch nicht wohl gelittene radikale Glaubensgemeinschaft innerhalb weniger Jahrzehnte die bisherige Kultur revolutionär umgestaltet, sich in den Wirren des Umbruchs behauptet und dauerhaft zur hauptsächlichen ideellen Macht aufsteigt. Zum Vergleich stelle man sich vor, daß es heute einer im Westen missionierenden ostasiatische Sekte durch die Bekehrung des amerikanischen Präsidenten und seines Beraterteams gelingen könnte, innerhalb kürzester Zeit von New York und Washington aus alle anderen Religionen auf der Welt verbieten zu lassen und selbst zur bestimmenden weltlichen und geistlichen Ideologie zu werden. Ein solcher Versuch würde wie alle vergleichbaren sonstigen historischen Versuche – wie etwa die Einführung der monotheistischen Sonnenverehrung durch Echnaton (1364-1347) im polytheistischen Ägypten oder die die russische Oktoberrevolution – trotz des Einsatzes aller Machtmittel in Kürze scheitern. Das gegenteilige Faktum legt die Vermutung nahe, daß das Christentum nicht nur den Nerv der damaligen Zeit getroffen, sondern auch eine allgemein im Menschen bereitliegende Bereitschaft angesprochen hat. Auf der Suche nach der möglichen psychologischen Wahr-

---

weg Schrecken verbreitet und sogar ständig menschliche Blutopfer verlangt.

[39] Dieses Fazit zieht der katholische Mittelalterphilosoph *K. Flasch* in seiner Kritik an Augustinus in seinem Buch: Logik des Schreckens. Augustinus von Hippo, Die Gnadenlehre 397, Mainz 1990, erweiterte Ausg. 1995; vgl. auch *J. Delumeau*: Le péché et la peur. La culpabilisation en occident. XIII – XVIII s., Paris 1983.

heit der Erbsünden- und Gnadenlehre in einem anthropologischen Sinn wird man zunächst mit der auch humanwissenschaftlich belegbare Tatsache konfrontiert, daß wir Menschen mit egoistischen und aggressiven Impulsen ausgestattet sind, wir sie auch im gewissen Umfang ausleben (müssen) und dabei nicht selten auch schuldig gegenüber anderen werden, und wir in dieser Situation Gnade, also Verzeihen von unseren Mitmenschen und Nachsicht von einer möglichen jenseitigen Gerichtsinstanz erhoffen. Selbst wer durchschaut, daß die Kirchen die menschlichen Schuldgefühle immer auch zum Zwecke ihrer Machtentfaltung und -erhaltung genutzt haben, kann sich nicht vom eigenen schlechten Gewissen freimachen.

3.7 Christliche Historie als die „festgestellte" Heilsgeschichte und die Geschichte des bloß „Zeitlichen"

Für die Art des historischen Denkens läßt sich aus der frühchristlichen Geschichtsdeutung schließlich noch folgendes festhalten: Nachdem die unmittelbar erwartete Wiederkunft Christi ausgeblieben war und man nicht umhin kam, sich in dieser Welt einzurichten, lebten die Christen in zwei Arten der Zeit: einerseits im Rahmen der großen heilsgeschichtlichen Zeitspanne und – zwischen den dramatischen Ereignispolen – im Rahmen der säkularen Zeit des eigenen Lebens und des eigenen Volks. Im heilsgeschichtlichen Sinne erwartete man so zwar, daß Gott irgendwann die Endzeit hereinbrechen lassen und er sich bis dahin einzelnen Gläubigen auch in Wundern und Zeichen zeigen werde. In pragmatischer Hinsicht aber ging man zum einen davon aus, daß sich Gott des direkten Eingriffs in die Menschendinge im allgemeinen enthält, wenn er wohl auch unerkannt über das persönliche Schicksal der Menschen hier auf Erden wache, und zum andern, daß der Wandel der Lebensverhältnisse und der unaufhörliche Wechsel der politischen Ereignisse nichts wesentlich Neues „zeitigt", so daß man also in einer zwischenzeitlich auf Dauer gestellten Welt lebt, der Gang der Heilsgeschichte gleichsam unterbrochen ist, wie ja auch nach der Lehre der Kirche seit der Spätantike die Zeit zwischen Jesus und dem Weltende keine eigene Zeit, sondern nur eine unbedeutende Zwischenzeit der Erwartung Jesu ist. So zeichnet sich auch im Christentum – wie schon in den Kulturen der Primitiven, in den frühen und entwickelten Hochkulturen der paganen Antike und bei den Juden – von Anfang an die Unterscheidung zwischen einem religiösmythischen und einem pragmatischen Zeit- und Geschichtsbewußtseins ab.

Die religiös-mythische Zeit und Weltanschauung des Christentums ist ihrerseits zweigeteilt, und zwar in die fundamentale *„von Ewigkeit zu Ewigkeit" herrschende Zeit- und Geschichtslosigkeit Gottes* und in die durch die heilsgeschichtlichen Ereignisse und Einschnitte von Schöpfung, Sündenfall, Inkarnation, Apokalypse und Untergang der Erde markierte *Zeit Gottes inbezug auf die Erde und die Menschheit*, welche zwar für Gott vor dem Hintergrund der Ewigkeit nur eine „Nachtwache", für die Menschen aber die allein bedeutungsvolle ist. Ähnlich wie die Juden, die in den Festen die Erinnerung an die unter Anleitung Gottes durchschrittene Geschichte ihres Volkes im Lauf des Jahres immer wieder aufleben lassen, bedenken deshalb auch die Christen in ihrem Kirchenjahr die heilsgeschichtliche Ereignisse um Jesus: Geburt, Tod und Auferstehung, Ausgießung des heiligen Geistes. Insgesamt hat so das Christentum, wie auch schon das Judentum, die Gläubigen veranlaßt, den Ereignissen in der Zeiten und dem geschichtlichen Wandel eine größere Aufmerksamkeit zu schenken, als dies in den meisten außereuropäischen Kulten und Kulturen üblich ist. Denn wenn auch während der „normalen" Perioden der Geschichte das apokalyptische Denken zurücktritt, bleibt hier immer eine Sensibilisierung für das bestehen, was künftig geschehen könnte, wird hier die Zeit nicht gleichmäßig, natürlich dahinfließend, sondern mit Spannung erfüllt empfunden und treten in Zeiten der Naturkatastrophen, verheerender Kriege und ungewöhnlicher Vorzeichen immer wieder Propheten auf, die die Zukunft ergründen wollen und das nahe Weltende predigen.[40] Dabei ist das christlich-apokalyptische Denken, das alle Hoffnungen oder alle Befürchtungen auf die Zukunft setzt, in seiner jeweiligen Gegenwart immer in der Gefahr eines fundamentalistischen Rückfalls in das Barbarische gewesen.[41] Allemal beanspruchen das Judentum und Christentum eine Art von „Zukunftsmonopol".

Auch die pragmatische, linear verlaufende und den Alltag der Christen erfüllende Zeit weist, auf eine andere Art, Ambivalenzen auf. So fallen das politische Geschehen der Völker und die Lebenszeit der einzelnen Menschen einerseits fast ganz in den Bereich des bloß „Zeitlichen", d.h. des letztlich nichtigen Tuns und vergänglichen Schaffens, weshalb im Neuen Testament und dann auch in den Legenden, Heiligenviten und theologischen Abhandlungen die wirtschaftlichen, sozialen und kulturellen Lebensbedingungen der Menschen weitgehend unbeachtet bleiben, wenngleich den Gläubigen gesagt wird, daß sie ihr „Herz nicht an das Zeitliche hängen" sollen. Andererseits ist die Lebenszeit jedes Menschen eine alles entscheidende Bewährungs- und Sündenzeit, bei der noch der kleinste Fehltritt die ewige Verdammnis nach sich ziehen kann, wie auch in der Politik der Völker und der ganzen Menschheit das Weltlich-Zeitliche mitnichten zu den *„Adiafora"*, zu den „gleichgültigen Dingen", zählt, die Kirche Jesu Christi vielmehr seit ihrem Bestehen beansprucht hat, die Oberaufsicht über die weltliche Herrschaft zu führen und sie überhaupt erst zu legitimieren. Es muß offenbleiben, ob es diesen frühchristlichen Weichenstellungen zuzuschreiben ist, daß das Abendland im Abstand von über 1500 Jahren zur führenden Kultur in der Welt aufsteigt, nachdem diesen Platz gut 1000 Jahre der Islam eingenommen hatte.

---

[40] Die Zukunft erkennen wollen, ist aber zweifellos eine anthropologische Konstante. Sie ist kein Kennzeichen bloß des Judentums und Christentums. Sie findet in ihren Ausdruck kulturgebunden u.a. in Orakeln, Prophezeiungen, Sterndeutungen, Utopien und wissenschaftlichen Vorhersagen. Vgl. dazu *G. Minois*: Geschichte der Zukunft. Orakel, Prophezeiungen, Utopien, Düsseldorf/Zürich 1998.

[41] Vgl. *M. Schneider*: Der Barbar – Genealogie der Endzeitstimmungen, München 1997.

8. Europa im Zeichen des christlichen Glaubens:
Mittelalterliches Geschichtsbewußtsein unter geistlicher Vormundschaft

1. Die mittelalterliche Theokratie:
   Geistliche und weltliche Herrschaft im Namen Gottes   135
2. Theologie: Die Begründung des Glaubens aus der Schrift *und* der Vernunft   141
3. Mittelalterliche Geschichtsschreibung   146
4. Zeit- und Geschichtsbewußtsein im Medium christlicher Lebensführung   150
5. Byzanz: Das andere Christentum im Osten   156
6. Ambivalenzen mittelalterlicher Geschichte und Geschichtsschreibung   158

Das vormoderne Abendland ruht kulturell auf zwei Säulen: auf dem aus dem Judentum hervorgegangenen römisch-katholischen (und dann auch protestantisch reformierten) Christentum und auf dem Erbe der paganen Antike. Nachdem das Christentum im Zuge seines Sieges über die religiös vielfältig und im allgemeinen duldsam verfaßte Kultur des Römischen Reiches diese zunächst in Gänze verworfen, zu einem erheblichen Teil auch zerstört und damit einen Zivilisationseinbruch ohnegleichen mitverschuldet hat, beginnt es während der sog. dunklen Jahrhunderte des frühen Mittelalters, die bis dahin nur anzivilisierten, jedoch zur Herrschaft über weite Teile des ehemaligen Römischen Reichs gelangten germanischen Stämme zu bekehren und seine Glaubenslehre mit Hilfe der geretteten Trümmer der antiken Philosophie und Rhetorik propädeutisch zu untermauern. Seit dem 11. Jahrhundert entwickelt es dann auf jenem heterogenen Fundament eine rational begründete christliche Theologie und schafft gemeinsam mit einer feudalistisch-ritterlichen Laienkultur die bis an die Schwelle der Aufklärung im „christlichen Abendland" unangefochten vorherrschende Kultur des dem gleichen Herrenstand angehörenden hohen Klerus und des Adels. Insofern bis zur Reformation alle höhere Bildung in den Händen der römisch-katholischen Kirche liegt und allein schon das Schreiben bis zum hohen Mittelalter ein Monopol des Klerus ist, die weltliche Macht also davon weitgehend ausgeschlossen ist und sich bei allen schriftlichen Rechtsakten und „ideologischen" Streitfragen der Dienste der Geistlichkeit bedienen muß, hat die Kirche die gänzliche Oberhoheit über die Deutung der Welt inne. Das hat zum einen zur Folge, daß die kirchlich-theologische Geschichtsschreibung der weltlich-pragmatischen immer eindeutig übergeordnet ist, zum anderen aber, daß nun innerhalb der religiös so einheitlich verfaßten und mit großen Machtmitteln ausgestattete christlichen Kultur der Streit um die rechte Auslegung der heiligen Schriften und der kanonisierten theologischen Tradition mit zunehmender Heftigkeit ausgetragen wird, die Heilsgeschichte Gegenstand unterschiedlicher eschatologischer Modelle wird und sich auch die weltliche Kultur wegen der fortbestehenden volkssprachlichen und nationalen Differenzen in unterschiedlicher Form entfaltet. Deshalb sind auch das Geschichtsbewußtsein und die ihm entsprechende Historiographie in diesem Zeitraum weniger durch ihre Einheitlichkeit als durch ihre Vielfalt – auf einem freilich im Fundamentalen alternativlos christlichen Denken – charakterisiert.

Das Verständnis des mittelalterlichen und dann auch noch des frühneuzeitlichen Geschichtsdenkens bedarf mehr, als dies bei der Moderne nötig ist, einer Kenntnis des dieses Denken tragenden Grundes. Die Darlegung sowohl der realgeschichtlichen Entstehung der christlichen Theokratie als auch der philosophischen Begründung der Glaubenslehre in der Scholastik nimmt deshalb in diesem Kapitel einen größeren Raum ein. Die Ausführungen in Abschnitt 1 beginnen mit einer Skizze der Christianisierung der westeuropäischen Völker und der Herausbildung des theokratischen Feudalismus bei ihnen. Abschnitt 2 wendet sich dann der religiösen „Ideologie" des abendländischen Mittelalters zu, wie sie ihren Ausdruck in der Scholastik gefunden hat. Abschnitt 3 gilt der mittelalterlichen Geschichtsschreibung selbst. Abschnitt 4 thematisiert dann jenes *sub specie aeternitatis* geprägte mittelalterliche Zeit- und Geschichtsbewusstsein im Hinblick auf die Auswirkungen, die es auf die Lebensführung der Menschen und insbesondere auf die der Mönche gehabt hat. Dem fügt Abschnitt 5 einen knappen Blick auf Byzanz, auf das andere Christentum im europäischen Osten, hinzu.

Dabei wird immer das Ganze des Mittelalters in den Blick genommen, was nicht ohne problematische Verkürzungen angesichts seines geschichtlichen Wandels und seiner inneren Vielfalt und des bis heute kontroversen Mittelalterbildes der Mediävistik geht. Was den Übergang von der Antike zum Mittelalter anbetrifft, neigen heute die einen Forscher mehr der Katastrophen-, die anderen mehr der Kontinuitätsthese zu.[1] Sie setzten damit im gewissen Sinne einen durchaus fruchtbaren Streit fort, welcher mit der Distanzierung der „neuen Zeit" um 1500 von der „dunklen Zeit" davor begonnen hatte, im 19. und frühen 20. Jahrhundert ein zwar z.T. romantisch verklärtes, aber erstmals wissenschaftlich erforschtes Bild des Mittelalters hervorgebracht hatte und seither einer seine Leistungen differenziert anerkennenden Beurteilung gewichen ist. Dieser historiographische Wandel wird Gegenstand späterer Kapitel sein. Hier geht es zunächst darum, wie das Mittelalter die Welt und sich selbst im Strom der Zeit gesehen hat. Hier können von der überaus umfangreichen Literatur zum Thema nur einige wenige Arbeiten benannt werden.[2]

1. Die mittelalterliche Theokratie:
Geistliche und weltliche Herrschaft im Namen Gottes

1.1 Die gewaltsame Bekehrung und Zivilisierung der Kelten, Germanen und Slawen
Was heute als eine fast zwangsläufige Entwicklung erscheint, ist in Wirklichkeit ein sehr langer, umweghafter und alles andere als selbstverständlicher Weg der gewaltsamen Bekehrung, des Widerstandes, der klugen Unterwerfung, des Unverständnisses und der lernenden Aneignung des Glaubens durch die noch stammesreligi-

---

[1] Vgl. dazu den im Anschluß an eine Tagung des deutschen Mediävistenverbandes pointiert betitelten Band von *W. Erzgräber* (Hg.): Kontinuität und Transformation der Antike im Mittelalter, Sigmaringen 1989.

[2] Grundinformation über den gegenwärtigen Stand des Wissens und der Wege der Forschung erhält man im „*Lexikon des Mittelalters*" (Hg. R. Autry u.a., 9 Bände, Zürich 1980 ff., Studienausgabe Darmstadt 1999), bei *P. Dinzelbacher* (Hg.): Sachwörterbuch der Mediävistik, Stuttgart 1992; und in der interdisziplinär ausgerichteten und in der vom Mediävistenverband herausgegebenen Zeitschrift „*Das Mittelalter. Perspektiven mediävistischer Forschung*" (1996 ff.). Zum gegenwärtigen Stand vgl. *H.-W. Goetz/J. Jarnut* (Hg.): Mediävistik im 21. Jahrhundert. Stand und Perspektiven der internationalen und interdisziplinären Mittelalterforschung, München 2003.

ösen Völkerschaften Europas gewesen.[3] Die Gewalt muß an erster Stelle genannt werden. Denn wenn man die europäische Geschichte im engeren Sinn mit dem Reich Karls „des Großen" beginnen lassen will, kommt man nicht umhin, von einer „*blutigen Taufe*" zu sprechen.[4] In dem mit größter Grausamkeit geführten Eroberungs- und Religionskrieg Karls gegen die Sachsen heißt es schlicht: „Tod oder Taufe" (775), sollen auf dem Blutgericht zu Verden etwa 4500 Sachsen enthauptet worden sein und wird in der „Capitulatio de partibus Saxoniae" (782) bestimmt: „Wer [...] vom Stamme der Sachsen [...] freiwillig Heide bleibt, soll des Todes sterben." Karls durch Einhart (770–840) angefertigte *Vita* könnte die Überschrift tragen: „Das Leben als Kriegführung im Namen des Christentums." Das unterschlägt das andere Mittel der Bekehrung: das zuvor schon von den angelsächsischen und irischen Apostelmönchen und dann später von allen europäischen Missionaren auch immer eingesetzte Wort. Wie das im Einzelnen geschehen ist, entzieht sich weitgehend unserer Kenntnis. Denn zum einen ist davon in zeitgenössischen Quellen überhaupt nur wenig – und das ausschließlich aus Klerikerhand, nicht aus der der Betroffenen – überliefert, zum andern zählen in den Dokumenten nur die (Miß-)Erfolge der immer in Begleitung von Berittenen auftretenden und in der Regel sich an Stammesführer wendenden Missionare und werden die in Massentaufen Bekehrten nirgendwo als Menschen mit persönlichen, ethnischen und religiösen Eigenheiten und die Widerstrebenden nur als verstockte, bösartige Menschen wahrgenommen. Allemal dürfte die so „mit beredter und ‚eiserner Zunge' " betriebene Bekehrung kaum Züge einer subjektbezogenen Gewinnung für den neuen Glauben getragen, dafür aber zur Entfremdung der Menschen von ihrer bisherigen kulturellen Identität geführt haben.[5]

Daran hier zu erinnern, ist auch deshalb wichtig, weil die dann später von Europa ausgehende Verbreitung des Christentums in Übersee lange Zeit ebendiese Züge aufweist. Nicht nur vor Gott gerechtfertigt, sondern von ihm auch gewollt waren so bei der Bekehrung und Zivilisierung der „Ungläubigen" alle Zwangsmaßnahmen, Kriege, Eroberungen und wirtschaftlichen und kulturellen Vereinnahmungen, wie auch bei der Rückführung der vom „rechten" Glauben abgefallenen „Ketzer" für die Erhaltung der „reine Lehre" buchstäblich alles erlaubt war. Das unterscheidet die abendländische Theokratie von der Politik der polytheistischen Imperien der Antike und anderer Hochkulturen insofern, als in diesen fast nie um des Glaubens oder einer sonstigen Ideologie willen, sondern zumeist „nur" um Macht, Einfluß und Besitz Kriege geführt und Reiche gebildet worden sind und man dabei den un-

---

[3] Was zu Europa gehört und was seine Identität ausmacht, ist bis heute umstritten. Näheres dazu findet sich bei *J. Fischer:* Oriens – Occidens – Europa. Begriff und Gedanke ‚Europa' in der Spätantike und im frühen Mittelalter, Wiesbaden 1957; *J.A. Schlumberger/P. Segl* (Hg.): Europa – aber was ist es? Aspekte seiner Identität in interdisziplinärer Sicht, Köln u.a. 1994.

[4] Vgl. ausführlich und differenziert dazu *L.E v. Padberg*: Mission und Christianisierung. Formen und Folgen bei Angelsachsen und Franken im 7. und 8. Jahrhundert, Stuttgart 1995; ders.: Die Christianisierung Europas im Mittelalter, Stuttgart 1998.

[5] Wie fremd und unverstanden die angenommene christliche Kultur noch um 800 den Eliten ist, geht aus den wenigen überlieferten Lehrtexten des Glaubens hervor. Danach weckt die zeitweilige Rede der Mediävistik von einer „karolingische Renaissance" falsche Vorstellungen.

terworfenen Völkern zumeist ihre Kulte gelassen hat. Indem das erobernde christliche Europa aber bis an die Schwelle der Moderne allen heidnischen Religionen und Wissenskulturen grundsätzlich ihre Daseinsberechtigung abgesprochen und sich so auch der kulturellen Anregung von fremder Seite verschlossen hat, ist es wiederholt der Versuchung großer und vollständig integrierter Systeme erlegen, seine Macht im Innern und nach außen totalitär auszuüben.

Die Träger der Heidenmission und die Vermittler der Zivilisation sind in Europa bis ins hohe Mittelalter vor allem die Klöster gewesen. War das Mönchtum in der christlichen Antike vor allem aus dem Motiv der Selbstvervollkommnung und der Heiligung der Kirche mittels der radikalen Christusnachfolge entstanden und hatte es sich in der eremitischen Existenz außerhalb der üblichen Menschengemeinschaft und auch außerhalb der kirchlichen Strukturen verwirklicht, so setzt die mittelalterliche Theokratie die Mönchskommunitäten, die *milites Christi*, als geistliche Avantgarde gezielt zur Mission und dann seit der Karolingischen Zeit zur Herrschaft und zur Kultivierung von Land und Leuten ein. Bevor um 1200 die städtischen Orden aufkommen und Universitäten entstehen, sind die eine Monopolstellung innehabenden Benediktinerabteien mit ihren reformierten Ablegern (insbesondere den Zisterziensern) neben den wenigen Dom- und Stiftsschulen an den Bischofssitzen die einzigen kulturellen Zentren von Bedeutung. Wie mühsam und lang der Weg der Heranführung unserer Vorfahren an die Zivilisationsstandards der untergegangenen antiken Hochkulturen gewesen ist, macht man sich klar, wenn man bedenkt, daß die Rezeption des geretteten Erbes der antiken Kultur in Form einer zunächst unselbständigen Annahme, Bewahrung und Überlieferung, dann einer wirklichen Aneignung und schließlich einer kreativen Weiterentwicklung über ein halbes Jahrtausend in Anspruch genommen und man frühestens um 1500 den Stand der antiken Kultur erlangt hat.[6]

1.2 „Translatio imperii" und die Begründung der feudalistischen Ständegesellschaft:
    Die Erneuerung des Römischen Reichs im christlichen Abendland

Mit dem Ende des weströmischen Reichs war zwar nicht auch das Christentum untergegangen, aber es war doch zunächst seines Partners in der gemischt-geistlichen und -weltlichen Herrschaft verlustig gegangen, so daß ihm die päpstliche Autorität der Petrusnachfolge und die frühere kaiserliche Privilegierung für längere Zeit wenig nützte. Obwohl so die römisch-katholische Kirche auch mit in den Strudel des Zerfalls staatlicher Strukturen geraten war, war sie im Westen doch als einzige überregional ordnende Macht erhalten geblieben. Daraus erwuchs ihr nach der Ausbildung eines neuen weltlichen Machtzentrums im Frankenreich die Möglichkeit, im Bündnis mit ihm das christliche Römische Reich wieder aufleben zu lassen und

---

[6] Mit der Rezeption der Antike im Mittelalter hat sich mehrfach befaßt *M. Fuhrmann*: Brechungen. Wirkungsgeschichtliche Studien zur antik-europäischen Bildungstradition, Stuttgart 1982; ders.: Literarische Rezeptionsprozesse in der antikeuropäischen Tradition, in: Bayer u.a.1995, 10-20; ders.: Antike-Rezeption, in: Fischer Lexikon Literatur, hg. v. U. Ricklefs, Bd. I, Frankfurt 1996, 10 ff.. Die große literarische Abhängigkeit des lateinischen Mittelalters von der Antike zeigt die klassische Studie von *E.R. Curtius*: Europäische Literatur und lateinisches Mittelalter (1948), Bern 1963.

es im Sinne einer *translatio imperii* bzw. *renovatio imperii*, d.h. einer Übertragung bzw. Erneuerung der römischen Herrschaft am neuen Ort, und einer damit verbundenen *translatio studiorum*[7] staatsrechtlich und ideell neu zu begründen Mit der Krönung Karls durch den Papst im Jahre 800 waren so Päpste und Kaiser wieder gemeinsam zu geistlichen und weltlichen Stellvertretern Gottes eingesetzt und die Voraussetzungen für den dann fast tausend Jahre unangefochten die Macht ausübenden christlich-abendländischen Feudalismus geschaffen.

Dieser Feudalismus ist durch eine Ständeordnung charakterisiert, in der sich alle Individuen in einem gestuften persönlichen Abhängigkeitsverhältnis von Herren und Vasallen einerseits und kirchlichen Oberen und Untergebenen befinden. Nach dieser Gesellschaftsordnung wirken – in der Formulierung, die *Adalbero von Laon* (gest. 1035) im 11. Jahrhundert gefunden hat – „im Hause Gottes", d.h. im gottgewollten irdischen Staat, die Mitglieder dreier Stände zusammen: „Die einen beten, die anderen kämpfen und wieder andere arbeiten." (*Triplex ergo Dei domus est quae creditur una. Nunc orant, allii pugnant alliique laborant.*). Die Menschen gehören also entweder dem geistlichen, dem weltlichen oder dem schaffenden Stande an. Aufgabe dieses christlichen Ständestaates, in dem jeder das Seine tun soll, ist es, während der Zeit bis zur Wiederkunft Christi unter den ihm unterstehenden Menschen für Frieden und Gerechtigkeit zu sorgen.[8]

Obwohl sich diese Herrschaftsform über viele Wandlungen bis an die Schwelle der Moderne erhält, ist sie von Anfang an von unaufhebbaren Spannungen durchzogen. Denn in ihr beruht die sich jeweils behauptende weltliche Herrschaft – trotz ihrer Berufung auf Gottes Wille, auf heilige Grundrechte und historisch verbriefte Rechte – im wesentlichen auf persönlichen Beziehungen, auf Gefolgschaften, Eiden, Treueschwüren und auf ritterlicher Ehre. Es gilt die „Macht des Rechts" wenig gegenüber dem „Recht der Mächtigen". Die großen und die kleinen Herren, die Landesherren, der Adel und die Städte liegen während des ganzen Mittelalters fast ständig im Streit miteinander. Und weil es vor der Entstehung des neuzeitlichen Fürstenstaats keine mächtige Zentralgewalt in den Territorien gibt und ein allgemeiner Gottes- und Landfrieden zwar immer wieder ausgerufen, aber nicht eingehalten wird, ist der Frieden eher die Ausnahme zwischen dem Normalzustand des Krieges. Im Unterschied dazu tritt die geistliche Macht in Gestalt der zentral auf den Papst ausgerichteten bischöflichen und klösterlichen Hierarchie, außer in den Zeiten innerer Konflikte und Zerreißproben, geschlossen und zielstrebig auf. So inspiriert das Papsttum den unter Karl begonnenen und gescheiterten ersten Versuch der sog. *reconquista* Spaniens[9], hat es die Macht, den kirchlichen Bann bis herauf zum König auszusprechen und ruft es mit den Worten „Gott will es." (provenzalisch: *Deus lo volt.*) vom Jahre 1095 an bis zum Ende des 13. Jahrhunderts die

---

[7] Auch *translatio scientiae* bzw. *sapientie*. Das meint die entsprechende „Übertragung" der Wissenschaften und Künste ins Frankenreich.

[8] Vgl. *G. Duby*: Die drei Ordnungen: Das Weltbild des Feudalismus (Les trois ordres ou l'imaginaire du féodalisme, Paris 1978), Frankfurt 1981.

[9] Das hochmittelalterliche französische „Rolandslied" ist ein poetischer Nachhall dieses Unternehmens.

Christen immer wieder zu Kreuzzügen gegen die „Ungläubigen" im heiligen Land auf.[10] Die Machtentfaltung der Kirche mündet 1302 in die Bulle *Unam sanctam*. Sie beansprucht über die glaubensdogmatische und allgemeine geistige Zuständigkeit hinaus die gänzliche Oberhoheit des Papstes über alle Menschen: „Für die Erlösung der Menschheit ist es unerlässlich, daß jedes menschliche Geschöpf dem römischen Pontifex maximus untertan sei."

1.3 Persönliche Beichtpflicht, Inquisition und die Reformorden der Dominikaner und Franziskaner

Das machtpolitische Vorgehen der Kirche gegen ihre wirklichen und möglichen Kritiker, Gegner und „Feinde" wird begleitet und gestützt durch einen nach der Jahrtausendwende zunehmenden Zugriff auf die Seelen der Gläubigen, einen Zugriff, der sich der weltlichen militärischen und organisatorischen Machtmittel ebenso bedient wie der ihr zu Gebote stehenden geistlichen Mittel zur Erzwingung von Unterordnung. Die historisch erste größere Zielgruppe sind – außer den Juden, die schon seit dem 4. Jahrhundert seitens der Kirche Verfolgungen erleiden und von nun an verstärkt bis ins 20. Jahrhundert Opfer kirchlicherseits betriebener Diskriminierungen, Pogrome und Vertreibungen sind – jene Gläubigen, die sich der Laienbewegung der streng asketisch lebenden, das Evangelium manichäisch auslegenden und damit gegen die Lehre der Kirche verstoßenden *Katherer* (von gr. *katharós* „rein") angeschlossen haben, sich als „Ketzer" (die deutsche Bezeichnung ursprünglich nur der *kathoroí*) dem Gemeindeleben entziehen und seit dem 11. Jahrhundert in weiten Teilen Europas rasch Zulauf bekommen.[11] Ihre Verfolgung beginnt im 12. Jahrhundert und erreicht mit ihrer fast totalen Vernichtung in den sog. Albigenserkriegen in Südfrankreich 1209 ihren blutigen Höhepunkt. Dies ist zugleich auch die Geburtsstunde jener Einrichtung, mit der die Kirche ihren von da an nicht mehr abreißenden Kampf gegen wirkliche und vermeintliche Abweichler vom Glauben bis fast in die Gegenwart führt: die *Inquisition*. In der Breite angelegt als Beichtzwang, dem sich aufgrund des Laterankonzils von 1215 von nun an alle Christen regelmäßig vor dem Priester *ad aures* und *privatim* mit dem Bekenntnis des Glaubens unterziehen müssen, zielt die oft bloß aufgrund persönlicher Verdächtigungen und Verleumdungen in Gang gesetzte „hochnotpeinliche Befragung" der Angeschuldigten von Anfang an auf die Erschütterung von deren psychischer und physischer Integrität. Bis ins 18. Jahrhundert sterben in den auf Veranlassung der katholischen Kirche von der weltlichen Macht vollzogenen „Akten des Glaubens" (spanisch *autodafés*) ungezählte Menschen auf dem Scheiterhaufen, denen es entweder nicht gelingt, ihre Unschuld zu beweisen, oder die nicht bereit sind, gegen ihr Gewissen ihre „irrige

---

[10] Vgl. die klassische Studie von *St. Runciman*: Geschichte der Kreuzzüge (A History of the Crusades), München 1968; aus neuester Zeit *P. Thorau*: Die Kreuzzüge, München 2004; *H. Wollschläger*: Die bewaffneten Wallfahrten nach Jerusalem aus islamischer Sicht, Zürich 1973; *A. Maalouf*: Der Heilige Krieg der Barbaren aus der Sicht der Araber, München 1997.

[11] Zur Bewegung der Katherer und anderer häretischer Bewegungen des Mittelalters vgl. *A. Borst*: Die Katherer, Stuttgart: Diss. 1953; *Le Roy Ladurie* 1975; *A. Holl* (Hg.): Die Ketzer, Hamburg 1994.

Auffassung" zu widerrufen. Denn: „Wer nicht in mir bleibt, der wird weggeworfen ... und muß brennen." (Joh. 15, 6).

Die zeitgleich um 1200 entstehenden Orden der Franziskaner und der Dominikaner nehmen in diesem Prozeß eine ambivalente Stellung ein. Während sich der letztere als „Predigerorden" um die Verbreitung der „wahren Lehre" bemüht, sich dabei ausdrücklich in den päpstlichen Dienst der Ketzerverfolgung stellt und seinen Mitgliedern als „Hunden des Herrn" (in der nachträglichen Ausdeutung ihres Namens als *Domini canes*) die Inquisition zu einer ihrer Hauptaufgaben macht, gerät der aus der sog. Armutsbewegung gegen Ende des 12. Jahrhunderts entstandene Bettelorden der Franziskaner selbst in den Verdacht der Häresie. In der Rückkehr zu Grundsätzen des Evangeliums, in der radikalen Imitatio Christi kritisieren ihre Mitglieder den Reichtum und die Macht der Kirche und bekennen sich zu einem Leben in Armut und Demut. Die diesen Grundsätzen kompromißlos folgenden Teilgruppen der Franziskaner scheinen so, selbst zu einer Gefahr für die Kirche zu werden, und erleiden wie jene anderen Häretiker durch sie ihre gänzliche Vernichtung.[12]

1.4 Die Erweiterung des Jenseits um das Fegefeuer

In diesem Kampf um die Disziplinierung der Gläubigen gewinnt der seit der Mitte des 12. Jahrhunderts einsetzende dogmatische Ausbau des Jenseits eine besondere Bedeutung.[13] Dessen hauptsächliche Neuerung besteht in der Erfindung eines „dritten Ortes", nämlich des „Fegefeuers" zwischen „Himmel" und „Hölle". Es ist die wichtigste theologische Neuerung des Christentums nach seiner gemeinchristlichen Dogmatisierung in der Spätantike. Eine das Leben des Christen grundlegend verändernde Revolution ist das Fegefeuer deshalb, weil dadurch mit seinem Tode noch nicht alle Würfel gefallen sind, sondern seine überlebenden Angehörigen Seelenmessen lesen lassen können und der Tote selbst einen Teil seiner Sünden im Fegefeuer während der Wartezeit bis zum Jüngsten Gericht abbüßen kann und ihm so die Möglichkeit eröffnet wird, der endgültigen Verdammnis zu entgehen und das ewige Leben zu erlangen. Befand nach der bisherigen Lehre Gott allein und dies erst beim Jüngsten Gericht über das Schicksal des Sünders, so wird dem jetzt ein zweites Gericht vorgeschaltet, auf dessen Urteilsspruch und Strafzumessung der Christ durch Leistungen und Vermächtnisse an die Kirche vor seinem Tode und noch danach über seine Angehörigen einwirken kann. Dem neuen Sündertypus können sich zumindest alle diejenigen zurechnen, die nicht zu den unrettbar Verlorenen und Verdammten gehören und vor ihrem Ableben ihre „läßlichen Sünden" durch tätige Buße getilgt haben. Die zwischen 1150 und 1300 dekretierte „große kartogra-

---

[12] Die päpstlich-kirchliche Verfolgung der sog. Spiritualen und sog. Fratizellen, d.h. der in der mönchischen Armutsfrage radikalen Gruppen des Franziskanerordens, ist der Hintergrund von *U. Ecos* fiktivem Klosterroman „Der Name der Rose" (it. Mailand 1980), München/Wien 1982.

[13] Vgl. hierzu ausführlich *J. Le Goff*: Die Geburt des Fegefeuers. Vom Wandel des Weltbildes im Mittelalter (Stuttgart 1984), München 1990; ders.: Die Erfindung der Seele. Über Wucherer, Kopf-Arbeiter und die Geburt der Moderne aus dem Geist des Fegefeuers. (Ein ZEIT-Gespräch mit von J. Fritz-Vannahme, Nr. 16,1991). Vgl. *J. Delumeau:* Le péché et la peur. La culpabilisation en occident XIII s.– XVIII s., Paris 1983.

phische Umgestaltung des Jenseits" (Le Goff 1990, 14) mit der Einführung eines doppelten jenseitigen Gerichts hat eine „Aufteilung der Macht über das Jenseits zwischen Kirche und Gott" (ders. 1990, 10) zur Folge. Danach bleibt das letzte Urteil zwar Gott vorbehalten, wird aber der Kirche die Möglichkeit gegeben, durch die den Gläubigen auferlegten Wallfahrten und Kirchenstrafen und durch die Vergabe von mit Geldzahlungen abzugeltenden Ablässen am ersten Urteil mitzuwirken. Das schrittweise ausgebaute und verrechtlichte Ablaßwesen wird dann zu Beginn des 16. Jahrhunderts zum Anlaß der protestantischen Reformation.

2. Theologie:
Die Begründung des Glaubens aus der Schrift *und* der Vernunft

2.1 Das theoretische Grundproblem: Die Differenz zwischen Glauben und Wissen

In allen intellektuell entwickelten Gesellschaften hat es die Religion mit dem Problem zu tun, daß der Glaube durch Skepsis in Frage gestellt wird und durch einleuchtende Gründe „glaubhaft" gemacht werden muß. Das Problem spitzt sich bei den drei monotheistischen und zudem dogmatisch verfaßten Religionen zu. In ihnen muß der immer gefährdete Glauben nicht nur durch Argumente vernünftig begründet werden, sondern müssen auch einsichtige Antworten u.a. auf die Fragen geben werden: Warum und wie ist das Böse in die (von Gott vollkommen und gut geschaffene) Welt gekommen? Wie frei oder abhängig ist der Mensch in seiner Lebensführung gegenüber Gott? In welchem Verhältnis stehen zueinander die in der Vernunft gründende „Weltwissenschaft" der Philosophie und die in Offenbarungen gründende Gotteswissenschaft der Theologie? Die Antwort auf die letztere Frage ist bei allen drei Religionen vorentschieden. Für die Scholastik, die im mittelalterlichen Christentum Theologie und Philosophie in einem ist, ist die Rangordnung und die absolute Gültigkeit der Wahrheit der christlichen Lehre vorgegeben: „Die Philosophie ist die Magd der Theologie." (*philosophia theologiae ancilla*). Danach leitet der Glaube die Vernunft an und findet Einsicht in die Wahrheit überhaupt nur derjenige, der bereits glaubt. Der englische Frühscholastiker ANSELM VON CANTERBURY (1033-1109) hat in seiner Schrift *Fides quaerens intellectum* („Der nach Einsicht strebende Glauben") die christliche Begründung dafür gegeben: „Ich verlange nicht nach Einsicht, um zu glauben, sondern ich glaube, um einzusehen." (*Neque enim quaero intellegere, ut credam, sed credo, ut intellegam*). Und noch kürzer: „Ich glaube, um einzusehen." (*Credo ut intelligam*.)[14] Dies allerdings wertet das Denken, das logische Folgern und den Gebrauch genau definierter Begriff nicht ab. Vielmehr dürfe der Gläubige darauf vertrauen, daß das „natürliche Licht" (*lumen naturale*) der Vernunft (*ratio*) den gleichen göttlichen Ursprung wie der Glaube hat und es so der „Aufklärung" der Wahrheit dient.[15] Darin ist beschlossen, daß die der

---

[14] *Anselme de Cantorbéry*.: Fides quaerens intellectum. Id est Proslogium. Texte et traduction par A. Koyré, Paris 1954.

[15] Zwar ist Wissen im Mittelalter noch keine Macht, wie es positiv seit der frühen Neuzeit behauptet wird, aber es beginnt, eine solche zu werden, wie es J. Le Goff in mehreren Studien (besonders 1957/1985) belegt hat und wie es neuerdings nachzulesen ist im Buch von *M. Kintzinger*: Wissen wird Macht. Bildung im Mittelalter, Ostfildern 2003.

klassischen Philosophie Platons und des Aristoteles' entlehnte mittelalterliche Methodik des Denkens und deren Inhaltlichkeit viel mehr sind als nur eine Propädeutik der Theologie.[16]

2.2 Das Weltgeschehen in christlich-symbolischer Deutung

Unter Aufnahme antiker Elemente der allegorischen Textauslegung und der symbolischen Naturdeutung hat die Theologie ein komplexes exegetisches System entwickelt, nach dessen Regeln die von Gott geschaffene sichtbare Natur und seine im Wort der heiligen Schrift an alle Menschen gerichtete Offenbarung zu „lesen" ist. Danach hat alles in der sichtbaren Welt zunächst einen unmittelbar verständlichen Sinn, nämlich den der natürlichen Welterfahrung und Weltweisheit, und hat alles Bibelwort einen ebenso eindeutigen, „historisch" genannten Wortsinn. Beide zusammen sollen den Menschen und den Völkern zur Orientierung in der Welt und zum richtigen Handeln dienen. Darüber hinaus hat aber alle göttliche Offenbarung in Natur und Schrift einen weiteren Sinn, den *sensus spiritualis*, d.h. einen „geistigen Sinn", den Gott den Menschen nur verschlüsselt in (prophetischen und apokalyptischen) Bildern und Zeichen „wie durch einen Spiegel"[17] zuteil werden läßt. Der Schlüssel hierzu ist die sog. *analogía entis*, d.h. die Annahme, daß alles Sein in einem geheimen Zusammenhang steht und zeichenhaft aufeinander verweist. „Jedes irdische Geschöpf ist uns gleichsam ein Buch, ein Bild und ein Spiegel." (*Omnis mundi creatura quasi liber et pictura nobis est et speculum*), heißt es bei *Alanus ab Insulis* (auch: Alain de Lille genannt, um 1120-1203).[18] Im Wissen von der *analogía entis* erkennt der Kundige etwa am Beispiel „Jerusalem" folgendes: zunächst den Wortsinn (*sensus literalis*) von „Jerusalem" als von einer Stadt in Palästina, dann seinen *allegorischen* Sinn als den „Leib Christi" bzw. die Institution der christlichen Kirche, sodann seinen *tropologischen* bzw. *moralischen* Sinn als das „christliche Gemeinwesen" und schließlich den *anagogischen* („hinaufführenden") bzw. *eschatologischen* („die letzten Dinge betreffenden") Sinn als die „Stadt im Himmel". „Jerusalem" ist so weniger ein herausgehobener geographischer Ort – was er auch ist, indem er nach mittelalterlichem Verständnis, umgeben von den drei Erdteilen Asien, Afrika, und Europa, in der Mitte des Erdkreises liegt – als vielmehr ein „Erinnerungsort"[19], als der Ort des Ausgangs und des Ziels des göttlichen Handelns

---

[16] Zur scholastischen Philosophie allgemein vgl. die einführenden Werke: *J. Pieper:* Scholastik (1960), München 1978; *K. Flasch:* Mittelalter, Bd. 2 von: Bubner 1982 (Geschichte der Philosophie in Text und Darstellung); *K. Flasch:* Das philosophische Denken im Mittelalter. Von Augustin zu Machiavelli (1986), Stuttgart ²2000; *F. Schupp:* Die Geschichte der Philosophie im Überblick. Bd. 2: Christliche Antike und Mittelalter, Hamburg 2003.

[17] U. Eco hat in seinem o.g. Roman den Vers aus dem Paulus-Brief 1. Kor.13, 12: „Die Wahrheit sehen wir hier jetzt nur durch einen Spiegel verrätselt."(*Videmus nunc per speculum in aenigmate*) zum literarisch-semiotischen Ausgangspunkt der vielen dort zu entschlüsselnden „Geheimnisse" in der Natur und in der Menschenwelt gemacht.

[18] Auf dieses Zitat und die dahinterstehende Weltdeutung nimmt U. Eco im genannten Roman Bezug.

[19] Von *lieux de mémoire* spricht *M. Halbwachs* mit Bezug auf die Ausbildung der christlichen Topographie in seiner postum veröffentlichten Schrift: La mémoire collective, Paris 1950 (dt. Das kollektive Gedächtnis, Frankfurt 1985).

und Heils. Durch die allegorisch-symbolische Interpretation werden nicht nur die schlichten Worte des Evangeliums theologisch „aufgeladen", sondern kann man auch den später zu Dogmen erhobenen Wundern wie dem der Jungfrauen-Geburt und der Auferstehung und leiblichen Himmelfahrt Jesu einen die Vernunft weniger verletzenden Sinn zuschreiben. Ein schlichterer Ansatz – dessen sich viele Theologen von *Isidor von Sevilla* (560-636) bis zu *Jakobus de Voragine* (13. Jahrhundert) bedienen – schließt im Sinne einer zumeist falsch gedeuteten Etymologie von Elementen eines Wortes, oft eines (Eigen-)Namens, auf weitere und höhere Sinnbezüge. „Sanct Sebastian" wird von Jakobus z.B. so eingeführt: „Sebastian kommt von sequens, das ist folgend; beatitudo, das ist Seligkeit; astin, das ist Stadt; und ana, das ist oben; und heißt: einer der nachfolgt der Seligkeit der oberen Stadt".[20] Diesem Ansatz verwandt ist die christliche Wahl und Erklärung des Fisch-Symbols für Christus nach den Lauten des griechischen Wortes *ichthýs* („Fisch"):
IESOUS CHRISTOS THEOU 'YOS   SOTER
Jesus   Christus   Gottes   Sohn   Heiland.

Von grundsätzlicher Bedeutung ist schließlich auch die im Neuen Testament angelegte sog. *typologische Exegese*, bei der man bestimmte Ereignisse, Personen und Aussagen des Neuen Testaments mit denen des Alten Testaments derart parallelisiert, daß erstere die letzteren erfüllen bzw. die letzteren bereits auf die höhere, christliche Ebene hinweisen, wobei diese Exegese unter Hinzufügung der Apokalypse um eine dritte Ebene erweitert werden kann und so z.B. Gott, Christus, Antichrist sich „entsprechen".

Diese hier nur angedeuteten Ansätze zeigen zum einen, daß die christliche Theologie weitgehend auf eine rationale Texthermeneutik und auf eine durch Beobachtung, Lebenserfahrung und diesseitige Historie abgestützte Erfassung der natürlichen, gesellschaftlichen und kulturellen Phänomene verzichtet hat, zum andern, wie sie mit den Mitteln ihrer eigenen Tradition versucht hat, in den rational nicht verständlichen Phänomenen der physischen Welt und in den in anderer Weise schwer verständlichen biblischen und frühkirchlichen Texten eine an der Oberfläche verdeckte göttliche Ordnung in der Tiefe zu entdecken. Es ist ein Erkenntnisweg, der sich ähnlich bei vielen Völkern in der mythologischen Erklärung und Deutung natürlicher und kultureller Phänomene findet, sich jedoch prinzipiell von dem rationalen und empirischen Weg unterscheidet, den die griechische Natur- und Ideenphilosophie zu diesem Zweck eingeschlagen hatte. Für die Mediävistik folgt hieraus, daß sie bei der Ausdeutung aller mittelalterlichen Quellen, also auch solcher mit zunächst nur weltlichen Sinnbezügen, die Möglichkeit einer mehrfachen religiösen Dimension bedenken muß, wie sie auch damit rechnen muß, daß der primäre Wortsinn nur eine Täuschung für den Nicht-Eingeweihten ist.

2.3 Scholastik: Die philosophisch-theologische Deutung und Systematisierung der kirchlichen Glaubenslehre

In einer anderen grundsätzlichen Hinsicht freilich setzt die christliche Theologie durchaus die klassische Philosophie der Antike fort, nämlich in der Annahme, daß

---

[20] Zitiert nach dem unten in der Fußnote 39 angegebenen Text, S. 127.

alles physische Sein und Geschehen, alles „Zeitliche" letztlich nur ein scheinbares Sein hat und nur das geistige und überzeitlich beständige Sein ein wirkliches Sein ist. In der Tat unterscheidet sich die jüdische und christliche Geschichtstheorie nicht allzu sehr von der griechischen Ontologie, weshalb ja die christliche Theologie des Mittelalters im Hinblick auf die Vorstellung von Gott, von der Natur des Menschen und allgemein von den Dingen eine Verbindung mit der auf das Allgemeine abhebenden, ungeschichtlichen Philosophie Platons eingehen und sich der aristotelischen Auffassung anschließen konnte, nach der sich der nach Realitätsgraden der Güte und der Vergänglichkeit gestufte Kosmos einem „ersten Beweger" verdankt. Dieser erste, selbst unbewegliche Beweger ist für die christliche Philosophie Gott. Und wie Aristoteles in logischen Schritten die notwendige Existenz einer allerersten Ursache beweist, versucht die scholastische Philosophie, die Existenz Gottes allein mit Vernunftgründen zu beweisen und so auch den Ungläubigen und den Zweifler zum Glauben zu zwingen. Der bekannteste, sog. *ontologische Gottesbeweis* des Anselm von Canterbury lautet sinngemäß: Da Gott „das ist, worüber hinaus nichts Größeres (Vollkommeneres) gedacht werden kann (aliquid *quo maius nihil cogitari potest*), und ihm als dem *summum bonum* in unserer Vorstellung alle Grade der Vollkommenheit zukommen, muß Gott auch existieren; denn wenn ihm außer seinen vielen Attributen der Vollkommenheit das der Existenz fehlte, wäre er nicht vollkommen.[21] Dieser „Beweis" stützt sich auf die Annahme, daß die Allgemeinbegriffe („Gott" ebenso wie etwa „Mensch", „Pferd", „Baum", „Staat" oder „Mut") entweder, im Sinne von Platons Ideenlehre, vor und unabhängig von den empirischen Dingen existieren (*universalia ante res*) oder, im Sinne von Aristoteles' Ontologie, sie der Materie in den Dingen erst die Form geben, ihr ein spezifisches Wesen verleihen und sie damit in die Existenz heben. Der Grundfehler dieses Gottesbeweises ist, daß er die Attribute eines Dinges in eine Reihe mit seiner Existenz stellt. Der später entstehenden sog. konzeptualistischen bzw. nominalistischen Position im Universalienstreit (*universalia post res*) hätte dieser Fehler nicht unterlaufen können. Denn für sie sind Begriffe und das Denken in Begriffen nur in Abhängigkeit vom vorgängigen Sein und Geschehen der Dinge in der empirischen Welt möglich und sind Begriffe nur „Namen".[22]

Der Versuch, Gottes Existenz mit den Mitteln der Vernunft zu beweisen, ist aber selbst schon problematisch. Was hier und allgemein an der ganzen Scholastik stört, ist, daß in ihr bei allem dialektischen Infragestellen von Glaubenssätzen und aller scharfsinniger Argumentation von pro und contra das Endergebnis, die Folgerung, häufig bekräftigt mit einem Wort aus der Bibel oder einem Satz von einem Kirchenlehrer, schon immer feststeht, mithin neue, unerwartete undogmatische Antworten ausgeschlossen sind. So bewegt sich z.B. jeder „Artikel" in der „Summa der Theo-

---

[21] In dem in Fußnote 14 genannten Text, S. 12 f.
[22] Vgl. *H.-U. Wöhler* (Hg.): Texte zum Universalienstreit. Bd. I: Vom Ausgang der Antike bis zur Frühscholastik, Berlin 1992, 131-183. Das gegenwärtige Standardwerk ist von *A. de Libera*: Der Universalienstreit. Von Platon bis zum Ende des Mittelalters. Aus dem Frz. (1995), München 2005. Zur Hochscholastik vgl. die Abhandlung von *Thomas von Aquin*: De ente et essentia (Über das Sein und das Wesen), Frankfurt 1959.

logie" des THOMAS VON AQUIN (1224-1274), d.h. in seiner Zusammenfassung der christlichen Lehre, im argumentativen Dreitakt von *obiectiones contra, obiectiones pro, responsiones*, schließen sich in seinem Gottesbeweis an die Eröffnungsfrage (*quaestio*) „Gibt es Gott?" die Einwände „*videtur quod non* ...", dann die Einwände „*sed contra* ...", drei Erwiderungen nebst einem Beschluß (*resolutio*) und einer endgültigen Feststellung (*determinatio*) an. Zu dieser Feststellung hat der Theologe aber nur kommen können, weil er in einem dialektischen Verfahren zuvor alle Widersprüche und unlösbaren Probleme in ein System höherer, vom Mysterium Gottes erfüllter Wahrheit überführt hat.[23] Am Ende steht jedenfalls immer eine scheinbar die Vernunft und den Glauben versöhnende Sicherheit. Bei Thomas und den anderen Theologen des Mittelalters ist so der Weg zu Gott zwar sozusagen nicht von den apokalyptischen Reitern gesäumt, sondern von dem Bemühen angetrieben, die ewige und eine Wahrheit auch rational begründen zu können und so die Ruhe in Gott zu finden.[24] Aber ohne den vorausgesetzten Glauben an die Wahrheit der jüdisch-christlichen Offenbarung vermag diese ratio nicht vor dem Denken zu bestehen.

Ebenso schlecht bestellt ist es im mittelalterlichen Wissenskosmos mit der empirischen und der mathematisch-rationalen Erkenntnis der Welt.[25] Im Unterschied zur klassischen und hellenistischen Antike, die auf diesem Feld nicht nur zahllose Erkenntnisse gemacht, sondern die Wissenschaften überhaupt begründet hat, verzichtet die mittelalterlich-christliche Philosophie zugunsten der spekulativen Metaphysik und Symbolik darauf fast ganz und büßt dabei obendrein einstmals gesichertes Wissen ein. Eine Korrektur leitet seit dem hohen Mittelalter immerhin der Aristotelismus ein. Allemal muß man aber aus der historischen Distanz von heute bedauern, daß das Abendland im Mittelalter zuviel Scharfsinn darauf verwendet hat, Ordnung und Sinn in eine in sich widersprüchliche und z.T. absurde religiöse Offenbarung und Dogmatik mit rationalen Mitteln zu bringen, und es darüber die anderen Wege der Erkenntnis vernachlässigt hat.[26]

Wenn sich so insgesamt die Metaphysik der Antike und die Theologie des Mittelalterns in ihrem Verständnis des Göttlichen bzw. Gottes und seiner Offenbarung in der Welt und des Menschen und seines Geistes auch prinzipiell unterscheiden, kann man doch beide Denkanstrengungen als einen Versuch verstehen, die in der menschlichen Existenz und in allen sichtbaren Phänomenen erlebte Vergänglichkeit und Veränderlichkeit rückgängig zu machen, zu negieren, und zwar durch die Behauptung eines unveränderlichen Grundes hinter den Phänomenen, die Annahme von Mächten des Ursprungs und der Ewigkeit, die als „Geister", „Natur", „Ideen" oder „Gott" Ursache, Garant und Lenker alles Irdischen sind. Metaphysik und

---

[23] *Thomas von Aquin*: Summa der Theologie, Bd. 1, 3. Art. der 2. Untersuchung, Stuttgart 1954, 22 ff.

[24] Zu dieser Grunddeutung der Scholastik kommt der vom Thomas-Institut der Universität Köln herausgegebene Band von *J. A. Aertsen/M. Pickavé* (Hg.): Ende und Vollendung. Eschatologische Perspektiven im Mittelalter, Berlin 2002.

[25] Hierin ist die islamische Kultur der christlichen Wissenschaft weit überlegen (vgl. Kapitel 9.2.). Immerhin rezipiert letztere einiges davon im Kontext der arabisch-islamischen Vermittlung der antiken Philosophie, besonders durch *Ibn Sina (lat. Avicenna) und Ibn Rushd (lat. Averroes)*.

[26] Vgl. *A. Speer* (Hg.): Philosophie und geistiges Erbe des Mittelalters, Köln 1994.

Theologie sind so Versuche zu einer Theorie, das zeitlos in den Dingen vorgegebene Allgemeine zu erkennen. Was hierbei die Natur des Menschen anbetrifft, hat das so auf Dauer gestellte Selbstbild noch bis über die Schwelle zur Moderne hinaus Bestand gehabt. Allemal geht jede vormoderne Anthropologie von der einen unveränderlichen Menschennatur aus. Dies schließt in Antike und Mittelalteralter eine Geschichte der Kultur im modernen Verständnis des Wortes ebenso aus wie eine Geschichte der Welt.

3. Mittelalterliche Geschichtsschreibung

Trotz der Konzentration auf das Unveränderliche der Transzendenz und der Menschennatur gibt es auch im Mittelalter ein entwickeltes historisches Denken. Dieses Denken bewegt sich natürlich ganz im Rahmen der kirchlichen Weltdeutung und ihres Menschenbildes.[27] Den ersten Rang nimmt die der Kirche am nächsten stehende *Sakralgeschichte* als Kirchen- und als Lehrgeschichte ein. Es folgt ihr nach Umfang und Bedeutung die *Geschichte der weltlichen Herrschaft* als Geschichte des christlichen Feudalismus und der einzelnen Herrschaften. Nicht unbedeutend ist schließlich *die schriftliche Überlieferung, Pflege und Erweiterung des traditionellen mündlichen Erzählgutes*, in welchem Vergangenheit aufbewahrt ist. Es ist insgesamt fast ausnahmslos das historische Denken und Wissen von Klerikern. Denn nur sie sind über die längste Zeit im Mittelalter hinweg schriftkundig. Erst gegen Ende dieses Zeitraums erwerben Laien in größerem Umfang die Schriftkenntnis, und auch sie haben in aller Regel von Klerikern das Schreiben privat oder in Schulen erlernt. Diese sind es, die die überlieferten Texte und Dokumente bewahren, abschreiben, kommentieren und daraus neue Geschichtswerke kompilieren und konstruieren, die die Geschichte der Institution Kirche und ihrer Theologie fortschreiben und ihnen denk- und erinnerungswürdig erscheinende Ereignisse, Taten und Lebensläufe bedeutender Menschen für die Nachwelt festhalten. Dabei wurde entsprechend der großen Bedeutung des überlieferten Wortes und des großen zeitlichen und materiellen Aufwandes der Herstellung von Akten und Büchern auf eine kalligraphische und rhetorische Gestaltung der Texte geachtet. Klosterbibliotheken waren so bis ins hohe Mittelalter der Ort, an dem das historische Gedächtnis gepflegt und die kostbaren Schätze sorgfältig vor dem Verlust bewahrt wurden.[28] Auch noch für die Zeit des späten Mittelalters gilt weithin, daß das schriftlich niedergelegte historische Wissen nicht nur aus der „Feder" der Kleriker geflossen, sondern auch durch deren „Brille" wahrgenommen ist – in Erfüllung des Auftrags ihrer kirchlichen und weltlichen Herrscher.

---

[27] Zur mittelalterlichen Geschichtsschreibung allgemein vgl.: *E. Schulin*: Traditionen des Geschichtsdenkens, Funkkolleg Geschichte, SBB. 11, Tübingen 1980, 11–48; *F.-J. Schmale* Funktion und Formen mittelalterlicher Geschichtsschreibung. Eine Einführung, Darmstadt ²1993; *H.-W. Goetz*: Theologischer Sinn und politisches Gegenwartsinteresse. Tendenzen, Formen und Funktionen der mittelalterlichen Geschichtsschreibung, in: Goertz 1998, 233–244.

[28] In Ecos oben genanntem Roman ist das Skriptorium nicht nur wegen seiner Eignung für die Kriminalhandlung der wichtigste Ort des Klosters.

3.1 Providentia – Fatum – Fortuna: Die von der Vorsehung gelenkte Heilsgeschichte

Den allgemeinen Rahmen der mittelalterlichen Geschichtsschreibung setzt die christliche Universal- und Heilsgeschichte. Weitverbreitet ist im Rückgriff auf Boethius' Schrift „Vom Trost der Philosophie"[29] die über die Begriffstrias von Providentia – Fatum – Fortuna beschreibbare Geschichtskonzeption.[30] Danach meint *providentia* die für alle Zeiten vorgegebene und alles umfassende, aber noch nicht verwirklichte „Vorsehung" (Sicht, Vorstellung, Plan, Schöpfungsgedanke) Gottes von der Welt (Kosmos), *fatum* die Verwirklichung der *providentia* in Zeit und Raum, möglich in vielerlei Gestalt zwar, aber in seiner Wirkung unabwendbar durch Gottes Wille, und *fortuna* das, was Gott den Individuen zu ihrer Lenkung und Erziehung schicksalhaft zuteil werden läßt, ohne daß die Menschen immer den Sinn erkennen, den Gott damit bei ihnen wie auch bei den Großen und Heiligen als Prüfung oder als Auszeichnung vorhat. Während danach die „Vorsehung" und die „Geschichte der Welt und ihres Heils" trotz ihres für Menschen unklaren Erscheinungsbildes als Ganzes gut und vollkommen sind, trifft das „Schicksal" hier auf Erden manche Menschen hart und hebt manche anderen gnädig aus der Menge heraus. In christlicher Sicht ist so aus der unberechenbaren, launischen und ungerechten römischen (Göttin) Fortuna eine gottgewollte, ordnende Schicksalsmacht geworden, die den Menschen vor Überhebung bewahren will und ihn nach dem ihm verborgenen Sinn von Aufstieg und Fall suchen läßt.

3.2 Weltchroniken und Weltaltervorstellungen

Konkreter in ihren Darlegungen, wenn auch ebenso fern vom Versuch einer quellenkritischen und realgeschichtlichen Darstellung sind die seit dem 12. Jahrhundert entstehenden Weltchroniken im Sinne der Abfolge von Weltaltern. So verfaßt Bischof OTTO VON FREISING (1115–1158) im Rückbezug auf Augustins Vorstellung von Reich Gottes und von dem des Teufels und der *ecclesia permixta* in seiner „Chronica sive Historia de duabus ‚civitatibus'"[31] eine von Adam bis zum Jüngsten Gericht reichende Weltgeschichte, die, was die damalige Gegenwart betrifft, ganz auf das christliche Abendland zuläuft und alle nicht-jüdischen und nicht-christlichen Reiche der Welt entweder als unbedeutend von der Betrachtung ausschließt oder nur als zeitweilige Gegenmächte gelten läßt. Von großer Wirkung auf das historische Denken sind die Prophetien des Abtes JOACHIM VON FIORE (1130-1202) geworden. In seinem universalhistorischen Schema soll nach dem Zeitalter des „Vaters", d.h. des Alten Testaments als der „Zeit der Furcht", und dem des „Sohnes", d.h. des Neuen Testaments als der „Zeit des Glaubens", das Zeitalter des „Heiligen Geistes", d.h. der greifbar nahen Zukunft als der „Zeit der Liebe", bevorstehen. In Erwartung dieses vom heiligen Geist erleuchteten und regierten und tausend Jahre währenden „dritten Reichs" würde alle weltliche und geistliche Herrschaft ihre Notwendigkeit

---

[29] Lateinisch und Deutsch, Zürich/Frankfurt 1981.
[30] Vgl. hierzu *J.O. Fichte*: Providentia – Fatum – Fortuna, in: Zs. Das Mittelalter 1, 1996, 5–20, bes. S. 12 f.
[31] *Otto von Freising*: Chronik, Hg. von W. Lammers, übersetzt von A. Schmidt, Darmstadt 1960.

einbüßen und würden alle Menschen in einem Wirklichkeit gewordenen irdischen Gottesstaat in Gleichheit friedlich zusammenleben.[32] Im Sinne einer fortschreitenden Offenbarung Gottes auf Erden ist dies ein „aufgehellter" Augustinismus, weshalb christliche und säkulare Utopien bis heute an ihn angeknüpft haben.[33]

Diese das Ende der Welt zumeist nicht unmittelbar und nicht immer katastrophisch erwartenden Geschichtsschemata schlagen allerdings im Passieren bedeutsamer Jahresmarken, biblisch berechneter Wendejahre und in Krisenzeiten in apokalyptische Befürchtungen um, wie es etwa zum Beginn des zweiten Jahrtausends bei Pest, großen Hungersnöten und verheerenden Kriegen geschehen ist. Dabei wird die Erwartung eines nahen Endes der bisherigen Welt oder doch zumindest der bisherigen Art des menschlichen Zusammenlebens nicht selten zu einem Kristallisationspunkt neuer religiöser und sozialer Bewegungen.[34] So haben nach dem Urteil mancher Mediävisten die um sich greifenden Ängste vor dem unmittelbar bevorstehenden Ende der Welt die Menschen in Europa „schöpferisch zu großen Taten getrieben".[35] Im allgemeinen aber, hat demgegenüber A. Borst zu bedenken gegeben, gilt, daß das christliche Mittelalter sehr deutlich zwischen der politischen Geschichte der Völker einerseits – der noch heidnischen *gentes*, aber auch der weltlich regierten christlichen Völker – und der großen Geschichte des Heils andererseits unterschieden habe, so daß in der konkreten Zukunftserwartung der Menschen der „Christus als Weltenherrscher nur ein bloßer Wunschtraum ist" und „Heilsgeschichte erst dann ‚Weltgeschichte' werden [würde], wenn Welt und Geschichte zu Ende waren, wenn Gottesvolk und Menschheit identisch wurden, also gerade nicht vorderhand."[36]

3.3 Institutionelle und volkstümliche Kirchengeschichtsschreibung als Hagiographie
Ein Großteil der mittelalterlichen Geschichtsschreibung ist, wie gesagt, Kirchengeschichtsschreibung, und zwar zumeist in Form von Chroniken, die durch ihre die zeitliche Abfolge von Ereignissen und Handlungen einhaltenden Erzählungen kirchliche Einrichtungen legitimieren, die Erinnerung an ihre Gründer und Stifter wachhalten, die Identität und Zugehörigkeit ihrer Mitglieder bekräftigen und allgemein das „Unerhörte" festhalten. Daneben nehmen die sich um den Märtyrer- und Reliquienkult und die Heiligenverehrung rankenden Erzählungen, Heiligenlegenden (Viten) und Reiseberichte von Wallfahrten einen wichtigen Platz ein. In den *Acta Sanctorum* sind etwa 4000 Lebensbeschreibungen von rund 2500 Heiligen

---

[32] *Joachim von Fiore*: Das Reich des Heiligen Geistes. Bearbeitung A. Rosenberg, München 1955.

[33] Vgl. *H. Grundmann*: Studien über Joachim von Floris, Leipzig 1927; dazu auch die Ausführungen über moderne Sozialutopien, u.a. die von *E. Bloch* in Kapitel 28.2.2.

[34] Die vielen Katastrophen und rasch entstehenden und zusammenbrechenden Bewegungen des 14. Jahrhunderts schildert zugleich romanesk und realhistorisch *B. Tuchman*: Der ferne Spiegel. Das dramatische 14. Jahrhundert. Aus dem Amerikanischen von U. Leschak und M. Friedrich (New York 1978), Düsseldorf 1980, München 1982 ff.

[35] *J. Fried*: Das 11. Jahrhundert erwartet das Jüngste Gericht und erneuert die Kirche, in: *M. Jeismann* (Hg.): Das 11. Jahrhundert. Kaiser und Papst, München 2000, 13–34, hier: S. 34.

[36] *A. Borst*: Weltgeschichte im Mittelalter, in: Koselleck/Stempel 1973, 452 ff. hier: 455.

aufgenommen.[37] Die bekannteste und in vielen Abschriften vorliegende Sammlung ist die aus der gesamtchristlichen Überlieferung von der Antike bis zum 13. Jahrhundert schöpfende und der kirchenjährlichen Heiligenverehrung und Predigtvorbereitung dienende (lateinisch abgefaßte, jedoch mündlich in den Volkssprachen Verbreitung findende) „Goldene Legende" (*Legenda aurea,* 1263-1273) des JACOBUS DE VORAGINE.[38] Als volkstümliche Hagiographie[39] haben diese fast nur aus traditionellen Topoi bestehenden und stilistisch monotonen Erzählungen durchweg einen erbaulichen, wundergläubigen und zugleich rationalistischen Charakter und sind so fast ohne jeden realgeschichtlichen Wert, wenn sie den heutigen Leser auch in die Vorstellungswelt einfacher Gläubiger und in die Homiletik der damaligen Geistlichen blicken lassen.[40]

3.4 Geschichtsschreibung im Dienste der weltlichen Herrschaft

Eine Abgrenzung der weltlichen von der sakralen Historiographie ist nicht nur wegen der klerikalen Autorschaft schwierig. Landes-, Stadt- und Hauschroniken, Lebensbeschreibungen, Urkunden, Verträge, Gesetze und Berichte jeder Art sind gerahmt von Anrufungen Gottes und der Heiligen und allgemein durchsetzt mit religiösen Vorstellungen. In Chroniken, die im wesentlichen damals erhobene Ansprüche legitimieren oder bekräftigen sollen, werden „Geschichten erzählt", wird nicht „Geschichte geschrieben". Dynastische Texte dienen in vergleichbarer Weise vor allem der Verherrlichung der Herrschaft, sind Herrscherlob. Heldenlieder, wie z.B. das mittelhochdeutsche Nibelungenlied oder das altfranzösische Rolandslied, sind inhaltlich wenig beglaubigte Legenden, die nationalen Motiven entspringen und sie nähren, weshalb die Annahme einer Kontinuität und Identität zwischen früh- und hochmittelalterlichen Völkern und erst recht heutigen Nationen für eine inzwischen überholte Sichtweise der älteren Historie gilt. Die vor allem im hohen Mittelalter beliebten höfischen (Vers-)Romane sind von Anfang an literarisch geformte Phantasiegebilde unterhaltsamen, belehrenden und psychologisierenden Charakters. Erst für uns, d.h. für die wissenschaftliche Kulturgeschichtsschreibung, werden sie zu

---

[37] Nach Maurer Bd. 6: Institutionen, 2002, 190 ff. *D. Nahmer:* Die lateinische Heiligenvita, Darmstadt 1994.

[38] Eine jüngere (nach den spätmittelalterlichen Übertragungen) deutsche Übersetzung von R. Benz, Jena 1917, liegt zur Zeit als Reprodruck vor, Heidelberg 1984 (und Darmstadt: Wissenschaftliche Buchgesellschaft 1982).

[39] Sein heilsgeschichtliche Konzept hat der Redaktor unter dem Titel „Vom geistlichen Advent" im Vorwort zur Sammlung (S. 2-14) dargelegt. Vgl. *R. Rhein:* Die Legenda Aurea des Jacobus de Voragine. Die Entfaltung von Heiligkeit in „Historia" und „Doctrina", Köln 1995.

[40] Zur volkstümlichen Religiosität vgl. allgemein *A. Angenendt*: Geschichte der Religiosität im Mittelalter, Darmstadt 1997. Zum kulturellen Potential der Heiligen vgl. *F. Prinz:* Der Heilige und seine Lebenswelt. Überlegungen zum gesellschafts- und kulturgeschichtlichen Aussagewert von Viten und Wundererzählungen, in: ders., Mönchtum, Kultur und Gesellschaft. Beiträge zum Mittelalter. Zum 60sten Geburtstag des Autors. Hg. A. Haverkamp/A. Heit, München 1989, 251-268; ders.: Das wahre Leben der Heiligen. Zwölf historische Portraits von Kaiserin Helena bis Franz von Assisi, München 2003.

Zeugnissen einer verfeinerten ritterlich-höfischen Kultur, zu wichtigen Dokumenten einer mittelalterlichen Mentalitätsgeschichte.[41]

Der übergroßen Masse der Bevölkerung freilich, einschließlich der Mitglieder des adligen Standes, begegnet Geschichte nicht schriftlich, sondern im Leben. Für sie sind die heils- und kirchengeschichtlichen Auffassungen im wesentlichen eine Sache der Gelehrten, weshalb dies alles die meisten Menschen wenig berührt. Gleichwohl dürfte das Bewußtsein sehr ausgeprägt gewesen sein, daß sich die Herausforderungen der Gegenwart nur im Lernen und Anwenden des historisch Überkommenen meistern lassen. Anders läßt sich die recht langsame, jedoch unaufhaltsame Fortentwicklung der Kultur in den Jahrhunderten des Mittelalters nicht erklären. Das Wissen und Können der Handwerker, Künstler und andere Fachleute des Praktischen ist jedoch ganz überwiegend in mündlicher und weniger in schriftlicher und bildlicher Form im Meister-Schüler-Verhältnis weitergeben worden, so daß Historiker heute vor allem aus den erhaltenen Werken und Spuren auf die geschichtliche Entwicklung der Kultur in der Hauswirtschaft, Landwirtschaft, im Handwerk, im Handel, im Kirchen-, Burgen- und Städtebau, in der Musik, in der Medizin, im Rechtswesen, in der Kriegsführung, Welterkundung usw. schließen.

4. Zeit- und Geschichtsbewußtsein im Medium christlicher Lebensführung
4.1 Lebenszeit als Bewährungszeit unter Verhältnissen natürlicher und sozialer Bedrohtheit und religiöser Ängste

Wenn die mittelalterliche Theologie und Philosophie ihren Hauptgegenstand, Gott und sein mit den Sinnen nicht wahrnehmbares „Reich", auch ganz weltentrückt und ahistorisch begreifen, so wird doch in diesem Zeitalter auch das irdische Leben und die Geschichte der Individuen und Völker sehr ernst genommen. Denn wenn Gott sich im Jüngsten Gericht auch die letzte Entscheidung über die ewige Verdammung der Sünder oder die ihnen gewährte Gnade ewiger Seligkeit vorbehält, so wird doch hier auf der Erde die Grundlage dafür gelegt, ist das irdische Leben die den Menschen auferlegte Zeit der Prüfung, können sie Vorsorge für das erste Gericht unmittelbar nach ihrem Tode treffen und tun sie als einzelne und als Völker gut daran, die ihnen in dieser Welt von Gott ständig gegebenen Zeichen der rechten Lebensführung, des rechten Glaubens und der rechten Politik zu beachten. Das seit dem hohen Mittelalter unaufhörlich von der Geistlichkeit ausgesprochene *Memento mori* erinnert die Menschen ja nicht nur daran, daß sie sterben, sondern nach dem Tode Rechenschaft über ihren Lebenswandel ablegen müssen. Es dürfte wenige Zeitalter und überhaupt nur wenige Kulturen geben, die deswegen so angsterfüllt gewesen sind und eine so pessimistische Anthropologie vertreten haben – jedenfalls, wenn man jenen Quellen Glauben schenken soll, die die *conditio humana* beschreiben.

Dazu hat sicherlich beigetragen, daß das menschliche Leben – z.T. auch jenseits der Standesschranken – wirklich ganz elementar fast immer bedroht war. In der von *A. Borst* interpretierten mittelalterlichen Erzählung „Vom Lebenslauf des Menschen" erhält ein Rat suchender König von einem Philosophen auf die Frage „Wie geht es dem Menschen?" zunächst die Antwort: „Der Mensch ist elend die ganze

---
[41] Vgl. unten dazu auch Abschnitt 4.2.

Zeit seines Lebens.", dann auf die Frage „Was ist der Mensch?", die Antwort „Er ist ein Knecht des Todes. [...] Er ist ein Gast im Raum. Er ist ein Wanderer unterwegs. [...] Er gleicht dem Eis", auf die Frage „Wo befindet sich der Mensch?" die Antwort „Im vielfachen Krieg gegen Welt, Teufel und Fleisch.", und schließlich auf die Frage „Mit welchen Gefährten lebt der Mensch?" die Antwort: „Hunger, Durst, Hitze, Kälte, Müdigkeit, Krankheit und Tod."[42] Hier sind alle die natürlichen und gesellschaftlichen Gefahren aufgezählt, unter denen die meisten Menschen in einer „unsicheren Lebenszeit"[43] leiblich und seelisch zu leiden und die sie zu fürchten hatten. Die im Vergleich zur klassischen Antike im europäischen Mittelalter wesentlich niedrigere Lebenserwartung bestätigt diese pessimistische Sicht auf die *conditio humana*. Die allenthalben vorhandenen Stadt-, Kloster-, Zellen-, Burgmauern mag man so auch als Ausdruck von Ängsten bewerten und darin eine Abgrenzung gegen eine bedrohliche Natur und Menschenwelt und zugleich die Konzentration der Gemeinschaften und Individuen auf sich selbst sehen.[44]

Denn die Versorgung mit den elementaren Lebensmitteln und den Schutz vor den Übergriffen der anderen boten den Individuen nur ihre Familie und die beruflich oder ständisch organisierten Gemeinschaften vor Ort. Und das galt für alle, für Bauern und Stadtbürger, Adlige und Fürsten ebenso wie für Geistliche und Gebildete und noch für Außenseiter und Exoten. Sie alle hatten im ständischen Gefüge der Gesellschaft mit ihresgleichen einen bestimmten Ort. Sie wußten, was man von ihnen erwartete, was man ihnen nachsah, worin sie sich vervollkommnen und die Bewunderung anderer erringen konnten und waren so alles in allem eingebunden in das, was A. Borst das Ensemble jeweiliger geschichtlich entstandener und sozial eingeübter „Lebensformen" nennt und was seinem Buch „Lebensformen im Mittelalter" die Deutungsgrundlage des menschlichen Lebens und Handelns in dieser Zeit gibt. Der Rückhalt, den die Menschen in diesen Lebensformen hatten, hat die Gefahren, Spannungen und Ängste nicht beseitigt, aber doch abgemildert, so daß das Zupackende, das Fest, die Lebenslust in den mittelalterlichen Gesellschaften durchaus ihren Platz hatten.[45]

---

[42] Die Erzählung ist der um 1300 in England entstandenen und in ganz Europa verbreiteten Sammlung lateinischer Kurzgeschichten der „Gesta Romanorum" entnommen. Alle hier angeführten Zitate folgen der Übersetzung von *A. Borst*: Lebensformen im Mittelalter (1973), Frankfurt 1979 ff., S. 29 f. .

[43] Nach dem Buchtitel und dem Urteil von *A.E. Imhof*: Von der unsicheren zur sicheren Lebenszeit, Darmstadt 1988.

[44] Vgl. dazu auch *G. Duby*: Unseren Ängsten auf der Spur. Vom Mittelalter zum Jahr 2000 (frz. An 1000 – An 2000. Sur les traces de nos peurs, Paris 1995), Köln 1996, und *P. Dinzelbacher*: Angst im Mittelalter. Mentalitätsgeschichte und Ikonographie von Teufels-, Todes- und Geisteserfahrung, Paderborn 1996.

[45] Zu dieser Thematik vgl. allgemein die zahlreichen Arbeiten französischer Mediävisten der Annales-Schule, u.a. Ariès, Duby, Le Goff, Le Roy Ladurie, und speziell die des russischen Forschers A. Gurjewitsch (s. dazu Kapitel 28.3.).

4.2 Das auf christliche Urzeitereignisse, auf Heiligengedenken und Legenden bezogene kulturelle Gedächtnis

Fragt man nach dem „kulturellen Gedächtnis" der nicht-schriftkundigen Menschen dieser Gesellschaft, so ist es im wesentlichen ein *religiöses Gedächtnis*. Es besteht zunächst darin, daß die kirchliche Verkündigung, die Teilnahme an den Sakramenten und die Verehrung der Heiligen die Gläubigen in jedem einzelnen Akt wieder sozusagen in die Ursprungs-, Märtyrer- und Heiligengeschichte des Christentums zurückversetzen. Insbesondere in der Messhandlung wiederholen der Priester und mit ihm die Gläubigen die „Danksagung" (Eucharistie) Christi beim letzen Abendmahl mit seinen Jüngern und erleben glaubend jedes Mal aufs Neue die Wandlung des Weins in das Blut und des Brots in den Leib Christi. Darüber hinaus sind die biblischen Erzählungen das moralische „Kompendium" und das „Geschichtsbuch" für alle, ebenso für diejenigen, die sie in den Kirchen bloß hören und dort in charakteristischen Szenen plastisch und im Bild dargestellt sehen, wie für diejenigen, die sie zu deuten wissen und den bildenden Künstlern, Dichtern und Musikern zur Nachgestaltung in Auftrag geben. Am historischen Beispiel der biblischen und sonstigen frommen Erzählungen lernen so alle, was gut und was böse ist.

Zeitlich und räumlich näher wird Geschichte sodann erlebt in der Verehrung der Orts- und Tagesheiligen und der Reliquien, in der Erinnerung an Stifter von Klöstern und Kirchen und im familialen und im öffentlichen Totengedächtnis. Das Hören und Lesen der Lebensläufe der Heiligen, wie oben schon erwähnt, und die Wallfahrten zu den Reliquien der Christenheit führen in die in der Gegenwart weiterwirkende Vergangenheit. Wenn diese Begegnung mit der christlichen Vergangenheit neben der Erbauung und der Ableistung der dem Sünder auferlegten Kirchenstrafen auch immer der Bestätigung und Verherrlichung geistlicher und weltlicher Herrschaft dient, so wird dadurch doch der mit Plackerei und Sorgen ausgefüllte Alltag der Menschen auf eine vorgestellte Gegenwelt hin geöffnet.

Hinsichtlich der *eigenen Lebensgeschichte*, also des nächsten zeitlichen Rahmens, haben die Menschen bei aller Unterschiedlichkeit, die mittelalterliche Lebensläufe je nach Standeszugehörigkeit und infolge ihrer Verkürzung durch Krankheit und frühem Tod aufweisen, viele Gemeinsamkeiten. Daran fällt auf, daß sich die natürlicherseits vorgegebenen Lebensalter hier sehr selbstverständlich aneinanderschließen. Kindheit und Jugend werden rasch durchmessen. Ihnen wird im allgemeinen kein Eigenwert, sondern nur die Funktion der Vorbereitung auf das Erwachsenenalter zuerkannt. Dieses mag, wiederum je nach Stand und Beruf, entweder sehr gleichförmig in seinen Pflichten verlaufen oder deutlich gegliedert durch den Wechsel von Tätigkeitsfeldern oder durch das Passieren beruflicher Wendemarken, wie sie in Zünften und bei der Geistlichkeit üblich sind. Demgegenüber scheinen die durch affektive Höhepunkte gekennzeichneten Ereignisse wie Hochzeiten, Wiederverheiratung, Kinderzuwachs, Taufen und eben auch die dieses alles mitbedingenden zahlreichen Tode durch Seuchen, Entbindungs- und Kindersterblichkeit verhältnismäßig wenig Beachtung bei den Rückblicken der Menschen auf ihr Leben zu finden, wobei freilich zu bedenken ist, daß Autobiographien größeren Umfangs erst seit dem späten Mittelalter angefertigt wurden und auch die etwas zahlreicheren (Herrscher- und Kleriker-)Biographien die persönliche und private

Seite eines Lebenslaufs nur spärlich beleuchten. Das (Greisen-)Alter gilt und ist in der Regel auch, außer bei herausgehobener Herrschern, Prälaten und Weisen, nur ein kurzer Abgesang des Lebens, der im Hinblick auf den bevorstehenden Übergang in das zweite und eigentliche Leben nach dem Tod freilich umso wichtiger ist.

Einer besonderen Betrachtung bedürfte hier die Lebensform, der Lebenslauf und das Zeiterleben des *Klerikers* und dabei besonders des *Mönchs*. Letzterer „verläßt die Welt", läßt hinter sich seine Familie, seinen Lebenskreis und Stand und damit seine bisherige zeitliche, räumliche und mitmenschliche Orientierung, und gliedert sich in eine neue Familie, die der Superfamilie Kirche und der jeweiligen Kommunität, ein und unterwirft sich einer neuen zeitlichen Gliederung des Tages durch die Stundengebete, des Jahres durch die Feste und des Lebens durch die „Karriere" im Kloster.[46]

4.3 Jenseitige Wege der Seele: Das Schema und seine poetische Darstellung durch Dante

Der Weg der Seele nach dem Tode, also die künftige „Geschichte" der noch Lebenden, wird durch die von der Kirche gegebene Deutung für jeden einzelnen Menschen schlichtweg existentiell und über alles weitere entscheidend. Wie oben schon dargestellt, erwartet den Christen seit dem hohen Mittelalter unmittelbar nach dem Tode ein erstes Gericht und Urteil, das ihn während der Zeit bis zum Jüngsten Gericht einem der drei vorläufigen Schicksale der Seele zuordnet. Er kann gehören zu den zu Erlösenden, den auf Zeit Büßenden oder zu den auf ewig zu Verdammenden. Den ersteren steht nach einer Glaubensprüfung ein stufenweiser Aufstieg zum Himmel offen, an dessen Ende ihnen Gott aber zunächst, d.h. vor dem Ende der Welt, noch nicht ansichtig wird. Die Büßenden treten den längeren oder kürzeren Weg der Läuterung an, bis sie wie jene ersteren den Weg nach oben beschreiten dürfen. Die Seelen der zur ewigen Verdammung Bestimmten werden einem Ort in der Hölle zugeführt, an dem sie entsprechend der Art ihrer schlimmsten Verfehlungen leiden müssen. Das Schwelgen in der Darstellung der ihnen zugefügten Grausamkeiten in den kirchlichen Bildnissen hat ein vielfaches Pendant in der mittelalterlichen und frühneuzeitlichen irdischen Strafpraxis und hat seinen wirkmächtigsten Ausdruck in den Abbildungen der Geißelung Jesu gefunden.[47]

Die „Divina Comedia" DANTES (1265-1321) ist die bedeutendste literarische Vision dieses Jenseits.[48] Das darin dargestellte Totenreich in Erwartung des Jüngsten

---

[46] Grundsätzliches zur Biographie- und Lebenslaufforschung des Mittelalters findet sich u.a. bei: G. *Misch*: Geschichte der Autobiographie, 3. Bd., 2. Hälfte, Frankfurt 1962; A. J. *Gurjewitsch*: Die Geburt des Individuums im Mittelalter, München 1994; W. *Goez*: Gestalten des Hochmittelalters. Personengeschichtliche Essays im allgemeinhistorischen Kontext, Darmstadt 1983; E. *Wiersing*: Vormoderne Lebensläufe. Einige humanwissenschaftliche und insbesondere erziehungshistorische Überlegungen zu ihrer Erforschung, in: Keck/Wiersing 1994, 1-32; ders.: Vormoderne Lebensformen als Thema und Herausforderung der neuen Lebenslauf- und Biographieforschung am Beispiel des Edelherrn Bernhard zur Lippe (1140-1224), in: BIOS. Zeitschrift für Biographieforschung und Oral History, 2, 1997, 161-185.

[47] Vgl. *V. Groebner*: Ungestalten. Die visuelle Kultur der Gewalt im Mittelalter, München 2003.

[48] Vgl. *Dante*: Die Göttliche Komödie. Übertr. von K. Vossler (1941), München 1962; Neuübersetzung in Prosa mit Erläuterungen von F. Barth, 2 Bde., Darmstadt 2003; ders.: Vita nuova – Das neue Leben, Frankfurt 1964.

Gerichts mit dem *inferno* als Ort ewiger Qualen, dem *purgatorio* als einer „Hölle auf Zeit"[49] und dem *paradiso* als einem siebenfach gestuften Himmel, in dessen Zentrum die zu Erlösenden Gott im Empyrium (Feuerhimmel) ewig selig werden schauen können, ist vertikal gegliedert. Der Weg der Seelen beginnt mit einem Abstieg oder mit einem sofortigen oder verzögerten Aufstieg und endet mit dem Erreichen der Pforten der Hölle oder des Himmels, wo dann die Zeit stillstehen bleibt und nach dem Jüngsten Gericht alle Zeitlichkeit gänzlich getilgt wird. Der in den Tympana der Kirchen und den Fresken erfaßte Augenblick des Jüngsten Gerichts mit Höllensturz der einen und Aufstieg zur Seligkeit der anderen ist zugleich die Darstellung der anhebenden Ewigkeit. Als ein religiöses Lehrgedicht ist die „Komödie" jedoch zugleich ein Spiegel des irdischen Lebens. Seine Ausgangs-Situation ist die „Verirrung in der Lebensmitte" („Dem Höhepunkt des Lebens war ich nahe, da mich ein dunkler Wald umfing und ich, verirrt, den rechten Weg nicht wieder fand [...]", Beginn der „Divina Comedia"). Motiv und Ziel ist die Wahl des rechten Lebensweges, oft die Absage an die bisherige Lebensführung, also Bekehrung und Umkehr. Das Leben der Seelen an den drei Orten schließlich ist die exemplarische Darstellung gottgefälliger und verwerflicher Lebensformen.

4.4 Von der agrarisch-natürlichen und kirchlichen Zeit der Menschen im frühen und hohen Mittelalter zur dann auch gemessenen Profanzeit im Spätmittelalter

Nicht berücksichtigt ist in diesem Überblick über das mittelalterliche Zeit- und Geschichtsbewußtsein bisher, daß sich dieses im langen Zeitraum von 1000 Jahren in Abhängigkeit vom Wandel der Wirtschaft und der Technik und von der Zugehörigkeit zu den ständischen Lebenskreisen ändert. Man hat in Bezug auf das frühmittelalterliche Zeitbewußtsein von der „Zeit der Mönche" gesprochen. Treffender dürfte wohl die Bezeichnung „agrarisch-natürliche Zeit" sein, zum einen, weil diese in der fast ganz und gar bodengebundenen Kultur vom 5. bis 10. Jahrhundert die Zeit fast aller Menschen ist, neben der der Bauern eben auch die der Adligen, des Weltklerus und im erheblichen Umfange auch der Mönche.[50] Direkt oder indirekt waren alle darauf angewiesen, ihre Tätigkeiten nach dem Wechsel der Jahreszeiten und dem Tageslauf der Sonne zu richten. Die Agrarzeit schlug auch auf die Zeiten der Kriegsführung und der Reisen durch, wie überhaupt der allgemein eng beschränkte räumliche Horizont wegen der schlechten Wegeverhältnisse nur spärlich durch eine überlokale Kommunikation ausgeweitet wurde.[51]

Daran ändert sich für die Masse der Bevölkerung auch nicht viel in den Jahrhunderten des hohen und späten Mittelalters. Aber die entstehende Burg-, Hof- und Stadtkultur seit dem 11. Jahrhundert schafft Zentren des gemeinschaftlichen Lebens, die nicht mehr so sehr auf Gedeih und Verderb von den natürlichen Rhythmen

---

[49] Le Goff 1990.
[50] Vgl. *G. Scheibelreiter*: Die barbarische Gesellschaft. Mentalitätsgeschichte der europäischen Achsenzeit (5.–8. Jh.), Darmstadt 1999.
[51] Zum Zeitbewußtsein vgl. *A. Borst*: Zeit und Zahl in der Geschichte Europas, München 1999, und die Beiträge in: *H. Röckelein* (Hg.): Kommunikation, in: H.1, Zs. Mittelalter. Perspektiven mediävistischer Forschung, 2001.

8. Christliches Mittelalter 155

und ihren Ermöglichungen abhängen. Diese Orte boten neben ihren lebenspraktischen Funktionen den Repräsentationsraum für Feste, für geselligen Umgang, für Unterhaltung, Gedankenaustausch, für einen verfeinerten Lebensstil. Der neue Gesellschaftsstil der adligen Gesellschaft beginnt, der Lebensform des Klerus an Attraktivität den Rang abzulaufen, und schafft bzw. erneuert Umgangsformen, die die frühere adlige und bürgerliche Gesellschaft, im alten Griechenland wie in Rom, gepflegt hatte und die von jetzt bis in die Moderne zum Vorbild der europäischen „Höflichkeit" und „Gesittung" werden.[52] Diese Laienkultur artikuliert sich vielfältig und hat insbesondere in der Selbstdarstellung der adligen Gesellschaft in Fest und Dichtung und im Ideal des (christlichen) Ritters im Kampf, Turnier und im Frauendienst mit zu dem vergoldeten Bild des Mittelalters in neueren Zeiten beigetragen – wenn sich der adlige Alltag auch weit entfernt von den ritterlichen Idealvorstellungen verwirklichte.[53] In der Dichtung gewinnt außer mit der gegenwartsbezogenen Liebes-, Vaganten- und Kreuzfahrerlyrik und der Spruch- und moralischen Dichtung jetzt erstmals (wieder) auch eine nicht-geistliche Erzählliteratur Geltung, welche mythologische und antik-epische Traditionen und historische Stoffe aufnimmt. Gerade weil die Heldenepik und der höfische Roman märchenhaft-fiktiv sind und die sich aus dem keltischen Sagenkreis speisenden Geschichten von der Tafelrunde des Königs Artus aus einer anderen Welt und Zeit zu kommen scheinen, haben sich in ihnen, z.T. sehr realistisch, Vorstellungen darüber ausdrücken können, wie Menschen eigentlich sein sollten, wie sie schuldig und damit fertig werden können und wie die Gegenwart und die Zukunft durch die Orientierung an jenen idealen Welten wieder sein könnten. Im Gewande des Historischen sind so Gegenmodelle einer erfüllten weltlichen Lebensführung entwickelt worden.

Während die *höfische Kultur* zur frühen Neuzeit hin in den Schlössern der Fürsten immer mehr Glanz abseits der Städte und fern vom „Volk" entfaltet, entsteht in der im späten Mittelalter aufblühenden Stadtkultur – durchaus auch in Verbindung mit den urbanen Mönchsorden, den Domkapiteln und den Magistern und Scholaren der Universitäten – eine *bürgerliche Kultur*, die durch Handwerk, Zünfte, Handel, Geldwirtschaft, Selbstverwaltung[54] gekennzeichnet ist, die ihre Tätigkeiten nur noch wenig naturbezogen ausübt, die beginnt, die Zeit objektiv mit (Kirchturm-)Uhren zu messen und nach dem Arbeitsanfall zu gliedern, und die im Handel das geliehene Geld durch fällige Zinszahlungen nach der verflossenen Zeit berechnet und damit die Zeit für sich „arbeiten" läßt. In der Rationalisierung der Zeit in die-

---

[52] N. Elias' Zivilisationstheorie ist von ihrem Grundansatz heute zunehmend umstritten. Sie zeigt aber am Beispiel der Kultivierung der weltlichen Oberschichten und ihrer allmählich Verbreitung „nach unten", wie hier ein Langzeitprozeß in Europa beginnt, Strukturen einer *histoire de longue durée* entstehen.

[53] Die inzwischen schon klassische Darstellung der höfischen Kultur von *J. Bumke*: Höfische Kultur. Literatur und Gesellschaft im hohen Mittelalter, 2 Bde., München 1986, beleuchtet auch die Differenz zwischen Ideal und Wirklichkeit (bes. in Bd. 2, S. 503 ff.).

[54] Die Wiederentdeckung und Anwendung des Römisch-Justinianischen Rechts 1180 in Bologna gibt der Formulierung der Stadtrechte in den hochmittelalterlichen Stadtgründungen einen demokratischen Schub, welcher dann auch in der Staatsphilosophie und in den Staatsverfassungen der Neuzeit Spuren bis heute hinterläßt.

sem bürgerlichen Sinne kann man den Beginn der ökonomischen Moderne sehen. Eine Revolution des Zeitbewußtseins war dies insofern, als die Zeit zuvor als ein Eigentum Gottes galt, über das der Mensch nicht verfügen durfte, sondern in das er sich einfügen mußte. Der französische Mediävist J. Le Goff meint, daß – Wirkung oder Ursache? – die Erfindung des Fegefeuers das Problem der Jenseitsängste der Geldverleiher entschärft hat, insofern ihnen jetzt der Ablaß den Weg zur Abbüßung ihrer läßlichen Sünden eröffnete. Zur Öffnung des räumlichen und zeitlichen Horizontes hat aber zweifellos ein ganzes Bündel von Neuerungen beigetragen. Die Verbreitung der Schriftlichkeit in Handel und Gewerbe und die Herausbildung der Schicht der „Intellektuellen" im Umfeld der (Hoch-)Schulen und der städtischen, kirchlichen und fürstlichen Verwaltungen scheinen die wichtigsten zu sein.[55] Es bleibt freilich festzuhalten, daß die „liturgische Zeit", die den Alltag vom Festtag abhebt und das Jahr insgesamt gliedert, ihre Bedeutung für alle Menschen vom frühen bis zum späten Mittelalter behalten hat und bis in die Gegenwart das Zeiterleben aller, wenn auch mit Einschränkungen, prägt.

5. Byzanz: Das andere Christentum im Osten

Die westliche Kulturgeschichtsschreibung hat dem europäischen Osten zumeist nur wenig Beachtung geschenkt, wenn sie ihn in ihren großen Darstellungen nicht gar als nicht mehr zu Europa gehörig ganz ausgeblendet hat. Die Gründe hierfür sind, daß schon im Römischen Reich eine deutliche Grenze zwischen dem lateinischen Westen und dem griechischen Osten bestanden hat, sich nach der Reichsteilung (395) Rom und Konstantinopel rasch einander entfremden und schon im späten 5. Jahrhundert die Gebildeten im Westen kaum mehr die Sprache des Ostens beherrschen, wie freilich sich der Osten seinerseits ohnehin nie zu der lateinisch-griechischen Diglossie verstanden hat, die den Gebildeten im Westen bis dahin abverlangt wurde. Zudem haben sich nach der Trennung beide Teile allein für den legitimen Erben des Reichs gehalten. Während aber das Westreich für lange Zeit (seit 476) gar nicht mehr existierte und erst um 800 der Versuch zu einer Neugründung unternommen wurde, zeichnet den Osten von der Reichsteilung über das (große) religiöse Schisma mit Rom im Jahre 1054 bis zu seinem Ende im Jahre 1453 nochmals eine über 1000jährige Kontinuität aus und nennt sich dieses Reich bis zu seiner Eroberung durch die Türken *Basileia tôn Rhomaiôn*, also „Reich der Römer".[56]

---

[55] Das ist die These, die *J. Le Goff* erstmals 1957 vorgetragen und mit einigen Veränderungen und einem neuen Vorwort 1985 erneut veröffentlicht hat (Les intellectuels au Moyen Age, Paris 1957, 1985), Stuttgart 1987; vgl. auch Gurjewitsch 1986, bes. 98-187.

[56] Einen großen Überblick gibt *A. Ducellier*: Byzanz. Das Reich und die Stadt, Frankfurt 1990. Einen Überblick über die originäre byzantinische Histographie gibt Völkel 2006, 79-96. In 2., ergänzter Auflage ist erschienen von *H.-G. Beck*: Das byzantinische Jahrtausend, München 1994. Einen knappen Überblick gibt *R.-J. Lilie*: Byzanz. Geschichte des oströmischen Reiches 326–1453, München 1999. Ihm hat der Autor eine große Darstellung folgen lassen: Byzanz. Das zweite Rom, Berlin 2003. Das Heft 2, 2001 der Zeitschrift „Das Mittelalter. Perspektiven der mediävistischen Forschung" ist unter der Herausgabe von *P. Segl* dem Thema „Byzanz – das ‚andere' Europa" gewidmet. Vgl. dazu besonders die Einführung des Herausgebers, S. 3-18. Vgl. auch Völkel 2006, 71-96.

Wie Rom hat sich auch Konstantinopel als das Zentrum der Christenheit begriffen und deshalb den Westen in sein Weltbild eingeordnet, und das heißt: ihn sich untergeordnet. Dafür hatte es eine Reihe plausibler Gründe. Von den alten Griechen her war der Osten nicht nur das ältere kulturelle Zentrum, sondern in Gestalt des Hellenismus auch der geistig führende Teil im Römischen Reich bis zu seinem Untergang. Von ihm aus und in seiner Sprache hat sich das Christentum im Reich ausgebreitet und sich dogmatisch ausgebildet. Hier haben auch nach dem Sieg des Christentums bis ins 8. Jahrhundert alle großen Konzilien stattgefunden, einschließlich derjenigen, auf denen das gemeinchristliche Glaubensbekenntnis beschlossen wurde. Hier, im Reich Justinians (527-565), ist das *Corpus Iuris*[57], die kodifizierte Synthese von römischem Recht und christlicher Staatsreligion entstanden. Und auch danach ist Ostrom dem Westen noch bis ins hohe Mittelalter kulturell überlegen gewesen. Von Konstantinopel aus sind die slawischen Völker christianisiert und auch allgemeinkulturell von ihm geprägt worden. Der Osten hat dem Westen die ihm in großen Teilen verloren gegangene Überlieferung der antiken Kultur in Texten z.T. wieder vermittelt – das griechische Schrifttum von Homer an bis zur Spätantike ist fast nur in byzantinischen Abschriften erhalten – , und nach dem Fall von Konstantinopel 1453 haben die italienischen Renaissance-Humanisten die griechische Sprache und Philologie bei den zu ihnen geflohenen byzantinischen Gelehrten erlernt. Schließlich muß noch erwähnt werden, daß Byzanz dem Westen in erheblichen Umfang die arabische Kultur vermittelt hat und der Westen bis zur türkischen Besetzung ihm gegenüber immer der Nehmende gewesen ist.[58]

Dies alles fiel trotz fortbestehender Kontakte[59] im Bewußtsein der Westeuropäer freilich wenig ins Gewicht, weil für sie die römisch-katholische Kirche mit dem Papst an seiner Spitze allein das Christentum rechtmäßig vertrat und die Kirche im Westen schon vor der Jahrtausendwende in der Praxis und z.T. auch in der Lehre des Glaubens eigene Wege gegangen war, so daß die formelle Trennung 1054 eine schon lange bestehende Entfremdung und Differenz besiegelte. Gerade weil Byzanz im allgemeinen sehr konservativ war, an der Dogmatik der Kirchenväter einschließlich der apokalyptischen Erwartungen streng festhielt, nur Christus als Herrn der Kirche ansah und die nationalen Kirchen in seinem Reich verhältnismäßig selbstständig waren, mußten den Christen im Westen die byzantinischen Eigenheiten des Glaubens zunehmend fremd erscheinen. Dort hat ein im 8. und 9. Jahrhundert heftig geführter Bilderstreit *Ikonoklasten* und *Ikonodulen* entzweit. Während erstere in der strengen Tradition des jüdischen (und dann auch islamischen) Verbots der Bilderverehrung Bildnissen von Gott, Christus, Maria und den Aposteln keine Wirkkraft zusprachen oder sie ganz ablehnten, behaupteten letztere, daß sie, in der richtigen

---

[57] Vgl. die deutsche Textauswahl: Codex Justinianus, Ausgewählt und herausgegeben von G. Härtel und F.M. Kaufmann, Leipzig 1991

[58] Einen knappen Überblick über diese Thematik gibt der Aufsatz von *F. Tinnefeld*: Abendland und Byzanz: Ein Europa?, in: Segl 2001, 19–38.

[59] Die vom Mediävistenverband mit besonderem Bezug auf das Wirken der Theophano, der aus Byzanz kommenden Gemahlin Kaiser Ottos II., veranstaltete Tagung zu den kulturellen Beziehungen zwischen dem Westen und dem Osten dokumentiert der Band von *O. Engels/P. Schreiner* (Hg.): Die Begegnung des Westens mit dem Osten, Sigmaringen 1993.

Weise angefertigt und geweiht, eine wesenhaftes Abbild der dargestellten göttlichen Personen sind, diese dadurch wirkend gegenwärtig sind und ihnen Anbetung und Verehrung gebührt. Seit der Überwindung des Bilderstreits im Sinne der Ikonodulen wird nach alten, z.T. aus dem 4. Jahrhundert herrührenden Vorbildern die bis in die letzten Einzelheiten normierte Formensprache der Ikonen bis heute unverändert tradiert. Es zeichnet diesen Bilderkult aus, daß Gott, Jesus und Maria in strenger Unnahbarkeit und überirdischer Verklärung darstellt werden. Auf den Ikonen erscheint insbesondere der auferstandene Christus als der triumphierende Pantokrator, der zugleich das Vorbild für den kaiserlichen Autokrator abgibt.[60] Auffällig ist auch der vergleichsweise weniger intellektuell-scholastische als zeremonielle und spirituelle Charakter des Glaubens. Der andere Umgang mit der Tradition in der aus demselben christlichen Ursprung herkommenden religiösen Kultur von Byzanz hat freilich erst in jüngerer Zeit die von der westlichen Sichtweise beherrschte Geschichtskultur zu einem Nachdenken über ihre frühen kirchengeschichtlichen Voraussetzungen veranlaßt, wie überhaupt die historische und die kulturräumliche Fremdheit des scheinbar Nahen und Verständlichen noch kaum zu einem Thema der Geschichtstheorie gemacht worden ist.

6. Ambivalenzen mittelalterlicher Geschichte und Geschichtsschreibung

Ein dem Zeit- und Geschichtsbewußtsein des Mittelalters insgesamt gerecht werdendes Urteil ist nicht möglich. Allemal jedoch gibt uns dieses vormoderne Zeitalter in großem Ausmaße Einsichten in die politischen, gesellschaftlichen und geistigen Voraussetzungen des modernen Europas und in die Genese des Habitus heutiger Europäer, gerade auch von ihrer problematischen Seite her.[61] An erster Stelle ist hier die ambivalente Leistung des *Christentums* zu nennen. Im welthistorischen Moment seines Sieges über die konkurrierende antike Religionswelt hat es im Verbund mit der römischen Herrschaft alle nicht-christlichen Kulte zerschlagen und zunächst mit großen Eifer daran mitgewirkt, daß die Grundsätze, Erkenntnisse und Einrichtungen der antik-paganen Zivilisation, d.h. das Recht, die Staatlichkeit, die Urbanität, die weltliche Massenunterhaltung, die sportliche Betätigung, die Medizin, die Hygiene, die Literalität der weltlichen Elite, die Dichtung, die philosophische, rhetorische und wissenschaftliche Bildung, die bildenden Künste und die technischen und wirtschaftlichen Standards, innerhalb weniger Jahrzehnte aufgegeben wurden und infolgedessen das öffentliche Leben im Sinne einer überregionalen Politik im römisch-katholischen Westen fast ganz zum Erliegen gekommen ist – wobei aller-

---

[60] Zum Thema Bild und Glauben allgemein im Monotheismus vgl. *H. Belting*: Das echte Bild. Bildfragen als Glaubensfragen, München 2005. Das Buch von *D. Granz/Th. Lentes* (Hg.): Ästhetik des Unsichtbaren. Bildtheorie und Bildgebrauch in der Vormoderne, Berlin 2005, ist der erste von einem auf vier Bände geplanten interdisziplinären Forschungsprojekt zum „Kult-Bild". Daran beteiligen sich Kunsthistoriker, Theologen und Historiker, die insbesondere der Frage nachgehen, wie der im Prinzip unsichtbare Gott an der Grenze zwischen Sichtbarkeit und Unsichtbarkeit im Bild erfahrbar gemacht werden kann. Vgl. auch die Ausführungen zum bilderlosen Islam in Kapitel 9.1.

[61] Vgl. *F. Seibt*: Die Begründung Europas. Ein Zwischenbericht über die letzten tausend Jahre, Frankfurt 2002.

dings die Frage offenbleiben muß, welchen Anteil daran das Christentum und welchen die in das Reich eingefallenen germanischen Heere gehabt haben[62]. Die größte kulturgeschichtliche Leistung des mittelalterlichen Christentums besteht dann aber zweifellos darin, aus den verbliebenen Splittern der Antike in einem jahrhundertelangen Bemühen wenigstens einen Teil dieser Kultur wiederhergestellt und dafür die Herrscher und Eliten der hauptsächlich germanischen Nachfolgereiche gewonnen zu haben. Im Medium der lateinischen Sprache, im Studium zunächst vor allem der biblischen Texte, der patristischen Dogmatik und ihrer kirchlichen Kommentare, im Zuge dann der schrittweisen Wiederentdeckung, Übersetzung, intellektuellen Aneignung, Anverwandlung, Kritik und Weiterentwicklung von Teilen der weltlichen Philosophie, der Dichtung, der Geschichtsschreibung und der materiellen Kultur der Antike und schließlich in der – freilich sehr auswählenden – Rezeption der überlegenen byzantinischen und vor allem arabischen Kultur haben Generationen abendländischer Mönche, Weltgeistlicher und Gelehrter in einem rund 1000 Jahre beanspruchenden Lern- und Entwicklungsprozess, der auch das Wiederentstehen einer weltlichen Laienkultur einschließt, den Okzident kulturell so weit vorangebracht, daß er etwa ab 1500 in Konkurrenz zu den übrigen Hochkulturen hat treten und sie dann in wenigen Jahrhunderten überflügeln können. Dieser Erfolg geht freilich mit einer bis dahin nirgendwo so rigoros durchgesetzten religiösen Engführung und Verfolgung von Abweichlern einher, welche viele andere Möglichkeiten kultureller Entwicklung nicht hat zum Zuge kommen lassen.

Die Bilanz des mit der christlichen Kirche verbundenen *Feudalismus* ist in entsprechender Weise ambivalent. Als Herrschaftssystem nach der Eroberung weiter Teile des Römischen Reichs aus dem regionalen Zusammenwirken adliger Familien entstanden und gründend auf der Kultur zahlreicher kriegerischer und erst wenig zivilisierter germanischer und keltischer Stammesgesellschaften, gelingt es während den „finsteren Jahrhunderten" einigen ihrer Herrscher, allmählich überregionale Strukturen aufzubauen und, nach der gemeinsamen Abwehr des Einfalls fremder Heere aus dem Südwesten und dem Osten, einen in sich vielfach abgestuften, auf persönlichen Loyalitäten beruhenden Herrschaftsverbund durchzusetzen, an dessen Spitze formell ein Nachfolger des Römischen Reiches, der „Kaiser", und Könige und Fürsten der sich allmählich herausbildenden Nationalstaaten stehen. Durch die Legitimation dieser weltlichen Herrschaft durch die Kirche, ist die ständische Ordnung des christlichen Mittelalters im Prinzip wohl von den meisten Menschen damals als gottgegeben anerkannt worden, wenn die Menschen auch unter den ständigen kriegerischen Konflikten, welche wir heute als dem System inhärente Spannungen verstehen, gelitten haben. Ein Ausweis des kulturellen Potentials dieses Feudalismus sind die in den Jahrhunderten nach der Jahrtausendwende erfolgenden Fortschritte in der Landwirtschaft[63], die Städtegründungen, die Entwicklung einer

---

[62] Vgl. G. Seibt: Eine Epoche ohne Humanismus? Nähe und Ferne des Mittelalters im Spiegel von Mode und Wissenschaft, in: Merkur 1988, 1062-1067.

[63] Die agrarischen Revolutionen vom frühen bis zum späten Mittelalter haben eine große Rolle für die Entwicklung Europas gespielt nach dem Urteil von *M. Mitterauer:* Warum Europa? Mittelalterliche Grundlagen eines Sonderwegs, München 2003.

adligen und bürgerlichen Laienkultur, die Einrichtung von Schulen und Universitäten, eine gewisse kulturelle Öffnung gegenüber dem Islam und ein eigener technischer Fortschritt.

Besonders das frühe, jedoch auch noch das hohe und späte Mittelalter zeigen uns aber, wie unsicher das menschliche Leben ist, wenn das die Zivilisation sichernde Recht und das Gewaltmonopol des Staats fehlen, die Macht in den Händen weniger, untereinander sich bekriegender Herren liegt, eine kleine Minderheit die große Mehrheit nicht nur von politischer Mitwirkung ausschließt, sondern sie auch in enger wirtschaftlicher und persönlicher Abhängigkeit hält.

Was schließlich das historische Denken im engeren Sinn im Mittelalter betrifft, so ist es zwar ebenfalls im Vergleich zur antiken und zur neuzeitlichen Geschichtsschreibung unterentwickelt, einer spekulativ-christlichen Geschichtsphilosophie verpflichtet, in der Methode meist unselbständig, autoritätsgebunden, unkritisch, z.T. wundergläubig, Quellen wenig aus der Lebenserfahrung erforschend und prüfend und im Urteil meist einseitig, rationalistisch und spitzfindig. „Unhistorisch" im modernen Sinn ist sein historisches Denken auch insofern, als es zwar zwischen früher und später, zwischen vergangen und gegenwärtig unterscheidet, aber, wie *H.W. Goetz* schreibt, „frühere Zeiten nicht eigentlich [...] als ‚vergangen', sondern in ihrem jeweiligen Bezug [...] zur eigenen Gegenwart" betrachtet und deshalb „auch nicht das ‚Andere', sondern das Vergleichbare [...] Aktuelle"[64], in der Überlieferung sucht.

Dennoch ist die historische Überlieferung nicht einförmig, sondern hat uns ein durchaus farbiges Bild von einer in sich eben doch vielfältigen und reichen Geschichte hinterlassen. Gäbe es hiervon keine Dokumente, wäre natürlich auch nicht die Faszination entstanden, die die mittelalterliche Geschichte seit der Zeit um 1800 auf die Menschen ausübt, sie vom „finsteren Mittelalter" in der Sicht der frühen Neuzeit und der Aufklärung Abstand nehmen läßt, sie darauf im 19. und frühen 20. Jahrhundert ein romantisch verklärtes und zugleich wissenschaftlich erforschtes Bild hat entwerfen lassen und sie in der neueren Mediävistik zu einem realistischeren Mittelalterbild geführt hat, das weder finster noch leuchtend ist, uns aber in seiner „Alterität"[65] und in seinen sich in Bildern zeigenden „imaginären" Zügen[66] doch eigentümlich fremder vorkommt als das uns zeitlich fernere der Antike.

---

[64] *H.W. Goetz:* Vergangenheitsbegriff, Vergangenheitskonzepte, Vergangenheitswahrnehmung in früh- und hochmittelalterlichen Geschichtsdarstellungen, in: Klein u.a. 2005, 171-202; hier: S. 200 f. .

[65] Zum Begriff der Alterität vgl. *H.R. Jauß:* Alterität und Modernität der mittelalterlichen Literatur. Gesammelte Aufsätze 1956–1976, München 1977.

[66] Im Band von *J. Le Goff:* Das Mittelalter in Bildern, Stuttgart 2002, begegnet man dem „Imaginären" der mittelalterlichen Gesellschaft in der Darstellung der Körper, Gesten, Dinge und Fiktionen.

9. Islam:
Zeit und Ewigkeit im zweiten Sproß des jüdischen Monotheismus

1. Islamische Religiosität 162
2. Geschichte des Islam: Ausbreitung, Blütezeiten und Krise 165
3. Islamisches Bewußtsein von Zeit, Zukunft und Geschichte 169

Dieses Kapitel wirft einen Blick auf den Islam, den großen nicht-christlichen Nachbarn und Konkurrenten des christlichen Europas. Kulturell ist er bis zur frühen Neuzeit dem Westen Europas sehr und seinem griechisch-byzantinischen Osten ebenfalls deutlich überlegen gewesen. Er hat dem Abendland viel von dem ihm zwischenzeitlich vor allem in der Technik, in den Wissenschaften und in der Philosophie verloren gegangenen antiken Wissen und von eigenen und fremden kulturellen Leistungen und Erwerbungen vermittelt und mit seinem konsequenten und einsichtigen Monotheismus große Teilen Asiens und Afrikas und auch größere Bereiche des zuvor christianisierten Mittelmeerraumes für sich gewonnen. Dies ist den meisten Europäern heute nicht mehr bewußt. Denn angesichts des einzigartigen Erfolges, den sie seit gut 200 Jahren weltweit haben, scheint ihnen ihre eigene Kultur als die immer schon bedeutendste und als die gleichsam selbstverständlich auf ihre weltbeherrschende Stellung zulaufende. Angesichts des heute so zurückgeblieben und ohnmächtig wirkenden Nahen Ostens als des Ursprungs- und Kernbezirks auch des Islam fällt es ihnen schwer zu glauben, daß - was etwa der spanische Historiker F. Fernández-Armesto behauptet – es welthistorisch angemessener wäre, das letzte Jahrtausend nicht das europäische, sondern das islamische zu nennen.[1] Das jedoch hat das Abendland von der Entstehungszeit des Islam im 7. Jahrhundert an bis etwa zur Zeit Goethes noch gewußt oder doch zumindest geahnt, und es hat deshalb das Morgenland, in Zwiespältigkeit, bewundert, nachgeahmt und bekämpft.

Ähnlich wie bei dem Verhältnis zwischen Christen und Juden erklären sich der harte kulturelle Gegensatz zwischen Christen und Moslems, das vorherrschende Unverständnis der jeweils anderen und die wiederholt auch militärisch ausgetragene Feindschaft nicht so sehr machtpolitisch oder sonstwie politisch einsichtig. Die beste Deutung dafür ist im Kern vielmehr, daß es sich hier um den Ausfluß eines Familienstreits zwischen den drei monotheistischen Religionen handelt, die bei einer sie bis heute verbindenden Ausgangsbasis und einem konsequenten Festhalten an deren Grundsätzen gerade dadurch auf dem geschichtlichen Wege ihrer je besonderen dogmatischen Begründung in eine prinzipielle Unverträglichkeit untereinander geraten sind. Denn die religiöse Geschichte aller drei ist ganz wesentlich davon geprägt, daß und wie sich Juden, Christen und Moslems immer von der jeweiligen Wahrheit ihrer Anfänge her definiert haben. Es trifft hier zu, was sich auch in anderen Kulturkreisen beobachten läßt, daß die Geschichte, also der gemeinsame Ursprung und die vielen weiter bestehenden Gemeinsamkeiten, die Völker und Menschen nicht verbindet, sondern sie trennt und daß auch das räumliche Zusammenle-

---

[1] Millenium. Die Weltgeschichte unseres Jahrtausends. Aus dem Englischen von K. Kochmann, München 1998.

ben und der kulturelle Austausch, wie dies in neuerer Zeit z.B. auch der Balkan und Irland belegen, die Differenzen nicht kleiner, sondern durch die stete Erinnerung an die historischen Gründe der Trennung und der eigenen Selbstkonstitution größer machen. Nach einer Skizze der Grundlagen der islamischen Religiosität und der inneren Geschichte des Islam zielen die Ausführungen dieses Kapitels auf das islamische Bewußtsein von der den Moslems in einzigartiger Weise zuteilgewordenen Offenbarung Gottes (Allahs) und auf die darausfolgende Glaubenspraxis und Heilsgeschichte.²

1. Islamische Religiosität
1.1 Die Gotteslehre und Anthropologie eines strengen Offenbarungs-Monotheismus
Der im Weltmaßstab große Erfolg des Islam ist zunächst und eigentlich bis heute in der Art seiner Religiosität begründet. Als der zweite religiöse Sproß des Judentums, in den auch zen-trale Vorstellungen des Christentums eingegangen sind, stellt der Islam, wörtlich: Hingabe an Gott, den am weitesten fortgeschrittenen, zugleich einfachsten und einsichtigsten Ein-Gott-Glauben dar. Denn er enthält in seiner Lehre kaum Elemente, die einem religiösen Universalismus entgegenstehen. So zählt der Islam zwar Abraham und Moses zu seinen Gründervätern, nimmt Hauptmomente der jüdischen Gesetzesreligion und Formen ihres Gotteslobs auf, hält Jesus für einen bedeutenden Gesandten Gottes und Verkünders einer „guten Botschaft" und bekräftigt das schöpfungsgeschichtliche und apokalyptische Denken dieser beiden Monotheismen, betrachtet aber dies alles als die nur auf den Islam hinführende Vorgeschichte des einzig wahren Glaubens an den einen Gott und hält den dem Propheten Mohammed gegebenen Koran für die letzte göttliche Offenbarung an die Menschheit. Die islamische Gotteslehre ist so eine Verdichtung der jüdischen und christliche Dogmatik. Was die Person Gottes, der in der arabischen Sprache Allah genannt wird, anbetrifft, so beschränkt sich der Islam auf wenige Aussagen über sein Handeln, und zwar darauf, daß er der Schöpfer Himmels und der Erde ist, den Menschen seine Gebote gegeben hat und sie am Ende aller Tage richten wird, enthält sich aber ansonsten aller Aussagen über die Art seiner Existenz, eben weil er in seiner Transzendenz der ganz Andere ist und vom Menschen weder durch äußere Bilder noch durch inneren Vorstellungen und Gedanken erreichbar sei.³ Von der Einheit und Einzigartigkeit Gottes her werden die christliche Gottessohnschaft

---

² Zur allgemeinen Orientierung werden empfohlen: *A.Th. Khoury/L. Hagemann/P. Heine*: Islam-Lexikon. Geschichte - Ideen - Gestalten, 3 Bde., Freiburg 1991; *U. Haarmann* (Hg.): Geschichte der arabischen Welt, München ²1991; *M. Haarmann* (Hg.): Der Islam. Ein historisches Lesebuch, München 1995; *F. Robinson* (Hg.): Islamische Welt. Eine illustrierte Geschichte (engl. 1996), Frankfurt/New York 1997; *G. Endress*: Der Islam. Eine Einführung in seine Geschichte, München ²1991; *P. Thorau*: Die Kreuzzüge, München 2004; *H. Wollschläger*: Die bewaffneten Wallfahrten nach Jerusalem, Zürich 1973; *A. Maalouf*: Der Heilige Krieg der Barbaren aus der Sicht der Araber, München 1997; *G. Kettermann*: Atlas zur Geschichte des Islam, Darmstadt 2001; *M. Tworuschka*: Grundwissen Islam. Religion, Politik, Gesellschaft, Münster 2003. Einen Überblick über die arabische Historiographie gibt Völkel 2006, 97-114.

³ Zwar findet sich im Koran kein striktes Bilderverbot, de facto hält sich aber der Islam bis heute daran - im Unterschied zum Christentum, das im Osten und Westen das Göttliche und das Heilige in Bildern verehrt - wie es seit frühester Zeit in fast allen Polytheismen üblich war und ist.

Jesu und sein Erlösertod für die Menschheit ebenso als Abirrung vom wahren Gottesglauben verworfen wie die Lehre von der Dreifaltigkeit Gottes und der Mitwirkung Jesu beim letzten Gericht. Denn neben oder außer Allah gibt es kein göttliches Wesen. In allem ist und bleibt Gott der Allmächtige, Allwissende und Allliebende. In seiner Allmacht ist er keinem (Natur-)Gesetz unterworfen, übt aber als gerechter Gott keine Willkür aus, sondern belohnt und bestraft die mit einem freien Willen geschaffenen und für ihre Taten verantwortlichen Menschen beim Gericht je nach Schuldigkeit.

Geoffenbart hat sich Allah den Menschen zunächst durch die Schöpfung der Welt - als ein „Zeichen Gottes" -, dann durch die ihnen eingeborene Erkenntnis des ununterbrochenen und aktuellen Wirkens Gottes in der Welt und an den Menschen, ferner durch die ihnen seit frühester Zeit von Engeln und menschlichen Gesandten übermittelten Gebote des rechten Handelns und schließlich durch den Koran, das dem Mohammed, dem letzten Gesandten Allahs, nach der Urschrift im Himmel wortwörtlich diktierte Zeugnis seines ewigen Willens. Zu dieser göttlichen Offenbarung tritt die „Sunna", die Überlieferung des vorbildlichen Lebenswegs Mohammeds, und, in Verbindung damit, der „Hadith", die Sammlung der Berichte und Erzählungen der Begleiter und frommen Anhänger Mohammeds.

1.2 Keine Kirche, jedoch Tradition der rechten Lehre und Gebote auf fester
   Schriftgrundlage

Auf dieser Offenbarungs- und Glaubensgrundlage haben Mohammed und seine Nachfolger in Gestalt des Islam eine Religion, jedoch keine Kirche gegründet, auch keinen Priester- und Mönchsstand im christlichen Sinne vorgesehen, sondern die Leitung der Gemeinden „Imanen", d.h. „Kundigen", anvertraut und dem „Hause des Islam" zu seiner Beratung „Ulamâs" (Sg. Alim), d.h. Schriftgelehrte, an die Seite gestellt. Diese genießen, ähnlich wie im Judentum, durch ihre „Fetwa", d.h. „Gutachten", in Fragen der Auslegung des Korans und des Rechts je nach persönlicher Autorität und nach Zugehörigkeit zu einer Glaubensrichtung einen kleineren oder größeren Einfluß, können aber nie für den Islam als ganzen sprechen und dürfen auch nicht in seinem Namen herrschen. Mangels einer Zentralinstanz ruht so die „rechte Lehre" de facto auf dem zustimmenden „Urteil" der Korangelehrten und der wichtigsten Imane der vier gleichberechtigte Rechtsschulen der „Umma", der weltweiten Gemeinschaft aller Muslime. Bei allen nicht auflösbaren Differenzen können sich Schiiten, Sunniten und andere auf Mohammeds Ausspruch: „Die Meinungsverschiedenheit in der Gemeinde ist (ein Zeichen) göttlicher Barmherzigkeit." berufen.

Zusammengehalten werden die Gemeinden weniger durch eine komplexe Kultpraxis, wie bei den Juden, oder Glaubenslehre, wie bei den Christen, als durch einen schlichten Kult und einem Leben nach den Rechtsgrundsätzen des Korans. Der normale Kult beschränkt sich im wesentlichen auf das tägliche, fünfmal zu bestimmten Zeiten und im bestimmten Wortlaut zu vollziehende kurze Pflichtgebet des einzelnen und auf das große Gemeinschaftsgebet am Freitag, das die Mitglieder einer Gemeinde zusammenführt und in ihrem Glauben an Gott bestärken soll. Einmal im Jahr wird der Fastenmonat Ramadan begangen. Wenigstens einmal in seinem

Leben versucht der gläubige Muslim zudem, an einer Wallfahrt nach Mekka, einer Haddsch, teilzunehmen.

Bindet so der Kult, insofern er inhaltlich im wesentlichen ein Lobpreis Gottes und eine Anrufung um sein Erbarmen am Tage des Gerichts ist, den einzelnen in seine Gemeinde ein, so verknüpft ihn die Befolgung des im Koran geoffenbarten Gesetzes in seiner alltäglichen Lebensführung noch fester mit der örtlichen und größeren Gemeinschaft der Muslime. Von diesem Gesetz kann er sich im Prinzip auch heute nicht freimachen. Denn obwohl auch der Islam zwischen profanen und heiligen Bereichen unterscheidet, gibt es keine Trennung zwischen säkularem und sakralem Recht und sind die Gesetze des Korans in den meisten islamischen Ländern unmittelbares öffentliches und staatliches Recht. Das ist solange nicht als Problem, vielmehr als selbstverständlich empfunden worden, als in fast allen vormodernen Kulturen weltliches und göttliches Recht eine Einheit gebildet haben und die Umma, die islamische Rechtsordnung, auf den traditionellen Grundsätzen des noch viel älteren vormodernen Patriarchats des Orients beruht. Es ist heute ein Haupthindernis islamischer Gesellschaften und Staaten auf dem Wege zu einer modernen säkularen Rechtsordnung und zur Anerkennung allgemeiner Menschen- und Bürgerrechte.

1.3 Zeitlosigkeit und göttliche „Inverbalisation" des Korans

Das Problem, das vor allem darin besteht, wie die Umma in Einklang mit den Erfordernissen der modernen Welt zu bringen ist, ist deswegen so schwer zu lösen, weil der Koran als Urkunde göttlicher Offenbarung nicht nur die Grundlage und Norm des richtigen staatlichen und individuellen Handelns in der Welt ist, sondern ihm auch eine absolute Autorität in allen Glaubensfragen zukommt, so daß auch nur der Verzicht auf ein einzelnes Gebot den Islam in die Nähe der Selbstaufgabe führen würde, wie dies freilich ähnlich für die Dogmatik der römisch-katholischen Kirche gilt. Denn aus zwei Gründen ist nach islamischem Selbstverständnis der Koran in einem noch strengeren Sinne, als es im Juden- und Christentum der Fall ist, das zeitlos gültige Wort Gottes. Zum einen, weil der Koran als vor aller Zeit, und das heißt: bereits vor der Erschaffung der Welt, im Geiste Gottes voll ausformuliert und als Urschrift obendrein auf „wohlverwahrten Tafeln" (Sure 85, v. 22) im Himmel ewig vorhanden gilt und sich von daher eine inhaltliche Abänderung und Anpassung an menschliche Wünsche und Bedürfnisse grundsätzlich verbietet. Zum andern, weil diese Urschrift in Arabisch, der Sprache Gottes, abgefaßt ist und dadurch auch schon jede Übersetzung in ein anderes Idiom und erst recht jede sich vom ursprünglichen und eindeutigen Sinn entfernende Auslegung dem Original Abbruch täte und letztlich auf eine Beleidigung Gottes ob einer Unvollkommenheit des Korans hinausliefe. Während die jüdische Bibel Jahwe hebräisch sprechen läßt, Jesus - dessen Muttersprache aramäisch ist – sich im Evangelium griechisch äußert und die katholische Kirche im normativen Rückbezug auf den biblischen Text der Vulgata im Namen der heiligen Dreifaltigkeit lateinisch spricht, Gott sich also für die Christen in der Heiligen Schrift und in den formellen Verlautbarungen seiner irdischen Vertreter in Rom in diesen drei verschiedenen Idiomen, den drei „Kreuzessprachen", an die Menschen wendet und zudem die kanonischen Texte der Bibel und die „ex kathedra"-Erklärungen des Papstes als von Gott und dem heiligen Geist „bloß" verbal inspiriert gelten, spricht Allah nur eine Sprache, hat er den Koran über den Erzengel Gabriel an Mohammed vom ersten bis zum letzten Wort arabisch „inverbalisiert" und ist deshalb im Islam alle Koranlesung arabisch, wie fern und fremd diese Sakralsprache auch vielen Muslimen ist und inzwischen auch in ihrem Ursprungsgebiet als eine nicht mehr gesprochene Kultsprache zusätzlich zum heutigen Arabisch erlernt werden muß.[4]

Eine historisch-kritische und damit historisch-relativierende Auslegung des Korans ist deswegen bis heute innerhalb des Islam kaum vorhanden, wenn deren Schriftgelehrte auch schon früh dessen Kompositionsprinzipien und dessen sich wechselseitig stützenden und zum Teil widersprechenden Aussagen erkannt und aus den unverbunden nebeneinander stehenden Lobpreisungen, Gebeten und Weisungen der Suren die darin steckende Theologie herausgearbeitet haben und sie auch gerade beim Lob der poetischen Qualitäten des Korans und bei der verstehenden Erschließung des gemeinten Sinns auf die Sprache und Kultur zur Zeit Mohammeds zurückgreifen. Eine spezifische Korangelehrsamkeit ist schon allein deswegen nötig, weil der Koran weder systematisch aufgebaut ist noch einer Ereignischronologie folgt und er in seiner Surenreihung eine literarisch-religiöse Gattung eigener Art ist.[5] Die Bibel trägt trotz der Vielfalt ihrer literarischen Formen ihre Lehre zumeist in der Chronologie der Ereignisse und zusammenhängend in Erzählungen, Geboten, Prophezeiungen, Deutungen und Reflexionen vor und ist so ein Geschichts- und ein Geschichtenbuch, während der Koran sozusagen kreisend und immer wieder neu zum Lob Allahs und zu Weisungen an die Gläubigen anhebt.[6]

2. Geschichte des Islam: Ausbreitung, Blütezeiten und Krise

Dieses alles, nämlich ein in sich widerspruchsfreier Monotheismus, ein die Gläubigen sicher in eine Gemeinschaft einbindender, zugleich strenger und doch leicht zu vollziehender Kult, die Orientierung der Lebensführung an einer vom Glauben her

---

[4] In der Ersetzung des polytheistischen Bilderkults durch die Verehrung der (heiligen) Schrift in den monotheistischen Religionen hat der Kunsthistoriker H. Belting (Bild und Kult, 1990), in Abhebung von der Idolatrie, eine Grafolatrie gesehen. Bei der Distanzierung vom Bild und bei der Unantastbarkeit des Worts ist der Islam am weitesten gegangen.

[5] Über das Problem der Enstehung, Auslegung und Übersetzung des Korantextes gibt es neuerdings eine Auseinandersetzung: *Ch. Luxenberg*: Die syro-aramäische Lesart des Koran. Ein Beitrag zur Entschlüsselung der Koransprache, Berlin ⁴2004; *Ch. Burgmer*: Der Streit um den Koran. Die Luxenberg-Debatte. Standpunkte und Hintergründe, Berlin 2004.

[6] Die erste bedeutende und auch die poetische Seite berücksichtigende Übersetzung des Korans ins Deutsche hat der Orientalist und Dichter *Friedrich Rückert* (1788–1866) vorgelegt. Sie ist (in dritter Auflage) wieder erschienen: Der Koran in der Übersetzung von Friedrich Rückert, hrsg. von H. Bobzin. Mit erklärenden Anmerkungen von W. Fischer, Würzburg 2000. Wegen ihrer Genauigkeit und Kommentierung der Deutungsalternativen hat eine große Verbreitung gefunden die Übersetzung von *R. Paret*, Stuttgart (1966) 1982. Eine ähnlich große Anerkennung hat die Übersetzung von *A.Th. Khoury*: Der Koran (Gütersloh 1987), gefunden. Ausführliche Koranauszüge in Übersetzung enthält Khoury u.a. 1991, Bd. 3, 771–916. Als beste, für ein allgemeines Publikum bestimmte Einführung in das Verständnis des Korans gilt *H. Bobzin*: Der Koran. Eine Einführung, München 1999.

legitimierten Moralität und Sozialität, eine göttliche Offenbarung in Form eines unantastbaren Grundbuches und der daraus entwickelte absolute Wahrheitsanspruch, geht in seinen Grundzügen auf MOHAMMED (570 – 632) zurück. Er hat dem von ihm begründeten Islam innerhalb weniger Jahrzehnte zu einer großen Verbreitung verholfen, und der von ihm niedergelegte Koran ist der Grundstein dafür, daß sich heute über eine Milliarde Menschen zu dieser Weltreligion bekennen. Wie bei Jesus liegt freilich ein dichtes Dunkel über seiner Person. Nach seinem Berufungserlebnis im Alter von 40 Jahren entwickelt er bis zu seinem Tode eine große Lehr- und Organisationsaktivität. Dabei kommt er in manchen Zügen dem Typ der jüdischen Propheten nahe. Wie diese versteht er sich als ein Gesandter Gottes, ruft seine Mitmenschen zur unbedingten Ergebenheit in den Willen Gottes auf und warnt sie vor dem bevorstehenden (End)-Gericht Gottes. Obwohl Mohammed im eigenen Verständnis und danach in dem aller Muslime kein Gott oder Heiliger, sondern in allem ein Mensch ist, entsteht nach seinem Tode rasch eine Art Heiligenlegende um ihn und genießt das Prophetenwort im Islam nach dem des Korans die höchste Autorität.

Die rasche Ausbreitung des Islams erklärt sich jedoch nicht allein aus den Grundsätzen der von Mohammed entwickelten Lehre, welche ja ihrerseits in der Fortführung des jüdischen und christlichen Glaubensgutes und der Aufnahme religiöser Elemente vor allem der persischen und indischen Kultur die mehrtausendjährige religiöse Erfahrung des ganzen Orients in sich trägt, sondern auch aus der von Anfang an offensiv betriebenen Gewinnung neuer Gläubiger und wenig später dann vor allem aus dem Druck, den die arabische Herrschaft auf die im Zuge gut organisierter und mit Glaubenseifer geführter „Heiliger Kriege" (deren Bezeichnung „Djihad" meint wörtlich zunächst nur „das Bemühen auf dem Weg Gottes") gewonnenen Untertanen ausgeübt hat.

Durch die Eroberung immer weiterer Länder im Osten und Westen verliert so das Christentum bis zum Beginn des 8. Jahrhundert etwa die Hälfte seines bisherigen Wirkungsraums, u.a. den ganzen Nahen Osten, ganz Nordafrika und fast ganz die iberische Halbinsel, so daß dem Christentum im Westen zwar noch die älteren Kernbereiche des Römischen Reiches erhalten bleiben und Byzanz sich im Osten noch lange behauptet, welthistorisch betrachtet und auf den größeren Kulturraum bis nach Indien bezogen, hat jedoch die Islamisierung bis herauf zur Moderne eine größere Veränderung bewirkt als der Sieg des Christentums im Römischen Reich. Die dem Islam innewohnende Intoleranz ist in der Folgezeit immerhin dadurch abgemildert worden, daß er die Juden und die Christen als Angehörige der beiden anderen „Buchreligionen" in den eroberten Ländern im allgemeinen geduldet, nicht mit Zwang bekehrt hat und hart nur gegen den Abfall bereits Bekehrter vorgegangen ist. Attraktiv im Gegenteil ist der Islam bei den Christen in den unterworfenen Ländern des westlichen Mittelmeers, besonders in Spanien, Mallorca und Sizilien, zwischen dem 8. und 12. und z.T noch bis ins 15. Jahrhundert durch seine kulturelle Leistungsfähigkeit gewesen.

In der Tat ist die Islamisierung in vielen Ländern begleitet und unterstützt worden durch die zivilisatorische, technische, wissenschaftliche, künstlerische Überlegenheit der Eroberer und der in ihren Herrschaftsgebieten alsbald entstehenden und oft von Juden mitgetragenen kulturellen Blüte, wofür in Europa vor allem das maurische Spanien ein Beispiel ist. Die dort unter islamischer Herrschaft lebenden Christen, die *mozárabes*, lernen eine durch Bewässerungskunst entwickelte Landwirtschaft und Gartenbaukunst kennen, kommen in den Genuß von Waren aus einem weiträumigen, bis nach Bagdad und Isfahan reichenden Fernhandel, werden für einen verfeinerten Lebensstil gewonnen, sehen vor ihren Augen in den Städten, vor allem in Granada, Sevilla, Córdoba, Málaga und Toledo, prachtvolle Moscheen und Paläste entstehen. Es war zwar nur selten eine spannungsfreie *convivencia* zwischen Muslimen, Juden und Christen und die sog. *Reconquista*, also die nach einem Jahrhunderte währenden Kampf mit dem Fall Granadas 1492 abgeschlossene „Rückeroberung", wurde mit großer Härte betrieben. Aber in diesen rund 800 Jahren des multireligiösen Zusammenlebens in Spanien hat der Westen in den Künsten, Wissenschaften und der Philosophie in einem derartigen Umfange profitiert, daß die Kultur des christlichen Europas ohne diesen arabischen und hier gesondert zu nennenden jüdisch-sephardischen Beitrag heute eine andere wäre.[7]

Die augenfälligste islamische Überlegenheit und damit auch die größte Chance für die Christen, ein Defizit zu kompensieren, zeigt sich in den theoretischen und die Technik anleitenden empirischen Wissenschaften: in der Mathematik, Astronomie, Geographie, Medizin, Physik, Chemie, Botanik und Architektur. Ebenso wichtig ist die Rezeption und Weiterentwicklung der antiken Philosophie. Platon, Aristoteles, Plotin werden ins Arabische übersetzt und kommentiert. Nicht wenige Werke sind uns überhaupt nur durch ihre Bewahrung in arabischen Bibliotheken erhalten geblieben und durch die Leistung der Übersetzerschule von Toledo wieder bekannt geworden. Eine herausragende Rolle für Muslime *und* Christen spielt der Philosoph IBN RUSHD (geb. 1126 in Córdoba, gest. 1198 in Marrakesch). Ihm, den die Europäer Averroes nennen, verdanken beide Seiten die bedeutendsten mittelalterlichen Kommentare zu Aristoteles. Dabei interessiert sich der islamische Universalgelehrte mehr für dessen Aussagen über die empirische Wirklichkeit als für die über das Ideelle, was indes die christlichen Philosophen immer vorgezogen haben.[8] Immerhin leitet der christliche Averroismus, nachdem die Philosophie des Abendlands jahrhundertelang fast ganz blind für die empirische Seite der Dinge gewesen ist, eine erneute Hinwendung zu den Naturwissenschaften ein, wie er überhaupt ein Ausdruck der durch die arabischen Wissenschaften vermittelten scholastischen Rezeption der antiken Philosophie ist und kenntlich macht, daß der Westen damals vor einer „islamischen Herausforderung" (K. Flasch) stand. Während an einem philosophischen und interreligiösen Dialog die arabischen Gelehrten freilich zumeist nur geringes Interesse aufgrund ihres Überlegenheitsgefühls hatten und die christlichen Theologen bei allen Fragen hauptsächlich an die Verteidigung ihrer Glaubenslehre dachten und man obendrein nur selten die Sprache des anderen sprach, hatten daran

---

[7] Das interreligiöse Beziehungsgeflecht und die besondere Leistung des spanischen Judentums arbeitet *E. Heinen* in seinem zweibändigen Standardwerk „Sephardische Spuren" heraus: Einführung in die Geschichte des Iberischen Judentums, der Sepharden und Marranen, Kassel 2002.

[8] Zur Rezeption der Schriften des Aristoteles und der arabischen Wissenschaft vgl. *Schupp*, Bd. 2, 2003, 314–336, zu den Übersetzungen ebd., 321–327.

noch das größte Interesse die Juden, die auch am ehesten dolmetschen konnten und, als das schwächste Glied im Streit, sich um Ausgleich bemühten. Das beste Beispiel für den Versuch einer Verständigung der drei religiösen Kulturen hat immerhin der mallorquinische Christ RAIMUNDUS LULLUS (1232-1316) u.a. mit seinem „Buch vom Heiden und den drei Weisen" (Stuttgart 1998) gegeben.[9]

Wie gering aber letztlich das Bemühen auf christlicher Seite war, die islamische Seite zu verstehen, zeigt nichts klarer als die mehr als bloß verzögerte Kenntnisnahme des Korans im Okzident. Erst 1142, d.h. gut 500 Jahre nach Mohammeds Tod und knapp 50 Jahre nach der Ausrufung des ersten Kreuzzuges und der Erstürmung des islamischen Jerusalem, liegt im Westen eine erste Übersetzung aus dem Griechischen (!) ins Lateinische vor und vergehen nochmals gut 500 Jahre, bis 1647, d.h. etwa 1000 Jahre nach der Kanonisierung des Korans, eine erste Direktübersetzung aus dem Arabischen in eine moderne europäische Sprache, ins Französische, erscheint.

Um das Pendant auf arabischer Seite ist es allerdings kaum besser bestellt. Es hindert sie ihr über die Jahrhunderte ungebrochener politischer und zivilisatorischer Erfolg, sich mit der geistigen Entwicklung des Abendlands näher zu beschäftigen und dieses als einen aufstrebenden und nach 1500 auch ebenbürtigen Konkurrenten zu betrachten. Denn während der Begegnung bei den Kreuzzügen und bei der zeitweiligen Errichtung eines Kreuzfahrerstaats in Jerusalem haben sie die Horden der kulturell rückständigen Krieger aus dem Westen nicht als eine wirkliche Bedrohung ihrer Religion und Kultur empfunden, und der Aufstieg und Glanz des Osmanischen Reichs seit Ende des 13. Jahrhunderts mit der Einnahme Konstantinopels im Jahre 1453, der Besetzung des Balkans und den militärischen Erfolgen im Südosten Europas bis ins 17. Jahrhundert hat sie in jener Selbsteinschätzung bestätigt, so daß der spätere Schock bei der Besetzung Ägyptens durch Napoléon 1798 umso größer war. Dieses selbstbewußte Ruhen in der eigenen geheiligten Tradition mag auch der Grund dafür sein, daß die arabische Theologie ihren beiden großen mittelalterlichen Philosophen IBN SINA (980–1037, lat. Avicenna) und Ibn Rushd, welche durch ihre Hinwendung zur antiken Philosophie eine Brücke zwischen Glauben und Wissen schlagen wollten, bis heute wenig Beachtung geschenkt und, noch wichtiger, die spätere europäische Aufklärung nur sehr verzögert und selektiv zur Kenntnis genommen hat. Die stürmische kulturelle Entwicklung des Westens und das daraus erwachsene Selbstbewußtsein seither und nicht zuletzt die zwischenzeitliche imperialistische Besetzung und fortdauernde Demütigung der islamischen Welt hat diese in eine tiefgehende Identitätskrise gestürzt. Ausdruck davon ist der zwischen Faszination und Verachtung schwankende „Orientalismus" der Europäer und der ebenso zwiespältig zwischen Nachahmung, Minderwertigkeitsgefühlen und Fundamentalismus schwankende „Orientalismus" der Moslems selbst.[10]

---

[9] Zu Lullus allgemein vgl. Schupp, Bd. 2, 2003, 427–435.

[10] Über das komplexe koloniale und postkoloniale Konstrukt des „Orientalismus", des Blicks von außen *und* von innen auf die islamische Welt des Nahen Ostens, vgl. *E.W. Said*: Orientalismus. Übers. L. Weißberg (Orientalism, New York 1978), Frankfurt u.a. ²1995; ders.: Kultur und Imperialismus. Einbildungskraft und Politik im Zeitalter der Macht. Übers. H.-H.Henschen

3. Islamisches Bewußtsein von Zeit, Zukunft und Geschichte

Diese knappe Skizze der islamischen Religiosität und Kulturgeschichte zielt im Hinblick auf die Thematik dieses Buches auf die Frage, ob der Islam ein durchreflektiertes und explizit gemachtes Verständnis von Geschichte hat, womöglich einen eigenen Beitrag zur Theorie der Geschichte geleistet und das moderne Verständnis von Geschichte in irgendeinem Aspekt direkt oder indirekt vorbereitet und beeinflußt hat. Für ersteres spricht zunächst, daß der Islam gerade wegen seines Offenbarungscharakters schon von seinem Grundansatz her, wie das Juden- und Christentum, eine Religion ist, die zumindest bei ihren Lehrern und Gelehrten ein historisch begründetes Schriftkenntnis voraussetzt Denn wie bei jenen beiden anderen Monotheismen besteht auch hier die Einführung in den Glauben im Auswendiglernen zentraler Teile der „Schrift", was für fast alle Muslime der Welt seit früher Zeit eine gewisse Kenntnis der Fremdsprache Hocharabisch bedeutet. Die Imane und Ulamas müssen zudem ganz selbstverständlich dieses Arabisch in Wort und Schrift sicher beherrschen, um den Koran, die Sunna, den Hadith, die neueren Kommentare und islamisches Recht studieren und auf höchster Stufe islamische Theologie (*kalam*) betreiben zu können, was zugleich bedeutet, daß alle höhere islamische Bildung immer ganz fundamental eine historische Bildung ist.

3.1 Heilsgeschichte und Apokalypse

Eine eigenständige Geschichtstheorie wird man dem Islam gleichwohl nur bedingt zuschreiben können. Denn deren Grundlinien entstammen ganz der jüdisch-christlichen Heilsgeschichte. Nicht nur folgt man der jüdischen Schöpfungsgeschichte, sondern erwartet auch am „Ende der Tage" die Wiederauferstehung der Toten, das Gericht über sie, den Untergang der alten und den Beginn einer neuen Welt, die durch die Alternativvorstellung von Himmel und Hölle, von einem paradiesischen und einem qualvollen Leben in der großen orientalischen und neueren christlichen Tradition charakterisiert ist.[11] Auch teilt der Islam weitgehend das kosmologische Weltbild der Bibel – allerdings mit der Verlagerung des Weltzentrums von Jerusalem in den in die Kaaba in Mekka eingelassenen Stein, von dem aus die Welt horizontal und vertikal gegliedert ist – und schließlich auch die eschatologische Vorstellung von einem Messias, einem „Mahdi", der vor dem Weltende nochmals auf der Erde den „Islam" in gottgewollter Vollkommenheit wiederherstellt. Und wie bei Jahwe vor der Erschaffung der Welt und nach ihrem Ende gibt es auch bei Allah vor und nach dem irdischen Zwischenspiel kein Geschehen, herrscht auch bei ihm erhabene Zeitlosigkeit und hebt schon der irdische Preis Allahs durch die Menschen auf seine Ewigkeit ab.

3.2 Der irdische und der jenseitige Weg des Menschen

Eingebettet in diesen Weltplan ist das Leben des einzelnen Muslim. Und hier weicht der Islam in einigen wichtigen Punkten vom jüdischen und christlichen Vorbild ab.

(Culture and Imperialism, New York 1993), Frankfurt 1994.

[11] Vgl. *H. Werner* (Hg.): Das islamische Totenbuch. Jenseitsvorstellungen des Islam, Bergisch Gladbach 2002.

Ist nach dem biblischen Zeugnis Jahwes Schöpfung nach seinem Sechstageswerk abgeschlossen und ist der Mensch danach durch Adams Ungehorsam für alle irdische Zukunft der Sünde verfallen, so wiederholt sich nach islamischem Verständnis das Wunder von Allahs Schöpfertum in jedem neu empfangenen und geborenen Menschen: Jeder Mensch wird vollkommen geschaffen und mit der Freiheit im Denken und Handeln ausgestattet. Wegen der Schwäche seiner Seele unterliegt er aber fast immer der Verführung durch den Teufel und damit der Sünde. Mit den Worten des Korans: „Jede Seele erwirbt [sc. das Böse] nur zu ihrem eigenen Schaden. Und keine lasttragende [sc. Seele] trägt die Last einer anderen." heißt es in Sure 6, 164. Es gibt keine Erbsünde, der Mensch ist während seines ganzen Lebens frei und verantwortlich, entweder gut oder böse zu handeln.[12] Entgegen dem, was dem Islam - mit Bezug auf die Allmacht und die Allwissenheit Allahs - oft unterstellt wird, herrscht in ihm kein fatalistischer Schicksalsglaube vor, wählt Allah zwar seine Gesandten aus, bestimmt aber das Leben der Menschen nicht in seinem irdischen und himmlischen Verlauf vorher. Der Muslim soll - wie er es fünfmal am Tage im Gebet ausspricht - dem im Koran beschriebenen Weg, der Scharía, folgen. Dabei hilft ihm das Wort der Schrift und die Tradition. Dieser Weg ist nicht nur der rechte und „gerade", sondern auch der „breite", also jedermann zugängliche und von ihm begehbare. Auch hier gibt es freilich einen engeren und schwierigeren Pfad, den nur wenige Gläubige bewältigen können, und zwar jene, die mit Hilfe eines Meisters und Führers, ähnlich wie im abendländischen Mönchtum, den Weg durch Askese, Gehorsam, Reue und Armut nach innen antreten und Stufe um Stufe zum Sufi, zum Mystiker, werden können.[13] Damit steht im Einklang, daß der Mensch in der Befolgung der Gebote von sich aus im Stande ist, das Heil zu erlangen. Er bedarf dazu keines Mittlers auf der Erde und auch keines himmlischen Fürsprechers (Parakleten) beim Jüngsten Gericht. Unmittelbar nach seinem Tod hat er ein vorläufiges Gericht zu bestehen, wonach er, wenn er z.B. im Kampf für den Islam gefallen ist, schon gleich in die himmlische Welt versetzt werden kann. Im Endgericht werden alle anderen dann nach dem in einem Buch verzeichneten Taten gerecht abgeurteilt.[14]

Wie eingangs schon dargelegt, teilt der Islam sehr viele Einzelheiten und Grundsätze mit dem Judentum und Christentum, unterscheidet sich von ersterem u.a. durch die Rücknahme der Anthromorphismen und Volksbezogenheit Gottes und von letzterem u.a. durch die Verwerfung der auf Erlösung zielenden Christologie und durch seine Konzentration ausschließlich auf dem sich aller Sichtbarkeit und Vorstellbarkeit entziehenden Allah. Insofern dies jeweils Trennende den jeweiligen Glauben begründet und das Heil der Gläubigen davon - und eben von nichts Anderem – abhängt, entspricht es einer inneren Logik, daß es keine Anerkennung des

---

[12] Vgl. *L. Hagemann*: Art. Gott/Allah; *A.Th. Khoury*: Art. Mensch, in: Khoury u.a. 1991, 311–320; 515–520.

[13] Vgl. hierzu *A. Schimmel*: Das Thema des Weges und der Reise im Islam, Opladen 1994.

[14] Vgl. *A. Falaturi*: Tod - Gericht - Auferstehung in koranischer Sicht, in: Ders. (Hg.): Zukunftshoffnung und Heilserwartung in den monotheistischen Religionen, Freiburg 1983.

jeweils anderen Wegs zu Gott geben kann und Intoleranz gegenüber den anderen die logische Folgerung daraus ist.

3.3 Die weltliche Geschichte der Völker: Ibn Chalduns Geschichtstheorie

Angesichts der Ewigkeit Allahs, des heilsgeschichtlichen Denkens und des Anspruchs, daß sich Gott im Koran ein für allemal und universal durch seinen Gesandten Mohammed der Menschheit offenbart hat und das Judentum und das Christentum nur Vorstufen des Islam, der endgültigen Religion, sind, zeigt der Islam in der irdischen Nachoffenbarungszeit nur verhältnismäßig geringes Interesse an der Geschichte und Eigenart der Völker. Dennoch hat der Gelehrte IBN CHALDUN (1332-1406) in seinem berühmten „Vorwort" (arab. *Muqaddima*) zu seinem „Buch der Beispiele" (arab. *kitab al ibar*) eine Geschichtstheorie entworfen, die wegen ihrer anthropologischen, gesellschaftstheoretischen und kulturtheoretischen Begründung in mancher Hinsicht modernen europäischen Geschichtstheorien nahekommt.[15] Deren Elemente sind Gesellschaft, Staat, Gemeinsinn und Kultur. „Gesellschaft" (arab. *umran*) meint in dieser Theorie das aufgrund der menschlichen Sozialität übliche Zusammensiedeln der Menschen in Gemeinschaften. Diesen Gemeinschaften steht als „Staat" (arab. *daula*) eine Regierung vor, die getragen durch eine Ordnung ständischer Über- und Unterordnung über Stadt und Land herrscht. Diese Herrschaft bedarf eines „Gemeinsinns" (arab. *asabija)*, damit die Menschen einander in Solidarität, Liebe und Geselligkeit kooperativ und helfend beistehen und sich der Gesellschaft zugehörig fühlen. Durch „Kultur" (arab. *malaka*) schließlich erhält sich die Gesellschaft materiell und ideell. Nach Chaldun sind Gesellschaften dieses Typs aus der ursprünglichen Gesellungsform des Menschen, dem Nomadentum, hervorgegangen, welches materiell, moralisch und ideell durch die Tugenden der Einfachheit, der Aufrichtigkeit und durch das Stammesbewußtsein zusammengehalten und erhalten wird. Die dann entstandenen städtischen und staatlichen Gesellschaften sind, indem sie sich im Zuge ihrer Konstitution und ihres Aufstieges zunehmend mehr von diesen Tugenden gelöst haben und durch Luxusbedürfnisse und Korruption immer mehr des Gemeinsinns verlustig gegangen seien, freilich instabil und gehen deswegen alle mit einer gewissen historischen Notwendigkeit ihrem Untergang entgegen, bis sie durch die Gesellschaft eines anderen aufstrebenden Volkes abgelöst werden. Geschichte vollzieht sich so in einem nicht enden wollenden Zyklus von Aufstieg und (Ver-)Fall - eine Deutung, die freilich schon die Antike in mehreren Varianten in Theorien von der Abfolge der Weltalter gegeben hatte und sich ähnlich auch später, z.B. bei O. Spengler[16], in europäischen Geschichtstheorien findet. Auf dieser hier z.T. mit modernen Begriffen umschriebenen Grundlage beschreibt Ibn Chaldun den historischen Wandel zunächst der vorislamischen Gesell-

---

[15] Im Osmanenreich als Gelehrter hochberühmt, entdeckt ihn der Westen erst im 19. Jahrhundert. Vgl. *E. Rosenthal*: Ibn Khalduns Gedanken über den Staat, München/Berlin 1932 (mit Teilübersetzungen), und *A. Schimmel*: Ibn Chaldun. Ausgewählte Abschnitte aus der muqaddima, Tübingen 1951; *H. Simon*: Ibn Khalduns Wissenschaft von der menschlichen Kultur, Leipzig 1959.

[16] Vgl. Kapitel 28.2.2.

schaften, also der von Antike und Christentum, und dann des islamischen Südens, Ostens und Westens. Wie unzulänglich die Darstellung im einzelnen auch ist, so hebt sie sich doch vom verbreiteten Typ entweder bloß heilsgeschichtlicher oder bloß dynastischer und ereignisgeschichtlicher Geschichtsschreibung ab und bezieht die Kultur und die Gesellschaft als konstitutive Faktoren des historischen Wandels ein, Faktoren, die im Abendland erst im 18. Jahrhundert bei Vico, Montesquieu und Voltaire zur Geschichtsdeutung herangezogen werden.

10. Renaissance – Humanismus:
Christliche Kultur im Rückzug auf das Erbe der paganen Antike

1. Die anthropologische Wende der frühen Neuzeit:
   Der Mensch im Zentrum der Welt   174
2. Humanismus:
   Die produktive Wiederaneignung vergessener Seiten der antiken Kultur   177
3. Renaissance: Menschliche Selbstdarstellung, Schöne Künste und politische Theorie   180

„Wiedergeburt" aus antiken Ursprüngen:
Die kulturelle, religiöse und wissenschaftliche Begründung der Neuzeit
Die Entdeckung der Geschichtlichkeit der Kultur im heute üblichen Verständnis geschah zwar erst im 18. Jahrhundert. Sie deutet sich aber schon im Zuge eines doppelten Wandels des Welt- und Selbstverständnisses um 1500 an: zum einen in der sog. anthropologischen Wende der Neuzeit, durch die die Menschen innerhalb des weiterhin christlichen Weltbildes beginnen, sich von der übermächtigen Vormundschaft des Glaubens zu befreien und der bisher ungenutzten Möglichkeiten ihres Handelns bewußt werden, zum anderen im Versuch der Wissenschaften, das Geschehen in der sichtbaren Welt naturgesetzlich zu erklären und die von den Menschen hervorgebrachte Kultur möglichst wirklichkeitsgetreu zu beschreiben und zu deuten. Als Hauptträger dieses Wandels gilt die sich bereits im 14. Jahrhundert in Italien herausbildende und um 1500 im ganzen Westen Europas in Blüte stehende Bewegung einer Orientierung an der Kultur der paganen Antike, welche wir seit dem 19. Jahrhundert mit dem Begriff Renaissance-Humanismus bezeichnen. Die durch Luther zu Beginn des 16. Jahrhunderts ausgelöste Reformation steht in ihrem Ad-fontes-Versuch der Erneuerung des Glaubens aus seinen antiken Ursprüngen einerseits diesem Renaissance-Humanismus nahe, ist im Bestehen auf der Offenbarungswahrheit des Bibelwortes andererseits antihumanistisch-mittelalterlich bzw. – im Sinne eines modernen Begriffs – fundamentalistisch. Zur gleichen Zeit erfolgt, mit wachsender Intensität vom 16. zum 17. Jahrhundert, ein bis dahin weltgeschichtlich einzigartiger wissenschaftlicher, technischer und kolonisatorischer Ausgriff auf die Welt. Damit ist zunächst die gänzlich auf übernatürliche Annahmen verzichtende, auf Naturgesetze in mathematischer Form zielende rationale und empirische Erforschung der Welt gemeint, sodann die Anwendung dieses Wissens in technischen – besonders auch militärischen – Erfindungen und schließlich deren sich über Jahrhunderte erstreckender Einsatz bei der Entdeckung, Inbesitznahme, Christianisierung und Zivilisierung der Welt in Übersee.

Im Zusammenwirken von Renaissance-Humanismus, Reformation und technisch-wissenschaftlichem und imperialistischem Ausgriff auf die Welt schickt sich das westliche Europa an, zur politisch, zivilisatorisch und kulturell führenden Weltregion aufzusteigen. Die dabei gemachten neuen Erfahrungen und ausgelösten Herausforderungen begleiten diesen Weg nicht nur, sondern zwingen die Europäer, auch über die religiöse, moralische, politische und rechtliche Begründung der überkommenen Herrschafts- und Gesellschaftsformen und über ihre mögliche Veränderung nachzudenken. Insgesamt – freilich mit großen Abweichungen und wiederholten heftigen und auch blutigen Gegenbewegungen – verlagert sich in diesen frühneuzeitlichen Jahrhunderten bis zum 18. Jahrhundert das Interesse immer mehr vom Jenseits auf das Diesseits, von Gott auf die Menschen. So tritt das über 1000 Jahre vorherrschende heilsgeschichtliche Denken gegenüber einem mehr pragmatischen Umgang mit der Zeit zurück und richtet man auf der Grundlage einer historisch-kulturellen Vergewisserung bei der Gestaltung der Gegenwart den Blick hoffnungsvoll auf die Zukunft.[1]

Das vorliegende Kapitel 10 thematisiert den Renaissance-Humanismus im Hinblick auf die anthropologische Wende, die *studia humanitatis* der „Humanisten" und die menschliche Selbstdarstellung in den Schönen Künsten und in der Politik. Das Kapitel 11 dann skizziert die Herausforderung, die die protestantische Reformation, über die Glaubensspaltung hinaus, mentalitätsgeschichtlich für Deutschland und Europa bedeutet. Die Kapitel 12 und 13 schließlich befassen sich mit dem Wandel, den die Wissenschaften, die Entdeckungen und die philosophische und literarische Reflexion im Welt- und Menschenbild und im historischen Bewußtseins während des 16. und 17. Jahrhunderts bewirken.

1. Die anthropologische Wende der frühen Neuzeit:
Der Mensch als Betrachter, Schöpfer und Selbstbildner im Zentrum der Welt (Pico)

Es ist in der Tat der heute so genannte Renaissance-Humanismus, der um 1500 vor dem Hintergrund einer unverändert christlich bleibenden Weltanschauung und Geschichtsauffassung in den intellektuell und politisch führenden Schichten Westeuropas eine Neubewertung und Neuorientierung des menschlichen Handelns einleitet. Auf dem Höhepunkt des italienischen Renaissance-Humanismus gelingt es GIOVANNI PICO DELLA MIRANDOLA (1463-94), einem damals erst 22jährigen Denker, die nunmehr vom Menschen beanspruchte Position in der Welt treffend in einem berühmt gewordenen Wortgemälde zu umreißen. In seiner „Oratio de dignitate hominis", die er 1486 als Vorrede zu seinen 900 Thesen zur Versöhnung von Judentum, Christentum und Islam geschrieben hat, heißt es, daß Gott den Menschen

---

[1] Allgemein zur frühen Neuzeit, zum Humanismus und zur Renaissance vgl. *J. Burckhardt:* Die Kultur der Renaissance in Italien (1860). Hg. W. Rehm, Stuttgart 1960; *P.O. Kristeller:* Humanismus und Renaissance. Bd. I: Die antiken und mittelalterlichen Quellen, Bd. II: Philosophie, Bildung und Kunst, München 1974/76; *A. Heller:* Der Mensch der Renaissance, Köln 1982; *P. Burke:* Die Renaissance in Italien. Sozialgeschichte einer Kultur zwischen Tradition und Erfindung (engl. 1972), Berlin 1984; *P. Burke:* Die Renaissance, Berlin 1990; *A. Buck:* Humanismus. Seine europäische Entwicklung in Dokumenten und Darstellungen, Freiburg/München 1987; *G. Böhme:* Bildungsgeschichte des frühen Humanismus, Darmstadt 1984; Ders.: Bildungsgeschichte des europäischen Humanismus, Darmstadt 1986; Ders.: Wirkungsgeschichte des Humanismus im Zeitalter des Rationalismus, Darmstadt 1988; *G. Gurst/ S. Hoyer/ E. Ullmann/ Ch. Zimmermann* (Hg.): Lexikon der Renaissance, Leipzig 1989; *E. Garin* (Hg.): Der Mensch der Renaissance, Frankfurt 1990; *R. van Dülmen:* Kultur und Alltag in der Frühen Neuzeit. 3 Bde., München 1990 ff.; *W. Schulze:* Die Frühe Neuzeit als Vorlauf der Moderne, in: Kowalczuk 1994, 64-80 [eine These und ein Literaturbericht]; J. Hale: Die Kultur der Renaissance in Europa (aus dem Engl.), München 1994; *M. Maurer:* Neuzeitliche Geschichtsschreibung, in: ders. (Hg.): Aufriß der Historischen Wissenschaften Bd. 5, 2003, 281-499; *F. Jaeger* (Hg): Enzyklopädie der Neuzeit. 15 Bde. und 1 Registerband, Stuttgart [auch: Darmstadt] 2005 ff. .

allein deswegen bei seiner Geburt als ein rohes, unwissendes, eigenschafts- und instinktloses Naturwesen geschaffen habe, damit dieser sich selbst in seinem Leben zu einem Kulturwesen machen könne. Diese Vorstellung entfaltet Pico in drei von vielen „Humanisten" in ähnlicher Weise wiederholt gebrauchten Selbstbezeichnungen des Menschen.[2] Von Gott in die Mitte der Welt gestellt, erklärt sich der Mensch erstens zum „Betrachter und Bewunderer der Welt" *(contemplator et admirator mundi)*. Dies bedeutet sowohl eine Aufwertung der empirischen Welt als auch des Menschen selbst: der Welt, weil das Lob der Menschen ihrer Schönheit und Wohlgeordnetheit und ihrer offensichtlichen und z.T. verborgenen „Naturgesetzlichkeit" gilt, des Menschen, weil er als einziges Geschöpf im Universum mit Vernunft begabt ist, also die Fähigkeiten hat, Wahres vom Falschen zu unterscheiden, aus Einsicht und in Freiheit zu handeln, zu sprechen und zu denken. Zweitens begreift sich der Mensch in bezug auf die irdische Kultur als ein Schöpfer aus eigenem Recht, als ein „zweiter Prometheus" (Boccaccio). In der Erfindung der Sprache, in der Organisation des Zusammenlebens und in der Schaffung von Werken in den Schönen und Mechanischen Künsten führt der Mensch Gottes Schöpfung selbständig fort, verwandelt er – modern gesprochen – Natur in Kultur. Drittens, darüber hinausgehend, versteht sich der Mensch im geistigen Sinne nunmehr als ein Werk seiner selbst. Wer sich den *studia humanitatis* widmet und in ihrem Geiste Neues schafft, setzt sich von der bis dahin vorbildlichen Lebensform des Klerikers ab und wird zu einer der Welt zugewandten Persönlichkeit. Dieses zum innerweltlichen Forschen, Schaffen und Handeln auffordernde Selbstbild war es vor allem, das die Menschen zu Entdeckern des noch Unbekannten, zu Erfindern dienstbarer Instrumente, zu Planern der Zukunft und zu Schöpfern neuer geistiger Welten gemacht hat.

Ein Großteil des neues Wissens erschloß sich ihnen aus der produktiven Aneignung und Verwandlung der antiken Kultur.[3] Das Hauptcharakteristikum dieser anthropologischen Wende[4] ist in der Tat, daß sie eine Verbindung zwischen der jüdisch-christlichen Schöpfungslehre und der antik-philosophischen Selbstformungslehre herstellt. Gegen die augustinische – und dann von Luther nochmals erneuerte – Annahme, daß die Natur des Menschen durch den Fehltritt Adams irreparabel verdorben sei, geht der Neuplatoniker Pico davon aus, daß die von Gott im primordialen und vollkommenen Schöpfungsakt in den Menschen hineingelegte Geistigkeit auch noch nach dem Sündenfall und seiner Neigung zum Bösen weiterhin unversehrt in der Seele jedes Menschen schlummere, sie nur des göttlichen Anrufs, der Inspiration, des Enthusiasmus, der Illumination bedürfe, um ihn im Moment des Zuspruchs wieder von innen heraus zu erneuern und zu dem ihm vorherbestimmten kreativen „pneumatischen", d.h. „geisterfüllten" Menschen zu machen. In dieser Vorstellung stecken pythagoreische, platonische und gnostische Elemente, wie sie

---

[2] Über die Würde des Menschen (1496), Hamburg 1990. Ähnlich zuvor schon *G. Manetti*: De excellentia et dignitate hominis (1452).

[3] Vgl. *E. Wiersing*: Zur Wiederentdeckung des Renaissance-Humanismus in der Geschichte der Erziehung, in: Pädagogische Rundschau, 1991, 215-226, bes. 217 f.

[4] Das erste Auftreten des Begriffs *anthropologia* i.S. einer *doctrina humanae naturae* findet sich allerdings erst viel später, bei *Otto Casmann*: Psychologia anthropologica sive animae humanae methodice informata, Hannoviae 1594.

in der christlichen Erweckung und Bekehrung zu einem „neuen Menschen" immer schon angenommen, in hochmittelalterlicher Zeit in den Visionen des Joachim von Fiore über das „Zeitalter des Geistes" und im mystischen Gedankengut etwa der franziskanischen Spiritualen wiederbelebt wurden. Einen philosophisch-institutionellen Ausdruck haben diese Gedanken schon zuvor 1459 in Florenz gefunden, als *Marsilio Ficino* (1433-99) dort eine Platonischen Akademie – fast tausend Jahre, nachdem die ursprüngliche geschlossen wurde – gründete. Zu Beginn des 16. Jahrhunderts schließlich werden diese Vorstellungen bei den reformatorischen Wiedertäufern in einem radikalen Versuch der Wiedergeburt des „inneren Menschen" religiös und sozial virulent. Revolutionär und eigentlich nicht mehr christlich ist Picos Anthropologie insofern, als in ihr der Mensch aus der von Gott errichteten Seinshierarchie herausgenommen wird und sich selbst als Schöpfer seiner selbst betrachten soll.[5] Hier zeichnen sich am geistigen Horizont bereits die Tendenzen der heraufziehenden Moderne ab und sind die Vorbehalte des Christentums – insbesondere auch des lutherisch und kalvinistisch reformierten – gegen den Humanismus insofern verständlich, als in ihm eine „Selbstermächtigungslehre" des Menschen gegen Gott steckt und er einem neuen Heidentum den Weg bereitet.[6]

Niemand wohl hat in einem einzigen Bild die Überzeugungen und Tendenzen des Renaissance-Humanismus, d.h. den Gedanken der „Wiedergeburt" der Philosophie und der Schönen Künste aus dem Geist der antiken Kultur, das Wiederaufleben des naturwissenschaftlichen und technischen Denkens und näherhin den Versuch, das kirchlicherseits eigentlich Unvereinbare in einem „christlichen Humanismus" zu vereinbaren, so gut dargestellt wie der Maler RAFFAEL (1483-1520) in seinem Fresko „Die Schule von Athen" (1509). Auf ihm stehen in seiner Mitte und auf der höchsten Stufe einer Tempelanlage, umgeben von den Häuptern der griechischen Naturphilosophie und Weisheitslehre und diese Vielfalt ideell zusammenhaltend, Platon und Aristoteles, die großen Genies und Repräsentanten der beiden für überzeitlich wahr gehaltenen Hauptrichtungen der Philosophie. Platon ist daran erkennbar, daß er mit erhobenen Zeigefinger nach oben auf das Überirdisch-Geistige weist, Aristoteles, daß er nach unten auf die irdische Sinnenwelt zeigt. Eine besondere Bedeutung erhält dieses Fresko noch dadurch, daß es sich in der Stanza della Segnatura des Vatikan im räumlichen Gegenüber zu einem anderen Fresko befindet, das das christlich-mittelalterliche Weltbild in theologischer Sicht zum Gegenstand hat, und so die beiden Seiten des Renaissance-Humanismus, die pagane und die christliche, als sich ergänzende und dabei gleichberechtigte Anschauungen der geistigen Welt erscheinen.

Solange die Philosophie unter der Vormundschaft der Theologie immer noch annahm, daß die Welt nach dem Willen Gottes unrettbar ihrem Ende zustrebe, war sie daran gehindert, ein eigenes Konzept für die Gestaltung der irdischen Zukunft der Menschheit zu entwickeln.[7] Das geschieht aber jetzt, wo man an die Möglichkeit

---

[5] Näheres dazu bei Schupp, Bd. 3, 2003, 12 f.

[6] Vgl. allgemein hierzu *R. van Dülmen* (Hg.): Entdeckung des Ich. Die Geschichte der Individualisierung vom Mittelalter bis zur Gegenwart, Köln u.a. 2001.

[7] Während *K. Löwith* (in: Weltgeschichte und Heilsgeschehen. Die theologischen Voraussetz-

eines von den Menschen mitverantworteten neuen Zeitalters glaubt. Ein Ausdruck des neuen Selbstbewußtseins sind die nun häufig gebrauchten Begriffe *renovatio, nova vita, renasci, regenerari, resuscitata poesis* usw. Den Rahmen für diese Erneuerungs- und Selbstverwirklichungsbestrebungen der gesellschaftlichen Eliten bildet die urbane, wissenschaftlich, technisch und wirtschaftlich entwickelte Kultur der Städte, Stadtrepubliken und Fürstenhöfe seit dem 14. Jahrhundert, zunächst in Italien und dann im ganzen Abendland.

2. Humanismus:
Die produktive Wiederaneignung vergessener Seiten der antiken Kultur

Die bildungsmäßige Grundlage dieses gewachsenen Selbstvertrauens sind die *studia humanitatis*, also das Studium des Ideal-Menschlichen in den Werken, die die Griechen und Römer in Bauwerken und Plastiken, vor allem aber in Texten hinterlassen haben. Durch dieses Studium hofft man, den Weg erneut betreten und produktiv fortsetzen zu können, den jene selbst und nach ihnen auch andere Völker des mittelmeerischen Kulturkreises zur „Entrohung" (*eruditio*), „Kultivierung" (*cultura animi*) und „Zivilisierung" („Verbürgerung", „Urbanisierung") der Menschennatur schon einmal beschritten hatten. Der Initialfunke dieser neuartigen Hinwendung zur Kultur der klassischen Antike und der aus ihr folgenden anthropologischen Wende kommt freilich nicht aus den Schulen und Universitäten, sondern entstammt vor allem dem Wirken von Literaten, die seit der ersten Hälfte des 14. Jahrhundert in Italien, hauptsächlich in Florenz, ihrem sich wandelnden Lebensgefühl Ausdruck verleihen. Sozusagen noch mitten im Mittelalter lebend und es in seiner späten kulturellen Form in Werken repräsentativ darstellend, pflegen insbesondere DANTE (1265-1321), PETRARCA (1304-1374) und BOCCACCIO (1313-1375) die Überzeugung, daß man die einstmals blühende Kultur der Antike im Studium der überlieferten Werke wieder zum Leben erwecken und man selbst in ihrem Geist, jedoch unter christlichem Vorzeichen, in Künsten und Wissenschaften kreativ wirken müsse.

Den neuen Ton schlägt Dante um 1293 mit seiner „Vita nuova" an, der vor der „Commedia" geschriebenen, mit lyrischen Passagen versehenen autobiographischen Erzählung vom durch die Liebe zu Beatrice „erneuerten Leben". Der erste „Humanist" ist dann Petrarca, der seine Trauer über die untergegangene literarische, bauliche und politische Größe und Schönheit der römischen Antike in ein neues, die äußere Natur, die Geschichte und die Dichtung wieder entdeckendes Lebensgefühl umwandelt und es in Gedichten und Briefen „seelenverwandten" Zeitgenossen in der italienischen Volkssprache, jedoch auch im ciceronischen Latein mitteilt. Boccaccio schließlich, der dritte Florentiner, gibt in seinem „Decamerone" (1349/53), seinen während der Pest 1348 auf einem abseits gelegenen Landgut von jungen Leuten in zehn fiktiven Nächten erzählten hundert Geschichten von Liebesaben-

---

zungen der Geschichtsphilosophie, Stuttgart 1953) die Neuzeit als eine im wesentlichen nur säkular gewendetes christliches Zeitalter begreift, arbeitet *H. Blumenberg* in seiner Schrift: Die Legitimität der Neuzeit (1966), Frankfurt 1988, die Auffassung heraus, daß dieses Zeitalter in der dauerhaften Überwindung der spätantiken gnostischen und christlichen Weltverneinung sich aus eigenem Recht neu begründet.

teuern, ein Beispiel dafür, wie in Katastrophenzeiten nicht immer nur die Anrufung Gottes und die Vorbereitung auf den Tod, sondern auch die aufrechterhaltene Kultur den Ängsten wehren und ein Gegengewicht gegen die drohende Barbarisierung sein kann.

An diesen drei großen Dichtern, die die italienische Literatur eigentlich erst begründen, zeigt sich auch bereits, daß deren Autoren nicht mehr Mönche und Theologen, sondern Laien sind und der Ort ihres Wirkens nicht mehr nur Klöster und Universitäten, sondern auch und von nun an immer mehr die Fürstenhöfe, Schlösser und Residenzen des Adels und der reichen Stadtbürger sind. Der Politiker, Schriftsteller, Philosoph und Philologe *Salutati* (1331-1406) vereint in seiner Person erstmalig wieder annähernd das, was Cicero war, nämlich ein Mann des Geistes und der Politik, der zudem beide Betätigungssphären durch ein dichtes Band der privaten und öffentlichen Kommunikation verbindet. Es wiederholt sich hier im gewissen Sinne das, was im 2. vorchristlichen Jahrhundert im römischen Scipionen-Kreis geschah, als man begann, sich die griechische Kultur anzueignen und produktiv weiterzuentwickeln.

2.1 „Studia humanitatis": Das literarische und philosophische Studium der Antike

In der Breite können als Promotoren der so angestoßenen Wiederbegegnung mit der Antike dann jene italienischen Rhetoriklehrer an den Schulen und Universitäten gelten, die seit dem 14. Jahrhundert durch eine Aufwertung der grammatischen und rhetorischen Studien und unter Hinzufügung poetischer und historischer Lektüre das traditionelle Bildungsprogramm der *artes liberales* umakzentuieren, die stilistische Imitation der klassischen römischen Autoren nunmehr als *studia humanitatis*[8] betreiben und sich neben ihrer traditionellen Bezeichnung *oratores* seit dem Ende des 15. Jahrhundert auch selbst ausdrücklich als *umanisti* bezeichnen. Sie knüpfen den freilich nie ganz gekappten Faden zwischen pagager Antike und christlichem Mittelalter neu und verstärken ihn um jene Elemente, deren man sich beim Sieg des Christentums entledigt hatte. Im Medium neu gelesener und wiederentdeckter literarischer und philosophischer Werke machen sich die Gebildeten die „Menschlichkeit", die Schönheit, den Gedankenreichtum und die ganze Vielfalt der heidnischen Kultur der Griechen und der Römer wieder bewußt.

Wenn sie darin dann auch bald den Beginn einer „neuen Zeit" anbrechen sehen, rührt dies hauptsächlich von dem „helleren" Menschenbild her, das sich für sie von dem nun „finster" genannten vorigen Zeitalter zwischen der Antike und ihrer Gegenwart abhebt. In diesem Sinne können sie die Jahrhunderte zwischen dem Untergang Roms und ihrer eigenen neuen Zeit nur als ein „mittleres Zeitalter", ein „medium aevum" verstehen und zudem als eine von Vorurteilen, Mißverständnissen und groß angelegten Täuschungen verdüsterte Zeit. Ein Beispiel für letzteres ist die von *Lorenzo Valla* (1406-1457) als Fälschung entlarvte sog. Konstantinische Schenkung, jene vorgebliche Übertragung der Herrschaft über die Stadt Rom, Italien und die Provinzen im Westen des Imperium Romanum durch diesen Kaiser auf

---

[8] Der Begriff taucht allerdings schon bei dem Scholastiker Bernard de Chartres (1180-1230) in den „Glossae super Platonem" auf.

den Papst. In der Idealisierung der Antike und in der Hoffnung auf den Beginn einer neuen Heilszeit distanziert sich ein Teil der Humanisten derart deutlich von der scholastischen Philosophie, daß man sie pauschal verwirft und auch bald aus dem Stock des Wissens ausscheidet.

2.2 „Philologie" und Ansätze frühneuzeitlichen Geschichtsdenkens

Auf historische Forschung und auf eine historische Theorie freilich ist der Renaissance-Humanismus – wie schon alle früheren und dann alle späteren Humanismen[9] – schon von seinem Anliegen her angewiesen. So ist er weitgehend selbst eine historische Sprach- und Literaturwissenschaft, Kunst-, Philosophie-, und Wissenschaftsgeschichte, jedenfalls insofern die Humanisten das nun als klassisch definierte Latein Ciceros grammatikalisch, lexikalisch und idiomatisch in ihren *eigenen* schriftlichen und mündlichen Äußerungen wiederherstellen, eine eifrige Suche nach Abschriften antiker Texte beginnen, wiederentdeckte Schriften neu herausgeben, kommentieren und übersetzen, in literarisch-rhetorischen Imitationen eine neulateinische Literatur schaffen, sich auch an bildnerischen und architektonischen Vorbildern der Antike schulen, alle überhaupt nur auffindbaren Überreste der Antike ausgraben, sammeln, zugänglich machen, deuten und nachahmen und schließlich auch die Naturphilosophie, die Mathematik und die Naturwissenschaften jenseits theologischer Bezüge studieren und darstellen.[10]

Die Ergebnisse davon revolutionieren das traditionelle Bild, das man sich von der antiken Kultur einschließlich der jüdischen und christlichen Schrifttradition gemacht hatte, gewaltig. Dazu tragen die nach dem Fall von Byzanz (1453) geflohenen und in Italien aufgenommenen griechischen Philologen wesentlich bei. Erst jetzt werden dem Westen die klassischen Texte von Platon und Aristoteles in dem bis heute gegebenen Umfang zugänglich, erst jetzt lernen Theologen wieder beide Ursprachen der Bibel und bekommen eine sprachgeschichtlich kommentierte Ausgabe des Alten und des Neuen Testaments. Insgesamt kann man so die an den Werken der heidnischen Antike nicht mehr nur propädeutisch, sondern auch und vor allem um ihrer humanen Qualität willen betriebenen und deswegen humanistisch genannten Studien als Ausdruck eines historischen Bewusstseins betrachten, das klar zwischen einer vielfältigen vorchristlichen, einer ausschließlich christlichen und einer neuen Zeit danach unterscheidet.

2.3. Der christliche Humanismus des Erasmus von Rotterdam

Als der italienische Humanismus um 1500 zu einem europäischen wird, ragt ähnlich, wie dies innerhalb des römischen Humanismus einst Cicero für seine Zeit tat,

---

[9] Vgl. die allgemeine Definition des Humanismus als ein reflektierter Rückbezug auf eine für vorbildlich gehaltene Vergangenheit durch Wiersing 2001, 24.

[10] Eine wichtige technische Voraussetzung dafür war zweifellos die Erfindung des Buchdrucks mit beweglichen Lettern durch *Gutenberg*. Es gibt inzwischen nicht wenige Kulturhistoriker, die den Erfolg der neuen Ideen und ganz besonders auch die rasche Verbreitung der Reformation dieser Medienrevolution zuschreiben. Vgl. hierzu *M. Giesecke*: Buchdruck in der frühen Neuzeit. Eine historische Fallstudie über die Durchsetzung neuer Informations- und Kommunikationstechnologien, Frankfurt (1991) 1998.

in der Gestalt des ERASMUS VON ROTTERDAM (1469-1536) ein Gelehrter vor allen anderen weit hervor. Über seine Kritik an der katholischen Kirche und dann nach anfänglicher Zustimmung auch an der lutherischen Reformation hat er allen auf Ausgleich, Verständigung, Frieden und Menschlichkeit bedachten Gebildeten das persönlich gelebte Modell eines christlichen Humanisten gegeben. Als Christ vertritt er in seinem „Handbüchlein des christlichen Streiters" (*Enchiridion militis christiani*, 1503) eine weltoffene, also antimönchische, und zugleich geistig-innerliche durch das Evangelium und die Vernunft angeleitete Lebensführung. Aus Einsicht in die Schwäche der menschlichen Natur, der *miseria hominis*, belehrt er die Menschen ironisch in seinem „Lob der Torheit" (*Encomion moriae seu laus stultitiae*, 1509). Als Philologe gibt er das Neue Testament im griechischen Urtext und in eigener lateinischer Übersetzung (1516) heraus. Als Lehrer der Humaniora, wie man den schulischen Unterricht in den *studia humanitatis* auch nennt, dient er in seinen „Gesprächsbüchlein" (*Colloquia familiaria*, 1519) der sprachlichen und moralischen Menschenbildung und wirbt er für ein tieferes Verständnis der Wissenschaften und Künste. Als erkenntnistheoretischer Skeptiker und „liberaler" Christ, der von einer Anthropologie individueller Verantwortung und Selbstvervollkommnung ausgeht, schreibt er eine Abhandlung über den „Freien Willen" (*De libero arbitrio*, 1524), auf die Luther im Folgejahr mit seiner Schrift vom „Unfreien Willen" (*De servo arbitrio*) antwortet. Als Privatmensch schließlich pflegt er brieflich und persönlich Freundschaft mit vielen großen Geistern der europäischen „Gelehrtenrepublik". Eines fehlt ihm allerdings im Vergleich zu Cicero: die Dimension des politischen Handelns und Redens. Auch reicht er insgesamt nicht an die kulturelle Bedeutung seines Vorbildes Cicero heran.

3. Renaissance:
Menschliche Selbstdarstellung, Schöne Künste und politische Theorie
3.1 Das Leitbild des seine Individualität auslebenden, universal schöpferischen Renaissance-Menschen

Diesen Humanisten, zumeist Männern[11] des geschriebenen Wortes, stehen sehr selbstbewußte Persönlichkeiten zur Seite, die als Herrscher, Kirchenfürsten, Diplomaten und Künstler einen neuen, der Antike nachempfundenen, sich durch Ehre, Ruhm, Höflichkeit und Leichtigkeit im Umgang auszeichnenden Lebensstil pflegen, welchem sie im politischen Handeln, in Werken der bildenden Kunst und im höfischen Verhalten Ausdruck verleihen. Im berühmten „Buch über den Hofmann" (Libro del Cortegiano, 1500/1516, 1528)[12] stellt diesen Lebens- und Umgangsstil der italienische Diplomat *Baldassare Castiglione* dar. Galt im Mittelalter die vor allem der reinen Erkenntnis und der „Betrachtung" gewidmete Lebensform des Mönchs (vita contemplativa) mehr als alle anderen, so steht jetzt die vita activa des politisch Handelnden und künstlerisch Schaffenden in höchstem Ansehen. Das

---

[11] Freilich melden sich auch bereits Frauen in größerer Zahl zu Wort. Vgl. dazu die Darstellungen von U. Bollmann und I. Hegele in: Ruhloff 1989, 216 ff. und 316 ff.; dort auch biographische Skizzen zu Alberti und Pico.

[12] Das Buch vom Hofmann, übersetzt und herausgegeben von B. Baumgart, Bremen 1960.

Idealbild ist der uomo universale, der Mann, der – wie der Architekt, Maler, Kunsttheoretiker, Moralphilosoph und Dichter *Leon Batttista Alberti* (1404-1472) – in seiner Person möglichst viele Fähigkeiten in Vollendung vereinigt. Für die mäzenatische Seite des Renaissancefürstentums steht besonders die Familie der Medici, für die erschreckende, weil gewalttätige Seite des Renaissance-Menschentums die Familie der Borgia.

Die anthropologische Wende hat aus mittelalterlichen Professoren, Magistern, Scholaren, Mönchen und Geistlichen, also aus Klerikern, neuzeitliche Gelehrte, „Humanisten", Schriftsteller, Wissenschaftler und Forscher gemacht. Aus Kunsthandwerkern hat sie Künstler gemacht, aus Bischöfen, Heerführern, Burgherren und Rittern (Kirchen-)Fürsten, Politiker, Diplomaten, Hofmänner, Seefahrer und Söldnerführer (Condottieri) und, nicht selten, aus einem nur einer Tätigkeit nachgehenden Menschen einen *uomo universale*. Ein sichtbarer und den Augenblick jeweiliger Gegenwart dauerhaft fixierender Ausdruck dieser Konzentration auf die Ausbildung, den Rang und den Wirkungskreis der eigene Person sind die jetzt in Auftrag gegebenen und selbst angefertigten *(Auto-)Porträts* und *(Auto-)Biographien*. Für beides ist die Person Luther ein herausragendes Beispiel. In seinen Lebenserinnerungen, Mahnschreiben und Briefen, in den Aufzeichnungen seiner Mitstreiter und Schüler (u.a. in den „Tischreden" von J. Aurifaber) und in den sehr zahlreichen Porträts wird erstmals seit der Antike ein Leben nicht nur von der Seite seines Amtes, seines Handelns und seines Werks, sondern auch seiner Individualität mit allen seinen Widersprüchen faßbar. Die seither über ihn wie über zahlreiche andere Zeitgenossen geschriebenen Biographien sind ein beredter Ausdruck dieses neuzeitlichen Bedürfnisses, bekennerhaft Rechenschaft über das eigene Leben abzulegen und andere Menschen von öffentlicher Bedeutung in der Totalität ihrer Personalität zu charakterisieren. Das besondere Interesse haben natürlich, wie in der Antike, die „Großen" und Berühmten, und unter ihnen besonders die (Kirchen-)Fürsten, Künstler und Schriftsteller, auf sich gezogen, welche als Auftraggeber, Porträtierte und Schaffende oft in einem engen kommunikativen Kontakt miteinander gestanden haben.[13] Auch in mythologischen und biblischen Gemälden sind lebende Personen und ihre Beziehungen teils offen, teils verrätselt dargestellt worden, weshalb ein Teil der Interpretationskunst der neueren Ikonographie und Ikonologie darin besteht, im Gewande der traditionellen Bildmotivik das Einmalige einer bestimmten Person – nicht selten des Auftraggebers – zu erkennen. Aber auch von Menschen, die weniger berühmt waren, gibt es jetzt erste „Lebensgeschichten".[14]

---

[13] Vgl. z.B. die berühmte von *Giorgio Vasari* (1511-1574) angefertigte mehrbändige Sammlung von Künstlerbiographien: Lebensbeschreibungen der hervorragendsten Maler, Bildhauer und Architekten. Übersetzt von L. Schorn und E. Förster. Neu hrsg. und eingeleitet von J. Kliemann, Worms 1983 (Le Vite de' più eccelenti pittori, scultori e architettori, 1550/1568). Eine aufwendige Neuausgabe in Einzelmonographien ist *G. Vasari*: Kunstgeschichte und Kunsttheorie. Eine Einführung in die Lebensbeschreibungen berühmter Künstler. Hg. von A. Nova, übers. von V. Lorini, bearbeitet von M. Burioni und S. Feser, Berlin 2004 ff. Zur frühneuzeitlichen Porträtkunst vgl. *H. Belting*: Vom Altarbild zur autonomen Tafelmalerei (SBB 2, 82 ff.) und *W. Busch*: Die Autonomie der Kunst (SBB 10), in: Funkkolleg Kunst 1984/85.

[14] Vgl. z.B. die Autobiographie von *Thomas Platter* und seinem *Sohn Felix*; darüber jetzt von *E. Le Roy Ladurie*: Eine Welt im Umbruch. Der Aufstieg der Familie Platter im Zeitalter der

Einzigartig in der europäischen Geschichte der Bildenden Künste ist deren Blüte in der Renaissance gewesen.[15] Erst jetzt wieder, und zwar im Anschluß an die durch das Studium der antiken Bildhauerei und Architektur theoretisch und durch neue Erfahrung gewonnenen Grundsätze von Ordnung, Maß und Harmonie, entsteht das Bestreben und gelingt es den Künstlern, in der Darstellung der Welt und des Menschen das Individuelle, Typische und Charakteristische realistisch und zugleich ästhetisch „ideal" zu erfassen. Bis zum Anbruch der klassischen Moderne wird von nun an jedes (Selbst-)Porträt beiden Erfordernissen Rechnung tragen. Hat man bis weit ins 13. Jahrhundert jeden individuellen Ausdruck in einem (Herrscher- oder Heiligen-)Bild gescheut und bloß auf die Einhaltung der ikonischen Konstanz eines Typus und seiner traditionellen Insignien geachtet, muß man jetzt den „schön" Dargestellten in seinem Porträt als unverwechselbares Individuum erkennen. In der Tat: Wäre es möglich, daß man z.B. Karl dem Großen, Friedrich Barbarossa, Luther oder Ludwig XIV. heute in moderner Kleidung auf der Straße begegnete, würden ihre Kenner an den beiden ersten achtlos vorübergehen, die beiden letzteren aber unter tausend anderen nach ihren auf uns gekommenen Porträts wiedererkennen.

In der Malerei spielt zudem die jetzt bewußt und vollendet genutzte Anwendung der Zentralperspektive eine besondere Rolle. Sie ist mehr als die Einführung einer bestimmten Technik der malerischen und zeichnerischen Darstellung der Welt. Sie markiert im Bild aufs deutlichste den Übergang vom ikonenhaften Ewigkeitsblick des Mittelalters, der das biblische und heiliggesprochene Personal auf Goldgrund zeigt und auf ihre transzendenten, „analogia entis"-Bedeutungen[16] verweist, zum punktgenauen Momentsblick, der auf sehr reale Personen oder irdische Dinge gerichtet ist und trotz der Idealisierung im Sinne des Erfassens von etwas Übersituativ-Charakteristischem und trotz der vielfachen Aufladung mit Symbolen an dessen individueller und situativer Einmaligkeit festhält. Zudem verweist das Bild, indem die Zentralperspektive Raumtiefe erzeugt und so den Raum außer in der Senkrechten und Waagerechten nach Nähe und Ferne gliedert, auch immer auf das Auge des schaffenden Künstlers bzw. des schauenden Beobachters, also auf das menschliche Subjekt und nicht mehr nur auf die Objektivität einer zeitlos gegebenen Welt oder eines heilsgeschichtlichen Moments zeitloser Gültigkeit. Schließlich bekräftigt die bildende Kunst in der Darstellung von schönen Landschaften, Lebewesen, Gebäuden, Dingen und vor allem auch von schönen, sinnlich-nackt gezeigten Menschen auf ihre Weise die grundsätzliche Bejahung der diesseitigen, von Gott und den Menschen geschaffenen Welt. Individualität und Perspektivität im Bild erzeugen für sich gewiß noch keine Geschichtlichkeit, sind aber doch zwei Elemente für eine realistische, „naturhistorische" Erfassung der Welt und damit auch zwei Voraussetzungen ihrer historischen Beschreibung und Deutung im modernen Sinn.

Reformation, aus dem Französischen von W. Bayer u. J. Beer, Stuttgart 1998.

[15] *M. Baxandall*: Die Wirklichkeit der Bilder. Malerei und Erfahrung im Italien des 15. Jahrhunderts (engl. 1972), Frankfurt 1987; vgl. auch *E.H. Gombrich*: Studien zur Ikonologie. Humanistische Themen in der Kunst der Renaissance (1939), Köln 1980.

[16] Vgl. dazu Kap. 8.2.2.

3.2 Florenz, Morus und Machiavelli: Urbanität Utopie und Staatstheorie

Nachdem die antike Urbanität im frühen Mittelalter einer in der ländlichen Fläche siedelnden und dort von Besitzung zu Besitzung herumreisenden Adelsherrschaft gewichen war und im hohen Mittelalter zumeist an Kreuzungen von Handelsstraßen und im Bannkreis von Burgen wieder oder erstmals Städte entstanden waren, hatten diese dann als wirtschaftliche, kirchliche und geistige Zentren im Spätmittelalter eine immer größere Bedeutung erlangt, wenn in Mitteleuropa auch das eigentliche Machtzentrum der wechselnde Aufenthaltsort der regierenden Landesherren blieb. Anders war dies in den italienischen Fürstenstaaten und Stadtrepubliken, wo die umfriedete Stadt das gleichsam natürliche und feste Zentrum war und Dom, Palast, Geschlechtertürme, Rathaus und Piazza von Reichtum und Macht des jeweiligen Territoriums zeugten. Wenn auch das Leben innerhalb der Städte von der ständigen Auseinandersetzung zwischen den Machtinteressen der adligen Geschlechter, der eigene Rechte beanspruchenden geistlichen Herrschaft und der bürgerlichen Patrizier geprägt war, so einte sie doch im allgemeinen das Bestreben, sich nahe der Piazza in Gebäuden, Statuen und im Denkmal selbst darzustellen, dort die Politik zu machen, Handel zu treiben, am geistigen Austausch teilzuhaben und Feste zu feiern. Gestalt und Ausstattung der Städte sind so seither in ganz Europa das von seinen Bewohnern tagtäglich anzusehende Geschichtsbuch. Was die Renaissance in Italien betrifft, sind Städte wie Florenz und Siena dafür die bekanntesten Beispiele.

Zu einem indirekten Ausgangspunkt und zu einer bleibenden Herausforderung für das historische Denken im 16. und 17. Jahrhundert sind zu Beginn des 16. Jahrhunderts zwei weitere Anstöße geworden, zum einen der seit der Antike kaum mehr unternommene Versuch einer säkularen *Utopie*, also des Entwurfs einer erdachten und zu verwirklichenden idealen Staatlichkeit, zum andern die nüchterne Analyse und Theorie der auf „Staatsraison" beruhenden *realpolitischen Prinzipien des klugen staatlichen Handelns*. Der erste Anstoß kommt von dem englischen Humanisten und Staatsmann THOMAS MORUS (1477-1535). Sein 1516 erschienener Staatsroman von der „Neue(n) Insel Utopia" (*Libellus de optimo republicae statu deque nova insula Utopia*)[17] hat im Rückgriff auf antike Vorstellungen von einem erneuten „Goldenen Zeitalter", auf Platons „Staat" und auf die christlichen Visionen vom „Gottesstaat" die neuzeitlichen Sozialutopien nicht nur nach der Bezeichnung, sondern auch nach ihren Strukturen, Inhalten und Zielen begründet. Die Folie des „Büchleins über den besten Staatszustand" ist eine scharfe Kritik an der damaligen staatlichen und gesellschaftlichen Verfassung. Den Inselstaat charakterisieren eine kommunistische Gütergemeinschaft, eine Wirtschaft ohne Privateigentum und Geld, Arbeitspflicht und ausreichend Muße für alle seine Bürger, ein patriarchalisches Familienleben, städtisches Leben, wissenschaftliche und künstlerische Betätigung, religiöse Toleranz, eine durch Wahlen in Ämter auf Zeit legitimierte, sich vor Entscheidungen beratende und der Vernunft folgende Herrschaft und eine insgesamt auf das Glück der Bürger bedachte Staatlichkeit. Die institutionellen Strukturen von „Utopia" entstammen nicht einer göttlichen Ordnung, sondern ei-

---

[17] In: *Thomas More*: The Complete Works, vol. 4, London/New Haven 1976; *J. Teller* (Hg.): Thomas Morus. Utopia. Aus dem Lateinischen übers. von C. Woyte, Leipzig 1982.

ner vernünftigen menschlichen Planung. Im Vergleich zu Platons Modell und zum christlichen Gottesreich sind Morus' Staat wie auch die ihm folgenden literarischen Utopien der frühen Neuzeit in der Tendenz sehr viel menschenfreundlicher, wenn die Bürger gegenüber dem Staat und seinen Institutionen auch keine individuellen Rechte haben. Dies erklärt auch, warum die modernen etatistischen Modelle und kommunistischen Staaten sich daran z.T. orientiert haben. Modern ist das Werk des frommen Christen Morus auch darin, daß es ganz auf die gottesstaatliche Perspektive verzichtet. Eine literarische „Utopie" wie diese hat es in Europa erst von dem Zeitpunkt an geben können, als im Zuge der Renaissance, des Humanismus und eben auch der gerade beginnenden Reformation dem weltlichen Regiment wieder ein größeres Eigenrecht, sozusagen eine eigene Natur ohne Rückversicherung in der Transzendenz, zugebilligt wird.[18]

Der andere Anstoß kommt von jemanden, der gerade kein „utopisches" Modell hat entwerfen wollen, d.h. keines, für das es auf Erden „keinen Ort" gibt, sondern eines für den möglichst erfolgreichen Gebrauch des Fürsten in der üblichen politischen Praxis. NICCOLÒ MACHIAVELLI (1469-1527) legt in seinem bereits 1513 abgefaßten, aber erst 1532, also nach seinem Tode, gedruckten Traktat „Der Fürst" (Il Principe) anhand vieler aus historischer und persönlicher Erfahrung gewonnener Beispiele jene Grundsätze dar, die der Fürst und seine Ratgeber im Interesse der Sicherheit und des Gedeihens ihres Staats ohne Rücksichtnahme auf Moral und die Interessen Einzelner aus „Staatsräson" (ragione de stato) beachten müssen.[19] Wie bei Platon heiligt auch hier der Zweck alle Mittel und ist dem Fürsten im Sinne einer klugen Machtpolitik alles erlaubt. Immerhin wird dadurch auch gewissen Bedürfnissen der Menschen im Staat Rechnung getragen, und zwar insofern, als der Herrscher seine Entscheidungen nicht in Ansehung einer für ideal gehaltenen allgemeinen Ordnung trifft, sondern in kluger Erwägung der Ziele und in realistischer Einschätzung der Mittel, die der Selbstbehauptung seines Staats und dem Wohl seiner Untertanen dienen. Erfolgreich sind die Mittel dann, wenn sie die jeweils gegebene Situation, also „Glück"/„Schicksal" (fortuna) und „Gelegenheit" (occasio), nutzen und der allgemeinmenschlichen Veranlagung, welche eine vielfältige Mischung u.a. aus „Neid" (invida natura) und „Tapferkeit" (virtù) ist, Rechnung tragen. Wegen dieser Staatsphilosophie der Klugheit steht Machiavelli bis heute nicht nur in Despotien und Diktaturen, sondern auch bei aller Realpolitik in hohem Ansehen. Der grundsätzliche Vorwurf, der sich gegen eine solche politische Theorie erhebt, wiegt allerdings schwer. Denn diese entfernt sich nicht nur grundsätzlich vom traditionellen Typus des moralisierend auftretenden und erziehenden „Fürstenspiegels", sondern bricht auch mit der humanistischen Grundüberzeugung in der Linie von

---

[18] Vgl. Th. Nipperdey: Die Utopie des Thomas Morus und der Beginn der Neuzeit, in: ders.: Reformation, Revolution, Utopie (1966), Göttingen 1975, 113 ff.; W. Voßkamp (Hg.): Utopieforschung. Interdisziplinäre Studien zur neuzeitlichen Utopie. 3 Bde., Stuttgart 1982; H.A. Glaser: Utopische Inseln. Beiträge zu ihrer Geschichte und Theorie, Frankfurt u.a. 1996.

[19] Vgl. auch N. Machiavelli: Discorsi. Staat und Politik. Übersetzt von F. von Oppeln-Bronowski, hg. und mit einem Nachwort von H. Günther, Frankfurt 2000; und seine auch historiographisch bedeutende „Istorie Fiorentine"(1532): Geschichte von Florenz. Übersetzung ins Deutsche von A. von Reumont, Wien 1934.

Ciceros Anthropologie, Ethik und politischer Theorie, wonach jeder Mensch in sich die Möglichkeit der Belehrbarkeit trägt und so moralisch besserungsfähig ist und man in der Verbindung des Ehrenwerten (honestum) mit dem Nützlichem (utile) dem Mitmenschen und dem politischen Partner zunächst mit Wohlwollen begegnen müsse. Machiavellis Zeitgenossen war nur allzu deutlich bewußt, daß Reichtum und Macht die großen Einzelnen zu skrupellosen und gewalttätigen Politikern und Condottieri werden lassen und auch noch deren Mäzenatentum nicht selten auf der Ausplünderung ihrer oder fremder Länder beruhte.

11. Reformation:
Europas christlich-fundamentalistischer Weg in die Moderne

1. Die reformatorische Erneuerung der christlichen Botschaft durch Luther   187
2. Die Reformation als Erschütterung der Kirchen- und Sozialordnung   190
3. Luthers zugleich konservative und progressive Revolution
   in Religion und Gesellschaft   195
4. Frühneuzeitlicher Konfessionalismus: Die europäische Dimension der Reformation   201
5. Mentalitätsgeschichtliche und geschichtstheoretische Aspekte der Reformation   202

Die durch Luther ausgelöste Reformation ist mentalitäts- und realgeschichtlich janusgesichtig. Indem sie auf die neutestamentlichen Grundsätze des Christentums zurückblickt und von diesem Ursprung her den Glauben erneuern will, bereitet sie – natürlich ohne dies zu wissen – das politische und psychische Terrain zugleich für die Entstehung von schlimmen Konflikten im frühneuzeitlichen Europa und für die Herausbildung der säkularen Grundsätze der modernen Welt vor. Diese Ambivalenz zeigt sich zunächst darin, daß die Reformation in ihrem Bestehen auf dem „rechten Glauben" die religiöse Kultur – und zwar für Protestanten *und* Katholiken – im gewissen Sinne für wenigstens noch einmal 150 Jahre in das Mittelalter, in das „Zeitalter des Glaubens", zurückverlagert, durch die Bindung des Glaubens an das individuelle Gewissen zugleich aber die Herausbildung des modernen, mündigen Subjekts befördert. Ein zweiter Aspekt dieser Ambivalenz ist, daß die Reformation den Christen zwar in seinem Glauben – in seinem Gewissen vor Gott – freispricht, ihn auch im Denken der säkularen Kultur fast ganz von den theologischen und philosophischen Vorannahmen der „Autoritäten" freimacht und damit die neuzeitliche Naturerkenntnis und Kulturbeschreibung fördert, sie aber die Menschen in ihren sozialen Bezügen weiterhin ihren jeweiligen Herren und allgemein der kirchlichen und weltlichen Obrigkeit untertan sein läßt, die mittelalterliche Ständeordnung nochmals als Ausdruck des „göttlichen Willens" befestigt und so alle damals aufkommenden egalitären und demokratischen Forderungen der Bürger und Bauern abwehrt. Aus beidem folgt drittens schließlich noch eine besonders fatale Ambivalenz der Reformation. Sie besteht darin, daß die Befreiung einen Großteils der abendländischen Christen von Rom und die Ausprägung des Christentums in „Konfessionen" Katholiken und Protesteztanten nicht etwa in eine belebende, fruchtbare Konkurrenz über den besten Weg zu Gott eintreten läßt, sondern sie, nach der Entscheidung ihres Landesherren, in eine neue Rechtgläubigkeit zwingt und in eine bis in die Mitte des 17. Jahrhunderts blutig ausgetragene und z.T. bis in die Gegenwart fortbestehende individuell und existentiell erlittene Konfrontation mit den jeweils Andersgläubigen treibt. Allemal sind die Europäer als gläubige Katholiken und Protestanten oder als ihrer Kirche entfremdete Menschen bis heute in spezifischer Weise religiös und weltanschaulich durch Vorstellungen und Verhaltensweisen geprägt, die auf die Reformation und ihre Weichenstellungen zurückgehen. Nicht zuletzt trägt auch das historische Denken allgemein und im besonderen die moderne ideengeschichtliche und historistische Forschung in Deutschland die Spuren der Reformation.

1. Die reformatorische Erneuerung der christlichen Botschaft durch Luther

1.1 Die Rechtfertigung des Sünders allein aus dem Glauben (*sola fide*)

In Luther, in seiner Person, seinem Handeln und seinem schriftlichen Werk, finden sich alle reformatorischen Beweggründe, Forderungen, Ziele und Antworten konzentriert. Sein Ausgangspunkt ist die sich bei ihm existentiell zuspitzende typisch christliche Frage des sündigen Menschen: „Wie bekomme ich einen gnädigen Gott?". Es ist die Frage eines spätmittelalterlichen Menschen, der zur Überwindung einer persönlichen Glaubenskrise während seiner Jugendzeit „die Welt verläßt", Mönch wird, sein Leben ganz in den Dienst Gottes stellt und gerade dabei in eine immer größere Krise angesichts des ihm wie allen Christen bevorstehenden Gottesgerichts gerät. Ihm wird bewußt, daß all sein Bemühen, der Sünde Herr zu werden, ganz und gar aussichtslos ist und er vor Gott als einem gerechten Gott nicht bestehen und eigentlich nur die ewige Verdammnis erwarten kann. Weder durch „gute Werke" (Mildtätigkeit, Wallfahrten, Stiftungen, Erwerb von „Ablässen") noch durch Gebete, Sündenbekenntnisse, den Eintritt in ein Kloster usw. könne er Gott dazubringen, ihn aus seiner Sündhaftigkeit zu erlösen. Und weil auch kein Priester in das Gnadenwerk Gottes eingreifen könne und dürfe, gebe es niemanden, der ihn auf Erden freisprechen und ihm den Eintritt in das Himmelreich zusagen könne. Die Wende bringt das sog. Turmerlebnis (nach 1513) mit Bezug auf Römer 1, 17: „Denn darin [sc. im Evangelium] wird die Gerechtigkeit [sc. Gottes] offenbart, die vor Gott gilt, welche kommt aus dem Glauben in den Glauben, wie denn geschrieben steht: Der Gerechte wird seines Glaubens leben."[1] Danach seien wir Menschen bereits durch den Glauben an Christi Erlösungstat gerechtfertigt. „Ohn' all unser Verdienst [sc. durch Werke] und Würdigkeit" erweise Gott uns seine Gnade. Durch die „Rechtfertigung" des Sünders allein aus dem Glauben (*sola fide*) folgert Luther, daß alle menschlichen Selbsterlösungsaktivitäten nichtig seien. Denn es liege allein in Gottes Hand, einem Menschen den Glauben zu schenken und ihm hier auf Erden oder später vor seinem Richterstuhl gnädig zu sein.[2]

1.2 „Ad fontes": Zurück zu den christlichen Ursprüngen

Daß Luther überhaupt eine solche Antwort auf seine Frage gefunden hat, ist in mehrfacher Hinsicht in der intellektuellen und kirchlichen Situation seiner Zeit begründet. Luther ist als um 1500 promovierter Theologe insofern zunächst ganz Humanist, als er sich von den Bibelkommentaren der kirchlichen Tradition und der rationalistischen Philosophie der Scholastik ab- und zu den Texten der christlichen Urzeit hinwendet. Während es aber den meisten Humanisten bei ihrem *ad fontes*-

---

[1] Der griechische Text läßt mehrere, leicht differierende Übersetzungen zu.

[2] Neben der seit 1883 erscheinenden und bis jetzt schon über hundert Bände im Quartformat umfassenden Weimarer Gesamtausgabe und den vielen älteren und neueren Textauswahlen sei hier auf die von *H.-U. Delius* und Mitarbeitern herausgegebene sechsbändige, mit ausführlichen Fußnoten versehene „Studienausgabe" der Werke Luthers im Originaltext (Berlin-Ost 1979 ff.) und auf die von *K. Bornkamm* und *G. Ebeling* herausgegebenen und eine viel knappere Textauswahl in deutscher Gegenwartssprache bietenden „Ausgewählten Schriften" (6 Bde., Frankfurt 1982) hingewiesen. Ein sicheres Nachschlagwerk für den Laien ist *H. Stadler* (Hg.): Hermes Handlexikon: Martin Luther und die Reformation, Düsseldorf 1983.

Zugang zu der profanen Literatur vor allem auf die ästhetische, moralische und kultivierende Wirkung ankommt, hat Luther zunächst nur das eine Ziel, den gemeinten Sinn des neutestamentlichen Wortes als Ausdruck göttlicher Wahrheit so genau wie möglich zu erfassen. Sein *sola-scriptura*-Grundsatz ist so, einschließlich der auf ihn verpflichteten Bibelübersetzung, zwar durchaus streng philologisch, weshalb er ja indirekt auch der im 18. Jahrhundert einsetzenden historisch-kritischen Bibelforschung und allgemein der modernen Texthermeneutik vorarbeitet. Wegen Luthers Beschränkung aber auf die „heilige Schrift" und seiner emphatisch immer wieder erklärten Überzeugung, daß im Urtext die reine und im Prinzip auch leichtverständliche Wahrheit stehe, verstellt er sich die andere uns heute so selbstverständlich erscheinende elementare philologische Einsicht, daß auch alle biblischen Texte von Menschen verfaßt sind, mehrfach umgeschrieben, ausgewählt und, oft erst im Streit, kanonisiert worden sind, daß sie die Zeichen ihrer Zeit tragen, aus ihr „historistisch" verstanden werden müssen, ihr Sinn sich aus dem wandelnden, zeitgebundenen Vorverständnis der Lesenden konstituiert und deshalb jede Auslegung eine historische ist. Deshalb folgt für die moderne theologische Bibelexegese aus Luthers urtextlichem Grundsatz „Das Wort sie sollen lassen stan ...!" gegen seine Annahme gerade kein eindeutiger und überzeitlicher Schriftsinn, zumal es – noch elementarer – im Fall der Bibel mit seinen vielen „Büchern" aus vielen Zeiten weniger als bei vielen anderen Texttraditionen nur ausnahmsweise einen von einem bestimmten Autor legitimierten „Urtext" gibt. Andererseits: Daß Jesus, die Evangelisten und die Apostel nicht das gemeint haben können, was die kirchliche Lehre daraus im Laufe der Jahrhunderte gemacht hat, das hatten die humanistisch gebildeten Zeitgenossen aus der Kenntnis der Genese der jüngeren Dogmengeschichte freilich bereits mit ausreichender Sicherheit festgestellt.

1.3 Der kirchengeschichtliche Hintergrund: Ablaßhandel und Renaissance-Papsttum

Zum Anstoß der Reformation ist Luthers innere Wende und Neuauslegung des Neuen Testaments jedoch erst dadurch geworden, daß sie sich mit der verbreiteten Anprangerung des Ablaßhandels und der dadurch verstärkten Kritik am Papsttum verbanden. Im Zusammenhang mit der in Kapitel 8 dargelegten Erfindung des Fegefeuers hatte sich im Laufe des Spätmittelalters die Praxis herausgebildet, daß der Priester dem beichtenden Gläubigen zur Verstärkung seiner Reue über die begangenen „läßlichen Sünden" vor der Erteilung der Absolution nicht nur bestimmte immaterielle „Kirchenstrafen", sondern auch Geldzahlungen und Stiftungen an die Kirche auferlegen und ihm so „Ablaß" (*indulgentia*) von den Strafen im Fegefeuer gewähren konnte. Im Zeitalter des Renaissance-Papsttums, in einer Zeit des äußeren Glanzes und der inneren Krisen der Kirche, der Simonie, des Reliquienhandels und der kirchlichen Machtpolitik und der Gegensätze einer gesteigerten Frömmigkeit einerseits und einer prunkenden Weltlichkeit des Klerus andererseits, ist dann die päpstliche Ablaßbulle zur Finanzierung des Neubaus der Peterskirche in Rom der Anlaß für Luthers 95 Thesen von 1517 gewesen.[3]

---

[3] Vgl. *K. Aland*: Die 95 Thesen Martin Luthers und die Anfänge der Reformation, Gütersloh 1983; *E. Wiersing*: Der ferne Luther. Überlegungen zu einer schwierig gewordenen

1.4 „Buße" als ein Akt der innerlichen Umkehr

Den die Fachkollegen zu einer Disputation in lateinischer Sprache einladenden Thesen hat Luther die folgenden zugleich ganz formelhaften und doch programmatisch auf „Wahrheit" zielenden Eingangsworte vorausgestellt: „Aus Liebe zur Wahrheit und aus eifrigem Verlangen, sie ans Licht zu bringen ..." (*Amore et studio elucidandae veritatis ...*). Denn diese Worte setzen gleich dreierlei voraus: daß es erstens nur eine einzige göttliche Wahrheit gibt, die zweitens jetzt verdunkelt, verdeckt ist und die es drittens gilt, aus „Liebe zu ihr" und unter Aufbietung des notwendigen „Eifers" wieder ans Licht zu bringen. Von diesen drei Prämissen der Wahrheitssuche gehen im Grundsatz, d.h. abgelöst von aller Metaphysik, übrigens auch die neuzeitlichen (Natur-) Wissenschaftler aus, insofern erstens die Welt in ihrer inneren Verfassung nicht chaotisch, sondern geordnet ist und es also eine ihr zugrundeliegende Wahrheit „gibt", zweitens diese Wahrheit nicht unmittelbar einsichtig ist, sondern unter der verwirrenden Oberfläche des Anscheins im Verborgenen liegt, so daß sie durch „Aufklärung", durch Vernunft und Erfahrung ans „Licht" gebracht werden muß, und dies drittens die der Wahrheit verpflichteten Menschen zu ihrer Erforschung motiviert.

Luthers erste These ist: „Da unser Herr und Meister Jesus Christus sagt: ‚Tut Buße usw.' [Matth. 4, 17], wollte er, daß das ganze Leben der Gläubigen Buße sein sollte." (*Dominus et Magister noster Jesus Christus, dicendo poenitentiam agite etc, omnem vitam fidelium, poenitentiam esse voluit.*). Sie kommt ebenfalls ganz unscheinbar daher und zielt doch schon auf den Kern seiner Kritik an der Kirche und auf das neue Glaubensverständnis. Hier hängt alles von der Bedeutung des Wortes „Buße" (*poenitentia*) ab. Wie Luther dann in der zweiten und dritten These ausführt, seien damit nicht bestimmte sakramentale Akte wie etwa die Beichte (*confessio*) und der Vollzug priesterlich auferlegter und bestätigter Kirchenstrafen (*satisfactio*) gemeint, sondern die „wahre, innerliche Buße", d.h. innere Zerknirschung (*contritio*) und Umkehr (*conversio*) des Sünders, die sich freilich immer wieder auch äußerlich/öffentlich (*foris*) zeigen müsse. Diese Deutung geschieht im Rückbezug auf den griechischen Text des Evangeliums. Er erlaubt Luther, den durch die lateinische Vulgata-Übersetzung verloren gegangenen, vom Evangelisten gemeinten Sinn der innerliche Umkehr des Gläubigen wiederzugewinnen und die römische Rechtsförmigkeit und Verdinglichung der poena-Begriffs i.S. von „Strafe", „Buße" und „Entschädigung" rückgängig zu machen. Das erhellt die Nebeneinanderstellung der griechischen, lateinischen und deutschen Fassung von „Tut Buße." (*Metanoeîte*) unmittelbar:

Metanoeîte!	*Agite poenitentiam!*	*Tut Buße!*
Ändert euren Sinn (noûs=Geist)!	Tut Werke der Buße!	Bessert den angerichteten Schaden aus!

Mit dem Wort „Ändert euren Sinn!" habe Jesus die Menschen aufgefordert, neue, andere Menschen zu werden („... hat er gewollt, daß das *ganze Leben der Gläubigen Buße sei.*"). Mit der Ergründung der ursprünglichen Bedeutung der Wörter und Sätze geht es Luther also hier schon um das, was die reformatorische Bibelexegese

---

Begegnung, Detmold 1984 (dort auch weitere Literatur zur Anthropologie Luthers).

zugleich in Fortführung des humanistischen Vorgehens und der Beherzigung des neutestamentlichen Kerygma (gr. *kêrygma* Verkündigung) seither ausmacht.

1.5 Der Sünder allein vor Gott, im Glauben vertrauend auf dessen Gnade

In der lebenslangen Bußfertigkeit und täglich zu erneuernden Reue, inneren Umkehr und „Ersäufung des alten Adam"[4] steckt auch schon die ganze von Luther und noch mehr vom Kalvinismus im Rückgriff auf Augustinus vertretene Erbsünden- und Gnadenlehre des Protestantismus. Solange wir leben, „also bis zum Eintritt ins Himmelreich", sind wir der Sünde verfallen (4. These). Denn die – je nach positiver und negativer Einschätzung – Ergänzung oder Kehrseite des *sola fide* ist das *sola gratia*. Zwar verheißt Gott jedem Gläubigen die Errettung aus der Hölle. Weil es aber eine nicht einklagbare „Gnade vor Recht" ist, darf sich kein Christ derer gewiß sein. Diese neue Definition der *conditio humana* ist es, die alle späteren reformatorischen Akte und alle spezifische Geistigkeit des Protestantismus zur Folge hat: Von Gott in seiner Einzigartigkeit ernstgenommen und im gewissen Sinne dadurch erhöht und allemal gegenüber allen andern Lebewesen hervorgehoben, steht der Mensch schon zeitlebens und dann im Jüngsten Gericht, der frohen Botschaft Christi und auf die Gnade Gottes vertrauend, ganz allein vor Gott. Damit wird die Kirche als notwendige Vermittlungsinstanz für das Seelenheil überflüssig. Denn Gott gewährt dem Sünder die Gnade unmittelbar, unverdient und „umsonst". Das macht den Sünder, gerade weil er sich in einer exponierten, gefährdeten Lage befindet, indes frei gegenüber solchen mitmenschlichen, sozialen und politischen Zumutungen, die er nicht mit seinem Gewissen vereinbaren kann. Luthers Verweigerung des Widerrufs auf dem Reichstag zu Worms (1521) und die Berufung auf sein individuelles Gewissen werden ihm von seinen Gegnern als Überhebung eines Einzelnen über die Erfahrung der von Gott eingesetzten kirchlichen und sozialen Institutionen ausgelegt, von seinen Anhängern aber – in der Linie von Jesus selbst, seinen Jüngern und eben auch vielen bibeltreuen „Häretikern" – als Aufrichtigkeit und Standhaftigkeit eines seinem Gewissen gehorchenden Christen als notwendig anerkannt. Das „Bekenntnis", das keiner zentralen kirchlichen Glaubensinstanz bedarf, wird so zur Bezeichnung des Zeitalters des „Konfessionalismus".

2. Die Reformation als Erschütterung der Kirchen- und Sozialordnung

2.1 Der reformatorische Bruch mit dem Papsttum

Die 95 Thesen von 1517 hatten nur zu einer Disputation unter Theologen eingeladen. Sie ließen deshalb noch eine Verständigung bloß unter Klerikern zu. Nachdem sich ihr aber die Papstkirche ganz verschlossen hatte und Luther daraufhin die mit großer Zustimmung in ganz Deutschland aufgenommenen drei programmatischen Bekenntnisschriften des Jahres 1520 („An den christlichen Adel deutscher Nation: Von des christlichen Standes Besserung"; „Von der Freiheit eines Christenmenschen"; „*De captivitate Babylonica Ecclesiae*" = „Von der Babylonischen Gefangenschaft der Kirche") verfaßt hatte, konnte sich die Kirche nur entweder „an Haupt und Glie-

---

[4] So in Luthers „Kleine[m] Katechismus" im „Vierten Hauptstück. Das Sakrament der Heiligen Taufe. Zum Vierten".

dern" reformieren und sich damit revolutionär neu begründen oder den Kampf entschieden aufnehmen. Theologisch markiert in dieser Lage die letztgenannte Schrift den eigentlichen Bruch mit Rom. Denn in ihr bestreitet Luther der päpstlichen Primatialgewalt und insgesamt der Hierarchie und dem Rechtssystems der Kirche die Legitimation, erklärt also die Institution der römisch-katholischen Kirche und das kanonische Recht bloß für eine „Menschensatzung" und negiert damit auch den Anspruch der Kirche, in Glaubenssachen im göttlichen Auftrag zu sprechen. In 1200 Jahren Theokratie hatte die Kirche zwar ähnlich große Erschütterungen erlebt, sie jedoch mit Hilfe von Vernichtungskriegen, wie z.B. gegen die Katharer in Südfrankreich zu Beginn des 13. Jahrhunderts, und von Prozessen gegen „Ketzer" letztlich immer durchgestanden. Wegen der komplexen kaiserlichen, fürstlichen, ständischen, kirchenpolitischen, theologischen und volksreligiösen Gemengelage in den 1520er Jahren im Reich ist ihr dies damals nicht mehr gelungen. Der Weg in die Kirchenspaltung ist gut dokumentiert. Nachdem Luthers Gespräche mit dem päpstlichen Legaten Cajetan 1518 keine Annäherung gebracht, die Disputation mit Eck 1519 den Konflikt verschärft und die drei Schriften des Jahres 1520 auch bei zahlreichen Territorialherren, Adeligen und Stadtherrschaften Zustimmung gefunden hatten und Luther daraufhin der päpstliche Bann angedroht worden war, waren beide Seiten auf dem Reichstag zu Worms 1521 gefordert, sich zu entscheiden: Luther und seine Anhängerschaft, ob sie den verbal und im Verhalten bereits vollzogenen Bruch mit der kirchlichen Tradition in Kenntnis der damit heraufbeschworenen Gefahren und Konflikte in eine institutionell verfaßte neue Glaubensgemeinschaft einmünden lassen sollten; die römisch-katholische Kirche und die ihr nahestehenden Reichsgewalten, ob es die Möglichkeit gab, durch Androhung von Gewalt und durch ein gewisses Einlenken in einigen Punkten die Gefährdung durch die neue Bewegung abzuwehren und die eigene Legitimation und Existenz zu wahren.[5]

2.2 Die Exemplarität der Alternativen des revolutionären Umschlags

Nun hat Luther – in vieler Hinsicht noch ein Mann des Mittelalters – weder eine neue christliche Kirche gründen wollen noch eine neue Sozialordnung im Sinn gehabt. Sein einziges Ziel war, die alte Kirche, die ja in seinem Verständnis bis zu seinem Lebensende auch die „seine" blieb, in der Rückführung zu ihren Anfängen zu reformieren. Luther folgt hier einem unter „Weltverbesserern" typischen Schema, der Trias von (1) Gegenwartskritik, (2) Annahme einer besseren oder gar vollkommenen Vergangenheit und (3) einem mehr oder weniger radikalen Versuch, diesen Zustand wieder herzustellen. Soviel Zustimmung Neuerer auch für ihre Kritik bekommen, so sehr irren sie sich zumeist über die Ursprünge und so oft scheitern sie bei der Durchsetzung ihrer Zielsetzungen. Denn bei ihrem Versuch, die ursprüngliche „Form wiederherzustellen" (lat. *reformare*) bzw. das in die falsche Richtung gerollte Rad der Geschichte „zurückzudrehen" (lat. *revolvere*), kommen sie als „Reformer" und „Revolutionäre" nicht umhin, jene Ursprünge zu idealisieren, jedenfalls immer mehr oder weniger mißzuverstehen. Sie laufen so Gefahr, vieles Bewährte der zwischenzeitlichen Geschichte zu beseitigen oder zumindest

---

[5] Vgl. *H.J. Goertz:* Religiöse Bewegungen in der Frühen Neuzeit, 1993.

leichtfertig auf Spiel zu setzen, und verkennen, daß die Ursprünge ohnehin nicht wieder herstellbar sind, nachdem die „Geschichte" neue Fakten geschaffen hat. Im besten Fall gelingt es ihnen, eine erträgliche Synthese von Altem und Neuem und einen Ausgleich der Interessen und Sichtweisen zum Nutzen aller Beteiligter zu finden. Die Gegner der Neuerer sind in einer kaum besseren Lage. Eine einmal begonnene Reform oder Revolution legitimiert sich zunächst allein durch ihren Erfolg und schafft von einem bestimmten Punkt der Konfliktentwicklung an Fakten, hinter die auch die „Konterrevolutionäre" nicht wieder zum vorigen, jüngeren Zustand zurückkehren können und die unvermeidlich der Ausgangspunkt aller weiteren Konfliktlösung sind.

Die Reformation und ihre Folgen sind in dieser Hinsicht geschichtstheoretisch exemplarisch. So hatte Luther zweifellos recht, daß sich die Glaubenslehre der katholischen Kirche nicht nur weit von den christlichen Ursprüngen entfernt hat, sondern auch in zentralen Grundsätzen dem Schriftwort der Evangelien widerspricht. Er kann deshalb in seiner Verteidigungsrede am 18. April 1521 vor Kaiser und Reich zu Recht sagen: „Wenn ich nicht durch Schriftzeugnisse oder einen klaren Grund widerlegt werde – denn allein dem Papst oder den Konzilien glaube ich nicht; es steht fest, daß sie häufig geirrt und sich auch selbst widersprochen haben – [...] kann und will ich nichts widerrufen, weil es gefährlich und unmöglich ist, etwas gegen das Gewissen zu tun."[6]. Aber die Antwort Karls V. am Folgetage ist in sich ebenso schlüssig, wenn sie von der seit alters bestehenden und anerkannten Legitimität der weltlichen und kirchlichen Herrschaft ausgeht und betont, daß es einem einzelnen Menschen nicht gestattet sein könne, die ganze Tradition mit Bezug auf sein Gewissen aufzuheben: „ [...] denn es ist sicher, daß ein einzelner [Ordens-]Bruder in seiner Meinung irrt, die gegen die ganze Christenheit in ihrer mehr als tausendjährigen Geschichte bis hin zur Gegenwart steht, der zufolge die ganze Christenheit sich ständig im Irrtum befunden hätte."[7]. Auch ein heutiger Staatsrechtler würde so urteilen, zumal unter einem säkularen Blickwinkel historische „Ursprünge" immer nur willkürlich gesetzte Anfänge sind und kein größeres Gewicht als ihre Fortentwicklungsstadien haben, das Alte genauso wie das Neue ein geschichtliches Produkt ist und es keinen Grund gibt, etwas allein wegen seines hohen Alters gegenüber Neuerem aufzuwerten. Diese Sichtweise wiederum muß sich daran messen lassen, daß jegliche Kritik an der Gegenwart und jegliche Befreiung von gegenwärtigen Unzuträglichkeiten sich ebenfalls „aus der Erfahrung der Geschichte" speist, die Reform der Kirche damals auch von innen heraus anstand, letztlich unvermeidbar und von daher gerechtfertigt war.

---

[6] Ins Deutsche übersetzt nach Luthers lateinisch verfaßter Rede, in: Rede auf dem Reichstag zu Worms, in: *Martin Luther*: Ausgewählte Schriften. In 6 Bden. Hg. von K. Bornkamm und G. Ebeling, Erster Band, Frankfurt 1982, 269.

[7] *D. Plöse/G. Vogler* (Hg.): Buch der Reformation. Eine Auswahl zeitgenössischer Zeugnisse, Berlin 1989, 250.

2.3 Urchristliche „Schwärmer" und Täufer als eine radikale reformatorische Alternative

Indem so beide Seiten gute Gründe für ihre Haltung hatten und es der *raison d'être* von Institutionen entspricht, daß sie, hier: die kirchlichen und weltlichen Traditionsmächte, ihrer Delegitimation nicht auch noch zustimmen, stand zunächst die angreifende Seite, die Reformationspartei, vor der Frage, wie sie ihre religiöse und politische – nämlich: „Los von Rom!" Grundüberzeugung im Rahmen der damaligen historisch-gesellschaftlicher Verhältnisse würde durchsetzen können. In den Jahren zwischen 1521 und 1525 werden dazu die Weichen gestellt. Der radikale Lösungsversuch kommt von den sich an den urchristlichen Gemeinden orientierenden „Täufern" und von den bäuerlichen Sozialrevolutionären. Er scheitert zwar im Reformationszeitalter fast auf der ganzen Linie, entfaltet aber seine Möglichkeiten in wiederholten Anläufen und Verwirklichungen bis in die Gegenwart. Es obsiegt zunächst und für lange Zeit die gemäßigte, die alte Sozialordnung und die kirchliche Verfassung des Glaubens in gewandelter Form erhaltende, „konservative" Lösung Luthers. Sie freilich hat vor den Grundsätzen der Moderne nur noch bedingt Bestand.

Die radikale Richtung der Reformation hat die Bibel ganz auf ihrer Seite. Für ihren ersten Typ, für die „Täufer", ist das Wort der „Schrift" - wie eigentlich auch für Luther - die einzige Grundlage des Glaubens und darüber hinaus des Soziallebens. Ihr Ziel ist die Verwirklichung des Christentums im Diesseits außerhalb staatlicher oder kirchlicher Institutionen. Ihr direktes Vorbild ist hierbei die Glaubens-, Arbeits- und Gütergemeinschaft der ersten Christen. Wie für diese beginnt ihr Christ-Sein mit dem Akt einer bewußten Hinwendung zu Jesus, mit der Bekehrung zu ihm und der Geburt eines „neuen Menschen" durch den Akt der (Erwachsenen-)Taufe. Das hat ihnen, da sie als unwissende Säuglinge alle bereits getauft waren, die Bezeichnung „Wiedertäufer" (Anabaptisten) eingetragen und, weil das Kirchen- und Reichsrecht eine doppelte Taufe verbot, sie von Anfang an auch der Verfolgung durch die Obrigkeit ausgesetzt. Als zurückgezogen und selbstgenügsam lebende, ihren familialen und Arbeitspflichten nachkommende, überwiegend pazifistisch gesonnene und friedfertig missionierende kleine Gruppen hätten sie – wie die frühen christlichen Gemeinden im Römischen Reich – ansonsten unbehelligt ihren Glauben pflegen können, wenn in der damaligen Gesellschaft ein derartiges Ausklinken aus den weltlichen und kirchlichen Strukturen überhaupt möglich gewesen wäre. Was dennoch einzelnen, untereinander losen Kontakt pflegenden und im schweizerischen und süddeutschen Raum sogar zu einer gemeinsamen Glaubensformel findenden Gruppen zeitweise gelang, spitzte sich im norddeutschen Raum zu ihrer kriegerischen Vernichtung zu, nachdem Täufergruppen in Erwartung der baldigen Wiederkunft Christi im westfälischen Münster ein eigenständiges, sich selbst regierendes Endzeitreich der „Erwählten" errichtet und andere Gruppen zur Nachahmung angespornt hatten.

2.4 Sozialrevolutionäre Aufhebung der Ständeordnung:
Müntzer und die aufständischen Bauern

Weniger radikal in der Befolgung des urchristlichen Glaubensmodells, dafür jedoch konsequenter in der Berufung auf die allen Gläubigen von Christus zugesicherte Freiheit und im Einfordern der daraus begründeten rechtlichen und politischen Gleichheit aller Menschen ist der andere Typ der radikalen Reformationsrichtung, welcher vor allem in den „Zwölf Artikeln" der oberschwäbischen Bauern institutionell und programmatisch Gestalt gewonnen hat und in THOMAS MÜNTZER (1490-1525) ihren prominentesten theologischen Wortführer gehabt hat. Die vom älteren „Bundschuh" und bei bäuerlichen Revolten im Spätmittelalter wiederholt gestellte Frage: „Als Adam grub und Eva spann, wo war denn da der Edelmann?" gewann durch Luthers Pochen auf das neue Testament auch als Gesetzbuch des sozialen Lebens erneut Aktualität in den Jahren nach 1520. Hat Christus durch seinen Kreuzestod nicht alle Menschen, die an ihn glauben, in gleicher Weise aus der Unfreiheit erlöst? Besteht die „Freiheit eines Christenmenschen" (Luther) nur in einem „inwendig geistlichen" Sinn vor Gott oder schließt das „göttlichen Gesetz" nicht auch die rechtliche Gleichstellung aller und dabei auch die Befreiung der Bauern aus den Zwängen der Leibeigenschaft und damit die Aufhebung der überkommenen Ständeordnung ein? Wo steht geschrieben, daß die Bauern ihrem „Herrn" „zueigen mit Leib und Gut" seien? Bestätigt konnten sich die Bauern bei diesen Fragen durch die Antworten fühlen, die im Raum der Kirche selbst immer wieder von Christen in Erinnerung an die persönliche Armut Jesu und im Sinne einer Kritik am Reichtum des Klerus und im Hinblick auf das verheißene 1000jährige Friedensreich gegeben wurden.

Von unmittelbarer Bedeutung für die Eingaben der schwäbischen Bauern sind dann vor allem die Predigten Müntzers geworden. Darin setzt er sich für die gänzliche Abschaffung des „Pfaffenstandes", die Errichtung eines von „auserwählten Freunden Gottes" geleiteten christlichen Gottesstaates mit einem gegenüber den Fürsten „freiem Gottesvolk" ein. Die Forderungen der Bauern selbst in den Zwölf Artikeln sind demgegenüber viel maßvoller und praktischer. Gefordert wird u.a. die Abschaffung der Leibeigenschaft, die Einschränkung der Fronarbeit, eine deutliche Abgabenminderung und das Recht der Gemeinden, den Pfarrer nach eigener Wahl zu berufen. Weil aber Zugeständnisse dieser Art die Aufhebung der feudalistischen Gesellschaftsordnung zur Folge gehabt hätten und sich altkirchlich wie reformatorisch gesinnte Kirchenleute, Fürsten, Adlige und städtische Patriziate alsbald in einer großen Koalition dagegen zusammenfanden, ist diese erste frühbürgerliche und bäuerliche Revolution nach anfänglichen Erfolgen 1525 ebenso blutig niedergeschlagen worden wie alle anderen früheren und späteren sozialen Erhebungen im vormodernen Europa.

Die damalige Niederlage wird man kaum Luther, der sich im „Bauernkrieg" auf die Seite der Fürstenmacht schlug, anlasten können. Denn die Zeit für eine Rechtsgleichheit war nicht nur damals noch nicht „reif" und sollte es, wie der Verlauf der französischen und der russischen Revolution zeigt, noch lange Zeit nicht sein. Noch mehr als die tief verinnerlichte Ständeordnung dürfte das anthropologisch begründete Bedürfnis die Menschen nach Einfügung in eine transzendent legitimierte und Sicherheit und Orientierung gewährenden Ordnung die fortbestehende Hinnahme einer auf prinzipieller Ungleichheit beruhenden Herrschaft bekräftigt haben. Obwohl Täufer und Bauern unterliegen, sind ihre Bewegung und ihre Aufstände dennoch mehr als nur ein den wirren Anfängen der Reformation geschuldetes Phänomen. Denn ihre Gedanken und Bestrebungen artikulieren sich in einer bis heute nicht mehr abreißenden Kette pietistischer Erweckungsbewegungen und autonomer und evangelikaler Basisgemeinden, wie etwa in der der Mennoniten und Hutterer. Sie leben im gewissen Sinne auch allgemein im Gedächtnis gläubiger Protestanten fort und sind in den auf Gleichheit aller Menschen vor dem Gesetz zielenden und ihnen allgemeine Menschen- und Bürgerrechte zusichernden modernen Staatsverfassungen letztlich politisch siegreich geworden.

3. Luthers zugleich konservative und progressive Revolution in Religion und Gesellschaft

Für das menschliche Grundbedürfnis nach Sicherheit hat Luther einen die Möglichkeiten der Reformation in seiner Zeit realistisch einschätzenden Blick gehabt. Deshalb hat er sich trotz seines Beharrens auf der „Schrift" und trotz seiner verbalen Radikalität, die ihn populär, aber auch „fürchterlich" gemacht hat, von den „Schwärmern" distanziert. Die im wesentlichen von ihm eingeleitete und inhaltlich geprägte Neuordnung des kirchlichen, familialen und gesellschaftlichen Lebens hat sich in den evangelisch gewordenen Gebieten in Deutschland nur deshalb rasch durchsetzen können, weil er zwischen dem unveränderten Festhalten der katholischen Traditionsmächte an der feudalistischen Theokratie und den Forderungen der radikalen Sozialreformer einen mittleren, gangbaren Weg eingeschlagen hat. Gerade dies hat in einer Zeit der Kritik an der alten Kirche, der allgemeinen politischen und sozialen Unruhe und der Anfangserfolge der Täufer und der revoltierenden Bauern nicht wenige Unentschiedene und Zögernde, nicht zuletzt unter den Herrschenden, veranlaßt, sich der nach dem Wort der Schrift glaubwürdiger argumentierenden und zugleich eine gewisse Stabilität versprechenden lutherischen Reformation anzuschließen. Unter fünf Gesichtspunkten läßt sich dieses gemäßigte und daher zukunftsträchtige Neue der Reformation zusammenfassen.

3.1 Das Gott im Glauben unmittelbar begegnende menschliche Individuum

Der erste und für Luther zweifellos wichtigste reformatorische Schritt war die Konsolidierung des neuen Glaubensverständnisses durch die oben schon genannten Bekenntnisschriften des Jahres 1520, die Übersetzung des Neuen und des Alten Testaments ins Deutsche (NT 1521/22, AT 1534), die zahlreichen, alsbald veröffentlichten Predigten und Sendschreiben, die Herausgabe des „Kleinen Katechismus" und des „Großen Katechismus" (beide 1529) und dann vor allem durch die „Confessio Augustana" (1530).[8] Sosehr sich Luther bei der Ausformung des neuen Bekenntnisses auch auf den Bibeltext beruft, läßt er doch das nicht in allen Punkten schriftkonforme Apostolische Glaubensbekenntnis des 4. Jahrhunderts gelten und durchschneidet damit nicht ganz das Band, das bis heute das griechisch-orthodoxe, das römisch-katholische und das protestantische Christentum verbindet. Das refor-

---

[8] Der Verbreitung der neuen Lehre kam außer der Erfindung des Buchdrucks zweifellos auch das Publikationsgeschick Luthers zupaß. Vgl. hierzu *J. Burckhardt*: Das Reformationsjahrhundert. Deutsche Geschichte zwischen Medienrevolution und Institutionenbildung 1517-1617, Stuttgart 2002.

matorische Verständnis des Glaubens unterscheidet sich aber dennoch in so vieler Hinsicht von dem auf jenem Fundament in einer über tausendjährigen Geschichte errichteten Lehrgebäude der römischen Kirche, daß alle wohlmeinenden Versuche im zweiten Drittel des 16. Jahrhunderts, insbesondere von humanistischer Seite, zu einer Verständigung zu kommen, scheitern mußten und es seither trotz der ökumenischen Bemühungen zu keiner Wiederherstellung der christlichen Einheit gekommen ist. Durch keine sog. Konkordienformeln war aufzuheben, daß sich im evangelischen Verständnis Gott dem Menschen in seinem Glauben unmittelbar zuwendet, er dem Sünder ohne den irdischen Rückhalt einer Kirche die Gnade des ewigen Lebens verheißt und ihm in seinem Gewissen bei allen Anfechtungen des Glaubens beisteht. Hinsichtlich des Bekenntnisses zum „rechten Glauben" ist deshalb Luther ebenso kompromißlos und intolerant, wie es die römisch-katholische Kirche immer schon gegen „Irrlehren" im Innern und gegen andere Religionen nach außen gewesen ist und wie es die dann bald entstehenden anderen Formen des Protestantismus untereinander sind. Kanzel, Katheder und Lehrerpult werden bei der Auslegung des Wortes von nun an zum Schlachtfeld der Konfessionen. Da der Protestant sich letztlich nur vor Gott verantworten muß, heißt dies in säkularer Deutung, daß der Mensch seine Handlungen im gesellschaftlichen Raum letztinstanzlich vor seinem individuellen Gewissen, wenn auch rechtlich in Ansehung der geltenden Gesetze und moralisch gegenüber den Mitmenschen verantworten muß. Dies ist ein wichtiges Moment im kulturgeschichtlichen Entstehungsprozeß des sich seiner individuellen Rechte und Pflichten zunehmend mehr bewußt werdenden und sie einklagenden modernen Subjekts und mündigen Bürgers.

3.2 Das Hausvater- und Hauswirtschaftsmodell in der Tradition der alteuropäischen „familia"

Entsprechend konservativ und zugleich progressiv ist zweitens Luthers Sozialehre. Weil er sie hauptsächlich aus der Bibel, und dabei besonders aus dem Alten Testament, ableitet, vertritt er in Ehe, Familie, Sexualität und Erziehung, in Moral, Fürsorge und Arbeitsorganisation im wesentlichen das auf einen „Hausvater" konzentrierte frühkulturelle, antike und alteuropäische Modell des Zusammenlebens in einer verwandtschaftlich und gegebenenfalls gesindemäßig organisierten *familia*. In solch einem Sozialverband, der sein Gedeihen oder seine bloße Subsistenz zumeist durch den Besitz eines Hauses und durch ländliche Arbeit, ein städtisches Gewerbe oder ein herrscherliches Amt sichert, gelten die traditionellen Tugenden des Gehorsams, der Verläßlichkeit, der Ehre und des Fleißes. Alles dies stellt Luther nicht nur nicht in Frage, sondern bekräftigt es ausdrücklich (u.a. in seiner Schrift „Über das Eheliche Leben", 1522). Die Disziplinierung und Rationalisierung der Lebensführung aus dem Geist des Glaubens und des allen Familienmitgliedern zur Pflicht gemachten Arbeitsfleißes mit der damit verbundenen harten Kritik am Bettelwesen hat damals breite Zustimmung gefunden und das nicht-erwerbsmäßige Leben der Mönche in ein schlechtes Licht gerückt. Im Begriff des protestantischen, besonders kalvinistischen Arbeitsethos hat Max Weber darin eine frühbürgerliche Wurzel der modernen Wirtschaftsweise und des Kapitalismus gesehen. Noch prägnanter verweisen die protestantische Kritik an der Ehelosigkeit des Klerus und die

Familiengründung der evangelischen Pfarrer und Prediger auf die Moderne. Die einstmals als vollkommen geltende Lebensform des Mönchs und des Priesters wird seit der Reformation, weil der Mensch mit einem zeugungsfähigen Leib geschaffen ist, zunehmend mehr als unnatürlich, ja gegen Gottes Gesetz verstoßend bewertet.

3.3 Der Christ untertan seiner weltlichen und kirchlichen Obrigkeit

Die umfassendere Begründung dieser Soziallehre findet sich drittens in Luthers sog. Zwei-Reiche-Lehre. Im Anschluß an den neutestamentlichen Grundsatz, daß man dem Kaiser geben soll, was des Kaisers ist, und Gott, was Gottes ist, unterscheidet sie ein geistliches und ein weltliches „Regiment". Beide sind von Gott und beide sind als Obrigkeiten die Instanzen, mit deren Hilfe Gott die Menschen regiert. Indem dabei das weltliche „Schwert" prinzipiell nicht mehr dem geistlichen unterstellt ist, beide nach Gottes Willen gleichberechtigt nebeneinander stehen, erhält das Weltliche den Status eines eigenen Wirklichkeitsbereichs neben dem Geistlichen. Dies hat weitreichende Folgen für das Verhältnis der Menschen zur Obrigkeit und für das Selbstverständnis der beiden herrschenden Stände selbst.

Die theologische Grundlegung dieser Lehre findet sich in Luthers Schriften „An den christlichen Adel deutscher Nation von des christlichen Standes Besserung" und „Von der Freiheit eines Christenmenschen". Letztere geht von zwei mit Absicht paradox nebeneinander gestellten Thesen aus: „Ein Christenmensch ist ein freier Herr über alle Dinge und niemandem untertan. Ein Christenmensch ist ein dienstbarer Knecht aller Dinge und jedermann untertan." Dazu schreibt Luther: „Um diese beiden widerständigen Reden von der Freiheit und der Dienstbarkeit zu verstehen, sollen wir eingedenk sein, daß jeder Christenmensch von zweierlei Natur ist, geistlicher und leiblicher. Nach der Seele wird er [sc. durch die Taufe und den Glauben erwirkt] ein geistlicher, neuer, innerlicher Mensch genannt, nach dem Fleisch und Blut wird er ein leiblicher, alter und äußerlicher Mensch genannt."[9] Die erste These meint, daß der Christ innerlich und im Glauben keinen Herrn über sich hat, „inwendig", wie Luther sagt, frei ist und im Besitz des „allgemeinen Priestertums"[10], im Prinzip also alle die frommen Akte (wie z.B. die Auslegung der Schrift) und Sakramente (wie z.B. die Taufe) vollziehen kann, die üblicherweise nur dem ordinierten Pastor in seiner Gemeinde zukommen. Damit ist der evangelische Pastor ein in seiner Gemeinde zwar herausgehobenes Mitglied, aber ansonsten vor Gott ein Mensch wie alle anderen auch. Dies ist auch von Bedeutung für die nicht-geistlichen „Intellektuellen" der frühen Neuzeit im Dienste der Wahrheit, der Moral und des Schönen, also für die Naturforscher, Philosophen, Staatstheoretiker, Historiker, Literaten und Bildenden Künstler. Zumindest in Bezug auf ihre weltlichen Gegenstände können sie sich nun von allen traditionellen Fesseln der kirchlichen Aufsicht befreit glauben. Durch die Reformation hat so insbesondere die sich anbahnende wissenschaftliche Revolution einen großen Schub erhalten.

Die zweite These meint demgegenüber, daß der Mensch in seinem „Hause", allgemein gegenüber den Mitmenschen und insbesondere gegenüber der Obrigkeit,

---

[9] Von der Freiheit eines Christenmenschen, in: ebd. Bd. 1, 239.
[10] Ebd. S. 248 f.

weiterhin dienstbar, den Weisungen seines Herrn untertan und im Handeln an Gesetze gebunden ist. Die Weisung dieses Grundsatzes spitzt sich 1524/1525 zu, als sich die Bauern in ihren Zwölf Artikeln auf Luther berufen, dieser sich öffentlich erklären muß und in seiner Schrift „Wider die räuberischen und mörderischen Rotten der anderen Bauern" (1525) den Bauern alles Recht zum Aufstand abspricht, wie er es zuvor schon in der grundsätzlichen Stellungnahme „Von weltlicher Obrigkeit, wieweit man ihr Gehorsam schuldig sei" (1523)[11] und in der „Vermahnung zum Frieden auf die zwölf Artikel der Bauernschaft in Schwaben" (1525)[12] dargelegt hatte. Danach schuldet nicht nur jedermann seiner Obrigkeit Gehorsam nach den Gesetzen, sondern seien in Sonderheit auch die Bauern in ihrem Leib und Gut ihrem Grundherren zueigen, sei die Herauslösung ihres „Fleisches" aus dem Eigentum des Herren „räuberisch" und, weil alle Herrschaft von Gott ist, ein Verstoß gegen göttliches Gesetz.

Luther befindet sich in diesem Punkt durchaus im Einklang mit der Bibel. Denn es durchzieht sie die Grundunterscheidung von „Herr und Knecht" und so nimmt auch das Neue Testament keinen Anstoß an der antiken Sklaverei, was die modernen Bibelübersetzungen dadurch verschleiern, daß sie gr. *doûlos* = Sklave mit „Knecht" wiedergeben. Wenn Luther zwar die Unterscheidung von Klerikern und Laien aufhebt, so beseitigt er doch nicht auch die mittelalterliche Ständeordnung, sondern bestätigt sie im Rekurs auf die Bibel noch einmal, sie dabei allerdings so akzentuierend, daß sie sowohl dem evangelischen Glaubensverständnis entspricht als auch den Vorstellungen der Vertreter der beiden gottgewollten Stände, den Herrschenden und den Lehrenden im gemeinsamen „Regiment" entgegenkommt. Das heißt: während (Stadt-)Bürger und Bauern in ihrem bisherigen Stand zu frommer Pflichterfüllung aufgerufen bleiben, definiert sich die nun evangelische Geistlichkeit hauptsächlich als Lehrstand und der herrschende Adel als der das Land regierende christliche Stand. Das Gemeindeleben kommt unter die Obhut von ordinierten Geistlichen, die den Gläubigen zwar ein gewisses Mitspracherecht in wirtschaftlichen und organisatorischen Dingen einräumen, ihnen theoretisch auch ein „allgemeines Priestertum" zugestehen, faktisch aber – wie in den katholischen Ländern – als studierte Pastoren die „Kirche im Dorf", d.h. das geistliche Regiment über die einfachen Gläubigen, repräsentieren.

3.4 Das weltliche und das geistliche Regiment in der Hand des einen Landesherrn

Mit der theologischen Neudefinition der obrigkeitlichen Stände geht viertens auf evangelisch-lutherischer Seite die Begründung des Landeskirchentums einher. Im Gefolge von Luthers Zwei-Reiche-Lehre ist hier der *Landes*herr zugleich erster *Kirchen*herr (*Summus episcopus*). Als Obrigkeit „von Gottes Gnaden" steht er also sowohl dem weltlichen als auch dem geistlichen „Regiment" vor, haben beide Regimenter ihren anerkannten Status und Wirkkreis vor Gott und den Menschen und

---

[11] In Bd. 4 der „Ausgewählten Schriften", 1982, 36-84; dort auch allgemein die Begründung der Zwei-Reiche-Lehre.

[12] Ebd. Bd. 4, 100-131; in eben diesem Band finden sich andere Schriften zum Thema „Christsein und weltliches Regiment".

arbeiten so in der Kirchenleitung, zumeist in den sog. Konsistorien, die Vertreter des geistlichen und des weltlichen Standes zusammen. Erst diese Neuordnung der Kompetenzen ist es vermutlich gewesen, die die lutherische Reformation für die meisten Fürsten und Patriziate der freien Reichsstädte hat attraktiv erscheinen lassen.[13] Denn sie gewinnen dabei dreierlei.

Im Zuge der Herauslösung ihres Territoriums und der dort lebenden Christen aus der geistlichen Herrschaft Roms eignen sie sich erstens die persönlichen Rechte der Kleriker und das Vermögen der römischen Kirche und ihrer Untergliederungen in ihrem Herrschaftsbereich an. Es handelt sich hier um die größte Verlagerung von Rechten und Vermögen im deutschen Reich seit der Entstehung des christlichen Feudalismus und vor der Säkularisierung der katholisch-geistlichen Bistümer 1803 im Reichsdeputationshauptschluß. Die damalige Stärkung der Fürstenmacht durch die Beerbung Roms ist zugleich ein Grund dafür, daß sich hier – anders als in England, Frankreich und Spanien – keine nationale Zentralmacht ausbilden konnte.

Zweitens gesteht das Landeskirchentum dem Landesherr die religiöse Oberhoheit über alle seine Landeskinder zu, was ihm zugleich das Recht gibt, alle in seinem Sinne noch Andersgläubigen zu seinem Bekenntnis zu zwingen, so daß die Menschen in seinem Territorium auch wirklich alle einer einzigen Glaubensgemeinschaft angehören. Dies ist in der reformatorischen Übergangszeit natürlich noch nicht der Fall. Denn wenn sich auch bereits seit der Mitte der 1520er Jahre erste landeskirchliche Strukturen mit fürstlicher Unterstützung in einigen Ländern ausbilden, leben doch bis in die 1550er Jahre in den meisten deutschen Ländern Katholiken und Protestanten in unterschiedlichen Mehrheitsverhältnissen zusammen. Das ändert sich erst aufgrund des „Augsburger Religionsfriedens" von 1555, der nach dem Grundsatz „Wessen das Land, dessen die Religion" (*Cuius regio, eius religio*) die Konfessionszugehörigkeit der Untertanen vom Bekenntnis des weltlichen bzw. geistlichen Landesherrn abhängig macht. Die damals gefallenen Entscheidungen prägen die religiöse Landkarte Deutschlands bis heute und haben damals überhaupt erst die Möglichkeit geschaffen, daß die evangelisch gewordenen Länder mit den altkirchlich gebliebenen Ländern innerhalb des Reiches miteinander in ein Rechtsverhältnis eintreten, sich im religiösen Dissens immerhin ihre Rechtmäßigkeit wechselseitig anerkennen konnten und die territoriale und Reichsherrschaft es nicht mit Gemeinden und Splittergruppen unterschiedlich getönter Konfessionalität zu tun hatten.

Drittens schließlich gewinnt der Landesherr als Summus Episcopus auch die oberste Aufsicht über die gelehrten Schulen und Universitäten und damit als oberster „Schulmann" auch die Herrschaft über die intellektuelle Kultur seines Landes. PHILIPP MELANCHTHON (1497-1560), Luthers wichtigster Mitarbeiter in Wittenberg, hat die jeweiligen Aufgabenfelder und Kompetenzen des geistlichen Regiments in den dann nach seinem Vorschlag überall ähnlich gestalteten Kirchen- und Schulordnungen abgesteckt und ist so als *Praeceptor Germaniae* in das Gedächtnis der evangelisch gewordenen Länder eingegangen. Das durch die Reformation zeitwei-

---

[13] Vgl. *P. Blickle*: Die leibhaftige Freiheit. Als Glaube, Herrschaft, Ordnung sich nicht mehr von selbst verstanden: Ringen um die Legitimität der Neuzeit. In: Jeismann 2000a, 9-25.

lig zum Erliegen gekommene höhere Schulwesen wird dadurch auf eine neue, zugleich christlich-evangelische und humanistische Grundlage unter der Aufsicht des landeskirch-lichen Regiments gestellt.

3.5 Die landesherrlich „festgestellte" geistlich-weltliche Regierung in Deutschland
Fünftens waren für Luthers Anlehnung an die Fürstenmacht, für die Gründung von Landeskirchen und für die allgemeine Neuordnung, Stabilisierung und territoriale Einfriedung des Glaubens nach 1555 politisch und religiös allerdings ein hoher Preis zu entrichten. Den Gemeinden vor Ort wird die in der Umbruchszeit gewonnene urchristliche Autonomie wieder genommen. Die Bekenntnisformeln der lutherischen, reformierten und der kalvinistischen „Orthodoxie" bevormunden die Individuen nicht weniger, als dies die katholische Kirche zuvor getan hat und in den altgläubig gebliebenen Ländern weiterhin tut. Von einer individuellen Gewissensfreiheit in Sachen des Glaubens ist alsbald nirgendwo mehr die Rede. Vielmehr werden die sich – wie Luther – auf das eigene Gewissen berufenden Gläubigen und die dem *cuius regio eius religio*-Grundsatz Widerstrebenden oder sonstigen Abweichler überall in ihren politischen und bürgerlichen Mitwirkungsrechten beschnitten, einem großen Zwang unterworfen, verfolgt, auch Verhören und der Folter ausgesetzt und des Landes vertrieben, so daß sich die rechtliche und religiöse Lage der Gläubigen in der territorialen Zwangsgemeinschaft der Evangelischen unter ihrem Landesherrn und -bischof und der Katholiken unter ihrem Fürsten und Bischof bzw. Fürstbischof im Prinzip kaum unterschied. Nach den religiösen und politischen Erschütterungen des Ausbruchs der Reformation war nun zwar für die meisten Menschen und Institutionen wieder eine sicherere und überschaubarere Lage eingetreten und hatte wohl auch die übergroße Mehrheit eine sie tragende religiöse Identität gewonnen. Aber die Integration der Landeskinder in einer einzigen Konfession und die Neuformierung und Stabilisierung des sozialen Lebens hatten, wie die ausbrechenden Religionskriege zeigen sollten, das religiös-revolutionären Potential von Herrschenden und Beherrschten und der ihrem Gewissen Folgenden zunächst nur an der Oberfläche stillgestellt. Freilich: Wenn sich Luther etwa auf die Seite Müntzers, der Bauernführer oder anderer radikaler Gruppen geschlagen hätte, hätte er nicht nur rasch die Sympathie der Humanisten und weiter Bevölkerungskreise, sondern auch den politischen Rückhalt der Landesherren, des Adels und der Städte verloren und wäre die reformatorische Bewegung insgesamt wahrscheinlich ebenso rasch ausgelöscht worden wie die der Bauern und „Schwärmer".

Im großen Rückblick auf den Weg der Neuzeit in die Moderne muß man es bedauern, daß Katholiken und Protestanten im 16. Jahrhundert nicht zu dem Einverständnis gefunden haben, das ihnen die von den meisten Humanisten vertretene Glaubenslehre und Staatstheorie vorgezeichnet hatte. Das meint zum einen einen weniger herrscherlichen und dogmatischen und dafür mehr „evangelischen" und humanistischen christlichen Glauben und zum andern eine deutlichere Trennung von weltlicher Macht und Kirche. Letzteres kam in der staatlichen Rechtsauffassung der Humanisten klar zum Ausdruck. Sie schrieb dem Willen der Menschen einen größeren Ermessensspielraum zu, indem sie zwar das als unantastbar geltende göttliche Gesetz (*lex divina*) noch über alles stellte, die eigentliche Gesetzgebung aber zum einen dem der Menschennatur innewohnenden und durch das „Licht der Vernunft" (*lumen naturale*) erkennbaren „Naturrecht" (*lex naturalis*) unterwarf und zum anderen der „positiven" Gesetzgebung" (*lex humana*) anvertraute und damit zugleich der Tradition und den jeweiligen Verhältnissen bei Entscheidungen Rechnung trug. So konnte dann nach der Aufhebung des göttlichen Rechts im modernen säkularen Staat das auf jener humanistischen Staatsauffassung beruhende Natur- und positive Recht zur Grundlage des Rechts werden.

4. Frühneuzeitlicher Konfessionalismus: Die europäische Dimension der Reformation

4.1 Die Ausbreitung und Differenzierung des Protestantismus und die katholische Reform
Zur Ausbreitung der Reformation in Europa haben ganz wesentlich die Reformen durch *Huldrych Zwingli* (1484-1531) ab 1520 in der Schweiz und durch *Jean Calvin* (1509-1564) in Genf (*Institutio Christianae Religionis*, 1536) und die Begründung der romunabhängigen Anglikanischen Kirche durch Heinrich VIII. in England (1534) beigetragen. Gegen die im Kampf der Lehrmeinungen entstandenen protestantischen Bekenntnisse erhebt sich in den beim alten Glauben gebliebenen Ländern verstärkt seit den 1530er Jahren die „Gegenreformation", für die heute auch die Bezeichnung „katholische Reform" Verwendung findet. Nachdem die Reformation in den lateinischen Ländern des Abendlands kaum hat Fuß fassen können und der 1534 von dem Spanier *Ignatius von Loyola* (1491-1556) zum Zwecke der Sicherung des altkirchlichen Glaubens und der Rekatholisierung der ihm verloren gegangenen Territorien gegründete Jesuitenorden 1540 vom Papst bestätigt war, modifiziert die katholische Kirche zur Rückgewinnung ihrer Glaubwürdigkeit auf dem Konzil von Trient (sog. *Tridentinum*, 1545-1563) ihre kirchenpolitische Praxis in einigen Punkten, dabei die Chance einer Verständigung mit den Protestanten nicht ganz ausschließend. Denn trotz der bereits eingetretenen Umwälzungen schien bis zu diesem Zeitpunkt eine Beilegung der Differenzen, eine Art friedlicher Koexistenz zwischen römisch-katholisch gebliebenen und evangelisch gewordenen Christen möglich oder zumindest eine große kriegerischen Konfrontation vermeidbar, zumal auch vielen katholisch gebliebenen Landesherren - insbesondere da, wo die Menschen ihres Territoriums sich konfessionell aufgespalten hatten - zumindest Teile der lutherischen Lehre, wie u.a. die Priesterehe, und die sich anschließenden institutionellen und politischen Reformen annehmbar erschienen. Aus heutiger Sicht mag man sich sogar vorstellen, daß die drei bis heute möglichen und vor allem in Nordamerika auch üblichen christlichen Arten der religiösen Orientierung: nämlich erstens die *gemeindliche* Form, nach der wie bei den frühen Christen die Gläubigen institutionell und überregional nur locker verbunden sind, zweitens die *volkskirchliche* Form mit Theologen als ordinierten und quasi verbeamteten Predigern, Seelsorgern und existentiellen „Dienstleistern" einer (Landes-)Kirche und drittens die *römisch-katholische* Form mit einer auf ein machtvolles Zentrum gerichteten priesterlichen Hierarchie, daß diese drei Arten in ihrer Konkurrenz am selben Ort zu einer Bereicherung und Belebung des religiösen und allgemein des kulturellen Lebens hätten beitragen können. Da sich aber schon bei den Protestanten Lutheraner und Reformierte bei der Abendmahlsfrage nicht hatten einigen können

und das Tridentinum die dogmatischen und bisherigen institutionellen Grundsätze der römischen Kirche im Kern unangetastet ließ, lief in dem seit dem Beginn des 16. Jahrhunderts religiös erhitzten Klima alles auf einen großen Konflikt hinaus. Von großer Bedeutung ist sicherlich auch gewesen, daß die meisten Landesherren, seien es die in den einzelnen Territorien des Reiches oder die Könige in Spanien, Frankreich oder England, die Auffassung geteilt haben, daß nur eine einheitliche Religionszugehörigkeit die Menschen ihres Landes zusammenhalten könne.

4.2 Die Hugenottenkriege und der Dreißigjährige Krieg als europäische Religionskriege

Die Zeit vom Beginn der Hugenottenkriege 1562 in Frankreich bis zum Ende des Dreißigjährigen Krieges in Deutschland (1618-1648) ist von den schlimmsten Religionskriegen gezeichnet, die Europa bis dahin und überhaupt je zu ertragen hatte. Diese Kriege sind wohl auch deswegen so blutig unter Einbezug der Zivilbevölkerung geführt worden, weil der Konfessionalismus alle gesellschaftlichen Bereiche durchdringt und polarisiert, die „rechte Lehre" keinen Kompromiß zuzulassen schien und die Geistlichkeit und die von ihrem Glauben Überzeugten sich selbst und ihre Mitmenschen in einen religiösen Haß gegeneinander getrieben haben. Gefangen in der Ideologie ihrer jeweiligen Rechtgläubigkeit, sind die Christen im Innern ihrer territorialen Glaubensgemeinschaften religiös zwar zumeist hochgradig integriert, in der Begegnung mit den „Feinden ihres Glaubens" aber selten zu einer rationalen und auf Verständigung gerichteten Problemlösung, auch in nicht-religiösen Fragen, fähig gewesen.[14] Innerhalb der katholischen Territorien und Länder ist zudem die immer schon bestehende Intoleranz des Christentums gegenüber Abweichlern mit der 1542 gegründeten und 1557 in Rom formell bestätigten „Römischen und Universalen Inquisition" nochmals gesteigert worden.

5. Mentalitätsgeschichtliche und geschichtstheoretische Aspekte der Reformation

5.1 Der protestantische Habitus

Im Rückblick auf die Reformation ist verschiedentlich die Auffassung vertreten worden, daß ihr das Abendland den entscheidenden Modernitätsschub verdankt. Das Urteil fällt heute im allgemeinen weniger pauschal aus. Es scheint so, daß der Renaissance-Humanismus, die Reformation und die naturwissenschaftlichen Entdeckungen, die technischen Erfindungen und der imperiale Ausgriff auf die Welt *gemeinsam* die spezifische Modernität Europas „heraufgeführt" haben. Allemal haben aber die sich damals herausbildende protestantische Mentalität, Intellektualität und Individualität ihre Spuren im Habitus der Deutschen im besonderen und der Europäer im allgemeinen hinterlassen. Dabei machen sich freilich bis heute auch die unterschiedlichen Ausprägungen dieser protestantischen Mentalität bemerkbar. Die landeskirchlich-lutherischen Christen in Deutschland und in den skandinavi-

---

[14] Vgl. *E. W. Zeeden:* Die Enstehung der Konfessionen, München 1965; ders.: Kulturgeschichte Deutschlands in der Frühen Neuzeit 1968; *H. Schilling*: Literaturbericht Konfessionelles Zeitalter, Teile I-IV, in: Geschichte in Wissenschaft und Unterricht 1997, 350-370, 618-627, 682-691, 748-766.

schen Ländern zeichnen eine eher nüchterne Religiosität, Innerlichkeit, Rationalität, Wortbezogenheit und Bildungsbeflissenheit und eine ausgesprochene Staatstreue aus, die reformiert-kalvinistischen und puritanistischen Christen in der Schweiz, den Niederlanden, England und Nordamerika zudem eine größere Strenge, Askese, Genuß- und Leibfeindlichkeit in der Lebensführung und, in Bezug auf den wirtschaftlichen und zwischenmenschlichen Erfolg, ein Sendungs- und Erwähltheitsbewußtsein, und die Pietisten und Sektierer weltweit schließlich das Bewußtsein der individuellen göttlichen Bekehrung zum Glauben, der Zugehörigkeit zu einer Gemeinde der „Erweckten" und der täglich neu zu erweisenden Treue zum Evangelium.[15]

Diese Unterschiede manifestieren sich charakteristisch in der Haltung zu der in Kirchenräumen und privaten Häusern in Bildern dargestellten Welt. Dem katholischen Bilderkult mit der Verehrung von Heiligenbildern und Reliquien steht die schroffe Ablehnung der Bilder und des Schmucks in Gotteshäusern des reformiert-kalvinistischen Bereichs gegenüber. Vor allem dort flammt der griechisch-orthodoxe Bilderstreit wieder auf, werden Schriften gegen die götzendienerischen Bildmagie verfaßt – wie die „Von der Abtuung der Bilder" (Wittenberg 1522) durch A. Bodenstein, genannt Karlstadt – und kommt es zum Bildersturm (Ikonoklasmus).[16] Eine mittlere Haltung nimmt das Luthertum ein. Es duldet nicht nur Bilder in den Kirchen, sondern schreibt ihnen auch eine didaktische und erbauliche Funktion zu, zählt sie jedoch nicht zu den notwendigen Dingen des Glaubens, sondern den zu glaubensindifferenten Dingen (Adiaphora). Dieser sachliche Umgang mit Bildern habe, so vermutet man in der neueren Kunstgeschichte, die mittelalterliche Beschränkung der Bildenden Kunst auf die geistliche Funktion endgültig aufgehoben. Er habe „in dem Maße, in dem der protestantische Bereich auf religiöse Gebrauchskunst verzichtet, [...] die profanen Bildbereiche für Aussagen in Richtung auf eine innerweltliche Religiosität durchlässig" gemacht, ihnen einen eigenständigen Status gegeben und der Bildkunst damit einen Weg in die Moderne gewiesen.[17]

Gemeinsam indes ist allen Protestanten ein Habitus der inneren und äußeren Unruhe. Als Mitglied einer gemeindlich organisierten, aber keinen Sündenerlaß versprechenden Kirche und als Individuum prinzipiell des persönlichen Seelenheils ungewiß, ist der protestantische Christ mehr als der Katholik genötigt, sich selbst zu beobachten, Gewissenserforschung und eine innerweltliche Askese zu betreiben.[18] Darin stecken Potenzen, die man als die bürgerlichen Tugenden der Pflichterfüllung, der Ordentlichkeit und Berechenbarkeit, als wissenschaftliche und technische Pro-

---

[15] Vgl. *E. Troeltsch*: Die Bedeutung des Protestantismus für die Entstehung der modernen Welt (1906), München 1924; *R. van Dülmen*: Reformation und Neuzeit. Ein Versuch, in: Zs. für Historische Forschung 1, 1987, 1 ff. .

[16] Vgl. *H. Beck/H. Bredekamp*: Bilderkult und Bildersturm, in: Funkkolleg Kunst 1984/85, SBB 2, 1–48.

[17] Vgl. *W. Hofmann* (Hg.): Luther und die Folgen für die Kunst. Katalog der Ausstellung in der Hamburger Kunsthalle, München 1983, 18.

[18] Vgl. *H.D. Kittsteiner*: Die Entstehung des modernen Gewissens, Frankfurt/Leipzig 1994, 64–80 [eine These und ein Literaturbericht].

duktivität und als ein puritanistisch-kapitalistisches Arbeitsethos identifiziert hat.[19] Mit der wenig anschaulichen und wenig sinnlich-rituellen, vielmehr wortbezogenen und intellektuellen Lehre erklärt man auch die lange Zeit beherrschende Stellung der protestantischen Professoren an den deutschen Universitäten und gelehrten Schulen, mit der protestantischen Innerlichkeit die außerordentliche (kirchen-)musikalische, literarische[20], insbesondere (auto-)biographische, und philosophische Kreativität und Produktivität. Die besondere Neigung zu „Weltanschauungen", Überzeugungen, Standpunkten und „Theorien" führt man auf das protestantische Bekennertum zurück.[21] Und schließlich stellt man auch eine Verbindung zwischen dem protestantischen Glauben und allen Formen einer existentialistischen Philosophie und Lebensführung her. Man kann dies alles auch als einen Ausdruck spezifisch deutscher Mentalität und Identität betrachten, und d.h. heißt hier: im gewissen Sinne auch unter Einschluß des deutschen Katholizismus. Man muß sich dann allerdings der Frage stellen, warum fast alle genannten Eigenschaften auch dem Judentum und, mit Einschränkungen, auch Kulturen mit ganz anderen Traditionen, wie etwa der japanischen, zukommen. Eine andere Ursprungs- und Deutungslinie als die des Protestantismus bieten auch der Habitus der antik-philosophischen „Selbstsorge" und die „evangelischen Räte" des abendländischen Mönchtums. Ihm nun gehörte gerade Luther die längste Zeit seines Lebens an, wie er zudem bis zu seinem Lebensende mit seiner Familie, seinen Freunden und einem Großteil seiner Schüler gleichsam „weltimmanent" im Wittenberger Kloster gelebt hat.

5.2. Wirkungsgeschichtliche Ambivalenzen der Reformation

Allemal ist die Reformation der besondere Beitrag Deutschlands zur neuzeitlichen Kultur Europas. Als ein solcher nimmt sie in Form bestimmter Topoi und Bilder im kulturellen Gedächtnis der Deutschen bis heute eine herausgehobene Stellung ein. Auch darf man vermuten, daß die Reformation das historische Denken der Deutschen und insbesondere das ihrer späteren Historiker beeinflußt hat, und gewiß hat sich die historisch-kritische Methode und überhaupt die neuere Hermeneutik seit dem 19. Jahrhundert aus der protestantischen Bibelexegese entwickelt. Die Position der Reformation zur Geschichtlichkeit der Kultur und der Religion ist indes in einem doppelten Sinne ambivalent. Sie ist es zunächst darin, daß sie das Evangelium einerseits in seinen Ursprungstexten aufsucht und zu verstehen versucht und damit der humanistischen *ad fontes*-Forderung nachkommt, sie andererseits dabei aber auch wieder ganz unhistorisch denkt, wenn sie das in der Bibel auffindbare Wort nicht als Menschen-, sondern als zeitenthobenes göttliches Wort versteht. Auf dem

---

[19] Das ist die berühmte These von *M. Weber*: Die protestantische Ethik und der Geist des Kapitalismus (1905), in: ders.: Eine Aufsatzsammlung, hg. von J. Winckelmann, Gütersloh 1979.

[20] Vgl. *A. Schöne*: Säkularisation als sprachbildende Kraft. Studien zur Dichtung deutscher Pfarrersöhne, Göttingen ²1968.

[21] Vgl. *Th. Nipperdey*: Luther und die Bildung der Deutschen, in: *H. Löwe/C.-J. Roepke* (Hg.): Luther und die Folgen. Beiträge zur sozialgeschichtlichen Bedeutung der lutherischen Reformation, München 1983, 13-27.; *Th. Nipperdey*: Luther und die moderne Welt, in: Geschichte in Wissenschaft und Unterricht 12,1985, 803-813; *L. Hölscher*: Geschichte der protestantischen Frömmigkeit in Deutschland, München 2005.

Grunde dieser ersten Ambivalenz weist sie der Historie die Aufgabe zu, das Walten Gottes in der Geschichte zu zeigen und nimmt so in der Staatslehre – trotz Aufwertung des weltlichen gegenüber dem geistlichen Regiment – die mit Machiavellis „Il Principe" beginnende säkulare Deutung des Staates und des historischen Denkens z.T. wieder zurück und knüpft im gewissen Sinne nochmals an die Weltzeitalter-„Historien" des Mittelalters an. Auch wird durch die allgemeine Konfessionalisierung des kulturellen Lebens und im besonderen auch der Universitäten die Historie wieder tendenziell zur unentbehrlichen Magd der jeweiligen Theologie. Denn beide Seiten beziehen ihre Legitimität aus der Deutung der Kirchengeschichte, wird Geschichte wieder zum geistigen Schlachtfeld, auf dem entschieden werden soll, wer von beiden recht hat, und fördert sie so den ganzen Schaftsinn, der ihren Vertretern möglich ist.[22]

In einem etwas anderen ambivalenten Sinne ist, wie oben schon angedeutet, das reformatorische Glaubensverständnis zugleich rückwärts- und vorwärtsgewandt. Rückwärtsgewandt ist es insofern, als es anknüpft an die Glaubensformen der christlichen Urgemeinden, welche keine mit weltlicher Macht ausgestattete Kirche vorfanden, keine Priester, keine Mönche und keine Heiligen hatten und keine Fastenzeiten, keine Beichte und Absolution, keine Kirchenstrafen, kein Eheverbot der Apostel und der Kirchenältesten usw. kannten. Die rigorose Entfernung dieser in christlicher Tradition entwickelten Elemente aufgrund historischer Studien und Vergewisserungen und der ihr entsprechende Versuch einer Restitution der urchristlichen Glaubens- und Lebensformen kommt einer historischen „Revolution" im Wortsinn gleich. Vorwärtsgewandt ist es insofern, als der Protestantismus Erlebnisformen und Sichtweisen des modernen Individuums in Europa zumindest dem Anspruch nach vorwegnimmt: die Emanzipation des Individuums aus vorgegebenen kirchlichen Bindungen, die Erhebung des individuellen Gewissens zur Letztinstanz und der Verzicht auf rationale Erkenntnis des transzendenten Gott – mit all den Risiken, die diese auf das Säkulare zielende religiöse Wendung für den neuzeitlichen Menschen haben sollte. Befangen in diesen Ambivalenzen, muß bezweifelt werden, ob man pauschal die „Konfessionalisierung als Geburtszange der Neuzeit" betrachten kann.[23]

5.3 Die auf die Wahrheit in der „Schrift" zielende Reformation als Weg ihrer Aufhebung

Im Hinblick auf die verhältnismäßig ausführliche Darstellung der Reformation in diesem Kapitel und auf den dadurch nochmals bekräftigten hohen Status des Religiösen im historischen Denken der Vormoderne, muß hier abschließend nach der geschichts*theoretischen* Bedeutung des reformatorischen Glaubensverständnisses und in seinem Gefolge des religiös-geistigen Umbruchs der frühen Neuzeit gefragt

---

[22] Vgl. *M. Maurer*: Neuzeitliche Geschichtsschreibung, II. Reformation und Gegenreformation, in: Ders. 2003, 281-499, hier 296-307. Zum historischen Wandel des Lutherbildes in Deutschland vgl. *E. Schulin*: Luther und die Reformation. Historisierungen und Aktualisierungen im Laufe der Jahrhunderte (1982), in: ders.: Arbeit an der Geschichte. Etappen der Historisierung auf dem Wege zur Moderne, Frankfurt 1997, 13-61.

[23] *So H. Schilling*: Zeit der Bekenntnisse. Die Konfessionalisierung als Geburtszange der Neuzeit", in: Jeismann 2000, 44-48.

werden. Diesen Stellenwert kann man sich exemplarisch am Abendmahlsstreit verdeutlichen. Für einen heutigen Kulturwissenschaftler ist der Streit über das, was mit dem Brot und dem Wein in der Meßfeier geschieht ebenso fiktiv-imaginär und damit realgeschichtlich unerheblich wie etwa die nächtliche Himmelskahnfahrt des altäygyptischen Pharao, der Konvent der griechischen Götter unter dem Vorsitz des Zeus auf dem Olymp oder die mittelalterliche Vorstellung von einem „Fegefeuer". Selbst wenn – was höchst unwahrscheinlich ist – einmal Originalquellen auftauchen sollten, die dokumentieren, was Jesus bei dem letzten „Abendmahl" zu seinen Jüngern gesagt und was er damit gemeint hat und welche spätere christliche Deutung dem Sinn seiner Worte und Handlungen am nächsten kommt, wären der Inhalt dieser Aussagen wie auch alle anderen Reden Jesu z.b. über seinen „Vater im Himmel" nur Ausdruck des damaligen Glaubens eines Menschen. Unter einem kirchen-, dogmen- und mentalitätsgeschichtlich Blickwinkel aber ist das Abendmahlsverständnis und sein Wandel für jeden – gläubigen wie nicht-gläubigen – Kulturhistoriker von größter Bedeutung. Denn dessen Deutung führt in das Zentrum des Bekenntnisses von Katholiken, Lutheranern und Reformierten und war und ist bis heute ein wichtiges sie in ihrem Glauben trennendes und ihre jeweilige Identität stiftendes Merkmal. Das vierte Laterankonzil (1215) hatte die im Sinne eines Gedächtnismahls bei den Synoptikern und bei Paulus (1. Kor. 11, 24) in Varianten vorfindbaren schlichten „Einsetzungsworte" Jesu in der Weise dogmatisiert, daß im sakramentalen Akt des Priesters der Wein und das Brot sich realiter in das Blut und den Leib Jesu wandelt (Transsubstantiationslehre) und damit die seit dem Konzil von Trient (1545-1563) dann bis heute geltende katholische Sichtweise der Eucharistie als einer „unblutigen" Wiederholung von Jesu Kreuzesopfer vorbereitet. Die spätmittelalterliche Kritik an dieser Abendmahlslehre hatte zwischenzeitlich schon *John Wiclif* 1384 und *Jan Hus* 1415 den Tod auf dem Scheiterhaufen gebracht, als sich auch die Protestanten darüber entzweiten, ob das Abendmahl nur ein symbolischer Erinnerungsakt mit einer allenfalls geistigen Gegenwart Jesu oder ob Jesus geistig inmitten der Gemeinde und leiblich in Brot und Wein gegenwärtig sei. Das mag von außen betrachtet, ebenfalls nur wie ein müßiger Streit um Worte erscheinen. Weil es Luther und Zwingli auf dem „Marburger Religionsgespräch" (1529) und den Vertretern der römisch-katholischen Kirche auf dem Konzil von Trient (1545-1563) aber um die nach ihrer Erkenntnis und ihrem Urteil einzig richtige christliche Wahrheit gegangen ist und die einen sie allein aus der Schrift und die anderen zusätzlich aus der ex-cathedra-Tradition der römischen Kirche glaubten heraus*lesen* zu können, ist es mehr als eine verbale Spiegelfechterei und manifestiert sich darin, wie Europäer als Theologen und Wissenschaftler um die Ergründung und Begründung von Wahrheit gerungen haben. Dieses nicht nachlassende Bestehen auf der „Aufklärung der Wahrheit", wie Luther in der Einleitung zu seinen 95 Thesen sagt, hat indirekt den Weg vorbereitet, den Historiker seit dem 18. Jahrhundert in ihrer historisch-kritischen Methodik beschritten haben, wenn die so aus der überlieferten Schrift gewonnenen Erkenntnisse die zuvor geglaubte Wahrheit auch aufheben.

12. Die „Natur der Dinge":
Die Ahistorizität der frühneuzeitlichen Philosophie und Physik

1. Naturgesetze und das mechanistische Weltbild:
   Ahistorizität in einer Welt des absoluten Raums und der absoluten Zeit   208
2. Rationalismus und Empirismus: Kritische Wissenschafts- und Erkenntnistheorie   214
3. Erkenntnistheoretische Ambivalenzen des mechanistischen Weltbildes   218

Zeitgleich mit dem thematisch weitgefächerten und kreativen Rückbezug des Renaissance-Humanismus auf das kulturelle Erbe der paganen Antike und mit der reformatorischen Erneuerung der Religiosität im Geiste des frühen Christentums wenden sich im Zuge der anthropologischen Wende seit der Zeit um 1500 immer mehr Philosophen, Naturforscher und auch Theologen als – von Gott ausdrücklich dazu berufene – Menschen der „naturhistorischen" Beschreibung und der naturgesetzlichen Erklärung der Welt zu. Sie versuchen dabei, ihr Wissen über die Welt systematisch zu erweitern, Naturgesetze zu entdecken, diese zur technischen Beherrschung der Natur einzusetzen und allen Wissenserwerb in einem erkenntnistheoretisch begründeten Rationalismus und Empirismus zu sichern. Es ist der für die Fragestellung dieses Buches so wichtige und von den Ergebnissen her so außerordentlich erfolgreiche Versuch der Philosophie und der Physik, ihren Gegenstand im Konzept der immer gleichbleibenden „Natur der Dinge" ganz und gar ahistorisch zu begründen – wenn dies wissenschaftsgeschichtlich auch im Rückgriff auf antike naturphilosophische und kosmologische Vorstellungen und auf das platonische Denken zeitloser Ideen geschieht. Denn die Grundsätze des neuzeitlichen Rationalismus und Empirismus sind prinzipienwissenschaftlich eo ipso der Geschichtlichkeit enthoben, wie „natürlich" auch bei der mathematischen Formulierung von Gesetzeshypothesen und ihrer empirischen Überprüfung ein Wandel der physischen Welt prinzipiell ausgeschlossen ist, wobei zudem die nun genauer meßbare Zeit selbst zu einem unveränderlichen Faktor in der Formulierung von Naturgesetzen wird.

Es handelt sich bei der „Natur der Dinge" um das widerständigste Gegenkonzept zur „Geschichtlichkeit der Dinge". Letzteres bildet sich im Laufe der Neuzeit in produktiver Auseinandersetzung mit und dann in klarer Abgrenzung vom diesem Erklärungsmodell schrittweise heraus. Im Ergebnis gibt es dann bis zum Beginn des 20. Jahrhunderts einen großen Konsens darüber, daß die Gegenstände der Naturwissenschaft einen ahistorischen Status haben, während die der Kulturwissenschaften gerade durch ihre Geschichtlichkeit definiert sind. Zwar hat im 20. Jahrhundert die Entdeckung der Geschichtlichkeit auch der physischen Welt die schlichte Opposition von ahistorischen und historischen Wissenschaften inzwischen aufgehoben, das Prinzip der Ahistorizität war und bleibt aber für die Theorie der Geschichte der unentbehrlich Gegenpol ihrer Bestimmung. Das ist der Grund, weshalb hier die frühneuzeitliche Begründung des ahistorischen Denkens und Forschens mit einer gewissen Ausführlichkeit dargestellt wird. Als ein Gewinn stellt sich dabei die Erkenntnis heraus, daß dieses schon damals auf Ambivalenzen gestoßen ist, die ihrerseits auf die historische Dimension der menschlichen Kultur und damit auch aller Wissenschaft verweisen.

1. Die Naturgesetze und das mechanistische Weltbild: Ahistorizität in einer Welt des absoluten Raums und der absoluten Zeit

Entgegen dem üblichen begründungstheoretischen Schema, das die Technik den Naturwissenschaften und diese wiederum der Wissenschafts- und Erkenntnistheorie nachgeordnet sieht, beginnt der wissenschaftliche Fortschritt in der frühen Neuzeit mit einer Reihe äußerst wirkungsvoller technischer Erfindungen schon im 15. Jahrhundert, setzt sich mit der Entdeckung grundlegender Naturgesetze seit der zweiten Hälfte des 16. Jahrhunderts fort und findet seine umfassende wissenschaftsmethodische Begründung erst im philosophischen Rationalismus und Empirismus des 17. Jahrhunderts, wobei sich diese Wege der Entdeckung, Erprobung, Beweisführung und theoretischen Begründung freilich von Anfang an auch wechselseitig anregen und hervorbringen.

Zunächst ist so jedenfalls der technische Fortschritt mit der Erfindung u.a. des Buchdrucks mit beweglichen Lettern, des Schießpulvers und des Kompasses in seinen kulturellen, militärischen, seefahrerischen und politischen Auswirkungen nicht zu unterschätzen. Durch sie findet das Wort, d.h. der Gedanke, in einer zuvor nicht möglichen kurzen Zeit eine große Verbreitung, erlangt das Abendland eine von da an bis heute nicht mehr von anderen Kulturkreisen erreichte militärische Stärke und wird die weltumspannende Schiffahrt, Handelstätigkeit und Eroberung fremder Länder und Kontinente erst ermöglicht. Von großer medizinischer Bedeutung sind ferner die ersten neuzeitlichen Sezierungen des menschlichen Körpers und seine genaue anatomische Darstellung durch Andreas Vesalius (De humani corporis, 1543) und die Entdeckung des Blutkreislaufs durch William Harvey (1628). Von noch größerer Bedeutung für das Selbstverständnis des Menschen in der Welt sind dann die großen physikalischen und astronomischen Entdeckungen und Erkenntnisse und das in Verbindung damit durch die Mathematik, durch Beobachtungen (mit dem gerade damals erst erfundenen Fernrohr) und Experimente begründete neue Weltbild von der physischen Natur. An dessen Anfang steht die Wiederentdeckung der Zentralität der Sonne im Verhältnis zur Erde und zu den anderen „Wandelsternen" durch Nikolaus Kopernikus (1473-1543). Wissenschaftsmethodisch noch ertragreicher freilich als diese von Kopernikus noch ohne jede theoretische Reflexion dargelegte Erkenntnis und ihre durch die katholische Kirche längere Zeit verzögerte Durchsetzung als heliozentrisches Weltbild sind schließlich jene naturwissenschaftlichen Entdeckungen, die auf Galileo Galilei (1564-1642; u.a. das Fallgesetz), Giordano Bruno (1548-1600; die These von der Unbegrenztheit des Alls) und Johannes Kepler (1571-1630; die Gesetze der elliptischen Planetenbewegungen) zurückgehen, bevor seit der Mitte des 17. Jahrhunderts die Mathematik durch René Descartes (u.a. Analytische Geometrie), Blaise Pascal (u.a. Wahrscheinlichkeitslehre) und Gottfried Wilhelm Leibniz (u.a. Differential- und Integralrechnung) große, über die antiken und arabischen Kenntnisse hinausführende Fortschritte macht und die Physik vor allem durch Isaac Newton ihre klassische mechanistische Gestalt erhält. Ihre erkenntnistheoretische Begründung schließlich erhält die moderne Physik durch die systematische Entwicklung des Rationalismus und des Empirismus, zu der nicht wenige der genannten Naturforscher und Mathematiker beigetragen haben.[1]

1.1 Die Methode: Mathematisch gefaßte und experimentell überprüfte Gesetzeshypothesen

Die klare Distanzierung der frühneuzeitlichen Wissenschaftler sowohl von der Annahme der den jeweiligen Dingen innewohnenden (aristotelischen) Entelechialität (Zielgerichtetheit) als auch von der immer auf Zeichen Gottes verweisenden scholastischen Naturbetrachtung der *analogia entis*[2] bahnt den Weg zu jener Methode der Erkenntnisfindung und -begründung, welche exakt definierte Grundbegriffe zur allgemeinen Voraussetzung hat, bei der „Befragung der Natur" von mathematisch formulierten Gesetzeshypothesen ausgeht, diese mit Hilfe von Experimenten auf ihre Geltung überprüft und bestätigte Hypothesen als Gesetze systematisch in den Zusammenhang bisher erkannter Naturgesetze einordnet. In der Tat besteht die naturwissenschaftliche Revolution der frühen Neuzeit vor allem in zwei forschungsmethodischen Grundsätzen: erstens in der Mathematisierung der Naturphänomene, genauer: in der Annahme, daß die materielle Welt von zeitlos geltenden Verhältnissen „regiert" wird und mit Hilfe eindeutig definierter Mengen, Beziehungen und Funktionen von raum-zeitlichen Elementen mathematisch exakt beschrieben werden kann – denn wie es in zwei berühmt gewordenen Aussagen heißt: „Das Buch der Natur ist in mathematischen Lettern geschrieben." (Galilei) und „Wo Materie, da ist Geometrie" (Ubi materia, ibi geometria, Kepler) -, und zweitens in ihrer empirischen Überprüfung, genauer darin, daß die Geltung dieser „Naturgesetze" mit Hilfe solcherart formulierter Hypothesen und systematisch durchgeführter Experimente auch bewiesen werden kann. Damit läßt die neue Wissenschaft von der unbelebten Natur auch die auf dem Felde der Lebewesen und der kulturellen Äußerungen des Menschen weiterhin vorherrschende und bloß auf Beobachtung und Beschreibung beruhende *historia naturalis* hinter sich.

1.2 Von Galilei über Kepler zu Newton:
   Die Bewegungsgesetze der mechanistischen Physik

Das sich seit Kopernikus' Entdeckung schrittweise im 16. und 17. Jahrhundert ausbildende neue kosmologische Verständnis der Welt findet seinen krönenden Höhepunkt und seine es gegenüber anderweitiger Kritik für längere Zeit abschottende Sicherheit mit den von ISAAC NEWTON[3] (1643-1727) 1687[4] in seiner Schrift *Philosophia naturalis principia mathematica*[5] dargelegten allgemeinen Bewegungsgesetzen der

---

[1] Die fünf neuzeitlichen Klassiker der Physik Kopernikus, Galilei, Kepler, Newton und Einstein stellt vor *S. Hawking* (Hg.): Die Klassiker der Physik. Ausgewählt und eingeleitet von Steven Hawking, Hamburg 2004.
[2] Siehe Kapitel 8.2.2.
[3] Vgl. *W. Kutschmann*: Isaac Newton (1643-1927), in: Gernot Böhme 1989, 171-186; und die vorzügliche Darstellung von *F. Schupp*: Isaac Newton, in: ders. 2003, 214-235.
[4] Konzipiert allerdings schon 1666, im sog. „annus mirabilis" Newtons.
[5] Philosophiae naturalis principia mathematica, 1687, überarbeitete Fassungen ²1713, ³1726. Mathematische Grundlagen der Naturphilosophie. Übers. E. Dellian, [mit Scholium generale der 2. Auflage von 1713], Hamburg 1988.

Körper im leeren Raum. Als es Newton mit Hilfe des von ihm entdeckten Gesetzes der Massenanziehung (Gravitation) gelang, das von Galilei erkannte Gesetz vom freien Fall, also das Gesetz von der auf Körper im Bereich der Erde ausgeübten Schwerkraft, und die von Kepler formulierten Gesetze über die elliptischen Planetenbewegungen um die Sonne als Sonderfälle der allgemeinen Gravitation zu erklären, hatte er den entscheidenden Schlußstein zur Konstruktion des heute klassisch genannten mathematisch-mechanistischen Weltbildes der Physik beigebracht.

In drei Grundgesetzen der Bewegung hat Newton, der alle anderen Physiker seines Zeitalters überragende Gelehrte, seine Erkenntnisse zusammengefaßt und damit für die Physik und gewissen Sinne für die Naturphilosophie insgesamt eine bis zum Beginn des 20. Jahrhunderts anerkannte Grundlage geschaffen. Danach verharrt erstens – nach dem *Trägheitsgesetz* – jeder Körper solange im Zustand der Ruhe oder der gleichförmig gradlinigen Bewegung, bis er durch äußere Kräfte gezwungen wird, diese zu verändern, ist zweitens – nach dem *dynamischen Grundgesetz* – die Bewegungsveränderung b (Beschleunigung) eines Körpers der Masse m der auf ihn einwirkenden Kraft k proportional und ihr gleichgerichtet (k = m mal b) und sind drittens – nach dem *Wechselwirkungsgesetz* -, die von zwei Körpern aufeinander ausgeübten Kräfte gleich groß und entgegengerichtet.

Der alsbald eintretende überwältigende Erfolg dieser mechanistischen Physik beruht vor allem darauf, daß sie die komplexen Bewegungsabläufe von Körpern auf der Erde und am Himmel mit der Annahme einer einzigen Grundkraft, der Massenanziehung, in einer einfachen mathematischen Form widerspruchsfrei zu erklären weiß, sie sich theoretisch und inhaltlich erweiterungsfähig und an andere physikalische Gesetzmäßigkeiten anschlußfähig erweist, sie die Ableitung neuer Gesetze aus bereits bekannten ermöglicht und durch neue Beobachtungen an den Phänomenen die Formulierung immer neuer Gesetzeshypothesen stimuliert. Nicht zuletzt aber ist ihr die wissenschaftliche Zustimmung aus der Ad oculos-Demonstration ihrer Richtigkeit erwachsen, nämlich, daß ihre Vorhersagen über bestimmte Vorgänge und Ereignisse, errechnet aus diesen Naturgesetzen und aus jeweiligen Anfangsbedingungen, ausnahmslos der wiederholten und systematisch variierten experimentellen Überprüfung und der astronomischen Bebachtung standhalten. Dabei dürften die Motive der Hinwendung zu dieser neuen Physik vielfältig gewesen sein. Techniker unter den Naturforschern haben sich vor allem für die praktische Anwendbarkeit der neuen Erkenntnisse interessiert; die Physiker im engeren und eigentlichen Sinne unter ihnen dürfte der jeweils erreichte Wissensstand veranlaßt haben, nach weiteren Naturgesetzen zu forschen und sie mit den schon erkannten durch wechselseitige Bestätigung und Verzahnung systematisch zu verbinden; die Philosophen unter ihnen mag besonders zum Nachdenken gebracht haben, daß sich die vom menschlichen Geist ersonnenen bzw. herausgefundenen mathematische Strukturen zur Beschreibung der Strukturen und Prozesse der empirischen Welt nicht nur irgendwie eignen, sondern daß es zwischen beiden einen vollkommenen Gleichklang zu geben scheint und so die physikalischen und geistigen Strukturen ein rationales Band verbindet; die frommen Christen schließlich unter ihnen mögen im Akt der Naturerforschung eine Art von Gottesdienst und in der Erkenntnis von Gesetzen ein Geschenk Gottes an die Menschen gesehen haben, das ihnen einen Blick in das Wirken seines Schöpfungswerks gewährt.

1.3 Die Absolutsetzung von Raum und Zeit durch Newton

Von grundlegender Bedeutung zunächst allgemein für die Klärung des theoretischen Status dieser Physik und dann auch für die Frage nach der möglichen Geschichtlichkeit der Welt ist das neue Verständnis geworden, das diese Physik von „Zeit" und „Raum" gehabt hat (und das im Prinzip bis zur Entwicklung der Relativitätstheorie zu Beginn des 20. Jahrhundert Gültigkeit beansprucht hat). Denn ihre Vorstellung von Raum und Zeit hat den neuen Bewegungssätzen allererst einen festen Bezugsrahmen verliehen. Newton hat diese in seinen „Prinzipien" als erster präzis definiert, wenn sie die meisten Naturforscher so auch schon vorher in ihren Gesetzeshypothesen und Experimenten vorausgesetzt haben:

> I. Die absolute, wirkliche und mathematische Zeit fließt in sich und in ihrer Natur gleichförmig, ohne Beziehung zu irgend etwas außerhalb ihrer Liegendem, und man nennt sie mit einer anderen Bezeichnung ‚Dauer'. Die relative Zeit, die unmittelbar sinnlich wahrnehmbare und landläufig so genannte, ist [sc. im Unterschied zur absoluten Zeit] ein beliebiges sinnlich wahrnehmbares und äußerliches Maß der Dauer, aus der Bewegung gewonnen [...]
>
> II. Der absolute Raum, der aufgrund seiner Natur ohne Beziehung zu irgend etwas außer ihm existiert, bleibt sich immer gleich und unbeweglich. Der relative Raum ist dessen Maß [...][6]

Galt zuvor die Zeit in der Physik als eine Dauer, deren Länge man am Maß der zurückgelegten Strecke einer gleich- oder kreisförmigen Bewegung von (Himmels-)Körpern ablesen und deren Unterteilungen man zum Messen beliebiger Vorgänge im Nahbereich menschlicher Erfahrung verwenden konnte, und hielt man dabei das Verfließen der Zeit immer ganz selbstverständlich in dem Sinne für gleichförmig und gerichtet, daß man das Fortschreiten der Zeit von der Vergangenheit über die Gegenwart zur Zukunft bei Messungen von offensichtlich im selben Takt schwingenden Veränderungen unterschiedlicher Körper erkennen konnte, wurden Raum und Zeit jetzt als unabhängig von der Existenz von Körpern und ihren Bewegungen als absolute Grundgegebenheiten der Welt begriffen. Für alle faktisch existierenden und sich im leeren Raum oder in einem bestimmten materiellen Umfeld ungehindert bewegenden Körper bedeutet dies, daß ihre Positionen, ihre Impulse, ihre Bewegungsrichtungen und wechselseitig aufeinander ausgeübten Kräfte jetzt relativ zum absolut in sich ruhenden Raum und zur absolut gleichförmig (ver-)fließenden Zeit bestimmt werden mußten, während dieses Geschehen diesem kosmischen Rahmen selbst nichts antun konnten, der Schauplatz von dem Vorgängen auf ihm gänzlich unberührt blieb.[7]

An diesem Verständnis von Raum und Zeit hat allerdings schon Gottfried Wilhelm Leib-

---

[6] Newton 1988, 44.
Vgl. hierzu auch die Ausführungen in Kapitel 47.

[7] Vgl. hierzu *F. Cramer*: Der Zeitbaum. Grundlegung einer allgemeinen Zeittheorie (1993), Frankfurt ²1994, hier besonders 30-42.

niz, Newtons Zeitgenosse und Konkurrent auf vielen mathematischen und physikalischen Feldern, Kritik geübt. Er hat die Vorstellung eines Raumes und das Verfließen von Zeit ohne die Existenz von Körpern allein schon deshalb für unsinnig gehalten, weil die beiden Begriffe nicht definierbar seien, und zwar weil die Dimensionen eines solchen präexistenten Raums und der Begriff eines ebensolchen Zeitstroms ihrerseits eines Bezugssystems bedürften. Erst ausgedehnte Körper würden dem Begriff des Raums einen Sinn geben und erst die einen Ortswechsel und ein Vorher und ein Nachher ermöglichen Bewegungen von Körpern würden dem Begriff der Zeit einen Inhalt geben. Deshalb habe es die Naturerkenntnis, weil sozusagen kein archimedischer örtlicher und zeitlicher Punkt auszumachen sei, immer nur mit der Relationen bestimmter (bei Leibniz: geistgetragener) materieller Körper im Universum zu tun (welche freilich in Sinne von Leibniz' Monadenlehre alle untereinander und von jedem Punkt des Universums aus betrachtet gleichgestimmt also: seien).[8]

Von diesen auch Newton bekannt gewordenen Einwänden Leibniz' unberührt, hat sich die Vorstellung von einem absoluten Raum und einer absoluten Zeit rasch durchgesetzt. Das lag nicht zuletzt an ihrem großen forschungspraktische Vorzug. Der bestand darin, daß sie den Physikern ein von allem materiellen, physikalischen und biologischen Geschehen und von aller menschlich-subjektiven Zeiteinschätzung unabhängiges Gerüst zur Verfügung stellte, an dem ebendiese Vorgänge „aufgehängt" und zueinander in eine feste Ordnung gebracht werden konnten. Der Vorzug insbesondere für die Experimentalphysik bestand darin, daß sich, wie Schupp (2003, 230) schreibt, „vor dem Hintergrund eines absoluten Raumes und einer absoluten Zeit jede Bewegung isolieren und mit einem zwar auch nicht unkomplizierten, aber doch übersichtlichen mathematischen Apparat kalkulatorisch beschreiben [sc. ließ]". Denn: „In einem rein relationalen Raum und einer rein relationalen Zeit war es für Newton keineswegs klar, wie eine Theorie der Bewegung aussehen sollte, da dort jede Bewegung auf jede andere Bewegung bezogen war." Und: „Damit man solche Begriffe [wie „gleichförmige", „beschleunigte" oder „gerichtete" Bewegungen] physikalisch sinnvoll verwenden konnte, benötigte man einen Bezugsrahmen, der sich nicht selbst auch wieder bewegte – und diesen stellen der absolute Raum und die absolute Zeit Newtons." (ebd.)

1.4 Der Atomismus und das mechanistische Weltbild

Nun hat Newton Raum und Zeit nicht nur wegen der besseren experimentellen Handhabung absolut gesetzt, sondern weil er sich auch ausdrücklich in der Nachfolge des antiken Atomismus gesehen hat. Wie für Demokrit war für ihn die Welt ein unbegrenzter und zugleich fast ganz leerer Raum, in dem sich eine große Zahl identischer Teilchen und eine kleinere Zahl von Teilchenzusammenballungen ungehindert bewegen und untereinander in genau angebbaren Relationen wechselseitiger Gravitation stehen. Mit dieser Deutung der Natur im Kleinen wie im Großen trägt Newton zunächst bei seinen Zeitgenossen und dann bis zum Ende des 19. Jahrhunderts den Sieg über Leibniz davon. Einsteins Relativitätstheorie wird zum

---

[8] Vgl. hierzu ausführlicher Schupp 2003, 193.

Beginn des 20. Jahrhunderts schließlich im Prinzip Leibniz recht geben: Raum und Zeit sind nur in Verhältnis zu Körpern und ihren Bewegungen zu bestimmen.[9]

Jenseits jener experimental-physikalischen und dieser atomtheoretischen Aspekte muß man sich indes noch einmal die Neuartigkeit der mechanistischen Weltsicht klarmachen, die aus diesem Raum- und Zeitverständnis folgt: Außer den in ihren Definitionen axiomatisch beschlossenen Merkmalen tragen der „absolute Raum" und die „absolute Zeit" keinerlei Eigenschaften. Weder hat der Raum einen Mittelpunkt noch hat er Grenzen, und dem ganz entsprechend hat die Zeit weder einen Anfang noch ein Ende. Und weil die in diesem Raum befindlichen Körper außer ihrer Ausgedehntheit und Masse ebenfalls keine weiteren Eigenschaften haben und sich auf naturgesetzlich bestimmten Bahnen entweder in einer ewigen Gleichförmigkeit oder, in der Wechselwirkung, in einer ebenso ewigen Kreisförmigkeit bewegen, geschieht in dieser Welt immer nur das, was ohnehin eintreten muß, und gibt es nicht eigentlich Ereignisse. Zwar müssen Physiker bei ihren Messungen den Körpern bestimmte Massen, Positionen, Vektoren und Zeitpunkte im Sinne von jeweiligen Anfangsbedingungen zuordnen; diese Daten werden aber sozusagen nur hilfsweise benötigt, nämlich, damit sie einen relativen örtlichen und zeitlichen Fixpunkt zur Beschreibung des Bahnverlaufs in der Zeit liefern. Wie der absolute Raum und die absolute Zeit entbehren in diesem Verständnis auch die Körper und ihre Bewegungen jeglicher Individualität. Ihre jeweiligen durch mathematischen Formeln erfaßten Zustände sind nur Meßgrößen, welche in ihrem zeitlichen Verlauf auch den entgegengesetzten Richtungssinn folgen könnten, ohne daß man eine Verletzung der Bewegungssätze feststellen könnte. Nicht nur verweist die materielle Welt der unbelebten Körper und der Lebewesen nicht mehr auf einen Schöpfungsakt und auf ein Ende in einem Weltuntergang, sondern steht auch sie gänzlich indifferent dem ewigen Strom der Zeit im unendlichen Raum gegenüber, wie sich umgekehrt in diesem neutralen Verhältnis auch Raum und Zeit nicht um sie „kümmern".

Ob dies alles auch für das Verhältnis des menschlichen Geistes zu Raum und Zeit und zur materiellen Welt gilt und ob er nicht kraft der ihn auszeichnenden Immaterialität ein Sonderverhältnis zur Welt unterhält, darüber schweigt sich zumindest Newtons Naturphilosophie aus. Die rigorose Reduktion der belebten und der unbelebten Welt auf ein naturgesetzliches kausal-mechanistisches Geschehen läßt die traditionellen Fragen nach der Schöpfung der Welt, nach dem Wirken Gottes auf Erden und nach dem Ende der Welt mit Gericht und Urteil gar nicht erst aufkommen bzw. verweist sie auf ein von der Physik abgetrenntes Feld der Metaphysik, Theologie, Anthropologie und Völkergeschichte. Darin steckt das wissenschafts- und kulturgeschichtlich Revolutionäre der klassischen mechanistischen Physik. Ihrer Vorstellung sind bis heute in erheblichen Umfange – nicht nur – die Naturwissenschaften verpfichtet.

---

[9] Der damalige Streit zwischen Newton und Leibniz ist von dem Londoner Hofprediger *Samuel Clarke* in der Weise dokumentiert worden, daß er – als Sprachrohr Newtons – einen Briefwechsel mit Leibniz geführt und diesen dann herausgegeben hat: Der Briefwechsel mit G.W. Leibniz von 1715/1716. Übers. E. Dellian, Hamburg 1990. Er zeigt übrigens, daß lange Zeit für erledigt geltende Kontroversen wieder Aktualität gewinnen können und die Forschung erneut beleben können.

2. Rationalismus und Empirismus: Kritische Wissenschafts- und Erkenntnistheorie

2.1 Bacon:
Die Befreiung des Menschen von Vorurteilen und der technische Zugriff auf die Welt

Eine unmittelbare Folge der revolutionierenden Fortschritte der Naturwissenschaft war, daß sie das gewachsene Vertrauen in den Wahrheitsanspruch der bisherigen philosophischen und theologischen Tradition von Grund auf erschütterte und deshalb nicht wenige Denker zur Überzeugung kamen, daß man eine neue Sicherheit im Wissen nicht anders als durch eine radikale Kritik an aller bisherigen Erkenntnis und am menschlichen Erkenntnisvermögen überhaupt erlangen könne. Den ersten großen Versuch, das menschliche Wissen insgesamt unter dem Blickwinkel der Anfälligkeit der menschlichen Subjektivität für Selbsttäuschungen einer Fundamentalrevision zu unterziehen und neu zu begründen, macht zu Beginn des 17. Jahrhunderts der englische Staatsmann und Philosoph FRANCIS BACON (1561-1626). Aus seiner unvollendet gebliebenen „Große(n) Erneuerung der menschlichen Herrschaft über die Natur" (*Magna instauratio imperii humani in naturam*, engl. 1605/23, lat.1620) hat die größte Wirkung sein die experimentelle Wissenschaft erkenntnistheoretisch begründendes „Neues Organum der Wissenschaften" (*Novum Organum scientiarum*)[10] und darin besonders die Kritik an den üblichen, freilich nur schwer oder gar nicht zu beseitigenden „Vorurteilen" (*idola*) der Menschen erzielt. Die Erkenntnisfähigkeit sei vor allem durch vier Arten von „Idolen" (Trugbildern, Befangenheiten) eingeschränkt: erstens durch die *idola tribus*, d.h. durch solche des Menschengeschlechts (des „Stammes"), also anthropologisch bedingte Vorurteile, die uns die Welt anders sehen und verstehen lassen, als sie ist, und die uns u.a. dazu verführen, in Analogie zur Intentionalität unseres Denkens und Handelns den natürlichen Phänomenen eine Zielgerichtetheit zu unterstellen; zweitens durch die *idola specus*, d.h. – in Anspielung auf Platons Höhlengleichnis – durch „höhlenhaft", also subjektiv bedingte Vorurteile, welche sich als persönliche Voreingenommenheiten aus Veranlagung, Erziehung, Bildung und täuschenden Gewohnheiten ergeben; drittens durch die *idola fori*, d.h. durch „markt-", also gesellschaftsbedingte Vorurteile, die uns im Gebrauch der Umgangssprache und im Anschluß an das traditionelle kulturelle Gedächtnis täuschen; und viertens durch die *idola theatri*, d.h. durch auf der „Bühne" des öffentlichen Denkens und Redens erzeugte Vorurteile, welche in theologischen, philosophischen und weltanschaulichen Lehren und in Dichtungen stecken. Alle diese Vorurteile sollten zugunsten des zeitlos Objektiven, der reinen Wahrheit ausgeschieden werden. Das hat Folgen für die Einschätzung fundamentaler menschlicher Fähigkeiten. So werden die Historie als bloßes „Gedächtnis" (*memoria*) und die Poesie als bloße „Phantasie" (*phantasia*) hart gegen die Philosophie als die rechte Anwendung des „Verstandes" (*ratio*) abgegrenzt. Der erkennende Verstand lasse aber streng genommen nur die Induktion zu, d.h. das schrittweise und planmäßige Sammeln, Beschreiben, Vergleichen und Verallgemeinern von Beobachtungen und experimentell erzeugten Daten. Diese

---

[10] Neues Organon – Novum Organum. Lat.-Dt., hg. W. Krohn, übers. R. Hoffmann u. bearbeitet G. Korf, Hamburg 1990.

Wissenschaftsmethodik macht Bacon auch zum Vorläufer des philosophischen Empirismus. Die ausdrücklich genannte und auch angestrebte Anwendung der so gewonnenen Erkenntnisse auf die technische und gesellschaftliche Beherrschung und Ausbeutung der Natur– „*Knowledge is power.*" (Bacon) – macht ihn außerdem zu einem Ahnherrn des modernen technokratischen Denkens und Handelns. Während die meisten Philosophen der frühen Neuzeit und der europäischen Aufklärung des 18. Jahrhunderts die Natur für eine im positiven Sinne hilfreiche (göttliche) Orientierungsinstanz des Menschen halten, sieht Bacon in ihr eine Feindin, der man ihre Macht durch die Erkenntnis ihrer Gesetze zum eigenen Nutzen entreißen müsse. In abgemilderter Form findet sich dieses Verhältnis zur materiellen Natur bis heute im angloamerikanischen Utilitarismus und Pragmatismus. Bacons Staatsutopie „Nova Atlantis" (s.u.) trägt Züge dieser Philosophie.

2.2 Descartes: Die konstruierende Vernunft des Rationalismus

Als Begründer des neuzeitlichen Rationalismus gilt RENÉ DESCARTES (1596-1650).[11] Ausgangspunkt seiner Philosophie ist in seinen beiden Hauptwerken „Abhandlung über die Methode des richtigen Vernunftgebrauchs und der Erforschung der Wahrheit in den Wissenschaften (Discours de la méthode pour bien conduire sa raison et chercher la vérité dans les sciences, 1637) und „Meditationen über die Grundlagen der Philosophie" (Meditationes de Prima Philosophia, 1641) ein radikaler und systematischer Zweifel an allem menschlichen Wissen.[12] In diesem Zweifel geht er über Bacons Kritik an vier Arten der menschlichen Selbsttäuschung insofern hinaus, als er nicht mehr nur die Tragfähigkeit einzelner Erkenntnisarten in Zweifel zieht, sondern die kulturelle Tradition als Grundlage sicherer Erkenntnis überhaupt verwirft. Für ihn stehen am Anfang des Neuaufbaus wahren Wissens zunächst die Vergewisserung des sich selbst denkenden und deshalb über jeden Zweifel seiner Existenz erhabenen Ich, dann „klare und eindeutige" Vorstellungen von der Welt (perceptio clara et distincta) und schließlich die genaue Befolgung bestimmter allgemeingültiger „Regeln zur Leitung des Verstandes"[13], welche man in heutiger Sprache Evidenz, Analyse, Synthese, Deduktion nennen könnte. Letzteres, der rational und methodisch kontrollierte Weg von unbezweifelbar wahren Grundsätzen zur sicheren Einzelerkenntnissen, ist Descartes' eigentliches Ziel. Die notwendigen Voraussetzungen hierfür sind: das im cogito ergo sum intuitiv bestätigte Erkenntnissubjekt, dann der Dualismus von einer körperlichen und einer geistigen Welt (res

---

[11] Vgl. *W. Röd*: Descartes. Die Genese des Cartesianischen Rationalismus, ³1995; *D. Perler*: René Descartes, München 1998; *Schupp*, Bd. 3, 2003, 110-133; vgl. auch die ältere Schrift von *K. Löwith*: Das Verhältnis von Gott, Mensch und Welt in der Metaphysik von Descartes und Kant, Heidelberger 1964.

[12] *R. Descartes*: Discours de la Méthode (Von der Methode des richtigen Vernunftgebrauchs und der wissenschaftlichen Forschung). Übers. v. L. Gäbe, Hamburg 1969. Ein bedeutender Kommentar stammt von *E. Gilson*: Discours de la méthode. Avec introduction et notes, Paris 1961; ders.: Meditationen über die Grundlagen der Philosophie mit sämtlichen Einwänden und Erwiderungen. Übers. v. A. Buchenau, Hamburg 1972.

[13] *Regulae ad Directionem Ingenii* ist der Titel seiner ersten, bereits 1628/1629 verfaßten, jedoch erst postum 1701 erschienenen Schrift.

extensa und res cogitans) im Sinne zweier von einander unabhängiger Substanzen und schließlich die intersubjektiv nicht verifizierbare Urteilsfähigkeit des Subjektes. Aus der Annahme, daß Gott allein – weil er als ein gütiges Wesen den Menschen nicht täuschen könne – letztlich der Garant allen sicheren Wissens ist und er die Welt mathematisch konstruiert habe, folgert Descartes, daß der Mensch diese auch nur more geometrico entschlüsseln könne und diese Methode als mathesis universalis, also als universale Wissenschaft, überhaupt auch nur die einzig sichere Methode für alle Arten der Erkenntnis ist.

Descartes' – in der Mathematik so erfolgreicher – Versuch, das Denken auch der menschlichen Welt ohne Rückgriff auf Traditionen des Wissens neu zu begründen, es von seiner Traditionsverhaftetheit zu befreien, stößt allerdings bei seiner Anwendung auf die praktische Lebensführung auf unüberwindliche Hindernisse. Weil alles menschliche Leben unter Handlungszwang steht und man nicht abwarten kann, bis eine nach jenen rationalen Regeln begründete Moral erstellt und von den Menschen verinnerlicht ist, kommt Descartes nicht umhin, Grundsätze einer „vorläufigen Moral" (morale privisioire) zu entwerfen, die ein „vernünftiges" Handeln unter historisch-gesellschaftlichen Bedingungen erlauben. Diese Erkenntnis und allgemein Descartes' Traditionskritik als einer Vergangenheitskritik hätten ihn durchaus zur Erkenntnis der Macht der Geschichte und damit zu einer Form von Historie führen können. Weil aber sein Ziel eine absolute Gewißheit im Denken und das Herausfinden allgemeingültiger und notwendiger Sätze sind, hat er von dem Moment an die Geschichte ganz außer Betracht gelassen, als er geglaubt hat, die eine richtige Methode der Erkenntnis der Wahrheit gefunden zu haben.

Dagegen haben eine Reihe anderer, dem Rationalismus zuzurechnenden Philosophen der Zeit, wie insbesondere Pascal, Spinoza (1632-1677) und Leibniz (1646-1716), von Anfang an die Vielschichtigkeit und Mehrdeutigkeit der kulturellen Welt und ihren thematisch nach Graden der Wahrscheinlichkeit zu unterscheidenden Status erkannt und anerkannt, daß alles Denken, auch das der Physik, der Mathematik und der Metaphysik, in Axiomen fundiert und in Definitionen durch konventionell und damit historisch festgelegte Zeichen (Leibniz: „Charaktere") vermittelt ist. Aber die Faszination des anscheinend „reinen" – d.h. hier: des mathematischen, konstruktivistischen und systematischen – Denkens hat damals, besonders in Frankreich, viele Geister, auch die eben genannten, erfaßt und sich in vielen kulturellen Phänomenen – als Ausdruck des, wie es später heißt, Cartesianismus – niedergeschlagen: in der Gartenbaukunst, im Hofzeremoniell, in der Staatskunst (Polizei, Bürokratie) und „Kriegskunst" ebenso wie in der Regulierung der Sprache, der Dichtung, des Tanzes und der Musik.

Zugleich – und das ist symptomatisch im Sinne einer Gegenbewegung und darf nicht übersehen werden – ist das Zeitalter der Rationalismus auch eines des Irrationalismus. So ist die damals fortbestehende bzw. wieder auflebende Neigung vieler Gelehrter und gerade auch vieler Naturforscher zur Astrologie und zur Alchemie ein Ausweis dafür, daß man „das Buch der Natur" nicht nur „in mathematischen Lettern geschrieben" gesehen hat, sondern man in ihr auch anderes vorausgesetzt hat und man – wie es etwa dem Doktor Johannes Faust (um 1480–1540) nachgesagt wird

– deshalb versucht hat, ihre Geheimnisse nicht-rational zu entschlüsseln und sich ihre Kräfte durch Magie anzueignen.

2.3 Locke: Die auf sinnlicher Erfahrung gegründete „empiristische" Vernunft

Der von JOHN LOCKE (1632-1704), insbesondere in seinem „Essay Concerning Human Understanding" (1690), begründete Empirismus tritt in seinen Wahrheitsansprüchen bescheidener und in den Möglichkeiten seiner Anwendung lebenspraktischer als der cartesische Rationalismus auf. Danach sind dem menschlichen Wissen von Anfang an natürliche Grenzen gesetzt, gibt es also keine absoluten Gewißheiten und vermag man immer nur einen Teil der Wahrheit zu erkennen. Wie der neuere Rationalismus ist aber auch er strikt antitraditionalistisch eingestellt und will eine Neubegründung des Wissens auf der Grundlage einer vernünftigen Argumentation und einer universell einsetzbaren Methode. Geschichtlich denkt im modernen Sinn der Empirismus nur insofern, als er den Beginn und die Entfaltung allen individuellen Wissens im lebensgeschichtlichen Erkenntnisweg des Menschen sieht. Dessen Inneres ist nach seiner Geburt zunächst eine *tabula rasa* des Nicht-Wissens, die dann durch sinnliche Empfindungen (*sensations*) und durch die Verbindung einfacher Vorstellungen und Gedanken (englisch: *ideas*, im nicht-platonischen Sinne) zu komplexeren Wissens- und Denkgebilden (*reflexions*) lebenslang immer mehr sozusagen beschriftet wird.

Verkürzt man Lockes Ansatz auf diesen Prozeß des Aufbaus einer inneren Welt aufgrund äußerer Erfahrung und innerer Operationen, dann steht sein Empirismus nicht in jeder Hinsicht im Gegensatz zum Rationalismus, sondern ist er, indem er die sinnliche Welterfahrung für eine notwendige Voraussetzung des Denkens hält, eine seiner konstitutiven Ergänzungen. Ohnehin ist die Forschungspraxis der frühneuzeitlichen Naturwissenschaften von Anfang an durch beide erkenntnistheoretischen Prinzipien gekennzeichnet. Indem Naturforscher nämlich zugleich kontrollierte Beobachtungen und Vergleiche anstellen, mathematisch formulierte Hypothesen entwerfen, Experimente durchführen, Daten erheben und in mehrfacher Verschränkung induktive und deduktive Verfahren zur Verifizierung oder Korrektur der Gesetzeshypothesen anwenden, kurz: die mit den Sinnen wahrnehmbare Welt mit den Mitteln des Denkens untersuchen, sind sie methodisch ganz selbstverständlich zugleich Rationalisten und Empiriker. Kant hat die beiden Erkenntnisverfahren als wechselseitig sich ergänzend und einander bedürfend in der zweiten Hälfte des 18. Jahrhunderts in seiner erkenntniskritischen Transzendentalphilosophie zusammengeführt und damit die moderne Philosophie auf Elemente der frühneuzeitlichen (Natur-)Philosophie gegründet. Auch darin zeigt sich: War zuvor die rechte Auslegung der göttlichen Offenbarung und die Argumentation der Metaphysik das Modell der Wahrheitsfindung, sind es nun die Methoden der Naturwissenschaften und die Axiome der rationalistischen und empiristischen Philosophie.

3. Erkenntnistheoretische Ambivalenzen des mechanistischen Weltbildes

3.1 Erfolg, Kritik und Grenzen des rationalistisch-empiristischen (Natur-)Wissenschaftsmodells

Es gibt gute Gründe für die Behauptung, daß die philosophische und wissenschaftliche Grundlegung der Moderne nicht erst durch die Aufklärung des 18. Jahrhunderts, sondern bereits durch die naturwissenschaftliche Methode und die sie theoretisch fundierenden beiden Erkenntnistheorien des Rationalismus und des Empirismus der frühen Neuzeit erfolgt ist. Diese Grundlegung ist im wesentlichen identisch mit dem Umschlag von der abendländisch-christlichen Theologie und Metaphysik zu einer säkularen Philosophie und Wissenschaft. Dazu gehören die seither für selbstverständlich gehaltenen Grundsätze des Verzichts auf übernatürliche Instanzen und – im Gegenzug – die Beschränkung auf den Gebrauch der menschlichen Vernunft und der Versuch, natürliche und kulturelle Phänomene aus sich selbst heraus traditions- und methodenkritisch zu erklären bzw. zu verstehen. Insofern diese allgemeinen Grundsätze vor allem im Zusammenwirken philosophierender Naturwissenschaftler bzw. naturerforschender Philosophen – und eben primär nicht von „Schriftgelehrten" – formuliert und begründet worden sind, sind sie zugleich Ausdruck einer Präferenz der Zahl vor dem Wort – bildungs- und wissenschaftshistorisch gesprochen also des Quadriviums vor dem Trivium –, des Objektivierbaren vor dem subjektiv Erfahrbaren, des Analysierens, Messens, Experimentierens, Definierens und Beweisens vor dem Verstehen, Auslegen, Umschreiben, Deuten, Überliefern, Erinnern und Begreifen. Ihre seither zumindest in den systematischen Wissenschaften nicht mehr in Frage gestellte Geltung ist nicht zuletzt darauf zurückzuführen, daß das so gewonnene Wissen, zumal das der Naturwissenschaften und der Technik, bis heute als der „harte Kern" des menschlichen Wissens (C.F. von Weizsäcker)[14] erscheint. Auch ist dies der Grund, weshalb man unter den drei Komponenten der frühen Neuzeit rückblickend der wissenschaftlichen Revolution den ersten Rang vor der des Renaissance-Humanismus und der Reformation zusprechen muß und alle drei zusammen genommen mehr als nur eine Vorgeschichte der europäischen Moderne, sondern ihr Fundament sind. In der Tat hat etwa Kant, in seinen drei Kritiken, die Moderne philosophisch nur so und nicht anders transzendental begründen können, weil ihm das rationalistische und empiristische Fundament samt ihren zahllosen theoretischen und naturwissenschaftlichen Bausteinen dazu die Möglichkeit eröffnet hat.

Blickt man wissenschaftsgeschichtlich voraus, dann zeigt sich, daß die vom letzten Drittel des 18. Jahrhunderts an sich disziplinär als *historische* und dann auch als *sozialwissenschaftlichen* Fächer herausbildenden Kulturwissenschaften dem Begriff der Wissenschaftlichkeit gewiß weitere neue Seiten und Möglichkeiten erschließen. Aber sie stehen dabei von Anfang unter dem Rechtfertigungszwang, ihr sinnverstehend-subjektives Forschungs- und Erkenntnismodell auf ihrem Felde als eine Notwendigkeit gegenüber dem der Prinzipienwissenschaft Philosophie und dem der Naturwissenschaften erst begründen zu müssen. Sie bleiben

---

[14] Vgl. hierzu die übersichtliche Darstellung bei *C.F. von Weizsäcker*: Platonische Naturwissenschaft im Laufe der Geschichte, in: ders. 1977, 319-345.

zudem bis heute versucht, ihren Gegenstand Kultur und Geschichte, wie jene es tun, objektivistisch-mathematischen Verfahren zu unterwerfen und die Erkenntnis historischer und sozialer „*Gesetze*" bzw. *Gesetzmäßigkeiten* anzustreben, wofür seit dem 19. Jahrhundert der soziologische Positivismus und im 20. Jahrhundert der psychologische Behaviorismus und die empirisch-analytische Sozialforschung Beispiele sind. Allerdings werden bei allem auch grundsätzlichen Dissens zwischen den Wissenschaftstheorien der Analytischen Philosophie und des Kritischen Rationalismus einerseits und der geisteswissenschaftlichen Hermeneutik und der gesellschaftskritischen Theorie andererseits und näherhin zwischen den sog. exakten Natur- und den sog. weichen Geisteswissenschaften die sie seit der frühen Neuzeit verbindenden wissenschaftsmethodischen Grundsätze der Rationalität und Empirie nirgendwo mehr in Frage gestellt.

Wenn dennoch, wie oben schon angedeutet, die Philosophie und die Physik des 17. Jahrhunderts und das aus ihr abgeleitete Weltbild schon im 18. Jahrhundert den Aufklärern als veraltet, weil „zu wenig philosophisch", d.h. noch zu metaphysisch, erschienen sind, so sind deren Schwachpunkte z.T. bereits in jenem Jahrhundert selbst erkannt worden sind. So ist ein offensichtlicher Hauptmangel der physikalischen Erfassung der Welt zunächst, daß sie in bezug auf die geistige Natur des Menschen und auf seine Kultur fast sprachlos ist, sie diese Themen entweder ganz ausklammert oder bei dem Versuch scheitert, auch die menschlichen Empfindungen und Intentionen in einer mechanistisch-naturwissenschaftlichen Weise zu erklären. Exemplarisch für diese Weltsicht ist Descartes' Auffassung, daß mit Ausnahme des Menschen alle Lebewesen und unter ihnen auch die hochentwickelten Tiere fühllose Automaten seien. Aber auch schon für sich genommen, ist das so gut begründet erscheinende mechanistisch-physikalischen Weltbildes defizitär. Schon seinen allerersten Vertretern ist bewußt, daß es auf einem axiomatischen, also unbeweisbaren Fundament beruht. Denn es gibt in der Tat keine absolute Sicherheit darüber, daß die gefundenen Naturgesetze universelle Geltung beanspruchen können und näherhin auch keine beweisbare Seins- oder Denknotwendigkeit, daß die empirische Wirklichkeit durch Zahlenverhältnisse bestimmt ist und die von mathematisch formulierten Hypothesen angeleiteten und kontrollierten Experimente das Ganze oder auch nur das Wesentliche der Wirklichkeit erfassen, zumal alle empirische Verifikation der Gesetzeshypothesen ihre Grenze in der unendlichen Zahl der Fälle und der endlichen Zeit ihrer Überprüfung hat. So bedürfen einer nicht-physikalischen Letztbegründung sowohl die gefundenen Naturgesetze als auch die Existenz der Welt selbst.

3.2 Gott als Erbauer und Garant der Welt und als Quellgrund des menschlichen Geistes und der Vernunft

Als Garant dafür konnte in dem in seiner ideellen Grundverfassung noch christlichen Zeitalter nur Gott in Frage kommen. So wird er, dem gerade kein unmittelbares Einwirken auf das Geschehen in der physischen Welt mehr zugestanden, ja grundsätzlich, d.h. hier „naturgesetzlich" gerade verwehrt wird, über diesen Umweg wieder konstitutiv in das neue physikalische Weltbild eingeführt. Man orientiert sich dabei an Vorstellungen, die bereits im Spätmittelalter einige Nominalisten gemacht hatten, als sie annahmen, daß Gott das von ihm geschaffene Universum mit einem

Mechanismus versehen habe, der alles Geschehen in der Welt wie bei einem perfekt konstruierten Uhrwerk automatisch funktionieren lasse. Darin drückt sich im Vergleich zu der biblischen Offenbarung und zur kirchlichen Tradition ein deutlicher Funktionswandel der Rolle Gottes aus. Hier wird der „Schöpfer" der Welt zu ihrem „Erbauer" und der „allmächtige Herr der Welt", der alle Völker der Welt regiert, jeden einzelnen leitet und überhaupt jederzeit und überall in den Lauf der Gestirne und in den Gang der irdischen Dinge eingreifen kann, zu ihrem „Garanten", der mit Hilfe der von ihm geschaffenen und ihn zugleich verpflichtenden Naturgesetze für ihren ordnungsgemäßen Erhalt sorgt.

Dies freilich ist nur eine Neufassung zweier noch älterer Gottesbeweise, zum einen des sog. *kosmologischen* Beweises, bei dem von der Existenz und der Bewegung der Welt auf den Weltschöpfer geschlossen wird, zum andern des sog. *physiko-teleologischen* Beweises, bei dem von der zweckmäßigen Einrichtung der Welt auf einen Weltgesetzgeber geschlossen wird. Das Neue daran ist zunächst die mechanistische Deutung der „Kunst" des Schöpfers. Anbetung, Verehrung und Bewunderung gilt Gott so deswegen, weil er die Welt als eine perfekt funktionierende Maschine konstruiert hat. Als ihre Aufgabe haben die Naturforscher von daher betrachtet, die verdeckt in den Dingen und ihren Bewegungen wirkenden Naturgesetze des großen „Weltenbaumeisters" zu erkennen, sie als „Gedanken Gottes" (Kepler) zu entschlüsseln und auf diese Weise Gott zu dienen. Hier schließt sich allerdings der Streit an, ob sich der göttliche „Uhrmacher" nach getaner Arbeit und im Vertrauen auf die Perfektion seiner Konstruktion gänzlich aus dem Weltgeschehen zurückgezogen hat oder ob er weiter ständig über deren Funktionstüchtigkeit wachen und immer wieder sozusagen als Reparateur in das Naturgeschehen eingreifen muß.

Für die Unsicherheit in dieser Frage kann man exemplarisch Newton heranziehen. So setzt er, wie die meisten seiner Zeitgenossen, Gott zunächst als Ursprung der Welt voraus: „Dieses uns sichtbare, höchst erlesene Gefüge von Sonne, Planeten und Kommenten konnte allein durch den Ratschluß und unter der Herrschaft eines intelligenten und mächtigen wahrhaft seienden Wesens entstehen."[15] Ins Schwanken gerät er aber bei der Frage, ob Gottes Beistand danach noch nötig ist. Einerseits sieht er die Naturgesetze ganz und gar weltimmanent und in vollendeter Perfektion wirken und hat Gott in der physischen Welt, also innerhalb des von ihm aufgezogenen Rahmens von Raum und Zeit und sich bewegenden Körpern, keinen Ort und keinen Ansatzpunkt mehr. Seine Intervention wäre nicht nur überflüssig, sondern streng genommen auch ein Verstoß gegen seinen eigenen „makellosen Weltenplan". Andererseits befürchtet Newton mit Blick auf die vielen Unregelmäßigkeiten und Katastrophen in der sublunaren Welt, daß auch der naturgesetzliche Lauf der Gestirne nicht ganz frei von materiellen „Abnutzungserscheinungen" sein könnte, und meint er, daß Gott deshalb von Zeit zu Zeit korrigierend eingreifen müsse. Die beiden Positionen schließen sich natürlich aus. Sie machen aber indirekt noch einmal deutlich, wie gewagt den Pionieren selbst ihre neue Physik erschienen ist. Von heute aus gesehen könnte man zwar vermerken, daß im Argument einer möglichen

---

[15] *I. Newton*: Mathematische Grundlagen der Naturphilosophie. Scholium generale, 1988, 226.

Störung und Veränderung der kosmologischen Vorgänge sogar ein frühes naturgeschichtliches Moment steckt, an das Newton zu seiner Zeit freilich noch gar nicht denken konnte – wenn es dann auch nur ein halbes Jahrhundert später, bei Diderot, für möglich gehalten wird.[16]

Während allerdings die Frage nach der Möglichkeit einer Intervention Gottes in der physischen Welt für die meisten Philosophen des 17. Jahrhunderts im verneinenden Sinne als beantwortet gilt, hat eine andere damals kontrovers diskutierte metaphysische Frage fast bis heute ihre Bedeutung behalten: die Frage nach dem menschlichen Erkenntnissubjekt, dem menschlichen Geist und der göttlichen und der menschlichen Vernunft im Verhältnis zur physischen Welt. Dabei fällt Gott oft die Rolle des Quellgrundes und des Garanten der geistigen Fähigkeiten des Menschen zu. Auch hierfür ist Descartes' Auffassung charakteristisch. Der an allem zweifelnde Mensch schöpft seine letzte Gewißheit, daß er sich im cogito ergo sum nicht irrt, er nicht Opfer eines Traums oder einer Wahnvorstellung ist, aus dem Vertrauen in einen gütigen Gott, der ihn nicht täuschen könne. In entsprechender Weise gründet die Fähigkeit des Menschen zu wahrer Erkenntnis in dem Glauben, daß die im Denken der Ideen und im Ordnen der Sinneserfahrung kritisch und methodisch gebrauchte Vernunft wegen ihrer göttlichen Herkunft ihm den rechten Weg weist. Weil so alle rationalistische und auch empiristische Erkenntnistheorie und alle Physik zur Erklärung der Geistigkeit des Menschen und ihrer Wechselwirkung mit der körperlich-mechanistisch verfaßten Welt eine vermittelnde Instanz benötigt, kommen die Denker des 17. Jahrhunderts zumeist nicht umhin, eine Art „philosophischer Gotteslehre" (Schupp 2003, 220) zu entwickeln und überhaupt bei allen prinzipiell nicht lösbaren Problemen den göttlichen Geist hilfsweise als Lückenbüßer einzusetzen.

3.3 Spinoza: „Deus sive natura"

Gott nicht nur als Lieferanten eines zureichenden Grundes für dieses oder jenes Problem, sondern auch als eine ewig produktive Wirkkraft haben allerdings sogar mehrere rationalistischen Philosophen begriffen, so vor allem BLAISE PASCAL, der die Herrschaft der Vernunft existentiell von einer mystisch-religiös begründeten „Logik des Herzens" umfangen und getragen sieht, und dann der niederländische Philosoph jüdischen Glaubens BARUCH DE SPINOZA (1632-1677) und der deutsche Universalgelehrte GOTTFRIED WILHELM LEIBNIZ (1646-1716).

Spinoza schließt sich sehr eng an Descartes' Erkenntnismethode an, überführt aber dessen Dualismus in einen pantheistischen Monismus.[17] Unter Rückgriff auf die scholastische Unterscheidung zwischen Gott als der schaffenden Natur (natura naturans) und der von ihm in Raum und Zeit geschaffenen und mit den Sinnen wahrnehmbaren Natur (natura naturata) und zugleich jedoch in deutlicher Distanzierung von der Offenbarungsdogmatik sowohl des Judentums als auch des Christentums sind für ihn Natur (Ausdehnung) und Geist (Denken) zwei Attribute der

---

[16] Zu Diderot vgl. Kapitel 14.1.3.
[17] Vgl. *W. Bartuschat:* Baruch de Spinoza, München 1996; *H. Seidel:* Spinoza zur Einführung, Hamburg 1994.

einen unendlichen Substanz Gott bzw. Natur (deus sive natura). Diese Identitätslehre verbindet inhaltlich die Auffassung von der mechanistisch, deterministisch und statisch geordneten Welt mit der von göttlicher Liebe durchwirkten und die Menschen auf eine entsprechende Moral verpflichtenden Welt und folgt methodisch der rationalistischen Auffassung, daß mittels der Vernunft diese Welt als eine solche erkannt und eine Moral der mitmenschlichen Liebe und der religiösen Toleranz begründet werden könne. Die deutsche Dichtung und Philosophie ist seit der Rezeption der Vorstellung von der Gott-Natur-Einheit durch Lessing in der ganzen klassisch-romantischen Epoche stark vom sog. Spinozismus beeinflußt worden. Und ebenfalls in den Spuren von Spinoza fassen die erkenntnistheoretischen und naturwissenschaftlichen Monismen des 20. Jahrhunderts Materie und Geist als zwei Aspekte der einen (göttlichen) Welt auf.[18]

3.4 Leibniz: Die „prästabilisierte Harmonie" der von Gott geschaffenen Welt

Der sich enzyklopädisch in fast alle damaligen Wissensbereiche erstreckende und sich in komplexen Systemen der Erkenntnis, der Moral und der Sprachtheorie artikulierende Rationalismus von Leibniz bekräftigt im Kontext seiner „Theodizee" (1710)[19] noch einmal die rationalistische Grundüberzeugung von der Vernünftigkeit der Welt, weshalb die von Gott aus einer Vielzahl anderer möglicher Welten ausgewählte und dann geschaffene Welt „die beste aller möglichen Welten" ist und sich zudem in allen ihren Grunderscheinungen in einer ewigen „prästabilisierten Harmonie" befindet. Als ein gütiger und weiser Gott hat er nicht anders tun können, als die relativ beste Welt zu erschaffen, diejenige, in der die guten Möglichkeiten die schlechten überwiegen. Daß dadurch Gott und das Böse in der von ihm geschaffenen Welt schon gerechtfertigt sind, hat die Aufklärer allerdings nicht überzeugt.[20] In seiner „Monadologie" (1714/1720) hat Leibniz dann die Vorstellung von einem beseelten Kosmos entwickelt.[21] Danach liegt der Welt ein gegliederter Zusammenhang kraftbegabter geistiger, seelischer, tierischer, pflanzlicher und materieller substantieller Entitäten, der „Monaden", zugrunde. Als Ausstrahlungen der Urmonade Gott sind alle Monaden „fensterlos", d.h. von ihrer Schöpfung her in der „besten aller möglichen Welten" durch einen von vornherein von Gott angelegten Gleichklang in ihrer Existenz und Entwicklung aufeinander abgestimmt, wobei sich jede Monade nach ihrem individuellen Trieb entfaltet, sich in jeder einzelnen Monade und in jedem Monadenverbund das ganze Universum anders und doch koordiniert spiegelt. Diese Deutung unterscheidet sich von der der sog. Okkasionalisten A. Geulincx (1624-1669) und N. Malebranche (1638-1715), nach der Gott im Sinne

---

[18] Zum heutigen Monismus vgl. Kapitel 58.2.2.
[19] *G.W. Leibniz*: Philosophische Schriften. Bd. 2: Die Theodizee (Essais de théodicée sur la bonté de dieu, la liberté de l'homme et l'origine du mal). Übers. v. H. Herring, Darmstadt 1985; Versuche in der Theodizee über die Güte Gottes, die Freiheit des Menschen und den Ursprung des Übels. Übers. A. Buchenau (= Bd. 4 von ders.: Philosophische Werke, Hamburg 1904. Neuausgabe 1996).
[20] Vgl. dazu Kapitel 14.2.2
[21] *G.W. Leibniz*: Vernunftprinzipien der Natur und Gnade – Monadologie. Übers. A. Buchenau, Hg. H. Herring Hamburg ²1982.

des – später so genannten und heute in den Neurowissenschaften wieder ins Zentrum des Interesses gerückten – Leib-Seele-Problems bei jeder „Gelegenheit" neu dafür sorgt, daß Körper und Geist im Gleichklang operieren. In beiderlei Deutung geschieht zwar vieles in der Welt und durchlaufen bei Leibniz die Monaden sogar eine innere Entwicklung, es bleibt aber eine nach festen Regeln funktionierende Welt ohne Alternativen und ohne Geschichte.

3.5 Die „Natur der Dinge" ein historisches Hindernis für das historische Denken

Mit alledem hat sich die erste nachmittelalterliche Epoche philosophisch und naturwissenschaftlich zwar die antike Vorstellung vom rational geordneten Kosmos und von den auf Vernunft zu gründenden menschlichen Ordnungen wieder zueigen gemacht, welche das Christentum mit der Gegenüberstellung von sündiger (Menschen-)Welt und allein vollkommenem Gott als menschliche Hybris verworfen hatte, sich zugleich aber bei dieser Wiedereinsetzung der ewigen Natur und des „natürlichen Lichts" der menschlichen Vernunft in ihre „Rechte" die Einsicht in die die menschliche Kultur mitkonstituierende Geschichte erneut verstellt und ist ihre Philosophie innerhalb der Neuzeit durch die größte theoretische Distanz zum Prinzip der Geschichtlichkeit der Welt gekennzeichnet. Dem entspricht, daß die Vertreter beider erkenntnistheoretischer Positionen der historischen Erfahrung nicht nur jeden Wert absprechen, sondern sie zumeist auch verdächtigen, eine gefährliche Quelle falscher Gewohnheiten, Irrtümer und Täuschungen zu sein. Wahres Wissen scheint ihnen nur im Rückgang auf die zeitlosen rationalen und empirischen Erkenntnisfähigkeiten und -leistungen des menschlichen Subjekts möglich.

13. Staat und Menschenleben:
Der Wandel des kulturellen Verständnisses im 16. und 17. Jahrhundert

1. Der frühneuzeitliche Staat und seine Theorie:
   Zum Verhältnis von Staat, Gesellschaft, Individuum, Weltwissen und Geschichte   225
2. Der Mensch: Die Darstellung des Allgemeinmenschlichen in zeitgebundener Kultur 233

Im Zuge der anthropologischen Wende haben sich Philosophen, Theologen, Literaten, Künstler und Herrschende im 16. und 17. Jahrhundert auch um die theoretische Klärung des Verhältnisses von Individuum, Staat und Gesellschaft, um die kulturelle Selbstvergewisserung des Menschen und um die Förderung der Schönen Künste sehr bemüht. Was sich zuvor schon im politischen Handeln der Renaissancefürsten und in den staatstheoretischen Schriften vor allem von Th. Morus und N. Machiavelli artikuliert hat, gewinnt nun durch die Begegnung der Europäer mit den sog. Primitiven und den anders Zivilisierten in Übersee eine neue Dimension, stimuliert den Entwurf weiterer Staatsutopien und legt in Verbindung mit der politischen Etablierung, der theoretischen Begründung und dann auch der Kritik des monarchischen Absolutismus die Grundlagen für das moderne Staats- und Völkerrecht. Das Selbstbewußtsein der künstlerisch Schaffenden des Renaissance-Humanismus erfährt nach der Reformation und infolge der Glaubenskriege in (Auto-)Biographien zunächst zwar eine eher skeptische Brechung, im Barockzeitalter, vor allem in Spanien, England, den Niederlanden und Frankreich, schlägt es sich dann aber in einer Fülle literarischer und bildnerischer Kunstwerke nieder, welche im kulturellen Gedächtnis der genannten Völker bis heute ihre klassische Periode begründen.

Allerdings hat die dabei erfolgte Weitung des technischen, geographischen, ethnologischen, staatstheoretischen, individualpsychologischen und künstlerischen Blicks nicht auch zu einem besseren Verständnis der Geschichtlichkeit der Kultur geführt. Ganz im Gegenteil hat sich das damalige kulturwissenschaftliche Denken, nachdem es sich in der Praxis zuvor weitgehend vom christlich-heilsgeschichtlichen Denken des Mittelalters gelöst hatte, im Konzept des *Allgemeinmenschlichen* noch einmal ganz die Historizität der Kultur negiert. Auf diesem Weg ist es vor allem durch das bestärkt worden, was jenen frühneuzeitlichen Wandel mit herbeigeführt hat: durch das Denken in Kategorien der Natur, wie es im vorigen Kapitel in Bezug auf die Erkenntnistheorie und die physische Natur dargestellt worden ist. In eben der Weise, wie dieses Zeitalter von der Natur der theoretischen und physischen Dinge, hat es auch von der Natur des Menschen und seiner Kultur gesprochen, weshalb *Machiavelli,* im Einklang mit der Annahme aller anderen Anthropologen und Kultur- und Staatstheoretiker, hat sagen können: „Wenn ich den Lauf der Dinge bedenke, so finde ich, daß die Welt stets dieselbe geblieben ist"[1]. Daß der ganz auf die Vernunftnatur der Menschen setzende frühneuzeitliche Weg bei den Menschen selbst jedoch untergründig Ängste geschürt und alt-neue Irrationalismen wie insbe-

---

[1] Discorsi. Gedanken über Politik und Staatsführung. Deutsche Gesamtausgabe, übers., eingel. und erläutert v. R. Zorn, II. Buch, Stuttgart 1977, 161.

sondere den Hexenwahn und die Astrologie wieder belebt hat, ist eine unübersehbare Kehrseite davon.

1. Der frühneuzeitliche Staat und seine Theorie: Zum Verhältnis von Staat, Gesellschaft, Individuum, Weltwissen und Geschichte

Unter einem sehr weiten Blickwinkel betrachtet, verändert sich das in Jahrhunderten des Mittelalters geprägte Verhältnis von Individuum, Herrschaft und Gesellschaft im Laufe der frühen Neuzeit für die meisten Menschen zunächst nur unwesentlich. Die Grundbedingung des sozialen Lebens ist weiterhin die Zugehörigkeit zu einer Familie und, im größeren Rahmen, die Einordnung der Individuen in eine geburtsständische Gesellschaft prinzipiell Ungleicher und die Unterordnung unter eine theokratisch legitimierte Landesherrschaft. Daran haben weder die sich am Denken des Republikaners Cicero orientierenden Humanisten noch die sich auf die urchristlichen Kommunitäten berufenden Protestanten noch die Vertreter der an der Natur des Menschen orientierten Staatstheorien etwas ändern können oder wollen. Von heute aus betrachtet, sind aber die Veränderungen im Welt- und Selbstverständnis der Menschen und in der Staats- und Herrschaftspraxis und -theorie ebenso umwälzend wie die schon vom Renaissance-Humanismus und von der Reformation ausgelösten wissenschaftlichen, religiösen und bildungsmäßigen Neuerungen.

1.1 Die Begegnung mit dem Fremden und den Fremden in Übersee

Wenn für die Masse der Bevölkerung die Begegnung der Eroberer, Missionare, Händler und Forschungsreisenden mit dem Fremden und den Fremden in Übersee zunächst auch nur von geringer Bedeutung ist, so lösen doch deren Erfahrungen und Berichte davon alsbald in Europa ein verstärktes Nachdenken über die Natur des Menschen, über die ethnische Prägung der Menschen und über die kulturellen Unterschiede zwischen den Völkern aus. Der *mittelalterliche* Ausgangspunkt hierfür ist eine verhältnismäßig schlichte säkulare Anthropologie. Danach sind alle Menschen durch ihre Abstammung von Adam und Eva im Prinzip gleiche Geschöpfe des einen Gottes, woran auch der Sündenfall und die göttliche Strafe ihrer sprachlichen Zerstreuung über die Erde im Anschluß an den Turmbau zu Babel[2] im Grundsatz nichts ändert. Zwar ist die jeweilige Zugehörigkeit der Individuen zu einem bestimmten Volk und zu einem bestimmten Stand auf genealogischer Grundlage intern immer von lebensentscheidender Bedeutung gewesen, dies jedoch nicht in anthropologischer Hinsicht. Viel wichtiger ist die Unterscheidung zwischen christlichen und nicht-christlichen Völkern. Auch hat sich das Interesse jener nicht allzu zahlreichen Reisenden, die als Wallfahrer, Kreuzzügler, Diplomaten und Kaufleute die Grenzen des Abendlandes in seinem zivilisierten Nahbereich überschritten, zumeist auf

---

[2] Vgl. das denkbar umfassendste Werk der Wirkungsgeschichte dieses Mythos von *A. Borst*: Der Turmbau zu Babel. Geschichte der Meinungen über den Ursprung und Vielfalt der Sprachen und Völker. 6 Bde., München 1995. Universalhistorisch von Bedeutung war fast bis in die Moderne die Frage, ob es vor der sprachlichen Verwirrung eine Ursprache – die hebräische – gegeben habe.

ihr jeweiliges Ziel beschränkt, wenn es neben der so entstandenen Wallfahrts- und Kreuzzugsliteratur[3] auch einige aufsehenerregende Berichte über Reisen in ferne Weltgegenden gab, unter denen das Buch von *Marco Polo*: Il Milione (1300) und das von *John Mandeville*: Voyages d'outre mer (1356-1366) am bekanntesten geworden sind.

Durch den Zugriff Europas auf die Welt insgesamt dann *seit 1500* gewinnt aber das bereits seit der Frührenaissance gewachsene anthropologische Interesse eine größere, zugleich erhebende und verwirrende Zufuhr. Es handelt sich zum einen um die seit dieser Zeit ständig zunehmenden Überlegenheitsgefühle der Europäer gegenüber den vermeintlich weniger zivilisierten Völkern des Nahen und Fernen Ostens, zum andern um die zugleich faszinierenden und erschreckenden Begegnungen mit den „Primitiven" in Übersee, die zu einer Neubestimmung des eigenen Welt- und Menschenbildes führen. Den Europäern wird dadurch bewußt, was sie außer durch den Glauben von den anderen „Zivilisierten" unterscheidet und was sie grundsätzlich von den „Wilden" trennt. Wenn die Berichte der Reisenden und die Deutung des Mitgebrachten auch zumeist fabulös sind und aus heutiger Sicht manchmal mehr von der Arroganz und den Vorurteilen der Europäer verraten als von den Fremden selbst, weitet sich doch der Blick nicht nur „naturhistorisch", d.h. naturkundlich, geographisch und ethnologisch im älteren Sinne, sondern auch anthropologisch, ethisch, rechtlich und kulturtheoretisch im modernen Sinne. So entbrennt alsbald nach den ersten Begegnungen mit den sog. Wilden ein Streit, ob diese im Vollsinn des Begriffs Menschen seien oder ob ihnen Wesentliches daran fehle – ohne daß dabei freilich schon die Vermutung geäußert wird, daß die Primitiven ein Glied in der menschheitsgeschichtlichen Kette der Kultur sein könnten –, und es setzt ein Nachdenken darüber ein, ob sich der imperiale Ausgriff Europas auf die Welt, insbesondere die Versklavung und Ausbeutung ihrer Menschen und der damit verbundene Tod vieler Menschen und das Verschwinden ganzer Völker, rechtfertigen lassen. Der Bericht des spanischen Mönchs *Bartolomé de Las Casas* (1474-1566) über die an den „Eingeborenen" verübten Greuel, seine 1542 beim spanischen König und deutschen Kaiser Karl V. erwirkten, jedoch 1545 bereits wieder aufgehobenen „Neuen Gesetze" zum Schutz der Indios in Lateinamerika, der erbitterte Widerstand seitens der Kolonisatoren dagegen und die Legitimation allen Vorgehens gegen die *indígenas* im „Dialog über die gerechten Kriegsgründe" (1550) von *J.G. de Sepúlveda* (1490-1573) zeigen, daß den Eroberern und ihren Auftraggebern schon damals der Unrechtscharakter, zumindest die Problematik ihres Tuns bewußt war und sie deshalb gezwungen waren, ihr Vorgehen als legitim, geboten und menschlich gegenüber der bis zur Entkolonialisierung der Länder nicht mehr verstummenden Kritik aus den eigenen Reihen erscheinen zu lassen.

Dabei haben schon sehr früh zwei gegenläufige und bis heute in der Diskussion vorgebrachte Stereotypen eine wichtige Rolle gespielt: einerseits das sich der

---

[3] Vgl. hierzu die Beiträge und Literaturangaben im von *F. Reichert* herausgegebenen Themenheft „Fernreisen im Mittelalter" der Zeitschrift „Das Mittelalter", 2, 1998.

Faszination des Fremden und Exotischen verdankende Bild vom „guten Wilden"[4], in das die Europäer ihre Vorstellungen von der ursprünglichen paradiesischen Unschuld der Menschheit projizierten und in dem sie gegenbildlich ihre eigene zivilisatorische Verderbtheit erkennen konnten, andererseits das Bild von den faulen, dummen, „abergläubischen", sittenlosen und hinterhältigen, eben: „bösen Wilden", das den Rechtfertigungsgrund für alle Maßnahmen zu deren rücksichtsloser Behandlung, Ausbeutung und Christianisierung geliefert hat. Daß die Inbesitznahme der Welt durch Europa mit dem größten menschheitsgeschichtlichen Genozid verbunden war, ist den Europäern damals noch kaum ins Bewußtsein gedrungen und wird in Politik und Wissenschaft zu einem wirklichen Thema erst seit der Aufklärung des 18. Jahrhundert. Neuerdings hat das Gedenkjahr 1992 noch einmal einen größeren Anstoß gegeben, über die gewollten und ungewollten Folgen der Entdeckung Amerikas vor 500 Jahren nachzudenken.[5]

1.2 Utopien und neue Gesellschaften aus dem Geiste rational und religiös begründeter Staatlichkeit

Ein anders motivierter und an einem anderen Ort angesiedelter Ausdruck des Nachdenkens über die soziale Existenz des Menschen sind zum einen die im Gefolge der Staatsutopie des Thomas Morus gedichteten Idealstaaten und zum andern neugegründete Gemeinden der Frommen in Europa und in den Kolonien. Erstere sind einerseits durch Idyllik, Selbstgenügsamkeit und Arbeits- und Wissenschaftseifer ihrer Menschen gekennzeichnet und machen so in ihrer inselhaften Friedfertigkeit zumeist einen „menschenfreundlichen" Eindruck. Nicht zu übersehen ist andererseits, daß sie das menschliche Individuum im gewissen Sinne noch mehr vereinnahmen, als dies in der überkommenen Sozial- und Gesellschaftsordnung üblich war und möglich gewesen wäre. So ist der gemeinsame Grundzug dieser Utopien zwar, daß den Bürgern dank entwickelter Technik, rationaler Arbeitsverteilung und Verwaltung der Mittel viel Muße zur geistigen Erbauung verbleibt und ihr Lebensglück ausdrücklich als ein Staatsziel anerkannt wird, ihnen aber trotz der Abschaffung der geburtsständischen Ungleichheit eine absolute Unterordnung unter die staatlichen Organe und die zu ihrer Lenkung Berufenen abverlangt wird.

---

[4] Vgl. *K.-H. Kohl*: Entzauberter Blick. Das Bild vom Guten Wilden und die Erfahrung der Zivilisation, Berlin 1981.

[5] Aus der zu diesem Thema in großem Umfang erschienenen Literatur vgl. u.a. *U. Bitterli*: Die Wilden' und die ‚Zivilisierten'. Grundzüge einer Geistes- und Kulturgeschichte der europäisch-überseeischen Begegnung, München 1976; *ders.:* Alte und neue Welt. Formen des europäisch-überseeischen Kulturkontaktes vom 15. bis zum 18. Jahrhundert, München 1992; *A.W. Croby*: Die Früchte des weißen Mannes. Ökologischer Imperialismus 900-1900, Frankfurt 1991; *F. Cardini*: Europa 1492. Ein Kontinent im Aufbruch. Illustrierte Kulturgeschichte des Abendlands an der Wende zur Neuzeit, Mailand/München 1989; *H. Fink-Eitel*: Die Philosophie und die Wilden. Über die Bedeutung des Fremden für die europäische Geistesgeschichte, Hamburg 1994; *C. Strosetzki*: Der Griff nach der neuen Welt. Der Untergang der indianischen Kulturen im Spiegel zeitgenössischer Texte, Frankfurt 1985: *E. Schmitt* (Hg.): Dokumente zur Geschichte der europäischen Expansion. Bd. 2: Die großen Entdeckungen, München 1984. ; *T. Todorov*: Die Eroberung Amerikas. Das Problem des Anderen (1982), Frankfurt 1985.

Der „Sonnenstaat" (*Citta del Sol*, 1602/32) des Dominikaners TOMMASO CAMPANELLA (1568-1639) ist besonders stark dem platonischen Modell verpflichtet. Modern gesprochen ist er so etwas wie ein theokratisch regierter Staat sozialistischer Prägung. Er wird mit Macht, Weisheit und Liebe nach den Gesetzen der Vernunft von einer Behörde von Priestern gelenkt, an deren Spitze der Sonnenpriester „Metafisico" steht.[6] Diese Behörde regelt alle Lebensbereiche, wozu natürlich auch die kollektive Kindererziehung gehört. FRANCIS BACONS „Neu-Atlantis" (*Nova Atlantis*, 1627) dann unterwirft entsprechend seiner Philosophie (s. Kap. 12) alle Menschen der Herrschaft der Vernunft und der technischen und ökonomischen Rationalität und vermeidet dadurch ebenfalls alle Orientierung an traditioneller Moralität und Religiosität.[7] Weniger gewaltsam ist der „Gottesstaat", den sich der lutherische Theologe JOHANN VALENTIN ANDREAE (1586-1654) in seiner „Christianopolis" (1619) ausgedacht hat.[8] Trotz der Faszination, die diese und andere literarische, theologische und staatsphilosophische „Ausmalungen" von einem „goldenen Zeitalter", einem künftigen Gottesstaat oder einem säkularen „Nirgendwo" bei den Zeitgenossen ausgeübt haben, ist die Probe aufs Exempel – in realistischer Einschätzung des Widerstands der dem entgegenstehenden Traditionsmächte – in der frühen Neuzeit nirgendwo gewagt worden.

Anders sieht es bei den zahlreichen Lebens- Siedlungsgemeinschaften aus, die unter einem christlich-pietistischen Vorzeichen und z.T. in direkter Anknüpfung an das Vorbild der in Gütergemeinschaft und „im Gebet" lebenden urchristlichen Gemeinden im Zuge der Reformation wirklich entstehen. Im Raum der lutherischen und reformiert-kalvinistischen Orthodoxie entweder bloß geduldet oder auch, wie überwiegend im katholischen Raum, verfolgt und vertrieben, werden größere Gruppen von ihnen in Übersee und später auch in Rußland ansässig und machen innerhalb der im Entstehen begriffenen toleranten kolonialen Staatsgebilde mit gemeindlich verfaßten Glaubens-, Lebens- und Arbeitsformen und der lokalen und regionalen Selbstregierung „nach dem Evangelium" ernst. Das soziale und religiöse Leben der Vereinigten Staaten von Amerika trägt bis heute Züge dieser christlichen Gruppen. Im kulturellen Gedächtnis der Amerikaner sind – noch vor ihrem Kampf für die politische Unabhängigkeit, der Erklärung der Menschenrechte und des zum Mythos stilisierten Siedlungszugs nach Westen – die Geschichte der puritanistischen Pilgerväter (1620), die Gründung der Stadt Philadelphia (1682) durch William Penn in der nach ihm benannten späteren Quäkerkolonie Pennsylvania und die Gründung der vielen anderen kleineren und größeren Glaubensgemeinschaften aufgehoben. Eine Sonderrolle hat weltweit die Mission der Jesuiten gespielt. Ihr kommt zum einen das Verdienst zu, so genau wie kaum andere Europäer Berichte über das Leben der indigenen Bevölkerung auch aus deren Sichtweise beschrieben und damit hi-

---

[6] T. Campanella: Der Sonnenstaat. Idee eines philosophischen Gemeinwesens [Übersetzung und Deutung], Berlin (DDR) 1955; Übersetzung und Einleitung auch in: K. J. Heinisch (Hg.): Der utopische Staat, Reinbek 1960.
[7] Neu-Atlantis. Übersetzung und Einleitung, in: Heinisch 1960.
[8] Christianopolis. Utopie eines christlichen Staates aus dem Jahre 1619. Mit einem Nachwort von G. Wirth, Leipzig 1977 (zur Deutung vgl. H. Scholtz, Evangelischer Utopismus bei J.V. Andreä, ein geistiges Vorspiel zum Pietismus, Stuttgart 1957).

storisch-ethnographische Quellen einzigartiger Qualität geschaffen zu haben, zum anderen an verschiedenen Orten der Welt kleinere und größeren Lebensgemeinschaften (sog. *reductiones*) christlich-kommunistischer Art unter Aufnahme indigener Kulturelemente, wie insbesondere den „Jesuitenstaat" in Paraguay, gegründet zu haben.[9]

1.3 Absolutistische Staatstheorie und ihre naturrechtliche Begründung und Kritik

Die vorgeblich an der Natur des Menschen orientierte und zumeist monarchistisch, national und flächenstaatlich angelegte neuzeitliche Staatsphilosophie schlägt indes einen sehr viel „härteren" Weg ein als die Staatstheorie der kleineren und überschaubaren utopischen oder christlichen Menschengemeinschaften. In der Linie von Machiavellis Staats- und Herrschaftstheorie versucht sie, einem vermeintlichem Mangel der menschlichen Natur abhelfend, die unbegrenzte Staatsgewalt für notwendig zu erklären und damit die absolute Gewalt des neuzeitlichen Fürstenstaats zu legitimieren. Das von THOMAS HOBBES (1588-1679) in seinem „*Leviathan*" (engl. 1651, lat. 1668) entworfene, die Staatsgewalt auf einen ursprünglichen „Gesellschaftsvertrag"[10] zurückführende Modell hat über Rousseau bis in das moderne Staatsrecht hineingewirkt. Sein Ausgangspunkt ist die aus Selbsterhaltungsgründen und Streben nach Lust ausschließlich aggressiv gedeutete („Wolfs"-)Natur des Menschen, nach der er aufgrund der gegebenen Konkurrenzsituation ohne Lenkung und Züchtigung hinterhältig und böse ist. Erst durch einen von den Individuen in grauer Vorzeit geschlossenen und dann über die Zeiten unausgesprochen im Handeln ständig bekräftigten Gesellschaftsvertrag notwendiger Selbstbeschränkung und Übertragung der Gewalt an den im Ungeheuer Leviathan symbolisierten Staat[11] seien die anarchistischen und egoistischen Triebe der Individuen – „der Krieg aller gegen alle" (*bellum omnium contra omnes*) – niedergehalten und Ordnung und Zivilisation möglich geworden. Danach könnten die Untertanen auf den inneren und äußeren Frieden des Staats nur hoffen, wenn der oder die Mächtigen unter Abwägung der Folgen für das Staatsinteresse rücksichtslos gegenüber den Sonderinteressen der Einzelnen handeln. Auch hier, wie im platonischen Staat, müssen die Untertanen der Einsicht und Klugheit des Monarchen bedingungslos vertrauen. Hier wie dort müssen sie sich den Weisungen von oben widerspruchslos unterord-

---

[9] Vgl. *W. Reinhard*: Gelenkter Kulturwandel. Akkulturation in den Jesuitenmissionen als universalhistorisches Problem, in: Historische Zeitschrift 1976, 529-590.

[10] Wie oben schon angedeutet, geht die Vorstellung vom Gesellschaftsvertrag bereits auf die Antike zurück. Während aber die „Polissittlichkeit" und die sie tragenden Institutionen im allgemeinen – und so auch bei Aristoteles – von einer Kooperationsanthropologie ausgehen, setzt Hobbes, wie allerdings auch schon Platon, eine Konfliktanthropologie voraus. Grundlegend ist die Arbeit von *W. Kersting*: Die politische Philosophie des Gesellschaftsvertrags, Darmstadt 1994, 59-108, Hobbes' „kontraktualistischen Etatismus" betreffend.

[11] Platons Gedanken, daß man den Staat als ein vergrößertes Abbild des kleinen Menschen verstehen kann, ist auch Hobbes in seinem „Leviathan" mit der „Abbildung" der vielen Individuen in dem einen großen Staatsindividuum im gewissen Sinne gefolgt. Vgl. die kunstgeschichtliche Deutung durch *H. Bredekamp*: Thomas Hobbes visuelle Strategien. Der Leviathan: Urbild des modernen Staates, Berlin 1999.

nen, Einschüchterungen und Lügen hinnehmen und dies in ihrer Erziehung als elementare Lebenslehre verinnerlichen.[12]

Dieser Staatstheorie entspricht bereits in vielem die vom 16. bis zum 18. Jahrhundert praktizierte Herrschaftsdoktrin der großen Nationalstaaten. So bilden sich im Zuge des Wachstums der Staatsgewalt, der Zurückdrängung der mittelalterlichen Partikulargewalten und der „Freiheiten" bestimmter Personen und der zunehmenden Machtkonzentration, ja absolutistischen Monopolisierung, in der Person der Fürsten und der geistlichen Landesherrn allmählich die Strukturen des modernen Staates vor seiner demokratischen Begründung durch die Volkssouveränität aus. Auf ihren europäischen Höhepunkt gelangt die absolutistische Staatstheorie und politische Herrschaft im Frankreich Ludwigs XIV. (Selbstregierung von 1661 bis 1715). Ihre wesentlichen Elemente, Begriffe und Begründungen zeigen sich aber bereits seit dem Erstarken der italienischen und deutschen Fürstenstaaten und der Krone Spaniens und Frankreichs seit der Zeit um 1500. In der Theorie der Staatsräson (Machiavelli 1513/1532) fügt sich nun alles zusammen: die schwindende Macht des Adels, die administrative Zentralisierung, das einheitliche Rechtssystem, die Durchsetzung eines einzigen Glaubens, das Streben nach Hegemonie, das strikte Hofzeremoniell, die allein dem Monarchen verantwortlichen Beamten, das stehende Heer, das Gottesgnadentum (überkonfessioneller Grundsatz in allen nicht-republikanischen Territorien seit Beginn des 17. Jahrhunderts), das staatliche Gewaltmonopol, die alleinige Verantwortlichkeit und Staatsrepräsentanz des Monarchen („Le prince est le seul estat", Ausspruch von Heinrich IV., bereits 1610, also vor der Ludwig XIV. zugeschriebenen Behauptung: „L'état, c'est moi.").[13] Der von Richelieu unter Ludwig XIII. praktizierte Zentralismus und die von Mazarin vorbereitete persönliche Herrschaft Ludwigs XIV. tun ein übriges, daß der französische Absolutismus, definiert als allein Gott und dem herrscherlichen Gewissen unterworfene Gewalt „losgelöst von allen (menschlichen) Gesetzen" (absolutus ex legibus) zum Herrschaftsmodell Europas wird. Ihm verleihen höfischen Glanz und Prunk das Residenz- und Repräsentationsschloß Versailles mit seinem in den Sichtachsen und der Anlage der Blumenbeete geometrisch-rationalen Regeln folgenden Garten. Hier bewegt sich die adlige Gesellschaft um den Monarchen (roi-soleil) wie die Planeten um die Sonne und gibt man sich auf in künstlichen Seen angelegten Inseln den amourösen (Schäfer-)Idyllen eines fiktiven „Arkadiens" hin.[14] Schloß und Garten von Versailles sind auch der bevorzugte Ort, an dem in Frankreich des 17. und 18. Jahrhunderts die Schönen Künste blühen (s.u.).

In etwas anderen Bahnen verläuft die politische Theorie und Herrschaft in den protestantischen Territorien des Kontinents und vor allem in England, wie sich überhaupt die sozusagen klassische Form des absolutistischen Nationalstaats zunächst

---

[12] Zur Erziehung im „Leviathan" vgl. *K. Prange*: Pädagogik im Leviathan. Ein Versuch über die Lehrbarkeit der Erziehung, Bad Heilbrunn 1991, bes. S. 17-37.

[13] Vgl. allgemein *W. Reinhard*: Vom italienischen Humanismus bis zum Vorabend der Französischen Revolution, in: Fenske u.a. 1996, 241-376. Noch weiter – bis in die Antike – ausgreifend *K. Roth*: Genealogie des Staates. Prämissen des neuzeitlichen Politikdenkens, Berlin 2003.

[14] Vgl. *B. Walbe*: Das französische Schloß, in: Funkkolleg Kunst 1985, SSB 6, 95-124.

nur im katholischen Spanien und Frankreich und dann auch im katholischen Habsburgerreich ausprägt, wo im Zusammenwirken von Papst und Krone in dem von den Jesuiten angeführten Kampf gegen Häretiker im eigenen und Feindesland eine staatenübergreifende Machtkonzentration besonderer Art entsteht. Währenddessen hat es die weltliche und kirchlich-protestantische Herrschaft in englischer Königs- und deutscher Fürstenhand mit der Macht adliger Parlamente bzw. Landstände zu tun. Deshalb sind die englischen Könige sehr früh schon gezwungen, den Weg zu einem *Verfassungsstaat* einzuschlagen, in dem sie und das Parlament sich die Macht teilen (Petition of Rights 1628), in dem die Parteien der Torries und Whigs ihren Einfluß ausbalancieren müssen, in dem sich die Militärdiktatur Cromwells auf die Volkssouveränität beruft („Das Volk ist nach Gott der Ursprung der gesetzlichen Gewalt, daher verkörpern die vom Volk gewählten Vertreter die oberste Gewalt in England." 1649), in dem den (adligen und Besitz-)Bürgern elementare Grundrechte eingeräumt werden (Habeas Corpus-Akte von 1679, die den einzelnen vor willkürlicher Verhaftung schützt) und in dem die erste konstitutionelle Monarchie Europas im Zuge der sog. Glorreichen Revolution (1688) und der *Declaration of Rights* (1689) entsteht.

Die politische Durchsetzung sowohl des Absolutismus wie des Verfassungsstaats ist in den betreffenden Ländern vor allem entsprechend der jeweiligen nationalen Tradition, der neuen konfessionellen Lage und der dynastischen und herrscherlichen Kräfteverhältnisse in z.T. blutigen Auseinandersetzung ausgefochten, jedoch auch in staatstheoretischen Schriften vorbereitet, begleitet und begründet worden. Der gemeinsame Ausgangspunkt ist zunächst das Festhalten an der mittelalterlichen Vorstellung, daß alles Recht letztlich von Gott ist, es dem Menschen kraft der ihm von Gott geschenkten Vernunft als Naturrecht einsichtig ist und das darauf beruhende Verhältnis von Obrigkeit und Volk auf Gegenseitigkeit beruht, die Herrschaft also gerecht sein und das Volk den Gesetzen gehorchen muß. Bei dieser *naturrechtlichen Begründung der Herrschaft* im frühneuzeitlichen Fürstenstaat erhebt sich dann die Frage, welche Macht dem „Volk", d.h. de facto der Ständeversammlung des Adels und der Geistlichkeit, verbleibt, ob das Volk letztlich nicht doch der eigentliche Souverän ist, es allein das Gesetzgebungsmonopol beanspruchen darf und es ein Widerstandsrecht oder sogar Absetzungsrecht gegenüber dem Monarchen hat, falls dieser gegen die Gesetze verstößt oder sonst seine Pflichten grob verletzt, oder ob das gottgegebene Naturrecht dem Monarchen im „natürlichen" Interesse des Volkes, vor allem zur Beseitigung partikularer, staatsschädigender Machtansprüche und zur Durchsetzung einer einheitlichen Rechtsordnung, die unbeschränkte staatliche Gewalt verleiht. Im Spannungsfeld unterschiedlicher Auslegungen des Naturrechtsbegriffs im Hinblick besonders auf diese Alternativfrage, jedoch auch auf die nähere Bestimmung des Status der unterschiedlichen Formen des Rechts, der Unterscheidung von Staat und Gesellschaft und des Verhältnisses von Staat, Stand, Familie und Individuum haben neben vielen anderen in Frankreich vor allem *J. Bodin* (1530-96), in Holland *H. Grotius* (1583-1645) und in Deutschland *S. von Pufendorf* (1632-1694) jene Begriffe des neuzeitlichen Staats- und Völkerrechts ausgearbeitet, die dann zur theoretischen Grundlage der Auseinandersetzung und der Kritik am Ancien Régime in der Aufklärung werden. Es wird sich dann herausstellen, daß der Naturrechtsbegriff bei der Formulierung und Begründung der allgemeinen Bürger- und Menschenrechte zwar eine konstitutive Funktion hat, aber prinzipiell um die historisch-gesellschaftliche Dimension der Völker und Kulturen erweitert werden muß, zumal der Naturrechtsbegriff selbst ein historisches Produkt ist und seine allgemeine vormoderne Voraussetzung Gott dann entfällt.[15]

1.4 Polyhistorie und Weltwissen

Von diesem Denken in den überzeitlichen Kategorien der mathematisierten Naturwissenschaften, der philosophischen Erkenntnistheorie und des herrscherlichen Naturrechts darf nicht auf ein Desinteresse des 16. und 17. Jahrhunderts an den historischen Phänomenen geschlossen werden. Das Gegenteil ist der Fall. Das läßt sich zum einen daran ablesen, daß die über die Jahrhunderte sowieso nie unterbrochene pragmatische, juristische, dynastische, kriegerische und religiöse Historiographie in der Tätigkeit der Juristen, Theologen und Philologen in den Kanzleien, Akademien und Universitäten jetzt erneut einen großen Aufschwung nimmt. Es rührt zum andern von der großen Neugier her, von der alle Denker dieser Zeit angesteckt sind und die den Typ des *Universalgelehrten*[16] und speziell auf dem Felde der Erfassung von Wissen den *Polyhistor* hervorbringt. Zwar wird heute am Geschichtsbewußtsein der Polyhistoren – gleich, ob deren Ziel hauptsächlich bibliothekarisch, praktisch-utilitaristisch oder christlich-ethisch war und inhaltlich auf das Reich, die Herrscherhäuser, kirchliche und andere Institutionen, Orden oder Städte bezogen war – kritisiert, daß ihnen ein Konzept von der Ganzheit, den Zusammenhängen und der organischen Entwicklung der Dinge aus Vorstufen gefehlt hat.[17] Dennoch ist ihre Leistung nicht nur im Sammeln und Zusammenstellen, sondern auch im Prüfen, Auswählen und Systematisieren der Stoffe nicht zu unterschätzen, zumal diese Historiographie in Frankreich in Verbindung mit einer *histoire raisonnée* auftritt, d.h. dort bereits Grundsätze einer kritischen Geschichtswissenschaft, wie z.B. den der Ausscheidung von Wundergeschichten und den des Verzichts auf die Erfindung von Reden, reflektiert werden und wieder genauer und „psychologischer" nach den Motiven und Leidenschaften der in der Geschichte handelnden Menschen gefragt wird.[18] Ihr Bestreben, im Sinne einer *scientia universalis* das gesamte Wissen der Zeit zu sammeln und zusammenzustellen, schlägt sich in der nun beginnenden Produktion von Nachschlagewerken nieder, von den frühen Lexika des 17.

---

[15] Zur Geschichte des Völkerrechts vgl. *M. Koskenniemi*: The Gentle Civilizer of Nations. The Rise and the Fall of Modern International Law 1870-1960, New York 2004.

[16] Leibniz, der berühmteste seiner Art, war nach seiner beruflichen Anstellung Historiograph des Kurfürsten von Hannover. Über seine Leistung als Historiker allerdings urteilt Schupp Bd. 3, (2003, 263), einer seiner besten Kenner, daß er Urkunden gesammelt habe „wie andere Schmetterlinge und Mineralien", also ohne wirkliches historisches Interesse an diesen Dokumenten. Dieses Urteil weitet Schupp auf den ganzen philosophischen Rationalismus des 17. Jahrhunderts aus: „*Eine Theorie der Geschichte* [Kursivierung F. Schupp] fehlt bei den Rationalisten." (ebd.).

[17] Vgl. *K. Flasch*: Das Selbstverständnis des historischen Wissens, in: Oexle 1998, 61ff..

[18] Zur Reflexion der historiographischen Methode im Frankreich des 17. Jahrhunderts durch „Bollandisten" und „Mauriner" vgl. Simon 1996, 65-68.

Jahrhunderts (u.a. in dem der „Académie française" und der Real Academia Española) bis zu dem überaus erfolgreichen *Dictionaire historique et critique* (1697) von *Pierre Bayle* (1647-1706)[19], das seinerseits dann die große „Encyclopédie" Diderots (1751–1780) inspiriert. Allemal haben in einer Zeit, die noch keine klare Trennung von Naturforschung und Historie, Astronomie und Astrologie, Kunst und Handwerk, theologischer, philosophischer, wissenschaftlicher und belletristischer Literatur kennt, vor allem fürstliche Sammlungen, Kuriosenkabinette, Bibliotheken und Museen Objekte der Vergangenheit vor ihrem Verlust und Vergessen bewahrt und hat mit dem Druck von Büchern und der Verbreitung der Literalität auch die historische Forschung seit dem späten Mittelalter bedeutend zugenommen.

Die ethnographische Seite dieses Dokumentierens und damit des Erzeugens historischer Quellen zeigt sich vor allem in den Sammlungen und Berichten von Diplomaten, Weltreisenden und Entdeckern. In Deutschland markieren im Zeitraum zwischen dem Ende des 17. und dem Ende 18. Jahrhunderts vor allem zwei große Werke den völkerkundlichen Kenntniszuwachs. Zunächst der postum erst in englischer Übersetzung (1727) und dann im deutschen Original (1777-79) veröffentlichte Bericht „Heutiges Japan"[20] des deutschen Diplomaten *Engelbert Kaempfer* (1651-1716) über seine Festlandsreisen bis nach Japan von 1690 bis 1692. Er ist der erste seiner Art überhaupt und in seinem nüchternen Stil und seiner Vorurteilslosigkeit bis heute eine wichtige Quelle besonders über das alte Japan. *Georg Forsters* (1754-1794) „Reise um die Welt" (engl. 1777, dt. 1778-1780)[21] ist noch berühmter geworden und gilt ebenfalls bis heute als ein Klassiker der Ethnologie. Die Qualität seines Berichts beruht vor allem auf seinen genauen Beobachtungen und seinen menschheitsgeschichtlichen Überlegungen, die er als junger Mann als Mitfahrer bei der zweiten großen Reise von James Cook 1772-1775 auf dem Südkontinent gemacht hat.

2. Der Mensch:
Die Darstellung des Allgemeinmenschlichen in zeitgebundener Kultur
Wenn der eigentliche Ort – und oft auch das „Schlachtfeld" – des kulturellen Wandels das Innere der vielen Menschen einer Gesellschaft in Abhängigkeit von ihren

---

[19] Seine Berühmtheit rührt vor allem daher, daß sich sein alleiniger Autor, der kalvinistische Protestant Bayle, von seinem Amsterdam Exil aus nicht nur für eine kritische Prüfung aller Meinungen, sondern auch als einer der ersten kompromißlos für religiöse Toleranz eingesetzt hat. Reprint der Pariser Ausgabe von 1820-1824, Genf 1969; „Historisches und critisches Wörterbuch. 4 Foliobände. Herausgegeben von J. Ch. Gottsched. Reprint der Leipziger Ausgabe von 1741-1744, Hildesheim 1973-1978; Historisches und kritisches Wörterbuch. Eine Auswahl der philosophischen Artikel, in zwei Teilen, übers. und hg. G. Gawlik u. L. Kreimendahl, Hamburg 2003/2006.

[20] *E. Kaempfer*: Heutiges Japan. Bde. 1.1 u.1.2, hg. W. Michel/B.J. Terwiel, in: Ders., Werke. Kritische Ausgabe in Einzelbänden. Hg. D. Haberland, W. Michel, E. Gössmann, München 2001 ff. Vgl. dazu *G. Bonn*: Engelbert Kaempfer (1651-1716). Der Reisende und sein Einfluß auf die europäische Bewußtseinsbildung über Asien, Frankfurt 2003; *S. Klocke-Daffa/J. Scheffler/G. Wilbertz* (Hg.): Engelbert Kaempfer (1651-1716) und die kulturelle Begegnung zwischen Europa und Asien, Lemgo 2003; Petermann 2004, 256-258.

[21] *G. Forster*: Reise um die Welt. Nach der 2. Aufl. von 1784., Hg. G. Steiner, Frankfurt 1983.

sozialen Verhältnissen, der subjektiven Einschätzung ihrer Lage, ihren Empfindungen, Einsichten, Gedanken, Lebensformen und materiellen und ideellen Werke ist und sich neue Formen der Befindlichkeit besonders prägnant am Habitus der gesellschaftlichen Eliten ablesen lassen, dann muß man annehmen, daß das Selbstverständnis während der beiden Jahrhunderte vor der Aufklärung vor allem durch den Zwiespalt zwischen einer ruhmsüchtigen und leidenschaftlichen Selbstdarstellung und einer quälerischen und pessimistischen Selbsterniedrigung und durch das Suchen nach einer klugen, dem *bon sens* verpflichteten Lebensführung gekennzeichnet war. Nachdem bisher dieser Habitus im Hinblick auf die stolz machenden Fortschritte der Wissenschaften und auf die die Individuen und gesellschaftlichen Gruppen lenkenden Strukturen des entstehenden modernen Staats thematisiert worden ist, wird in den hier folgenden Ausführungen, welche den Teil A über das vormoderne historische Denken abschließen, eben diese Perspektive der die Welt erlebenden, bewältigenden und gestaltenden menschlichen Individuen eingenommen und dabei eine besondere Aufmerksamkeit geschenkt zunächst der existentiellen Reflexion der *conditio humana,* dann dem Wandel des menschlichen Selbstverständnisses im Spiegel der Schönen Künste und schließlich dem Konzept des Allgemeinmenschlichen im Zeitgebundenen.[22]

2.1 Lebenslagen der Ängste bei Bürgern und Bauern und Ambivalenzen höfischer Lebensformen

Der erste Hinweis gilt der objektiven Verschlechterung der wirtschaftlichen, gesundheitlichen und seelischen Lage fast aller Menschen. Denn im Vergleich zum 15. und frühen 16. Jahrhundert verändert sich das Klima ungünstig, geht die landwirtschaftliche Produktion zurück, treten wieder vermehrt Hungersnöte auf, werden die Menschen durch die Pest und andere Infektionskrankheiten verstärkt bedroht und werden viele Menschen durch kriegerische Verwüstungen, Flucht und Vertreibung, jedoch auch durch Staatsbankrotte (Spanien und Frankreich) gänzlich mittellos. Ein übriges tun die von den katholischen Mächten durch Inquisition, Bekehrung und Vertreibung aggressiv betriebene Gegenreformation und die von beiden Konfessionsparteien ständig geschürte Kampfbereitschaft gegen die Andersgläubigen. Durch das immer wieder persönlich eingeforderte Bekenntnis zum „rechten Glauben" werden die Menschen nicht nur in Gewissenskonflikte gestürzt, sondern an den Konfessionsgrenzen und in gemischtreligiösen Gebieten gegeneinander aufgehetzt und werden Soldaten und Zivilbevölkerung in der kriegerischen Auseinandersetzung in eine schlimme Verrohung getrieben. *Grimmelshausen* malt im satirischen Gewand seines Schelmenromans „Simplizissimus" (1669) und der „Lebensbeschreibung der Ertzbetrügerin und Landstörzerin Courasche" (1670) die ganzen Greuel und Schrecken des Krieges aus. Die physische Ungesichertheit

---

[22] Vgl. umfassend zum Menschenbild der frühen Neuzeit die drei Sammelbände: *R. van Dülmen* (Hg.): Erfindung des Menschen. Schöpfungsträume und Körperbilder 1500-2000, Köln u.a. 1998; Ders. (Hg.): Entdeckung des Ich. Die Geschichte der Individualisierung vom Mittelalter bis zur Gegenwart, Köln u.a. 2001; ders./*S. Rauschenbach* (Hg.): Macht des Wissens. Entstehung der modernen Wissensgesellschaft 1500-1820, Köln u.a. im Erscheinen.

schlägt sich in Ängsten und überhaupt in einer verdüsterten Anthropologie nieder. Schlimmer noch als im späten Mittelalter und um 1500 wüten im 17. Jahrhundert der durch die Tradition des sog. „Hexenhammers" (*Malleus maleficarum*, 1487) der dominikanischen Inquisitoren Heinrich Institoris und Jacob Sprenger immer wieder angefachte Hexenwahn und die Hexenverfolgung. Vom Schicksalsglauben, von Magie und Astrologie werden auch und gerade ansonsten rational argumentierende Gelehrte und Politiker erfaßt.[23] Im erneuerten Interesse an der Emblematik wird die Welt wieder zeichenhaft gedeutet, hat alles Wahrnehmbare wie im Mittelalter einen verdeckten, tieferen Sinn und liefern den Schlüssel dazu nicht die Vernunft und die modernen Wissenschaften, sondern alte Geheimlehren. Im verbreiteten Lebensgefühl der *vanitas*, im Erschrecken vor der Vergeblichkeit und Scheinhaftigkeit allen menschlichen Tuns und vor dem Walten der Fortuna ersteht das *memento mori* des Mittelalters wieder, ausgedrückt etwa in *Andreas Gryphius*' „Du siehst, wohin du siehst, nur Eitelkeit auf Erden [...]" und den vielen anderen Sonetten und Dichtungen von der und auf die Vergänglichkeit. Im Anschluß an den katholischen Jansenismus in Frankreich, der die augustinische Erbsündenlehre aufnimmt, die göttliche Gnade der Vergebung als Ausnahme nur für wenige annimmt und dabei der kalvinistischen Prädestinationslehre nahekommt, entwirft der französische Philosoph *Blaise Pascal* in seinen *Pensées* (1670) ein düsteres Bild von der *conditio humana* zwischen Gott und Tier. Der weitreichende – auch im deutschen Pietismus vorfindliche – Einfluß dieser „existentialistisch" erfahrenen und durch eine rigorose Ethik geprägten pessimistischen Anthropologie ist sicherlich auch ein Ausdruck der Ängste und nicht aufgelösten Widersprüche, die dieses Zeitalter offen und untergründig erfüllt haben.[24]

Ein Gegenbild davon könnte das mondäne, galante, luxuriöse Leben der Adligen „am Hof", also in einer den vielen kleineren und größeren Schlösser Europas oder in Versailles, sein. Ein aufgehelltes Bild kommt von dort aber nur bedingt. Da gibt es einerseits zwar die architektonische, gärtnerische, bildhauerische und malerische Pracht, die vollständige und annehmliche leibliche Versorgung, die Begegnung und Unterhaltung mit seinesgleichen, die theatralischen, jagdlichen und amourösen Lustbarkeiten und Feste und vor allem die erwünschte Nähe zum Fürsten, in dessen Glanz sich der Höfling „sonnen" kann und der seinerseits zu seinem Ruhm und seiner Größe des ihn umgebenden und ihn feiernden Hofstaats bedarf. Denn dieser eine irdische Glückseligkeit vortäuschende Rahmen auferlegt andererseits dem „Hofmann", dem *gentilhomme, honnête homme*, sofern er anerkannt, in der Hierarchie am Hofe aufsteigen und Einfluß, Macht und Reichtum gewinnen und seine persönliche Ehre gewahrt sehen will, eine strenge Befolgung des Hofzeremoniells[25], eine genaue Beachtung der üblichen Manieren und überhaupt eine strikte

---

[23] Vgl. *S. Lorenz/ J.M. Schmidt* (Hg.): „Wider alle Hexerei und Teufelswerk". Die europäische Hexenverfolgung und ihre Auswirkungen auf Südwestdeutschland, Ostfildern 2004.

[24] *R. van Dülmen*: Kultur und Alltag in der Frühen Neuzeit, Bd. 1: Das Haus und seine Menschen. 16.-18. Jh., München 1990.

[25] Vgl. *V. Knapp* (Hg.): Die Sprache der Zeichen und Bilder. Rhetorik und nonverbale Kommunikation in der frühen Neuzeit, Marburg 1990, darin: *Ch. Hofmann*: Das spanische Hofzeremoniell, S. 142-148.

Einordnung in den vorgegebenen Kosmos des jeweiligen Hofes. In der literarischen Spiegelung des Hoflebens sind die dort zur Schau getragene Selbstzurücknahme, die verdeckt und intrigant ausgetragene Konkurrenz untereinander und die vollständige Abhängigkeit von der Gunst und der Willkür des Fürsten als Elemente eines „großes Theaters" gedeutet worden, das der gesamte Hofstaat, einschließlich des Regenten, tagtäglich aufführt. Während das gedichtete „klassische" Schauspiel, besonders in Spanien, im Hof und im Rollenspiel seiner Mitglieder im 17. Jahrhundert zumeist noch ein Spiegelbild gottgewollter Ordnung sieht, wird dann im 18. Jahrhundert das bürgerliche Zeitalter dieses Leben als Zwang zur Verstellung, zum entwürdigenden Spiel einer Rolle und als Entfremdung des Menschen von seinen natürlichen Gefühlen und ehrlichen Absichten kritisieren. Früh freilich dokumentieren Briefe, Sentenzen und auch schon das Schauspiel, etwa die Dramen von *Calderon* („Das Leben ein Traum" 1634/35, „Das große Welttheater" 1675), die empfundene Doppelbödigkeit der Welt und die an den Menschen ergehende Forderung der Desillusionierung, der Ent-täuschung (span. *desengaño*), der Befreiung von dem Wahn, von den Sinnes- und Gedankentäuschungen. Es ist in Frankreich der pessimistische Maximenschreiber *La Rochefoucauld* (1613-1680), der vor allen anderen entdeckt, daß sich das Ich über seine wahren Motive, nämlich die über seine *amour propre*, täuscht.

2.2 Die zentrale Bedeutung der Künste im Leben der feinen Gesellschaft

Weil die Schönen Künste, die Dichtung, Malerei und Musik (Tanz), das „höhere" affektive Zuhause und zugleich der reflektierte Ausdruck der am Hof Lebenden im 16. und 17. Jahrhundert sind und die schaffenden Künstler damit so etwas wie die Psychologen (sozusagen in einem die „Psychagogen" und Psychotherapeuten) dieser Gesellschaft, die Deuter der Kultur und die Träger und Verbreiter neuer Sichtweisen sind, läßt sich an ihren Werken wahrscheinlich am besten der Wandel der Kultur der oberen Stände und des Selbstverständnisses ihrer Menschen erkennen. Das auch deshalb, weil seit dieser Zeit nicht mehr die Kirche, sondern das Schloß das Hauptbetätigungsfeld der Künstler ist, ihre Auftraggeber und Adressaten immer weniger die Geistlichkeit und die Frommen, sondern immer mehr der Adel und das reiche Bürgertum, also überwiegend die „in der Welt" lebenden Menschen, sind und dadurch der Weg von der religiös-erbaulichen In-Dienstnahme der Künste zum ästhetisch genießerischen und kennerischen Umgang mit „Kunstwerken" beschritten wird und sich damals bereits Ansätze zu einer Autonomie der Künste, zu einer ebensolchen Theorie und Kritik der Künste, zum „Ausstellen" von Bildern und zur gezielten Sammlung von Handschriften und Büchern zeigen, die großen Maler und Musiker sich nicht mehr bloß als Aufträge ausführende Handwerker verstehen, sondern sich dem Stand der humanistisch gebildeten Bürger zurechnen und die Dichter nicht selten selbst dem Adel angehören.

Das Hauptthema der Bildenden Künste ist die Darstellung des *Allgemeinmenschlichen,* die Natur des Menschen. Ihr Stoff ist, wie zuvor schon in der frühen Renaissance, außer der jüdisch-christlichen Topik, vor allem die antike Mythologie, jedoch auch schon, neben und in Verbindung mit der Porträtkunst und der Darstellung des Lebens am Hof, der Alltag in den Häusern und Familien der Bürger und Bauern und die sichtbare Natur. Meister der Realistik in diesem Sinne werden die Niederländer. Die moderne Kunstwissenschaft hat mit ihrer ikonologischen Methode zeigen können, daß die vordergründige Realistik allerdings oft verschlüsselte moralische Botschaften enthält, alles eine „Bedeutung" hat und auf diese Weise die christliche Ikonographie des Mittelalter in der Malerei fortlebt. In der Musik behauptet zwar der kirchliche Raum bis ins 18. Jahrhundert einen herausragenden Platz, entwickeln sich neben dem Kirchenlied neue Formen der Kirchenmusik (wie u.a. Kantaten und Oratorien) und stehen die Komponisten des Barock, wie etwa Schütz, Händel und Bach, zumeist in kirchlichen Diensten. Aber in diese Zeit fällt mit CLAUDIO MONTEVERDIS (1567-1643) *Orfeo* (1607) auch die Entstehung des alle Musenkünste umfassenden und alle Sinne ansprechenden Gesamtkunstwerks Oper und schließen sich alsbald die unterhaltsame „Tafelmusik" und das musikalisch begleitete Theater-Ballett in den Schlössern an.

2.3 Wandel des menschlichen Selbstverständnisses vom 16. zum 17. Jahrhundert im Spiegel der Künste

Der Wandel des Lebensgefühls im 16. Jahrhundert vom Überschwang selbstbewußter Renaissance-Menschen zu vorsichtigen Versuchen der Ich-Vergewisserung und zur Nachdenklichkeit des durch die Religionskonflikte erschütterten Selbstvertrauens läßt sich exemplarisch am besten am literarischen Werk zweier Franzosen aufzeigen. In der phantastisch-philoso-phischen Geschichte der beiden Riesen Gargantua und Pantagruel (1532 ff.) verkündet ihr Autor FRANÇOIS RABELAIS (1494-1553) die übermütige Maxime „Mache, was du willst!" (*Fais ce que voudras*.)[26] und drückt damit noch einmal die Hoffnung des Renaissance-Humanismus aus, daß die Abkehr von der mönchischen und scholastischen Klosterkultur in der „Abtei des freien Willens" (*Abbaye de Thélème*; [gr. *thelêma* Wille, Wunsch]) die Menschen zu Wissen und irdischem Glück befreien wird.[27] In seinen etwa 50 Jahre später erscheinenden „Essais" (1580/1588) beurteilt der Humanist MICHEL DE MONTAIGNE (1533-1592) seine Zeit und die *conditio humana* sehr viel kritischer. Wegen seiner Distanzierung vom religiösen Dogmatismus und Fanatismus seiner Zeit, seiner Skepsis gegenüber aller metaphysischen Wahrheit und seiner reflektierten Beschreibung des eigenen Ich halten nicht wenige Kulturhistoriker ihn für das erste wirklich moderne Individuum.[28] Weder ist ihm die philologisch-rhetorische Antikeverehrung der meisten Humanisten zueigen noch das künstlerisch prometheische Menschenbild der italienischen Hochrenaissance und noch auch der schrankenlose ethische Optimismus

---

[26] Gargantua (1542), Chap. LVII, in: Oeuvres complètes, Paris 1955/1995.
[27] Wegen der zahlreichen kirchenkritischen Töne des ehemaligen Mönchs Rabelais ist wiederholt die Frage gestellt worden, ob er der erste Atheist Europas gewesen sein könnte. Mit der Feststellung, daß ihm in seiner Zeit dazu noch die gedanklichen und begrifflichen Mittel gefehlt haben, verneint dies *L. Febvre*: Das Problem des Unglaubens im 16. Jahrhundert. Die Religion des Rabelais (frz. 1942), mit einem Nachwort von K. Flasch, aus dem Frz. von G. Kurz und S. Summerer, Stuttgart 2002.
[28] Vgl. *R. Friedenthal*: Entdecker des Ich. Montaigne – Pascal – Diderot, München 1969; *J. Starobinski:* Montaigne. Denken und Existenz, Frankfurt 1993.

begeisterter Neuerer, wie deren einer Rabelais ist. Im Rückbezug besonders auf den antiken Stoizismus und in der beschreibenden Rechenschaftslegung des eigenen Denkens und Fühlens – *„Je suis moi-même la matière de mon livre ..."* – wird ihm zunehmend bewußt, daß „jeder Mensch in sich die ganze Form der *conditio humana* trägt" (*Chaque homme porte en soi la forme entière de l'humaine condition*, Essais) und sich der einzelne in Bezug auf sich selbst und im politischen Tun in seinen Möglichkeiten bescheiden muß, auch, daß wir von Situation zu Situation andere sind und immer abhängig von der Verfassung unseres Körpers sind. Zugleich sind seine Skepsis und allgemein seine Reflexivität gerade ein Ausdruck der Unabhängigkeit seines Geistes

Ein ähnlicher Wandel zeigt sich in der *Biographik*. So sind die „Lebensbeschreibungen der berühmtesten Maler, Bildhauer und Architekten" (1550) des GIORGIO VASARI (1511-1574) bei aller kritischen Kommentierung insgesamt eine Erfolgsgeschichte der italienischen Künstler, der italienischen Künstler, wie auch die meisten Autobiographien jener Zeit selbstbewußt Zeugnis ablegen.[29] Demgegenüber sind die seit dem späten 16. Jahrhundert geschriebenen Selbstdarstellungen und insbesondere auch die literarisch-fiktiven Lebensbeschreibungen fast durchweg reflexiv angelegt und stellen oft Charaktere in komplexen Situationen dar, weshalb ihre Autoren zumeist die Form des satirischen Schelmenromansoder des satirischen Ritterromans gewählt haben, dessen berühmtestes Beispiel „Der Scharfsinnige Edle Herr Don Quijote de la Mancha" (*El ingenioso hidalgo Don Quixote de la Mancha*, 1605/1615) von MIGUEL DE CERVANTES (1547-1616) ist.

Diese ins Erhabene und Große und oft zugleich ins Grelle und Groteske gewendete Darstellung charakterisiert im engeren Sinne des Barockbegriffs auch die erste Hälfte des 17. Jahrhunderts. Die großen Schauspiele des LOPE DE VEGA (1562-1635) und des CALDERON DE LA BARCA (1600-1681) im spanischen *Siglo de oro* und des einzigartigen dramatischen Genies WILLIAM SHAKESPEARE (1664-1616) im Elisabethanischen Zeitalter Englands haben in der tragischen wie der komischen Übersteigerung zumeist als Thema die an ihren heftigen Leidenschaften, Tugenden und Lastern in ihrem Handeln scheiternden Menschen. Sie sind im gewissen Sinne das literarische Pendant zu den oben angedeuteten großen politischen und religiösen Katastrophen und existentiellen Erschütterungen der Zeit. Die Gebrochenheit der menschlichen Existenz wird womöglich noch intensiver in der Malerei dargestellt. So wird die gewissenhaft auf die Harmonie des Bildaufbaus und der menschlichen Proportionen bedachte Kunst der italienischen Hochrenaissance (u.a. mit Michelangelos Arbeiten in der Peterskirche in Rom und der „vollendeten" Menschendarstellung Tizians) im sog. *Manierismus* abgelöst durch eine Überdehnung der Körpermaße und der Physiognomie und der Themen ins Phantastische und Preziöse. Das Häßliche und Grausame der Welt wird jetzt – jenseits der spätmittelalterlichen Darstellungen der Hölle und der Leidensgeschichte Christi – genau „nach der Natur" erfaßt, und insbesondere den großen Niederländern gelingt es, das Typische der Welt und der Menschen aller Stände im Einzigartigen und Individuellen realistisch abzubilden.

---

[29] Deren erster ist der „Lazarillo de Tormes" (1555) eines anonym gebliebenen Spaniers.

Dies alles setzen die Franzosen in ihrem *siècle classique*, mit seinem Höhepunkt während der ersten beiden Dezennien der Regierungszeit Ludwigs XIV. (1661-1715), fort, und zwar in jenem Stil, den sie wegen der Zurücknahme der „barocken" Übersteigerung, der thematischen Orientierung an der Antike und der auch sprachlich als vorbildlich erachteten Werke hernach den klassisch Stil (*classicisme*) genannt haben. In den Tragödien von PIERRE CORNEILLE (1606-1684) und JEAN RACINE (1639-1699) geht es, wie meist auch schon bei den Spaniern, um Menschen in einem nicht lösbaren psychischen Konflikt, um kriegerischen und herrscherlichen Ehrgeiz, Liebe und Standesehre, um verbotene und nicht erwiderte Liebe und um Eifersucht, den sie durchweg heroisch-tödlich „lösen", so daß nach dem antiken Vorbild die von der Natur des Menschen und der gesellschaftlichen Moral vorgegebene Gerechtigkeit hernach wieder hergestellt ist. Einfacher erkennbar und zugleich differenzierter und realistischer in ihrer zeitgeschichtlichen Gestalt wird die menschliche Wahrheit in den Komödien von MOLIÈRE (1622-1673), in den Fabeln von LA FONTAINE (1621-1695) und in den satirischen Charakterstudien von LA BRUYÈRE (1645-1696) entfaltet. Das Menschenbild aller drei ist, nicht ohne Verständnis für die Schwächen der menschlichen Natur, letztlich entlarvend. „So ist der Mensch!", sagen alle drei. In den Figuren Molières kann man sich heute noch wieder erkennen: in den Exaltierten (*Les précieuses ridicules*), im (religiösen) Heuchler und Intriganten (*Tartuffe*), im gewissenlosen Frauenheld (*Don Juan*), im Pedanten und „Menschenfeind" (*Misanthrope*), im Geizigen (*L'avare*), im (neureichen) Bürger-Edelmann (*Le bourgeois gentilhomme*), in den „Gelehrten Frauenzimmern" (*Les femmes savantes*), in der Klatschsüchtigen, in den vielen besinnungs- und hoffnungslos Verliebten und schließlich auch im (medizinischen) Scharlatan und im eingebildeten Kranken (*Le malade imaginaire*) – der letzten, jedoch nicht eingebildeten, sondern tödlichen Rolle Molières auf der Bühne. *La Fontaines* Charakterzeichnungen zeugen von einer ganz und gar illusionslosen Kenntnis der moralischen Schwächen der Menschen: Es triumphieren, in der traditionellen Typisierung von Menschen in Tiergestalt, die Starken, Gewalttätigen, Wachsamen, Lügner, Betrüger, Geschickten und Klugen über die Schwachen, Friedlichen, Gutgläubigen, Offenen, Ehrlichen und Dummen, denen in der Not und Bedrohung nicht nur niemand beisteht, sondern die auch noch den Spott der Überlegenen ertragen müssen. Während die traditionelle moralische Literatur zumeist „moralisiert", also zum Guten ermahnt und vom Bösen abschrecken will, zeigt er in seinen kleinen Versdramen, daß Appelle an die Gerechtigkeit nutzlos sind, und lehrt, daß und wie der Schwache die Schwächen des Starken für seine Zwecke ausnutzen muß. *La Bruyère* schließlich verzichtet in *Les caractères ou Les moeurs de ce siècle* (1688) auf die Tiergestalt und hält den adligen Zeitgenossen seiner Zeit in Satiren direkt den Spiegel vor und reiht sich damit in jene ältere und zeitgenössische Klugheitsliteratur ein, die bittere Wahrheit in Form von Sprichwörtern, Sentenzen und Maximen „auf den Punkt" bringt.

2.4 Das Klassische als künstlerisch gelungener Ausdruck des Allgemeinmenschlichen

Was also, muß nochmals gefragt werden, ist das „Goldene" an der spanischen Barockdichtung, das „Geniale" an Shakespeares Dramen, das „Klassische" an der französischen Dichtung des 17. Jahrhunderts? Es sind sicherlich nicht die herangezogenen Themen, Stoffe und literarischen Gattungen und auch nicht die dabei vertretenen Auffassungen. Denn fast alles davon findet sich in der einen oder anderen Weise bereits in der noch älteren literarischen Tradition Europas und ist ihr entnommen, zumal keiner der damaligen Künstler hat originell – ein „Originalgenie", wie es in Deutschland in der Sturm-und-Drang-Zeit heißt – sein wollen. Es sind vielmehr fünf eng zusammengehörige Charakteristika, die jene frühneuzeitliche Dichtung schon unter den Zeitgenossen und in ihren Ländern bis heute „klassisch" erscheinen und sich hier am besten am Beispiel der *französischen Klassik* erläutern lassen. Ihr gemeinsames „klassisches" Merkmal ist die Annahme, daß es den Künstlern in ihren Werken gelungen sei, dem Allgemeinmenschlichen innerhalb der eigenen kulturellen Tradition und Gegenwart unüberbietbar schön, prägnant und überzeugend Ausdruck zu verleihen.

Es ist *erstens* der Gebrauch der eigenen Volkssprache als des allein oder doch hauptsächlich für authentisch gehaltenen Mittels des dichterischen Ausdrucks. Während im frühen Renaissance-Humanismus einschließlich des Reformationszeitalters noch das neulateinische Schrifttum das volkssprachliche auch in der Dichtung überwog und man sich den „Alten" noch auf fast jedem künstlerischen Feld unterlegen fühlte, beginnen seit der Mitte des 16. Jahrhundert vor allem die Franzosen, stolz auf ihre Sprache und Dichtung zu sein. Das berühmte Beispiel dafür ist die Streitschrift „Verteidigung und Lob der französischen Sprache" (*Défense et illustration de la langue française*, 1549) des Pleiade-Dichters *Joachim Du Bellay* (1522-1560). Grammatik, Semantik und Orthographie fast aller romanischen Sprachen werden seit der ersten Hälfte des 17. Jahrhunderts vereinheitlicht und staatlichen Akademien – in Italien und, mit zeitlichem Verzug, in Deutschland privaten Sprachgesellschaften – zur Pflege anvertraut. Seither erwartet man vom Mitglied der gesellschaftlichen Elite, besonders in Frankreich, *le bon usage*, d.h. den sicheren mündlichen und schriftlichen Gebrauch der eigenen Hochsprache. Das europaweite Prestige insbesondere der französischen Sprache hat so ihre originären und sekundären Sprecher bis ins 20. Jahrhundert darin bestärkt, die neuere klassische Weltsprache zu sprechen. Allgemein werden so für die führenden Nationen Europas seither in allmählicher Ersetzung und Verdrängung des Lateinischen der Entwicklungsstand der eigenen Sprache und die persönlichen Ausdrucksfähigkeit in ihr zu einem Gradmesser der Annäherung an und der Ausbildung der Kultur des Allgemeinmenschlichen.

Damit hängt *zweitens* zusammen die Einschätzung, wiederum vor allem der damaligen und heutigen Franzosen, daß es den großen Dichtern jener Zeit gelungen sei, ihre Gedanken in nicht zu übertreffender Vorbildlichkeit stilistisch auszudrücken. Gerade weil in der Dichtung Originalität und „Tiefe" des Gedankens im allgemeinen nicht angestrebt würden, beruhe die Qualität eines Werks vor allem auf der Schönheit, Klarheit und Angemessenheit des Ausdrucks für das, was in der Sache als klar und eindeutig vorausgesetzt sei. Das Kriterium dafür, in den Rang des Klassischen erhoben zu werden, sei deshalb – wie freilich immer schon in der Dichtung – die das ästhetische Empfinden des Kenners befriedigende und entzückende sprachliche Bewältigung eines altbekannten, allgemeinmenschlichen Themas.

Drittens wird bei einem klassischen Werk zwar erwartet, daß es dem Leser unmittelbar gefällt, also seinen ästhetischen Sinn ohne nähere Erläuterung anspricht, es zugleich jedoch den seit der Antike herausgefundenen und in der Rhetorik und Poetik konventionell immer weiter verfeinerten „natürlichen" Regeln der Dichtung genügt, wie sie vor allem im Rückgriff auf Aristoteles' Poetik in zahlreichen Dichtungslehren der Renaissance niedergelegt waren. Allein schon dadurch war die klassische Dichtung auf den Kreis der Gebildeten der höheren Stände beschränkt und trägt ihre Deutung des Allgemeinmenschlichen elitäre Züge. Eine Abweichung von den Regeln der Dichtungslehren haben sich bis zur Mitte des 18. Jahrhunderts nur wenige Poeten in Europa erlaubt.

Diese drei Grundsätze vertritt auch das berühmte Lehrgedicht *L'Art poétique* (1674) des französischen *homme de lettre* NICOLAS BOILEAU (1636-1711). Er erklärt, daß das Verdienst des guten Schriftstellers nicht darin bestehe, den Leser mit einem ungewöhnlichen Gedanken zu überraschen, sondern darin, ihn durch den glücklichen Ausdruck einer allgemeinmenschlichen Wahrheit zu erstaunen, die eigentlich jeder andere auch hätte sagen können:

Ce n'est point, comme se le persuadent les ignorants, une pensée que personne n'a jamais eue, ni dû avoir. C'est au contraire une pensée qui a dû venir à tout le monde, et que quelqu'un s'avise le premier d'exprimer. Un bon mot n'est un bon mot qu'en ce qu'il dit une chose que chacun pensait, et qu'il la dit d'une manière vive, fine et nouvelle.[30]

Dabei handelt es sich gar nicht – wie sich einige Dummköpfe einreden – um einen Gedanken, den noch niemand je gehabt hat oder hat haben dürfen, sondern ganz im Gegenteil um einen Gedanken, der jedermann hat kommen müssen und den sich nur jemand unterstanden hat als erster auszudrücken. Ein guter Ausspruch ist nur dann ein guter Ausspruch, insofern er etwas sagt, was jedermann immer schon zu denken pflegt, er dies aber auf eine lebendige, feine und neue Art sagt. (Ubers. E.W.)

Viertens ist das eigentliche Ziel aller Dichtung freilich dennoch die Darstellung jener überzeitlichen Wahrheit bzw. Natur des Menschen selbst. „Klassisch" nennen die Franzosen ihre Dichtung im 17. Jahrhundert deshalb nicht nur, weil sie damals am meisten auf Europa ausgestrahlt und ihnen selbst und nicht wenigen anderen hernach sprachlich-literarisch als Vorbild gedient hat, sondern weil sie auch am klarsten das Allgemeinmenschliche, die Mannigfaltigkeit der charakterlichen, affektiven, situativen Ausprägungen und insbesondere das System der Affekte ausgedrückt und die Menschen am abschreckenden Beispiel des tragischen Scheiterns und der lächerlichen Verirrung angehalten habe, die sie gefährdenden Leidenschaften zu meiden und den vernünftigen Weg der Klugheit, des gesunden Menschenverstandes (*bon sens*) und des (aristotelisches) Mittleren in der Tugend einzuschlagen.

Fünftens schließlich haben, gut 100 Jahre nach Du Bellays Vorstoß, in der noch berühmter gewordenen „*Quérelle des anciens et des modernes*" (1687-1694), d.h. im Streit darüber, ob die modernen Schriftsteller denen der Antike ebenbürtig oder ihnen mitunter sogar überlegen seien, sich nach Einschätzung der Mehrheit der französischen Literaten die Verfechter der „Alten" geschlagen geben müssen. In diesem neu geschaffenen „modernen" und nationalen Selbstbewußtsein artikuliert

---

[30] Aus dem Vorwort der Ausgabe von 1701.

sich zugleich ein neues Verhältnis zur Kultur. Sosehr man auch weiterhin die Werke des klassischen Altertums schätzt und nachahmt, erkennt man doch, daß den Zeitgenossen aus der Erfahrung der Geschichte Mittel zu Gebote stehen, die die Alten noch nicht hatten, und spürt man auch deshalb, daß man in einer anderen Zeit lebt und ein geschichtlicher Graben Antike und moderne Zeiten trennt.

2.5 Die klassische Literatur, die Natur des Menschen und das historische Denken

Das wirft hier zum Schluß dieses Kapitels nochmals die umfassende Frage auf, ob und gegebenenfalls bis zu welchem Grade die gebildeten Eliten des 16. und 17. Jahrhunderts bereits ein historisches Bewußtsein der Kultur im heute verstandenen Sinne gehabt haben. Die intime Kenntnis der antiken Kultur, ihr reflektierter Einbezug in das eigene politische Handeln und künstlerische Schaffen, die zahllosen mythologischen, epischen, dramatischen, lyrischen, malerischen, architektonischen und musikalischen Anknüpfungen an die lange, mit Homer anhebende europäische Tradition und der eben genannte Streit scheinen zunächst für ein solches historisches Bewußtsein zu sprechen. Auch wird man nicht bestreiten können, daß sich die „Modernen" als späte Erben der „Alten" verstehen und sie das Erbe selbst recht genau zeitlich und thematisch zu verorten wissen. Ihnen ist bewußt, daß sie das vorerst letzte Glied in der Kette der europäischen Antike-Rezeptionen sind, und sie wissen, warum es trotz aller Neuerungen ratsam ist, an den Grundsätzen des Renaissance-Humanismus und der christlichen Glaubenslehre unter gewandelten Verhältnissen festzuhalten. Ein Werk wie das Großepos *Paradise Lost* (1667) von JOHN MILTON (1608-1674) beerbt die gesamte pagan-humanistische *und* heilsgeschichtlich-christlich-jüdische Tradition und ist damit zugleich ein umfassender Ausdruck des rational angelegten und hierarchisch geordneten Welt- und Gesellschaftsbildes seiner Zeit, in beidem vergleichbar mit Dantes *Comedia* für seine Zeit.

Wenn hier dennoch die oben gestellte Frage verneint wird, dann kann man dies in die Formel kleiden, daß die Gebildeten zwar ein sehr differenziertes Bewußtsein von der Geschichte der europäischen Kultur gehabt haben, aber noch keines von ihrer Geschichtlichkeit. Denn dieses Wissen zeigte ihnen zwar die kulturelle Varianz der Natur des Menschen und seiner Sozialität auf. Aber wie groß dabei auch die Differenzen erschienen, immer wies dieses Ensemble sie auf die eine *gemeinsame Menschennatur* hin, so daß etwa die einzelnen Affekte und sie als Ganzes ein ebenso überzeitliches „Wesen" und einen festen Ort in einem rational und empirisch erschließbaren und konstruktiv darstellbaren System hatten wie etwa die Individuen, die Stände und der Monarch im Staat und der Staat als Ganzes. Dies trifft auch auf die wünschenswerten Eigenschaften des Menschen zu: Selbstbeherrschung, Sicherheit im Urteil, Wahrhaftigkeit in der Sache etwa waren für sie keine historisch-gesellschaftlich sich wandelnde Verhaltensnormen, sondern lagen idealiter in der Natur des Menschen. Diese Natur in der ganzen Bandbreite ihren vielfältigen Phänomene rational neu vermessen und konstruktiv in Systemen des Wissens dargestellt zu haben, ist die große Leistung dieser Zeit. Die Herausarbeitung des Allgemeinmenschlichen im historisch-gesellschaftlichen Besonderen stellt sich im heutigen Rückblick zudem als ein großer Vorzug für die historische Forschung jener Zeit dar. Denn wenn die klassischen Autoren zumeist auch persönliche Bekenntnisse gemieden und eine gewisse Diskretion gewahrt haben, so sind ihre Zeugnisse doch ganz unvermeidbar auch ein authentischer Ausdruck des Denkens und Fühlens ihrer Zeit und damit historische Quellen. Aber daß sich die Kultur der Völker historisch, d.h. aus eigenen und einmaligen Voraussetzungen und unumkehrbar, entfaltet, das mögen sie geahnt und wohl auch implizit im Umgang mit Quellen und bei historischen Überblicken vorausgesetzt haben. Als theoretische Erkenntnis ist dies jedoch erst einigen Denkern im 18. Jahrhundert aufgegangen.

Teil B
Die Entstehung des modernen Geschichtsdenkens im 18. Jahrhundert

14. Aufklärung:
Die Entdeckung der Geschichtlichkeit der Kultur im „Zeitalter der Natur"

1. Aufklärung durch Geschichte: Von der „enzyklopädischen" Aufklärung der Ursachen gegenwärtiger Mängel zur Entdeckung der Historizität der Kultur   248
2. Montesquieu und Vico: Die Geschichtlichkeit des Geistes der Völker   253
3. Voltaire: Der gewundene Weg „von der Barbarei zur Zivilisation"   258
4. Die Entfaltung des historischen Denkens seit der Mitte des 18. Jahrhunderts   260
5. Umrisse einer Theorie der Universalhistorie um die Mitte des 18. Jahrhunderts   263

Die deutsche Geschichtswissenschaft hat bis vor wenigen Jahrzehnten die Entdeckung der Geschichtlichkeit im modernen Verstande während des letzten Drittels des 18. Jahrhunderts und die Ausbildung der ihr entsprechenden Forschungsmethodik zu Beginn des 19. Jahrhunderts allein für sich beansprucht. Es besteht inzwischen aber ein breites Einverständnis darüber, daß sich das historische Denken in seinen wesentlichen modernen Merkmalen bereits in der Mitte des 18. Jahrhunderts im Kontext der gewiß primär von der „Natur der Dinge" ausgehenden und daran festhaltenden gemeineuropäischen Aufklärung herausgebildet hat.[1] Unter einer dialektischen Perspektive betrachtet, scheint die rationalistische und empiristische Philosophie und Weltdeutung des 17. und 18. Jahrhunderts eine notwendige Voraussetzung für die Entdeckung des Prinzips der Geschichtlichkeit in seiner Anwendung auf die Gesellschaft und Kultur gewesen zu sein. Es mußten erst noch einmal alle Möglichkeiten des zeitenthobenen Denkens und Erforschens der Kultur ausgelotet werden, bis sich deren Historizität umso deutlicher als ein sie konstituierendes Moment erweisen konnte. Damit veränderte sich auch der Begriff der Geschichte und der Geschichtsschreibung. Verstand man über die Jahrhunderte unter Historie im wesentlichen das „Festhalten" und Erzählen von einzelnen Handlungen, Ereignissen und Verläufen der Vergangenheit und war Geschichte so eine Mannigfaltigkeit von für sich (be-)stehenden Geschichten, Geschehnissen und Verhältnissen, begann man jetzt zu erkennen, daß es sinnvoll und notwendig ist, unter „Geschichte" den Zusammenhang dieser Mannigfaltigkeit selbst zu verstehen, daß „Historie" es im Prinzip mit dem großen kulturellen, d.h. politischen, gesellschaftlichen, demographischen, wirtschaftlichen, technischen, ideellen, religiösen und künstlerischen Zusammenhang des in einer Menschengemeinschaft bereits Geschaffenen und Geschehenen, aktuell und möglicherweise künftig Entstehenden zu tun hat und alles Einzelne schließlich historisch und gegenwärtig angemessen nur in diesem großen, alles umfassenden Handlungs- und Wirkzusammenhang begriffen werden kann. Indem so die vielen einzelnen Erinnerungen und Überlieferungen eines Volkes oder eines größeren Kulturkreises zu größeren Zeiteinheiten, also „Epochen", verbun-

---

[1] Zu dieser neueren Einschätzung hat insbesondere beigetragen *G.G. Iggers*: Deutsche Geschichtswissenschaft. Eine Kritik der traditionellen Geschichtswissenschaft von Herder bis zur Gegenwart, München 1971 (engl. The German Conception of History. The National Tradition of Historical Thougt from Herder to the Present); vgl. auch ders.: Ist es in der Tat in Deutschland früher zur Verwissenschaftlichung der Geschichte gekommen als in anderen europäischen Ländern?, in: Geschichtsdiskurs. Bd. 2, 1994, 73-86).

den werden und der Wandel dieses Gesamtzusammenhanges in der Zeit nun als die Geschichte dieser Kultur gilt, wird die „Geschichte", neben der „Natur", zu einem gleichsam letztinstanzlichen (Kollektiv-)Subjekt von Menschengemeinschaften und dann auch der Menschheit insgesamt. Seither scheint alles Menschliche der „Geschichte" unterworfen zu sein. Dies wiederum ist der Ansatzpunkt dafür, daß man die durch vernünftiges menschliches Handeln bisher bewirkte und auch künftig möglich erscheinende „fortschrittlich"-fortschreitende Weltveränderung zu der alle Zeiten und alle menschlichen Hervorbringungen umgreifenden *Welt- bzw. Universalgeschichte* umdeutet, d.h. zu einer Entwicklung, die unumkehrbar – und in der allgemeinen Deutung: positiv – die Menschheit von der Vergangenheit über die Gegenwart zur Zukunft hinführt.[2]

Unter besonderer Berücksichtigung der französischen *Encyclopédie* werden im folgenden Kapitel zunächst die erkenntnistheoretischen Voraussetzungen des Weges von der „Natur" der Kultur zu ihrer „Geschichtlichkeit" skizziert. Unter Einschluß der erst lange nach seinem Tode allgemein bekannt gewordenen Leistung des Italieners *Vico* und mit einem Seitenblick auf die Theorie der Geschichte in den anderen europäischen Ländern geht es dann vor allem um den Beitrag, den die beiden Franzosen *Montesquieu* und *Voltaire* zur Ausbildung der Vorstellung von der Geschichtlichkeit der Kultur geleistet haben. Abschließend wird der Stand des historischen Denkens in der Mitte des 18. Jahrhunderts in fünf Punkten kurz zusammengefaßt. Es sei an dieser Stelle noch einmal daran erinnert, daß – anders als in den Ausführungen zum *vormodernen* historischen Denkens in Teil A dieses Buches – in den

---

[2] Zur Entstehung und Geschichte des modernen historischen Denkens und Forschens seit dem 18. Jahrhundert gibt es eine Vielzahl von Darstellungen. Außer der in Kapitel 1 bereits aufgeführten Grundliteratur, Iggers eben genannter Schrift und der weiter unten und in den folgenden Kapiteln noch herangezogenen besonderen Literatur wird hier allgemein hingewiesen auf: *R. Koselleck*: Historie – Geschichte. Die Herausbildung des modernen Geschichtsbegriffs, Lexikonartikel, in: Geschichtliche Grundbegriffe. Hg. Brunner/Conze/Koselleck, Bd. 2 1975, 647-691; *R. Koselleck*: Vergangene Zukunft. Zur Semantik geschichtlicher Zeiten, Frankfurt 1979; *W. Lepenies*: Das Ende der Naturgeschichte. Wandel kultureller Selbstverständlichkeiten in den Wissenschaften des 18. und 19. Jahrhunderts, München/Wien 1976; *H.W. Blanke/J. Rüsen* (Hg.): Von der Aufklärung zum Historismus. Zum Strukturwandel des historischen Denkens, Paderborn 1984; *R. Vierhaus* (Hg.): Wissenschaften im Zeitalter der Aufklärung, Göttingen 1985; *J. Kocka*: Geschichte und Aufklärung. Aufsätze, Göttingen 1989;*H.E. Bödeker*: Die Entstehung des modernen historischen Denkens als sozialhistorischer Prozess. Ein Essay, in: Geschichtsdiskurs, Bd. 2, 1994, 295-319; *Simon* 1996, 69 ff. *J. Rohbeck*: Technik – Kultur – Geschichte. Eine Rehabilitierung der Geschichtsphilosophie, Frankfurt 2000 [mit einem ausführlichen Kapitel zur Rekonstruktion der „Idee der Universalgeschichte" im 18. Jahrhundert, 25-63]. Zur Aufklärung und ihrer Geschichte allgemein: *P. Hazard*: Die Krise des europäischen Geistes (frz. La crise de la conscience européenne 1680-1715, Paris 1935). Übers. H. Wegener, Hamburg 1939/⁵1965; *E. Cassirer*: Die Philosophie der Aufklärung (1932), Hamburg 1998; *R. Ciafardone*: Die Philosophie der deutschen Aufklärung. Texte und Darstellung, Stuttgart 1990; *G. Gusdorf*: Dieu, la nature, l'homme au siècle des lumières, Paris 1972; *P. Kondylis*: Die Aufklärung im Rahmen des neuzeitlichen Rationalismus, Stuttgart1981; *H. Möller*: Vernunft und Kritik. Deutsche Aufklärung im 17. und 18. Jahrhundert, Frankfurt 1986; *J. Rohbeck*: Die Fortschrittstheorie der Aufklärung. Französische und englische Geschichtsphilosophie in der zweiten Hälfte des 18. Jahrhunderts, Frankfurt/New York 1987; *M. Vovelle* (Hg.): Der Mensch der Aufklärung, Frankfurt/New York 1996.

folgenden Teilen B, C und D die Grundlinien der Kulturgeschichte der Moderne selbst als bekannt vorausgesetzt werden und dafür die ganze Aufmerksamkeit der *Theorie* der Geschichte und der Historiographie in diesem Zeitraum gilt.

1. Aufklärung durch Geschichte:
Von der „enzyklopädischen" Aufklärung der Ursachen gegenwärtiger Mängel zur Entdeckung der Historizität der Kultur

1.1 Das gemeineuropäische Programm der Aufklärung als Traditionskritik

In Fortsetzung der Philosophie, der naturwissenschaftlichen und traditionellen naturhistorischen Forschung, der künstlerischen Produktion und der politisch-gesellschaftlichen Diskussion des 17. Jahrhunderts artikulieren sich seit dem Beginn des 18. Jahrhunderts die kritischen Geister der Epoche zunächst in England und Frankreich und dann fast überall in Europa verstärkt in jener kulturellen Bewegung, die man mit dem gleichen Sprachbild in England *enlightenment*, in Frankreich (*siècle des*) *lumières* und in Deutschland *Aufklärung* nennt. In der Überzeugung, daß sich die persönlichen und gesellschaftlichen Verhältnisse zum Besseren hin verändern lassen, rufen ihre Anhänger alle Menschen auf – wie es Kant zwar erst 1784, fast am Ende des Jahrhunderts, formuliert hat, aber alle Aufklärer früher schon so gemeint hatten – , sich aus „selbstverschuldeter Unmündigkeit" zu befreien, Vorurteile, Irrtümer und Täuschungen hinter sich zu lassen, sich „seines Verstandes ohne Leitung eines anderen zu bedienen", sich durch „Aufklärung" geistig und sittlich zu vervollkommnen und durch die Anwendung dieses Wissens auch die Voraussetzungen für eine allgemeine Verbesserung des Lebens hier auf Erden zu schaffen. An die Verantwortlichen auf Kanzel und Katheder ergeht die Aufforderung, durch Schulen und allgemeine „Volksaufklärung" zur Verbreitung des Wissens beizutragen, und die Herrschenden und Beamten drängt man, darauf zielende gesellschaftliche Reformen einzuleiten.

Dieser Prozeß beginnt schon an der Wende vom 17. zum 18. Jahrhundert. Er manifestiert sich in einer wachsenden Kritik an den älteren feudalistischen und neueren absolutistischen Herrschaftsformen und an der religiösen Bevormundung der Menschen durch die Kirchen und knüpft ideell im Zusammenhang mit der neueren naturrechtlichen Staatstheorie wieder stärker an die republikanischen Traditionen der paganen Antike an. Es wächst die Überzeugung von der Notwendigkeit einer aufgeklärten Philosophie der Gesellschaft. Dabei setzt man sich verstärkt für die Begründung des Staats durch Verfassungen ein und stellt einen Zusammenhang zwischen dem kulturellen Leben und dem Geist der Individuen her. In den Lösungsvorschlägen wird zwar durchgehend noch einmal die Unveränderlichkeit der Natur der menschlichen Sozialität und Staatlichkeit bekräftigt, aber zunehmend die Auffassung vertreten, daß die Übel der Welt nicht nur von dieser oder jener Schwäche einzelner Menschen, von politischen Fehlentscheidungen der Herrschenden und vom religiösen Machtmißbrauch einzelner Kirchenvertreter herrühren, sondern in einer unzutreffenden Auslegung der Natur des Menschen, des Staats und der göttlichen Ordnung begründet seien. Deshalb müsse man zunächst die geistige Verfassung der Menschen, die überkommenen Gesetze des Staats und das kirchliche Verständnis der Religion einer kritischen Revision unterziehen, dann die menschliche Lebensführung, den Staat und die Religion auf eine neue Grundlage stellen und durch grundlegende soziale und wirtschaftliche Reformen aktiv in den Lauf der Dinge eingreifen und schließlich alles tun, damit die alten philosophischen und religiösen Visionen und neueren Utopien von einer besseren Welt Wirklichkeit werden.

Dieses ist zugleich die Voraussetzung der Entdeckung der Geschichtlichkeit der von den Menschen geschaffenen Kultur. Denn indem die kritischen Geister versuchen, die Möglichkeiten der menschlichen Natur weiter im „menschenfreundlichen" (philanthropischen) Sinne auszuloten, die Welt in der Fülle ihrer Erscheinungen intellektuell und mit allen Sinnen so genau wie möglich zu erkennen, geht ihnen immer mehr auf, daß die sich in Traditionen des Verhaltens, Denkens und Empfindens, des politischen Handelns und des Glaubens artikulierende Geschichte nicht nur ein ärgerlicher Störfaktor bei der Beseitigung gegenwärtiger Mängel, sondern vielmehr der unverzichtbare Schlüssel im Hinblick auf die Möglichkeit der Verbesserung der gegenwärtigen Verhältnisse ist. Denn erst die Kenntnis der Entstehung und Entfaltung der gegenwärtigen Welt schafft die Voraussetzung ihrer Veränderung. Wenn so das primäre Ziel der Aufklärer zwar die Veränderung der Gegenwart in Richtung auf die Zukunft ist, beziehen sie die Kraft ihrer Argumente doch ganz wesentlich aus der kritischen Erforschung, Deutung und Darstellung der Geschichte.

1.2 Englische und deutsche Beiträge zur (Früh-)Aufklärung

Die Aufklärung ist eine gemeineuropäische Bewegung. England, Deutschland und die anderen Nationen stehen freilich im Schatten Frankreichs, jedenfalls in der kontinentaleuropäischen Einschätzung. Dabei setzt die Aufklärung in England, dem Mutterland der parlamentarischen Demokratie und gewisser Grundrechte des Bürgers, früher ein als auf dem Festland und ist die französische Aufklärung und die Revolution von 1789 ohne den Vorlauf revolutionär erstrittener bürgerlicher und parlamentarischer Rechte im Vereinigten Königreich und ohne die menschenrechtlich begründete Erklärung der nordamerikanischen Unabhängigkeit von 1776 nicht vorstellbar, zumal die bedeutendsten französischen Aufklärer Montesquieu, Voltaire und Rousseau sozusagen bei den Engländern in die Schule gegangen sind.[3] Dazu hat auch ganz wesentlich das geistige und religiöse Klima in England in der ersten Hälfte des 18. Jahrhunderts beigetragen, insbesondere das dortige Wirken der zugleich urchristlich, empfindsam und utilitaristisch motivierten Aufklärer-Moralisten. Neben deren zahlreichen Schriften in diesem Sinne hat den größten aufklärerischen Einfluß in ganz Europa sicherlich das zugleich realistische und fiktive Denken von DANIEL DEFOE (1660-1731) in seinem Roman „Robinson Crusoe" (1719) erzielt. Der Kunstgriff eines nach einem Schiffbruch auf eine unbewohnte Insel verschlagenen Kulturmenschen ermöglicht es dem Autor, die Etappen der Entfaltung der Zivilisation noch einmal in rascher Abfolge zu rekonstruieren, und zwar indem Robinson von einem recht einfachen Anfang aus durch Werkzeuggebrauch, Tier-

---

[3] Montesquieu und Voltaire leben längere Zeit in England und empfangen dort die entscheidenden Anregungen für ihre staatstheoretischen und historischen Werke. Voltaires „Lettres anglaises" (1734) sind ein Zeugnis dieses Einflusses von jenseits des Kanals.

züchtung, Ackerbau, Herstellung von Kleidung und Schutzbehausung, also durch Technik, durch Selbstunterwerfung unter eine rational durchgeplante Lebensweise und durch Schaffung einer sozialen Keimzelle – durch die „Zähmung eines Wilden" – wieder für sich eine kultivierte Lebensform erwirbt. Die im ganzen 18. Jahrhundert in großer Zahl, auch in Deutschland, verfaßten *Robinsonaden* haben dieses Gedankenexperiment in vieler Hinsicht aufklärerisch ausgesponnen. Diese Robinsonaden teilen viele Merkmale mit den klassischen frühneuzeitlichen Utopien, wie insbesondere die durch die Insularität gegebene Autonomie und Autarkie des Gemeinwesens. Sie unterscheiden sich aber darin, daß sie in statu nascendi gezeigt werden, ihre Bewohner über viele Hindernisse, Irrtümer und Rückschläge den Weg von der Natur zur Kultur, jedenfalls in Teilen, erst noch finden müssen, und dadurch dem sich andeutenden kulturhistorischen Denken ein Modell des zivilisatorischen Fortschritts an die Hand gegeben wird. So läßt etwa der selbst vielgereiste und vom Leben beschädigte und emporgehobene deutsche Autor JOHANN GOTTFRIED SCHNABEL (1692 bis um 1750) den Leser der „Insel Felsenburg" (1731/43) an der allmählichen Entwicklung eines von Schiffbrüchigen, Ausgesetzten und Europamüden im aufklärerisch-pietistischen Geist gegründeten und mit einer idyllisch-patriarchalischen Gesellschaftsordnung versehenen Musterstaats in der Südsee teilnehmen.[4]

Dabei steht Deutschland in der Reflexion und Verbreitung aufklärerischen Gedankenguts vom Beginn des 18. Jahrhunderts an seinen europäischen Nachbarn nicht nach.[5] In einer gewissen Nähe zum Pietismus, mehr aber noch zum philosophischen Rationalismus von Leibniz hat hier CHRISTIAN WOLFF (1779-1754) eine aufklärerische, das Denken seiner Zeit umfassend integrierende Schul-Philosophie eigener Prägung mit Wirkungen auch auf das europäische Ausland vorgelegt. Freilich zeigt sich schon bei ihm, daß die Aufklärung in Deutschland einen besonderen Charakter annehmen sollte. Während die Träger der Aufklärung in Frankreich vor allem Literaten, also keine an wissenschaftliche und religiöse Institutionen gebundene Denker, sind und die englischen und schottischen Aufklärer schon in einem Land mit gleichsam institutionalisierter öffentlicher Kritik leben und diese befördern, stehen die deutschen Aufklärer als Professoren, Pfarrer und höhere Beamte zumeist im Dienst ihrer durch eine bestimmte Konfession geprägte Universität, ihrer Kirche oder ihres Staates, was sie allesamt nicht zur Kritik an Staat und Kirche prädisponiert, sie vielmehr eher konservativ, moralisierend und philosophisch, also „affirmativ" und eben kaum kritisch-historisch argumentieren läßt.

---

[4] *J.G. Schnabel*: Wunderliche Fata einiger See-Fahrer ... (1731-1743); bearbeitet und neu herausgegeben von L. Tieck unter dem bis heute geläufigen Titel „Insel Felsenburg", Breslau 1828, Stuttgart 1959.

[5] Die Aufklärung kündigt sich auch in Deutschland schon um 1700 an. Vgl. dazu die neuere Darstellung von *M. Mulsow*: Moderne aus dem Untergrund. Radikale Frühaufklärung in Deutschland 1680-1720, Hamburg 2000.

1.3 Die *Encyclopédie* als Ausdruck und Instrument der europäischen Aufklärung: Von der Bestandsaufnahme der Gegenwart zur Erforschung ihrer historischen Genese

Vom zweiten Drittel des Jahrhunderts an nimmt Frankreich die beherrschende Stellung in der aufklärerischen Diskussion ein. Sieht man von Vicos zunächst wenig bekannt gewordener Theorie der Geschichte der Kultur ab, wird auch erst in diesem Land, vor allem durch die Studien und Reflexionen Montesquieus, das Prinzip der Geschichtlichkeit im modernen Sinne entdeckt.[6] Dort schreibt der Franzose Voltaire die erste säkulare Universalgeschichte und begründet die „Philosophie der Geschichte". Und dort entsteht unter Mitwirkung der glänzendsten Geister der europäischen „Gelehrtenrepublik"[7] seit der Mitte des Jahrhunderts die erste große kritische Bestandsaufnahme des bisherigen Wissens in seiner ganzen kulturellen Breite.[8] Bei dieser handelt es sich um die von DENIS DIDEROT (1713-1784) in 17 Textbänden und 11 Abbildungsbänden zwischen 1751 und 1765 herausgegebene *Encyclopédie ou Dictionaire raisonné des sciences, des arts et des métiers*[9] („Enzyklopädie oder auf Vernunfterkenntnis gegründetes Lexikon der Wissenschaften, der Künste und des Handwerks"). Das Programm dieses Werks hat D'ALEMBERT (1717-1783) in seiner berühmten „Vorrede zur Enzyklopädie" (*Discours préliminaire de l'Encyclopédie*, Paris 1751) so beschrieben[10]:

> *L'ouvrage que nous commençons [...] a deux objets: comme Encyclopédie, il doit exposer autant qu'il est possible, l'ordre et l'enchaînement des connaissances humaines; comme Dictionaire raisonné des sciences, des arts et des métiers, il doit contenir sur chaque science et sur chaque art [...] des principes généraux qui en sont la base, et les détails les plus essentiels qui en font le corps et la substance.*[11]

Das Werk, das wir hier beginnen [...] hat zwei Ziele: als Enzyklopädie muß es soweit wie möglich die Ordnung und die Verknüpfung der menschlichen Erkenntnisse darlegen, als vernunftbegründetes Lexikon der Wissenschaften und der Schönen und der Mechanischen Künste muß es von jeder dieser Wissenschaften und Künste [...] die allgemeinen

---

[6] Allgemein zur aufklärerischen Staatstheorie vgl. *V. Hösle*: Zur Philosophie der Geschichte der Sozialwissenschaften, in: ders., Die Philosophie und die Wissenschaften, München 1999, 125-165.

[7] Begriff und Vorstellung gehen wohl auf die von *Pierre Bayle* gegründete und zwischen 1684 und 1687 erschienene Zeitschrift „Nouvelles de la république des lettres" (Nachrichten aus der Republik der Wissenschaften bzw. der Gelehrtenrepublik) zurück.

[8] Auch der „*Zedler*", das von dem Verleger J.H. Zedler herausgegebene „Grosse vollständige Universal Lexikon Aller Wissenschaften und Künste, Welche bishero durch menschlichen Verstand und Witz erfunden und verbessert worden" (64 Bde. und 4 Supplementbände, 67000 Seiten mit über 800000 Stichwörtern, Halle/Leipzig 1732-54), atmet – auf polyhistorischen Fundament – schon frühaufklärerischen Geist. Ein zweiter Nachdruck des Reprints der Akademischen Druck- und Verlagsanstalt (ADEVA), Graz, ist jüngst erschienen.

[9] Faksimile der Ausgabe von 1751-1780, Stuttgart 1966 ff; in deutscher Übersetzung: Frankfurt 1985: eine Auswahl, Leipzig 2001. Zitiert wird im folgenden nach der französischen Auswahl der „Encyclopédie": Textes choisis. Nouvelle édition revue, augmentée et annotée par A. Soboul, Paris 1984.

[10] Dieses und die folgenden französischen Zitate, auch in Kapitel 15, sind vom Verfasser des vorliegenden Buchs ins Deutsche übertragen worden.

[11] *D'Alembert*: Discours préliminaire de l' Encyclopédie. Notices et Notes par A.-V. Pierre, Paris 1952, 7.

Prinzipien enthalten, die deren Grundlage sind, und die wichtigsten Einzelheiten, die ihre Gestalt und ihre Substanz ausmachen.

Ausgangspunkt der Enzyklopädie und Grundlage aller Folgerungen aus ihr sind also die systematische inhaltliche Bestandsaufnahme und die theoretische Begründung des gesamten gegenwärtigen Wissens. Darin steckt freilich der Rekurs auf die Geschichte des Wissens. Denn der Geschichte verdankt man einerseits die Einsicht in die großen naturwissenschaftlichen Erkenntnisse, andererseits ist sie es, die die vielen, insbesondere politischen, religiösen und metaphysischen Irrtümer erzeugt hat. Das Hauptmotiv der französischen Aufklärer, überhaupt zurückzublikken und Geschichte zu betreiben, ist die Kritik an letzterem. Es ist die Annahme, daß man die Ursache der gegenwärtigen gesellschaftlichen Übel, insbesondere der rechtlichen Ungleichheit und des Hasses zwischen den Menschen, der Despotie, des Krieges und der religiösen Intoleranz, in geschichtlich entstandenen und immer weiter gegebenen Vorurteilen suchen und zum Zwecke ihrer Korrektur auch finden müsse:

> Le premier pas que nous ayons à faire dans cette recherche, est d'examiner [...] la généalogie et la filiation de nos connaissances, les causes qui ont du les faire naître et les caractères qui les distinguent; en un mot, de remonter jusqu'à l'origine et à la génération de nos idées.[12]

> Der erste Schritt, den wir bei dieser Erforschung machen müssen, ist [...] das Studium der Entstehung und Verbreitung unserer (Er-)Kenntnisse, der Ursachen, die sie haben entstehen lassen, und der Merkmale, die sie unterscheiden; mit einem Wort: der Rückgang auf den (historischen) Ursprung und die Erzeugung unserer Ideen.

Im Artikel „Encyclopédie" innerhalb des Werks nimmt Diderot diesen auf das Studium der Geschichte verweisenden Faden selbst auf, indem er die Arbeit der Enzyklopädisten in den Strom der Zeit zwischen der Vergangenheit und der Zukunft einordnet und ihre Produkte ausdrücklich als Quellenmaterial auch künftiger Historiker und als Lehrmaterial für künftige Generationen betrachtet:

> Le but d'Encyclopédie est de rassembler les connaissances éparses sur la surface de la terre ; d'en exposer le système général aux hommes avec qui nous vivons, et de le transmettre aux hommes qui viendront après nous; afin que les travaux des siècles passés n'aient pas été des travaux inutiles pour les siècles qui succéderont.[13]

> Das Ziel der ‚Enzyklopädie' ist es, die auf der Erde verstreuten Kenntnisse zu sammeln, deren allgemeines System jenen Menschen darzulegen, mit denen wir zusammenleben, und es nach uns kommenden Menschen zu überliefern, damit die Arbeit der Jahrhunderte nicht nutzlos für die kommenden Jahrhunderte gewesen sein wird.

In allen für die Zukunft gehegten Hoffnungen liegt so – neben dem grundlegenden Denken in Kategorien der Natur – das historische Denken gleichsam in der Luft. Es bildet sich die Erkenntnis heraus, daß alle sozialen Gebilde, die Gesellschaften wie die Staaten, eine Geschichte haben, auf der sie aufruhen, von der sie ihre gegenwärtige Funktionalität haben und ihre Zukunftsfähigkeit beziehen. Im Kontext der Gesellschaftskritik und des Fortschrittsglaubens erkennt man, daß Geschichte in

---

[12] *Soboul* : Encyclopédie, éd.1984, 8.
[13] Ebd. 1984, 182.

diesem Sinne mehr und letztlich anderes ist als die Abfolge von Haupt- und Staatsaktionen, militärischen Taten, Entdeckungen und Eroberungen fremder Länder, daß ihr Zentrum vielmehr der Wandel der Formen des menschlichen Zusammenlebens, Denkens und Fühlens, die Entdeckung von Naturgesetzen und ihre Anwendung im Handeln und die Erschaffung von Denkgebilden und künstlerischen Werken sind. In Frankreich verdanken sich diese Einsichten vor allem Montesquieu und Voltaire. Von ihnen haben die Europäer historisch denken gelernt, während das Denken ihres italienischen Zeitgenossen Vico, der das Prinzip noch deutlicher formuliert, nicht zu ihnen dringt.

2. Montesquieu und Vico:
Die Geschichtlichkeit des Geistes der Völker

2.1. Das historisch-gesellschaftliche Geschehen als Ausdruck „allgemeiner Ursachen"

Bekannt ist der Politiker und Literat MONTESQUIEU (1689-1755) bis heute vor allem durch seine staatstheoretische Begründung der Gewaltenteilung. Unter Rückgriff auf republikanische Traditionen Roms stellt er in seinem Hauptwerk *De l'esprit des lois* (1748) ein Gegenmodell zum monarchistischen und absolutistischen Machtstaat vor, das die Staatsgewalt generell zugunsten von gewissen Rechten der Individuen begrenzt, das die Anwendung der Gesetze an Verfassungen bindet und die Macht auf ein bewegliches Gefüge dreier eigenständiger und von einander unabhängiger Instanzen verteilt: der Exekutive, der Legislative und der Judikative. Von diesem bis heute im Prinzip für notwendig erachteten Grundsatz aus entwickelt sich – gegen die platonische Tradition einer einzigen und unbeschränkten Staatsmacht – die Theorie des modernen Verfassungs- und Rechtsstaats.[14]

Weniger bekannt ist Montesquieu als der Begründer der Vorstellung vom sich historisch artikulierenden „Geist der Völker". Sein Erstlingswerk, „Die persischen Briefe" (*Les Lettres Persanes*, 1721), zeigt bereits im verfremdenden Blick zweier fiktiver Perser auf die französischen Kultur, wie die jeweilige gesellschaftliche Herkunft die ihrer Natur nach gleichen Menschen verschieden fühlen, denken und handeln läßt.[15] Diesen kulturvergleichenden Ansatz ergänzt er in den „Betrachtungen über die Gründe der Größe der Römer und ihres Verfalls" (*Considérations sur les causes de la grandeur des Romains et de leur décadence*, 1734)[16] um den historischen: Nicht die (göttliche) Vorsehung, nicht Naturgesetze, nicht die Taten der großen Herrscher und Militärs, aber auch nicht „moralische" Ideen, nicht eine angeborene Bosheit des Menschen, nicht das Gemisch sich überkreuzender Leidenschaften und Laster oder gar nur der blinde Zufall regieren die Welt, sondern es sind bestimmte, den Situationen, Ereignissen und den politischen und zivilen Gesetzen übergeordnete und dem *Geist der Gesellschaft* entsprechende *Gesetzmäßigkeiten*:

---

[14] Vgl. *R. Aron*: Hauptströmungen des klassischen soziologischen Denkens – Montesquieu, Comte, Marx, Tocqueville (frz. Les étapes de la pensée sociologique, Paris 1967), Reinbek 1967; *F. Jonas*: Geschichte der Soziologie, 2 Bde., Reinbek 1976.

[15] Dieses Werk wie alle anderen hier genannten sind enthalten in: *Montesquieu*: Oeuvres complètes. Ed. A. Masson. 3 t.s, Paris 1950-1955.

[16] Hg. A. Peyrefitte, Paris 1987.

Ce n'est pas la fortune qui domine le monde [...]. Il y a des causes générales, soit morales, soit physiques qui agissent [...] ; tous les accidents sont soumis à ces causes ; et si le hasard d'une bataille, c'est-à-dire une cause particulière, a ruiné un Etat, il y avait une cause générale qui faisait que cet Etat devait périr par une seule bataille.[17]

Nicht der Zufall beherrscht die Welt [...]. Es sind allgemeine Ursachen verhaltensmäßiger oder physischer Art, welche wirken [...]; alle Unfälle gehen auf solche Ursachen zurück; und wenn der Zufall einer Schlacht, d.h. einer besonderen Ursache, einen Staat ruiniert hat, dann gab es eine allgemeine Ursache, die den Staat durch eine einzige Schlacht notwendigerweise hat zugrunde gehen lassen.

Allgemeine Ursachen haben so in Form der sich wandelnden Institutionen und Gesetze den Aufstieg, die Krise und den Verfall Roms bewirkt. Montesquieus „Über den Geist der Gesetze" verallgemeinert und differenziert diesen Grundgedanken. Danach liegen dem von den Völkern in großer Vielfalt erlassenen „positiven" Recht sowohl die gemeinsame Menschennatur als auch die jeweils besonderen geographisch-klimatischen Bedingungen, politischen Entscheidungen, Sitten, Charaktere und historischen Traditionen (*esprit des nations*) zugrunde, so daß sich in dem nur erschließbaren „Geist der Gesetze" die den jeweiligen Verhältnissen angemessene gemeinsame vernünftige Ordnung spiegelt bzw. spiegeln sollte.

2.2 Der „Geist der Gesetze" in Abhängigkeit von der Menschennatur *und* der jeweiligen Gesellschaft

Ausgangspunkt und Grundlage seiner Theorie ist die „Natur der Dinge", die sich in unterschiedlichen Typen von Gesetzen erfassen läßt, wobei der allen irdischen Dingen gemeinsame Gesetzesbegriff zunächst formal definiert wird: *Les lois [...] sont les rapports nécessaires qui dérivent de la nature des choses.*[18] („Die Gesetze [...] sind die notwendigen Beziehungen, die sich aus der Natur der Dinge herleiten."). Dabei seien drei Arten von Gesetzen zu unterscheiden: Die Gesetze erstens der körperlichen Welt sind unveränderlich, unmittelbar „mechanisch" zwingend und überall die gleichen im Universum; sie werden nach der „geometrischen" Methode erforscht. Die belebte Welt der Tiere sodann ist ebenfalls diesen Gesetzen unmittelbar unterworfen, die Individuen einer Spezies sind aber zusätzlich durch ein Band der Gefühle verbunden. Der Mensch schließlich als ein ebenfalls physisches und empfindendes Wesen folgt jenen Gesetzen zunächst in gleicher Weise. Als vernünftiges Wesen habe er aber Einsicht in die ihm von Natur aus in besonderer Weise gegebenen Gesetze und sei er mit der Fähigkeit ausgestattet, sie mit seinesgleichen den jeweiligen Umständen entsprechend in Form von staatlichen Gesetzen intelligent anzupassen. Als sensibles Wesen werde er allerdings leicht das Opfer seiner Leidenschaften, so daß er trotz der Religion und der Moral oft gegen die Gesetze seines Landes verstößt. Im Unterschied aber etwa zu Hobbes geht Montesquieu von einer gutartigen natürlichen Sozialität und Affektivität des Menschen aus. Denn

---

[17] Zitiert nach *A. Lagarde/ L. Michard* (Hg.): Collections littéraires. XVIII siècle. Kapitel XVIII, Paris 1961, 92.

[18] Erster Satz des Ersten Buchs „Allgemeine Gesetze" (Livre premier: Des lois en général), in: *Montesquieu*: De l'esprit des lois. Introduction et notes par P. Lemaire, Paris 1953, 20.

schon wegen seiner physischen Schwäche sei er als Individuum auf die Unterstützung durch die Gruppe angewiesen, wie umgekehrt freilich auch die Gruppe der Mithilfe, Solidarität und Unterstützung aller ihrer Individuen gegen die äußeren Feinde bedürfe. Das erste natürliche Gesetz der Gesellschaft sei danach der Frieden im Innern und das zweite ihre Verteidigung gegen Feinde von außen. Das dritte menschliche Naturgesetz sei das Gefühl der Zuneigung, der Sympathie und der Liebe zum Mitmenschen und das vierte schließlich der sprachliche Austausch des Wissens.

Entsprechend dieser insgesamt optimistischen Anthropologie, welche an die gemeinantike und besonders an die von Ciceros erinnert, nimmt Montesquieu an, daß der auf langer Erfahrung beruhende „Geist der Völker" sich in positiven Gesetzen äußert, ohne dabei die natürliche Grundlage zu verlassen. Denn:

> *La loi, en générale, est la raison humaine en tant qu'elle gouverne tous les peuples de la terre; et les lois politiques et civiles de chaque nation ne doivent être que les cas particuliers où s'applique cette raison humaine.*[19]

> Das allgemeine Gesetz ist die menschliche Vernunft, insofern sie es ist, die alle Völker der Erde regiert; und die politischen und bürgerlichen Gesetze jeglicher Nation können nichts anderes sein als die besonderen Anwendungsfälle dieser menschlichen Vernunft.

Das heißt, daß alle positiven Gesetze zwar in dem von Gott allen Völkern in gleicher Weise gegebenen und aufgegebenen „natürlichen" Vernunftgesetz gründen, ihre besondere Gestalt aber, in Einklang mit jenem höchsten Prinzip, von jenen physischen und geistigen Umständen abhängt, die traditionell in einem Volk vorherrschen. Nach Einschätzung von Montesquieu sind so entsprechend dem besonderen Geist der Völker und ihrer objektiven Lage sowohl die monarchistische als auch die aristokratische und die demokratische Herrschaftsform mit dem Naturgesetz vereinbar. Die Verpflichtung aller positiven Gesetze auf die eine Menschennatur artikuliert sich auch im Völkerrecht, denn es ermöglicht den einander zunächst fremden Völkern, Handels- und andere Beziehungen zu knüpfen. Die spezifischen Umstände, die den Geist der Menschen prägen und sich in den Gesetzen ihrer Länder ebenso spezifisch niederschlagen, umfassen – entgegen dem in der Montesquieu-Rezeption häufig nur zitierten Klimaeinfluß – fast die Totalität dessen, was wir heute mit den Begriffen der physischen Umwelt einerseits und der *Kultur* andererseits fassen:

> *Elles doivent être relatives au physique du pays, au climat [...], à la qualité du terrain, à sa situation, à sa grandeur, au genre de vie des peuples [...] ; elles doivent se rapporter au degré de liberté que la constitution peut souffrir, à la religion des habitants, à leurs inclinations, à leurs richesses, à leur nombre, à leur commerce, à leurs moeurs, à leurs manières. Enfin, elles ont des rapports entre elles; elles en ont avec leur origine, avec l'objet du législateur, avec l'ordre des choses sur lesquelles elles sont établies. C'est dans toutes ces vues qu'il faut les considérer.*[20]

> Sie [sc. die politischen und bürgerlichen Gesetze der Völker] müssen zunächst den physischen Umständen des Landes, des Klimas [...], der Beschaffenheit des Bodens, der [sc.

---

[19] ebd., 27.
[20] ebd., 15.

geopolitischen] Lage, seiner Größe, den Arten des Lebenserwerbs seiner Bevölkerung [...] entsprechen; sie müssen sich dann beziehen auf den Grad von Freiheit, den seine [jeweils vorfindliche] politische Verfassung erträgt, auf die Religion der Einwohner, auf ihre Neigungen, ihren Wohlstand, ihre Zahl, ihren Handel, ihre Sitten, ihre Umgangsformen. Schließlich haben die Gesetze untereinander Beziehungen: solche, die von ihrem Ursprung [sc. im Naturgesetz] herrühren, solche, die das Ziel des Gesetzgebers sind, und solche, die der Ordnung derjenigen Sachverhalte folgen, für die sie geschaffen werden. In jeder dieser Hinsichten gilt es sie zu bedenken.

2.3 Das mechanistische Bewegungsgesetz der Geschichte der Völker

Damit hat Montesquieu als einer der ersten bereits ein Bewegungsgesetz des historischen Wandels formuliert. Es ist ein mechanistisches Gesetz, das, wie das oben gegebene Zitat über das große welthistorische Exempel, den Aufstieg, die Krise und den Verfall des Römischen Reichs schon gezeigt hat, Staaten fast unabhängig vom konkreten Handeln der Herrscher entweder aufsteigen oder untergehen läßt, je nachdem, ob der die Gesetze und das Handeln inspirierende Geist dem Wandel der Verhältnisse in bestimmten historischen Situationen in angemessener und zweckmäßiger Weise Rechnung trägt oder nicht. Anders gesagt: Bestimmte Handlungen, Ereignisse und Zufälle kommen positiv wirkend nur dann zum Zuge, wenn jener *esprit* den Notwendigkeiten der jeweiligen historisch-gesellschaftlichen Lage entspricht. Dennoch handelt es sich in der Regel um eine sich positiv verstärkende Wechselwirkung zwischen Geisteshaltung, Gesetzen, Einrichtungen und politischem Handeln. Solange sich die physischen und demographischen Bedingungen nicht sehr ändern, kann auch der Geist gleichbleiben und tun die bisherigen Gesetze ihre wohltuende Wirkung. Die raschen Umschwünge der – mit einem neueren Begriff gesagt – Ereignisgeschichte sind aber für die Gesetze und ihren Geist eine ständige Herausforderung. Auch vermag ein neuer, „zukunftsträchtiger" Geist seinerseits auf die Gesetze und das Handeln einwirken. Es herrschen in der Geschichte also keine unveränderlichen Naturgesetze, jedoch Gesetzmäßigkeiten, also mittelfristig gültige Gesetze. Gesetzmäßigkeiten sind die den Kulturen des Menschen adäquaten Strukturprinzipien zwischen den zeitlosen Naturgesetzen einerseits und andererseits dem zufälligen, ungeordneten, chaotischen Wandel, den manche im historischen Wandel zu sehen glauben. Es bleibt aber immer eine labile, leicht zu störende Gleichgerichtetheit, da der Geist eines Volkes ein gleichsam natürliches Beharrungsvermögen hat und die institutionellen Gesetze ebenfalls sehr träge sind, sich aber schneller an neue Bedingungen anpassen, die Ereignisse aber von Tag zu Tag eine andere Richtung einschlagen können. Diese Geschichtstheorie wirkt durchaus schon modern.

Ein Punkt der Kritik ist allerdings aus heutiger Sicht, daß Montesquieu bei den Völkern jeweils *einen* bestimmten Geist, also *eine* allgemeine Ursache der Gesetzgebung und des politischen Handelns voraussetzt, wo es doch aktuell und erst recht während eines längeren Zeitraums immer nur ein in seiner Zielausrichtung schwankendes Ensemble widerstreitender Ideen, Haltungen und Handlungen gibt. Herder ist darin Montesquieu gefolgt und hat damit seinem Begriff des „Geistes der Völker" eine problematische Hypothek aufgebürdet.

2.4 Montesquieus Theorie in der staats- und geschichtstheoretischen Tradition

Montesquieu ist gewiß nicht in allen Punkten originell, sein umfangreiches Werk ist neben seiner klar exponierten Theorie auch ein großes, freilich kritisch siebendes Sammelbecken des anthropologischen, politischen und staatstheoretischen Denkens von der Antike bis zur damaligen Gegenwart, dann besonders auch ein Ausdruck des sich auf diesem Gebiet seit dem 17. Jahrhundert gewandelten Denkens in der ersten Hälfte des 18. Jahrhunderts und schließlich, weil dieses Werk sofort in alle europäischen Kultursprachen übersetzt und von allen Aufklärern rezipiert worden ist, ein klassischer Bezugspunkt bis heute nicht nur der Gesellschafts- , sondern auch der Geschichtstheorie.[21]

Was den geschichtstheoretischen Hintergrund Montesquieus betrifft, ist hier daran zu erinnern, daß er ältere Anregungen aufnimmt u.a. von dem französischen Staatsrechtler *Jean Bodin* (1530-1596), der in seiner „Methode zur leichten Erkenntnis des geschichtlichen Geschehens" (*Methodus ad facilem historiarum cognitionem*, 1566) schon klar die Vorstellung von einem gesellschaftlichen Fortschritt und einem gesetzmäßigen Verlauf der Geschichte in Abhängigkeit von den jeweiligen natürlichen und kulturellen Bedingungen formuliert, und von dem französischen Hofprediger *Jacques Bénigne Bossuet* (1627-1704), der in seiner „Abhandlung über die Universalgeschichte" (*Discours sur l'histoire universelle*, 1679/81) zwar den geschichtlichen Gesamtverlauf von göttlicher Vorsehung gelenkt, aber das Auf und Ab der Völker in der von den Völkern selbst gemachten Geschichte sah.[22]

Anregungen hat das Nachdenken über die Geschichte der Menschheit auch von den seit den 17. Jahrhundert in immer größerer Zahl angefertigten Berichten über die Kultur der zeitgenössischen Primitiven erhalten. Unter diesen ragt das Werk eines französischen Missionars hervor, das von *Joseph F. Lafitau* (1681-1746): *Moeurs des sauvages amériquains, comparées aux moeurs des premiers temps (Paris 1724)*.[23] Wie schon der Titel sagt, handelt es sich nicht bloß um Berichte über die Mohawk-Indianer Canadas, bei denen Lafitau Missionar war, sondern auch um einen anspruchsvollen Versuch, die Eigenheiten „seiner" Indianer mit denen systematisch zu vergleichen, die Herodot und andere in der Antike bei nicht-schriftkundigen Barbarenvölkern beschrieben hatten, und daraus auf die Kultur der menschlichen Ur- und Frühzeit zu schließen. Er arbeitet damit jener später formulierten universalhistorische Annahme vor, welche in den zeitgenössischen indigenen Kulturen Überbleibsel der Kindheit der Menschheit sieht.

---

[21] Hier ist ein vorausweisender Hinweis angebracht: Die nicht-französische Forschung hat bei ihrer Rezeption der Annales-Schule im 20. Jahrhundert kaum bemerkt, daß diese auf wesentliche Gedanken Montesquieus zurückgreift. Vgl. dazu Kap. 28.3.

[22] Noch weiter hätte Montesquieu zurückgreifen können, wenn ihm – wie dem Westen überhaupt – bereits die Muqaddima, d.h. „Einführung", des islamischen Gelehrten *Ibn Chaldun* (1332-1406) bekannt gewesen wäre, welche die kulturhistorische Bedingtheit der Menschenwelt in einer komplexen Theorie entfaltet. Vgl. die Ausführungen und Literatur dazu in Kapitel 9.3.3. Zeit und Ewigkeit im Islam.

[23] Eine Übersetzung in deutscher Sprache liegt seit 1752 (Halle) vor. Herausgegeben und kommentiert von H. Reim ist sie heute als Reproduck unter dem Titel: Die Sitten der amerikanischen Wilden im Vergleich zu den Sitten der Frühzeit, Leipzig 1987, zu haben. Vgl. zu diesem Werk und seiner Rezeption: Petermann 2004, 180-187.

2.5 Vico als Begründer der Theorie der Geschichte der Kultur

Einer nur noch historisch möglichen Dankesschuld kommt das Eingeständnis gleich, daß man den Rang des ersten Begründers des kulturhistorischen Denkens im Westen – vor Montesquieu – gerechterweise dem zu seiner Zeit und noch bis ins 19. Jahrhundert fast ganz unbekannt gebliebenen Italiener GIOVANNI BATTISTA VICO (1668-1744) zuerkennen muß. Erst die heutige Lektüre erlaubt uns zu sehen, daß sich in seinen „Grundzügen einer neuen Wissenschaft über die Natur der Völker" (*Princpji di una scienza nuova d'intorno alla natura delle nazioni*, 1725/1736/1744)[24] bereits alle zentralen Ideen finden, die die Theorie und Historiographie der Kultur später herausarbeitet. Zwar ist auch für Vico, wie für Montesquieu, der Schöpfer der Naturwelt weiterhin Gott. Die Kulturwelt insgesamt jedoch ist das Werk des Menschen und benötigt nicht mehr die „Hypothese Gott" (Laplace).[25] Und weil der Mensch selbst, und nicht Gott, ihr Schöpfer ist, versteht er diese nicht nur besser als die von Gott geschaffene Natur, sondern kann er sich auch die Vielfalt der „Völkerwelt" aus den unterschiedlichen Lebensbedingungen und aus ihrer je besonderen Geschichte besser erklären, und zwar auf der Grundlage eines gesetzmäßigen Wandels der Kultur nach den Gesetzen der menschlichen Vernunft. Die Geschichte wird dadurch zu einem Spiegel, in dem sich die Menschen selbst erkennen. In alledem wird Vico heute als der eigentliche Begründer der Kulturwissenschaft erkannt. Er ist es, der zu den beiden von Descartes angenommenen Welten, der Bewußtseinswelt (*res cogitans*) und der materiellen Welt (*res extensa*), die kulturelle Welt der Völker hinzufügt.[26] Vicos Werk ist so zugleich ein Versuch, die beiden zu seiner Zeit bedeutendsten Theorien der *Natur*gesetzlichkeit – die Descartes' und die Newtons – durch eine Theorie der *Kultur*gesetzlichkeit zu vervollständigen.

3. Voltaire:
Der gewundene Weg „von der Barbarei zur Zivilisation"

Den Begriff *philosophie de l'histoire* (1774) hat VOLTAIRE (1694-1778), der Aufklärer par excellence, geprägt. Dieser begrifflichen Prägung waren mehrere bedeutende historische Darstellungen aus seiner Hand vorangegangen: vor allem seine „Geschichte des Jahrhunderts Ludwigs XIV." (*Le siècle de Louis XIV*, 1751) und seine große universalhistorische Theorie und Abhandlung „Versuch über die allgemeine Geschichte und über die Sitten und den Geist der Nationen" (*Essai sur l'histoire générale et sur les moeurs et l'espit des nations*, 1756)[27]. Zum ersten Mal bezieht hier ein Denker des Okzidents die kulturelle Leistung des Alten Orients, der

---

[24] G.B. *Vico*: Die neue Wissenschaft über die gemeinschaftliche Natur der Völker, übersetzt und eingeleitet von Erich Auerbach nach der 3. Aufl. 1744 (1924), Reinbek 1966, davon die 2. Aufl. mit einem Nachwort von W. Schmidt-Biggemann, Berlin 2000.

[25] Grundsätzliches dazu bei *F. Fellmann*: Das Vico-Axiom: Der Mensch macht die Geschichte, Freiburg/München 1976.

[26] Vgl. dazu *F. Kittler*: Eine Kulturgeschichte der Kulturwissenschaft, München 2000, besonders S. 19-28.

[27] Bde. 10-13 von *Voltaire*, Oeuvres complètes. Ed. L. Moland. 50 t.s, Paris (1877-1883). Die theoretischen Grundlinien dieses umfangreichen Werks hatte Voltaire schon 1739 in einem „Abriß der allgemeinen Geschichte" (Abrégé d'histoire générale) niedergelegt.

Chinesen, der Inder, der Perser und der Araber in eine Universalgeschichte der Welt ein und zum ersten Mal schreitet hier ein Historiker-Literat im Einbezug des Gesellschaftlichen, Staatlichen, Rechtlichen, Technischen, Wissenschaftlichen, Religiösen und Künstlerischen den *ganzen* Horizont des Kulturellen, der Kultur also im modernen Sinne, ab. Diese Darlegung ist damit der erste Versuch einer umfassenden Geschichte der „Zivilisation". Im Enzyklopädie-Artikel „Mensch" (*Homme*, 1771) entwickelt Voltaire auch bereits eine Vorstellung des Weges, den die Menschen vom tiernahen Zustand über die „Barbarei" zur Zivilisation zurückgelegt hätten – wobei er das Zeitalter der Barbarei vor allem mit dem christlich-abendländischen Mittelalter identifiziert. Das Ziel seiner historischen Forschung hatte er zuvor schon im *Essai*[28] pointiert formuliert: „Ich will wissen, über welche Stufen die Menschheit von der Barbarei zur Zivilisation gelangt ist."[29] Das Fundament dieses Zivilisationsprozesses ist die überall und zu allen Zeiten gleiche Natur des Menschen. Diese Annahme steht auch bei ihm gerade nicht im Gegensatz zum historischen Denken, sie ermöglicht es vielmehr erst. Denn nur weil Voltaire den Geist und das sittliche Empfinden bei allen Menschen in gleicher Weise für eingepflanzt hält, kann er von einer bzw. der auf das Allgemeine abhebenden *„historie générale"* und von der *„philosophie de l'histoire"* sprechen. Die Voraussetzung des Allgemeinmenschlichen und seine Kenntnis setzt Voltaire instand, die ihm zur Verfügung stehenden Originalquellen und späteren Berichte über frühe Zeiten und ferne Länder nach dem Grad ihrer Authentizität einzuschätzen, nach dem, was (sehr) wahrscheinlich, was immerhin möglich und was unmöglich ist. Die feststellbaren Abstufungen zwischen den Kulturen erlauben ihm Etappen jenes Weges zur Zivilisation zu erkennen. In seiner skeptischen Grundhaltung sieht er den Weg und die Zukunft der Zivilisation gleichwohl wenig optimistisch, was ihn von den überwiegend einen gesellschaftlichen Fortschritt (*progrès*), wenn nicht gar eine Erlösung von allen Übeln auf Erden erhoffenden Aufklärern seiner Zeit unterscheidet. Denn nach seiner Meinung wird die Mehrheit der Menschen immer in Irrtümern und Affekten befangen bleiben und werden die Ideen der wirklich großen Geister oft unterliegen. Aber sie, die großen Geister, seien es, die letztlich die Geschichte machen, nicht die Könige. Voltaires berühmter satirischer Roman „Candide ou l'Optimisme" (1759)[30] ist so eine zugleich philosophische, kulturhistorische und existentiell gemeinte Widerlegung der These Leibniz', nach der sich die Welt in einer „prästabilisierten Harmonie" befinde und sie zudem die beste aller nur möglichen Welten sei. Philosophisch ist diese Widerlegung, weil sie am Beispiel des schrecklichen Erdbebens von Lissabon im Jahre 1755 alle Theodizee-Versuche ad absurdum führt; kulturhistorisch ist sie, weil Voltaire die geistige und politische Welt gerade nicht im harmonischen Gleichgewicht, sondern im Werden, in einem durch viele Rückfälle gekennzeichneten lang-

---

[28] XIII, a, p. 29.

[29] Freilich ist diese Grundvorstellung nicht wirklich neu. Sie findet sich philosophisch reflektiert bereits in Platons *Politeia*, ist danach zumindest implizit in vielen Staatsutopien enthalten und liegt z.B. auch Hobbes genetischer Begründung des „Leviathan"-Staats zugrunde – ganz abgesehen davon, daß fast alle Ursprungsmythen der Völker einen solchen (notwendigen) Weg von der Kulturlosigkeit über eine Katastrophe zur (immer gefährdeten) Kultur beschreiben.

[30] *Voltaire*: Candide. Neu übertragen von H. Studniczka, Hamburg 1957.

samen Fortschreiten begriffen sieht; existentiell ist sie, weil er die Welt der Individuen ständig von Leid gezeichnet sieht, Glück in ihr allenfalls temporär möglich ist und immer den täglichen Widrigkeiten abgerungen werden muß, weshalb es für den einzelnen das beste sei, sich aus ihr, besonders aus der großen Politik, zurückzuziehen und sich auf die „Bestellung des eigenen Gartens zu beschränken" („*Il faut cultiver son jardin.*").

Der Rückzug in den „eigenen Garten" ist bei dem Aufklärer Voltaire freilich von einer rastlosen Tätigkeit erfüllt. Bis zu seinem Lebensende, bis ins hohe Alter von 84 Jahren, korrespondiert der ungekrönte „Roi Voltaire" mit allen bedeutenden Geistern Europas, beteiligt sich an allen großen Diskussionen und interveniert als das intellektuelle und moralische Gewissen Europas bei zahllosen politischen, religiösen und Justizskandalen zugunsten der Benachteiligten und schuldlos Verurteilter. Nicht zuletzt aus der Erfahrung der Geschichte unterzieht er die Offenbarungsreligionen, in Sonderheit die römisch-katholische Kirche, und das absolutistische Regime Frankreichs von seinem Alterssitz nahe der schweizerischen Grenze aus einer schonungslosen Kritik, deren öffentliche Wirkung sich durch seinen beißenden und rhetorisch geschliffenen Spott noch erhöht.[31]

4. Die aufklärerische Entfaltung des historischen Denkens seit der Mitte des 18. Jahrhunderts.

Alle historische Theorie und Forschung der zweiten Hälfte des 18. Jahrhunderts steht in Europa unter dem Einfluß der Schriften der französischen Aufklärung. Ihr alles in allem progressistisch motiviertes historisches Denken wird einerseits in diesem Sinne in Frankreich selbst und in den anderen Ländern zum Ausgangspunkt weiterer universalhistorischer Ansätze und zur Grundlage ausgedehnter empirischer Forschung, erfährt andererseits zunächst durch Rousseau einen anderen Richtungssinn und dann durch Herder eine neue Begründung. Wegen der weitreichenden Wirkung werden ihre Ansätze in einem eigenen Kapitel 15 vorgestellt. Die gemeineuropäischen Linie des aufklärerischen historischen Denkens hingegen wird hier, wenn auch nur kurz und exemplarisch an einigen bedeutenden Werken des deutschen, englischen und französischen Forschungsraums, dargestellt.

Im deutschen Sprachraum[32] beginnt diese Geschichtsschreibung in Anlehnung an Voltaire und an die französischen Enzyklopädisten mit der progressiv angelegten universalhistorischen Schrift „Philosophische Mutmaßungen über die Geschichte der Menschheit" (1764/67) des Schweizers *Isaak Iselin* (1728-1782)[33]. Sie wird dann vor allem an der Universität Göttingen von zwei Forschern gepflegt, die aus

---

[31] Einen guten Überblick über die mit Voltaire beginnende Geschichtsphilosophie insgesamt geben: *I. Fetscher*: Geschichtsphilosophie, Lexikonartikel in: *Diemer/I. Frenzel* 1967, 76-95; *U. Dierse/G. Scholtz*: Lexikonartikel Geschichtsphilosophie, in: Hist. Wörterbuch der Philosophie, Bd. 3, 415 ff.; *H. Schnädelbach*: Philosophie und Geschichte, in: Goertz 1998, 598-620.

[32] Vgl. *H.E. Bödeker* u.a. (Hg.): Aufklärung und Geschichte. Studien zur deutschen Geschichtswissenschaft im 18. Jahrhundert, Göttingen 1986; *H.W. Blanke/D. Fleischer* (Hg.): Theoretiker der deutschen Aufklärungshistorie, 2 Bde., Stuttgart/Bad Canstatt 1990; Simon 1996, 89-97.

[33] Vgl. *U. Sommer*: Geschichte als Trost. Isaak Iselins Geschichtsphilosophie, Basel 2003. Zu Herders Erwiderung auf diese Geschichtsphilosophie vgl. Kapitel 15.2.1.

den randständigen historischen Studien in der Artistenfakultät ein eigenständiges Fach im Sinne einer „Universalhistorie" machen wollen: *Johann Christoph Gatterer* (1727-1899), der diese Intention programmatisch vorträgt und das erste Historische Institut 1766 gründet, und *August Ludwig Schlözer* (1735-1809), der eine ähnliche „Vorstellung der Universal-Historie" (Göttingen 1773) vorträgt und eine „Weltgeschichte nach ihren Haupt-Teilen im Auszug und Zusammenhange" (Göttingen 1785) verfaßt. In diese Pionierreihe deutscher Historiker vom Fach gehört auch der von einer Lebensalteranalogie mit acht starren Zeiträumen ausgehende „Versuch einer Geschichte der Kultur des menschlichen Geschlechts" (1782) von *Johann Christoph Adelung* (1732-1806). Gemeinsam ist diesen Versuchen, daß sie die Geschichte als einen Prozess verstehen, der im wesentlichen von den universalen elementaren Bedürfnissen und Fähigkeiten der Menschen angetrieben, von den Menschen entweder zum Besseren oder zum Schlechteren gewendet wird – „Geschichte im Ganzen ist Veredelung und Verschlimmerung, Fortgang, Stillstand und Rückfall zugleich."[34] und so zur Zukunft hin offen ist.

In *England* und *Schottland*[35] ist, nachdem von ihren Denkern in der ersten Hälfte des 18. Jahrhunderts wichtige Anregungen für die Aufklärung gekommen waren, die Hinwendung zur Erforschung der Geschichte dann eher zögerlich. Als eine im Geist der Aufklärung verfaßte und auf Quellenstudium beruhende größere Geschichtsdarstellung kann in England erst die sechsbändige *History of England* (1754-63) des philosophisch den Empirismus vertretenden Philosophen DAVID HUME (1711-1776) angesehen werden. Diese Geschichte ist von *law and liberty*, von Tatsachen und moralischen Idealen, von Menschlichkeit, Toleranz, Wohlwollen und Freundschaft und erkenntnistheoretisch von Skepsis gegenüber allen Wahrheitsansprüchen geprägt, trägt aber zur *Theorie* der Geschichte wenig bei. Der eigentliche Begründer der englischen Historiographie und Philosophie der Geschichte auch im Hinblick auf die universalhistorische Reflexion der Entstehung und Entfaltung der Kultur, ist dann, noch später, EDWARD GIBBON (1737-1794), der in seinem inhaltlich, methodisch und stilistisch bis heute viel beachteten Werk *The History of the Decline and Fall of the Roman Empire* (1776-88)[36] Fäden von Montesquieu aufnimmt, den Niedergang Roms seit dem 2. Jahrhundert aus einer wertenden Perspektive beschreibt und dabei dem Christentum – in den berühmten 14. und 15. Kapitel – die Hauptschuld dafür gibt. Im französischen und englischen Überschneidungsfeld entsteht zur gleichen Zeit die *politische und historische Ökonomie*. Die Gruppe der sog. *Physiokraten* in Frankreich sieht im Grundbesitz von Eigentümern und in der Bearbeitung des Bodens und in der gewerblichen Produktion durch die arbeitende Klasse den Ursprung des gesellschaftlichen Reichtums. Den eigentlichen Beginn des modernen wirtschaftstheoretischen und -geschichtlichen Denkens markiert dann ADAM SMITH

---

[34] Zitiert nach *G. Buck*: Selbsterhaltung und Historizität, in: Koselleck/Stempel 1973, 30.
[35] Zur schottischen Aufklärung vgl. Petermann 2004, 237-250.
[36] *E. Gibbon*: Verfall und Untergang des römischen Imperiums. Bis zum Ende des Reiches im Westen (engl. History of the Decline and Fall of the Roman Empire, 1772-88), aus dem Englischen von M. Walter und W. Kumpfmann. Sechs Bände, München 2004. Vgl. *J. G. Pocock*: Barbarism and Religion. 4 vol., Cambridge 1999-2005.

(1723-1790) mit seiner „Untersuchung der Natur und der Ursachen des Reichtums der Nationen" (*An Inquiry into the Nature and the Causes of the Wealth of Nations*, London 1776).[37] Nach seinem Verständnis schafft den Reichtum nicht die merkantilistische Planwirtschaft des Staates, sondern die „unsichtbare Hand" des im Rahmen der Arbeitsteilung und eines freien Marktes praktizierten Eigennutzes der vielen Individuen im Staat.[38] Dieser Klassiker des wirtschaftspolitischen Liberalismus ist auch für die Theorie der Geschichte grundlegend. Denn Smith bettet sein Thema in eine philosophisch begründete umfassende Kulturgeschichte der Menschheit ein. Schon im Titel kommt der für die Aufklärung charakteristische wechselseitige Bezug von der Natur der Dinge und der geschichtlichen Verkettung von Ursachen und Wirkungen zum Ausdruck. Da, wo der Staat den Bürgern einer Zivilgesellschaft möglichst viel Freiheit gewährt und nur für die öffentlichen Aufgaben der Verteidigung, des Verkehrs und der Bildung und die Sicherung eines Rechtsraums sorgt, gedeiht die Wohlfahrt, während alle Regulierung von oben in den wirtschaftlichen Ruin führt.

Zu erwähnen ist in diesem Zusammenhang auch die im ganzen 18. Jahrhundert viel gelesene, freilich auch viel kritisierte Schrift des Engländers französisch-holländischer Abstammung *Bernard de Mandeville* (1670-1833): *The Fable of the Bees or Private Vices, Publick Benefits* (1714/1729)[39], die in der satirischen Form einer Bienenfabel zu zeigen versucht, daß privater Egoismus und Luxus das Gemeinwesen blühen lassen und öffentliche Wohlfahrt schaffen, während tugendhaftes und sparsames Verhalten der Einzelnen zu öffentlicher und damit auch privater Armut führt, wobei der Freidenker *und* Moralist Mandeville den Egoismus und Luxus beim Namen „Laster" nennt, also nicht dem ungenierten „Bereichert euch" späterer Wirtschaftsliberaler das Wort redet. Ein noch wichtigerer Vordenker Smiths und allgemein des wirtschaftsgeschichtlichen Denkens ist der französische Baron (und spätere Finanzminister Ludwigs XVI.) *A.R. Turgot* (1727-1781). Für ihn besteht in seinem „Plan de deux discours sur l'histoire universelle" (Paris 1753)[40] die Zivilisation darin, daß die Völker von Generation zu Generation ihre Subsistenzbedingungen verbessern und dadurch – in der menschheitsgeschichtlichen „Stufenleiter" von Jagd, Hirtentum, Ackerbau und Handel und Gewerbe – zugleich den soziokulturellen Fortschritt bewirken. Ähnlich wie sich der Einzelmensch im Laufe seines Lebens vervollkommnet, so steige die Menschheit von Stufe zu Stufe zu einem höheren Grad der Perfektion auf. Während man früher in Geschichte vor allem die Wiederholung gesehen habe, verstehe man jetzt, daß ihr Prinzip, ihr natürliches Gesetz „Fortschritt" sei.

Vom enzyklopädischen Pathos des Fortschritts durch die Wissenschaften und das Studium der historischen Irrwege der Menschheit bleiben trotz Rousseaus Kulturkritik die meisten französischen Aufklärer erfüllt. Auf dem Höhepunkt der Französ-

---

[37] *A. Smith*: Der Wohlstand der Nationen. Hg. H.C. Recktenwald, München 1978.
[38] Anregungen hat Smith auch von seinem Landsmann *A. Furguson*: An Essay on the History of Civil Society, Edinburgh 1767, erhalten.
[39] *B. de Mandeville*: Die Bienenfabel. Hg. W. Euchner, Frankfurt 1968.
[40] Auf deutsch unter dem Titel „Grundriß über die Universalgeschichte" in: *A.R.J. Turgot*: Über die Fortschritte des menschliches Geistes, hg. von J. Rohbeck und L. Steinbrügge, Frankfurt 1990.

sischen Revolution bringt etwa ANTOINE DE CONDORCET (1743-1794) in seinem „Entwurf einer historischen Darstellung der Fortschritte des menschlichen Geistes"[41] (*Esquisse d'un tableau historique des progrès de l'esprit humain*, 1793) die von vielen seiner Landsleute geteilte Auffassung zum Ausdruck, daß der technische und der gesellschaftliche Fortschritt durch die Aufklärung der Geister unaufhaltsam sei. Im Unterschied aber zu den großen Initiatoren der Aufklärung, zu Montesquieu, für den der historische Wandel bei einzelnen Völkern auch abwärts führen kann, zu Voltaire, der den unaufhaltsamen Fortschritt umweghaft und mit viel Leid und vielen Rückschlägen verbunden sieht, und erst recht zu Rousseau, der bereits den Eintritt der Menschheit in den gesellschaftlichen Stand für eine im Prinzip nicht mehr korrigierbare Fehlentwicklung, für einen gleichsam säkularen Sündenfall hält, geschieht für Condorcet der menschheitsgeschichtliche Fortschritt von seinen ersten Anfängen her in zehn Entwicklungsstadien des menschlichen Geistes streng linear in der Art eines naturgesetzlich verlaufenden Prozesses, weshalb, wie F. Schupp schreibt: „Die Vorstellung von ‚Fortschritt' nimmt jetzt die Stelle ein, die früher einmal jene der ‚Vorsehung' innegehabt hatte.".[42]

5. Umrisse einer Theorie der Geschichte der menschlichen Kultur um die Mitte des 18. Jahrhunderts

Was ist das Ergebnis des durch die gemeineuropäische Aufklärung im frühen und fortgeschrittenen 18. Jahrhundert bewirkten Denkens für die Theorie der Geschichte? Es läßt sich vielleicht in dem Satz zusammenfassen, daß die damalige Aufklärung zwar noch keine systematisch begründete und ausformulierte Theorie der Geschichtlichkeit der Kultur und ihrer Erforschung und historiographischen Darlegung entwickelt hat – eine solche wird erst J. G. Droysen in seiner „Historik" in der Mitte des 19. Jahrhunderts schreiben (können) – , sie aber die entscheidenden Weichenstellungen zu einer solchen getätigt hat. Wie die Aufklärung allgemein in vieler Hinsicht den Beginn einer neuen Zeit, den der Moderne, markiert, so setzt sie sich auch in ein prinzipiell neues Verhältnis zur Tradition und revolutioniert auch wissenschaftsmethodisch den Zugang zur Geschichte. Das soll noch einmal in fünf Punkten kurz zusammengefaßt werden.

5.1 Das neue Interesse an der Geschichte

Der erste Punkt ist, daß die auf die Reform der gegenwärtigen Verhältnisse gerichtete aufklärerische Tätigkeit sich argumentativ ganz wesentlich auf die Erfahrung der Geschichte stützt. Dabei ist die Geschichte nicht nur die „Lehrmeisterin des Lebens" (Cicero), gibt sie nicht nur die nachzuahmenden und die abschreckenden Beispiele für das gegenwärtige Handeln ab, sondern ist im positiven wie im negativen Sinn auch jene Macht, die die Gegenwart beherrscht und die es zu durchschauen gilt, wenn man diese zur Zukunft hin verändern will. Dabei wollen die Aufklärer nicht mehr wie etwa Bacon, Descartes oder Hobbes im 17. Jahrhundert die Tradition gleichsam ausradieren und dann das Wissensgebäude und die Gesellschaft noch

---

[41] Hg. *W. Alff*, Frankfurt 1963.
[42] Schupp 2003, Bd.3, 294.

einmal ganz neu errichten. Sie sind vielmehr davon überzeugt, daß die Geschichte sie in den inneren Mechanismus der Existenz und des Wandels der menschlichen Gesellschaft und Kultur blicken läßt und ihnen damit den Schlüssel zu ihrer Verbesserung an die Hand gibt.

5.2 Das Festhalten an der gemeinsamen Natur des Menschen

Dieser Optimismus wird – und dies ist der zweite Punkt – genährt durch das freundliche Bild, das man sich von der einen und zugleich zu Vielfältigem fähigen Natur des Menschen macht. An ihr als allgemeiner Grundlage der menschlichen Individualität und Sozialität festzuhalten, fällt ihnen leicht, weil diese Natur nicht mehr durch den Sündenfall verderbt erscheint und auch nicht mehr säkular von Grund auf für bloß egoistisch und aggressiv, wie es etwa Hobbes annimmt, gehalten wird. Sie wird vielmehr für ursprünglich kooperativ, konstruktiv, gesellig, mitfühlend, plastisch, bildsam und belehrbar eingeschätzt. Man studiert sie deshalb und will den Menschen „philanthropisch" in ihren Schwächen und Irrtümern beistehen. Deshalb nimmt man die Methoden der Naturwissenschaften auch zum Vorbild in den Wissenschaften vom Menschen. Ihr Erkenntnisfortschritt soll sich auch im Humanen einstellen.

5.3 Die durch die Zeit unumkehrbar veränderte Kultur

Der dritte Punkt ist, daß von nun an die Menschengeschichte als ein großer, sich in der Zeit unumkehrbar fortbewegender Zusammenhang betrachtet wird. Dem liegt die Auffassung zugrunde, daß die in der Zeit zu beobachtenden Veränderungen in der Menschenwelt nicht nur Variationen des Immergleichen oder zyklisch aufeinanderfolgende Phänomene sind und die Zeit diese bloß äußerlich begleitet, sondern die Zeit in den Dingen selbst, im Körper und im Geist der Menschen, in ihren kulturellen Hervorbringungen und in ihrem gemeinschaftlichen Handeln wirkt, daß Geschichte also kein Oberflächen-Phänomen, sondern ein konstitutives Moment der Kultur selbst ist. Indem das irdisch-menschliche Geschehen von nun an nicht mehr allein von naturgegebenen Voraussetzungen und individuellen Entscheidungen bestimmt erscheint, sondern sich nach ihm immanenten individuellen Gesetzmäßigkeiten und Regeln autonom weltverändernd in die Zukunft hinein bewegt, wird es bereits im modernen Sinn historisch gedeutet. Erst jetzt beginnt man zu verstehen, daß und warum menschliche Individuen und Gesellschaften ein unverwechselbares, unwiederholbares und sich aus eigenen Ursprüngen und Verläufen speisendes Schicksal haben.

5.4 Der im wesentlichen von der menschlichen Vernunft bewirkte geschichtliche Wandel der Kultur

Der vierte Punkt ist, daß trotz unterschiedlichster Deutungen des Geschichtsprozesses das von der menschlichen Vernunft angeleitete Denken, Wollen, Schaffen und Handeln als Motor des historischen Prozesses betrachtet wird. Wenn die Haupt- und Staatsaktionen der Herrscher auch die politische Geschichte bestimmen und dadurch in das Schicksal ihrer Völker und das Leben der Individuen mit guten oder schlechten Folgen eingreifen, so artikuliert sich die große Menschheitsgeschichte doch in dem jedem Menschen im Prinzip gegebenen *bon sens* und glaubt sich das aufgeklärt- vernünftige Bürgertum als Repräsentant eines künftigen allgemeinen Menschenstandes zum Sprecher jenes Menschenverstandes berufen.

5.5 Prävalenz der Naturgesetzlichkeit oder der Kulturgeschichtlichkeit?

Gleichwohl sind – und das ist der fünfte und letzte hier genannte Punkt – Zweifel angebracht, ob der Großteil der Aufklärer Europas und dann auch der Dichter und Denker der literarischen Klassik und des philosophischen Idealismus in Deutschland wirklich schon der Kultur der Menschen einen gleichberechtigten Status neben dem der Natur des Menschen zuerkannt und die zur Zukunft hin offene Geschichtlichkeit der Kultur von der (anscheinend) zeitindifferenten Naturgesetzlichkeit der menschlichen Lebensformen abgehoben hat. Die Unsicherheit rührt zum einen daher, daß es noch keine klare Vorstellung von der „Kultur" des Menschen im Sinne der seine (biologische) Natur mit prinzipiell anderen Mitteln fortsetzenden Nicht-Natur geben hat. Der Wissensstand des 18. Jahrhunderts reichte für eine derartige Klärung nicht aus, zumal die Abgrenzung der Natur von der Kultur im Menschen im universal- wie im lebensgeschichtlichen Prozeß bis heute in den Humanwissenschaften in wichtigen Aspekten umstritten ist.

Erstaunlicherweise scheinen die Aufklärer weniger Schwierigkeiten gehabt zu haben, die Geschichtlichkeit des Universums und der belebten Natur anzuerkennen als die der Kultur des Menschen. Lange vor Lamarck und erst recht vor Darwin und den modernen Annahmen von der Geschichtlichkeit des Universums, formuliert Diderot schon 1769 im „Rêve d'Alembert" eine Art materialistischer Naturgeschichte im modernen Sinne:

> *Mettez à la place de Dieu [...] une matière sensible et vous avez tout ce qui s'est produit dans l'univers depuis la pierre jusqu'à l'homme.*[43]
> Setzt an die Stelle von Gott [...] eine sensible [i.S. von reaktionsfähige] Materie und ihr habt alles, was sich herausgebildet hat vom Stein bis zum Menschen.

Zum andern verbindet die meisten Historiker die Vorstellung, daß die Menschheitsgeschichte gerichtet, zumeist im Sinne des Fortschritts, und eben nicht zur Zukunft hin wirklich offen ist. Zwar läßt man Gott nicht mehr in das aktuelle Geschehen auf der Erde eingreifen. Aber er bleibt auch bei den theistischen Gegnern der Offenbarungsreligionen und den Vertretern einer deistischen Vernunftreligion in dem Sinne Herr der Geschichte, als er bzw. die „Gott-Natur" dem Menschengeschlecht bei seiner Erschaffung ein Fernziel aufgegeben hat, das es in der Zeit verwirklichen muß. Das wiederum charakterisiert auch die universalhistorische Konzeption von Herder.

Schließlich aber haben die meisten Aufklärer und Theoretiker und Forscher der Geschichte schon in dem modernen Sinne „historistisch" gedacht, wie es Montesquieu in seiner *Préface* zu *De l'esprit des lois* an einem Beispiel umschreibt:

> Quand j'ai été rappelé à l'antiquité, j'ai cherché à en prendre l'esprit, pour ne pas regarder comme semblables des cas réellement différents de ceux qui paraissent semblables.[44]

---

[43] Lagarde/Michard 1961, 217.
[44] Montesquieu, Paris 1953, 17 f.

Immer wenn ich an die Antike erinnert worden bin, habe ich mich bemüht, deren Geist zu ergreifen, um nicht Fälle für gleichartig zuhalten, die sich wirklich von denen unterscheiden, die offensichtlich gleichartig sind.

Damit will er sagen, daß sich der Historiker bemühen muß, das geschichtliche Geschehen aus seiner Zeit zu verstehen und dabei soweit wie möglich von den Vorstellungen und Vorurteilen seiner eigenen Zeit abzusehen, damit die Differenz zwischen nur Gleich-Scheinendem, aber nicht Gleich-Seiendem nicht verwischt wird und nur die strukturellen Gleichartigkeiten zur Erklärung des historischen Wandels herausgearbeitet werden.

15. Rousseau und Herder:
„Bildung" als Integrationsbegriff des historischen Denkens

1. Rousseau: Kultur- und Gesellschaftskritik
   aus menschheits- und lebensgeschichtlicher Perspektive   267
2. Herder: Die Geschichte des Menschen und der Völker als Bildung zur Humanität   274
3. Individual-(bzw. Lebens-), Kultur- und Naturgeschichtlichkeit:
   Der genetisch-organische Grundgedanke der Geschichtlichkeit der Welt   282

Das sich herausbildende neue historische Denken ist von der Mitte des 18. Jahrhunderts an in ganz Europa stark von den Schriften Montesquieus und Voltaires und der französischen Enzyklopädie geprägt worden. Einen nochmals kräftigen Schub und eine Neuakzentuierung erhält dieses Denken durch die Schriften des vielseitigen Autodidakten Rousseau, zunächst durch seine universalhistorisch begründete radikale Kultur-, Gesellschafts- und Staatskritik, dann durch die damit verbundene, auf den zeitlich sehr viel engeren Rahmen des Lebenslaufs der Individuen bezogene Entdeckung der Lebensgeschichtlichkeit des Menschen und schließlich durch die in seinen autobiographischen Schriften angestoßene „Geschichte des Seelischen". Deutschland nimmt diese rousseauschen wie auch jene anderen progressistischen Vorstellungen besonders intensiv auf und entwickelt im engen Zusammenwirken von Literaten, Philosophen, Theologen, Pädagogen und ersten Historikern von Beruf seit den 1760er Jahren eine relativ eigenständige Theorie des Historischen. Dazu haben zunächst einige Schriftsteller, Kunsttheoretiker und Philosophen der Aufklärung und des Sturm und Drang, dann in je spezifischer Weise Goethe und Schiller in Dichtung und Reflexion und schließlich der von Anfang an alle anderen in dieser Hinsicht überragende Theologe, Schriftsteller und vielfältige Denker Herder beigetragen. Das Werk des letzteren begründet die moderne Kulturanthropologie, Sprachphilosophie und Humanitätsphilosophie aus der vermuteten Geschichte der Menschheit. Rousseaus und Herders Ansätze strahlen auf ganz Europa aus und sind bis heute geeignet, bestimmte historisch-anthropologische Grundpositionen zu klären und gegeneinander abzugrenzen. Ihnen gemeinsam ist ein genetisch-organisches Bildungs- und Geschichtsdenken, das potentiell auch die Naturgeschichtlichkeit einschließt. Das ist der Grund, weshalb hier in einem gemeinsamen Kapitel das Werk beider und das sich daraus in Umrissen bereits zeigende integrative Konzept der Individual-, Kultur- und Naturgeschichtlichkeit etwas ausführlicher vorgestellt wird.

1. Rousseau: Kultur- und Gesellschaftskritik
aus menschheits- und lebensgeschichtlicher Perspektive

Der Beitrag von JEAN-JACQUES ROUSSEAU (1712-1778) zur Ausbildung des historischen Denkens ist kaum zu überschätzen. Mehr noch als Voltaire hat dieser Genfer Bürger mit seinen den Ursachen und Entwicklungen kultureller Erscheinungen nachforschenden, thematisch breit gestreuten, stilistisch-literarisch vielfältigen, bekennerischen und zur radikalen Umkehr in der Lebensführung aufrufenden und herausfordernden Schriften die Zeitgenossen zu Zustimmung und Widerspruch und damit auch zur Revision, Weiterentwicklung und allemal zur Auseinandersetzung mit der bisherigen Tradition angeregt. Ausgangspunkt und zugleich universeller Schlüssel zur Erklärung des in der gesellschaftlichen Existenz als Problem erfahrenen Lebens ist der in seiner Sicht verunglückte Verlauf der Menschheitsgeschichte. Danach habe der zivilisatorische Fortschritt die Menschen von ihrer guten Natur entfremdet, sie schlecht gemacht und ihnen viele Übel gebracht. Diese Grundannahme ist freilich nicht so revolutionär, wie es vielen seiner Zeitgenossen erschienen ist. Denn die Kritik der vorfindlichen Kultur ist von Anfang an auch ihr Begleiter gewesen. Rousseau hat deshalb zahlreiche historische Fäden von jenen Autoren aufnehmen können, die zu ihrer Zeit religiöse, weltanschauliche, ideelle, gesellschaftliche, anthropologische oder lebensreformerische Gegenmodelle zur jeweiligen Weltsicht entworfen haben. Hierzu gehören vor allem Elemente der frühneuzeitlichen und frühaufklärerischen Staatstheorie und deren antikes Fundament im griechischen Polisdenken und in der Verfassung der römischen Republik. Hervorzuheben sind hinsichtlich der ideellen Begründung des Staats seine Orientierung an Platons Politeia-Denken, hinsichtlich der Entstehung des Staats sein Rückgriff auf das vertragstheoretische Denken Hobbes' und hinsichtlich der Funktionen des Staats und der Legitimation seiner Gewaltausübung die Bekräftigung der aufklärerisch-naturrechtlichen Vorstellungen von der prinzipiellen Freiheit und Gleichheit aller Menschen einerseits und der notwendigen Unterwerfung des Willens aller einzelnen unter einen gemeinsamen Willen andererseits. Von den vielen bis heute wirkenden Anregungen Rousseaus werden im folgenden freilich nur diejenigen thematisiert, die seine Gesellschaftskritik und Anthropologie in einem historisch-genetischen Licht erscheinen lassen.[1]

1.1. Vom natürlichen zum gesellschaftlichen Stand:
Die „verunglückte" Menschheitsgeschichte

Nach Rousseau hätten sich die Menschen in urgeschichtlicher Zeit in einem nichtgesellschaftlichen, bloß familialen Naturzustand befunden, in welchem sie sich selbst versorgt und mit dem bloß Lebensnotwendigen zufrieden gegeben hätten und deshalb glücklich, frei und unabhängig gewesen seien. Erst als Einzelne aus Eigensucht (amour propre) Besitzansprüche auf ein bestimmtes Stück Land angemeldet und es durch Zäune abgegrenzt hätten und es als ihr Eigentum auch öffentlich durch

---

[1] Die neuere kritische Ausgabe der Werke Rousseaus sind die von B. Gagnebin und M. Raymond besorgten Oeuvres complètes de Jean-Jacques Rousseau, 5 t.s, Paris 1959/1969 [Abk. Oe. c.]. Eine reichhaltige Auswahl der Werke in deutscher Übersetzung sind: Werke in vier Bänden, Zürich/München ²1996; und: Kulturkritische und politische Schriften, hg. M. Fontius, 2 Bde., Berlin 1989. Aus der unüberschaubaren Literatur über Rousseau allgemein und über seine kulturhistorische Theorie im besonderen wird hier nur auf die Arbeiten verwiesen, die Fragestellungen der Kultur- und Lebensgeschichtlichkeit des Menschen besonders klar darstellen: *M. Rang:* Rousseaus Lehre vom Menschen (1959), Göttingen ²1965; *M. Rang:* „Einleitung" zu J.-J. Rousseau: Emile oder Über die Erziehung", Stuttgart 1976, 5-97; *I. Fetscher:* Rousseaus politische Philosophie (1960), Frankfurt 1975; *J. Starobinski:* J.-J. Rousseau – Eine Welt von Widerständen (frz. (1961), München 1988; R. Bubner u.a. (Hg.): Rousseau und die Folgen, Göttingen 1989. *R. Müller:* Anthropologie und Geschichte. Rousseaus frühe Schriften und die antike Tradition, Berlin 1997.

Gesetze anerkannt haben wollten, sei die Menschheit in der Status der Gesellschaftlichkeit eingetreten, seien Staaten gegründet worden und wären die Menschen in ein System wechselseitiger Abhängigkeit geraten und wäre durch ungleiche Besitzansprüche die gesellschaftliche Ungleichheit von Reichen und Armen und von Mächtigen und Ohnmächtigen entstanden. Durch die Produktion überflüssiger Luxusgüter und die Weckung immer neuer Begehrlichkeiten seien die Menschen zudem böse und unglücklich geworden und habe alsbald ein Zustand allgemeiner gesellschaftlicher Korruption und individueller Amoral um sich gegriffen, der historisch auch nicht durch die Zivilisation korrigiert, durch sie vielmehr noch verschlimmert worden sei.[2]

Zu dieser kultur- und gesellschaftskritischen Einschätzung war Rousseau bei der Beantwortung zweier 1749 und 1755 von der Akademie von Dijon gestellten Preisfragen gekommen, nämlich erstens, „ob die Wiederherstellung der Wissenschaften und Künste dazu beigetragen habe, die Sitten zu verbessern" *(Si le rétablissement des Sciences et des Arts a contribué à épurer les moeurs),*[3] und zweitens, was „der Ursprung der Ungleichheit der Lebensbedingungen zwischen den Menschen ist, und ob sie durch das Naturrecht begründet ist" *(Quelle est l'origine de l'inégalité est des conditions parmi les hommes; et si elle est autorisée par la loi naturelle)*[4]. Seine Antwort auf die erste Frage ist, daß die Wissenschaften und Künste ganz im Gegenteil die allgemeine Sittenverderbnis erst herbeigeführt haben, auf die zweite, daß der Besitz an Land und an Gütern, das Streben danach und die Weitergabe des Eigentums im Erbgang die Quelle aller sozialen Ungleichheit sei.

In den beiden Grundschriften des Jahres 1762: „Emil oder Über die Erziehung" *(Emile ou de l'éducation)*[5] und „Vom Gesellschaftsvertrag" *(Du contrat social)*[6] hat Rousseau dann ausführlicher begründet, inwiefern der von den meisten Aufklärern für einen Fortschritt gehaltene Weg von der Natur zur Kultur in Wahrheit eine Fehlentwicklung der Menschheit sei, die nur durch eine radikale Richtungsänderung in ihren Folgen abgemindert werden könne. Zwar sei den Menschen wegen der nicht mehr aufhebbaren Wirkung der bisherigen Geschichte eine Rückkehr zum Naturzustand verwehrt, im gesellschaftlichen Zustand gäbe es aber immerhin zwei Wege der Korrektur. Der eine geschehe durch eine „natürliche Erziehung", welche sie lehren könne, die natürlichen Bedürfnisse und die dinglichen Erfordernisse in ein Gleichgewicht zu bringen, so daß sie zu moralisch handelnden und glücklich

---

[2] Die Grundzüge dieser Deutung i.S. einer Verfallsgeschichte der menschlichen Gesellung und Staatlichkeit finden sich bereits bei *Platon* (Politeia, Gründung der Stadt, 358 ff., in Buch 2).

[3] Discours sur les sciences et les arts. Premier discours, 1750; dt. in: *J.-J. Rousseau*: Über Kunst und Wissenschaft. Über den Ursprung der Ungleichheit unter den Menschen. Mit Einleitung, Übersetzung und Anmerkungen von K. Weigand, Hamburg 1955, 1–59.

[4] Discours sur l'origine et les fondements de l'inégalité parmi les hommes. Deuxième Discours, 1754; dt. in: ebd., 61–269.

[5] Unter den vielen Übersetzungen des „Emile" ins Deutsche ist die von M. Rang herausgegebene und von E. Sckommodau besorgte zu empfehlen (s.o.).

[6] Der vollständige Titel lautet: Du contrat social ou principes du droit politique. Eine neuere Übersetzung ist die von H. Brockard herausgegebene Fassung: Vom Gesellschaftsvertrag oder Grundsätze des Staatsrechts, Stuttgart 1983.

in ihren Familien lebenden Menschen würden, zu Menschen, die sich durch Arbeit die Grundlage eines einfachen, aber auskömmlichen Lebens auf dem Lande verschafften und die Früchte der Natur und der Bodenbearbeitung mit allen ihren Sinnen maßvoll nutzten. Der andere, den ersten ergänzende Weg bestehe darin, daß die Menschen zur Gründung eines neuen Staats einen Gesellschaftsvertrag abschlössen, der sie zu Bürgern einer Republik der Freien und Gleichen mache. Dieser Vertrag müsse so beschaffen sein, daß ihm alle Bürger in völliger Gleichheit und in völliger Entscheidungsfreiheit zustimmen könnten. Das aber sei dann möglich, wenn diese „Übereinkunft" (convention) erstens eine rechtliche Gleichbehandlung aller Menschen im Staat vorsehe, zweitens das staatliche Handeln immer nur das Wohl der Allgemeinheit und damit letztlich auch das aller einzelnen zum Ziel habe und drittens sich alle Bürger der sie repräsentierende Regierungsgewalt unterwürfen und so die Existenz des Staates dauerhaft und die Sicherheit seiner Bürger gewährleistet wäre.

Nur durch solch einen auch alle künftigen Generationen bindenden Vertrag werde es möglich sein, den „Willen aller" *(volonté de tous)*, d.h. den eigensüchtigen Willen der vielen im bisherigen gesellschaftlichen Zustand korrumpierten Individuen, in einen „allgemeinen Willen" *(volonté générale)*, d.h. in einen vernünftigen und sozialzuträglichen Willen, umzuwandeln. Die Einsicht in die Notwendigkeit, den Eigenwillen im Interesse des gemeinsamen Wohls an den Staat abzutreten und die Artikulation und die Durchsetzung des allgemeinen Willen nur noch den wenigen – allerdings durch Wahl legitimierten und durch wiederholt einberufene Volksversammlungen kontrollierten – Mitgliedern der Regierung zuzustehen, mache sie zu gesetzestreu, friedlich und moralisch handelnden Bürgern.

Mit dieser Gesellschafts- und Geschichtstheorie hat Rousseau zwar kaum zur Erforschung historischer Gebilde beigetragen, aber einerseits einen starken Einfluß auf das auf Vernunft und Gewalt gegründete totalitäre Staatsverständnis von der französischen bis zur sowjetischen Revolution ausgeübt[7], andererseits nicht unwesentlich die nach seinem Tode bis heute beschrittenen Wege zu demokratischen Verfassungen und Staatstheorien bestimmt. In beiderlei Hinsicht ist so Rousseaus Denken für das historischen Denken der letzten 200 Jahre von großer Bedeutung geworden. Modern ist sein staatstheoretisches Denken auch insofern, als es trotz seines spekulativen Charakters auf alle metaphysischen und religiösen Voraussetzungen verzichtet und, entsprechend der Ambivalenz des modernen Zukunftsdenkens, sowohl im Sinne einer weiteren Verfalls- als auch einer möglichen Fortschrittsgeschichte herangezogen werden kann.[8]

---

[7] Durch den „Contrat social" vor allem ist Rousseau zu einem der Hauptinspiratoren der französischen Revolution und im besonderen zu einem Lehrmeister Robbespierre's geworden. Noch die Totalitarismen des 20. Jahrhunderts haben sich an ihm orientiert.

[8] Allgemein zur „Idee der Universalgeschichte" vgl. *J. Rohbeck*: Technik – Kultur – Geschichte. Eine Rehabilitierung der Geschichtsphilosophie, Frankfurt 2000, 25-65.

1.2 Die „natürliche" Lebensgeschichtlichkeit des Menschen

Auf einer anderen Ebene liegt die ebenfalls erstmals von Rousseau umfänglich reflektierte Erkenntnis von der Geschichtlichkeit des menschlichen Lebenslaufs. Auch sie findet sich zwar schon seit alters in den Vorstellungen von der Abfolge der Lebensalter und von der „Entwicklung" des menschlichen Individuums angedeutet. Aber erst im Kontext der Entstehung des modernen historischen Denkens hat Rousseau die Einsicht in die organische und geistige Genese des Menschen als eine grundlegende Erkentnis plausibel machen können. In der Tat hat sich die lebensgeschichtliche Sichtweise auf das personentheoretische und das pädagogisch Bildungsverständnis seither kaum weniger umwälzend ausgewirkt hat als jene erste universalhistorische und gesellschaftskritische Annahme. Denn der in Rousseaus „Erziehungsroman" explizierte Deutungsansatz leitet die Wende sowohl zur modernen Anthropologie als auch zur modernen Pädagogik ein. Danach erwirbt der Mensch in der Spannung zwischen seiner inneren „Natur" und der gesellschaftlich vermittelten „Kultur" im Laufe seines Lebens nicht bloß quantitativ neue Fähigkeiten, sondern wird im Passieren der Lebensalter auch qualitativ ein anderer und sind die jeweils hinzugewonnenen Möglichkeiten Ausdruck einer lebensgeschichtlichen Wandlung.[9] Die Natur schreibt dem Menschen also nicht nur einen körperlichen und seelischen Übergang von einem Lebensalter in das andere vor, sondern läßt ihn sich auch von seiner Geburt an lebenslang äußerlich und innerlich „organisch" fortbilden, und zwar in der Weise, daß im jeweils erreichten Lebensalter einerseits alle frühere Erfahrung bewahrt ist und ihm andererseits zahlreiche Möglichkeiten künftiger Entwicklungen eröffnet werden. Zudem werden die einzelnen Lebensalter nicht nur unter dem Blickwinkel ihrer Voraussetzung für spätere betrachtet, sondern trägt jedes Lebensalter seinen Sinn in sich selbst.

Zu einem Eckstein der modernen pädagogischen Anthropologie hat Rousseaus Einsicht in theoretischer Hinsicht vor allem dadurch werden können, daß in seinem Entwicklungsbegriff die Natur und die Kultur des Menschen zusammentreffen. So sind die Grundstrukturen des Lebenslaufs dem Menschen wie den Tieren von der Natur zunächst vorgegeben. Rousseau spricht – zu einer Zeit, als dieser Sachverhalt biologisch noch wenig aufgeklärt war – vom „Gang der Natur" im Menschenleben. Diesem ersten „Lehrmeister" (*maître*) Natur treten unter konkreten gesellschaftlichen Verhältnissen, im *état social* bzw. *état civil*, zwei andere zur Seite: zum einen der „Lehrmeister der *Dinge*", d.h. jene Beeinflussung, die der Heranwachsende durch die objektive Kultur erfährt, in die er hineingeboren ist, und die, modern gesprochen, die inhaltliche Seite der Sozialisation und (En-)Kulturation ausmacht, zum andern der „Lehrmeister der Menschen", d.h. die Personen, die seine Erzieher sind. In der fast zwangsläufig antagonistischen Konkurrenz der beiden großen vorgegebenen Lehrmeister, d.h. der Natur im Menschen und der ihn gesellschaftlich

---

[9] Rousseau spricht allerdings noch nicht von der „Lebensgeschichte" des Menschen. Er verwendet in der Regel den Begriff „Entwicklung" (développement) oder auch den der „Verwandlung" (transformation). In Deutschland taucht indes der Begriff der „inneren Geschichte des Menschen" schon früh auf, so z.B. in der „Vorrede" von *K. Ph. Moritz*' „psychologischen" Roman" „Anton Reiser" (1785); vgl. Kapitel 16.2.5.

erfassenden Kultur, welche ihn entweder zu einem „natürlichen Menschen" oder zum „Bürger" machen wollen, ist es die Aufgabe des dritten Lehrmeisters, die dem Menschen durch die gesellschaftlichen Erwartungen drohende Entfremdung von seiner guten Menschennatur durch eine Art „negativer Erziehung" (*éducation négative*) zu verhindern und ihn zu einem Menschen im Vollsinn der Wortes zu machen. Dies müßte ein Erzieher sein, der zum einen die schlechten gesellschaftlichen Einflüsse von den Heranwachsenden fernhält, ihm zum andern die Möglichkeit (wieder-)gibt, sich körperlich, seelisch und geistig naturgemäß in der vorgezeichneten Abfolge von Kindheit, Jugend und Erwachsenenalter zu entwickeln. Da aber im gesellschaftlichen Zustand auch in der Erziehung eine Rückkehr zur „natürlichen" bzw. naturgemäßen Erziehung nicht möglich ist, muß der Erzieher versuchen, die Dinge der Welt so zu arrangieren, daß die Entwicklung möglichst in Einklang mit dem von der Natur vorgezeichneten Gang verläuft.[10]

Diese Vorstellungen sind in doppelter Hinsicht zum Gründungsakt der modernen Pädagogik und Entwicklungspsychologie geworden. Zum einen deswegen, weil sich der Widerstreit der Natur im Menschen mit der Kultur nur dann produktiv auflösen läßt, wenn über „fremd-" und selbst-erzieherisches Handeln beide Instanzen so gleichgerichtet werden, daß über unvermeidbare Konflikte hinweg die Menschen zu in sich ausgeglichenen, selbstbestimmt handelnden Personen werden können. Zum andern deswegen, weil der so verstandene Lebenslauf selbst und der sich in bestimmten Lebensaltern manifestierende Bildungsgang jetzt erstmals wirklich „psychogenetisch" gedeutet werden. Während die ältere Psychologie und Pädagogik den biologischen Entwicklungsprozeß und den den Individuen zugemuteten Lernprozeß der Kultur zumeist als einen Weg begriffen haben, den der Mensch von Lebensalter zu Lebensalter und in der Übernahme von Wissen und Rollen relativ mechanisch durchmißt, bauen sich nach Rousseau jetzt die Lebensalter der Kindheit und Jugend organisch aufeinander auf und haben als Teile einer Lebensgeschichte dennoch ihren Eigencharakter, einen Eigenwert und eine eigene Vollkommenheit. Der Lebenslauf im Sinne eines so verstandenen Bildungsganges kann seither als der Hauptgegenstand der Pädagogik betrachtet werden. Ob Rousseau damit aber im Lebenslauf selbst schon eine im modernen Sinne individuelle und, in Grenzen, zukunftsoffene *Lebensgeschichte* mit einer „Entwicklung" gesehen hat, die das Schema eines natürlicherseits vorgegebene Ablaufs überschreitet, muß bezweifelt werden – im klassischen deutschen Bildungsbegriff, zumal im sog. Bildungsroman, wird das dann bei Herder, Moritz und Goethe gegeben sein.

---

[10] Diese im „Emile" am Beginn des 1. Buches nur kurz skizzierte Theorie der drei „Lehrmeister" (ebd., 109f.) enthält gleichwohl bereits recht genau Rousseaus Grundgedankengang zur Erziehung.

1.3 „Natürlichkeit", Empfindsamkeit und Individualität:
Begründungsaspekte der „inneren Geschichte" bzw. der Lebensgeschichtlichkeit des Menschen

Noch auf einem dritten Feld ist Rousseau zum Begründer einer neuen historischen-Sichtweise geworden. Mit seinem Roman *La Novelle Héloïse* (1761)[11] und vor allem mit seinen autobiographischen Schriften, den „Bekenntnissen" (*Confessions*, 1765-1770, postum 1782/1789)[12], den drei „Dialogen: „Rousseau richtet [bzw. urteilt über] Jean-Jacques" (*Rousseau juge de Jean-Jacques*, 1770-1778) und den „Träumereien eines einsamen Wanderers" (*Rêveries d'un promeneur solitaire*, 1776-1778) kann er erstens als der bedeutendste Anreger der literarischen und gelebten Epoche der Empfindsamkeit, zweitens als ein Schule machendes Exempel einer sich selbst schonungslos enthüllenden und dokumentierenden Individualität und drittens, beides zusammengenommen, als Begründer der – wie es heute u.a. heißt – „inneren Geschichte" oder der Lebensgeschichtlichkeit des Menschen gelten.

Sein Roman leitet den Umschwung vom zumeist „trockenen", aufs Objektive der Ideen und Verhältnisse abhebenden Rationalismus der Aufklärung im kontinentalen Europa zur Rehabilitation der Sinne (im philosophischen Sensualismus), zur gefühlsbetonten, leidenschaftlichen, intimen, Briefe schreibenden, naturnahen Innerlichkeit und zur Autonomie und Individualität auch „unvernünftig" lebender, liebender und leidender (junger) Menschen ein. In seinem auf die unglückliche Liebe zwischen dem mittelalterlichen Theologen Peter Abaelard und dem jungen Mädchen Héloïse anspielenden Roman *La Nouvelle Héloïse* geben Saint-Preux und Julie, die beiden hoffnungslos und zugleich tugendhaft Liebenden, das Grundmuster für die vielen empfindsamen Dichtungen des letzten Drittels des 18. Jahrhunderts, insbesondere in Deutschland, ab. Alle sozusagen klassischen Romane nach Rousseau sind individualgenetisch angelegt. Der Lebensroman ihrer Helden ist ihre (Bildungs-)Geschichte.

Verarbeitet Rousseau in der *Nouvelle Héloïse* eine im eigenen Leben unerfüllt gebliebene Liebe in verschleierter Form, so macht er sich in den genannten autobiographischen Schriften ganz und gar unverhüllt und mit dem Anspruch einer totalen Aufrichtigkeit zu deren Objekt. Während fast alle autobiographischen Zeugnisse der europäischen Tradition, von Sokrates (Platon) über Cicero, Augustinus und Montaigne, in der Darlegung des Eigenen auf das sich darin zeigende Allgemeinmenschliche abgehoben haben, fordert Rousseau die volle Anerkennung der Besonderheiten seiner Person und das Lob der Einzigartigkeit seines Unternehmens durch den Leser ein. Die ersten Sätze seiner „Bekenntnisse" sagen es deutlich:

Je forme une entreprise qui n'eut jamais d'exemple et dont l'exécution n'aura point d'imitateur. Je veux montrer à mes semblables un homme dans toute la vérité de la nature; et cet homme ce sera moi. Moi seul. Je sens mon coeur et je connais les hommes. Je ne suis fait comme aucun de ceux que j'ai vus ; j'ose croire n'être fait comme aucun de ceux qui existent. Si je ne vaux pas mieux, au moins je suis autre.

---

[11] Vollständig lautet der Titel: Julie ou la Nouvelle Héloïse. Lettres de deux amants.
[12] Die Bekenntnisse. Mit 15 Kupferstichen, Übers. A. Semerau, München 1981.

Ich beginne ein Unternehmen, das ohne Beispiel ist und deren Ausführung nie eine Nachahmung finden wird. Ich will meinesgleichen einen Menschen in der ganzen Wahrheit seiner Natur zeigen, und dieser Mensch werde ich sein. Ich allein. Ich spüre mein Herz und ich kenne die Menschen. Ich bin anders als alle Menschen, die ich kennengelernt habe; ich wage anzunehmen, daß ich anders geformt bin als alle, die sonst existieren. Wenn ich schon nicht mehr wert bin, so bin ich doch wenigstens anders.

Auch dies wird, entgegen Rousseaus Annahme, zum Muster aller Authentizität reklamierenden Autobiographik seither und nimmt von da an im Leben ihrer Autoren oft eben die Rolle ein, die Rousseau seiner Selbstentblößung zugeschrieben hatte, nämlich eine Art von Therapie zu sein, als eine seelische Verletzungen und Katastrophen verarbeitende Befreiung, als öffentliche Rechenschaftslegung und Beichte mit dem Ziel „verstanden" zu werden. Erst Dokumente dieser Art verschaffen dem historiographischen Ansatz der Geschichte des Seelischen das Material, das es dem Forscher erlaubt, wirklich in das Innere des Menschen – freilich in Anschlag der unvermeidlichen Stilisierung und Selbsttäuschungen und der prinzipiellen Verstehensgrenzen – zu schauen.[13]

2. Herder:
Die Geschichte des Menschen und der Völker als Bildung zur Humanität

Die tendenziell auf die empirische Vielfalt und die lebensgeschichtliche Wandlungsfähigkeit der Natur des Menschen und auf den sich historisch wandelnden Geist der Völker bezogene ganz und gar innerweltliche Anthropologie und Geschichtsphilosophie der französischen Aufklärer erfährt in Deutschland eine Akzentuierung zu einer den Leib und die Sinne stärker einbeziehenden Anthropologie[14] und zu einer Geschichtsmetaphysik hin, die man als eine säkularisierte Heilsgeschichte des Menschengeschlechts bezeichnen kann.[15] Während für Montesquieu und Voltaire die Völker vor allem im *vernunft*gemäßen Handeln den Schlüssel zu einer zivilisierenden Entwicklung besitzen und ihnen nach Rousseau durch einen *Gesellschafts*vertrag eine Korrektur der in kultureller Frühe getroffenen Fehlentscheidung in Richtung auf einen neuen *état civil* möglich erscheint, hebt die deutsche Geschichtstheorie stärker zunächst auf das menschliche *Individuum* ab, und zwar auf den *„ganzen"* – aus Vernunft und Gefühl schöpferisch handelnden – *Menschen*, dann auf die sich primär in der Intimität von Familie und Eigengruppe herausbildende *Kultur* der Völker und schließlich und vor allem auf ein der Menschheit vorgezeichnetes *Ziel*

---

[13] Vgl. U. Herrmann: Über den Gang der Geschichte in der Natur des Menschen – Einführende Überlegungen zur Geschichtlichkeit des Seelischen, in: Jüttemann 1986, 46-64; ders.: Biographische Konstruktionen und das gelebte Leben. Prolegomena zu einer Biographie- und Lebenslaufforschung, in: Z f Päd 3, 1987, 303 ff.

[14] Diderot und Rousseau freilich haben in Frankreich auch schon, vor allem im Rückbezug auf den englischen Empirismus und Sensualismus, das Andere der Vernunft, nämlich zum einen die Rolle der Sinnesempfindungen in der Naturgeschichte der Lebewesen einschließlich des Menschen und zum andern die Gefühlswelt des Menschen zu einem Moment ihrer Anthropologie (s.o. Rousseau) gemacht.

[15] Vgl. allgemein den Artikel „Geschichtsphilosophie" von U. Dierse/G.Scholtz, in: Historisches Lexikon der Philosophie, Bd. 3, Basel/Stuttgart 1974, 415 ff.

der Geschichte. Die Menschheitsgeschichte wird hier – entgegen der englischen und französischen Annahme ihrer Umwege, Fehlentwicklungen und Gefährdetheit zur Zukunft hin – nochmals in einem dreifachen Sinne „idealistisch" gedeutet, und zwar insofern, als sie erstens überhaupt in einer göttlichen Lenkung aufgehoben gilt, sie zweitens zugleich der guten natürlichen Neigung des Menschen entspricht und drittens schließlich ihr Ziel die im Begriff der Humanität ausgedrückte Vorstellung einer zu erreichenden menschlichen und menschheitlichen Vollkommenheit ist. Dies ist zugleich aristotelisch-teleologisch[16] im vormodernen Sinne und historisch im modernen Sinne gedacht. Dies freilich unter der Annahme, daß es wirklich immer die Menschen selbst sind, die die Geschichte machen, „Gott" nicht mehr die Person des biblischen oder kirchendogmatischen Herrgotts, sondern die in der Natur immerwährend schöpferisch wirkende „Urkraft aller Kräfte" (Herder) meint und das vorherbestimmte Ziel der Geschichte keine himmlische, sondern eine irdische „Menschlichkeit" ist. Diese Sicht der Geschichte nimmt viele Vorstellungen der damaligen europäischen „Gelehrtenrepublik" auf und schlägt sich ihrerseits in vielen zeitgenössischen Werken nieder. Wenn Herder so in einem großen Kontext steht, sein Denken von daher verstanden werden muß und es deshalb in vielen Punkten auch nur der wenig originelle Ausdruck der Zeit ist, gilt er doch zurecht als der klassische Bezugsautor – zumindest in Deutschland, jedoch mit Ausstrahlung auf ganz Europa – des modernen kulturtheoretischen und -historischen Denkens im 18. Jahrhundert.[17]

2.1 Der Weg zur Humanität als die irdische Heilsgeschichte des Menschengeschlechts

In der Tat nimmt der im ostpreußischen Mohrungen geborene, in seinen jüngeren Jahren wichtigste Anreger und theoretische Kopf der Sturm und Drang-Dichter und dann, auf Vermittlung von Goethe, von 1776 bis zu seinem Tode das Amt des evangelischen Generalsuperintendenten in Weimar in aufgeklärt-liberaler Weise ausübende JOHANN GOTTFRIED HERDER (1744-1803) eine Schlüsselstellung auf diesem deutschen Weg ein. Er hat die Grundrichtung hierfür mit seiner Schrift „Auch eine Philosophie der Geschichte zur Bildung der Menschheit"[18] (1774) und dem groß

---

[16] Für Aristoteles ist die Zielgerichtetheit der Dinge ein Aspekt ihrer Natur: Nach ihm strebt jedes Sein nach dem ihm von Natur angemessenen Zustand, jedes – z.B. politische – Handeln nach dem ihm korrespondierenden Ziel, zu dem es der „erste Beweger" gemacht hat.

[17] Außer zahlreichen Einzelwerkausgaben sind Gesamtausgaben von Herders Werken: Sämtliche Werke, Hg. von *B. Suphan* Berlin. 33 Bde. 1877-1913 (Nachdrucke 1967/94 f.); Studienausgabe (1969–1975). 10 Bde., Frankfurt (als Taschenbuchausgabe, Frankfurt 1982 ff.); Werke in zehn Bänden, hg. v. *U. Gaier*, Frankfurt 1990; Werkausgabe in X Bänden, hg. u. kommentiert v. *W. Proß*, München/Wien 2002 (zitiert wird im folgenden nach dieser Ausgabe, sofern nicht anderes angegeben ist). Die folgenden Ausführungen zu Herder orientieren sich vor allem an *H.C. Seeba*: Geschichte als Dichtung. Herders Beitrag zur Ästhetisierung der Geschichtsschreibung, in: Storia della Storiographia. Revista Internationale 8, 1985, 50-72; *M. Bollacher* (Hg.): J. G. Herder: Geschichte und Kultur, Würzburg 1994; *R. Häfner*: Johann Gottfried Herders Kulturentstehungstheorie. Studien zu den Quellen und zur Methode seines Geschichtsdenkens, Hamburg 1995; *M. Maurer*: Geschichte der Menschheit und Kulturmorphologie, in: Maurer 2003, Bd. 5, 324-326, 328-330. Zur Person Herders vgl. *M. Zaremba*: Johann Gottfried Herder. Prediger der Humanität. Eine Biografie, Köln u.a. 2002.

[18] Hg. von *H.-D. Irmscher*, Stuttgart 1990 (vgl. auch die Ausgabe: Mit einem Nachwort her-

angelegten, nur Fragment gebliebenen „Ideen zur Philosophie der Geschichte der Menschheit" (1784-1791)[19] vorgegeben. Diese beiden für die deutsche Denktradition zentralen Werke nehmen von den Franzosen zunächst den Gedanken einer sich im menschlichen Geist und im geschichtlichen Handeln der einzelnen Völker artikulierenden Kulturgeschichte auf. Sie verbinden dann aber die säkulare Geschichtskonzeption Montesquieus, Voltaires und Rousseaus mit einem von „Gott" nicht nur gewollten, sondern auch geförderten Schöpfertum des Menschen und deuten von daher die Geschichte der Menschheit als einen von ihm gebahnten, vom Menschengeschlecht jedoch durch Selbsterziehung zu beschreitenden Weg zur Humanität. Über die Völker und ihren besonderen Geist hinweg wird so die Menschheit zu einer Einheit, die sich unter der Beihilfe Gottes über viele geschichtliche Etappen zu einer ihr vorbestimmten irdischen Glückseligkeit und Mitmenschlichkeit hin entwickelt. So kann man Herders Darstellung der Geschichte der Menschheit in der Tat wie eine ins Menschenfreundliche gewendete irdische Geschichte der göttlichen Vorsehung lesen. Die Handelnden in dieser Geschichte aber sind die Menschen: „Soviel sah ich bald. Die Umstände machen den Menschen. Aber ich sah ebensobald: Der Mensch macht die Umstände; er hat eine Kraft in sich selbst, selbige vielfältig nach seinem Willen zu lenken". Das heißt, der große Weltplan der Annäherung an die Humanität, als den „Zweck der Menschennatur", obliegt Gott. Als einzelne und Gruppen sind die Menschen in ihrem Handeln jedoch frei, ob und wie sie sich diesem Ziel annähern. Denn jener Zweck „ist uns [...] nur in Anlagen angeboren und muß uns eigentlich angebildet werden", so daß es heißen kann „Gott hat unserm Geschlecht [...] sein eigenes Schicksal in die Hände gegeben [...]"[20] Die interne Begründung für die Entfaltung einer Kultur der Menschlichkeit ist deshalb trotz der göttlichen Vorgabe ganz aus einer weltlichen Anthropologie und Sozialität hergeleitet.

2.2 Die Sprache als Mittel der kulturellen Selbstbildung der Individuen und Völker

Der Ausgangspunkt für diese Sichtweise ist die seit der Antike immer wieder vorgebrachte Überlegung, daß der Mensch wegen seiner Instinktarmut den Tieren unterlegen sei. Wie schon Pico della Mirandola im 15. Jahrhundert[21] deutet Herder diesen „Mangel" aber als einen Vorzug. Gott habe den Menschen allein deshalb von den Instinkten entbunden und ihm die Verhaltenssicherheit des Tieres vorenthalten, um ihm das ihn über alle Tiere erhebende größere Geschenk einer Teilübertragung seiner göttlichen Schöpferkraft machen zu können. Diese besteht darin, daß der Mensch sich seine innere und z.T. äußere Welt, die „Kultur", erst selbst schaffen muß. Daß das wichtigste Mittel des Menschengeschlechts hierzu die Erfindung der

---

ausgegeben von H.G. Gadamer, Frankfurt 1967). Herders Schrift ist eine Erwiderung auf die „Philosophische(n) Mutmaßungen über die Geschichte der Menschheit" (1764) des Basler Aufklärers Isaak Iselin (vgl. Kapitel 14.4.) Vgl. weiter unten die Schrift gleicher Thematik von *G.E. Lessing*: Erziehung des Menschengeschlechts (1780).

[19] Mit einem Vorwort v. G. Schmidt (1985), Bodenheim ²1995.
[20] Briefe zur Beförderung der Humanität, Ausgabe Suphan, Bd. 17, 27. und 28. Brief, S. 137-143 (vgl. Abdruck auch in: Wirsich-Irwin 1974, 55 ff.).
[21] in: De dignitate hominis (1486); vgl. Kapitel 10.1.

Sprache gewesen sein muß, hatte Herder zuvor schon in seiner „Abhandlung über den Ursprung der Sprache" (1772)[22] vermutet. Erst durch die Sprache haben die Menschen gelernt, sich den Mitmenschen mitzuteilen, „vernünftig" zu denken und menschlich zu handeln. Dank der ihnen von Gott geschenkten geistigen Natur hätten sie sich im Zusammenwirken von „Verstand, Vernunft und Besinnung" in der Seele Bilder von den Dingen machen können. Dabei müsse die Spracherfindung ihren faktischen Anfang und ihre Weiterentwicklung in der sozialen Keimzelle aller Kultur genommen haben: in der Familie, ganz besonders im Eltern-Kind-Verhältnis, in der Erziehung. Gott habe das kleine Kind allein deshalb so hilflos geschaffen, damit es in seiner Angewiesenheit auf seine Eltern von diesen lerne:

> Er [sc. der Säugling] ist schwach, damit sein Geschlecht stark werde. Nun teilt sich ihm mit der Sprache die ganze Seele, die ganze Denkart seiner Erzeuger mit; aber eben deswegen teilen sie es ihm gerne mit, weil es ihr Selbstgedachtes, Selbstgefühltes, Selbsterfundenes ist, was sie mitteilen. (1962, 484).

2.3 Die „sprechenden" Eltern als kulturelle Schöpfer ihrer Kinder
In dieser familialen Ursituation, im Lehr-, Lern- und Erziehungsverhältnis von Eltern und Kindern, steckt Herders ganze Theorie der Kultur und ihrer Geschichte. Erst die sprachlich vermittelte Verständigung macht den Menschen wirklich zum Schöpfer der Kultur und erst die Intimgemeinschaft der Familie gibt der kulturellen Produktivität und Tradition einen kognitiv und affektiv gesicherten Ort. Indem Eltern in der Abfolge der Generationen ihr „Selbstgedachtes, Selbstgefühltes, Selbsterfundenes" an ihre Kinder weitergeben, überliefern sie nicht nur bisherige Kultur, sondern reichern sie diese ständig mit Neuem an. Darin ist eingeschlossen, daß Eltern in der Erfüllung ihrer Erziehungs- und Bildungsaufgabe – zusätzlich zu ihrer Zeugungs- und leiblichen Versorgungsfunktion – zu geistigen Schöpfern ihrer Kinder werden. Für Herder sind es also vor allem die Eltern – d.h. weniger und erst sekundär der allgemeine gesellige Umgang und der durch gesellschaftliche Institutionen vermittelte Unterricht –, die die Kinder in die Kultur einführen. Ohne das elterliche Werk würden die Kinder auf einer tiernahen Stufe naiver Geistigkeit verharren. Die den Eltern in allen Kulturen traditionell zur Pflicht gemachte Erziehung, d.h. die elementar-physische, moralische und lebenspraktische Einordnung der Heranwachsenden in die Familie und Gruppe, gewinnt mit der Aufgabe, sie in die geistige Welt einzuführen und so die Kontinuität der Kultur sichern zu helfen, eine neue personale Verantwortung und soziale Dimension.

2.4 Die aus der Familie erwachsene Geschichte der Bildung der Völker und der ganzen Menschheit
Damit wird indes zugleich der ursprünglich enge familiale, verwandtschaftliche und lokale Lebenskreis gesprengt. Indem die so Erzogenen und Gebildeten ihr Wissen und Können an alle die Menschen weitergeben, mit denen sie zeitlebens überhaupt je Kontakt haben, findet es Eingang in das Wissen und das Gedächtnis der größeren

---

[22] In: Herder 1960, 1-87; auch in: Sturm und Drang 1962; Ausgabe Suphan Bd. V (1891/1967), 1-147.

Gruppen und Völker und kommt auf diesem Wege letztlich der ganzen Menschheit zugute. Dies ist zugleich Herders Begründung der Geschichte der Bildung der Völker und der ganzen Menschheit, wenn auch alle Verbesserung und Weitergabe der Kultur ihren Ursprung in der Familie, im Umgang zusammenlebender und miteinander kommunizierenden Menschen und zuletzt auch in individuell betriebener Selbstbildung und direkter und institutioneller Belehrung hat. Zugespitzt formuliert heißt dies, daß für Herder die Menschheitsgeschichte Bildungsgeschichte ist.

2.5 Die Lebensgeschichte der Individuen als Modell der kulturellen Fortschrittsgeschichte

Das häusliche und individuelle Geschehen gibt so das Modell für die menschheitsgeschichtliche Entwicklung der Kultur ab. Mit vielen seiner Zeitgenossen sieht Herder nämlich in der großen Entwicklung der Kultur einen strukturellen Parallelvorgang zur lebensgeschichtlichen Entwicklung der Individuen. Wie der Mensch die Lebensalter lernend und sich selbstbildend durchmißt, habe sich die Menschheit über bestimmte Zeitalter der Kultur hinweg emporgebildet. So habe die Menschheit nach ihren allerersten kulturellen Gehschritten in der nicht durch Dokumente erreichbaren Vorzeit ihre Kindheit im „Morgenland", ihre Jugend in Hellas, das Lebensalter des jungen Erwachsenen in Rom und das von einem ritterlichen Geist erfüllte Erwachsenenalter im christlichen Mittelalter erlebt. Anders also als Voltaire, der die Menschheit an ihrem Anfang in Unwissenheit und in den frühen Staaten in politischem Despotismus und religiöser Barbarei befangen und in der Folgezeit unter immer drohenden schrecklichen Rückfällen allenfalls auf dem Wege zur Zivilisation sieht, und auch anders als Rousseau, der zwar von einem gut geschaffenen „natürlichen" Zustand des Menschen und der Menschheit ausgeht, sie zwischenzeitlich aber durch eigene Schuld für korrumpiert hält und seine Hoffnung auf eine erst künftige radikale Revolution der Erziehungspraxis und der Gesellschaft setzt, denkt sich Herder bereits die Uranfänge durch ein richtiges, durch Ahnung inspiriertes „kindliches" Wissen geprägt und nimmt dann eine durchweg friedliche, durch einen kontinuierlichen Lern- und Bildungszuwachs „nach oben" weisende „fortschrittliche" Entwicklung der Kultur an. Im Vertrauen auf den großen göttlichen Plan sieht Herder die Menschheit von einem naturnahen Zustand, in dem „Poesie die Muttersprache des Menschengeschlechts"[23] ist, über eine patriarchalische Religions- und Kulturstufe, wie sie das Alte Testament darstellt, und eine durch einen entwickelten Gottesglauben und politische Herrschaft charakterisierte Zivilisationsstufe zur philosophisch aufgeklärten Religiosität der Gegenwart und Zukunft voranschreiten.

In dieser Linie deutet auch GOTTHOLD EMPHRAIM LESSING (1729-1781) in seiner Abhandlung „Über die Erziehung des Menschengeschlechts" (1780) die alttestamentliche Offenbarung und die erst in neuerer Zeit in ihrer Geltung voll erkannte menschliche Vernunft als zwei aufeinander bezogene und sich nacheinander artikulierende Momente des Entwicklungsganges der Menschheit. Lessing, der Kirchenkritiker, Schriftsteller der religiösen Toleranz[24] und Autor des „Nathan", wertet also

---

[23] Nach der berühmten Formulierung des Religionsphilosophen J.G. *Hamann*: Kreuzzüge des Philologen (1762).

[24] Zur Geschichte der Toleranz in Europa vgl. *F. Forst*: Toleranz im Konflikt. Geschichte, Gehalt

den jüdischen und den christlichen Mythos und die vom alttestamentlichen Gott gegebenen Gesetze und die von der christlichen Kirche formulierten Dogmen nicht gänzlich ab, sondern erkennt darin einen doppelten „Richtungsstoß" der göttlichen Vorsehung, dessen das rohe und im Denken noch ungeübte jüdische Volk bedurft habe und der dann den Christen den Weg von der Offenbarungs- zur neueren Vernunftwahrheit gewiesen habe.[25]

2.6 Die sich in der Generationenabfolge in Eigenart ständig erneuernde und differenzierende Kultur

Entsprechend der Annahme von der Parallelität von Individual- und Menschheitsgeschichte müßte die Gegenwart und Zukunft der europäischen Kultur freilich in einer Vergreisung bestehen und im Tod enden. Daß dies nicht zu befürchten sei, begründet Herder damit, daß sich die Kultur in der Generationenabfolge ständig erneuere, Kinder die Kultur nicht nur einfach übernehmen, sondern schöpferisch ab- und verwandeln und so über die Beiträge der vielen Einzelnen die Kultur in größeren Zeiträumen nicht nach einem fest Schema, vielmehr „wachsend" immer weiter auf eine höhere Ebene gehoben wird. Diese immer von sehr vielen und unterschiedlichen Individuen, Familien, Gruppen und Stämmen ausgehende kulturelle Entwicklung erklärt zugleich die kulturelle Eigenart, Vielfalt und Differenz in und zwischen den Völkern. Was Herder schon für die Sprache angenommen hatte, nämlich „wie das ganze menschliche Geschlecht unmöglich eine Herde bleiben konnte, so konnte es auch nicht eine Sprache behalten."[26], gilt ihm nun für die Kultur überhaupt. In der Weiterentwicklung der Kultur und ihrer ethnisch und räumlich begrenzten Weitergabe bilden sich in den Völkern sozusagen Familientraditionen mit jeweils einem eigenen Geist heraus. In der Generationsabfolge bleibe so das kostbare Gut der Kultur lange in der Familie bzw. im Stamm und im Volk und müsse dort als das Eigene in Abgrenzung gegenüber dem Fremden, gegen das Universelle gepflegt und verteidigt werden. Während die französische Aufklärung mit dem stärkeren Bezug auf die gemeinsame naturgegebene menschliche Vernunft die Geschichte der Kultur universalistisch interpretiert, was sich dann auch in der „Erklärung der Menschenrechte" (*Déclaration des droits de l'homme*, 1789) zeigt, schlägt die deutsche Kulturtheorie in der Spur Herders die Linie konkurrierender *Nationalkulturen* ein. Weil der *Geist der Völker* sich bereits in kultureller Frühe ausbildet, seinen Charakter über die Zeiten bewahrt und aus sich heraus die besondere Kultur produktiv weiterentwickelt hat, haben die Völker ein natürliches Bedürfnis, sich ihres Geistes und ihrer durch ein Studium aller nur erreichbaren Quellen ihrer Geschichte – in ihrer ganzen Erstreckung und vielfältigen Ausprägung und im Vergleich zu dem der anderen Völker – zu vergewissern. So enthält diese Kulturtheorie schließlich die Aufforderung an die Kulturschaffenden der Völker, aus der eigenen kulturellen Tra-

---

und Gegenwart eines umstrittenen Begriffs, Frankfurt 2003.

[25] Vgl. *G.E. Lessing*: Gesammelte Werke, hg. von W. Stammler, München 1959, 1. Bd., bes. S. 1010-1030.

[26] In Herders sog. drittem Naturgesetz in der Abhandlung über den Ursprung der Sprache, in: Herder 1960, 74.

dition den in der aufsteigenden Linie allgemein vorgezeichneten Weg in nationalen Werken der Dichtung und der philosophischen Reflexion und im Bemühen um eine dem eigenem Geist entsprechende Bildung fortzusetzen.

Dabei ist jedoch zu bedenken, daß Herder – und mit ihm die Schriftsteller der deutschen Klassik und auch die seit dem Beginn des 19. Jahrhunderts „neuhumanistisch" argumentierenden Bildungstheoretiker – die deutsche Kultur noch nicht nationalistisch von ihrem germanischen, sondern von ihrem europäischen Ursprung, d.h. von den Juden, Griechen und Römern, herkommend sieht und überhaupt die Einheit der Menschheitsgeschichte durch die Konkurrenz der vielen Nationalkulturen nicht in Zweifel zieht, da deren Eigenarten ja in der einen gemeinsamen menschlichen Vernunft gründen und die Mannigfaltigkeit der menschlichen Kultur ausmachen.[27]

2.7 Herders Theorie der Geschichte der Kultur in zehn Punkten zusammengefaßt

Entsprechend seiner wissenschaftsgeschichtlichen Bedeutung wird Herders Ansatz hier noch einmal in zehn Punkten kurz zusammengefaßt. Erstens gilt die *Kultur* danach mit allen ihren Erscheinungsformen in Sprache, Technik, Moral, Weltanschauung, Kunst und Erziehung *ausschließlich als Schöpfung des Menschen*. Nach der frühneuzeitlichen Befreiung der Erkenntnistheorie aus ihrer theologischen und metaphysischen Umklammerung wird nun auch die Theorie der Kultur endgültig als eine weltimmanent und rational erklärbare Theorie begründet. Als eine solche ist sie – trotz der Annahme des göttlichen Wirkens in der Kultur, trotz der Zielgerichtetheit der Kultur, trotz des emphatischen, „idealistischen" Bekenntnisses ihres Autors zum erhofften Ziel der Humanität und trotz der zumeist spekulativ gewonnenen Erkenntnisse – auch ganz und gar in dem Sinne eine „weltliche" Kulturtheorie, als sie das Phänomen der Religion und ihrer Geschichte in das Ensemble der alles umfassenden Kultur einordnet.

Zweitens wird die *Kultur als historisch entstanden, entfaltet* und als sich in ebender Weise in die Zukunft *fortentwickelnd* gedacht.

Drittens ist damit auch *die menschliche Geistigkeit selbst im steten Werden begriffen*. Denn Gott hat den Menschen in der Schöpfung zwar schon mit der Freiheit des Denkens, Wollens und Handelns ausgestattet. Dieser muß sich aber seine innere Welt durch eigenes Bemühen erst noch selbst schaffen.

Viertens ist damit entgegen älteren und zeitgenössischen pessimistischen Anthropologien eine durchweg *optimistische Anthropologie* verbunden. Für Herder neigt die Natur des Menschen zum Guten, ist friedfertig, konstruktiv-kreativ und auf persönliche Vervollkommnung angelegt.

Fünftens kennt die *Menschheitsgeschichte* deswegen auch keine wirklichen Brüche und Katastrophen, sondern stellt sich trotz mancher Abirrungen als ein *„progressives Ganzes"*[28] dar.

---

[27] Vgl. dazu *A. Assmann*: Herder zwischen Nationalkulturen und Menschheitsgedächtnis, in: Saeculum 1, 2001, 41 ff.

[28] Im sog. vierten Naturgesetz , ebd. , S. 81.

Sechstens wird dieses Fortschreiten durch die *soziale Natur des Menschen* gefördert. „Der Mensch ist also zur Gesellschaft *geboren*, das sagt ihm das Mitgefühl seiner Eltern, das sagen ihm die Jahre seiner langen Kindheit."[29]

Siebtens verbindet das *Mitgefühl mit seinesgleichen den Menschen auch mit den Tieren*, und überhaupt mit der ganzen geschaffenen und natürlichen Welt. Deswegen geht Herders Anthropologie auch von der animalen Natur des Menschen aus, von seinen organischen Vorzügen, nicht von seinen angeblichen Mängeln und ist der Mensch ein „Analogon der alles durchfühlenden Gottheit". Alles in der Welt ist „organisiert" und wohl eingerichtet. Die unbelebte und die belebte Natur, Pflanzen, Tiere und Menschen stehen zueinander in einem Verhältnis der Sympathie.

Achtens wird der *Mensch* selbst in diesem Kosmos als *ein leib-seelisches Ganzes* gesehen. Wenn Herder die „Seele" des Menschen sprechen läßt, meint er die Einheit des Denkens, Sprechens und Fühlens. Der menschliche Verstand wird so in Abwehr des strengen Rationalismus des 17. und des frühen 18. Jahrhunderts umfangen, getragen und bewegt von den ihm existentiell näheren Gefühlen.

Neuntens wird deshalb die zentrale Definition des Menschen als *das Wesen, das mittels des Sprechens denken lernt*, aus der Annahme entwickelt, daß die Grundlage von Sprechen und Denken ein gefühltes Bedürfnis nach Mitteilung, Beistand und Belehrung und zunächst nicht das nach Erkenntnis ist. Menschheitsgeschichtlich ist so für Herder die Sprache weder göttlichen noch tierischen, sondern allein menschlichen Ursprungs, als eine in seiner „Seele" angelegte und durch ihn entfaltete Möglichkeit.

Zehntens schließlich *sind die Völker aufgerufen, ihre Kultur in friedlicher Konkurrenz innerhalb des großen Projektes der Humanität* zu betreiben. Zunächst freilich werden die aus elementaren Bedürfnissen und aus konkreter Kommunikation im menschlichen Nah- und Intimbereich entstandenen und entwickelten Sprachen zum Kennzeichen des Eigenen der Gruppen, die sie hervorgebracht haben. In abgestuften Graden der Nähe und Ferne entwickeln so die Familien, Stämme und Völker ihre sich besonders in Kunst und Religion artikulierende eigene Kultur, welche allerdings durch die gemeinsame leibliche, seelische und geistige Natur des Menschen mit den anderen Kulturen verbunden bleibt, sich durch einen besonderen Geist im Laufe der Geschichte zwar immer weiter differenziert, jedoch ständig ihren Beitrag zu dem zu verwirklichenden Projekt einer humanen Menschheit leistet.

Wenn man Herder einen Nationalismus des Deutschtums hat unterstellen wollen, dann ist dies ganz bestimmt kein politischer, sondern allenfalls ein kultureller in Konkurrenz mit dem der anderen. Mit den Worten Herders: „Es ist [...] zu hoffen, daß wo irgend Menschen wohnen, einst auch vernünftige, billige und glückliche Menschen wohnen werden: glücklich nicht durch ihre eigene, sondern durch die gemeinschaftliche Vernunft ihres ganzen Brudergeschlechts."[30] Seit Herder können so kulturelle und soziale Phänomene – Epochen, Bewegungen und Ideen ebenso

---

[29] Ideen zur Philosophie der Geschichte der Menschheit, Ausgabe Suphan, Bd. 13, S. 49. Dies war allerdings schon ein Grundsatz der antiken Anthropologie, den die frühe Neuzeit in der humanistische Tradition von Ciceros humanitas-Begriff wieder aufleben ließ.

[30] Ideen ...15. Buch V.

wie Völker – als besondere, d.h. mit einem jeweils nur ihnen innewohnenden Geist ausgestattete Ausprägungen eines großen, in seinen Teilen vielfach verbundenen und kommunizierenden Kosmos der menschlichen Kultur betrachtet werden. Wie kulturenübergreifend Herder in der Tradition der Aufklärung gedacht hat, dokumentiert auch seine Volksliedersammlung, die nach seinem Tode die zutreffende Bezeichnung „Stimmen der Völker [im Plural!] in Liedern" erhalten hat. Wie falsch der Herder immer wieder noch gemachte Vorwurf ist, der Begründer des völkischen deutschen Nationalismus zu sein, mag abschließend seine Vorstellung belegen, die er von einem idealen „Sprachforscher" hat. Ein solcher „müßte ein Mann von drei Köpfen [... sein], der Philosophie und Geschichte und Philologie verbinde – der als Fremdling Völker und Nationen durchwandert und fremde Zungen und Sprachen gelernt hätte, um über die seinige klug zu reden – der aber zugleich als ein wahrer Idiot [im Rückbezug auf die griechische Wortbedeutung: Mitglied einer besonderen (Sprach-) Gemeinschaft] alles auf seine Sprache zurückführte, um eine Mann seines Volkes zu sein."[31]

3. Individual-(bzw. Lebens-), Kultur- und Naturgeschichtlichkeit: Der genetisch-organische Grundgedanke der Geschichtlichkeit der Welt

Rousseaus und Herders Grundgedanke von der genetisch-organischen Geschichtlichkeit kommt aus der viel älteren biologischen Einsicht in die Art des (Pflanzen-)Wachstums, des Entwicklungsgangs einer Anlage vom Keim zum (Pflanzen-)Körper und dann von der Blüte zur Frucht im ganzheitlichen Zusammenwirken aller Teile. Danach durchlaufen auch alle Menschen und im Prinzip auch alle kulturellen, sozialen und sogar physischen Gebilde einen Prozeß, in welchem sie sich in Abhängigkeit von jeweiligen äußeren Bedingungen und auf der Grundlage einer natürlichen Vorstrukturierung individuell (weiter-)entwickeln, wobei in jedem Moment ihrer Existenz ihre bisherige Geschichte enthalten ist und ihre Zukunft von deren Möglichkeiten geprägt wird. Ein Aspekt dieser Vorstellung von der universellen Geschichtlichkeit der Welt ist, daß deren Objekte während ihres genetisch-organischen Auf- und Umbaus ständig neue und andere Strukturen und Individualitäten erzeugen und so alle eben entstandenen natürlichen und kulturellen Gebilde und alle jeweils gegebene menschliche Verfaßtheit zunächst im strengen Sinne einmalig und unvergleichbar sind und sie die Welt in ihrem Bereich ständig unumkehrbar verändern. Dies ist aus heutiger Sicht so formuliert. Die Grundvorstellung davon haben aber so schon Rousseau und Herder so gehabt. Schon der junge Herder etwa meint eben dies, wenn er mit Bezug zugleich auf das Menschengeschlecht, auf physische Gebilde, Nationen, Familien, Werke der Kunst, wissenschaftliche Erkenntnisse und auf die „Lebensalter einer Sprache" sagt: „So wie der Mensch auf verschiedenen Stufen des Alters erscheint, *so verändert die Zeit alles*. Das ganze Menschengeschlecht, ja die tote Welt selbst, jede Nation und jede Familie haben *einerlei Gesetze* der *Veränderung* [kursiv E.W.; ...]. So ist's mit jeder Kunst und Wissenschaft: sie keimt, trägt Knospen, blüht auf und verblüht. – So ist's auch mit der Sprache."[32]

---

[31] Aus den „Fragmenten über die neuere deutsche Literatur", in: Herder 1960, 96.
[32] Suphan, Bd. I, 151.

Und so deutet sich bereits in Herders „Ideen zur Philosophie der Geschichte der Menschheit" (1784/91) (und noch früher bei Diderot 1769[33]) die heutige Vorstellung von der Geschichte des Weltalls und von der biologischen Evolution des Lebens an: „Unsere Erde ist vielerlei Revolutionen durchgegangen, bis sie das, was sie jetzt ist, geworden."[34], und „ist wohl unleugbar, daß die Natur auch hier ihren großen Schritt gehalten und die größte Mannigfaltigkeit aus einer ins Unendliche fortgehenden Simplizität gewährt habe."[35] „Des Menschen ältere Brüder sind die Tiere." (205) „Die genetische Kraft ist die Mutter aller [sc. physischen und geistigen] Bildungen auf der Erde [...]." (234) Der in dieser Weise erstmals im letzten Drittel des 18. Jahrhunderts von Rousseau und Herder konzipierte Sinn- und Strukturzusammenhang von (universaler) Natur- und Kulturgeschichte und lebensgeschichtlicher Bildung ist in der Geschichte des historischen Denkens eine wichtige Etappe auf dem Wege zur gegenwärtigen Vorstellung von der *(„Bildungs-)Geschichtlichkeit der Welt* insgesamt. *„Geschichte"* ist so in nuce *„Bildung".*

---

[33] Vgl. die Ausführungen zu Diderots „Rêve d'Alembert" in Kapitel 14.5.5.
[34] Herder: Ideen ... V.
[35] Ebd. 1957, 189.

16. Menschenbildung:
Lebensgeschichtliches Denken und Dichten vor 1800 in Deutschland

1. Wege zum genetisch-organischen Denken in der Historie, Kunst und Dichtung   284
2. Goethe: Sein Leben und Schaffen als Bildungsgeschichte   290

Seine größte Wirkung hat Rousseaus und Herders *genetisch-organisches Bildungs- und Geschichtsdenken* zunächst in Deutschland getan. Hier bezeichnet der Integrationsbegriff „Bildung" in Verbindung mit dem Geschichtsbegriff von nun an zunächst die *personale Genese, Wandlung und Verfaßtheit menschlicher Individuen* (lebensgeschichtliche „Bildung" und „Gebildetheit"), sodann das *Schaffen* („Bilden"), das *Entstehen* („Herausbildung") und das *Geschaffen-Sein* („Gebilde") (künstlerischer) *Werke*, des weiteren die *kollektive historische Entfaltung der Kultur* und schließlich auch noch die „*natur-organische" Metamorphose* („Ausbildung") subhumaner Lebensformen und physischer Strukturen.

Engt man den genetisch-organischen Grundgedanken zunächst auf den Auf- und Umbau des Inneren des Menschen und auf die Entstehung kultureller Gebilde ein, dann sind die Geschichte des menschlichen Individuums und aller seiner personalen Aspekte, Einheiten und Eigenschaften (Lebensalter, Stationen, Umbruchsphasen, Situationen, Schaffen von Werken) ebenso wie die Geschichte der Kultur der Menschheit und aller ihrer zeitlichen und thematischen Untergliederungen von demselben durchgehenden Prinzip der „bildenden" Geschichtlichkeit gekennzeichnet. Deshalb kann die „Bildungsgeschichte als die Innenseite der Geschichte der Menschheit" verstanden werden. Diese Erkenntnis ist der letzte und entscheidende Mosaikstein zur Vervollständigung der Vorstellung von Geschichtlichkeit der Kultur und der Lebensgeschichtlichkeit der menschlichen Person im heutigen Verständnis. Sie ist konstitutiv für alles historische Denken der Kultur. Diese grundlegende Vorstellung von „Geschichte" und „Bildung" schlägt sich seit dem letzten Drittel des 18. Jahrhunderts in Deutschland besonders vielfältig in seiner *Philosophie*, seiner *literarischen Klassik* und allgemein in seinem *kulturellen Leben* nieder. Gegenstand des vorliegenden Kapitels sind deren Anfänge und deren sozusagen klassische Manifestation im Leben und Werk Goethes.[1]

1. Wege zum genetisch-organischen Denken in der Historie, Bildenden Kunst und Dichtung

Was sich in den letzten drei Jahrzehnten des 18. Jahrhunderts in Herders historisch-genetischer Kulturtheorie paradigmatisch ausbildet, hat selbst eine komplexe Entstehungsgeschichte. Sie ist zunächst das Produkt der vielen in den vorigen Kapiteln bereits hervorgehobenen Elemente und skizzierten Ansätze gemeineuropäischer

---

[1] Vgl. *G. Dohmen*: Bildung und Schule. Die Entstehung des deutschen Bildungsbegriffs und die Entwicklung seines Verhältnisses zur Schule. 2 Bde., Weinheim 1964/65; *G. Bollenbeck:* Bildung und Kultur. Glanz und Elend eines deutschen Deutungsmusters, Frankfurt/Leipzig 1994; *K.-E. Jeismann:* Bildungsgeschichte. Aspekte der Geschichte der Bildung und der historischen Bildungsforschung (1991), in: ders. 2000, 183-203.

Herkunft, dann aber auch das Ergebnis einer spezifisch deutschen Entwicklung seit der Mitte des Jahrhunderts. Letztere hat ihren Hauptausdruck zunächst nicht in der Philosophie und auch nicht in den entstehenden historischen Wissenschaften, sondern in der Theorie den Schönen Künsten und vor allem in der Dichtung gefunden. Aus diesem Denken und Schaffen werden hier einige bedeutende Werke kurz vorgestellt. Deren Ansatzpunkt ist zumeist die Perspektive, unter der Menschen sich selbst und die Kultur betrachten. Dies liegt im gewissen Sinne in der Natur der Sache. Denn die Geschichte der Kultur beginnt in der Regel beim einzelnen Menschen, da, wo – wenig bewußt und äußerlich unscheinbar – etwa eine Idee „geboren" wird, wo Menschen sich zum ersten Mal begegnen, wo ein Zu- bzw. Unfall eine bisherige Routine unterbricht, einen bisherigen Plan zunichte macht und wo etwas Neues entsteht, das dem kleineren oder größeren Lauf der Dinge eine unvorhergesehene Wendung gibt. Unter solch einem Blickwinkel nehmen Menschen ihre eigene Bildung und die Geschichte ihrer Welt wahr. Alles das ist aber der bevorzugte Stoff der Dichtung und ein Gegenstand primärer theoretischen Reflexion. Schauspiele, Romane, jedoch auch Gedichte rekonstruieren menschliche Dramen, Lebensgeschichten und existentielle Erfahrungen, wie sie „das Leben schreibt" oder schreiben könnte und wie sie sich im größeren Rahmen der Geschichte der Völker und ihrer Kultur abspielen (könnten). Wenn die historische Forschung und Theorie seit dem Beginn des 19. Jahrhunderts in Deutschland einen so großen Aufschwung nimmt, dann dürfte sich dieses nicht zuletzt der im letzten Drittel des 18. Jahrhundert zugleich individual-genetisch inspirierten und theoretisch reflektierten Dichtung verdanken. Darin steckt die Vermutung, daß der Historiker zu jedweder Deutung außer einer guten persönlichen Lebenserfahrung und einer im primären und sekundären Quellenstudium angeeigneten und vom kulturgeschichtlichen Kontext abgestützten Kenntnis seines Gegenstandes auch der psychologischen Modelle bedarf, die ihm die Dichtung anschaulich bereitstellt.

1.1 Winckelmann:
Die künstlerische Nachahmung der Natur aus eigenen historischen Voraussetzungen

Im Hinblick auf den größeren deutschen Zusammenhang, aus dem heraus Herder sein genetisch-organisches Denken entwickelt hat, ist zunächst die große Wirkung zu nennen, die JOHANN JOACHIM WINCKELMANNS (1717-1768) Buch „Gedanken über die Nachahmung der griechischen Werke in der Malerei und Bildhauerkunst" (1755)[2] in der Kunsttheorie und darüber hinaus in der Theorie der Dichtung gehabt hat. Seine Grundthese ist: „Der einzige Weg für uns, groß, ja, wenn es möglich ist, unnachahmlich zu werden, ist die Nachahmung der Alten." Mit dieser paradoxen Formulierung wird einerseits der seit der Poetik des Aristoteles in der abendländischen Kunst vertretene und in der ganzen frühen Neuzeit einschließlich der Aufklärung und auch der deutschen Klassik vorherrschende Grundsatz der künstlerischen Mimesis der „Natur" (phýsis), d.h. der Nachahmung des sich in Elementen der empirischen (Menschen-)Welt abzeichnenden und sich dem Verständigen geistig zeigenden Ideals, nochmals bekräftigt. Andererseits aber sollen die Künstler der

---

[2] Kleine Schriften, Berlin 2002, 29.

neueren Zeit dies nicht in der Weise tun, wie es die „Alten" (für ihn sind dies ausschließlich die Griechen) getan haben und erst recht nicht so, wie es die Künstler Roms und dann der Renaissance getan haben, als erstere die Griechen und letztere überwiegend die Römer in ihren Meisterwerken unselbständig nachgeahmt und dabei nur mehr oder weniger gelungene Beispiele einer scheinbar „ewigen" Ästhetik geschaffen hätten, sondern sie sollten, um schöpferisch und womöglich unnachahmlich zu werden, sich die Griechen in dem Sinne zum Vorbild nehmen, daß sie wie diese aus dem Geiste ihres eigenen Volkes und ihrer jeweiligen Zeit die Natur nachahmen und dabei Neues und Eigenes schaffen.

In dieser These scheint genau die Differenz auf, die die historischen Epochen, Stile und Gebilde, bei bleibender Orientierung und Verpflichtung auf die Natur (des Menschen), zu eigenen und letztlich inkommensurablen Individualitäten macht. Denn die griechischen Künstler hätten die Natur so nachgebildet, „wie es sie [sc. die Künstler] verlangt" habe, also wie es ihrem die Natur idealisierenden und auf Harmonie bedachten Geist entsprochen habe. Deshalb erklärt Winckelmann die Schönheit der griechischen Plastiken nicht allein aus der natürlichen Grundlage der Schönheit der menschlichen Körper und aus der Nachbildungsfähigkeit der Künstler, sondern auch und besonders aus dem besonderen ästhetischen Sinn der Griechen: „Das allgemeine vorzügliche Kennzeichen der griechischen Meisterwerke ist eine edle Einfalt und eine stille Größe [...]"[3] Das heißt, deren Werke sind nicht objektiv schön, sind keine Repräsentation der zeitlosen Idee des Schönen, sondern sind es durch die charakteristische griechische Schöpferkraft und („ästhetische") Wahrnehmungsweise des Schönen in der Natur. Auf die nahe kulturelle Vergangenheit bezogen, steckt in Winckelmanns ästhetischer Theorie sicherlich zunächst vor allem eine Kritik an der Kunst des Manierismus und des Barock, also eine Distanzierung von einem inzwischen nicht nur als fremd und unnatürlich, sondern auch als historisch empfundenen Stil. Auf die eigene Zeit bezogen, enthält sie den ebenso deutlichen Appell, zu den einfachen und edlen Formen der Griechen zurückzukehren und dabei aus eigenen – deutschen – Voraussetzungen Großes zu schaffen. Die von Winckelmann beeinflußte bildende Kunst und Dichtung der deutschen Klassik will deshalb auch nicht in einen direkten Wettstreit mit den griechischen Künstlern treten und sie in ihrer Art übertreffen – wie es die „Modernen" im französischen Streit mit dem Vorbild der „Alten" versuchen[4] -, sondern in der eigenen Art unvergleichbar Großes schaffen.

Die durch Winckelmann hergestellte enge Verbindung von bildnerischer und dichterischer Theorie hat in Deutschland zur Folge gehabt, daß hier, vor den Westeuropäern, die Philosophie und Geschichte der Schönen Künste zu einem konstitutiven Moment der allgemeinen Theorie der Geschichte geworden sind. Winckelmanns Hauptwerk „Geschichte der Kunst des Altertums" (1764) zeigt schon im Titel an, daß die bildende Kunst eine wirkliche Geschichte hat und die Lehre von ihr wie auch die von der Dichtung und der Musik ganz wesentlich als historische,

---

[3] Diese berühmt gewordene Deutung wird zumeist zustimmend aufgenommen, polemisch indes von Lessing in seiner Schrift: Laokoon oder Über die Grenzen der Malerei und Poesie (1766).
[4] Vgl. Kapitel 13, 2.4.

nicht nur als systematische und pragmatische zu betreiben sind und überhaupt das Studium der Kunstwerke ein wichtiges Erfahrungs- und Deutungsfeld der allgemeinen Geschichte sind.[5]

1.2 Chladenius: Die Lehre vom „Sehepunkt" der historischen Erkenntnis

Wegen der großen Aufmerksamkeit, die Herders geschichtsphilosophische Abhandlungen nach 1770 genießen, sind die vorherigen Ansätze zu einer Theorie der Geschichte in Deutschland nur noch wenig beachtet worden. Dies trifft vor allem auch auf die bedeutenden Arbeiten von JOHANN MARTIN CHLADENIUS (1710-1759) zu. Dieser hat bereits 1742 eine Lehre vom „Sehepunkt" der historischen Erkenntnis, also von ihrer perspektivischen subjektiven und kulturellen Standortgebundenheit, in seiner „Einleitung zur richtigen Auslegung vernünftiger Reden und Schriften"[6], entwickelt und damit den Anspruch auf Objektivität als prinzipiell unmöglich erkannt. Dasselbe Schicksal hat seine geschichtstheoretisch bedeutende „Allgemeine Geschichtswissenschaft" (Leipzig 1752)[7] erfahren.

1.3 Wieland u.a.: Aufklärerische und empfindsame Lebensgeschichten

Mehr Beachtung haben jene Schriften gefunden, die in der literarischen Gestalt von „Lebensgeschichten" Ausdruck des neuen genetischen Denken sind. Unter dem Einfluß sowohl der empfindsamen Romane Englands und Frankreichs, von Rousseaus Gefühlskult und Selbstentblößung (in der „Nouvelle Héloise" und in den „Confessions") als auch des Pietismus und zugleich der Aufklärung in Deutschland erfährt die seit der Antike gepflegte literarische Gattung der romanhaften und dramatisch gestalteten Lebensgeschichte auch hier eine deutliche Verschiebung zur Psychologisierung, Individualisierung und affektiven und irrationalen Aufladung hin. Dieser Romantypus ist so zugleich Ausdruck und Beförderung des neuen lebensgeschichtlichen Denkens.

Die vom Aufklärer CHRISTOPH MARTIN WIELAND (1733-1813) verfaßte „Geschichte des Agathon" (1766/67/1773)[8] steht zwar noch ganz in der Tradition des ironisch gebrochenen Schelmen- und philosophischen Lehrromans, wie deren einer der wenige Jahre zuvor erschienene Roman „Candide" (1759) von Voltaire ist. Diese „Geschichte" zeichnet aber eine darüber hinaus führende subtile psychologische Komposition lebensgeschichtlicher Phasen und Ereignisse aus. Die Einführung des Helden in die Geheimlehre der Orphik und die Erfahrung einer „durchseelten" Jugendliebe sind seine „Lehrjahre". Ihnen folgen während seiner frühen Erwachsenenzeit die von vielen Peripetien gekennzeichneten „Wanderjahre", u.a. mit der Abwehr sophistischer und despotischer Versuchungen, darauf mit der zunächst von

---

[5] Der von *Goethe* herausgegebene Sammelband „Winckelmann und sein Jahrhundert" (1805) legt ein Zeugnis von der Bedeutung ab, die man diesem Kunsttheoretiker in Deutschland beigemessen hat.
[6] Neuabdruck Düsseldorf 1969, hier besonders: S. 195.
[7] Ein Auszug aus seiner „Allgemeinen Geschichtswissenschaft findet sich in: Hardtwig 1990, 11-17. Vgl. dazu *P. Szondi*: Einführung in die literarische Hermeneutik, hg. J. Bollack/H. Stierlin, Bd. 5 der Studienausgabe der Vorlesungen, Frankfurt 1975, 27-97; und *Seeba* 1985, 52f.).
[8] in: Wieland Werke 1984, Bd. I.

Sinnenlust und dann von tugendhafter Freundschaft geprägten Liebe des Agathon zur Hetäre Danae. Dadurch erwirbt er schließlich die reflektierte Lebensführung des erwachsenen Mannes. Dieser erträgt den unauflösbaren Widerstreit zwischen einem platonischen Idealismus und einer die Welt mit allen Sinnen genießenden Lebensfreude, zwischen Vernunft und Gefühl und zwischen Zurückgezogenheit und Geselligkeit, indem er sich trotz zeitweiliger Verzweiflung und Abscheu „mit Vergnügen und Eifer den öffentlichen Angelegenheiten" seiner Republik widmet und so zwar ebendort ankommt, wo auch Candide nach seiner Lebensreise anlangt, aber eben – anders als Voltaires Held – als ein innerlich gereifter, ein vom Leben in Stufen der Erfahrung „organisch gebildeter" Mensch.[9]

1.4 Pietistische und genialisch-individualistische Lebensgeschichten

Dem die Gattung des deutschen Bildungsromans begründenden „Wilhelm Meister" von Goethe gehen eine Reihe pietistisch getönter autobiographischer Bekenntnisse voran, wie u.a. die Schrift „Heinrich Stillings Jugend. Eine wahrhafte Geschichte" (1777) von Johann Heinrich Jung-Stilling (1740-1817)[10] und dann vor allem die Werke der sog. Sturm und Drang-Dichtung, die selbst Erlebtes oder zumindest Empfundenes heftig, genialisch, enthusiastisch und individualistisch zum Ausdruck bringen. Exemplarisch hierfür sind Goethes frühe Lyrik und Dramatik und vor allem sein Briefroman „Die Leiden des jungen Werthers" (1774) und, um zehn Jahre zeitversetzt, Schillers frühe dramatische Produktion (insbesondere „Die Räuber", 1781, und sein „bürgerliches Trauerspiel" „Kabale und Liebe", 1782/84). Im Zentrum stehen fast immer außergewöhnliche Menschen, „Originalgenies", die von einem eigentümlichen und produktiven Geist (genius) erfüllt sind, eine absolute Handlungs- und Gefühlsautonomie für sich beanspruchen, Gefühl, Ahnung und Trieb über den „kalten Verstand" und die rationale Kritik stellen und den „Naturmenschen" dem höflichen und buchgebildeten Kulturmenschen vorziehen. Der „natürliche Mensch" des Sturm und Drang beruft sich so gerade nicht auf die alle Menschen verbindende Natur, sondern auf die momentanen Eingaben des eigenen „gefühlten Herzens". Letztinstanzen seines Handelns sind die „quillende Träne", der ungestüme Wille und das nur dem eigenen „Lebensgesetz" verpflichtete Gewissen – wie „unvernünftig" diese Ratgeber auch sein mögen. Eine solche Selbstdarstellung hat als Gegenstand nicht mehr die individuelle Ausprägung des Allgemeinmenschlichen in einem Lebenslauf, sondern die ganz und gar einmalige Lebensgeschichte einer von Anfang an einzigartigen „Individualität" und „Originalität". Schon hier, in diesem Konzept einer maßlosen personalen Selbsterzeugung und Selbstdarstellung, deutet sich der das Wissen aus der Erfahrung der Geschichte geringschätzende Irrationalismus an, der sich 100 Jahre später in Deutschland als Philosophie vom Leben artikuliert. Sein kulturgeschichtlicher Gewinn besteht darin, daß es den Weg für die bis in die letzten Verästelungen des Seelischen gehende Erforschung der lebensge-

---

[9] Eine ähnlich Psychologie charakterisiert auch *Wielands* Versroman „Musarion".

[10] Dazu gehören auch die von Goethe – wohl nach der pietistischen Vorlage der Herrnhuterin Susanne von Klettenberg – in „Wilhelm Meisters Lehrjahre" eingeschobenen „Bekenntnisse einer schönen Seele"(1795/96, 6. Buch).

schichtlichen Herkunft aktueller Verhaltensweisen und Haltungen gebahnt hat. Die poetische Konzentration auf das Individuelle und seine Genese hat sicherlich auch der wissenschaftlichen Ausbildung der neueren hermeneutischen Methodik in den historischen Wissenschaften im 19. Jahrhundert vorgearbeitet.

1.5 Moritz:
Die exemplarische Lebensgeschichte eines an sich selbst und der Welt leidenden Ich

Die eindringlichste autobiographische Darstellung der „inneren Geschichte" eines an der Welt und an sich selbst leidenden Ich ist in Deutschland der „psychologische Roman" „Anton Reiser" (1785) von KARL PHILIPP MORITZ (1757-1793). Gegenüber den vielen seelischen „Ergüssen" der Dichtung der Empfindsamkeit und des Sturm und Drang zeichnet sich dieser minutiös dokumentarische Roman durch eine in die Lebensdarstellung integrierte Ebene der selbstanalytischen Reflexion aus. Das spricht der Autor schon in der „Vorrede" an den Leser aus:

> Dieser psychologische Roman könnte auch allenfalls eine Biographie genannt werden, weil die Beobachtungen größtenteils aus dem wirklichen Leben genommen sind. – Wer den Lauf der menschlichen Dinge kennt und weiß, wie dasjenige oft im Fortgang des Lebens sehr wichtig werden kann, was anfänglich klein und unbedeutend schien, der wird sich an die anscheinende Geringfügigkeit mancher Umstände, die hier erzählt werden, nicht stoßen. Auch wird man in einem Buch, welches vorzüglich die innere Geschichte des Menschen [kursiv E. W.] schildern soll, keine große Mannigfaltigkeit der Charaktere erwarten: denn es soll die vorstellende Kraft nicht verteilen, sondern sie zusammendrängen und den Blick der Seele in sich selber schärfen.[11]

Daraus geht hervor, daß der Autor sein Lebensschicksal in Abhängigkeit von der Natur des Menschen und von den besonderen Umständen und Vorstellungen seiner Zeit sieht und es unter diesen Voraussetzungen für exemplarisch hält. Zugleich geht daraus hervor, daß Moritz, der Begründer der „Erfahrungsseelenkunde", mit seinem auf die Deutung der „inneren Geschichte" menschlicher Individuen bezogenen Theorieansatz auch die historische Methode insgesamt charakterisiert: Denn was für den (Auto-)Biographen die „aus dem wirklichen Leben genommenen Beobachtungen" sind, sind für den Historiker die Quellen, also das, was die empirische Grundlage aller historischen Forschung ist. Gegenüber ihrer Mannigfaltigkeit macht der Historiker dieselbe Erfahrung, die der (Auto-)Biograph als Kenner des „Laufs der menschlichen Dinge" macht, nämlich, daß im Fortgang der Geschichte der Gruppen, Völker und auch der Menschheit insgesamt manchmal „anfänglich klein und unbedeutend erscheinende" Umstände dem längerfristigen Geschehen Struktur und Richtung geben, sich das eine aus dem anderen im Kontext des Ganzen fortsetzt und das Geschehen selbst sein Zentrum und seinen „Fortgang" in einer „inneren Geschichte" hat, d.h. hier: in der Geschichte des „Geistes" der jeweiligen sozialen Einheiten. Auch trägt die Parallelität so weit, daß erst „der zusammendrängende

---

[11] *K.Ph. Moritz*: Werke in 2 Bden, hg. H. Holmder/A. Meier, Frankfurt 1991 I, 86; vgl. auch ders., Magazin zur Erfahrungsseelenkunde, 10 Bde (1783-93). Nachdruck Nörtlingen 1986; *H.J. Schrimpf*: Karl Philipp Moritz, Stuttgart 1983. Vgl. allgemein *R. R. Wuthenow:* Das erinnerte Ich. Europäische Autobiographie und Selbstdarstellung im 18. Jahrhundert, München 1974.

Blick" den Biographen wie den Historiker über diese innere Geschichte aufklärt, und dies unvermeidlich ein „subjektiver" Blick ist. Schließlich und nicht zuletzt ist der Gegenstand ein Individuum: ein im Fall des Anton Reiser bzw. des Karl Philipp Moritz vom Leben geschundener, unter traumatischen Lebenserfahrungen leidender und sich quälerisch analysierender Mensch, wie es in der größeren Geschichte ebenso bestimmte Gruppen und Völker sind, die wie die Menschheit insgesamt zugleich Subjekte wie Objekte ihrer besonderen Geschichte sind und sozusagen eine psychologisch ausdeutbare kollektive Lebensgeschichte haben.

2. Goethe:
Sein Leben und sein dichterisches Schaffen als Bildungsgeschichte

JOHANN WOLFGANG GOETHE (1749-1832), obwohl kein Historiker, ist für die Theorie der Bildung und Geschichte dennoch von großer Bedeutung.[12] Sein Hauptbeitrag hierzu besteht darin, am Beispiel seiner eigenen Lebensführung, seiner autobiographischen Schriften, seines Doppelromans „Wilhelm Meister", überhaupt seiner fast immer lebensgeschichtlich getönten Dichtung und nicht zuletzt seiner naturgeschichtlichen Forschungen auf der Grundlage seiner pantheistischen Weltanschauung zumindest implizit eine Theorie des „Bildungs"-Geschichtli-chen geschaffen und vertreten zu haben.

2.1 Die geistige Entwicklung einer Person, dargestellt in einem „Bildungsroman"

Sein Roman „Wilhelm Meisters Lehrjahre"[13] erscheint zwar erst 1795 und hat – wie die Fortsetzung „Wilhelm Meisters Wanderjahre oder Die Entsagenden" von 1821 und die z.T. noch später abgefaßten Teile der Lebenserinnerungen „Aus meinem Leben. Dichtung und Wahrheit" (1811/1731) – insgesamt einen klassizistisch-distanzierten Charakter, gehört aber von seinen Motiven, Empfindungen und von dem dargestellten Lebensweg her der Schaffensperiode um den „Werther" (1774) an und hat einen Autor, der lebensgeschichtlich denkt und einen Teil des Stoffes aus seinem Leben schöpft, was besonders klar der zwischen 1777 und 1785 geschriebene, jedoch erst 1910 aufgefundene sog. „Urmeister": „Wilhelm Meisters Theatralische Sendung" zeigt. Während aber Anton Reiser der Typ des immer scheiternden, mit sich selbst zerfallenden, unheilbar zerstörten Individuums ist, stellt Goethe in seiner Figur des Wilhelm Meister den Typ eines zwar vielfach irrenden, Umwege einschlagenden und auch schuldig werdenden, aber dann doch in sich einen Ausgleich zwischen antagonistischen Tendenzen herstellenden jungen Mannes dar, worin die Einsicht eingeschlossen ist, daß das Leben als ein Bildungsprozeß sowieso nicht geradlinig planbar ist, es ebenso sehr von den natürlichen Anlagen wie von den sich wandelnden Verhältnissen und von puren Zufällen abhängt. In den „Lehrjahren" steht jenes immer wieder zitierte „Bekenntnis" Wilhelms, das die spezifisch deutsche Vorstellung von der sich selbst bildenden Persönlichkeit pointiert ausdrückt: „Daß ich Dir's mit einem Wort sage: mich selbst, ganz wie ich da bin, auszubilden,

---

[12] Zitiert wird im folgenden nach: *Goethes Werke*. Hamburger Ausgabe in 14 Bänden. Textkritisch durchgesehen und mit Anmerkungen versehen v. E. Trunz, Hamburg 1948 ff., unter HA.
[13] HA, Bd. 7.

das war dunkel von Jugend auf mein Wunsch und meine Absicht."[14] Wo Herder ein göttliches Wirken über der Geschichte der Menschheit sieht, erblickt Goethe eine solche lenkende Hand über der Geschichte des Individuums. Über den Roman hat Goethe zu Eckermann gesagt: „[...] im Grunde scheint das Ganze nichts anderes sagen zu wollen, als daß der Mensch trotz aller Dummheiten und Verwirrungen von einer höheren Hand geleitet, doch zum glücklichen Ziele gelange." (148) Im „Faust", einer „verzeitlichten Utopie" (W. Voßkamp), übernimmt diesen Part stärker der Mensch selbst in seinem „immer strebenden Bemühen".

2.2 Momente einer impliziten Theorie des Allgemeinmenschlichen

Nun hat Goethe – der sich zumeist vom Spekulativen fernhält, dafür die Phänomene und die eigene sinnliche Erfahrung (vor allem im Sehen) sprechen läßt und sich deshalb auf den unmittelbar erfahrbaren Zeitrahmen des eigenen Lebens beschränkt – sich kaum theoretisch zur Geschichtlichkeit der Kultur und des individuellen Lebens geäußert. Zwar kennt er sich allgemein in der Historie sehr gut aus. Er überblickt im Begriff der Weltliteratur die ältere und die neuere Dichtung der ganzen europäischen Tradition von den alten Griechen an und kulturräumlich bis Persien und Indien und entnimmt seine Stoffe ganz überwiegend der Geschichte. Aber er sucht sie nicht um ihrer selbst willen auf, sondern nutzt sie, wie sich etwa am Beispiel des dem griechischen Mythos entnommenen Humanitätsdramas „Iphigenie" (1787) zeigen läßt, um ein aktuell interessierendes und zugleich zeitenübergreifendes Problem darzustellen und daran aufzuzeigen, wie menschliches Mitgefühl, pragmatische Klugheit, Toleranz und Verzicht auf Ausleben von Leidenschaften, Rache und Machtausübung Menschen läutern können. Die Lehre ist eindeutig auf das Allgemeinmenschliche gerichtet und ihre Botschaft ist: So sind die Menschen, so bilden sie sich und so können sie Herr oder Sklave ihrer Triebe und Affekte werden, zu allen Zeiten und in allen zivilisierten Gesellschaften. Der Bildungsprozeß selbst wird dabei weniger entwicklungspsychologisch, also in der Linie Rousseaus im Durchmessen bestimmter Lebensalter und ihrer charakteristischen Wahrnehmungsformen und ihrer Gestimmtheit, gedeutet als vielmehr im Sinne eines lebendigen Geflechts, dessen einzelne Fäden in jedem Moment des Lebens auf das Ganze eines Individuums verweisen, das sich ständig neu knüpft, kreativ wandelt und so ein anderes wird. Wenn Goethe deshalb seine Werke als „Bruchstücke einer großen Konfession" bezeichnet und in „Dichtung und Wahrheit" geschrieben hat, daß es seine Absicht sei, den inneren Zusammenhang seines Werks zu erklären und zu sagen, wie es auf der Grundlage eines „eigentümlichen Ich" (Dämons) aus äußeren Ereignissen, geistiger Verarbeitung der Tradition und „Drangsalen des Herzens" hervorgegangen ist, dann schreitet er seinen Lebensweg nicht linear in der Zeit ab, sondern nimmt ihn, in kreisenden Bewegungen und an jeder Stelle zugleich rückwärts und vorwärts schauend, letztlich immer als ganzen in den Blick.

2.3 Eine pantheistische Bildungs- und Geschichtstheorie:
Das sich innerhalb des Weltganzen in steter Umbildung befindliche Sein

---

[14] HA, Bd. 7, 5. Buch, Drittes Kapitel, 1950, 290.

Der Schlüssel zu diesem bildungstheoretischen und lebensgeschichtlichen Ansatz ist sicherlich das pantheistisch-dynamische Welt- und Selbstverständnis, das Goethe vom Beginn seines dichterischen Schaffens an bis zu seinem Tode beibehalten hat. Danach befindet sich die ganze Welt im steten Wandel: produktiv in der ständigen Erzeugung neuer Gestalten und tragend und bergend in der Erlösung der Individuen aus ihrer Weltexistenz. Ein halbes Jahrhundert nach seiner durch dieses Verständnis bereits charakterisierten Sturm-und-Drang-Lyrik (etwa im Gedicht „Ganymed", 1774) drückt der 72jährige Goethe 1821 eben diese „Weltanschauung" unter Wiederaufnahme der spätantiken Formel „Eins und Alles *(Hén kaì pân)* so aus:

> *Eins und Alles*
> Im Grenzenlosen sich zu finden,
> Wird gern der Einzelne verschwinden, [...]
> Sich aufzugeben ist Genuß.
> Weltseele, komm, uns zu durchdringen! [...]
> Teilnehmend führen gute Geister [...]
> Zu dem, der alles schafft und schuf.
> Und umzuschaffen das Geschaffne,
> Damit sich's nicht zum Starren waffne,
> Wirkt ewiges lebendiges Tun [...]
> Es soll sich regen, schaffend handeln,
> Erst sich gestalten, dann verwandeln; [...]
> Das Ewige regt sich fort in allen:
> Denn alles muß in Nichts zerfallen,
> Wenn es im Sein beharren will.[15]

Diese den Wandel der Welt insgesamt thematisierende Geschichtlichkeit ist geprägt von „Sympathie", d.h. von Verschmelzung, Entgrenzung und Aufgehobensein des Einzelnen im Weltganzen, vom Entstehen und Verschwinden des Individuellen, vom Glauben an die schöpferische Gott-Natur, von ständiger Metamorphose, d.h. vom ewigen Wandel, von der neuplatonischen Entelechie-Vorstellung, d.h. von der Aufstiegsbewegung der Seele zum Einen im tätigstrebenden Schaffen, zum Einen, das alles schafft und schuf, und vom vorgezeichneten Weg z.B. eines Faust, über den die „himmlischen Mächte" nach seinem irdischen Tode sagen: „Wer immer strebend sich bemüht, den können wir erlösen!"

Die Vorstellung, daß sich auch die menschliche Person in „nach oben" führenden Stufen der Bildung lebensgeschichtlich ausbildet, liegt Goethes Lebenserinnerungen und seinem großen Bildungsroman zugrunde: Es ist die Idee, daß das bewußt erfahrene, geführte und gestaltete Leben eine „Bildungsgeschichte" ist. Goethes sozusagen implizite Theorie der Lebensgeschichte sind die in einem Gedicht über fünf Stadien der Weltverarbeitung führenden „Urworte, orphisch" (1817)[16]. Danach schenkt der uns bei unserer Geburt von der Natur auf den Lebensweg gegebene „Dämon" (DAIMON) erstens eine unverlierbare personale Individualität; ist zweitens

---

[15] HA, Bd. I: Gedichte und Epen 1948, 368 f.
[16] ebd., 359 f.

dieses Leben nicht starren Gesetzen unterworfen, denn das „Zufällige" (TYCHE) läßt uns bald dieses, bald jenes an Gütern, Mitmenschen und Ereignissen zuteil werden; ergreift und verzaubert drittens unverhofft uns immer wieder die „Liebe" (EROS); zwingt viertens uns freilich, trotz unseres Wünschens und Wollens, die „Nötigung" (ANANKE), „Bedingung und Gesetz" der harten Wirklichkeit, nieder; „entriegelt" fünftens aber „solche eh'rne Mauer" im Leben schließlich immer wieder die uns erhebende „Hoffnung" (ELPIS), denn „Ein Flügelschlag – und hinter uns Äonen!" Diese „Urworte" bezeichnen keine Abfolge von Lebensaltern, sie sind vielmehr sowohl gleichzeitig als auch nacheinander und dialektisch verschränkt wirkende Momente des menschlichen Lebens insgesamt. Nach dieser „Theorie" ist darin alles, wie Goethe immer wieder schreibt, „bedeutsam", d.h. verweist alles Einzelne und Aktuelle auf das Ganze und das Künftige. Diese poetische Ausdrucksweise unterscheidet sich gewiß sehr von der Sprache der wissenschaftlichen Bildungs- und Geschichtstheorie. Das (kultur-)historische Denken in Deutschland hat sich bis in die erste Hälfte des 20. Jahrhunderts in diesen Vorstellungen jedoch treffend erfaßt gefunden.

Explizit wird Goethes Geschichtstheorie in Bezug auf die subhumane lebendige Welt. Im Lehrgedicht „Die Metamorphose der Pflanzen" (1799)[17] erklärt er die Bildungsgesetze der Natur als Metamorphosen jeweiliger Urgestalten, und zwar einerseits als eine geschlossene Abfolge von naturgesetzlichen Verwandlungen, als in der belebten Natur streng vorgegebenen Lebenszyklen, andererseits als Gestalten, die sich entsprechend den äußeren Verhältnissen unter Abwandlung des vorgegebenen Schemas individuell und ganzheitlich, also „geschichtlich" im modernen Sinne „entwickeln". Goethes Selbsteinschätzung von den „Häutungen" in seinem Leben stehen dieser morphogenetischen Vorstellung nahe.

---

[17] ebd., 199-201. Diesem Gedicht war die naturwissenschaftliche Abhandlung „Versuch die Metamorphose der Pflanzen zu erklären" (1790) vorangegangen. Ihm folgt das Lehrgedicht „Metamorphose der Tiere" (1820; ebd., 201-203) und andere Studien zum genetisch Wandel in der Natur. Vgl. den ausführlichen Kommentar von Trunz zu Goethes Vorstellung von der „Metamorphose" des Lebendigen ebd., 505-512.

17. Kant:
Der geschichtliche Fortschritt als „verborgene Naturabsicht"

1. Ein Versuch, Vernunft „in die Geschichte zu bringen" 294
2. Die in Analogie zur Individualentwicklung teleologisch gedeutete Universalgeschichte 297

Der Philosoph IMMANUEL KANT (1724–1804) beerbt die Philosophie der Neuzeit und stellt sie in Form seines erkenntniskritischen Idealismus insgesamt auf eine neue – „aufgeklärte" – Grundlage. Dabei hält er einerseits an der einen und unveränderlichen Menschennatur fest, traut dieser andererseits einen sich in der Geschichte der Menschheit artikulierenden Fortschritt zu, einen Fortschritt, der sich in der menschlichen Gattung nach einer „verborgenen Naturabsicht" in der Geschichte entwikkelt. Zeitgenössisch tut seine Geschichtstheorie eine besonders große Wirkung auf Schillers historisches Denken, sie ist danach bis heute ein Bezugspunkt für eine kritische Auseinandersetzung mit den Theorien zur Geschichte.[1]

1. Ein Versuch, Vernunft „in die Geschichte zu bringen"

In ausdrücklicher Ablehnung sowohl von Rousseaus Antithese von Natur und Kultur als auch von Herders genetischer und empirischer Anthropologie nimmt Kant in seiner Geschichtstheorie einen transzendental-philosophisch begründeten, also apriorischen Standpunkt ein. Gegen Herder bringt er vor, daß man die Geschichte der Menschheit nicht mit einem Naturwesen Mensch beginnen lassen könne.[2] Denn dieses Wesen wäre, wie das Tier, unfrei und den „äußeren Bestimmungen" der Welt ganz unterworfen und könne sich von daher auch nicht zum Menschen emporentwickeln. In seiner Schrift „Idee zu einer allgemeinen Geschichte in weltbürgerlicher Hinsicht" (1784)[3] setzt Kant deshalb voraus, daß dem Menschengeschlecht die Freiheit des Handelns natürlicherseits bereits gegeben sei und in dieser Gabe obendrein eine „verborgene Naturabsicht" zu seinem geschichtlichen Fortschritt enthalten sei. Dabei unterscheidet er zwischen dem einzelnen Menschen und der Menschheit (der „Gattung"). Danach ist der Mensch als Individuum zugleich ein Natur-(bzw. Sinnes-) und ein Vernunftwesen, ein Geschöpf, das zwar über einen freien Willen

---

[1] Zu Kants Geschichtstheorie vgl. die gute Darstellung von *Th. Kater:* Politik, Recht, Geschichte. Zur Einheit der politischen Philosophie Immanuel Kants, Würzburg 1999; vgl. auch *H.W. Blanke/D. Fleischer* (Hg.): Theoretiker der deutschen Aufklärungshistorie, 2 Bde., Stuttgart/ Bad Canstatt 1990; *V. Gerhardt/F. Kaulbach:* Der Zusammenhang zwischen Naturphilosophie und Geschichtsphilosophie bei Kant, in: Kant-Studien 1975, 65-84; *V. Gerhardt:* Immanuel Kant. Vernunft und Leben, Stuttgart 2002. Die Werke Kants liegen in zahlreichen Ausgaben vor. Die hier verwendete Textgrundlage ist: I. Kant: Schriften zur Anthropologie, Geschichtsphilosophie, Politik und Pädagogik, in: I. Kant: Werke in 12 Bänden. Hg. W. Weischedel. Bde. 11 und 12.

[2] Vgl. *Th. Bach:* Herder gegen Kant: Ein Streit um die Geschichte, in: Zs. „der blaue reiter. Journal für Philosophie", Nr. 18, 2004, 52-57. Überhaupt macht der Deutsche Idealismus die Geschichte zu einem seiner wichtigsten Themen; vgl. hierzu den von Herder bis zu Hegel reichenden Überblick im von *H. G. Sandkühler* herausgegebenen Handbuch: Deutscher Idealismus, Stuttgart/Weimar 2005, bes. Kapitel VIII. Die Geschichte, 218-248.

[3] Weischedel 1983, 31-50; Kant 1914, 23-38.

verfügt, aber im Zwiespalt zwischen den Antrieben seiner sinnlichen Natur und der Orientierung an seiner Vernunftnatur entsprechend dem „Spiel der Freiheit seines Willens" oft „verwickelt und regellos" handelt. Anders verhält es sich mit der „ganzen Gattung". Deren „Geschichte [...] läßt dennoch von sich hoffen", nämlich auf „eine stetig fortgehende, obgleich langsame Entwicklung der ursprünglichen Anlagen". In der menschlichen Anlage zur „Cultur", zum vernünftigen Zusammenleben der Menschen mit seinesgleichen glaubt Kant, einen vernünftigen Plan zu erkennen, den die Natur mit der Menschheit verfolge.[4] In neun „Sätzen" begründet er diese Annahme so:

1. Alle Naturanlagen eines Geschöpfes sind bestimmt, sich einmal vollständig auszuwikkeln. (35)

Kant folgt hier der teleologischen Naturlehre von Aristoteles, wonach jede Anlage, hier die Vernunftnatur des Menschen, dazu bestimmt ist, ihren Zweck zu erreichen, ihre Funktion zu erfüllen.

2. Am Menschen sollten sich diejenigen Naturanlagen, die auf den Gebrauch seiner Vernunft abgezielt sind, nur in der Gattung, nicht aber im Individuum vollständig entwickeln. (35)

Der Grund hierfür sei, daß die Kürze des menschlichen Lebens, die irrtümlich eingeschlagenen Wege, die sinnlichen Ablenkungen dem Individuum immer nur ein geringes Maß an Vervollkommnung ermöglichten und es der Aufklärung, d.h. des Lernens, des Übens, des Unterrichts und des Zusammenwirkens vieler Menschen in langen Zeiträumen bedürfe, damit die Menschheit „von einer Stufe der Einsicht zur anderen allmählich fortschreiten" (35) könne.

3. Die Natur hat gewollt, daß der Mensch alles, was über die mechanische Anordnung seines tierischen Daseins geht, gänzlich aus sich selbst herausbringe und keiner anderen Glückseligkeit und Vollkommenheit teilhaftig werde, als die er sich selbst, frei von Instinkt, durch eigene Vernunft verschafft hat. [...] Da sie [sc. die Natur] Vernunft und darauf sich gründende Freiheit des Willens gab, so war das schon eine klare Anzeige ihrer Absicht [...]. (36)

Schöpfer der Kultur ist danach nicht Gott und auch nicht allein schon die Anlage der Vernunft, sondern ausschließlich der menschliche Geist. Damit bewegt sich Kant faktisch, wenn auch nicht theoretisch auf ebender Linie, die Herder in der Bildung der Menschheit zur Humanität vorgezeichnet sieht.

4. Das Mittel, dessen sich die Natur bedient, die Entwicklung aller ihrer Anlagen zustande zu bringen, ist [...] die ungesellige Geselligkeit der Menschen, d.i. der Hang derselben in Gesellschaft zu treten, der doch mit einem durchgängigen Widerstande, welcher diese Gesellschaft beständig zu trennen droht, verbunden ist. (37)

Damit ist der „Antagonism", der beständige Wettkampf um den Rang in den menschlichen Gemeinschaften, gemeint, welcher sie die „Schritte aus der Rohigkeit zur Kultur" tun läßt.

---

[4] Kant 1914, 23.

> 5. Das größte Problem für die Menschengattung [...] ist die Erreichung einer allgemein das Recht verwaltenden bürgerlichen Gesellschaft. (39)

Nur eine solche „Gesellschaft, in welcher Freiheit unter äußeren Gesetzen im größmöglichen Grade mit unwiderstehlicher Gewalt verbunden angetroffen wird, d.i. eine vollkommene gerechte bürgerliche Verfassung" (39), könne die „höchste Absicht der Natur" erreichen.

> 6. Dieses Problem [sc. die Unterordnung des eigenen Willen unter einen „allgemeingültigen Willen"] ist zugleich das schwerste und das von der Menschengattung am spätesten aufgelöst wird.

Dafür bedürfe es Herren, die herrschen und zugleich sich an die Gesetze halten, was – wie Kant schreibt – ein fast unlösbares Problem ist, denn „aus so krummen Holze, als woraus der Mensch gemacht ist, kann nichts ganz Gerades gezimmert werden." (40 f.)

> 7. Das Problem der Errichtung einer vollkommenen bürgerlichen Verfassung ist von dem Problem eines gesetzmäßigen äußeren Staatenverhältnisses abhängig [...] (41)

Hier fällt im Hinblick auf die Herstellung eines allgemeinen Friedens[5] zwischen den Völkern das Wort von der Notwendigkeit eines „großen Völkerbundes" (42)

> 8. Man kann die Geschichte der Menschengattung im großen als die Vollziehung eines verborgenen Plans der Natur ansehen [...] (45)

Dies ist die Voraussetzung und das Ziel aller vorheriger Annahmen. Denn:

> dieses gibt die Hoffnung, daß nach manchen Revolutionen der Umbildung endlich das, was die Natur zur höchsten Absicht hat, ein allgemeiner weltbürgerlicher Zustand als der Schoß, worin alle ursprünglichen Anlagen der Menschengattung entwickelt werden, dereinst einmal zustande kommen werde. (47)

Es handelt sich also um eine Geschichte in Progression, welche indes eine Geschichte der menschlichen Natur gerade ausschließt, die ihren Zweck vielmehr dann, gleichsam von allein, erreicht, wenn die Ursachen der Konflikte unter den Menschen, vor allem der Egoismus der Individuen, der Herrscher und der Staaten, beseitigt sind.

> 9. Ein philosophischer Versuch, die allgemeine Weltgeschichte nach einem Plane der Natur [.....] zu bearbeiten, muß als möglich und selbst für diese Naturabsicht beförderlich angesehen werden.(47)

Aufklärung in diesem Sinne ist eine der wichtigsten Aufgaben der Philosophie. Diese grenzt er freilich von der als durchaus verdienstvoll anerkannten Geschichtsschreibung der Historiker ab. Denn:

---

[5] Vgl. *I. Kant*: Zum ewigen Frieden. Ein philosophischer Entwurf (1795), in: Weischredel ebd., 195-251.

Daß ich mit dieser Idee einer Weltgeschichte, die gewissermaßen einen Leitfaden a priori hat, die Bearbeitung der eigentlichen, bloß empirisch abgefaßten Historie verdrängen wollte, wäre Mißdeutung meiner Absicht. (49)

In seinem geschichtsphilosophischen Essay „Mutmaßlicher Anfang der Menschengeschichte" (1786)[6] erläutert Kant nochmals näher die ersten Schritte der Menschheit zur Kultur. Er zieht dazu den jüdischen Schöpfungs- und Sündenfallmythos heran. Diese Erzählungen müsse man symbolisch in dem Sinne verstehen, daß der Mensch im Paradies, währenddessen Gott zu ihm noch wie zu den Tieren in Instinkten spricht, zuerst in einem Zustand der Harmonie mit der Natur lebt. Durch die ihm im Schöpfungsakt auf den Weg gegebene Anlage zur Geistigkeit betritt die Menschheit dann im Erwerb der Sprache und des Denkens und der Möglichkeit, jetzt das Leben in eigener Verantwortung zu führen, alsbald eine zweite Stufe. Auf ihr leitet ihn in der Gemeinschaft mit seinesgleichen bereits die Vernunft, das Mitgefühl mit ihnen und der Sinn zum Tun des Guten. Die egoistischen Triebe und die widerstreitenden Anforderungen des Lebens in der Gesellschaft lassen ihn aber – nach dem Muster Adams – immer wieder zu Fall kommen. Indem sich die Menschen die schlimmen Folgen ihres Tuns bewußt machen, klären sie sich schrittweise immer weiter auf, vervollkommnen sich und erkennen immer klarer das der Menschheit vorgezeichnete Ziel: den endgültigen Kultur- und Gesellschaftszustand, der ganz von der Vernunft beherrscht ist.

2. Die in Analogie zur Individualentwicklung teleologisch gedeutete Universalgeschichte

Auf den ersten Blick scheint sich Kants Geschichtsbegriff ohne weiteres in das neuere Verständnis des 18. Jahrhunderts einzufügen. Fragt man jedoch genauer nach seiner Deutung von „Geschichte", so zeigt sich, daß durch sie die traditionelle ahistorische Sicht der menschlichen Geistigkeit und Kultur nicht nur nicht überwunden, sondern auch noch einmal ganz grundsätzlich befestigt wird und damit seine Geschichtstheorie hinter die von Vico, Montesquieu, Voltaire und Herder vertretene moderne Vorstellung einer aus sich selbst schöpfenden und zur Zukunft hin offenen Geschichte zurückfällt. Eine andere Deutung des Geschehens in der Welt hätte Kants Transzendentalphilosophie freilich auch gar nicht zugelassen. Denn der Begriff der Natur steht bei ihm für die ideale, d.h. unveränderliche, vollkommene und ewige Welt und der Begriff der Geschichte für die empirische, d.h. veränderliche, unvollkommene und „zeitliche" Welt. Während sich die Natur in Gesetzen, in „Naturgesetzen", manifestiert – denn: „Natur ist das Dasein der Dinge, sofern es nach allgemeinen Gesetzen bestimmt ist."[7] –, hat es die Geschichte immer nur mit sich wandelnden Erscheinungen zu tun. Geschichtliche Phänomene sind so in jeder Hinsicht der Herrschaft der Natur untergeordnet. Das gilt zunächst für die Erscheinungen der unbelebten und der belebten nicht-menschlichen Welt. Im Hin-

---

[6] In: Weischedel ebd. 85-102. Diesen Aufsatz hat *H. von Hentig* abgedruckt und kommentiert in: Neue Sammlung 1, 2003, 91-105.

[7] I. Kant: Prolegomena zu einer jeden künftigen Metaphysik, die als Wissenschaft wird auftreten können, in: Weischedel Bd. 5, 159.

blick auf ihre Beschreibung und Erklärung verwendet Kant den Begriff der „Naturgeschichte" noch ganz im traditionellen Sinne der (beschreibenden) Historie an. So meint er in seiner frühen Schrift „Allgemeine Naturgeschichte und Theorie des Himmels oder Versuch von der Verfassung und dem mechanischen Ursprunge des ganzen Weltgebäudes, nach Newtonischen Grundsätzen abgehandelt" (1755), daß die Geschichte vollständig durch Sinnesdaten erfaßbar und ihre Erscheinungen und Begebenheiten ausschließlich im Sinne der Aposteriori-Erkenntnis von Merkwürdigkeiten beschreibbar und durch Naturgesetze erklärbar seien. Aufgabe dieser Historiographie sei es, die empirischen Erkenntnisse mit einer überzeugenden Theorie zu erklären und sich dabei nicht in Träumereien und Erdichtungen zu ergehen. Mit derselben Sichtweise geht Kant dann aber auch an die empirische Seite der menschlichen Handlungen heran. So erinnert er in der oben herangezogenen Schrift von 1784 gleich im ersten Satz daran, daß diese Handlungen – als „Erscheinungen" des freien Willens – „ebensowohl als jede andere Naturbegebenheit nach allgemeinen Naturgesetzen bestimmt" (23) seien. Der Unterschied zwischen animalen und menschlichen „Naturbegebenheiten" besteht für ihn darin, daß sich erstere dank der eindeutigen „Naturanlage" bereits im individuellen Leben der Tiere rasch und vollständig ausbildeten, also z.B. ein eben geborenes Fohlen alsbald alle einem Pferde zukommenden Eigenschaften erwirbt, während letztere bei einem menschlichen Individuum nur Ausdruck eines Teilaspekts seiner Natur seien. Denn bei ihm befände sich seine ihm vorbestimmte geistige Naturanlage in einem beständigen Wettstreit mit der ihm weiterhin anhaftenden sinnlichen Natur, weshalb sich die geistige Anlage im Leben immer nur eingeschränkt entfalten könne.

Die von Kant zur Lösung dieses Problems eingenommene Position ist ein Analogieschluß. Es ist der Schluß von der Individualentwicklung des Menschen auf die Entwicklung seiner Gattung, und zwar im Sinne einer ebensolchen „Ent-wicklung", die das Kollektivsubjekt Menschheit von der ihr vorgegebenen Anlage zum vernünftigen Handeln aus in der Geschichte vollzieht. In dieser Geschichte verwirklicht die Menschengattung das, was ihr „von Natur aus" als Zweck aufgetragen ist, nämlich der Vernunft in allen Dingen zum Sieg zu verhelfen, dem Sittengesetz Geltung zu verschaffen[8] und in der Menschengemeinschaft einen allgemeinen Frieden herzustellen. Geschichte besteht also ausschließlich in der Annäherung an dieses vorgegeben Ziel. Von dem Moment an, an dem dieses Ziel erreicht sein würde, würde auch alle Menschengeschichte enden und die Menschheit in eine zeitlose Geschichtslosigkeit eintreten.

Mit dieser Teleologie des Geschichtsprozesses und mit dieser Analogie von Mensch und Menschheit steht Kant in seinem Jahrhundert und dann auch noch im 19. und zum Teil sogar noch im 20. Jahrhundert nicht allein da. Die Annahme von Sinn in der Geschichte, von ihrer Gerichtetheit und von einem die Menschheit von zeitlichen Beschränktheiten erlösenden definitiven Ende durchzieht als säkulares Erbe der Heilsgeschichte noch viele moderne Geschichtstheorien. Hegel ist ihr ebenso verpflichtet wie Marx. Erst die Evolutionsbiologie und dann, auf andere

---

[8] Zu seiner Begründung vgl. *I. Kant*: Grundlegung zur Metaphysik der Sitten (1785), und *I. Kant*: Kritik der praktischen Vernunft (1788).

Weise, Nietzsches Philosophie erschüttern sie im 19. Jahrhundert und weisen die Teleologie natürlicher Vorgänge als unangemessenes Erklärungskonstrukt zurück. Sieht man von Kants zugleich apriorisch und gattungsgeschichtlich problematischen Erklärung ab, dann hat seine Geschichtsphilosophie jedoch durchaus das historische Denken gefördert und einen Beitrag zu dem geleistet, was Kant in seiner Schrift „Was heißt: Sich im Denken orientieren?"[9] dargelegt hat: Diese Schrift durchdringt die Geschichte aufklärerisch, deutet sie säkular und weltbürgerlich, d.h. alle Menschen der Welt („Racen") erfassend, und sieht sie politisch und moralisch auf die Verwirklichung von sittlichen und rechtlichen Grundsätzen gerichtet.

---

[9] In: Weischedel Bd. 5, 265-283. Zu nennen ist hier auch seine Anthropologie-Vorlesung, die er zwischen 1772 und 1996 gehalten hat und deren letzte Fassung in seiner Schrift: Anthropologie in pragmatischer Hinsicht (1798) vorliegt, in: W. Weischedel Bd. 12, 395-690.)

18. Schiller:
Der Weg der Menschheit von der Natur über die Kunst zur Vernunft

1. „Was heißt und zu welchem Ende studiert man Universalgeschichte" (1789): Die Menschheitsgeschichte als Fortschrittsgeschichte 301
2. „Die ästhetische Erziehung des Menschen" (1793/95): Universalgeschichte in Progression von der Sinnlichkeit über das Schöne zur Vernunft 307
3. Die „sentimentalische Dichtung" als Ausdruck modernen Menschseins und historischen Fortschritts 311

Im Unterschied zu Goethe, der an der Historie nur ein mäßiges Interesse hat, ist Schiller in seinen poetischen Werken wie auch in seinen theoretischen Abhandlungen, Bemerkungen und Briefen ein genuin (universal-)historisch argumentierender Kopf. Zwar ist auch er kein Historiker vom Fach – wie es deren damals ohnehin erst wenige gab –, er brachte jedoch von seinem Besuch der Karlsschule bereits solide historische Kenntnisse mit, hat für seine ganz überwiegend der Realgeschichte entnommenen Dramenstoffe z.T. umfängliche Quellen- und Literaturstudien betrieben, in Verbindung damit auch bedeutende historiographische Abhandlungen vorgelegt und nicht zuletzt mehrere geschichtstheoretische Reflexionen von Rang verfaßt. Zudem ist Schiller auch noch ein philosophischer Kopf. Wie kein anderer Dichter der literarischen Klassik Deutschlands ist sein Denken von der Philosophie der Aufklärung durchdrungen, und wie kein anderer hat er die Schriften des Philosophen Kant studiert und dessen Geschichtsphilosophie, sie durchaus eigenständig verarbeitend und abwandelnd, in sein universalhistorisches Denken aufgenommen.

Die Darstellung von Schillers historischem Denken folgt im wesentlichen seinem lebensgeschichtlichen Weg durch die Historie. Als ein im 18. Jahrhundert spätgeborener Aufklärer durchläuft Schiller in seiner Haltung zur Frage nach dem historischen Fortschritt der Menschheit in seinem kurzen Leben drei nicht scharf gegeneinander abgrenzbare Phasen. Die erste zeugt von einem kaum getrübten Optimismus und findet ihren treffendsten Ausdruck in seiner akademischen Antrittsrede als Historiker im Jahre 1789 (Abschnitt 1). Die zweite – recht kurze – Phase hat den Charakter einer verhaltenen Hoffnung, daß zumindest bestimmte Völker im Durchgang durch die Schönen Künste in Zukunft einmal in das Zeitalter der Vernunft werden eintreten können, und ist programmatisch am klarsten in den ersten „Briefen" seiner Schrift über die „Ästhetische Erziehung des Menschen" (1793/95) formuliert. Die dritte Phase ist von einem Pessimismus beherrscht, der einen moralischen und politischen Fortschritt der Menschheit in der empirischen Wirklichkeit ausschließt und dem gebildeten Bürger anrät, Befriedigung in der innerlich-privaten Pflege der Künste und der Wissenschaften zu suchen. Daß die Künste in der Autonomie und im Eigenwert des „ästhetischen Scheins" den edelsten Bereich der menschlichen Existenz ausmachen und allein von dort ein „Fortschritt" des Menschseins möglich ist, ist das „idealistische" Bekenntnis, das Schiller von der Endfassung der „Briefe" bis zu seinem Tode (1805) in Gestalt seiner poetischen und theoretischen Werke ablegt (Abschnitt 2). Die Schrift „Über naive und sentimentalische Dichtung" (1795/96) schließlich ist nicht nur eine literarästhetische

Abhandlung, sondern auch eine über die Geschichtlichkeit der Dichtung auf ihrem Weg von der „Naivität" der alten Griechen zur reflexiven „Sentimentalität" der modernen Schriftsteller (Abschnitt 3). Es kennzeichnet insgesamt das historische Denken Schillers, daß es zugleich philosophisch reflektiert und begründet, rhetorisch geformt und durch ein ausgedehntes Studium der literarischen und realgeschichtlichen Tradition fundiert ist.

1. **„Was heißt und zu welchem Ende studiert man Universalgeschichte" : Die Menschheitsgeschichte als Fortschrittsgeschichte**

Die in geschichtstheoretischer Hinsicht bedeutendste Leistung von FRIEDRICH SCHILLER (1759-1805) ist die Rede, die er im Alter von 29 Jahren im Mai 1789 bei seiner Antrittsvorlesung zu seiner Geschichtsprofessur an der Universität Jena unter dem Titel „Was heißt und zu welchem Ende studiert man Universalgeschichte" gehalten hat.[1] Darin legt er dar, wie er sich den Prozeß der Universalgeschichte vorstellt und wie und warum man sie studieren soll. In beiderlei Hinsicht, im objektiven wie im subjektiven Sinn der „Geschichte", reizen Schillers Schriften bis heute die Historiker zur Auseinandersetzung.[2]

1.1 Der Weg von der Primitivität zur Kultur in der Einheit der menschlichen Natur
In Verarbeitung der einschlägigen universalhistorischen Diskussion des 18. Jahrhunderts und in besonderer Anlehnung an Herders Schriften deutet Schiller in dieser Rede, wenige Monate vor dem Ausbruch der Französischen Revolution, den

---

[1] Dieser Text wird nach der Paginierung der Faksimile-Ausgabe des Originals (Der Teutsche Merkur, November 1789) zitiert, die die Universität Jena „zum 200. Jahrestag von Friedrich Schillers Eintritt in den Lehrkörper der Universität" mit Kommentaren im Mai 1989 in Jena herausgegeben hat. In GW findet er sich im sechsten Band: Erzählungen und Historische Schriften, 1954, 513-531. Die klassische Werke-Ausgabe ist die: Nationalausgabe (NA), Weimar 1943. Die heute zumeist herangezogene Ausgabe ist: F. Schiller: Sämtliche Werke in 5 Bänden, München/Wien 2004 [SW]. Zitiert wird im folgenden jedoch nach F. Schiller: Gesammelte Werke in acht Bänden, (Ost-)Berlin 1954 ff. [GW].

[2] Aus der umfangreichen Literatur zu Schiller als Historiker seien genannt: *W. Wittkowski* (Hg.): Friedrich Schiller. Kunst, Humanität und Politik in der späteren Aufklärung. Ein Symposion, Tübingen 1982; *H.C. Seeba*: Historiographischer Idealismus? Fragen zu Schiller Geschichtsbild, in: Wittkowski 1982, 229-251; *O. Dann/N. Oellers/E. Osterkamp* (Hg.): Schiller als Historiker, Stuttgart/Weimar 1995; *D. Fulda*: Wissenschaft aus Kunst. Die Entstehung der modernen deutschen Geschichtsschreibung 1760-1860, Berlin/New York 1996; *P.-A. Alt*: Schiller. Leben – Werk – Zeit. 2 Bde., München 2000; *Th. Prüfer*: Die Bildung der Geschichte. Friedrich Schiller und die Anfänge der modernen Geschichtswissenschaft, Köln u.a. 2002; *M. Hofmann*: Schiller. Epoche – Werke – Wirkung, München 2003, bes. 72-92; *M. Hofmann/ J. Rüsen/M. Springer* (Hg.) (2006), Schiller und die Geschichte, Paderborn [Dieses Buch ist – auch mit Gegenwartsbezügen - eine Fundgrube zum Thema Schiller als Historiker. Weil es den Verfasser erst nach Manuskriptabschluß erreicht hat, konnten seine Darlegungen hier nur in wenigen Punkten eingearbeitet werden]; *E. Wiersing*: Schillers Idee vom Fortschritt der Menschheit. Aktuelle und bildungshistorische Reflexionen zu Schillers Rede aus dem Jahre 1789: Was heißt und zu welchem Ende studiert man Universalgeschichte, in: Pädagogische Rundschau 2, 2006, 149-165. Unter den zahlreichen Neuerscheinungen aus Anlaß von Schillers 200. Todesjahr sind hier mit Bezug auf sein historisches Denken besonders zu nennen: *R. Safranski*: Friedrich Schiller oder Die Erfindung des Deutschen Idealismus, München/Wien 2004; *K. Wölfel*: Friedrich Schiller, München 2004.

Weg der Menschheit bis herauf in das eigene Jahrhundert als einen Fortschrittsprozeß und gebraucht für den erreichten Status des menschheitsgeschichtlichen Selbstbildungsprozesses das anschauliche Bild, daß man die in geringerer Vollendung gebildet anzutreffenden Völker der Welt wie Kinder ansehen könne, die die Vorsehung allein deshalb in diesem Zustande aufbewahrt habe, damit die „erwachsenen" Völker, d.h. die zivilisierten Europäer, sähen, was sie einmal gewesen seien und welche noch „schönere Aussichten" sie auf diesem weiter zu beschreitenden Wege hätten. Mit Schillers Worten:

> Die Entdeckungen, welche unsre europäischen Seefahrer in fernen Meeren und auf entlegenen Küsten gemacht haben, geben uns ein ebenso lehrreiches als unterhaltendes Schauspiel. Sie zeigen uns Völkerschaften, die auf den mannigfaltigsten Stufen der Bildung um uns herum gelagert sind, wie Kinder verschiednen Alters um einen Erwachsenen herum stehen und durch ihr Beispiel ihm in Erinnerung bringen, was er selbst vormals gewesen und wovon er ausgegangen ist. Eine weise Hand scheint uns diese rohen Völkerstämme bis auf den Zeitpunkt aufgespart zu haben, wo wir in unsrer eignen Kultur weit genug würden fortgeschritten sein, um von dieser Entdeckung eine nützliche Anwendung auf uns selbst zu machen und den verlornen Anfang unsers Geschlechts aus diesem Spiegel wiederherzustellen. (114)

Dieser verlorene Anfang war, nach Schiller, ein bemitleidenswert Zustand der Unwissenheit, Kunstlosigkeit, Angst und Amoralität. Die Schilderung der Uranfänge der Menschheit mündet in die Wendung: „So waren wir. Nicht viel besser fanden uns Cäsar und Tacitus vor achtzehnhundert Jahren.", gewählt als Kontrast zur rhetorischen Frage: „Was sind wir jetzt?" (116) Die Antwort, die er gibt, kann nicht überraschen. Sie liegt in der Linie der gemeineuropäischen Aufklärung, wonach der Weg der Menschheit von ursprünglicher Primitivität über Stufen allmählicher Kultivierung unaufhaltsam zur vollendeten Zivilisierung aufsteigt. Schiller preist so sein Jahrhundert in den schönsten Farben:

> Ein heitrer Himmel lacht jetzt über Germaniens Wälder, [...] Wie viele Schöpfungen der Kunst, wie viele Wunder des Fleißes, welches Licht in allen Feldern des Wissens [...] – Die Schranken sind durchbrochen, welche Staaten und Nationen in feindseligem Egoismus absonderten. Alle denkenden Köpfe verknüpft jetzt ein weltbürgerliches Band, und alles Licht seines Jahrhunderts kann nunmehr den Geist eines neuern Galilei und Erasmus bescheinen. (117 f.)
> Unser menschliches Jahrhundert herbeizuführen, haben sich ohne es zu wissen oder zu erzielen – alle vorhergehenden Zeitalter angestrengt. Unser sind alle Schätze, welche Fleiß und Genie, Vernunft und Erfahrung im langen Alter der Welt endlich heimgebracht haben. (134)

In dieser Sichtweise der Universalgeschichte steckt zunächst eine sehr wichtige anthropologische Annahme, eine, die in der Spätaufklärung zwar verbreitet war, im 19. Jahrhundert dann aber aufgegeben worden ist und sich erst im 20. Jahrhundert, anfangs und z.T. noch heute gegen starke Widerstände, durchgesetzt hat: die Annahme von der *Einheit des* Menschengeschlechts. Auch wenn Schiller die Universalgeschichte gleichsam natürlich in Europa und in seinem Jahrhundert vorläufig enden läßt, so ist seine Vorstellung doch gänzlich frei von Rassismus, Nationalismus und

Weltanschauung, sei es von einer der Religion oder von einer politischen Theorie. Ausgangspunkt und bleibende, also anthropologische Grundlage ist für ihn die Einheit des Menschengeschlechts in seiner ganzen Geschichte. Alle faktischen Unterschiede sind der geographischen Lage, den Traditionen, den Sitten, dem Stand des Wissens und der Kunstfertigkeiten der Menschen und Völker geschuldet, also den jeweiligen äußeren und gesellschaftlichen Bedingungen – aber eben gerade nicht einer ungleich unter die Menschen und Völker verteilten natürlichen Ausstattung. Der Wilde gilt ihm so als ein potentiell Gebildeter, dem dazu bisher nur die Belehrung gefehlt hat, wie für ihn umgekehrt der in der Zivilisation aufgewachsene Mensch durch Zwietracht, Begehrlichkeit, Fühllosigkeit, Trägheit und Irrtum zum Barbaren herabsinken kann. „Nur vor diesem Hintergrund [sc. der „einen Menschenfamilie"] kann, schreibt Th. Prüfer in seiner vorzüglichen Monographie über Schiller als Historiker (2002, 158), das Fremde der überseeischen Kulturen als das Eigene einer anderen Zeit wahrgenommen und die kulturelle Distanz in eine historisch Differenz überführt [...] werden".

1.2 Die Universalhistorie als die zeitlich, geographisch und thematisch alles umfassende und alle Menschenbildende „ganze Geschichte"

Von dieser anthropologischen Voraussetzung aus sind sodann Schillers Antworten auf die im Titel der Rede gestellte Doppelfrage „Was heißt und zu welchem Ende studiert man Universalgeschichte?", mit anderen Worten: Was ist der Gegenstand der Universalgeschichte und was ist der Sinn ihres Studiums?, heute so überzeugend wie damals. Seine Antwort auf die Frage nach dem *Gegenstand* der Universalhistorie lautet schlicht:

> Fruchtbar und weit ist das Gebiet der Geschichte; in ihrem Kreise liegt die ganze moralische Welt. Durch alle Zustände, die der Mensch erlebte, durch alle abwechselnde Gestalten der Meinung, durch seine Torheit und seine Weisheit, seine Verschlimmerung und seine Veredelung, begleitet sie ihn. (106)

Das heißt, für Schiller ist ihr Gegenstand nicht Ereignisgeschichte, nicht politische Geschichte, sondern die Geschichte der „moralischen Welt" des Menschen, was im ursprünglichen Begriffssinn des Moralischen den historischen Wandel des menschlichen Verhaltens und Handelns überhaupt meint. Im Anschluß an Herders Aussagen in den ersten drei Bänden seiner „Ideen zur Philosophie der Geschichte der Menschheit" mündet dies in die Forderung: „Eigentlich sollten Kirchengeschichte, Geschichte der Philosophie, Geschichte der Kunst, der Sitten, und Geschichte des Handels mit der politischen in Eins zusammengefaßt werden und dieß erst kann Universalhistorie seyn." (NA 25, 231). Gegenstand der Historie soll also die ganze Geschichte der menschlichen Kultur sein. Betrachtet man die seitherige Entwicklung der historischen Wissenschaften, muß man feststellen, daß es diese Einheit nicht nur fast nie in jüngerer Zeit gegeben hat, sondern die Verselbständigung in historischen Einzelfächern vielmehr immer noch zugenommen hat, sodann in der Fachgeschichte über den ganzen Zeitraum die politische Geschichte beherrschend gewesen ist und es demgegenüber die Ansätze zu einer umfassenden „Kultur- und

Sozialgeschichte"³ bzw. zu einer „histoire totale"⁴ zumindest in Deutschland bis in die 1960er Jahre schwer gehabt haben, sich überhaupt Gehör zu verschaffen. Erst seit gut zehn Jahren unternehmen die historischen – gemeinsam mit den sozialen – Wissenschaften im Zuge der sog. kulturwissenschaftlichen Wende einen solchen Versuch der Integration des Humanwissenschaftlichen, wie ihn Schiller vorgeschwebt hat.

Schillers Antwort dann auf die Frage „zu welchem Ende studiert man Universalgeschichte?" läßt sich in einem kurzem Satz zusammenfassen: *Geschichte bildet*. In seiner Rede betont er zunächst, daß die Geschichte jedem Menschen etwas Besonderes zu sagen hat, geht dann aber darüber hinaus, wenn er ihren allgemeinen, die Menschen verbindenden Sinn in „Menschenbildung" sieht:

> Es ist keiner unter Ihnen allen [gemeint sind seine studentischen Zuhörer], dem Geschichte nicht etwas Wichtiges zu sagen hätte; alle noch so verschiedenen Bahnen Ihrer künftigen Bestimmung verknüpfen sich irgendwo mit derselben; aber Eine Bestimmung theilen Sie alle auf gleiche Weise miteinander, diejenige, welche Sie auf die Welt mitbrachten – sich als Menschen auszubilden – und zu dem Menschen eben redet die Geschichte. (106 f.)

Das heißt, in jedem Beruf, in jeder Lebenssituation erfährt man die Wirkungen historischer Studien anders; aber eine Wirkung teilt sich allen in gleicher Weise mit: Geschichte bildet den Menschen als Menschen und das sei die „Bestimmung" des Menschen, d.h. der Anspruch, unter dem wir unser Leben führen müssen. Dabei stellt er im Hinblick auf die akademischen Studien den „Brotgelehrten" dem „philosophischen Kopf" gegenüber. Während jener nur studiert, um rasch zu einem einträglichen Beruf und zu öffentlichem Ansehen zu gelangen, geht es diesem um die Erkenntnis der Wahrheit. Gegen das „Stückwerk" des Studiums von eng begrenzten Ausschnitten der Geschichte setzt Schiller kritisch das „philosophische" Studium des „Zusammenhanges der Dinge". Erst dieses schließe den Menschen „an das große Ganze der Welt" an (110).

Dieses „große Ganze" der Geschichte begegne den Menschen gedanklich am klarsten in den literarisch gelungenen Darstellungen durch Historiker und sinnlich am anschaulichsten in der dramatischen Gestaltung lehrreicher gegenwärtiger und historischer Exempel auf dem Theater. Programmatisch im letzteren Sinne erklärt Schiller bereits 1784 in seiner Schrift „Die Schaubühne als moralische Anstalt betrachtet": „Die Schaubühne ist mehr als jede andere öffentliche Anstalt des Staats eine Schule praktischer Weisheit, ein Wegweiser durch das bürgerliche Leben, ein unfehlbarer Schlüssel zu den geheimsten Zugängen der menschlichen Seele." (GW 101) Denn dort werden die von den Herrschenden zumeist verdeckt begangenen und deshalb in der gesellschaftlichen Wirklichkeit nicht geahndeten Verbrechen an den Pranger gestellt: „Die Gerichtsbarkeit der Bühne fängt an, wo das Gebiet der weltlichen Gesetze sich endigt." (GW 98) Von „Die Verschwörung des Fies-

---

³ Vgl. hierzu die Abwehr, die K. Lamprechts Versuch dazu seitens der deutschen Historikerzunft um 1900 erfahren hat (Kap. 27.3.).

⁴ Vgl. hierzu die späte Rezeption der französischen Annales-Schule in Deutschland (Kap. 28.3.).

ko" (1783) über „Don Carlos" (1787) bis zum „Wilhelm Tell" (1804) verarbeitet Schiller in seinen Theaterstücken historische Stoffe. Den Stoff seiner beiden ersten Schauspiele entnimmt er zwar unmittelbar seiner Zeit, aber sie sind wie alle späteren Stücke Exempel historisch-gesellschaftlicher Aufklärung. So, wenn er die zweite Drucklegung der „Räuber" (1780) unmißverständlich mit dem Motto „In tirannos" versieht und ebenso deutlich in „Kabale und Liebe"(1784) die ständische Gesellschaft seiner Zeit der Ungerechtigkeit und Unmenschlichkeit anklagt. Immer will er ausdrücklich als Lehrer, Moralist und Weltverbesserer verstanden werden. In eben dieser Rolle sieht er sich in seinen historiographischen Abhandlungen, in der „Geschichte vom Abfall der Niederlande von der spanischen Regierung" (1788) und in der „Geschichte des Dreißigjährigen Kriegs" (1790-92), in seinen literaturtheoretischen Schriften und überhaupt auch in aller anderen vornehmlich aus der Geschichte schöpfenden poetischen und prosaischen Literatur. Sein Werk ist, mit einem heutigen Ausdruck gesagt, engagierte Literatur. Aufgabe der Historie soll es im Bunde vor allem mit der Dichtung sein, Menschen zu bilden. Deshalb kann Schiller in den appellativen Schußpassagen seiner Rede die Aufgabe seines Zeitalters und aller künftiger Menschengeschlechter so benennen:

> Ein edles Verlangen muß in uns entglühen, zu dem reichen Vermächtnis von Wahrheit, Sittlichkeit und Freiheit, das wir von der Vorwelt überkamen und reich vermehrt an die Folgewelt wieder abgeben müssen, auch aus unseren Mitteln einen Beitrag zu legen, und an dieser unvergänglichen Kette, die durch alle Menschengeschlechter sich windet, unser fließendes Dasein zu befestigen. (Antrittsrede, 135)

1.3 Empirie, Konstruktion und Einsatz für den Fortschritt:
Die Wissenschaftsmethode und das Ziel des „idealistischen" Historikers

Indem Schiller so die moralische Vervollkommnung der Einzelnen und die Beförderung des Fortschritts der Menschheit vom Engagement der Menschen abhängig macht und dabei der aufklärerischen Wirkung historischer Studien einen hohen Rang zuerkennt, stellt er die Historiker von Beruf vor eine besondere Verantwortung. Sie sind einerseits verpflichtet, wahrheitsgetreu Tatsachen festzustellen und dabei den materialistischen Gang der Welt nicht zu leugnen. Andererseits besteht aber ihre eigentliche Aufgabe darin, aus der immer fragmentarischen und parteiischen Überlieferung, aus dem Gewirr zahlloser Nichtigkeiten, Widersprüche und Ungleichzeitigkeiten in den Quellen und aus dem sie mit Ungerechtigkeiten, Katastrophen und Scheußlichkeiten ohne Ende konfrontierenden Material den im historischen Material bereitliegenden und sich abzeichnenden Weg des Fortschritts herauszuarbeiten und dadurch dazu beizutragen, daß die den Menschen bisher nur als ein utopisches Versprechen, als ein Ideal vorschwebenden Möglichkeiten von Sittlichkeit, Aufgeklärtheit und künstlerischer und spielerischer Kreativität Wirklichkeit in einer vernunftgemäßen gesellschaftliche Ordnung werden. Damit müßten sich der Historiker gewiß auch über Faktizitäten der empirischen Realität erheben und kraft ihrer Geistigkeit und Moralität einen vernünftigen Zweck in den Gang der Weltgeschichte bringen, zumal dieser Zweck in den seltensten Fällen offenbar sei, vielmehr sich immer nur vermischt zeige. Mit den Worten Schillers:

Aus der ganzen Summe dieser Begebenheiten hebt der Universalhistoriker diejenigen heraus, welche auf die heutige Gestalt der Welt und den Zustand der jetzt lebenden Generation einen wesentlichen [...] Einfluß gehabt haben. (Antrittsrede, 127)

Ginge er anders vor und bliebe er bei dem Wissen aus den vielen Detailstudien stehen, käme das „große Ganze der Geschichte" nicht in den Blick und könnte er vor allem nicht ihre Zielrichtung erkennen:

> So [sc. vor allem wegen der Fülle der primären und sekundären Quellen] würde denn unsre Weltgeschichte nie etwas anders als ein Aggregat von Bruchstücken werden, und nie den Namen einer Wissenschaft verdienen. Jetzt also kommt ihr der philosophische Verstand zu Hilfe, und indem er diese Bruchstücke durch künstliche Bindungsglieder verkettet, erhebt er das Aggregat zum System, zu einem vernunftmäßig zusammenhängenden Ganzen. Seine Beglaubigung dazu liegt in der Gleichförmigkeit und unveränderlichen Einheit der Naturgesetze und des menschlichen Gemüts, welche Einheit Ursache ist, daß die Ereignisse des entferntesten Altertums, unter dem Zusammenschluß ähnlicher Umstände von außen, in den neuesten Zeitläuften wiederkehren, daß also von den neuesten Erscheinungen, die im Kreis unserer Beobachtungen liegen, auf diejenigen, welche sich in geschichtslosen Zeiten verlieren, rückwärts ein Schluß gezogen und einiges Licht verbreitet werden kann. (ebd. 129)

Wenn die Historiker dies tun, würden sie nach Schillers Auffassung zudem im Prinzip nichts anderes machen als die Dichter. Denn wenn diese in Kenntnis der menschlichen Natur und ihrer historischen Entfaltung in Charakteren, Handlungsweisen und Lebensverhältnissen „ideale" Gestalten schaffen, lügen sie gerade nicht – wie Platon ihnen vorgeworfen hat -, sondern sagen über den Menschen die Wahrheit. Damit überführt Schiller die „objektive" und zugleich unermeßlich mannigfaltige Geschichte „konstruktivistisch" und „perspektivistisch"[5] – wie es in der Sprache der heutigen Historik heißt – in die subjektive Geschichte jeweiliger Historiker und damit auch in eine für jeweilige Zeitgenossen gemachte Geschichte.[6] Als ein zugleich objektiver und subjektiver Faktor bei der Beurteilung historischer Quellen und Fakten tritt noch ihre Wirkungsgeschichte hinzu. Denn das Kriterium der Auswahl und der Deutung der Überlieferung ist nach Schiller deren Fortwirken in der Gegenwart:

> Das Verhältnis eines hißtorischen Datums zu der heutigen [also zu Schillers Zeit] Weltverfassung ist es also, worauf gesehen werden muß, um Materialien für die Weltgeschichte zu sammeln. (NA 17, 372)

Nach dem Urteil von Th. Prüfer muß so Schillers „Konzept einer zugleich empirischen, philosophischen und poetischen Geschichtsschreibung [...] als ein wesentlicher Schritt hin zu einem geisteswissenschaftlichen Geschichtsbegriff angesehen werden"[7]. In Kenntnis der weiteren Geschichte des historischen Denkens muß man

---

[5] Zu Schillers konstruktivistischem und perspektivistischem Ansatz vgl. *M. Hofmann*: Schillers Reaktion auf die Französische Revolution und die Geschichtsauffassung des Spätwerks, in: ders./Rüsen/Springer 2006, 180-194.
[6] Vgl. hierzu die Kapitel 40.3 und 43.3.
[7] Ebd. S. 156.

wohl hinzufügen, daß sich Schillers geschichtstheoretische Reflexion durchaus mit der gegenwärtigen Historik messen kann und ihr über die vielen „Wenden" des 20. Jahrhunderts hinweg in mancher Hinsicht auch überlegen gewesen ist.

2. „Die ästhetische Erziehung des Menschen" (1793/95): Universalgeschichte in Progression von der Sinnlichkeit über das Schöne zur Vernunft

Es ist oben schon angedeutet worden, daß sich Schillers Idee vom Fortschritt der Menschheit innerhalb weniger Jahre, zwischen 1789 und 1795 grundlegend wandelt. Sein politischer Optimismus weicht unter dem Einfluß des Schreckens über den Verlauf der Französischen Revolution einem zunehmenden Pessimismus. Für diesen Wandel sind die „Briefe" über „Die ästhetische Erziehung des Menschen" (1793/1795)[8] ein beredtes Zeugnis. Hatte Schiller noch zwei Jahre davor die Überzeugung ausgesprochen, daß die Menschheitsgeschichte ein unaufhaltsamer Fortschrittsprozeß ist, macht er ihn im ersten Teil seiner Schrift davon abhängig, daß die Menschen in ästhetischen Selbstbildungsprozessen zuvor ihre Sinnlichkeit mit der Vernunft versöhnt haben, und tut er dann, zum Ende jener Schrift hin, gänzlich Verzicht auf einen gesellschaftlichen Fortschritt und beschränkt sich auf das Ziel der Kultivierung des inneren Menschen.[9]

2.1 Der deutsche Sonderweg der Kultivierung des inneren Menschen:
Vom Fortschritt der Völker im Medium der Künste zur „bloßen" Menschenbildung

Zunächst gibt Schiller so in den ersten „Briefen" dem Geschichtsprozeß noch einmal eine konstruktive Wendung. Jedenfalls hält er dort noch an dem von fast allen Aufklärern geteilten Annahme vom Fortschritt der Menschheit und an der Idee fest, daß das Ziel der Geschichte das Leben der Menschen in einem „Staat der Vernunft" ist. Der Weg dorthin bedarf nach seiner Auffassung allerdings einer Korrektur. Denn die Verfallenheit der Menschen an die Sinnlichkeit einerseits und die Verführbarkeit der Vernunft andererseits machen für das Leben im Staat der Vernunft eine Propädeutik nötig, und zwar die durch die Schönen Künste. Denn: „Es gibt keinen anderen Weg, den sinnlichen Menschen vernünftig zu machen, als daß man denselben zuvor ästhetisch macht." (23. Brief, GW, Bd. 8, 469) Die Menschheit soll sich so vom „physischen Zustand" über den „ästhetischen Zustand" in den „logisch-moralischen" erheben. Darin steckt die Auffassung, daß man den Menschen zu ihrer moralischen Läuterung die Vernunft nicht unvermittelt angedeihen lassen dürfe und ihnen eine politische Mitwirkung solange verweigern müsse, bis sie dazu erzogen sind. Zuvor müßten sie durch die Schönen Künste und dann auch durch die Wissenschaften in ihren Gesinnungen „veredelt" werden. Darauf zielte schon

---

[8] NA Bd. 20, 309-412.
[9] Vgl. *Ch. Rittelmeyer*: „Über die ästhetische Erziehung des Menschen." Eine Einführung in Friedrich Schillers pädagogische Anthropologie, Weinheim 2005; und *E. Wiersing*: „Über die ästhetische Erziehung des Menschen". Schillers Theorie der ästhetischen Bildung als ein Gegenentwurf zum technokratischen Verständnis von Bildung, in: Päd. Rundschau 4, 2006, 425-437.

Schillers Vorstellung vom philosophischen Kopf, d.h. auf den Menschen, der sich im Durchgang durch die Universalgeschichte, die Wissenschaften und die schönen Künste zur Persönlichkeit bildet und sich dadurch an das „große Ganze" anschließt, ohne zugleich vor der Erreichung des Ziels politisch aktiv werden zu müssen.

Im Fortgang der „Briefe" verliert Schiller aber das Fernziel des „Staates der Vernunft" nicht nur immer mehr aus den Augen, sondern scheint er überhaupt die Hoffnung aufzugeben, daß es ihn je in der Wirklichkeit geben könnte und wird das Mittel der Veredelung durch die Künste, nämlich die „ästhetische Erziehung", als „ästhetischer Zustand" zum alleinigen Ziel aller Menschenbildung und Humanität. Auf die Erziehung durch und für den Staat meint Schiller verzichten zu müssen, weil dieser als ein machtförmiges Gebilde zwar die Individuen durch Gewalt zusammenzuhalten vermag, aber nicht – selbst wenn er es wollte – über die Mittel verfügt, die Menschen inmitten und gegen die Übermacht der unaufhebbaren gesellschaftlichen Verderbnis zur vernunftgemäßen Tugend erziehen. Dies würden allein die schönen Künste und die Wissenschaften im Hinblick auf einzelne Menschen vermögen. Zwar entstammen auch diese Mittel menschlichen Übereinkünften und haben auch sie Anteil an den Sinnlichkeit, aber, indem sie im schöpferischen und Vernunftvermögen der Menschen begründet sind und ihre Werke und Erkenntnisse die Gestalt von „unsterblichen Mustern" annehmen, seien sie letztlich nicht von dieser, der empirischen, sondern von der idealen Welt. In diesem Status seien sie – im Prinzip – der Willkür der Mächtigen enthoben und gefeit gegen alle Verunreinigung und könnten die sich in ihre Pflege begebenden Menschen zur wahren Menschlichkeit bilden.[10]

Eine Besonderheit von Schillers ästhetischer Bildungstheorie ist die Bedeutung, die er dem *Spielen* des Menschen beimißt. Erst dieses mache ihn im Vollsinn des Wortes zum Menschen: „Der Mensch spielt nur, wo er in voller Bedeutung des Wortes Mensch ist, und er ist nur da ganz Mensch, wo er spielt." (15. Brief) Der lebensgeschichtliche Ausgangspunkt des menschlichen Spielens ist der kindliche Erfahrungshorizont. Dieser erweitert sich „im freien Spiel von Einbildungskraft und Verstand" allmählich, so daß der Heranwachsende in Stufen des Reifens immer mehr die „Menschheit in sich" erfährt und instand gesetzt wird, handelnd und schaffend der Welt gegenüberzutreten. Dabei charakterisiert Schiller das Spielen als ein freies Zusammenwirken von Sinnlichkeit und Vernunft im ästhetischen Erlebnis. Seine Ausführungen münden in eine Kunsttheorie, die die fundamentalen Möglichkeiten des Menschen im Bereich des Schönen mittels der Einbildungskraft aufzeigt.[11] Gerade weil diese sich vom Herrschaftsanspruch der empirischen Wirklichkeit losgesagt hat, kann sie dieser als Gegenmacht den „schönen Schein" der Kunst entgegensetzen.

In diesem Zusammenhang ist zu erwähnen, daß ähnlich wie Schiller auch *Wilhelm von Humboldt* (1767-1835), der zu dieser Zeit mit diesem in Briefkontakt steht, in seiner frühen,

---

[10] Vgl. hierzu den neunten Brief.
[11] Bei der Definition des Schönen orientiert sich Schiller stark an Kants Bestimmung des Schönen in seiner „Kritik der Urteilskraft". Vgl. hier zu Ch. Rittelmeyer 2005, bes. 147-173.

jedoch erst postum veröffentlichten und so benannten Schrift „Theorie der Bildung des Menschen" (1793) den historischen Fortschritt der Menschheit an die Bildungsbemühungen der menschlichen Individuen bindet, wenn er sagt:

> Die letzte Aufgabe unseres Daseyns: dem Begriff der Menschheit in unsrer Person, sowohl während der Zeit unsres Lebens als noch über dasselbe hinaus, durch die Spuren des lebendigen Wirkens, die wir zurücklassen, einen so großen Inhalt als möglich zu verschaffen, diese Aufgabe löst sich allein durch die Verknüpfung unsres Ichs mit der Welt zu der allgemeinsten, regesten und freiesten Wechselwirkung.[12]

Im Verzicht Schillers auf das Endziel des Vernunftstaats und in seinem emphatischen Rückzug auf die Schönen Künste sieht die kritische Literatur- und Gesellschaftsgeschichte von heute nicht nur eine persönliche Umorientierung, sondern eine das deutsche Bürgertum insgesamt charakterisierende Bewegung. Nimmt man es zunächst positiv, dann war Deutschlands Verzicht auf die politische Einklagung allgemeiner Bürger- und Menschenrechte und war seine Hinwendung zu dem Künsten eine „Fortsetzung der Aufklärung mit den Mitteln einer ästhetischen Kultur".[13] Schiller folgend, könnte man argumentieren, daß man den „herrlichen Bau" bürgerlicher Freiheit „nur auf dem festen Grund eines veredelten Karakters aufführen [könne]; man wird damit anfangen müssen für die Verfassung Bürger zu erschaffen, ehe man den Bürgern eine Verfassung geben kann" (NA 26, 265, nach Prüfer 234). Mit dieser „Lösung" des Problems schlägt Schiller, gemeinsam mit Goethe, Humboldt und vielen anderen kreativen Geistern um 1800, jenen von der politischen Kultur des Westens abweichenden Sonderweg der Kultivierung vor allem des inneren Menschen ein, der der deutschen Kultur bis zur Mitte des 20. Jahrhunderts ihr Charakteristikum gegeben hat. Diese deutsche Wende nach innen und zur „Kultur" ist in bildungstheoretischer, wissenschaftlicher und künstlerischer Hinsicht außerordentlich produktiv gewesen, wofür Schillers dichterisches Werk selbst ein eminentes Beispiel ist. Aber die Kehrseite dieser Ausrichtung ist, daß das philosophisch aufgeklärte, literarisch gebildete und humanitär gesonnene deutsche Bürgertum und mit ihm seine Wortführer damals nicht nur auf Distanz zur französischen Revolution gegangen sind, sondern auch danach für längere Zeit in ihrer großen Mehrheit dem Kampf für eine republikanische Staatsverfassung, für allgemeine Menschenrechte und für politisch-demokratische Mitwirkung entsagt haben. Statt einer wechselseitigen Verstärkung von kultureller und politischer Bildung und von wissenschaftlicher und künstlerischer Betätigung im Privaten und in der Öffentlichkeit und von einem Kampf für politische Mitwirkung das Wort zu reden, hat man sich eher für deren Nacheinander entschieden.

---

[12] *W. von Humboldt:* Bildung und Sprache. Besorgt von C. Menze, Paderborn 1984, 25.
[13] Vgl. *J. Rüsen:* Bürgerliche Identität zwischen Geschichtsbewußtsein und Utopie. Friedrich Schiller, in: D. Grathoff/E. Leibfried (Hg.): Schiller. Vorträge aus Anlaß seines 225. Geburtstages, Frankfurt 1991, 178-193, hier: 191.

2.2 Schillers Idealismus zwischen gesellschaftspolitischer Abstinenz und künstlerisch-wissenschaftlichem Engagement

Man hat Schillers Distanzierung von der Politik und allgemein von der Idee des Fortschritts der Menschheit als einen Bruch mit seinen früheren Überzeugungen gedeutet. Dafür spricht gewiß vieles. In der Tat hat er um 1800 alle Hoffnung auf eine Besserung der empirischen Welt aufgegeben. Hatte es 1797 in den „Worten des Glaubens" noch menschen- und bürgerrechtlich geheißen: „Der Mensch ist frei geschaffen, ist frei, und würd' er in Ketten geboren", heißt es jetzt in den „Worten des Wahns", geschrieben im Jahr 1800, gleichsam als Motto für das neue Jahrhundert, daß der Mensch einem Wahn erliege, „solange er glaubt an die goldene Zeit, wo das Recht, das Gute wird siegen." Das im gleichen Jahr entstandene Gedicht „Der Antritt des neuen Jahrhunderts" sieht als Refugium nur noch die Innerlichkeit:

> Edler Freund! Wo öfnet sich dem Frieden,/
> Wo der Freiheit sich ein Zufluchtsort?
> Das Jahrhundert ist im Sturm geschieden,
> Und das neue öfnet sich mit Mord […]
> Ach umsonst auf allen Ländercharten
> Spähst du nach dem seligen Gebiet,
> Wo der Freiheit ewig grüner Garten,
> Wo der Menschheit schöne Jugend blüht.
> […] In des Herzens heilig stille Räume /
> Mußt du fliehen aus des Lebens Drang,
> Freiheit ist nur in dem Reich der Träume,/
> Und das Schöne blüht nur im Gesang.[14]

Dabei ist freilich zu bedenken, daß Schillers Fortschrittsglauben von Anfang an und allemal noch, bevor die Revolution eine Wendung in den Terror nimmt und er dann, wie viele andere auch, ausdrücklich auf Distanz zu ihr geht, alles andere als politisch naiv gewesen ist. Denn Schillers Vorstellung vom Fortschritt war – anders als die von den meisten Aufklärern herbeigewünschte und herbeigeschriebene radikale und gewalttätige Revolution oder idyllische Utopie – vom Beginn seines dramatischen, lyrischen und sonstigen literarischen Schaffens an auf einem dunklen, skeptischen, pessimistischen, ja nihilistischen Untergrund errichtet. Wenn alle seine Helden von den ersten Schauspielen an, den „Räubern" und „Kabale und Liebe", bis zu seinen späten „klassischen" Stücken – wohl nur mit Ausnahme des „Tell" – tragisch enden, dann ist dies ein Ausdruck seiner Grundauffassung, daß die reale Welt, immer eine Mischung aus Bösem und Gutem ist und bleiben wird und gerade den Lichtgestalten und den in ihrem Handeln Großes anstrebenden Charakteren der Untergang droht. Das Schicksal Wallensteins ist hier exemplarisch. Er, wie viele andere schillersche Protagonisten, scheitert ebenso an der Maßlosigkeit seiner Zielsetzungen, seiner Fehleinschätzung der Wirklichkeit und seinem Zaudern wie an der Niedertracht seiner Gegner und der Übermacht widriger Verhältnisse. Und wenn in seinen Schauspielen am Ende zwar auch die Bösen vor aller Welt moralisch

---

[14] NA 1, 362f.

diskreditiert und zumeist auch physisch vernichtet sind, so sind doch ebenso die Guten unterlegen und besiegt und sind alle zusammen in ihrer existentiellen Zerrissenheit von ihren Leidenschaften gleichsam zermalmt, obsiegt im Lauf der Welt die fühllose Notwendigkeit und droht überall das schiere Nichts.

Man könnte es auch so sehen, daß Schiller die Ambivalenz der Aufklärung auf dem Felde der Politik durchschaut. Als Dramatiker ist Schiller darin geübt gewesen, die Welt aus dem jeweiligen Blickwinkel der handelnden Person zu betrachten und damit auch jeder einzelnen Person im Konflikt mit den anderen immer wieder in ihren Interessen und Intentionen recht zu geben. „Idealismus" bedeutet hier, daß er als Autor keine allgemein verbindliche Wahrheit verficht, sondern jede Figur konsequent aus sich selbst handeln läßt. Von daher kann es in der empirischen Welt der Handelnden keinen Gleichklang mit der Vernunft, sondern immer nur eine relative persönliche Vernünftigkeiten geben, wie dies indes auch sonst der Historiker bei der Erschließung der Motive historischer Personen anzunehmen gezwungen ist. Daß dies nicht zur Resignation führen muß, begründet Schiller mit der inneren Freiheit des Menschen und mit der ihm gegebenen Möglichkeit, von eigenen Gewissen her Widerstand zu leisten, also mit seinem Idealismus, zu dem er sich in seinem letzten Brief an W. von Humboldt vom 2. April 1805 so bekennt: „Und am Ende sind wir ja beide Idealisten und würden uns schämen, uns nachsagen zu lassen, daß die Dinge uns formten und nicht wir die Dinge."[15]

3. Die „sentimentalische Dichtung" als Ausdruck modernen Menschseins und historischen Fortschritts

Einen Beitrag zur *Theorie der Geschichte der Dichtung* kann man bei Goethe und Schiller nur in Umrissen ausmachen. Zunächst natürlich deswegen, weil beide dem eigenen dichterischen Schaffen den Vorrang vor literarhistorischen und -theoretischen Studien geben, dann, weil sie in ihrer klassischen Periode – nach der Distanzierung von den gewollten Regelverstößen des „Sturm und Drang" – wieder ganz selbstverständlich „Naturformen" des Dichterischen voraussetzen, und sich im eigenen Schaffen der Möglichkeiten unveränderlich erscheinender literarischer Gattungsformen bedienen und darüber dann auch, vor allem in brieflicher Korrespondenz, diskutieren.

Von Bedeutung für die Literaturtheorie und Literaturgeschichtsschreibung des 19. Jahrhunderts ist allerdings eine von Schiller gegenüber Goethe zuvor schon vorgebrachte Unterscheidung geworden. In seiner Schrift „Über naive und sentimentalische Dichtung" (1795/96) trifft Schiller die Unterscheidung zwischen zwei „Dichtweisen": der *naiven Dichtung*, die von einem „natürlichen" Verhältnis des Dichters zur Welt ausgehe, deren Werke der „Gunst der Natur" geschuldet seien, die durch die „möglichst vollständige Nachahmung des Wirklichen" in sich vollendet sei und in dieser Form im alten Griechenland in Blüte gestanden habe, und der *sentimentalischen Dichtung*, die, wie die im neueren Europa, zwar der ursprünglichen Einheit mit der Natur verlustig gegangenen und zu einem „künstlichen" Weltverhältnis genötigt worden sei, dafür aber die Vielfalt und die Spannungen ihrer Zeit in

---

[15] NA-Briefe, Bd. 32, 206.

sich aufgenommen und sich zudem die Voraussetzung geschaffen habe, die verloren gegangene Einheit in einem höheren Sinne durch das „Ideal" zurückzugewinnen:

> Dieser Weg, den die neueren Dichter gehen, ist übrigens derselbe, den der Mensch überhaupt sowohl im einzelnen als im ganzen einschlagen muß. Die Natur macht ihn mit sich eins, die Kunst trennt und entzweiet ihn, durch das Ideal kehrt er zur Einheit zurück.[16]

Darin steckt Schillers literarhistorische Auffassung, daß die von dem wissenschaftlichen und künstlerischen Fortschritt getragene neuere Dichtung Europas der des Altertums ebenbürtig und tendenziell auch – zumindest in ihren großen Werken – überlegen ist, sie keine bloße, hinter dem ursprünglichen Vorbild zurückbleibende Nachahmung, sondern der allein authentische und zur Humanität führende Ausdruck fortgeschrittener Zeiten sei. Eine besondere Pointe bekommt diese in ähnlicher Form sich auch bei anderen Autoren findende Unterscheidung dadurch, daß Goethe – nach Schillers Tod – die so charakterisierte „naive Dichtweise" der Griechen mit der seiner eigenen Dichtung gleichsetzt und sie dadurch zur „klassischen", d.h. überzeitlichen und objektiv-natürlichen Werten verpflichteten Dichtweise erhebt und im Unterschied dazu die „sentimentalische Dichtweise" nur für eine ephemere, kränkliche, schwache und subjektivistische Erscheinung seiner Zeit hält und sie in die Nähe der neueren imaginären und phantastischen romantischen und der nationalorientierten Dichtung rückt. Goethe steht so selbst am Anfang der später dann so geläufigen Unterscheidung zwischen einem hellenisch-klassischen und weltbürgerlichen Goethe und einem, je nach Lesart, idealistisch überspannten oder kämpferisch und national gesonnenen deutschen Schiller.[17] Während die Altertumswissenschaftler, die neuhumanistischen Bildungstheoretiker und die vielen griechenbegeisterte Dichter, wie vor allem Hölderlin, in Goethes Dichtung die erste und einzige Klassik nach der der Griechen erblicken, schließen sich die meisten Dichter und der Hauptstrom der Literaturkritik und der Germanistik des 19. Jahrhunderts – bei aller Hochschätzung Goethes oder gerade wegen seiner herausragenden Leistung – der schillerschen Literaturtheorie an, die in der Dichtung der Modernen die Diskrepanzen des neuzeitlichen Lebensgefühls aufgehoben und ausgedrückt sah. Während so Goethe für die dichterische Darstellung des zeitenthobenen Allgemeinmenschlichen steht, sieht man in Schiller jemanden, der die Menschen in ihren historischen und gesellschaftlichen Verhältnissen aufsucht und ihrem Ringen einen überhöhenden Sinn zu verleihen sucht. In Goethes Werk scheint nochmals die vormoderne Sicht der Natur der Dinge auf, wenn er auch den Lebenslauf und den Bildungsgang seiner Figuren lebensgeschichtlich und in ihren Verhältnissen darstellt. Umgekehrt gilt Schillers modernerer Blick von Anfang an den aus der Geschichte kommenden und sich mit ihr wandelnden Verhältnissen des Menschen, wenn sich in seinen Dramen und Balladen auch alles auf wenige existentielle Momente konzentriert und damit der lebensgeschichtlichen Wandel keine Darstellung findet.

---

[16] GW, Achter Band 1955, 570.
[17] Vgl. hierzu *H.J. Frank*: Geschichte des Deutschunterrichts. Von den Anfängen bis 1945, München 1973, 250-254.

Teil C
Geschichtsdenken
im „historischen 19. Jahrhundert"

Grundbegriffe und Tendenzen des modernen historischen Denkens im Übergang vom 18. zum 19. Jahrhundert

1. Die Revolution der Historie im 18. Jahrhundert   314
2. Europäische Wege des historischen Denkens im 19. Jahrhundert   317

Das 18. Jahrhundert entdeckt die Geschichtlichkeit der Völker und Kulturen im modernen Verständnis des Begriffs. Das ihm folgende 19. Jahrhundert gilt als das genuin historische Jahrhundert. Es ist zugleich das Jahrhundert, in dem Deutschland zur führenden Nation in der historischen Forschung und Theorie aufsteigt. Hier verselbständigen sich die historischen Fächer der philosophischen Fakultät am frühesten als Wissenschaften. Hier wird das auf ganz Europa ausstrahlende zugleich philologisch-empirische und ideengeschichtliche Forschungskonzept des Historismus in der Forschungspraxis entwickelt und theoretisch insbesondere von Ranke und Droysen reflektiert und begründet. Hier erlebt die Geschichtsphilosophie in Hegel ihren idealistischen Höhepunkt und in Marx ihre materialistische Ausprägung, mit theoretischen und praktischen Auswirkungen bis heute. Die vor allem mit Nietzsche anhebende „lebensphilosophische" Kulturkritik erschüttert dann gegen Ende des Jahrhunderts dieses Vertrauen in die Tragfähigkeit der Historie inhaltlich wie auch wissenschaftsmethodisch. Sie fordern die historischen Wissenschaften zu einer Neubegründung heraus, deren „geisteswissenschaftliche" vor allem von Dilthey und deren sozialwissenschaftliche vor allem von Weber kommt. Ihr Denken und Forschen mündet zu Beginn des 20. Jahrhunderts in eine Reihe kulturphilosophischer Ansätze. Die hier folgenden Vorbemerkungen zum Teil C dieses Buches unterstreichen zunächst noch einmal die im 18. Jahrhundert entdeckte Grundvorstellung der Geschichtlichkeit der Welt des Menschen, begründen dann, weshalb „Kultur" – auch unter einer anderen Begrifflichkeit – seit dem 19. Jahrhundert der allgemeine Gegenstand der historischen Wissenschaft ist und weisen schließlich auf einige Haupttendenzen des historischen Denkens vom 19. bis zum 20. Jahrhundert hin.

1. Die Revolution der Historie im 18. Jahrhundert
1.1 Die Entdeckung der Geschichtlichkeit der Kultur und der Bildung der Individuen als Merkmal der Moderne

Die Hinwendung der gemeineuropäischen Aufklärung zu den historisch-gesellschaftlichen Verhältnissen und Konflikten und die literarische Wende der deutschen Klassik nach innen zur personalen Lebensgeschichte und Menschenbildung dürften die Gebildeten, zumindest in Deutschland, mehr zur Ausbildung des modernen historischen Bewußtseins prädisponiert und mehr zum Erforschen der Geschichte motiviert haben als das Interesse daran, zu wissen, „wie es eigentlich (einmal) gewesen ist" (Ranke). Was Voltaire, Diderot, Rousseau, Herder, Goethe, Kant und Schiller und mit ihnen viele Zeitgenossen überall in Europa über den gesellschaftlichen Fortschritt des Menschengeschlechts und über die persönliche Bildung zur Humanität im 18. Jahrhundert gesagt haben, gilt heute zwar vielen Historikern und Kulturtheoretikern schon im 19. Jahrhundert und erst recht nach den Katastrophen des 20. Jahrhunderts als eine bloße idealistische Spekulation und als ein nicht einlösbares Wunschbild der Zukunft. Aber es dürfte dieses Denken gewesen sein, das die „Moderne" und den „modernen Menschen" heraufgeführt hat. Zwar meint die heutige Geschichtswissenschaft, wenn sie im 18. Jahrhundert eine „Sattelzeit" (R. Koselleck) sieht, zumeist die aus einer radikalen Vergangenheitskritik und aus naturwissenschaftlicher Forschung erwachsenen sozialen und politischen Umwälzungen und technischen und wirtschaftlichen Neuerungen. Aber bei diesem Wandel dürfte es sich um einen viel umfassenderen, in die Tiefe der Person reichenden Prozeß handeln, um einen Prozeß, in dem sich, von den „gebildeten Ständen" Europas ausgehend, die ganze Kultur umstrukturiert und das Bewußtsein von der Geschichtlichkeit der Menschenwelt eine zentrale Stelle einnimmt. Die Herausbildung des neuen kulturellen und historischen Bewußtseins dürfte deshalb mehr sein als nur ein Indikator eines graduellen mentalitätsgeschichtlichen Wandels.[1] Seine Entstehung dürfte die überzeugendste Erklärung für den Übergang von der alteuropäischen Vormoderne zur Moderne sein. Noch die Menschen am Beginn des 21. Jahrhunderts sind seine direkten Erben.

1.2 Offenheit zur Zukunft, Fortschritt oder Verfall:
Drei alternative Deutungsschemata der Universalhistorie

Bei der Frage freilich nach den Ausprägungen der geschichtstheoretischen Revolution des 18. Jahrhunderts sind es vor allem drei alternative Grundvorstellungen, die jenseits der historischen Forschung und Deutung im engeren Sinne das historische Verständnis Europas seither geprägt haben: Nach einer ersten ist die Geschichte der Menschheit *zur Zukunft hin offen*, nach einer zweiten *im steten Fortschritt* und nach einer dritten *im ebenso steten Verfall* begriffen. Alle drei Grundauffassungen sind von französischer Seite bereits in der Mitte des 18. Jahrhundert durchdacht, dann vor allem von deutscher Seite um 1800 in mehreren Theorien spekulativ zugespitzt und konzeptionell entfaltet und im 19. und 20. Jahrhundert in empirischer Forschung einerseits und in politischen Theorien und Programmen andererseits ausgelegt und kritisiert worden.

Auf Voltaire vor allem geht die erste Grundvorstellung zurück, nach der die Geschichte zur Zukunft hin prinzipiell offen ist und damit zugleich riskant ist, sie zwar allein von den Menschen gemacht wird, aber in ihren Auswirkungen immer unvorhersehbar ist und sie sich in den menschlichen Handlungsmöglichkeiten und Produkten in immer größerer Vielfalt und Leistungsfähigkeit differenziert. Sie faßt in Deutschland seit Beginn des 19. Jahrhunderts in den neu entstehenden historischen Wissenschaften als empirische und historisch-kritische Forschung Fuß und bleibt als solche der bis heute und wohl auch in Zukunft hauptsächliche Deutungsansatz der (Universal-)Geschichte.

Die beiden anderen Vorstellungen sind alternative Lösungen der Annahme eines zumindest teilweise determinierten Geschichtsverlaufs. Das Fortschrittsschema ist die säkularisierte Form des heilgeschichtlichen Schemas. Danach ist dem Men-

---

[1] J. Rohbeck (2000) vertritt demgegenüber die Auffassung, daß der Fortschritt in der Technologie der Hauptfaktor der Modernisierung ist.

schengeschlecht aufgegeben, das zu machen, was zuvor allein die Sache Gottes oder der „Natur" war, nämlich das von Gott vorherbestimmte oder in der Natur des Menschen liegende Ziel allmählich in der Geschichte selbst zu verwirklichen. Es setzt voraus, daß die Menschheit in einem zwar langen, umweghaften und immer gefährdeten Fortschreiten bereits in den Kulturzustand hineingewachsen ist und in den vergangenen Jahrtausenden bis zur Gegenwart, zumindest in Europa, schon zu einem Gipfel der Zivilisation aufgestiegen ist, und es hofft, daß sie aufgrund ihrer Selbstverpflichtung auf Vernunft und Aufklärung, unter Zuhilfenahme wohl auch der veredelnden Künste, alle die Gegenwart noch bedrückenden Mißstände und Widersprüche beseitigen und das ihr vorbestimmte zeitlose „Zeitalter" des irdischen Glücks herbeiführen wird.

Das Verfallsschema schließlich hat mit großer Wirkung Rousseau ausformuliert, und nicht wenige Menschen, die an ihrer Gegenwart leiden, haben es bestätigt gefunden. Danach habe die Menschheit ursprünglich in einem tiernahen glücklichen Naturzustand gelebt und sei durch den Eintritt in den gesellschaftlichen Kulturzustand – sei es infolge einer Strafe Gottes oder des menschlichen Egoismus – sittlich verderbt worden und dann auf dem Wege der Zivilisation dem Verfall und Untergang preisgegeben. Dieses Schema wird zu Beginn des 19. Jahrhundert in der romantischen Rückwendung zur „Natur" und zur vermeintlich vollkommenen und glücklichen Frühe der Menschheit vor allem in literarischen Bildern der Zivilisationsflucht beschworen und in den vielen Varianten der radikalen Kulturkritik bis heute immer wieder belebt. Das die ganze Moderne tragende und inspirierende Grundmuster des europäischen Geschichtsdenkens ist freilich das des Fortschritts. Dieses definiert die Moderne selbst, ist sozusagen ihr säkulares Glaubensbekenntnis.[2]

1.3 Die sich in Vielfalt und Einmaligkeit manifestierende Geschichtlichkeit der Kultur

Gemeinsam ist dem kulturellen Denken seit dem letzten Drittel des 18. Jahrhunderts die Auffassung, daß die Kultur in allen ihren Teilen wie im Ganzen grundsätzlich von den Menschen hervorgebracht und so geschichtlich entstanden ist, sie sich in der Zeit und in den Gesellschaften wandelt, sie in jeweiliger Gegenwart die Spuren ihrer Vergangenheit in sich trägt und sich auf dieser Grundlage, im Rahmen freilich übergreifender universeller Gesetzmäßigkeiten und jeweiliger kontextueller Kontingenz, unter der Verwirklichung jeweils gegebener Möglichkeiten auf die Zukunft zubewegt. Die Geschichtlichkeit ist damit nicht nur ein zusätzliches Deutungsprinzip der Kultur, sondern ein konstitutives. Wenn es natürlich auch weiterhin möglich ist, kulturelle Phänomene bloß unter einem systematischen Blickwinkel zu betrachten, können wir seit der Entdeckung dieses Prinzips nicht mehr umhin, die Geschichtlichkeit der Kultur als eine elementare Voraussetzung auch ihres systematischen Verständnisses festzustellen und anzuerkennen, daß in allem menschlichen Wissen – und das heißt eben auch in dem der Mathematik, der Logik und der Naturwissenschaften – Geschichte steckt. Allemal aber gehen von nun an – mit Ausnahme der idealistischen Philosophie – fast alle Geistes- und Kulturwis-

---

[2] Zur Gesamtthematik vgl. von *V. Hösle:* Zur Philosophie der Geschichte der Sozialwissenschaften, in: ders., Die Philosophie und die Wissenschaften, München 1999, 125-165.

senschaften davon aus, daß die Wahrheit nicht mehr im ewigen Sein der Dinge, sondern empirisch in ihrem Werden und Wandel gesucht werden muß.

Mit diesem Grundsatz der Geschichtlichkeit sind unmittelbar zwei andere Einsichten verbunden. Die eine ist, daß die Zeit in der Geschichte ständig *Vielfalt* und *Individualität* erzeugt. Denn auf dem Wege von der Vergangenheit, welche als riesiges Ensemble von Geschehenem und Gewesenem verstanden werden kann, zur Gegenwart, in der davon ein Teil „aufbewahrt" ist, wächst die Menge neuer Möglichkeiten ständig. Es handelt sich dabei zwar um ein sehr allgemeines Prinzip, dessen Gültigkeit sich aber an der Zunahme von Vielfalt und Unterschiedlichkeit sowohl in der unbelebten Natur und in der Evolution des Lebens als auch in der kulturellen Evolution erweist (wenn davon in der Konkurrenz des neu Entstandenen auch wieder vieles rasch und folgenlos verschwindet).[3] Für die Theorie der Kultur folgt hieraus, daß sie es nicht mehr, wie die ältere Philosophie gemeint hat, mit wenigen für überzeitlich gehaltenen „Substanzen" und Formen, sondern mit der Mannigfaltigkeit erst geschichtlich entstandener Phänomene zu tun hat, mit Phänomenen, die untereinander prinzipiell in einem Verhältnis der Differenz und nicht selten der Widersprüchlichkeit und des Ungleichgewichts stehen. Die andere Einsicht ist, daß alles geschichtlich Gewordene ein Individuelles ist. Denn genau genommen unterscheidet sich jedes kulturelle Gebilde, in welch geringem Umfange auch immer, von allen anderen und jedes Neue vom Bisherigen und tragen somit auch jeder einzelne Mensch, jedes seiner Werke und jede seiner Handlungen, jede neue Situation, und auch jede einzelne Kultur und letztlich auch die Kultur der Menschheit insgesamt das Kennzeichen der Einmaligkeit.

2. Europäische Wege des historischen Denkens im 19. Jahrhundert

2.1 Status, Orte und Themen des historischen Denkens

Hatte sich im 18. Jahrhundert die Einsicht in die Geschichtlichkeit der Kultur in Konkurrenz zur „Natur der Dinge" überhaupt erst herausgebildet, so wird die neue Sichtweise im 19. Jahrhundert nicht mehr nur als eine Möglichkeit unter anderen anerkannt, sondern von den meisten Gebildeten bereits als das wichtigste Deutungsprinzip des Kulturellen bevorzugt. In der Tat gewinnt diese Sichtweise jetzt einen derartigen – vorher nicht gekannten, danach nicht mehr gegebenen und auch in Zukunft vermutlich nicht mehr möglichen – Nimbus, daß man dieses Jahrhundert im Unterschied zum „pädagogischen 18. Jahrhundert" zu Recht das „historische Jahrhundert" genannt hat. Im „Seelenhaushalt" der bürgerlichen Schichten treten nun an die Stelle der Religion immer mehr die Schönen Künste und die Historie. Beide, oft im Verbund, sind in ihren Werken und der Pflege der Überlieferung jetzt Gegenstand frommer Gefühle, der Andacht und Weihe, der Pietät und Verehrung und nicht selten des größten Bemühens um kulturelles Schaffen.

In den Wissenschaften nimmt die Historie ihren Ausgang zunächst von einer das Denken des 18. Jahrhunderts direkt fortsetzenden, universalhistorischen spekulativen Geschichtsphilosophie, wofür vor allem die Werke von Hegel (Kapitel 19) und

---

[3] Zur Begründung dieses Prinzips der Entstehung zukünftiger Möglichkeiten, des „Wachstums von Gestalten" vgl. von Weizsäcker 1991, 33 ff.; dazu ausführlich hier in Kapitel 49.3.3.

Marx (Kapitel 23) stehen. Die alsbald folgende Kritik daran prägt sich zum einen in einer thematisch vielfach verzweigten ideengeschichtlichen Nachzeichnung der Geschichte der Philosophie, der Sprachen, der Literatur(en), der Musik, der Bildenden Kunst, der Religion(en) und des Rechts aus (Kapitel 20, 21), zum andern, und zwar in der Geschichtswissenschaft selbst, in einer empirischen, historisch-kritischen Rekonstruktion vor allem der Politischen Geschichte der europäischen Nationen (Kapitel 22). In beiderlei Ausprägung, also in der kulturgeschichtlichen ebenso wie in der politikgeschichtlichen, ist das historische Gegenstandsverständnis freilich der Grund dafür, daß die zuvor in der sog. Artistenfakultät der Universitäten bloß propädeutisch betriebenen Fächer des „geschichtlichen Weltwissens" nun als Wissenschaften des neuen Typs im Rahmen der durch sie aufgewerteten philosophischen Fakultät einen eigenständigen und in der akademischen Welt besonders anerkannten Platz einnehmen können.

Gemeinsam ist allen diesen Fächern auch, daß sie sich im Laufe des 19. Jahrhunderts immer mehr von der Philosophie lösen, auch immer weniger eine philosophische Reflexion ihres Gegenstands betreiben, sich vielmehr durch eine fortschreitende Verfachlichung, Spezialisierung und Professionalisierung auszeichnen und sich durch eine immer strenger gehandhabte objektivistische Forschungsmethodik „verwissenschaftlichen".[4]

Wenn J. Rüsen mit Bezug auf diese Merkmale der neuen Historie schreibt: „Die Geschichte der Geschichtswissenschaft wird als Vollzug der Modernisierung begriffen, und zwar mit den Mitteln des modernisierten historischen Denkens. [...] Indem sie Modernisierung historisch nachvollzieht, legitimiert sie Modernität [...]"[5], dann mag man ihm im Rückblick zustimmen, daß sich die historischen Fächer dadurch verwissenschaftlicht haben. Man muß sich aber zugleich davor hüten, wie hier geschehen, den geschichtlichen Wandel selbst und den Wandel des historischen Denkens in der Moderne *zirkulär* als Modernitätsprozeß zu erklären.

Wichtig ist indes allemal, daß die Verwissenschaftlichung der Historie schon aus forschungspraktischen Gründen eine zeitlich und thematisch weitgefaßte Kulturgeschichtsschreibung und erst recht die im 18. Jahrhundert anvisierte Universalgeschichte ausschließt und von nun an alle Versuche dazu mit dem Verdikt des Dilettantismus belegt. Gleichwohl verliert sich das wissenschaftliche Geschichtsdenken zumeist noch nicht im Spezialistentum. Die Großen der Fächer zumindest wagen sich an Gesamtdarstellungen ihrer Forschungsthematik heran, und die historische Fachliteratur ist als ein zentraler Teil der Allgemeinbildung im ganzen 19. Jahrhundert im Prinzip noch allgemeinverständlich abgefaßt.[6]

---

[4] Vgl. *W. Hardtwig* 1998.

[5] *J. Rüsen:* „Moderne" und „Postmoderne" als Gesichtspunkte einer Geschichte der modernen Geschichtswissenschaft, in: Geschichtsdiskurs 1, 1993, 19.

[6] Eine gute Übersicht über die Entstehung und Entwicklung der historischen Wissenschaften im 19. Jahrhundert geben *Th. Nipperdey:* Deutsche Geschichte. 1800-1866. Bürgerwelt und starker Staat (München 1983, 484 ff.) und *G.G. Iggers:* Historisches Denken im 19. Jahrhundert. Überlegungen zu einer Synthese, in: Geschichtsdiskurs 3, 459-470.

2.2 Vergangenheitskritik im *Westen* – verstehende Bewahrung in *Deutschland*: Wege der Geschichtsschreibung

Wenn Deutschland bei dieser thematischen Differenzierung des Geschichtlichen und der sie begleitenden und begründenden Wissenschaftsmethodik auch eine führende Rolle übernimmt, so gibt es doch in den anderen westlichen Wissenschaftskulturen zumeist ein Pendant dazu und läßt sich in bezug auf England und Frankreich z.B. ebenfalls von einem „historischen" 19. Jahrhundert sprechen. Ein *gemeineuropäischer Weg* der Geschichtsschreibung läßt sich in der Vielfalt der nationalen Interessenschwerpunkte und Forschungsmethoden freilich nur mit Mühe entdecken. Es gibt ihn aber. Er führt, in grober Vereinfachung, von einer spekulativen Universalgeschichte der Menschheit um 1800 über eine im wesentlichen empirisch forschende politische Geschichte im 19. Jahrhundert zu den im 20. Jahrhundert miteinander konkurrierenden historistischen, sozial- und kulturwissenschaftlichen Richtungen. Aufgrund des sich schon im 18. Jahrhundert in Deutschland und seinem westlichen Ausland unterschiedlich ausprägenden historischen Denkens gabeln sich die Wege in Europa in einer Hinsicht schon früh. Der Hauptunterschied besteht danach darin, daß der Weg des Westens ein eher vergangenheitskritischer und progressiv in die Zukunft weisender Weg ist, der deutsche dagegen ein eher vergangenheitsverehrender und gegenüber der bedrohlich wirkenden Zukunft die bisherige Kultur und Staatlichkeit bewahrender Weg ist.

Indem englische und französische Historiker bemüht waren, wie Detektive die Ursachen gegenwärtigen Unheils in der Fehlern, Irrtümern und Täuschungen der Vergangenheit aufzudecken, hofften sie zugleich, die Wege der Vernunft zu finden, auf denen der Staat durch Aufklärung der Menschen und gesellschaftliche Reformen in den geschichtlichen Prozeß eingreifen und den moralischen, wissenschaftlichen, materiellen und kulturellen Fortschritt herbeiführen könne. Ihre politische Geschichte haben sie deshalb immer im Zusammenhang mit der universalen oder der nationalen Zivilisationsgeschichte und diese als eine Annäherung an eine konstitutionell-monarchistische oder republikanisch-demokratische Verfassung gesehen.

Demgegenüber hatte Herders Geschichtsphilosophie in Deutschland dem Menschen, als dem „ersten Freigelassenen der Natur", zwar ebenfalls einen großen Handlungsspielraum bei der Gestaltung seiner irdischen Existenz zuerkannt, den Fortschritt aber weniger im staatlich-gesellschaftlichen Handeln, als in kulturerinnernder, -bewahrender und -schöpferischer Tätigkeit der Individuen im Sinne eines Beitrags zur Beförderung der Humanität gesehen. Die deutsche Denklinie artikuliert sich in dieser Spur stärker im Vertrauen auf die aus personaler Bildung, philosophischer Reflexion, künstlerischer Produktion und aus wissenschaftlicher Forschung in möglichst staatsfernem Umgang erwachsende und die Menschlichkeit herbeiführende Kultur. Es wird so auch eine klare Trennlinie zwischen einer Kulturgeschichte im engeren Sinne und einer die nationale Geschichte bevorzugenden Politischen Historie gezogen.

Ist die westliche Linie stärker aufklärerisch-öffentlich und zukunftszugewandt, so ist die deutsche stärker „innerlich-privat" und rückwärtsgewandt. Ist das französische, englische und amerikanische Fortschrittsdenken – aus der Erfahrung der jeweiligen nationalen Geschichte – durch die Entwicklung demokratischer Institutionen gekennzeichnet, wird Deutschland im 19. Jahrhundert zu der führenden kulturwissenschaftlichen Nation in Europa, zu derjenigen, die vor allen anderen Geschichtsphilosophie betreibt, die modernen historischen Geisteswissenschaften eigentlich erst begründet und im kulturrelativistischen Verstehen, in der historistischen Pflege und der schöpferischen Nachahmung der Überlieferung ihre genuine Leistung im Kreis der Nationen sieht. Ein Großteil der Ausstrahlung des „deutschen Modells" der Geschichtsschreibung auf das europäische Ausland verdankt sich zweifellos zum einen der kulturhistorischen Produktivität der „von der deutschen Klassik und vom deutschen Idealismus geprägten ‚Schwellenzeit' "[7], zum andern der methodologischen Begründung, die deutsche Historiker ihrer Forschung gegeben haben.

2.3 „Kultur" in Deutschland – „Zivilisation" im Westen Europas

Ein Indikator der vom Beginn des 19. Jahrhunderts fast bis in die Gegenwart andauernden Differenz zwischen Deutschland und dem Westen ist die unterschiedliche Karriere, die die Grundbegriffe „Kultur" und „Zivilisation" gehabt haben.[8] Ursprünglich, d.h. im 18. Jahrhundert, werden beide Begriffe von den Historikern Europas noch weitgehend synonym im Sinne der das Individuum vervollkommnenden Bildung und des menschheitsgeschichtlichen Fortschreitens zu einer „kultivierten" Sozialität gebraucht. Seit dem 19. Jahrhundert ziehen die Franzosen und Engländer den Begriff Zivilisation vor, nehmen ihn zum Gradmesser des erreichten technischen Fortschritt, der „zivilen" Umgänglichkeit und der institutionell ausgebildeten Staatlichkeit und nennen deshalb den durch eine entwickelte Technik, schriftliche Kommunikation und staatliche Verwaltung geprägten Entwicklungsschub vor 5000 Jahren im Alten Orient den Beginn der „Zivilisation". Demgegenüber werten die Deutschen den Begriff Zivilisation als Bezeichnung des bloß äußerlichen Fortschritts in Technik und Verhalten ab, ziehen den Begriff Kultur im Sinne der Pflege des inneren Menschen (*cultura animi*) und des Schaffens von und des Umgangs mit Kulturgütern vor und grenzen die frühen und entwickelten Kulturen der Alten und Neuen Welt als „Hochkulturen" von den „primitiven Kulturen" ab. Erst nach dem 2. Weltkrieg haben sich unter dem Einfluß der immer stärker hervortretenden amerikanischen Forschung die getrennten Wege wieder angenähert, so daß Zivilisation (*civilization/civilisation*) und Kultur (*culture*) überall weitgehend synonym gebraucht werden.

---

[7] Vgl. *S. Jordan:* Geschichtstheorie in der ersten Hälfte des 19. Jahrhunderts. Die Schwellenzeit zwischen Pragmatismus und klassischem Historismus, Frankfurt u.a. 1999; und die Beiträge im Großkapitel „Hypothesen zur Modernisierung" in: Geschichtsdiskurs, Bd. 2: Anfänge historischen Denkens, Frankfurt 1994, 17-94.

[8] Vgl. *J. Fisch:* Zivilisation, Kultur, in: Geschichtliche Grundbegriffe. Bd. 7, Stuttgart 1992, 679-774; und *N. Elias:* Zur Soziogenese der Begriffe ‚Zivilisation' und ‚Kultur', in: ders.: Über den Prozeß der Zivilisation. Soziogenetische und psychogenetische Untersuchungen (1939), Bd. 1 München/Bern ²1969, 1-42; unter einer vergleichenden Perspektive R. *Münch:* Die Kultur der Moderne. 2 Bde., Bd. 1: Ihre Grundlagen und ihre Entwicklung in England und Amerika, Bd. 2: Ihre Entwicklung in Frankreich und Deutschland, Frankfurt 1986; *H. A. Winkler:* Der lange Weg nach Westen. 2 Bde., Bonn 2002; *W. Lepenies:* Kultur und Politik. Deutsche Geschichten, München 2006.

19. Hegel:
Die Weltgeschichte als Geschichte des Geistes

1. „Die Vernunft in der Geschichte"   321
2. Hegels Geschichtsphilosophie als ein Ausdruck der christlichen Heilsgeschichte   331
3. „Das Ganze ist die Wahrheit":
Der systematische Zusammenhang der Universalphilosophie Hegels   335

Das geschichtstheoretische Erbe der spätaufklärerischen Philosophie und des nun im modernen Sinne von der Geschichtlichkeit der Kultur ausgehenden historischen Denkens und Forschens besteht im Deutschland des 19. Jahrhunderts zum einen in der Fortführung, Vertiefung und Erweiterung der universalhistorischen Reflexion, zum andern in der Erforschung der Geschichte der eigenen und der fremden Kulturen in ihren ideellen, sprachlichen, künstlerischen, religiösen, politischen und sozialen Erscheinungsformen. Der letztere Ansatz ist Gegenstand mehrerer folgender Kapitel, der erstere Ansatz wird im vorliegenden Kapitel vorgestellt. Er manifestiert sich vor allem im Aufschwung einer systematisch begründeten *Geschichtsphilosophie*. Im Banne des deutschen Idealismus und dann des philosophischen Materialismus kommen von ihr in der ersten Hälfte des Jahrhunderts große universalhistorische Entwürfe von einer Geschichte des menschlichen Geistes und der menschlichen Sozialität. Von größerer Bedeutung sind davon bis heute die Theorien von Hegel (Kapitel 19) und Marx (Kapitel 23), die schon damals Wissenschaftsgeschichte und im Fall von Marx im 20. Jahrhundert auch politische Geschichte gemacht haben.

1. „Die Vernunft in der Geschichte"[1]

In geschichtsphilosophischer Hinsicht hat die größte Wirkung bis ins 20. Jahrhundert das historische Denken von GEORG WILHELM FRIEDRICH HEGEL (1770–1831) erzielt. Allemal ist seine Theorie die bei weitem umfassendste und anspruchsvollste Ausarbeitung einer Geschichtsphilosophie. Sie in ihren wichtigsten Punkten knapp vorzustellen, ist schwierig, weil in ihr alles Einzelne immer gleich auf das Ganze und umgekehrt das Ganze auf die Teile verweist und die in der Sachlogik des Systems begründete Wechselseitigkeit von Erkenntnismethode und von Gegenstand der Geschichte eine lineare Darlegung dieser Theorie nicht zuläßt. Man kann diesen Umstand jedoch auch für einen Vorteil halten, weil er es einem erlaubt, an einer beliebigen Stelle in den Hegelschen Gedankenkreis einzutreten und von dort aus zu einem Gesamtverständnis zu kommen. Die im folgenden kurz erläuterten acht Stichworte sind ausnahmslos den Schriften und damit auch dem besonderen Wortgebrauch Hegels entnommen und werden zunächst auch immer nur in dem von ihm gegebenen Sinn verwandt.

---

[1] Diesen Titel trägt der erste Band von Hegels „Vorlesungen über die Philosophie der Weltgeschichte" (1822/1828/1830).

Die zusätzlich beigegebenen Zitate dienen in erster Linie der prägnanten Belegung dieser Stichworte, sie sollen jedoch auch zeigen, wie sehr seine Gedanken und Begriffe noch die heutige Historik prägen.[2]

1.1 *Geist*: Die Welt – in einem ausgezeichneten und wesentlichen Sinne – ist *Geist*.

Hegels Geschichtsphilosophie ist in einer *Philosophie des Geistes* begründet und repräsentiert letztere wie sonst keine andere neuzeitliche Philosophie. Sie steht damit in der Tradition des von Parmenides, Platon, Aristoteles, der Gnosis, den spätantiken Mysterienreligionen, Plotin, dem mittelalterlich-scholastischen Begriffsrealismus und dem frühneuzeitlichen Rationalismus herkommenden metaphysischen Denkens. Bei solch einer Philosophie ist nicht nur der gedanklich-begriffliche Zugriff auf die Welt, sondern auch der durch ihn anvisierte Gegenstand geistiger Natur. Der ausgezeichnete Gegenstand von Hegels Geschichtsphilosophie ist so der „Geist": auf der Ebene der menschlichen Individuen und ihres Bewußtseins der „*subjektive Geist*", auf der Ebene der kulturellen Erzeugungen der Völker der „*objektive Geist*" und auf der transzendenten Ebene der „*absolute Geist*", welch letzterer als Quelle alles Seienden angenommen wird. „Konkret" und „wirklich" ist in der Sprache Hegels nur der Geist: „Das Geistige allein ist das Wirkliche". Daraus folgt, daß das Denken und das Sein identisch sind, daß die materielle – bloß physische oder biologische – Welt sich in gänzlicher Unfreiheit in Abhängigkeit von der geistigen befindet und dabei der Notwendigkeit der Naturgesetze unterliegt. Freiheit kann es so nur in der geistigen Welt geben, weshalb allein die Geistigkeit das Wesen des Menschen ausmacht.

Als die prominenteste Ausprägung des sog. deutschen Idealismus ist diese Geist-Philosophie gleichwohl welthaltig. Denn im Unterschied etwa zur idealistischen Philosophie von Johann Gottlieb Fichte (1762–1814) und Friedrich Wilhelm Schelling (1775–1854), die – auf unterschiedliche Weise – den sozialen und kulturellen Phänomenen fast nur spekulativ begegnen, nimmt Hegel die physische Welt

---

[2] Die Überlieferung von Hegels Werken und ihre z.T. postume Veröffentlichung und Abfassung nach Vorlesungsskripten und Mitschriften von Schülern sind sehr komplex. Die hier hauptsächlich herangezogene Schrift „Vorlesungen über die Philosophie der Weltgeschichte" wird im folgenden nach der zunächst von G. Lasson (1917 ff.) und dann von J. Hoffmeister (1955 ff.) herausgegebenen Fassung in zwei Bänden, Hamburg 1994, zitiert. Die noch nicht vollständige kritische Werkausgabe besorgt die Rheinisch-westfälische Akademie der Wissenschaften unter dem Titel: *G.W.F. Hegel*: Gesammelte Werke, Hamburg 1968 ff. [GW]. Außer den vollständigen Ausgaben empfehlen sich die von *F. Heer* zusammengestellte und eingeleitete „Auswahl aus den Werken Hegels", Frankfurt 1955 [Auswahl], worin sich die „Vorlesungen über die Philosophie der Weltgeschichte" auf den Seiten 70–169 befinden, und die von *K. Löwith* und *M. Riedel* herausgegebene dreibändige „Hegel Studienausgabe", Bd. 1: Gymnasialreden, Aufsätze, Rezensionen, Bd. 2: Rechtsphilosophie, Bd. 3: Propädeutik, Philosophie des Geistes, Stellung des Gedankens zur Objektivität, Frankfurt 1968. Zur allgemeinen Einführung in Hegels Denken empfehlen sich: *D. Henrich*: Hegel im Kontext, Frankfurt 1971; *C. Daniel*: Hegel verstehen. Einführung in sein Denken, Frankfurt/New York 1983; *H. Schnädelbach* (Hg.): Hegels Philosophie. Kommentare zu den Hauptwerken. 3 Bde., Frankfurt 2000; *F. Schupp*: G.W.F. Hegel, in: Schupp Bd. 3, 2003, 380–409; *H. Seiffert*: Hegel, in: ders.: Einführung in die Wissenschaftstheorie, Bd. 2: Geisteswissenschaftliche Methoden: Phänomenologie – Hermeneutik und historische Methode – Dialektik, München 1970, 205–218 [eine sehr knapp gefaßte, jedoch durch längere Textauszüge gut gestützte Darstellung].

und ihre Verbindung mit der geistigen Welt – wenn schon nicht empiristisch, so doch „theoretisch" im Sinne des die Phänomene genau prüfenden und erkennenden „Anschauens" wahr. Erst durch diesen Weltbezug hat diese am Schreibtisch konzipierte und am Katheder vorgetragene Philosophie eine so große Beachtung auch außerhalb der Philosophie gewinnen können.

1.2 *Geschichte*: Das Sein des – die Welt beherrschenden – Geistes ist *Werden*.
Diese Philosophie ist eine Bekräftigung, Fortsetzung und Fortführung der Revolution des historischen Denkens des 18. Jahrhunderts. Darin stellt sie zugleich den härtesten Bruch mit dem auf der Ungeschichtlichkeit des Ideellen bzw. Geistigen beruhenden vormodernen philosophischen Idealismus dar. Denn während dessen Ontologie den sich verändernden Dingen wirkliches Sein abspricht, ist umgekehrt in der neuen geschichtlichen Weltdeutung das eigentliche Sein ein Werden. Während noch Kant seine kritische Philosophie der Welt, einschließlich der von den Menschen geschaffenen Kultur, auf der Grundlage der unveränderlichen Natur der Dinge errichtet, er das Einzelne immer nur als ein Fall unter vielen anderen Fällen des Allgemeinen begreift und eine Entwicklung allenfalls in der Individual- und der Kulturgeschichte des Menschen gelten läßt, ist für Hegel die Welt insgesamt kein natürliches System mehr, sondern *Geschichte*, ist ihr historischer Wandel keine zusätzliche oder abgeleitete Größe, sondern eines ihrer konstitutiven Momente. Geschichte ist der Ort der Wahrheit und somit auch der Schlüssel zu ihrer Erkenntnis, so daß demgegenüber die bisher in der Idee bzw. Natur „festgestellte", geschichtsenthobene Welt als eine erstarrte, verfälschte Momentaufnahme erscheint.

Hegels Philosophie der Geschichte läßt sich so als die theoretische Ausarbeitung des im 18. Jahrhundert entdeckten Prinzips der Historizität der Kultur in seiner Anwendung auf die Geschichte der Welt überhaupt verstehen. Dazu hat existentiell gewiß auch die Differenzerfahrung beigetragen, die sich Hegel wie vielen anderen Zeitgenossen um 1800 durch die politischen, religiösen und allgemein kulturellen Veränderungen im Gefolge der Französischen Revolution mitgeteilt hat. Man kann Hegels Geschichtsphilosophie deshalb auch als einen Versuch verstehen, seine durch Umwälzungen der Lebensverhältnisse charakterisierte, zugleich Ängste erzeugende und Hoffnung auf die Zukunft machende, sich also im Fluß befindende „Zeit in Gedanken zu fassen" – was nach Auffassung Hegels allgemein die Aufgabe der Philosophie ist – und die der Geschichte zugrundeliegenden allgemeinen historischen Gesetzmäßigkeiten und den „allgemeinen Endzweck" der Welt zu erkennen.[3]

---

[3] Vgl. *W. Bialas*: Das Geschichtsdenken der klassischen deutschen Philosophie: Hegels Geschichtsphilosophie zwischen historischem Erfahrungsraum und utopischen Erwartungshorizont, in: Geschichtsdiskurs, Bd. 3, Frankfurt 1997, 29–44. Einen leicht faßlichen Überblick über Hegels Geschichtsdenken findet sich bei *Th. Nipperdey*: Deutsche Geschichte 1800–1866. Bürgerwelt und starker Staat, München 1983, 506–508, 521–532.

1.3 *Philosophie* der Geschichte:
Ihr Ziel ist die *Erkenntnis des Allgemeinen* des historischen Wandels

Bei dieser Zielsetzung bewegt sich Hegel freilich wieder ganz im Rahmen des philosophischen Rationalismus. Denn es kam ihm darauf an, die „hinter" dem beobachtbaren historischen Wandel vermuteten Gesetzmäßigkeiten systematisch und prinzipientheoretisch, und das heißt hier: als überzeitlich gültig, herauszuarbeiten und zu begründen. Deshalb schickt er der Entwicklung seiner Theorie den Grundsatz voraus:

> Ich will über den vorläufigen Begriff der Philosophie der Weltgeschichte [...] bemerken, daß [...] sie mit Gedanken an die Geschichte gehe, [...].[4]
>
> Wir müssen in der Geschichte einen allgemeinen Zweck aufsuchen, den Endzweck der Welt, nicht einen besondern des subjektiven Geistes oder des Gemüts, ihn müssen wir durch die Vernunft erfassen, die keinen besonderen endlichen Zweck zu ihrem Interesse machen kann, sondern nur den absoluten [...].[5]

Das Vertrauen wiederum, daß es dieses Allgemeine überhaupt gibt und man es in der verwirrenden Mannigfaltigkeit der Phänomene und ihres historischen Wandels auch erkennen kann, schöpft er aus den beiden sich ergänzenden Annahmen, daß erstens die Natur des Geistes überall „die eine und immer dieselbe ist" und zweitens der Geist „im Weltdasein diese seine eine Natur expliziert", so daß die Geschichtstheorie nur das entfernen muß, was für die Erkenntnis des „vernünftigen, notwendigen Ganges" des Geistes durch die Geschichte unerheblich oder störend ist. Mit Hegels Worten:

> Die philosophische Betrachtung hat keine andere Absicht, als das Zufällige zu entfernen. Zufälligkeit ist dasselbe wie äußerliche Notwendigkeit, d.h. eine Notwendigkeit, die auf Ursachen zurückgeht, die selbst nur materielle Umstände sind. (ebd., 70)

Mit letzterem ist zum einen jenes Geschehen in der Welt gemeint, das den Naturgesetzen der Materie unterworfen ist, zum andern das, welches im subjektiven und objektiven Geist mit der physischen Welt in unmittelbarer Verbindung steht. Ansonsten aber reklamiert Hegel auch für die Philosophie der Geschichte jenen Status bzw. Zugriff, den der Begriff Theorie als ein nicht unter Handlungszwang stehendes, aus sicherer Distanz urteilendes und dabei zur Wahrheit „in der Tiefe" vordringendes Anschauen der Dinge in der griechischen Philosophie hat.

> Die Geschichte aber haben wir zu nehmen, wie sie ist. Wir haben historisch, empirisch zu verfahren [...]. Das Wahrhafte liegt nicht auf der sinnlichen Oberfläche; bei allem, insbesondere, was wissenschaftlich sein soll, darf die Vernunft nicht schlafen und muß Nachdenken angewendet werden. Wer die Welt vernünftig ansieht, den sieht sie auch vernünftig an; beides ist in Wechselbestimmung. (72)

In dieser Hinsicht unterscheidet sich Hegel zugleich von der pragmatistischen Hauptlinie der Aufklärungsphilosophie und noch deutlicher vom ausdrücklich auf Handeln angelegten Historischen Materialismus Marx'.

---

[4] Auswahl 1955, 70.
[5] ebd., S. 70/71.

1.4 *Vernunft*: Der unveränderliche Urgrund des Geistes und damit auch der Geschichte ist ihre *Vernünftigkeit*.

Der seiner Natur nach zwar „eine", in der Welt sich aber unterschiedlich auslegende Geist verweist auf die ihn und alles andere der Welt tragende Grundgegebenheit: auf die Vernunft.

> Der einzige Gedanke, den sie [sc. die Philosophie] mitbringt, ist aber der einfache Gedanke der Vernunft, daß die Vernunft die Welt beherrscht, daß es also auch in der Weltgeschichte vernünftig zugegangen ist. Diese Überzeugung und Einsicht ist eine Voraussetzung in Ansehung der Geschichte als solcher überhaupt. (70)

Weiter, mit Bezug auf die Philosophie überhaupt, heißt es dann, daß die Vernunft:

> [...] der unendliche Stoff alles natürlichen und geistigen Lebens [ist ...], die Substanz, das [ist], wodurch und worin alle Wirklichkeit ihr Sein und Bestehen hat [...]." (70)

und schließlich:

> Das Vernünftige ist das an und für sich Seiende, wodurch alles seinen Wert hat. (71)

Wer diese Aussagen nur für sich zur Kenntnis nimmt, mag Hegels Geschichtstheorie zunächst für eine Variante des Denkens in Kategorien der Natur und der Naturgesetze halten, für das alles in der Welt „natürlich" verlaufen ist, verläuft und verlaufen wird, weil immer gerade das geschieht, was geschehen muß. Das würde allerdings den kreativen und dynamischen Charakter unterschlagen, den Hegel der Vernunft zuschreibt. Denn anders etwa noch als Kant, für den die Vernunft zwar eine Letztinstanz, als solche aber inbezug auf das Handeln nur eine „regulative Idee" ist, begreift er die Vernunft als eine mächtige – mitunter wie eine handelnde Person verstandene und verehrte – Wirkkraft, als ein „göttlicher Wille" (73), als eine

> unendliche Macht [... die] nicht so ohnmächtig ist, es nur bis zum Ideal, bis zum Sollen zu bringen und nur außerhalb der Wirklichkeit, wer weiß wo, als etwas Besonderes in den Köpfen einiger Menschen vorhanden zu sein.[6]

Wenn Hegel also einerseits die Herrschaft der „Natur" durch die der „Geschichte" ablöst, bekräftigt er andererseits, und zwar im Gegenzug, noch einmal die totale Oberherrschaft der „Vernunft" in der Welt selbst und die Vernunft als den höchsten allgemein- und geschichtsphilosophischen Begriff der Erkenntnis. Wie schon der Geist selbst sich in der Geschichte nicht verändert, bleibt die Vernunft als letztinstanzliche Macht sich erst recht gleich. Es unterscheidet sie aber vom Geist, der sich in der Zeit auslegt, daß sie nur als überzeitliche Wirkkraft denkbar ist. Deshalb kann Hegel dann in seinem Vernunftoptimismus sagen:

> Den Glauben und den Gedanken muß man zur Geschichte bringen, daß die Welt des Wollens [sc. des Wollens der in der Geschichte Handelnden] nicht dem Zufall anheimgegeben ist. Daß in den Begebenheiten der Völker ein letzter Zweck das Herrschende, daß Vernunft in der Weltgeschichte ist, nicht die Vernunft eines besonderen Subjekts, sondern die göttliche, absolute Vernunft, ist eine Wahrheit, die wir voraussetzen; ihr Beweis ist die Abhandlung der Weltgeschichte selbst: sie ist das Bild und die Tat der Vernunft. (71)

---

[6] Gesammelte Werke. Bd. 12. 1970, 21.

Deshalb gelte, daß

der eigentliche Beweis in der Erkenntnis der Vernunft selber [sc. liege]. Die Weltgeschichte ist nur die Erscheinung dieser einen Vernunft, eine der besonderen Gestalten, in denen sie sich offenbart, ein Abbild des Urbildes, das sich in einem besonderen Elemente, in den Völkern, darstellt. (71)

Wie dieses Zitat zeigt, steht hier der deutsche Vernunftbegriff durchaus in der Tradition des antiken logos-Begriffs bzw. der platonischen Idee.[7] Deshalb ist die geschichtliche Welt für Hegel nicht erst im Erreichen ihres Ziels, sondern schon in ihrem Werden eine von Vernunft erfüllte Welt. Das heißt zugleich, daß er die Vorstellung eines allmächtigen, willkürlich waltenden Gottes ausschließt, eines Gottes, dessen „unerforschlicher Wille" sich etwa „voluntaristisch" über alles, auch über die von ihm selbst der Welt gegebenen Natur- und moralischen Gesetze, hinwegsetzen kann, wie es „Gott" nach jüdischem, christlichem und auch islamischen Verständnis möglich ist. Zugleich ist Hegels Vorstellung von der vernunftgeleiteten Geschichte natürlich auch die Abkehr von einer Deutung der Geschichte als des blinden Zufalls oder der Unvernunft, wie sie dann Schopenhauer im Sinne einer von einem dunklen und blinden Drang des Lebendigen beherrschten Geschichte begründet, wie sie Nietzsche und die deutsche Lebensphilosophie entweder mehr im Sinne eines Willens zur Macht oder eines kreativen Irrationalismus weiterführen[8], wie sie im 20. Jahrhundert der Faschismus im Begriff des „Willens der Volksgemeinschaft" vertritt und wie sie schließlich u.a. im philosophischen und literarischen Existentialismus im Sinne eines letztlich sinnlosen Handelns in einer absurden Welt auflebt.[9]

1.5 *Weltgeist*:
Der *absolute Geist* legt sich in der Welt historisch als *subjektiver und objektiver Geist* aus.

In der Welt fes Geistes fallen der „absolute" bzw. „göttliche" Geist und die ebenso des öfteren so benannte „göttliche" Vernunft zusammen. In der empirischen Welt jedoch nimmt die Vernunft bzw. der absolute Geist als ihr sozusagen personaler Abkömmling die konkrete Gestalt des in der Weltgeschichte regierenden „Weltgeistes" an. In etwas paradoxer Formulierung könnte man sagen, daß für Hegel die Vernunft des absoluten Geistes darin bestehe, sich seiner selbst im menschlichen Bewußtsein bewußt zu werden. Erst indem sich der absolute Geist in die ihm fremde Form der Natur „entläßt", sich gleichsam entäußert und im subjektiven Geist der Individuen und im objektiven Geist der Völker „zu sich kommt", erreicht er das ihm vorbestimmte Ziel der Weltgeschichte: „Von der Weltgeschichte kann [...] gesagt werden, daß sie die Darstellung des Geistes sei, wie er zum Wissen dessen zu kommen sich erarbeitet, was er an sich ist." (86) Die Geschichte der Welt ist so

---

[7] Eine klärende Übersicht über den Vernunftbegriff in der abendländischen Philosophie gibt *H. Schnädelbach* in: E. Martens/H. Schnädelbach (Hg.): Philosophie. Ein Grundkurs. Bd. 1, Reinbek 1994, 77–115.

[8] Vgl. Kapitel 26.

[9] Vgl. *K. Löwith*: Von Hegel zu Nietzsche. Der revolutionäre Bruch im Denken des 19. Jahrhunderts (New York 1941) Nachdruck der gekürzten 2. Aufl. Stuttgart 1950, Hamburg 1999; zu Nietzsche und zur Lebensphilosophie vgl. Kapitel 23.

eine *Auseinandersetzung* des Geistes mit sich selbst ist. Der Gang des Weltgeistes durch die Geschichte ist in drei Grundformen und über jeweils drei Stadien teleologisch angelegt:

In der Gestalt des „*subjektiven Geistes*" legt er sich im Dreischritt von „Seele", „Bewußtsein" und „Geist" aus. Deshalb muß der Historiker hinsichtlich des „unbedacht" geschehenden Wahrnehmens und Verhaltens „Anthropologie" betreiben, hinsichtlich des bewußten Wahrnehmens und Handelns „Phänomenologie" und hinsichtlich des reflektierten Denkens und Handelns „Psychologie".

In Gestalt sodann des „*objektiven Geistes*" „vergegenständlicht" er sich in den von den Menschen geschaffenen sozialen und institutionellen Systemen (insbesondere in Sprache, Recht, Gesellschaft, Religion und Staat) und Werken (insbesondere in den Künsten, Wissenschaften und in der Technik) und befreit sich schrittweise von der bloßen Subjektivität des Geistes, indem er den Weg vom Recht, d.h. von der unreflektierten Befolgung der Gesetze, über die Moralität, d.h. über ihre bewußte Befolgung, zur Sittlichkeit, d.h. zu ihrer begründeten Befolgung, beschreitet.

In Gestalt schließlich des „*absoluten Geistes*" gelangt er von der Ausbildung zunächst der Kunst, dann der Religion und ferner der Philosophie auf eine immer höhere Stufe, bis er sich seiner selbst ganz bewußt wird.

Die hier in sich steigernden dialektischen Dreischritten aufgelisteten Begriffsbewegungen vom subjektiven über den objektiven zum absoluten Geist finden sich so im einzelnen dargestellt in der „Philosophie des Geistes (§§ 377–577)" von Hegels „Enzyklopädie der philosophischen Wissenschaften" (1830)[10]. Bei aller Kritik, die sich an der systematischen Gesamtvorstellung und an dem bis zum Exzeß betriebenen dialektischen Schema äußern läßt, sind in diesen Begriffsbewegungen geistes- bzw. ideengeschichtliche Vorstellungen aufgehoben, die zumindest als Suchbegriffe weiterhin anregend sind.

1.6 *Freiheit*: Die Bestimmung des Geistes in der Menschheitsgeschichte ist
 „*Fortschritt im Bewußtsein der Freiheit*".

Konstitutiv für Hegels Vernunftoptimismus ist die sich in der Zeit schrittweise artikulierende Freiheit des menschlichen Subjekts. Denn:

Des Geistes Substanz ist die Freiheit. Sein Zweck in dem geschichtlichen Prozesse ist hiermit angegeben: die Freiheit des Subjekts, daß es sein Gewissen und seine Moralität, daß es für sich allgemeine Zwecke habe, die es geltend mache, daß das Subjekt unendlichen Wert habe und auch zum Bewußtsein dieser Extremität [i.S. dieses letzten Zieles des Geistes] komme. Dieses Substantielle des Zweckes des Weltgeistes wird erreicht durch die Freiheit eines jeden. (88)

---

[10] Hamburg 1991. Auch und gerade dieses die ganze Hegelsche Philosophie im „Grundriß" umfassende Werk hat seit ihrer zu Hegels Zeiten erfolgten Erstausgabe eine äußerst komplexe Texterstellung nötig gemacht. Eine gründliche Einführung in die „Enzyklopädie" nach dem neuesten Stand gibt Band 3 der von H. Schnädelbach herausgegebenen „Kommentare zu den Hauptwerken", Frankfurt 2000, hier besonders: 206–501.

Besonders prägnant drückt es die berühmte Formulierung aus:
> Die Weltgeschichte ist der Fortschritt im Bewußtsein der Freiheit – ein Fortschritt, den wir in seiner Notwendigkeit zu erkennen haben. (87)

Endzweck der Geschichte ist die Verwirklichung der Freiheit. Wirklich ist die Freiheit allerdings nur, wenn sie zu Bewußtsein kommt:
> Es ist also ... als Endzweck der Welt das Bewußtsein des Geistes von seiner Freiheit und ebendamit erst die Wirklichkeit seiner Freiheit überhaupt angegeben worden. (87)

Mit dem politischen Erbe der europäischen Aufklärung und der Französischen Revolution und mit dem Humanitätsglauben der deutschen Klassik im Rücken und mit dem Leben in einem die Rechte des Individuums sichernden Staat glaubt Hegel die europäische Staatengemeinschaft der Verwirklichung jener Freiheit des Geistes schon recht nahe. Der diese Freiheit ermöglichende Weg des Geistes führt welthistorisch vom Alten Orient über das klassische Altertum zum Europa des Christentums. Zu seiner Charakterisierung, genauer: zur Erfassung seiner Natur, gebraucht Hegel dieselbe Metapher des Lebenslaufs, den u.a. auch schon Herder, Lessing und Kant verwendet hatten. Danach ist

- die altorientalische Welt das erste Zeitalter des „Kindergeistes", wo noch die Einheit des Geistes mit der Natur gegeben ist, – die Welt des griechischen und römischen Altertums das Zeitalter des „Jugendalters" und des „Mannesalter" des Geistes, wo der Geist die Stufe der „Reflexion"erreicht, und
- die christlich-germanische Welt das vom göttlichen Geist erhellte und erlöste Zeitalter des Greisenalters. (86 ff.)

Von Stufe zu Stufe wechselt der Weltgeist seinen Ort, schreitet er von Kulturkreis zu Kulturkreis, vom Osten zum Westen, ganz ähnlich, wie sich schon das europäische Mittelalter – in Analogie zur *translatio imperii* – im Begriff der *translatio studiorum*, im Weg des Wissens von Athen über Rom zum christlichen Abendland, positioniert hatte.

1.7 *Fortschritt*: Im historischen „Fortschreitungsgang" bedient sich der Geist der „großen Individuen" in den Völkern

Eine konstitutive Rolle nehmen in diesem die Freiheit verwirklichenden Weg des Weltgeistes zunächst der „Geist der Völker" ein und dann die ihm in ihrem politischen Handeln in staatsleitender Funktion Ausdruck verleihenden „großen Individuen":

> Es [sc. das Vernünftige] gibt sich verschiedene Gestalten; in keiner ist es deutlicher Zweck als in der, wie der Geist sich in den vielförmigen Gestalten, die wir Völker nennen, selbst expliziert und manifestiert. (71)
> Sie [sc. die „philosophische Weltgeschichte"] betrachtet das konkrete, geistige Prinzip der Völker und seine [des Prinzips] Geschichte und beschäftigt sich nicht mit einzelnen Situationen, sondern mit einem allgemeinen Gedanken, der sich durch das Ganze hindurchzieht. (73)
> Der Geist eines Volkes ist [...] zu betrachten als die Entwickelung des Prinzips, das in der Form eines dunkelen Triebes eingehüllt ist, der sich herausarbeitet, sich objektiv zu

machen strebt. Ein solcher Volksgeist ist ein bestimmter Geist, ein konkretes Ganzes; er *muß* in seiner Bestimmtheit erkannt werden. (88)
Die Volksgeister sind die Glieder in dem Prozesse, daß der Geist zur freien Erkenntnis seiner selbst komme [...] (88)

Nun sind zwar alle Menschen eines Staates vom jeweiligen Volksgeist geprägt, aber nur wenige unter ihnen sind von dem erfüllt, was im Handeln zu tun an der Zeit ist:

> Es sind nun die großen welthistorischen Individuen, die solches höhere Allgemeine ergreifen und zu ihrem Zwecke machen, die den Zweck verwirklichen, der dem höhern Begriffe des Geistes gemäß ist.[11]
> Die welthistorischen Menschen [...] wissen aber und wollen ihr Werk, weil es an der Zeit ist. Es ist das, was im Innern schon vorhanden ist. [...] was sie tun, ist das Rechte. Die Andern müssen ihnen gehorchen, weil sie das fühlen. [...].
> So sind die geschichtlich großen Individuen nur an ihrer Stelle zu verstehen; und nur das ist das Bewunderungswürdige an ihnen, daß sie sich zu Organen dieses [...] Geistes herausgebildet haben.[12]
> Sie sind sozusagen „die Geschäftsführer eines Zwecks [...], der eine Stufe in dem Fortschreitungsgange des allgemeinen Geistes bildet.[13]

Das heißt, der handelnde Träger der Geschichte ist nicht die universale Vernunft selbst, sondern der sich in jeweils bestimmten Völkern als ein kollektives Unbewußtes herausbildende und sich dort im jeweils bestimmten Individuen konzentriert findende und zum politischen Handeln drängende Geist. Der jeweilige Volksgeist schafft sich also jene Individuen, die er gerade nötig hat und die im welthistorischen Prozeß vorherbestimmt sind, das zu tun, was an der Zeit ist und auch notwendigerweise geschehen muß. Denn in diesem Prozeß drängt zwar alles auf Vollendung und auf Aufhebung der Gegensätze. Eine bedeutsame Annäherung an das Ziel geschieht aber immer nur dort, wo der Geist in das jeweils fortschrittlichste Stadium eingetreten ist, und erst dann, wenn die nächste geschichtliche Stufe fällig ist, und zudem ein Individuum gefunden ist, dessen persönliche Ambitionen der Weltgeist für die Erreichung seiner Zwecke einspannen kann. Mit Hegels berühmt gewordenen Worten über den „verdeckt" vor den handelnden Menschen und vor den Völkern mit Notwendigkeit sein Ziel anstrebenden Weltgeist : „Man kann es die List der Vernunft nennen, daß sie die Leidenschaften für sich wirken läßt [...]."[14] Hegel hat so Napoleon für solch einen „Geschäftsführer" des Weltgeistes gehalten. Andere haben, nach Hegel, andere „große Individuen" dafür gehalten und damit der Auffassung, daß die Geschichte von „großen Männern" allein und in größter Vollmacht über alle anderen Menschen gemacht wird, nicht nur geschichtstheoretisch erneut Anerkennung verschafft, sondern ihr auch in zum Teil schlimmer Weise zur politischen Wirkung verholfen.

---

[11] Auswahl (Vorlesungen über die Philosophie der Weltgeschichte) 1955, 97.
[12] ebd. 98.
[13] ebd. 99 f.
[14] ebd. 105.

1.8 *Dialektik*:
Das interne Bewegungsgesetz der Geschichte ist die *„Aufhebung"* von *Gegensätzen*

Diese gerichtete Bewegung der Geschichte verdankt sich einer Mechanik, die durch Hegel im alten Begriff der Dialektik eine neue Bedeutung bei der Erklärung sowohl des Geschehens in der Welt selbst als auch bei dessen Erkenntnis gewinnt. Danach befinden sich die Welt und das Wissen über sie grundsätzlich immer in einem Ungleichgewicht, enthält alles jeweilige Sein und Wissen schon immer als eine Möglichkeit das ihm entsprechende Gegenteil und bewegt es sich in einem die beiden Gegensätze vermittelnden und sie „aufhebenden", d.h. sie zugleich entfernenden (negierenden) und bewahrenden Sinne als ein Neues in die Zukunft fort, das seinerseits im prinzipiell unabgeschlossenen dialektischen Prozeß Ausgangspunkt einer neuen Bewegung ist. In der Negation liegt bereits das Neue. Die Dialektik vernichtet nicht das Frühere, sondern bewahrt seine Leistung auf der nächsthöheren Stufe. Für Hegel hat deshalb auch jedes historische Stadium, jede Epoche, jede einmal vorherrschende Religion zu ihrer Zeit ihren Sinn gehabt, wenn sie alle den Feldherrnstab dann auch klaglos an ihre Nachfolger haben abgeben müssen: „Individuen, Völker und Staaten, die eine Weile sind [...] und dann verschwinden." (74) „Die negative Seite an diesem Gedanken der Veränderung weckt unsere Trauer [...]. An diese Kategorie der Veränderung knüpft sich aber sogleich die andere Seite, daß aus dem Tode neues Leben aufersteht." (75)

Diese universale Mechanik der Dialektik wendet Hegel auch in der Darstellung seiner Philosophie im Kleinen wie im Großen ständig an. Nicht zuletzt deswegen wird sie nach allgemeiner Auffassung eine streng systematisch verfaßte genannt. Indem Hegel in seiner Geschichtsphilosophie zur Bezeichnung der spezifischen Stadien im jeweiligen dialektischen Prozeß oft eine eigenwillige, hochsubtile und spekulative Terminologie schafft, wie etwa bei der Beschreibung des Weges des Geistes als ein „Aus-sich-Heraustreten", „Sich-im-Anderen-Verlieren", „Sich-seiner-selbst-Entfremden", „Werden-eines-Anderen" und schließlich ein „Zu-sich-selbst-Kommen", bestärkt er eine im deutschen Idealismus insgesamt verbreitete neologistische Tendenz und begründet speziell für die sich auf ihn stützende dialektische (Gesellschafts-)Philosophie eine Begriffstradition, die sich deutlich von der bisher gepflegten gemeineuropäischen abhebt. Der dialektische Grundgedanke selbst ist aber überall derselbe und läßt sich in der Tat, neue Deutungsmöglichkeiten aufschließend, auf unterschiedlichste Phänomene anwenden.

Die dialektische Methode im Hegelschen Sinne sieht sich – nicht erst heute – einer Reihe prinzipieller Einwände gegenüber. Diese sollen hier nicht benannt, vielmehr sollen umgekehrt zwei ihrer bis heute anerkannten und auch für die Geschichtstheorie bedeutsamen Vorzüge kurz angedeutet werden. Modern ist diese Dialektik zum einen darin, daß sie weitgehend eine Abkehr vom traditionellen Denken in Substanzen ist – es sei denn, man begreift seine Vorstellung vom „Geist" und von der „Vernunft" als Substanzen – und an ihre Stelle ein *Denken in Beziehungen* zwischen den Dingen, Phänomenen, Methode und Begriffen setzt.[15] Das Gegenteil eines beliebigen Begriffs oder Phänomens ist so diesen gleichursprünglich, wobei

---

[15] Vgl. Nipperdey 1983, 530.

ihr Gegensatz, Widerspruch, Unvereinbarkeit gemeinsam die Geschichte vorantreiben. Alles interaktionistische, strukturtheoretische, konstruktivistische, systemtheoretische Denken steht so in der Tradition Hegels. Modern – zumindest für die damalige Zeit – ist seine Dialektik zum andern darin, daß sie im Hinblick auf den Wandel in der Welt zwischen den Erklärungsprinzipien der Kausalität, der Entwicklung und der Dialektik klar unterscheidet. „Kausalität" gilt ihm als der lineare Wirkmechanismus zwischen wenigen Ursachen und mit eindeutig identifizierbaren Folgen in der ausschließlich physischen Welt, dort, wo es keine Freiheit gibt und alles mit „äußerer Notwendigkeit" nach den Naturgesetzen geschieht, wie es das Zitat oben unter Punkt 3 belegt. „Entwicklung" meint – sofern der Begriff nicht umgangsprachlich, sondern dem genauen Wortsinn nach verwendet wird – die in einem lebendigen Keim angelegte und nach einem festen Plan „naturgemäß" wachsende und reifende Entfaltung der einzelnen Glieder eines Organismus, wobei dessen Umfeld zwar fördernd, modifizierend oder hemmend, aber nicht substantiell eingreift und konstitutiv für die Verwirklichung ist. Demgegenüber wirken im dialektisch verstandenen Prozeß – entgegen dem schlichten dialektischen Schema der traditionellen formalen Logik – das Einzelne und das Ganze, das Eine und das Andere (sein Gegenteil), Innen und Außen in sich überbietenden Gegensätzen komplex zusammen, ist das jeweilige Ergebnis nicht vorhersehbar und ist die Geschichte zur Zukunft hin offen, was nun zwar gerade nicht Hegels Auffassung war, aber den Weg zum modernen evolutions- und systemtheoretischen Denken gebahnt hat.

2. Hegels Geschichtsphilosophie als ein Ausdruck der christlichen Heilsgeschichte

Das Vorbild für diese Konzeption von der Geschichte ist bei dem aus dem schwäbischen Pietismus kommenden und studierten Theologen Hegel zweifellos die jüdisch-christliche Heilsgeschichte. Zwar tritt Hegel nicht als Prophet auf und vertritt seine Geschichtsphilosophie auch nicht im Prediger- bzw. Verkünderton, in welchem z.B. Fichtes (Wissenschafts-)Lehre auftritt. Er hat aber durchaus eine geistliche Botschaft und es sind erste und letzte Dinge im theologischen Sinn sein Gegenstand, freilich jenseits aller konfessionellen Dogmatik und kirchlicher Institutionalität.

2.1 Entzweiung und Versöhnung:
   Die gemeinsame Grundfigur von Heils- und Weltgeschichte

Ins Auge fällt zunächst, daß die christliche Heils- und Hegels Weltgeschichte die gemeinsame Grundfigur von Entzweiung und Versöhnung teilen. Nach Hegel hat sich der absolute Geist in der Welt „entäußert", sich in Gestalt des „Weltgeistes" bzw. des „Anderen seiner selbst" seither in der Geschichte in zahllosen Gegensätzen und Negationen, sich in den Umwegen reinigend, fortbewegt und wird ihn schließlich sein weltgeschichtlicher Weg dank seiner inneren Rationalität „nach oben" führen. Die Zielerreichung besteht nicht nur darin, daß der „absolute Geist" selbst im Denken des Menschen zunehmend mehr seiner selbst bewußt wird, sondern daß er dabei auch den Menschen prinzipiell in Freiheit setzt, den Widersprüchen, die sich zwischen der Subjektivität der Menschen und der Objektivität der Welt aufgetan haben, und überhaupt allem, was im Verlauf der faktischen Geschichte bis dahin an Schlimmem und scheinbar Unvernünftigem geschehen ist, zumindest nachträglich einen Sinn gibt, wie oben unter den beiden Zitaten von der „List der Vernunft" und vom „Fortschritt im Bewusstsein der Freiheit" angedeutet worden ist.

Das Vorbild dafür sind die drei Grundschritte der Menschheitsgeschichte in jüdisch-christlicher Deutung: die Abfolge von göttlicher Erschaffung der Welt und des Menschen, der Entzweiung des Menschen von Gott im Sündenfall und der Wiederversöhnung beider in Christus. In der dialektischen Argumentation und Auffassung Hegels heißt das, daß der vor aller Zeit noch unentfaltete ewige göttliche Geist sich im Schöpfungsakt in Natur und Mensch „entläßt", wobei Gott und Mensch im Paradies noch eine ihrer ideellen Möglichkeiten nicht bewußte, in sich ruhende Einheit bilden. Der im Sündenfall sich manifestierende der Bruch zwischen Mensch und Gott ist die Negation der bisherigen Einheit. In der Menschwerdung Gottes in Jesus wird der Widerspruch zwischen den beiden ersten heilsgeschichtlichen Schritten aufgehoben. Gott versöhnt sich wieder mit der Menschheit, was zugleich eine Selbstversöhnung Gottes mit sich selbst ist. Die Weltgeschichte seit Jesu Tod und Auferstehung besteht dann nur noch im Wachsen der Versöhnung und der den Menschen gegebenen Freiheit. Ziel der Geschichte ist die Vollendung der Verwirklichung der Freiheit für alle Menschen in Gott, d.h. ihre Erlösung von den irdischen Verstrickungen in Sünde, und damit die Wiederherstellung der ursprünglichen Einheit. Am Ende aller Zeiten wird der Riß, der durch die verdorbene Schöpfung geht, wieder geschlossen sein, werden alle historischen Widersprüche der Geschichte verschwunden sein und der alles umschließende gott-menschliche Geist in einer geschichtslosen Ewigkeit ruhen.

Ebenso wie das christliche Geschichtsdenken neuplatonisch und gnostisch imprägniert ist, trägt auch Hegels Denken diese Züge: Das „Eine" (der Vernunft, des absoluten Geistes bzw. Gottes) in seiner begrifflich nicht faßbaren Fülle und in seiner sich selbst nicht bewußten Natur legt sich im gestuften „Abstieg" in die Welt, über den „Geist" (gr. nous), die „Weltseele" und die „Einzelseelen" zur eigentlich nicht-seienden Materie, aus und kehrt von da in einem reinigenden „Aufstieg" zum absoluten Geist zurück. Das gnostische Element findet sich allgemein in Hegels Denken in Gegensätzen, in seiner Weltgeschichte im schrittweisen Niederringen des „Bösen" und durch das im subjektiven und objektiven Geist des Menschen wachsende „Gute".

2.2 Vereinbarkeit und letztliche Identität von Glauben und Wissen, vermittelt durch den Geist

Dies alles ist mehr als eine bloße Beeinflussung Hegels durch das heilsgeschichtliche Denken oder eine bloß strukturelle Parallelisierung beider Geschichtsdeutungen. Es läuft auf die Identität von Religions- und Denkgeschichte hinaus, mit einer Prävalenz ersterer im Inhaltlichen und einer Prävalenz letzterer im Formal-Begrifflichen. Die Gleichsetzung von Religions- und Weltgeschichte findet sich schon in Hegels „Encyklopädie" (1817), wo es heißt, daß „ ... die Geschichte der Religionen mit der Weltgeschichte zusammenfällt" (§ 562, 444). In den „Vorlesungen über die Philosophie der Religion" (1821 ff.) führt er diesen Gedanken so aus:

> [...] ist zu sagen, daß der Inhalt der Philosophie, ihr Bedürfnis und Interesse, mit der Religion ganz gemeinschaftlich ist. Der Gegenstand der Religion wie der Philosophie ist die ewige Wahrheit, Gott und nichts als Gott und die Explikation Gottes. Die Philosophie expliziert nur sich, indem sie die Religion expliziert, und indem sie sich expliziert, expliziert sie die Religion. Der denkende Geist ist es, der diesen Gegenstand, die Wahrheit durchdringt, der in dieser Beschäftigung Genuß der Wahrheit und Reinigung des subjektiven Bewußtseins ist. So fallen Religion und Philosophie in eins zusammen. Die Philosophie ist in der Tat selbst Gottesdienst, wie die Religion.[16]

Bei dieser Identität von Philosophie und Religion handelt sich es allerdings um deren gemeinsame „betrachtende" Seite, um *theoría* und um *vita contemplativa* (vor allem des Mönchs und des Theologen). Im Hinblick auf die Geschichte der Religion steckt darin die ähnlich so schon bei Lessing und Herder niedergelegte Annahme, daß Gott sich in der Geschichte entsprechend dem Fortschritt des menschlichen Geistes in Etappen der Faßbarkeit offenbart: in der jüdischen Religion durch anschauliche Geschichten und schlichte Befehlsgesetze, in der Religion des ursprünglichen Christentums durch die Lehre der Botschaft von dem durch den Glauben an Jesus im Denken befreiten Menschen, in der mittelalterlichen Scholastik durch eine rational begründete Theologie, die als solche eine philosophische Theologie ist, und im neuzeitlichen Denken der Philosophie durch rein begriffliche Formen des (göttlichen) Geistes. Die neuere Philosophie versteht Hegel so als eine Interpretation des Glaubens und die Geschichte der Philosophie als eine Geschichte des Heils in Etappen zunehmender begrifflich-geistiger Artikulation. Philosophie und Religion haben also denselben Gehalt, reflektieren diesen Gehalt aber in je anderer Form. Die Religion hat ihre Inhalte in der Form der anschaulichen Vorstellung, die Philosophie in der Form des abstrakten Begriffs. Indem der Geist von der jüdischen Religion zur philosophisch begründeten christlichen Religiosität gelangt, stellt sich die Weltgeschichte als eine Geschichte der Selbstentfaltung des göttlichen Geistes und zugleich als eine Geschichte der Annäherung des Menschen an diesen Geist dar:

> Die Weltgeschichte ist die Darstellung des göttlichen, absoluten Prozesses des Geistes in seinen höchsten Gestalten, dieses Stufenganges, wodurch er seine Wahrheit, das Selbstbewußtsein über sich selbst erlangt. (97)

Dabei kommen die geistigen Gehalte der Geschichte nicht von der Philosophie, dem reinen Vernunft- und Begriffsgebrauch, sondern primär von der Religion, jedoch auch von den letztlich göttlich inspirierten kulturellen Objektivationen des Menschen, insbesondere von der Kunst, dem Recht und den Wissenschaften. Das Fazit dieser Ineinssetzung von Religion und Philosophie ist, daß die Geschichte der Religion(en) als Schlüssel des Verständnisses der Weltgeschichte gelten kann und umkehrt, im Sinne der wechselseitigen Fundierung, die Geschichte der Philosophie die der Religion erklärt.[17]

---

[16] In Teil 1: Einleitung in die Philosophie der Religion. Der Begriff der Religion, Hamburg 1955, 63.

[17] Diese Deutung hat insbesondere F. Schupp ausgearbeitet, in: Schupp Bd. 3, 2003, 403–409.

2.3 Identität von Religion und Moral (Recht und Sittlichkeit) im Staat

Das zentrale Moment dieser religiös-philosophischen Weltgeschichte ist die oben schon genannte Annahme vom „Fortschritt im Bewußtsein der Freiheit". Im gut aufklärerischen Sinne hält Hegel so die selbstbestimmt und frei sittlich handelnde Person für den rationalen Kern der ursprünglichen Botschaft des Christentums. Ihre weltweite Verkündigung macht die Menschen auch in ihren Gemeinwesen frei. Ebenso wie „in der Religion [...] der Mensch frei vor Gott [sc. ist]"[18], soll er auch im Staat frei sein. Denn „Es ist Ein [sic!] Begriff der Freiheit in Religion und Staat."[19] Wie die Geschichte der christlichen Religion darin besteht, daß sie den auf die Freiheit der Subjekte angelegten Weltgeist im Glauben verwirklicht, ist den Staaten aufgetragen, die weltliche Freiheit der Menschen als Sittlichkeit und Recht im Rahmen einer verbindlichen Moral und von staatlichen Gesetzen herbeizuführen. Der Staat wird hier zum Instrument der Durchsetzung des Prinzips der von Gott geschenkten Freiheit. Im Staat soll der an sich religiös-individuelle Freiheitsbegriff weltlich-kollektiv werden.

In diesem Versuch Hegels, das Ziel der Heilsgeschichte säkular zu verwirklichen, stecken freilich zwei prinzipielle Probleme. Das eine spricht Hegel so an: „Es sind so zwei Seiten sich einander entgegen, die der Wirklichkeit angehören – die positive Gesetzgebung und die Gesinnung in Ansehung derselben."[20] Es ist das grundsätzlich unlösbare ethisch-politische Problem der Vermittlung zwischen dem Wollen und dem Gewissen der Individuen und der Moral und dem Gesetz der Gemeinschaft. Denn wenn Hegel annimmt, daß die säkulare Weltgeschichte einmündet in eine „Versöhnung" von Glauben und Wissen und von den Wünschen der Einzelnen und den Erfordernissen der Gesellschaft, entfernt er sich von anthropologischen und sozialen Gegebenheiten dieser Welt.

Das andere Problem betrifft den Endpunkt der Weltgeschichte. Während die radikale christliche Eschatologie das gänzliche Ende der Welt vorhersagt, zielt Hegels Endvision bloß auf die Aufhebung aller Widersprüche in einem irdischen Rahmen. Denn für ihn gibt es von Anfang an in der irdischen Geschichte Anzeichen des Heils und läuft die Weltgeschichte nicht auf die totale Beseitigung der Welt – wie etwa in der Gnosis – hinaus, sondern auf das allmähliche „Wirklichwerden" des göttlichen Geistes und des „Reiches Gottes" auf der Erde. Hegels versöhnliche Eschatologie macht sozusagen Halt beim „tausendjährigen Friedensreich" und klammert das Endgericht am Jüngsten Tag aus. Mit Hegels Worten:

> Die Weltgeschichte zeigt nur, wie der Geist allmählich zum Bewußtsein und zum Wollen der Wahrheit kommt; es dämmert in ihm [...], am Ende gelangt er zum vollen Bewußtsein." (97) Und:
> Das Ziel der Geschichte ist also, daß der Geist zum Wissen dessen gelange, was er wahrhaft ist, und dies Wissen gegenständlich mache, es zu einer vorhandenen Welt verwirkliche, sich als objektiv hervorbringe. (96)

---

[18] Vorlesungen über die Philosophie der Religion, Teil 1, 1955, 339.
[19] ebd., S. 340.
[20] ebd., S. 346.

3. „Das Ganze ist die Wahrheit":
Der systematische Zusammenhang der Universalphilosophie Hegels

Die alsbald nach Hegels Tod einsetzende Kritik darf nicht vergessen machen, daß das philosophisch-historische Denken durch ihn einen Reflexionsniveau erlangt hat, hinter das man nicht mehr zurückfallen darf. Unter Aufnahme von Hegels Satz, daß erst das Ganze die Wahrheit und das Wirkliche ist, sollen deshalb hier nochmals einige Aspekte seiner Leistung im positiven wie auch im problematischen Sinne hervorgehoben werden. Ein großer Vorzug von Hegels geschichtsphilosophischer Argumentation ist zunächst, daß seine „Vorlesungen über die Philosophie der Weltgeschichte" systematisch mit seinen anderen großen Abhandlungen, nämlich die über die „Phänomenologie des Geistes" (1807), die „Wissenschaft der Logik" (1812–1816), die „Encyclopädie" (1817), und die „Philosophie des Rechts" (1821), und mit seinen erst postum veröffentlichten Vorlesungen, nämlich die über die „Geschichte der Philosophie", die „Philosophie der Religion" und die „Ästhetik", verzahnt sind und dadurch diese Geschichtsphilosophie in sich eine *logische Stringenz* und *inhaltliche Konsistenz* und „nach außen" eine Einbettung in den *humanwissenschaftlichen Zusammenhang* aufweist, wie dies bei keiner anderen vor ihr und keine nach ihr der Fall gewesen ist. Die Annahme, daß alles Einzelne in der Geschichte der Menschheit – unter Einschluß ihrer Gegenwart und Zukunft – wie vermittelt auch immer in einem *interdependenten Gesamtzusammenhang* mit allen anderen Einzelnen und mit dem Ganzen steht, ist zwar forschungspraktisch nicht umsetzbar und auch in keiner Theorie wirklich einholbar, ist aber in seiner Gültigkeit nicht zu bestreiten und gibt aller humanwissenschaftlichen Forschung eine regulative Idee vor. Deshalb hält Hegel schon am Anfang seiner „Vorlesungen" fest: „Der Gesichtspunkt der philosophischen Weltgeschichte ist [...] nicht einer von vielen allgemeinen Gesichtspunkten, abstrakt herausgehoben, so daß von den andern abgesehen würde. Ihr geistiges Prinzip ist die Totalität aller Gesichtspunkte."[21] Und zugleich, im Hinblick auf die Unendlichkeit von Bedingungen, widerstreitenden Tendenzen, Widersprüchen, Sprüngen, Brüchen der Geschichte: „Die Geschichte hat vor sich den konkretesten Gegenstand, der alle verschiedenen Seiten der Existenz in sich zusammenfaßt."[22] Der positive Aspekt hiervon ist, daß Hegel sich nicht mit dem Erfassen, Verstehen und Bedenken bloßer Einzelheiten und wohl wohldefinierter Sachverhalte begnügt, sondern immer versucht, Beziehungen der Wechselseitigkeit herauszufinden bzw. herzustellen. In der Tat bekommt die Universalhistorie durch solch einen Ausgriff auf das Ganze der Welt überhaupt erst ihren Sinn. Die Kehrseite davon besteht in Hegels hybrider *Anspruch, damit auch das Ganze der Welt erkennen und beurteilen* zu können.

Andererseits: Wie problematisch und unhaltbar auch viele seiner Annahmen und Urteile in letzterer Hinsicht sind, so zwingt doch sein nicht nur formaler, sondern auch inhaltlich bestimmter philosophischer Versuch bis heute alle Universalhistorie zu einem Überdenken des *Sinns* ihrer empirischen Fragestellungen. Deshalb wirkt

---

[21] Auswahl (Vorlesungen über die Philosophie der Weltgeschichte) 1955, 32.
[22] ebd., S. 33.

sein zugleich spekulatives, systematisches, idealistisches, universalhistorisches, teleologisches und theologisches Konzept auch dort noch nach, wo man es als Ganzes verwirft oder nur Teile gelten läßt, wo man also etwa den Geschichtsprozeß „materialistisch" umdeutet, ihn für nicht-gerichtet und zukunftsoffen hält oder wo man, sich auf Ausschnitte und Aspekte des Totalphänomens Geschichte beschränkend, streng historistisch oder positivistisch forscht.[23] So läßt sich seine Geschichtstheorie sowohl mit einer progressiven als auch mit einer konservativen Gesellschaftstheorie verbinden. Und wenn sich Hegel für einen starken Staat ausspricht, der über die Einhaltung der Sitten und Gesetze wacht, so muß dies nicht nur als Ausdruck einer konservativen, rückwärtsgewandten obrigkeitsstaatlichen Haltung verstanden, sondern kann auch als eine Notwendigkeit begriffen werden, damit der Staat entsprechend seinem allgemeinen Zweck die Freiheit des Landes sichern und die Freiheit seiner Bürger gegen die Egoismen und Machtgelüste der Starken verteidigen kann. In fortschrittlicher Deutung kann solch ein Staatsverständnis sogar als Motor der Beförderung von Freiheitsrechten des Individuums verstanden werden, zumal sich in Hegels Verständnis der Staat in Sachen der Religion aller konfessionellen Dogmatik enthalten soll.

Die offensichtlichen Schwächen seiner Philosophie rühren aus seiner spekulativen Erkenntnismethodik her. Diese machen sich in seiner Geschichtstheorie allein schon dadurch bemerkbar, daß er inhaltliche Aussagen über den vermeintlich vorbestimmten Verlauf und über das vorweg feststehende Ziel der Geschichte macht, was beides schon aus logischen Gründen unzulässig ist. Dieser Mangel findet sich aber auch bei dem zum Scheitern verurteilten Versuch, die Vernunft in der bisherigen Geschichte nachzuweisen. Ein weiterer prinzipieller Einwand folgt aus Hegels alles überwölbender Geschichtsreligion. Man muß Hegels Versuch, das durch die Aufklärung zerstörte Vertrauen in die Religion, in die überkommenen Formen der weltlichen Herrschaft und in den Sinn der Geschichte noch einmal durch eine alle faktischen Diskrepanzen vermittelnde säkulare Heilstheorie wieder herzustellen, als durch die Geschichte selbst bereits überholt einschätzen. Denn die in allen vormodernen Gesellschaften gegebene und dort im Prinzip auch von den Menschen anerkannte Einheit von Staat und Religion, war im Gefolge der Aufklärung und der Französischen Revolution bereits zu Hegels Zeit in der Gesellschaftstheorie aufgegeben worden und auch faktisch schon im Begriff, sich aufzulösen. So konnte Hegels Ansatz allein schon deswegen nicht vor den progressiven Geistern des Vormärz bestehen, die auf die Beseitigung des Ancien Régime und auf die Verwirklichung der Menschen- und Bürgerrechte durch entschiedenes politischen Handeln bedacht waren.[24] Gleichwohl hat seine Geschichtstheorie in mancher Hinsicht den Nerv der Zeit getroffen. Für nicht wenige seiner Zeitgenossen war seine Philosophie eine Antwort auf den raschen Wandel der Verhältnisse seit dem letzten Drittel des 18. Jahrhunderts, ein Ausdruck der dadurch von vielen empfundenen existentiellen Verunsicherung. Und indem Hegel dies als „Entfremdung" beschrieb, tat er

---

[23] Vgl. etwa die Position J. Burckhardts in Kapitel 26, 1.
[24] Zur ausführlichen Kritik, die Schnädelbach an Hegel übt, vgl. Kapitel 42.3.2.

eben das, was er von einer guten Philosophie verlangte, nämlich, daß sie ihre „*Zeit in Gedanken*" faßt.

20. Geschichte der Philosophie, der Sprachen und der Literaturen:

Durch „Geschichte" (neu) begründete Wissenschaften

1. Die „Geschichte der Philosophie" und die Geschichtsmetaphysik des „Positivismus" ... 339
2. Die klassische und die modernen Philologie(n) als neue historische Fächer ... 343
3. Die Geschichte der christlichen Religion und die Geschichte des Rechts ... 353

Es heben sich von der universalhistorischen Geschichtsphilosophie Hegels und allgemein des deutschen Idealismus seit Anbeginn des 19. Jahrhunderts zwei eher empiristische und thematisch und zeiträumlich zumeist wesentlich begrenztere Grundtypen der Geschichtstheorie und -schreibung ab. Der eine wird vor allem von der Geschichtswissenschaft entwickelt und ist dort auch sozusagen zu Hause: die auf Quellen gestützte, sich um ein objektives Verstehen „aus der Zeit" bemühende sog. *historistische* Erforschung vor allem der nationalen politischen Geschichte, welche Gegenstand von Kapitel 22 ist. Der andere Typ – mit vielen Gemeinsamkeiten mit dem ersteren – ist der der neuen *kulturhistorischen Wissenschaften*. Er ist durch die Geschichte vor allem der Vorstellungen, Gedanken, Sinngehalte und sprachlich-literarischen Formen definiert, wie sie sich in kulturellen Systemen und in sprachgebundenen (Kunst-)Werken niedergeschlagen haben. Er begründet seit dem ersten Drittel des Jahrhunderts die schon lange an den Universitäten bestehenden Fächer der Philosophie, der Theologie und der Rechtswissenschaften wie auch die jetzt erst disziplinär entstehenden Sprach- und Literaturwissenschaften als im wesentlichen oder doch zumindest auch historische Wissenschaften. Im zeitlichen Abstand von gut einem halben Jahrhundert folgen ihnen die Fächer der Musikgeschichte und der Kunstgeschichte. Die genannten Fächer sind zwar z.T. in verschiedenen Fakultäten aufgehoben, vollziehen jedoch alle dieselbe wissenschaftshistorische Bewegung. Ihnen ist gemeinsam, daß sie im wesentlichen Textwissenschaften sind und deshalb Philologie, Hermeneutik und Exegetik ihr methodisches Rüstzeug ist. Als Wissenschaften des verschriftlichten Wortes decken sie zwar nur einen Teil der Kultur ab. Weil aber im Medium des Wortes alles zum Gegenstand dessen gemacht werden kann, was Menschen im Fühlen, Denken und Handeln bewegt, haben sie es potentiell mit dem ganzen Bewußtseinsleben des Menschen zu tun und erfassen sie unter dem Blickwinkel der Geschichtlichkeit der Kultur dessen Kernbereich, zumal auch die Musik- und die Kunstwissenschaften ihren Gegenstand sinnverstehend deuten. Die sozusagen klassischen historischen Wissenschaften sind Gegenstand des vorliegen Kapitels, die Musik- und die Kunstwissenschaft des nächsten.[1]

---

[1] Über den Prozeß der Verselbständigung der historischen Fächer im 19. Jahrhundert vgl. die Beiträge in *L. Danneberg, W. Höppner, R. Klausnitzer* (Hg.): Stil, Schule, Disziplin. Analyse und Erprobung von Konzepten wissenschaftsgeschichtlicher Rekonstruktion, Frankfurt u.a. 2005.

1. Die „Geschichte der Philosophie" und die Geschichtsmetaphysik des „Positivismus"

1.1 Die Geschichte des philosophischen Denkens

Obwohl die idealistische (Geschichts-) Philosophie nach Hegels Tod (1831) alsbald in Mißkredit gerät und später auch Marx' Historischer Materialismus in der Philosophie und in den historischen Wissenschaften zunächst nur wenig Fuß faßt, steigt die Philosophie, ihre bloß propädeutische Funktion in der Artistenfakultät der früheren Universität hinter sich lassend, im Laufe des 19. Jahrhunderts zur unbestrittenen Führungswissenschaft innerhalb der nach ihr benannten „philosophischen" Fakultät und im gewissen Sinne, nach der „Entthronung" der Theologie, zur neuen „Königin der Wissenschaften" auf. Sie wird dies vor allem dadurch, daß sie unter den Gebildeten, in der schon genannten Formulierung Hegels, als der in Gedanken gefaßte Geist der Zeit gilt. Dabei wird die Geschichte ihrer Theorien jetzt zu einem ihrer zentralen Gegenstände, und sieht sich das Abendland, nachdem es sich in den Wissenschaften weitgehend von der Theologie emanzipiert hat, in der Geschichte der philosophischen Ideen von ihren Anfängen im alten Griechenland bis zur Gegenwart am treffendsten gedeutet.

Daß in der Mutterdisziplin des wissenschaftlichen Wissens der Weg zu einer zusammenhängenden Darstellung ihrer Geschichte erst jetzt beschritten wird, muß verwundern, wenn man bedenkt, daß seit dem Anbeginn der Philosophie alle Gelehrten immer sehr genau ihre Traditionen, Fragestellungen, Probleme, Lehrmeinungen und Auseinandersetzungen gekannt, diese an den „Autoritäten" im Originaltext studiert und die Grundlage hierzu bereits im Unterricht in den Schulen erworben haben. Wenn es dennoch in den vielen Jahrhunderten keine Geschichte der Philosophie im modernen Sinne einer thematisch umfassenden und gegliederten Darstellung der Entwicklung des philosophischen Denkens gegeben hat, dann liegt dies vor allem daran, daß es im Selbstverständnis der Philosophie eine solche eigentlich gar nicht geben konnte. Denn die Philosophie galt als ein über die Zeiten und kulturellen Räume hinweg geführtes Gespräch der Gelehrten über unveränderliche Grundprobleme, und zwar mit dem Ziel, sich der zwar verdeckten und zwischenzeitlich wohl auch durch Irrtümer verdunkelten, jedoch zweifelsfrei vorhandenen allgemeinen Wahrheit anzunähern, weshalb man sich über die Vorgänger nur dadurch glaubte erheben zu können, dass man, „auf ihren Schultern stehend", ein Stück weiter blickte als sie und dabei etwas entdeckte, was immer schon da war. In dieser unhistorischen Annahme der Wahrheit und des Zugangs zu ihr konnte man sich in der frühen Neuzeit noch dadurch bestätigt sehen, daß nicht nur die Mathematik, sondern auch die Naturwissenschaften scheinbar gänzlich zeit- und raumunabhängige Naturgesetze fanden und auch die Erkenntnistheorie und versuchsweise auch die Ethik im systematisch begründeten Rationalismus und Empirismus und in deren kritischer Verbindung im Kantschen Transzendentalismus zu unerschütterlichen Einsichten auf höchster menschenmöglicher Ebene gekommen zu sein schienen. Deshalb mußte noch um 1800 – und muß in einer strikt prinzipientheoretisch argumentierenden Philosophie bis heute – jegliche *Geschichtsphilosophie* im Sinne einer Theorie des Veränderlichen in der Menschenwelt trotz der großen Beachtung, die Herders und Hegels universalhistorische Philosophien damals erfuhren, als *ein hölzernes Eisen* erscheinen, eben weil es die Geschichte immer nur mit dem Zeitgebundenen und Einzigartigen und die Philosophie immer nur mit dem Ewigem und Allgemeinem zu tun habe. Im vorigen Kapitel ist dargelegt worden, wie Hegel versucht hat, dieses Problem zu lösen, indem er nämlich die Geschichte des Geistes in der Welt von der ewigen Natur des göttlichen bzw. absoluten Geistes bzw. von der die Welt durchdringenden überzeitlichen Vernunft umfangen sah.

Als ein weniger harter Bruch mit der philosophischen Tradition muß demgegenüber die *Geschichte der Philosophie* erscheinen, und zwar im Sinne einer *Historiographie des philosophischen Denkens*, der Nachzeichnung der sich erst im Laufe der Zeit heraus- und umbildenden philosophischen Fragestellungen. Aber auch sie bedeutet eine Abkehr zumindest von dem bisherigen systematischen Methoden- und Gegenstandsverständnis dieses Faches. Seit der Entdeckung der Geschichtlichkeit der Kultur, der Sitten und der Sprachen, der Künste, Gesetze und Verfassungen der Völker konnte sich auch die Philosophie seit dem Beginn des 19. Jahrhunderts nicht mehr der Einsicht verschließen, daß man auch ihr Denken grundsätzlich von ihrem jeweiligen geschichtlichen Problemverständnis her verstehen muß und das philosophische Gespräch über die Zeiten selbst eine Geschichte hat. Als geschichtlich gewachsene Disziplin muß sie seither, so wie die anderen Fächer auch, ihre Fragestellungen als selbst erzeugte und die Suche nach deren Lösung in Abhängigkeit von der bisherigen Geschichte verstehen. Deshalb kommt die Philosophie spätestens seit der Mitte des 19. Jahrhunderts nicht umhin, z.B. auch die Erkenntnistheorie Kants als eine Position betrachten, die in vielen Aspekten inzwischen historisch geworden ist, wenn auch keine Philosophie nach Kant den von ihm im historischen Denkprozeß erreichten Erkenntnisfortschritt übergehen kann.

Wenn die „Geschichte der Philosophie" von jener Zeit an bis heute im Fach eine beherrschende Stellung einnimmt, rührt dies freilich auch daher, daß ein Durchgang durch ihre Traditionen sich als besonders geeignet für eine Einführung in die Philosophie erwiesen hat. Zudem hat die Philosophie beim Einbezug des Historischen ihren Anspruch auf das Allgemeine nicht nur nicht aufgeben müssen, sondern ihr ist dadurch auch die Möglichkeit zugewachsen, die alten und neu sich stellenden Grundprobleme in wechselseitiger Ergänzung sowohl historisch als auch systematisch zu bearbeiten. Dennoch handelt es sich um eine bedeutende Akzentverlagerung. War über die Jahrhunderte die systematische Abhandlung dominierend, wandelt sich die Philosophie seit dem 19. Jahrhundert immer mehr zu einer Wissenschaft, die ihre Gegenstände hauptsächlich am Leitfaden ihre bisherigen Bearbeitung philologisch und ideengeschichtlich auslegt und deren Forschungsprodukte immer mehr Beträge zur Geschichte philosophischer Grundfragen sind, wenn sie nicht überhaupt eine „Geschichte der Philosophie" sind.[2] Das ist soweit gegangen, daß seither nicht we-

---

[2] Vgl. *J.U. Schneider*: Philosophie und Universität. Historisierung der Vernunft im 19. Jahrhundert, Hamburg 1999. Er findet heraus, daß zwischen 1800 und 1900 120 Darstellungen der „Geschichte der Philosophie" erscheinen und der Anteil philosophiehistorischer Lehrveranstaltungen zwischen 1810 und 1850 von 10 % auf über 30% wächst (von ihm dargelegt auch in: *Danneberg* u.a. 2005, XVIII).

nige Philosophen die Geschichte der Philosophie für den Inbegriff der Philosophie selbst gehalten, kaum mehr an der Begründung eines neuen Ansatzes oder an der Fortsetzung eines in die Zukunft führenden philosophischen Diskurses mitgewirkt und auf die systematische Deutung des Ganzen verzichtet haben. Das indes hatte Kant schon an den Philosophen seiner Zeit kritisiert, „denen die Geschichte der Philosophie (der alten sowohl als der neuen) selbst ihre Philosophie ist."[3], [4]

Natürlich haben sich im Laufe der letzten 200 Jahre nicht nur die Schwerpunkte, sondern auch, in Abhängigkeit von der jeweils neuesten bzw. von ihren Autoren vertretenen Philosophie, die methodologischen Begründungen dieser Darstellungen verändert. Gleichwohl ist, zumindest in Deutschland, der Konsens immer recht groß gewesen, jedenfalls weniger durch Umbrüche charakterisiert gewesen, als dies etwa in der Geschichte der Pädagogik oder in der der Germanistik der Fall war, so daß die von *J. Hirschberger* in der Einleitung zu seiner seit 1948 immer wieder aufgelegten Philosophiegeschichte geäußerte Auffassung von ihrem Sinn auch heute nicht allzuviel Widerspruch hervorrufen dürfte:

> Geschichte der Philosophie ist Geschichtswissenschaft und Philosophie zugleich [...] Als Geschichtswissenschaft verfolgt sie die Absicht, uns bekanntzumachen mit dem wesentlichen Ideengut der Philosophen in Vergangenheit und Gegenwart. [...] Dies geschieht dadurch, daß man sie [sc. Ideen, Begriffe und Gedanken] in ihrem Entstehen verfolgt, daß man sie hineinstellt in größere Gedankenreihen, in systematische Zusammenhänge und in umfassende geistige Strömungen, besonders der Zeiten und Völker, und daß man schließlich die zugrunde liegenden Voraussetzungen und letzten Annahmen aufdeckt, aus denen Begriffe, Probleme und Lehren der Philosophie erwachsen wie aus einem Mutterboden.[5]

Hier sind fast alle Momente genannt, die bis heute die *Ideen*geschichte der Philosophie ausmachen und sie gleichsam als Königsweg in die Philosophie charakterisieren. „In ihr [sc. Ideengeschichte] wird die Philosophiegeschichte zu einer historisch unterbauten Kritik der menschlichen Vernunft." (S. 4)

Im Vergleich mit den produktiven Epochen und Ansätzen der Philosophie kann man diesen Typ einer philologisch-hermeneutischen Philosophie als eine Resignationserscheinung des Fachs betrachten: Sie ediert Quellen historisch-kritisch, referiert die Inhalte von Philosophien und Lehrmeinungen, zeigt Zusammenhänge und Entwicklungen auf, kompiliert und interpretiert, kritisiert die großen philosophischen Entwürfe der Vergangenheit und überläßt die systematische Bearbeitung der empirischen Welt immer mehr den Einzelwissenschaften. Dagegen regt sich Wider-

---

[3] Hamburg 1957, 1.
[4] Von den zahlreichen im 19. Jahrhundert erschienenen und z.T. noch im 20. Jahrhundert immer wieder neu aufgelegten seien hier nur einige wenige genannt: *K. Fischer*: Geschichte der neueren Philosophie (1852-1877, 1897 in 10 Bänden); *F. Ueberweg*: Grundriß der Geschichte der Philosophie. 3 Bde. (1863-66), Nachdr. Basel, 5 Bde.. 1951-53; neu bearbeitete Ausg. Basel/Stuttgart 1983 ff.; *W. Windelband*: Die Geschichte der neueren Philosophie, 2 Bde. (1878-80); ders.: Lehrbuch der Geschichte der Philosophie (1892), Tübingen [15]1957; *K. Vorländer*: Geschichte der Philosophie (2 Bde. 1903 ff.). Mit Quellentexten hg. H. Schnädelbach. 3 Bde., Reinbek 1990.
[5] *J. Hirschberger*: Geschichte der Philosophie. 2 Bde., Freiburg i.B. 1948 ff., [12]1980, 1.

stand erstmals gegen Ende des 19. Jahrhundert, und zwar zum einen in Nietzsches lebensphilosophischen Aufstand gegen das Historische insgesamt[6] und zum andern im Neukantianismus[7]. Erst der Aufstieg der streng systematisch argumentierenden Analytischen Philosophie im 20. Jahrhundert hat die Vorherrschaft der heute immer noch starken „Philosophiegeschichte als Wissenschaft" allmählich zurückdrängt und dem systematischen Denken wieder mehr Eigengewicht geben.[8]

1.2 Die universalhistorische Fundierung der „positiven Philosophie" in Comtes Drei-Stadien-Gesetz

Es mag erstaunen, das Werk des Franzosen AUGUSTE COMTE (1798-1857), des Begründers der Soziologie und näherhin der sozialwissenschaftlichen Methode des Positivismus, hier im Kontext des philosophiegeschichtlichen Denkens des 19. Jahrhunderts eingeordnet zu finden. Der Grund dafür ist, daß Comte – wie paradox es auch klingen mag – den Positivismus als menschheitsgeschichtlich dritten Schritt einer ideellen Bewegung begründet hat. Nachdem er schon 1822 in einem Prospectus des travaux scientifiques nécessaires pour réorganiser la société („Studie über die zu einer Reorganisation der Gesellschaft notwendigen wissenschaftlichen Arbeiten") aus der Universalhistorie die Lektion gezogen hatte, daß der Weg der Menschheit in die Zukunft nur über die weitere wissenschaftlich-empirische Erforschung der Welt und ihren Einsatz in der Technik führe, hat er in seinem zwischen 1830-42 erschienenen sechsbändigen Cours de philosophie positive („Kursus der positiven Philosophie"[9]) versucht darzulegen, daß die Geschichte der Menschheit einem mit naturgesetzlicher Notwendigkeit wirkenden „Dreistadiengesetz" folgt. Danach durchläuft die Menschheit – wenn auch in unterschiedlicher zeitlicher Abstufung bei den einzelnen Völkern – drei Entwicklungsstadien:
– zunächst das theologische, d.h. das religiöse Stadium, in dem im Bewußtsein der Menschen
die Götter vermittelt über ihre irdischen Repräsentanten herrschen,
– dann das metaphysische, d.h. das ideologische Stadium, in dem abstrakte Kräfte und Ideen den Gesellschaften Orientierung geben, und
– schließlich das positive bzw. soziologische, d.h. das Stadium, in dem die Grundlage aller
Sozialität die wertfreie Untersuchung und praktische Berücksichtigung des „wirklich Gegebenen" ist.

Comte verbindet dieses „Gesetz" mit einem „Hierarchiegesetz": Danach gewinnt die Menschheit Sicherheit und Klarheit zunächst nur in den theoretischen Wissenschaften, in der Logik und der Mathematik, später dann auch in den empirischen

---

[6] Vgl. Kapitel 26. 3.
[7] Vgl. Kapitel 28. 1.
[8] Zur Unverzichtbarkeit der Geschichte in der Philosophie vgl. *K. Flasch:* Philosophie hat Geschichte. Bd. 1: Historische Philosophie. Beschreibung einer Denkart, Frankfurt 2003; Bd. 2: Theorie der Philosophiehistorie, Frankfurt 2005.
[9] Nachdruck der französische Ausgabe von 1830-42 in sechs Bänden: Stuttgart 1965; in deutscher Übersetzung erstmals 1880 und 1907 in Auszügen.

Naturwissenschaften und schließlich auch in den „positiven Wissenschaften" von der sozialen und kulturellen Welt des Menschen. Das erinnert in erkenntnistheoretischer Hinsicht an die Grundsätze des rationalistischen Vorgehens bei Descartes und dann auch an die des Empirismus bei Locke und nimmt in universalhistorischer Hinsicht gängige aufklärerische und idealistische Vorstellungen vom Gang der Menschheit durch die Geschichte auf. Indem er so einerseits dem Fortschrittsschema folgt, entkleidet er es in der Zielkategorie andererseits von allen traditionellen metaphysischen Voraussetzungen und erhofft sich, ähnlich wie gewisse Frühsozialisten und dann auch sein Zeitgenosse Marx, für die Zukunft ein Zeitalter des aufgeklärten Wissens. Dieses „positive" Zeitalter ist – als das letzte der Geschichte überhaupt – das ganz und gar durchsichtig gewordene Zeitalter. In ihm ist die ganze bisherige Geschichte durchschaut, ist die Geschichte an ihr definitives Ende gelangt und herrscht im gewissen Sinne ewige Gegenwart. Zwar wächst auch dann noch das positive Wissen durch weitere Erforschung der Welt und ihrer Gesetze ständig an, prinzipiell ist aber in der Welt nichts Neues zu erwarten und bleibt sie sich in ihrer Verfassung gleich.[10] Gerade in der Teleologie des geschichtlichen Dreischritts und der anhebenden Geschichtslosigkeit zeigt sich indes, daß dieser Positivismus letztlich selbst metaphysisch begründet ist.

2. Die klassische und die modernen Philologie(n) als neue historische Fächer
2.1 Ästhetik und Hermeneutik:
   Das Urteilen über und das Verstehen und Auslegen von literarischen Werken

„Geisteswissenschaftlich" im strikten terminologischen Sinne werden die Fächer der kulturellen Überlieferung erst gegen Ende des 19. Jahrhunderts begründet. Sie haben jedoch bereits seit der Zeit um 1800 sowohl theoretisch in der philosophischen Ästhetik als auch wissensmethodisch in der neueren Hermeneutik eine tragfähige Grundlage.[11] Der theoretischen Anstoß dazu war in Deutschland von Winkelmanns Historisierung des Schönen schon 1755 gekommen. Der literarische Auslöser davon ist der Bruch, den die Sturm-und-Drang-Dichtung mit der traditionellen Poetik und Rhetorik vollzieht, indem sie an die Stelle der für überindividuell und naturgegeben gehaltenen Regeln der Dichtkunst das subjektive Formempfinden von „Originalgenies" setzt. Dieser Herauslösung des Schönen aus der Objektivität der Formen der geistigen Welt und der Zuordnung des Schönen zur Sphäre des Subjekts schließt sich Kant in seiner ästhetischen Theorie im Prinzip an. In der „Kritik der Urteilskraft" (1790) trennt er das ästhetische Urteil strikt sowohl von der „reinen" als auch von der „praktischen" Vernunft, also von den transzendentalen Kriterien der Erkenntnistheorie und der Ethik, ab und verlagert es in das Zusammenspiel von subjektiver „Einbildungskraft" und „Verstand", weshalb er die Ästhetik auch nicht als Wissenschaft begreift, sondern als eine Bewußtseinstätigkeit des „interesselosen Wohlgefallens" vor allem am Naturschönen und – nachgeordnet – am Kunstschönen. In dieser Subjektivierung und Individualisierung des ästhetischen Urteils steckt

---

[10] Das neuere Konzept der Posthistoire begründet sich ganz ähnlich. Vgl. Kapitel 40.
[11] Vgl. hierzu *A. Geisenhanslüke*: Einführung in die Literaturtheorie. Von der Hermeneutik zur Medienwissenschaft (hier: II. Ästhetik), Darmstadt 2003, 17-41.

das Moment seiner Historisierung, insofern dieses Urteilen nämlich menschheitsgeschichtlich und lebensgeschichtlich in der Erziehung und Erfahrung der Individuen und der Völker im Umgang mit dem Schönen begründet ist. Das ist für Schiller, im Anschluß an Kant, die Voraussetzung dafür gewesen, daß er in seiner Schrift „Über die ästhetischen Erziehung des Menschen in einer Reihe von Briefen" (1793/95) die Menschheit sich im universalhistorischen Dreischritt vom sinnlich-wilden über den ästhetischen zum vernunftgemäßen Zustand im Medium der historisch geschaffenen Werke der Schönen Künste kultivieren läßt.[12] Hegels Ästhetik schließlich ist schon eine sich prinzipiell historisch artikulierende.[13] Insofern für ihn das Schöne die sinnliche Erscheinung des Absoluten ist, kann jenes in der Geschichte der Menschheit nicht anders voranschreiten als dieses, nämlich in einer dialektischen Abfolge von Epochen und Formen zunehmender Vortrefflichkeit.[14]

Die seit der Antike gepflegte juristisch- und literarisch-profane und theologisch-biblische *Verstehenslehre der Hermeneutik* hebt der Theologe FRIEDRICH ERNST DANIEL SCHLEIERMACHER (1768-1834), welcher zugleich auch Philosoph, Altertumswissenschaftler und Bildungstheoretiker ist, mit seiner „universalen Hermeneutik" auf eine neues theoretisches Fundament.[15] Danach bewegt sich alles Verstehen menschlicher Texte in einem mehrfach zu durchlaufenden Zirkel, in welchem sich der Interpret den vom Autor in den Text hineingelegten Sinn in der Weise erschließt, daß er in Kenntnis der Grammatik und Lexik der Sprache des Textes und seines kulturellen Kontextes an ihn „divinatorisch" ein Vorverständnis vom gemeinten Sinn heranträgt und diesen durch mehrfache komparatistische Abgleichung zwischen Teilen und Ganzem mit einer für jeweilige Zwecke ausreichenden Genauigkeit versteht.

Es kommt hier nicht auf die Details der Kunst des Verstehens und Auslegung von Texten an, sondern darauf, daß die so verstandene Hermeneutik im Prinzip identisch ist mit den von der schulgemäßen Redekunst (Rhetorik) von der Antike an bewußt geübten Verfahren der *Philologie* und eben diese Verfahren die elementaren methodischen Voraussetzung aller Textwissenschaften und des auf schriftlichen Quellen beruhenden Betreibens von Geschichte sind. Denn jeder Philologe ist als „Liebhaber des Wortes und der Rede" ein Historiker. Und weil traditionell nur das der Schrift anvertraut wurde, was eine Bedeutung über den Tag hinaus zu besitzen schien und deshalb dann auch überliefert worden ist, ist alle schriftbegründete Historie eo ipso auch Philologie. Weil dieses Verhältnis von Historie und Schriftkenntnis seit alters immer so selbstverständlich gewesen ist, hat man das Augenmerk immer mehr auf die für das Verständnis von jeweiligen Schrifttraditionen benötigten sprachlichen und themenbezogenen Kenntnisse und auf die Gewissenhaftigkeit ihrer Anwender gerichtet als auf die weitgehend unbewußt ablaufenden, sich dann einfach einstellenden Verstehensleistungen. Indem Schleiermacher aber (und mit

---

[12] Vgl. dazu Kapitel 18.2. und Wiersing 2006 b.
[13] F. *Hegel*: Ästhetik, Bde. I und II, hg. von F. Baßenge, Berlin ⁴1985.
[14] Vgl. im einzelnen *Geisenhanslüke* 2003, 22-27.
[15] F.E.D. *Schleiermacher*: Hermeneutik und Kritik (1819). Mit einem Anhang sprachphilosophischer Texte herausgegeben und eingeleitet von M. Frank, Frankfurt (1977) ⁵1993. Vgl. F. E. D. Schleiermacher: Schriften, Frankfurt 1996; Geisenhanslüke 2003, 42-68.

ihm seither viele andere – in der zweiten Hälfte des 19. Jahrhunderts in Deutschland in Sonderheit *Wilhelm Dilthey*[16]*)* ebendies zum Thema gemacht und damit die Kulturwissenschaften insgesamt auf die neue Grundlage des Verstehens gestellt hat, grenzen sich diese von der Erkenntnismethode der neuzeitlichen Naturwissenschaften prinzipiell ab und begründen die Kulturwissenschaften als *sinnverstehende* Wissenschaften. Wenn so der Philologe als Sprach- oder Literaturwissenschaftler Texte verstehen will und sich hierzu der historischen Kenntnisse des jeweiligen kulturellen Kontextes bedient und zugleich sich selbst und seinem Leser gegenüber seine Übersetzungsleistung in der Sprache seiner Gegenwart erbringen muß, muß er sich nicht mehr an dem objektivistischen, im Prinzip überzeitlich gültigen und naturgemäßen Erklärungsmodell der Naturwissenschaften messen lassen, sondern ist sein Maßstab von Wahrheit an den *historisch gewachsenen Systemen der menschlicher Kultur und an subjektiven Verstehensleistungen* geeicht. Alle seit der Zeit um 1800 entstehenden Philologien sind bewußt oder unbewußt von diesem Grundverständnis des *historischen Verstehens von Texten* geprägt.

2.2 Die „Geschichte des klassischen Altertums" als Gegenstand der Altphilologie

Die methodisch reflektierte Aneignung und Auslegung der textuellen Überlieferung des Altertums ist, wie gesagt, seit der frühen Homerkommentare nicht mehr abgerissen und hat sich dabei über die schulmäßig betriebene hellenistische, mittelalterliche und althumanistische Gelehrsamkeit mehrfach umakzentuiert. Zur Ausbildung der *klassischen Philologie* im eben dargelegten „modernen" Sinn kommt es aber erst jetzt. Sie macht damit zugleich den Vorreiter vor allen anderen dann entstehenden Philologien. Den Anstoß zu dieser neuen Art des wissenschaftlichen Umgangs mit der Literatur der Antike hat *Friedrich August Wolf* (1759-1824) schon in den 1780er Jahren[17] durch die Annahme gegeben, daß die beiden unter dem Namen Homers überlieferten Großepen die Kompilation von sich dem Volksgeist verdankenden und so aus einer viel früheren Zeit stammenden „Liedern" sind. Er hat, mit anderen[18], dadurch wesentlich zum Überdenken des Umgangs mit der Literatur überhaupt beigetragen. Während sich die früheren Wissenschaften vom Altertum auf den Kanon der großen literarischen und bildnerischen Werke und die bedeutenden politischen Ereignisse und Verhältnisse konzentriert haben, wendet sich die im Laufe des 19. Jahrhunderts ausformende neuere Altertumswissenschaft dem Ganzen der antiken Kultur zu: der *Sprach- und Dialektgeschichte* von den archaischen Anfängen des Griechischen über seine klassischen und hellenistischen Formen bis zum byzantinischen Griechisch und vom frühen Latein über die sog. Goldene und Silberne Latinität bis zu den spätantiken Formen des Vulgärlateins ebenso wie den *philosophischen, religiösen, poetischen, archäologischen, geographischen, politischen, institutionellen und alltagsgeschichtlichen Zeugnissen* in jenem rund 1500

---

[16] Vgl. Kapitel 27.1.
[17] Prolegomena ad Homerum (1787), Halle 1794 (Übersetzung ins Deutsche: Leipzig 1908).
[18] Die fachliche Verselbständigung und die Entwicklung der Klassischen Philologie verdanken sich auch besonders dem von Christian Gottlob *Heyne* an der Universität Göttingen gegründeten ersten Altertumsinstitut in Deutschland.

Jahre umfassenden Zeitraum. Eine erste kulturhistorische Integrationsleistung in diesem Sinne ist Wolfs „Museum der Altertumswissenschaft" (1807). In disziplinärer Nachbarschaft zur Alten Geschichte blüht die Altphilologie als Sprach-, Literatur- und umfassende Kulturgeschichte des klassischen Altertums seit dem letzten Drittel des 18. Jahrhunderts in Deutschland auf. Die in Generationen von Forschern im 19. Jahrhundert erarbeiteten Erkenntnisse sind in Lexika, Textsammlungen und Darstellungen der antiken Geschichte zum Teil bis heute in Benutzung.[19]

Außerordentlich wichtig zum Verständnis dieses Aufschwungs in der Forschung ist die zeitgleich von der philosophischen Ästhetik, der literarischen Klassik und besonders von Wilhelm von Humboldt inspirierte Bildungsbewegung des sog. *Neuhumanismus*. Zu einer Zeit, als das Lateinische seine Rolle als internationales Kommunikationsmedium in Kirche, Staat und Wissenschaft schon weitgehend eingebüßt hatte und das Griechische – als eine im Westen nie gesprochene „tote Sprache" – ohnehin fast nur theologischen und philosophischen Interessen diente, wurde die Kultur der Griechen – und weniger die der Römer – als vorbildliches Zeugnis der Humanität bewertet und wurde deshalb die Sprache und Literatur der „Alten" bei den Gymnasialreformen zu Beginn des 19. Jahrhunderts erneut in das Zentrum des Unterrichts gerückt. Historische Bildung ist von da an bis in die Mitte des 20. Jahrhunderts in den Gymnasien immer stark an die Kenntnis der alten Sprachen und Literaturen gebunden. Der *Altphilologe*, der von nun an nicht mehr als ein bloß verhinderter Theologe angesehen wird, wird in diesem Zeitraum zum Prototyp des Gebildeten und seine Wissenschaft ist, neben der Philosophie, die am meisten angesehene, auch weil sie sich im Verbunde mit der Alten Geschichte und der sog. klassischen Archäologie, d.h. Kunstgeschichte, mit den Gegenständen befaßt, die für überzeitlich „klassisch" gehalten werden.[20] Die fast schon religiöse Verehrung, die der griechischen Kultur seitens der Gebildeten im Zeichen des Neuhumanismus entgegengebracht wird, verhindert in der ersten Hälfte des 19. Jahrhunderts freilich zugleich ihre vollständige Historisierung und damit die Entdeckung der Zeitgebundenheit auch ihrer Werke und Leistungen und der Relativierung ihrer Moral.

2.3 Die volkssprachliche Nationalliteratur im literarischen Gedächtnis der Europäer

Durch die traditionelle Bevorzugung der „Alten" vor den „Modernen" im Lehrbetrieb der höheren Schulen und der Universitäten stehen die *Neuphilologien* noch im ganzen 19. Jahrhundert im Schatten der Altphilologie. Noch bevor sie sich fachlich an den Universitäten ausbilden und im Lehrplan der Gymnasien aufgenommen werden, hat es allerdings seit dem Renaissance-Humanismus und dann verstärkt seit dem Aufstreben der bürgerlicher Kultur im 18. Jahrhundert in ganz Europa ein sich an der neueren literarischen Produktion und Überlieferung bildendes Publikum gegeben. Es sind ja vor allem die Schriftsteller selbst und die literarisch interessierten Bildungsbürger gewesen, die seit der Mitte des 18. Jahrhunderts dem neuen

---

[19] Um nur ein Beispiel zu nennen: Die die Totalität des Wissens über das klassische Altertums in vielen Bänden enthaltene „Pauly'sche Realencyclopädie" ist von 1890 an in 2. Bearbeitung von G. Wissowa begonnen worden und umfaßt jetzt als „Großer Pauly" 80 Bände.

[20] Vgl. Wiersing 2001 a, bes. S. 39 ff.

historischen Denken unabhängig von seiner möglichen institutionellen Verfassung den Weg gebahnt haben. Das läßt sich in Deutschland am literarischen Gedächtnis der Schriftsteller der Goethezeit ablesen. Fast ausnahmslos sie sind zwar durch die „Schule" der Griechen und Römer gegangen, haben sich aber auch die für bedeutend erachteten und damals bekannten Werke der europäischen Literatur vom Mittelalter bis zur Gegenwart angeeignet und sich damit in ihrer schriftstellerischen Praxis und in der Theorie auseinandergesetzt. Wenn aus ihren Reihen auch keine größeren Abhandlungen zur neueren Geschichte der Literatur gekommen sind, so ist doch ihr Denken davon bereits höchst differenziert geprägt. Zeugnisse dafür sind etwa Goethes und Schillers Übertragungen, Orientierungen und Reflexionen über Werke des europäischen Auslands.

In Gestalt zahlreicher literarischer Zeitschriften, deren eine Schillers „Die Horen" (1795–1797) ist, entsteht in Deutschland seit dem letzten Drittel des 18. Jahrhunderts eine sehr lebendige und in der gebildeten Welt viel beachtete Literaturkritik und Literarhistorie. Ihre beiden Hauptvertreter zu Beginn des 19. Jahrhunderts sind die Brüder AUGUST-WILHELM SCHLEGEL (1767–1845) und FRIEDRICH SCHLEGEL (1772–1829). Mit ihrer Vorstellung, daß das Hauptcharakteristikum der neueren „progressiven Universalpoesie" das „unendliche Werden", das „Unvollendete" sei und sich der nationale Volksgeist seit seinen mittelalterlichen Anfängen in der Dichtung manifestiert habe, und mit ihrer eigenen Dichtung in diesem Sinne inspirieren sie um 1800 jene Bewegung, die die Bezeichnung Romantik trägt. Durch ihre literarhistorischen Quelleneditionen, Forschungen und Vorlesungen tragen sie zudem bahnbrechend zur Ausbildung der „Geschichte der deutschen Literatur von ihren Anfängen bis zur Gegenwart" bei. Zugleich sind sie aber auch universal gebildete Kritiker, die bei gleichzeitiger Wertschätzung des Klassisch-Objektiven und des Weltliterarischen einerseits und des Subjektiven, Nationalen und Mittelalterlich-Frühen andererseits sich von aller Deutschtümelei und allen nationalen Verstiegenheiten frei halten. Sie übertragen Werke der Weltliteratur ins Deutsche, sind selbst als Forscher im weiten Sinne Universalphilologen, Kunst- und Kulturhistoriker und obendrein Mitbegründer der Orientalistik und Indologie.

August-Wilhelm Schlegel hält 1801-1804 in Berlin „Vorlesungen über schöne Literatur und Kunst", ist später Professor für Kunst- und Literaturgeschichte in Bonn, begründet die altindische Philologie – die „Indische Bibliothek" geht aus seinen Sanskritstudien hervor –, ist der bis heute geschätzte Übersetzer von Werken Dantes, Calderons und vor allem Shakespeares (gemeinsam mit dem romantischen Dichter Ludwig Tieck) und hält 1818/19 eine allerdings erst 1913 veröffentlichte Vorlesung über die „Geschichte der deutschen Sprache und Poesie".

Friedrich Schlegel tritt – neben bedeutender eigener Dichtung – vor allem als Literaturkritiker, Stichwortgeber und Theoretiker der Frühromantik hervor (in der mit seinem Bruder herausgegebenen Zeitschrift „Athenäum" und in seinen zahlreichen „Fragmenten") und macht den Versuch zu einer literar- und kulturhistorischen Darstellung der gesamten „Geschichte der alten und neuen Literatur."(1815)[21] Bei ihm umfaßt der Begriff Literatur alle Zeugnisse, in denen sich der Geist eines Volkes und einer Epoche manifestiert. Er selbst charakterisiert

---

[21] Nach den „Vorlesungen gehalten zu Wien im Jahre 1812".

sein Werk als ein „großes Gemälde von der Entwicklung des menschlichen Geistes", weswegen er die Literatur der Perser und Inder ebenso einbezieht wie die der Griechen und Römer und aller europäischen Nationen. Denn alles bilde einen großen Zusammenhang, in dem das göttliche Licht strahle.

In dieser Vielfalt besteht die Hauptleistung beider, wie *H.A. Korff* schreibt, letztlich in der „Erweiterung und Organisierung des literarhistorischen Weltbildes".[22] Insofern Dichtung für sie – und hierin folgen sie Schiller – ein künstliches, eben nicht ein gleichsam natürliches, zeitlos in ideellen Welten beheimatetes Produkt, sondern ein prinzipiell immer unabgeschlossenes Unterfangen der Völker ist, ist ihr poetisches Weltbild auch immer ein durch und durch historisches. Allerdings eignet ihnen noch keine durchgehend historisch-genetische Sichtweise, denn sie betrachten die großen Werke, die großen Schriftsteller und die großen Epochen trotz vieler Vergleiche weitgehend je für sich und ist ihre Leitvorstellung ein Kanon des Besten.

2.4 Die modernen Philologien:
Etappen ihrer fachlichen Herausbildung und ihres Selbstverständnisses

Das neue historische Denkens in der Altphilologie und im literarischen Denken der gebildeten Stände erfährt seit der Zeit um 1800 eine wesentliche Verstärkung durch die Einrichtung erster Lehrstühle für deutsche Philologie, zunächst hauptsächlich im Sinne der *altgermanistischen Sprach- und Literaturwissenschaft* und, mit einer gewissen Verzögerung, dann auch im Sinne der neueren deutschen Literaturgeschichte. Es folgen ihnen im Laufe des Jahrhunderts Lehrstühle für *Romanistik, Anglistik, Slawistik, Orientalistik* und *Indologie*, wobei diese Philologien, wie die Germanistik, disziplinär immer eine sprach- und literaturwissenschaftliche Einheit bilden.

Es charakterisiert diese sich so als Wissenschaften begründenden Fächer insgesamt, daß sie den geschichtlichen Raum ihres Gegenstandes von den allerersten durch Quellen belegten Zeiten bis zu seinem Ende bzw. seiner fortdauernden Existenz in der Weise versuchen auszuleuchten, daß sie der Mannigfaltigkeit und Abfolge der Phänomene eine sie verbindende gemeinsame historische Ausrichtung unterstellen. Wissenschaftsgeschichtlich stehen dabei am Anfang vor allem sprachvergleichende und etymologische Studien, durch die man die Frühstadien und die Verwandtschaftsverhältnisse von Sprachen erschließt. Durch die Erforschung ältester Texte, insbesondere von Redewendungen, Sagen und „Rechtsaltertümern", findet man so indirekt auch Zugang zu den ausschließlich oralen Verhältnissen frühgeschichtlicher Alltagspraxis, Religion, Gesellschaft, Dichtung und Wissenschaft, so daß sich, fast mit einem Schlage, die zeitlichen, ethnischen und räumlichen Dimensionen der Kulturgeschichte um ein Vielfaches vergrößern und damit die Vorstellungen über die Entstehung und Entwicklung von Kultur und Kulturen die bisher nur spekulativ gewonnenen Vermutungen alsbald an Gesichertheit weit übertreffen. Durch die universitäre Institutionalisierung dieser Fächer, die Verwissenschaftlichung ihrer Me-

---

[22] *H.A. Korff*: Geist der Goethezeit. Versuch einer ideellen Entwicklung der klassisch-romantischen Literaturgeschichte. III. Teil: Frühromantik, Leipzig 1958, 306.

thoden und die Professionalisierung ihres Lehrkörpers gewinnen alle diese neuen Sprach- und Literaturwissenschaften, natürlich besonders die Germanistik, rasch ein öffentliches Ansehen und tragen mit zum Aufstieg der philosophischen Fakultät in der deutschen Universität des 19. Jahrhunderts bei.[23]

2.5. Die Germanistik und andere nationale Philologien als historische Sprachwissenschaften

Wenn die so im ersten Drittel des 19. Jahrhunderts entstehende Germanistik auch noch bis ins Kaiserreich im Schatten der Altphilologie steht, gewinnt sie doch aus deutsch-nationalen Gründen alsbald ein besonderes Prestige. Entstanden im Umfeld weitgespannter historisch-vergleichender Sprachuntersuchungen u.a. auch Wilhelm von Humboldts, stellt sich die universitäre Germanistik, nachdem FRANZ BOPP (1791-1867) 1816 die Verwandtschaft zahlreicher Sprachen vom Sanskrit der Inder bis zum Germanischen der Europäer entdeckt und so die *Indogermanistik* begründet hat[24], zunächst vor allem als eine Sprache, Recht und Sitte umfassende und sich dabei auf literarischen Quellen jeder Art stützende Wissenschaft von der volkssprachlichen Kultur des deutschen Volkes insbesondere im Mittelalter.[25]

Die vor allem von den Brüdern JACOB GRIMM (1785-1863) und WILHELM GRIMM (1786-1859)[26] eingeschlagenen sprachgeschichtlichen Wege werden erst in den 1960er Jahren wirklich verlassen. In einer Rede an die Studenten aus feierlichem Anlaß sagt Wilhelm Grimm im Jahre 1843:

> Diese [sc. germanistischen] studien umfassen das vaterland; sie haben den eigenen reiz, den das heimische für jeden immer besitzt, den nichts fremdes ersetzen kann, sei es auch noch so vorzüglich. Sie wollen nicht bloszer zierrath, nicht müszige gelehrsamkeit sein; das erkenntnis unseres alterthums, seiner sprache, seiner poesie, seines rechts, seiner sitte will die geschichte erklären, beleben, erfrischen und schmücken, will den baum des deutschen lebens tränken aus eigenem quell.[27]

Mit diesen Worten drückt er das Selbstverständnis der Germanistik mit ihrem ursprünglichen Schwerpunkt im „heimischen" mittelalterlichen „deutschen alterthum" aus. Die bei den Schlegels zu Anfang des 19. Jahrhunderts noch europäische Perspektive verengt sich so zunehmend auf die eigene nationale Sprachgeschichte, öffnet und differenziert sich jedoch zugleich in der Erforschung nun aller germani-

---

[23] Vgl. hierzu die im Anschluß an die Berliner Tagung „Das Projekt der Nationalphilologien in der Disziplingeschichte des 19. Jahrhunderts" von Danneberg u.a.. 2005 herausgegebenen Beiträge.

[24] *F. Bopp*: Vergleichende Grammatik, 1833-1852; L. Kilian: Zum Ursprung des Indogermanischen, Bonn 1988; *R. Schmitt-Brandt:* Einführung in die Indogermanistik, Tübingen 1996; *R. Schmoeckel:* Die Indoeuropäer. Ausbruch aus der Vorgeschichte, Bergisch Gladbach 1999.

[25] Zur Geschichte der Germanistik mit ausführlichen Textbeispielen vgl. *K.O. Conrady*: Einführung in die Neuere deutsche Literaturwissenschaft, Hamburg 1966. Eine die problematische nationalistische Seite der Germanistik betonende neuere Darstellung ist die von *J. Hermand*: Geschichte der Germanistik, Reinbek 1994. Umfassend ist die Schrift von *J. Fohrmann/W. Voßkamp* (Hg.): Wissenschaftsgeschichte der Germanistik im 19. Jahrhundert, Stuttgart 1994.

[26] Das von ihnen 1854 begonnene, nach ihrem Tode fortgeführte und erst jüngst abgeschlossene „Deutsche Wörterbuch" liegt seit 1960 in 32 Bänden vor, Neubearbeitung 1965 ff. , Leipzig 1999 (auch als Reprint der Originalausgabe im Taschenbuch).

[27] Zitiert aus dem ungekürzten Abdruck der Rede bei Conrady 1966, 178 f.

scher Sprachen und Dialekte[28], u.a. des Gotischen, des Altnordischen und des Altsächsischen – mit Ausnahme der eine eigene Philologie begründenden Anglistik –, und bleibt, wie sich dies bei den Brüdern Grimm und nach ihnen bis in die Gegenwart zeigt, als Altgermanistik die die Geschichte der Sprache *und* der Literatur und überhaupt der Kultur umfassende deutsche Philologie des Mittelalters.[29] Von diesen Anfängen an eignet der Germanistik eine gewisse Sakralisierung der nationalen Frühe und, wie in Bezug auf die Sicherung noch der unscheinbarsten Spuren der nationalen Überlieferung gesagt worden ist, eine „ Andacht zum Unbedeutenden". Sich alsbald verselbständigende Ableger dieser germanistischen Philologie sind die von deutschen Wissenschaftlern – *vor* ihren nationalen Vertretern – gegründeten anderen europäischen Sprach- und Literaturgeschichten, insbesondere die Romanistik, die Anglistik, die Slawistik, und dann auch die Wissenschaften nicht-europäischer Hochkulturen wie die der Orientalistik und der Sinologie, so daß sich gegen Ende des 19. Jahrhunderts in den philosophischen Fakultäten Deutschlands – vor allen anderen Ländern in Europa – fast schon das ganze Weltspektrum der sprach- und literaturwissenschaftlichen Studien der Hochkulturen und zuletzt auch – allerdings verspätet gegenüber Frankreich, England und Amerika – die Völkerkunde als die umfassende Kulturwissenschaft von den sog. primitiven Kulturen findet.

2.6 Nationale Literaturgeschichte

Sehr viel deutlicher zeigt sich die deutsch-nationale Seite der Germanistik in der neugermanistischen Literaturgeschichtsschreibung. Als Geschichte der deutschen Literatur von der frühen Neuzeit bis zur Gegenwart ist sie ein Sproß der Altgermanistik, mit ihr fachlich bis heute eine Einheit bildend. Sie entsteht in einer Zeit, die von der nationalen Begeisterung während der Freiheitskriege gegen Napoleon und dann von der durch die Fürsten vereitelten Hoffnung geprägt ist, ein geeintes, liberaldemokratisches Deutschland zu schaffen. GEORG GOTTFRIED GERVINUS (1805-1871), der bedeutendste germanistische Literarhistoriker während des Vormärz, ist in seinem fünfbändigen Hauptwerk, der „Geschichte der poetischen National-Literatur der Deutschen" (Leipzig 1835-1842), noch weitgehend frei von der in der zweiten Jahrhunderthälfte anwachsenden und sich in der ersten Hälfte des 20. Jahrhunderts noch verschärfenden nationalistischen Tendenz dieser Geschichtsschreibung. Nach eigenen Aussagen will Gervinus an der schönen Literatur „das reine Geschäft des Historikers üben: zu ordnen, zu stellen, Zusammenhang in Allem, und durch den

---

[28] Die Entstehung der Dialektforschung verdankt sich vor allem *K. Bernhardi*, der 1843 eine erstmalig die regionale Grob- und Feingliederung der deutschen Sprache aufführende „Sprachkarte von Deutschland" (Nachdruck der 2. Auflage von Kassel 1849 Hildesheim 1972) vorgelegt hat. Dem folgt der von *G. Wenker* herausgegebene „Sprachatlas des Deutschen Reichs" (1876 ff.).

[29] Zeugnisse des thematisch weiten kulturgeschichtlichen Rahmens sind die Quellensammlungen für die Rechts- und Religionsgeschichte: „Deutsche Rechtsalthertümer" (1828), „Weisthümer" (1840-1863) und „Deutsche Mythologie" (1835-1844). Vgl. etwa die Schrift von *Jacob Grimm*: Poesie und Recht (1816), welche am Beispiel von germanischen „Rechtsaltertümern" die Geschichtlichkeit des Rechts im Verbindung mit der Sprache und ihrer Metaphorik herausarbeitet.

Zusammenhang Nothwendigkeit nachzuweisen"[30] und will auch keine ästhetischen Urteile über einzelne Werke und Autoren abgeben, sondern zeigen, „wie das Leben selbst, durch die scheinbar chaotische Mannigfaltigkeit [...] ein Gesetz der Entwicklung [...] blicken"[31] läßt. Gerade dadurch aber steht er der deutschen Literatur nicht so objektiv gegenüber, wie er meint. Denn für ihn ist die Geschichte der deutschen Dichtung nicht nur ein Ausdruck des deutschen Geistes, sondern auch des Befreiungskampfes des deutschen Volkes vom „unwürdigen Joch" des Mönchtums, des Rittertums und der „Fremdlinge", insbesondere der Franzosen, bis es „von allgemeinerer Aufklärung unterstützt sich in Mäßigung frei rang, [sc. sein] eigener Herr ward und schnell die zuletzt getragene Unterwerfung mit rächenden Eroberungen vergalt."[32] Hier wird die deutsche Literatur wie ein lebendiges Wesen dargestellt, das mit anderen Wesen seiner Art in einen Wettstreit tritt und schließlich Sieger wird. Das Ziel dieses Kampfes ist bei Gervinus freilich letztlich doch kein nationales, sondern ein übernationales, nämlich die Annäherung an den „allgemeinsten und reinsten Charakter der Poesie, und der Kunst überhaupt". Dieses Ziel werde immer dort erreicht, „wo die Idee, die in ihnen [sc. Poesie und Kunst] zur Erscheinung zu kommen strebte, wirklich durchdringt, und wo eine wesentliche Förderung der Gesellschaft oder der menschlichen Cultur dadurch erreicht wird"[33]. Charakteristisch für Gervinus wie überhaupt für seine germanistischen Kollegen ist das relativ geringe Interesse an der neueren und zeitgenössischen Literatur, wenn auch damals schon der zunächst nur zur privaten Lektüre empfohlene und dann auch unterrichtlich behandelte Anteil dieser Literatur in den Gymnasien zunimmt, das Bildungsbürgertum Goethe und Schiller auf das Podest hebt und sie zu *den* Klassikern macht und allgemein das Interesse an der gegenwärtigen Literatur wächst.[34]

Seit der Mitte des 19. Jahrhunderts erfolgt dann eine immer aggressivere nationale Verengung in Verbindung mit der Vorstellung vom „Volksgeist". Dieser sei, heißt es in Anklängen an Herder und Hegel, in seiner germanischen Frühzeit rein und schöpferisch „bei sich" gewesen, habe im Laufe der Jahrhunderte eine Entfremdung seiner selbst erfahren und sei erst in neuester Zeit wieder „zu sich selbst gekommen". Die Ideen dieses Geistes seien ebenjene überzeitlichen Grundtendenzen, die in den dichterischen Werken der Großen historisch Gestalt angenommen hätten und das weitere dichterische Schaffen antrieben. Das hat der Germanistik fachliche Identität und Anerkennung im nationalen Wissenschaftsraum verliehen und darüber hinaus Ansehen in der kulturell und national interessierten Öffentlichkeit.

Die fachgeschichtlichen Folgen der nationalen Ausrichtung der Literaturgeschichte sind die Abtrennung der deutschen von der sie tragenden antiken und neulateinischen Literatur des vormodernen Europas und die zunehmende Abschottung des Fachs von den anderen volkssprachlichen Literaturen in Europa, und zwar mit Langzeitfolgen. Wer etwa die zwischen der Mitte des 19. und der Mitte des 20.

---

[30] Bd. 5, Leipzig 1840, S. V.
[31] Gervinus zitiert nach Band 5 von Kindlers Literatur Lexikon, München 1986, 3884.
[32] Gervinus, Bd. 1, Leipzig 1840, 1.
[33] Ebd., S. 8.
[34] Vgl. *R.Grimm/J. Hermand* (Hg.): Die Klassik-Legende, Frankfurt 1971.

Jahrhunderts erschienenen Darstellungen der „Geschichte der deutschen Literatur" konsultiert, erfährt meist nur am Rande, daß das lateinische Schrifttum das deutsche bis zum Beginn des 18. Jahrhunderts überwog, ein Großteil der althochdeutschen Quellen ohne die lateinischen Vorlagen undenkbar und ohne ihre Kenntnis unverständlich sind, die mittelhochdeutsche Lyrik ihre Wurzeln in der provenzalischen Trobadourdichtung hat und der höfische Versroman der Stauferzeit seine Stoffe zumeist aus altfranzösischen Dichtungen bezogen hat, welche ihrerseits stofflich dem keltischen Sagenkreis um König Artus entstammen. Während Lessing, Wieland, Herder, Goethe, die Schlegels und noch Gervinus ihr Deutschtum europäisch, ja z.T. welthistorisch dachten, schreitet seit der Hoch- und Spätromantik in der Dichtung selbst und in der Germanistik die Konzentration auf das Eigene und Nationale rasch voran. Ein Gegengewicht hätte die humanistische Bildung an den „Alten" sein können – wenn sich die Deutschen nicht zu den genuinen Nachfolgern der Griechen selbst ernannt und damit zugleich eine Front gegen die angeblich bloß rationale und zivilisatorische lateinische Tradition der romanischen Literaturen errichtet hätten. Dennoch: Trotz der Verklärung germanischer Geschichtsmythen, der Theorie von der „dichtenden Volksseele" und etwa der Deutung von Goethes Faust als den „deutschesten Menschen"[35] halten sich die meisten Literarhistoriker streng an die historisch-kritischen Standards der Philologie und wird so das „völkische" Moment der Deutung von dem objektivistischen austariert.[36]

2.7 Die positivistische Sprach- und Literaturforschung

Letzteres gilt im höheren Grade für die Wendung der deutschen (auch der anderen) Sprachwissenschaft(en) im letzten Drittel des 19. Jahrhunderts zur fast schon positivistisch zu nennenden Sprachbeschreibung der sog. *Junggrammatiker*. Nachdem sich schon in der Mitte es Jahrhunderts fast alle historischen Wissenschaften von spekulativ-idealistischen Vorstellungen distanziert und den nüchtern-philologischen Weg zum Verstehen der Quellen angetreten haben, bestehen auch die Sprachwissenschaftler auf genauesten Nachweisen aller Aussagen und bemühen sich, aus dem überlieferten Textmaterial vor allem *historische Gesetzmäßigkeiten* des Lautwandels, der Wortbildung, der Wortherkunft, des Bedeutungswandels der Wörter und der grammatischen Formen auf der Ebene des Satzes (Formenlehre und Syntax) zu erschließen. Der anti-idealistische Affekt erklärt sich zum Teil auch aus der Abkehr von der zu Beginn des Jahrhunderts – u.a. von W. von Humboldt – geübten sprachwissenschaftliche Reflexion über den aus dem „Geist" einer Sprache, ihrer „inneren Form" zu erschließenden „Geist eines Volkes". Die Frucht dieser Philologie ist eine Fülle von Grammatiken, Wörterbüchern, kritischen Erstdrucken von Handschriften(-traditionen) und kommentierten Quellenbänden, von denen bis vor gut 30 Jahren viele noch im Gebrauch aller Germanisten waren. Wer, wie der Autor

---

[35] Vgl. *H. Schwerte*: Faust und das Faustische. Ein Kapitel deutscher Ideologie, Stuttgart 1962.
[36] Dafür kann das weitverbreitete Werk von *W. Scherer* stehen: Geschichte der deutschen Literatur bis zum Tode Goethes (1883 ff.). In ihm gehen eine national gesonnene Haltung mit einer positivistischen Gründlichkeit eine Verbindung ein, die dem Weltbild der Bismarck-Zeit entsprach.

dieses Buches, zu Beginn der 60er Jahre Germanistik (und Romanistik) studiert hat, hat noch ebendiese Werke benutzt, die im letzten Drittel des 19. Jahrhunderts erstmals erschienen und mit geringfügigen Verbesserungen immer wieder aufgelegt worden sind.[37]

3. Die Geschichte der christlichen Religion und die Geschichte des Rechts
3.1 Historische Bibelexegetik und Religionskritik (Schleiermacher, Strauß, Feuerbach)
Ähnlich wie die sich fachlich verselbständigenden Philologien als Textwissenschaften eine bis in die Antike zurückreichende Geschichte haben, ja eigentlich von der frühesten Homerlektüre und -erklärung in Griechenland an über die hellenistische Textauslegung und den sog. römischen Humanismus[38] bis zu den *studia humanitatis* des Renaissance-Humanismus immer schon über eine reflektierte Methodik der Textauslegung verfügen und deswegen auch eine Vorreiterrolle bei der Ausbildung der methodischer Standards der neuen historischen Universitätswissenschaften übernehmen konnten, hat auch die neuere *Historische Theologie*, insbesondere deren protestantischer Zweig, auf solch einer Grundlage die Wende von einer normativen zu einer (auch) historisch-kritischen Wissenschaft rasch vollziehen können. Denn alle Bibelexegetik und alle christliche Dogmatik beruhen von Anfang an auf einem historisch fundierten Umgang mit Texten der heiligen Tradition, und das „ad fontes" des Renaissance-Humanismus hat die Reformation nicht nur mit ermöglicht, sondern ihre Theologie auch zu einer Philologie und ihre Verkündigung zu einer Textauslegung gemacht.

Aus der Krise der Religionskritik in der Zeit der Aufklärung geht in Deutschland – natürlich nicht ohne Widerstände und Streit – eine liberale evangelische Theologie hervor, die die auf eine überzeitliche Wahrheit abhebende, dogmatische Schriftauslegung ersetzt oder zumindest relativiert durch eine geschichtlichen Gegebenheiten und den Absichten der Autoren der biblischen Texte Rechnung tragende und dann auch kritische Hermeneutik. Dazu trägt auch die Nähe der Theologie zur Altphilologie bei. Denn noch sind zu Beginn des 19. Jahrhunderts ein Großteil der Philologen von Hause aus Theologen, lernt der Gymnasiast zusätzlich zu Latein und Griechisch häufig noch Hebräisch, die dritte „Kreuzsprache", und sind die Gebildeten alle durch die Schule der „Alten" gegangen. Deshalb ist es kein Zufall, daß die moderne Verstehenslehre der Hermeneutik, wie oben dargelegt, von einem Theologen, von Schleiermacher, begründet worden ist. Die in der Aufklä-

---

[37] Davon seien – unter dem Ersterscheinungsjahr – hier nur genannt: G.F. Bennecke/W. Müller/ F. Zarncke: Mittelhochdeutsches Wörterbuch. 3 Bde., Leipzig 1854-66; *H. Paul/W. Braune* (Hg.): Beiträge zur Geschichte der deutschen Sprache (1874 ff.); *H. Paul*: Mittelhochdeutsche Grammatik (1881); *H. Paul*: Prinzipien der Sprachgeschichte (1880); *H. Paul*: Grundriß der germanischen Philologie (1891); *O. Behaghel*: Geschichte der deutschen Sprache (1891); *W. Braune*: Althochdeutsche Grammatik (1886); *W. Braune*: Althochdeutsches Lesebuch (1875); *W. Braune*: Gotische Grammatik mit Lesestücken und Wörterverzeichnis (1880); *M. Lexer*: Mittelhochdeutsches Handwörterbuch. 3 Bde. (1872-78); *M. Lexer*: Mittelhochdeutsches Wörterbuch (1869 ff. ständig aktualisiert, 2003 in 39. Auflage); *F. Kluge*: Etymologisches Wörterbuch der deutschen Sprache (1881).
[38] Vgl. *R. Pfeiffer*: Geschichte der Klassischen Philologie. Von den Anfängen bis zum Hellenismus (engl. 1968), München 1978.

rung begonnene Kritik am überlieferten Bibeltext und das in der liberalen Theologie idealistisch-romantisch umgedeutete Religionsverständnis heben im Fortgang des alles immer konsequenter historisierenden 19. Jahrhunderts freilich den christlichen Glauben selbst letztlich aus den Angeln. Denn man kann den Glauben – wie ähnlich schon der Umgang der Griechen der klassischen Zeit mit ihren Mythen zeigt – nicht diskutieren und historisieren, ohne ihn in seiner traditionellen Wirkung zu zerstören. Die öffentliche Auseinandersetzung über „Das Leben Jesu, kritisch bearbeitet" (1835) von *David Friedrich Strauß* (1808–1874) und über „Das Wesen des Christentums" und „Das Wesen der Religion (1845) von *Ludwig Feuerbach* (1804–1872) und *Marx'* Religionskritik sind Dokumente dafür, wie eine kritische Rekonstruktion von Überlieferung das Vertrauen in deren Geltung erschüttern kann. Nachdem die Bibel erst einmal als Menschenwerk und „Gott" als eine menschliche Projektion an den Himmel und Religion als ein nur dem frühgeschichtlichen Denken angemessenes Stadium der Kontingenzbewältigung begriffen worden ist, gilt der Glaube vielen „Gebildeten unter ihren Verächtern"[39] als eine in kindlicher Einfalt stehengebliebene Haltung und steht die ihn predigende und verteidigende Geistlichkeit unter dem Verdacht des „Priesterbetrugs".[40] Im laizistisch gesonnenen Frankreich führt dies zur Entfernung der Theologie aus dem universitären Fächerkanon, in Deutschland bleibt sie dort unter Obhut der beiden großen christlichen Konfessionen zwar erhalten, verliert aber jede größere Einwirkungsmöglichkeit auf die Philosophie und die Kulturwissenschaften.

3.2 Historische Rechtswissenschaft und Verfassungsgeschichte (Savigny)

Eine weitere Anwendung des Prinzips der Geschichtlichkeit findet sich in der historischen Deutung des Rechts. Galt die Herkunft des Rechts im christlichen Verständnis als göttlich und im philosophisch-rationalen Sinne in seinen Grundsätzen als natürlich, so ist sie jetzt geschichtlich. Jedenfalls wird nun alles nicht unmittelbar einsichtige Recht als „positiv", d.h. von Menschen entsprechend ihren Bedürfnissen und ihrem Ort in der Geschichte „gesetzt", erkannt. In seiner Abhandlung „Vom Beruf unserer Zeit für Gesetzgebung und Wissenschaft" (1814) vertritt *Friedrich Carl von Savigny* (1779–1861) die These, daß man Gesetze nicht allein mit der Vernunft begründen könne, sondern sich dabei an der gewachsenen Tradition orientieren müsse.[41] Dies leitet in der Rechtswissenschaft die Abkehr von der naturrechtlichen Begründung der Gesetze und die Hinwendung ihrer „historischen Schule" zum Verstehen des überkommenen Rechts aus seiner Geschichte ein, vom römischen Recht über seine germanischen und kirchenrechtlichen Überformungen bis zu den vielen regionalen und lokalen Besonderheiten. Die Tendenz der scharfen Abgrenzung des „volksfremden römischen Juristenrechts" vom „deutschen Volksrecht" in der natio-

---

[39] Formulierung in Anlehnung an *F. Schleiermacher*: Über die Religion. Reden an die Gebildeten unter ihren Verächtern (1799).
[40] Vgl. dazu Marx in Kapitel 23.
[41] Zu seinen historistischen Grundsätzen vgl. seine Marburger Vorlesungen: *Friedrich Carl von Savigny*: Vorlesungen über juristische Methodologie 1802-1842. Hg. A. Mazzacane. Neue, erw. Aufl., Frankfurt 2004.

nalen Rechtsgeschichte Savignys ist im gewissen Sinne allerdings ein Rückschritt gegenüber den übernationalen und überhistorischen Ansätzen des Rechts in der Aufklärung und der Erklärung der allgemeinen Menschenrechte (1789).[42]

---

[42] Vgl. *M. Stolleis*: Rechtsgeschichte, Verfassungsgeschichte, in: Goertz 1998, 340-361; *U. Wesel:* Geschichte des Rechts. Von den Frühformen bis zum Vertrag von Maastricht, München 1997.

21. Geschichte der Musik und der Bildenden Künste:
Die Schönen Künste – jetzt auch historisch-wissenschaftlich betrachtet

1. Theorie und Geschichte der Musik und der Bildenden Künste   356
2. Die Entstehung der historischen Musikwissenschaft   360
3. Zur Entstehung der Klassischen Archäologie und der Kunstgeschichte   367

Dem Typ der neuen historischen Wissenschaften sind – neben den im vorigen Kapitel vorgestellten Fächern und der im nächsten Kapitel zu behandelnden Geschichtswissenschaft – auch die Wissenschaften von der Musik und von der Bildenden Kunst zuzurechnen. Denn sie teilen als im 19. Jahrhundert – freilich verzögert – entstehende Wissenschaften nicht nur viele Merkmale mit jenen anderen und begründen gemeinsam mit der Literaturwissenschaft die modernen Wissenschaften von den Schönen Künsten, sondern sie verstehen sich auch von Anfang an und ganz fundamental, ausgedrückt in den gängigen Bezeichnungen „Musikgeschichte" und „Kunstgeschichte", als historische Wissenschaften. Es werden im folgenden zunächst einige ihrer Gemeinsamkeiten dargelegt und dann einige Besonderheiten der Geschichte der Musik und der Geschichte der Bildenden Kunst thematisiert.

1. Theorie und Geschichte der Musik und der Bildenden Künste

Die Philosophie und die Sprach- und Literaturwissenschaften haben es schon durch die Verfaßtheit ihres Gegenstandes mit Gedanken und Worten zu tun, und ihre Historie ist deshalb in der Sicht des 19. Jahrhunderts fast selbstverständlich primär eine Geschichte von Ideen. Eine solche Affinität fehlt den Gegenständen der Wissenschaften von der Musik und der Bildenden Kunst. Sie haben es zwar ebenfalls mit geistigen Hervorbringungen und sinnlich wahrnehmbaren Formen zu tun. Weil aber ihre primären Gegenstände in ihrer akustischen und optischen Gestalt eine andere Art der inneren Erfahrung und Vorstellung beim Hörer und Betrachter auslösen, als es beim Erzeugen und Verstehen von Texten der Fall ist, kommt ihnen gemeinsam und je für sich ein besonderer theoretischer Status zu, von dem freilich die traditionelle Theorie der Schönen Künste immer schon ausgegangen war. Gleichwohl haben die beiden Künste selbst und erst recht ihre Geschichte und Theorie immer auch eine sprachlich-gedankliche Seite. Diese zeigt sich nicht erst im „sekundären" Tun der Kritiker, Theoretiker, Historiker, Lehrer und „beredten" Liebhaber der Kunstwerke, sondern schon im an sich wortlosen, primär sinnlichen Komponieren, Erzeugen und Hören von Musik der Komponisten, Musiker und Hörer und im ebenso an sich wortlosen Imaginieren, Darstellen und Wahrnehmen künstlerischer Gebilde der Maler, Bildhauer, Architekten, Betrachter und sonstigen Nutzer. Denn als Lebewesen mit einem konstitutiv durch Denken und Sprechen fundierten Bewußtsein kommen wir Menschen auch während des Schaffens, Reproduzierens und Wahrnehmens musikalischer und bildlicher Kunstwerke nicht ohne konzipierende, stimulierende, steuernde und deutende, reflektierende, kritisierende mentale Akte aus, zumal dabei auch ständig „Übersetzungen" vom Sinnlichen ins Kognitive und umgekehrt stattfinden. Wenn sich so das eine nicht von dem anderen trennen läßt, das Erzeugen und Wahrnehmen künstlerischer Gebilde und das darauf gerichtete Denken und Vorstellen im Bewußtsein eine Einheit sind, dann hat das seinen Grund letztlich darin, daß die Künste besondere Ausprägungen der Kultur sind, sich ihre Formen und Inhalte im allgemeinen Kontext der Geschichte der Kultur herausgebildet und Laien und Kenner sich immer schon über die Werke der Kunst auch im Wort verständigt haben. Deswegen haben es die Künste selbst und ihre Wissenschaften durchaus mit vergleichbaren Themen, Zugangsweisen und Zielen zu tun wie die sonstige Kultur und ihre Theorie.

1.1 Allgemeine Aspekte der Theorie der Musik- und Kunstgeschichte

Indem die Musik und die bildende Kunst einen eigenen Bezirk innerhalb der Kulturwissenschaften begründen, überschneiden sich auf eine komplexe Weise besonders viele Perspektiven zwischen ihnen und mit denen der Kultur im allgemeinen (vgl. Hübner 1994). Hinsichtlich der Begründung ihrer Geschichtlichkeit ist so von Bedeutung zunächst die *anthropologische* Perspektive. Ihre Anlegung setzt voraus, daß das Erzeugen, Wahrnehmen, Verstehen und Beurteilen bildlicher und musikalischer Kunstwerke auf allgemeinmenschlichen, also angeborenen ästhetischen Neigungen und Fähigkeiten beruht, der Sinn für das Schöne in der Natur des Menschen liegt und die Wahrnehmung des sog. Naturschönen das Schaffen und Wahrnehmen des sog. Kunstschönen anleitet. Danach ist es der allgemeinen Kunsttheorie aufgegeben, auf ihrem Feld die Grenzlinien zwischen Natur und Kultur zu ermitteln, zwischen dem, was im geschaffenen Kunstwerk dem natürlichen Empfinden ohnehin entgegenkommt und geschätzt wird, und dem, was die künstlerische Kreativität der Natur hinzufügen darf und einen besonderen Reiz – auch in der Gestalt des verzerrenden „Häßlichen", aber Authentischen oder „Interessanten" im Bild, im Klang und im Wort – auf den menschlichen Geist ausübt. In die anthropologische und damit kulturübergreifende Dimension reichen auch die in der philosophischen Ästhetik, in der Wahrnehmungspsychologie und in der Theorie der Künste selbst seit alters reflektierten besonderen Wirkungen, die von den musikalischen und bildnerischen Kunstwerken kraft ihrer Materialität, Struktur und Medialität ausgehen. Ihr theoretischer Ausdruck sind die Erörterungen u.a. über den jeweiligen ästhetischen Status und über die grundsätzliche Differenz zwischen den Schönen Künsten, wie sie im 18. Jahrhundert etwa Lessing in seiner Schrift „Laokoon: Oder über die Grenzen der Malerey und Poesie. Mit beyläufigen Erläuterungen verschiedener Punkte der alten Kunstgeschichte" (1766) schulemachend angestellt hat. Dazu gehören auch die Reflexionen über die besonderen Leistungen, die man bestimmten literarischen, malerischen und bildnerischen *Gattungen, Affekten* und *Grundformen* – wie etwa dem Epischen, Lyrischen, Dramatischen und Didaktischen in der Dichtung, wie etwa dem Melodischen, Tragischen, Ernsten, Heiteren und Geistlichen in der Musik oder wie etwa der Zeichnung, dem Bild, der Plastik, dem Bau in der Bildenden Kunst – als Ausdruck gemeinmenschlicher Dispositionen und Zwecke je für sich und die Künste übergreifend zuspricht.

Ihre kulturelle Ausprägung in bestimmten Traditionen lenkt indes schon den Blick auf die *Geschichtlichkeit allen Kunstschönens*. Danach teilt dieses alle grundlegenden Annahmen mit denen über die allgemeine Geschichte der Kultur. In musik- und kunsthistorischer Hinsicht sind näherhin von größerer Bedeutung vor allem die (1) formen- und themengeschichtlichen, (2) historistischen, (3) restitutiven, (4) klassizistischen, (5) antiquarischen und (6) sozial- und die kulturhistorischen Aspekte. Im einzelnen meint dies folgendes.

Das mehr als selbstverständliche Grundfaktum ist zunächst, daß auch alle künstlerischen *Formen* und *Themen* eine Geschichte haben, die an die Geschichte der jeweiligen Kultur gebunden ist und sich wie diese in Epochen relativer Gleichartigkeit gliedert.

Unter der *historistischen* Perspektive[1] geht es sodann darum, daß Kunstwerke angemessen nur verstanden werden können, wenn man versucht, sie „aus der Zeit", und das heißt hier: aus der jeweiligen historisch-gesellschaftlichen Bewußtseinslage ihrer Schöpfer und Genießer, zu deuten.

Dies berührt sich mit und unterscheidet sich zugleich von der restitutiven, klassizistischen und antiquarischen Perspektive. Ziel der *restitutiven* Perspektive ist es, ältere, längst historisch gewordene Musik- und Kunststile in neuen Werken nachzuahmen. Dafür ist das 19. Jahrhundert in doppelter Hinsicht ein gutes Beispiel ist, nämlich in der Nachahmung historischer Baustile, also in Bauten der Neuromanik, Neugotik und Neo-Renaissance[2], und in der Wiederbelebung historischer musikalischer Stile und der Wiederaufführung schon fast vergessener musikalischer Werke. Der Ausdruck der *klassizistischen* Perspektive ist der sich damals in Umrissen herausbildende Kanon „klassischer Werke". Ein genuiner Ausdruck des „historischen 19. Jahrhunderts" in der Musik- und Kunstgeschichte ist schließlich auch der *antiquarische* Fleiß, mit dem man alle überhaupt nur auffindbaren Dokumente kompositorischen und bildnerischen Schaffens früherer Zeiten sammelt, zum Hören bzw. zum Betrachten und zur Erforschung aufbereitet und in die großen Sammlungen und Editionen der Musik- und Kunstgeschichte einfügt.

Eine bedeutende Forschungsleistung des 19. Jahrhunderts rührt ferner von der Betrachtung der Musik und der bildenden Kunst unter einer *sozial-, ideologie- und allgemeinen kulturhistorischen* Perspektive her. Denn auch sie haben ihren „Sitz" im gesellschaftlichen Leben, und es kennzeichnen sie deshalb außer ihren ästhetischen und formgeschichtlichen Qualitäten eine Reihe anderer historisch sich wandelnder Funktionen, wie solche der religiösen Andacht, der herrscherlichen Machtdemonstration, des staatlichen und militärischen Zeremoniells, der standesgemäßen Unterhaltung und Repräsentation, der politischen und revolutionären Motivik, der affektiven Einbindung Einzelner in Gruppen und, besonders in der Bildenden Kunst, der ideologischen Nutzung oder Bannung der Bildmagie, der privaten Sammellust und Geldanlage, der bildlichen Illustration von Geschehnissen und Personen in Büchern, der Fixierung flüchtiger Ereignisse und Situationen in bleibenden Bildern und überhaupt der Abbildung von Ansichten der Wirklichkeit.

Einer besonderen Erwähnung bedarf hier noch die Konzentration der damals entstehenden Musik- und Kunstgeschichte auf die Erforschung der *großen Meisterwerke* der *abendländische* Tradition. Diese Perspektive ist einerseits weitgespannt, insofern beide Wissenschaften trotz einer gewissen Bevorzugung der eigenen na-

---

[1]   Näheres dazu im folgenden Kapitel.
[2]   Vgl. Kapitel 22. 2. 3.

tionalen Kunsttradition übernational-europäisch denken und forschen. Sie ist andererseits eng, insofern sich beide fast nur für die geistliche und weltliche Musik und Kunsterzeugnisse der Eliten interessieren, sie die Musik und die Kunsterzeugnisse der Unterschichten nur am Rande behandeln und die außereuropäische Musik und Bildende Kunst erst im 20. Jahrhundert in ihr Blickfeld kommt.

Von besonderer Bedeutung ist schließlich auch die *bildungsgeschichtliche* Perspektive. In Fortführung der antiken Bildungstheorie, der althumanistischen Persönlichkeitsbildung und des universalhistorischen Humanitätsglaubens Herders und Schillers und in Verbindung mit der klassischen deutschen neuhumanistischen Bildungstheorie gelten im ganzen 19. Jahrhundert die Schönen Künste insgesamt – neben, oder sogar noch vor den Wissenschaften – als das bevorzugte Medium der Menschenbildung. Zwar werden der Musik- und der Kunstunterricht erst im 20. Jahrhundert zu regulären Schulfächern, aber die Musik und die Bildende Kunst werden in den gebildeten Schichten nicht nur praktisch ausgeübt und bei geselligen Zusammenkünften genossen, sondern sind in ihren historischen wie in ihren damals gegenwärtigen Formen ein unbestrittener Teil der Allgemeinbildung.

1.2 Der nationale „Volksgeist" und die Geschichte der Schönen Künste

Was in der Aufzählung dieser Forschungsperspektiven heute so selbstverständlich erscheint, nämlich, daß bildnerische und musikalische Ausdrucks- und Erlebnisformen nicht nur Varianten und Exempla eines überzeitlich gültigen und anthropologisch fest verankerten Kunstideals sind, sondern eine Geschichte im neueren Verständnis des Begriffs haben, bildet sich nach dem Vorgang der Literaturtheorie als Konsens auch in der Musik- und Kunsttheorie seit 1800 immer mehr heraus. Seither weiß man, daß sich die Formen des Schönen historisch wandeln und deshalb die unterschiedliche Manier der Künstler und die unterschiedliche Wertschätzung von Kunstwerken nicht nur individuellen Präferenzen und gesellschaftlichen Moden geschuldet sind, sondern historische Produkte des allgemeinen und besonderen musikalischen und bildnerischen Bewußtseins sind.

Dieses Bewußtsein ist nach der verbreiteten Auffassung des 19. Jahrhunderts freilich eng an das angenommene Wesen nationaler Kulturen bzw. an den jeweiligen „*Volksgeist*" gebunden. Dieser soll sich über den ästhetischen Willen der einzelnen Künstler, über den Wandel der Zeiten und über die ausländischen Einflüsse hinweg bei den Kunstwerken in einem charakteristischen nationalen Stil niederschlagen, so daß diese das Kennzeichen etwa des „Deutschtums" von den mittelalterlichen Anfängen bis zur Gegenwart tragen. Dem entspricht auf der Ebene der Kunstepochen und der einzelnen Künstler ein alle Werke prägender *Epochal- bzw. Individualstil*, so daß etwa Gedichte, Opern und Gemälde im Europa des 17. Jahrhunderts den gemeinsamen Geist des Barocks atmeten und daß die Werke etwa von Dürer oder von Bach von ihrer frühesten Jugendzeit bis ins hohe Alter und in den unterschiedlichsten Gattungen des Malens und Komponierens ein unverwechselbarer *Personalstil* charakterisiere. Die Annahme eines National-, eines Epochal- und eines Individualstils ist sicherlich nicht in jeder Hinsicht falsch. Nationale Kulturgemeinschaften entwickeln im Laufe der Zeit einen kulturellen Habitus und halten daran auch mit einer gewissen Zähigkeit fest. In transnationalen Kulturgemeinschaften – und eine solche ist Europa von seinen Anfängen bis heute – prägt der „Geist" einer Zeit, einer Epoche mehr oder weniger alle überregional verbreiteten kulturellen Hervorbringungen. Erst recht kann man im Schaffen eines Menschen, eben weil er eine leiblich-seelische Einheit ist und sich in Kontinuität lebensgeschichtlich fortbildet, typisch bleibende Merkmale erkennen und ihm einen „Geist" zuschreiben.

Anders sieht es mit der nationalistische Erhebung des „Geistes" zum Oberbegriff der Interpretation aus. Sie verstellt und verzerrt eher den Blick auf die Werke, als daß sie ihn schärft. Die Musik- und die Kunstgeschichte haben in letzterer Hinsicht allerdings weniger „gesündigt" als die Literarhistorie. Davor hat sie sicherlich der Umstand bewahrt, daß sich eine eindeutige Verbindung der musikalischen und bildnerischen Werke zu der wortgebundenen politischen und sonstigen Kultur nur selten herstellen läßt. Sieht man einmal von Programmusik und textunterlegter geistlicher und weltlicher Musik, wie etwa im Oratorium oder in der Oper, sowie politisch und nostalgisch motivierter Architektur (z.B. Denkmäler) und Malerei (z.B. Historienmalerei) ab, dann ist es zumeist unmöglich, einen unmittelbaren Niederschlag der jeweiligen religiösen, politischen und Sozialgeschichte in den Werken zu erkennen. Zu Recht hat C. Dahlhaus für die Musik eine „Hierarchie zwischen Kompositions-, Ideen- und Sozialgeschichte" angenommen, nach der die Geschichte der musikalischen Kompositionen der Sozial- und Ideengeschichte der Musik übergeordnet ist und die beiden letzteren einen auch nur halbwegs selbständigen Status nicht beanspruchen können.[3] Eine ähnliche Selbständigkeit und Überordnung über Ideelles und Soziales mag man auch den Mal- und Bildhauertechniken zugestehen und u.a. deswegen Abstand von der Annahme eines Volksgeistes in den Werken nehmen.

2. Die Entstehung der historischen Musikwissenschaft

Die Musikwissenschaft ist einerseits so alt wie die Musik selbst und andererseits erst gut 100 Jahre alt. Denn als eine elementare Ausdrucks- und Erlebensweise des Menschen, als eine im Kult und in der Muße aller Ethnien fest verankerte Betätigung und als ein das Selbstverständnis menschlicher Gemeinschaften konstitutiv begründendes Moment ist die Musik immer schon und überall auch ein Gegenstand von schöpferischer Aktivität, von Handwerk, Unterweisung, Überlieferung und Reflexion gewesen, also ein Bereich des kulturellen Wissens und des kulturellen Gedächtnisses.[4] Als ein an den Universitäten in Forschung und Lehre vertretener wissenschaftlicher Gegenstand hingegen bildet sich die Musikhistorie, als das Zentralfach der Musikwissenschaft, erst im Laufe des 19. Jahrhunderts heraus, und zwar um etwa 50 Jahre später als die anderen neuen historischen Wissenschaften, dabei in methodischer Hinsicht zum Teil in Abhängigkeit von ihnen stehend.[5]

---

[3] *C. Dahlhaus*: Was ist Musikgeschichte?, in: Funkkolleg Musikgeschichte. SBB 1, Weinheim/ Basel 1987, 66-92.

[4] Vgl. *A.P. Merriam*: The Anthropology of Music, Evanston 1964; *W. Suppan:* Der musizierende Mensch, Mainz 1984; *A. Riethmüller*: Stationen des Begriffs Musik, in: Zaminer 1985, 59-95.

[5] Allgemein zur Geschichte der Musik und ihrer Theorie vgl. folgende Werke: Die Musik in Geschichte und Gegenwart [MGG]. 14 Bde., hg. *F. Blume*, Kassel 1949-1968, 2. Ausgabe, 20 Bde. hg. *L. Finscher* 1995 ff.; Neues Handbuch der Musikwissenschaft (1980-1992), 13 Bde., hg. *C. Dahlhaus*, fortgeführt von *H. Danuser*, Wiesbaden (Sonderausgabe 1997); Funkkolleg

2.1 Der klassische Kanon und die „absolute Musik" als erste Gegenstände der Musikhistorie

Daß die Musik seit dem 19. Jahrhundert überhaupt ein eigenes Fach an der Universitäten begründet und nicht mehr nur eine Thematik der philosophischen Ästhetik und der allgemeinen Kulturgeschichte bleibt, verdankt sich gewiß hauptsächlich dem lebhaften, nicht nachlassenden und sogar wachsenden Interesse des Bürgertums an der Musik.[6] Die zunächst fast ausschließlich kulturimmanent, d.h. von Komponisten, Dirigenten, Virtuosen, Musikkritikern, Musikerbiographen, Musikliebhabern, Orchestern, „Singakademien", Vereinen, Musikzeitschriften[7] im Rahmen von Aufführungen in Kirchen, Konzertsälen, Opernhäusern und privaten Räumen, betriebene *Pflege der Musik und ihrer Geschichte* tritt schon seit dem ersten Drittel des Jahrhunderts mit drei historisch zu nennenden Leistungen hervor.

Die erste ist die auf der Wertschätzung des bürgerlichen Musikpublikums beruhende Auswahl von Werken der jüngeren Zeitgeschichte und ihre Zusammenfügung zu einem Kanon, zum bis heute im Zentrum des Repertoires der E-Musik stehenden sog. *klassisch-romantischen Kanon*.

Die zweite sich daran anschließende Leistung besteht in der die *Wiederentdeckung der sog. Alten Musik* und *ihrer Durchsetzung als Teil der Konzertpraxis*.[8] Während nämlich die Musik von Haydn, Mozart und Beethoven um 1830 zwar auch schon als eine ältere im Vergleich zu der damals zeitgenössischen erlebt wurde, jedoch noch zur eigenen Zeit gerechnet wurde oder bereits als klassisch-zeitlos galt, war die Musik vor 1760, also auch die von Bach und Händel und überhaupt alle Musik des Barock, der Renaissance und des späten Mittelalters, nimmt man die liturgische Musik und das geistige Liedgut aus, aus der Aufführungspraxis und damit aus dem Bewußtsein des Publikums und weitgehend auch der Musiker geschwunden. Die nach der Wiederaufführung der Bachschen Matthäus-Passion durch Felix Mendelssohn-Bartholdi 1829 alsbald in Deutschland einsetzende und auf ganz Europa ausstrahlende Wiederbelebung dieser Musik in bedeutenden und die Epochen repräsentierenden Werken, ihre dauerhafte Einfügung in das erweiterte klassische Repertoire und damit die Schaffung einer Musikkultur, die im Prinzip die ganze abendländische Musiktradition enthält, ist ein geradezu revolutionärer Vorgang im Umgang mit der Musik, wenn man bedenkt, daß das Publikum bis dahin immer mit dem Zeitgeschmack gegangen war.

Musikgeschichte (1987 f.), Europäische Musik vom 12.-20. Jahrhundert, hg. *C. Dahlhaus* u.a., Tübingen; *F. Blume* (Hg.): Epochen der Musikgeschichte, München/Kassel [6]1985; *W. Seidel*: Werk und Werkbegriff in der Musikgeschichte. Erträge der Forschung, Darmstadt 1987; *F. Zaminer/Th. Ertelt* (Hg.): Geschichte der Musiktheorie. 15 Bde. Im Erscheinen, Darmstadt 1984 ff.; *F. Zaminer* u.a.: Ideen zu einer Geschichte der Musiktheorie, in: Zaminer/Ertelt 1985; *C. Dahlhaus*: Gesammelte Schriften in 10 B.den., hg. H. Danuser, Laaber 2000 ff.; vgl. darin Bd. 1 besonders: ders.: Grundlage der Musikgeschichte (1977), 2000, 11-155; ders.: Historismus und Tradition, 2000.

[6] Vgl. *C. Dahlhaus*: Die Musik des 19. Jahrhunderts, Wiesbaden 1980 (Bd. 6 von Dahlhaus 1980-1992). Vgl. vom selben Autor den Artikel „Musikwissenschaft" in: MGG, Bd. 6, [2]2000

[7] Die „Neue Zeitschrift für Musik" erscheint seit 1834.

[8] Vgl. hierzu *R. Stephan*: Die ästhetische Gegenwart der alten Musik, in: Funkkolleg Musikgeschichte. SBB 1, 1987, 93–131.

Für diese weite historische Perspektive gibt es sicherlich das europäische Modell des literarischen Kanons, in welchem die Werke der „Alten" ohnehin immer – und seit der Renaissance sogar wieder verstärkt – ihre Geltung bewahrt haben. Aber auch auf dem Felde der Literatur waren in ganz Europa, besonders aber in Deutschland, viele der zu ihrer Zeit im Mittelalter und in der frühen Neuzeit sehr geschätzten Werke der volkssprachliche Dichtung zwischenzeitlich fast ganz dem Vergessen anheimgefallen und hat erst das allgemein gewachsene Interesse an der Geschichte, zumal an der nationalen Geschichte, literarisch Interessierte seit dem 18. Jahrhundert nach solchen Texten suchen lassen.

Nach diesem Vorbild haben sich dann auch die Musikinteressierten um die Bergung und Wiederbelebung der nationalen und europäischen Tradition bemüht. Vornehmlich natürlich durch die überragende musikalische Qualität großer Komponisten der europäischen Vormoderne und beginnenden Moderne ist ihnen dieses Vorhaben so gut gelungen, daß die nach 1910 entstehende, kompositorisch durchaus beeindruckende sog. Neue Musik jenen seit der Mitte des 19. Jahrhunderts bereits festgefügten Gesamtkanon von älterer und neuerer „klassischer Musik" bis heute nicht aus ihrer beherrschenden Position hat verdrängen können. Eine Auswirkung davon ist, daß die „klassische Musik" heute mehr, als dies früher der Fall gewesen ist, eine historische ist, heutige Konzert- und Opernbesucher und überhaupt Liebhaber der E-Musik sich musikalisch zugleich immer in vielen Zeitaltern, aber gerade nicht – wie die Popularmusik – in ihrer eigenen Zeit bewegen und auch die Musikwissenschaft vornehmlich eine Geschichte der älteren Musik ist.

Eine dritte Leistung schließlich des Musiklebens der ersten Hälfte des 19. Jahrhunderts, besteht darin, daß sich in dieser Zeit der gesellschaftliche und kulturelle Status der Musik in Richtung auf ihre Verselbständigung als Musik verändert und das Konzept der *absoluten Musik* entsteht.[9] Seit den frühesten Zeiten eingebunden in den Kult, in die herrscherliche Repräsentanz und, ständeübergreifend, in die weltliche Festkultur und dadurch verbunden mit dem Wort, dem rituellen Handeln, dem (Schau-)Spiel, dem Tanz, der Gymnastik und auch mit dem Essen, Trinken und sonstigen Lustbarkeiten, ist die Musik zwar immer ein unverzichtbares, dabei jedoch fast immer untergeordnetes Element eines größeren Ganzen gewesen. Erst jetzt, als sich die Musik immer mehr aus dem kirchlichen und höfischen Rahmen herauslöst, sie die bisherigen außermusikalischen Zweckbindungen aufgibt und den Charakter einer öffentlichen und zumeist auch zu bezahlenden Veranstaltung annimmt, werden der Gesang und die Instrumentalmusik und die hörende Konzentration darauf zu einer Hauptsache und erlangt die Musik als reine Tonkunst eine Autonomie, die sie früher nie besessen hat. Das hat auch den theoretischen, kompositorisch-praktischen, analytischen und erlebenden Umgang mit der Musik grundsätzlich verändert und hat sie als „absolute Musik", wie sie nach der Begriffsverwendung durch Wagner im Unterschied zur sog. *Programmusik* dann auch genannt wird, zu einem neuen Gegenstand in der Musikgeschichte gemacht.

---

[9] Über das Konzept einer von jeglichem kulturellen Kontext freien und „reinen" Musik vgl. C. *Dahlhaus*: Absolute Musik, in: Funkkolleg Musikgeschichte, SBB 7, 1988, 11–41.

2.2 Musikalisch Konservative und Progressive in der Mitte des 19. Jahrhunderts

Im Zuge des sich allmählich vom klassisch-romantischen Stil distanzierenden und sich in neuen Formen ausdrückenden musikalischen Schaffens ist es diese Unterscheidung zwischen absoluter und Programmusik, also zwischen einer nur eigenen Gesetzen folgenden und sich in diesem Sinne verselbständigenden Tonkunst einerseits und einer außermusikalischen Zwecken dienenden und zudem außermusikalische Mittel einsetzenden Musik andererseits, die in der Mitte des 19. Jahrhunderts unter Komponisten und Musiktheoretikern einen Grundsatzstreit auslöst. Es handelt sich um einen Streit, der sich nach der Einsicht in die Geschichtlichkeit der Kultur auch für die Musik schon gegen Ende des 18. Jahrhundert erledigt haben sollte, nämlich, ob sich die Qualität musikalischer Kunstwerke an naturgegebenen ästhetischen Normen und oder an sich historisch wandelnden Grundsätzen der Bewertung zu bemessen habe.[10]

Der Wortführer der normativ-philosophischen Auffassung ist der als erster in Deutschland einen Lehrstuhl für Musikwissenschaft und – charakteristischerweise – für Ästhetik (1861) innehabende EDUARD HANSLICK (1825–1904). Unter dem Eindruck der nicht nur ihm, sondern auch vielen anderen Zeitgenossen vollendet erscheinenden Werke der großen Komponisten der klassisch-romantischen Periode vertritt er in seiner erstmals 1854 erschienenen und bis 1918 zwölfmal aufgelegten Schrift „Vom Musikalisch-Schönen. Ein Beitrag zur Revision der Aesthetik der Tonkunst"[11] die in der antiken Ideenlehre begründete Auffassung von der Existenz überzeitlich gültiger Gesetze des „Musikalisch-Schönen". Sie ist das Dokument der klassizistischen Musikästhetik schlechthin. Ausgehend von der Definition, daß die „tönend bewegten Formen [...] allein Inhalt und Gegenstand der Musik"[12] sind, und von der Auffassung, daß in Kunstwerken nur das Musik ist, was in Tonbeziehungen aufgeht, alles andere hingegen, also z.B. schon der Text von Liedern, „außermusikalisch" ist, begreift er das Musikwerk als einen selbständigen Organismus, hält er die großen Werke des klassischen Kanons für den besten Ausdruck der ewigen Grundformen des Musikalischen und erkennt er, indem er deren Musikkonfigurationen zum allgemeinen Maßstab erhebt, der Musik*geschichte* letztlich keinen wirklichen theoretischen Status zu, sondern ist sie für ihn nur so etwas wie eine propädeutische Hilfswissenschaft zum besseren Verständnis des Wesens der Musik.

Dieser zeitlosen ästhetischen Gesetzen verpflichteten Musikphilosophie steht die sog. „neudeutsche Schule der Progressiven" gegenüber. In Schriften wird sie vor allem von *Franz Brendel* (1811–1868) vertreten. Dieser meint im Rückbezug auf Hegel, daß man die Epochen der Musikgeschichte als fortschreitende Versuche des menschlichen Geistes verstehen müsse, die in der Musik enthaltenen Möglichkeiten zu verwirklichen, und daß die musikalische Ideengeschichte eine Fortschrittsge-

---

[10] Vgl. zu dieser Kontroverse *R. Heinz*: Geschichtsbegriff und Wissenschaftscharakter der Musikwissenschaft in der zweiten Hälfte des 19. Jahrhunderts. Philosophische Aspekte einer Wissenschaftsentwicklung, Regensburg 1968; und *Th. Kabisch*: Konservativ gegen neudeutsch, oder: Was heißt „außermusikalisch"?, in: Funkkolleg Musikgeschichte. SBB 8, 1988, 55–109.

[11] Nachdruck der 1. Aufl. von 1854, Darmstadt 1973.

[12] Ebd., 32.

schichte sei. Unterstützt von dem 1861 gegründeten „Allgemeinen deutschen Musikverein", will er nicht nur die Oper, das Lied und die sonstige „Programmusik", sondern auch die Instrumentalmusik an die Geistesgeschichte des politischen und musikalischen Fortschritts binden. Mehr noch wird diese Richtung aber von den Komponisten selbst vertreten und getragen, die wie u.a. Liszt in ihrem Schaffen nicht nur klassizistische Epigonen der früheren Meister sein wollen, sondern in Weiterentwicklung dieser Tradition mit eigenen und durchaus auch politisch gemeinten Schöpfungen, mit „poetischer" Klaviermusik und „symphonischen Dichtungen" (Berlioz), also mit neuen Formen und Inhalten hervortreten wollen. Sie setzt sich – gegen den Anspruch der „absoluten Musik" – dann vor allem in Wagners Konzept des potentiell alle Künste und kulturelle Traditionen aufnehmenden *Gesamtkunstwerks* und des von historischen und nationalen Themen motivierten Musikdramas durch.

Im Hinblick auf diese Kontroverse bewegt sich die Musikwissenschaft seither zwischen den Polen „ästhetisch" oder „historisch" und „systematisch" oder „historisch", in beiden Spannungsfeldern allerdings mit einem deutlichen Übergewicht des historischen Gegenstands- und Methodenverständnisses. Wie in der Literatur- und der Kunstwissenschaft auch gilt so die Musik als ein im wesentlichen historisches Phänomen, das sich sowohl in der synchronen als auch in der diachronen Dimension vornehmlich hermeneutisch erschließt, wenn auch ihre anthropologische, ästhetische, soziale und formenstrukturelle Dimension komplementär oder unter bestimmten Aspekten überhaupt besser in den systematisch und empirisch-analytisch forschenden Subdisziplinen der Musikwissenschaft erfaßt werden. Auch hat sich bis heute in der Musik die vom 18. Jahrhundert herkommende Grundüberzeugung gehalten, daß der Künstler in seiner Zeit ein Neuerer sein muß, um in der Geschichte (der Musik) einmal Bedeutung zu erlangen, und daß die bloß nach etablierten Regeln nachschaffende Musik, wie vollkommen sie auch in sich sein mag, dort kein Recht auf Erwähnung verdient.

2.3 Positivistische, kultur- und formengeschichtliche Methodik der Musikwissenschaft

Diese seit 1800 entstandenen systematischen und historischen Sichtweisen und Akzentuierung erhalten durch die allmähliche Verselbständigung als universitäre Musikwissenschaft seit der zweiten Hälfte des 19. Jahrhunderts, wenn auch „verspätet"[13], einen festen institutionellen Rahmen. Dabei lehnt sich die Musikgeschichte in ihren Forschungsmethoden eng an die etablierten historischen Fächer an und finden sich in ihr, was sich dort nacheinander herausgebildet hat, nebeneinander: positivistische, historistische und – nach 1900 – formengeschichtliche Verfahren.

So entwickelt sich nach dem Vorbild der Geschichtswissenschaft und der Literaturwissenschaften in der Musikwissenschaft zunächst dieselbe Art der Quellenerschließung, Editionstechnik, der Erstellung historisch-kritischer Gesamtausgaben (z.B. von Bach 1850) von Handbüchern, Lexika, Biographien usw. mit *positivistischem* Einschlag. Bei der Erhebung und Sicherung von Daten kann die Musikge-

---

[13] Vgl. dazu *G. Anselm* (Hg.): Musikwissenschaft – eine verspätete Disziplin? Die akademische Musikforschung zwischen Fortschrittsglauben und Modernitätsverweigerung, Stuttgart 2000.

schichtsschreibung auf die seit alters gepflegte Sammlung von Komponistenautographen, Notenabschriften, gedruckten Werken, Methodenlehren und theoretischen Darstellungen, von Musikinstrumenten und auf die Anfertigung von Überblicken über das Musikleben an bestimmten Orten und in Ländern bis heute zurückgreifen.

Die Darstellung in der Form der „Geschichte der Musik" hat dann entweder einen mehr musik*wissenschaftlichen* bzw. -*theoretischen* oder einen mehr musik*historischen* Charakter. Als Prototyp der ersteren Art, mit einer gewissen Nähe zur Musiktheorie Hanslicks, kann das „Handbuch der Musikgeschichte"[14] und die „Geschichte der Musiktheorie ..."[15] von HUGO RIEMANN (1849–1919) gelten. Er betrachtet die Musik*historie* deshalb nur als Propädeutik der Musik*wissenschaft*. Denn allein letztere sei dem Bleibenden in der Musik, dem ihrem empirischen und phänomenalen Wandel Enthobenen verpflichtet. Der Begründer des musikalischen Historismus und zugleich der Stilgeschichtsschreibung auf der anderen Seite ist GUIDO ADLER (1855–1941). Er will das neue Fach Musikwissenschaft gerade durch die historische Deutung der musikalischen Werke aus dem Geist ihrer Zeit wissenschaftlich machen. Von seiner Studie „Umfang, Methode und Ziel der Musikwissenschaft (1885)[16] bis zu dem von ihm herausgegebenen „Handbuch der Musikgeschichte" (1924)[17] hat er in vielen Schriften die Historie als den letzten Sinn musikwissenschaftlicher Forschung angesehen und in Anlehnung an die Kunstgeschichte die Geschichte der Musik als Abfolge von Stilen aufgefaßt.[18]

Im Interesse am Stil und an der Formensprache der Musik nähert sich Adler nach 1900 allerdings schon der in dieser Zeit in der Germanistik entstehenden sog. *werkimmanenten Interpretation*[19] an, welche die Werke tendenziell aus allen ihren historischen, gesellschaftlichen und biographischen Entstehungsbedingungen und wirkungsgeschichtlichen Zusammenhängen herauslöst, die ideen- und kulturgeschichtliche und erst recht die positivistische Methodik zurückdrängt, den Schönen Künsten kraft ihrer sprachlichen, musikalischen und bildnerischen Mittel die Fähigkeit zuspricht, eine Gegenständlichkeit und Wirklichkeit eigener Art zu erzeugen, und die mit der Entwicklung einer musikalischen Hermeneutik wieder an die ahistorische Musikästhetik Hanslicks heranrückt.

Gemeinsam ist wiederum fast allen Musikgeschichten vom frühen 19. bis ins 20. Jahrhundert, daß sie eine ausgesprochene Vorliebe für die nationale Tradition und im besonderen für die mittelalterliche Frühe der europäischen Musik hegen und zumeist noch nicht die zeitgeschichtliche Musik aufnehmen, sodann die musikalische Epochen nach dem organistischen Modell von Keim, Blüte, Reifung und Er-

---

[14] Leipzig 1904-1913, ²1919-1921.
[15] Leipzig 1898.
[16] In: Vierteljahresschrift für Musikwissenschaft, Leipzig 1885, was zugleich das Gründungsdatum dieser Zeitschrift ist.
[17] Frankfurt, Neudruck Mannheim 1975; vgl. zuvor: Methode der Musikgeschichte (1919).
[18] Der Stil in der Musik (1911).
[19] Vgl. dazu ausführlich Kapitel 32.2.

starrung betrachten und schließlich ins Zentrum des Interesses die herausragenden Werke und Komponisten stellen.

2.4 Musikwissenschaftliche Probleme der Rekonstruktion der Frühgeschichte der Musik

So sicher, wie man davon ausgehen kann, daß die Musikalität ein anthropologisches Erbe ist und alle Ethnien auf dieser Grundlage seit frühester Zeit spezifische musikalische Traditionen haben, so schwierig ist es, von heute aus auch nur bis in die frühhochkulturelle Geschichte der Musik vorzudringen. Das Grundproblem ist ihre in manchen Kulturen fast bis heute bestehende ausschließlich nicht-literale Überlieferung. Denn auch unser Kulturkreis verfügt erst gegen Ende des europäischen Mittelalters über eine die Musik in den zwei elementaren Dimensionen des Tonhöhenverlaufs und der metrischen Tondauerstruktur verläßlich fixierende Notenschrift. Gewiß leidet die Historiographie der menschlichen Kultur generell unter der „Asymmetrie zwischen ausschließlicher Oralität und zusätzlicher Literalität" (H. Blumenberg). Aber hierbei sind die Kunstgeschichte und die Literaturgeschichte doch in einer wesentlich besseren Quellenlage. Denn die in den letzten 150 Jahren wiederentdeckten Höhlenmalereien erlauben uns einen unverstellten, wenn auch sehr speziellen Blick in die Vorstellungswelten eiszeitlicher Jäger bis vor über 30.000 Jahren – wie schwierig auch ihre Deutung bis heute ist -, sodann sind aus aller Welt zahlreiche bildnerische Kunstwerke der frühen (Hoch-)Kulturen entweder dank ihrer Monumentalität und Schönheit seit ihrem Entstehen immer zu besichtigen gewesen oder seit den vor etwa 250 Jahren verstärkt einsetzenden Ausgrabungen zutage getreten. Die schriftliche Überlieferung beginnt zwar später als die bildnerische. Seit ihrem ersten Entstehen in den frühen Hochkulturen des Alten Orients ist sie aber ohne wirkliche Unterbrechung bis heute das beste Medium des Verständnisses des Denkens, Fühlens und Handelns der uns fernen Menschen und gibt es keine andere Quellengattung in ähnlicher quantitativer und thematische Reichhaltigkeit. Demgegenüber wissen wir trotz der antiken Buchstaben- und mittelalterlichen Akzentnotation nicht, wie z.B. der von der Leier begleitete Sprechgesang der homerischen Aoidoi, der gregorianische Mönchsgesang zur karolingischen Zeit und der hochmittelalterliche Troubador- und Minnesang wirklich geklungen haben.

Die mit GUIDO VON AREZZO im 11. Jahrhundert noch sehr unvollkommen beginnende und sich in mehreren Schritten bis 1600 ausbildende neuzeitliche Notenschrift schafft zwar in Bezug auf die beiden genannten musikalischen Parameter eine gewissen Eindeutigkeit, ist aber gerade dadurch auch ambivalent, als sie die musikalische Schriftkultur Europas im doppelten Sinn des Wortes fixiert. Einerseits bewahrt sie die originale Intention des Komponisten oder Bearbeiters in Bezug auf die Tonhöhen und Tonbewegungen und macht sie endlich zu einem sicheren Datum der Musikgeschichte, andererseits aber engt sie die bisher in der Ausführung relativ frei strömende Überlieferung auf jene reduzierte Version ein, die dann nur durch neue Werke überboten werden kann – was freilich ebenso auf die Überlieferung von Bildern und Texten zutrifft und wahrscheinlich ein Moment des produktiven Wandels der Künste und allgemein der Kultur in den Schriftkulturen ist. Aus alledem folgt, daß man von der klingenden Seite der Tonkunst des Altertums und des frühen und hohen Mittelalters wenig weiß. Daran ändert auch nichts, daß die im 20. Jahrhundert entstehende Musikethnologie Analogien zwischen der Musikpraxis und -tradition der rezenten Primitiven einerseits und der frühgeschichtlichen und literalen Kulturen ohne Notenpraxis andererseits nahelegt.

3. Die Entstehung der Klassischen Archäologie und der Kunstgeschichte

Wie im Fall der Musikgeschichte handelt es sich auch bei der Klassischen Archäologie und Kunstgeschichte um eine verhältnismäßig späte Disziplinbildungen und wie dort werden die Voraussetzungen dafür außeruniversitär geschaffen. Die zentrale Rolle spielen dabei die *Museen.* Sie engagieren sich im Ankauf von Werken der antiken und europäischen Kunst, machen diese im Prinzip für jedermann zugänglich (nachdem die architektonischen, plastischen und bildlichen Werke der weltlichen Kunst bis dahin vornehmlich im privaten Besitz von Adel und begüterten Bürgertum waren), stellen sie erstmals nach Epochen, Ländern und Schulen geordnet aus und üben so die Betrachter in das kunsthistorische Sehen ein. Sie fördern innerhalb des zeitgenössischen künstlerischen Schaffens besonders die Historienmalerei, die historistische Architektur und die Restauration des künstlerischen Erbes und tragen so im Kontext des allgemeinen Interesses und der Idealisierung der antiken und frühen nationalen Geschichte auch zur neueren Wertschätzung der originalen Werke des Mittelalters und der frühen Neuzeit bei. Schließlich sind es vor allem die Museen, jedenfalls die großen unter ihnen, die – nicht selten auf Veranlassung einzelner Geschichts- und Kunstbegeisterter wie z.B. Schliemanns oder Evans – die nach dem Napoleon-Feldzug in Ägypten 1799 in ganz Europa verstärkt einsetzenden Grabungen im Vorderen Orient und im Mittelmeerraum organisieren, finanzieren und wissenschaftlich auswerten.[20] Das ganze 19. Jahrhundert ist so einerseits die Blütezeit der systematischen Grabungen, des ungeahnten Aufschwungs der klassischen Archäologie und der Entdeckung und Beschreibung bisher ganz unbekannter antiker Kulturen, andererseits – als Kehrseite dieser Rückgewinnung verschollenen historischen Wissens – aber auch die Zeit der großen Raubzüge, der gewissenlosen Ausplünderung von Fundstätten, der Herauslösung attraktiver Teile aus größeren Kunstwerken und architektonischer Ensembles und der dabei nicht seltenen unwiederbringlichen Zerstörung von Werken kultureller Identität der Herkunftsländer. Der planmäßig organisierte Kunstraub füllt die Sammlungen vor allem der großen Nationalmuseen auf, wofür die ägyptischen Erwerbungen Frankreichs für den Louvre durch V. Denon und die Überstellung zahlreicher Skulpturen des Parthenontempels der Akropolis von Athen durch Lord Elgin an das Britische Museum die bekanntesten Beispiele sind.

Die seit der zweiten Hälfte des 19. Jahrhunderts entstehende und sich von daher quellenmäßig und ideell speisende Archäologie an den Universitäten ist allerdings

---

[20] Vgl. die von *J. Vercoutter* und anderen französischen Gelehrten in fünf Bänden vorgelegte und auch ins Deutsche übertragene und wissenschaftlich bearbeitete, sehr gut illustrierte Darstellung der Geschichte der Grabungen im alten Ägypten, Griechenland, Rom, Pompeji und in Byzanz: Die Wiederentdeckung der Alten Welt, Ravensburg 1990/1995 (Paris 1986–1991).

nur selten eine selbstständige Disziplin, sondern zumeist Teil eines thematisch weitergefaßten Faches: der Prähistorie, einer der speziellen Altertumswissenschaften (u.a. der Assyriologie, der Ägyptologie, der Alten Geschichte) und der außereuropäischen Hochkulturen (u.a. der Indologie, der Sinologie) und schließlich auch der Völkerkunde (Ethnologie), die – im Zuge und unter dem Schutz von Forschungs- und Entdeckungsreisen, kolonialistischen Eroberungen und christlicher Mission – weltweit forscht und Kunstwerke sammelt und nach Europa bringt. Die klassische Archäologie ist das Musterbeispiel einer multiperspektivischen historischen Wissenschaft. So ist – um nur einen Wissenschaftler zu nennen – *Ernst Curtius* (1814–1896), der Autor der im 19. Jahrhundert meistgelesenen deutschsprachigen „Griechischen Geschichte" (1852–67)[21], Initiator der Ausgrabungen in Olympia und ein anerkannter Repräsentant des Bildungshumanismus, in einer Person.

Begründer der abendländischen Kunstgeschichte sind in Deutschland *Karl Friedrich von Rumohr* (1785–1843) und *Franz Kugler* (1800–1858).[22] Wie rührig diese und viele weitere Kunsthistoriker im Kunst-, Museums- und Universitätsbetrieb des 19. Jahrhunderts auch sind, so steht doch ihr Fach bis zum ersten Weltkrieg im Schatten der anderen historischen Wissenschaften. Auch kommen die bedeutenden kunsthistorischen Anregungen zumeist von allgemeinen Kulturhistorikern, wie vor allem von *Jacob Burckhardt* (1818-1897)[23], *Heinrich Wölfflin* (1864–1945), *Johan Huizinga* (1872-1945) und *Aby Warburg* (1866-1929)[24]. Im bevorzugten Bezug auf die italienische Renaissance, auf das Pionierwerk von Vasari[25] und auf das weitere Kunstschaffen dort in Architektur und Malerei ist zumindest die deutsche Kunstwissenschaft lange Zeit eine genuine Italienforschung gewesen.

---

[21] Griechische Geschichte von den Uranfängen bis zum Tode von Perikles. 3 Bde., Olten.
[22] Zu ihrer Leistung vgl. *W. Busch* (Hg.): Funkkolleg Kunst. Eine Geschichte der Kunst im Wandel ihrer Funktionen. München/Zürich ²1997; *H. Dilly*: Kunstgeschichte als Institution. Studien zur Geschichte einer Disziplin, Frankfurt 1979; *U. Kultermann*: Geschichte der Kunstgeschichte. Der Weg einer Wissenschaft, Berlin 1981.
[23] Vgl. Kapitel 26.1.
[24] Vgl. alle drei in Kapitel 28.2.
[25] Vgl. Kapitel 10.3.2.

22. Historismus:
Fach- und populärgeschichtliches Denken im 19. Jahrhundert

1. Historiographie im Zeichen des Historismus (Ranke) 370
2. Droysens „Historik": Die Theorie der Geschichte 376
3. Erforschte, erzählte, gemalte, gebaute und gefeierte Geschichte:
   Das historistische Welt- und Selbstverständnis des Bürgertums 385
4. Die „Kultur- und Sittengeschichte" als Alternative zur Politischen Geschichte 388
5. Zur Frage nach der Geschichtsphilosophie des Historismus 391

Während Hegel noch seine alles umfassende Geschichtsphilosophie entwirft und Marx sich mit Engels anschickt, eine universalhistorisch begründete und revolutionär auf die Zukunft gerichtete Gesellschaftsgeschichte auszuarbeiten, bescheiden sich die allermeisten Wissenschaftler des Fachs Geschichte – wie sie es auch ganz überwiegend bis heute tun – mit der zugleich strikt empirischen und sinnverstehenden Erforschung thematisch und zeitlich begrenzter realgeschichtlicher Phänomene. Sie setzen damit den „realistischen" Strang des kulturgeschichtlichen Ansatzes des 18. Jahrhunderts fort. Denn schon die Initiatoren des modernen historischen Denkens haben darauf bestanden, ihre Forschung mit in Quellen nachprüfbarer Wirklichkeit zu „unterfüttern". In dieser Linie verlegt sich die junge Geschichtswissenschaft im Laufe des 19. Jahrhunderts immer mehr darauf, dies zu einem Hauptprinzip ihrer Forschung zu machen. Im Unterschied also zu der Geschichtsphilosophie, die darüber nachdenkt, woher die Menschheit kommen könnte, wie sie sich entwickelt hat und was ihr Ziel sein könnte, und auch zu den historischen Sprach-, Literatur-, Musik-, Kunst-, Religions- und Rechtswissenschaften und der Philosophiehistorie, die den geschichtlichen Gang der Ideen und der in den Gegenständen wahrnehmbaren Formen nachzeichnen wollen, kommt es ihr hauptsächlich darauf an, so genau wie möglich herauszufinden und „zu zeigen, wie es eigentlich gewesen"[1] ist. Diese Formulierung Rankes (1824) drückt konzentriert die „historistische" Forschungsintention der Geschichtswissenschaft aus und charakterisiert darüber hinaus die allgemein im 19. Jahrhundert verbreitete Absicht, historische Phänomene aus ihrer Zeit und die gegenwärtige Kultur aus ihrer Geschichte zu begreifen. Der Begriff des Historismus meint jenes moderne Geschichtsbewußtsein, das sich zum Ziel gesetzt hat, Ausschnitte der überlieferten Kultur subjektiv-intuitiv und zugleich möglichst objektiv aus dem Geist ihrer Entstehungszeit und aus der aus Quellen rekonstruierten Perspektive damals Handelnder, Erlebender und Bezeugender in ihrer Individualität und Einmaligkeit zu erfassen, zu verstehen und, sie nachschaffend, zu vergegenwärtigen. Zwar wird der Historismusbegriff erst gegen Ende des 19. Jahrhunderts durch eine Schrift des Historikers *Friedrich Meinecke* gebräuchlich[2], er ist aber seither die allgemein akzeptierte Sammelbezeichnung für jenes Verständnis, das vom Beginn des 19. bis in die 60er Jahre des 20. Jahrhunderts in Deutschland die große Mehrheit der Historiker und historisch Interessierten von

---

[1] *L. von Ranke*: Sämtliche Werke. 54 Bde., Bd. 33/34, Leipzig 1885, S. VII.
[2] *F. Meinecke*: Die Entstehung des Historismus [1879]. Herausgegeben und eingeleitet von C. Hinrichs, Werke Bd. 3, München 1965.

der Geschichte und ihrer Erforschung gehabt haben. Dabei bleibt der Begriff mehrdeutig. Denn er schlingt ein so loses Band um das vielfältige historischen Denken, Forschen, Darstellen und Erleben in jenem Zeitraum, daß er letztlich alles auf die Vergangenheit bezogene kulturelle Tun meinen kann. Man tut deshalb gut daran, einige Unterscheidungen zu treffen. Abschnitt 1 ist so zunächst eine sich hauptsächlich an Grundsätzen von Rankes historischem Denken orientierende Darstellung der geschichtswissenschaftlichen Forschung. Abschnitt 2 gilt der bedeutendsten fachwissenschaftlichen Geschichtstheorie des 19. Jahrhunderts, der von Droysen. Abschnitt 3 thematisiert sodann das historistische Welt- und Selbstverständnis, das seitens des Bürgertums die gesamte Kultur des 19. Jahrhundert durchdringt und prägt. Abschnitt 4 zeigt den historistischen Niederschlag in der – freilich nur randständigen – „Culturgesschichtsschreibung" und in der Begründung der wissenschaftlichen Volkskunde auf. Gegenstand des abschließenden Abschnitts 5 ist die implizite Geschichtsphilosophie des Historismus.[3]

1. Historiographie im Zeichen des Historismus

1.1 Die nationale politische Geschichte als das zentrale Thema der Geschichtswissenschaft

Als universitäres Fach beginnt die Geschichtswissenschaft zumeist noch in einem universal-, kultur- und bildungshistorisch weitgefaßten und aufklärerischen Sinne, wie es sich etwa in der „Weltgeschichte in zusammenhängender Erzählung" (1815-1841) von *Friedrich Christoph Schlosser* (1776-1861) zeigt. Diese Weite charakterisiert auch die erste Historiographiegeschichte, die von L. *Wachtler:* Geschichte der historischen Forschung und Kunst (Göttingen 1812-1820). Unter dem thematischen und methodischen Einfluß von LEOPOLD VON RANKE (1795-1886) schwenkt sie aber alsbald, einer mächtigen Zeittendenz folgend und sie bestärkend, zur hauptsächlich politischen Geschichte der Antike und Europas hinüber. Die rasche Anerkennung und das besondere Prestige des neuen Fachs in Deutschland rührt in der Tat ganz wesentlich daher, daß es sich dieser Thematik und dabei vor allem der Geschichte der eigenen Nation, freilich im Konzert der europäischen Mächte, zuwendet. Letzteres zeigt sich vor allem darin, daß es, im Blick auf die im 19. Jahrhundert lange Zeit noch offene Frage der nationalen Einigung Deutschlands, in der Mittelalterforschung besonders die kaiserliche Reichsgeschichte darstellt, ja gegenwartspolitisch

---

[3] Zur Entwicklung und allgemeinen Charakterisierung des Historismus in der Geschichtswissenschaft vgl. außer der im ersten Kapitel genannten Literatur besonders folgende Werke: Th. Nipperdey: Die Revolution des Historismus und die Entwicklung der Geisteswissenschaften, in: ders. 1983, 498-533; U. Muhlack: Geschichtswissenschaft im Humanismus und in der Aufklärung. Die Vorgeschichte des Historismus, München 1991; F. Jaeger/J. Rüsen: Geschichte des Historismus, München 1992; O.G. Oexle: Geschichtswissenschaft im Zeichen des Historismus. Studien zu Problemgeschichten der Moderne, Göttingen 1996; A. Wittkau: Historismus. Zur Geschichte des Begriffs des Problems, Göttingen [4]1994; W. Hardtwig, Die Verwissenschaftlichung der neueren Geschichtsschreibung, in: Goertz 1998, 245 ff.; Geschichtsdiskurs, Bd. 3, Die Epoche der Historisierung, Frankfurt 1997; dort besonders: Kapitel II. Verwissenschaftlichung des Historischen, S. 29-120; und die Beiträge darin von J. Rüsen: Historik – Überlegungen zur metatheoretischen Selbstauslegung und Interpretation des historischen Denkens im Historismus, S. 80-99, und G.G. Iggers: Historisches Denken im 19. Jahrhundert. Überlegungen zu einer Synthese, S. 459-470; U. Muhlack: Verstehen: in: Goertz [2]2001, 99-131.

instrumentalisiert, die Reformation vor allem als nationale Bewegung gegen Rom begreift und überhaupt das nationale Selbstbewußtsein und den Stolz auf die eigene Vergangenheit weckt. Der Ideen- und sonstigen Kulturgeschichte gewährt diese politisch-nationale Geschichtsschreibung deshalb nur eine Nebenrolle. Gleichwohl führen ihre bedeutenden Forschungsleistungen bei dem Versuch, das Handeln der „großen Männer" und die jeweiligen politischen Situationen zu verstehen, sozusagen in ihrem Gepäck zumeist die dieses Handeln verständlich machende Sozial- und Kulturgeschichte mit. Letzteres gilt zu einem höherem Grade für die daneben mit fast gleicher Intensität betriebene „Alte Geschichte", die im Verbund mit der Altphilologie und der Archäologie ohnehin von Anfang an einen das Ganze der antiken Kultur erforschenden Ansatz pflegt[4] und die in der zweiten Jahrhunderthälfte durch die überragenden Forschungen von THEODOR MOMMSEN (1817-1903)[5] eine auf das historische Denken insgesamt ausstrahlende Wirkung erreicht. Ein Übriges tun die beginnenden Ausgrabungen u.a. von Troja und Pompeji und, historisch noch bedeutender, die „Entdeckung" Altägyptens und Mesopotamiens sowie die Entzifferung der Hieroglyphen- und Keilschrifttexte. Dadurch erhält die europäische Kultur ein noch umfassenderes und differenzierteres Bewußtsein von ihrer vorchristlichen Herkunft.

1.2 Die historisch-kritische Methode und die Tendenz zur positivistischen Erfassung der Geschichte

Das zentrale Kennzeichen dieser Geschichtsschreibung ist aber die von ihr entwickelte und später auch im europäischen Ausland zum Vorbild genommene sog. *historisch-kritische Methode*. Sie ist in ihrem Kern dadurch charakterisiert, daß sie strikt von Quellen ausgeht und diese nach bestimmten, im Fach erarbeiteten, erprobten und reflektierten Regeln sichert, aufbereitet und auslegt. Historische Forschung ohne Absicherung in sorgfältig auf Überlieferungsverläßlichkeit und inhaltliche Glaubwürdigkeit „kritisch" geprüften Quellen gilt ihr von nun an als spekulativ und unwissenschaftlich. Weil die dabei herangezogenen Quellen hauptsächlich Texte sind, ist das erste und zentrale Handwerk so auch der Fachhistoriker ein philologisches. „Historisch-kritisch" meint also keine Kritik der Geschichte, wie es durchaus die Absicht der Aufklärung war und etwa die Marx' dann ist, sondern hat umgekehrt zum Ziel, durch die genaue Erschließung der Quellen der Geschichte gerade zu ihrem Recht zu verhelfen und sie, zumeist ganz affirmativ, als Träger von Sinn und Orientierung auch in der gegenwärtigen Kultur erscheinen zu lassen. Die Anwendung der historisch-kritischen Methode und die sie ermöglichende „hermeneutische" Deutung im Wechselspiel von Teil und Ganzem sind wissenschaftliche Standards, hinter die die seriöse Geschichtsschreibung seither nicht mehr zurück-

---

[4] Vgl. etwa *Barthold Georg Niebuhr*: Vorlesungen über römische Geschichte (1810/11), Abdruck der „Vorrede" bei Hardtwig 1990, 38-41; *J.G. Droysen*: Geschichte des Hellenismus. 3 Bde., 1836-43 (Nachdruck mit einer Einleitung von H.-J. Gehrke, Darmstadt 1998).

[5] Von größter Bedeutung ist seine „Römische Geschichte" (1854-1885), jetzt als achtbändige Taschenbuchausgabe erhältlich München 2000 ff. Zu Person und Werk vgl. *A. Heuß*: Theodor Mommsen und das 19. Jahrhundert, Kiel 1956, und die neuere Arbeit von *S. Rebenich*: Theodor Mommsen. Eine Biographie, München 2002.

fallen will. Wenn zahlreiche Forschungsarbeiten des 19. Jahrhunderts heute nicht mehr nur von wissenschaftshistorischem Wert sind, sondern weiterhin Beachtung und Anerkennung auch in der Sache finden, dann verdankt sich dies nicht zuletzt den hohen Geltungsansprüchen dieser Methodik. In der Tat profitieren die Historiker noch heute von den durch diese Art des Umgangs mit den Quellen damals entstandenen Quelleneditionen und in Monographien, Nachschlagewerken und Handbüchern historistisch „festgehaltenen" Sachverhalten und erarbeiteten großen Deutungen. Wenn so der Erkenntnisanspruch dieser Forschung zunächst „nur" in einer Fakten und Sachverhalte feststellenden Realgeschichte zu bestehen scheint, so reicht doch ihr Ertrag und eigentliches Ziel insofern darüber hinaus, als sie sich der Totalität des jeweils erschließbaren zeitgeschichtlichen Kontextes der Quellen vergewissern muß, um die in den Quellen repräsentierte jeweilige geschichtliche Wirklichkeit so verstehen zu können, wie ihre Autoren sie unter den Bedingungen ihrer Zeit vermutlich verstanden haben. Eben durch dieses Bestreben wird ihr die in den überlieferten Zeugnissen immanente Geschichtlichkeit im Sinne ihres Gewordenseins und ihres darin angelegten Wandels bewußt. Ihre prinzipielle Andersartigkeit und Differenz zu gegenwärtigen Phänomenen macht deutlich, daß ihre Objekte, gleich, ob es politische Weltbilder („Ideologien"), Entdeckungen, Erfindungen, Techniken, Lebensformen, Institutionen, Taten, Epochen, Situationen usw. sind, einen nicht „einholbaren" *historischen Eigen-Sinn* und *Eigenwert* haben und dabei immer Teile von noch komplexeren und zur Veränderung tendierenden menschlichen Sinngebilden sind.

Dieses sich in der ersten Hälfte des 19. Jahrhunderts im Fach ausformende Gegenstands- und Methodenverständnis weist in seiner zweiten Hälfte eine zunehmende Tendenz zu einer bloß „positivistischen" Philologie und Tatbestandserfassung auf. In der Tat sind damals nicht wenige Historiker der Neigung erlegen gewesen, faktenbesessen und detailverliebt die Vergangenheit um ihrer selbst zu erforschen und von ihr unter Verzicht auf eine darüber hinausgehende Reflexion und Bewertung selbstgenügsam nur klar abgegrenzte, nicht selten sehr spezielle Ausschnitte verstehen zu wollen, und die Forschung dadurch von übergreifenden Sinnfragen abzuschneiden. Jedenfalls wächst sich der Historismus gegen Ende des 19. Jahrhunderts immer mehr zu einem *historischen Positivismus*[6] aus, dem die Sammlung, Kritik und Herausgabe von Quellen alles und die deutende Herstellung von größeren Zusammenhängen schon eine unwissenschaftliche Grenzüberschreitung ist. Insbesondere die Alte Geschichte und die Altphilologie sind von der Leidenschaft der Erschließung von Faktizitäten aus allen überhaupt nur erreichbaren Quellen befallen. Daß dies alles in allem aber kein unnützes Unterfangen war, zeigt sich darin, daß es der historischen Forschung dadurch in den letzten beiden Jahrhunderten gelungen ist, z.T. weit zurückliegende und zuvor ganz unverständliche geschichtliche Situationen, Sachverhalte, Verhältnisse und Entwicklungen im Detail, jedoch auch im Ganzen plausibler aufzuklären, als es den meisten Historikergenerationen zuvor

---

[6] Schnädelbach 1998, 51. Zur Charakterisierung der empirischen Kulturwissenschaften im 19. Jahrhundert; vgl. auch *F. Kittler*: Eine Kulturgeschichte der Kulturwissenschaft, München 2000, 132 ff.

möglich war. So wissen wir z.B. über das Leben im alten Griechenland oder in einer mittelalterlichen Stadt heute zwar ebenfalls nicht, „wie es einmal gewesen" ist, aber zum einen ist uns am damaligen Handeln der Menschen heute wieder vieles verständlicher, als es den unkritisch in ihrer Zeit befangenen früheren Historikern war, und zum andern durchschauen wir, aufgeklärt durch die moderne Anthropologie und den Ertrag der modernen Forschung, aus der Distanz manches sogar besser als die damals Handelnden selbst.

1.3 Ranke: Objektivität und Eigensinn des Geschichtlichen

Die fundamentale Begründungsleistung dieses geschichtswissenschaftlichen Ansatzes haben in Deutschland, ausgehend von Vorstellungen der aufklärerischen Historie und, zu Beginn des 19. Jahrhunderts, u.a. von solchen W. von Humboldts[7] und Schleiermachers[8], vor allem zwei Historiker erbracht, Ranke durch seine Forschungspraxis selbst und gelegentlichen theoretischen Bemerkungen und Droysen durch seine stringent begründete Geschichtstheorie. Auf sie beide stützt sich bis heute hauptsächlich das historistische Grundverständnis.[9]

Der wirkungsreichste Repräsentant des Historismus des 19. Jahrhunderts ist durch sein umfangreiches Forschungswerk LEOPOLD VON RANKE (1795-1886). Er ist vor allem Forscher und Schreiber, betreibt historisch-kritische Quellenforschung, nimmt sie zur Grundlage weitgespannter Erkenntnisse über größere Zusammenhänge der europäischen Geschichte und weiß zudem, die dabei gewonnenen Einsichten gut darzustellen. Er ist nicht eigentlich ein Theoretiker der Geschichte, seine gleichwohl immer wieder aufgegriffenen theoretischen Aussagen entstammen zumeist Vorworten und (Antritts-)Reden. Im Hinblick auf die Möglichkeiten des Historikers, durch umsichtige Textkritik und -auslegung geschichtliche Wirklichkeit zu rekonstruieren, hat er ein fast naives Vertrauen in die menschliche Erkenntnisfähigkeit. Er ist davon überzeugt, daß es dem Historiker möglich sei zu sagen, „wie es einmal gewesen" ist, jedenfalls dann, wenn er sich im Dienste an der Geschichte vor den ihm in den Quellen begegnenden Objekten mit Vernunft und Einfühlungsvermögen als Person der eigenen Zeit gleichsam auslöscht. In Rankes Worten: „Ich wünschte mein Selbst gleichsam auszulöschen und nur die Dinge reden, die mächtigen Kräfte erscheinen zu lassen, die im Laufe der Jahrhunderte mit- und durcheinander entsprungen [...]."[10] Einen solchen Anspruch auf die Möglichkeit einer objektiven Rekonstruktion der geschichtlichen Wirklichkeit haben freilich nur wenige Historiker vertreten – Droysen bestreitet ihn prinzipiell.

Auch ist man im allgemeinen zurückhaltender gegenüber der von Herder und anderen kommenden Annahme, daß jedes Volk einen sich in seinen Sitten als Aus-

---

[7] *W. von Humboldt*: Über die Aufgaben des Geschichtsschreibers (1822), in: Werke. 4 Bde., Hg. A. Flitner/ K. Giel, Darmstadt 1960.

[8] *F.D.E. Schleiermacher*: Hermeneutik und Kritik, hg. und eingeleitet von M. Frank, Frankfurt 1977.

[9] Die im folgenden referierten Gedanken Rankes und weiter unten von Droysen werden im Zusammenhang mit den grundsätzlichen Ausführungen zur Theorie der Geschichte nochmals in den Kapitel 42-44 aufgenommen.

[10] *L. von Ranke*: Sämtliche Werke, Bd. XV, 102, (in: Historisch-politisches Gespräch, 1832/36).

druck eines gemeinsamen Geistes manifestierenden und historisch durchgehaltenen eigenen Charakter hat, wie es Ranke so ausgedrückt hat:

> Da wir Staaten und Völker [...] sämtlich nach ihren eigenen Sitten, welche sie sehr häufig mit keinem anderen Volk gemein haben, nach ihren eigentümlichen Gesetzen, ihren besonderen Einrichtungen leben und blühen sehen, so ist offenbar, daß jedes einen ganz bestimmten ... Charakter und ein eigentümliches Leben hat, von dem Alles, was es besitzt und tut, sich herleitet.[11]

Noch kritischer steht man seiner Annahme gegenüber, daß die Geschichte jeder Zeit und jedes Volkes einen für sich stehenden und von der göttlichen Vorsehung gewürdigten Sinn hat. Während sich die meistens Historiker in bewußter Distanz zu Hegels Geschichtsphilosophie fast ganz des Urteils über den Sinn historischer Phänomene und erst recht über ein Ziel der Menschheitsgeschichte enthalten und sich mit dem Verstehen von Ausschnitten aus dem Ganzen begnügen, besteht Ranke – unter der freilich auch von ihm geteilten Annahme, daß jedes Individuell-Geschichtliche in sich widersprüchlich ist und von jeweiliger Geschichte alsbald „überholt" wird – darauf, daß allem Historischen ein eigener Sinn zuerkannt werden müsse, jedes Einzelne und das Ganze der Geschichte von „Gott" getragen ist und „Gottes Walten" die historischen Singularitäten zu einem großen Zusammenhang verbindet. In der klassisch gewordenen Passage hat er das so ausgedrückt:

> Wollte man [...] annehmen, [...] [sc. der] Fortschritt [sc. der Menschheit] bestehe darin, daß in jeder Epoche das Leben der Menschheit sich höher potenziert, daß also jede Generation die vorgehende vollkommen übertreffe, mithin die letzte allemal die bevorzugte, die vorhergehenden aber nur die Träger der nachfolgenden wären, so würde das eine Ungerechtigkeit der Gottheit sein. Eine solche gleichsam mediatisierte Generation würde an und für sich eine Bedeutung nicht haben; sie würde nur insofern etwas bedeuten, als sie die Stufe der nachfolgenden Generation wäre [...] Ich aber behaupte: *jede Epoche ist unmittelbar zu Gott, und ihr Wert beruht gar nicht auf dem, was aus ihr hervorgeht, sondern in ihrer Existenz selbst* [...] dadurch bekommt die Betrachtung der Historie, und zwar des individuellen Lebens in der Historie, einen ganz eigentümlichen Reiz, indem nun jede Epoche als etwas für sich Gültiges angesehen werden muß und der Betrachtung höchst würdig erscheint.[12]

Indem Ranke so jeder Epoche, jeder Kultur, jeder Institution, jedem menschlichen Werk einen gegenüber allem anderen unvergleichlichen Eigen-Sinn und vor der „Gottheit" eine gleichgroße Würde zuerkennt, schließt er nicht nur jede Verurteilung allen faktisch Geschehenen aus, sondern läßt es auch gelten, wogegen sich gegen Ende des 19. Jahrhunderts dann die lebensphilosophische Kritik erhebt und was bis heute für die einen ein Kritikpunkt[13] und für die anderen ein Vorzug der historistischen Methode und Weltsicht ist.

---

[11] Antrittsrede Rankes 1836 an der Universität Berlin, abgedruckt auch bei Hardtwig 1990, 54.
[12] Über die Epochen der neueren Geschichte, Darmstadt 1954, 7 (Vorträge aus dem Jahr 1854, erstmals postum veröffentlich von A. Dove 1888).
[13] Kritik am Relativismus des Historismus hat geübt z.B. *G. Lukács*: Die Zerstörung der Vernunft durch den Historismus, Berlin ²1968.

Obwohl Ranke zeitlebens gegen Hegel und allgemein gegen die Philosophie polemisiert hat, und zwar weil man das Allgemeine nur vom Besonderen her, also den Gang der Geschichte nur von ihren empirischen Erscheinungen her erkennen kann, beginnt er doch – fast in der Manier Hegels – im hohem Alter mit der Abfassung einer Universalgeschichte. Das ist insofern konsequent, als er ein fast ein fast grenzenloses Vertrauen in die letztlich von Gott gelenkte Geschichte hat und – wie Hegel – trotz aller Widersprüchlichkeit die Vernunft in der Geschichte walten sieht. Dieser Sichtweise folgt schließlich auch Droysen, wenn auch in anderer Begründung.

1.4 Historistische Geschichtsschreibung in Frankreich und England

Das 19. Jahrhundert ist auch in Frankreich und England ein historisches, und zwar sowohl im allgemeinen wie im wissenschaftsmethodischen Sinne. Denn auch hier nimmt sich die Dichtung, im Verbund mit den anderen Schönen Künsten, geschichtlicher Themen an, gibt die Historie im Laufe des 19. Jahrhunderts weitgehend die universalhistorische Spekulation auf, bemüht sich die Geschichtsschreibung um die Einhaltung objektiver Kriterien und pflegt man vor allem die nationale politische Geschichte. Weil die Geschichtswissenschaft aber in diesen Ländern erst gegen Ende des Jahrhunderts ein universitäres Forschungs- und Lehrfach wird – während dies bereits in seiner Mitte in fast in allen deutschen Universitäten geschehen ist –, verdankt sie sich dort stärker als hier der Initiative und dem Können von Einzelgängern und ist ihre Methodik und Geschichtstheorie zumeist weniger reflektiert. Hatte Voltaire, der europäische Begründer der Kulturgeschichtsschreibung, die Historie zu einer Hauptaufgabe der Philosophen machen wollen, und zwar weil diese im Unterschied zu den an die eigene Nation gebundenen Historiographen „keinem Vaterland und keiner Partei" angehörten, wird sie im Frankreich des 19. Jahrhunderts weder von Philosophen noch von professionellen Historikern, sondern zumeist von historisch interessierten Bürgern, Literaten[14] und Gelehrten verschiedener Fächer betrieben.[15]

Von den dennoch zahlreichen und bedeutenden Historikern dieser Länder sollen hier nur zwei kurz vorgestellt werden.[16] Der eine ist der französische Historiker JULES MICHELET (1798-1874). Er beginnt zwar noch in der Tradition der Aufklärung mit einer *Introduction de l'histoire universelle* (1831), welche die Geschichte idealistisch als einen Kampf der Menschen zur Erlangung der Humanität deutet. Sein

---

[14] Die Autoren der großen Tradition des realistischen Romans wie u.a. Stendhal, Balzac, Flaubert und Hugo sind im gewissen Sinne alle auch Historiker ihrer und früherer Zeit.

[15] Einen Überblick über die französische und die englische Geschichtsschreibung des 19. Jahrhunderts gibt *M. Maurer*: Neuzeitliche Geschichtsschreibung, in: Ders.: Mündliche Überlieferung und Geschichtsschreibung, Stuttgart 2003, 374-400; vgl. auch *L. Raphael*: Epochen der französischen Geschichtsschreibung, in: Geschichtsdiskurs 1, 1993, 101-132; *J. Osterhammel*: Epochen der britischen Geschichtsschreibung, in: ebd., 157-188.

[16] Einer Berücksichtigung hätten u.a. bedurft die Franzosen *A. Thierry* (1795-1856), *F. Guizot* (1787-1874), *A. Thiers* (1797-1877), *E. Renan* (1823-1892), *H. Taine* (1828-1893) und insbesondere *A. de Tocqueville* (1805-1859): De la démocratie en Amérique (1835/40), sowie die Engländer *Th.B. Macaulay* (1800-1859): History of England, 1849, und *Th. Carlyle* (1795-1881).

Hauptwerk aber, die siebzehnbändige *Histoire de France* (1833-1869), ist – obwohl „La France" dort wie eine Person auftritt – durchaus empirisch und kritisch und weist kultur- und sozialhistorische Züge auf, die über den deutschen Historismus hinweg die spätere französische Annales-Historie[17] ahnen lassen. Denn Michelet will Geschichte nicht nur erzählen (*récit*) und auch nicht nur analysieren (*analyse*), sondern in der Totalität ihrer Erscheinungen auch zum Leben wiedererwecken (*résurrection de la vie intégrale*). In der beständigen Wechselwirkung wirtschaftlicher, politischer, sozialer und moralischer Tatsachen sei alles miteinander untrennbar verbunden (*tout est solidaire de tout, tout est mêlé à tout*, Préface, 1869)[18]. Da die „historische Einheit von Kulturentwicklung und politischer Ordnung" eine ebensolche Einheit der Geschichtsschreibung nötig mache, betrachtet er das Geschichtsstudium als das umfassende Medium der moralischen, geistigen und politischen Bildung. Dabei ergreift er bewußt Partei für die Sache Frankreichs in der Welt und bekennt sich zur subjektiven Seite der Historiographie: *L'historien [...] qui entreprend de s'effacer en écrivant, de ne pas être [...] n'est point du tout historien* („Der Historiker, der es in der Darstellung unternimmt, sich auszulöschen, nicht zu existieren, ... ist gerade kein Historiker.").[19]

Von englischer Seite ist der Versuch von HENRY THOMAS BUCKLE (1821-1862) hervorzuheben, unter Annahme von den Naturgesetzen vergleichbaren historischen Gesetzmäßigkeiten den Positivismus von Auguste Comte auf die Geschichtsschreibung anzuwenden und damit dem Fortschritt des Menschengeschlechts zu dienen (*History of Civilization in England*, 1857-1861). Dieser Versuch war seinerseits der Anlaß für Droysen, sich davon in seiner „Historik" abzugrenzen. Aber gerade dieser positivistische Ansatz von Buckle und die nicht minder sorgfältig aus Quellen Sachverhalte erschließende Art von Michelet und schließlich auch das historische Interesse in beiden Länden belegen, daß der „Historismus", bei allen nationalen Unterschieden, doch ein europäisches Phänomen des 19. Jahrhunderts ist, das seine Wurzeln im 18. Jahrhundert hat.

2. Droysens „Historik": Die Theorie der Geschichte

JOHANN GUSTAV DROYSEN (1808-1884), von Hause aus ein klassischer Philologe[20] von national-liberaler Gesinnung, hat zweifellos die bedeutendste fachwissenschaftliche Geschichtstheorie in deutscher Sprache vorgelegt. Er hat dieser Theorie in seinem „Grundriß der Historik" (1858/1882) die „Aufgabe" gestellt, „ein Organon des historischen Denkens und Forschens" zu sein" (§ 16).[21] Er entwickelt seine

---

[17] Vgl. dazu Kapitel 28.3.1.
[18] Zitiert nach der Anthologie von *A. Lagarde/L. Michard*: XIXe Siècle. Les grands auteurs français, Paris 1962, 362.
[19] Ebd., S. 366.
[20] Außer u.a. einem Werk über Alexander den Großen ist er der Autor einer dreibändigen „Geschichte des Hellenismus" (1836-1843), Nachdruck mit einer Einleitung von H.-J. Gehrke, Darmstadt 1998.
[21] Die von Droysen von 1857 bis 1882/83 regelmäßig gehaltene, aber nur in Manuskripten und in einem Abriß für die Hörer vorhandene Vorlesung ist erst 1937 aus seinem Nachlaß gedruckt worden und ist erschienen unter dem Titel: Historik. Vorlesungen über Enzyklopädie und Me-

Theorie streng systematisch und zudem so klar und prägnant, daß die der folgenden Nachzeichnung seiner Argumentation beigegebenen Zitate nur einer geringen Kommentierung bedürfen (die dazu in Klammern angefügten Ziffern bezeichnen die jeweiligen Paragraphen in Droysens Schrift). Leider hat Droysens „Historik" ihre Wirkung erst seit dem zweiten Drittel des 20. Jahrhunderts tun können. Wenn es deshalb Dilthey – und nicht er – ist, der im letzten Drittel des 19. Jahrhunderts den Gegenstand und die Methode der „Geisteswissenschaften" – ein Begriff, den Droysen erstmals verwendet – definiert und erläutert und damit im deutschen Wissenschaftsraum von 1900 an das Selbstverständnis der Kulturwissenschaften insgesamt prägt, so ist zu bedenken, daß sich dessen Grundgedanken im Kern bereits vollständig, wenn auch in anderer Akzentuierung bei Droysen finden.

2.1 Ein kurzes Resümee von Droysens „Historik" in 10 Punkten
(1) Geschichte als das sich in der Zeit „steigernde und summierende"
Wachstum der Kultur
Den Gegenstand der Geschichte definiert Droysen in Abgrenzung von den Objekten der Naturwissenschaften so:

> Natur und Geschichte sind die weitesten Begriffe, unter denen der menschliche Geist die Welt der Erscheinungen faßt. Und er faßt sie so den Anschauungen Raum und Zeit gemäß, die sich ihm ergeben, wenn er sich die rastlose Bewegung der wechselnden Erscheinungen nach seiner [d.h. seiner menschlichen] Art zerlegt. [...] (§ 1)
> Die rastlose Bewegung in der Welt der Erscheinungen läßt uns die Dinge als in stetem Werden auffassen, mag das Werden der einen sich periodisch zu wiederholen, das der andern sich in der Wiederholung steigernd und summierend rastlos zu wachsen scheinen [...]. In denjenigen Erscheinungen, in welchem sich uns ein solches Fortschreiten zeigt, gilt uns das Nacheinander, das Moment der Zeit als das Maßgebende. Sie fassen wir auf und zusammen als *Geschichte*. (§ 2)
> Dem menschlichen Auge erscheint nur das Menschliche in stets fortschreitender Steigerung [...]. [Es] ist die sittliche Welt. Nur auf diese findet der Ausdruck Geschichte seine volle Anwendung. (§ 3)

Während danach das sich periodisch nach festen Gesetzen wiederholende Geschehen ein Geschehen in der Natur und so ein Gegenstand der Naturwissenschaften ist, ist das in fortschreitender Steigerung befindliche Geschehen der „sittlichen Welt" ein Geschehen, das die Geschichte der Welt des Menschen auszeichnet und so der spezifische Gegenstand der historischen Wissenschaften ist. Setzt man für den heute als zu eng bzw. mißverständlich erscheinenden Begriff der sittlichen Welt den umfassenderen der „Kultur des Menschen" ein, dann trifft Droysens Definition des Historischen ein Merkmal, das bis in die jüngste Zeit, d.h. bis zur Entdeckung der Geschichte auch der Natur, die historischen von den Naturwissenschaften eindeutig voneinander abgrenzt. Was der Theorie der Geschichte bisher noch nicht aufgefal-

---

thodologie der Geschichte. An Textausgaben liegen vor: die ältere, von *R. Hübner* herausgegebene (Darmstadt ⁷1972) und die von *P. Leyh* besorgte „Historisch-kritische Ausgabe, Stuttgart/Bad Cannstadt 1977. Ein vollständiger Abdruck des „Grundrisses" findet sich auch bei Hardtwig 1990, 85-117.

len ist, ist, daß Droysens Definition des Geschichtlichen – gewiß entgegen seiner damaligen Annahme – die Geschichte des Kosmos und die Evolution des Lebens, also die Naturgeschichte im Sinne des sich „in neuen Erscheinungen steigernden Wachstums" in der Welt, potentiell einschließen würde.

(2) Die von den Historikern aufgrund von Erinnerungen und materiellen Spuren wieder zum Leben erweckten Vergangenheiten als Gegenstand der Historie

> Das Gegebene für die historische Forschung sind nicht die Vergangenheiten, denn diese sind vergangen, sondern das von ihnen in dem Jetzt und Hier noch Unvergangene, mögen es Erinnerungen von dem, was war und geschah, oder Überreste des Gewesenen und Geschehenen sein. (§ 5)
>
> Jeder Punkt in dieser Gegenwart ist ein gewordener. Was er war und wie er wurde, ist vergangen, aber seine Vergangenheit ist ideell in ihm [...]
>
> Der endliche Geist [sc. des Menschen] hat nur das Jetzt und Hier. Aber diese dürftige Enge seines Seins erweitert er sich vorwärts mit seinem Wollen und seinen Hoffnungen, rückwärts mit der Fülle seiner Erinnerungen. Er umleuchtet seine Gegenwart mit dem Schauen und Wissen der Vergangenheiten, die kein Sein und keine Dauer haben außer in ihm und durch ihn. Der forschende Blick, der Blick der Forschung vermag sie zu erwecken. [...] Diese erweckten Scheine sind [...] die geistige Gegenwart der Vergangenheiten (§ 6)

Das heißt, daß die Historie ausschließlich ein Produkt des historischen Denkens und Forschens ist. Wenn so aber die Vergangenheiten kein Sein und keine Dauer außer im und durch den Geist des Historikers haben, dann ist der nächste Schritt die Frage, wie dieser jenem „Schein" in der Vorstellung der gegenwärtig Lebenden Wirklichkeit verschaffen kann. Dies geschieht im „Verstehen" dessen, was Menschen geschaffen und davon hinterlassen haben.

(3) Die im „kongenialen" Verstehen der Überreste bestehende „historische Methode"

> Nur was Menschengeist und Menschenhand gestaltet, geprägt, berührt hat, nur die Menschenspur leuchtet uns wieder auf. Prägend, formend, ordnend, in jeder Äußerung gibt der Mensch einen Ausdruck seines individuellen Wesens, seines Ich. Was von solchen Ausdrücken und Abdrücken uns noch irgendwie, irgendwo vorhanden ist, spricht zu uns, ist uns verständlich. (§ 7)
>
> Das Wesen der historische Methode ist *forschend zu verstehen* [kursiv D.]. (§ 8)
>
> Die Möglichkeit des Verstehens besteht in der uns kongenialen Art der Äußerungen, die als historisches Material vorliegen. Sie ist dadurch bedingt, daß die sinnlich-geistige Natur des Menschen jeden inneren Vorgang zu sinnlicher Wahrnehmbarkeit äußert, in jeder Äußerung innere Vorgänge spiegelt. Wahrgenommen erregt die Äußerung, sich in das Innere des Wahrnehmenden projizierend, den gleichen inneren Vorgang. Den Schrei der Angst vernehmend, empfinden wir die Angst des Schreienden usw. (§ 9)

Danach sind wir nur deshalb in der Lage, menschliche Äußerungen zu verstehen, weil wir sie als Menschen im Wahrnehmen ebenso erleben können, wie diejenigen, die sie hervorgebracht haben. Im „forschenden Verstehen" der Vergangenheitsrelikte versetzenden wir uns in eben die Lage, in der sich die sie damals Hervorbringende befunden haben.

(4) Das Verstehen individueller Zwecke im Zirkel aus dem jeweiligen Ganzen und seiner Teile

> Die einzelne Äußerung wird verstanden als *eine* [kursiv Droysen.] Äußerung des Inneren in Rückschluß auf dieses Innere [...]. Das Einzelne wird verstanden in dem Ganzen, und das Ganze aus dem Einzelnen. Der Verstehende, weil er ein Ich, eine Totalität in sich ist wie der, den er zu verstehen hat, ergänzt sich dessen Totalität aus der einzelnen Äußerung und die einzelne Äußerung aus dessen Totalität. (§ 10)

Im normalen Umgang geschieht ein solches Verstehen menschlicher Äußerungen unmittelbar und momentan, und zwar unter Einbezug des ganzen Wissens, das den Beteiligten zur Verfügung steht. Das forschende historische Verstehen erfordert in der Regel darüber hinaus ein sowohl mehrfaches rational vergleichendes als auch intuitives Hin- und Hergehen zwischen dem jeweils angenommenen Sinn des Ganzen einer Äußerung und ihrer Teile. Immer muß im Vorgriff entweder auf den Sinn des Ganzen oder auf den eines Teiles eine prinzipiell zu korrigierende Deutung gewagt werden. Dabei steht sowohl das erkennende Ich des Historikers als auch das zu erkennende Objekt unter allen Bedingungen der Geschichtlichkeit.

(5) Erkennen, Erklären und Verstehen als die drei Formen des Begreifens der Welt

Im selben Zusammenhang begründet Droysen, weshalb das Ziel des Historikers ein „Verstehen" und gerade kein „Erkennen" und kein „Erklären" sein muß:

> Nach den Objekten und nach der Natur des menschlichen Denkens sind die drei möglichen wissenschaftlichen Methoden: die (philosophisch oder theologisch) *spekulative*, die *physikalische*, die *historische*. Ihr Wesen ist: zu *erkennen*, zu *erklären*, zu *verstehen* [Kursivierung E. W.].
> Daher der alte Kanon der Wissenschaften: Logik, Physik, Ethik [...] (§ 14)

An dieser Stelle begründet Droysen, daß nach der Gegebenheit der Erkenntnisobjekte und nach der Art des dem Menschen möglichen Zugangs zu ihnen die genuin historische Art des Begreifens nicht die des Erkennens oder die des Erklärens, sondern allein die des Verstehens ist. Denn die Logik und die Mathematik bedürfen keiner Empirie, so daß sich ihre Wahrheit dem Menschen in reinen, widerspruchsfreien Denkakten, im „Erkennen", zeigt. Die Wahrheit der Naturwissenschaften dann zeigt sich darin, daß man konkrete Phänomene der natürlichen Welt im Rückgang auf Naturgesetze „erklären" kann. Die Wahrheit des historischen Forschens dagegen ist in Akten des Verstehens dessen begründet, was Menschen mit ihrem Handeln und Schaffen einmal bezweckt haben. Im Rekurs auf die Ethik macht Droysen klar, daß das Verstehen der Zwecke nur im Kontext des Verstehens der sittlichen Mächte möglich ist, in dem diese Zwecke von Individuen gesetzt und einen Sinn haben. Zwar sind die Subjekte die Träger von Intentionen. Diese Subjekte sind jedoch Glieder menschlicher Gemeinschaften, wachsen in Institutionen auf und müssen ihr

Handeln gegenüber ihren Mitmenschen verantworten, so daß die Kenntnis dieses Zusammenhanges für das Verstehen unentbehrlich ist.

(6) Die historisch-kulturelle Begründung des menschliches Handelns in „sittlichen Mächten"

Wie oben im Zitat schon belegt, gebraucht Droysen für Bezeichnung der historisch-kulturellen Verankerung des Subjekts allgemein den Begriff der „sittlichen Welt" und konkret den der „sittlichen Mächte" in jeweiligen Gesellschaften. Im Blick auf ihren Wandel in der Zeit definiert er die Geschichte, ihre Wirklichkeit und ihre Wahrheit und deren Verstehen durch den Historiker jetzt so:

> In dem Nacheinander dieser ihrer Bewegungen betrachtet, ist sie [sc. die „sittliche Welt] uns die Geschichte. Mit jedem Schritt weiter in diesem Werden und Wachsen erweitert und vertieft sich das Verständnis der Geschichte, d.h. ihr Verstandenwerden und ihr Verstehen; das Wissen von ihr ist sie selbst. Die geschichtlichen Dinge haben ihre Wahrheit in den sittlichen Mächten [...]; sie sind deren jeweilige Verwirklichung. Historisch denken heißt in diesen Wirklichkeiten ihre Wahrheit sehen. (§ 15)

Geschichte hat es danach nicht eigentlich mit dem Handeln von Individuen zu tun, sondern mit dem, was sich aus deren Handeln über das Sein und den Wandel der historischen Mächte erschließen läßt.

(7) Das forschende Subjekt als ein lebensgeschichtlich und historisch-kulturell vermitteltes Ich

Diese Zielrichtung auf die Geschichtlichkeit des Überindividuellen läßt Droysen jedoch noch einmal nach dem Status des Historiker-Ich im Forschungsprozeß fragen:

> Die historische Forschung setzt die Reflexion voraus, daß *auch der Inhalt unseres Ich ein vermittelter, gewordener, ein historisches Resultat* ist. [kursiv E.W.]
> Unser Wissen ist zunächst Empfangenes, Überkommenes – unser, als wäre es nicht unser. Es ist ein weiter Schritt bis zu dem Sich-frei-Fühlen, Frei-Schalten mit diesem Wissen. Aus der Totalität dessen, was wir so haben, aus unserer Empfindung dieses unseres Inhaltes und unserer Selbstempfindung in ihm erzeigt sich uns eine neue Vorstellung des Ganzen, eines Teils, eines einzelnen Momentes. (§ 19)

In diesem Punkt unterscheidet sich Droysen prinzipiell von Ranke. Während dieser sich als Subjekt vor der historischen Überlieferung gleichsam „auslöschen" will und dadurch glaubt zeigen zu können, wie die geschichtliche Wirklichkeit „objektiv" einmal gewesen ist, erkennt jener, daß das menschliche Subjekt in der Forschung nicht nur transzendentalphilosophisch ein prinzipiell „unhintergehbarer" Faktor ist, sondern es aufgrund seiner lebensgeschichtlichen Bildung, der Abhängigkeit von seiner jeweiligen Kultur und von deren jeweiligen geschichtlichen Ort auch faktisch konstitutiv und produktiv in die Verstehensleistung des Historikers eingeht und damit das historische Verstehen ebenso geschichtsbedingt ist wie alles menschliche Denken und Handeln, und *historische Urteile deshalb immer unterschiedlich ausfallen müssen*. Das liefert die historische Forschung jedoch nicht der Willkür des Urteilens aus, sondern zwingt zur weiteren Reflexion der Subjektivität des Historikers:

Sie [sc. die hermeneutische „Vorstellung des Ganzen, eines Teils, eines einzelnen Momentes" der Geschichte] entsteht uns unwillkürlich, sie ist faktisch da. Aber ist es so, wie sie es uns zeigt? Ihrer gewiß zu sein, müssen wir uns darauf besinnen, wie sie entstand, wir müssen ihre Vermittlung erforschen, wir müssen sie prüfen, klären, erweisen. (§ 19)

Genau dieser Aufgabe ist der Hauptteil der Ausführungen von Droysens „Historik" gewidmet: der Heuristik, der Quellenkritik, der Interpretation der Quellen, der Systematik des „Kosmos der sittlichen Welt", den Formen der „geschichtlichen Arbeit", der Subjektivität der Forschenden, der der Geschichte zu unterstellenden Zwecke und der Formen der Darstellung der historischen Einsichten.

(8) Der „Kosmos der sittlichen Welt" als Gegenstand der „historischen Interpretation"
Droysens hierauf folgender Entwurf eines systematischen Aufbaus des „Kosmos der sittlichen Welt" im Hinblick auf ihre historische Interpretation (§ 45 ff.) ist in nuce eine *ganze Theorie der Kultur*, zeitgebunden sicherlich u.a. in der Heraushebung der Rolle des Staates aus der „Mannigfaltigkeit der sittlichen Sphären, in denen das Menschenleben wurzelt und sich bewegt" (§ 43), jedoch in der thematischen Weite weit über den üblichen historistischen Blick der bloß politischen und nationalen Geschichte hinausführend. In ihr finden sich sowohl die Geographie, die Anthropologie und die Ethnographie (in dem natürlich, kreatürlich und ethnisch „Gegebenen") als auch die Sprach-, Literatur-, Wissenschafts-, Religions-, Sozial-, Kultur-(i.e.S.), Rechts- und Staatsgeschichte.

(9) Geschichte als Zustand und als Prozeß
Ein Punkt von besonderer Bedeutung ist hiervon Droysens Versuch, Prozeß und Dauer in der Geschichte der sittlichen Welt je für sich zu bestimmen und sie in der Deutung in ein Verhältnis zu bringen:

(a) Entweder wir betrachten in jenen [sc. interpretierten] Materialien den *Zustand* der sittlichen Gestaltungen, wie sie in jener Gegenwart und bis zu ihr hin sich gestaltet haben, wir gewinnen so den *ethischen Horizont*, in dem alles stand, was in dieser Zeit, diesem Volk usw. war und geschah, und damit das Maß für jeden einzelnen Vorgang in dieser Zeit, diesem Volk usw.,
(b) oder wir suchen und fassen die in *jenem Zustand fortschreitenden Momente*, und indem wir sie zu dem, wohin sie geführt […] in Beziehung setzen, gewinnen wir, was uns die Bewegung in jener Zeit, jenem Volk, das Streben und Ringen der Menschen damals […]deutet. (§ 43) [alle Kursiva Droysen]

Die hier geforderte Erfassung des jeweiligen „historischen Zustandes" läuft auf eine der Historie beigesellte *„historische Sozialwissenschaft"* hinaus. Sie hätte die empirische Grundlage und der „ethische Horizont" jeweiliger Urteile über eine Zeit zu sein. Die Erfassung der „fortschreitenden Momente" dann berührt die Grundfrage nach den Ursachen und Folgen des *historischen Wandels*. Hierzu schreibt Droysen:

In der Bewegung ist bald diese, bald jene der sittlichen Mächte voran – oft so voran, als komme es nur auf sie an – die entflammten Geister treibend, leitend, beherrschend, als

Gedanke dieser Zeit, dieses Volkes, dieses Mannes, den wesentlich weiteren Schritt zu tun.
Der Gedanke [...], den die Interpretation in einem Sachverlauf aufweist, ist uns die Wahrheit dieses Sachverlaufs. Dieser Sachverlauf ist uns die Wirklichkeit, die Erscheinungsform dieses Gedankens. [...] wahr ist uns der Gedanke, dem ein Sein entspricht, wahr das Sein, das einem Gedanken entspricht. (§ 44)

Dies ist hegelisch gedacht, wenn es unter Beachtung der Grundsätze der historisch-kritischen Methodik auch eine nicht spekulativ gewonnene Wahrheit, sondern empirisch erhärtete Interpretation sein soll. Noch stärker mündet in Hegels Theorie dann Droysens universalhistorische Konzeption ein.

(10) Weltgeschichte im Fortschritt:
   Die Geschichte als ein trotz vieler Widersprüche sinnvoll gegliedertes und
   gerichtetes Ganzes

Angesichts des „endlosen Durcheinanders von Geschäften, Zuständen, Interessen, Konflikten, Leidenschaften usw." in der sittlichen Welt wirft Droysen schließlich die Frage auf, ob die Geschichte welthistorisch betrachtet einen Zusammenhang bildet und ein Ziel hat. Denn: „Was in ihr täglich geschieht, wird von keinem Verständigen als Geschichte getan und gewollt." (§ 45) Dies hält Droysen dennoch nicht davon ab – im gewissen Sinne auf einer Linie mit Hegel, Ranke und Marx –, einen Sinn und ein Ziel in der Geschichte vorauszusetzen. Zunächst einfach im Sinne einer notwendigen Forschungsmaxime des Historikers:

Erst eine gewissen Art, das Geschehene nachmals zu betrachten, ‚macht aus Geschäften Geschichte'. Die sittliche Welt nach ihrem Werden und Wachsen [...] aufzufassen, heißt sie geschichtlich aufzufassen. (§ 45)

Dann aber ganz prinzipiell in der Annahme – „so ahnen und glauben wir" (§ 15) , daß es einen „Zweck der Zwecke" geben muß, der das Weltganze zusammenhält und die Geschichte zu einem Ende kommen läßt:

Indem die geschichtliche Auffassung in der Bewegung der sittlichen Welt deren Fortschreiten beobachtet, deren Richtung erkennt, Zweck auf Zweck sich erfüllen und enthüllen sieht, schließt sie auf einen Zweck der Zwecke, in dem sich die Bewegung vollendet, in dem das, was Menschen umtreibt, rastlos weitereilen macht, Ruhe, Vollendung, ewige Gegenwart ist. (§ 46)

An späterer Stelle: „Die Geschichte ist das Bewußtwerden und Bewußtsein der Menschheit über sich selbst."(§ 83) und im „geschichtsseligen" Vertrauen darauf, daß es die Geschichte schon recht macht, wenn wir auch nicht wissen, wie:

Dem endlichen Auge ist Anfang und Ende verhüllt. Aber forschend kann es die Richtung der strömenden Bewegung erkennen. In die enge Schranke des Hier und Jetzt gebannt, erschaut es das Woher, Wohin. (§ 85)

2.2 Erklären und Verstehen als sich ausschließende oder ergänzende Methoden

Zu Droysens Historik insgesamt und zu vielen einzelnen Aspekten liegt eine umfangreiche Literatur vor. Davon sollen hier nur zwei Punkte kurz aufgegriffen werden. Der erste bezieht sich auf die Begründung, weshalb Menschen Mitmenschen überhaupt aus ihren – seien es gewärtige oder historische – Äußerungen verstehen können und dieses Verstehen das Erkennen und Erklären in den theoretischen und Naturwissenschaften übertrifft. Die Antwort auf diese Frage hatte Vico schon im 18. Jahrhundert gegeben. So einfach wie sie scheint, dürfte sie doch das Spezifikum der Kultur- und der historischen Wissenschaften und des relativen Vorzugs gegenüber den anderen Formen der Weltbemächtigung durch den Geist treffen: In der Begegnung allgemein mit der Kultur und im besonderen mit der Geschichte begegnet der Mensch *seines*gleichen und ist das Verstehen der Anderen in ihren (kultur-)historischen Äußerungen auch immer *Selbst*erkenntnis. Man mag die physische Welt bewundern und auch darüber staunen, daß sich ihr Zusammenhang und ihr Funktionieren mit Hilfe relativ einfacher Gesetze erklären läßt, sie bleibt dem Menschen in ihrer unumstößlichen und perfekten Objektivität jedoch letztlich fremd. Anders die von uns in langer eigener Geschichte hervorgebrachte und in aktueller Zwischenmenschlichkeit verstehend erlebte und im historischen Denken ebenso verstehend wiederbelebte Kultur. Sie steht uns in ihren Phänomenen – seien es Sokrates'(Platons) Reflexionen angesichts des Todes, die Unterwerfung Heinrich IV. in Canossa oder Raskolnikows (Dostojewskis) Erwägungen in bezug auf die Tötung der Pfandleiherin – näher, berührt uns existentiell und meint, indem wir sie wie unvollkommen auch immer verstehen, immer auch uns selber. Das rechtfertigt nicht nur die persönliche und wissenschaftliche Beschäftigung mit ihr, sondern macht sie letztlich unentbehrlich für die Selbstverständigung des Menschen in seiner Kultur und Geschichte.

Methodologisch hat es die wechselseitige Erhellung von Teil und Ganzem freilich mit der grundsätzlichen Schwierigkeit zu tun, daß dem Historiker – wie auch dem Sozialwissenschaftler – das Ganze einer Situation, welches letztlich der Horizont der ganzen menschlichen Kultur ist, nicht zur Verfügung steht, er davon immer nur ein mehr oder weniger begrenztes und subjektiv begründetes (Vor-)Verständnis hat. Immerhin erschließt sich ihm im forschenden Rückbezug auf Teile des Ganzen dieses Ganze in gewissen Teilaspekten. Der Historiker muß sich so, von seinem Vorverständnis ausgehend, in die von der Textquelle nahegelegte Sichtweise einblenden und sie zugleich wieder vom Ganzen her kritisch überschreiten. Im mehrfachen und reflexiven Durchgang durch den „hermeneutischen Zirkel" kann so seine Deutung an Substanz und Glaubwürdigkeit gewinnen. Dennoch bleibt die Differenz zur Erkenntnisqualität der formalen und der Naturwissenschaften groß. Denn für den hermeneutischen Historismus gibt es im Unterschied zum „Buch der Natur", das nach Galilei „in mathematischen Lettern geschrieben" und deshalb rational eindeutig ist, „ein ‚Buch der Geschichte' nur als eine regulative Idee und in der Wirklichkeit nur eine riesige Bibliothek möglicher Geschichtsbücher, von denen keines beanspruchen darf, es stelle die Geschichte dar." (Schnädelbach 1998, 613). Als Folge hiervon „löst sich hier die Geschichte auf in viele Geschichten, die man vom Vergangenen mit gleichem Recht erzählen kann." (ebd.).

Der zweite Punkt hängt damit zusammen und bezieht sich auf die Ausgrenzung des Erklärens aus dem Verstehen der Kultur. Geht man von *W. von Humboldts* Schrift: Über die Aufgabe des Geschichtsschreibers (1821) aus, wie es U. Muhlack in seinem materialreichen Überblicks-Aufsatz: Verstehen (in: Goertz 1998, 99-131), tut, dann stellt man fest, daß dieser die Begriffe Verstehen, Erklären, Erkennen und

Begreifen noch weitgehend synonym gebraucht, und zwar im Hinblick allgemein auf den handelnden und schaffenden Menschen, im besonderen aber auch auf den „Geschichtsschreiber". Die dort mehrfach verwendete Formulierung von den „wirkenden und schaffenden Kräften" des Menschen meint im Begriff des Wirkens die naturkausalen Bedingtheiten des Menschen und im Begriff des Schaffens seine Freiheit im Handelnden. Daraus folgt, daß der Historiker einen durch Quellen belegten Sachverhalt *zugleich* rational nach seinen Ursachen *erklären* und nach dem darin enthaltenen Wollen seines Autors *verstehen* muß. Es handelt sich also nicht um einen hermeneutischen Zirkel bloß des Verstehens, sondern um einen des Begreifens, welcher Verstehen und Erklären umschließt. Droysen macht daraus – durchaus ambivalent – einerseits eine theoretische Dichotomie, andererseits forschungspraktisch eine sich ergänzende Einheit. Nach der oben zitierten Definition ordnet er Erkennen, Erklären und Verstehen je unterschiedlichen Wissenschaftsbereichen zu, so daß man annehmen müßte, daß das Erklären aus der historischen Methodik ausgeschlossen sei. Faktisch überschreitet Droysen aber gleich in zweifacher Weise den engen subjektivistischen Horizont des Verstehens: Er bezieht das Umfeld des subjektiven Handelns, nämlich die „sittlichen Mächte", in seine Interpretation nicht nur mit ein, sondern macht sie zu dem eigentlichen Objekt des Historikers. Denn der Gegenstand der Geschichte ist die sittlichen Welt. Wenn das Individuum in „seiner kleinen Welt", „in der Bienenzelle seines Ich" (§ 47) am Aufbau der „sittlichen Mächte", nämlich an Familie, Stamm, Volk, Gesellschaft, Recht, Staat, Sprache, Kunst, Wissenschaft und Religion auch mitwirkt, so verdankt doch das Individuum in seiner knappen Lebenszeit fast alles diesen Mächten („Erst in den sittlichen Gemeinsamkeiten wird der Mensch; die sittlichen Mächte formen ihn. Sie leben in ihm und er lebt in ihnen." § 47) Individuum, Kultur und Menschheit bilden deshalb einen Zusammenhang: „In ihren Individuen bauend und formend, im Arbeiten werdend, schafft die Menschheit den Kosmos der sittlichen Welt" (§ 48). Indem Droysen die Historie so an das Verstehen der Kultur bindet, kommt er aber nicht umhin, auch die erklärenden Wissenschaften hinzuziehen. Er muß den freien Willen der einzelnen Menschen und ihre sittlichen Verbindungen mit den „natürlichen Bedingungen" (des Raumes, der Zeit, der technischen Werkzeuge, der psychischen Natur des Menschen und den intellektuellen Fähigkeiten/Begabungen der Handelnden) konfrontieren, und er muß mit Bezug auf zuvor erworbene Fähigkeiten und eingenommene Haltungen erklären können, weshalb das eine Handeln erfolgreich ist und ein anderes scheitert. Man kann sich fragen, weshalb Droysen gleichwohl den Begriff des Erklärens aus der Historie verbannt hat. Die wissenschaftshistorische Antwort darauf ist, daß ihn, wie andere Theoretiker der Geschichte, die Konkurrenz der so überaus erfolgreichen Naturwissenschaften bewogen hat, für seine Wissenschaft – zur Legitimation ihrer Selbständigkeit – einen eigenen und exklusiven methodologischen Grundbegriff zu reklamieren. Dilthey hat dann diesen Versuch fortgeführt und den Begriff des Erklärens auch prinzipiell aus den Geisteswissenschaften ausgeschlossen. Max Weben rückt das in seiner verstehenden Soziologie zwar wieder zurecht und macht das rationale Erklären zu einer konstitutiven Bedingung des Verstehens der sozialen Wirklichkeit, Dilthey setzt sich aber bis in die 1960er Jahre in den Geisteswissenschaften durch – bis Webers Sichtweise die Oberhand gewinnt.

3. Erforschte, gedeutete, erzählte, gemalte, gebaute und gefeierte Geschichte: Das historistische Welt- und Selbstverständnis des Bürgertums

3.1 Historismus als ein Ausdruck der Gegenwartsflucht des deutschen Bürgertums
Die erweiterte Bedeutung des Historismusbegriffs kann man sich klarmachen, wenn man nach den bis heute einem größere Kreis von Menschen bewußten Leistungen des Bürgertums im 19. Jahrhundert fragt. Dann fallen einem zumeist nicht die großen Forschungsleistungen, Theorien und Personen des geschichtswissenschaftlichen Historismus ein, auch nicht (mehr) die universalhistorischen Spekulationen von Hegel und Marx und wohl auch kaum mehr der rasche geschichtliche Wandel, die politischen Erschütterungen und die sozialen Verwerfungen im Gefolge der wissenschaftlichen Entdeckungen, der technischen Erfindungen und der industriellen Revolution, sondern die von einem größeren Publikum geschätzten Werke und Zeugnisse in der Dichtung, der Musik, der bildenden Kunst, der Architektur, der Mode und überhaupt der „feinen Lebensweise".[22] Diese Kultur aber dachte national – wie sehr im Adel und im Großbürgertum auch ein gemeineuropäischer Lebensstil und über die vielen Grenzen hinweg auch persönlichen Kontakt gepflegt wurde. Das äußerte sich etwa im Volkstumsbegriffs des „Turnvaters" *Friedrich Ludwig Jahn* (1778-1852), in den „Reden an die deutschen Nation" (1806/07) des Philosophen *Johann Gottlieb Fichte* (1762-1814) und in der von dem populären Denker und Schriftsteller *Ernst Moritz Arndt* (1769-1860) gestellten Frage, was des Deutschen Vaterland sei, und in der von ihm gegebenen Antwort, „soweit die deutsche Zunge klingt". Sie dachte dabei aber auch immer historisch, indem sie die eigene vormoderne Vergangenheit ideell und poetisch verklärte, eine Art Heimweh nach dem „geheimnisvollen, frommen Mittelalter" entwickelte und seine Erforschung als eine Art „Ahnendienst" verstand. Man kann diese Rückwendung zur fernen Vergangenheit in einer Zeit des verunsichernden gesellschaftlichen Wandels als eine Form der Gegenwartsflucht deuten. Der britische Historiker E. Hobsbawm hat den Historismus deshalb als eine Antwort auf die die Moderne konstituierende „Doppelrevolution" der bürgerlich-politischen und der industriellen Revolution des 18. Jahrhundert bezeichnet.[23] Nicht also nur in den „gebildeten Ständen" Deutschlands, sondern ganz Europas bringt das verunsicherte Lebensgefühl das „historische 19. Jahrhundert" hervor.[24]

---

[22] Vgl. zu den folgenden Anmerkungen den vorzüglichen Überblick, den *Th. Nipperdey* über die „ästhetische Kultur" in seiner „Deutsche(n) Geschichte 1800-1866. Bürgerwelt und starker Staat", München 1983, 533-594, gegeben hat; *J. Kocka* (Hg.): Bürgertum im 19. Jahrhundert. Deutschland im europäischen Vergleich. 3 Bde., München 1988.

[23] Europäische Revolutionen, Zürich 1962.

[24] *W. Hardtwig* hat in seinem Buch: Geschichtskultur und Wissenschaft, München 1990, eine Reihe von Studien vorgelegt, die das Verhältnis von Geschichtswissenschaft und Geschichtskultur seit dem Ende des 18.Jahrhunderts thematisieren. Zur Thematik allgemein vgl. sein ausführliches Vorwort, S. 13-57.

3.2 Das Entstehen einer produktiven Geschichtskultur in historischen Dramen und Romanen, in Bauten und in historischer Spurensuche

In der Tat wird durch den im 18. Jahrhundert von den kritischen Geistern der Aufklärung angestoßenen und im 19. Jahrhundert auf breiterer Grundlage betriebenen Prozeß der Historisierung der Kultur Geschichte jetzt zur eigentlichen Weltanschauung des gebildeten Bürgertums. Die besinnliche Versenkung in die Geschichte wird als die „ ‚letzte' Religion der Gebildeten"[25] erlebt. Das verbindet Historiker vom Fach und gebildete Bürger. Ist für die einen die Erforschung der Kultur der nationalen Frühe eine Art „rationaler Gottesdienst"[26], ist das Eindringen in die so zum Leben wiedererweckte Vergangenheit für die andern eine Vergewisserung der eigenen ständischen und nationalen Identität. Dieses Bewußtsein formt sich im Laufe des Jahrhunderts immer mehr zu einer produktiven, vielfältigen Geschichtskultur aus. Dazu trägt zweifellos die literarische Form bei. Im Unterschied zu den Wissenschaften von den Zahlen und Figuren, von der Natur und der Technik werden hier keine Hypothesen in mathematischer Form aufgestellt, Daten aus Experimenten erhoben und Gesetze gefunden und begründet, sondern – wie schon in der alten Historie – Wissen ausgebreitet, Vermutungen angestellt und z.T. detektivisch begründet, ge- und verurteilt, Identifikationsmuster vorgestellt und vor allem Geschichten erzählt. Durchweg sind deren Autoren um einen ästhetisch anspruchsvollen und gut lesbaren Stil bemüht. Der Adressat ist neben dem Fachmann immer auch der gebildete Laie. Zu unterschätzen ist auch nicht, daß einige populär gehaltene Darstellungen im 19. Jahrhundert bereits auch jene Menschen erreichen, die gerade erst alphabetisiert sind und sich lernbegierig in die erzählte Geschichte vertiefen.

Die größte Breitenwirkung erzielen zweifellos die *historischen Romane*. Sie bauen eine Brücke, die die Expertenkultur der Fachhistoriker mit der Vorstellungswelt der historisch interessierten Laien verbindet. Wenn deren Autoren zum Teil auch Wissenschaftler und deren Produkte „Professorenromane" sind, so kommen die meisten und erfolgreichsten Werke doch von Laien mit hohem historischen Sachverstand. So wenig diese Romane heute zumeist einer Kritik standhalten, so sehr haben sie doch auch zutreffendes Wissen vermittelt, das jeweilige Lokal- und „Temporal"-kolorit[27] in ihren Erzählungen getroffen und überhaupt das historische Bewußtsein der Menschen ausgebildet und, zum Teil bis heute, geprägt.

---

[25] *J. Rüsen*: Historische Methode und religiöser Sinn – Vorüberlegungen zu einer Dialektik der Rationalisierung des historischen Denkens in der Moderne, in: Geschichtsdiskurs, Bd. 2, 1994, 365 ff.

[26] So das Urteil von Rüsen (1994, 365) mit Bezug auf Ranke. Ähnlich spricht auch Oexle von einer „Geschichtsreligion" Rankes. Dieser habe sein Bemühen, die vergangene Wirklichkeit objektiv abzubilden, für eine Art Gottesdienst gehalten: „Der Historiker erkennt in der Geschichte die Ideen Gottes, weil er als ein Gott geschaffener Geist am Denken Gottes teilhat ..." (in: *O.G. Oexle*: Naturwissenschaft, Geisteswissenschaft, Kulturwissenschaft: Einheit – Gegensatz – Komplementarität?, Göttingen 1998, 107.

[27] Vgl. Kittler 2000, 123 ff..

H. Müller hat in der Begründung seiner „Thesen zur Geschichte des historischen Dramas und des historischen Romans (1773-1888)"[28] aufgezeigt, welche Rolle das historische Drama schon in der Goethezeit gespielt hat und wie die in der 2. Hälfte des 19. Jahrhunderts bis 1888 erscheinenden etwa 750 historischen Romane das Weltbild der Menschen geformt haben. Unter diesen Romanen ragen – bis heute ständig auf dem Markt – besonders hervor: „Ekkehardt. Eine Geschichte aus dem zehnten Jahrhundert" (1855) des Juristen und freien Schriftstellers *Joseph Viktor von Scheffel*; dann die „Bilder aus der deutschen Vergangenheit" (1859-62) des Germanisten *Gustav Freytag*; ferner „Ein Kampf um Rom" (1876) des Juristen *Felix Dahn*[29] und die zahlreichen historischen Romane und Novellen von Conrad Ferdinand Meyer, Adalbert Stifter, Wilhelm Raabe, Theodor Fontane und vieler anderer. Es ist ein europäisches Phänomen, was sich an den Romanen etwa eines Walter Scott, Victor Hugo, Honoré de Balzac, Stendhal (Henri Beyle), Gustave Flaubert und Alexandre Dumas père zeigt. Dabei ist auch zu bedenken, daß ein Großteil der Werke dieser und anderer Schriftsteller (wie in England z.B. die von Anthony Trollope, Charles Dickens und John Galsworthy) Gesellschaftsromane ihrer Zeit sind und diese deswegen heute für Historiker zu den besten Quellen über diese Zeit zählen.

Die in den historischen Dramen und Romanen geweckten Vorstellungen werden anschaulich gemacht durch Restauration und künstlerische Ausgestaltung von alten Burgen, Kirchen und Schlössern, durch historischen Stilen nachempfundene Neubauten (Neuromanik, Neugotik und Neorenaissance) und z.T. sogar hörbar gemacht durch historische Aufführungen älterer Musik und Kompositionen. Ein übriges tun für die historische Phantasie die Denkmäler, welche nationale Mythen wie den der sog. Hermannsschlacht im Teutoburger Wald oder den des im Kyffhäuser-Berg auf die Wiedererstehung des Reiches wartenden Kaisers Friedrich Barbarossa in verdichteter Symbolik sinnlich-anschaubar wiederbeleben.[30]

An alledem wirken Wissenschaftler zwar mit, aber dessen Hauptträger sind auch hier gebildete Laien. Sie vor allem sind es, die Geschichtsvereine gründen, Archive, öffentliche Bibliotheken und Museen[31] einrichten, Orts-, Kirchen-, Schul-, Familien- und viele anderen Arten von Chroniken schreiben und nicht selten ihre ganze Mußezeit dem Sammeln von geschichtlichen Überresten widmen, wobei noch dem kleinsten Zeugnis der eigenen frühen Vergangenheit mit Ehrfurcht begegnet

---

[28] In: Geschichtsdiskurs Bd. 3, 121-131.

[29] Die Geschichtswissenschaft hat diese Autoren und ihre äußerst wirkungsvollen Werke freilich kaum zur Kenntnis genommen. Symptomatisch bis heute ist dafür, daß die drei genannten Autoren im von *R. von Bruch* und *R.A. Müller* herausgegebenen „Historikerlexikon. Von der Antike bis zur Gegenwart", München 1991/²2002, fehlen.

[30] Exemplarisch aufgearbeitet worden ist der Mythos der Hermannsschlacht anläßlich der Tagungen zum 100- und 125jährigen Gedenken an die Einweihung des Denkmals im Teutoburger Wald in den Jahren 1975 und 2000. Vgl. dazu: *Th. Nipperdey*: Ein Jahrhundert Hermannsdenkmal 1875-1975, Detmold 1975 (weitergefaßt durch: ders.: Nationalidee und Nationaldenkmal in Deutschland im 19. Jahrhundert, in: ders.: Gesellschaft, Kultur, Theorie. Gesammelte Aufsätze zur neueren Geschichte, Göttingen 1976, 133-163*); H. C. Seeba*: Hermanns Kampf für Deutschlands Not. Zur Topographie der nationalen Identität, in: Lippische Mitteilungen aus Geschichte und Landeskunde, Detmold 1994, 237-252, und *F. Brand*: Relikte einer überwundenen Epoche oder Symbole ungebrochener nationaler Tradition und Identität? Zur Position des Hermannsdenkmals, in: ebd., S. 253-284.

[31] Gründung z.B. des Germanischen Nationalmuseums Nürnberg 1852.

wird und viele fast verloren geglaubte und bereits der Vernichtung preisgegebene Handschriften, Kunstwerke und sonstige Dokumente aufgefunden, inventarisiert, gesichert und so für die Nachwelt erhalten werden. Bei dieser Spurensuche in alten Gemäuern, Klöstern und Kirchen wird im Laufe der Zeit eine riesige Menge an Zeugnissen zusammengetragen, die zwar die Sammler selbst oft nicht recht zu deuten verstehen, die aber den empirischen Kulturwissenschaften heute zur Deutung zur Verfügung stehen. So ist etwa auch das größte geschichtswissenschaftliche Editionsvorhaben des 19. Jahrhunderts, die seit 1826 herausgegebenen *Monumenta Germaniae Historica* (MGH), ursprünglich vor allem ein Werk von Patrioten, weniger von universitären Fachwissenschaftlern.

4. Die „Kultur- und Sittengeschichte" als Alternative zur Politischen Geschichte

Wenn es auch zutrifft, daß das historische Bewußtsein der Öffentlichkeit mehr durch die nostalgischen Projektionen der Laien als durch die Abhandlungen der Historiker von Beruf geformt wird, sein affektiver Ort eher das Bürgerhaus als die Universität ist und anscheinend fast nur die populärwissenschaftliche Historie die früheren und sich auflösenden Lebensformen der einfachen Leute auf dem Lande und in den Städten wie auch die des Adels und des Bürgertums darstellt, so gibt es doch bereits seit dem letzten Drittel des 18. Jahrhunderts eine thematisch weitgefaßte „Culturgeschichte" auch mit wissenschaftlichem Anspruch. Auch werden seit der Mitte des 19. Jahrhunderts Wirtschafts- und Sozialgeschichte im Rahmen der Nationalökonomie (Volkswirtschaftslehre) betrieben, entstehen eine Sozialgeschichte der unteren Volksschichten Deutschlands als „Volkskunde" und eine historisch-vergleichende Kulturanthropologie als „Völkerpsychologie"[32] und „Völkerkunde" (Ethnologie)[33] und begleitet alle diese Forschung auch ein reflexives methodisches Bewusstsein. Zugespitzt läßt sich sogar sagen, daß die in so unterschiedlichen Formen auftretende Kulturgeschichte[34] das konkurrierende historische Modell zur Politischen Geschichte ist, und dies, obwohl keines ihrer Themenbereiche – und eben alles, was im heutigen Verständnis den Gegenstandsbereich der historischen Kultur- und Sozialwissenschaften ausmacht – vor dem Ende des 19. Jahrhunderts den Rang eines Universitätsdisziplin erlangt.

4.1 Die randständige „Culturgeschichtsschreibung" vor 1880

Der Weg dieser Alternative ist bis heute gewunden. Die bereits in der zweiten Hälfte des 18. Jahrhunderts im deutschsprachigen Raum an einigen Universitäten zugleich empirisch und weit-ausgreifend universalhistorisch betriebene Kulturgeschichtsschreibung[35] bricht mit der fachlichen Verselbständigung der Geschichtswissenschaft zu Beginn des 19. Jahrhunderts fast ganz ab, und in der Folgezeit haben es

---

[32] Vgl. dazu Kapitel 27.2.6.
[33] Vgl. die Kapitel 25, 29 und 30.
[34] Dazu müßte man in gewissem Sinn auch die Wissenschaften von den Schönen Künsten zählen.
[35] Vgl. die Ausführungen zu Iselin, Gatterer, Schlözer und Adelung in Kapitel 14.4.

alle Versuche ihrer Wiederbelebung schwer gehabt. Das Beispiel zweier repräsentativer Werke zeigt, in welch schwieriger Situation sich die Kulturgeschichte im Verhältnis und Vergleich zur nationalen politischen Geschichte damals befunden hat. Das eine ist die ausführlich begründete, sich auf Dokumente aus allen Zeiten und allen Kulturen der Welt stützende, in der universalistischen Tradition der Aufklärung stehende und zehn Bände umfassende „Allgemeine Cultur-Geschichte der Menschheit" (Leipzig 1843-1852), die der Sammler und Leiter des Museums für Völkerkunde in Leipzig *Gustav F. Klemm* (1802-1867) vorlegt und auf die er eine evolutionistisch begründete Theorie unter dem Titel „Allgemeine Kulturwissenschaft" (Leipzig 1854–55) folgen läßt. Als einer der ersten Forscher verwendet Klemm den Kulturbegriff im umfassenden modernen Sinne und ordnet er der „Cultur-Geschichte" drei Bereiche zu: erstens die materiellen Grundlagen der Menschheit, d.h. ihren „dinglichen Kulturbesitz", zweitens die menschliche Gemeinschaft und drittens die Gegenstände der Wissenschaften und Künste. Die deutsche Geschichtswissenschaft ignoriert diese Leistung fast gänzlich. Klemms Ansatz hat dennoch seine Wirkung getan, und zwar insofern er den *amerikanischen ethnologischen Evolutionismus* über E.B. Tylor[36] und dann auch die *amerikanische Kulturanthropologie* über A.L. Kroeber[37] inspiriert hat und so der Kulturbegriff, folgenreich bis heute, in seiner deutschen Fassung international Eingang in die Humanwissenschaften gefunden hat. Das andere Werk ist die erste Darstellung der *Geschichte* der Kulturgeschichtsschreibung, welche *Friedrich Jodl* 1878 unter dem Titel „Die Culturgeschichtsschreibung, ihre Entwicklung und ihr Problem" (Halle) verfaßt hat. Ihr stellt der Autor eine theoretische Begründung voran. Danach ist ihr Gegenstand die „Erkenntnis des Wesens der Kultur und der Formen ihrer Entwicklung". Sie sei zu gliedern nach den „Bereichen (1) Arbeit und materielle Kultur, Bedürfnisbefriedigung und Lebensweise, (2) soziale, politische und rechtliche Zustände, (3) internationale Beziehungen der Völker und (4) das geistig-kulturelle Leben, Sitten und Religion".[38] Auch dieses Werk – wie auch die anderer Autoren mit ähnlichen Intentionen – bleibt von der Historikerzunft weitgehend unbeachtet.

Wie erklärt sich diese Abwehr? Eigentlich müßte doch gerade der Anspruch der historistischen Methode auf Objektivität und Wahrheit zu einer möglichst umfassenden kulturgeschichtlichen Vergewisserung des jeweils betrachteten geschichtlichen Handelns und Geschehens führen. Wie anders sollte man im hermeneutischen Zirkel von Teil und Ganzem dem gesetzten Ziel der geschichtlichen Wahrheit näherkommen? Und was den vielen Laienhistorikern bei ihrem Sammeln nicht verborgen bleibt, nämlich, daß man sich in (frühere) Menschen nur dann hineinversetzen kann, wenn man ihre persönlichen, häuslichen, sozialen, rechtlichen, technischen und wirtschaftlichen Lebensumstände kennt, müßte doch auch das Interesse der Fachhistoriker finden. Die von diesen vorgebrachten Gegengründe sind zum Teil

---

[36] Vgl. Kapitel 25. 3.2.
[37] Vgl. Kapitel 30.2.1.
[38] Zitiert nach *H. Schleier*, Kulturgeschichte im 19. Jahrhundert: Oppositionswissenschaft, Modernisierungsgeschichte, Geistesgeschichte, spezialisierte Sammlungsbewegung, in: Geschichtsdiskurs 3, 424 ff., hier: 432 f..

schon dieselben, die dann um 1900 gegen Karl Lamprechts kultur- und wirtschaftsgeschichtlichen Ansatz[39] und z.T. noch heute gegen die Kulturgeschichtsschreibung erhoben werden: zunächst die mangelnde Dignität ihres Gegenstandes, nämlich die der sog. Alltagsgeschichte, im Unterschied zu den großen Ereignissen der Politischen Geschichte; dann ihre vielgestaltige und unsichere Quellenbasis, insofern außer Texten auch schwer deutbare materielle Zeugnisse, „Verhältnisse" und sonstige unabsichtlich erzeugte Dokumente die Quellen sind; weiter, damit zusammenhängend, das Fehlen einer einheitlichen und erprobten Auslegungsmethode der materiellen Zeugnisse im Unterschied zur Textkritik und -hermeneutik, ferner der Mangel an Quellen, aus denen sich die subjektive Intention ihrer Autoren erschließen läßt und schließlich die forschungspraktische Überforderung, nämlich das Argument, daß eine thematisch und zeitlich umfassende Kulturgeschichte in Spekulationen und Dilettantismus, eine eng begrenzte Kulturgeschichte dagegen in einem trivialen Positivismus der Sachverhalte ohne Sinn und Zusammenhang enden müsse. In allen Kritikpunkten steckt zum einen der Vorwurf der Unwissenschaftlichkeit, zum andern, wie sich dann erstmals gegen Ende des Jahrhunderts zeigt, die nicht unbegründete Furcht, daß die Kulturgeschichtsschreibung zu Recht beanspruchen könne, das gemeinsame, alles integrierende Band des historischen Denkens mit dem Ziel einer universalen Synthese zu sein, und die Politische Geschichte von ihr aus ihrer zentralen Position verdrängt werden könnte – wo sie doch nur ein bunter Faden an der Oberfläche der „eigentlichen Geschichte" sei.

4.2 Volkskunde:
Die idealisierende Sittengeschichte der vormodernen ständischen Gesellschaft

Eine Sonderstellung innerhalb des kulturgeschichtlichen Denkens und Forschens nimmt die im Randbereich der Germanistik in Deutschland entstehende Disziplin der Volkskunde ein.[40] Sie ist einerseits ein Produkt des volkstümlichen Geschichtsinteresses und hat so vor allem die Sitten und das Brauchtum der ländlichen Bevölkerung zu ihrem Gegenstand erklärt. Andererseits soll sie in der Sicht ihres Begründers WILHELM HEINRICH VON RIEHL (1823-1897) die zentrale traditionsstiftende „Nationalwissenschaft" sein. Das heißt, sie soll nicht nur den anderen Traditionsmächten, nämlich der Religionslehre, der Dichtung, der Musik[41] oder der Geschichtsschreibung, dienen, sondern selbst der „bewegende Mittelpunkt" der nationalen (Geschichts-)Kultur sein. Die von ihm betriebene historische Erforschung des Lebens der einfachen Leute, die Versenkung ins alltägliche Detail, die akribische Rekonstruktion von Mentalitäten, Bräuchen, Sitten und von Sachkultur der bürgerlichen und bäuerlichen Lebenskreise sind deshalb alles andere als historistischwertungsneutral. Sein Motiv ist, indem er Brauchtum und Sitte der Vergangenheit romantisch beschreibt und das „ganze Haus" der vormodernen Gesellschaft als das ideale Modell des familialen Zusammenlebens beschwört, zu einer Restitution der

---

[39] Vgl. Kapitel 27.3.1.
[40] Vgl. *A. Lehmann*: Volkskunde, in: Goertz 1998, 456 ff.
[41] Riehl hat z.B. auch über den Stilwandel in der Musik ein Werk verfaßt: Culturstudien aus drei Jahrhunderten (1858).

ständisch-feudalen Gesellschaftsordnung beizutragen. Von heute aus betrachtet, ist Riehls „Die Naturgeschichte des Volkes als Grundlage einer deutschen Social-Politik" (1851-1869)[42], vor allem mit dem von 1855 bis in die Mitte des 20. Jahrhunderts immer wieder aufgelegten Band „Die Familie", eine konservativistische Antwort auf den Untergang der vormodernen Lebensformen, insbesondere der bäuerlichen und stadtbürgerlichen Welt, im Industriezeitalter.

Das volkskundliche Bestreben, das Wissen darüber zu bewahren und es den nachwachsenden Generationen als einen kritischen Spiegel vorzuhalten, hat sich im Engagement zahlloser Heimatforscher und Heimatpfleger und dann auch wissenschaftlich ausgebildeter Volkskundler und Konservatoren seither niedergeschlagen. Der Sündenfall des Fachs im NS-Staat hat die Volkskunde und mit ihr alle auf „Brauchtum und Sitte", auf „Blut und Boden" und auf „Volkstümliches" bezogenen kulturellen Aktivitäten wie u.a. die „Heimatvereine", die „Volksmusik", den „Volkstanz" und auch die schulisch vermittelte „Heimatkunde" bis in die jüngste Zeit diskreditiert. Die von ihr seit dem 19. Jahrhundert zusammengetragene Sachkultur der ländlichen und städtischen Unterschichten gibt dennoch nicht nur den Fundus der meisten Heimat- und Freilicht-Museen ab, sondern ist auch für die als „empirische Kulturkunde" nach 1960 neu gegründete Volkskunde und die jeweils thematisch einschlägige neuere Sozialgeschichte innerhalb der Geschichtswissenschaft die Materialbasis.[43]

5. Zur Frage nach der Geschichtsphilosophie des Historismus
5.1 Geschichte als Nicht-Philosophie

Wenn man sich heute im Rückblick auf das 19. Jahrhundert fragt, weshalb der Historismus in Deutschland bis etwa 1960 unangefochten und in wichtigen Teilaspekten auch heute noch als *die* Theorie und Methode der Historie gilt, dann kann die formale Antwort nur lauten, daß es lange Zeit keinen anderen Forschungsansatz gegeben hat, der so gut begründet, reflektiert und in Auseinandersetzung mit konkurrierenden Ansätzen gegen mögliche Einwände und Kritik gewappnet war wie er. Was diese Antwort inhaltlich meint, erschließt sich indes wohl nur unter einer Betrachtung der historistischen Methode von außen, am ehesten unter dem Blickwinkel des Verhältnisses von Geschichte und Philosophie. Denn wissenschaftsgeschichtlich ist die moderne Historie ein Kind der Philosophie, einer Philosophie von der Geschichtlichkeit der Kultur, und ihre Eigenständigkeit innerhalb der philosophischen Fakultät, ihr Selbstverständnis und ihren Rang hat sie im Laufe des 19. Jahrhunderts in Auseinandersetzung mit der Philosophie gewonnen. Die Philosophie ihrerseits hatte sich der Herausforderung zu stellen, welche in der Annahme der Geschichtlichkeit auch des Allgemeinen steckt. Wenn die Philosophie in diesem Jahrhundert in Deutschland zur Führungswissenschaft wird und es auch bleibt und man ihr im Streit der Weltanschauungen vor der Geschichtswissenschaft und vor den anderen historischen Wissenschaften die *Deutungskompetenz* des Allgemeinen der Welt und des Menschen zuerkennt, dann geschieht das, weil sie mit Hegels Ge-

---

[42] Ungekürzt in 4 Bden. Stuttgart/Berlin 1925-1930.
[43] Vgl. Kap. 37.1.2.

schichtsphilosophie eine das Prinzip der Geschichtlichkeit zugleich aufnehmende und es ins Allgemeine wendende Antwort findet, die auch noch nach ihrer Verwerfung nachhaltig das historische Denken bis weit ins 20. Jahrhundert geprägt hat.

Dies war möglich, weil beide, die Philosophie und die Geschichte, in der Tradition der Aufklärung zumeist strikt *naturalistisch* argumentieren. D.h. sie versuchen, die Welt ohne Annahme einer übernatürlichen personalen Lenkung und Intervention allein aus sich heraus rational und empirisch zu erklären, was gleichbedeutend mit Hegels Annahme ist, daß es in der Welt vernünftig zugegangen ist und geht und daß die Zielgerichtetheit des Geistes in der Geschichte gleichsam ein Moment seiner Natur ist. Hatte schon die frühneuzeitliche Naturwissenschaft weitgehend auf Theologie und Metaphysik verzichtet, so gilt nun auch die Geschichte der Menschheit und der Völker nicht mehr als ein Ausdruck des Waltens eines *personalen* Gottes auf der Erde und steht so der Mensch in erkenntniskritischer Haltung wie auch in seinem Handeln mit seinem ihm von Natur aus gegebenen Möglichkeiten der Welt allein gegenüber. Deshalb setzen so unterschiedliche Geister wie Kant, Hegel, Comte, Marx, Ranke, Nietzsche und Burckhardt den natürlichen Lauf der Dinge voraus und deuten ihn mit Hilfe des Denkens und des sinnlichen Wahrnehmens.[44]

Die Unterschiede des wissenschaftlichen Zugangs sind dabei der Art des Erkenntnisgegenstandes geschuldet: Die Naturwissenschaften, die sich erst jetzt, in Deutschland ab den 1860er Jahren, institutionell innerhalb der philosophischen Fakultät verselbständigen und später eine eigene Fakultät begründen, haben es rational und empirisch mit der außersubjektiven Welt zu tun, die historischen Wissenschaften haben es in eben dieser Weise mit den kulturellen Äußerungen des Menschen, die theoretischen Wissenschaften, also Philosophie und Mathematik, ebenso mit Ideen zu tun. Die Trennlinie zwischen den Natur- und den Geisteswissenschaften wird im Laufe des 19. Jahrhunderts methodologisch zwar immer deutlicher ausgezogen, es verbindet sie aber weiter die Verpflichtung auf Empirie. Von ihr her begründen auch die Geisteswissenschaften ihre Wissenschaftlichkeit.[45] Wenn sie als Sprach-, Literatur-, Kunst-, Rechts-, „Kulturgeschichte" und Geschichtswissenschaft immer mehr auf Distanz zur Philosophie gehen, dann geschieht das deshalb, weil sie auf keinen Fall mehr, wie dieser unterstellt wird, spekulativ sein wollen, sondern sich als die eigentlichen Erfahrungswissenschaften vom Menschen verstehen.[46] Dieser Anspruch auf Wissenschaftlichkeit mittels Empirie und strenger Logik wird am deutlichsten in Frankreich vertreten, wo sich die *sciences de l'homme* als historische wie als sozialwissenschaftliche „positivistisch" definieren und die Feststellung von Daten und Sachverhalten von dem „unwissenschaftlichen" Deuten und Urteilen abgehoben wird. Weniger streng in dieser Hinsicht sieht der deutsche Historismus zwar sein oberstes Ziel darin, das menschliche Handeln und Erleiden, wie es uns in Quellen entgegentritt, zu verstehen, aber auch er begreift sich dabei primär als empirische Wissenschaft. Dabei nimmt die Geschichtswissenschaft als eine realgeschichtliche Wissenschaft eine Mittelposition zwischen den Natur- und den in

---

[44] Vgl. dazu *H. Schnädelbach*: Philosophie und Geschichte, in: Goertz 1998, 598-620.
[45] Näheres hierzu in Kapitel 27.1. (Dilthey).
[46] Vgl. dazu Nipperdey 1983, 498.

den beiden vorigen Kapitel reflektierten ideen- und formengeschichtlichen Wissenschaften ein, denen wiederum jegliche spekulative und teleologische Geschichtsphilosophie in der Tradition Hegels als ein metaphysischer Rückfall erscheint. „Geschichte ist Nicht-Philosophie." hat Jacob Burckhardt in seiner Vorlesung „Über das Studium der Geschichte"[47] gesagt; fast alle Fachhistoriker des 19. Jahrhunderts hätten ebendies sagen können. Denn Geschichte ist kein gesetzmäßiger Naturprozeß, sondern hat es mit Singularitäten zu tun.

5.2 Geschichte und ihre Philosophie als Momente von Sinnstiftung und Modernisierung

Aber gerade dieser methodische Verzicht auf das Allgemeine, auf Sinn in der großen Geschichte und die Betonung der Einmaligkeit, Individualität und Unvergleichlichkeit alles Geschichtlichen und die darin eingeschlossene Feindlichkeit des Historismus gegenüber systematisch definierten Begriffen und entwickelten Theorien vertragen sich schlecht mit der anthropologisch begründeten Neigung und der über die Jahrtausende genährten religiösen und philosophischen Überzeugung, hinter der Unübersichtlichkeit der empirischen Welt Sinn und Ordnung zu vermuten. Dafür ist Rankes Auffassung, daß jede Kultur „unmittelbar zu Gott" ist, sie einen einzigartigen Wert und einen nur ihr eigenen Sinn im Geschichtsprozess hat, ein Beleg. Das gilt aber auch für die Geschichtstheorie Droysens. Diese will zwar keineswegs spekulativ sein, beruht aber dennoch auf theoretischen Vorannahmen, die durchaus so etwas wie eine implizite Geschichtsphilosophie, eine Geschichtsideologie sind oder, wie H. Schnädelbach schreibt, von einem „Mitteilungssinn"[48] der Geschichte ausgehen. Elemente dessen seien erstens die Annahme eines tragendes Grundes – gleich, ob man ihn Gott, Natur, Sittengesetz, Weltgeist, Fortschritt oder Vorsehung nennt – , der dem Menschen sinnvolles Handeln, Moral und Geschichte nicht nur möglich, sondern auch zur Aufgabe macht, zweitens die Annahme, daß die Völker und Gesellschaften handeln und Geschichte machen mittels einer von jenem Grund dazu legitimierten Instanz, die im Verständnis fast aller Historiker jener Zeit der „Staat" ist, und drittens die Annahme eines Geistes der Völker und eines damit verbundenen Bekenntnisses zur eigenen nationalen Geschichte und eines Auftrages, sie zu erforschen, zu bewahren und den Mitglieder des eigenen Volkes einzupflanzen.

Hieraus folgt, daß man die historistische Geschichtsschreibung nach dem Schwinden religiösen und idealistischen Sinns nun gerade als neue Sinnstiftungsversuche lesen kann. „Vergangenheit, problematische Gegenwart und Zukunftserwartungen [wurden] verflochten, [um] Ordnung zu schaffen, Werte zu begründen, Orientierungen vorzuschlagen, die eine sinnvolle Standortbestimmung im 19. Jahrhundert selbst ermöglichen sollten."[49] Dies ist nicht weit entfernt von Ciceros Diktum, daß die Geschichte die Lehrmeisterin des Lebens und der Politik sei. Denn wenn die Geschichte schon nicht beanspruchen könne, ewige Wahrheit zu sagen, so enthält bzw. repräsentiert doch jeder historische Gegenstand eine Wahrheit, die man aus seinem einmaligen Kontext herauslesen kann. Gesetzgeber und Orientie-

---

[47] In: Weltgeschichtliche Betrachtungen, München 1982 (vgl. Anm. 1 in Kapitel 26).
[48] Begriff und Ausführungen dazu bei Schnädelbach 1998, 611 ff.
[49] *Ch. Simon*: Historiographie. Eine Einführung. 1996, 99.

rungsinstanz des wahren und richtigen Handelns sind so zwar nicht mehr die Natur des Menschen, die allgemeine Typik menschlicher Situationen oder die allgemeine Verfassung der menschlichen Sozialität, sondern die in spezifischer Weise kulturhistorisch geformte und sozialhistorisch gewachsene und differenzierte Wahrheit einer vorläufigen Einsicht. Deshalb erfährt der Handelnde aus der Geschichte, etwa aus der Sentenzensammlung der Rhetorik und der Schönen Künste, nicht mehr, was zu tun ist, sondern wie er in Würdigung aller jeweiliger individual-historischer Umstände und möglicher Folgen einer Handlung das Richtige tut. Schließlich kann man die Entfaltung des historischen Denkens im 19. Jahrhundert auch als ein Element und vielleicht sogar einen Motor der Modernisierung begreifen, insofern diese allgemein durch Rationalisierung, Entzauberung, Verwissenschaftlichung und Professionalisierung gekennzeichnet ist und eine Geschichtswissenschaft benötigt, die institutionell abgesichert, unabhängig von den partikularen Interessen und Sichtweisen der Herrschaften, Stände und Kirchen und allein der Wahrheit verpflichtet ist und damit zur Orientierung in der Gegenwart beitragen kann. Diese Prinzipien einer freien Forschung mögen in der Wirklichkeit nur zum Teil zur Geltung gekommen sein. Als regulative Idee sind sie den Historikern seit dem 19. Jahrhundert aber bewußt.

23. Marx:
Historischer Materialismus und Universalgeschichte

1. Leib, Arbeit, Wirtschaft:
   Der anthropologisch und ökonomisch begründete Historische Materialismus   396
2. Bewußtsein und Religion:
   Das Geistige als wirklicher oder nur illusorischer Überbau des Materiellen   400
3. Entfremdung und Revolution: Die Gesellschaftsgeschichte als „Klassenkampf"   403
4. Menschheitsgeschichte und klassenlose Gesellschaft: Die säkulare Heilslehre
   von der Verwirklichung des Menschen am Ende der Geschichte   407
5. Zum geschichtstheoretischen Status des Marxismus   410

Die große und vielfältige Wirkungsgeschichte von KARL MARX (1818-1883) – nicht so sehr im 19. Jahrhundert, das ihn und die kommunistische Bewegung nur am Rande und dann als ein bedrohliche politische Erscheinung wahrnimmt, sondern im 20. Jahrhundert und hierbei vor allem der Marxismus der westlichen Arbeiterbewegung und der Leninismus Sowjetrußlands – hat den Blick auf seine originäre gesellschaftswissenschaftliche und geschichtsphilosophische Leistung z.T. verstellt. Sie hat auch längere Zeit vergessen lassen, wie sehr Marx mit seinen praktischen und theoretischen Zielsetzungen an die Tradition der gemeineuropäischen Aufklärung angeknüpft hat, näherhin: an den englischen Sensualismus, an das Programm der französischen Enzyklopädisten, an das Denken Rousseaus, an den philosophischen Materialismus in Frankreich (u.a. beim Baron von Holbach[1]), an die politische Ökonomie von Adam Smith und an die Ideale der Französischen Revolution, dann an den deutschen Humanitätsglauben und philosophischen Idealismus, besonders den Hegels – wenn auch in kritischer Wendung gegen ihn –, und nicht zuletzt auch an die Anthropologie und Religions- und Sozialkritik seiner Zeit. Erst im Zuge der Wiederentdeckung der Frühschriften Marx' im ersten Drittel des 20. Jahrhunderts sind diese Traditionslinien wieder freigelegt und ist das bereits in jenen ersten Texten steckende sozialphilosophische Potential erkannt worden. In der Tat hat Marx zwischen 1840, dem Jahr der Abfassung seiner Doktorarbeit über die „Differenz der demokritischen und epikureischen Naturphilosophie", und 1848, dem Jahr, in dem er gemeinsam mit FRIEDRICH ENGELS (1820-1895), seinem fast ebenso bedeutenden lebenslangen Mitstreiter, das „Manifest der Kommunistischen Partei" vorlegt, also im jungen Alter zwischen 22 und 30 Jahren, die später nicht mehr aufgegebenen Grundlinien seiner Philosophie und Geschichtsphilosophie ausgearbeitet und hierzu schon Formulierungen gefunden, die sich in ihrer thematischen und stilistischen Treffsicherheit und Zuspitzung bis heute als besonders einprägsam erwiesen haben. Die neuere neomarxistische Gesellschaftsphilosophie des Westens, besonders die sog. Kritische Theorie[2], hat deshalb bevorzugt diese Texte herangezogen, wie sich auch die folgende Darstellung in einer Reihe von Originalzitaten daran orientiert.

---

[1] P. H. D. d'Holbach (1723-1789) ist in seiner Schrift „Système de la nature" (1770) der erste Philosoph, der nach der Antike einen konsequenten Materialismus vertritt.
[2] Vgl. Kapitel 35.

Faßt man Marx' Philosophie in einem Satz zusammen, dann kann man sie als den Versuch bezeichnen, den Menschen durch eine historisch-gesellschaftliche Aufklärung der Ursachen ihrer Selbstentfremdung in der bürgerlich-kapitalistischen Wirtschaftsweise zu den ihrem ursprünglichen Wesen entsprechenden besseren Möglichkeiten ihres konkreten leiblichen und geistigen Lebens zu verhelfen. Die diesem Versuch zugrundeliegende Geschichtsphilosophie hat methodologisch und inhaltlich eine – die „kritische" – Hauptlinie der modernen Sozialwissenschaften und der modernen Sozialgeschichte begründet und damit dem historischen Denken insgesamt eine herausfordernde neue Seite hinzufügt. Danach ist – in Umkehrung des Grundgedankens der Hegelschen Geistphilosophie – im „historischen Materialismus" nicht mehr das geistige, sondern das in sinnlicher Erfahrung erlebte und sozioökonomisch determinierte Sein der Menschen der Träger und der Motor der Geschichte. Nur die sich im Materiellen vollziehende Geschichte ist die wirkliche Geschichte, während die Geschichte des Geistigen als eines „Überbau"-Phänomens jenes Geschehen nur widerspiegelt. Wenn Marx so zwar die Hegelsche Philosophie „vom Kopf auf die Füße stellt", so stellt er doch nicht den Grundsatz der Geschichtlichkeit der Welt in Frage, sondern geht sogar insofern über die aufklärerische, die deutsch-idealistische und die historistische Position hinaus, als er überhaupt nur noch die Geschichte als Wissenschaft gelten läßt. Mit seinen Worten: „ [...] Wir kennen nur eine einzige Wissenschaft, die Wissenschaft der Geschichte. ..."[3],[4]

1. Leib, Arbeit, Wirtschaft:
Der anthropologisch und ökonomisch begründete Historische Materialismus
1.1 Die sinnliche Anthropologie im Anschluß an Feuerbach
Ausgangspunkt von Marx' Gesellschaftstheorie ist eine Anthropologie, die in der sensualistischen Linie des 18. Jahrhunderts und vor allem der zeitgenössischen Philosophie von LUDWIG FEUERBACH (1804-1872) vom konkreten fühlenden und denkenden Menschen ausgeht, von einem Wesen, das zwar mit Geist begabt ist und sich dadurch von den Tieren abhebt, dabei aber in seinem primären kreatürlichen Verhalten, Handeln und Empfinden ein Naturwesen bleibt.[5] Dieser vor allem

---

[3] Schlußsatz des von Marx gestrichenen ersten Absatzes des Kapitels „Die Ideologie überhaupt, speziell die deutsche Philosophie" in „Die deutsche Philosophie" , Landshut 1953, 346.

[4] Zu Marx' Leben mit einer Einführung in seine Lehre vgl. *R. Friedenthal:* Karl Marx. Sein Leben und seine Zeit, München 1981; *F.J. Raddatz:* Karl Marx. Der Mensch und seine Lehre, München 1975. Zur Einführung in sein Werk vgl. *W. Euchner:* Marx, München 1982; *F. Schupp:* Karl Marx, in: ders. 2003, Bd. 3, 442-459. Die Textgrundlage findet sich in K. Marx/F. Engels: Werke, hg. vom Institut für Marxismus-Leninismus beim ZK der SED, 42 Bände, Berlin 1956 ff.; K. Marx/Fr. Engels: Studienausgabe in vier Bänden, hg. I. Fetscher, Frankfurt 1966; K. Marx/F. Engels: Ausgewählte Werke in sechs Bänden, Berlin 1981 (zitiert im folgenden als „Auswahl I, II usw."); K. Marx: Die Frühschriften, hg. S. Landshut, Stuttgart 1953 (zitiert als „Landshut").

[5] Ausführlich nehmen Marx und Engels Bezug auf Feuerbach in „Die deutsche Ideologie. Kritik der neuesten deutschen Philosophie in ihren Repräsentanten Feuerbach, B. Bauer und Stirner und des deutschen Sozialismus in seinen verschiedenen Propheten (1845/46, erstmals veröffentlicht 1932), in: Auswahl Bd. I, besonders 203 ff.

religionskritische Theologe hatte in seinen „Grundsätzen der Philosophie der Zukunft" gegen die vorherrschende Geistphilosophie geschrieben:

> Ich bin ein wirkliches, ein sinnliches Wesen: Der Leib gehört zu meinem Wesen; ja der Leib in seiner Totalität ist mein Ich, mein Wesen selber. [...] der neue Philosoph [...] denkt im Einklang und Frieden mit den Sinnen [...] die neue Philosophie [...] ist die offenherzig sinnliche Philosophie.[6]

Ähnlich heißt es dann in der gemeinsamen Schrift „Die deutsche Ideologie" von Marx und Engels:

> Die Voraussetzungen, mit denen wir beginnen, sind keine willkürlichen, keine Dogmen, es sind wirkliche Voraussetzungen, von denen man nur in der Einbildung abstrahieren kann. Es sind die wirklichen Individuen, ihre Aktion und ihre materiellen Lebensbedingungen, sowohl die vorgefundenen wie die durch ihre eigene Aktion erzeugten.[7]
> Ganz im Gegensatz zur deutschen Philosophie, welche vom Himmel auf die Erde herabsteigt, wird hier von der Erde zum Himmel gestiegen. D.h. es wird nicht ausgegangen von dem, was die Menschen sagen, sich einbilden ... [sondern] von den wirklich tätigen Menschen.[8]

1.2 Der Mensch als das sich erst durch Arbeit zum Menschen machende Wesen

In letzterer Aussage steckt Marx' entscheidende Wende zu einer Anthropologie des sich durch „Arbeit", d.h. durch bewußte Naturbeherrschung, -ausbeutung und -gestaltung, durch die Werke seiner Hände erhaltenden und sich damit als Mensch überhaupt erst erschaffenden Wesens.

> Man kann die Menschen durch das Bewußtsein, durch die Religion, durch was man sonst will, von den Tieren unterscheiden. Sie selbst [aber] fangen an, sich von den Tieren zu unterscheiden, sobald sie anfangen, ihre Lebensmittel zu *produzieren*. [...] Diese Weise der Produktion ist nicht bloß nach der Seite hin zu betrachten, daß sie die Reproduktion der physischen Existenz der Individuen ist. Sie ist vielmehr schon [...] eine bestimmte Art, ihr Leben zu äußern, eine bestimmte *Lebensweise* derselben. Wie die Individuen ihr Leben äußern, so *sind* sie. Was sie sind, fällt also zusammen mit ihrer Produktion, [...].[9] (Kursivierungen E.W.)

Danach macht sich der Mensch als Mitglied einer Tierspezies zu dem seiner Natur entsprechenden Wesen allein durch Arbeit. Denn sie ist nicht nur eine lebenserhaltende Aktivität, sondern äußert sich auch durch eine bestimmte Lebensweise und macht den Menschen in der bewußten Erzeugung materieller und geistiger Werke zu einem „gegenständliche Wesen", zu einem Wesen, das im Produkt seiner Tätigkeit nicht mehr die ihm fremd gegenüberstehende Natur, sondern seinen eigenen, gegenständliche Wirklichkeit gewordenen Plan, letztlich: sich selbst erblickt. In der Herstellung eines Werkzeugs, in der Bearbeitung des Bodens, der Züchtung von Tieren greift der Mensch nicht nur in seine natürliche Umwelt ein, sondern, indem er sie nach seinen Interessen und Bedürfnissen verändert, „entäußert" er sich selbst,

---

[6] *L. Feuerbach*: Werke in sechs Bänden. Hg. von E. Thies, Bd. III, §37, Frankfurt 1974-1976, 302.
[7] Auswahl I, 206.
[8] Auswahl I, 212.
[9] Auswahl I, 207.

wobei die geschaffenen Werke auf sein Inneres zurückwirken, er die Welt der Mitmenschen und sich selbst durch sie anders wahrnimmt und handelt.

Diese durch Arbeit konstituierte Anthropologie nimmt freilich zunächst nur in pointierter Form ein altes und immer wieder erneuertes Motiv der europäischen Geistesgeschichte auf, nämlich die romantisch zu nennende Vorstellung von der ursprünglichen Universalität und Kreativität des Menschen, der sich durch seine vernunftgeleitete Tätigkeit erst zu dem machen muß, wozu er bestimmt ist. Dies klingt bereits im alttestamentlichen Schöpfungsmythos, im „Machet euch die Welt untertan", an, erfährt im Renaissance-Humanismus eine weitere Aufwertung, insofern sich der Mensch in bezug auf die irdische Kultur als ein Schöpfer aus eigenem Recht, als ein „zweiter Prometheus" (Boccaccio) und in bezug auf seine Person als ein Werk seiner selbst begreifen soll, und ist schließlich ein Zentralelement der literarischen Klassik und der idealistischen Philosophie in Deutschland, wonach wir Menschen uns die Welt allseitig aneignen sollen und es nach *W. von Humboldt* die „letzte Aufgabe unseres Daseins [sei]: dem Begriff der Menschheit in unserer Person ... durch die Spuren des lebendigen Wirkens ... einen so großen Inhalt als möglich zu verschaffen"[10].

Noch direkter verweisen Marx' anthropologische Begrifflichkeit und Vorstellungsweise von „Entäußerung", „Vergegenständlichung" und dann besonders von „Entfremdung" auf Hegels Philosophie. Dieser hatte schon in seiner „Phänomenologie des Geistes" (1807) „Arbeit" als Unterwerfung und Bearbeitung der Natur durch den Menschen definiert und damit der schaffenden Tätigkeit des Menschen auch im Prozeß der Weltgeschichte eine konstitutive Rolle zuerkannt, auf der geistphilosophischen Grundlage freilich, daß Gott bzw. der absolute Geist sich in der „Arbeit" der Schöpfung der Welt in der Welt vergegenständlicht und der Weltgeist im Durchgang durch den subjektiven Geist der Menschen und den Werken und ideellen Erscheinungen des objektiven Geistes den Weg zurück zur entfalteten Geistigkeit findet. Wie bei Hegel ist so auch bei Marx das menschliche Handeln und Schaffen das Grundelement der Geschichte, wenn es sich bei ihm auch um eine naturphilosophisch-anthropologische Geschichtstheorie handelt:

> Die erste Voraussetzung aller Menschengeschichte [kursiv E.W.] ist natürlich die Existenz lebendiger menschlicher Individuen. Der erste zu konstatierende Tatbestand ist also die körperliche Organisation dieser Individuen und ihr dadurch gegebenes Verhältnis zur übrigen Natur. [...] Alle Geschichtsschreibung muß von diesen natürlichen Grundlagen und ihrer Modifikation im Lauf der Geschichte durch die Aktion der Menschen ausgehen.[11]

Diese Position beinhaltet eine bedeutende geschichtsphilosophische Weichenstellung in Konkurrenz zu anderen Geschichtsmodellen. Es stehen sich nämlich seither gegenüber die von Voltaire als Denkgeschichte begründete Ideengeschichte, die von Herder an Sprache, Gefühl und Geist gebundene Menschheitsgeschichte und die von Hegel dann spekulativ gewendete Universalgeschichte des Weltgeistes einerseits und andererseits die von Marx geschaffenen Voraussetzungen für eine

---

[10] Theorie der Bildung des Menschen (1793), in: Humboldt ⁴1984, 25
[11] Auswahl I, 207.

Kulturgeschichte des menschlichen Wahrnehmens und Handelns und darüber hinaus die sie begründende *Naturgeschichte des Menschen*. Deshalb finden Marx' historischer Materialismus und seine Anthropologie eine Fortsetzung zunächst nur in Darwins Evolutionstheorie und sozialwissenschaftlich und psychologisch, sehr viel später, in den 1970er Jahren in der im Forschungskreis um Klaus Holzkamp erarbeiteten „Kritischen Psychologie", welche die Naturgeschichte der sinnlichen Wahrnehmung zur Grundlage ihrer Aussagen nimmt.[12]

1.3 Historischer Materialismus:
Die Differenz von Produktivkräften und Produktionsverhältnissen als Motor der Geschichte

Fortschritte in der „Arbeit" markieren nach Marx deshalb auch die Etappen der Menschheitsgeschichte. In deren Frühzeit findet der Übergang von der ursprünglich-natürlichen familial-verwandtschaftlichen Reproduktion und kleingruppalen Subsistenz zur gesellschaftlichen Lebens- und Existenzform statt.

> Die Tatsache ist also die: Bestimmte Individuen, die auf bestimmte Weise produktiv tätig sind [d.h. als Bauern, Hirten, Handwerker] gehen diese bestimmten gesellschaftlichen und politischen Verhältnisse ein. Die empirische Beobachtung muß in jedem einzelnen Fall den Zusammenhang der gesellschaftlichen und politischen Gliederung mit der Produktion empirisch und ohne alle Mystifikation und Spekulation aufweisen. Die gesellschaftliche Gliederung und der Staat gehen beständig aus dem Lebensprozeß bestimmter Individuen hervor [...][13]

Im Übergang von der urgeschichtlichen Familienwirtschaft zur hochkulturellen Volkswirtschaft haben sich nach Marx schon früh soziale Differenzen zwischen Individuen und Gruppen entwickelt und ist die ursprüngliche Gleichheit der Individuen in eine vielfach abgestufte gesellschaftliche Ungleichheit übergegangen. Die Ursache dafür ist, daß der zwar langsame, jedoch beständige Fortschritt der Fähigkeiten der Arbeitenden und die Verbesserung der Werkzeuge, in der Sprache Marx': die Entwicklung der Produktivkräfte, einerseits und das zähe Beharren der aus Egoismus im Laufe der Zeit über immer mehr Eigentum und Produktionsmittel verfügenden Gruppen auf ihrem im Erbgang gewonnenen Vorteilen, mit anderen Worten: die Verteidigung der traditionellen Eigentums- und Produktionsverhältnisse andererseits, Arbeitende und Besitzende in ihren Lebensbedingungen und Interessen immer weiter auseinandertreiben. Die Differenz zwischen dem rascheren technologischen Wandel und dem langsameren Wandel der ökonomischen Verhältnisse schlägt sich so historisch in einer Differenz der Sozialität und, in Abhängigkeit davon, des Bewußtseins der Beteiligten nieder. Der sich grundsätzlich immer im Ungleichgewicht befindende Zusammenhang von Technik, Ökonomie, Solidarität, Sozialität und Bewußtsein wird so zum Träger und Motor des historischen Wandels. So gehen alle weitere entwickelte historisch-gesellschaftlich Sozialität des Menschen und letztlich auch der Staat aus dem Produktionsprozeß zusammenwirkender

---

[12] Vgl. *K. Holzkamp*: Sinnliche Erkenntnis – Historischer Ursprung und gesellschaftliche Funktion der Wahrnehmung, Kronberg 1976.
[13] Auswahl I, 211.

Menschen hervor und entfalten sich auf dieser Grundlage Technik und Wirtschaft. In dieser Annahme ist Marx' Historischer Materialismus begründet.

2. Bewußtsein und Religion:
Das Geistige als wirklicher oder nur illusorischer Überbau des Materiellen
2.1 Bewußtsein:
Recht, Staat, Moral, Religion, Metaphysik als Ausdruck materieller Prozesse

Die Annahme der sozial-ökonomischen Determiniertheit des menschlichen Bewußtseins und der menschlichen Geschichte ist der Kern des historischen Materialismus. Nach ihm erhebt sich über der Basissphäre der Produktion der „Überbau" von Staat, Recht, Religion und Moral im Sinne eines Abbildes, einer Widerspiegelung und wandelt sich letzteres in direkter Abhängigkeit von ersterem geschichtlich.

Diese geschichtsphilosophischen Prinzipien hat Marx im „Vorwort zur Kritik der politischen Ökonomie" (1859) konzentriert so dargelegt:

> Meine Untersuchung mündete in dem Ergebnis, daß Rechtsverhältnisse wie Staatsformen weder aus sich selbst zu begreifen sind, noch aus der sogenannten allgemeinen Entwicklung des menschlichen Geistes, sondern vielmehr in den materiellen Lebensverhältnissen wurzeln [...]. In der gesellschaftlichen Produktion ihres Lebens gehen die Menschen bestimmte, notwendige, von ihrem Willen unabhängige Verhältnisse ein, Produktionsverhältnisse, die einer bestimmten Entwicklungsstufe ihrer materiellen Produktivkräfte entsprechen. Die Gesamtheit dieser Produktionsverhältnisse bildet die ökonomische Struktur der Gesellschaft, die reale Basis, worauf sich ein juristischer und politischer Überbau erhebt, und welcher bestimmte gesellschaftliche Bewußtseinsformen entsprechen.[14] Und:

> [...] das menschlichen Wesen ist kein dem einzelnen Individuum innewohnendes Abstraktum. In seiner Wirklichkeit ist es das *ensemble* der gesellschaftlichen Verhältnisse.[15]

Die Auffassung, daß die weltgeschichtliche Entwicklung des Bewußtseins in Abhängigkeit von den materiellen Lebensverhältnissen erfolgt, ist hier zunächst noch ganz ohne Bezug auf eine bestimmte gesellschaftliche Formation formuliert, tritt vielmehr als eine allgemeine historische Gesetzmäßigkeit auf. Denn:

> Die Produktion der Ideen, Vorstellungen, des Bewußtseins ist zunächst unmittelbar verflochten in die materielle Tätigkeit und den materiellen Verkehr der Menschen [...][16]

Und:

> Die Vorstellungen, die sich diese Individuen machen, sind Vorstellungen entweder über ihr Verhältnis zur Natur oder über Verhältnis untereinander oder über ihre eigene Beschaffenheit. Es ist einleuchtend, daß in allen diesen Fällen diese Vorstellungen der – wie illusorisch sie auch, insbesondere in der Religion, sind – bewußte Ausdruck ihrer wirklichen Verhältnisse und Betätigungen [...] sind. Die entgegengesetzte Annahme ist nur dann möglich, wenn man außer

---

[14] Auswahl II, 502 f.
[15] Aus der 6. These, Auswahl, Bd. I, S. 199.
[16] Auswahl I, 212.

dem Geist der wirklichen, materiell bedingten Individuen noch einen aparten Geist 3. [...] [17]

2.2 Genese von wirklichen und illusorischen Vorstellungen aus sozioökonomischen Differenzen

Die „idealen Welten" (Marx) der Menschen sind so zunächst wertneutral ein authentischer, adäquater und historisch gewachsener und überlieferter Ausdruck ihrer Lagen, Bedürfnisse und Handlungen. Erst die Ungleichzeitigkeit im Entwicklungsniveau von Produktivkräften, Produktionsmitteln und -verhältnissen und die daraus hervorgetriebenen Interessengegensätze zwischen Arbeitenden und Besitzenden lassen Widersprüche zwischen „wirklichen" und ideologisch erzeugten, täuschenden, bloß „illusorischen" Bewußtseinswelten entstehen, deren Scheinhaftigkeit es jedoch zu durchschauen gilt.

> Das Bewußtsein kann nie etwas anderes sein als das bewußte Sein, und das Sein der Menschen ist ihr wirklicher Lebensprozeß. Wenn [aber] in der ganzen Ideologie die Menschen und ihre Verhältnisse wie in einer Camara obscura auf dem Kopf gestellt erscheinen, so geht dies Phänomen ebensosehr aus ihrem historischen Lebensprozeß hervor [...][18]

Wenn auch mit unnatürlichen Folgen, denn:

> Die Moral, Religion, Metaphysik und sonstige Ideologie und ihnen entsprechenden Bewußtseinsformen behalten hier nicht länger den Schein der Selbständigkeit. Sie haben keine Geschichte, [...], sondern die ihre materielle Produktion und ihren materiellen Verkehr entwickelnden Menschen ändern mit dieser ihrer Wirklichkeit auch ihr Denken und die Produkte ihres Denkens. Nicht das Bewußtsein bestimmt das Leben, sondern das Leben bestimmt das Bewußtsein.[19]

Und auf die Geschichte angewandt:

> Was beweist die Geschichte der Ideen anders, als daß die geistige Produktion sich mit der materiellen umgestaltet? Die herrschenden Ideen einer Zeit waren stets nur die Ideen der herrschenden Klassen.[20]

2.3 Die Religion als wirkliches Abbild einer „verkehrten Welt"

Die wichtigste Quelle des illusorischen Bewußtseins in den entwickelten Gesellschaften ist für Marx die Religion. Der theoretische Ausgangspunkt ist auch hier die Anthropologie von Feuerbach. Dieser hatte die christliche Religion und allgemein den Götterglauben für Menschenwerk und damit alle Theologie – die des Polytheismus ebenso wie die des Monotheismus – letztlich für eine Selbstprojektion des Menschen an den Himmel und damit in ihrem Kern für eine Anthropologie erklärt. Dem stimmt Marx zunächst zu, überschreitet diesen Ansatz in seinen berühmten „Thesen über Feuerbach" (1845) dann jedoch historisch-materialistisch. Sein Einwand gegen Feuerbach ist, daß man nicht bei einer ausschließlich anthropologi-

---

[17] Aus einem später von Marx gestrichenen Absatz in der „Deutschen Ideologie", zitiert nach Landshut, S. 348.
[18] Auswahl I, 212.
[19] Auswahl I, 212 f.
[20] So fast wortgleich auch in der „Deutschen Ideologie", ebd. 238.

schen, d.h. hier allgemeinmenschlichen und gesellschaftsneutralen Erklärung der Religion stehen bleiben dürfe. Vielmehr müsse die Philosophie herausbekommen, weshalb Menschen religiöse Chimären erfunden hätten und daran glaubten. Dafür macht Marx nicht die überzeitlich beständige Natur des Menschen verantwortlich, sondern die jeweils herrschenden ungerechten gesellschaftlichen Bedingungen, die solche Wunschvorstellungen, die im Widerspruch zur realen Welt stehen, insbesondere bei den unterdrückten und ausgebeuteten Volksmassen, überhaupt erst haben entstehen lassen:

> Feuerbach geht von dem Faktum der [...] Verdopplung der Welt in eine religiöse und eine weltliche aus. Seine Arbeit besteht darin, die religiöse Welt in ihre weltliche Grundlage aufzulösen. Aber daß die weltliche Grundlage sich von sich selbst abhebt und sich ein selbstständiges Reich in den Wolken fixiert, ist nur aus der Selbstzerrissenheit und sich Selbstwidersprechen dieser weltlichen Grundlage zu erklären. Diese selbst muß also in sich selbst sowohl in ihrem Widerspruch verstanden als [auch] praktisch revolutioniert werden.[21]

Da es aber letztlich immer verkehrte „gesellschaftliche Verhältnisse" sind, die eine Religion und allgemein eine Ideologie hervorbringen, können diese nichts anderes als selbst „ein verkehrtes Weltbewußtsein"[22] zu sein. In psychischer und mitmenschlicher Hinsicht freilich wird die Religion von den in gesellschaftlichen Verhältnissen erniedrigten Kreaturen als ein Trost empfunden. Deshalb hält man an ihren Illusionen fest und will sogar darüber hinweg getäuscht werden, wie wenig geistig und wie sehr leiblich-sinnlich der Mensch ist. Dennoch kommt der Mensch nach Auffassung Marx' zur Einsicht und zum wahren Glück nur im Durchgang durch die Religionskritik:

> Das *religiöse* Elend ist in einem der *Ausdruck* des wirklichen Elendes und in einem die *Protestation* gegen das wirkliche Elend. Die Religion ist der Seufzer der bedrängten Kreatur, das Gemüt einer herzlosen Welt, wie sie der Geist geistloser Zustände ist [...] Die Aufhebung der Religion als des *illusorischen* Glückes des Volkes ist die Forderung seines *wirklichen* Glücks [...] Die Kritik der Religion enttäuscht den Menschen, damit er denke, handle, seine Wirklichkeit gestalte wie ein enttäuschter, zu Verstand gekommener Mensch [...] [Kursiva K. M.].[23]

2.4 Die Geschichte der Religionen als Abbild der auf Fiktionen beruhenden Geschichte der Völker

Die allgemeine Historizität der Verkehrtheit der sozialen Verhältnisse bildet sich konzentriert in der geschichtlichen Ausbildung und im Wandel der religiösen Anschauungen ab, so daß die Geschichte der religiösen Anschauungen auch immer Dokumente der (Universal-)Geschichte der Menschheit und der Völker sind. Die Aufgabe der Philosophie sei es, die Menschen über die sozio-ökonomischen Ursachen ihres illusorischen religiösen Denkens aufzuklären. Aus diesem Ansatz entsteht dann das, was wir heute in der Wissenschaftstheorie „Ideologiekritik" nennen,

---

[21] Aus der 4. These, Auswahl I, 199.
[22] Zur Kritik der Hegelschen Rechtsphilosophie, Auswahl I, 9.
[23] ebenda, S. 10.

nämlich das Abklopfen aller (geschichtlichen) Gedankengebilde nach ihren gesellschaftlichen Voraussetzungen, nach den materiellen und machtorientierten Interessen, die die Gruppe der Herrschenden, oft unbewußt und guten Glaubens, mit jenen Ideen verfolgt, und nach dem falschen Glück, das sie der Masse der Gläubigen versprechen. Freilich hatte schon die antike Religionskritik die Existenz und die Eigenschaften von Göttern als Projektion der Menschen an den Himmel gedeutet, hatte die Philosophie von ihren frühesten Anfängen im alten Griechenland an die Vorstellung von körperlichen Göttern als bloße sinnliche und widersprüchliche Vorstellungen von ewigen und vollkommenen Ideen gedeutet und war der Gott der Bibel bei Hegel im Begriff des absolutes Geistes gänzlich entkörperlicht und rationalisiert worden. Den unbewußt bleibenden materiellen und herrscherlichen Motiven dieser religiösen Vergeistigung der Welt ist aber erst die Religionskritik der Aufklärung und dann verstärkt die materialistischen Philosophie und Psychologie nachgegangen. Die Psychoanalyse hat dann später, seit dem am Ende des 19. Jahrhunderts, die unbewußt bleibenden Motive des religiösen Glaubens in anthropologisch noch tiefer angesiedelten psychischen Dispositionen und Mentalitäten gedeutet und damit auch dem historischen Denken einen neuen Erkenntnisweg gewiesen.[24]

3. **Entfremdung und Revolution:**
   Die Gesellschaftsgeschichte als „Klassenkampf"
   3.1 Entfremdung: Die Verzerrung der Mitmenschlichkeit durch ungleiche Verfügung über die Produktionsmittel

Der Ansatz für die Beseitigung der religiösen und sonstigen illusorischen Vorstellungen ist die historisch-materialistische Aufklärung der Menschen über ihre wirkliche Lage: „Es ist also die Aufgabe der Geschichte, nachdem das Jenseits der Wahrheit verschwunden ist, die Wahrheit des Diesseits zu etablieren."[25] Sie besteht, wie oben schon gesagt, in der Erkenntnis der unterschiedlichen Interessen von Herrschenden und Beherrschten, in der Unterdrückung und Ausbeutung der einen durch die andern, in der alle ständischen Gesellschaften kennzeichnenden ungleichen Besitz-, Macht- und Arbeitsverhältnisse, in der Erkenntnis, daß in sklavenhalterischen und feudalistischen ebenso wie in bürgerlich-kapitalistischen Gesellschaften die Menschen durch Sklaverei, Leibeigenschaft und Lohnarbeit an ihrer Selbstverwirklichung gehindert werden, sie bei der Arbeit „außer sich", nur in ihrer Freizeit „bei sich" sind, kurz: in der beide Seiten einschließenden Empfindung von Entfremdung von dem, was sie eigentlich sein könnten und sein sollten.

Eine solche Reflexion der sog. sozialen Frage hat alte Wurzeln, erfährt aber angesichts des Elends der Arbeitermassen im 19. Jahrhundert bei den z.T. anarchistischen Frühsozialisten, darunter besonders durch die von *P.-J. Proudhon* (1809-1865) in der Streitschrift Que'est-ce que la propriété (1840) erhobene Frage: „Was ist Eigentum?" und gegebene Antwort: „Eigentum ist Diebstahl.", eine gesteigerte öffentliche Aufmerksamkeit. Die empirische Grundlage für Marx' Ansatz hat im wesentlichen der Bericht geliefert, den Engels nach einem zweijährigen Aufenthalt

---

[24] Vgl. Kapitel 26.4.
[25] Auswahl I, 10.

in England 1845 unter dem Titel „Die Lage der arbeitenden Klasse in England. Nach eigener Anschauung und authentischen Quellen" niedergelegt hat.[26]

Zum Teil im Rückgriff auf Vorstellungen Hegels hat Marx vier Erscheinungsweisen der Entfremdung durch Arbeit im kapitalistischen Produktionssystem beschrieben.[27] Danach führt in Gesellschaften, die durch Unterdrücker und Unterdrückte gekennzeichnet sind, die vergegenständlichende Aneignung der Welt und die Produktion von Werken durch Arbeiter

- erstens zu einer Entfremdung *vom Produkt ihrer Arbeit*:
  denn dieses gehört nicht den Arbeitern, sondern wird ihnen gegen einen Minimallohn weggenommen,
- zweitens zu einer Entfremdung *von ihrer Arbeitstätigkeit*:
  denn diese ist ihnen in der industriellen Arbeitsteilung „fremd" und „äußerlich", so daß sie sich im Werk ihrer Hände nicht wieder erkennen können,
- drittens zu einer Entfremdung *von sich selbst*,
  d.h. von ihrem vorbestimmten menschlichen Wesen, denn ihre Arbeit ist nur ein Mittel, dient nur der biologischen Existenzsicherung, aber nicht der Selbstverwirklichung, und schließlich
- viertens zu einer Entfremdung *zwischen den Menschen*,
  denn diese können sich wechselseitig nicht anders als Mittel zu außer ihnen liegenden Zwecken wahrnehmen.

Eine Pointe dieser Entfremdung ist, daß sie auch die Herrschenden und Besitzenden selbst erfaßt. Denn auch der Kapitalist ist letzten Endes Opfer der Entfremdungsprozesse, weil er in diesem Wirtschaftssystem gar nicht anders kann, als andere auszubeuten, sie nach der konjunkturellen Lage einzustellen und zu entlassen und ihnen in der Konkurrenz mit andern Unternehmern den geringmöglichsten Lohn zu geben.

3.2 „Klassenkampf": Die revolutionäre Geschichte der Gesellschaft

Tief eingeprägt in das historische Gedächtnis der Arbeiterbewegung hat sich der erste Satz des ersten Kapitels „Bourgeois und Proletarier" des „Manifest(es) der Kommunistischen Partei" (1848) vom „Klassenkampf" und seiner Erläuterung am Beispiel der europäischen Gesellschaftsgeschichte von der Antike bis zur Mitte des 19. Jahrhunderts:

> Die Geschichte aller bisherigen Gesellschaft ist die Geschichte von Klassenkämpfen. Freier und Sklave, Patrizier und Plebejer, Baron und Leibeigener, Zunftbürger und Gesell, kurz, Unterdrücker und Unterdrückte standen in stetem Gegensatz zueinander, führten einen ununterbrochenen, bald versteckten, bald offenen Kampf, einen Kampf, der jedesmal mit einer revolutionären Umgestaltung der ganzen Gesellschaft endete oder mit dem gemeinsamen Untergang der kämpfenden Klassen.[28]

---

[26] Auswahl I, 135-195.
[27] Vgl. Ökonomisch-philosophische Manuskripte aus dem Jahre 1844, Erstes Manuskript, Auswahl I, 82-96, wo Marx erstmals die Kategorie der Entfremdung durch Arbeit unter modernen Produktionsverhältnissen entwickelt.
[28] Auswahl I, 416.

Die schon genannte Ursache davon ist die Differenz von Produktivkräften und Produktionsverhältnissen, welche sich im Zuge des ökonomischen Fortschritts periodisch zuspitzt, sich in Revolutionen entlädt, zeitweilig so zu einem Ausgleich gebracht wird und dann regelmäßig wieder anwächst, wobei freilich bei jedem revolutionären Durchgang die Gesellschaft insgesamt auf eine höhere Stufe gehoben wird:

> Auf einer bestimmten Stufe ihrer Entwicklung geraten die materiellen Produktivkräfte der Gesellschaft in Widerspruch mit den Produktionsverhältnissen. [...] Aus Entwicklungsformen der Produktivkräfte schlagen diese Verhältnisse in Fesseln derselben um. Es tritt dann eine Epoche sozialer Revolution ein. Mit der Veränderung der ökonomischen Grundlage wälzt sich der ganze ungeheure Überbau langsamer oder rascher um.[29]

Das Charakteristische dieses Wandels ist zum einen, daß er sich nicht kontinuierlich, sondern in Schüben, und nicht reformerisch, sondern revolutionär, in der Regel gewalttätig unter rigoroser Beseitigung – also nicht: „Aufhebung" im hegelschen Sinne – der zuvor herrschenden Verhältnisse und ihrer Nutznießer vollzieht, und zum andern, daß er prinzipiell anders verursacht ist, als es der Fall ist bei politischen Ereignisse infolge von dynastischen, militärischen oder verfassungsrechtlichen Handlungen „Großer", bei der Entstehung und Verbreitung ideeller oder religiöser Bewegungen und bei wissenschaftlichen Entdeckungen und technischen Neuerungen. Denn er ist ausschließlich und alles andere mitumfassend dem Gegensatz gesellschaftlicher Gruppen, d.h. dem Interessengegensatz zwischen den jeweils eine große Zahl ausmachenden, anonym bleibenden Individuen geschuldet.

Subjekte des Geschichtsprozesses sind so freilich nicht die sozioökonomischen Verhältnisse selbst und auch nicht die ihnen unterworfenen Individuen oder die illusorischen Ideologien, sondern gesellschaftliche Großgruppen, deren jeweilige Mitglieder nach ihrer materiellen und sozialen Lage durch bestimmte objektive Interessen miteinander verbunden sind und von denen besonders diejenigen revolutionär tätig werden, die strukturell und faktisch in der Gesellschaft benachteiligt sind. Dies macht die Klasse der Unterdrückten einer Gesellschaft zur potentiell fortschrittlichen Gruppe. Sind bei Hegel noch die „großen historischen Individuen" die Handelnden gewesen, so sind dies jetzt bei Marx die revolutionierenden Volksmassen der Unterdrückten. Dieses revolutionäre Handeln geschieht freilich und paradoxerweise unter Anleitung des aufgeklärten Teils der Herrschenden, denn nur er hat bereits das nötige neue Bewußtsein, jagt nicht mehr illusorischen Träumen und Selbsttäuschungen hinterher, artikuliert und verstärkt das bereits latent vorhandene neue und fortschrittliche Bewußtsein und Handeln. Dabei repräsentieren die die Revolution auslösenden und durchfechtenden Gruppen kurz vor und während des Kampfes das Interesse der Gesamtgesellschaft, weil sie ja der fortschrittlichen Produktionsweise zum Durchbruch verhelfen. Wenn aber die siegreiche Gesellschaftsformation selbst alsbald einen besonderen Stand im Staat begründet und die Vorteile des Siegs allein für sich reklamiert, wird sie ihrerseits über kurz oder lang zu einem neuen Stand der Unterdrücker, weshalb sie dann irgendwann das Schicksal ihrer Vorläufer erleidet.

---

[29] *Marx/Engels*: Zur Kritik der Politischen Ökonomie, Auswahl, Bd. II, 503.

Während aber nach Marx' Einschätzung fast alle bisherigen weltgeschichtlichen Revolutionen durch komplexe, sich über längere Zeiträume hinziehende, zwischen heftigen Erhebungen und relativ verdeckt geführten Kämpfen schwankende Auseinandersetzungen zwischen einer Vielzahl von Ständen in den Gesellschaften gekennzeichnet waren, habe sich die Situation in den industriell entwickelten und arbeitsteilig wirtschaftenden kapitalistischen Gesellschaften zu einem klaren Gegensatz zweier „Klassen", der Minderheitsklasse der Bourgeoisie und der Mehrheitsklasse des Proletariats, entwickelt. Denn:

> Die fortwährende Umwälzung der Produktion, die ununterbrochene Erschütterung aller gesellschaftlicher Zustände, die ewige Unsicherheit und Bewegung zeichnet die Bourgeoisieepoche vor allen früheren aus.[30]

Setzte Hegels Geschichtstheorie und z.T. auch die des Liberalismus bei der Erklärung der gesellschaftlichen Widersprüche und Ungerechtigkeiten eine im Verborgenen letztlich ausgleichend wirkende, Sinn herstellende bzw. Wohlstand erzeugende Macht voraus, so ist Marx' Gesellschafts- und Geschichtstheorie von vornherein und prinzipiell eine des Konflikts, nach der die Gesellschaften durch größere Umwälzungen immer nur zeitweise zur Ruhe kommen und die moderne Gesellschaft überhaupt nur durch einen radikalen gesellschaftlichen Bruch mit der ganzen Vergangenheit auf eine neue Grundlage gestellt werden kann.

3.3 Ideologiekritik:
Die praktische Aufgabe der Philosophie in der Geschichte der Gesellschaft

Im Unterschied zu Philosophien und Weltanschauungen, die die jeweiligen gesellschaftlichen Verhältnisse legitimieren oder nur unkritisch abbilden wollen, und zu historischer und gegenwartsbezogener Forschung, die frühere und heutige Verhältnisse nur „verstehen" will, fällt nach Marx der wissenschaftlichen Sozialphilosophie und mit ihr der Geschichtsphilosophie die Aufgabe zu, die gesellschaftliche Wirklichkeit in ihrer Wahrheit zu erkennen, das Bewußtsein der Menschen über die Widersprüche aufzuklären und der kommenden Revolution dadurch vorzuarbeiten, daß sie ihr aus der Erfahrung die geistigen Waffen schmiedet:

> Es ist zunächst die *Aufgabe der Philosophie*, die im Dienste der Geschichte steht, nachdem die *Heiligengestalt* der menschlichen Selbstentfremdung entlarvt ist, die Selbstentfremdung in ihren *unheiligen Gestalten* zu entlarven. Die Kritik des Himmels verwandelt sich damit in die Kritik der Erde, die *Kritik der Religion* in die *Kritik des Rechts*, die *Kritik der Theolog*ie in die Kritik der Politik. [alle Kursivierungen durch K.M.][31]
> Wie die Philosophie im Proletariat ihre materiellen, so findet das Proletariat in der Philosophie seine geistigen Waffen [...][32]

---

[30] Manifest der kommunistischen Partei, in: Auswahl I, 419.
[31] Zur Kritik der Hegelschen Rechtsphilosophie, Auswahl I,10
[32] Auswahl I, 25.

Daß die Philosophen seiner Zeit dieser Aufgabe nicht nachkommen, kritisiert Marx:
> Keinem von diesen deutschen Philosophen [der Untertitel der Schrift nennt sie: „Feuerbach, B. Bauer und Stirner"] ist es eingefallen, nach dem Zusammenhange der deutschen Philosophie mit der deutschen Wirklichkeit, nach dem Zusammenhang ihrer Kritik mit ihrer eigenen materiellen Umgebung zu fragen.[33]

Während Hegels Bestreben der Legitimation der vorfindlichen Wirklichkeit (des Staats und der Religion) gilt – wo eigentlich Kritik an der Unterdrückung der Freiheit im preußischen Vormärzstaat angebracht gewesen wäre –, gibt Marx eine Antwort auf die drängende soziale Frage seiner Zeit. Und hatte Hegel noch ausdrücklich die Handlungsabstinenz der Theoretiker – in den Schlußworten der „Religionsphilosophie" – betont und gesagt: „Wie sich die zeitliche, empirische Gegenwart aus ihrem Zwiespalt herausfinde, wie sie sich gestalte, ist ihr überlassen und ist nicht die unmittelbar praktische Sache und Angelegenheit der Philosophie."[34], setzt Marx, in der 11. These über Feuerbach, seinen wohl berühmtesten Satz dagegen: „Die Philosophen haben die Welt nur verschieden interpretiert, es kömmt drauf an, sie zu verändern."[35] Daß die (Geschichts-)Philosophie praktisch werden oder sich doch zumindest der Verbesserung der Welt verpflichtet fühlen soll, ist in der Tat bis heute ein wichtiges Merkmal, das die marxistische von den anderen Wissenschaftstheorien unterscheidet.

4. Menschheitsgeschichte und klassenlose Gesellschaft: Die säkulare Heilslehre von der endgültigen Aufhebung aller Konflikte und von der Verwirklichung des Wesens des Menschen am Ende der Geschichte

4.1 Die universalhistorischen Etappen von der Urgesellschaft zur bürgerlichen Gesellschaft

Trotz der Kritik, die Marx am spekulativen Charakter der idealistischen Philosophie übt, folgt für ihn die Weltgeschichte fast noch strenger als für Hegel einem gesetzmäßig vorgezeichneten Weg. Nach dem auf Vorstellungen von Marx gründenden und von Engels[36] entwickelten universalhistorischen Schema steigt die Menschheit in dem durch Revolutionen dialektisch angetriebenen Fortschrittsprozess im Passieren der geschichtlich jeweils notwendigen Entwicklungsstufen auf, und zwar von der klassenlosen *Urgesellschaft* zur antiken *Sklavenhaltergesellschaft*, von da dann zum mittelalterlichen *Feudalismus* und von da weiter zum neuzeitlichen *Kapitalismus*, dessen Überwindung die Geschichte dann an ihr Ziel bringt. Wie es der Titel der hierzu thematisch wichtigsten Schrift Engels: „Der Ursprung der Familie, des Privateigentums und des Staats. Im Anschluß an Lewis H. Morgan's Forschungen" (1884)[37], schon aussagt, setzt diese universalhistorische Theorie bei den elementa-

---

[33] Deutsche Ideologie, Auswahl I, 206.
[34] *Hegel*: Vorlesungen über die Philosophie der Religion. 3 Bde., Hamburg 1955/1994/1995.
[35] Auswahl I, 200.
[36] Vor allem in: Der Ursprung der Familie, des Privateigentums und des Staates" (1884), in: Auswahl VI, 15-197.
[37] Engels bezieht sich auf die Schrift „Ancient Society. Or: Researches in the Lines of Human

ren zwischenmenschlichen und ökonomischen Verhältnissen, bei Ehe und Familie, Besitz, Lebensmittel- und Warenproduktion, Arbeitsteilung und der Organisation des überfamilialen Lebens der kleineren und größeren Gruppen an und knüpft dabei an den damals aktuellen Forschungsstand der Völkerkunde an. Nach dem Vorbild von Morgan unterscheidet Engels zunächst grob drei Hauptstadien der menschlichen Sozialität: erstens das Stadium der „Wildheit", in dem kleine Verbände bei Gemeinbesitz und „Gruppenehe" friedlich und egalitär zusammenleben und -wirken; zweitens das Stadium der „Barbarei", in dem Stämme in einer Art „naturwüchsiger Demokratie", in einer „Gentilverfassung", organisiert sind und die urgeschichtliche Gruppenehe sich zu einer lockeren „Paarungsehe" gewandelt hat, und drittens schließlich das Stadium der „Zivilisation", in dem die Gesellschaftsform des Staats und die Institution der monogamen Ehe entstehen.[38] Die wichtigen Weichenstellungen erfolgen danach also bereits im Übergang von der Stammesgesellschaft zur Hochkultur, die ihrerseits die oben genannten zivilisatorischen Entwicklungsstufen in der Dialektik von Produktivkräften und Produktionsverhältnissen durchlaufen. Auch diese Verschränkung mit der Ethnologie macht den Historischen Materialismus zu einem in die Zukunft weisenden Modell der Universalgeschichte, wie unsicher auch weiter bis heute die Annahmen über die ur- und frühgeschichtlichen Epochen der Menschheit sind.[39]

4.2 Die klassenlose Gesellschaft als Endziel der Geschichte

Nachdem am Ende des vorletzten Stadiums der Menschheitsgeschichte weltweit das Proletariat die bürgerliche Gesellschaft revolutionär beseitigt hat und an deren Stelle zunächst der Sozialismus und dann der Kommunismus getreten und dabei der Staat als dann überflüssige Institution „abgestorben" sein wird, wird entgegen dem bisherigen Bewegungsgesetz der Geschichte keine neue Klasse mehr die Herrschaft antreten, sondern eine beständige, konfliktlose „klassenlose Gesellschaft" entstehen, in der die Widersprüche aller bisherigen Gesellschaften und alle Entfremdung zwischen den Menschen selbst und vom Produkt ihrer Arbeit ein für allemal aufgehoben werden sein werden. Jeder einzelne wird seine Bedürfnisse in materieller Versorgtheit und in kreativer Freiheit stillen können und sein ihm vorbestimmtes „gegenständliches Wesen" in der entäußernden Auseinandersetzung mit der Welt wiedererlangen. So wäre die Gesellschaft dann „eine Assoziation [ist], worin die freie Entwicklung eines jeden die Bedingung für die freie Entwicklung aller ist." (Manifest, S. 225), und die „auf ihre Fahnen schreiben [kann]: Jeder nach seinen Fähigkeiten, jedem nach seinen Bedürfnissen" (Manifest, S. 225).

Dies werde faktisch möglich sein, weil

Progress from Savagery through Barbarism to Civilisation" (New York 1877) von *Lewis Henry Morgan*. Zu Morgans Status in der Ethnologie vgl. Kapitel 22.3.2.

[38] Zum ethnologischen Evolutionismus, der seinerseits ein Abkömmling von Darwins Evolutionstheorie ist (Kapitel 24.2. und 3.) ist, vgl. Kapitel 25.

[39] *Vgl. L. Krader*: Ethnologie und Anthropologie bei Marx, München 1973.

die große Industrie und die durch sie möglich gemachte Ausdehnung der Produktion ins Unendliche einen Zustand der Gesellschaft möglich machen, in welchem so viel von allen Lebensbedürfnissen produziert wird, daß jedes Mitglied der Gesellschaft dadurch in den Stand gesetzt wird, alle seine Kräfte und Anlagen in vollständiger Freiheit zu entwickeln und zu betätigen.[40]

Dies werde auch für die affektiven zwischenmenschlichen Beziehungen gelten:
> Sie [sc. die kommunistische Gesellschaft] wird das Verhältnis der beiden Geschlechter zu einem reinen Privatverhältnis machen, [...] worin sich die Gesellschaft nicht einzumischen hat. Sie kann dies, da sie das Privateigentum beseitigt und die Kinder gemeinschaftlich erzieht und dadurch die beiden Grundlagen der bisherigen Ehe, die Abhängigkeit des Weibes vom Mann und der Kinder von den Eltern vermittels des Privateigentums, vernichtet.[41]

Und in Engels Schrift „Die Entwicklung des Sozialismus" (1892) heißt es:
> Der Kampf ums Einzeldasein hört auf. Damit erst scheidet der Mensch [...] endgültig aus dem Tierreich [...] Der Umkreis der die Menschen umgebenden Lebensbedingungen, der die Menschen bis jetzt beherrschte, tritt jetzt unter die Herrschaft und Kontrolle der Menschen, die zum ersten Male bewußte, wirkliche Herren der Natur [...] werden. [...] Erst von da an werden die Menschen ihre Geschichte mit vollem Bewußtseins selbst machen [...] Es ist der Sprung der Menschheit aus dem Reich der Notwendigkeit in das Reich der Freiheit.[42]

Noch ausgeprägter sind die Anklänge an die großen religiösen Endzeitvisionen schließlich in einer der ersten Schriften Marx', in den „Ökonomisch-philosophische(n) Manuskripten aus dem Jahre 1844":
> Dieser Kommunismus ist als vollendeter Naturalismus = Humanismus, als vollendeter Humanismus = Naturalismus, er ist die wahrhafte Auflösung des Widerstreites zwischen dem Menschen mit der Natur und mit dem Menschen, die wahre Auflösung des Streits zwischen Existenz und Wesen, zwischen Vergegenständlichung und Selbstbetätigung, zwischen Freiheit und Notwendigkeit, zwischen Individuum und Gattung. Es ist das aufgelöste Rätsel der Geschichte und weiß sich als diese Lösung.[43]

Die Zitate belegen, daß es sich bei Marx' Geschichtsphilosophie um eine säkulare Heilslehre handelt, die ihre theologische Herkunft nicht verbirgt. Wie bei Hegel nährt sich auch sein Fortschrittsglauben aus eschatologischen Vorstellungen der Religion, zwar nicht aus der christlichen Apokalypse, die über fürchterliche Kämpfe und Katastrophen und ein strafendes Endgericht das gänzliche Ende der irdischen Welt und ein Leben ausschließlich im Geist bei Gott für die im Glauben gerechtfertigten und erretteten Sünder erwartet, sondern auf den jüdischen Messianismus, der die Erlösung von allen Übeln hier auf der Erde mit dem siegreichen Kommen des Messias sieht. Mit den Worten von F. Schupp: „Marx war letztlich doch selbst authentisch prophetisch-messianischer Jude, der das Heraufkommen des Gottesreiches ersehnt und dabei, wie alle Propheten des Judentums, nicht nur zusehen, sondern praktisch

---

[40] F. Engels: Grundsätze des Kommunismus (1847), in: Auswahl I, 343.
[41] ebd., 352.
[42] Auswahl V, 474.
[43] MEW Erg. Bd. 1. Teil. S. 536

an diesem Herbeikommen mitwirken wollte. Sein auserwähltes Volk war allerdings [...] universell die Klasse der Unterdrückten und Ausgebeuteten aller Völker, die aber doch, und gerade weil sie die Unterdrückten sind, das auserwählte Volk, die Bringer des Lichts und der Gerechtigkeit, sind."[44] Dies wiederum trägt deutlich die Züge, die das Neue Testament von der christlichen Urgemeinde und dann vom tausendjährigen Friedensreich malt, wo die Menschen ohne Privatbesitz in Liebe und Eintracht zusammenleben. Nach den zeitentbundenen überirdischen Paradiesen der polytheistischen Antike und den ebenfalls ahistorischen, jedoch räumlich-insulären Idealstaaten der frühen Neuzeit ist Marx' klassenlose Gesellschaft sowohl eine konkret irdische als auch eine für die nahe Zukunft „verzeitlichte" Utopie.

5. Zum geschichtstheoretischen Status des Marxismus
Wenn Marx' und Engels' Geschichtsphilosophie wie überhaupt ihre ganze Philosophie und Gesellschaftstheorie in den universitär verfaßten Wissenschaften während des 19. Jahrhunderts zunächst kaum Fuß fassen, so ist doch ihre Wirkung bis zum Zusammenbruch der „sozialistischen Staatengemeinschaft" um 1990 im Laufe des 20. Jahrhunderts im orthodoxen leninistisch-stalinistischen Marxismus Osteuropas und im gesellschaftskritischen (Neo-)Marxismus des Westens fast ständig noch gewachsen und haben sich bestimmte wissenschaftsmethodische Grundsätze und gewisse inhaltliche Einsichten in den historischen Wandel von Gesellschaften unverlierbar und weiterhin herausfordernd in der Theorie der Geschichte niedergeschlagen. Davon werden hier abschließend nur noch fünf anerkennende und fünf kritische Bemerkungen zum theoretischen Status des Marxismus gemacht, so wie sie sich im unmittelbaren Bezug auf das Werk seiner beiden Begründer formulieren lassen.[45]

5.1 Leistungen und bleibende Herausforderungen
Die Attraktivität dieser Lehre besteht erstens vor allem darin, daß sie im Besitz eines *„wissenschaftlich" gesicherten, „objektiven" Wissens* vom bisherigen und künftigen Verlauf der Geschichte zu sein scheint, sie dadurch dem Kampf der benachteiligten, unterdrückten und ausgebeuteten Individuen, Gruppen und Völker für eine bessere und gerechtere Welt eine sinnvolle Perspektive eröffnet und, nach Überwindung des leidvollen Weges zum Ziel, das Versprechen einer insgesamt „neuen Welt" und eines „neuen Menschen" bereit hält. Im gewissen Sinne wiederholt sich mit der marxistischen Verheißung einer klassenlosen Gesellschaft etwas, was auch den Schwenk der spätantiken Intellektuellen von der distanzierten und differenzierenden philosophischen Betrachtung der Welt zur Annahme der christlichen Heilsgeschichte motiviert hatte, nämlich die Überzeugungskraft, die ein Gedankengebilde ausstrahlt, das die Vielfalt der religiösen bzw. historisch-gesellschaftlichen Phänomene bündelt, auf ein einziges Prinzip zurückführt und auf eine ganz bestimmte

---

[44] Schupp, Bd. 3, 2003, 457.; vgl. auch *K. Löwith*: Weltgeschichte und Heilsgeschehen. Die theologischen Voraussetzungen der Geschichtsphilosophie, Stuttgart 1967.

[45] Eine knappe geschichtswissenschaftliche Würdigung des Marxismus gibt Goertz 1995, 133-136.

Zukunft hin ausrichtet.[46] Nicht zuletzt wegen seines utopischen Elementes hat der Marxismus so bis in die jüngste Zeit unter Menschen, die unter den Verhältnissen einer ungerechten Welt leiden und eine bessere Welt schaffen wollen, eine besondere Anziehungskraft besessen.

Für Sozialwissenschaftler, jedoch auch für Historiker besteht die Leistung des Marxismus zweitens darin, daß er die *Sozialphilosophie* und *-geschichte* im modernen Sinn begründet, er also nach Jahrtausenden der historischen Erforschung hauptsächlich des politischen Handels, der Ideen und der Kultur der oberen Gesellschaftsschichten nun auch die Geschichte der Unterschichten, der körperlich Arbeitenden auf dem Lande und in den Städten, ihrer beschwerlichen Lebensführung und die Geschichte des Wirtschaftens und seiner Auswirkung auf die gesamte Gesellschaft und jeden einzelnen zum empirisch angegangenen und theoretisch reflektierten Thema macht.

In der Hinwendung zur „materialistischen Basis" des menschlichen Bewußtseinslebens und Handelns hat Marx' Lehre drittens – nach den Erklärungsmodellen von Montesquieu, Voltaire, Vico, Herder und Hegel – eine klare, wenn auch einseitige Antwort auf die Frage gegeben, *was* letztlich den *historischen Wandel* bewirkt. Zwar mag man Marx' materiell-mechanistisches Bewegungsgesetz als ein den Naturwissenschaften entlehntes Modell für nicht anwendbar auf die Gesellschaftsgeschichte halten, man kann aber nach Marx in der Geschichts- und Gesellschaftstheorie nicht mehr von der Frage nach der materiellen Seite der Verursachung des historischen Wandels absehen.

Viertens zeichnet diese Lehre aus, daß sie universalhistorisch angelegt ist, sich nicht mit dem Verstehen von zeitlichen und thematischen Ausschnitten aus der Geschichte zufrieden gibt, sondern das *Ganze der Geschichte der Menschheit* in ihrer zeitlichen und der wechselseitigen Verflechtung ihrer Momente versucht zu erfassen.

Fünftens schließlich ist diese Theorie die erste wirklich *kritische* Historie im modernen Sinne, eine, die nach den verdeckten Ursachen von gesellschaftlichen Faktizitäten, insbesondere nach den möglichen Interessen der Herrschenden fragt. Nach Marx ist deshalb eine naive Geschichtsschreibung der Ideen, der Weltanschauungen und des politischen Handelns, die von dem sozialökonomischen Umfeld absieht, eigentlich nicht mehr möglich.

5.2 Zur Kritik des Marxismus

Schwerer als die Leistungen und produktiven Herausforderungen wiegen für die „klassische" Geschichtstheorie freilich die offensichtlichen Schwächen des Marxismus. Die notwendige Kritik richtet sich erstens dagegen, daß Marx' universalhistorische Gesellschafts- und Geschichtslehre – trotz der hellsichtigen Analyse der Probleme und der Ungerechtigkeiten der kapitalistischen Wirtschaftsweise, der Einsicht in die soziale Determiniertheit des menschlichen Bewußtseins und der Ent-

---

[46] Vgl. dazu W. B. Bialas: Das Geschichtsdenken der klassischen deutschen Philosophie. Hegels Geschichtsphilosophie zwischen historischem Erfahrungsraum und utopischem Erwartungshorizont, in: Geschichtsdiskurs, Bd. 3, Frankfurt 1997, 29-44.

fremdungsprozesse im „bürgerlichen Zeitalter" – im Hinblick auf die Zukunft der Menschheit ebenso *spekulativ* und *deterministisch* ist wie die von Hegel.

Zweitens hält man die Fundierung der Gesellschaftstheorie und -geschichte in der *Sozioökonomie des Historischen Materialismus* für viel zu eng, um der historischen Mannigfaltigkeit und Totalität gerecht werden und den geschichtlichen Wandel erklären zu können. Denn die Wirtschaft – wie unentbehrlich ihr Gedeihen auch für die Existenz jeglicher Gesellschaft ist – ist nur ein Faktor im gesellschaftlichen Getriebe, und religiöse, politische, wissenschaftliche und sonstige „Ideologien" sind nicht nur Widerspiegelungen des wirtschaftlichen Geschehens, sondern haben einen Status aus eigenem Recht und wirken ihrerseits durchaus auch auf jenes Geschehen ein, zumal mit guten Gründen überhaupt auch die gegenteilige Auffassung vertreten werden kann, daß nämlich der eigentliche historische Wandel primär im Bewußtsein geschieht und von dort das Geschehen im Körperlichen anleitet.

Zurückweisung finden drittens sodann *innerhalb der sozioökonomischen Theorie* zahlreiche *perspektivische Verengungen*. Dazu gehört vor allem, daß sie im Begriff der sozialen Klassen die Mannigfaltigkeit der gesellschaftlichen Unterschiede und Abstufungen innerhalb der Stände, Nationen, Orte und Konfessionen unterschlage und zumindest ein Teil ihrer Prophezeiungen vom geschichtlichen Verlauf inzwischen als widerlegt gelten können, wie etwa die Annahmen, daß Revolutionen Gesellschaften immer auf ein höheres Niveau heben, den „Fortschritt" vorantreiben, daß der innerstaatliche Klassenkampf im Sinne eines revolutionären Bürgerkriegs oder eines zähen innerstaatlichen Ringens um Einfluß der Bevölkerungsgruppen an Bedeutung immer vor den heißen Kriegen zwischen Stämmen und Nationen oder denen der Eroberung stünden, daß der Kapitalismus zwangsläufig zu einer Verelendung der Arbeitermassen führe und die Verstaatlichung der Produktionsmittel die Entfremdung der Menschen im Produktionsprozeß aufhebe. Auch irre sie darin, daß die Arbeitsteiligkeit ein Merkmal allein der kapitalistischen Wirtschaftsweise sei, vielmehr charakterisiere sie systemübergreifend entwickelte Industriegesellschaften.

Anstoß nimmt man viertens am *Geschichts- und Menschenbild des Marxismus* insgesamt, wonach immer und überall nur Gegensätze, Konflikte und „Kriege" die Welt beherrschen – und nicht auch die kooperativen Tendenzen der menschlichen Sozialität in ihr zum Zuge kommen, auch Reformen den gesellschaftlichen Wandel, den Weg in die Zukunft bahnen und überhaupt auf friedliche Weise Probleme gelöst werden könnten.

Fünftens schließlich gilt eine grundsätzlich Kritik der *Parteilichkeit, Dogmatik und Intoleranz* der marxistischen Geschichtstheorie und -schreibung. Diesen Zug trägt sie nicht erst seit der Oktoberrevolution in Rußland, sondern schon seit ihren Anfängen bei Marx selbst und im verbalen Kampf der Arbeiterbewegung vor dem ersten Weltkrieg. Marx zeiht alle seine Kritiker der Unmenschlichkeit, der Knechtschaft des großen Kapitals oder der Dummheit und Verblendung, überzieht alle Abweichler von seiner „orthodoxen" Linie mit einer vernichtenden, auch persönlich verunglimpfenden Kritik. So heißt es schon beim jungen Marx in seiner „Kritik der Hegelschen Rechtsphilosophie" (1844):

Sie [die Kritik] ist kein anatomisches Messer, sie ist eine Waffe. Ihr Gegenstand [d.h. die bürgerlich-kapitalistischen Zustände in Deutschland] ist ihr *Feind*, den sie nicht widerlegen, sondern *vernichten* [kursiv K. M.] will. [...] Die Kritik [...] bedarf nicht der Selbstverständigung mit diesem Gegenstand, denn sie ist mit ihm im reinen [...] Ihr wesentliches Pathos ist die *Indignation*, ihre wesentliche Arbeit die *Denunziation*.[47]

Für die Kritik dürfe der Gegner kein
> edler, ebenbürtiger, [...] interessanter Gegner [sein], es handelt sich darum, ihn zu *treffen*. [...] Man muß den wirklichen Druck noch drückender machen, indem man ihm das Bewußtsein der Drucks hinzufügt [...][48]

Zwar ist alle Geschichtsschreibung und alle Geschichtsphilosophie in Vorurteilen befangen, neigen sie wie jede andere Wissenschaft zur Polemik und Rechthaberei. Ein Vorzug des zeitgleich mit Marx' Lehre sich herausbildenden Historismus besteht aber gerade darin, daß deren Vertreter sich nicht zum Scharfrichter vergangener Zeiten und Propheten machen, sondern versuchen, die Vergangenheit aus ihren eigenen Voraussetzungen zu verstehen und aus ihrer Kenntnis keine dogmatische Lehre für das gegenwärtige Handeln ziehen.

---

[47] Auswahl I, 12.
[48] Ebd.., S. 13.

24. Darwin:
Die Naturgeschichte des Lebens

1. Die Naturwissenschaften auf dem Wege zu ihrer Abtrennung von der philosophischen Fakultät   415
2. Darwin: Die Evolution der Lebewesen durch Variation und Selektion   418
3. Die Rezeption des Darwinismus und seine anthropologischen Herausforderungen   421

Das hauptsächliche Thema dieses Kapitels ist die bereits im 18. Jahrhundert in spekulativer Philosophie vermutete und im 19. Jahrhundert dann von biologischer Seite auch theoretisch begründete und durch systematische Vergleiche empirisch plausibel gemachte Annahme, daß alle Lebewesen, einschließlich des Menschen, in einem langen Prozeß gleichsam von allein und „evolutionär" entstanden sind. Sein größerer Kontext sind die außerordentlich großen Fortschritte, die die klassischen Naturwissenschaften im Laufe des 19. Jahrhunderts machen. Sie schmälern nicht nur zunehmend die öffentliche Geltung der historischen Wissenschaften, sondern fordern diese auch methodologisch heraus. Dies ist Gegenstand von Abschnitt 1. Abschnitt 2 zeichnet den Weg der Entdeckung der Naturgeschichtlichkeit des Menschen in seinen Hauptetappen vom 18. bis zum Beginn des 20. Jahrhundert nach. In Abschnitt 3 schließlich wird der komplexe Rezeptionsprozeß der neuen bioevolutionären Sichtweise im Geflecht der Entstehung des kultur- und sozialhistorischen Denkens im 19. Jahrhundert bedacht.

Ein solcher Überblick über das 19. Jahrhundert ist hier deshalb nötig, weil die Einsicht in die Naturgeschichtlichkeit des Menschen – als die zweite historische Deutungsrevolution der Moderne – das menschliche Selbstverständnis womöglich noch stärker verändert hat als jene erste kulturhistorische des 18. Jahrhunderts. Wenn Kultur und ihre Geschichte heute als eine geschichtlich entstandene Anschlußorganisation der Naturgeschichte des Menschen betrachtet wird und sich die Konturen einer neuen, Kultur und Natur umfassenden *Allgemeinen (Historischen) Anthropologie* (zusammengefaßt in Kapitel 60) abzuzeichnen beginnen, dann ist dies das Ergebnis jenes damals begonnenen, von Mißverständnissen und weltanschaulichen Voreingenommenheiten geprägten und z.T. erbittert geführten Streites zwischen den Natur- und den Kulturwissenschaften. Denn obwohl sich die Vorstellung von der Naturgeschichtlichkeit des Lebens nach dem Erscheinen von Darwins Pionierarbeit rasch verbreitet hat, waren die Abwehrmechanismen gegen dieses biologische Modell der Geschichte und vor allem gegen seine Anwendung auch auf den Menschen sehr zahlreich und hat sich dessen Rezeption in den Humanwissenschaften sehr ungleich vollzogen: recht rasch und z.T. emphatisch begrüßt in der Biologie selbst – wofür in der europäischen Öffentlichkeit die größte Wirkung Herbert Spencer und Ernst Haeckel erzielt haben – , langsamer, distanzierter und in bestimmten Grundaussagen auch unzutreffend in der sich im ersten Drittel des 20. Jahrhunderts in Deutschland herausbildenden Philosophischen Anthropologie und stark verzögert und z.T. bis heute abwehrend in den geistes- und sozialwissenschaftlichen Anthropologien. Die Kapitel des Teils E führen unter dem Titel „Naturwissenschaftliches Geschichtsdenken im 20. Jahrhundert" die hier begonnenen naturhistorischen Darlegungen fort.

1. Die Naturwissenschaften auf dem Wege zu ihrer Abtrennung von der philosophischen Fakultät

Es trennt die klassischen Naturwissenschaften von den Kulturwissenschaften, daß sie ihre Aufgabe in der Entdeckung und Begründung von zeit- und ortsenthobenen Naturgesetzen sehen und deshalb an ihren Gegenständen gerade keine historische Forschung betreiben. Dies gilt auch für die Biologie, jedenfalls bis zu Darwins Entdeckung und auch danach noch für alle Themen, die nicht auf die Erforschung evolutionärer Vorgänge, sondern ahistorischer Gesetzmäßigkeiten abheben. Dennoch waren auch die Naturwissenschaften immer schon zumindest insofern historische Wissenschaften, als der Prozeß der Naturerforschung, des Erkenntnisfortschritts und des Versuchs der technischen Anwendung erkannter Naturgesetze ein historischer ist und sie als eine kulturelle Form des Wissenserwerbs und der Weltauslegung ein Teilbereich der Kulturgeschichte des Menschen sind.[1] Historische Wissenschaften waren sie auch noch insofern, als sie seit der Antike die Erfolge und Irrtümer dieser Forschungsgeschichte beschrieben und im Kontext der Philosophie und der Weltanschauungen reflektiert haben. In der Wissenschaftsgeschichte des 19. Jahrhunderts schließlich nimmt die Selbstreflexion der Naturwissenschaften im systematischen wie im historischen Sinne eine prominente Stelle ein.[2]

1.1 Die geschichtlich denkende Naturphilosophie in Spätaufklärung und Romantik

Wenn man bedenkt, daß die Evolutionstheorie allgemein und im besonderen die gattungsgeschichtliche Entstehung des Menschen bis weit ins 20. Jahrhundert von nicht wenigen Philosophen, Historikern und besonders natürlich von Theologen abgelehnt worden ist und sogar heute noch, fast 150 Jahre nach Darwins Veröffentlichung seiner Abhandlung „Über die Entstehung der Arten", von einigen Naturwissenschaftlern mit Skepsis bedacht wird, so muß zunächst erstaunen, daß in der Frühphase der Herausbildung des modernen historischen Denkens, also im 18. Jahrhundert, eine solche Abwehr nicht bestanden hat, man vielmehr geneigt war, die Welt der Dinge, der Lebewesen und der Kultur (noch) aus einer gemeinsamen Wurzel kommend zu sehen, und deshalb nicht wenige der Wissenschaftler damals vermutet haben, daß „Geschichte" in allem sein müsse und deshalb auch die Formen des Lebendigen geschichtlich entstanden sein müßten.[3] Das hat seinerseits historische Ursachen. Denn die sich zunächst ausschließlich auf die „(göttliche) Natur" berufende Aufklärung umschloß zwei konkurrierende Auffassungen von der Natur: die von der in ihrer (idealen) Vollkommenheit ewig gleichbleibenden Natur

---

[1] Zum Wandel der Menschenbilder unter dem Einfluß kultur- und naturwissenschaftlicher Sichtweisen vgl. *A. Barsch/P.M. Hejl* (Hg.): Menschenbilder. Zur Pluralisierung der Vorstellung von der menschlichen Natur (1850–1914), Frankfurt 2000.

[2] Beiträge zur neuzeitlichen Wissenschaftsgeschichte von der Natur finden sich in: *M. Hagner* (Hg.): Ansichten der Wissenschaftsgeschichte, Frankfurt 2001.

[3] Vgl. *H. Dieckmann*: Naturgeschichte von Bacon bis Diderot: Einige Wegweiser, in: Koselleck/ Stempel 1973, 95–114; *P.H. Reill:* Die Historisierung von Natur und Mensch. Der Zusammenhang von Naturwissenschaften und historischem Denken im Entstehungsprozeß der modernen Naturwissenschaften, in: Geschichtsdiskurs 2, 1994, 48-61; *L. Gall*: Natur und Geschichte – eine spezifische Antinomie des 20. Jahrhunderts?, Heidelberg 1996.

einerseits, welche sich in der Geltung universeller Naturgesetze zeige und wonach auch der Mensch als ein Mikrokosmos und Abbild des Makrokosmos sich durch eine ewige „Natur" auszeichne, und die Auffassung andererseits von einer sich in der Zeit ausformenden, kreativen Natur. Fußt die erstere Sichtweise philosophisch auf der klassisch-antiken Ideenlehre und findet sie ihren neuzeitlichen Ausdruck in Newtons mechanistischem Rationalismus, so hat die andere ihren Ursprung in mittelalterlich-theologischen Denken. Danach erzeugt Gott als das Prinzip einer ewigen Schöpferkraft (*natura naturans*) unaufhörlich die in Raum und Zeit sichtbar erscheinende Natur (*natura naturata*) neu. Diese Vorstellung wird seit dem Renaissance-Humanismus auf den an Gottes Schöpferkraft partizipierenden Menschen und dann, vor allem durch den Rückbezug auf die *Deus-sive-natura*-Philosophie von Spinoza[4], seit dem 18. Jahrhundert auch auf die ganze sichtbare Natur übertragen. Im Pantheismus, nunmehr stärker im Rückbezug auf die antike Auffassung von der göttlichen Beseeltheit des Kosmos, erscheint dann die Gott-Natur als die Eine in Allem (*hén kaì pân*) ständig wirkende schöpferische Potenz. Dies erklärt die seit der Mitte des 18. Jahrhunderts verbreitete und bis heute anzutreffende „vitalistische" Deutung, welche in allen „organisierten" natürlichen Körpern etwas Lebendiges, Beseeltes sieht und insbesondere in Deutschland die naturphilosophischen Vorstellungen von der „würkenden Kraft" (Herder), die alles Sichtbare „durchwalte", von der „strebenden Natur", von der „lebendigen Form" inspiriert hat. Diese Art des zugleich naturphilosophischen und naturhistorischen Denkens läßt man seit den 1830er Jahren, als man sich in den neuen historischen und erst recht in den Naturwissenschaften von der Geistphilosophie Hegels distanziert und sich positivistisch verstärkt den „Tatsachen" zuwendet, nicht nur entschieden hinter sich, sondern stigmatisiert sie in den Begriffen der „Geistphilosophie" oder der romantischen Naturphilosophie als Ausdruck eines unwissenschaftlichen Umgangs mit der physischen Welt. Zudem unterscheidet man in methodischer Hinsicht immer deutlicher zwischen den die natürliche Welt experimentell und beobachtend erforschenden und auf Gesetze zielenden Naturwissenschaften einerseits und den kulturelle Quellen auslegenden und auf das Verstehen des Besonderen zielenden historischen Wissenschaften andererseits. Diese Aufteilung des Denkens in zwei Wissenschaftskulturen löst die seit der Antike bestehende enge thematische, institutionelle und personelle Verbindung von Philosophie, Naturwissenschaft, Historie und Dichtung auf, wie sie etwa im Werk Rousseaus, Herders und Goethes (z.B. in der „Metamorphose der Pflanzen" und in der „Farbenlehre") ebenso noch zu finden ist wie im Werk und in der Person des Philosophen Kant, der – in der Begrifflichkeit unserer Zeit – noch zugleich Natur-, Geistes-, Sozial- und Kulturwissenschaftler war.

1.2. Die sich von den Naturwissenschaften abgrenzenden historischen Wissenschaften

Die Kehrseite der sich im Laufe des 19. Jahrhunderts in der philosophischen Fakultät in Schritten vollziehenden Entwicklung war, daß es seit den 1830er Jahren in Deutschland kaum mehr einen bedeutenden Vertreter der klassischen historischen Fächer gegeben haben dürfte, der zugleich Naturforschung betrieben oder sich auch

---

[4] Vgl. Kapitel 12.3.3.

nur deren Haupterkenntnisse gründlich angeeignet hätte, und eben auch nur noch wenige Naturwissenschaftler, die eine kulturwissenschaftliche Fachkompetenz besessen hätten – wie das im 18. Jahrhundert noch selbstverständlich war. Man mag in dem wachsenden Abstand zwischen beiden Forschergruppen zunächst nur eine fachliche Selbstbescheidung und Arbeitsteilung erblicken, die sich mit dem Fortschritt und der Differenzierung der Erkenntnisse unvermeidlich einstellen mußte. Man muß darin aber wohl mehr sehen, nämlich, daß die beiden neuen Wissenschaftskulturen ihr besonderes Profil, ihr Selbstverständnis und ihr Selbstbewußtsein im modernen Sinn überhaupt erst durch diese Abgrenzung erhalten haben.[5] In diesem Prozeß haben sich beide Seiten nicht nur von der spekulativen Philosophie getrennt, sondern auch die Empirie zu ihrer Grundlage gemacht: die historischen Wissenschaften, indem sie auf die Reflexion der Entstehung der Menschheit fast gänzlich verzichtet, sich historistisch auf das in der dinglichen, bildlichen und schriftlichen Überlieferung „Gegebene" beschränkt und unter der Annahme einer gleichbleibenden menschlichen Natur die Kultur in ihrem Wandel empirisch erforscht haben; die Naturwissenschaften, indem sie, den frühneuzeitlichen Erfolgsweg fortsetzend, bei der Überprüfung naturgesetzlicher Hypothesen eher noch präziser die Wirklichkeit empiristisch beobachtet haben, so daß für sie auch die Evolution letztlich im Wirken von Naturgesetzen begründet und ihr Nachweis ein empirischer ist.

Der große Erfolg beider Seiten, der sich in den Naturwissenschaften in einer Fülle neuer grundlegender Erkenntnisse und der technischen Anwendung von Naturgesetzen äußerte und sich in den historischen Wissenschaften in einer enormen Öffnung, Durchdringung und Erkenntnis des geschichtlichen Raums niederschlug, mündete allerdings nicht in einer wechselseitigen Anerkennung der Leistungen, sondern eher in einer Dichotomisierung und Polarisierung der beiden Erkenntniswege. So sprechen die historischen Wissenschaften in der Abgrenzung von den Naturwissenschaft mitunter allzu abwertend von toter, kalter, menschenferner, grobschlächtiger, ja böser Materie einerseits und vom lebendigen, warmen, menschlichen, feinen und guten Geist andererseits. Umgekehrt sind die Naturwissenschaftler zunehmend davon überzeugt, daß ihre auf Systematik, Hypothese, Experiment, Beobachtung, Induktion und Deduktion beruhende Methodik die einzig wissenschaftliche, wahre und erfolgversprechende ist.

Den Grundsätzen der naturwissenschaftlichen Methode verpflichtet, ohne jedoch eine scharfe Abgrenzung gegenüber dem älteren naturphilosophischen und dem neueren historischen Denken zu üben, hat der durch Forschungsreisen, Experimente und Literaturstudium umfassend als Naturforscher ausgewiesene ALEXANDER VON HUMBOLDT (1769-1859) in der Mitte des 19. Jahrhunderts in seinem fünfbändigen Werk: Kosmos. Entwurf einer physischen Weltbeschreibung (Stuttgart/Tübin-

---

[5] Vgl. *O.G. Oexle*: Naturwissenschaft und Geschichtswissenschaft. Momente einer Problemgeschichte, in: ders. (Hg.): Naturwissenschaft, Geisteswissenschaft, Kulturwissenschaft: Einheit – Gegensatz – Komplementarität?, Göttingen 1998, 99 ff. . Oexle legt dort dar, wie sich der Historismus einschließlich seiner Kritik in Auseinandersetzung mit dem Modell der Naturwissenschaften herausgebildet hat, es als Vorbild, als Alternative oder als Gegenbild betrachtend.

gen 1845-62)⁶, nochmals im Sinne der traditionellen „Naturhistorie" eine Synthese des naturwissenschaftlichen Wissens seiner Zeit erstellt und dabei eine ungeheuer große Integrationsleistung erbracht. Seine erklärte Absicht war es, „die ganze materielle Welt, alles was wir heute von den Erscheinungen der Himmelsräume und des Erdenlebens, von den Nebelsternen bis zur Geographie [...] wissen, alles in Einem Werke [Hervorhebung durch A.v.H.] darzustellen"⁷. Indem er so die synchrone Mannigfaltigkeit der mit den Sinnen erfaßbaren Welt ausbreitet und das im Laufe von Jahrtausenden erarbeitete Wissen von der Welt zu einem geschlossenen Weltbild zusammenfügt, markiert er einen imponierenden Endpunkt. Denn in seinem Todesjahr 1859 erscheint Darwins Pionierwerk und beginnt mit einem Schlage das Zeitalter des bioevolutionären naturhistorischen Denkens.

2. Darwin:
Die Evolution der Lebewesen durch Variation und Selektion
2.1 Vom traditionell naturhistorischen zum bioevolutionären Denken

Das naturhistorische Denken im modernen Verständnis des Begriffs hat eine Vorgeschichte, die bis ins 18. Jahrhundert zurückreicht. Zuvor ist die Möglichkeit einer natürlichen Herkunft und Entwicklung der Pflanzen und Tiere und gar des Menschen jedoch kaum je ernsthaft erwogen worden, und zwar vor allem aus jenen drei Gründen, die schon in Kapitel 14 dargelegt worden sind: Erstens ging man davon aus, dass alle Lebewesen durch einen göttlichen Schöpfungsakt ein für allemal unveränderlich geschaffen seien. Zweitens konnte der Gedanke an einen Wandel und eine schrittweise Weiter- und gar Höherentwicklung der Lebewesen auch empirisch nicht gefaßt werden, weil diese – in Gestalt und Lebensäußerung – über die von Menschen überschaubaren Zeiten hinweg immer gleich zu bleiben schienen. Drittens schließlich erschien die Differenz zwischen dem Menschen und selbst den intelligentesten Tieren so groß und unüberbrückbar, daß eine nähere Verwandtschaft auszuschließen war.⁸

Gleichwohl ist den Menschen zweifellos schon seit den frühesten Zeiten dreierlei aufgefallen. Zunächst, daß gewisse Tiere dem Menschen seit alters irgendwie wesensverwandt erscheinen, wie es u.a. die prähistorischen Höhlenmalereien mit der magischen Identifikation von Mensch und Tier und die verbreitete kultische Verehrung von Tieren beweisen. Sodann, daß es eine leibliche Verwandtschaft nicht nur innerhalb und zwischen den Tierarten, sondern auch zwischen bestimmten, in der Hierarchie des Lebendigen hoch eingestuften Säugetieren und dem Menschen geben muß, da der Mensch eine Reihe von Eigenschaften mit den Tieren teilt. Schließlich, daß, ebenso wie sich bei Tieren in der Abfolge der Generationen mit-

---

⁶ In der von H. M. Enzensberger herausgegebenen Anderen Bibliothek ist dieses Werk 2004 im Nachdruck erschienen.

⁷ So *A. v. Humboldt* in einem Brief aus dem Jahre 1834; hier zitiert aus *A.W. Daum*: Wissenschaftspopularisierung in Deutschland im 19. Jahrhundert. Bürgerliche Kultur, naturwissenschaftliche Bildung und die deutsche Öffentlichkeit 1848-1914, München 1998, 273.

⁸ Hier und im folgenden ist grundlegend *E. Mayr*: Die Entwicklung der biologischen Gedankenwelt. Vielfalt, Evolution und Vererbung (engl. 1984), Berlin 1984. Vgl. auch *D. Young*: Die Entdeckung der Evolution. Aus dem Engl. v. K. Riedl, Basel 1994.

unter charakteristische Veränderungen „von allein" und durch Züchtung zeigen und zumindest Varianz in Erscheinung und Verhalten der Individuen einer bestimmten Art die Regel ist, sich auch bei menschlichen Individuen mitunter neue und über die Generationen weitergereichte Eigenschaften zeigen und die Menschen überhaupt körperlich, psychisch und in ihren Fähigkeiten in Völkern, Gruppen und Verwandtschaften in großer Mannigfaltigkeit auftreten.

In Kenntnis dessen haben die antike Philosophie, die „Naturhistorie" und die Medizin den Menschen – wenn auch an der höchsten Stelle – immer unter die Tiere, etwa als *zóon politikón* = *polis*-Lebewesen oder als *animal loquens* = „sprachbegabtes (beseeltes) Lebewesen" eingereiht und hat man – so etwa der Sophist Protagoras – von einer Verwandtschaft des Menschen mit dem Tier gesprochen. Und nachdem die empirische Welterkundung in der frühen Neuzeit allgemein wieder einsetzt hatte, wurde auf breiter Front auch wieder begonnen, das „Reich der Tiere und Pflanzen" und den Menschen als Gattungswesen genauer zu beschreiben, sie in ihren körperlichen Funktionen zu verstehen und den Menschen mit den anderen Lebewesen „naturhistorisch" zu vergleichen. Das klassifikatorische Ergebnis dieser Forschung faßte im 18. Jahrhundert der schwedische Naturforscher CARL VON LINNÉ (1707-1778) in einer ersten großen biologischen Taxonomie zusammen (*Systema naturae*, 1735/55/68), in einer Seins-ordnung, die den Menschen ganz im Sinne der traditionellen *scala naturae* nach seiner Ähnlichkeit mit den sog. Menschenaffen in der Klasse der Primaten sah, ohne daß dabei freilich die Vermutung einer wirklichen Genealogie des Lebendigen und einer möglichen gemeinsamen Herkunft von Mensch und Affe geäußert wurde. Denn was die Herkunft des Lebendigen, der Verwobenheit der Organismen miteinander anbetrifft, verbot gerade die auch von den Biologen geteilte Annahme von einer natürlichen Ordnung, in der alles Lebendige „naturrechtlich"-zweckmäßig aufeinander abgestimmt und in Typen (*species*) eingerichtet sei, den Gedanken an einen möglichen Wandel. So verstand etwa die bei kulturellen Gegenständen z.T. schon historisch argumentierende französische „Encyclopédie" im Artikel „Histoire naturelle" deren Gegenstand noch als ein System der Natur, über das es eine Geschichte nur im Sinne des Fortschreitens der Kenntnisse davon geben könne.[9]

Der erste Anstoß zur Vorstellung von der Geschichtlichkeit der Lebewesen kam dann gleichwohl nicht von fachlich forschenden Biologen, sondern von philosophierenden Aufklärern. Denn erst nachdem der völker- und kulturgeschichtliche Entwicklungsgedanke ins allgemeine Bewußtsein der Gebildeten gedrungen und im Kreise der Enzyklopädisten in kühnen Vermutungen bereits auf die unbelebte physische Natur übertragen worden war, fand er seit dem frühen 19. Jahrhundert langsam Eingang auch in das biologische Denken und etablierte sich dort als eine Hypothese über die Entstehung und den Wandel der Arten. DENIS DIDEROT (1713-1784) scheint einer der ersten gewesen zu sein, der – in der „Rêve d'Alembert" (1769) – eine Entwicklung des Lebendigen auf der Erde für möglich gehalten hat (s. S. 14.21). Als eine bloße Vermutung ist dieser Gedanke aber zunächst nirgendwo weiterverfolgt worden. Beachtung gefunden hat dagegen BUFFON (1707-1788) mit seiner Annahme

---

[9] Vgl. Dieckmann, in: Koselleck 1973, 96.

einer über sechs Epochen voranschreitenden *natürlichen Erdgeschichte*.[10] Daß man eine Geschichte der unbelebten Natur eher und unbefangener für möglich gehalten hat als eine Gattungsgeschichte der pflanzlichen und tierischen Arten und des Menschen, belegt z.B. auch Kants zwischen ewiger Natur und geschehender Evolution vermittelnde Position: „Die Naturgeschichte [...] würde uns die Veränderung der Erdgestalt, ingleichen die der Erdgeschöpfe (Pflanzen und Tieren), die sie durch natürliche Wanderung erlitten haben, und ihre daraus entspringenden Abartungen von dem Urbilde [!] der Stammgattung lehren."[11] Eine zwar unzureichende, biologiegeschichtlich jedoch sehr wichtige Auffassung vertritt zu Beginn des 19. Jahrhunderts der französische Biologe JEAN-BAPTISTE DE LAMARCK (1744-1829), indem er in seiner „Philosophie zoologique" (1809) eine schrittweise Anpassung der Formen des Lebens an jeweilige Lebensbedingungen durch Vererbung von im individuellen Leben erworbenen Fähigkeiten an die Nachkommenschaft annimmt. Einen solchen Entwicklungsgedanken in der Natur lehnt dagegen GEORGES DE CUVIER (1769-1832), sein französischer Kollege und der Begründer der Vergleichenden Anatomie und der Paläontologie, in seiner Katastrophenlehre noch einmal mit großer Autorität ab. Nach ihr beginnt und endet jedes der aufeinanderfolgenden Erdzeitalter mit einer ihm eigentümlichen Lebewesenwelt, wovon Fossilien Kunde geben.

2.2 Darwin: Die Abstammung der Arten durch natürliche Selektion

Aber erst nach weiteren Jahrzehnten war der Weg soweit bereitet, daß CHARLES DARWIN (1809-1882) 1859 mit seinem bahnbrechenden Werk über „Die Entstehung der Arten durch natürliche Zuchtwahl oder die Erhaltung der begünstigten Rassen im Kampf ums Dasein"[12] der Abstammungslehre (Deszendenztheorie), der Theorie der natürlichen Genealogie des Lebendigen, die heute Evolutionstheorie bzw. –biologie genannt wird, allgemeine Anerkennung verschaffen und damit auch den Grundstein für die naturgeschichtliche Deutung der Herkunft des Menschen legen konnte.[13] Darwins durchschlagende Argumentation bestand darin, daß er – in Analogie zu der seit alters von Menschen praktizierten Auslese und Vermehrung von Tieren und Pflanzen zum Zwecke der Herauszüchtung von erwünschten Eigenschaften – hat plausibel machen können, daß die gesamte belebte Welt allein durch das natürliche

---

[10] In den zwischen 1749–1789 erschienenen Supplementbänden der vielbändigen „Histoire naturelle" mit seinen berühmten „Epoques de la nature" von 1778.

[11] Von den verschiedenen Rassen der Menschen, 1775, in: Weischedel Bd. 11,18. So entwirft Kant zwar schon als einer der ersten eine moderne Kosmogonie (1755). Diese beruht aber, wie auch die sog. Kant-Laplacee'sche Nebularhypothese von der Entstehung der Himmelskörper, auf einer naturgesetzlichen kausal-mechanistischen Weltauffassung.

[12] Übers. C.W. Neumann, Stuttgart ²1980 (engl. On the Origin of Species by Means of Natural Selections, or the Preservation of Favoured Races in the Struggle for Life, London 1859; erste deutsche Übers. 1860). Das Buch von *Th. P. Weber*: Darwin und die neuen Biowissenschaften. Eine Einführung, Köln 2005, zeichnet sich durch eine gründliche geschichtliche Herleitung von Darwins Theorie aus.

[13] Zur gleichen evolutionstheoretischen Einsicht war, in wechselseitiger Kenntnisnahme und Bestärkung der Annahme, Darwins englischer Kollege *Alfred R. Wallace* 1858 in zwei Aufsätzen über die „Tendenz von Varietäten, vom Originaltyp in unbestimmter Richtung abzuweichen" gelangt.

Zusammenspiel von in jeweiliger Nachkommenschaft (Reproduktion) erzeugter Varianz und anschließender nach dem Grad der Lebens- und Vermehrungstauglichkeit erfolgenden Selektion aus einem einzigen Anfang evolviert sein muß und dabei immer komplexer strukturierte und agierende und ihrem Lebensumfeld besser angepaßte und es nutzende Organismen entstanden sind. Das Revolutionäre dieser Theorie ist, daß der Mechanismus der natürlichen Auslese nicht nur die Entstehung und Bewahrung einer ungeheuer großen Mannigfaltigkeit von für ihre Existenz und Vermehrung optimal ausgestatteten Lebewesen erklärt, sondern daß sie das unter *Verzicht auf jegliche Teleologie*, auf jegliche übernatürliche Intervention tut und damit zugleich auch eine Abkehr von der Metaphorik der stammesgeschichtlichen „Entwicklung" ist. Denn „Entwicklung" meint im ursprünglichen Wortsinn die allmähliche Annäherung an einen im Ursprung, im „Keim", schon vorhandenen, aber noch nicht „entfalteten" Zielzustand, idealiter und im aufklärerischen Sinne sogar den Prozeß der schrittweisen Vervollkommnung bis hin zu (s)einer möglichen Vollkommenheit. Seit Darwin – und eigentlich schon bei Lamarck – aber werden die komplexeren, „höheren" Organismen nicht-wertend nur als Formen einer relativ besseren Ausstattung im jeweiligen Kontext von Lebensformen betrachtet.[14]

Im Zusammenwirken mit der sich erst nach Darwins Tode klar herausbildenden wissenschaftlichen Paläontologie und ihrer Suche nach fossilen Überresten von Vorformen des Menschen und mit der Genetik und ihrer ersten experimentellen Bestätigung der nach ihrem Entdecker *Gregor Johann Mendel* (1822-1884) benannten Mendelschen Vererbungsgesetze (1865)[15] und der Erkenntnis der nach *August Weismann* (1834-1914)[16] benannten Fortpflanzungsbarriere zwischen den Arten (1893) sind Darwins evolutionstheoretische Grundannahmen noch im 19. Jahrhundert immer mehr bestätigt worden.[17]

3. Die Rezeption des Darwinismus und seine Herausforderungen
3.1 Darwins Darwinismus: Weltanschauliche und wissenschaftliche Herausforderungen
Darwins Theorie ist sogleich nach ihrer Veröffentlichung von vielen seiner Zeitgenossen als ein weltanschaulicher Schock empfunden, zugleich aber als eine Herausforderung erkannt worden, der sich alle Wissenschaften zu stellen hätten.[18] Wie

---

[14] Die Stationen, die Darwin zur Erstellung seiner Theorie selbst und in seiner Nachfolge die Darwinisten zurückgelegt haben, dokumentiert das Buch von *G. Altner* (Hg.): Der Darwinismus. Die Geschichte einer Theorie, Darmstadt 1981. Daraus geht auch hervor, daß Darwins Vorstellung vom „struggle for Life" stark von der pessimistischen (Über-)Bevölkerungstheorie des britischen Nationalökonomen *Th. R. Malthus* beeinflußt ist: Versuch über das Bevölkerungsgesetz (1798), Übers. F.F. Stößel, Berlin ²1990.
[15] Die Bedeutung seiner Erkenntnisse wurden allerdings erst um 1900 erkannt.
[16] Vgl. *R. Löther*: Wegbereiter der Genetik. G. J. Mendel und A. Weismann. Neuausgabe, Frankfurt 1990.
[17] Zur Weiterentwicklung des Darwinismus im 20. Jahrhundert vgl. die Kapitel 51-53.
[18] Vgl. hierzu besonders *E.-M. Engels* (Hg.): Die Rezeption von Evolutionstheorien im 19. Jahrhundert, Frankfurt 1995; dies.: Darwins Popularität im Deutschland des 19. Jahrhunderts: Die Herausbildung der Biologie als Leitwissenschaft, in: *A. Barsch/P.M. Hejl* (Hg.): Menschenbilder. Zur Pluralisierung der Vorstellung von der menschlichen Natur (1850-1914), Frankfurt 2000, 91-145; vgl. auch *K. Bayertz/B. Heidtmann/H.-J. Rheinsberger* (Hg.): Darwin und die

einschneidend die daraus folgende Neubewertung der Herkunft des Menschen auch von naturwissenschaftlicher Seite aufgenommen wurde, zeigt sich sogar an Darwin selbst, der bis zum Ende seines Lebens in der Frage, ob auch der Mensch aus dem gleichen Sproß des Lebens wie alle anderen Lebewesen stammt, eine große Zurückhaltung geübt hat[19] – dies sicherlich hauptsächlich aus Rücksichtnahme auf die Kirche, wohl aber auch aus dem Bewußtsein, daß der Menschen wegen seiner unbestreitbaren Ausnahmestellung unter allem Lebendigen eben doch zumindest zusätzlich eine prinzipiell andere Herkunft haben müsse und die Hinnahme der Affenabkunft bzw. –verwandtschaft eine schwer hinzunehmende Kränkung des menschlichen Selbstverständnisses sei.[20] Wer Darwins Werk – und nicht nur das bestimmter „Darwinisten" – gelesen hat, weiß auch, daß sein Autor den Ausdruck „struggle for life" nicht im Sinne eines wirklichen Kampfes auf Leben und Tod zwischen Individuen, sondern als deren Bemühen um lebenslange Selbstbehauptung und Vermehrung inmitten des Ganzen ihrer Umwelt gemeint hat, was insbesondere auch die Kooperation mit ihresgleichen und sogar den Austausch von Wissen einschließt. Bezogen auf den Menschen hat Darwin deshalb die Kultur als eine den Individuen und den Gemeinschaften helfende Einrichtung der Evolution betrachtet, also gerade einen rücksichtslosen individuellen, nationalen oder rassistischen Egoismus nicht gerechtfertigt, sondern ihn für eine Verrohung gehalten und sich für das Zusammenwirken der Menschen im „Kampf ums Dasein" ausgesprochen.[21]

Hatte das klassische naturwissenschaftliche Weltbild Gott noch als Schöpfer und Erhalter der unbelebten und belebten Welt und die Naturgesetze als seine Gedanken benötigt und hatte die moderne Geschichtstheorie parallel dazu die Kultur als bewußte Schöpfung des menschlichen Geistes betrachtet, verdankt sich jetzt die Entstehung aller Lebewesen der anonymen und ziellos wirkenden Macht des *Zufalls*. Denn die Naturgesetze treten immer erst dann in Aktion und eröffnen und vereiteln Möglichkeiten, nachdem der Zufall in der Variation Voraussetzungen für eine letztlich ebenso unbegründete Selektion geschaffen hat. Besonders irritierend war und ist an Darwins Entdeckung, daß sie die allmähliche Höherentwicklung der Lebewesen und des Menschen „teleonom"[22], d.h. durch eine Zufälligkeiten, Umständen und Sachnotwendigkeiten geschuldete *scheinbare Zielgerichtetheit*, erklärt.

Evolutionstheorie, Köln 1982; *A. Leisewitz*: Von der Darwinschen Evolutionstheorie zur Molekularbiologie: Wissenschaftshistorische und –soziologische Studien zu einer materialistischen Geschichte der Biologie, Köln 1982.

[19] Vgl. die zögerliche und vorsichtige Veröffentlichung von *Ch. Darwin*: The Descent of Man, and Selection in Relation to Sex (1871, dt. Die Abstammung des Menschen und die geschlechtliche Auslese).

[20] Vgl. *S. Freuds* Annahme von den drei „großen Kränkungen der naiven Eigenliebe der Menschheit" in: Vorlesungen zur Einführung in die Psychoanalyse, 18. Vorlesung (1917), Frankfurt 1977, 226.

[21] Näheres hierzu bei Engels 2000, 122 f.

[22] Zum Gebrauch dieses Begriffs in der heutigen Biologie in Abgrenzung vom philosophischen Teleologiebegriff vgl. *Lorenz* 1973, 38 ff., und *E. Mayr*: Eine neue Philosophie der Biologie, München 1991, 64.

3.2 Das Problem der Konstanz und des Wandels des Allgemeinmenschlichen

Für die Geisteswissenschaften bestand eine wichtige Herausforderung des Darwinismus darin, daß die Annahme der in einer langen Naturgeschichte erst entstandenen und sich danach prinzipiell auch weiterhin wandelnden Geistigkeit des Menschen das bisherige Konzept des *Allgemeinmenschlichen* gefährdet. Diesem Konzept war nach der Historisierung der Kultur und dem Schwinden eines festen Bezugspunktes auch des Guten, Schönen und Wahren die Rolle zugefallen, in der Mannigfaltigkeit der menschlichen Kulturen und der kulturellen Äußerungen in ihnen einen Grundbestand des Verbindenden und des Verbindlichen zu sichern. So haben Droysen wie dann Dilthey bei ihrer Begründung des Historismus bzw. der Geisteswissenschaften dem schrankenlosen historischen Relativismus der kulturellen Formen nur wehren können, indem sie an der Konstanz der menschlichen Natur festhielten und das Allgemeinmenschliche als festes Fundament des Historischen betrachteten. So kann etwa Dilthey den geschichtlichen Wandel der gesellschaftlichen Wirklichkeit nur anerkennen, weil er ganz selbstverständlich von der zeitlosen, ahistorischen und allgemeinen „Struktur des Seelenlebens" des Menschen ausgeht: „Den psychischen Zusammenhang, den wir in uns finden, betrachte ich als festen Standort."[23] Wenn trotz des evolutionstheoretischen Einwandes gegen das „Allgemeinmenschliche" die Geistes- und Kulturwissenschaften bis heute an diesem Konzept haben festhalten können, dann liegt dies ausschließlich daran, daß die Bioevolution so langsam ist, daß sich die Grundverfassung der menschlichen Psyche in „historischen Zeiten" kaum merklich gewandelt hat und sie in der Tat von der Genese des Homo sapiens an bis heute als das beständige natürliche Fundament der Geschichtlichkeit der Kultur gelten kann. Entsprechendes läßt sich in bezug auf das Spezifischmenschliche sagen, also auf das, was Homo sapiens artspezifisch von seinen näheren Tierverwandten unterscheidet. Im Hinblick freilich auf größere frühere oder künftige Zeiträume muß das Allgemeinmenschliche, also das, was allen Menschen gemeinsam ist, ebenso wie das Spezifischmenschliche, also das, was sie von den nahverwandten Tieren abgrenzt, als ein natur*historisches* Phänomen betrachtet werden. Danach müßte der Mensch – auch ohne Genmanipulation – nach Jahrhunderttausenden ein anderer als heute sein.

3.3 Spencer, Haeckel und der Monismus:
   Die wissenschaftliche Verbreitung des Darwinismus

Die von Darwin geübte „humanistische" Zurückhaltung gegenüber allzu gewagten Folgerungen aus seiner Theorie hat nicht alle ihre Verbreiter ausgezeichnet, wobei man jedoch von solch einer Kritik gerade die beiden für die Rezeption und die Auseinandersetzung damit in ihren Ländern und in ganz Europa besonders bedeutsam gewordenen „Evolutionisten" ausnehmen muß: in England den Philosophen HERBERT SPENCER (1820–1903) und in Deutschland den Biologen ERNST HAECKEL (1834–1919). Spencer hat schon vor dem Erscheinen von Darwins Werk aus einer erkenntnistheoretischen Perspektive eine allgemeine Entwicklungstheorie ausgearbeitet und sie dann unter Darwins Einfluß in seiner 10 Bände umfassenden Schrift

---

[23] Oexle 1998, 121; Vgl. auch die Ausführungen zu Dilthey in Kapitel 27.1.

„A System of Synthetic Philosophy" (1855-1896) dargelegt. Nach ihr entwickelt sich die natürliche und soziale Welt in einem Fortschrittsprozeß der steigenden Anpassung an die Umwelt zu immer vielfältigeren Formen.[24] Zum britischen Darwinismus des 19. Jahrhunderts gehört auch seine Rezeption durch den Ethnologen *L.H. Morgan* und seine Weiterentwicklung zu einem *kulturellen Evolutionismus*[25], der seinerseits von Friedrich Engels rezipiert worden ist und damit auf die Ausbildung des menschheitsgeschichtlichen Stufenschemas des Marxismus konstitutiv eingewirkt hat.

Eine ebenso große – auch politische, weltanschauliche und pädagogische – Wirkung hat Haeckel mit seiner Verbreitung und Popularisierung des Darwinismus erzielt. Dazu hat im besonderen zunächst seine „monistische Philosophie" beigetragen, die in der Linie der klassischen Naturwissenschaften und zugleich des erkenntnistheoretischen Materialismus des 18. und 19. Jahrhunderts alle Erscheinungen und allen Wandel der Welt, vom unbelebten Stoff bis zum Geist des Menschen, einheitlich materialistisch deutet.[26] Nachdem sich Haeckel schon 1868 für eine „natürliche Schöpfungsgeschichte" ausgesprochen, seit 1899 mit seinem Erfolgsbuch „Die Welträthsel. Gemeinverständliche Studien über Monistische Philosophie"[27] versucht hatte, die *eine* Natur – welche die vielen Wissenschaften und Weltanschauungen in getrennt zu betrachtende Einheiten aufgelöst hatten – gleichsam wieder zu verzaubern, und mit andern 1906 einen „Monistenbund" gegründet hatte, lenkte er den Darwinismus in eine Tradition, die an den Pantheismus der Goethezeit und die aufklärerische und romantische Naturphilosophie und -religion erinnerte und die exakte materialistische Naturwissenschaft mit der spekulativen idealistischen Philosophie zu einer Art „Real-Idealismus" verbinden wollte. Wenn der Monistenbund als Weltanschauung nach seiner Blütezeit um 1910 in den Jahren nach dem ersten Weltkrieg auch bald an öffentlicher Wirkung verlor, so haben sich doch seine Grundauffassung und bestimmte Argumentationsfiguren sowohl im marxistischen Ökonomismus und in den Biowissenschaften – von K. Lorenz' „hypothetischem Realismus"[28] bis zur gegenwärtigen Gehirnforschung – als auch in aller ganzheitlichen Philosophie, Naturwissenschaft und Weltanschauung bis in die Gegenwart erhalten.[29]

---

[24] Vgl. *J.G. Muhri*: Herbert Spencer, in: Scheuerl, Bd. I, 1979, 299-309; *P.J. Bowler*: Herbert Spencers Idee der Evolution und ihre Rezeption, in: Engels 1995, 309-325. Unter Darwins Einfluß entwickelt der britische Naturforscher *F. Galton* (1822-1911) 1883 mit der Definition der Auslesekriterien Stärke, Gesundheit und Wohlgestaltheit eine „Eugenik", eine Lehre von der auf Erbhygiene beruhenden Verbesserung des menschlichen Erbguts – mit den bekannten schlimmen Folgen im 20. Jahrhundert.

[25] Zur näheren Begründung vgl. die Ausführungen in Kapitel 25.3.3.

[26] *E. Haeckel*: Gemeinverständliche Vorträge über Monistische Philosophie, Berlin 1868, Bonn 1999.

[27] Bonn 1899.

[28] Vgl. Kapitel 57.

[29] Auf den monistischen Ansatz von C.F. von Weizsäcker wird in Kapitel 49.3.3. gesondert eingegangen.

Die extensive naturhistorische Denkweise ist der Grund, daß eine inzwischen empirisch als widerlegt geltende Annahme Haeckels fast bis heute in der psychologischen und pädagogischen Entwicklungslehre, zuvor jedoch auch in der Evolutionsbiologie selbst, größere Beachtung gefunden hat, nämlich das von ihm vertretene sog. *biogenetische Grundgesetz*, wonach in der menschlichen Embryonalentwicklung die phylogenetische Evolution in Kurzform rekapituliert wird.[30] Die Attraktivität von Haeckels Annahme hat sich in den geistphilosophischen Lehren vor allem deshalb lange erhalten, weil hier morphologische Befunde scheinbar einen Fingerzeig auf die geistig-psychische Entwicklung des Menschengeschlechts geben, also wie im mittelalterlichen analogischen Denken geheime Zusammenhänge zwischen differenten Seinssphären vermutet werden.[31]

3.4 Sozialdarwinismus, Degeneration und „Volksgesundheit"

Die bis heute problematischste Seite der Rezeption von Darwins Deszendenztheorie ist zweifellos ihre Anwendung auf Moral, Politik und „Volksgesundheit", die unter den Bezeichnungen Sozialdarwinismus, Rassismus und „Volkshygiene" bekannt geworden ist. Ausgangspunkt dieser Anwendung sind Darwins zur sozialpolitischen Übertragung reizenden Begriffe *„struggle for life"* (bzw. *„struggle for existence"*) und *„natural selection"*, die zudem in der deutschen Übersetzung durch „Kampf ums Dasein" und „natürliche Auslese" noch mehr als die englischen Ausdrücke die das soziale Leben anscheinend bestimmende Unerbittlichkeit der Natur betonen.[32]

Jedenfalls ist aus diesem Anstoß von biologischer Seite und durch einen sie begünstigenden Zeitgeist die alsbald nach Bekanntwerden dieser Theorie heftig vertretene Lehre des sog. Sozialdarwinismus entwickelt worden.[33] Sie hält die vorfindliche individuelle und gesellschaftliche Ungleichheit der Menschen für den Ausdruck einer natürlichen Sonderung der Starken von den Schwachen, der Gebildeten von den Ungebildeten, der Reichen von den Armen, legitimiert so jene Ungleichheiten als naturgegeben, wendet sich gegen sozialpolitische Maßnahmen zu ihrer Minderung und wertet die wissenschaftliche, technische, wirtschaftliche und machtpolitische Unterlegenheit bzw. Zurückgebliebenheit der sog. Naturvölker und der nicht-europäischen Völker einerseits als geschichtliches Ergebnis einer rassistischen Auslese und stellt diese Völker andererseits wegen ihrer angeblich hart selektierenden und Euthanasie fördernden Bevölkerungspolitik („Rassenhygiene", „Eugenik") im Sinne einer vorbildlichen „Rassenhygiene" den durch die Zivilisa-

---

[30] Generelle Morphologie der Organismen (1866), Berlin/New York 1988.
[31] Die Nachwirkungen finden sich vor allem in R. Steiners Anthroposophie; zur Rezeption allgemein vgl. *F. Müller/M. Müller*: Pädagogik und „Biogenetisches Grundgesetz". Wissenschaftshistorische Grundlagen des pädagogischen Naturalismus, in: Z.f.Päd. 5, 2001, 767 ff., und *S. Andresen/D. Tröhler*: Die Analogie von Menschheits- und Individualentwicklung. Attraktivität, Karriere und Zerfall eines Denkmodells, in: Vierteljahresschrift für wissenschaftliche Pädagogik 2, 2001, 145–172.
[32] Vgl. *E. Haeckel*: Der Darwinismus in der Offensive (in: ders.: Die Welträtsel, Stuttgart 1899/1984).
[33] Vgl. *E.K. Francis*: Darwins Evolutionstheorie und der Sozialdarwinismus, in: Kölner Zeitschrift für Soziologie und Sozialpsychologie 2, 1981, 209-228.

tion verweichlichten und degenerierten Europäern[34] als Vorbild hin. Wenn dieser Sozialdarwinismus unter dem Schlagwort des Kampfes ums Dasein vom letzten Drittel des 19. Jahrhundert bis zur Rassenlehre der Nazis auch bei vielen von denen Anklang fand, die der Evolutionstheorie selbst ablehnend gegenüber standen, so erklärt sich dies aus zwei Gründen. Zum einen durch die seit der klassischen Antike – insbesondere in Platons „Staat" – verbreitete, ähnlich argumentierende Lehre von der naturgegebenen sozialen Ungleichheit der Menschen und der gerechtfertigten Tötung der „Lebensunwerten". Zum andern durch mächtige Zeittendenzen: die sich ihrem Ende zuneigende Adelsherrschaft, die sich militaristisch und imperialistisch gebärdende Nationalstaatlichkeit, der ungerührt über das Elend des Proletariats hinwegschreitende kapitalistische Wirtschaftsliberalismus und die auf die Orientierung an traditionellen humanistischen Werten verzichtende, bewußt irrationale „Philosophie des Lebens"[35].

Die sich von theologischer und anderer traditioneller Seite von Anfang an gegen den Darwinismus erhebende Kritik und die gegen ihn geschürte Diffamierung haben zwar nicht solch ein Unheil angerichtet wie die politische Theorie des Sozialdarwinismus und des Rassismus, ihr Erbe hat gleichwohl in und zwischen den Wissenschaften Gräben aufgerissen, die bis heute nicht ganz zugeschüttet sind. Abgesehen davon, daß sie gläubige Christen in einen unnötigen Gewissenskonflikt angesichts einer rational nicht bezweifelbaren wissenschaftlichen Einsicht getrieben hat und den christlichen Fundamentalismus bis heute nährt, hat sie – um nur zwei problematische Folgen zu benennen – nochmals Biologen und Philosophen zu einer naturvitalistischen Deutung des Lebens angeregt, und, mit einer viel größeren Wirkung, zu einer fast bis heute reichenden Denunzierung allen biologischen Denkens in den Geistes- und Sozialwissenschaften als eines „reduktionistischen Biologismus" beigetragen und im Gegenzug Naturwissenschaftler dazu verleitet, ihre Methodik – die auch die der Evolutionstheorie ist – für die einzig richtige in den Wissenschaften zu halten[36] und die Methoden und das Wissen der Kulturwissenschaftler gering zu schätzen.[37]

---

[34] Die Vorstellung von der fortschreitenden Degeneration findet sich im 18. Jahrhundert unter anderen schon in Rousseaus "Emile". Die Theorie des Menschen als eines durch Degeneration bedrohten Wesens erhält im 19. Jahrhundert neuen Auftrieb durch *B.A. Morel*: Traité des dégénérences physiques, intellectuelles et morales de l'espèce humaine et des causes qui produisent ces variétés maladives, Paris 1857 (Wiederabdruck New York 1976).

[35] Vgl. Kapitel 26.2. und 3.

[36] Die Erfolge der klassischen Naturwissenschaften im 19. Jahrhundert haben etwa R. Virchow und H. von Helmholtz annehmen lassen, daß die naturwissenschaftliche Methode der eine und vorbildliche Weg zu allem wissenschaftlichen Wissen ist.

[37] Vgl. *E.U. von Weizsäcker*: Wider den Sozialdarwinismus. Ökologisch-evolutionäre Reflexion, in: Neue Sammlung 4, 1999, 531 ff.

25. Kultureller Evolutionismus:
Archäologische und ethnologische Deutung der frühen Stadien der Menschheit

1. Der historische Status des „prähistorischen" und ethnologischen Evolutionismus   428
2. Der kulturhistorische Beitrag der archäologischen Ur- und Frühgeschichte   430
3. Der evolutionistische Beginn der Ethnologie   433

Ähnlich wie die Jahrzehnte um 1800 zeichnen sich auch die um 1900, im Zeitraum ungefähr zwischen 1880 und 1930[1], durch eine Fülle neuer Theorien, Weltanschauungen und „Bewegungen" aus. Deren Stichworte sind u.a. Evolution, Kulturkritik, Dekadenz, Nihilismus, Lebensphilosophie, Kulturmorphologie, Kulturkreise, Völkerpsychologie, Geisteswissenschaft, Kulturphilosophie, Kultursoziologie, Kulturanthropologie, Kulturrelativismus, Funktionalismus, Phänomenologie, Nationalismus, Imperialismus und Rassismus. Wenn die meisten dieser Anstöße auch gegenwartsbezogen sind, so haben sie doch alle auch eine Wirkung auf das historische Denken ausgeübt und es zum Teil in ganz neue Richtungen gelenkt. Die Ausführungen hierzu sind auf mehrere Kapitel verteilt worden. Sie beginnen mit der Darstellung des *kulturellen Evolutionismus* (Kapitel 25) und der *Kulturkritik* (Kapitel 26), mit Ansätzen, die das bisherige historische Denken sozusagen „aufbrechen". Es folgen die methodologischen Neubegründungen der historischen Fächer als *Geistes-* und als *Sozialwissenschaften* durch Wilhelm Dilthey, Max Weber und Karl Lamprecht (Kapitel 27) und einige gerade heute wieder sehr beachtete kulturphilosophische und –soziologische Anstöße aus dem ersten Drittel des 20. Jahrhunderts (Kapitel 28). Die beiden darauffolgenden Kapitel schließlich heben den geschichtstheoretischen Beitrag der deutschen Völkerkunde im Konzept des sog. *Diffusionismus* (Kapitel 29) und der Ethnologie des westeuropäischen und nordamerikanischen Wissenschaftsraums in den Konzepten des *Kulturrelativismus* und des *Funktionalismus* (Kapitel 30) hervor.

    Gegenstand des vorliegenden Kapitels ist der nach dem Erscheinen von Darwins Werk sich wirkmächtig nicht nur in der Biologie, sondern auch in der sog. *Prähistorie* und in der *Ethnologie* ausbildende und das historischen Denken insgesamt bis heute prägende sog. Evolutionismus. Auf der Grundlage vor allem der Annahme der Abstammung auch des Menschen aus dem Tierreich, der Ausgrabung fossiler menschlicher Überreste und der nun beginnenden genaueren Erforschung der Lebensformen der sog. Primitiven ist man nun auch dafür gerüstet, die zuvor nur spekulativ begründete Annahme vom unaufhaltsamen und über bestimmte Stufen erfolgenden Aufstieg der Menschheit auch empirisch durch Spuren der Vergangenheit der Menschheit zu überprüfen und theoretisch strenger zu fassen. Eine Leistung dieses evolutionstheoretischen Ansatzes ist es, daß man sich gegen Ende des 19. Jahrhunderts in den älteren universalhistorischen Annahmen im wesentlichen

---

[1] Das von *A. Nitschke* u.a. herausgegebene Funkkolleg „Jahrhundertwende 1880-1930. Die Entstehung der modernen Gesellschaft" (Weinheim/Basel 1988 f.) faßt unter diesem Titel eben jene Jahre zu einer kulturellen Einheit zusammen. Der transdisziplinäre Ansatz dieses Funkkollegs gibt einen reichhaltigen Überblick über die wichtigsten kulturellen Zeittendenzen, enthält jedoch kein besonderes Kapitel zum historischen Denken dieser Zeit.

bestätigt sehen kann und man der empirischen Historie einen neuen Gegenstandsbereich hinzugewonnen hat.

Nachdem die *natur*geschichtliche Seite dieses Entdeckungsprozesses bereits Gegenstand des vorigen Kapitels gewesen ist, wird im vorliegenden Kapitel die *kultur*geschichtliche Seite des Evolutionismus vorgestellt. Nach einer Vorklärung des historischen Status des *kulturellen* Evolutionismus stehen in seinem Zentrum zunächst der Beitrag der archäologischen *Ur- und Frühgeschichte (Paläohistorie)* und dann der Ethnologie. Die Bezeichnung und das Gegenstandsverständnis dieser beiden Wissenschaften entbehren allerdings – auch aufgrund gewisser nationaler Forschungstraditionen – bis heute der Eindeutigkeit. So verweisen erstens die bis heute immer noch gebräuchlichen Begriffe Vorgeschichte bzw. Prähistorie auf jene Forschungsepoche, in der man den vorhochkulturellen Gesellschaften noch keine Geschichte zusprach. Insofern aber der lange Übergangszeitraum vom Tier zum rezenten Menschen zugleich von natur- und kulturgeschichtlicher Art ist, muß immer bedacht werden, daß die sog. Prähistorie als Ur- und Frühgeschichte von Anfang an auch eine *kultur*historische Seite hat. Verwirrend sind zweitens die für die Erforschung der sog Primitivgesellschaften nebeneinander verwendeten Bezeichnungen Völkerkunde, Ethnologie und (Kultur- und Sozial-)Anthropologie. Während man in Deutschland früher zumeist von *Völkerkunde* sprach und z.T. heute noch spricht und sich in Nordamerika seit der Zeit um 1900 der Begriff *Cultural Anthropology* und in England der Begriff *Social Anthropology* eingebürgert haben und bis heute dort vorgezogen werden, ist die im kontinentalen Europa heute bevorzugte Bezeichnung *Ethnologie* früher fast nur in Frankreich üblich gewesen. Worin die inhaltlichen Unterschiede über die Begriffswahl hinaus bestehen, bleibt der Darstellung in den jeweiligen Kapiteln und Abschnitten vorbehalten.

1. Der historische Status des „prähistorischen" und des ethnologischen Evolutionismus

Nachdem sich die im 18. Jahrhundert gemachte Entdeckung der Geschichtlichkeit der Kultur vom Beginn des 19. Jahrhunderts an auf breiter Front in der historischen Erforschung zumindest der größeren schriftkundigen Völker der Erde niedergeschlagen hatte und damit auch die Geschichte der außereuropäischen Hochkulturen in den Blick geraten war, weitete sich dieser Blick seit der Mitte des Jahrhunderts nochmals erheblich dadurch aus, daß sich das historische Denken nun auch, paradox formuliert, auf die „Geschichte vor der Geschichte" erstreckte, d.h. auf die zwar nicht durch Schriftquellen, empirisch jedoch durch andere sichere Funde und Befunde erreichbare Zeit, und daß durch die dabei gewonnenen Erkenntnisse das ganze bisherige Welt- und Menschenbild nochmals auf eine neue Grundlage gestellt wurde. Das zentrale wissenschaftshistorische Ereignis war gewiß die Deutung, die Darwin in seiner biologischen Abstammungslehre der Mannigfaltigkeit des irdischen Lebens gegeben hat. Seine naturhistorische Erkenntnis stand indes im Zusammenhang mit anderen wichtigen kulturhistorischen Einsichten und Anstößen, vor allem mit denen der sich zeitgleich herausbildenden archäologischen Ur- und Frühgeschichtsforschung und der sich auf die sog. Primitiven beziehenden Ethnologie. Innerhalb von nur etwa zwei Jahrzehnten gelangen diese Wissenschaften zu einem wirklich neuem, empirisch und theoretisch begründetem Verständnis der Entstehung und Entwicklung der menschlichen Kultur. Den Weg dazu markieren vor allem die folgenden Daten: 1856 *Johann Carl Fuhlrotts* Zufallsfund eines „prähistorischen" Menschen, des *„Neandertalers"*; 1859 *Charles Darwins* Theorie „Über die *Entstehung der Arten* durch natürliche Auslese"; 1860 *Herbert Spencers* programmatischer Entwurf einer *„Synthetischen Philosophie"*, nach der das Universum von seinen materiellen bis zu seinen geistigen Erscheinungen ein nach durchgehenden Gesetzen geordnetes und sich evolutionär entfaltendes Ganzes ist; 1863 *Charles Lyells* erdgeschichtlich begründete Annahme, daß der Beginn der Menschheitsgeschichte nach dem Ausweis *menschlicher Spuren in eiszeitlichen Schichten* mehr als 200.000 Jahre zurückliegen müsse[2]; 1871 Darwins Buch über „Die *Abstammung des Menschen* und die geschlechtliche Auslese" und 1877 *Lewis H. Morgans* Buch „Die *Urgesellschaft*[3], das im *Rückschluß von den Primitiven der Jetztzeit auf die der Frühzeit die Geschichte der Menschheit* mit den Kulturen der Jäger und Sammler beginnen und sich in evolutionären Stufen des Fortschritts von dort aus weiter entfalten läßt.

Der rasche Erfolg dieser theoretisch und empirisch unterschiedlich begründeten Entdeckungen und Ansätze verdankt sich zwar gewiß der in ihrem Zusammentreffen bewirkten wechselseitigen Stützung. Bei der Einschätzung der Größe der Leistung jener Forscher ist jedoch zu bedenken, daß einerseits seit dem 18. Jahrhundert schon zahlreiche Vermutungen über die Entstehung der Kultur aus allereinfachsten Anfängen und die Geschichte der unbelebten und belebten Natur angestellt wurden, andererseits bis zur Mitte des Jahrhunderts kaum fossile Funde von ausgestorbenen Tierspezies und überhaupt keine von vorzeitlichen Menschen und ihren Erzeugnissen bekannt waren und die zeitliche Tiefe der Welt und der Existenz der Tiere und des Menschengeschlechts nicht weiter als bis in den nach den Angaben der Bibel geschätzten Beginn der „Urzeit" vor einigen wenigen Jahrtausenden reichte. Was deshalb im Rückblick von heute – trotz des dichten Nebels, der unaufhebbar über dem Beginn der Menschheitsgeschichte liegt – so selbstverständlich erscheint, was sich als im Prinzip alternativlos sichere wissenschaftliche Einsicht darstellt, nachdem der Erd- und Spatenforschung zahlreiche fossile Tier- und Menschenspuren aus Millionen von Jahren vorliegen, die elementaren Wirkmechanismen der Evolution des Lebens phylogenetisch, neurophysiologisch und ethologisch weitgehend aufgeklärt sind und die in ihrer entwicklungsmäßigen Abstufung weltweit ähnlichen Strukturen der rezenten Primitivkulturen gewisse Schlüsse auf die frühgeschichtlichen Kulturen zulassen, alles das mußte damals erst mit unwiderlegbaren Beweisen gegen den ideellen, affektiven und auch wissenschaftlichen Widerstand durchgesetzt werden.

Es war vor allem der verbreitete Skepsis derer zu begegnen, die den jüdischchristlichen Schöpfungsglauben und die Annahme einer durch die Geistigkeit gege-

---

[2] *Ch. Lyell*: Das Alter des Menschengeschlechtes auf der Erde und der Ursprung der Arten durch Abänderung nebst Beschreibung der Eiszeit in Europa und Amerika (engl. Geological Evidences of the Antiquity of Man, London 1863) Leipzig 1867.
[3] Vgl. Kapitel 23. 4. und weiter unten im vorliegenden Kapitel.

benen prinzipiellen Differenz zwischen Mensch und Tier für unaufgebbar und die Höherentwicklung des Lebens und im besonderen die eines affenartigen Wesens zum Menschen ohne Intervention einer übernatürlichen Macht für unmöglich hielten, zumal die Suche nach dem „missing link", dem beweiskräftigen Fund eines Übergangswesens zwischen Affe und Mensch, lange Zeit erfolglos blieb. Durch das Zusammenwirken der Evolutionsbiologie und der archäologischen Urgeschichtsforschung sind diese Beweise aber, nachdem der Niederländer *Eugène Dubois* um 1890 in Ostasien einige unbezweifelbar mehr als eine Millionen Jahre alte Skelettrelikte von Vorformen des Homo sapiens gefunden hatte, seit dem Beginn des 20. Jahrhunderts in immer größerer Zahl erbracht worden. Dadurch lassen sich heute die genealogischen Linien der allmählichen Abspaltung der „Affenmenschen" (Hominiden vom Typ Pithekanthropus) vom Stammbaum der am höchsten entwickelten Primaten rekonstruieren, so daß seither die „Geschichte vor der Geschichte" ein gesicherter Gegenstand des historischen Denkens im Wissenschaftsraum ist.[4]

2. Der kulturhistorische Beitrag der archäologischen Ur- und Frühgeschichte

Innerhalb des traditionellen historischen Denkens nimmt die Archäologie eine Sonderstellung ein. Das rührt im wesentlichen daher, daß sich ihre Empirie ausschließlich auf nichtsprachliche Dokumente der menschlichen Kultur stützt. Dabei handelt es sich zunächst um die Sicherung und Deutung von bis heute aufbewahrten und erhaltenen und aus dem Boden ausgegrabenen Gegenständen und Spuren *schriftkundiger* Völker. Als eine so definierte Wissenschaft hat die *klassische europäische Archäologie* mit der Bergung und Beschreibung vor allem von Kunstwerken des klassischen Altertums eine bis in die Antike selbst zurückreichende Tradition. Sie gewinnt seit dem Renaissance-Humanismus durch die gezielte Suche nach antiken Relikten eine größere Bedeutung und erlangt durch die im 18. Jahrhundert in größerem Umfang beginnenden Ausgrabungen in der griechischen und römischen Welt selbst und dann durch die Entdeckung der verschütteten antiken Hochkulturen im Laufe des 19. Jahrhunderts in Verbindung mit der Kunstgeschichte den Rang einer anerkannten historischen Disziplin.[5]

Von dieser klassischen Archäologie sind jene beiden anderen Ausprägungen der Archäologie zu unterscheiden, deren Quellen zum einen ausschließlich älteste Relikte und Spuren menschlicher *Kultur* sind und die die *Ur- und Frühgeschichtsforschung*[6] begründen und deren Zeugnisse zum andern bloß *natürlich-anatomische Überreste von Hominiden* und ihres jeweiligen Lebensraums sind und so, als Teil

---

[4] Näheres zur Geschichte der phylogenetischen Rekonstruktion des Menschen in Kapitel 53.

[5] Vgl. dazu die Ausführungen in Kapitel 21.3. Die Faszination, die seither von der Archäologie ausgeht, dokumentiert in jüngerer Zeit recht gut das Erfolgsbuch von *C.W. Ceram*: Götter, Gräber und Gelehrte. Roman der Archäologie, Hamburg 1949 ff.

[6] Sie etabliert sich als Disziplin allerdings erst im ersten Drittel des 20. Jahrhunderts und nimmt bis heute in den historischen Wissenschaften bloß eine relativ wenig beachtete Randstellung ein. Die Klage darüber artikuliert *S. Winghart*: Wann beginn die Geschichte? Oder die Ur- und Frühgeschichte als das „nächste Fremde" des Historikers, in: A. Fößl/Ch. Kampmann (Hg.), Wozu Historie heute?, Köln u.a. 1996, 1-16.

der naturwissenschaftlichen Disziplin der Paläoontologie und speziell der Primatenforschung, die *Paläoanthropologie*, die Naturgeschichte des Menschen, begründen.

Während sich die Archäologie des klassischen Typs in Verbindung mit den anderen Altertumswissenschaften im wesentlichen traditionell kultur- und insbesondere kunsthistorischer Methoden bedient, entwickeln ihre beiden neuen Typen ihre Methoden zum großen Teil erst im Laufe des Umgangs mit jenen Funden und zeichnet es sie aus, daß sie im Überschneidungsbereich von Kultur- und Naturgeschichte alle humanwissenschaftlichen Ansätze ausprobieren.[7] In Zuge eines geradezu detektivischen Bemühens hat diese Archäologie in rund 200 Jahren gezielten Suchens und oft auch nur zufälligen Findens von menschlichen Überresten und ihres Beschreibens, Datierens, Vergleichens und Deutens versucht, Licht in die früheste Existenz des Menschen und seiner Vorfahren zu bringen. Die ersten wissenschaftliche Schritte auf diesem Weg sind anhand von einigen Daten oben angedeutet worden. So hat die schon seit den alten Griechen als „Steinzeit" geläufige Urzeit im Laufe des 19. Jahrhundert als sog. Dreiperiodensystem von *Steinzeit*, *Bronzezeit* und *Eisenzeit* eine erste Untergliederung erfahren, der sich dann, vor allem seitens eines Vorschlags des Franzosen *Gabriel de Mortillet*, ab 1880 eine weitere anschließt, durch welche die Steinzeit eine vorher nicht einmal erahnte kulturelle Tiefe und Struktur bekommt. Es handelt sich um das bis heute gebrauchte, freilich inzwischen noch viel weiter differenzierte Grundschema, das die Steinzeit techno- und wirtschaftshistorisch unterteilt in die *Ältere Steinzeit* (*Paläolithikum*), deren Hauptmerkmal der „geschlagene Stein" (vor allem Faustkeile) ist, und in die *Jüngere Steinzeit* (*Neolithikum*), deren figürliches Hauptmerkmal der geschliffene Stein ist. Beim Datieren und Klassifizieren von Gebrauchsgegenständen, Figuren, Felsmalerei und Begräbnisrelikten sind dann auch bald innerhalb dieser Großepochen nach charakteristischen Formen der Funde bestimmte Kulturen und Kulturkreise unterschieden worden. Von großer kulturgeschichtlicher Bedeutung ist der vom australobritischen Forscher GORDON CHILDE (1892–1957) geprägte Begriff der *„neolithischen Revolution"* geworden, wonach zunächst im Alten Orient vor etwa 12.000 Jahren, dann in späterer Zeit z.T. unabhängig voneinander in verschiedenen Regionen der Welt ein Übergang von überwiegend in größeren Territorien umherschweifenden *Jäger- und Sammlerkulturen* (Freibeuterkulturen) zu durch Viehzucht, Pflanzenanbau und damit verbundener Seßhaftigkeit charakterisierten *agrarischen Kulturen* stattgefunden hat.

Schritt um Schritt hat diese Archäologie schon bis zum ersten Weltkrieg anhand zahlreicher wichtiger Funde und ihrer Datierung ein ur- und frühgeschichtliches Gerüst erstellen können. Dennoch sind die Ergebnisse dieser Forschung damals nur langsam ins öffentliche Bewußtsein gedrungen. Das lag vor allem daran, daß

---

[7] Eine wichtige Rolle hat dabei die damals entstehende moderne Geologie gespielt. Ihr ist es zu verdanken, daß die fossilen Relikte menschlichen Lebens aufgrund ihrer Lage in erdgeschichtlich bestimmbaren Schichten seit dem 19. Jahrhundert überhaupt erstmals und im 20. Jahrhundert durch die von dem amerikanischen Physiker *W. Libby* in den 40er Jahren entwickelte C14-Radiokarbonmethode genauer datierbar geworden sind. Vgl. hierzu die Erkenntnisses des britischen Geologen Ch. Lyell (s.o. Fußnote 2) und die in Kap. 29. 1.2. dargestellte stratigraphische Meßmethode des deutschen Kulturgeographen F. Ratzel.

man das hohe Alter der Funde noch nicht richtig einschätzten konnte und deshalb die schon vor 1850 zahlreich entdeckten Faustkeile und die seit 1868 bekannten Felsmalereien in der Höhle von Altamira erst nach 1900 als Dokumente einer weit zurückreichenden Menschheitsgeschichte gewürdigt werden konnten. Das ändert sich mit den nach 1900 gemachten großen Fortschritten bei den Forschungsmethoden und mit den spektakulären Skelettfunden, die uns konkurrierende Linien von Vorformen des Menschen aus einer Zeit von bis vor etwa 4 Millionen Jahren zeigen. Da diese frühesten Hominiden aber nicht nur anatomisch deutliche Merkmale des rezenten Menschen aufweisen, sondern auch in ihrem mutmaßlichen Verhalten bereits über Fähigkeiten verfügt haben, die unseren nächsten Tierverwandten, den Schimpansen, fehlen, ist die Folgerung zwingend, daß auch die Kultur bereits dort ihren Anfang hat. Spätestens nach dem Passieren des sog. Tier-Mensch-Übergangsfeldes zwischen 15 und 3 Millionen Jahren vor heute, ist es sinnvoll, die sich in den Hominiden abzeichnende Menschwerdung als eine solche auch des Erwerbs der Kulturalität zu deuten und die bis zum Erscheinen des Homo sapiens sapiens (in Afrika bis vor etwa 100.000 und in Europa bis vor etwa 50.000 Jahren) Jahrhunderttausende während bio- und kulturhistorische Koevolution der Menschheit ihrer Kulturgeschichte zuzurechnen.

Innerhalb dieser riesigen Zeiträume erscheint der kulturelle Zuwachs zunächst zwar fast unmerklich und nur im großen zeitlichen Maßstab deutlicher erkennbar. Er existiert aber und begründet die Geschichte der Kultur. Denn die einmal gemachten grundlegenden kulturellen Erwerbungen haben sich zwischenzeitlich nicht nur erhalten, sondern sind durchweg auch zur Voraussetzung für die Weiterentwicklung der Kultur u.a. bei der Herstellung und dem Gebrauch von Werkzeugen, Waffen, Lagerstätten und Schmuck, bei der Beherrschung und Nutzung des Feuers, bei der Bestattung der Toten und schließlich im bildnerischen Ausdruck menschlicher Vorstellungen der diesseitigen und der jenseitigen Welt geworden. Wenn auch für die frühen Zeiten die grundlegenden Merkmale der Kulturalität, wie insbesondere die Sprache und die ebenfalls nur dem Menschen zukommende Intimität, nur vermutet werden können, so spricht doch alles dafür, daß spätestens die Menschen der Höhlenbilder, also seit gut 30.000 Jahren, dieselbe geistige Grundausstattung wie die heutigen Menschen gehabt haben, ihre Kultur wohl eben denselben Differenzierungsgrad besessen hat wie die der neuzeitlichen Primitiven und ihr existentiell-natürliches Zeitbewußtsein und das traditionalistisch geformte kulturelle Gedächtnis den in Kapitel 2 skizzierten Status gehabt hat.

Wie die menschliche Kultur allgemein einen tentativen Charakter hat – es wird ständig vieles probiert und verworfen und nur weniges bewahrt – , so erinnert uns im besonderen der unvorstellbar lange Zeitraum vor der Zivilisation daran, daß sich die fundamentalen kulturellen Erwerbungen in einem harten Experimentierfeld des Menschlichen bewährt haben müssen.[8]

---

[8] Einen knappen Überblick über die steinzeitliche Archäologie gibt das Buch von *H. Müller-Beck*: Die Steinzeit. Der Weg der Menschen in die Geschichte, München 1998. Als Einführung ist auch geeignet das Buch von *J. Lüning*: Siedlungen der Steinzeit. Haus, Festung und Kult, Heidelberg 1989. Von den zahlreichen Veröffentlichungen von *K.J. Narr* seien hier genannt: Beiträge der Urgeschichte zur Kenntnis der Menschennatur, in: *H.-G. Gadamer/P. Vogler* (Hg.):

3. Der evolutionistische Beginn der Ethnologie
3.1 Die Problematik des Analogieschlusses von den rezenten auf die frühgeschichtlichen Primitiven

Die Grundfrage, ob die Ethnologie primär zu den Sozial- oder zu den historischen Wissenschaften zu rechnen ist, läßt sich nicht eindeutig beantworten. Eine gewisse Antwort ist das Selbstverständnis dieses Faches selbst, das sich in den etwa 150 Jahren seiner wissenschaftlichen Existenz ganz überwiegend als eine nicht-historische Kulturwissenschaft begriffen hat. Ebendiese Selbsteinschätzung teilt sie mit der Geschichtswissenschaft, welche seit ihrem Anbeginn die Kulturen der rezenten Primitiven nicht in ihren Gegenstandsbereich aufgenommen hat, obwohl diese doch bei der Begründung der universalhistorischen Entwürfe des 18. Jahrhunderts und z.T. auch der geschichtsphilosophischen Theorien des 19. Jahrhunderts eine konstitutive Rolle gespielt haben. Eine deutliche Trennlinie zwischen sich selbst und die Erforschung der nichtzivilisierten Völkerschaften hat die universitär verfaßte Geschichtswissenschaft zunächst aus demselben Grund gezogen, aus dem sie auch die archäologische Ur- und Frühgeschichte erst relativ spät und dann unter dem bezeichnenden Begriff der „Vor-Geschichte" (Prähistorie) als ein historisches Fach angesehen hat. Als eine Wissenschaft von den schriftkundigen Völkern hat sie bei jenen beiden die empirische Grundlage von originären schriftlichen Quellen vermißt und zudem bezweifelt, ob die Kulturen vor und neben den schriftkundigen Zivilisationen überhaupt schon bzw. je eine Geschichte im modernen Verständnis des Wortes gehabt haben, ob sie nicht vielmehr in einer immer gleichbleibenden mehr oder weniger urtümlichen Gegenwart existiert hätten, bis einige von ihnen den Weg zur eigentlichen menschlichen Kulturalität und zur Geschichte zivilisierter Gesellschaften und Staaten entweder selbst gefunden hätten oder er ihnen von ihren zivilisierten Nachbarn und in jüngerer Zeit in größerem Umfang insbesondere von den europäischen Kolonialmächten gewiesen worden sei. So haben zwar bereits antike Historiker – wie deren einer Herodot war – Beschreibungen über die Sitten nichtschriftkundiger Völker angefertigt, und sind nach 1500 zahlreiche Dokumente über die „Wilden" nach Europa gelangt. Aber diese Berichte galten den Historikern im Konstitutionsprozeß ihres Fachs um 1800 ebenso wenig als authentische *historische* Quellen, wie es die aus neueren Feldstudien hervorgegangenen Beschreibun-

---

Neue Anthropologie, Bd. 4, Stuttgart 1973, 3–62. Vgl. auch *B. Cunliffe* (Hg.): Illustrierte Vor- und Frühgeschichte Europas. Aus dem Engl., Frankfurt 1996. Die fünfbändige Darstellung von *H. Müller-Karpe*: Grundzüge früher Menschengeschichte, Darmstadt 1998, versammelt alles, was bisher über die steinzeitlichen Kulturen weltweit gefunden und an Wissen darüber zusammengetragen und gedeutet worden ist, verwischt aber durch die starke Aufgliederung nach Weltregionen und Epochen gerade das, was eine historische Darstellung zu einer nachvollziehbaren Geschichte der Kultur macht, nämlich den durchgehenden Wandel kultureller Phänomene in wohldefinierten Grenzen. Zum Nachschlagen, auch wegen des Einbezugs der klassischen Archäologie und der Ethnologie, ist zu empfehlen die von dem britischen Anthropologen *G. Daniel* herausgegebene: Enzyklopädie der Archäologie (engl. London 1977), Herausgeber der deutschen Ausgabe: *J. Rehork*, Bergisch Gladbach 1980/1996. Eine integrative Darstellung in eben dem umfassenden Sinne ist das vom Deutschen Institut für Fernstudien an der Universität Tübingen (DIFF) herausgegebene und von *W. Schiefenhövel, G. Vollmer* u. *Ch. Vogel* besorgte: Funkkolleg: Der Mensch. Anthropologie heute", Tübingen 1992/1993.

gen der Ethnologen zu sein scheinen. Denn abgesehen von ihrem zumeist fabulösen Charakter in früheren Zeiten und ihrem durchaus wirklichkeitsgenauen Protokollierungen in neuerer Zeit, waren und sind diese Dokumente zunächst – modern ausgedrückt – fast immer nur ethnographische Momentaufnahmen und entbehr(t)en so der historischen Tiefe; es sei denn, daß die ethnologische Erkundung im Sinne der heutigen Oral History von vornherein darauf gerichtet war, ein Stück des kulturellen Gedächtnisses der Ethnie zu erfassen und zu diesem Zwecke Sprache, Mythen und Sitten zu erforschen, wobei man auch dann mit Sicherheit nur wenige Generationen in die Geschichte zurückblicken kann, keineswegs aber auf die steinzeitliche Frühzeit direkt zurückschließen darf. Sodann – und dieser Problematik ist man sich erst im 20. Jahrhundert ganz bewußt geworden – waren und sind alle diese Dokumente aus einer schon stattgefundenen Begegnung der Primitiven mit den Schreibkundigen erwachsen und von letzteren angefertigt worden, weshalb sie im Falle eines über Jahrzehnte und Jahrhunderte fortgesetzten Kontaktes und seiner Beschreibung eher Aspekte der Geschichte der Interkulturalität oder der Akkulturation, also der Kolonialgeschichte erfassen als die Geschichte dieser Völkerschaften vor jener Begegnung. Gerade hinsichtlich dieser Frage zeigt sich im Vergleich mit den Quellen der Archäologie die prinzipielle geschichtstheoretische Schwäche der Ethnologie. Denn erstere hat es bei ihren Funden wenigstens mit originären Quellen zu tun, die zudem als besonders authentisch gelten können, weil sie sog. unabsichtliche historische Quellen sind.

Alle diese älteren und neueren Bedenken gegenüber einem Analogieschluß von neuzeitlichen auf frühgeschichtliche Primitive haben ihre letzte Ursache darin, daß sich die Geschichtswissenschaft wie auch die Ethnologie zur Sicherung ihres wissenschaftlichen Status vom Verdacht möglicher Spekulation freihalten wollen, empirisch auf zweifelsfreien Quellen bestehen und beide sich deshalb auf das beschränken, was sie von ihrem Fachverständnis als gesichert vertreten können, nämlich einerseits auf *historische* Aussagen über das, was früher einmal durch das Nadelöhr des verschriftlichten oder sich in Werken zeigenden Denkens und Sprechens gegangen ist, und andererseits auf *ethnologische* Aussagen über das, was eine sozialwissenschaftliche Methodik über die gegenwärtige Kultur der Primitiven erheben und deuten kann.

3.2 Die Kultur der rezenten Primitiven als strukturelle Relikte frühgeschichtlicher Zeiten

Dennoch: Über das pragmatische Interesse des imperialistischen Kolonialismus an der Erforschung der Kultur und Mentalität der sog. Primitiven hinaus und unabhängig auch von der kulturkritisch oder progressistisch anscheinend immer wieder benötigten Gegenüberstellung der Lebens- und Denkformen von sog. Natur- und Kulturvölkern, von „Wilden" und „Zivilisierten" hat sich die schon in der Antike geäußerte und im 18. Jahrhundert spekulativ begründete Vermutung bis heute erhalten, daß die neuzeitlichen Primitiven sozialkulturelle Relikte der ur- und frühgeschichtlichen Menschheit sind, man sie zumindest in sozialstruktureller Hinsicht auf eine Stufe mit unseren fernen steinzeitlichen Vorfahren stellen und an ihnen modellhaft die frühesten kulturellen Lebensbedingungen und auch den Wandel und den Fortschritt der Kultur studieren könnte. Die guten und starken Gründe hierzu haben vor allem die biologische Deszendenztheorie des Menschen und die Humanethologie, die Paläoanthropologie und schließlich auch die Ethnologie selbst beigebracht: Die Biologie, indem sie die evolutionäre Herausentwicklung auch der geistigen Fähigkeiten des Menschen und damit der Kultur aus Vorstufen im Tierreich im Gefolge Darwins mehr als plausibel hat begründen können. Die Paläoanthropologie, indem sie ihre Funde als Befunde in ein zeitliches Schema kultureller Progressivität einordnet und damit das Konzept der Höherentwicklung der menschlichen Kultur über bestimmte Stufen in den großen Zeiträumen der Ur- und Frühgeschichte voraussetzt. Und die Ethnologie, indem sie in den nicht-schriftkundigen Völkerschaften kulturenvergleichend einen Großteil jener Differenzierungen, jener sog. typologischen Reihen (der Formentwicklung z.B. von Artefakten) und größeren Entwicklungsstufen vorgefunden hat, die auch die archäologische Paläoanthropologie in der großen historischen Abfolge und zugleich in der Konkurrenz und in den Mischformen von urtümlichen Jägern und Sammlern, von nomadischen und seßhaften Tierzüchtern, von einfachen Subsistenz-Pflanzern, von für einen Markt produzierenden Feldbauern und von größeren und sozial differenzierten Dorf- und Stammesgesellschaften herausgefunden hat. Wie sehr sich deshalb auch viele Richtungen in der Ethnologie – und dies zu Recht – von einer naiven Gleichsetzung von frühgeschichtlichen und neuzeitlichen Primitiven distanziert haben, so haben sie doch den evolutionären Grundsatz nicht bestreiten können, daß die Geschichte der Menschheit – wie die aller Lebewesen – über Stufen der Komplexität erfolgt sein muß und frühe und einfache Formen auch neben den späteren und komplexeren Formen entsprechend den besonderen ökologischen und kulturellen Umständen fortexistieren können. Das ist die Grundannahme des ethnologischen Evolutionismus als einer historischen Disziplin.

3.3 Der klassische ethnologische Evolutionismus seiner Gründerväter Morgan, Tylor und Frazer

Ein erster wissenschaftlicher Ausdruck dieser Annahme ist der sich seit der Mitte des 19. Jahrhunderts zeitgleich mit dem Darwinismus ausbildende und von ihm argumentativ unterstützte und später dann, seit der Jahrhundertwende, gerade deswegen als eine biologistische Verirrung heftig kritisierte sog. klassische ethnologische Evolutionismus. Von seinen Gründervätern Morgan, Tylor und Frazer her vertritt er ein schlichtes, sich über bestimmte Stufen gesetzmäßig entfaltendes universalgeschichtliches Höherentwicklungsschema der Kultur.[9]

Den Anfang macht das Buch „Ancient Society", das der Amerikaner LEWIS H. MORGAN (1818–1881) nach einer umfänglichen Sammlung und Vergleichung von Beschreibungen primitiver Stammeskulturen, einem längeren Forschungsaufenthalt 1851 bei den nordamerikanischen Irokesen und einer Reihe von empirischen

---

[9] Einen knappen Überblick über die Entstehung der modernen wissenschaftlichen Ethnologie in Europa und Nordamerika gibt *J. Lombard*: Introduction à l'éthnologie, Paris 1998. Die im kulturhistorischen und –theoretischen Sinne erweiterte Ethnologie läßt *W. Petermann* in seiner vorzügliche Darstellung: Die Geschichte der Ethnologie, Wuppertal 2004, in der griechischen Antike beginnen.

und theoretischen Schriften 1877 veröffentlicht. Es hat ihn berühmt gemacht und die Ethnologie als wissenschaftliches Fach überhaupt erst begründet. Die dort dargestellte „Urgesellschaft" ist der Ausgangspunkt eines siebenstufigen Fortschrittsschemas, dessen Hauptstadien die Wildheit, die Barbarei und die Zivilisation sind und dessen Bestimmungskriterien der evolutionäre Entwicklungsstand der Subsistenzsicherung, der Organisation des Familienlebens, der Herrschaft und des Eigentums und der Ausdrucksfähigkeit der Sprache sind. Es ist eine für den damaligen Kenntnisstand empirisch gut belegte Theorie der Geschichte der Menschheit, deren Plausibilität auch daherrührt, daß sie „aus einem Guß" ist. Als eine „umfassende" Theorie macht sie nämlich alle die Erfahrungen zu ihrem Gegenstand, die Menschen prinzipiell überall auf der Erde machen, und als eine „durchgehende" Theorie kann sie die Menschen auch den prinzipiell gleichen Weg des Fortschritts von seinen allerersten Ursprüngen bis in die Gegenwart gehen lassen. Dies sind zugleich auch die Gründe gewesen, die Friedrich Engels 1884 veranlaßt haben, diese evolutionäre Geschichtstheorie mit dem Historischen Materialismus von Marx zu verbinden und damit der orthodoxen marxistischen Geschichtslehre ihre endgültige Gliederung in menschheitsgeschichtliche Epochen zu geben.[10]

Die zeitgleich erscheinenden Arbeiten des Engländers EDWARD B. TYLOR (1832–1917), insbesondere die „Researches Into the Early History of Mankind and the Development of Civilization" (1865)[11] und „Primitive Culture: Researches into the Development of Mythology, Philosophy, Religion, Art and Custom" (1871)[12], sind ebenfalls von großer Bedeutung für die Entstehung wie auch für die spätere spezifisch kulturanthropologische Ausprägung der amerikanischen Ethnologie. Durch Tylor vor allem wird – neben den gesellschaftlichen Strukturen – die Mythologie der Primitiven zu einem genuinen Thema des Fachs, wird die evolutionäre Entwicklung der Religion vom Animismus über den Polytheismus zur „Hegemonie einer Gottheit" zu einer Art Leitmedium der Universalgeschichte und wird der Begriff der „survivals" geprägt, welcher die Fortexistenz älterer Formen im Zusammenhang mit dem keinem rigiden Stufenschema folgenden allgemeinen evolutionären Fortschritt erklärt.[13]

Der Engländer JAMES G. FRAZER (1854–1941) schließlich, der dritte Hauptvertreter des älteren ethnologischen Evolutionismus, ist zugleich dessen größter Verbreiter. Auf der Grundlage einer lebenslangen ethnographischen Sammler- und Kompilationstätigkeit belegt dieser „armchair"-Anthropologe in seinem berühmten zwischen 1890 und 1936 abgefaßten, dreizehn Bände umfassenden Werk „The Golden Bough. A Study in Comparative Religion"[14] in der Linie von Tylor die enge Verbindung der Evolution von Herrschaft, Magie, Götterglauben und Wissenschaft.

---

[10] Vgl. Kapitel 23.4.1.

[11] Forschungen über die Urgeschichte der Menschheit und die Entwicklung der Zivilisation, Leipzig 1866.

[12] Die Anfänge der Kultur. Untersuchungen über die Entwicklung der Mythologie, Philosophie, Religion, Kunst und Sitte, 2 Bde., Leipzig 1873.

[13] Vgl. K.-H. Kohl: Edward Burnett Tylor (1832-1917), in: Michaels 1997, 41-59.

[14] London 1890 ff., dt.: Der Goldene Zweig. Das Geheimnis von Glauben und Sitten der Völker,

Die von diesen drei Forschern gemachten Versuche, durch systematisches Erfassen und Vergleichen rezenter Primitivkulturen den Wahrheitsgehalt der damals vorfindlichen Theorien von den Etappen einer stufenweisen Höherentwicklung der menschlichen Kultur zu belegen, hat die jahrhundertelange Tradition der Berichte über die „Naturvölker" als *cultural anthropology* (nach der freilich erst späteren Benennung durch Franz Boas[15]) erst eigentlich zur Wissenschaft erhoben. Sie legen den Grundstein dafür, daß die Ethnologie in jener amerikanischen Bezeichnung heute in Nordamerika – mit Auswirkungen auf den globalen Wissenschaftsraum – als die allgemeine Integrationswissenschaft schriftloser Völker von den Hominiden bis zu den neuzeitlichen Stammeskulturen gilt, diese deshalb nicht nur die Ethnologie i.e.S. umfaßt, sondern zudem die bioanthropologische Evolutionsforschung und die ur- und frühgeschichtliche Archäologie (Prähistorie) einschließlich vieler einschlägiger Hilfs- und „Bindestrich"-Wissenschaften, und sich als ein, wenn nicht gar als das fundierende Fach der Human- und Kulturwissenschaften begreift. Als eine solche Wissenschaft ist sie zugleich eine historische *und* eine Sozialwissenschaft und betreibt sie heute auch *Ethnohistorie* und *Ethnosoziologie*.[16]

3.4 Vom Mutter- zum Vaterrecht:
Bachofens These vom historischen Wandel des Geschlechterverhältnisses

Eine Sonderrolle hat bei diesen frühen Schritten der Ethnologie die von dem Schweizer Juristen JOHANN JAKOB BACHOFEN (1815-1887) in seinem Buch „Das Mutterrecht. Eine Untersuchung über die Gynaikokratie der alten Welt nach ihrer religiösen und rechtlichen Natur" (Basel 1861)[17] aufgestellte These vom frühgeschichtlichen Übergang vom Mutter- zum Vaterrecht. Diese These hat seit ihrem Erscheinen bis heute ein wechselhaftes Schicksal erfahren. Sie ist, jenseits aller mythologischer Begründungselemente und jeglicher Bewertung ihrer Stichhaltigkeit, zunächst die erste moderne und konsequent durchgeführte soziologische und ethnologische Studie zur Institution von Ehe und Familie. Sie unterscheidet dabei, was ihre Kritiker wie ihre Befürworter nicht immer tun, deutlich zwischen „Frauenherrschaft", die es wohl nirgends je gegeben hat, und „Mutterrecht", das es nachweislich im wohldefinierten Sinne zumindest in antiken und neuzeitlichen Primitivkulturen gegeben hat. Kriterien für ein solches Mutterrecht sind vor allem die von der Annahme der ausschließlich mütterlichen Verwandtschaft des Kindes und die Privilegierung der Frauen im Erbrecht. Was die historische These selbst anbetrifft, so nähren zwar zahlreiche „vorzeitliche" Mythen die Vorstellung von einer besonderen Hochachtung der Frau und kennzeichnet nicht alle frühen Hochkulturen ein so stark ausge-

---

[gekürzt] übersetzt von H. Bauer, Leipzig 1928, Nachdruck Reinbek 1989.

[15] Vgl. Kapitel 30. 2.1.

[16] Vgl. Kapitel 45.3.1. (Ethnohistorie und Universalgeschichte).

[17] Gesammelte Werke in 10 Bänden, Basel/Stuttgart 1943 ff., Bde. 2 und 3, Basel 1948. Zur Rezeption der These von Bachofen und anderer klassischer Werke der Ethnologie des 19. Jahrhunderts im 20. Jahrhundert vgl. die Studien von *H.-J. Hildebrandt*: Rekonstruktionen. Zur Geschichte und Theorie der Ethnologie, Göttingen 1990, besonders 47–61, 138–164; *B. Röder/J. Hummel/B. Kunz:* Göttinnendämmerung. Das Matriarchat aus archäologischer Sicht, München 1996.

prägtes Patriarchat, wie dies im ganzen Alten Orient und dann in seinen antiken und europäischen Folgekulturen der Fall ist, aber das erlaubt sicher nicht, von da auf ein generelles vorzivilisatorisches Matriarchat zu schließen. Die Auseinandersetzung über Bachofens These hat von Anfang an unter einer Ideologisierung und „Ethnisierung" in dem Sinne gelitten, daß die mutterrechtliche Organisation hauptsächlich in nicht- bzw. vorindoeuropäischen Kulturen, in „friedlichen Mutterreichen" existiert und die vaterrechtliche sich vor allem in kriegerischen indogermanischen Kulturen ausgeprägt haben soll. Die von der feministischen Bewegung seit 1970 wieder aufgenommene Diskussion über Bachofens These hat den alten ideologischen Kampf erneuert.

3.5 Der klassische Evolutionismus: Seine Wahrheit, seine Kritik und seine offenen Fragen

Die evolutionistische Begründung der Kulturgeschichte ist von den in der Ethnologie nach 1900 aufkommenden sog. diffusionistischen, kulturrelativistischen, funktionalistischen und strukturalistischen Richtungen zumeist zurückgewiesen worden und hat erst in den letzten Jahrzehnten des 20. Jahrhunderts in der modifizierter Form eines Neo-Evolutionismus wieder Fuß gefaßt. In Mißkredit war der klassische Evolutionismus vor allem geraten, weil einige seiner Vertreter meinten, daß die Entwicklung der Kultur bestimmten Gesetzen folge und man die bioevolutionären Grundprinzipien, insbesondere das der Selektion der Starken, einfach auf die Kultur übertragen könne, woraus sich im Anschluß an die Philosophie Spencers konzeptionell der Sozialdarwinismus ausgebildet hatte, und weil das Stufenschema „Wildheit" – „Barbarei" – „Zivilisation" einen wertenden und diskriminierenden Charakter hat und es den imperialistischen und missionierenden Ausgriff Europas auf die Welt legitimiere. Von allen drei Kritikpunkten hat sich der ethnologische Neo-Evolutionismus distanziert.

Im Rückblick von heute läßt sich zunächst festzustellen, daß die von den Aufklärern, von Herder, Schiller und andern geäußerten Vermutungen und seitens der archäologischen und ethnologischen Forschung des 19. Jahrhunderts theoretisch und empirisch unterfütterten Annahmen von einer allmählichen, durch aufeinander aufbauende Schritte und Stufen des Fortschritts gekennzeichneten geschichtlichen Entfaltung der Kultur durchaus insgesamt bestätigt erscheinen.[18] Dies dürfte zweifelsfrei für die Annahme der Existenz von *ur- und frühgeschichtlicher Gesellschaften als notwendigen Gliedern in der Kette der Menschheitsgeschichte* gelten. Daß die rezenten Kulturen der Primitiven authentische Überbleibsel dieser Gesellschaftsform sind, dürfte demgegenüber weniger eindeutig zu beweisen sein. Schon die ältere und dann verstärkt die neuere evolutionistische Ethnologie haben dies aber doch sehr plausibel machen können. Die zwischenzeitlich lange bestehenden Reserven der Ethnologie dieser Annahme gegenüber rühren sicherlich aus der fach-

---

[18] Dies ist die auch explizit gemachte Grundvoraussetzung des Handbuchs von *J. Herrmann,/H. Ullrich* (Hg.): Menschwerdung. Millionen Jahre Menschheitsentwicklung – natur- und geisteswissenschaftliche Ergebnisse. Eine Gesamtdarstellung, Berlin 1991.

geschichtlichen Befürchtung her, nicht erneut von den anderen Fächern der wilden menschheitsgeschichtlichen Spekulation verdächtigt zu werden.[19]

Sodann ist *der kulturelle Evolutionismus* mit seiner Nähe zum biologischen Evolutionismus der *einzige wirklich genuin historische Ansatz für die Frühzeit der menschlichen* Kultur. Danach schreitet die Kulturentwicklung der Menschheit im evolutionären Ausbau der von der biologischen Evolution bereitgestellten Strukturen ihr analog von Stufe zu Stufe wenn schon nicht universalgeschichtlich im gleichen Takt, so doch in miteinander kommunizierenden Gesellschaften und Kulturkreisen voran. Dies geschieht, indem sich kulturell vorteilhafte Neuerungen zunächst innerhalb ihrer Ethnien allmählich durchsetzen und dann auch in andere Ethnien eindringen, so daß Ethnien, die sich dem dadurch gesetzten überlegenen Hauptstrom der kulturellen Entwicklung nicht anschließen, entweder ganz untergehen oder zu einem Ausweichen in schwer zugängliche, unwirtliche Regionen gezwungen sind, wo sie als „Überbleibsel" eine zwar ursprünglichere, jedoch sehr eingeschränkte Existenz führen.

Offen bleibt schließlich die Frage, ob es strukturell nur einen Weg der kulturellen Evolution gegeben hat und gibt, ob die Progression über Stufen einem vorgezeichneten Weg folgt, vielleicht sogar gesetzmäßig und zielgerichtet verläuft und zumindest das Passieren bestimmter Wegmarken zwingend ist, wie der klassische Evolutionismus und mit ihm die marxistische Geschichtstheorie gemeint haben, oder ob sich die Kultur von ihrem jeweiligen Fundament aus historisch-offen auf die Zukunft zubewegt und so in der faktischen Vielfalt der Kulturen auch Alternativen grundsätzlicher Art angelegt sind, was die heute vorherrschende Auffassung ist[20]. Letztlich sind diese Fragen ebenso schwierig zu beantworten wie auch die zur möglichen bioevolutionären Teleologie des menschlichen Geistes.[21]

---

[19] Vgl. R. B. Lee/R. Daly: The Cambridge Encyclopedia of Hunters and Gatherers. 2 Bde, Cambridge 1999.
[20] Vgl. dazu *W.E.J. Weber*: Universalgeschichte, in: Maurer Bd. 2, 2001, 15–98, bes. unter dem Begriffen des Zivilisationsvergleichs und der „Multiversalgeschichte" 88-93.
[21] Vgl. Kapitel 57.

26. Kulturkritik:
Der Aufstand gegen das historischen Denken

1. Burckhardt:
   „Weltgeschichtliche Betrachtungen" aus kulturtheoretischer Perspektive   441
2. „Kulturkritik" und „Lebensphilosophie": Antihistorische Impulse um 1900   443
3. Nietzsche: Ausbruch aus der Geschichte durch ihre Neuinterpretation   445
4. Freud: Das kollektive Unbewußte als Motor der Geschichte   448
5. Die religiös und rassistisch begründete imperialistische und „völkische" Geschichte: Die Herrschaft des „weißen Mannes" über die Welt und der Nationalismus in Europa   453

In den letzten Jahrzehnten des 19. Jahrhunderts sind in den Geisteswissenschaften in wirkungs- und theoriegeschichtlicher Hinsicht gewisse Impulse, die von einer allgemeinen Kulturkritik und von einem aggressiven Nationalismus herkommen, am wichtigsten geworden. Die Anregungen von ersterer Seite artikulieren sich in einer Fülle neuer historischer Ansätze, deren Gemeinsames der Verdruß über ein das ganze kulturelle Leben durchdringendes Geschichtsbewußtsein ist. Die jetzt als Last empfundene starke Orientierung an der Vergangenheit schlägt sich in einer Befreiung von ihr fordernden *Kulturkritik* und in einer das Irrationale aufwertenden und sich dadurch kulturelle Kreativität erhoffenden sog. *Lebensphilosophie* nieder (Abschnitt 2). Das vom Leiden an der Geschichte ergriffene, zwischen einer melancholischen Skepsis und einer stürmischen Zukunftshoffnung schwankende Lebensgefühl nimmt besonders prägnant Gestalt im Werk dreier Kulturwissenschaftler an, die – ohne daß sie sich als solche bezeichnet hätten – die zeitgenössische Kultur und die abendländische Tradition insgesamt einer radikalen Revision unterziehen und dabei als Herausforderer z.T. ganz neue Wege einschlagen: *Jacob Burckhardt*, der in epochenbezogenen Studien und in geschichtstheoretischer Reflexion den geschichtlichen Wandel nicht den „starren Systemen" der Staatlichkeit und Religiosität zuschreibt, sondern ihn im „beweglicheren" System der „Kultur" begründet sieht (Abschnitt 1); dann *Friedrich Nietzsche*, der die Geschichte, genauer: das Geschichtsbewußtsein, immer dann für eine Behinderung des Handelns hält, wenn es nicht zum Anlaß der kritischen und kreativen Überwindung dieses Bewußtseins genutzt wird (Abschnitt 3); und schließlich *Sigmund Freud*, der den Motor der Kulturgeschichte in unbewußt bleibenden kollektiven Prozessen erblickt und Kultur als ein individuelles und gesellschaftliches Sublimierungsprodukt libidinöser Triebe deutet (Abschnitt 4). Eine fatale Sonderrolle inmitten dieses zugleich fortschrittsgläubigen und kulturkritischen Denkens nehmen seit der Mitte des 19. Jahrhunderts die in fast allen europäischen Ländern entstehenden und dann rasch zunehmenden Bewegungen des *Nationalismus,* des *Imperialismus* und des *Rassismus* ein (Abschnitt 5). Die politischen Exzesse in der ersten Hälfte des 20. Jahrhunderts haben hier ihre Wurzeln.

1. Burckhardt:
„Weltgeschichtliche Betrachtungen" aus kulturtheoretischer Perspektive

Der erste hier zu nennende Herausforderer der etablierten historischen Forschung gehört nach Alter, Ausbildung und Lehrtätigkeit noch ganz dem 19. Jahrhundert an. Es ist der Baseler Kultur- und Kunsthistoriker JACOB BURCKHARDT (1818-1897), der sich als ein vielseitiger Einzelgänger zunächst mit Hilfe einiger Paradoxien charakterisieren läßt: Als ein *Konservativer*, der die ständische Gesellschaft der egalitär-demokratischen vorzieht, sich im klassischen Humanismus zu Hause fühlt und nicht an den „Fortschritt" glaubt, liebt er dennoch nicht den Staat und auch nicht die europäische Tradition. Vielmehr verabscheut er den „Staat" – den der Griechen und Römer ebenso wie den der Renaissancefürsten und des (aufgeklärten) Absolutismus – wegen dessen unvermeidlicher Gewalttätigkeit und sieht in der institutionell verfaßten Religion, und hier natürlich besonders in den christlichen Kirchen, eine vergleichbar schlimme Machtkonzentration. Als ein gewissenhafter *Empiriker*, der die historistischen Tugenden der Erhebung, Prüfung und Auslegung von Quellen pflegt, ist er sodann dennoch strikt gegen das positivistische Anhäufen von Daten und das Feststellen von „Sachverhalten" und hat keine Scheu vor Urteilen über komplexe Phänomene, und zwar im Sinne jener anderen wissenschaftlichen Tugend, welche die vielen Details und Einzeleinsichten mit dem „Aufstieg" zum Erwerb eines Überblicks und einer Einsicht in das Ganze verbindet. Als ein *Skeptiker*, der die Möglichkeit der Erkenntnis geschichtlicher Wahrheit letztlich gering einschätzt – weil er nämlich meint, daß wir weder die Ursachen noch die Ziele des Handelns der Menschen auch nur im entferntesten aus den Quellen erschließen können – erhebt er dennoch den Anspruch, „die geistigen Umrisse einer Kulturepoche" (so im Vorwort zur „Cultur der Renaissance in Italien", 1860) dargestellt zu haben. Als ein erklärter *Antimetaphysiker* schließlich, der der Geschichtsphilosophie, insbesondere der Hegels, mit Abneigung begegnet, folgt er dennoch dessen „Grundgedanken vom Gang des Geistes in der Geschichte" in seiner seit 1868 mehrfach gehaltenen Vorlesung „Über das Studium der Geschichte". So hält er den Verlauf der Weltgeschichte einerseits weder für vernünftig und notwendig noch für durchschaubar und voraussehbar und beschränkt sich deshalb auf die Darstellung von einzelnen Epochen und betreibt andererseits doch Universalhistorie, insofern alle seine Studien als Beiträge zu einer solchen gewertet werden können. Der Titel seines theoretischen Hauptwerks, der postum erschienenen „Weltgeschichtlichen Betrachtungen", stammt zwar nicht von ihm, trifft aber recht genau den Charakter dieser Schrift.[1]

Seine Kulturgeschichte ist insofern von Anfang an anthropologisch und universalhistorisch konzipiert, als ihr „Ausgangspunkt" und „Centrum" eine Sozialanthropologie ist. Auf die Frage: „Was bewegt die Welt und was ist von tiefem eingreifen-

---

[1] Diese „Betrachtungen" sind im wesentlichen zwischen 1868-1871 abgefaßt, erstmals 1905 veröffentlicht und 1982 in einer neuen kritischen Ausgabe unter dem Titel: Über das Studium der Geschichte, nach den Handschriften hg. von P. Ganz (München) erschienen. Seit 2001 entsteht die vielbändige Werkausgabe J. *Burckhardt*: Werke. Gesamtausgabe, München/Basel. Zur Person vgl. *W. Kaegi:* Jacob Burckhardt. Eine Biographie. 7 Bde., Basel 1947 ff.

den Einfluß?"² gibt er die Antwort, daß dies der „duldende und (strebend) handelnde Mensch" (226) sei. Im Blick auf die dem Menschen in seinem Handeln und Erleiden zumeist nicht bewußten geschichtlichen Kräfte sieht Burckhardt drei sich aus dessen Grundbedürfnissen herleitende „Potenzen": den Staat und die Religion als das „Feste", und zwar als „Machtinstanzen des Bösen", und die Kultur – d.h. „alle Geselligkeit, alle Techniken, Künste, Dichtungen und Wissenschaften" (25) – als das „Bewegliche" (und Zuträgliche). Diese drei durchdringen sich wechselseitig im Zeitraum einer Epoche und bilden, als ein geschichtliches „Continuum" (229), ein Wurzelgeflecht, in dem das Geistige den Ereignissen übergeordnet ist. Während für die meisten Fachhistoriker seiner Zeit die Kultur nur den sich wenig und langsam wandelnden Rahmen der „eigentlichen", nämlich politischen Geschichte abgibt, ist für Burckhardt umgekehrt gerade die Kultur der Träger und Motor der Geschichte, die politische Ereignisgeschichte dagegen nur die Bewegung an der Oberfläche, wobei sich allerdings die Kultur und ihr Wandel im Handeln der „großen Gestalten" konzentriert ausdrückt.³

Mit diesem Konzept schließt er sich an die universalhistorische Reflexionen des 18. Jahrhunderts an und liefert Bausteine der sich im 20. Jahrhundert vielfältig ausformenden Historischen Anthropologie.⁴ Darin ist Burckhardt aus heutiger Sicht sehr modern. Sein besonderes Verdienst sind zum einen die erneute Ausrichtung des historischen Denkens auf die Kulturgeschichte allgemein und im besonderen auf deren Einbezug der Bildenden Kunst, zum andern der Mut und die Fähigkeit, ganze Epochen umfassend historisch-analytisch zu deuten, ohne in die bloß beschreibende, sammelnde und genießende Bewunderung der großen Werke zu verfallen, wie sie sich damals bei manchen Kunsthistorikern vom Fach findet. Ein besonderer Vorzug Burckhardts ist, daß er das künstlerische Schaffen konsequent in die Kultur seiner Zeit einbettet. Erst seit Burckhardt begreift man auch die Werke der Bildenden Künste als einen charakteristischen Ausdruck ihrer Zeit und von Menschen, in deren Schaffen der Stil ihrer Epoche aufscheint. Erst von da an werden Kunstepochen mit einem Menschenbild assoziiert und spricht man etwa vom gotischen oder vom Renaissance-Menschen.

Obwohl Burckhardt selbst keine Schule begründet hat, gehört er zu den wenigen Historikern mit einer bis heute reichenden Wirkung in der Kultur- und Kunstgeschichtsschreibung. Dies sowohl durch die große Verbreitung seiner Werke in der gebildeten Welt – denn das Bildungsbürgertum hat sie wirklich gelesen und in mehr als einer Hinsicht zum „Cicerone" auf Reisen zur Kunst (1855) gemacht – als auch in den Kulturwissenschaften selbst, denn sein Blick etwa auf die griechische Demokratie oder noch mehr auf die Renaissance hat bis heute die Vorstellungen geprägt. Wenn Burckhardt auch keine wirkliche Kultur- und Kunstgeschichte, erst recht keine Universalgeschichte geschrieben hat, sondern exemplarisch die „Reconstruction

---

[2] Ebd. (wie desgleichen im folgenden), S. 29.
[3] Vgl. *W. Hardtwig*: Geschichtsschreibung zwischen Alteuropa und moderner Welt. Jacob Burckhardt in seiner Zeit, München 1974; *H.R. Guggisberg* (Hg.): Umgang mit Jacob Burckhardt. Zwölf Studien, Basel 1994.
[4] Vgl. Kapitel 39.

ganzer vergangener Geisteshorizonte" (230) angestrebt hat, so hat er dies entgegen aller seiner Vorbehalte gegen den „Fortschritt" doch mit dem Vorsatz getan, einen Beitrag zu einer aufgeklärter Menschlichkeit zu leisten.[5]

2. „Kulturkritik" und „Lebensphilosophie":
Antihistorische Impulse um 1900

Das insgesamt progressiv ausgerichtete und auf Vernunft gegründete historische Bewußtsein des 19. Jahrhunderts wird ab seinem letzten Drittel zunehmend abgelöst durch zwei aufeinander verweisende Bewegungen: durch eine rückwärtsgewandte Kulturkritik und durch eine auf Veränderung drängende „Philosophie des Lebens". Sie geben nicht nur den allgemeinen Rahmen für die um 1900 neu ansetzende Kulturgeschichtsschreibung ab, sondern inspirieren diese auch inhaltlich und methodisch.

2.1 Kulturkritik und „Dekadenz": „Das Unbehagen in der Kultur" (Freud)

Für die tiefere Ursache des Entstehens einer – nach Rousseau im 18. Jahrhundert – neuen und radikalen Kulturkritik im letzten Drittel des 19. Jahrhunderts hält man die Sinnverluste, die im Prozeß der gesellschaftlichen und technischen Modernisierung eingetreten sind: vor allem das Schwinden der alten Gewißheiten vom transzendenten Sinn der Welt durch deren wissenschaftliche und religionskritische „Entzauberung" und die „Entfremdung", räumliche und soziale Entwurzelung und Vereinzelung der Menschen in der kapitalistischen Wirtschaft und Massengesellschaft. Als Reaktion darauf üben insbesondere Intellektuelle Kritik an der bürgerlichen Gesellschaft, an der Konformität und Konventionalität des Verhaltens des „Herdenmenschen", am Lebensstil des „Bourgeois", an der Oberflächlichkeit und dem Mittelmaß seiner (historischen) Bildung, an seiner unter feinem Benehmen versteckt ausgelebten Triebhaftigkeit und Doppelmoral, welche die Psychoanalyse entlarvt, und nicht zuletzt auch an der sozialen Not der Massen, was u.a. in den naturalistischen Dramen Gerhart Hauptmanns und anderer zum Ausdruck kommt.

Nicht wenige Intellektuelle – ein Begriff, der zu dieser Zeit in Frankreich seine moderne Bedeutung erhält – geben diesem „Unbehagen in der Kultur" allerdings eine andere Wendung, indem sie sich im *fin de siècle* in einer in Schönheit untergehenden Kultur wähnen, das „süße Leiden" an der Dekadenz pflegen und der Geschichte, sei es nihilistisch, sei es wertneutral, allen Sinn absprechen, was Theodor Lessing im Titel seiner Schrift „Geschichte als Sinngebung des Sinnlosen" (München 1919) pointiert ausgedrückt hat. Zum Thema der Literatur werden so, in der Darstellung des „Künstlers" und des „Dandys", die Kraftlosigkeit, Kränklichkeit und Künstlichkeit der menschlichen Existenz und die Träume, Mythen, Neurosen in der Zivilisation. Und in Vorahnung auf die kommenden Katastrophen sind das

---

[5] Vgl. die Neuausgabe: Griechische Kulturgeschichte. Ausgewählt und mit einem Vorwort versehen von R.-R. Wuthenow, Frankfurt/Leipzig 2003. Vgl. *R. Stepper:* Leiden an der Geschichte. Ein zentrales Motiv in der Griechischen Kulturgeschichte Jacob Burckhardts und seine Bedeutung in der altertumswissenschaftlichen Geschichtsschreibung des 19. und 20. Jahrhunderts, Bodenheim 1997.

Drama, der Roman und die Poesie der sog. *Belle Epoque* in großen Teilen, wie etwa bei Baudelaire, Verlaine, Mallarmé, Proust, Oscar Wilde, Thomas Mann, Robert Musil, Stefan George, Hugo von Hofmannsthal, Rainer-Maria Rilke und Arthur Schnitzler, so etwas wie melancholisch-ironische Abgesänge auf die versinkende Welt der Großbürgerlichkeit.[6]

2.2 Lebensphilosophie: Geschichte und Geist „in Bewegung"

Diese Kulturkritik und dieses Krisenbewußtsein schlagen alsbald in eine Philosophie um, die den harten Bruch mit der bisherigen Tradition will, die insbesondere auch die ja ebenfalls traditionskritisch aufgetretene Vernunft und Aufklärung vom 17. und 18. Jahrhundert her für überholt, oberflächlich und „kalt" hält und im Gegenzug das „Leben" als neue Orientierungsinstanz einsetzt und von ihr eine Erneuerung der Kultur erwartet. „Leben" wird hier nicht im biologischen Sinne verstanden, sondern meint eine vernunftmäßig nicht zu erfassende, dem Menschen vor seiner Geistigkeit innerlich gegebene Potenz, schöpferisch in die Welt hinein zu wirken. Als Weltanschauung besetzt so die sog. Lebensphilosophie[7] eine Position, die „im Gegensatz zu Rationalität, Vernunft, Begriff oder Idee steht", selbst eine „Metaphysik des Irrationalen"[8] ist und für die „Leben" ein Kampfbegriff, eine Parole ist. Diese Philosophie polarisiert in Begriff und Vorstellung. Sie setzt Dynamik gegen Statik, das Ganze, den Zusammenhang, das Allesumfassende gegen das Einzelne und Vereinzelte, das Authentische gegen das Entfremdete und Unechte, das „Lebendige" gegen das „Tote", den „lebendigen Geist" gegen den „toten Buchstaben", das Gesunde gegen das Absterbende, die Zeitgebundenheit gegen die Allgemeingültigkeit des Vernünftigen und das Verstehen des Ganzen aus dem Ganzen gegen das Erklären der Teile und ihrer Relationen. Diese sich auf den „lebendigen Geist" berufende Philosophie löst alle rational begründeten Vorstellungen von den Möglichkeiten und Grenzen menschlicher Erkenntnis in der Tradition Kants auf, begreift in der Nachfolge Hegels „Leben" als „Geist im Naturzustand" und Kultur als eine aus der „Tiefe", dem „Ur- und Quellgrund" des „lebendigen Geistes" aufsteigende Schöpfung. In geschichtstheoretischer Hinsicht ist diese Philosophie geradezu eine Gegenphilosophie des Historismus und seiner historisch-kritischen Methode. Kann man den Historismus als eine rückwärtsgewandte und kompensierende Antwort auf die Sinnverluste und Verunsicherungen im Prozess der Modernisierung verstehen, so kann man die Lebensphilosophie in ihrem Eintreten für den Wandel, die „Bewegung" und das Zeitgebundene als eine eben solche, jedoch nach vorn gerichtete Antwort begreifen. Während sich die Kulturkritik in den Künsten hauptsächlich in einer Haltung der kultivierten Innerlichkeit und Dekadenz äußert, feiert die lebensphilosophische Avantgarde in der Literatur, Kunst und Musik die

---

[6] Zur Epoche allgemein vgl. *Th. Nipperdey*: Deutsche Geschichte 1866-1918. Bd. I: Arbeitswelt und Bürgergeist, Bd. II: Machtstaat vor Demokratie, München 1990/92. Die künstlerisch-kreative Seite der Kulturkritik und Lebensphilosophie um 1900 thematisiert das von *R. Grimminger* u.a. herausgegebene: Funkkolleg Literarische Moderne, Tübingen 1993 f. .

[7] Vgl. *H. Schnädelbach*: Philosophie in Deutschland 1831-1933, Frankfurt 1991, darin: 5. Leben, S. 174 ff.; zur Lebensphilosophie im besonderen vgl. auch Nipperdey 1990, 684-691.

[8] Schnädelbach 1991, 174.

Verabschiedung der traditionellen Regeln und die Verstöße gegen die Schicklichkeitsregeln der Sprache, der Themen, des Milieus und der Charaktere und wird das Neue, die Großstadt, die Maschine, das Disparate, die freie Liebe, das Perverse und die Bindungslosigkeit im „expressionistischen" und „futuristischen" Gestus einer „Pathetik des großen Bruchs" gepriesen.

Die Lebensphilosophie ist zugleich, in ihrer Sprache ausgedrückt, der „Wurzelboden" der nunmehr „Geisteswissenschaften" genannten historischen Wissenschaften – Wilhelm Dilthey definiert sie als „Lebenswissenschaften" (vgl. Kapitel 27) – und überhaupt der zahlreichen kulturellen und politischen „Bewegungen", die Deutschland vom Beginn des 20. Jahrhunderts fast bis zu seinem Ende charakterisieren, wozu u.a. die „Jugendbewegung", die „Lebensreformbewegung", die „Reformpädagogik", der „Nationalsozialismus", der „Existentialismus", die „Kritische Theorie" und noch die neueren antiautoriären, ökologischen und pazifistischen Bewegungen zu zählen sind, die wie alle früheren Bewegungen das Subjektive über das Objektive und das „wirkliche Leben" über das „falsche Leben" stellen. Die enge Verbindung von Lebensphilosophie und deutscher Kultur im 20. Jahrhundert und die daher rührende subjektivistische Befangenheit der Autoren von in großer Zahl produzierten und überlieferten Lebensdokumenten machen uns heute die kulturhistorische Beurteilung dieser Bewegungen und Theorien schwierig. Es fiele uns heute sicherlich leichter, die kreativen und menschenfreundlichen Züge der Lebensphilosophie hervorzuheben, wenn es nicht die Diskreditierung der Aufklärung und der „Zivilisation" durch sie, nicht die von ihr zur Katastrophe der NS-Ideologie führenden Linien gäbe und wenn der „deutsche Irrationalismus" den rationalen Gegenpol hätte mehr gelten lassen. Im Folgenden wird aber am Werk zweier herausragender Geister zunächst zu zeigen sein, in welcher Weise die Lebensphilosophie das kulturgeschichtliche Denken – auch in Opposition zu ihr – belebt hat.

3. Nietzsche:
Ausbruch aus der Geschichte durch ihre Neuinterpretation

FRIEDRICH NIETZSCHE (1844-1900) gilt zu Recht als der Begründer und überhaupt als der ideenreichste, wortgewaltigste, wirkmächtigste Repräsentant des lebensphilosophischen Denkens. Schon in seinem Habitus als zugleich antibürgerlicher Visionär, als Genie, Künstler, Prophet und Neurotiker, als Intellektueller, Philosoph, Literat, Philologe und Stilist von höchsten Graden, als Radikalzertrümmerer der abendländischen Philosophie und Religion und als Lehrer einer revolutionären Moral entspricht er wenig dem Normaltypus des bürgerlichen Gelehrten und Historikers. Diesem Erscheinungsbild hat der nach seinem Tode alsbald einsetzende und insbesondere von seiner Schwester geförderte Nietzsche-Mythos vieles hinzugefügt. Die neuere Nietzsche-Forschung hat dieses Bild in vielen Zügen korrigiert, den ihm unterstellten Antisemitismus und Nationalismus als nicht-existent erkannt und seine wenig kriegerische, vielmehr humanistische Haltung hervorgehoben. Sie hat im Abstand von 100 Jahren zeigen können, daß er in seiner Person wie kein anderer vor ihm das „Hintergründige, Doppelbödige, Zwiespältige des Daseins"[9] in seiner und

---

[9] *V. Gerhardt*: Friedrich Nietzsche, München 1992, 14. Die zuvor schon unüberschaubar große

der heraufziehenden Zeit zugleich repräsentiert und es in seinem Werk hellsichtig diagnostiziert hat, weshalb er der moderne Klassiker par excellence ist.[10]

Von seiner in allen Humanwissenschaften spürbaren Wirkung kann hier nur sein historisches Denken in wenigen Andeutungen berührt werden. Als erstes ist da die Schrift zu nennen, die der 27jährige Professor für Altphilologie in Basel 1871 unter dem Titel „Vom Nutzen und Nachteil der Historie für das Leben"[11] verfaßt hat. Sowohl im „antiquarischen" als auch im „monumentalen" und noch im „kritischen" Geschichtsbewußtsein seiner Zeitgenossen – also erstens im historistischen Rekonstruieren und Verstehen von Geschichte, zweitens im verherrlichenden Erinnern der (nationalen) Geschichte und drittens im kritischen Richten und Urteilen über sie aus sicherer Distanz – sieht Nietzsche einen Nachteil, jedenfalls sofern es das Handeln in der Gegenwart behindert. Im Unterschied zum Tier, das glücklich in seiner stetigen Gegenwart lebt, wird der Mensch in der Beschwörung der Gespenster der Vergangenheit unglücklich und in seiner Existenz am Tun des Notwendigen gelähmt. Historie darf deshalb nicht nur um ihrer selbst willen betrieben werden, sie muß über sich hinausweisen: „Nur soweit die Historie dem Leben dient, wollen wir ihr dienen".[12] Es ist ein Aufbegehren gegen den fast reflexartigen Hang des 19. Jahrhunderts, die Gegenwart auf ihre Geschichte zurückzuführen. Wer die Zukunft gestalten will, müsse die Geschichte gegen alle Bedenken entschieden hinter sich lassen. In Erinnerung an *Arthur Schopenhauers* (1788-1860) Ekel vor der Geschichte sieht der spätere Nietzsche, zwischen 1883 und 1888, im geschichtlichen Wandel dann überhaupt nur noch die sinnlose Variation und „ewige Wiederkehr" des immer Gleichen („Eadem, sed aliter") und scheint ihm so alles Denken und Handeln letztlich tragisch und nichtig. Zuvor aber, bis etwa 1876, wendet er sich in einem – modern gesprochen – Akt radikaler Dekonstruktion mit aller Intensität der Geschichte der europäischen Kultur zu und verbindet diese Totalrevision mit der Hoffnung auf eine Erneuerung der Kultur gerade aus ihren Ursprüngen in mehrfacher Hinsicht.

Sein erster Angriffspunkt, in der Schrift „Die Geburt der Tragödie aus dem Geist der Musik" (1872), ist die einseitig „apollinische" *Idealisierung der griechischen Kultur*, also die gängige Hervorhebung des Maßvoll-Vernünftigen, Harmonischen

---

Literatur zu Nietzsche ist seit den 80er Jahren noch einmal sehr angewachsen. Zur Einführung in Nietzsches Denken wird hier außer auf das Buch von Gerhardt nur noch hingewiesen auf *G. Figal*: Nietzsche. Eine philosophische Einführung, Stuttgart 1999. Weiterhin wichtig ist auch: *K. Löwith*: Von Hegel zu Nietzsche. Der revolutionäre Bruch im Denken des 19. Jahrhunderts (New York 1941, Nachdruck der gekürzten 2. Aufl. Stuttgart 1950, Hamburg 1999).

[10] Von den vielen Textausgaben werden nur genannt: *F. Nietzsche*: Werke in drei Bänden, hg. K. Schlechta (München 1954-56), Darmstadt 1966; *F. Nietzsche*: Sämtliche Werke. Kritische Gesamtausgabe. Hg. M. Montinari und G. Colli. 15 Bde., Berlin 1967 ff. (als „Kritische Studienausgabe", München/Berlin 1980), und *F. Nietzsche*: Das Hauptwerk. 4 Bde., hg. J. Perfahl, München 1994 (nach dieser wird hier als „Auswahl" zitiert).

[11] Das zweite (1871) von vier „Stücken" seiner „Unzeitgemäße(n) Betrachtungen" (1873-76). Wegen der guten Einleitung durch K. Löwith ist auch hinzuweisen auf die von ihm vorgenommene Auswahl: *Nietzsche*: Zeitgemäßes und Unzeitgemäßes. Ausgewählt und eingeleitet von K. Löwith, Frankfurt/Hamburg 1956, 38-58 (zitiert im folgenden als Löwith-Ausgabe).

[12] Löwith-Ausgabe 1956, 39.

und Schönen in den klassischen Werken. Denn sie geschieht unter Ausblendung des „Dionysischen", also des Wilden, Rauschhaften, Lebendigen, des „Verlangens nach dem Häßlichen, des guten, strengen Willens des älteren Hellenen zum Pessimismus und zum tragischen Mythos, zum Bilde alles Furchtbaren, Bösen, Rätselhaften, Vernichtenden, Verhängnisvollen auf dem Grunde des Daseins".[13] Insbesondere die Handlungsstruktur der Tragödie begreift er als einen Ausdruck des spannungsreichen Ganzen dieser beiden Grundkräfte des Griechentums.

Die Revision dann des *Christentums* mündet in dessen totale Verwerfung. Seither wird Nietzsches Diktum von der ideellen „Hinterwelt" des Christentums und seiner lebensfeindlichen Lehre der „Schlechtweggekommenen" mit seiner kulturkritischen und lebensphilosophischen Deutung verbunden. Damit verknüpft ist Nietzsches Entlarvung des christlich-abendländischen *Humanismus*. Denn es reiche nicht, nur den Tod Gottes zu erklären. Man müsse sich auch gegen den „Schatten Gottes" wenden – gegen Humanität, Zivilisation, Mitleid und Gleichheit, gegen die bürgerliche Moral, gegen die Vorgegebenheit von Ordnung – denn das alles beruhe auf der Voraussetzung „Gott".[14]

Ein weiterer Angriff gilt der *(Schul-)Bildung*. In ihrer zugleich historischen und utilitaristischen Ausrichtung und ihrer Zweckbestimmung für alle fördere sie die „Bildungsphilisterei", die „Halbbildung", das Fachidiotentum, das Mittelmaß, die Konvention und die Massenkultur. Demgegenüber heißt es in seiner Schrift „Über die Zukunft unserer Bildungs-Anstalten": „[...] nicht Bildung der Masse kann unser Ziel sein: sondern Bildung des einzelnen ausgelesenen, für große und bleibende Werke ausgerüsteten Menschen ..."[15] Von daher verwirft Nietzsche zugunsten des „Lebens" und der „Kunst" schließlich auch ganz das Fundament, von dem aus er selbst argumentiert, nämlich die *Wissenschaften* und die *Philosophie*. Die Wissenschaft und ihre Rationalität sei eine „Verpflichtung, nach einer festen Konvention zu lügen", wobei „die Unbildung jenseits des Faches ... als Zeichen edler Genügsamkeit zur Schau getragen [wird]." Im wissenschaftlichen Objektivismus sieht er nur einen Irrweg. So gibt es für ihn auch in der Historie keine „Tatsachen", sondern nur Interpretationen, die dem Willen des Historikers entspringen, Macht über die Dinge zu gewinnen.[16] Zum „Leben" aber führe eigentlich nur die „Kunst". Zusammenfassend interpretiert V. Gerhardt Nietzsche so: „Die Philosophie, die nach Wissen ja nur verlangt, um zur Weisheit – zur ‚Lebensweisheit' – zu gelangen, findet einen Zugang zum Leben nur über die Kunst."[17]

Was von der Geschichte und ihrer bisherigen Deutung hat bei dieser radikalen Kultur- und Traditionskritik in den Augen Nietzsches Bestand? Es ist eben doch zunächst die Kultur selbst, die er als Ausdruck des Lebens in seiner Fülle in den

---

[13] Ebd., S. 34.
[14] Die historische Kritik an der Moral des Judentums und Christentums findet sich in „Jenseits von Gut und Böse"(1886) und besonders in „Zur Genealogie der Moral" (1887).
[15] Fünf Vorträge (1872).
[16] Daran hat sich dann später M. Foucault mit seiner Diskurstheorie orientiert (vgl. Kapitel 40. 2.2.).
[17] Gerhardt 1992, 19.

Äußerungsformen der Künste, vor allem im Mythos, in der Tragödie und der Musik, in den Ideen, Werken und im Handeln der großen Kreativen, vor ihrer Banalisierung in der Zivilisation bewahren und der er als dem Ursprünglichen wieder zu ihrem Recht verhelfen will. Ihr Schöpfer soll der sich aus der Masse heraushebende, mit elementarer Kraft handelnde „Herrenmensch" sein, der sich im „Kampf ums Dasein" jenseits von Vernunft und Moral Ausdruck verschafft. In ihm wirke, wird vorausgesetzt, als oberste Instanz das „Leben", und zwar als ein subjektloser Trieb und Wille zur Macht. In dieser Deutung der Geschichte und der Situation des Menschen in ihr ist Nietzsches Absicht nicht gewesen, die Gesellschaft ab- oder umzuschaffen, und dabei etwa – wie Marx – selbst ein politischer Revolutionär zu werden. Er hat nur Initiator einer kulturellen Revolution und damit so etwas wie ein Erzieher des Menschengeschlechts sein wollen, wie es den Aufklärern im 18. Jahrhundert ebenso vorschwebte. Zur Kulturhistorie wie auch zur Theorie der Geschichte hat Nietzsche selbst zwar kein einziges Werk, auch keine Bearbeitung auch nur einer Epoche oder eines Themas vorgelegt. Aber alle deutsche Kulturgeschichtsschreibung nach Nietzsche zeigt direkt oder indirekt Spuren seines Geistes und ist damit eine andere als zuvor, ganz abgesehen davon, daß sein Werk bis heute eine unerschöpfliche Fundgrube von pointiert formulierten Einsichten und Bemerkungen auch geschichtstheoretischer Art ist.

4. Freud: Das kollektive Unbewußte als Motor der Geschichte

Eine ebensogroße Bedeutung hat die Psychoanalyse SIGMUND FREUDS (1856-1939), die trotz der ihr lange Zeit verweigerten wissenschaftlichen Anerkennung einen Niederschlag in allen Humanwissenschaften gefunden und wie sonst kein anderer psychoanthropologischer Anstoß des 20. Jahrhunderts das Selbstverständnis der Menschen in Begriffen und Vorstellungen geprägt hat.[18]

---

[18] Die beste allgemeine Einführung stammt von *Freud* selbst: Vorlesungen zur Einführung in die Psychoanalyse (1915/1917), Taschenbuchausgabe, Frankfurt 1977 ff. Das Gesamtwerk liegt in 17 Textbänden und einem Gesamtregister vor als: *Gesammelte Werke*, hg. A. Freud u.a., London 1940-1952, seit 1960 (bei S. Fischer) Frankfurt (Gesamtregister 1968). Von ebensolcher Bedeutung ist die englische Standard-Ausgabe: *S. Freud*: Standard Edition of the Complete Psychological Works of Sigmund Freud, 23 Vol., ed. by J. Strachey, London 1955-1974. Zitiert wird oft auch aus der ersten kommentierten deutschen Ausgabe: *S. Freud*: Studienausgabe. 10 Bände, 1 Ergänzungsband, hg. A. Mitscherlich u.a., Frankfurt 1969-1975 (Taschenbuchausgabe, Frankfurt 1982 ff.). Empfehlenswert, auch gerade in Bezug auf die kulturwissenschaftliche Anwendung der Psychoanalyse, ist die von *A. Freud und I. Grubrich-Simitis* mit Kommentaren herausgegebene *Werkausgabe in zwei Bänden*, Frankfurt 1978. Zur psychoanalytischen Begrifflichkeit ist unentbehrlich *J. Laplanche/J.B. Pontalis*: Das Vokabular der Psychoanalyse. 2 Bde., (frz. 1967), Frankfurt 1972. Aus der unübersehbar umfangreichen Sekundärliteratur auch zur kulturtheoretischen und -historischen Bedeutung der Psychoanalyse vgl. die Beiträge in *D. Eicke* (Hg.): Freud und die Folgen. 2 Bde. (als Bände II und III der „Psychologie des 20. Jahrhunderts"), Zürich 1976; und *H. Glaser*: Sigmund Freuds Zwanzigstes Jahrhundert. Seelenbilder einer Epoche. Materialien und Analysen, München 1976. Von den zahlreichen Freud-Biographien sei nur verwiesen auf die erste große von *E. Jones*: Das Leben und Werk von Sigmund Freud, Bern/Stuttgart 1960; und auf die auch mit Bildern und vielen Faksimiles versehene Ausgabe: *E .Freud./L.Freud./I. Grubrich-Simitis.* (Hg.): Sigmund Freud. Sein Leben in Bildern und Texten. Mit einer biographischen Skizze von K.R. Eissler (engl. Colchester 1974), Frankfurt 1976/1985.

Auf der Höhe der Zeit ist die Psychoanalyse in ihrem Entstehungsstadium um 1900 zunächst dadurch, daß sie alle damaligen wissenschaftsmethodischen Einsichten, Erprobungen und Tendenzen aufnimmt: den *szientistischen,* also den auf Gesetze zielenden Anspruch des Naturwissenschaftlers und „Seelenanalytikers" Freud – den ihm heute viele allerdings nicht abnehmen und als ein „szientistisches Selbstmißverständnis"[19] deuten –, dann die *geisteswissenschaftliche,* also ganzheitlich-phänomenologische Auslegung konkreter menschlicher Äußerungen aus der individuellen Lebens- und Kommunikationsgeschichte ihrer Autoren und schließlich auch die *lebensphilosophische* Einstellung, insofern die Psychoanalyse Annahmen zur Grundlage einer Therapie und Theorie einer neuen Lebensführung und Selbstdeutung macht, die vornehmlich aus Fallgeschichten, also „aus dem Leben selbst" gewonnen, spekulativ erahnt und letztlich rational nicht begründbar sind. Über seine Zeit hinaus geht Freund in der freilich auch schon früher in literarischen und wissenschaftlichen Kontexten vereinzelt geäußerten Annahme, daß der Mensch nicht „Herr im eigenen Hause" ist, sondern ganz wesentlich aus ihm nicht bewußten Antrieben mit eigener Logik und Dynamik handelt, das bewußte Ich Zugang also nur zu einem Teil seiner Motive hat und die aktuelle Verfassung eines Individuums mit all ihren „normalen" und neurotischen Verhaltensanteilen das lebensgeschichtliche Produkt eines Geschehens in seelischen Tiefenstrukturen ist.

Die „Anwendung" (Freud) dieses individualgenetischen Ansatzes auf die Geschichte der Kultur, auf ihren Ursprung, ihre Entwicklung und vor allem auch auf das Konflikte und Leiden erzeugende Potential der Kultur, ist das, was Freud selbst in mehreren Abhandlungen ausgeführt hat und Dreh- und Angelpunkt zahlreicher kultur- und zivilisationstheoretischer und -geschichtlicher Versuche bis heute ist – was zugleich der Grund ist, einige Aspekte der Kulturtheorie der Psychoanalyse hier aufzunehmen.

> Wir glauben, die Kultur ist unter dem Antrieb der Lebensnot auf Kosten der Triebbefriedigung geschaffen worden, und sie wird zum großen Teil wieder von neuem erschaffen, indem der Einzelne, der neu in die menschliche Gemeinschaft eintritt, die Opfer an Triebbefriedigung zu Gunsten des Ganzen wiederholt.[20]

In Freuds Deutung des Geschichtsprozesses als eines Geschehens unbewußt bleibender kollektiver Erfahrungen, Kräfte und Motive stecken zunächst Antworten auf zwei Fragen: die nach dem Subjekt der Geschichte und die nach der Art, wie dieses – falls es ein solches überhaupt gibt – sich äußert und beschrieben werden könnte. Es scheiden für Freud alle die vielen in der Theoriegeschichte der Historie auf die erste Frage gegebenen Antworten aus: Das Subjekt der Geschichte kann nicht „Gott" sein, auch nicht die – von ihm dazu ermächtigten – großen Einzelnen, nicht die den Menschen und die Völker inspirierende „Gott-Natur", nicht der „Geist der Völker", nicht der „Weltgeist", nicht die „ökonomischen Verhältnisse", nicht die „un-

---

[19] So *J. Habermas*: Das szientistische Selbstmißverständnis der Metapsychologie. Zur Logik allgemeiner Interpretation, in: ders.: Erkenntnis und Interesse (1968). Mit einem neuen Nachwort, Frankfurt 1973, 300-332; vgl. ebd. auch ders.: Psychoanalyse und Gesellschaftstheorie. Nietzsches Reduktion der Erkenntnisinteressen, 1973, 332-364.

[20] Studienausgabe. Bd. I, 1989, 48.

sichtbare Hand" des menschlichen Eigennutzes (wie im Wirtschaftsliberalismus), nicht die unterdrückten „Klassen", nicht die blinde, jedoch naturgesetzlich durch Selektion gelenkte biologische und kulturelle Evolution, nicht die „Potenz Kultur" (J. Burckhardt) und schließlich auch nicht – wie von Zeitgenossen Freuds vorgeschlagen – die vielen Einzelnen (K. Lamprecht[21]), das „Schicksal" (O. Spengler[22]) oder die von den Menschen geschaffenen Symbolsysteme (E. Cassirer[23]). Für Freud wird die Geschichte primär angetrieben durch das Ensemble der in menschlichen Individuen und in Gruppen unbewußt wirkenden Triebe, genauer: durch die Triebstruktur, die zunächst dem menschlichen Individuum biologisch inhärent ist, sich in frühester Kindheit im Kontakt mit den wichtigen „Beziehungsobjekten" (Eltern und Geschwister) dynamisch ausprägt und dann lebenslang, als persönliches Schicksal, sein Handeln und Erleben bestimmt und welche außerdem in vergleichbarer Weise in der „größeren Person" kleinerer und größerer Sozialgebilde und letztlich in ganzen Gesellschaften wirkt. Bei dieser Übertragung der Individualentwicklung auf die Geschichte von Gesellschaften und der Menschheit überhaupt dürfte sich Freud am Darwinismus orientiert haben, vor allem an der Vorstellung von der Parallelisierung von Phylogenie und Ontogenie, in der das Überlegene das Schwache ausliest und Kultur Natur konflikthaft verdrängt. In ihrem Kapitel über den „Psychodarwinismus" Freuds schreibt C. Niewels: „Als ‚Darwin der Seele' (Jones) drang er in die Prähistorie seiner neurotischen Patienten ein […; und galt] Freuds Bemühung, menschliche Moral, Religion und gesellschaftliche Ordnung in einen vollentwickelten phylogenetischen Bezugsrahmen zu setzen"[24].

Sind somit einerseits die Triebe der Motor der Individual- und Kollektivgeschichte, bleiben sie doch andererseits – und das ist die Antwort auf die andere Frage, und zwar die nach den Äußerungsformen der Triebe – vor den handelnden Menschen, Gruppen und Völkern selbst verborgen und können als „unbewußte" nur indirekt an ihren Symptomen erkannt werden. Während in der traditionellen Forschung Geschichte – als zielgerichtete ebenso wie als sich unvorhersehbar ereignende – als ein zumindest rückblickend sich zeigender, sich in Quellen im wesentlichen selbst erklärender Prozeß gilt, hält Freud sie in Analogie zur individuellen psychischen Entwicklung für einen Prozeß des unbewußten sorgfältigen Versteckens, Verdrängens und Unterdrückens der in ihr wirkenden Motive und ist es die Aufgabe der Historie, die in unbewußt bleibenden kollektiven Tiefenschichten sich ereignende Triebgeschichte aus Quellen des Denkens und Handelns der Menschen und Völker versuchsweise zu rekonstruieren.

Dabei gewinnen die Kulturtheorie und -geschichte einen neuen Quellentypus hinzu und erhalten historische Quellen allgemein einen neuen Status. Mit dem Zugewinn eines Quellentypus sind die in der psychoanalytischen Praxis und Theorie herangezogen Produkte der menschlichen Einbildung gemeint, also vor allem die Spontaneinfälle, absonderlichen Anmutungen und Träume der Subjekte, dann die

---

[21] Vgl. Kap. 27.3.
[22] Vgl. Kap. 28.2.2.
[23] Vgl. Kap. 28.1.
[24] Die Evolution des Bewußtseins. Von Darwin zur KI-Forschung, Wiesbaden 2004, 72 f..

im Volk umlaufenden Mythen, Märchen und Erzählungen und allgemein die Werke der Schönen Künste, die – nachdem die moderne Geschichtswissenschaft sie seit dem 18. Jahrhundert als Quellen ganz ausgeschlossen und die anderen historischen Wissenschaften sie nur als spezifische Dokumente der Ideen-, Religions-, Literatur- und Kunstgeschichte genutzt hatten – einen neuen humanwissenschaftlichen Zugang zur Grundmotivik der menschlichen Kultur eröffnen. Das hat den Status historischer und gegenwärtiger Äußerungen der Menschen grundsätzlich verändert. Als bewußt geplante und vollzogene Akte sind sie auf der rationalen und empirischen Ebene der Wissenschaften zwar weiterhin als solche analysier- und verstehbar und somit auch die ersten und unverzichtbaren Garanten der Erkenntnissicherheit, und zwar nicht nur in realgeschichtlich, sondern auch in fiktional abgefaßten Quellen und Werken. Denn auch in diese ist historisches Wissen über typische Lebensumstände, Arten der Lebensführung, Mentalitäten und Empfindungen, kurz: über die Lebenswelten bestimmter Zeiten eingegangen, das aller Historiographie zugute kommen kann.[25] Dabei macht allerdings die Geschichtswissenschaft, fast bis heute, um diesen Quellentypus einen großen Bogen, wohl immer noch in Fortführung jenes Emanzipationsprozesses von der vormodernen Historie, welche sich der mythologischen, poetischen, mirakulösen, erbaulichen Erzählungen nicht nur in großem Umfang bedient hatte, sondern der Form nach auch selbst schöne Literatur gewesen war und ihren wissenschaftlichen Ort in der Rhetorik gehabt hatte.

Dagegen meint die psychoanalytische Kulturgeschichtsschreibung, daß gerade durch den Ausschluß der imaginativen Seite der Kultur eine wesentliche Seite der geschichtlichen Wahrheit verfehlt werde. Denn für sie gilt der in Texten, Handlungen und Werken gleich welcher Art nahegelegte „subjektiv gemeinte" Sinn ihrer Autoren nur als eine Bedeutungsschicht, die der „Oberfläche". Dem psychoanalytischen und allgemein dem wirklich kritischen Historiker sei es deswegen aufgetragen, die Quellen nach dem verdeckten individuellen Sinn und den ebenso unbewußten kollektiven Bedeutungsschichten zu befragen. Darin geht dieser Ansatz weit über die in der Historie seit langem bekannten und wissenschaftsmethodisch reflektierten Probleme und Schwierigkeiten bei der Auslegung von Texten hinaus, also über die durch die Parteilichkeit, Wirkungsabsichten, Lügen, Selbsttäuschungen und Stilisierung ihrer Autoren verursachten und auch über die unvermeidbar gegebenen Grenzen aller „Tatsachenforschung". Der Versuch, die „wirklichen" und bedeutenderen Motive zu ergründen, berührt sich zum einen mit dem ideologiekritischen Ansatz des Marxismus – weshalb die Kritische Theorie der jüngeren Zeit dann auch mit der Psychoanalyse eine historisch-systematische Verbindung eingehen konnte[26] –, zum andern mit der viel älteren antiken Lehre der allegorischen

---

[25] Literarische Musterbeispiele für die „Geschichte des Seelischen" in diesem Sinne sind eine ganze Reihe von Werken zeitgenössischer Autoren: etwa die Dramen des Freud persönlich bekannten *Arthur Schnitzlers,* das Romanwerk von *Marcel Proust* über die „Suche nach der verlorenen Zeit", in dem es um das Sich-Erinnern und die künstlerische Verarbeitung dieser Erinnerung mit Hilfe eine radikal subjektiven Erzählperspektive geht, oder die inneren Monologe in der „Ulysses" von *James Joyce.* Vgl. dazu *H.R. Jauß*: Zeit und Erinnerung in Marcel Prousts „A la recherche du temps perdu", Frankfurt 1986.

[26] Näheres dazu in Kapitel 35.

Deutung der Mythen. Freud hat diesen Ansatz allerdings nicht systematisch entfaltet und seine Anwendbarkeit auch nur in einigen wenigen Studien aufgezeigt.[27] Auch sind seine Deutungen von Fallgeschichten in ihrer Glaubwürdigkeit und seine kulturtheoretischen Folgerungen in ihrer Tragfähigkeit alle umstritten geblieben. Aber die Fruchtbarkeit dieses Deutungsansatzes zeigt sich darin, daß er seither vielfältig weiterentwickelt wurde und aus den historischen Wissenschaften und eben speziell auch aus der Kulturgeschichtsschreibung nicht mehr wegzudenken ist.[28]

Dies gilt besonders für Freuds Deutung des Ursprungs und des Wandels der Kultur, vor allem der Religion, dann der geschichtlichen und gegenwärtigen „Kosten", die die Zivilisation Individuen und Gesellschaften abverlangt, und schließlich der Krisen seiner Zeit, also insgesamt für Themen, die z.T. grundsätzlich ohne einschlägige Quellen auskommen müssen, eine universalgeschichtliche Dimension aufweisen und deren Deutung prinzipiell nicht über den Status von Vermutungen hinauskommen können. Nicht anders als rein spekulativ ist deshalb zunächst seine in *Totem und Tabu* (1912/13) entwickelte Vorstellung, daß die Kultur des Menschen in urgeschichtlicher Zeit mit dem Aufbegehren von Söhnen gegen die Macht des Vaters und den Folgen dieses Aktes begonnen habe. Nachdem die Brüder eines Clans den bis dahin seine eigenen Töchter sexuell beanspruchenden Vater symbolisch oder faktisch getötet hätten, wäre ihnen aus Schuldgefühlen erstmals die Differenz zwischen erlaubtem und verbotenem Handeln aufgegangen, habe sich in der Erkenntnis ihrer Tat der Keim des menschlichen Gewissens herausgebildet, habe man sich, um innergruppale Zerwürfnisse und Bluttaten dieser Art künftig zu verhindern, auf ein striktes Exogamiegebot verständigt, wodurch das bis heute auf uns gleichsam vererbte Inzestverbot begründet sei, und habe man so im Übergangsstadium vom Tier zum Menschen in der Errichtung von Geboten und Verboten die die Kultur konstituierende Gewissensinstanz der Moral geschaffen.[29] Damit eng verbunden sind, in der Schrift *Die Zukunft einer Illusion* (1927), seine Deutung der Entstehung und Entfaltung der Religion als Ausdruck infantiler Ängste und Wünsche derjenigen, die auch noch als Erwachsene Kinder eines zugleich beschützenden und drohenden Vaters sein und nicht eigentlich erwachsen werden wollten, und, in der Schrift *Zwangshandlungen und Religionsübungen* (1907), die Deutung aller kultischen Praxis als Zwangsneurose mit Akten der Unterwerfung unter den oder die Jenseitigen und mit deren illusionärer Beschwichtigung.[30] Für Freud stellt sich so der Zivilisationsprozeß als ein prekärer urgeschichtlicher Befreiungsakt von ursprünglicheren Trieben, als eine immer nur mehr oder weniger glückende Balance

---

[27] Dies gilt auch für den tiefenpsychologischen Ansatz von *C.G. Jung* (1875-1961), der die Kultur in sog. Archetypen begründet sieht, die in urgeschichtlicher Zeit der Menschheit entstanden und bis heute prägend seien.

[28] Vgl. etwa *H.-U. Wehler* (Hg.): Geschichte und Psychoanalyse, Köln 1971.

[29] Zur grundsätzlichen Widerlegung dieser Annahme aus bioanthropologischer Sicht vgl. Bischof 1989, bes. 116 ff.

[30] Nach dem Buch von *H.E. Richter*: Der Gotteskomplex. Die Geburt und die Krise des Glaubens an die Allmacht des Menschen, Reinbek 1979, hat die Entthronung des Übervaters Gott im Übergang vom Mittelalter zur Neuzeit gegenläufig dem Menschen die Neurose des „Gotteskomplexes" eingetragen.

und Kanalisierung des Triebpotentials sowohl in sozial verträglicher und erlaubter Sexualität als auch in Äußerungen der Perversion oder in seiner Sublimierung in lebenspraktischer, wissenschaftlicher oder künstlerischer Tätigkeit dar, wobei allerdings immer der Ausbruch in eine individuelle oder kollektive Neurose droht.

Die davon in der allgemeinen Kulturtheorie bis heute z.T. zustimmend aufgenommen Aspekte bestehen zum einen darin, daß überhaupt „die Kultur [...] unter dem Antrieb der Lebensnot auf Kosten der Triebbefriedigung geschaffen worden [ist]." (1977, 19) und zum andern die nahe an der Neurose befindliche Askese eine Quelle künstlerischer und wissenschaftlicher Produktivität sein kann. Des weiteren diskutiert man Freuds Auffassung, daß alle größeren Konflikte und Widersprüche in der Zivilisation, alle kollektiven Obsessionen und alles bewußte Leiden an und in der Kultur Ausdruck gesellschaftlicher Verdrängungen und Neurosen seien. Vor diesem Hintergrund hat der Kulturkritiker und Kulturpessimist Freud in seinen Schriften *Massenpsychologie und Ich-Analyse* (1921), *Das Unbehagen in der Kultur* (1930) und *Warum Krieg?* (1933) die Ambivalenz des zivilisatorischen Fortschritts thematisiert. In dieser Einschätzung sind Freud schon zu Lebzeiten nicht wenige Theoretiker und Historiker des „Zivilisationsprozesses" gefolgt.[31]

5. Die religiös und rassistisch begründete imperialistische und „völkische" Geschichte: Die Herrschaft des „weißen Mannes" über die Welt und der Nationalismus in Europa

Wie unterschiedlich das historische Denken während des 19. Jahrhunderts in geschichtsphilosophischer, ideengeschichtlicher, positivistischer, historistischer, politik-, national- und kulturgeschichtlicher, marxistischer und kulturkritischer Hinsicht auch ist, in der großen universalhistorischen Perspektive gibt es überall in Europa und Nordamerika ein großes Einverständnis darüber, daß die aus dem christlichen Abendland erwachsene moderne Kultur des Westens allen übrigen Kulturen überlegen ist, sie die Spitze des historischen Fortschritts ist und von daher ihren Völkern gleichsam natürlicherweise die Aufgabe der Beherrschung und Zivilisierung der Welt zugefallen ist. Ihre Argumente, die globalimperialistischen wie die nationalistischen, beziehen die Europäer überwiegend aus einer zivilisatorischen, volkstumsmäßigen und rassistischen Deutung des Geschichtsprozesses. Die Historiographie der Nationen geht so mit dem Nationalismus, dem Imperialismus und dem Rassismus eine enge Verbindung ein. Wegen der großen Bedeutung, die dieser Strang der Historie seit dem 19. Jahrhundert bis in die jüngste Gegenwart hat, sind hier einige Bemerkungen zu seiner Entstehung und Wirkung in Verbindung mit seiner realgeschichtlichen Entwicklung zu machen. Das ist auch deswegen geboten, weil die kulturgeschichtliche Begründung des Kolonialismus, des Imperialismus und des Rassismus vom letzten Drittel des 19. bis zur Mitte des 20. Jahrhunderts eine größere Breitenwirkung im historischen Bewußtsein der europäischen Völker erzielt hat, als dies bei der im wesentlichen auf das gebildete Bürgertum beschränkte Kulturkritik von Burckhardt, Nietzsche und Freud der Fall gewesen ist.

---

[31] Zu N. Elias' Zivilisationstheorie vgl. Kapitel 38. 2.2.

5.1 Europas Wege in den Nationalismus und der deutsche Weg von der „Kulturnation" zum aggressiven Nationalstaat

Der Nationalismus hat in Europa alte, bis ins Mittelalter zurückreichende Wurzeln, ist aber über die Jahrhunderte durch das System der dynastischen Verbindungen des europäischen Adels zumeist überdeckt und unter Kontrolle gehalten worden und im alten deutschen Kaiserreich wegen seiner territorialen Zersplitterung überhaupt nur wenig in Erscheinung getreten. Gleichwohl bildet sich schon seit dem frühen Mittelalter ein Bewußtsein der Zusammengehörigkeit zwischen allen denjenigen Menschen aus, die eine gemeinsame Sprache sprechen und deshalb einen engeren kulturellen Kontakt pflegen, und betrachten die so umschriebenen Völker die Mitglieder der jeweils anderen als Fremde.[32] Zudem bestehen in Europa in Bezug auf den Grad der Bindung an das eigene Land erhebliche Unterschiede zwischen solchen Territorien, die unter der Macht einer Krone, wie dies in Frankreich, England und Spanien der Fall ist, durch eine zentrale Verwaltung und eine besondere Kultur- und Sprachenpolitik im Laufe der Jahrhunderte zu einem Nationalstaat zusammenwachsen, und solchen größeren und kleineren Territorien, deren Zusammenhalt durch das Übergewicht fürstlicher, kirchlicher und adliger Partikulargewalt gering ist. In Zentraleuropa ist das Muster für letzteres Deutschland, für ersteres Frankreich. Hier werden die Herzogtümer und sonstigen Herrschaften früh der Königsmacht unterstellt, blüht vor allen anderen Ländern im 12. Jahrhundert die volkssprachliche Literatur auf, wird im 100jährigen Krieg bei der Abwehr englischer Ansprüche die „Jungfrau von Orléans" zu einer die französische Identität repräsentierenden Symbolgestalt, artikuliert sich schon im 16. Jahrhundert selbstbewußt französischer Geist in Sprache und Literatur, stellt sich im 17. Jahrhundert am Hofe von Versailles Frankreich in Gestalt seines Königs selbst dar, berufen sich die Revolutionäre von 1789 legitimatorisch auf den Willen des „französischen Volks", ist die *levée en masse*, der Widerstand der Revolutionsheere gegen die Söldnerheere des monarchistischen Europa, eine des Volks und tritt deshalb auch in den wissenschaftlichen Darstellungen der Geschichte Frankreichs seit dieser Zeit bis heute „la France" wie eine mythische Figur auf. Allerdings begründet sich dieser Nationalismus Frankreichs – als ein „moderner Nationalismus" – weniger durch die volkstumsmäßige Abstammung seiner Einwohner, also durch das „Blut", als durch die institutionell-soziale und kulturelle Zugehörigkeit zum französischen Staat, weshalb die Angehörigen sprachlicher Minoritäten als seine Untertanen bzw. nach der Revolution dann als seine Bürger (*citoyens*) ganz selbstverständlich als Franzosen gelten, wie dies etwa bei den alemannisch-deutschsprechenden Elsässern der Fall ist.

Anders in Deutschland, wo das erste und eigentliche Vaterland für die Menschen ihr kleineres oder größeres Territorium innerhalb des Reiches ist, man sich seit der Reformation überterritorial eher an der Konfessionszugehörigkeit als an der politisch alles überwölbenden Symbolfigur des Kaisers orientiert und das einigen-

---

[32] Obwohl das Buch von *P.J. Geary*: Europäische Völker im frühen Mittelalter. Zur Legende vom Werden der Nationen, Frankfurt 2002, auf die Frage nach der Ethnizität und Nationenbildung bis zum Ende des Mittelalters beschränkt, ist dies Buch auch aufschlußreich für die Erforschung des Nationalismus der neueren Zeit.

de Band aller Deutschen die „Kultur" ist, also das personelle und ideelle Geflecht der an den Schönen Künsten und, im geringerem Maße, an den Wissenschaften teilhabenden Menschen. Dem „Nationalstaat" der Franzosen, Engländer und Spanier steht so die „Kulturnation"[33] der Deutschen gegenüber. Gemeinsam wiederum ist allen Europäern bis ins 18. Jahrhundert, daß ihre nationalen Kulturen zwar in einer gewissen Konkurrenz zu einander, aber kaum je in einem Verhältnis der schroffen und aggressiven Ablehnung stehen. Auch äußert sich das seit der Mitte des 18. Jahrhunderts auf den „Geist der Völker" bezogene Nationalbewußtsein zumeist nur als ein durch eine gemeinsame Sprache begründeter, einem volksmäßigen Herkunftsmythos bestärkter und durch Dichtung romantisch ausgemalter Nationalismus. Die Verschärfung beginnt in Nordamerika mit der Unabhängigkeitserklärung der Neuenglandstaaten, in Frankreich mit der Verteidigung der Revolution und in Deutschland mit der militärischen Befreiung vom „Joch" Napoleons und mit dem von diesem Erfolg her politisch inspirierten und vorangetriebenen Versuch der Gewinnung eines national geeinten Vaterlands. Eine etwas andere Ausrichtung erhält das nationale Denken bei jenen Ethnien, denen innerhalb eines der Vielvölkerstaaten Europas eine Eigenstaatlichkeit vorenthalten wird und die nun im 19. Jahrhundert den Kampf um die Befreiung von der Zentralmacht aufnehmen, wobei die „Fortschrittlichen" und Demokraten in ganz Europa die Loslösungs- und Einigungsbestrebungen etwa der Polen, Griechen und Italiener weithin zunächst mit großer Sympathie begleiten.

Innerhalb dieses europäischen Kontextes entwickelt sich das deutsche Nationalbewußtsein im 19. Jahrhundert zunächst ohne allzu große Auffälligkeiten, zumal sein Ausgangspunkt im alten deutschen Reich ein eher unterentwickeltes Gemeinschaftsgefühl war. Lessings Forderung etwa nach einem Nationaltheater, Herders Idee vom deutschen Volksgeist und der wachsende Stolz der Deutschen auf ihre hochmittelalterliche Geschichte und Dichtung, auf ihre Sprache und neuere Dichtung und Philosophie waren so zunächst vor allem Versuche, sich im Konzert der anderen Nationalkulturen wenigstens als „Kulturnation" zu behaupten. Der Volkstums- und Deutschtumsgedanke mit der Hoffnung auf ein gemeinsames Vaterland trumpft deshalb in der ersten Hälfte des 19. Jahrhunderts noch kaum gegen die anderen Nationen auf, ist vielmehr in der Tradition der Aufklärung, des Verfassungsstaats, des wirtschaftlichen und geistigen Liberalismus und des demokratisch-republikanischen Rechtsstaats gegen die spätabsolutistische Fürstenmacht im Innern gerichtet. Erst seit der Mitte des Jahrhunderts und dann verstärkt nach 1870, als durch einen raschen militärischen Sieg über den „Erbfeind" Frankreich durch Fürstenmacht – und ohne das Volk – das zweite „kleindeutsche" Kaiserreich ausgerufen wird und sich diese „verspätete Nation" (Plessner) im Inneren in einer zielstrebigen Germanisierungspolitik der nicht-deutschen Minoritäten und nach außen in kolonial-imperialistischen Ambitionen äußert, durchdringt dieser nachgeholte und gewalttätig auftretende Nationalismus das gesamte politische und kulturelle Leben

---

[33] Der Begriff ist allerdings jüngeren Datums. Er erfährt Verbreitung erst durch den Historiker Friedrich Meinecke, seitdem dieser ihn in seinem Buch „Weltbürgertum und Nationalstaat" (1908) verwendet hat.

und wird gefährlich für seine Nachbarn, die ihrerseits ebenfalls immer mehr den Weg in eine kritiklose Verherrlichung der eigenen Nation und des Hasses auf die der anderen, in den – wie es jetzt heißt – Chauvinismus beschreiten. An dieser Entwicklung haben in Deutschland neben der Politik und der allgemeinen Verhetzung durch Literatur und Presse die historischen Wissenschaften, vor allem die Geschichtswissenschaft, die Germanistik und die Volkskunde, und dann auch ganz besonders das lebensphilosophische Denken ihren Anteil.

5.2 Universale Menschenrechte versus Kolonialismus und kulturellen und religiösen Missionarismus

Wirken sich die Nationenbildung und der in neuerer Zeit entstehende Nationalismus mehr oder weniger gewaltsam – und dabei identitätsstiftend und zumeist kulturproduktiv – im wesentlichen im Innern Europas und seiner Bevölkerungen aus, so überziehen der Kolonialismus und der kulturelle und religiöse Missionarismus der großen Mächte Europas seit 1500 die übrige Welt mit erobernder Gewalt. Beide Ideologien geraten im Zuge der europäischen Aufklärung und der Erklärung allgemeiner Menschen- und Bürgerrechte zumindest ideell in eine Legitimationskrise. Seit dieser Zeit können sich die Stimmen des Mitgefühls mit den unterjochten und ausgebeuteten Völkern und die Kritik an der in fast allen Kolonien im großen Stil praktizierten Sklaverei zunehmend Gehör verschaffen, wenn auch die europäische Vorherrschaft selbst noch kaum in Frage gestellt wird. Immerhin wird die Sklaverei im 19. Jahrhundert in den meisten Ländern aufgehoben und doch wenigstens faktisch eingeschränkt, bevor die Völker im 20. Jahrhundert schrittweise in ihre politische Unabhängigkeit entlassen werden. Was aber im 19. Jahrhundert noch fast gar nicht – und im 20. Jahrhundert nur sehr langsam und bis in die jüngste Zeit nur halbherzig – von den (alten) imperialen Mächten und von den christlichen Kirchen öffentlich eingestanden worden ist, ist, daß der globale kolonialistische und religiöse Übergriff Europas ein nach den eigenen Grundsätzen des neueren Völkerrechts, spätestens seit dem letzten Drittel des 18. Jahrhunderts nicht nur nicht rechtfertigen war, sondern ein Verbrechen gewesen ist. Die entlastend dagegen ins Feld geführten Gründe der Zivilisierung und Christianisierung der Völker vermögen – zumindest aus heutiger Sicht – die über die Jahrhundert ausgeübte Gewalt und den damit verbundenen Völkermord nicht aufzuwiegen. Dabei ist vielen Missionaren und „Zivilisatoren" zuzubilligen, daß sie ihr Werk subjektiv mit gutem Gewissen betrieben und geglaubt haben, auf der Grundlage des wissenschaftlichen und technischen Fortschritts, des „rechten Glaubens" und eines universalistischen Menschenbildes die Menschen in Übersee ihrer kulturellen Herkunft entfremden zu dürfen und sie im Gegenzug von „Aberglaube" und angsteinflößenden animistischen Kulten befreien, ihre Sitten veredeln, ihren Wohlstand, Hygiene und Kultur befördern und ihnen zu ihrer Menschenwürde verhelfen zu müssen. Die Formen des traditionell betriebenen Kolonialismus, der christlichen Mission und des neuerlichen Nationalismus hätten um 1900 vielleicht noch in einigermaßen friedliche Bahnen gelenkt werden können, wenn ihre Tendenzen nicht durch einen neuen kulturmissionarischen und imperialistischen Schub, durch einen weltweiten Wettlauf der großen europäischen

Nationen um Macht und Sphären des Einflusses verschärft worden wären. Es ist schwer zu beurteilen, welchen Anteil das historische Denken des 19. Jahrhunderts an der aggressiven Stimmung zwischen den europäischen Mächten und gegenüber der Welt in den Jahrzehnten vor dem Ersten Weltkrieg hat. Sicher aber ist, daß die Historiker vom Fach diesen Tendenzen im allgemeinen nicht nur nicht gewehrt, sondern sie auch aus ihrer nationalen und christlichen Sichtweise zumeist verstärkt haben.

5.3 Der anthropologisch und historisch begründete moderne Rassismus und Antisemitismus
Sieht man einmal von der zumindest in Rußland ungelösten „sozialen Frage" des 19. Jahrhunderts ab, hat sich im Blick auf die Geschichte des 20. Jahrhunderts fatal außerdem ein vorher so nicht gekannter Rassismus und Antisemitismus in Europa, besonders aber in Deutschland ausgewirkt. Zwar waren die Überlegenheitsgefühle der Europäer gegenüber allen anderen seit dem frühneuzeitlichen Ausgriff auf Übersee ständig gewachsen. Aber erst ihre rassistische Abgrenzung gegenüber allen Nicht-Europäern, d.h. – in den damals ideologisch werdenden Begriffen – der „Weißen", „Arier", „nordischen Völker" gegenüber den „Orientalen", „Semiten", „Schwarzen", „Gelben", „Barbaren", „Primitiven" – fügt der alten legitimatorischen Grundlage der christlichen Bekehrung und der Zivilisierung der Barbaren das Moment einer prinzipiellen anthropologischen Differenz und das „Recht" auf totale Verfügung über „Rassenfremde" hinzu. Ein verhängnisvoller Vorbote des Rassismus und Chauvinismus ist die bereits zwischen 1853 und 1855 erschienene Schrift des französischen Grafen *Gobineau* (1816-1882): *De l'inégalité des races humaines*.[34] Seine universalhistorisch begründete These unterscheidet zwischen einer weißen, einer schwarzen und einer gelben „Rasse", deren jede durch einen sich über die Zeiten erhaltenden Geist gekennzeichnet ist, wobei allein die schöpferische Rasse der Weißen zur Herrschaft über die Völker der Welt vorbestimmt sei und sich zur Reinerhaltung dieser Qualität vor Vermischung mit den anderen Rassen hüten müsse. Eine schicksalsschwere Folgerung aus dieser rassistischen Theorie ist, daß sie das immer schon gespannte Verhältnis im Zusammenleben von Christen und Juden durch ein weiteres Moment belastet. War zuvor schon das Leben der Juden durch den Vorwurf der Christen, daß sie Jesus getötet hätten, sie als Händler und Geldverleiher ständig gegen Gottes Gebot verstießen und wegen ihres Glaubens „nicht dazugehörten", bis zur teilweisen rechtlichen Emanzipation zu Beginn des 19. Jahrhunderts überall im Ancien Régime in seinen Möglichkeiten sehr stark eingeschränkt und sahen sie sich wiederholten Pogromen in den ihnen aufgezwungenen Gettos ausgesetzt, so vertiefte das rassistische Argument diesen Graben noch in Richtung auf eine prinzipiell unüberbrückbare körperliche und geistige Andersheit zwischen „Ariern" und „Semiten" – Bezeichnungen, die ihre fürchterliche Karriere zu eben dieser Zeit antraten.[35] Während Gobineau dabei den positiven Gegenpol

---

[34] *J.A. Gobineau.*: Versuch über die Ungleichheit der Rassen (Essai sur l'inégalité des races humaines, Paris 1853-55). Hg. L. Schemann, Stuttgart 1939 f.
[35] Zum Antisemitismus im deutschen Kaiserreich vgl. *M.F. Zumbini*: Die Wurzeln des Bösen. Gründerjahre des Antisemitismus: Von der Bismarckzeit zu Hitler, Frankfurt 2003.

– zum negativen der Juden – im französischen Adel sah, der die ursprüngliche germanische Reinheit im Unterschied zum degenerierten Germanentum der deutschen Menschen bewahrt habe, war umgekehrt für den gebürtigen Engländer *H.S. Chamberlain* (1855-1927) in seiner Schrift „Die Grundlagen des 19. Jahrhunderts" (1899) die deutsche Ausprägung der germanischen Rasse allen anderen Rassen der Welt überlegen. Zwar waren die Juden mit der Reichsgründung 1871 dem Gesetz nach in Deutschland den anderen Bürgern gleichgestellt worden. Aber schon vor Chamberlains Schrift hatte die populäre Publizistik, wie insbesondere die im Kaiserreich weitverbreitete Familienzeitschrift „Die Gartenlaube", offen antisemitische Hetze betrieben und hatte der bedeutende Berliner Historiker *Heinrich von Treitschke* mit seinen Aufsätzen, Büchern und vor allem mit seiner „Deutschen Geschichte im 19. Jahrhundert" (5 Bde., 1879-1894, ND: Königstein/T. 1981) zur Verbreitung antijüdischer Stereotypen beigetragen. Der sich daran anschließende sog. Berliner Antisemitismusstreit zwischen 1879 und 1881 trieb die Diskriminierung der Juden weiter voran.[36] Auch die Schöne Literatur reflektierte im ganzen Fin de Siècle die prekäre Lage der Juden in der (feinen) Gesellschaft – diese beklagend oder verstärkend. Das Sittenbildnis, das der Jude Arthur Schnitzler in seinem Roman „Der Weg ins Freie" (1908) in Form zahlreicher Wiener Salongespräche entwirft, legt davon exemplarisch Zeugnis ab. Ein Übriges zur Verschärfung der Spannungen und der Gegnerschaft zwischen Völkern und Rassen hat schließlich die von Darwin geprägte, leicht mißverständliche, wenn auch anders gemeinte Formulierung des „Kampfes ums Dasein" getan. Im sog. Sozialdarwinismus ist sie wortwörtlich als ein unvermeidlicher und biologisch notwendiger Kampf auf Leben und Tod zwischen Rassen, Völkern, Gruppen und Individuen gedeutet worden.[37]

---

[36] Vgl. *Zentrum für Antisemitismusforschung* (Hg.): Der „Berliner Antisemitismusstreit" 1879–1881. Eine Kontroverse um die Zugehörigkeit der deutschen Juden zur Nation. Kommentierte Quellenedition. Bearbeitet von K. Krieger. 2 Teile, München 2003.

[37] Dies Motiv nimmt neuerdings der Amerikaner *S.P. Huntington* in der Beschwörung eines der Welt bevorstehenden „Clash of civilizations" (1993) aus religiösen Gründen auf.

27. Dilthey, Weber, Lamprecht:
Geistes- und sozialwissenschaftliche Begründungen der Historie

1. Dilthey: Die „geisteswissenschaftliche" Begründung
   der historisch-gesellschaftlichen Fächer   460
2. Durkheim, Weber, Simmel, Tönnies und Wundt:
   Sozialwissenschaftliche Begründungen der Geschichte der Kultur   464
3. Lamprecht, Breysig:
   Geschichtswissenschaftliche Versuche einer Rückgewinnung der Sozial-
   und Universalgeschichte   474

Nachdem in der Blütezeit der neuen historischen Wissenschaften ihre methodologische Reflexion bei vielen Forschern als erledigt und die Geschichtsphilosophie gar als unwissenschaftlich gegolten hatte, meldete sich die Theorie der Geschichte im letzten Drittel des 19. Jahrhunderts im Zeichen der Kulturkritik und Lebensphilosophie wieder konstruktiv und zukunftsweisend zu Wort. Ein Hauptmotiv der historisch Forschenden war hierbei, daß sie sich von den Methoden der erfolgreichen Naturwissenschaften noch klarer abgrenzen und sich mit den sinnverstehenden Methoden dennoch als wissenschaftlich ausweisen wollten. Bei diesem Versuch ist es zunächst Dilthey, der im Anschluß an Droysen den „weicheren" Weg einschlägt und die historisch-gesellschaftlichen Fächer der philosophischen Fakultät im Begriff der „*Geisteswissenschaften*" als den Wissenschaftstyp des subjektiven Sinn-Verstehens umfassend neubegründet (Abschnitt 1). Es ist dann vor allem Max Weber, der den *sinnverstehenden* Weg zu einem zugleich *objektivierend-analytischen* „härteren" Weg ausbaut, indem er soziale Handlungen so weit wie möglich empirisch und rational aufklärt und erklärt und sie zugleich aus der Perspektive ihrer Autoren sinnverstehend deutet und beurteilt und so den sozialwissenschaftlichen Typ der „*Verstehenden Soziologie*" begründet. Zeitgleich damit artikulieren sich um 1900 mehrere andere sozialwissenschaftliche Ansätze, die auch für das historische Denken von Bedeutung sind. Davon werden hier außer Durkheims Begründungstheorie der Soziologie nur kurz die *Kulturtheorie von Simmel, Tönnies Unterscheidung zwischen „Gemeinschaft" und „Gesellschaft"* und die damals entstehende spezifisch deutsche *Völkerpsychologie von Wundt* skizziert (Abschnitt 2). Neben diesen Ansätzen gibt es um 1900 von fachhistorischer Seite den Versuch, die seit der Spätaufklärung dort kaum mehr gepflegte *sozial- und universalgeschichtliche Historiographie* wiederzubeleben. Es bleibt zunächst wirklich nur bei einem Versuch. Denn der von Lamprecht in diese Richtung unternommene Vorstoß wird in der Zunft scharf zurückgewiesen und der ähnliche von Breysig weitgehend ignoriert (Abschnitt 3). Im Rückblick von heute zeigt sich, daß Dilthey und Weber die seit dem Beginn des 19. Jahrhunderts inhaltlich und methodisch bereits etablierten Humanwissenschaften auf zwei mögliche alternative Möglichkeiten verwiesen haben und auch Lamprechts Ansatz trotz seiner damaligen Zurückweisungdas historische

Denken erneut in Bewegung gebracht und Voraussetzungen für die Sozialhistorie seit den 1960er Jahren geschaffen hat.[1]

1. Dilthey: Die „geisteswissenschaftliche" Begründung der historisch-gesellschaftlichen Fächer

Von den beiden humanwissenschaftlichen Alternativwegen wird hier Diltheys Ansatz als erster vorgestellt, zum einen, weil er der genuin historische ist, und zum anderen, weil seine Wirkung in Deutschland bis zur sozialhistorischen Wende der Geisteswissenschaften am größten ist.[2] Obwohl WILHELM DILTHEY (1833-1911) älter als Nietzsche ist und auch schon früher als dieser, nämlich seit den 1860er Jahren, erste Überlegungen zum methodologischen Status der historischen Wissenschaften vorträgt, tritt seine Wirkung später ein, im größeren Umfang eigentlich erst nach dem ersten Weltkrieg durch seine Schüler, dann jedoch um so nachhaltiger, so daß seine Vorstellungen von den „Geisteswissenschaften" hernach als grundlegend gelten. Wenn sich diese Wirkung, von heute aus betrachtet, im Vergleich mit der weltweiten Nietzsches und dann auch Webers in Umfang und Intensität auch bescheiden ausnimmt, wird Dilthey jedoch unbestritten zugeschrieben, in Deutschland gegen Ende des 19. Jahrhunderts die historisch-gesellschaftlichen Fächer als „Geisteswissenschaften" theoretisch umfassend neu begründet zu haben.[3] In der Akzentsetzung anders als Max Weber entwickelt er mit seinem hermeneutisch-ganzheitlichen und individualpsychologischen Ansatz ein Gegenstands- und Methodenverständnis, das sich abgrenzt sowohl von dem der Naturwissenschaften als auch von dem der in dieser Zeit entstehenden Sozialwissenschaften (besonders Durkheims) und das ein Band um alle kulturwissenschaftlichen Fächer der philosophischen Fakultät schlingt, um die Literatur-, Kunst- und Musikwissenschaft ebenso wie um die Geschichtswissenschaft, die Soziologie und die Pädagogik und tendenziell auch um die Theologie und die Rechtswissenschaften. Obwohl Diltheys Ansatz von Anfang

---

[1] Zur Thematik dieses Kapitels vgl. besonders *N. Hammerstein* (Hg.): Deutsche Geschichtswissenschaft um 1900, Wiesbaden/Stuttgart 1988 [mit Beiträgen u.a. zu Ranke, Mommsen, Troeltsch, Burckhardt, Lamprecht, M. Weber, Meinecke, Hintze].

[2] Die Textgrundlage ist im Hinblick auf die folgenden Ausführungen vor allem: *W. Dilthey*: Gesammelte Schriften. 19 Bde., hg. B. Groetenhuysen u.a., Leipzig/Berlin, 1914 ff., Stuttgart/Göttingen 1957 ff., Göttingen 1970 ff., darin u.a.: Bd.1: Einleitung in die Geisteswissenschaften. Versuch einer Grundlegung für das Studium der Gesellschaft und der Geschichte, Göttingen/Zürich 1979, und Bd. 7: Der Aufbau der geschichtlichen Welt in den Geisteswissenschaften, Stuttgart/Göttingen ⁶1973; *W. Dilthey*: Texte zur Kritik der historischen Vernunft. Hg. und eingel. H.-U. Lessing, Göttingen 1983 [dort auch nähere Hinweise zu den „Gesammelten Schriften" und zur Sekundärliteratur]. Gesamtüberblicke geben *H.-U. Lessing*: Die Idee einer Kritik der historischen Vernunft. Wilhelm Diltheys erkenntnistheoretisch-logisch-methodologische Grundlegung der Geisteswissenschaften, Freiburg/München 1984; *M. Jung*: Dilthey zur Einführung, Hamburg 1996; *J. Thielen*: Wilhelm Dilthey und die Entwicklung des geschichtlichen Denkens in Deutschland im ausgehenden 19. Jahrhundert, Würzburg 1999.

[3] Der Band 1 von Diltheys „Einleitung in die Geisteswissenschaften" erscheint 1883. Der Begriff der Geisteswissenschaften selbst taucht bereits in der deutschen Übersetzung von *J.St. Mill*: A System of Logic (London 1843) auf, und zwar im 6. Buch: On the Logic of Moral Sciences", das mit dem Titel „Von der Logik der Geisteswissenschaften oder der moralischen Wissenschaften" (1849) überschrieben ist.

an auch Kritik im eigenen Lager erfahren hat, hat er den von ihm definierten „Geisteswissenschaften" in Deutschland für ein gutes halbes Jahrhundert einen Rang verliehen, der vergleichbar mit dem ist, den die Naturwissenschaften schon seit langem besitzen. Wissenschaftshistorisch ist es dabei allerdings nicht unwichtig zu wissen, daß eben diesen Erfolg schon Droysen mit seiner inhaltlich schlüssiger und stilistisch klarer begründeten „Historik" (1857/1882) hätte erzielen können – wenn sie schon zu seinen Lebzeiten und nicht erst seit 1937 Verbreitung gefunden hätte.[4]

Das Hauptmotiv Diltheys – wie schon das Droysens – war, den inhaltlich und methodisch festgefügten und in der Entdeckung und Formulierung immergültiger Gesetze sehr erfolgreichen Naturwissenschaften ein ebenso überzeugendes Forschungsmodell der historisch-gesellschaftlichen Fächer an die Seite zu stellen. Ein solches schien Dilthey, nachdem das 18. Jahrhundert das Prinzip der Geschichtlichkeit der Kultur entdeckt und das 19. Jahrhundert es mit Erfolg in der Forschung angewandt hatte, nicht nur möglich, sondern auch notwendig zu sein. Dilthey knüpft hierzu, dargelegt in seiner Schrift „Kritik der historischen Vernunft" (1881), an Kant an, mit dem Ziel allerdings, dessen transzendental-anthropologische Vorstellung von der „reinen" – theoretischen, praktischen und moralischen – Vernunft um deren subjektiv-lebensgeschichtliche und historisch-gesellschaftlich bedingte Dimension zu erweitern und so der empirischen Totalität des menschlichen „Bewußtseinslebens" gerecht zu werden. Er lenkt er so den Blick zugleich auf den sich in gesellschaftlichen Institutionen, Lebensformen und konkreten Werken manifestierenden (historischen) Sinn und auf die allgemeinen Voraussetzungen des Verstehens dieses Sinns durch die menschlichen Subjekte. Der Sinn wurzelt so ebenso im „Seelenleben" der Individuen wie kollektiv im „Geist" der Kultur. Das hat Dilthey erlaubt, alle jene Fächer, deren Gegenstand Kultur ist, zum Typ der *Geisteswissenschaften* – er nennt sie auch *gesellschaftlich-geschichtliche Wissenschaften* – zusammenzufassen und zugleich systematisch und historisch zu differenzieren, nämlich als die *Wissenschaften vom Einzelmenschen* (Anthropologie, Psychologie), *von den kulturellen Systemen* (u.a. Sprach- und Literaturwissenschaften) und *von den Systemen der „äußeren Organisation der Gesellschaft"* (u.a.. Ökonomie, Rechtswissenschaft und Soziologie).

Die alle diese Wissenschaften verbindende *Methode* ist für Dilthey die des *Verstehens*. Zusammen mit ihrer gesellschaftlich-geschichtlichen Gegenständlichkeit ist sie ihr Abgrenzungskriterium gegenüber den Naturwissenschaften. Mit den Worten Diltheys:

> Nun unterscheiden sich zunächst von den Naturwissenschaften die Geisteswissenschaften dadurch, daß jene zu ihrem Gegenstande Tatsachen haben, welche im Bewußtsein als von außen, als Phänomene und einzeln gegeben auftreten. Hieraus ergibt sich für die Naturwissenschaften, daß in ihnen nur durch ergänzende Schlüsse, vermittels einer Verbindung von Hypothesen, ein Zusammenhang der Natur gegeben ist. Für die Geisteswissenschaften folgt dagegen, daß in ihnen der Zusammenhang des Seelenlebens als ein

---

[4] Vgl. die Ausführungen zu Droysen in Kapitel 22.2.

ursprünglich gegebener überall zugrunde liegt. Die Natur erklären wir, das Seelenleben verstehen wir.[5]

Nun ist die Anwendung der hermeneutischen Methode auf kulturelle Phänomene nicht nur seit alters gängige Praxis, sondern ist nach der Neufassung der traditionellen Hermeneutik durch Schleiermacher im ersten Drittel des 19. Jahrhunderts auch schon ein ergiebig reflektiertes Moment des historischen Denkens. Dasselbe gilt für die Unterscheidung von Verstehen und Erklären, die Droysen in seiner „Historik" bereits ausführlich begründet hat. Beides nimmt Dilthey auf und geht – wie noch zu zeigen sein wird: in durchaus problematischer Weise – darüber hinaus, indem er jene spezifische Methodendifferenz aus einer Erkenntnistheorie des konkreten Subjekts neu begründet. Danach sind der Ausgangspunkt, die Grundlage und das Ziel aller geisteswissenschaftlichen Forschung das sich im individuellen Erleben und Handeln erweisende Verstehen eigener und fremder Äußerungen. Während die Naturwissenschaften als die Wissenschaften von der „äußeren Wirklichkeit" diese nur durch „äußere Erfahrung" erklären können, vermögen die Geisteswissenschaften als die Wissenschaften von der „inneren Wirklichkeit" diese durch „innere Erfahrung" insofern wirklich zu verstehen, als es sich dabei um „lebendige Äußerungen" der Menschen selbst handelt. Während die Naturwissenschaften das beobachtete Ganze in Elemente auflösen, zergliedern, dabei Vermutungen über Beziehungen anstellen und in Richtung auf die Entdeckung von Gesetzen die Beziehungen in ein System von Elementen brächten, hätten es die Forscher in den Geisteswissenschaften bei dem Beobachteten und Erfahrenen von Anfang an mit ihnen aus der eigenen Lebenspraxis Bekanntem, mit einer jeweiligen „Einheit" und „Ganzheit" zu tun.

Dabei beansprucht Dilthey für die Gegenstände der „inneren Erfahrung" die gleiche Realität und Objektivität wie für die der „äußeren Erfahrung". Weil die Menschen erstere selbst hervorgebracht haben, verstehen sie diese sogar besser, als die Naturwissenschaftler die ihnen fremde Objektwelt erklären können – ein Argument, das schon Vico im 18. Jahrhundert vorgebracht und Droysen aufgenommen hatte. Hieraus entwickelt Dilthey eine Erkenntnispsychologie, deren Grundlage der innerseelische Zusammenhang von Erleben, Ausdruck und Verstehen ist. Im *Erleben*, d.h. im interaktiven psychischen Umgang mit der Welt, vollzieht sich der „Aufbau des Seelenlebens", wobei dieses Erleben den Zusammenhang der Inhalte des Bewußtseins stiftet. *Ausdruck* ist der Niederschlag des *Erlebens* in „Objektivationen (des Seelenlebens)", d.h. in sprachlichen Äußerungen, im künstlerischen Schaffensakten, im wissenschaftlichen Erkennen, im politischen, rechtlichen, erzieherischen und religiösen Handeln usw.. *Verstehen* schließlich ist das einfühlende gedankliche „Nacherleben" des Ausdrucks anderer, d.h. der individuellen Äußerungen und der kollektiven Objektivationen des menschlichen Geistes, aufgrund des eigenen vorgängigen Erlebens. Das Verstehen und die Sinndeutung des Lebens im ganzen, d.h. der geistig-geschichtlichen Welt, vollzieht sich im Rückbezug auf die sich lebensgeschichtlich erweiternde Kenntnis jener geistigen Objektivationen

---

[5] W. *Dilthey*: Ideen über eine beschreibende und zergliedernde Psychologie (1894), in: ders.: Die geistige Welt. Einleitung in die Philosophie des Lebens. Bd. 5 der Gesammelten Schriften, Leipzig-Berlin 1924, 143 f.

des Lebens. Den Zusammenhang in der Fülle der kulturellen Systeme stiftet die menschliche Psyche, denn alle „Systeme der Kultur" sind „aus dem lebendigen Zusammenhang der Menschenseele hervorgegangen".[6] Die *Grundstruktur der menschlichen Psyche* aber *wird von der Geschichtlichkeit der Kultur ausgenommen.* Sie ist die überzeitlich beständige Grundlage der Akte des Seelenlebens: „Den psychischen Zusammenhang, den wir in uns finden, betrachte ich als den festen Standort." Die so verstandene historisch-gesellschaftliche Wirklichkeit sei deshalb nicht weniger wahr, als die durch Zergliederung zustande gekommene naturwissenschaftliche Erkenntnis.

In vieler Hinsicht ist so Diltheys Theorie der Geisteswissenschaften nur ein expliziter Ausdruck bereits üblicher historisch-hermeneutischer Forschungspraxis, für die die Geschichtlichkeit und die Kontextgebundenheit der menschlicher Kultur gegenstandskonstitutiv und die gemeinmenschliche Subjektivität und die Lebenserfahrung in Akten des Deutens methodenkonstitutiv sind. In einer doppelten Hinsicht unterscheidet sich sein Ansatz jedoch von den bisher gepflegten. Das eine ist die *Totalisierung der Hermeneutik* im Sinne ihrer Anwendung auf die Kultur insgesamt: Alles Kulturelle ist nun auslegbar, nicht nur das dem Wort und der Schrift Anvertraute, sondern jegliche geistige Äußerung von Menschen. Das hat Dilthey und seinen Nachfolgern die Möglichkeit eröffnet, die kulturelle Welt nach Wissen(schaft)sbezirken neuzuvermessen.[7] Das andere ist die damit verbundene *Aufwertung des Subjektpols im „einfühlenden" Verstehensakt* und damit die Herabstufung der Bedeutung des Objektiven der sozialen und kulturellen Welt und der gänzliche Ausschluß des „Erklärens" aus der geisteswissenschaftlichen Forschung. Danach gründet alles Verstehen in der lebensphilosophisch weit und überrational begriffenen Individualität und Subjektivität jeweiliger menschlicher Lebenserfahrung und Wirklichkeitsbewältigung. Die Leistung wie die Problematik dieses Ansatzes zeigt sich vor allen in Diltheys literaturwissenschaftlichen Studien, in „Die Erlebniskraft des Dichters" (1887) und in „Das Erlebnis in der Dichtung" (1906). Die nach 1960 einsetzende Kritik an der geisteswissenschaftlichen Methodik hat darin einen subjektivistischen Rückfall hinter die Rationalitätsstandards etwa Wilhelm von Humboldts und Droysens gesehen, ihren lebensphilosophisch-irrationalen Grund aufgezeigt und in der methodischen Ausklammerung des Erklärens einen Verzicht erkannt, die soziale Wirklichkeit in das Verstehen einzubeziehen.[8] Denn nicht das „Einfühlen" allein in das Individuelle läßt uns begreifen, es müssen das themenbezogene Wissen des ganzen objektiven historisch-gesellschaftlichen Zusammenhangs, in dem eine Äußerung steht, und die argumentative Auseinandersetzung und Verständigung hinzukommen, wenn nicht das Subjekt die Letztinstanz des Urteilens sein soll.

---

[6] Gesammelte Schriften, Bd. V, 152. Vgl. Oexle 1998, 119.

[7] Über die Jahrzehnte hat in diesem Sinne die „Einleitung in die Geisteswissenschaften" (Tübingen 1920) von *E. Rothacker* gewirkt. Ähnlich wie zuvor Dilthey unterscheidet er die „Ordnungen des Lebens" (Staat, Gesellschaft, Recht, Sitte, Erziehung, Wirtschaft, Technik), die „Deutungen der Welt" (Sprache, Mythos, Kunst, Religion, Philosophie und Wissenschaft) und die „Weisen der Wirklichkeitsbearbeitung".

[8] Vgl. *U. Muhlack*: Verstehen, in: Goertz 1998, 99-131.

2. Durkheim, Weber, Simmel, Tönnies und Wundt: Sozialwissenschaftliche Begründungen der Geschichte der Kultur

2.1 Anmerkungen zur historisch-systematischen Interdependenz von Sozial- und Geisteswissenschaften

Auf den ersten Blick mag es unnötig erscheinen, die um 1900 sich als eigene Fächer herausbildenden Sozialwissenschaften, also vor allem die Soziologie, die Völkerspsychologie und Völkerkunde (Ethnologie), nach möglichen kultur*historischen* Beiträgen und Anregungen zu befragen. Denn indem diese Fächer auf einer systematischen Theorie des Sozialen gründen, wollen sie gerade keine Wissenschaften von dessen Geschichte, sondern von dessen Strukturen, Funktionen sowie individuellen und gesellschaftlichen Handlungsformen in allgemeinmenschlicher Hinsicht sein. Dabei ist aber zunächst zu bedenken, daß auch dieser ahistorische Ansatz der Historie bedarf, und zwar um zumindest dreierlei zu verstehen und zu erklären: erstens die unaufhörlich stattfindenden Prozesse des gesellschaftlichen Wandels, zweitens die möglicherweise geschichtliche Ursache der zwischen unterschiedlichen Gesellschaften feststellbaren strukturellen und funktionalen Differenzen und drittens, ganz prinzipiell, die Historizität als das Grundphänomen auch der menschlichen Sozialität, d.h. u.a. die Geschichtlichkeit der Sinndimension der sozialen Handlungen, der Sozialisation der Individuen und der kollektiven Vergesellschaftung. Dies ist freilich nur ein Anwendungsfall der allgemeinen humanwissenschaftlichen Einsicht, daß, wie das historische Denken nicht ohne ein gewisses Maß an systematischer Erfassung des Gleichzeitigen auskommt, umgekehrt auch das systematische Denken der Historie bedarf. So findet sich auch in Diltheys Theorie der „historischen Vernunft" und in den auf Historie gegründeten Geisteswissenschaften durchaus das Systematische. Allemal muß unter diesem Blickwinkel das Entstehen der vorwiegend systematisch forschenden Sozialwissenschaften seit dem Ende des 19. Jahrhunderts nicht nur allgemein als ein Zugewinn an Einsicht in das Humane, sondern im besonderen auch in das Historische betrachtet werden.

Es kommt noch etwas anderes hinzu. Um 1900 blickt die historische Forschung im modernen Verständnis erst auf gut 100 Jahre Erprobung zurück. Der viel ältere und weit mehr durchdachte theoretische Zugang zum Humanen ist der systematische, nämlich die auf der Natur des Menschen gegründete Gesellschaftstheorie. Von Platon bis weit ins 18. Jahrhundert setzt alle Reflexion gleichsam selbstverständlich an der für unveränderlich gehaltenen Menschennatur an. Und auch danach steht die Historie noch lange unter dem Druck, ihre Wissenschaftlichkeit gegenüber dem systematischen Vorgehen zu beweisen – im gewissen Sinne bis heute, wenn man bedenkt, daß ihr diese zumindest dem Begriff nach im französischen und angloamerikanischen Bereich bis heute abgesprochen wird, die *humanities* bzw. *humanités* zumeist nicht als *sciences* gelten. Dieser Hinweis korrigiert auch die mögliche Auffassung, daß seit dem „historischen 19. Jahrhundert" die nicht-historische Betrachtungsweise in den Humanwissenschaften gänzlich an den Rand gedrängt worden sei. Das Gegenteil ist der Fall. Der prinzipientheoretische und der systematische Ansatz sind nie aufgegeben worden. Vom Positivismus des Auguste Comte und vom deduktiven und induktiven Verfahren des John Stuart Mill (1806-1873) zur Erfassung der sozialen Wirklichkeit in der ersten Hälfte des frühen 19. Jahrhundert bis zum empirisch-analytischen Forschungsschema in den neueren Sozialwissenschaften hat der bei der Erhebung „sozialer Tatsachen" und „Sachverhalte" auf Grundsätze, ja Gesetze der Natur des Sozialen bzw. des Allgemeinmenschlichen zielende Ansatz die historische Forschung in Kritik und Herausforderung ständig begleitet. So ist die Ausformung der historisch-kritischen Methode des 19. Jahrhunderts und auch des Konzeptes von Droysen und Dilthey nicht ohne die Kenntnis der Auseinandersetzung mit jenen konkurrierenden Ansätzen verständlich..

Die beiden überragenden Figuren der Soziologie um 1900 sind der Franzose Emile Durkheim und der Deutsche Max Weber. Während Webers Bedeutung nur langsam im Laufe des 20. Jahrhunderts und in seinem Heimatland, z.T. durch Anstöße aus dem Ausland, eigentlich erst seit 1945 erkannt worden ist, ist Durkheim schon in seiner Zeit anerkannt und gilt als der eigentliche Begründer der Soziologie als Wissenschaft.

2.2 Durkheim: „Faits sociaux" als Gegenstände einer universalhistorisch fundierten Theorie des Sozialen

EMILE DURKHEIM (1858-1917) führt den Positivismus Comte's in seinem Hauptwerk *Les règles de la méthode sociologique* (1895)[9] systematisierend fort. Für ihn ist die Soziologie die Wissenschaft von den menschlichen „Institutionen", worunter er Personalverbände ebenso faßt wie kulturelle Gebilde. Wie zuvor Comte, aber z.B. auch Marx, ordnet er die Individuen der Gesellschaft unter. Denn jene sind zwar die Erzeuger des „Kollektivbewußtseins", als einzelne sind sie aber in ihrer jeweiligen Gesellschaft gegenüber den durch normative Verpflichtungen und Sanktionen auf sie ausgeübten Zwang machtlos. Insofern hierbei Individuen und Institutionen nicht eigentlich einen Sinn für sich haben, sondern ihn erst dadurch bekommen, daß sie in einem funktionalen Verhältnis zu den größeren sozialen Einheiten, insbesondere zu Staat und Gesellschaft stehen, ist Durkheim im Verein mit ähnlichen Ansätzen englischer Sozialanthropologen und überhaupt Sozialwissenschaftler auch einer der wichtigsten Begründer des diese Wissenschaften fast bis in die Gegenwart beherrschenden sog. *Funktionalismus*.[10] Bei den Darstellungen der Grundlegung der Soziologie durch Durkheim wird allerdings zumeist nicht beachtet, daß bei ihm, wie auch bei Comte und bei Weber, historisches und systematisches Denken noch eng beieinander liegen, ja sich gegenseitig fundieren. Denn trotz des Vorherrschens von Systematik und strenger Empirie verankert Durkheim seine Gesellschaftstheorie (universal-)historisch. Indem er die Menschheit – sicherlich unter dem Einfluß des biologischen und ethnologischen Evolutionismus – auf einer kulturevolutionären Linie von den primitiven zu den modernen Gesellschaften voranschreiten sieht, versteht er die menschliche Sozialität als zumindest längerfristig immer in historischer Entwicklung begriffen, ist die moderne Gesellschaft für ihn nur ein Sonderfall von

---

[9] Dt.: Die Regeln der soziologischen Methode, hg. von R. König, Neuwied ²1965.

[10] Vgl. zum ethnologischen Funktionalismus Kapitel 30.3., zum linguistischen und ethnologischen Strukturalismus Kapitel 32.3. und zum soziologischen und Struktur-Funktionalismus Kapitel 34.2.3.

Gesellschaft und werden das Entstehen von Institutionen und ihr Wandel aus den sich in der Zeit herausbildenden Funktionen der Integration und Stabilisierung der Gesellschaft begriffen. Was diesem Ansatz jedoch fehlt, ist die Handlungsperspektive der Individuen.

2.3 Max Weber:
Soziales Handeln und wissenschaftliches Erkennen in der „Verstehenden Soziologie"

Genau diese Perspektive aber steht – bei einer ansonsten ähnlichen Verpflichtung auf Empirie, auf Strukturen und auf Funktionen – im Zentrum der „Verstehenden Soziologie" des Historikers, Nationalökonomen und Soziologen MAX WEBER (1864-1920).[11] Wie Dilthey knüpft auch Weber an die von Droysen getroffene Unterscheidung von geisteswissenschaftlichem Verstehen und naturwissenschaftlichem Erklären an.[12] In dieser Tradition hält er in Bezug auf das soziale und historische Handeln die sinnverstehende Methode für konstitutiv, welche aber durch die objektive und rationale Methode des Erklärens ergänzt werden müsse. Weber verbindet so die objektivistische Methode der Beschreibung der gesellschaftlichen Wirklichkeit in der Art von Comte und Durkheim mit der Methode der verstehenden Rekonstruktion des von den Individuen in ihrem Handeln „subjektiv gemeinten Sinns".[13] In Bezug auf die Kulturgeschichtsschreibung sind fünf Grundbestimmungen Webers bis heute von Bedeutung.

Erstens definiert Weber *Kultur* als den Inbegriff der geschichtlich gewachsenen Welt des Menschen. Kulturwissenschaften sind für ihn jene Disziplinen, „welche die Lebenszusammenhänge in ihrer Kulturbedeutung zu erkennen streben".[14] Denn es gelte zwar:

> Interessen (materielle und ideelle, nicht Ideen) beherrschen unmittelbar das Handeln der Menschen. Aber: die ‚Weltbilder', welche durch sie geschaffen wurden, haben sehr oft als Weichensteller die Bahnen bestimmt, in denen die Dynamik der Interessen das Handeln fortbewegte."[15]

Zweitens sind für ihn die originären Grundelemente der Soziologie *soziale Handlungen*, deren Sinn nicht ein vorgegebener, sondern ein „subjektiv gemeinter" bzw. „vermeinter" und in seinen faktischen Folgen auch zu verantwortender Sinn ist. Mit letzterem betont er, daß die Individuen über den beabsichtigten Sinn ihres Handelns

---

[11] *Max Weber*: Gesamtausgabe, Tübingen 1982 ff.; zur Einführung vgl. *J. Radkau*: Max Weber. Die Leidenschaft des Denkens, München 2005.

[12] Vgl. Muhlack 1998, 116.

[13] Während die erstere Akzentuierung später von dem amerikanischen Soziologen T. Parsons (1902–1979) und anderen aufgenommenen wird und dem aus der gesellschaftlichen „Außenansicht" weiter entwickelten strukturell-funktionalistischen Ansatz den Weg bereitet, arbeitet die letztere dem aus der Innensicht der Subjekte entwickelten handlungstheoretischen Ansatz in den Sozialwissenschaften, insbesondere dem Symbolischen Interaktionismus (G.H. Mead) und der Lebensweltheorie (A. Schütz†, P.L. Berger, Th. Luckmann) vor. In einem unmittelbaren Zusammenhang mit Webers Vorstellungen stehen die kultursoziologischen Ansätze im ersten Drittel des 20. Jahrhunderts (vgl. Kap. 28, 2.).

[14] *M. Weber*: Die Objektivität sozialwissenschaftlicher und sozialpolitischer Erkenntnis (1904), in: Gesammelte Aufsätze zur Wissenschaftslehre, Hg. J. Winckelmann, Tübingen ⁵1982, 175.

[15] Gesammelte Aufsätze zur Religionssoziologie, Bd. 1, Tübingen 1922, 252.

hinaus auch dessen mögliche und wahrscheinliche Folgen einbeziehen müssen, so daß die verstehende Soziologie analytisch zwischen einem Handeln aus bloßer Gesinnung und einem unter Einschluß einer weiterreichenden Verantwortung unterscheiden müsse – wobei unter einem geschichtstheoretischen Blickwinkel natürlich noch die Dimensionen der mittelbaren und längerfristigen Folgen hinzukommen. In den Kulturbegriff gehen so zugleich jeweilige objektive gesellschaftliche Verhältnisse und Interessen, Intentionen von Subjekten und die sich aus dem sozialen Handeln ergebenden Folgen ein. Dabei ist Kultur immer etwas „Wertvolles", denn sie ist primär ein Produkt menschlicher Stellungnahmen und Sinngebungen.[16]

Drittens ist für Weber das Ziel der Erforschung des Sozialen die Erkenntnis der bedeutungstragenden *Wirklichkeit* in der Totalität ihrer „Lebenserscheinungen". Die „idealtypische" Erschließung des Sinns sozialer Handlungen und der durch sie konstituierten Werte will also nicht bloß Ideelles, sondern Wirkliches – in ihrer Geschichtlichkeit und in ihrem jeweiligen Sinnzusammenhang – erfassen und erklären.

Viertens ist für Weber diese Wirklichkeit immer historisch konstituiert und ist Soziologie somit auch eine *historische Wissenschaft*. Denn es müsse dem Soziologen darauf ankommen, „soziale Kulturerscheinungen aus den Bedingungen ihres Entstehens zu verstehen"[17]. Näherhin definiert Weber den historischen Prozeß als „Fortschritt ins Unendliche"[18], wonach Geschichte zwar unentwegt voranschreitet, aber nicht vorhersagbar ist, weil sie ständig neue Mannigfaltigkeiten erzeugt.

Fünftens dann verlangt Webers Soziologie eine strikte *Trennung von „Tatsachen" und „Idealtypen" im Sinne objektivistischer Kulturbeschreibung* einerseits und *ihrer Beurteilung* andererseits, was zugleich ein Ausdruck seiner sowohl positivistisch-wissenschaftlichen als auch skeptischen und kritischen Haltung gegenüber den von ihm thematisierten Ausschnitten von Kultur ist. Denn er sieht, daß die Weltanschauungen als Sinn- und Wertproduzenten in einem ständigen Kampf miteinander liegen, keine „pluralistische" Akzeptanz unterschiedlicher Werte dulden, der Wissenschaftler in sich selbst einen Trennstrich zwischen seinen eigenen Überzeugungen und der objektiv erfaßbaren Wirklichkeit ziehen muß und die Soziologie als Wissenschaft nicht normativ sein darf.

Sechstens bedeutet dies für wissenschaftliche Erforschung (historisch-)sozialer Handlungen schließlich eine Koordination von subjektivem Verstehen und objektivem Erklären in drei Schritten. Ihr erster ist die Bestimmung des zu erforschenden Gegenstandes in Abhängigkeit von dem Vorverständnis des Wissenschaftlers, also von der Bedeutung, die er den Handlungen beimißt. Im zweiten Schritt kommt das Erklären zum Zuge. Indem Weber voraussetzt, daß alles individuelle und kollektive Handeln zweckrational ausgerichtet ist, muß es dem Wissenschaftler möglich sein, die Gründe zu benennen, die Handelnde zur Erreichung ihres Zieles erwogen haben

---

[16] Zur näheren Begründung vgl. *Oexle* 1996, 17 ff. mit Bezug auf Webers „Wissenschaftslehre" von 1904.
[17] Wissenschaft als Beruf, in: Gesammelte Aufsätze zur Wissenschaftslehre (1919), 1968, 582-613, hier 600.
[18] Ebd. S. 593.

und die je nach zutreffender oder unzureichender Einschätzung zu einem bestimmten (Miß-)Erfolg in der sozialen Wirklichkeit geführt haben. Die Einordnung dieses Ergebnisses in den jeweiligen Bedeutungs- und Sinnzusammenhang schließlich im dritten Schritt ist wieder ein Akt des subjektiven Verstehens. Dies ist die Vorgehensweise einer „deutenden Soziologie".[19]

In allen diesen Punkten – auch in der Kritik an ihnen – ist Weber in allen kulturtheoretischen und -geschichtlichen Grundsatzerörterungen bis heute gegenwärtig. Dazu dürften aber außer der Erarbeitung einer systematischen Soziologie auch seine herausfordernden Studien zur inhaltlichen Deutung komplexer historischer Phänomene beigetragen haben, wie u.a. die zur idealtypischen Unterscheidung zwischen *traditionaler, legaler* und *charismatischer Herrschaft,* die zum Verhältnis von *Religion und Wirtschaft* („Die protestantische Ethik und der ‚Geist' des Kapitalismus", 1904/05)[20] und vor allem sein unvollendet gebliebenes, universalhistorisch angelegtes und historisch-vergleichend die Kulturen Chinas, Indiens, der klassischen Antike, des Judentums, des Christentums und des Islam einbeziehendes Hauptwerk „*Wirtschaft und Gesellschaft: Grundriß der verstehenden Soziologie* (1922)[21]. Die dabei eingeführten Begriffe leiten bis heute die historische Forschung an, wie insbesondere die Vorstellung von der allmählichen Entzauberung und Rationalisierung der einmal magisch und widersprüchlich-vielfältig gewesenen Welt und von der Entpersonalisierung der menschlichen Beziehungen in der Bürokratie (Verwaltung) als einem universalhistorischen Prozeß.

2.4 Simmel: Die Historisierung gesellschaftlicher und historiographischer Strukturen

Wie Dilthey und Weber geht es auch dem vielfältigen Philosophen, Kulturtheoretiker und Soziologen GEORG SIMMEL (1858-1918) zunächst sehr prinzipiell um die Begründung der Wissenschaftlichkeit des historischen und soziologischen Denkens und Forschens. In seiner frühen Schrift „Die Probleme der Geschichtsphilosophie. Eine erkenntnistheoretische Studie" (1892/²1905) fragt er sich, „wie aus dem Stoffe der unmittelbaren gelebten Wirklichkeit das theoretische Gebilde werde, das wir Geschichte nennen."[22] Von Kant herkommend, der die Naturerkenntnis auf die Formung der Sinnesdaten durch apriorischen Kategorien des menschlichen Geistes gegründet hatte, beruht nach Simmel die Erkenntnis der psychischen Vorgänge und des sozialen Verhaltens von Menschen zusätzlich zu dem in anthropologischen Katego-

---

[19] Skizziert nach der Deutung von Goertz 1995, 137-139.

[20] Während Weber den Erfolg des Kapitalismus in der innerweltlichen Askese des protestantischen Bürgertums sah, betonte der Nationalökonom *W. Sombart* (1863-1941) in seiner Abhandlung: Der moderne Kapitalismus. Historisch-systematische Darstellung des gesamteuropäischen Wirtschaftslebens von seinen Anfängen bis zur Gegenwart. 2 Bde. Leipzig, 3 Bde., München 1916/17/27, Nachdruck Tübingen 1987, die Rolle des seit der Renaissance freigesetzten Individuums, seines Entdeckergeistes, seines Machtstrebens. Parallel zu Weber hat Sombart so eine „Verstehende Nationalökonomie" auf historisch-soziologischer Grundlage entworfen Vgl. *W. Schluchter:* Die Entwicklung des okzidentalen Rationalismus. Eine Analyse von Max Webers Gesellschaftsgeschichte, Tübingen 1979.

[21] Tübingen ⁵1972.

[22] In: G. Simmel. Gesamtausgabe. Bd. 9, Frankfurt 1997, 229.

rien vorgegebenen Bewußtsein auf den in jeweiligen Gesellschaften – also sozial und historisch – erzeugten und tradierten Formen. Die Mitglieder einer Kultur- und Lebensgemeinschaft können die Bewußtseinsverläufe und Verhaltensweisen ihrer Mitmenschen deswegen im eigenen Bewußtsein nachbilden und verstehen, weil sie mit diesen Menschen bestimmte Bewußtseinsstrukturen teilen, ebensolche, die im Laufe der Gesellschaftsgeschichte entstanden und lebensgeschichtlich im Zusammenwirken mit jenen Individuen erworben sind. Das heißt, daß Kulturgemeinschaften ihre historische Wirklichkeit nicht objektiv abbilden, sondern konstruieren. Dabei unterzieht Simmel im Laufe seiner kultursoziologischen Forschung auch die Verstandeskategorien selbst immer mehr einer Historisierung: „Uns erscheint der menschliche Geist so gut wie jedes andere organische Gebilde als eine Station einer ins Unendliche gehenden Entwicklung. Hervorgegangen aus dem Zusammentreffen unzähliger Zufälligkeiten [...]"[23] Und wie der menschliche Verstand ist auch die menschliche Sozialität keine feste natürliche Gegebenheit, sondern ein Strukturprozeß im Sinne eines sich im Kleinen und Großen ständig verändernden Ensembles von „Wechselwirkungen" zwischen Individuen und Gruppen; ein Prozeß mit Graden der „Vergesellschaftung": mit relativ dauerhaften Strukturen, verfestigt durch Institutionalisierung, Tradition, Recht, Wirtschaft, Wissenschaft, Alltagskultur und Lebensstil – das seien gleichsam die Organe des Lebewesens Gesellschaft –, und flüchtigeren sozialen Verbindungen, welche sich als unscheinbare kommunikative Wechselwirkungsprozesse zwischen den Individuen in einem ständigen Prozeß des Entstehens, Vergehens und Verwandelns befinden. Freilich oder gerade deshalb betont er:

> Die zeitgeschichtliche Auflösung alles Substantiellen, Absoluten, Ewigen in den Fluß der Dinge, in die historische Wandelbarkeit, in die nur psychologische Wirklichkeit scheint mir nur dann vor einem haltlosen Subjektivismus [...] gesichert, wenn man an die Stelle jener substantiell festen Werte die lebendige Wechselwirksamkeit von Elementen setzt ..."[24]

Das zeugt einerseits von einer Nähe zur Lebensphilosophie, wird andererseits jedoch gut soziologisch durch eine gründliche empirische Analyse getragen, welche dem überindividuellen geschichtlichen Wandel von zumindest epochal festen „Werten", „Formen" und „Strukturen" Rechnung trägt.

Wenn Simmel, wie auch andere Kulturtheoretiker der Zeit um 1900, heute wieder eine stärkere Beachtung als noch vor einigen Jahrzehnten findet, so ist dies sicherlich darauf zurückzuführen, daß das heutige Lebensgefühl und die es reflektierende Kulturtheorie, insbesondere die des sog. Postmodernismus, Parallelen zur Lage und Selbstdeutung der Kultur um 1900 aufweisen und Simmel diese Befindlichkeiten und ihre geschichtliche Herkunft in seinen soziologischen Analysen und

---

[23] *G. Simmel*: Was ist uns Kant?, in: ders.: Gesamtausgabe, hg. O. Rammstedt, Frankfurt 1989 ff., Bd.5, 157; ders.: Philosophische Kultur. Mit einem Nachwort von Jürgen Habermas, Berlin 1998. Zu Simmel allgemein vgl. *W. Jung*: G. Simmel zur Einführung, Hamburg 1990; *U. Daniel*: Kompendium Kulturgeschichte. Theorien, Praxis, Schlüsselwörter, Frankfurt 2001, 53 ff.

[24] *G. Simmel* in: *K. Gassen/M. Landmann* (Hg.), Buch des Dankes an Georg Simmel, Berlin 1958, 9.

Essays besonders treffend ausgedrückt hat: den als einen Bruch mit der bisherigen Vergangenheit empfundenen Übergang von der bürgerlichen Kultur zur neuen Massengesellschaft, das Schwinden alter wissenschaftsmethodischer Sicherheiten und Standards und die Auflösung vieler traditioneller Formen des zwischenmenschlichen Umgangs[25], der Schönen Künste[26] einerseits und ihre Ersetzung und Pluralisierung durch „moderne" Formen und Stile andererseits. Hier findet die heutige Theorie des historischen Denkens vieles, was bis vor kurzem erst als Ergebnis neuester Kulturtheorie galt, nämlich die rigorose Absage an alle objektivistischen Annahmen von einer historischen Wirklichkeit an sich, die sie ersetzende Behauptung des konstruktivistischen Charakters aller Historie und schließlich auch die dem entsprechende essayistische Darstellungsform der Geschichte, wofür Simmels literarischen und oft Fragment gebliebenen Werke ebenfalls Beispiele sind.

2.5 Von der „Gemeinschaft" zur „Gesellschaft":
Zur Geschichte der menschlichen Gesellung nach Tönnies

Die von dem Soziologen Ferdinand Tönnies (1855–1935)[27] in seinem Buch „Gemeinschaft und Gesellschaft" (1887) getroffene Unterscheidung ist zunächst nur eine analytisch-beschreibende Gegenüberstellung zweier Tendenzen menschlicher Gesellung, wie es im Untertitel „Grundbegriffe der reinen Soziologie" in der erweiterten zweiten Auflage von 1912[28] deutlich zum Ausdruck kommt. Die Unterscheidung ist nach Tönnies historisch begründet, insofern die Menschen auf den frühen und vormodernen Stufen ihrer Gesellung - und zwar von den ersten familial und verwandtschaftlich organisierten primitiven und Stammeskulturen an über die größeren Siedlungsformen des Dorfs bis zur politisch und wirtschaftlich autarken Stadtkultur der antiken Polis und der mittelalterlichen Stadt – hauptsächlich untereinander „Gemeinschaft" gepflegt haben, sie aber in staatlichen, durch Beamte regierten und wirtschaftlich durch Industrie und Handel mit Geldwirtschaft bestimmten Gemeinwesen immer mehr zu Mitgliedern von „Gesellschaften" werden, in denen – wie besonders in der modernen „bürgerlichen Gesellschaft" – im Prinzip jedermann nur „Kaufmann", d.h. Käufer und Verkäufer von Waren und Dienstleistungen, sei. Danach sind der Verlust der Geborgenheit und die darausfolgende Vereinzelung sozusagen der notwendige Preis, den die Menschen in den entwickelten Gesellschaften für ihre Befreiung aus den Zwängen der Gemeinschaft und für den Gewinn an Individualisierung zahlen müssen. Dabei redet Tönnies durchaus nicht nostalgisch der Gemeinschaft das Wort. „Gemeinschaft" und „Gesellschaft" sind für ihn anthropologisch fundiert und haben sich entsprechend den historisch-kulturellen Wandel nur in ihrer Wertigkeit verschoben. Als wissenschaftliche Objekte der Soziologie müssen sie deshalb rational analysiert werden. Einen wertenden und Individuen und Gruppen moralisch und affektiv gegeneinander abgrenzenden Cha-

---

[25] G. *Simmel*: Vom Wesen der Moderne, hg. W. Jung, Hamburg 1990.
[26] Ders.: Zur Philosophie der Kunst, Potsdam 1922.
[27] Tönnies zählt mit Max Weber und Werner Sombart zu den Gründungsmitgliedern der „Deutschen Gesellschaft für Soziologie" (1910).
[28] Nachdruck der Ausgabe von 1912/26 (Leipzig), Darmstadt 1963.

rakter hat die Unterscheidung dann allerdings bei den sie aufgreifenden Soziologen und Humanwissenschaftlern bis in die 60er Jahre vor allem durch ihre Psychologisierung bekommen: Tapferkeit, Redlichkeit, Güte und Treue auf der einen Seite, Anonymität, Orientierung an staatlichen Gesetzen und kluge und kalte Berechnung des Handelns und seiner Folgen auf der anderen Seite. Zu dieser Überakzentuierung einer Polarität trägt dann noch mehr ihre Übertragung auf die Geschlechter bei, auf den von Eigennutz, Wissen und Reflexion geprägten Habitus des Mannes und auf die von Hilfsbereitschaft, Gefühl und Intuition erfüllte Haltung der Frau, aber auch auf das Verhältnis von „früher" und „heute", von Großstadt und Land und schließlich auch von deutscher Gemeinschaftlichkeit und westeuropäischer Gesellschaftlichkeit. Was sich schon seit dem Beginn des 19. Jahrhunderts in der deutschen Bevorzugung des Begriffes „Kultur" anstatt von „Zivilisation" (wie gegenläufig in Frankreich und England) andeutet, nämlich die Verklärung des deutschen Volkstums wegen seiner gemeinschaftsorientierten und künstlerisch-kreativen Innerlichkeit einerseits und in der Tendenz andererseits, die kulturellen Leistungen der Nachbarn als bloßen Ausdruck äußerlicher Zivilisation abzuwerten, findet jetzt eine Verstärkung in der begrifflichen Gegenüberstellung von „deutscher Gemeinschaft" bzw. „deutscher Volksgemeinschaft" – wie es dann nach 1933 heißt – und westeuropäischer Gesellschaft. Danach pflegen Deutsche in Familie, Verwandtschaft, Nachbarschaft und in Vereinen geistig, gefühlsmäßig und solidarisch Gemeinschaft und Freundschaft, bilden als Individuen und Gruppen organische Glieder eines sozialen Ganzen und hätten in solchen Beziehungen ihr eigentliches Zuhause, während die Sozialität der westlichen Nachbarn zu unpersönlichen, oberflächlichen, abstrakten, bloß institutionell vermittelten Verhältnissen tendiere. Noch heute sind trotz der Kritik an dieser Gegenüberstellung diese Konnotationen in diesen beiden soziologischen Begriffen enthalten.[29]

2.6 Wundt:
Die „Völkerpsychologie" als historische und vergleichende Kulturanthropologie

Die Begründung einer historischen Psychologie und Soziologie am Beispiel klar umschriebener Gegenstände haben noch vor Wundt seit den 1860er Jahren in Deutschland *M. Lazarus*[30] und *H. Steinthal*[31] versucht. Vor allem in der „Zeitschrift für Völkerpsychologie und Sprachwissenschaft" (1860-1890) haben sie durch eine kulturvergleichende Erforschung der Eingebundenheit der „höheren psychischen Vorgänge und Entwicklungen" im Überschneidungsbereich von Anthropologie, Kulturgeschichte, Sprachwissenschaft, Soziologie und Psychologie eine Völkerpsychologie entwickelt, die jene in Sprache, Religion, Mythos, Kunst, Rechtsordnung und Brauchtum der Völker faßbaren psychischen Strukturen und Prozesse beschreibbar macht. Diese Studien sind trotz der Verwendung der Begriffs „Volksgeist" antimetaphysisch angelegt und streng empirisch begründet. Diesen Versuchen schloß sich

---

[29] Vgl. dazu Lepenies 2006.
[30] *M. Lazarus*: Grundzüge der Völkerpsychologie und Kulturwissenschaft (1863). Hg. mit einer Einleitung und Anmerkungen von K. Ch. Köhnke, Hamburg 2003 (Reprint).
[31] Seine Hauptleistungen liegen im Bereich der Sprachtheorie und -geschichte.

dann WILHELM WUNDT (1832–1920), der Begründer der wissenschaftlichen Psychologie[32], in seinem umfangreichen 10bändigen Alterswerk „Völkerpsychologie" (1900-1920)[33] an. In diesem historisch von den Primitiven bis zu den Hochkulturen reichenden Entwurf einer kulturenvergleichenden Entwicklungspsychologie des menschlichen Geistes verbindet er systematisch „Sprache, Mythos und Sitte" und reiht er sich so zugleich in die ethnologische Richtung des kulturellen Evolutionismus ein, wie ihn die amerikanische und die deutsche Völkerkunde im letzten Drittel des 19. Jahrhunderts entwickelt und vertreten haben.[34]

Hinsichtlich des neueren Begriffs der Völkerpsychologie stellt sich freilich erneut die schon bei Vico und Herder aufgeworfene Frage, wie sich die mentalen Unterschiede der Völker erklären lassen. Wie schon früher ausgeführt, haben sich hier die französische und die deutsche Kulturtheorie schon seit dem 18. Jahrhundert unterschieden. Während die französische Traditionslinie von Anfang an bis heute an einer gemeinsamen Menschennatur festgehalten und die feststellbaren Unterschiede – die „mentalités" und „sensibilités" der späteren Annales-Historie – ephemeren Prägungen historisch-kultureller und individuell-lebensgeschichtlicher Art zugeschrieben hat, sieht die deutsche Theorie die Ursache der Differenzen eher in den durch die biologische Abstammung bestimmten und durch ein langes Zusammenleben der Menschen in einem Volk geformten jeweiligen „Geist der Völker". An der Vorstellung von einer angeborenen nationalen Mentalität, die unterschiedlichste individuelle Äußerungen in einer menschlichen Großgemeinschaft zu einer Einheit zu integrieren vermag, hat man in Deutschland zusammen mit anderen Forschungstraditionen bis in die Mitte des 20. Jahrhunderts im wesentlichen festgehalten.

Darüber hinaus bildet sich seit dem letzten Drittel des 19. Jahrhunderts auch eine methodisch neu begründete und in Begriff und Programmatik eigenständige „Kulturgeschichte" heraus, deren öffentlich wirksames Organ die 1893 von G. Steinhausen gegründete „Zeitschrift für Kulturgeschichte" ist, welche sich seit 1903 bis heute unter der Bezeichnung „Archiv für Kulturgeschichte" in vorwiegend literarischen Stil dem Kleinen und Nahen in der Kultur und in den Kulturen zuwendet[35], dabei aber Abstand von bloßer „Brauchtums- und Sittengeschichte" hält. Sowohl jene Völkerpsychologie als auch diese Kulturgeschichtsschreibung haben als in Deutschland entwickelte Ansätze eine Nähe zu der hier im selben Zeitraum entstehenden Völkerkunde, zu der deutschen Ethnologie. (s. Kap. 29)

---

[32] Weltweit als erster hat er 1879 in Leipzig ein psychologisches Labor eingerichtet.

[33] *W. Wundt*: Völkerpsychologie: Eine Untersuchung der Entwicklungsgesetze von Sprache, Mythos und Sitte. Bde. 1-10, Leipzig 1900-1920.

[34] Vgl. Kapitel 25. Nach Auffassung von *B. Streck* (W.M. Wundt, in: Feest/Kohl 2001, 524-31) wäre W. Wundt deshalb eigentlich auch zu den Gründervätern der Ethnologie zu rechnen, was am besten seine Schrift „Elemente der Völkerpsychologie. Grundlinien einer psychologischen Entwicklungsgeschichte der Menschheit, Leipzig 1912, belege.

[35] Das zum 100jährigen Jubiläum 2003 herausgegebene Heft enthält neben Rückblicken auch mehrere Beiträge zum gegenwärtigen Status der Kulturgeschichte.

2.7 Die historiographische Bedeutung der sozialwissenschaftlichen Ansätze

Fragt man nach der kulturhistorischen Leistungsfähigkeit der sozialwissenschaftlichen Ansätze insgesamt, dann kann man drei Einsichten festhalten. Die erste – freilich mehr als selbstverständliche – Einsicht ist, daß die *Sozialität des Menschen* einen (wissenschaftlichen) Gegenstand sui generis begründet, also kein bloß aus Bestimmungsmerkmalen der menschlichen Individualität abgeleitetes (freilich auch kein ihr übergeordnetes) Phänomen ist, und in diesem mit der Individualität verschränkten Status prinzipiell auch immer ein *historisches Phänomen* ist. Das ist der Grund, weshalb die Sozialwissenschaften ihren Gegenstand auch immer historisch und die historischen Wissenschaften den ihrigen systematisch betrachten und erfassen müssen.

Daraus folgt die zweite Einsicht, daß allen Sozialwissenschaften sinnvollerweise historische Teildisziplinen zuzuordnen sind, wie umgekehrt alle historischen Wissenschaften in bestimmten Teildisziplinen auch Sozialwissenschaft betreiben müssen bzw. daß eine allgemeine, freilich thematisch und disziplinär differenzierte *Historische Sozialwissenschaft* die Verbindung zwischen beiden Wissenschaftstypen herstellen muß. Die Berücksichtigung der historischen Sichtweise war in den Sozialwissenschaften solange kein noch erst zu begründendes Erfordernis, wie deren meiste Vertreter noch aus der Philosophie oder den historischen Wissenschaften selbst kamen – was bis in die erste Hälfte des 20. Jahrhunderts üblich war – und sie von ihrer Grundeinstellung und Kompetenz her die Geschichtlichkeit ihrer Gegenstände gleichsam selbstverständlich in Betracht zogen, woraus sich die multidisziplinäre Leistung z.B. von Max Weber erklärt.

Die dritte Einsicht schließlich ist, daß der sozialwissenschaftliche Ansatz – mehr als Diltheys geisteswissenschaftlicher Ansatz – das *rational konstruierende und begründende Moment* für unverzichtbar auch im kulturwissenschaftlichen Erkenntnisprozeß erklärt. Die Sozialwissenschaften hegen deshalb im allgemeinen kein lebensphilosophisches Mißtrauen gegenüber dem „kalten" Verstand und der abstrakten Rationalität empirischer Ursachenanalyse, welche die angeblich ursprünglichere und authentischere Wahrnehmung des Subjektes entstellten. Eine ihrer besonderen Leistungen besteht darin, daß sie durch die quantitative Erhebung und In-Beziehung-Setzung von „Oberflächen"-Daten Tiefenstrukturen der sozialen Wirklichkeit als interpretationsfähige Konstrukte herausarbeiten können, die ihrerseits Ausdruck von Interessen gesellschaftlicher Gruppen sind, also Strukturen, die aufgrund der wechselseitigen Konstitution der menschliche Existenz durch Individualität und Sozialität geschichtlich begründet sind.

3. Lamprecht, Breysig:
Geschichtswissenschaftliche Versuche einer Rückgewinnung der Sozial- und Universalgeschichte

Begreift man Diltheys Versuch einer allgemeinen Grundlegung der historischen Wissenschaften als bloßes Explizitmachen dessen, was die historische Forschung ohnehin schon seit dem späten 18. Jahrhundert angeleitet hat, dann könnte man unter dem Blickwinkel der Geschichtstheorie fragen, ob danach – zwischen 1880 und 1965 in der deutschen Geschichtswissenschaft thematisch und methodisch überhaupt etwas prinzipiell Neues hinzukommt. Denn hier führt man im wesentlichen die historistische Forschungspraxis und -theorie des 19. Jahrhunderts fort, betreibt hauptsächlich Politische Geschichte und ignoriert neue Impulse und Herausforderungen entweder fast gänzlich oder wehrt sie, mit dem bisherigen Erfolg im Rücken, schroff ab. Für eine solche Abwehr bzw. Ignorierung sind zum einen der sozialgeschichtliche Ansatz von KARL LAMPRECHT (1856-1915) und zum andern das universalhistorische Werk von KURT BREYSIG (1866-1940) lehrreiche Beispiele.

3.1 Lamprecht: Die Wirtschafts-, Sozial- und Kulturgeschichte als Kernbereich der Historie
Der sich an Lamprechts Ansatz entzündende Methodenstreit ist immerhin hart und öffentlich ausgefochten worden. Etwa zeitgleich mit Diltheys „philosophischer" Verpflichtung der Geisteswissenschaften auf das subjektgebundene Verstehen der historisch-gesellschaftlichen Wirklichkeit und mit Webers Begründung der Soziologie als einer historisch-systematischen Wissenschaft vom sinnverstehenden sozialen Handeln macht in der Person Lamprechts auch ein Fachhistoriker die soziale Wirklichkeit der Menschen in seiner Forschung und seiner Geschichtstheorie zum Thema. Das allein hätte wenig Aufmerksamkeit auf sich gezogen, jedenfalls dann, wenn sich Lamprecht mit einer bloßen Aufwertung dieses Themas begnügt und nicht sein eigenes Fach, die Geschichtswissenschaft, durch die Erklärung, daß die (Kultur-)Geschichte des Sozialen überhaupt deren zentraler Gegenstand sei, frontal herausgefordert hätte.[36] So wurde dieser Anspruch als ein Angriff auf die bisherige Erfolgsgeschichte des Faches und als eine Abwertung der Erforschung der sich im staatlichen Handeln manifestierenden politischen Geschichte verstanden. Demgegenüber mußte die Erforschung der materiellen „Verhältnisse" der Menschen, gar ihres gewöhnlichen Verhaltens im Alltag, ihres Wirtschaftens, Fühlens und Denkens als unbedeutend erscheinen.

Der Auslöser des Streits waren zunächst allerdings nicht die von Lamprecht vorgelegten Forschungsarbeiten selbst, das Buch „Deutsches Wirtschaftsleben im Mittelalter" (1885/86) und die zwischen 1891-95 in fünf Bänden veröffentlichte „Deutsche Geschichte"[37], sondern die konzeptionelle Begründung, die er seinem sozial- und wirtschaftsgeschichtlichen Vorstoß 1896/97 unter dem Titel „Was ist Kulturgeschichte? Beitrag zu einer empirischen Historik"[38] gegeben hat.

---

[36] Zur randständigen „Culturgeschichte" vgl. Kap. 22, 4.
[37] Vollständig in 14 Bänden, mit zwei Ergänzungsbänden Berlin 1891-1909.
[38] In: Deutsche Zeitschrift für Geschichtswissenschaft, 1896/97, 75–145, wieder abgedruckt bei *H. Schleier* (Hg.): Karl Lamprecht. Alternativen zu Ranke. Schriften zur Geschichtstheorie,

Die scharfe Kritik der Zunft daran hat Lamprecht dann bis zu seinem frühen Tode veranlaßt, seine Position in weiteren Werken zu präzisieren und zu verteidigen.[39] Ausgehend von einer Kritik an der älteren Kulturgeschichte als einer thematisch willkürlich und unmethodisch vorgehenden „Archäologie des Bric-a-brac", d.h. des unsystematischen Sammelns, Anhäufens und Sichtens von „Plunder", greift Lamprecht die etablierte Geschichtswissenschaft mit der These an, daß die kulturellen Sphären nicht nur Rahmenbedingungen der politischen und Ideengeschichte, sondern die Ursache allen geschichtlichen Wandels selbst sind, daß die Subjekte des Geschichtsprozesses nicht die „großen Männer" (Treitschke), sondern zum einen – in der Linie Herders – die Nationen und zum andern – im Unterschied zu Herder – die wirtschaftlichen Verhältnisse – wie Marx behauptet hat – und die seelische Entwicklung der Vielen seien. In der komplexen, jedoch gesetzmäßigen Verkettung höherer und niederer Kulturleistungen, sozialer Verhaltensweisen und Institutionen sowie staatlicher, regionaler und lokaler Wirtschaftsverhältnisse sieht er den Prozeß der Geschichte fortschreiten.[40] Der sich an diesen Vorstoß anschließende Streit ist dann zwar nicht zum Wendepunkt und zur Etablierung der neuen Sichtweise in der Geschichtswissenschaft geworden, er markiert vielmehr ihre entschiedene Ablehnung und das Insistieren des Faches auf der Politischen Geschichte als dem zentralen Thema. An diesen Vorstoß hat sich aber seither die Vorstellung geknüpft, daß es in der Geschichtswissenschaft eine Alternative zur politischen Ereignisgeschichte gibt – bis diese dann in einem zweiten sozialhistorischen Anlauf in Deutschland seit den 1960er Jahren auch wirklich genutzt worden ist.

3.2 Breysig: Die Universalgeschichte der Menschheit als Gegenstand der Historie

Bei der damaligen Abwehr des sozialhistorischen Ansatzes ist bis heute wenig beachtet worden, daß Lamprecht auch universalhistorisch argumentiert hat.[41] Darin hat ihn jedoch in Theorie und Forschung ein im Fach zwar weniger angegriffener, aber zugleich in seiner Leistung auch weniger gewürdigter Historiker übertroffen. Es handelt sich um Kurt Breysig, dessen universalhistorisches Konzept mit der dementsprechenden „Geschichte der Menschheit" erst im vergangenen Jahrzehnt wieder entdeckt und in seiner Bedeutung erkannt worden ist.[42] In der unvollendet

---

Leipzig 1988, 143-207.

[39] Die kulturhistorische Methode (1900), Moderne Geschichtswissenschaft (1905) und Einführung in das historische Denken (1912).

[40] Eine Integration des sozialhistorischen Ansatzes Lamprechts in die historistischen Geschichtsmethodik nimmt das zum Klassiker gewordene und in vielen Auflagen erschienene „Lehrbuch der historischen Methode" (Leipzig 1889 ff.) von *E. Bernheim* vor.

[41] Lamprecht gründet als erster in Deutschland 1909 ein Institut für Universalgeschichte. Unter ihr versteht er die „Gesamtgeschichte der menschlichen Kulturentwicklung". Zur Wirkungsgeschichte Lamprechts vgl. *G. Diesener* (Hg.): Karl Lamprecht weiterdenken. Universal- und Kulturgeschichte heute, Leipzig 1993; *M. Middell:* Weltgeschichtsschreibung im Zeitalter der Verfachlichung und Professionalisierung. Das Leipziger Institut für Kultur und Universalgeschichte 1890-1990; 3 Bde., Leipzig 2006.

[42] Vgl. dazu die vorzügliche Einleitung, die *H. Böhme* unter dem Titel „ ‚Der Dämon des Zweiwegs'. Kurt Breysigs Kampf um die Universalhistorie" der Wiederherausgabe von dessen „Die Geschichte der Menschheit" gegeben hat (Berlin/New York 2001, Bd. 1, V – XXVII).

gebliebenen, gleichwohl viele Bände umfassenden Darstellung wollte der Alleinforscher und -Verfasser Breysig „kein Maulwurf, sondern Adler sein". Dies schien ihm, unter Verzicht auf kleinteilige Quellenforschung, nur durch den Mut zu weitgreifenden Zusammenfassungen bereits herausgegebener und ausgewerteter Dokumente möglich. In realistischer Einschätzung der damit übernommenen Aufgabe der Erfassung und Deutung des wirklich Wesentlichen und überhaupt der Schwierigkeiten seines „megalomanen Projektes" setzte er sich zum Ziel, zwischen dem „Imperativ der historischen Detailfülle und dem Imperativ des erhabenen Blicks über das Ganze der Geschichte (2001, XVIII f.) in einer gleichsam „kinematographischen Verkürzung", d.h. im Zeitraffer, den geschichtlichen Wandel, das „Werden" zu erkennen und „im tollen Wirrwarr der politischen Geschichte das Allgemeine ab[zu]schöpfen" (1896) (2001, X). Er begriff die Geschichte der Menschheit als einen vielgestaltigen Entwicklungsprozeß. Diesen faßte er in die Metapher eines Marsches der Gruppen, Stämme und Völker durch eine unermeßlich große Wüste, eines Marsches, dessen grobe Richtung zwar feststeht, deren Personenverbände sich jedoch unterschiedlich schnell und ungeordnet fortbewegen, mit dem Untergang der einen, dem Verharren anderer und dem Vorpreschen anderer. Diese vielfältige, den Umwegen, Ungleichzeitigkeiten und Zähigkeiten von Traditionen Rechnung tragende geschichtliche Marschordnung habe sich zur Gegenwart hin immer mehr vereinheitlicht, so daß, „wenn der weiße Mann [in seiner „stets wachen Raub- und Mordlust", wie er an anderer Stelle schreibt] alle Völker der Erde der eigenen Heerschar einverleibt, d.h. sie europäisiert oder sie vertilgt oder sie bis zur Unkenntlichkeit geknechtet hat", dann werde „wenigstens scheinbar Geradlinigkeit und Uniformität hergestellt sein."[43] Das bewegende Moment in diesem Prozeß sei das sich wandelnde Verhältnis zwischen Individuum und Gesellschaft, so daß anzunehmen sei, „ ...dass aus eben diesem Verhältniß die wichtigsten Thatsachen der sozialen Geschichte entspringen, dass seine Wandlungen recht eigentlich epochemachend sind, daß nach ihm sich die Zeitalter der gesellschaftlichen Entwicklung der Völker scheiden." (Breysig Bd. 1, 1900, 19).[44]

Inhaltlich ist Breysigs Darstellung im Detail wie auch in der Beurteilung von Epochen und Völkern heute zwar überholt – etwa bei der Beschreibung der „Naturvölker", weil er sich dabei auf z.T. wenig zuverlässige ethnologische Quellen des ausgehenden 19. Jahrhunderts stützen mußte -, sein Konzept aber, in Vorworten verstreut und vor allem in Bd. 1 seiner „Kulturgeschichte der Neuzeit" unter dem Titel „Aufgabe und Maßstäbe einer allgemeinen Geschichtsschreibung"[45] niedergelegt, ist, wie H. Böhme schreibt, eine „Struktur-, Mentalitäts- und Psychogeschichte ‚avant la lettre'"[46], und sein Kulturbegriff ist ganz und gar modern und unterscheidet sich auch in den erläuternden Formulierungen nur wenig von dem gegenwärtig üblichen:

---

[43] Breysig 2001, 2 (aus seinem Vorwort zu Bd. 1, nach der Textfassung von 1907).
[44] Zitiert nach Daniel 2001, 209.
[45] Berlin 1900.
[46] 2001, VI.

Die Kultur, die ich meine, umfaßt im buchstäblichen Sinn des Wortes alle sozialen Institutionen, wie alles geistige Schaffen. Ich möchte von Verfassung und Verwaltung der Staaten eben so viel von Recht und Sitte der Gesellschaft, vom Schicksal der Klassen und Stände eben so viel wie von dem äußeren Verhalten der politisch geeinten Völker in Krieg und Frieden erzählen. Ich möchte die Geschichte der Dichtung und der bildenden Kunst, der Wissenschaft und des Glaubens gleichmäßig überliefern.

Die sich selbst gestellte Aufgabe sah er deshalb so:
Ich möchte vor Allem die Fäden aufdecken, die geistiges und soziales Leben der Völker mit einander verbunden und umsponnen halten" (ebenda S. VII).

Einer besonderen Erwähnung bedarf, daß Breysig nicht nur der Ur- und Frühgeschichte breiten Raum gewährt, sondern auch als einer der ersten Fachhistoriker – oder als erster überhaupt? – in seiner Schrift „Naturgeschichte und Menschheitsgeschichte"[47] versucht, die Kulturgeschichte der Menschheit um ihre *Natur*geschichte zu erweitern.

---

[47] Berlin 1933.

Teil D
Wege und Wenden des historischen Denkens im 20. Jahrhundert

28. Kulturphilosophie und *histoire totale:*
Kulturwissenschaftliche Anstöße am Beginn des 20. Jahrhunderts

1. Neukantianismus, Phänomenologie und „symbolische Formen":
   Abwehr und Relativierung der Historisierung der Kultur　　　　482
2. Kulturphilosophische und universalhistorische Ansätze　　　　488
3. *„Histoire totale", „History of civilization"* und archivierende Historie:
   Neue und alte (populär-)wissenschaftliche Wege der Historie nach 1900　　　　492

Wenn man auf das erste Drittel des 20. Jahrhunderts blickt und dabei zunächst die noch größeren Umwälzungen nach 1930 ausklammert, so drängt sich die Erkenntnis auf, daß es in der europäischen Geschichte kaum je eine Zeit gegeben hat, in der die Politik, die Wirtschaft, die Technik und die Kultur so tief in das Leben der Individuen eingegriffen haben wie damals. Geprägt waren diese Jahrzehnte von unüberbrückbaren politischen Spannungen zwischen nationalistischen, monarchistischen, diktatorischen, kommunistischen, sozialistischen, demokratisch-egalitären, sozialdarwinistischen, liberalistischen und anarchistischen Einstellungen, von „Kulturkämpfen", intellektuellen Experimenten und radikalen „Lebensreform"-Bewegungen sowie von weitreichenden und in ihren Auswirkungen unumkehrbaren wissenschaftlichen Erkenntnissen (u.a. Relativitätstheorie, Atommodell und Quantenphysik) und technischen Neuerungen (u.a. Telefon, Flugzeug, Auto, Kino und Radio), von weiterbestehenden großen ökonomischen und bildungsmäßigen Unterschieden zwischen dem Adel und dem Bürgertum einerseits und dem städtischen Proletariat und den Bauern und Arbeitern auf dem Lande andererseits und von weltanschaulichen Unterschieden zwischen traditionell christlichen, aufgeklärt-freidenkerischen und religiös indifferenten Bürgern. Hinzukommen schließlich noch viele künstlerische Anfänge, Revolutionen und mediale Neuerungen: in der Dichtung (u.a. Naturalismus, Expressionismus), in der Bildenden Kunst (vor allem die Stile der sog. klassischen Moderne, u.a. des Kubismus, des Surrealismus, der abstrakten Kunst, des „Bauhauses"), in der Neuen Musik (u.a. Zwölftonmusik, atonale Kompositionstechniken), in der Popularmusik (u.a. Jazz) und überhaupt in den neuen Formen der Massenunterhaltung (vor allem im Film). Blutig überschattet war dies alles vom ersten Weltkrieg – der politischen „Urkatastrophe des 20. Jahrhunderts" –, von der russischen Oktoberrevolution und dann vom spanischen Bürgerkrieg. Und mit der Machtergreifung der Faschisten in Italien und der Nationalsozialisten in Deutschland zeichnete sich am politischen Horizont schon der nächste Weltkrieg ab.

Diese allgemeine Erregtheit der Zeit schlägt indes kaum auf die Art der wissenschaftlichen Forschung durch. Hier argumentiert man alles in allem wie zuvor in einem ruhigen und rationalen Ton. Auch zeichnet sich das historische Denken trotz seiner lebensphilosophischen Imprägnierung durch eine Fülle durchdachter Neuansätze aus. Nachdem schon im letzten Drittel des 19. Jahrhunderts der Kulturbegriff wieder an Bedeutung gewonnen und dabei eine Erweiterung seines Inhalts erfahren hatte – nämlich in Burckhardts Trias der geschichtlichen Potenzen ebenso wie in Nietzsches lebensphilosophischer Kulturkritik, in Diltheys Begründung der

Geisteswissenschaften als Wissenschaften vom Verstehen kultureller Hervorbringungen, in Webers auf soziales Handeln bezogener „Verstehender Soziologie" und in der kulturhistorischen Rückgewinnung der Sozial- und Universalgeschichte durch Lamprecht und Breysig -, rückt die Reflexion über den Status der Kultur im ersten Drittel des 20. Jahrhunderts noch mehr ins Zentrum des Wissenschaftsinteresses und der allgemeinen geistigen Auseinandersetzung. Das findet seinen Ausdruck in einem ganzen Bündel von Ansätzen, die sich bei überwiegendem Gegenwarts- und Zukunftsbezug auch fast alle in charakteristischer Weise in ein Verhältnis zur *Geschichte* der Kultur setzen: *wertphilosophisch* im Neukantianismus und *phänomenologisch* in Husserls Bewußtseins-transzendentalismus (Abschnitt 1) sowie *symboltheoretisch, kultursoziologisch, kunsthistorisch* und *universalhistorisch* u.a. in den Theorien und Schriften von Cassirer, Scheler, Mannheim, Warburg und Spengler (Abschnitt 2). Diese Theorien unterscheiden sich ganz erheblich voneinander. Gemeinsam ist ihnen aber, daß sie „Kultur" nicht nur als ein bereichsspezifisches und aus besonderen ökonomischen, sozialen oder politischen Prozessen abgeleitetes (Überbau-)Phänomen begreifen, sondern – wie es heute das definitorische Kennzeichen der Kulturwissenschaften ist - als Inbegriff der menschlichen Bewußtseins-, Handlungs- und Schaffenswelt überhaupt verstehen. Zur damaligen Wirkung dieser Anstöße auch beim nicht-fachlichen Publikum hat sicherlich beigetragen, daß diese zumeist von solchen Wissenschaftlern und Künstlern kommen, die die üblichen Fachgrenzen überschreiten und ein Gespür für das haben, was Menschen im Übergang von einer durch traditionelle ständische Sicherheiten und Werte geprägten Welt zu einer offeneren, riskanteren und ständig von neuen Chancen, Herausforderungen und Bedrohungen gezeichneten Massengesellschaft umtreibt. Dies hat die sich in Wissenschaft und Publizistik nun als eine besondere Gruppe begreifenden Intellektuellen von Beruf und Berufung - außer zu zahlreichen Analysen des „gegenwärtigen Zeitalters" - auch zu vielfältiger historischer Deutung veranlaßt.[1] Parallel zu jenen kulturhistorischen Ansätzen in Deutschland nach 1900 (und vergleichbaren anderen in ganz Europa und Nordamerika) gewinnt die internationale Geschichtswissenschaft seit den 20er Jahren in Gestalt der alle Erscheinungsformen der Kultur umfassenden Geschichtstheorie der französischen Annales-Schule und der „History of civilization" in England und Amerika mit neuen ideen- und sozialwissenschaftlichen Verfahren ein sich zukunftsträchtig sowohl vom deutschen historistischen Modell als auch von jener deutschen Kulturtheorie abhebendes Profil (Abschnitt 3).

---

[1] Um diese Ansätze war es nach der Mitte des 20. Jahrhunderts allerdings still geworden - bis sie kürzlich wiederentdeckt wurden und heute im Zuge der kulturwissenschaftlichen Wende in den Humanwissenschaften eine Renaissance erleben. Es wird darauf deshalb in Kapitel 41 zurückzukommen sein. Diesen Wandel der Beurteilung zeigen in neueren Veröffentlichungen u.a. an: *S. Haas*: Historische Kulturforschung in Deutschland 1880–1930, Köln u.a. 1994; *G. Scholtz*: Zum Strukturwandel in den Grundlagen kulturwissenschaftlichen Denkens (1880–1945), in: Geschichtsdiskurs, Bd. 4, 1997, 19–50; und *U. Daniel*: Kompendium Kulturgeschichte. Theorien, Praxis, Schlüsselwörter, Frankfurt 2001, 186–204 [ein knapper Überblick über die Geschichte der Kulturgeschichte im 20. Jahrhundert].

1. Neukantianismus, Phänomenologie und „symbolische Formen": Abwehr und Relativierung der Historisierung der Kultur

Wenn so der Kulturbegriff die umfassende Bedeutung, die er im 18. Jahrhundert hatte und ihm Laufe des 19. Jahrhunderts in Deutschland weitgehend abhanden gekommen war, im Bewußtsein der Gebildeten um 1900 allmählich wieder erlangt, so ist seine Auslegung in den Wissenschaften doch sehr unterschiedlich. In der Philosophie inspiriert der Begriff nicht nur das Entstehen einer vielgestaltigen *Kulturphilosophie*, sondern wird „Kultur" auch zu einem Prüfstein des Selbstverständnisses und der Begründung der Philosophie selbst. Die Auseinandersetzung mit „Kultur" in einem prinzipiellen Sinne war für die Philosophie vor allem deswegen unausweichlich geworden, weil ihr durch die Erkenntnis und allgemeine Anerkennung des Prinzips der Geschichtlichkeit aller Kultur und näherhin durch den auch die Vernunft historisierenden und relativierenden Historismus drohte, ihr traditioneller Gegenstand, nämlich das Allgemeine, das Unbedingte und das Unveränderliche, verloren zu gehen und selbst zu einer sich historisch wandelnden Weltanschauung herabgestuft zu werden. Unumgänglich stellte sich dieses Problem sowohl bei der Frage nach dem Status der unhistorisch auf die Natur der Dinge gegründeten Transzendentalphilosophie Kants als auch beim Anspruch der historischen Wissenschaften, in der Kultur prinzipiell nichts Überzeitlich-Beständiges, sondern nur Individuelles und Zeitgebundenes gelten zu lassen. Die meisten damals von der Philosophie hierzu vorgetragenen Antworten sind Versuche, die Geschichtlichkeit der Kultur im empirischen Sinne einerseits anzuerkennen, ihre Grundstrukturen andererseits transzendental zu begründen. Für das Festhalten an letzterem hat vor allem der sog. Neukantianismus und Husserl mit seiner Phänomenologie gefochten. Cassirer hat demgegenüber seine Philosophie der „symbolischen Formen" dezidert universalhistorisch fundiert.

1.1 Windelband und Rickert: Der wertphilosophische Neukantianismus

Die Kritik des in der akademischen Philosophie zwischen 1880 und 1930 vorherrschenden sog. Neukantianismus setzt am *Wertrelativismus des Historismus* an. Er drohte, die seit der Aufklärung schon vielfältig in Frage gestellte Geltung und Hierarchie der Werte vollends zum Einsturz zu bringen. Auf die Frage nach dem Status historischer Erkenntnis, ihrer „Wahrheit" sowie ihrem „Sitz" und ihrer Geltung „im Leben" hatte der Historismus dezidiert die Antwortet gegeben, daß jede an einer bestimmten historischen Individualität historisch-kritisch gewonnene Einsicht mit dem gleichen Anspruch auf Wahrheit auftreten könne wie jede andere davon abweichende Erkenntnis, sofern sie nur in eben dieser Weise an einem anderen Individuellem gewonnen sei. Diese Sichtweise war allerdings schon in der Blütezeit der historistischen Forschung nicht unumstritten. Die Kritik daran hatten gegen Ende des 19. Jahrhunderts bereits Nietzsche und allgemein die Lebensphilosophie aus lebenspraktischen Gründen deutlich artikuliert. Denn die historische „Tatsachenforschung", gleich, ob sie eher historistisch oder eher positivistisch ausgerichtet ist, kommt mit ihrer methodisch begründeten Standpunktlosigkeit nicht umhin, beständig – wenn auch eher unbeabsichtigt - eine Desillusionierung über den Wert von im kulturellen Gedächtnis bisher für vorbildlich gehaltenen Personen, Institutionen, Werken und Ereignissen zu betreiben, ohne im Zuge dieses allgemeinen „Sinnverzehrs" etwas Zeitüberdauerndes an die Stelle setzen und sagen zu können, woran sich die Individuen in ihrer Lebensführung zu orientieren hätten, ob die Kultur und ihre Geschichte überhaupt von einem Sinn getragen und welche Bedeutung die darauf bezogene ethische und historische Forschung über die partikulare Erkenntnisse hinaus noch habe. Denn wenn das gegenwärtig oder geschichtlich Einmalige und Faktische mit keinem äußeren Maßstab mehr konfrontiert werden darf, wird in der Mannigfaltigkeit der Phänomene für die Ethik und die Historie alles Handeln und alles menschliche Geschehen im doppelten Sinne des Wortes „gleichgültig" und müssen alle überzeitlichen Sinnprojektionen in die Geschichte hinein nicht nur mehr oder weniger subjektiv-willkürlich, sondern auch gegenstandslos erscheinen.[2]

Dem haben am deutlichsten die Philosophen WILHELM WINDELBAND (1848-1915) und HEINRICH RICKERT (1863-1936), die Hauptvertreter der sog. neukantianischen Wertphilosophie (der „Badischen Schule"), widersprochen. Gegen Diltheys von der Sache her begründeten Unterscheidung zwischen Natur- und Geisteswissenschaften heben sie auf die Differenz der Erkenntnismethode ab. Danach zielen Naturwissenschaftler „nomothetisch" auf das Allgemeine in den Dingen, die Kulturwissenschaftler „idiographisch" auf das Besondere. „Natur" und „Kultur" („Geschichte") meinen demnach nicht zwei unterschiedliche Wirklichkeiten, sondern nur eine einzige:

> Die Wirklichkeit wird Natur, wenn wir sie betrachten mit Rücksicht auf das Allgemeine, sie wird Geschichte, wenn wir sie betrachten mit Rücksicht auf das Besondere und Individuelle [...].[3]

Sie gehen davon aus, daß eine relativistische Wahrheit keine Wahrheit und eine bloß empirisch Sachverhalte feststellende Wissenschaft keine Wissenschaft ist. In Fortführung und zugleich in Abgrenzung von Kants bloß formaler Ethik vertreten sie die Annahme, daß trotz der Vielfalt und des Wandels der Kultur in den Akten des menschlichen Denkens und Fühlens etwas Überindividuelles, Zeitübergreifendes und ideal Gegebenes steckt und die Philosophie in der Lage sei, dieses als einen Kosmos der „Werte" zu erkennen, davon eine materiale *Wertlehre* zu entwerfen, die Werte in eine apriorisch, übergeschichtlich geltende Rangordnung zu bringen und so diese Wissenschaften als „Kulturwissenschaften"[4] prinzipientheoretisch zu begründen. In der Reflexion der so von der „Natur" abgegrenzten „Kultur" konnte es aus Sicht der Wertphilosophie scheinen, daß die Philosophie ihren alten Gegenstand zwar zweigeteilt in jene beiden Wirklichkeitsbereiche von Natur und Kultur, jedoch jeden für sich in einer prinzipiellen Spezifik wiedergefunden habe. Es schien also möglich, das Allgemeine auch in der sich in vielerlei Gestalt zeigenden Kultur zu bestimmen und es in Beziehung zu den historisch entstanden Grundstrukturen set-

---

[2] Vgl. den Rückblick von *K. Heussi*: Die Krisis des Historismus, Tübingen 1932.

[3] *H. Rickert*: Kulturwissenschaft und Naturwissenschaft. Ein Vortrag (1899), Tübingen ³1915, 60.

[4] Rickerts Begriffsvorschlag „Kulturwissenschaften" hat sich damals allerdings nicht gegen den Begriff „Geisteswissenschaften" durchsetzen können.

zen, so daß sich die Philosophie als „Kulturphilosophie" im Sinne einer kritischen Prinzipienwissenschaft der Kultur verstehen konnte.⁵ Der Einfluß des wertphilosophischen Neukantianismus war in allen Geisteswissenschaften zwischen den Weltkriegen groß⁶, ist aber nach 1945 – vor allem wegen des grundsätzlichen Zweifels an einer Apriorität von Werten – immer mehr zurückgegangen.⁷ In der Forschungspraxis der historischen Wissenschaften ist der Einfluß der Wertphilosophie freilich von Anfang an sehr begrenzt gewesen.

Als eine annehmbare Vermittlung zwischen einer vollen Anerkennung des Prinzips der Geschichtlichkeit der Kultur und eines vorgegebenen Systems objektiv gültiger Kulturwerte ist nicht wenigen Humanwissenschaftlern die teleologische Geschichtstheorie des den Kulturprotestantismus um 1900 aufs wirksamste vertretenden Theologen ERNST TROELTSCH (1865–1923)⁸ erschienen. Er hat - im gewissen Sinne Hegel folgend - gemeint hat, daß die Geschichte „sinnerfüllt" sei und es überzeitlich gültige Werte gebe. Deren Wahrheit würde sich im Laufe der Geschichte in ihren Objektivationen artikulieren. In ihrem Studium würde sich zeigen, daß „das [sc. sich historisch wandelnde] Denken [...] in irgendeinem geheimen Bunde mit dem Realen" stehe, so daß die „Hauptfrage der Geschichtsphilosophie" nach dem Verhältnis von historisch Relativen und sachlich Absoluten einer Antwort zustrebe und sich so in der Geschichte und Theologie des Christentums der Weg zu einer allgemeinen Religion(-swissenschaft) abzeichne.⁹ Es handelt sich also um einen Versuch, den aus der universalen Historizität der Kultur folgenden historistischen Relativismus mit dem Studium und der Erkenntnis des sich im Wandel der Kultur normativ Erhaltenden und Orientierung Gebenden der Geschichte zu überwinden.

1.2. Husserls Phänomenologie: Eine transzendentale Enthistorisierung der Kultur

In enger, z.T. auch personeller Beziehung zum Neukantianismus steht die von EDMUND HUSSERL (1859-1938) um 1900 entwickelte „reine Phänomenologie".¹⁰ Als

---

⁵ Vgl. die Zeitschrift „Dialektik. Zeitschrift für Kulturphilosophie", Köln 1980 ff. . Klärend zur „Kulturphilosophie" ist der Beitrag von *H. Schnädelbach*, in Martens/Schnädelbach 1998 II, 508-548; vgl. auch *R. Konersmann:* Kulturphilosophie zur Einführung, Hamburg 2003; die Zs „Dialektik. Zeitschrift für Kulturphilosophie", Köln 1980 ff. .

⁶ Als Kulturpädagogik hat der Neukantianismus im ersten Drittel des 20. Jahrhunderts auch stark die geisteswissenschaftliche Pädagogik in Deutschland geprägt.

⁷ Vgl. *K.Ch. Köhnke*: Entstehung und Aufstieg des Neukantianismus, Frankfurt 1986.

⁸ *E. Troeltsch*: Der Historismus und seine Probleme, Tübingen 1922 (Nachdruck Aalen 1977; Gesammelte Schriften Bd. 3 ; Ausgabe auf 21 Bände geplant und herausgegebenen von F. W. Graf Werke, im Entstehen Berlin 2004 ff.). Vgl. dazu *F.W. Graf* (Hg.): Geschichte durch Geschichte überwinden. Ernst Troeltsch in Berlin, Gütersloh 2006.

⁹ Troeltsch 1922, 183.

¹⁰ Die allgemeine Literaturgrundlage ist heute: *E. Husserl*: Ideen zu einer reinen Phänomenologie und phänomenologischen Philosophie (1913), in: Husserliana – Edmund Husserl. Gesammelte Werke. Hg. Husserl-Archiv (Leuven), Den Haag 1950 ff.; darin Bd. III: Ideen zu einer reinen Phänomenologie und phänomenologischen Philosophie (1913), neu hg. K. Schuhmann. Vgl. auch die mit einer Einführung in Husserls Philosophie herausgegebenen Auswahltextbände von *K. Held*: Die phänomenologische Methode (Bd. I), Stuttgart 1985, Phänomenologie der Lebenswelt (Bd. II), Stuttgart 1986. Einen knapp gefaßten Überblick gibt der Aufsatz von *K. Held*: Edmund Husserl. Transzendentale Phänomenologie: Evidenz und Verantwortung, in: M.

eine zugleich analytische und intuitive Bewußtseinsphilosophie will Husserl die „Philosophie als strenge Wissenschaft" – so betitelt er 1911 einen Aufsatz – neu begründen. Danach soll es die Methode der phänomenologischen Analytik des Subjekts ermöglichen, in der „epochalen" - d.h. sich des (vorschnellen) Urteils enthaltenden und Abstand von allen vorgeordneten und selektierten Wahrnehmungsinhalten haltenden - Erkenntnis der „Sachen selbst", in der „Einklammerung" u.a. des Historischen und des bloß Subjektiven an ihnen und in Schritten der Reduktion auf ihren „objektiven" Wesenskern *jene zeitenthobenen Strukturen der quasi natürlichen Lebenswelt des Menschen zu „erschauen"*, die *im konkreten Welterleben und Handeln das sog. „lebensweltliche Apriori"* sind. Wenn Husserl so die Geschichtlichkeit aus seiner Phänomenologie einerseits ausgeschlossen und deswegen außer philosophiegeschichtlichen Arbeiten auch keinen Beitrag zum Status des Historischen geliefert hat, hat er andererseits doch dem Phänomen der erlebten Zeit und dem Rückgriff auf Gedächtnisinhalte in den Begriffen des „inneren Zeitbewußtseins", der „Retention" und der „Protention" eine anthropologisch-lebensgeschichtliche Aufmerksamkeit geschenkt.[11] Danach ist die Protention die sich ständig im jeweiligen Jetzt neu ausbildende Erwartung des Bewußtseins und die Retention das ebenfalls zur Gegenwart gehörige Bewußtsein des Verfließens der Zeit in die Vergangenheit, wobei beides gemeint ist im Sinne eines passiven Bewußtseins, in dem die aktuellen Impressionen nachhallen und sich in der Wertigkeit und im Grad der Gegenwärtigkeit kontinuierlich verschieben und in dem das Subjekt seiner Zeitlichkeit innewird, ohne dies alles gegenständlich zu intendieren. Die Bedeutung der Retention und Protention besteht darin, daß erst dadurch der Mensch ein Bewußtsein von der Beständigkeit der Dinge und von einer Dauer hat, das über das punktuelle Jetzt hinausreicht.[12]

Husserl versucht so, die im Bewußtsein erscheinenden Gegenstände vom Verdikt des bloß Subjektiven und Beliebigen zu befreien und sie im gewissen Sinne als Objektives zu rehabilitieren. Dabei distanziert er sich zwar klar vom platonischen Ideen-Objektivismus und auch vom kantschen Transzendentalismus und sieht den tragenden Grund aller Erkenntnis allein in der konkreten „Lebenswelt" der menschlichen Individuen: „Das wirklich Erste ist die ‚bloß subjektive-relative' Anschauung des vorwissenschaftlichen Welterlebens [...] Die Wissenschaften bau-

---

Fleischer (Hg.): Philosophen des 20. Jahrhunderts. Eine Einführung, Darmstadt 1995, 79–93.

[11] Vgl. *E. Husserl*: Texte zur Phänomenologie des inneren Zeitbewußtseins (1893-1917), Hamburg 1985.

[12] Diese Theorie berührt sich mit den Reflexionen von *Augustinus* über die dreifache - nämlich Vergangenheit, Gegenwart und Zukunft umfassende - Gegenwärtigkeit der Zeit. Vgl. hierzu *K. Flasch*: Was ist Zeit? Augustinus von Hippo. Das XI. Buch der Confessiones. Historisch-philosophische Studie. Text – Übersetzung – Kommentar, Frankfurt 1993 (vgl. dazu auch Kapitel 47.1). Aus neuerer Zeit wäre hier noch die Philosophie von *Henri Bergson* (1859-1941) zu nennen. Für ihn ist das individuelle Bewußtsein eine fließende, rational nicht festhaltbare, unzerlegbare Mannigfaltigkeit, weshalb das Leben nur durch eigenes Erleben, durch Intuition begreifbar sei. Was er als *élan vital* insgesamt in der Welt schöpferisch sich entfalten sehe, das wirke auch im menschlichen Bewußtsein. Vgl. dazu *H. Bergson*: Essai sur les données immédiates de la conscience, Paris 1889, [23]1924.

en auf der Selbstverständlichkeit der Lebenswelt auf."[13] Indem er aber an die Stelle jener bisherigen „Lebensweltvergessenheit" eine Phänomenologie setzen will, die von einem ahistorisch und ungesellschaftlich gedachten „reinen" Subjekt ausgeht, verfehlt er gerade dieses Ziel. Deshalb muß man Husserls Phänomenologie, Troeltschs Annahme vom überzeitlichen Sinn in der Geschichte und auch alle Ausprägungen des Neukantianismus als letztlich vergebliche Versuche betrachten, die von Platon begonnene Linie der Verwerfung des Veränderlichen in der physischen und kulturellen Welt und damit die Negierung der neueren Einsicht in ihre Geschichtlichkeit nochmals fortzusetzen. Im Hinblick auf die Theorie der Geschichte bleibt von Husserl indes die Vorstellung vom „inneren Zeitbewußtsein" und die Karriere, die nach seinen Tod sein Begriff der „Lebenswelt" in den Sozial- und dann auch in den historischen Wissenschaften als ein auch historisch-gesellschaftlich zu füllender Begriff gemacht hat.[14]

1.3 Cassirer:
Die durch „symbolische Formen" begründete und sich historisch artikulierende Kultur

Vom prinzipientheoretischen Neukantianismus kommt auch der Philosoph ERNST CASSIRER (1874-1945) her. Während er sich den „geistigen Gestaltungsprozessen" in Religion, Kunst, Sprache und Mythos zuwendet, erkennt er, daß uns die Kultur nicht unmittelbar in Vorstellungen unseres Bewußtseins, sondern immer nur vermittelt über Symbole gegeben ist. Wir leben in einer durch symbolische Formen konstituierten und gedeuteten Welt. Symbole sind die Mittel, deren sich das „*animal symbolicum*"[15] bedient, um bedeutungshaltige Wirklichkeiten zu verstehen und zu schaffen. Das veranlaßt Cassirer, Kants Kategorien und Urteilsformen des Verstandes durch die sich in Lebensformen und Zeichensystemen, also in symbolischen Ordnungen, entfaltende Kultur zu ersetzen:

> Wenn alle Kultur sich in der Erschaffung bestimmter geistiger Bildwelten, bestimmter symbolischer Formen wirksam erweist, so besteht das Ziel der Philosophie [...] darin, sie in ihrem gestaltenden Grundprinzip zu verstehen und bewußt zu machen.[16]

Bei seiner darauf bezogenen Ausarbeitung einer „Philosophie der symbolischen Formen" (1923-29)[17] geht er noch einen weiteren Schritt über Kant und den Neukantianismus hinaus, indem er die Geschichtlichkeit der symbolisch verfaßten Kultur zu

---

[13] Die Krisis der europäischen Wissenschaften und die transzendentale Phänomenologie. Eine Einleitung in die phänomenologische Philosophie, in: GW, Bd. VI, hg. von W. Biemel 1954; hier zitiert nach *E. Husserl*: Phänomenologie der Lebenswelt, Ausgewählte Texte II, Stuttgart 1986, 280 f. .

[14] Von geschichtstheoretischen Interesse ist dieser Lebenswelt-Ansatz erst in der Umdeutung durch A. Schütz und dann auch durch die Arbeiten von P.L. Berger und Th. Luckmann in Amerika geworden (vgl. dazu Kapitel 37.3.).

[15] Formuliert in Abhebung von der klassischen Bezeichnung des Menschen als *animal rationale*.

[16] 1977, 51.

[17] Nachdruck Darmstadt 1977, jetzt als neu herausgegebene und bearbeitete Bände 11, 12 und 13 im Erscheinen in: *E. Cassirer*: Gesammelte Werke. Hg. B. Recki, Hamburger Ausgabe, Darmstadt 1998 ff.

einem ihrer konstitutiven Momente macht und so dieser Philosophie eine Universalgeschichte zugrundelegt. Danach entfaltet sich die Kultur menschheitsgeschichtlich in einem durch jeweils eigene Logiken und Entwicklungen gekennzeichneten *Dreischritt der symbolischen Formen*, zunächst der *Sprache* (dargestellt 1923, als Teil 1), dann des *mythischen Denkens* (1925, als Teil 2) und schließlich des (*wissenschaftlichen*) *Erkennens* („Phänomenologie der Erkenntnis", 1929, als Teil 3). Alle symbolischen Formenbereiche werden einerseits durch ein gemeinsames Band allgemeiner Sinn- und Strukturprinzipien zusammengehalten, andererseits entfalten sie ihre immer neuen Gebilde entsprechend ihrer besonderen Funktion in der Kultur. Diese sind, mit den Worten Cassirers, „die vielgestaltigen Fäden, aus denen das Symbolnetz, das Gespinst menschlicher Erfahrung gewebt ist. Aller Fortschritt im Denken und in der Erfahrung verfeinert und festigt dieses Netz."[18] Aber daran bleibt der Mensch gebunden und kann nicht mehr tun, als in Sprache, Religion, Kunst und Wissenschaft „sein eigenes Universum zu errichten – ein symbolisches Universum, das ihn befähigt, seine Erfahrungen zu verstehen und zu deuten, zu gliedern und zu ordnen, zu synthetisieren und zu verallgemeinern".[19]

Was Cassirers semiotische Kulturtheorie in neuerer Zeit sowohl für die Geschichtstheorie als auch für die Philosophie und die Kulturtheorie attraktiv gemacht hat, ist, daß sie einerseits eine Philosophie der sich in allgemeinen Formen *historisch* entfaltenden Kultur ist und dabei auch Erkenntnisse über historische Epochen einbezieht[20] und andererseits ein Ausdruck der sich seit den 1920er Jahren vollziehenden Hinwendung zu *Strukturen*. Sie manifestiert sich in der literaturwissenschaftlichen Erforschung „einfachen Formen" der Dichtung, im sich damals in der Philologie andeutenden Übergang von der historischen Sprachwissenschaft zur Linguistik (Strukturalismus) und in der sich in der Philosophie abzeichnenden Wende zur sprachanalytischen Theorie (*linguistic turn*). Das so der Geschichte und der Gesellschaft in wohldefinierter systematischer Absicht zunächst ganz enthobene Denken in Strukturen (Formen) der Sprache, des Bewußtseins, des Mythos, der wissenschaftlichen Erkenntnis, der Literatur, der Musik und der Bildenden Kunst erlangt seinen größten Zuspruch freilich erst später, zwischen 1930 und 1965, zunächst im linguistischen Strukturalismus, in der werkimmanenten literarischen, musikalischen und künstlerischen Interpretation und in der analytischen Philosophie und danach bis in die Gegenwart in der neostrukturalistischen und system- und strukturtheoretischen Fortsetzung dieser Ansätze. Gerade wegen der zeitweilig harten Abgrenzung aller dieser Ansätze vom historischen Zugang zur Kultur - und damit auch vom universalhistorischen Moment von Cassirers Philosophie - werden diese in den einschlägigen Abschnitten der nächsten Kapitel dargestellt.

---

[18] E. *Cassirer*: Versuch über den Menschen. Einführung in die Philosophie der Kultur (An Essay on Man. An Introduction to a Philosophy of Human Nature, 1944), Stuttgart 1960, Frankfurt 1990, 25. Dieses Sprachbild hat später der Kulturanthropologe C. Geertz zur Definition von „Kultur" aufgenommen (vgl. Kapitel 41.2.2.).

[19] Cassirer 1990, 334 f. (vgl. dazu Oexle 1998, 144–146).

[20] Ein spätes Produkt dieses historischen Denkens ist sein bedeutendes Buch: Die Philosophie der Aufklärung (1932), Hamburg 1998.

2. Kulturphilosophische und universalhistorische Ansätze

Eine besondere Herausforderung ist das Prinzip der Geschichtlichkeit für die nach dem Ersten Weltkrieg entstehende Wissenssoziologie und für die neuere ästhetische Theorie der Kultur gewesen. Auch hier wird der Versuch gemacht, die Geltung universaler Formen insbesondere in den Schönen Künsten aufrechtzuerhalten und die Geschichtlichkeit konkreter Formen diesen nachzuordnen.[21] Es überwiegen hier aber die Theorien, die von einer wechselseitigen systematischen und historischen Konstituierung ihrer Gegenstände ausgehen.

2.1 Scheler, Mannheim, Warburg:
   Kulturphilosophie seitens der Wissenssoziologie und Kunstgeschichte

Eine in diesem doppelten Sinne begründete Fundierung hat die vor allem von MAX SCHELER (1874-1928)[22] und von KARL MANNHEIM (1893-1947)[23] in den 1920er Jahren als ein philosophisches Spezialgebiet der Soziologie entwickelte sog. *Wissens- bzw. Kultursoziologie* erhalten.[24] Eine zugleich systematisch und historisch angelegte Disziplin ist sie insofern, als ihr erklärtes Ziel die Untersuchung des Einflusses historisch-gesellschaftlicher Faktoren auf Bewußtseinsinhalte sowie Wissens- und Denkformen ist. Die „radikale" Wissenssoziologie Mannheims stützt sich ausdrücklich auf Marx' These, nach der das gesellschaftliche Sein der Menschen ihr Bewußtsein bestimmt. Die damals in der Wissenssoziologie vertretene Auffassung, daß die menschlichen Wissens- und Handlungsformen mehr oder weniger gänzlich historisch-gesellschaftlich determiniert seien, löste nach dem Erscheinen von Mannheims Hauptwerk „Ideologie und Utopie" (1929) vor allem wegen der soziologischen und historischen Relativierung jeglicher kultureller Wahrheit heftige Diskussionen aus. Die spätere und heutige Wissenssoziologie hat den Grundsatz der Abhängigkeit der Wissensformen vom historisch-gesellschaftlichen Wandel nicht aufgegeben, ihn jedoch differenzierter im Sinne einer Wechselseitigkeit gedeutet.[25]

Anregungen erhält die Kulturgeschichtsschreibung außer von der Wissenssoziologie seit den 20er Jahren, nach dem Vorbild von J. Burckhardt, noch von der Theorie und Geschichte der Bildenden Künste. Als deren zentrale Figur gilt heute der sich damals einen „Psychohistoriker" nennende und vor allem als Begründer der ikonologischen Methode hervorgetretene ABY WARBURG (1866-1929).[26] In sei-

---

[21] Vgl. dazu u.a. die Theorie der literarischen Gattungen und der werkimmanenten Interpretation in Kapitel 32.2.2.

[22] *M. Scheler*: Versuche einer Soziologie des Wissens, in: ders.: Die Wissensformen und die Gesellschaft (1926), Bern 1960 (Bd. 8 der GW). Bedeutend ist Scheler auch mit seinem philosophisch-anthropologischen Werk geworden: Die Stellung des Menschen im Kosmos (1928), Bern/München 1966.

[23] Vgl. *K. Mannheim*: Wissenssoziologie. Auswahl aus dem Werk, eingeleitet und hg. von K.H. Wolff, Neuwied/Berlin ²1970; und Artikel Wissenssoziologie, in: Handwörterbuch der Soziologie, 1931, neuaufgelegt Stuttgart 1959.

[24] In diesem Zusammenhang gehören auch die Werke des Bruders von Max Weber: *Alfred Weber* (1869–1958): Kulturgeschichte als Kultursoziologie (Marburg 1997).

[25] Zum Stand der Wissenssoziologie um 1980 vgl. *N. Stehr/V. Meja* (Hg.): Wissenssoziologie, Opladen 1981; R. König/A. Schmalfuß: Kulturanthropologie, Düsseldorf 1972.

[26] *Aby Warburg*: Gesammelte Schriften, hg. von G. Bing, Nendeln 1969.

nem „Mnemosyne-Projekt" (1925-1929), das vor allem dem „Nachleben der Antike" gewidmet ist, hat er kulturvergleichend das Bildgedächtnis des Orients und des Okzidents studiert und dabei Europa als eine „heiße", sich aus vielen Quellen speisende und bilderreiche Kultur der Bilderlosigkeit der archaischen Steinzeitkulturen und des islamischen Orients einerseits und der Schriftlichkeit der antiken Hochkulturen andererseits gegenübergestellt. Zu Lebzeiten wenig bekannt, wirkt er bis heute vor allem über jene Kunsttheoretiker und -historiker weiter, die sich von ihm haben anregen lassen und von seiner postum vor den Nazis von Hamburg nach England geretteten großen kulturwissenschaftlichen Bibliothek in London aus seine Vorstellungen weiter entwickelt haben: vor allem *Erwin Panofsky* (1892-1968), der der ikonologischen Methode, d.h. der Erforschung des Zusammenhangs zwischen bestimmten Bildinhalten und Bildprogrammen im Kontext historischer Epochen, zum Durchbruch verholfen hat[27] und *Ernst H. Gombrich* (1909-2001), der als langjähriger Leiter der Warburg-Bibliothek und Kunsthistoriker sowohl mit bedeutenden Fachstudien und einer „Geschichte der Kunst"[28] als auch mit einer populär gehaltenen „Weltgeschichte"[29] und einem Buch zur „Krise der Kulturgeschichte"[30] hervorgetreten ist. Ihnen, Warburg eingeschlossen, ist gemeinsam, daß sie in den Werken der Kunst einen Ausdruck des Geistes ihrer Zeit sehen und der Kunst zugleich eine Eigenlogik zugestehen, wie dies mit großer Breitenwirkung noch früher der Kunsthistoriker *Heinrich Wölfflin* (1864-1945) mit seiner Schrift „Kunstgeschichtliche Grundbegriffe" (1915), einer „Kunstgeschichte ohne Namen", getan hatte. Diesem Denken stand auch der niederländische Kunsthistoriker *Johan Huizinga* (1872-1945) nahe. Er hat vor allem mit seiner Schrift „Herbst des Mittelalters" (1919)[31], in der er - gegen Burckhardt - in der Kultur des 14. und 15. Jahrhunderts keine Vorzeichen der Renaissance, sondern einen Ausklang der ritterlich-höfischen Zeit gesehen hat, die eminente Bedeutung der Kunstgeschichte für die allgemeine Kulturgeschichte aufgezeigt und ist zudem bereits von der konstruktivistischen und psychologisch-ästhetischen Prämisse ausgegangen, daß die historische Erkenntnis von Anfang an gedanken-assoziativ und schöpferisch durch Bilder präfiguriert ist und der Historiker dadurch eine Selektion und Kombination der Fakten vornimmt.[32]

---

[27] *E.H. Gombrich*: Studien zur Ikonologie. Humanistische Themen in der Kunst der Renaissance (1939), Köln 1980.

[28] Frankfurt 1996.

[29] *E.H. Gombrich*: Eine kurze Weltgeschichte für junge Leser. Von der Urzeit bis zur Gegenwart (1935, aktualisiert: Köln 1998).

[30] *E.H. Gombrich*: Krise der Kulturgeschichte. Gedanken zum Wertproblem in den Geisteswissenschaften (engl. 1979), Stuttgart 1983.

[31] Der Untertitel lautet auf deutsch: Studien über Lebens– und Geistesformen des 14. und 15. Jahrhunderts in Frankreich und in den Niederlanden (ndl. 1919, dt. 1921), Stuttgart ⁹1965. Der kulturmorphologische Anklang vom Wachsen, Blühen und Verwelken im Haupttitel wird in der Grundargumentation des Buches auch entwickelt.

[32] Vgl. auch seine kulturgeschichtlich fundierte Schrift: Homo ludens. Vom Ursprung der Kultur im Spiel (ndl. 1938), Hamburg 1956, seine Aufsatzsammlung: Wege der Kulturgeschichte, München 1930 und die postum erschienene Schrift: Geschichte und Kultur. Gesammelte Aufsätze, hg. K. Köster, Stuttgart 1954.

2.2 Kulturmorphologie und Universalgeschichte:
Vom Leben und Sterben der Kulturen (Frobenius, Spengler, Toynbee, Bloch)

Parallel zu diesen eher sachlich-nüchternen Kulturtheorien und ihren geschichtstheoretischen Folgerungen machen seit dem ausgehenden 19. Jahrhundert einige zu heftigen öffentlichen Diskussionen anlaßgebende und z.T. auch in den Wissenschaften beachtete Versuche von sich reden. Während die einen die europäische Kultur insgesamt in Gefahr sehen und diese Befürchtung mit der Annahme begründen, daß es das „Schicksal" alle Kulturen sei, nach einer Zeit der Blüte unterzugehen, sehen sie die anderen evolutionistisch ihrer menschheitsgeschichtlichen Vollendung entgegenstreben.

Die Metapher vom Lebenslauf der Kulturen ist alt und findet sich seit dem 18. Jahrhundert, wie dargelegt, in aller spekulativen Universalhistorie. Einen erneuten Anstoß erhält diese Vorstellung seitens der um 1900 von der kulturhistorischen Völkerkunde entwickelten *Kulturkreislehre*.[33] Während die meisten ihrer Vertreter unter einem „Kulturkreis" das in einem größeren geographischen Raum anzutreffende Ensemble typischer kultureller Elemente und Formen verstehen, das im Laufe der Zeit durch Kulturimporte von außen entstanden ist und sich weiterhin durch Kulturimport und –export „diffusionistisch" wandelt, deutet gerade der Begründer dieser Lehre LEO FROBENIUS (1873-1938) das Konstrukt des Kulturkreises seit dem ersten Jahrzehnt des 20. Jahrhunderts in Richtung auf eine „*Kulturmorphologie*" um, die die Kulturkreise als ganze organizistisch und historisch durch Geburt, Jugend, Alter und Tod gekennzeichnet versteht. In seiner Schrift „Paideuma. Umrisse einer Kultur- und Seelenlehre" (München 1921) entwickelt er in der deutschen Tradition vom Volksgeist Vorstellungen von einem „Paideuma", d.h. von einem „Seelenhaften", das die Menschen eines Volks in ihrem ganzen Denken, Fühlen und Handeln erfaßt, das ihnen eine kulturelle Identität gibt und seine „Gestalt" im historischen Wandel schrittweise ausbildet, erhält oder zum Untergang hin allmählich verliert.

Die größte Aufmerksamkeit jedoch hat das mit einer besonders suggestiven Metaphorik arbeitende Buch „Der Untergang des Abendlandes. Umrisse einer Morphologie der Weltgeschichte" (1919/22)[34] des Geschichtsphilosophen OSWALD SPENGLER (1880-1936) in der als eine Endzeit erlebten Krise vor, während und nach dem ersten Weltkrieg auf sich gezogen. Es unterscheidet acht unabhängige Kulturen, deren jeweilige „Lebensstile" alle geistigen Äußerungen der Menschen bestimmen, die gesetzmäßig „biomorph-organisch" ihren Lebenszyklus vom Status einer „symbolischen Frühkultur" über eine „metaphysisch-religiöse Hochkultur" bis zu einer „zivilisatorischen Spätkultur" durchlaufen und alle, wie zum Schluß auch die „faustische" Kultur des Abendlandes, nach ihrem Aufstieg und Höhepunkt danach unvermeidlich ihrem Ende entgegengehen und einer neuen Kultur Platz machen müssen. Im Unterschied zum gängigen Fortschritts- und zum weniger verbreiteten Niedergangsschema wird hier die Weltgeschichte als ein naturhafter Gesamtprozeß verstanden, in dem Kulturen sich in einem durch Phasen charakterisierten Kreislauf abwechseln und in dem das „Schicksal", indifferent gegenüber dem wissen-

---

[33] Vgl. Näheres dazu in Kapitel 29.1.
[34] München 1963.

schaftlichen und technischen Fortschritt und einer durch Aufklärung und Vernunft bestimmten Moral und Politik, „in erhabener Zwecklosigkeit" die Kulturen dem ihnen vorherbestimmte Aufstieg und Untergang zuführt. Vor allem die strukturelle Identifizierung der europäischen Gegenwart mit der Spätantike und ihrem Schicksal hat seine Wirkung auf die Gebildeten damals nicht verfehlt.[35] Der Grundfehler aller kulturmorphologischen Theorien ist, daß sie in Analogie zu lebenslang eine Einheit bildenden Menschenkörpern Kulturen als gleichsam fensterlosen Monaden begreifen und nicht dem historischen Faktum Rechnung tragen, daß alle Kulturen von Anfang an heterogene Gebilde sind, es durch Aufnahme fremder Elemente und Verschmelzung mit anderen Kulturen auch bleiben und überhaupt nur durch Kulturaustausch mit anderen längerfristig existieren.

In der Darstellung von Sachverhalten zwar auf gesicherter historischer Forschung fußend, in ihrer Ausdeutung aber nicht weniger spekulativ ist „A Study of History" (London 1934/1961) von ARNOLD J. TOYNBEE (1889–1975). Dieses auf deutsch unter dem Titel „Der Gang der Weltgeschichte. Aufstieg und Verfall der Kulturen" (Stuttgart 1952) in 12 Bänden erschienene Werk unterscheidet 21 Weltkulturen, deren sechs originäre Kulturen jeweils vier Epochen durchlaufen: die der Primitivgesellschaft, der primären Zivilisation, der sekundären Zivilisation und schließlich der höheren Religion. Der Verlauf der Kulturen selbst wird durch die entweder gelungenen oder mißlungenen „Antworten" auf „Herausforderungen" geprägt. Obwohl diese Kulturen zum Teil untereinander in Wechselwirkung stehen und die fünfzehn sekundär entstandene Zivilisationen an den kulturellen Stand der originären anknüpfen, gelten die unterschiedlichen Kulturen als Gebilde eigener Art und Geschichte und wird deshalb die Menschheit auch nicht als ein weltgeschichtliches Gesamtsubjekt betrachtet. Da jedoch für Toynbee alle Kulturen ihr Ziel in einer Art „höherer Religion" finden sollen, deutet sich universalhistorisch ein religiöses Endreich der Menschheit an und haben wir es hier mit einer späten *Variante der Heilsgeschichte* zu tun.

Universalhistorisch im Sinne der Verwirklichung einer in den Menschen seit jeher angelegten utopischen Hoffnung auf eine künftige allgemeine Weltordnung ist auch die zugleich evolutionistisch und marxistisch begründete und literarisch in einem expressionistischen Stil abgefaßte Geschichtsphilosophie von ERNST BLOCH (1885–1977). Geistesgeschichtlich ist sie im wesentlichen ist ein Kind des frühen 20. Jahrhunderts. Denn Blochs dreibändiges Hauptwerk „Das Prinzip Hoffnung", erschienen 1949-1959[36], basiert auf seinem ersten Werk „Der Geist der Utopie" von 1918/1923 (Frankfurt 1964, 2000). Bereits hier begreift Bloch die Vergangenheit als einen zielgerichteten natur- und kulturgeschichtlichen Prozeß und sieht er visionär in allem je Entstandenen bereits eine Ahnung und Vorwegnahme der Zukunft. Die historischen Wissenschaften haben Mühe gehabt, Blochs Denken in die übliche philosophische und kulturgeschichtliche Begrifflichkeit zu übersetzen und ihm einen Ort im universalhistorischen Denken zuzuweisen. Sein Verdienst ist dennoch

---

[35] Zur neueren Auseinandersetzung mit Spenglers Buch vgl. *P.Ch.* Ludz (Hg.): Spengler heute. 6 Essays, München 1980.
[36] Frankfurt 1970.

nicht klein, weil es disziplinäre und allgemein denkerische Grenzen überschreitet und so dem historischen Denken – ähnlich wie zuvor Nietzsche – neue Möglichkeiten entdeckt.[37]

Alle diese Theorien von einer Weltgeschichte, die entweder linear oder vielgestaltig nach einem bestimmten Schema abläuft, sind neuere Varianten der älteren Geschichtsteleologien. Nach dem Zusammenbruch des Sowjetimperiums und damit auch nach dem Ende der in die marxistische Geschichtsphilosophie gesetzten Hoffnung, haben alle diese Deutungsansätze inzwischen ihre wissenschaftliche Dignität eingebüßt. Mit H. Schnädelbach mag man in begrenzten kulturellen Einheiten dann zwar durchaus noch Zielgerichtetheit und Sinn *in* der Geschichte erblicken, nicht aber mehr ein Ziel und einen Sinn *der* Geschichte annehmen.[38]

3. „Histoire totale", „History of civilization" und archivierende Historie: Neue und alte (populär-)wissenschaftliche Wege der Historie

3.1 Die französische Annales-Schule:
„Histoire de longue durée", „histoire totale", „histoire des mentalités"

Wenn die Sozialhistorie in Deutschland - trotz Lamprecht, Breysig und anderen und trotz der Ethnographie der Volks- und Völkerkunde - bis zu der sie ins Zentrum rückenden Wende nach 1960 eine Randthematik in der Geschichtswissenschaft und in den anderen historischen Wissenschaften geblieben ist, dann steht dies in einem auffälligen Kontrast zu ihrer Entwicklung im angloamerikanischen Wissenschaftsraum, vor allem aber in Frankreich.[39] Dort ist um ein halbes Jahrhundert früher als in Deutschland von den Historikern LUCIEN FEBVRE (1878-1956)[40] und MARC BLOCH (1886-1944)[41] in Verbindung mit der Herausgabe der Zeitschrift „Annales d'histoire économique et sociale" (seit 1929)[42] ein Konzept entwickelt und auch in der Forschungspraxis erfolgreich umgesetzt worden, das dort die Kultur- und Sozialgeschichte - unter Einschluß der Wirtschaftsgeschichte, der Historischen Geographie und der sie in neuerer Zeit besonders charakterisierenden Mentalitätsgeschichte - zu einem konstitutiven Teil der Geschichtswissenschaft gemacht hat.[43]

---

[37] Zur Charakterisierung des Blochschen Ansatzes in diesem Sinn vgl. *W. Schmied-Kowarzik*: Ernst Bloch. Suche nach uns selbst ins Utopische, in: Fleischer 1995, 216–240.

[38] Vgl. ausführlicher dazu Kap. 42.3 im Anschluß an H. Schnädelbach.

[39] Auch hier stand freilich bis weit ins 20. Jahrhundert die politische und Ereignisgeschichte im Zentrum des geschichtswissenschaftlichen Interesses.

[40] *L. Febvre*: La Terre et l'Evolution humaine. Introduction géographique à l'histoire, Paris 1922; ders. : Martin Luther. Religion als Schicksal (Un destin. Luther, Paris 1928) Berlin 1976.

[41] *M. Bloch*: Die wundertätigen Könige (frz. Les rois thaumaturges, Paris 1924; Nachdruck mit einem Vorwort von J. Le Goff, Paris 1983), München 1998; ders.: Die Feudalgesellschaft (La société féodale. 2 t.s., Paris 1939 f.), Frankfurt 1982); ders.: Apologie der Geschichte oder Der Beruf des Historikers (Apologie de l'histoire ou Métier d'historien, Paris 1949), Stuttgart (1974) 2000.

[42] Ihr Titel lautet seit 1946: „Annales. Economie, sociétés, civilisations", nach der abermaligen-Umbenennung 1994 heißt sie heute: Annales. Histoire, Sciences sociales.

[43] Einen sehr guten Überblick über dieses Konzept gibt der von *U. Raulff* herausgegebene Band: Mentalitäten. Geschichte zur historischen Rekonstruktion geistiger Prozesse, Berlin 1987; zur Geschichte des Ansatzes im besonderen *U. Raulff*: Die Annales E.S.C. und die Geschichte der

Freilich hatte dieses Konzept in Frankreich auch Vorläufer.[44] Es knüpft an die im 18. Jahrhundert begonnene Erforschung der Geschichte des privaten und alltäglichen Lebens (*histoire privée*, *vie quotidienne*) und an die im 19. Jahrhundert dort nie zum Erliegen gekommene und immer mit einem sozialwissenschaftlichen Einschlag versehene Kulturgeschichtsschreibung an und nimmt überhaupt alle – auch sonstigen kulturellen, ideengeschichtlichen, ethnologischen, geographischen – Fäden auf, die den Gründervätern dieses auf das Denken, Fühlen und Handeln der Durchschnittsmenschen zielenden Konzeptes dienlich erschienen sind.[45] Sein Erfolg ist ebenso in seiner theoretischen Begründung wie in seiner integrativen humanwissenschaftlichen Forschungsmethodik und in der Art der Darstellung begründet. Wenn die Annales-Schule, wie sie abgekürzt genannt wird, auch nie einheitlich war, die sich ihr zugehörig fühlenden Historiker z.T. sehr eigenwillige Wege gegangen sind und eine jüngere Generation unter ihnen in den 70er Jahren eine sie revidierende *Nouvelle Histoire* ausgerufen hat, haben sie doch von der Gründungsphase bis heute einige Grundsätze zusammengehalten und kann sie auf eine Erfolgsgeschichte zurückblicken, die sich mit der des deutschen historistischen Modells messen kann.[46]

In theoretischer Hinsicht hat sich an ihrem Konzept am bedeutendsten ihre Annahme herausgestellt, daß die (Menschheits-)Geschichte in Schichten unterschiedlicher Geschwindigkeit fortschreitet. So hat *Fernand Braudel* (1902-1985) in seinem inzwischen klassisch gewordenen Werk *La méditerranée et le monde méditerranéen à l'époque de Philippe II* (2 t.s, Paris 1949/1966)[47] am Beispiel der Mittelmeerkultur in der frühen Neuzeit zeigen können, daß unter der sich rasch verändernden Oberfläche der (politischen) *Ereignisgeschichte* eine langsamere (soziale und kulturelle) *Prozeßgeschichte* liegt, die ihrerseits auf einer fast unbeweglichen, durch beständige geographische, wirtschaftliche und ideelle Bedingungen gepräg-

---

Mentalitäten, in: Jüttemann 1986, 145–166; vgl. auch *J. Le Goff*: Geschichte und Gedächtnis (frz. 1977), Frankfurt 1992; *F. Braudel*: Schriften zur Geschichte I. Gesellschaftliche und Zeitstrukturen, hg. P. Schöttler, Stuttgart 1992; und der Reader von *M. Middell/S. Sammler* (Hg.): Alles Gewordene hat Geschichte. Die Schule der Annales in ihren Texten 1929–1992, Leipzig 1994.

[44] Außer auf die in Kapitel 22.1.4. genannten Historiker ist hier auch auf den institutionengeschichtlichen Ansatz von *N.D. Fustel de Coulanges* hinzuweisen. Vor allem in seinen Schriften „La cité antique" (1864) und „Histoire des institutions politiques de l'ancienne France" (1875–1893) hat er den Zusammenhang von Religion, Recht und politischen Institutionen als Kernelement der Staatlichkeit gedeutet.

[45] Die kulturgeschichtliche Seite der französischen Geschichtsforschung des 19. Jahrhunderts findet sich dargestellt schon in der Darstellung des Schweizers *E. Fueter*: Geschichte der neueren Historiographie, München/Berlin 1911, Reprint: New York 1968; ders: Geschichte der neueren Historiographie. Mit einem Vorwort von H.D. Peyer, Zürich 1985); zur Bedeutung dieses Werks vgl. Simon 1996, 24–28.

[46] Vgl. *J. Le Goff/R. Chartier/J. Revel* (Hg.): Die Rückeroberung des historischen Denkens. Grundlagen der Neuen Geschichtswissenschaft (frz. 1978, mit neuem Vorwort 1988, Paris). Aus dem Französischen von W. Kaiser, Frankfurt 1990.

[47] *F. Braudel*: Das Mittelmeer und die mediterrane Welt in der Epoche Philipps II., 3 Bde., Frankfurt 1990; vgl. außerdem ders.: Sozialgeschichte des 15. bis 18. Jahrhunderts (Civilisation matérielle, économie et capitalisme, 3 t.s, Paris 1979). 3 Bde., München 1986.

ten *Strukturgeschichte* ruht.⁴⁸ Als *histoire de longue durée* (Geschichte der langen Dauer)⁴⁹ bezieht eine solche Geschichte im Prinzip die ganze Kulturgeschichte der Menschheit⁵⁰ und als *historie totale* (Totalgeschichte) u.a. auch die physische, geographische und ökonomische Umwelt der Menschen in ihre Forschung ein.

In methodischer Hinsicht war es die mentalitätsgeschichtliche Betrachtungsweise der Annales-Schule⁵¹ – mündend in eine *histoire des mentalités et des sensibilités* (Geschichte der Mentalitäten und Empfindungen) - , die die Historiker gelehrt hat, frühere Lebenswelten in verschiedenen Arten von Geschichte fundiert und zugleich mit den Augen und Empfindungen etwa von Bauern, Bürgern, Klerikern, Mönchen, Kriegern und Herrschern des Mittelalters zu sehen. Dieses Konzept konnte aber nur deshalb überzeugen und - mit Zeitverzug auch im Ausland - mit großer Zustimmung rezipiert werden, weil es seine Bewährung in Werken einer quellennahen, methodisch flexiblen und oft auch auf existentielle Themen bezogenen Rekonstruktion überindividuell geteilter und sich im historischen Prozeß wandelnder Mentalitäten und Empfindungen demonstrieren konnte.

Ebenso sehr verdankt sich der Erfolg der Annales-Schule wohl der Art der Darstellung ihrer Erkenntnisse. Denn sie hat immer wieder Historiker zum Forschen und Schreiben veranlaßt, die neben einer profunden Sachkenntnis hervorragende Stilisten waren und damit über den Kreis der Fachleute hinaus einer größeren Leserschaft den Zugang zu historischen Lebenswelten und Lebensformen eröffnet und ihr ein neues, von der historistischen Sicht abweichendes Bild von der alteuropäischen Kultur entworfen haben.

Wenn sich diese Mentalitätsgeschichte selbst in Frankreich zunächst nur langsam durchgesetzt hat und ihre Rezeption in Deutschland eigentlich erst im Kontext der sozialhistorischen Wende der 60er Jahre geschehen ist, so ist doch die heutige Mediävistik weltweit sozusagen imprägniert von dem zugleich realistischen und imaginativen Mittelalter-Bild⁵² etwa eines *Georges Duby* (1919–1996)⁵³, ei-

---

⁴⁸ Die archäologische Metapher hat später *R. Koselleck* als einen Grundbegriff seiner Historik in etwas anderem Sinn aufgenommen (vgl. dazu sein Sammelband: Zeitschichten. Studien zur Historik, Frankfurt 2000, welcher Aufsätze seit den 70er Jahren enthält; allgemein zu Koselleck Kapitel 34. 1.2.).

⁴⁹ Zum allerdings erst 1958 in einem Aufsatz umschriebenen Begriff der *longue durée* vgl. *F. Braudel*: Histoires et sciences sociales: la longue durée, in: Annales 1958, 725–753.

⁵⁰ Die wichtigsten Arbeiten haben freilich nur das Ancien Régime in Frankreich und die Welt des Mittelmeerraums zum Gegenstand.

⁵¹ Die in Deutschland lange verzögerte Rezeption der Annales-Schule mag auch mit dem Mentalitätsbegriff zu tun haben. Denn er war und ist hier forschungsgeschichtlich nicht unbelastet, zum einen wegen seiner Nähe zum „angeborenen Geist der Völker", zum andern wegen der in der Ethnologie heute zurückgewiesenen älteren Vorstellung von der „mentalité primitive" der „Naturvölker".

⁵² Seit Beginn der 80er Jahre verwenden die Annales-Historiker anstelle des Mentalitätsbegriffs bevorzugt den des Imaginativen (*imaginaire*) im Sinne von „Vorstellungswelten" und durchaus auch von „Weltanschauung", vgl. *J. Le Goff*: Phantasie und Realität des Mittelalters (frz. L'imaginaire médiéval, 1985), Stuttgart 1990.

⁵³ Auch methodologisch einschlägige Arbeiten von *G. Duby* sind: Le dimanche de Bouvines: le 27 juillet 1214, Paris 1973; L' Europe au moyen âge. Art roman, art gotique, Paris 1979; Die drei Ordnungen. Das Weltbild des Feudalismus (Les trois ordres et l' imaginaire du féodalis-

nes *Jacques Le Goff*⁵⁴ und eines *Emmanuel Le Roy Ladurie*⁵⁵. Deren Sichtweise ist inzwischen – mit verstärkender Wirkung in den letzten drei Jahrzehnten - in das historische Denken insgesamt eingegangen. Auf zwei Feldern ist die Annales-Schule noch besonders hervorgetreten: in der historischen Lebenslaufforschung und in universalhistorisch angelegten Sammelbänden. Obwohl die Annales-Historiker primär auf überindividuelle, zeittypische Bewußtseinswelten abheben, haben einige aus ihrem Kreis doch von Anfang an exemplarisch bedeutsame *Lebensläufe* einer minutiösen Analyse und Deutung unterzogen und damit auch zur Begründung einer auf den mentalen Kontext der Zeit bezogenen neueren Historischen Biaphieforschung beigetragen.⁵⁶ Eine noch größere Verbreitung haben in der anderen Hinsicht die der Geschichte des *„täglichen Lebens"*,⁵⁷ des *„privaten Lebens"*, der *„Familie"*,⁵⁸ *der Frau*⁵⁹, der *„Jugend"*⁶⁰ gewidmeten Werke gefunden. In diesen Bänden, die zeitlich meist in der Urgeschichte beginnen und ethnisch die größeren nicht-westlichen Hochkulturen einbeziehen, haben thematisch ausgewiesene Fachwisssenschaftler den jeweils erreichten Wissensstand in einer großen Überschau zusammengestellt.⁶¹

---

me, Paris 1978), Frankfurt 1981; Ritter, Frau und Priester. Die Ehe im feudalen Frankreich (Le chevalier, la femme et le prêtre. Le mariage dans la France féodale, Paris 1981). Übers. M. Schroter, Frankfurt 1985; Die Zeit der Kathedralen. Kunst und Gesellschaft 980-1420 (Le temps des cathédrales. 980-1420, Genève 1966/67), Frankfurt 1988; Unseren Ängsten auf der Spur. Vom Mittelalter zum Jahr 2000, Köln 1996.

⁵⁴ Entsprechende Arbeiten von *J. Le Goff* sind: Für ein anderes Mittelalter. Zeit, Arbeit und Kultur in Europa des 5. – 15. Jahrhunderts (Pour un autre Moyen Âge, Paris 1977), Frankfurt 1987; Die Geburt des Fegefeuers. Vom Wandel des Weltbildes im Mittelalter (La naissance du purgatoire, Paris 1981), München 1990; Geschichte und Gedächtnis (frz. 1977), Frankfurt 1992; Das Mittelalter in Bildern, Stuttgart 2002; Die Intellektuellen im Mittelalter. Mit dem neuem Vorwort von 1985 (frz. Les intellectuels au Moyen Age, Paris 1957/1985), Stuttgart ²1987; (Hg.) Der Mensch des Mittelalters, Frankfurt 1989/96.

⁵⁵ E. *Le Roy Ladurie*: Montaillou. Ein Dorf vor dem Inquisitor (Montaillou, village occitan de 1294–1324, Paris 1975), Frankfurt 1983; ders.: Die Bauern des Languedoc (Paris 1966), Stuttgart 1983.

⁵⁶ Dafür stehen die schon genannten biographischen Arbeiten von *L. Fevbre* über Luther und Rabelais, aus neuerer Zeit z.B. die von *B. Guenée*: Entre l'église et l'état. Quatre vies de prélats français à la fin du moyen âge, Paris 1987.

⁵⁷ R. *Laffont* (Ed.): Cent mille ans de vie quotidienne, Paris 1960.

⁵⁸ A. *Burguière/C. Klapisch-Zuber/M. Segalen/F. Zonabend* (Hg.): Geschichte der Familie (Histoire de la famille, 2 t.s, Préfaces: C. Lévi-Strauss/G. Duby, Paris 1986), Frankfurt 1996.

⁵⁹ G. *Duby/M. Perrot* (Hg.): Geschichte der Frauen (Historie des femmes en occident, Rom 1990), Frankfurt u.a. 1999.

⁶⁰ G. *Levi/J.-C. Schmitt* (Hg.): Geschichte der Jugend. Bd. 1: Von der Antike bis zum Absolutismus, Bd. 2: Von der Aufklärung bis zur Gegenwart (aus dem Frz. Histoire des jeunes en occident), Frankfurt 1996/1997.

⁶¹ Hier ist noch die Arbeit eines französischsprachigen Außenseiters zu nennen, für den die Mentalität ein Schlüssel der Deutung einer Kultur überhaupt ist: Der von *Denis de Rougemont* in seinem Buch: L'amour et l'occident, Paris 1939 (dt.: Die Liebe und das Abendland,1944), gemachte Versuch, das Abendland von einer Obsession aus zu deuten: der leidenschaftlichen, sich nicht erfüllenden, vielmehr im Tode endenden Liebe.

3.2 Internationale und populärwissenschaftliche Kulturgeschichtsschreibung

Die letztgenannten Werke sind zwar fast ausnahmslos im letzten Drittel des 20. Jahrhunderts erschienen gehen aber konzeptionell auf die vor der Mitte des 20. Jahrhunderts begonnenen Forschungen zurück und berühren sich von dieser Herkunft her mit vergleichbaren Bemühungen im angloamerikanischen Raum, in Italien, in Rußland und sogar, noch vor der sozialhistorischen und historisch-anthropologischen Wende, in Deutschland. So haben Briten und Amerikaner, neben ihrem pragmatischen und zugleich nationalen Zugang zur Geschichte, vom 19. Jahrhundert bis heute ohne größere Umbrüche und Verwerfungen die *History of Ideas* unter besonderer Berücksichtigung der *History of civilization* gepflegt. In den Vereinigten Staaten begründete *J.H. Robinson* 1912 mit seinem Manifest „The New History" eine neue der Aufklärung und der Vernunft ideell verpflichtete und materiell sich auf die Sozial- und Wirtschaftsgeschichte stützende Geschichte. Mit anderen Historikern und unter Akzeptanz unterschiedlichster Methoden hat er und damit in der ersten Hälfte des 20. Jahrhunderts ein sich von der politischen Geschichte i.e.S. abhebendes Konzept einer Fortschrittsgeschichte der Menschheit entworfen und dabei auch der jungen amerikanischen Nation einen Platz darin zuerkannt. Theoretisch reflektiert und in einem Durchgang durch die Geschichte der Geschichtsschreibung dargestellt, findet sich diese letztlich an der „western civilization" orientierte amerikanische Kulturgeschichtsschreibung u.a. bei zwei Historikern: *bei H.E. Barnes*: History of Historical Writing (1937, New York 1962), dessen Geschichte in der menschlichen Vorzeit beginnt und bei der *New History* der USA in den 1920er Jahren endet, und bei *J.W. Thompson*: A History of Historical Writing, 2 Bde. (New York 1942), der im Sinne eines „Brückenschlags" die europäische Traditionslinie von der Antike über das Mittelalter bis zur Neuzeit einschließlich der Gegenwart auszieht. Die Verbindung von Ideen-, Kultur- und Sozialgeschichte findet sich auch in fast allen Werken britischer Herkunft. Dabei wird zwar kein neues Modell historischer Forschung entwickelt, aber durch die Sachangemessenheit der jeweiligen Methodik oft Überzeugendes geleistet.

Schließlich finden populärwissenschaftlich gehaltene Darstellungen der Kulturgeschichte damals wie auch heute länderübergreifend beim Laienpublikum eine große Resonanz. Von den zahlreichen im ersten Drittel des 20. Jahrhunderts konzipierten, begonnenen und z.T. erst nach 1945 zu Ende geführten, bis heute auf dem Markt befindlichen und das Geschichtsbewußtsein prägenden Kulturgeschichten dieser Art seien hier nur zwei erwähnt. Zum einen die „Kulturgeschichte der Neuzeit" (3 Bde. 1927-1931)[62] und die „Kulturgeschichte des Altertums" (Bd. 1 1936, Bd.2 postum 1950) des Österreichers *Egon Friedell* (1878-1938). Zum andern die in der wissenschaftlichen Kritik in Deutschland fast gänzlich unbeachtet gebliebene[63], von den Amerikanern *Will* und *Ariel Durant* zwischen 1935 und 1975 verfaßte, aus 18 großen Bänden bestehende „Kulturgeschichte der Menschheit" (engl. The

---

[62] Untertitel in 2. Auflage: Die Krisis der europäischen Seele von der schwarzen Pest bis zum Ersten Weltkrieg.
[63] So findet sich im von *R. v. Bruch und R. A. Müller* herausgegebenen „Historikerlexikon. Von der Antike bis zur Gegenwart, München ²2002, noch nicht einmal ein Kurzeintrag.

Story of Civilization")[64]. Das Ziel dieser universalen Kulturgeschichtsschreibung skizziert Will Durant im Vorwort zum ersten Band (1935, in deutscher Übersetzung 1981, 5) so:

> Ich möchte [...] von dem Beitrag erzählen, den die körperlichen und geistigen Anstrengungen des Menschen für das kulturelle Erbe des menschlichen Geschlechts geleistet haben. Ich möchte den Fortschritt der Erfindungen, die verschiedenen Arten der wirtschaftlichen Organisation, den Wechsel der Regierungsformen, die Strömungen des religiösen Lebens, den Wandel von Sitte und Moral, die Meisterwerke der Literatur, die Entwicklung der Wissenschaft, die Weisheit der Philosophie und die großen Werke der bildenden Kunst in ihren Ursachen, ihrem Charakter und ihren Wirkungen aufzeichnen und betrachten. [...] habe ich mir gedacht, mein Werk könnte denen von Nutzen sein, die nach Erkenntnis streben und versuchen, *die Dinge als ein Ganzes zu sehen* [kursiv E. W.].

Diesem Ziel entspricht die dabei angewendete Methode:

> [...] scheint mir, unsere übliche Methode, Geschichte nach gesonderten Gebieten zu schreiben – politische Geschichte, Wirtschaftsgeschichte, Religionsgeschichte, Geschichte der Philosophie, der Literatur, der Wissenschaft, der Musik, der Kunst -, werde der Einheit des menschlichen Lebens nicht gerecht. Geschichte sollte sowohl als Nebeneinander wie als Miteinander betrachtet, synthetisch und analytisch geschrieben werden. Die ideale Historiographie müßte versuchen, in jedem Zeitraum den gesamten Komplex der Errungenschaften, Einrichtungen, Unternehmungen und Schicksale eines Volkes darstellen.

Dieses Vorhaben lösen die beiden Autoren auch wirklich ein. Dieses Werk ist jenseits der vielen Irrtümer, die es enthält, der Zeitgebundenheit der Sichtweise und der vielen grundsätzlichen Einwände gegenüber einer solchen Darstellung nicht nur eine imponierende Leistung des Zusammentragens ungeheurer Datenmengen, sondern auch eine des theoretischen Durchdringens, Deutens und didaktischen Zusammenfügens der Stoffmassen zu einer von der Urgesellschaft bis zur „napoleonischen Ära" reichenden Geschichte der Menschheit. Neben diesem und einigen ähnlichen Versuchen einer universalen Kulturgeschichte gibt es natürlich in allen historischen Wissenschaften zahlreiche thematisch und zeitlich begrenztere Darstellungen[65], wobei die viel häufigeren ideen- und politikgeschichtlichen Werke ebenfalls fast immer auch den größeren kulturgeschichtlichen Zusammenhang zumindest andeuten.

3.3 Archivierende Historie:
Handbücher, Enzyklopädien und historisch-kritische Gesamtausgaben

Zu vergessen ist darüber nicht die bis heute immer noch zunehmende, sich z.T. über viele Jahrzehnte erstreckende geduldige Tätigkeit des Sammelns, Sicherns und kri-

---

[64] New York 1935 ff.; deutsch (von mehreren Übersetzern) unter jenem Titel erstmals im Südwest Verlag München 1976–1979 mit einem Vorwort zu jedem der 18 Bände von H. Dollinger, seit 1981 als Lizenzausgabe des Ullstein Verlages.

[65] Auch die Geschichtswissenschaft legte Werke dieser Art vor, wie z.B. die in zwei Bänden zwar erst 1950/51 (München/Salzburg) erschienene, jedoch früher konzipierte Darstellung von *Heinrich Ritter von Sbrik*: Geist und Geschichte vom deutschen Humanismus bis zur Gegenwart.

tischen Herausgebens und Rekonstruierens von Werken und Überresten der Vergangenheit und ihrer Aufbereitung und Zusammenstellung in Nachschlagewerken und Handbüchern: in historisch-kritischen Gesamtausgaben der Werke der „Großen"[66], in Konversations- und Speziallexika, wie z.B. in der „Realencyclopädie der classischen Altertumswissenschaft (1894 ff., 83 Bde.)[67], im Grimmschen Wörterbuch der deutschen Sprache, in der „Cambridge Modern History" (1902 ff.), „Historia Mundi", „Propyläen Weltgeschichte", „Peuples et civilisations", „Kindlers (Neues) Literatur Lexikon" und in den zahllosen Darstellungen der „Geschichten des/r ...", kurz: in den seit der Antike angelegten „Schatzhäusern des Wissens" (Thesauroi), in der im 19. Jahrhundert besonders gepflegten historistischen „Tatbestandserfassung" und in der im 20. Jahrhundert eher noch verstärkten „Archivierung" alles dessen, was als ein historischen Dokument bereits jetzt oder in Zukunft gelten kann. Damit verbunden ist, daß sich über alle politischen und wirtschaftlichen Katastrophen hinweg das historische Denken in den Wissenschaften und im allgemeinen kulturellen Leben im Laufe des 20. Jahrhunderts immer mehr in vielen Spezialdisziplinen, -theorien, -institutionen und sog. historischen Hilfswissenschaften entfaltet, wie etwa in der Quellenkunde, in der Landes- und Regionalgeschichte, in der historischen Geographie usw. Freilich, wie zuvor schon eine vollständige Erfassung und Durchdringung der materiellen und ideellen Überlieferung nicht möglich war, liegt dies erst recht seit dem Beginn des 20. Jahrhunderts durch die mit Hilfe technischer Medien erzeugten Masse an Dokumenten gänzlich außerhalb der Reichweite des Möglichen und muß sich das historische Denken noch mehr als früher dem Problem einer begründeten Quellenauswahl und der Zusammenführung und Integration der vielen Spezialerkenntnisse zur Deutung größerer Zusammenhänge stellen.[68]

---

[66] Exemplarisch soll hier aus jüngster Zeit nur ein Werk genannt werden: *Otto von Bismarck:* Gesammelte Werke. Neue Friedrichsruher Ausgabe, hrsg. von K. Caris, G. Gall, K. Hildebrand und E. Kolb, Paderborn 2004 ff.

[67] Fortgesetzt zum einen im von *K. Ziegler und W. Sontheimer* herausgegebenen „Der Kleine Pauly. Lexikon der Antike in fünf Bänden. München 1975, dtv-Ausgabe München 1979, zum andern im neu konzipierten und verfaßten „Neuen Pauly. Enzyklopädie der Antike" (hg. *H. Canzik/H. Schneider*), Darmstadt 1996 ff.

[68] Die damit verbundenen Probleme und Herausforderungen an die historische Forschung werden in Kapitel 46 noch einmal aufgenommen.

29. Kulturelle Diffusion und „Kulturkreise":
Die kulturhistorische Methode der deutschen Völkerkunde

1. Zur diffusionistischen Begründung der Kulturkreislehre 499
2. Allgemeinhistorische Aspekte des kulturellen Diffusionismus 503

Seit dem Anbeginn der Hochkulturen im Alten Orient und dann verstärkt seit dem Ausgriff Europas auf die ganze Welt liegen Beschreibungen der Zivilisierten über nicht-zivilisierte Völker vor, nehmen seit dem 18. Jahrhundert diese dann als Primitive in der spekulativen Menschheitsgeschichte den prominenten Platz der Urvölker ein und entsteht aus der systematischen Sammlung und Sichtung von Materialien und Berichten über sie und der gezielten Erforschung in ihrem Siedlungsgebiet in der zweiten Hälfte des 19. Jahrhunderts die Ethnologie, die Wissenschaft von den rezenten Primitivkulturen. Durch intensive weltweite Forschung erfährt dieses Fach damals innerhalb weniger Jahrzehnte einen großen Erkenntniszuwachs und entwickelt und erprobt es mehrere grundlegende Konzeptionen und Methoden. Davon ist in Kapitel 25 bereits die *kulturevolutionistische* Theorie und Methode vorgestellt worden. Gegen sie wendet sich an der Wende zum 20. Jahrhundert zunächst die sog. *kulturhistorische* Methode der deutschen Völkerkunde. Sie beruht auf dem Grundgedanken, daß gleichartige kulturelle Erscheinungen in verschiedenen Primitivgesellschaften einen gemeinsamen historischen Ursprung in einer früheren Kultur gehabt haben, solche Gesellschaften sich also im allgemeinen nicht nach einem evolutionären Schema eigenständig entwickelt haben, sondern sich ihre kulturellen Erwerbungen und Charakteristika im erheblichen Umfange der Übernahme aus anderen Gesellschaften verdanken. Diese ethnologische Richtung wird in Abschnitt 1 des vorliegenden Kapitels unter den sie charakterisierenden Begriffen des Diffusionismus und der Kulturkreislehre vorgestellt. Gegenstand von Abschnitt 2 ist die allgemeinhistorische Bedeutung des in der Geschichtstheorie zumeist nur wenig beachteten Prinzips des *kulturhistorischen Diffusionismus*. Die fast zeitgleich und unabhängig von diesem Prinzip der deutschen Völkerkunde entstehenden ethnologischen Richtungen der amerikanischen *cultural anthropology*, der britischen *social anthropology* und der französischen *éthnologie* sind Gegenstand des nächsten Kapitels.

1. Zur diffusionistischen Begründung der Kulturkreislehre
1.1 Die Begriffe des Kulturkreises und des ethnologischen Diffusionismus
Unter allen Richtungen der Ethnologie weist die von der deutschsprachigen Völkerkunde um 1900 entwickelte und dort in der ganzen ersten Hälfte des 20. Jahrhunderts praktizierte sog. *kulturhistorische* Methode die größte Nähe zur allgemeinen Methodik der historischen Wissenschaften auf. In der größeren Öffentlichkeit ist dieser Ansatz vor allem durch seine „Kulturkreislehre" bekannt geworden, d.h. durch die Annahme, daß die zahlreichen Kulturen dieser Welt in der Regel Mitglieder größerer kultureller Gebilde sind, die durch bestimmte kulturelle Leit- und Abwandlungsformen charakterisiert sind. In geschichtstheoretischer Hinsicht liegt dieser Lehre ein in ethnologischer Begrifflichkeit so genannter kultureller Diffusionismus zugrunde.

Dieser geht von der sicherlich nicht zu bestreitenden Tatsache aus, daß es niemals ganz und gar isolierte Ethnien gegeben und überlegenes neues Wissen deshalb über kurz oder lang seinen Weg in andere Kulturen angetreten hat. Danach verbreitet sich jedwede Art von vorteilhaft erscheinender Kultur – gleich, ob es sich um technische Erfindungen, Gebrauchs- oder künstlerische Werke, Kulte, Gedanken, Verhaltens- oder Gewissensformen handelt – durch Heirat, Handel, Migration, Nomadismus, Krieg und überhaupt durch jede Art von interethnischer Kommunikation schrittweise und unter charakteristischer Abwandlung von einer bestimmten Menschengemeinschaft aus über die in einem geographischen Großraum überhaupt erreichbaren Kulturen aus. Kulturelle Ähnlichkeiten und Übereinstimmungen, die sich zu einem bestimmten Zeitpunkt zwischen näher oder ferner voneinander siedelnden Ethnien feststellen lassen, würden sich so aus der in der Vergangenheit erfolgten Übernahme, Nachahmung, Entlehnung, eigenen Weiterentwicklung und Verwandlung fremden Kulturguts erklären. Das Musterbeispiel des Diffusionismus ist die Verbreitung und die Abwandlung von Sprachen und Sprachfamilien. So beruht etwa das Konstrukt der indogermanischen Ursprache auf der Annahme, daß eine größere Zahl von Sprachen, die seit der Antike durch Schriftzeugnisse bekannt sind und bis heute eine Reihe grammatischer und semantischer Ähnlichkeiten aufweisen, miteinander verwandt und letztlich alle Abkömmlinge einer einzigen Sprache sind, die sich unter Differenzierung in zahlreiche Hauptdialekte in frühgeschichtlicher Zeit auf Wegen, die uns ebenso verschlossen sind wie ihr Ursprungsort, in dem riesigen Siedlungsgebiet zwischen Indien und Nordwesteuropa verbreitet hat.[1]

1.2 Ratzel, Frobenius, Graebner, Schmidt, Baumann: Die Begründung der kulturhistorischen Methode

Es sind vor allem die Ethnologen Frobenius, Graebner, Schmidt und Baumann gewesen, die diesen Ansatz methodisch begründet und in universitärer Lehre und empirischer Forschung vertreten haben.[2] Angeregt durch die Schrift „Anthropogeographie" (1891) des Geologen und Kulturgeographen FRIEDRICH RATZEL (1844–1904), haben LEO FROBENIUS (1873–1938) und FRITZ GRAEBNER (1877–1934) ihre Vorstellung vom kulturellen Diffusionismus vor allem am Modell der biologischen Paläo- und Anthropoontologie entwickelt.[3] Diese Wissenschaften verdanken ihren Zeitmaßstab für die Bestimmung ihre Hauptfunde der Historischen Geologie. Nach ihr erschließen sie das Alter, den phylogenetischen Status und die Verwandtschaftslinien der fossilen Lebewesen aus dem durch „Leitformen" charakterisierten erdgeschichtlichen Alter der Fundschichten. Auf die Verbreitung charakteristischer kultu-

---

[1] Zur Gesamtthematik dieses Kapitels vgl. besonders *W. Schmied-Kowarzik/J. Stagl* (Hg.): Grundfragen der Ethnologie. Beiträge zur gegenwärtigen Theorie-Diskussion (1980), Berlin 1993.

[2] Die Genannten sind zugleich die wesentlichen Begründer der deutschen Völkerkunde, obwohl es zuvor auch schon Ansätze dazu gegeben hat und *Adolf Bastian* in Berlin einen ersten Lehrstuhl für Ethnologie besetzt und 1869 die „Zeitschrift für Ethnologie" gegründet hat.

[3] Vgl. *W.E. Mühlmann*: Geschichte der Anthropologie (Frankfurt 1948, erweiterte Aufl. ²1968), Wiesbaden 1984, und seit kurzem die vorzügliche „Geschichte der Ethnologie" von *W. Petermann* (Wuppertal 2004).

reller Elemente in Ethnien angewandt, läßt sich daraus ein Schlüssel zur Erkenntnis der historisch-geographischen Verbreitung kultureller Erfindungen und Formen in zeitlich aufeinanderfolgenden Perioden der Übernahme und des sich in „Schichten" abbildenden Kulturguts gewinnen. Dies jedenfalls dann, wenn man beim Studium von Einzelkulturen, ähnlich wie in der Geologie, die Existenz typischer Leitformen als Indikatoren einer näheren oder ferneren Verwandtschaft mit anderen Kulturen annimmt und die relative „Lage" der Schichten als ein Abbild ihrer kulturgeschichtlichen Konstitution betrachtet. Im Zuge der Gewinnung von ausreichendem Material an Leit- und Abwandlungsformen hat die diffusionistische Schule durch kulturenvergleichende Sichtung versucht, die Verbreitungswege, Überlagerungen und Vermischungen in größeren Siedlungsregionen und ganzen Großregionen der Welt zu rekonstruieren und so einen Blick in die Entstehungs- und Verbreitungsgeschichte von Ethnien zu tun.

Frobenius hat sich in diesem Sinne auf seinen ausgedehnten Forschungsreisen durch Afrika besonders für die Vergangenheit bewahrenden Erzählungen von noch kaum mit Schriftkulturen kontaminierten Volksstämmen interessiert und dabei u.a. vermutet, daß die Ethnien der Berg- und Savannenbauern einerseits und der viehzüchtende Hamiten andererseits einmal entsprechend ihrer jeweiligen Subsistenz- und Alltagsbedingungen eine je besondere geistige und materielle Formensprache gehabt haben, also eigene „Kulturkreise" gebildet hätten, und daß der in neuerer Zeit vorfindbare größere Kulturkreis das wechselseitige Durchdringungsprodukt jener beiden früheren Kulturkreise sei.[4] „Kulturkreise" sind so immer ethnienübergreifende Mischgebilde, die durch das in einem größeren Raum anzutreffende Ensemble typischer kultureller Elemente und Formen definiert sind.[5]

Graebner dann hat die Vorstellung von Kulturkreisen vor allem dadurch systematisiert, daß er die Verbreitung charakteristischer Formen materieller, sozialer und religiöser Kultur je für sich studiert hat, diese Formen sodann zu sog. *Kulturkomplexen* zusammengestellt, von ihnen auf deren historische Herkunft aus „primären Kulturen" geschlossen und die Ergebnisse in geographischen „Kulturkreiskarten" festgehalten hat. Nachdem Graebner diesen Ansatz gemeinsam mit B. Ankermann, im Rückbezug auf die Schriften von Frobenius, 1904 in einem berühmt gewordenen Doppelvortrag mit programmatischen Beiträgen über „Kulturkreise und Kulturschichten" in Ozeanien und in Afrika skizziert hatte[6], legte er 1911 mit seiner Schrift „Methode der Ethnologie"[7] die erste systematische Begründung des neuen

---

[4] Vgl. *L. Frobenius*: Der Ursprung der afrikanischen Kulturen, Berlin 1898; ders.: Erlebte Erdteile. Ergebnisse eines deutschen Forscherlebens, 7 Bde., Frankfurt 1925–1929; ders. u.a.: Kulturgeschichte Afrikas. Prolegomena zu einer historischen Gestaltlehre, Wien 1933. Zur Charakterisierung von Mensch und Werk vgl. *H.-J. Heinrichs*: Die fremde Welt, das bin ich, Leo Frobenius: Ethnologe, Forschungsreisender, Abenteurer, Wuppertal 1998.

[5] Wie schon im vorigen Kapitel unter 2.2. dargelegt, hat Frobenius später in seiner Schrift „Paideuma" seine ursprüngliche Vorstellung von den Kulturkreisen für zu mechanisch gehalten und sich der spekulativen Lehre von der Kulturmorphologie angeschlossen.

[6] *F. Graebner*: Kulturkreise und Kulturschichten in Ozeanien, und *B. Ankermann*: Kulturkreise und Kulturschichten in Afrika, in: Zeitschrift für Ethnologie 1905, 28–53 und 54–90.

[7] Heidelberg 1911. Eine knappe Charakterisierung des Werks gibt *K.H. Striedter*: Fritz Graebner,

Fachs in Deutschland vor. Darin betrachtet er die *Ethnologie* als jenen *Zweig der Geschichtswissenschaft*, dessen Gegenstand die Geschichte der frühen und rezenten nichtliteralen Gesellschaften und dessen Ziel die universalhistorische Begründung der menschlichen Kultur ist.

Eine besondere Stellung nimmt in der kulturhistorischen Schule, mit zeitweilig sehr großer Wirkung auch über die Ethnologie hinaus, der Versuch des katholischen Theologen und Begründers der sog. Wiener Schule der Völkerkunde Pater WILHELM SCHMIDT (1868–1954) ein. In seiner vielbändigen Schrift „Der Ursprung der Gottesidee. Eine historisch-kritische und positive Studie" (1926–1955)[8] hält er den Eingottglauben nicht, wie üblich, für den letzten und reifsten Schritt in der Geschichte der Religion, sondern für deren ersten und sich im historischen Wandel im Prinzip, wenn auch in unterschiedlicher Gestalt, erhaltenden. Trotz vielfältiger magischer Degeneration in den primitiven Ethnien und in der polytheistischen Verästelung in frühen und außereuropäischen Hochkulturen habe sich überall das Bewußtsein eines einzigen und höchsten Gottes behauptet. Diffusionistisch ist Schmidts Deutung des ihm durch Missionare umfänglich verschafften ethnographischen Materials gleichwohl insofern, als nach ihr am Anfang der Menschheit eine „Uroffenbarung" Gottes gestanden habe und auf dieser Grundlage die durch Monotheismus und Monogamie charakterisierte menschliche „*Urkultur*" der „niederen Sammler- und Jägerkulturen" „monogenetisch" entstanden sei und sich aus dieser Urkultur dann auf der Welt die drei „*Primärkulturkreise*" der exogam-vaterrechtlichen „höheren Jäger- und Fischerkulturen", der vaterrechtlich-großfamilialen „Hirtennomadenkulturen" und der mutterrechtlichen „frühen Pflanzerkulturen" entwickelt und sich ihrerseits durch wechselseitige Durchdringung in „*sekundären Kulturkreisen*" differenziert hätten, bevor einer von denen zum Vorläufer der archaischen Hochkulturen geworden sei. Dieses Schema ist durch Differenzierung der Formen und durch eine Zwangsläufigkeit der Höherentwicklung gekennzeichnet. In der Ethnologie rührt sich Schmidts Anerkennung weniger aus der Kraft dieser Theorie her – welche heute ohnehin nicht mehr als seriös gilt – als vor allem aus seiner umfangreichen und weltweiten Materialsammlung und seiner Sprachforschung. In kirchlichen Kreisen hingegen leitet sich seine Wirkung hauptsächlich daher, daß sein Ansatz als ein wissenschaftlich fundiertes Gegenmodell gegen das bio- und kulturevolutionäre Modell schien und zudem als ein neuer Gottesbeweis bewertet wurde.

HERMANN BAUMANN (1902–1972) schließlich, der zur zweiten Generation der Kulturkreisethnologen gehört, hat mit seiner Schrift „Völker und Kulturen Afrikas" (1940)[9] ein bis Anfang der 70er Jahre nicht übertroffenes ethnologisches Standardwerk geschaffen und am Beispiel der Herausarbeitung von neun Grundkulturen und 27 Kulturprovinzen Afrikas auch die umfänglichste Begründung der kulturhistorischen Methode mit dem Einbezug der in der deutschen Völkerkunde zuvor kaum

---

in: *Ch. F. Feest/K.-H. Kohl* (Hg.): Hauptwerke der Ethnologie, Stuttgart 2001, 142–147.

[8] Erstdruck des ersten Bandes in französischer Sprache 1908–1910, in deutscher Sprache in 12 Bänden, Münster 1926–1955.

[9] In: *H. Baumann u.a.* (Hg.): Völkerkunde von Afrika, Essen 1940, 1–371. Vgl. die Kurzvorstellung Baumanns durch *B. Heintze*, in: Feest/Kohl 2001, 36–40.

berücksichtigten kulturformenden Faktoren der geographischen Bedingungen und der Wirtschaft vorgelegt.

2. Allgemeinhistorische Aspekte des kulturellen Diffusionismus

Die kulturhistorische Methode der deutschen Völkerkunde hat sich international nicht durchgesetzt und ist auch im eigenen Wissenschaftsraum aus Gründen, die unten noch genannt werden, seit den 50er Jahren zu einem fast nur noch fachgeschichtlich interessanten Ansatz geworden. Darüber dürfen jedoch nicht die Leistungen vergessen werden, die sie in Gestalt des Diffusionismus als einer genuin historischen Methode in der Ethnologie erbracht hat und in einer kritischen Rezeption dort und darüber hinaus in den historischen Wissenschaft insgesamt auch heute noch erbringen kann. Denn wenn sie sich quellenmäßig auch nur auf rezente Primitivkulturen bezogen hat, ist sie doch von Anfang an mit einem universalhistorischen Anspruch aufgetreten und hatte ihre Methode der Rekonstruktion der Wege des interethnischen Wissensumschlags, der Herausarbeitung kultureller „Schichten" im Ganzen einer Kultur und der Zuordnung von Elementen und Kulturkomplexen zu Kulturregionen und –kreisen das Ziel der Gewinnung eines Verständnisses des historischen Wandels der Kultur überhaupt. Deshalb nahm dieser Ansatz auch die Erkenntnisse der Ur- und Frühgeschichtsforschung und der biologischen Anthropologie in den Blick, wie es treffend in der Bezeichnung der damals in der kulturhistorischen Methode engagierten „Berliner Gesellschaft für Anthropologie, Ethnologie und Urgeschichte" zum Ausdruck kommt. Wegen dieser Leistung wird der ethnologische Diffusionismus hier zum Anlaß einiger Folgerungen für die allgemeine historische Theorie genommen, zunächst im Hinblick auf ihre Möglichkeiten und dann auf ihre Grenzen.

2.1 Historizität, Heterogenität, Kulturräumlichkeit, Übertragbarkeit, Richtungslosigkeit:
   Die ethno- und allgemeinhistorische Bedeutung des kulturellen Diffusionismus

Bei aller Lückenhaftigkeit der Ergebnisse ist es dem Diffusionismus von seinen Voraussetzungen her erstens gelungen, die Geschichtlichkeit auch der rezenten Primitivkulturen zu beweisen.[10] Er hat zeigen können, daß diese keine bloßen steinzeitlichen Relikte (survivals), keine über Jahrtausende stehengebliebene Kulturen, Gesellschaften ohne Geschichte sind. Wie langsam, umwegig und stockend der „Kulturfluß" in und zwischen ihnen zumeist auch gewesen sein mag, die Verbreitung charakteristischer Elemente von Kultur in einem größeren Areal läßt keinen anderen Schluß zu, als daß es interethnischen Austausch und Übernahmen gegeben hat und die jeweils aktuelle Verfassung einer Kultur immer eine andere als vor einigen Menschenaltern gewesen ist. Anders wären diese Gesellschaften auch gar nicht den sich wandelnden natürlichen Umweltbedingungen und interethnischen Herausforderungen gewachsen gewesen. Nur in kreativer und nicht nachlassender Reaktion darauf konnte ihnen dieses gelingen. Das ist hier deswegen zu betonen,

---

[10] Einen sehr guten Überblick über den Status des historischen Denkens in der Ethnologie gibt der Aufsatz von *K.E. Müller*: Grundzüge des ethnologischen Historismus, in: Schmied-Kowarzik / Stagl 1993, 197-232 ff..

weil es bis weit ins 20. Jahrhundert viele Ethnologen gegeben hat, denen bei ihren meist nur kurzen Feldaufenthalten und bei feldferner Sichtung von Dokumenten die jeweilige Kultur der Primitiven als eine zugleich ursprüngliche und immer gleichbleibende Gegenwart erschienen ist, die erst mit dem Einbruch des Kolonialismus einen geschichtlichen Charakter angenommen habe.

Eine zweite damit zusammenhängende Einsicht des ethnologischen Diffusionismus ist, daß alle Kulturen – also auch die der Zivilisierten – *heterogen entstandene* und in jeweiliger Gegenwart aus *unterschiedlich alten Kulturschichten zusammengesetzte Gebilde* sind. Von dessen komplexer Herkunft wissen die Menschen der Primitivkulturen selbst freilich nur wenig, sagt ihnen allenfalls das mythenhafte kulturelle Gedächtnis einiges. Das Bemerkenswerte hieran ist, daß die meisten Ethnien an den jeweils erst später in das Verschmelzungsprodukt ihrer Kultur aufgenommenen neuen Elementen ebenso zäh über längere Wanderungen, Teilungen und größere kulturelle Umbrüche hinweg festzuhalten pflegen wie an den originär selbst entwickelten Elementen. Der Grund für diesen allgemeinen Konservativismus ist einsichtig. Er verbürgt die kollektive Identität der Ethnie über die Zeiten hinweg. Im Fall des Vergessens der bisherigen Tradition und der ungehemmten Öffnung gegenüber Fremdeinflüssen hat dies vermutlich zugleich das Ende der Ethnie selbst bedeutet. Bevorzugte Objekte diffusionistischer Studien waren für die Ethnologen deshalb die wenigen noch intakten indigenen Kulturen.

Ein besonderes Verdienst dieser Forschungsrichtung ist drittens, daß sie dem geographischen Raum und damit bestimmten natürlichen Lebensbedingungen und dem größeren nachbarschaftlichen Zusammenhang, in dem Ethnien stehen, eine gewichtige Rolle im Sinne einer *Kulturgeographie* zuerkannt hat. Die von den Völkerkundlern rekonstruktiv auf Kulturkreiskarten eingezeichneten früheren und neueren Stammesgrenzen haben sich zur Gegenwart hin zwar nochmals verschoben oder sind als Folge der älteren Kolonial- und der neueren nationalen Politik offiziell z.T. fast ganz verschwunden, haben aber trotzdem ihre alte Bedeutung für die Gebietsansprüche von Clans und Stämmen z.T. bis heute bewahrt und waren in früheren Zeiten die zumeist unsichtbare, aber allen bekannte und gegen feindliche Überschreitung zu verteidigende Abgrenzung jenes Stück Landes, das die Lebenden von den vergöttlichten Ahnen als Ort des Kultes und der materiellen Existenz erhalten hatten. Im größeren und erst recht im Weltmaßstab hat die archäologische und schriftgestützte Kulturgeographie zudem zeigen können, daß Gebirgsmassive, Ströme und natürlich vor allem die Ozeane über lange Zeiträume natürliche Barrieren gewesen sind und Kulturkreise (Kulturalreale) begrenzt und die Menschen ganzer Kontinente voneinander ferngehalten haben. Gänzlich abgeschnitten vom Kontakt mit der Alten Welt waren über Jahrzehntausende die Völker Australiens und der Neuen Welt. Dies hat sie für den internen und externen Kulturenvergleich und die ethnohistorischen Fragen nach dem kulturellen Wandel in vieler Hinsicht interessant gemacht hat. Auch gilt dies für die Ethnien der dichten Urwaldregionen, welche nicht nur zahlenmäßig kleine und damit einfach strukturierte Sozialverbände sind, sondern vermutlich auch immer relativ isoliert gewesen sind, unabhängig davon, ob der Urwald für sie immer schon das angestammte Siedlungs- oder erst ein sekundäres Rückzugsgebiet war.

Eine vierte ganz fundamentale Einsicht der kulturhistorischen Ethnologie bzw. eine sie aller-erst ermöglichende Voraussetzung ist, daß „Diffusion" das *originäre und konstitutive Moment aller Ausbreitung von Kultur* ist, „Diffusion" also nicht nur ein völkerkundliches und frühgeschichtliches, sondern ein allgemeines kulturgeschichtliches Phänomen ist, alle Geschichte diffusionistisch „arbeitet" und deshalb der *kulturelle Diffusionismus als ein allgemeines Erklärungsprinzip der Historie* gelten kann. Es handelt sich bei dieser Deutung des kulturellen Wandels als einer Veränderung, die bildlich gesprochen von einem Ausgangspunkt innerhalb eines komplex strukturierten Geländes aus sich in kleinsten und ungezielten Schritten tastend in nicht-vorherbestimmten Richtungen vorwärts bewegt, allerdings um eine Erkenntnis, die die damaligen Vertreter des ethnologischen Diffusionismus in ihrer Reichweite nur zum Teil durchschaut haben.

Erst in der Annäherung von Biologie und Kulturtheorie in der letzten Jahrhunderthälfte sind fünftens schließlich die strukturelle Übereinstimmung der natürlichen und der kulturellen Evolution und damit auch das alle Geschichtlichkeit übergreifende Prinzip der Diffusion, das der *Ungerichtetheit*, deutlich geworden. Denn auch die Bioevolution setzt zunächst immer lokal an genetischen Veränderungen von Individuen an, und die neuen Eigenschaften verbreiten sich, falls sie vorteilhaft sind, in eben der Weise über die selegierende Fortpflanzung in Populationen, Rassen, Spezies, „Familien" im Stammbaum des Lebens diffusionistisch aus.

Einzufügen ist hier, daß den Hauptvertretern des ethnologischen Diffusionismus in ihrem antievolutionistischen Affekt seine Nähe zu den Verbreiterungsmechanismen der Evolution nicht aufgefallen ist. Der Grund hierfür ist, daß der klassische ethnologische Evolutionismus in der Nachfolge Morgans mit seinen Vorstellungen von einem universalen Fortschritt, der gesetzmäßig und teleologisch bestimmte Stufen passiert, mit den Grundsätzen der Evolutionsbiologie selbst nicht übereinstimmt. Eine solche Übereinstimmung gibt es aber zwischen dem ethnologischen und bioevolutionären Diffusionismus.

Diffusionistisch – und eben nicht von einer den kommunikativen Raum beherrschenden Zentralinstanz aus und an bestimmte Adressaten gerichtet – breitet sich auch noch in den modernen Informationsgesellschaften der weitaus größte Teil des Wissens aus. Die heutige Kommunikation im „global village" des Internet hebt dieses Prinzip nicht auf, sondern verstärkt es in seiner Wirkung noch. Denn wie schon seit Urzeiten im kleinen Urwalddorf und dann in den größeren Siedlungen der Stammeskulturen und den Flächenstaaten der Hochkulturen entsteht auch hier ständig und unvorhersehbar, gleichsam naturwüchsig und unkontrollierbar etwas Neues. Dabei ist dann allerdings zu bedenken, daß vermutlich der allergrößte Teil dessen, was einmal an möglicherweise Weiterführendem erdacht und ausprobiert worden ist, seine Wirkung gar nicht hat erzielen können, weil es in seiner Bedeutung schon am Ursprungsort nicht verstanden worden ist oder dort nach einer Zeit der Bewährung seine Beachtung als „abgesunkenes" Kulturgut verloren hat, es im positiven Fall zwar zum festen Bestandteil einer Kultur geworden ist und auch andere Kulturen erreicht hat, dorthin aber oft in einem mangelhaften Zustand überliefert und alsbald wieder ausgeschieden worden ist. Genauso wie Mutationen im bioevolutionären Prozeß höchst selten im Erbgut der Spezies eine größere Verbreitung finden, dürften, im Bild gesprochen, die allermeisten kulturellen Anläufe „Fehlstarts" gewesen sein und dürfte dieselbe Erfindung hundertmal irgendwo gemacht und vergessen worden sein, bis sie einmal zum „Selbstläufer" geworden sind. Die biologische wie die kulturelle Evolution zeigen so, daß „Diffusion" ein ebenso effektives wie störanfälliges Mittel der Verbreitung bestimmter Inhalte ist. Das läßt sich konkret an der in unseren Augen zunächst so ungeheuer langsamen und verlustreichen und letztlich dennoch erfolgreichen Diffusion und Erweiterung der menschlichen Kultur in den Jahrhunderttausenden der Steinzeit belegen.

2.2 Die prinzipiell unvorhersehbaren Folgen der kulturellen Verbreitung und des historischen Wandels: Ein reflexiver Exkurs aus heutiger Sicht

Man kann das Potential des kulturdiffusionistischen Prinzips jedoch auch von den psychologischen Voraussetzungen des frühhistorischen Wandels her begründen. Wenn nämlich vermutet werden muß, daß die Menschen in den Zeiten vor der Zivilisation und in den geographischen Räumen außerhalb der bereits entstandenen Zivilisationen den von ihnen bewirkten langsamen kulturellen Wandel zumeist nicht bemerkt haben, dann gibt es dafür eine Vielzahl von Gründen: die geringe allgemeine Populationsdichte, die damit verbundene geringere Kommunikationsdichte zwischen den weitgehend isoliert lebenden Ethnien, die tief verwurzelte Neigung der Primitiven, das eigene Wissen vor den Fremden zu verbergen und an den bisherigen Traditionen festzuhalten, und die anfängliche Unauffälligkeit auch aller jener Erfindungen, die sich nachträglich als bedeutsam herausstellen und in das Allgemeingut der Menschheit eingegangen sind, mit der Folge, daß den Menschen in ihrer kurzen Lebenszeit die Welt als sich nicht verändernd erschienen ist. Im Unterschied jedenfalls zu den sich immer und überall rasch verändernden persönlichen Verhältnissen hatte das erlebte Grundgefüge der eigenen Kultur gewiß den Anschein des Unveränderlichen.[11]

Seit der agrarischen und der urbanen „Revolution" und der Entstehung der frühen und entwickelten Hochkulturen haben dann zwar das Ausmaß der innerethnischen Neuerungen und ihrer Verbreitung unter den benachbarten Ethnien und damit die Geschwindigkeit des kulturellen Wandels insgesamt erheblich zugenommen. Für die Menschen aber in ihrem persönlichen Lebenskreis ist auch dann noch, bis an die Schwelle der Moderne, das jeweils Neue im Vergleich zum Beständigen gering geblieben. Das ändert sich in Europa erst seit dem frühneuzeitlichen technologischen Wissenschaftsfortschritt und den Schüben der aufklärerischen, industriellen und wirtschaftlichen Revolutionen der letzten 250 Jahre. Die in der Spanne der Lebenszeit der Individuen bewußt erlebten Veränderungen schlagen sich von nun an in einer neuen Erfahrung des Wandels der Wirklichkeit in der Zeit nieder und werden zudem auch ganz bewußt als Mittel zur Steigerung und Beschleunigung des weiteren Wandels eingesetzt. Verbreitete sich Kultur bis dahin hauptsächlich ungeordnet-zerstreut, wie es der Begriff Diffusion sagt, und gleichsam hinter dem Rücken der Menschen, so wird der gesellschaftliche und kulturelle Wandel seither

---

[11] Zum frühkulturellen Geschichtsbewußtsein vgl. Kapitel 2.

zielorientiert durch politisches und wissenschaftlich-technisches Handeln und mit Hilfe von speziellen Institutionen der Wissensvermittlung betrieben.

Gleichwohl wird dadurch das diffusionistische Moment in seiner primären Wirkung nicht aufgehoben. Das hat gerade der jüngste wissenschaftlich-technologische, massenmediale und die Kommunikation und den kulturellen Austausch ungeheuer beschleunigende und vermehrende Schub nochmals gezeigt. Denn durch ihn können sich die politisch und kulturell Handelnden einerseits auf eine viel größere Menge von Informationen stützen und mit diesem Wissen im Rücken gezielt die Welt verändern bzw. die erwünschten und bereits eingetretenen Veränderungen kontrollieren und weiter modifizieren, andererseits drohen sie, in der Datenflut den Überblick zu verlieren, zumal sie inzwischen auch wissen, daß in der Faktorenkomplexion der menschlichen Welt unscheinbarste Ursachen größte Wirkungen zeitigen können, so daß sich die Handelnden doch wieder in der Rolle der den diffusionistischen Tendenzen der Zeit ohnmächtig hinterher Laufenden wiederfinden. Wenn sie auch noch die Haupttrends erfassen und in gewissem Umfang beeinflussen können, so müssen sie doch wegen der Fülle und der Wechselwirkung der kommunikativen Akte in den elektronischen Medien davor kapitulieren, auch nur die einigermaßen bedeutsamen Bedingungen eines Geschehens zu erkennen und es in eine bestimmte Richtung zu lenken. In dieser Lage befinden sich natürlich auch die heutigen Sozialwissenschaftler und Zeithistoriker. Ihre empirisch alles exakt erfassende Methodik vermag im Nachhinein zwar Hauptstrukturen eines Trends oder Geschehens sichtbar zu machen, überfordert sie aber bei der Deutung dessen, was schließlich den Ausschlag für eine bestimmte Ausprägung oder Richtung gibt.

2.3 Kritik an den Defiziten des diffusionistischen Ansatzes

Die Grenzen und die Kritik des diffusionistischen Ansatzes in der Historie lassen sich, ausgehend von seiner ethnologischen Anwendung, ebenfalls in fünf Punkten zusammenfassen. Seine problematischen Seiten zeigen sich vor allem in seiner Überdehnung und in seinem universalhistorischen Anspruch.[12] Ein erster Kritikpunkt ist so zunächst die *Kontinuitätsannahme*, nach der alle vorfindlichen kulturellen Übereinstimmungen in unterschiedlichen und auch weit voneinander siedelnden Ethnien auf Übernahmen zurückzuführen seien. Dabei wird nicht bedacht, daß bestimmte Entdeckungen, Erfindungen, künstlerische Formen, Kulte und Gebräuche auch unabhängig voneinander entstanden sein können. In der Tat hat sich herausgestellt, daß viele inhaltlich und strukturell ähnliche Phänomene nur *Analogien*, nicht jedoch Homologien, also Abkömmlinge eines einzigen Ursprungs, sind. Das haben der im angloamerikanischen und französischen Wissenschaftsraum entstandene ethnologische Funktionalismus und Strukturalismus mit überzeugenden Gründen belegt.[13] Diese Widerlegung kann sich auch auf den elementaren Grundsatz stützen, daß alle Schlüsse von hier auf dort und von heute auf früher solange unsicher sind, wie sie nicht durch historische Quellen über die *Wege* kultureller Verbreitung erhärtet sind.

---

[12] Zur Kritik vgl. Müller 1993, 210–215.
[13] Vgl. Kapitel 30.2. und 3. und Kapitel 32.3.

Ein zweiter Kritikpunkt ist *die isolierende und additive Betrachtung von – zumeist dinglichen – Kulturelementen einzelner Kulturen*. Die kulturhistorische Methode der deutschen Völkerkunde hat selten ganze Kulturen, sondern, wie es in der Methode selbst auch angelegt ist, zumeist nur einige wenige (Leit-)Elemente oder allenfalls Komplexe von gemeinsam auftretenden Elementen mit einander verglichen. Damit kann man im besten Fall zwar die Verbreitungswege dieser Elemente rekonstruieren, bekommt aber kaum die Geschichte der Kulturen selbst zu fassen, es sei denn, daß diese Elemente wirklich konstitutive Träger dieser Kulturen und nicht nur – wie es bei einem Großteil der Vergleichselemente der Fall ist – periphere Merkmale sind.

Aber selbst wenn diese Elemente repräsentativ für die jeweiligen Primitivkulturen sind, läßt sich wegen des Mangels eines gesicherten Zeitgerüsts deren historischer Status empirisch kaum verifizieren und führt das theoretisch einsichtige Modell der historischen Abfolge und Integration der Schichten einer Kultur drittens immer nur zu einer *relativen Chronologie einzelner Formen*. Es bleibt also in der Ethnologie oft die schlichte Frage, ob das in einem Kulturareal rekonstruierte Verbreitungsgeschehen nur etwa 100 Jahre oder 1000 Jahre und mehr zurückreicht.

Aus der methodologischen Verpflichtung auf die Kontinuitätsannahme der Kulturverbreitung folgt viertens, daß der Diffusionismus *zu wenig die kulturelle Eigenleistung der Ethnien* gewürdigt hat. Während der klassische ethnologische Evolutionismus zu sehr darauf gesetzt hat, daß die Ethnien der Welt als kulturell in sich geschlossene Gebilde – hierin dem klassischen Kulturrelativismus nahekommend – autonom und gesetzmäßig von Stufe zu Stufe, wenn auch in unterschiedlicher Geschwindigkeit durch die Zeiten voranschreiten, macht der Diffusionismus den umgekehrten Fehler, den kulturellen Wandel in den Ethnien fast ausschließlich aus ihren Außenkontakten zu erklären.

Schließlich hat die deutsche kulturhistorische Völkerkunde zu wenig *die grundsätzlichen Alternativen zum Diffusionismus* auch schon in bezug auf die primitiven (Stammes-)Kulturen bedacht: nämlich die immer gegebene Möglichkeit, daß eine Kultur durch Eroberung durch eine andere ersetzt wird, eine neue politische Ordnung und sakrale Ideologie von einem Machtzentrum aus gewaltsam durchgesetzt wird und durch das Zusammenwirken unterschiedlichster Elemente mitunter momentan die Umstrukturierung und Neukonstitution einer Kultur erfolgt.

Wegen dieser Schwachpunkte hat die deutsche kulturhistorische Methode nach dem zweiten Weltkrieg in Konkurrenz mit den anderen ethnologischen Richtungen rasch an Geltung verloren, so daß sie heute allenfalls in der modifizierten Form der sog. „Wiener kulturhistorischen Schule"[14] noch eine bescheidene Rolle im internationalen ethnologischen Konzert spielt. Sie ist hier dennoch etwas ausführlicher dargestellt worden, weil der kulturhistorische Diffusionismus im Kontext des Ganges durch die Universalgeschichte des historischen Denkens und im Hinblick auf die gegenwärtige Neubegründung der Geisteswissenschaften als zugleich historische und systematische Kulturwissenschaften die Reflexion des kulturhistorischen Wandels überhaupt ermöglicht hat.

---

[14] Vgl. die sich im Sammelband von *K.R. Wernhart* (Hg.): Ethnohistorie und Kulturgeschichte, Wien/Köln 1986, selbst darstellende Wiener Schule.

30. Kultureller Relativismus und Funktionalismus:
Die (A-)Historizität der westlichen Ethnologien

1. Ethnographien:
   Die durch Feldforschung empirisch begründete Ethnologie   509
2. Kulturrelativismus:
   Die amerikanische *cultural anthropology* als ethnologischer Historismus   511
3. Kultureller Funktionalismus: Die französische *éthnologie* und die britische
   social anthropology als ahistorische Ansätze   518

Zeitgleich mit der deutschen diffusionistischen Völkerkunde entsteht um 1900 in Nordamerika die auf ethnographischer Feldforschung (Abschnitt 1) beruhende und einen strikten Kulturrelativismus vertretende *cultural anthropology*. Vom Forschungsansatz des Deutsch-Amerikaners Franz Boas ausgehend, entfaltet sie sich dort in den beiden Ausprägungen *culture and history* und *culture and personality*. Sie umfaßt dabei, zugleich in Abgrenzung von und in Nähe zur dortigen p*hysical anthropology*, sowohl die die Kultur der rezenten Primitiven erforschende Ethnologie als auch die archäologische Prähistorie und die Historische Sprachwissenschaft und steigt als solche in Amerika zur beherrschenden Richtung des anthropologischen Denkens in der ersten Hälfte des 20. Jahrhunderts auf (Abschnitt 2). Davon unterscheiden sich die nur wenig später entstehenden, vor allem die sozialen Beziehungen in den Ethnien erforschenden Schulen der britischen *social anthropology* und die in der Nachfolge des Soziologen Emile Durkheim forschende französische *éthnologie*. Beide sind durch eine funktionalistische Deutung des Sozialen und Kulturellen charakterisiert (Abschnitt 3). Was alle diese Forschungsrichtungen verbindet, ist ihre Abgrenzung vom ethnologischen Evolutionismus, also von der Annahme einer Gesetzmäßigkeit der kulturellen Entwicklung der Menschheit über bestimmte Stufen des Fortschritts.

1. Ethnographien:
Die durch Feldforschung empirisch begründete Ethnologie

Eine neue Epoche der Ethnologie beginnt um 1900 mit der von nun an allen ihren Forschern zur Berufspflicht gemachten sog. Feldforschung, d.h. dem längeren Aufenthalt der Wissenschaftler inmitten des Lebensraums der Ethnien, dem Eintauchen in die fremde Kultur, der teilnehmenden Beobachtung und der Anfertigung von tendenziell das Ganze einer Kultur erfassenden Ethnographien. Das Beispiel, das Schule gemacht hat, sind die Berichte, die der gebürtige Pole BRUNO MALINOWSKI (1884–1942) von seinem längeren Aufenthalt bei den Eingeborenen auf den Trobriand-Inseln verfaßt hat. Zwar hat es schon vor ihm ähnliche Dokumente gegeben. Zu einem ethnologischen Klassiker ist seine Schrift „Argonauts of the Western Pacific. An Account of Native Enterprise and Adventure in the Archipelagoes of Melanesian New Guinea (London/New York 1922)[1] aber deswegen geworden, weil sein Rechenschaftsbericht methodisch reflektiert ist und damit Standards für die

---

[1] B. Malinowski: Die Argonauten des westlichen Pazifik. Ein Bericht über Unternehmungen und Abenteuer der Eingeborenen in den Inselwelten von Melanesisch-Neuguinea, Frankfurt 1979; vgl. J. Stagl: Malinowskis Paradigma, in: Schmied-Kowarzik/Stagl 1993, 93–105.

weitere Feldforschung gesetzt hat. Mit ihr löst die Ethnologie die aus den eigenen Reihen wiederholt erhobene Forderung nach verläßlicher Empirie praktisch ein. Sie ist das ethnologische Pendant zum Quellenstudium des Historikers im Archiv. So wie man von diesem spätestens seit dem Beginn des 19. Jahrhunderts eine Absicherung seiner Aussagen durch selbst in Augenschein genommene originäre oder zumindest kritisch edierte (Schrift-)Quellen verlangt, erwartet man jetzt auch vom Ethnologen, daß er nicht mehr nur wie sein „armchair"-Vorgänger die aus Übersee mitgebrachten Objekte und in älterer und neuerer Zeit von unterschiedlichen Autoren in unterschiedlichster Absicht angefertigten Berichte über die Eingeborenen sammelt, sichtet, vergleicht, über sie Vermutungen anstellt und sie entweder zu Monographien über bestimmte Ethnien oder zu Exempeln seiner Theorie über den menschheitsgeschichtlichen Status der Primitiven macht, sondern daß er durch eigene Begegnung mit ihnen seinen Urteilen eine größere empirische und theoretische Glaubwürdigkeit verschafft. Idealiter soll der Ethnologe in der fremden Kultur so heimisch werden, daß er sie nach einer Art zweiten Sozialisation, d.h. einem Erlernen aller elementarer Lebensvollzüge in ihr, einschließlich der Sprache, so kennt und wahrnimmt, wie das ihre originären Mitglieder tun. Ist die so seit der Zeit um 1900 auf breiter Front geübte ethnologische Feldforschung im Vergleich mit der Geschichtswissenschaft einerseits nur so etwas wie ein nachgeholter Schritt, so geht sie dieser andererseits jetzt sogar in einer doppelten Hinsicht voran. Und zwar erstens, indem sie potentiell alle materiellen Erscheinungen und geistigen Äußerungen der Kultur einer Ethnie zum Gegenstand ihrer Erforschung macht, also im heutigen kulturwissenschaftlichen und -historischen Sinne zugleich Landes-, Wirtschafts-, Religions-, Herrschafts-, Sozial-, Bildungs-, Alltags- und politische Geschichte betreibt. Zweitens, indem sie – aus der Not des Fehlens schriftlicher Quellen eine Tugend machend – die Träger des kulturellen Wissens und Tuns selbst zu den durch Beobachtung und Befragung abzuschöpfenden Quellen macht, sich also der sozialwissenschaftlichen Methode der „Volksbefragung" (Demoskopie) und der geschichtswissenschaftlichen Methode der Oral History bedient und so erst jetzt einen Blick von der Vielfalt der Primitivkulturen erhält.

Dies ist natürlich eine idealisierende Stilisierung der Feldforschung. Eine ethnographische Totalerfassung selbst kleinster indigener Gemeinschaften ist schon aus prinzipiellen Gründen unmöglich und findet seine faktischen Grenzen u.a. in der in kurzer Zeit nicht zu erlangenden Kenntnis der fremden Sprache und des allen Menschen einer Ethnie geläufigen kommunikativen Wissens, in der unvermeidlich zivilisatorisch und fachwissenschaftlich vorgeprägten Sichtweise des Ethnologen und ganz besonders in der Tatsache, daß dieser als Person immer ein Fremder bleibt. Diese Grundprobleme lassen sich auch nicht durch die Beschränkung auf wenige Beobachtungsaspekte und noch so genaues Protokollieren von sog. Fakten beseitigen. Ganz im Gegenteil haben die Sammelwut, der Detail- und Tatsachenfetischismus und die rigorose Spezialisierung viele Feldforscher erst recht von der Erfassung dessen abgehalten, was eine Ethnie insgesamt charakterisiert und zusammenhält. Dennoch: Wenn viele Stammesethnographien auch eine Tendenz zu bloßer Faktenhuberei aufweisen und ihre Autoren zu keiner deutenden Synthese gelangen, nimmt doch der Wahrheitsgehalt des Bildes, das man sich von den Eingeborenen macht, seit dieser Zeit beträchtlich zu. Allemal haben noch die schlichtesten und naivsten Ethnographien darin einen bleibenden Wert, daß sie etwas im Text und oft auch schon im Bilde und in der akustischen Aufzeichnung festhalten, was schon wenige Jahrzehnte später so nicht mehr zu haben gewesen wäre. In der Tat besteht eine der wichtigsten Leistungen der Ethnologie in der ersten Hälfte des 20. Jahrhunderts darin, daß ihre Feldforschung den letzten Moment vor der gänzlichen Zerstörung und Absorption der Primitivkulturen durch die Zivilisation für eine umfassende ethnographische Bestandsaufnahme genutzt und damit künftigen Forschergenerationen ethnohistorische Quellen bereitgestellt hat. Davon hat schon die Ethnologie des fortschreitenden 20. Jahrhunderts selbst profitiert, zumal ihre im folgenden vorgestellten drei Ansätze des Kulturrelativismus, des Funktionalismus und des Strukturalismus (in Kapitel 32.3.) bei allen sonstigen Unterschieden der Feldforschung als empirischer Grundlage verpflichtet bleiben und selbst viele Ethnographien inspiriert haben (zur Leistung der Methode vgl. *K.P. Koepping* (1984): Feldforschung als emanzipatorischer Akt? Der Ethnologe als Vermittler von Innen- und Außensicht, in Müller 1984, 216 ff.).

2. Kulturrelativismus:
Die amerikanische *cultural anthropology* als ethnologischer Historismus

2.1 Die Einzigartigkeit, Eigenheit und Unvergleichbarkeit jeder Kultur

Die Grundannahme der in den 1890er Jahren in Nordamerika entstandenen und dort als *cultural anthropology* von den 1920er Jahren bis in die Mitte des 20. Jahrhunderts vorherrschenden Kulturanthropologie ist, daß die Ethnien dieser Welt grundsätzlich durch Einzigartigkeit, Eigenheit und Unvergleichbarkeit ihrer Kultur gekennzeichnet sind. Für diesen amerikanischen Ansatz gibt es – im Unterschied zum kulturellen Evolutionismus, zum kulturellen Diffusionismus und zum kulturellen Funktionalismus – „Kultur" sozusagen nur im Plural.[2] So wie jeder Mensch als „Individuum" einmalig ist, so ist auch jede Ethnie als Kollektiv-Individuum einzigartig. Und wie das sich lebensgeschichtlich bildende und wandelnde Ich die Identität und Individualität der einzelnen Menschen sichert, so garantieren die je besondere Herkunft und Geschichte die Eigenheit und Einheit jeder Ethnie.

Diese Kulturanthropologie fragt faktisch allerdings kaum nach der historischen Herkunft der Ethnien und auch kaum nach ihrem Wandel. Ihr Interesse gilt hauptsächlich der Beantwortung der Frage, was deren jeweilige nur vage in der Zeit verankerte Kultur kennzeichnet. Es ist sozusagen ein statischer Historismus bzw. ein Historismus ohne Historie, ganz ähnlich dem klassischen geschichtswissenschaftlichen Historismus, der oft nur ein „Bild" von einer bestimmten Gesellschaft, einer Epoche, einer Institution, einem Stand oder sonst einem historischen Phänomen entwirft und dabei seine ganze Aufmerksamkeit dem synchronen Zusammenwirken der Phänomene in einer jeweiligen Ganzheit schenkt, ohne nach dem historischen

---

[2] Boas' Urteil über den Evolutionismus ist eindeutig: Daß „für alle ein gemeingültiges Schema der Kulturentwicklung besteht, muß also verneint werden." (Kultur und Rassen, Leipzig 1914, 168). Wiederabdruck in ders.: Rasse, Sprache und Kultur (engl. Race, Language, and Culture, New York 1940).

Wandel zu fragen.³ Ebenso wie der frühere oder der heutige Kulturhistoriker aus allen nur erreichbaren Quellen das Leben und den Geist einer vergangenen und fremden Welt dem Leser vorstellt, wie es z.B. G. Freytag bei der Abfassung seiner „Bilder aus der deutschen Vergangenheit"⁴ oder der Althistoriker M.I. Finley bei der Darstellung der archaisch-fernen „Welt des Odysseus"⁵ getan haben, rekonstruiert auch der Ethnologe aufgrund seiner eigenen Beobachtungen und aus den Selbstdeutungen der Eingeborenen den während eines überschaubaren Zeitraums in sich weitgehend geschlossenen Kosmos einer bestimmten Lebenswelt.

2.2 Die historistisch-deutsche Begründung der *cultural anthropology* durch Boas

Ebendies hat der deutschstämmige Ethnologe FRANZ BOAS (1858–1942), der Begründer der *cultural anthropology*, in seinem repräsentativ für den neuen Ansatz gewordenen Pionierwerk „The Social Organization and the Secret Societies of the Kwakiutl Indians" (New York 1897) getan.⁶ Um das Ganze einer Stammeskultur zu erkennen und es in der Sprache der Zivilisierten sachverhaltsgetreu und deutend darzustellen, hat er die historischen Tugenden der deutschen Geschichtswissenschaft darauf angewandt. Die elementare Grundlage seiner Forschung ist deshalb erstens die strikte *Selbstverpflichtung auf Empirie*, also auf genaues Erfassen seines Gegenstandes durch Feldforschung. Das konstitutive Merkmal seines Beschreibens ist zweitens das *Verstehen des Einzelnen aus dem Ganzen einer Kultur*. Während die diffusionistische Schule immer nur bestimmte Auffälligkeiten von Ethnien in den Blick nimmt und zum Aufspüren von Verbreitungswegen nach Ähnlichkeiten in anderen Ethnien sucht und dabei das kulturelle Gefüge der Ethnien selbst meist nur ein wenig belichteter Hintergrund bleibt, gilt Boas' Bemühen ebendiesem Zusammenhang, sucht er das Detail in seinem jeweiligen Kontext auf, versucht, es aus ihm zu verstehen, und baut das Gesamtbild der fremden Kultur gleichsam von innen heraus auf der so erworbenen Kenntnis des vielen Einzelnen auf, wie auch umgekehrt die Erkenntnis jedes Details immer schon von einem bestimmten Vorverständnis des Ganzen der Kultur gelenkt wird. Dieses sinnverstehende Verfahren ist drittens nur dann erfolgreich, wenn es dem Ethnologen gelingt, sich zugleich zutreffend *in die Vorstellungswelt der Mitglieder der Ethnie einzublenden* und zudem seine *Erkenntnisse in die Sprache der Zivilisierten* zu übersetzen. Dabei haben Boas und seine Mitstreiter rasch erkannt, daß die bisher universalistisch und evolutionistisch definierten und von europäischen Vorstellungen und Erwartungen geprägten Grundbegriffe der Ethnologie nur selten den nun aus der Innenperspektive jeweiliger Ethnien wahrgenommenen Phänomenen in der Sache gerecht werden und unter dem kulturvergleichenden Blickwinkel auch kaum Anhaltspunkte für ausgeprägte

---

[3] Vgl. hierzu *M. Szalay*: Historismus und Kulturrelativismus, in: Schmied-Kowarzik/Stagl 1993, 233–253; allgemein zum Thema vom selben Autor: Ethnologie und Geschichte: Zur Grundlegung der Ethnohistorie, München 1980.
[4] S. Kapitel 22.
[5] S. Kapitel 4.
[6] *F. Boas*: The Social Organization and the Secret Societies of the Kwakiutl Indians (New York 1897/1970).

kulturevolutionäre Stufen auszumachen sind. Dem Anspruch der ethnienimmanenten Interpretation hat man deshalb nicht anders als mit der Neudefinition von eingeführten Begriffen und mit der Übernahme indigener Bezeichnungen Genüge tun können, wie deren eine der von Boas beschriebene Potlach-Brauch ist. Es charakterisiert die amerikanische Kulturanthropologie viertens die *Zuerkennung eines Eigen-Sinns jeder Kultur*. Die Toleranz gegenüber den Eigenheiten der Ethnien und der Anstoß, über die eigenen unbefragten Lebensformen nachzudenken, verdanken sich zu einem Großteil dem Gebot und der gewachsenen Sensibilisierung seitens der Ethnologie, allem Vorfindlichen eine gewisse Dignität zuzusprechen. Denn wie im klassischen Historismus jede Zeit „unmittelbar zu Gott" sein und keine einzelne Zeit einen Vorzug gegenüber den anderen Zeiten genießen soll, sind von nun an auch für den Ethnologen im Sinne eines strikten Berufsethos alle Kulturen in ihrer Mannigfaltigkeit und ihren seltsam erscheinenden Eigenheiten gleich wahr und wertvoll. Das heißt hier, daß jede Kultur und jedes ihrer Phänomene, es über die übliche wissenschaftliche Nicht-Parteilichkeit und Interventionsabstinenz hinaus verdient, um ihrer selbst willen studiert und respektiert zu werden. Fünftens schließlich eignet Boas' Vorgehen ein gewisser *Eklektizismus* im Einbezug von anderen Ansätzen und von einer Vielzahl von heterogenen Gegenständen und Themen, sofern sie nur zum Verständnis einer Kultur beitragen. So lehnt er nicht jegliche evolutionistische Annahme ab, zieht kulturvergleichend durchaus die Sitten und Gebräuche benachbarter Ethnien heran, entlehnt dem diffusionistischen Ansatz das historische Moment des kulturellen Wandels durch Verbreitung, stellt auch den Einfluß der natürlichen Welt auf die Ausformung der Kultur nicht in Abrede und steht schließlich auch der funktionalistischen Grundannahme vom Vorrang des synchronen Zusammenwirkens der kulturellen Elemente nicht fern.

In allen diesen Punkten weist sich Boas' Ansatz als ein Sproß des deutschen historisch-hermeneutischen Denkens des 18. und 19. Jahrhunderts aus. So läßt sich zum einen eine direkte Linie von Herder und dessen Kultur- und Volks(tums)begriff und dem „Geist der Völker" zu seinem Kulturbegriff ziehen. Freilich hatte zuvor schon der englische Evolutionist Tylor in seiner Schrift „Primitive Culture" (1871)[7] der raschen ethnologischen Einbürgerung des von Boas benutzten deutschen Kulturbegriffs in Amerika vorgearbeitet, und zwar im besonderen mit der von jenem in seinem Buch vorgeschlagenen und seither immer wieder zitierten Definition von Kultur als „that complex whole which includes knowledge, belief, art, morals, law, custom, and any other capabilities and habits acquired by man as a member of society"[8]. Die Bezeichnung und das Wesentliche dieser Definition von „Kultur" hatte Tylor seinerseits indes von dem deutschen Ethnologen *Adolf Bastian* (1826–1905)[9] entlehnt.

---

[7] Vgl. Kapitel 25.3.3.
[8] Zitiert nach Feest/Kohl 2001, 493.
[9] Er hatte in seiner Schrift: Der Völkergedanke im Aufbau einer Wissenschaft vom Menschen und seine Begründung auf ethnologischen Sammlungen (Berlin 1881) und in der darin (in der 1896 erschienenen zweibändigen Ausgabe) entwickelten Vorstellung von „ethnischen Elementargedanken" zuvor schon die „Natur- und die Kulturvölker" nach ihrer unterschiedlichen ethnischen Entwickeltheit unterschieden und nach ihrer biologischen Identität als eine Einheit begriffen.

2.3. *Culture* and *history* und *culture and personality*:
Die zwei Ausprägungen der Boas-Schule

Unter der Hinzunahme weiterer methodischer Anregungen hat Boas' integrativer Ansatz alsbald unter einer großen Schülerzahl Anklang und in den von Museen und Universitäten Nordamerikas geförderten kulturanthropologischen Studien und Feldaufenthalten rasch Verbreitung gefunden. Die Forschungsrichtung von Boas selbst und seiner ersten Schülergeneration, zu der man vor allem *Alfred L. Kroeber* (1876–1960)[10] und *Melville J. Herskovits* (1895–1963)[11] rechnet, wird zumeist culture and history genannt, und zwar in Abgrenzung von der Forschungsrichtung culture and personality, zu der in der zweiten Schülergeneration seit den 30er Jahren vor allem *Edward Sapir* (1884–1939), *Ruth Benedict* (1887–1948) und *Margaret Mead* (1901–1978) zählen. Diese Richtung ist im gewissen Sinne eine Verschärfung des schon von Boas erhobenen Grundsatzes, daß der Mensch im wesentlichen ein Geschöpf seiner jeweiligen Kultur ist und die natürliche Mitgift nur das Rohmaterial für eine fast unendliche kulturelle Plastizität liefert. Im Sinne eines wirklichen Kulturdeterminismus tendiert diese Forschergruppe dazu, das Denken, Fühlen und Handeln des Individuums nahezu vollständig von der Kultur bestimmt zu begreifen, in der es aufwächst und lebt. Dabei schreibt man den Kulturen nicht nur ein Eigenleben, sondern auch einen das ganze Leben überhöhenden Eigensinn zu. Kulturen sind nicht nur Mittel zum Zweck der Daseinssicherung ihrer Mitglieder, sondern Wesen eigener Art und eigener Ziele, so daß der Primitive generell sehr viel mehr als der Zivilisierte ein Kollektivwesen ist und kaum nach seiner einzigartigen Individualität gefragt wird. Zwar gilt die Menschennatur als die allgemeine Grundlage der Kultur, sie würde aber nur die formale Voraussetzung für die ethnienspezifische Ausgestaltung liefern. So würden nach der Auffassung des Linguisten und vielseitigen Denkers Sapir die grammatischen und semantischen Strukturen der jeweiligen Muttersprache ihre Sprecher die Welt in ganz ethnienspezifischer, d.h. in einzigartiger und unübersetzbarer Weise, wahrnehmen lassen.[12]

R. Benedict hat mit ihrem Buch „Patterns of Culture" (New York 1934)[13] das einflußreichste ethnologische Buch des 20. Jahrhunderts geschrieben. Sie betrachtet jede originäre Kultur als ein geschlossenes Ganzes, das aus dem universellen „Kreisbogen" der kulturellen Möglichkeiten der Menschheit, den „Urformen der

---

[10] Am bekanntesten ist sein gegen Ende seines Lebens gemeinsam mit *C. Kluckhohn* verfaßtes Lehrbuch „Culture. A Critical Review of Concepts and Definitions" (Cambridge 1952) geworden.

[11] Dieser in vielen Teilen der Erde als Feldforscher tätige Ethnologe und Mitbegründer der amerikanischen Afrikanistik hat das einflußreichste Lehrbuch der Kulturanthropologie: „Man and his Works. The Science of Cultural Anthropology" (New York 1948) geschrieben. Als sein besonderes Verdienst gelten seine Theorie der Akkulturation und die Einführung des Enkulturationsbegriffs in die Humanwissenschaften.

[12] Im Rückgriff auf W. von Humboldts Vorstellungen über das Verhältnis von Sprache und Denken hat Sapir gemeinsam mit B.L. Whorf die nach ihren beiden Begründern Sapir-Whorf-Hypothese benannte These von der einzelsprachlichen Relativität und Differenz in vielen Schriften verteidigt. Sie wird heute in der Linguistik entweder als gänzlich unzutreffend zurückgewiesen oder als nur bedingt brauchbar anerkannt.

[13] In deutscher Übersetzung erschienen unter dem Titel „Urformen der Kultur", Hamburg 1955.

Kultur", eine spezifische Auswahl trifft und sie in „patterns", Grundmustern, anordnet. Dadurch hätte jede Ethnie ihre unverwechselbare Eigenheit und würde zugleich die Vielfalt der menschlichen Kulturen erklärt. Entsprechend der mehr oder weniger großen Übereinstimmung der Anordnung der Muster gebe es gleichwohl Ethnien, die sich in ihrem Charakter nahe- oder fernstehen, und würden z.B. die einen eher friedliebende und die anderen eher aggressiv-kompetitive Persönlichkeiten ausbilden. Eine fast ebenso große Anerkennung und eine in der westlichen Pädagogik zeitweise sogar begeisterte Zustimmung hat M. Meads nach nur einem kurzen Feldaufenthalt verfaßter Bericht „Coming of Age in Samoa. A Psychological Study of Primitive Youth for West Civilization" (New York 1928)[14] erlangt. Ausgehend von der Annahme, daß die Kultur das menschliche Verhalten gänzlich formt und fast alle Erziehungs- und Verhaltensprobleme in den zivilisierten Gesellschaften sozusagen hausgemacht sind, zeichnet sie das Bild einer problemlos-friedlich lebenden Südseegesellschaft, in der z.B. die Pubertät der Mädchen konfliktlos verlaufe und die Sexualität von allen spielerisch und freizügig genossen werde. Obwohl Zweifel an dieser Einschätzung schon früh geäußert wurden, hat erst das nach Meads Tod erschienene Buch von *D. Freeman*: Margaret Mead and Samoa. The Making and Unmaking of an Anthropological Myth (New York 1983) die die Wirklichkeit grob verzerrende Darstellung Meads und die Unhaltbarkeit ihrer Thesen nachgewiesen und die allgemein der *cultural anthropology* zugrundeliegende Tendenz zu bestimmten Erwartenshaltungen und Legendenbildungen aufgezeigt.[15] In der Nachfolge von Mead sind trotzdem bis in die jüngst Zeit immer wieder Bücher erschienen, die den Zivilisierten kulturkritisch das Gegenbild von friedlich lebenden „Naturvölker" vorhalten.[16] Das wirft die Frage nach den Leistungen der amerikanischen Kulturanthropologie insgesamt und nach ihrem Beitrag zur Historiographie der Kultur auf.

2.4 Respektierung der kulturellen Alterität

Die Antwort auf die Frage nach den Gründen des großen Anklangs, den die *Cultural Anthropology* in Amerika selbst und in Europa gefunden hat, ist vielschichtig. Allemal wird man sie weniger in den neu gewonnenen und empirisch erhärteten Einsichten in die Kultur der Primitiven selbst suchen als im Vorverständnis vom Primitiven, das die Ethnologie und die Humanwissenschaften insgesamt angeleitet hat, in der allemal ideologischen Haltung, die die Forscher aus den (ehemaligen) Kolonialmächten und die an den Berichten interessierte Öffentlichkeit gegenüber den von ihnen Abhängigen gewohnt waren, und nicht zuletzt auch im „schlechten Gewissen des weißen Mannes", das dieser gegenüber den letztlich bemitleideten Völkern gehabt hat. Läßt man alle diese möglichen und in der *psychoanalytischen*

---

[14] *M. Mead*: Kindheit und Jugend in Samoa, Jugend und Sexualität in primitiven Gesellschaften, München 1970.

[15] Der deutsche Titel des Buches bringt dies pointiert zum Ausdruck: Liebe ohne Aggression. Margaret Meads Legende von der Friedfertigkeit der Naturvölker, München 1983.

[16] Ein sich auch mit dem Modell „Glückliche Kindheit" kritisch auseinandersetzender Sammelband ist die von *M.-J. v. de Loo* und *M. Reinhart* herausgegebene Schrift: Kinder. Ethnologische Forschungen in fünf Kontinenten, München 1993.

Ethnologie[17] und der sog. *Ethnomethodologie*[18] durchaus reflektierten Hintergrund-Überlegungen beiseite, dann heben sich die gewiß auch oft wirklich empfundene Hochachtung gegenüber der kulturellen Leistung der Primitiven und die kulturanthropologische Anerkennung ihres Rechtes auf Alterität, auf ein Anderssein positiv gegenüber dem früheren kolonisatorischen und missionarischen Hochmut oder der wirklichkeitsfernen Idyllisierung ihres Lebens ab. Weil die Andersartigkeit immer perspektivisch vom jeweils Urteilenden, in aller Regel also von einem Mitglied der westlichen Kultur, definiert wurde, hat die Ethnologie dem dadurch gegebenen Dilemma der einlinearen Beurteilung nur entkommen können, indem sie, wie es heute verstärkt geschieht, sich als die „Wissenschaft vom kulturell Fremden" definiert und damit die Deutungsrichtung relativistisch von jeder Ethnie ihren Ausgang nehmen läßt und so eine Ethnologie Primitiver über die kulturell fremden Europäer denkbar wäre.

Gerade weil die Boas-Schule der Menschennatur nur einen geringen Einfluß auf die ethnische Ausformung der Kultur zugestanden hat, hat sie indirekt die überall auf der Welt gleiche Menschennatur bekräftigt und faktisch zumeist auch allen Rassismus abgewehrt, jedenfalls der lebensgeschichtlichen Prägung der Menschen durch eine bestimmte Kultur eine größere Rolle beigemessen als der physisch-genetischen Seite. Von universalhistorischer Bedeutung ist diese Annahme insofern, als es dadurch die Kulturgeschichte insgesamt mit demselben Menschen zutun hat, Primitive und Zivilisierte sozusagen im selben Boot sitzen und es in der Historie zwischen ihnen keine prinzipiellen Differenzen der Deutungsansätze geben dürfte. Ihr gegenwärtiger politischer Einfluß macht sich darin bemerkbar, daß es in der westlichen Welt eine große liberale Strömung gibt, die dem Idealbild einer sowohl im Inneren als auch nach außen toleranten multikulturellen Gesellschaft in Verbindung mit einem weltweiten Flickenteppich eigenständiger Kulturen verpflichtet ist.

2.5 Der ethnologische Relativismus und seine problematische Kehrseite

Die problematische Kehrseite der *cultural anthropology* und ihres ethnologischen Relativismus zeigt sich vor allem in der vollständigen Tolerierung der kulturellen Eigenheiten in Moral, Herrschaft und Religion. Relativistisch ist ihre Sichtweise, weil sie nicht nach dem Gemeinsamen der menschlichen Kulturen fragt, sondern alle kulturellen Erscheinungen ausschließlich in Abhängigkeit von und als den Ausdruck des historisch gewachsenen und dann verfestigten „Geistes" einer jeweiligen Ethnie deutet. Die theoretische Voraussetzung hierfür ist, daß die Natur des Menschen für fast unbeschränkt plastisch gilt, der in eine bestimmte Gesellschaft hineingeborene Mensch deren Kultur lernend ganz in sich aufnimmt und so überhaupt nur ein Produkt von jeweiliger ethnischer Sozialität ist. In letzter Konsequenz

---

[17] Ansätze dazu finden sich bei Freud selbst, wie in Kapitel 26.4. vor allem mit Bezug auf seine Schrift „Totem und Tabu" (1913), dargelegt, und wie in Amerika in den Arbeiten von *A. Kardiner* (u.a. The Individual and his Society, 1939) und von *G. Devereux* (From Anxiety to Method in the Behavioral Sciences, Paris 1967; Angst und Methode in den Verhaltenswissenschaften: Anthropologie, Frankfurt u.a. 1976) weiter geführt worden ist.

[18] Vgl. hierzu in Kapitel 37 die Ausführungen zum gesellschaftlich erzeugten Alltagswissen der Individuen.

beinhaltet der Kulturrelativismus in der Praxis den *Verzicht auf eine universelle Ethik* und auf das politische Bemühen und das Recht der Weltgemeinschaft, allgemeine Menschenrechte zu erklären und durchzusetzen, und in der Theorie die Absage, die Menschheit als Einheit zu begreifen und ihre Kultur in gemeinsamen Grundkategorien zu erfassen. Es handelt sich um das Problem, mit dem auch schon der klassische Historismus zu tun hat, nämlich ob der Historiker das in Quellen jeweils Vorfindliche nur verstehen und nicht auch be- oder sogar verurteilen soll oder ob er z.B. die Verletzung universell vorausgesetzter humaner Grundsätze – wie schwierig es auch ist, deren Kriterien zu begründen – kritisieren und die historisch jeweils besseren, aber nicht genutzten Möglichkeiten kontrafaktisch erörtern und bedauern soll.

2.6 Andersartigkeit als prinzipielle Barriere des Verstehens zwischen einander kulturell Fremden

Schließlich hat man es in der kulturrelativistischen Sichtweise mit dem unvermeidlichen Dilemma zu tun, jede heute noch existierende Einzelkultur im Detail wie im Ganzen in ihrer Besonderheit anzuerkennen und sie in ihrer Einzigartigkeit gegebenenfalls wie eine vom Aussterben bedrohte Tier- oder Pflanzenspezies schützen und erhalten zu müssen, *ohne sie in ihrer Eigenart verstehen zu können*, eben weil diese letztlich inkommensurabel ist, sich den ihr fremden Menschen grundsätzlich verschließt. Das hätte auch die Paradoxie zur Folge, daß man Ethnologen, die in einem jahrelangen Bemühen „von innen" in die Sprache und den Geist einer Ethnie eingedrungen und zu anderen geworden wären, eigentlich absprechen müßte, etwas über andere Ethnien und Allgemeines über Primitive und die archaische Mentalität sagen zu können. Das hieße freilich, die Fremdheit des Fremden zu mystifizieren. Plausibler ist es, die Grenzen des Verstehens erst dort beginnen zu lassen, wo keine Brücken der Gemeinsamkeit mehr bestehen, wo der „fremde" Sinn in der eigenen Sprache nicht rekonstruierbar und nicht aussagbar ist.

Selbst wenn man anerkennt, daß der nicht in einer bestimmten indigenen Kultur aufgewachsene Forscher nie alles und überhaupt vieles nicht so verstehen kann wie deren eingeborenen Mitglieder und seine Denkformen, Empfindungen und Verhaltensnormen bleibend andere sind, kann man doch zumindest drei Gegenargumente gegen den Kulturrelativismus ins Feld führen. Das erste ist, daß die von ihm in der Regel vorausgesetzte Homogenitätsvorstellung der jeweiligen Kultur ihre intrakulturelle Vielfalt verfehlt. Selbst kleinste Ethnien und Gruppen haben ihr Arkanum, ihre Sphären der Exklusivität. Wer dort also nicht selbst z.B. Schamane ist, dürfte ebenso wenig wie der Fremde über dessen Erfahrungen und Annahmen sprechen. Damit hängst zweitens zusammen, daß Kulturen selbst immer schon spannungsreiche Konglomerate von allgemein akzeptierten und konkurrierenden Annahmen und Normen sind, sie also ihre Mitglieder nie vollständig „vereinnahmen" und diese nach persönlicher Einschätzung immer nur Teile von ihr verinnerlichen. Die relative Selbstständigkeit der Individuen gegenüber den Sinnsystemen ihrer Kultur gehört zu den unbestrittenen anthropologischen Voraussetzungen.[19] Schließlich ist

---

[19] Zum Phänomen der ethnologisch erzeugten Ansicht einer „Übersozialisierung" der Individuen

es drittens ein unbestreitbares Faktum, daß – wie es der kulturelle Diffusionismus zu seiner Voraussetzung gemacht hat – kulturelle „Übersetzungen" zwischen den Ethnien nicht nur möglich, sondern auch die Regel sind und der in den letzten 5000 Jahren die Welt immer mehr erobernde Typ der Zivilisation sich sehr erfolgreich der friedlichen oder kriegerischen Akkulturation zuvor einander fremder Ethnien verdankt.

Der sozialen Wirklichkeit kommt man wohl am nächsten, wenn man die menschliche Kultur als eine historisch entstandene Verbindung von zugleich universellen, kulturspezifischen und individualspezifischen Denk- und Handlungsstilen begreift. Nur so wird man sich vor der kulturrelativischen Blindheit für das Gemeinsame der Kulturen schützen und auch das Gemeinsame in ihrer Geschichte entdecken. Denn wenn man die einzelnen Ethnien strikt kulturmorphologisch als Individualitäten bzw. als Organismen[20] versteht, die „für sich" allein und „autochthon" entstanden sind und sich „autonom" in der Zeit entwickelt und gewandelt haben, schließt man sie und ihre Geschichte von den anderen ab, von einem möglichen universalhistorischen Wandel aus und negiert letztlich jede gemeinsame Geschichte der Menschheit. Die heute häufig aus einer kulturrelativistischen Perspektive geäußerte Kritik am (westlichen) Universalismus muß als ein Verrat an einem wichtigen humanitären Grundsatz der Aufklärung verstanden werden. Sie übersieht die Gefährlichkeit dieses Konzeptes in Verbindung mit dem Nationalismus, den „ethnischen Säuberungen" und der Xenophobie.[21]

3. Kultureller Funktionalismus:
Die französische *éthnologie* und die britische *social anthropology* als ahistorische Ansätze

3.0 Grundidee und Entfaltung des ethnologischen Funktionalismus

Die bisher vorgestellten ethnologischen Ansätze setzen bei aller sonstigen Differenz untereinander gemeinsam voraus, daß auch die Kultur der Primitiven ein historisches Phänomen ist, dem in der Erforschung auch Rechnung getragen werden muß. Der im ersten Drittel des 20. Jahrhunderts in enger Beziehung zur Soziologie entstehende ethnologische Funktionalismus leugnet zwar nicht deren Geschichtlichkeit, schließt diesen Aspekt aber systematisch aus seinem Frage- und Forschungshorizont aus. Er beschränkt sich darauf, soziale Phänomene unter dem Gesichtspunkt ihrer Funktion innerhalb des ihnen übergeordneten Systemganzen der jeweiligen Primitivkultur und ihrer größeren Teilsysteme mit Hilfe vorgegebener allgemeinmenschlicher Kategorien zu analysieren und im systematischen Vergleich solcher Kulturen universelle Strukturen menschlicher Gesellschaften herauszuarbeiten. Der Funktionalismus fragt also nicht nach dem, was ein kulturelles Element für sich

---

vgl. *A. Wimmer*: Die Pragmatik der kulturellen Produktion. Anmerkungen zur Ethnozentrismusproblematik aus ethnologischer Sicht, in: Brocker/Nau 1997, 125.

[20] Im Sinne etwa des kulturmorphologischen Ansatzes von Spengler 1918/22 oder der sich z.T. an einer genetischen Entwicklungspsychologie orientierenden Beschreibung des „Lebens der Kulturen" bei Toynbee 1949 (vgl. Kapitel 28.2.2).

[21] Vgl. dazu *M. Brocker/H. Nau* (Hg.), Ethnozentrismus. Möglichkeiten und Grenzen des interkulturellen Dialogs, Darmstadt 1997.

bedeutet, was es im Verständnis seines Autors, eines Interpreten oder einer Gesellschaft *ist*, was es einmalig macht, welche Form es hat, was seine Bestandteile sind, wie es sich von ähnlichen Elementen bzw. Phänomenen unterscheidet, wann, wo, wie und in welchen Zusammenhängen es entstanden ist, wie es sich verbreitet und dabei verändert hat und wie man es aus seiner Geschichte verstehen kann, sondern konzentriert sich auf die nach definierten Merkmalen objektiv zu erkennende und zu erklärende Aufgabe und Leistung, die es im Rahmen der ihm übergeordneten strukturellen Ganzheit im Beziehungsgefüge mit anderen Elementen in jeweiliger Gegenwart erfüllt. Er grenzt sich damit inhaltlich und methodisch ab sowohl gegen den kulturellen Evolutionismus und Diffusionismus, und zwar wegen der in den ethnographischen Beobachtungen nicht als empirisches Faktum gegebenen historischen Dimension und des sich deswegen verbietenden Schließens und Folgerns, als auch und vor allem gegen den Kulturrelativismus der amerikanischen Kulturanthropologie wegen seiner sinnverstehenden Konzentration auf das Einzigartige und Fremde in den Kulturen. Sein Ziel ist vielmehr, auf dem Felde der Erforschung der Primitivkulturen das zu leisten, was die Soziologie im Gegenstandsbereich der entwickelten Kulturen tut, wenn sie deren Institutionen, Strukturen und beständigen zwischenmenschlichen Beziehungen auf der Grundlage einer allgemeinen Theorie der menschlichen Sozialität erforscht.[22]

In der Tat orientieren sich die Hauptgründerväter des ethnologischen Funktionalismus: der oben schon vorgestellte Begründer der Feldforschung BRUNO MALINOWSKI (1884–1942), MARCEL MAUSS (1872–1950), der bedeutendste frühe Repräsentant der französischen *éthnologie*, und ALFRED R. RADCLIFFE-BROWN (1881–1955), der Begründer der britischen *social anthropology*)[23], am sozialwissenschaftlichen Positivismus von Comte[24], vor allem aber am soziologischen Konzept von Durkheim[25], welcher seinerseits mit seinen zahlreiche ethnographische Berichte auswertenden und vergleichenden Studien einen wichtigen Beitrag zur theoretischen Erfassung der gesellschaftlichen Funktion der Religiosität bei Primitiven geleistet und dabei zugleich die moderne Religionssoziologie begründet hat.

Wenn sich diese ethnologische Schule *als die Soziologie primitiver Gemeinwesen* versteht und darüber hinaus ganz explizit auf eine allgemeine Sozialanthropologie zielt, erhebt sich die Frage, ob von dieser Seite her für die Geschichte des historischen Denkens überhaupt eine Anregung zu erwarten ist. Wie schon an anderer Stelle in Bezug auf das Verhältnis von systematischer und historischer Forschung angemerkt worden ist, stellt sich diese Frage hier sogar in einem sehr fundamentalen Sinne. Denn der die Ethnologie bis heute äußerst folgenreich prägende und die modernen Sozialwissenschaften insgesamt mitkonstituierende Funktionalismus

---

[22] Vgl. Kurzüberblick bei *R. Girtler*: Zu Entwicklung und Theorie des Funktionalismus, in: Schmied-Kowarzik/ Stagl 1993, 153–166; und Kohl 1993, 137–144.

[23] *A.R. Radcliffe-Brown*: The Andaman Islanders. A Study in Social Anthropology, Cambridge 1922; ders.: Structure and Function in Primitive Society, London 1952; ders.: A Natural Science of Society, Chicago 1957.

[24] Vgl. Kapitel 20.1.2.

[25] Vgl. Kapitel 27.2.2.

darf nicht nur nicht als ein in der Geschichtstheorie zu vernachlässigender Widerpart des historischen Denkens, sondern muß vielmehr als sein unverzichtbares humanwissenschaftliches Komplement verstanden werden. Denn wer als Historiker den Wandel der menschlichen Kultur beschreiben und verstehen will, muß wissen, *was* sich da von der Vergangenheit in die Zukunft bewegt. Dieses „Was" ist aber immer ein komplexes Strukturgebilde von funktional aufeinander bezogenen Elementen, so daß eine allgemeine Theorie der Geschichte ohne eine strukturfunktional begründete allgemeine Theorie der menschlichen Sozialität heute nicht mehr vertretbar ist. Dabei ist der Rekurs auf die Gesellschaften der Primitiven allein schon deshalb von einem großen heuristischen und auch faktischen Wert, weil er das Studium der Grundverfassung der menschlichen Sozialität aus dem zugleich ursprünglicheren, einfacheren und verfremdenden Blickwinkel sog. *segmentärer Gesellschaften*, d.h. nichtstaatlicher, einer zentralen Regierung entbehrender, sich lokal in Form kleinerer und in sich gleichartiger sozialer Einheiten selbstverwaltender Gemeinwesen, anleitet. Dem kulturellen Funktionalismus geht es so um die Erfassung von *faits sociaux* durch universelle Kategorien und um die Suche nach Gesetzmäßigkeiten des Sozialen. Seine Leistungen, aber auch seine Grenzen sowohl innerhalb der Ethnologie, nämlich in Konkurrenz mit deren anderen Ansätzen, als auch im Hinblick auf die Theorie der Geschichte lassen sich in den folgenden fünf Punkten kurz umreißen.

3.1 Universalität: Einheit in der Mannigfaltigkeit der Kulturen durch allgemeinmenschliche Grundbedürfnisse

Dieser Funktionalismus geht erstens von der *Einheit des Menschengeschlechts* aus. Danach haben Menschen überall auf der Erde von Natur aus die gleichen Grundbedürfnisse und dieselben psychischen Dispositionen, was sich in der Entstehung weltweit grundstrukturell gleicher Ethnien und funktional äquivalenter gesellschaftlicher Institutionen in ihnen manifestiere. Die dort gefundenen Lösungen können in Form und Inhalt erheblich voneinander abweichen, sofern sie nur die ihnen im gesellschaftlichen Ganzen jeweils abverlangten Funktionen erfüllen. Die vorfindliche innerethnische und interethnische Mannigfaltigkeit der kulturellen Formen wäre danach nur eine der Oberfläche, der Erscheinung, nicht der Funktion, und die Formen wären nur mögliche Varianten des funktional Gleichen. Eine entsprechende Erklärung findet der in Abhängigkeit von der Größe der Ethnien feststellbare Ausdifferenzierungsgrad der gesellschaftlichen Institutionen, wonach in ihnen das Verhältnis von Grundbedürfnissen und Funktionen unverändert erhalten bleibt. Auch müßte die Untergliederung von Völkern in Stammesgesellschaften, Klans, Verwandtschaften und Groß- und Kernfamilien nicht notwendigerweise als Produkt eines historischen Prozesses verstanden werden, sondern fände seine Erklärung in universellen funktionalen Aggregationsprinzipien. Sogar technische Erfindungen, die mitunter ganz unabhängig von Diffusions- und Akkulturationsprozessen und von der jeweiligen gesellschaftlichen Verfassung an verschiedenen Orten auf der Welt in funktional äquivalenter Weise zu finden sind, könnten als systembedingte spontan entstandene Neuerungen begriffen werden. Aufgrund desselben Prinzips würden Gesellschaften, ähnlich wie es organische und physikalische Systeme tun, die von außen oder innen ständig produzierten Störungen und Ungleichgewichte in jeweiliger Gegenwart systemimmanent ausgleichen.

Die hier eben zur Erläuterung des ethnologischen Funktionalismus gebrauchten Begriffe verweisen auf den erst seit den 30er Jahren des 20. Jahrhunderts explizit entwickelten sog. *Strukturfunktionalismus* des Soziologen *T. Parsons* und auf die noch später entworfene *allgemeine Systemtheorie* des *Sozialphilosophen* N. Luhmann (s. Kap. 34.2.3). Von diesen Grundvorstellungen geht aber schon die frühe Soziologie Durkheims und die von ihr inspirierte Ethnologie aus. Obwohl in Opposition zu den anderen ethnologischen Richtungen entstanden, weist der Funktionalismus doch eine gewisse Anschlußfähigkeit gegenüber dem Evolutionismus und dem Diffusionismus auf. So hat sich Durkheim ausdrücklich zum Evolutionismus bekannt und die Religiosität zugleich im evolutionären Wandel von den Primitivkulturen zu den Zivilisationen begriffen und sie in jeweiliger Zeit und Gesellschaft in funktioneller Abhängigkeit davon gesehen. Auffällig ist auch, daß der soziokulturelle Funktionalismus zwar wissenschaftsgeschichtlich unabhängig von der biologischen Anthropologie entstanden ist, seine Grundannahmen sich aber durchaus mit deren Annahmen in Verbindung bringen lassen. Hier wie dort setzt man bei rezenten Menschen eine Gleichheit der primären individuellen und sozialen Lebensbedürfnisse voraus, zum einen nach Nahrung, Sicherheit, Gesundheit, langem Leben und sozialer Anerkennung, zum andern nach Kommunikation, Moral, Enkulturation, Festkultur, Magie usw.. Entsprechendes läßt sich für die Anerkennung diffusionistischer Prinzipien durch den Funktionalismus feststellen. Denn trotz seines offensichtlichen Desinteresse an der historischen Erforschung der sozialen Strukturen operiert er mit Begriffen, die deren Wandel in der Zeit als Entwicklung, Erweiterung, Ausdehnung, Übernahme und Übertragung beschreiben. Eine klare Differenz hingegen besteht gegenüber der auf die kulturelle Einzigartigkeit und Relativität jeder Primitivgesellschaft und aller ihrer Teilphänomene abhebenden amerikanischen Kulturanthropologie.

3.2 Von der *cultural* zur s*ocial anthropology*: „Kultur" als eine Institution der Gesellschaft
Indem der Funktionalismus der französischen *éthnologie* und der britischen *social anthropology* kulturenvergleichend auf das Allgemeine im jeweils Besonderen abhebt, ordnet er zweitens die in einer riesigen Mannigfaltigkeit und Singularität auftretenden kulturellen Phänomene den sozialen Strukturen bestimmter Gesellschaften und der Menschheit insgesamt unter und ist die Kulturalität so nicht mehr das spezifisch menschliche Abgrenzungskriterium gegenüber der natürlichen Existenzform des Tiers, sondern wird „*Kultur*" nur noch als *ein Teilphänomen der menschlichen Sozialität* und wird die Kultur einer Gesellschaft als eine von deren Institutionen begriffen. Das eben findet seinen begrifflichen Ausdruck in der britischen Bezeichnung s*ocial anthropology*. Die Bevorzugung von „Gesellschaft" gegenüber „Kultur" (wie „Kultur" in der *cultural anthropology*) wird in den Humanwissenschaften während des 20. Jahrhundert immer stärker. Nicht nur tendieren die Sozialwissenschaften, sondern, nach 1960, auch die klassischen Geisteswissenschaften bei der Erfassung der menschlichen Lebenswelt immer mehr zu dieser Bezeichnung und nennt sich in ihnen, wie auch in der Geschichtswissenschaft, die

jeweilige historische Subdisziplin zumeist Sozial- und eben nicht Kulturgeschichte z.B. der Literatur oder der Erziehung. Erst seit der kulturgeschichtlichen Wende der 90er Jahre tritt „Gesellschaft" als Leitbegriff etwas zurück.

Durch diese Akzentverlagerung von der „Kultur" zur „Gesellschaft" werden drei allgemein für den Erhalt von Ethnien für konstitutiv erachtete Institutionen: die (politische) Herrschaft, die familiale und verwandtschaftliche Organisation der elementaren zwischenmenschlichen Beziehungen und dann auch, jedoch nachgeordnet, die das Gemeinwesen ideell und religiös erfassende und deutende Kultur im engeren Sinn, in das Zentrum des ethnologischen Interesses gerückt. Herrschaft, Familie und Kultur sind hier gewiß immer schon wichtige Themen gewesen, sie sind es aber neu im Sinne von den Erhalt von Ethnien funktional sichernden Systemen.

3.3 Herrschaft: Gesellschaftliche Organisation des geordneten Zusammenlebens

Die Grundfragen, die die politische Theorie seit den alten Griechen immer wieder gestellt hat, also insbesondere, wie es einer Menschengemeinschaft gelingt, unter Anwendung und Androhung von Gewalt und unter Befriedigung der Bedürfnisse ihrer Mitglieder die soziale Ordnung aufrechtzuerhalten oder herzustellen, werden drittens jetzt am Anwendungsfall von Gemeinwesen ohne Staat erneut und sehr grundsätzlich durchdacht. Am Beispiel afrikanischer Primitivgesellschaften haben die beiden Sozialanthropologen EDWARD E. EVANS-PRICHARD (1902–1973) und MEYER FORTES (1906–1983) die eher egalitären und die eher hierarchisch gegliederten Primitivgesellschaften vergleichend untersucht und in ihrer klassisch gewordenen Studie „African Political System" (London 1940) eine politische Theorie und Typologie sog. segmentären Gesellschaften entworfen. Der von Durkheim in die Soziologie eingeführte Begriff „segmentäre Gesellschaft" bezeichnet, wie schon oben dargelegt, Gesellschaften, die aus gleichartigen und untereinander verschachtelten Teilgebilden bestehen und durch dezentrale Selbstregulierung und Konfliktlösung „vor Ort" charakterisiert sind.[26] Diese Forschung hat auch auf die vorhochkulturelle Geschichte der europäischen Völker ein neues Licht geworfen und Fragen zur Ethnogenese, -entfaltung, -behauptung, -verschmelzung, -teilung und -selbstaufgabe stimuliert.

3.4 Verwandtschaft, Familie, Gabentausch und Initiation:
Rollen und Moral der Reziprozität

Gleiches gilt viertens für die funktionalistische Erforschung der Verwandtschafts- und Familiensysteme, der Formen der Kommunikation, der sozialen Rollen und im weitesten Sinn der Moral. Fast schon selbstverständlich richtet sich die ethnographische Aufmerksamkeit auf familiale Strukturen, Geschlechterrollen, Heiratsregeln und Kindererziehung. Zwei auf die Sozialwissenschaften insgesamt ausstrahlende ethnologische „Entdeckungen" verdienen hier eine besondere Erwähnung. Zum ei-

---

[26] *E. Durkheim*: Über die soziale Arbeitsteilung. Studie über die Organisation höherer Gesellschaften (De la division du travail social. Etudes sur l'organisation des sociétés supérieures, Paris 1893), Frankfurt 1988.

nen handelt es sich um das von dem Durkheim-Schüler MARCEL MAUSS (1872–1950) in seinem Buch „Essai sur le don"[27] beschriebene Phänomen des Gabentausches. Er ist – auf der Grundlage der Auswertung von Berichten sowohl aus Primitivkulturen als auch aus Hochkulturen von der Antike bis zur Gegenwart – die erste systematische kulturvergleichende Studie über den Gabentausch als eine universelle gesellschaftliche Einrichtung, die durch ihr Prinzip der Reziprozität am Anfang des Rechts steht. Getauscht wird zwischen Individuen, Familien, Lineages und Ethnien alles, was einen Wert darstellt. Dies geschieht durchweg in einer rituell festgelegten und alle Beteiligten verpflichtenden Weise des Gebens, Nehmens, Erwiderns. Eine Sonderform der Gabe ist das den Göttern und Ahnen entrichtete Opfer. Bei dieser kultischen Form ebenso wie bei dem „freiwilligen Zwang" des Gabentausches zwischen Lebenden handelt es sich um ein elementares soziales Phänomen. In der Gegenseitigkeit der in Abständen immer wieder erbrachten Leistung und Gegenleistung versichern sich beide Seiten ihrer grundsätzlichen Wohlgesonnenheit, Friedfertigkeit und Partnerschaft, wobei das materielle Interesse des Tauschs den Aspekten der Pflege der Zwischenmenschlichkeit in der Regel nachgeordnet ist.[28]

Zum andern handelt es sich um das von dem Wahlfranzosen ARNOLD VAN GENNEP (1873–1957) in seinem Buch „Les rites de passage" (Paris 1909)[29] ebenfalls kulturenvergleichend beschriebene Phänomen der gesellschaftlich geregelten „Übergangsriten" von einem sozialen Status zu einem anderen und von einem Lebensalter zum nächsten. Das Musterbeispiel hierfür ist die in der Regel durch einen Kultbeauftragten vollzogene Initiation der Jugendlichen zum Erwachsenen. Die Initiation läßt sich einerseits rein funktional erklären, und zwar durch die periodisch auftretende Notwendigkeit, die Ansprüche der jeweils nachwachsenden Generation an das Leben mit denen der Älteren abzugleichen, und andererseits rein kulturhistorisch, und zwar durch die im Interesse der Ethnien ebenso notwendige zeiten- und generationenübergreifende Weitergabe des vor den Kindern (und lebenslang zumeist auch vor den Frauen) geheim gehaltenen besonderen kultischen Wissens. Eine derartige Verschränkung von funktional-synchroner und historisch-diachroner Dynamik zur Herstellung eines gesellschaftlichen Fließgleichgewichts läßt sich indes in allen Kulturen und in allen kulturellen Phänomenen feststellen.

3.5 Die „Ideologie" des Heiligen und des kulturellen Gedächtnisses, Wissens und Könnens

Der fünfte und letzte Ansatzpunkt ist, wie oben schon angedeutet, die Kultur als eine besondere Institution der Gesellschaft. Der ethnologische wie überhaupt der sozialwissenschaftliche Funktionalismus ist im allgemeinen pragmatisch-utilitaristisch konzipiert. Auch deswegen nimmt die Kultur in dem hier eingeschränkten Wortsinn der „Ideologie" einer Ethnie, d.h. ihrer Selbstdeutung im Medium des Kultes, des kulturellen Gedächtnisses und des weltanschaulichen Wissens und künstlerischen und technischen Könnens, nur eine dienende Stellung im gesamtgesellschaftlichen

---

[27] *M. Mauss*: Die Gabe. Form und Funktion des Austauschs in archaischen Gesellschaften (Essai sur le don, dans: L'Année sociologique, Paris 1923/24, 30–186) Frankfurt 1968.
[28] Weiteres hierzu in den Ausführungen zu Lévi-Strauss in Kapitel 32.3.2.
[29] Dt.: Die Übergangsriten, Frankfurt 1986.

System ein. Wie groß auch die Scheu, die Verehrung und das Ansehen sind, die die kulturellen Phänomene des Heiligen, des Mythos und der herausragenden individuellen Fähigkeiten im Verständnis der Menschen genießen, fragt der Funktionalismus doch nur nach dem Nutzen, den sie, von außen betrachtet, in ihrem näheren und ferneren Systemkontext haben.

Den Weg der Ethnologie dahin hat Durkheim in der Traditionslinie von Comte, Marx und der Religionskritik des 19. Jahrhunderts gebahnt.[30] Ausgehend von der Einheit der menschlichen Natur, hat er zwei grundlegende Unterscheidungen getroffen: die zwischen dem individuellen und dem kollektiven Bewußtsein bzw. Gewissen (*conscience individuelle – conscience collective*) und die zwischen der Sphäre des Profanen und des Sakralen. Mit dem Sakralen erschaffen sich die Gesellschaften im Medium des kollektiven religiösen Bewußtseins ein ideales Abbild ihrer selbst und heiligen damit im Zuge eine Art Selbstsuggestion ihre eigene Struktur. Religion ist so einerseits der mächtige Kitt, der Gemeinwesen moralisch, affektiv und ideell zusammenhält, als ein Produkt des kollektiven Bewußtseins aber letztlich nur, ähnlich wie es Marx gesehen hat, eine aus der Struktur der „sozialen Tatsachen" abgeleitete Überbaustruktur.

Die in dieser Tradition von dem französischen Philosophiehistoriker und Ethnologen *Lucien Lévy-Bruhl* (1857–1939) vorgelegten Arbeiten über die Mentalität der Primitiven – seine berühmteste Schrift trägt den Titel „La mentalité primitive" (Paris 1922)[31] – sind zumeist im Sinne eines unvernünftigen, phantastischen Denkens der Primitiven mißverstanden worden. Lévy-Bruhls Absicht war es jedoch, und zwar ganz im funktionalistischen Sinne, zu zeigen, daß das Denken der Primitiven – entsprechend ihrem Lebensraum und ihren mythischen Vorstellungen – die Welt begrifflich zwar anders ordnet und es vor allem nicht die cartesisch-harte Zweiteilung der Welt in die der materiellen und geistigen Dinge vornimmt, es jedoch in sich schlüssig ist und die Vorstellung von der seelischen Teilhabe des Individuums am Geist der Welt auch in der Mystik vieler Hochkulturen verbreitet ist.[32] Anders etwa als bei dem deutschen Völkerkundler Wilhelm Schmidt kommt es dieser Religionsethnologie und der seither gepflegten Religionssoziologie überhaupt nicht auf den möglichen (menschlichen) Wahrheitsgehalt der Religionen an, sondern ausschließlich auf ihre stabilisierende Funktion im Leben der einzelnen und der Gesellschaft.

In allen diesen funktionalistischen Grundsätzen steckt der Anspruch, daß die Ethnologie sich auf dem Wege zu einer „Naturwissenschaft der Gesellschaft" befindet. Das ist der programmatisch gemeinte Titel „A Natural Science of Society" (Chicago 1957) einer Schrift von Radcliffe-Brown. Mit Hilfe universalistisch definierter Beschreibungskategorien soll der Ethnologe in Primitivgesellschaften exemplarisch „soziale Tatsachen" (Durkheim) erfassen, die Funktionen und Strukturen

---

[30] Die wichtigste Schrift ist: Les formes élémentaires de la vie religieuse. Le système totémique en Australie, Paris 1912 (dt. Frankfurt 1981).

[31] Das Buch ist bis 1960 in 15 Auflagen erschienen; dt.: Die geistige Welt der Primitiven, Köln ²1959.

[32] Vgl. auch die postum in einem Sammelband vereinigten Schriften *B. Malinowskis* zur Thematik: Magie, Wissenschaft und Religion. Und andere Schriften (Magic, Science and Religion and Other Essays, New York 1948), München/ Frankfurt 1973.

sozialer Objekte klären und damit Material zum großen Projekt der Erkenntnis sozialer Gesetze beitragen. Dieser empiristische, universalistische und szientistische Ansatz hat im Laufe des 20. Jahrhunderts dem relativistischen Ansatz der amerikanischen Kulturanthropologie weitgehend den Rang abgelaufen und ist mit noch viel größerer Geltung in den Sozialwissenschaften bis in die 1960er Jahre beherrschend gewesen. Seine Grenzen haben indes schon zu Beginn des Jahrhunderts die historisch-hermeneutischen Geisteswissenschaften und dann im letzten Drittel des Jahrhunderts vor allem die historisch-kritischen Richtungen in den Sozial- und Kulturwissenschaften aufgezeigt.[33] Allemal ist während des ganzen 20. Jahrhunderts der Funktionalismus ein Widerpart des historischen Denkens, was seine Kenntnis in der Geschichtstheorie nötig macht.

---

[33] Vgl. besonders die Kapitel 32 -36.

31. „Geschehende" Geschichte:
Existenzphilosophische und nationalsozialistische „Erfahrungen"

1. Existentialismus und dialektische Theologie: Begegnung mit sich selbst und mit Gott im Bewußtsein „gegenwärtiger" Geschichte   527
2. Erleben von und Mitwirken an „geschehender" Geschichte im Nationalsozialismus   534

Der Zeitraum dieses Kapitels umschließt einen der schlimmsten zivilisatorischen Rückfälle der neueren Weltgeschichte. Er ist der hier nur in wenigen Punkten explizit gemachte, jedoch immer mitzudenkende politische Hintergrund der folgenden Ausführungen über das Denken der Geschichte zwischen 1930 und 1945 in Deutschland. Freilich ist in den hierzu herangezogen Dokumenten die politische Geschichte ohnehin sehr viel mehr gegenwärtig, als dies bei anderen Zeiten der Fall ist. Das kann auch deswegen gar nicht anders sein, weil die Ideologie des Nationalsozialismus nicht etwa nur ein nachgeordneter Ausdruck von ebenjenen politischen Ereignissen und Lagen war und diese nachträglich zu legitimieren hatte, sondern auch das Handeln der Politiker angeleitet und das Bewußtsein des überwiegenden Teils der Bevölkerung in Richtung auf dieses Handelns geformt hat. Dabei hat sich in der Dialektik von gesellschaftlichen Verhältnissen und Doktrinen gezeigt, wie leicht Menschen in Zeiten der ideellen Verunsicherung, der wirtschaftlichen Umbrüche, der drohenden und hereinbrechenden Katastrophen und der krisenhaft erlebten Grenzsituationen zu Opfern politischer Demagogie und zu Tätern politischer Verbrechen werden können, wie wenig auch die in Jahrhunderten gewachsene Moral und politische Kultur eines Volkes insgesamt gegenüber mächtigen Zeitströmungen vermag und in welch großen Ausmaße schließlich das historische Bewußtsein auch der gesellschaftlichen Eliten vom Zeitgeist erfaßt wird.

Davon ist sicherlich die andere hier thematisierte Bewegung der Existenzphilosophie zu unterscheiden, obwohl auch sie ein sehr zeitbedingter Ausdruck dieser allgemeinen kulturellen und politischen Lage ist und zum Nationalsozialismus in einigen Aspekten durchaus in einem Verhältnis der Affinität steht. Im Unterschied aber zum Nationalsozialismus, der sich von Anfang an gewalttätig gegen einzelne, Gruppen und Völker äußert, artikuliert sich die Existenzphilosophie – trotz ihrer unmittelbar und fundamental lebensverändernd an die Person gerichteten Botschaft – seit der Zeit ihres Entstehens um 1930 bis zu ihrem allmählichen Schwinden um 1960 hauptsächlich akademisch-gesittet und zielt zumeist nur auf eine individuelle Bewußtseinsveränderung. So jedenfalls in Deutschland vor und nach 1945. Einen etwas anderen Charakter nimmt die Existenzphilosophie nach dem Kriege im westlichen Europa und besonders in Frankreich an, wo sie als „Existentialismus" eine sich in Intellektuellenkreisen rasch verbreitende Befindlichkeit erzeugt, sich in der Politik, in der Literatur und im Film außerordentlich produktiv und zumeist links-humanistisch „engagiert", sich nicht zuletzt auch modisch in einem besonderen Lebensstil äußert und sich dadurch in ein „existentialistisch" getöntes Verhältnis zur europäischen Tradition setzt. Eben darauf beziehen sich in Abschnitt 1 die Ausführungen über die geschichtstheoretischen Annahmen der deutschen und französischen Hauptrepräsentanten der philosophischen, literarischen und religiösen Existenzphilosophie. Die Ausführungen zum Nationalsozialismus in Abschnitt

2 knüpfen zunächst an die in Kapitel 26 (Abschnitt 5) gemachten Aussagen über Deutschlands Weg in den Nationalismus an, befragen dann die NS-Ideologie nach ihren historischen Argumentationsfiguren und thematisieren schließlich die Rolle, die die historischen Wissenschaften selbst bei der Begründung dieser Ideologie gespielt haben. Das über alle dabei festzustellenden Unterschiede Verbindende indes zwischen Nationalsozialismus und Existentialismus ist in der Überschrift dieses Kapitels versuchsweise mit der ungewöhnlichen Formulierung von der „geschehenden" Geschichte erfaßt worden, also von einer Geschichte, in der sich im jeweils aktuell erlebten und affektiv-aktiv handelnd ergriffenen Moment für den Einzelnen und für die Gemeinschaft „alles entscheidet".

1. **Existentialismus und dialektische Theologie:**
   Begegnung mit sich selbst und mit Gott im Bewußtsein „gegenwärtiger" Geschichte

1.1 Zur Vorgeschichte des neueren Existentialismus als einer Philosophie der Subjektivität
Die hier nach ihrem Geschichtsbegriff zu befragende philosophisch-kulturelle Bewegung der Existenzphilosophie hat sich auf dem eben angedeuteten historisch-politischen Hintergrund – freilich ohne jene Katastrophen des 20. Jahrhunderts vorhergesehen oder bewußt betrieben zu haben – bereits seit dem Ende des 19. Jahrhundert im Lebensgefühl der kulturellen Eliten angekündigt, bevor sie seit den 20er Jahren in Deutschland von Heidegger und Jaspers im wesentlichen theoretisch begründet und seit den 40er Jahren, vor allem von Sartre und Camus in Frankreich, zusätzlich auch in Formen der Dichtung, der Religion, des politischen Engagements und des Lebensstils vertreten und verbreitet worden ist.

Im noch größeren historischen Rückblick allerdings kommt die Existenzphilosophie, wie dies bei fast allen das Allgemeinmenschliche thematisierenden Bewegungen der Fall ist, von noch weiter her. Der Kern dieser Bewegung besteht zunächst darin, daß sie im Begriff „Existenz" das jedem Menschen ganz unmittelbar und kreatürlich gegebene und erlebte Dasein thematisiert, das, was er vor aller philosophisch und religiös gedeuteten Wesenserkenntnis bereits faktisch „ist": nämlich ein Wesen, das sich in der Welt vorfindet, in jedem Moment seines Lebens Entscheidungen treffen, sich im Hinblick auf seine nähere und fernere Zukunft ständig neu orientieren und entwerfen muß, im Bewußtsein seiner Endlichkeit und Ausgesetztheit und Bedrohtheit wissentlich seinem Tode entgegengeht und alle Dinge der Welt unter dem Blickwinkel dieser Existentialität begreift und bewertet. Gegenstand ist so ein Wissen, das vermutlich schon den frühesten Menschen eingepflanzt war und auch dem Menschen in der Zivilisation ständig mitlaufend bewußt ist, das aber – nach Heideggers Deutung – dem europäischen Denken seit seinem philosophisch-idealistischen Beginn bei den Griechen abhanden gekommen sei. Danach habe zwar die Neuzeit den ontologischen Objektivismus der Ideen und des absoluten Seins Gottes hinter sich gelassen und das Subjekt schrittweise wieder in seine die innere Welt konstituierende Funktion eingesetzt, dabei aber an der überzeitlich-objektiven Menschennatur und dann an den sich im Lebenslauf objektiv entfaltenden inneren Strukturen der Individuen festgehalten. Diese Deutung der europäischen Bewußtseinsgeschichte durch Heidegger unterschlägt jedoch die genuin existentialistischen Strömungen in der antiken und neueren Philosophie, Theologie und Dichtung. Insbesondere das jüdische und christliche Glaubensverständnis begreift von Anfang an den Menschen in seiner Sündhaftigkeit und auf den Tod zulaufenden Endlichkeit existentiell. So gehen etwa Augustinus, Luther, Pascal und Kierkegaard in ihren „Bekenntnissen" als menschliche Individuen immer von ihrer begrenzten und beschädigten Kreatürlichkeit aus. Letzterer, der evangelische dänische Theologe SÖREN KIERKEGAARD (1813–1855), gilt überhaupt als Begründer des modernen Existentialismus. Dieser verwirft, von Hegels dialektischer Denkmethode ausgehend, indes alle Annahmen über ein Allgemeines in der Welt, über Geist, Vernunft und Wahrheit ebenso wie über *den* Menschen oder *die* Menschheit. Auch lehnt er jegliche ideelle und religiöse Autorität ab, hält Gott für unerkennbar und das Weltgeschehen in seinen Widersprüchen für unauflösbar, „unversöhnbar" und letztlich für sinnlos und sieht für eine aufrichtige Lebensführung nur einen Ausweg aus seiner Verzweiflung: den Weg nach Innen, den Rückbezug auf die Position des eigenen Ich in der Welt, auf den „wirklichen" Menschen in seiner „nackten Existenz" und die existentielle Bewußtmachung seiner Lage. Dadurch gewinnt er zwar keine personale Identität, denn in jedem Moment ist er ein anderer, aber im leidenschaftlichen Erleben des Augenblicks, im Treffen von Entscheidungen in Grenzsituationen kann er sich als ein bewußt Handelnder und Werdender begreifen. Deshalb meint er: „die Aufgabe des subjektiven Denkers besteht darin, sich selbst in Existenz zu verstehen"[1], wobei „Existenz" kein Gegenstand, sondern die momentane Verfassung seiner nur ihm gehörigen Subjektivität ist. In der Tat ist dieser Existentialismus der theoretisch nicht mehr zu überbietende, letzte Schritt zum philosophischen Subjektivismus. Er mündet moralisch in eben die irrationale und voluntaristische Haltung, die ein halbes Jahrhundert nach Kierkegaard die deutsche Kulturkritik und Lebensphilosophie vertritt, weshalb für H. Schnädelbach Heideggers Fundamentalontologie nur eine neuere Gestalt der von Kierkegaard und von Nietzsche herkommenden Lebensphilosophie ist.[2]

Als eine Philosophie der *conditio humana* und eine des Appells an das Subjekt, im Bewusstsein davon „existentiell" zu leben, muß die Existenzphilosophie des 20. Jahrhunderts auch alle bereits geschehene Geschichte der Individuen notwendigerweise zugunsten des aktuell geschehenden und auf die Zukunft hin entworfenen Lebens zurücktreten lassen. Da sich aber ein Großteil der existentiellen Befindlichkeit wiederum doch aus dem Innewerden der eigenen Lebensgeschichtlichkeit speist und im größeren überindividuellen Maßstab die Erkenntnis der Geschichtlichkeit der Menschheit – und bei Heidegger sogar allen Seins – Züge der menschlichen Existenzialität erst bewußt macht, ist die gedankliche Durchdringung der Zeitlichkeit und der Geschichtlichkeit des eigenen Lebens und der Welt ein unentbehrlicher Schlüssel zum Verständnis des eigenen Seins und der es deutenden Philosophie.

---

[1] *S. Kierkegaard:* Abschließende unwissenschaftliche Nachschrift zu den philosophischen Brokken, 2 Bde. (Kopenhagen 1848). Übersetzt aus dem Dän. von H.M. Junghans, Düsseldorf 1957 f., hier: Bd. II 1958, 55.

[2] Vgl. insgesamt Schnädelbach 1998. Eine weitere Form und Fortsetzung der Lebensphilosophie ist für ihn die in Kapitel 35 vorgestellte sog. Kritische Theorie (Frankfurter Schule).

Diese Existenzphilosophie entfaltet sich in ihren beiden Hauptvertretern Heidegger und Jaspers zwar unterschiedlich. Gemeinsam ist ihnen aber die Distanz zur rationalen, auf eine überzeitlich geltende Wahrheit zielenden Philosophie.

1.2 Heidegger und Jaspers und die deutsche Existenzphilosophie

Aus dem Bewußtsein, daß vor aller Erkenntnis der Welt das existentielle Wissen von der eigenen Endlichkeit, von dem In-die-Welt-Geworfensein und dem auf den Tod zulaufenden Leben stehe und die von der menschlichen Existentialität absehende, objektiv-idealistische Metaphysik der abendländischen Philosophie Ausdruck eines fundamentalen Mißverstehens des menschlichen Seins sei, hat MARTIN HEIDEGGER (1889-1976) in seinem Philosophiegeschichte machenden Werk „Sein und Zeit" (Tübingen 1927) zwei Schlüsse gezogen. Zum einen, daß die Historie – als die Wissenschaft von der Vergegenwärtigung jenes vergegenständlichten Vergangenen – als (Selbst-)Entfremdung und (Selbst-)Täuschung der Menschen entlarvt werden müsse und das menschliche Sein radikal neu als ein „Sein zum Tode", der konkrete menschliche Lebenslauf als ein „geworfener Entwurf" und jedes gegenwärtige Leben im Sinne seiner aktuell anstehenden „Daseinsnöte" und „Besorgungen" verstanden werden müsse. Denn weil menschliches Sein immer vorübergehendes Sein sei, komme es darauf an, sich in der Gegenwart, in jedem Augenblick, seiner Möglichkeiten bewußt zu sein und in einer Lebensführung der „Eigentlichkeit" eine Intensitätssteigerung der eigenen Existenz anzustreben. Nur so werde das menschliche Dasein in seinem besonderen Sein seiner selbst durchsichtig, während das Dasein im Modus seiner Uneigentlichkeit, also in der Alltäglichkeit und Durchschnittlichkeit des bloß „In-der-Welt-Seins", des „Zur-Hand-Seins" und des „Man"-Geredes seine Möglichkeiten verfehle. Zum andern aber – und dies kommt nach Heideggers Wende (der sog. Kehre) vom Existenz- zum Seinsdenken deutlicher zum Ausdruck –, daß das ephemere (lebens-)geschichtliche Dasein überhaupt das einzig sichere Wissen und damit die Geschichtlichkeit auch die fundamentale Bestimmung des Seins sei, und zwar im Sinne eines „Geschicks", einer undurchschaubaren, unbeeinflußbaren und unvorhersehbaren Fügung, die im Tod der Individuen alles je Vorhandene und Gewußte zermalmt.³ Nimmt so die Geschichtlichkeit in Heideggers Daseins-Hermeneutik – und natürlich auch in dessen philosophiegeschichtlicher Begründung – eine zentrale Rolle ein, so verwehrt die Kontingenz des individuellen Seinsgeschicks, d.h. seine Zufälligkeit, Historizität und Endlichkeit, doch gleichzeitig seine durch Vernunft und Wissen angeleitete Gestaltung, so daß die sich ereignende Geschichte in ihrer Schicksalhaftigkeit nach den kritischen Worten Karl Löwiths nichts anderes ist als das „säkularisierte [...] irrationale Prinzip der traditionellen Heilsgeschichte – das Handeln Gottes mit dem Menschen."⁴

---

[3] Die mit Heidegger auch persönlich verbundene Philosophin *Hannah Arendt* hat seinem „Sein zum Tode", die Zeitrichtung umkehrend, die mit der Geburt eines jeden Menschen erneut anhebende Anfänglichkeit, Spontaneität und Freiheit entgegengestellt und damit der Lebensgeschichtlichkeit des Menschen und damit auch der Geschichtlichkeit der Menschheit eine positive Deutung abgewonnen.

[4] K. Löwith: Weltgeschichte und Heilsgeschehen. Die theologischen Voraussetzungen der Geschichtsphilosophie (engl.: Meaning in History, Chicago 1947), Stuttgart ⁷1979, 616.

Über „Ursprung und Ziel der Geschichte" (1949)[5] hat KARL JASPERS (1883–1969) in seinem Werk dafür um so gründlicher nachgedacht. Die existentielle Situation des Individuums ist auch für ihn der Ausgangspunkt seiner (Geschichts-)Philosophie. Gegenüber der bloß sachwissenschaftlichen, vor allem soziologischen, psychologischen und anthropologischen Auslegung des Menschen und seiner Welt versteht sie sich als das „appellierende Fragen, in dem heute der Mensch wieder zu sich selbst zu kommen sucht."[6] Im Unterschied zu Heidegger gehört für ihn aber zu seiner eigenen Existenz- und Situationserhellung ein wirkliches „Innewerden der Geschichte im Ganzen". Weil dies nur in einer Totalanschauung des Ursprungs, der Einheit, der Weite und der prinzipiellen Offenheit der Geschichte möglich sei, entwirft Jaspers ein universalgeschichtliches Schema der Menschheit. Dieses sei durch Phasen und Einschnitte gegliedert: erstens durch die Menschwerdung mit der Erfindung von Werkzeugen und Sprache, zweitens durch die Entstehung der Hochkulturen, drittens durch die „geistige Revolution" der „Achsenzeit" um 500 v.u.Z. und viertens durch den Eintritt in das neuere wissenschaftlich-technische Zeitalter. Im geschichtskulturellen Gedächtnis ist bis heute vor allem Jaspers Gedanke geblieben, daß die sog. „Achsenvölker", die Chinesen, Inder, Iraner, Juden und Griechen, in geheimnisvoller Gleichzeitigkeit in einem zwischen 800 und 200 v. Chr. sich vollziehenden geistigen Prozeß den entscheidenden Durchbruch zu der philosophischen und religiösen Selbstdeutung vollziehen, die heute noch unser Denken anleite.[7] Schon in „Die geistige Situation der Zeit" (Berlin 1931) hatte Jaspers seine existenzphilosophische Sichtweise entfaltet, nach der in der Geschichte die Möglichkeit zur „erfüllten Freiheit" und ein Sinn der Geschichte auf die Zukunft hin angelegt sei. Trotz der großen Beachtung, die das Werk in den 50er Jahren gefunden hat, scheint es die (universal-)historische Forschung selbst wenig angeregt zu haben.[8]

1.3 Existenzphilosophie und literarischer Existentialismus in Frankreich

Eine vergleichbare Diskrepanz zwischen einem lebhaft bekundeten Geschichtsinteresse und einer geringen Geschichtserforschung charakterisiert der historische Stoffe und Gegenstände aufnehmende französische, deutsche und italienische Existentialismus der 40er und 50er Jahre. Das zeigt sich besonders deutlich an den philosophischen Essays und Theaterstücken von JEAN GIRAUDOUX (1882–1944) (u.a. „La guerre de Troie n'aura pas lieu", 1935), von JEAN-PAUL SARTRE (1905–1980) (u.a. „Les mouches", 1949, „Situations", 1950), von ALBERT CAMUS (1913–1960) (u.a. „Le mythe de Sisyphe", 1942) und von JEAN ANOUILH (1910–1987) (u.a. „Antigone", 1946). Sie versetzen die Leser, Zuschauer und Hörer in konflikthafte (Grenz-)Situationen des menschlichen Lebens am fiktional-historischen Bei-

---

[5] K. Jaspers: Vom Ursprung und Ziel der Geschichte, München/Zürich 1949.
[6] Ebd. 1949, 163.
[7] Vgl. dazu S. Breuer: Kulturen der Achsenzeit. Leistung eines geschichtsphilosophischen Konzepts, in: Saeculum 1994, 1-33.
[8] Daran schließt K. Jaspers an: Wohin treibt die Bundesrepublik? Tatsachen, Gefahren, Chancen, München 1966.

spiel – wie es die Sänger, Dichter und Schriftsteller seit Anbeginn der mündlichen und schriftlichen Literatur immer getan haben, wenn sie im Mythos, im Gedicht, in der Tragödie, im Roman, in der Biographie und in der „Confession" Menschen in existentiellen Situation darstellen –, ohne jedoch jene Rezipienten damit zu real-, ideen- oder literargeschichtlichen Studien anregen zu wollen, vielmehr, um daran Aspekte der zeitenübergreifenden Grundproblematik der menschlichen Existenz aufzuzeigen. Darin sind sie dann durchaus auch für die Historiographie von Bedeutung, nämlich im Sinne einer Geschichte der Kultur des Allgemeinmenschlichen, die insbesondere bei Jaspers und Sartre die Freiheitsspielräume und die Selbstentwurfsmöglichkeiten des Menschen und bei Camus das engagierte politische und soziale Handeln angesichts der Absurdität des Lebens und der Geschichte betont. Daneben bleiben freilich vor allem Sartres existenzphilosophische Abhandlungen – sein Hauptwerk „L'Etre et le néant" (Paris 1943) und sein Vortrag „L'existentialisme est un humanisme" (Paris 1946)[9] – auch für die Geschichtsphilosophie von Bedeutung, und zwar in ihrer radikalen Diesseitigkeit, in ihrem kritischen Gesellschaftsbezug – Sartre wie auch Camus und die meisten anderen französischen Existentialisten sind entweder Marxisten oder rechnen sich zumindest der Linken in ihrem politischen Engagement zu – und vor allem in den durch die Begriffe Freiheit und Verantwortung charakterisierten Grundbestimmungen des Menschen.

1.4 Von der liberalen historischen Theologie Harnacks zur dialektischen Theologie Barths

Während so die unmittelbaren Wirkungen der Existenzphilosophie in den meisten historischen Wissenschaften gering und nur in der Literaturgeschichte, wo sie die sog. werkimmanente Interpretation mitanleitet[10], etwas größer sind, sind sie außerhalb der Philosophie und der ihr verbundenen Weltanschauungen nur in einer Wissenschaft und Glaubenslehre konstitutiv geworden, nämlich in der sog. dialektischen Theologie des Protestantismus. Diese hat – in Gegnerschaft – die liberale Theologie, insbesondere die des Kirchenhistorikers und allgemein bedeutsamen Protestanten ADOLF VON HARNACK (1851–1930), zur Voraussetzung. Dieser hätte sein Fach wegen seines historischen und philologischen Charakters am liebsten in der philosophischen Fakultät gesehen.[11] Er sucht in seinem im Jahre 1900 als Vorlesungsnachschrift veröffentlichten Buch „Das Wesen des Christentums"[12] das Evangelium in seinem historischen Kontext auf und versucht von daher zu verste-

---

[9] *J.-P. Sartre:* Ist der Existentialismus ein Humanismus? (1947), in: J.-P. Sartre: Drei Essays, Frankfurt 1964, 34 ff.

[10] Vgl. dazu Kapitel 32.2.2.

[11] Die im Laufe des 20. Jahrhunderts sich in Konkurrenz zur christlichen Theologie allmählich institutionell herausbildende, sich grundsätzlich auf mehrere, auch nicht-christliche Religionen beziehende Religionswissenschaft ist ein Ausdruck dieser Ablösungstendenz. Einen Überblick gibt: *A. Michaels* (Hg.): Klassiker der Religionswissenschaft. Von Friedrich Schleiermacher bis Mircea Eliade, Darmstadt 1997. Ein frühes Beispiel ist der Wechsel des Theologen E. Troeltsch 1915 von einem Lehrstuhl für „Systematische Theologie" auf einen für „Religions-, Sozial- und Geschichtsphilosophie und christliche Religionsgeschichte".

[12] Hg. C.-D. Hövener (Leipzig 1902, mit einer Einführung von R. Bultmann, Stuttgart 1950), Tübingen 2005.

hen, was Jesus meint, wenn er von seinem „Vater im Himmel" spricht.[13] Er folgert daraus: *„Nicht der Sohn, sondern der Vater gehört in das Evangelium, wie es Jesus verkündet hat, hinein."*[14] und stellt im zweiten Hauptteil der Vorlesung unter dem Titel „Das Evangelium in der Geschichte" den Gang des Christentums von seiner Lehre und Verbreitung durch die Apostel über seine historischen Ausprägungen im griechischen sowie römischen Katholizismus und im evangelischen Protestantismus bis zu seiner Gegenwart dar. Dabei will er zeigen, daß das Christentum in seinen jeweiligen Formen nicht nur immer im Einklang mit der Zeit steht, sondern selbst auch immer ein zentrales kulturerzeugendes Moment in ihr gewesen ist und deshalb auch das moderne Christentum unter Verzicht u.a. auf das trinitarische und christologische Dogma in einer liberalen, undogmatischen, nur das Wesentliche am Evangelium bewahrenden Form mit der neuen Zeit vereinbar sei.[15]

Damit ist Harnacks Buch zum wichtigsten Dokument des sog. Kulturprotestantismus am Beginn des 20. Jahrhunderts geworden, das sowohl von den konservativ-orthodoxen Kreisen im Protestantismus als dann auch von der eben erst entstehenden dialektischen Theologie heftig angegriffen wird. Ihr Hauptvertreter, der schweizerische Theologe KARL BARTH (1886–1968), verwirft in seiner Auslegung des „Römerbrief[s]"(1919)[16] alle historisierenden und psychologisierenden Deutungen des Christentums und begründet in der Linie von Luther, Kierkegaard und Nietzsche und von Vorstellungen Dostojewskis eine radikale, auf der lebendigen existentiellen Begegnung der Gläubigen mit Gott fußende Theologie. In seiner vierbändigen, unvollendet gebliebenen „Kirchliche(n) Dogmatik" (1932 ff.) betreibt er auf dieser Grundlage eine radikale Enthistorisierung des Glaubens. Denn Gott als der „ganz Andere" sei mit menschlichen, d.h. mit historischen, philosophischen und kulturellen Kategorien nicht zu fassen und erschließe sich den Gläubigen nur in der persönlichen, den ganzen Menschen erfassenden und innerlich bewegenden Begegnung und auch da nur in besonderen Situationen und in besonderen Ansichten. Dieses in der „theologischen Existenz" radikal erfahrene Gott-Mensch-Verhältnis und die den Menschen zu einem klaren Bekenntnis zu Gott nötigende Entscheidung sind dann bei Barth und den der dialektischen Theologie nahestehenden Christen zu einer elementaren Voraussetzung der Ablehnung des Nationalsozialismus und seines „deutschen Christentums" und zugleich der Gründung der Widerstand leistenden „Bekennenden Kirche" (seit 1934) geworden. Zu solch einer kompromißlosen Haltung waren im Protestantismus weder die konservativ deutsch-national und glaubens-orthodox gesinnten Kreise noch erst recht nicht die große Zahl der

---

[13] Das hermeneutische Programm der Entmythologisierung des Evangeliums seitens des Theologen R. Bultmann hat eine ähnliche Tendenz.

[14] Leipzig 1902, 91 [kursiv A.v.H.]

[15] Vgl. *K. Nowak/O.G. Oexle* (Hg.): Adolf von Harnack. Theologe, Historiker, Wissenschaftspolitiker, Göttingen 2001; *Ch. Nottmeier:* Adolf von Harnack und die deutsche Politik 1890-1930. Eine biographische Studie zum Verhältnis von Protestantismus, Wissenschaft und Politik. Beiträge zur historischen Theologie, Tübingen 2004.

[16] 1. Aufl. Bern 1919, 2. Aufl. München 1922. Unabgeschlossen ist geblieben: K. Barth: Kirchliche Dogmatik, 12 Teile in 4 Bd.en, München und Zollikon 1932-1959.

liberalen und „aufgeklärt" einer „natürlichen Religion" zugeneigten evangelischen Christen in der Lage.

Was in politischer und ethischer Hinsicht die dialektische Theologie zu einer der wenigen Bastionen gegen den Nationalsozialismus gemacht hat, ist aber in der Religion selbst zunächst ein fundamentalistischer Rückgang auf Ursprünge des Christentums und teilt sodann in der geistigen Nähe zur Lebensphilosophie und Kulturkritik viele irrationale Züge der säkularen Existenzphilosophie. Wie sich in dieser Philosophie der Mensch jeder rationalen Analyse letztlich entzieht, entkleidet auch die dialektische Theologie das Christentum seiner Geschichtlichkeit und reduziert es auf eine existentielle Begegnung zwischen den beiden einzigen „Subjekten" Gott und Mensch, deren Sein, Handeln und Empfinden als nicht mit Begriffen der rationalen europäischen Denktradition erfaßbar gilt.

1.5 Existentialismus und Geschichtsschreibung

Dies wirft zum Schluß dieses Abschnitts die Frage auf, ob es von diesen Annahmen her überhaupt eine existentialistische Geschichtsschreibung geben kann. Im strikten Sinne muß man diese Frage verneinen. Denn es liegt sozusagen in der Natur des Existentialismus, daß man sich außer von gegenwärtigen Erfahrungen zwar bevorzugt von unerhörten mythischen, religiösen und realen Ereignissen, Geschichten und Lebensdokumenten der Vergangenheit inspirieren läßt, sie aber nur als anthropologische Exempel nutzt, um sich gerade von den Fesseln der Geschichte zu befreien und im gegenwärtigen Handeln die Geschichte hinter sich zu lassen. In einem eingeschränkten Sinne kann man jene Frage dennoch bejahen, und zwar in einer doppelten Weise. Zum einen, wenn man die ja zweifellos anthropologisch gegebene existentielle (Krisen-, Sinn- und Glaubens-)Erfahrung unter dem Blickwinkel ihrer kulturgeschichtlichen Erscheinungsweisen betrachtet und so zu einer Mentalitätsgeschichte solcher Erfahrungen kommt, wie dies hier eben in Bezug auf die knapp skizzierten Formen des philosophischen, literarischen und religiösen Existentialismus des 20. Jahrhunderts geschehen ist. Zum andern in Gestalt einer Sozialgeschichte, die auf die individuelle und kollektive Bewältigung „elementarer menschlicher Situationen" in historisch-gesellschaftlichen Kontexten abhebt, was z.B. das „Funkkolleg Geschichte" (1979/80)[17] zum Ausgangspunkt seiner Einführung in die Geschichte genommen hat.

Der Hauptgrund aber für die hier verhältnismäßig ausführliche Darstellung der im Prinzip ahistorisch argumentierenden Existenzphilosophie und dialektischen Theologie ist, daß ihr wenn nicht vorherrschendes, so doch bedeutendes Wirken bis Anfang der 60er Jahre in der Bundesrepublik Deutschland die Suche nach den Gründen der nationalsozialistischen Katastrophe, die Frage nach der Verantwortung der Individuen und herausgehobenen Gruppen dafür und überhaupt die historisch-gesellschaftliche Auseinandersetzung damit verzögert hat, eben weil so der Hitlerstaat und seine Verbrechen für viele Menschen als ein historisch nicht zu erklärendes, aus kollektiven irrationalen Tiefen kommendes oder als ein von Gott als

---

[17] Im Großkapitel II: Grundsituationen und elementare Erfahrungen des Menschen, Weinheim/Basel 1979.

Strafe für den modernen Unglauben verhängtes Schicksal erscheinen konnte, vor dem man nur „existentiell" erschaudern konnte.

2. Erleben von und Mitwirken an „geschehender" Geschichte im Nationalsozialismus

2.1 Nationalismus, Sozialismus und Führerschaft: Die NS-Ideologie als ein Werk Hitlers

Der Nationalsozialismus und seine Verbrechen sind nicht nur von der Masse der Deutschen und der verantwortlich handelnden Mitglieder der führenden Gesellschaftsschichten unterstützt, getragen und zumindest billigend oder widerstandslos hingenommen, sondern auch von einem großen Teil der damaligen deutschen Geisteswissenschaftler und unter ihnen besonders der Historiker und Germanisten argumentativ vorbereitet und legitimiert worden. Dennoch muß man bei dem Versuch, diese schlimme Tatsache historisch zu „erklären", d.h. u.a. zu erkennen, weshalb die durchweg aus zeittypischen Elementen der europäischen Politik und Gesellschaftstheorie zusammengefügte nationalsozialistische Ideologie in Deutschland die etablierten politischen und moralischen Grundsätze des menschlichen Zusammenlebens so viel radikaler zur Disposition gestellt hat, als dies bei den sich aus denselben Quellen speisenden faschistischen und ultrakonservativen Bewegungen u.a. in Italien und Spanien der Fall gewesen ist, zunächst und bis zum Schluß und wesentlich die Vorstellungen ADOLF HITLERS (1889–1945) in Betracht ziehen, und zwar so, wie er sie in seinem Buch „Mein Kampf" (1925/27) auf der Grundlage seiner politischen Erfahrung und Deutung dargestellt und in seiner Politik dann hat Wirklichkeit werden lassen.

Ihre Grundelemente sind, wie es die Bezeichnung der Sammlungsbewegung und Partei „Nationalsozialistische deutsche Arbeiterpartei" (NSDAP) z.T. schon sagt, der Nationalismus, der Sozialismus und die Führerschaft eines Einzelnen: Die oberste politische Sinn- und Handlungskategorie ist danach erstens die *Nation*, die durch das Deutschtum der ihr durch „rassenreine" Geburt zugehörigen Menschen repräsentiert wird und sich mit den anderen Nationen in einem ständigen Kampf um Selbstbehauptung und um Vor- bzw. sogar Weltherrschaft befindet. Auch fast alle Wissenschaftler verstehen sich im Dienst der Nation, wie sich die Germanisten im besonderen für die „Gralshüter des Deutschtums" halten. Den inneren Zusammenhalt sichert zweitens der *Sozialismus* bzw. – in dem von Hitler besonders wirkungsvoll und suggestiv eingesetzten Begriff ausgedrückt – die „Volksgemeinschaft", die unter Aufhebung aller konfessionellen, weltanschaulichen, bildungsmäßigen, beruflichen, landsmannschaftlichen und Standesgrenzen – mit Ausnahme der zu den „Rassenfremden", die aus dem Volkskörper ausgeschlossen werden – und unter Beseitigung aller „demokratisch-parteilicher Zwietracht" alle Deutschen als Glieder einer einzigen großen Gemeinschaft zu solidarischem und emotional erhebenden Zusammenwirken zusammenführen soll. Die *Führerschaft eines Einzelnen* verwirklicht sich drittens schließlich in einem einzigen Menschen, auf dem die Vorsehung ruht[18], der die Menschen kraft seines Charismas begeistert und ihre bedingungslose Gefolgschaft einfordert und von ihnen auch erhält.

---

[18] Vgl. *M. Rißmann:* Hitlers Gott. Vorsehungsglaube und Sendungsbewußtsein des deutschen

Ihre ungeheure und fürchterliche Stoßkraft haben diese drei politischen Ausrichtungen gewonnen zunächst durch ihre Verschmelzung zu einer einzigen Ideologie, nämlich zum nationalsozialistischen Führerstaat, dann durch ihre gemeinsame aggressive Konzentration auf eine einzige, zum wirklichen Feind erklärte Personengruppe: auf das Judentum, welches in einer weltweiten Verschwörung bestrebt sei, die zur globalen Vorherrschaft bestimmte nordisch-deutsche Rasse durch blutsmäßige Vermischung und politische Subversion um ihren Sieg zu bringen, ferner durch eine Sozialanthropologie und politische Theorie, die die individuelle und „völkische" Existenz „sozialdarwinistisch" als einen Kampf auf Leben und Tod begreift, und, wie der schon in der Weimarer Republik und dann im NS-Staat einflußreiche Rechtswissenschaftler *Carl Schmitt* (1888–1985) in seiner Schrift „Der Begriff des Politischen" (1927/1932)[19] ausführt, die Freund-Feind-Unterscheidung für das Hauptkriterium des Politischen hält, und schließlich durch die Person Hitler, die über das auch in anderen Diktaturen übliche Maß an Propaganda, rituellen Inszenierungen, Personenkult, Bespitzelung und Gleichschaltung hinaus eine Wirkung auf die Menschen, auf die Eliten ebenso wie auf die sog. kleinen Leute, ausgeübt hat, wie dies nicht im entferntesten etwa bei Mussolini, Franco oder Stalin der Fall gewesen ist. Der überaus große „Erfolg" dieser Ideologie ist schließlich auch noch darauf zurückzuführen, daß Hitler und seine Gefolgschaft zur Erreichung ihrer Ziele alle ihnen überhaupt zur Verfügung stehenden Mittel auch wirklich gebraucht haben, vor nichts zurückgeschreckt sind und mit allen humanitären Grundsätzen der neueren Menschengeschichte gebrochen und Millionen Menschen allein auf Grund ihrer Zugehörigkeit zu einer durch ihre Religion definierten Rasse physisch ausgelöscht haben.

2.2 Nationalismus und Messianismus: Deutschland auf dem Weg in den NS-Staat

Indem so der Nationalsozialismus gleichsam aus sich selbst, d.h. aus dem politischen Weltbild seines Begründers Hitler, erklärt wird, darf man freilich nicht vergessen, daß seine konzeptionelle Begründung, propagandistische Verbreitung und politische Umsetzung – neben zahlreichen politischen Fehlern der Staatsmänner in Deutschland und im europäischen Ausland vor und nach der Machtergreifung und schieren unglücklichen Zufällen – zwei mächtigen Traditionen geschuldet ist: der neueren nationalistischen Orientierung seit der Mitte des 19. Jahrhunderts und der viel älteren aus dem Judentum und Christentum kommenden und auf eine irdische Erlösung durch einen „Heiland" zielenden Zukunftserwartung.

Mit letzterer Tradition ist die mit dem jüdischen Messianismus beginnende, sich in der christlichen Erwartung des 1000jährigen Gottesreiches und des gnostischen Kampfes zwischen dem Gott des Lichtes und dem Gott der Finsternis fortsetzende und in religiöse Zukunftsvisionen und kommunistischen Utopien mündende Hoffnung gemeint, daß nach dem Bestehen eines endzeitlichen blutigen Kampfes der Reinen, Guten und Starken gegen die erbarmungslos auszurottenden Unreinen, Bösen, Schwächlichen ein Zeitalter kommen wird, in dem alle alten und neuen gesell-

---

Diktators, Zürich/München 2001.
[19] Nachdruck Berlin 1963.

schaftlichen Widersprüche aufgehoben und alle Menschen unter einem mächtigen Herrschervolk in einer zumeist hierarchisch nach Völkern und Ständen gestuften gemeinschaftlichen Ordnung ihren sicheren Ort finden. Diese religiöse Erwartung dürfte der Nationalsozialismus bei den weitgehend entchristlichten Menschen sicherlich nicht bewußt, aber doch untergründig genährt haben. Immerhin spricht vieles dafür, daß es sich um eine säkulare Religion gehandelt hat: im Anspruch auf eine totale Deutungskompetenz der Welt, in der Bereitstellung eines Sinnangebots, in kultischen Zeremonien, in der Einforderung von Gläubigkeit, Treue und existentieller Hingabe und im Erlösungsversprechen.

Ganz bewußt aber hat der Nationalsozialismus Argumente eingesetzt und an aufnahmebereite Ohren adressiert, die ihm aus dem Verlauf der Geschichte in neuerer Zeit erwachsen sind. Über deren nationalistischen Anfänge ist schon in Kapitel 26 Grundsätzliches aus der europäischen Perspektive der Zeit um 1900 gesagt worden, jener Zeit, in der sich die deutschen Eliten bereits immer mehr in diese Richtung orientierten, die völker- und rechtsstaatlichen Grundsätze, humane Grundüberzeugungen und die politische Klugheit aber noch ein deutliches Gegengewicht gegen rechtliche Willkür und militärischen Imperialismus bildeten. Diese prekäre Lage verschiebt sich in den Jahren vor dem ersten Weltkrieg allgemein zum Chauvinismus und zur Kriegsbereitschaft der tonangebenden Bevölkerungskreise hin und bringt im Anschluß an Deutschlands Kriegerklärung dann auch zahlreiche Historiker gemeinsam mit insgesamt 93 deutschen akademischen „Geistesarbeitern" dazu, den unter der Bezeichnung „Ideen von 1914" bekannt gewordenen kriegerisch-nationalistischer Aufruf „An die Kulturwelt" unterschreiben. Auf ihn berief sich nach Krieg und Niederlage noch ausdrücklich der namhafte Historiker Georg von Below, als er schrieb: „Die Erlebnisse des Weltkrieges haben den Zusammenbruch der Ideale der französischen Revolution dargetan. Die Ideen der Freiheit, Gleichheit und Brüderlichkeit sind durch die deutschen Ideen von 1914 [...] überwunden."[20] Es war die Absage der deutschen Rechten an den Weg, den die westliche Welt eingeschlagen hatte und der als die rationalistisch-kalte und oberflächliche „Zivilisation" der „lebendigen", warmherzigen und tiefsinnigen „deutschen Kultur" gegenüber gestellt wurde.[21] Er läßt dann nach 1918 viele deutsch-national gesinnte Historiker die zur Revanche aufrufende Dolchstoßlegende unterstützen und einer Geschichts- und Gesellschaftstheorie zuneigen, die die kriegerische Aggression und persönliche Gewalt gegen „andersvölkische" Menschen für ein gerechtfertigtes Mittel der Politik hält. Überhaupt scheinen die nach dem verlorenen Krieg empfundene Demütigung durch die Sieger in Versailles und die Hoffnung, daß die nationale Ehre mit Gewalt wieder hergestellt wird, ein wichtiges auf Hitler projiziertes Moment beim Weg in den NS-Staat gewesen zu sein.

---

[20] Zitiert nach *Ch. Graf von Krockow:* Die Deutschen in ihrem Jahrhundert 1890–1990, Reinbek 1990.
[21] Vgl. *G. Lukács:* Die Zerstörung der Vernunft, Neuwied/Berlin 1962.

2.3 Die völkische Geschichtstheorie und -schreibung im NS-Staat

Hitlers Machtergreifung selbst verändert die deutsche Geschichtskultur und Geschichtsschreibung dann nochmals mit einem Schlage tiefgreifend. Denn sie hat in allen historischen Wissenschaften – und hier besonders in der Geschichtswissenschaft, der Germanistik und der Volkskunde – den alsbaldigen Abbruch der liberalen, internationalen und rational begründeten Forschung und die Vertreibung und Emigration eines Großteils der sie tragenden engagierten linken und jüdischen Intellektuellen zur Folge und verhilft zudem dem virulenten Antisemitismus und andern rassistischen und irrationalen Strömungen zu einem fatalen Sieg.[22] Wissenschaftsmethodisch ist die einschneidendste Folge zunächst die Abkehr vom objektivistischen und wertrelativistischen Historismus und seine Ersetzung durch eine zugunsten des eigenen „Volkstums" parteiisch wertende Geschichtsschreibung.[23] Deren erste Aufgabe schien nun vielen NS-Historikern darin zu bestehen, ein neues nationales Geschichtsbewußtsein zu erschaffen und Verkünderin und Sachwalterin einer nationalsozialistischen Geschichtskultur zu sein.[24]

Deren volkstümlichen, jedoch zumeist von wissenschaftlicher Seite erarbeiteten Elemente waren vor allem die „unverdorbenen" Ursprünge des deutschen Volkes, der heldenhafte Befreiungskampf der bereits als Deutsche verstandenen Germanen in der Schlacht im Teutoburger Wald gegen die drohende römische Übermacht und Überfremdung, die Verherrlichung des mittelalterlichen Kaiserreichs und seiner kulturellen Blüte, die Ausbreitung des Deutschtums im Zuge der Ostkolonisation, die Befreiung Deutschlands aus der Macht des römischen Papstes unter der ideell-religiösen Leitung Luthers, der Wiederaufstieg Deutschlands nach dem 30jährigen Krieg unter der Führung Preußens und insbesondere des heroisierten Friedrichs II., die sich durch Abgrenzung gegen die rationalistische Aufklärung der Franzosen herausbildende zweite Blüte der deutschen Kultur in der Goethezeit und schließlich die den Deutschen durch inneren Verrat und feindliche Verschwörung und Mißgunst der Feinde im Weltkrieg zugefügte Niederlage und in Versailles auferlegten Schmach. Entgegen der historistischen Ursachendifferenzierung im Hinblick auf die Komplexität geschichtlicher Prozesse werden nun alle Übel, die den Deutschen in ihrer Geschichte widerfahren sind, auf das Wirken des zersetzenden rationalistischen Geistes Westeuropas, des konzentriert im Judentum gegebenen „undeutschen" Geistes, zurückgeführt und alle Hoffnung auf die reinigende Kraft der in „Blut und Boden" und „Brauchtum und Sitte" wurzelnden Volksgemeinschaft gesetzt.

Ebenso schlimm wie die nationalistische Verklärung der deutschen Geschichte ist die ihr von der völkischen Geschichts- und Gesellschaftstheorie unterlegte Zukunftsvision. Sie ist allgemein in der Annahme begründet, daß die Geschichte von „großen Einzelnen" gemacht wird, die das Schicksal auserwählt hat und als

---

[22] Vgl. *K.F. Werner:* Das NS-Geschichtsbild und die deutsche Geschichtswissenschaft, Stuttgart u.a. 1967.

[23] Vgl. *W. Oberkrone:* Volksgeschichte. Methodische Innovation und völkische Ideologisierung in der deutschen Geschichtswissenschaft 1918-1945, Göttingen 1993.

[24] Vgl. *K. Schönwälder:* Historiker und Politik. Geschichtswissenschaft und Nationalsozialismus, Frankfurt/New York 1992; *P. Schöttler* (Hg.): Geschichtsschreibung als Legitimationswissenschaft 1918-1945, Frankfurt 1997.

„Führer" frei von allen Bindungen an Recht und Gesetz für ihre Völker im unvermeidlichen Kampf mit den Feinden politisch und militärisch handeln läßt, und ist von der besonderen Überzeugung getragen, daß Deutschland von der Vorsehung dazu bestimmt ist, die Herrschaft über die Völker der Welt anzutreten, und das von Hitler geschaffene „Dritte Reich" der Anfang des „1000jährigen Reichs" ist. Der Krieg und die sich nach Stalingrad abzeichnende Niederlage haben diesen säkularen Glauben an den Führer und an Deutschlands weltgeschichtliche Mission nicht nur nicht desavouiert, sondern haben die in der „Heimat Dienenden" ebenso wie die an der Front Kämpfenden nur noch mehr darin bestärkt, in ihrer Gegenwart persönlich und sei es durch den eigenen Opfertod an einer welthistorischen Entscheidung mitzuwirken. Auf alles dies wird unter dem Stichwort der Vergangenheitsbewältigung noch in mehreren Kapiteln ausführlich zurückzukommen sein.

32. Restauration, Werkimmanenz, Strukturen:
Die entideologisierten Kulturwissenschaften nach 1945

1. Die Geschichtswissenschaft zwischen Restauration und Vergangenheitsbewältigung 541
2. Kulturimmanente Interpretationen: Die Enthistorisierung der Geisteswissenschaften 546
3. Strukturalismus: Die Wende zur ahistorischen Betrachtung von Sprache und Kultur 554
4. Die verdrängte, restaurierte und kritisch befragte Vergangenheit:
   Nachkriegsumgang mit der jüngeren deutschen Geschichte 561

Das Jahr 1945, politisch und gesellschaftlich ein Einschnitt ohnegleichen in Europa und besonders in Deutschland, markiert indes in den Geisteswissenschaften, zumindest im westlichen Teil Deutschlands, keinen wirklichen Neuanfang bzw. Wendepunkt. Denn bis etwa 1965, als man beginnt, alle vom Nationalsozialismus personell und inhaltlich besonders beeinflußten Wissenschaften, also neben der Biologie, der Medizin und den Sozialwissenschaften auch die historischen Wissenschaften, einer radikalen Revision zu unterziehen, begnügt man sich zumeist mit einer sehr zurückhaltenden Auseinandersetzung mit der jüngeren Fachgeschichte und der auf sie hinführenden Traditionslinien und knüpft entweder einfach an frühere Forschungsgrundsätze an, vor allem an diejenigen, die durch den Nationalsozialismus wenig oder gar nicht in Mitleidenschaft gezogen waren oder schienen, oder übernimmt neuere Forschungsmethoden des westlichen Auslands, besonders Amerikas. Versuchte man so zum einen, sich des antik-humanistischen, christlich-abendländischen und klassisch-deutschen Erbes in der Philosophie, Theologie, Anthropologie, Soziologie, Literatur-, Musik-, Kunst- und Geschichtswissenschaft erneut zu vergewissern und damit das scheinbar nur punktuelle Versagen einiger Fachvertreter als einen historischen „Betriebsunfall" abzutun und hinter sich zu bringen, so sollte zum andern der rasche Anschluß an internationale Forschungsthemen und -standards die zwischenzeitlich beschrittenen „Irrwege" vergessen machen. In beiden Formen der Verdrängung haben die Geisteswissenschaften eben das gemacht, was Politik, Wissenschaft und Kultur in den ersten beiden Nachkriegsjahrzehnten allgemein charakterisierte. Aus sehr unterschiedlichen Gründen wollten damals fast alle, bloße Mitläufer und Sympathisanten des Nationalsozialismus ebenso wie seine Opfer und erst recht seine Täter und sonstwie persönlich Befangene, nicht allzu sehr an dessen Verbrechen erinnert werden, wollte die übergroße Mehrheit der Bürger eines durch Wiederaufbauleistungen langsam wieder Selbstbewußtsein gewinnenden Teils des freien und demokratischen Westens und eines vom totalitären und aggressiven Sowjetkommunismus bedrohten Landes ungestört und unbelastet von den Schatten der Vergangenheit die Zukunft mit Hilfe des wissenschaftlich-technischen Fortschritts gestalten können. Hieß es zwischen 1945 und 1949 für einen Großteil der Bevölkerung zunächst schlicht: „Überleben statt Trauern"[1], so hieß es danach in der eben entstandenen Bundesrepublik Deutschland: „Wirtschaftlich vorankommen statt die Vergangenheit zu beklagen".[2]

---

[1] Das beklagen *A. und M. Mitscherlich* auch noch später in ihrem Buch: Die Unfähigkeit zu trauern. Grundlage des kollektiven Verhaltens, München 1967.

[2] Einen guten Überblick geben die Darstellungen von *J. Hermand*: Kultur im Wiederaufbau. Die

Immerhin ist im Rückblick auf die kulturelle, wissenschaftliche und politische Entwicklung in den ersten beiden Nachkriegsjahrzehnten zweierlei positiv zu vermerken: erstens, daß die Restauration zum Teil an wirklich gute deutsche Traditionen angeknüpft hat und die Orientierung an und die Öffnung zum Westen einen Teil Deutschlands wieder in die Kultur der europäischen Staatengemeinschaft hat eintreten lassen, und zweitens, daß dieser Teil trotz oder gerade wegen des Verlustes der nationalen Einheit und der mit Atomwaffen bewehrten und damit den Bestand der Menschheit gefährdenden Ost-West-Konfrontation auf seinem Territorium den allgemeinen Menschen- und Bürgerrechten Geltung verschafft, sich eine rechtsstaatliche, demokratische und föderalistische Verfassung gegeben und durch den formellen Verzicht auf Gewaltanwendung zur Wiedererlangung besetzter ehemaliger Gebiete des deutschen Reichs eine auf den Erhalt des Friedens bedachte Koexistenz mit dem sowjetischen Imperium ermöglicht hat.

Unter dem Blickwinkel dieser sicherlich nicht ausreichenden Beherzigung der Lehren aus der Katastrophe des sog. Dritten Reichs sind die folgenden Ausführungen über das historische Denken in Westdeutschland während der beiden ersten Jahrzehnte nach 1945 zu betrachten. Abschnitt 1 wendet sich den zumeist nur halbherzig unternommenen Versuchen der westdeutschen Geschichtswissenschaft zu, mit der Vergangenheit „fertig zu werden". Abschnitt 2 zeigt, wie die Wissenschaften von der der deutschen Sprache und Literatur, der Musik und der bildenden Kunst und die Philosophie durch die Wiederaufnahme der geisteswissenschaftliche Methodik und der sog. werkimmanenten Interpretation und durch die Neubegründung einer philosophischen Hermeneutik auf eine im wesentlichen ahistorische Weise versuchen, dem Kunstcharakter und der Individualität ihrer Gegenstände aus der Perspektive der verstehenden Subjekte gerecht zu werden, und wie sie dadurch zugleich der Auseinandersetzung mit ihrer jüngeren völkischen Fachgeschichte aus dem Wege gehen.[3] Ihr stellen sich die Kulturwissenschaften in der DDR – im Zeichen allerdings einer gänzlichen Unterordnung unter die kommunistische Ideologie. Abschnitt 3 gilt der seit den 60er Jahren in Deutschland beginnenden Hinwendung zur ahistorischen Methode des Strukturalismus, zunächst durch die Rezeption der strukturalistischen Linguistik in den Sprachwissenschaften und dann durch die nicht auf die Ethnologie beschränkte, sondern mit einem allgemeinen anthropologischen Anspruch auftretende strukturale Methode des Franzosen Claude Lévi-Strauss in den Sozialwissenschaften. Abschnitt 4 schließlich ist der Versuch eines knappen Fazits zur damals in Westdeutschland nur zögerlich begonnenen „Vergangenheitsbewältigung".

Bundesrepublik Deutschland 1945–1965, München 1986, und von *H. Glaser*: Kulturgeschichte der Bundesrepublik Deutschland. 3 Bde., München 1985.

[3] Auf philosophisch-soziologische Weise tut dies etwa das damals vielbeachtete Buch von *H. Freyer:* Theorie des gegenwärtigen Zeitalters, Stuttgart (1956), ⁶1967.

1. Die Geschichtswissenschaft zwischen Restauration und Vergangenheitsbewältigung

1.1 Abwehr und Anfänge der „Vergangenheitsbewältigung"

Die zwiespältigen Nachkriegstendenzen charakterisieren natürlich auch und besonders die Geschichtswissenschaft.[4] Denn sie hat sich zuvor nicht nur an die nationalsozialistische Ideologie angepaßt, sondern sie in erheblichen Teilen mit geschaffen, hat sich in der großen personellen Kontinuität ihrer Fachvertreter dann nach 1945 gar zu gern der die Ursachen und Verantwortlichkeiten verschleiernden Formeln von der „deutsche Katastrophe" (Friedrich Meinecke)[5], vom „Irrweg", von der Notwendigkeit einer „Besinnung"[6], von der „Tragik", der „Verblendung", der „Verführung", vom „Geschick", „Sündenfall" und vom „militärischen Zusammenbruch" Deutschlands bedient, um auch von eigenem Verschulden abzulenken, und hat ihre Zuflucht bei der Geschichte der „großen Deutschen" der christlich-abendländischen und modernen politischen Geschichte gesucht. Bei solch einer Charakterisierung der akademisch verfaßten Historie und allgemein des historisch-politischen Denkens gilt es freilich, die Schwarz-Weiß-Zeichnung zu vermeiden, die später die Achtundsechziger-Bewegung von der Kultur der frühen Nachkriegszeit entworfen hat. Denn es hat von 1945 an fast auf der ganzen Breite des Historiker-Spektrums sehr wohl eine Auseinandersetzung mit der NS-Zeit gegeben, bei der die Beteiligten allerdings sehr unterschiedliche Motive hatten und unterschiedliche Akzentuierungen des Geschehens vornahmen.

Eine kleinere und in der akademischen und öffentlichen Meinungsbildung weniger durchdringende Gruppe waren so zunächst vor allem überlebende Opfer, Rückkehrer aus der Emigration, ehemalige Widerstandskämpfer und Frontsoldaten und ganz allgemein engagierte Linke, die als Zeitzeugen und Betroffene in ihrer Eigenschaft als Journalisten, Schriftsteller, Parteimitglieder, Lehrer und Professoren der Bevölkerung das zum Teil erst jetzt in Umrissen überschaubare Ausmaß der Verbrechen, insbesondere den Genozid an den Juden, und insgesamt den wahren Charakter des Hitlerstaates aufgezeigt haben.[7] Eine quellenmäßige Unterstützung haben diese Autoren und Forscher im Zuge der *reeducation* erhalten von den Siegermächten im Osten und Westen und von Informanten aus dem kommunistischen Oststaat, wohl aber noch mehr von den vielen Einzelnen, für die das Ende der Hitlerdiktatur und die innerliche Distanzierung von ihr der Anstoß war, durch Aufklä-

---

[4] Vgl. *W. Schulze*: Deutsche Geschichtswissenschaft nach 1945. Beiheft 10 der Historischen Zeitschrift, München 1989, welcher im Schlußkapitel fragt: „Revision oder Restauration?"

[5] So führt *F. Meinecke* in seinem Buch: Die deutsche Katastrophe, Wiesbaden 1946, diese Katastrophe sehr stark auf die Entwurzelung der Menschen im Zuge der Industrialisierung, Verstädterung und Massengesellschaft zurück.

[6] Zu dem Buch von *G. Ritter*: Geschichte als Bildungsmacht. Ein Beitrag zur historisch-politischen Besinnung, Stuttgart 1946, ist anzumerken, daß „Besinnung" ein wichtiger Anstoß sein kann, hier jedoch gerade keine gründliche Erforschung der jüngsten Geschichte gemeint hat.

[7] Bahnbrechend war das Buch von *E. Kogon*: Der NS-Staat. Das System der deutschen Konzentrationslager, Frankfurt 1946. Von der Sprache her analysiert *V. Klemperer* die NS-Ideologie: LTI (Lingua Tertii Imperii), Berlin 1947. Dazu gehört auch das später erschienene Buch von *D. Stemberger/G. Storz/W.E. Süsskind*: Aus dem Wörterbuch des Unmenschen, Düsseldorf 1968.

rung über das Gewesene am Aufbau einer demokratischen Ordnung mitzuwirken. Sehr viel größer war aber die Gruppe derjenigen Historiker und Zeitbeobachter, die sich nur schwer von den nationalsozialistischen Vorstellungen und Haltungen befreien konnten, sich gleichwohl vom Moment der Kapitulation an nach außen als bloße Mitläufer einschätzten, sich als demokratische Staatsbürger öffentlich betätigten und sich in Forschung und Lehre zwar zögerlich, dann aber z.T. doch an die Erforschung der jüngsten Geschichte machten.

1.2 Die Entstehung der „Zeitgeschichte" als Gegenstand der Geschichtswissenschaft

Zur Aufklärung hat ganz wesentlich die im Fach erst jetzt entstehende sog. Zeitgeschichte – zuvor hielt die Geschichtswissenschaft Abstand zur Geschichte der noch Lebenden – beigetragen. Der aus dem amerikanischen Exil zurückgekehrte jüdische Historiker *Hans Rothfels* (1891–1976) definiert sie als die „Epoche der Mitlebenden und ihre wissenschaftliche Behandlung"[8], was für ihn damals die Zeit von 1917 bis 1945 hieß und faktisch synonym mit dem Nationalsozialismus und seiner unmittelbaren Vorgeschichte war. Unterstützt durch die zunächst noch unter der Aufsicht der Alliierten stehenden Rundfunksender und Presseorgane, begann sie im Verbund mit der Politologie und der Soziologie mit der Herausgabe von Dokumenten, der genaueren Nachzeichnung des politischen Geschehens in jenen zwölf Jahren, ersten Analysen der Herrschaftsstrukturen und der Wege, die in die Hitlerdiktatur geführt haben. Man gründete hierzu eigene Forschungseinrichtungen, wie insbesondere das seit 1952 in München bestehende „Institut für Zeitgeschichte"[9], und setzte so den Prozeß der „Vergangenheitsbewältigung" in Gang: jenes bis heute nicht zu ihrem Ende gekommene vielgestaltige Bemühen, mit Hilfe der in Archiven zugänglichen Verwaltungsakten, der Zeugenaussagen von Tätern und Opfern in Prozessen vor Gericht und nicht zuletzt der nun immer reichlicher fließenden Quellen der Erinnerungsliteratur und der mündlichen Zeugnisse von Nachdenklichen das Geschehen zwischen 1933 und 1945 zu dokumentieren, in seinen Wirkmechanismen aufzuklären und dadurch wenigstens z.T. auch zu erklären. Für nicht wenige Zeitzeugen und Historiker war dies auch ein Akt der Befreiung von der eigenen NS-Sozialisation, der Versuch, Distanz zur eigenen Mitwirkung im Hitler-Reich zu gewinnen.[10]

Für einen Teil dieser Historiker, vor allem aus den kirchlichen und nationalkonservativen Kreisen, mag diese Forschung auch eine Art Alibi- bzw. Brückenfunktion gehabt haben, insofern man am Beispiel der heroischen Gegenwehr Einzelner und bestimmter Gruppen gegen die Diktatur vor aller Welt belegen konnte, daß es

---

[8] Zeitgeschichte als Aufgabe, in: Vierteljahrhefte für Zeitgeschichte 1, 1953, 1-8, hier: 2.

[9] Zur Entstehung und Entwicklung der Zeitgeschichte als eines Sonderforschungsbereichs der Neuesten Geschichte vgl. den guten Überblick (mit einem Verzeichnis zur einschlägigen Literatur) von *A. Schildt*: Zeitgeschichte, in: Goertz 1998, 318–330; vgl. auch *M. Peter/H.-J. Schröder*: Einführung in das Studium der Zeitgeschichte, Paderborn u.a. 1994 [eine materialreiche und zugleich nichtwertende Schrift über den neueren Forschungsstand]; *M. Sabrow/R. Jessen/K. Große Kracht*: Zeitgeschichte als Streitgeschichte, München 2003.

[10] Von der unübersehbar umfangreichen Literatur der persönlichen Vergangenheitsbewältigung soll hier nur ein Titel genannt werden, der von der ehemaligen BDM-Führerin *M. Maschmann*: Fazit – Kein Rechtfertigungsversuch. Mein Weg in die Hitlerjugend, Stuttgart 1963/1979.

einen Widerstand gegen Hitler in Deutschland gegeben hat, daß insbesondere das gescheiterte Attentat auf den „Führer" am 20. Juli 1944 aus dem engeren Zirkel der preußisch-deutschen Führungselite verübt wurde und deshalb die alliierte Kollektivschuldthese falsch sei.[11]

Als ein wichtiger Beleg dafür, daß bereits in den 50er Jahren von fachhistorischer Seite das Gesamtbild des „Dritten Reichs" in wesentlichen Quellen dokumentiert und in unmißverständlicher Kritik und Abscheu gezeichnet worden ist, kann das erstmals 1957 erschienene und alsbald überall im Geschichtsunterricht der Schulen benutzte Fischer Taschenbuch: Der Nationalsozialismus. Dokumente 1933–1945. Herausgegeben, eingeleitet und dargestellt von *W. Hofer*, Frankfurt 1957, gelten. Dort sind im Kapitel „VII. Judenverfolgung und Judenausrottung" (S. 267-312) die Verbrechen in den Konzentrationslagern mit Quellen und Kommentaren in aller Deutlichkeit dargestellt. Die in den Jahrzehnten bis heute folgende Forschung hat dieser Dokumentation zwar unendlich viel Material und zahlreiche neue Deutungslinien hinzufügt, aber seither in Bezug auf das Grundfaktum des Genozids selbst kaum etwas wirklich Neues oder Anderes zutage fördern können.

Im Rückblick auf die ersten beiden Jahrzehnte nach 1945 läßt sich deshalb zunächst feststellen, daß sich die Fachhistoriker relativ rasch und deutlich vom Nationalsozialismus distanziert und den Verdacht auf einen von ihnen erneut geschürten Nationalismus nicht haben aufkommen lassen. Bis auf ganz wenige Ausnahmen hat sich keiner mehr zur NS-Ideologie bekannt und ist – als Lehre aus „Weimar" – der von ihnen öffentlich artikulierte Konsens über die Grundsätze der westlichen Demokratie von Anfang an sehr groß gewesen. Das Versäumnis bei dieser großen Gruppe von Historikern – wie überhaupt bei den Repräsentanten aller historisch und ideologisch einschlägigen Fächer und im besonderen bei denjenigen, die sich persönlich schuldig gemacht haben – liegt im Verschweigen der Verstrickungen des eigenen Fachs und der eigenen Person.[12]

1.3 Bruch mit der deutschen Geschichte, deutscher Sonderweg oder ideologischer Totalitarismus: Drei „Erklärungsmuster" der NS-Katastrophe

Schon damals gab es viele Versuche, den Weg in den NS-Staat und seine Praxis zu „erklären". Es herrschten vor allem drei Deutungsmuster vor. Das erste Muster sah im Entstehen des NS-Staats einen *Bruch mit der deutschen Geschichte*. Man ging dabei von der Annahme aus, daß die Elemente des Nationalsozialismus samt und sonders auch bei den anderen Ländern Europas virulent gewesen seien, sie also auch hier nicht zu jener Barbarei führen mußten und die in Deutschland wirklich eingetretene Geschichte das Ergebnis einer unglücklichen und einmaligen Koinzidenz und Verkettung jener Elemente mit der Person Hitlers und mit einer Reihe zufälliger Ereignisse und Situationen sei und insofern gerade nicht in der großen Linie der deutschen Geschichte und Kultur angelegt gewesen sei, zumal die politische

---

[11] Den Anfang hierzu macht die Arbeit von *H. Rothfels*: Die deutsche Opposition gegen Hitler. Eine Würdigung (1947), Neufassung Frankfurt 1958.

[12] Zu den gezielten Nachforschungen über die Nazi-Vergangenheit der Wissenschaftler vgl. Kapitel 33.2.

Entwicklung fast zu jedem Zeitpunkt, auch noch im Krieg, eine andere, d.h. bessere Wendung hätte nehmen können.

Das zweite Erklärungsmuster ging im Sinne eines *deutschen Sonderweges* innerhalb Europas umgekehrt davon aus, daß die Entstehung des „Dritten Reichs" der logische Endpunkt einer kontinuierlichen politischen Entwicklung gewesen sei. Danach hätte sich die Katastrophe in der obrigkeitsstaatlichen, militaristischen, autoritätsgläubigen, nationalistischen und identitätsunsicheren, kurz: der kollektivneurotischen Haltung deutscher Menschen und Herrschaftseliten bereits seit der Reformation abgezeichnet, hätte sie im Aufstieg Preußens Gestalt angenommen, hätte Deutschland in der Abwehr der Grundsätze der französischen Revolution den Anschluß an die republikanisch-demokratische Tradition Westeuropas verpaßt, hätte es sodann „verspätet" und nur durch Krieg zu einer eigenen Nation im Bismarck-Reich gefunden[13], sich im ersten Weltkrieg mit hegemonistischen Ansprüchen auf Europa aggressiv nach außen gewandt, sei nach der Schmach des verlorenen Kriegs und des Versailler „Diktatfriedens" bei der Suche nach Sündenböcken und aus Selbsthaß selbstzerstörerisch gegen Teile der eigenen Gesellschaft, gegen linke „Vaterlandsverräter" und insbesondere gegen die Juden, vorgegangen und habe es schließlich unter der zusätzlichen Last der Weltwirtschaftskrise seine irrationalgläubige Hoffnung auf einen „Führer" gesetzt, der die dem deutschen Volk von einem ungerechten Schicksal geschlagenen Wunden hätte heilen sollen.[14]

Das dritte Muster, das des *Totalitarismus*, konnte zeitlich, kultur- und mentalitätsgeschichtlich noch viel weiter ausgreifen, nämlich auf die Vorstellung von einem mit absoluter Macht ausgestatteten staatlichen Gebilde, dem seine Menschen ganz und gar unterworfen sind, präfiguriert im von Philosophenkönigen regierten „idealen Staat" (Platon), im „Gottesreich" (im ewigen bzw. 1000jährigen irdischen Friedensreich der Juden und Christen), in der Herrschaft der „una sancta" (der allein seligmachenden und auf Erden allmächtig herrschenden „katholischen" Kirche), im „utopischen Staat" (von der fiktiven Inselgemeinschaft des Thomas Morus bis zu den „schwarzen" bzw. „schönen neuen Welten" des 20. Jahrhunderts) und im „absolutistischen Staat" der neuzeitlichen Staatstheorie (von Hobbes bis u.a. zu Rousseau).[15] Nach diesem Muster wäre der die Diktatur des Proletariats verkündende, durch Gesetze und Terror totalitär herrschende und eine Weltrevolution in eben diesem Sinne vorbereitende Bolschewismus[16] eine dem Nationalsozialismus durchaus vergleichbare Regierungsform. Beide wären danach, wie auch die anderen faschistischen Regime in der ersten Hälfte des 20. Jahrhunderts, nur jeweils andere Ausprägungen einer einzigen totalitären Ideologie und überall möglichen Staatlichkeit. In der Tat sind die in der Sowjetunion unter Lenin und Stalin verübten

---

[13] *Vgl. H. Plessner*: Die verspätete Nation (1935), 2. erw. Aufl., Stuttgart 1959.

[14] Überlegungen hierzu finden sich in der Aufsatzsammlung von *W. Conze/M.R. Lepsius* (Hg.): Sozialgeschichte der Bundesrepublik Deutschland. Beiträge zum Kontinuitätsproblem, Stuttgart 1983.

[15] Vgl. *H. Arendt*, Elemente und Ursprünge totaler Herrschaft, Frankfurt 1951/1955.

[16] Daß die Weimarer Republik im „Zangengriff" des nationalsozialistischen und des kommunistischen Totalitarismus gescheitert sei, gehört zu den historischen Grunderklärungen des NS-Staats.

Verbrechen, angewandten Mittel der Menschenbeeinflussung und die alles dies legitimierende Ideologie durchaus vergleichbar mit denen des „Dritten Reichs".

Alle drei Deutungsalternativen erfassen zweifellos zutreffende Momente, gegen alle drei sind aber schon damals gewichtige Argumente vorgebracht worden. Ihnen gemeinsam ist vor allem, daß sie die Verantwortung der Masse der Deutschen für die Verbrechen des Naziregimes entweder ganz abstreiten oder verkleinern. Sie entlasten so die vielen Einzelnen von persönlich begangener Schuld, indem sie das Versagen der deutschen Führungseliten auf die Massenorganisation der Partei oder deren Anführer verlagern oder die Schuld dem nationalen Schicksal zuschreiben. Nach dem ersten Muster sind die Deutschen vor allem Opfer eines Amok laufenden Psychopathen, eines charismatischen „Rattenfängers" geworden, der sie als gutgläubige Idealisten in die Katastrophe gestürzt habe. Nach dem zweiten Muster ist das „Dritte Reich" das Produkt einer problembeladenen nationalen Geschichte und eines Volkscharakters, der wegen seines schwach ausgebildeten Selbstbewußtseins zu radikalen Ausbrüchen neige, wogegen die einzelnen machtlos gewesen seien. Das dritte Muster minimiert noch mehr die Verantwortung für die von Deutschen und im Namen Deutschlands verübten Verbrechen, insofern der NS-Staat nur eine besondere Ausprägung der in der ideellen, religiösen und absolutistischen Staatstheorie Europas allgemein angelegten Möglichkeit der Gewaltherrschaft gewesen sei. Man wird den Vertretern dieser „Erklärungen" nicht unterstellen können, daß sie die darin liegenden Entlastungsfunktionen immer bewußt intendiert haben. Daß sie zumindest geholfen haben, die Fragen nach den konkret zu benennenden politischen Ursachen und nach den individuell zu verantwortenden Verfehlungen der damals im mittleren und höheren Lebensalter stehenden Generationen – und hier in Sonderheit auch der Historikerschaft, die diese Muster mit entworfen hat – zu vermeiden, wird man aber gleichfalls nicht bestreiten können.[17]

1.4 Ambivalenzen der DDR-Historie

Für die überzeugten Kommunisten und die Historiker Ostdeutschlands hat sich bis zum Ende der DDR die Frage nach den Ursachen des Nationalsozialismus, nach der politischen Lektion aus ihm und nach dem Status, der Aufgabe und der Methodik der Historie im sozialistischen Staat immer anders gestellt. Deren Geschichtsschreibung kann beanspruchen, sich von Anfang an von der westdeutschen darin positiv abgehoben zu haben, daß sie der Sozialgeschichte neben der politischen Geschichte eine konstitutive Funktion im historischen Denken zuerkannt hat, sich dabei der bisher vernachlässigten Geschichte der sozialen Unterschichten, insbesondere der Arbeiterbewegung einschließlich der frühneuzeitlichen Bauernkriege, angenommen hat[18] und vor allem sofort nach 1945 begonnen hat, die Strukturen des Faschismus zu analysieren, die Verbrechen des NS-Staats zu dokumentieren und das Fortwirken von Nationalsozialisten, z.T. an prominenter Stelle, in Politik, Wirtschaft und

---

[17] A. Assmann/U. Frevert: Geschichtsvergessenheit. Geschichtsversessenheit. Vom Umgang mit der deutschen Vergangenheit nach 1945, Stuttgart 1999.
[18] Vgl. das zwölfbändige „Lehrbuch der deutschen Geschichte", (Ost-)Berlin 1959–1969, und die es begleitenden Bildbände.

Wissenschaft Westdeutschlands zu kritisieren. Die Kehrseite aller dieser Leistungen und der durchaus auch zutreffenden Kritik an bestimmten Prämissen der „bürgerlichen" Wissenschaft allgemein und der historischen Fächer im besonderen ist, daß sich die Historiker der DDR ihrerseits – aus Überzeugung oder Opportunität und unter der antifaschistische Gründungslegende DDR - willfährig haben ideologisch gleichschalten und auf die Propagandabedürfnisse der Staatspartei und ihrer Geheimpolizei zurichten lassen, wie dies in totalitären Systemen nicht nur üblich, sondern eine elementare Voraussetzung ihrer Existenz ist.[19] In der Historiographie der „sozialistischen Staatengemeinschaft" insgesamt hatte das zur Folge, daß von der Ur- und Frühgeschichte bis zur Gegenwart, gleich ob es sich um die Geschichte der Völker, der Ideen, der Technik, der Wirtschaft, Literatur, der Kunst oder der Erziehung handelt, alles der marxistisch-leninistischen Geschichtsphilosophie unterworfen wurde und so dem historischen Denken nur wenig Raum für ein an Quellen und kritischer Forschungsliteratur erhärtetes selbständiges Urteilen blieb, ganz zu schweigen davon, daß die Geschichte der kommunistischen Bewegung und Politik nur heroisiert wurde und die Verbrechen der Sowjetunion auch noch nach der Chrustschow-Rede von 1955 nicht öffentlich thematisiert wurden.

2. Kulturimmanente Interpretationen:
Die Enthistorisierung der Geisteswissenschaften

Was hier über die Geschichtswissenschaft gesagt wurde, trifft im Kern auch auf die anderen historischen Fächer zu. Exemplarisch ist hier die *Germanistik*, die unter dem Begriff und dem Bekenntnis zur „völkischen Literatur" eine ähnlich enge Verbindung mit der nationalsozialistischen Ideologie wie die Fachhistorie eingegangen war und ähnlich stark belastet den Weg in die Nachkriegszeit angetreten hat. Auch bei ihr – im Osten wie Westen - fällt die Auseinandersetzung mit der jüngeren Fachgeschichte vergleichbar zwiespältig aus. Während die Germanistik im Westen wieder zu ihren bevorzugten Gegenständen von früher zurückkehrt und an die unverdächtig erscheinende geisteswissenschaftliche Methodik anknüpft und zugleich rasch literaturwissenschaftliche Anregungen des westlichen Auslands aufnimmt, wendet sie sich im *Osten* außer der klassischen deutschen nun verstärkt der „fortschrittlichen" Literatur zu und schwenkt interpretatorisch ganz auf das von Moskau vorgegebene Schema der kommunistischen Literaturwissenschaft ein. Die folgenden Ausführungen hierzu werden um einige Seitenblicke auf vergleichbare Wege in der Philosophie und in der Musik- und Kunstgeschichte erweitert.

2.1 Marxistischer Bruch mit und aneignende Fortführung der literarischen Tradition in der DDR

Die DDR-Germanistik ist durch einen ebenso deutlichen Bruch wie durch eine Fortführung der Tradition charakterisiert. Sie hält auf der einen Seite im wesentlichen am bisherigen Kanon der deutschen Dichtung fest und duldet dabei, jedenfalls zunächst, auch noch die ideengeschichtlichen Deutungsansätze, fügt dem auf der

---

[19] Vgl. *M. Sabrow*: Das Diktat des Konsenses. Geschichtswissenschaft in der DDR 1949–1969, München 2001.

anderen Seite aber die von der „bürgerlichen Literaturwissenschaft" vernachlässigte oder ausgeschlossene „fortschrittliche" Dichtung hinzu und beleuchtet diese, wie dann zunehmend die gesamte literarischen Tradition, unter einem marxistischen historisch-gesellschaftlichen Blickwinkel. Indem sie so alles durch die klassenkämpferische und „real-sozialistische" Brille betrachtet und dadurch nicht nur viele andere Ansätze ausblendet, sondern sich „internationalistisch" auch frei von allen früheren nationalistischen und imperialistischen Anwandlungen fühlt, lastet sie die Verfehlungen des Faches im NS-Staat ausschließlich den „reaktionären" Kollegen in Westdeutschland an und unterteilt und beurteilt das literarische Schaffen im geteilten Deutschland nach 1945 strikt nach den Kategorien der „fortschrittlich-sozialistischen Literatur der DDR" einerseits und der „spätbürgerlich-kapitalistischen Literatur der BRD" andererseits. Unter dieser Zielrichtung erscheint 1965 eine von einem „Autorenkollektiv" herausgegebene „Deutsche Literaturgeschichte in einem Band" (Berlin), welche 1981 in gleicher Tendenz unter dem Titel „Kurze Geschichte der deutschen Literatur" in erweiterter Form neu aufgelegt wird. Dieses Werk wie auch die anderen verhältnismäßig wenigen Neuerscheinungen in der DDR-Germanistik einschließlich der zur marxistischen Literaturtheorie werden im Westen allerdings kaum beachtet. Nicht unerwähnt bleiben darf allerdings, daß die DDR durch die Rezeption und Diskussion der marxistischen Literaturtheorie von Georg Lukács zumindest in ihrer Anfangszeit eine Herausforderung für die westliche Literaturgeschichte und –ästhetik gewesen ist. Bildungspolitisch hat die DDR unter dem Begriff der „Erbeaneignung" vom Anfang bis zu ihrem Ende in Schule und Öffentlichkeit einen regelrechten Klassikerkult betrieben und sich – zu Recht – als ein „Leseland" gesehen, so daß auf diese Weise jenseits der allgegenwärtigen Bevormundung der Bürger die literarhistorische Bildung dort ausgeprägter als im Westen war. Es kommt hinzu, daß die seriös edierten Klassiker-Ausgaben des Aufbau-Verlags (Ost-Berlin) und der Bibliothek deutscher Klassiker (Weimar) die DDR nach außen und nach innen als ein zumindest die literarische Tradition gewissenhaft pflegendes Land haben erscheinen lassen.

2.2 Historische Sprachwissenschaft, „christliches Abendland", deutsche Klassik: Restauration der germanistischen Tradition

Im Westen betreibt die Germanistik in diesem Zeitraum – wie schon seit ihrem Anbeginn im 19. Jahrhundert – hauptsächlich nationale Sprach- und Literaturwissenschaft. In der *historischen Sprachwissenschaft* handelt es sich um die Fortführung der Forschungs- und Studienschwerpunkte in Gotisch, Alt-, Mittel- und Frühneuhochdeutsch. Methodisch verfolgt sie so unverändert die positivistische Erforschung der „Lautgesetze", der Etymologien und des syntaktischen und semantischen Sprachwandels von den erschlossenen indogermanischen Anfängen bis zur frühen Neuzeit. Sie konzentriert sich dabei weiterhin auf die mittelhochdeutsche Sprachperiode, denn diese schafft die Voraussetzung für die Lektüre der mittelalterlichen Klassiker.[20] Alles andere – u.a. auch die Grammatik und die Stilistik der deutschen Gegenwartssprache – ist (fast noch) kein Thema. Hauptsächlicher Ge-

---

[20] Vgl. Kapitel 20.2 (mit Literaturangaben).

genstand der *Literaturwissenschaft* ist die Geschichte der deutschen Dichtung von ihren Anfängen bis zur „Gegenwart" (welche zumeist allerdings nur bis zum Anfang des 20. Jahrhunderts reicht), mit ihren beiden Schwerpunkten Hohes Mittelalter und Goethezeit. Die zuvor forcierte deutschnationale Ausrichtung der Interpretation tritt nun freilich gegenüber der allgemeinmenschlichen, christlich-abendländischen und europäischen Deutung der Dichtung zurück. In der Altgermanistik nimmt das früher große Interesse am altnordischen und altdeutschen Heldengesang, also an den Sagas, am Hildebrants- und Nibelungenlied, ab. Überhaupt verschwinden alle des Nationalsozialismus verdächtigen Werke und Sehweisen, wie z.B. auch die der dichterischen Landschafts- und Stammeskunde, fast gänzlich aus dem Lehrbetrieb und den neueren Veröffentlichungen. Weil aber bis Anfang der 60er Jahre die Mehrheit der Professoren schon unter dem Nationalsozialismus geforscht, gelehrt und in seinem Geiste geschrieben hat, ist ein Nachhall dieser Erfahrungen auch in der neuen Zeit unüberhörbar. So wertet man weiterhin die „gefühlsarme", „rationalistische" Literatur der westlichen Aufklärung gegen die „tiefsinnige", „wahrhaftige" deutsche Dichtung des christlichen Mittelalters und der deutschen Klassik und Romantik ab, beklagt mit dem Kunsthistoriker *Hans Sedlmayr* (1948)[21] allgemein den „Verlust der Mitte" (des Christentums) durch die Moderne, hofft mit dem katholischen Religionsphilosophen *Romano Guardini* (1950)[22] auf die Überwindung der Neuzeit durch eine neue Kultur der Gemeinschaft und bringt nach der Ausmerzung allzu deutlicher nationalsozialistischer Passagen und einigen Umformulierungen im neuen Geist ältere Werke wieder heraus. Beispiele für letzteres sind die beiden außerordentlich erfolgreichen Bücher erstens von *Fritz Martini*: Deutsche Literaturgeschichte von den Anfängen bis zur Gegenwart (1948), Stuttgart [17]1991; und zweitens von *Gerhard Fricke*: Geschichte der deutschen Dichtung, Tübingen 1949 ff. . Die seit Anfang der 50er Jahre in großer Zahl neukonzipierten Darstellungen, Werkausgaben und Nachschlagewerke sind dann aber peinlichst darauf bedacht, philologisch genau, ideologiefrei und nüchtern-sachlich auch mit Blick auf den europäischen Kontext zu informieren, wofür die von *Wolfgang Stammler* herausgegebene: „Deutsche Philologie im Aufriß" (3 Bde., Berlin 1952–1957, [2]1955 ff.) und die verbreiteten Bücher von *Herbert A. Frenzel/Elisabeth Frenzel*: Daten deutscher Dichtung. Chronologischer Abriß der deutschen Literaturgeschichte, 2 Bde., Köln 1953; die Lexika von *Gero von Wilpert*[23] und das „deutsche Lesebuch" von *Walter Killy*[24] Beispiele sind. Für eine sehr viel lebendigere literarische Bildung sorgen in

---

[21] *H. Sedlmayr*: Verlust der Mitte (Salzburg), Gütersloh [2]1988.

[22] Nach *R Guardini*: Das Ende der Neuzeit. Ein Versuch zur Orientierung (Würzburg 1950), hat die Neuzeit mit ihrer individualistischen Persönlichkeitskultur und dem „Autonomismus" des Subjektes die religiöse und kulturelle Ganzheit des Abendlandes zerstört, welche es durch die „Kultur der Gemeinschaft" wieder zu gewinnen gilt.

[23] *G. v. Wilpert*: Sachwörterbuch der Literatur, Stuttgart 1955; ders.: Deutsches Dichterlexikon. Biographisch-bibliographisches Handwörterbuch zur deutschen Literaturgeschichte, Stuttgart 1963; ders.: Lexikon der Weltliteratur, Stuttgart 1963.

[24] Das von *W. Killy* unter dem Obertitel „Zeichen der Zeit" herausgegebene vierbändige Werk: Ein deutsches Lesebuch, Frankfurt 1958–1962, setzt mit Band 1 „Auf dem Wege zur Klassik" im Vorfeld der Goethezeit ein und endet in Band 4 „Verwandlung der Wirklichkeit" mit dem

Westdeutschland die nach dem Vorbild von Rowohlts Rotationsromanen in großer Zahl in Taschenbüchern erscheinenden Werkausgaben der Weltliteratur von ihren frühesten Anfängen bis wirklich zur Gegenwart.

2.3 Heidegger, Staiger, Gadamer:
Geisteswissenschaftliches Verstehen von Werken der Kultur aus der Subjektperspektive

Indem so die Germanistik wie auch die Anglistik, Romanistik, Slawistik und die Altphilologie in Westdeutschland ihre früheren Fachtraditionen fortsetzen und sich dabei zugleich gegenüber dem z.T. anderen Gegenstandsverständnis und den neuen Forschungsmethoden des westlichen Auslands aufgeschlossen zeigen, schlagen sie den Weg einer immer größeren Enthistorisierung ihrer literarischen Gegenstände ein. Sie tun dies auf zwei Weisen. Zum einen - und dies vor allem in der unmittelbaren Nachkriegszeit bis in die Mitte der 50 er Jahre - in der von Dilthey herkommenden genuin geisteswissenschaftlichen Art des einfühlenden Verstehens in die Dichtung, zum andern in der mehr objektiven Interpretation des „sprachlichen Kunstwerks".

Der erstgenannte Zugang zur Dichtung ist eine Mischung aus Lebensphilosophie, phänomenologischer und existentialistischer „Wesensschau" und neuerer philosophischer Hermeneutik. Er markiert die zweite Hochzeit der „geisteswissenschaftlichen" Methodik in Deutschland, bei der man im Verstehen der großen literarischen und sonstigen kulturellen Werke in deren „Geist" alles das hineinlegt, was man persönlich für einen Ausdruck überzeitlicher Wahrheit hält. Der überragende Mentor bei dieser „originären Begegnung" des Subjekts mit der Wahrheit ist *Heidegger* gewesen. Für ihn „entbirgt" sich die „Wahrheit" eines Kunstwerks allein im Zirkel des existentiellen Verstehens.

Im Anschluß hieran hat in der Germanistik und in anderen Literaturwissenschaften eine große Anerkennung jene Verstehensmethode gefunden, die der schweizerische Germanist EMIL STAIGER (1908–1987) im Sinne einer *Fundamentalpoetik* der menschlichen Grundbefindlichkeiten des Epischen, Dramatischen und Lyrischen entworfen hat.[25] Danach seien diese literarischen Gattungen der Ausdruck bestimmter Grundformen der Weltbegegnung und –bewältigung. Als Leser müssen wir, von unserer Betroffenheit durch die Dichtung ausgehend, versuchen, zu „begreifen, was uns ergreift." Aufgabe des Interpreten sei es, dem Leser den Weg zu einer solchen Erhellung zu weisen. Die Interpretation selbst des Kunstwerks wird zu einer individuell begründeten und gehandhabten Kunst, also zu einer Fähigkeit, die sich letztlich jeder Methodik entzieht, was der Titel eines berühmten Aufsatzes von Staiger kurz so ausdrückt: „Die Kunst der Interpretation" (1951)[26]. Wenn solche

---

Zeitraum von 1880 bis 1945, schließt also die Gegenwartsliteratur ganz aus und nimmt von der Literatur in NS-Deutschland stillschweigend gar nichts auf.

[25] Vgl. besonders dazu *E. Staiger*: Die Zeit als Einbildungskraft des Dichters, Zürich 1939, 1953; ders.: Grundbegriffe der Poetik, Zürich 1951. Ganz existentialistisch auf das Dichterische und den Dichter hebt 1953 auch der schweizerische Germanist *W. Muschg* in seiner „Tragische(n) Literaturwissenschaft" ab (neu erschienen mit einem Nachwort von U. Widmer, Zürich 2006).

[26] Dieser Aufsatz leitet dann später die unter demselben Titel erschienenen Studien Staigers zur deutschen Literaturgeschichte ein (Zürich 1955).

Versuche einer Erfassung des Wesens von Formen der Dichtung und zugleich des begreifenden Verstehens des Ergriffen-Seins von Dichtung auch einen subtilen und reflektierten Beitrag zur literarischen Ästhetik und Anthropologie geleistet haben, so haben sie doch zugleich eine Enthistorisierung und Entkontextualisierung der Betrachtung der literarischen Gattungen und überhaupt der Literatur bewirkt.

Die Charakteristika dieser Art des Verstehens zeigen sich besonders prägnant im Hauptwerk des Philosophen HANS-GEORG GADAMER (1900-2002). Dieser hat in seinem erstmals 1960 erschienenen und bis heute immer wieder aufgelegten Werk „Wahrheit und Methode – Grundzüge einer philosophischen Hermeneutik (Tübingen 1960/65) in der Linie von Schleiermacher und Dilthey versucht, allgemeine Prinzipien der Deutung der menschlichen Kultur zu bestimmen.[27] Er knüpft dabei einerseits an die etablierte geisteswissenschaftliche Methodik an, kritisiert sie andererseits darin, daß sie das Verstehen allzu eng an ein rational vorgegebenes und philologisch definiertes Instrumentarium binde und dabei nicht alle geistigen Möglichkeiten des Menschen, wie sein jeweiliges Vorverständnis, seine Vorurteile, seine Phantasie, Sensibilität, Welterfahrung und Intuition ausschöpfe. In der Sicht seiner „philosophischen Hermeneutik" ist so „Verstehen nicht eine unter den vielen anderen Verhaltensweisen des Subjekts, sondern die Seinsweise des menschlichen Daseins selber.[28] Und das Verstehen selbst werde deshalb nicht „hergestellt", nicht „methodisch", d.h. unter strikter Befolgung von Regeln gewonnen, sondern wachse einem als Einsicht urplötzlich und unkontrolliert zu, und zwar indem „einer sich in die große Überlieferung der menschlichen Geschichte hineinstellt": „Auf Überlieferung hören und in Überlieferung stehen, das ist offenbar der Weg der Wahrheit, den es in den Geisteswissenschaften zu finden gilt."[29] Damit verlangt Gadamer zwar ausdrücklich historische Kenntnisse und eine intime Vertrautheit mit der Tradition als grundlegende Voraussetzungen des Verstehens von Wahrheit, andererseits ist für ihn als den Heidegger-Schüler die Letztinstanz von „Wahrheit" dennoch das rational nicht begründbare Urteil des Subjekts, welches auf der Grundlage seiner ganz und gar einmaligen existentiellen Anmutung die Welt versteht. Die Aufgabe des die Kultur theoretisch Auslegenden bestehe näherhin dann darin, die Voraussetzungen für eine „Horizontverschmelzung" zwischen sich selbst und dem Text zu schaffen und in einen Dialog mit diesem einzutreten. Das Fehlen von „Kritik" in dieser Hermeneutik hat Habermas dann 1965 in seiner Antrittsvorlesung „Erkenntnis und Interesse" Gadamer als seinen größten Mangel angelastet.[30]

---

[27] In dieser Begriffsausweitung der Hermeneutik steht Gadamer damals nicht allein da; vgl. z.B. E. Betti: Die Hermeneutik als allgemeine Methodik der Geisteswissenschaften, Tübingen 1962; ders.: Allgemeine Auslegungslehre als Methodik der Geisteswissenschaften, Tübingen 1967.
[28] ebd., 41 f.
[29] ebd., 439 f.
[30] Vgl. Kapitel 36.1.1.

2.4 Deutsche *werkimmanente Interpretation,* amerikanischer *new criticism* und französische *explication de texte*

Eine noch größere Wirkung hat bis etwa 1965 die Methode der sog. werkimmanenten Interpretation erzielt. Sie ist insofern objektiver – wenn auch keineswegs positivistisch –, als die Interpretation „sprachlicher Kunstwerke" auf einer genauen Erfassung der vom Dichter verwendeten sprachlichen, stofflichen und motivgeschichtlichen Mittel, auf der Analyse historisch gewachsener Gattungs- und Bauformen und auf der Beurteilung der Art des jeweiligen Gefüges im Werk beruht. Im Rückgriff auf bestimmte, seit der Antike in Poetiken formulierte, über die Jahrhunderte von Schriftstellern angewandte und reflektierte Vorstellungen über das Wesen literarischer Formen und Gattungen wird so das einzelne Kunstwerk als individueller Ausdruck von überzeitlich beständigen oder zumindest idealtypisch faßbaren literarischen Formen[31] verstanden. Werkimmanent wird diese Methode genannt, weil sie die Kriterien der Deutung jeweiliger Werke aus dem in ihnen angenommenen „Sinnganzen" seiner sprachlichen Mittel versucht zu gewinnen.[32]

Wolfgang Kayser (1906-1960) hat in seinem Buch: Das sprachliche Kunstwerk (Bern 1948 ff.), der bis Mitte der 60er Jahre am meisten verbreiteten Einführung in die Literaturwissenschaft, die Leistung dieses Zugangs zur Schönen Literatur an zahlreichen Beispielen sehr überzeugend demonstriert. Daraus geht - eher indirekt - hervor, daß der Interpret ein Kenner der gesamten europäischen Dichtung, der Poetiken, die ihre Schöpfer angeleitet haben, und der literarhistorischen Tradition ihrer Deutung sein muß. Dennoch ordnet Kayser die exemplarisch interpretierten Werke und seine Urteile nicht literarhistorisch in Epochen und Traditionslinien der Dichtung und ihrer Deutung ein, sondern trennt das „Kunstwerk", welches als „ein in sich geschlossenes Gefüge lebt"[33], von allen historischen, gesellschaftlichen und kulturellen Bezügen ab, die außerhalb des „Eigencharakters der Dichtung" lägen und deren expliziter interpretatorischer Einbezug die Eigengesetzlichkeit der Dichtung und die Individualität des jeweiligen Werks verfehlen und damit eine ihm angemessene Interpretation gefährden könnte.[34] Indem auf der Grundlage einer solchen Phänomenologie der Dichtung die ästhetische Autonomie des Kunstwerks so sehr behauptet wird, wird freilich die Literaturgeschichtsschreibung zu einer bloßen Hilfswissenschaft herabgedrückt und verliert die Literatur selbst ihren „Sitz im Leben".

Die seit Mitte der 60er Jahre aufkommende harte Kritik an der werkimmanenten Interpretation wendet sich deshalb nicht eigentlich gegen den Grundsatz des „Verstehens" der literarischen und anderer Kunstwerke, nicht gegen die Ergründung der

---

[31] Vgl. *P. Böckmann:* Formengeschichte der deutschen Dichtung, Hamburg 1949; *E. Lämmert:* Bauformen des Erzählens (1955), Stuttgart 1968.

[32] Zur Nachkriegsgeschichte der Germanistik bis Anfang der 60er Jahre vgl. Hermand 1994, 114-140.

[33] Kayser, ^{6}1960, 59.

[34] Kayser folgt damit übrigens Kants ästhetischer Theorie von der Autonomie der Kunst, wonach jedes Kunstwerk als „Zweckmäßigkeit ohne Zweck" (1790, §10) Gegenstand eines eigentümlichen Wohlgefallens ist, das völlig losgelöst von theoretischen und praktischen Interessen sein soll.

Möglichkeiten und Funktionen künstlerischer Formen und gegen die Annahme eines relativen Eigencharakters der Kunst, sondern hauptsächlich gegen ihre ästhetische Verabsolutierung, ihre Abtrennung vom sozialen Entstehungs- und Verwendungsumfeld und gegen die hinter der Bevorzugung dieser Methodik vermutete „Flucht aus der Geschichte".[35] Die Tatsache allerdings, daß die werkimmanente Interpretation schon in den 20er Jahren in Deutschland entstanden ist[36] und, wie weiter unten dargelegt wird, damals in ähnlicher Form in der Literaturwissenschaft des Auslands geübt wurde, macht deutlich, daß es sich hier nicht nur um eine Bannung der Schatten der nahen Vergangenheit, sondern um ein gemeineuropäisches Bedürfnis der Literaturtheorie des frühen und mittleren 20. Jahrhunderts handelt, angesichts der Umbrüche im künstlerischen Schaffen selbst wenigstens im Erleben und Genuß der klassischen Werke einen reinen ästhetischen Bezirk zu bewahren und ihn freizuhalten von für außerliterarisch gehaltenen positivistischen und wertneutralen Ansätzen einerseits und von biographischen, psychologischen und ideengeschichtlichen Ansätzen andererseits.

Als (anglo-)amerikanische Parallele zur deutschen Werkinterpretation kann der *New Criticism* (auch: *Modern Criticism*) gelten. Entstanden in den 30er und 40er Jahren und dominant in seinen Ländern zwischen 1950 und 1970, betont diese nicht schulmäßig ausbildete Richtung besonders die Autonomie des literarischen Kunstwerks und den *textual approach* des *close reading*. Die von R. Wellek gemeinsam mit seinem Kollegen A. Warren 1942 erstmals vorlegte „Theory of Literature" hat dadurch, jedoch auch wegen ihrer transnationalen Beispiele, in vielen Übersetzungen, auch in deutscher Sprache, bis in die 60er Jahre eine große Verbreitung in Amerika und in Europa gefunden und dann allerdings ebenso wie die deutsche werkimmanente Methode die Kritik der sozialwissenschaftlichen und -geschichtlichen Richtung auf sich gezogen.[37]

Die Praxis der bis heute weitgehend von dieser Kritik ausgenommenen französischen *explication de texte* schließlich konzentriert sich in der Regel ebenfalls auf ein bestimmtes, dem anerkannten literarischen Kanon entnommenes Werk, welches als ein von der Intention seines Autors getragenes, in sich stimmiges, eine eigene Wirklichkeit schaffendes und stilistisch gelungenes Kunstwerk gilt. Indem die *explication de texte* dabei aber alle Deutung an den individual-, literar- und gesellschaftshistorischen Kontext des Werks bindet, setzt sie jene Methode fort, die in Frankreich die Literaturkritik seit dem Renaissance-Humanismus und den Literaturunterricht in den *collèges* und *lycées* über die Jahrhunderte geprägt und sich seit dem 19. Jahrhundert in der literarischen und zugleich didaktischen Gattung der *Histoire de la littérature*, einschließlich der vielen sie flankierenden Antholo-

---

[35] Diese hier allein auf die westdeutsche Germanistik bezogene Deutung drängt sich deshalb auf, weil die Literaturwissenschaft und der schulische Literaturunterricht im östlichen wie im westlichen Ausland die kulturellen Bezüge der Literatur immer als integrale Bestandteil der Interpretation von Dichtung betrachtet haben, wie sich das z.B. auch bei der theoretisch durchreflektierten französischen *explication de texte* zeigt (s.u.).

[36] Z.B. in: O. *Walzel*: Gehalt und Gestalt im Kunstwerk des Dichters, Berlin 1923.

[37] R. *Wellek/A. Warren*: A Theory of Literature, New York 1942 ff. (dt.: Theorie der Literatur, übers. von E. und M. Lohner, Frankfurt/Berlin 1958 ff.).

gien, niedergeschlagen hat. In Frankreich gilt so bis heute, daß sich Literatur und (feiner) Lebensstil wechselseitig erhellen, die Literatur einerseits ein Ausdruck der Geschichte des menschlichen Geistes und der nationalen Kultur ist und Geist und Kultur andererseits bevorzugt im Medium der Literatur zugänglich sind, literarhistorische Bildung in einem ausgezeichneten Sinne allgemeine und nationale Menschenbildung ist. Mit den Worten von *Gustave Lanson*, dessen Literaturgeschichte „Histoire de la littérature française" seit ihrem Erstscheinen 1894 bis in die Gegenwart immer wieder aufgelegt worden ist: „Nous étudions l'histoire de l'esprit humain et de la civilisation nationale dans leurs expressions littéraires, dans celles-là essentiellement [...]"[38] (Wir studieren die Geschichte des menschlichen Geistes und der nationalen Kultur in ihren literarischen Erzeugnissen, und zwar ganz besonders in diesen. Übers. E.W.)

Beherrschend ist die *explication de texte* zwischen 1930 und 1970 in Frankreich besonders durch die in allen französischen *lycées* benutzten Textausgaben *Classiques Larousse* und später dann auch *Petits classiques Bordas*, die im Unterschied zu den deutschen Reclam-Bändchen reich mit kultur- und literarhistorischen Kommentaren versehen sind. Noch wichtiger war wohl die von A. Lagarde und L. Michard für die Schulen herausgegebene sechsbändige Geschichte der französischen Literatur: *Textes et Littérature* (Paris 1960 ff.). Vorangegangen war diesem längere Zeit konkurrenzlos in Frankreich verbreiteten Lehrwerk das ebenfalls sechsbändige, jedoch knapper gefaßte, die *explication de texte* noch klarer in Beispielen vorführende *Manuel des études littéraires françaises* (hg. P. Castex/P. Surer Paris 1946 ff.).

2.5 Das ahistorische Verstehen des „autonomen" musikalischen und bildnerischen Kunstwerks

Noch deutlicher zeigt sich die nicht nur deutsche Tendenz der Herauslösung der Werke, Formen und ganzer Bereiche der menschlichen Kreativität aus ihren originären kulturellen und sozialen Zusammenhängen und der Betonung ihres besonderen Kunstcharakters in den Wissenschaften von der Musik und der Bildenden Kunst. Das ist bei diesen natürlich schon darin begründet, daß ihre Gegenstände die historisch-gesellschaftliche Wirklichkeit entweder gar nicht darstellen können - was zumindest auf die Kompositionen der reinen Instrumentalmusik zutrifft - oder sie gerade nur charakteristisch verändert abbilden wollen - wie das z.B. bei dem das Allgemeinmenschliche in idealisierter Form darstellende Bildnis der Fall ist - und die Wirkung ihrer Werke primär auf einer spezifischen Materialität, Gattungsgesetzlichkeit und Formentradition beruht und sich deshalb hauptsächlich aus der Analyse der kompositorischen Mittel erschließt. Beigetragen zur Minderung der historisch-gesellschaftlichen Kunstbetrachtung dürfte aber auch die Neuorientierung der Schönen Künste selbst zu Beginn des 20. Jahrhunderts haben. In dem Maße nämlich, wie sich ein Großteil des musikalischen und bildnerischen Schaffens selbst von der gesellschaftlichen Verzweckung gelöst hat, es nach dem Willen seiner Schöpfer „autonom" sein will und so zumindest die Neue Musik sich in ihren vielen Experimenten als eine von sozialen Kontexten und Funktionen unab-

---

[38] Zitiert nach dem von H. Peyre postum herausgegebenen Werk *G. Lanson*: Essais de méthode, de critique et d'historie littéraire, Paris 1965, 34.

hängige, nur den gesetzmäßigen und formalen Möglichkeiten der Zwölftonsystems verpflichtete „absolute" Musik versteht und die Bildende Kunst in vergleichbarer Weise in dem nicht-gegenständlichen, nicht-abbildenden, sich auf Farben und Formen beschränkenden „abstrakten" Kunstwerk der historisch-gesellschaftlichen Wirklichkeit den Rücken zukehrt, verlieren auch viele der traditionellen Fragen der Kunsttheorie ihren Sinn. Auch darin freilich, im künstlerischen Anspruch auf Autonomie und in der avantgardistischen Zerstückelung und Destruktion der bisherigen Ganzheiten der künstlerischen Tradition und ihrer willkürlichen Zusammenfügung zu Neuem, kann und muß man einen Ausdruck von Musik- bzw. Kunstgeschichte sehen. Es bleibt aber dabei, daß die Kunstkritik und -theorie jetzt mehr die Art des Erlebens und Schaffens der Kunstwerke thematisiert und dabei nach der Wirkung der künstlerischen Mittel und des Kunstganzen in der Wahrnehmung der Zuhörer und Betrachter fragt und sie diese erst in zweiter Hinsicht über den historischen Entstehungszusammenhang der Werke aufklärt.

3. Strukturalismus:
Die Wende zur ahistorischen Betrachtung von Sprache und Kultur

3.1 Von der historischen Sprachwissenschaft zur strukturalistischen Linguistik

Wird die Enthistorisierung in der Literaturwissenschaft in Deutschland durch den Rückgang auf ahistorische Bewußtseinskategorien des interpretierenden Subjekts und auf objektive Grundformen der Dichtung vorangetrieben, so bewirkt die Anwendung der strukturalistischen Methode auf sprachliche Äußerungen seit den 50er Jahren in der westlichen Sprachwissenschaft eine noch größere Distanzierung von der Historie. Der Pionier dieses Ansatzes ist der Genfer Sprachwissenschaftler FERDINAND DE SAUSSURE (1857-1916). In wissenschaftsmethodischer Nachbarschaft zur funktionalistischen Begründung der Soziologie und der Ethnologie durch Durkheim hatte er bereits um 1900 eine zwischen dem System einer Sprache (*langue*) und ihren möglichen Äußerungen in der Rede (*parole*) unterscheidende Sprachanalyse entwickelt. Eine gewisse Verbreitung fand sie in Frankreich allerdings erst durch die von zwei Schülern besorgte postume Herausgabe seiner Vorlesung „Cours de linguistique générale" (1916), worauf sie als sprachwissenschaftlicher Strukturalismus (bzw. *Funktionalismus* oder *Formalismus*) in zumeist eher randständigen Zirkeln in Prag, Kopenhagen und New York theoretisch weiter entwickelt wurde, in den 30er Jahren vor allem durch den Amerikaner LEONARD BLOOMFIELD (1887-1949)[39] ihre klassische linguistische Form erhielt, seit etwa 1950 durch den Franzosen CLAUDE LÉVI-STRAUSS (*1908) zur systematischen Begründung der Ethnologie als *Struktularer Anthropologie* herangezogen wurde und seit den 50er Jahren schließlich durch den Amerikaner NOAM CHOMSKY (*1928) zur *Generativen Transformationsgrammatik*[40] weiterentwickelt wurde. Die Verbreitung dieser Grammatik in Westeuropa markiert zu Beginn der 60er Jahren dann auch das (vorläufige)

---

[39] L. *Bloomfield*: Language, London 1934 ff.
[40] In Deutschland ist sein Ansatz erst durch sein Buch: Aspects of the Theory of Syntax, Cambridge USA 1965 (dt.: Aspekte der Syntax-Theorie, Frankfurt 1969) wirklich bekannt geworden.

Ende des deutschen sprachhistorischen Weges. Zunächst wird sie ausschließlich zur Sprachbeschreibung verwendet. Ihr schließt sich gegen Ende der 60er Jahre ergänzend die nach den Funktionen der sprachlichen Äußerungen in Lebenssituationen fragende *Pragmalinguistik* an, deren Grundsätze schließlich in den 70er Jahren in die Begründung der neueren *philosophischen und linguistischen Kommunikationstheorien* eingehen.

Im gewissen Sinne ist die Sprachwissenschaft damit einen ähnlichen Weg wie die Literaturwissenschaft gegangen: Sie blendet die Geschichtlichkeit sprachlicher Korpora aus und zieht es vor, deren Formen und Strukturen unter dem Blickwinkel zunächst ihrer syntaktischen, dann auch situationspragmatischen und seit 1970 dann auch ihrer sozialen und gesellschaftlichen Funktionen zu betrachten. Dieser Wechsel von der Erforschung des geschichtlichen Wandels der sprachlichen Formen zur strukturalistischen Form-, Funktions- und Sinnanalyse kommunikativer Akte, von der Diachronie zur Synchronie, von der Geschichte zum System, von den Intentionen der Sprachsubjekte zu den apersonalen Funktionen und Strukturen ist - jenseits des besonderen zeitgeschichtlichen Hintergrundes in Deutschland nach 1945 - ein internationales Phänomen. Waren bis dahin alle im 19. Jahrhundert in der philosophischen Fakultät entstandenen Wissenschaften – mit Ausnahme natürlich der Mathematik und der Naturwissenschaften – historisch ausgerichtete Disziplinen und hatte sich dieses Interesse in Gestalt der Geisteswissenschaften um 1900 sogar noch weiter gefestigt, so begegneten diesen Wissenschaften seit der Entwicklung und Verbreitung des Funktionalismus und des Strukturalismus im 20. Jahrhundert erstmals eine Analyse- und Deutungsmethode, die mit dem Prinzip der Geschichtlichkeit konkurrieren konnte und in der zweiten Hälfte des 20. Jahrhunderts nicht nur die empirischen Sozialwissenschaften streng strukturell-funktionalistisch begründete, sondern auch den verbleibenden Geisteswissenschaften eine ebensolche Alternative anbot und auch bei ihnen – besonders durch den Einfluß der Wissenschaftstheorie der Analytischen Philosophie – zeitweilig zu einer Art Leitmethode aufstieg. Seine größte Verbreitung hat der Strukturalismus sicherlich in den Sprach- und Literaturwissenschaften erzielt.

Die mittels des strukturalistischen Textverständnisses hergestellte Verbindung von Sprach- und Literaturwissenschaft geht auf den sog. Russischen Formalismus und die Prager Schule (R. Jakobson, J. Mukarovsky) zurück. Ihr liegt die texttheoretische Annahme zugrunde, daß sich die poetische Sprache nicht prinzipiell, sondern nur der Funktion nach von anderen Sorten der (alltags-)praktische Sprache unterscheidet und es die Aufgabe der Textlinguistik sei, strukturelle Gesetzmäßigkeiten der Dichtung in Begriffen einer linguistischen Poetik zu erfassen.[41] Dieser Ansatz hat trotz seiner großen Beachtung in der Literaturtheorie nur eine geringe Bedeutung bei der Betrachtung konkreter Werke gewonnen. Noch am überzeugendsten ist seine Anwendung in der vergleichenden Literaturwissenschaft. So haben etwa die Arbeiten des russischen Literaturwissenschaftlers *V.J. Propp* über die „Morpholo-

---

[41] Vgl. *H. Blumensath* (Hg.): Strukturalismus in der Literaturwissenschaft, Köln 1972; *R. Kloepfer*: Poetik und Linguistik, München 1975.

gie des Märchens" (1928) und überhaupt über die (mündliche) Volksdichtung wesentlich zur transdisziplinären Deutung traditioneller Erzählungen beigetragen.[42]

Seine größte Faszination aber hat der kulturwissenschaftliche Strukturalismus in den 60er Jahren durch die sog. Strukturale Anthropologie des französischen Ethnologen Claude Lévi-Strauss erlangt. Hierzu werden wegen ihrer bis heute reichenden Auswirkung in den Kulturwissenschaften einige besondere Bemerkungen gemacht.

3.2 Lévi-Strauss: Der Verzicht auf die Geschichte in der Strukturalen Anthropologie

Die von Lévi-Strauss in den 50er Jahren begründete und im Frankreich alsbald zu einer mächtigen Konkurrenzrichtung gegenüber der Existenzphilosophie und dem Neomarxismus aufsteigende Strukturale Anthropologie ist wissenschaftsgeschichtlich zum einen eine direkte Fortsetzung des ethnologischen Funktionalismus[43] und zum andern eine Übertragung der Prinzipien des linguistischen Strukturalismus auf die Erklärung der menschlichen Kultur insgesamt.[44] In ersterer Hinsicht geht Lévi-Strauss in der Nachfolge von Durkheim und Mauss von der psychischen Einheit des Menschengeschlechts aus. Deshalb legt er an die sozialen Phänomene aller menschlicher Ethnien analytisch dieselben Beschreibungskategorien an und begreift sie unter dem Gesichtspunkt ihrer Funktion innerhalb der ihnen jeweils übergeordneten sozialen Systeme durchweg als deren Elemente. Im Zuge systematischer Vergleiche von Kulturen und ihrer Teilsysteme besteht sein Forschungsziel darin, die vermuteten universellen Strukturen menschlicher Gesellschaften herauszuarbeiten. Im Unterschied aber zum damaligen ethnologischen Funktionalismus sieht er das die menschlichen Gesellschaften Verbindende nicht in kreatürlichen Grundbedürfnissen der Lebensfristung, sondern im Wirken universeller Gesetzmäßigkeiten des menschlichen Geistes während des Prozesses der symbolischen Erzeugung von Kultur begründet. Die Ersetzung der bewußt empfundenen natürlichen Bedürfnisse durch unbewußt bleibende Motive und Strukturen des Geistes ist eine Verschärfung der Frage nach der Einheit in der Mannigfaltigkeit der Kulturen.[45] Damit bezieht die Strukturale Anthropologie eine dem Kulturrelativismus[46] entgegengesetzte Extremposition. Gilt dessen Aufmerksamkeit ganz den Besonderheiten der vielen primitiven und zivilisierten Ethnien und bemüht er sich, deren kulturelle Phänomene historistisch ganz aus dem eigenen sozialen Horizont zu verstehen, ist die Strukturale Anthropologie der in neuerer Zeit am weitesten vorangetriebene Versuch, die Historie, d.h. hier: den geschichtlichen Wandel der Kultur und die dabei erzeugte Mannigfaltigkeit und Singularität ihrer Phänomene, mit Hilfe weniger Grundstruk-

---

[42] Zur neostrukturalistischen Fortsetzung dieses Ansatzes vgl. die Ausführungen in Kapitel 40.
[43] Vgl. Kapitel 30.3.
[44] Eine sehr gute Einführung und Charakterisierung der strukturalen Methode Lévi-Strauss' gibt *M. Oppitz*: Notwendige Beziehungen: Abriß der strukturalen Anthropologie (1975), Frankfurt ²1993.
[45] Im Anschluß hieran hat der französische Philosoph und Psychoanalytiker *J. Lacan* (1901-1981) das menschliche „Unbewußte" als ein sprachlich strukturiertes, von der Sprache erst hervorgebrachtes System begriffen.
[46] Vgl. Kapitel 30.2.

turen wieder zum Verschwinden zu bringen und zur „Natur der Dinge" auch auf dem Felde der Kultur zurückzukehren.

Lévi-Strauss' Grundgedanken finden sich bereits in seinem ersten größeren Werk „Structures élémentaires de la parenté" (Paris 1949).[47] Darin zeigt er auf der Grundlage längerer Feldforschungsaufenthalte, vor allem in Südamerika, und im Anschluß an Mauss, daß sich die universellen Regeln des Gabentauschs nicht nur auf materielle und ideelle Güter, sondern auch auf den exogamen „Frauentausch" zwischen Verwandtschaftsgruppen und größeren ethnischen Gebilden erstrecken und sich zugleich die ethnische Vielfalt und die universelle Einheit der Heiratsregeln auf das einfache Prinzip der Reziprozität zurückführen lassen. In den danach vorgelegten Studien hat er den Gegenstandsbereich seiner Methode auf die menschliche Kultur insgesamt ausgeweitet, auf den Kult, die Musik und die Dichtung ebenso wie auf die Zubereitung der Nahrung und die alltägliche Kommunikation. Im Zentrum seiner in zwei Teilen unter dem Titel „Anthropologie structurale" (Paris 1958 und 1973)[48] erschienenen Zusammenfassung seiner Methode stehen mehrere Studien zum Mythos. In ihnen macht er nicht nur plausibel, daß das scheinbar irrationale mythische Denken der Primitiven denselben Regeln folgt, die auch die Zivilisierten in ihren Erzählungen und wissenschaftlichen Erklärungen anwenden, sondern begründet er auch ausführlich die Grundsätze seines Vorgehens. Dabei geht er von zwei Ebenen der Realität aus: von der konkreten Realität der empirischen Fakten, so wie sie sich als Phänomene und Beziehungen im Alltagsverstand der Handelnden und ihrer Beobachter beschreiben lassen, und dann von der eigentlichen Realität, die eine den Menschen im allgemein nicht bewußt werdende Grammatik des Kommunizierens und der Beziehungen, d.h. eine der „Strukturen" ist.

Die Aufgabe des Anthropologen, gleich ob er Ethnologe oder Soziologe ist, besteht dann darin, zwischen Begriffen, welche Phänomene der Gesellschaft beschreiben, interdependente Beziehungen zu entdecken, in wiederholt auftretenden Beziehungen Strukturen zu vermuten, solche systematisch mit Strukturen in ähnlichen Situation anderer Sozialgebilde zu vergleichen und so universelle Strukturen herauszuarbeiten. Bei diesem abstrahierenden Aufstieg von den empirischen Phänomenen zu den nur geistig zu erschließenden Strukturen grenzt Lévi-Strauss von der höchsten Ebene der universalen menschlichen Strukturen noch eine mittlere Ebene ethnospezifischer Modelle ab, die jene konkreten Phänomene auf der untersten Ebene erzeugen. Mit seinen Worten: „Das Grundprinzip ist, daß der Begriff der sozialen Struktur sich nicht auf die empirische Wirklichkeit, sondern auf die nach jener Wirklichkeit konstruierten Modelle bezieht [...]. Die sozialen Beziehungen sind das Rohmaterial, das zum Bau der Modelle verwendet wird, die dann die soziale Struktur erkennen lassen."[49] Bleiben schon die das Handeln unmittelbar anleitenden Modelle im allgemeinen vor den Menschen verborgen, sind die sozi-

---

[47] C. Lévi-Strauss: Die elementaren Strukturen der Verwandtschaft, Frankfurt 1981.
[48] C. Lévi-Strauss: Strukturale Anthropologie, Frankfurt 1967.
[49] C. Lévi-Strauss 1967, 301; vgl. dazu auch die Ausführungen von *W. Schmied-Kowarzik*: Philosophische Überlegungen zum Verstehen fremder Kulturen und zu einer Theorie der menschlichen Kultur, in: ders./Stagl 1993, 51–90, bes. 78–82.

alen Strukturen in diesem Sinne dem geistigen Zugriff noch mehr entzogen. Als konstitutive Voraussetzungen des menschlichen Handelns sind sie einerseits zwar höchst reale Bedingungs- und Wirkungsgefüge, können andererseits aber nicht dem Bewußtsein der Handelnden oder der sie Bebachtenden und mit ihnen Kommunizierenden entnommen, sondern nur durch die abstrahierende Methode der Strukturalen Anthropologie dem Denken zugänglich gemacht werden und haben so einen ähnlichen Status wie das Unbewußte bzw. die Tiefenstrukturen bei Freud, an dem sich Lévi-Strauss auch ausdrücklich orientiert hat.[50] Trotz des dadurch nochmals vergrößerten Abstandes von der lebensweltlichen Phänomenebene sollen es diese sozialen Strukturen sein, die durch Variation ihrer Strukturelemente, d.h. aufgrund einfacher Ordnungs- und Transformationsregeln der Symmetrien und Äquivalenzen, der Isomorphien, Inversionen, Oppositionen und Kontrapunkte, die Strukturmodelle verändern und unendlich viele konkrete soziale Phänomene zeitigen und so als ein Schlüssel zur Erklärung der phänomenalen Mannigfaltigkeit der menschlichen Kulturen und der Kultur überhaupt dienen können. Ähnlich also wie in der Sprache eine begrenzte Zahl von Universalien und Grundmustern unendlich viele korrekte Äußerungen erlaubt zu erzeugen oder wie ein Kaleidoskop durch eine geringfügige Verschiebung seiner Elemente eine große Zahl von Bild-Strukturen zeigt, ist danach alle Kultur Ausdruck weniger anthropologischer Grundstrukturen.

Rund ein Jahrzehnt später hat Lévi-Strauss für seine Annahme einer universellen „Grammatik" des menschlichen Denkens und Handelns eine Unterstützung durch die oben schon erwähnte „generative" Sprachtheorie des Linguisten Chomsky bekommen. Dieser hat in seinen Arbeiten, beginnend mit seinem Buch „Syntactic Structures" (1957), zeigen können, daß sprachliche Äußerungen als Performanz konkrete Anwendungen einer jeweiligen Sprachkompetenz sind, daß sich hinter der phonologischen, semantischen und syntaktischen Vielfalt der natürlichen Sprachen des Menschen eine relativ kleine Zahl von Regeln der Kombinierbarkeit von Elementen zu korrekten Strukturen verbirgt und es darüber hinaus angeborene universelle sprachliche Strukturen gibt.

3.3 Die fundamentale kulturelle Einheit des Menschengeschlechts und der Verlust der Geschichte und der Individualität

Über den Erkenntnisgewinn von Lévi-Strauss' Strukturaler Methode ist allerdings seither viel gestritten worden, vor allem auch nach ihren neostrukturalistischen und postmodernistischen Modifikationen.[51] Es besteht im allgemeinen Übereinstimmung darüber, daß sie einen neuen Zugang zum Verständnis der empirischen Strukturen menschlicher Gemeinwesen und kultureller Systeme eröffnet hat, die fundamentale Einheit der Menschheit über ihre genetische Ausstattung und ihre natürliche Leiblichkeit hinaus auch in ihrer Geistigkeit und Kulturalität aufgezeigt hat und damit einen wichtigen Beitrag zur Begründung der Wissenschaft vom Menschen geleistet hat. Dabei ist auch die Nähe dieser Anthropologie zugleich zum frühneuzeitlichen Rationalismus und Empirismus, zum Kantschen Transzendentalismus und zum modernen Szientismus der Sozialwissenschaften deutlich geworden, und

---

[50] Zur neueren Deutung des Unglaubens in diesem Sinne vgl. Fußnote 27 in Kapitel 13.
[51] Vgl. besonders Kapitel 40.

zwar mit seinen Stärken in der exakten Beweisführung und in der Universalität des Anspruchs. Eben darin zeigen sich aber auch, gemeinsam mit dem Funktionalismus und den anderen Spielarten des Strukturalismus, ihre Schwächen. Man kann sie mit dem Mangel an Geschichtlichkeit, an Individualität und an praktischer Bedeutsamkeit umschreiben. Indem sie fragt, wie etwas funktioniert, wie das zueinander paßt, was man faktisch vorfindet, und wie sich ein System innerlich und gegenüber äußeren Herausforderungen im Gleichgewicht erhält, und indem sie Kultur in höchster Abstraktion als ein unendliches Spiel vorhandener Elemente und Formen begreift, blendet sie nicht nur die Entstehung und den Wandel einzelner Phänomene und Phänomenbereiche aus, sondern überhaupt die Geschichte der Ethnien und der Kultur.[52]

Allerdings hat sich Lévi-Strauss schon früh, in seiner Schrift „La pensée sauvage" (Paris 1962)[53], mit dem ihm gemachten Vorwurf der Ahistorizität seiner Sichtweise auseinandergesetzt. Dabei bestreitet er, in einer Antwort auf Sartres neomarxistische Kritik an seinem analytischen Vorgehen[54], der historischen Methode durchaus nicht ihre Erkenntnismöglichkeiten. Anders aber als Sartre hält Lévi-Strauss - mit Marx, dessen Philosophie er besser als jener zu verstehen glaubt - den Gegensatz zwischen der „analytischen" und der „historisch-dialektischen Vernunft" nicht für „absolut", sondern nur für „relativ", insofern dieser nämlich Ausdruck einer „Spannung innerhalb des menschlichen Denkens [ist], die vielleicht unendlich lange fortbestehen wird, die aber *de jure* nicht gerechtfertigt ist." Denn:

> Der Begriff der dialektischen Vernunft umfaßt [...] die ständigen Anstrengungen, die die analytische Vernunft machen muß, um sich zu erneuern, wenn sie von der Sprache, der Gesellschaft und dem Denken Rechenschaft ablegen will; und die Unterscheidung der beiden Arten der Vernunft gründet [...] nur auf dem zeitweiligen Abstand, der die analytische Vernunft vom Verständnis des Lebens trennt.[55]

An Sartre kritisiert er, daß dieser

> die Geschichtswissenschaft auf Kosten der anderen Wissenschaften aufwertet und sich von ihr eine fast mythische Vorstellung macht. Der Ethnologe hat Achtung vor der Geschichtswissenschaft, aber er räumt ihr keinen bevorzugten Platz ein. Er begreift sie als eine Forschung, die die seine ergänzt: die eine entfaltet den Fächer der menschlichen Gesellschaft in der Zeit, die andere im Raum."[56]

Lévi-Strauss' Präferenz ist dennoch eindeutig. Wie bereits die früheren Funktionalisten bleibt er dabei, daß man das Wirken von Institutionen und das Handeln von Personen auch ohne Kenntnis ihres historischen Zustandekommens bzw. der lebensgeschichtlichen Erfahrungen völlig ausreichend aus ihrem internen Regel-

---

[52] Vgl. die Kritik von Bischof 1991, 108 f.
[53] C. *Lévi-Strauss*: Das wilde Denken. Aus dem Frz. von H. Naumann, Frankfurt 1968. Einschlägig hierfür sind besonders die Kapitel: VIII. Die wiedergefundene Zeit (251–281) und IX. Geschichte und Dialektik (282–310).
[54] In: *J.-P. Sartre*: Critique de la raison dialectique, Paris 1960.
[55] Beide Zitate: Lévi-Strauss 1968, 283.
[56] Ebd., S. 294 f.

system erklären könne – die Kenntnis ihrer Geschichte also überflüssig sei, zumal diese immer nur lückenhaft und zugleich ideologisch überfrachtet überliefert sei.

Dagegen ist erstens zu halten, daß das Funktionieren und die Variation von Elementen sich nicht nur *in* der Zeit ereignet, sondern sich auch das Sosein kultureller Phänomene immer noch am besten aus ihrer historischen Herkunft im Zusammenhang mit ihrem ebenfalls historisch konstituierten kulturellen Umfeld dem Verständnis erschließt. Zweitens verschwinden im Blick auf das, was hinter den Phänomenen ist, ihre Erzeuger, die menschliche Subjekte, jedenfalls dann, wenn sie nur Träger von universellen Systemerfordernissen sein sollen und ihnen keine eigenen Intentionen und Erfahrungen zugebilligt werden. Drittens schließlich werden im weltweiten Kulturenvergleich nicht mehr die einzelnen Ethnien in ihrer sozialen und kulturellen Sonderexistenz wahrgenommen und wird, wie Lévi-Strauss selbst schreibt, in der „bricolage", d.h. im Zusammenstückeln, von Elementen unterschiedlicher Kulturen, alles konkret Beobachtete nur zum Beweismaterial der Geltung von sozialen Strukturen, wie ähnlich die im naturwissenschaftlichen Experiment verwendeten Materialien und beobachteten Prozesse nur Mittel zur Erkenntnis von Gesetzen sind. Während hier aber, selbst in der praxisfernen Grundlagenforschung, die praktische Anwendung gefundener Gesetze immer möglich erscheint, muß bezweifelt werden, ob die strukturale Anthropologie – wie freilich alle systemtheoretischen Ansätze des 20. Jahrhunderts – in einem *praktischen* Verhältnis zur Lebenswirklichkeit steht. Gewiß ist es widersinnig, dem sozialwissenschaftlichen Strukturalismus etwas vorzuwerfen, was seine *raison d'être* ist und seine daraus folgenden Möglichkeiten und Grenzen ausmacht. Es hier genannt zu haben, ist dennoch nicht überflüssig im Hinblick auf die Erkenntnis dessen, was die sinnverstehenden Ansätze zum historischen und gegenwartsbezogenen Verständnis der Kultur und der Gesellschaft leisten oder gerade entbehren.[57]

Auf einer anderen Ebene ethnologischer Forschung liegt das, was Lévi-Strauss, vor allem in seinem Reisebericht „Traurige Tropen"[58], über seine existentielle Erfahrung „im Feld" geschrieben und im Gespräch mit D. Eribon[59] selbst-reflexiv erzählt hat, nämlich über die psychischen Ambivalenzen des Forschers, seine bleibende Fremdheit, seine unerfüllte Hingezogenheit zu den Eingeborenen und zugleich seine Distanz und auch seine Verachtung ihnen gegenüber, kurz: die „conscience malheureuse" des sensiblen europäischen Eindringlings, wie es zuvor schon der französische Schriftsteller und Ethnologe *Michel Leiris* (1901-1990) mit der genauen Schilderung des Raubzugcharakters der ethologischen Expeditionen[60] in

---

[57] Zur Diskussion der Kulturanthropologie um 1970 (mit der Wiedergabe z.T. bereits klassischer Texte) vgl. *R. König/A. Schmalfuß*: Kulturanthropologie, Düsseldorf 1972.

[58] Tristes Tropiques, Paris 1954.

[59] *C. Lévi-Strauss*: De près de de loin, Paris 1988 (dt.: Das Nahe und das Ferne Eine Autobiographie in Gesprächen, Frankfurt 1989).

[60] Zum traditionell räuberischen Handeln und zur im mehrfachen Sinne besitzergreifenden Haltung des ethnographischen Feldforschers aus der Ersten Welt vgl. *M. Leiris*: Das Auge des Ethnologen. Mit einem Vorwort von H.-J. Heinrichs, aus dem Französischen, Frankfurt 1978. Wie artifiziell die in teilnehmender Beobachtung „authentisch" verbürgten Ethnographien dennoch letztlich sind, ist der Ethnologie vollends erst im Zuge der postmodernistischen Kritik (Kapitel

seinen Tagebuchaufzeichnungen „L'Afrique fantôme. De Dakar à Djibouti 1931-1933" (Paris 1934)[61] beschrieben hatte. Daß gemischte Gefühle wohl schon immer alle Ethnologen bei ihrer Begegnungen mit den „Wilden", ihrem Eindringen in die Intimität fremden Lebens beschlichen haben, dafür ist auch der Gründervater der Feldforschung Malinowski in seinem auf Polnisch abgefaßten und erst postum veröffentlichten Tagebuch ein Beispiel.[62] Dies ist freilich kein Beitrag zur Geschichtlichkeit der primitiven Ethnien, es sei denn, daß es einen Einblick in ihr Ende unter kolonialistischem Vorzeichen und zugleich in die Geschichte der westlichen Ethnologie gewährt, es in beiderlei Hinsicht eine historische Momentaufnahme einer endgültig dahingeschwundenen Wirklichkeit ist.

4. Die verdrängte, restaurierte und kritisch befragte Vergangenheit: Nachkriegsumgang mit der jüngeren deutschen Geschichte

4.1 Die Philosophie des Allgemeinmenschlichen: Flucht vor und Verdrängung der Geschichte

Nimmt man den Zeitraum zwischen 1945 und 1965 nochmals insgesamt in den Blick, dann ist die allgemeine Voraussetzung der meisten historischen Fächer noch und wieder das Allgemeinmenschliche, ist ihre hauptsächliche Methode weiterhin die geisteswissenschaftliche, gilt ihre Kritik dem „haltlosen Historismus" und ist ihr kulturpolitisches Ziel ein zumeist an die Individuen adressiertes Angebot der „Orientierung am Wesentlichen" und der existentiellen „Besinnung" dessen, „was uns die Geschichte vom Ewigen lehrt". Auch ist diese Ausrichtung auf die Tradition eine Form der Enthistorisierung der Kultur. Denn für die „Existenzerhellung" und für die „Welt- und Selbsterkenntnis im Lichte der Geschichte" – um nochmals zwei damals typische Formulierungen zu gebrauchen – werden historische Gegenstände gerade ihrer Geschichtlichkeit im Sinne einer prinzipiellen Differenz zur andersartigen Gegenwart entkleidet, zumal „die Beschäftigung mit der Vergangenheit", wie Hans Rothfeld 1961 in der Einleitung des „Fischer Lexikon(s) Geschichte"[63] schreibt, „nicht im Zeichen anmaßlicher Nutzbarmachung steht, sondern Ergreifen und Ergriffensein zugleich ist, also letzten Endes Begegnung mit uns selbst" ist. Die dennoch in vielen Texten „historischer Besinnung" spürbare Erschütterung über das Versagen der deutschen Eliten kleidet man in Formeln des Erschreckens über das Geschehene, der als Ohnmacht empfundenen „Kapitulation vor der Geschichte?" (Hermann Heimpel 1956) und eines gewissen Verständnisses für die Verdrängung der jüngsten Vergangenheit, insofern diese wohl „ein notwendiges Moment eines

---

40.3.2.) klar geworden.

[61] Dt.: Phantom Afrika. Tagebuch einer Expedition von Dakar nach Djibouti 1931-1933. 2 Bde. Übers. von R. Wintermeyer, herausgegeben und mit einer Einleitung von H.-J. Heinrichs, Frankfurt 1980

[62] B. Malinowski: A Diary in the Strict Sense of the Term, London 1967 (dt.: Ein Tagebuch im strikten Sinn des Wortes, Frankfurt 1986).

[63] Hg. von W. Besson, Frankfurt 1961, 9.

natürlichen Heilungsprozesses" sei, wie Wolfgang Mommsen im selben *Lexikon* im Artikel „Historisches Denken der Gegenwart" damals formulierte[64].

4.2. Anknüpfung an alte und Orientierung an neuer Forschung:
   Eine „geläuterte Restauration"

Diese zeitgebundene existialistische Ausrichtung und das damals verbreitete metaphysische Geraune über „Sinn und Ziel der Geschichte", über das „Wesen des Kunstwerks" oder über den „Geist des Menschen" haben jedoch die Historiker aller Fächer nicht darin gehindert, in thematisch gebundener Forschung, in Quellenausgaben und in großen Übersichten über Epochen dem daran interessierten Leser Werke vorzulegen, die nach der verheerenden Geschichtskultur des NS-Staates zur historischen Aufklärung im guten Sinne beigetragen und noch heute Bestand haben. Es überwiegt in allen historischen Fächern zunächst allerdings die Restauration der „bewährten" Gegenstände, Methoden und Ziele, und zwar unter Abstreifung des allzu Nationalistischen und unter Hinwendung zu einem Pluralismus der Methoden und einer größeren Weltoffenheit.

In der Geschichtswissenschaft ersteht so zunächst wieder der neu-alte deutsche Historismus, methodologisch also die gewissenhafte, aus Quellen gewonnene und belegbare Klärung von Sachverhalten, deren Deutung aus ihrer Zeit und der Verzicht auf Werturteile und „Ideologien", thematisch die Konzentration auf die ältere nationale Politikgeschichte unter weitgehender Vernachlässigung der Sozial-, Wirtschafts- und Kulturgeschichte. Die politische Ereignisgeschichte wird nun zwar stärker im europäischen, ja im globalen Zusammenhang gesehen, bleibt aber – ähnlich wie die Gegenstände in den Literaturwissenschaften – an Länder und größere Regionen gebunden.

Dabei muß erstaunen, daß die historischen Wissenschaften trotz der personellen Kontinuitäten und Befangenheiten ihres Lehrkörpers vom NS-Staat her, trotz des unkritischen Verharrens nicht weniger ihrer geistigen Wortführer in der vormodernen Tradition der abendländischen Kultur und ihres Ausweichens vor einer wirklichen „Vergangenheitsbewältigung" rasch den Anschluß an die Standards im westlichen Ausland finden, bedeutende Leistungen erbringen und den Weg für die Gesellschaftsgeschichte bereiteten. Als ein Beispiel unter vielen mag man die von Golo Mann, Alfred Heuß und August Nitschke herausgegebene zehnbändige „Propyläen Weltgeschichte. Eine Universalgeschichte" (Berlin 1960-1964; Frankfurt/Berlin 1986) nennen, welche sogar die Naturgeschichte der Menschheit einbezieht.[65]

4.3 „Vergangenheitsbewältigung":
   Erste Versuche der Bearbeitung der „Last der Vergangenheit"

Wenn sich der Ertrag dieser Jahrzehnte zwischen 1945 und 1965 so durchaus sehen lassen kann, muß doch bedauert werden, daß man es den Rückkehrern aus der Emigration zumeist sehr schwer gemacht hat, wieder Fuß zu fassen, und es vor allem an Mut zur fälligen Auseinandersetzung mit der jüngeren Geschichte gefehlt hat.

---

[64] In: Besson, 1961, 100.
[65] Vgl. darin *G. Heberer*: Die Herkunft der Menschheit, ebd., Bd. 1, 87-153.

Die Verdienste der Professorengeneration der ersten beiden Nachkriegsjahrzehnte ständen heute nicht in dem fahlen Licht da, in das sie danach die allmähliche Aufdeckung der vielen persönlichen Verstrickungen getaucht hat. Zwar hätte ihr das offene und ehrliche Eingeständnis von Irrtum und Mitschuld nur ein wenig von der großen moralischen Last nehmen können, die der Nationalsozialismus diesen Generationen von Deutschen vor sich selbst und vor der Weltöffentlichkeit aufgebürdet hat, aber es hätte ihrer demokratisch und rechtstaatlich geläuterten Forschung und Lehre eine größere Glaubwürdigkeit verliehen und die radikale Kritik an den „Vätern" seitens der allein durch die „Gnade der späten Geburt" unbelasteten und deshalb selbstgerechten Generation der 68er anders ausfallen lassen.

33. Gesellschafts- und Wissenschaftskritik:
Traditionskritik und Neuorientierungen seit der Mitte der 60er Jahre

1. Gesellschaftskritik und „Vergangenheitsbewältigung" 564
2. Die historischen Wissenschaften in der Kritik 567
3. Die empirische und die kritische Sozialhistorie 571

Im letzten Drittel des 20. Jahrhunderts artikuliert sich – über sog. Wenden – die historische Forschung in mehreren Richtungen: zunächst als *Sozialhistorie*, d.h. sowohl als eine empirische als auch als eine „kritische" Geschichte der sozialen Strukturen, Funktionen und Tendenzen von Gesellschaften (Kapitel 34, 35 und 35); dann als *Historische Anthropologie*, d.h. als eine Geschichte des Alltags, der Lebensläufe und der Mentalitäten (Kapitel 37, 38 und 39); ferner als *Postmoderne Historie*, d.h. als eine sprach- und subjektkritische Geschichte der gesellschaftlichen Diskurse (Kapitel 40); und schließlich als *Historische Kulturwissenschaft* (Kapitel 41), d.h. als eine Geschichte, die potentiell alle Erscheinungsformen menschlicher Kultur in einem einzigen Konzept der Geschichtsschreibung zu integrieren trachtet. Diese Grundrichtungen stehen zwar bis heute zueinander in Konkurrenz. Es verbindet sie aber in Ziel und Methodik vieles. Es ist ihnen vor allem gemeinsam, daß sie direkt oder indirekt unter dem Eindruck der Studentenbewegung von 1968 entstanden sind und ihnen Spuren dieser Herkunft bis heute anhaften. Das ist der Grund, weshalb hier, vor der Darstellung dieser Richtungen im einzelnen, das äußerst komplexe und affektiv aufgeladene zeit- und wissenschaftsgeschichtliche Spannungsfeld dieser Bewegung in einem eigenen Kapitel kurz skizziert wird.

Abschnitt 1 des vorliegenden Kapitels gibt im Sinne einer solchen zeitgeschichtlichen Rahmensetzung zunächst einen Überblick über die Entstehung und Ausformung jener emanzipatorisch und basisdemokratisch motivierten Protestbewegung, die im Jahrzehnt etwa zwischen 1965 und 1975 die (studierende) Jugend in allen Gesellschaften des Westens erfaßt und in Westdeutschland zudem dazu führt, daß die jüngere Generationen von der älteren eine vollständige Offenlegung ihrer Nazivergangenheit einklagt und damit der sog. Vergangenheitsbewältigung eine bis heute andauernde Aktualität verleiht. Abschnitt 2 gilt näherhin der nun auch in den Sozial- und historischen Wissenschaften erzwungenen kritischen Auseinandersetzung mit der eigenen Fachgeschichte zur Zeit des Nationalsozialismus und in den Jahrzehnten danach. Abschnitt 3 leitet zu den beiden fast zeitgleich entstehenden Grundformen über, in denen sich als Antwort auf die kritische fachliche Selbsterforschung ein neues historisches Denken ausprägt: zum einen zur empirisch-analytischen Sozialhistorie (Kapitel 34) und zum andern zur kritischen Gesellschaftsgeschichte (Kapitel 35 und 36).

1. Gesellschaftskritik und „Vergangenheitsbewältigung"
1.1 Die internationale Protestbewegung der studentischen Jugend

Die in den 60er und 70er Jahren von der Studentenbewegung bewirkte gesellschaftliche Neuorientierung ist, wie schon angedeutet, ein internationales Phänomen. Es kennzeichnet sie eine Fundamentalkritik, die sich vor allem gegen die Lebens- und Herrschaftsformen der überkommenen sog. bürgerlichen Gesellschaft, gegen deren kapitalistische Wirtschaftsweise und gegen die imperialistische und ausbeuterische Politik der Staaten der Ersten Welt in der Dritten Welt wendet. Auf der Ebene der elementaren Zwischenmenschlichkeit setzt sie sich für die Frauenemanzipation, für die sexuelle Befreiung von einer Triebverzicht fordernden Moral und im weitesten Sinne für die Befreiung von autoritären und überhaupt unnötigen Zwängen ein und entwirft aus religiösen, humanitären und pazifistischen Motiven Utopien von einer gewaltfreien, „menschlicheren" Gesellschaft. Auf der politischen Ebene unterstützt sie die Befreiungsbewegungen unterdrückter Völker und Minderheiten in aller Welt, protestiert gegen den Vietnam-Krieg der USA und ermuntert allgemein benachteiligte und marginalisierte Gruppen und Individuen zum Widerstand gegen Diskriminierung und zum Kampf für die Anerkennung und Würdigung ihrer Interessen. Diese Kritik an allem Bisherigen politisiert die gesellschaftlichen Gruppen und die Gesellschaften des Westens insgesamt, gibt der in den Gewerkschaften organisierten Arbeiterschaft und den Linksparteien ein neues Selbstbewußtsein, regt zur Gründung von Bürgerinitiativen und allgemein zu politischem Engagement an und polarisiert dabei die Gesellschaften in der Gegenüberstellung von Progressiven und Konservativen, von politisch Aktiven und Passiven, von „Aufgeklärten" und „Naiven", von Jüngeren und Älteren, von Beherrschten und Herrschenden sowie von Ausgebeuteten und Ausbeutern. Eine recht scharfe Trennlinie scheidet zudem innerhalb der Gruppe der Progressiven diejenigen, die die Gesellschaft unter Wahrung des demokratischen Rechtsstaats und seiner Institutionen reformerisch verändern wollen, von denen, die ihrer radikal-revolutionären Veränderung zuneigen, zu Gewalt gegen Sachen und dann auch gegen Personen aufrufen, in verschworenen Gruppen nicht vor Gewalt und Terror gegenüber staatlichen Institutionen, ihren Vertretern und „systemerhaltenden" einflußreichen Bürgern zurückschrecken und aktiv die sozialistisch motivierten Guerilla-Kriege in Ländern mit Militärdiktaturen unterstützen. Vergleichbare Frontlinien finden sich in den intellektuellen Milieus Nordamerikas ebenso wie etwa in Frankreich, Italien und in Westdeutschland.[1]

1.2. Von der distanziert-skeptischen zur aufrührerischen Jugend in Deutschland:
   Radikale Gesellschafts- und Staatskritik und „Vergangenheitsbewältigung"

In zweierlei Hinsicht unterscheidet sich die Studentenbewegung der Bundesrepublik Deutschland allerdings von der in den anderen Ländern (die natürlich auch ihre jeweiligen Eigenheiten haben): zum einen in der jetzt radikal betriebenen Aufklärung über die Verbrechen des Nationalsozialismus und zum andern in der sich vor allem in der antiautoritären Erziehung und, nach 1970, in der ökologischen, pazifistischen und Anti-Atomkraft-Bewegung äußernden Wiederanknüpfung an den Irrationalismus der deutschen Lebensphilosophie und Jugendbewegung.[2] Eine wei-

---

[1] Einen Überblick geben *W. Kraushaar* (Hg.): Frankfurter Schule und Studentenbewegung. Von der Flaschenpost zum Molotowcocktail 1946-1995, Bd. 1: Chronik, Bd.2: Dokumente, Bd. 3: Aufsätze und Kommentare, Hamburg 1998; *I. Gilcher-Holtey*: Die 68er Bewegung: Deutschland – Westeuropa – USA, München 2001.

[2] Vgl. dazu *H. Giesecke*: Pädagogische Illusionen. Lehren aus 30 Jahren Bildungspolitik, Stuttgart 1998, bes. die „Einleitung", S. 7-15.

tere deutsche Besonderheit ist zunächst aber die Unerwartetheit und Heftigkeit, mit der die Studentenbewegung hier einsetzt. Denn im Abstand von immerhin rund 20 Jahren nach dem Kriege: nach Wiederaufbau und „Wirtschaftswunder" im Zeichen der „sozialen Marktwirtschaft", der gelungenen gesellschaftlichen Eingliederung von Millionen von Flüchtlingen und Vertriebenen aus dem Osten, der politischen, kulturellen und affektiven Verankerung im Westen[3], einer im Innern gefestigt scheinenden Demokratie, einem gewissen Stolz der Bürger auf das Erreichte bei einer „entideologisierten" politischen Grundhaltung und einer nüchtern-pragmatischen Weltanschauung und Lebensführung und einer alles in allem unauffällig in die Gesellschaft hineinwachsenden, angepaßt und konstruktiv lernenden, studierenden und sich ausbildenden und dann in eine prosperierende und Aufstieg verheißende Arbeitswelt hineintretenden Jugend, traf es die Gesellschaft plötzlich und hart, als die noch Anfang der 60er Jahre für unpolitisch gehaltene und als „skeptische Generation"[4] bezeichnete Jugend im Zusammenhang mit der Verabschiedung der sog. Notstandsgesetze immer heftiger bis zum Kulminationsjahr 1968 hin die gesamte Gesellschaft mit einer Fundamentalkritik überzog und mit der Gründung einer „außerparlamentarischen Opposition" (APO) die bestehende politische Ordnung unter Legitimationszwang setzte.[5]

Die seit der Gründung der Bundesrepublik wiederholt von Linksintellektuellen, von Remigranten und von ostdeutscher Seite geäußerte Restaurations-These, nach der das westliche Nachkriegsdeutschland den ausbeuterischen Spätkapitalismus, die alten ständischen Strukturen und, mit dem Gymnasium, die Kultur des elitären Bildungsbürgertums wieder hergestellt und den faschistischen Geist unangetastet erhalten habe, wendet sich nun mit ganzer Vehemenz gegen die politische Verfassung des Staats, die als „freiheitlich-demokratische Grundordnung" („FDGO"), als bloß formale Demokratie gegenüber einer wirklichen „Herrschaft des Volkes" „entlarvt", verhöhnt und bekämpft wird und die man mittels eines demokratisch vom „Volk" legitimierten „Marsches durch die Institutionen" durch eine neue Gesellschaftsform ersetzen will.

Während die „Ära Adenauer"[6] von der zwischen 1945 und 1960 studierenden Jugend, wie viele Lebenserinnerungen heute belegen, kulturell und politisch eher als eine Zeit des Aufbruchs und der befreienden Öffnung Deutschlands zur Welt empfunden worden war, galt sie den neuen Jahrgängen pauschal als die „bleierne",

---

[3] Vgl. dazu *H.A. Winkler*: Der lange Weg nach Westen. 2 Bde., Bonn 2000.

[4] Vgl. *H. Schelsky*: Die skeptische Generation, Düsseldorf 1963.

[5] Die dabei geäußerte Gesellschaftskritik unterscheidet sich prinzipiell von der in den kulturkritischen Schriften der Nachkriegszeit, u.a. der von *Sedlmayr* 1955 und *A. Gehlen*: Die Seele im technischen Zeitalter, Reinbek 1957. Denn diese waren alles andere als politisch revolutionär, waren in ihrer Kritik an den kulturellen Folgen des Industriezeitalters vielmehr weltanschaulich traditionalistisch geprägt.

[6] Eine erste Bilanz kam von *M. Gräfin Dönhoff*: Die Bundesrepublik in der Ära Adenauer. Kritik und Perspektiven, Reinbek 1963. Von den vielen in etwas größerem zeitlichen Abstand verfaßten und meist außer der Politik auch die Gesellschaft und die Kultur einbeziehenden Darstellungen vgl. *K.D. Bracher* (Hg.): Geschichte der Bundesrepublik. 5 Bde., Stuttgart 1981 ff.; *W. Benz* (Hg.): Die Bundesrepublik Deutschland. Geschichte in drei Bänden, Frankfurt 1983; *A. Grosser*: Geschichte Deutschlands seit 1945. Eine Bilanz, München 1984.

autoritätsfixierte Zeit von Vätern, die ihre schlimme Vergangenheit verheimlicht und verdrängt haben und hinter der biedermännischen Maske von Demokraten und Liberalen weiterhin in der schlimmen deutschen Tradition „autoritäre Charaktere" geblieben seien.[7] Stichwortgeber der Kritik waren für die Jugend vor allem Schriftsteller der „Gruppe 47" (u.a. Andersch, Böll, Grass, Jens, Walser)[8], die linksliberale Publizistik, besonders aber die jüngeren, vom westlichen Neomarxismus überzeugten Dozenten und Professoren der Gesellschaftswissenschaften. Sie waren es vor allem, die die Verbindung zwischen der Gegenwarts- mit der Vergangenheitskritik hergestellt, die Studentenbewegung ideell angeleitet und die großen gesellschaftlichen Reformen der 70er Jahre betrieben haben. In ihren Sprechern äußerte sich die studentische Jugend jedoch auch selbst in zahllosen Büchern, Manifesten, Flugblättern, Kundgebungen und „Aktionen", die in Presse, Rundfunk und Fernsehen rasch und mit Sympathie bedacht bekannt gemacht wurden. Konstitutiv für die nun wirklich rückhaltlos betriebene Aufklärung über die NS-Vergangenheit waren schließlich auch die von Kindern der Tätergeneration existentiell motivierten Nachforschungen über die mögliche Schuld der eigenen Eltern im NS-Staat, wobei diese Nachforschungen auch das Tun der ideellen Väter einschlossen, die als Professoren, Literaten, Journalisten, Lehrer, Juristen, Geistliche, Politiker und sonstige öffentliche Repräsentanten schon im NS-Staat und danach ohne Unterbrechung im demokratischen Staat in dieser Funktionen tätig waren.

Wenn diese Formen der Vergangenheitsbewältigung heute auch als eine mitleidlose und selbstgerechte Aburteilung der älteren Generation durch eine von Versuchungen verschont gebliebene Generation empfunden werden, so ist dieses Aufbegehren doch inzwischen selbst zu einem historischen Faktum geworden, sind die Gesellschaftstheorie der Studentenbewegung von 1968 und mit ihr gewisse Vorstellungen von der deutschen Geschichte für die zwischen 1940 und 1960 geborene Akademikergeneration geradezu zu einem sie charakterisierenden Merkmal und für nicht wenige ihrer Mitglieder zum Lebensschicksal geworden.[9] Davon sind heute auch noch die Nachgeborenen dieser Generation geprägt, weil alle größeren kulturellen und politischen Bewegungen und Richtungen seither einen kräftigen Schuß jenes gesellschaftskritischen Geistes der 68er in sich tragen und davon auch das historische Denken bis heute geprägt ist.

2. Die historischen Wissenschaften in der Kritik

Der radikal-demokratische Schub der Studentenbewegung hat seine Wirkung in den Wissenschaften selbst nicht verfehlt. Zum einen wird die Organisation von Forschung und Lehre durch die Mitbestimmungsrechte der akademischen Räte, Assistenten und Studenten in der Selbstverwaltung der Hochschulen auf eine neue Grundlage gestellt. Zum andern werden die wissenschaftlichen Grundsätze der

---

[7] Vgl. hierzu die klassische Studie von *Th.W. Adorno*: Der autoritäre Charakter (1946), Amsterdam 1968.
[8] Vgl. *K. Wagenbach* u.a. (Hg.): Vaterland, Muttersprache. Deutsche Schriftsteller und ihr Staat seit 1945, Berlin 1979.
[9] Vgl. dazu *H. Budde*: Das Altern einer Generation. Die Jahrgänge 1938-1948, Frankfurt 1995.

Forschung selbst einer Kritik unterzogen, durch die ganz zentral auch das bisherige fachliche und persönliche Selbstverständnis der Sozialwissenschaftler und der historisch forschenden Geisteswissenschaftler in Frage gestellt wird. Man kritisiert die versäumte Vergangenheitsbewältigung in der Nachkriegszeit, die weiter bestehenden Formen einer autoritären Lehre und einer gesellschaftsfernen und unkritischen Forschung und überhaupt alle Traditionen der deutschen Wissenschaftsgeschichte. So setzt auch hier die Kritik zunächst an der eigenen jüngeren und älteren Fachgeschichte und ihren Konzepten an, mündet dann in eine Totalrevision der bisherigen Ziele, Inhalte und Methoden[10] und geht von da – was nur ein kleiner Schritt ist – zur Kritik an jenen Wissenschaftlern über, die ihre wissenschaftliche Laufbahn im NS-Staat begonnen, ihn in ihren Schriften unterstützt haben und in den 60er Jahren noch Lehrende sind.

Nachdem die „Stunde Null" im Jahre 1945 auch im historischen Denken gerade kein Neuanfang gewesen war, wird nun plötzlich auch hier alles Bisherige in Frage gestellt. Da gibt es unter den politisch engagierten Studenten und auch unter den jüngeren Dozenten der historischen Wissenschaften einerseits die gänzliche Abkehr von der Geschichte[11], gepaart mit revolutionär-utopischen Vorstellungen von einer neuen Gesellschaft und einem neuen Menschen, und dementsprechende Versuche, die Zukunft ohne Orientierung an der Erfahrung der Vergangenheit theoretisch neu zu entwerfen, da ja „die herrschende Auffassung von ihr nur die der Herrschenden", also eine grundverkehrte und täuschende, gewesen sei. Dem stehen andere gegenüber, die nun erst recht die Geschichte befragen, den Ursachen der deutschen Katastrophe nachforschen, den Blick für das schärfen, was Hitler und den Nationalsozialismus überhaupt erst ermöglicht hat, und die die Schuld der deutschen Eliten herausarbeiten wollen.

2.1 Die Geschichtswissenschaft als ein Beispiel

Die Notwendigkeit nicht nur einer kritischen Auseinandersetzung mit den „Wendepunkten der deutschen Geschichte"[12], sondern einer Generalrevision der deutschen Sicht auf die neuere Geschichte ist vielen Historikern erst mit Fritz Fischers These zur deutschen Hauptverursachung des Ersten Weltkriegs bewußt geworden.[13]

---

[10] Wenn man sich jetzt vehement vom Historismus distanziert, dann tut man dies nicht in Bezug auf die 19. Jahrhundert entwickelten historisch-kritischen Grundsätze, sondern in bezug auf die Form, die der Historismus in Deutschland in der ersten Hälfte des 20. Jahrhundert, vor allem durch F. Meinecke, angenommen hatte. Vgl. dazu die Kritik, die *O.G. Oexle* in seinem Aufsatz: Meineckes Historismus. Über Kontext und Folgen einer Definition, (in: ders.: Geschichtswissenschaft im Zeichen des Historismus. Studien zur Problemgeschichte der Moderne, Göttingen 1996) an Meineckes „Umdefinition" des Historismus (Meinecke 1936), vor allem an seiner Reduktion auf den lebensphilosophischen Individualitätsgedanke und den deutschen Geist, übt.

[11] Wiederholt wird nach dem Sinn der Historie gefragt. Exemplarisch dafür ist der Aufsatz von *R. Koselleck*: Wozu noch Historie? (1970), wieder abgedruckt in: Hardtwig 1990, 347-365.

[12] So der Titel eines neueren Taschenbuchbandes von *C. Stern/ H.A. Winkler* (Hg.): Wendepunkte deutscher Geschichte 1848-1990, Frankfurt 1994.

[13] *F. Fischer*: Der Griff nach der Weltmacht – Die Kriegszielpolitik des kaiserlichen Deutschland 1914/18, Düsseldorf 1961.

In den Gesellschaftswissenschaften hat es vor allem des Anstoßes zurückgekehrter Emigranten und ihrer im westlichen Ausland weiterentwickelten Sozialphilosophie und -psychologie und überhaupt des nun gründlicheren öffentlichen Nachdenkens über die KZ-Verbrechen bedurft.[14] Vor diesem Hintergrund mußte den Kritikern die von der Mehrheit der Fachhistoriker nach 1945 umstandslos wieder aufgenommene Erforschung der älteren deutschen Geschichte und die ebenso betont sachliche, fast positivistische Klärung der politischen und gesellschaftlichen Ursachen der Katastrophen des 20. Jahrhunderts letztlich als eine Art Flucht vor dem erscheinen, was die historischen Wissenschaften und ihre Repräsentanten selbst dazu beigetragen hatten und was der Aufklärung bedurfte. Verwirrend für die jüngeren Historiker war und ist bei diesen Nachforschungen, daß bis heute immer wieder auch bei jenen Professoren, die sich in Jahrzehnten der Forschung und Lehre den Ruf engagierter „Vergangenheitsbewältiger" erworben hatten, nationalsozialistische Verstrickungen aufgedeckt worden sind.[15]

Eine gründliche Auseinandersetzung läßt jedoch lange auf sich warten. Erst auf dem 42. Deutschen Historikertag 1998 in Frankfurt am Main, nachdem die meisten der nach 1945 prominent lehrenden Historiker mit NS-Vergangenheit verstorben waren, spricht die Schülergeneration offen über die Verfehlungen ihrer Lehrer. Unmißverständlich wird jetzt festgestellt, daß auch fast alle Gründerväter der bundesrepublikanischen Geschichtswissenschaft „in verschiedener, im Endergebnis jedoch unleugbarer Weise mitgeholfen [haben], die Diskriminierung der Juden, die Legitimation des Führerstaats und die nationalsozialistischen Forderungen einer Volksboden- und Großraumpolitik ‚wissenschaftlich' zu untermauern."[16] Dies trifft u.a. zu auf H. Rothfels, H. Heimpel, Th. Schieder, O. Brunner, H. Aubin, W. Conze, K.D. Erdmann und schließlich auch auf F. Fischer.[17] Obwohl die offene Selbstkritik ausgeblieben ist, gesteht man den meisten von ihnen zu, nach 1945 eine vorbildliche demokratisch-liberale Forschung und Lehre betrieben zu haben.[18] Auch wird erst jetzt offen erklärt, daß die Geschichtswissenschaft nicht nur eine „Legitimationswissenschaft", sondern eine „kämpfende Wissenschaft" gewesen ist, und H. Mommsen bekommt großen Beifall, als er in der Diskussion sagt, daß die

---

[14] Dieses Nachdenken hat vor allem *Hannah Arendt* aus Anlaß des Eichmann-Prozesses in Jerusalem (1961) mit ihrem Buch eingeleitet: Eichmann in Jerusalem – Ein Bericht über die Banalität des Bösen (1963), München 1986.

[15] Eine exemplarische Untersuchung ist: *H. Wellenreuther* (Hg.): Geschichtswissenschaft in Göttingen, Göttingen 1987; allgemein: *W. Schulze*: Deutsche Geschichtswissenschaft nach 1945, München 1989.

[16] Einen Teil der Vorträge haben veröffentlicht *W. Schulze /O.G. Oexle* (Hg.): Deutsche Historiker im Nationalsozialismus, Frankfurt ²2000, hier: S. 17.

[17] Von diesen hat aus freien Stücken nur Herman Heimpel sein Bedauern über seine Mitwirkung ausgesprochen.

[18] Eine abwägende Bilanzierung des Versagens vor 1945 und der Lernbereitschaft und Lebensleistung danach vor allem von Th. Schieder und W. Conze versucht *H.-U. Wehler* in seinem Beitrag: Nationalsozialismus und Historiker, in: Schulze/Oexle 2000, 306-339. Vgl. auch *J. Kocka*: Zwischen Nationalsozialismus und Bundesrepublik. Ein Kommentar, a.a.O., 340-357.

Geschichtswissenschaft nicht nur eine „Affinität" zum Nationalsozialismus gehabt habe, sondern daß sie nationalsozialistisch „war".[19]

2.2 Die Germanistik als ein weiteres Exempel

Ein typisches Exempel für die zögerliche Selbsterkundung auch in den anderen Geisteswissenschaften ist die Germanistik.[20] Den Beginn eines kritischen Nachdenkens über die Verstrickungen des Fachs in die NS-Ideologie markieren hier die Broschüre des Journalisten *R.W. Leonhardt:* Der Sündenfall der deutschen Germanistik (Zürich/Stuttgart 1959) und zwei in den frühen 60er Jahren erschienene Aufsätze von *H. Rüdiger:* Zwischen Interpretation und Geistesgeschichte (1963), und von *P. Szondi:* Zur Erkenntnisproblematik in der Literaturwissenschaft (1962). Eine größere Aufmerksamkeit erlangen diese beiden Texte jedoch erst bei ihrem Wiederabdruck 1966 in der von *K.O. Conrady* in eben dem Sinne verfaßten „Einführung in die Neuere deutsche Literaturwissenschaft"[21]. Dies ist auch das Jahr, in dem sich die Wissenschaft von der deutschen Sprache und Literatur auf ihrem Germanistentag in München unter dem Thema „Germanistik in der Diskussion" erstmalig ihrer jüngeren Geschichte zuwendet.[22] Die damals von der jüngeren Dozentengeneration noch gemäßigt vorgetragene, aber von den „Altmeistern" des Faches entrüstet zurückgewiesene Kritik, verschärft sich alsbald danach und führt mit der Forderung nach „Umgestaltung der Germanistik" zu einer „progressiv orientierten Gesellschaftswissenschaft" auf dem West-Berliner Germanistentag 1968 zu Tumulten zwischen Konservativen, links-liberalen Reformern und Umstürzlern. Während dabei die traditionalistisch-philologischen Konservativen zunächst ganz ins Hintertreffen geraten und erst seit etwa 1973 mit Argumenten gegen „linke Heilslehren", hybride Totaldeutungen und Praxisfetischismus zurückschlagen, stehen sich die Vertreter einer radikal historisch-materialistischen und einer aufklärerisch-modernen Literaturgeschichtsschreibung bis zum Zurücktreten ersterer längere Zeit unversöhnlich gegenüber. Methodologisch setzt sich so zunächst der sozialwissenschaftliche gegen den geisteswissenschaftlichen Ansatz durch, werden als Gegenstände des Fachs die Literatur der Aufklärung, des Jungen Deutschland und der Gegenwart und dabei insgesamt die sozialkritische und auch die sog. niedere Literatur hinzugewonnen, entstehen die Literatursoziologie, die Soziolinguistik, die Rezeptionsforschung, die Medientheorie und die Zivilisationsgeschichte als Teildisziplinen und wird personell der Lehrkörper innerhalb weniger Jahre „demokratisiert" und erweitert. Der im selben Zug verstärkte historische Selbstaufklärungsprozeß des Fachs dauert bis heute an und hat erst jüngst durch das von der in Marbach bestehenden Arbeitsstelle für die Erforschung der Germanistik herausgegebene „Internationale(s) Germanistenlexikon 1800–1950" (Berlin 2003), das personelle und thematische Ausmaß des

---

[19] A.a.O., 32.
[20] Vgl. hierzu die einschlägigen Kapitel der von *J. Hermand* aus einer engagierten linksliberalen Position verfaßten „Geschichte der Germanistik" (Reinbek 1994, hier bes. S. 141-193).
[21] Reinbek bei Hamburg 1966, darin: *Rüdiger*, S. 137-154; *Szondi* (Auszug), S. 155-164.
[22] Vgl. dazu das Kapitel „Vom kritischen Liberalismus zur achtundsechziger Revolte" bei *Hermand* 1994, 141-164.

Engagements dieses Faches für die NS-Ideologie aufgezeigt. Was hier nur kurz am Beispiel der Geschichtswissenschaft und der Germanistik angedeutet wurde, ist sowohl in seiner fachlichen und methodischen Orientierung als auch im Umgang mit der Fachhistorie charakteristisch auch für die anderen historischen Fächer.[23]

3. Die empirische und die kritische Sozialhistorie

Forschungsmethodisch artikuliert sich die Antwort der historischen Wissenschaften auf jene Herausforderungen der 60er Jahre in zwei fast zeitgleich entstehenden sozialhistorischen Ausprägungen: in der sog. *empirisch-analytischen* und in der sog. *gesellschaftskritischen* Sozialhistorie. Gemeinsam ist beiden Ansätzen die *strukturgeschichtliche* Sichtweise ihres Gegenstandes.[24] Danach „bewegt" sich die Geschichte nicht primär über Ideen, über die Taten von geschichtlichen Subjekten, über die bewußten Interessen und Probleme von Gruppen (Ständen bzw. Klassen) und Institutionen oder über Ereignisse fort, sondern über „Strukturen", deren Existenz und deren „in der Tiefe" wirkenden Potenzen den Individuen zumeist gar nicht oder nur indirekt durch Symptome gleichgerichteter allmählicher oder plötzlicher Veränderungen der gesellschaftlichen Verhältnisse „an der Oberfläche" bewußt werden. Insofern beide Ausprägungen der Sozialhistorie voraussetzen, daß jeglicher Strukturwandel sich gleichsam objektiv „in den Dingen" vollzieht, setzen sie sich zugleich kritisch gegen die geisteswissenschaftliche Ideen-, Personen-, Problem-, Institutionen- und Ereignisgeschichte und gegen die ihr eigenen Methoden des Verstehens ab.

Gemeinsam ist den beiden in den folgenden Kapiteln gesondert dargestellten Richtungen auch, daß sie sich als „kritische" verstehen. Dies zu Recht, insofern beide grundsätzlich antimetaphysisch und vergangenheitskritisch sind und, im positiven Sinne, ihre Aussagen an eine rationale Begründung binden. Sie unterscheiden sich jedoch deutlich durch ihre wissenschaftstheoretische Begründung. Während die empirische Sozialhistorie durch den sog. *Kritischen Rationalismus* fundiert ist, geschieht dies bei der kritischen Gesellschaftsgeschichte durch die sog. *Kritische Theorie* der Frankfurter Schule. Wenn letztere bei der jüngeren Dozentengeneration und der studentischen Jugend zunächst einen größeren Anklang als erstere gefunden hat, dann ist die Haupterklärung dafür die Ausrichtung der Studentenbewegung selbst, näherhin ihr Interesse an einer Aufklärung der Verbrechen der Vergangenheit, an einer durchgreifenden Reform des Ganzen der Gesellschaft und an der damit verbundenen Erwartung, durch historische Forschung und Ideologiekritik

---

[23] Zur Verstrickung auch der deutschen Völkerkunde in den Rassismus und zu der bis Anfang der 70er Jahre ausgebliebenen Kritik daran vgl. die kritische Übersicht über die westdeutsche Nachkriegsgeschichte der Ethnologie von *H.-J. Hildebrandt*: Ethnologische Fragestellungen und Fragen an die Ethnologie, in: ders.: Rekonstruktionen. Zur Geschichte und Theorie der Ethnologie, Göttingen 1990, 10–64; vgl. auch *K-H. Kohl*: Abwehr und Verlangen. Zur Geschichte der Ethnologie, Frankfurt/New York 1987.

[24] Eine Geschichte der modernen fachwissenschaftlichen Historiographie in strukturtheoretischer Sicht ist die Arbeit von *H.W. Blanke*: Historiographiegeschichte als Historik, Stuttgart/Bad Cannstadt 1991; ein sehr knapper Abriß (mit Literaturhinweisen) findet sich in: ders.: Typen und Funktionen der Historiographiegeschichtsschreibung. Eine Bilanz und ein Forschungsprogramm, in: Geschichtsdiskurs 1, 1993, 191-193.

zur Emanzipation des Individuums von den ungerechtfertigten Zwängen der spätkapitalistischen Gesellschaftsordnung beitragen zu können.[25] Dennoch haben die beiden Richtungen insgesamt weniger in einem Verhältnis des Gegensatzes als der wechselseitigen Ergänzung gestanden. Denn ein Großteil ihrer Themen und Ziele – die Erforschung von Fragen der sozialen Ungleichheit, der Arbeiterbewegung und der politischen Rolle des Bürgertums in der gesellschaftlichen Entwicklung Deutschlands in den letzten 250 Jahren – überschneiden sich in der Weise, daß die empirische Sozialhistorie das sachliche Unterfutter für die Reflexion der gesellschaftskritischen Sozialhistorie geliefert hat.

Seit Mitte der 60er Jahre sind es so die beiden in den nächsten Kapiteln vorgestellten Konzepte der Sozialhistorie, die der vom Beginn des 19. Jahrhunderts an dominierenden geisteswissenschaftlichen Historie jetzt auch in ihrem Ursprungsland Deutschland das Feld streitig machen. Die Wende zur Sozialhistorie markiert den größten Einschnitt, den das historische Denken hier seit dem 18. Jahrhundert erfahren hat und verdient die seit *Thomas S. Kuhns* Buch „Die Struktur wissenschaftlicher Revolutionen" (engl. 1962)[26] häufig gebrauchte Bezeichnung eines Paradigmenwechsels wirklich. Vor dem Hintergrund einer allgemeinen Neubesinnung und -bestimmung der Kultur der westlichen Welt in den 60er Jahren erfaßt diese Wende gegen Ende des Jahrzehnts in Westdeutschland alle Fächer der damaligen philosophischen Fakultät und darüber hinaus z.T. die Theologie, die Rechtswissenschaft und die Wirtschaftswissenschaften[27] in ihren historischen Teildisziplinen sowie die Historiographie der Naturwissenschaften und der Medizin. Diese Neuorientierung ist weitgehend identisch mit dem – auch in der Selbstwahrnehmung so bezeichneten – Wandel der klassischen Geisteswissenschaften zum neueren Typ der Sozialwissenschaften. Für die Germanistik bedeutet dies etwa, daß sie sich, wie oben dargelegt, zeitweilig hauptsächlich als eine Sozialwissenschaft der deutschen Sprache und Literatur verstanden hat, und für die Geschichtswissenschaft, daß es auch in ihr zumindest starke Tendenzen gab, sie als *Historische Sozialwissenschaft*[28] zu definieren und in eben dieser Akzentuierung in ihr zugleich die Allgemeine Geschichte zu sehen.[29] Insbesondere die klassischen geisteswissenschaftlichen Fächer waren so zeitweise in Gefahr, ihre bisherige Identität einzubüßen, zumal ein Teil der Forscher auch bereit war, die traditionell auf Individuelles bezogene historisch-hermeneuti-

---

[25] Das kommt programmatisch schon im Titel zum Ausdruck z.B. bei *D. Groh*: Kritische Geschichtswissenschaft in emanzipatorischer Absicht. Überlegungen zur Geschichtswissenschaft als Sozialwissenschaft, Stuttgart u.a. 1973.
[26] In deutscher Übersetzung: Frankfurt 1967.
[27] Vgl. *M. Cipolla/K. Borchardt* (Hg.): Europäische Wirtschaftsgeschichte, Stuttgart/New York 1978
[28] Programmatisch erscheint die Bezeichnung in dem Buch von *H.-U. Wehler*: Geschichte als Historische Sozialwissenschaft, Frankfurt 1973.
[29] Im Vergleich dazu war der Gegenstand der Soziologie zwar immer schon das Soziale, als eine systematische Wissenschaft mußte aber auch sie damals zu einer neuen Form der *Geschichte des Sozialen* selbst finden und dies in einer *Geschichte des soziologischen Denkens* reflektieren. Vgl. dazu *F. Jonas*: Geschichte der Soziologie. Mit Quellentexten. Bd. 1: Aufklärung, Liberalismus, Idealismus, Sozialismus, Übergang zur industriellen Gesellschaft (1969), Bd.2: Von der Jahrhundertwende bis zur Gegenwart (1976), Opladen ²1980.

sche Methodik aufzugeben oder ihre Anwendung zugunsten einer Übernahme der sozialwissenschaftlicher Begrifflichkeit und Forschungsmethodik zumindest einzuschränken und ihr Fach überhaupt sozialwissenschaftlich neu zu begründen. Davon ist inzwischen zwar wieder vieles zurückgenommen worden. Im Durchgang durch die sozialwissenschaftliche Sichtweise sind aber alle diese Fächer in ihrem Selbst- und Gegenstandsverständnis unumkehrbar andere geworden, wie die Ausführungen in den folgenden Kapiteln zeigen.

34. Empirische Soziageschichte:
Die sozialwissenschaftliche Wende des historischen Denkens

1. Die Entstehung der geschichtswissenschaftlichen Sozialhistorie 574
2. Die wissenschaftstheoretische Begründung der empirischen Sozialhistorie 579
3. Leistungen und Grenzen der geschichtswissenschaftlichen Sozialhistorie 587

Zur Abkehr der historischen Wissenschaften von ihrem geisteswissenschaftlichen Selbstverständnis und zu ihrer sozialhistorischen Neubegründung hat vor dem Hintergrund des gesellschaftspolitischen Umbruchs um 1970 ganz wesentlich eine sehr lebhaft geführte wissenschaftstheoretische Diskussion beigetragen. Zeitweise hat sie sogar mehr Aufmerksamkeit auf sich gezogen als die durch sie angeleitete neue Forschung selbst. Dabei haben die von der Kritischen Theorie inspirierte Gesellschaftsgeschichte und die dem Kritischen Rationalismus verpflichtete Sozialhistorie gewiß unterschiedliche, ja z.T. unvereinbare Positionen bezogen. Darüber darf man aber nicht vergessen, daß beide Seiten den Bruch mit der bisherigen Forschungsmethodik für nötig gehalten und sich auch ihre Zielvorstellungen zum Teil gedeckt haben. So ist auch die empirische Sozialhistorie in einer kritischen Gesellschaftstheorie begründet. Wie die Kritische Theorie steht sie in der Tradition der Aufklärung, denkt progressistisch, erforscht mit ebensolchem Engagement die Ursachen der Katastrophen der jüngeren deutschen Geschichte und geht den Gründen für das Versagen der historischen Fächer im NS-Staat und für die lange verschleppte fachliche Vergangenheitsbewältigung nach. Deshalb hat es damals auch zahlreiche personelle und thematische Überschneidungen zwischen diesen beiden Typen der neueren Sozialhistorie gegeben. Dennoch ist unübersehbar, daß sich die empirisch-analytische Sozialhistorie sehr viel gemäßigter artikuliert als die Kritische Gesellschaftsgeschichte und sie bei aller Vergangenheitskritik und bei allem Engagement für das „Projekt der Moderne" szientistisch auf der Befolgung einer strikten Forschungsmethodik, auf dem „Feststellen von Tatbeständen" und auf Distanz zum politischen und sonstigem Handeln besteht. Abschnitt 1 zeichnet die Entstehung der geschichtswissenschaftlichen Sozialhistorie nach, Abschnitt 2 wendet sich der wissenschaftstheoretischen Begründung der empirisch-analytischen Sozialhistorie zu und Abschnitt 3 fragt nach deren Leistungen und Grenzen.

1. Die Entstehung der geschichtswissenschaftlichen Sozialhistorie
1.1 Von der älteren zur neueren Sozialhistorie

Bei dem damals überraschenden Aufstieg der Sozialhistorie zu einer oder gar der Hauptrichtung in der Geschichtswissenschaft muß zunächst daran erinnert werden, daß das Soziale immer schon ein Gegenstand des historischen Denkens gewesen ist. Die Sozialhistorie mußte nicht erst in den 60er Jahren erfunden werden, sondern blickte seit den „Historien" Herodots methodisch auf eine lange Tradition zurück und konnte inhaltlich an vielerlei Überlieferungen anknüpfen: etwa an „naturhistorische" Beschreibungen der Völker seit der Antike, an diplomatische Berichte über fremde Gesellschaften, an Erinnerungen Reisender, an die mit der wachsenden Literalität seit dem hohen Mittelalter zahlreicher werdenden amtlichen Dokumente mit demographischen Daten im weitesten Sinne, an die literarischen und bildlichen Sammlungen der frühneuzeitlichen Polyhistoren, an die Erhebung sozialer Daten und die Kulturgeschichtsschreibung seit dem 18. Jahrhundert, an die Kunst- und Kulturgeschichte J. Burckhardts, an den sozialhistorischen Vorstoß Lamprechts, an die Forschungen der Soziologie, der Ethnologie und der Annales-Schule, an die monumentale Wirtschaftsgeschichte des Russen *Michael Rostovtzeff*[1] und nicht zuletzt an die durch Marx' Historischen Materialismus und Politische Ökonomie begründete und, unter Aufnahme auch sowjetischer Forschung, in der ersten Hälfte des 20. Jahrhunderts neomarxistisch weiterentwickelte Sozialhistorie.[2]

Vorstöße in Richtung auf eine erneuerte Sozialgeschichte haben dann bereits Ende der 50er Jahre[3] vor allem die Historiker *Theodor Schieder* (1908-1984) und *Werner Conze* (1910-1986)[4] unternommen, und zwar zum einen mit direktem Bezug auf den strukturgeschichtlichen Aspekt der Annales-Schule, also auf deren Vorstellungen von der Geschichte als einem kollektiven Geschehen und einem temporal gestuften und inhaltlich alle Bereiche der Kultur umgreifenden Wandel von Strukturen, Prozessen und Ereignissen, und zum andern mit indirektem, d.h. verdecktem Bezug auf das im Kontext der nationalsozialistischen Historie entstandene „volksgeschichtliche" Modell der Deutung der sozialen Ordnung. Dazu gehört die von *Otto Brunner* (1898-1982) 1939 vorgelegte Studie „Land und Herrschaft. Grundfragen der territorialen Verfassungsgeschichte Südostdeutschlands im Mittelalter".[5] In ihr wird die Auffassung vertreten, daß im Mittelalter die historischen Grundeinheiten „Personenverbände" gewesen seien und der – freilich immer gefährdete und oft gebrochene – Frieden auf einer „Volksordnung" beruht habe, die „Haus", Herrschaft und Land nach dem Modell der patriarchalischen Großfamilie grundherrschaftlich organisiert und Verstöße gegen sie durch Fehde geahndet habe. Als eine sozialstrukturelle Deutung sozusagen *avant la lettre* hat diese Untersuchung die neuere Sozialgeschichte in Deutschland unverdächtigt allein deshalb mit begründen können, will sie durch ihren genauen empirischen Bezug auf Quellen gewissermaßen außerhalb der NS-Ideologie steht. Gleichwohl kann man im Begriffswechsel von der „Volks-„ zur „Sozialgeschichte"[6] bei Brunner, Schieder und Conze, den Gründervätern der bundesrepublikanischen Sozialhistorie, sowohl eine Distanzierung gegenüber der

---

[1] *M. Rostovtzeff*: Gesellschaft und Wirtschaft im Römischen Kaiserreich (The Social and Economic History of Roman Empire, 1926). 2 Bde., Leipzig 1929/31; ders.: Gesellschafts- und Wirtschaftsgeschichte der hellenistischen Welt (The Social and Economic History of the Hellenistic World, 1941). 3 Bde., (1955/56), ²Darmstadt 1998.

[2] Dazu gehört sicherlich auch die *Prosopographie*, also die möglichst vollständige Erfassung des Lebens bestimmter Personenkollektive insbesondere innerhalb ständischer Gesellschaften, insofern dadurch deren gemeinsame Interessen deutlich werden und als Erklärung für politische Verhältnisse und Handlungsweisen herangezogen werden können.

[3] 1957 erfolgt die Gründung des „Arbeitskreis(es) für moderne Sozialgeschichte".

[4] *W. Conze*: Die Strukturgeschichte des technisch-industriellen Zeitalters als Aufgabe für Forschung und Unterricht, Köln 1957.

[5] Ab der 4. Aufl. wird „Südostdeutschland" durch „Österreich" ersetzt; Baden bei Wien/Leipzig (5. Aufl. 1965).

[6] Vgl. *R. Koselleck*: Volk, Nation, Nationalismus, Masse, Artikel in: Brunner u.a. Bd. 7, 1992, 141-151, 380-431.

NS-Ideologie als auch eine Flucht vor der eigenen Forschungsvergangenheit sehen. Allemal wird, wenn man hauptsächlich auf gesellschaftliche Faktoren, Funktionen und Strukturen als Träger und „Verursacher" von Geschichte abhebt, die Verantwortung für die im Hitlerreich begangenem Verbrechen nicht mehr den einzelnen Tätern – mit Hitler an der Spitze bis herunter bis zu den vielen „willigen Helfern" dabei –, sondern anonym dem „Volk" und bestimmten Personenverbänden bzw. noch allgemeiner den „Verhältnissen" angelastet, was darüber hinaus bedeutet, daß nicht nur alle einzelnen von jeder Schuld freigesprochen werden, sondern sie auch als Opfer eines aus historischen Tiefen kommenden Kollektivschicksals und einer aktuell vorherrschenden Sozial- und Gesetzesordnung gelten können.

Dennoch ist die im Laufe der 60er Jahre in Westdeutschland entstehende Sozialgeschichte etwas wirklich Neues, weshalb sie ja auch in der Geschichtswissenschaft als ein Bruch mit dem bisherigen Fachverständnis empfunden worden ist. Den eingetretenen Wandel zeigt exemplarisch ihr Vergleich mit der noch ganz im früheren Verständnis geschriebenen, 1952 erstmals erschienenen und unverändert 1961 wieder aufgelegten „Kulturgeschichte des Alltags"[7] von *W. Treue*. Im Vorwort bittet dort ihr Autor den Leser, die „Sozial- und Gesellschaftsgeschichte" als „Kulturgeschichte des Alltags" nicht bloß für eine „kleinliche Geschichtsbetrachtung aus der Froschperspektive" zu halten, wenn auch, wie er schreibt, „gewiß kein verständiger Mensch wird behaupten wollen, daß die Veränderungen in solchen Bereichen [sc. „der Sitten und Gebräuche, der Gepflogenheiten bei Tisch und in der Gesellligkeit, der Wandlungen im Wohnen, der Einflüsse von Theater und Musik, von Gespräch, Reise, Kunst und Wissenschaft"] auf unmittelbarem Wege die großen Lebensentscheidungen der Völker und ganzer Kontinente maßgeblich beeinflussen."[8] Es liegen Welten zwischen dieser bescheidenen Bitte um einige Aufmerksamkeit für einen Nebenschauplatz der „eigentlichen", der politischen Geschichte und dem Selbstbewußtsein der neuen Sozialgeschichte, zwischen der sich auf die „großen Handelnden" konzentrierenden „Gipfelwanderung der traditionellen Geschichte" einerseits und der nun angenommenen „Geschichtsmächtigkeit" der vielen „Unbedeutenden" und überindividuellen Sozialphänomene andererseits.

1.2 Forschungsgrundsätze der geschichtswissenschaftlichen Sozialhistorie

Eine gewisse Breitenwirkung hat die „sozialhistorische Wende" im Fach dann freilich doch erst seit der zweiten Hälfte der 60er Jahre erlangt. Zu ihr haben außer den Genannten noch vor allem *Hans-Ulrich Wehler, Reinhart Koselleck* (1923-2006) und *Jürgen Kocka*[9] beigetragen. Weil mehrere ihrer Hauptvertreter damals an der neu gegründeten Universität Bielefeld gelehrt haben, spricht man auch von der „Bielefelder Schule" der Sozialhistorie.[10] Wegweisend waren zunächst der von

---

[7] 1. Auflage München 1952, Taschenbuchauflage Frankfurt 1961.
[8] Ebd. 1961, 7.
[9] Vgl. *J. Kocka*: Sozialgeschichte – Strukturgeschichte – Gesellschaftsgeschichte, in: Archiv für Sozialgeschichte, 1975, 1-42; ders.: Sozialgeschichte in Deutschland seit 1945. Aufstieg – Krise – Perspektiven, Bonn 2002.
[10] Zur selben Zeit und mit ähnlicher sozialwissenschaftlicher Ausrichtung fand sich dort die „Ar-

Wehler herausgegebene Band „Moderne deutsche Sozialgeschichte" (Köln/Berlin 1966) und dann die Gründung der seit 1975 erscheinenden Zeitschrift „Geschichte und Gesellschaft. Zeitschrift für historische Sozialwissenschaft", in deren Editorial die Gesellschaftsgeschichte als eine „Geschichte der sozialen Klassen und Gruppen, Strukturen und Institutionen" definiert wird, wobei davon ausgegangen wird, daß „die Geschichte sozialer, politischer, ökonomischer, sozialstruktureller und geistiger Phänomene [...] in bestimmten gesellschaftlichen Formationen verankert sind" (S. 5). Dieser Ansatz zeigt zugleich eine Nähe zur objektivistischen Erhebung von Daten und Sachverhalten und zur kritischen Betrachtung der Systeme Herrschaft, Wirtschaft und Kultur.

Nach rund zwei Jahrzehnten sozialhistorischer Forschung in Deutschland hat ihre Grundsätze am klarsten Wehler in der „Einleitung" zu Band 1 der fünf Bände umfassenden, vom ausgehenden 18. Jahrhundert bis zur Gegenwart reichenden „Deutsche(n) Gesellschaftsgeschichte" (5 Bde.,1987-2005)[11] umrissen:

> Im Mittelpunkt stehen fortab nicht Staat und Verfassung, nicht die Politik von Regierungen und Verwaltungen, geschweige denn politische Ereignisabläufe an sich. Vielmehr geht es im folgenden um die Gesellschaft konstituierenden Wechselwirkungen zwischen Wirtschaft, Herrschaft und Kultur [...] (6). Jeder dieser drei Bereiche besitzt eine relativ autonome Geltung und Wirkungsmacht, er kann nicht aus den anderen abgeleitet werden. (7)

Diese drei Bereiche befänden sich im Verhältnis dialektischer Gleichrangigkeit, wobei

> Wirtschaft das Feld derjenigen Tätigkeiten absteckt, die Menschen im ‚Stoffwechsel mit der Natur' zur Gewinnung ihres materiellen Lebensunterhalts betreiben [...] politische Herrschaft [...] stets organisierte und normierte Macht [...](10),

sei und

> Kultur [...] die ideellen und institutionellen Traditionen, Werte und Einstellungen, die Denkfiguren, Ideologien und Ausdrucksformen umfassen [soll], mit deren Hilfe [...] jede Art von Kommunikation unterhalten und gespeichert wird, so daß alles Verhalten und Handeln in diesem Komplex symbolischer Interaktion eingebettet bleibt, durch ihn angeleitet wird. (10)

In dieser Sichtweise ist „Kultur" nur eine von drei Dimensionen der sozialen Wirklichkeit, wobei aber alle drei häufig „gemeinsam" und „durchwachsen" aufträten (11). Charakteristisch für die neuere Gesellschaftsgeschichte ist Wehlers Bekenntnis zu einer „gewissen Bevorzugung der Dimensionen [...] von Wirtschaft, Herrschaft und sozialer Ungleichheit." (11) „Im Hinblick auf die Dimension der Kultur [...] habe ich mich", schreibt er, „vorrangig auf die sozialpolitischen Bedingungen und Entwicklungstendenzen von Kultur konzentriert" (11), so daß „Kultur i.S. von

---

beitsgruppe Bielefelder Soziologen" zusammen, die in Deutschland die alltagswissenschaftliche Wende in der Soziologie bewirkt hat (vgl. Kapitel 37). Zum Status der Sozialgeschichte in der Soziologie vgl. *P.Ch. Ludz* (Hg.): Soziologie und Sozialgeschichte. Aspekte und Probleme. Sonderheft 16 der Kölner Zs. für Soziologie, Opladen 1972.

[11] Frankfurt 1987, 6-31; die Seitenzahlen im Folgenden beziehen sich auf diese Einleitung. Band 4 mit dem Untertitel „1914-1949" ist in München 2003 erschienen.

Philosophie-, Architektur-, Musikgeschichte usw." nicht „gleichgewichtig behandelt" (12) würde.[12] Allgemein bedeutet dies, daß „Gesellschaft" der der „Kultur" übergeordnete Begriff ist und die Kultur überhaupt nur dann zum Thema gemacht wird, wenn sie sozialpolitisch und –ökonomisch von Bedeutung erscheint.[13] Durch diese Minderberücksichtigung des kulturellen Lebens unterscheidet sich Wehlers Ansatz einerseits z.B. von der sonst ähnlichen Trias bei J. Burckhardt[14] und andererseits von der – freilich späteren – Darstellung der „Deutschen Geschichte" bei Th. Nipperdey[15], der bei einer gewissen Präferenz der Politischen Geschichte die Geschichte der Kultur dennoch gleichgewichtig neben der Geschichte der Gesellschaft behandelt.

Grundbegrifflich angeleitet wird dieser Ansatz vor allem durch die Herausgabe des Handbuches „Geschichtliche Grundbegriffe. Historisches Lexikon zur politisch-sozialen Sprache in Deutschland" (1972-1997)[16]. Gegenüber der die soziale Wirklichkeit zumeist ausblendenden ideengeschichtlichen und oft metaphysischen Begrifflichkeit der Geisteswissenschaften erschließt sich dieses Lexikon die Bedeutung der aufgenommenen Begriffe hauptsächlich aus der Gebrauchsweise, die sie in historischen Texten und geschichtlich sich wandelnden Vorstellungen haben. Nach Koselleck schlägt sich der Wandel der sozialen Wirklichkeit konzentriert in bestimmten *Leit- bzw. Grundbegriffen der politisch-sozialen Welt nieder*. Indem die Sozialhistorie so auf die Herausarbeitung des mit Begriffen in Textquellen Gemeinten aus ist, nähert sie sich indes, vor allem bei der Erfassung größerer geschichtlicher Einheiten und bei der Bestimmung weitgefaßter Allgemeinbegriffe, unvermeidbar wieder der traditionellen ideengeschichtlichen Begriffsbestimmung an und unterscheidet sich von dieser eher thematisch als methodisch, so daß sich kein allzu tiefer Graben zwischen diesem „Historischen Lexikon" und etwa dem von J. Ritter/ K. Gründer herausgegebenen „Historischen Wörterbuch der Philosophie"[17] auftut.

Aus der Vielzahl der zu nennenden konzeptionellen und forschungspraktischen Beiträge zur neuen Sozialhistorie sei hier exemplarisch nur auf einen hingewiesen, auf das Theorie und Darstellung verbindende, von *W. Conze, K.G. Faber, A. Nitschke* herausgegebene „Funkkolleg Geschichte" (Weinheim/Basel 1979/80). Dies auch deswegen, weil es, in der Mitte der hier betrachteten Periode erschienen, einerseits die Politische Geschichte noch weitgehend im traditionellen Sinne vorstellt, andererseits von der neuen Sozialgeschichte in ihren beiden Ausprägungen ganz durch-

---

[12] Vgl. mit ähnlicher Tendenz *W. Schieder/V. Sellin* (Hg.): Sozialgeschichte in Deutschland. Entwicklungen und Perspektiven im internationalen Zusammenhang (Gedächtnisschrift für W. Conze), 4 Bde., Göttingen 1986/87.

[13] Die Kehrseite dieses Ansatzes arbeitet mit Bezug auf Wehlers Befangenheit im traditionellen geschichtswissenschaftlichen Autoritätsdenken und der ihm unterstellten Verdrängung der Ursachen des Nationalsozialismus *G. Aly* heraus in: Macht – Geist – Wahn. Kontinuitäten deutschen Denkens, Frankfurt 1997.

[14] Vgl. Kapitel 26.1.

[15] Näheres zu seinem Ansatz unten unter 2.5.

[16] 7 Bde. und Register, hg. *O. Brunner, W. Conze und R. Koselleck*, Stuttgart 1972 ff.; jetzt als Sonderausgabe, Darmstadt 2004.

[17] Darmstadt/Basel 1971 ff.

drungen ist und mit der historisch-anthropologischen Begründung dieses Kollegs in bezug auf „Grundsituationen und elementare Erfahrungen des Menschen" zudem bereits den Weg zu der sich später herausbildenden Historischen Anthropologie mit ihrer Konzentration auf das Leben der menschlichen Individuen (Kapitel 39) bahnt.

2. Die wissenschaftstheoretische Begründung der empirischen Sozialhistorie

Wenn man nach den Motiven und Grundsätzen fragt, die diese Sozialhistorie innerhalb eines kurzen Jahrzehnts, zwischen 1965 und 1975, zur tonangebenden Richtung innerhalb der westdeutschen Geschichtswissenschaft haben werden lassen, muß man gewiß an erster Stelle ihre Orientierung an der Methodik der Sozialwissenschaften westeuropäisch-atlantischen Zuschnitts nennen. Daß dies überhaupt geschehen konnte, ist freilich alles andere als selbstverständlich. Denn dieses Vorbild nötigte die Geschichtswissenschaft zur Abkehr von ihrem bisherigen geisteswissenschaftlichen Fachverständnis und verpflichtete sie auf ein szientistisches, fast positivistisches Wissenschaftsverständnis, auf eine funktionalistische Gesellschaftstheorie und auf eine neue Theorie des historisch-wissenschaftlichen Erkenntnisfortschritts. Wenn die empirische Sozialhistorie dieses sozialwissenschaftliche Muster im allgemeinen auch behutsam auf ihre Gegenstände angewandt und dabei auf die interpretativen Verfahren nie verzichtet hat, so schlägt es doch so stark auf die Vorgehensweisen, die Erkenntnisse und das allgemeine Verständnis des Historischen durch, daß es hier mit einer gewissen Strenge und Ausführlichkeit vorzustellen ist. Der Historiker muß es allein schon deswegen kennen, weil es als Ausdruck des systematischen empirisch-analytischen Denkens in den Natur- und Sozialwissenschaften das gegenwärtig erfolgreichste Muster des Widerparts des historisch-hermeneutischen Denkens in den Kulturwissenschaften ist und so seine Wissenschaftstheorie im Sinne einer prinzipiellen Abgrenzung auch einen unverzichtbaren Platz in der Theorie der Geschichte hat.

2.1 Die empirisch-analytische Forschungsmethodik

Wenn es zunächst heißt, daß diese neue Sozialhistorie durch eine empirisch-analytische Methodik gekennzeichnet sei, dann ist das Neue daran weder die Empirie noch die Analyse an sich. Denn dies hat alle Kulturwissenschaften, die systematischen wie die historischen, immer schon charakterisiert. Empirisch begründet, und zwar im Sinne der Fundierung und Beglaubigung aller Aussagen in „Quellen", ist die Realhistorie von ihren antiken Gründervätern Herodot und Thukydides an immer gewesen und dies zudem streng prinzipiell spätestens seit der deutschen historischen Schule des 19. Jahrhunderts. Und analytische Verfahren pflegte die Historie in ebenso prinzipieller Weise immer schon. Die Differenz zwischen der traditionellen und der neuen empirisch-analytischen Methodik besteht darin, daß man bei letzterer annimmt, daß es zwischen bestimmten Variablen der sozialen (historischen) Wirklichkeit *gesetzmäßige Beziehungen* gibt und man durch eine *systematische* und *intersubjektiv kontrollierte Erhebung, Aufbereitung und Auswertung größerer Datenmengen* darüber diese Abhängigkeiten und Gesetzmäßigkeiten erkennen und dadurch *soziale Tatbestände* und *größere Zusammenhänge erklären* kann. Hier „zählt" nicht das Singuläre, sondern die größere Zahl definierter Einheiten, nicht das besondere Ereignis, die herausragende Person, die einzigartige Tat, die zukunftsträchtige Idee, die einen Konflikt entscheidende Äußerung, die (welt-)historisch einmalige Situation, die nicht wieder herstellbare Beziehung und nicht der plötzliche, sich andeutende oder erwartete und faktische Wandel, sondern hier zählen – immer im Plural – die Ereignisse, die Personen, die Geschehnisse, die Verhältnisse, das übliche Verhalten, die Beziehungen, die Tendenzen einer Zeit und einer Gesellschaft. Und das Ziel ist deshalb die Erfassung der Funktionen und Strukturen innerhalb einer Gesellschaft während eines längeren und dabei entweder für stabil oder in einem gesetzmäßigen Wandel begriffen gehaltenen Zeitraums und die Möglichkeit des Erklärens des Einmaligen aus dem Allgemeinen. Dabei wird zugleich jeglicher Ausgriff auf das gesellschaftliche Ganze verzichtet. Eine Synthese von Ergebnissen gibt es nur innerhalb des definierten Fragehorizontes. Es ist der Abschied vom Ganzen und von den großen Synthesen, man bleibt bei der Analyse von (Kor-)Relationen und Tendenzen.

Szientistisch wird diese Methodik genannt, weil sie sich im Hinblick auf die Erkenntnis sozialer Gesetzmäßigkeiten das klassische Modell der Naturwissenschaften zum Vorbild genommen hat und deshalb unter Meidung aller bloß ideeller und vager Begriffe zumeist von klar umschriebenen Hypothesen über sozialhistorische Korrelationen ausgeht, ein quasi-experimentelles Forschungs- und Überprüfungsdesign entwirft, zur eindeutigen Erhebung von Daten in Schrift- und sonstigen Dokumenten intersubjektiv verläßlich definierte Beschreibungs- und Zuordnungsbegriffe benutzt und nach Möglichkeit zu einem quantitativ belegbaren Ergebnis über Beziehungen zwischen sozialen Faktoren kommen will.[18]

2.2 Wittgenstein und die Folgen:
Historischer Szientismus im Gefolge der (Sprach-)Analytischen Philosophie

In ihrem szientistischen Bestreben teilt diese Methodik ein zentrales Motiv mit der *Analytischen Philosophie*.[19] Diese ist bereits zu Beginn des 20. Jahrhunderts entstanden. Ihr Ausgangspunkt ist eine radikale Kritik am naiven Umgang der bisherigen Philosophie und der Geisteswissenschaften mit ihrem Hauptinstrument, der Sprache. Sie erhebt den Vorwurf, daß ein Großteil der unlösbar erscheinenden metaphysischen Probleme keine wirklichen, sondern nur von der Sprache vorgetäuschten Probleme seien. Nach dem Diktum von LUDWIG WITTGENSTEIN (1889-1951): „Alle

---

[18] Um nur ein Beispiel für die quantitative Erfassung und statistische Aufbereitung der Daten auch in der Sozialhistorie zu nennen, sei hier auf die historische *Familienforschung* hingewiesen, für die seither die Demographie der Fruchtbarkeit, der Säuglings- und Kindersterblichkeit, der Eheschließung, des durchschnittlichen Sterbealters usw. in einer Region, einem Stand, einer Religionsgemeinschaft usw. typisch ist. Vgl. etwa die empirische Begründung der Arbeit von *A. E. Imhof*: Von der unsicheren zur sicheren Lebenszeit, Darmstadt 1988.

[19] Obwohl die Analytische Philosophie eher ein Widerpart des historischen Denkens ist, reklamiert sie einen eigenen Zugang zur Geschichte, vgl. *A.C. Danto*: Analytische Philosophie der Geschichte, Frankfurt 1974; *K. Acham*: Analytische Geschichtsphilosophie. Eine kritische Einführung, Freiburg/München 1974. Zur vorherrschenden Ausblendung der Geschichte vgl. die Kritik von *R. Bubner*: Zur Wirkung der analytischen Philosophie in Deutschland, in: Prinz/Weingart 1990, 448-458.

Philosophie ist Sprachkritik" (in: Tractatus logico-philosophicus, 1921)[20] ist deshalb die erste und überhaupt fast einzige Aufgabe der Philosophie die Reinigung der wissenschaftlichen (Beschreibungs-)Sprache von sinnlosen Begriffen. Über die Wahrheit und Falschheit nur solcher Aussagen könne entschieden werden, deren Begriffe exakt definiert und deren Argumente logisch begründet seien. Bei allem müsse man sich schließlich an den Grundsatz halten: „Was sich überhaupt sagen läßt, läßt sich klar sagen; und wovon man nicht reden kann, darüber muß man schweigen."[21]

Die Anfänge der Analytische Philosophie gehen auf den Philosophen *George E. Moore* (1873-1958) und den Mathematiker *Bertrand Russel* (1872-1970) in England vor dem Ersten Weltkrieg zurück. Im persönlichen Gedankenaustausch mit ihnen entwickelt der junge Österreicher Ludwig Wittgenstein ihre Philosophie weiter und verfaßt die eben schon genannte und heute für sie als bahnbrechend eingeschätzte Schrift, den „Tractatus". Davon zunächst unabhängig entwirft seit den 20er Jahren der sog. Wiener Kreis, eine Gruppe österreichischer Philosophen und Mathematiker, in Gestalt des Logischen Positivismus bzw. Logischen Empirismus Grundsätze einer „Philosophie der idealen Sprache", welche der Philosoph *Karl R. Popper* (1902-1994) aufnimmt, als Kritischen Rationalismus erkenntnistheoretisch weiterentwickelt und in den angloamerikanischen Wissen-schaftsraum trägt. Im Begriff der Analytischen Philosophie steigt sie dort nach dem Zweiten Weltkrieg zur be-herrschenden Philosophie auf, erfährt durch die Kritik von *Gilbert Ryle* (1900-1976)[22] an der traditionellen philosophischen Begrifflichkeit eine antimentalistische rationale Erweiterung und faßt schließlich dann seit den 60er Jahren allmählich auch im ganzen kontinentalen Europa Fuß, wo sie heute der historisch-hermeneutischen Philosophie das Feld streitig macht. Der zunächst vornehmlich logisch-analytischen Ausprägung der Analytischen Philosophie tritt so eine mehr sprach-analytische Ausrichtung an die Seite. Auch deren Ursprünge liegen vor dem Zweiten Weltkrieg. Denn nach den sich als undurchführbar herausstellenden Versuchen des Wiener Kreises, eine der natürlichen Sprachen entbehrende ideale wissenschaftliche Beschreibungssprache zu konstruieren[23], gewinnt Wittgenstein um 1930 die Erkenntnis von der prinzipiellen Unhintergehbarkeit der „Alltagssprache" (ordinary language) und darüber hinaus die Einsicht in ihre auch philosophische Leistungsfähigkeit während ihres üblichen Gebrauchs, genauer: die Einsicht in die relative Sicherheit, die sie dem Argumentierenden kraft ihrer thematisch und funktional aufeinander bezogenen pragmatischen Regelsysteme („Sprachspiele") gibt.[24] Aus dieser „linguistic turn" genannten Wende hat sich im Laufe der

---

[20] Satz 4. 0031, Frankfurt 1960, 33.
[21] Ebd., S. 7 (aus dem „Vorwort", Wien 1918).
[22] *G. Ryle*: Der Begriff des Geistes (The Concept of Mind, London 1949) Stuttgart 1969. Indem er Fähigkeiten des Menschen mitttels der Umgangssprache analysiert, versucht er nachzuweisen, daß es der Annahme eines Bewußtseins und damit mentalistischer Begriffe überhaupt nicht bedürfe. Für die programmatische Abgrenzung der Analytischen Philosophie steht der auch in Deutschland viel beachtete Sammelband *R. Rorty* (Hg.): The Linguistic Turn. Recent Essays in Philosophical Method, Chicago/London 1967. Eine repräsentative Auswahl von Beiträgen zum (sprach-)analytischen Umgang mit dem Phänomen des menschlichen Geistes enthält die Schrift von *P. Bieri* (Hg.): Analytische Philosophie des Geistes, Königstein 1981. Näheres hierzu in Teil E, besonders Kapitel 59.
[23] Dafür steht vor allem *Rudolf Carnap* (1891-1970) mit seiner „Wissenschaftslogik": Logische Syntax der Sprache, Wien 1934.
[24] Grundtext für Wittgensteins sprachanalytische Wende sind seine zwischen 1936 und 1949 abgefaßten, jedoch erst postum erschienenen „Philosophische(n) Untersuchungen" (Oxford 1953,

Jahrzehnte eine komplexe „pragmalinguistische" Kommunikationstheorie[25], eine Theorie der „kommunikativen Kompetenz"[26] und eine Sprachphilosophie[27] entwickelt, die die Bedingungen der Möglichkeit und die konkreten Voraussetzungen des rationalen Argumentierens versucht zu klären[28].

Obwohl die empirisch-analytische Sozialhistorie die skrupulöse sprachkritische Grundlegung der Analytischen Philosophie in ihrer konkreten Forschung zumeist nur am Rande wahrgenommen hat, kennzeichnet sie doch durchweg ein sehr reflektierter und – in der Analyse – definitorisch festgelegter Gebrauch ihrer Begriffe.

2.3. Parsons und Luhmann:
Die funktionalistisch und systemtheoretisch begründete empirische Sozialhistorie

Ein weiteres Kennzeichen der neuen Sozialhistorie ist, daß sie in der Tradition des soziologischen und ethnologischen Funktionalismus[29] und Strukturalismus[30], der „Strukturgeschichte" der französischen Annales-Schule[31] sowie dann ganz besonders der amerikanischen strukturell-funktionalistischen Gesellschaftstheorie steht. Letztere ist vor allem von dem amerikanischen Soziologen TALCOTT PARSONS (1902-1979) im Rückgriff auf jene zuvor genannten Ansätze seit den 50er Jahren entwickelt worden.[32] Sie ist seither, auch da, wo keine direkte Orientierung an ihr nachweisbar ist, zur beherrschenden allgemeinen Gesellschaftstheorie der Sozialwissenschaften und damit auch dieser Sozialhistorie geworden. Sie begreift jedes (historische) Sozialsystem als ein funktionales Ganzes institutionalisierter Elemente der Kultur. Die solcherart verfaßten Werte, Normen, Rollen, Handlungsmuster und Symbolsysteme der Kultur strukturieren die Handlungsmöglichkeiten von Individuen und sozialen Subsystemen vor, befriedigen deren Bedürfnisse bzw. erfüllen deren Aufgaben und bewältigen zugleich die gesamtgesellschaftlichen Grundprobleme und sichern den Bestand der Gesellschaft.

Frankfurt 1960); in der von J. Schulte neu durchgesehenen Textfassung der „Werkausgabe in acht Bänden", Frankfurt 1984 in Bd. 1.

[25] Den Schritt zur analytischen Pragmalinguistik vollzieht *J.L. Austin*: How to do things with Words, Oxford 1962 (postum; dt.: Zur Theorie der Sprechakte. Deutsche Bearbeitung von E. von Savigny, Stuttgart 1972). Die bekannteste philosophische Fortführung ist die von *J.R. Searle*: Speech Acts, Cambridge 1969 (dt.: Sprechakte. Ein sprachphilosophischer Essay, Frankfurt 1971). Bahnbrechend sind in Deutschland die Arbeiten von *D. Wunderlich* zur Sprechhandlungstheorie geworden. Vgl. u.a. ders. (Hg.): Linguistische Pragmatik, Frankfurt 1972, und ders.: Grundlagen der Linguistik, Reinbek 1974.

[26] Vgl. hierzu die in Kapitel 36 vorgestellten Schriften von J. Habermas 1971 und 1981 f. und Apel 1976.

[27] Ein Zwischenfazit der 70er Jahre ist die Arbeit von *H. Schnelle*: Sprachphilosophie und Linguistik. Prinzipien der Sprachanalyse a priori und a posteriori, Reinbek 1973.

[28] Die in Deutschland am bekanntesten gewordene sprachanalytische „Vorschule des vernünftigen Denkens" (Untertitel) ist die von *W. Kamlah* und *P. Lorenzen* gemeinsam verfaßte Schrift: Logische Propädeutik, Mannheim 1967.

[29] Vgl. Kapitel 30.3.

[30] Vgl. Kapitel 32.3.

[31] Vgl. Kapitel 28. 3.1.

[32] *T. Parsons*: The Social System, Glencoe/Ill. 1951; ders.: Das System moderner Gesellschaften, München 1985.

Die beständige Lösung von vier gesellschaftlichen Grundproblemen hält Parsons für unabdingbar: erstens die Verknüpfung der Elemente der Kultur – gestuft über Subsysteme der Kultur – zu einem funktionalen Ganzen (*integration*), zweitens die Erhaltung und Tradierung dieser Ordnung (*pattern maintenance*), drittens die Erreichung individueller und kollektiver Ziele (*goal attainment*) und viertens die Anpassung der Strukturen, Funktionen und Prozesse des Ganzen und seiner Teilsysteme an sich verändernde Einflüsse und Anforderungen der jeweiligen Umwelt (*adaptation*). Dieses Funktionssystem läßt sich analytisch nutzen, indem man die gesellschaftlichen Subsysteme nach ihren besonderen Funktionen differenziert und so ein Instrument zur Identifikation z.B. ökonomischer, technischer, politischer, kultureller, soziokultureller, tradierender und psychischer Systeme erhält.

Dieser analytische Bezugsrahmen ist hochabstrakt. Er bringt aber in der sozialen Theorie – ihre bisherigen funktionalistischen und strukturalistischen Ansätze in der Soziologie und Ethnologie weit übertreffend – erstmals die konstitutiven (bzw. die als konstitutiv erachteten) Funktionselemente in einen systematisch definierten Zusammenhang, macht so die ungeheure Komplexität und innere Verwobenheit menschlicher Gesellschaften sichtbar und überschreitet damit die seit der Antike in der (philosophischen) Staatstheorie zwar scharfsinnig, aber unter Ausblendung vieler konstitutiver Elemente gepflegte „bloße" Reflexion des Sozialen qualitativ.

Damit können nun auch historische Herrschaftsstrukturen, Stände, Berufsgruppen und überhaupt alles, was in der traditionellen Sozialgeschichte bereits Thema war und im sinnverstehenden Zugriff auch miteinander in Verbindung gebracht wurde, systematisch erfaßt und funktional aufeinander bezogen werden. Indem die neue Sozialhistorie dieses tut, hebt freilich auch sie Bestimmtes hervor, blendet anderes – das meiste – um der strukturfunktionalen Erkenntnis willen aus und übersieht dabei vieles, wofür die Hermeneutik offen und sensibel war und ist. Als ein oft gerügter und gerade bei ihrer Anwendung in der Historie als bedauerlich empfundener Mangel dieser Theorie erweist sich auch, daß sie keine Antwort auf die Frage nach der Entstehung und dem Wandel von Gesellschaften hat. Denn sie geht von bestehenden, bereits „funktionierenden" Gesellschaften aus und sieht innere Ungleichgewichte und Differenzen zur Umwelt durch ausgleichende Funktionsänderungen aufgefangen. Nach ihr veränderten sich zwar die Gesellschaft und ihre Funktionseinheiten ständig, in der Bewahrung ihres „Fließgleichgewichtes" (Bertalanffy) befänden sich soziale System aber – sofern sie nicht kollabierten – in einer Art gleichbleibender Gegenwart.

Antworten auf die Fragen nach dem Wandel der Systeme hat der deutsche Soziologe NIKLAS LUHMANN (1927-1998) mit seiner allgemeinen Systemtheorie versucht zugeben.[33] Er nimmt den in den 20er Jahren von dem Biologen *Ludwig von Bertalanffy* (1901-1972) als durchgängigen Grundbegriff lebender Organismen

---

[33] Von den vielen Arbeiten *Luhmanns* wird hier nur auf die große Zusammenfassung seiner Theorie hingewiesen: Die Gesellschaft der Gesellschaft, Frankfurt 1997, und auf die postum erschienene, mit einer ausführlichen Einleitung versehene und von D. Baecker herausgegebene Nachschrift einer Vorlesung aus den 90er Jahren: Einführung in die Systemtheorie, Darmstadt 2003.

definierten Systembegriff auf und wendet ihn, wie das freilich schon viele andere Sozialwissenschaftler seit den 50er Jahren in eben dem Sinne getan haben, auf menschliche Gesellschaften und dann auf alle sozialverfaßten größeren oder kleineren Gebilde an. Die Durchgängigkeit besteht darin, daß der Systembegriff die Beschreibung kollektiver Ganzheiten und ihrer Erhaltung und ihres Wandels in der Zeit von den kleinsten bis zu den größten Integrationseinheiten erlaubt. Unabhängig von den jeweiligen Gegenständen der wissenschaftlichen Fächer hat so diese Theorie allgemeine strukturelle und prozessuale Gemeinsamkeiten feststellen und Strategien beschreiben können, durch die sich Systeme inmitten der Komplexität ihrer Umwelt „autopoietisch" herausbilden und durch die Ausbildung neuer Subsysteme innerlich wandeln.[34] Hinsichtlich des Problems, wie Systeme mit den ihnen ständig von innen und von außen zuwachsenden Herausforderungen fertig werden, nimmt Luhmann an, daß sie diese Komplexität im funktionalen Sinne durch „Sinn-Gebung", „Sinn-Festlegung" und „Sinn-Gebrauch" reduzieren, d.h. sowohl selbstreferentiell als auch nach außen gewandt das für sie Zuträgliche „sinnhaft" selegieren und durch Reproduktion erfolgreicher Sinnstrukturen Selbstbildung betreiben. Obwohl Luhmann seine Theorie in unterschiedlichen Sinnsystemen, von der Gesellschaft über die Wirtschaft, das Recht, die Erziehung und viele andere bis zur Liebe, erprobt hat und davon eine große intellektuelle Faszination ausgegangen ist, ist die praktische Erklärungskraft in den Sozialwissenschaften bisher eher gering und in den historischen Wissenschaften noch geringer geblieben, zumal es eine offene Frage ist, ob sich der historische Wandel von Kultur überhaupt systemtheoretisch erklären läßt.[35]

2.4 Popper:
Der Kritische Rationalismus als fundierende Wissenschaftstheorie der Sozialhistorie

Ein leichter zu erkennender Einfluß auf die empirisch-analytische Sozialhistorie ist von der oben schon erwähnten, hauptsächlich von dem Philosophen Popper entwickelten Wissenschaftstheorie des Kritischen Rationalismus ausgegangen.[36] Zwar tritt auch diese Theorie mit dem Anspruch universeller und zeitenthobener Gültigkeit

---

[34] Wichtige Anregungen für die systemtheoretische Gesellschaftstheorie sind in den letzten Jahrzehnten auch aus der mathematisch-naturwissenschaftlichen Chaostheorie gekommen, nach der Ordnung aus Chaos wie umgekehrt aus Chaos „selbstorganisatorisch" Ordnung entstehen kann. Vgl. hierzu den interdisziplinär angelegten Band von *G. Küppers* (Hg.): Chaos und Ordnung. Formen der Selbstorganisation in Natur und Gesellschaft, Stuttgart 1996. Vgl. dazu auch die Ausführungen in Kapitel 49.

[35] Luhmanns Ansatz hat eine gewisse Nähe zur biologischen Evolutionstheorie. Vgl. hierzu die Kapitel 51 und 52.

[36] Die den Kritischen Rationalismus begründende Schrift *Poppers*: Logik der Forschung (1935), Tübingen [10]1994) ist in Deutschland verzögert zur Kenntnis genommen worden. Zur Zeit der Herausbildung der Sozialhistorie sind deren philosophische Hauptexponenten in Deutschland *E. Topitsch*, u.a. mit seiner Schrift: Sozialphilosophie zwischen Ideologie und Wissenschaft (1961), Neuwied/Berlin 1966; *H. Albert*, u.a. mit seiner Schrift: Traktat über kritische Vernunft, Tübingen 1968; und *W. Stegmüller* mit seinem Standardwerk: Probleme und Resultate der Wissenschaftstheorie und Analytischen Philosophie, Berlin 1969 ff.; und seinem Lehrbuch: Hauptströmungen der Gegenwartsphilosophie. Eine kritische Einführung, 3. wes. erw. Aufl.. Stuttgart 1965.

der Kriterien der Begründung von sicherem Wissen auf und zielt so primär auf ahistorische Grundbedingungen des systematischen Wissenserwerbs. Indem aber alle Ergebnisse kritisch-rationaler Erkenntnis jederzeit prinzipiell in Frage gestellt und dem neuen Wissensstand angepaßt und korrigiert werden können und müssen, zielt diese Erkenntnistheorie auf der Ebene des Erkenntnisfortschritts auf eine Geschichte des Wissens(zuwachses) und benennt als zu fordernde konkrete Voraussetzung für ihren Fortschritt „offene Gesellschaften". Alle drei Annahmen über den Wahrheitsanspruch menschlicher Erkenntnis: die Existenz von allgemeinen Gesetzen, die Vorläufigkeit allen bisherigen Wissens über sie und die unausgesetzte Notwendigkeit der rationalen und intersubjektiven Prüfung dieses Wissens hat sich die empirische Sozialhistorie zueigen gemacht.

Noch bevor aber nach der Leistung des Kritischen Rationalismus in der sozialhistorischen Forschung zu fragen ist, gilt es sich klarzumachen, daß dieser eine im allgemeinsten Sinne *natur*wissenschaftliche Erkenntnistheorie ist: Seine „rationalistische" Voraussetzung ist, daß Naturgesetze die Welt insgesamt beherrschen und der menschliche Geist auch in der Lage ist, diese Gesetze zu erkennen. Diese Voraussetzung leitet das Verfahren an, nach Gesetzeshypothesen (*conjectures*) nicht nur über die physikalische, sondern auch über die kulturelle Welt zu suchen, sie in danach konstruierten Experimenten auf ihre Richtigkeit zu überprüfen, die dabei an der Wirklichkeit gescheiterten Hypothesen auszusortieren oder zum heuristischen Ausgangspunkt modifizierter Hypothesen zu machen und die verifizierten Vermutungen auf ihre logische Verträglichkeit mit anderen gleich- und übergeordneten Behauptungen zu überprüfen und zu ihrer weiteren Absicherung weiteren Experimenten zu unterwerfen. An diesem letzten Punkt setzt Poppers „kritischer" Rationalismus an. Im fast schon dialektisch zu nennenden Versuch der Wissenschaftler, in immer scharfsinniger angelegten und den Erkenntnisfortschritt nutzenden Experimenten die Gültigkeit bisheriger Vermutungen zu widerlegen (*refutations*), steckt die Hoffnung, man könne sich durch schrittweises Ausscheiden des Falschen ständig etwas mehr der Wahrheit annähern. Allerdings darf man die auf diese Weise gewonnenen „Gesetze" weiterhin nur für immer wahrscheinlicher geltende Vermutungen halten, da die vollständige Falsifikation einer Gesetzeshypothese vom Typ „Immer wenn die Voraussetzungen x gegeben sind, dann ist y" im Experiment unmöglich ist.

Dieses Verfahren der Annäherung an die Wahrheit ist erst recht unmöglich bei kulturellen Gegenständen. Das setzte nicht nur voraus, daß die natürlichen biologischen Voraussetzungen der Menschen immer und überall gleich sind, sondern auch, daß ihr Denken, Fühlen und Handeln im Prinzip gleich ist, es hinter der verwirrenden Vielfalt der sozialen und kulturellen Phänomene Strukturgesetze gibt und die Menschen und ihre Vereinigungen sich deshalb in vergleichbaren Situationen immer gleich verhalten. Genau diese – wenig wahrscheinliche – Vermutung teilt indes die dem Kritischen Rationalismus folgende empirisch-analytische Sozialforschung und meint, daß man sich jene Gesetzmäßigkeiten wenn schon nicht immer im Experiment, so doch in der quantitativen Erfassung und Korrelierung individueller und kollektiver Tatsachen in dem von den Gesellschaften aktuell und in aller Geschichte veranstalteten großen „Wirklichkeitsexperiment" erschließen könne. Weil man sich dabei aber nicht der Einsicht verschließen kann, daß diese Wirklichkeit eine funktional durchmischte, d.h. von funktionsneutralen und dysfunktionalen Elementen und Tendenzen durchsetzte, ist, schränkt man die Annahme von der Gesetzmäßigkeit des Soziokulturellen immerhin soweit ein, daß man sich mit „Theorien mittlerer Reichweite" (R.K. Merton) und in der Sozialhistorie mit der Annahme gesetzmäßiger Tendenzen mittlerer Geltungsdauer in begrenzten sozialen Einheiten begnügt.

Nähert man sich dem Kritischen Rationalismus jedoch von den beiden anderen oben genannten Grundsätzen her, dann kann man ihm im Hinblick auf die Erforschung gewisser Tendenzen des Verhaltens und des gesellschaftlichen Wandels seine Plausibilität nicht absprechen. Man kann ihn allein schon deswegen für genuin historisch und die historische Forschung konstruktiv anleitend halten, weil er grundsätzlich auf die Behauptung unveränderlicher Wahrheiten verzichtet, für ihn alle Erkenntnis vorläufig ist, Annahmen über die (historische) soziale Wirklichkeit so formuliert sein müssen, daß sie bei der Überprüfung an empirischen Daten und Quellen scheitern können müssen, die solcherart widerlegten Vermutungen die Forscher nicht nur von Irrtümern befreien, sondern ihnen auch den Weg zur Verbesserung ihrer Erkenntnisse ebnen und der so gewonnene Wissensstand aufgrund der vielfachen Verschränkung von empirischen Daten und hermeneutischen Einsichten und unter Beachtung der wissenschaftsimmanenten Normen der Rationalität, der Logik und der Kritik ein Gegengewicht gegen alle Spekulation ist.

Den Schritt zur Anwendung dieser Wissenschaftstheorie auf die Geschichte, insbesondere auf die der philosophischen Staatstheorie, hat Popper selbst in seinen politisch motivierten Arbeiten getan. „Die offene Gesellschaft und ihre Feinde" (1945)[37], die Schrift, die ihn vor allem in den Kulturwissenschaften bekannt gemacht, rechnet mit dem ab, was er die Verzauberung der Philosophie durch den „Historizismus" nennt, jene von Platon bis zu Hegel und Marx und bis in die Gegenwart reichende Geschichtstheorie, deren „Hauptziel" „historische Voraussage" sei und „die annimmt [...], daß sich dieses Ziel dadurch erreichen läßt, daß man die ‚Rhythmen' oder ‚Patterns', die ‚Gesetze' oder ‚Trends' entdeckt, die der geschichtlichen Entwicklung zugrunde liegen" (S. 23 f.). Im Gegenzug gegen die großen philosophischen Systemversuche und ideologischen Ansprüche, das „Ganze", den „Sinn der Geschichte" zu erfassen, setzt er sich im neuseeländischen Exil – zu dem Zeitpunkt, als die Hitlerdiktatur niedergerungen wird – für die liberal und tolerant verfaßte, demokratische „offene Gesellschaft" des Westens ein und damit auch für einen diskursiven Begriff von (historischer) Wahrheit.

---

[37] *K.R. Popper*: Die offene Gesellschaft und ihre Feinde. 2 Bde.; Bd. 1: Der Zauber Platons; Bd. 2. Falsche Propheten. Hegel, Marx und die Folgen (engl. 1944, übers. von P.K. Feyerabend Bern 1957/1958) Tübingen 1992. Eine kritische Rekonstruktion von Poppers Ansatz gibt *F. Schupp*: Poppers Methodologie der Geschichtswissenschaft. Historische Erklärung und Interpretation, Bonn 1975.

2.5. Nipperdey: Die Integration von Sozial-, Politischer und Kulturgeschichte in einer Historie

Neben der so begründeten und methodengerecht angewandten empirischen Sozialhistorie gibt es eine Forschung, die den alten ideengeschichtlichen, historistischen und narrativen Tugenden der Historiographie nicht untreu und zugleich der neueren Sozialhistorie in ihren beiden Ausprägungen gerecht wird. Zu den gelungenen Versuchen dieser Art gehören sicherlich die Arbeiten des oben schon genannten Historikers THOMAS NIPPERDEY (1927-1992) und im besonderen seine Bände über die neuere deutsche Geschichte[38], die bei einer gewissen Bervorzugung der politischen Geschichte und einer deutlichen Distanz zum Neomarxismus das *Ganze der Kultur* empirisch und hermeneutisch umfassen und so Gesellschafts-, Rechts-, Bildungs- und traditionelle Kulturgeschichte in einem sind und zudem in der Darstellung – mit bisweilen durchaus auch rhetorischer Zuspitzung – Geschichte zugleich erzählen, argumentativ entwickeln und mit Fakten und quantitativen Analysen genau begründen. Seine Darstellung nennt er einen „Versuch, eine die Totalität der Lebenswelten umgreifende Geschichte zu bieten, die die vielen möglichen Geschichten von Wirtschaft, Verfassung, Klassen und Klassenkampf, Industrialisierung, Alltag und Mentalität und großer Kultur/ übergreift."[39] Dazu gehört auch die ausdrückliche Würdigung der Rolle, die „große Individuen" in der Geschichte spielen.[40]

3. Leistungen und Grenzen der geschichtswissenschaftlichen Sozialhistorie

Die neue Sozialhistorie erfährt schon während ihrer Entfaltung um 1970 neben erwartungsvoller Zustimmung auch konzeptionelle Kritik und eine Relativierung ihrer Leistungen. Allgemein steht ihr zunächst die Politische (Ereignis-)Geschichte reserviert gegenüber, welche in der Breite der konkreten Forschungsaktivitäten im Fach ohnehin beherrschend bleibt und meist nur zur zusätzlichen empirischen Absicherung ihrer Einsichten und Annahmen die Sozialhistorie heranzieht. Nicht wenige Geisteswissenschaftler traditioneller Herkunft halten sie darüber hinaus für eine historischen Gegenständen prinzipiell nicht gerecht werdende Methode.[41] Die Kritische Theorie belegt dies mit Gründen, die in den beiden folgenden Kapiteln dargestellt werden.

---

[38] *Th. Nipperdey*: Deutsche Geschichte. 1800–1866. Bürgerwelt und starker Staat, München 1983; Deutsche Geschichte. 1866–1918, in zwei Teilbänden, Bd. I: Arbeitswelt und Bürgergeist, Bd. II: Machtstaat vor Demokratie, München 1990 und 1992.

[39] Nipperdey 1990, 837 f.

[40] In seinem eigenen Kommentar zum berühmt gewordenen, jeweils ersten Satz: „Am Anfang war Napoleon [bzw. ... Bismarck]." seiner „Deutschen Geschichte" (1983 und 1990) hat sich Th. Nipperdey, z.T. ironisch, von jenen Vertretern der „Strukturgeschichte" abgesetzt, die eine „Geschichte ohne Personen" anstrebten (1992, 11).

[41] Zu „Aufstieg und Fragmentierung der Sozialgeschichte (1960-1990)" vgl. die Ausführungen von *L. Raphael*: Geschichtswissenschaft im Zeitalter der Extreme. Theorien, Methoden, Tendenzen von 1900 bis zur Gegenwart, München 2003, 173-195.

3.1 Die sozialhistorische Imprägnierung aller Kulturwissenschaften

Was heute, nach vier Jahrzehnten empirischer sozialhistorischer Forschung, zunächst aber unbezweifelbar feststeht, ist, daß ihre Sichtweise das historische Denken insgesamt durchdrungen hat. Seither zeichnet alle historischen Geisteswissenschaften ein starkes sozialhistorisches Moment aus. Das überrascht besonders in den Wissenschaften von den Schönen Künsten. Denn deren Gegenstände, die Kunstwerke, werden seit Anbeginn der Moderne geradezu als autonome Schöpfungen menschlicher Individuen begriffen, die kraft ihres ästhetischen Charakters weitgehend der gesellschaftlichen Sphäre enthoben seien und sozusagen in einer eigenen, idealen Welt existieren. Daß auch sie jetzt – und mitunter sogar primär – als soziale Phänomene begriffen werden, sei kurz am Beispiel der Kunstgeschichte angedeutet. So haben die Autoren des Mitte der 80er Jahre gesendeten „Funkkollegs Kunst"[42] die dort vorgestellten Kunstwerke grundsätzlich von der Funktion her gedeutet, die sie im Leben der Menschen zu deren Zeit und in deren Stand, Weltanschauung und Muße gehabt haben. In der programmatischen „Einführung in die Thematik des Funkkollegs" unterscheidet dessen Hauptverantwortlicher *W. Busch* unter dem Titel „Die Kunst und der Wandel ihrer Funktionen" vier Funktionen in ihrem „Wandel im Laufe der Geschichte"[43]: die religiöse, die ästhetische, die politische und die abbildende. In der Darstellung der Geschichte der Kunst wird deshalb auch die ästhetische Funktion als eine historisch-gesellschaftliche begriffen und werden die ästhetisch idealisierenden und die religiös symbolisierenden Kunstwerke ebenso nach ihrer sozialen Funktion befragt wie etwa die realistisch abbildenden Werke der Antike und des 19. Jahrhunderts.[44] Eben diese Sichtweise hatte zuvor allerdings schon viele Darstellungen der mittelalterlichen Kunst seitens der Annales-Schule, wie etwa das Buch von *G. Duby*: Die Zeit der Kathedralen. Kunst und Gesellschaft 980-1420[45], auszeichnet. Entsprechendes gilt für die Ethnologie und die Literaturwissenschaften. Beispielhaft hierfür sind zum einen die neuere deutsche Kulturanthropologie und zum anderen die Darstellungen vom neueren Typ der „Sozialgeschichte der Literatur" in der Germanistik.[46]

---

[42] *W. Busch* u.a. (Hg.): Funkkolleg Kunst. 30 Studieneinheiten, Tübingen 1984/85.
[43] Ebd., Studienbegleitbrief 0, 1984, 61-67, hier: 61, vgl. Grundsätzliches zum Ansatz auch ders.: Kunst und Funktion, in: ebd., Studienbegleitbrief 1, 1984, 11-50.
[44] Vgl. *J. Mukarovsky*: Ästhetik, Frankfurt ³1978; ein Beispiel aus jüngerer Zeit wäre etwa *H. Klotz/M. Warnke*: Geschichte der deutschen Kunst 600-2000, München 1998-2000 (Sonderausgabe 2003).
[45] frz.: Genève 1966/67, dt.: Frankfurt 1988.
[46] Vgl. *R. Girtler:* Kulturanthropologie. Entwicklungslinien, Paradigma, Methoden, München 1979; ders.: Kulturanthropologie. Eine Einführung, Wien 2006; Internationales Archiv für Sozialgeschichte der deutschen Literatur, 1975 ff.; *H. A. Glaser* (Hg.): Deutsche Literatur. Eine Sozialgeschichte, 10 Bde., Reinbek 1980 ff.; *R. Grimminger* u.a. (Hg.) Hansers Sozialgeschichte der deutschen Literatur vom 16. Jh. bis zur Gegenwart, München /Wien 1980 ff.. Neu aufgelegt ist auch die ältere Darstellung von *A. Hauser*: Sozialgeschichte der Kunst und Literatur (1953), München 1990. Programmatisch ist *D. Groh*: Kritische Geschichtswissenschaft in emanzipatorischer Absicht. Überlegungen zur Geschichtswissenschaft als Sozialwissenschaft, Stuttgart u.a. 1973.

Ein anderer heute nicht mehr bestrittener Vorzug ist, daß sich die traditionellen Geisteswissenschaften durch ihr neues Interesse an gesellschaftlichen Strukturen und an funktionalistischer Deutung nicht zu ihrem Nachteil nun in größerer methodischer Nachbarschaft zu den systematisch forschenden Sozialwissenschaften begeben haben, wie insbesondere zur Soziologie, Politologie, Ökonomie, Demographie, Sozialpsychologie, behavioristischen Psychologie und zu den Verhaltenswissenschaften. Die wechselseitige Kenntnisnahme hat den mit der Verselbständigung der Sozialwissenschaften um 1900 entstandenen Abstand zu den historischen Geisteswissenschaften wieder etwas verkleinert.

3.2 Die Eliminierung der Subjekte und des Verstehens ihrer Intentionen

Die Nachteile und Grenzen des sozialhistorischen Ansatzes bestehen zunächst vor allem darin, daß er eine Geschichte ohne Subjekte und ohne „Verstehen" ist. Denn diese Historie verzichtet erstens nicht nur auf die „Großen" in der Politik, der Kunst, Religion, der Wissenschaft und der Technik, sondern geht überhaupt auf *Distanz zu den Subjekten und ihren Intentionen*, zum „subjektiv vermeinten Sinn" der Handelnden, zu den Urteilen der Zeitgenossen, zu dem von ihnen registrierten positiven oder negativen „Erfolg" von Maßnahmen, zu dem von ihnen empfundenen Wandel der Verhältnisse und schließlich auch zur Verstehenskunst der Historiker – eben weil sie die methodologisch begründete Erwartung hegt, die „Oberflächenschicht" der subjektiven Befangenheiten und unbewußten ideologischen Fehldeutungen der Individuen zu durchstoßen und so an die bewegenden Funktionen und wirksamen Strukturen hinter den Phänomenen und Plänen der Handelnden heranzukommen. Indem die Sozialhistorie geschichtliche Lagen und den gesellschaftlichen Wandel nicht eigentlich „verstehen", sondern „erklären" will, muß sie in der Tat verallgemeinern, d.h. vom Schicksal der Individuen und der Gruppen unterhalb der größeren sozialen Formationen absehen und nach übergeordneten sozialen Strukturen, Funktionen, Verhältnissen suchen. Nur so kann sie ihrem Ziel näherkommen, herauszuarbeiten, was die Geschichte in bestimmten Zeitaltern und in bestimmten Gesellschaften wirklich antreibt. Dadurch kommen aber allemal die Perspektiven und Situationen der Subjekte zu kurz.[47]

3.3 Die Gegenstandsbeschränkung auf die Moderne

Ein weiteres problematisches Merkmal der neuere Sozialgeschichte ist sodann, daß sie sich unter weitgehender Aussparung der Vormoderne auf die Geschichte des modernen Europas konzentriert hat.[48] Ihre Attraktivität wird ganz wesentlich durch das

---

[47] Eine skeptische Einschätzung der Leistung der historiographischen Strukturgeschichte findet sich im Sinne dieser Kritik konzentriert in Nipperdeys „Nachwort" zum o.g. Band I, 1990, 835-840 und im „Schluß" zu Band II, 1992, 877-905, welch letzterer zugleich ein wissenschaftliches Lebensschlußwort des Autors ist. Zur alsbald nach 1970 einsetzenden sog. *subjektiven Wende* in den Humanwissenschaften vgl. Kapitel 38.

[48] Ausnahmen bestätigen die Regel. So hat sich der sozialhistorische Ansatz durchaus auch in der deutschen Mediävistik und der Alten Geschichte niedergeschlagen. So stützen sich z.B. die Forschungen von *R. Ch. Schwinges* über den spätmittelalterlichen Gelehrten auf archivalisch erhobene Kollektivbiographien von Klerikern: Zur Professionalisierung gelehrter Tätigkeit im

Versprechen genährt, daß sie aufzuklären vermag, inwiefern das westliche Modell der „*modernen Industriegesellschaft in einem Modernisierungsprozeß gesellschaftlicher Strukturen*" bestehe. In dieser häufig zu lesenden zirkulären Begründung des Modernen durch die Moderne selbst bleibt allerdings offen, was damit gemeint ist. Wird dabei hauptsächlich an die technische und wissenschaftliche Rationalisierung wirtschaftlicher Prozesse, an die dies erfordernde Freisetzung der Individuen von Hemmnissen der traditionellen Gesellschaften, an Mechanismen rationaler Konfliktlösung und an einen immer rascheren und globalen Informationsfluß gedacht? Oder ist damit eher die politische und rechtliche Emanzipation der Menschen, die Durchsetzung allgemeiner Menschen- und Bürgerrechte, eine gerechtere Verteilung der Güter unter die Menschen, ein auskömmlicher Wohlstand und ausreichende Gesundheitsvorsorge für alle und die Ermöglichung von Bildung im emphatischen Sinne der Aufklärung gemeint? Oder ist die „Moderne" nicht mehr als ein normenindifferenter Beschreibungsbegriff für den in der Ersten Welt faktisch eingetretenen Wandel während der letzten 250 Jahre.[49] Erst ein größerer geschichtlicher Abstand wird zeigen, ob „unsere" Moderne außer schrecklichen politischen Verwerfungen, technischen, wirtschaftlichen und medizinischen Erfolgen auch einen humanitären Fortschritt gebracht haben wird.

Sagen läßt sich jedoch schon heute, daß die „Kleinschreibung" des realgeschichtlichen Wirkens von Personen, Ideen, Werken und allgemein von „Kultur" bzw. dessen Deutung als bloßer Ausdruck jener übergeordneten „modernen" Strukturen und Prozesse eine problematische Unterschlagung bzw. Verkürzung der Komplexität der Geschichte ist. Auch dürfte sich diese Sozialhistorie darin irren, daß es für sie weltgeschichtlich nur einen Weg in die Zukunft gibt und dieser identisch mit dem der Europäer seit der Aufklärung ist. „Hier sind, urteilt Ch. Simon, Elemente des Fortschrittsglaubens, des Zutrauens zur Rationalität der Wissenschaft mit der Vorstellung verbunden, es gebe nur eine Wahrheit und nur eine Geschichte [...]".[50] In dieser schlichten Einfalt bewegt sich letztlich auch die These des amerikanischen Historikers *F. Fukuyama,* der nach dem Zusammenbruch der Sowjetunion gemeint hat, daß es nunmehr, nach dem „Ende der Geschichte" nur noch Varianten der einen – westlichen – Moderne geben würde.[51]

3.4 Der Verzicht auf das Erzählen der Geschichte

Ein letzter Punkt der Kritik ist der weitgehende Verzicht der Sozialhistorie auf das Erzählen der Geschichte.[52] Weil für sie Daten, Sachverhalte und systematisch aufeinander bezogene Argumente den Kern der historischen Erkenntnis ausmachen und Strukturen und Funktionen – anders als Subjekte, welche Intentionen, und Situationen, die ihren Ort in einem kulturellen Zusammenhang und in einer Ereignisabfolge haben – sich nicht eigentlich von innen verstehen und erzählen lassen, verlangt de-

---

deutschen Spätmittelalter, Göttingen 2001.
[49] Vgl. *H.-U. Wehler*: Modernisierungstheorien und Geschichte, Göttingen 1975.
[50] Simon 1996, 231.
[51] Das Ende der Geschichte. Wo stehen wir?, München 1992.
[52] Zum neueren Wiedererstehen des Narrativen in der Historie vgl. Kapitel 44.

ren Darstellung eine abstrakt-rationale, wenig imaginative und kommunikative Argumentation und Rezeptionshaltung. Was von ihren Promotoren als eine notwendige „nachholende Modernisierung"[53] der Methodik der historischen Wissenschaften betrachtet wird, nämlich die Mathematisierung der Phänomene, die Absicherung der Daten und Aussagen in operationalen Definitionen und statistischen Verfahren, wird von anderen als ein neugewandter historischer Positivismus kritisiert.

Ist so ihr Ziel, durch methodisch kontrollierte Forschung feststellen zu können, was *objektiv* der Fall war, sicherlich nicht erreichbar, können ihr doch das aufklärerische Motiv und die aufklärerische Leistung nicht abgesprochen werden. Das Selbstverständnis ihrer Vertreter trifft man wohl am ehesten, wenn man sie in der Tradition der nicht-wertenden Soziologie Max Webers sieht. Danach halten sie die Aufklärung historischer Sachverhalte für ihre primäre Aufgabe, die historische Sinnstiftung und vernünftige Orientierung des politischen Handelns jedoch nur in dem Sinne, daß sie dafür die Voraussetzungen bei den Bürgern schaffen. Was schließlich die empirisch-analytische Sozialtheorie und Sozialhistorie – ungewollt – gelehrt hat, ist, daß der seit dem 18. Jahrhundert immer wieder erneuerte und vom Kritischen Rationalismus nochmals wiederbelebte Traum von einer wissenschaftlichen Universalmethode nach seinem erneuten Scheitern in den Sozialwissenschaften endgültig zu begraben ist.

---

[53] W. Hardtwig/H.-U. Wehler (Hg.): Kulturgeschichte heute (Sonderheft 16 von „Geschichte und Gesellschaft", Göttingen 1996, 12.

35. Kritische Gesellschaftsgeschichte:
Geschichtstheoretische Aspekte der Kritischen Theorie

1. Die Gesellschaftskritik der Kritischen Theorie 593
2. Die „Dialektik der Aufklärung" (Horkheimer/Adorno):
   Fundamentale Kultur- und Gesellschaftskritik – historisch begründet 598

Von den zwei unmittelbaren Antworten der historischen Wissenschaften auf die Herausforderungen der 60er Jahre ist die eine, die empirische Sozialhistorie, im vorigen Kapitel vorgestellt worden. Die andere, wesentlich radikalere Antwort ist die von der Kritischen Theorie inspirierte kritische Gesellschafts- und Geschichtstheorie. Sie muß man als die eigentliche Trägerin der Fundamentalkritik der 68er-Bewegung in Westdeutschland betrachten. Auch wenn ihre anspruchsvolle geschichtsphilosophischen Begründung kaum von der größeren Öffentlichkeit verstanden worden sein dürfte, so hat diese Theorie doch jener gesamtgesellschaftlichen Kritik einen wesentlichen Teil ihrer Begrifflichkeit und ihrer Argumente vermittelt. Ohne sie hätte sich die Studentenbewegung von 1968 gar nicht recht artikulieren und so rasch in die Sozial- und historischen Wissenschaften eindringen können. Jedenfalls ist die gesellschaftliche Neuorientierung um 1970 ohne jene Theorie nicht vorstellbar, wenn umgekehrt sicherlich auch die damaligen politischen Ereignisse auf ihre neuere Ausformung in jenen Wissenschaften eingewirkt haben. Das Fernziel sowohl der sich revolutionär engagierenden Vertreter der Studentenbewegung als auch ihrer Stichwortgeber von der Kritischen Theorie ist freilich weder Politik noch konkrete Anleitung zur Gestaltung der persönlichen Lebensführung gewesen, sondern die Verwirklichung einer Vision vom „neuen Menschen" und von einer „neuen Gemeinschaft", welche dann der Moral und der Politik im traditionellen Sinne gar nicht einmal mehr bedurft hätten.

Der herausfordernde und allemal immer anregende Einfluß der Kritischen Theorie in Wissenschaft und Kultur und im besonderen auch im historischen Denken ist allein Grund genug, daß ihre Gesellschafts- und Geschichtstheorie hier in zwei Kapiteln etwas ausführlicher dargestellt wird, im vorliegenden Kapitel in ihrer sozusagen klassischen Form der Frankfurter Schule, im nächsten Kapitel in ihrer wissenschafts- und geschichtstheoretischen Erweiterung durch Jürgen Habermas, den wichtigsten jüngeren Vertreter der Kritischen Theorie.

Im folgenden wird hierzu zunächst die *Geschichte der Kritischen Theorie* von den 20er bis zu den 70er Jahren in Deutschland unter besonderer Berücksichtigung der *neomarxistischen Kritik an der bürgerlichen Gesellschaft* rekapituliert. Die weiteren Ausführungen gelten dann vor allem dem düsteren Hintergrund, den Horkheimer und Adorno, die wichtigsten Gründerväter der Kritischen Theorie, in ihrer gemeinsamen Schrift „*Dialektik der Aufklärung*" von der auf die Herrschaft der menschlichen Vernunft gegründeten Moderne gezeichnet haben. Er gibt Anlaß zu einigen universalhistorischen Reflexionen.

1. Die Gesellschaftskritik der Kritischen Theorie

1.1 Die Geschichte der Kritischen Theorie

Die Kritische Theorie[1] hat eine Geschichte, die im ersten Drittel des 20. Jahrhunderts beginnt und von daher die Zeichen einer anderen Zeit trägt als die ihrer späteren Hauptwirkung. Von ihren ursprünglichen politischen Motiven her ist sie eine sozialkritische Philosophie in dem Sinne, daß sie von einem marxistischen Verständnis her Radikalkritik an der modernen bürgerlichen Gesellschaft übt, Grundbedingungen einer möglichen künftigen „wahrhaft menschlichen Gesellschaft" ausarbeitet und zum politischen Engagement in diesem Sinne auffordert.[2] Unter dieser Zielvorstellung hat das als außeruniversitäre Forschungsstätte für „Probleme der Arbeiterbewegung, des Sozialismus und des Marxismus" gegründete *Frankfurter Institut für Sozialforschung* ab 1923 eine linke Intelligentia zusammengeführt, deren Mitglieder zumeist bürgerliche Wissenschaftler jüdischer Herkunft waren, die sich, abweichend vom orthodox entarteten Marxismus sowjetischer Prägung, den Grundsätzen der rechtsstaatlichen und freiheitlichen Demokratie und der allgemeinen Menschenrechte in der Tradition der europäischen Aufklärung verpflichtet fühlten. Zu dieser Gruppierung gehörte eine Reihe von Denkern, die – im Rückblick läßt sich das gewiß sagen – zu den intelligentesten und brillantesten zählen, die Deutschland im 20. Jahrhundert hervorgebracht hat, u.a. MAX HORKHEIMER (1895-1973)[3], HERBERT MARCUSE (1898-1979), der Psychoanalytiker und Sozialpsychologe ERICH FROMM (1900-1980), der Literaturtheoretiker WALTER BENJAMIN (1892-1940) und THEODOR W. ADORNO (1903-1969)[4]. Sie alle sind in den 30er Jahren durch den NS-Staat in die Emigration getrieben worden, wobei sie das westliche Ausland der Sowjetunion vorgezogen haben. Ein Teil von ihnen ist seit Beginn der 50er Jahre nach Westdeutschland zurückgekehrt, hat hier – vor allem in den Personen von Horkheimer und Adorno – seine durch die Erfahrung von Exil, Krieg und westlichem Kapitalismus neuerlich geprägte kritische Sozialphilosophie weiterentwickelt und – wieder von Frankfurt aus – unter der nun gängigen Bezeichnung „Kritische Theorie" eine rege Forschungs- und Lehrtätigkeit entfaltet, der sich alsbald eine jüngere Professorengeneration angeschlossen hat. Die „Frankfurter Schule", wie sie dann auch bald genannt wird, hat so ihre Wurzeln in der Weimarer Republik, ist geprägt durch die Exilerfahrung ihrer Begründer im westlichen Ausland – das seinerseits, besonders die USA, von diesen deutschen Exilanten kulturelle und zumal wissenschaftliche Anregungen erhält –, erlebt ihre „Wiedergeburt" im (zeit-)geschichtsvergessenen, antikommunistischen Nachkriegsdeutschland der 50er

---

[1] Den Begriff hat M. Horkheimer 1937 in seinem programmatischen Aufsatz „Traditionelle und Kritische Theorie" (Zeitschrift für Sozialforschung) geprägt, abgedruckt auch in: *M. Horkheimer*: Gesammelte Schrift. Bd.4, Frankfurt 1988, 162-225; Neuausgabe Frankfurt 1992.

[2] Zur Geschichte der Kritischen Theorie vgl. *R. Wiggershaus*: Die Frankfurter Schule. Geschichtlich-theoretische Entwicklung – Politische Bedeutung, München 1986 (Tb-Ausg. München ⁴1993); *H. Dubiel:* Kritische Theorie der Gesellschaft. Eine einführende Rekonstruktion von den Anfängen im Horkheimer-Kreis bis Habermas, Weinheim u.a. ³2001; *Ch. Türcke:* Einführung in die kritische Theorie, Darmstadt 1994.

[3] Gesammelte Schriften. 18 Bde. Hg. A. Schmidt/G. Schmid-Noerr, Frankfurt 1985 ff.

[4] Gesammelte Schriften. 23 Bde., Frankfurt 1970 ff.

Jahre, trifft zu Beginn der 60er Jahre auf eine sich gesellschaftskritisch verstehende studentische Jugend und erreicht in der historisch einmaligen personellen, institutionellen und politischen Konstellation der Jahre um 1968 den Höhepunkt ihrer Wirkung, die von da an zumindest bis in die 80er Jahre produktiv auf den ganzen Wissenschafts- und Kulturraum Westdeutschlands ausstrahlt.

Zu dieser Wirkung hat vieles beigetragen: die Verbreitung und die Auseinandersetzung mit den älteren Schriften der „Frankfurter" – vor allem mit den Aufsätzen der vom „Institut" 1932-1941 im Exil herausgegebenen „Zeitschrift für Sozialforschung"[5] und mit der gemeinsamen Grundschrift von Horkheimer und Adorno „Dialektik der Aufklärung. Philosophische Fragmente" (1947)[6] –; dann die Antworten, die diese Theorie auf die Frage nach den Ursachen der deutschen Verbrechen im Hitlerstaat gibt und insbesondere auch der jüngeren Generation erklärt, warum ihre Eltern dem Nationalsozialismus so rasch und so widerstandslos verfallen sind; sodann die Kapitalismuskritik, die in den 60er Jahren in Verbindung mit westlichen neomarxistischen Bewegungen und Philosophien weltweit, insbesondere auch in Amerika, Frankreich und Italien, an Boden gewinnt; und nicht zuletzt die immense Denkleistung und das politische und moralische Engagement[7] von JÜRGEN HABERMAS (geb. 1929), der als Schüler von Horkheimer und Adorno die Kritische Theorie weit und eigenständig über deren Philosophie hinausführt und selbst zum bedeutendsten deutschen Philosophen der zweiten Hälfte des 20. Jahrhunderts aufsteigt.

Eine besondere Rolle haben bei dieser Gesellschaftskritik noch zumindest drei Marxisten gespielt, die dem Frankfurter Kreis zwar nicht angehört, aber, z.T. in größerer zeitlicher Verzögerung, auf ihn und die Bewegung von 1968 stark eingewirkt haben. Die größte Aufmerksamkeit hat zunächst und lang andauernd der ungarische Philosoph und Literaturtheoretiker GEORG LUKÁCS (1885-1971)[8] auf sich gezogen, der mit seiner frühen Aufsatzsammlung „Geschichte und Klassenbewußtsein. Studien über marxistische Dialektik" (Berlin 1923)[9] unter strikter Selbstverpflichtung auf Marx' dialektische Methode dessen Gesellschaftstheorie produktiv weiterentwickelt, ferner mit seiner Schrift „Die Zerstörung der Vernunft" (1954)[10] den Nationalsozialismus aus dem Historismus und der irrationalen Tradition der deutschen Lebensphilosophie erklärt und der trotz seiner langjährigen politischen Identifizierung mit oder doch zumindest Nähe zum sowjetischen Modell des Marxismus insgesamt einen großen Einfluß auch auf die kommunistischen Denker und Parteien des Westens ausgeübt hat. In den „Frankfurtern", einschließlich Haber-

---

[5] Reprint, München 1970.
[6] Amsterdam; Neuausgabe mit einem Vorwort Frankfurt 1969.
[7] Das beginnt mit der Schrift: Strukturwandel der Öffentlichkeit, Neuwied 1962, und reicht bis zu seinen gegenwärtigen Stellungnahmen zu aktuellen Problemen der deutschen und Weltpolitik.
[8] Das Gesamtwerk von Georg Lukács wird von *Frank Benseler* herausgegeben. Der Erforschung des Werks dienen vor allem das Lukács-Institut an der Universität Paderborn und das Lukács Archiv in Budapest.
[9] Neuwied/Berlin 1968.
[10] Die Zerstörung der Vernunft. Der Weg des Irrationalismus von Schelling zu Hitler (Berlin 1968), Berlin/Neuwied 1954.

mas', schwingt das immer wieder zitierte Diktum des in Parteidiensten stehenden radikalen Kommunisten und „orthodoxen" Marxisten Lukács über die unerschütterliche Geltung von Marx' Methode nach:

> [...] angenommen – wenn auch nicht zugegeben –, die neuere Forschung hätte die sachliche Unrichtigkeit sämtlicher einzelnen Aussagen von Marx einwandfrei nachgewiesen, so könnte jeder ernsthafte ‚orthodoxe' Marxist alle diese neuen Resultate bedingungslos anerkennen, sämtliche einzelne Thesen von Marx verwerfen – ohne für eine Minute seine marxistische Orthodoxie aufgeben zu müssen. Orthodoxer Marxismus bedeutet also nicht ein kritikloses Anerkennen der Resultate von Marx' Forschung, bedeutet nicht einen ‚Glauben' an diese oder jene These [...]. Orthodoxie in Fragen des Marxismus bezieht sich vielmehr ausschließlich auf die *Methode* [kursiv G.L.]. Sie ist die wissenschaftliche Überzeugung, daß im dialektischen Marxismus die richtige Forschungsmethode gefunden wurde, daß diese Methode nur im Sinne ihrer Begründer ausgebaut, weitergeführt und vertieft werden kann. Daß aber alle Versuche, sie zu überwinden oder zu ‚verbessern' nur zur Verflachung, zur Trivialität, zum Eklektizismus geführt haben und dazu führen mußten.[11]

Sodann ist der italienische Politiker und Mitbegründer der KPI ANTONIO GRAMSCI (1891-1937) hervorzuheben. Auf ihn geht vor allem die – während seiner Haft (1926-1937) in „Gefängnisheften"[12] niedergelegte – Erweiterung des allzu einfachen marxistischen Basis-Überbau-Schemas in Richtung auf eine herrschaftskritische *Kultur*geschichtsschreibung zurück, nach der die Wirtschaft und die militärische Macht nur zwei Momente eines viel komplexeren, vor allem durch Kultur und Mentalität bestimmten Herrschaftsgefüges sind. Schließlich gehört dazu noch der bereits in Kapitel 28 (2.2.) vorgestellte Philosophenschriftsteller ERNST BLOCH (1885-1977), der in expressionistisch-visionärer Weise in der Evolution des Lebens und näherhin des Menschengeschlechts und seiner Geschichte utopische Vorgriffe auf das ihm vorbestimmte kommunistische Ziel der Geschichte erblickt.

1.2 Die Kritik an der vom Kapitalismus beherrschten bürgerlichen Gesellschaft

Den größten Zuspruch hat die Kritische Theorie zweifellos zum einen durch ihre Kritik an der bürgerlichen Gesellschaft, an der kapitalistischen Eigentumsordnung und Wirtschaftsform und an der imperialistischen Politik des Westens gegenüber der sog. Dritten Welt erhalten, zum andern durch ihr Versprechen, die strukturelle Gewalt dieser Gesellschaftsform durch radikale institutionelle Reformen oder nötigenfalls durch Revolutionen zu beseitigen und eine bessere Welt heraufzuführen. Beides, Kritik und Versprechen, ist ein altes Erbe der sozialistischen Bewegung des 19. und des frühen 20. Jahrhunderts, das die Kritische Theorie seit ihren Anfängen in den 20er Jahren aufnimmt und mit Bezug auf den eingetretenen kulturellen Wandel der Massengesellschaft und die Erfahrungen der sozialistischen Oktoberrevolution in einer neomarxistischen Kapitalismuskritik ausformt. Was Marx schon ausspricht, nämlich die Notwendigkeit der Bewußtmachung der Widersprüche, die die

---

[11] Lukács 1968, 171.
[12] Vgl. seine Schrift: Quaderni del carcere, Turin 1975, dt. Gefängnishefte. Kritische Gesamtausgabe in 10 Bänden, hg. v. K. Bochmann und W.F. Haug, Hamburg 1991-2002.

kapitalistische Wirtschaftsordnung objektiv erzeuge, arbeitet die Kritische Theorie am sog. entwickelten (Spät-)Kapitalismus in einer Reihe von Grundsätzen heraus. Sie lassen sich in einigen damals weitverbreiteten und von vielen geteilten Thesen, deren Kritik ex negativo bereits das mögliche positive Bild einer künftigen Gesellschaft erkennen läßt, im folgenden kurz so zusammenfassen.[13]

Es ist zunächst die (Marxsche) *Entfremdungs- und Verdinglichungsthese*, nach der die kapitalistische Gesellschaftsordnung den Menschen das vorenthalte, was gerechte Gemeinwesen ihnen nach ihrer Zweckbestimmung eigentlich schuldeten und was die Menschen nach ihrem Wesen in Selbstbestimmung und Kreativität sein könnten, und nach der die Beziehungen der Menschen untereinander und zu den Dingen in einen „Warenfetischismus" eingespannt seien, der sie um die Begegnung mit echten (Kunst-)Werken des menschlichen Geistes bringe. Es ist sodann die These von der *Vorherrschaft der technologischen Rationalität* bzw. der *instrumentellen Vernunft*[14], nach der sich der wissenschaftliche, kulturelle und wirtschaftliche Erfolg allein nach dem Grad der Beherrschung der Natur durch die auf Gesetzen beruhende Technik bemesse und die dabei eingehandelten Systemzwänge einfach zu Sachzwängen erklärt würden, ohne daß noch nach der Verantwortbarkeit des Befolgens jener Sachzwänge gegenüber der Natur und den Menschen gefragt würde. Es ist ferner die These vom *Repressions- und Herrschaftscharakter der modernen Industriegesellschaft*, nach der die kapitalistische Gesellschaft als ein System interessenbedingter Ausbeutung und unnötiger Triebunterdrückung die Menschen zugleich äußerlich und innerlich beherrsche. Es ist weiter die These von der *Manipulation der Bedürfnisse*, nach der die moderne Konsum- und Wohlstandsgesellschaft in großer Zahl „falsche Bedürfnisse" erzeuge, den Menschen in deren Erfüllung Glück nur vorspiegele und sie in einem allgemeinen „Verblendungszusammenhang" gefangen halte. Es ist schließlich die These – als Folgerung aus den vorigen und versehen mit dem Versprechen, jene gesellschaftlich erzeugten Widersprüche aufzuheben –, daß die gesellschaftskritische Philosophie in eben diesem Sinne *praktisch werden müsse*, also nicht bloß eine kritische „Theorie" bleiben dürfe, sie vielmehr die Ursachen der gesellschaftlichen Fehlentwicklungen an ihrer Wurzel beseitigen müsse, deswegen isolierte Reformen verwerfen müsse – da es „kein richtiges Leben im falschen" (Th.W. Adorno) geben könne – und dafür aus einer gesamtgesellschaftlichen Perspektive die Vorbedingungen für eine radikale Gesellschaftsreform schaffen müsse.

Die sich unter diesen Leitvorstellungen zusammenfindende Neue Linke ist nicht nur die Stichwortgeberin der Studentenbewegung von 1968 gewesen, sondern hat sich auch bis weit in die 80er Jahre als das politische Gewissen der Gesellschaft verstanden. Sie konnte das glaubhaft machen, weil sie sich als Fortsetzerin jener fortschrittlich-humanistischen Tradition begriff, deren konstitutive Elemente der

---

[13] Die Thesen sind hier in Anlehnung an Ausführungen von *K. Salamun*: Kritische Theorie, in: ders.: Was ist Philosophie?, Tübingen 1980, 109 ff., formuliert.

[14] Zur Unterschätzung des kulturellen Potential des technischen Handelns und zugleich zur Dämonisierung der Technik allgemein durch die Kulturkritik der Moderne und im besonderen durch die Kritische Theorie vgl. Rohbeck 2000.

europäischen Aufklärung, dem Neuhumanismus der deutschen Klassik, der Geschichtsphilosophie Hegels, dem Marxismus und der Psychoanalyse entstammen. Dafür stand als gelebtes Vorbild vor allem der Deutsch-Amerikaner Herbert Marcuse. Neben dem charismatischen Studentenführer Rudi Dutschke ist er damals der prominenteste und beredtste Kritiker der bürgerlich-kapitalistischen Gesellschaft und zugleich der Prophet einer kommunistisch befriedeten Welt gewesen. Wendet sich seine Kritik vor allem gegen die die Individuen politisch, kulturell und sexuell unterdrückenden spätbürgerlichen Lebensformen und gegen den postkolonialistischen Vietnam-Krieg seiner Wahlheimat, so gelten seine Hoffnungen in der utopisch-optimistischen Linie des Sozialismus einer künftigen Gesellschaft, in der die Menschen in Einklang mit der Natur und mit ihresgleichen in der Fülle ihrer Möglichkeiten leben können.[15]

Während die wissenschaftlichen Repräsentanten der Kritischen Theorie so zwar im Wort radikale Gesellschaftsreformen einfordern, im politischen Handeln aber Zurückhaltung üben und sich im allgemeinen, wie u.a. auch Marcuse, ausdrücklich pazifistisch äußern und dadurch der sich anbahnenden Friedensbewegung vorarbeiten oder, wie andere, sich gegen die Ausbeutung der natürlichen Ressourcen im Naturschutz engagieren und so die ökologische Bewegung begründen, macht ein Teil der Studentenschaft in Deutschland ebenso wie in Frankreich und Amerika mit der Gesellschaftsveränderung ernst und versucht, durch den Druck der Straße, als Alternative zum Verfahren der parlamentarischen und repräsentativen Demokratie, Formen der direkten Demokratie durchzusetzen und die Weichen für eine Räterepublik zu stellen, in der die Macht also bei „Räten" liegt, die mit imperativen Mandat vom „Volk" bzw. seinen Basiseinheiten gewählt werden und von ihm jederzeit abberufen werden können. Die übergroße Mehrheit der politisch engagierten Studentenschaft indes tritt mit im wesentlichen gleichen Zielvorstellungen den „Weg durch die (demokratischen) Institutionen" an und begnügt sich mit der lautstark vorgetragenen und zum Teil erfüllten Forderung nach einem „politischen Mandat der verfaßten Studentenschaft".

1.3 Die kritische Sozialhistorie in der Geschichtswissenschaft

Gemessen am Anspruch der Kritischen Theorie, die Widersprüche der bürgerlichen Gesellschaft und den Weg aus ihrer Krise erkannt zu haben, ist der Nachweis durch eine daraufbezogenen sozialwissenschaftliche und historische Forschung relativ gering gewesen. Das liegt bei der Masse der politisch interessierten Studenten und Schüler an zwei elementaren Hindernissen, zum einen am zeitweilig alles andere absorbierenden Interesse am politischen Handeln selbst und an der Erzeugung einer revolutionären oder zumindest radikal-reformerischen Haltung, zum andern an der naiven Selbstgewißheit, daß es sich kaum mehr lohne, die sowieso schon

---

[15] Vgl. hierzu vor allem seine Schriften: Kultur und Gesellschaft. 2 Bde., Frankfurt [8]1970; Der eindimensionale Mensch, Neuwied/Berlin 1967 (engl. 1964); Triebstruktur und Gesellschaft, Frankfurt 1965; Kritik der reinen Toleranz, Frankfurt 1965a. Zu seiner Einschätzung vgl. *I. Fetscher*: Philosophie und Soziologie – Vom Positivismusstreit zur Sozialphilosophie Marcuses, in: H. Hoffmann/H. Klotz (Hg.): Die Sechziger, Düsseldorf 1987.

als ungerecht durchschaute und ihrem Ende entgegengehende bürgerlich-kapitalistische Gesellschaftsordnung genauer zu analysieren. So dürfte es gerade die von den Schulhäuptern der Kritischen Theorie so überzeugend vorgetragene Ideologiekritik gewesen, die die Anhänger dieser Kritik davon abgehalten hat, sie ihrerseits einer kritischen Revision zu unterziehen. Anders stellen sich die Auswirkungen der Kritischen Theorie auf die professionelle sozial- und kulturwissenschaftliche Sozialhistorie dar. Zwar ist auch hier auffällig, daß der großen Zahl programmatischer Entwürfe eine eher kleine Zahl von ausschließlich der Kritischen Theorie verpflichteten Studien gegenübersteht.[16]

Wenn auch der wissenschaftliche Forschungsertrag der Kritischen Theorie relativ gering ist, so hat sie doch eine große „kritische" Wirkung auf das Denken in den sozialen und historischen Wissenschaften insgesamt ausgeübt. Hatte schon die empirisch-analytische Sozialhistorie die Geschichtsschreibung „kritischer" gemacht, so geht die Kritische Theorie darüber hinaus und stellt die ganze bisherige Historie von vornherein unter den Verdacht der naiven Affirmation gesellschaftlicher Ungerechtigkeiten oder der interessenbedingten Hinwegtäuschung anderer darüber und ist die historische Ideologiekritik insgesamt reflexiver. Gleich, ob es sich um die Erforschung der griechischen Tragödie, der römischen Agrarreformen, der mittelalterlichen Auseinandersetzungen zwischen der geistlichen und der weltlichen Macht, des frühneuzeitlichen Fernhandels der italienischen Stadtstaaten, der deutschen Bauernkriege zur Zeit der Reformation, der Ursachen der französischen Revolution oder der Geschichte des Kapitalismus selbst handelt, immer wird die jeweilige Thematik mit unter dem Blickwinkel ihrer Einbettung in gesamtgesellschaftliche Zusammenhänge betrachtet.

2. Die „Dialektik der Aufklärung" (Horkheimer/Adorno): Fundamentale Kultur- und Gesellschaftskritik historisch begründet

Während sich so die Kritische Theorie trotz der Rückschläge und des Widerstandes, die sich ihr in der Theorie, in der historischen Forschung, in der politischen Praxis und im zähen Beharrungsvermögen der „Verhältnisse" entgegenstellen, ganz überwiegend und optimistisch als die Gesellschaftstheorie der vorletzten Stufe wähnt,

---

[16] Hier ist die französische und die britische marxistische Geschichtsforschung produktiver als die deutsche gewesen. Aus der Vielzahl der Werke seien hier nur genannt: *E.P. Thompson*: Die Entstehung der englischen Arbeiterklasse (The Making of the English Working Class, London 1963), Frankfurt 1987; *E. Hobsbawm*: Die Blütezeit des Kapitals: Eine Kulturgeschichte der Jahre 1848-1875, München 1977; ders.: Das Zeitalter des Imperialismus: 1875-1914, Frankfurt 1989; *I. Wallerstein*: Das moderne Weltsystem (The Modern World System, 3 vol., San Diego u.a. 1974/81,88). 2 Bde., Frankfurt 1986, Wien 1998. Diese Studie beschreibt die Entstehung der modernen kapitalistischen Weltmarktordnung in den drei Etappen ihrer Genese zwischen 1450 und 1600, ihrer Konsolidierung zwischen 1600–1750 und ihrer Expansion. zwischen 1750 und 1840. Unter Aufnahme der marxistischen Ausbeutungs- und Monopolisierungsthese führt sie den bereits in der Mitte des 19. Jahrhunderts voll ausgebildeten Status und erreicht Erfolg des Kapitalismus auf weiträumige Integration lokaler und regionaler Wirtschaft zurück. Einen Überblick über die Hauptströmungen des Historischen Materialismus um 1970 gab der Sammelband *U. Jaeggi/A. Honeth* (Hg.): Theorien des Historischen Materialismus, Frankfurt 1977.

bevor nämlich der mit der Aufklärung begonnene gesellschaftliche Fortschritt sein Ziel in einer kommunistischen Gesellschaft erreicht haben werden wird, wenden gerade ihre beiden Gründerväter Horkheimer und Adorno – den Dialektikbegriff ernstnehmend – den Fortschrittsbegriff der Aufklärung gegen sie selbst und verstehen sie, als „Anwälte der Negativität", die Herrschaft der Vernunft als ein Verhängnis.

So heißt es in ihrer gemeinsam Schrift „Dialektik der Aufklärung" [17]:

> Seit je hat die Aufklärung im umfassendsten Sinn fortschreitenden Denkens das Ziel verfolgt, von den Menschen die Furcht zu nehmen und sie als Herren einzusetzen. Aber die vollends aufgeklärte Erde strahlt im Zeichen triumphalen Unheils. Das Programm der Aufklärung war die Entzauberung der Welt. Sie wollte die Mythen auflösen und Einbildung durch Wissen stürzen. (7)
> Aber die Mythen, die der Aufklärung zum Opfer fallen, waren selbst schon deren eigenes Produkt. (11)
> Der Mythos geht in die Aufklärung über und die Natur in bloße Objektivität. Die Menschen bezahlen die Vermehrung ihrer Macht mit der Entfremdung von dem, worüber sie die Macht ausüben. (12)
> Im Fortschritt der Industriegesellschaft [...] wird nun der Begriff zuschanden, durch den das Ganze sich rechtfertigte: der Mensch als Person, als Träger von Vernunft. Die Dialektik der Vernunft schlägt objektiv in den Wahnsinn um. (183)

Hier und in anderen Schriften vor allem Adornos schlägt den Lesern ein abgrundtiefer Pessimismus über den Weg der menschlichen Kultur von ihren noch wenig bewußten Anfängen über den frühgeschichtlichen Mythos und seine Ablösung durch Formen der Aufklärung bis zu ihren unaufhebbaren fürchterlichen Siegen in der Gegenwart entgegen. In einer hochkomplexen, schwer verständlichen und unauflösbare Widersprüche in spannungsreichen Perioden düster benennenden Sprache umkreist Adorno in vielen Anläufen immer wieder die These, daß die Welt böse ist: „Die Welt ist ein System des Grauens." Das zeige gerade die Aufklärung, von der sich alle Fortschrittlichen die Besserung der Verhältnisse erhofft hätten, in dem Moment, in dem sie von dem Gegenteil eingeholt sei. Durchdrungen von dem Gedanken, daß die aufgeklärte Vernunft sich gegenüber den Dingen „wie der Diktator zu den Menschen" verhält, ist er davon überzeugt, daß die Unterwerfung der äußeren Natur unter die Gewalt des Menschen dialektisch verwoben sei mit der Herrschaft über seine innere Natur und mit der Herrschaft und Ausbeutung der Menschen untereinander. Was die Menschen der Natur antäten, das würden sie sich selber innerlich antun. Das nicht auflösbare Ineinander von innerer und äußerer Gewalt sei überhaupt der Kern aller strukturellen Gewalt. Dadurch werde das Instrument der Herrschaftskritik, das Denken selbst, zu einem Ausdruck zerstörerischer instrumenteller Gewalt und münde die Geschichte des philosophischen Denkens und aller Aufklärung in eine Geschichte der zerstörerischen Beherrschung der Welt. Auf die Spitze treibt Adorno diese Dialektik der Aufklärung in seiner Kritik an der Kritik des Bösen in der Welt. Das belegt besonders deutlich sein immer wie-

---

[17] Zitiert im folgenden nach *M. Horkheimer/Th. W. Adorno*: Dialektik der Aufklärung (1947), Neudruck Frankfurt 1969.

der – und zumeist unvollständig – zitierter Satz: „Nach Auschwitz ein Gedicht zu schreiben, ist barbarisch, und das frißt auch die Erkenntnis an, die ausspricht, warum es unmöglich ward, heute Gedichte zu schreiben." Denn damit wird gesagt, daß selbst derjenige, der die irrationale Macht des Bösen benennt und kritisiert, nicht seiner herunterziehenden Macht entkommt. Es gibt kein „Draußen", auch für den Erkennenden nicht. Auch der Kritiker des Barbarischen ist davon noch angefressen. Und: „Noch das äußerste Bewußtsein vom Verhängnis droht zum Geschwätz zu entarten."[18]

In der dialektischen Anwendung auf sich selbst ist diese Fundamentalkritik am wissenschaftlichen, politischen und technischen Vernunftgebrauch der Aufklärung freilich ebenfalls ambivalent. In ihrer Radikalität hat sie, weit über die bisherigen Formen der Kulturkritik hin-ausgehend, einerseits die Gefährdung des Menschengeschlechts durch den Geist mit den Mitteln eben dieses Geistes bis zum Äußersten durchdacht und damit aller Universalgeschichte die Augen über das im Gefolge des Fortschritts unvermeidbare selbstzerstörerische Potential der menschlichen Kultur und Zivilisation geöffnet. Sie hat dadurch ein geschichtstheoretisches Problembewußtsein geschaffen, hinter das die Reflexion seither nicht mehr zurückfallen darf. Dies ist zweifellos eine große Leistung. Aus der inzwischen gegebenen mentalitätsgeschichtlichen Distanz zu Adornos Denken zeigt sich andererseits auch, daß seine Fundamentalkritik auf dem Boden einer von ihm nicht erkannten und reflektierten irrationalen Lebensphilosophie steht. Wie Marx, Nietzsche und viele andere an der vorfindlichen Wirklichkeit Leidende scheint er ein von den natürlichen und deshalb unaufhebbaren Beschränkungen der conditio humana enttäuschter Humanist in der deutschen romantischen Tradition zu sein, der im „beschädigten Leben"[19] den Wunschtraum eines nicht entfremdeten, authentischen, „richtigen Lebens", eines „Daseins ohne Schande" zerrinnen sieht und allenfalls noch in der Musik, und zwar nur in der von allen sozialen und kulturellen „Verunreinigungen" befreiten „absoluten (Zwölfton-)Musik"[20], Erlösung im „falschen Leben" zu erhoffen wagt.[21] Man mag auch nicht die Deutung ausschließen, daß der durch und durch säkularisierte Jude Adorno ein von apokalyptischen und gnostischen Denken beeinflußter Gläubiger gewesen ist, der nur deshalb die faktische Wirklichkeit *in toto* verworfen hat, weil er überzeugt war, daß man die Dinge nur vom Standpunkt ihrer endzeitlichen „Erlösung" betrachten dürfe.

Im inzwischen gewachsenen, schon „historischen" Abstand davon zeigt sich allerdings, daß die Kritische Theorie im Zeitraum ihres Wirkens nie ein weltan-

---

[18] In: Prismen. Kulturkritik und Gesellschaft, Berlin 1955, 31.

[19] *Th.W. Adorno*: Minima Moralia. Reflexionen aus dem beschädigten Leben, Berlin/Frankfurt 1951.

[20] *Th.W. Adorno*: Musik in der verwalteten Welt (1956), Göttingen 1972; ders.: Ästhetische Theorie, Frankfurt 1973.

[21] Zur These Adornos, daß das Ich, befangen in „einem Panzer der Täuschung" eine „Zone der Verwüstung, das Opfer äußerer und innerer Disziplinierung" sei vgl. *Th. E. Schmidt*: Dialektik der Aufklärung. Zu einer Grundschrift des kulturkritischen Ressentiments, in: Merkur H.9/10, 2004, 745-753.

schaulicher Monolith gewesen ist. Immer hat sie deutlich die individuelle Handschrift ihrer Hauptrepräsentanten und ihrer vielen Schüler getragen, sich thematisch in vielen Kulturwissenschaften artikuliert, Grundvorstellungen auch nicht-gesellschaftswissenschaftlicher Fächer, wie insbesondere solche aus der Psychoanalyse Freuds, aufgenommen und ist schließlich auch im westlichen Ausland nicht nur vielfältig rezipiert, sondern weiterentwickelt und korrigiert worden. Adornos 100. Geburtstag war 2003 ein Anlaß nicht nur des Erinnerns an Person und Werk ihres bedeutendsten Begründers, sondern auch der kritischen Einschätzung der Leistung der Kritischen Theorie insgesamt.

36. Habermas:
Die diskursiv-dialektische Methode des Denkens der Geschichte

1. „Erkenntnisleitende Interessen" und herrschaftsfreie Diskurse darüber: Wissenschafts- und kommunikationstheoretische Fundierung der Gesellschaftstheorie   603
2. Habermas' Gesellschaftstheorie in Anwendung auf drei historische Felder   607
3. Die dialektische Methode: Die Erschließung „historischer Gesetzmäßigkeiten" aus der Totalität „gesellschaftlicher Lebenszusammenhänge"   612
4. Zur allgemeinen Leistung der Kritischen Theorie für das historische Denken   614
5. Habitus: Ein Exkurs über die Gesellschafts- und Geschichtstheorie von Bourdieu   616

Jürgen Habermas ist nie ein „orthodoxer Marxist" und schon gar nicht einer der sowjetischen Art gewesen, aber doch ein Philosoph, dessen Denken nicht nur stark von Marx geprägt worden ist, sondern als ein Versuch verstanden werden kann, Marx' Denkansatz aus der Erfahrung der seither geschehenen Geschichte produktiv weiterzuentwickeln. Dieses Ziel hat er sehr prägnant in der „Einleitung" zu seiner Aufsatzsammlung „Zur Rekonstruktion des Historischen Materialismus" (1976) dargelegt. Man kann die dort unmittelbar auf Marx' Theorie und Methode bezogene Einschätzung auch als seine persönliche Haltung zum Status der Kritischen Theorie insgesamt, zur Leistung ihrer Gründergeneration wie auch ihrer zweiten Generation und schließlich auch zu den eigenen Zielen begreifen. Er schreibt dort:

> Es handelt sich um verschiedene Anläufe, einen theoretischen Ansatz zu erarbeiten, den ich als Rekonstruktion des Historischen Materialismus verstehe. *Restauration* würde die Rückkehr zu einem Ausgangszustand bedeuten, der inzwischen korrumpiert worden ist: aber mein Interesse an Marx und Engels ist nicht dogmatisch und auch nicht historisch-philologisch. *Renaissance* würde die Erneuerung einer Tradition bedeuten, die inzwischen verschüttet worden ist: das hat der Marxismus nicht nötig. *Rekonstruktion* bedeutet in unserem Zusammenhang, daß man eine Theorie auseinandernimmt und in neuer Form wieder zusammensetzt, um das Ziel, das sie sich gesetzt hat, besser zu erreichen: das ist der normale [...] Umgang mit einer Theorie, die in mancher Hinsicht der Revision bedarf, deren Anregungspotential aber noch (immer) nicht ausgeschöpft ist." [alle Kursiva von J. H.][1]

In diesen Zeilen drückt sich die Habermas' Werk insgesamt auszeichnende konstruktive Anschlußfähigkeit an alles aus, was ihm aus Geschichte und Gegenwart bedenkenswert, als zu kritisieren, zurückzuweisen, zu modifizieren, zu erweitern, fortzuführen und zu integrieren erscheint. So hat er von Anfang an seine Gegenstände transdisziplinär beleuchtet, Dialoge mit Vertretern unterschiedlichster wissenschaftlicher Richtungen geführt – wie deren einer die Auseinandersetzung mit

---

[1] *J. Habermas*: Einleitung: Historischer Materialismus und die Entwicklung normativer Strukturen, in: ders.: Zur Rekonstruktion des Historischen Materialismus, Frankfurt 1976, 9-48, hier: 9.

Niklas Luhmann 1971 war² – und in neuerer Zeit sogar das Wissen der Theologie und allgemein die Ethik der Religion³ in sein Denken aufgenommen.

Die folgenden Ausführungen gehen, in Abschnitt 1, von Habermas' *Wissenschaft- und Kommunikationstheorie* aus. Dieser Theoriezusammenhang schafft die Voraussetzungen für das Verständnis des Status und des Anspruchs seiner kritischen Gesellschaftsgeschichte und ist darüber hinaus von allgemeiner Bedeutung für die Theorie der Geschichte. Im Zentrum von Abschnitt 2 stehen drei *historiographischen Anwendungen* von Habermas' Geschichtstheorie: zunächst die lebensgeschichtliche, dann die gesellschaftsgeschichtliche und schließlich die menschheitsgeschichtliche. Abschnitt 3 geht Habermas' Überlegungen nach, inwiefern die dialektische Methode *„historische Gesetzmäßigkeiten"* erschließen kann. Abschnitt 4 weitet noch einmal den Blick auf die Leistungen der *Kritik der Kritischen Theorie* insgesamt aus. Abschnitt 5 schließlich ist ein Exkurs über die kritische Sozialtheorie des französischen Soziologen *Pierre Bourdieu*.

1. „Erkenntnisleitende Interessen" und herrschaftsfreie Diskurse darüber: Wissenschafts- und kommunikationstheoretische Fundierung der Gesellschaftstheorie

Zu den Gründungsmotiven der Kritischen Theorie gehört ihre Kritik an der „bürgerlichen Wissenschaft". Ihr wirft man vor, daß sie in ihrem affirmativen Ansatz nicht die gesellschaftlichen Voraussetzungen, Ziele und Folgen ihrer Methoden und die ideologischen Befangenheiten der Forscher durchschaut und so die notwendige Reflexion ihrer Erkenntnisse im gesellschaftlichen Ganzen unterschlägt. Zu ihrer Korrektur hat Habermas eine Wissenschaftstheorie entworfen, die ihre Grundsätze in einer universalpragmatischen Kommunikationstheorie fundiert hat und dabei im Konzept einer kritischen Wissenschaft die Methoden der gängigen sozial- und geisteswissenschaftlichen Ansätze gleichwohl konstruktiv einbezieht.

1.1 Empirisch-analytische, historisch-hermeneutische und kritische Wissenschaften

Der unmittelbare Anstoß zur Ausbildung seiner Wissenschaftstheorie ist für Habermas der sog. Positivismusstreit gewesen, den Vertreter des Kritischen Rationalismus mit denen der Kritischen Theorie 1961 auf einer Arbeitstagung der Deutschen Gesellschaft für Soziologie ausgefochten haben.[4] Seine Vorstellungen davon hat Habermas dann wenige Jahre später in der sehr bekannt gewordenen Frankfurter Antrittsvorlesung „Erkenntnis und Interesse" (1965/1968)[5] und in seiner Schrift

---

[2] Vgl. *J. Habermas/N. Luhmann*: Theorie der Gesellschaft oder Sozialtechnologie – Was leistet die Systemforschung?, Frankfurt 1971.

[3] Vgl. Habermas' Rede anläßlich der Verleihung des Friedenspreises des Börsenvereins des deutschen Buchhandels an ihn im Jahre 2001: Glauben und Wissen, in: *J. Habermas/J.Ph. Reemtsma*, Frankfurt 2003.

[4] Vgl. *Th.W. Adorno/H. Albert u.a.:* Der Positivismusstreit in der deutschen Soziologie, Neuwied/Berlin 1969.

[5] *J. Habermas*: Erkenntnis und Interesse, in: ders., Technik und Wissenschaft als ‚Ideologie', Frankfurt 1968, 146-168 (nach dieser Ausgabe wird im folgenden zitiert); vgl. auch Habermas' frühere Schrift: Theorie und Praxis, Neuwied 1963.

„Analytische Wissenschaftstheorie und Dialektik" (1969)[6] dargelegt. In jener Vorlesung unterscheidet Habermas in griffiger Formulierung drei Wissenschaftstypen mit jeweils einem ihnen zugeordneten „erkenntnisleitenden Interesse".

Erstens hätten danach die *empirisch-analytischen* Wissenschaften ein *technisches* Interesse. Das heißt, sie versuchten auf der Grundlage logisch aufgebauter Begriffs- und Aussagensysteme und bisher gesichert erscheinenden Wissens, sich durch Hypothesen über einen Wirklichkeitsbereich und hierzu unternommene Experimente und kontrollierte Beobachtungen weiteres Wissen zu erschließen, das eine „Sicherung und Erweiterung erfolgskontrollierten Handelns" (157) ermöglicht. Hierin erkennt man unschwer das wissenschaftstheoretische Konzept des Kritischen Rationalismus und seine Anwendung, außer in den Naturwissenschaften, allgemein in den empirischen Sozialwissenschaften.

Zweitens zeichne danach die *historisch-hermeneutischen* Wissenschaften ein *praktisch-kommunikatives* Interesse aus. Denn ihr Sinnverstehen sei „seiner Struktur nach auf möglichen Konsensus von Handelnden im Rahmen eines tradierten Selbstverständnisses" gerichtet und tendiere dazu, weil es so die „Erhaltung und Erweiterung der Intersubjektivität möglicher handlungsorientierender Verständigung erschließt" (158), die vorfindliche wie auch die früher geschehene Wirklichkeit unkritisch-affirmativ zu bestätigen bzw. im unkritischen Urteil zu reproduzieren. Diese Charakterisierung ist weitgehend identisch mit dem traditionellen Konzept der Geisteswissenschaften und seiner Anwendung allgemein in den klassischen historischen Fächern und im besonderen in der historistischen Ereignis-, Sozial- und Kulturgeschichte.

Drittens schließlich schreibt Habermas allein dem bisher nur unzureichend entfalteten Wissenschaftstyp der *kritischen Handlungswissenschaften* ein *emanzipatorisches* Interesse zu. Denn nur sie hätten zur konstitutiven Voraussetzung eine „Selbstreflexion", die die Erkenntnisleistungen der beiden anderen Wissenschaftstypen „ideologiekritisch" aufnimmt, durchdringt und an das gesellschaftliche Ganze bindet und das Subjekt „aus der Abhängigkeit von hypostasierten [d.h. „verdinglichten" und damit auch ungerechtfertigten] Gewalten" (159) befreit. Dies ist in nuce die von der Kritischen Theorie im Rückbezug auf Marx' dialektischen Materialismus und die ihm folgenden neomarxistischen Ansätze entwickelte und vertretene Wissenschaftstheorie. Sie legt sich im Prinzip in allen Wissenschaften, in den Natur- ebenso wie in die Geistes und Sozialwissenschaften, als „systematische Handlungswissenschaften" aus, das heißt als solche, deren Forschung und Erkenntnis auf ein gesamtgesellschaftlich verantwortbares technisches, kulturelles und soziales Handeln zielen.

---

[6] *J. Habermas*: Analytische Wissenschaftstheorie und Dialektik, in: Adorno/Albert 1969, 155 ff. (Seitenzahlen der folgenden Zitate nach dieser Schrift). Eine wichtige Bezugsschrift ist auch Habermas/Luhmann 1971. Dort ist auch der von Luhmann auf dem 19. Deutschen Soziologentag 1968 in Frankfurt gehaltene Vortrag: Moderne Systemtheorien als Form gesamtgesellschaftlicher Analyse, abgedruckt (7-24), auf den Habermas seinerseits in seinem Hauptbeitrag zum gemeinsamen Band unter dem Titel: Theorie der Gesellschaft oder Sozialtechnologie? Eine Auseinandersetzung mit Niklas Luhmann, ausführlich Bezug nimmt (142-290).

Den Weg zu dieser Unterscheidung und zur Überordnung des dritten Typs über die beiden anderen zeichnet Habermas in seiner – unter demselben Titel wie seine Antrittsvorlesung veröffentlichten – philosophiegeschichtlichen Grundschrift „Erkenntnis und Interesse" (1968/1973)[7] nach. Sie ist von eminenter Bedeutung auch für die historische Forschung und insbesondere auch für das Selbstverständnis der sie betreibenden Wissenschaftler geworden. Darin unternimmt Habermas „den historisch gerichteten Versuch einer Rekonstruktion der Vorgeschichte des neueren Positivismus in der systematischen Absicht einer Analyse des Zusammenhangs von Erkenntnis und Interesse." (9) Ausgangspunkt dieses Versuchs ist die klassische philosophische *Erkenntnis*theorie. Diese habe immerhin noch, wenn auch mit unzureichenden Mitteln und Vorannahmen, das Ganze der Welt in den Blick genommen, und zwar im Unterschied zu der ihr folgenden auf methodologische Grundsätze zusammengeschrumpften „szientistischen" *Wissenschafts*theorie. Der Weg dieser modernen Wissenschaftstheorie beginne im 19. Jahrhundert mit dem soziologischen Positivismus Comte's und zeige sich in neuerer Zeit vor allem in der Gestalt des Kritischen Rationalismus, welcher seinerseits die empirisch-analytische Forschung in den Natur- und Sozialwissenschaften fundiere. Ihr Hauptmangel bestehe in der szientistischen Weigerung, den gesellschaftlichen Zusammenhang allen Erkennens zu denken. Aus ihm folgt Habermas' Definition des Positivismus: „Daß wir Reflexion verleugnen, *ist* [J. H.] der Positivismus." (9) und seine Grundthese, „daß radikale Erkenntniskritik nur als Gesellschaftstheorie möglich ist." (9). Diese Kritik trifft sowohl den empirisch-analytischen als auch den historisch-hermeneutischen Wissenschaftstyp. Ersterer sei dem Irrtum des „objektivistischen Scheins" von Naturgesetzen und sozialen Gesetzmäßigkeiten verfallen, letzterer verkenne, daß der subjektiv verstandene Sinn sich nur scheinbar im Bereich wissenschaftlicher Wertfreiheit bewege.

1.2 Regeln einer kommunikationstheoretischen Universalpragmatik:
Diskursive und ethische Voraussetzungen der Theorie des Handelns und Erkennens

Menschliches Handeln und Erkennen im eigentliche Sinne ist für Habermas unhintergehbar an sprachliche Akte gebunden, weshalb diese Annahme auch alle systematische und historische Forschung fundiert. Nach dem Vorgang der (Sprach-)Analytischen Philosophie wendet sich deshalb auch Habermas bei der Begründung seiner Wissenschafts- und Gesellschaftstheorie den elementaren sprachlichen Voraussetzungen zu und entwickelt hierzu in seinem philosophischen Hauptwerk „Theorie des kommunikativen Handelns" (1981 f.)[8] – nach einem bereits vielbeachteten Vorläuferaufsatz unter dem Titel „Vorbereitende Bemerkungen zu einer

---

[7] *J. Habermas*: Erkenntnis und Interesse (1968). Mit einem neuen Nachwort, Frankfurt 1973, 367-417 (Nachwort). Aus Anlaß des Erscheinens dieser Schrift vor 30 Jahren hat 1998 in Freiburg (i.B.) eine Veranstaltung unter dem Titel „Soziologie und Philosophie" unter Teilnahme von J. Habermas stattgefunden. Sie ist dokumentiert in dem von *St. Müller-Doohm* herausgegebenen Band: Das Interesse der Vernunft. Rückblicke auf das Werk von Jürgen Habermas, Frankfurt 2000.

[8] 2 Bde, Frankfurt 1981f.

Theorie der kommunikativen Kompetenz" (1971)[9], aus dem im folgenden hauptsächlich zitiert wird – eine universalpragmatische Kommunikationstheorie. Sie hat sich die Herausarbeitung von Bedingungen und Grundsätzen (Normen) einer überhistorisch und universalistisch gültigen Idee des „herrschaftsfreien Diskurses" zum Ziel gesetzt. Nach ihr würden die immer vorauszusetzenden Regeln der „idealen Sprechsituation" prinzipiell die Möglichkeiten der Mündigkeit setzen und wäre die unbegrenzte Gemeinschaft forschender, kommunizierender und argumentativ Konsens herstellender Geister immer die vorläufige Letztinstanz von Wahrheit und Moral. Im engen Bezug auf die strukturalistische Grammatiktheorie Chomskys und die philosophische und linguistischen Sprechhandlungstheorie (Pragmalinguistik) setzt er zunächst voraus:

> [...] unter Standardbedingungen kehren in jeder möglichen Redesituation allgemeine Bestandteile wieder, die [...] von sprachlichen Ausdrücken jedesmal von neuem erzeugt werden. Diese allgemeinen Strukturen möglicher Redesituation sind Gegenstand der Universalpragmatik oder einer, wie ich [sc. Habermas] vorschlagen möchte, Theorie der kommunikativen Kompetenz. Aufgabe dieser Theorie ist die Nachkonstruktion des Regelsystems, nach dem wir Situationen möglicher Rede überhaupt hervorbringen [...]. (102).

Zur Erschließung solcher vermuteter sprachpragmatischer Universalien unterscheidet er zwei Ebenen des Kommunizierens, die des *„kommunikativen Handelns"* und die des „Diskurses" bzw. der *„diskursiven Verständigung"*: „Kommunikatives Handeln vollzieht sich in eingelebten und normativ abgesicherten Sprachspielen." (115) Es ist die Kommunikation des unreflektierten Alltags im direkten Bezug auf die Bewältigung von lebensweltlichen Aufgaben. „In Diskursen suchen wir ein problematisiertes Einverständnis, das im kommunikativen Handeln bestanden hat, durch Begründung wiederherzustellen." (115) In jeder auf Wahrhaftigkeit beruhenden Kommunikation, und zwar beiderlei Typs, unterstellen die Beteiligten einander unausgesprochen die Einhaltung der Regeln der „idealen Sprechsituation" (136). Diese „schließt systematische Verzerrung der Kommunikation aus." (137) Dies sei insbesondere in der diskursiven Verständigung der Wissenschaft nötig, damit „der eigentümliche Zwang des besseren Arguments" (137) zum Zuge kommt. Denn „die potentielle Zustimmung *aller* [kursiv J. H.] anderen" sei die „Bedingung für die Wahrheit von Aussagen" (124). Allein auf diesem Fundament ließen sich im gewaltfreien Diskurs – in Abwehr aller verordneter oder bloß traditionalistischer, partikularistischer und relativistischer Ethik – moralische Ansprüche rechtfertigen. In dieser Diskursethik steckt, durchaus in der Tradition der Aufklärung, ein ungeheures Vertrauen in die positiven Möglichkeiten der rationalen Argumentation. Unter der Voraussetzung einer rückhaltlosen Aufrichtigkeit des jeweils Redenden und einer zeitlich und gedanklich uneingeschränkten Bereitwilligkeit des jeweils anderen, zuzuhören und die Argumente zu bedenken und ernst zu nehmen, sollen so im Medium der Sprache alle praktischen und theoretischen Probleme zumindest zu einem vorläufigen Konsens gebracht werden können. Sicherlich gebe es die Differenz zwischen der Idealität und der Realität. Denn „[...] keine historische Gesell-

---

[9] In: ders./Luhmann 1971, 101-141.

schaft deckt sich mit der Lebensform, die wir im Begriff der idealen Sprechsituation vorwegnehmen." (140 f.) Aber ihre universalen Regeln behalten auch noch in der gestörten und verunglückten Kommunikation „kontrafaktisch" ihre Kommunikation allererst ermöglichende Gültigkeit, so daß Habermas glaubt sagen zu können: „Die ideale Sprechsituation wäre am ehesten mit einem transzendentalen Schein zu vergleichen, wenn nicht [was mehr ist, E.W.] dieser Schein ... zugleich konstitutive Bedingung möglicher Rede wäre." (141) Diesen prinzipientheoretischen Anspruch für die Regeln des kommunikativen Handelns und Erkennens – also unter Einschluß des leiblich-gestischen Kommunizierens über das sprachliche hinaus – erhebt explizit der mit Habermas in engem Kontakt stehende Philosoph *Karl-Otto Apel* in seiner „transzendentalpragmatischen Kommunikationstheorie".[10]

Alles in allem ist diese Diskursethik nicht so weit von der „Wissenschaftslogik" Poppers entfernt. Bei beiden ist der Erkenntnisfortschritt an den prinzipiell unbeschränkten Dialog in der Gelehrtenrepublik gebunden, kann der bisherige Erkenntnisstand durch rational begründete Einwände erschüttert werden und zielt die im weitesten Sinn zulässige Kritik auf einen zumindest vorläufigen Konsens, der seinerseits, weil es keine absolut sichere Erkenntnis gibt, auch weiterhin in Frage gestellt werden kann.

2. Habermas' Gesellschaftstheorie in Anwendung auf drei historische Felder

Diese Ansätze einer kritischen Wissenschafts- und Kommunikationstheorie scheinen weit entfernt von den konkreten Problemen der Sozialforschung zu sein. Sie sind es aber nicht, wie Habermas in seinen zahlreichen auf die gegenwärtige Gesellschaft bezogenen Studien, Stellungnahmen und Reflexionen gezeigt hat. Dasselbe gilt für ihre Anwendung auf die Historie, welche sich für ihn auf drei Ebenen bewegt: auf der individualgeschichtlichen, der gesellschaftsgeschichtlichen und der menschheitsgeschichtlichen. Habermas gehört mit zu den ersten Geschichtstheoretikern, die die Kulturgeschichte – unter Einschluß der Ur- und Frühgeschichte der Menschheit – systematisch auch mit der lebensgeschichtlichen Entwicklung menschlicher Individuen verbinden. Die meisten einschlägigen Texte Habermas' zum Thema „Geschichte und Kritische Theorie" finden sich in der oben schon herangezogenen Aufsatzsammlung „Zur Rekonstruktion des Historischen Materialismus" (1976).

2.1 Die menschliche Individualentwicklung als Lebensgeschichte

Indem Habermas jenen Band mit einem Aufsatz über die „Moralentwicklung und Ich-Identität" (1976, 63-91) eröffnet, hat er der lebensgeschichtlichen Ebene der Ich-Entwicklung eine die Historie fundierende Sonderstellung eingeräumt.[11] Er knüpft dabei an die schon seit den 20er Jahren in der Kritischen Theorie bedachte Psychoanalyse und in ihr besonders an die Lebenszyklus-Theorie des Deutsch-

---

[10] Vgl. *K.-O. Apel* (Hg.) Sprachpragmatik und Philosophie, Frankfurt 1976.
[11] Vgl. auch: *R. Döbert/J. Habermas/G. Nunner-Winkler* (Hg.): Entwicklung des Ich, Köln 1977.

Amerikaners ERIK H. ERIKSON (1902-1994)[12] an und dann an neuere Ansätze der Entwicklungspsychologie und Sozialisationstheorie, insbesondere zum einen an das Ich-Identitäts-Konzept des Amerikaners GEORGE HERBERT MEAD (1863-1931)[13] und zum andern an die „Entwicklungslogik" des Genfer „genetischen" Psychologen JEAN PIAGET (1896-1980)[14]. Es handelt sich dabei vor allem um ein Nachdenken über den grundsätzlichen Zusammenhang zwischen der politischen Verfaßtheit von Gesellschaften einerseits und der Ich-Genese andererseits, näherhin über die gesellschaftliche Vermitteltheit von Triebstruktur, Gewissen, Persönlichkeitsbildung, Autoritätsfixiertheit, Emanzipation usw., und dann auch über den besonderen Zusammenhang zwischen den Sozialisationsmustern, typischen Verläufen der Adoleszenz, entsprechenden Lösungen der Adoleszenzkrise und der Identifizierung besonders der jungen Erwachsenen mit der Ideologie des Nationalsozialismus. Das kann hier nicht im einzelnen ausgeführt werden.

Von allgemeiner Bedeutung ist indes Habermas' Versuch, Piaget's rein psychologischen Ansatz einer hierarchisch gestuften personalen Entwicklungslogik der Moral und das von LAWRENCE KOHLBERG[15] daraus weiterentwickelte sechsstufige Schema der Moralentwicklung um eine universalistisch begründete Stufe zu erweitern und das Schema der „Stufen des moralischen Bewußtseins" insgesamt zusätzlich gesellschaftstheoretisch zu begründen.[16] Wie schon Kohlberg legt Habermas der lebensgeschichtlichen Entwicklung und Ausdifferenzierung der Moral das Prinzip der Reziprozität zugrunde. Versucht der Mensch in der frühen Kindheit unreflektiert, allein durch Gehorsam Unlust zu vermeiden und vergilt er auf der nächst höheren Stufe bloß Gleiches mit Gleichem, so folgt er auf der dann folgenden höheren Ebene der Verinnerlichung und Befolgung von sozialen Rollenvorschriften bereits einer durch primäre und sekundäre Gruppen zur Verpflichtung gemachten Sittlichkeit und handelt er schließlich auf den höchsten Stufen der moralischen Prinzipien erstens nach dem von der staatlichen Gemeinschaft gesetzten und individuell verinnerlichten Recht, zweitens dann nach der in freier Einsicht in die der Gemeinschaft aus Vernunft notwendig geschuldeten Moralität und zuletzt drittens nach den Grundsätzen der im Sinne einer universalen, allen Mitgliedern der Weltgesellschaft zuzudenkenden vernünftigen Ethik. Im schrittweisen Passieren dieser sieben Stufen des moralischen Bewußtseins würde sich sowohl der Grad

---

[12] Childhood and Society (1950), dt.: Kindheit und Gesellschaft, Stuttgart 1957, [12]1995.

[13] Grundtext ist der postum veröffentliche Band: Mind, Self and Society. From the Standpoint of a Social Behaviorist, Chicago 1934 (dt.: Geist, Identität und Gesellschaft aus der Sicht des Sozialbehaviorismus. Mit einer Einleitung von Ch.W. Morris, Frankfurt 1968).

[14] Von seinen zahlreichen Werken sei hier nur genannt: Die Entwicklung der elementaren logischen Strukturen. 2 Bde., Düsseldorf 1973 (frz.: 1959).

[15] Zur kognitiven Entwicklung des Kindes, Frankfurt 1974.

[16] Den Weg von Piaget über Kohlberg zu Habermas zeichnet übersichtlich K.-O. Apel nach: Geschichtliche Phasen der Herausforderung der praktischen Vernunft und Entwicklungsstufen des moralischen Bewußtseins, in: Funkkolleg Praktische Philosophie/Ethik. SBB 1, 1980, 38-60, besonders 55-60.

der Bewußtheit als auch der „gesellschaftliche" Lebens- und Orientierungskreis des Individuums ständig erweitern.[17]

Obwohl diese Entwicklungslogiken z.T. empirisch abgesichert sind – jedenfalls durch Experimente über die Entwicklung kognitiver Fähigkeiten von Kindern bei Piaget – und in ihrer idealtypischen Klarheit bestechen, muß der Wert dieser Schemata bei der Beschreibung und Deutung von Lebensläufen bezweifelt werden, vor allem, weil die Personagenese als ein lebens*geschichtlicher* Prozeß sicherlich nicht linear und über bestimmte natürlicherseits und sachlogisch vorgegebene Stufen, sondern vielfach rückbezüglich und vernetzt und in erheblichen Umfange offen zur Zukunft hin verläuft.

2.2 Geschichtliche Herausbildung der Moral über Stadien der Gesellschaftlichkeit

Im Anschluß an dieses Schema und zugleich in kritischer Abgrenzung von und in Aufnahme der Institutionen-Theorie des Philosophen und Soziologen ARNOLD GEHLEN (1904-1976) stellt Habermas nun eine Analogie zwischen den Etappen und Prinzipien der Individualentwicklung und der geschichtlichen Herausbildung der Moral in Gesellschaften her. Gehlen hatte in seinem Hauptwerk „Der Mensch, seine Natur und seine Stellung in der Welt" (1940)[18] und dann vor allem in seiner Schrift „Urmensch und Spätkultur" (1956)[19] eine Drei-Stadien-Theorie der Moralentwicklung und ihrer sozialen Institutionalisierung entworfen. Danach beruhen die schlichten materiellen Tausch- und Interaktionspraktiken der Primitivkulturen am Anfang der Menschheit auf einer „vorkonventionellen" Gegenseitigkeitsmoral. Diesem Stadium sei, seit den frühen Hochkulturen, ein Stadium der „konventionellen" Moral gefolgt, bei der die Sozialordnung durch zumeist sakral begründete, machtvolle Institutionen gesichert werde. In Spätkulturen schließlich trete diese Moral im Zuge von Aufklärungsbewegungen, Institutionenkritik und reflexiver Einforderung rationaler Begründungen des Handelns in eine dekadente, kränkliche „nachkonventionelle Phase" ein. Die Annahme eines solchen geschichtlichen Dreischritts lehnt Habermas nicht ganz und gar ab, deutet ihn aber in der Weise um, daß für die menschliche Kommunikation und Moral auf allen ihren Stufen, also auch schon bei den Primitiven, das Moment ihrer sprachlich-rationalen Begründung konstitutiv sei, die autoritär und irrational auftretende Institutionenmoral gerade ein Verstoß gegen die Geltung dieses Momentes sei und ihre Überwindung und die umfassende rationale Begründung der Moral in der modernen „Reflexionskultur" ein menschheitsgeschichtlicher Fortschritt sei. Danach durchlaufen die Gesellschaften in Analogie zu den entwicklungspsychologischen Stufen des Individuums eine ebensolche Stufenabfolge der moralischen Orientierung. Diese führen unter der Zielvorstellung der „Idee des guten Lebens" von der gesellschaftlichen Stufe bloßer Lustmaximierung über die des Gehorsams, der Reziprozität im Austausch von Waren und Diensten, der konkreten Sittlichkeit primärer Gruppen bis zu den

---

[17] Vgl. die schematische Zusammenfassung dieses Aufstiegs bei Habermas 1976, 83.
[18] Wiesbaden [12]1978.
[19] Mit dem Untertitel: Philosophische Ergebnisse und Aussagen, [4]Wiesbaden 1977. Vgl. auch ders.: Moral und Hypermoral, Frankfurt 1973.

Stufen prinzipienbegründeten Handelns im Sinne staatsbürgerlicher, moralischer und weltbürgerlicher Freiheiten und Selbstverpflichtungen.[20]

Diesen Faden haben die Autoren des von K.-O. Apel u.a. herausgegebenen Funkkollegs „Praktische Philosophie/Ethik" (Weinheim/Basel 1980/81) aufgenommen. Vier darin von KARL-OTTO APEL (geb. 1922) selbstverfaßte Darstellungen sind ausschließlich den *„geschichtlichen Phasen der Herausforderung der praktischen Vernunft und Entwicklungsstufen des moralischen Bewußtseins"* gewidmet.[21] Im Hinblick auf die „geschichtliche Entfaltung der ethischen Vernunft in der Philosophie" begreift Apel die europäische Kulturgeschichte als einen sich mehrfach wiederholenden und dabei ein höheres Reflexionsniveau erreichenden Prozeß. Dieser besteht zunächst in der Ausbildung einer konventionellen Moral, ihrer autoritären gesellschaftlichen Durchsetzung und Dogmatisierung, dann in deren Infragestellung und Erschütterung durch Aufklärungsbewegungen und in ihrer Ausformulierung in einer neuen, nachkonventionellen Moral und schließlich in der Stabilisierung letzterer in einer erneut für alle verbindlichen konventionellen Moral.

In dieser Sichtweise durchläuft die Moral des klassischen Altertums nach der Phase der „alten Bildung" (*archaía paideía*) die der Sophistik als Aufklärungsbewegung und dann die ihrer Stabilisierung in der Polis-Ethik Platons und Aristoteles, ihrer Erweiterung in der kosmospolitischen Stoa-Ethik und ihrer Differenzierung in der individualistisch-elitären Ethik des griechisch-römischen Hellenismus.

Den zweiten Zyklus eröffnet das junge Christentum. Dieses stellt die Moral der polytheistischen und philosophischen Antike infrage, bindet nachkonventionell das Gewissen der Bekehrten an den Glauben, wird im Zuge seiner Ausbreitung dogmatisch und begründet seit seinem Aufstieg zur Staatsreligion und insbesondere durch Augustinus' Verweigerung der Gewissensfreiheit die *konventionelle Moral* der mittelalterlichen Orthodoxie.

Der Renaissance-Humanismus dann ist in Gestalt der anthropologischen Wende und der wissenschaftlich-technischen Rationalität der frühen Neuzeit die „naturalistische" Infragestellung der überkommenen christlichen Ideologie, Moral und Wissenskultur. Diese nachkonventionelle Moral erfährt ihre konventionelle Stabilisierung durch die absolutistische Staatstheorie, die durch die Vorstellung der „Staatsraison" und des „Gesellschaftsvertrags" begründet wird.

Die Aufklärung des 18. Jahrhunderts markiert den Beginn des letzten Zyklus mit der Kritik dieser Moral und der theoretischen Begründung einer allgemeinmenschlichen Moral durch Kants Vernunftethik. Die konkrete Durchsetzung der aufgeklärten Moral im säkularen Staat der Moderne als „Herrschaft der Vernunft" provoziert ihrerseits in der „Dialektik der Aufklärung" die Notwendigkeit einer „reflexiven Ethik", wie sie die Kritische Theorie in Form einer nachkonventionellen Diskursmoral als ihre gegenwärtige Aufgabe begreift.

---

[20] Vgl. dazu *J. Habermas*: Was heißt Universalpragmatik?, in:. Apel 1976, 174-272.

[21] Außer dem bereits o.g. Text von Apel vgl. ebd. im SBB 2, 1980, 9-97. Vgl. auch den viele einschlägige Texte zur Thematik enthaltenden Reader zum Funkkolleg: *K.-O. Apel* (Hg.): Praktische Philosophie/Ethik. Aktuelle Materialien. Reader zum Funkkolleg, Band 1, Frankfurt 1980.

2.3. Die soziale Evolution des Menschengeschlechts

Einen noch größeren historischen Bogen schlägt Habermas in seinen Überlegungen zur „sozialen Evolution des Menschengeschlechts". Dafür nimmt er im oben genannten Band Traditionslinien des ethnologischen und marxistischen Evolutionismus der Kultur auf. Sein Anschluß und seine Kritik an Marx und zugleich sein eigener Grundgedanke formuliert er unter dem Titel: „Historischer Materialismus und die Entwicklung normativer Strukturen" einleitend so:

> Während Marx die evolutionär folgenreichen Lernvorgänge, die epochale Entwicklungsschübe auslösen, in der Dimension [...] der *Produktivkräfte* lokalisiert hat, gibt es inzwischen gute Gründe für die Annahme, daß auch in der Dimension der moralischen Einsicht [...] Lernvorgänge stattfinden, die sich in reiferen Formen der sozialen Integration, in neuen *Produktionsverhältnissen* niederschlagen und ihrerseits erst den Einsatz neuer Produktivkräfte möglich machen. Damit gewinnen die Rationalitätsstrukturen, die in Weltbildern, Moralvorstellungen und Identitätsformationen ihren Ausdruck finden [...] eine [...] wichtige Stellung. Insbesondere interessieren nun auch die systematisch nachkonstruierbaren Muster der Entwicklung normativer Strukturen. Diese Strukturmuster beschreiben eine den kulturellen Überlieferungen und dem Institutionswandel innewohnende *Entwicklungslogik* [alle Kursiva von J. H.].[22]

Im Begriff des *evolutionären Lernens von Gesellschaften* weitet Habermas in vier Studien[23] so die Entwicklungslogik der individuellen und der gesellschaftlichen Moral auf die *menschliche Kultur insgesamt* aus. Seiner *Theorie der Geschichte der Kultur* „liegt die Annahme zugrunde, daß ontogenetische Lernprozesse den gesellschaftlichen Evolutionsschüben gleichsam vorauseilen, so daß gesellschaftliche Systeme [...] auf überschießende individuelle, über die Weltbilder auch kollektiv zugängliche Lernkapazitäten zurückgreifen können, um diese für die Institutionalisierung neuer Lernniveaus auszuschöpfen."[24] Ausgehend von der ausschließlich organischen Evolution auf der *Primatenstufe* grenzt er die *Hominidenstufe*, auf der ein „Ineinandergreifen organischer und kultureller Entwicklungsmechanismen" stattfindet, von der späteren, ausschließlich *sozialen Evolution der Menschheit* ab. Sie läßt er nicht, wie Marx, mit der Arbeitsteilung jagender Männer und Früchte sammelnder und Kinder im Lager hütender Frauen beginnen. Auch sei die Verfügung über ein komplexes Kommunikationssystem, d.h. eine protosprachliche Verständigung und die dadurch gewonnene neue kognitive Leistungsfähigkeit, noch nicht, wie z.T. die heutige Anthropologie meine, der Anfang der „sozialen Evolution" – denn dies alles zeichne bereits die Existenzform der Hominiden aus. Erst die *„Familiarisierung" des Menschen*, d.h. das Exogamiegebot, also die kulturell begründete Inzestschranke und, damit verbunden, die Entstehung der Rolle eines Vaters, der seine Töchtern nicht mehr sexuell begehrt, und die Herausbildung und

---

[22] 1976, 11 f.; vgl. insgesamt auch den Beitrag „Zur Rekonstruktion des Historischen Materialismus" im selben Band 1976, 144-199.

[23] 1976, 129-270.

[24] 1976, 136; vgl. auch *K. Eder*: Zur Entstehung staatlich organisierter Gesellschaften. Ein Beitrag zu einer Theorie sozialer Evolution, Frankfurt 1976.

Kenntnis von Familien- und Verwandtschaftsstrukturen *machten den Hominiden zum Menschen*.
Unter Hinzunahme der Sprachfähigkeit ist sein gattungsgeschichtliches Fazit:

> Von der mit homo sapiens erreichten Reproduktion des *menschlichen* Lebens können wir erst sprechen, wenn die Ökonomie der Jagd durch eine familiale Gesellschaftsstruktur ergänzt wird. Dieser Prozeß hat mehrere Millionen Jahre gedauert; er bedeutet die nichttriviale Ersetzung des tierischen Statussystems, das bei den Menschenaffen bereits auf symbolisch vermittelten Interaktionen (im Sinne G.H. Meads) beruht, durch ein System sozialer Normen, das Sprache voraussetzt. (1976, 150) Und:
>
> Wir dürfen annehmen, daß sich in den Strukturen von Arbeit und Sprache erst die Entwicklungen vollzogen haben, die zur spezifisch menschlichen Reproduktionsform des Lebens und damit zum Ausgangszustand der sozialen Evolution geführt haben. *Arbeit und Sprache sind älter als Mensch und Gesellschaft.* [*J.H. kursiv*] (151)

Diesen geschichtstheoretischen Vorstellungen und seinen anderen Schriften „Zum Theorienvergleich in der Soziologie: am Beispiel der Theorie der sozialen Evolutionstheorie"[25] und „Geschichte und Evolution" (Habermas 1976, 200-259) hat die Universalhistorie bisher nur wenig Beachtung geschenkt – wohl wegen der immer noch bestehenden Diskreditierung des evolutionären Denkens in den Geistes- und Sozialwissenschaften.[26]

3. Die dialektische Methode:
Die Erschließung „historischer Gesetzmäßigkeiten" aus der Totalität jeweiliger „gesellschaftlicher Lebenszusammenhänge"

Von grundsätzlicher Bedeutung für die Theorie der Geschichte ist schließlich auf der allgemeinsten Ebene der Reflexion und in der Tradition von Marx' Historischen Materialismus, Habermas' Bestimmung der dialektischen Methode als einer bzw. *der* historischen Methode. Ihr Ausgangspunkt ist die hermeneutisch-geisteswissenschaftliche Methode, nach der der Forscher inbezug auf die Objekte des „gesellschaftlichen Lebenszusammenhanges" diesen nicht neutral gegenübersteht, sondern als Teil dieses Zusammenhanges grundsätzlich befangen ist und deshalb sein Vorverständnis, das er durch Tradition, Stand und eigene Lebenserfahrung gewonnen hat, selbstkritisch in den Forschungsprozeß mit hineinnehmen muß. Dazu heißt es in der oben schon herangezogenen Schrift „Analytische Wissenschaftstheorie und Dialektik" (Habermas 1969) in bezug auf die Wechselseitigkeit von Theorie und Sache:

> Die Forderung indessen, daß sich die Theorie in ihrem Aufbau und der Struktur des Begriffs an die Sache anmessen, daß die Sache in der Methode ihrem eigenen Gewicht nach zur Geltung kommen soll, ist [...] nur dialektisch einzulösen. Erst der wissenschaftliche Apparat erschließt einen Gegenstand, von dessen Struktur ich gleichwohl vorgängig etwas verstanden haben muß, wenn die gewählten Kategorien ihm nicht äußerlich blei-

---

[25] Ebd., 129-143. Zum Problem, ob und inwieweit soziale Systeme „Geschichte" haben, vgl. die o.g. Diskussion, die Habermas mit Luhmann (1971) geführt hat. Prägnant findet sich Habermas' Kritik an Luhmanns Systemtheorie in: Habermas 1976, 141 f..

[26] Vgl. *J. Habermas*: Kultur und Kritik, Frankfurt 1973a, bes. 118-232.

ben sollen. Dieser Zirkel ist durch keine apriorische oder empiristische Unmittelbarkeit des Zugangs zu brechen, sondern nur in Anknüpfung an die natürliche Hermeneutik der sozialen Lebenswelt dialektisch durchzudenken. Anstelle des hypothetisch-deduktiven Zusammenhangs von Sätzen tritt die hermeneutische Explikation von Sinn; statt einer umkehrbaren eindeutigen Zuordnung von Symbolen und Bedeutungen gewinnen undeutlich vorverstandene Kategorien ihre Bestimmtheit sukzessive mit dem Stellenwert im entwickelten Zusammenhang.[27]

Damit verweist Habermas noch einmal auf die Unhintergehbarkeit des sog. hermeneutischen Zirkels.[28] Deshalb stammen alle so gewonnenen Einsichten, wie Habermas formuliert, „in letzter Instanz aus dem Fond einer vorwissenschaftlich akkumulierten Erfahrung, die den Resonanzboden einer lebensgeschichtlich zentrierten sozialen Umwelt, also die vom ganzen Subjekt erworbene Bildung, noch nicht als bloß subjektive Elemente ausgeschieden hat."[29] Daraus folgt, daß auch alle historische Erkenntnis sich in eben diesem hermeneutisch-dialektischen Zirkel bewegt und der Historiker sowohl den geschichtlich konstituierten Lebenszusammenhang des historischen Gegenstands als auch seinen eigenen als ein konstitutives Moment seiner Forschung betrachten und reflektieren muß. Näherhin folgt daraus auch, daß Historiker und Sozialforscher potentiell jegliche Art des Wissens – das mythische, religiöse und literarisch-fiktive Wissen ebenso wie das realhistorische und naturwissenschaftliche Wissen – unter einer Perspektive des „Ganzen" einbeziehen müssen.

Die Differenz zwischen Hermeneutik und Dialektik sieht Habermas darin, daß letztere im Unterschied zu ersterer, die nur Individuelles verstehen will, „objektive historische Bewegungsgesetze" in der gesellschaftlichen Wirklichkeit erkennen will. Er begründet diese Annahme so:

> Die historischen Bewegungsgesetze beanspruchen eine zugleich umfassendere und eingeschränktere Geltung. Weil sie vom spezifischen Zusammenhang einer Epoche, einer Situation nicht abstrahieren, gelten sie keineswegs generell. Sie beziehen sich nicht auf die anthropologisch durchgehaltenen Strukturen, auf geschichtlich Konstantes; sondern auf einen jeweils konkreten Anwendungsbereich, der in der Dimension eines im ganzen einmaligen und in seinen Stadien unumkehrbaren Entwicklungsprozesses [...] definiert ist. Andererseits ist der Geltungsbereich dialektischer Gesetze auch umfangreicher, gerade weil sie nicht [sc. wie die empirisch-analytisch gewonnenen Gesetzmäßigkeiten] die ubiquitären Beziehungen einzelner Funktionen und isolierter Zusammenhänge erfassen, sondern solche fundamentalen Abhängigkeitsverhältnisse, von denen eine soziale Lebenswelt, eine epochale Lage im ganzen, eben als eine Totalität bestimmt und in allen ihren Momenten durchwirkt ist [...].[30]

---

[27] Habermas 1969, 158, in: Adorno/Albert 1969.
[28] Vgl. Kapitel 24.1.2.
[29] Habermas 1969, 160.
[30] Ebd., 162 f.

Und:
> Historische Gesetzmäßigkeiten dieses Typs bezeichnen Bewegungen, die sich, vermittelt durch das Bewußtsein der handelnden Subjekte, tendenziell durchsetzen. Gleichzeitig nehmen sie für sich in Anspruch, den objektiven Sinn eines historischen Lebenszusammenhanges auszusprechen. Insofern verfährt eine dialektische Theorie der Gesellschaft hermeneutisch. Für sie ist das Sinnverständnis, dem die analytisch-empirischen Theorien bloß einen heuristischen Wert beimessen, konstitutiv. Sie gewinnt ja ihre Kategorien zunächst aus dem Situationsbewußtsein der handelnden Individuen selber; im objektiven Geist einer sozialen Lebenswelt artikuliert sich der Sinn, an den die soziologische [und natürlich auch: sozialhistorische, E. W.] Deutung anknüpft, und zwar identifizierend und kritisch zugleich. [...] Denn die Abhängigkeit dieser [sc. subjektiven] Ideen und Interpretationen von den Interessenlagen eines objektiven Zusammenhangs der gesellschaftlichen Reproduktion verbietet es, bei einer subjektiv sinnverstehenden Hermeneutik zu verharren; [...].[31]

Dennoch:
> Die Theorie wird diesen Sinn festhalten, aber nur, um ihn hinter dem Rücken der Subjekte und der Institutionen an dem zu messen, was sie wirklich sind. Dadurch erschließt sie sich die geschichtliche Totalität eines sozialen Zusammenhangs [...].[32]

Dialektisch argumentiert ist so die Synthese dieses den Geltungsanspruch der analytischen und der hermeneutischen Methode begrenzenden und relativierenden Gedankenganges die folgende:
> Indem die dialektische Betrachtungsweise die verstehende Methode derart mit den vergegenständlichenden Prozeduren kausalanalytischer Wissenschaft verbindet und beide in wechselseitig sich überbietender Kritik zu ihrem Rechte kommen läßt, hebt sie die Trennung von Theorie und Geschichte auf [...].[33]

Die letztere Folgerung ist ein nochmaliger Ausdruck der die Kritische Theorie insgesamt charakterisierenden Methode der dialektischen Vermittlung von Einseitigkeiten, nämlich von Theorie und Praxis, von objektiver und subjektiver Erkenntnis, von gesellschaftlicher Totalität und subjektiver Individualität, von Tatsachen und Entscheidungen und von Faktizität und Normativität. Hatte Max Weber einen deutlichen Trennstrich zwischen Sachverhalten und Normen in der historisch-gesellschaftlichen Wirklichkeit ziehen wollen, dürfen sich nach Habermas die Sozialwissenschaftler und die Historiker nicht auf die Erkenntnis von Fakten beschränken, sondern müssen von Anfang an den „Bereich der Werte, Normen und Entscheidungen"[34] in den kritischen Erkenntnisprozeß einbeziehen.

4. Zur allgemeinen Leistung der Kritischen Theorie für das historische Denken

An dieses umfängliche Theorieangebote der Frankfurter Schule – es in vielfacher Weise erweiternd, modifizierend und korrigierend – knüpfen fast alle Sozial- und historischen Wissenschaften um 1970 an. In kurzer Zeit entstehen innerhalb der Fächer Richtungen, die sich, etwa als Kritische Literaturwissenschaft, Kritische

---

[31] Ebd., 164.
[32] Ebd., 164.
[33] Ebd., 165.
[34] Ebd., 171.

Psychologie oder Kritische Sozialhistorie, ausdrücklich auf sie berufen. Dabei hat die Mehrheit der Wissenschaftler und erst recht der politisch engagierten Bürger von dieser zumeist sehr abstrakt formulierten und anspruchsvoll auftretenden Wissenschaftstheorie, Kapitalismuskritik und dialektischen Vernunftkritik zumeist nur einige Grundgedanken und Schlagworte rezipiert. Die selektive Wahrnehmung lag auch schon deshalb nahe, weil die Kritische Theorie selbst bereits sehr vielgestaltig war und deshalb auch ihre Einschätzung bis heute sehr unterschiedlich ausfällt.[35]

Allemal hat sie zunächst bei vielen Wissenschaftlern den Blick für die Rolle des Subjekts im Forschungsprozeß, für die gesellschaftliche Bedingtheit allen gegenwärtigen und geschichtlichen Handelns und für die sozialen Implikationen aller Erkenntnisse geschärft und dadurch eine tiefgründige Wirkung in der Wissenschaftsethik hinterlassen. Obwohl die kleinteilige, spezialistische und objektivistische Forschungspraxis seither eher noch mehr verbreitet ist als damals, ist man sich heute mehr als früher bewußt, daß in jeglicher Forschung „Erkenntnis und Interesse" miteinander verschränkt sind, es also keine wertfreie Wissenschaft gibt und die ausschließliche Beschränkung des Historikers auf die hermeneutische Methodik ebenso unzureichend und unverantwortlich sein kann, wie es die Methodik der „instrumentellen Vernunft" in den Naturwissenschaften sein kann. Ebenso wichtig ist vielleicht, daß die Kritische Theorie die Art des Denkens und Sprechens über soziale Phänomene langfristig verändert hat. Auch jene Wissenschaftler, die eine Gegenposition zu dieser Theorie bezogen haben, haben sich der Auseinandersetzung mit ihr und vor allem auch des Gebrauchs ihrer Begriffe nicht ganz entziehen können, wobei man sich heute, zu einer Zeit, wo diese Theorie selbst schon historisch geworden ist, unter Humanwissenschaftlern auch kaum mehr als ihr Parteigänger oder Gegner empfindet und deshalb vielen schon gar nicht mehr bewußt ist, daß sie Vorstellungen dieser Theorie weitertragen oder gegen sie opponieren. Ist die Kritische Theorie so *die* beherrschende deutsche Philosophie im letzten Drittel des 20. Jahrhunderts gewesen, war sie dies auch für die normative Ausrichtung der kritischen Gesellschaftsgeschichte. Dies zeigt sich auch in ihrer Ausstrahlung auf die internationale Wissenschaftskultur.

Kritik geübt worden ist von Anfang an und von vielen Seiten an ihrem intellektualistischen Charakter, an den Verständnisbarrieren, die sie durch ihre besondere philosophische Begrifflichkeit gegenüber der traditionellen Sprache der Kulturwissenschaftler und gebildeten Laien aufgebaut hat, an der damit verbundenen Einschüchterung, an dem ihr – von ihrer marxistischen Herkunft her – nicht fremden Dogmatismus und nicht zuletzt auch an ihrer Intoleranz gegenüber anders oder abweichend Denkenden im fremden „bürgerlichen" und im eigenen „Lager". Wenn das erklärte Ziel dieser Theorie mündige, sich argumentativ ausweisende und so Konflikte „konsensuell" lösende Bürger und gegenüber ihrer Gesellschaft und der Menschheit verantwortlich forschende und handelnde (Fach-)Wissenschaftler waren, so ist die Erreichung dieses Ziels z.T. dadurch behindert worden, daß ihre Anhänger die ihr skeptisch oder ablehnend Gegenüberstehenden oft entweder als

---

[35] Vgl. *H. Schnädelbach*: Das kulturelle Erbe der Kritischen Theorie, in: ders.: Philosophie in der modernen Kultur, Frankfurt 2000, 104 ff.

egoistische Dummköpfe oder als unaufgeklärte Fachidioten hingestellt haben. Kritik geübt worden ist auch an der „Versozialwissenschaftlichung", Politisierung und Ideologisierung der Literatur- und Kunstwissenschaften, an der Auflösung des Kanons von Werken, an der Evozierung von Ressentiments gegen jedwede ästhetische Betrachtung, an der Gegenüberstellung von bürgerlicher und „kritischer" Wissenschaft[36], an der Sterilität des endlosen Methodenstreit über die richtige Kritik und schließlich, da jede Totalkritik an einer Tradition in ihre Auslöschung mündet, der massive Verlust traditioneller kultureller Gehalte.

Gewichtiger ist schließlich der Einwand gegen den prinzipiell uneinlösbaren und anmaßenden Anspruch dieser Theorie, die Grundmechanismen der Kultur und ihrer Geschichte bereits durchschaut zu haben oder doch zumindest die Instrumente dazu zu besitzen.[37] Die Kritische Theorie hat sich gewiß übernommen: So scharfsinnig, wie sie vieles erkannt und zu Recht kritisiert hat, so sehr hat sie vieles Traditionelle und Bewährte als Unbedeutendes, als falsches Bewußtsein, als täuschende, eigensüchtige Ideologie der „anderen" abgetan. Schwer wiegen in der Bilanz auch die um 1970 unter ihren Anhängern – weniger oder kaum von ihren hauptsächlichen Theoretikern – verbreiteten Sympathien für den „sozialistischen" Weg Osteuropas, die Tendenz, die nationalsozialistische Gewaltherrschaft einerseits und die „Herrschaft des Kapitals" im demokratischen Rechtsstaat des Westens strukturell gleichzusetzen, die Pflege eines Revolutionsmythos, die (z.T. naive) Utopie von den Segnungen eines herrschaftsfreien Dialogs, von der Möglichkeit der Verwirklichung der Emanzipation des Subjekts von allen es historisch und gesellschaftlich bindenden Behinderungen[38] und von einer befriedeten Welt ohne Not und Mühsal und schließlich überhaupt die Verkennung der Unmöglichkeit eines radikalen gesellschaftlichen und kulturellen Neuanfangs.

5. Habitus:
Ein Exkurs über die Gesellschafts- und Geschichtstheorie von P. Bourdieu

Von den vielen anderen gesellschaftskritischen Theorien, die nach 1960 neben und unter wechselseitiger Beeinflussung der hier ausführlicher dargestellten deutschen Kritischen Theorie im westlichen Ausland entstanden sind, wird hier exemplarisch nur die des französischen Soziologen PIERRE BOURDIEU (1930-2002) kurz vorgestellt.[39] Denn sie nimmt im Hinblick auf die Sozialhistorie zwischen der älteren

---

[36] Gegen die gesellschaftskritischen Ansätze behaupten sich in der Literaturwissenschaft zeitweilig nur die von *H. R. Jauß* organisierten Kolloquien „Poetik und Hermeneutik".

[37] Wenn der Mensch in der modernen Geschichtsphilosophie immer wieder erklärt habe, „ ... es gewesen zu sein.", schreibt *O. Marquard* (Abschied von der Philosophie der Geschichtsphilosophie/Geschichte, in: Kosellek/Stempel 1973, 241 ff., hier: 242), habe er sich, ohne es zu bemerken, in dieser Zurechnung und Absicht hoffnungslos übernommen.

[38] Vgl. *Ch. Türcke*: Humanismus und kritische Theorie. Nach ihrer jüngsten Verabschiedung, in: Merkur 1,2000, 1126-1132.

[39] So gibt es z.B. in der amerikanischen Ethnologie und Frühgeschichtsforschung eine Kritische Anthropologie. Zu ihr zählen u.a. *S. Diamond* mit seiner Zivilisationskritik in seiner Aufsatzsammlung: In Search of the Primitive. A Critique of Civilization, New Brunswick, NJ 1974 (dt.: Kritik der Zivilisation. Anthropologie und die Wiederentdeckung des Primitiven, Frankfurt 1976); *M. Harris* mit seiner neomarxistischen Deutung der Stadien der Frühgeschichte u.a.

hermeneutischen und der neueren strukturtheoretischen Richtung einerseits und zwischen der vielen deutschen Besonderheiten geschuldeten Kritischen Theorie und den neomarxistischen Sozialtheorien des angloamerikanischen Wissenschaftsraums eine theoretisch plausible und empirisch sehr fruchtbare Stellung ein, ohne gleich als eine alles erklärende sozialwissenschaftliche „Großtheorie" aufzutreten und ohne bereits stärker vom damals entstehenden postmodernistischen Denken in Frankreich[40] erfaßt zu sein. Bourdieus Ausgangspunkt ist, wie der der Kritischen Theorie, eine Kritik der kapitalistischen Klassengesellschaft und sein Ziel die Aufhebung der gesellschaftlichen Benachteiligung der unteren Bevölkerungsschichten. Sein empirisches Material entnimmt er, sieht man von seinen frühen ethnosoziologischen Studien über die algerische Kabylei ab, der Gesellschaftsgeschichte Frankreichs vom 18. Jahrhundert bis zur Gegenwart.

Die „Illusion der Chancengleichheit"[41] – der deutsche Titel eines seiner bekanntesten Werke – drückt pointiert sein Urteil über die ungerechte und verschleierte Vergabe der Lebenschancen in den entwickelten westlichen Gesellschaften aus. Ihre Ursache sei die ungleiche Verteilung von drei Arten persönlichen „Kapitals" unter die Menschen: erstens des *sozialen* Kapitals, das man durch die familiale und ständische Herkunft bereits hat und durch den Zugang zu bestimmten Gruppen und die Pflege eines Netzwerk von Beziehungen lebenszeitlich vergrößert; zweitens des *kulturellen* Kapitals, das man sich als Wissen und Können durch Erziehung, Schul-, Berufs- und Weiterbildung und lebenslanges Lernen erwirbt; drittens des *ökonomischen* Kapitels, über das man in Form von Eigentum und Geld verfügt. Am Beispiel der französischen Nachkriegsgesellschaft belegt Bourdieu, wie sehr der gesellschaftliche Status des einzelnen zunächst von der Zugehörigkeit entweder zur Klasse des Großbürgertums, des Kleinbürgertums oder der Arbeiterschaft (*classe de la bourgeoisie*, de la *petite bourgeoisie* ou *classe ouvrière*) und dann, differenziert je für sich und in spezifischen Verbindungen, von der Mitgliedschaft in einer der vielen gesellschaftlichen Sondergruppen (*fractions*) abhängt und wie genau sich Menschen an den dadurch geschaffenen „feinen Unterschieden"[42] im Lebensstil untereinander erkennen und von den jeweils anderen abgrenzen. Bis ins Kleinste hat Bourdieu dabei nachweisen können, wie auf dieser Grundlage die Alltagskommunikation durch zumeist unbewußt bleibende Regeln bestimmt ist, wie die bis ins Körperliche hinwirkenden mentalen Muster und sozialen Strukturen die „feinen Unterschiede" ausmachen und die im Sozialisationsprozeß verinnerlichten

---

in seiner Schrift: Cultural Materialism. The Struggle for a Science of Culture, New York 1979; und *M. Sahlins* und *E. Service* mit ihrer neoevolutionistischen These von der steinzeitlichen „Überflußgesellschaft" u.a. in der von ihnen herausgegebenen Schrift: Stone Age Economics, Chicago 1972.

[40] Vgl. dazu Kapitel 40.2.
[41] Stuttgart 1971. Der französische Titel des gemeinsam mit *J.-C. Passeron* verfaßten Werks lautet: Les héritiers. Les étudiants et la culture, Paris 1964.
[42] *P. Bourdieu*: La distinction. Critique sociale du jugement, Paris 1979 (dt. Die feinen Unterschiede: Kritik der gesellschaftlichen Urteilskraft, Frankfurt 1982). Dieser berühmt gewordenen Studie war u.a. vorangegangen: Zur Soziologie der symbolischen Formen, Frankfurt 1970.

gesellschaftlichen Strukturen den „*Habitus*" der Menschen bestimmen. So zeichne sich großbürgerliche „Distinktion" durch hohe Freiheitsgrade in der Gestaltung des Lebens und einen erlesenen, luxuriösen Geschmack auch in kleinen Dingen aus, kleinbürgerliche Lebensart durch eine „prätentiöse" Bildungsbeflissenheit und Bemühen um Konformität und Askese und der „proletarische Lebensstil durch eine „den Mangel wehrende Notwendigkeit".

Wenn Bourdieu eine besondere Aufmerksamkeit dem kulturellen Kapital schenkt, dann hebt er zugleich ein die französische Gesellschaft besonders charakterisierendes Merkmal hervor. Seit der französischen Revolution beruht das öffentliche Ansehen mehr als anderswo vom Schulerfolg ab. Insbesondere qualifiziert man sich dort für höchste Staatsämter vornehmlich durch das Erreichen der besten Concours-Plätze in den *Grandes Ecoles*, den im Prestige über den Universitäten stehenden Elitehochschulen.[43] Wenn sich die Klassenzugehörigkeit der Familien trotz dieses Prinzips der Messung der individuellen Schulleistungsfähigkeit über die Generationen stabil fortgesetzt hat und fast bis in die Gegenwart Frankreich, mehr z.B. als Deutschland, eine Klassengesellschaft geblieben ist, dann erkläre sich dies gerade durch das Zusammenwirken jener drei Arten des symbolischen Kapitals, d.h. durch den von den Individuen von Kindheit an verinnerlichten Klassenhabitus der eigenen Familie.

Ein Vorzug von Bourdieus Ansatz und seiner zumeist in einem größeren Team von Mitarbeitern erstellten Arbeiten ist, daß sie Theorie und Praxis aufeinanderbeziehen, eine reflexiv-kritische und mit systematischen und historischen Anspruch auftretende Gesellschaftstheorie mit einem praktischen Interesse an einer Politik der sozialen Gerechtigkeit verbinden. Um dieses zu erreichen, ist Bourdieu darauf bedacht gewesen, den „scholastischen" Blick der Sozialwissenschaften zu vermeiden, also die bereits eingeführte soziologische Begrifflichkeit und die dem Funktionieren und dem Wandel der Gesellschaft unterstellte Logik einfach in die soziale Praxis hineinzuprojizieren. Vielmehr hat er versucht, die Beschreibungsbegriffe in der Weise idealtypisch neu zu definierten, daß er sie soweit wie möglich aus den Logiken des unterschiedlichen sozialen Handeln selbst entwickelt hat. Die theoretische Fruchtbarkeit seines Habitus-Ansatzes besteht deshalb darin, daß er zwischen dem Subjektivismus der sinnverstehenden Hermeneutik und dem Objektivismus des funktionalistischen Strukturalismus vermittelt. Indem der Habitus einerseits die Wahrnehmungs- Denk-, Urteilsschemata der Individuen prägt, sie zu stabilen Handlungsstrategien und Verhaltensweisen anleitet und so ihren Kommunikationspartnern sichere Erwartungen erlaubt, macht er andererseits die sozialen Akteure dennoch nicht nur zu Befehlsempfänger von Strukturen, sondern gilt der Habitus auch immer als Ausdruck persönlicher Intentionen.[44]

Bourdieus kultursoziologischer Ansatz zielt so zwar weniger auf die Erforschung der Geschichte selbst als auf die aktuelle Verbindung von Theorie und gesellschaftlicher Praxis. Seine Erkenntnisse sind aber durchweg aus historischen

---

[43] Vgl. *P. Bourdieu*: La noblesse d'Etat. Grandes Ecoles et esprit de corps, Paris 1989.

[44] Vgl. C. Bohn: Habitus und Kontext. Ein kritischer Beitrag zur Sozialtheorie Bourdieus, Opladen 1991.

Studien gewonnen und enthalten die Einsicht, daß auch und gerade das Selbstverständliche in einer Kultur das Ergebnis eines Kampfes und Ausdruck von gesellschaftlicher Macht und ihrer individuellen Reproduktion in Formen des Habitus ist.[45] Von größerer geschichtstheoretischer Bedeutung ist der Habitusbegriff auch deshalb, weil er eine Mittelstellung zwischen den mächtigen und recht beständigen gesellschaftlichen Strukturen und den den gesellschaftlichen Wandel letztlich herbeiführenden Motiven, Absichten, Zielen der Individuen einnimmt.[46] Im Unterschied zu der Auffassung sowohl der empirisch-analytischen als auch der kritischen Gesellschaftstheorie determinieren nicht Strukturen das Handeln der Menschen, sondern ist es mehr ein Ausfluß lebensgeschichtlich erworbener und ausgestalteter sozialer Verhaltensmuster und ist jeder Wandel des Habitus der Gruppen das Anzeichen eines gesellschaftlichen Wandels. Diese Vorstellung verbindet die Sozialisation der Individuen mit der Geschichte der Gesellschaft und ist das Soziale in Gestalt des persönlichen Habitus und der gesellschaftlichen Institutionen objektivierte Geschichte.

---

[45] Vgl. auch ders.: Die biographische Illusion, in: BIOS, 1, 1990, 75-93.
[46] Vgl. *S. Reichardt*: Bourdieu für Historiker? Ein kultursoziologisches Angebot an die Sozialgeschichte, in: Mergel/Welskopp 1997, 39-70.

37. Geschichte der Vielen:
Geschichte des Alltags, der Lebensformen und der Lebenswelten

1. „Alltagsgeschichte": Elementare Lebenssituationen – durch Geschichte geformt   621
2. Historische Lebensformen, Lebensläufe und Lebenswelten   625
3. Lebenswelten (G.H. Mead, A. Schütz):
   Soziologische Ansätze zur Theorie und Analyse des Alltagswissens und -handelns   630

Noch während die empirische und die kritische Sozialhistorie ihren Höhepunkt an Geltung und produktiver Forschungsleistung in den 70 und 80er Jahren erreichen, geraten sie ihrerseits gegenüber einem Bündel neuer Ansätze in die Defensive. Deren gemeinsames Merkmal ist die Hinwendung zur überindividuell geteilten, jedoch unmittelbar erlebten Erfahrungswelt der Menschen in ihrer gewöhnlichen Alltags- und Lebenswelt. War es den beiden Ausprägungen der Sozialhistorie um die gesellschaftswissenschaftliche Überwindung bzw. die Neubestimmung des früheren subjektivistischen, phänomenologischen und relativistischen Zugangs zur Geschichte in der geisteswissenschaftlichen Tradition gegangen, so distanzieren sich nun die „Alltagsgeschichte", die „Mikro-Historie", die „Geschichte der Lebensformen", die „Geschichte der Lebensläufe" und die „Geschlechtergeschichte" – die der „kleinen Leute" ebenso wie die der gehobenen Gesellschaftsschichten – von der personenlosen Sozialhistorie der Strukturen, Erkenntnisinteressen und gesamtgesellschaftlichen Lagen. Gleichwohl verzichten diese neuen Richtungen nicht auf die sozialhistorische Perspektive. Indem sich ihr Interesse stärker auf die Individuen, auf die überschaubaren Lebenswelten und auf die unmittelbar erfahrbaren und durch individuelles Handeln beeinflußbaren Inhalte der Wirklichkeit verlagert und sie damit einem Mangel der Sozialhistorie abhelfen wollen, behalten sie die gesellschaftlichen Strukturen „hinter" den sozialen Phänomenen der Individuen weiter im Blick, wie überhaupt nur wenige Forscher die alltagsweltliche Neuorientierung als einen harten Bruch mit dem sozialhistorischen Ansatz empfunden haben. Auch ist die Wende zum Leben der Individuen nach der „großen" sozialhistorischen Wende insgesamt „kleiner" und weniger stark programmatisch begründet. Dafür ist die „Geschichte der Vielen", die hier als Alltagsgeschichte (Abschnitt 1) und als Geschichte der Lebensformen, der Lebensläufe und der Geschlechter (Abschnitt 2) erscheint, in sich vielfältiger, anschaulicher und leichter verständlich.[1] Sie leitet zudem unmittelbar zur sich fast zeitgleich ausbildenden Historischen Anthropologie über, die sich im Zeichen einer „subjektiven Wende" als Historische Psychologie und Biographieforschung (Kapitel 38) und als neuere Mentalitätsgeschichte (Kapitel 39) entfaltet, und dann auch noch zu dem sich gegen Ende der 80er Jahre abzeichnenden Übergang zum kulturwissenschaftlichen Selbstverständnis der historischen Wissenschaften (Kapitel 41).[2]

---

[1] Ein neueres Beispiel der antiken Geschichtsschreibung ist das Lexikon von *K.-W. Weeber*: Alltag im alten Rom. Ein Lexikon, Zürich 1995, ³1997. Zum Themenkomplex insgesamt vgl. *A. Lüdtke* (Hg.): Alltagsgeschichte, Frankfurt 1989; *W. Schulze* (Hg.): Sozialgeschichte, Alltagsgeschichte, Mikro-Historie, Göttingen 1994.

[2] Man kann diese Distanzierung von der Sozialhistorie und die Akzentverschiebung zur Historie

1. „Alltagsgeschichte":
Elementare Lebenssituationen – durch Geschichte geformt
1.1. „Wie Menschen damals lebten"
Es motiviert die sog. Alltagsgeschichte[3] die Grundfrage: „Wie lebten die Menschen damals?" Mit „den Menschen" sind dabei wirklich alle Menschen gemeint, also die lange aus der Historie fast gänzlich ausgeschlossenen sog. kleinen Leute[4] ebenso wie die in der Anonymität des Standes gegenüber den wenigen „Großen" der Geschichte meist verschwindenden sog. feinen Leute[5]; „damals" meint die Verfaßtheit einer Gesellschaft und Kultur zu einer bestimmten Zeit, also nicht so sehr deren Wandel und ganz und gar nicht die außerordentlichen Ereignisse und Taten einzelner zu einem bestimmten Zeitpunkt; „leben" meint deshalb alles das, was jene Menschen üblicherweise taten, dachten und fühlten. In diesem Sinne geht die Alltagsgeschichte anthropologisch von Elementarerfahrungen und -situationen des Menschen aus, von Geburt und Tod, von Not und Überfluß, von Frieden und Krieg, von Arbeit und Muße, von geschlechtlicher Liebe, Gottesliebe und Eltern-, Kinder- und Nächstenliebe, vom Leben in der Familie, Verwandtschaft, (Gleichaltrigen-)Gruppe und Siedlungsgemeinschaft, von Erfahrungen in den Lebensaltern von Kindheit, Jugend und Alter – mit dem Ziel zu erkennen, wie Menschen die ihnen unter wechselnden Bedingungen aufgegebenen Probleme, Grundsituationen und elementaren Erfahrungen der *conditio humana* bewältigen. Als eine Geschichte der Lebenswelten „am Ort", „von innen" und „von unten" schließt die Alltagsgeschichte natürlich auch die „Festtags"-Geschichte und überhaupt alles das ein, was sich im Laufe des Jahres und des Lebens auf den Höhepunkten mit einer gewissen Regelmäßigkeit wiederholt und zumeist rituell geformt ist. Diese Art der Sozialgeschichte gewinnt ihre Antworten auf jene Grundfrage aus der Analyse und Betrachtung von konkreten Einzelfällen. Weil diese aber durchweg historisch-gesellschaftlich geformt sind, ist das Erkenntnisziel jedoch eigentlich nie die Beschreibung und Deutung des Besonderen, sondern das aus kollektiven Befunden und Vergleichen erschließbare jeweilige Allgemeine.

In eben dem Sinne hat das schon in den vorigen Kapiteln herangezogene „Funkkolleg Geschichte" (1979/80) sein rahmensetzendes Konzept unter dem Titel „Grundsituationen und elementare Erfahrungen des Menschen" fundiert. Die

---

der Individuen oft schon an den Buchtiteln ablesen, z.B. bei *M. Huber/G. Lauer* (Hg.): Nach der Sozialgeschichte. Konzepte für eine Literaturwissenschaft zwischen Historischer Anthropologie, Kulturgeschichte und Medientheorie, Tübingen 2000.

[3] Vgl. *D.v. Laak*: Alltagsgeschichte, in: Maurer VII 2003, 14-80.

[4] Im erklärten Engagement für die Geschichte der unterdrückten und ausgebeuteten Unterschichten hat die DDR-Historie gleich nach 1945, also viel früher als die im Westen, mit der Erforschung der Alltagsgeschichte begonnen. Deren Ergebnisse finden sich u.a. in der von *J. Kuczinski* in fünf Bänden herausgegebenen „Geschichte des Alltags des deutschen Volkes" (Ostberlin 1980 ff.) und in der darauf aufbauenden illustrierten Ausgabe von *S. und W. Jakobeit:* Illustrierte Alltagsgeschichte des deutschen Volkes (Ostberlin 1988, 2. Aufl. mit einem Vorwort von J. Kuczynski, 3 Bde., Köln 1988).

[5] Trotz der problematischen, weil wertenden Begrifflichkeit hält man in der Forschung im allgemeinen an der Unterscheidung zwischen Elite- und Volkskultur fest, so z.B. *R. van Dülmen/N. Schindler* (Hg.): Volkskultur. Zur Wiederentdeckung des vergessenen Alltags, Frankfurt 1984.

Schwerpunkte dieser Art von Alltagsgeschichte und Historischer Anthropologie lagen und liegen noch heute bei der Mittelalter- und Frühneuzeitforschung. Darin weist die neuere Alltagsgeschichte methodisch und inhaltlich eine große Nähe zur historistisch verfahrenden älteren Kulturgeschichte, Volkskunde und Völkerkunde[6] auf. Mit diesen Ansätzen teilt sie das Interesse an der Beschreibung historischer Verhältnisse. Das heißt, sie denkt wie diese zumeist in Epochen und nicht selten in großen Zeiträumen von einigen Jahrhunderten und erfaßt dabei das Bleibende eines Zeitalters, stellt jedoch nur selten die Frage nach dem davon Abweichenden und vernachlässigt die Erforschung der Ursachen des historischen Wandels.

Dadurch daß die Alltagsgeschichte aber eine Geschichte „von unten" ist, sich den Vielen zuwendet und deren konkrete Bewußtseinsinhalte und Verhaltensweisen ernst nimmt, hat sie zeigen können, daß die erklärten Normen und Ziele einer Gesellschaft im allgemeinen nicht unvermittelt und schon gar nicht determinierend auf das Handeln der Individuen durchschlagen, die Menschen vielmehr ihren Alltag und überhaupt ihr Leben höchst differenziert und in eigener Verantwortung sowohl nach den traditionellen Regeln ihrer Gruppe als auch nach persönlicher Erfahrung und situativer und alltagspraktischer Auslegung – und das heißt zugleich: in bewußter Distanz zur offiziellen Moral, zu den gesetzlichen Vorgaben der ethnischen und staatlichen Gemeinschaft und zu den Verfügungen und Geschehnissen der großen Politik – führen.[7] Aus der Orientierung der Menschen an den ungeschriebenen Regeln ihres Lebenskreises und an der dort in Generationen gewachsenen und mit einem Eigen-Sinn ausgestatteten konkreten Lebenserfahrung folgt, daß die Bevölkerung eines Landes nicht nur ohnmächtiges Objekt der vorgesetzten Herrschaft ist, sondern, vermittelt über die traditionellen Klugheitsregeln von Brauchtum und Sitte, das weitverzweigte kommunikative Netz des aktuellen Alltagswissens und der sich jeweils bietenden Gelegenheiten zum erfolgreichen privaten und öffentlichen Verhalten, auch so etwas wie Subjekte der Geschichte sind und allemal zumindest indirekt, im Guten wie im Bösen, Einfluß auf die großen Politik nehmen. Das Verdienst der Alltagsgeschichte ist es so, daß sie bei der Erschließung von Quellen des Alltags[8] und ihrer alltagswissenschaftlichen Deutung verbreitete Vorurteile über das „Volk" korrigiert und überhaupt ein realistischeres Bild vom „Leben damals" erarbeitet und dadurch schließlich den Gegenstandsbereich der Geschichte erweitert hat und allemal seine ausschließliche Okkupation durch die politische und neuere Strukturgeschichte erschüttert hat. Dahinter verbirgt sich wohl auch eine romanti-

---

[6] Über die Möglichkeiten und Grenzen der Nutzung der ethnologischen Methoden in der Historie vgl. den Aufsatz von Th. *Sokoll*: Kulturanthropologie und Historische Sozialwissenschaft, in: Mergel/Welskopp 1997, 233-272. Eine kritische Bewertung der Übernahme der Methodik der ethnologischen Feldforschung in der Geschichtswissenschaft hatte zuvor vorgenommen H. *Medick*: Missionare im Ruderboot? Ethnologische Erkenntnisweisen als Herausforderungen an die Sozialgeschichte, in: Geschichte und Gesellschaft 1984, 295-319.

[7] Wirkmächtige Faktoren sind in allen Gemeinschaften auch der Klatsch, die kursierenden Gerüchte und bestimmte sich z.T. über Generationen erhaltende Vorurteile. Vgl. dazu L. *Niethammer*: Kollektive Identität, Reinbek 2000.

[8] Dazu gehören u.a. auch Tagebücher. Für die Erforschung der modernen Alltagsgeschichte ist deshalb das seit 1997 in Emmendingen bestehende Tagebucharchiv von Bedeutung.

sche Sehnsucht nach einem „einfachen Leben", ein Stück Nostalgie nach der „guten alten Zeit" und eine lebensphilosophische Abwehr der rationalen und abstrakten Analyse von Verhältnissen.

1.2 Von der alltagsgeschichtlichen Volkskunde zur empirischen Kulturwissenschaft

Nun ist der alltagsgeschichtliche Ansatz eigentlich nicht neu. Er war und ist der genuine Ansatz sowohl der Ethnologie bei der Erstellung von Ethnographien und der Annales-Geschichte bei ihrem Bestehen auf der *histoire totale* als auch der älteren Kulturgeschichte der Sitten und Bräuche und ganz besonders der im 19. Jahrhundert neben der Geschichtswissenschaft und Germanistik entstandenen Volkskunde. Wenn man den Gegenständen letzterer erst nach 1970 wieder mehr Aufmerksamkeit schenkt, man dem Alltag der Vielen jetzt sogar eine gewisse Dignität zugebilligt und man sich an deren Forschungsmethodik auch in den anderen historischen Wissenschaften orientiert, dann ist diese Verzögerung in Deutschland der Verstrickung dieses Fachs in die NS-Ideologie und der allgemeinen Diskreditierung des „Völkischen" und der „Heimatkunde" nach 1945 und besonders um 1965 geschuldet.[9] Nach dem Kriege in den 50er Jahren wieder an vielen Universitäten als Fach hergestellt, wurde die Volkskunde in den 60er Jahren dennoch schon fast totgesagt[10] – das *Ludwig-Uhland-Institut* in Tübingen gibt 1970 ein Buch unter dem Titel „Abschied vom Volksleben" heraus –, als sie bald darauf unter der Bezeichnung oder dem definierenden Zusatz „Empirische Kulturwissenschaft"[11] oder „Europäische Ethnologie" eine Renaissance erlebt.[12]

Sie versteht sich heute als eine „Wissenschaft vom Menschen, die sich bei ihren Untersuchungen vornehmlich auf die alltäglichen Lebensverhältnisse und die Kultur der sozialen Unterschichten Europas konzentriert."[13] Als ihre Hauptarbeitsfelder benennt sie die soziale Differenzierung, die „Zeiteinteilung" (u.a. die *rites de passage* im Lebenslauf), Generationenschicksale, Lebensraum Heimat und die Vermittlung von Kultur. Wenn auch die wissenschaftliche Volkskunde und mit ihr die *geschichtliche Landeskunde*[14] weiterhin etwas im Schatten der anderen histo-

---

[9] Die der Volkskunde thematisch und methodisch verschwisterte deutsche Völkerkunde weist eine noch größere Verstrickung bei ihren beiden Hauptvertretern nach 1945, bei *Richard Thurnwald* (1869-1954) und *Wilhelm E. Mühlmann* (1904-1988) auf. Die „Geschichte der Anthropologie" des letzteren ist bereits vor 1945 geschrieben, 1948 nach Tilgung der schlimmsten rassistischen NS-Spuren im bisherigen Geist in Bonn erschienen und dann als Standardwerk mit kleinen Veränderungen bis 1984 immer wieder aufgelegt worden. Vgl. dazu Petermann 2004, 779-795

[10] Vgl. *G. Lutz*: Volkskunde. Ein Handbuch zur Geschichte ihrer Probleme, Berlin 1958, und *H. Gerndt*: Fach und Begriff ‚Volkskunde' in der Diskussion, Darmstadt 1988.

[11] Vgl. *H. Bausinger:* Volkskunde. Von der Altertumsforschung zur Kulturanalyse, Berlin/Darmstadt o.J.

[12] Die oben schon genannte Zeitschrift „Historische Anthropologie. Kultur – Gesellschaft – Alltag" ist in ihren Beiträgen volkskultur- und mikrohistorisch orientiert.

[13] *A. Lehmann:* Volkskunde, in: Goertz 1998, 456-472, hier: 458; darin auch ausführlich Literatur, 468-472.

[14] Zur Geschichte dieser Forschungsdisziplin vgl. *A. Gerlich*: Geschichtliche Landeskunde des Mittelalters. Genese und Probleme, Darmstadt 1986, zum allgemeinen Status vgl. besonders

rischen Fächer stehen, so ist doch ihre öffentliche Wirkung durch die zahlreichen Heimatmuseen, die nach 1945 nochmals eine Gründungswelle und eine bedeutende personelle, thematische und dingliche Ausweitung erfahren haben, eine sehr große. Gemeinsam mit den Staats- und Stadtarchiven, den landesgeschichtlichen Instituten, den kulturellen Einrichtungen der Städte, den Volkshochschulen, den vielen örtlichen und regionalen Geschichtsvereinen, Arbeitskreisen und den zahlreichen Laienforschern, die u.a. Familien-, Schul- und Vereinsgeschichte betreiben, ist die Geschichte des Alltags so in Stadt und Land in den vielen Museen, Sonderausstellungen und beigesellten schriftlichen und fotographischen Materialien so gegenwärtig wie nie zuvor.

Als ein typisches Beispiel unter zahllosen anderen in Deutschland mag die Pflege des kulturellen Erbes des kleinen ehemaligen Fürstentums Lippe dienen. Außer den üblichen kulturhistorischen Einrichtungen und Museen, die solche Territorien haben, gibt es dort u.a. den „Naturwissenschaftlichen und Historischen Verein für das Land Lippe" (gegründet 1835), die „Landesbibliothek Detmold" (u.a. mit den fürstlichen Sammlungen seit der frühen Neuzeit), das „Lippische Landesmuseum (u.a. mit einer Abteilung zur Hermannsschlacht und ihrer Wirkungsgeschichte), die „Theologische Bibliothek" der Lippischen Landeskirche (mit Originaldrucken seit der Lutherzeit), das „Staatsarchiv Detmold" (das die Archivalien des heutigen Regierungsbezirks Ostwestfalen-Lippe der Öffentlichkeit zugänglich macht), das „Westfälische Freilichtmuseum Detmold" (welches das Ganze der ländlichen Kultur Westfalens vom Mittelalter bis zur Gegenwart darstellt und das größte Museum dieser Art in Deutschland ist), das „Weserrenaissance-Museum Lemgo" (welches die Geschichte des Lebens, Arbeitens und Bauen rechts und links der Weser von ihrem Ursprung bis Bremen während der frühen Neuzeit darstellt), den „Lippischen Heimatbund" mit seinen zahlreichen Ortsvereinen und mehrere stadtgeschichtlichen Arbeitskreisen und dies alles verbunden mit Veröffentlichungsreihen der genannten Institutionen. Diese nicht vollständige Aufzählung macht deutlich, wie umfänglich heute in Deutschland – trotz eines im Vergleich zum 19. Jahrhunderts allgemein nachlassenden Geschichtsinteresses – Geschichte am Ort, d.h. hier unabhängig von wissenschaftlichen Instituten, betrieben und gepflegt wird.

1.3 Mikrohistorische Fallstudien

Von geschichtswissenschaftlicher Seite her entsteht damals auf dem Felde der Alltagsgeschichte eine weitere, unter der Bezeichnung Mikrohistorie bekannt gewordene Forschungsrichtung. Ihr Ziel ist es, räumlich und personell eng begrenzte Welten in der Totalität ihrer historischen Aspekte im Zusammenhang exemplarisch zu erfassen. Berühmt geworden ist außer den schon in Kapitel 28 genannten Arbeiten zur *histoire totale* der Annales-Schule und da insbesondere außer der Studie von E. *Le Roy Ladurie* über das Leben und Denken der Menschen um 1300 im Pyrenäendorf Montaillou (1975), vor allem der Versuch des italienischen Historikers *C. Ginzburg,* das Weltbild eines einfachen frühneuzeitlichen Müllers, ebenfalls aus Inquisitionsprotokollen wie bei jenem anderen Versuch, zu rekonstruieren.[15] Die

---

1-98.

[15] Der Käse und die Würmer. Die Welt eines Müllers um 1600 (it.1976), Frankfurt 1979, Berlin 1990; vgl. auch ders.: Spurensicherungen. Über verborgene Geschichte, Kunst und soziales Gedächtnis, München 1988. Vgl. auch *A. Corbin*: Auf den Spuren eines Unbekannten. Ein

bedeutendste neuere Arbeit zu diesem Typ von Alltagsgeschichte ist die Gemeindestudie, die der Brite D. *Sabean* unter dem Titel „Property, Production and Family in Neckarhausen, 1700-1870" (Cambridge 1990) vorgelegt hat. Mehr noch als jene beiden anderen Autoren erschließt er die Totalität des Alltagslebens, den Mikrokosmos einer bestimmten dörflichen Menschengemeinschaft.[16] Die Schwäche dieser Methode ist nicht ihren Anwendern anzulasten: Regional- und lokalgeschichtliche Fallstudien – wie detailreich und gründlich durchdacht sie auch sind – sagen zunächst immer nur etwas über eine jeweilige kleine Welt aus, jedenfalls solange, wie nicht eine Vielzahl von ähnlich gelagerten Fällen Vergleiche ermöglichen – was im hier bemühten Beispiel durch die große faktische Differenz selbst zwischen benachbarten Gemeinden eingeschränkt wird – und hierzu übergeordnete Begriffe für die Analyse herangezogen werden können.

Die damit verbundene Kritik an der Mikrohistorie kann man auf die Möglichkeiten der Alltagsgeschichte insgesamt ausdehnen. In ihrer verengten „Maulwurfsperspektive" bleibt sie den partikularen und eben auch oft widersprüchlichen Phänomenen verhaftet, kommt sie zu einem Verstehen bloß aus dem nahen Kontext, ohne daß die hinter dem Rücken der Handelnden sich vollziehende historische Dynamik erkannt wird, und schließt sie sich von der Erkenntnis der weiträumigen Veränderungen ab, so daß der Forscher, wenn er sich in die Sichtweise kleiner Lebenswelten einblendet, zwar nahe bei den von der Geschichte unmittelbar Betroffenen ist und sein Urteil auch authentisch sein mag, aber das gewonnene Verständnis eben doch ein arg beschränktes ist.

2. Historische Lebensformen, Lebensläufe und Lebenswelten

Das sich seit den 70er Jahren erneut äußernde Interesse an den Lebensweisen, Weltanschauungen und Leitbildern von Individuen schlägt sich auch in einer Forschung nieder, die die Begriffe Lebensform, Lebenswelt und Lebenslauf wieder ins Zentrum der Historie rückt. Bei den damit gemeinten Vorstellungen handelt es sich um anthropologisch vorgeprägte und historisch-gesellschaftlich geformte Phänomene, die sich in jeweiligen Gesellschaften im Bewußtsein der Menschen idealtypisch in bestimmten Leitbildern verdichten.

2.1 Historische Lebensformen (Borst)

Der Begriff Lebensform – unter den historischen Bezeichnungen *bíou parádeigma* (Platon), *forma vivendi* und *ordo vivendi* eine Grundvorstellung der europäischen Ethik und Standeslehre – ist im Kontext der Lebensphilosophie und der Kulturanthropologie um 1900 wieder aufgegriffen und in der geisteswissenschaftlichen Psychologie, besonders in den von *E. Spranger* formulierten sechs „idealen Grund-

---

Historiker rekonstruiert ein ganz gewöhnliches Leben (Le monde retrouvé de L.-F. Pinagot: Sur les traces d'un inconnu 1798-1876, Paris 1998), Frankfurt 1999.

[16] Vgl. auch *J. Schlumbohm*: Lebensläufe, Familien, Höfe. Die Bauern und Heuerleute des Osnabrücker Kirchspiels Belm in protoindustrieller Zeit. 1650-1860, Göttingen 1994.

typen der Individualität" des Menschen[17], entfaltet worden.[18] Geschichtswissenschaftliche Bedeutung erlangte der Begriff in jüngerer Zeit in Deutschland jedoch erst wieder durch das inzwischen zu einem Klassiker der Geschichtsschreibung gewordene umfangreiche, ausführlich theoretisch begründete und inhaltlich in vielen Fallbeispielen und -geschichten ausgeführte Buch „Lebensformen im Mittelalter" (Frankfurt 1973, 1979) von *Arno Borst*.

Borsts Grundgedanke ist einfach: Weder werde das soziale Verhalten des Menschen hauptsächlich durch Konstanten der Menschennatur noch hauptsächlich durch bewußt reflektierte oder durch Belehrung herbeigeführte Entscheidungen bestimmt, sondern vor allem durch „im Leben" erlernte Verhaltensweisen, die, insofern sie sich in bestimmten Lebenskreisen charakteristisch bündeln und ihre Struktur über Generationen hinweg beibehalten, als wohlunterscheidbare „Lebensformen" beschreibbar werden. Mit den Worten Borsts: Lebensformen sind „eingeübte soziale Verhaltensweisen, die weder von der Natur oder Gott noch vom menschlichen Bewußtsein oder Willen geschaffen sind und trotzdem das Zusammenleben von Menschen gestalten." (1979, 14) Borsts Globalkritik an den früheren Begriffsfassungen von „Lebensform" (etwa des Weisen, des Mönchs oder des Bürgers) ist, daß die sie fundierenden normativ-idealistischen Konzeptionen sowohl das faktische „soziale Zueinander als auch das geschichtliche Nacheinander" der empirisch nachweisbaren Verhaltensweisen verzerren. (1979, 345) Die Verfestigung der Lebensführung in bestimmten Lebensformen setze allerdings Gesellschaften voraus, die zum einen schon recht komplex sind und sich dadurch von primitiven Gesellschaften unterscheiden, die zum andern aber die Menschen noch relativ stark in Konventionen einbinden, ihnen noch keine individuell verantwortete Lebensweise zugestehen. Insofern nun mittelalterliche Gesellschaften diesen Status haben und dieser von den Menschen im allgemeinen auch nicht in Frage gestellt werde, meint Borst, das „Mittelalter als das Zeitalter der verwirklichten und wirksamen Lebensformen" bezeichnen zu können (1979, 20). Auf der Grundlage einer umfangreichen, vor allem kritisch-sinnverstehenden Auswertung von Texten zur Lebensführung unterscheidet er – in Anlehnung an und zugleich in Kontrast zur üblichen Ständelehre – die primären Lebensformen des *Bauern*, des *Adligen* und des *Geistlichen* und die sich vor allem im städtischen Bereich seit dem hohen Mittelalter hieraus entwickelnden sekundären Lebensformen des *Bürgers*, des *Fürsten* und des *Gebildeten*.[19] Trotz der großen Verbreitung, die Borsts Werk gefunden hat, scheinen ihm auf diesem Wege nur wenige Historiker gefolgt zu sein, wenn auch der Begriff Lebensform allenthalben, jedoch kaum terminologisch definiert, in den Kulturwissenschaften verwendet wird.

---

[17] *E. Spranger*: Lebensformen. Geisteswissenschaftliche Psychologie und Ethik der Persönlichkeit (1921), Tübingen 1950.

[18] Spranger folgend, hat *W. Flitner* eine „Geschichte der abendländischen Lebensformen" (München ²1967) vorgelegt.

[19] Zur Bestimmung der mittelalterlichen Personalität auf dieser Grundlage vgl. *E. Wiersing*: Überlegungen zum Problem mittelalterlicher Personalität, in: *H. Röckelein* (Hg.), Biographie als Geschichte, Tübingen 1993, 184-218, zum Begriff der Lebensform besonders 199-202.

2.2. Sozialhistorische Lebenslaufforschung: Strukturen kollektiver Lebensläufe

Die Tendenz zur Abkehr von den gesellschaftlichen Strukturen artikuliert sich in den Sozialwissenschaften sodann in einem wachsenden Interesse am „Lebenslauf" der Individuen, wofür seit Ende der 70er Jahre besonders die Arbeiten von *M. Kohli*[20] stehen.[21] Dieser bezieht, wie auch andere, zur Erklärung der gegenwärtigen Strukturmerkmale von Lebensläufen ihre Differenz zu und ihre Genese aus vor- und frühmodernen Formen in seine Forschung ein.[22] Insbesondere die „Institutionalisierung"[23] und „Individualisierung"[24] moderner Lebensläufe lassen sich nur im Rückbezug auf den sozialen Wandel „von der unsicheren zur sicheren Lebenszeit" erklären, wie es schon im Titel eines Buches von A.E. Imhof heißt[25]. Danach sind die heute als normal geltenden Lebensläufe der Menschen im Durchmessen der ganzen Lebensspanne von der frühen Kindheit über das Jugend- und Erwachsenenalter bis zum hohen Alter, in der bis vor kurzem üblichen Begründung eines eigenen Ehestandes und im Erleben des vollständigen Drei-Generationen-Familienzyklus erst möglich geworden durch das fast vollständige Verschwinden des Todes aus dem frühen und dem mittleren Lebensalter, den Wegfall der früher sehr zahlreichen sozialen Heiratsbeschränkungen, die sozialstaatliche Sicherung der Individuen in allen Lebensaltern und möglichen Notzeiten und das relativ gesunde Erreichen des postgenerativen Lebensalters, ja des Greisenalters[26]. Während die frühere Forschung ihre Aussagen zumeist auf als typisch oder gerade als abweichend empfundene historische Lebensläufe – niedergelegt in (Auto-)Biographien oder biographisch auswertbaren Quellen – gestützt hat, sichert sich die sozialhistorische Lebenslaufforschung heute nach Möglichkeit durch die Untersuchung von „*kollektiven Biographien*"[27], also durch eine größere Zahl von Angehörigen einer bestimmten Statusgruppe, und

---

[20] Vgl. u.a. *M. Kohli* (Hg.): Soziologie des Lebenslaufs, Darmstadt/Neuwied 1978.

[21] Einen auch die Forschungsansätze der historischen Fächer einbeziehenden und mit einer umfangreichen Bibliographie versehenen Überblick gibt der Artikel: Biographieforschung: Werden und Wandel einer komplexen Methode, von *M. Harscheidt*, in: Historical Social Research/ Historische Sozialforschung 1989, 99-142.

[22] Vgl. hierzu die vom „Kölner Zentrum für Historische Sozialforschung" seit 1977 herausgegebene" Reihe: Historisch-sozialwissenschaftliche Forschungen. Quantitative sozialwissenschaftliche Analysen von historischen und prozess-produzierten Daten.

[23] Vgl. *M. Kohli:* Die Institutionalisierung des Lebenslaufs. Historische Befunde und theoretische Argumente, In: Kölner Zeitschrift für Soziologie und Sozialpsychologie 37, 1985, 1-29.

[24] Zu den neuzeitlichen Individualisierungstendenzen von Lebensläufen vgl. den Themenschwerpunkt in Heft 3 der Zeitschrift für Soziologie 1993 (mit Beiträgen u.a. von *G. Burkart* und *U. Beck /E. Beck-Gernsheim*).

[25] Von der unsicheren zur sicheren Lebenszeit. Fünf historisch-demographische Studien, Darmstadt 1988.

[26] Zur Kulturgeschichte des hohen Alters allgemein vgl. *S. de Beauvoir:* Das Alter. Essay (frz. La Vieillesse, Paris 1970), Reinbek 1972, und *L. Rosenmayer:* Die menschlichen Lebensalter in Deutungsversuchen der europäischen Kulturgeschichte, in: ders. (Hg.): Die menschlichen Lebensalter. Kontinuität und Krisen, München 1978, 23 ff.; zu der im allgemeinen tristen Lage der Alten in der vormodernen Gesellschaft vgl. *P. Borscheid:* Geschichte des Alters, 16.-18. Jahrhundert, Münster 1987.

[27] Vgl. *W.H. Schröder*: Lebenslauf und Gesellschaft. Zum Einsatz kollektiver Biographien in der historischen Sozialforschung, Stuttgart 1985.

durch die Erhebung objektiver Daten und Sachverhalte in Abhängigkeit von sozialen Bedingungen ab.[28] Die historische Lebenslaufforschung dieser Art findet sich mehr oder weniger ausgeprägt in allen Humanwissenschaften, also nicht nur in den Kulturwissenschaften, sondern auch in der Theologie, Rechtswissenschaft, Wirtschaftswissenschaft, Medizin und biologischen Anthropologie.

2.3 Geschlechter- und Frauengeschichte: Lebenswelten von Frauen und Männern

Einen von den 70er Jahren bis heute reichenden Aufschwung hat die (historische) Frauenforschung genommen.[29] Motiviert von der neueren Frauenbewegung ist deren wissenschaftliches Hauptfeld zwar die sozialwissenschaftliche Analyse des gegenwärtigen Standes der Frauenemanzipation. Als ein Phänomen mit langer Geschichte ist sie aber auch ein Gegenstand der historischen Wissenschaften. Die zeitweilig von Feministinnen vertretene und vorherrschende Auffassung, daß es zur Korrektur der bisherigen Sozial- und Kulturgeschichte nötig sei, eine Art „Gegengeschichte" zur bisher von den Männern nicht nur geschriebenen, sondern auch verzerrten Geschichte zu entwerfen, ist zwar nicht gänzlich aufgegeben worden, inzwischen aber doch in den größeren Zusammenhang der Familien- und Geschlechtergeschichte gestellt und von der schlichten Geschlechteropposition befreit worden. Dabei wird im allgemeinen die seit dem 19. Jahrhundert in der Frauenbewegung geäußerte Kritik aufrecht erhalten, wonach sich die Männer allen gesellschaftlichen und kulturellen Fortschritt entweder fälschlicherweise fast ausschließlich selbst gutgeschrieben hätten oder – und zugleich kulturkritisch gewendet – wonach dieser sog. Fortschritt in moralischer und sozialer Hinsicht eher ein Rückschritt gewesen sei.[30] Letzteres wird damit begründet, daß erst das sich seit den frühen Hochkulturen durchsetzende Patriarchat die unserer Natur entsprechende und in urgeschichtlichen Zeiten bestehende mutterrechtliche Sozialität verdrängt und seither das schöpferische und friedenstiftende Potential der Frauen unterdrückt und ihre Körper in der Sexualität und den vielfältigen Dienstleistungen ausgebeutet habe.[31]

Der Ausgangspunkt der neueren Forschung[32] ist die biologische Unterscheidung von Mann und Frau (*sex*) und das auf dieser Grundlage lebensgeschichtlich

---

[28] Vgl. hierzu die thematisch weiter gefaßte Zeitschrift „BIOS. Zeitschrift für Biographieforschung und Oral History", 1988 ff. Eine inzwischen schon klassische Arbeit ist die von *J. Le Goff* 1957 erstmals vorgelegte und 1987 überarbeitete Studie: Die Intellektuellen im Mittelalter (frz. Les intellectuels au moyen âge), Stuttgart 1987.

[29] Einen Überblick über deren Geschichte und deren Status geben *G.-F. Budde:* Das Geschlecht der Geschichte, in: Mergel/ Welskopp 1997, 125-150; *A. Conrad:* Frauen- und Geschlechtergeschichte, in: Maurer Bd. 7, 2003, 230-293.

[30] Von dieser argumentativen Ambivalenz ist z.B. das verbreitete Buch von *G. Lerner:* Die Entstehung des Patriarchats, Frankfurt/New York 1991, geprägt.

[31] Vgl. dazu die Ausführungen über die Mutterrechtsthese von J.J. Bachofen und die daraus abgeleitete Kulturkritik in Kapitel 25.3.2.

[32] Unter Ausschluß aller nur gegenwartsbezogener Literatur sei aus der Fülle der Schriften nur hingewiesen auf den Klassiker von *Simone de Beauvoir:* Das andere Geschlecht. Sitte und Sexus der Frau (Le deuxième sexe (Paris 1949), Reinbek 1951/1968; auf die ethnopsychoanalytische und mutterrechtlich orientierte Kampfschrift von *E. Bornemann:* Das Patriarchat. Ursprung und Zukunft unseres Gesellschaftssystems (Frankfurt 1975, 1989), auf die umfassende

different erzeugte sozialkulturelle Geschlecht (*gender*). Ihr zumeist offen erklärtes Vorverständnis und die darin enthaltene These ist, daß die natürliche Ungleichheit von Männern und Frauen in der Geschichte der zivilisierten Gesellschaften zu einer männerbestimmten sozialen Ungleichheit umfunktioniert wurde und das traditionelle Frau-Sein im wesentlichen eine historisch-soziale Kategorie ist. Daß die soziale Ungleichheit auch sozial erzeugt wird, läßt sich in großen Umfang an Rechtsordnungen, religiösen und literarischen Quellen belegen. Das wird auch nicht dadurch widerlegt, daß diese den Mann begünstigende Ungleichheit sich in allen bisher bekannten Gesellschaften findet und als solche menschheitsgeschichtlich sehr alt sein muß, wie etwa die in der Frühzeit entstandenen Sprachen an ihrer Grammatik und Semantik zeigen.

Neben den zahlreichen neueren Einzelstudien leistet die fünfbändige von *G. Duby* und *M. Perrot* konzipierte und aus der Feder einer internationalen Verfasserschaft stammende „Geschichte der Frauen" (Historie des femmes en occident, Rom 1990), Frankfurt/New York 1993-1995, einen Überblick über das Frauenleben von frühgeschichtlichen Zeiten bis zur Gegenwart. Diese Darstellung – allerdings überwiegend von Männern verfaßt und für die vormodernen Zeit auch fast ganz aus Quellen von Männern schöpfend – zeigt u.a., daß es zwar eine allgemeine gesellschaftliche Benachteiligung der Frau, insbesondere ihren Ausschluß aus oder ihre Unterordnung in der Sphäre der Herrschaft und Religion, gab, die Benachteiligung sich aber je nach Lebensalter, Familien- und sozialem Stand, Gesellschaft und Epoche sehr unterschiedlich ausnimmt und man zu gehaltvollen Aussagen über die „Geschichte der Frauen" außer durch ihre Gegenüberstellung mit der Geschichte der Männer auch die vielen Unterscheidungen innerhalb von Frauenwelten benötigt. Als Pendant zur Frauenforschung gibt es inzwischen auch eine Männerforschung, näherhin eine zur „Männlichkeit".[33]

Thematisch eng verbunden mit der Geschichte der Weiblichkeit und Männlichkeit und der Beziehung der Geschlechter zueinander ist die Geschichte der Sexualität und der Körperlichkeit und Leiblichkeit in allen Formen. Deren Geschichte freilich hat es, noch mehr als die der Lebensformen, Lebensläufe und der Lebensführung von Frauen und Männern, mit der psychischen Innenseite des Menschen zu tun und fällt damit hauptsächlich unter die Forschungsrichtung der Historischen Psychologie und Biographieforschung, welche im folgenden Kapitel vorgestellt wird.

---

ethnologische Studie von *K.E. Müller*: Die bessere und die schlechtere Hälfte. Ethnologie des Geschlechterkonflikts (Frankfurt/New York 1984), auf den von *K. Hausen und H. Wunder* herausgegebenen Band: Frauengeschichte, Geschlechtergeschichte (Frankfurt/New York 1992), auf *G. Signori*: Frauengeschichte/Geschlechtergeschichte/ Sozialgeschichte. Forschungsfelder – Forschungslücken: Eine bibliographische Annäherung an das späte Mittelalter (in: *A. Kuhn/ B. Lundt*, Hg.: Lustgarten und Dämonenpein. Konzepte von Weiblichkeit im Mittelalter und Früher Neuzeit, Dortmund 1997, 29-53) und auf den eine knapp gefaßte Nachzeichnung der Genese der historischen Frauenforschung und Themenübersicht enthaltenden Aufsatz: Frauen und Geschlechtergeschichte von *B. Lundt* (in: Goertz 1998, 579-597).

[33] Vgl. dazu *C. Benthien/I. Stephan*: Männlichkeit als Maskerade. Kulturelle Inszenierungen vom Mittelalter bis zur Gegenwart, Wien 2003; *W. Schmale:* Geschichte der Männlichkeit in Europa (1450-2000), Wien 2003.

3. „Lebenswelten" (G.H. Mead, A. Schütz): Soziologische Ansätze zur Theorie und Analyse des Alltagswissens und -handelns

Die Geschichte des Alltags, der Lebensformen, der Lebensläufe und der Lebenswelten hat ein Pendant in den systematischen Sozialwissenschaften, das hier wenigstens im Umriß vorgestellt wird. Es handelt sich dabei vor allem um zwei mit der sog. *Alltagswende* verbundene Theorien. Die eine ist die von dem österreichischen Soziologen ALFRED SCHÜTZ (1899-1959) um 1930 im Anschluß an die Verstehende Soziologie M. Webers und an den phänomenologischen Lebensweltbegriff E. Husserls entwickelte und auf den Begriff der *Lebenswelt* zentrierte Theorie vom „sinnhaften Aufbau der sozialen Welt".[34] Die „Lebenswelt", die Schütz nach seiner Emigration in die Vereinigten Staaten auch „Alltagswelt" (*world of everyday life*) nennt, ist danach jene selbstverständliche, in der Regel nicht in Frage gestellte subjektive Wirklichkeit, die das Individuum in der alltäglichen Kommunikation mit seinesgleichen in sich aufbaut, lebenslang auf ihre Gültigkeit überprüft und dabei immer, als das „lebensweltlich apriori", die Grundlage seiner Wahrnehmung der Welt und seines Handelns in ihr ist. Schütz' bedeutende Schüler *P.L. Berger* und *Th. Luckmann* haben sein z.T. auf Englisch verfaßtes Werk seit den 60er Jahren nicht nur erst wieder im deutschsprachigen Wissenschaftsraum bekannt gemacht, sondern es in eigenen Arbeiten produktiv zu einer Theorie der „sozialen Konstruktion der Wirklichkeit" weiterentwickelt.[35] Seit den 70er Jahren sind „Lebenswelt" und „Alltagswelt" zu inflationär gebrauchten Begriffen der Bezeichnung des nichtreflexiven Bewußtseinslebens (Wahrnehmens und Handelns) in Routinesituationen des Lebens geworden.

Die noch früher konzipierte Theorie vom *Alltagshandeln* bzw. *Alltagswissen* (*commonsense knowledge of everyday life*) geht auf Vorlesungen zurück, die der amerikanische Soziologe GEORGE HERBERT MEAD (1863-1931) seit 1900 über „Sozialpsychologie" gehalten hat und die postum 1934 veröffentlicht worden sind[36]. *Herbert Blumer*[37] hat diese Theorie „Symbolic Interactionsm" genannt. Im Kern dieser Theorie steht ebenfalls eine Sozialisationstheorie, der es darum geht zu zeigen, daß Menschen ihr bewußt handelndes, personales Ich („*I*") überhaupt nur in symbolisch vermittelter Kommunikation, also im Gebrauch von gesellschaftlich definierten Sprachzeichen, Gesten, Handlungen und Werken, gewinnen und sie sich die Bedeutung der Symbole in der Weise interpretativ aneignen, daß sie deren übliche gesellschaftlichen Verwendungsweisen und Bedeutungszuschreibungen in Form eines „verallgemeinerten Anderen" in sich als

---

[34] *A. Schütz*: Der sinnhafte Aufbau der sozialen Welt. Eine Einleitung in die verstehende Soziologie (Wien 1932, 1960), Frankfurt 1974.

[35] *P.L. Berger/Th. Luckmann*: Die gesellschaftliche Konstruktion der Wirklichkeit. Eine Theorie der Wissenssoziologie, Frankfurt 1970; *A. Schütz/Th. Luckmann*: Strukturen der Lebenswelt. 2 Bde., Frankfurt ²1984.

[36] *G.H. Mead*: Mind, Self and Society. From the Standpoint of a Social Behavorist, Chicago 1934 (dt. Geist, Identität und Gesellschaft aus der Sicht des Sozialbehaviorismus. Mit einer Einleitung herausgegeben von Ch. W. Morris, Frankfurt 1968).

[37] Vgl. *H. Blumer*: Der methodologische Standort des Symbolischen Interaktionismus (The Methodological Position of Symbolic Interactionism, 1969), in: Arbeitsgruppe Bielefelder Soziologen 1973, 80-146; in diesem zweibändigen Reader finden sich viele einschlägige Aufsätze, u.a. auch von A. Cicourel und H. Garfinkel).

Selbst („*Me*") ausbilden. Der Begriff der Ich-Identität zeigt die gelungene Vermittlung von Ich und Selbst an. An diese Theorie vom Alltagswissen haben sich, im Zusammenschluß mit dem „linguistic turn", seit den 60er Jahren, zunächst in Amerika und in England und dann weltweit, in den Sozial- und Sprachwissenschaften eine Fülle von Kommunikationstheorien und –analysen des allgemeinen und institutionen- und situationsspezifischen Alltagshandelns angeschlossen. Zwar sind diese Theorien und Analysemodelle fast nirgendwo direkt zur Deutung historischer Lebenswelten und historischen Alltagshandelns herangezogen worden. Sie geben aber den zumeist nur wenig explizit gemachten begrifflichen und vorstellungsmäßigen Untergrund der hier vorgestellten „Geschichte der Vielen" ab.

38. Die „subjektive Wende":
Historische Psychologie und Biographieforschung

1. Die Historizität der Psyche und der Mentalitäten:
   Ein theoretischer und historischer Problemaufriß 633
2. Historische Psychologie:
   Ansätze einer Geschichte der Psyche 637
3. Historische Biographieforschung: Menschenleben im historischen Wandel 644

Die seit der Mitte der 70er Jahre in den Kulturwissenschaften als „Historische Psychologie" bzw. „Geschichte des Seelischen" und als „Historische" bzw. „Geschichtliche Anthropologie" entstehenden Forschungsrichtungen heben ebenso wie die im vorigen Kapitel vorgestellten Ansätze einer „Geschichte der Vielen" auf die Geschichtlichkeit des Verhaltens, des Habitus und des Lebenslaufs menschlicher Individuen ab. Sie fragen indes weniger danach, wie sich die Einzelnen aufgrund ihrer Zugehörigkeit zu bestimmten gesellschaftlichen Gruppen üblicherweise verhalten, sondern danach, was sie zu *handelnden Subjekten* in ihrer Kultur werden läßt und wie sich diese lebensgeschichtlichen Prozesse der Personalisation und Kulturation im Laufe der Geschichte ändern. Insofern geschieht diese Art der Forschung auch unter einem der empirischen und der kritischen Sozialhistorie entgegengesetzten Blickwinkel, zumal beide nun immer häufiger gerade deshalb kritisiert werden, weil sie die Menschen nicht als Subjekte, sondern nur als Träger gesellschaftlicher Verhaltensmuster betrachten. Im Unterschied dazu charakterisiert es diese Ansätze, daß sie die lebensgeschichtliche Ausbildung und den historischen Wandel vor allem der Bewußtseinsstrukturen menschlicher Individuen, ihrer Haltungen, Befindlichkeiten, Mentalitäten und Entscheidungen und der Formen ihrer Selbst- und Weltwahrnehmung erfassen und deuten wollen. Als solche greifen sie bevorzugt zunächst auf ältere und neuere Deutungsversuche des historischen Wandels der menschlichen Geistigkeit und Zivilisierung seitens der Philosophie, der Schönen Literatur, der traditionellen Biographik, der Sozialpsychologie und der französischen Mentalitätsgeschichte zurück, welch letztere erst jetzt, in Deutschland in größeren Umfang bekannt wird. Indem sich diese Ansätze zum Ziel gesetzt haben, einem offensichtlichen Mangel des sozialhistorische Denkens, seinem Desinteresse an der menschlichen Subjektivität, abzuhelfen, wird ihr Vorgehen mitunter auch als die „subjektive Wende" der historischen Wissenschaften bezeichnet.[1]

Diese Grundvorstellung hat sich in einer Reihe recht unterschiedlicher Forschungsansätze ausgeformt, die sich z.T. zwar ergänzen, aber auch z.T. überlappen und einander ausschließen und die zudem in ihrer Begrifflichkeit changierend sind. Sie werden hier zu zwei Hauptrichtungen zusammengefaßt und so im vorliegenden Kapitel als *Historische Psychologie* und *Historische Biographieforschung* und im folgenden Kapitel als *Historische Anthropologie* mit besonderem Bezug auf ihre *mentalitätsgeschichtlichen Ausprägungen* vorgestellt. Weil die einzelnen Ansätze durchaus von einem unterschiedlichen Verständnis der Geschichtlichkeit des Psy-

---

[1] Die erneute Hinwendung zum Subjekt kennzeichnet auch die gegenwartsbezogenen Geistes- und Sozialwissenschaften.

chischen ausgehen und oft schon ihre Bezeichnungen ein Anlaß zu Mißverständnissen sind, wird in Abschnitt 1 dieses Kapitels zunächst ein kurzen Überblick über die jüngere Geschichte der historisch-anthropologischen und -psychologischen Fragestellungen und ihrer Grundproblematik gegeben. Abschnitt 2 stellt dann einige in den Humanwissenschaften vielbeachtete, jedoch durchweg umstrittene Ansätze seitens der Psychologie und der Soziologie vor, eine eigenständige „Geschichte des Seelischen" zu begründen. Der Gegenstand von Abschnitt 3 sind die neueren Ansätze der „Historischen Biographieforschung".

1. Die Historizität der Psyche und der Mentalitäten: Ein theoretischer und historischer Problemaufriß

1.1 Psychisches, Mentales und Kulturelles im historischen Prozeß

Die durch jene subjektive Wende charakterisierten Ansätze tun sich mit der Bestimmung des theoretischen Status der *Psyche* (bzw. der „Seele" oder des „Geistes") und ihres Verhältnisses[2] zu dem im Bewußtsein aufscheinenden *Mentalen*, d.h. zu den Empfindungen, Vorstellungsinhalten und Handlungsimpulsen, schwer.[3] Übereinstimmung besteht zunächst nur in der Umkehrung der bisher üblichen Perspektive. Statt auf die Kultur und die Gesellschaft wenden sie ihren Blick vor allem auf das Innere der Menschen. Während die traditionelle Ideen- und Geistesgeschichte, die empirische und die kritische Sozialhistorie und auch die Geschichte des Alltags, der Lebensformen, der Lebenslauftypen und des Habitus der Geschlechter die Menschen primär als Objekte einer von außen auf sie zukommenden Formung ihres Denkens, Fühlens und Handelns verstehen, fragen diese aus der gegenläufigen Erkenntnisposition heraus, wie Menschen zu Subjekten ihres Handelns und Denkens werden, was sie als Subjekte von sich aus und als Antwort auf jene äußeren „Zumutungen" *aktiv* machen und wie sich im historischen Wandel der Kultur die Formen ihrer psychischen Verarbeitung wandeln.

Umstritten ist indes schon und vor allem der Grundbegriff des „Psychischen". Gefragt wird kritisch insbesondere: Ist die Annahme der Existenz der „Psyche" im Sinne einer hauptsächlich unbewußt, jedoch auch bewußt koordinierenden und wirkenden *Instanz des Fühlens, Denkens, Verhaltens und Handelns* überhaupt eine notwendige Voraussetzung zum Verstehen der Bewußtseinsformen, -akte und Verhaltensweisen des Menschen? Ist die „Psyche" bloß ein Verlegenheitskonstrukt der traditionellen Philosophie, von dem zumindest eine Richtung in der neuere Hirnforschung behauptet, daß es überflüssig sei? Oder ist die Psyche zumindest im heuristischen Sinne – also ohne daß sein Seinsmodus und seine möglichen Freiheitsgrade geklärt sein müßten – ein unentbehrliches Zwischenglied, das zwischen naturgesetzlich ablaufenden neuronalen Prozessen und bewußtwerdenden Wahrnehmungen und bewußten Denk-akten vermittelt? Wie aber soll man sich die oft behauptete durchgehende Wechselseitigkeit zwischen neurophysiologischen, psychischen und mentalen Prozessen hinsichtlich des Problems des freien menschlichen Willens

---

[2] Diese Thematik wird ausführlich in den Kapiteln 54-59 des Teils E behandelt.
[3] Vgl. allgemein *J. Rüsen* (Hg.): Geschichtsbewußtsein. Psychologische Grundlagen, Entwicklungskonzepte, empirische Befunde, Köln 2001.

erklären? Die auf diese Fragen gegenwärtig versuchsweise gegebenen Antworten lassen sich angemessen nicht im Kontext bloß des kulturhistorischen Denkens, sondern nur durch die Hinzunahme der Bewußtseinsphilosophie und den Neurowissenschaften erörtern. Dies geschieht mit einer gewissen Ausführlichkeit in Teil E dieses Buches.[4] Hier bedarf es zumindest einer vorläufigen Verständigung über die im folgenden bei der Darstellung der Historischen Psychologie, der Biographieforschung und der Historischen Anthropologie verwendeten Begriffe – auch, damit die Kritik an diesen Ansätzen verständlich wird.

Im Hinblick auf die *aktuelle Geistigkeit* des Menschen empfiehlt es sich so, zunächst drei Begriffsebenen zu unterscheiden: erstens die des KÖRPERLICHEN, was hier das neurophysiologische Substrat meint, zweitens die des PSYCHISCHEN *(bzw. Seelischen)*, als deren Instanzen umfassend die menschliche Psyche (bzw. Seele) und differenziert der menschliche Geist, das menschliche Bewußtsein und das Unbewußte gelten, und drittens die des MENTALEN, was die menschlichen Vorstellungsinhalte und Sinngehalte vor allem kultureller Art meint. Sodann sind im Hinblick auf die *Geschichtlichkeit der Geistigkeit* des Menschen ebenfalls drei Ebenen zu unterscheiden: die der Lebens-, der Kultur- und der Naturgeschichtlichkeit. Dabei ist der Gegenstand der Lebensgeschichte der Individuen in bezug auf den Körper die *Ontogenese*, hier also die neuronale Entwicklung und Entfaltung des zentralen Nervensystems, in bezug auf die Psyche die *Personagenese*, also der Auf- und Ausbau der Strukturen des menschlichen Subjekts, und in bezug auf die (mentalen) Bewußtseinsinhalte die *(En-)Kulturation*, also die Lern- und Bildungsgeschichte. Dabei ist der Gegenstand der Kulturgeschichte des Psychischen (bzw. der „Mentalitätsgeschichte" und üblicherweise auch der neueren „Historische Anthropologie") *die Entstehung und der historische Wandel von Kultur,* insofern und insoweit diese sich in menschlichen Bewußtseinsformen inhaltlich niederschlägt. Dabei ist der Gegenstand schließlich der Naturgeschichte des Psychischen des Menschen in Gestalt der *Historischen Anthropologie* (im hier bevorzugten Sinne[5]) *die bio- und kulturrevolutionären Entstehung* kulturerzeugender, -gebrauchender und -überliefernder *Bewußtseinsformen.*

Ein Großteil der mit diesen Begriffen implizierten Annahmen ist in den Natur- wie in den Kulturwissenschaften weiterhin, ja sogar grundsätzlich umstritten. Davon findet immerhin die weitaus größte Zustimmung noch die Annahme, daß es das Psychische im Sinne einer leiblich-seelischen Grundlage des menschlichen In-der-Welt-Seins „wirklich gibt" und sich die personalen Strukturen menschlicher Subjekte - in relativer Unabhängigkeit von der Art jeweiliger ethnisch begründeter mentaler Inhalte - lebensgeschichtlich eigenständig und nach einem festen Schema aufbauen. Diese Annahme wird auch durch eine Reihe biowissenschaftlicher

---

[4] Von den vielen dort herangezogenen Darstellungen soll hier nur auf ein Buch hingewiesen werden, das den gesamten Problemhorizont bewußtseinsphilosophisch ausleuchtet und aus einer engagierten Position heraus eine gemeinverständliche Antwort gibt: *P. Bieri*: Das Handwerk der Freiheit. Über die Entdeckung des eigenen Willens, Frankfurt 2003 ff.

[5] Die im Schlußkapitel 60 entwickelte Allgemeine Historische Anthropologie begründet diese Begriffswahl.

Erkenntnisse gestützt, wonach erstens die Herausbildung der Grundstrukturen und -prozesse des Psychischen grundsätzlich im menschlichen Genom verankert ist, zweitens das im wesentlichen unbewußt bleibende, jedoch z.T. auch bewußt werdende aktuelle psychische Geschehen im neurophysiologischen Geschehen eine es tragende Entsprechung hat und drittens so das bewußte menschliche Denken, Fühlen und Handeln im komplexen neuronalen, psychischen und zudem mental-kulturellen Zusammenwirken begründet ist. Eine weitere biologische Einsicht ist, daß seit dem Aufkommen des rezenten Menschen, also seit Anbeginn der menschlichen Kultur, die personalen Grundstrukturen und -prozesse weitgehend unabhängig von den interindividuellen genetischen und Bildungsunterschieden bei den Menschen aller Ethnien und Völker im wesentlichen unverändert bis heute immer dieselben geblieben sind. Letzteres wiederum ist nur eine neuere Umschreibung dessen, was das alte Konzept des Allgemeinmenschlichen im Sinne der überhistorisch beständigen psychischen Grundausstattung des Menschen immer schon gemeint hat. Davon sind auch der Historismus des 19. Jahrhunderts, Dilthey bei der Begründung der Geisteswissenschaften und die sich um 1900 erstmals wissenschaftlich konstituierende Psychologie und die philosophische Anthropologie der ersten Hälfte des 20. Jahrhunderts ausgegangen, jedenfalls, wenn sie immer ganz selbstverständlich das Allgemeinmenschliche für eine Konstante im historischen Prozeß gehalten haben.

1.2 Überholte geisteswissenschaftliche Ansätze vom 18. Jahrhundert bis heute

Wissenschaftsgeschichtlich könnte diese Auffassung gleichwohl etwas erstaunen. Denn vom 18. Jahrhundert an, seit der Entdeckung der Geschichtlichkeit der Kultur der Völker und der Lebensgeschichtlichkeit der individuellen Bildung, lag auch immer die Annahme der Geschichtlichkeit der Menschennatur selbst nahe. Herders „Philosophie der Geschichte des Menschengeschlechts" und Hegels Geschichte des Geistes etwa geben geradezu das Muster auch einer Geschichte des menschlichen Wesens ab, einer Eigengeschichte der Psyche, die erst die Grundlage für den historischen Wandel der mentalen und kulturellen Formen geschaffen hätte und erklären könnte, weshalb das menschliche Bewußtsein und die Menschheitskultur über bestimmte qualitative Stufen von der Primitivität bis zur entwickelten Zivilisation fortgeschritten sei. Vermutungen dieser Art sind in der Tat auch verschiedentlich in den Humanwissenschaften geäußert worden. Als eine dezidierte Mindermeinung wird so bis heute die Auffassung vertreten, daß es nicht nur kulturspezifische, historische und individuelle Ausprägungen des Allgemeinmenschlichen gibt, sondern *die menschliche Psyche* von der Ur- und Frühgeschichte bis heute an den großen Wendepunkten der Kultur *auch selbst einige grundlegende Umbildungen erfahren* habe, die den jeweils neuen mentalen Inhalten erst Struktur und Ausrichtung gegeben hätten. Danach müßte die Geschichte des Psychischen als ein menschheitsgeschichtlicher Prozeß verstanden werden, in dem das Selbst der Menschen in sozusagen maieutischer Stimulierung durch den jeweils erreichten Entwicklungsstand eines Kulturkreises bioevolutionär vorgezeichnete oder zumindest angelegte Stufen passiert habe und die jeweils neuen kulturellen Formen des Denkens, Fühlens, Sprechens und Handeln deshalb Ausdruck einer sich während des historischen Prozesses in den psychischen Grundstrukturen wandelnden Subjektivität seien.

In jüngerer Zeit hat sich vor allem der Philosoph *Gernot Böhme* diese Auffassung zueigen gemacht. Den Annahmen u.a. des Gräzisten *Bruno Snell*[6] und des Philosophen *Karl Jaspers*[7] folgend und mit Bezug vor allem auf literarische Dokumente, vertritt er die These, daß seit der frühkulturellen Zeit drei fundamentale und irreversible Umformungen des Geistes (Psyche) stattgefunden haben.[8] Danach hätten sich z.B. die Menschen des archaischen Griechenlands nach dem Ausweis der Schriften Homers noch nicht als autonom handelnde Individuen verstehen können, sondern nur als von den Göttern gelenkte Wesen gefühlt und begriffen. Diese Sichtweise berührt sich mit den seit dem frühen 20. Jahrhundert immer wieder gemachten Versuchen, den Mitgliedern der sog. Naturvölker und archaischen Stammeskulturen als bioevolutionär zurückgebliebenen Menschen eine sich von den Zivilisierten prinzipiell unterscheidende Geistigkeit zu unterstellen und eine zumeist biologisch begründete Linie des langsamen Wandels der menschlichen Subjektivität von der „mentalité primitive"[9] über das mythische Bewußtsein der im Polytheismus nur anzivilisierten Völker bis zu den modernen Bewußtseinsformen der Zivilisierten zu ziehen.[10] Dazu gehört auch die in neuerer Zeit von amerikanischen Psychologen und Kulturtheoretikern in unterschiedlicher Form wiederholt geäußerte Annahme, daß das uns bekannte Bewußtseinsphänomen erst vor ein paar Jahrtausenden auf geheimnisvolle Weise, etwa durch den „Zusammenbruch der bikameralen Psyche"[11], durch Götterstimmen oder Ähnlichem, entstanden sei.

Alle Versuche dieser Art, die psychische Verfassung Zivilisierter auf einen grundlegenden neuronalen Wandel während des Übergangs zur Hochkulturalität zurückzuführen und sie so von der der Primitiven abzuheben, müssen aufgrund der nachgewiesenen genetischen Kontinuität und Stabilität von Homo sapiens seit mehr als 50.000 Jahren heute schon vom Ansatz her als verfehlt angesehen werden. Danach waren die elementaren biopsychischen Voraussetzungen der lebensgeschichtlichen Entwicklung und der strukturellen Verfassung der Persönlichkeit, wie wir sie heute kennen, im Prinzip schon in den frühen Menschheitskulturen gegeben und sind alle je aus kulturellen Quellen erschlossenen intra- und interethnischen Unterschiede der Mentalität ganz auf die Geschichte des menschlichen Denkens und der dadurch erzeugten Kulturen zurückzuführen, sieht man von den letztlich unbedeutenden Faktoren ab, die einigen körperlichen Unterschieden und dem geographischen Milieu geschuldet sind. Danach ist die sich in Göttervorstellungen und

---

[6] Vgl. *B. Snell*: Die Entdeckung des Geistes. Studien zur Entstehung des europäischen Denkens bei den Griechen (1948), Hamburg 1955.

[7] Vgl. die Ausführungen in Kapitel 31.1.2. zu seiner Annahme einer menschheitsgeschichtlichen „Achsenzeit".

[8] *G. Böhme*: Historische Anthropologie, in: ders.: Anthropologie in pragmatischer Hinsicht. Darmstädter Vorlesungen, 17. Vorlesung, Frankfurt 1985, 251 ff.; vgl. auch *G. Gebauer u.a.*: Historische Anthropologie. Zum Problem der Humanwissenschaften heute oder Versuche einer Neubegründung, Reinbek 1989.

[9] Vgl. Kapitel 30. 3.5. zu Lévy-Bruhl 1927.

[10] Vgl. das universalhistorische Schema bei Cassirer Kap. 25, 1.3.

[11] Vgl. *J. Jaynes*: Der Ursprung des Bewußtseins durch den Zusammenbruch der bikameralen Psyche (engl. 1976), Reinbek 1988.

Mythen einerseits und im pragmatisch-rationalen Weltwissen andererseits artikulierende „Ideologie" der primitiven Ethnien prinzipiell keine andere als die des Glaubens und des Wissens der Zivilisierten und sind beiderlei Formen des Weltverständnisses in der Natur des Menschen angelegt, wie sehr auch die Differenziertheit und die Gültigkeit der Erkenntnisse von einander abweichen können.

1.3 Ansätze der subjektbezogene Historischen Anthropologie
Mit dieser allgemeinen Lösung des Problems ist allerdings noch nicht die *Art* des Ineinandergreifens von Natur und Kultur erklärt. Der Versuch, hierzu zwischen einer „Naturseele" und einer „Kulturseele"[12] zu unterscheiden, hat sich in neuerer Zeit unter der Bezeichnung *Historische Psychologie*[13] zumindest in drei Ansätzen niedergeschlagen. Ein erster Ansatz ist der der *psychohistory*. Er enthält sich freilich alles Aussagen über die Psyche selbst, erklärt alles frühere und gegenwärtige menschliche Verhalten kausal-analytisch und zieht historische Beispiele nur zur Illustrierung von psychologischen Gesetzmäßigkeiten heran (s.u. 2.1.). Ein weiterer Ansatz, der durch die Annahme gekennzeichnet ist, daß die Psyche ein genetisch offenes Programm ist und im Zusammenwirken mit der Kultur den Charakter einer plastischen Instanz hat, kommt von der deutschen Psychologie und Geschichtswissenschaft und hat sich dort in mehreren Varianten ausgeformt (s.u. 2.2. und 2.2.). Diesen Ansätzen ist die von dem Soziologen *Norbert Elias* schon in den 30er Jahren entwickelte *Historische Zivilisierungstheorie* vorangegangen. Sie räumt den zur Moderne hin wachsenden gesellschaftlichen Zwängen eine die leiblichen und sozialen Affekte bestimmende psychische Macht ein (s.u. 2.4.). Der in den historischen Wissenschaften freilich bevorzugte Ansatz ist der der *Mentalitätsgeschichte*. Diese fragt zumeist gar nicht nach dem Status des Seelischen, sondern geht einfach davon aus, daß die „objektive" Geschichte der Kultur und die „subjektive" der Mentalitäten – in kurzen wie in langen Zeiträumen, im Kleinen wie im Großen – schlicht Abbilder voneinander sind, was das Hauptthema von Kapitel 39 ist. In Abschnitt 3 dieses Kapitels wird zuvor indes die *Historische Biographieforschung* vorgestellt. Sie ist insofern von konstitutiver Bedeutung für die Historische Anthropologie, als sie das Bindeglied zwischen der lebensgeschichtlichen Psychologie (Personalisationstheorie) und der kulturgeschichtlichen Mentalitätsgeschichte ist.

2. Historische Psychologie:
   Ansätze einer Geschichte der Psyche
2.1 *„Psychohistory":* Geschichte im Dienste bloßer Illustration psychologischer Gesetze
Bei dem Versuch, die Geschichtlichkeit der menschlichen Bewußtseinsformen theoretisch zu bestimmen, steht die sich bis heute zumeist als eine Naturwissenschaft

---

[12] Zu dieser von dem Psychologen G. *Jüttemann* getroffenen Unterscheidung siehe weiter unten.
[13] Damit ist keine Fachgeschichte der Psychologie und auch keine Geschichte des psychologischen Denkens gemeint. Eine solche gibt es freilich auch. In Kindlers *„Psychologie des 20. Jahrhunderts*" (15 Bde. und Register) ist ihr Bd. 1 gewidmet: Die europäische Tradition. Tendenzen, Schulen, Entwicklungslinien. Hg. H. Balmer, Zürich 1976.

verstehende Psychologie vor besonderen Schwierigkeiten.[14] Denn für die Mehrheit ihrer Vertreter ist schon der Begriff Historische Psychologie ein „hölzernes Eisen". Seit sich das psychologische Denken aus ihrer philosophisch-hermeneutischen Tradition gelöst und sich um 1900 als wissenschaftliches Fach empirisch-funktionalistisch und zumeist behavioristisch begründet hat, wird dem traditionellen Konstrukt der Psyche (Seele) seine Brauchbarkeit im Erkenntnisprozeß abgesprochen, gilt die auf Reize reagierende menschliche *black box* als gänzlich ungeschichtlich und hat so in dieser Psychologie die Geschichte noch nicht einmal einen Ort des Nachdenkens. Als Grundlage der elementaren Bewußtseinsfunktionen, der psychischen Dispositionen und der psychischen Individualentwicklung gilt, trotz großer Differenzen bei ihrer Erklärung im einzelnen, die eine zeitlose und kulturindifferente Natur des Menschen mit ihren psychologischen Gesetzmäßigkeiten. Ist so die „Geschichte" definitionsgemäß aus dem Gegenstandsbereich der Psychologie ausgeschlossen, so kann sie allenfalls in dem Sinne eine heuristische Bedeutung haben, als sie ihr Exempel zur Illustration – nicht zum Beweis – psychologischer Gesetzmäßigkeiten liefert.

Genau dies ist das primäre Motiv der sich *psychohistory* nennenden amerikanischen Forschungsrichtung. Sie macht zwar einen Schritt auf die Geschichte zu, ist aber entgegen ihrem begrifflichen Anspruch weder eine Geschichte de Psyche noch eine der Mentalitäten, und Interesse an der Geschichte zeigt sie nur insoweit, als diese ihr Datenmaterial zur Vergegenwärtigung „zeitloser Fragen menschlicher Motivation" verschafft.[15] Weil nach *Lloyd deMause*, ihrem prominentester Vertreter, alles Handeln sozial determiniert und ihm deshalb allein die kausal-analytische Methode angemessen sei, wird hier die *psychohistory* als Wissenschaft definiert, die „damit beschäftigt ist, Gesetzmäßigkeiten herauszuarbeiten und Ursachen zu entdecken".[16] Wie interessant auch die eine oder andere Studie dieser zeitweilig auch in Deutschland vielbeachteten *psychohistory* sein mag, ist sie jedoch gerade keine historische Wissenschaft und kann sie schon von ihrem Ansatz her keinen Beitrag zur Historischen Anthropologie leisten. Eine nähere Befassung mit ihr erübrigt sich deshalb hier.

---

[14] Vgl. den klärenden Artikel zum Status der Psychologie in den Kulturwissenschaften von L. *Hunt*: Psychologie, Ethnologie und „linguistic turn" in der Geschichtswissenschaft, in: Goertz 1998, 671-693.

[15] So in der Begründung der *psychohistory* im von G. *Cocks/T. Crosby* herausgegebenen Sammelband: Psychohistory: Readings in the Method of Psychology, psychoanalysis and History, New Haven/London 1987, IX (zit. nach Hunt 1998, 681). H. *Lawton* (ed.): The Psychohistorian's Handbook, New York. Zur Grundlegung und Forschung der *psychohistory* vgl. die Beiträge in den Zeitschriften „The Psychohistory Review", 1972 ff.; und „The Journal of Psychohistory", New York 1973 ff. Vgl. *R.A. Johnson* (Hg.): Psychohistory and Religion: The Case of Young Martin Luther, Philadelphia 1977.

[16] L. *deMause*: Grundlagen der Psychohistorie. Psychohistorische Schriften, Frankfurt 1989, 23. Wie unhistorisch deMauses Denken ist, wird in seiner zum Bestseller gewordenen, moralisierenden Studie zur Leidensgeschichte der Kindheit in der Vormoderne deutlich: History of Childhood (1974, deutsch erschienen unter dem schlimmen Titel: Hört ihr die Kinder weinen? Eine psychogenetische Geschichte der Kindheit, Frankfurt 1978).

2.2 Die „Geschichte des Seelischen" und die Geschichte der Kultur in Wechselwirkung
(G. Jüttemann)

Die Zahl der ernstzunehmenden Versuche, eine wirklich historisch denkende und ihrem Gegenstand Geschichte zuschreibende Psychologie zu begründen, sind aus den genannten Gründen im Fach bis heute klein und ist auch ihr Erfolg gering geblieben. Das trifft schon auf den ersten kontinentaleuropäischen Versuch zu, auf die von dem Niederländer *Jan Hendrik van den Berg* in seiner Schrift „Metabletica. Über die Wandlungen des Menschen. Grundlinien einer historischen Psychologie (1956)[17] skizzierte und an kulturgeschichtlichen Exempeln seit dem 18. Jahrhundert belegte – und das heißt hier: unsystematisch und eher geisteswissenschaftlich dargelegte – Auffassung. Zwei andere Konzeptionen haben dann nach 1970 in Deutschland zwar mehr Beachtung gefunden, sind jedoch ebensowenig in der Psychologie wirklich anerkannt worden.

Die eine ist in dem von *Gerd Jüttemann* herausgegebenen Sammelband „Die Geschichtlichkeit des Seelischen. Der historische Zugang zum Gegenstand der Psychologie" (Weinheim 1986) dargestellt und dort auch von unterschiedlichen Humanwissenschaftlern ausführlich begründet und diskutiert worden. Nach dem Urteil der sich dort zu Wort meldenden Vertreter einer „Geschichte des Seelischen" ist die Abwehr und Leugnung psychohistorischer Annahmen im Fach vor allem ein Ausdruck des dort immer noch vorherrschenden nomologisch-experimentellen Selbstverständnisses, wonach Psychologen im Sinne einer *déformation professionelle* gar nicht anders könnten, als sich gegenüber einer wirklichen Geschichtlichkeit des Seelischen zu sperren. Sie selbst dagegen sind davon überzeugt, daß die Psyche im Hinblick auf die Kultur nicht bloß ein Einwirkungsobjekt, sondern ein plastisches Gebilde ist, das sich auf genetischer Grundlage im Lebensprozeß aktiv selbst strukturiert: „Die ‚Natürlichkeit' des Menschen besteht vor allem in einer Reihe von *Potentialitäten* [Kursivierung G. J.], die ‚lediglich' Voraussetzungscharakter besitzen, weil sie das ‚Rohmaterial' bilden, aus dem Seelisches als Gestaltetes oder Inhaltliches erst entsteht [...]" (S. 12). Es seien deshalb in der (Entwicklungs-)Psychologie und dann auch in der Kulturgeschichte der Sache nach zu unterscheiden die *„Naturseele"* und die *„Kulturseele"* und in der Methode die bloß „psychobiologische" und die zusätzlich „psychokulturelle" Betrachtungsweise. Während die vorherrschende Psychologie von der Unveränderlichkeit der Psyche ausgehe, ihr Wirken bloß als eine „*Differenzierung* von *Befriedigungsmöglichkeiten* [Kursivierung G. J.] für bereits vorhandene Bedürfnisse" definiere (S. 16 f.) und deshalb nur eine ‚eindimensionale' Entwicklungspsychologie und Zivilisationstheorie zustandebringe, betrachte ihr Konzept den Wandel der Bedürfnisstrukturen und den Wandel des Seelischen von Anfang an in ihrem lebens- und kulturgeschichtlichen Zusammenwirken und erlaube so durch die Verbindung von „Natur und Vernunft" eine „zweidimensionale" Theorie des Seelischen (S. 17). Eine Schwäche oder, je nach Beurteilung, gerade ein Vorzug dieses Ansatzes ist, daß im Begriff des Seelischen Natürliches und Mental-Kulturelles eine unauflösbare, komplexe Einheit

---

[17] Deutsch: Göttingen 1960.

bilden und damit der theoretische Status des Seelischen ungeklärt bleibt.[18] Auffällig ist auch, daß die im forschungspraktischen Sinne konstruktiven Beiträge dieses Bandes überwiegend der ja seit dem 18. Jahrhundert sowieso nicht mehr in Frage gestellten *Lebens*geschichtlichkeit und nur wenige der *Kultur*geschichtlichkeit des Seelischen gelten. Das Problem der Lücke, die sich zwischen Kultur und Mentalität auftut, thematisiert im selben Band indes der Erziehungswissenschaftler U. Herrmann, wenn er die Frage stellt nach der „Vermittlung von subjektiver Aneignung der Lebenswelt [...] mit den sich auf ‚langer Welle' transformierenden objektiven Strukturen der Lebenswelt und den in sie /eingelagerten Institutionen von Orientierung und Sinngebung."[19]

2.3 Weitere deutsche Ansätze einer Psychohistorie:
   Die „kritische historische Psychologie (K. Holzkamp), die „historische Verhaltensforschung" (S. Nitschke) und das *„Forum Psychohistorie"*

Den umfänglichsten Versuch einer kritischen Historischen Psychologie hat der viele Jahre von *Klaus Holzkamp* geleitete Arbeitskreis *Kritische Psychologie* des Psychologischen Instituts der Freien Universität Berlin gemacht. Im Anschluß an Vorstellungen von Marx und Engels über die naturgeschichtliche und historisch-gesellschaftliche Genese der sinnlichen Erkenntnis und unter Einbezug neuerer bioevolutionärer und neurophysiologischer Forschung entwickelt Holzkamp in zahlreichen Schriften, unter denen der frühe Band „Sinnliche Erkenntnis – Historischer Ursprung und gesellschaftliche Funktion der Wahrnehmung" (1973)[20] hervorragt, die Umrisse einer umfassenden Historischen Psychologie, die Denken, Sprechen und Handeln des Menschen in einem dynamischen natur- und kulturgeschichtlicher Wechselwirkungsprozeß begriffen sieht.[21] Ihr Nachteil im wissenschaftlichen Diskurs scheint zu sein, daß sie als eine integrative Natur- und Kulturgeschichte des Psychischen ihre Psychologie und Zivilisationstheorie materialistisch im Marxschen Sinne fundiert und dadurch den einschlägigen „bürgerlichen" Wissenschaften zu wenig direkte Anknüpfungsmöglichkeiten bietet. Wegen des Einbezugs der Naturgeschichte ist sie jedoch besonders anregend für die Ausarbeitung einer Allgemeine (Historische) Anthropologie.[22]

---

[18] Näheres zur Bestimmung des „Seelischen" bzw. der „Psyche" enthalten vor allem die Arbeiten von *G. Zurhorst*: Zur Methodologie der historischen Rekonstruktion des Psychischen (79 ff.), von *G. Jüttemann* selbst: Die geschichtslose Seele – Kritik der Gegenstandsverkürzung in der traditionellen Psychologie (98 ff.), und von *M. Sonntag*: ‚Zeitlose Dokumente der Seele' – Von der Abschaffung der Geschichte in der Geschichtsschreibung (116 ff.).

[19] *U. Herrmann*: Über den Gang der Geschichte in der Natur des Menschen – Einführende Überlegungen zur Geschichtlichkeit des Seelischen in: Jüttemann 1986, 46–64, hier: 46 f..

[20] Frankfurt/Kronberg ³1976.

[21] Auch von biologischer, speziell von bioevolutionärer und von humanethologischer Seite ist verschiedentlich der Versuch unternommen worden, eine Psychobiologie zu begründen. Ausführungen dazu finden sich in Kapitel 53. 2 und 3. im Zusammenhang mit dem Konzept einer humanen Koevolution von Natur und Kultur.

[22] Vgl. das Schlußkapitel 60.

Von *fachgeschichtlicher* Seite sind noch zwei psychohistorische Versuche von Interesse. Einen davon hat der Mediävist *August Nitschke* unternommen. Sein „*Historische Verhaltensforschung*" benannter Ansatz geht von der Frage aus, wie sich das „Seelische" (im Sinne des Mentalen) der Menschen in Abhängigkeit vom Wandel verbreiteter Verhaltensweisen in bestimmten Gesellschaften verändert.[23] In der Erforschung u.a. von Träumen, von Visionen und von der leiblichen Erfahrung der Stimme und des Körpers im Raum und in Bewegung schließt er auf einen längerfristigen geschichtlichen Wandel des „Seelischen" vom Mittelalter zur Neuzeit. Damit hat er den bisher wenig thematisierten Aspekt der Wechselwirkung von Verhalten und historisch-gesellschaftlichen Vorstellungen und ihres Wandels in Abhängigkeit von kollektiven Veränderungsprozessen zu einem Gegenstand der Historischen Anthropologie gemacht. Der Ansatz selbst scheint jedoch zu eng gefaßt, als daß er dem komplexen Phänomen der Geschichtlichkeit des Mentalen insgesamt gerecht werden könnte.

Eine tiefenpsychologische Erweiterung dieses Ansatzes ist die auch heilkundlich motivierte „Psychohistorie", die die interdisziplinär zusammengesetzte „Deutsche Gesellschaft für Psychohistorische Forschung" entwickelt hat. Im programmatischen Editorial der seit 1993 erscheinenden Buchreihe „*Forum Psychohistorie*" erklärt deren Herausgeberin, die Historikerin *Hedwig Röckelein*, daß die dort vertretene Art der Psychohistorie „Ereignisse, Einzelpersonen wie Gruppenverhalten, die Divergenz zwischen Intentionen, Ideologien und tatsächlich vollzogenen Handlungen mit Hilfe psychologischer Theorien und Methoden analysiert".[24] Sie knüpft dabei an die Begründung von Freuds Kulturtheorie an: „Als [...] Lehre vom Unbewußten kann sie [sc. die Psychoanalyse] all den Wissenschaften unentbehrlich werden, die sich mit der Entstehungsgeschichte der menschlichen Kultur [...] befassen."[25] Weil der Historiker dabei im Prinzip vor den gleichen Deutungsproblemen stehe wie der Psychoanalytiker, sollen zusätzlich zu den klassischen hermeneutischen auch tiefenpsychologische Methoden zur Anwendung kommen. Denn beiden Berufsgruppen „stehen häufig nicht Fakten, sondern nur Wahrnehmungs- und Erinnerungsspuren einzelner Personen zur Verfügung, die sich in der historischen Überlieferung bzw. in der Erinnerung der Analysanden erhielten. Aufgabe von Psychoanalytikern wie Historikern ist es, diese Überreste und Erinnerungen zu entschlüsseln und zu deuten." (1993, 8).[26]

---

[23] Vgl. *A. Nitschke*: Historische Verhaltensforschung. Analysen gesellschaftlicher Verhaltensweisen – Ein Arbeitsbuch, Stuttgart 1981; ders.: Die Voraussetzungen für eine Historische Psychologie, in: Jüttemann 1986, 31–45; ders.: Körper in Bewegung. Gesten, Tänze und Räume im Wandel der Geschichte, Stuttgart 1989; ders.: Die Mutigen in einem System. Wechselwirkungen zwischen Mensch und Umwelt. Ein Vergleich der Kulturen, Köln/Wien 1991.

[24] Editorial S. 7, in: *H. Röckelein* (Hg.): Biographie als Geschichte, Tübingen 1993, vgl. darin besonders dies.: Der Beitrag der psychohistorischen Methode zur „neuen historischen Biographie", 17-38.; und *A. Levallois*, Biographie, Psychohistorie und Psychoanalyse. Der Stand der Forschung in Frankreich, 39–62.

[25] *S. Freud*: Die Frage der Laienanalyse. In: Ders.: Gesammelte Werke 14, Frankfurt 1972, 207.

[26] Vgl. auch den Versuch von *H.E. Richter*, den Übergang der Europäer vom Mittelalter zur Neuzeit tiefenpsychologisch zu deuten: Der Gotteskomplex (Erster Teil: Die Geschichte der Illusion von der menschlichen Allmacht), Hamburg 1979; und in neuerer Zeit *Th. Kornbichler* (Hg.):

2.4 „Über den Prozeß der Zivilisation" (N. Elias):
Eine sozialpsychologische Theorie der Geschichte der europäischen Zivilisierung

Eine Sonderstellung beansprucht der psychohistorische Ansatz, den der Soziologe NORBERT ELIAS (1897-1990) entwickelt hat. In seinem 1939 (Basel) erstmalig erschienen und, über den englischen Umweg, erst durch den Neudruck 1969 dann auch in Deutschland wirklich beachteten Buch „Über den Prozeß der Zivilisation"[27] hat er den Wandel des (sozialen) Verhaltens in den weltlichen Oberschichten des Abendlandes vom Mittelalter zur Neuzeit als „Zivilisation" bzw. – wenn man dem heute üblichen Wortgebrauch folgt – als *Zivilisierung des inneren Menschen* gedeutet. Die Grundannahme dieser Theorie ist in Anlehnung an Freuds Kulturtheorie, daß die (aggressiven) Affekte und leiblichen Äußerungen des Menschen in archaischen Gesellschaften entsprechend der jeweiligen aktuellen Lage der Dinge und der Macht bestimmter Individuen entweder schamfrei-natürlich ausgelebt oder durch äußere Gewalt eingedämmt oder vor anderen im Sich-Entfernen aus deren Blickfeld „versteckt" wurden. Erst das zunehmend engere Zusammenleben und Zusammenwirken vieler am selben Ort und in einem durch Staatlichkeit beherrschten größeren Raum seit Anbeginn der Hochkulturen und dann besonders im Übergang von der landsässigen Adelsherrschaft zum absolutistischen Staat der frühen Neuzeit in Europa habe die Menschen gezwungen, ihre Affekte nach innen zu kehren, sich „zusammenzunehmen", der inneren Zensur des jetzt erst entstehenden Peinlichkeits-Gewissens zu folgen und den möglichen Fremdzwang und die Bestrafung durch Situationsmächtige oder gesellschaftliche Instanzen gleichsam vorauseilend in einen Selbstzwang umzuwandeln. Dabei hätten sie dann die ungehemmte, unkontrollierte Äußerung von Affekten bei sich und bei andern zunehmend als peinlich empfunden und hätte sich so über die Jahrhunderte in einem in den Oberschichten beginnenden und dann die Unterschichten erreichenden Prozeß eine Transformation der Persönlichkeitsstrukturen vollzogen. In dieser Deutung bringen sich die Strukturen der Psychogenese der Individuen und der Soziogenese der Gesellschaften wechselseitig hervor, verweisen Lebens- und Kulturgeschichte aufeinander.[28]

Während die Soziologie und die Sozialphilosophie Elias' Sichtweise zumeist zugestimmt haben, hat die Ethnologie – und hier besonders *Hans Peter Duerr* in mehreren Werken[29] – Elias' Bild von der Schamfreiheit in primitiven und archaischen Gesellschaften als unzutreffend zurückgewiesen und mit dem Wegfall dieses Ecksteins seiner Zivilisierungstheorie diese ganz verworfen. Mit guten theo-

---

Klio und Psyche, Pfaffenweiler 1990.

[27] *N. Elias*: Über den Prozeß der Zivilisation. Soziogenetische Untersuchungen. Erster Band: Wandlungen des Verhaltens in den weltlichen Oberschichten des Abendlandes; Zweiter Band: Wandlungen der Gesellschaft. Entwurf zu einer Theorie der Zivilisation (1939), Bern/Frankfurt 1969 ff.; diese Neuausgabe enthält eine ausführliche neue „Einleitung" (Erster Band: VII-LXX).

[28] Einen Überblick über Elias' Denken geben *R. Baumgart/V. Eichener*: Norbert Elias zur Einführung, Hamburg 1997.

[29] *H.P. Duerr*: Der Mythos vom Zivilisationsprozeß. Bd. 1: Nacktheit und Scham (1988), Bd. 2: Intimität (1990) und Bd. 3: Obzönität und Gewalt (1993), Bd. 4: Der erotische Leib (1997), Bd. 5: Die Tatsachen des Lebens (2002) Frankfurt.

retischen und empirischen Gründen hat Duerr plausibel gemacht, daß der rezente Mensch immer schon unter einer Gewissenskontrolle gestanden hat und allgemein die unaufhebbare existentielle Spannung zwischen Sein und Sollen ein anthropologisches Erbteil ist, zum andern aber, daß natürlich die Formen und der Intensitätsgrad des inneren Zwanges dem historisch-gesellschaftlichen Wandel unterliegen. Unter letzterem Aspekt kann Elias' Nachzeichnung der Wandlungen des Verhaltens und des Empfindens abendländischer Oberschichten vom Mittelalter zur Moderne hin weiterhin als ein wichtiger psychohistorischer Beitrag gelten. Es bleibt aber auch dann die Kritik, daß Elias den Beginn des europäischen Zivilisierungsprozeß viel zu spät ansetzt und der „Prozeß der Zivilisation" sehr viel mehr umfaßt als die Kulturgeschichte der Affektregulierung.

2.5 Die gemeinmenschliche Psyche und die kultur- und lebensgeschichtliche Mentalität

Die hier äußerst knapp vorgesellten psychohistorischen Ansätze sind durchweg anregend, thematisieren eine zumeist gar nicht einmal wahrgenommenen Seite des historischen Wandels des Menschlichen, entbehren bisher aber einer tragfähigen Grundtheorie und einer stringenten Begrifflichkeit. Sie hätten eine Chance, wenn sie einvernehmlich von drei Voraussetzungen ausgingen. Die erste und wichtigste müßte die Anerkenntnis dessen sein, daß sich die Natur des Menschen und damit auch seine Psyche – zumindest in „historischen Zeiten" – durch eine überzeitliche Konstanz ausgezeichnet hat. Die zweite besteht darin, daß sich, auf dieser Grundlage, (mentale) Bewußtseinsformen und -inhalte und kulturelle Objektivationen und Manifestationen lebensgeschichtlich und historisch wechselseitig bedingen und hervorbringen, Menschen sich also einerseits geschichtlich gewachsene Gebilde der Kultur aneignen und dabei in Subjektiv-Mentales umformen und andererseits im zusammenwirkenden Handeln mit anderen Menschen der überkommenen Kultur ständig Neues hinzufügen und sie diese dadurch in größeren Zeiträumen auch umschaffen, wie gering der Beitrag der einzelnen zumeist auch ist. Daraus folgt drittens, daß die Geschichte der Kultur und die Geschichte der Mentalitäten in jeweiligen menschlichen Gemeinwesen aufeinander verweisen und deshalb die Geschichte der Kultur als die objektive Seite der Geschichte der subjektiven Verfassung der Menschen, ihrer Bildung (Personalisation) und ihrer Mentalität und umgekehrt die Geschichte des Mentalen als die subjektive Seite der Geschichte der Kultur verstanden werden kann. Das Verhältnis von Psyche, Kultur und Mentalität kann man sich am leichtesten an der menschlichen Sprache klarmachen: Homo sapiens verfügt von Natur über die Sprachfähigkeit. Er erwirbt seine jeweilige Sprache auf der Grundlage universeller grammatischer und pragmatischer Strukturen. Sein Denken und Sprachen ruht so auf einer gemeinmenschlichen, „natürlichen" Begabung auf, setzt die in einem Kulturraum historisch entstandene Sprache voraus und bedarf zum Erwerb ihrer allgemeinen und situationsspezifischen Kompetenz eines lebensgeschichtlichen Lernens. Dies wirft die Frage nach den Formen, den Inhalten und dem Wandel des Erwerbs von Sprache und allgemein von Kultur bei den Individuen und in den menschlichen Gemeinschaften auf.

3. Historische Biographieforschung: Menschenleben im historischen Wandel

3.1 Der historisch-anthropologische Status dieser Forschung

Die Historische Biographieforschung setzt die hier explizierte Annahme von der miteinander verschränkten Natur und Kultur des menschlichen Verhaltens, Handelns und Erlebens im allgemeinen einfach voraus und fragt konkret und empirisch zum einen danach, wie Menschen „damals" den eigenen Lebenslauf, den von Zeitgenossen und den von den Großen der Vergangenheit gedeutet haben, und versucht zum andern, den historischen Wandel dieses Selbst- und Fremdverständnisses zu erfassen. Sie unterscheidet sich damit sowohl von der im vorigen Kapitel skizzierten sozialhistorischen Lebenslaufforschung, welche sich auf die objektive Seite früherer Lebensführung und auf deren historischen Wandel bezieht, als auch von der oben vorgestellten „Historischen Psychologie", welche zwar den historischen Wandel psychischer Dispositionen aus den Verhaltensweisen der Menschen zu erfassen sucht, aber kaum die lebensgeschichtliche Genese der Wahrnehmungs- und Handlungsweisen der Individuen zum Thema macht. Hier dagegen ist die thematische Grundeinheit zunächst immer die subjektiv erfahrene und/oder in (Auto-)Biographien gedeutete Lebensgeschichte eines bestimmten Menschen von seiner Geburt bis zu seinem Tod und werden erst nach dem vergleichenden Durchgang des Verstehens vieler solcher Biographien Vermutungen über zeit- und standestypische Lebensgeschichten und ihren historisch-gesellschaftlichen Wandel angestellt.[30] Ein solcher Zugang schließt indes die vollständige Integration der Erkenntnisse jener anderen Forschungsansätze ein, wie auch die empirische Grundlage der Historischen Biographieforschung zu einem großen Teil dieselben Quellen wie bei jenen anderen Ansätzen sind. Das Interesse gilt dann freilich doch dem „Subjekt-Blick" eines jeweiligen Menschen darauf, wie er meint, daß ein anderer oder er selbst gelebt hat, was die Weichenstellungen dieses Lebens gewesen sind, welche Leistungen, Fehlschläge und persönlich nicht zu verantwortende Umstände dieses Leben geprägt und welche unsichtbaren Mächte es gelenkt haben, und wie er glaubt, daß man sein Leben führen müsse und was man für die nähere und fernere Zukunft – auch und gerade im Urteil der Nachwelt und im Jenseits – erwarten könne oder befürchten müsse.

Das biographiegeschichtliche Forschungsinteresse und dieser Zugang zur Geschichte überhaupt ist alt. Sie begleiten und stimulieren die Historiographie von ihren allerersten Anfängen an und dürften – weil sie anthropologisch und sozial begründet sind – auch schon alle ausschließlich mündliche Überlieferung geprägt haben, so daß die in der Geschichtswissenschaft und in den anderen Kulturwissenschaften seit den 80er Jahren erneute Hinwendung zu den historischen Subjekten in der Tat nur eine Rückkehr zum alten Nachdenken über die die Geschichte erleidenden und sie machenden Individuen ist und die gegenwärtige Historische Biographik alte Fäden aufnehmen und unter anderen Blickwinkeln neu knüpfen kann.

---

[30] Zu diesem Perspektivenwechsel vgl. das Vorwort der Herausgeber des Buches von *R. Habermas und N. Minkmar*: Das Schwein des Häuptlings. Beiträge zur historischen Anthropologie, Berlin 1992.

Trotz dieses Interesses ist die biographische Überlieferung bis in die neueste Zeit insgesamt sehr lückenhaft und jedenfalls unzureichend, wenn es um die Dokumentation und Ausdeutung eines ganzen Lebens gehen soll.[31] Dem großen Mangel allgemein an sicherem Wissen darüber und insbesondere dem Dunkel, das über der Lebensgeschichte der übergroßen Zahl von Menschen liegt, helfen indirekt immerhin die seit den frühesten Zeiten in der fiktiven Gestalt des Märchens, der Sage und des Romans verfaßten Lebensbeschreibungen ab. In jüngeren Zeit sind zu der realgeschichtlichen (Auto-)Biographie und zu der literarischen Lebensgeschichte, den beiden hauptsächlichen Quellengattungen der Biographieforschung, die durch den Film und die elektronischen Medien massenhaft verbreiteten erfundenen Geschichten von Menschen und gegenwärtig zahllose aufgeschriebene und erzählte Lebenserinnerungen Prominenter[32] getreten. Trotz oder gerade wegen der oft geringen künstlerischen Qualität dieser Erzeugnisse, ihrer Zeitgebundenheit und ihrer zum Zwecke der Unterhaltung und der persönlichen Selbsterhebung verzerrten Wirklichkeitsdarstellung werden sie für die künftige Historische Biographieforschung wahrscheinlich die wichtigste Quellenart über die Mentalität der Menschen seit der Mitte des 20. Jahrhunderts sein.

Die Grundfunktionen der heutigen Historischen Biographieforschung sind dabei im wesentliche dieselben wie früher geblieben. Sie hält erstens die Erinnerung an das Leben der für bedeutsam gehalten Menschen der Vergangenheit wach, ist zweitens ein oft unentbehrlicher Schlüssel zum Verständnis ihrer besonderen politischen, wissenschaftlichen, künstlerischen oder praktischen Leistung und betreibt drittens, als Historische Personalisationsforschung, im weitesten Sinne „Menschenkunde". Während unter den beiden ersten Gesichtspunkten gegenwärtig vor allem die Politische, Literatur-, Kunst-, Musik-, Wissenschafts- und Technikgeschichte mit immer neuen Biographien über ihre Großen hervortritt, sind die Sozialwissenschaften und unter ihnen besonders die Pädagogik besonders an der typischen Selbstdeutung der Vielen interessiert, sofern es über sie auswertbare Lebensdokumente, wie etwa Tagebücher, Briefe oder offizielle Akten, gibt.

3.2 Aspekte der Erforschung (auto-)biographischer Überlieferung

Wenn man sich die Stärken und die Schwächen der biographischen Methode für die historischen Erkenntnis klarmachen will, hilft ein Blick in ihre Tradition weiter. Zwar hat es immer wieder Gesellschaften und Zeiten gegeben, in denen die Darstellung des Individuellen als unschicklich gegolten hat und sich die Personenzeichnung auch und gerade von Herrschern und Heiligen in Formeln ihrer ständischen Funktion erschöpft hat – wie das im europäischen Mittelalter der Fall war –, so ist doch in aller Historie von der frühesten mündlichen und schriftlichen

---

[31] Zur Rolle des Erinnerns und Vergessens vgl. *P. Ricoeur*: Gedächtnis, Geschichte, Vergessen. Aus dem Französischen, hg. von H.-D. Gondek, H. Jatho u. M. Sedlaczek, München 2004.

[32] Exemplarisch seien einige bedeutende neuere Lebenserinnerungen genannt: *Stefan Zweig*: Die Welt von Gestern. Erinnerungen eines Europäers (1942, postum Stockholm 1944), Frankfurt 1962; *Viktor Klemperer*: Ich will Zeugnis ablegen bis zum letzten. Tagebücher 1933 – 1945. 2 Bde., Berlin 1995; *Elias Canetti:* Die gerettete Zunge. Die Geschichte einer Jugend, München 1980.

Überlieferung an die Aufmerksamkeit fast nie nur auf die herausragenden Ereignisse, Taten, Werke, Eingebungen, Entdeckungen, Erfindungen und Erkenntnissen selbst gerichtet gewesen, sondern immer auch auf ihre Autoren, auf deren Herkunft, Werdegang, persönlichen Rang, Charakter, Gesinnung, Absichten und Wirkung auf Mitmenschen, ihr Verhalten im Erfolg und Scheitern, ihr Ende und ihr Nachleben im kulturellen Gedächtnis der Völker und Glaubensgemeinschaften, kurz: auf das, was das Leben von Menschen im auszeichnenden Sinne bedeutend gemacht hat.

Dabei haben sich seit Anbeginn der Schriftverbreitung bestimmte literarische Formen der „Lebensbeschreibung" (gr. *biographia*, lat. *vita*) herausgebildet. Die spezifische und zumeist streng geregelte und über die Jahrhunderte beibehaltene Stilisierung läßt sich in der Antike besonders an den (Auto-)Biographien von Herrschern, Politikern, Generälen, „Weisen", Dichtern, Rednern, Philosophen oder Historikern, im jüdisch-christlichen Raum am Leben der „Männer Gottes", der Patriarchen, Propheten, Apostel, Kirchenväter, Märtyrer, Heiligen, Päpste, Ordensgründer, Reformatoren, Ketzer und Theologen und seit der frühen Neuzeit in den stärker individualisierten Werken der Selbst- und Fremddarstellung beobachten. Mit der von den Biographen, den Historikern und allgemein von der Tradition vorgenommenen Auswahl der Personen und ihrer Darstellung sind so auch immer schon bestimmte Erwartungen und Funktionen verbunden, wie u.a. die Heroisierung von Gründervätern, die dynastische Legitimierung, das Herrscherlob, die religiöse Erbauung durch Heiligenlegenden, die Erhebung zur religiösen, philosophischen, dichterischen, künstlerischen Autorität oder zum Vorbild für einen Stand oder allgemein für die Lebensführung.

Um eine realgeschichtliche Annäherung auch an jene Menschen, die wir nur durch den Schleier spezifisch stilisierter und funktionalisierter (Auto-)Biographien wahrnehmen, haben sich seit dem Historismus die modernen historischen Wissenschaften immer bemüht[33] und dabei auch über die besonderen Probleme der historischen Biographik nachgedacht.[34] Wie eng gezogen allerdings die Grenzen sind, vormoderne Menschen zu verstehen, ist man sich erst seit dem 18. Jahrhundert bewußt geworden, als eine differenzierte (Entwicklungs-)Psychologie entsteht und sich Menschen im Gefolge von Rousseaus „Confessions"[35] zunehmend mehr zum Gegenstand einer nicht idealisierenden, sondern realistischen Selbstbeschreibung machen. Zwar hat es auch schon zuvor realistische (auto-)biographische Charakterisierungen gegeben. Aber weil vormoderne Subjekte, mit Ausnahme wohl nur von Cicero, Luther und einigen wenigen anderen, zuwenig in Schriften von sich selbst preisgegeben haben, vermögen wir kaum, wirklich in ihren Charakter, Ha-

---

[33] Möglichkeiten und Grenzen zeigt *G. Misch* in seiner umfangreichen „Geschichte der Autobiographie" (3 Bde., Frankfurt 1949–1969) auf.

[34] *P. Kirn*: Das Bild des Menschen in der Geschichtsschreibung von Cornelius bis Ranke, Göttingen 1955. Vgl. u.a. *H. Herzfeld* (Hg.) Geschichte in Gestalten, 4 Bde., Frankfurt 1963. *G. Klingenstein* (Hg.): Biographie und Geschichtswissenschaft. Aufsätze zur Theorie und Praxis biographischer Arbeit, München 1979.

[35] In Deutschland haben dazu vor allem *K. Ph. Moritz* („Anton Reiser") und *Goethe* beigetragen. Vgl. allgemein *G. Niggl* (Hg.): Die Autobiographie. Zu Form und Geschichte einer literarischen Gattung, Darmstadt 1989.

bitus, in ihr persönliches Innere einzudringen.[36] Es ist schon viel gewonnen, wenn der heutige Historiker das überlieferte Denken und Handeln ferner Menschen mit den Grundauffassungen ihrer Zeit stimmig verbinden kann, was in den Buchtiteln nicht selten mit Formulierungen wie „ X. Sein Leben, sein Werk und seine Zeit" angedeutet wird.[37]

Alle diese Schwierigkeiten haben dem Interesse an der Biographie keinen Abbruch getan, ganz im Gegenteil zu einem immer besseren Verstehen der Menschen auch sehr früher Epochen geführt und erst recht die (Auto-)Biographie der neueren Zeit zu einem bevorzugten Objekt der historischen Wissenschaften gemacht.[38] Dazu haben in der zeitgeschichtlichen Biographieforschung sicherlich der Einsatz der *Oral History* und allgemein der ganzheitliche und flexible Zugang zum Biographischen beigetragen wie auch die schon früher geübte Praxis, die Geschichte von Individuen aus der sorgfältigen Interpretation sich wechselseitig erhellender zeitgenössischer Quellen zu erschließen.[39] Unter dem historisch-anthropologischen Blickwinkel schließlich kommt weiterhin das reiche historisch-biographische Material aus der Dichtung zur Geltung. Welche Vorstellungen Menschen vom Lebenslauf gehabt haben, ist über die Zeiten hinweg bis heute mehr durch religiöse Legenden, romanhafte Erzählungen und dramatische Darstellungen geprägt worden als durch Chroniken, Berichte und Biographien über reale Menschen, zumal auch die fiktiven Lebensläufe, etwa eines Odysseus, Achill, Siegfried, Perceval, Don Quijote oder Hamlet, einen real- und ideengeschichtlichen Gehalt haben und, wie schon Aristoteles gegen seinen die Dichter als Lügner hinstellenden Lehrer Platon vorbringt, oft mehr Menschen-Wahrheit und mehr „Psychologie" enthalten als die „Erinnerungen" und „Lebensbeschreibungen" der gewissenhaften Biographen. Auch will die neuere Geschichtswissenschaft in der wiederholt ausgerufenen „Rückkehr zum Subjekt"[40] ihr jeweils betrachtetes historisches Individuum nicht mehr nur als eine typische Eigenschaftskombination einer Zeit und auch nicht bloß als ein verdichte-

---

[36] Vgl. Grundsätzliches dazu bei *Wiersing* 1993 und ders.: Zum Problem der Lebens-Führung im altgriechischen Mythos, in: *R.W. Keck/E. Wiersing* (Hg.), Vormoderne Lebensläufe – erziehungshistorisch betrachtet, Köln u. a. 1994, 59–74.

[37] Vgl. etwa *W. Goez*: Gestalten des Hochmittelalters. Personengeschichtliche Essays in allgemeinhistorischen Kontext, Darmstadt 1983; *M.T. Clanchy*: Abaelard. Ein mittelalterliches Leben, Darmstadt 2000; oder *R. Friedenthal*: Luther. Seine Zeit und sein Leben, München 1967 (vgl. vom Begründer der Annales-Schule *L. Febvre*: Un destin. Luther, Paris 1928 (dt.: Martin Luther. Religion als Schicksal, Berlin 1976).

[38] Ein philosophisch-literarisches Beispiel für diese neuere differenzierte Reflexion sind *J.-P. Sartres* autobiographische Schriften (u.a. „Les mots", Paris 1964, dt. Reinbek 1965) und seine umfangreiche Studie über Gustave Flaubert („L'idiot de la famille. Gustave Flaubert de 1821 à 1857, 3 t.s, Paris 1971/72, dt. 5 Bde., Reinbek 1977-1980). Das berühmteste literarisch-psychologische Erinnerungsbuch zugleich fiktiven und autobiographischen Charakters ist der siebenteilige Romanzyklus von *Marcel Proust:* A la recherche du temps perdu, Paris 1913-1927 (dt.: Auf der Suche nach der verlorenen Zeit [der Kindheit und Jugend], Frankfurt 1981).

[39] Die wechselseitige Erhellung vom Leben und Zeit zeigt *B. Tuchmans* Buch über den Ritter Sire de Coucy auf: Der ferne Spiegel. Das dramatische 14. Jahrhundert (engl. 1978), München 1982.

[40] Vgl. *R. Chartier*: L'histoire culturelle entre ‚Linguistic Turn' et Le retour au Sujet, in: *H. Lehmann* (Hg.): Wege zu einer neuen Kulturgeschichte, Göttingen 1995, 29–58.

tes realistischen Abbild von ihm, sondern als einen Menschen sehen, dessen Handeln aus einer stimmig interpretierten Deutung hervorgeht, was indes nicht ohne biographische Phantasie und literarische Narrativität möglich ist.

39. Historische Anthropologie:
Mentalitäten im historischen Wandel

1. „Geschichte der Mentalitäten":
   Neuere Ansätze einer Historischen Anthropologie   649
2. „Geschichtliche Anthropologie" (C. F. von Weizsäcker):
   Die historisch-philosophische Theorie vom „Menschen in seiner Geschichte"   656

Zur Vermeidung von Mißverständnissen wird hier vorweg noch einmal – wie schon im vorigen Kapitel – auf das Problem einer möglichen contradictio in adjecto im Begriff der Historischen Anthropologie hingewiesen. Es besteht darin, daß man im gängigen Sprachgebrauch das Historische am Menschen gerade von seiner anthropologischen Deutung abhebt, „Anthropologie" und „Geschichte" sich also in der direkten Verbindung eigentlich ausschließen. Der Widerspruch löst sich im Sinne der in diesem Buch vertretenen Geschichtstheorie so auf, daß „Kultur" die historisch-gesellschaftliche Erschließung und Überformung des natürlichen Fähigkeitspotential des rezenten Menschen meint, „Geschichte der Kultur" den Wandel der dabei erzeugten Inhalte und Formen bezeichnet und der Gegenstand der „Historische Anthropologie" so der Wandel der sich in jenen kulturellen Inhalten und Formen äußernden menschlichen Bewußtseinswelten ist. Knapper ausgedrückt ist die Historische Anthropologie so der genuine wissenschaftliche Ausdruck des Blicks auf die menschlichen Subjektivität in ihrer Kulturgeschichtlichkeit. Abschnitt 1 stellt die geschichtswissenschaftlichen Hauptausprägungen der neueren „Historischen Anthropologie" in diesem Sinne vor. Abschnitt 2 skizziert vor allem die um die Naturgeschichte erweiterte historisch-philosophische Anthropologie von Weizsäckers in ihren Grundzügen.[1]

1. Die „Geschichte der Mentalitäten":
Neuere Ansätze einer Historischen Anthropologie

Die Erforschung der Geschichte der Mentalitäten scheint es mit weniger Schwierigkeiten zu tun zu haben als die der Psyche. Denn die Erkenntnis der Geschichtlichkeit der Bewußtseinsformen und -inhalte ist ja die elementare Voraussetzung des modernen historischen Denkens. Dabei können diese Wissenschaften zunächst ungeklärt lassen, ob und gegebenenfalls in welcher Weise sich die menschliche Psyche selbst (unter dem Einfluß und den spezifischen Herausforderungen des menschlichen Lebens in der Kultur) geschichtlich wandelt, sofern sie nur die lebensgeschichtliche Ausbildung der personalen Fähigkeiten und die historische Entfaltung der Mentalitäten ermöglicht. Bei der näheren Begründung des Voraussetzungskonstrukts Psyche stellt sich freilich heraus, daß auch die Mentalitätsgeschichte nicht um eine Klärung des Status des Allgemeinmenschlichen herumkommt und dabei ihre Schwierigkeiten hat.[2]

---

[1] Kapitel 60 baut dieses Konzept zu einer *Allgemeinen Historischen Anthropologie* aus.
[2] Überlegungen hierzu haben seitens der Geschichtswissenschaft u.a. gemacht *Th. Nipperdey*: Bemerkungen zum Problem einer historischen Anthropologie, in: Festschrift S. Moser, Mei-

1.1 Die französische Mentalitätsgeschichte und die deutsche Historische Anthropologie

Zunächst ist aber unbestreitbar, daß die gleichsam „oberhalb" der Natur des Menschen und ihrer psychischen Gesetzmäßigkeiten und Potentiale ansetzende Historische Anthropologie eine bedeutende und vielfältige historische Forschung im 20. Jahrhundert inspiriert hat und noch trägt. Ihr wirkmächtigstes Konzept, die *Mentalitätsgeschichte* der französischen Annales-Schule, ist bereits in Kapitel 28 (3.1.) in ihren Grundzügen vorgestellt worden.[3] Diese bereits im ersten Drittel des Jahrhunderts im Kontext einer zunächst potentiell alles umfassenden *histoire totale* entstandene Richtung hat sich nach 1945 und verstärkt dann in den 70er Jahren im Sinne einer *histoire des mentalités et des sensibilités* der subjektiven Seite der Individuen zugewandt und methodisch von den Zeugnissen der Menschen auf ihr Welt- und Selbstverständnis geschlossen. Ihre Leitfrage ist, vergleichbar mit der Grundfrage der „Alltagsgeschichte", nach dem, wie Menschen einer bestimmten Gesellschaft und eines bestimmten Standes „damals", also in einer bestimmten Epoche, die Welt subjektiv wahrgenommen, welche „Mentalitäten", d.h. welches Wissen, welches Können, welche Einstellungen, ihr Fühlen, Denken und Handeln angeleitet, ja beherrscht hat und welche Spielräume ihr diese eröffnet haben.

Die so umschriebenen Mentalitäten sind zweifellos historische Phänomene. Lebensgeschichtlich handelt es sich zunächst um jene übersituativ beständigen Bewußtseinsstrukturen und –inhalte, die sich im Prozeß der Sozialisation, Erziehung und Personalisation herausbilden, in lebenslanger Anwendung und Überprüfung ihrer Angemessenheit inbezug auf die Welt abwandeln und der Person über allen äußeren und leiblichen Veränderungen im Lebensprozeß hinweg ihre Identität sichern. Als zugleich soziale und historische Phänomene sind sie dann die von Gemeinschaften hervorgebrachten und im historischen Prozeß immer wieder neu justierten, den jeweils nachwachsenden Generationen vermittelten und die ethnische Identität über die Zeiten wahrenden Modelle der praktisch-technischen, kommunikativen und kultischen Weltbewältigung.

Die so verstandene französische Mentalitätsgeschichte hat den Vorzug, normativ weniger aufgeladen – und das heißt auch: belastet – zu sein als das ältere deutsche Pendant der Geschichte der „Weltanschauungen". Im Gegenteil ist sie penibel darauf bedacht, ihre Aussagen über die subjektive Dimension der Menschen philologisch, ideen-, religions-, sozial-, wirtschafts-, technik-, architektur- und mediengeschichtlich so objektiv wie möglich zu belegen. Obwohl sie hierbei zumeist von den Sichtweisen und dem Habitus bestimmter Individuen ausgeht, strebt sie im Begriff der Mentalitäten doch immer die Verallgemeinerung dieser individuellen Einstellungen und ebensolche Aussagen über den überindividuellen historischen Wandel der Mentalitäten an.[4] Das kommt auch zumeist bereits im Titel der Bücher

---

ßenheim 1967, 350 ff.; *A. Heuß*: Zum Problem einer geschichtlichen Anthropologie, in: Gadamer/Vogler Bd. 4 ,1973, 150–194.

[3] Ihr Hauptinteresse gilt nach wie vor dem Mittelalter. Vgl. u.a. *B. Guenée:* Histoire et culture dans L'occident médiéval, Paris ²1991; Vgl. *M. Middell/S. Sammler* (Hg.): Alles Gewordene hat Geschichte. Die Schule der Annales in ihren Texten 1929-1992, Leipzig 1994.

[4] Aufgrund eines ähnlichen Vorgehens ist der Russe *A.J. Gurjewitsch* zu seinen Einsichten gelangt in: Das Weltbild des mittelalterlichen Menschen (Moskau 1972), München 1980; und

und Buchreihen zum Ausdruck, wie etwa in „Les intellectuels au Moyen Age"[5], „Le chevalier, la femme et le prêtre. Le mariage dans la France féodale"[6], „Die Geschichte der Frauen"[7] oder „L'enfant et la vie familiale sous l'ancien régime"[8]. Es zeichnet diese historisch-anthropologischen Darstellungen aus, daß sie sich nie als Anwendung einer bestimmten Theorie verstehen, vielmehr undogmatisch alle überhaupt nur geeignet erscheinenden Quellen und Methoden nutzen, ihren Gegenstand fast immer narrativ entwickeln, dabei aber zumeist eine bestimmte These vertreten und in der Argumentation alle bisherigen historisch-kritischen Standards beachten. Diese Art des Vorgehens läßt sich gut an J. Le Goffs Buch über die Erfindung des Fegefeuers studieren. Dabei wird das Thema in Diachronie und Synchronie aus der Perspektive der einzelnen Gläubigen, bestimmter Gruppen und Stände, der weltlichen und geistlichen Herren und der römischen Kirche betrachtet, spielen Ideen und Visionen ebenso eine Rolle wie harte Daten über bestimmte Praktiken und ihre sozialen Folgen und zielt die Darstellung auf den historisch-anthropologischen Wandel des Bewußtseins von Menschen.[9]

Das Interesse an solch einer Historischen Anthropologie hat sich in den letzten 30 Jahren[10] auch in Deutschland in zahlreichen Forschungsansätzen und -zentren[11], wissenschaftlichen Zeitschriften[12] und Publikationsreihen[13], publikationswirksa-

---

ders.: Das Individuum im europäischen Mittelalter, München 1994.

[5] J. Le Goff 1957/1985. Auch das schon mehrfach herangezogene Buch von Le Roy Ladurie 1983 verknüpft das Puzzle von personalen Einzeldaten zu kleinen Porträts und kommt von dort zu Aussagen über die Menschen allgemein in Montaillou und in den Pyrenäen um 1300, wie auch U. Eco in seinem Roman: Der Name der Rose (1982), typische Sichtweisen von Mönchen und Weltgeistlichen zu jener Zeit darstellt.

[6] G. Duby: Ritter, Frau und Priester. Die Ehe im feudalen Frankreich (Le chevalier, la femme et le prêtre. Le mariage dans la France féodale, Paris 1981), Frankfurt 1985.

[7] Duby/Perrot 1999.

[8] Nach seinem Erfolg in Frankreich und in Amerika hat dieses Buch von Ph. Ariès (Paris 1960) dann auch in Deutschland unter dem Titel: Geschichte der Kindheit. Mit einem Vorwort von H. von Hentig, München 1975/1984, viel Beachtung gefunden. Die dort vertretene Nostalgie-These zur „warmen" Zwischenmenschlichkeit in der Vormoderne ist nicht unproblematisch. Vgl. die anderen in Kapitel 28.3.1. genannten Werke.

[9] J. Le Goff: Die Geburt des Fegefeuers (La naissance du purgatoire, Paris 1981), Stuttgart 1984.

[10] Anklänge an eine Kulturgeschichte der Seele im mentalistischen Sinne finden sich allerdings schon früher auch in Deutschland, so z.B. bei E. Friedell: Kulturgeschichte der Neuzeit. Die Krisis der europäischen Seele von der schwarzen Pest bis zum Ersten Weltkrieg (1927-1931), Neuauflage München 2003.

[11] Überblicke über den neueren Forschungsstand geben B. Dressel: Historische Anthropologie. Eine Einführung, Wien u.a. 1996; R. van Dülmen: Historische Anthropologie. Entwicklung – Probleme – Aufgaben, Köln u.a. 2000; H. Neumeyer: Historische Anthropologie und literarische Anthropologie, in: Nünning/Nünning 2003, 108–131. Einen durchaus wertenden Überblick über den gegenwärtigen Stand der historisch-anthropologischen Forschung während der letzten Jahrzehnte in Deutschland enthält auch die längere „Einleitung", die W. Reinhard seinem unten vorgestellten Werk vorangestellt hat (2004, 9-42).

[12] Vgl. die seit 1993 erscheinende und u.a. von R. van Dülmen, A. Lüdtke, H. Medick und M. Mitterauer her-ausgegebene Zeitschrift „Historische Anthropologie".

[13] Vgl. die von J. Martin herausgegebene Reihe Historische Anthropologie (München 1978 ff.).

men Text- und Bildbänden und nicht zuletzt in Themenschwerpunkten der Museen niedergeschlagen. Zwei Forschungsgruppen haben sich hier besonders hervorgetan. Zum einen ist es das seit 1975 bestehende „Institut für Historische Anthropologie"[14] an der Universität Freiburg i.B., das sich die Aufgabe einer „*Vergleichenden Historischen Anthropologie*" gestellt hat und die Geschichte unseres Kulturkreises in seiner ganzen zeitlichen Erstreckung und nationalen Vielfalt sowohl im exemplarischen Detail als auch in der großen zeitlichen Perspektive thematisiert. Zur Entstehung dieses Instituts haben vor allem die Herausgeber der seit 1950 erscheinenden renommierten Zeitschrift „Saeculum. Jahrbuch für Universalgeschichte" beigetragen. Das andere Forschungszentrum ist die *Arbeitsstelle für Historische Kulturforschung* des Historischen Instituts der Universität des Saarlandes, die unter Leitung von *Richard van Dülmen* in den beiden letzten Jahrzehnten zahlreiche Werke zur historisch-anthropologischen Erforschung der Frühen Neuzeit vorgelegt hat.[15] Ihr Ansatz zeichnet sich durch die Hinwendung vor allem zur Genese der modernen Individualität seit der Zeit um 1500 bis zum 18. Jahrhundert aus.[16] Daneben ist auch noch an vielen anderen geschichts- und kulturwissenschaftlichen Instituten Historische Anthropologie betrieben worden.[17] Repräsentativ für den Forschungsstand Anfang der 90er Jahre ist der von Peter Dinzelbacher herausgegebene, nach Ständen, Lebenskreisen und Epochen gegliederte und weitgefasste Überblick über die „Europäische Mentalitätsgeschichte" (Stuttgart 1993).[18]

1.2 Die Freiburger und die Berliner „Historische (Kultur-)Anthropologie":
Zur Leistung zweier Forschungsrichtungen

Die meisten deutschen Studien dieser neueren Historischen Anthropologie versuchen, entweder so etwas wie das Psychogramm einer Gruppe, einer Gesellschaft

---

Darin findet sich z.B. *J. Martin /R. Zoepffel* (Hg.): Aufgaben, Rollen und Räume von Frau und Mann. 2 Bde., München 1989. Mit Bezug auf die frühe Neuzeit ist auf die von *W. Detel, C. Kretschmann und C. Zittel* in bisher 4 Bänden her-ausgebrachte Reihe „Wissensvermittlung und gesellschaftlicher Wandel" hinzuweisen.

[14] Zur Positionsbestimmung dieses Instituts Mitte der 70er Jahre vgl. *R. Sprandel*: Historische Anthropologie. Zugänge zum Forschungsstand, in: Saeculum 27, 1976, 121–142.

[15] *R. van Dülmen*: Kultur und Alltag in der Frühen Neuzeit. 16. bis 18. Jahrhundert. 3 Bde., München 1999.

[16] *R. van Dülmen* (Hg.): Erfindung des Menschen. Schöpfungsträume und Körperbilder 1500-2000, Köln u.a. 1998; ders. (Hg.): Entdeckung des Ich. Die Geschichte der Individualisierung vom Mittelalter bis zur Gegenwart, Köln u.a. 2001.

[17] So hat etwa *H.-D. Kittsteiner* in seiner vom späten Mittelalter bis 1800 reichenden „kultur- und mentalitätsgeschichtlichen" Studie „Die Entstehung des modernen Gewissens" (Frankfurt/Leipzig 1991) dargelegt, wie sich zwischen Reformation und Aufklärung das Verhältnis von Gewissen und Geschichte wandelt und wie „das Bewußtsein, mit allem Denken und Handeln in einen historischen Prozeß verstrickt zu sein", dazu führt, daß man „dessen Vergangenheit, Gegenwart und möglichen Fortgang [...] nicht ohne Gewissensbedenken betrachten kann." (S. 11).

[18] Vgl. *H.H. Kortüm:* Menschen und Mentalitäten. Einführung in Vorstellungswelten des Mittelalters, Berlin 1996; *J.A. Aertsen/A. Speer* (Hg.): Individuum und Individualität im Mittelalter, Berlin/New York 1996; *K. Arnold, S. Schmolinsky* und *U.M. Zahnd* (Hg.): Das dargestellte Ich. Studien zu Selbstzeugnissen des späteren Mittelalters und der frühen Neuzeit, Bochum 1999.

zu einer bestimmten Zeit zu erstellen oder die spezifische Ausprägung und ihren Wandel einer mehr oder weniger universal gegebenen menschlichen Eigenart oder kulturell weitverbreiten Gewohnheit zu erfassen. Ihre Hauptleistung für die Geschichtswissenschaft ist, daß sie die in den Quellen lange Zeit unbeachtet gelassene „Informationen" über das Denken und Fühlen von Menschen zu bestimmten Zeiten wieder entdeckt haben und dadurch ihr Leben für uns verständlicher geworden ist. Ihr Mangel besteht darin, daß viele dieser Studien sich entweder in der Anhäufung zahlloser historischer Eigenheiten erschöpfen oder im „philosophischen Überflug" ausgewählte Seiten des menschlichen Existenz beleuchten, ohne daß – im einen wie im anderen Fall – der Versuch gemacht worden wäre, eine historisch-anthropologische Theorie zu entwerfen. Leistungen und Grenzen der gegenwärtigen Historischen Anthropologie in Deutschland demonstrieren repräsentativ zwei vor kurzem erschienene umfangreiche Schriften.

Die erste kommt aus der alleinigen Feder des dem Freiburger Institut angehörenden Historikers *Wolfgang Reinhard*. Er hat sich in seiner Schrift „Lebensformen Europas. Eine historische Kulturanthropologie" (München 2004) zum Ziel gesetzt, „menschliche Grundprobleme und die kulturellen Reaktionen darauf" von den vormodernen Zeiten in Europa bis zur Gegenwart darzustellen. Der Grob- und Feingliederung des umfangreichen, 718 Seiten umfassenden Werks liegt eine implizite Theorie dreier elementarer „Äußerungen des menschlichen Geistes" zugrunde, die jede für sich mit den ihnen zugeordneten „historischen Ausprägungen" „einen zentralen Bereich unserer Wirklichkeitserfahrung [sc. erschließt]."[19] So ist das Thema des erstens Teils die kulturelle Selbstgestaltung der „Grundbefindlichkeit menschlicher Körperlichkeit" (S. 40), aufgeschlüsselt in die Kapitel Leiblichkeit, Körperpflege, Ernährung und Lebensalter. Thema des zweiten Teils ist unter dem Begriff „Mitmenschen" die Abhängigkeit des Menschen von seinesgleichen, dargelegt in den Kapiteln Partnerschaft, Familie, Kindheit, Jugend, Sozialisation, Erziehung, Bildung, Individuum und Gruppen, Politik, Recht, Randgruppen, Devianz, Gewalt, Kulturkontakte. Thema des dritten Teils ist unter dem Begriff „Umwelten" schließlich die „Entwicklung der Sitten mit Bezug auf die Lebenswelt" (S. 42), untergliedert in Kapiteln über Raum, Natur, Wirtschaft, Lebensqualität, Wohnen, Kommunikation, Transzendenz, Zeit und Geschichte.

Ausgangspunkt fast jedes dieser Kapitel ist eine knappe anthropologische Reflexion, die je nach Thematik eher bio-, philosophisch-, kulturanthropologisch, ethnologisch oder universalhistorisch gehalten ist, dann zumeist ein rascher kulturhistorischer Durchgang vom Mittelalter (selten von der Antike) bis zur Gegenwart im Grundschema Vormoderne – Moderne – Postmoderne, versehen mit vielen historischen und gegenwartsbezogenen Einsprengseln und einigen Querverbindungen zwischen den thematischen Gesichtspunkten, wobei jedoch eine durchgehende Verzahnung bewußt nicht angestrebt worden ist, so daß im thematischen Nacheinander zumeist ein Nebeneinander unverbundener historischer Stränge vorherrscht. Dabei werden riesige Stoffmengen aus der Forschungsliteratur bewältigt. Die genannten 23 Kapiteln werden nochmals untergliedert, so daß sich das Gesamtwerk fast lexi-

---

[19] Klappentext.

konartig aus 106 historisch-anthropologischen Kurzdarstellungen zusammensetzt. Wenn der Autor bei einem derartigen Umfang auch nicht allen Themen gerecht werden kann, so fügen sich doch dank seiner großen Belesenheit die vielen historisch-anthropologischen Mosaiksteinchen bei der Lektüre zu einem sehr informativen und anregende Bild vom kulturhistorischen Wandel des Menschen zusammen. Der von ihm in der Einleitung begründete Verzicht auf eine „Theorie", erst recht auf eine universalhistorische „Großtheorie" der Kultur, könnte von daher überzeugen. Auch kann man Reinhard darin zustimmen, daß die menschliche Kultur auf der Erde, diachron wie synchron, grundsätzlich disparat verfaßt ist, Geschichte im Sinne eines Wirkzusammenhanges nur in kleineren und größeren kommunizierender Ensembles angenommen werden kann und gut gewählte Vergleiche zwischen damals, danach und heute, zwischen hier und dort oft fruchtbarer als Rekonstruktionsversuche historische Kontinuitäten sind. Die nicht nur forschungspraktische Bescheidung auf epochale Muster und Vergleiche hätte deshalb in diesem Handbuch ihre historiographische Berechtigung.

Ihre Begründung zu Ende gedacht, mündet diese Anthropologie aber in einen ahistorischen Status. Dessen ist sich Reinhard bewußt, wenn er in der Einleitung zwei Grundsätze vorstellt, die eben dies bekräftigen, nämlich daß erstens „alles Besondere ein Ausdruck des Allgemeinen" ist (S. 40) – und das kann hier nur das Allgemeinmenschliche meinen und macht die Geschichte zu einer Ansammlung von Phänomenvarianten des immer Gleichen – und daß zweitens der diachrone Kulturvergleich deswegen genutzt werde, „weil es um die historischen Grundlagen einer anthropologischen Analyse unserer Gegenwart gehen soll, um die Ermöglichung eines ethnologischen Blicks auf uns selbst durch verfremdenden Kontrast mit den Sitten unserer Vorfahren" (S. 40) – wodurch der Geschichte kein Eigenstatus zugestanden wird und die Beschäftigung mit ihr sich nur „aus der Analyse der Gegenwart" legitimiert. Bei den Vergleichen selbst ergibt sich deshalb das tertium comparationis fast immer nur mehr oder weniger plausibel aus dem historisch-anthropologischen Vorverständnis des Autors von der jeweiligen Sache, wenn so z.B. unter dem Begriff Kleidung (S. 114-131) zunächst zwischen den natürlichen und den kulturellen Funktionen von Schutz, Scham, Sexualität, Schmuck, ständischer, beruflicher und politischer und sozialer Distinktion und „Mode" unterschieden wird und dann ein sittengeschichtlicher Durchgang durch die Kleidermode vom späten Mittelalter bis zum 20. Jahrhundert gemacht wird. Weil so die vielen interessanten „Gewächse" in Reinhards „Garten des Menschlichen" nur vage eine von den „Wurzeln" her strukturierten Zusammenhang erkennen lassen, nähert sich diese Historische Kulturanthropologie wieder stark der Methodik der älteren geisteswissenschaftlichen Kultur- und Sittengeschichte an.

Das andere Werk ist der von *Christoph Wulf* im Auftrag des *Interdisziplinären Zentrums für Historische Anthropologie* (Freie Universität Berlin) herausgegebene Sammelband „Vom Menschen. Handbuch Historische Anthropologie" (Weinheim 1997).[20] Diese vor allem philosophisch-anthropologisch ausgerichtete „Historische

---

[20] Im Anhang dieses Handbuchs sind die von der *Gesellschaft für Historische Anthropologie* in einer eigenen Schriftenreihe herausgegebenen Arbeiten nebst der Themen der Hefte der Zeit-

Anthropologie" zielt darauf ab, „menschliche Lebens-, Ausdrucks- und Darstellungsformen zu beschreiben, Gemeinsamkeiten und Differenzen herauszuarbeiten, Ähnlichkeiten und Unterschiede in Einstellungen und Deutungen, Imaginationen und Handlungen zu analysieren und so ihre Vielfalt und Komplexität zu erforschen. Sie untersucht Fremdes und Vertrautes in bekannten und in fremden Kulturen in Vergangenheit und Gegenwart." (Vorwort, S. 13) Unter absichtlichem Verzicht sowohl auf eine Theorie und auf einen den Autoren für ihren Beitrag vorgegebenen systematischen Ort als auch auf einen historischen Durchgang durch die Gesamt- und die vielen Teilthematiken werden dort aus der Feder von 58 Autoren aus zahlreichen humanwissenschaftlichen Fächern auf 1160 Seiten 90 anthropologische Aspekte, geordnet nach den Sachgruppen: Kosmologie, Welt und Dinge, Genealogie und Geschlecht, Körper, Medien und Bildung, Zufall und Geschick und Kultur, zumeist kulturphilosophisch und phänomenologisch in einem oft sehr persönlich gehaltenen Stil behandelt. Der Band ist so weder eine *Historische* Anthropologie im hier gemeinten Sinne noch eine *Vergleichende* Anthropologie, sondern eine Fundgrube unterschiedlichster Beiträge zum Thema Mensch, deren jeweilige Qualität, mehr als bei anderen Handbüchern üblich, von der Kompetenz und Leistung ihrer jeweiligen Autoren abhängt.

Wenn dieser Sammelband so eine typische „Buchbindersynthese" ist und nach der Zahl der Artikel einem Lexikon über das Menschliche nahekommt, so verbindet ihn doch zumindest ex negativo ein gemeinsamer Geist. Es ist ein postmodernistischer Geist, welcher die Voraussetzungen, Zielvorstellungen und Methoden aller bisherigen Anthropologie(n) in Frage stellt, seinen Ausgang von einer „geschichtsphilosophisch fundierten Anthropologiekritik" und von der „Einsicht in das Ende der Verbindlichkeit einer abstrakten anthropologischen Norm" nimmt und bei dem „Wunsch, dennoch Phänomene und Strukturen des Menschlichen zu erforschen" peinlich darauf bedacht ist, dieses Menschliche nicht unter dem Blickwinkel einer bisherigen Deutungsrichtung zu betrachten und auch überhaupt keine anthropologische „Feststellungen" bzw. Festlegungen zu treffen, sondern auf dem Wege zu einem neuem Denken über den Menschen offen für alles zu sein, was sich im Sinne der „Differenz und Kontingenz" über die „nationale Heterogenität und kulturelle Vielfalt" in „transdisziplinären und transnationalen Diskursen" sagen läßt[21]. Aus der scheinbaren Unmöglichkeit, dem nicht-festgelegten Menschen mit bestimmten Theorien beizukommen und seine Existenz rational – wie beschränkt auch immer – systematisch und historisch aufzuklären, leitet der Herausgeber die Notwendigkeit einer unvoreingenommenen phänomenologischen Reflexion ab. Noch mehr, als dies bei der amerikanischen *psychohistory* und etwa bei Reinhards historisch-vergleichender Kulturanthropologie der Fall ist, bestreitet diese „Historische Anthropologie" entgegen ihrer Bezeichnung letztlich auch die Geschichtlichkeit der

---

schrift „Paragrana. Internationale Zeitschrift für Historische Anthropologie" seit 1992 aufgeführt.
[21] Alle Zitatteile dieses Satzes sind dem Artikel „Anthropologie, pädagogische" (in: *D. Benner/J. Oelkers,* Hg.: Historisches Wörterbuch der Pädagogik, Weinheim/Basel 2004, 33-57, hier: 42 f.) entnommen, in welchem Ch. Wulf die Berliner Historische Anthropologie vorstellt.

menschlichen Kultur und Bildung und damit die Möglichkeit, in quellengestützter anthropologischer Forschung deren historischen Wandel in ihren Grundstrukturen und Inhalten zu rekonstruieren. „Historisch" ist diese Anthropologie nur insofern, als die Geschichte ihr Exempel für die Reflexion des Menschlichen gibt. Zutreffender müßte dieser Band und diese ganze Forschungsrichtung den Titel „(Humanwissenschaftliche) Essays über den Menschen" tragen. Wenn die zahlreichen Arbeiten dieser Berliner Anthropologie und ihr großes Handbuch in den vergangenen Jahren dennoch viel Beachtung gefunden haben, sie trotz oder gerade wegen des Fehlens ihrer Verankerung in einer Theorie zum weiteren Nachdenken „über den Menschen" angeregt und gewiß auch einen Beitrag zur Historischen Anthropologie geleistet haben, ohne selbst an einer solchen gearbeitet zu haben, dann vornehmlich deshalb, weil sie Elemente einer neuen, postmodernistischen Philosophischen Anthropologie sind und damit in der humanwissenschaftlichen Grundlagendiskussion eine prominente Stelle einnehmen.

Wenn die hier und im vorigen Kapitel vorgestellten Ansätze einer Historischen Psychologie und Anthropologie insgesamt so wenig befriedigen, die Historiographie des Seelischen bis heute als ein weitgehend unverbundenes Unternehmen in den Humanwissenschaften erscheint und die bisher beschrittenen Wege kaum zu einer grundlegenden und die bisherigen Erkenntnisse integrierenden Theorie führen, so liegt dies sicherlich auch daran, daß es sich dabei um zwei immer noch recht junge interdisziplinäre Ansätze handelt, die Geschichtswissenschaft und die anderen historischen Wissenschaften die Frage nach dem möglichen geschichtlichen Wandel der psychischen und mentalen Verfassung der Menschen deswegen noch nicht gründlich genug angepackt haben und ihnen zudem die Kategorie des Allgemeinmenschlichen als ausreichend sichere Grundlage für die „darüber" nach jeweils eigenen und kulturspezifischen Regeln ansetzte Historie erschienen ist.[22] Es liegt aber gewiß auch daran, daß der Begriff des Historischen im Rahmen einer Allgemeinen Historischen Anthropologie erst noch unter Einbezug der Naturgeschichte des Menschen, der klassischen Universalgeschichte kultureller Großepochen und des Wandels der Lebensgeschichtlichkeit bestimmt werden muß.

2. „Geschichtliche Anthropologie" (C. F. v. Weizsäcker): Die historisch-philosophische Theorie vom „Menschen in seiner Geschichte"

Alles, was einen Menschen historisch zu einem einzigartigen Individuum und zu einem Mitglied seiner Gruppe, seiner Ethnie und seines Kulturkreises macht, hat in der Tat einen noch größeren Rahmen. Es ist der der Natur des Menschen, welcher ihm als einem Mitglied der Spezies Homo sapiens zum einen die Teilhabe am *Allgemeinmenschlichen* sichert und ihn zum anderen in seinem *Spezifischmenschlichen* abgrenzt vom „nur" Animalen, Lebendigen und Unbelebten in der Welt. Innerhalb

---

[22] Vgl. dazu die Einschätzung des Sozialhistorikers *J. Kocka* in seinem Beitrag: Historisch-anthropologische Fragestellungen ein Defizit der Historischen Sozialwissenschaften? Thesen zur Diskussion", in: *H. Süssmuth* (Hg.): Historische Anthropologie. Der Mensch in der Geschichte, Göttingen 1984, 73-83.

dieses größeren Horizontes bewegen sich bisher nur wenige, zumeist durch Philosophien des Ganzen begründete Ausprägungen der neueren Historischen Anthropologie. Dazu gehört an prominenter Stelle die „Geschichtliche Anthropologie", die CARL FRIEDRICH VON WEIZSÄCKER seit seinen frühesten Veröffentlichungen in mehreren Schritten ausgearbeitet hat. Darauf ist schon in der Einleitung zu diesem Buch und dann in vielen Kapiteln Bezug genommen worden und darauf wird in den Kapiteln des Teils E zur „Naturgeschichte des Menschen" und ganz besonders im zusammenfassenden Schlußkapitel 60 über eine die Kultur und die Natur des Menschen umfassende *Allgemeinen Historischen Anthropologie* zurückzukommen sein. Hier wird der Grundansatz von von Weizsäckers „Geschichtliche Anthropologie" im folgenden nur insoweit betrachtet, als er im Kontext der in diesem Kapitel explizierten Historischen Anthropologie steht. Sie hat ihr Autor erstmals in den 70er Jahren unter dem Titel „Der Garten des Menschlichen. Beiträge zur geschichtliche Anthropologie" (München/Wien 1977) etwas ausführlicher vorgestellt. Eine konzentrierte Zusammenfassung der seither ausgebauten „Geschichtlichen Anthropologie" enthält die als Einführung in sein Hauptwerk „Zeit und Wissen" (München/ Wien 1992) gedachte und im vorliegenden Buch zu seinem Obertitel gemachte Schrift „Der Mensch in seiner Geschichte" (München 1991).[23] Die dort, wie in seinen anderen Werken, hauptsächlich auf den geschichtlichen Wandel des menschlichen Selbst- und Weltverständnisses in Europa gerichtete Darstellung ist durchweg durch einen starken autobiographischen Bezug charakterisiert, welcher des Autors persönliche Bildungs-, Berufs- und Denkgeschichte mit der mehrfach wechselnden Perspektive der Erfahrung mit nahen Mitmenschen, mit der Naturwissenschaft, mit der Philosophie und mit der Politik „über einen ihnen gemeinsamen Untergrund von Religion" aufzeigt. Ausgehend von den immer wieder gestellten Fragen „Wer bin ich?" (1991, 16 ff.), „Woher kommen wir?", „Wo stehen wir?" (1991, 77 ff.) und „Wohin gehen wir?" (1991, 228 ff.) gibt von Weizsäcker seine Antworten in Form eines mehrfachen „Durchgangs" (oder auch „Rundritts") durch den „Garten" des Wissens, durch das Wissen der Religion, der Philosophie, der Mathematik, der Physik, der Biologie, der Medizin und der Geistes- und Sozialwissenschaften, was letztlich alles Wissen vom Menschen ist und deshalb die Grundlage einer umfassenden Anthropologie ist. Bei seiner Frage nach dem Prinzip, das uns das Sein der Welt in ihrer Mannigfaltigkeit und in ihrem Wandel am besten erschließt, nennt er die Geschichte. Sie legt sich aus in der Naturgeschichte des Weltalls[24], in der biologischen Evolution des Lebens und des Menschen und in der Geschichte der Kultur. Indem er dabei auch die kulturgeschichtlich entstandene Welt des Menschen mit einem „integralen Blick" (1977, 19) durchmustert, kommt er natürlich nicht um eine Reihe thematischer Beschränkungen herum. So nimmt er erstens kaum Bezug auf den Alltag der Menschen, denn es sind zuerst und immer Ideen und ihre Geschichte, die sein Interesse finden und ihn nahe an die traditionelle Geistes- und

---

[23] Historisch-anthropologisch einschlägig sind auch fast alle anderen Arbeiten von Weizsäckers, insbesondere „Wahrnehmung der Neuzeit" (München 1983) und „Bewußtseinswandel" (München 1988).
[24] Zu von Weizsäckers ersten Arbeiten gehört: Die Geschichte der Natur, Stuttgart 1948.

Ideengeschichte gerückt sein lassen, verzichtet er zweitens fast ganz auf eine Auseinandersetzung mit den Theorien und empirischen Erkenntnissen der historischen Wissenschaften und entwirft er drittens auch selbst keine Theorie der Geschichte der Kultur im engeren Sinn. Denn indem er Abstand von seinem Gegenstand nimmt, will er in der Sprache des gebildeten Laien zentrale Aspekte der Geschichte der Kultur und gerade auch ihrer Probleme gemeinverständlich darstellen. So zielt ein Großteil seiner historisch-anthropologischen Ausführungen auf die „Ambivalenzen des menschheitsgeschichtlichen Fortschritts" und setzt er sich angesichts der gegenwärtigen Gefährdungen der Weltgemeinschaft für einen politisch, affektiv und intellektuell neubegründeten Humanismus ein.

Sein von Nachdenklichkeit getragener Durchblick durch die Traditionen des europäischen Denkens und kulturellen Handelns und die Darlegungen über die Abhängigkeit des menschlichen Bewußtseins und des individuellen und gesellschaftlichen Handelns von den historisch geformten Weltbildern haben bei den kulturell interessierten Laien in den letzten 50 Jahren eine große Breitenwirkung erzielt, während die Resonanz in den Wissenschaften selbst eher gering geblieben ist. Das mag auch daran liegen, daß von Weizsäcker – wie kaum ein anderer nach den großen Universalgelehrten der Vergangenheit – noch einmal beansprucht, das Ganze der Welt zu denken, sich damit gegen den herrschenden Partikularismus in den Wissenschaften und gegen das selbst in der Philosophie sich ausbreitende Spezialistentum wendet und sich außer zu Themen seines Spezialgebiets in der Physik – nicht zu den jeweils neuesten wissenschaftlichen Richtungen äußert. Vielleicht rührt aber die fachwissenschaftliche Skepsis noch mehr von seinem „spiritualistischen Monismus" her, der ihn auf dem Grunde eines Wissens, das philosophisch nahe bei Platon[25] und Kant und religiös nahe an der jüdisch-christlichen Differenzerfahrung und östlicher Weisheit angesiedelt ist, die „Wahrheit des Einen"[26] in der Vielfalt der Welt suchen läßt.[27] Der im vorliegenden Buch gemachte Durchgang durch die Geschichte des historischen Denkens ist dennoch auch eine Erprobung dieser Geschichtlicher Anthropologie.

Neben dieser über Jahrzehnte im wesentlichen als Einzelleistung entwickelten Historischen Anthropologie gibt es eine Reihe vergleichbarer Versuche, den Wandel des Menschlichen historisch-philosophisch zu erfassen. Im gewissen Sinne gehören dazu zunächst alle größeren philosophie-, geistes- und ideengeschichtlichen Arbeiten, weil in ihrem Zentrum die sich wandelnden Bewußtseinswelten des Menschen stehen, gleich, ob es sich um Erkenntnistheorie, Ethik oder Ästhetik handelt. Die größte Nähe zu den Arbeiten von Weizsäckers weisen wohl die weder systematisch noch natur- oder universalhistorisch ausgeführten, jedoch umfassend historisch-philosophisch begründeten Studien von HANS BLUMENBERG (1920-1996) über das Menschliche und Kulturelle auf.[28] So wenig wie von Weizsäcker bisher

---

[25] *C.F. von Weizsäcker*: Ein Blick auf Platon, Stuttgart 1981.
[26] Die Einheit der Natur, München 1971.
[27] Vgl. *M. Schüz*: Die Einheit des Wirklichen. C. F. von Weizsäckers Denkweg, Pfullingen 1986.
[28] Vgl. u.a. seine These über die Unabhängigkeit der europäischen Neuzeit von der christlichen

eine „Schule" gebildet hat, ist auch dem philosophischen „Monolithen" Blumenberg eine Schülerschaft gefolgt. Ob dies der Arbeitsgruppe um *Reto L. Fetz, Roland Hagenbüchle* und *Peter Schulz* gelingen wird, die vor kurzem in zwei Bänden eine sehr umfangreiche, 51 Beiträge enthaltende und von der Antike bis zur Gegenwart führende Gemeinschaftsarbeit zur Geschichte der Subjektivität unter dem Titel: „Geschichte und Vorgeschichte der modernen Subjektivität" (Berlin 1998)[29] herausgegeben hat, bleibt abzuwarten.

Vorgängerepoche in: Die Legitimität der Neuzeit (1966), Frankfurt 1988; seine historisch-anthropologische Deutung des Status des Mythos in: Arbeit am Mythos, Frankfurt 1979; und seine antimetaphysische Deutung der Welt in: Die Genesis der kopernikanischen Welt, 3 Bde., Frankfurt 1981.

[29] Zur Einführung in den Ansatz vgl. die längere Einleitung von *R. Hagenbüchle*: Subjektivität. Eine historisch-systematische Hinführung, Bd. 1, 1–88.

40. Postmodernismus:
Die Moderne in diskursanalytischer, neostrukturalistischer und „dekonstruktivistischer" Deutung und Kritik

1. Kulturtheoretische und -historische Herausforderungen des Postmodernismus   661
2. „Diskurse" und ihre neostrukturalistischen Analysen   663
3. Die „Moderne" in der diskursanalytischen Kritik der französischen Philosophie   666
4. Postmodernistisches Denken in der Literatur- und Geschichtswissenschaft   675
5. Der Postmodernismus in der Kritik von heute und im Rückblick auf die Moderne   683

Nach bis in die 50er Jahre zurückreichenden architektur- und kunsttheoretischen Anregungen aus Amerika und neueren literaturtheoretischen und kulturphilosophischen Reflexionen insbesondere aus Frankreich hat sich die Rede von der „Postmoderne" auch in Westdeutschland seit dem Beginn der 80er Jahre rasch verbreitet.[1] Sie wird hier mit großem Interesse aufgenommen, weil nach den im Laufe der 70er Jahren ins Stocken geratenen gesellschaftlichen Reformen und der Entstehung größerer weltwirtschaftlicher Verwerfungen auch hier die Zweifel wachsen, ob der seit dem 18. Jahrhundert eingeschlagene „moderne" Weg der richtige ist und überhaupt noch eine Zukunft hat, und die Vermutung entsteht, daß man bereits in ein neues Zeitalter, in das der „Postmoderne"[2] eingetreten sei. Für die in dieser Situation empfundenen Orientierungsprobleme hat Jürgen Habermas damals den Begriff einer „neuen Unübersichtlichkeit" gewählt. Unter diesem Blickwinkel kann man den Postmodernismus zunächst als einen Ausdruck der Verunsicherung und Enttäuschung aller jener gesellschaftskritisch eingestellten Intellektuellen begreifen, die nicht mehr an die Vollendung des „Projektes der Moderne" (J. Habermas)[3] glauben und nun zwischen der öffentlichen Beschwörung einer „Risikogesellschaft" (U. Beck)[4] und dem privatistischen Hang zu einer „Erlebnisgesellschaft" (G. Schulze)[5] schwanken. Weil aber die Diagnostiker der heraufziehenden neuen Zeit selbst keine bestimmte Vorstellung von ihr haben, erst recht sich außer Stande sehen, ein gesellschaftspolitisches Programm für ihre Gestaltung zu entwerfen, scheinen vielen von ihnen nur noch zwei Wege gangbar: zum einen die nochmals radikal gesteigerte Kritik an den Grundsätzen der bisherigen Moderne und zum andern das

---

[1] Den künstlerischen Ursprung des Postmodernismus sieht man zumeist in der gegen Ende der 50er Jahre in Amerika einsetzenden architektonischen Abkehr vom Funktionalismus des Bauhaus-Stils und allgemein in der Hinwendung der bildenden Kunst zu ornamentalen Stilformen, historistischen Stilmischungen und trivialen Ausdruckselementen der massenmedialen Kultur. Seine frühesten philosophischen Wurzeln liegen aber zweifellos im Denken der deutschen Lebens- und Existenzphilosophie, während seine literarischen Ursprünge eher im europäischen Expressionismus und Surrealismus zu suchen sind.

[2] In Konkurrenz u.a. zur soziologischen Ausrufung der „nachindustriellen Gesellschaft". Gedanken dazu finden sich z.B. bei *D. Bell*: Nachindustrielle Gesellschaft, Reinbek 1985.

[3] Die Moderne – ein unvollendetes Projekt. In: Ders.: Kleine politische Schriften, Frankfurt 1981, 444 ff.

[4] Risikogesellschaft. Auf dem Weg in eine andere Moderne, Frankfurt 1986.

[5] Die Erlebnisgesellschaft. Kultursoziologie der Gegenwart, Frankfurt 1992.

ästhetisch-künstlerische, spielerische und ironische Abschiednehmen von den als bloßen Schein erkannten kulturellen Formen der Moderne. Beide Wege werden in theoretischen Ansätzen beschritten.

Sie werden im folgenden im Hinblick auf ihre geschichtstheoretische Bedeutung mit einer gewissen Ausführlichkeit so sachlich-informativ vorgestellt, wie dies nach ihren „klassischen" Texten möglich ist. Nach einer Reflexion zunächst über die Probleme ihrer Darstellung in Abschnitt 1 wendet sich Abschnitt 2 dem zum Verständnis aller Ausprägungen des Postmodernismus wichtigen neueren Diskursbegriffs zu. Die Ausführungen in Abschnitt 3 beziehen sich auf die diskursanalytische Kritik, die insbesondere die Franzosen Foucault, Lyotard und Derrida an der „Moderne" geübt haben. Abschnitt 4 fragt nach dem spezifischen Ertrag des postmodernistischen Denkens in der Literaturgeschichte und der Geschichtswissenschaft. Im abschließenden Abschnitt 5 wird das traditions- und wissenschaftskritische Denken des Postmodernismus seinerseits einer Kritik unterzogen.[6]

1. Kulturtheoretische und -historische Herausforderungen des Postmodernismus

Als Gegenstand der Verabschiedung der Moderne haben sich den „Postmodernisten" vor allem jene Begriffe und Vorstellungsinhalte angeboten, durch die sich die Kultur der Moderne treffend bezeichnet und getragen gefühlt hat und die doch, wie es heißt, nur auf einer Selbsttäuschung des europäischen Geistes beruht hätten, nämlich die seit der Aufklärung gepflegten Grundannahmen von der Herrschaft der Vernunft, von der Autonomie des Subjekts, seiner Freiheit, Verantwortung und Sinnsetzung, von der Objektivität, Sinnerfülltheit und Wahrheit der Welt hinter den Begriffen und vom zwar umweghaften, aber unaufhaltsamen Fortschritt der Menschheitsgeschichte. Die damit über 200 Jahre genährten Illusionen versuchen sie vor allem dadurch zu zerstören, daß sie den verdeckten Herrschaftszusammenhang von Sprache, Verhaltensweisen und Kultur aufzeigen und dabei auch die bisherigen Annahmen der kritisch-aufgeklärten Geschichtstheorie als Selbsttäuschung entlarven. Dieser vor allem von der französischen Philosophie entwickelte Ansatz einer erneuerten Kulturkritik hat im letzten Drittel des 20. Jahrhunderts weltweit nicht wenige Theoretiker der Humanwissenschaften fasziniert.

Inzwischen besteht jedoch eine große Unsicherheit über seine Tragfähigkeit. Als wenig glücklich erscheinen heute schon die *Begriffe* der Postmoderne und des Postmodernismus. Denn sie sagen – wie auch die Bezeichnung *Posthistoire* – inhaltlich zunächst nicht mehr aus, als daß sie von einer Differenz des Nacheinanders zur bisherigen Moderne bzw. zu ihren vorherrschenden Theorien ausgehen. Ähnlich unbestimmt erscheinen jedoch auch die Bezeichnungen für die einzelnen Ausprägungen des Postmodernismus und ihre Abgrenzung untereinander. Denn die im Ge-

---

[6] Zur Verbreitung des Postmodernismus in Deutschland haben besonders beigetragen: *W. Welsch*: Unsere postmoderne Moderne, Weinheim 1987; ders. (Hg.): Wege aus der Moderne. Schlüsseltexte der Postmoderne-Diskussion, Weinheim 1988; *M. Frank*: Die Frage nach dem Subjekt, Frankfurt 1988; zur geschichtstheoretischen Diskussion *J. Rüsen*: ‚Moderne' und ‚Postmoderne' als Gesichtspunkte einer Geschichte der modernen Geschichtswissenschaft, in: Geschichtsdiskurs 1, 1993, 17-30.

stus des Widerspruchs, der „Differenz" und der „Dissidenz" zur Tradition zumeist von bestimmten Schulhäuptern geprägten Bezeichnungen der *Diskursanalyse,* des *Neo-* bzw. *Poststrukturalismus* und des *Dekonstruktivismus* stehen in keinem systematischen Zusammenhang und weichen allgemein und in ihren Unterbegriffen z.T. recht eigenwillig vom bisherigen Sprachgebrauch ab. Wenn diese Ansätze kein gemeinsames Programm und keine gemeinsame Sprache verbindet, dann ist dies freilich in ihrem Selbstverständnis begründet, welches eine begriffliche Stringenz gerade ausschließt und für unendlich viele Deutungs- und Verwendungsweisen offen sein will. Das mag die in diesem Kapitel vorgenommene Auswahl und Zuordnung von Ansätzen und ihre Ausdeutung in dem Sinne legitimieren, wie der Postmodernismus selbst empfiehlt, einen selektiven und reflexiven Gebrauch von den vielen Möglichkeiten zu machen, die der Umgang mit der Kultur und so auch mit diesem Denken bietet[7].

Dies beseitigt jedoch nicht die prinzipiellen Zweifel am theoretischen Gewicht des Postmodernismus. Handelt es sich, wie inzwischen nicht wenige Kritiker meinen, statt um seriöse Theoriegebilde eher um Gedankenspiele, die gewisse Intellektuelle in Gestalt spitzfindiger, lebens- und gesellschaftsferner und allemal schwer verständlicher und nachvollziehbarer Behauptungen über unsere Kultur damals betrieben haben? Im Kontext dieses Buches stellen sich die Fragen: Haben seine Ansätze uns die Augen für bisher übersehene und verdrängte Aspekte der europäischen Kultur geöffnet oder hat ihr Einfluß auf die historischen Wissenschaften umgekehrt einen neuen Irrationalismus heraufbeschworen? Was hat es zu bedeuten, daß seine Wirkung zwar in der (Kultur-)Philosophie, in der Literaturwissenschaft und in der Kunst- und Kommunikationstheorie groß war, in den empirisch-analytischen und in den gesellschaftskritischen Sozialwissenschaften aber von Anfang an relativ gering und in der Geschichtswissenschaft ganz gering gewesen ist und sie heute scheinbar oder wirklich in fast allen Fächern schon für ein historisches Phänomen gehalten werden?

Es gibt aber auch Gegengründe. Wenn der Postmodernismus nach dem Höhepunkt seines Prestiges in den 80er Jahren heute, am Beginn des 21. Jahrhunderts, auch kaum mehr in Buchtiteln erscheint und kein Kulturwissenschaftler mehr ausdrücklich ein Postmodernist sein will, kommt man doch nicht umhin festzustellen, daß das ihn charakterisierende Denken deutliche und unverlierbare Spuren in der Theorie und Methodologie der Kulturwissenschaften hinterlassen hat und er diese aufmerksam für die innere Vielschichtigkeit, Vieldeutigkeit und „Bodenlosigkeit" der Begrifflichkeit der abendländischen Wissenschaftskultur gemacht hat. Speziell für das historische Denken dürfte der Postmodernismus auch insofern unverändert eine Bedeutung haben, als er die dort zumeist naiv vorausgesetzte Gegebenheit der historischen Gegenstände in einer ebenso klar gegebenen Wirklichkeit erschüttert hat, er im Begriff der „großen Erzählungen" die Historiographie mit der ihr eigenen Literarizität konfrontiert hat und sie allgemein für die Auswirkung der sprachlichen Verfaßtheit des historischen Denkens, Forschens und Darlegens sensibilisiert

---

[7] So hätte die hier vorgestellte Diskursanalyse von Foucault ihren Platz auch in der Nachbarschaft der Kapitel zur Kritischen Theorie haben können.

hat. Ohne daß deshalb das postmodernistische Denken der historischen Forschung selbst viele Einsichten hinzugefügt hätte, nimmt sich seither die Geschichte im changierenden Licht dieses Denkens doch anders aus als zuvor. Dies ist der Grund, weshalb ihm im folgenden eine größere Beachtung geschenkt wird.

2. „Diskurse" und ihre neostrukturalistischen Analysen
2.1 Der Diskursbegriff: Seine Geschichte und seine neueren Ausprägungen
Obwohl der Diskursbegriff ein alter, vor allem in Frankreich verwendeter Begriff der Wissenschaftssprache ist, welcher über die Jahrhunderte, wie z.B. aus Descartes' Schrift: „Discours de la méthode" hervorgeht, schlicht die rationale Argumentation über ein bestimmtes Thema meinte und weitgehend identisch mit den deutschen Begriffen Abhandlung und Erörterung war, entzieht er sich heute, nachdem er im Laufe des 20. Jahrhunderts mehrere zusätzliche Bedeutungen erhalten hat und zudem in inflationärer Ausweitung inzwischen fast alle Formen von Rede und Denken bezeichnen kann, einer genauen Bestimmung. Die im folgenden benutzte postmodernistische Verwendung des Begriffs hebt sich von drei anderen, ebenfalls wissenschaftlichen Akzentuierungen immerhin relativ deutlich ab. Deren erste kommt aus der angloamerikanischen Linguistik, in welcher man unter *discourse* jede beliebige kommunikative Äußerungssequenz zu verstehen pflegt, die man auf der Grundlage einer Konversationstheorie und von Annahmen über spezifische Redetypen und ihre Regeln analysieren kann (*discourse analysis*). Eine zweite geht in Deutschland vor allem auf die Kommunikationstheorie von Habermas zurück, für den „Diskurs" ein Verfahren der argumentativ-dialogischen Prüfung von Behauptungen mit dem Ziel ist, darüber bei allen vernünftig Argumentierenden einen Konsens zu erreichen, und für den die „Diskursethik" deshalb jenes normative Ensemble universeller Regeln meint, an dem sich konkrete Äußerungen in einem herrschaftsfreien Dialog messen lassen müssen.[8] Eine dritte Verwendung rückt den Begriff näher an die Methodik konkreter sozialwissenschaftlicher und historischer Analyse heran, wonach „Diskurse" jene historisch-gesellschaftlich eingrenzbaren thematischen Rede- und Begriffszusammenhänge sind, die die Möglichkeiten und Grenzen sinnvoller Kommunikation und kohärenten sozialen Handelns bestimmen. Darin steckt das Vorverständnis, daß Diskurse als spezifische Rede- und Kommunikationsweisen ihren kulturhistorischen Ort in bestimmten Redegemeinschaft haben, durch Wiederholungen ähnlicher Äußerungen entstanden sind und ihre Regeln aus dem faktischen Gebrauch hervorgegangen sind.[9] Die postmodernistische Verwendungsweise des Diskursbegriffs in Frankreich[10] fügt der letzteren Bedeutung das Moment der strukturell-gesellschaftlichen Gewalt hinzu, so daß hier die „diskursive Praxis" die Gesamtheit der Regeln ist, denen die Individuen in ihrer konkreten Le-

---

[8] Vgl. Kapitel 36.1.2.
[9] Zu dieser Definition vgl. *Ph. Sarasin*: Subjekte, Diskurse, Körper. Überlegungen zu einer diskursanalytischen Kulturgeschichte, in: Hardtwig/Wehler 1996, 131–164, hier: 142.
[10] Die Karriere des Begriffs geht dort auf die Antrittsrede Foucaults am Collège de France 1970 zurück, in der dieser Anti-Cartesianer und Anti-Strukturalist (in: „L'ordre du discours") die undurchschaute Macht der Ratio und der gesellschaftlichen Strukturen mit Hilfe des Diskursbegriffs kritisiert.

benspraxis unbewußt unterliegen, und die „Diskurstheorie" der Versuch ist, durch Diskursanalysen jene durch gesellschaftliche Zwänge bewirkte Fremdbestimmung bewußt zu machen. Die Diskurstheorie ist so eine kommunikationstheoretische Ausprägung von „Ideologiekritik", sei es im marxistischen, „logozentrischen"[11] oder im psychoanalytischen Sinne. In allen genannten Begriffsversionen freilich handelt es sich um eine besondere Art des reflektierten Deutens sprachlich-kultureller Äußerungen.

Im Rahmen einer Geschichte des historischen Denkens ist hier kurz daran zu erinnern, daß die neuere sprach-, kultur- und vernunftkritische Diskurstheorie – unter anderen Bezeichnungen freilich – eine sehr lange und die ganze Philosophie- und Wissenschaftsgeschichte prägende Tradition hat. Als *Rhetorik*[12] und als *Dialektik*, also als Rede- und Argumentationslehre, war die „Abhandlung" und die dialogische Beweisführung und Entwicklung von Gedanken von der griechischen Antike an bis ins 19. Jahrhundert ein immer weiter ausdifferenziertes und in aller höheren und wissenschaftlichen Bildung vermitteltes und reflektiertes Instrument der Erzeugung, Deutung und Kritik von Texten. Erst mit dem Verzicht auf die schulgemäße Lehre der Rhetorik und auf ihre Anwendung in öffentlicher Rede und Schrift im 20. Jahrhundert und der demgegenüber geforderten Konzentration bloß auf die „Sache" selbst einerseits und mit der Distanzierung vom sinnverstehenden Vorgehen der Geisteswissenschaften und der Anwendung des exakten empirisch- und kausalanalytischen und strukturalistischen Denkens auch in den Sozial- und Kulturwissenschaften andererseits wurden die älteren Möglichkeiten eines „Lesens zwischen den Zeilen", einer kritischen Hermeneutik und die Annahme einer nicht „offensichtlichen", sondern „tieferen Bedeutung" für unwissenschaftlich gehalten. Alles dies haben die deutsche Kritische Theorie und die französische Diskursanalyse im Rückbezug vor allem auf die dialektische Methode des Marxismus und die tiefenpsychologische Methode des individuell und gesellschaftlich Unbewußten wieder rehabilitiert.

2.2 Semiotische Grundannahmen postmodernistischer Diskursanalyse

Wie eingangs schon angedeutet, ist der Postmodernismus in seinem Kern eine den Objektivismus des bisherigen linguistischen Strukturalismus überschreitende *neostrukturalistische Interpretation der Kultur*. Für ihn ist alles Kulturelle ein symbolisch verfaßter Text, und Kultur erschließt sich im Prinzip ebenso wie die Texte einer natürlichen Sprache. Danach haben außer sprachlichen Äußerungen im üblichen Sinne auch alle sonstigen Handlungssequenzen, Verhaltensweisen, kulturellen Systeme und materiellen und ideellen Erzeugnisse und Sinngebilde der Menschen ihre grammatischen, (literatur-)gattungsmäßigen und pragmatischen Formen und Bedeutungen. Diese Sichtweise findet sich philosophisch, kultursoziologisch und ethnologisch vielfach reflektiert freilich z.T. bereits im klassischen Strukturalismus. An ihn knüpft der Neostrukturalismus auch insofern ganz ausdrücklich an, als sich für ihn Menschen in ihrem Handeln prinzipiell an Zeichen und in Strukturen orientieren und die *Semiotik* als die im Rahmen der strukturalistischen Sprachtheo-

---

[11] Vgl. dazu unten 2.4. über Derrida.
[12] Zur neueren Rhetorik vgl. *H. Lausberg:* Elemente der literarischen Rhetorik (1949), München 1963; ders.: Handbuch der literarischen Rhetorik, München 1960 ff.; *J. Dyck* (Hg.): Rhetorik. Ein internationales Jahrbuch, Stuttgart 1980 ff.; *J. Kopperschmidt:* Rhetorische Anthropologie. Studien zu Homo rhetoricus, München 2000.

rie entwickelte allgemeine Lehre von den Zeichen und ihrer Verwendung ihr den Schlüssel zur Analyse des sprachlichen und sonstigen Handelns gibt.[13]

Erweitert so die Semiotik einerseits nur eine schon voll entwickelte strukturalistische Zeichentheorie, so ist sie andererseits als „Neostrukturalismus" doch insofern eine bedeutende Korrektur an jener, als sie das übliche Verhältnis von *Zeichen* und *Vorstellung*, also von dem empirisch wahrnehmbaren Bezeichenden (dem „Signifikanten") und von dem mit dem Zeichen Bezeichneten (dem „Signifikat"), neu akzentuiert. Denn sie entkleidet die „Vorstellung einer Sache" ihres traditionell unterstellten objektiven Charakters und betont im Gegenzug, daß das „Zeichen" nicht nur ein indifferentes Etikett für ein in der Bewußtseinswelt der Menschen bereits vorgegebenes Objekt ist, sondern „Zeichen" und „Vorstellung" sich gemeinsam hervorbringen, die kulturgeschichtlich „aufgeladene" Materialität des Zeichens die Voraussetzung der oft zahlreichen Denotate und des noch viel größeren konnotativen Bedeutungsspektrum eines Begriffs ist, die Sprachzeichen also nicht nur Mittel zur Erfassung der inneren Welt des Menschen sind, sondern Zeichen und Vorstellung einander gleichrangig wechselseitig bedingen und die soziokulturelle Wirklichkeit des Menschen das Ergebnis eines individual- und gesellschaftsgeschichtlichen Prozesses des aufeinander bezogenen Sprechens, Denkens und Handelns ist.

Danach ist es nicht mehr zulässig, sich Kultur vor, neben oder unabhängig von Sprache vorzustellen, beides muß vielmehr als ein unlösbarer Zusammenhang begriffen werden. Für das Studium der kulturellen Phänomene folgt daraus ganz elementar, daß sowohl das positivistische, empirisch-analytische Verfahren mit einer zuvor definierten Begrifflichkeit als auch die im traditionellen Strukturalismus gemachte Annahme von objektiv und eindeutig Sprach-, Denk- und Handlungsstrukturen aufgegeben werden muß und Kultur sich in tentativ-interpretierenden Diskursen immer nur in einigen möglichen Aspekten erschließt und dabei das kulturelle Bedeutungsgespinst von Zeichen und Vorstellungen nicht verlassen werden kann – dies, weil im triadischen Verhältnis von Zeichen, Vorstellung und *Referent* letzterer als der Gegenstand, den der Zeichenbenutzer realweltlich oder ideell mit seiner Vorstellung meint bzw. als gegeben voraussetzt, aus erkenntnistheoretischen Gründen prinzipiell unerkennbar bleibt. Entsprechendes gilt danach für die Deutung der geschichtlichen Wirklichkeit.[14] Sie kann danach nicht mehr als objektiv gegeben vorausgesetzt werden, wie dies explizit oder implizit im Historismus, in der Ideen- und Geistesgeschichte und erst recht in der empirischen Sozialhistorie geschieht. Weniger theoretisch ausgedrückt, steckt in diesem Ansatz die Annahme, daß es nicht politische Ereignisse, nicht Vorstellungen, Gedanken und Ideen, nicht die Vernunft bzw. der „Geist", nicht ökonomische Verhältnisse, nicht Interessen von Ständen und Klassen und auch nicht spezifische Mentalitäten je für sich sind, die

---

[13] Vgl. *U. Eco*: Einführung in die Semiotik (La struttura assente, Mailand 1968) (1972), München ⁷1991; ders.: Zeichen. Einführung in einen Begriff und seine Geschichte (Il segno, Mailand 1973), Frankfurt 1977; *Th.A. Sebeok*: Theorie und Geschichte der Semiotik, Reinbek 1979; und die postum wieder herausgegebenen Schriften des Begründers der Semiotik *Ch.S. Peirce*: Semiotische Schriften. 3 Bde., Darmstadt 2000 (Näheres dazu unten unter 3.1.)

[14] Vgl. allgemein *Ch. Conrad/M. Kessel* (Hg.): Geschichte schreiben in der Postmoderne. Beiträge zur aktuellen Diskussion, Stuttgart 1994.

die „Welt bewegen", sondern daß es der symbolisch verfaßte und den Menschen nur in seinen Oberflächenstrukturen und Auswirkungen bewußtwerdende Gesamtzusammenhang von alledem ist, der das kulturhistorische Geschehen der handelnden und empfindenden Menschen antreibt und lenkt. Die Mittel, dieses Geschehen wenigstens in einigen Aspekten aufzuklären, sind analytische Diskurse, mit denen man aus jeweiligen historisch-gesellschaftlichen Perspektiven in die Tiefe dieses Zusammenhanges kritisch eindringen will.

3. Die „Moderne" in der diskursanalytischen Kritik der französischen Philosophie

Die hier skizzierten diskursanalytischen Grundannahmen und Verfahren sind vor allem von der französischen Philosophie entwickelt worden und haben dann überall das postmodernistische Denken geprägt.[15] Die Kritische Theorie in Deutschland teilt nicht wenige dieser Annahmen, wie sie sich freilich von ihnen auch in mehreren Punkten deutlich unterscheidet. Die Differenz ist weniger groß, wenn man die beiden Richtungen unter dem Blickwinkel der Hauptmotive ihrer Vertreter betrachtet. Dabei stellt sich heraus, daß sich beide von ihren Anfängen bis heute zumeist als kritische Sozialphilosophien verstehen und trotz der anfänglichen Unkenntnis von einander z.T. zu ganz ähnlichen Einsichten gekommen sind. Das ist nicht erstaunlich, wenn man bedenkt, daß die französischen Philosophen, als sie fast wie auf ein Kommando in der Mitte der 60er Jahre mit einer Reihe neuer Gedanken von sich reden machten, im großen und ganzen eine ähnliche kulturwissenschaftliche Vorbildung und Grundeinstellung wie ihre Kollegen im sonstigen kontinentalen Europa hatten. Wie diese kamen sie fast ausnahmslos aus der Tradition der europäischen Aufklärung und von dem von ihr genährten Fortschrittsschema, und ihr Vertrauen in die grundsätzliche Leistungsfähigkeit der wissenschaftlichen Methoden war zunächst noch durch wenig Skepsis getrübt. Damit machten sie um 1965 Schluß. Angeregt haben sie dazu besonders die psychoanalytische Theorie des Unbewußten nach J. Lacan (s.u.) und das Studium der kulturkritischen Philosophie Nietzsches und dann auch Heideggers, mehr aber wohl noch die im ganzen Westen damals spürbare Einsicht in die Ambivalenz des Fortschritts. Dies mündet bei ihnen – durchaus vergleichbar dem Konzept der „Dialektik der Aufklärung" – in eine Radikalkritik der Aufklärung und insbesondere an ihren Vorstellungen von der Freiheit des Subjekts und der Aufklärung der Gesellschaft. Ist man sich so in der Kritik an den Grundsätzen der bisherigen Moderne weitgehend einig, so unterscheidet man sich doch sehr in den Folgerungen daraus. Exemplarisch werden hier die Ansätze von Foucault, Lyotard, Barthes, Lacan und Derrida vorgestellt. Sie alle haben zunächst in Frankreich selbst und dann auch rasch außerhalb zu einem neuen Durchdenken der Moderne geführt.

---

[15] Vgl. *P. Engelmann* (Hg.): Postmoderne und Dekonstruktivismus. Texte französischer Philosophien der Gegenwart, Stuttgart 1991/93.

3.1 Foucault: Subversive Analysen historischer Praktiken und Diskurse der Herrschaft

Nach der Breite seiner Anregungen und dem theoretischen Gehalt seines Ansatzes hat MICHEL FOUCAULT (1926-1984)[16], über seinen frühen Tod hinaus, in Frankreich etwa die Position inne, die man in Deutschland Habermas als philosophischer Leitfigur zuschreibt. Wie dieser hat er schon Anfang der 60er Jahre damit begonnenen, im wechselseitigen Bezug von konkreten historischen Studien und systematischen Reflexionen eine kritische Gesellschafts- und Wissenschaftstheorie zu entwerfen, und in unentwegt fortgesetzten Streifzügen durch die Geschichte und die gegenwärtige Gesellschaft versucht zu zeigen, wie die Menschen undurchschauten gesellschaftlichen Zwängen unterliegen und wie mit den Mitteln der aufgeklärten wissenschaftlich-technischen Rationalität Gewalt ausgeübt wird. Dabei entlarvt er die seit der frühen Neuzeit entstehenden Lehren und Begriffe von den seelischen und organischen Krankheiten und von der Kriminalität als Diskurse der Herrschaft, durch welche sog. Unvernünftige, Kranke und Kriminelle aus der Gesellschaft der sog. Vernünftigen, Gesunden und Gesetzestreuen hinausdefiniert und faktisch Irrenhäusern, Hospitälern und Gefängnissen überantwortet werden. Dadurch würden aber die Vernunft, die Gesundheit und das Recht ihrerseits vom Schatten der Unvernunft, Krankheit und willkürlichen Gewalt erfaßt. So sei die Vorstellung vom „Wahnsinn" der „Irren" den Obsessionen der sich zu Gesunden erklärenden Mehrheit geschuldet, welche sich von jenen durch den Bau von besonderen Häusern für sie zu befreien sucht.[17] Ganz ähnlich sei die Einrichtung von Kliniken eine „Verräumlichung des Pathologischen"[18], seien die Hygienekampagnen zur Hebung der „(Volks-)Gesundheit" ein zwangsneurotisches Bemühen, das Schmutzige des Lebens aus dem Bewußtsein zu verbannen, und gehen die Abschaffung der Folter und der öffentlichen Hinrichtungen seit dem 18. Jahrhundert einher mit einer auf Kriminologie und Statistik beruhenden polizeilichen Überwachungs- und Bestrafungspraxis[19] und mit einer durch Psychologie, Psychiatrie und Pädagogik angeleiteten inneren Disziplinierung der Menschen. Foucaults auf drei Bände angelegte „Histoire de la sexualité"[20] schließlich hält der zwanghaften Sexualmoral des christlichen Abendlands den Spiegel des durchaus ethisch geformten, dabei jedoch freieren und individuell verantworteten „Gebrauchs der Lüste" in der Antike vor. Der Grundgedanke aller dieser Studien ist, daß *die Institutionalisierung des Gesellschaftlich-Abweichenden*

---

[16] Zu Foucault insgesamt und zugleich knapp B. *Waldenfels*: Michel Foucault. Auskehr des Denkens, in: *Fleischer* 1995, 191–203, hier 194; *H. Fink-Eitel*: Foucault zur Einführung, Hamburg 1989/1997; ders.: Michel Foucaults Philosophie als Ethnologie der eigenen Kultur, in: ders. 1994, 201-298.

[17] Wahnsinn und Gesellschaft (Folie et déraison. Historie de la folie à l'âge classique, Paris 1961). Übers. von U. Köppen, Frankfurt 1969.

[18] Die Geburt der Klinik (Naissance de la clinique, Paris 1963), Frankfurt 1973/1996.

[19] Überwachen und Strafen (Surveiller et punir, Paris 1975). Übers. v. W. Seitter, Frankfurt 1976.

[20] Sexualität und Wahrheit (Histoire de la sexualité, Paris vol. 1: La volonté de savoir, 1976, vol. 2: L'usage de plaisir,1984, vol. 3: Le souci de soi, 1984), 3 Bde. Übers. von U. Raulff und W. Seitter: I. Der Wille zum Wissen, 1977, II. Der Gebrauch der Lüste, 1986, III. Die Sorge um sich, 1986, Frankfurt.

als eine scheinbar „vernünftige" Aussonderung des Widerparts der Vernunft diese selbst zu einem unvernünftigen Mechanismus mache. In Ausweitung dieses Gedankens zeigt er an weiteren historischen Beispielen, daß der Gebrauch der Vernunft nie nur ein unschuldiges Instrument des Fortschritts und der Emanzipation, sondern seit der Aufklärung auch ein Moment der Unfreiheit, der Unterwerfung (*assujetissement*), der Ausgrenzung und auch der physischen Gewalt gewesen ist, sie in Gestalt der Sprache durch Benennung, Unterscheidung, Klassifikation und Zuordnung vielfach Macht ausgeübt hat und die Menschen allgemein mit bestimmten Denk- und Handlungsmustern disziplinierend überzogen hat.[21]

Bringen nach der üblichen Deutung menschliche Subjekte die Sprache hervor und bedienen sich ihrer, vertritt Foucault die Auffassung, daß die Welt immer schon durch Symbolsysteme, durch „Ordnungen des Sprachdenkens" erschlossen ist und die Menschen darin gefangen sind und als Subjekte letztlich darin verschwinden. Diesen Schritt zu einer zum Zentrum der menschlichen Kulturalität vordringenden kritischen Gesellschaftstheorie macht Foucault in seinem Hauptwerk: Die Ordnung der Dinge. Eine Archäologie der Humanwissenschaften (frz. Les mots et les choses. Une archéologie des sciences humaines, Paris 1966), Frankfurt 1971/1997. Danach ist die symbolisch verfaßte Kultur den Individuen grundsätzlich vorgeordnet und wandelt sich das Regelwerk von Denkordnungen und Wissensbeständen historisch, ohne daß die Individuen deren Richtung vorgäben oder sie auch nur erkennten. Das Handeln hat so sein Fundament nicht mehr im Bewußtsein von Subjekten, sondern in überindividuellen diskursiven Systemen mit einer, wie Waldenfels Foucault interpretiert, je „eigenen quasi-transzendentalen Gesetzlichkeit, derer der Mensch vergebens Herr zu werden versucht."[22] Daraus folgt, daß sich die traditionelle Historiographie geirrt habe, wenn sie geglaubt hat, das Handeln der Menschen zur Grundlage der theoretischen Konstruktion der (Welt-)Geschichte machen zu können. Denn es seien unpersönliche Machtverhältnisse, gesellschaftliche „Vorrichtungen" (*dispositifs*), kleinere und größere Diskurs-Ensembles (*archives*) und allgemein symbolische Systeme, die den Lauf der Dinge bestimmten. Kurz: *Geschichte sei Diskursgeschichte,* d.h. Menschen würden immer so denken und handeln, wie es ihnen die Sprache jeweils gebietet. Zu dieser sozialdarwinistisch Anpassung einfordernden und zugleich Autonomie versprechenden Unterwerfung/*assujettissement de l'homme* – im doppelten französischen Sinne von normalerweise *Unterwerfung* und diskursphilosophisch von *Subjektivierung* – habe vor allem die neuzeitliche Subjektphilosophie beigetragen. Diese Vorstellung vom menschlichen Subjekt werde aber, wie Foucault 1966 in einem suggestiven Sprachbild, dem berühmten

---

[21] Die unmenschliche Seite der die Menschen im Namen rationaler sozialer Reformen überziehenden Disziplinierung durch Schule, Fabrik, Arbeitshäuser, Polizei und Armee ist freilich schon im England des 19. Jahrhunderts reflektiert und schriftstellerisch kritisiert worden (z.B. durch *Ch. Dickens*: Oliver Twist, 1838). Die zeitgenössischen Parallelen sind noch deutlicher. So treffen sich z.B. Foucault und Adorno in der Auffassung, daß das Ich, befangen in „einem Panzer der Täuschung", eine „Zone der Verwüstung, das Opfer äußerer und innerer Disziplinierung" sei. Vgl. hierzu *Th.E. Schmidt*: Dialektik der Aufklärung. Zu einer Grundschrift des kulturkritischen Ressentiments, in: Merkur H.9/10, 2004, 745-753.

[22] Ebd. 1971, 197.

Schlußsatz von „Les mots et les choses", formuliert hat, „verschwinden wie am Meerufer ein Gesicht im Sand" („ l'homme s'effacerait, comme à la limite de la mer un visage de sable." (1966, 398).²³ Während Nietzsche dem „Tod *Gottes*" immerhin noch seinen in der abendländischen Kultur fast nicht unterzukriegenden „Schatten" folgen läßt, geht Foucault mit seiner Erklärung des „Todes des *Subjekts*" von seinem gänzlichen Verschwinden aus.

Diese Sichtweise untermauert Foucault im selben Werk, zu dem noch „L'archéologie du savoir" (Paris 1969)²⁴ hinzutritt, mit dem Versuch, die Geschichte des abendländischen Denkens erkenntnistheoretisch als einen mehrfachen Statuswechsels des Verhältnisses von Sprachzeichen und Vorstellungsding zu deuten. Danach seien von der Antike bis zur frühen Neuzeit die Zeichen (Wörter) im wesentlichen für identisch mit den gemeinten Dingen (Begriffen) und die Ordnung zwischen ihnen für ein direktes Abbild der natürlichen Ordnung der Dinge in der Welt gehalten worden. Seit dem 17. Jahrhundert werde diese Identitätsannahme zwar aufgelöst, indem man die Zuordnung von Zeichen und Dingen nun als eine willkürliche Festsetzung versteht. Dadurch werde fälschlicherweise aber erst recht eine unabhängig von allem Denken und Sprechen existierende Ordnung zwischen den Dingen selbst angenommen. Seit dem 19. Jahrhundert schließlich entziehe sich im Zuge einer weiteren diskursiven Umordnung die Dimension der Dinge letztlich ganz dem begrifflich-rationalen Zugriff und schreibe man den in ihrer Materialität immer rätselhafter werdenden Zeichen und ihren Bedeutungen einen sich aus „metaphysischen Tiefen" speisenden eigenen Status zu.

Daraus schließt Foucault, daß jegliches realgeschichtliches Rekonstruieren dessen, was „eigentlich einmal gewesen" ist, ohnehin ein nutzloses Unterfangen ist, die gesellschaftskritische Analyse der historischen Diskurse aber sehr wohl den Wandel und die Umstrukturierungen der Denkordnungen erschließen kann und *„archäologische" Gegendiskurse die undurchschauten Machtdiskurse transparent machen können,* so daß das Subjekt – wenn es schon nicht der Schöpfer und der geborene Deuter seiner eigenen Geschichte ist – als Historiker im ethnologisch verfremdenden Blick auf jene sprachlichen Strukturen die markanten Weichenstellungen der Kultur erkennt. Dazu bedarf es einer „Genealogie" bzw. „Archäologie", also einer historischen Methode, die die unter der „Oberfläche" liegenden und sich in der Vergangenheit nacheinander verfestigten „Schichten" und sich ereignenden Brüche zwischen ihnen freilegt.²⁵ Wer „von außen" Foucaults Kultur- und Sozialphilosophie beurteilt, mag hier fragen, wie es dem kritischen Historiker, der ja ebenfalls den „Ordnungen des Denkens" unterworfen ist, möglich sein soll, diese Ordnungen zu durchschauen. Wenn Foucault auch ein überaus anregender Pionier und der erste Stichwortgeber des postmodernistischen diskursanalytischen Denkens in Frankreich gewesen ist, so hat er doch kein Schule machendes Manifest vorgelegt und sind ihm

---

[23] Vgl. dazu *Frank* 1988; *P. Bürger*: Das Verschwinden des Subjekts. Eine Geschichte der Subjektivität von Montaigne bis Barthes, Frankfurt 1998.

[24] Die Archäologie des Wissens, Frankfurt 1973/1997.

[25] Mit Bezug auf Foucault vgl. *A. Landwehr:* Geschichte des Sagbaren. Einführung in die Historische Diskursanalyse, Tübingen 2001.

die anderen Philosophen in ihrer Kulturtheorie nur sehr eigenwillig gefolgt. Einige auch für das historische Denken bedeutsame Gedanken jener Individualisten seien hier kurz skizziert.

3.2 Das Ende der „großen Erzählungen" und der „Widerstreit" zwischen den Diskursen (Lyotard)

Den sozusagen klassischen Text des Postmodernismus hat auf dem Höhepunkt seiner Wirkung JEAN-FRANÇOIS LYOTARD (1924-1998) vorgelegt: „La condition postmoderne" (Paris 1979).[26] Darin trägt er mit großer Breitenwirkung die These vor, daß die Leitbegriffe der Moderne wie Aufklärung, Vernunft, Subjektivität, Individualität und Emanzipation nicht nur gegenwärtig keine mehr zutreffenden Zuschreibungen und einlösbaren Zielvorstellungen seien, sondern immer nur Illusion, Mythos, Zeichen ohne Realitätsbezug gewesen seien und insbesondere die moderne Philosophie mit ihren „großen Erzählungen" (*grands récits*) falsche Erwartungen geweckt habe. Endgültig hätten ihre Glaubwürdigkeit im Zeitalter der Postmoderne vor allem drei „Erzählungen" verloren: erstens die, daß das wissenschaftliche Wissen die Menschen von Vorurteilen und von traditionellen persönlichen und gesellschaftlichen Abhängigkeiten befreit und ihnen damit zu ihren wahren Möglichkeiten verholfen habe, zweitens die, daß die Wissenschaften im Zuge ihres Fortschritts zu immer umfassenderer und zutreffenderer Erkenntnis der Wahrheit gekommen und dieses Wissen allen anderen Formen überlegen sei, und drittens die, daß die Geschichte der Menschheit ein Ziel habe, ihr Verlauf sinnerfüllt sei und die historischen und systematischen Wissenschaften auch in der Lage seien, diesen Sinn zu erkennen. Philosophiegeschichtlich sind damit vor allem die „Erzählung" der Aufklärung über den unaufhaltsamen irdischen Fortschritt der Menschheit, die Hegels über die Vollendung der Freiheit des Menschen im zu sich selbst kommenden Geist und die Marx' über den unaufhaltsamen Weg der Geschichte zur klassenlosen Gesellschaft gemeint. Während nun Lyotard diese „großen Erzählungen" einfach nur für erledigt hält, fechten gleichzeitig andere, insbesondere vom Marxismus herkommende philosophische Renegaten, deren bekanntester *A. Glucksmann*[27] ist, als Vertreter einer antiideologischen und antitotalitären Denkrichtung bis heute einen Kampf aus gegen die nach ihrer Auffassung weiter bestehende Verführung durch die Ideen der deutschen „maîtres-penseurs".

Eine andere Konsequenz zieht Lyotard selbst aus der diskursanalytischen Entthronung der großen „Versprechungen" für die heutige Philosophie. Danach würden gegenwärtige „Diskurse" der Wissenschaften und der Politik zwar rationaler, empirisch gehaltvoller und deswegen auch weniger illusorisch sein, im Vergleich zu anderen „Sprachspielen" aber, etwa des Alltags, der Religion oder der Kunst, nicht mehr Legitimität beanspruchen können, als es diese tun, und zwar deshalb, weil alle diese und anderen Diskurse unverbunden nebeneinander bestünden und kein „Metadiskurs" denkbar sei, der über deren jeweils bessere oder schlechtere Geltung

---

[26] Das postmoderne Wissen. Ein Bericht (1986), Wien 1994.
[27] Vgl. *A. Glucksmann*: Die Meisterdenker (frz. Les maîtres-penseurs, Paris 1977), Reinbek 1978 ; vgl. auch *B.-H. Lévy*: Die Barbarei mit menschlichem Antlitz, Paris 1977.

entscheiden könne. Die sprachphilosophische Aufdeckung des „Widerstreits" (*différend*) zwischen ihnen habe gleichwohl einen Sinn, insofern sie die Mechanismen der Unterdrückung der vielen Diskursarten durch den einen gesellschaftlich anerkannten Diskurs der Moderne sichtbar machen und so den Weg für eine radikale Pluralität und Heterogenität der Diskurse und „Sprachspiele" bahnen könne.[28]

3.3 Der neostrukturalistische „Tod des Subjekts" (Barthes), das psychoanalytisch „dezentrierte" Subjekt (Lacan) und die „Geschichte ohne Subjekte und ohne Sinn"

Für den Verzicht auf das „autonome Ich" haben sich am meisten die dem Neostrukturalismus und der psychoanalytischen Persönlichkeitstheorie von Lacan nahestehenden Denker ausgesprochen. Beides überrascht nicht. Denn schon der klassische Strukturalismus etwa eines Lévi-Strauss hatte die Möglichkeiten des bewußten Ich sehr eingeschränkt, so, wenn er die Menschen im wesentlichen als Medien der ihnen tiefenstrukturell und unbewußt vorgegebenen universalen sozialen Handlungsmöglichkeiten sieht, dem jeweiligen Handeln keine Eigenbedeutung, sondern nur eine Funktion in Bezug auf die jeweils höhere Systemebene zuschreibt und der Mensch in sprachlichen und sozialen Systemen kein sinnsetzendes Subjekt, sondern nur Agent einer jeweiligen Konstellation von Vorstellungen ist.[29] Der Neostrukturalismus spitzt diese Sichtweise noch zu, wenn es für ihn hinter bzw. unter den Oberflächenstrukturen nicht einmal mehr in der Tiefe bestimmte Strukturen, sondern alle überhaupt möglichen Strukturen immer nur relative und temporal und personal changierende Strukturen seien, die, weil sie keine Eigensubstanz haben, dem Ich auch keinen festen Halt und der analysierenden Erkenntnis kein wirkliches Objekt vorgeben können. Das ist der Grund, weshalb etwa der vielfältige Literat und Kulturtheoretiker ROLAND BARTHES (1915-1980) den gänzlichen „Tod des Subjekts" („Dans le champs du sujet, il n'y a pas de référent", „Auf dem Felde des Subjekts gibt es keine Bezugsperson.") und so z.B. auch den „Tod des Autors" („C'est le langage qui parle, ce n'est pas l'auteur.", „Es ist die Sprache, die spricht, nicht der Sprecher.")[30] ausruft.[31] Dies ist das Hauptunterscheidungsmerkmal zwischen dem sozusagen klassischen Strukturalismus und dem Neostrukturalismus.

In dieser Auffassung sind diese Denker bestärkt worden von dem Psychoanalytiker JACQUES LACAN (1901-1981), der im Rückbezug auf Freuds Persönlichkeitsmodell den Status des Unbewußten in diskursanalytischer Weise weiterentwickelt. Ausgehend von Freuds Annahme, daß sich das Handeln des bewußten Ich aus ihm unbewußt bleibenden Motiven des Es speist und vom Über-Ich als der verinnerlichten Gesellschaft angeleitet wird, deutet Lacan in einem berühmt gewordenen, schon 1953 gehaltenen Vortrag unter dem Titel: „Fonction et champ de la parole et

---

[28] Der Widerstreit (Le différend, Paris 1983), München 1987.
[29] Zu Lévi-Strauss vgl. Kapitel 32.3.2.
[30] „La mort de l'auteur", Paris 1968, in: Ouevres Complètes, 3 t.s, Paris 1993-1995.
[31] „Von der Schwierigkeit, ich zu sagen": „Ein Subjekt, das nicht mehr das denkende idealistische ist, das vielmehr, jeglicher Einheit entbehrend, in der doppelten Verkennung seines Unbewußten und seiner Ideologie verloren, sich nur noch durch ein Karussell von Sprachen aufrecht erhält." (*R. Barthes* 1984), zit. nach Welsch 1988, 17.

du langage en psychanalyse" („Funktion und Feld der Rede und der Sprachfähigkeit in der Psychoanalyse") die Person insgesamt, also ihre bewußten und unbewußten Anteile, als sprachlich strukturiertes und überhaupt erst von Sprache erzeugtes psychisches System. Dadurch bleibt die sich lebensgeschichtlich herausbildende und dabei ständig der symbolischen Ordnung des Unbewußten unterworfene Person zeitlebens ein „dezentriertes Subjekt". Die gesamte postmodernistische Richtung in Frankreich ist von dieser Sichtweise angeregt worden.[32]

Zwar hat dieser doppelt begründete „Tod des Subjekts" keine unmittelbare Auswirkung auf die Geschichtsforschung gehabt, wohl aber eine mittelbare durch die Geschichtsphilosophie. Denn diese hat sich mit der postmodernistischen These auseinandersetzen müssen, daß der Mensch mitnichten je das Subjekt seines Handelns und die Menschheit als Ganzes wie in ihren Untergliederungen ebensowenig je das Subjekt ihrer Geschichte gewesen ist und es deshalb inbezug auf das Weltgeschehen nichts zu deuten gibt und man aus der Beschreibung und dem Vergleich von Ereignissen und Strukturen allenfalls auf ein sinnfreies Funktionieren von „Systemen" schließen kann. Wenn sich die Moderne in den Kategorien ihrer Selbstdeutung als an der Spitze eines linear fortschrittlich verlaufenden Prozesses stehend gewähnt habe, müsse sie jetzt zur Kenntnis nehmen, zu einer Epoche illusorischer Selbstüberhebung innerhalb eines autonomen, entweder im wesentlichen immer gleichbleibenden oder in Abständen immer wieder zum Anfang zurückkehrenden Geschichtsverlaufs degradiert zu werden. In letzterer Hinsicht hat der Soziologe und Kulturkritiker JEAN BAUDRILLARD (*1929) eine dreigliedrige Universalgeschichte angenommen. Danach würde der „explosiven" Phase der Weltgeschichte, also der Moderne, eine „implosive", die der Postmoderne, folgen, in der es eine Wiederkehr des vormodernen Typus „primitiver und traditioneller Gesellschaften"[33] geben würde. Man hat daraus gefolgert, daß der Eintritt in die Postmoderne zugleich eine Rückkehr zu einer zeitumfassenden Normalität wäre und die Vormoderne und die Postmoderne sich über die Zeiten gleichsam die Hände reichten.

3.4 Derridas Kritik des bedeutungsverengenden und -normierenden europäischen „Logozentrismus": „Dekonstruktivistische" Herausforderungen

Eine besondere Form der Diskursanalyse ist die im wesentlichen von dem französischen Kulturphilosophen JACQUES DERRIDA (1930-2004) begründete und vor allem in Nordamerika[34] breit rezipierte Methode des sog. Dekonstruktivismus.[35] Auch

---

[32] Das vor allem aus Vorlesungen hervorgegangene komplexe, schwer verständliche und z.T. dunkle Werk liegt in Übersetzung der „Ecrits" (1966) und des „Le séminaire" (1953-1973) in deutscher Sprache vor: *N. Haas/ H.-J. Metzger* (Hg.): Das Werk, Weinheim 1986 ff..

[33] *J. Baudrillard*: Im Schatten der Mehrheiten oder Das Ende des Sozialen, in: Freibeuter. Vierteljahresschrift für Kultur und Politik 2,1979, 44.

[34] Eine rational ausformulierte Kritik am universellen Erkenntnisanspruch der westlichen Philosophie übt etwa der Amerikaner *R.R. Rorty*: Der Spiegel der Natur. Eine Kritik der Philosophie (Philosophy and the Mirror of Nature, Princeton 1979), Frankfurt 1981.

[35] Eine konzentrierte Zusammenfassung dieser Methode gibt für den deutschen Leser *H. Zapf* unter den Schlagworten „Dekonstruktion" und „Dekonstruktivismus" im Lexikon von Nünning 1998, 82 f. und 83-86. Vgl. auch *M. Frank*: Was ist Neostrukturalismus? Derridas sprachphilo-

sie geht neostrukturalistisch und diskurstheoretisch von einer Kritik an der „herrschenden" Sprache aus. Ihr Ansatzpunkt, dargelegt erstmals in Derridas Aufsatz „La structure, le signe et le jeu dans le discours des sciences humaines" in seiner Schrift: L'écriture et la différence (1967)[36], ist der dem europäischen wissenschaftlichen Denken unterstellte „Logozentrismus". Dieser sei durch seine Geringschätzung der Materialität und der Bedeutungsvielfalt der Sprachzeichen zugunsten jeweils einer bestimmten Bedeutung der Täuschung erlegen gewesen, daß das Wort und allgemein sprachliche Äußerungen nur die sinnliche Repräsentanz einer ideell vorgegebene Wirklichkeit sei. Deshalb habe er die Aufmerksamkeit auch immer von den Sprachzeichen weg zu ihren angeblich festen außersprachlichen – im metaphysischen Sinne also: ontologischen – Bedeutungen hingelenkt. Dem hält Derrida entgegen, daß die Sprachzeichen, die „Signifikanten", nicht bloß in einem funktionalen Abbildverhältnis zur gemeinten Bedeutung, zum „Signifikat", stehen, sondern selbst bereits bedeutungshaltige Gebilde seien und in ihrer diskursiven Verbindung Sprache und Kultur als ideelle Gebilde überhaupt erst hervorbrächten.

Überraschenderweise schließt Derrida daraus auf eine Überlegenheit des geschriebenen Wortes über seine mündliche Äußerung, des Textes über die gehaltene Rede. Denn, argumentiert er, durch den Einsatz der Schrift als eines „depersonalisierten" und situationsentbundenen Mediums werde bei den unterschiedlichen Lesern eine insgesamt weitaus größere Zahl möglicher Bedeutungen der Sprachzeichen evoziert, als dies bei den in einem bestimmten personalen und situativen Lebenszusammenhang stehenden und dort meist nur auf eine Bedeutung – unter mehreren denotativ möglichen Grundbedeutungen – zielenden mündlichen Äußerungen der Fall sei. Zwar würden auch dabei kognitiv und affektiv eine größere Zahl von konnotativen Bedeutungen mitschwingen. Aber gerade die Unterscheidung zwischen zumeist mehreren Grundbedeutungen und die klare Abstufung zwischen den Grund- und den Nebenbedeutungen eines Worts oder einer Wortverbindung meint Derrida, tendenziell ganz aufheben zu müssen. Für ihn gibt es im Prinzip keine rangmäßige Unterscheidung zwischen primären und sekundären Bedeutungen eines Sprachzeichens und zwischen (noch gerade) gültigen und ungültigen Bedeutungszuschreibungen, sondern nur ein von einer Sprachgemeinschaft hervorgebrachtes kommunikative Geflecht von Bedeutungen, die sich in Abhängigkeit von der lebensgeschichtlich erworbenen kommunikativen Kompetenz und von den aktuellen Intentionen der Sprecher, Schreiber, Hörer und Leser gegenseitig stützen, aufeinander verweisen und sich chamäleonartig zu anderen Bedeutungen hin verschieben.[37]

---

sophische Grundoperationen im Ausgang vom klassischen Strukturalismus, in: Jaeger u.a. Bd. 2, 2004, 364-376; *P. Gehring*: Dekonstruktion – Philosophie? Programm? Verfahren?, in: ebd., 377-394.

[36] Die Schrift und die Differenz, Frankfurt 1972. Wichtig zum Verständnis des von Derrida eingeführten Begriffs Logozentrismus ist auch seine Schrift: Grammatologie (De la grammatologie, Paris 1967), Frankfurt 1974.

[37] Vgl. die von G. Deleuze vorgeschlagene Metapher des *Rhizoms*, des „Wurzelgeflechts", wonach ein heterogenes, jedoch unterirdisch vielfältig miteinander verbundenes Denken die Menschen vom uniformierenden und ausbeutenden Druck der kapitalistischen Welt befreien soll (*G. Deleuze/F. Guattari*: Rhizom, Berlin 1977).

Damit gibt es auch keine begrifflichen Kernpunkte des Denkens mehr, sondern nur ein Netzwerk aufeinander bezogener Zeichen, eine unendliche Kette von immer weiter auf anderes verweisenden Zeichen und Bedeutungen. Der Versuch, Wörtern wenigstens zeitweilig bestimmte Bedeutungen zuzuordnen, läuft, weil es kein Zentrum und keinen festen Grund gibt, auf ein unendliches Spiel mit Bedeutungsdifferenzen hinaus. Dadurch ist schließlich auch eine fundamentale Voraussetzung des klassischen Strukturalismus hinfällig geworden, nämlich die dem objektivistischen Systemdenken geschuldete Annahme universeller Gesetze der symbolisierenden Tätigkeit des menschlichen Geistes.

Zur Wiederherstellung der im europäischen Logozentrismus vernachlässigten, verdrängten und von den Herrschenden auch absichtlich ausgeblendeten Dimension der vielen Bedeutungen fordert Derrida – im Anschluß an Heideggers Versuch einer „Destruktion" der Metaphysik – eine *déconstruction* der Tradition, zunächst eine *déstruction (destruction)*, also eine Zerstörung des in traditionell gedeuteten Begriffs- und Redeeinheiten angenommenen verengten und verfestigten Zusammenhanges von Schriftzeichen und mündlicher Äußerung, von Zeichen und Sinn, von Inhalt und Form, von Materie und Geist, von Erscheinung und Wesen, und dann eine *construction*, die es erlaubt, aus dem wiederbelebten größeren Bedeutungspotential von Zeichen und kulturellen Einheiten exemplarisch neue gedankliche Zusammenhänge herzustellen.

Die dem Begriff Dekonstruktion immanente Paradoxie findet so zunächst im methodischen Sinne eine verständliche Erklärung. Seine rasche Verbreitung und Anerkennung als Zentralbegriff einer neuen kulturwissenschaftlichen Methodik rühren wohl aber auch daher, daß hier die Destruktion bereits ein Teil der Rekonstruktion ist, die Negierung traditioneller Sichtweisen und Forschungsmethoden die positive Voraussetzung ihrer Neubegründung in einem größeren Rahmen ist und daß dadurch vor allem in den Textwissenschaften die Erwartung geweckt worden ist, mit der dekonstruktivistischen Methode einen Schlüssel zur Erschließung bisher unbeachteter Seiten der sprachlich verfaßten Kultur gefunden zu haben. Dazu zählt auch, daß die Dekonstruktion Einsichten in den Zwangscharakter unserer Kultur gewähren und überhaupt Aufklärung betreiben könne. In der Tat ähnelt Derridas Zugang zur gesellschaftlich etablierten Sprache der Methodik der Kritischen Theorie und der Foucaultschen Diskurstheorie. Wie diese beiden geht er ideologiekritisch vor, indem den unterdrückten, verschleierten Sinn der Worte entdecken, kompensatorisch hervorkehren oder gar an die erste Stelle rücken und durch das Niederreißen aller historisch verfestigten Diskursgrenzen den Leser für Ungerechtigkeiten der Welt sensibilisieren will. Eine dekonstruktive Entlarvung und Neubegründung der in Sprache einseitig konstituierten und aufgehobenen Denk-, Deutungs- und Handlungszwänge sei auch deshalb nötig, weil diese Zwänge auch das Verhältnis der Individuen zu sich selbst und zu den anderen verzerrten.[38] Schließlich belegt dies durchweg auf historisches Sprachmaterial gestützte Verfahren Derridas nochmals,

---

[38] Zur dekonstruktivistischen Notwendigkeit sowohl der Schleifung alter „(Sprach-)Festungen" als auch der Errichtung neuer Sprachgebäude vgl. die Ausführungen von Welsch 1987, 33.

weshalb der Postmodernismus einen genuinen Ort in einer Geschichte des historischen Denkens hat.

4. Postmodernistisches Denken in der Literatur- und Geschichtstheorie

Obwohl in aller kulturtheoretischen Diskussion der 80er und 90er Jahre rezipiert, sind die postmodernistischen Ansätze in der gegenstandsbezogenen Forschung der empirischen Sozialwissenschaften[39] und der historischen Kulturwissenschaften doch nur wenig erprobt worden. Am ehesten und auch am überzeugendsten ist dies noch in den Wissenschaften von den Künsten und im Hinblick auf die Darstellungsform geschichtswissenschaftlicher Forschung geschehen.

4.1 Das künstlerische Schaffen der klassischen Moderne als Vorbild postmodernistischer Kunsttheorie

Eine größere Nähe zum Postmodernismus als den meisten anderen Kulturwissenschaften eignet den Wissenschaften von der Literatur, der bildenden Kunst und der Musik allein schon durch ihren Gegenstand. Immer schon hat die Beschäftigung mit den Werken der Kunst dazu angeregt, die Grenzen zwischen Realität und Fiktion, zwischen Wissenschaft und Kunst zu überschreiten.[40] Seit dem letzten Drittel des 19. Jahrhunderts ist diese Tendenz noch dadurch verstärkt worden, daß die Künstler selbst in ihrem avantgardistischen Schaffen den europäischen Kanon der schönen Formen und der Kompositionsregeln aufgebrochen und auch zerbrochen und aus den entstandenen Traditionssplittern – sozusagen schon ganz postmodernistisch und dekonstruktivistisch – sprachliche, bildnerische und musikalische Kunstwerke eines neuen Typs zusammengefügt haben, Kunstwerke, die ihre Herkunft aus einer absichtlich verzerrten Wirklichkeitssicht nicht verleugnen bzw. sich als genuinen Ausdruck einer auch in der Realität zerfallenen, „zerstückelten", sinnlos gewordenen Welt verstehen. Das in dieser Weise entstandene Kunstschaffen findet sich ebenso in den inneren Monologen, den assoziativen Bewußtseinsströmen, den ekstatischen Ausbrüchen, Maskenspielen, „dadaistischen" Sprachexperimenten, ironisch gebrochenen Reflexionen und didaktischen Verfremdungseffekten der Literatur des Fin-de-Siècle, des Expressionismus, des Surrealismus und etwa im Brechtschen Drama wie auch in der Auflösung der traditionellen Harmonik und ihrer dekonstruktivistischen Verwandlung in der Zwölftonmusik und den vielfältigen Klangversuchen und in den kubistischen, expressionistischen und „abstrakten" Stilen der klassischen Moderne der bildenden Kunst. Die postmodernistische Literaturtheorie und –geschichte der letzten Jahrzehnte kann man geradezu als eine

---

[39] Ein Beispiel ist das postmodernistischen Geist atmende Buch des Ethnologen *H.-J. Heinrichs*: Erzählte Welt. Lesarten der Wirklichkeit in Geschichte, Kunst und Wissenschaft, Reinbek 1996.

[40] Vgl. *J. Fohrmann/H.Müller* (Hg): Diskurstheorien und Literaturwissenschaft, Frankfurt 1988; *G. Neumann* (Hg.): Poststrukturalismus. Herausforderungen an die Literaturwissenschaft, Stuttgart/Weimar 1997; *P. W. Zima*: Moderne/Postmoderne. Gesellschaft, Philosophie, Literatur, Tübingen u.a. 1997. Zum Nachschlagen eignet sich das von *A.* Nünning herausgegebene Lexikon: Metzler Lexikon Literatur- und Kulturtheorie. Ansätze – Personen – Grundbegriffe, Stuttgart/Weimar 1998.

wissenschaftliche Anwendung dieser älteren künstlerischen Kulturkritik und Experimentierfreudigkeit verstehen. Dabei erfährt der Gegenstand dieser Theorie eine qualitative Erweiterung, weichen ihre bisherigen ästhetischen Grundsätze einer Akzeptanz des Widersprüchlichen, Häßlichen und „Gleich-Gültigen", die das mythologische, religiöse, metaphysische, alltägliche, subjektive und wissenschaftliche Wissen auf die gleiche Stufe mit dem Imaginären stellt, und werden die Grenzen zwischen Kunst und Theorie auch in Richtung auf eine „wissenschaftliche Fiktionalität" durchlässig.[41]

4.2 Autor – Werk – Leser:
Die sich z.T. aus Unbewußtem speisende Produktion, Sinngestalt und Rezeption des Werks

Am besten – und das heißt hier: rational – begründet ist die Erweiterung des Gegenstandes der Literaturwissenschaft. War zuvor ihr im Prinzip einziger Gegenstand in formaler Hinsicht das fertige und überlieferte sprachliche Kunstwerk, so wird dessen Status jetzt durch die Hinzunahme des literarisch für ebenso konstitutiv gehaltenen Produktions- und Rezeptionsprozesses zumindest relativ gemindert und hat es der Literaturwissenschaftler und -historiker jetzt mit drei Gegenstandsfeldern zu tun: mit dem Autor, dem Werk und dem Leser.

Eine Aufwertung erfährt so zunächst der *Autor*. Der Kenntnis seiner Person bedarf es, damit das im Kunstwerk aufgehobene Sinnpotential mit einer größeren Aussicht auf Erfolg entdeckt und, um im Bilde zu bleiben, gehoben werden kann. Gemeint ist damit die literarische und allgemein die kulturelle Tradition und die lebensgeschichtliche Erfahrung und Bildung, aus denen heraus der Autor das Werk geschaffen hat. Zudem hat das dem Leser vorliegende Werk eine zumeist längere und komplexe Vor- und Abfassungsgeschichte beim Autor durchlaufen, ist, wenn es erscheint, sozusagen eine Momentaufnahme der literarischen Ausdrucksfähigkeit des Autors und hat, in eventuellen Überarbeitungen bis zur Fassung „letzter Hand", nicht selten eine Fortsetzungs- und persönliche Nachgeschichte. Über das anthropologische und individualpsychologische Interesse des Lesers an der Person des Autors hinaus wird dieser so zum Medium seiner Zeit und des auf sie hinführenden größeren kulturgeschichtlichen Zusammenhangs und ist er das „Nadelöhr" der Textproduktion. Die zentrale Stellung nimmt sodann weiterhin bzw. wieder[42] natürlich das *Werk* ein. Durch seine sprachliche Gestalt hat es im Vergleich zu den beiden anderen Instanzen als einzige den Status des Festen und Unveränderlichen. Denn von dem Moment an, in dem der Autor es dem Druck übergeben und es seinen Weg in die Welt angetreten hat, hat es ein literarhistorisches Faktum gesetzt. Den *Leser* schließlich hat die traditionelle Literaturwissenschaft – anders als die noch ältere dichter- und leserorientierte literarische Rhetorik und Poetik des vormodernen

---

[41] Einen Überblick über die literarische Entwicklung von der sog. klassischen Moderne zur Postmoderne gibt *H.-J. Ortheil*: Texte im Spiegel von Texten. Postmoderne Literaturen, in: Funkkolleg Literarische Moderne. Studieneinheit 30, Tübingen 1994.

[42] Nämlich im Sinne einer Rückbesinnung auf den literaturwissenschaftlichen Ansatz des „sprachlichen Kunstwerks" in der Mitte des Jahrhunderts.

Europas – zumeist nur indirekt berücksichtigt, und zwar, indem sie den Literaturkritiker und den wissenschaftlichen Interpreten und Literarhistoriker zum idealen Sprachrohr des Lesers gemacht hat. Die in den letzten drei Jahrzehnten entstandene und heute ein methodisch breit entfaltetes Gegenstandsfeld abdeckende (empirische) Rezeptionsforschung hält darüber hinaus die Aufnahme der literarischen Werke durch die allgemeine und die professionelle Leserschaft und die historische Wirkungsgeschichte für einen fast ebenso konstitutiven Gegenstand wie den Autor und das Werk. Der programmatische Auftakt der literarischen Rezeptionsforschung ist in Deutschland *Harald Weinrichs* Forderung gewesen, die bloße Werkgeschichte um eine „Literaturgeschichte des Lesers" (1971) zu erweitern.[43] Einen besonderen Akzent hat diese Forschung durch *F.A. Kittler* erhalten, der in seiner zunächst sehr umstrittenen Arbeit: „Aufschreibesysteme 1800-1900" (1985)[44] den Aufstieg des Buches zum fast alleinigen medialen Träger von Literatur und seinen heute mit anderen, insbesondere elektronischen Medien geteilten Status beschrieben hat.

Was hier hervorgehoben und heute zwei verhältnismäßig eigenständige Forschungsfelder besetzt, war freilich immer schon auch expliziter Gegenstand der Literaturwissenschaft. Von Homer an haben sich die Leser dafür interessiert, was für Menschen die Schriftsteller gewesen sind und welchen Werdegang sie gehabt haben, gibt es, wie im vorigen Kapitel dargelegt, in allen Schriftkulturen seit ihren Anfängen (Auto-)Biographien, gehört der Autor, neben der Epoche und den literarischen Gattung, zu den wichtigsten und unverzichtbaren Gegenständen der Literaturhistorie und nimmt er in der auf Verehrung gestimmten Literaturgeschichtsschreibung sogar die prominente Stellung ein. Entsprechendes gilt für die Rezeptionsgeschichte. In Form der Geistes-, Ideen-, Gattungs-, Motiv-, Stil- und Veröffentlichungsgeschichte ist die traditionelle Literaturgeschichte eigentlich auch immer Wirkungs-, Verbreitungs-, Leser-, Kanonisierungs-, Auswahl- und eben auch Vergessens- und Diskriminierungsgeschichte gewesen.

Das Neue an der postmodernistischen Gegenstandsbestimmung der Literatur ist vielmehr etwas, das ihre drei Instanzen gemeinsam haben, nämlich daß dem Autor seine schöpferische Intentionalität, dem Werk seinen in ihm eindeutig aufgehobenen Sinn und der Leserschaft ihr „ausschöpfendes" Verstehen dieses Sinns und ihr Bewerten bestritten werden, also alle drei diskursanalytisch „entmachtet" werden. Weil Autor und Leserschaft gemeinsam in der Tradition der fiktionalen Diskurse der Literatur stehen und nach postmodernistischem Verständnis nicht mehr als autonome Subjekte ihres Denkens, Schaffens und Verstehens gelten und das Werk selbst nur Ausdruck diffuser traditioneller Schreibannahmen und Erwartungshaltungen ist, verschiebt sich das literar(histor)ische Geschehen von den schaffenden und rezipierenden Subjekten und dem Sinn des Werks in die von den Beteiligten

---

[43] *H. Weinrich*: Für eine Literaturgeschichte des Lesers, in: ders.: Literatur für Leser (1971), München 1986; vgl. auch *G. Grimm*: Rezeptionsgeschichte. Grundlegung einer Theorie, München 1977; *B. Zimmermann*: Literaturrezeption im historischen Prozeß. Zur Theorie einer Rezeptionsgeschichte der Literatur, München 1977; *H. R. Jauß*: Die Theorie der Rezeption, Konstanz 1987; ders.: Wege des Verstehens, München 1994.

[44] München 1995

nicht durchschaubaren Dimension bloßer literarischer Diskurskonventionen. Diese Deutung hat indes zum einen auch schon eine ganz lange Tradition, nach der die Dichter etwa von den Musen inspiriert und die Hörer und Leser vom „Gesang" der Barden verzaubert werden. Sie ist zum andern als Vorstellung im frühen 20. Jahrhundert im Konzept des individuellen und kollektiven „Unbewußten" neu belebt worden. Danach denkt nicht der Autor, versteht nicht der Leser und hat nicht das Werk einen bestimmten Sinn, sondern denkt, redet und schreibt *es* im Autor und stellt sich im Leser wie von allein ein Verständnis ein, das ebensosehr den allgemeinen und zeitgebundenen Erwartungen wie dem jeweiligen Werk geschuldet ist. Im französischen „Manifeste du Surréalisme" (1924) von *André Breton* wird so die schriftstellerische Tätigkeit im Sinne einer *écriture automatique* definiert als

> *Automatisme psychique pur par lequel on se propose d'exprimer, soit verbalement, soit par écrit, soit de toute autre manière, le fonctionnement réel de la pensée. Dictée de la pensée, en l'absence de tout contrôle exercé par la raison, en dehors de toute préoccupation esthétique ou morale.*[45]
>
> Reiner psychischer Automatismus, mit Hilfe dessen man sich mündlich, schriftlich oder sonstwie anschickt, das, was im Denken wirklich geschieht, auszudrücken. Das Gedankendiktat in Abwesenheit jeglicher Kontrolle durch die Vernunft, außerhalb jeglicher ästhetischer und moralischer Besorgnis/Vorkehrung. (Übers. E. W.)

Wenn deshalb in neostrukturalistischer Literaturkritik vom „Tod des Autors" gesprochen wird, so ist damit eben letzteres gemeint, nämlich, daß im künstlerischen Schaffensprozeß nicht ein bewußtes Ich spricht, sondern aus ihm nur „etwas" spricht, etwas, das den verinnerlichten, unbewußt bleibenden Diskursen seiner Zeit und Gesellschaft entstammt.

Mit den Worten von *M. Foucault*:

> Das Schreiben entwickelt sich wie ein Spiel, das zwangsläufig seine Regeln überschreitet und so nach außen tritt. Im Schreiben [...] handelt es sich nicht darum, einen Stoff im Sprechen festzumachen; in Frage steht die Öffnung eines Raumes, in dem das schreibende Subjekt immer wieder verschwindet.[46]

4.3 Die postmodernistische Gleich-gültigkeit ästhetischer und moralischer Normen

Noch einschneidender als die Erweiterung des literaturwissenschaftlichen Gegenstandes um Autor und Rezeption und um deren unbewußte Seiten hat sich der postmodernistische Blick auf die inhaltliche Seite der Literatur ausgewirkt. Er hebt erstens die traditionelle Beschränkung auf den „inneren" und „eigentlichen Bezirk" der Schönen Literatur auf, d.h. auf den der ästhetisch ausgezeichneten Kunstwerke, und unterscheidet nicht mehr vorweg wertend zwischen mündlicher und schriftlicher, hoher und trivialer, zwischen poetischer und Sachliteratur. Für ihn sind alle Dokumente geformter Sprache Literatur. Gerade das lenkt zweitens den Blick auf die besondere Leistung und die Unterschiede zwischen den jeweiligen Textsorten jenseits der Bestimmungen der traditionellen Poetik. Es entstehen eine Lust an der Dekodierung von Zeichen und Spuren, des Beziehungsgeflechts zwischen und in-

---

[45] ‚Paris 1924, dt. in: Die Manifeste des Surrealismus Reinbek [10]2001.
[46] Was ist ein Autor?, in: Schriften zur Literatur, München 1974, 11.

nerhalb unterschiedlicher Diskurse und an der Metaphorik und Ironie und, im Hinblick auf die Ausschöpfung der Deutungsmöglichkeiten, ein oft sehr erfinderisch, artifiziell, individualistisch und spielerisch gepflegter Umgang mit Symbolen und Ausdrucksweisen. Darin steckt drittens eine Abkehr von den bisherigen streng rationalen, objektivistischen und kritischen Zugangsweisen, wie sie auch in jüngerer Zeit noch in der werkimmanenten, sozialhistorischen und traditionell strukturalistischen Methodik verlangt wurden. Gewiß, die postmodernistische Literaturkritik gibt die Einhaltung der Regeln der traditionellen Philologie und die Identifizierung bestimmter Sinndimensionen in historischen und gegenwärtigen Text nicht auf. Aber sie tut es kaum mehr in gesellschaftskritisch motivierter Absicht wie bei Foucault. Ihr sprachspielerischer Umgang führt sie vielmehr zu einer Ästhetik und Moralität der literarischen Gleich-Gültigkeit, zu einem Verzicht auf die traditionellen kunsttheoretischen Konzepte der Wahrheit (Wahrhaftigkeit, Authentizität), des Schönen und des Guten. Es interessieren nur noch die Formen und die vermittelnden Medien, auf die Inhalte kommt es weniger an.[47] Das Falsche, Häßliche und Schändliche haben nun unter ihren vielen Erscheinungen und Verkleidungen ein gleiches Recht auf literarhistorische Beurteilung. Im Sinne einer strikt antiessentialistischen und kulturrelativistischen Literaturtheorie werden so keine überhistorischen und transkulturellen Sprachnormen und ethische Geltungsansprüche mehr anerkannt, mit dem Argument, daß ohnehin alle Gebilde historisch und ideologisch vorgeprägt seien und es keinen Richter über ihren Wert gebe.

4.4 Eco: Wissenschaftliche Fiktionalität im historischen Roman

Eine – vielleicht: die – interessanteste Pointe der postmodernistischen Literaturtheorie und -geschichte ist die Anwendung ihrer Vorstellungen von der Literarizität aller Texte auf sich selbst im Sinne einer zugleich postmodernistisch forschenden Literaturwissenschaft und geschriebenen Dichtung, in welcher Kunst und Theorie eine Verbindung eingehen, sprach- und literaturwissenschaftliche Aussagen im Gewand einer belletristischen Form daherkommen und deren Texte zugleich fiktionale *und* wissenschaftliche Literatur sind. Zwar hat die Schöne Literatur seit ihren Anfängen nicht selten auch eine (dichtungs-)theoretische und eine didaktische Seite gehabt, sind umgekehrt seit der Antike Philosophie und Realwissenschaft auch in poetischer Form betrieben worden, gibt es seit dem 18. Jahrhundert vermehrt sowohl theoretisch reflektierte als auch literarisch geformte (Auto-)Biographien und haben z.B. im 19. Jahrhundert belehrende Nachdichtungen klassischer Werke und sog. Professorenromane an der Grenze zwischen Dichtung und (historischer) Lehre gestanden. Dieses Prinzip der Verquickung von künstlerischem Schaffen und künstlerischer Lehre ist aber qualitativ auf eine höhere Stufe gehoben worden durch die postmodernistische Produktion von Stilkopien, das sprachstilistische Spiel mit der verwirrenden Phänomenvielfalt der Welt und schließlich überhaupt durch die Fiktionalisierung des – nur scheinbaren – Realen und Faktischen und die – wiederum nur gespielte – argumentative Beglaubigung des Erfundenen zum Zwecke zugleich

---

[47] Darin nimmt der Postmodernismus McLuhans These aus den 50er Jahren: „The medium is the message" auf.

des literarischen Genusses und der Demonstration der Leistungsfähigkeit des postmodernistischen Denkens.[48]

Das bis heute, auch vom Autor selbst, nicht übertroffene Musterbeispiel ist der Roman „Der Name der Rose"[49] von UMBERTO ECO (*1932). Vordergründig handelt es sich um die scheinbar von einem alten Mönch gegen Ende des 14. Jahrhunderts erzählte Begebenheit aus der Zeit seines Noviziats, bei der es im Zuge von heiklen Verhandlungen zwischen Abgesandten des Papstes und der Minoriten-Gruppe der Franziskaner in einer italienischen Kluniazenser-Abtei unter den Mönchen zu einer Reihe rätselhafter Morde kommt, welche der mit jener Verhandlung betraute ehemalige Inquisitor William von Baskerville in detektivischer Manier aufklärt. Hinsichtlich dieses Romans ist Eco zugleich Wissenschaftler, Schriftsteller, Journalist, Essayist und politisch engagierter Bürger. Als Schriftsteller ist er in einem Romanautor, Stil- und Gattungsimitator – es werden die Genres des Kriminal-, des Schauer-, des historischen und des Schlüsselromans durchgespielt – und „Bastler", der zahlreiche längere und kürzere Zitate aus unterschiedlichsten literarischen Vorlagen zu einer frei erfundenen und von mehreren ebenso erfundenen, aber realistisch anmutenden Rahmenhandlungen umgebenen Erzählung zusammenfügt.[50]

Anders aber als die Satiren, Parodien, Pastiches und pikaresken und romantischen Werke und die manieristischen und grotesken Verzerrungen, Stilbrüche und Verfremdungen in der älteren Literatur und Kunst, welche die diese Formen erst ermöglichenden Grundmuster immer eindeutig durchscheinen lassen, und anders auch als der architektonische und literarische Historismus des 19. Jahrhunderts, der in der Imitation und Neuzusammenfügung historischer Stile früheres Kunstschaffen in ernst gemeinten Werken wiederbeleben und womöglich ästhetisch noch übertreffen wollte, ist für Eco und ist überhaupt für die postmodernistischen Künstler die Welt unheilbar (immer schon) „aus den Fugen", scheint ein Konsens prinzipiell ausgeschossen und ist die Tradition allenfalls ironisches Spielmaterial, weshalb es auch keine Avantgarde mehr geben kann. Dabei entthront sich der Erzähler Eco scheinbar selbst aus seiner Autor-Allwissenheit, indem er hinter den vielen Ichs in seiner Romankomposition verschwindet, in ständig wechselnde Rollen schlüpft und aus ihm mal der Roman-Fabulierer, mal die Gestalten der Haupthandlung, mal der mittelalterliche Erzähler-Mönch, mal einer der fiktiven Manuskript-Herausgeber, mal der italienische Zeitkritiker spricht. Als Wissenschaftler ist er – ebenfalls in wechselnden Rollen der methodologischen Richtung und der fachlichen Kompetenz

---

[48] Vgl. W. Iser: Das Fiktive und Imaginäre. Perspektiven einer literarischen Anthropologie, Frankfurt 1991.

[49] Der Titel des italienischen Originals ist „Il nome della rosa", Mailand 1980. Die von B. Kroeber angefertigte Übersetzung ins Deutsche (München/Wien 1982) trägt im beigegebenen „Dramatis Personae" den Untertitel „Roman". Die „große, erweiterte Ausgabe. Mit Ecos Nachschrift und Kroebers Kommentar" (München/Wien 1987) ist in vielen weiteren Neuauflagen erschienen.

[50] Dieses ja schon lange bekannte literarische Phänomen der Intertextualität hat der französische Literaturwissenschaftler G. Genette in seiner Schrift: Palimpseste. Die Literatur auf zweiter Stufe. Aus dem Frz. Von W. Bayer u. D. Hornig (Paris 1982) Frankfurt 1993, neuerdings zu einem eigenen Prinzip der Deutung erhoben.

– zugleich Zeichentheoretiker (Semiotiker)[51], Philologe, Literaturwissenschaftler[52], Ikonologe[53], Postmodernist[54], Mediävist, Theologe, Philosoph und Kunsttheoretiker und –historiker. Als gegenwartsbezogener Autor erscheint er in diesem Roman noch mehr versteckt als in jenen anderen Rollen. Er selbst hat hierzu – wie überhaupt zu allen wichtigen Aspekten des Romans – nachträglich seine Leserschaft über den Bezug auf den Terrorismus in Italien während der 70er Jahren aufgeklärt.[55] Die wissenschaftliche und sonstige Wirkungsgeschichte des Romanbestsellers ist nach Umfang und Vielfalt der Aspekte und in Anbetracht seiner großen Anforderungen an den Leser in diesem Genre wohl einmalig in neuerer Zeit.[56]

4.5 „Auch Klio dichtet." (H. White):
    Die durch literarische Formen geprägte Geschichtsschreibung

Legt so die postmodernistische Literarhistorie die Folgerung nahe, daß alles sprachliche Weltwissen und eben auch alle wissenschaftliche Literatur letztlich fiktional seien oder zumindest ihre sprachliche Gestalt nicht ohne poetische Momente auskommt und umgekehrt auch alle Dichtung Weltwissen enthält und darstellt und sich in Texten grundsätzlich Fiktionales und Realistisch durchdringen und spiegeln[57], mag man annehmen, daß es auch der Geschichtswissenschaft aufgeben sei, ihr historiographisches Geschäft einer postmodernistischen Reflexion zu unterziehen, also nach dem ideologischen und sprachkonventionellen Status der Quellen, ihrer Überlieferung, Erforschung, Deutung und Wirkung zu fragen, und dabei zu entdecken, daß die sprachlichen Dokumente wie auch die auf sie bezogene Deutung literarischen Regeln unterliegen und sich auf sie ein Großteil der postmodernistischen Einsichten und Bedenken anwenden lassen. So sind historische Schriftquel-

---

[51] Vgl. seine diesbezüglichen Schriften unter der Fußnote 13.

[52] Sein programmatisches Hauptwerk hierzu ist: Das offene Kunstwerk (Opera aperta, Milano 1962), Frankfurt 1973.

[53] Die architektonische Anlage des Klosters und sein Bilderschmuck sind Anlaß zu ausführlichen Beschreibungen und kunsttheoretischen Erörterungen. Seine Schrift: Kunst und Schönheit im Mittelalter (Arte e bellezza nell'estetica medivale, Milano 1987), München 1991, hat Eco selbst als eine „zusammenfassende historische Darstellung der von der lateinischen Kultur des Mittelalters vom 6. bis zum 15. Jahrhundert erarbeiteten ästhetischen Theorie" charakterisiert.

[54] U. Eco: Postmodernismus, Ironie und Vergnügen (it. 1983), in: ders., Nachschrift zum „Name(n) der Rose", München 1984, 76-83.

[55] Umso offener hat er seine politische und weltanschauliche Meinung in Essays und Zeitungskolumnen geäußert. Eine deutsche Auswahl und Zusammenstellung von Artikeln, die Eco zwischen 1973 und 1983 veröffentlicht hat und einen guten Einblick in sein postmodernistischen Denken geben, ist: Über Gott und die Welt. Essays und Glossen, München/Wien 1985.

[56] Eine vorzügliche Dokumentation und Interpretation der Quellen und literarischen Gattungen, deren sich Eco bedient hat, ist die Schrift von K. Ickert/U. Schick: Das Geheimnis der Rose entschlüsselt, München 1986. Der von A. Haverkamp/A. Heit herausgegebene Band: Ecos Rosenroman. Ein Kolloquium, München 1987, zeigt, wie der Roman während der 80er Jahre in Deutschland aufgenommen worden ist. Einen sehr guten und repräsentativen Überblick über Beiträge der internationale Wirkungsgeschichte gibt der von R. Giovannoli herausgegebene Sammelband: Saggi su Il nome della rosa, Mailand 1985 (leicht geändert unter dem Titel: Zeichen in Umberto Ecos Roman „Der Name der Rose" in der o.g. Ausgabe 1987, 713–1103).

[57] Vgl. Anm. X, Ortheil 1994.

len gewiß Literatur und begründet die Historie eine eigene literarische Gattung mit zahlreichen Unterarten.[58]

Am Beispiel vor allem der Geschichtsschreibung des 19. Jahrhunderts hat der amerikanische Historiker *Hayden V. White* plausibel gemacht, daß Historie unvermeidlich diese Nähe zur Schönen Literatur hat. Der deutsche Verlag hat seinem Erfolgsbuch „The Tropics of Discourse. Essays in Cultural Criticism" (Baltimore 1978) den seine Thesen treffend bezeichnenden Titel „Auch Klio [sc. *Kleio*, d.h. die Muse der Geschichtsschreibung] dichtet oder Die Fiktion des Faktischen" gegeben.[59] Diese These ist in der Theorie der Geschichte weltweit diskutiert worden. In der geschichtswissenschaftlichen Forschungspraxis selbst ist man freilich deutlich dazu auf Distanz gegangen ist, vor allem wohl, weil man dort auf keinen Fall zur rhetorisch geformten und mit literarischen Topoi ausgestatteten vormoderne Geschichtsschreibung zurückkehren will, wenn man auch die Kenntnis der antiken Rhetorik und ihre Rezeption zur Deutung älterer Quellen wieder verstärkt heranzieht.

Auf breiter Front ist jedoch ganz gewiß das Bewußtsein gewachsen, daß viele traditionelle Zuschreibungen und Unterscheidungen der Historie ihrer Eindeutigkeit entbehren: daß das immer vorauszusetzende historische Geschehen prinzipiell nicht rekonstruierbar ist und insbesondere seine primäre Bedeutung ihm – noch vor den Quellen – die „Sieger der Geschichte" und das „kollektive Gedächtnis" gegeben haben, die überlieferten Quellen dann Objekte des vielfältigsten Zusammentreffens von historiographischen Traditionen, lebensweltlichen Konventionen, aktuellen Informationen, heterogenen Erwartungen und Interessen unmittelbar Betroffener und Intentionen ihres Autors sind und die Historiker schließlich aus diesem Geflecht und aus den Erwartungen ihrer jeweiliger Gegenwart daraus Historie konstruieren. Alles dies ist gewiß in der historisch-kritischen Forschungsmethodik auch immer schon in Rechnung gestellt worden, mit dem Ergebnis freilich, daß Historiker gerade dadurch oft gemeint haben, die historische Wahrheit gefunden zu haben oder finden zu können. Diese Sicherheit ist dem postmodernen Historiker abhanden gekommen. Denn in seiner Sichtweise bleiben alle Elemente offen für viele Lesarten und erschließt jegliche Methode immer nur eine von vielen möglichen Wahrheiten über ein Phänomen.

---

[58] Die Wende zum „literarischen Diskurs" hat – nach den Tagebuchaufzeichnungen und literarischen Verarbeitungen eines Leiris 1934/78 und eines Lévi-Strauss 1954 (Kapitel 32.3.2.) – inzwischen auch die Theorie der ethnologischen Repräsentation vollzogen. Vgl. dazu K.-H. *Kohl*: Geordnete Erfahrung: Wissenschaftliche Darstellungsformen und literarischer Diskurs in der Ethnologie, in: Schmied-Kowarzik/Stagl 1993, 407-420; *E. Berg /M. Fuchs* (Hg.): Kultur, soziale Praxis, Text. Die Krise der ethnographischen Repräsentation, Frankfurt 1993; *H.-J. Heinrichs*: Erzählte Welt. Lesarten der Wirklichkeit in Geschichte, Kunst und Wissenschaft, Reinbek 1996.

[59] Der Untertitel lautet: Studien zur Tropologie des historischen Diskurses, Stuttgart 1986; vgl. auch die frühere Schrift dess.: Metahistory. The Historical Imagination in Nineteenth-Century Europe, Baltimore 1973 (dt. 'Metahistorie'. Die historische Einbildungskraft im 19. Jahrhundert in Europa, Frankfurt 1991).

5. Der Postmodernismus in der Kritik von heute und im Rückblick auf die Moderne

5.1 Kritik des Postmodernismus

Fragt man sich heute, ein gutes Jahrzehnt, nachdem zwischen 1980 und 1995 alles irgendwie postmodern war, warum das Interesse am postmodernistischen Denkansatz seit den 90er Jahren in der ganzen westlichen Wissenschaftskultur so rasch und deutlich zurückgegangen ist und vieles an ihm jetzt bereits als überholt erscheint, dann gibt es dafür, wenn man den Postmodernismus nicht nur als eine wissenschaftlichen Mode abtun will[60], eine ganze Reihe ernstzunehmender Gründe. Insgesamt gesehen ist es wohl zum einen die Demontage der Einheit der Person, die das Ich als ein Konglomerat disparater Komponenten, Antinomien und Differenzen erscheinen läßt, zum andern das Abdriften ins Unpolitische, Wertfreie, Antiaufklärerische und Irrationale und das Ausweichen ins Ironische, Hermetische und Dunkle. Mit Bezug auf die Historie läßt sich die Kritik in fünf Punkten präzisieren.

Ein erster zeitbedingter Kritikpunkt ist, daß dieses Denken den Historikern – nach der methodischen Strenge der empirisch-analytischen Sozialhistorie und der nicht weniger strengen und persönliches Engagement einfordernden Kritischen Theorie – zwar zunächst erlaubt hat, „großzügiger", d.h. flexibler, experimenteller und kreativer, mit den um neue Typen der Überlieferung erweiterten Quellen umzugehen und neue Deutungen zu wagen, aber das vielfältige postmodernistische Theorie- und Methodenangebot sie alsbald auch verführt hat, in die Geschichte der westlichen Welt alles das hineinzuprojizieren, was sie aus ihrem postmodernistischen Lebensgefühl heraus an ihr kritikwürdig empfunden haben. Ein *Mangel* an *Seriosität* umweht heute die damals erschienene Literatur.

Ein zentraler Kritikpunkt ist so zweitens sicherlich der Vorwurf, daß es dem Postmodernismus an *Kriterien der intersubjektiven Feststellung von Wahrheit gefehlt* hat, er nicht deutlich genug zwischen durchaus feststellbaren Fakten und bloßen Fiktionen unterschied, dazu neigte, den Anspruch auf Erkenntnis wahrer historischer Sachverhalte ganz aufzugeben, und sich damit methodologisch selbst aus den Angeln hob.[61] Der Selbstwiderspruch ihrer Kritik an der bisherigen Tradition zeigte sich am klarsten im Dekonstruktivismus: Indem er den Begriffen – und das schließt seine eigene Begrifflichkeit notwendigerweise ein – ein potentiell unbeschränkt großes Bedeutungsspektrum zuerkannte und auch die begrifflichen Zusammenhänge für potentiell unbegrenzt viele Deutungen freigab, diskreditierte er sich als Analysemethode selbst. Die Konsequenz dieser Philosophie der Vielfachwahrheit wäre, daß jedwede Forschungsmethode als gleichberechtigt und gleichgeeignet anerkannt werden müßte und, wie oben dargelegt, alle Deutungen dann gleich gültig und zugleich gleichgültig wären. Das liefe zudem auf einen auf die

---

[60] Eine ironische und kluge Kritik in diese Richtung formulieren die Franzosen *A. Sokal/J. Bricmont*: Eleganter Unsinn. Wie die Denker der Postmoderne die Wissenschaften mißbrauchen, München 1999.

[61] Im vielzitierten „Anything goes!" hat der Erkenntnistheoretiker *P. Feyerabend* seinen „wissenschaftstheoretischem Anarchismus" pointiert ausgedrückt, in: Wider den Methodenzwang (engl.: Against Method: An Outline of an Anarchistic Knowledge, London 1975), Frankfurt 1976/1983.

Spitze getriebenen Subjektivismus auf Seiten des Forschers und auf einen totalen Kulturrelativismus auf Seiten der Gegenstände hinaus.

Ein ebenso großes wissenschaftsmethodisches Ärgernis ist drittens das fast unbegrenzte *Mißtrauen gegenüber den Grundsätzen der Aufklärung* und näherhin *gegenüber der menschlichen Vernunft, der Autonomie des Subjekts* und *den Leistungen des bewußten Ichs*. Gewiß sind die menschliche Vernunft und jedes individuelle Ich historisch und gesellschaftlich situiert und durch ihre Träger „subjektiv", weshalb ja die Philosophie von ihren Anfängen an versucht hat, die Grenzen der menschlichen Erkenntnisfähigkeit zu bestimmen. Aber zweifellos ist der Mensch kein bloß ohnmächtiges Objekt innerer und äußerer Bedingungen, sondern auch ein mit Graden der Freiheit im Denken und Handeln ausgestattetes Subjekt.[62] Dies setzt zumindest implizit auch die postmodernistische Philosophie voraus. Denn ohne die Annahme von menschlicher Vernunft und Autonomie wäre auch diese Philosophie nicht entstanden und wären überhaupt Erkenntnis und Wissenschaft unmöglich. Welches andere Instrument als die Vernunft hatte der Postmodernismus sonst, als er die Moderne einer diskursanalytischen Kritik unterzog? Die Folgerung aus aller Vernunftkritik kann nicht der Verzicht auf die Vernunft sein, sondern nur die Verpflichtung, mit ihrer Hilfe fortzufahren, um die Möglichkeiten und Grenzen der den Menschen konstituierenden Vernünftigkeit unter historisch-gesellschaftlichen Bedingungen immer wieder neu zu bestimmen.

Es kommt viertens hinzu, daß der „Abschied vom Ich" bzw. die noch häufiger zitierte Vorstellung vom „Tod des Subjekts" das ursprüngliche postmodernistische Motiv der Gesellschaftskritik rasch in einen diffusen Protesthabitus umgewandelt[63] und auch dem historischen Denken seine Grundlage entzogen hat, indem nämlich das Ende der Subjekte auch das Ende der von Menschen gemachten Geschichte wäre. Gerade wenn man davon ausgeht, daß sich die Kultur unter unendlich vielen, je für sich legitimen Blickwinkeln betrachten und ebenso vielfältig beurteilen läßt, sind die Anerkennung der Leistung jeweiliger Subjekte unabdingbar, weil es sonst niemandem möglich wäre, auf der Grundlage seines besonderen Vorwissens und seiner besonderen Frage- und Interessenhaltung zu neuen Erkenntnissen zu gelangen und neben die ebenso gültige subjektiv-perspektivische Wahrheit der anderen seine eigene Einsicht zu stellen und mit ihnen darüber in einen Dialog einzutreten. Deshalb müssen sich auch noch die schärfsten Analytiker und Kritiker der historisch überkommenen Kultur deren Mittel bedienen, dürfen sie in sprachlichen und bildlichen Strukturen nicht nur ausschließlich von Menschengeist erfundene Gebilde, „Simulacren" (Baudrillard), also simulierende Vortäuschungen von Wirklichkeit und von Bedeutung „sehen", denn anders können sie schon gar nicht die Löchrigkeit, Widersprüchlichkeit, Hinfälligkeit, Fehlerhaftigkeit der „Weltanschauungen" und deren Illusion aufzeigen.

---

[62] Zur philosophischen Begründung dessen vgl. *K. Meyer-Drawe*: Die Illusion von Autonomie. Diesseits von Ohnmacht und Allmacht des Ich, München 1990.

[63] Vgl. hierzu die Kritik des marxistisch orientierten amerikanischen Literaturwissenschaftlers *F. Jameson*: Postmodernism, or The Cultural Logic of Late Capitalisme, London 1991.

Wie aufgeschlossen sich der Postmodernismus auch für bisher unbeachtet gelassene (historische) Seiten der Kultur und ungenutzte Zugänge zu ihr erzeigt hat, so blind ist er für viele andere ihrer Phänomene gewesen. So hat sich eine seiner unbestrittenen Stärken, nämlich die diskursanalytische Deutung der Kultur, letztlich gerade auch als eine seiner Schwäche herausgestellt. Gemeint ist, daß er alle kulturelle Wirklichkeit sprachzeichenhaft deutet, dadurch auf alle Möglichkeiten eines nicht-symbolischen Gegenstandsverständnisses verzichtet und sein Denken sich in einem von der üblichen Lebenspraxis der Menschen abgetrennten begrifflichen Eigenraum bewegt. So hat es Derridas Kritik am Logozentrismus der europäischen Kultur überhaupt nicht mehr mit der empirischen Welt, sondern nur noch mit Wörtern zu tun, wird in der Historie Quellenkritik zu einer bloßen Sprachkritik und mündet allgemein die sprachtheoretisch induzierte Vielfalt der Deutungen in pure Interpretationswillkür und einen hemmungslosen Verbalismus: Wörter, Wörter und immer nur Wörter. Einher geht dies zum einen mit einer *besonderen Wertschätzung oder gar der Verabsolutierung des Ästhetischen*, zum andern oft mit einer Ausklammerung politischer und moralischer Fragestellungen und allgemein mit einer *Abkoppelung vom gesellschaftlichen Zusammenhang*.

Je weiter und tiefer postmodernistisches Denken in den 80er Jahren in die Kulturwissenschaften eindrang, desto widersprüchlicher wurde es in seinen Methoden, Gegenständen und Zielen: in der Simulation von Wirklichkeiten, in der Erzeugung ständig neuer Metaphern und Bilder, in Fluchten u.a. in die Mythologie, in die Gnosis[64] und in die Mystik, im endlosen Spiel mit den Elementen des Sinnbestandes der Überlieferung und schließlich auch im provozierenden Zynismus gegenüber einer Kultur und Historie der Pluralität, die auch dieses zuläßt.

Den Auftakt zu letzterem hat in Deutschland *P. Sloterdijk* 1983 mit seinem Buch: Kritik der zynischen Vernunft (2 Bde., Frankfurt) gemacht, sich darin zugleich als Diagnostiker, Kritiker und im gewissen Sinne auch als Vertreter des modernen Zynismus darstellend.[65] Auch sind so paradoxerweise zwei den postmodernistischen Habitus todernst verurteilenden Kritiker in ihrem subjektivistischen Gestus und im Stil selbst „Postmoderne": *George Steiner* mit seiner Schrift: Von realer Gegenwart. Hat unser Sprechen Inhalt?[66], und *Botho Strauß* mit: Anschwellender Bocksgesang.[67] Was beide besonders kritisieren, hat freilich seinen realen Hintergrund in der von vielen Postmodernisten vermiedenen Begegnung mit den großen

---

[64] Vgl. etwa *P. Sloterdijk/Th.H. Macho* (Hg.): Weltrevolution der Seele. Ein Lese- und Arbeitsbuch der Gnosis von der Spätantike bis zur Gegenwart, 2 Bde., München 1991.

[65] Postmodernistisch ist in vieler Hinsicht auch noch Sloterdijks eben gerade mit dem 3. Band abgeschlossenes Hauptwerk: Sphären. Bd. I. Blasen, II. Globen, III. Schäume, Frankfurt 1998-2004, in welchem er die Welt als ein vielfach vernetztes „Schaumgebilde" größerer und kleiner „Globen" bzw. „Sphären" und das menschliche Individuum darin als eine von diesem selbstgemachte, zerbrechliche, in sich abgeschlossene und zugleich mit der ganzen Welt verbundene kleine Sphäre und die Welt als ganze und jede Sphäre in Geschichte begriffen versteht. Postmodernistisch ist an dieser Weltsicht, daß es in dieser Welt kein Zentrum, keine Peripherie, keine Über- und Unterordnung gibt und von überall Kommunikation ausgehen und ankommen kann.

[66] München 1990.

[67] In: Der Spiegel 6, 1993, 202–207.

Werken der Literatur selbst. Ein Beispiel des in diesem Sinne leichtfertigen Umgangs mit der europäischen Tradition und zugleich des naiven Preisens der Mediengesellschaft sind die meisten Beiträge des von *A. Kuhlmann* herausgegeben Bandes: Philosophische Ansichten der Kultur der Moderne.[68] Dort ruft der Philosoph *N. Bolz* in seinem Beitrag „Für eine posthumane Kultur" den Abschied vom Humanismus so aus:

> Wer wahrhaft urban, ein Zeitgenosse unserer modernen Welt sein will, muß Abschied nehmen vom Humanismus. [...] Posthuman heißt nicht unmenschlich. Im Gegenteil! Menschliche Wesen werden sich erst dann frei, individuell und vielfarbig entfalten können, wenn sie den Bann des humanistischen Menschenbildes gesprengt haben. Den Kontext dieser neuen ‚posthumanen' Existenz bieten die neuen Medien. Sie bestimmen das, was für uns Wirklichkeit ist. Was sich ereignet, ist inszeniert – Bilder aus aller Welt ersetzen das Weltbild. Die neuen Medien sind auch das Schema alles dessen, was sich zwischen Menschen zuträgt. Meine These lautet deshalb: Es gibt kein Jenseits der Medien.[69]

Trotz seiner modischen Rezeption zieht der Postmodernismus schließlich fünftens noch Kritik auf sich durch seine nicht seltene *theoretische Verstiegenheit, stilistische Manieriertheit* (mit zahllosen Wortschöpfungen) und seine *argumentative Sterilität*. Denn gerade nicht leichtfüßig, sondern zumeist gedanklich gewunden und rationalistisch kommen viele postmodernistischen Diskurse daher. Diese Kritik trifft auch einige seiner anregendsten Vertreter. Auf der Grundlage ihrer durchweg sehr guten Kenntnis der philosophischen Tradition machen sie fast keine Anstrengungen, sich gegenüber dem gebildeten Laien verständlich auszudrücken, sondern pflegen meist einen hochartifiziellen assoziativen, literarischen Personalstil in Verbindung mit Begriffen, die sie selbst erst gerade eingeführt haben. So machen sie den an der Theorie der Künste und der Geschichte interessierten Leser oft ratlos. Wie in der Kritischen Theorie scheint ihnen eine gewissen Dunkelheit der Begriffe und Aussagen geradezu ein Qualitätsmerkmal zu sein, was wiederum den Fachhistoriker zu ihnen auf Distanz gehen läßt.[70]

5.2 Die Kritik an der Moderne als konstitutiver Teil der Moderne selbst

Blickt man nicht auf diese oder jene Schwächen des Postmodernismus, sondern sieht ihn im größeren kulturgeschichtlichen Zusammenhang, dann zeigt sich rasch, daß seine Globalkritik an der Moderne nur eine Fortsetzung jener vielen anderen Arten der Kritik ist, die die Moderne immer schon begleitet haben, und der „Antimodernismus" deshalb ein konstitutives Element der Moderne selbst ist, und zwar in ideeller, politischer, wissenschaftlicher, künstlerischer und jetzt eben auch in „postmodernistischer" Hinsicht. Dies sei ebenfalls, noch kürzer, in fünf Punkten eines kulturgeschichtlicher Rückblicks kurz angedeutet.

So ruft die *rationale* Moderne bereits des 18. Jahrhunderts erstens die *Kritik einer „Gefühlsmoderne"* hervor. So steht die *politisch fortschrittliche* Moderne vom 18. Jahrhundert an fast bis heute zweitens in der *Kritik der rückschrittlichen*

---

[68] Frankfurt 1994.
[69] ebd., 133-154, hier: 138.
[70] Der Postmodernismus erlebt nicht nur zeitgleich seinen Höhepunkt mit dem New Age-Denken, sondern es besteht auch inhaltlich eine Affinität zwischen beiden.

„Reaktion" und im 20. Jahrhundert zudem in der *Kritik der „Dialektik der Aufklärung"*. Ein Ähnliches gilt drittens für die Kritik an der *wissenschaftlich-technischen* Moderne durch die vielen Formen der *Kulturkritik* um 1900. Als Bewegungen der Moderne und zugleich als ihre Gegenbewegungen sind viertens auch die sich ablösenden *künstlerischen* und *pädagogischen* Richtungen der Moderne im 20. Jahrhundert zu verstehen. In jener produktiven Antilinie steht fünftens schließlich auch der Postmodernismus selbst. Seine *Kritik an der Moderne* kann als die vorläufig letzte Form ihrer immer schon geübten *Selbstkritik* gedeutet werden, wenn seine Vertreter auch manchmal geglaubt haben, mit ihr die Moderne ein für alle mal überwunden zu haben.

41. Die kulturwissenschaftliche Wende:
Von den Geistes- und Sozialwissenschaften zu den „cultural studies"

1. Die kulturwissenschaftliche Wende:
   Das die Geistes- und die Sozialwissenschaften integrierende neue Paradigma   689
2. Die Orientierung an älteren und neueren Kulturtheorien   695
3. Historische Forschung im Zeichen der kulturwissenschaftlichen Wende   701

Der Weg von der „Gesellschaft" über den „Menschen" und die „Fiktion" zur „Kultur"

Man kann die gegenwärtige kulturwissenschaftliche Ausrichtung der Humanwissenschaften als den vorläufigen Endpunkt eines vor etwa 50 Jahren begonnenen Weges verstehen, der von einer thematischen Bevorzugung zunächst noch der „Taten", „Werke" und „Ideen", dann der „Gesellschaft", dann der „Individuen", der „Subjekte" und der „Diskurse" schließlich zu der der „Kultur" geführt hat und sich wissenschaftsmethodisch als die Abfolge vom geisteswissenschaftlichen zum sozialwissenschaftlichen und von dort zum alltagsweltlichen, kulturanthropologischen, postmodernistischen und kulturtheoretischen Paradigma darstellt. Nach der großen sozialwissenschaftlichen Wende der 60er Jahre und den drei kleineren Wenden seit den 70er Jahren hofft man seit Beginn der 90er Jahre, daß der Bezug auf „Kultur" ein tragfähiges Paradigma für alle geistes- und sozialwissenschaftlichen Fächer der ehemaligen philosophischen Fakultät sein könnte. In diesem Rahmen schicken sich seither auch die Geschichtswissenschaft und die anderen historischen (Teil-)Fächer an, historische *Kultur*wissenschaften zu werden, nachdem die traditionelle Politische, Kultur- und Ideengeschichte durch die empirische und die kritische Sozialhistorie abgelöst und diese in rascher und sich z.T. überlappender Abfolge von der Geschichte der Vielen, der Lebensformen und der Lebensläufe, der Geschichte der Mentalitäten und der Subjekte und vom postmodernistischen Geschichtsdenken relativiert worden war. Wurden schon jene früheren Wenden von einer lebhaften Methodendiskussion begleitet, so ist die Durchsetzung des neuen kulturalistischen Paradigmas[1] durch eine noch weitläufigere Begründung charakterisiert. Die folgenden Ausführungen können von der im Fluß befindlichen Diskussion nur einige Aspekte thematisieren. Abschnitt 1 charakterisiert die neuere Wende selbst und einige allgemeine Probleme ihrer Begründung. Abschnitt 2 zeigt, daß der neuere Ansatz der Kulturwissenschaften eine lange Vorgeschichte hat und ihm in Deutschland vor allem die kulturphilosophischen Ansätze um 1900 zur Orientierung dienen. Im abschließenden Abschnitt 3 geht es um die neuen Möglichkeiten, aber auch um die Grenzen einer kulturwissenschaftlich verstandenen Historie.[2]

---

[1] Die in der Kulturphilosophie um 1900 aufgekommene und zunächst ironisch gemeinte Bezeichnung Kulturalismus wird mit eben diesem Unterton heute z.T. als Charakterisierung des Typs der neuen Kulturwissenschaften verwendet.

[2] Einen Einblick in die Diskussion geben die folgenden Schriften: *K.P. Hansen*: Kultur und Kulturwissenschaft. Eine Einführung, Tübingen 1995; *W. Hardtwig/H.-U. Wehler* (Hg.): Kulturgeschichte heute, Sonderheft 16 der Zs. Geschichte und Gesellschaft. Zeitschrift für Historische Sozialwissenschaft, Göttingen 1996; *Th. Mergel/Th. Welskopp* (Hg.): Geschichte zwischen Kultur und Gesellschaft. Beiträge zur Theoriedebatte, München 1997 (vgl. bes. die Einleitung

1. Die kulturwissenschaftliche Wende: Das die Geistes- und die Sozialwissenschaften integrierende neue Paradigma

1.1 Bedeutungsverlust und Krise der Geistes- und Sozialwissenschaften

Die große Aufmerksamkeit, die diese neueste Wende in den Humanwissenschaften selbst und in der größeren Öffentlichkeit genießt, ist gerechtfertigt. Denn es steht hier mehr auf dem Spiel als bloß das periodisch auftretende Bedürfnis nach einer inhaltlichen und methodischen Neuorientierung der Forschung und Lehre oder gar nur nach deren modischer Umetikettierung. Es geht darum, ob ein Ausweg aus der sich seit langem abzeichnenden Krise vor allem der Geistes-, aber auch der Sozialwissenschaften gefunden wird, nämlich, ob deren Fächer in ihrer bisherigen Verfassung und Zielausrichtung mittel- und längerfristig überhaupt noch eine Zukunft haben und näherhin auch und gerade, ob deren historisch forschenden (Teil-)Fächer in einer immer mehr auf die Bewältigung gegenwärtiger Probleme bezogenen Wissensgesellschaft ohne eine neue Begründung noch eine Chance haben, ihre wissenschaftliche Grundsubstanz und ihr öffentliches Ansehen und Anregungspotential zu bewahren. Dabei kommt es zum einen darauf an, welche Bedeutung die Kulturwissenschaftler selbst ihrem Gegenstand zuerkennen und zum andern, welchen Wert die größere Öffentlichkeit bereit ist, der Beschäftigung mit (historischen) kulturellen Gegenständen beizumessen.³ Denn der über 200 Jahre bestehende Konsens darüber, daß die Philosophie, die Wissenschaften von der Geschichte, von der/n Sprache/n, den Schönen Künsten und vom Sozialen, die öffentlich geförderten Theater, Museen, Bibliotheken und sonstigen kulturellen Einrichtungen in inhaltlicher und kommunikativer Hinsicht der ausgezeichnete Raum der nicht unter Handlungsdruck stehenden Verständigung über die richtige Politik, das richtige Leben und die nötige Menschenbildung im modernen säkularen Staat sind, hat sich während der letzten Jahrzehnten in den gesellschaftlichen Eliten immer mehr aufgelöst. Wenn er auch einen gewissen Ersatz in jenem Wissen gefunden hat, das in der heutigen Informationsgesellschaft durch Zeitungen, Rundfunk, Fernsehen und elektronische

---

der Herausgeber, S. 9-35; H.-U. Wehler: Kommentar, 351-366); *O.G. Oexle*: Geschichte als Historische Kulturwissenschaft, in: Hardtwig/Wehler 1996, 14-77; *O.G. Oexle*: Kultur, Kulturwissenschaft, Historische Kulturwissenschaft. Überlegungen zur kulturwissenschaftlichen Wende, in: Das Mittelalter. Perspektiven mediävistischer Forschung 1, 2000, 13–33 (darin auch: H.-W. Goetz: Mediävistische Kulturwissenschaft als Herausforderung und Aufgabe, 3–12); *W.J. Mommsen*: Die Geschichtswissenschaft am Ende des 20. Jahrhunderts, in: Cornelißen 2000, 26-38; *A. Nünning* (Hg.): Metzler Lexikon Literatur- und Kulturtheorie. Ansätze – Personen – Grundbegriffe, Stuttgart 1998; *H. Böhme/P. Mattusek/L. Müller*: Orientierung Kulturwissenschaft. Was sie kann. Was sie will, Reinbek 2000; *U. Daniel*.: Kompendium Kulturgeschichte. Theorien, Praxis, Schlüsselwörter, Frankfurt 2001; *A. Nünning/V. Nünning* (Hg.): Konzepte der Kulturwissenschaften, Stuttgart 2003; *H.-D. Kittsteiner* (Hg.): Was sind Kulturwissenschaften? 13 Antworten, München 2004; *M. Huber/G. Lauer* (Hg.): Nach der Sozialgeschichte. Konzepte für eine Literaturwissenschaft zwischen Historischer Anthropologie, Kulturgeschichte und Medientheorie, Tübingen 2000; *M. Fauser*: Einführung in die Kulturwissenschaft, Darmstadt ²2004; *J. Ullmaier:* Kulturwissenschaften im Zeichen der Moderne. Hermeneutische und kategoriale Probleme, Tübingen 2001.

3 Vgl. *R. Schlesier*: Warum und zu welchem Ende Kulturwissenschaften?, in: E. Fisch/H. Vollmer (Hg.): Einblicke – Ausblicke. 25 Jahre Universität Paderborn, Paderborn 1997, 123–131.

Medien verbreitet und diskutiert wird und das bei aller diffusen Gestreutheit im Prinzip doch allen Individuen, Gruppen und Institutionen zugänglich ist, so fehlt diesem Wissen doch weitgehend die historisch-gesellschaftliche Dimension, welche einer Kultur über die gelebte Gegenwart hinaus ihren Ort im größeren Gefüge der geistigen Welt gibt, zumal die Schulbildung auch immer weniger eine Orientierung in diesem Sinne als ihre Aufgabe begreift.

Zu ihrem öffentlichen und auch innerwissenschaftlichen Bedeutungsverlust haben die humanwissenschaftlichen Fächer allerdings auch insofern selbst beigetragen, als die Geisteswissenschaften, welche zuvor die Individuen und die Gesellschaft aufgeklärt und ihnen Ziele des erfüllten Lebens aufgezeigt hatten, jetzt selbst zunehmend orientierungslos geworden sind und sich, wohl z.T. aus Verlegenheit, durch immer weiter vorangetriebene thematische, methodische und sprachliche Spezialisierung und durch eine immer größere Entfernung von den lebensweltlichen Interessen, Sichtweisen und Problemen der Menschen immer mehr um ihre Wirkung und ihr Ansehen auch bei den traditionell gebildeten Laien gebracht haben, und als die Sozialwissenschaften mit ihren in den vergangenen Jahrzehnten gewonnenen Erkenntnissen über die soziale Wirklichkeit und mit ihren oft emphatisch vorgetragenen Vorstellungen über gesellschaftliche Reformen uneinlösbare Zukunftserwartungen geweckt und deshalb einen Großteil ihrer Glaubwürdigkeit eingebüßt haben.

Zwar werden die unmittelbar anwendbaren Forschungsleistungen bestimmter sozialwissenschaftlicher Fächer, wie etwa die der Psychologie, Pädagogik, Volks- und Betriebswirtschaft und Rechtswissenschaft, mit ihren vielen Teilfächern unvermindert oder sogar vermehrt nachgefragt. Und in ihrem Bestand scheinen auch nicht jene geisteswissenschaftlichen Fächer gefährdet zu sein, die, wie etwa die Germanistik oder die Geschichtswissenschaft, einem sicherem Schulfach in der Lehrerbildung als wissenschaftliche Grundlage zugeordnet sind, wenn auch hier immer lauter der Zweifel artikuliert wird, ob deren universitäre Vertreter die „richtigen Lehrerbildner" sind. Anders aber sieht es – ohne von den immer schon „kleinen" Fächern zu sprechen – bei den ehemals führenden Altertumswissenschaften[4] und, mit Ausnahme der Anglistik, bei den anderen Sprach- und Literaturwissenschaften aus. Ob sie als solche – über den Status von unbedeutenden „Orchideenfächern" für wenige Fachleute hinaus – grundständig im universitären Fächerkanon bleiben werden, ist ungewiß, wobei aber ihr Verlust nicht nur gravierende Auswirkungen auf die historisch forschenden Fächer insgesamt, sondern auch auf das Welt- und Selbstverständnis der nachwachsenden Generationen haben würde. Selbstverschuldet ist die Krise der Literaturwissenschaften sicherlich insofern, als die sozialhistorische und kritische Wende durch ihren Versuch, das „Ideologische" in aller traditionellen Geschichte und Literatur zu entlarven, deren Kenntnis selbst in erheblichem Umfang ausgelöscht hat und ihre vom primären Quellen- und Textsinn abgehobenen Theorien zu einer Entfremdung auch der gebildeten Leserschaft von ihnen geführt haben. Denn Kunstwerke, vor allem die des früheren Bildungs-

---

[4] Vgl. *E. Wiersing*: Humanistische Bildung im Kontext des Bedeutungsschwundes traditioneller Bildung, Wiersing 2001 a, 52-73.

kanons, wollen nicht so sehr analysiert und kritisiert, sondern erlebt, angeeignet und genossen werden – im Sammeln von Originalen, im Anschauen von Bildern, im Hören von Kompositionen, im Auswendiglernen, Rezitieren und Darstellen von Dramen. Dies schließt keineswegs aus, daß die gedanklich-wissenschaftliche Analyse zu einer intensiveren Begegnung mit ihnen führt, weshalb die seit den letzten beiden Jahrzehnten in den Literatur- und Kunstwissenschaften zu verzeichnende „Diskursmüdigkeit" nicht wieder zum subjektivistischen Ergriffen-Sein und zum bloßen gedankenlosen, nostalgischen Nachempfinden der dichterischen und bildlichen Kunstwerke führen darf.[5]

Als schon von Hause aus selbstreflexive Fächer sind sich die Geistes- und Sozialwissenschaften ihrer prekärer werdenden Situation jedoch durchaus bewußt. Die vom Wissenschaftsrat schon Anfang der 90er Jahre herausgegebene hochschulreformerische Denkschrift „Geisteswissenschaften heute"[6] war in der Fülle der vorgeschlagenen Denkmodelle und Lösungsansätze nur der am meisten diskutierte Ausdruck dieses Krisenbewußtseins. Ein bedeutender Schritt zu einer Neuorientierung hat mit der Einigung und Verpflichtung auf den Kulturbegriff inzwischen stattgefunden. Mit den entsprechenden institutionellen Reformen, d.h. mit der Einrichtung von ausdrücklich kulturwissenschaftlich ausgerichteten Studiengängen, ist inzwischen auch begonnen worden. Er könnte auch den historischen Wissenschaften wieder ein neues Fach- und Selbstbewußtsein geben.

1.2 Kultur als der neue Integrationsbegriff der Humanwissenschaften

Wenn heute eine Neubestimmung der Ziele, Gegenstände und Methoden dieser Fächer gerade mit Hilfe des Kulturbegriffs versucht wird, dann geschieht dies, weil der Begriff nach seinem historischen und gegenwärtigen Gebrauch in der internationalen wie auch in der deutschen Wissenschaftssprache dafür eine Reihe guter Voraussetzungen mitbringt.[7] Der erste Gesichtspunkt ist, daß „*Kultur*" als Gegenbegriff zu „Natur" der einzige Begriff ist, der *potentiell den ganzen Gegenstandsbereich dessen abdeckt, was die Menschheit im Laufe ihrer Geschichte geistig hervorgebracht hat* und was so als der *große komplexe Zusammenhang von menschlichen Bewußtseinswelten, Handlungen, Beziehungen, Werken, symbolischen Systemen und Institutionen und ihrem Wandel in der Zeit* gelten kann. Wenn deshalb unter dem großen Dach der neuen Kulturwissenschaften alle jene Fächer Platz finden sollen, die bis vor etwa 40 Jahren in Deutschland die philosophische Fakultät bildeten, dann müssen deren bisherigen Leit- und Grundbegriffe zwar nicht aufgegeben, dem Kulturbegriff aber untergeordnet werden. Während die ehemaligen Geisteswissen-

---

[5] Mit dieser Problemlage setzt sich auseinander: *O. Ette*: ÜberLebenswissen. Die Aufgabe der Philologie, Berlin 2004.
[6] *W. Prinz/P.Weingart* (Hg.): Die sog. Geisteswissenschaften: Innenansichten, Frankfurt 1990. *W. Frühwald* u.a. (Hg.): Geisteswissenschaften heute. Eine Denkschrift, Frankfurt 1991. Aus der Fülle weiterer Schriften seien nur zwei genannt: *Ch. Meier*: Vor einer neuen Herausforderung? Die Hochschulen angesichts des kulturellen Defizits, in: Hochschulkonferenz (Hg.): Hochschulen als Stätten der Kultur, Bonn 1999, 19–34; und *A. Morkel*: Die Universität muss sich wehren. Ein Plädoyer für ihre Erneuerung, Darmstadt 2000.
[7] Zur Geschichte des Kulturbegriffs seit der Aufklärung vgl. auch Kapitel 18.2.

schaften dem ohne allzu große Schwierigkeiten zustimmen können müßten, weil ihre Hauptgegenstände, die „Ideen" (Vorstellungen, Symbolsysteme) und „Werke" (überlieferte Gebilde), immer schon als Ausdruck von „(höherer) Kultur" gegolten haben, gibt es seitens der Sozialwissenschaften und auch der Geschichtswissenschaft Widerstände, Einwände oder doch zumindest ein gewisses Zögern, das gesellschaftliche und kommunikative Beziehungsgeflecht der Menschenwelt bloß als eine von mehreren Seiten der Kultur zu begreifen. Es herrscht in den Sozialwissenschaften die Auffassung vor, daß das Kulturelle einschließlich seiner Geschichte ihre Theorien zwar in einigen Momenten ergänzen und erweitern, nicht aber neu begründen könne. Aus kulturwissenschaftlicher Sicht hält man diese Bedenken für unbegründet, weil die Sozialwissenschaften auch bisher schon – wie die Geisteswissenschaften – zugleich „Gesellschaft", Politik, Kommunikation (Interaktion) und „Kultur" zum Gegenstand gehabt haben, sich durch diese Momente wechselseitig begründet haben und eine gewissen Präferenz von „Kultur", und zwar im Sinne der international gebräuchlichen Wortbedeutung, gerechtfertigt sei. Denn „Kultur" erfaßt in Abgrenzung von „Natur" potentiell einen größeren Wirklichkeitsbereich als „Gesellschaft", Politik und „Kommunikation". Während nämlich der Gegenstand dieser drei primär Menschen, Beziehungen und soziale Strukturen sind und Wissen und Werke der Menschen und ihre Geschichte nicht zu ihrem Kernbereich zählen, ist der Kulturbegriff seit dem 18. Jahrhundert inhaltlich prinzipiell für alle diese Gegenstände offen, wie es sich etwa auch in der alles Soziale und alle kulturellen Objektivationen des menschlichen Geistes einschließenden ethnologischen Bezeichnung jeweiliger „(Menschen-)Kulturen" zeigt.[8] Auch eine andere fächerspezifische Unterscheidung verliert im Typ der Kulturwissenschaft ihre trennende Schärfe, nämlich die zwischen hauptsächlich systematisch forschenden Sozialwissenschaften und hauptsächlich historisch forschen Geisteswissenschaften. Denn alle Kulturwissenschaften sind immer beides zugleich.

Der Schritt zum neuen Grundverständnis dürfte zweitens durch *die thematische und methodisch Vielfalt der Kulturwissenschaften* erleichtert werden, dadurch, daß das kulturwissenschaftliche Paradigma weder in den Zielen und den Inhalten noch in den Methoden programmatisch auftritt, den systematischen und den historisch Zugang für prinzipiell gleichberechtigt anerkennt, wegen der unüberschaubaren Mannigfaltigkeit, Vielschichtigkeit und Vieldeutigkeit seiner Gegenstände sowohl empirische als auch hermeneutische und „kritische" Methoden einbezieht, keine Themen und Zielsetzungen vorweg ausschließt, sofern nur ein rational reflektierter Umgang mit „Kultur" gesichert ist. Eine gewisse Akzentuierung gibt es nur insofern, als „Kultur" – anders als es hinsichtlich „Gesellschaft" und „Kommunikation" in den meisten ihrer Theorien im 20. Jahrhundert der Fall ist – nicht als ein durchgehend funktional und hierarchisch strukturiertes System von Interessen, Ungleich-

---

[8] Während es in den Jahrzehnten bis 1990 ein großes Einverständnis darüber gab, daß die Ethnologie eine *Sozial*wissenschaft sei (wofür das von *E.W. Müller* unter dem Titel: „Ethnologie als Sozialwissenschaft" herausgegebene Sonderheft 26 der Kölner Zeitschrift für Soziologie und Sozialpsychologie, Opladen 1984 ein Beispiel ist), tendiert sie jetzt wieder mehr zur *Kultur*wissenschaft.

heiten und Zwängen verstanden wird, sondern – wie es heute im Anschluß an Weber und neuerdings an Geertz oft heißt – als ein netzartig gesponnenes Bedeutungsgewebe, dessen Fäden und Querverbindungen den es beschreibenden Forschern eine ebenso große Fülle von Möglichkeiten des Zugriffs und der Interpretation erlauben, wie es den darin handelnden Menschen individuelle Wahlen eröffnet. Kultur als die symbolisch vermittelte Wirklichkeit des Menschen entzieht sich so prinzipiell einer eindeutigen Auslegung und zeigt sich unter jeweiligen Blickwinkeln jeweils anders.

Es ist diese multiperspektivische Methodik, die drittens eine *transdisziplinäre Zusammenarbeit der Kulturwissenschaften* nahelegt, historisch gewachsene Fächergrenzen durchlässig macht, neue Forschungsfelder bzw. -bereiche entstehen läßt und damit die nach der Auflösung der philosophischen Fakultät in eine Vielzahl von Fachbereichen heute vorherrschende „unverbundene Mannigfaltigkeit"[9] der Fächer z.T. wieder verbindet, deren besondere Interessen zumindest partiell zusammenführt und die vielen Detailerkenntnisse des gegenwärtigen spezialistischen Wissenschaftsbetrieb in eine integrative „kulturwissenschaftliche" Betrachtung einbringt. Insofern die philosophische Fakultät seit ihrer Neubegründung zu Beginn des 19. Jahrhunderts gerade wegen der Verselbständigung ihrer Fächer immer besonders auf die sie integrierende Funktion ihrer Leitwissenschaft Philosophie angewiesen war, kann der kulturwissenschaftliche Ansatz auch als ein Versuch verstanden werden, die im Laufe des 20. Jahrhunderts weitgehend zerrissenen Fäden zwischen den Fächern wieder zu verknüpfen, ohne daß dabei die in den Einzelfächern gewonnene Methodenerfahrung und die Lehren aus den früheren Begründungen und Wenden aufgegeben werden müßten oder eine Einheitswissenschaft der Kultur angestrebt würde. Der Gefahr, daß im Zuge der kulturwissenschaftlichen Wende die Nachfolger der traditionellen Fächer ihre bisherige Sachkompetenz einbüßen könnten, müssen sie freilich wehren. Denn Inter- und Transdisziplinarität setzen Disziplinarität voraus und gehaltvolle Dialoge zwischen den Fächern sind nur möglich, wenn die Partner gesicherte Fachkenntnisse einbringen können, so daß diese Wende zugleich eine *„Entdisziplinierung" und eine „Disziplinierung" der Fächer* im angedeuteten doppelten Sinne nötig macht.[10]

Institutionell wirkt sich dies viertens schließlich in einer zunehmenden Tendenz zur Ausbildung zeitweiliger oder längerfristiger Forschungsverbünde bis hin zur Entstehung neuer (Teil-)Fächer aus. Die seit Jahrzehnten geforderte, aber nur selten gelingende Interdisziplinarität müßte den meisten Fächern – und dies aus guten Gründen – ihre volle Selbständigkeit belassen und in der Forschung – weniger jedoch in der Lehre – thematisch und auf Zeit die Zusammenarbeit suchen. Die über die kulturwissenschaftliche Wende angestrebte Transdisziplinarität könnte und sollte, darüber hinausgehend, dennoch auch einige beständige Fächerverbindungen um bestimmte Themen herstellen. Dafür gibt es inzwischen eine Reihe von Beispielen. So wachsen nicht nur in der fachlichen Forschung, sondern auch in ständigen Arbeitskreisen und Verbänden Gruppierungen heran, deren Mitglieder als Vertreter

---

[9] Schlesier 1997, 128.
[10] Vgl. Oexle 1996, 30 f.

größerer und insbesondere kleinerer Fächer sich unter einem besonderen Blickwinkel zusammenfinden, wie dies vor allem in den Altertumswissenschaften, der Mediävistik[11] und der Frühe-Neuzeit-Forschung und in der Historischen Anthropologie[12] der Fall ist und seinen Niederschlag z.B. in den *„Sonderforschungsbereichen" der Deutschen Forschungsgemeinschaft (DFG)* findet. Noch einen Schritt weiter ist man dort gegangen, wo man bisher eigenständige Fächer formell zu einem neuen ausdrücklich kulturwissenschaftlich definierten größeren Fach zusammengefaßt hat, wie dies bei der Zusammenlegung der Sprach- und Literaturwissenschaft, der Geschichte im weitesten Sinne, der Landeskunde und der Politik- und Wirtschaftsgeschichte eines Landes oder einer größeren kulturellen Region unter dem Begriff der *cultural studies* in größeren Umfang in Großbritannien und Nordamerika geschehen ist, nachdem es dort schon seit etwa 40 Jahren unabhängig von den klassischen Kulturwissenschaften und ursprünglich zumeist auch außeruniversitär Studienbereiche[13] gegeben hat, deren hauptsächliche Gegenstände Problemfelder der Gegenwartskultur, Milieustudien, ohne einen größeren Theorieanspruch waren. So definiert sich in diesem weiten Sinne dort an den Universitäten heute die „Germanistik" als *German Studies*, wie dies indes in Europa auch schon immer vergleichbar für die Orientalistik, Afrikanistik und andere Bereichswissenschaften gegolten hat.[14] Es spricht einiges dafür, daß in Zukunft auch in Deutschland bisher noch getrennt forschende Wissenschaften sich zu solchen größeren Einheiten zusammenschließen werden. Dies deutet sich z.B. in der engeren Verbindung der Soziologie mit der Ethnologie zu einer Kulturwissenschaft vom Sozialen nach dem amerikanischen Vorbild der „Cultural Anthropology" an.

---

[11] So haben sich z.B. im deutschen „Mediävistenverband" mehr als zehn Fächer zusammengeschlossen, die seit 1985 alle zwei Jahre eine große Tagung abhalten, die hier Partner und einen Ort der Zusammenarbeit finden und seit 1996 „Das Mittelalter. Perspektiven mediävistischer Forschung" (Berlin), die „Zeitschrift des Mediävistenverbandes", herausgeben. Deren Heft 1 des Jahres 2000 ist dem Rahmenthema „Mediävistik als Kulturwissenschaft?" (hg. *H.-W. Goetz*) gewidmet (vgl. darin besonders die Beiträge von H.-W. Goetz, 3-12, O.G. Ocxlc, 13-33, und J. Schneider, 149-155).

[12] Vgl. die Ausführungen in Kapitel 39.

[13] In Großbritannien nehmen sie seit den 60er Jahren ihren Ausgang zumeist im Umkreis der sog. Birmingham-Schule.

[14] Zur amerikanischen und französischen Entwicklung vgl. *E. Breisach*: Historiography. Ancient, Medieval, and Modern, Chicago/London 1981; *L. Hunt* (Hg.): The New Cultural History, Berkeley 1989; *J.-P. Rioux/J.-F.Sirinelli* (Hg.): Pour une Histoire culturelle, Paris 1997. Zu den Vorzügen der „Kulturwissenschaften" i.S. der *humanities* im Unterschied zu den historisch, sozial, demographisch, institutionell, professionell, strukturell und funktional belasteten „Geisteswissenschaften" vgl. *H.C. Seeba*: Deutsche und amerikanische Geisteswissenschaften. German Studies in Amerika. Ein interdisziplinäres Modell der Kulturtheorie, Bonn 1995; ders.: Interkulturelle German Studies in den USA, in: Handbuch Interkulturelle Germanistik, Stuttgart 2003. Unter dem Begriff der „cultural studies" sind dort auch Forschungsbereiche entstanden, deren Gegenstand ethnische Minderheiten sind.

1.3 Zum Problem der theoretischen Begründung und Gliederung der neuen
   Kulturwissenschaften

Die kulturwissenschaftliche Neudefinition der geistes- und sozialwissenschaftlichen Fächer bedarf jedoch einer *Theorie*, die einen Grundkonsens über Ziele und Methoden herstellt, die das Ganze und die Teile des neuen Gegenstandsfeldes gliedert, wissenschaftliche Standards bestimmt und so auf einer methodologischen Ebene das leistet, was in Deutschland vor über 100 Jahren Dilthey für die Geisteswissenschaften getan hat. Eine gänzliche neue Vermessung und Neugliederung der Wissenschaften von der Kultur aufgrund eines widerspruchsfrei definierten und allseits anerkannten Prinzips ist freilich nicht nur bis jetzt nicht in Sicht, sondern dürfte auch in Zukunft nicht zu erwarten sein. Dafür ist die Kultur selbst und sind die Interessen, sie zu erforschen, zu disparat. Man wird sich deshalb damit begnügen müssen, programmatisch bestimmte Grundsätze zu formulieren und zugleich zeitgebundenen Erfordernissen pragmatisch Rechnung zu tragen, und zwar in der Hoffnung, daß bei der Zusammenarbeit über bestimmte Themenkomplexe immer wieder etwas „zusammenwächst", was von der Sache her vielleicht schon früher geboten, jedoch durch die Fachgrenzen verhindert worden ist. Kristallisationspunkte und Gliederungsprinzipien werden dabei auch künftig sein: *Kulturräume*, die durch eine Sprache, eine gemeinsame politische und kulturelle Vergangenheit und durch ein gemeinsames Bewußtsein der dazugehörigen Menschen charakterisiert sind, *bestimmte Gegenstände/Phänomen*, wie es Sprachen, Religionen, Recht, Wirtschaft, Wissen(schaften), Technik(en) und Werke der mechanischen und schönen Künste sind, *Aufgaben*, wie sie in Institutionen der Politik, der Rechtsprechung, der Verwaltung, der Erziehung, Bildung und Traditionspflege, -kritik und -reflexion erfüllt werden, und *kulturelle Traditionen*, die sich im Kleinen wie im Großen an allem von Menschen Geschaffenem finden und über die Welt verbreiten. Diese vage Gliederung macht mit ihren vielen Überlappungen und Querverbindungen allerdings bereits zweierlei deutlich, nämlich daß es thematisch und methodisch festumrissene Fächer einerseits wohl immer nur auf Zeit geben kann, andererseits aber die in einer über zweitausendjährigen Geschichte entstandenen wissenschaftlichen Fächer sich trotz der Ausweitung, Differenzierung und Neubestimmung ihrer Thematik in jüngerer Zeit behaupten und ihre alte fachliche Orientierungsfunktion nicht ganz verlieren werden.

2. Die Orientierung an älteren und neueren Kulturtheorien

Der Hauptgrund für den Fortbestand der traditionellen Fächer ist, daß sie jeweils eine elementare kulturelle Möglichkeit des Menschen thematisieren und daß die hierzu einmal gelegten Grundlagen zwar immer wieder neu bestimmt werden müssen, sich aber gerade dadurch auch erhalten. Allein deswegen muß jeder einzelnen Kulturwissenschaft und allen zusammen daran gelegen sein, sich immer wieder ihrer historischen Genese und der darin eingeschlossenen Erfahrung der Geschichte zu vergewissern. Ein Großteil des vorliegenden Buches ist dieser Aufgabe gewidmet gewesen. Es braucht deshalb hier nur an einige wenige Punkte erinnert zu werden.

2.1 Von den *artes liberales* zu den Fächern der philosophischen Fakultät

Die älteste und vom klassischen Altertum bis ins 18. Jahrhundert unangefochten herrschende kulturwissenschaftliche Theorie ist die implizit durch den Fächerkanon der *artes liberales*, näherhin des Triviums, jedoch auch des Quadriviums, repräsentierte. Die Grammatik, die Rhetorik und die Dialektik legten im Lesen und Schreiben, im Reden und Abfassen von Texten und im Einüben des richtigen Denkens und Argumentierens den Grund für den wissenschaftlichen Umgang mit der im Wort verfaßten Kultur; die Geometrie, die Arithmetik, die Astronomie und – weniger – die Musiktheorie taten dieses im Hinblick auf die durch mathematische Strukturen und Verhältnisse verfaßte Kultur. Als solche waren sie die unentbehrliche „Vorschule" (Propädeutik), außer für das Studium der Rechte und der Medizin, für das allem übergeordnete Ziel der Befähigung der angehenden Gelehrten zur Erkenntnis des Ganzen der Welt, in der klassischen Antike für die Befähigung zum schulgemäßen Philosophieren und in der christlichen Vormoderne für die Befähigung zur rational-theologischen Begründung des Glaubens. Zwar haben beide Zielausrichtungen spätestens seit dem 18. Jahrhundert ihre allgemeine wissenschaftliche Glaubwürdigkeit, ihren Anspruch auf die Wegweisung zur absoluten Wahrheit, eingebüßt. Aber die seit den Reformen zu Beginn des 19. Jahrhunderts an den Schulen gelehrten Fächer führten als Abkömmlinge der Artes wie früher ihre Funktion der Vermittlung der Anfangsgründe der intellektuellen Kultur fort und die danach in der philosophischen Fakultät entstandenen Geistes- und Sozialwissenschaften und die Fächer der Theologie lebten weiterhin ganz wesentlich aus der Substanz der bisherigen Tradition. Zugleich schlug sich die Entdeckung der Geschichtlichkeit der Kultur produktiv in der Herausbildung neuer Fächer, der historischen Geisteswissenschaften, und in der Erweiterung der Philosophie und Theologie um die historisch-kritische Reflexion ihrer Gegenstände nieder. Im Übergang zur Moderne stimmten so die höheren Schulen und die Wissenschaften darin überein, daß es über die Vermittlung lebenspraktischer und berufsbezogener Kenntnisse und die umfassende Erforschung der Welt hinaus weiterhin ihre Aufgabe sei, die heranwachsende Akademikergeneration systematisch in die Kultur einzuführen, sie zu „kultivieren", Menschenbildung zu betreiben und zur Humanisierung der Menschheit beizutragen.[15]

2.2 Rückbezüge auf die Kulturphilosophie um 1900

Die zunehmende Verfachlichung, Spezialisierung und Rationalisierung der wissenschaftlichen Forschung haben im Laufe des 19. Jahrhunderts die letztere Aufgabe immer mehr an den Rand gedrängt und dabei das philosophische Band immer mehr abgestreift. Eine Antwort auf diesen Verzicht, das Allgemeine zu denken und Orientierung in der Fülle der Möglichkeiten zu geben, sind um 1900 zum einen die methodologische Neubestimmung der Fächer der philosophischen Fakultät als „Geisteswissenschaften" und das Entstehen der „Lebensphilosophie", zum andern

---

[15] Mit Bezug auf die Tradition der *artes liberales* hat sich die amerikanische Philosophin *Martha Nussbaum* in ihrem Erfolgsbuch: Cultivating Humanity: A Classical Defense of Reform in Liberal Education, Cambridge, Mass./London 1997 ff., dafür eingesetzt, daß das moderne Bildungswesen an dieser Aufgabe festhält.

die zahlreichen kulturphilosophischen Ansätze. Diesen Versuchen in nachmetaphysischer, säkularer Zeit ist gemeinsam, daß sie im „Geist", im „Leben" oder in der „Kultur" des Menschen ein Letztes und Verbindliches für die Begegnung des Menschen mit seinesgleichen und mit der Welt hoffen, wiederzugewinnen. Nicht nur hat damals schon der Neukantianer Heinrich Rickert den Integrationsbegriff „Kulturwissenschaften" verwendet, sondern hat überhaupt das damalige kulturphilosophische und -soziologische Denken, wie man erst vor kurzem wieder erkennt, sehr differenzierte Antworten auf Fragen gegeben hat, die uns heute wieder beschäftigen. Das erneute Interesse an diesem älteren kulturtheoretischen und -geschichtlichen Denken wie auch an der um 1970 endgültig für überholt eingeschätzten Ideen- und Geistesgeschichte setzt im Zusammenhang mit den historisch-anthropologischen und postmodernistischen Ansätzen und wohl auch unter dem Einfluß der angelsächsischen *history of ideas* bzw. *intellectual history* und der französischen Mentalitätsforschung in Deutschland allmählich um 1980 ein. Waren zuvor, unter sozialhistorischen Vorzeichen, empirisch und kritisch abgesicherte „Prozesse" und „Strukturen" an die Stelle von „Ideen" getreten und hatte die geisteswissenschaftliche Ideengeschichte oft nur noch als ein Ausdruck täuschender Ideologien und deswegen als ein bloßes Arsenal der Ideologiekritik gegolten, so begann man jetzt wieder zu entdecken, daß in Ideen historisch-anthropologisches Wissen und wohl überhaupt „Menschen-Wahrheit" aufgehoben ist und sie sich als Ausdruck individueller und kollektiver Vorstellungen – wie fiktiv und täuschend und wie grundsätzlich inkommensurabel sie mit der außersubjektiven Wirklichkeit auch sein mögen – in neostrukturalistischen und dekonstruktivistischen Diskursanalysen als konstitutiv für das Selbstverständnis der Menschen, Gruppen und Völker erwiesen haben. Die hauptsächliche Herkunft dieser Ansätze aus den Literatur- und Kunstwissenschaften – kaum jedoch aus der Soziologie und fast gar nicht aus der Geschichtswissenschaft – wirkt sich bis heute auf die Begründung des Typs der neueren Kulturwissenschaften aus. Denn das Material, an dem ihre Vertreter deren Theorie entworfen haben, sind nur selten realhistorische Quellen, sondern meistens Bilder, literarische Texte und überindividuell geteilte Sinngebilde wie die der Sprache, der Moral und des alltäglichen Umgangs, so daß sich diese neue Kulturtheorie nach Gegenstand und Methode wieder jener Forschung annähert, die u.a. Jacob Burckhardt, Max Weber, Georg Simmel, Sigmund Freud, Aby Warburg und Ernst Troeltsch mit Bezug auf „Kultur" im sinnverstehenden Zugriff angewandt haben. Die Begründung des neuen Paradigmas verdankt sich in der Tat in Deutschland ganz wesentlich der Auseinandersetzung mit den Theorien dieser Denker, insofern jedenfalls als eine Reihe neuerer Veröffentlichungen zur Kulturtheorie heute darin besteht zu zeigen, was man von diesen lernen kann.[16] Man kann den neueren Typ der (historischen) Kulturwissenschaften jedoch auch vom älteren Ansatz der *Problemgeschichte* herleiten, insofern in ihm historisch sich wandelnde und dabei nicht dem Fortschrittsschema

---

[16] Vgl. die Beiträge in den Sammelwerken von *Hardtwig/Wehler* 1996, *Mergel/ Welskopp* 1997 und *G. Hübinger* u.a. (Hg.): Kultur und Kulturwissenschaften um 1900. Bd. 2: Idealismus und Positivismus, Stuttgart 1997; die Monographie von *Daniel* 2001 und dieselbe: Kulturgeschichte, in: Nünning/Nünning 2003, 186-204.

oder sonst einem System verpflichtete Aufgaben Forschungsfelder mit einer Tendenz zur Multidisziplinarität begründet haben.[17]

2.3 Das „kulturelle Gedächtnis" und „Erinnerungskulturen": Ethnologische und kulturtheoretische Anregungen

Erinnert werden muß hier noch an die von dem französischen Kulturtheoretiker und Soziologen MAURICE HALBWACHS (1877-1945) in loser Verbindung zur „Mentalitätsgeschichte" bereits im ersten Drittel des 20. Jahrhunderts vorgetragene Theorie der „mémoire collective" und an die nach seinem gewaltsamen Tode im Konzentrationslager Buchenwald seit den 50er in Frankreich und dann auch in Deutschland und anderswo vielfältig weiterentwickelten Theorien zum „kollektiven" bzw. „kulturellen" Gedächtnis und zu den unterschiedlichen Typen von „Erinnerungskulturen".[18] Von französischer Seite sind hier außer den postum in Originalsprache und u.a. auf Deutsch herausgegeben Werken von *M. Halbwachs*: Das kollektive Gedächtnis (La mémoire collective, Paris 1950, Frankfurt 1985); Stätten der Verkündigung im Heiligen Land. Eine Studie zum Kollektiven Gedächtnis (Konstanz 2003), und die „cadres et lieux sociaux de la mémoire" (1925) in jüngerer Zeit besonders zu erwähnen die sieben Bände von *P. Nora*: herausgegebene riesige, nämlich 4.700 „Orte" in Frankreich erfassende Enzyklopädie: Lieux de mémoire Paris 1984-92. Er hat sich mit seinen Mitarbeitern an die Beschreibung der zwischen „Geschichte" und „Gedächtnis" angesiedelten *„Erinnerungsorte"*, also bestimmter in der gegenwärtigen öffentlichen Kommunikation häufig genannter Plätze, Personen, Riten, Aussprüche, Symbole, Bücher u.a., gemacht, weil er meint, daß es nach dem Zerfall des früheren gewachsenen und verbindlichen nationalen kulturellen Gedächtnisses historisch sonst nichts mehr gebe, auf das man sich jenseits der Wissenschaft allgemein beziehen kann.[19] Pionier auf deutscher Seite ist der Ägyptologie J. Assmann mit seinen bereits vorgestellten Büchern zum „kulturellen Gedächtnisses" (vgl. bes. Kapitel 3) gewesen. Ihm haben sich in allen Kulturwissenschaften viele, u.a. seine Frau A. Assmann als Anglistin und in der Geschichtswissenschaft *W. Hardtwig* (Geschichtskultur und Wissenschaft, München 1990), *K. Füßmann/H.TH. Grütter/J. Rüsen* (Hg.), Historische Faszination. Geschichtskultur heute, Köln 1994) und *Th. E. Fischer* (Geschichte der Geschichtskultur. Über den öffentlichen Gebrauch der Vergangenheit von den antiken Hochkulturen bis zur Gegenwart, Köln 2000) angeschlossen, welch letzterer, mehr als Hardtwig, die affektive und die fiktiv-literarische Seite der Geschichtskultur hervorhebt.

---

[17] Im Sinne eines solchen problemgeschichtlichen „Fortschreitens ohne Teleologie" hat die moderne Historie beschrieben *O.G. Oexle*: Geschichtswissenschaft im Zeichen des Historismus. Studien zu Problemgeschichten der Moderne, Göttingen 1996, 9 f. .

[18] Eine gute Einführung in die Geschichte und die gegenwärtigen Konzepte der kulturwissenschaftlichen Gedächtnisforschung gibt *A. Erll*: Kollektives Gedächtnis und Erinnerungskulturen. Eine Einführung, Stuttgart/Weimar 2005. Vgl. dazu auch die im Rahmen des Gießener Sonderforschungsbereichs (DFG) „Erinnerungskulturen" von *G. Oesterle* herausgegebene Schriftenreihe „Formen der Erinnerung".

[19] Vgl. *P. Nora*: Zwischen Geschichte und Gedächtnis (aus dem Frz. Paris 1990), Frankfurt1998.

2.4 „Interpretative Kulturtheorie" (Geertz): Exemplarische Tendenzen des „Kulturalismus"

Weil das kulturwissenschaftliche Paradigma „unter sich" alle bisherigen und neueren Ansätze der Geistes- und Sozialwissenschaften nebeneinander gelten läßt und sich die Angemessenheit jeweiliger Methoden immer erst am Gegenstand und am Forschungsergebnis erweisen muß, mag man sich fragen, ob es überhaupt über Kriterien der Auswahl, der Erkenntnis und der Wertschätzung der Gegenstände und Methoden verfügt, ob es eine ideelle Tendenz hat, durch eine Art Botschaft charakterisiert ist und die mitunter gebrauchte Bezeichnung „kulturalistisch" – außer ihrer ironischen Bedeutung – eine positiv gemeinte hat. Dies scheint indes der Fall zu sein, wie sich am Beispiel der Rezeption der Kulturtheorie des amerikanischen Ethnologen CLIFFORD GEERTZ (1926–2006) zeigen läßt. Dessen mit dem Begriff der „dichten Beschreibung" verbundene „Interpretative Kulturtheorie" ist für den Kenner der geisteswissenschaftlichen Theorie inhaltlich und methodisch zunächst wenig originell, so daß man sich fragen mag, weshalb sie seit den 70er Jahren erst in Amerika und dann, seit den 80er Jahren, überall in den Humanwissenschaften eine große Beachtung gefunden hat. Es gibt für diesen Erfolg zwei sich ergänzende Erklärungen. Beide gehen unmittelbar aus seiner Definition des Kulturbegriffs hervor. In seinem am bekanntesten gewordenen Aufsatz „Thick Description: Toward an Interpretative Theory of Culture" (1973)[20] schreibt Geertz mit ausdrücklichem Bezug auf M. Webers „verstehender Soziologie" und unter Verwendung einer griffigen Metaphorik,

> ... daß der Mensch ein Wesen ist, das in selbstgesponnene Bedeutungsgewebe verstrickt ist, wobei ich Kultur als dieses Gewebe ansehe. Ihre Untersuchung ist daher keine experimentelle Wissenschaft, die nach Gesetzen sucht, sondern eine interpretierende, die nach Bedeutung sucht.[21]

Damit gibt Geertz zum einen zu erkennen, daß er sich in der Tradition der geisteswissenschaftlichen, soziologischen und ethnologischen Kulturtheorie der ersten Hälfte des 20. Jahrhunderts sieht und sich zugleich von dem zwischendurch in der Soziologie und Ethnologie vorherrschenden funktionalistischen und objektivistischen Strukturalismus abgrenzt. Mit anderen Worten und bezogen insgesamt auf die Humanwissenschaften wendet er sich von dem empirisch-analytischen Ansatz ab und hin zum traditionellen sinnverstehenden Ansatz. Diesen Schwenk haben indes, wie in den vorigen Kapiteln dargestellt, damals auch wieder viele andere Fächer vollzogen. Die wichtigere Erklärung ist zum andern deshalb wohl die in seinem Kulturbegriff enthaltene Abgrenzung vom neueren universalistischen Ansatz der Ethnologie, wie er sich am klarsten in der strukturalen Anthropologie von Lévi-Strauss gezeigt hat, und die Hinwendung zum früheren kulturrelativistischen Ansatz der amerikanischen *cultural anthropology*.[22] War man schon damals in der

---

[20] Abgedruckt unter dem Titel „Dichte Beschreibung: Bemerkungen zu einer deutenden Theorie der Kultur" in dem Aufsätze des Autors zwischen 1959 und 1973 enthaltenden und in dieser Zusammenstellung nur auf Deutsch erschienen Band: Dichte Beschreibung. Beiträge zum Verstehen kultureller Systeme, Frankfurt 1983, 7-43).
[21] 1983, 9.
[22] Vgl. Kapitel 30.

„Feldforschung" und „teilnehmenden Beobachtung" der Boas-Schule bestrebt, die fremde Kultur als von ihren Mitgliedern selbst erzeugte durch vollständiges „Eintauchen" in sie aus sich selbst zu verstehen, zur Bewahrung ihrer Eigenart beizutragen und sich allemal des Urteils „von außen" zu enthalten, so findet sich dies wieder in Geertz' Bild von der Kultur als einem „selbstgesponnenen Bedeutungsgewebe", in seinem Forschungsansatz der „dichten Beschreibung" als einer Deutung der Kultur mit Hilfe ihren eigenen Vorstellungen und Begriffe und in seinem Respekt gegenüber dem Fremden. Wenn Geertz damit in den 70er Jahren in Amerika den Nerv der Zeit trifft, dann erklärt sich das aus den dort damals in Gestalt des Multikulturalismus wieder auflebenden ethnologischen und allgemeinen Kulturrelativismus.

Wohl z.T. aus schlechtem postkolonialistischem Gewissen setzt man sich dort seither emphatisch für die Anerkennung der Rechte der indigenen Ethnien, unterdrückten Völker und diskriminierten minoritären Gruppen ein, pflegt ihre Eigenarten und verteidigt ihre Andersheit gegen den vereinnahmenden Zugriff der herrschenden Mehrheitskultur.[23] Wenn die Ethnologie, die sich heute auch als „Wissenschaft vom kulturell Fremden"[24], d.h. als Wissenschaft von den aus der jeweiligen Forscherperspektive fremd erscheinenden Phänomenen, versteht, so Partei für das „Fremde", für das „Andere", für das von der Zivilisation Bedrohte ergreift, dann befindet sie sich diesseits und jenseits des Atlantiks im Einklang mit einer allgemeinen gesellschaftlichen und kulturellen Tendenz der Bewahrung der historisch erzeugten Mannigfaltigkeit in der Kultur. Ähnlich wie sich die ökologische Bewegung dafür einsetzt, alle biologischen Arten und Lebensräume zu erhalten, ist der so verstandene Kulturalismus bestrebt, den Erhalt der kulturellen Vielfalt der Sprachen, Religionen, Sitten und Institutionen zu unterstützen oder sie doch zumindest durch ihre Erforschung in der Erinnerung der Menschheit zu bewahren.[25] Diese kulturrelativistische Einstellung ist freilich ambivalent. Unter dem Blickwinkel des Gebots der Nicht-Einmischung in die inneren Angelegenheiten und der wechselseitigen Anerkennung und der Toleranz unterschiedlicher religiöser und weltanschaulicher Überzeugungen ist diese Einstellung ein elementares Erfordernis des friedlichen Zusammenlebens der Individuen, Gruppen und Völker. Unter dem Blickwinkel der wirtschaftlichen Chancen und der gesellschaftspolitischen und globalen Notwendigkeit eines gemeinsamen Fundaments von Rechten und Pflichten der Individuen, Gruppen und Völker allerdings, wie sie sich in der Erklärung der „allgemeinen Menschen- und Bürgerrechte" der Vereinten Nationen finden, ist sie vermutlich eher ein Hindernis für das Zusammenleben der Völker und für die Angleichung der Lebensverhältnisse der Armen an die der Reichen. Die mögliche Kehrseite der kulturwissenschaftlichen Zurückhaltung im Urteilen und des ausgeprägten Hanges,

---

[23] Zur engen Verbindung von Ethnologie und Kolonialismus vgl. G. *Leclerc*: Anthropologie und Kolonialismus, München 1976.

[24] *K.-H. Kohl*: Ethnologie – die Wissenschaft vom Fremden. Eine Einführung, München 1993.

[25] Diese Einstellung erklärt, weshalb sich nach wie vor Bildbände, Ausstellungen und „Kulturfilme" über „Naturvölker" und Reisen zu ihnen einer großen Beliebtheit unter den „Zivilisierten" erfreuen. Vgl. dazu den durchaus wissenschaftlich fundierten Band 5 der von *G. Burenhult* herausgegebenen „Illustrierte(n) Geschichte der Menschheit" (The Illustrated History of Mankind): Naturvölker heute. Beständigkeit und Wandel in der modernen Welt, Augsburg 2000.

auch noch die kleinsten kulturellen Gebilde in ihrer sprachlichen, kultischen und wirtschaftlichen Eigenart zu würdigen, ist, daß alles im positiven wie im negativen Sinne gleich-gültig ist, wie es sich in der postmodernistische Zurückweisung aller kulturellen Objektivität und Qualität zeigt.

3. Historische Forschung im Zeichen der kulturwissenschaftlichen Wende
3.1 „Kultur" als der allgemeine Gegenstand der historischen Wissenschaften
Welche Bedeutung hat die kulturwissenschaftliche Wende nun im besonderen für die primär historisch forschenden Fächer? Wenn „Kultur" als die Totalität des von Menschen geistig Hervorgebrachtem definiert wird, ist die erste und wichtigste Folgerung, daß die „Geschichte der Kultur" nicht nur ein thematischer Sonderbereich oder eine methodische Ausrichtung innerhalb der historischen Fächer ist, sondern deren *allgemeiner Gegenstand und allgemeines Forschungsprinzip selbst* ist. Danach können die in den historischen Wissenschaften jeweils erforschten Gegenstandsbereiche und verfolgten Forschungs- und Deutungsrichtungen nur noch den Status einer besonderen Art von (Kultur-)Geschichte haben, so daß etwa die Literaturgeschichte, die Kunstgeschichte, die Musikgeschichte, Religions- und Kirchengeschichte thematische Ausprägungen der Kulturgeschichte sind und z.B. innerhalb der Geschichtswissenschaft zwar die Politische, die Gesellschafts-, die Verfassungs-, Wirtschafts-, Technik-, die Mentalitäts- und die Ideengeschichte miteinander konkurrieren, nicht aber mit der Kulturhistorie. Wenn so die Kulturgeschichtlichkeit das konstitutive Prinzip der historischer Forschung selbst ist, sind alle größeren und kleineren epochalen, kulturräumlichen und ethnischer und Ausschnitte der Historie, also die „Universalgeschichte" ebenso wie etwa die „Geschichte des klassischen Altertums" und die „Geschichte Schwarzafrikas", Teile der Kulturgeschichte. Begrifflich bedeutet dies, daß, weil der allgemeine Gegenstand von „Geschichte" in diesem Sinne ohnehin „Kultur" ist, sich der Zusatz „Kultur" im Begriff „Kulturgeschichte" eigentlich erübrigte. Daraus folgt weiter, daß auch jene Kulturwissenschaften, die primär systematisch forschen, nicht ohne eine ihnen angegliederte historische Teildisziplin auskommen, und ihre Theorien immer auch historisch begründet sein müssen. Aus alledem ergibt sich schließlich zwingend, daß auch der *allgemeine Gegenstand der (traditionellen) Theorie der Geschichte die Geschichte der Kultur in diesem weitesten Sinne* ist.

Im Rückblick auf den bis hierher unternommenen Durchgang durch die Geschichte des historischen Denkens läßt sich jetzt sagen, daß alle seine hier dargestellten Ansätze und „Wenden" von den frühen Kulturen der Menschheit an bis zur Gegenwart als Schritte und Beiträge zu dem hier anvisierten Konzept einer allgemeinen Kulturgeschichtlichkeit verstanden worden sind und das Ziel dieses Durchgangs gewesen ist, daraus die historische Substanz der Theorie der Geschichte in diesem Sinne zu gewinnen.

Diese neuere Gegenstandsbestimmung von „Geschichte" kann sich wissenschaftstheoretisch inzwischen zwar auf einen relativ großen Konsens in den historischen Wissenschaften stützen, stößt sich jedoch zumindest begrifflich mit den bis heute in der deutschen Forschung verbreiteten anderen Lesarten von „Kultur" und „(Kultur-)

Geschichte".[26] So ist der Begriff *Kulturgeschichte* gegenwärtig in *dreierlei* Bedeutung anzutreffen. Zunächst in der eben angedeuteten weitesten Verwendungsweise. Die in der Fachliteratur heute häufigste Verwendung des Begriffs Kulturgeschichte bzw. kulturgeschichtlich meint sodann - im etwas eingeschränkteren und zugleich konzentrierteren Sinne - jene Art von Historie, die beliebige historische Gegenstände aus einer genuin „kulturwissenschaftlichen" Perspektive rekonstruiert, d.h. die traditionell mit ihr konkurrierenden anderen Perspektiven, wie etwa die der Ideen-, Ereignis- und Sozialgeschichte, zwar für ebenso berechtigt hält, aber der kulturhistorischen den Vorzug vor den anderen gibt. Jacob Burckhardts historische Werke könnte man diesem Typ von Kulturgeschichte zurechnen: die beherrschende Perspektive („Potenz") ist „Kultur" im ausgezeichneten Sinne, ihr ordnen sich die des Staats und Religion unter.[27] Demgegenüber sind schließlich die früher verbreiteten Bedeutungen von „Kulturgeschichte" im Sinne einer Geschichte materieller Hinterlassenschaften oder der „Sitten und Gebräuche" der Unterschichten bzw. der gesellschaftlichen Eliten (als der „niederen" bzw. „höheren Kultur") zwar weiterhin noch üblich, werden aber in der Fachterminologie immer mehr gemieden.[28] Auch in dieser auf bloß *„Kulturelles"* beschränkten Form der „Geschichte der Kultur" vergewissert man sich im allgemeinen ihres gesamtkulturellen Zusammenhangs.[29] Der unterschiedliche Gebrauch des Begriffs der Kulturgeschichte führt dennoch nur selten zu Mißverständnissen, vorausgesetzt, daß der Kontext die jeweilige Bedeutung anzeigt.

3.2 Das Problem von Teil und Ganzem in der Kulturhistorie

Weil diese neue Kulturgeschichte kaum als Einzelwissenschaft auftritt und auch als Teildisziplin keine scharfen Grenzen zu anderen Formen des wissenschaftlichen Forschens zieht, sie ihre Themen vielmehr prinzipiell transdisziplinär zu bearbeiten sucht, stellt sich für sie in besonderer Weise die Frage, wie sie zugleich dem kulturellen Detail und seinem vielfach gestuften Kontext, dem Teil und dem Ganzen der Kultur gerecht werden kann, ohne angesichts der darin steckenden Überforderung der Gefahr der Problemverkürzung und des Dilettantismus zu verfallen. Das am ehesten noch Erfolg versprechende Vorgehen kann nur darin bestehen, daß sich die Kulturwissenschaftler zu jeweils thematisch begrenzten und zugleich aus unterschiedlicher Fachperspektive bereits gut erforschten Fragestellungen zusammenfinden und versuchen, diese auf der Grundlage ihrer unterschiedlicher Fachkompetenz in interdisziplinärer Verschränkung auf einer jeweils höheren, umfassenderen Ebene zu beantworten.

---

[26] Vgl. *Ch. Conrad/M. Kessel* (Hg.): Kultur & Geschichte. Neue Einblicke in eine alte Beziehung, Stuttgart 1998.

[27] Ein transdisziplinäres Beispiel sind die Studien von *P. Gay* zur Subjektivität des Bürgertums vom 18. bis zum 20. Jahrhundert.

[28] Vgl. dazu die Kapitel 37-39.

[29] Dafür ist etwa die Neuausrichtung der renommierten Zeitschrift „Archiv für Kulturgeschichte" ein Indikator ist. Vgl. etwa die Abhandlung von *A. Landwehr*: Diskurs – Macht – Wissen. Perspektiven einer Kulturgeschichte des Politischen, in: Archiv für Kulturgeschichte .

Der integrative Zugriff verlangt in der Tat keine thematische Totalerfassung der Kultur. Wollte die Kulturhistorie dies für eine Gesellschaft, eine Zeit oder auch nur für eine eng umschriebene Situation anstreben, würde sie sich ebenso übernehmen, wie es die empirische und die kritische Sozialwissenschaft um 1970 mit ihrem Anspruch und ihren Hoffnungen auf „gesamtgesellschaftliche" Analysen und Reformen taten. Auch bei ihr müssen in der Forschung immer bestimmte Fragestellungen und Perspektiven jeweils ein Vorrecht genießen. Bei der Bearbeitung eines Themas muß sie aber vermeiden, daß aus Gründen disziplinärer Unzuständigkeit bestimmte zu seinem Verständnis bedeutsame Aspekte einfach ausgeblendet werden. Ob es sich um mikro- oder makrohistorische, um primär ideen-, religions-, politik-, literatur-, sozial- oder wirtschaftsgeschichtliche Studien handelt, immer muß die Komplexität der geschichtlichen Wirklichkeit, in der das Thema steht, soweit erhalten bleiben, daß sie unter jeweils anderen Blickwinkeln mit aufscheint, jedenfalls nicht gänzlich hinter den Erkenntnissen inter- und intradisziplinärer Arbeitsteilung verschwindet, wie dies viele Forscher bei ihrer spezialistischen Arbeitsweise für unvermeidlich und notwendig halten und deshalb hinnehmen. Die Überwindung dieser Praxis und Haltung stellt sicherlich die größten Anforderungen an eine überzeugende künftige Kulturgeschichte. Denn danach dürfen Philosophen, Philologen, Theologen, Kunsthistoriker und Fachhistoriker nicht mehr nur Fachwissenschaftler der Geschichte ihrer Gegenstände sein, sondern müssen außer ihrer jeweiligen zentralen Kompetenz zumindest ansatzweise über jene Kompetenzen verfügen, die zu einem umfassenden Verständnis ihres Gegenstandes nötig erscheinen. Das heißt, daß vom jeweiligen Fachver-stand keine Abstriche zu machen sind, er jedoch um jenes andere Wissen erweitert werden muß. Dieses Erfordernis ist nicht so utopisch, wie es vielleicht klingen mag, zumal es in der vormodernen Wissenschaftstradition ohnehin allen Gelehrten abverlangt wurde und in bestimmten Forschungsbereichen bis heute trotz der Spezialisierung die Regel ist oder doch zumindest die Qualität einer Leistung mitbestimmt.

Exemplarisch in diesem Sinne hat die Mediävistin *U. Peters* in ihrem Buch: Text und Kontext. Die Mittelalter-Philologie zwischen Gesellschafts- und Kulturanthropologie (Wiesbaden 2000) den Status der traditionellen Mittelalter-Philologie beschrieben, die neuere kulturwissenschaftliche Herausforderung für sie reflektiert und sie zum Anlaß der Forderung nach einer erneuten kulturanthropologischen Öffnung der historischen Literaturwissenschaft gemacht. Dabei bestreitet sie nicht, daß die Werke der (Schönen) Literatur im Vergleich zu anderen Texten und allgemein im Kontext der kulturellen Erzeugnisse ihrer Zeit und Gesellschaft einen Eigencharakter haben und deshalb nicht undifferenziert von den Fragestellungen der allgemeinen Text- und im noch größeren Horizont der Kulturwissenschaft vereinnahmt werden dürfen. Zugleich ruft sie aber in Erinnerung, daß die Philologien, die nationalen und europäischen ebenso wie die altertumswissenschaftlichen, mediävistischen und neuzeitlichen, die Dichtung immer schon auch im gesellschaftlichen, lebensweltlichen, ideellen, religiösen, also im ganzen kulturellen Kontext erfaßt, interpretiert und beurteilt haben und so zumindest die Altgermanistik immer schon eine genuine Kulturwissenschaft gewesen sei. Erst durch den kulturellen Bezug werde die spezifische Alterität etwa der auf Oralität gründenden volkssprachlichen Dichtung des Mittelalters im Vergleich zu anderer Textproduktion (etwa zur Klerikerschriftlichkeit im Raum der Theologie) verständlich. So komme man dem ästhetischen, ethischen und unterhaltsamen Reiz etwa des hochmittelalterlichen Minnesangs und höfischen Romans nur auf die Spur, wenn man diese Dichtung als idealisierenden Ausdruck des Rittertums mentalitätsgeschichtlich und gleichsam ethnologische verstehe.

Wie kurz die nur den Wortlaut einer Quelle historisch-kritisch und philologisch-akribische beachtende Geschichtsschreibung mitunter gegriffen hat, konnte in den letzten Jahrzehnten die unter dem Stichwort der „symbolischen Kommunikation" geführte Erforschung der herrscherlichen Äußerungen im Mittelalter zeigen. Danach habe damals erfolgreiches politisches Handeln die genaue Kenntnis der pragmatischen Funktion bestimmter verbaler und nonverbaler Zeichen vorausgesetzt und müsse man hinter vielen rituellen Zeichen und Floskeln bestimmte politischen Botschaften und Verfügungen annehmen. Jenseits des Wortsinns müssen deshalb Historiker die ungeschriebenen kulturellen Regeln der Verschlüsselung rekonstruieren, wenn sie die lebensweltlichen Bedeutung der Kommunikation verstehen wollen.[30]

3.3 Unsicherheiten, Gefährdungen und Defizite der neuen Kulturwissenschaften

Ob die kulturwissenschaftliche Wende die in sie gesetzten Erwartungen wird erfüllen können oder ob sie sich wie jene vor 100 Jahren im Richtungsstreit einzelnen „Schulen" zerfasert und obendrein von dogmatisch und fundamentalistisch auftretenden Weltanschauungen überrollt wird, ist beim heutigen Stand nicht abzusehen. Daß sie Defizite aufweist und Gefährdungen ausgesetzt ist, macht sich in der vielfach geäußerten Kritik an ihr und an ihrer eigenen Unsicherheit aber heute schon bemerkbar.[31] Letztere zeigte sich auf der von 16 Sonderforschungsbereichen der *Deutschen Forschungsgemeinschaft* (DFG) im Februar 2001 in Berlin veranstalteten Tagung „Kultur und Wissen. Aktuelle Formen kulturwissenschaftlicher Forschung". Dabei wurde deutlich, daß die sehr locker gefügte Gegenstandskonstitution und die eklektizistische Methodik gerade das sehr erschweren, wofür die Kulturwissenschaften angetreten sind, nämlich eine bessere Verständigung zwischen den Fächern, und die vielen kulturwissenschaftlichen Ansätze wie bisher unverbunden entwickelt werden und nebeneinander existieren und zur Zeit eine sie integrierende, die Grundlagen und Ziele näher bestimmende Theorie nicht in Sicht ist.[32]

Ein Ausdruck dieser Verlegenheit ist das seitens des *Essener Kulturwissenschaftlichen Instituts* eben erschienene umfangreiche Handbuch: F. Jaeger/B. Liebsch/J. Rüsen/J. Straub (Hg.): Handbuch der Kulturwissenschaften. Bd. 1: Grundlagen und Schlüsselbegriff, Bd. 2: Paradigmen und Disziplinen, Bd. 3: Themen und Tendenzen, Stuttgart/Weimar 2004. Dort thematisieren über 50 Autoren auf knapp 1800 Seiten in über 100 Einzelbeiträgen so ziemlich alles, was sich mit der Theorie der Kultur wissenschaftlich in Verbindung bringen läßt. Trotz der Gliederung des Ganzen unter bestimmte Leitbegriffe wird wegen der kaum koordinierten Bearbeitung der Themen gerade keine Orientierung auf dem großen Felde der Kulturwissenschaften erreicht, so daß der Gewinn der Lektüre fast ganz von jeweiligen Qualität der Arti-

---

[30] Beispielhaft für diesen Zugang zur geschichtlichen Wirklichkeit sind mehrere in einem Sammelband vereinigte Schriften des Mediävisten G. *Althoff*: Inszenierte Herrschaft. Geschichtsschreibung und politisches Handeln im Mittelalter, Darmstadt 2003.
[31] Vgl. z.B. H.-U. *Wehlers* kritische Rezension von Daniel 2001: Ein Kursbuch der Beliebigkeit. Eine neue Kulturgeschichte läßt viele Blumen blühen – aber die schönsten leider nicht, in: Die Zeit 31, 2001, 40 f.
[32] Vgl. Rezension von O.G. *Oexle*, in: Historische Anthropologie 2, 2001, 284-289.

kel abhängt. Diesem dreibändigen Werk schließt sich die von *F. Jaeger* im Auftrag desselben Kulturwissenschaftlichen Instituts herausgegebene und auf 16 Bände geplante: „Enzyklopädie der Neuzeit", Stuttgart 2005 ff., an. Das interdisziplinär-kulturwissenschaftlich angelegte Lexikon erfaßt unter dem Begriff der Neuzeit den Zeitraum von etwa 1450 bis 1848.

An den seit längerem in Amerika etablierten *cultural studies* läßt sich ebenfalls ablesen, daß die Durchsetzung des Paradigmas neben den Vorteilen fast zwangsläufig gewisse Verluste zur Folge hat. Sie entstehen vor allem deswegen, weil die Gegenstände der bisherigen Fächer allzu leicht zur freien Disposition gestellt werden und sich im neuen Fachverständnis fast aus Prinzip kein Kanon festumrissener Gegenstände mehr bildet und damit einer thematischen und methodischen Beliebigkeit – welche die Kehrseite der Vielfalt ist – Tor und Tür geöffnet werden. Eine Wissenschaft aber gilt als „weich", wenn sie keine Kriterien mehr zur Unterscheidung z.B. von hoher und trivialer Literatur, von Kunst und Gebrauchs- und Wegwerfobjekten, von den Qualitäten geschichtlicher und gegenwärtiger Stile usw. hat. Diese Offenheit der Kulturwissenschaften für alles und jedes und ihre oft erst ad hoc im Hinblick auf (transdisziplinäre) Forschungsprojekte und Lehrveranstaltungen getroffenen Festlegungen können dazu führen, daß Studierende durch das auf exemplarische Gegenstände abgestellte Kurssystem ihrer Schulbildung und jüngere Wissenschaftler dann durch ihre Qualifikation an bloßen Projekten immer weniger im Besitz eines gesamtkulturellen Überblicks und noch weniger eines historischen Grundwissens sind und damit gerade die Voraussetzungen fehlen, die transdisziplinäre Studien und Forschungen erst ermöglichen und fruchtbar machen.

In Deutschland kann man die Ambivalenzen der kulturwissenschaftlichen Wende besonders klar am Status der Germanistik erkennen. Durch ihre schon seit den 60er Jahren zu verzeichnenden Abkehr vom nationalen Verständnis ihres Gegenstandes, die Ersetzung ihres traditionellen Kernbegriff des Deutschtums durch die neutrale Definition ihres Gegenstandes als der Literatur im deutschsprachigen Gebiet im Kontext der europäischen Literatur und durch die Orientierung ihrer Literaturtheorie an internationalen, d.h. vor allem angloamerikanischen Strömungen der Literaturwissenschaft hat sie zwar einen unverfänglichen Gegenstand bekommen und hat sie in sozialwissenschaftlichen, kulturanthropologischen, postmodernistischen und sprachästhetischen Diskursen den Anschluß an die übernationalen Literaturtheorie gesucht und gefunden. Sie hat dabei aber immer weniger Aufmerksamkeit den Werken der Literatur selbst geschenkt, ist sie so der affektiven Wertschätzung und Pflege der eigenen Sprache und Literatur zum Teil verlustig gegangen, was weiterhin die meisten anderen nationale Literaturwissenschaften als ihre Aufgabe betrachten, und ist im kulturalistischen Bezug zugleich auch nicht ganz der Gefahr der Folkorisierung des Faches entgangen. Als Gegenreaktion darauf scheint die Versuchung zu wachsen, wieder zur reinen Philologie, als zum vermeintlich bewährten Handwerkskönnen der Sprach- Literaturwissenschaftler zurückzukehren.[33] Beherrschend jedoch sind in zwei neueren Bänden der Reihe „Einführung in die Germanistik" – in

---

[33] Vgl. *Th. Steinfeld*: Der leidenschaftliche Buchhalter. Philologie als Lebensform, München 2004.

dem von *A. Geisenhanslüke*[34] und von *M. Fauser*[35] – , daß der Gegenstand Literatur bzw. Kultur selbst gar nicht mehr in den Blick kommt, sozusagen hinter der Auflistung, Darstellung und vergleichenden Kritik der thematischen und methodischen Ansätze verschwindet. Der Student erfährt so im raschen Überblick eine Menge darüber, welche Theorien Literatur- und Kulturwissenschaftler zu Beschreibung und Deutung ihres Gegenstandes entworfen haben und wie diese Theorien von anderen aufgenommen, weitergeführt oder verworfen worden sind, ohne daß auch nur ein literarisches Werk wenigstens exemplarisch herangezogen wäre.

Allgemein jedoch hat die kulturwissenschaftliche Wende den Geistes- und Sozialwissenschaften die große Chance eröffnet, wieder, wie im historischen 19. Jahrhundert, das historische Interesse des größeren Publikums zu gewinnen. Dieses Interesse existiert. Wenn sich die Kultur*wissenschaften* in Deutschland dennoch schwer damit tun, dieses Interesse aufzunehmen, mit Angeboten zu „unterfüttern" und es bei einer historisch wenig gebildeten jüngeren und mittleren Generation überhaupt erst zu wecken, dann hat dies mit dem tiefgreifenden Wandel der Öffentlichkeit der letzten Jahrzehnte und mit den erst wieder neu zu bestimmenden Status des Kultur- und Geschichtsbewußtsein in der Gesellschaft zu tun, was Gegenstand des folgenden Kapitels ist.

---

[34] *A. Geisenhanslüke*: Einführung in die Literaturtheorie. Von der Hermeneutik zur Medienwissenschaft, Darmstadt *2003*.

[35] *M.* Fauser: Einführung in die Kulturwissenschaft, Darmstadt ²2004.

42. Geschichte (Historik I):
Das vom Historiker vorausgesetzte Geschehen

1. Der Gegenstand: Die Phänomenologie der Vergangenheit 708
2. Kontinuität, Einmaligkeit und Wandel als Aspekte des geschichtlichen Geschehens 712
3. Neuere Reflexionen über Sinn und Vernunft in der Geschichte 718

Im gewissen Sinne ist dieses Buch als Theorie des historischen Denkens insgesamt eine große Historik. Als solche hat sie, wie ihre bisherige Darstellung gezeigt hat, selbst eine Geschichte und einen sich wandelnden Status innerhalb dieses Denkens. Dieses und die beiden folgenden Kapitel fassen die in den Teilen A bis D in einem *kultur*historischen Durchgang gewonnenen Erkenntnisse in mehr systematischer Form zusammen, bevor in Teil E Grundformen des *natur*historischen Denkens vorgestellt und im letzten Kapitel dieses Buches unter dem Begriff einer „Allgemeinen Historischen Anthropologie" Grundsätze einer allgemeinen, d.h. sowohl die Kultur- als auch die Naturgeschichte des Menschen umfassenden Theorie des historischen Denkens entworfen werden. Hier nun geht es zunächst nur um die kulturwissenschaftliche Historik. Ihre disziplinären Anfänge liegen in der Geschichtswissenschaft des 19. Jahrhunderts, als Ranke, Droysen, Dilthey und andere Historiker die bis dahin zumeist nur nebenbei von den Forschern betriebene Vergewisserung der eigenen Methodik in besonderen Vorlesungen und Veröffentlichungen zu einer eigenständigen Reflexion der die historische Forschung anleitenden Ziele und Vorgehensweisen erheben. Seither ist die Historik in der Geschichtswissenschaft wegen ihrer Begründungsfunktion ein anerkannter Forschungsbereich. Sie steht dort allerdings selten im Zentrum der Aufmerksamkeit. Als eine inzwischen relativ selbständige Teildisziplin hat sie sich von der gegenständlichen Forschungsarbeit zumeist weitgehend abgekoppelt und ist dadurch zu einer Angelegenheit von Experten geworden, zu der sich die ihrerseits hoch spezialisierten Fachhistoriker – mit bedeutenden Ausnahmen – inzwischen ebenfalls kaum mehr äußern. Die in diesem Buch in geschichtstheoretischer Hinsicht herangezogene Literatur entstammt hauptsächlich dieser Forschung. Ohne ihre Begrifflichkeit und Erkenntnisse wäre die Darstellung der Geschichte des historischen Denkens gar nicht möglich gewesen.[1] Da ihr zumeist sehr streng systematisch begründeter und nur untergeordnet historisch entwickelter Ansatz[2] aber sehr deutlich von dem hier entwickelten Ansatz abweicht, wird im folgenden auf eine Auseinandersetzung mit dieser Forschung fast

---

[1] Außer den von Kapitel 1 bis hierher genannten und im folgenden noch zu nennenden Werken sind hier für die drei Historik-Kapitel besonders herangezogen worden: *P. Veyne*: Geschichtsschreibung – und was sie nicht ist (Comment on écrit l'histoire, Paris 1971), Frankfurt 1990. Auch ist hier noch einmal an den Bd. 1: Grundlagen und Methoden der Historiographiegeschichte, Frankfurt 1993, des *Geschichtsdiskurses* zu erinnern und dort besonders an den Aufsatz von *H.W. Blanke*: Typen und Funktionen der Historiographiegeschichtsschreibung. Eine Bilanz und ein Forschungsprogramm, 191-211, und an die Kritik daran seitens *G.G. Iggers*: Das Programm einer Strukturgeschichte des historischen Denkens, 331-335.

[2] Es wird hier vor allem an die bedeutenden Schriften J. Rüsens zur Begründung einer neuen Historik gedacht.

ganz verzichtet, was freilich keine Mißachtung bedeutet, sondern nur der raffenden Zusammenfassung des hier vertretenen Ansatzes dienen soll. Desgleichen werden die „Historiken" der anderen historischen Wissenschaften nur gestreift, obwohl deren Eigenarten und Probleme, wie vor allem die der Theorie der Geschichte der Schönen Künste wegen der Fiktionalität ihrer Gegenstände, durchaus einer besonderen Berücksichtigung bedurft hätten.

Anzumerken ist hier noch, daß im folgenden kaum etwas steht, das nicht schon zuvor in seiner Genese und Weiterentwicklung dargestellt worden ist. Dessen – auf wenige Punkte beschränkte – Wiederaufnahme ist hier dennoch nicht überflüssig, weil erst die Zusammenschau den Versuch einer Theorie des Ganzen möglich macht, etwas, was der historische Durchgang nicht leisten kann. Diese Zielsetzung kommt in der Abfolge der drei Kapitel zum Ausdruck. Diese nimmt eine in der geschichtswissenschaftlichen Historik seit längerem übliche und in Kapitel 1 bereits skizzierte Unterscheidung auf: die zwischen der von den Menschen gemachten und sich ereignenden *Geschichte*, also der gleichsam objektiven Geschichte (Kapitel 42), der *Historie*, also der Erforschung dieses geschichtlichen Geschehens durch menschliche Subjekte (Kapitel 43), und der *Historiographie*, also der Darstellung dieser Forschung in schriftlicher Form und die damit verbundenen Wirkabsichten der Historiker (Kapitel 44).[3] Nochmals sei hier darauf hingewiesen, daß hier kein Versuch zu einer systematischen und schon gar nicht vollständigen Darstellung der Historik gemacht wird. Es wird auch hier der phänomenologische und reflexiv-kritische Zugang zur Theorie der Geschichte beibehalten.

Von den drei Grundaspekten des Historischen am Menschen gilt hier die erste Aufmerksamkeit dem immer vorauszusetzenden Geschehen selbst. Ein gewisses Vorverständnis darüber, was Geschichte „ist", woran sie sich ablesen läßt und worin die Schwierigkeiten ihrer Erkenntnis bestehen, ist aufgrund bisheriger Erfahrung mit ihr immer schon lebensweltlich gegeben und liegt so auch aller ihrer wissenschaftlich Erforschung voraus. Sich das genauer bewußt zu machen, ist auch deswegen geboten, weil die Vorstellung, die wir uns von der Geschichte als einem Geschehen in der Vergangenheit machen, selbst ein historisches Produkt ist.

1. Der Gegenstand: Die Phänomenologie der Vergangenheit

1.1 Die Unerkennbarkeit der Vergangenheit an sich

Wenn hier von der Vergangenheit als Gegenstand der Historie gesprochen wird, dann verkennt dies nicht die objektivierenden Implikationen des Gegenstandsbegriffs. Ausgangspunkt allen, auch des historischen Denkens ist gewiß die Subjektivität von Menschen. Diese erschöpft sich aber nicht in Trugbildern bloßen Fürwahr-Haltens. Davor bewahren es allgemein die Faktizität von gegenwärtigen materiellen Überbleibseln, Spuren, Bildern und Texten, die Intersubjektivität menschlicher Kommu-

---

[3] *J. Rüsen* unterscheidet in seiner „geschichtswissenschaftlichen Matrix" (Rüsen 1983) fünf Perspektiven, unter denen Geschichte allgemein betrachtet werden kann: Interessen, Ideen, Methoden, Formen und Funktionen. Deren drei (Interessen, Methoden und Funktionen) sind eine Differenzierung von „Historie". In Band 1 des „Geschichtsdiskurses" findet sich eine nochmals etwas anderen Gliederung der „Hauptaspekte" der modernen Historie: „Strukturen", „Formen" und „Funktionen" (1993, 11).

nikation, Erinnerung und Beurteilungskompetenz und die aus langer wissenschaftlicher Erfahrung erwachsenen Standards historisch-kritischer Forschung, welche allesamt zwar anthropologisch bedingt und gesellschaftlich spezifisch kulturell fundiert sind, aber durch den „Zusammenhang" in der Überlieferung, die bestimmte Annahmen wechselseitig stützt oder gerade erschüttert, durchaus „Tatsachen" von bloßen Fiktionen zu unterscheiden erlauben. Wenn die Forschung deshalb auch in einem grundsätzlich nicht voll durchschaubaren und abschließbaren Prozeß Wahres immer nur bedingt behaupten kann, sind ihre Einsichten über Vergangenes doch nicht nur Imagination, sondern durchaus gesicherte Menschenwahrheit.[4]

Wie bei allen grundsätzlichen Aussagen zur Welterkenntnis ist so zunächst auch in der Historik der Ausgangspunkt die Einsicht, daß das „Ding an sich" (Kant) unerkennbar und alle menschliche Erkenntnis konstitutiv durch die a priori dem Menschen gegebenen Anschauungsformen geprägt ist. Die von Menschen erzeugte und wahrgenommene (historische) Wirklichkeit ist so immer eine *vermittelte* und *phänomenale* Wirklichkeit. An diese erkenntnistheoretische Voraussetzung wird hier erinnert, weil in naiver kulturhistorischer und speziell in historistischer Forschung immer noch die Annahme weit verbreitet ist, daß es möglich sein müsse, zu sagen, „wie es eigentlich gewesen" ist. Die Forschung stößt hier an eine unüberschreitbare Grenze. Denn jener Wunsch ist nicht nur wegen der anthropologischen Geformtheit aller Erkenntnis und wegen dieser oder jener Quellen- oder Verstehensdefizite nicht einlösbar, sondern auch deswegen, weil es immer erst Historiker sind, die mit den ihnen zu Gebote stehenden geistigen Mitteln aus den in ihrem Geiste aufscheinenden Phänomenen von der angenommenen geschichtlichen Wirklichkeit bestimmte „historische" Ereignisse, Handlungen und Geschehenszusammenhänge machen. Dies zwingt zum konsequenten Verzicht auf das Objektivitätspostulat, zur prinzipielle Abkehr von einer scheinbar „in der Sache" begründeten Wahrheit und schließt die Annahme ein, daß sich die außersubjektive Wirklichkeit – und das heißt hier: die Geschichte als Gegenstand der Historie – nicht im wortwörtlichen Sinne rekonstruieren, sondern nur subjektiv und aspekthaft beschreiben und erzählen läßt und die durch Kultur geformte innere Welt des deutenden Ich dabei nicht nur sozusagen eine verunreinigende Zutat, sondern das konstitutive und kreativ-konstruktive Fundament des historischen Denkens überhaupt ist.

1.2 Geschichte als vergangene Menschen-Wirklichkeit

Diese Einschränkungen entwerten freilich nicht die übliche objektivistische und realhistorische Erkenntnishaltung. Denn wir können im Lebens- wie im Forschungsalltag gar nicht anders, als daß wir die von uns wahrgenommene Welt auch als uns „gegenüberstehend" und „wirklich" und zudem mit unseren Vorstellungen zumindest strukturell identisch zu begreifen, weil wir sonst überhaupt keine Möglichkeit hätten, uns in der Welt zu orientieren, uns mit den anderen zu verständigen und eben auch Geschichte zu betreiben. Unter dieser Voraussetzung hat das angenommene geschichtliche Geschehen indes keinen anderen Status als das gegenwärtige

---

[4] Zur Frage, was der Historie Festigkeit gibt, vgl. *Goertz* 1995, 80-94, 98 und ausführlicher ders.: Unsichere Geschichte. Zur Theorie der historischen Referentialität, Stuttgart 2001.

Geschehen und hat deshalb das aus Quellen erschlossene Leben z.B. der steinzeitlichen Hominiden, der alten Ägypter oder des Genfers Jean-Jacques Rousseau keinen anderen Status als das aus gegenwärtiger introspektiver und empirischer Welterfahrung gewonnene eigene Leben und das der Mitmenschen. In diesem Sinne ist die Historie dann auch eine *Wirklichkeitswissenschaft* wie etwa die Biologie oder die Soziologie. Denn wenn sich ihre Wirklichkeit auch durch eine andere Zeit- und Seinsverfassung als bei jenen auszeichnet, so stehen doch auch bei ihr die als historisch klassifizierten Phänomene der außersubjektiven Welt für eine bestimmte Wirklichkeit.

Aber worin unterscheidet sich diese historische Menschen-Wirklichkeit von anderen Wirklichkeiten? Was kann man sinnvollerweise meinen, wenn man von einem geschichtlichen Geschehen in der Welt des Menschen spricht? Was ist seine „Wirklichkeit"?[5] Eine allgemeine „anthropologische" Antwort auf diese Fragen ist, daß es jene kulturelle Wirklichkeit ist, die Menschen kraft ihres Geistes in großen Zeiträumen aus aufeinander aufbauenden Elementen in großer Mannigfaltigkeit ethnienspezifisch geschaffen haben und die sich in jeweiliger Gegenwart im individuellen und kollektiven Handeln und Kommunizieren der Menschen zugleich manifestiert und wandelt. Eine zutreffende Vorstellung kann man sich von diesen *universellen Grundgegebenheiten der Menschen-Wirklichkeit* machen, wenn man sich in die auch historisch vielfach belegte Lage von Menschen versetzt, die auf ihnen unbekanntem Gelände auf ihnen fremde Menschengemeinschaften stoßen und sagen sollten, was sie bei diesen im Unterschied zu Tiergemeinschaften als selbstverständlich voraussetzen. Gleich, ob es sich um primitive, jedoch autonome Kleingruppen, um Clans größerer Stammesgesellschaften oder um Dorfgemeinschaften hochkultureller Staaten handelt, immer sind diese Lebensgemeinschaften dadurch charakterisiert, daß sie erstens in einem bestimmten geographischen Gebiet „zu Hause" sind und dabei dessen physischen und biotischen Bedingungen unterworfen sind, sie zweitens dieses ihr Gebiet zur Befriedigung ihrer elementaren materiellen Lebensbedürfnisse ausbeuten, drittens sozial nach Positionen und Funktionen ihrer Mitglieder und Gruppen gegliedert sind – was in allen drei Hinsichten freilich auch auf viele Tiersozietäten zutrifft – , sie viertens, darüber hinaus, über Sprache, Technik, Moral, Intimität und Kunst nach dem jeweiligen Stand und der jeweiligen ethnischen Ausprägung ihrer Kultur verfügen und fünftens mit den Mitteln ihrer Kultur darüber gesellschaftlich befinden. Letzteres heißt, daß sie zur generationenübergreifenden Selbstbehauptung, und zwar in Konkurrenz sowohl zu Tier- und als auch zu anderen Menschengemeinschaften, ihre Handlungsfähigkeit kommunikativ durch soziale Normen regeln, zur Verbesserung ihrer Lebensbedingungen ihr bisheriges Wissen und Können an die Nachwachsenden weitergeben, es durch Exploration und Erprobung erweitern und sich damit – im Unterschied zu allen Tiergemeinschaften – als historisch-kulturelle Lebensgemeinschaften erweisen. Dabei sind auch schon die kleinsten und am wenigsten entwickelten Lebensge-

---

[5] Vgl. *U. Barrelmeyer*, Geschichtliche Wirklichkeit als Problem. Untersuchungen zu geschichtstheoretischen Begründungen historischen Wissens bei J.G. Droysen, G. Simmel und M. Weber, Münster 1997.

meinschaften dieses Typs hochkomplex und zugleich außerordentlich flexibel gegenüber den ständigen Herausforderungen der natürlichen Umwelt und den inner- und interethnischen Konflikten. Ermöglicht wird dies durch die strenge Einbindung aller Individuen und Gruppen in „erfahrungsgesättigte" Traditionen einerseits und andererseits durch die von ihnen genutzte Fähigkeit, aufkommende Probleme durch neue Kultur zu lösen.

Im sich so ständig neu herstellenden kulturellen Fließgleichgewicht zwischen bewahrenden und wagenden Tendenzen ist Geschichte begründet. Danach ist die vergangene Wirklichkeit ein Ausdruck zugleich von *Kontinuität, Einmaligkeit und Wandel*. Daß die Geschichte zu allen Zeiten von sehr weither kommt, ist den Menschen wegen der Kürze ihres Lebens und der relativ geringen zeitlichen Tiefe der kollektiven Erinnerung der Menschheit von höchstens einigen Jahrtausenden allerdings erst seit dem vorletzten Jahrhunderten bewußt geworden. Und von den Mechanismen, die den geschichtlichen Prozeß antreiben, haben sie erst recht nichts wissen können. Fast ganz und gar geschichtsverhaftet, haben sie ihr durchaus ereignisreiches, jedoch nur selten mit den bisherigen Traditionen brechendes Leben subjektiv im wesentlichen ohne geschichtliches Bewußtsein geführt. Zwar wissen heutige Menschen, nicht nur die Historiker, über die Geschichte ihrer Kultur und der Menschheit inzwischen sehr viel mehr als Menschen früherer Zeiten. Aber gerade den Forschern von Beruf ist zugleich bewußt, daß dieses Wissen sehr beschränkt ist und man trotz der immer besser dokumentierten und sozialwissenschaftlich gedeuteten Gegenwart bei der Frage, welches die wesentlichen Triebkräfte des gesellschaftlichen und kulturellen Wandels waren und sind, fast noch genauso unsicher ist wie in früheren Zeiten. Jedenfalls stellt sich „Geschichte" den Menschen – den historisch versierten nicht viel anders als den naiven – als ein äußerst komplexer, in sich widersprüchlicher und spannungsreicher, ja monströser Wirkungszusammenhang dar. Zu ihrer historischen Orientierung achten Menschen früher wie heute vornehmlich auf das, was vom Üblichen und Erwartbaren abweicht, was in irgendeiner Hinsicht auffällt.

Macht man so ein bestimmtes Geschehen zum Ausgangspunkt des Nachdenkens über den geschichtlichen Prozeß, dann kann man es in formaler Hinsicht unter drei Blickwinkeln betrachten: zunächst unter dem seiner Erwartbarkeit, dann seiner Einmaligkeit und schließlich seiner – möglicherweise einen allgemeinen Wandel anzeigenden – Folgen. Man versucht dabei zu erkennen, was erstens an ihm *zeittypisch* war, was zweitens an ihm *einmalig* war oder *erstmalig geschehen* ist und drittens was an ihm möglicherweise Indikator eines *geschichtlichen Wandels* war. Unter dem ersten Blickwinkel steht die Geschichte gleichsam still, unter dem letzten manifestiert sich im Wandel gleichsam ihr Wesen, unter dem zweiten – welcher die Verbindung zwischen den beiden anderen darstellt – markiert die individuelle Abweichung vom Üblichen den möglichen Beginn oder Anstoß zu einem überindividuellen geschichtlichen Wandel. Zu welchen Einsichten man durch diese Wechsel der Perspektive kommen kann, wird im folgenden kurz erläutert.

2. Kontinuität, Einmaligkeit und Wandel als Aspekte des geschichtlichen Geschehens

2.1 Geschichte als übliches Geschehen in bestimmten Ethnien und Epochen: Was war damals? Was geschah immer wieder?

Das durch eine hinterlassene Spur, ein geschaffenes Ding, ein Bild oder ein schriftliches Dokument erfaßbare menschliche Zeugnis der Vergangenheit ist zunächst zwar und bleibt immer eine Einmaligkeit. Es steht jedoch immer auch in einem synchronen und diachronen Zusammenhang ähnlicher Zeugnisse, mit denen es viele und manchmal fast alle Eigenschaft teilt, so daß es oft eher der Repräsentant eines Typus von Objekten als eine Singularität ist. Das Vorherrschen des Ähnlichen ist – außer in der Natur – auch in der Kultur überall leicht nachweisbar durch die in Gesellschaften während einer längeren oder kürzeren Zeitdauer relativ gleichbleibenden Werke, Verhaltens-, Denk-, Handlungs- und Kommunikationsformen, Haltungen, Bewußtseinsinhalte, Institutionen und den aus ihnen „sprechenden" Geist. Die auf die Frage nach dem, was „damals" war und immer wieder geschah, gegebene Antwort kann sich auf Jahrhunderttausende beziehen, etwa auf die Lebensformen des Neandertalers, auf einige tausend Jahre, wie etwa auf das Leben im Alten Ägypten, auf mehrere Jahrhunderte, wie etwa auf die Regeln der Olympischen Spiele im alten Griechenland, auf einige Jahrzehnte, wie etwa auf die politische Lage in Rom unter Augustus, auf Jahre, Monate, Tage und Stunden, während deren sich unter einem bestimmten Aspekt der Status der Dinge nicht wesentlich verändert. Immer scheint die Zeit während der jeweiligen Dauer stillzustehen und gleichartige Verhältnisse durch Variation und Differenzierung im Rahmen des Bisherigen zu sichern.

Menschliche Geschichte, so unter dem Blickwinkel des in definierten geschichtlichen Einheiten Gleichbleibenden, unter Einschluß freilich seiner synchronen Vielfalt, zu betrachten und es zum Beschreibungsobjekt zu machen, ist eine erste und unverzichtbare Möglichkeit der Gegenstandserfassung von Geschichte. Denn wenn auch „der Zahn der Zeit" an allem nagt, ständig Neues entsteht, Ereignisse, Fehler, Unstimmigkeiten und Zufälle den Rahmen des Erwartbaren sprengen, streng genommen sich in der Zeit überhaupt nichts genau wiederholt und deswegen alles einzigartig ist, so zeichnet sich doch die geschichtliche Wirklichkeit im allgemeinen dadurch aus, daß sie aller Veränderung einen großen Widerstand entgegensetzt, über Stabilisierungsmechanismen zur Eliminierung von „Störungen" verfügt und deshalb der Erhalt ihrer bewährten, typischen Züge zunächst immer die größere Wahrscheinlichkeit vor der Veränderung besitzt. Denn alle Lebensvorgänge sind auf die möglichst genaue Fortsetzung ihrer selbst angelegt, gleich, ob es sich um kulturelle Traditionen oder Gewohnheiten von Individuen handelt. Beharrung ist ihr erstes Merkmal, was einen Großteil der Historiker unter der Frage, wie es einmal war, dazu einlädt, ein historisches Bild einer Epoche mit ihren vielen typischen Gleichzeitigkeiten fast in der Weise „auszumalen" bzw. systematisch zu beschreiben, wie es die heutigen Sozialwissenschaftler für unsere Zeit oder die Sozialhistoriker für die Gesellschaft einer bestimmten Epoche tun.

2.2 Geschichte als Abfolge, Gleichzeitigkeit und Verwobenheit *einmaliger* Geschehnisse: Was geschah damals in interaktiver, kommunikativer und mentaler Form?

Wenn das, was uns in Zeugnissen von der Vergangenheit erreicht hat, zumeist nicht das damals Übliche, das Alltägliche, sondern das in irgendeiner Hinsicht Besondere ist, dann liegt dies sicherlich daran, daß man bevorzugt jene Gebilde aufbewahrt hat, die schon ihre Schöpfer und Benutzer für besonders schön, wertvoll und erhaltenswert gehalten haben, und man in Schriftquellen hauptsächlich das niedergelegt und überliefert hat, was entweder wegen seines kultischen, rechtlichen, moralischen oder literarischen Wahrheitsgehalts und seiner Vorbildlichkeit oder wegen seiner Neuigkeit, Unerhörtheit oder politischen Bedeutung generationenübergreifend wissenswert erschien, wie etwa Berichte über Kriege, Konflikte jedweder Art, Herrschaftswechsel und über herausragende Personen. In der einen oder anderen Weise geht es hier immer um konkrete Dingen, Tatsachen, Sachverhalte, Handlungen und Personen, die in ihrer Eigenart und Ungewöhnlichkeit schon bei den Zeitgenossen Aufsehen erregt haben und als „historisch" erkannt und gewürdigt worden sind. Nicht wenige Historiker begreifen es als ihre Aufgabe, mit geradezu detektivische Spürsinn das Tatsächliche an einem Ereignis, einem Geschehen, einem Werk oder an einer Person herauszufinden. Auch wenn die Suche manchmal historisch belanglosen Äußerlichkeiten gilt, wie z.B. der genauen Bestimmung des Ortes, an dem die Schlacht im Teutoburger Wald im Jahre 9 u.Z. stattgefunden hat, und darüber, um im Beispiel zu bleiben, die viel wichtigere politische und mythenerzeugende Wirkungsgeschichte in den Hintergrund tritt, ist der historistische Grundsatz nicht aufzugeben, daß in realgeschichtlicher Absicht so viel und so genau wie irgend möglich historische Faktizitäten aufzuklären sind. Weil es aber streng genommen in der Welt des Menschen keine isolierten Ereignisse, Handlungen und Verhältnisse gibt, sondern alles immer mit vielem anderen verwoben ist, läuft dies darauf hinaus, daß jegliche Menschenwirklichkeit, die historische wie die gegenwärtige, ein unauslotbarer Geschehenszusammenhang ist. Es verweist deshalb jedes wohldefinierte Faktum auf den vielfach gestuften Horizont des Ganzen, in dem es steht, und es begründet sich jedes historische Geschehen aus einer Vielzahl von zum Teil weit zurückliegenden – auch den Beteiligten nicht bewußten und unüberschaubaren – Wirkmomenten.

Was die Sache der Faktizität in der kulturellen Welt des Menschen nicht nur schwierig macht, sondern sie immer bruchstückhaft und abhängig vom subjektiven Urteil erscheinen läßt, ist, daß der eigentliche Ort dieses geschichtlichen Geschehens, nämlich die psychische Realität des Fühlens, Denkens, Erinnerns, Planens und Entscheidens von Menschen, verdeckt ist und nicht erst die späteren Historiker, sondern auch schon die an einem Geschehen Mitwirkenden und die Zeitzeugen sich diese „Realität" erst aus den verbalen und nonverbalen Äußerungen der jeweils anderen deutend erschließen müssen. Dabei kommt der sprachlichen Kommunikation eine besondere Funktion zu. Erst sie begründet die spezifische menschliche Wirklichkeit, erst sie ermöglicht ein Verständnis des Mitmenschen und erst sie eröffnet, differenzierter und reflexiver, als dies dingliche und bildlich-stumme Quellen können, den Zugang zur inneren Realität des Menschen.

Dabei stellt das Sprechen selbst oft schon das geschichtliche Handeln dar. So sind etwa die Befehle eines Herrschers, das Gelöbnis zweier Brautleute, der von einem Kultbeauftragten gesprochene Segen, die in einer (Volks-)Versammlung im Wort getroffenen Entscheidungen, das vor einem Gericht gesprochene Urteil, der Vortrag einer Dichtung und die Argumentationen von Philosophen, Theologen und Wissenschaftlern weniger Mittel zur Übertragung einer Botschaft an andere als das Ereignis selbst. Im Laufe der Menschheitsgeschichte dürfte der Anteil solchen „bloß" symbolischen Handelns ständig zugenommen haben, bis dann mit der Erfindung der Schrift das im Staat, im Kult und in der Gesellschaft für bedeutend gehaltene Geschehen immer mehr zu einem sich im verschriftlichten Wort artikulierenden Geschen und in dieser Form dann auch zur anerkannten Geschichte wird. Dies erklärt auch, weshalb ausgerechnet die Philologie, die Wissenschaft vom überlieferten Wort, zur wichtigsten Partnerin der Historie und durchaus auch der Realgeschichte geworden ist und z.B. die Erforschung „versunkener" und wieder ausgegrabener Kulturen über den primären Erkenntnisstand der Archäologie erst dann deutlich hinauskommt, wenn zusätzlich entzifferbare Schriftquellen deren Wirklichkeit zum „Reden" bringen. Letztlich folgt freilich aus diesen Vorüberlegung zum Status des geschichtlichen Geschehens, daß nonverbale und verbale Handlungen und Geschehnisse, also die menschliche Kommunikation die hauptsächliche Gestalt des geschichtlichen Geschehens ist, Geschichte sich im wesentlichen „in den Köpfen" der Menschen abspielt.

2.3 Zur Frage nach dem geschichtlichen Wandel:
    Was veränderte sich warum und wohin? Wer oder was bewirkte den Wandel?

Wenn jede konkrete kulturelle Menschenwirklichkeit in ihren kommunikativen Vollzügen auf „Geschichte" verweist und dabei ganz überwiegend eine Wiederholung bisheriger Menschenwirklichkeit ist und dennoch stets etwas Neues und Einzigartiges ist, dann verändert sie auch, wie wenig auch immer, den Zusammenhang, in dem sie steht, initiiert sie – zumindest potentiell – eine Wirkungsgeschichte und kann sie – ebenfalls potentiell – Indikator eines anderweitig bereits begonnenen kollektiven Wandels sein. In dieser dritten Hinsicht markiert sie das spezifisch Geschichtliche, den Wandel in der Zeit, und ist Geschichte – auf der Grundlage relativ stabiler Makrostrukturen, regelhafter Verlaufsstrukturen und zahlloser Reproduktionen des fast Gleichen – der Wandel des sich in jedem Moment durch Abweichendes, Kontingentes zumeist geringfügig, mitunter jedoch mit großen Wirkungen und dramatisch neu strukturierenden Beziehungs- und Interaktionsgeflechts von Menschengemeinschaften. Vom geschichtlichen Wandel zu sprechen ist allerdings erst dann sinnvoll, wenn sich die zunächst auf wenige Individuen beschränkten und lokal begrenzten Veränderungen in Ethnien verbreiten, ihrerseits relativ stabile Strukturen ausbilden und eine neue Art des Üblichen begründen und damit nach dem Bruch mit der bisherigen Kontinuität eine neue Kontinuität herstellen. Der Historiker darf deshalb sein Augenmerk nicht nur auf das richten, was einmal über einen längeren Zeitraum war und auch nicht nur auf die sich vom Üblichen abhebenden Ereignisse, Handlungen und Werke der Vergangenheit – was beides genuin historische Aspekte sind -, sondern auch auf den geschichtlichen Wandel und dabei im besonderen auf solche Geschehnisse, die ein derartiges Gewicht haben, daß sie dessen erste und hauptsächliche Ursache sein könnten oder zumindest Anzeichen davon tragen oder typisch für ihn sind.[6]

Fragt man, wer den geschichtlichen Wandel bewirkt, dann scheiden hierfür aus der großen Maße der Menschen fast alle Individuen aus. Denn einzelne sind im Strom der Geschichte zumeist unbedeutende Partikel, welche im Getriebe der Welt zwar aktiv mitwirken und doch fast immer nur Getriebene sind. Wenn sie auch ihrem eigenen Leben und dem ihrer Angehörigen durch eigenwilliges Handeln eine Wende geben und durch hervorragende Leistungen sich Ansehen erwerben können, erlischt doch ihre zuvor nur geringe Chance, auf das kulturelle Ganze einzuwirken, mit ihrem Tode fast gänzlich. Wie sehr Geschichte – bildlich gesprochen – hinter dem Rücken der Menschen bzw. über ihre Köpfe hinweg geschieht und wie wenig auch die politischen und geistigen „Akteure auf der Bühne" die Richtung der kulturellen Entwicklung bestimmen, wird vollends deutlich, wenn man den längerfristigen und zumeist gar nicht bewußt werdenden Wandel betrachtet. Eben diese Sichtweise war und ist der Ansatzpunkt der sozialhistorischen „Strukturgeschichte", insofern für sie Kollektive die Träger jedweden Wandels sind und die Individuen zumeist nur die lebensgeschichtlich sozialisierten Objekte übergeordneter gesellschaftlicher Prozeßstrukturen sind.

Dennoch gehen natürlich größere und dauerhafte Wirkungen auch vom Handeln einzelner Menschen aus, insbesondere von den Taten, Ideen, Werken, Entdeckungen und Erfindungen mancher Herrscher, Politiker, Denker, Religionsstifter, Künstler, Forscher und Techniker, weshalb ja auch die politische, die Ideen-, Wissenschafts-, Kunst-, die Religions-, die Technik- und die Ereignisgeschichte immer auch eine Geschichte jener Personen ist, denen die Begründung eines Wandel oder zumindest des Anstoßes oder eines wesentlichen Beitrags dazu, mitunter schon von den Zeitgenossen, zugeschrieben wird.

Dies beseitigt aber nicht das Problem, daß es für die Menschen im geschichtlichen Prozeß wie für die Nachgeboren fast unmöglich ist, diesen Wandel in den Etappen seines Verlaufs und der Verbreitung unter die Menschen und in seiner zumeist changierenden inhaltlichen Ausprägung adäquat zu erfassen. Denn die historische Bedeutung eines Geschehens ist in actu fast nie direkt erkennbar; vielmehr wird sie zumeist erst im größeren zeitlichen und räumlichen Abstand von seinem Ursprung als ein „historisch" Wandel erkannt.

Darüber hinaus stellt sich die grundsätzliche Frage, wie aus dem vielfältigen, heterogenen und durch zuwiderlaufende Zufälle geprägten Geschehen der vielen Individuen und Gruppen überhaupt eine kollektive Geschichte wird, wie es überhaupt möglich ist, daß sich relativ beständige und selbständige Tendenzen des Wandels in Gesellschaften herausbilden. Dies ist vor allem deswegen ein Problem, weil jedes komplexere Geschehen konkurrierende Tendenzen enthält, im wirkungsge-

---

[6] Zum Thema vgl. *J. Habermas*: Geschichte und Evolution, in: ders.: Zur Rekonstruktion des Historischen Materialismus, Frankfurt 1976, 200-259; *D. Rothermund*: Geschichte als Prozeß und Aussage. Eine Einführung in Theorien des historischen Wandels und der Geschichtsschreibung, München 1994.

schichtlichen Geflecht Bedeutsames und Bedeutungsloses oft ungeschieden vereint sind, zudem eingespielte kulturelle und soziale Systeme allen Veränderungen einen großen Widerstand entgegensetzen, zugleich jedoch bisherige und zeitweilige Regelmäßigkeiten ebenso durch ein Zerbröseln und Auflösen bedroht sind wie die neuen Tendenzen des Wandels und schließlich auch kein Dirigent auszumachen ist, der die Macht hätte, den disparaten Funktionen und Intentionen dauerhaft eine neue einheitliche Richtung zu verleihen.[7]

Die politische Theorie spricht hier von Revolutionen, wenn sich im Zuge einer zufälligen Häufung gleichartiger Ereignisse, Handlungen und Situationen und ihrer krisenhaften Bündelung Möglichkeiten einer neuen einheitlichen Sinnrichtung herausbilden, die dann auch eine gewisse Eigenständigkeit gewinnen und Eigendynamik entfalten.[8] Auf der gesellschaftlich-marktwirtschaftlichen Ebene gibt es für dieses Phänomen das Bild von der „unsichtbaren Hand", die die eigennützigen menschlichen Triebe und die jeweiligen „Verhältnisse" in ihren Dienst zu nehmen scheint und so den gesellschaftlichen Wandel bewirkt. Die geschichtsphilosophische Deutung im Gefolge Hegels spricht hier von Dialektik. Umgangssprachlich heißt es, daß etwas geschieht, „wenn die Zeit dafür reif ist".

Für die Schwierigkeiten der Ursachenergründung sei hier ein Beispiel im Anschluß an die Deutung angeführt, die *H.-J. Goertz* (1995, 119-125)[9] der Reformation gegeben hat. Er geht von der gängigen Unterscheidung zwischen Anlässen, Bedingungen und treibenden Kräften im Geschichtsprozeß aus:

> Anlaß für das Geschehen, das zur Reformation führte, waren die Thesen Martin Luthers gegen den Ablaßhandel der Kirche. Bedingungen waren der Ausbau der Landesherrschaft, die Erfindung des Buchdrucks und die Schwächung der päpstlichen Macht durch den Konziliarismus und der schleichende Machtverfall des Kaisers auf der einen, des Klerus auf der anderen Seite. Bedingung war der voranschreitende Prozeß der Kommunalisierung, war auch die zunehmende Laisierung aller gesellschaftlichen und zunehmend auch kirchlichen Verhältnisse. [...] Schwierig wird es nun, die Ursachen im engeren Sinn als treibende Kräfte ausfindig zu machen. [...] Aber im Grund läßt sich nicht scharf zwischen Bedingungen, Strukturen und aktivierenden Ursachen trennen, insofern alle letztlich auf menschliches Handeln zurückgeführt werden können. (122 f.)

Goertz kommt dann auf die Vorgeschichte, Kontingenzen, Mentalitäten usw. zu sprechen und gesteht, daß sich die Verursachung grundsätzlich nicht eindeutig erschließen läßt. So gibt es zwar ein Bündel von möglichen Ursachen für die Reformation: religiöse, politische, soziale, wirtschaftliche. Aber sie erklären je für sich und alle zusammen noch nicht, weshalb sie geschah. Wenn sich im Nachhinein auch vieles erklären läßt, der Bruch mit der bisherigen Tradition gleichsam in der Luft

---

[7] Mit der Frage, „wie und warum sich im Zuge solcher langfristigen, in einer bestimmten Richtung verlaufenden Gesamttransformationen von Gesellschaften [...] die Struktur aller menschlichen Äußerungen überhaupt in einer bestimmten Richtung verändert", hat sich *N. Elias* ausführlich in der Einleitung von 1968 zum Nachdruck seiner Abhandlung „Über den Prozeß der Zivilisation" von 1936 (Frankfurt 1968, VII f.) befaßt.

[8] Vgl. *Ch. Meier*, In: Kosellek 1973, 580.

[9] Vgl. *H.J. Goertz*: Religiöse Bewegungen in der Frühen Neuzeit, 1993, und die Ausführungen in Kapitel 11 des vorliegenden Buchs.

lag und ebenso viele unbewußte wie bewußte Motive der Handelnden eine Rolle gespielt haben dürften, so sei auch dies prinzipiell hypothetisch und hätte alles einen ganz anderen Verlauf nehmen können.

Seit einiger Zeit gibt es noch von Seiten der allgemeinen Systemtheorie und der Naturwissenschaften Erklärungsansätze des kulturellen Wandels, und zwar indem man ihn struktur-funktional als Ausdruck von Komplexitätsreduktion oder in Analogie zum plötzlichen multifaktoriellen physikalischen und bioevolutionären Wandel begreift. Im Rückgriff insbesondere auf die mathematisch-physikalische *Chaostheorie* und die *Evolutionstheorie* der Biologie läßt sich zeigen, daß *kleine Ursachen mitunter große Wirkungen* zeitigen können. Das physikalische Musterbeispiel ist das Wettergeschehen, das auf der Grundlage des naturgesetzlichen Verhaltens aller seiner Elemente durch zufällige „Verdichtungen" von Effekten, wie dies schon der sprichwörtlich gewordene „Flügelschlag eines Schmetterlings" sein kann, aus dem Fließgleichgewicht einer bisherigen Großwetterlage gebracht werden und eine neue Ausrichtung bekommen kann. Ähnlich würden auch in der Historie bei der Erklärung größerer Ereignisse nicht selten aus nichtigen Anlaß ganz neue Lagen entstehen.[10]

In seinem Buch „Komplexität und Chaos. Grundzüge einer Theorie der Geschichte" (München 2004) hat der Historiker *L. Herbst* eine geschichtstheoretische Chaostheorie entwickelt und sie zur Deutung der Entstehung und des Verlaufs der politischen Katastrophen des 20. Jahrhunderts angewandt. Grundlage seiner „Katastrophentheorie der Geschichte" ist das immer prekäre Wechselspiel von Chaos und Ordnung. Dabei sind die vielen Einzelnen den übergeordneten „Mächten" prinzipiell unterworfen. Auf den Vorwurf, daß diese Theorien die Menschen aus der Geschichte herauswerfen antwortet – als Fazit am Ende des Buchs – Herbst so:

> Der Mensch ist für den Historiker kein unmittelbar zugänglicher Gegenstand. Vielmehr ist er in Umwelten eingebunden, in und aus denen er allein analysierbar ist. Diese Umwelten können auf der Mikroebene allein jedoch nicht erfaßt werden. Es stellt sich vielmehr immer die Frage, wie sich diese Mikroebene zu den anderen Ebenen verhält. ‚Der Mensch' kommt also nur dann in den Blick, wenn die Rationalität der vergangenen Lebenswelten, in die er eingebunden ist, zum Gegenstand gemacht wird. Der Mensch ist ohne die Komplexität der systemischen Verhältnisse, in denen er lebt, nicht sichtbar zu machen. Den Menschen kann man überhaupt nur sichtbar machen, wenn man die anonymen ‚Mächte' zeigt, denen er mitgestaltend ausgeliefert ist. Sie zu unterschätzen macht blind gegen den Ursprung der Inhumanität [sc. allgemeiner: gesellschaftlichen Katastrophen]. Einen Aspekt dieser anonymen ‚Mächte' rückt die Chaostheorie in den Blick, nicht mehr und nicht weniger." (277)

Der Einzelne mit seinen Intentionen und Handlungen ist dennoch – wie bei dem Flügelschlag eines Schmetterlings – bedeutsam, wenn er „eine Lawine lostritt", also auf einen Auslösemechanismus trifft, wie z.B. Hitler auf eine anfällige Gesellschaft: „Damit kleine Wirkungen zu großen Ursachen führen können, müssen sehr viele

---

[10] Zur Geschichtlichkeit physikalischer, biologischer und erkenntnismäßiger Prozesse vgl. die Ausführungen in Teil E, besonders in den Kapiteln 49.2. („Ordnung aus Chaos"), 52. („Evolution der Arten") und 57.3. („Emergenz des Geistes").

negative Rückkoppelungen versagen, und dies muß auf sehr vielen unterschiedlichen Ebenen geschehen..." (259)

3. Neuere Reflexionen über Sinn und Vernunft in der Geschichte
3.1 Der Abgesang auf die traditionelle Geschichtsphilosophie

Die bisherigen Darlegungen haben sich auf das geschichtliche Geschehen in kleineren und größeren Gemeinwesen bezogen und haben dabei von den Fragen abgesehen, warum dieses Geschehen - das übliche wie das einmalige und sein Wandel - von den meisten Menschen trotz seiner Unvorhersehbarkeit und seines von Katastrophen gesäumten Weges insgesamt als sinnvoll erlebt worden ist, warum nach dem Entstehen einer mythologisch und religiös geprägten, empirisch erforschten und philosophisch reflektierten Geschichtskultur und -wissenschaft die eigene nationale Geschichte und die Geschichte der Menschheit zumeist als vernünftig und zielgerichtet eingeschätzt worden ist und wie die heutige Geschichtsphilosophie mit der Frage nach dem Sinn der Geschichte umgeht. Eine Antwort auf die ersten beiden Frageteile ist hier jedoch schon beim Durchgang durch die Geschichte des historischen Denkens gegeben worden. Danach ist in allen vormodernen und z.T. auch noch in den modernen Kulturen „Geschichte" auf der Grundlage von geglaubten Menschen- und Weltbildern als ein von Sinn erfülltes Geschehen angesehen worden. Danach ist den Menschen zwar bewußt gewesen, daß alle Geschichte mit Widersinnigem und Schrecklichem durchsetzt und ihr Sinn den Menschen oft nicht einsichtig ist, ihr Vertrauen ist aber stärker gewesen, daß der historische Wandel in einer ehernen Weltordnung aufgehoben ist und weitgehend unabhängig von den Absichten der Menschen und der Völker dem der Geschichte vorgezeichneten Weg in die Zukunft folgt, sei es, weil ihr Sinn und Ziel von jenseitigen Mächten vorgegeben seien und in ihrem Auftrag herausgehobene Menschen handelten oder weil sie weltimmanent in der menschlichen Vernunft angelegt seien und sich im unaufhaltsamen geschichtlichen Fortschritt zeigten.

Demgegenüber ist schon seit dem 18. Jahrhundert wiederholt die Auffassung vertreten worden, daß es sich hierbei nur um illusionäre Projektionen handele, Menschen und Gemeinschaften ihrem Handeln zwar Sinn zusprechen, das faktische Geschehen aber in seinem Verlauf und seinen Wirkungen ungerichtet sei. Der Annahme, daß die Geschichte – die kleine wie die große und auch die Menschheitsgeschichte – keinen Eigen-Sinn hat und keinem bestimmten Ziel zustrebt, hat sich die neuere Geschichtsphilosophie und -theorie im wesentlichen angeschlossen. Ihr theoretischer Ausgangspunkt ist der Grundsatz, daß die Menschenwirklichkeit als ein Teil der allgemeinen Weltwirklichkeit nach eben deren Gesetzmäßigkeiten geschieht, es deswegen auch in der Geschichte des Menschen immer „natürlich" zugegangen ist und zugeht, d.h. keine übernatürlichen Annahmen zu ihrer Erklärung benötigt werden.[11] Dies macht den Verzicht auf alle welthistorische Teleologie und auf alle „großen Erzählungen" nötig. Es ist der Abschied sowohl von dem im vormodernen Europa alles durchdringenden jüdisch-christlichen Gedanken, daß die

---

[11] Vgl. den klärenden Aufsatz dazu von *H. Schnädelbach*: ‚Sinn' in der Geschichte? Über Grenzen des Historismus, in: ders.: Philosophie in der modernen Kultur, Frankfurt 2000, 127-149.

Welt insgesamt geschichtlich auf das Handeln eines allmächtigen Gottes hingeordnet ist, als auch von den sich daran „säkularisiert" anschließenden modernen Geschichtsteleologien vom aufklärerischen Fortschrittsglauben, von Herders Humanitätsglauben, von Hegels Geschichte des Geistes, von Rankes Glauben an das Walten Gottes in der Geschichte und schließlich auch von der Annahme, daß der Weg, den die europäisch-amerikanische Moderne faktisch eingeschlagen hat, der einzig mögliche war und die Zukunft seine alternativlose Fortsetzung ist. Alles dies ist mit der heutigen Vorstellung von der Zukunftsoffenheit der Geschichte der Menschheit unvereinbar. Die inhärente Fehler aller Teleologie ist, daß für sie die Zukunft immer schon feststeht. Ihr „Dilemma" ist deshalb paradoxerweise ihre „Geschichtslosigkeit". Geschichte im heutigen Verständnis kennt aber kein vorgegebenes Ziel und keinen übergreifenden Sinn. Wie auf dem Felde der Naturgeschichte seit Darwin die Evolution des Lebens nicht mehr der „Naturabsicht" (Kant) bedarf und damit auch alle biologische Teleologie der Menschheitsentwicklung unhaltbar geworden ist, darf auch der Geschichte der Kultur kein Ziel mehr unterstellt werden.

Auf der natürlichen Erklärung des Wandels beruht auch die allgemeine Deutung der Geschichte als eines Prozesses, der nicht vollständig durch seine Vergangenheit determiniert und zur Zukunft hin relativ offen ist. Danach sind die kulturellen Systeme zwar so angelegt, daß sie intern fast alle individuellen Abweichungen ausgleichen und sich ebenso untereinander „im Regelkreis" ständig stabilisieren, sie aber durch die wachsende Komplexität immer wieder mit gänzlich neuen Situationen konfrontiert und dadurch entweder ganz aus dem Gleichgewicht gebracht oder auf eine höhere Ebene der Wirklichkeitsbewältigung gehoben werden. In seiner den Wandel sowohl in der Natur als auch in der Kultur thematisierenden Geschichtstheorie hat C.F. von Weizsäcker die Indeterminiertheit der Geschichte dadurch begründet, daß „die Wirklichkeit niemals in Strenge faktisch" sei[12], sondern immer viele Möglichkeiten enthalte, von denen allerdings in der Zeit immer nur eine verwirklicht werden kann, so daß diese Faktizität nachträglich ohne Not als zwingende gesetzmäßige bzw. oder regelgerechte Folge vorheriger Bedingungen erscheint, wo doch von den Bedingungen her zur Zukunft hin ebenso gesetzmäßig oder regelgerecht andere Faktizitäten möglich gewesen wären. Dies wirft die Frage auf, ob es heute überhaupt noch eine Geschichts*philosophie* geben kann.[13] Gegen ihre ältere positivistische und kulturkritische wie auch gegen ihre neuere postmodernistische Totsagung haben *Herbert Schnädelbach, Johannes Rohbeck und Eric Voegelin* die Möglichkeit und Notwendigkeit einer allerdings neu und jeweils anders begründeten Geschichtsphilosophie vertreten. Darüber das folgende.

3.2 Funktion und Sinn zwar *in* der Geschichte, nicht aber *der* Geschichte (Schnädelbach)

Der Philosoph H. Schnädelbach grenzt sich zunächst klar gegenüber aller Teleologie der Universalgeschichte ab, wie für ihn auch das Geschichtlich-Individuelle

---

[12] v. Weizsäcker 1991, 96.
[13] Zum vielfachen Abgesang auf die Geschichtsphilosophie vgl. u.a. *Marquard* 1973 und *Baumgartner* 1996, 151 ff.

kein Gegenstand geschichts-philosophischer Aussagen sein kann.[14] Sozusagen dazwischen gebe es aber für menschliche Subjekte *Handlungssinn* und in der Deutung des Geschichtlichen „*Mitteilungssinn*". Denn mit dem Verzicht auf den Sinn *der* Geschichte sei auf der einen Seite durchaus vereinbar, daß Menschen, Gruppen und auch ganze Kulturen und Kulturkreise *innerhalb* ihrer Geschichte Sinn setzen und dabei – in Konkurrenz zu sich vielfach überkreuzenden gegen- oder andersläufigen Tendenzen – auch in größeren Zeiträumen individuell und kollektiv sinnvoll handeln und Ziele anstreben können. Unter der Not ihres bedürftigen und immer kurzen Lebens kommen Menschen gar nicht umhin, sich lebensgeschichtlich Ziele zu setzen, „vernünftig" zu handeln – was hier heißt: es in Kenntnis der aktuellen Lage, des benötigten instrumentellen Wissens und der erwünschten und möglichen Folgen zu tun – und anderen Menschen einen ebensolchen Handlungssinn zu unterstellen.[15] Und ebenso seien Gesellschaften zum Zwecke ihrer Selbstbehauptung gezwungen, rational zusammenzuwirken, Systeme des Sinns zu entwickeln und deren Normen zu Maximen ihres Handelns zu machen. Zugleich erlaubt das im Prinzip vernünftige individuelle und kollektive Handeln den Menschen, sich daran lernend zu orientieren und im Verstehen von „Geschichte" deren Mitteilungssinn zu nutzen. Indem der Mensch seinen Möglichkeiten in der Geschichte begegnet, kann er sich vieles am Gegenwärtigen und Früherem, zumal auch gerade die historischen Katastrophen „erklären".

Wie ersichtlich folgt Schnädelbach in beiderlei Hinsicht der von Max Weber begründeten sozialwissenschaftlichen Wissenschaftstheorie. Entgegen dem von Droysen und Dilthey schroff abgewiesene Erklären geht er davon aus, daß in jedem menschlichen Handeln die Beachtung von Bedingungen und Gesetzmäßigkeiten steckt, zu deren Erkenntnis – zusätzlich zum subjektiv gemeinten Sinn des Handelnden – der Einbezug der davon unabhängigen empirischen Wirklichkeit nötig ist[16] und deshalb auch in den historischen Wissenschaften neben dem Verstehen das Erklären unverzichtbar ist. Anders sieht es mit der Vorhersage des Eintretens eines größeren politisch und kulturellen Wandelns und erst recht mit den Fernwirkungen eines aktuell zu verzeichnenden Wandels aus und darüber hinaus mit der Frage, ob die Geschichte der Menschheit insgesamt einen progressiven Charakter hat und ein bestimmtes Ziel ansteuert. Darüber etwas aussagen zu können, verneint Schnädelbach ausdrücklich mit dem Argument, daß dem Historiker das Ganze der Geschichte in mehr als einer Hinsicht nicht zur Verfügung steht. Die ihm gesetzte Grenze beschreibt er so: „So löst sich hier die Geschichte auf in viele Geschichten, die man vom Vergangenen mit gleichem Recht erzählen kann." (613)

---

[14] Vgl. hierzu *H. Schnädelbach*: Vernunft und Geschichte. Vorträge und Abhandlungen, Frankfurt 1987; ders.: Philosophie und Geschichte, in: Goertz 1998, 598-620.

[15] In der Tat erhält alles Handeln erst durch die Endlichkeit der menschlichen Lebenszeit auch einen existentiellen Sinn, wie näher begründet wird von *H. Weinrich*: Knappe Zeit. Kunst und Ökonomie des befristeten Daseins, München 2004.

[16] Rüsen (2006, 39 ff.) nennt diese empirische Wahrheit den „objektiven Sinn" von Geschichte.

3.3 Menschheitsgeschichtlicher Fortschritt in Technik, Wissen und Herrschaft
(Rohbeck, Voegelin)

Welche Bedeutung hätte unter dieser Voraussetzung dann aber noch der im 18. Jahrhundert geprägte Kollektivsingular „Geschichte", außer daß er die Summe zahlloser Singularitäten einer Zeit bezeichnete? Müßte sich der Historiker nicht mit dem Auffinden von thematisch und zeitlich begrenztem Funktions- und „Sinninseln im Ozean des insgesamt Sinnlosen" zufriedengeben? Dagegen spricht zunächst – und Schnädelbach verschließt sich dem nicht –, daß die *Gattung Mensch* seit ihrem Entstehen in kommunikativen Kontakt gestanden hat, kulturelle Erfindungen, größere Zeiträume vorausgesetzt, sich weltweit ausgebreitet haben und die Menschheit zur Gegenwart hin immer mehr zu einer realiter kommunizierenden Einheit zusammengewachsen ist. Wie wenig die Historie auch von der Vergangenheit der Menschheit zu fassen bekommt, wieviel auch definitiv „verloren" ist und noch ständig dem Vergessen anheimfällt, so reichen doch die auf uns gekommenen älteren Spuren und jüngeren Dokumente der Vergangenheit aus, um die Konturen einer die ganze Geschichte der *Menschheit und der Menschen umfassenden kulturellen Entfaltung* zu zeichnen.

Für den Philosophen *Johannes Rohbeck* ist deshalb der ausgerufene Verzicht auf die Geschichtsphilosophie voreilig gewesen. In seinen beiden Schriften: Technik – Kultur – Geschichte. Eine Rehabilitierung der Geschichtsphilosophie (Frankfurt 2000) und: Geschichtsphilosophie (Hamburg 2004)[17] verabschiedet zwar auch er die Teleologie, gibt jedoch seine Sympathie erstens für Smith' „unsichtbar lenkende Hand", zweitens für Kants „verborgene Naturabsicht" und drittens für Hegels „List der Geschichte" zu erkennen[18], so als hätten diese Denker geahnt, daß die Menschheitsgeschichte im positiven Sinne voranschreitet. Sein Hauptargument ist das progressive Potential der Technik, das seit dem ausgehenden 18. Jahrhundert von der Philosophie und den historischen Wissenschaften allerdings durchweg kulturkritisch unterschätzt werde. Es sei vor allem die Kritik an einer angeblich Geschichts- und Sinnverluste erzeugenden Technik gewesen, welche ihren objektiven zivilisatorischen und humanitären Fortschritt diskreditiert habe. Diese bis heute reichende Unterschätzung der normativen und reflexiven Potenzen technischen Handelns und der kulturellen Überschüsse technischer Medien verkenne, daß dieses das zentrale Thema der Geschichtsphilosophie des 18. Jahrhunderts gewesen sei: „Dieser *Prozeß der Zivilisation* [kursiv J.R.] auf den Gebieten Wissenschaft, Technik und Ökonomie bildeten eine Grundlage der Idee des Fortschritts" (2000, 13). Diese Deutung der Zivilisationsgeschichte habe mehr Wahrheit für sich als der Historismus des 19. Jahrhunderts und alle folgende Kulturkritik. Denn allein der wissenschaftlich-technische Fortschritt habe sich weltweit über alle politischen und humanitären Katastrophen hinweg bis heute durchgesetzt. Zu wenig werde bedacht, daß die Technik und die Medien nicht nur traditionelle Kultur vernichtet, sondern ständig selbst

---

[17] Vgl. auch *J. Rohbeck/H. Nagl-Docekal* (Hg.): Geschichtsphilosophie und Kulturkritik. Historische und systematische Studien, Darmstadt 2003; darin von *H. Schnädelbach*: Geschichte als kulturelle Evolution, 2003, 329 ff.
[18] Vgl. zu Smith Kapitel 14.4., zu Kant 17.1.2. und zu Hegel 19.1.7.

Kultur geschaffen haben, und zwar indem das „kreative Überschußpotential" des technischen Fortschritts ständig die Handlungsmöglichkeiten der Menschen erweitert habe. In Rohbecks Konzept einer „radikalisierten Moderne" ist das Subjekt der Geschichte die ganze Menschheit von ihrem naturhistorischen Anbeginn bis heute. Die Geschichte ihres Lernens und ihres Zuwachses an Wissen erzähle die Universalhistorie. Diese Geschichte in der globalisierten Welt abbrechen zu lassen, würde den Bestand der Menschheit gefährden, zumal die Menschheit ein Experiment sei, das sowohl an natürlichen wie an kulturellen Bedingungen scheitern könne.

Auch der deutsch-amerikanische Staatsrechtler *Eric Voegelin* hat sich auf die progressive Geschichtstheorie der Aufklärung berufen. Wenn für ihn die Geschichte auch keinen vorgegebenen Sinn hat, so hat sie doch eine Anlage zur Ausbildung von „Ordnung". Die Grundthese seines vielbändigen Werks „Ordnung und Geschichte"[19] ist: „Die Ordnung der Geschichte enthüllt sich in der Geschichte der Ordnung". Plausibel macht er diese These, indem er zunächst mit den illusionären Geschichtskonstruktionen abrechnet, die von den Propheten und Kirchenvätern des Altertums bis zu den neuzeitlichen Geschichtsphilosophen und Ideologen immer wieder erneuert seien. Nach ihm beruhen sie allesamt auf einem staatstheoretischen Denktypus, welcher zwar Digressionen und Regressionen zuläßt, aber aus der das Ganze der bisherigen und künftigen Geschichte überschauenden Perspektive seiner Konstrukteure eine unaufhaltsame Annäherung an der vorherbestimmte Ziel der Geschichte annimmt. Um nicht in diese teleologische Falle zu tappen, verzichtet Voegelin gänzlich auf Vorannahmen über Sinn und Ziel der Geschichte, versucht vielmehr, im Durchgang durch die *faktischen Herrschaftsstrukturen und Wissensbestände* vor allem der frühen und entwickelten Hochkulturen des Altertums die historische Entstehung von weltweit bis heute sich immer mehr durchsetzenden Prinzipien sozialer, gesellschaftlicher und staatlicher Ordnung zu entdecken und zu beschreiben. Es ist also eine Ordnung, die in der Geschichte selbst erst entsteht und sich zeigt.

Alle genannten Geschichtsphilosophien sind in der Kritik an ihren traditionellen Formen stark und klären das Terrain des heutigen geschichtsphilosophischen Denkens. Sie halten sich aber sehr zurück, etwas über den künftigen Verlauf der Geschichte zu sagen. Untergründig scheint es bei ihnen allerdings so etwas wie eine leise Hoffnung zu geben, daß – wie es unterhalb der bewußt Ziele setzenden Geistigkeit des menschlichen Individuums eine unbewußt steuernde personale Instanz gibt, welche die Vielzahl konkurrierender Motive und „Teilgeschichten" eines Lebens funktional integriert und dem Menschen in seinem Handeln, Denken und Welterleben lebensgeschichtliche Identität und Kontinuität ermöglicht – dem entsprechende integrierende, wenn auch immer in sich widersprüchliche und bestandsgefährdete Instanzen in allen menschlichen Gruppierungen, von der Zweierbeziehung über größere Gemeinschaften bis hin zur Weltgesellschaft geben könnte.

---

[19] *E. Voegelin*: Ordnung und Geschichte. 10 Bde. (Order and History, 5 vol., engl. Louisiana 1956), hg. P.J. Opitz und D. Herz, übers. R.W. Sonnenschmidt, München 2002/2005.

43. Historie (Historik II):
Die erforschte, gedeutete und konstruierte Geschichte

1. Grundvoraussetzungen und -probleme des Umgangs mit historischen Dokumenten   723
2. Verstehen und Deuten im aktuellen und wirkungsgeschichtlichen Zusammenhang   731
3. Verallgemeinerungen, Konstruktionen, Metaphern und Geschichtsbilder:
   Zugriffe auf Geschichte   734

Das im vorigen Kapitel charakterisierte allgemeine Vorverständnis des objektiven geschichtlichen Geschehens ist selbst das Produkt erforschter, gedeuteter und konstruierter Geschichte, also von Historie. Im hermeneutischen Zirkel eines Vorverständnisses von Geschichte und ihrer Erforschung in der Historie werden in diesem Kapitel nun umgekehrt die in der Historie angewandten Methoden des Zugangs zu den Zeugnissen der Vergangenheit einer Reflexion unterzogen. Es handelt sich dabei vor allem um Fragen nach dem Wahrheits- und Wirklichkeitsgehalt primärer und sekundärer Dokumente der Überlieferung, um die Möglichkeiten und Grenzen der Historiker, jene Quellen methodengeleitet und -kritisch zu verstehen und zu deuten, und um die Versuche, auf dieser Grundlage mit Hilfe traditioneller und neuerer Geschichtsmetaphorik Geschichte unter bestimmten erkenntnisleitenden Interessen zu konstruieren. Die hier gemachten Ausführungen beziehen sich sowohl forschungspraktisch als auch theoretisch auf das Zentrum der Tätigkeit des Historikers. Denn sein Gegenstand ist zwar die vorgegebene, unauslotbare Geschichte und seine Adressaten erreicht er erst in Werken der Geschichtsschreibung, Historiker im engeren und eigentlichen Sinn ist er nur dann, wenn er Forscher ist und nach dem Stand seiner Zeit bestimmten Regeln der Wissenschaftlichkeit folgt. Die Geschichtstheorie ist so das sein Forschen anleitende Wissen und sein ihn orientierendes Gewissen.[1]

1. Grundvoraussetzungen und -probleme des Umgangs mit historischen Dokumenten

Das Grundvoraussetzung aller Historie ist ihre Angewiesenheit auf gegenwärtig vorhandene Dinge und Spuren der Vergangenheit. Hierbei handelt es sich zum einen um historische Überreste, Dokumente und Werke, die in materieller, bildlicher oder schriftlicher Gestalt Zeugnis von früherem kulturellen Wirken geben und damit Träger von vergangenem Sinn sind. Zum andern handelt es sich um jene Eigenheiten der Vergangenheit, die in gegenwärtiger Kultur aufgehoben sind und Rückschlüsse auf deren Entstehung, Wandel und Verbreitung in früheren Zeiten erlauben. Eine gewisse Sonderstellung nehmen jene Spuren von Geschichte ein, die sich als „kulturelles Gedächtnis" der kollektiven oralen Tradition vornehmlich schriftloser Kulturen und als persönliche Erinnerung den Erzählungen sog. Zeitzeugen verdanken, wobei die Historie des 20. Jahrhunderts erstmals auch auf beliebig oft reproduzierbare akustische und optische Aufzeichnungen zurückgreifen kann, die ein vergangenes Geschehen in Realzeit, als Geschichte gleichsam in Bewegung festhalten. Bei allen Arten von Quellen wird die Historie indes – zusätzlich zu den

---

[1] Vgl. Goertz 1995, 15-17.

im vorigen Kapitel dargelegten allgemeinen erkenntnistheoretischen und geschehensimmanenten Problemen – mit zahlreichen, nur zum Teil zu bewältigenden Hindernissen des Zugangs zum geschichtlichen Geschehen konfrontiert.

1.1 Schriftquellen und ihre Voreingenommenheiten

Ein erstes Problembündel rührt von dem elementaren Erfordernis einschlägiger Quellen aus der Geschehenszeit her, d.h. eben oft: aus ihrem schieren Fehlen, aus der „Löchrigkeit" und der Zufälligkeit ihrer Überlieferung.[2] Denn sieht man hier zunächst von der Möglichkeit ab, von Merkmalen der gegenwärtigen Kultur auf ihre geschichtliche Entstehung zu schließen, dann können Historiker überhaupt nur dann etwas Verläßliches über Vergangenes sagen, wenn es durch Quellen aus jener Zeit belegbar ist. Ohne sie wäre alles Nachdenken über die Geschichte „grundlos". Und genau dies ist das Problem, vor dem die Historie bei dem größten Teil ihres Gegenstands steht. Denn nur von einem sehr kleinen Teil der Geschichte sind überhaupt Quellen auf uns gekommen. So sind die kulturgeschichtlichen Anfänge der Menschheit bis zum Aufkommen des rezenten Menschen nur äußerst lückenhaft aus „bearbeiteter" Natur erschließbar und liegt auch noch über den Zeitraum der letzten 100.000 Jahren mehr als 99% ihrer Geschichte eine Dunkelheit, die nur an wenigen Stellen auf der Erde durch sporadische Funde aufgehellt wird und einiges von ihrer kulturellen Existenz ahnen läßt. Wegen der geringen Zahl an Quellen teilen dann jedoch auch noch die meisten stammeskulturellen Ethnien der jüngeren Vergangenheit das Schicksal einer scheinbaren Geschichtslosigkeit. Jedenfalls haben Historiker und nicht wenige Ethnologen deswegen lange Zeit gemeint, jenen Menschengruppen, z.B. in Schwarzafrika vor seiner Kolonisierung durch Araber und Europäer, die Geschichtlichkeit absprechen zu können. Diese Einschätzung ist jener vergleichbar, die die illiterate und deshalb „schweigende Mehrheit" der Menschen innerhalb der Hochkulturen erfahren hat. Denn auch dort bekommt die Historie im wesentlichen nur die Geschichte der oberen Stände zu fassen, weil wiederum nur deren Mitglieder ausgewählt schöne und kostbare Dinge am sicheren Ort, vor allem in Gräbern und sonstigen Orten des Kults und der Repräsentanz, aufbewahrt und Texte erzeugt haben, wie dies etwa Schreiber-Beamte im Alten Ägypten, freie männliche Bürger im klassischen Altertum, Kleriker im Mittelalter und Gelehrte und Personen vom Stand im neuzeitlichen Europa getan haben. Wenn so in den Hochkulturen immerhin die Geschichte der Herrschenden und der Kleriker relativ gut dokumentiert ist, so fehlt doch auch dort vieles, was heutige Historiker wissen möchten. So blenden Quellen fast immer den Alltag und die sonstigen Selbstverständlichkeiten des Lebens aus, so daß man gerade auf jene Fragen keine Auskunft erhält, deren Antworten „damals" allen Menschen bekannt waren und später wegen des Wandels der Verhältnisse nicht mehr gegeben werden konnten. Mit Blick auf die kulturgeschichtliche Überlieferung der Menschheit können wir heute nur bedauern, daß die Schrift so verhältnismäßig spät erfunden worden und noch viel später in den Gebrauch auch der unteren Bevölkerungsschichten übergegangen ist,

---

[2] Zum Status, zur Art und zur Zugänglichkeit von historischen Quellen vgl. den Band 4: Quellen, in: *M. Maurer* (Hg.): Aufriß der Historischen Wissenschaften, Stuttgart 2002.

obwohl die intellektuellen Fähigkeiten der Menschen dies alles viel früher möglich gemacht hätten. Darin steckt natürlich eine gewisse Dialektik. Denn früher alphabetisierte Völker wären eo ipso keine Primitiven mehr gewesen und, da die meisten vormodernen Hochkulturen zudem gerade durch die ständische Differenz zwischen Schreibkundigen und -unkundigen charakterisiert sind, wäre die Kulturgeschichte schreibkundiger Volksmassen eine andere gewesen als jene, über die wir Kenntnis nur durch die Zeugnisse gesellschaftlicher Elite erhalten haben.

Dagegen scheint nun zwar die Geschichte des modernen Europas aufgrund seines hohen Alphabetisierungsgrades, seines ausgeprägten historischen Bewußtseins und der technisch im 20. Jahrhundert erleichterten und massenhaft geschehenden Aufzeichnung von Wirklichkeit inzwischen sehr gut belegt zu sein, so daß die Zeitgeschichtsforschung sogar manchmal beklagt, daß sie an einem Zuviel von Dokumenten zu ersticken drohe. In fast jedem konkreten Fall indes wird die Quellenlage dann jedoch als unzureichend empfunden. Denn wie reichlich die Quellen auch zu „fließen" scheinen, wie umfangreich und inhaltlich differenziert und dicht die Überlieferung bei der ersten Annäherung erscheinen mag, so stellt man doch im Prozeß der Erforschung eines Phänomens rasch fest, daß man sozusagen nur wenige Splitter des Geschehens in Händen hat, es nur in besonderen Ausschnitten „eingefangen" ist und für ganze Bereiche, wie insbesondere für die verdeckte innere Seite der Motive und Ideen eines Geschehens, die Quellen fehlen, so daß die angemessene Erfassung und Deutung auch nur eines relativ begrenzten kulturellen oder lebensgeschichtlichen Ereignisses, geschweige denn einer größeren kulturellen Bewegung oder eines Lebenslaufs unmöglich erscheinen müssen.[3]

Dafür gibt es zwei aufeinander verweisende Gründe. Der erste folgt aus der schlichten Tatsache, daß alles geschichtliche Geschehen als ein vergangenes und jeweils einmaliges Geschehen grundsätzlich nicht wieder herstellbar ist, so daß sich die historischen Wissenschaften im Unterschied zu jenen Wissenschaften, in denen man z.B. Gesetzesannahmen oder auch nur bloße Vermutungen an beliebig oft zu erzeugenden empirischen Phänomenen überprüfen kann, immer mit dem begnügen müssen, was sie vorfinden und Quellenmängel auch durch noch so subtile Überlegungen und Folgerungen nachträglich nicht vollständig kompensiert werden können. Der andere Grund macht auch für alle Zukunft die Historie zu einem defektiven Unternehmen, nämlich die Unmöglichkeit, in Quellen die Wirklichkeit gleichsam zu verdoppeln. Gegenüber der im Original gegebenen Fülle des Faktischen und der Bezüge bleibt jegliche Dokumentation grundsätzlich zurück, sind alle Quellen

---

[3] *Herder*, der in seiner Darstellung der Geschichte des Menschengeschlechts so sicher auftritt, war sich dieser Schwierigkeit durchaus bewußt, als er schrieb: „Niemand in der Welt fühlt die Schwäche des allgemeinen Charakterisierens mehr als ich. Man malet ein ganzes Volk, Zeitalter, Erdstrich – wen hat man gemalt? [...] Wen hat das schildernde Wort getroffen? – Endlich man faßt sie doch in Nichts, als ein allgemeines Wort zusammen, wo jeder vielleicht denkt und fühlt, was er will ..." (in: Auch eine Philosophie der Geschichte der Bildung der Menschheit, Frankfurt 1967, 36) und dann folgerte: „Die Geschichte flimmert und fackelt dir vor den Augen" (39 f.).

immer nur Indikatoren des Geschehens und sie selbst ein zweites anderes geschichtliches Geschehen.[4]

Die Differenz zwischen einem originären Geschehen und dem Versuch seiner Erfassung und Überlieferung lenkt den Blick auf ein weiteres grundsätzliches Problem der Historie, und zwar darauf, daß deren *Quellen*, seien es in Schrift, Bild oder in materiellen Werken überlieferte Dokumente, *bereits Deutungen des Geschehens* sind, das sie darstellen. Das heißt, daß nicht erst alle spätere Historie Deutung einer geschichtlichen Wirklichkeit ist, sondern daß dies auch schon auf alle primären Quellen zutrifft. Dabei ist der Historiker darauf angewiesen, um überhaupt an das vorausgesetzte Geschehen heranzukommen, sich zunächst ganz der Sichtweise der Autoren von Quellen anzuvertrauen – mit allen Fallstricken des Mißverstehens und Umdeutens, die diese als Handelnde, als Zeitzeugen und als „Kinder ihrer Zeit" mit Absicht, im fremden Auftrag oder unbewußt ausgelegt haben. Solche primären Quellen sind deshalb Chance und Problem in einem. So können die Äußerungen derjenigen, die Geschichte bewußt erlebt oder gemacht haben, zwar Authentizität beanspruchen. Wegen der Nähe zum Geschehen, der Eingebundenheit in seine möglichen Folgen und der persönlichen Interessen sind sie aber zunächst vor allem Dokumente bestimmter Subjekte und ihrer unvermeidlichen Befangenheit. Dies gilt in eben der Weise für jene (auto-)biographischen Quellen, die aus einem lebensgeschichtlichen Rückblick oder aus intimer Kenntnis der dargestellten Person entstanden sind. Wie unterschiedlich bestimmte Ereignisse, Entwicklungen, Werke und Personen in primären Quellen gedeutet werden, dafür kann die Historie – aus Prinzip mißtrauisch gegenüber jedem Urteil – zahllose Beispiele nennen. Dieses Mißtrauen hat umso mehr Berechtigung, als es grundsätzlich eine unbegrenzte Zahl von Möglichkeiten gibt, von einem Geschehen Dokumente zu erzeugen, die aus subjektiver Sicht alle für sich Authentizität und Wahrheit beanspruchen können.[5] Damit soll gesagt werden, daß diejenigen, die dem geschichtlichen Geschehen am nächsten sind oder es sogar bewußt hervorbringen, ebenso schon – wenn auch auf eine andere Weise als die aus größerer zeitlicher und ideeller Distanz urteilenden nachgeborenen Historiker – im hermeneutischen Zirkel des Verstehens befangen sind. Der Unterschied zu jenen besteht darin, daß sie in Bezug auf ihre erst noch Geschichte werdende Gegenwart in ihren Lebens-, Handelns- und Existenzformen ganz elementar, unmittelbar und unentrinnbar von deren aktuellen Wirkungszusammenhängen geprägt sind und dazu neigen, nur das ihnen unerhört und bemerkenswert Erscheinende den Quellen anzuvertrauen.[6]

---

[4] Vgl. hierzu auch die Utopie von einem sog. Hypertext in Kapitel 46.1.4.

[5] Zur Problematik der Zeitzeugen vgl. die unterschiedliche Beurteilung, die jene etwa der 68er-Bewegung haben angedeihen lassen, in: *W. Kraushaar*: Der Zeitzeuge als ein Feind des Historikers? Ein Literaturüberblick zur 68er-Bewegung; ders. (in Kapitel 8): 1968 als Mythos. Chiffre und Zäsur, Hamburg 2000, 323–347. Zur instrumentalisierten Geschichte vgl. *E. Wolfrum*: Geschichte als Waffe. Vom Kaiserreich bis zur Wiedervereinigung, Göttingen 2002.

[6] Auf welch schwankenden Boden sich der Historiker befindet, wenn er Zeitzeugen und insbesondere aus der Erinnerung niedergelegten Berichten vertraut, illustriert, u.a. mit Bezug auf die neuere Hirnforschung, *J. Fried*: Der Schleier der Erinnerung. Grundzüge einer historischen Memorik, München 2004. Vgl. allgemein zur Oral History *J. Vansina*: Oral Tradition. A Study

Ein vielleicht noch größeres Gewicht hat bei der Erzeugung primärer Quellen die weitgehend unreflektiert auf der Grundlage des gesellschaftlichen *common sense* erfolgte Beurteilung eines Geschehens. Der damit einhergehende Verlust an Wahrheit und Wirklichkeit ist deren Kehrseite. Denn um einen konsistenten Deutungszusammenhang herzustellen, können Chronisten als Mitglieder ihrer Gesellschaft zumeist gar nicht anders, als deren Selbstbild zur Grundlage ihrer Darstellung zu machen und dabei die eigenen Beobachtungen und Erfahrungen zu vereinheitlichen und zu vereinfachen, „Unpassendes" zu unterdrücken, Fremdes abzuwehren und dafür dem Geschehen vieles einfach zu unterstellen. An den „Geist" der Zeit ist jedoch auch jedes andere Werk gebunden, und zwar mit der ambivalenten Auswirkung auf die Historie, daß es einerseits als originärer Ausdruck jener Zeit und andererseits als Ausdruck einer zeittypischen Voreingenommenheit beurteilt werden muß.[7] Wie unentbehrlich deshalb originäre Quellen als Mittel der Erkenntnis sind, so sind sie doch streng genommen von Anfang an immer schon auch Verfälschungen, Verzerrungen und zumindest deutende Akzentuierungen des Geschehens, selbst dann, wenn sich ihre Autoren um Objektivität und um seine reflexive Deutung bemühen.

In der größeren *Distanz des nachgeborenen Historikers* zum Geschehen mag man dann sogar einen *Vorzug* sehen, insofern dieser zwar jener Welt fremd ist, aber nicht die Voreingenommenheit der Zeitgenossen teilt, aus dem zeitlichen und handlungsmäßigen Abstand zum Geschehen und in Kenntnis von dessen Wirkung seine „historische" Bedeutung und insbesondere seinen Beitrag zum geschichtlichen Wandel besser einschätzen kann.[8] Im Prinzip steht der aus größerem zeitlichen Abstand und aufgrund überlieferter Quellen urteilende Historiker freilich vor denselben Verstehens- und Deutungsprobleme wie die Zeitgenossen des Geschehens. Zwar hat die Nicht-Involviertheit, die Kenntnis der späteren Folgen und überhaupt die aus dem längeren reflexiven Umgang mit Geschichte gewonnene größere historische Erfahrung eine Reihe von Vorteilen bei der Deutung. Seine Möglichkeit, das Geschehen unter unterschiedlichen Blickwinkeln betrachten zu können, erlaubt ihm ein differenzierteres Urteil, befreit ihn vom hic et nunc der Handelnden und erlaubt ihm die räumliche und zeitliche Horizonterweiterung Aber auch er kann natürlich nicht das historische Geschehen an sich beschreiben, sondern nur seine anders zustande gekommene Ansicht davon darlegen. Und auch er hat ein besonderes Interesse an seinem Studienobjekt, hat Fragen, die aus seiner lebensweltlichen Einstellung stammen und auf ein bestimmtes Publikum zielen und ist abhängig von den ihm geläufigen und bevorzugten Geschichtsbildern, so daß er notwendigerweise ebenso wie jene Zeitzeugen bestimmte Züge hervorhebt und andere als „unwesentlich" unterdrückt. Allemal kommt er zudem auch nicht um die Notwendigkeit der „Vergegenwärtigung" des Vergangenen in dem Sinne herum, daß er dessen mutmaßlichen Sinngehalt so in Sprache transformieren muß, daß die eigenen Zeitgenossen ihn verstehen und daran Interesse finden. Dazu gehört dann schließlich auch das the-

---

in Historical Methodology, Harmondsworth 1965.

[7] Zum Selbst- und Geschichtsbild von Gemeinschaften vgl. Carr 1997, 319.
[8] Vgl. dazu *J. Habermas:* Zur Logik der Sozialwissenschaften. Materialien, Frankfurt 1970, 271 ff. .

matisch begründete Auswählen und Aussortieren von Quellen und das damit verbundene Ausscheiden und „Vergessen" zahlloser geschichtlicher Fakten und ganzer geschichtlicher Welten.⁹ Deshalb gesteht J. Rüsen für die Zunft der Historiker ein: „Wir, die wir Geschichte konstruieren sind als deren Konstrukteure vorab immer schon von ihr konstruiert."¹⁰

1.2 Bilder als Darstellungen und Deutungen von Geschichte

Einer besonderen Bemerkung bedarf hier das Bild als eine historische Quelle. Das Bild zählt, neben der Dingwelt der Werkzeuge, der Waffen, der Behausungen, des (kultischen) Schmucks und allgemein der Geräte, zu den frühesten Zeugnissen, erfaßt in seiner statuarischen Form immer eine herausgehobene Ansicht von der Welt und ist in seinem geistigen, zumeist magischen und religiösen Verweisungscharakter durchweg besonders bedeutungshaltig. Das Bild ist in allen seinen malerischen, plastischen und architektonischen Formen seit den frühen Kulturen neben den Texten ein traditionell mit religiösen, nationalen und ästhetischen Symbolen aufgeladener Ausdruck des Selbstbildes einer Gesellschaft und seiner Repräsentanten. In der Tat muß der Historiker, der eine Kultur, eine Epoche, einen Herrscher verstehen will, mehr als nur Wörter entziffern, muß die „Zeichen der Zeit" im Medium auch des Sichtbaren zu lesen und zu deuten verstehen. Nach dem lange schon etablierten *linguistic turn* ist deswegen in jüngerer Zeit auch ein *iconic turn* ausgerufen worden.¹¹ Ein solches Hervorheben dürfte indessen überflüssig sein, insofern die Historiker jedweder Art immer schon alle nur erhaltenen Bildnisse herangezogen haben und die (klassische) Archäologie und die (europäische) Kunstgeschichte sich selbst und die anderen historischen Wissen darüber belehrt haben, was Bilder „bedeuten".¹²

Mit guten Gründen hat deshalb R. Reichardt¹³ – mit Bezug u.a. auf das neuere Standardwerk *F. Haskell*¹⁴ und auf den Aufsatz von *W. Hardtwig*¹⁵ – behaupten können, daß „die Bildwissenschaft für die Entwicklung der Kulturgeschichte die Bedeutung einer Grundlagenwissenschaft [sc. hat, welche] eine neue Dimension des

---

⁹ Zur Notwendigkeit des Erinnerns und Vergessens vgl. *H. Weinrich*: Lethe. Kunst und Kritik des Vergessens, München 1997; *Haverkamp/R. Lachmann* (Hg.): Memoria – Vergessen und Erinnern, München 1993.

¹⁰ *J. Rüsen*: Kann gestern besser werden? Essays zum Bedenken der Geschichte, Berlin 2003.

¹¹ Ein interdisziplinäres Anzeichen hierfür ist der 1999 von Kunsthistorikern, Theologen und Historikern gegründete Arbeitskreis zum „KultBild". Das Ergebnis ist das vier Bände umfassende Werk von *D. Granz/Th. Lentes* (Hg.): Ästhetik des Unsichtbaren. Bildtheorie und Bildgebrauch in der Vormoderne, Berlin 2005.

¹² So ist das materialiter überlieferte Bild bei aller Konventionalität immer eine wichtige historische Quelle gewesen. Zur Deutungsmethode der Ikonologie in der Historie vgl. u.a. *H. Talenberger*: Historische Erkenntnis durch Bilder, in: Goertz 1998, 83 ff. Zur neueren „Bildanthropologie" vgl. *H. Belting*: Das echte Bild. Bildfragen als Glaubensfragen, München 2005.

¹³ *R. Reichardt*: Bild- und Mediengeschichte, in: *J. Eibach/G. Lottes* (Hg.): Kompass der Geschichtswissenschaft, Göttingen 2002, 219-230.

¹⁴ *F. Haskell*: Die Geschichte und ihre Bilder. Die Kunst und die Deutung der Vergangenheit (engl. 1993), München 1995.

¹⁵ *W. Hardtwig*: Der Historiker und die Bilder. Überlegungen zu Francis Haskell, in: Geschichte und Gesellschaft 1998, 305-322.

Fragens, Verstehens und des Umgangs mit geschichtlichen Dokumenten eigener Art eröffnet" (2002, 219). Denn Bilder seien

> kollektiv gebildete visuelle Stereotypen, die gesellschaftliche Wahrnehmung und Sinnbildung konkretisieren, die soziales Wissen, Dispositionen, Affekte und Erinnerungen fixieren und im kulturellen Gedächtnis speichern, und zwar nicht nur bündiger und sinnfälliger, sondern oft auch einprägsamer und wirkungsvoller, als Schriftquellen es vermögen.

Als solche seien sie auch

> hervorragende Zeitzeugnisse für die Rekonstruktion historischer Sehweisen, für eine Geschichte kollektiver Wahrnehmungen, Sinnbildungsmuster und visueller Darstellungsformen, ihrer Strukturen und Veränderungen.

Und:

> Mehr noch, Bilder sind nicht nur Indikatoren, sondern zugleich auch geschichtliche Faktoren: mit Bildern in der Öffentlichkeit argumentieren und überzeugen, mit Bildern seine Meinung bekennen, sich verteidigen und rechtfertigen, mit Bildern den Gegner angreifen und entwaffnen, mit Bildern Zeiterfahrungen verarbeiten und deuten, mit Bildern Emotionen mobilisieren, politische Gefolgschaft sammeln und kollektives Bewußtsein prägen – darin bestand spätestens seit den Tagen der Reformation ein wesentlicher Teil der politisch-sozialen Kommunikationsgeschichte, zumal in Krisenzeiten. (119 f.)

Dies Zitat macht plausibel, inwiefern Bilder eine Eigenwirklichkeit und Eigenlogik neben der der Sprache begründen, und ist zugleich ein Umriß des Programms einer immer noch zu wenig in das Bewußtsein gedrungenen Teildisziplin der historischen Wissenschaften. Seit dem Aufkommen der Fotographie seit der Mitte des 19. Jahrhunderts und dann des Films wird die im Bild dargestellt Welt zu einer zentralen Quellengattung in der Historie (Näheres dazu in Kapitel 46).

1.3 Die in Kultur aufgehobene Geschichte:
Der Rückschluß von jeweiliger Gegenwart auf die Vergangenheit

Die Geschichte schreitet in der Zeit voran. Die Historie nimmt sich diesen Verlauf des Weges zumeist zum Vorbild. Der gegenläufige Erkenntnisweg ist ihr allerdings, wie oben schon angedeutet, nicht gänzlich verwehrt. Er ist sogar ganz fundamental angelegt im Staunen des Menschen darüber, weshalb die Welt so ist, wie sie ist, und in den Fragen, wie die Welt, die Menschen und alle gegenwärtig existierenden Dinge und Phänomene entstanden sind und sich entwickelt haben könnten. Alle Mythologien, Religionen, Metaphysiken und alle Kulturentstehungstheorien sind freilich nur spekulative Antworten auf diese Fragen. Gewisse empirische Antworten erhält man jedoch, wenn man von der gegenwärtigen Struktur und Funktion bestimmter Dinge, Traditionen, Rollen und Verhaltensweisen mittels genauer Beschreibungen und Vergleiche auf ihre in der Sache begründeten geschichtlichen Vorformen schließt.[16] Es ist im Prinzip derselbe Weg, den auf naturwissenschaftlicher Seite die Biologie eingeschlagen hat, als sie von der ausschließlich systematischen und vergleichenden Erfassung der beobachtbaren Pflanzen- und Tierweltspezies bis ins 18. Jahrhundert im 19. Jahrhundert zusätzlich zu ihrer naturhistorischen Deutung

---

[16] Zur latenten bzw. stummen Gegenwärtigkeit des Vergangenen vgl. Goertz 1995, 19-22.

übergegangen ist, in der Evolutionstheorie einen Schlüssel zur Erklärung der Taxonomie gegenwärtiger Formen des Lebens und zugleich ihrer in Versteinerungen vorliegenden erdzeitlichen Vorformen gefunden hat und von dort aus zu konkreten Hypothesen über den Ursprung allen Lebens auf der Erde vorgestoßen ist.

In entsprechender Weise haben die historischen Kulturwissenschaften überall dort, wo nicht sowieso schon quellengestützte Traditionen bekannt waren, versucht, das in gegenwärtiger Kultur eingelagerte Wissen der Vergangenheit zu „heben". Das wissenschaftsgeschichtlich früheste Beispiel hierfür ist die 1816 von Franz Bopp gemachte Entdeckung, daß sich die grammatischen und lexikalischen Ähnlichkeiten zahlreicher Sprachen zwischen Indien und Nordwesteuropa historisch nur im Sinne einer sich aus einem gemeinsamen Ursprung herleitenden und sich immer mehr verzweigenden Genealogie erklären lassen. Ohne selbst über sprachliche Quellen dieses Ursprungs zu verfügen, gestützt allein auf den systematischen Vergleich späterer Sprachzustände und auf den Gedanken der geschichtlichen Auseinanderentwicklung ursprünglich vereinter und dann getrennter Völkerschaften, hat so die Indogermanistik die Annahme einer gemeinsamen Ursprache zwingend gemacht.

In einer vergleichbaren Lage haben sich die Völkerkunde und die Prähistorie gegen Ende des 19. Jahrhunderts befunden, als sie nicht mehr bloß über die Frühgeschichte spekuliert und nicht mehr dem mythisch geprägten kulturellen Gedächtnis der Primitivkultur vertraut haben, sondern deren Geschichte wenigsten in einigen Aspekten haben empirisch aufklären wollen. Auch hier haben es Vergleiche späterer oder gar erst heutiger materieller und sprachlicher Überlieferung und das Konzept der diffusionistischen Ausbreitung der Kultur[17] ermöglicht, realistische Szenarien über die Entstehung von Kulturkreisen, über Völkerwanderungen, über Akkulturationen und allgemein über Kulturtransfer zu entwerfen, so daß uns die Geschichte der schrift- und bilderlosen Völker der Frühzeit und der jüngeren Gegenwart nicht mehr gänzlich verschlossen ist. Dieses Prinzip läßt sich auf die Erforschung des Gegenstandes aller historischer Wissenschaften anwenden, auf die Geschichte des Rechts oder der politischen Institutionen ebenso wie auf die der bildenden Kunst oder der Technik. Der Rückschluß von der die Vergangenheit versteckt und deshalb zumeist unbemerkt enthaltenden Gegenwart auf die Vergangenheit selbst läßt sich leicht an der jeweiligen Gegenwartssprache einsichtig machen. Immer enthalten die sprachlichen Mittel, deren wir uns zur Äußerung unserer Gedanken bedienen, die ganze Sprachgeschichte von ihren allerersten Anfängen bis heute, steckt z.B. in den Kategorien der Genera, der Kasus und der Tempora die grammatische Struktur der indogermanischen Ursprache, enthält z.B. das Fremdwort Demokratie ein Gutteil der politischen Theorie und Praxis Europas und verweisen etwa die Stil- und Verslehre auf die Geschichte der Rhetorik und der Poetik. Wenn wir heute über die Herausbildung der romanischen und germanischen Sprachen in den Jahrhunderten nach dem Untergang des Römischen Reichs und vor der Überlieferung größerer Textcorpora gegen Ende des ersten Jahrtausends die großen Linien kennen, dann verdankt sich dies ihrer Erschließung aus hypothetischen vulgärlateinischen und

---

[17] Vgl. hierzu die Ausführungen in Kapitel 29.

frühgermanischen Sprachformen. Allgemein muß man allerdings sagen, daß der Rückschluß von der Gegenwart auf die Vergangenheit eine gewisse Sicherheit erst in Verbindung mit datierbaren und inhaltlich aussagekräftigen dinglichen und bildlichen Funden und, in Hochkulturen, mit Schriftquellen gewinnt. Aber gerade für Zeiten, in denen Quellen insgesamt spärlich fließen, wie dies in den wiederholt zu verzeichnenden sog. finsteren Zeitaltern der Fall ist, ist es oft erst durch historische Rückschlüsse gelungen, die raren Spuren und Überbleibsel aus der Herkunftszeit zu einem ausdeutbaren Gesamtbild zusammenzufügen.

2. Verstehen und Deuten des historischen Geschehens aus seinem synchronen und diachronen Zusammenhang und seiner Wirkungsgeschichte

Die zahlreichen Hinweise auf prinzipielle Grenzen und faktische Probleme historischer Forschung und die Einsicht, daß die „Feststellung" „geschichtlicher Tatbestände" und eines „geschichtlichen Wandels" von der Gegebenheit einschlägiger historischer Quellen oder Rückschlüsse abhängt und zugleich ganz wesentlich ein Werk der Historiker ist, was alles die historische Erkenntnis immer schon in vielfacher Weise begrenzt und lenkt, können in eine Skepsis münden, die die Möglichkeit zutreffender und „wahrer" Aussagen über Geschichtliches fast gänzlich verneint, wie es etwa im Urteil des Musikwissenschaftlers C. Dahlhaus zum Ausdruck kommt: „[...] je genauer und umfassender man ein Werk der Vergangenheit versteht, um so fremder erscheint es. Durch historische Interpretation wird es keineswegs [...] näher gebracht, sondern vielmehr in die Ferne gerückt, in der sein Ursprung liegt. [...] die Dialektik aber, daß zusammen mit der Nähe zur Vergangenheit auch deren Fremdheit wächst, zwingt zur Resignation."[18]. Und dennoch kann man mit guten Gründen die Auffassung vertreten, daß wir dank der historischen Wissenschaften heute von der Vergangenheit – auch der weit zurückliegenden und ethnisch fremden – nicht nur mehr als die meisten Forschergenerationen vor uns wissen, sondern in mancher Hinsicht auch mehr als die Zeitgenossen und die jeweiligen „Eingeborenen", und zwar, weil heutige Historiker gerade wegen jener in der europäischen Moderne gewachsenen Skrupel ein aufgeklärteres Bewußtsein von den Möglichkeiten und Grenzen ihrer Tätigkeit haben und mit der im Laufe der letzten 200 Jahre entwikkelten historisch-kritischen Methodik ein sehr leistungsfähiges Forschungsinstrument besitzen. Dieses positive Urteil läßt sich aber nur aufrecht erhalten, wenn die historischen Wissenschaften erstens die traditionellen *historistischen „Tugenden"* weiter pflegen, zweitens die *historische Dimension der Diachronie und die systematische der Synchronie* mehr als bisher üblich wechselseitig aufeinander beziehen und drittens *Geschichte als Wirkungsgeschichte* begreifen.

---

[18] *C. Dahlhaus*: Was ist Musikgeschichte?, in: Funkkolleg Musikgeschichte, SBB 1, Weinheim/Basel 1987, 80.

2.1 Die Notwendigkeit des Aufdeckens des in der Überlieferung Verborgenen

Mit dem ersten Punkt ist gemeint, daß Historiker, in Kenntnis der Unhaltbarkeit der erkenntnistheoretischen Position des Historismus, dennoch unter Ausschöpfung aller rationalen Mittel weiterhin alles daransetzen müssen, vergangene Wirklichkeiten aus Quellen und aus empirischen Rückschlüssen so genau wie möglich zu verstehen. Ob es sich um unscheinbare frühkulturelle Spuren menschlichen Handelns, um Gebrauchsgegenstände oder künstlerisch gestaltete Bildnisse der frühen Hochkulturen oder um real-, fiktional- oder ideengeschichtliche Texte in den entwickelten Hochkulturen handelt, immer muß es zunächst das Ziel des Historikers sein, das in Zeugnissen verborgene, nur aus bestimmten Merkmalen erschließbare geschichtliche Sein und Werden mit allem ihm aus der Erfahrung bisheriger historischer Forschung zu Gebote stehenden hermeneutischen und analytischen Methoden zu entdecken und zu beschreiben. Die Leistungen etwa der Archäologie sind Beispiele dafür, wie man durch Grabungen freigelegte oder zufällig auf uns gekommene Spuren, Relikte und Artefakte der Steinzeit, also durch „tote" Dokumente, mit Hilfe der einschlägigen Methoden und einem gewissen detektivischem Spürsinn gleichsam zum Reden bringen kann.

Wenn das Herausfinden von Tatsächlichem allein auch noch nicht das Endziel von Historie ist, so ist es doch eine unverzichtbare Voraussetzung für alles Weitere und trägt in sich schon einen Sinn, jedenfalls dann, wenn man mit H. Arendt meint, daß die „Historie [...] die Hüterin der Tatsachenwahrheit" zu sein hat. Zu den elementaren Forschertugenden des Historikers gehören deshalb eine Haltung der Neugier und zugleich der Demut gegenüber dem Fremden und Fernen in der Zeit, ein genaues und dabei doch offenes Wahrnehmen der Überlieferung, ihre verstehende Aneignung unter Hintanstellung des schnellen (Ver-)Urteilens, Folgerns und Konstruierens und, wie in aller Forschung, eine „Liebe zum Wissen" (Aristoteles). Und indem der Historiker dabei seine Phantasie zwar nicht unterdrückt, aber durch die kritisch-rationalen Methoden einhegt, die empirische „Vetomacht" der originären Quellen anerkennt und sich so selbst vor der Willkür unhaltbarer Vermutungen schützt, mag er auch ein Gefühl der Dankbarkeit für die „bloß" tradierende Leistung mancher früherer Historiker empfinden.

2.2 Die sich wechselseitig erhellende historische und systematische Forschungsmethode

Im Wissen, daß man mit der Feststellung von Fakten zumeist nur die Oberfläche des geschichtlichen Geschehens beschreibt, besteht dann ein weiteres Ziel des Historikers zweitens darin, sich die Vorstellungen, Motive und Ziele des menschlichen Handelns wenigstens in exemplarischen Ausschnitten und Zusammenhängen sinnverstehend zu erschließen. Was ihm in Bezug auf gegenwärtiges Handeln selbst bei intimer Kenntnis der Personen und der Lage immer nur annäherungsweise und oft auch gar nicht gelingt, ist bei Vergangenem und Fremdem natürlich um vieles schwieriger. Die allgemeine Grundlage allen Verstehens und Deutens ist zunächst die Annahme, daß alle Menschen im Prinzip die gleiche Natur haben und Historiker sich aufgrund dieser „allgemeinen Seelenverwandtschaft" (Dilthey) und des strukturell überall gleichen Erwerbs eines kulturellen Sinnsystems in sie hineinversetzen und sich fragen können, wie sie unter den jeweils gegebenen Umständen die Welt wahrgenommen hätten. Dabei hängt – wie auch bei Gegenwärtigen – die Qualität des Verstehens und Deutens durch den Historiker von seiner allgemeinen Menschen- und Weltkenntnis und seinen besonderen Vorkenntnissen über das jeweilige Handlungsfeld ab.

Der Komplexität des Handelns der Individuen und erst recht der menschlicher Sozialgebilde wird er sodann noch am ehesten gerecht, wenn er dieses von seinem damaligen Kontext und seiner Herkunft und seiner Wirkung her deutet. Ein Fortschritt des Verstehens ist überhaupt nur durch die mehrfache Verschränkung der synchronen mit der diachronen Betrachtung möglich. Zur Erkenntnis jeder konkreten Menschenwirklichkeit gehört beides, der Bezug auf ihren Status innerhalb des Gegenwärtigen und innerhalb des Geschichtsprozesses. Weil sie sich im Schnittpunkt einer ebenso komplexen Gleichzeitigkeit wie eines komplexen Nacheinanders befindet, muß der Historiker mit einer gewissen Vollständigkeit sowohl das Ganze ihrer Zeit als auch ihres Ortes in der Zeit kennen.[19]

Dies zielt disziplinär und wissenschaftsmethodisch auf eine engere Zusammenarbeit der historischen mit den systematischen Humanwissenschaften und umgekehrt. Denn der Historiker macht im Hinblick auf eine bestimmte Epoche im Grunde nicht anderes als der Soziologe, Ethnologe und Biograph, deren Epoche die Gegenwart ist, wie zugleich der Sozialwissenschaftler ein Historiker der eigenen Zeit ist, zumal, wenn man bedenkt, daß jede heutige Gegenwart in Bälde eine Vergangenheit ist und die jeweils heutigen Sozialwissenschaftler deren Quellenlieferanten sein werden. Einen fundierten humanwissenschaftlichen Beitrag zu leisten, sind beide, die Historie und die systematische Theorie, aber nur dann in der Lage, wenn sie sich auch in die Perspektive der jeweils anderen Forschungsart einblenden und dabei sowohl empirische wie hermeneutische Verfahren gebrauchen.

Bei aller angewandten Sorgfalt ist jedoch weder das Objektivitätspostulat zu halten noch ist die Parteilichkeit zu vermeiden. Es gibt hier, wie J. Kocka (1977#, 469-473) schreibt, im Interesse einer Abgrenzung gegen willkürliches Urteilen nur „Angemessenheitskriterien historischer Argumente".[20] Diese Schwierigkeit hat Schiller in seiner akademischen Antrittsrede 1789 so ausgedrückt:

> [...] durchwandert er [der Universalhistoriker] sie [die Weltgeschichte] noch einmal, und hält es prüfend gegen jede Erscheinung, welche dieser große Schauplatz darbietet. Er sieht es durch tausend beystimmende Fakta *bestätigt*, und durch ebenso viele andre *widerlegt*; aber solange in der Reyhe der Weltveränderungen noch wichtige Bindungsglieder fehlen, solange das Schicksal über so viele Begebenheiten den letzten Aufschluß noch zurückhält, erklärt er die Frage für *unentschieden*, und diejenige Meinung siegt, welche dem Verstande die höhere Befriedigung, und dem Herzen die größte Glückseligkeit anzubieten hat. (NA 17, 374)

---

[19] Zum wechselseitigen Verweis von „Dauer" und „Ereignis", vermittelt durch vorstellungsgeleitete Bilder, vgl. *U. Raulff*: Der unsichtbare Augenblick. Zeitkonzepte in der Geschichte, Göttingen ²2000.

[20] Zum Grundproblem von Objektivität und Parteilichkeit vgl. die Grundschrift von *R. Koselleck/ W. J. Mommsen/J. Rüsen* (Hg.): Objektivität und Parteilichkeit. Beiträge zur Historik, Bd. 1, München 1977.

2.3 Geschichte als Wirkungsgeschichte

Die Verschränkung von dia- und synchronen Ansätzen in der Historie lenkt drittens den Blick darauf, daß sowohl das einzelne, neuartige Ereignis als auch das Typische einer Zeit und der es verändernde Wandel Teil eines vielfach gestuften wirkungsgeschichtlichen Gefüges sind und alle historische Forschung gut daran tut, in der konkreten Forschung die Faktorenkomplexion jenes Kontextes nicht schon von vornherein thematisch und methodisch zu sehr zu beschränken und sich vielmehr offen für mögliche verdeckte Wirkungen zu zeigen. Zwar gibt es auch in der Geschichte Ereignisse und Veränderungen, die sich ursächlich auf etwas ganz Bestimmtes zurückführen lassen. Der häufigere Fall ist aber das zufällige, sich wechselseitig verstärkende und durch Quellen oft nicht belegbare Zusammenwirken vieler Momente, so daß ein verdeckt bereits eingetretener Wandel oft erst an einer Vielzahl gleichgerichteter neuer Wirkungen manifest wird. Das wirkungsgeschichtliche Argument erklärt auch, weshalb in der Historie auffällige „Taten", Ereignisse, Gründungen, Erfindungen, Entdeckungen und auch Ideen soviel besser erforscht worden sind als der anonym begonnene, langsam sich ausbreitende gewöhnliche Wandel der Verhaltensweisen und Bewußtseinslagen. In beiden Fällen freilich ist Geschichte wesentlich Wirkungsgeschichte. Dabei ist allerdings zu unterscheiden zwischen einem Geschehen und Handeln, das auf eine offensichtliche Ursache zurückgeht und die Welt nachweisbar in einer bestimmten Hinsicht verändert, und einem anderen Geschehen, das unauffällig und üblich ist und als symbolisches, rituelles und festliches Handeln „nur" etwas repräsentiert und so gerade die Zeit stillstellen soll, eventuell aber der Ursprung von größeren Veränderungen ist.[21] Hierzu nochmals Schiller. Für ihn kommt unter einer wirkungsgeschichtlichen Perspektive jedes historische Faktum von endlich vielen Ursachen her, ist die Zahl seiner Wirkungen prinzipiell nicht vorhersagbar und ist so alles Einzelne „das Resultat vielleicht *aller* vorhergegangenen Weltbegebenheiten: die *ganze* Weltgeschichte würde wenigstens nötig seyn, dieses einzige Moment zu erklären." (NA 17, 368)

3. Verallgemeinerungen, Konstruktionen, Metaphern und Geschichtsbilder: Zugriffe auf Geschichte

Der historisch-hermeneutischen Methodik ist wiederholt der Vorwurf gemacht worden, daß sie sich ihrer impliziten Voraussetzungen zu wenig bewußt ist, also zu naiv forscht, und deshalb das historische Verstehen und Deuten mehr analytisch, mehr theoretisch, mehr „erklärend" und begrifflich präziser angelegt werden müßten. Ausdruck dieses Bestrebens nach Genauigkeit und Sicherheit sind im besonderen die ihr seit den 60er Jahren an die Seite gestellte Methodik der (empirischen) Sozialhistorie und allgemein Versuche, erstens *von Einzeleinsichten zu Verallgemeinerungen* aufzusteigen, zweitens die Tätigkeit des Historikers *von der eines Auslegers von vorgegebenen historischen Sinn zu der eines (Re-)Konstrukteurs von Sinn* neu

---

[21] Für *E. Flaig*: Kinderkrankheiten der Neuen Kulturgeschichte, in: Rechtshistorisches Journal 1999, 458-476, befördert die unter postmodernistischem Einfluß verbreitete Neigung der neueren Kulturgeschichte zur „Symbolisierung" aller Überlieferung die „Entwirklichung" der Vergangenheit.

zu definieren und drittens die Rolle der *historischen Metapherologie* kritisch zu reflektieren.

3.1 Verallgemeinerungen: Gesetzmäßigkeiten in der Geschichte?

Weil die Historie eine Wirklichkeitswissenschaft ist, der Historiker in den Quellen immer wieder auf Ähnliches trifft und zu ähnlichen Einsichten und Folgerungen gelangt und seit alters im Sprichwort und in der Sentenz „historische Wahrheit" sieht, liegt es nahe, hinter dem verwirrenden geschichtlichen Geschehen Gesetzmäßigkeiten zu vermuten, die zu finden Aufgabe des Historikers sein müsse. Aber gerade dies ist der Historie seit der Antike abgesprochen worden. Weil sie es mit dem Vergänglichen zu tun hat, wird ihr in der Philosophie prinzipiell der Anspruch auf allgemeine Aussagen verwehrt. Auch der Historismus hat sich diese Sichtweise zueigen gemacht. Danach gibt es in der Geschichte nur Individuelles, jedenfalls dann, wenn man bei Beschreibungen, Vergleichen auf die geringsten, gerade noch bedeutungstragenden Unterschiede abhebt. Dennoch geht die Historie seit dem 18. Jahrhundert mit dem Problem der Verallgemeinerung zumeist pragmatisch um. Nach dem alten Grundsatz *De singularibus non est scientia* scheut sie nicht die Allgemeinbegriffe, die Abstraktionen und Verallgemeinerungen, zieht es aber vor, den Abstand zur konkreten Geschehensebene nicht unüberbrückbar groß werden zu lassen. Je nach der Definition des historischen Gegenstandes und der darauf bezogenen Fragestellung bewegt man sich dabei jedoch zwischen Extremen. So zielt die Frage: „Was geschah damals, was geschah darauf?" einerseits auf die sich gegen das Allgemeine bzw. die Verallgemeinerung klar abgrenzende Einmaligkeit eines Geschehens, während andererseits die Fragen: „Was war damals? Was geschah immer wieder" geradezu auf Ähnlichkeiten, Gleichförmigkeiten und Wiederholungen aus sind. Die Vermittlung zwischen beiden Positionen stellt über die Frage: „Was veränderte sich?" die Annahme her, daß sich im geschichtlichen Prozeß etwas sowohl wandelt als auch im gewissen Sinne seine Identität im Wandel bewahrt. Dadurch sind die Historiker einerseits gehalten, auf die Ereignisfrage, was einmal geschah und welches die einmaligen Ursachen und Folgen waren, eine allen Partikularitäten so genau wie möglich Rechnung tragende Antwort zu geben, andererseits sind sie dazu aber nur auf der Grundlage eines geschichtlichen Kontextes in der Lage, in dem die Verhältnisse und Situationen entweder gleichsam erstarrt-unverändert das Ereignis überdauern oder durch das Ereignis gerade aus ihrer Dauerhaftigkeit gerissen werden und sich eventuell auf einem neuen Niveau der Gleichförmigkeit wieder stabilisieren. Das Allgemeine der Historie sind deshalb keine Aussagen über Gesetzmäßigkeiten, sondern Versuche, bedeutsam und dauerhaft erachtete Zusammenhänge herauszufinden, welche Einzelnes in seinem Sosein und in seinem Wandel verständlich machen. Die Kriterien freilich der sinnvollen Definition von Besonderem und jeweils Allgemeinen hängen von der jeweils historischen Fragestellung ab und mögen sich auch im Forschungsprozeß mehrfach verändern und mitunter auch das Allgemeine zum Besonderen und umgekehrt werden lassen. Denn es charakterisiert die Historie, daß sie es mit Phänomenen zu tun hat, die sicherlich in einen unverrückbaren Zusammenhang stehen, aber doch nicht unilinear und kausal mit dem

Ganzen verbunden sind, sondern mit ihm vielfältig und auch disparat verknüpft sind und deshalb auch dem Interpreten mehrere Deutungen ermöglichen.

Eine besondere Rolle haben in der neueren Geschichte des historischen Denkens zum einen jene Theorien gespielt, die typische Zusammenhänge oder Verläufe erfassen und, zumeist im Schema des Fortschritts oder des Verfalls, auf dieser Grundlage der Menschheitsgeschichte historische Gesetze im strengen Sinn unterstellt haben, wie dies von Hegel über Marx bis zu Toynbee der Fall war. Zum andern handelt es sich um jene mit einem reduzierten Wahrheitsanspruch auftretenden Theorien, die für ethnisch, zeitlich und thematisch begrenzte Einheiten die „idealtypische" Geltung von Quasi-Gesetze formulieren, wie dies z.B. die historische Sprachwissenschaft getan hat, wenn sie von „Lautgesetzen" gesprochen, dabei jedoch nur weitgreifende Tendenzen des Lautwandels gemeint hat, oder wie das z.B. die Mentalitäts- und die Sozialgeschichte tun, wenn sie im großflächigen und langandauernden kulturellen und sozialen Wandel zumindest mittel- und längerfristig wirkende Gesetzmäßigkeiten vermuten. Diese Theorien berühren sich mit der oben gestellten Frage nach dem Sinn im bzw. der Geschichte. Um zur Formulierung von tragfähigen Verallgemeinerung und von zumindest mittelfristig gültigen Gesetzmäßigkeiten zu gelangen, hat man seit dem letzten Drittel des 20. Jahrhunderts auch in der Historie quantitative Methoden eingesetzt.

3.2 Vom „Verstehen" des Geschichtlichem über seine „Rekonstruktion" und „Konstruktion" wieder zu seinem (Sinn-)Verstehen

Während der letzten Jahrzehnte hat in der Geschichtswissenschaft ein Begriffs- und Sichtwechsel vom „(Sinn-)Verstehen" des Geschichtlichen zunächst zu seiner „Rekonstruktion" und dann zu seiner „Konstruktion" stattgefunden. Nach seiner geisteswissenschaftlichen Neufassung durch Dilthey hat der Begriff des Verstehens die Art des Zugangs zu den kulturellen Gegenständen in Deutschland bis in die 60er Jahre konkurrenzlos bezeichnet. Danach tritt ihm in den historischen Wissenschaften der Begriff der *Rekonstruktion* an die Seite. Er kommt aus dem sozialwissenschaftlichen und dem linguistischen Strukturalismus und wird dann auch in der sog. Strukturgeschichte der Sozialgeschichte zu einem Leitbegriff der Forschung. Danach sei es die Aufgabe des Historikers, die vergangene geschichtliche Wirklichkeit aus ihren überlieferten Spuren und Grundelementen wieder so zu erstellen, daß ihre ursprüngliche, jedoch verdeckte Struktur erkannt wird. Wenn heute an die Stelle des Begriffs der historischen Rekonstruktion zumeist der der *Konstruktion* gesetzt wird, dann schließt man zwar nicht aus, daß historische Rekonstruktionen möglich sind. So mag man vor allem materielle Objekte wirklich rekonstruieren, also z.B. etwa eine durch Brand zerstörte Kirche originalgetreu wieder errichten, Replikate von Plastiken herstellen, von Bildern und Handschriften Faksimiles und Reproduktionen anfertigen. So mag man auch die grundlegenden „Bauformen" von Dichtungen oder sonstigen Gedankengebilden theoretisch herausarbeiten oder Bühnenstücke szenisch, musikalische Kompositionen akustisch wieder aufführen. Aber jede noch so einfache Situation, jedes noch so einfache Geschehen ist in seiner vergangenen Totalität prinzipiell nicht rekonstruierbar. Man bevorzugt den Begriff der Konstruktion, um eben dies mögliche „historistische" Mißverständnis auszuschließen, daß der Historiker etwas strukturell Eindeutiges der Vergangenheit in der Gegenwart nachahmend „wieder erstellen" könne, und um deutlicher zu machen, daß die geschichtliche Wirklichkeit – trotz ihrer nachträglichen Unveränderbarkeit – je nach Fragestellung grundsätzlich eine Vielzahl möglicher, d.h. quellenkonformer und untereinander kompatibler Deutungen zuläßt, keine Deutung einen absoluten Vorrang vor anderen beanspruchen kann und alle Historie deshalb faktisch Konstruktion ist.[22]

In der Tat steckt in dieser historisch-konstruktivistischen Sichtweise der Verzicht auf die Annahme der *einen* Geschichte bzw. – positiv ausdrückt – die Annahme, daß das geschichtliche Geschehen selbst nicht einheitlich, sondern zumindest in Teilen komplex-disparat verfaßt ist und der Historiker allein schon deswegen zu einer pluralen Deutung veranlaßt ist. Wenn er so aber die Möglichkeit hat, jede Geschichtsquelle aus potentiell fast unendlich vielen Perspektiven zu betrachten und daraus ebenso viele Geschichten zu machten, bedeutet dies, daß die Historie bei jeder neuen Annäherung an ein Geschehen etwas anderes ist.[23] Alle Historie ist so eine Konstruktion, durch die der Historiker, indem er Quellen mit einer gewissen Willkür nutzt, eine neue Wirklichkeit schafft. So arbeitet die Historie nach dem Prinzip des *ipsius interpres* aus dem in den Quellen zumeist schon vorweg gedeuteten komplexen Wirkungszusammenhang „Tatbestände" heraus, stellt sie – im doppelten Sinne des Wortes – fest und verknüpft sie zu kontinuierlichen Geschehenslinien. Ganz ähnlich konstruktiv fügt der (Auto-)Biograph eigene und fremde Erinnerungen und vorliegende Dokumenten zu einer – unter vielen anderen möglichen – in sich stimmigen und einem bestimmten Selbst- bzw. Fremdbild entsprechenden Lebensgeschichte zusammen.

Dieser mehr analytisch auf „Erklären" angelegte Ansatz hat den traditionell sinnverstehenden Ansatz jedoch überhaupt nicht überflüssig gemacht, ihn vielmehr nur ergänzt, insofern dessen elementare Voraussetzung ein Verstehen jeweiligen Sinns im Einzelnen wie im Ganzen ist. Man kann in bezug auf die Kultur in der Tat nur zu einem Erklären ansetzen, wenn man schon etwas verstanden hat, und etwas strukturell, relational oder gar gesetzmäßig „Erklärtes" hat für einen Menschen nur dann einen Sinn, wenn er es auch versteht. In diese methodologische Richtung hat sich der in seiner „Historik" streng systematisch und analytisch denkende Rüsen im vergangenen Jahrzehnt zunehmend bewegt. So, wenn er in seinem neueren Buch: Kultur macht Sinn. Orientierung zwischen Gestern und Morgen (Köln u.a. 2006) davon ausgeht – wie ja üblich – , daß die Welt des Menschen, die Kultur sinnhaft und vernünftig (vor-)geordnet ist, „die deutende Aneignung der Vergangenheit in unterschiedlichen Sinngebilden" geschieht, die Grundlage dabei der „Zusammen-

---

[22] Dieses neue Selbstverständnis des Historikers kommt schon im Buchtitel zum Ausdruck bei *Ch. Lorenz*: Konstruktion der Vergangenheit. Eine Einführung in die Geschichtstheorie (ndl.1987), Köln 1997.
[23] Wie oben schon dargelegt, bezieht sich die Historie so auf einen prinzipiell nicht auszuschöpfenden „Kosmos gedachter Zusammenhänge"; vgl. dazu *M. Weber*: Gesammelte Aufsätze zur Wissenschaftslehre, Tübingen ⁵1982, 190.

hang des Konstruiertseins der Vergangenheit [d.h. ihres objektiv geordneten Status] und das Konstruieren der Geschichte" ist (57) und „ ‚Sinn' [...] die Kategorie ist, die diesen Zusammenhang [...] bezeichnen kann, wenn man ihm seine subjektive Bedeutung nimmt. (57 Daraus folgt für ihn: „Sinn ist Inbegriff der Welt- und Selbstdeutung des Menschen." (135). Historischer Sinn ist so der Inbegriff der mentalen Prozeduren und Aktivitäten, durch die historische Erfahrung gedeutet und vergegenwärtigt wird und die Menschen orientieren und motivieren. Die Annäherung an die geisteswissenschaftliche Sichtweise wird vollends deutlich, wenn Rüsen schreibt: „Die Sinnkategorie entspricht in ihrer logischen Bedeutung dem Geistbegriff ..." (57), so daß das tertium comparationis zwischen Erkenntnissubjekt und Erkenntnisobjekt der Geist des Menschen ist, d.h. seine lebensgeschichtlich gewachsenes Wissen, Können, Empfinden und Urteilen.

Warum gilt Erklären in den Wissenschaften dennoch mehr als Verstehen? Wohl deshalb, weil es allgemein eine tiefere Ursachenidentifizierung ermöglicht und es im besonderen zu den Ursachen vordringen kann, die den Individuum unbewußt sind und ihrem Handeln zeitlich und sachlich vorausliegen und deshalb im Akt des bloß verstehenden Einblendens in seine Subjektperspektive vom Historiker nicht erschließbar sind. Daß es sich dennoch um keinen wirklichen Antagonismus von Verstehen und Erklären handelt, hatte aber schon Max Weber in seiner verstehenden Handlungstheorie aufgeklärt: Menschliches Handeln folgt einem subjektiv vermeinten Sinn, den es zu verstehen gilt, und ist zugleich auf überindividuell geltende Regeln und Gegebenheiten verpflichtet, wobei das Erklären zum Zuge kommt. Deshalb sind in der historischen Erkenntnis sowohl Individualaussagen als auch Verallgemeinerungen – nicht jedoch die Behauptung von (Natur-)Gesetze – legitim.

So gesehen ist in der Historie der „harte" ebenso wie der „weiche" Methodenansatz, sofern er mit einer gewissen Ausschließlichkeit gepflegt wird, zugleich prekär und aufschlußreich. Denn Quellen „bilden" die vermutete geschichtliche Wirklichkeit immer nur unvollkommen, einseitig und im Prinzip sogar verfälschend „ab", tragen Subjekte an die Quellen immer schon ein bestimmtes Vorverständnis und besondere Voreingenommenheiten heran und herrscht in aller Deutung ein gerütteltes Maß an Willkür, Mißverstehen und Zufälligkeit. Zugleich ist es ein Vorteil der historischen Forschung, daß sie nicht ausschließlich rational, systematisch und deduktiv, sondern auch assoziativ, nicht-systematisch, nicht-linear, affektiv, lebensweltlich, phänomenologisch vorgeht und bei aller subjektiven Begrenztheit flexibel die Möglichkeiten jenes Deutungsspielraums nutzen kann, der sich dem Interpreten eröffnet. Eben deswegen ist der von Th. Kuhn zur Deutung der plötzlichen methodischen Neuorientierung in der naturwissenschaftlichen Forschung eingeführte Begriff des Paradigmenwechsels nicht so recht auf die Historie anwendbar. Gewiß haben die als „Wenden" (*turns*) bezeichneten Wechsel der Perspektiven, Interessen und Methoden der letzten Jahrzehnte anregende Auswirkungen auf das Gesamt der Historie gehabt und sind sie mitunter von ihren Initiatoren als „wissenschaftliche Revolutionen" empfunden worden. Aber im größeren Abstand zeigt sich rasch, daß das Maß der Umorientierung eher gering ist, zumal sich keines der neuen Paradigmen je ganz und in der Breite unter Historikern durchgesetzt hat, vielmehr die

Lage durch ein Nebeneinander und eine fruchtbare Konkurrenz von Richtungen charakterisiert gewesen ist und für bedeutender immer jene Darstellungen gehalten worden sind, die jenseits einer strengen methodischen Begründung insgesamt überzeugt haben.

3.3 Die Vergegenwärtigung und Deutung der Geschichte in Metaphern und Geschichtsbildern

Nicht erst in deren schriftlicher Niederlegung, sondern schon im Forschungsprozeß und zuvor schon in der ausschließlich mündlichen Tradition macht die Historie Gebrauch von bestimmten, traditionell üblichen oder neueren Deutungsmustern, mit denen sie sprachlich und gedanklich an die Geschichte herangeht. Das sich dem erkennenden Subjekt in seiner objektiven Singularität und Individualität letztlich entziehende geschichtliche Geschehen wird erst durch begriffliche Konventionen und Vorstellungsbilder verstehbar und kommunikabel. Es handelt sich dabei zunächst um den ganz elementaren Sachverhalt, daß die vorgestellte Bildhaftigkeit im historischen Denken selbst begründet ist, insofern nämlich zumindest alle Ereignisgeschichte ein Geschehen in der sichtbaren Welt meint und vor allem die historische Erzählung im Hörer fast unvermeidlich innere Bilderfolgen erzeugt und die so vorgestellte Geschichte eine Art Bewußtseinsfilm ist. Es handelt sich dann jedoch um besondere Sprachbilder, die, weil sie zumeist schon lange in Gebrauch sind, sich auch bewährt haben und zumindest vorläufig immer als Schlüssel zum historischen Verständnis gelten können. Im Nachdenken über die Rolle der Sprache in der kulturwissenschaftlichen Forschung sind in den letzten Jahrzehnten eine ganze Reihe von Studien zur Metaphorologie, zur Semantik der Begriffe und allgemein zur Begrifflichkeit in der Historie vorgelegt worden.[24] Eine herausragende Stelle nimmt dabei die *Metapher* ein. Wegen der Fülle möglicher Assoziationen, der Einfügbarkeit in unterschiedliche Zusammenhänge und zugleich der Möglichkeit der konzentrierten Erfassung des Wesentlichen eines Objektes ist sie im Laufe der Sprachgeschichte der Menschheit und der Völker zu einem konstitutiven und zugleich subtilen und kreativen Prinzip des Vorstellens, Denkens und Sprechens geworden. Während das Sprachbild in der Logik und in der Mathematik gemieden, in der philosophischen Methodenlehre – etwa bei Descartes' „clare et distincte"-Forderung – ausgeschlossen, in der naturwissenschaftlichen Nomenklatur durch ein systematisch verknüpftes Netz von Definitionen seiner lebensweltlichen Konnotationen entkleidet und vereindeutigt wird und

es in der nüchternen Prosa als das „uneigentliche" Reden und Sprechen gilt, hat es in der alltäglichen Kommunikation – etwa im Sprichwort -, im mythischen und polytheistischen Denken der Völker, in der Dichtung, in der Rhetorik und auch in der

---

[24] Eine Zusammenfassung und Kritik des heutigen Standes der Forschung zur historischen Semantik und Begriffsgeschichte geben *R. Reichardt* (Hg.): Aufklärung und Historische Semantik. Interdisziplinäre Beiträge zur westeuropäischen Kulturgeschichte (Beiheft 21 der Zeitschrift für historischen Forschung) Berlin 1998; *G. Scholtz* (Hg.): Die Interdisziplinarität der Begriffsgeschichte, Hamburg 2000; *H.E. Bödeker*: Ausprägungen der historischen Semantik in den historischen Kulturwissenschaften, in: ders. (Hg.): Begriffsgeschichte, Diskursgeschichte, Metapherngeschichte, Göttingen 2002, 7-28.

Geschichtsschreibung seit alters seinen angestammten Platz.[25] Die häufig gebrauchte Metapher z.B. des „Bildes", das Menschen sich von der Geschichte machen, ist insofern sehr treffend, als Geschichtsbilder in ihrem statuarischen Charakter etwas Wesentliches über ein Phänomen „festhalten" und die vermuteten geschichtlichen Einzelphänomene und Geschehenszusammenhänge in der Tat als Objekte eines sie tragenden Grundes bzw. als Inhalte eines sie zusammenhaltenden Rahmens deuten.

Eine wichtige Rolle spielen seit langem die „Epochen-Imaginationen", „also die mentalen ‚Bilder' ", die man sich von Zeitaltern im Wandel der Historie macht, so, wenn man z.B. vom „finsteren" oder auch „leuchtenden" Mittelalter spricht und es in Gegensätzlichkeit oder Fortführung mit den ähnlich bildhaft gefaßten Zeitaltern der „Renaissance", „Aufklärung", „Romantik" und „Moderne" historisch verknüpft.[26] Schon Cicero hat die Vorstellung, die Menschen sich von der Geschichte machen, als ein „gemaltes Bild" bezeichnet. Wenn der metaphorische Gehalt vieler Begriffe der älteren und modernen Historie auch verblaßt ist, so ist er doch unabtrennbaren in Begriffen wie Wachstum, Quelle, Strom, Einfluß, Weg, Entwicklung und Fortschritt gegenwärtig. Die damit evozierten Geschichtsbilder wiederum sind selbst durchweg Produkte von Geschichte im objektiven Geschehenssinne und als solche zumeist auch ein wesentlicher Teil bzw. Aspekt der jeweiligen Kultur, wie der in diesem Buch „nachgezeichnete" „Weg" des historischen Denkens an zahllosen „Wegmarken" deutlich gemacht hat.

Einen Schritt über die sprachlich induzierten inneren Bilder hinaus geht die neuere historische Disziplin der *Bildgeschichte*, wenn sie Geschichte im Medium wirklicher Bilder erfaßt und deutet. Die allgemeine Voraussetzung hierfür ist, daß menschliches Handeln und Welterleben nicht abgetrennt von seiner visuellen Seite begreifbar ist und auch das Denken und Sprechen nicht nur in Begriffen, Wörtern und sonstigen symbolischen Konstruktionen geschieht, sondern bei der inneren Verarbeitung von Begegnungen mit der Außenwelt auch von einem „Film" von Bildern begleitet, stimuliert und gelenkt wird (wenn es vielleicht nicht überhaupt sogar so ist, daß die „abstrakten" Begriffe und Symbole nur die Medien der „Vorstellungen" von Handlungen, Erfahrungen, „Szenen" und „Erinnerungen" sind) und die gedeutete wie die unmittelbar erlebte Geschichte für das Augenwesen Mensch fast immer auch eine sichtbare Seite hat. Die historischen Wissenschaften haben sich deshalb der Bilder als eines Mittels der Wiederbelebung und Veranschaulichung geschichtlicher Personen, Ereignisse und Werke immer schon bedient und versucht,

---

[25] Zur Bildersprache der Geschichtswissenschaft vgl. außer *H. Blumenberg*: Paradigmen einer Metapherologie, Bonn 1960; ders.: Die Lesbarkeit der Welt, Frankfurt 1981, 1987; ders.: Ästhetische und metaphorologische Schriften. Ausgew. und Nachwort A. Haverkamp, Frankfurt 2003; *A. Demandt*: Metaphern für Geschichte. Sprachbilder und Gleichnisse im historisch-politischen Denken, München 1978; *P. Ricoeur:* Die lebendige Metapher, München 1990; *P.F. Saeverin/H. Südkamp/Ch. Klein* (Hg.): Geschichtsbilder. Konstruktion – Reflexion – Transformation, Köln/Weimar 2005; *H. Münkler*: Politische Bilder, Politik der Metaphern, Frankfurt 1994. In Planung befindet sich ein dreibändiges „Wörterbuch der Metaphern in Philosophie und Wissenschaften", Basel 2005 ff.

[26] Vgl. hierzu Oexle 1996, 12.

das Leben und den Geist von Epochen in charakteristischen Bildern selbst und in „(Geschichts-)Bildern" zu erfassen.[27]

Die drei skizzierten Ansätze haben noch einmal die Möglichkeiten und Grenzen der heutigen Forschungsmethoden des historischen Verstehens aufgezeigt. Indirekt ist aber an ihnen zugleich deutlich geworden, daß die Historie eine Kunst und ihre Letztinstanz das immer nur vorläufige Urteil historisch kompetenter Subjekte ist. Denn die Zahl der zu berücksichtigenden Faktoren ist in der Historie zu groß, als daß man sie alle methodisch erfassen kann. Auch ist nur in den seltensten Fällen ein lückenloser Nachweis über die Verursachung eines Geschehens zu erbringen. Und schließlich scheint es so zu sein, daß die Geschichte fast in jedem Einzelfall, auch einen anderen Verlauf hätte nehmen können, welchem man dann die gleiche Plausibilität des Eintretens würde bescheinigen können wie dem wirklich geschehenen.

---

[27] Vgl. die Reihe „Europäische Geschichtsdarstellungen" des Böhlau-Verlags; u.a. *Ch. Jostkleigrewe* u.a. (Hg.): Geschichtsbilder. Konstruktion – Reflexion – Transformation, Köln u.a. 2005; *V. Borsó/Ch. Kann* (Hg.): Geschichtsdarstellung. Medien – Methoden – Strategien, Köln u.a. 2005. „GeschichtsBilder" war das Leitthema des deutschen Historikertages 2006.

44. Historiographie (Historik III):
Die dargestellte Geschichte und die wirkende Historie

1. Erzählende und analytisch begründende Geschichtsschreibung   742
2. Wissenschaftliche und gesellschaftliche Sinndimensionen der Historiographie   747

Wenn Aufklärung das allgemeine Ziel der Historie ist, dann besteht die Aufgabe des Historikers als eines „Dieners der Kultur" darin, den Menschen die Augen für die Tradition zu öffnen, ihnen im Kontext jeweiliger Gesellschaften und Ideologien das Verstehen früheren politischen Handeln zu ermöglichen, ihnen den moralischen Gehalt von Lebensformen, Gesetzen und Institutionen aufzuzeigen, sie für die Schönheit gelungener Werke zu sensibilisieren und ihnen die denkerischen Leistungen der Vorfahren bewußt zu machen. Das primäre Mittel hierzu ist die *schriftliche Darstellung* seiner historischen *Forschungs- und Denkleistung*. Auf jene Leistung kommt es fast genauso sehr an wie auf diese, wenn sie ihren Adressaten und ihr Ziel erreichen will.[1]

Alle Historie ist freilich bereits im Forschungsprozeß auf die Darstellung ihrer Ergebnisse, deren Diskussion in der wissenschaftlichen Zunft, auf ihre Vermittlung in der Lehre und ihre Überlieferung an die Nachwelt angelegt, wobei die dafür jeweils gewählte Form auch die Erforschung des Geschichte selbst und so letzen Endes auch die Vorstellung, die wir uns von ihr machen, mitbestimmt. Wenn so das eine immer schon auf das andere verweist, so ist es für den Historiker dennoch eine immer erst noch zu bewältigende Aufgabe, das ihm aus intimer Beschäftigung mit den einschlägigen Quellen und der Sekundärliteratur erarbeitete und zugewachsene Verständnis von der Sache dem Leser bzw. Hörer in einer dafür geeigneten Sprache darzulegen. Die beiden hier im ersten Abschnitt vorzustellenden hauptsächlichen Darstellungsformen sind die *erzählende* und die *analytisch-begründende* bzw. *argumentierende* Form. In der traditionellen Historie war die genuin lehrhafte wie auch wissenschaftliche Form bis vor wenigen Jahrzehnten die erzählende Form; erst neuerdings hat die argumentierende Form ein Übergewicht erhalten. In der Grobgliederung könnte man das vorliegende Buch eine Erzählung vom Gang des historischen Denkens durch die Geschichte nennen, in seinen Kapiteln hingegen überwiegt die analytisch-begründende Form. Der zweite Abschnitt thematisiert die *Sinndimensionen* und *Ziele,* die die dargestellte Geschichte im Hinblick auf den Leser und allgemein auf die Öffentlichkeit anstrebt. Letztlich bestimmt die Rezeption, die die Ergebnisse der historischen Forschung dort finden, ihren gesellschaftlichen Status und hängt ihre Zukunft als wissenschaftliche Disziplin davon ab.

1. Erzählende und analytisch begründende Geschichtsschreibung
1.1. Historische Formen der Überlieferung und des „Schreibens" von Geschichte

Hier ist zunächst noch einmal daran zu erinnern, in welchen Formen Geschichte bisher überhaupt „geschrieben" worden ist. In grober Vereinfachung kann man in der Historiographie drei nacheinander entstandene und dann nebeneinander

---

[1] Vgl. allgemein *V. Borsò/Ch. Kann* (Hg.): Geschichtsdarstellung. Medien – Methoden – Strategien, Köln u.a. 2004.

weiter gebrauchte Formen unterscheiden: zunächst die ausschließlich *kulturimmanent-mündliche* Form[2], und zwar im Medium des in frühen und sog. traditionellen Gesellschaften entstandenen und vor allem in Mythen gepflegten „kulturellen Gedächtnisses", sodann zusätzlich die *kulturimmanent-schriftliche* Form, und zwar, noch bevor eine explizit begründete Geschichtsschreibung entsteht, im Medium der in den vormodernen Hochkulturen entwickelten Lehre, Deutung und Überlieferung der kulturellen Vergangenheit in Religion, Dichtung, Philosophie, in Berichten, Chroniken, Lebenserinnerungen und anderen Formen, und schließlich, in Verbindung mit jeweiligen Geschichtstheorien, die *fachwissenschaftlich-schriftliche* Form der modernen historischen Wissenschaften. In allen diesen Formen zeigt sich, daß auch das Reden und Schreiben von der Vergangenheit von Anfang an „konstruktiv" ist, d.h. der Historiker als der die Überlieferung Sichtende, Ordnende und Erforschende notwendigerweise auch ihr literarischer Konstrukteur ist, er es dabei, wie K. Füßmann diesbezüglich im einzelnen dargelegt hat[3], mit den Aspekten der Retrospektivität, Perspektivität, Selektivität, Sequentialität, Kommunikativität und Partikularität zu tun hat und seine Darstellung in einem gewissen Maße den Gütekriterien der Logik der Begründung und der Kunst des Erzählens genügen muß. An letzterer war seit der sozialhistorischen Wende um 1970 zugunsten einer systematisch begründenden Geschichtsschreibung harte Kritik geübt worden ist. Die schroffe Gegenüberstellung dieser beiden Arten ist heute einer Synthese gewichen, die beides gelten läßt und vor allem wieder weiß: „Auch Klio dichtet."[4]

1.2 Erzählte Geschichte

Die traditionelle, seit den Anfängen immer und heute auch wieder mit „gutem Gewissen" genutzte Form ist die der „schön erzählten" Geschichte, d.h. jene mündliche und schriftliche Darstellungsform, die sich im Prinzip an die Chronologie hält, das Darzulegende zu einer Erzählung („Geschichte") zusammenfügt und dabei Wert auf (literar-)ästhetische Qualitäten legt.[5] Sie hat sich gegenüber allen mehr theoretisch, rational und „exakt" darlegenden Formen immer schon vor allem deswegen gut behaupten können und im Schulunterricht und beim großen Publikum überhaupt auch mehr Erfolg gehabt, weil sie das komplexe vergangene Geschehen durch seine Bindung an den Verlauf der Zeit und an eine einheitliche, personal verbürgte Erzählperspektive noch am ehesten verstehbar und nachvollziehbar macht. Die erzählte Geschichte ist in der Tat auch schon deswegen die gleichsam natürliche

---

[2] Im genauen Wortsinn kann man hier natürlich noch nicht von einer Geschichtsschreibung bzw. Historiographie sprechen. Dies ist erst seit der Zeit möglich, als Menschen begonnen haben, ihr historisches Verständnis zu verschriftlichen und davon Quellen zu hinterlassen.

[3] *K. Füßmann*: Historische Formungen. Dimensionen der Geschichtsdarstellung, in: Ders./Grütter/Rüsen 1994, 27-44.

[4] Vgl. die Ausführungen in Kapitel 40. 3.5 über die Bücher von H. White (1973 und 1978/91) und im Anschluß daran *D. Fulda:* Wissenschaft aus Kunst. Die Entstehung der modernen deutschen Geschichtsschreibung 1760-1860, Berlin/New York 1996.

[5] Vgl. Seeba 1980. Grundlegend ist *P. Ricoeur:* Zeit und Erzählung. 3 Bde.: I. Zeit und historische Erzählung, II Zeit und literarische Erzählung, III. Die erzählte Zeit (frz. Temps et récit, Paris 1983-85), München 1988.

Form der historischen Überlieferung, weil für Individuen wie für Kommunikationsgemeinschaften menschliches Handeln und Erleben – noch vor aller Deutung und Reflexion im Detail – immer schon szenisch strukturiert ist, d.h. ein in der Zeit sich artikulierender, vom sozialen Hintergrund sich abhebender und sinnerfüllter Geschehensablauf ist und so die Geschichte der Individuen und der Gesellschaften selbst immer schon Abfolgen von „Erzählgeschichten" sind. Eben deswegen und eigentlich nur deshalb verstehen wir die individuellen und kollektiven Äußerungen von Menschen als ein Handeln in Abläufen und in Zusammenhängen. Während das physikalische Geschehen in der Welt sich zwar beschreiben und erklären läßt, aber der Sinndimension entbehrt und sich deshalb nicht erzählen läßt, ist menschliches Erleben und Handeln, ist „Menschenzeit" immer von Sinn erfüllt und läßt sich so in Form einer „erzählter Zeit" (P. Ricoeur) darlegen. Man mag darin – in der Verwandlung der *history* in eine *story* oder gar in eine *mythistory*[6] – eine Verfälschung der geschichtlichen Wahrheit sehen. Denn auf der objektiven Ebene dieses Geschehens greifen gleichzeitig gegenwärtige Ereignisse, Erinnerungen an Früheres und Erwartungen an Zukünftiges und verursachende und nur bedingende und reaktive Handlungen ineinander, so daß das durch die Erzählstruktur bedingte Nacheinander das komplexe Gewebe des in jedem Moment wirkenden Mit- und Nebeneinander unvermeidlich vereinfacht – ganz abgesehen davon, daß die zahllosen anscheinend gleichgültigen Details geschichtlicher Situationen eigentlich auch dazugehörten und als zufällige Ereignisse oder als relativ gleichbleibende strukturelle Bedingungen erst die Konturen des geschichtlichen Wandels deutlich werden lassen müßten.

Wegen dieser Schwächen sind insbesondere die sog. Historienschinken, die historischen (Professoren-)Romane und die populärwissenschaftlichen Geschichtserzählungen und -darstellungen des 19. und 20. Jahrhunderts immer wieder als unwissenschaftlich und unseriös kritisiert worden. Diese Kritik verkennt aber, daß in der Breitenwirkung diese in der Regel ja fachlich fundierte Darstellung von Geschichte nicht nur ein natürliches Bedürfnis der Laien befriedigt wird, sondern auch für die Ausbildung eines kollektiven Geschichtsbewußtseins unentbehrlich ist[7] und die großen, bis heute immer wieder herangezogenen älteren Meisterwerke der Historie durchweg – in Verbindung mit einer argumentativen Begründung – erzählend sind und ihre Wirkung sich in erheblichem Umfange der stilistischen Qualität ihrer Autoren verdankt.[8] Zu bedenken ist auch, daß das historische Urteil nicht allein auf der Qualität der herangezogenen Quellen und auf dem Gewicht von Argumenten, sondern auch auf der ästhetischen Qualität der Darlegung beruht. Die in den letzten Jahrzehnten erfolgte Wiederentdeckung der traditionellen Rhetorik[9]

---

[6] Nach *W. McNeill*: Mythistory and Other Essays, Chicago 1986, 1-43.

[7] Vgl. *R. Koselleck/H. Lutz/J. Rüsen* (Hg.): Formen der Geschichtsschreibung, München 1982.

[8] Vgl. die vorzügliche Begründung der populärwissenschaftlichen Geschichtspublizistik durch K.W. *Weeber*: S*cribere aude!* Antike-Vemittlung im Spannungsfeld zwischen Wissenschaft und Publizistik, in: Wiersing 2001, 396-410; vgl. den neueren Sammelband von *W. Hardtwig/E. Schütz* (Hg.): Geschichte für Leser. Populäre Geschichtsschreibung in Deutschland im 20. Jahrhundert, Stuttgart 2005.

[9] Zur didaktischen Seite der Rhetorik vgl. *E. Wiersing*: Rhetorik und Unterricht, in: *L. Koch* (Hg.): Pädagogik und Rhetorik, Würzburg 2004, 111-141.

als einer erfahrungsgesättigten Lehre zur Produktion von überzeugender Rede im weitesten Sinne des Wortes hat die Historik erkennen lassen, daß auch die moderne Geschichtsschreibung – dessen unbewußt – zu einem erheblichen Teil ihren Regeln gefolgt ist.[10]

Schließlich kann man noch an ein ehrwürdig-altes Argument der philosophischen Dichtungstheorie erinnern, an Aristoteles' Bevorzugung der Dichtung vor der Geschichtsschreibung. Während letztere den Phänomenen der flüchtigen Wirklichkeit verpflichtet bleibt, kann erstere in gerade und durch der Fiktion zur Wahrheit vordringen. Mit den Worten von H.-W. Goertz: „Wir müssen das fiktive Element des Erzählens einsetzen, um die Wahrheit der historischen Fakten zu erschließen und zur Sprache zu bringen […]"(1995, 104)

1.3 Die analytisch begründende Darstellung

Zu bestreiten ist freilich nicht, daß bei der erzählenden Geschichtsschreibung, die um der Wirkung auf den Leser willen eine ansprechende literarische Form anstrebt und in ihren besonders gelungenen Werken sich auch mit sonstigen sprachlichen Kunstwerken messen kann, mitunter das subjektive Moment zum Schaden einer mehr objektiven Wahrheitsansprüchen genügenden Darstellung hervortreten kann und so nicht immer deutlich zwischen Fakten und Fiktionen unterschieden wird. Aber auch die begründende Darstellung abstrahiert von den Geschehensdaten, die die Quellen „hergeben", und ordnet die unter einer besonderen Perspektive ausgewählten und bestimmten Auswertungsverfahren unterzogenen Daten einem historischen Zusammenhang zu, um zu allgemeinen Aussagen über eine geschichtliche Situation und über die Tendenzen ihres Wandels zu kommen. Wenn die erzählende Geschichtsschreibung einerseits gar nicht anders kann, als einen Geschehenszusammenhang herzustellen, so kann die untersuchend-begründende andererseits gar nicht anders, als eine historische Ganzheit in Teile und „Blöcke" zu zerlegen und daraus wieder einen sich von dem originalen Geschehen(sablauf) nach theoretischen Gesichtspunkten abhebenden Zusammenhang zu konstruieren.[11] Der Abstand

---

[10] Mit der Rezeptionsästhetik und der Geschichtlichkeit der Wahrnehmung von Texten und Kunstwerken hat sich seit den 70er Jahren vor allem die Forschergruppe „Poetik und Hermeneutik" befaßt. Besonders einschlägig ist ihr von *R. Koselleck und W.-D. Stempel* herausgegebener 5. Band: Geschichte – Ereignis und Erzählung, München 1973/1990. Wichtige Beiträge zur Thematik haben außerdem vorgelegt der Romanist *H.R. Jauß*: Die Theorie der Rezeptionsästhetik – Rückschau auf ihre unbekannte Vorgeschichte, Konstanz 1987; und der Germanist *H.C. Seeba*: Hermeneutische Ansätze zu einer Poetik der Geschichtsschreibung, in: Akten des VI. Internationalen Germanistischen Kongresses, Basel 1980, 201-208; ders., Geschichte als Dichtung. Herders Beitrag zur Ästhetisierung der Geschichtsschreibung, in: Historische Historiographie 8, 1985, 50-72. Für den „Eigensinn des Ästhetischen" in Dichtung und Moral hat sich seit längerem vor allem der Germanist und gegenwärtige Mitherausgeber der Monatszeitschrift „Merkur. Deutsche Zeitschrift für europäisches Denken" *K.-H. Bohrer* als Autor eingesetzt (u.a.: Die gefährdete Phantasie, oder Surrealismus und Terror, München 1970; Ästhetische Negativität, München 2002). Fachhistorisch ist grundlegend *J. Kocka/Th. Nipperdey* (Hg.): Theorie und Erzählung, München 1979. Von ethnologischer Seite hat sich dem Thema angenommen *K.-H. Kohl*: Geordnete Erfahrung: Wissenschaftliche Darstellungsformen und literarischer Diskurs in der Ethnologie, in: Schmied-Kowarzik/Stagl 1993, 407-420.
[11] Setzt die erzählende Form eher aud das Verstehen, tendiert die analytisch-begründende auf das Erklären (vgl. Welskopp 1998, 132-169).

zur „objektiven" Geschehensebene ist bei letzterer zumeist sogar weit größer als bei ersterer. Denn die aus den Quellen erhobenen Daten liegen in aller Regel nicht pur dar, sondern sind bereits das Ergebnis einer sinnverstehenden Interpretation und die Daten werden ihrerseits systematisch einer bestimmten Fragestellung unterworfen. Die Antworten sind Einsichten in längerfristig bestehende historische Strukturen, Beziehungen und Wandlungstendenzen und dienen so der Deutung von makrohistorischen Phänomenen, Situationen und Verläufen. Diese Geschichtsschreibung nähert sich so dem Modell der systematisch forschenden und darlegenden Sozialwissenschaften an – mit deren Erkenntnisleistungen und -defiziten. Auch da, wo sie erklärend „in die Tiefe" einer geschichtlichen Lage eindringt und einen überzeugenden Erkenntnisgewinn erreicht, läuft sie Gefahr, den Leser „kalt" zu lassen, eben weil der Abstand zur lebensweltlichen Wahrnehmung meist nicht überbrückt wird.

1.4 Die Synthese in der Darstellung

Natürlich hängt die Wahl der Darstellung auch immer vom Thema ab. Die erzählende Geschichtsschreibung eignet sich besonders für die Darstellung von (politischen) Ereignissen, vom Handeln der „Großen", von der rekonstruierbaren Entwicklung, Verbreitung und Differenzierung bestimmter Erfindungen und Ideen. Die untersuchende Darstellung hat mit es mit dem Tun der vielen Namenlosen zu tun, mit dem allmählichen Wandel ihrer Verhaltensweisen und Mentalitäten, mit dem strukturellen Wandel von Institutionen und Gesellschaften. Gerade bei dieser Gegenüberstellung zeigt sich jedoch, daß sich in der Kulturgeschichtsschreibung beide Formen der Darstellung ergänzen, wie ja in der Forschung selbst die systematischen Verfahren der historischen und umgekehrt diese jener bedürfen. Für historische Studien bedeutet dies, daß die Grundstruktur der Darlegung eines Geschehens zwar durch die Logik des Nacheinander vorgegeben ist, an seinen Knotenpunkten aber – es kann sich da um eine eng begrenzte Situation vor oder nach einem Ereignis, um eine länger wirkende Herausforderung, um eine ganze Epoche oder, im Kontext der Menschheitsgeschichte, um ein langandauerndes kulturelles Entwicklungsstadium handeln – der Historiograph in systematischen Fragestellungen soweit ausgreifen muß, wie es die Datenlage erlaubt und der Erhellung der Entstehung und der Wirkung dieses Knotenpunkts dient.

Die Darstellung der Geschichte der Kultur muß so einerseits der zeitlichen Abfolge bestimmter Phänomene folgen, sie muß andererseits jedes bedeutende Einzelmoment immer im (Gesamt-)Zusammenhang mit den anderen Momenten betrachten, wie sie in einer Zeit gegeben waren. Das Fazit ist also, daß die Narrativität nicht gegen die systematische Darlegung und diese nicht gegen jene ausgespielt werden sollten. Beides hat seine Berechtigung, wie auch ein älterer dritter Weg: die seit der Antike bis in die frühe Neuzeit gepflegte *dialogische Problemerörterung*. Sie ist in ihrer undogmatisch Offenheit zugleich systematisch, dialektisch und erzählend, wofür Ciceros Lehrdialoge, die auch immer historisch argumentierende sind, die besten Beispiele sind.

2. Wissenschaftliche und gesellschaftliche Sinndimensionen und Ziele der Historiographie

Mit der Frage nach der geeigneten Darstellung der Ergebnisse der historischen Forschung stellt sich zugleich noch einmal die Frage nach dem Sinn dieses Forschens selbst und damit auch nach dem Sinn der hier vorgelegten Theorie der Geschichte. Dies ist sowohl innerwissenschaftlich als auch bildungs- und gesellschaftspolitisch von Belang. Ersteres zielt auf die Wissenschaftstheorie der historisch forschenden Fächer, letzteres auf die öffentliche Legitimation dieser Fächer und beides auf ihr Selbstverständnis. Darüber müssen diese Fächer Klarheit gewinnen, wenn sie das historische Gewissen in ihrer Kultur sein wollen.

2.1 Die Theorie der Geschichte als die Wissenschaftstheorie der historischen Fächer

Im Sinne zunächst der Wissenschaftstheorie handelt es sich bei der Theorie der Geschichte um die Selbstvergewisserung, um die kein wissenschaftliches Fach und kein wissenschaftlicher Bereich herumkommt, nämlich um die Aufgabe, die Ziele, Gegenstände und Methoden ihrer Forschung immer wieder einer kritischen Revision zu unterziehen. Dies tut die Geschichtswissenschaft im Rahmen ihrer Historik, dies tun die anderen historischen Fächer und Teildisziplinen in ihren besonderen Wissenschaftstheorien, und dies tun alle zusammen in der allgemeinen Wissenschaftstheorie. Die in diesem Buch hierfür angewandte Methode hat im wesentlichen darin bestanden, die in der Forschung bisher eingeschlagenen Wege darzustellen und in ihrer Leistungsfähigkeit vergleichend zu beurteilen und mögliche Alternativen zu entwerfen und zu begründen. Der hiernach in drei Kapiteln gemachte Versuch, die Theorie der Geschichtswissenschaft in wesentlichen Aspekten systematisch darzustellen, kann hier für die anderen historischen Fächer nicht geleistet werden. Immerhin läßt sich soviel allgemein feststellen. Es sind zumeist die Gegenstände, welche die Fächer disziplinär begründen und die Ziele und Methoden ihrer Erforschung anleiten. Die „Macht der Gegenstände" zeigt sich unmittelbar darin, daß „Geschichte" immer etwas anderen meint, insofern die Geschichtswissenschaft es mit für realhistorisch gehaltenen Gegenständen zu tun hat, die Geschichte der Künste mit fiktional geschaffenen und sinnlich wahrnehmbaren Gebilden, die Geschichte der Philosophie mit „Ideen", d.h. sprachlich artikulierten Deutungen der Welt, die Geschichte der Wissenschaften mit Erkenntnissen über die Natur und die Kultur, die Geschichte der Sprachen und der sonstigen kommunikativen und kulturellen Medien mit Symbolsystemen, die Geschichte der Religionen mit transzendenten Wirkmächten, die Geschichte der Sitten und des Rechts mit Normen und etwa die Geschichte der Erziehung mit einer bestimmten Art menschlicher Tätigkeiten. Immer bestimmt die jeweilige Art des Gegenstandes, welche Ziele sich die historische Forschung vornehmlich setzt oder überhaupt nur setzen kann und welche Methoden dabei erfolgversprechend sind. Ferner zeigt sich, daß die in der geschichtswissenschaftlichen Historik übliche Unterscheidung zwischen „Geschichte", „Historie" und „Historiographie" auch in der Wissenschaftstheorie der anderen historischen Fächer sinnvoll ist, wenn dort auch einen anderen Charakter hat. Schließlich hat der Durchgang durch die Geschichte des historischen Denkens auch gezeigt, daß Ziele, Methoden und Darstellungsformen im Forschungsprozeß zumeist wechselseitig aufeinander bezogen sind und deshalb durchaus die Historiographie oder die Historie den Gegenstand selbst verändern kann. So haben die in diesem Buch vorgestellten kulturhistorischen „Wenden" des 20. Jahrhunderts hinreichend belegt, wie eine neue Zielsetzung andere Zugangs- und andere Darstellungsweisen nötig macht und wie sich dabei zugleich auch meist das Verständnis des Gegenstandes wandelt und nicht selten neue (historische) Gegenstände und mit ihnen neue Disziplinen(verbindungen) entstehen. Beispiele hierfür sind in der Geschichtswissenschaft die Wende von der Politischen zur Sozialgeschichte, die Differenzierung letzterer in eine empirisch-analytische und in eine gesellschaftskritische Sozialgeschichte und dann in eine des „Alltags", der „Lebensformen" und der „Lebenswelten". Andere Beispiele sind in der Literaturhistorie die Wende von der werkimmanenten zur gesellschaftskritischen Interpretation und von da zur postmodernistischen Deutung.

2.2 Überlieferung, Deutung und Orientierung: Aufgaben jeglicher Geschichtsschreibung
Einiger Bemerkungen bedarf hier im historiographischen Kontext noch die Bedeutung, die die historische Forschung in ihren einzelnen Fächern und insgesamt im kulturellen und gesellschaftlichen Ganzen beanspruchen kann. Es geht dabei zunächst um den Beitrag, den ihre Fächer in der interessierten Öffentlichkeit zu leisten in der Lage sind, dann um die Verpflichtungen, die sie gegenüber der sie erhaltenden Gesellschaft haben und insgesamt um die Bedeutung, die das historische Wissen bei der Selbstverständigung der Gesellschaft über ihrer Ziele und Aufgaben in den öffentlichen Bildungseinrichtungen, in den Medien und kulturellen Institutionen haben soll, kurz, in Nietzsches Formulierung, um den „Nutzen der Historie für das Leben". Die Diskussion darüber ist in den letzten 20 Jahren vor allem im Kontext der kulturwissenschaftlichen Wende und der Kritik an den Geisteswissenschaften geführt worden.

Fragt man so nach den zentralen Aufgaben der historischen Kulturwissenschaften, kann man sie mit der älteren Trias von Überlieferung, Deutung und Orientierung durchaus noch treffend bezeichnen. [12] Denn es gilt weiterhin, daß es diesen Wissenschaften erstens aufgetragen ist, die auf uns gekommenen Zeugnisse der Vergangenheit und das bisherige Wissen über die Vergangenheit der Welt, des Menschen und der Menschen vor dem Verlust und dem Vergessen zu bewahren, dieses Wissen zweitens durch die Analyse und Auslegung von Quellen und durch die Deutung historischer Ereignisse, Taten, Situationen, Verhältnisse zu erweitern, zu vertiefen und neu zu ordnen und drittens die Einzelnen und die Gesellschaft über Bedeutsames der Überlieferung aufzuklären und ihnen auf diesem Fundament

---

[12] Als ein Beispiel unter vielen anderen sei dafür hier nur genannt der Aufsatz von *E. Tugendhat*: Die Geisteswissenschaften als Aufklärungswissenschaften. Auseinandersetzung mit *Odo Marquard* (in: ders.: Philosophische Aufsätze, Frankfurt 1992, 453-463), in dem er sich kritisch von der Auffassung des Philosophen O. Marquard absetzt, daß die Geisteswissenschaften bloß – und dennoch unverzichtbar – eine Kompensationsfunktion gegenüber dem gegenwartsbezogenen Wissen erfüllen. Eine ähnliche Kritik an der bloß philologischen Auslegung der „Klassiker" der Philosophie hat *H. Schnädelbach* geäußert in seinem Aufsatz: Morbus hermeticus – Thesen über eine philosophische Krankheit, in: ders. 1987, 279 ff.

bei der Orientierung in der Gegenwart zu helfen.[13] Diese Aufgaben leiteten sich traditionell daraus ab, daß sich menschliche Gemeinwesen in Konkurrenz mit anderen auf Dauer nur behaupten konnten, wenn ihre Mitglieder außer dem unmittelbar gegenwartsbezogenen Wissen und Können ein *kulturelles Gedächtnis* verband. Dazu gehörte vor allem ein Gerüst von Daten, Personen und Erzählungen aus der gemeinsamen Geschichte und aus der Geschichte, die sie mit anderen nahen Gemeinschaften teilten. Die Aneignung dieses Wissens durch die nachwachsenden Generationen und seine wiederholte Erinnerung im öffentlichen Gedenken dienten dem allgemeinen Zusammenhalt einer Bevölkerung. Die Aufgabe der Historiker als des nationalen Gedächtnisses und Gewissens war es dabei, dieses Wissen nicht nur in seiner traditionellen Form wachzuhalten, sondern es immer wieder auch neu zu durchdenken und es im Sinne der sich wandelnden Verhältnisse und der „Gebote der Zeit" umzuschreiben.

Eine Neuakzentuierung dieser Aufgaben hat die Historie zum einen durch die demokratische Legitimierung staatlicher Herrschaft und durch die Internationalisierung und Globalisierung von Wirtschaft, Technik und Politik erfahren. Seitdem zielt der Umgang mit der Vergangenheit auf ihre kritische Erfassung, auf die Lehre der geschichtliche Herausbildung der Strukturen des modernen demokratischen Verfassungsstaats und insgesamt auf eine historische Aufklärung in weltbürgerlicher Absicht. In der Tat muß man danach die Historie geradezu als eine Aufklärungswissenschaft verstehen, die die Menschen instand setzt, Vergangenheit und Gegenwart durch Traditions- und Kulturkritik differenziert in Beziehung zu setzen. Ziel der Historie ist so weniger die penible historistische Rekonstruktion der Vergangenheit als die Erinnerung an die nur z.T. verwirklichten oder ganz verschütteten und unterdrückten guten Traditionen und die kritische Auseinandersetzung mit den schlimmen Traditionen, natürlich jedoch auch die Erinnerung an die großen künstlerischen, wissenschaftlichen und technischen Leistungen und Werke und an die humanitären Vorbilder. Der Unterricht und die Aneignung historischen Wissens in diesem Sinne und die durch sie ermöglichte Aufklärung sind die Voraussetzungen eines *kritischen Lernens aus der Erfahrung der Geschichte*. Wieviel man auch gegen Ciceros „Historia magistra vitae" einwenden mag, Orientierung im weitesten Sinne des Wortes ist auch heute noch eine unverzichtbare Aufgabe jeglicher Geschichtsschreibung. Wenn heute von den Kulturwissenschaften immer wieder ein Nachweis über ihren individuellen und gesellschaftlichen Nutzen verlangt wird, dann können sie den nicht anders erbringen als dadurch, daß sie mit guten Gründen auf die „Zukunftsfähigkeit der Vergangenheit" verweisen und plausibel machen, daß aller Fortschritt eine Verwirklichung der in der Vergangenheit bereits angelegten und angedachten Möglichkeiten ist. Da es die „Zeitgeschichte" wegen der politischen Katastrophen des 20. Jahrhunderts und die gegenwärtige historische Forschung wegen des raschen Wandels der Medien mit einer Reihe neuer Herausforderungen zu tun hat, schließen sich den drei Kapiteln zur Historik noch zwei Kapitel dazu an.

---

[13] Vgl. hierzu aus neuerer Zeit u.a. die anregenden Ausführungen des unorthodoxen Marxisten E. *Hobsbawm*: Wieviel Geschichte braucht die Zukunft? Aus dem Englischen von U. Rennert, München 1998.

45. Geschichtsbewußtsein im Wandel:
Schwund, NS-Traumatisierung und Globalisierung

1. Kritik, Bedeutungsschwund und Neuakzentuierungen des historischen Denkens   750
2. Die gegenwärtig bleibende NS-Vergangenheit in Deutschland   755
3. Von der traditionellen Universalgeschichte zur „Welt- und Globalgeschichte"   761

Es hat keine Zeit gegeben, in der soviel Wissen über die Vergangenheit so leicht zugänglich gewesen ist, wie dies heute der Fall ist, und kaum eine, in der zugleich so geschichtsvergessen gelebt wurde, wie dies in unserer Gegenwart geschieht. Letzteres ist gewiß ein Pauschalurteil, das auf viele Völker, Gesellschaften und Gemeinschaften nicht zutrifft, jedoch für die deutsche Gesellschaft kaum zu bestreiten ist. Hier hat das historische Interesse im letzten Drittel des 20. Jahrhunderts einen während der letzten 250 Jahre so noch nicht gekannten Bedeutungsschwund erfahren. Dieser allgemeine Rückgang steht allerdings in Kontrast zu den mit großem Ernst und Engagement betriebenen Versuch der „Bewältigung" der Nazi-Vergangenheit in der gesamten Öffentlichkeit und zur außerordentlich lebhaften Auseinandersetzung mit den Möglichkeiten neuer Ziele, Themen, Methoden und Medien in den historischen Wissenschaften selbst. Die zahlreichen Bucherfolge mit historischer Thematik und das ebenso sachkundige wie kritische Echo dazu im Feuilleton der überregionalen Zeitungen sowie in Rundfunk und Fernsehen belegen, daß die Erkenntnisse, Thesen, Wege und Trends der neueren Forschung durchaus auch die historisch Interessierten erreicht und bewegt hat. Allemal sind die mehrfachen „Wenden" der historischen Forschung sowohl Ausdruck von Krisen des Fachverständnisses als auch Zeichen des Mutes zu einem neuen produktiven Umgang mit der Vergangenheit. Von diesem Wandel des Geschichtsbewußtseins im letzten Drittel des 20. Jahrhunderts in Deutschland werden hier am Ende des Durchgangs durch das kulturhistorischen Denken über das in den vorigen Kapiteln bereits Ausgeführte hinaus hier und im nächsten Kapitel nochmals einige Aspekte etwas eingehender thematisiert. In Abschnitt 1 des vorliegenden Kapitels geht um einige Aspekte der im Zuge eines allgemeinen Bedeutungsverlust des historischen Interesses erfolgten Akzentverschiebung der Forschung von den klassischen Großepochen der europäischen Geschichte zur Geschichte des 20. Jahrhunderts hin, in Abschnitt 2 um die im Zusammenhang damit in der politisch engagierten Öffentlichkeit unseres Landes nicht nachlassende Auseinandersetzung mit der NS-Vergangenheit, und in Abschnitt 3 um die Entstehung einer neuen „Welt- und Globalgeschichte". Die durch die elektronischen Medien der Historie eröffneten neuen Wege des Zugangs zur Geschichte und der dadurch bewirkte Bewußtseinswandel sind dann Gegenstand des diesen Teil D abschließenden Kapitels 46.

1. Kritik, Bedeutungsschwund und Neuakzentuierungen des historischen Denkens

Die Historie in Deutschland hat seit der Mitte des 18. Jahrhunderts zwar mehrfach ihre theoretische Begründung, ihre thematische Ausrichtung, ihre Forschungsmethodik und ihre „Botschaft" verändert, ist dabei aber nie des ihr seit dem Beginn der Moderne zugewachsenen großen Ansehens verlustig gegangen – bis sie dann doch in den letzten Jahrzehnten des vorigen Jahrhunderts eine empfindliche Einbuße ihres Status in der öffentlichen Aufmerksamkeit, in der Schulbildung und in den Wissenschaften selbst hat hinnehmen müssen. Der seither eingetretene Bedeutungsschwund ist jedoch von den meisten an der Geschichte interessierten Menschen kaum bemerkt geworden. Denn es gibt bis heute eine lebendige und gut mit Mitteln ausgestattete historische Forschung, das Informationsangebot darüber ist in den öffentlichen Medien größer als je zuvor, und es gibt eine große Ausnahme: die Beschäftigung mit der NS-Vergangenheit einschließlich der Versuche, sie zu „bewältigen". Er zeigt sich aber, wenn man nach den Instanzen – den „geistigen Mächten", wie es in früherer Begrifflichkeit hieß – fragt, an denen sich die Menschen, die durchschnittlichen Bürger ebenso wie die gesellschaftlichen Eliten, im ihrem Handeln heute hauptsächlich orientieren. Dann rangiert in unserer sog. Wissensgesellschaft die „Erfahrung der Geschichte" ebenso abgeschlagen wie das Wort der christlichen Kirchen und das Angebot anderer traditioneller Instanzen der Belehrung und Orientierung weit hinter dem Wissen, das im Umgang, im Beruf, auf Reisen und vor allem im Medienkonsum erworben wird und dessen Inhalte ganz überwiegend gegenwartsbezogene Elemente von Wissenschaft und Technik, von Politik, Sport und Unterhaltung und von psychologischer, medizinischer und sonstiger Lebenshilfe sind.

Eine ähnliche Präferenz aktueller Wissensbestände zuungunsten des historischen Wissens läßt sich freilich auch in den meisten anderen westlichen Gesellschaften feststellen. Wenn sich die folgenden Bemerkungen dennoch im wesentlichen auf den deutschen Kultur- und Wissenschaftsraum beschränken, so geschieht dies, weil sich hier vor 200 Jahren die moderne Historie konzeptionell und institutionell mit am frühesten und prägnantesten ausgebildet, sich in dieser Form dann am längsten und erfolgreichsten in praktischer Forschung bewährt hat und sie deshalb – gewiß nicht allein deswegen, aber doch auch – mehr als alle anderen Geschichtskulturen im letzten Drittel des 20. Jahrhunderts zu einer theoretischen und methodologischen Revision und Neuorientierung gezwungen worden ist und hier wohl auch der allgemeine Rückgang des historischen Denkens vergleichsweise am deutlichsten ausgefallen ist. Das ist auch der Grund, weshalb hier zunächst noch einmal nach den Gründen gefragt wird, die es in jüngerer Zeit in eine randständige Position gerückt haben.

1.1 Von der Kritik der Tradition zu ihrem Vergessen

Es verbindet die historischen Ansätze der letzten 40 Jahre, daß sie gesellschafts- und ideologiekritisch sind, also die traditionell grundsätzlich affirmative Einschätzung der europäischen Geschichte durch eine ebenso grundsätzlich aufklärerisch-kritische Haltung ihr gegenüber ersetzt haben. Sie haben es fertig gebracht, die überkommene Gesellschaftsordnung Europas als eine von Grund auf ungerechte und die Menschen täuschende erscheinen zu lassen. Dies trifft natürlich vor allem die vormoderne Geschichte, nimmt aber die Moderne nicht von einer prinzipiellen Kritik aus. Das ihr angelastete Unrecht besteht zunächst darin, daß sie ihre großen Versprechungen auf Beseitigung der Ungleichheit, der Unterdrückung, der Ausbeutung, der Diskriminierung und Bevormundung der Menschen und auf Ermöglichung von persönlicher Freiheit, verwirklichter Emanzipation, politischer Mitwirkung und gelebter Demokratie nicht nur nicht gehalten, sondern der Grad der Unfreiheit, der Ausbeutung und der Abhängigkeit der Arbeiter- und Bauernmassen in der kapitalistischen Wirtschaftsordnung lange Zeit auch noch zugenommen und in der Dritten Welt bis heute nicht abgenommen habe. Ebenso schwerwiegend waren dann die Vorwürfe seitens der Kritischen Theorie. Im Namen des wissenschaftlich-technischen Fortschritts, des Wirtschaftsliberalismus, des Kommunismus und gerade auch der Vernunft habe die Moderne den imperialistischen Zugriff der Kolonialmächte auf die ganze Welt legitimiert, die Entstehung totalitärer Diktaturen befördert, Kriege heraufbeschworen, die natürlichen Ressourcen der Welt bis zur Erschöpfung ausgebeutet und den alten Formen der menschlichen Unterjochung neue Formen der (Selbst-)Entfremdung, des Gewissenszwangs und der ideellen Unfreiheit hinzugefügt.

Im Rückblick von heute läßt sich vermuten, daß diese Radikalkritik mit ein Grund für den Geltungsverlust der historischen und Sozialwissenschaften in den Augen der größeren Öffentlichkeit gewesen ist. Denn diese mag daraus den Schluß gezogen haben, daß man aus dem Studium dieser Geschichte kaum mehr etwas für die Bewältigung der Probleme der Gegenwart lernen könne. Jedenfalls nimmt schon seit Anfang der 60er Jahre das Interesse an der Geschichte ab und beschränkt sich der schulische Geschichts- und Literaturunterricht immer mehr auf unmittelbar oder doch zumindest indirekt gegenwartsbezogene historische Themen. Infolgedessen sind bei den nachgewachsenen Generationen heute zwar die Geschichte der ersten Hälfte des 20. Jahrhunderts und die Nachkriegsgeschichte in ihren wesentlichen Aspekten einigermaßen bekannt. Aber das Wissen über die Zeit vor dem 20. Jahrhundert reicht bei der Mehrheit der Bevölkerung nicht über einige wenige durch die Schule vermittelte Ereignisse und Merkmale der nationalen und europäischen Vergangenheit hinaus. Bei einer zumeist nur oberflächlichen Begegnung mit der Geschichte bleibt es allein schon deshalb, weil der heutige Geschichts- und Literaturunterricht mit dem Argument einer didaktisch gebotenen Exemplarität der Themen und Werke inzwischen ausdrücklich nicht mehr anstrebt, den Schülern jenes Gerüst elementarer historischer Kenntnisse zu vermitteln, das nötig ist, damit das historische Detail in einen größeren, es erschließenden Zusammenhang eingeordnet und verstanden werden kann. Je nach Lebenslage und Interesse mag nachschulisch durch Lektüre, Reisen und die Medien noch die Kenntnis von Taten und Werken einiger „Großer" der Politik und der Kultur und von bestimmten Plätzen, Kirchen, Burgen und Schlössern in der Funktion nationaler „Erinnerungsorte"[1] hinzukommen. Das so erworbene historische Wissen bleibt aber eine Angelegenheit der eher zufälligen Begegnung, der Eindrücke und Empfindungen, aber kaum eine des Nach- und Bedenkens. Aber auch bei den Menschen in gehobener Stellung in Wissenschaft und Kunst, in Schule, Politik, Wirtschaft, Recht und Medizin gehören historische Kenntnisse immer weniger zum allgemeinen Wissen, was u.a. daran

---

[1] Vgl. *Nora* 1984–92.

ablesbar, daß bei Bewerbungen außer der beruflichen und kommunikativen Kompetenz die (historische) Allgemeinbildung kaum mehr eine Rolle spielt[2], und was sich u.a. darin zeigt, daß ihr Freizeitverhalten, wie das aller anderen, ganz überwiegend der Unterhaltung, dem Sport, der Geselligkeit und der Erhaltung der Gesundheit gewidmet ist.

Die hat eine – sicherlich ungewollte – Bekräftigung von Seiten der historischen Wissenschaften selbst erfahren. Zwei Gründe jedenfalls dürften die Abkehr eines Teils auch historisch Interessierter und Vorgebildeter von der neueren Historie bewirkt zu haben. Der eine dürfte der Sichtweise des *Postmodernismus* geschuldet sein. Seine Annahme, daß die neuzeitliche Vorstellung vom einem bewußt und vernünftig handelnden Subjekt bloß eine Illusion des europäischen Geistes ist, hebt eine ernsthafte Beschäftigung mit der Geschichte eigentlich auf. Wenn es nämlich wirklich so wäre, daß die Geschichte gänzlich „hinter dem Rücken" der Menschen geschieht, weder die Einzelnen noch die Völker je Subjekte ihrer Geschichte gewesen wären und auch den Nachgeborenen letztlich eine Einsicht in das frühere Weltgeschehen versagt sei, dann entbehrte in der Tat alle Historie eines Sinns oder wäre sie allenfalls ein Gedankenspiel. Der andere mögliche Hinderungsgrund hat nur indirekt mit der Sache zu tun. Bei ihm handelt es sich um das *Vorwissen*, das neuere historische Veröffentlichungen nicht selten dem Leser abverlangen, und um die *Sprache*, in der sie abgefaßt sind. So setzt etwa die von der Kritischen Theorie ausgehende Gesellschaftsgeschichte eigentlich ein Studium der Sozialphilosophie von der Antike bis zur Gegenwart voraus – was nicht nur für die historisch interessierten Laien, sondern auch für die Historiker vom Fach Barrieren des Verständnisses aufgebaut und im Zuge der davon ausgehenden intellektuellen Einschüchterung nicht wenige von der Rezeption dieser Historie überhaupt abgehalten hat. Auf Distanz gehalten hat die an der Geschichte Interessierten aber auch die empirische Sozialhistorie. Als eine „Geschichte ohne Namen, ohne Ereignisse und ohne Taten" hat sie mit ihrem Ziel, den Wandel der Verhältnisse in gesellschaftlichen Gruppen durch quantitative Auswertung von Quellen exakt zu erfassen und zu deuten, und mit ihrer dabei verwendeten sozialwissenschaftlichen Begrifflichkeit ebenfalls mehr das theoretisch-strukturelle als das lebensweltliche Interesse Neugieriger befriedigt. Diese Eigenheiten erklären zumindest zum Teil, weshalb die mehr konventionelle, dabei jedoch nicht unkritische historische Forschung inzwischen der „kritischen" Historie, zumindest beim Leser, den Rang abgelaufen hat, weshalb alle größeren, vom gebildeten Publikum diskutierten historischen Werke der letzten Jahrzehnte ihre Überzeugungskraft aus der differenzierten oder herausfordernden Auseinandersetzung mit ihrem besonderen Thema, kaum jedoch aus der Perspektivik der neueren Ansätze gewonnen haben und weshalb insbesondere die über die Medien verbreitete populärwissenschaftliche Historie Abstand zu den neueren theoretischen Konzepten gehalten hat.

---

[2] Wo dies verlangt wird, wie z.B. bei den internationalen Auswahltests für Stellenanwärter im Dienst der Europäischen Union, schneiden die deutschen Bewerber nachweislich besonders schlecht ab.

Im Hinblick aber auf den allgemeinen Bedeutungsschwund des historischen Denkens hat die Forschung der wissenschaftliche Historie vermutlich nur eine untergeordnete, allenfalls verstärkende Rolle gespielt. Ausschlaggebend dürfte vielmehr der traditionsindifferente technologische und wirtschaftliche *Pragmatismus* sein, der immer mehr Lebensbereiche der Gesellschaft erfaßt hat. Ihm scheint bei der Meisterung der Probleme der individuellen Lebensführung und bei der Bewältigung beruflicher und gesellschaftlicher Aufgaben eine Orientierung an der Geschichte schlechtweg nutzlos und damit überflüssig.

1.2 Der Wandel des historischen Bewußtseins: Verluste und Umorientierungen

Es stellt sich hier die Frage, welche Folgerungen die historischen Wissenschaften aus der Krise ihres gegenwärtigen Status bereits gezogen haben und welche Folgen sie befürchten müssen oder sich erhoffen dürfen. Ihre wichtigste Folgerung ist zweifellos die durch die kulturwissenschaftliche Wende erfolgte Neuausrichtung. Sie wird ihre Tragfähigkeit freilich erst noch erweisen müssen. Schon jetzt zeigt sich, daß die durch sie mitbewirkte thematische Akzentverschiebung zur Geschichte des 20. Jahrhunderts hin und die methodologische Multidisziplinarität eine Reihe bedauerlicher Verluste an anderer Stelle zur Folge gehabt hat. Letztere sind die schon in der Einleitung zu diesem Buch benannt und dann in Kapitel 41 nochmals angesprochenen worden: die Verluste auf dem Felde der *voraufklärerischen Geschichte*. Zwar hat auch hier die Forschung nach 1970 zunächst nicht nur keine Einbuße, sondern sogar noch eine Ausweitung ihrer Möglichkeiten erfahren, was sich vor allem in einer früher so nicht gekannten Intensivierung und Spezialisierung bereichs- und themenbezogener Forschung niedergeschlagen hat, so daß vielen Historikern der prekäre Status ihres historischen Gegenstandes lange Zeit gar nicht aufgefallen ist. Die allgemeine Stellen- und Mittelkürzung seit den 90er Jahren beginnt nun jedoch gerade ihre Fächer zunehmend in Mitleidenschaft zu ziehen. Obwohl die meisten Fächer der Altertumswissenschaften, der Mediävistik und die Frühneuzeitforschung vorerst institutionell gesichert erscheinen, leiden sie schon jetzt an der Auszehrung ihres Forschungs-, Lehr- und Studierendenpotentials, so daß z.B. die einstmals führenden Philologien, die der Gräzistik und Latinistik, heute immer mehr zu „Orchideenfächern" geworden sind, in den Nationalphilologien die ältere Sprach- und Literaturgeschichte nicht mehr wie ehedem fast gleichberechtigt neben der Sprach- und der Literaturwissenschaft der modernen Zeiten steht, sondern – zumindest im Studium für die Lehrämter – nur noch eine Art historischer Vorkurs zum Studium des „eigentlichen" Gegenstandes des Faches ist und daß schließlich in allen anderen Kulturwissenschaften die vormodernen Teildisziplinen und Bereiche schrumpfen. Dies ist zunächst auf die Bevorzugung der unmittelbar auf die Gegenwart bezogenen Fächer zurückzuführen. Eine wichtige Erklärung ist zweifellos aber auch, daß die höheren Schulen nicht mehr im früheren Umfang die Voraussetzungen für ein Studium der vormodernen Kultur schaffen. Zum einen ist da der dramatische Einbruch beim Erlernen des Altgriechischen und der beträchtliche Rückgang ausreichender Lateinkenntnisse zu nennen, zum andern der Verzicht auf den bis in die 60er Jahren in allen Typen der höheren Schule auf der gymnasialen Oberstufe übliche Durchgang durch die Geschichte des jeweiligen Gegenstandes von seinen kulturgeschichtlichen Anfängen bis zur Gegenwart – gleich, ob es sich um den Geschichts-, Deutsch-, Englisch-, Französisch-, Musik-, Kunst- oder Religionsunterricht gehandelt hat – und dessen Ersetzung durch historisch unverbundene Exempel. Der Verlust auf Seiten der Vormoderne wird gewiß zum Teil kompensiert durch die Konzentration auf die neuen Themen der Moderne, insbesondere auf solche der *Sozial- und Zeitgeschichte*, und durch die Weitung des traditionell nationalen Blickwinkels um die Dimension der *europäischen und globalen Geschichte* (s.u. Abschnitt 3). Dies läßt sich an Schulgeschichtsbüchern[3], jedoch auch an der staatenübergreifenden Geschichtsforschung und besonders an den neueren Werken über die Literatur-, Musik- und Kunstgeschichte ablesen.

2. Die gegenwärtig bleibende NS-Vergangenheit in Deutschland

Eine Ausnahme von den bisher gemachten Aussagen über den Rückgang des historischen Interesses ist die Auseinandersetzung mit der NS-Vergangenheit. Sie wird seit der Studentenbewegung in Deutschland mit größter Intensität betrieben und stellt hier nach Umfang und Problemgehalt alles andere, wie etwa die Behandlung der Genese und Begründung der Moderne und ihrer widersprüchlichen Tendenzen im 19. Jahrhundert wie auch die komplexe und lange Vorgeschichte des Nationalsozialismus, in den Schatten. Dies bedarf wegen seiner Auswirkungen auf das historische Denken des Westens insgesamt, im besondern jedoch für das der Deutschen über das in früheren Kapiteln bereits Ausgeführte hinaus hier nochmals einer Reflexion.[4] Denn diese zwölf Jahre Geschichte sind 60 Jahre nach ihrem Ende nicht inzwischen bloß Geschichte geworden, sondern bewußtseinsmäßig immer noch ein Teil unserer Gegenwart. Wie sehr immer noch die Wahrheit über die NS-Vergangenheit Menschen in Deutschland schockiert, hat sich erst vor kurzem bei der vom Hamburger Institut für Sozialforschung (HIS) unter der Leitung von *J.Ph. Reemtsma* und der Bearbeitung von *H. Heer* 1995 organisierten und nach Protesten 2001 in einer Neufassung dargebotenen Ausstellung: „*Verbrechen der Wehrmacht im ‚Vernichtungskrieg im Osten'* " gezeigt. Ein anderes Beispiel für die weiterhin große emotionale Besetzung des Themas ist der lange Streit um die Errichtung eines *Holocaust-Mahnmals* in Berlin. Ein eindeutiges Indiz dafür waren auch die im Jahr 2005 aus Anlaß des *Gedenkens an das Kriegsende vor 60 Jahren* in großer Zahl erschienenen Bücher, organisierten Ausstellungen, errichteten Denkmälern und anberaumten Erinnerungsveranstaltungen. Man kann letzteres gewiß z.T. damit erklären, daß man nahe an den Zeitpunkt herangerückt ist, an dem noch eine Auseinandersetzung mit Tätern und Zeugen der Naziverbrechen möglich ist, und der hauptsächliche Gegenstand der bisherigen Zeitgeschichte mit dem natürlicherseits bevorstehenden Tod der letzten Zeitzeugen der NS-Vergangenheit im Begriff steht, wirklich in die „Geschichte" überzuwechseln. Aber auch dann wird diese Vergan-

---

[3] Vgl. das von einer internationalen Historikergruppe konzipierte, von *F. Delouche* u.a. herausgegebene und in mehreren Sprachen erschienene „ Europäische Geschichtsbuch" (deutsche Fassung von D. Tiemann), Stuttgart u.a. 1992.

[4] *N. Frei*: 1945 und wir. Das Dritte Reich im Bewußtsein der Deutschen, München 2005.

genheit sicherlich noch das ganze 21. Jahrhundert die nachgeborenen Generationen der Deutschen zu einer besonderen Auseinandersetzung mit ihr zwingen, werden aus der Hand von Nachgeborenen weitere Analysen zur Verbrechensgeschichte des Nationalsozialismus erscheinen, werden auch immer wieder neue Ansätze zu seiner „Erklärung" vorgetragen werden und wird auch die Art der „Vergangenheitsbewältigung" selbst ein eminentes Thema bleiben.

2.1 Die nicht abgeschlossene Aufklärung und Bewältigung des damaligen Geschehens: Deutungen und Reflexionen über das Nicht-Erklärbare

Zu Dokumentationen des damaligen Geschehens haben seit 1945 außer den Historikern von Beruf und Institutionen der politischen Bildung zunächst unmittelbar Betroffene und Handelnde, in großer Zahl dann auch wache und nachdenkliche Zeitzeugen unterschiedlichster Herkunft und schließlich ganz besonders politisch engagierte Schriftsteller beigetragen, wovon in früheren Kapiteln wiederholt die Rede gewesen ist. So trägt ein Großteil der deutschen Literatur der letzten 60 Jahre direkt oder indirekt den Stempel der Auseinandersetzung mit der NS-Vergangenheit. Die Werke der Gruppe 48 wären ohne diesen Bezug fast undenkbar. Hervorzuheben ist auch, in welch großer Zahl jüdische Überlebende, Emigranten, Zeitzeugen und Nachgeborne von Nazi-Opfern ihre traumatischen Erlebnisse und Recherchen literarisch verarbeitet, zum Anlaß von Filmen[5] und zum politischen Engagement[6] in Deutschland und in aller Welt gemacht haben. Unter den vielen Beispielen für das nicht nachlassende Bemühen, historische Quellen zu sichern und zu erschließen, um dadurch die nachfolgenden Generationen aufzuklären und sie vor einem Rückfall in jegliche Formen der Barbarei zu warnen, werden hier nur zwei genannt. Zunächst das eines Autors, der in seiner Person unmittelbar Betroffener, allgemeiner Zeitzeuge und engagierter Schriftsteller ist: die nach zahlreichen früheren literarischen Verarbeitungen vor kurzem abgeschlossene monumentale Dokumentation von *Walter Kempowski*: „Echolot. Ein kollektives Tagebuch. Januar und Februar 1943" (10 Bde., München 1993-2005). Es handelt sich dabei um den Versuch, die Totalität jener Zeit durch einen Zusammenschnitt aus allen nur erreichbaren Tagebüchern, Zeitungsartikeln und Briefen zweier bestimmter Tage der Jahre 1943 und 1945 exemplarisch aus vielen Perspektiven und in einem absichtlich ungeordneten Nebeneinander der Stimmen einzufangen, und zwar ohne Kommentar des Herausgebers, so daß dem Leser die Deutung überlassen wird und ihm u.a. die Widersprüchlichkeiten dieser Zeit und die Gleichzeitigkeit des Ungleichzeitigen bewußt werden. Dann als Beispiel der von der Journalistin *Wibke Bruhns* unter dem Titel „Meines Vaters Land. Geschichte einer deutschen Familie" (Berlin 2004 ff.) aus persönlichen Aufzeichnungen einer Kaufmannsfamilie vom Beginn des Jahrhun-

---

[5] Ein besonderes Aufsehen erregt haben der amerikanische Fernsehfilm „Holocaust" (1978/79) und der deutsche „Schindlers Liste" (1993).

[6] Aus der Vielzahl von Gedenkreden der politischen Repräsentanten der Bundesrepublik Deutschland sei hier nur die Rede genannt, die *Richard von Weizsäcker* als Bundespräsident 1985 aus Anlaß des 40. Jahrestag des Kriegsendes unter dem Stichwort der Befreiung Deutschlands von der Nazi-Diktatur gehalten hat.

derts bis zum Kriegsende minuziös rekonstruierte Weg ehrenwerter und weltoffener Bürger in die nationalsozialistische Ideologie und die dem Vater den Tod bringende späte Kehrtwendung.

Das Hauptfeld der Auseinandersetzungen hat freilich die Geschichtswissenschaft abgegeben. In zahllosen Dokumentationen hat sie versucht, über alle Aspekte, insbesondere des Holocaust, aufzuklären.[7] Nicht wenige Historiker – und unter ihnen auch zahlreiche nicht-deutsche – haben dabei die Erforschung des NS-Staats auch zu ihrem ganz persönlichen Anliegen gemacht. Die mit dem sog. Historikerstreit 1986 beginnenden Dispute über die Einschätzung der Ursachen der NS-Verbrechen haben sich bis heute fortgesetzt. Der Versuch von *E. Nolte*, die Ermordung der Juden mit dem zuvor begangenen – zumal noch als Vorbild für die Nazis bewerteten – Klassenmord der Bolschewiki zu vergleichen und damit zu relativieren und – wie ihm gewiß zu Unrecht unterstellt worden ist – eine Art Schlußstrich unter diese Geschichte zu ziehen, hat J. Habermas und viele andere zu scharfen Repliken herausgefordert. Das Buch des amerikanischen Historikers *D.J. Goldhagen*: Hitlers willige Vollstrecker. Ganz gewöhnliche Deutsche und der Holocaust (Berlin 1996), hat einen ähnlich heftigen Streit über die Kollektivschuld der Deutschen ausgelöst.[8] Der erregt geführte öffentliche Streit 1998 um eine Kritik Martin Walsers an der Politik Israels und seine Äußerung zur „politischen Instrumentalisierung des Holocaust" hat erneut gezeigt, wie traumatisiert Deutschland bis heute ist.[9]

2.2 Die deutschen Verbrechen im zeitgeschichtlichen Zusammenhang der europäischen Politik

An dieser Lage hat sich bis heute Grundlegendes nicht geändert. Dennoch scheint sich schon seit längerem ein Wandel bei der Auseinandersetzung über die NS-Zeit zu vollziehen. So mehren sich zum einen die Versuche, aufgrund des Zugangs zu bisher verschlossenen Archiven die Ursachen und Verantwortlichkeiten von Personen und Bevölkerungsgruppen hinsichtlich der deutschen Verbrechensgeschichte neu zu gewichten, und zum andern den Völkermord an den Juden im Vergleich mit dem von anderen Völkern begangenen durch die Einbettung in die europäische Politik nicht minder schlimm, aber eher verstehbar zu machen

---

[7] Unter ihnen sind hervorzuheben das immer wieder aufgelegte und überarbeitete dreibändige Werk von *R. Hilberg*: Die Vernichtung der europäischen Juden. Die Gesamtgeschichte des Holocaust, Berlin 1982 ff.; die Videoarchivierung von Zeugnissen der Holocaust-Überlebenden u.a. durch *S. Spielberg* (Survivors of the Shoa, 1994 ff.); *V. Klemperer*: Ich will Zeugnis ablegen bis zum letzten. Tagebücher 1933-1945. 2 Bde., Berlin 1995; *E. Jäckel* u.a. (Hg.): Enzyklopädie des Holocaust. Die Verfolgung und Ermordung der europäischen Juden. 4 Bde., Neuausgabe , München/Zürich 1995.

[8] Vgl. *H. Heil/R. Erb* (Hg.): Geschichtswissenschaft und Öffentlichkeit. Der Streit um Daniel J. Goldhagen, Frankfurt 1998.

[9] Die Diskrepanzen zwischen dem allgemeinen Bedeutungsschwund der Geschichte in Deutschland und der traumatischen Fixierung auf einen Teil von ihr haben *A. Assmann/U. Frevert* schon im Buchtitel ihrer gemeinsamen Schrift: Geschichtsvergessenheit – Geschichtsversessenheit. Vom Umgang mit deutschen Vergangenheiten nach 1945 (Stuttgart 1999) prägnant auf den Begriff gebracht.

Für ersteres, nämlich daß der Nationalsozialismus u.a. *ein nationaler Sozialismus* gewesen sei, ist ein aktuelles Beispiel die Diskussion, die die These von *Götz Aly*, einem „nachgeborenen" Historiker, in seinem Buch: „Hitlers Volksstaat. Raub, Rassenkrieg und nationaler Sozialismus" (Frankfurt 2005)[10], ausgelöst hat. Das Buch hat rasch ein großes, auch internationales Aufsehen erregt, weil es die auch während des Krieges andauernde breite Zustimmung der Bevölkerung zum NS-Regime und den nur geringen Widerstand gegen es und den Krieg weder mit der charismatischen Herrschaft Hitlers noch mit den nationalistischen Kriegszielen erklärt, sondern damit, daß es den meisten Deutschen aufgrund der Enteignung des Besitzes der Juden, der Raubzüge in Europa und der Ausnutzung der Fremdarbeiter noch fast bis Kriegsende materiell besser gegangen sei als vorher, die Hitler-Diktatur also als ein nationaler Sozialismus aufgetreten sei. Die heftige Gegenkritik – u.a. von H.U. Wehler – bestreitet dem Ansatz nicht ganz seine Berechtigung, läßt ihn aber als Haupterklärung nicht gelten.

Die andere Tendenz orientiert sich an E. Noltes prinzipiell nicht unberechtigten Versuch von 1986, den Genozid an den Juden, den „ungeheuerlichsten Eroberungs-, Versklavungs- und Vernichtungsfeldzug, den die moderne Geschichte kennt" (E. Nolte), angesichts der ebenso großen und z.T. schon vor dem Nationalsozialismus begangenen Verbrechen der Sowjetunion an ihren eigenen und an fremden Bürgern in die Beurteilung mit einzubeziehen und damit vergleichend zu historisieren. Weiter ausgreifend ist dabei in den Blick gekommen, daß die europäische Geschichte des 20. Jahrhunderts von seinem Anfang bis zu seinem Ende eine der ethnisch (rassistisch), religiös und politisch motivierten Massaker, Deportationen und Evakuierungen gewesen ist, an denen sich nicht nur die beiden totalitären Großmächte Sowjetunion und Hitler-Deutschland, sondern auch andere kleinere und größere Mächte beteiligt haben: die Türken gegenüber den Armeniern, die Kolonialmächte – wie zuvor schon – wiederholt gegenüber „ihren" Eingeborenen, die Kriegsgegner im Ersten und Zweiten Weltkrieg gegenüber Teilen der Zivilbevölkerung, die Sowjets gegenüber den Polen und Deutschen, die Tschechen gegenüber den Sudetendeutschen und am Ende des Jahrhunderts die Hutu gegenüber den Tutsi in Ruanda und die Serben u.a. gegenüber den muslimischen Kosovaren im zerfallenden Jugoslawien.[11] Gewiß relativieren diese Einsichten in die Verbrechen auch der anderen nicht die Schuld Deutschlands – die „Schlußstrich"-Forderungen der 80er Jahre sind bereits durch das bis heute fortbestehende Interesse an ihrer Aufklärung widerlegt worden –, aber sie zeigen doch, daß zumindest in der „gewalttätigen Bruch- und Übergangsepoche der europäischen Geschichte in der ersten Hälfte des 20. Jahrhunderts" die „ethnischen Säuberungen" und der Völkermord ein verbreitetes Element der Politik gewesen sind. G. Aly hat daraus für die Geschichtsschreibung gefolgert, daß sie „die Muster erkennen und auch Fäden der Gewalt- und Fortschrittsgeschichte Europas im ersten Drittel des 20. Jh.s aufnehmen [müsse],

---

[10] Vgl. auch sein früheres Buch: Macht – Geist – Wahn. Kontinuitäten deutschen Denkens, Frankfurt 1997.

[11] Vgl. *N.M. Naimark*: Flammender Haß. Ethnische Säuberungen im 20. Jahrhundert. Aus dem Engl. M. Richter, München 2004.

um Auschwitz historisch zu lokalisieren." und sich der Frage stellen müsse, „wie das überragende Massenverbrechen des 20. Jahrhunderts, der Holocaust, in die deutsche und europäische Geschichte eingeordnet werden soll."[12]

Von Bedeutung ist in den letzten Jahren das Thema der Vertreibungen und Verschleppungen nach Kriegsende geworden. Erst nach der Perestroika und nach dem Zusammenbruch der Sowjetunion und der DDR hat sich in Rußland und im wiedervereinigten Deutschland die Möglichkeit eröffnet, offen über die unter kommunistischer Herrschaft über die von Stalin mit Zustimmung der westlichen Kriegsalliierten veranlaßte, „Umsiedlung" genannte Vertreibung von Millionen Polen und Deutscher aus ihren Siedlungsgebieten im Osten zu sprechen. In Deutschland nimmt man dabei einen Faden auf, den die westdeutsche Politik in der Mitte der 60er Jahre hatte fallen lassen. Denn von Kriegsende bis dahin waren die Besetzung des Landes und die Vertreibung der Deutschen aus ihm in der westdeutschen Geschichtswissenschaft und allgemein im öffentlichen Leben ein ständiger Anlaß der Anklage gegenüber der Sowjetunion, Polen und der Tschechoslowakei und war die Pflege des kulturellen Erbes des deutschen Ostens in den Medien und in den Schulen als „Ostkunde" ein offiziell geförderter Gegenstand gewesen. Im Interesse eines Ausgleichs mit der Sowjetunion und der Erhaltung des Weltfriedens, der Aussöhnung insbesondere mit Polen und infolge der zeitweilig wachsenden Sympathie der jüngeren Generation für das „sozialistische" Modell Osteuropas verstummte damals jene Kritik, versagte man sich in der wissenschaftlichen Zeitgeschichte und in den Medien überhaupt immer mehr der Beschäftigung mit der früheren Geschichte Ostdeutschlands und zieh man umgekehrt die Vertriebenenverbände, Landsmannschaften und Osteuropainstitute, die die Erinnerung an jene Ereignisse wachhalten wollten, des Revanchismus. Eine wirkliche Neubewertung der unmittelbaren Nachkriegszeit setzte nach 1989 verstärkt allerdings erst im Zuge der „ethnischen Säuberungen" im ehemaligen Jugoslawien ein, wobei die deutsch-polnischen Historikerkontakte allerdings schon früher, z.T. schon unmittelbar nach der Unterzeichnung des deutsch-polnischen Vertrags von 1970, eine Annäherung der Sichtweisen gebracht hatten. Seither bemühen sich Historiker, Literaten und zahllose Einzelne, und zwar in West *und* in Ost und in größerem Umfang sogar gemeinsam, um eine Aufarbeitung der für alle beteiligten Völker leidvollen Geschichte.

2.3 Die Notwendigkeit einer Revision der deutschen „Vergangenheitsbewältigung"?

Der immer differenziertere Blick auf die Verbrechen in der ersten Jahrhunderthälfte und der inzwischen gewachsene zeitliche Abstand zu ihnen haben in den letzten Jahren zu einem Überdenken der bisherigen deutschen Versuche der „Vergangenheitsbewältigung" geführt. Ein Ansatzpunkt ist die neuerdings immer häufiger gestellte Frage, ob die seit den 60er Jahren betriebene *deutsche Art* der „Vergangenheitsbewältigung" die richtige ist, d.h. ob es nicht andere Formen eines legitimen Umgangs mit den Verbrechen Hitler-Deutschlands gibt, eines Umgangs, der zwar nicht die Augen vor dem ungeheuerlichen Geschehen verschließt, es weiterhin deu-

---

[12] Alle drei Zitate aus *G. Aly*: Logik des Grauens. Was wissen wir heute wirklich vom Holocaust? Eine Bestandsaufnahme 20 Jahre nach dem Historikerstreit, in: Die Zeit 23, 2006, 59 f..

tet und besondere Vorsicht gegenüber jeglichen Aufbrüchen von Nationalismus, Rassismus und Antisemitismus walten läßt, der aber eine fortdauernde kollektive Verantwortung der Deutschen für das damalige Geschehen zurückweist. Unter dieser Zielsetzung hat der österreichische Historiker *Rudolf Burger* unlängst die Frage gestellt, ob die deutsche und die österreichische Seele je „gesunden" könne, „wenn sie in einem permanenten öffentlichen Prozeß der Selbstanklage ihre ‚verdrängte Geschichte' ins Bewußtsein hebt, diese ‚aufarbeitet' und ‚niemals vergißt'"[13]. Er hält sowohl die Vorstellung von der „Verdrängung" als auch die bisher üblichen Bewältigungsanstrengungen für problematisch. Im Unterschied zu Individuen, die nach Freuds Psychoanalyse traumatische Erlebnisse in früher Kindheit und Jugend ins Unbewußte verdrängen und deswegen als Erwachsene neurotisch erkranken können, und auch zu Gemeinschaften, die sich weigern, eine begangene Schuld einzugestehen, hätten sich nach dem Kriege vor allem die überlebenden Opfer der Konzentrationslager, nicht die Täter, aus schierer Überlebensnot und im Zusammenleben mit ihren Angehörigen oft in die Verdrängung der erlittenen Scham geflüchtet, hätten lange geschwiegen und seien dann auch oft wirklich psychisch zusammengebrochen, während die Täter in der NS-Zeit bewußt und meist aus persönlicher Überzeugung gehandelt und nach dem Kriege, wohl wissend, was sie getan haben, sich durch die Solidarität der vielen Mittäter individuell geschützt fühlend, zumeist psychisch stabil ihr Leben geführt hätten.[14] Auch auf der Ebene der Völker hält er die gängige Annahme für falsch, daß eine schlimme Geschichte erst dann „bewältigt" werde, also „vergehe" und zu einer wirklichen „Vergangenheit" werde, wenn sich die Gemeinschaft – ähnlich dem Individuum – ihr gestellt habe und sich immer wieder an sie erinnere, da sich sonst die Geschichte wiederhole und ein Volk nie mit sich ins Klare komme. Zur Begründung seiner Zweifel gibt Burger zweierlei zu bedenken. Zum einen, daß fast alle Völker über ihre Greueltaten einen Mantel des Schweigens gebreitet hätten, wie es in jüngerer Zeit u.a. die Japaner bei den gegen die Koreaner im Zweiten Weltkrieg verübten Verbrechen gemacht hätten und wie es das seit den alten Griechen geübte Instrument der Amnestie tue, wenn bei einem Friedensschluß beide Seiten feierlich erklärten, daß die im Krieg verübten Verbrechen „vergessen" sein sollen („Vergessen" ist die Grundbedeutung von „Amnestie"). Zum andern erinnert er umgekehrt daran, daß es den z.B. auf dem Balkan und in Irland immer wieder aufflackernden Haß gegen die jeweils Anderen nicht gäbe, wenn die Volkstums- und Religionsgemeinschaften endlich einmal vergäßen, was ihnen, z.T vor vielen Jahrhunderten, einmal von den Anderen angetan worden sei.[15] Jedenfalls dürfe man die NS-Zeit nicht zum Dreh- und Angelpunkt der deutschen Geschichte insgesamt machen und die kommenden Generationen von Deutschen und Österreichern mit der Scham- und Schuldkultur ihrer Vorfahren

---

[13] *R. Burger*: Geschichte als Therapie? Zur Konjunktur des historischen Bewußtseins, in: Merkur 5, 2004, 375-395, hier: 379. Vgl. auch ders.: Kleine Geschichte der Vergangenheit Eine pyrrhonische Skizze der historischen Vernunft, Graz 2004.

[14] Vgl. *B. Giesen*: Das Trauma der ‚Tätergeneration', in : Klein u.a. 2005, 387-414.

[15] Juden, Christen und Moslems würde viel Leid erspart worden, wenn sie nicht über die ihnen heilige Mythologie immer wieder an die Gründe ihrer Differenzen erinnert worden wären.

belasten. Ob die deutsche Geschichtsschreibung mit Überlegungen dieser Art die Last ihrer Nazi-Vergangenheit los wird bzw. der dunklen Faszination dieses Themas abschwört, die den Schrecken anziehend macht, ist fraglich, zumal es sich hier um eine andere „Last der Vergangenheit" handelt als bei Nietzsches Willen zum entschiedenen Handeln[16] oder bei der priesterlichen Vergebung einer Schuld oder bei dem „Glück des Vergessen-Könnens"[17] im privaten Streit.

Die Zweifel weichen vor allem deswegen nicht, weil es die zahlreichen Anstrengungen der vergangenen Jahrzehnte nicht geschafft haben, eine anthropologisch, gesellschaftlich und historisch überzeugende Begründung des fürchterlichen Erfolgs des Nationalsozialismus zu geben und allgemein Mittel zu benennen, wie man einen Rückfall in den (Bürger-)Krieg und in die Barbarei sicher verhindern kann. In Deutschland bleibt das Erschrecken darüber, wie es hat möglich sein können, daß seine kulturell tragenden Schichten unter dem Eindruck von Hitlers Machtübernahme und Politik alle humanen Prinzipien haben aufgeben können. Das historische Denken ist deshalb hier nach Auschwitz definitiv ein anderes als davor, und es wird die Deutschen auf unabsehbare Zeit immer wieder zur Erinnerung daran zwingen. Dies freilich in schlimmer Gemeinschaft mit vielen anderen Völkern weltweit, die sich des Genozids schuldig gemacht haben und die ihn heute noch praktizieren. Dies nimmt den Deutschen nicht die Schuld. Es macht aber deutlich, daß das natürliche Gewaltpotential der Menschen dies alles möglich macht und jeder einzelne und jedes Volk sich im Bewußtsein dessen vor Naivität und Selbstgerechtigkeit hüten muß.

3. Von der traditionellen Universalgeschichte zur „Welt- und Globalgeschichte"

Sozusagen im Windschatten der auf die nationale und westliche Geschichte bezogenen geschichtstheoretischen und forschungspraktischen Diskurse, der von ihnen ausgelösten „Wenden" und eingeleiteten Umakzentuierungen des historischen Interesses und des besonderen Problems der deutschen und europäischen Kriegsvergangenheitsbewältigung ist in den vergangenen Jahrzehnten ein Großteil der historischen Forschung einfach wie zuvor, d.h. jedoch durchaus kritisch in bezug auf Quellen, Befunde und Deutungen, weitergeführt geführt worden. So allgemein bei den politisch und ideologisch unverfänglichen Themen und dem, was sich rein sachbezogen und philologisch erschließen läßt, und dann auch auf dem weiten Felde der Bereichshistorie, wie etwa bei der Geschichte der (Natur)Wissenschaften, der Technik, der Wirtschaft, des Rechts oder der Kultur im traditionellen Sinne (z.B. des Sports). Lange Zeit wenig berührt vom Streit über die rechten Methoden und Ziele ist auch die Universalgeschichte geblieben. Im Hinblick auf die sich gegenwärtig – trotz globaler Konflikte – unaufhaltsam verstärkenden Tendenzen eines Zusammenwachsens der Völker und der Kulturkreise zu einer einzigen großen politischen,

---

[16] Vgl. Kapitel 23.3.
[17] Vgl. *H. Weinrich*: Lethe. Kunst und Kritik des Vergessens, München 1997. Vgl. allgemein *P. Ricoeur*: Gedächtnis, Geschichte, Vergessen. Aus d. Frz, hg. von H.-D. Gondek/H. Jatho/ M. Sedlaczek, München 2004.

wirtschaftlichen, technologischen und kulturellen Einheit gewinnen jedoch auch wieder die universalhistorischen Aspekte der kulturellen Ur- und Frühgeschichte und die neuzeitliche Geschichte des weltweiten Kolonialismus, Imperialismus, der Christianisierung und der Zivilisierung eine allgemeinhistorische Bedeutung.

3.1 Universalhistorische Aspekte der menschlichen Frühgeschichte

Eine größere Bedeutung hat die Universalgeschichte indes schon einmal am Beginn der modernen Historie im 18. Jahrhundert unter historisch-anthropologischern Fragestellungen gehabt, sie dann aber im 19. Jahrhundert zugunsten der auf Schriftquellen fußenden und nationalen Ausrichtung der meisten historischen Wissenschaften weitgehend verloren, wenn auch die Geschichtsphilosophie, die Kulturanthropologie, die Prähistorie und die Völkerkunde den Fragen nach der frühgeschichtlichen Genese und Verbreitung der Kultur über die Erde, nach möglichen universalen Stufen ihrer Entfaltung und ihres Zusammenschlusses zu größeren Einheiten, nach dem theoretischen Status und nach den Hauptthemen des Ganzen der Kulturgeschichte beständig mit großem Forscherfleiß und Erfolg nachgegangen sind. Darüber ist in mehreren Kapiteln berichtet worden.[18] Wenn die in den letzten Jahrzehnten gewonnenen Erkenntnisse über die Sozialität früher Kulturen, über die Entstehung, die Entfaltung und die Selbstbehauptung und den Untergang vormoderner und moderner Hochkulturen auch kein gänzlich neues Bild davon haben entstehen lassen, hat doch die größere Einsicht in den dialektischen Prozeß zwischen der kulturellen Eigenständigkeit der Völker und ihrer Teilhabe an der Geschichte der Menschheit ein größeres Verständnis für deren Neigung sowohl zur Rückbesinnung auf die eigenen Ursprünge und zur Selbstbehauptung und Abgrenzung gegenüber anderen als auch zum Zusammenschluß in immer größeren Einheiten hervorgebracht.

Danach steht heute zunächst fest, daß alle je existierenden Gesellschaften von den kleinsten Ethnien, Stammesgesellschaften, Völkern bis zu den größeren Kulturkreisen einerseits ihre Angelegenheiten immer weitgehend in kultureller Autonomie geregelt und aus eigenen Mitteln bestritten haben, andererseits aber auch immer kulturellen Austausch mit den benachbarten Gesellschaften betrieben haben, so daß unter dem universalhistorischen Blickwinkel anfangs riesiger und dann immer kleinerer Zeiträume – sieht man von der lange währenden zwischenzeitlichen naturräumlichen Trennung zwischen der Alten und Neuen Welt ab – die *Menschheit immer schon ein einziger großer Kulturraum* mit einer einzigen, wenn auch kulturräumlich und zeitlich vielfach „geschichteten" Geschichte gewesen ist.[19]

Sodann gibt es ein großes Einverständnis darüber, daß die bisherige *Kulturgeschichte der Menschheit evolutionär* verlaufen ist. Zwar nimmt man nicht mehr – wie zumeist im 19. Jahrhundert – an, daß der Verlauf der Geschichte in dem Sinne vorgezeichnet sei, daß alle erfolgreichen Gemeinwesen dieselben Stadien der gesellschaftlichen Organisation und der kulturellen Differenzierung passieren und so

---

[18] Einschlägiges findet sich in den Kapiteln 20, 22, 23.1 und 4., 24.3., 25.2. und 3., 26, 33.2., 35.2 und 36.

[19] Die nachgewiesene Durchmischung des menschlichen Genpools ist ein Beweis auch für den weltweiten kulturellen Austausch.

im Laufe der Zeit schneller oder langsamer gesetzmäßig das ihnen zunächst mögliche höhere Niveau erreichen. Aber im Begriff der gesellschaftlichen „Entwicklung" ist doch die bis heute gängige und trotz Kritik nicht wirklich erschütterte Vorstellung vorausgesetzt, daß sich bei aller kultureller und lebensräumlicher Vielfalt die Menschheitsgeschichte in ihren Ethnien über einen strukturell überall gleichen Weg artikuliert. Das haben plausibel belegt zum einen die Frühgeschichtsforschung mit der Annahme der evolutionären Abfolge von Gesellschaften der Jäger und Sammler (Wildbeuter), der Stammesgesellschaften seßhafter Ackerbauern und (nomadischer) Viehzüchter und dann der städtisch und staatlich verfaßten Gesellschaften und zum andern die „cross-cultural-studies" der neo-evolutionistischen Richtung in der Kulturanthropologie, wonach sich unabhängig von einander bestimmte Formen der Kultur und der Gesellschaft auf bestimmten Entwicklungsniveaus ausbilden.[20] Dafür stehen jedoch auch die strukturellen Ähnlichkeiten zwischen den unabhängig von einander entstandenen frühen und „entwickelten" Hochkulturen der Alten und der Neuen Welt und der große Angleichungsdruck, den die moderne Welt des Westens auf alle anderen Kulturen seit der frühen Neuzeit ausübt.

3.2 Auf dem Wege zu einer Universalgeschichte des Fortschritts

Im Blick auf die gegenläufigen Momente von Beharrung einerseits und von Wandel andererseits zeigt sich, daß nicht nur alle frühen Kulturen, sondern auch noch fast alle hochkulturellen Gesellschaften Neuerungen politisch und moralisch für verdächtig und religiös für ketzerisch gehalten haben, deshalb jeden bereits eingetretenen oder bewußt von Eliten durchgesetzten Wandel als „Renaissance" oder als „Reform(ation)", also als eine Form der Rückkehr zum ursprünglich Guten und Vollendeten und zum deshalb im Prinzip auch nicht mehr Verbesserungsbedürftigen und -fähigen erklärt haben und Konservative und Progressive sich durchweg in einem Spannungsfeld des *gebremsten Fortschritts* befunden haben. Erst seit dem 18. Jahrhundert gilt in einigen europäischen Gesellschaften die Neuerung als ein mögliches Mittel zur grundlegenden Verbesserung der Welt, hat der Begriff des Fortschritts und dann auch der Begriff der gewaltsamen Umwälzung bei den „Progressiven" eine gewisse Akzeptanz gefunden und ist die Neuerung zum Kennzeichen aller jener Gesellschaften geworden, die ihre Modernität mit der permanenten Bereitschaft zur Veränderung definieren. Dabei fällt auf, daß auch die von den Progressiven gebrauchten Begriffe der „Aufklärung", des „Fortschritts", der „Erneuerung" (*innovatio*) und der „Revolution" dem Wortsinn nach die Vorstellung von der Fortsetzung oder der Umwandlung des Bewährten enthalten und alle auf die Zukunft gerichteten Erwartungen zugleich ein Hauch des Risikos umweht. Es ist deshalb kein Zufall, daß der Begriff Geschichte erst im 18. Jahrhundert seine heutige Bedeutung erhält, als nämlich die Welt beginnt, sich von Generation zu Generation beschleunigt zu verändern, frühere und gegenwärtige Faktizitäten sich nicht mehr nur als Varianten

---

[20] Zur „Rückkehr des Evolutionismus" in der amerikanischen Ethnologie seit den 30er Jahren mit besonderen Bezug auf die kulturökologischen Forschungen von J.H. Steward (1902-1972) und auf die Erforschung der familialen Strukturen in traditionellen Gesellschaften durch G.P. Murdock (1897-1985) vgl. *Petermann* 2004, 743-761.

einer einzigen gleichbleibend vorgeordneten Welt deuten lassen und der Wandel in der Zeit zu einem konstitutiven Bestimmungsmerkmal von Geschichte wird.[21]
Die Ambivalenz des *entfesselten europäischen Fortschritts* artikuliert sich allerdings bereits mit der im 18. Jahrhundert einsetzenden Kulturkritik am Ort seines Ursprungs in Europa. Es wird bewußt, daß die auf dem Fortschrittsmodell basierende gesellschaftliche, zivilisatorische Entwicklung, insbesondere die des Wissens und der Technologie, ihren Preis u.a. im Verlust von Tradition hat, sie oft Irrwege einschlägt und bei sich wandelnden Verhältnissen Gefahr läuft, in eine Sackgasse zu geraten, und sie dennoch letztlich unumkehrbar ist und als Ausweg nur der kluge, erfinderische Umgang mit ihren unerwünschten Folgen bleibt. Die nach rund 250 Jahren Fortschritt sich auftürmenden Probleme sind neben seinen „Segnungen" in der Tat riesig. Die Zunahme der Weltbevölkerung, die Gefährdung der Menschheit durch ABC-Waffen und irreparable Umweltschäden und die in ihren Auswirkungen unvorhersehbare Manipulation auch des menschlichen Erbguts haben besorgniserregende Ausmaße angenommen, ja apokalyptische Befürchtungen ausgelöst. Die ältere Utopie- und die neuere Science-Fiction-Literatur waren und sind ein Spiegel der Hoffnungen und der Befürchtungen der Menschheit. Während erstere heute in vielen ihrer menschenfreundlichen wie in ihren –feindlichen Aspekte bereits als von der Geschichte überholt erscheint, mehren sich in letzter die Stimmen, daß sich die Menschheit in fataler Weise in Abhängigkeit von der mit Zwangsläufigkeit fortschreitenden Technik begeben hat und die früher gegebenen Spielräume ihrer Beherrschbarkeit nicht mehr existieren.[22]

In der Einschätzung des Erfolges der europäisch-amerikanischen Moderne und der Bedeutung, die die durch sie herbeigeführte globale Integration von Wirtschaft, Technik, Politik und Wissenschaft universalhistorisch schon gehabt hat und noch haben wird, ist man deshalb heute weniger sicher, als man dies vor einigen Jahrzehnten glaubte sein zu können. Während im kontinentaleuropäischen Wissenschaftsraum eher die Sichtweise einer Universalgeschichte vorherrscht, die im globalen Zusammenwachsen der Kulturen deren Fortbestand in relativer Eigenständigkeit und Mannigfaltigkeit sieht, hat die neuere amerikanische *global history* die

---

[21] Zur Geschichte des sich beschleunigenden Zeiterlebens vgl. das Buch von *P. Borscheid*: Das Tempo-Virus. Eine Kulturgeschichte der Beschleunigung, Frankfurt 2004, das den Wandel vom Leben und Arbeiten „mit der Natur" und „nach der Natur" in der Vormoderne zum sich beschleunigenden Leben seit der industriellen Zeit nachzeichnet. Vgl. auch *K. Thomas*: Vergangenheit, Zukunft, Lebensalter. Zeitvorstellungen im England der frühen Neuzeit, Berlin 1988. Der in der Moderne nochmals sich verschärfenden Beschleunigung gilt die Schrift von *H. Lübbe*: Zeit-Erfahrungen. Sieben Begriffe zur Beschreibung moderner Zivilisationsdynamik, Mainz 1996. Er weist dort u.a. darauf hin, daß dadurch eine „Gegenwartsschrumpfung" stattfindet, und zwar weil alles rasch veraltet und die jeweils nächste Mode die jetzige schon fast überholt hat (12 ff.), während demgegenüber die Zukunft immer offener und undurchschaubarer wird und „jede frühere Gegenwart über die ihr bevorstehende Zukunft ungleich Verläßlicheres auszusagen [wußte]" (17), als dies heute der Fall ist. Vgl. auch das Buch von *H. Rosa*: Beschleunigung. Die Veränderung der Zeitstruktur in der Moderne, Frankfurt 2005, und die neuere Geschichte der Globalisierung von *P.E. Fäßler:* Globalisierung. Ein historisches Kompendium, Köln 2007.

[22] Am Werk des Polen *Stanislaw Lem* (1921-2006), eines modernen Klassikers dieses Genres, kann man die zunehmend skeptischer werdende Einschätzung der Zukunft ablesen.

Tendenz, alle Kultur und Politik spätestens seit dem 18. Jahrhundert auf das Vorbild des eigenen Zentrums zulaufen zu sehen, alles andere als abweichend oder als noch unterentwickelt zu qualifizieren und von diesem Standpunkt aus Geschichte und Gegenwart „global" zu beurteilen.[23]

3.3 Aspekte der *kontinentaleuropäischen* Deutung der Universalgeschichte

Die in Europa auf die Kulturgeschichte der Menschheit insgesamt bezogene Universalhistorie hat nach wie vor ihre Themenschwerpunkte in den frühen Hochkulturen und in den weltgeschichtlich bedeutsam gewordenen entwickelten Hochkulturen der Alten und der Neuen Welt. Als solche ist sie besonders an Fragen der Entstehung und des Wandels von Nationen und Kulturkreisen interessiert und macht sich dem größeren Publikum vor allem durch die Darstellung der Großepochen und Kulturräume in ihrer zeitlichen und verbreitungsgeschichtlichen Abfolge bekannt. Diese Forschung überzeugt immer dann, wenn es Historikern von der intimen Kenntnis ihres besonderen Gegenstandes aus gelingt, allgemeine Züge der Geschichte aufzuhellen. Alle großen Werke der Geschichtsschreibung können in diesem Sinne als Beiträge zur Universalgeschichte betrachtet werden, zumal dann, wenn sie über die Fachgrenzen hinaus das historische Denken insgesamt herausfordern und anregen. Dazu kann man dann auch die methodologischen „Wenden" der letzten Jahrzehnte zählen. Denn sie haben neue Sichtweisen der Historie initiiert und so das Ganze wie die Details der Universalgeschichte in einem neuen Licht erscheinen lassen.

Die Schwäche dieses traditionellen Typs der Universalgeschichte ist das nicht befriedigend zu lösende Problem der Integration der vielen Einzelerkenntnisse in eine wirkliche „Historia mundi"[24] und das damit verbundene Problem der Darstellung. Die wissenschaftlich noch am ehesten akzeptierte Lösung sind die ironisch „Buchbindersynthesen" genannten dickleibigen Handbücher und Sammelwerken, die – ähnlich wie die umfangreichen fach- und epochengebundenen Gesamtdarstellungen – aus einer Abfolge zumeist unverbundener Spezialistenbeiträge bestehen und so fast immer das vom jeweiligen Herausgeber anvisierte Ziel ihrer – wenigstens partiellen – Einfügung in die große (universal-)historische Linie verfehlen.[25] Als große Scheunen des historischen Wissens sind sie gleichwohl unentbehrlich für alle, die sich als Kulturwissenschaftler einen ersten Überblick über einen ihnen fremden Bereich und allgemein über den „Lauf der Geschichte" verschaffen wollen.[26]

---

[23] Vgl. *J. Rüsen* (Hg.): Westliches Geschichtsdenken. Eine interkulturelle Debatte, Göttingen 1999; darin *P. Burke*: Westliches historisches Denken in globaler Perspektive – 10 Thesen, in: Rüsen 1999, 31-52.

[24] Das ist der Anspruch der: Historia Mundi. Ein Handbuch der Weltgeschichte, 10 Bde., hg. F. Kern/F. Valjavec, Bern 1952 ff. . Vgl. ähnlich *H. Pleticha* (Hg.): Weltgeschichte in 12 Bänden. Von den frühen Hochkulturen bis zur Gegenwart, eingel. von G. Mann, Gütersloh 1976/1996.

[25] Dies trifft z.B. auch für die meisten Bände der von der Unesco herausgegebenen „Geschichte der Menschheit" zu (*S.J. Laet* (ed.): History of Humanity, 7 vol. published by the Unesco, London 1994).

[26] „Kulturmorphologische" Beispiele hierfür sind in Kapitel 28.2.2 und historisch-anthropologische Beispiele in Kapitel 39 vorgestellt worden. Aus der neueren deutschen Forschung seien

Immer wieder wird auch der Versuch gemacht, in einem einzigen, nicht allzu umfangreichen Buch die ganze Weltgeschichte darzustellen. Ihre Autoren, die nicht selten Wissenschaftsjournalisten sind, setzen sich noch mehr als die der Handbücher dem ihnen oft gemachten Vorwurf des willkürlichen Verkürzens der komplexen Wirklichkeit, wenn nicht gar des Dilettantismus aus.[27] Die Theorie der Universalgeschichte schließlich wird weiterhin beherrscht von Fragen der Art: Was treibt den historischen Prozeß an? Sind es eher die Kultur, die Politik, die Gesellschaft oder die Wirtschaft? Welche Rolle spielen Zufälle, eine wie auch immer geartete naturgesetzliche Notwendigkeit, Tendenzen einer Zyklizität, Dialektik oder linearen Kontinuität, periodische Verdichtungen (Ebenen und Krisen) und eine prinzipielle Offenheit? Nachdem man lange Zeit davon ausgegangen war, daß der kulturelle Fortschritt seit der Antike einlinear auf das christliche Westeuropa zugelaufen sei und sich seit der frühen Neuzeit, unter Wandlungen, von dort über die ganze Welt ausgebreitet habe, herrschen heute für die vormoderne Welt polyzentrale und mehrdimensionale Modelle der Interdependenz vor[28] und verzeichnet man erst für die

---

hier nur die Propyläen-Bände zur Weltgeschichte und zur Geschichte der Weltliteratur genannt. Im ersteren Werk von *G. Mann, A. Heuß/A. Nitschke* (Hg.): Propyläen Weltgeschichte. Eine Universalgeschichte. 10 Bde., Berlin 1960 bis 1964 (identischer Nachdruck Frankfurt 1986), überwiegt allerdings die politische Geschichte bei weitem die den Einzelbänden jeweils beigefügten „universalhistorischen Stichworte"(anders in der erstmalig von W. Goetz herausgegebenen und in der Tradition von K. Lamprecht stehenden Ausgabe). An der sechsbändigen „Propyläen Geschichte der Literatur" (hg. E. Wischer, Berlin 1981-1984; identischer Nachdruck 1988) ist auffällig, daß die Einzelbeiträge zwar durchweg von renommierten Fachgelehrten stammen, das Werk insgesamt jedoch einer Theorie der Geschichte der Literatur oder auch nur eines die Bände einleitenden Vorworts entbehrt. Noch lockerer gefügt sind die Bände der „Fischer-Weltgeschichte in 34 Bänden" (Frankfurt 1964-75), die als große Sammelbecken des historischen Spezialwissens über bestimmte Ausschnitte aus dem Ganzen, keinen Anspruch auf eine durchgehende Linie im „Prozeß der Geschichte" erheben.

[27] Der jüngste Überblicksversuch in deutscher Sprache kommt von dem Althistoriker *A. Demandt*: Kleine Weltgeschichte, München 2003. In seinem Geschwindmarsch durch die Zeit – auf 368 Seiten – erhält der Leser trotz des Weglassens bedeutender Epochen und Phänomene mitunter noch zu viele Detailinformationen und zugleich zu wenig theoretische Durchdringung des Stoffes. Kritik dieser Art wird freilich allen kürzeren und längeren Darstellungen der Universalgeschichte gemacht (vgl. hierzu die Ausführungen über die populärwissenschaftliche Kulturgeschichte in Kapitel 28.3.2.).

[28] So nimmt etwa *F. Braudel*: La grammaire des civilisations (Paris 1963), eine „Grammatik" von vier Grunddimensionen an: Raum, Gesellschaft, Wirtschaft und Mentalität. Die Vorzüge der polyzentralen Sichtweise hebt *Ch. A. Bayly* in Bezug auf das „lange 19. Jahrhundert" hervor: Die Geburt der modernen Welt. Eine Globalgeschichte 1780-1914. Aus dem Engl., Frankfurt 2006. *E. Schulin* legt in der Einleitung zu der von ihm herausgegebenen „Universalgeschichte" (Köln 1974, 11 ff.), dar, daß nach der Distanzierung von der spekulativen Menschheitsgeschichte im 18. Jahrhundert die Weltgeschichte zwar nicht mehr als ein Kontinuum aufgefaßt werden könne, ähnliche Strukturen und Abläufe in verschiedenen Geschichtsregionen der Welt erlaubten jedoch typologische Vergleiche. Einen guten Überblick über die ältere und neuere Forschung zur Universalgeschichte gibt *W.E.J. Weber*: Universalgeschichte (2001), in: Maurer, Bd. 2: Räume, Stuttgart 2001, 15-98. Er selbst definiert „Weltgeschichte als Geschichte fortschreitend verdichteten menschlichen Zusammenlebens, das es [...] fortlaufend zu sichern und zu verbessern gilt" (2001, 74). In der Linie von Toynbee hat der „bekennende Christ" *G. Schramm* in seiner Schrift: Fünf Wegscheiden der Weltgeschichte. Ein Vergleich, Göttingen 2004, den Versuch gemacht, anhand von zehn Kriterien fünf Wegscheiden von universalhistorischer Bedeutung (Herausbildung des Monotheismus, des Christentums, der Reformation, der

jüngere Moderne eine bis heute noch zunehmende europäisch-amerikanische Dominanz. Ein alle Zeiten übergreifendes Modell geht von der Entwicklungsdifferenz und den Spannungen zwischen seinem den Ort mehrfach wechselnden Zentrum und zurückgebliebenen Peripherien aus und sieht in der Ausbreitung von Wissenschaften und Kulturtechniken und in ihrer durch effektive Verwaltung und Kommunikation geförderten Entwicklung den Schlüssel des jeweiligen größeren Erfolgs.

3.4 *Amerikanische* Globalgeschichte:
Translatio imperii et studiorum de antiquo mundo in novum mundum[29]

Das seit den 80er Jahren in den USA gelehrte und von der *World History Association* ideell unterstütze Schul- und Universitätsfach *Global History* verzichtet im allgemeinen auf universalhistorische Darstellungen im Wortsinn und zeichnet sich in der Forschung vor allem durch drei Schwerpunkte aus. Ein erster hat Theorien zum Aufstieg des Westens unter besonderer Berücksichtigung des britischen und amerikanischen Wegs zur „industriellen Revolution" und zu Menschen- und Bürgerrechten im 18. Jahrhundert und zur Imperialgeschichte im 19. Jahrhundert und zu seinem alle Kultur umfassenden Höhepunkt in Amerika zum Gegenstand.[30] Am häufigsten finden sich heute sodann zweitens transkulturelle Untersuchungen und Vergleiche über bestimmte Themen und Probleme, die wie die Christianisierung, die Sklaverei, die Kolonialisierung[31], die Demokratisierung und der Welthandel Bedeutung über nationale und kontinentale Grenzen hinweg haben und damit die eurozentrische Perspektive relativieren und die „kulturelle Differenz" betonen.[32] Konjunktur haben im letzten Jahrzehnt drittens schließlich historisch begründete, oft einen Vergleich zwischen dem Römischen und dem amerikanische Imperium ziehenden Globaltheorien über die Gegenwart und Zukunft der internationalen Politik gehabt. Die am meisten diskutierten Theorien dieser Art, die von *F. Fukuyama*[33] und *S.P. Huntington*[34], stehen historisch beide auf unsicherem Grund, setzen die Sichtweisen und Interessen der amerikanischen Hegemonialmacht gleich

---

USA und der Oktoberrevolution) zu vergleichen und zu beurteilen. Er liefert dabei eher eine Typologie der europäischen Kultur als eine Geschichte der Welt. Einen interessanten universalhistorischen Weg schlägt *E. Holenstein* in seinem „Philosophie-Atlas. Orte und Wege des Denkens" (Zürich ²2004) ein. Unter Einbezug aller Kulturräume der Welt geht er vom Ursprung der Menschheit an bis in die Gegenwart den globalen Ausbreitungswegen des Denkens nach. Einen strukturhistorischen Weg von der Urgeschichte bis zur Gegenwart schlägt auch *J. Baechler ein:* Esquisse d'une histoire universelle, Paris 2002.

[29] Formulierung in Anlehnung an den mittelalterlichen Anspruch des Frankenlandes, Rom in der Herrschaft und in den Wissenschaften beerbt zu haben (vgl. Kapitel 7.1.2.).

[30] *W.H. McNeill*: The Rise of the West: A History of the Human Community, Chicago 1963.

[31] Zur britischen Sichtweise der Kolonialisierung und Sklaverei im 19. Jahrhundert vgl. *C. Hall*: Civilising Subjects. Metropole and Colony in the English Imagination. 1830-1867, Oxford 2002. Zur Geschichte des Kolonialismus vgl. auch *Ch. Marx*: Geschichte Afrikas. Von 1800 bis zur Gegenwart, Paderborn 2004.

[32] Vgl. *P. Manning*: Navigating World History. Historians Create a Global Past, New York 2003.

[33] Das Ende der Geschichte. Wo stehen wir. (The End of History and the Last Man, New York 1992). Übers. H. Hierlamen, U. Mir und K. Dürr, München 1992.

[34] The Clash of Civilizations?, in: Foreing Affairs, 3, 1993, 22-49.

mit denen der Weltgemeinschaft und sind zwischenzeitlich z.T. auch schon von der neuesten politischen Entwicklungen widerlegt worden. Fukuyama sieht das „Ende der Geschichte" in dem Sinne gekommen, daß im gegenwärtigen Globalisierungsprozeß alternativlos alle Welt die amerikanische Zivilisation annimmt und alles Geschehen nun geschichtsfrei den Regeln des amerikanischen Wirtschaftsliberalismus folgt. Seine Rede vom „Ende der Geschichte" hat ihren Vorläufer im europäischen Konzept des *Posthistoire*, nach welchem mit dem globalen Sieg der Industriekultur zwar noch dauernd etwas, sogar „auf hohen Touren", geschieht, aber nichts wirklich Neues hinzukommt, die Technik zwar noch einen Zuwachs an Wissen verzeichnen kann, aber in einer seelenlosen Technokratie kein Zuwachs an Sinn mehr zu erwarten ist.[35] Wie schon die Posthistoire so delegitimiert auch Fukuyama letztlich Geschichte sowohl als realgeschichtliches Phänomen als auch als sinnvoll zu betreibende (Universal-)Historie. Huntington verkennt, daß die bei ihm durch die Religionszugehörigkeit definierten „Zivilisationen" in sich so disparat und zugleich so anschlußfähig an andere Zivilisationen sind, daß „Zusammenstöße" ganzer „Zivilisationen" trotz einzelner kriegerischer und terroristischer Unterminierung der Weltpolitik von solchen Motiven unwahrscheinlich sind. De facto legitimiert diese Theorie die weltweiten militärischen Interventionen der USA.

Disziplinäre Ableger der amerikanischen *Global History* haben sich inzwischen in Europa und so auch in Deutschland etabliert. Das Organ des deutschen Ablegers ist die „Zeitschrift für Weltgeschichte. Interdisziplinäre Perspektiven" (Frankfurt 2000 ff.). Der programmatische Aufsatz von *J. Galtung*: Welt-, Global-, Universalgeschichte und gegenwärtige Historiographie, im ersten Heft dieser Zeitschrift zeigt, daß diese „Geschichte" weniger Universalhistorie im traditionellen Sinne als – im Sinne des neuen „Verein(s) für Geschichte des Weltsystems" – globalvergleichende Sozial- und Politikgeschichte der Moderne betreibt. Auch hier zeigt sich direkt und indirekt die historische und politikwissenschaftliche Deutungsmacht des amerikanischen Imperiums. Davon unabhängige Globaltheorien haben es heute schwer. Man kann dazu das neueste Buch des deutschen Historikers und Staatstheoretikers *H. Münkler* rechnen: Imperien. Die Logik der Weltherrschaft vom Alten Rom bis zu den Vereinigten Staaten (Berlin 2005). Er versucht dort, die kaum an Personen, Zeiten und Ideologien gebundenen Interessen und Legitimationsstrategien historischer Großmächte und der heutigen Weltmacht Amerika vergleichend zu analysieren. Ein im politischen Raum beachteter, in der Monokausalität seines Theoriegehalts jedoch gänzlich unzureichender Ansatz kommt von *G. Heinsohn*: Söhne und Weltmacht, Berlin 1990. Er führt die periodisch auftretenden Ungleichheiten zwischen Völkern und Kontinenten im Sinne eines „demographischen Realismus" auf die Überzahl von Söhnen zurück, die ihr Land verlassen und gewalttätig in andere Sozialstrukturen einbrechen.[36]

---

[35] Vgl. *A. Gehlen*: Ende der Geschichte? Zur Lage der Posthistoire, in: *O. Schatz* (Hg.), Was wird aus dem Menschen, Graz u.a. 1974, 61 ff.; vgl. dazu auch Rohbeck 2000, 92-104.

[36] Es handelt sich hierbei um eine neuere Version des Malthusianismus (*Th.R. Malthus:* Versuch über das Bevölkerungsgesetz, 1798).

46. Historie im Zeitalter der Neuen Medien:
Das historische Denken in einer Welt medialer Wirklichkeitserfassung

1. Die neue Medien-Wirklichkeit als Gegenstand und Quellengrundlage der Historie 770
2. Die in den Neuen Medien vergegenwärtigte Geschichte 775
3. Aspekte der Nutzung der Neuen Medien in der historischen Forschung und Lehre 778

Der von den Neuen Medien initiierte und mitgetragene Wandel der Kultur
Bei der Entwicklung und dem weltweiten, täglichen Gebrauch der elektronischen Medien handelt es sich um die letzte der drei bisherigen großen menschheitsgeschichtlichen Medienrevolutionen, deren erste die Erfindung der Schrift und deren zweite die des Buchdrucks gewesen ist. Ebenso wie die beiden vorherigen hat die des 20. Jahrhunderts schon jetzt die menschliche Kommunikation und Kultur insgesamt tiefgreifend verändert, so daß sich nicht wenige Kulturtheoretiker fragen, ob die Menschheit nicht allein dadurch in ein neues Zeitalter, in das der von den neuen weltumspannenden Medien getragenen Wissens- und Informationsgesellschaft, eingetreten sei und das Zeitalter des Buchs und der Printmedien schon der Vergangenheit angehöre.[1] Die historische Erfahrung und auch der bisherige Umgang mit diesen neuen Medien lehren indes, daß, wie der Buchdruck nicht das Schreiben überflüssig gemacht hat, auch die neuen Medien nicht den Gebrauch der beiden älteren außer Kraft setzen werden und sich ein funktional differenziertes, multimediales Neben- und Miteinander von mündlicher, hand- und buchschriftlicher und neuer Kommunikation herausbilden wird. Dabei wäre es unzutreffend, in den neuen Medien nur eine Erweiterung der seit Gutenberg gegebenen Möglichkeiten der Kommunikation zu sehen. Daß es sich hier um eine wirkliche Revolution der menschlichen Kommunikation handelt, hat sich schon in der ersten Hälfte des 20. Jahrhunderts durch die Erfindung des Telefons, der Schallplatte, des Radios, des Stumm- und Tonfilms und des Fernsehen gezeigt und ist dann in den letzten drei Jahrzehnten durch das Hinzukommen der elektronischen Datenverarbeitung, des Internet und des Zusammenschlusses aller dieser Erfindungen vollends deutlich geworden. Denn in einer Welt, die in Alltag, Beruf und Muße, in Wissenschaft, Technik, Wirtschaft, Politik, Unterhaltung und durchaus auch in den Künsten inzwischen in erheblichen Umfang „medial" miteinander verkehrt, die also mit Hilfe von informationsverarbeitenden Apparaten und in den dadurch ausgelegten Bahnen und vorgegebenen Strukturen wahrnimmt, denkt, plant, sich erinnert, spricht, schreibt und handelt, haben auch die traditionellen Formen des mündlichen, geschriebenen und gedruckten Wortes und allgemein des zwischenmenschlichen Wahrnehmens und Handelns einen neuen Status erhalten und z.T. auch Merkmale jener neuen Kommunikation angenommen. Das unterscheidet heutige Menschen generell von all denen, die vor dieser Revolution gelebt haben.[2]

---

[1] Das Ende des Gutenberg-Zeitalters sieht *M. Giesecke* in seinem Buch: Von den Mythen der Buchkultur zu den Visionen der Informationsgesellschaft. Trendforschungen zur kulturellen Medienökologie, Frankfurt 2002, bereits gekommen (vgl. auch Giesecke 1991).

[2] Einen Überblick über die Geschichte der Medien von der frühesten Zeit bis heute gibt der

Von dieser Medienrevolution ist auch die Historie erfaßt worden, und zwar in zumindest dreifacher Hinsicht. Verändert hat sich durch sie erstens ihr *Gegenstand* selbst, jedenfalls in einem wichtigen Teilbereich der neuesten Geschichte: in der in diesen Jahrzehnten gerade Geschichte werdenden Medienrevolution selbst (Abschnitt 1), zweitens allgemein die *Erforschung* der Vergangenheit (Abschnitt 2) und drittens allgemein auch die Art der *Vermittlung des historischen Wissens* (Abschnitt 3). Das Fazit dessen ist, daß wir auch in Zukunft Geschichte zwar nicht ganz anders betreiben werden, als es bisher möglich war, daß also die Grundsätze und das Reflexionspotential der bisherigen Historik den Herausforderungen der neuen Medien im wesentlichen standhalten werden, eben weil die Historiker trotz der globalen Kommunikation, Information und der Reisemöglichkeiten, wie alle anderen Menschen auch, an ihre Körper, an ihre jeweilige Lebensgeschichte und ihre aktuellen Erfahrungen gebunden sind, deshalb alle historische Orientierung individualperspektivisch bleiben wird und sich dem Umgang mit Quellen keine prinzipiell neue Möglichkeiten erschließen werden, daß aber dennoch die neue mediale Verfaßtheit des historischen Denkens und aller historischen Forschung wissenschaftsgeschichtlich einen neuen Umgang mit der Vergangenheit markiert. Das ist der Grund, weshalb der von der menschlichen Frühgeschichte bis zur Gegenwart führende Durchgang durch die Geschichte des kulturhistorischen Denkens mit einem Kapitel über dessen mediale Gegenwart und nahe Zukunft beschlossen wird.

1. Die neue Medien-Wirklichkeit als Gegenstand und Quellengrundlage der Historie

1.1 Die „medial" verfaßte Wirklichkeit als Gegenstand historischer Forschung

Mit guten Gründen läßt sich in einer ersten Hinsicht behaupten, daß die neuen Medien, indem sie unter unseren Augen und durch unser aktives Mitwirken die Kultur einem tiefgreifenden Wandel unterziehen, auch dabei sind, den Gegenstand der Historie zu verändern. Wenn sich die bleibenden Auswirkungen dieses Prozesses auch erst im größeren zeitlichen Abstand von heute zeigen werden, so machen doch schon jetzt die Erkenntnisse der Demoskopie, der empirischen Sozialforschung und der zeitgeschichtlichen Forschung und die vielen, den kulturellen Wandel kritisch begleitenden Reflexionen klar, daß das die Individuen und Völker global verbindende Kommunikationsnetz ein neues Selbst- und Weltbild der Menschen und neue Formen der Lebensführung, des Habitus, des zwischenmenschlichen Umgangs, des Verhältnisses zu den Dingen, des kulturellen Austauschs und der internationalen

---

Literaturwissenschaftler *H. Schanze* in dem von ihm herausgegebenen „Handbuch der Mediengeschichte" (Stuttgart 2001) in seinem Beitrag: Integrale Mediengeschichte, 2001, 207-280. Er zeichnet sich dadurch aus, daß sein Autor die Erfindungsgeschichte der Medien kulturgeschichtlich interpretiert und dabei alle Formen der menschlichen Kommunikation und hierbei besonders die Schönen Künste und die Wissenschaften einbezieht und so wirklich eine – allerdings sehr knapp gefaßte – „integrale Mediengeschichte" vorlegt. Thematisch einschlägig ist auch das hier schon in Kapitel 40.3.2. herangezogene Buch von *F.A. Kittler*: Aufschreibesysteme 1800-1900 (1985), München ²1995. Zur Reflexion der neuen Medienkultur vgl. die allerdings zum Teil zu unkritischen Beiträge im Kapitel II. „Die Welt der Medien" des Buchs von *A. Kuhlmann* (Hg.): Philosophische Ansichten der Kultur der Moderne, Frankfurt 1994, 131-238.

Beziehungen zur Folge hat und deshalb die historische Forschung diese kulturellen Veränderungen als Gegenstände hinzugewinnen wird. Denn es ist schon jetzt unstrittig, daß die neuen Medien keine nur neutralen „Mittler" der Wirklichkeit sind, sondern sie diese auch mitgestalten und z.T. überhaupt erst hervorbringen, wie das freilich auch schon die älteren Medien getan haben. Sie verbessern also nicht nur die Leistungen der bisherigen Kommunikationsformen, indem sie diese an Zugänglichkeit, Zuverlässigkeit, Reichweite und Übertragungsgeschwindigkeit beträchtlich übertreffen, was historisch auch bedeutsam ist, sondern erzeugen auch substantiell neue und dann bald selbstverständlich erscheinende Formen der Kommunikation und der Welterkenntnis.[3] Dies alles ist bereits ein eminenter Gegenstand der auf die Gegenwart bezogenen theoretischen und empirischen Kulturwissenschaften. Es wird jedoch alsbald auch zu einem Gegenstand der Zeitgeschichte und dann jener künftigen Historie werden, die einmal die Entstehung und Entfaltung des Zeitalters der neuen Medien während des 20. Jahrhunderts erforschen wird.

1.2 Die durch die neuen Medien erweiterte Dokumentation der Wirklichkeit

Im Hinblick auf diese gegenwärtige und künftige historische Forschung ist sodann von größter Bedeutung, daß die neue Medienwirklichkeit zumeist selbst schon im Status eines brauchbaren Lieferanten zeitgeschichtlicher *Quellen* auftritt. Das tut sie deshalb gleichsam schon von allein, weil die mediale Kommunikation zwar primär aktuellen Zwecken dient, also zum Verbrauch bestimmt ist, sekundär aber im erheblichen Umfang ihre eigene Speicherung, also ihre Bewahrung für einen möglichen künftigen „Abruf", einschließt und so heute schon unüberschaubar viele Kopien sowohl von privater als auch von in Institutionen erzeugter Kommunikation existieren. Auf diese Weise erhält die jetzige und künftige Historie von der neuesten Zeit einen um viele Dimensionen und Größenordnungen vielfältigeren und reichhaltigeren Zugang zu ihrem Gegenstand, als ihr dies in Bezug auf frühere Zeiten möglich war und ist. Hat es die Historie früherer Zeiten immer nur mit relativ wenigen – zumeist: zu wenigen – materiellen, bildlichen und schriftlichen Quellen zu tun, steht ihr bei der Erforschung des 20. Jahrhunderts eine seit seinem Beginn ständig wachsende und zu seinem Ende hin nicht mehr zu bewältigende Menge traditionell und medial aufgezeichneter Dokumente zur Verfügung.[4]

Natürlich sind auch diese Dokumente nur Ausschnitte aus der viel größeren kulturellen Wirklichkeit und sind auch sie, wie alle früheren Zeugnisse, geprägt von den kommunikativen Konventionen ihres Herkunftsfeldes, den teils offen erklärten, teils verdeckten Absichten, Voreingenommenheiten und Beschränktheiten ihrer

---

[3] Zur medial konstruierten Wirklichkeit vgl. *K. Merten/S.J. Schmidt/S. Weischenberg* (Hg.): Funkkolleg Medien und Kommunikation. Konstruktionen von Wirklichkeit, Weinheim/Basel 1990/91; zur in diesem Sinne konstruierten Geschichte vgl. darin: *A. und J. Assmann:* Das Gestern im Heute. Medien und soziales Gedächtnis, Studienbegleitbrief 5, 1990, 41 ff.

[4] Den Weg dahin hatten der Historie schon seit der Schrifterfindung Abschriften und dann seit der Erfindung der der Typographie das Massenprodukt Buch geebnet. In vergleichbarer Weise hat in der bildenden Kunst das „Kunstwerk im Zeitalter seiner technischen Reproduzierbarkeit" (*W. Benjamin*, 1931-1937, Frankfurt 1963) seit der Antike seine Vorläufer in den handwerklich genau angefertigten Kopien und Replikaten der Originale.

Autoren und den Bedürfnissen ihrer Adressaten, welche in je spezifischer Weise informiert, motiviert und unterhalten werden wollen. Absichtlich oder unabsichtlich und unbewußt verzerren auch sie immer die Wirklichkeit, von der sie Zeugnis geben. Die bisher in der Historie angewandten quellenkritischen Grundsätze müssen auf sie sogar noch strenger angelegt werden. Denn die modernen Medien eröffnen noch mehr Möglichkeiten der Manipulation in Bild und Ton, wovon die inzwischen täuschendechten Inszenierungen einer bloß erfundenen Wirklichkeit wie etwa die „Doku-Serien" des Fernsehens Beispiele sind, zumal ein Großteil der Fernsehsendungen ohnehin aus Spielfilmen und anderen ausdrücklich fiktionalen Darstellungen besteht. Allerdings können die meisten Dokumente der neuen Medien allein schon deswegen einen recht hohen Grad von Authentizität beanspruchen, weil sie zumeist im Zuge eines massenhaft produzierenden Fernsehbetriebs entstanden sind und deshalb ein Abbild gängiger Annahmen und Erwartungen von Produzenten und Zuschauern sind. Was etwa Politiker, Journalisten, Fachleute, Prominente und Bürger unterschiedlichster Art in unserer Zeit gedacht, gemeint oder zumindest für opportun gehalten haben zu sagen, wird eine spätere Zeit recht gut aus den vielen Gesprächsrunden im Fernsehen und Rundfunk erkennen können.

Eine systematische Irreführung der Menschen durch die neuen Medien ist auch deswegen ausgeschlossen, weil ihre Produktionen durch Merkmale gekennzeichnet sind, die medienerfahrenen Benutzern helfen, Fakten und Fiktionen auseinanderzuhalten, künstlerische oder unterhaltsame Stilisierungen als solche zu erkennen, Täuschungen zu durchschauen und sich ein begründetes Urteil zu bilden. Systemimmanent ist vor allem auch ihr Merkmal, daß sie es den Staaten und anderen nationalen und globalen Machtgebilden verwehren, den weltweiten Kommunikationsfluß des Internet und der über Satelliten ausgestrahlten Fernsehprogramme durch Zensur und anderen Einschränkungen wirksam zu behindern. Diktaturen wird es künftig unmöglich sein, die eigene Bevölkerung gänzlich von der globalen Kommunikation fernzuhalten. Zudem tun zumindest demokratisch regierte Staaten einiges, um die freie Verbreitung von Informationen und Meinungen durch die Massenmedien zu sichern. So unterliegen z.B. in Deutschland die öffentlich-rechtlichen Rundfunk- und Fernsehanstalten zum Zwecke der politischen Information und Bildung der Bürger einer ganzen Reihe von Pflichten: zur unparteiischen und wahrheitsgemäßen Dokumentation des hauptsächlichen Geschehens in Staat, Gesellschaft, Wirtschaft, Technik, Wissenschaft, Kunst und Bildung, zu unzensierten Direktübertragungen von wichtigen politischen und kulturellen Verlautbarungen und Ereignissen, zur kontinuierlichen und meinungsmäßig und thematisch ausgewogenen Berichterstattung und Kommentierung des politischen Geschehens und kulturellen Lebens im eigenen Lande und in der Welt, zur angemessenen Beteiligung aller gesellschaftlich bedeutsamen Gruppen an Diskussionsforen und schließlich zu Sendungen ausdrücklich bildenden Charakters, die das Wissen der Zeit in zentralen Aspekten darstellen. Diesen Aufgaben stellen sich, in unterschiedlicher Akzentuierung, zumeist auch die in privater Hand befindlichen Rundfunk- und Fernsehsender sowie Buch- und Zeitungsverlage, unter anderem auch deswegen, weil ihre auf dem freien Markt angebotenen Darstellungen untereinander in Konkurrenz und so indirekt auch in der ständigen Kritik ihrer wirklichen und potentiellen Abnehmer stehen. Nimmt man noch das jedem einzelnen Bürger zustehende Recht hinzu, sich öffentlich in dazu bestimmten Veranstaltungen, jedoch auch in den Print- und elektronischen Medien zu äußern, seine Sicht der Dinge zu verbreiten und sich zugleich ungehindert und weltweit zu informieren, so ist das gegenwärtig medial und öffentlich erzeugte und zugängliche Bild von der Wirklichkeit trotz seiner vielen Einseitigkeiten und Widersprüche allein schon dadurch ein durchaus realistischer Vertreter des Ganzen der sozialen Wirklichkeit, als es in seinen Teilen von unterschiedlichen Individuen und Gruppen in unterschiedlicher Absicht in unterschiedlicher Weise „gemalt" wird und es dem kritischen Betrachter erlaubt, in abwägenden Vergleichen das Zutreffende vom Täuschenden und Unwahrscheinlichen zu unterscheiden.

1.3 Die durch die mediale Teilhabe an der geschehenden Geschichte entstandene Zeitzeugenschaft

Dabei ist auch nicht zu unterschätzen, daß die neuen Medien erstmals in der Geschichte die Möglichkeit geschaffen haben, alle an bestimmten völkerverbindenden Veranstaltungen und Ereignissen interessierten Menschen im selben Moment des Geschehens optisch und akustisch teilnehmen zu lassen. Wenn sie als einzelne Menschen – wie immer schon – auch nur wenig Möglichkeiten haben, selbst in das „Rad der Geschichte" einzugreifen, so können sie doch in besonderen Fällen, gemeinsam mit vielen anderen Zuschauern und aus der Ferne, authentische Zeugen eines historischen Geschehens werden. So waren z.B. bei der Ankündigung und dem Fall der Mauer am 9. November 1989, beim Anschlag auf das World-Trade-Center am 11. September 2002, beim amerikanischen Angriff gegen den Irak im April 2003 und bei zahllosen Naturkatastrophen und sportlichen Großereignissen viele Menschen durch das Fernsehen ganz nah bei den Ereignissen. Auch blitzt der Eindruck des Dabei-Seins immer dann bei Life-Sendungen auf, wenn etwas Ungeplantes, Unvorhergesehenes und emotional Erhebendes geschieht. Zwar fallen weiterhin die meisten politischen Entscheidungen „hinter verschlossenen Türen" und werden die umwälzenden wissenschaftlichen, künstlerischen und technischen Ideen und Werke schon eigentlich aus Prinzip unter Ausschluß der Öffentlichkeit geboren und entwickelt. Aber wo früher eine echte Zeitzeugenschaft immer von der (zufälligen) Anwesenheit eines Chronisten am Ort des Geschehens abhing und Dokumente meistens entweder nur auf der späteren Erinnerung Beteiligter, auf den Vorstellungen und Weisungen Situationsmächtiger oder auf dem bloßen Hörensagen beruhten, ist es heute vielen Privatpersonen und Institutionen durch leicht verfügbare Aufzeichnungsgeräte zur Gewohnheit oder Pflicht geworden, „Kopien" des eigenen Tuns und Handelns anzufertigen.

1.4 Die Historie vor der Überfülle der Dokumente und der Orts- und Instanzenlosigkeit des Netzes

Menschen hinterlassen heute gewollt oder ungewollt zahllose elektronisch gespeicherte Spuren, und zwar um so mehr natürlich, als sie sich regelmäßig der vernetzten Kommunikationssysteme bedienen. Die dichte und noch zunehmende Dokumentation der kleinen wie der großen Politik, der kulturellen „Events" in der Provinz wie in der Kapitale, des Lebens der vielen Unbekannten wie der Personen der Zeitgeschichte und des sonstigen öffentlichen Interesses vermacht der künftigen Historie einerseits eine solide und höchst differenzierte Quellenbasis über unserer Zeit, bringt sie andererseits in die Schwierigkeit, aus der Überfülle der Daten die für die jeweilige Fragestellung „richtigen" auswählen zu müssen und deren Rolle im großen Ganzen der in noch größerem Umfange nicht-dokumentierten Lebenswirklichkeit „richtig" zu gewichten. Hatte der argentinische Schriftsteller *Jorge Luis Borges* (1899-1986) noch vor wenigen Jahrzehnten (Die Bibliothek von Babel, Bd. 3 der Ges. Werke, München 1981) – wie andere vor ihm – die utopische Vision von einer riesigen Bibliothek gehabt, die das gesamte Wissen der Menschheit in Büchern bewahrt, so existiert dieses „imaginäre Museum" heute bereits in Form des Internets und der mit ihm verbundenen anderen Datenträger.[5] Dabei handelt es sich allerdings um ein Wissen, das in seinen Elementen zwar zum Abruf für die potentiellen Nutzer bereitliegt, das aber in der Fülle seiner Daten weder überschaubar ist noch als Ganzes je in Erscheinung treten kann, deshalb immer nur punktuell und partiell zu Diensten ist und als Organ des Handelns und der Selbstreflexion der Individuen, der Gruppen, der Völker wie erst recht der Menschheit letztlich unbrauchbar ist. Denn dieses Wissen ist nur formal geordnet und entbehrt trotz der vielen Suchmaschinen einer zentralen, die zahllosen Elemente und größeren Bereiche des Wissens integrierenden Instanz, also dessen, was die menschliche Person auf der materiellen Grundlage ihres Gehirns und kraft ihres „Geistes" bewußt und verantwortlich wahrnehmen, erkennen, sich erinnern, denken und handeln läßt.

Eine Zwischenposition zwischen einem durch eine Lexikon-Kommission verantworteten Nachschlagewerk und dem durch keine Oberaufsicht überprüften und geordneten und nur durch Suchmaschinen zugänglichen allgemeinen Informationsangebot des Internet nimmt die im Entstehenden begriffene und prinzipiell unabschließbare Internetenzyklopädie *Wikipedia* als ein Informationsnetz ein, das sich spontan und ohne zentrale Steuerung durch die Mitarbeit zahlloser untereinander anonym bleibender, an einer jeweiligen Sache interessierter und z.T. auch darin kompetenter Internetnutzer aufbaut. Auf die Frage, wer das wildwachsende Wissen integriert und verantwortet, gibt es die Antwort, daß die Sachlichkeit und die Genauigkeit und die Fehlerkorrektur der Informationen durch die im eigenen Interesse wachsam und gewissenhaft mitwirkenden Beiträger und die Nutzer gesichert würden. Danach würde sich, wie bei der biotischen Evolution, in der Konkurrenz von Schlechtem, Veraltetem, Ungenauem das dem Überlegene und Richtige gleichsam von allein durchsetzen. Dies einmal vorausgesetzt, bleibt die Frage, wer im Meer des Wissens und Meinens den Zusammenhang herstellt und wer die Kategorien der

---

[5] Noch bevor der Gedanke eines Internet gefaßt wurde und eine technische Gestalt annahm, hat der amerikanische Ingenieur *V. Bush*, ausgehend von der riesigen Menge menschlicher Denk- und Textassoziationen, bereits um 1940 die Vorstellung von einer Maschine entwickelt, die alles je Geschriebene so auflistet, daß alle seine Teile mit allen sie hervorrufenden Assoziationen aufrufbar verbunden werden können und so ein vollständiger – von seinem Landsmann T. Nelson in den 60er Jahren so genannter – „*Hypertext*" des menschlichen Wissens entsteht. Vgl. hierzu die Kritik an den durch die fortgeschrittene Computertechnik erneut geweckten Hoffnungen auf eine mögliche Verwirklichung des „Hypertextes" durch *S. Porombka*: Hypertext. Zur Kritik eines digitalen Mythos, München 2001.

„Vermessung der Welt" vorgibt. Dagegen könnte man freilich wieder die Vermutung äußern, daß Wikipedia eine riesige Kommunikationsgemeinschaft dazu anregt, Querverbindungen herzustellen, dabei ausgemachte Probleme einer Lösung zuzuführen und überhaupt Neues zu entdecken. Schließlich wird man auch nicht bestreiten können, daß diese „Abstimmung" demokratisch sei und die Qualität des Urteils, nicht anders als in den etablierten Wissenschaften, von der Kompetenz der Beteiligten abhängt.

2. Die in den Neuen Medien vergegenwärtigte Geschichte
2.1 Die wachsende Bedeutung der Medien für die Vermittlung der Historie

Sieht man einmal von dem schulisch vermittelten historischen Wissen ab, dürfte gegenwärtig und wohl auch in Zukunft das Bild, das sich die Mehrheit der Menschen von der Vergangenheit macht, mehr durch ihre Darstellung in den modernen Massenmedien als durch die Forschungsliteratur und die Museen geprägt werden. Gewiß beruhen die zumeist populärwissenschaftlichen Inszenierungen von Geschichte in den Medien auf der Grundlage, die die historischen Wissenschaften zuvor gelegt haben. Sie folgen dabei aber den Regeln, die den jeweiligen Medien inhärent sind, und den Formen, die den Hör- und Sehgewohnheiten des großen Publikums entgegenkommen. Dabei knüpfen die neuen medialen Formen freilich an die zum Teil schon seit Jahrtausenden gepflegten und erprobten Formen der Vermittlung von wirklicher und fiktionaler Geschichte an: an die „schön" erzählte, dramatisch inszenierte, im Ritus feierlich wiederholte und vergegenwärtigte, im originalen Zeugnis gezeigte und beglaubigte, im Denkmal symbolisierte, im Bild angeschaute und wohl auch in Chroniken nüchtern in ihrem Ablauf festgehaltene Geschichte. Als am publikumswirksamsten haben sich jene schon traditionell erfolgreichen Darstellungen erwiesen, die möglichst viele Formelemente davon in sich vereinen. Dies haben sich die modernen Medien in der Darstellungsform vor allem des historischen Films zunutze gemacht. Ihr Grundmodus ist in der Tat die theatralische Inszenierung eines bestimmten historischen Geschehens mit allem, was das Auge, das Ohr, das Gemüt, die Erinnerung und die Phantasie anspricht, was die Schaulust, das Gefallen am unterhaltsamen, klugen und gedankenreichen Wortwechsel und das Bedürfnis nach Distanzierung vom kummervollen und zugleich banalen Alltag durch ein erhebendes und spannendes Geschehen, durch Komik und Tragik und nicht zuletzt durch ergreifende und berührende Musik befriedigt und was zur ideellen, moralischen, religiösen, gesellschaftlichen und verehrenden Identifikation mit dem Geschehen und den Personen einlädt. Alles dies charakterisiert nicht nur die filmisch inszenierte Historie, sondern immer schon alle gut und erfolgreich dargestellte Menschenwirklichkeit. Es erweitert aber die Mittel, die man in der Historie vor dem 20. Jahrhundert zur Vergegenwärtigung der Vergangenheit hatte, ganz beträchtlich und damit auch die Wirkung auf die Zuschauer und Zuhörer. Was mit dem historischen Stumm- und Tonfilmen im ersten Drittel des 20. Jahrhunderts begann – was mit dem Hörspiel als der auf das hörende Verstehen eingeschränkten Variante davon im Rundfunk bis heute gepflegt wird, dort aber inzwischen nur noch eine bescheidene Rolle im Programm spielt –, nimmt als großer historischer Spielfilm im Fernsehen und im Lichtspieltheater bis heute eine feste Stellung in der Publikumsgunst ein.

Daran haben auch die neuesten Möglichkeiten des Internet nichts geändert. Der Wandel des historischen Spielfilms zeichnet sich vielmehr im Wandel der Themen, der Darstellungsart und des Einsatzes immer weiterer technischer Mittel ab, und dies im Gleichklang mit dem allgemeinen kulturellen Wandel und im besonderen mit dem in der Unterhaltungsbranche.

2.2 Der historische Film: Die inszenierte Vergangenheit

Fast unabhängig von den neuesten Mitteln der Präsentation behaupten sich so über den ganzen Zeitraum in der Gattung der historischen Filme zum einen solche, die das Leben und den Kampf großer Gestalten der Realgeschichte – wie z.B. von Alexander, Hannibal, Jesus, Luther oder Gandhi – darstellen, und zum andern solche, die als Kriegs-, Ritter-, „Mantel- und Degen"-, Wildwest-, Science-Fiction- und sonstige Abenteuerfilme den Kampf bloß fiktiver Helden des Mythos und der Dichtung in einer bestimmten historischen, mythischen oder möglichen künftigen Welt zeigen. Es charakterisiert beide Typen dieser Filme, daß in sie nicht selten eine Menge historischer Sachverstand investiert wird, ihr historisches Lokalkolorit mit großen Aufwand rekonstruiert wird und die Schauspieler in Kleidung und Ausrüstung und Habitus dem nahekommen, was in Texten und Bildern von einer (fiktiven) Zeit überliefert ist. Wenn Historiker diese Filme dennoch selten schätzen und eher schon Gefallen an ironischen und sonstigen Verfremdungen historischer Gestalten, Situationen und Ereignisse – wie z.B. an den Antihelden Asterix und Obelix – finden, dann liegt das ganz elementar an den Regeln dieser filmischen Gattung selbst. Sie haben große Leidenschaften und oft unlösbare Konflikte zum Gegenstand und in ihrem Zentrum Helden, die alles Durchschnittliche durch ihre Weisheit, Gerechtigkeit, Klugheit, Körperkraft, Kompromißlosigkeit und Bosheit weit hinter sich lassen, wollen durch Kämpfe auf Leben und Tod, Schlachtszenen, Massenaufmärsche, Grausamkeiten und Prunk beeindrucken und sind auf Spannung und auf Identifikation des Zuschauers mit den die Helden darstellenden Schauspieler angelegt. Die leicht durchschaubare Komposition mit den immer selben Versatzstücken und die ihr zugrundeliegende Psychologie machen diese Filme im historisch-lehrhaften Sinne fast wertlos. Denn im historischen Gewand begegnen uns zumeist nur Projektionen des Menschen unserer Zeit, während uns das Studium noch des sprödesten und des kaum verständlichen Originaltextes oder die Betrachtung eines letztlich rätselhaft bleibenden historischen Bildes näher an seine Autoren heranrückt, als es diese Filme tun.

Die Spielfilme über Menschen und Geschehnisse des 20. Jahrhunderts sind in ihrem gesamten Zuschnitt gewiß realistischer. Aber auch bei ihnen handelt es sich durchweg um eine nach den Regeln der Kunst inszenierte und das Unterhaltungsbedürfnis heutiger Menschen befriedigenden Historie. Ohne daß man Filmen wie denen über den Genozid an den Juden („Holocaust") oder über Hitlers letzte Tage („Der Untergang") ihre aufklärerische Absicht und Wirkung gänzlich absprechen sollte, haben Zeitzeugen und Historiker doch auch bei diesem Typ sorgfältig recherchierter Vergangenheit immer gleich die medienspezifische Transformation des damaligen Geschehens erkannt. Weil andererseits jegliche für ein größeres Publikum bestimmte Darstellung der Wirklichkeit, auch die in Buchform, diese szenisch verdichten und möglichst in eine innerlich nachvollziehbare Geschichte von handelnden Menschen im Kontext von typischen Ereignissen und Verhältnissen verwandeln muß, sind jene Produktionen, welche – wie etwa die drei Serien „Heimat" des Regisseurs Edgar Reitz und die Endlosserie „Lindenstraße" des Regisseurs Hans W. Geissendörfer – aus der Not eine Tugend machen und die (deutsche) Geschichte des 20. Jahrhunderts bzw. die unmittelbare Gegenwart am fiktiven Schicksal durchschnittlicher und zugleich recht unterschiedlicher Menschen z.T. mit Hilfe von Laienschauspielern so authentisch wie möglich darstellen, nahezu Dokumente des Alltagslebens, die eine spätere Historie als Quelle wird nutzen können.

An die Seite des historischen und zeitgeschichtlichen Films ist in den letzten beiden Jahrzehnten ein Typ getreten, der bildliche, akustische und filmische Originalaufnahmen mit erfundenen, jedoch sehr realistisch nachgestellten und nachempfundenen Szenen verbindet. Dieses Verfahren charakterisiert u.a. die seit 1984 im ZDF ausgestrahlten zeitgeschichtlichen Serien-Features von Guido Knopp, die unter Einsatz geeigneter Originaldokumente in erfundenen Rollenspielen den Anschein der Objektivität erwecken, dabei jedoch durch die Art der Präsentation eine den heutigen Erwartungen der Zuschauer gar zu sehr entgegenkommende Sichtweise der Dinge entwerfen, wie Kritiker dieser Sendungen meinen. Ein anders gelagertes Problem dieser gemischt-dokumentarisch-fiktionalen Filme besteht darin, daß es die besonders überzeugenden unter ihnen fertig bringen, daß sich das vom Drehbuch entworfene und vom Schauspieler dargestellte Bild einer historischen Person über den Eindruck schiebt, den man sich aus originären Quellen von ihr gemacht hat, wie dies bei der Filmserie über „Die Manns" der Fall sein könnte. Dies trifft beim größeren Publikum sicherlich noch mehr zu auf inzwischen z.T. schon klassische Historienfilme, wo die Macht der Bilder einen Luther, einen Mozart oder eine Sissy auf ihr Filmbild festlegt, wie es freilich alle erfolgreichen Theaterstücke, z.B. über Maria Stewart oder Wallenstein, Romane und letztlich auch alle Biographien früher auch schon taten.

2.3 Wissenschaftliche und künstlerische Aufbereitung der Vergangenheit in Medien und Museen

Weil die über die Massenmedien verbreiteten Geschichtsbilder und -kenntnisse sehr viel mehr Menschen erreichen als die der Fachliteratur, haben sich ihrer schon seit geraumer Zeit auch Historiker mit wissenschaftlichen Anspruch bedient. Die historische Bildung hat so ihren festen Platz, außer in den Schulen, Stadtführungen, Studienfahrten, Museen, Archiven, Bibliotheken, Theatern, historischen Vereinen und sonstigen Institutionen der Erwachsenenbildung, in bestimmten Programmen des Fernsehens und des Rundfunks, im Feuilleton von Zeitungen und in populärwissenschaftlichen Veröffentlichungen, wozu seit einiger Zeit die über das Internet verbreiteten Forschungserträge und wissenschaftlichen Diskussionen gekommen sind. Es zeichnet dieses Angebot aus, daß es didaktisch zumeist gut aufbereitet ist und gerade durch seine Seriosität „Lust an der Geschichte"[6] erzeugen will. Im Rundfunk ist die Stärke dieser Vermittlung von Geschichte vor allem die akustische „Verle-

---

[6] Das ist der Serientitel einer Buchreihe des Piperverlages (München/Zürich).

bendigung" des historischen Worts und Klangs, sei es etwa durch eine schlichte Lesung oder die Übertragung eines historischen Theaterstücks, sei es im anderen Fall etwa durch die Direktübertragung eines klassischen Konzertes oder seine Wiedergabe durch einen Tonträger. Im Fernsehen ist ihre zusätzliche Stärke die Visualisierung des Geschichtlichen durch Filmaufnahmen vom historischen Ort, sei es von Pompeji oder von einer gotischen Kathedrale, durch Reproduktionen originären Bildmaterials, sei es von illuminierten mittelalterlichen Handschriften oder Gemälden Dürers, durch graphisch gestaltete Modelle, z.B. bei Computer-Simulationen mit räumlichen Effekt etwa bei ägyptischen Pyramiden, oder durch technische Nachstellungen von historischen Arbeitsprozessen. In beiden Medien mag auch die künstlerische Gestaltung und die Erzeugung von Denkbildern die historische Belehrung fördern. Die medien gebundenen Schwächen dieser Geschichtslektionen sind allerdings auch nicht zu übersehen. Außer der oben schon genannten und auch hier fast unvermeidlichen „Verführung" durch die Bilder und der dramatisierenden Konzentration des Historischen ist es vor allem die Punktualität dieser „Lektionen", d.h. ihre immer in einem engen Zeitrahmen eingezwängten, auf die Darstellung jeweils eines historischen Exempels konzentrierten und damit aus lauter unverbundenen historischen Splittern bestehenden Sendeeinheiten. Dafür ist das seit 20 Jahren täglich im Dritten Rundfunkprogramm des WDR ausgestrahlte 15-minütige „Zeitzeichen" ein instruktives Beispiel. In diesem knappen Zeitrahmen wird ein auf ein historisches Datum bezogenes Thema durchweg so behandelt, daß der historisch wenig vorgebildete Hörer verständlich und doch auf einem wissenschaftlichen Maßstäben genügenden Niveau in es eingeführt wird. Das „Zeitzeichen" wirft in jedem Einzelfall und erst recht in seiner Summe einen informativen Blick auf das weite Feld der Geschichte und kann so den Hörer auch zu einer weiteren Beschäftigung mit den Themen anregen. Sein nicht aufhebbarer Nachteil ist, daß die punktuelle Erhellung des Historischen, die Aneinanderreihung der inzwischen mehrere tausend Beiträge umfassenden Sendungen auch für den eifrigsten Zuhörer keinen historischen Zusammenhang herstellt. Wer nicht schon durch den schulischen oder einen sonstigen Geschichtsunterricht einen Überblick zumindest über die europäische Geschichte besitzt und das Einzelne in Grundvorstellungen einordnen kann, bleibt ein Liebhaber der Geschichte ohne Durchblick.

3. Aspekte der Nutzung der Neuen Medien in der historischen Forschung und Lehre

Wenn nun gerade die Verbreitung historischer Kenntnisse und die Pflege der Historie durch die neuen Medien neben den gewonnenen Möglichkeiten auch deren Grenzen aufzeigen und man auf das unentbehrliche Fundament der historischen Bildung in der wissenschaftlichen Forschung und Lehre einschließlich ihrer elementaren Grundlegung durch den Schulunterricht verwiesen wird, so darf daraus nicht gefolgert werden, daß die Historiker selbst in ihren Einrichtungen ganz unberührt von der Medienrevolution weiter forschen und lehren könnten. Vielmehr hat ihr Einbezug schon jetzt sowohl ihr Handwerk als auch die wissenschaftliche und museale Darstellung ihrer Ergebnisse verändert. Es muß hier nicht im einzelnen dargelegt werden, wie unentbehrlich inzwischen die neuen Medien im Forschungsalltag geworden sind, wie sich dadurch die Quellen- und Literaturbeschaffung verändert hat, wie insbesondere die quantitative Erfassung und Auswertung von Daten erleichtert worden ist, wie die Abfassung und Herstellung von Manuskripten fast nur noch mit Hilfe von Rechnern geschieht und wie sich der Kommunikationsfluß zwischen den Wissenschaftlern vergrößert hat. Dies alles gilt genauso für die Formen der Lehre an den wissenschaftlichen und allgemein- und erwachsenenbildenden Institutionen und der Präsentationen in Museen[7], Archiven und Gedenkstätten. Insgesamt wird man zudem sagen können, daß die neuen Medien den Historikern den Weg zum größeren Publikum nicht nur bahnen, sondern sie umgekehrt diese auch unter einen gewissen Druck setzen, diesem Publikum den Zugang zu ihrer Forschung wieder – wie im 19. Jahrhundert – durch eine gemeinverständliche Sprache und eine didaktisch gut durchdachte Aufbereitung des Themas und seine Einordnung in einen größeren Zusammenhang zu erleichtern.

Zwar scheuen immer noch viele Wissenschaftler vor der populärwissenschaftlichen Lehre der Geschichte, insbesondere vor kulturgeschichtlichen Überblicken und erst recht vor universalhistorischen Darstellungen, zurück, wohl um sich nicht dem alten Vorwurf des Dilettierens in einem „kulturellen Holismus" auszusetzen.[8] Aber die Zukunft der historischen Kulturwissenschaften wird davon abhängen, ob es ihnen mehr als gegenwärtig gelingt, einen Bund mit den Massenmedien unter Zurückstellung ihrer oft allzu spezialistischen Interessen zu schließen. Die große Resonanz, die wissenschaftlich fundierte und zugleich die neuen Medien nutzende (Sonder-)Ausstellungen in Museen einschließlich der sie begleitenden Ausstellungskataloge und historische Bildbände beim Publikum haben, beweist dessen historisches Interesse. Jedenfalls wird die Historie nur dann einer weiteren Marginalisierung innerhalb der geistigen Kultur entgehen, wenn ihre Forschung eine größere Zahl von Menschen erreicht. Die Möglichkeiten der neuen Medien sind zweifellos eine Chance für das historische Denken.

---

[7] Zur Darstellung in Museen vgl. J. Gerchow in: Maurer Bd. 6, 2002, 316-399.
[8] Vgl. dazu Oexle 1996, 102-104.

Teil E
Naturwissenschaftliches Geschichtsdenken im 20. Jahrhundert

Von der Notwendigkeit, den Problemen und den Chancen einer die Natur- und die Kulturwissenschaften übergreifenden Theorie der Geschichte

1. Der fortbestehende Graben zwischen den beiden Wissenschaftskulturen   783
2. Modelle, Metaphern, „ewige Natur": Grenzen naturwissenschaftlicher Erkenntnis   785
3. Zur Gliederung des Teils E   786

* * *

Ein Wort noch an den Leser dieses Teils

Dem traditionellen Selbstverständnis der historischen Wissenschaften folgend, sind bisher in diesem Buch die Hauptetappen und -ausprägungen des *kultur*historischen Denkens dargestellt worden.[1] Im hier nun folgenden abschließenden Teil E wird ein Überblick über jene Erkenntnisse gegeben, die das Bild vom Menschen und von der Welt in *natur*historischer Hinsicht seit dem Beginn des 20. Jahrhunderts geprägt und in vieler Hinsicht auch revolutioniert haben. Dieser Teil ist kein Anhängsel, sondern ein konstitutiver Teil der hier entwickelten Theorie der Geschichte. Dies ist schon im Vorwort begründet worden, bedarf hier aber nochmals einer Erläuterung, damit man sich die Notwendigkeit hierzu, die sich dabei stellenden Probleme und die sich bietenden Chancen genauer klarmachen kann. Denn das hier entwickelte Konzept einer die Natur- und die Kulturwissenschaften *übergreifenden Theorie der Geschichte* kann nach den traditionellen Vorstellungen der beiden Wissenschaftskulturen gar nicht anders, als höchst problematisch, zumindest als ungewöhnlich erscheinen. Zwar sprechen die Naturwissenschaftler inzwischen ganz geläufig von der Geschichte des Kosmos, des Lebens auf der Erde und des Menschengeschlechts, erklären dieses Geschehen zumeist aber nicht historisch im modernen Sinn des Wortes, sondern naturgesetzlich im Sinne einer mit Notwendigkeit erfolgenden Entwicklung. Und ganz ähnlich sprechen die Kulturwissenschaftler zwar ohne Scheu von evolutionären Prozessen (z.B. der Staatenbildung), sind im allgemeinen aber nicht bereit, „Evolution" als ein durchgängiges Deutungsprinzip von Kultur *und* Natur anzunehmen. Der hauptsächlich kulturhistorisch interessierte Leser dieses Buches könnte deshalb meinen, daß mit dem Erreichen der Gegenwart im vorigen Teil D der Durchgang durch das historische Denken zu einem in der Sache begründeten gleichsam natürlichen Abschluß gekommen sei. Der an der Theorie der Naturgeschichte interessierte Leser hingegen könnte meinen, daß zum Verständnis seines Gegenstandes der lange kulturtheoretische „Vorspann" dieses Buches überflüssig sei und allenfalls aus naturhistorischen Einsichten Folgerungen für das Verständnis der Kultur anzunehmen seien und nicht auch umgekehrt. Ziel der folgenden Kapitel ist es, die Auffassung beider Seiten in einigen grundlegenden Aspekten zu korrigieren und bewußt zu machen, daß die Kenntnis der Naturgeschichtlichkeit ein unentbehrlicher Schlüssel zum Verständnis der Kulturgeschichtlichkeit ist, die gegenwärtige Erkenntnistheorie sich auf beide Arten der Geschichtlichkeit stützt und beide erst zusammen den „Menschen in seiner Geschichte" zeigen.

---

[1] Mit Ausnahme von Kapitel 24, das dem naturhistorischen Denken bereits des 19. Jahrhunderts mit Bezug auf die Entdeckung biologische Evolution gewidmet war.

1. Die Annäherung und der fortbestehende Graben zwischen den beiden
Wissenschaftskulturen

Wenn die Darlegung eines solchen Konzeptes heute auch immer noch ein Wagnis ist, so ist ihm doch seit längerem in beiden Wissenschaftskulturen vorgearbeitet worden, liegen seine wesentlichen Bausteine heute vor und zeichnet es sich insbesondere in der Naturphilosophie in Umrissen ab. Eine Voraussetzung dafür ist die Annäherung zwischen den Natur- und Geisteswissenschaften, welche nach einer längeren Zeit des gegenseitigen Unverständnisses heute Fortschritte macht. Schon jetzt besteht der Gewinn für beide Seiten darin, daß die um 1900 noch ernst genommenen kreationistischen und geistphilosophischen Ansätze heute nicht mehr in den Wissenschaften, sondern nur noch in bestimmten Weltanschauungen und religiösen Fundamentalismen zu finden sind und – bei allen eingestandenen Wissenslücken und bei allem Bedarf an weiteren Erklärungsmodellen sowohl des bioevolutionären als auch des kulturgeschichtlichen Geschehens – inzwischen ein großer Konsens darüber besteht, daß „in der Welt alles natürlich zugegangen ist und geht"(Schnädelbach)[2]. Über diese allgemeine Art von Naturalismus hinaus wird man heute auch sagen können, daß der früher mitunter sehr heftig ausgefochtene, von wechselseitiger Ablehnung und platten Unverständnis geprägte Kampf zwischen den Geistes- und den Naturwissenschaften der Vergangenheit angehört. Jedenfalls ist die Globalkritik an der jeweils anderen Seite selten geworden, so daß die vereinzelten Ausfälle von biologischer Seite gegen die Geisteswissenschaften, wie etwa die von dem Biologen F. M. Wuketits,[3] und, in umgekehrter Richtung, der von einigen Vertretern der Heidegger und der Frankfurter Schule aus Technikfeindlichkeit bzw. wegen des Sozialdarwinismus-Vorwurfs gegenüber der Biologie mitunter noch geäußerte Reduktionismusverdacht auf bloßer Unkenntnis des Forschens der anderen beruhen.

Charakteristisch für den heutigen Stand wechselseitiger Wahrnehmung und Anerkennung der Leistungen und für den Versuch, unterschiedlich gewonnene Erkenntnisse aufeinander zu beziehen, sind zunächst die inzwischen in beiden Bereichen angewandten systemtheoretischen und funktionalistischen Ansätze, sodann die Rezeption des biologischen Evolutionismus und der neurowissenschaftlichen Hirnforschung in den Kulturwissenschaften, ferner die zunehmende epistemologische und anthropologische Durchdringung der naturwissenschaftlichen Grundlagentheorien und nicht zuletzt die sich andeutende Anerkennung des Prinzips der allgemeinen Geschichtlichkeit der Welt. Die heute mit größter Intensität betriebene biowissenschaftliche Hirnforschung wird in Zukunft noch stärker als bisher mit der Philosophie und den Kulturwissenschaften zusammenarbeiten und dabei auch die Erkenntnisse der Kulturgeschichte einbeziehen müssen – dies zum einen aufgrund der neueren Vermutung, daß die *biologische* Evolution von Homo sapiens von *kulturellen* Faktoren mit vorangetrieben worden ist und zum andern aufgrund

---

[2] Vgl. *H. Schnädelbach*: „ ‚Sinn' in der Geschichte? Über Grenzen des Historismus, in: Ders.: Philosophie in der modernen Kultur, Frankfurt 2000, 127-149, hier: 128.
[3] *Wuketits* 1995, 31 ff. und passim.

der Ansätze zu einer *Evolutionstheorie der Kultur* und speziell des Wissens.[4] Eine dies alles integrierende Wissenschaft „vom Leben des Geistes" könnte so in Gestalt einer neuen *Allgemeinen Anthropologie* zur Grundlagendisziplin aller Humanwissenschaften werden. Ein besonders instruktives Beispiel hierfür ist – neben mehreren Büchern von K. Lorenz und C.F. von Weizsäcker – das im folgenden mehrfach her-angezogene, sowohl natur- als auch kulturwissenschaftliche fundierte Buch „Das Rätsel Ödipus" von *Norbert Bischof,* in dem sein Autor das Verhältnis von Natur und Kultur als ein wechselseitiges versteht, in welchen „die Natur ein Kraftfeld [ist], an das sich die Kultur, indem sie sie überformt, selbst anpassen muß. Die Kultur erscheint in dieser Sicht als Selbstinterpretation der menschlichen Natur." (1989, 561)

Gleichwohl bewegen sich Natur- und Kulturwissenschaftler weiterhin zumeist in unterschiedlichen Welten des Denkens und Forschens und ist die Selbstbescheidung auf die fachinterne Forschung die Regel, so daß es alle Versuche zu einer die Natur und Kultur integrierenden Anthropologie schwer haben, sich überhaupt bemerkbar zu machen.[5] Der Graben, den der britische Schriftsteller C.P. Snow 1959, vor nunmehr fast 50 Jahren zwischen den „beiden Kulturen"[6] ausgemacht hat, ist immer noch tief und man überschreitet die traditionell gezogenen Fachgrenzen zumeist auch dann noch nicht, wenn dies der Gegenstand eigentlich verlangt.[7] Ein typisches Beispiel für die in der Philosophischen Anthropologie auch heute noch verbreitete Ignorierung der Biologie sind die von H. Böhme formulierten „Naturmodelle der Weltdeutung seit der Antike"[8], welche in der geschichtlichen Abfolge vom „naturphilosophischen Modell", über das „hermeneutische Modell", das „technische Projekt" und das „ökologische Projekt" bis zum „kulturellen Projekt" allesamt *kultur-,* aber keine *natur*wissenschaftlichen „*Naturmodelle*" sind.[9] Die beiden Hauptgründe der fortbestehenden Trennung sind bekannt und aus der Sicht der meisten Forscher auch gewichtig: die immer weiter vorangetriebene innerfachlich

---

[4] Für *Oeser* (1996, 295) ist die Evolutionäre Erkenntnistheorie so etwas wie eine „universale Grammatik des Wissenserwerbs".

[5] Vgl. die unversöhnliche fiktive Diskussion, die Bischof miteinander prominente Vertreter – lebende und bereits tote – des sozial- und des naturwissenschaftlichen Lagers über das menschliche Verhalten führen läßt (1989, 88 ff.).

[6] Vgl. dazu *H. Kreuzer* (Hg.): Die zwei Kulturen. Literarische und naturwissenschaftliche Intelligenz. C. P. Snows These in der Diskussion, München 1987.

[7] Das zeigt sich auch gerade dort noch, wo das Gespräch zwischen den „beiden Kulturen" gesucht wird, wie dies z.B. der Fall ist in dem Buch des Historikers *O.G. Oexle* (Hg.): Naturwissenschaft, Geisteswissenschaft, Kulturwissenschaft. Einheit – Gegensatz – Komplementarität?, Göttingen 1998. Alle Beiträge dort sind aus jeweiliger Fachperspektive geschrieben. Das gilt auch für den Beitrag des Herausgebers *Oexle*: Naturwissenschaft und Geschichtswissenschaft. Momente einer Problemgeschichte, 99 ff.). Erhellend ist dagegen sein sich auf *W. Heisenberg* beziehender Aufsatz: ‚Der Teil und das Ganze' als Problem geschichtswissenschaftlicher Erkenntnis, in: ders. 1996, 216-240.

[8] In: *H. Böhme/P. Matussek/L. Müller*: Orientierung Kulturwissenschaft. Was sie kann, was sie will, Reinbek 2000, 123 ff.

[9] Vgl. auch *R. Groh/D. Groh*: Weltbild und Naturaneignung. Bd. 1: Die Außenwelt der Innenwelt (1991), Bd. 2: Zur Kulturgeschichte der Natur (1996), Frankfurt.

und bereichsspezifische Spezialisierung und Arbeitsteiligkeit und die damit z.T. einhergehende Verpflichtung auf anwendungsbezogene Forschung.

Wenn so die beiden Wissenschaftskulturen weiterhin vieles trennt und sie auch auf verschiedene Art Geschichte betreiben, interessiert sich doch ein breites Publikum für integrierte Antworten, für Deutungen, die insbesondere die natürliche und kulturelle Herkunft des Menschen im Zusammenhang darlegen. Dieses Interesse befriedigt die populärwissenschaftliche Literatur. Bücher und Sendungen wie etwa die der Wissenschaftsautoren Hoimar von Ditfurth, Horst Stern, Ernst Peter Fischer[10] und vieler anderer dürften zur Verbreitung der neueren naturwissenschaftlich bzw. -historischen Erkenntnisse mehr beigetragen haben als die Lehrbücher der Schulen und Universitäten.[11] Gerade die von kompetenten Naturwissenschaftlern verfaßten Darstellungen der Naturgeschichte des Lebens und des Menschen müßten es schaffen, eine Brücke zwischen den beiden Wissenschaftskulturen zu schlagen.

2. Modelle, Metaphern, „ewige Natur":
Grenzen naturwissenschaftlicher Erkenntnis

Man kann sich den Problemen, mit denen es das naturhistorische Denken zu tun hat, hier vorweg auch noch von der Seite des Selbstverständnisses der Naturwissenschaften selbst und ihrer Begriffe von den Gegenständen nähern. Dazu eignet sich vor allem jene im Überschneidungsbereich der Natur- und der Kulturwissenschaften angesiedelte Forschung, deren Gegenstand die *Kultur*geschichte des *natur*wissenschaftlichen Erkenntnisfortschritts ist und meist verkürzt *Wissenschaftsgeschichte* genannt wird. Diese Geschichte wird durchaus mit Intensität betrieben, jedoch ebenfalls zumeist mit einer strikten Beschränkung auf den eigenen Gegenstandsbereich.[12] Das zeigt sich zum einen darin, daß man dort der Auseinandersetzung mit der Geschichte der Kulturwissenschaften fast ganz aus dem Wege geht. Zum andern darin, daß man zwar kritische „Erinnerungspflege" in bezug auf die eigene Erfolgsgeschichte betreibt, also den geschichtlichen Weg der Entdeckungen, Sackgassen, Durchbrüche und paradigmatischen „Revolutionen" nachzeichnet und auch sehr gründlich den Entdeckungsprozeß der Historizität der Natur beschreibt, es dabei aber an der Einsicht fehlen läßt, daß die Art, wie man Wissenschaftshistorie betreibt, selbst der Geschichtlichkeit unterliegt. Denn noch immer überwiegt bei ihr in großer Affinität zur Erkenntnistheorie des Kritischen Rationalismus die Vorstellung von einer zwar umweghaften, durch Korrekturen geprägten, aber letztlich un-

---

[10] *E.P. Fischer*: Die andere Bildung. Was man von den Naturwissenschaften wissen sollte, München 2001.
[11] Am Beispiel von Thomas Manns lebenslangem Interesse an naturwissenschaftlichen Erkenntnissen hat *M. Herwig* in seinem Buch: Bildungsbürger auf Abwegen. Naturwissenschaft im Werk Thomas Manns, Frankfurt 2004, gezeigt, welch fruchtbaren Niederschlag solche Studien im Werk von fachlichen Laien haben können. Das literarische Werk von Rousseau, Goethe und Grass wären andere Beispiele dafür.
[12] Vgl. *I. Hacking*: Einführung in die Philosophie der Naturwissenschaften, Stuttgart 1996; *M. Hagner* (Hg.): Ansichten der Wissenschaftsgeschichte, Frankfurt 2001 (welch letztere Schrift Beiträge vor allem aus dem anglophonen Bereich und aus dem Max-Planck-Institut für Wissenschaftsgeschichte in Berlin mit überwiegend epistemologischen Interesse enthält).

aufhaltsamen Annäherung an die *eine* objektive (naturwissenschaftliche) Wahrheit. Dafür, daß dieses Wissen, wie C.F. von Weizsäcker gesagt hat, der „harte Kern" des neuzeitlichen Wissens ist, mag gewiß vieles sprechen. Dieses Wissen selbst ist aber in mehrfacher Hinsicht vieldeutig geworden. So hat man im ersten Drittel des 20. Jahrhunderts im Zuge der Begründung der Relativitätstheorie und dann besonders der Quantenphysik erkannt, daß es den Naturwissenschaften mit ihren Mitteln prinzipiell verwehrt ist, die Welt eindeutig zu erfassen, daß diese sich entsprechend dem jeweiligen Standort beim Messen, Feststellen und Erkennen von Phänomenen und der Anwendung jeweiliger Modellannahmen jeweils anders darstellt und deshalb die durch das mechanistische Wirklichkeitsmodell der klassischen Physik bis ins 19. Jahrhundert allgemein gestützte Überzeugung und der vertretene Anspruch, daß man „Tatsachen" zweifelsfrei „feststellen" und die Natur, wie sie „an sich" ist, mit Hilfe „ewiger Gesetze" beschreiben könne, aufgegeben werden müssen. Damit wird zugleich gesagt, daß die in diesem Teil E dargelegten Ansätze einer *philosophisch* reflektierten evolutionären und neurowissenschaftlichen Erkenntnistheorie noch kaum Eingang in die konkrete Forschung der Evolutions*biologie* selbst gefunden haben. Auch hier ist man sich immer noch zu wenig bewußt, daß die im Forschungsprozeß verwendeten Metaphern – wie etwa die sich an die Informationstheorie anschließenden Vorstellungen vom Leben als einer „Schrift" bzw. einem „Code", den es zu entziffern bzw. zu entschlüsseln gilt – nicht nur die „Blickrichtung" auf die unanschauliche, zumeist nur noch in Formeln handhabbare Wirklichkeit bestimmen, sondern auch die Ergebnisse konstituieren, und daß zumeist Bilder im Sinne von vorläufigen Antworten, intuitiv geschauten Lösungen den mathematisch und alltagsfern definierten Begriffen vorausgehen.

3. Zur Gliederung des Teils E

Ein nicht leicht zu lösendes Problem ist, wie dieses auf den Menschen bezogene naturhistorische Denken des 20. Jahrhunderts darzustellen ist, vor allem also, welche Gegenstände mit welchem Gewicht in welcher Reihenfolge mit welchen Zielen Berücksichtigung finden sollen. Denn es handelt sich bei dieser Zielsetzung um einen auf sehr viele Einzelwissenschaften verteilten Forschungskomplex, vor allem natürlich seitens der Biologie, jedoch auch der Physik und der anderen Naturwissenschaften und nicht zuletzt der Philosophischen Anthropologie. Wenn sich in deren Ansätzen auch – wie in den Kulturwissenschaften – gewisse über die Jahrzehnte im transdisziplinären Gleichtakt erfolgende Neuorientierungen feststellen lassen, haben doch die jeweils fachlich gebundenen Entdeckungen und Entwicklungen einen größeren Eigencharakter, weshalb ihre Darstellung hier mehr thematisch und systematisch als entdeckungsgeschichtlich erfolgt.

Sie geht vom alles umschließenden, größten Horizont des naturhistorischen Denkens aus: von der *Naturgeschichte der physischen Welt* (Kapitel 47 bis 50) und verengt sich dann in drei konzentrischen Kreisen zunächst auf den der *Entstehungsgeschichte des Lebens auf der Erde* (Kapitel 51), dann den der *Evolution der organischen Lebensformen* (Kapitel 52) und schließlich den der *Stammesgeschichte des Menschen* (Kapitel 53). Das anthrologische Zentrum dieses Durchgangs durch die Erforschung der Geschichte des Lebens wird in sechs weiteren Schritten erreicht. Deren erster ist ein wissenschaftsgeschichtlicher *Überblick* über die *Hirn- und Bewußtseinsforschung* (Kapitel 54), deren zweiter und dritter gilt der *Evolution des menschlichen Handelns* und *des personalen Bewußtseins* (Kapitel 55 und 56). Diese Ausführungen werden mit den Fragen nach *der evolutionären, neurowissenschaftlichen und philosophischen Deutung der menschlichen Erkenntnisfähigkeit* beschlossen (Kapitel 57 bis 59).

Es charakterisiert den Teil E insgesamt, daß die natur*historischen* Aussagen zu ihrem besseren Verständnis zusätzlich auch immer mit knapp gehaltenen *systematischen* Darlegungen begründet und erläutert werden. Sie orientieren sich natürlich an dem heute anerkannten Wissensstand der Naturwissenschaften, nehmen aber im Hinblick auf das Thema *Die Geschichte des historischen Denkens* z.T. davon abweichende Akzentuierung und Deutung vor. Die so in den fünf Teilen dieses Buchs sowohl *kultur*- als auch *natur*historisch, also humanwissenschaftlich im weitesten Sinne des Begriffs fundierte Sicht auf den „Menschen in seiner Geschichte" mündet im abschließenden Kapitel 60 des Teils F in den Versuch einer *Allgemeinen Historischen Anthropologie.*

* * *

Ein Wort hier noch an den Leser dieses Teils E

Der Versuch, Erkenntnisse, Einsichten und Reflexionen der naturhistorischen Forschung in einem Buch vorzustellen, das sich zugleich an Natur- und Kulturwissenschaftler wendet, hat den Autor vor die Schwierigkeit gestellt, den unterschiedlichen Vorkenntnissen und Erwartungen beider Arten von Lesern gerecht zu werden. Wenn es ihm so gegenüber den einen notwendig erschienen ist, gewisse naturwissenschaftliche Grundkenntnisse zu rekapitulieren, ohne dabei jedoch Sachverhalte mathematisch exakt begründen zu dürfen und in exemplarischen Experimenten anschaulich genug darstellen zu können, so mußte er für die anderen das Niveau ihres Wissens und Problemverständnisses zumindest soweit erreichen, daß es sie reizt, ihren Gegenstand unter den ihnen im allgemeinen ungewohnten kulturhistorischen, philosophischen und wissenschaftstheoretischen Perspektiven einmal zu überdenken. Für beide galt es darüber hinaus, die wechselseitige Integration von kultur- und naturhistorischen Wissen in einer allgemeinen Theorie der Geschichte für erkenntnisfördernd und notwendig erscheinen zu lassen. Diesem komplexen Ziel dienen die hier eingeschlagenen Wege. Sie sind notwendigerweise in der Diktion und in der Argumentation abstrakter, als dies in den vorherigen Teilen dieses Buches der Fall ist. Sie aber nicht zu beschreiten, würde heißen, dem Geschichtsbegriff nicht die Bedeutung zukommen zu lassen, die er von der Sache her beanspruchen kann.

Im übrigen: Weil sich die naturgeschichtliche Dimension der Welt zumindest in drei deutlich gegeneinander abgrenzbaren Grundphänomenen zeigt, nämlich in der Naturgeschichte der physischen Welt, der belebten Welt bis herauf zum Menschen und des menschlichen Geistes, und dafür hier zunächst die Physik (Kapitel 47-50), dann die Biologie (Kapitel 51-53) und schließlich die Neurowissenschaften einschließlich der Bewußtseinsphilosophie (Kapitel 54-59) nach ihrem Beitrag zu seiner Aufklärung befragt werden, mag sich der Leser ohne Einbuße am Grundverständnis des Naturhistorischen zunächst an einem dieser Phänomenkomplexe abarbeiten, wie er sich vorerst auch ausgewählten Kapiteln zuwenden mag, da auch in diesem Teil E jedes Kapitel eine in sich geschlossene Argumentation zu einem Teilthema enthält. Angesichts der heute vorherrschenden Arbeitsteiligkeit in den Wissenschaften würde es der Autor schon für einen großen Fortschritt halten, wenn der hier gemachte naturhistorische Versuch den immer noch nicht recht begonnenen humanwissenschaftlichen Dialog zwischen den Kultur- und Naturwissenschaftlichen endlich in Gang brächte.

47. Die Naturgeschichte der Welt:
Von der absoluten zur naturgeschichtlichen Zeit

1. Welt – Zeit – Geschichte: Zur Geschichte des Zeitbewußtseins   790
2. Relative Zeiten, die Geschichte des Weltalls und die kosmische Zeit   794

Die Naturwissenschaften haben der physischen Welt das Merkmal der Geschichtlichkeit lange Zeit abgesprochen. Als „Natur" galt die Welt geradezu als das dem Wandel der Dinge enthobene Beständige, ja Ewige, wie sie das im Begriff des Naturgesetzes weiterhin ist. An Vorgänge, Veränderungen, Bewegungen und allgemein an das Geschehen und den Wandel in der physischen Welt legte man als Vorstellung und Maß deshalb nicht die „Geschichte" an, also die die Welt unumkehrbar in der Zeit verändernde Wirkmacht, sondern die gegenstandsneutral und gleichförmig verstreichende „Zeit". So hatten die Objekte der klassischen Physik nicht nur selbst keine Geschichte, sondern war auch die Zeit selbst, wie es der Begriff der „absoluten Zeit" sagt, in ihrem erhabenen Lauf „losgelöst" von jeder empirischen Beeinträchtigung, wie sie auch selbst in keiner Weise auf die physische Welt einwirkte.

Vier neuere Theorien des 20. Jahrhunderts mit mehreren sie empirisch unterfütternden Entdeckungen haben diese Auffassung von der Zeit und vom natürlichen Geschehen in ihr erschüttert und den Weg auch zu einer Geschichte der Natur gebahnt: zunächst die *Spezielle Relativitätstheorie*, nach der die Zeit beobachterabhängig zu definieren ist und es insofern ein Nebeneinander unterschiedlicher Zeiten gibt; dann die neuere *Kosmogonie*, nach der die Zeit ein konstitutiver Faktor des nach dem Urknall entstehenden und sich entfaltenden Kosmos ist und sie als „kosmische Zeit" dennoch sozusagen im gleichen Takt mit allem Sein und Geschehen im Kosmos schwingt (Kapitel 47); weiter die *Quantentheorie*, nach der Aussagen über das künftige Verhalten von Teilchen in mikrophysikalischen Systeme nur probabilistisch möglich sind, die objektive Naturbeschreibung damit eine prinzipielle Einschränkung erfährt und sich zwischen Gegenwart und Zukunft eine Lücke auftut, die nach Auffassung zumindest eines Teils der Forscher durch das Moment „Geschichte" gefüllt werden kann (Kapitel 48); und schließlich die *Theorie der physikalischen Selbstorganisation*, nach welcher einander ablösende Prozesse des Aufbaus von immer komplexerer Ordnung, ihres plötzlichen Zusammenbruchs (Chaos) und der Entstehung jeweils neuer Strukturen in den allgemeinen Prozeß der wachsenden Unordnung in der Welt (nach dem Entropiegesetz) eingelagert sind (Kapitel 49).

Erst diese Erkenntnisse haben die Naturwissenschaften seit der Mitte des 20. Jahrhunderts dazu gebracht, auch der physischen Natur Geschichte zuzusprechen. Wenn sich viele ihrer Theorien auch noch in statu nascendi befinden und einige ihrer zentralen Annahmen weiterhin umstritten sind oder für unzureichend gehalten werden, herrscht heute doch ein großer Konsens darüber, daß die Geschichte der unbelebten physischen Natur die elementare Voraussetzung und das bleibende Fundament der Naturgeschichte des Lebens von ihren einfachsten Formen bis zum Menschen und seiner Kultur ist. Außerdem ist die Geschichte der Natur auch bereits für sich ein konstitutives Moment der Geschichtlichkeit der Welt und kann deshalb in dieser Theorie der Geschichte nicht einfach unberücksichtigt gelassen werden. Dies sind die Gründe, weshalb hier in vier Kapiteln zunächst der Naturgeschichte des *Anorganischen* eine größere Aufmerksamkeit geschenkt wird und gewisse *Grundbegriffe der Naturwissenschaften,* wie vor allem die Begriffe Naturgesetz, Naturkonstante, Kausalität, Objektivierung, Determinismus, Notwendigkeit, Wahrscheinlichkeit, Holismus, Chaos und Ordnung, geklärt werden. Ein Zwischenfazit in diesem doppelten Sinne sind die *naturphilosophischen* Ausführungen in Kapitel 50. Die Ausführungen dieser Kapitel lehnen sich besonders an die Grundgedanken an, die *Carl Friedrich von Weizsäcker* in seinem Buch: Der Mensch in seiner Geschichte (1991), München 1993, entwickelt hat. Einschlägig sind natürlich auch alle anderen Veröffentlichungen von Weizsäckers, unter denen die bedeutendste und gründlichste sein Hauptwerk: Zeit und Wissen. 2 Bde., München 1992, ist (zitiert als: Weizsäcker 1991 und 1992).[1]

Das vorliegende Kapitel beginnt in Abschnitt 1 mit einer knappen Rekapitulation der bereits in den früheren Teilen dieses Buches gemachten *naturphilosophischen* Ausführungen zur *Geschichte des Zeitbewußtseins* in unserem Kulturkreis. Sein Abschnitt 2 stellt die sich ergänzenden Theorien der *„Raum-Zeit"* der Relativitätstheorie und der *„kosmischen Zeit"* der heutigen Theorie der Entstehung des Weltalls vor.

1. Welt – Zeit – Geschichte:
Zur Geschichte des Zeitbewußtseins

Im gewissen Sinne ist die Frage, was die Zeit „ist", schwieriger zu beantworten als das, was die Geschichte ist. Letztere ist unmittelbar greifbar in aufeinanderfolgenden Ereignissen und in den Veränderungen, die wir an Dingen und Situationen „in der Zeit" beobachten können. Die Zeit selbst aber kann vergehen, ohne daß man dabei einer Veränderung in der Welt gewahr wird. Und selbst wenn man sich der verstrichenen Zeit aus der Differenz zwischen der Vergangenheit und der Gegenwart klar bewußt zu sein scheint, wird man oft nicht sagen können, inwiefern die Zeit den eingetretenen Wandel mit herbeigeführt hat. Mit den berühmt gewordenen Worten des Augustinus:

> Was also ist die Zeit? Solange mich niemand danach fragt, ist mir's, als wüßte ich's; doch fragt man mich und soll ich es erklären, so weiß ich's nicht. Doch kann ich zuversichtlich

---

[1] Die (populär-)wissenschaftliche Literatur zur Grundlagentheorie der modernen Physik und zu den naturhistorischen Folgerungen für unser Weltbild ist außerordentlich reichhaltig. Außer den im folgenden noch genannten Büchern mit zumeist speziellerer Thematik wird hier aus neuerer Zeit nur hingewiesen auf: *Gernot Böhme* (Hg.): Klassiker der Naturphilosophie. Von den Vorsokratikern bis zur Kopenhagener Schule, München 1989; *F. Cramer*: Chaos und Ordnung, Frankfurt 1993; *ders.*: Der Zeitbaum. Grundlegung einer allgemeinen Zeittheorie, Frankfurt ²1994; *E.P. Fischer*: Die andere Bildung. Was man von den Naturwissenschaften wissen sollte, München 2001; *B. Kanitscheider*: Im Innern der Natur. Philosophie und moderne Physik, Darmstadt 1996; *W. Kuhn*: Ideengeschichte der Physik. Eine Analyse der Entwicklung der Physik im historischen Kontext, Braunschweig/Wiesbaden 2001; *M. Hagner* (Hg.): Ansichten der Wissenschaftsgeschichte, Frankfurt 2001; *W. Kinnebrock*: Bedeutende Theorien des 20. Jahrhunderts. Ein Vorstoß zu den Grenzen von Berechenbarkeit und Erkenntnis, München ²2002.

sagen, daß ich weiß, es gäbe kein Vergangenes, wenn nichts verginge, keine künftige Zeit, wenn nichts in Zukunft käme, und keine gegenwärtige Zeit, wenn nichts uns gegenwärtig wäre. Wie aber ist's mit jenen beiden Zeiten, der vergangenen und der künftigen? Denn die vergangene ist nicht mehr und die zukünftige, die ist noch nicht. Die gegenwärtige aber, wenn die immer gegenwärtig wäre und nie in ein Vergangenes überginge, die wäre nicht mehr Zeit, die wäre Ewigkeit. Wenn also die gegenwärtige Zeit nur deshalb Zeit ist, weil sie hinübergeht in die Vergangenheit, wie können wir dann sagen, daß sie sei, da doch für sie der einzige Grund des Seins nur der ist, daß sie nicht mehr sein wird? Sodaß wir alsodann von Zeit nur sprechen können, wenn etwas strebt, nicht mehr zu sein.[2]

Was nun also klar und deutlich ist, ist dies, daß es nicht Zukunft gibt noch auch Vergangenheit. Eigentlich also kann man nicht sagen: es gibt drei Zeiten, Vergangenheit und Gegenwart und Zukunft. Genauer vielleicht wäre es zu sagen: es gibt drei Zeiten, die Gegenwart des Vergangenen, die Gegenwart des Gegenwärtigen und die Gegenwart der Zukunft. In der Seele nämlich sind diese drei; anderswo sehe ich sie nirgends. Die Gegenwart des Vergangenen ist das Gedächtnis, die Gegenwart des Gegenwärtigen die Anschauung, die Gegenwart des Künftigen ist die Erwartung.[3]

Die klassischen und neueren Naturwissenschaften haben in naturphilosophischen und religiösen Reflexionen dieser Art zumeist keinen Beitrag zum Verständnis und zur empirischen Erfassung des Phänomens Zeit gesehen und haben doch im 20. Jahrhundert dort, wo sie an Grenzen des Verstehens der Zeit in makro- und mikrokosmischen Dimensionen gestoßen sind, die Phänomenologie und die Spekulation ergänzend zu ihren experimentell-empirischen Verfahren und mathematisch-abstrakten Aussagen herangezogen, wie in diesem Kapitel noch verschiedentlich belegt wird. Allemal aber haben sie – gleich, ob ihnen das immer bewußt ist oder nicht – dabei in Begriffen und Vorstellungen an Einsichten und Überlegungen angeknüpft, die die Menschheit von ihren frühesten kulturellen Betätigungen an beschäftigt hat.

1.1 Natürliches und traditionelles Zeitbewußtsein und Messen der Zeit in frühen (Hoch-)Kulturen

Ordnet man diese Vorstellungen historisch[4], dann ist die ursprünglichste und subjektiv ganz und gar nicht in Zweifel zu ziehende die *anthropologisch-natürliche Zeiterfahrung* (vgl. Kapitel 2). Sie wird jedem Menschen von frühester Kindheit an in den leibgebundenen Akten (wie etwa denen der Abfolge von Schlaf und Wachsein und von Anstrengung und Erholung) und Rhythmen seines Lebens (wie etwa in der Abfolge der Lebensalter oder des Verlaufs von Erkrankungen) bewußt. Eingepaßt in das sozial-kulturelle Leben, bildet das natürlich-leibliche Zeitbewußtsein

---

[2] *Augustinus*: Bekenntnisse. Übertragen und eingeleitet von H. Hefele (1921), Wiesbaden 1958, 287 (11. Buch, Kapitel 14). Das 11. Buch enthält insgesamt eine Reflexion über die von Gott geschaffene Zeit. Vgl. hierzu *K. Flasch*: Was ist Zeit? Augustinus von Hippo. Das XI. Buch der Confessiones. Historisch-philosophische Studie. Text – Übersetzung – Kommentar, Frankfurt 1993.

[3] Ebd. 20. Kapitel.

[4] Eine fundierte Wissenschaftsgeschichte der Messung, Erkenntnis und Deutung der Zeit ist das mißverständlich betitelte Buch von *G.J. Whitrow*: Die Erfindung der Zeit. Aus dem Engl. (1988) von D. Gerstner, Hamburg 1991.

des Menschen freilich von Anfang an eine Einheit mit den ihm durch die *Traditionen* auferlegten Gliederungen der Zeit. Alles hat seinen Ort in der Zeit: der „Augenblicks" eines Ereignisses oder eines erinnernden oder eines zukunftsträchtigen Einfalls, eines gefaßten Gedankens (der Entscheidung), eines ausgesprochen Worts und eines getanen Schritts, die durch den Tagesverlauf gegeneinander abgegrenzten Befindlichkeiten, Tätigkeiten, Kommunikationen und Erwartungen und die Erfahrung, die Gestaltung und die Planung des eigenen Lebens im Durchmessen der Lebensabschnitte und -alter.

Dabei orientiert sich der Mensch in seiner Lebensführung zugleich an den pragmatischen Erfordernissen des Alltags und an der an Festtagen im Kult regelmäßig auflebenden „geheiligten Urzeit"[5]. Taktgeber der Profan- wie auch der heiligen Zeit sind in fast allen frühen Kulturen die vergöttlichten Instanzen der Gestirne und der irdischen Naturphänomene. So reihen sich die Tage, Monate, Jahreszeiten und Jahre in beiden „Kalendern" als immer wieder zu durchlaufende Zyklen aneinander. Mit dem Aufkommen von Uhren treten diesen natürlichen Taktgebern technische Instrumente, wie vor allem Pendel seit der frühen Neuzeit in Europa, ergänzend zur Seite, die freilich ebenfalls nach natürlichen gleichmäßig-periodischen Schwingungen geeicht sind. Diese in den frühen Hochkulturen begonnene Art der Zeitmessung setzt sich bis heute in der Konstruktion mechanischer und elektronischer Uhren fort. Jenseits aller naturphilosophischen Reflexion und aller sonstigen naturwissenschaftlichen Forschung ist so die an physikalische Elementarprozesse gebundene Zeitmessung weiterhin die einzige als objektiv anerkannte geblieben.

1.2 Zeitkreis und Zeitpfeil:
Zyklischer Wandel versus zielbezogenes Werden

Die griechische Naturphilosophie hebt die Reflexion über das Phänomen Zeit auf eine höhere Stufe. Fast alle Grundbegriffe und Vorstellungen noch der heutigen Zeittheorie gehen auf ihre Deutungsversuche zurück. Durch genaue Naturbeobachtung und scharfsinnige Spekulation sind es ihre Denker, die als erste die konkurrierenden Prinzipien des fortschrittslosen *Zeitkreises* – nach Anaximander kehren alle Dinge immer wieder zu ihrem Ursprung zurück, um so „mit ihrem Vergehen für ihr Entstehen zu büßen" (Diels/Kranz 12 A9) – und des unumkehrbar aus der Vergangenheit in die Zukunft gerichteten *Zeitpfeils* – Heraklit soll gesagt haben, daß es unmöglich sei, zweimal in denselben Fluß hineinzusteigen (ebd. 22 B)[6] – formulieren. Von Leukipp und Demokrit kommt die den *erkenntnistheoretischen Materialismus* seither begründende Vorstellung, daß der Wandel der Dinge in der Zeit durch die gesetzmäßigen Verbindungen und Trennungen von „Atomen", den äußerst kleinen, unzerstörbaren und unteilbarer Körperchen, aus denen die Dinge bestehen, zu erklären sei. Es ist sodann Platon, der, mit noch weitaus größerer Wirkung, eine Theorie des Weltganzen im Sinne einer allem anderen vorgeordneten *Zeitlosigkeit* entwirft, eine Theorie, nach der alle sichtbaren Dinge und alles irdische Geschehen ihren Grund in ewigen Vorbildern, den „Ideen", haben, sie selbst nur eine abgeleitete

---

[5] Zur gleichsam zeitlosen, immerwährenden Urzeit vgl. die Ausführungen in Kapitel 2.1.
[6] Erst Galilei freilich faßt die Vorstellung vom Zeitpfeil präzise.

und die Sinne täuschende Existenz ohne ein wirkliches Sein haben und deshalb das eigentliche Sein der Welt das der Ideen ist. Es ist schließlich Aristoteles, der mit seiner Auffassung, daß jedes irdische Ding der ihm von seiner Natur (phýsis) zugeteilten Bestimmung („*Entelechie*") zustrebe (vgl. „Physik" IV, 10-14, II, 220a , III 201 a II), die Naturwissenschaften, in Sonderheit die Biologie, fast bis heute zu Theorie und empirischer Forschung des Geschehens in der Zeit angeregt hat.[7]

1.3 Die jüdisch-christliche Heilsgeschichte: Ewiges und Zeitliches auf dem Wege zu Gott

Eine die abendländische Philosophie bis in die frühe Neuzeit beherrschende ganz andere Theorie der Zeit ist die der jüdisch-christlichen „*Heilsgeschichte*", nach der die irdische Zeit des Menschen und sein Handeln, als das „Zeitliche", für sich genommen eine nichtige Zeit ist und allein das Handeln Gottes in der Welt, welches seine eigene zeitlose Ewigkeit unterbricht, Geschichte im eigentlichen Sinne begründet.[8] Es ist jene Zeit, die mit der Schöpfung der Welt und des Menschen anhebt, sich im Sündenfall von Adam und Eva verwirrt, in wiederholten Versöhnungsakten Gottes mit den Menschen, kulminierend im Kreuzestod Jesu und seiner Auferstehung, geheilt wird, von der Erwartung der Wiederkunft Jesu erfüllt ist und am „jüngsten Tage" mit einem Gericht über Gerechte und Ungerechte enden wird, worauf die irdische Zeit in die ewige Zeitlosigkeit Gottes übergehen wird. Obwohl dieser Typus der Heilsgeschichte – auch in der gewandelten säkularen Form der modernen geistigen, technologischen, wirtschaftlichen, politischen, sozialen und moralischen Fortschrittsgeschichte – wegen seiner vorgegebenen übernatürlichen Sinnausrichtung heute weder in den Natur- noch in den Kulturwissenschaften noch eine Modellfunktion hat, bleibt daran zu erinnern, daß er die erste konsequente Geschichtstheorie der Welt und der Menschheit ist, während alle anderen vormodernen Theorien der Welt (des Kosmos) und des Wandels in der Zeit geschichtsindifferent in dem Sinne sind, daß sie keine Geschehnisse kennen, die unumkehrbar und aufeinander aufbauend das Sein der Dinge verändern.[9]

1.4 Die Unveränderlichkeit der Welt aufgrund der „Natur der Dinge"

Die im 16. und 17. Jahrhundert entwickelte Vorstellung eines *absolut bestehenden Raumes* und einer ebenso *absolut verfließenden Zeit* begründet in mehr als einer Hinsicht das bis zum Beginn des 20. Jahrhunderts allgemein anerkannte mechanische Weltbild der sog. klassischen Physik.[10] Sie koppelt die Zeit und den Raum, einschließlich der sich in ihm bewegenden Körper, von aller übernatürlicher Beeinflussung ab, schließt jegliche Teleologie aus, läßt alles naturgesetzlich geschehen und mißt alles Wahrnehmbare objektiv, d.h. indem die aller subjektiven Zutaten und aller sonstigen Eigenschaften „entkleideten" Körper ausschließlich nach ihrem

---

[7] Vgl. dazu die Ausführungen in Kapitel 5.2.
[8] Zur neutestamentlichen Unterscheidung zwischen „Zeitlichem" und Ewigem vgl. Paulus' Brief an die Korinther 13, 9-12.
[9] Zur jüdisch-christlichen und islamischen Zeit- und Geschichtsvorstellung vgl. die Ausführungen in den Kapiteln 6-9.
[10] Vgl. dazu die Ausführungen in Kapitel 11.

Ort und Bewegungsimpuls innerhalb der Koordinaten von Raum und Zeit bestimmt werden. Zwar wird die moderne Physik – über zwei Jahrhunderte nach Newton – die Absolutsetzung von Raum und Zeit als einen „Irrtum" erkennen und Zeit und Raum in enger Verbindung mit der Entstehung und dem Wandel der materiellen Welt begreifen. Sie erkennt aber an, daß jene Physik mit der Absolutsetzung von Raum und Zeit überhaupt erst ein naturwissenschaftliches Gerüst geschaffen hat, an dem alle natürlichen Vorgänge, zumindest im erdnahen Bereich, widerspruchsfrei sozusagen aufgehängt, angeordnet und verstanden werden konnten, und daß dieses auch heute noch der Bezugsrahmen aller Messungen ist. Die Reduktion der materiellen Welt auf Massepunkte und Kräfte in eingespielten, stabilen Systemen hat diese Physik freilich blind gemacht für die instabilen, mitunter chaotischen Wechselwirkungen komplexer Systeme und für die darin beschlossene (Natur-)Geschichtlichkeit der Welt im Großen und im Kleinen.

1.5 Die Entdeckung der kultur- und lebensgeschichtlichen Zeit

Gerade letztere Entdeckung machen die seit dem 18. Jahrhundert entstehenden Kulturwissenschaft. Für sie ist die Zeit keine die Dinge unberührt lassende, nur zur Messung der Dauer benötigte, sonst jedoch neutrale Bezugsgröße, sondern etwas, das in den Dingen wirkt, Fakten schafft, damit zugleich neue Möglichkeiten eröffnet und frühere z.T. verschließt und überhaupt die jeweils bestehenden Situationen unaufhörlich und unumkehrbar verändert. Die Anwendung des Prinzips der *Kultur- und Individualgeschichtlichkeit* schlägt sich zunächst in einer neuen Deutung der Geschichte der Völker und ihrer Sitten und Gesetze nieder, dann in der vermuteten Geschichte der Menschheit, sodann in der auf den Lebenslauf und die Lebensalter bezogenen Lebensgeschichte menschlicher Individuen, weiter dann in der Geschichte des Denkens und des Geistes, der Sprachen und Literaturen und schließlich in der Geschichte der Kultur in allen ihren alltäglichen, künstlerischen, wissenschaftlichen, religiösen, politischen, rechtlichen und wirtschaftlichen Formen. Seither ist die Geschichtlichkeit eines der konstitutiven Momente allen kulturwissenschaftlichen Denkens. Dies ist der Hauptgegenstand der Teile A bis D dieses Buches gewesen. Obwohl die Naturwissenschaften nach und aufgrund ihres großen Aufschwungs seit der frühen Neuzeit an dem persönlich-introspektiven, philosophisch-reflexiven und kulturauslegenden Zeitverständnis der neueren historischen Wissenschaften zumeist wenig Interesse gezeigt haben, scheint es doch so gewesen zu sein, daß von dort die Anregungen zu einer historischen Deutung auch der Natur gekommen sind und diese dann im 19. Jahrhundert zunächst von der Biologie, in der Evolutionstheorie, und im 20. Jahrhundert dann von den klassischen Naturwissenschaften, vor allem in der Kosmologie, aufgenommen worden sind.

2. Relative Zeiten, die Geschichte des Weltalls und die kosmische Zeit

Wie oben angedeutet, kennt die klassische Physik nur einen Raum: den der dreidimensionalen Ausgedehntheit, nur eine Zeit: die überall gleiche Zeit im Raum, und nur eine „dingliche" Welt: die der Körper, welche den Raum erfüllen und sich entsprechend der Naturgesetze und der auf sie wirkenden Kräfte in der Zeit bewegen bzw. ausbreiten. Es ist eine Welt ohne räumliche Mitte und Begrenzung, ohne

Anfang und Ende in der Zeit, eine, die zugleich jedoch bis in die letzte Einzelheit nach mechanischen Gesetzen determiniert ist und deswegen in Kenntnis dieser Gesetze und eines jeweiligen Zustands der Welt im Prinzip in der Zeit unbegrenzt vorwärts und rückwärts und in den Koordinaten des dreidimensionalen Raums vollständig berechenbar ist. Diese Sichtweise wird im 20. Jahrhundert – parallel zu den mikrophysikalischen Erkenntnissen der Quantentheorie – durch drei makroskopische Theorien aufgehoben: Die *Relativitätstheorie* nimmt der Zeit und dem Raum erstens ihre Absolutheit, verbindet sie unauflösbar mit der Welt der Körper und Kräfte und unterscheidet innerhalb des Kosmos lokale Raumzeiten, die aus jeweiliger Beobachterperspektive definiert sind. Die neue *Astrophysik* läßt zweitens den Kosmos aus einem energetischen Anfangspunkt hervorgehen, ihn unumkehrbar in eine komplexe Zukunft evolvieren und begründet dadurch die Vorstellung von einer Geschichte des Kosmos. Auf dieser Grundlage und der der Universalität der Naturgesetze und –konstanten wird drittens die Möglichkeit eröffnet, im Begriff der *kosmischen Zeit* dem Weltall als Ganzem und allen seinen Teilen eine die vielen relativen Eigenzeiten integrierende und umgreifende gemeinsame Zeit zuzuordnen. Im Ergebnis bilden danach die vielen relativen Zeiten des Alls, seine Geschichte und die eine kosmische Zeit eine neue Einheit.

2.1 Die an die Beobachterperspektive gebundene Zeit (Relativitätstheorie):
Der von der Masse und Bewegung der Körper abhängende Verlauf der Zeit

Bis weit ins 19. Jahrhundert hat die Physik dem theoretischen Status des Raums und der Zeit kein sonderliches Interesse entgegengebracht. Unter der Voraussetzung, daß die Gravitationskräfte im Raum zwischen den Körpern momentan ihre Wirkung tun und Signale unendlich schnell den Raum durcheilen, konnte es so scheinen, als ob im gesamten All überall die gleiche Zeit gilt und alles Geschehen von jedem Punkt des Alls aus für jeden Beobachter gleichzeitig abläuft. Zwar war schon seit dem 17. Jahrhundert bekannt, daß die Geschwindigkeit des Lichts endlich ist und man daher die Gestirne in zeitlicher Verzögerung wahrnimmt. Aber dies schien die Möglichkeit nicht zu beeinträchtigen, Raum- und Zeitmessungen unter Einrechnung gewisser Zeitdifferenzen in der üblichen geometrischen Weise sozusagen mit einer einzigen Uhr für alle Orte des Alls vorzunehmen.

Erst ALBERT EINSTEIN (1879-1955) hat mit seiner 1905 entwickelten Speziellen Relativitätstheorie und seiner 1916 erweiterten Allgemeinen Relativitätstheorie[11] die Konsequenz daraus gezogen, daß die sich mit sehr großer, aber eben doch endlicher Lichtgeschwindigkeit im leeren Raum ausbreitenden Signale jeweilige Beobachter nicht nur je nach der Entfernung mit kleinerer oder größerer Verzögerung

---

[11] A. *Einstein*: Über spezielle und allgemeine Relativitätstheorie. Nachdruck der Auflage von 1916, Hamburg 1997. Eine Deutung des Weges von der klassischen zur modernen Physik geben A. *Einstein./L. Infeld*: Die Evolution in der Physik. Von Newton bis zur Quantentheorie (engl. 1937), Hamburg 1956. Vgl. *W.Ch. Zimmerli/M. Sandbothe* (Hg.): Klassiker der modernen Zeitphilosophie. Schlüsseltexte, Darmstadt 1993. Zur Geschichte der neuzeitlichen Physik von Kopernikus über Galilei, Kepler und Newton bis Einstein vgl. auch *S. Hawking*: Die Klassiker der Physik. Ausgewählt und eingeleitet von S. Hawking, Hamburg 2004 [Textauswahl und Kommentare].

erreichen, sondern daß räumliche Distanzen zwischen weit von einander entfernten und sich schnell bewegenden Himmelskörpern prinzipiell nicht mehr von einem bestimmten Ort im All aus zur gleichen Zeit beobachtet werden können. Damit haben der im Raum ein festes Zeitgerüst begründende Newtonsche Begriff der absoluten Zeit und näherhin der Begriff der Gleichzeitigkeit ihren bisherigen kosmologischen Sinn verloren. Die *Aufhebung des absoluten Sinns des Begriffs der Gleichzeitigkeit* solcher Ereignisse, die nicht am selben Ort stattfinden, ist in der Tat das wichtigste Neue dieser Theorie. Danach kann auch der Raum aller mit einem gegebenen Ereignis gleichzeitigen Ereignisse nicht mehr universell, sondern nur noch unter Beachtung der Laufzeit des Lichts und bezogen auf den Bewegungszustand des jeweiligen Beobachters und der jeweiligen Objekte definiert werden. Jeder Beobachter prägt so aus seiner lokalen Perspektive dem Raum seine Zeit auf und gliedert ihn nach den für ihn überstimmenden zeitlichen Parametern in „Raumstücke".[12] Die so auf einen Beobachter bezogene „relative" Zeit bildet mit dem ebenso beobachterabhängigen Raum eine Einheit, die *„Raum-Zeit"*.

Der Begriff der Relativität der Raum-Zeit gibt in der populärwissenschaftlichen Rezeption der Relativitätstheorie Anlaß zu Mißverständnissen. Zwar besagt ihr Relativitätspostulat, daß in der Tat Raum und Zeit an den Ort jeweiliger Beobachter gebunden sind und es insofern darüber keine für alle Beobachter im All gleiche Daten gibt. Aber dies meint mitnichten, daß alles relativ ist. Denn diese Relativität folgt gerade aus der *universellen Gültigkeit der Naturgesetze und –konstanten*, insbesondere aus der der absoluten, also von der Bewegung und Masse der Körper unabhängigen Konstanz der Lichtgeschwindigkeit. Als Grenz- und Maximalgeschwindigkeit für alle Wirkungsausbreitungen im All löst sie den naturgesetzlichen Zusammenhang des Kosmos nicht auf, sondern bestätigt sie vielmehr die Annahme seiner Kohärenz. Nur weil sich die Astronomie sicher ist, daß noch in den entferntesten und materiereichsten Galaxien und im Raum zwischen ihnen und unserer Erde unterschiedslos dieselben physikalischen Gesetze gelten, kann sie aus den aus der Tiefe des Raums hier eintreffenden elektromagnetischen Signalen eine komplexe raum-zeitliche „Landkarte" des Alls erstellen. Auch ist zu beachten, daß nach der Relativitätstheorie für jeden möglichen Körper oder Beobachter im All die lokale Eigenzeit eindeutig definierbar ist, also bei ihm die Ablaufgeschwindigkeit gleichförmig ist und die Abfolge von Ereignissen ganz und gar erhalten bleibt. Daraus folgt unter anderem, daß nicht nur die lebensweltliche Orientierung des Menschen in der Zeit nicht falsch ist, sondern auch der Zeitrahmen der klassischen Physik – mit der Möglichkeit, Vorgänge auf der Erde und im erdnahen kosmischen Bereich mit hinreichender Genauigkeit zu bestimmen, d.h. zu messen, zu gliedern, zu koordinieren und zu vergleichen – weiterhin seine Brauchbarkeit behält.

Die Relativitätstheorie ist deshalb in Bezug auf die von Menschen in ihrer Lebenszeit körperlich auszulotenden Teile des Raums von sehr geringer praktischer Bedeutung und trägt auch zur Klärung einer Theorie des „Menschen in seiner Zeit",

---

[12] *J. Schröter*: Zeit, Raum-Zeit und Relativität, in: R. Breuer, J. Meyer, J. Schröter: Zeit: Geschichtlichkeit und vierte Dimension, Paderborn 1987, 99. Schröters Aufsatz gibt insgesamt einen guten Überblick über die Grundlinien der Relativitätstheorie.

d.h. zu einer Theorie von den Anfängen des organischen Lebens auf der Erde bis zum rezenten Menschen, unmittelbar wenig bei. Ihre Bedeutung besteht jedoch darin, daß sie das bisherige physikalische und d.h. auch das menschliche Weltbild in zwei wichtigen Punkten verändert hat. Es ist zum einen die *Ersetzung der Absolutheit von Zeit und Raum durch ihre gemeinsame Verbindung mit der physischen Dingwelt zu einer untrennbaren Einheit.* Hatte es bei Newton in seinen „Principia mathematica" (1687) geheißen: „Die absolute, wahre und mathematische Zeit verfließt an sich und vermöge ihrer Natur gleichförmig und ohne Beziehung auf einen äußeren Gegenstand."[13] und war die Zeit so gewissermaßen eigenschaftslos, bekommt sie jetzt durch die Existenz von und ihre Verbindung mit Körpern im Raum einen Eigensinn. Mit Bezug darauf hat H. Minkowski in seinem Buch „Raum und Zeit" (Leipzig 1909,1) die berühmt gewordene Forderung erhoben, daß „Raum für sich und Zeit für sich völlig zu Schatten herabsinken. Nur noch eine Art Union der beiden soll Selbständigkeit bewahren."

Es ist zum andern die *Erweiterung der bloß objektivistischen Sicht auf die physische Welt um die perspektivische von Beobachtern*. Man kann darin eine von der Physik nachgeholte Einsicht der Philosophie und der Kulturtheorie sehen. Wie deren Erkenntnistheorie sich schrittweise von der objektivistischen idealistischen und theologischen Sicht der Antike und des Mittelalters gelöst und im neuzeitlichen Europa das erkennende Subjekt konstitutiv in den Erkenntnisakt hineingenommen hat, wird sich auch die moderne Physik auf einem ihrer Felder bewußt, daß die Position des Beobachters relativ zu Objekten auf deren Erkenntnis durchschlägt.

2.2 Die Naturgeschichte des Alls, der Himmelskörper und der chemischen Elemente:
    Von der Kosmologie zur Kosmogonie

Es ist schon im 18. Jahrhundert vereinzelt die Vermutung geäußert und dann im 20. Jahrhundert auch astrophysikalisch, geologisch und chemisch nachgewiesen worden, daß der ganze Kosmos – in sehr großen Zeiträumen – geschichtlich entstanden ist. Man hat so zeigen können, daß die im 19. Jahrhundert entdeckte biologische Evolution selbst nur Teil einer noch umfassenderen Geschichte der Natur ist und die Kosmologie eine Kosmogonie zur Voraussetzung und zur fortbestehenden Grundlage hat. Das dynamische Modell der Kosmologie geht dabei im wesentlichen auf die Ende der 20er Jahre gemachte Entdeckung des amerikanischen Astronomen EDWIN HUBBLE (1889-1953) zurück, daß sich – aufgrund der Deutung der Rotverschiebung nach dem sog. Doppler-Effekt (1842) – alle beobachten Galaxien voneinander entfernen. Man hat aus dieser Fluchtbewegung später auf *eine allgemeine Expansion des Weltalls* und auf dessen *explosiven Beginn aus einem einzigen Punkt*, aus dem sog. Urknall (*big bang*), geschlossen und daraus mit Hilfe der nach ihrem Entdekker benannten Hubble-Konstante und der als „Nachhall" des Urknalls gedeuteten sog. kosmischen Hintergrundstrahlung das Alter des Universums auf etwa 15 bis 20 Milliarden Jahre geschätzt.

---

[13] *I. Newton*: Mathematische Prinzipien der Naturphilosophie (Philosophiae Naturalis Principia Mathematica, London 1687), (dt. Nachdruck einer Übers. von 1872), Darmstadt 1963, 25.

Die beim Urknall freigesetzte Strahlung und das subatomare Material hätten sich im dabei entstehenden Raum ausgebreitet und zu ersten Atomen verdichtet und so die Grundlage für alle größeren physikalisch-chemischen Gebilde geschaffen. Von den kleinsten subatomaren Bausteinen bis zu den Großgebilden des Universums sei alles nach Gesetzmäßigkeiten auseinander hervorgegangen. Ihre neuen Individualitäten – seien es chemische Elemente und Verbindungen, Kristalle oder Sterne – hätten dabei selbst geschichtliche Prozesse durchlaufen, ihre zeitweilige Gestalt und Konsistenz allmählich oder abrupt verloren und wären unter Verlust ihrer bisherigen Integrität ganz oder zum Teil in neuen Gebilden aufgegangen. Danach wäre das Universum ein Super-System hierarchisch strukturierter energetischer und materieller Teilsysteme, das sich „Schicht für Schicht" in der Zeit aufgebaut und gewandelt hat und dessen Zukunft offen erscheint. Eben diesen Prozeß versteht man heute unter dem Begriff der *Geschichte der (physischen) Natur*.[14]

Nach der astrophysikalischen und -chemischen Forschung der zweiten Hälfte des 20. Jahrhunderts herrscht heute so ein großer Konsens über die Grundlinien und -mechanismen des kosmologischen Prozesses von den berühmten „ersten drei Minuten"[15] nach dem Urknall an bis zum gegenwärtigen Status des sich – nach neueren Messungen: beschleunigt – ausdehnenden Weltalls. Die Galaxien und deren einzelne Sterne einschließlich ihrer möglichen Planeten denkt man sich heute überwiegend nach der erstmals 1755 von Kant aufgestellten und nach den heutigen Erkenntnissen modifizierten sog. Nebularhypothese entstanden. Nach ihr hätten sich die nach dem Urknall diffus im Raum verteilten Gas- und Staubwolken infolge fluktuierender Dichteschwankungen oder später dann auch unter dem Gravitationseinfluß bereits existierender Galaxien in bestimmten Bereichen des Alls zu Gaskugeln zusammengezogen. Diese hätten unter der Eigengravitation ihre Masse in ihrem Zentrum die Verschmelzung von leichteren zu schwereren Atomkernen ingangsetzt und so die Gaskugeln zu strahlenden Sternen und Energielieferanten für die in ihrer kosmischen Nähe befindlichen Himmelskörper gemacht. In mehreren Stufen vom Wasserstoff zum Helium und von da über den sog. Kohlenstoffzyklus bis zum Eisen hätten so die Kernfusionen und von dort bis zum Uran Sternexplosionen die Entstehung der stabilen chemischen Elemente einschließlich ihrer teils unbeständigen und radioaktiven Zerfallsprodukte bewirkt. Die Etappen dieser Kernfusionen markieren den Lebenslauf der Sterne im Rahmen ihrer sich ebenfalls in der Zeit wandelnden Galaxien, so daß es naturgesetzliche Reihen von der „Geburt" bis zum „Tod" eines Sterns und typische Phasen der Entstehung, des Wachstums und des Vergehens von Galaxien bzw. des Aufgehens in anderen Galaxien gibt. Unsere Sonne ist inmitten „unserer" Milchstraße hierfür ein Beispiel. Sie dürfte vor über 10

---

[14] Der ältere jedoch zumeist im natur*kundlichen* Sinne gebrauchte Begriff „Geschichte der Natur" wurde in Deutschland 1946 von *C.F. von Weizsäcker*: Die Geschichte der Natur. Zwölf Vorlesungen, Göttingen 1948, erneut, und zwar in dem jetzt benötigten wirklich historischen Sinne, in die allgemeine Wissenschaftssprache eingeführt.

[15] Der Titel des Erfolgsbuch von *S. Weinberg* lautet: Die ersten drei Minuten. Der Ursprung des Universums. Aus dem Amerikanischen, München 1977/1994. Das gleichfalls sehr erfolgreiche Buch von *S.W. Hawking*: Eine kurze Geschichte der Zeit. Aus dem Engl., Reinbek 1996, ist umstritten.

Milliarden Jahren entstanden sein, seither mit gleichbleibender Energie gestrahlt haben, durch die Kenreaktion von Wasserstoff zu Helium noch weitere 10 Milliarden Jahre stabil bleiben und sich dann in einen sog. weißen Zwerg umwandeln.

Die Folgen dieser Erkenntnisse für das physikalische Weltbild sind nicht weniger groß als die der Relativitätstheorie. Ihre Hauptleistung besteht darin, daß sie einem grundsätzlichen Mangel der klassischen mechanischen Physik abhelfen. Diese konnte zwar mit Hilfe der von ihr gefundenen Bewegungsgesetze das Funktionieren der Himmelsbewegungen erklären, aber nicht sagen, wie dieses himmlische Wunderwerk auf natürliche Weise entstanden sein könnte. Wie in vergleichbarer Weise die vordarwinistische Biologie zwar schon Verwandtschaften im Pflanzen- und Tierreich annahm, aber noch keine wissenschaftliche Antwort auf die Frage hatte, wie es zu größerer oder geringerer Nähe zwischen den Spezies gekommen ist, und die Biologie des 19. Jahrhunderts diesen Mangel dann durch die evolutionäre Deutung des Lebendigen behoben hat, *wird nun die naturhistorische Erklärung des Kosmos zum Schlüssel des Verständnisses der Formen in ihm*. Die Entdeckung der Geschichtlichkeit auch der anorganischen Materie und die empirische Erforschung dieser Seite der Natur haben die modernen Naturwissenschaften im Laufe des 20. Jahrhunderts tiefgreifend revolutioniert. Aus der Sicht der Naturerforschung handelt es sich um die Geschichte der sich über immer komplexer werdende Integrationsstufen „selbstorganisatorisch" aufbauenden natürlichen Welt. Genaueres über diesen Deutungsansatz enthält Kapitel 49.

Die so nach dem heutigen kosmologischen Standardmodell grob umrissene Theorie der Geschichte des Weltalls im Sinne einer wissenschaftlichen, d.h. die früheren Mythen und Spekulationen hinter sich lassenden Kosmogonie steht freilich weiterhin vor zahlreichen ungelösten Problemen. Von großer naturgeschichtlicher Bedeutung ist insbesondere die Frage, ob das expandierende und evolvierende Weltall ein zwar unbegrenztes, aber endliches oder ein räumlich und zeitlich potentiell unendliches System ist, ob es – damit zusammenhängend – ein offenes oder ein geschlossenes System ist. Zwar spricht vor allem die im All immer noch zunehmende Entropie dafür, daß *der Kosmos ein abgeschlossenes System mit Geschichte* ist, aber es hält sich unter einigen wenigen Physikern – gegen die Annahme des Standardmodells[16] – die Auffassung, daß die Welt im Sinne der sog. Steady-State-Theorie ein beständiges endliches oder unendliches System ohne wirkliche Geschichte sein könnte.

Erst recht verlieren sich im Nebel von Vermutungen alle Fragen nach dem Uranfang der Welt und dem „Davor" und natürlich auch alle Annahmen über die Art des Endes dieser Welt, sei es im Sinne eines „Wärmetodes" des Welt ohne Strukturen und ohne energetische Differenzen oder einer folgenlosen Rückkehr zum strukturenlosen Anfang oder einer danach alsbald beginnenden Neubegründung eines

---

[16] Bei zwei anderen heute diskutierten Theorien, zum einen bei der sog. Stringtheorie, der zufolge die Welt aus winzigen schwingenden Saiten aufgebaut ist, und zum andern bei der sog. Theorie der Schleifen-Quantengravitation (loop quantum gravity), die den kosmischen Raum als Verkettung winziger Quanten und Schleifen beschreibt, scheint es gänzlich aussichtslos zu sein, die Annahmen empirisch zu beweisen.

Kosmos und weiteren pulsierenden Fortsetzungen. Dieses prinzipielle Nicht-Wissen-Können trifft in noch höherem Grade auf Erörterungen über mögliche Paralleluniversen zu. Dabei ist immerhin zu bedenken, daß „unser" Weltall, so groß wie es ist und soviel oder so wenig wir von ihm wissen, eine Singularität ist und die uns bekannten Naturgesetze und -konstanten vielleicht nur hier gültig sein könnten, sich faktisch und behaftet mit Kontingenz erst im naturgeschichtlichen Prozeß seines Entstehens herausgebildet haben könnten und in möglichen anderen Welten andere Gesetze herrschen könnten.

Wenn auch solche Fragen die Fachwelt umtreiben, muß es zugleich erstaunen, daß die durch die neue Kosmogonie offenbar gewordene unermeßliche Tiefe des Raums, das hohe Alter des Universums und die Zahl und die Größe der kosmischen Gebilde so verhältnismäßig geringe Auswirkungen auf das Weltbild der meisten Menschen haben. Der Grund hierfür ist wohl, daß diese Dimensionen so unvorstellbar groß sind, daß man sich nicht mehr gezwungen sieht, die Position des Menschen im All neu zu überdenken – anders als vor einem halben Jahrtausend, als der Erde ihre Zentralität genommen, ihre relative Kleinheit erkannt wurde und den Gelehrten ohne Zuhilfenahme des göttlichen Wirkens das Geschehen im immer noch relativ kleinen Kosmos naturgesetzlich im Prinzip ganz und gar durchschaubar erschien. Dennoch berühren sich gerade hier die Fragen nach dem Urgrund der Welt, und zwar sowohl aus naturwissenschaftlicher, philosophischer, rationaler und empirischer als auch aus (natur-)religiöser, metaphysischer, mythologischer und mystischer Sicht. Nachdem es den Menschen gelungen ist, die ihnen über die Sinne und den Verstand zugängliche Welt wenigstens in Teilaspekten zu erkennen, schwanken sie so zwischen Kants „Bewunderung und Ehrfurcht" des „bestirnten Himmels" über sich und Monods Bild vom Menschen, „der seinen Platz wie ein Zigeuner am Rande des Universums hat, das für seine Musik taub ist und gleichgültig gegen seine Hoffnungen, Leiden und Verbrechen"[17]. Nach aller historischer Erfahrung dürften jedoch die an der Erforschung des Alls interessierten oder aktiv mitwirkende Menschen trotz der dem Menschen gesetzten Erkenntnisgrenze auch in Zukunft nicht davon ablassen, teils ergeben-fromm, teils melancholisch-traurig, teils unverdrossen oder sogar optimistisch immer noch etwas mehr über seine Stellung im Kosmos zu erfahren.

Von den vielen nicht-biologischen Anwendungsbereichen der Theorie der Geschichte des Kosmos soll hier nur einer kurz benannt werden: die erst aus der *Erdgeschichte* verständliche (bio-)chemische Zusammensetzung und Formung der Erde, ihrer Oberfläche und ihrer Atmosphäre. Dabei erstaunt, daß die Geologie bereits seit dem 19. Jahrhundert, also bevor die Physik die Theorie der Geschichte des Alls überhaupt konzeptionell ausgebildet und empirisch plausibel gemacht hat, die Geschichte der Erde zu einer ihrer theoretischen Voraussetzungen gemacht hat. In Abkehr von den älteren Katastrophen- und religiösen Theorien hat ihr Begründer CHARLES LYELL (1797-1875) in seiner Schrift „Principles of Geology. Being an Attempt to Explain the Former Changes of the Earth's Surface, by Referendes to Cau-

---

[17] *M. Monod*: Zufall und Notwendigkeit (Le hasard et la nécessité. Essai sur la philosophie naturelle de la biologie moderne, Paris 1970, 216), München 1971, 151.

ses Now in Operation, London" (1830-1833)[18] die heutige Form der Erdoberfläche als eine gesetzmäßig abgewandelte Vergangenheit begriffen. Durch die Methode des sog. Aktualismus, d.h. des Rückschlusses von der Gegenwart der Ablagerung und mineralogischen Zusammensetzung der Schichten und Formationen auf ein vergangenes tektonisches, vulkanisches, biotisches, sedimentäres, klimatisches und atmosphärisches Geschehen, wurde es von da an möglich, Schichten gegeneinander abzugrenzen, in eine zeitliche Abfolge zu bringen und schließlich Erdzeitalter nach ihrer Dauer und ihrem Abstand von heute zu bestimmen. Die Datierung der Geschichte des Lebens auf der Erde und im besonderen dann auch der Naturgeschichte des Menschen hängt bis heute von den Erkenntnissen der Geologie ab.[19]

2.3 Die kosmische Zeit als Nachfolgerin der absoluten Zeit der klassischen Physik:
    Die seit Anbeginn unumkehrbar und im gleichen Takt schwingende Weltzeit

Konnte es nach der Entwicklung der Relativitätstheorie so scheinen, als entbehrte die Vielzahl beobachterabhängiger Raumzeiten einer Einheit, so hat die Annahme des aus einem Anfang evolvierenden Alls und der damit begründeten Geschichte des Alls nicht nur einen Fixpunkt für alles Geschehen in ihm gesetzt, sondern auch dem All insgesamt wieder eine einheitlich verlaufende Zeit gegeben: die sog. *kosmische Zeit*. Das heißt, daß es nicht nur durch jeweilige Beobachter definierte Raum-Zeiten gibt, sondern auch eine gemeinsame Zeit, die als kosmische Zeit einen Rahmen zur Bestimmung allen dessen aufspannt, was im All geschieht, und damit an die Stelle der absoluten Zeit der klassischen Physik tritt.

In der Tat kommt die in den Theorien zur Entstehung und zur Expansion des Alls angenommene kosmische Zeit der Newtonschen Zeit zumindest in dreierlei Hinsicht nahe. Ihr Anwendungsbereich ist erstens die ganze physische Welt, denn er reicht dimensional vom Makrokosmos der Galaxien und Gestirne über den Mesokosmos des Menschen und seiner biotischen Verfassung und natürlichen Wahrnehmungsmöglichkeiten bis zum Mikrokosmos der Atome und der (sub-)atomaren Teilchen. Sie läßt sich zweitens mit Hilfe von universell für gleich gehaltenen Schwingungen von Atomen bestimmter chemischer Elemente eindeutig definieren und messen. Von dieser Annahme gestützt, schreitet sie drittens vom Urknall bis heute für alles im All stets gleichförmig voran. Ihre beiden Hauptunterscheidungsmerkmale gegenüber der klassischen Physik sind, daß erstens die „Zeit" – wie der „Raum" – in der Existenz und in den Grundeigenschaften des mit Energie und Materie erfüllten Universums verankert ist und sie zweitens durch diese Bindung an die physische Welt mit einem *unumkehrbaren Richtungssinn* ausgezeichnet ist, der in der Linie der überall in gleicher Weise voranschreitenden Zeit eine *eindeutige*

---

[18] Lehrbuch der Geologie. Ein Versuch, die früheren Veränderungen der Erdoberfläche durch noch jetzt wirkende Veränderungen zu erklären. 3 Bde., Quedlinburg 1833-1835.
[19] Einen guten Überblick gibt *P. Rothe*: Erdgeschichte. Spurensuche im Gestein, Darmstadt 2000. Der kulturhistorische Beitrag der Geologie ist bereits in den Kapiteln über die Ur- und Frühgeschichtsforschung des Menschen und die klassische Archäologie (vgl. Kap.25.2) und über die diffusionistisch-kulturgeographische Kulturkreislehre (vgl. Kap. 29.1.2.) dargestellt worden.

Unterscheidung zwischen vergangenen, gegenwärtigen und möglich künftigen Zuständen und Ereignissen erlaubt.

Die Relativitätstheorie entbehrt – zumindest zur Zeit ihrer Formulierung – solch eines temporalen Fixpunktes, und sie zeichnet wegen der Annahme der Gleichverteilung aller Galaxien im Weltall auch aus Prinzip keine Beobachterperspektive und damit auch keine der potentiell unzähligen individuellen Raumzeiten vor irgendeiner anderen aus. Es ist deshalb zu fragen, in welchem Verhältnis die vielen relativen Raumzeiten zu der einen kosmischen Zeit stehen. Die Antwort ist oben schon im Sinne einer wechselseitig Ergänzung von „Eigenzeiten" und kosmischer Zeit angedeutet worden. Danach prägt jeder Beobachter zwar seiner Umgebung seine Zeit auf, wie er auch den Raum nach den aus seiner Sicht überstimmenden zeitlichen Parametern in „Raumstücke" gliedert. Das würde jedoch einen fiktiven kosmischen „Uhrmacher" bzw. Betrachter im Prinzip nicht daran hindern, im All verteilte Uhren in der Weise zu synchronisieren, daß diese einerseits jeweilige Raumzeiten messen und in ihrer Gesamtheit einen komplexen kosmischen „Atlas" (Schröter 1987, 99) unterschiedlicher Raumzeiten bilden, diese sich andererseits aber auf die diesen Atlas zusammenhaltende kosmische Zeit beziehen. Die Effekte der relativistischen Eigenzeiten würden so aus der kosmischen Perspektive verschwinden, indem sie durch eine Umrechnung – was mathematisch durch die sog. Lorentz-Transformation geschieht – in die *kohärente und gleichförmige Raumzeit-Struktur des Kosmos* eingefügt werden.

Wegen der Kürze der Lebenszeit von Menschen im Verhältnis zur ungeheuren Tiefe der kosmischen Zeit, jedoch auch, weil Menschen den ihnen gegebenen *Zeitrahmen* noch weniger durchbrechen können, als ihnen dies räumlich in der Astronautik möglich ist, hat auch der Begriff der kosmischen Zeit, wie auch der der Raumzeit, und die Differenz beider keine unmittelbare Folgen für das Verständnis des „Menschen in seiner Zeit". Mit den Maßstäben der kosmischen Uhr gemessen, befinden wir uns heute noch in derselben Zeit wie die Prähominiden, verfließt die Zeit subjektiv gewiß von Mensch zu Mensch, von Ort zu Ort und von Zeitalter zu Zeitalter anders, physikalisch aber schreitet sie ebenso über alles einzelne Geschehen hinweg, wie es das Konzept der absoluten Zeit gemeint hat. Eines freilich hebt die Einsicht in die Geschichte des Alls und in die sie mitkonstituierende kosmische Zeit ins Bewußtsein, etwas, das nicht nur alle Menschen und alle organische und anorganische Materie in unserem irdischen Nahbereich verbindet, sondern was wir mit allem physischem Substrat im All teilen: Wir Menschen sind aus dem demselben „Sternenstaub" gemacht wie alles andere im All – durch wie viele physische und chemische Verbindungen und Wandlungen er gegangen sein mag –, die alterslos erscheinenden (sub-)atomaren Grundbestandteile unseres Körpers sodann haben wegen dem gemeinsamen kosmische Ursprung dasselbe Alter wie alles andere mögliche und Partikel von uns schließlich mögen – wenn wir als Individuen wieder in bloße materielle Bestandteile der Erde übergangen sind und dieser Planet selbst auch nicht mehr sein sollte – in fernsten Zeiten auch das gemeinsame Schicksal des Alls teilen, jedenfalls irgendwie.

48. Quantentheorie:
Wahrscheinlichkeiten im Mikrokosmos der Welt

1. Grundstrukturen der Mikrowelt:
   Quanten und der Dualismus von Teilchen und Welle803
2. Das Wahrscheinlichkeits-Verhalten von Elementarteilchen:
   Die experimentelle Erzeugung und „eingreifende" Messung der Objekte807
3. Zufall und Notwendigkeit:
   Die scheinbare oder wirkliche Unbestimmtheit (Indeterminismus)809

Die Quantentheorie ist hauptsächlich von ALBERT EINSTEIN (1879-1955), MAX PLANCK (1858-1947), ERWIN SCHRÖDINGER (1887-1961), NIELS BOHR (1885-1962) und WERNER HEISENBERG (1901-1976) – z.T. im persönlichen Zusammenwirken – im ersten Drittel des 20. Jahrhunderts entwickelt worden. Ihr Beitrag zur Grundlegung der neuen Physik ist letztlich noch bedeutender als der der Relativitätstheorie und der Entdeckung der Naturgeschichte des Alls. Dies gilt auch für die hier behandelte naturwissenschaftliche Frage nach dem „Menschen in seiner Geschichte". Die quantentheoretischen Antworten vertiefen das Verständnis davon zwar ebenfalls nur indirekt, lassen aber einen – wenn auch naturgesetzlich „verschleierten" – Blick in den Urgrund der Welt tun und heben damit die naturphilosophische Reflexion über das, was die „Welt im Innersten zusammenhält", auf eine höhere Stufe.[1]

Wegen der Bedeutung der Quantentheorie in diesem Sinn kommt es hier weniger auf eine umfassende und genaue Darstellung ihres physikimmanenten Deutungsstandes als auf die Folgerungen an, die aus ihr für das Grundverständnis der physischen Wirklichkeit und der Stellung des Menschen in ihr zu ziehen sind. Die Darlegung erfolgt in drei Schritten. Am Anfang steht ein kurzer Abriß der zentralen *Annahmen der Quantentheorie* über die Grundstrukturen der Mikrowelt. Dem folgen einige epistemologische Bemerkungen über die für diese Theorie konstitutive *Rolle des menschlichen Subjekts und der von ihm im Experiment eingesetzten Apparate* bei der Erkenntnisgewinnung. Dies führt schließlich zu ontologischen Überlegungen, ob und gegebenenfalls inwiefern diese Theorie gewisse bisherige Grundannahmen über das Geschehen „auf dem Grunde" der Wirklichkeit aufhebt, indem sie an die Stelle von deren naturgesetzlicher Bestimmtheit eine *durch Wahrscheinlichkeiten gelockerte Kausalität* setzt.

1. Grundstrukturen der Mikrowelt:
Quanten und der Dualismus von Teilchen und Welle

1.1 Die gequantelte Struktur der Welt (Planck) und die doppelte Natur des Lichts
Wissenschaftsgeschichtlich stehen am Anfang der Quantentheorie die Erkenntnis der quantenhaften Natur mikrophysikalischer Systeme und, damit zusammenhängend, die Einsicht in die Doppelnatur des Lichts zugleich als Welle und als Teilchenstrom: Um 1900 entdeckt Planck am Beispiel der Wärmestrahlung schwarzer

---

[1] Die folgenden Ausführungen über die Quantentheorie orientieren sich außer an den genannten Schriften von Weizsäckers vor allem an E. *Scheibe*: Die Kopenhagener Schule, in: Böhme 1989, 374-392.

Körper, daß strahlende Körper Energie in „Quanten" absorbieren und emittieren, Energie also „gequantelt" ist. 1905 erkennt Einstein, daß auch Licht aus Quanten besteht. 1913 schließlich entwickelt Bohr ein Atommodell, nach dem Elektronen unter Einfluß von elektromagnetischer Strahlung ihre Energieniveaus wechseln und Strahlungsenergie in Portionen, sog. Lichtquanten, aufnehmen und abgeben. Man kann sich dies so vorstellen, daß Elektronen unter bestimmten Umständen von höherwertigen Bahnen um den Atomkern auf niedrigere springen und dabei Photonen abgestrahlt werden. Insgesamt darf danach das Licht nicht mehr nur als eine sich kontinuierlich ausbreitende Welle verstanden werden, sondern muß zugleich als eine diskontinuierliche Emission von Teilchen (Photonen) begriffen werden. Im Hinblick auf letzteres hat Einstein von einem Strom von *Lichtquanten* gesprochen. Für ihn breitet sich das Licht wie eine Welle aus, trifft aber gleichsam in Gestalt von Pünktchen auf Hindernisse, so daß Licht zugleich Träger von Energie und Masse ist, für welche Entdeckung – den „photoelektrischen Effekt" – er 1921 den Nobelpreis für Physik erhält. Die die Physik umwälzende Folgerung hieraus ist die „körnige" Struktur sowohl der Materie als auch der Energie. Lichtstrahlen und überhaupt alle elektromagnetischen Wellen scheinen so immer zugleich Wellen und Teilchenströme zu sein. Bohr hat 1928 für die durch ein einziges Modell nicht mehr zu veranschaulichende Existenzform und Wirkungsweise von Elementarteilchen den Begriff der *Komplementarität* vorgeschlagen. Danach wären immer beide Sichtweisen in wechselseitiger Ergänzung unentbehrlich, dürften im Experiment jedoch nie zugleich angewandt werden.[2] Auch dann erscheint im menschlichen Grundverständnis von der Welt die Doppelnatur des Lichts ganz und gar rätselhaft. Schwer vorstellbar ist, daß das Licht im Unterschied etwa zu Luft- und Wasserwellen Wellen ohne Trägermedium sind, es als elektromagnetische Welle den „leeren" Weltraum durchdringt, seine Wellen sich ohne Verzerrung überlagern (Superposition) und durcheinander hindurchgehen und sich unter bestimmten Bedingungen auch materialisieren können.

Die die bisherige Physik freilich noch mehr erschütternde Folgerung aus diesen Erkenntnissen ist, daß die Energie und die Materie, d.h. die beiden ineinander überführbaren Grundsubstanzen der Welt, nicht beliebig weit unterteilbar sind, kein Kontinuum bilden, sondern immer nur in Vielfachen elementarer Grundportionen vorkommen und sich dementsprechend in ihrem Verhalten durch diskrete Zustände bemerkbar machen. Dies hebt die klassische physikalische Annahme von der Stetigkeit der Unterteilbarkeit der physischen Welt auf und ersetzt sie durch die von der Zusammensetzung der Welt aus „Atomen", und zwar im ursprünglichen griechischen Wortsinn aus unteilbaren Einheiten, und erlaubt in Prozessen sodann auch (Quanten-)Sprünge, wo es vorher geheißen hatte: *Natura non facit saltus*. Und schließlich ist dies auch eine Voraussetzung für die experimentell gesicherte Annahme, daß über das Eintreten solcher Ereignisse nur Wahrscheinlichkeitsaussagen möglich sind.

---

[2] *N. Bohr* hat seine Vorstellungen über das Phänomen der Komplementarität und über das sog. Korrespondenzprinzip u.a. dargelegt in seinem Buch: Atomphysik und menschliche Erkenntnis (1957), Braunschweig 1985.

1.2 Etappen der Atomtheorie:
Vom Kugel- über das Rutherford-Bohr-Standardmodell zur Wellenfunktion

Im gleichen Zeitraum und im gleichen Arbeitsfeld mit der Quantentheorie ist zudem die neuere *Atomtheorie* entwickelt worden, weshalb auch beide zusammen die Grundlagentheorie der gegenwärtigen Physik begründet haben. Die Atomtheorie war schon seit ihrem ersten Aufkommen in der Antike im gewissen Sinne von einer körnigen Struktur des Stoffes ausgegangen, aus dem alle sichtbaren Dinge gemacht schienen. In seiner einfachsten Form hat das Modell in der Antike und dann von seiner frühneuzeitlichen Wiederentdeckung bis zum Beginn des 20. Jahrhunderts Atome als sehr kleine, nicht mehr unterteilbare, kugelförmige, gleichmäßig mit Materie erfüllte und vollkommen elastische Gebilde betrachtet und damit seit dem 18. Jahrhundert ganz wesentlich zur Entwicklung der Chemie, und zwar in der Erstellung des Systems der chemischen Elemente, und der Wärmelehre, und zwar in der thermodynamischen Erklärung der Molekülbewegungen, beigetragen.

Ein erster wichtiger Schritt hin auf eine Untergliederung des Atoms ist das von ERNEST RUTHERFORD (1871-1937) 1910 entworfene Modell. Danach befindet sich in seinem Zentrum ein durch sog. Protonen positiv geladener Kern, den Elektronen mit einer dem entsprechenden negativen Ladung in seiner Hülle umkreisen. Bohr erkannte wenig später, daß so beschriebene Atome trotz ausgeglichener Ladung zwischen Kern und Elektronen unmöglich stabil sein konnten. Mit Bezug auf Plancks Quantenhypothese nahm er erstens an, daß die Elektronen nicht auf beliebig geformten Bahnen um den Kern schwirren können, sondern an bestimmte Bahnen gebunden seien, zweitens, daß ein Wechsel der Bahn nicht kontinuierlich, also allmählich, sondern nur sprunghaft möglich sei, und drittens, daß Licht Effekte von Elektronen sind, die von einer energetisch höheren auf eine niedrigere Bahn wechseln, bis sie, nicht mehr strahlend, die ihnen zukommende tiefste Bahn als ihren Grundzustand erreicht haben.[3] Von diesem Rutherford-Bohr-Standardmodell des Atoms aus sind dann nicht nur die Theorie der Photonen, d.h. der von Atomen in den Raum als Licht abgestrahlten „Materiewellen"[4], und allgemein die der elektromagnetischen Wellen rasch weiterentwickelt worden, sondern ist zugleich die klassische Fassung der Quantentheorie begründet worden. Der entscheidende Schritt hierzu bestand darin, daß man in Hinwendung zum Wellenmodell auf die Annahme von räumlich und materiell klar abgegrenzten Elektronen und damit auch von bestimmten „Bahnen" verzichtet hat und dafür Elektronen als „Wellenpakete" verstanden hat, die den Kern in wechselnder Gestalt in einem bestimmten Raumgebiet um den Kern, dem „Orbital", umgeben, so daß weder eine Auszeichnung des genauen Ortes noch des Impulses des Elektrons möglich ist. Damit hat man die Vorstellung von der Punktförmigkeit des Elektrons aufgegeben. Man kann sich so ein

---

[3] *N. Bohr*: Abhandlung über Atombau (1913).
[4] Sie sind 1924 von *Louis de Broglie* (1892-1987), dem französischen Physiker und Begründer der Wellenmechanik, nachgewiesen worden; vgl. ders.: Licht und Materie. [eine Auswahl in Übersetzung aus den Büchern „Matière et lumière" und „Physique et Microphysique"], Hamburg 1949, 1958.

Elektron als ein räumlich ausgedehntes Gebilde vorstellen, dessen Ladungsdichte um den Kern „ausgebreitet", sozusagen „verschmiert" ist.

Die Rede von den „(Elementar-)Teilchen im Sinne des anderen Modells ist dennoch nicht aufgegeben worden, sondern ist in der bis heute mit großer Intensität und mit großem Aufwand betriebenen Erforschung der „Spaltprodukte" des „Kerns" sogar vorherrschend geworden, und zwar aus praktischen Gründen. Denn im Experiment scheint die Energie einer Teilchen-Welle jeweils in einem Punkt konzentriert zu sein, kann die Energie – nach Planck – überhaupt nur alles Ganzes und in einem Moment absorbiert oder abgetrennt werden und besteht das Zusammentreffen von einem Teilchen mit einem anderen darin, daß sich unter bestimmten Bedingungen beide verwandeln, als andere Teilchen weiterfliegen und dabei allenfalls noch weitere Teilchen entstehen lassen. Zugleich ist aber das Beschreibungsmodell des Verhaltens eines Teilchens eine „Wellenfunktion", die 1926 von Schrödinger formulierte Funktion, nach der man mit einer rechnerisch bestimmbaren Wahrscheinlichkeit voraussagen kann, welchen Ort oder welchen Impuls ein Elektron bei einer Messung haben wird.

1.3 Unbestimmtheit und Wahrscheinlichkeit:
Die Unmöglichkeit, das Verhalten von Teilchen vollständig zu messen und vorherzusagen

Ein Grundproblem der Erforschung der mikrophysikalischen Wirklichkeit rührt nun aus der Alternative her, in *einem* Experiment entweder nur den Impuls *oder* nur den Ort eines Teilchens messen zu können, so daß dessen darauffolgendes Verhalten nur mit einer gewissen Wahrscheinlichkeit vorhersagbar ist. Denn was in der klassischen Physik prinzipiell immer möglich ist, nämlich der Bewegung eines Körpers einen bestimmten Ort und zugleich einen bestimmten Impuls zuzuordnen und in Kenntnis dessen, falls keine äußere Störung des Bewegungsablaufs eintritt, sein künftiges Verhalten zu errechnen, ist hier gerade nicht erfüllbar. So fehlt wegen der Unvollständigkeit und der damit unvermeidbar gegebenen „Unschärfe" bei der Messung des Anfangszustandes eines Teilchens die Grundlage für eine eindeutige Vorhersage seines Verhaltens. Dieser Befund hat Heisenberg veranlaßt, von der „Unbestimmtheit" des Verhaltens der Teilchen zu sprechen und darin eine Lockerung des strengen Kausalitätsgesetzes zu sehen.[5] Ob dies eine zulässige Folgerung aus der nur Wahrscheinlichkeitsvorhersagen erlaubenden Messung ist, ob also dadurch die Wirklichkeit selbst als unbestimmt gelten kann, darüber gibt es bis heute in der Quantentheorie und der sich auf sie berufenden neueren Naturphilosophie eine umfängliche und immer noch kontroverse Reflexion. Denn es geht darum zu wissen, auf welchem Grund die uns durch unsere leibliche, alltagspraktische, technische und wissenschaftliche Erfahrung bekannte Welt letztlich ruht und ob der Verzicht auf bzw. die Modifikation der drei Grundpostulate der klassischen Physik,

---

[5] Zur näheren Begründung der Unschärfe- bzw. Unbestimmtheitsrelation vgl. die allgemeinverständliche Darstellungen von *W. Heisenberg* selbst: Das Naturbild der heutigen Physik, Hamburg 1955; und ders.: Der Teil und das Ganze. Gespräche im Umkreis der Atomphysik, München 1969.

nämlich des Determinismus, der Kausalität und der Objektivität, durch die Quantentheorie wirklich zwingend ist, ob die bisher gefundenen und erprobten Naturgesetze in Strenge oder eventuell nur „approximativ"[6] gelten und ob im Übergang von der einfachen Faktizität vergangener Ereignisse zur vielfältigeren Möglichkeit künftiger Ereignisse die Geschichtlichkeit der Welt begründet ist.

2. Das Wahrscheinlichkeits-Verhalten von Elementarteilchen

2.1 Die unvermeidliche Modifikation des Objektivitätspostulats in der Quantentheorie

Weil in der Quantentheorie das Experiment als ein konstitutiver Teil des Erkenntnisaktes selbst gilt, also nicht bloß ein neutraler Zulieferer verwertbarer Daten ist, muß hier noch einmal an die Voraussetzungen und an die Anlage des Experiments in der klassischen Physik erinnert werden. Nach dieser Methode müssen Forscher ihre Fragen an die Natur so stellen, daß sie dabei von allem absehen bzw. alles ausschalten, was den jeweiligen Gegenstand der Erkenntnis in unkontrollierter Weise verändern könnte. Was hierzu im Gedankenexperiment idealisierte Vorstellungen sind, sind im Realexperiment die Herstellung von Bedingungen, die diesem Ideal möglichst nahekommen und, unter Herausrechnung möglicher Beeinträchtigungen durch die Versuchsanordnung und den Kontext des Objekts, eindeutige Daten und damit die Überprüfung von Gesetzesannahmen erlauben. Eben dieses Verfahren einer systematischen und alles Subjektive unterdrückenden Objektivierung des Erkenntnisgegenstandes stößt im Hinblick auf die mikrophysikalische Welt an unüberwindliche Grenzen.

Sie zeigen sich zunächst darin, daß die Elementarteilchen nicht durch bildgebende Verfahren erfaßt werden können, Spuren ihres Verhaltens erst durch besondere Verfahren erzeugt werden können und dies mit einem Eingriff in die Welt der Teilchen verbunden ist, so daß eine Messung ohne eine gleichzeitige Intervention im Objektbereich prinzipiell unmöglich ist. Alle diese Probleme stellen sich in der klassischen Physik deswegen nicht, weil ihre zu untersuchenden Gegenstände entweder schon von sich aus so groß – und zudem in der Zeit so beständig – sind, daß ihre Beobachtung und Messung sie vollkommen unberührt lassen, wie dies etwa bei Himmelskörpern der Fall ist, oder sie lassen sich zum Zwecke des Experiments so aus ihrem Zusammenhang herauspräparieren und durch Meßinstrumente „befragen", daß die zu klärenden Merkmale durch das Experiment kaum verändert werden und deshalb der Grad der Objektivierung so hoch ist, daß die subjektiven Faktoren Mensch und Versuchsanordnung nicht auf die Erkenntnis der vermuteten Naturgesetze durchschlagen. Diese Hindernisse haben die Quantenphysiker indes von Experimenten nicht abgehalten. Denn auch für sie sind Experimente die Probe aufs Exempel ihrer Annahmen und ist die so weit wie möglich vorangetriebene Objektivierung der mikrophysikalischen Wirklichkeit eine elementare Voraussetzung und letztlich auch das Ziel der Erkenntnis. Dabei hat sich gezeigt, daß, pointiert gesagt, gerade die Schwierigkeiten der Objektivierung und der unvermeidbare Einbezug des Subjektiven sie zu ihren neuen Einsichten geführt hat.

---

[6] Vgl. Weizsäcker 1991, 96.

2.2 Die unauflösbare Einheit von Objekt und Subjekt im Experiment

Den komplexen Zusammenhang zwischen Objekt und Umwelt im Experiment hat Bohr so charakterisiert:

> Die wesentliche Lehre der Analyse von Messungen in der Quantentheorie ist die Betonung der Notwendigkeit, in der Beschreibung der Phänomene die gesamte experimentelle Anordnung in Betracht zu ziehen. Dies geschieht in völliger Übereinstimmung mit der Tatsache, daß jede unzweideutige Interpretation [...] die Fixierung der äußeren Bedingungen einschließt, durch welche der Anfangszustand des betrachteten atomaren Systems sowie der Charakter der möglichen Voraussagen der dann zu beobachtenden Eigenschaften des Systems definiert werden. In der Tat kann jede Messung in der Quantentheorie sich nur entweder auf die Fixierung des Anfangszustandes oder auf die Prüfung jener Voraussagen beziehen, und es ist allererst die Kombination von Messungen dieser beiden Arten, die ein wohldefiniertes Phänomen bilden."[7]

Danach besteht das Grundproblem des Experimentes darin, daß die Teilchen als die jeweils zu messenden Objekte nicht nur erst erzeugt werden müssen, sondern ihre Messung auch nur Wahrscheinlichkeitsaussagen über ihr Verhalten erlaubt. Denn die Ergebnisse wiederholter Messungen sowohl des Ortes als auch des Impulses bewegen sich aufgrund der prinzipiell unkontrollierbaren Anfangsbedingungen des Experiments und der Naturkonstante des Planckschen Wirkungsquantums unvermeidlich innerhalb der Grenzen der von Heisenberg formulierten Unschärferelation.

Vergleicht man diese Art des Experiments mit der der klassischen Physik, so sieht man, daß an die Stelle des isoliert gedachten, durchgängig mit autonomen Eigenschaften versehenen Objekts der Erkenntnis hier die mit ihm verbundene experimentelle Anordnung getreten ist, mit der das Objekt präpariert und in gewisser Hinsicht beobachtet wird. Objekt und experimentelle Anordnung bilden hier eine neuartige Ganzheit, die bei dem Versuch, sie aufzulösen, das Experiment zunichte machen würde. Mit den Worten Scheibes:

> [...] kommt in dieser neuen Einheit das Objekt nur noch in Form einer Gesamtheit möglicher, an ihm vollziehbarer Messungen vor. [...] Keine der möglichen Messungen hat unabhängig von den anderen ein vom Objekt sozusagen schon vorweggenommnes Resultat, und die Wahrscheinlichkeiten sind in diesem Sinne wesentlich nicht nur Ausdruck einer im Prinzip behebbaren Unkenntnis." (ebd.)

Dieser Sachverhalt verweist zugleich auf das „Verbot", in einem Experiment an Elementarteilchen zugleich das Modell der Welle und das des Teilchens in Strenge anzulegen. Danach scheint es so zu sein, daß sie von ihren Eigenschaften immer gerade nur diejenige zeigen, die ihnen das jeweilige Experiment durch seinen Eingriff abverlangt, und ein anderes Experiment andere – im doppelten Sinne des Verbs – „feststellt". „Entziehen sich" so die Teilchen einer eindeutigen Objektivierung im Experiment, so erhebt sich freilich die Frage, ob sie in ihrem natürlichen Verhalten ebenfalls in jedem Moment „unbestimmt" oder doch bestimmt sind. Dies ist die genuin naturphilosophische Frage der und an die Quantentheorie.

---

[7] Zitiert nach Scheibe 1989, 377 (nach Bohr 1939).

3. Zufall und Notwendigkeit:
Die scheinbare oder wirkliche Unbestimmtheit (Indeterminismus)

3.1 Die Frage nach den letzten Ursachen quantentheoretischer Unbestimmtheit bzw. Wahrscheinlichkeit

Unter Physikern gibt es einerseits schon seit langem einen großen Konsens über die Geltung der Quantentheorie, d.h. über ihre eben skizzierten experimentellen Voraussetzungen, ihre auf Wahrscheinlichkeiten begrenzten Voraussagen, ihre empirische Bewährung in zahllosen Anwendungsbereichen und ihre grundlagentheoretische Erklärungskraft in der Physik. Über ihre naturphilosophischen Folgerungen ist man sich andererseits im Prinzipiellen wie in vielen Details durchaus nicht einig, nämlich dann, wenn man nach der Art und der fundamentalen Begründung der mikrophysikalischen Wirklichkeit und nach der Bedeutung fragt, die dies für das Verständnis der Makrowelt hat. Im Zentrum dieser Diskussionen steht die 1928 im wesentlichen von Heisenberg und Bohr ausformulierte sog. *Kopenhagener Deutung* der Quantentheorie. An ihr arbeiten sich bis heute die Philosophen-Physiker ab, und sie schlagen sich dabei noch fast immer mit denselben Grundproblemen herum, mit denen sich schon ihre Begründer abgeplagt haben. So fragt sich eine allerdings immer kleiner werdende Gruppe unter ihnen, ob die Rede von der Unbestimmtheit der Elementarteilchen nicht bloß ein Verlegenheitsausdruck für die Grenzen des bisherigen – und vielleicht auch künftigen – Wissens der Physik ist, und vermutet, daß „hinter den Phänomenen" eine bisher nur noch nicht erkannte eherne Physik steht, die wieder eine naturgesetzlich sichere Bestimmung des Geschehens und Seins liefern würde. Eine andere Gruppe wiederum – die große Mehrheit der Physiker – ist davon überzeugt, daß mit der Quantentheorie die Kausalitäts- und Objektivitätsannahme der klassischen Physik wirklich aus den Angeln gehoben ist, das Verhalten von Teilchen im mikrophysikalischen Bereich wirklich unbestimmt und somit in einem grundsätzlich nicht abzuschätzendem Ausmaß offen für Abweichendes und gänzlich Neues in der Zeit ist, was zugleich auch heißt, daß die bisher erkannten Naturgesetze nur näherungsweise gelten.

3.2 Einsteins Festhalten am klassischen Determinismus

Darüber haben in der Begründungsphase dieser Physik u.a. auch Einstein und Bohr einen Streit miteinander ausgefochten. Dabei hat Einstein der Auffassung der ersteren Gruppe mit dem Argument zugeneigt und gemeint, daß es unvorstellbar sei, daß „Gott würfele", auch Gott also nicht das künftige Verhalten vorhersagen und damit letztlich auch nicht wissen könne, was aus seiner Welt wird. Diese Annahme ist allein schon deswegen verständlich, wenn man bedenkt, daß die Pioniere der damals neuen Physik noch von der deterministischen Sichtweise herkommen und sie zur Entwicklung der Relativitäts- wie die Quantentheorie überhaupt nur deswegen gekommen sind, weil sie – wie dies in der Geschichte der Physik oft vorgekommen ist – für unerwartete empirische Erkenntnisse Naturgesetze finden wollten, die den Rahmen der bisherigen Physik nicht sprengen, sondern ihn von bisher nicht erkannten Deutungsschwächen und Widersprüchen befreien und umso sicherer machen würden.

Hier ist deshalb noch einmal kurz an den Determinismus der klassischen Physik zu erinnern. Nach ihm ist das Weltgeschehen im Kleinen wie im Großen und auch als Ganzes vollständig von den Naturgesetzen der Mechanik bestimmt, so daß die vollständige Kenntnis dieser Gesetze und eines beliebig gewählten Anfangszustandes der Welt es einem Physiker im Prinzip ermöglichte, sowohl deren Vergangenheit als auch deren Zukunft in allen Einzelheiten rechnerisch zurückzuverfolgen bzw. vorherzusagen. Ein in diesem Sinne allwissender sogenannter Laplace'scher Geist[8] würde deshalb genau wissen, was einmal zu einem bestimmten Zeitpunkt gewesen ist und was in Zukunft einmal mit Notwendigkeit eintreten wird. An diesem kausaldeterministischen Weltmodell haben die Naturwissenschaftler trotz ihrer persönlich empfundenen Freiheit im Denken und Handeln und auch trotz gewisser Zweifel an einem maschinenartigen Funktionieren des Weltgetriebes bis zum Beginn des 20. Jahrhunderts im Prinzip festgehalten.

Von der Kausalitätsannahme der klassischen Physik abzurücken, hat Einstein auch noch nach seinen relativistischen Erkenntnissen über Raum und Zeit, keinen Grund gesehen. Denn alles Geschehen in der Welt müsse eine bestimmte Ursache haben und sich naturgesetzlich aus seiner Vergangenheit herleiten, so daß auch Elementarteilchen unter wirklich gleichen Bedingungen immer dasselbe Verhalten zeigen müßten. Ohne auf Einsteins (Gedanken-)Experimente und auf seine zahlreichen Argumente einzugehen, die er gegen die Kopenhagener Deutung der Quantentheorie ins Feld führt, sei hier nur auf sein Würfel-Argument eingegangen. Es könne nicht sein, daß die ganze Welt einem ebensolchen Zufall ausgeliefert sei wie bei jedem einzelnen Wurf eines Würfels, bei dem es keinen einsehbaren Grund dafür gäbe, warum eine von den sechs Möglichkeiten vor den anderen bevorzugt wird. Einstein unterschlägt hier, daß es zumindest zwei prinzipiell differente Arten des Zufalls gibt und die Welt außer durch Naturgesetze und –konstanten auch durch genau definierte Wahrscheinlichkeiten „regiert" wird.

3.3. Exkurs über den absoluten und den relativen Zufall:
    Zwei Arten des Zufalls und der Wahrscheinlichkeit in der Welt

In Bezug auf die physische Welt kann man zwischen einem absoluten und einem relativen Zufall unterscheiden.[9] Als *absoluter* Zufall gilt, was weder durch seine Natur notwendig ist noch durch eine Ursache eindeutig bestimmt ist, was also ohne erkennbaren Grund geschieht, im philosophischen Sinne: kontingent ist. Hierzu kann man die Naturgesetze und –konstanten selbst zählen. Es gibt keine Begründung dafür, daß es das Universum überhaupt gibt, sich das Licht im Raum mit der Geschwindigkeit c ausbreitet, die Naturgesetze so sind, wie sie sind, und alles so widerspruchsfrei ineinandergreift, daß das Geschehen – zumindest im Makrokosmos – determiniert ist oder zumindest erscheint. Ein instruktives Beispiel hierfür ist

---

[8] Bekannt auch als Laplace'scher Dämon, benannt nach einem entsprechenden Gedankenexperiment (1796) des französischen Mathematikers und Astronomen *Pierre Simon de Laplace* (1749-1827). In die Philosophiegeschichte ist diese Vorstellung auch als Kant-Laplace'sche Theorie eingegangen.

[9] Vgl. *G. Koch*: Kausalität, Determinismus und Zufall in der wissenschaftlichen Naturbeschreibung, Berlin 1994.

der radioaktive Zerfall bestimmter chemischer Elemente: Man kann hier prinzipiell keine Ursache ausmachen, weshalb bei der unveränderbar feststehenden spezifischen Halbwertszeit ein beliebiges Atom aus der großen Menge der möglichen Atome schon in der nächsten Sekunde oder nach in einem Jahr oder erst nach Jahrhunderten zerfällt. Dafür mag es einen Grund geben, den die Teilchenphysik vielleicht eines Tages anzugeben vermag. Vorerst kann man für den Zerfall eines bestimmten Atoms nur die von der Halbwertszeit abhängende Wahrscheinlichkeit angeben und handelt es sich hier um eine primäre bzw. prinzipielle Unvorhersehbarkeit, wie sie die Quantentheorie postuliert.

Unter einem *relativen Zufall* versteht man das zwar in jedem Einzelfall kausal bedingte und im Prinzip auch naturgesetzlich erklärbare, in der großen Zahl der Fälle und ihrer Wechselwirkung aber nur mit einer durchschnittlichen Wahrscheinlichkeit annehmbare Eintreffen eines bestimmten Zustandes. Nach dem „Gesetz der großen Zahlen" nähert man sich bei der Erzeugung und Messung einschlägiger Ereignisse asymptotisch dem Grenzwert der relativen Häufigkeit. Das sozusagen klassische Beispiel für den relativen Zufall und die ihm entsprechende Wahrscheinlichkeit ist die noch vor der Kenntnis des Atomaufbau im 17. Jahrhundert von R. Boyle und E. Mariotte entwickelte kinetische Gastheorie. Hier nimmt man an, daß das Verhalten jedes einzelnen Gasmoleküls nach den Gesetzen der (klassischen) Mechanik erfolgt, die Vielzahl der Zusammenstöße jedoch nur die statistische Angabe von Mittelwerten ermöglicht. Im Unterschied zur primären Unvorhersehbarkeit beim absoluten Zufall handelt es sich bei Mittelwerten bloß um sekundäre Wahrscheinlichkeiten.

Das Würfelspiel muß man wohl dieser zweiten Art der relativen Wahrscheinlichkeit zurechnen. Denn wenn aus der Sicht der beteiligten Spieler das Ergebnis jeden einzelnen Wurfes gewiß offen ist und keiner weiß, wer und was „im Spiel war", wenn z.B. dreimal hintereinander eine Sechs erscheint, zweifelt niemand daran, daß alles „mit rechten Dingen", also natürlich, d.h. kausal bedingt, zugegangen ist. Wenn also ein Würfel scheinbar willkürlich einer bestimmten Punktezahl mehrfach – oder auch nur einmal – den „Vorzug" gegeben hat, dann muß man bei jedem noch so vollkommen konstruierten Würfel annehmen, daß im von Spieler nicht vorgeordneten und nicht vorhersehbaren mehrfachen Fallen des Würfels über Ecken und Kanten letztlich immer ein mitunter äußerst kleines „zufälliges" Bewegungsmoment den entscheidenden Ausschlag für das Ergebnis gegeben hat. Ein Laplace'scher Geist könnte hier einhaken und müßte den Würfel determiniert, also mit Notwendigkeit, auf eine bestimmte Fläche fallen sehen. Die Ein-Sechstel-Wahrscheinlichkeit, die sich bei der großen Zahl der Würfel pro Fläche einstellt, würde er damit erklären, daß sich jene Umstände determinierend mal in die eine mal in die andere Richtung haben auswirken müssen und im Durchschnitt dann das statistisch zu erwartende Einsechstel-Ergebnis erzeugt haben. Ähnlich könnte man argumentieren – und Einstein tut dies –, daß es auch für Elektronen einen bestimmten Grund für ihr jeweiliges Verhalten geben muß, auch hier jede im Experiment empirisch festgestellte „Zufälligkeit" naturgesetzlich verursacht sein müßte. Und zwar einfach deswegen, weil es nach dem naturphilosophischen Satz vom „zureichenden Grund" in der Welt einen Zufall im Sinne des üblichen Wortgebrauchs überhaupt nicht geben könne. Diesen Satz hatte Leibniz in seiner „Monadologie" so formuliert:
Unsere Vernunfterkenntnis beruht [sc.: außerdem] auf dem Prinzip des zureichenden Grundes, kraft dessen wir annehmen, daß sich keine Tatsache als wahr oder existierend, keine

Aussage als richtig erweisen kann, ohne daß es einen zureichenden Grund dafür gäbe, weshalb es eben so und nicht anders ist – wenngleich uns diese Gründe in den meisten Fällen nicht bekannt sein mögen. (§ 31 f., in: Leibniz 1982, 41).

3.4 Komplementarität, Unbestimmtheit und Verschränktheit:
Die Lockerung der naturgesetzlichen Kausalitätsannahme in holistischer Sicht

Eine andere Deutungsrichtung haben Bohr, Heisenberg und Schrödinger mit der „holistischen" Vorstellung von der Komplementarität und Verschränktheit des Geschehens in der mikrophysikalischen Wirklichkeit eingeschlagen. Die holistisch Grundidee besteht darin, Phänomene bzw. das jeweilige Einzelne primär nicht als aus Teilen zusammengesetzt und als solche mit festen Eigenschaften versehen zu begreifen, sondern sie als Glieder (Organe, Momente) des Zusammenhanges, genauer: des größeren Ganzen, zu verstehen, in dem sie stehen und von dem her sie ihre Eigenschaften (Bestimmungen, Bedeutungen, Funktionen) erhalten.[10]

Der *Holismus* ist der Sache nach alt. Er findet sich in aller (Natur-)Philosophie, Metaphysik (Theologie), Medizin, Hermeneutik, „Geisteswissenschaft" und Weltanschauung, welch alle „ganzheitlich" denken und nach dem Ort des Einzelnen im „Ganzen" fragen, wie dies in der Antike etwa Platon und Plotin in Bezug auf die „Idee" bzw. das „Eine", die christliche Philosophie in Bezug auf Gott, in der Neuzeit etwa Paracelsus, Leibniz, Goethe und Schelling von unterschiedlicher Position in Bezug auf die „Natur" aus getan haben. Die Theorie des modernen Holismus ist vor allem von Biologen entwickelt worden: von dem deutschen Embryologen *Hans Driesch* (1867-1941)[11], der, gegen E. Haeckel, einen an Aristoteles' Entelechiegedanken angelehnten Vitalismus vertreten hat, von dem britischen Physiologen *John Scott Haldane* (1860-1936)[12], von dem südafrikanischen Staatsmann und Naturphilosophen *Jan Christiaan Smuts* (1870-1950) – sein 1926 erschienenes Hauptwerk „Holism and Evolution" (London; Die holistische Welt, Berlin 1938) ist die neuere Begründung dieser Theorie – und von dem deutschen Philosophen und Wissenschaftshistoriker *Adolf Meyer-Abich* (1893-1971)[13], der die Verbindung der Quantentheorie mit dem Holismus hergestellt hat.

Obwohl Bohr, Heisenberg und Schrödinger bei ihrer Entwicklung der Kopenhagener Deutung der Quantentheorie und der Einführung der genannten Begriffe noch keine Kenntnis des neueren, vor allem von der Biologie inspirierten Holismus hatten, teilen doch beide Theorien dieselbe ganzheitliche Sichtweise. Sie gehen davon aus, daß jeweilige Phänomene einer eigenständigen Existenz entbehren, vielmehr immer in größere Ganzheiten eingebunden sind, mit ihresgleichen in wechselseitiger „Verschränktheit" (als *entanglement* ins Englische *übertragen*) und „Ergänzung" (Komplementarität) verbunden sind, in subjektbedingter und interessegeleiteter Beobachtung und Messung immer jeweils nur eine Seite ihrer Existenz zeigen, unter einem anderen Blickwinkel anderes von sich offenbaren und von daher bei jedem Zu- und Eingriff als „unbestimmt" erscheinen müssen. Wie etwa die Mitglieder

---

[10] Einen knappen Überblick gibt *K.M. Meyer-Abich*: Der Holismus im 20. Jahrhundert, in: Böhme 1989, 313-329.
[11] *H. Driesch*: Die Philosophie des Organischen, Leipzig 1909.
[12] *J.S. Haldane*: Die philosophischen Grundlagen der Biologie, Berlin 1932.
[13] Vgl. u.a. *A. Meyer-Abich*: Naturphilosophie auf neuen Wegen, Stuttgart 1948.

einer Gesellschaft als Bürger eines Staats zwar im Prinzip mit gleichen Rechten ausgestattet sind und sich darin gleichen, aber von den ihnen übergeordneten sozialen Institutionen jeweilige Aufgaben übertragen bekommen, sind auch die Elementarteilchen in dem Sinne unbestimmt, daß sie von ihrer Natur über mehrere Möglichkeiten des Verhaltens verfügen, von denen in jeweiligen Zusammenhang diejenige verwirklicht wird, die der Situation entspricht. In der Tat ist für die Quantenphysik die Wirklichkeit keine Ansammlung von unabhängig voneinander existierenden und sich verhaltenden und sich in einer Funktion erschöpfenden Objekten, sondern eine Fülle von Ganzheiten, deren Glieder, Relationen und Zustände nicht im voraus eindeutig bestimmbar sind.

Diese zukunftsoffene Funktionszuteilung löst gleichwohl die Problemfrage nach dem bloß scheinbaren oder wirklichen Indeterminismus nicht eindeutig, wenn sie auch die strikte Kausalitätsannahme unwahrscheinlich macht. Fragt man nämlich nach dem „Verursacher" z.B. einer momentane Umstrukturierung des Systems, nach dem Moment, das eine neue Richtung vorgibt, dann ist kein bestimmtes auszumachen und wird man auf die unkalkulierbare Wechselwirkung von zahllosen Teilchen und jeweiligen Ganzen verwiesen. Man hätte es dann bei dem ständig changierenden und schwingenden Zusammenhang von Teilchen und Ganzem mit einem Geschehen zu tun, in dem die den Teilchen von ihrem aktuellen Zustandsfeld vermittelte temporäre Existenz auch wieder verändernd auf dieses zurückwirkt. Wie gering jedoch der Spielraum dafür ist, daß das Geschehen auf der mikrophysikalischen Ebene die makrophysikalisch definierten Naturgesetze aufhebt, und wie sicher die Wahrscheinlichkeiten des quantenphysikalischen Fundaments sind, belegt die Stabilität der Wirklichkeit selbst. Eine klarere Antwort auf die Streitfrage mag eines Tages die noch einer integrativen Theorie entbehrenden Erforschung des „Teilchenzoos", der kleinsten Systembausteine der Wirklichkeit, geben. Eine Lösung des Problems von einem anderen Denkansatz her sucht die gegenwärtige Chaos-(bzw. Ordnungs-) theorie, worüber Kapitel 49.2. handelt.

Wenn sich die Quantentheorie trotz der Erklärungsschwierigkeiten damals dennoch innerhalb weniger Jahrzehnte durchgesetzt hat, dann ist dies sicherlich darauf zurückzuführen, daß sich die damals in einer großen Forschungsanstrengung aus unterschiedlichen Blickrichtungen gewonnenen Einsichten zu einem in sich stimmigen und zahllose Phänomene nur so erklärenden Theoriengebäude zusammengefügt haben. Von zentraler Bedeutung auch für die hier in diesem Buch entwickelte Theorie der Geschichte ist schließlich die Quantentheorie insofern geworden, als sie das Prinzip der Unbestimmtheit der Wirklichkeit von seiner größten empirischen Allgemeinheit begründet und sie damit auch der allgemeinste Schlüssel zur Erkenntnis der Geschichte des Lebens auf der Erde, der Menschheit, ihrer Kultur und der Bildung der Individuen sein könnte.

3.5 Die immer schon vorauszusetzende Gerichtetheit der Zeit als Ursache vergangener
    Faktizität und unbestimmter künftiger Möglichkeiten (v.Weizsäcker)

Dem holistischen Ansatz der Kopenhagener Deutung steht auch von Weizsäcker nahe. Er rückt jedoch das Prinzip der Unumkehrbarkeit der Zeit sowohl als Ursache der Unbestimmtheit als auch des Fortschreitens des natürlichen Geschehens ins Zentrum seiner Deutung. Dabei ist für ihn – über die Quantentheorie hinaus – die Gerichtetheit der Zeit die schlichtweg fundamentale, durch nichts anderes erst noch zu begründende Voraussetzung aller Wirklichkeitserfahrung. Sie enthalte die jedem Menschen existentiell gegebene Einsicht: „Das Vergangene ist faktisch, es ist unabänderlich geschehen. Das Zukünftige ist möglich." Daraus folgert er: „Erfahrung setzt Zeit voraus. Die Logik, mit der wir Sätze der Erfahrung beschreiben, muß eine Logik zeitlicher Aussagen sein. Prognosen, Aussagen über die Zukunft, sagen Möglichkeiten aus."[14] Aus der Differenz zwischen der an Wirklichkeitsgehalt ärmeren Faktizität des bereits Geschehenen und der daran reicheren Potentialität des Künftigen folgert er weiter, daß die jeweilige Gegenwart weder ein voll kausal determiniertes Ergebnis ihrer Vergangenheit noch eine ihre Zukunft festlegende Bestimmtheit ist. Damit unterstreicht er zum einen das Unbestimmtheitstheorem der Quantentheorie, wonach die Wirklichkeit niemals in Strenge faktisch und der Objektbegriff immer nur eine Approximation ist, und zum andern, weil Zukunft ein Möglichkeitsgebilde ist, ihr Wahrscheinlichkeitstheorem:

> Wahrscheinlichkeit ist eine quantitative, mathematisierte Fassung von Möglichkeit. Wahrscheinlichkeit des Geschehens in diesem direkten Sinn, in dem die Physik sie hier benutzt, bezieht sich also stets auf die Zukunft. [...] Die Quantentheorie ist eine statistische, eine Wahrscheinlichkeitstheorie. Ihr Kern ist eine nichtklassische Wahrscheinlichkeitsrechnung, charakterisiert durch das sogenannte Superpositionsprinzip. (1993, 94/95)

Weniger formal ausgedrückt, meint dies zunächst, daß in jeder Gegenwart etwas aus der Vergangenheit zurückbleibt, das seinerseits als Möglichkeit parat liegt und mit einer bestimmten Wahrscheinlichkeit verwirklicht wird. Unbestimmt sei das Geschehen insofern, als die „Überlagerung" (Superposition) von Möglichkeiten neben den zahllosen statistisch erwartbaren Verwirklichungen mitunter auch ungewöhnliche erzeugen, seltene Fälle das ganze Bedingungsfeld umstrukturieren und wirklich Neues hervorbringen könnten. Aus der Erfahrung, daß diese quantentheoretische Deutung des Geschehens sich inzwischen in zahllosen Experimenten bewährt habe, zieht von Weizsäcker den Schluß, daß dies nur deshalb möglich gewesen sei, weil „sie [sc. die Quantentheorie] Bedingungen der Möglichkeit der Erfahrung formuliert." (1993, 93).[15] Das heißt umgekehrt, daß eine vollständig determinierte

---

[14] Zur Erklärung des Prinzips der Unumkehrbarkeit der Zeit hebt von Weizsäcker also nicht auf den bereits im 19. Jahrhundert formulierten (zweiten) Hauptsatz der Thermodynamik ab, wonach die Entropie, d.h. die Ungeordnetheit der Teile, in einem abgeschlossenen System nur wachsen oder gleichbleiben, aber ohne energetischen Zufluß von außen nicht abnehmen kann. Er hält die Aussage dieses Satz vielmehr für eine spezielle Anwendung des fundamentaleren Satzes der Gerichtetheit der Zeit in einem beschränkten Anwendungsbereich und damit auch mit eingeschränkter Gültigkeit. Vgl. Näheres hierzu in Kapitel 49.3.3.

[15] Weizsäcker nimmt hier einen Grundgedanken von Kant auf. Dieser hatte über die Zeit gesagt: „Die Zeit ist nicht etwas, was für sich selbst bestünde oder den Dingen als objektive Bestimmung anhinge, mithin übrigbliebe, wenn man von allen subjektiven Bedingungen der Anschauung abstrahiert [...] Und da unsere Anschauung jederzeit sinnlich ist, so kann uns in der Erfahrung niemals ein Gegenstand gegeben werden, der nicht unter die Bedingung der Zeit gehörte. Dagegen bestreiten wir der Zeit allen Anspruch auf absolute Realität, da sie nämlich, auch ohne auf die Form unserer sinnlichen Anschauung Rücksicht zu nehmen, schlechthin den

Welt eine solche im Experiment nachgewiesene Unbestimmtheit gar nicht zulassen würde.

Auch könne deshalb die Physik nicht allein von den Naturgesetzen her aufgebaut werden, sondern müsse immer zunächst von den Erfahrungen in der Welt ausgehen. In seiner Theorie des „allgemeinen Gestaltwachstums" hat von Weizsäcker den qualitativ sich unterscheidenden Status von Vergangenheit und Zukunft und die Entstehung des Neuen in der Zeit in einer die Quantentheorie überschreitenden universalen Form beschrieben (vgl. hierzu die Ausführungen in Kapitel 49.3.3.).

Dingen als Bedingung oder Eigenschaft anhinge." (Kant: Kritik der reinen Vernunft. Transzendentale Ästhetik. § 6 (B 49, A 33 und B 52).

49. Selbstorganisation und Gestaltenwachstum:
Die kosmische Dialektik von Chaos und Ordnung

1. Die Evolution und Organisation des Kosmos – *naturgesetzlich* betrachtet 817
2. Ordnung aus Chaos – natur*historisch* betrachtet 820
3. Geschichte als Bedingung der Möglichkeit von Wissen und Erfahrung 825

Zu den Grundproblemen des Verständnisses der Entstehung und des Auf- und Ausbaus des Weltalls gehört das Wirken zweier entgegengesetzter und sich eigentlich ausschließender Verlaufsmodi, zum einen das entropische Geschehen, das unumkehrbar einem energetischen Mittelwert ohne Strukturen, Differenzen und Ordnung zustrebt, zum andern das selbstorganisatorische Geschehen, das innerhalb jenes umfassenden Entropieprozesses relativ stabile Strukturen immer höherer Ordnung durch Entzug von Energie (und Masse) aus seiner Umwelt erzeugt und deren Produkte sich zeitlich in relativ stabilen Kreisverläufen erhalten. Im Zuge seiner Expansion gleichen sich so im Weltraum einerseits alle Unterschiede energetisch und strukturell immer mehr aus, während sie sich andererseits im Prozeß der Entstehung immer komplexerer Strukturen, und zwar von den Elementarteilchen bis zu den chemischen Elementen und ihren Verbindungen, immer stärker ausprägen. Dieses Universum befindet sich von Anfang an und fortwährend in einem Ungleichgewicht. Vor unbegreiflich langer Zeit, aus unbegreiflich großer Energie und aus einer erst recht nicht begreiflichen ersten Ursache hervorgegangen und gleichsam angeschoben, stellt es sich aktualiter als ein raum- und zeiterzeugendes, durch Differenzen, Bewegungen, Unruhe und unaufhörlichen Energie- und Materieumsatz gekennzeichnetes Geschehen dar, das zur Zukunft hin in seinem Verlauf und seinen Evolutionsprodukten nicht ausschließlich naturgesetzlich vorherbestimmt zu sein scheint. Alles dies muß als ein Ausweis dessen gelten, daß sich die Welt weiterhin noch im Werden befindet, sich durch die Auswahl und die Verwirklichung bestimmter Möglichkeiten offen auf die Zukunft zubewegt und damit eine Geschichte hat, die wir die „Geschichte der Natur" nennen.

In der Physik ist es so die Theorie der Selbstorganisation des Universums, die am deutlichsten und am eindringlichsten den Paradigmenwechsel von der alleinigen und zeitlosen Herrschaft der „Natur der Dinge" zu der ihr ebenso konstitutiv beigesellten „Geschichtlichkeit der Dinge" markiert. Dabei steht die gegenwärtige Physik freilich im Prinzip immer noch vor demselben Problem, vor dem die Biologie schon seit dem 19. Jahrhundert bei der Erklärung der Evolution des Lebendigen steht: Es gelingt ihr einerseits immer besser, die großen Etappen und die vielen Formen der anorganischen Naturgeschichte des Kosmos aus den Spuren, die die Vergangenheit im Gegenwärtigen hinterlassen hat, und aus der Kenntnis der Naturgesetze und –konstanten zu rekonstruieren. Sie vermag andererseits – wie die Biologie bei der Geschichte des Lebens auf der Erde – bisher nur Vermutungen darüber anzustellen, was diesen selbstorganisatorischen Weg angeleitet hat, warum wiederholt eine höherwertige Ordnung aus einer einfacheren Ordnung entstanden ist, inwieweit das Neue im Alten bereits angelegt war und ob eventuell dieser Prozeß naturgesetzlich und zugleich zielgerichtet vorgezeichnet und damit notwendig war. Diese beiden Blickrichtungen auf das Phänomen der Selbstorganisation[1] des Kosmos, nämlich die empirisch-konstatierende und naturgesetzlich-erklärende einerseits und die theoretisch-ergründende und „metaphysisch"-reflektierende andererseits, gliedern auch die folgenden Ausführungen.

In Abschnitt 1 wird so mit Bezug auf den Stand des gegenwärtigen Wissens über den Aufbau des Universums dieses zunächst unter dem Naturgesetz der Entropie betrachtet und werden dann, ebenso naturgesetzlich, die Ermöglichung und die Stabilisierung komplexer kosmischer Strukturen durch die Reversibilität kreisförmiger Prozesse erklärt. Abschnitt 2 wendet sich dann der Dialektik zwischen der allgemeinen Entropie des Alls und der sich in diesem Prozeß insulär und in immer größerer Komplexität herausbildenden Formen mit Hilfe der neueren „Ordnung-aus-Chaos"-Theorie und dem damit verbundenen Problem der Erklärung der plötzlichen und prinzipiell unvorhersehbaren Systemübergänge in der Natur zu. Abschnitt 3 schließlich geht der Frage nach, ob und inwiefern auch den formalen Wissenschaften, also der Logik und der Mathematik, in ihren konstruktivistischen Ansätzen eine Zeitlichkeit zugrunde liegt, und referiert dann den naturphilosophischen Versuch von Weizsäckers, die Geschichtlichkeit als das allgemeinste Erklärungsprinzip der Welt – der physischen wie der geistigen – begreiflich zu machen, sie als allgemeine Bedingung der Möglichkeit von Wissen und empirischer Erfahrung zu verstehen und sie in einer einzigen Theorie zu erfassen, welche ihre durchgängige Anwendung auf alle kosmologischen, mikrophysikalischen, biologischen, anthropologischen, kulturellen, geistigen und ideellen Phänomene erlaubt.[2]

1. Die Evolution und Organisation des Kosmos – *naturgesetzlich* betrachtet

1.1 Das All unter dem Gesetz der Entropie

Nach dem erstmals vollständig von HERMANN HELMHOLTZ 1847 definierten sog. ersten Hauptsatz der Wärmelehre (auch: Satz vom Prinzip der Erhaltung der Energie) bleibt die Gesamtenergie eines abgeschlossenen Systems unbeschadet seines inneren Energieumsatzes (durch mechanische, thermische, elektrische, optische oder chemische Vorgänge) unverändert. Unter der Voraussetzung, daß das Weltall ein

---

[1] Der Begriff der Selbstorganisation entstammt der deutschen philosophischen Tradition. Er deutet sich in Kants Bestimmung der Organismen als „sich selbst organisierende Wesen" an und nimmt dann bei Schelling eine Schlüsselposition ein (vgl. dazu Hist. Wörterbuch der Philosophie Bd. 9, Basel 1995, Sp. 509-514) und die Ausführungen zu Luhmann Kapitel 34, S. 11.

[2] Grundliteratur zur Thematik sind außer den Schriften von Weizsäckers die Arbeiten von *M. Eigen/ P. Schuster*: The Hypercycle of Natural Selforganization, Berlin 1979; *E. Jantsch*: Die Selbstorganisation des Universums. Vom Urknall zum menschlichen Geist, München 1979; *K. Weis* (Hg.): Was treibt die Zeit? Entwicklung und Herrschaft der Zeit in Wissenschaft, Technik und Religion, München ²1998; *F. Cramer*: Der Zeitbaum. Grundlegung einer allgemeinen Zeittheorie, Frankfurt 1993; *R. Breuer* (Hg.): Der Flügelschlag des Schmetterlings. Ein neues Weltbild durch die Chaosforschung, Herne 1993; *G. Küppers* (Hg.): Chaos und Ordnung. Formen der Selbstorganisation in Natur und Gesellschaft, Stuttgart 1996; *S. Greschik*: Das Chaos und seine Ordnung. Einführung in komplexe Systeme, München 1998; *K. Mainzer*: Zeit als Richtungspfeil. Die Entwicklung unumkehrbarer Zeit in Selbstorganisationsprozessen von der kosmisch-physikalischen über die biologische bis zur soziokulturellen Evolution, in: Weis 1998, 27-70; *E. Ruhnau*: Zeit als Maß von Gegenwart, in: Weis 1998, 71-96.

abgeschlossenes System ist, verändert sich so auch dessen Gesamtenergie nicht, so daß es diese heute noch in eben dem Umfang gibt, den sie am Anfang hatte, wenn auch in gewandelter Form. Diese Erkenntnis wird vervollständigt durch den sog. zweiten Hauptsatzes der Wärmelehre, wonach sich in einem abgeschlossenen System einmal vorhandene Energiedifferenzen immer nur in der Weise aus- und damit angleichen, daß die Energie unumkehrbar vom höheren zum niedrigeren Niveau fließt. Dabei wird mit dem Begriff *Entropie* jenes Maß an Ungeordnetheit in einem System bezeichnet, das in sich keine Differenzen mehr aufweist und so gleichsam „erstarrt in sich" ist. Allgemeiner ausgedrückt gehen in Systemen mit freibeweglichen Elementen unwahrscheinliche Zustände in wahrscheinlichere, solche einer höheren in solche einer geringeren Ordnung über, und zwar bis der Zustand der größtmöglichen Gleichverteilung aller Elemente, d.h. der höchste Grad der Gleichförmigkeit, gegeben ist. Für das Weltall folgt hieraus, daß die Entropie in ihm solange noch zunimmt, bis der Zustand der höchstmöglichen Nicht-Geordnetheit als der der größten Wahrscheinlichkeit erreicht ist. Infolgedessen müßte das Weltall seit seinem Anbeginn unaufhaltsam seinem „Wärmetod" bzw. „Kältetod" entgegengehen, müßte sich die Energie des Urknalls im entstehenden All einfach verströmt haben, dürfte der Prozeß der Selbstorganisation eigentlich erst gar nicht begonnen und müßte sich jedwede einmal zufällig entstandene Ordnung alsbald unumkehrbar wieder in Unordnung aufgelöst haben. Wie aber ist es dann zu erklären, daß im Prozeß der Ausdehnung des Alls, der Verteilung der Ursprungsenergie in viele Elemente und der damit einher gehenden Abkühlung des Alls in ihm dennoch neue energetische Potentiale und immer komplexere Strukturen entstanden sind, diesem Neuen also das Entropie-Gesetz nichts anzuhaben scheint?

1.2 Insuläre Reversibilität kreisförmiger Prozesse im All:
   Ermöglichung und Stabilisierung einer komplexen Hierarchie kosmischer Strukturen

Die Antwort auf diese Frage ist oben schon angedeutet worden. Danach unterliegt das Universum als ganzes und abgeschlossenes System gewiß von Anfang an und für die Dauer seiner Existenz uneingeschränkt jenem Gesetz. So wird auch irgendwann einmal, wenn der riesige atomare Brennstoffvorrat der Sonnen und Galaxien in fernster Zukunft verbrannt sein wird, die Ursprungsenergie des Alls auf seinem höchst möglichen Entropieniveau ungeordnet im Raum verteilt sein (jedenfalls dann, wenn nicht bisher noch unbekannte Kräfte und Energien intervenierend hinzutreten oder, wie vermutet wird, eine Kontraktion des Alls eintritt und alles wieder einem energetischen Punkt zustrebt). Bis dies geschieht, dürften aber die verbleibenden energetischen und materiellen Differenzen im All immer so groß sein, daß sozusagen gegen den allgemeinen Strom wachsender Unordnung immer wieder Prozesse der Entstehung energetisch und strukturell höherwertiger Ordnung in insulären Zentren möglich sind, und zwar indem diese Prozesse durch Import von Energie aus jeweiliger Umwelt in Gang gesetzt und unterhalten werden.

Auffällig ist, daß sich im Prozeß der naturgeschichtlichen Entstehung des Kosmos alle jeweils neuen Strukturen – die Elementarteilchen der Quarks, der Elektronen, der Protonen, der Atomkerne und der Atome und der Moleküle der chemischen Elemente und Verbindungen ebenso wie die Großgebilde der Gestirne – nach einem festen Schema herausgebildet haben. So sind die jeweils neuen Elemente und Strukturen allesamt in einer bestimmten Reihenfolge als Klassen gleichartiger Individuen ubiquitär im All entstanden. Immer wenn bestimmte energetische Bedingungen gegeben waren und ein bestimmter Stellenwert in der Skala der Formen erreicht worden ist, sind Strukturen eines höheren Ordnungsgrades mit jeweils identischen Eigenschaften entstanden und entstehen noch so überall nach denselben Gesetzmäßigkeit. Die Entstehung der neuen Gebilde hat in der Regel indes die Ausgangsgebilde nicht gänzlich vernichtet, sondern davon einen Teil integrativ umschlossen und einen anderen Teil unangetastet gelassen, so daß noch die frühesten und einfachsten Bausteine des Kosmos entweder in Atomen gebunden und als freie Partikel bis heute nachweisbar sind.

Daß man in der Selbstorganisation des Kosmos und in seiner relativ beständigen Existenz keinen Verstoß gegen den 2. Hauptsatz der Wärmelehre sehen muß, läßt sich durch die Gegebenheit von mindestens einer von drei möglichen Bedingungen näher begründen. Der Hinweis auf eine erste findet sich bereits in der von *Rudolf Clausius* (1822-1888)[3] stammenden einfachen Formulierung dieses Gesetzes, wonach zwar nie Wärme aus einem kälteren Körper in einen wärmeren übergehen kann, aber eben umgekehrt Körper mit einem niedrigen Energiegehalt ihrer Umwelt Wärme entziehen, diese speichern und desgleichen fremde Masse und Bewegungsenergie in sich aufnehmen können. So importiert die erkaltende Erdoberfläche ständig Energie von der Sonne und baut daraus eine komplexe anorganische und organische Welt auf.

Die zweite Bedingung besteht darin, daß alle nicht sogleich zerfallenden neuen Strukturen sich in relativ beständigen Zyklen bewegen und dadurch nur einen relativ geringen energetischen Verlust in der Zeit erleiden. Sofern sie energetisch weitgehend neutral gegen ihre Umwelt sind und ihre spezifischen Schwingungen sich nicht mit andere „reiben", nähern sie sich als „konservative Strukturen" in der Tat dem Zustand der gänzlichen Reversibilität sehr stark an. Das Modell hierfür geben zum einen die Himmelskörper ab, die im leeren Raum fast keinen Verlust an Bewegungsenergie erleiden, und zum andern das mikrophysikalische Geschehen stabiler Atome.

Die relativ große Stabilität des Universums einschließlich der belebten Natur erklärt sich drittens schließlich dadurch, daß die Eigenfrequenzen aller Teilsysteme der Welt, von den kleinsten Partikeln der Atome bis zu den größten Gebilden des Alls, aufeinander abstimmt sind und immer nur solche Strukturen entstehen und sich erhalten, die ein zu ihrer Umwelt passendes Energieband abdecken. Die selbstorganisatorischen Abspaltungen sind dann in der Regel nicht nur keine Störung des Systems und seiner Umwelt, sondern erhöhen noch die Kohärenz des zuvor schon durch reversible Prozesse und Fließgleichgewichte vielfach vertikal und horizontal vernetzten Ganzen. Das entspricht im übrigen auch der Erfahrung des Menschen in der unbelebten wie belebten Natur. Dort ist das Chaos eher die Ausnahme, sind die meisten Prozesse und Strukturen mit hoher Sicherheit vorhersagbar. Alles, was ist, hat sozusagen schon die Feuerprobe seiner Existenz bestanden. Und weil in der Welt „alles mit allem zusammenhängt", wird der Großteil der Störungen des Gleichgewichts entweder rasch und folgenlos im Netz „ausgeregelt" oder funktionell produktiv integriert. In Bezug zunächst nur auf die Erde hat J. Lovelock 1991 im Begriff des sog. Gaia-Prinzips die Vorstellung

---

[3] Er hat auch den Begriff der Entropie geprägt.

entwickelt, daß hier alles so zueinander paßt, wie es die Organe eines Körpers tun. Dieses Prinzip läßt sich auf den ganzen Kosmos übertragen.

2. Ordnung aus Chaos – natur*historisch* betrachtet

Sehr viel schwieriger als die Frage nach den energetischen Bedingungen der Möglichkeit des selbstorganisatorischen Geschehens ist jene andere, bereits oben gestellte Frage zu beantworten, warum sich überhaupt aus der ursprünglich großen, jedoch strukturarmen Anfangsenergie jene Strukturen herausgebildet haben und sich die Energie nicht einfach strukturlos im All verströmt hat. Die Physik hat bei ihrem die Naturgeschichte des Kosmos mehr beschreibenden und durch Naturgesetze erklärenden, als sie deutenden Vorgehen dem Moment und der Ursache des *Umschlags* von einer Struktur zur nächst höheren längere Zeit nur wenig Aufmerksamkeit geschenkt. Seit einigen Jahrzehnten tut aber auch sie dieses. Denn während des Umschlags geschieht die Selbstorganisation – nicht in den stabilen Phasen der sozusagen gefrorenen Strukturen und solange nicht, wie sich jede Struktur und das ganze Gefüge in ihren spezifischen Schwingungsspektren bewegen, zumal die in Zyklen stabilisierten Strukturtypen gerade die Evolution verhindern. Ebenso wie sich die Evolutionsbiologie immer besonders der Variation und der Selektion, d.h. den neue Eigenschaften hervorbringenden und sich in Population verbreitenden Mechanismen, zugewandt hat, konzentriert sich die Physik instabiler Prozesse heute vor allem auf jene Forschungsansätze, deren Ziel die Klärung jener Übergänge ist.

Dazu gehören u.a. die Forschungsansätze, die als Theorie *dissipativer Strukturen* (Prigogine 1967), als Theorie des *Hyperzyklus* (Eigen 1971/78)[4], der *Emergenz* bzw. der *Fulguration* neuer evolutionärer Systemeigenschaften (Lorenz 1973), des sog. *radikalen Konstruktivismus* (H. v. Foerster, U. Maturana 1973), der *Synergetik* (H. Haken/M. Haken-Krell 1989)[5] und als *allgemeine (biologische und sozialwissenschaftliche) Systemtheorie* (L. Bertalannfy 1971, N. Luhmann 1973 ff.) bekannt geworden sind und zumeist mit disziplinen- und bereichsübergreifenden Anspruch aufgetreten sind. Einige dieser Ansätze sind schon im kulturhistorischen Teil skizziert worden, bei einigen anderen wird dies an späterer Stelle geschehen. Hier indes werden zwei ebenfalls dazugehörige, für dieses Buch jedoch besonders wichtige Ansätze vorgestellt: zum einen die sog. *Chaostheorie* und zum andern – nebst einigen Bemerkungen zu den *konstruktivistischen Theorien der Mathematik* – die *Theorie des Gestaltwachstums* nach *von Weizsäcker*. Zu erwähnen ist hier noch, daß die Quantentheorie trotz ihrer Einsicht in die „Unruhe auf dem Grund der Dinge" – mit Ausnahme weniger Forscher gegeben hat – keine Antwort auf die Frage nach dem plötzlichen Entstehen des Neuen gibt.[6]

2.1 Das deterministische Chaos: Die Theorie potentiell katastrophisch werdender Systeme

Daß kleine und zufällige Ursachen mitunter große und unvorhersehbare Wirkungen haben können, daß der normale Lauf der Dinge durch einen unglücklichen, „tragisch" genannten Unfall, durch eine unverhoffte zwischenmenschliche Begegnung oder eine Naturkatastrophe plötzlich eine andere Wendung nehmen kann und die

---

[4] Vgl. dazu Kapitel 51.1.1.
[5] Vgl. dazu Kapitel 51.1.1.
[6] Die folgende Darstellung schließt sich in der Argumentation und Begrifflichkeit vor allem an Cramer 1993 an.

üblichen Mittel der Gegensteuerung versagen können, ist eine seit frühester Zeit fest im Bewußtsein der Menschen verankerte Erkenntnis. Während für die Menschen in frühgeschichtlicher Zeit zumeist Götter oder andere unsichtbare Mächte für den Einbruch des Chaos in die geordnete Welt verantwortlich gemacht wurden, haben es sich die Naturwissenschaften seit ihrem Anbeginn zum Grundsatz gemacht, in jedem nicht auf das Wirken des Menschen zurückzuführenden Geschehen einen Ausdruck des „Naturgesetzlichen" zu erkennen, das Wissen darüber möglichst in handhabbare Technik umzusetzen und dadurch dem unerklärlichen Zufall und dem unerwarteten Systemzusammenbruch einen immer geringeren Raum zu geben – und sie haben damit in der Menschheitsgeschichte in Theorie und Praxis einen riesigen Erfolg gehabt.

Deshalb hat man erst in neuester Zeit verstärkt damit begonnen, dem Phänomen der plötzlichen Instabilität eines bislang stabilen Systems nicht nur durch immer ausgeklügeltere Vermeidungsstrategien beizukommen, sondern es auch selbst systematisch zu beschreiben, zu erklären und ihm ein womöglich produktives Moment abzugewinnen. Grundlagentheoretisch treten diese Versuche heute vor allem in Gestalt der sog. *Chaostheorie* auf. Sie ist im Zusammenwirken von Mathematik und Physik entwickelt worden und beschreibt Systeme, die, obwohl sie durch eindeutige Anfangsbedingungen bestimmt sind und immer nur wohldefinierten Operationen unterworfen werden, in ein prinzipiell nicht vorhersagbares, sprunghaftes Verhalten, in ein „deterministisches Chaos" übergehen und, angewandt auf physikalische und biologische Systeme, mitunter auch der Anlaß der Entstehung neuer Strukturen sind. Diese Theorie hat in den 60er Jahren einen wichtigen Anstoß durch den amerikanischen Meteorologen Edward N. Lorenz erhalten. Über die ältere Einsicht hinaus, daß die Vielzahl der am Wetter beteiligten Faktoren die Mathematik bei der Berechnung seines Verlaufs überfordert und so sichere Vorhersagen nicht möglich sind, hat er zeigen können, daß in komplexen Wechselwirkungssystemen – wie deren eines das Wetter ist – kleinste Abweichungen von den durch Meßdaten erfaßten Anfangsbedingungen, wie z.B. die durch den schon sprichwörtlichen „Flügelschlag eines Schmetterlings" verursachten, die Berechnung ihres zukünftigen Verhaltens auch prinzipiell vereiteln können, solche Abweichungen das Verhalten nicht nur proportional zur Größe der Ursachen modifizieren, sondern zu einem chaotischen Verhalten oder zu einem qualitativ anderem Verhalten führen können.

Inzwischen weiß man durch Experimente und rein mathematisch definierte Funktionen[7], daß bereits bei einem Doppelpendel in Abhängigkeit vom Anfangsimpuls und dann durch das rasche exponentielle Anwachsen kleinster Anfangstendenzen die Lage der Pendel schon nach wenigen „wilden" Umdrehungen nicht mehr eindeutig prognostizierbar ist und allgemein alle Drei-Körper-Systeme an kritischen Punkten der Überlagerung der Systemkomponenten einen chaotischen Verlauf nehmen können. Potentiell chaotisch sind so alle Systeme, deren Teilsysteme rückgekoppelt und zudem durch iterative Anwendung der Funktion eines Teilsystems auf das Gesamtsystem definiert sind. Ein solches „deterministisches" Chaos ist freilich nur eine von drei Möglichkeiten. Die allermeisten Einflußgrößen wiederholender

---

[7] Vgl. *B.B. Mandelbrot*: Die fraktale Geometrie der Natur. Aus dem Engl., Basel u.a. ²1991.

Art wirken sich aufgrund eines negativen Feed-back in stabilen Systemen bloß als Annäherung an einen neuen Endwert des Systems aus oder lösen, durch lineare Überlagerung, bloß eine andere regelmäßige Schwingung des Gesamtsystems aus. Das erklärt zugleich, weshalb sich der Lauf der Gestirne (trotz des sich ständig verändernden Einflusses anderer Gestirne) für große Zeiträume sehr sicher berechnen läßt und auch die Konstruktion hochkomplexer technischer Prozesse ohne ein Abgleiten in das Chaos möglich ist. Die Galaxien, Fixsterne Planeten und Monde kollidieren im allgemeinen allein deshalb nicht, weil sie sich nach ihrem chaotischen Entstehungsprozeß in stabile Umlaufbahnen jenseits kritischer Werte eingeschwungen haben. Die irdische Technik wiederum verhindert das Chaos dadurch, daß im Zuge ihrer theoretischen Konzipierung und ihrer Erprobung alle möglicherweise „unberechenbaren" Faktoren systematisch ausgeschlossen und die Elemente jeweiliger autonomer Teilsysteme auf so wenige wie möglich beschränkt werden.

2.2 Der Umschlag stabiler Systeme in unstabile und die Entstehung neuer Ordnung aus Chaos

Trotzdem sind alle physischen Systeme aufgrund dessen, daß sie irgendwann entstanden sind, gegenüber ihrer Umwelt offen sind, sich ihre Differenzen gegenüber ihrer Umwelt entropisch ausgleichen und ihre innere strukturelle Konsistenz sich in eben der Weise unvermeidlich im Lauf der Zeit auflöst, potentiell instabil. Das gilt auch für den Kosmos insgesamt. So steckt schon im Ursprung der Welt, nämlich im ungleichmäßigen Bersten ihrer Anfangsenergie, die Unordnung, bleibt auch die entstandene Welt als ganze ein System im Ungleichgewicht und steht an ihrem Ende entweder das entropische Verschwinden aller Strukturen oder die katastrophische Rückkehr zu ihrem Ursprung. Weist man so noch einmal auf die Allgegenwart der drohenden Unordnung und auf ihre nur temporäre Abwesenheit, muß es umso erstaunlicher erscheinen, daß alle zeitweilige Ordnung gerade aus einem chaotischen Zustand entstanden sein soll, Chaos überhaupt die elementare Voraussetzung von Ordnung sein soll. Das erinnert an den ursprünglichen Wortsinn von „Chaos". Griechisch *chaos* – vergleichbar dem hebräischen *tohuwabohu* – meint das Klaffende, Offenstehende, das Ungeformte, noch Unbestimmte, das wüste Feld der Möglichkeiten, das Durcheinander, aus dem das Geordnete, Beständige spontan oder durch Schöpferhand hervorgeht. Eine von Anfang an und auf ewig vollkommen geordnete Welt, wäre – wie Platons Ideenhimmel – zeit- und geschichtsloser Stillstand, eine Welt ohne die Möglichkeit des Neuen. Erst das chaotische Moment in einer durch reversible Strukturen relativ stabil gehaltenen Welt ermöglicht Evolution und Geschichte. Erst der wiederholte Umschlag von Unordnung zu Ordnung und von da zur erneuter Unordnung, von der Stabilität einer *Ebene* zu einer Instabilität der *Krise* hat den Reichtum der Formen und die hierarchische Schichtung ihrer Möglichkeiten hervorgebracht. Die Geschichte der Welt bewegt sich so über Ebenen und Krisen. Im Durchgang durch Phasen der Instabilität gewinnt sie immer wieder auf höherem Niveau eine kurz- oder längerfristige Stabilisierung. Das heißt natürlich nicht, daß jegliche Auflösung von kosmischer und irdischer Ordnung auch schon der Ausgangspunkt einer neuen und höherwertigen Ordnung ist. Das Gegenteil ist der Fall. Wie in der Bioevolution Mutationen fast nie erfolgreich sind, ist auch der plötzliche Umschlag im Reich des Anorganischen im Ergebnis höchst selten eine stabile und höherwertige Struktur.

2.3 Neue Strukturen durch Fluktuation von Elementen und Evolution durch natürliche Selektion

Immerhin läßt sich die strukturenerzeugende Dynamik gewisser instabil werdender Systeme heute auch empirisch aufzeigen. Es handelt sich dabei um offene (in Sonderheit: thermodynamische) Systeme, die durch natürliche oder durch experimentell erzeugte Fluktuationen ihrer Elemente ihr bisheriges Gleichgewicht plötzlich verlieren und in Prozesse und Strukturen höherer Ordnung umschlagen und diese erhalten. Aus der Erforschung solcher Phänomene hat der belgische Chemiker *Ilya Prigogine*[8] in den 60er Jahren eine Theorie sog. *dissipativer Strukturen* entwickelt, nach der bei der „Verströmung" (Dissipation) von Energie neue Strukturen entstehen können. Die sich an sie anschließende Empirie hat das Prinzip „Ordnung durch Fluktuation" auf vielen Anwendungsbereichen in den Natur-, jedoch auch in den Sozial- und Wirtschaftswissenschaften immer dort bestätigt gefunden, wo eine Vielzahl gleichartiger, ungeordneter Elemente oder Systeme aufeinander treffen und mitunter zunächst kleine und zufällig auftretende Verdichtungen und Ungleichgewichte unerwartet größere und stabile, zumeist jedoch leicht zerfallende Systeme erzeugen. Ein Musterbeispiel hierfür ist die atmosphärische Bildung von Wolken.

Hieran hat – hinsichtlich der Entstehung des Lebens (s. Kapitel 51) – *Manfred Eigens* Theorie über den „Hyperzyklus über den „Hyperzyklus natürlicher Selbstorganisation" (Eigen/Schuster 1979) angeknüpft und in verallgemeinerter Form die Evolution von immer komplexeren Strukturen und Strukturebenen als Strukturprinzip des Weltgeschehens von der Ebene anorganischer Prozesse bis zu der des menschlichen Bewußtseins angenommen (Eigen 1990, 35-57). Er geht dabei von der Unumkehrbarkeit der Zeitrichtung aus, unterscheidet beim Verlauf eine „schwache" und eine „starke" Zeitlichkeit. „Die Richtung [sc. der „schwachen" Zeitlichkeit] ist allein durch die Bewegung ‚zum Gleichgewicht hin' und durch die damit verbundene *positive* Entropieerzeugung definiert. Diese Zeitlichkeit verschwindet im eingestellten Gleichgewicht." (Eigen 1990, 46; kursiv M.E.) Denn bei der Erreichung des energetischen Gleichgewichts geschieht nichts mehr, steht für dieses System also auch die Zeit still. Die „starke" Zeitlichkeit, als ein Spezialfall der „schwachen" zeichnet sich dadurch aus, daß sie im Zuge des zufälligen entropischen Hervorbringens von „Elementarereignissen" auf der mikrophysikalischen Ebene „natürliche Selektion" betreibt und so ein lawinenartiges Anwachsen bestimmter Strukturen auslöst, welches die bisherigen Systemzustände, zumeist katastrophisch, aus ihrem Gleichgewicht bringt und ein neues, den Bedingungen seiner Umwelt besser genügendes System entstehen läßt. Als Letztursache der „starken" Zeitlichkeit macht

---

[8] Seine Grundgedanken hat der Nobelpreisträger *I. Prigogine*, mathematisch anspruchsvoll, in seinem Buch zusammengefaßt: Vom Sein zum Werden. Zeit und Komplexität in den Naturwissenschaften, München 1979/1985; vgl. in Kurzform dazu Bischof 1989, 572 f.; vgl. neuerdings *I. Prigogine*: Die Gesetze des Chaos, Frankfurt 1998.

Eigen die durch die quantenmechanische Unschärfe ermöglichte „natürliche Selektion" aus. Sie bewirkt auf der makroskopischen Ebene Aufbau, nicht nur Ausgleich von Strukturen. Mit den Worten Eigens:

> Selektion bedeutet Instabilität aller [sc. zufällig entstandener Individualitäten] bis auf eine – nämlich die bestangepaßte – Quasispezies. Evolution ist somit eine unumkehrbare Abfolge von ‚Katastrophen'. Die historische Route der Evolution wird durch Schwankungen auf der mikroskopischen Ebene bestimmt, also durch Elementarereignisse, die nicht im Detail voraussagbar sind. Quantenmechanische Unschärfe wie auch Komplexität des Phasenraums sind für diese Unbestimmtheit verantwortlich. (1990, 51)

Und während die Ereignisse der schwachen Zeitlichkeit – wie beim Würfelspiel – einen bestimmten Mittelwert zustreben, heißt es hinsichtlich der starken Zeitlichkeit:

> Natürliche Selektion hat aber die inhärente Eigenschaft, nur Bewegungen ‚bergan' zuzulassen. (1990, 52)

2.4 Das irreversible und ruckartige Voranschreiten in der Zeit

Faßt man diese Ansätze in Anlehnung an Formulierungen von F. Cramer zusammen, dann ist die materielle Welt in ihrer temporalen Grundstruktur nicht gleichförmig und regelhaft, sondern ungleichgewichtig und potentiell chaotisch, und zwar in der Weise, daß sie gerade dadurch in die Lage versetzt wird, „immer wieder Inseln der Ordnung hervorzubringen" (Cramer 1994, 96).

> Der Weltprozeß verläuft unter ständigem Variieren des Zeitmodus: *Strukturbildende Zeitkreise*, Oszillationen, reversible Vorgänge sind systemerhaltend, aber sie sind in Wahrheit nur *Warteschleifen*, in denen das System so lange kreist, bis es an einen Chaos-Ordnungs-Übergang kommt. Dann erfolgt ein *Zeitsprung, und es entsteht etwas Neues*. Mit den beiden [sc. gegenläufigen] Zeitmodi kann man erstmalig die *Stabilität* von *Strukturen einerseits* und das *Entstehen des Neuen andererseits* beschreiben sowie mit Hilfe der Chaostheorie die Übergänge dieser beiden Zeitformen verstehen. (Cramer 1994, 121 f.; Kursiva F.C.)

Danach ist „Chaos eine regelhafte, in der Natur und ihrer Systematik vorgesehene Zustandsform [...] (Cramer 1994, 96).

Dies alles ist zugleich auch ein Ausdruck der Irreversibilität der Zeit und so auch der Geschichtlichkeit der Welt. Die Richtung der Zeit ist so zwar nicht in den Naturgesetzen, jedoch in der sich zwischen Chaos und Ordnung bewegenden Wirklichkeit begründet. Der Urknall und die Gerichtetheit der Zeit gehören ebenso zusammen wie die Selbstorganisation des Alls und die Geschichte der Natur.

2.5 Die letztlich ungelöste Frage der evolutionären Emergenz des Neuen aus Altem

Alle diese Annahmen der Chaostheorie und der Theorie der dissipativen Strukturen und des Hyperzyklus lösen indes nicht das Problem, warum aus der strukturlosen Anfangsenergie des Alls gerade *das* an Strukturen entstanden ist, *was heute existiert*. Wir stellen etwa fest, daß im langen Leben des Kosmos unter bestimmten Bedingungen erstmals aus Wasserstoff und Sauerstoff Wasser entstanden sein muß, daß dies vermutlich unter gleichen Bedingungen seither in jedem Einzelfall immer wieder geschehen ist und noch heute geschieht, wir wissen aber nicht, ob die Eigenschaften dieser Verbindung schon am Beginn der Welt in den Ausgangselementen als nur noch zu verwirklichenden Möglichkeiten bereitlagen oder eine ganz andere Welt und eine ganz andere Art von Leben hätte entstehen können, wenn es im Rückblick auch so aussieht, als hätte es nirgendwo Alternativen gegeben. Aber wie das Ganze immer mehr als seine Teile ist, so dürfte auch alles Neue mehr sein als das, aus dem es hervorgegangen ist. Wir müssen uns zumeist mit dem Beschreiben dessen begnügen, was im Spannungsfeld einer sich auflösenden und neu formierenden Ordnung regelmäßig als Produkt erscheint.

Es sei denn, daß man sich der weiter unten nochmals ausführlicher dargestellten Theorie des *Gestaltwachstums* von Weizsäckers anschließt. Ihr Autor erläutert sie außer an der Quantentheorie besonders prägnant an der Entstehung der „Integralgestalten" von Sternen und des organischen Lebens: „Die Erfahrung lehrt uns die Entstehung von immer mehr, immer neuen und immer differenzierteren Gestalten als einen allgemeinen Zug des Geschehens kennen", und zwar im Sinne einer „allgemeinen Tendenz zum Gestaltwachstum" (von Weizsäcker 1991, 33). Von Weizsäckers Erklärung dieser Tendenz ist einfach:

> Wenn nun das Vergangene nicht vergeht, sondern in den gegenwärtigen Fakten ‚aufbewahrt' ist, so wächst die Menge der Fakten und damit die Menge der jeweils gegenwärtigen fundierten Möglichkeiten. Wenn aber die Menge der Möglichkeiten wächst, so ist Entstehung neuer Gestalten zu erwarten. (35)

Dem Zweifel an dieser einfachen Lösung des Problems der Entstehung des zuvor nie Gewesenen begegnet er mit folgendem Argument:

> Die sogenannte Asymmetrie der Zeit liegt [...] in der Auswahl, die wir aus ihren möglichen Lösungen treffen. Wir charakterisieren diese Lösungen meist durch ‚Anfangsbedingungen' und fragen, wie sich der als Anfang angenommene Zustand in der Zeit, die damals Zukunft war, entwickeln mußte. Diese Anfangsbedingungen sind meist relativ einfach, speziell, gestaltenarm; thermodynamisch gesagt haben sie niedrige Entropie. Aus solchen einfach aussehenden Zuständen entstehen gemäß nichtlinearer Differentialgleichungen immer kompliziertere Gestalten: Gestaltenfülle ist das thermodynamisch Wahrscheinliche. Der Kantsche Nebel [s.o.] ist [...] gestaltenärmer als das Planetensystem; die präorganische chemische ‚Ursuppe' auf der Erde gestaltenärmer als das aus ihr entstehende organische Leben." (35 f.)

3. Geschichte als Bedingung der Möglichkeit von Wissen und Erfahrung

Als physikalische Theorien beziehen sich alle in diesem und den vorigen beiden Kapiteln vorgestellten naturgeschichtlichen Forschungsansätze ausschließlich auf energetische Zustände und materielle Gegenstände des uns bekannten Welt. Dabei erhebt sich die Frage, ob deren Grundsätze, welche z.T. ja auch die der Geschichte der Kultur und die der Geschichte lebender Organismen (Bioevolution) sind, nicht auch auf immaterielle Objekte angewandt werden können. Genau dies bejahen die konstruktivistischen Richtungen in der Mathematik, die Theorie der Wissenschaftsgeschichte und schließlich in einem denkbar weitesten Sinne die von Weizsäcker entwickelte Theorie des Gestaltwachstums.

3.1 Die konstruktivistische Entdeckung der Geschichtlichkeit in der Mathematik

Auf den ersten Blick scheinen die Gegenstände der Mathematik allem Wandel in der Zeit und erst recht aller Geschichtlichkeit enthoben zu sein. Denn die Geltung von Aussagen über sie als immaterielle Gebilde dürfte im Prinzip von keiner wie auch immer gearteten (physischen) Welt abhängen. Daran ändert zunächst auch nichts, daß mathematische Aussagen sich der Existenz denkender Wesen verdanken, sie wie alle anderen Bewußtseinsakte des Menschen in der physischen Welt des neuronalen Geschehens verankert sind und nur in Worten, Werken und Handlungen, also mit Hilfe von Strukturen der empirisch Welt, kommuniziert werden können. Denn bei den *Objekten* dieser Bewußtseinsakte handelt es sich um Konstruktionen, für die es entweder gar kein Pendant in der physischen Welt gibt oder die als „ideelle" Abstraktionen physischer Phänomene zu diesen selbst gerade in einer prinzipiellen Differenz stehen, wenn sie auch dazu „gemacht" erscheinen, die Verhältnisse der physischen Welt besonders genau zu erfassen. Deshalb hat sich auch fast die ganze bisherige Mathematik in einer zeitindifferenten Logik begründet gesehen. Aus wenigen theoretischen Grundelementen, wie vor allem aus den sog. natürlichen Zahlen und den Punkten, Strecken, Ebenen, Winkeln, Verhältnissen und Inhalten von Figuren, und definierten Operationen hat die antike Geometrie Theoreme mit dem Anspruch universaler, widerspruchsfreier und überempirischer Evidenz abgeleitet. Dies gilt auch für die neuzeitliche Erweiterung des Zahlenraums (u.a. um negative und komplexe Zahlen), die genauere Bestimmung der Erfaßbarkeit unendlicher und funktional-variabler Größen, die Einführung nicht-euklidischer Figuren und Räume und überhaupt für die umfassende axiomatische Begründung der Mathematik als einer zwar streng logischen, aber nicht notwendigerweise auf die physische Wirklichkeit und ihre Gebilde bezogenen Wissenschaft.

Dem folgt im Prinzip auch noch die „formalistische" Mathematik von *David Hilbert* (1862-1943) und seiner Schule und die auf einem System logischer Grundbegriffe beruhende und mengentheoretisch begründete sog. logizistische Mathematik vor allem von *Gottlob Frege* (1848-1925) und *Bertrand Russel* (1872-1970)[9]. Davon setzt sich zwar die sog. intuitionistische Mathematik ab. Denn für sie sind kraft der Evidenz des Zählens von „Dingen", d.h. der Fähigkeit des Menschen, vor aller bewußten Anwendung sprachlicher Symbole und logischer Verfahren eine „überschaubare" Anzahl distinkter Objekte sicher zu erfassen, die natürlichen Zahlen intuitiv und unableitbar gegeben. Dennoch zielt aber auch bei diesem Ausgangspunkt diese Mathematik auf einen überzeitlichen systematischen Aufbau.

Anders begründet sich der sog. *konstruktivistische* Ansatz in der Mathematik. Er begreift sie als einen dem Tun eines Handwerkers und Künstlers ähnlichen kreativen Versuch des menschlichen Geistes, sich Figuren (Strukturen) neu auszudenken und mit ihnen unter Vermeidung von Widersprüchen zu operieren. Danach hat die Mathematik ihre Grundbegriffe und -vorstellungen – durchaus auch in Verbindung mit den Begründungs- und Verallgemeinerungserfordernissen alltäglicher Erfahrung, erfolgreicher Technik und naturwissenschaftlicher Gesetzeshypothesen – im wesentlichen autonom, d.h. aus sich selbst, und formal entwickelt und ihren bis

---

[9] Gemeinsam mit *A.N. Whitehead* hat er die berühmte logische Grundlegung der Mathematik verfaßt: Principia mathematica. 3 Bde., Cambridge 1910-1913.

heute ständig fortgesetzten Ausbau mit immer neuen Teildisziplinen, Theorien und Gegenständen durch die Erzeugung immer neuer Strukturen vorangetrieben. So seien aus den ursprünglich anschaulichen Gebilden und Sätzen der elementaren Mathematik durch immer stärkere Abstraktion und Formalisierung und systematische Verschränkung konstruktivistisch die rein formalen Gegenstände der sog. höheren Mathematik geworden. Deshalb gehe es der heutigen Mathematik auch kaum mehr um eine noch knappere und elegantere Beweisführung bekannter mathematischer Einsichten, Lösungen und Probleme, sondern um das Ausloten der Möglichkeiten neuer axiomatischer Modelle. Dabei hat sich wiederholt gezeigt, daß zunächst ganz praxisfern erscheinende und auf imaginäre Zahlen und Räume bezogene Theorien dennoch zur mathematischen Grundlegung naturwissenschaftlicher Forschungsbereiche beigetragen haben.

Die geschichtstheoretische Folgerung hieraus ist, daß die Mathematik nicht nur eine Fachgeschichte im üblichen Sinne des Gewinns neuer Erkenntnisse über gegebene Objekte hat, sondern sie sich in dieser Geschichte die meisten ihrer Gegenstände überhaupt erst geschafft hat, sich die Gegenstände der Mathematik – genauso wie die der Philosophie und der Kulturwissenschaften – ganz oder zumindest im erheblichen Umfange der Konstitutionsleistung des menschlichen Geistes verdanken, weshalb mitunter in Grundlagendiskussionen gesagt wird, daß nur die natürlichen – d.h. die positiven, ganzen – Zahlen von Gott geschaffen seien, alles andere Menschenwerk sei. Das Erstaunliche daran ist, daß die von Menschen mit einer gewissen Willkür axiomatisch definierten Mathematiken und sich so *kultur*historisch aufeinander aufbauenden Denk- und Begriffssysteme in ihren Ableitungen und Schlußfolgerungen so zwingend allgemeingültige, also *überhistorisch* richtige Sätze erzeugen, wie es sonst keiner anderen Wissenschaft möglich ist.

3.2 „Ebenen und Krisen" in der Geschichtlichkeit der Wissenschaften

Einen Beitrag zur Geschichtlichkeit ideeller Gebilde liefert auch die von dem amerikanischen Wissenschaftshistoriker THOMAS S. KUHN (* 1922) vorgebrachte, inzwischen weitverbreitete und zugleich in ihrer Erklärungskraft relativierte Deutung der Geschichte der (Natur-)Wissenschaften als eines Fortschrittsprozesses, der sich abwechselnd über „Ebenen und Krisen" artikuliert.[10] Danach herrschen auf den jeweiligen „Ebenen" der wissenschaftlichen Forschung und Lehre abgeschlossene Theorien vor, über deren Geltung ein großer Konsens besteht und die man zwar noch durch viele Details anreichern und in Teilaspekten ausbauen, aber durch neue Erkenntnisse nicht mehr verbessern kann. Durch neue Entdeckungen und Einsichten, die sich mit dem bisherigen Paradigma nicht in Einklang bringen lassen, würden aber alle Wissenschaften in größeren Abständen immer wieder in eine Krise geraten, die im Durchgang durch eine „wissenschaftliche Revolution" zumeist in der Weise überwunden werde, daß das alte Paradigma durch ein neues ersetzt werde und die alten Erkenntnisse in einer neuen Gestalt – im doppelten Sinne des Verbs – aufgehoben würden. Darauf hat sich unter anderen auch von Weizsäcker

---

[10] Th.S. *Kuhn*: Die Struktur wissenschaftlicher Revolutionen. Aus dem Amerikanischen (1962) von K. Simon, Frankfurt 1967.

in seiner Schrift „Die Einheit der Natur." (München 1971)[11] mit guten Gründen vor allem deswegen beziehen können, weil es solche einschneidenden „Paradigmenwechsel" wiederholt in den Naturwissenschaften gegeben hat: als die antike Naturphilosophie durch das christliche Weltverständnis abgelöst wurde, dieses in der frühen Neuzeit durch die gesetzeshypothetische „Natur der Dinge" ersetzt und die daraus erwachsene klassische Physik durch die Quantenphysik auf eine neue Grundlage gestellt wurde. In geschichtstheoretischer Hinsicht besteht das Besondere dieser „wissenschaftlichen Revolutionen" darin, daß hier die neuere Geschichte des Zuwachses und des Wandels des (naturwissenschaftlichen) Wissens inhaltlich zugleich eine des Wechsels von der Theorie der Natur zur Geschichte der Natur ist und von da an „Theorie" und „Geschichte" sich methodologisch wechselseitig ergänzen, fundieren und stimulieren. Ob die als „Wenden" (*turns*) bezeichneten, wiederholten Verlagerungen des Forschungsinteressen in den Kulturwissenschaften immer gleich, wie ihre Initiatoren oft meinen, Paradigmenwechsel im Kuhnschen Sinne sind, muß man verneinen. Eher wird wohl die Vorstellung von vielen kleinen Umorientierungen dem geschichtlichen Wandel in den Kultur- und Sozialwissenschaften – und z.T. wohl auch in den Naturwissenschaften – gerecht als die Vorstellung von radikalen „wissenschaftlichen Revolutionen". Auch in der Physik wird man wohl erst dann wieder von einer solchen Revolution sprechen dürfen, wenn das im 20. Jahrhundert entwickelte Standardmodell durch gänzlich neue Einsichten in die mikrophysikalische Struktur der Welt erschüttert und neue Erklärungen die alten aufheben würden. Im übrigen können alle diese Ansätze nicht ihre Herkunft aus der *philosophischen Methode der Dialektik* verleugnen. Auch bei ihr, etwa bei Hegel und Marx, ist schon zwischen kleineren Umschlägen und größeren Umwälzungen („Revolutionen") unterschieden worden, wie schließlich auch zur rein denkerischen und sprachlichen Dialektik, also zur „Revolution der Denkungsart", die Annahme einer Dialektik in der Sache selbst, im geschichtlichen Prozeß der Welt, hinzugefügt und damit auch der Geschichte der Natur ein Erklärungsmodell des Wandels an die Hand gegeben worden ist.

3.3 Carl Friedrich von Weizsäcker:
    Die Theorie des Gestaltwachstums als eine allgemeine Theorie der Geschichtlichkeit

Von den *historisch* argumentierenden Naturphilosophien hat in den letzten Jahrzehnten die von CARL FRIEDRICH VON WEIZSÄCKER entwickelte allgemeine Theorie eines natürlichen Gestaltwachstums in der Zeit die größte Aufmerksamkeit auf sich gezogen. Von ihrem Begründer mit einem erklärten metaphysischen Einschlag versehen und zugleich streng naturwissenschaftlich angelegt, ist sie axiomatisch in der Vorstellung fundiert, daß die Geschichtlichkeit der Zeit, sozusagen als ein allgemeines Weltgesetz, allem materiellen Geschehen wie auch aller Verknüpfung ideeller Gebilde vorgeordnet ist und dabei die Faktizitäten der jeweiligen Vergangenheit ständig neue Möglichkeiten für künftiges Geschehen und für künftige Verbindun-

---

[11] Es handelt sich um „Studien", die zwischen 1959 und 1970 entstanden sind. Den Gedanken des Fortschritts über Ebenen und Krisen thematisiert besonders prägnant die unter dem Titel „Die Einheit der Physik als konstruktive Aufgabe" (S. 183-206) verfaßte „Studie".

gen schaffen, so daß deren Verwirklichung immer neue „Gestalten" hervorbringt. Diese Theorie ist ein Deutungsangebot sowohl für die natur- als auch für die kulturgeschichtliche Evolution und ist damit in einem gewissen Sinne noch einen Grad umfassender als die Theorie der konstruktivistisch erzeugten allgemeinen mathematischen Strukturen. Anwendbar indes auf alle sich in der Zeit artikulierenden physischen *und* ideellen Gebilde, also auf chemische Reaktionen, den artspezifischen Wandel oder auf ein Menschenleben ebenso wie auf die Geschichte der platonischen Ideenlehre, der jüdisch-christlichen Gottesvorstellung, der analytischen Geometrie oder der Konzipierung und Abfassung eines Buchs, beansprucht diese Theorie, so etwas wie die *allgemeinste Theorie der Geschichte* zu sein. Deswegen wird sie hier etwas ausführlicher vorgestellt.

(1) Die erfahrungsbegründete Annahme der Vermehrung von Möglichkeiten in der Zeit
Ausgangspunkt der schon in früheren Abschnitten skizzierten Theorie ist eine der menschlichen Erfahrung unterlegte neue Logik. Diese weicht von der traditionellen philosophischen und wissenschaftlichen Logik insoweit ab, als in ihr das Vergehen der Zeit ein konstitutives Moment ist. Denn: „Erfahrung setzt Zeit voraus. Die Logik, mit der wir Sätze der Erfahrung beschreiben, muß eine Logik zeitlicher Aussagen sein." (1991, 95) So wissen wir bereits immer schon

> im Rahmen eines Verständnisses von Geschehen, mit dem wir seit der frühen Kindheit aufgewachsen sind [...], daß etwas schon Geschehenes etwas anderes ist als das, was noch kommen könnte [...] Die Erschlossenheit von Zeit ist ursprünglicher als [sc. etwa] die Differentialgleichungen der Physik; sie ist nötig, um dieser Mathematik überhaupt einen Sinn in der Wirklichkeit [...] zu geben." (1991, 36).

Damit wird gesagt, daß jegliches Geschehens in der Welt – das empirische ebenso wie das ideelle, das anorganische, organische und kulturelle Gestaltwachstum ebenso wie das logische Folgern, mathematische Operationen und Aussagen über die Welt - einen Sinn erst durch die uns angeborene und durch Erfahrung bewußt werdende Unterscheidung zwischen Vergangenheit und Gegenwart und Zukunft erhält und so das Bewußtsein vom Fluß der Zeit eine Bedingung der Möglichkeit von Geschehen in der Welt und zudem auch von aller Erkenntnis ist. Die Ursache des Gestaltwachstums dürfe deshalb nicht in der physikalischen Immanenz, sondern müsse in einer „noch tiefer gelegenen Schicht des Seins", in der Struktur der Welt überhaupt gesucht werden. Diese Grundgedanken überprüft und illustriert von Weizsäcker an zentralen Themen des menschlichen Welt- und Selbstverständnisses. So definiert er etwa die Mathematik konstruktivistisch als „die Wahrnehmung von Gestalten durch Schaffen von Gestalten" (1991, 113-122), erklärt die Evolution des organischen Lebens, der Arten und des menschlichen Bewußtseins als eine „natürliche Konsequenz" (1991, 41) jenes Prinzips (insgesamt: 1991, 31-46), und er stellt eine zumindest hypothetische Verbindung her zwischen dem Prinzip der Unumkehrbarkeit der Zeit, der Quantentheorie und den Ganzheitsphilosophien, wenn er die „logische Möglichkeit" aufscheinen läßt, „daß die Quantentheorie ohne weiteres mit einer spiritualistischen monistischen Metaphysik vereinbar wäre." (1991, 98). Hier konvergieren die Theorie des Gestaltwachstums und die von der einen

Welt in Gestalt der Quantentheorie. Denn: „Die Quantentheorie, völlig allgemein, macht keinerlei Voraussetzungen des Inhalts, daß ihre Objekte Körper im Raum sein müßten. Sie ist eine Theorie der Wahrscheinlichkeitsprognosen für beliebige entscheidbare Alternativen." (1991, 97)

Allem historischen Geschehen eignet so eine prinzipielle Offenheit zur Zukunft hin. Während sich so das Zukünftige als ein Ensemble zahlloser Möglichkeiten „präsentiert", kann das einmal erfolgte Geschehen in seinen Folgen zwar nachträglich beeinflußt werden, als solches aber nicht wieder rückgängig gemacht werden. Und weil sich rückblickend alles Faktische immer lückenlos als naturgesetzliche bzw. kulturgeschichtliche Notwendigkeit erklären läßt, manifestieren sich Ereignisse immer zugleich in einem Raum der Freiheit und der Notwendigkeit.[12]

(2) Unbestimmtheit und Gestaltwachstum in biologischer und kultureller Evolution
Wichtige Anwendungsbereiche der Theorie vom Gestaltwachstum sind für von Weizsäcker die biologische und die kulturelle Evolution. Im Unterschied zu den einfacheren Prinzipien der mechanischen Kausalität und der chemischen Gesetzmäßigkeiten im makroskopischen Bereich und des probabilistischen Geschehens im mikrophysikalischen Bereich haben es die Biologie und die Kulturwissenschaften fast immer mit einem viel komplexeren Beziehungsgeflecht zu tun. Am Zustandekommen jedes einzelnen Ereignisses wirken hier so unüberschaubar viele „zufällige" Umstände in ständiger Wechselwirkung mit, daß – aus der in der Vergangenheit ansetzenden und auf die Zukunft zielenden Perspektive – gesagt werden kann, daß fast alles in der biologischen und kulturellen Welt auch immer hätte anders verlaufen können – jedenfalls im Rahmen dessen, was die physikalischen Bedingungen zulassen. Dabei begründen die beiden Arten der Evolution jeweils ein neues Prinzip der Geschichtlichkeit. So beruht das bioevolutionäre Gestaltwachstum auf dem neuen Prinzip der „Speicherung entstandener Gestalt, die dann zum Ausgangspunkt des Werdens differenzierter, integraler Gestalten wird" (1991, 34) und zeichnet sich das kulturelle Gestaltwachstum auf dem nochmals erweiterten Prinzip der „Speicherung entstandener Gestalt nicht in Molekülstrukturen, sondern in lehrbaren Verhaltensmustern, in der Sprache, kurz gesagt, im Bewußtsein." (1991, 34) aus.

Man kann das so verstehen: Das kulturelle Gestaltwachstum ist zwar die letztentstandene Neuerung. Weil es aber alle zuvor entstandenen Neuerungen nutzt und selbst so viel produktiver als alles frühere Gestaltwachstum ist, hat man seine Geschichtlichkeit in den Wissenschaften am frühesten entdeckt und ihm in Gestalt der Hermeneutik und der Geschichtsschreibung schon sehr früh, subtil und spezifisch Rechnung getragen. Dabei hat sich das kulturelle Gestaltwachstum nicht von den Grundsätzen der allgemeinen und der Naturgeschichtlichkeit freigemacht. So sind die Kultur und alles geistige Handeln ebenso wie das quantenmechanische Geschehen durch „Unbestimmtheit" charakterisiert und ist jeder Begriff – ähnlich wie ein Elektron – eine „Wolke" von Bedeutungsmöglichkeiten, aus der im faktischen Kontext einer bestimmten Situation der Sprecher und die Zuhörer eine auswählen und

---

[12] Vgl. auch *C.F.v. Weizsäcker*: Zeit als Träger von Erfahrung in der Quantentheorie, in: Weis 1998, 97-130.

alle anderen mehr oder weniger ausblenden. Eine andere Beispielgruppe für das Gestaltwachstum sind die Kunstwerke, die im schöpferischen Umgang mit den bereits von der Kultur geschaffenen Möglichkeiten entstehen. Kleists berühmter Aufsatz „Über die allmähliche Verfassung der Gedanken beim Reden" (1810) kann so über die in der menschlichen Erfahrung gut belegte Einsicht hinaus als ein genuiner Ausdruck des Gestaltwachstums und der allgemeinen Geschichtlichkeit der Welt im Sinne eines von der jeweiligen Situation bedingten und getragenen und zugleich zur Zukunft hin offenen Geschehens bewertet werden.

50. Historizität als allgemeines Weltprinzip:
Phänomenalismus – Monismus – Historizität

1. Phänomenalismus: Die physische Welt als Erscheinung   832
2. Monismus: Die Einheit der physischen Welt in der Vielfalt ihrer Formen   835
3. Das dasWissen von der Welt in seiner größten Allgemeinheit begründende Prinzip der Geschichtlichkeit   841

Bevor in den folgenden Kapiteln die wissenschaftshistorischen Schritte vor allem der Biologie und der Neurowissenschaften zu einer naturhistorischen Deutung der Lebensvorgänge und des menschlichen Bewußtseins dargestellt werden, wird hier – z.T. in Parallelität und z.T. in Differenz zu den in den Kapiteln 42, 43 und 44 dargelegten Grundsätzen der *kultur*wissenschaftlichen Historik – noch einmal in einer knappen Zusammenfassung an einige der in den letzten drei Kapiteln 47, 48 und 49 entwickelten erkenntnistheoretischen Grundsätze der Physik erinnert. Prinzipien dieser Art mißt man zwar im Forschungsalltag der Naturwissenschaften zumeist nur wenig Bedeutung bei. Über ihre Geltung ist aber in der Naturphilosophie gerade des 20. Jahrhunderts heftiger gestritten worden als je zuvor, weshalb darauf auch in mehreren Kapiteln dieses Teils E zurückzukommen sein wird. Hier soll, ohne weitläufige Begründung, eine kurze Auflistung jener Grundsätze genügen, von denen die heutige Naturphilosophie als eine Form der allgemeinen Erkenntnis- und Wissenschaftstheorie ausgeht und die zugleich die Physik als die allgemeine Grundlagenwissenschaft auch der Biologie und der Neurowissenschaften erscheinen lassen. Darüber hinaus mag man den Physikalismus der heutigen Naturphilosophie als die allgemeinste Philosophie der empirischen Welt begreifen, was bedeutet, daß er auch in erheblichen Umfang eine Grundlage der Geistes- und Sozialwissenschaften ist.

1. Phänomenalismus: Die Welt als Erscheinung
1.1 Die physische Welt als Erscheinung
Der erste und alles andere umfassende Grundsatz des heutigen physikalischen Denkens statuiert, was man die Epistemologie und Ontologie der *Unerkennbarkeit der Welt an sich* nennen könnte. Wie sich allgemein die außersubjektive Welt – in der Sprache von Kants Transzendentalismus: das „Ding an sich" – der menschlichen Erkenntnis im strengen objektiven Sinne entzieht, bleibt folglich auch die physische Welt in ihrem objektiven Sein letztlich unerkennbar und wissen auch die Naturwissenschaften nicht, was etwa Raum und Zeit, was Energie und Materie, was Kräfte und Bewegungen „sind". Zwar neigen Naturwissenschaftler – mehr als Geisteswissenschaftler – aus z.T. bedenkenswerten evolutionstheoretischen Gründen[1] der Auffassung zu, daß die von Menschen in z.T. jahrtausendelanger, kritischer theoretischer und empirischer Arbeit definierten Begriffe, Modelle und (mathematischen) Symbole und Formeln zumindest ein strukturelles Abbild von jener außersubjekti-

---
[1] Diese bestehen darin, daß man sich unsere Bewußtseinsformen in Auseinandersetzung mit der physischen Welt entstanden und in ihr funktionierend denkt und von da auf eine Ähnlichkeit von menschlicher Innen- und Außenwelt schließt. Zum in diesem Sinne von K. Lorenz vertretenen sog. Hypothetischen Realismus s. Kapitel 57.

ven Wirklichkeit sind. Als moderne Theoretiker der Natur enthalten sich jedoch die meisten Physiker aller ontologischer Aussagen oder sind doch in erkenntnistheoretischer Hinsicht zumeist zurückhaltender, als es ihre Vorgänger mit ihren „naiven" objektivistischen Annahmen über die materielle Welt gewesen sind. Gleichwohl setzen sie alles daran, über diese Welt soviel wie möglich an gesicherten Wissen zu erlangen. Dabei reicht jedoch die ausschließlich physikimmanente Methodologie nicht aus, sondern bedarf es einer der Größe der Probleme angemessenen „metaphysikalischen" Theorie, d.h. einer zugleich dem theoretischen und empirischen Stand der Physik, dem theoretischen Niveau der philosophischen Erkenntnistheorie und nicht zuletzt auch den subjekttheoretischen Einsichten der neueren philosophischen Phänomenologie Rechnung tragenden Naturphilosophie. Danach haben es Menschen erkenntnismäßig in der Tat immer nur mit in ihrem Bewußtsein aufscheinenden Phänomenen zu tun. Diesen Status überschreitet auch die physikalische Erkenntnis nicht.

1.2 Subjektivität: Die an die Möglichkeiten des Menschen gebundene Erkenntnisfähigkeit

Innerhalb der so abgesteckten Grenzen der Erkenntnis nehmen Menschen als Mitglieder der Spezies Homo sapiens die Welt angeborenermaßen und lebenslang unveränderbar unter gewissen „anthropologischen" Bedingungen – Kant hat sie „apriorisch" genannt – wahr. Dazu gehören, in der Diktion Kants, zunächst die beiden *Anschauungsformen* „Raum" und „Zeit" und gewisse *Denkformen* (wie vor allem das Prinzip der Kausalität), dann, in neuerer biologischer und psychologischer Sicht, bestimmte *Wahrnehmungs- und Verhaltensformen*, und schließlich, in neuerer phänomenologischer und existenzphilosophischer Deutung, die in ihrer Ausprägung an die aktuelle Positionalität, Perspektivität und thematische Intentionalität jeweiliger Individuen gebundene *besondere Subjektivität* allen Weltbezugs. Wenn die Naturwissenschaften seit ihrem Anbeginn auch alles getan haben, um den Anteil der gemeinmenschlichen und der individuellen Subjektivität in der Forschung zu verringern, sind sie doch von der modernen Naturphilosophie und theoretischen Physik darüber belehrt worden, daß es der Forschung zuträglicher ist, die menschliche Subjektivität kritisch in den Erkenntnisprozeß einzubeziehen, als sie beseitigen zu wollen. So geht etwa die Quantentheorie, wenn sie vom „Ende der Objektivität" spricht, von der Einsicht aus, daß Experimente auf der mikrophysikalischen Ebene es mit einer grundsätzlich nicht auflösbaren Einheit von Subjekt und Objekt zu tun haben. Zu ebendieser Einsicht werden gegenwärtig die Neurowissenschaften in Hinblick auf das sog. Leib-Seele-Problem gedrängt.[2] Die Naturwissenschaften nähern sich dadurch zugleich den Kulturwissenschaften an, die seit dem Anbeginn der Moderne dem Subjekt im Erkenntnisprozeß sehr differenziert eine konstitutive Funktion zugesprochen haben.

---

[2] Vgl. dazu Kapitel 58.

1.3 Theorien:
Die durch Symbole, Formeln und Modelle vermittelte physikalische Erkenntnis

Die elementaren Träger und Mittel aller physikalischen Erkenntnis und Forschung sind ferner bestimmte, aus dem allgemeinen lebensweltlichen Gebrauch kommende und sich dann von ihm durch eine grundbegrifflich normierte und präzisierte Fachsprache abhebende Symbole, Formeln und Modelle. Als solche tragen sie die Erfahrungen und Sichtweisen einer langen Geschichte der Kulturkreise im Umgang mit der Natur bis heute in sich. Das naturwissenschaftliche Erkenntnisziel sind – wie das der Kulturwissenschaften – wahre, d.h. methodisch erworbene, subjektiv verstandene und intersubjektiv kommunizierbare und überprüfbare Aussagen. Ihrer individuell-subjektiven Herkunft nach sind diese ein Erzeugnis des themenbezogenen, systematischen, einsichtigen, bedeutsamen und möglichst widerspruchsfreien Denkens und zumeist der empirischen „Befragung" der Welt. In Form von Theorien sind ihre Erkenntnisse grundsätzlich durch Vernünftigkeit, Zusammenhang, Bedeutsamkeit und Vorläufigkeit charakterisiert. Ihrer Geltung nach sind sie also prinzipiell kritisierbar und nach Möglichkeit erweiterbar und übertragbar. Es charakterisiert die naturwissenschaftlichen Theorien, daß sie in einem höheren Grade, als dies etwa bei den Kulturwissenschaften möglich, wünschenswert und nötig ist, logisch aufgebaut und ihre Aussagen über angenommene Zusammenhänge nach Möglichkeit in mathematischen Ausdrücken gefaßt sind. Sie sind heutzutage in zumeist explizit gemachten Axiomen fundiert, also in letztlich nicht beweisbaren Annahmen, auf deren Gebrauch jedoch zumindest aus heuristischen Gründen im Forschungsprozeß nicht verzichtet werden kann.

1.4 Grenzen der Erforschung und Darstellung insbesondere der mikrophysikalischen
Wirklichkeit

Man ist sich heute außerdem im allgemeinen bewußt, daß alle physikalischen Begriffe, Zeichen, Formeln und Modelle wegen ihrer lebensweltlichen Herkunft immer nur unzureichende Konstruktionen zur Erfassung und zum Verständnis der phänomenalen Objekte der Wirklichkeit sind. Die in den vorigen drei Kapiteln skizzierten Versuche der modernen Physik, das mikro- und makrophysikalische Geschehen der Welt naturgesetzlich aufzuklären und es von seiner Letztverursachung her zu ergründen, haben deutlich gemacht, daß hier in der Sache wie in der Vermittlung des Verständnisses davon über die bekannten Schwierigkeiten der klassischen Physik hinaus neue hinzugekommen sind. Dabei hat es sich als notwendig herausgestellt, die aus der klassischen Physik zur Bezeichnung von Phänomenen der Mikrowelt übernommenen, wenn auch neu definierten Begriffe ihrer traditionellen Metaphorik und Bedeutung zu entkleiden und sie nur noch als nur formale Mittel der Beschreibung und Verständigung zu benutzen, weshalb etwa „Teilchen" dort nichts Dinghaftes, Festes, Materielles oder „Wellen" nichts Fließendes meinen. Dies gilt auch für Begriffe wie etwa Materie, Energie, Quantum, Kontinuum, Struktur, Feld und Bahn, deren Bedeutungsinhalte nur noch in mathematischer Symbolsprache unmißverständlich mitteilbar sind. Dennoch wird die Physik auch in Zukunft nicht auf die Weiterverwendung alter und auf die Einführung neuer lebensweltlicher Begriffe zur Veranschaulichung des Unanschaulichen verzichten können, wie ja auch die exakten mathematischen Definitionen letztlich Wörter der natürlichen Sprachen zur Grundlage haben. Deshalb wird man auch künftig weiter z.B. Atome in „Teile zerlegen", ohne damit zugleich behaupten zu wollen, daß jene aus diesen „bestehen". Man muß dies auch deswegen machen, damit der Laienverstand das Erfordernis und die Folgen dieser Grundlagenforschung abschätzen und sich ein Grundverständnis über das heutige Weltbild der Physik aneignen kann.

2. Monismus:
Die Einheit der physischen Welt in der Vielfalt ihrer Formen

2.1 Die Objektivität der empirischen Wirklichkeit

Fragt man nun nach den hauptsächlichen Strukturen des physikalischen Weltbildes selbst, nach dem Status seiner neuen Einsichten, kurz: nach dem ontologischen Wahrheitsgehalt seiner Behauptungen über die Welt, dann stellt sich rasch heraus, daß die übergroße Mehrheit der Naturwissenschaftler – im Einklang mit dem Alltagsverstand, aber gegen den oben begründeten erkenntnistheoretischen Vorbehalt gegenüber der Objektivitäts der Naturerkenntnis – nicht im geringsten daran zweifelt, daß es die außersubjektive Welt überhaupt gibt, die heute anerkannten Erkenntnisse auch objektive Gültigkeit beanspruchen können und die Naturgesetze neben den Gesetzen der Mathematik und Logik eine dichtere und dauerhaftere Realität haben als die materiellen Dinge, auf die sie sich beziehen, und erst recht als die von den Menschen geschaffenen materiellen und ideellen Gegenstände der Kultur. Sie können dies, weil die Übermächtigkeit und Widerständigkeit der Welt zur fundamentalen und existentiellen Erfahrung jedes Menschen gehört. Wir können uns die Welt anders wünschen, als sie uns begegnet, sie dadurch aber nicht ändern und können im Handeln allenfalls im geringen Maß auf sie Einfluß nehmen. Darüber hinaus bringen die Naturwissenschaften mit der rationalen Erklärung physischer Phänomene, der genauen Vorhersage kosmologischer Phänomene und der Anwendung ihrer Erkenntnisse in der Technik die stärksten Argumente für die Annahme vor, daß die Welt nicht nur eine Bewußtseinserscheinung menschlicher Subjekte, sondern eine unbestreitbare Wirklichkeit vor und unabhängig von aller solipsistischen Skepsis ist und sich uns in jeder Art des Umgangs mit ihr zumindest so „zeigt", wie wir es nach dem bisherigen Stand der naturwissenschaftlicher Erkenntnis erwarten. Diese Art des Objektivismus schließt auch die Wahrscheinlichkeitsannahmen über mikrophysikalische Welt ein.

2.2 Naturgesetzlichkeit:
    Die auf Naturgesetze und –konstanten zielende physikalische Forschung

Unter der Voraussetzung der Objektivität der Welt läßt auch die moderne Physik nicht von ihrem traditionellen Versuch ab, in der sich wandelnden Welt das Beständige zu erfassen und den Wandel, soweit es geht, naturgesetzlich zu erklären. Als Gegengewicht gegen die Instabilität der Welt erweisen sich auf der atomaren Ebene statistische Gesetzmäßigkeiten und auf der Ebene von größeren Gebilden der unbelebten Materie und der lebenden Organismen Naturgesetze, Naturkonstanten und Fließgleichgewichte, gleich ob es sich um Gestirne, geologische Formationen, chemische Verbindungen oder biologische Arten handelt. Konservative Strukturen in diesem weiten Sinne zähmen gleichsam den Zufall, hegen das Geschehen und das Entstandene ein und sorgen für Beständigkeit im potentiell Unbeständigen. Deshalb lassen sich nicht nur der Lauf und die Strahlungsdauer der Gestirne für riesige Zeiträume sicher berechnen und vorhersagen, sondern ist auch schon der atomare „Teilchenzoo" ein durch elementare Kräfte der Wechselwirkung geordneter Zusammenhang, befinden sich die meisten chemischen Elemente durch die polaren Binde- und Abstoßungskräfte von negativ geladenen Elektronen und positiv geladenen Kernbestandteilen entweder in einem beständigen oder in einem sich bei Reaktionen nach den bisher erkannten Naturgesetzen präzis voraussagbaren veränderlichen Zustand und wird Abweichendes auf fast allen natürlichen Integrationsstufen durch sich gesetzmäßig ausbildende und erhaltende Zyklen, Rhythmen und Variationen kompensiert.

Der naturgesetzlichen Beständigkeit ihres Gegenstandes entspricht die Sicherheit der Physik in ihrer Forschungsmethodik. Die mit Hilfe der eingeführten rationalen und empirischen Verfahren gewonnenen Erkenntnisse haben sich in der theoretischen Kritik und der empirischen Erprobung als so trag- und anschlußfähig und so welterschließend erwiesen, daß sie als das härteste Wissen überhaupt gelten und das von den Naturwissenschaften insgesamt errichtete Gebäude mit seiner durchgehenden Kohärenz der Naturgesetzen als das unangreifbarste Gebilde des menschlichen Geistes erscheint. Auf welch schwankenden Boden letztlich aber doch die Erkenntnisse der Physik und die natürlichen Prozesse selbst gründen, demonstrieren zum einen die immer wieder erfolgenden naturwissenschaftlichen Revolutionen, zum andern, in der Sache, die großen Systemzusammenbrüche und die freilich sehr seltenen natürlichen Neuformationen, wie sie etwa die biologische Evolution jedenfalls in ihrer Vergangenheit ausgezeichnet hat.

2.3 Natur*geschichtlichkeit*: Die durchgehende Geschichtlichkeit der Natur

Zu den wirklich umwälzenden neuen Einsichten der modernen Physik gehört die Erkenntnis der durchgehenden Geschichtlichkeit auch der Natur. Ihre Begründung ist der Hauptgegenstand der vorigen Kapitel gewesen.

Zwar gibt es bis heute auch in der Naturwissenschaft mitunter noch Stimmen, die die physische Welt für zeitindifferent in sich ruhend halten, die Zeit für eine menschliche Illusion halten und meinen: „Es [sc. das Universum] ändert sich nicht, liegt einfach da."[3] – zumal die Zeit weder in der klassischen Beschreibung des Universums noch in der üblichen Deutung der Quantenphysik eine konstitutive Funktion hat. Aber man müßte dann fragen, warum man zwar den Ort wechseln, nicht aber das Jetzt verlassen kann und „woher denn diese ‚geschichtlichen' Züge [sc. in unserer Welterfahrung] kommen, wenn sie in der Natur an sich gar nicht existieren" (v. Weizsäcker 1971, 145).

Subtiler ist die große Zurückhaltung zu bewerten, die die in den vorigen Kapiteln dargestellten Theorien bewogen haben, den traditionell in den Kulturwissenschaften beheimateten Begriff Geschichte auf das Geschehen in der Natur anzuwenden. Zwar setzen sich alle modernen Theorien in ein neues Verhältnis zur Zeit und nä-

---

[3] Vgl. H. Genz: Wie die Naturgesetze Wirklichkeit schaffen. Über Physik und Realität, München/Wien 2001, 16.

hern sich auch dem Prinzip der Historizität an, sie vollziehen aber nur ansatzweise den Schritt zu ihrer vollen Anerkennung. So klärt die *Relativitätstheorie* zwar über den Status von Zeit und Raum und den Zusammenhang zwischen Energie, Masse und Lichtgeschwindigkeit auf, enthält sich aber aller Aussagen über den prinzipiellen Wandel der Welt in der Zeit. Die *Quantentheorie* dann ist überwiegend eine physikalische Theorie über das Geschehen auf der atomaren Ebene. Als solche beweist sie zwar, daß die Erfassung des Verhaltens der dort befindlichen Phänomene prinzipiell nur probabilistisch möglich ist und dieses Verhalten selbst wohl auch nicht vollständig determiniert ist, sie macht aber keine Aussagen über die möglichen makrophysikalischen Folgen dieser Unbestimmtheit und stellt auch keine Verbindung zur Kosmogonie her. Die neue *Theorie des Kosmos* rekonstruiert sodann aus den Signalen des Alls und aus den Spuren, die die frühere Zeiten auf der Erde hinterlassen haben, zwar die großen Etappen der Materialisierung der Energie in Körpern und ihrer Verbreitung im Raum, entdeckt so überhaupt erst die Geschichte des Universums und spricht wohl auch von der „Geschichte des Weltalls". Sie beschreibt und erklärt dieses Geschehen aber im wesentlichen naturgesetzlich, also als genau vorgezeichnete und damit notwendige Abfolge von Entwicklungsstadien, wie sie in der belebten Natur etwa ein Schmetterling in seinen genomgesteuerten Wachstums- und Umwandlungsphasen durchläuft – und so eben gerade nicht in der hier gemeinten und für nötig gehaltenen Definition von „Geschichte". Eine wirkliche Geschichte der physischen Natur begründet erst die *Theorie der Selbstorganisation*, indem sie die Entstehung des Kosmos als einen Prozeß deutet, in dem im wiederholten Umschlag von Ordnung zu Chaos und von Chaos zu Ordnung immer höherwertige Strukturen entstehen, die sich aus Elementen bisheriger Strukturen aufbauen und diese dennoch in ihren Eigenschaften prinzipiell übertreffen. Aber auch sie meidet zumeist den Begriff der Naturgeschichte.

Wenn man fragt, woher dies rührt, dann liegt dies außer an der naturwissenschaftlichen Tradition sicherlich daran, daß die neuen naturhistorischen Einsichten in ihrem Anspruch auf Allgemeingültigkeit und ihrer Mathematisierbarkeit der klassischen Naturgesetzlichkeit sehr nahekommen. Das zeigt sich u.a. daran, daß die unabhängig voneinander in verschiedenen Räumen und Zeiten entstandenen kosmischen Gebilde – wie z.B. Sternsysteme -, anorganischen chemischen Verbindungen – wie z.B. Wasser -, aber z.T. auch organischen Systeme – wie z.B. Nerven -, keine Zeichen einer prinzipiellen Individualität tragen, also überall, wo es sie überhaupt gibt, untereinander entweder vollständig identisch sind oder dieselbe Grundstruktur haben, sie in ihrer zeitweiligen Existenz fast ausschließlich rein naturgesetzlichen Prozessen und Wahrscheinlichkeiten folgen und sie geschichtliche Gebilde nur in dem Sinne sind, daß es sie nicht immer schon gegeben hat, sondern sie entstanden sind, sich hierarchisch aus jeweiligen Voraussetzungsgebilden aufbauen und ihrerseits für komplexere künftige Umbildungen offen sind.

Das Zögern erklärt sich wohl auch von daher, daß einerseits die kosmologische Selbstorganisation innerhalb der ersten Sekunden nach dem angenommenen Urknall außerordentlich schnell und anscheinend gesetzmäßig verlaufen ist, so daß ein Wechsel zwischen Phasen der Ordnung und des Chaos nicht auszumachen ist, und andererseits die darauffolgenden Phasen in der kosmischen Zeit so gedehnt erscheinen, daß man in der Dauer ihrer Existenz eine naturgesetzliche Stabilität feststellt.

Dem gegenüber lassen sich bei der biotischen Evolution – als der anderen Geschichte der Natur – in einem mittleren Zeitrahmen die naturhistorischen Ebenen und Krisen, die seltenen Makroevolutionen und die beständigen, nur durch Mikroevolutionen abgewandelten und differenzierten Evolutionsniveaus recht gut unterscheiden und im Sinne des hier entwickelten Begriffs der Naturgeschichte deuten. Dabei wird indes auch die Durchgängigkeit des Prinzips der Naturgeschichtlichkeit von der unbelebten zur belebten Natur einsichtig. Man erkennt dann besser, daß wirklich alle natürlichen Integrationsniveaus der Welt, von den Elementarteilchen über die chemischen Elemente, anorganischen und organischen Verbindungen bis zu den Einzellern und den am höchsten entwickelten Lebewesen, auseinander hervorgegangen sein müssen, alle Objekte eines jeweils höheren Niveaus im Prinzip die Eigenschaften der in der Hierarchie niedriger stehenden Niveaus bewahren und sich ihnen eine nicht in jeder Hinsicht determinierte Zukunft eröffnet.

2.4 Das Ganze und seine Teile:
 Die sich ergänzenden Methoden der Analytik und der Holistik

Eine gewisse Erweiterung hat die Physik des 20. Jahrhunderts sodann durch den Einbezug des holistischen Denkens in die bei ihr traditionell vorherrschende analytische Forschungsmethodik erfahren. Seit ihrem frühneuzeitlichen Aufschwung hatte ihr Königweg darin bestanden, natürliche Phänomene immer weiter zu zergliedern, die dadurch gewonnenen Teile aufeinander zu beziehen, Vermutungen über gesetzmäßige Beziehungen zwischen ihnen anzustellen und mathematisch zu formulieren, durch Experimente zu überprüfen und die solchermaßen bestätigten Erkenntnisse, teils deduktiv, teils induktiv für den weiteren Erkenntnisfortschritt zu nutzen. Schon bei letzterem Schritt der Einordnung neuer Einsichten in immer größere theoretische Zusammenhänge wurde freilich schon genau das befolgt, was den modernen Holismus charakterisiert, nämlich der Versuch, das Einzelne primär als organisches Glied einer übergeordneten größeren Ganzheit, Einheit zu begreifen. Das engagierte Eintreten der „Holisten" für den „integralen Blick auf das (große) Ganze" hat zeitweilig, vor allem in der populärwissenschaftlichen Literatur, wohl den schlichten forschungsmethodischen Grundsatz verdeckt, daß sich alle empirische Forschung immer schon der ab- und der aufsteigenden Analyse, des Weges von einer Ganzheit zu seinen Teilen und von einem Teil zu seiner Ganzheit bedient hat, analytische und holistische bzw. synthetische Verfahren sich wechselseitig ergänzen, wie es u.a. in der sprachwissenschaftlichen Beschreibung seit ihren antiken Anfängen üblich ist und wie es dem Prinzip des hermeneutischen Zirkels in den Text- und allgemein in den Kulturwissenschaften entspricht.

2.5 Monismus: Die Einheit der Welt in der Vielfalt ihrer Erscheinungen

Der physikalische Monismus, nach dem alle empirischen Phänomene einer einzigen (geschichtlich entstandenen) Welt angehören, ist heute die allgemeinste Seinstheorie der Naturwissenschaften. Er ist einerseits schon sehr alt, insofern er im Sinne eines gegliederten Zusammenhanges von weltimmanenten Wesenheiten schon immer die meisten mythologischen und naturreligiösen Weltbilder und dann auch die meisten Naturphilosophien von der Antike an fundiert hat.[4] Eine empirische Begründung erfährt der Monismus andererseits aber erst mit der Entstehung der klassischen Physik seit der frühen Neuzeit. In der Tat setzt diese Physik bei ihrem Versuch, die sichtbare Welt mit Hilfe von mathematisch gefaßten Naturgesetzen und Naturkonstanten zu entziffern, die Existenz einer gegen die übernatürliche Welt abgegrenzte, eigenständige und kohärente empirischen Natur voraus. Diese Annahme und dieses Ziel waren lange Zeit jedoch mehr eine *petitio principii* als eine empirisch erhärtete Erkenntnis. Von Weizsäcker hat in seiner naturphilosophischen Grundschrift „Die Einheit der Natur" von 1971 den neuzeitlichen Weg des allmählichen Zusammenwachsens der zumeist unabhängig voneinander gewonnenen Erkenntnisse und entwickelten Bereichstheorien in der Physik zu einer Einheit nachgezeichnet und dabei gezeigt, daß dieser Weg nicht nur in der Forschung wirklich beschritten worden ist, sondern von Anfang an in den Fragestellungen an die Natur und in den dabei erhaltenen Antworten angelegt war. Der endgültige Nachweis der Einheit der Physik in vollständiger naturgesetzlicher Form ist bis heute allerdings nicht gelungen, wofür die von Einstein und von Heisenberg unternommenen Versuche stehen, die Grundkräfte der Natur in einer alles umfassenden Feldtheorie bzw. „Weltformel" zusammenzuführen. Dieses Ziel ist aber keineswegs aufgegeben worden. Denn als Standardannahme gilt in der Physik unverändert, daß alles in dem mit Materie bzw. Energie erfüllten physischen Raum der Welt ein großer naturgesetzlicher Zusammenhang ist, dem sich nichts entziehen kann, und daß es möglich sein müßte, zu einer einheitlichen Theorie des Weltganzen zu gelangen.

Die Einheit der Natur in der Vielfalt ihrer Erscheinungen ist zudem eine fundamentale Voraussetzung aller Naturforschung und ihres Wahrheitsanspruchs. Denn ohne die – im Begriff der *Isotropie* gefaßte – Annahme, daß überall im Universum die gleichen Naturgesetze „herrschen" und wir deshalb die „Botschaft" elektromagnetischer Strahlen, die die Erde von irgendwo aus den „Tiefen des Alls" erreichen, mit denselben Methoden entschlüsseln dürfen, die wir im Experiment auf der Erde und in ihrem Nahbereich mit Erfolg anwenden, könnte man sich kein Bild von den kosmischen Verhältnissen in Zeit und Raum machen und entbehrten überhaupt alle makro- wie auch mikrophysikalischen Erkenntnisse ihrer Grundlage.

Eine mächtige Stütze hat der Monismus im 20. Jahrhundert durch die Entdeckkung der Genese und Entfaltung des Universums und die sie erklärende Theorie der Selbstorganisation der Natur erhalten. Denn indem diese Annahmen um alles in der empirischen Welt ein naturgeschichtliches Band schlingen und alles nach universell gültigen, wenn auch auf den verschiedenen naturhistorischen Integrationsniveaus sich unterschiedlich auswirkenden Naturgesetzen geschehen lassen, sind sie ein Ausdruck eines naturhistorisch begründeten physikalischen Monismus, wobei hier ein Übriges noch der holistische Ansatz getan hat. Schließlich ist hier noch daran zu erinnern, daß die erkenntnistheoretische Position des Materialismus seit dem 18. Jahrhundert das monistische Denken stark befördert hat, sie bis heute durch den Hi-

---

[4] Vgl. hierzu die Ausführungen über die antike Naturphilosophie in Kapitel 5.2.1 und die Bemerkungen in Kapitel 47.1.

storischen Materialismus des 19. Jahrhunderts (u.a. Feuerbach und Marx) wirkt und in der Biologie Ernst Haeckel in der Nachfolge von Darwins Evolutionstheorie eine monistische Geschichte des Lebendigen nebst einer monistischen Weltanschauung entworfen und um 1900 mit großer Breitenwirkung vertreten hat.[5]

Dieser naturphilosophische Materialismus bewegt sich indes nicht nur innerhalb der den Naturwissenschaften traditionell gezogenen Grenzen, sondern tritt mit dem Anspruch auf, daß er auch das Geistige als den komplexeren Ausdruck des Physischen einschließt und somit eine Theorie des Ganzen der Welt ist.[6] Diese Ontologie ist ein Versuch, die von Descartes prägnant formulierte Zwei-Substanzen-Lehre von *res cogitans* und *res extensa* und die z.T. schon seit der antiken Philosophie vertretenen Dualismen von Idealismus und Realismus, von Rationalismus und Empirismus, von Geistes- und von Naturwissenschaften in Richtung auf einen von den Gesetzen der natürlichen Welt ausgehenden Monismus zu überwinden, wie es auf der entgegengesetzten Seite in der Nachfolge u.a. Platons, der Gnosis, Plotins immer wieder neuzeitliche Versuche gegeben hat, einen idealistischen Monismus zu begründen.

2.6 Physikalismus: Die Physik als allgemeine Grundlagenwissenschaft?

Folgt man diesem physikalischen Monismus, dann ist die Grundwissenschaft aller Wissenschaften die Physik (unter Einschluß der Chemie) und nicht die Philosophie, welch letztere zwar als die zentrale „Reflexionswissenschaft die Fragen nach dem Sinn und dem Recht einzelner Prinzipien stellt" (Weizsäcker 1971, 12), der aber die gegenstandsbezogenen Kenntnisse über die empirische Welt fehlen, und auch nicht die Mathematik, die als allgemeine Strukturwissenschaft zwar den Erkenntnissen in einer streng normierten Symbolsprache ihre denkbar genaueste Form gibt und deswegen unentbehrlich ist, jedoch, ähnlich wie die Philosophie, indifferent gegenüber dem Sein der Natur auftritt. Die Position eines solchen *Physikalismus* vertritt von Weizsäcker. Im gewissen Sinne enthält sie die Grundessenz seiner Philosophie. Mit Bezug auf die „drei Fragenkreise: A. Das Wachstum von Gestalten, B. Die Evolution des organischen Lebens, C. Leib und Seele", welche die naturhistorischen Grundfragen der Physik, der Biologie und der Geisteswissenschaft stellen, sagt er:

> Grundsätzlich stellt sich dabei die Frage, ob und wie weit diese Phänomene von der heutigen Naturwissenschaft, mit den Begriffen ihrer Zentraldisziplin, der theoretischen Physik, adäquat beschrieben werden können. Die Antwort auf die Grundsatzfrage, zu der ich [...] schon zur Zeit der Abfassung der *Geschichte der Natur* [1948] gekommen bin, ist: Es scheint nicht nötig zu sein, daß wir andere Grundgesetze einführen als die der theoretischen Physik [...]. (1991, 32f.)

Bevor man diese Position für einen naturwissenschaftlichen Reduktionismus hält und damit gegen sie jene Kritik vorbringt, die alle –ismen als ungerechtfertigte Vereinfachung und Vereinnahmung einer komplexen Sachlage durch einen einzigen Deutungsansatz verwirft, bedarf es freilich der ausführlichen Begründung, die von Weizsäcker dafür gibt, hier aber nur angedeutet werden kann. Danach ist die empirische Welt als ein geschichtetes Ganzes zu begreifen, dessen unterste und alles

---

[5] Vgl. Kapitel 24. 3.3.
[6] Vgl. hierzu die Ausführungen zur Neuro- und Bewußtseinsphilosophie in Kapitel 54 und 58.

tragende Schicht die der anorganischen Natur ist, dessen nächst höhere Schicht die der belebten Natur und dessen höchste Schicht die der denkenden Materie ist. Die Physik, deren Gegenstand zunächst nur die unterste Schicht ist, kann dann insofern als Grundlage allen biologischen und neurowissenschaftlichen Wissens verstanden werden, als dieses Wissen nicht nur auf jenem Wissen sozusagen aufruht, sondern auch noch in seiner höchsten Form, nämlich in den Bewußtseinsakten und kulturellen und wissenschaftlichen Äußerungen des Menschen, an jenes Wissen grundstrukturell gebunden bleibt und so die Welt insgesamt als ein hierarchisch gestuftes Gebilde aufgefaßt werden kann.

Danach läge es in der Logik der neueren Wissenschaftsgeschichte, die beiden großen Wissenschaftskulturen zu einer in sich thematisch und methodisch vielfach gegliederten Einheit wissenschaftlicher Weltdeutung zusammenzuführen. Noch ist zwar der Graben zwischen den Naturwissenschaften einerseits und den Geistes- und Sozialwissenschaften andererseits tief und wird das Disziplinen und Bereiche übergreifende Verständnis durch die sich immer mehr spezialisierende Forschung ständig noch weiter erschwert, wie in der Einleitung zu diesem Teil E dargelegt worden ist. Aber die großen Fragen der Philosophie, der Anthropologie(n) und der Neurowissenschaften nach dem wissenschaftlichen Status des menschlichen Geistes haben das Bedürfnis nach der Integration des Wissens in einer neuen „monistischen" Humanwissenschaft wachsen lassen. Die in diesem Sinne bereits geschlagenen Brücken werden in den folgenden Kapiteln noch wiederholt Thema sein. Die Erkenntnisse der Physik werden dabei so etwas wie der tragende Grund sein und in diesem Sinne mag man dann auch vom Physikalismus der Welt(-deutung) sprechen.

3. Das das Wissen von der Welt in seiner größten Allgemeinheit begründende Prinzip der Geschichtlichkeit

Nachdem in den ersten Kapiteln des Teils E die moderne Physik (unter Einschluß der Mathematik) unter einem naturhistorischen Blickwinkel betrachtet worden ist und in den Teilen A-D zuvor der Weg zum Verständnis der Geschichtlichkeit der Kultur dargestellt worden ist, ist jetzt hier der Punkt erreicht, an dem der Begriff der Geschichtlichkeit – in Nähe zu den Begriffen der Evolution und der Selbstorganisation – als ein alle Wissenschaften umgreifendes Erkenntnis- und Deutungsprinzip in einer einzigen, knapp gefaßten Formulierung umrissen werden kann. Im Rückblick zunächst auf die Etappen der Herausbildung der Vorstellung von der *Geschichtlichkeit der Kultur* – von ihrer Deutung als einem selbstverständlichen Traditionszusammenhang in den frühen Kulturen, als einem sich zyklisch wandelnden Oberflächenphänomen auf dem Grund unwandelbaren Seins in den antiken Kosmologien, als heilsgeschichtliches Handeln Gottes im Juden- und Christentum, als Schatzhaus des Wissens über das Allgemeinmenschliche bis zu ihrer kultur- und lebensgeschichtlichen Deutung in der Moderne – und dann im Rückblick auf die Etappen der Entdeckung auch der *Geschichtlichkeit der Natur und der reinen Denkgebilde* – von den ersten Vermutungen über die Erdgeschichte im 18. Jahrhundert über die Erkenntnis der Evolution des Lebens im 19. Jahrhundert bis zur Entdeckung der Naturgeschichte des Kosmos und zu den Theorien der Selbstorganisation, der konstruktivistischen Mathematik und des allgemeinen Gestaltwachstums – erhält man eine Antwort auf die Frage, was nach dem heutigen Erkenntnisstand das *Prinzip der Geschichtlichkeit in seinem allgemeinsten Sinn* ausmacht. Was also meint der Begriff der Geschichtlichkeit in seinem die ganze Kultur *und* die ganze Natur umfassenden und ein neues Weltbild begründenden Sinne? Es ist die Annahme, daß „Geschichte" kein bloß prozeßhaftes, jederzeit wiederholbares Nacheinander von naturgesetzlich oder über eine kulturelle Regelhaftigkeit miteinander verbundenen Ereignissen, Situationen und Handlungen oder von aneinander sich (zyklisch) ablösenden oder akkumulierenden natürlichen und kulturellen (Oberflächen-)Phänomenen ist, sondern daß „Geschichte" ein zugleich *unumkehrbarer, rückbezüglicher und, in Grenzen, zur Zukunft hin offener Prozeß ist, in welchem Ganzheiten in Interdependenz mit ihrer Umwelt sich in der Weise verändern, daß in jeweiliger Gegenwart Neues aus Früherem organisch hervorgeht („herauswächst") und Momente des Früheren im Neuen „aufgehoben" sind bzw. in ihm fortwirken*. Die „Geschichte" schafft so in der Zeit *Individualitäten*, wie sie sich in den historisch kontingenten Einheiten manifestieren, so im Universum als ganzem, etwa in „unserer" Milchstraße, „unserem" Sonnensystem, „unserer" Erde, im genetischen Code des (irdischen) Lebens, in den Genen einer bestimmten Spezies oder eines bestimmten Menschen, aber auch in der menschlichen Kulturalität, in der Kultur eines Volks, im Gegenstand einer Wissenschaft, im Handeln eines Menschen. Auch ist streng genommen der Ablauf der Geschehnisse in unserer Welt absolut einmalig und ist so eine Rückkehr zu einem beliebigen Anfangszustand unmöglich. Vorausgesetzt aber, es gäbe die Möglichkeit der Rückkehr zu einer genau derselben Situation – etwa der des Urknalls, der chemischen „Ursuppe", der ersten Zelle, der Hominidenzelle vor z.B. 2 Millionen Jahren oder der eben befruchteten Eizelle eines künftigen Menschen – , dann würde die Geschichtlichkeit der Welt würde dafür sorgen, daß unter dem Wirken genau derselben Naturgesetze das einmal stattgefundene Geschehen sich nicht wiederholt, sondern andere Individualitäten entstehen, wie ähnlich sie auch untereinander wären. Geschichtlichkeit ist das „Schicksal" der Welt. Alles, was ist, hat (eine) Geschichte.

51. Die Entstehung des Lebens
Biogenese – organismische Existenz – Ontogenese

1. Biogenese: Die naturgeschichtliche Entstehung des Lebens   844
2. Organismische Existenz: Selbständigkeit, Selbstregulation, Selbsterhaltung   849
3. Der Mensch als ein Lebewesen – wie andere auch   854

Als Menschen sind wir „Kinder des Weltalls".[1] Als solche sind wir aus dem gleichen Stoff wie die Sterne gemacht, unterliegen wir denselben Naturgesetzen wie alle anderen Lebewesen und finden sich in uns die Spuren der Geschichte des Kosmos und des Lebens von seinen allerersten Anfängen bis zu seinen gegenwärtigen Erscheinungsformen. Als ein Lebewesen teilt so der Mensch mit Pflanzen und Tieren alle deren fundamentalen Eigenschaften. Dieses Leben hat sich in den letzten vier Milliarden Jahren aus einfachsten Vorstufen zu jener äußerst vielfältigen, über eine Million von Arten und viele Billionen von Individuen zählenden Biosphäre entwickelt, die wir heute vorfinden. Daß es diesen Prozeß überhaupt gegeben hat und er von Anfang an ein naturgeschichtlicher war, sich also nur natürlichen Kräften verdankt und sich über aufeinander aufbauenden Zwischenstufen entfaltet hat, erscheint manchen Menschen zwar immer noch als eine bloße „Hypothese", gilt aber in den (Natur-)Wissenschaften als unbestreitbare Tatsache. Sie beinhaltet, daß alle natürlichen Integrationsniveaus der Welt – von den Elementarteilchen über die chemischen Elemente, anorganischen und organischen Verbindungen bis zu den Einzellern und den am höchsten entwickelten Lebewesen – auseinander hervorgegangen sind, alle Gebilde eines jeweils höheren Organisationsgrades im Prinzip die Eigenschaften der in der Seinshierarchie niedriger stehenden Gebilde bewahren und sie in jedem Moment ihrer Existenz eine bestimmte geschehene Vergangenheit haben und sich ihnen eine nicht in jeder Hinsicht determinierte Zukunft eröffnet. So steht die von Charles Darwin erstmals begründete und seither vielfach erweiterte Evolutionstheorie in Verbindung mit den sie stützenden Aussagen der empirischen Evolutionsbiologie, der vergleichenden Morphologie und Physiologie der Lebewesen und der Tierverhaltensforschung (Ethologie) heute als eine wohlbegründete wissenschaftliche Synthese zur Erklärung der Entwicklung aller Formen des Lebens unter Einschluß des Menschen da.[2] Ihre Erkenntnisse sind deshalb inzwischen auch beim großen Publikum in das Bewußtsein eingegangen, haben das traditionelle Selbstbild des Menschen grundlegend verändert und die lange unangefochten geltende Annahme von der Konstanz der Formen des Lebens in die Defensive gedrängt, gleich, ob diese Annahme mit dem Glauben an einen einmaligen göttlichen Schöpfungsakt oder mit der Idee einer ungeschaffenen, ewig bestehenden Weltordnung begründet wurde.[3] Gleichwohl ist die Bioevolution längst nicht in allen wich-

---

[1] Das war der Titel eines populärwissenschaftlichen Bestsellers von *H. v. Ditfurth* (Hamburg 1970) mit dem Untertitel „Roman unserer Existenz".

[2] Zur wissenschafts*geschichtlichen* Begründung der Evolutionstheorie vgl. die Ausführungen in Kapitel 24.

[3] Die Evolutionstheorie hat zugleich die seit der Antike immer wieder geäußerte Vermutung von

tigen Aspekten aufgeklärt und sind trotz einer Reihe grundlegender Entdeckungen in den letzten Jahrzehnten insbesondere die fundamentalen Voraussetzungen und die Mechanismen, die den Prozeß der Entstehung erster lebender Organismen aus und inmitten unbelebter Materie in Gang gesetzt haben, und die scheinbare oder wirkliche Gerichtetheit der Evolution weiterhin rätselhaft. Unter den Rekonstruktions- und Erklärungsversuchen des Lebens findet heute die in Kapitel 49 skizzierte Theorie der Selbstorganisation die größte Zustimmung. Sie leitet den Versuch an, auch die Entstehung des Lebens in seinen primären Erscheinungsformen im Kontext der physikalisch-chemischen Naturgeschichte des Kosmos zu erklären.

Der Gegenstand von Abschnitt 1 ist so zunächst der Entstehungsprozeß des Lebens von der unbelebten Materie zu seiner Existenz als Einzeller. Gegenstand von Abschnitt 2 ist die durch Selbständigkeit, Selbstregulation und Selbsterhaltung lebenszeitlich charakterisierte organismische Existenz aller Lebewesen. In Abschnitt 3 schließlich wird die Existenz des Menschen unter dem Blickwinkel der universellen naturhistorischen und lebensgeschichtlichen Grundbedingungen betrachtet.[4]

1. Biogenese: Die naturgeschichtliche Entstehung des Lebens

1.1 Von der chemischen zur biotischen Evolution

Es herrscht heute Übereinstimmung darüber, daß sich der Prozeß der Entstehung des Lebens im Zuge zweier qualitativ unterschiedlicher Phasen vollzogen haben muß, zunächst in der Phase einer chemischen und dann in der einer biotischen Evolution. Die Entdeckung der Möglichkeit der ersten Phase geht auf ein von dem amerikanischen Studenten *St. Miller* Anfang der 50er Jahre durchgeführtes Laborexperiment zurück. Es erbrachte die Erkenntnis, daß sich die gasförmigen abiotischen („anorganischen") Grundelemente Kohlenstoff, Wasserstoff, Stickstoff und Sauerstoff unter besonderen Bedingungen zu solchen Verbindungen zusammenfügen können, die als Aminosäuren, Nukleotide und Zucker organische Grundsubstanzen lebender Zellen sind. Unter der Voraussetzung, daß diese Substanzen auch wirklich und in erheblichen Umfange vor etwa über vier Milliarden in der irdischen Atmosphäre entstanden sind, sich bei der Abkühlung der Erde in Form einer präbiotischen „Suppe" im Urmeer niedergeschlagen haben und daraus durch Polymerisation größere Ver-

---

einer wiederholten oder einmaligen Urzeugung des Lebens aus in der Erde ruhenden Keimen beendet bzw. auf eine höhere Erklärungsebene gehoben. Denn bis ins 19. Jahrhundert hatte man von naturwissenschaftlicher Seite die spontane Entstehung zumindest niederer Lebewesen aus Schlamm oder aus einem Urschleim für möglich gehalten.

[4] Einen Überblick über den neueren Stand der Biologie allgemein geben die von *W. Nagl und F. M. Wuketits* herausgegebenen sieben Bände „Dimensionen der modernen Biologie", Darmstadt 1987/1995; und die deutsche Übersetzung und Bearbeitung von *N.A. Campbell/J. Reece* (Hg.): Biologie (engl. 2002). Deutsche Übersetzung von J. Markl, Heidelberg/Berlin [6]2003. Zur Entstehung des Lebens vgl. *M. Eigen/P. Schuster*: The Hypercycle. A Principle of Natural Self-Organisation, Berlin 1979; *M. Eigen*: Evolution und Zeitlichkeit, in: C.F.v.Siemens Stiftung (Hg.): Die Zeit. Dauer und Augenblick (1983), München [2]1990, 35-57; *K. Mainzer*: Zeit als Richtungspfeil. Die Entwicklung der unumkehrbaren Zeit in Selbstorganisationsprozessen von der kosmisch-physikalischen über die biologische bis zur soziokulturellen Evolution, in: Weis 1996, 27-70. Einen auch für Laien gut verständlichen Überblick gibt das Buch des Biochemikers *H. Metzner*: Vom Chaos zum Bios. Gedanken zum Phänomen Leben, Stuttgart/Leipzig 2000.

bindungen entstanden sind, wäre so von der anorganischen Natur aus bereits ein erster notwendiger Schritt in Richtung auf die Entstehung lebender Organismen getan. Zwar dürften sich die allermeisten Verbindungen dieser Art ebenso rasch wieder aufgelöst haben, wie sie entstanden sind, da sie trotz gewisser chemischer Bindungskräfte dem Veränderungsdruck seitens ihrer Umwelt noch keinen eigenen „biotischen" Widerstand entgegensetzen konnten. Dennoch sieht die heutige physikalische Chemie in der Annahme einer Aggregation von Proteinen und Nukleinsäuren zu supramolekularen Strukturen kein prinzipielles Problem und hält angesichts der langen Zeiträume und der großen Zahl solcher natürlicher „Experimente" eine chemische Evolution in diesem Sinne durchaus für wahrscheinlich, wobei die sukzessive Selbstoptimierung der Molekülsysteme sich im Einklang mit der Irreversibilität des Geschehens befindet.

Anders sieht es bei dem zweiten anzunehmenden Schritt, der biotischen Evolution, aus. Dort steht man vor der bis heute nicht befriedigend beantworteten Frage, wie je aus solchen präbiotischen Makromolekülen Gebilde mit den Eigenschaften lebender Organismen haben entstehen können. Dafür kann es weder eine experimentelle Bestätigung noch bereits fossile Belege geben. Man kann für diesen Prozeß deshalb nur einige Voraussetzungen benennen und mögliche Szenarios entwerfen. Unstrittig ist zunächst, daß der Prozeß sehr lange gedauert haben muß – man setzt dafür heute rund eine Milliarde Jahre an – und dabei auch sehr umwegig gewesen sein muß. Denn die anzunehmende Urzelle allen irdischen Lebens muß bereits ein hochkomplexes Gebilde gewesen sein. In zahllosen, fast ausnahmslos gescheiterten „Anläufen" kann eine Optimierung – im Sinne des ja noch nicht existierenden Lebens – nur über viele aufeinander aufbauende Elemente erfolgt sein. Das zu erklärende Problem besteht vor allem darin, wie die schon sehr komplexen Eiweißmoleküle sich zu Gebilden haben verbinden können, die zudem in der Lage waren, im „Interesse" ihrer Selbsterhaltung und -reproduktion ihre Umwelt nach energiereichen Stoffen abzusuchen, geeignete davon in sich aufzunehmen, in Eigenstruktur zu verwandeln und daraus – und dies ist das Wichtigste – von sich selbst identische Kopien herzustellen. Es ist die Frage, wie der später in allen bereits entstandenen Lebewesen ständig milliardenfach ablaufende Prozeß der Speicherung der genetischen Information in den DNA-Molekülketten und ihrer Verwirklichung in den Protein-Gebilden überhaupt hat entstehen können – bevor es eine in diesem Sinne wirkende und steuernde, die individuelle Existenz aktiv wahrende und sie fortsetzende Instanz gegeben hat.[5]

Die von Prigogine gegebene Antwort über die spontane Entstehung (anorganischer) *dissipativer Strukturen* reicht hier sicherlich nicht aus.[6] Die Vorstellung von der Ausbildung einer eigenen inneren Ordnung hat in unserer Welt nur einen Sinn, wenn man diese Ordnung einem

---

[5] Die von dem schwedischen Physikochemiker *S.A. Arrhenius* zu Beginn des 20. Jahrhunderts entwickelte Lehre von der sog. Panspermie, d.h. von einer kosmischen Herkunft des irdischen Lebens, einer Art Infektion der Erde mit Spermien aus dem Weltall, wird wissenschaftlich heute nicht mehr ernstgenommen, hat aber in der Popularwissenschaft immer noch ihre Anhänger.

[6] Vgl. Kapitel 49.2.3.

Gebilde zuordnet, das ein „Interesse" an einem ihm dienlichen Kontakt und Austausch mit der Umwelt hat. Eine solche Art von Unterscheidung zwischen Innen und Außen fehlt aber den nur durch homöostatische Prozesse aufrechterhaltenen dissipativen Strukturen. Wie die Experimente zeigen, können sie ja jederzeit erzeugt und wieder zum Verschwinden gebracht werden, ohne daß dabei ein Individuum mit dem Interesse, sich zu erhalten, oder mit sonst einer Zielstrebigkeit entstanden oder vergangen wäre. Zwar bedeutet die Entstehung von Leben allgemein und in jedem Einzelfall einen Aufbau von Strukturen und eine Verringerung von bisheriger Unstrukturiertheit, es ist jedoch unklar, wie diese Ordnung ohne eine systeminterne Verstärkung und ohne einen festen „Rand" gegenüber der Umwelt möglich sein soll.[7]

Diesen Voraussetzungen trägt die von *Manfred Eigen*[8] und anderen entwickelte molekular-evolutionistische Theorie der Herausbildung der ersten Zellen durch schrittweise Optimierung im *„Hyperzyklus"* Rechnung. Konstitutiv für Eigens Theorie ist zum einen die bereits in Kapitel 49 (2.3) dargestellte Unterscheidung zwischen einer normalen „schwachen" Zeitlichkeit entropisch-zufälliger Elementarereignisse und einer „starken" Zeitlichkeit[9], in der aus diesen Ereignissen immer jene Strukturvarianten „herausgelesen" werden, die einen höheren Komplexitätsgrad aufweisen, und ist zum andern die Unterscheidung zwischen der mikro- und der makroskopischen Ebene einer solcher Selektion. Mit den Worten Eigens (1990):

> Ursprung und Evolution des Lebens sind unumkehrbare, ‚stark' zeitliche Prozesse. Eine Vorzugsrichtung erhielt der Evolutionsprozeß erst durch das Auftreten selbstreproduktiver Strukturen [...]. (50 f.) [...] In diesem Zusammenhang ist die Frage interessant, wie ein solcher zeitlich ausgerichteter Prozeß zu Strukturen und Organisationsformen führt, die man als optimal bezeichnen kann. (52) Die historische Route der Evolution wird durch Schwankungen auf mikroskopischer Ebene bestimmt, also durch Elementarereignisse, die nicht im Detail voraussagbar sind. Quantenmechanische Unschärfe wie auch Komplexität des Phasenraums sind für diese Unbestimmtheit verantwortlich. (51) Taucht in diesem nicht-determinierten ‚Rauschspektrum' [sc. zahlloser „Mutanten] eine Variante mit besseren Reproduktionseigenschaften oder höherer Lebensdauer auf, so löst dies einen deterministisch sich selbst verstärkenden makroskopischen Prozeß aus [...] (51) Selektion bedeutet Instabilität aller bis auf eine – nämlich die bestangepaßte – Quasispezies. Evolution ist somit eine unumkehrbare Abfolge von ‚Katastrophen'. (51) Natürliche Selektion hat aber die inhärente Eigenschaft, nur Bewegungen ‚bergan' zuzulassen. [...] Auf der makroskopischen Ebene stabilisiert sich das System in der bevorzugten Reproduktion der jeweils bestangepaßten Quasispezies. (52)

---

[7] Vgl. *N. Bischof:* Ordnung und Organisation als heuristisches Prinzip des reduktiven Denkens, in: Meier (1988) 1992, 79-128, wonach zur Homöostase dissipativer Strukturen die Selektion (also Zweckmäßigkeit) treten müsse (109-111).

[8] Nobelpreisträger von 1967.

[9] Eigen wendet das Prinzip der *starken Zeitlichkeit* auf alle Bereiche des Lebens an, so u.a. auch auf die phylogenetische „baumartige Auffächerung der Arten", auf die ontogenetischen Mechanismen der Zelldifferenzierung und –determination und auf die Fähigkeit des Zentralnervensystems zur selektiven Informationsverarbeitung und Erzeugung mentaler Erscheinungen (vgl. 1990, 50).

In einem langen Prozeß sich wiederholender positiver Rückkoppelungen wären nach dieser Theorie in einer Art Ausscheidungswettkampf zwischen Molekülen organische Verbindungen entstanden, die es zunehmend besser vermocht hätten, sich von ihrer Umgebung abzugrenzen, ihre eigene Struktur zu vermehren und obendrein auf diesem Wege noch komplexer organisierte Verbindungen zu erzeugen. Dabei seien aus der Vielzahl der entstandenen Großmoleküle genau jene herausgelesen und miteinander verbunden worden, die sich aufgrund ihrer überdurchschnittlich guten chemischen Bindungseigenschaften am besten als Bausteine und Enzyme für das Leben – zumindest für die Form, die es faktisch dann angenommen hat – geeignet hätten. Im Zuge vieler präbiotischer Parallelentwicklungen und Fehlschläge hätten sich so allmählich Formen herausgebildet, aus deren Mitte irgendwann einmal[10] eine Zelle entstanden sei, die die drei elementaren Funktionen lebender Organismen, die (lebenszeitliche) Selbsterhaltung, die Selbstvermehrung und die im positiven Sinne mögliche „mutative" Selbstveränderung, gehabt und damit die Voraussetzung für die Abstammung alles irdischen Lebens aus ihr geschaffen hätte.[11] Über diese und ähnliche Modellvorstellungen ist man bisher nicht hin-ausgekommen. Es bleibt die Skepsis vieler Biologen, ob man die Entstehung des Lebens mit diesem und ähnlichen Ansätzen der Selbstorganisation schon ausreichend erklärt hat.[12]

1.2 Erhaltung und Veränderung lebender Struktur durch Kopien, Variation und Auslese

Fragt man im Blick auf den langen Entstehungsprozeß des Lebens nach seiner entscheidenden „Erfindung", so besteht diese zweifellos in seiner Fähigkeit, aus natürlicherseits entstandenen Varianten bisheriger präbiotischer Formen immer wieder jene „auszulesen", die zu einer noch besseren Reproduktion ihrer selbst fähig waren. Das heißt, daß sich schon die *Entstehung* des Lebens den beiden evolutionären Grundprinzipien aller späteren Bioevolution, der Variation und der Selektion, verdankt. Dieser Verdoppelungsvorgang setzt bereits die Existenz informationstragender und -steuernder Moleküle voraus, d.h. einen genetischen Code, der die Herstellung identischer Kopien der Eigenstruktur sicherstellt. Es handelt sich dabei um jene in einem bestimmten „Vier-Buchstaben-Alphabet" von Eiweißmolekülen geschriebene Struktur, die seither in allen irdischen Lebewesen die Gesamtheit der Lebens- und Replikationsvorgänge steuert. Aus dieser Fähigkeit der Vermehrung der Eigenstruktur folgt zugleich die Möglichkeit ihres Wandels. Denn bei der Ver-

---

[10] Ob dies wirklich nur ein einziges Mal geschehen ist, läßt sich natürlich nicht klären, wenn es wohl auch sicher ist, daß die uns bekannten Formen des irdischen Lebens nur im Sinne einer monophyletischer Abstammung gedeutet werden können.

[11] Dieses Deutungsprinzip liegt auch dem von dem Physiker *Hermann Haken* entwickelten interdisziplinären Forschungsansatz der *Synergetik* zugrunde. Dessen Anwendung auf die Erklärung der „Entstehung biologischer Information und Ordnung" hat er gemeinsam mit seiner Frau *Maria Haken-Krell* besonders an neurophysiologischen Prozessen demonstriert. Vgl. *H. Haken/M. Haken-Krell*: Entstehung von biologischer Information und Ordnung, Darmstadt 1989, als Band 3 von Nagl/Wuketits 1987 ff.

[12] Es charakterisiert den systematischen Durchgang Metzners (2000) durch die Systeme, aus denen Lebendiges besteht, daß sein Autor, ein Biochemiker, alle jeweils neuen Evolutionsphänomene letztlich für unerklärt und insbesondere die ausschließlich naturgesetzlichen Erklärungen für unzureichend hält.

vielfältigung war eine zumindest ab und zu sich ereignende Abweichung vom Original und damit das zufällige Entstehen von Neuem unvermeidlich. Im seltenen Fall, daß dieses Neue das Gebilde gedeihen ließ, konnte es zum Anfangsglied einer neuen Serie biotischer Formen werden. So ist die nie ganz vollkommene Replikation die Ursache der Entstehung neuer Eigenarten und in ihrem Gefolge der Entstehung und Auseinanderentwicklung von Arten, zunächst von Einzellern, dann auch von Mehrzellern.

Die Evolution der Einzeller war alles andere als ein kurzer Zwischenschritt auf dem Wege zu den Mehrzellern. Sie hat die unvorstellbar lange Zeit von über 2 Milliarden Jahren in Anspruch genommen und hat damit vier- bis fünfmal länger gedauert als die Evolution der Mehrzeller seither. In dieser Zeit hat die Vermehrung durch einfache Zellteilung und durch Genaustausch bereits eine große Vielfalt von konkurrierenden und z.T. bis heute erhalten gebliebenen und sich weiter differenzierenden Einzeller-Arten hervorgebracht. Wenn auch der evolutionäre Schritt zur Mehr- und Vielzelligkeit dem Leben neue Systemeigenschaften hinzufügt und die darauffolgenden makroevolutionären Schübe bis hin zum Geistwesen Mensch seine Möglichkeiten jedesmal nochmals qualitativ erweitern, ist hier festzuhalten, daß auf der Integrationsebene der Einzeller nicht nur bereits alle elementaren Merkmale der organismischen Existenz vorhanden, sondern an sie bis heute auch alle Lebewesen weiter gebunden sind.

1.3 Das „biotische" und das „anthropische Prinzip" als weiterhin offene Grundfragen: Zwangsläufigkeit der Entstehung des Lebens und des Menschen?

Eine fundamentale naturhistorische Frage ist, ob das Leben mit Notwendigkeit auf der Erde hat entstehen müssen und es deshalb, lange Zeiträume und ähnliche klimatische und chemische Bedingungen wie auf der Erde vorausgesetzt, auch sonstwo im Universum hat entstehen können und müssen.[13] Jenseits vitalistischer und deterministischer Annahmen über die Entstehung des Lebens vermuten heute nicht wenige Evolutionstheoretiker, daß die Natur unter dem Wirken der physiko-chemischen Naturgesetze sozusagen keine andere Wahl hatte, als diesen naturgeschichtlichen Schritt zu tun. Eine Unterstützung haben diese Annahmen durch Überlegungen im Anschluß an die neueren kosmologischen und atomaren Erkenntnisse erfahren, wonach die natürlichen Grundkonstanten der Welt (u.a. die Elementarladung e, das Plancksche Wirkungsquantum h, die Lichtgeschwindigkeit c, die Gravitationskonstante g) gerade so beschaffen sind, daß der Kosmos einschließlich des Lebens und des Menschen überhaupt nur unter diesen und keinen anderen Bedingungen entstehen konnte und existieren kann. Wären diese physikalischen Konstanten nur geringfügig anders, hätte es nie den uns bekannten Kosmos und damit auch nicht das Leben gegeben. Auf das Leben auf der Erde und auf die Entstehung der Arten bis hin zum Geistwesen Mensch bezogen, scheint das Universum maßgeschneidert für diese Selbstorganisation, scheint alles für einander gemacht und scheint alles sei-

---

[13] Über die Grundlagen einer Möglichkeit von außerirdischem Leben vgl. aus astrophysikalischer Sicht H. Lesch/M. Müller: Big Bang zweiter Akt. Auf dem Spuren des Lebens im All, München 2003.

ne besondere und zugleich unentbehrliche Funktion im jeweiligen Ganzen und im großen Ganzen zu haben. In diesem Sinne hat *J. Lovelock* vom *Gaia-Prinzip* (Das Gaia-Prinzip, Zürich 1991; gr. *gaía* = Erde) gesprochen und haben *J.D. Barrow* und *F.J. Tipler* (The Anthropic Cosmological Principle, Oxford 1988) ihre Theorie des sog. *anthropischen Prinzips* entwickelt.

Bei der Einschätzung der Geltung dieses Prinzips unterscheidet man unter den allgemeinen kosmischen Bedingungen eine schwache Form des anthropischen Prinzips (WAP = *weak anthropic principle*), wonach irdisches Leben nur jetzt, d.h. in der gegenwärtigen Epoche der Erdgeschichte entstehen konnte, eine stärkere Form (SAP = strong *anthropic principle*), wonach das Universum zu einem bestimmten Zeitpunkt seiner Geschichte Bedingungen hervorbringen mußte, die die Entwicklung des Lebens gestatteten, und schließlich eine zielgerichtete Form (FAP = final *anthropic principle*), wonach das Universum von Anfang an auf die Entstehung des Lebens und des menschlichen Geistes konstruiert gewesen ist. Alle drei Formen setzen, abgestuft, drei Annahmen voraus, erstens, daß sich alles Lebendige nahe am Abgrund der Nicht-Existenz entfaltet hat, zweitens, daß sein Weg nach einem verborgenen Plan vorgezeichnet war und der Menschen sein Ziel war, und drittens nur die Dauer und die Gestalt der Zwischenstufen vor dem Erreichung des Ziels von jeweils vorhandenen Mitteln und Verbindungen abhängig gewesen ist.

Der Auffassung, daß der Mensch bereits mit dem Urknall und der ersten Millisekunde der Welt angelegt war, neigt auch der britische Paläobiologie *S.C. Morris* in seiner Schrift: Life's Solution – Inevitable Humans in Lonely Universe (Cambridge 2003), jenseits aller religiöser und sonstigen Mystik zu.

2. Organismische Existenz:
Selbständigkeit, Selbstregulation, Selbsterhaltung

Was macht nun die organismische *Individual*existenz, die alle Lebewesen gemeinsam haben, im einzelnen aus. Was verbindet etwa ein Pantoffeltierchen, einen Regenwurm und einen Hund? Wenn die Unterschiede auf der Skala der Lebewesen ersichtlich auch sehr groß sind, sind ihnen doch zunächst drei eng zusammengehörige Funktionen gemeinsam, die Grundbedingungen ihrer Existenz sind: Selbständigkeit, Selbstregulation, Selbsterhaltung. Das erste Merkmal folgt schlicht aus der Tatsache, daß alles Leben an die Körperlichkeit gebunden ist und alle individuelle Existenz eine Abgrenzung des eigenen Körpers von der Welt zur Voraussetzung hat. Deshalb ist der Beginn jedes individuellen Lebens, der „Eintritt in die Existenz", ein Akt der Verselbständigung und ist die Bewahrung der Selbständigkeit identisch mit seiner Existenz. Da diese Selbstbehauptung aber immer durch innere und äußere Störungen, durch „Chaos", gefährdet ist, ist die Existenz der Lebewesen zweitens von ständigen Prozessen der Regulation des eigenen Inneren und des Verhältnisses zur Umwelt geprägt. Indem ihr Leben auf Fortsetzung in eigenen Abkömmlingen angelegt ist, stehen sie drittens auch immer unter dem Gebot, ihren Körper im Wachsen, Reifen und Erfahrungen-Machen für die Reproduktion aufzubauen und leistungsfähig zu machen und zu erhalten. Wie wirkt sich dies in der individuellen Existenz der Lebewesen aus?

2.1. Individuelle Existenz: Die Situation der Lebewesen

Alle Lebewesen nehmen – obwohl aus dem allgemeinen Stoff der Welt bestehend und in allem den gleichen Naturgesetzen unterworfen – schon allein dadurch, daß sie sind, in mehrfacher Weise einen Sonderstatus in der physikalischen Welt ein. Indem sie einen „belebten" Körper haben, sich also eigenaktiv und zweckmäßig in der Welt „verhalten" können, begründen sie mit ihrer Existenz, ihrer „Position", ihrer „Situation" und ihren „Äußerungen" für sich ein Zentrum in der Welt, machen sie alles andere zu ihrer Umwelt und *strukturieren so die Welt in jeweils einmaliger Weise in Zentrum und Peripherie*. Dies ist ihre Selbständigkeit. In der Tat waren schon die ersten Schritte der Entstehung des Lebens und die Herausbildung der ersten lebenden Zelle Akte der Verselbständigung gegenüber ihrer jeweiligen Umgebung, die damit zu ihrer Umwelt wurde. Kosmische und irdische Gebilde anorganischer Art – wie etwa ein Himmelskörper oder ein Stein – haben zwar ebenfalls, von außen betrachtet, einen Ort in der Welt, ein Umfeld und eine Eigenstruktur. Weil sie aber keine existentielle „Innenseite" haben, begründet ihre Position in der Welt kein Zentrum, sondern ist ihr Sein in Raum und Zeit bloße Materialität, Form und energetische Prozessualität.

Die Lebewesenexistenz ist freilich immer durch eine unstabile Verfassung gekennzeichnet. Als „Oasen der Ordnung" (Ditfurth 1976, 32) inmitten einer im allgemeinen weniger differenzierten Umwelt vermögen sich Lebewesen zeitlich immer nur begrenzt – eben „lebenszeitlich" – gegenüber den ständig auf sie einwirkenden äußeren Kräfte zu behaupten. Damit dies überhaupt möglich ist und sie nicht einfach in der sie umgebenden anorganischen Substanz aufgehen, müssen sie die Einwirkungen der Umwelt zugleich abwehren und sie in zuträglicher Weise für den Eigenerhalt nutzen. Die Körperhülle – beim Einzeller meist die Zellmembran, beim Mehrzeller die Haut – hält als Mittler die Abgrenzung aufrecht und stellt zugleich die Verbindung mit der Umwelt her. Während die Verbindung zur Außenwelt dem Organismus die Gewinnung von Energie, von körpergeeigneten Stoffen und existenzbedeutsamer Information aus ihr ermöglicht, sichert die Abgrenzung die eigenständige, innerkörperliche Verarbeitung des der Umwelt entzogenen Materials[14] zum Auf- und Umbau körpereigener Substanzen und allgemein zum Erhalt und zur Verbesserung der eigenen Funktionstüchtigkeit. Die Überlebensmaxime des Organismus ist deshalb: *„So wenig Außenwelt wie möglich und nur soviel Außenwelt wie unbedingt notwendig"*.[15] Diesem Grundsatz der organismischen Individuation widerspricht nicht, daß Lebewesen in der Regel mit anderen ihresgleichen zusammenleben, kooperierende Populationen, ja „Staaten" bilden und fast immer Teil eines komplexen Biotops sind. Auch wenn ihre Existenz so von einer übergeordneten Sozialität abhängt und sie nicht selten von anderen Lebewesen für deren Zwecke

---

[14] Unter dieser Perspektive kann man Lebewesen inmitten der „interesselosen" anorganischen Materialität als aggressive Fremdkörper in der Welt betrachten. Indem Lebewesen zum Aufbau und zum Erhalt ihrer inneren Ordnung die der Umwelt entrissenen hochwertigen Substanzen in niedrigwertiger Form ausscheiden, wälzen sie die ihnen nach dem 2. Hauptsatz der Thermodynamik drohende Unordnung an ihre Umwelt ab.

[15] So hat es etwa *H. v. Ditfurth* in seinem populärwissenschaftlichen Buch: Der Geist fiel nicht vom Himmel. Die Evolution unseres Bewußtseins, Hamburg 1976, 37, prägnant formuliert.

instrumentalisiert werden, so sind sie doch für sich eine kleine, sich selbst am Leben erhaltende Welt.

Alle Akte der Selbstregulation und der Selbsterhaltung sind funktionelle Teile des komplexen, synchronisierten biotischen Netzes von Rhythmen und Zyklen, das die Existenz überhaupt erst ermöglicht und in der Zeit stabilisiert und zugleich ständig eine Quelle der Gefährdung des lebenden Organismus ist, insofern bereits geringe Abweichungen von bisherigen inneren und äußeren Fließgleichgewichten Individuen auslöschen können.

2.2 Der Tod der Individuen als eine Vorbedingung der Evolution des Lebens

Mit dem Leben kommt der Tod in die Welt. Während sich alle anorganische Materie bzw. Energieform seit Anbeginn der Welt unter dem Einfluß der Naturgesetze bloß in einem langsameren oder schnelleren Wandel befindet, aber als solche nicht einfach entstehen und verschwinden kann, beginnt und endet die Existenz – nicht die Stofflichkeit – jedes Lebewesen zu einem bestimmten Zeitpunkt wirklich. Zwar könnten Lebewesen – falls sie Mechanismen ständiger Selbsterneuerung in sich trügen – unsterblich sein. Ihr notwendiger Tod folgt aber aus einem Prinzip der Entstehung des Lebens selbst. Denn dieses hat überhaupt nur deswegen entstehen und sich evolutionär entfalten können, weil es in seinen Individuen nicht nur die Tendenz zur Weitergabe der eigene Ordnung an Nachkommen trägt und dabei unvermeidlich abweichende Formen entstehen läßt, welche im seltenen Fall der Existenzform ihrer Herkunft überlegen sind, sondern weil in eben diesem Prozeß auch die Tendenz zur Selbsterneuerung der jeweiligen Lebensform und der Evolution der Lebensformen überhaupt liegt, welche ihrerseits nur dann sich durchsetzen kann, wenn die Erzeuger des Neuen nach der Erfüllung ihrer Funktion aus der Konkurrenz der Lebewesen ausscheiden. In der Tat würde das Leben ohne den Tod alsbald erstarren, indem es an der exponentiell wachsenden Zahl seiner Organismen zugrunde ginge und die Evolution auch keine Chance mehr zu einer Korrektur erhielte. Lebewesen müssen sich in Nachfolgewesen sozusagen verströmen, weil nur dadurch die Kontinuität und die weitere Entfaltung des Lebens möglich sind. Der Tod der Individuen ist so der Tribut, den das Leben zahlen muß – zugunsten ihrer Nachfolger und der Evolution.[16]

2.3 Verhalten: Selbstregulative (Re-)Aktionsfähigkeit des Organismus

(1) Elementare Funktionskreise:
 Stoffwechsel, Abwehr äußerer Feinde und innerkörperlicher Störungen und soziale Rückversicherung

Was das Leben der Individuen in der ihnen gegebenen Zeit anbetrifft, so sind zwei Ebenen der Selbsterhaltung zu unterscheiden: die des Körpers *in actu* und die des Körpers *in statu modificandi*. Selbsterhaltung im ersteren Sinne dient im äußeren Verhalten wie in den inneren Regelungen der momentanen und kurzfristigen Handlungsfähigkeit, Selbsterhaltung im letzteren Sinne dient im Auf- und Umbau von Strukturen, im Stoffwechsel und im Lernen der längerfristigen und lebenszeitlichen

---

[16] Vgl. von Weizsäcker 1991, 43.

Modifikation der Fähigkeiten, wobei natürlich beides einen Gesamtzusammenhang bildet.[17]

Bei der Selbsterhaltung in actu sind es vier Funktionen, die alle Lebewesen ständig erfüllen müssen und die sich bei den höher organisierten Lebewesen, insbesondere bei allen Tieren, in viele Einzelaktivitäten umschließenden sog. Funktionskreisen[18] organisiert haben: erstens der Stoffwechsel, welcher den Körper mit Nahrung, Sauerstoff, Wasser, Wärme und Erholung versorgt und so der energetisch-stofflichen Selbstbehauptung dient, zweitens die Abwehr äußerer Feinde, die in Aktivitäten der Selbstbewahrung, der Flucht, des Versteckens, der Verteidigung und des Imponierens besteht, drittens die Abwehr innerkörperlicher Störungen, welche vor allem in Immunreaktionen gegenüber Keimen und Giften, in der Herstellung einer vegetativen Balance zwischen aktivierenden – „ergotropen" – und auf Erholung und Regeneration gerichteten – „trophotropen" – Programmen und Hygieneaktivitäten besteht, und viertens – bei den soziallebenden Tieren – die soziale Rückversicherung bei ihresgleichen, wozu die Unter- und Einordnung in die Gruppe, das Bindungsverhalten und die Kommunikation gehören. Drei Merkmale zeichnet das diesen Funktionen entsprechende Verhalten aus.[19] Es ist erstens sowohl situationsangemessen als auch – rückbezüglich – zweckmäßig, es besteht zweitens in einer ununterbrochenen Selbstregulationsaktivität, und es wird drittens ständig von einem Energie- und Informationsaustausch unterhalten. Im einzelnen:

(2) Genomgesteuerte Zweckmäßigkeit des Verhaltens

Lebewesen begegnen den ihre Existenz ständig gefährdenden inneren und äußeren Veränderungen also zunächst mit einem Verhalten, das ihnen in Form eines vererbten Überlebensprogramm auf den Weg gegeben ist und das sich in aller Regel sowohl als situationsangemessen, d.h. den aktuellen inneren und äußeren Verhältnissen Rechnung tragend, als auch als zweckmäßig, d.h. situationsübergreifend zielgerichtet und sinnvoll, erweist. Hierfür stehen ihnen auf der Ebene der Einzeller und einfachen Zellkolonien angeborene Reflexe und Spontanaktivitäten, auf der Ebene der entwickelten Organismen Erbprogramme zur Verfügung, die als vegetative Funktionskreise das innere Milieu im Gleichgewicht und funktionstüchtig erhalten und als Wahrnehmungs- und Instinktprogramme Umweltreize situations- und organismusadäquat deuten und in entsprechende Verhaltensmuster umsetzen. Auf der Grundlage dieser Überlebensprogramme machen Lebewesen fast immer alles richtig.

---

[17] Vgl. hier und im folgenden vor allem Bischof 1992, 79-128.
[18] Der von J. von Uexküll in die Biologie eingeführte Begriff des Funktionskreises meint die einer bestimmten, die Gesamtfitneß sichernden oder erhöhenden Lebensfunktion als Thematik zugeordneten, nicht aufeinander reduzierbaren und untereinander rückgekoppelt verschränkten aktionsspezifischen Motive (vgl. hierzu die Taxonomie der Motive bei Bischof 1989, 331).
[19] Vgl. Funkkolleg Psychobiologie 1, 1986, 16 ff.

(3) Ununterbrochene synergetische Selbstregulation

Dieses zweckmäßige Verhalten definiert sich sodann als eine *ununterbrochen* zu erbringende *synergetische Eigenleistung* des Organismus. Das meint, daß er dabei alle seine nach innen und nach außen gerichteten Aktivitäten rückbezüglich, einheitlich – nicht jedoch zwangsläufig von einem bestimmten Zentrum aus – und auf Sollwerte gerichtet koordiniert, alle Funktionskreise, Teilfunktionen und Elemente zum Erhalt und zur Wiederherstellung der Fließgleichgewichte ständig aufeinander abstimmt und übergeordnete Funktionskreise und Motive – wie insbesondere die der Vermehrung – im geeigneten Moment zum Zuge kommen läßt. So ist der Organismus als ganzer ein eigenständiges komplexes „synergetisches" Funktionssystem. Indem dieses System immer um bestimmte Sollwerte schwankt oder längerfristig Phasen der Stabilität und der raschen Veränderung durchläuft, kann man die organismische Existenz und den ganzen Lebenslauf eines Individuums für einen rückgekoppelten Regelungsprozeß halten. Eigenständig ist dieses Funktionssystem insofern, als das Verhalten zwar zum Teil von außen angestoßen wird – auf „Reize" folgen „Reaktionen" – , es jedoch immer nach Maßgabe der Interessen des Organismus geschieht. Nur Lebewesen können sich in diesem Sinne verhalten. Sie müssen es sogar, weil nämlich die Umwelt und sie selbst ständig „im Fluß" sind und auch jede (versuchte) Beibehaltung eines Zustands sich einer Aktivität verdankt. Lebewesen können sich nicht nicht verhalten.

(4) Der im Verhalten und Wahrnehmen erfolgende Energie- und Informationsumsatz

Das zweckmäßige und selbstregulative Verhalten der Lebewesen hat seine unmittelbare Ursache[20] im naturgesetzlichen Zusammenwirken ihrer Organe, bei den Einzellern nur der Organellen, bei den Mehrzellern der funktional differenzierten Zellen und ihren Zusammenschlüssen. Für diese innerkörperliche Kooperation, Arbeitsteilung und Spezialisierung, allgemein: für die Leistung, die jegliches Verhalten erfordert, muß der Organismus schließlich Energie aufwenden und Information einholen. Beides geht Hand in Hand. Denn bei lebenden Organismen ist jede Informationsaufnahme, -verarbeitung und -weiterleitung mit einem Energieverbrauch verbunden und ist umgekehrt jeder Energie- und Stoffwechsel immer auch ein potentieller Informationsaustausch. Die charakteristisch biotische Leistung ist natürlich die informationsverarbeitende Seite des Verhaltens. Denn ohne eine Bewertung der Reize des äußeren und des inneren Milieus, ohne ein zweckentsprechendes Unterscheiden, Erkennen und Auswählen des Reizangebots, bliebe die Welt dem Organismus blind und wäre ein Entscheiden und zweckmäßiges Verhalten nicht möglich. Insofern er sich jedoch im allgemeinen gerade „angemessen", d.h. an die sich wandelnden Verhältnisse seiner Umwelt angepaßt, verhält, muß er in seinem Innern eine „Kenntnis" der allgemeinen und eine zutreffende „Abbildung" der aktuellen Umweltbedingungen haben.

---

[20] In der biologischen Fachsprache spricht man – in Abhebung von den „ultimaten" Funktionen wie u.a. von der Reproduktion – von „proximaten" bzw. „proximalen" Funktionen. Näheres zu dieser Unterscheidung in Kapitel 52.1.3.2.

2.4 Ontogenese: Die lebenszeitliche Selbstformung

Die Selbsterhaltung im lebensgeschichtlichen Sinne setzt die ununterbrochene, lebenslange Selbsterhaltung in actu voraus. Dabei ist die lebenszeitliche Entwicklung, das Wachstum und die längerfristigen Anpassungen, ebenso im Genom vorgezeichnet, wie die im momentanen Verhalten sich äußernde selbstregulative (Re-)Aktionsfähigkeit auf angeborenen Programmen beruht. So kann der Lebenslauf eines Organismus, die sog. Ontogenese bzw. Ontogenie, als die von seinem Genotyp vorprogrammierte Entwicklung seines Phänotyps verstanden werden. Wissenschaftshistorisch bedeutsam sind Untersuchungen an Nematoden-Würmern und an Drosophila melanogaster (Taufliege) geworden, welche gezeigt haben, daß die Entstehung von Muskel-, Nerven-, Fortpflanzungszellen nacheinander, wohlgeordnet und vollständig aufeinander abgestimmt in bestimmten Intervallen (also nicht kontinuierlich) erfolgt.[21] In aller Ontogenese steckt so immer schon ein Vorwissen von der Welt, genauer: von der arttypischen Umwelt und von dem zu ihr passenden Verhaltensrepertoire, wie etwa in der genomgesteuerten Ausbildung von Flossen ein Wissen vom Wasser und vom Schwimmen, von Flügeln ein solches von der Luft und vom Fliegen oder von Augen ein solches vom Licht und vom Sehen enthalten ist.

Schon in frühen Stadien der Bioevolution kommt zu den starren Erbprogrammen für die Entwicklung ein Moment hinzu, das den Organismen erlaubt, sich den jeweiligen äußeren Bedingungen durch eine Veränderung ihrer Gestalt und ihres Verhaltens auf Lebenszeit oder zeitlich begrenzter anzupassen. Diese sog. *adaptive Modifikation* ist zunächst ein wichtiges Kennzeichen aller Wachstumsprozessen, einschließlich des Alterns, zeigt sich jedoch auch bei allem Verhalten, das in irgendeiner Weise durch lebensgeschichtliche Erfahrung geprägt ist.[22] Man kann hierin auch bereits den naturgeschichtlichen Ausgangspunkt des *Lernens* sehen. Denn jeder noch so einfache lebende Organismus verfügt in jedem Zeitpunkt seines Lebens nicht nur immer schon über bestimmte angeborene Fähigkeiten der Lebensbewältigung, sondern bewahrt in seiner materiellen Struktur und in seinen Verhaltensdispositionen auch bestimme individuelle „Erfahrungen" – vornehmlich im Kontakt mit der Außenwelt, jedoch auch mit solchen des „inneren Milieus" – auf, die ihm in späteren Lebenssituationen dienen können.

3. Der Mensch als ein Lebewesen – wie andere auch

Worin besteht nun die anthropologische Herausforderung der neueren Einsichten in den Entstehungsprozeß des Lebens auf der Erde und in die elementaren Existenzbedingungen von Lebewesen? Gibt es eine solche Herausforderung überhaupt – zu-

---

[21] Zur entwicklungsbiologischen Erforschung der Segmentbildung bei Insektenlarven und allgemein der morphogenetischen Prinzipien vgl. die Arbeit der deutschen Nobelpreisträgerin von 1995 Ch. *Nüsslein-Volhard*: Das Werden des Lebens. Wie Gene die Entwicklung steuern, München 2004.

[22] Die adaptive Modifikation setzt genetisch sowohl eine gewisse Offenheit der Erbprogramme als auch eine Fähigkeit der Individuen voraus, den durch die Umweltbedingungen jeweils gegebenen Möglichkeitsspielraum „rekursiv" für sich zu nutzen. Vgl. ausführlicher dazu Kapitel 52.3.2. und allgemein Lorenz 1977, 89-111.

mal wenn man bedenkt, daß der Abstand zwischen den Möglichkeiten primitiver Ein- und Vielzeller und denen des Menschen sehr groß ist? Dieser Skepsis steht die Tatsache gegenüber, daß schon die einfachsten Lebewesen die Totalität der Lebensfunktionen in sich vereinen, von daher alle Lebewesen – es mag eine Alge, ein Pilz, eine Blume, in Insekt, ein Fisch oder ein Säugetier sein – ein gemeinsames existentielles Weltverhältnis verbindet und die „Minima biologica"[23] sich auch in den Möglichkeiten und Grenzen des menschlichen Lebens wiederfinden. So kommen die im folgenden genannten *sieben* Merkmale dem Menschen allein schon deswegen zu, weil er ein Lebewesen ist und seine *conditio humana* zugleich auch immer eine *conditio animalis*, in nicht wenigen Aspekten auch eine *conditio vegetalis* ist.

Die *organismische Kontingenz* – in traditioneller Redeweise: die Kreatürlichkeit – als das erste Merkmal hebt darauf ab, daß keines der vielen Milliarden von Lebewesen „sein muß" und es, wenn es „ist", seine Existenz der allgemeinen bioevolutionären und phylogenetischen und besonderen (elterlichen) Abstammung aus Lebewesens seiner Art verdankt. Als gezeugter Organismus steht so auch jeder Mensch in der Kontinuität des Lebens auf der Erde und ist er das jeweils letzte Glied in einer langen Kette von Vorfahren. Insofern ist auch er zunächst ganz ein Produkt von Bedingungen, über die er in seiner „Geworfenheit" nicht verfügt und die er allenfalls in ihren Auswirkungen zu modifizieren vermag. Denn er wird mit einer bestimmten genetischen Mitgift in die Welt entlassen, an die er zeitlebens gebunden bleibt und die in einem erheblichen Maße sein Schicksal ist – man denke etwa an das natürliche Geschlecht, an das Aussehen, an Begabungen und an Behinderungen. Noch bevor er geboren ist und die Gelegenheit erhält, sich selbst zu bilden und bewußt zu handeln, sind die Möglichkeiten und Grenzen dazu bis zu einem gewissen Grade vorherbestimmt.

Das zweite Merkmal ist die *Körperlichkeit*. Aus ihm folgt die vor dem geistes- und religionsgeschichtlichen Hintergrund unseres Kulturkreises gar nicht triviale Behauptung, daß auch der Mensch in allen seinen Dimensionen zunächst ganz und gar der materiellen Welt angehört. Im Hinblick auf die lebensgeschichtliche Ontogenese der menschlichen Individuen und ihre aktuellen Fähigkeiten zielt diese Einsicht auf ihre ganz grundsätzliche Abhängigkeit von der Materialität aller Lebensfunktionen. Diese Abhängigkeit wird von den Individuen in der Regel als eine Mischung von Last und (Lebens-)Lust empfunden. Kulturen, die dem Geist einen höheren Wert und ihm zugleich eine gefährdete Position gegenüber dem Körper zuschreiben, betrachten den Leib des Menschen nicht selten nur als das zeitweilige „Grab der Seele" und die Materie überhaupt als das Böse. Die bioevolutionäre Vorstellung, daß das Leben auf der Erde und somit letztlich auch das Leben des Menschen der anorganischen Materie entsprossen sind, hat in neuerer Zeit das traditionell negative Bild von der Materie grundlegend verändert.

Das dritte Merkmal ist, daß mit dem Akt des Entstehens eines Lebewesen eine *Individualität* begründet wird. Zwar hat auch jedes anorganische Gebilde eine einmalige Geschichte im Universum. Diese raumzeitliche Verortung begründet jedoch

---

[23] Vgl. dazu die Ausführungen von *H. Markl*: Evolution, Genetik und menschliches Verhalten. Zur Frage wissenschaftlicher Verantwortung, München/Zürich 1985, 84 ff.

nicht wie bei den lebenden Organismen eine individuelle Einzigartigkeit und Existenz. Während nämlich chemische Elemente – auch als komplexe Moleküle von lebenden Organismen – in der Art ihres Seins und Reagierens immer und überall gleich und somit auch austauschbar sind, sind Lebewesen – wie relativ einfach sie auch sein mögen – immer letztlich einmalig. Ihre Existenz geht nicht in allgemeinen Naturgesetzen und in generalisierbaren Bedingungen auf. Individuell sind ihre Herkunft, ihr Genom, ihr sich entwickelnder Körper, ihre Erfahrungen, ihre Lebensäußerungen, ihr Lebensraum, schließlich auch ihr Tod. Im Unterschied zur Physik und zur Chemie ist die Biologie deshalb auch eine Wissenschaft von Individualitäten.

Eng mit dem Akt der Begründung der Individualität hängt viertens die durch die Abgrenzung des eigenen Körpers von der Welt gesetzte *Unterscheidung von Innen- und Außenwelt* zusammen. Vom Moment des Eintritts in das Leben – bei der geschlechtlichen Abstammung also mit dem Akt der Befruchtung einer Eizelle – bis zu seinem Tode ist das Individuum auf sich gestellt. Es muß seine Umwelt erkennen und sie für seinen Lebenserhalt nutzen und sein Inneres eigenständig „bewirtschaften". In der Begründung und im Auf- und Ausbau dieses kleinen Kosmos kehrt sich das Individuum von der Welt ab und schafft sich ein Gehäuse, das es von den anderen trennt. Erst im Tode verschwindet diese Grenze und wird der Organismus, sich auflösend in der physischen Welt und in ihr aufgehend, wieder mit ihr eins. Zeitlebens sind so alle Lebewesen, von den mikroskopischen Kleinstlebewesen bis zu den größten Land- und Meeressäugetieren, zeitlebens „Monaden", die so sehr identisch mit ihrem Körper sind, daß erst dem Menschen durch sein Bewußtsein ein Auseinandertreten von Körper und Geist, eine – wie es Helmut Plessner in seiner philosophisch-anthropologischen Abhandlung „Die Stufen des Organischen und der Mensch" von 1928 genannt hat – eine „exzentrische Positionalität", also eine reflektierende Distanzierung gegenüber der eigenen leiblichen – und auch geistigen – Mitte möglich wird.[24] Diese Möglichkeit zur Exzentrik hebt die Einsamkeit des menschlichen Individuums nicht auf, denn es bleibt auch in der Selbstreflexion befangen in seinem eigenen Bewußtseins.

Gleichwohl müssen die Menschen, im Grundsatz nicht anders als ein primitiver Einzeller, zum Erhalt ihrer Existenz fünftens ständig *Umgang mit ihrer Umwelt* pflegen. (Um-)Welt ist dabei zunächst das, wofür ein Lebewesen einen Detektor, ein erregbares Aufnahmeorgan, hat. Das heißt, auch der Mensch muß die drei tierischen Grundleistungen der Informationsaufnahme, -weiterleitung und -verarbeitung vollbringen. Mit Hilfe seiner Sinne muß er die sich ständig verändernde Umwelt unterscheidend „abtasten", Bedeutsames einer Prüfung unterziehen und in seinem Inneren zutreffende Abbilder der Außenwelt entwerfen und allgemein reizbar und empfindungsfähig sein. Wie bei den Tieren ist seine Wahrnehmung von Welt zugleich artspezifisch-utilitaristisch als auch individuell-perspektivisch. Die Erkenntnisfähigkeit und Empfindungsfähigkeit des Menschen übertrifft die der Tiere gewiß in vieler Hinsicht. Aber auch sein Weltbild ist artspezifisch und individuell.

---

[24] H. *Plessner*: Die Stufen des Organischen und der Mensch. Einleitung in die philosophische Anthropologie (1928), Berlin 1975.

Zum Zwecke ihrer Selbstbehauptung sind die Menschen wie alle Lebewesen sechstens mit der evolutionär erprobten *Mitgift von Erbprogrammen* ausgestattet, die ihnen ein „Fertig-Werden" mit den „üblichen Zufällen" erlaubt. Wenn die Instinkte des Menschen auch weitgehend durch offene Programme und bloße Verhaltensdispositionen ersetzt worden sind, so ist doch auch ihr Leben durch natürliche Mechanismen gesichert. So setzt in der Hierarchie und Konkurrenz der menschlichen Antriebe die „Weisheit des Körpers" im allgemeinen die der inneren und äußeren Situation angemessenen Prioritäten.

Ein siebtes Merkmal ist schließlich die *Endlichkeit des individuellen Lebens*. Ein Stein, der verwittert, ein Sturm, der abflaut oder eine Sonne, die kollabiert, sie alle verändern sich, verschwinden als Phänomen wohl auch, sterben jedoch nicht. Sterben kann nur, was zuvor gelebt hat. Während anorganische Gebilde auch nicht eigentlich altern können, kämpfen Organismen ständig gegen den ihnen drohenden Tod an. Zwar dürfte die bewußte Vorstellung von dem unvermeidbar bevorstehenden eigenen Tod nur dem Menschen gegeben sein. Dennoch scheint es in allen Lebewesen ein Wissen von der Bedrohtheit der eigenen Existenz zu geben. Zum normalen Lebenszyklus scheint es zu gehören, daß sich die individuelle Existenz zunächst ausbildet, einem Höhepunkt zustrebt und sich nach dem Ende des Reproduktionsalters in sich zurückzieht.

52. Evolution der Arten:
Die Naturgeschichtlichkeit der Vielfalt und des Wandels der Lebewesen

1. Von Darwin zur Synthetischen Theorie:
   Wege der Evolutionsbiologie im 20. Jahrhundert   859
2. Grundsätze und Probleme der neueren Evolutionsbiologie   865
3. Die Bioevolution als „Lernen" der Arten:
   Die Herausbildung überlegener Eigenschaften   872

Nach dem heutigen Stand des Wissens ist bereits der im vorigen Kapitel behandelte Entstehungsprozeß des Lebens ein im naturhistorischen Sinne evolutiver Vorgang. Denn er verdankt sich in allen wesentlichen Teilschritten der Wirkung von Variation und Selektion der körperlichen Strukturen und Funktionen. Üblicherweise ist der Gegenstand der Evolutionsbiologie jedoch die Veränderung bereits entstandener Arten von Lebewesen. Leben kommt hier immer schon von Leben. Ihr theoretisches Hauptproblem besteht deshalb schon seit langem nicht mehr darin, einer skeptischen (Fach-)Öffentlichkeit plausibel zu machen, daß sich das „Reich" der Pflanzen und Tiere mit seinen vielen und mannigfaltigen Untergliederungen in Stämmen, Klassen, Ordnungen, Familien, Gattungen, Arten, Rassen, Populationen, Fortpflanzungsgemeinschaften aus einem – wie auch immer entstandenen – Keim des Lebens überhaupt entfaltet hat, sondern in der Klärung der Mechanismen, die diesen viele Jahrmillionen dauernden Prozeß ermöglicht und vor-angetrieben haben, also in der Ergründung der allgemeinen Bedingungen und der besonderen Ursachen, die in der Bioevolution gewirkt haben und noch wirken.

Im Kontext dieses Buches ist ihre Klärung zunächst von großer Bedeutung für das Grundverständnis der Herausentwicklung des Menschen aus dem Tierreich (Kapitel 53), dann besonders der Entstehung der ihn auszeichnenden Kulturalität und Geistigkeit und schließlich noch der Koevolution von Natur und Kultur in der Geschichte der Menschheit seit den letzten 100.000 Jahren (Kapitel 54-59). Dies setzt die Durchgängigkeit der bioevolutionären Prinzipien von den ersten Anfängen des Lebens bis zum Status der Kultur voraus. Das vorliegende Kapitel beschränkt sich auf ihre Wirkungen in der Evolution von Pflanzen und Tieren, und zwar immer im Hinblick darauf, daß die Geistigkeit und Kultur des Menschen eine Anschlußorganisation jener Bioevolution ist und deren Mechanismen auf den höheren Integrationsebenen des Lebens ihre Gültigkeit behalten. Abschnitt 1 zeichnet in einem knappen Überblick den Weg der Evolutionstheorie vom ursprünglichen Darwinismus zur sog. *Synthetischen Theorie* nach. Abschnitt 2 gilt den Grundsätzen und Problemen der gegenwärtigen Evolutionstheorie und thematisiert dabei im besonderen den Beitrag der sog. *Soziobiologie* und das Problem der Deutung der *makroevolutionären Höherentwicklung*. Abschnitt 3 schließlich betrachtet den Wandel der Arten unter dem Aspekt ihres „*Lernens*", also ihres stufenweisen Erwerbs von immer differenzierteren Fähigkeiten der Informationsverarbeitung.

1. Von Darwin zur Synthetischen Theorie:
Wege der Evolutionsbiologie im 20. Jahrhundert

Heutige Kritiker des Darwinismus übersehen mitunter, daß diese „Deszendenztheorie" in den fast 150 Jahren ihrer Existenz – auf der Grundlage vielfacher und unabhängig von einander erbrachter empirischer Bestätigung im Exempel und im Grundsätzlichen – ständig um neue Erkenntnisse und Begründungen angereichert, modifiziert und differenziert worden ist: nach 1900 zunächst durch die *Genetik*, dann durch die in den 30er Jahren entstandene *Ethologie*, ferner durch die *molekulargenetischen Erkenntnisse* seit den 50er Jahren und zuletzt durch die sich seit einigen Jahrzehnten stürmisch entwickelnden *Neurowissenschaften* und über den ganzen Zeitraum hinweg durch die *Paläontologie*. Letztere ist die biologische Teiltheorie, die mit der Beschreibung von Fossilien und ihrer vergleichend-anatomischen Deutung sicherlich die augenscheinlichsten Beweise für die nach Graden der Ähnlichkeit abgestufte Verwandtschaft und die naturgeschichtliche (Auseinander-)Entwicklung der Arten erbracht hat. Auf sie stützt sich die *Evolutionsbiologie*, der es im einzelnen um die Rekonstruktion bestimmter Stammbäume, Stammesreihen und Verwandtschaften (Genealogien), allgemein um die Erforschung der Stammesgeschichte der Arten und höheren Klassen, der Phylogenese (Phylogenie), geht. Die Erkenntnisse aller dieser Disziplinen hat man in den Jahren zwischen 1935 und 1955 in der sog. *Synthetischen Theorie* zusammengefaßt. In der darauffolgenden sog. *Soziobiologie* hat sich seit den 60er Jahren die Auffassung durchgesetzt, daß die Grundeinheit der Evolution nicht die Arten und nicht die Individuen, sondern die Gene Blutsverwandter innerhalb von Fortpflanzungsgemeinschaften sind. Seit den 80er Jahren herrscht die Tendenz vor, die Evolution *selbstorganisatorisch, multifaktoriell* und *dynamisch* zu deuten und bestimmte Eigenschaften erzeugende Gene bzw. Genverbände – nicht das ganze Genom – als ihr Objekt zu betrachten.[1]

1.1 Die neueren Bausteine der Synthetischen Theorie:
    Die klassisch-genetische, ethologische und molekulargenetische Fundierung
(1) „Erbgesetze", Mutationen, Genotyp – Phänotyp: Grundbegriffe der klassischen Genetik

Im Rückblick auf die Geschichte der Evolutionstheorie muß man sich zunächst klarmachen, daß Darwin, wie alle seine Zeitgenossen, noch nichts vom Geschehen auf der Ebene der Zellen und der genetischen Weitergabe der Erbinformation wußte und er, ähnlich noch wie Linné, hauptsächlich darauf angewiesen war, nur mit dem Auge, der Lupe und dem einfachen Lichtmikroskop die Gestalt gegenwärtiger

---

[1] Zur Geschichte der Evolutionstheorie (außer der in Kapitel 24 angeführten Literatur) vgl. *G. Altner* (Hg.): Der Darwinismus. Die Geschichte einer Theorie, Darmstadt 1981; *A. Leisewitz*: Von der Darwinschen Evolutionstheorie zur Molekularbiologie: Wissenschaftshistorische und –soziologische Studien zu einer materialistischen Geschichte der Biologie, Köln 1982; *E. Mayr*: Die Entwicklung der biologischen Gedankenwelt. Vielfalt, Evolution und Vererbung, Berlin u.a. 1984; ders.: Das ist Biologie. Die Wissenschaft vom Leben, Heidelberg 1998; neuerdings ders.: Das ist Evolution. Aus dem amerikanischen Englisch von S. Vogel, München 2003; *H. Meier* (Hg.): Die Herausforderungen der Evolutionsbiologie, München 1988. Eine Skizze des gegenwärtigen Standes gibt *F.M. Wuketits*: Evolutionstheorien. Historische Voraussetzungen, Positionen. Bd. 7 von Nagl/Wuketits 1995, 59 ff.

Pflanzen und Tiere und die Spuren fossiler Lebewesen zu beschreiben, zu vergleichen und aufgrund „verwandtschaftlicher" Ähnlichkeiten zu klassifizieren. Dies war auch bereits der methodische Ansatz des Aristoteles und nach ihm allgemein der antiken Biologie, welche mit Hilfe der Begriffe des *eidos* bzw. der *idéa*, also des (Ab-)Bildes, der *morphé* bzw. der *forma*, also der Gestalt, und der *species*, also des Anblicks, des Aussehens, die Abstammung eines Individuums und seine Zugehörigkeit zu einer Art von Lebewesen nach seiner Ähnlichkeit mit diesen bestimmte. Darwins Pionierleistung besteht darin, die sich in den Ähnlichkeiten mit und in den Abweichungen von einem pflanzlichen oder tierlichen Grundmuster ausdrückende generationenübergreifende Konstanz *und* Varianz der Arten genealogisch gedeutet und in der Selektion und Fortpflanzung der besonders lebenstüchtigen Individuen, in der „natürlichen Zuchtauswahl", die Ursache des Wandels der Arten erkannt zu haben.[2] Über dessen genetischen Grundlagen hätte Darwin freilich noch zu seinen Lebzeiten etwas erfahren können, wenn ihm die von GREGOR JOHANN MENDEL (1822-1884) bereits 1865 gemachte Entdeckung bekannt gewesen wäre, daß im Erbgang die Eigenschaften der Eltern nicht verschmelzen, sondern sich in den Nachkommen eigenständig, wenn z.T. auch überdeckt, über die Generationen erhalten können.[3] Zur Wiederentdeckung der Mendelschen „Erbgesetze" zu Beginn des 20. Jahrhunderts kommen – Darwins Theorie stützend – weitere genetische Einsichten. Eine wichtige ist die Deutung des plötzlichen Auftretens von stärker vom bisherig üblichen Erscheinungsbild abweichenden Eigenschaften bei Nachkommen als Folge eines „Fehlers" bei der Entstehung oder bei der geschlechtlichen Verschmelzung von Keimzellen durch HUGO DE VRIES (1848-1935)[4]. Auf ihn geht der um den Mutationsbegriff erweiterte (Neo-)Darwinismus zurück. Eine weitere Erkenntnis ist die Notwendigkeit einer Unterscheidung zwischen dem *Genotyp* und dem *Phänotyp* eines Lebewesens, d.h. zwischen seiner lebenszeitlich beständigen Erbausstattung und seinem Erscheinungsbild, welches sich grundstrukturell dieser Erbanlage verdankt, sich jedoch unter dem Einfluß der Umwelt und der Eigenaktivität lebenszeitlich wandelt. Damit war, zumindest theoretisch, eine Verbindung zwischen der Evolutionstheorie einerseits und der Genetik, der Zellenlehre und der Entwicklungsbiologie andererseits hergestellt, wenn sich beide Stränge der Biologie in der Forschung auch noch lange weitgehend unverbunden entwickelt haben. Seit den 30er Jahren schließen sie sich aber definitiv zusammen und erhellen sich wechselseitig.

---

[2] Vgl. hierzu die grundlegenden Ausführungen in Kapitel 24.
[3] Dies hat Mendel in seinen „Versuche(n) über Pflanzehybriden" nachgewiesen.
[4] Die Mutationstheorie, 1901/03.

(2) Ethologie: Die durch die Vergleichende Tierverhaltensforschung fundierte Evolutionstheorie

Einen bedeutenden Beitrag zur Evolutionstheorie leistet sodann die seit den 30er Jahren vor allem von Karl von Frisch (1886-1982)[5], Konrad Lorenz (1903-1989)[6], Nikolaas Tinbergen (1907-1988)[7] und Erich Walther von Holst (1908-1962)[8] begründete *Ethologie*. Als Vergleichende Tierverhaltensforschung, die das Tier in seinem natürlichen Lebensraum aufsucht und seine charakteristischen Äußerungen als Instinktbewegungen beschreibt, und als Vergleichende Tierpsychologie (wie jene sich zunächst auch genannt hat), die nach den das Verhalten erzeugenden sinnesphysiologischen und motivationalen Vorgängen fragt[9], ist die Ethologie, wie die Genetik, zwar primär eine systematisch forschende Teildisziplin der Zoologie ohne direkten Bezug zur Evolutionstheorie. Indem sie aber die Grundstruktur des Verhaltens, die hormonalen und neurophysiologischen Prozesse und die in Abhängigkeit von dem inneren und äußeren Milieu gegebene Gestimmtheit der Tiere als angeboren betrachtet, bedarf sie zur Erklärung der artspezifischen Verhaltensbereitschaften und –bewegungen von Anfang an des evolutionstheoretischen Schlüssels und hat umgekehrt dieser Schlüssel von den Erkenntnissen der Ethologie her ein weiteres wichtiges Fundament seiner Aussagen erhalten. Seither gehören zur Bestimmung des stammesgeschichtlichen Ortes einer Art außer der Gestalt ihrer Mitglieder immer auch deren angeborenes Verhalten und die innerkörperlichen Prozesse. Der Beitrag der Ethologie ist für die Evolutionstheorie auch deswegen von großer Bedeutung, weil sie bei der Beschreibung des Tierverhaltens unterscheiden muß zwischen dem, was durch Lernvorgänge erst erworben, und dem, was als Verhaltensbereitschaft im Ethogramm bereits angeboren gegeben ist oder sich bloß entwickelt und was deshalb auf die Phylogenese verweist. Der Ethologie ist es zu verdanken, daß das in der ersten Hälfte des 20. Jahrhunderts vorherrschende behavioristische Reflexmodell von Reiz und Reaktion durch das differenziertere ethologische Modell ersetzt worden ist. Danach werden arttypische Erbkoordinationen sowohl von außen, d.h. von angeborenermaßen erkannten oder von erlernten Schlüsselreizen, als auch von innen spontan ausgelöst und dabei immer vom Nervensystem gesteuert.

---

[5] Auf ihn gehen Pionierleistungen in der Sinnesphysiologie, u.a. bei der Erklärung der angeborenen Tanzsprache der Bienen, zurück: Aus dem Leben der Bienen, Berlin [7]1964.

[6] Er ist zwar nicht der Entdecker der sog. (Nachfolge-)Prägung bei Tierjungen, aber derjenige, der sie zum Ausgangspunkt einer verhaltenstheoretischen Erklärung gemacht und damit die neue Disziplin der Ethologie mitbegründet hat. Auf ihn wird hier und in den folgenden Kapiteln vielfach Bezug genommen. Von seinen Schriften werden hier nur genannt: Über tierisches und menschliches Verhalten. Aus dem Werdegang der Verhaltenslehre. Gesammelte Abhandlungen. 2 Bde., München 1965; Vergleichende Verhaltensforschung: Grundlage der Ethologie (1978), München 1984.

[7] Seine Arbeit: Instinktlehre (1951), Berlin 1969, ist ein Grundwerk über das angeborene tierische Verhalten.

[8] Er ist der Entdecker des sog. Reafferenzprinzips, wonach das Verhalten auch durch spontane Impulse des Zentralnervensystems ausgelöst und gesteuert werden kann: Zur Verhaltensphysiologie bei Tieren und Menschen. Gesammelte Abhandlungen. 2 Bde., München 1969.

[9] In neuerer Zeit ist die Erforschung der inneren Seite des Verhaltens in einem eigenen Forschungsbereich, der Neuroethologie, fortgeführt worden.

(3) Molekulargenetik: Replikation von Körperzellen und elterliche Verbindung von Keimzellen

Eine weitere Begründung erhält die Evolutionsbiologie schließlich durch die seit Ende der 40er Jahre beginnende Entdeckung und Entschlüsselung des genetischen Codes. Die bahnbrechende Entwicklung eines räumlichen Modells (der „Doppelhelix") der Desoxyribonukleinsäure (DNS), der Trägerin der genetischen Information auf den Chromosomen, 1953 durch die beiden Briten FRANCIS H.C. CRICK (1916-2004) und JAMES D. WATSON (*1928) hat nicht nur die Kartierung der DNA-Struktur ermöglicht und die molekulargenetische Erforschung des genetischen Geschehens immer weiter vorangetrieben, sondern neuerdings, neben ihrem Beitrag zu den Kognitionswissenschaften und ihrer medizinischen Anwendung, auch ein Licht auf die evolutionären Abstammungslinien der Arten geworfen. Wenn es überhaupt noch eines Beweises bedurft hätte, macht die Erkenntnis, daß der genetische Code bei allen Lebewesen aus demselben Alphabet von vier Nukleinsäure-Bausteinen besteht, vollends die Annahme zwingend, daß das Leben auf der Erde aus einem einzigen, gemeinsamen Ursprung hervorgegangen ist. Danach trägt heute noch jede Zelle die Geschichte von 4 Milliarden Jahren Leben in sich, haben alle Vorfahren eines Individuums ihre genetischen Spuren in der dadurch beschriebenen sog. Keimbahn hinterlassen und wird auch künftiges Leben auf der Erde mit dem vergangenen und dem heutigen Leben naturgeschichtlich verbunden bleiben. Diese Erkenntnisse alle zusammengenommen haben im Lauf des 20. Jahrhunderts aus der Biologie als einer traditionell eher beschreibenden Disziplin eine Wissenschaft gemacht, die im wechselseitigen Bezug von Evolutionstheorie, Paläontologie, Ethologie und klassischer und neuerer Genetik nun sowohl systematisch als auch naturhistorisch wohlbegründet erscheint.

1.2 Variation der Nachkommenschaft aufgrund von Mutation und Rekombination

Die von Darwin gegebene Antwort auf die Frage nach den Ursachen des Wandels der Arten ist, daß dieser auf einem relativ einfachen Zwei-Faktoren-Mechanismus beruht, auf dem Ineinandergreifen von ungerichteter Variation und zweckmäßiger und damit indirekt richtungsgebender Selektion. Die Biologie des 20. Jahrhunderts bekräftigt diese Erklärung, präzisiert sie aber bis zur Gegenwart hin mehrfach. Im Lichte der sog. Synthetischen Theorie heißt dies zunächst Folgendes: Das Phänomen der Variation in der Nachkommenschaft bestimmter Eltern erklärt man sich nun genetisch durch die Auswirkung zweier Faktoren, zum einen, wie schon mehrfach dargelegt, durch mehr oder weniger zufallsbedingte *Mutationen* im Erbgut, d.h. durch spontane, jedoch sehr selten erfolgende Veränderungen in den Keimzellen, und zum andern durch die *Rekombination* der elterlichen Keimzellen im Zeugungsakt, d.h. durch die aus einer Vielzahl von Möglichkeit einmalig verwirklichte Neuanordnung der Gene bei der Verschmelzung von Ei- und Samenzelle in der geschlechtlichen Vermehrung. Die Variation erzeugenden Mutationen und Rekombinationen geben so das Rohmaterial für die „natürliche Auslese des Tüchtigsten" ab. Noch bevor die moderne Genetik die Steuerungsfunktion der DNA-Ketten bei allen Lebensprozessen erkannt hatte, war in der Unterscheidung von Genotyp und Phänotyp dieser Sachverhalt bereits richtig erfaßt: Es sind die dem Individuum bei dem Akt seiner Entstehung unveränderbar mit auf den Lebensweg gegebenen Gene, die in ihrem Zusammenwirken den Körper mit allen seinen Funktionen bauen. Da eine Rückwirkung des entstandenen Körpers und der individuell erworbenen Fähigkeiten auf die Gene – zumindest nach dem bisherigen Kenntnisstand – als ausgeschlossen gilt, heißt dies, daß dauerhaft Neues in der belebten Welt nur durch mutativ oder rekombinativ in die Keimbahn bestimmter Trägerindividuen gelangte Änderungen möglich ist. Nur solche Änderungen können sich in einer Population verbreiten, in den Genpool anderer Populationen und schließlich von ganzen Arten gelangen und unter Umständen zur evolutionären Bildung neuer Gattungen, Familien, Klassen und Ordnungen von Lebewesen mit beitragen.

Darin zeigt sich eine Dialektik, ohne die die Bioevolution undenkbar ist. Denn die rekombinative und mutative Abweichung vom Bisherigen, also die Variation, und die unveränderte Weitergabe der so in einem Individuum gerade erst entstandenen neuen Eigenschaft, also ihre identische Reproduktion im Erbgang, bzw. mit anderen Worten: die Veränderung und zugleich die Erhaltung der Eigenstruktur stehen zueinander im Gegensatz und haben doch in ihrem Zusammenwirken – wie bereits in Kapitel 24 dargelegt – die Entstehung, Erhaltung und Entfaltung des Leben auf der Erde erst ermöglicht. Wollte das Leben seine Existenz nicht gefährden, mußte es immer das jeweils Erreichte, das schon Erprobte und Bewährte einerseits möglichst unverändert in seinen Nachkömmlingen reproduzieren. Wollte es nicht in unendlichen Wiederholungen des Immergleichen erstarren, mußte es andererseits die unvermeidlichen Abweichungen als Gelegenheit für die Erprobung des Neuen nutzen. Dieses letztere jedoch nur der Möglichkeit nach. Denn die Realisierung dieser Chance hängt ganz davon ab, ob das Neuentstandene sich in „Überlebensvorteilen" niederschlägt und deshalb das andere Wirkprinzip der Evolution, die natürliche Selektion, überhaupt zum Zuge kommen kann.

1.3 Angepaßtheit und Selektion
(1) Der Organismus in seiner Umwelt
Die Anpassungsfähigkeit eines Organismus ist gewissermaßen das Zwischenglied zwischen der Variation und der Selektion. Die mehr oder weniger große Ausgeprägtheit dieser Fähigkeit ist einerseits ein Produkt genetischer Variation, andererseits der Ansatzpunkt der Selektion, denn die Natur läßt nur jene Individuen gedeihen, die mindestens ebensogut den jeweiligen Lebensbedingungen „angepaßt" sind wie die mit ihnen konkurrierenden, und bevorzugt darüber hinaus jene in der Lebenserhaltung und Reproduktivität, die besser „angepaßt" sind. Nun ist Angepaßtheit zunächst eine Voraussetzung des Lebens überhaupt. Die Individuen jeder existierenden Lebewesenart sind immer bereits ihrer natürlichen Umwelt optimal angepaßt, verfügen also in ihrem Biogramm über „passende" Antworten auf übliche Veränderungen der Umwelt. Ohne diese Ausstattung ihrer Mitglieder gäbe es die jeweilige Art gar nicht bzw. wäre als Folge einer unzureichenden Anpassungsfähigkeit längst ausgestorben. Jenen Individuen jedoch, die als Folge ihrer zufälligen genetischen Andersartigkeit mit den im äußeren und inneren Milieu neu auftretenden und bisher im Genom nicht „vorhergesehenen" Änderungen zufällig besser fertig werden als andere, also über ein größeres Potential an Anpassungsfähigkeit verfügen, gelingt

es nicht nur, sich selber länger funktionstüchtig am Leben zu erhalten, sondern diese neue Eigenschaft auch mit einer höheren Wahrscheinlichkeit an (zahlreichere) Nachkommen weiterzugeben. In diesem Akt der „Passung" sind freilich weder die Umwelt noch der Organismus feste Größen. Denn zum einen ist für einen Organismus nur das „seine" Umwelt, wofür er in bezug auf die vielen potentiellen „Seiten" der Umwelt eine in der Regel genomgegebene Wahrnehmungsmöglichkeit besitzt. Zum andern ändert sich die Umwelt selbst auch ständig und erscheint so auch dem Organismus ständig anders. Lebensgeschichtlich ist „Anpassung" deshalb ein nie abgeschlossener Prozeß.

(2) Selektion:
   Die sich an der reproduktiven Gesamtfitneß bemessende Auslese des Tüchtigsten

Der aus der angeborenen Angepaßtheit und den vielen lebenslangen Anpassungsleistungen herrührende Überlebens- und Vermehrungserfolg beruht so letztlich auf einer komplexen Wechselwirkung zwischen dem Phänotyp eines Individuums einerseits und umweltlichen, d.h. physischen und sozialen Faktoren andererseits. Das Auslesekriterium Adaptivität wird deshalb heute – zur Vermeidung der zu Mißverständnissen Anlaß gebenden Formulierungen Darwins („struggle for life" und „survival of the fittest") und der neueren Soziobiologie („Egoismus der Gene"; s.u.) – zumeist als *Gesamtfitneß-Maximierung* umschrieben. Die beiden zentralen Bezugsgrößen dafür sind die miteinander verschränkten Fähigkeiten der Selbsterhaltung und der Fortpflanzung des Organismus.

Da die Grundprogrammierung aller Lebewesen darin besteht, die eigene genetische Ordnung über die Schwelle des individuellen Unterganges (Todes) hinwegzuheben und sie in eigenen Abkömmlingen weiterleben zu lassen, dient alles, was Lebewesen tun, letztlich dieser Funktion. Dabei ist zwischen diesem „ultimaten" Ziel und den zu seiner Erreichung notwendigen „proximaten" Funktionen zu unterscheiden. Letztere sind nicht nur vielfältig und in sich zumeist hierarchisch über- und untergeordnet, sondern beanspruchen auch fast die ganze lebenszeitliche Aufmerksamkeit des Individuums. Denn das „Weiterleben" in anderen Individuen kann nur dann gelingen kann, wenn der Organismus zuvor zur Reife bzw. – bei Tieren – zusätzlich zur Paarung gelangt ist und er danach – wie bei vielen Tierarten – zudem in der Lage ist, den gezeugten Nachwuchs auszutragen, aufzuziehen und zu schützen, so daß die optimale Selbsterhaltung die beherrschende Strebung der Lebewesen von der Geburt bis zum Tod ist. Den proximaten Erfordernissen muß sich die reproduktiv-ultimate Funktion faktisch unterordnen. Beide Fähigkeiten greifen freilich zumeist in gleicher Zielrichtung ineinander: Die Individualentwicklung eines tierischen Vielzellers beginnt mit der Verschmelzung einer Ei- und einer Spermazelle zu einer sog. Zygote, setzt sich fort mit deren vielfacher Teilung und Organisation zu einem Körper und endet mit seinem Tod. Während in diesem Prozeß aber die Körperzellen der Individuen alle früher oder später gänzlich absterben, lebt in den zum Ausgangspunkt eines neuen Individuums werdenden Keimzellen über den Tod ihrer Erzeuger etwas von ihnen fort. Die Funktion der Selbsterhaltung, d.h. das zeitlich immer begrenzte „Überleben" der Individuen, ist evolutionsbiologisch betrachtet deshalb nur Mittel zum Zweck der Hauptfunktion erfolgreicher

Fortpflanzung, genauer: der Funktion zur Weitergabe der Struktur der eigenen Gene an Individuen, die ihrerseits „Zukunft" haben. Danach bemißt sich die biotische Gesamt-Fitneß eines Organismus, vermittelt über seine ontogenetische Funktionstüchtigkeit, ausschließlich an seinem Fortpflanzungserfolg im Vergleich mit den übrigen Individuen seiner Population. Kommt es so für das Individuum darauf an, möglichst viele überlebende und sich selbst wieder reproduzierende Nachkommen zu hinterlassen, so haben die einzelnen Fortpflanzungsgemeinschaften ein „Interesse" daran, durch die Erzeugung einer großen Nachkommenschaft in den Besitz vorteilhafter Genvarianten (Allele) zu gelangen, sie im eigenen Genpool zu verbreiten und dadurch in der evolutionären Konkurrenz mit anderen Populationen und Arten die Adaptivität ihrer Individuen zu erhalten und möglichst zu vergrößern.

2. Grundsätze und Probleme der neueren Evolutionsbiologie

2.1 Soziobiologie: Die Evolution im Spannungsfeld von Genen, Individuen, Verwandtschaften und Arten

In der „synthetischen" Erweiterung des klassischen Darwinismus ist es der Biologie in der Mitte des Jahrhunderts für mehre Jahrzehnte gelungen, sich ein allseits anerkanntes naturhistorisches Fundament zu verschaffen. Dieses wird dann durch die sog. Soziobiologie seit den 60er Jahren in einem wichtigen Punkt in Frage gestellt und korrigiert. Man erkennt jetzt, daß aus dem Mechanismus von genetischer Variation, umweltbezogener und reproduktiver Adaptivität und Selektion mit Notwendigkeit folgt, daß die elementaren Einheiten der Evolution nicht die Spezies oder die Populationen, sondern nur die Individuen bzw. deren Gene sein können. Denn nicht nur führt jeder Organismus sein Leben „auf eigenes Risiko"; er projiziert auch im ausschließlich „eigenen Interesse" seine Zukunft auf die eigene Nachkommenschaft. Danach kann nicht länger behauptet werden, daß die Fortpflanzungsmechanismen auf einen Beitrag zur jeweiligen „Arterhaltung" ausgerichtet sind. Diese Korrektur ist der Ansatzpunkt der Soziobiologie. Als eine über die Synthetische Theorie hinausführende „neue Synthese"[10] der Evolutionsbiologie hat sie in den 70er Jahren ein großes – auch: nichtfachliches – Aufsehen erregt.[11] Ihre Hauptaussage besteht darin, daß die zentralen Evolutionseinheiten, wie in Anlehnung an den Titel eines bekannt gewordenen Buches häufig gesagt wird, die „egoistischen Gene"[12] sind. Denn nur sie replizieren sich über hinreichend lange Zeiträume mit ausreichende Genauigkeit, können ihre Struktur in der Generationsabfolge weiter-

---

[10] Der Buchtitel des Insektenforschers *E.O. Wilson*: Sociobiology – The New Synthesis, Cambridge/Mass. 1975, hat dieser Richtung den Namen gegeben und zugleich ihren Anspruch ausgesprochen.

[11] Ihr Aufsehen in der größeren, vor allem sozialwissenschaftlichen Öffentlichkeit beruht auf dem Irrtum, daß die Soziobiologie das Verhalten von Tier und Mensch reduktionistisch, hier also: ausschließlich biologisch, erklären wolle. Vgl. dazu Bischof 1989, 177-196. Zu ihrer Anwendung in der Soziologie vgl. *B. Giesen/Ch. Lau*: Zur Anwendung darwinistischer Erklärungsstrategien in der Soziologie, in: Kölner Zeitschrift für Soziologie und Sozialpsychologie 2, 1981, 229-256.

[12] *R. Dawkins*: Das egoistische Gen (engl. 1976), Heidelberg 1978; vgl. auch *W. Wickler/U. Seibt*: Das Prinzip Eigennutz. Ursachen und Konsequenzen sozialen Verhaltens, Hamburg 1977.

geben und verbreiten und überleben so den tödlichen Generationenwechsel. Der Körper der Individuen wäre danach nur ein Mittel der Gene, sich in die Zukunft fortzusetzen. Deshalb stünden in der Evolution auch nicht Individuen zu einander in Konkurrenz, sondern die Gene, ja nicht einmal das Ganze des Genoms von Individuen, sondern letztlich nur bestimmte Genorte (Allele eines Gens), die bestimmte Eigenschaften phänotypisch hervorbringen und sich als vorteilhaft oder nachteilig erweisen.

Danach spielt sich die Evolution primär in Fortpflanzungsgemeinschaften ab, wobei sich im Laufe der Generationen die Genfrequenzen eines bestimmten Genpools in Richtung auf die vorteilhaften Allele ihrer Träger verschieben. Als eine solche Theorie ist die Soziobiologie zugleich eine mathematische Evolutionsbiologie. Sie kann nachweisen, daß die Häufigkeitsverteilung einer genetisch bestimmten Eigenschaft innerhalb weniger Generationen, wie klein die Selektionsunterschiede auch zumeist am Anfang sind, sich verändert. Das Prinzip „Eigennutz der Gene" erklärt auch schlüssig, weshalb es in Tiergemeinschaften auf der einen Seite mitunter eine Tötung des nichtverwandten Nachwuchses und auf der anderen Seite eine Art Altruismus zwischen nahverwandten Tierindividuen gibt. Weil man mit „Blutsverwandten" eine größere Zahl von gemeinsamen Genen teilt, ist der Verwandten-Altruismus eine evolutionäre Strategie der Verbreitung des eigenen Erbguts und die Ausmerzung des nicht-verwandten Nachwuchses eine Unterbindung von Konkurrenz für die eigene Nachkommenschaft.[13] Diese verwandtenbezogene Selektion (engl. *kin selection*) steuert deshalb den Genfluß in Populationen und trägt über die innerartliche Verbreitung auch zum evolutionären Wandel der Arten bei.

So ist das Schicksal der Arten dann doch auf engste mit dem genetischen Geschehen in den „Sippen" und Populationen verbunden und setzt die Evolution zwar bei molekulargenetischen Veränderungen in Individuen an, ihr längerfristiger „Erfolg" aber erweist sich immer erst auf der Ebene der größeren Einheiten. Die Evolution der Arten speist sich so aus unendlich vielen kleinen Veränderungen, die sich in ihnen Mitgliedern verbreiten, sich dort zu Neuem verbinden, Unterarten („Rassen") und dann wohl auch neue Arten und größere Ordnungen begründen. Dabei bleiben alle Individuen einer Art durch die stammesgeschichtlich erworbenen grundlegenden Systemeigenschaften miteinander verbunden. Denn im Zuge der lebensgeschichtlichen Entwicklung des Phänotyps aus dem Genotyp entschlüsselt jedes Individuum außer den von der Population, der Verwandtschaft, den Eltern und der eigenen Individualität herkommenden besonderen Eigenschaften zugleich auch das genetische Grundprogramm der Art, der es angehört. Deren Eigenschaften sind ihrerseits an bestimmten evolutionären Knotenpunkten durch die Integration einfacherer Systemeigenschaften zu einem komplexeren System entstanden, dann durch ihren überragenden Fitneß-Erfolg zum Ausgangspunkt weiterer evolutionärer Differenzierung geworden und so in den Genpool zahlreicher neuer Arten, Populationen und Individuen gelangt.

---

[13] Sowohl die menschliche Neigung zum Nepotismus als auch zur Benachteiligung von Stiefkindern und anderen Nichtverwandten läßt sich so soziobiologisch deuten.

2.2 Die gegenwärtige Evolutionstheorie auf dem Wege zu einer weiteren „neuen Synthese"?

Seit der Wende zur soziobiologischen Sichtweise in den 70er Jahren hat die Evolutionsbiologie zwar zahllose weitere Erkenntnisse hinzugewonnen, aber keine Entdeckung gemacht, die das bisherige Theoriegerüst erschüttert hätte. Eine neuere Tendenz zeigt sich immerhin in der „selbstorganisatorischen" Deutung des Evolutionsprozesses. Sie macht zum einen die Koexistenz und Konkurrenz von einfachen und höher organisierten Arten und zum andern Unterschiede zwischen Mikro- und Makroevolution verständlicher.

(1) Die Koexistenz und Konkurrenz von einfachen und entwickelten Arten

Indem das Leben seine spezifischen Formen immer weiterreicht und in der Generationenabfolge die über kleine und kleinste zufällige genetische Veränderungen hinzugewonnenen Möglichkeiten in den Nachkommen „ausprobiert", ist der evolutionäre Weg einerseits durch eine immer größere Mannigfaltigkeit und Leistungsfähigkeit der Arten charakterisiert und beläßt er andererseits zahlreiche andere Arten, z.T. über Jahrmillionen, fast unverändert in ihrer jeweiligen Organisationsform. Die Biosphäre stellt sich deshalb heute als ein äußerst komplexes System von relativ einfach gebliebenen und von höher organisierten Formen dar. Diese Koexistenz läßt nur den Schluß zu, daß die Individuen aller (noch) existierender Arten auf allen Stufen der Evolution fast „vollkommene", d.h. ihrer Umwelt optimal angepaßte bzw. ihr überlegen begegnende, Gebilde waren und sind. Nur deshalb haben sich niedrige und höhere Organisationsformen des Lebens – Bakterien und Einzeller ebenso wie die ihnen in ihren Möglichkeiten weit überlegenen Vielzeller bis hinauf zu den Primaten – nebeneinander erhalten können. Niedere Lebewesen sind keine nur überwundenen Vor- und Übergangsformen, sondern nehmen in der Biosphäre einen evolutionär stabilen Ort ein – sofern sie dort eine sichere „Nische" besetzt halten und in der fortdauernden Konkurrenz untereinander sich deren besonderen Bedingungen ständig anzupassen vermögen, also auf neue Herausforderungen mit einer geeigneten Veränderung ihrer Eigenschaften oder mit der Herausbildung entsprechender neuer Arten geantwortet haben.

Gleichwohl sind im Laufe der Evolution ständig zahllose Spezies und ganze Familien, Klassen und Ordnungen ausgestorben, und zwar immer dann, wenn sie sich bei einem Wandel der Umweltverhältnisse diesen evolutionär nicht rasch und angemessen genug anzupassen vermochten und bzw. oder gegenüber besser angepaßten Konkurrenten unterlegen waren. Das bedeutet, daß alle heute existierenden Spezies und deren Individuen, zumindest vorläufige, „Sieger" der Evolution sind. Allemal aber ist die Evolution ein Prozeß mit vielen Anläufen, Auffächerungen und Sackgassen – zumal sie zunächst oft und mitunter für lange Zeiträume mehrere gute Lösungen zum Zuge kommen läßt, die sich dann doch irgendwann einmal als nicht mehr zu korrigierende Nachteile herausstellen, wie dies bei den Sauriern der Fall gewesen zu sein scheint.

(2) Mikroevolutionen als hinreichende Erklärung evolutionärer Höherentwicklung

Von diesen mikroevolutionären Anpassungen und Verbesserungen lassen sich jene makroevolutionären „Erfindungen" unterscheiden, die neue Systemeigenschaften sind und so den Lebewesen ganz neue Möglichkeiten erschließen: etwa die Mehrzelligkeit, die sexuelle Vermehrung, die Ausbildung von Nervenzellen, das aus Knochen und Wirbeln bestehende Skelett, das Leben auf dem Lande und die Warmblütigkeit. Hier fragt es sich, ob sich auch diese Erwerbungen allein der Abfolge kleinster Schritte eines blinden Zufalls verdanken. Gibt es vielleicht doch weitere, bisher übersehene Wirkmechanismen oder gleichsam vorgezeichnete Entwicklungstrends, die hier zumindest ergänzend hinzugetreten sein müssen?

Die Antwort, die die ältere Synthetische Theorie auf diese Frage gab und gibt, ist knapp und eindeutig. Da es immer Gene sind, die „Phäne" organisieren und nie das Umgekehrte geschieht, werden neue Eigenschaften auch nur durch zufällige Änderungen in den Genen hervorgerufen. Ausgangspunkt auch größerer evolutionärer Erfindungen können so immer nur die phänotypischen Effekte von Mutationen und Rekombinationen sein. Und da die Auslese notwendigerweise die den jeweiligen Umweltbedingungen wiederum zufällig besser angepaßten Individuen bevorzugt, wird auch nur die Verbreitung der jeweils zweckmäßigeren Eigenschaften befördert. Selektion ist deshalb allein der Mechanismus, der über den Erhalt und die Verbesserung der Lebenstüchtigkeit, also über die Zweckmäßigkeit des Neuentstandenen „wacht". Die Annahme einer Zielstrebigkeit des evolutionären Wandels wie auch andere Zusatzannahmen sind deshalb im Großen ebenso überflüssig wie im Kleinen. Auch erscheint hier das unterschiedliche Entwicklungstempo der Evolution der Arten nicht als ein Problem: Stabile Umweltverhältnisse verlangsamen es, wechsel- und krisenhafte beschleunigen es, indem sie nämlich der Variation im Prozeß der Selektion eine größere Chance geben und so zu größeren und sprunghaften Evolutionsschritten führen können.[14]

(3) Evolutionäre Selbstorganisation im Zusammenwirken von Organismus und Umwelt

Diese neuere Theorie der „Selbstorganisation" der Evolution erweitert die einlineare Kausalität im Sinne einer multifaktoriellen, rückgekoppelten Organisation dieses Prozesses, an der die „Bedürfnisse" der evolvierenden Individuen, Arten und Populationen selbst Anteil haben.[15] Danach wählt nicht mehr allein die Umwelt Passendes aus und ist der Organismus bloßes Objekt, sondern bestimmt umgekehrt auch der Organismus, was ihm aus der Fülle möglicher Umweltreize als eigene Umwelt angemessen und zuträglich ist, und wandelt er sich selbst im Vorgriff auf neue Möglichkeiten. Zur blinden und sozusagen konzeptionslosen Variation und Selektion tritt so eine aktive Suchinstanz der Lebewesen hinzu, die die in ihrem bisherigen Bauplan gegebenen oder sogar vorgezeichneten Möglichkeiten der weiteren Evolution zur Geltung bringt. Ebenso wie die sich wandelnde Umwelt den

---

[14] Im deutschsprachigen Wissenschaftsraum hat vor allem *B. Rensch* diese Theorie vertreten, u.a. in: Homo sapiens. Vom Tier zum Halbgott, Göttingen ³1970; Das universale Weltbild. Evolution und Naturphilosophie, Frankfurt 1977; Evolution und Naturphilosophie, Darmstadt ²1991.

[15] Zur sog. inneren Selektion in diesem Sinne vgl. Wuketits 1995,128.

Organismen neue Möglichkeiten eröffnet (und ihnen andere verschließt), erzeugen auch erfolgreiche Mutationen neue evolutionären Tendenzen und erscheint ihnen und ihrer Nachkommenschaft dadurch die Umwelt anders, was dann im Zuge einer evolutionären „Überprüfung" der bisherigen Merkmale zum Ausgangspunkt weiterer Variation und Selektion werden kann. Es kommt hinzu, daß der so beförderte Verbreitungserfolg einer Art auch deren eigene Umwelt und die der anderen Arten objektiv verändert und so den evolutionären Wettlauf wechselseitig sich herausfordernder Individuen, Populationen und Arten beschleunigt.

Die Erweiterung des Prinzips der bloß adaptiven „äußeren" Selektion um innerselektive Wirkmechanismen der Lebewesen selbst läßt daran zweifeln, ob der Begriff der „natürlichen Auslese" bzw. „Selektion" den Sachverhalt richtig trifft. Denn allein trifft weder die Umwelt noch der Organismus in der Evolution eine Auswahl, sondern handelt es sich bei den Prozessen wechselseitiger Strukturveränderungen und Anpassungen eher um ein gemeinsames dynamisches, holistisches Driften, in dem die Gene aktiv nach neuen Möglichkeiten „suchen" und auch solche erzeugen, in dem die Phäne und die Umwelt ebensolche ausbilden bzw. bereitstellen und in dem sich dann am Leben des Organismus zeigt, was davon erfolgreich und eventuell noch „ausbaufähig" ist.[16] Begrifflich kann man den Wandel auf den drei Ebenen der Evolution so fassen, daß man sagt: Gene mutieren, Organismen werden selektiert, Populationen und Arten evolvieren einem Trend folgend.

2.3 Makroevolutionen und evolutionäre Höherentwicklung:
   Scheinbar oder wirklich, zufällig oder zielgerichtet?

Wie überzeugend die bisherige Evolutionstheorie auch ist, so lassen sich doch gewisse Fragen und Bedenken hinsichtlich der Erklärung der sog. Makroevolutionen und allgemein des beständigen Trends der Höherentwicklung nicht unterdrücken. Denn mit der Entstehung qualitativ neuer Formen schöpft die Natur nicht nur das vorgegebene Potential ihrer Möglichkeiten aus, sondern macht dabei zuweilen auch „Sprünge", und zwar auch solche, die zumindest in der nachträglichen Betrachtung als notwendige Weichenstellungen in einem Prozeß anscheinend zielgerichteter Höherentwicklung erscheinen. An den Makroevolutionen wird das Problem offenbar. Die gängige Erklärung hierfür ist, daß durch die evolutionäre Integration einfacherer Systeme zu einem größeren Systemganzen neue Eigenschaften mit einer gewissen Notwendigkeit entstehen müssen, wenn auch der Eintritt eines solchen Zusammenschlusses und seine Folgen unvorhersehbar sind. In der Tat benötigt die Biologie keine Zusatzannahmen zur Erklärung des „Funktionierens" der so entstandenen Systeme, denn in ihnen widerspricht nichts den physikalischen Naturgesetzen. Zugleich gelingt es aber der Biologie nicht so recht, das „Finden des Weges", den die „Natur" bei der Höherentwicklung „einschlägt", mit ihren Kategorien zu fassen. Das Problem zeigt sich eigentlich schon in der ganz elementaren Paradoxie, daß im Evolutionsprozeß ausgerechnet der Zufall neue Möglichkeiten schafft und

---

[16] Vgl. Wuketits 1995, 121. Diese Sichtweise wird auch durch die Erkenntnisse der neueren Entwicklungsbiologie gestützt, die besonders im ontogenetischen Prozeß evolutionäre Trendsetter ausmacht. Vgl. hierzu die Annahmen von Nüsslein-Volhard 2004.

die selbst nichts Neues schaffende, nur „retrograd" wirkende Selektion der Evolution eine Richtung weist. Es potenziert sich im Staunen darüber, daß die Evolution in ihren Hauptlinien unabhängig voneinander funktional äquivalente und manchmal fast identische Erfindungen gemacht hat. Ein gutes Beispiel für dieses Konvergenz-Phänomen ist die Ausbildung des Sinnesorgans Auge, die phylogenetisch unabhängig über fünfmal im Tierreich erfolgt ist.[17] Wenn es nach der mehrfach erfolgten Erfindung heute auch leicht ist zusagen, daß die Kombination von Linse, Netzhaut und Nervensystem in einem augenartigen Organ einfach die technisch beste „Lösung" für das Problem der optischen Nah- und Fernwahrnehmung ist, so setzt dies zugleich voraus, daß es bereits vor der wirklichen Entstehung von Augen, also vor der Evolution dieses komplexen Organs, sowohl das Problem, nämlich die Distanzen optisch überwindenden Erkenntnisbedürfnisse der Organismen, als auch bereits die genannten Elemente seiner Lösung gegeben hat und die Natur z.B. bei der Hell-/Dunkelwahrnehmung von Einzellern andere Lösungen ausprobiert hat.

Allgemein könnte man so annehmen, daß die Evolution im Durchmessen bestimmter Entwicklungsniveaus auch nur genau diejenigen Wege gefunden hat, die die einzig gangbaren waren und so ihr allgemeiner Verlauf in einem bestimmten Sinne zielgerichtet war und ist. Es läßt sich deshalb die Frage nicht abweisen, ob die makroevolutionären Erwerbungen nicht doch als Möglichkeit gewissermaßen präexistent bestehen und nur noch auf ihre Verwirklichung warten und die rückblickend betrachtet den vielen zugleich zufälligen und erfolgreichen Ereignissen einen Sinn geben und in ihrer Summe, als Gesamterscheinung oder als Weichenstellung auf dem „Weg nach oben" notwendig waren. Könnte die Evolution – bei allen ihren Variationen, „Umwegen" und Sackgassen im einzelnen – nicht einem vorgezeichneten, letztlich allein nur so und nicht anders möglichen Weg folgen bzw. dahin gelenkt werden?[18] Aber – so ist dagegen gefragt worden – gibt es überhaupt so etwas wie „Höherentwicklung"?

Dies hat z.B. der Biologe *St.J. Gould* wiederholt in seinen Schriften verneint, z.B. in seinem Buch: Illusion Fortschritt. Die vielfältigen Wege der Evolution (Frankfurt 1998). Zwar bestreitet er nicht, daß bestimmte Arten und Klassen sich höher entwickelt haben. Er äußert jedoch Skepsis gegenüber der Annahme, daß die Evolution insgesamt auf Höherentwicklung angelegt sei.[19] Bakterien und Einzeller seien weiterhin die beherrschenden Organismen. Die komplexer organisierten Lebewesen nutzten nur die ihnen verbleibenden Möglichkeiten in Evolutionsnischen.

Ist so die Höherentwicklung nicht nur eine menschlich-subjektive Deutung? Muß man nicht dem neutral-beschreibenden Ausdruck von der „evolutionär stabilen Strategie" gegenüber der Annahme einer Zielgerichtetheit den Vorzug geben? Dem

---

[17] Vgl. Mayr 2003, 195.
[18] Diesen Gedanken hat der Philosoph E. Bloch in seiner Utopie ausgesponnen (vgl. Kapitel 28.2.2.).
[19] Von dieser Annahme geht auch die neuerdings vorgeschlagene Ersetzung der in der Evolutionstheorie üblichen Stammbaum- durch die Korallenmetapher aus, indem sie anstelle des Bildes von der linearen Verzweigung und Verästelung nur nach oben das von einer vielfach vernetzten Struktur in alle Richtungen anwendet.

trägt die Biologie indes schon insofern Rechnung, als sie den Begriff der Höherentwicklung nicht-wertend verwendet. Er meint hier zunächst nur die Tatsache, daß sich die Baupläne und Funktionssysteme der heute komplex organisierten Arten aus einfacher organisierten Formen entwickelt haben und dies in der Regel mit einem Zuwachs an Leistungsfähigkeit verbunden war. Aber man entkommt nicht den Metaphern. Denn gleich, ob man diesen Prozeß als einen „Fortschritt" begreift und mit dem Begriff der Höherentwicklung bezeichnet oder nicht, alle Grundbegriffe der Evolutionstheorie verweisen auf menschliche Vorstellungen und man betrachtet auch in der Biologie die „Natur", die „Evolution" und die „Gene" nicht selten anthropomorphisierend wie Wesen mit eigenen Interessen und Zielen.

Von da ist es nicht weit, einen aktiven Suchprozeß in Richtung auf vorgegebene Entwicklungsstadien und -möglichkeiten der evolutionären Höherentwicklung zu vermuten. Die Unsicherheit bzw. das Erstaunen einiger sonst strenger „Evolutionisten" über die unvorhersehbaren Qualitätssprünge „von Sprosse zu Sprosse auf der Stufenleiter des Lebens" artikuliert sich auch in der darauf bezogenen Begriffswahl. So, wenn bildlich von „Fulguration"[20], von „Emergenz" oder von „Metamorphose" gesprochen wird. „Fulguration" evoziert die antike Vorstellung vom schöpferischen „Dazwischen-Funken" Zeus' mit Blitz und Donner „von oben", „Emergenz" das überraschende Auftauchen eines Objektes, das es schon vorher „unten" und „verborgen" gegeben hat. „Metamorphose" läßt an einen Zauberer denken, der unter den Blicken der Zuschauer scheinbar ganz unerklärlich etwas verwandelt – wie es indes die biologische Ontogenie auch vielfach vorführt, z.B. beim Gestaltwandel von der Larve (Kokon) zum Schmetterling. Zwar lehnt man in der Biologie nach wie vor jegliche teleologische Annahme im klassischen Sinne ab, nach der entweder ein übernatürliches Wesen oder eine den Dingen eingeborene Tendenz (Entelechie) das Ziel der Evolution vorgibt. Im von ihr gebrauchten Begriff der Teleonomie wird jedoch nicht ausgeschlossen, daß in den Naturgesetzen und in der Struktur der Materie die höheren Integrationsstufen des Lebens einschließlich der Geistigkeit als Möglichkeiten bereits angelegt sind und im Evolutionsprozeß allmählich verwirklicht werden. Danach würden Variationen und Selektionen zwar die Faktizitäten des evolutionären Geschehens erklären und es wäre damit verträglich, daß sich der Evolutionsprozeß in weiten Zufallsgrenzen bewegt. Dies alles wären aber nur Mechanismen an der Oberfläche des Evolutionsgeschehens, das von vorgegebenen Voraussetzungen „in der Tiefe" her seine Wirkung im größeren Dimensionen entfalte. Letztlich würde das Leben die Evolution darauf verpflichten, durch Suchbewegungen die vorgezeichnete Grundrichtung des Weges zu finden, zu verfolgen und auszugestalten, so daß im Prinzip alles so hat kommen müssen, wie es bisher gekommen ist.

Mit dieser Argumentation begründet der Paläobiologe *S.C. Morris* in seiner Schrift: Life's Solution. Inevitable Humans in a Lonely Universe (Cambridge 2003) u.a. gegen St.J. Gould die Auffassung, daß die faktisch eingetretene Höherentwicklung von Anfang an in der Materie angelegt, die Entstehung des Geistwesens Mensch bereits im Urknall vorgezeichnet ge-

---

[20] Lorenz 1977, 47 f.

wesen sei und die Entwicklung zu Komplexität und Intelligenz auch weiterhin evolutionäres Programm sei. Er stellt sich die Evolution als eine Art Suchmaschine vor. Danach erzeugt die Natur nicht nur ständig zahllose neue Möglichkeiten, von denen sie die allermeisten umgehend wieder ausscheidet, sondern läßt auch mit einer gewissen Unausweichlichkeit eben das entstehen, was als eine vorteilhafte Möglichkeit angelegt war, wodurch der Evolution ein Moment der Vorhersagbarkeit eigne. Morris argumentiert so – ähnlich wie dies v. Weizsäcker bei seiner Begründung des „Gestaltwachstums" tut – ganz und gar rational und fern von allem theologischen Kreationismus, den neueren antievolutionären Vorstellungen vom göttlichen „Intelligent Design"[21] und von aller sonstigen weltanschaulichen „Evolutionsmystik".[22]

3. Die Bioevolution als „Lernen der Arten":
Die Herausbildung überlegener Eigenschaften

Ein auch für das Verständnis der menschlichen Wahrnehmungsweisen wichtiger Anwendungs- und Überprüfungsfall der naturhistorischen Deutung des Lebendigen ist die Evolution der Fähigkeit der Informationsverarbeitung. Ihre Voraussetzung ist die von Konrad Lorenz seit 1943[23] und inzwischen von vielen anderen vertretene Auffassung, daß das Leben insgesamt „erkenntnisförmig"[24] ist und die Evolution des Lebens auf der Erde als ein großer Lernprozeß der Materie bezeichnet werden kann. Dann ist es möglich, den evolutionären Wandel der Arten, insbesondere ihre Höherentwicklung, ihre zunehmende Fähigkeit, Umweltqualitäten wahrzunehmen und in ihrem Verhalten zu nutzen, als ein „Lernen der Arten" zu verstehen. Diese Deutung ist die Voraussetzung von Lorenz' „Versuch einer Naturgeschichte des menschlichen Erkennens".[25]

3.1 Das „Lernen" der Arten und der Individuen

Im üblichen und auch im wissenschaftlichen Wortgebrauch bezieht sich „Lernen" freilich zumeist nur auf den Vorgang des Erwerbens und Bewahrens von Fähigkeiten, Fertigkeiten und Kenntnissen durch Individuen. Dementsprechend bezeichnet Lernen in der Biologie zunächst auch nur den situationsüberdauernden Erwerb von nicht angeborenen Fähigkeiten, durch die Tiere und Menschen ihre Fitneß verbessern, und zwar unter der Voraussetzung, daß die jeweils lebensgeschichtlich gemachten und genutzten Lern-Erfahrungen gerade nicht an die Nachkommen „vererbt" werden können. Von Lernen kann in diesem üblichen Sinne bei Tieren also nur dort gesprochen werden, wo Individuen über sog. offene Programme verfügen,

---

[21] Zu bedenken ist, daß die Kreationisten formal Konstruktivisten sind: Gott schafft die Welt nach einem Plan.

[22] Dies wirft Wuketits (1995, 31) u.a. *Pierre Teilhard de Chardin* (1881-1955): Der Mensch im Kosmos (1955), und *J. Illies*: Schöpfung oder Evolution. Ein Naturwissenschaftler zur Menschwerdung (Zürich 1979) vor.

[23] Die angeborenen Formen möglicher Erfahrung, in: Zeitschrift für Tierpsychologie 2, 1943, 235-409.

[24] Das Kapitel 1 von *K. Lorenz*: Die Rückseite des Spiegels. Versuch einer Naturgeschichte menschlichen Erkennens, München 1977, trägt den Titel: Das Leben als Erkenntnisvorgang, S. 35-46. Ähnlich spricht von Weizsäcker davon, daß das Leben „gnoseomorph" (1993, 99) sei.

[25] Dieser Versuch wird in Kapitel 54.3. ausführlich vorgestellt.

also mit einem Nervensystem ausgestattet sind, das Erfahrungen aufnimmt, neuronal speichert, im künftigen Verhalten situationsangemessen bereithält und ihnen dadurch einen Vorteil verschafft.

Betrachtet man jedoch die auf eine mögliche zukünftige Anwendung gerichtete Bewahrung einer einmal gemachten Erfahrung losgelöst von ihrem individuellen Träger, dann kann man in einem erweiterten Sinne die Evolution der Arten als ein bzw. ihr Lernen bezeichnen, insofern sie die durch Mutation und Rekombination erworbenen Eigenschaften einzelner Individuen im sexuellen Austausch und der Verbreitung der Gene bewahren, nutzen, weiter optimieren und zu einem allgemeinen „Wissen" ihres artspezifischen Genoms machen. Dieses Lernen läßt sich mikroevolutionär im schrittweisen Zuwachs kleiner und kleinster Erwerbungen bei den Individuen und Gruppen, makroevolutionär in der Differenzierung und Spezialisierung der Baupläne, Funktionssysteme und Verhaltensweisen der Arten und bioevolutionär insgesamt in den jeweils grundlegenden „Erfindungen" und Integrationsstufen eines immer höher organisierten Fähigkeitssystems des Lebens auf Erden beschreiben.

Im Prozeß dieses Lernens der Arten entwickeln sich auch bereits auf sehr frühen Stufen der Evolution Formen des im üblichen Sinne echten Lernens der Tiere. Dabei steckt die evolutionär erworbene Lernfähigkeit der jeweiligen Art den Rahmen für das ab, was die ihr zugehörigen Individuen im Laufe ihres Lebens überhaupt erlernen können. Wenn also z.B. Graugänse im wesentlichen monogam sind und ihren Lebenspartner unter vielen anderen Artgenossen individuell erkennen, dann geschieht das deshalb, weil sie die dafür notwendige Lernfähigkeit haben, über die z.B. Heringe, die ihre Schwarmpartner nur als beliebige Artgenossen wahrnehmen, nicht verfügen. Insgesamt läßt sich so die Evolution als ein Prozeß zunehmender Leistungs- und Lernfähigkeit – was weitgehend dasselbe ist – sowohl der Arten als auch der Individuen charakterisieren.

3.2 Evolutionäre Stufen des Lernens
(1) Evolution der elementareren (Re-)Aktionsfähigkeit

Eine *erste* Stufe des Lernens in diesem Sinne ist bereits mit dem Entstehungsprozeß des Lebens erreicht. Wie im vorigen Kapitel dargelegt, verdankt es seine Existenz der sich selbst optimierenden Fähigkeit großer Moleküle, in Auseinandersetzung mit der Umwelt diese immer besser für die Zwecke ihrer Selbsterhaltung und Vermehrung zu nutzen. Diese Fähigkeit hat sich als Erbe allem Leben bis heute im Prinzip mitgeteilt. Seither verfügen alle Lebewesen, von den einfachsten Einzellern bis zu den am höchsten organisierten Mehrzellern, über bestimmte Reflexe und Automatismen, die sie vor – und später: neben – aller hormonalen und nervösen Informationsverarbeitung angemessen gegenüber ihrer Umwelt (re-)agieren lassen. Der Erfahrungsraum auf diesem Niveau des Lernens ist zweifellos klein und enthält wenige „Objekte", er vermittelt jedoch den Organismen ein für ihr besonderes Leben durchaus zutreffendes Wissen von der Außenwelt.

(2) Vegetative Programme, adaptive Modifikationen und Erbkoordinationen

Mit dem Erwerb sog. adaptiver Modifikationen, vegetativer Programme und Erbkoordinationen gewinnen die Lebewesen auf einer *zweiten* Stufe des Lernens der Arten dann bereits erheblich größere Spielräume des Wahrnehmens und Verhaltens. Die komplexe innerkörperliche Organisation schon auf der Ebene der Einzeller und primitiver Mehrzeller und die damit verbundene Selbstregulationsfähigkeit des Körpers werden mit der Differenzierung und Spezialisierung der Körperfunktionen in besonderen Organen und Organsystemen und mit der Herausbildung zahlreicher miteinander vernetzter *vegetativer Programme* um ein Vielfaches erhöht. Die adaptive *Modifikation*, d.h. die mehr oder weniger dauerhafte ontogenetische Anpassung des Körpers und des Verhaltens an Umweltgegebenheiten, macht dann schon einen individuell differenzierten Lebenslauf und das Leben einer bestimmten Spezies in unterschiedlichen Biotopen möglich. Die Fähigkeit dazu wirkt sich bereits in der Embryonal- und Fötalentwicklung aus und zeigt sich dann in allen vom Lebensalter bestimmten Wachstums- und Entwicklungsprozessen und allen den äußeren Verhältnissen längerfristig geschuldeten Veränderungen. Begründet ist diese Fähigkeit im Genotyp der Arten und Individuen. In der Varianz des Phänotyps erweisen sich Umfang und Grad der Anpassung an Umweltverhältnisse, d.h. die mehr oder weniger große Flexibilität der Arten. Mit dem Erwerb von *Erbkoordinationen* schließlich, die als komplex gestaffelte *Instinkte* Problemlösungsstrategien für typische lebenswichtige Situationen darstellen und Schablonen aus einer Zeit sind, „da die Intelligenz noch nicht erfunden war"[26], entstehen bei Tieren die so überaus vielfältigen arteigenen Formen der Auseinandersetzung mit der Umwelt und mit ihresgleichen. Was bei einfachen Lebewesen noch eine starre, lineare Instinkthierarchie und eine feste Stufenabfolge des Verhaltens bis zu seinem Endziel ist, entfaltet sich bei den komplexer entwickelten Tieren zu einem gelockerten Instinktgefüge, in dem jeweilige Gestimmtheiten und Situationen Verhaltensalternativen eröffnen und das Verhalten insgesamt plastischer, variabler, flexibler machen.

Mit dem evolutionären Ausbau dieser instinktiven Alternativen hat sich auf dieser zweiten Stufe des Lernens der Arten am Grundverhältnis des Individuums zur Umwelt und zu sich selbst freilich im Prinzip wenig geändert. Zwar hat es ein immer größeres Spektrum an Möglichkeiten der Selbstbehauptung gewonnen. In seinem Wahrnehmen und Verhalten ist es jedoch trotz Lockerung der Instinktstruktur weiterhin ganz an das im Erbprogramm vorgegebene Wissen von den möglichen Ereignissen in der inneren und äußeren Welt und an die dem angemessenen Reaktionsformen gebunden.

(3) Offene Wahrnehmungs- und Verhaltensprogramme

Mit der Fähigkeit zum Lernen im üblichen Verständnis des Begriffs wird im Tierreich die *dritte* Stufe des Lernens der Arten erreicht. Die Voraussetzung hierfür sind sog. offene Erbprogramme. Ihre Leistung besteht darin, daß bei einer teilweisen Lockerung der Elemente und der Abfolge komplexer Erbkoordinationen in sie „hineingelernt" werden kann. Das Tier ist nun nicht mehr an den Vollzug einer

---

[26] Bischof 1989, 546.

Instinkthandlung bzw. ihrer wenigen Alternativen gebunden und lebt nicht mehr ausschließlich aus sozusagen ererbter Erfahrung, sondern gewinnt einen gewissen Freiraum gegenüber dem Diktat der angeborenen Steuerung. Diesen verdankt es der Fähigkeit, im Lebensraum charakteristisch auftretende, jedoch letztlich einmalige Situationen, Objekte und fremde und eigene Verhaltensweisen nach ihrer Lebensdienlichkeit bzw. -abträglichkeit zu bewerten, innerlich zu behalten und künftig aufzusuchen bzw. anzustreben oder gerade zu meiden. Die zunächst nur auf einige wenige „Lernlektionen" beschränkte Lockerung der Erbkoordinationen entstand überall dort, wo der besondere Inhalt bestimmter Standardsituationen unmöglich bereits im Genom als „vorhergesehene" Information enthalten sein kann und wo die Fähigkeit, individuell gemachte positive oder negative Erfahrung in künftigen Situationen in zuträglicher Weise für den eigenen Organismus zu nutzen, die Gesamtfitneß beträchtlich verbessert. Dazu gehört z.B. die nur in der sog. sensiblen Phase mögliche „Prägung" eines Jungtieres auf ein bestimmtes Betreuungsindividuum.

Eine evolutionär höhere Form ist sodann die Fähigkeit des Lernens durch „Versuch und Irrtum", das eine „Rückmeldung des Erfolgs" voraussetzt. Lebewesen, die dazu in der Lage sind, müssen sowohl einen Zusammenhang zwischen einer eigenen (zufälligen) Verhaltensweise und ihrer positiven oder negativen Wirkung momentan herstellen als auch später die früher gemachte Erfahrung in einer vergleichbaren Situation nutzen können. Auf noch einem höherem Niveau ist das Lernen durch nicht-momentverhaftete Tätigkeiten, wie die explorative Neugier und das künftige Ernstsituationen erprobende Spiel, und das Lernen durch Nachahmung des Artgenossen als eines Vorbildes anzusetzen. Auf dem Niveau der am höchsten entwickelten Tiere schließlich findet sich bereits das Lernen durch „Einsicht" (in eine Situation) und „intelligentes" Handeln i.S. eines antizipierenden Probehandelns im innerlich vorgestellten Raum.[27]

Die evolutionär älteren, „geschlossenen" Programme sind bei dem fortgeschrittenen Lernen indessen fast nie zugunsten der neueren, „offenen" Programme aufgegeben worden. Denn bei gleichbleibenden Umweltbedingungen und bei der Sicherung elementarer Lebensfunktionen sind erstere gegenüber den auf unvorhersehbare und rasch wechselnde Verhältnisse antwortenden und damit auch störanfälligeren Programmen überlegen. Mit dieser evolutionären Stufung geht auch ein entsprechender Zuwachs an Speicherung von Wissen einher. Während die Ergebnisse reflexhaften und erbkoordinatorischen Verhaltens nur im Augenblick von Bedeutung sind und alsbald vom Individuum wieder „vergessen" werden, ist es das Charakteristische von Lernleistungen im höheren Sinne gerade, dem Individuum längerfristig zur Verfügung zu stehen. Im Durchschreiten dieser drei Stufen des Lernens zeigt sich, daß das Lernen nicht nur ein unabtrennbares und sich im Laufe der Evolution steigerndes Moment des Lebens ist, sondern sich alle seine Formen auch noch beim Menschen als direktes Erbe aus seiner Tiervergangenheit finden.

---

[27] Siehe dazu Kapitel 55.1.2.

53. Die Naturgeschichte des Menschen:
Die Evolution von Homo sapiens

1. Forschungsgeschichtliche Wege der Philosophischen und der
   Biologischen Anthropologie   877
2. Die Evolution des Menschen   884
3. Kulturalität: Der Mensch als Kulturwesen von Natur   892

Zoologisch ist der Jetztmensch (Homo sapiens) ein hochentwickeltes Säugetier, das zur Ordnung der Herrentiere (Primates), dann näherhin zur Unterordnung der Anthropoidea, zur Familie der Menschenaffen (Pongidae) und schließlich gemeinsam mit Gorilla und Schimpanse zur Unterfamilie der Menschenartigen (Homininae) gehört und heute innerhalb der Menschen (Hominidae) nur noch durch ihn selbst vertreten ist.[1] Mit den Mitgliedern aller genannten Tiere teilt er, gestuft nach der unterschiedlich langen gemeinsamen Herkunft, in der Gestalt, in den physiologischen Funktionen, in der neuronalen und hormonalen Art der Verarbeitung innerer und äußerer Reize, in den elementaren psychischen Funktionen und schließlich im Verhalten viele grundlegende Merkmale. Erst als Homo sapiens sapiens, nämlich als das zusätzlich durch eine entwickelte Geistigkeit und Kulturalität ausgezeichnete Wesen, das vor etwa 200.000 bis 150.000 Jahren in Afrika entstanden ist, sich über die ganze Welt verbreitet und dabei alle anderen mit ihm noch konkurrierenden Hominiden verdrängt hat, erhebt er sich auch prinzipiell über alle anderen Lebewesen. Daß so der Mensch biologisch als eine außerordentlich weit entwickelte Menschenaffenart begriffen werden muß, ist nicht nur bei gläubigen Menschen lange Zeit und – z.T. bis heute – auf Ablehnung gestoßen, sondern hat, ebenfalls z.T. bis heute, Befremden ausgelöst und Zweifel erregt auch noch bei jenen Menschen, die sonst grundsätzlich, den evolutionären Deutungsansatz bejahen, ihn aber nicht für ausreichend hinsichtlich der Erklärung der besonderen Geistigkeit des Menschen halten. Das mag daran liegen, daß die Erkenntnis der gemeinsamen Herkunft mit den Affen die menschliche Selbstliebe mehr gekränkt hat, als es jene anderen Annahmen von der ohne übernatürliche Einwirkung erfolgten Entstehung und Geschichte des Weltalls, des Lebens allgemein und der pflanzlichen und tierischen Lebensformen vermocht haben. Vor der Skizzierung der Evolution des Menschen selbst werden deshalb in Abschnitt 1 zunächst die unterschiedlichen, teils sich ergänzenden, teils sich ausschließenden philosophischen und biologischen Ansätze der Erforschung und Deutung der Frühgeschichte des Menschen vorgestellt. Abschnitt 2 rekapituliert dann den heutigen biowissenschaftlichen Erkenntnisstand über die Evolution des Menschen, indem zunächst deren Hauptetappen, dann das dabei entstandene Biogramm und schließlich die dadurch strukturell vorprogrammierte Ontogenese dargestellt werden. Abschnitt 3 thematisiert die Geschichte der Kultur unter dem Blickwinkel ihrer möglichen Analogie zur Bioevolution als kulturelle Evolution. Die in diesem Kapitel verhältnismäßig ausführlich dargestellten Erkenntnisse über die biotische Natur des Menschen haben jenseits ihrer naturhistorischen Begrün-

---

[1] Die Klassifikation ist allerdings mehrfach geändert worden und ist auch in der hier gegebenen Form nicht unumstritten.

dung den Zweck, dem Kulturhistoriker die natürlichen Voraussetzungen in Erinnerung zu rufen, unter denen die Menschen leben, und ihm den größeren Zusammenhang seines historischen Denkens aufzuzeigen.

1. Forschungsgeschichtliche Wege der Philosophischen und der Biologischen Anthropologie

Die Frage, woher wir kommen, hat die Menschheit seit ihren kulturellen Anfängen begleitet. Wissenschaftliche Versuche, den Schleier, der über ihrer Herkunft liegt, wenigstens ein wenig zu lüften, konnten jedoch erst seit dem 19. Jahrhundert mit einiger Aussicht auf Erfolg unternommen werden.[2] Wenn sich der Weg der Rekonstruktion der stammesgeschichtlichen Evolution des Menschen seither auch als ein sehr mühsamer, umwegiger, spannungsreicher und weiterhin vor vielen Rätseln stehender Entdeckungsprozeß darstellt[3], so ist doch der gesicherte Erkenntnisgewinn inzwischen sehr groß. Daran haben mit geradezu detektivischem Scharfsinn zahlreiche Biowissenschaften mitgewirkt, vor allem die *Paläoanthropologie*, die *Humanethologie*, die *Humangenetik* und *-medizin*, die *Psychobiologie* und die *neurophysiologische Hirnforschung*.[4]

Der multidisziplinäre Zugriff war – und ist – auch deshalb geboten, weil die Deutung natur- und frühgeschichtlicher Dokumente und Spuren gegenüber wilder Spekulation nur durch unabhängig von einander gewonnene Erkenntnisse und wechselseitige Korrekturen geschützt werden kann. Die Geschichte der Paläoanthropologie zeigt, daß viele ihrer Theorien – wie etwa die „Killer-Affen-Theorie", die „Mußekultur-Theorie" oder die „Aasverwerter-Theorie" – im Kontext zeitbedingter Strömungen entstanden sind und allein schon deswegen hinterfragt werden müssen.[5]

---

[2] Vgl. hierzu die Ausführungen in Kapitel 24.

[3] Deshalb erscheint im Titel vieler Bücher, die diesen Prozeß beschreiben, der Rätselbegriff, wie z.B. bei *A. Reichholf*: Das Rätsel der Menschwerdung. Die Entstehung des Menschen im Wechselspiel der Natur, München ²1997.

[4] Zum Ertrag dieser Forschung insgesamt vgl. die Handbücher: *H.-G. Gadamer/P. Vogler* (Hg.): Biologische Anthropologie, Bd. 2 der „Neue(n) Anthropologie, Stuttgart 1972; *H. Wendt/N. Loacker* (Hg.): Kindlers Enzyklopädie Der Mensch. 10 Bde., Zürich 1982-1985; *K. Immelmann* u.a. (Hg.): Funkkolleg Psychobiologie. Verhalten bei Mensch und Tier, Weinheim/Basel 1986 f.; *W. Schiefenhövel* u.a. (Hg.): Funkkolleg Der Mensch. Anthropologie heute. Weinheim 1992 f.. Das Zentrum dieser Forschung ist in Deutschland heute das *Max-Planck-Institut für Evolutionäre Anthropologie* in Leipzig mit den Unterabteilungen Primatologie, Linguistik, Evolutionäre Genetik und Entwicklungspsychologie und Vergleichende Psychologie.

[5] Vgl. dazu das Buch des großen Kritikers aller dieser Annahmen *R. Binford*: Die Vorzeit war ganz anders, München 1984; mit zustimmenden Bezug auf Binford: *M. Kuckenburg*: Lag Eden im Neandertal? Auf der Suche nach dem frühen Menschen, Düsseldorf/München 1997 (bes. 149-198). Vgl. auch ders.: Als der Mensch zum Schöpfer wurde. An den Wurzeln der Kultur, Stuttgart 2001. Dem kulturellen Wandel und der heutigen Bewertung der wissenschaftlichen Modelle der Paläoanthropologie gewidmet ist der Band von *B. Kleeberg/T.Walter/F. Crivellari* (Hg.): Urmensch und Wissenschaften. Eine Bestandsaufnahme, Darmstadt 2005.

Alle genannten Wissenschaften thematisieren außer der Körperlichkeit durchweg die sich herausbildende Geistigkeit und Kulturalität des Menschen, so daß die auf der Evolutionstheorie gründende „*Biologie des Geistes*"[6] heute das sich am raschesten entwickelnde Forschungsgebiet der naturwissenschaftlichen Anthropologie neben der gentechnischen Forschung der Medizin ist.

Gesondert ist hier auf den Beitrag der *Philosophischen Anthropologie* aus der ersten Hälfte des 20. Jahrhunderts hinzuweisen.[7] Er wird im folgenden sogar an den Anfang gestellt. Denn diese Anthropologie hat gegenüber den sich erst seit der Mitte des Jahrhunderts durch prinzipiell neue Erkenntnisse theoretisch begründenden biowissenschaftlichen Anthropologien einen gewissen zeitlichen Vorlauf und ist bis heute von Interesse, weil sie in Kenntnis und in teilweiser Anerkennung der Darwinschen Evolutionstheorie eine von den Bioanthropologien z.T. abweichende Position bezogen hat und ebendeshalb eine Herausforderung insbesondere für die Humanethologie bis heute ist.

1.1 Die Philosophische Anthropologie:
    Der Mensch als die mit organischen Mängeln behaftete, „exzentrische" Antithese
    des Tiers

Auffällig ist zunächst, daß sich schon im ersten Drittel des 20. Jahrhunderts die wissenschaftlichen Philosophie in Gestalt einer neuen Anthropologie der biologischen Herausforderung stellt und zu einer konstruktiven Antwort findet, also die neueren Einsichten der Humanbiologie nicht nur abwehrend zur Kenntnis nimmt, sondern kritisch rezipiert, in Teilen zum Gegenstand einer durchaus eigenständigen Deutung macht, sich ihrerseits dadurch gegenüber dem anthropologischen Denken der bisherigen Philosophie abgrenzt und dabei als *Philosophische Anthropologie* einen wichtigen Beitrag auch zur allgemeinen kulturtheoretischen Reflexion leistet. Im Rückblick läßt sich zudem sagen, daß ihr Zögern, evolutionstheoretische Vorstellungen einfach nur zu übernehmen, ebenso berechtigt war, wie ihre damalige Kritik an gewissen Scheinsicherheiten des Darwinismus heute noch bedenkenswert erscheint.

Die Hauptvertreter dieser fast ausschließlich deutschen Philosophie sind MAX SCHELER (1874-1928), HELMUTH PLESSNER (1892-1985) und ARNOLD GEHLEN (1904-1976).[8] Es charakterisiert diese Forscher zunächst, daß sie die biologische Grundannahme der Evolution des Lebendigen teilen. Die Zustimmung dazu wurde ihnen als Philosophen durch Zweierlei erleichtert. Zum einen war ihnen die in der Antike entstandene und von Leibniz in neuerer Zeit wiederbelebte Vorstellung von der „Kette des Seins" bzw. einer *ontologischen „Schichtung" des Lebendigen* geläufig[9],

---

[6] Vgl. dazu die Kapitel 54-59.

[7] Einen guten Überblick gibt die kaum veraltete Darstellung von *A. Diemer*: Elementarkurs Philosophie. Philosophische Anthropologie, Düsseldorf/Wien 1978.

[8] Von fachlicher Seite stand der Philosophischen Anthropologie der Biologe *Adolf Portmann* (1897-1982) nahe, u.a. in seinem Buch: Vom Lebendigen, Frankfurt 1971.

[9] Dieses ontologische Denken hatte zwischen den Weltkriegen in den Werken des Philosophen *Nicolai Hartmann* seinen wirkmächtigsten Vertreter. Seine Schichtungslehre findet sich schon in seinem frühen Werk: Philosophische Grundfragen der Biologie, Göttingen 1912, und dann

zum andern konnte die Vorstellung von der natürlichen Entwicklung des Lebens über „Stufen" des Seins an das im 18. Jahrhundert entwickelte kulturhistorische Fortschrittsschema anknüpfen. Während man so keine Schwierigkeit mehr darin sah, den Menschen in organischer Hinsicht im Stammbaum der Tiere zu verorten, versagte man sich aber umso heftiger der Annahme, ihn auch als Geistwesen ausschließlich biologisch zu deuten. Der Gewinn, den man bis heute aus dieser philosophischen Anthropologie ziehen kann, besteht infolgedessen gerade darin, daß sie den Menschen in seiner Doppelnatur als Natur- *und* als Geistwesen ganz ernstnimmt und die daherrührenden Möglichkeiten und Bedingtheiten reflektiert.

Schelers kleine, jedoch breit rezipierte Schrift „Die Stellung des Menschen im Kosmos" (1928)[10] setzt in diesem Sinne eine Entwicklung des Menschen in fünf *Stufen* voraus, deren vierte Stufe durch eine „praktische Intelligenz" wie bei den Affen charakterisiert ist und deren fünfte Stufe der Geist ist, der die animalischen Triebe beherrschen und kulturelle Ziele anstreben kann. Ähnliche Stufen nimmt *Plessner* in seiner Schrift „Die Stufen des Organischen und der Mensch" (1928, ³1975) an. Auch bei ihm macht die letzte Stufe sein eigentliches Wesen aus. Sie charakterisiert ihn kraft seiner Selbstreflexion als ein Wesen „*exzentrischer Positionalität*", als ein Wesen, das als Subjekt und sozusagen aus der Mitte der Welt diese und sich selbst von außen betrachten kann. Dies unterscheidet ihn prinzipiell von allen wahrnehmenden und empfindenden Lebewesen. In der Tat dürften von dieser Art Geistigkeit die am höchsten entwickelten Tiere noch nicht einmal eine Ahnung haben.

Eine viel beachtete und die Diskussion über die Herausentwicklung der Kultur aus der Natur bis heute belebende Deutung hat *Gehlen* in seiner Schrift: „Der Mensch. Seine Natur und seine Stellung in der Welt" (1940)[11] gegeben. Dabei geht Gehlen von der schon in der Antike formulierten und dann immer wieder in der philosophischen Tradition bekräftigten Auffassung aus, daß der Mensch in organischer Hinsicht den Tieren unterlegen sei, ihm zudem alle seine Existenz sichernden Instinkte verloren gegangen seien und er zur Kompensation seiner Mängel die Kultur erfunden habe. Eine spezifische Wendung gibt er dieser Theorie, indem er die faktische Überlegenheit des Menschen über alle Tiere mit der Erfindung von Institutionen erklärt. Diese glichen nicht nur seine körperliche Schwäche und seine Instinktarmut aus, sondern gäben ihm auch eine moralische Stütze, deren er in seiner Verhaltensunsicherheit und in seinem Egoismus auch unbedingt bedürfe. Diese Annahme hat einiges für sich – weshalb sie ja auch bis heute in der Sozialphilosophie eine gewisse Zustimmung findet – und ist doch vom Grundansatz her falsch. *Weder ist der Mensch ein Mängelwesen noch ist „Kultur" ein Ersatz für „Natur".*

[] u.a. in: Der Aufbau der realen Welt. Grundriß der allgemeinen Kategorienlehre, Meisenheim am Glan ²1949, wie auch in seiner in den 50er Jahren weit verbreiteten: Einführung in die Philosophie, Hannover 1949, dort S. 120-144.

[10] München 1966.

[11] Bonn ¹²1978. Unter seinen zahlreichen hier einschlägigen Schriften ist noch besonders zu nennen: Urmensch und Spätkultur (1956), Frankfurt ⁴1977.

Das rückt die Biologische Anthropologie, wie weiter unten dargestellt, mit stichhaltigen Gründen zurecht.

Gemeinsam ist den genannten drei Philosophen, daß sie Tier und Mensch zumeist pauschal gegenüberstellen und damit trotz Einbezugs des neuen biologischen Wissens über den Menschen und über die mit ihm nahverwandten Tieren die abendländische Tradition der *Wesens-Anthropologie* nochmals, wenn auch auf einem höherem empirischen und Reflexionsniveau, fortsetzen. Denn wenn sie durchweg von *dem* Tier und *dem* Menschen und den ihnen zukommenden Eigenschaften sprechen, unterschlagen sie zum einen die Differenzen zwischen den Tieren und zum andern den evolutionären Grundgedanken der allmählichen Herausbildung von Homo sapiens im Tier-Mensch-Übergangsfeld[12]. Dem liegt zugrunde, daß sich die Philosophische Anthropologie letztlich doch gegen die Herausentwicklung des Menschen aus dem Tierreich sträubt und in ihm nicht eine hochkomplexe Weiterentwicklung des Animalen, sondern eine „Antithese des Tieres" sieht[13] und ihn wesensmäßig „feststellt". So fehlt die naturhistorisch-evolutionäre Perspektive auch noch in der „Fundamental-Anthropologie" (Bonn 1984), die der Philosoph *Michael Landmann* vorgelegt hat. „Geschichte" – sie selbst zwar eines von 23 „Anthropina" (1984, 139 ff.) – begreift er bloß als Variation allgemeinmenschlicher Strukturen in der Zeit. Dem ist entgegenzuhalten, daß Variabilität eben gerade nicht mit Geschichtlichkeit gleichzusetzen ist, vielmehr die Unveränderlichkeit eines Schemas voraussetzt.[14]

Trotz dieser Kritik an der Philosophische Anthropologie ist festzuhalten, daß sich erstmals durch sie im 20. Jahrhundert Ansätze zu einer integrativen bio- und kulturevolutionären Anthropologie abzeichnen und ihre Wesensaussagen über den Menschen immerhin insoweit eine Berechtigung haben, als sich Homo sapiens von seinem Auftauchen in Afrika vor 200.000 Jahren an bis heute von seinen neurophysiologisch-geistigen Voraussetzungen her einschließlich seiner Kulturfähigkeit nicht mehr grundsätzlich verändert haben dürfte und so dann doch eine Wesensdifferenz zwischen dem Jetztmenschen und allen seinen hominiden und animalen Vorfahren besteht..[15] Demgegenüber muß bedauert werden, daß die gegenwärtige kulturwissenschaftliche und -historische Anthropologie immer noch fast ganz auf eine Auseinandersetzung mit der heutigen biologischen Anthropologie verzichtet.

---

[12] Den Begriff Tier-Mensch-Übergangsfeld hat der Paläoanthropologe *G. Heberer* in die deutsche Wissenschaftssprache eingeführt. Vgl. seinen Beitrag: Die Herkunft des Menschen, in: Propyläen Weltgeschichte, Bd. 1, 1961, 87-153.

[13] Bischof 1989, 511.

[14] Vgl. auch ders.: Philosophische Anthropologie, Berlin 1955.

[15] Eine Verbindung stellt der von *H. Rössner* herausgegebene Band her: Der ganze Mensch. Aspekte einer pragmatischen Anthropologie, München 1986. Zur differenzierten Einschätzung der Philosophischen Anthropologie und insbesondere von Gehlens Leistung vgl. aus biologischer Sicht Bischof 1989, 503 ff.

1.2 Die humanethologisch fundierte Biologische Anthropologie:
Der Mensch als das von Natur aus auf Kultur angelegte und angewiesene Wesen und das zugleich auch körperlich erfolgreichste Säugetier

Während die Vorstellungen der Philosophischen Anthropologie aus der ersten Jahrhunderthälfte weiterhin in vieler Hinsicht anregend sind, gilt dies für große Teile der damaligen biologischen Anthropologie überhaupt nicht. Im Zuge des *rassistischen Sündenfalls der Biologie*, welcher durch Darwin weder begründet noch gedanklich vorbereitet worden ist, jedoch von seinen Nachfolgern im Verein mit Genetikern und Ethnologen vor allem in Deutschland begangen worden ist, hat sie sich dafür hergegeben, Menschen zu vermessen[16], sie überhaupt nach äußeren Merkmalen zu beurteilen, nach ihrer scheinbar „blutsmäßig" begründeten ethnischen und religiösen Herkunft in psychisch differente rassische Haupt- und Untergruppen zu gliedern, „wertes" und „unwertes" Menschenleben zu unterscheiden und „Rassenhygiene" zu propagieren. Inzwischen hat gerade die Genetik durch molekulargenetische Untersuchungen und stammesgeschichtliche Rückschlüsse die alles beherrschende Einheit in der Vielfalt des rezenten Menschengeschlechts bewiesen. Danach ist außerdem die genetische Varianz innerhalb beliebiger Menschengruppen immer größer als die genetische Differenz zwischen solchen Gruppen, gilt die Ethnizität grundsätzlich nicht als biotisch, sondern als kulturell begründet und muß deshalb die ganze rassistische Anthropologie als ein fataler Irrglauben bewertet werden.[17]

Der größte Beitrag zur Erforschung der Naturgeschichte des Menschen kommt heute paradoxerweise aus den primär Gegenwärtiges erforschenden Biowissenschaften, aus der *Biologischen Anthropologie*[18], aus der *Humangenetik* und aus der *(Human-)Ethologie*. Indem man in diesen Disziplinen das Verhalten des Menschen systematisch mit dem von Tieren vergleicht und daraus Schlüsse auf das „homolog" vererbte, also auf gemeinsame Vorformen verweisende Verhalten zieht, findet man auch einen Zugang zur Stammesgeschichte des Menschen. Der in der Philosophischen Anthropologie lange Zeit übliche Globalvergleich zwischen dem Menschen und dem Tier wird hier allerdings gemieden, weil sich das Besondere des Menschen nicht in einem Vergleich mit „dem" Tier, sondern in der abgestuften Unterscheidung von nah- und fernverwandten Tieren und von einzelnen sich naturhistorisch ausbildenden Eigenschaften zeigt.[19] Dabei liegt es zunächst nahe, sich beim *Tier-Mensch-*

---

[16] Deutliche Spuren dieser Vermessungsideologie tragen noch die von *I. Schwidetzky* verfaßten Artikel „Konstitution" (89 ff.), „Rasse" (187 ff.), „Rassengeschichte" (215 ff.) und „Rassenpsychologie" (250 ff.) in dem von ihr, *G. Heberer* und *H. Walter* erstmals 1959 und dann 1970 in einer überarbeiteten Neuausgabe herausgegebenen „Fischer Lexikon Anthropologie" (Frankfurt). Die Geschichte der seit der Spätaufklärung betriebenen Zuschreibung von moralisch-kultureller Superiorität bzw. Inferiorität der Individuen und Völker nach der Größe und Gestalt ihres Gehirns stellt dar *M. Hagner*: Zur Geschichte der Elitegehirnforschung, Göttingen 2004.

[17] Vgl. dazu *S. Olson*: Herkunft und Geschichte des Menschen. Was die Gene über unsere Vergangenheit verraten, Berlin 2003.

[18] Vgl. *R. Knußmann*: Vergleichende Biologie des Menschen. Lehrbuch der Anthropologie und Humangenetik (1980), Stuttgart/New York ²1996; *G. Gruppe* u.a.: Anthropologie. Ein einführendes Lehrbuch, Berlin u.a. 2005.

[19] Weil sich ihre gemeinsame Geschichte „erst" vor etwa 8 Millionen Jahren trennt, teilt der

Vergleich besonders dem Verhalten der nahverwandten Primaten zuzuwenden. Ähnliche Lebensstrategien und Lebensweisen können sich jedoch auch unabhängig von der phylogenetischen Nähe in Anpassung an bestimmte Lebens- und Umweltbedingungen herausbilden. In der vergleichenden Betrachtung sind deshalb die sog. *analogen* – d.h. bloß funktionell bedingten – Merkmale von den sog. *homologen* – d.h. die aus einer gemeinsamen Tierverwandtschaft herrührenden – Merkmalen abzugrenzen. Beide Arten von Merkmalen sind bei der Erklärung ihrer Entstehung heranzuziehen. Nur für letztere gibt es ein direktes Pendant bei nahverwandten Tieren. Bei ersteren handelt es sich um solche evolutionäre Erwerbungen und „Erfindungen", die, weil sie gleichsam in der „Natur der Sache" lagen, in unterschiedlichen Arten, Biotopen und Zeiten mehrfach und unabhängig von einander gemacht und ins jeweilige Genom der Arten übernommen wurden, wie am Beispiel des Linsenauges im vorigen Kapitel expliziert worden ist.

In methodischer Hinsicht profitiert die Humanethologie von dem allgemeinen ethologischen Forschungsgrundsatz, das arteigene Verhalten von Tieren möglichst unverfälscht dadurch zu erkennen, daß man diese in ihrem natürlichen Lebensraum aufsucht. Indem die Humanethologie ähnlich vorgeht und deswegen „Menschenforschung" u.a. bei den die originäre Menschennatur scheinbar oder wirklich klarer zeigenden sog. Primitiven betreibt, geht sie in Opposition zur Laborempirie der Medizin und der Psychologie und betreibt zudem genauso Feldforschung wie die Ethnologie.[20]

Zu diesem Zweck hat der Biologe *I. Eibl-Eibesfeldt* um 1970 zahlreiche über die Erde verstreute Primitivkulturen besucht und durch Filmaufnahmen, Interviews und Beschreibungsprotokolle versucht, angeborene und kulturelle Verhaltensweisen zu erfassen. Seine Forschung hat er dokumentiert in dem Buch: Menschenforschung auf neuen Wegen. Die naturwissenschaftliche Betrachtung kultureller Verhaltensweisen (Wien/München 1976). Dazu eignen sich freilich auch die Zivilisierten, die sich der Biologe *D. Morris* in seinen zahlreichen Erfolgsbüchern – gemeinsam mit den Primitiven und den Primaten – zu seinem „Wild" erwählt hat, u.a. in seinem Buch: Der nackte Affe, München 1968.

Obwohl die Begründer der Ethologie, d.h. der *tier*vergleichenden Verhaltensforschung, von Anfang an auch den Menschen mit in den Blick genommen haben, ist die *Human*ethologie als die auf den Menschen zielende biologische Verhaltensforschung erst seit den 60er Jahren durch jene Menschenforschung zu einem eigenen Forschungsbereich in der Biologie geworden.[21] Im Kontext der Anthropologien charakterisiert es die Humanethologie, daß sie, gegen die Grundannahme der Philosophischen Anthropologie, *Homo sapiens* auch organisch für das leistungsstärkste Säugetier und seine Kultur nicht für ein kompensierendes Surrogat, sondern für

---

Mensch mit den beiden heute existierenden Schimpansenarten noch ungefähr 98% der Gene, mit allen anderen Tieren entsprechend dem Verwandtschaftsgrad in Abstufungen weniger. D.h., für die frühesten Phasen der Menschwerdung ist das artspezifische Bio- und Ethogramm ganz erheblich im gemeinsamen Primatenerbe vorgezeichnet.

[20] Zur ethnologischen Feldforschung vgl. die Ausführungen in Kapitel 30.1.
[21] Das mehrfach überarbeitete Standardwerk hat *I. Eibl-Eibesfeldt* vorgelegt: Die Biologie des menschlichen Verhaltens. Grundriß der Humanethologie, München 1984/1997.

eine aus der Natur herauswachsende Steigerung von deren Möglichkeiten betrachtet. Die Begründung dafür ist, daß sich die organische Ausstattung des Menschen, wie die aller anderen heute noch existierenden Lebewesen, in Jahrhunderttausenden herausgebildet hat und erprobt worden ist. Dadurch ist sie gerade kein Hindernis auf dem Weg der Menschheit in die Kultur, sondern ihr sie tragendes und Kultur überhaupt erst ermöglichendes Fundament. Diese tief in unsere Tierherkunft reichende Leibnatur ist beim Jetztmenschen nicht verschwunden, sondern hat sich vielmehr sowohl in den Primitivgemeinschaften als auch in den modernen Massengesellschaften – trotz der vielen ungelösten zivilisationsinduzierten Probleme und Konflikte des Zusammenlebens dort – im wesentlichen bewährt, jedenfalls, wenn man zunächst nur die Gesundheit, biotopische Anpassungsfähigkeit, sinnesorganische und intellektuelle Orientiertheit, körperliche Gewandtheit und erreichbare Lebenserwartung der Mitglieder unserer Spezies zum Maßstab des evolutionären Erfolgs macht. Dabei bedeutet die evolutionär eingetretene Instinktabschwächung keinen Verlust, sondern einen Zugewinn an Freiheit im Handeln, wie auch die größere Unspezialisiertheit des Verhaltens nicht als ein Zeichen von Unangepaßtheit, sondern ebenfalls als Erweiterung von Möglichkeiten zu bewerten ist. Schließlich sind auch die Affekte und Stimmungen des Menschen nicht etwas, das es als gefährliche Natur in uns niederzuringen gilt, sondern etwas, das uns im allgemeinen zuträglich durch das Leben leitet. Als eine in diesem Sinne über das Natürliche am Menschen aufklärende Disziplin wirkt die Biologische Anthropologie heute stark auch auf die Paläoanthropologie, die eigentliche naturhistorische Leitdisziplin der Anthropologie, ein.

1.3 Paläoanthropologie:
   Die phylogenetische Erforschung des „Weges vom Affen zum Menschen"

Die sozusagen handgreiflichste Belegdisziplin der Phylogenese des Menschen ist in der Tat die Paläoanthropologie.[22] Sie hat freilich mit mehreren kaum zu behebenden Schwierigkeiten zu kämpfen. Diese bestehen zunächst darin, daß sich diese „stones and bones"-Wissenschaft immer nur auf relativ wenige, örtlich und zeitlich sehr ungleich verteilte „fossile" Beweisfunde von Knochen und sonstigen Überresten urmenschlicher Existenz stützen kann. Weil bei diesen Funden zudem alle Weichteile und alle nicht aus Stein gefertigten Werkzeuge fehlen und es nur wenige Spuren von „Körpern in Aktion" gibt – wie es Bearbeitungsspuren auf hergestellten Gegenständen und Fußabdrücke immerhin sind –, können über das Aussehen und das Verhalten der frühen Menschen immer nur Vermutungen angestellt werden. Trotz der großen Fortschritte der letzten Jahrzehnte herrscht schließlich auch weiterhin eine große Unsicherheit über das Zusammenspiel von geologischen, klimatischen, ökologischen, anatomischen und psychischen Faktoren bei der Menschwerdung.

---

[22] Zur Entstehung dieser Natur- *und* Kulturwissenschaft im 19. Jahrhundert vgl. Kapitel 25.2. Einen Überblick geben das Handbuch von *J. Herrmann,/H. Ullrich* (Hg.): Menschwerdung. Millionen Jahre Menschheitsentwicklung – natur- und geisteswissenschaftliche Ergebnisse. Eine Gesamtdarstellung, Berlin 1991; und der reichillustrierte Band von *Ch. Scarre* (Hg.): Weltatlas der Archäologie (engl. 1988), München 1990.

Wenn heute auch viele Lücken geschlossen sind und die Suche nach dem „missing link", dem einen fehlenden Zwischenglied zwischen „dem" Affen und „dem" Frühmenschen, aus prinzipiellen Gründen aufgegeben wurde und so der Forschungsgeschichte angehört[23], mußten doch die Äste, Zweige und die vielen ohne Fortsetzung gebliebenen Paralleltriebe am Stammbaum des Menschen bis in die jüngste Zeit immer wieder einer Revision und der Stammbaum insgesamt einer Korrektur unterzogen werden.[24]

2. Die Evolution des Menschen
2.1 Die Hominisation: Die Phylogenese des Menschen
(1) Vom Tier zum Frühmenschen

Nach dem heutigen Kenntnisstand haben sich die Hominiden in einem langen Evolutionsprozeß immer mehr von ihren äffischen Verwandten entfernt, in mehreren Spezies als eine eigene Familie konstituiert, bis von ihnen, nach dem Aussterben des Neandertaler-Menschen (*Homo sapiens neanderthaliensis*), nur noch die Spezies *Homo sapiens sapiens* übriggeblieben ist. Die Stammeslinien von Menschenaffen und ersten Hominiden scheinen sich vor etwa 8 Millionen Jahren getrennt zu haben, also weit vor dem durch Funde belegten Erscheinen der sog. Australopithecen, der „Südaffen", deren erste Zeugnisse, Fußspuren in Laetoli und die Skelettteile von „Lucy", etwa 4 bzw. 3,2 Millionen Jahre alt sind. Anatomisch und verhaltensmäßig dürfte die auf den Menschen hinlaufende Sonderentwicklung der Hominiden-Linien sich im davorliegenden Zeitraum von etwa 4 Millionen Jahren verstärkt beschleunigt haben, und zwar mit dem Übergang von in Bäumen lebenden und hauptsächlich Früchte fressenden Affen zum zusätzlich Fleisch fressenden und auf der Erde lebenden Aufrecht-Gehern in savannenartigem Gelände.[25] Man nimmt an, daß in Verbindung mit einem zunehmend besseren Orientierungssinn auf der festen Erde diese Vormenschen evolutionär immer besser „gelernt" haben, zum Zwecke des Sammelns geeigneter Pflanzen(teile) im Gelände umsichtig zu gehen, genauer: im Unterschied zum ungelenken Knöchelgang der Affen rhythmisch und fließend zu schreiten, und zum Erbeuten von Tieren und Aas schnell und ausdauernd zu laufen. Paradox formuliert heißt dies, daß der Mensch schon Aufrechtgeher und Läufer war, bevor er richtig zum Menschen wurde, und das Ursprünglichste an ihm sein aufrechter Gang und sein Lauffuß sind. Das ist auch deshalb auffäl-

---

[23] Eben weil die Evolution fast nie große Sprünge macht und nachgewiesen ist, daß die Hominidengeschichte eine Geschichte konkurrierender Spezies gewesen ist.

[24] Zum neueren Stand der Forschung vgl. *E. Steitz*: Die Evolution des Menschen, Stuttgart ³1993; *R.E. Leakey/R. Lewin*: Der Ursprung des Menschen. Auf der Suche nach den Spuren des Humanum (engl. 1992), Frankfurt 1993; *W. Henke/H. Rothe*: Paläoanthropologie, Berlin 1994; *dies.en*: Stammesgeschichte des Menschen. Eine Einführung, Berlin u.a. 1999. Eine knappe Fassung bietet der Aufsatz dieser beiden Forscher: Ursprung, Adaptation und Verbreitung der Gattung Homo. Marginalien zur Evolution eines *global player*, in: Kleeberg u.a. 2005, 89-123. Sie neigen in diesem Aufsatz dazu, *Homo erectus* (in heutiger Bezeichnung auch: *Homo ergaster*) die Quasiposition des *missing link* zuzugestehen (bes. 107-111). Vgl. auch *L. Lambrecht/K.H. Tjaden, M. Tjaden-Steinhauer* (Hg.): Gesellschaft von Olduvai bis Uruk. Soziologische Exkursionen, Kassel 1998.

[25] Zu den zahlreichen Hypothesen der Entstehung der Bipedie vgl. Steitz 1993, 171 ff.

lig, weil der raumgreifende, kräfteschonende Dauerlauf unter den Tieren wenig verbreitet ist. Diese pflegen zumeist nur, sich in einem kurzen Sprint vor Feinden aus der Gefahr zu bringen oder ihre Beute zu erhaschen. Drei weitere anatomische Neuerwerbungen bzw. Folgen dürften den Evolutionsschritt zum aufrechten Gang befördert haben: die Verbesserung der Fernsicht der Augen, der Verlust des Fells und vor allem die Evolution der freigewordenen Hände und Arme zu Instrumenten des Werfens, Tragens und „Manipulierens" von Dingen, wozu ihrerseits die Evolution des Gesichtssinnes, d.h. die der Koordination von Hand und Auge, beigetragen haben dürfte. Wie die Funde belegen, haben die Hominiden sich nach dieser großen Umstellung auf den neuen Lebensraum, die neue Fortbewegungsart und die vielfältigere Ernährung anatomisch-morphologisch und physiologisch, also in ihrem Körperbau und ihren innerkörperlichen Grundfunktionen, während der letzten zweieinhalb Millionen Jahre nur noch unwesentlich verändert, so daß sich die frühesten Hominiden im Erscheinungsbild vermutlich nicht allzu sehr vom Jetztmenschen unterschieden und bereits deutlich von den nahverwandten Affen abgehoben haben dürften.[26]

(2) Vom *Homo erectus* zum *Homo sapiens*

Der schon in die Nähe des *Homo erectus* gezählte *Homo habilis* dürfte sich im Zeitraum vor 3 bis 2 Millionen Jahren aus dem grazilen *Australopithecus africanus* entwickelt haben. Er scheint die erste Hominidenform gewesen zu sein, die planmäßig Steine unter Zuhilfenahme anderer Steine zu Werkzeugen geschlagen hat. Die weitere Evolution zum rezenten Menschen hin ist – anatomisch auch ablesbar an der Zunahme des Gehirnvolumens und der Schädelform – dann schon eng mit dem Erwerb der Kulturalität verbunden. Im immer umfänglicheren und verfeinerten Gebrauch von Werkzeugen aus Stein und wohl auch aus Holz, Knochen und anderem, in der Errichtung von festen Wohnlagern, in der Beherrschung des Feuers (und damit außer der Wärmespendung die Erfindung des Kochens mit der Erschließung vieler Nährstoffe durch Erhitzung)[27] und in der Anlage von Vorräten[28] schaffen sich die frühen Hominiden „inmitten der Natur" „Kultur", d.h. eine an Umfang und Bedeutung ständig zunehmende künstliche Sachwelt als materielles Ur- und zugleich Abbild ihrer parallel dazu entstehenden inneren Welt.

Dieser Prozeß ist, gemessen in den Zeitkategorien unseres üblichen Geschichtsbildes, freilich nochmals sehr lang und geprägt vom Nebeneinander mehrerer konkurrierender Hominiden. Immer jeweils von Afrika kommend, haben sich nacheinander drei Hominiden-Arten während der Eiszeiten in größeren Wellen bis nach Europa und Ostasien verbreitet. Vermutlich schon vor über 2 Millionen Jahren verbreitet sich *Homo erectus* von Afrika aus über das eurasische Festland. Warum er aus dem warmen, seinem Körper angepaßten Ursprungsgebiet Afrika – wo die Populationen stagnieren – in das kühlere, Kleidung, Lagerfeuer und Schutzräume

---

[26] Die in vielen Sprachen gegebene intellektuelle, moralische und affektive Deutung des Erscheinungsbildes des „aufrecht" gehende Wesens „mit Rückgrat" ist gewiß nicht zufällig.
[27] Vgl. *H. Markl*: Chemie und Leben, in: Merkur 3, 2003, 219 ff.
[28] Bei den Neandertalern nachweisbar seit etwa 120.000 Jahren.

erfordernde Klima des Nordens abwandert, erklärt man sich mit dem hier vorfindlichen größeren Tierreichtum (Megafauna) und der zwar viel kälteren, jedoch in mancher Hinsicht gesünderen, weil trockenen Witterung.

Ein weiterentwickelter Hominide, der nun bereits als *Homo sapiens* klassifiziert wird und sich morphologisch kaum mehr vom Jetzt-Menschen unterscheidet, entsteht vor etwa 400.000 Jahren. Auch er breitet sich von Afrika über große Teile Eurasiens aus. Eine Ausprägung dieses archaischen Homo sapiens ist der vor etwa 200.000 Jahren in Europa zu siedeln beginnende *Homo neanderthaliensis*.[29] Mit einem robustem Körper und großer Vitalität ausgestattet und schon mit Pfeil und Bogen umgehend, scheint er ein guter Großwildjäger gewesen zu sein. Umstritten ist, weshalb er vor etwa 32.000 Jahren ausgestorben ist. Hat er infolge des Rückgangs der Großwilddichte, u.a. durch das Aussterben des Mammuts und des Wollnashorns, seine übliche Nahrungsgrundlage verloren und sich nicht auf anderes umstellen können? Oder unterlag er dem in Afrika vor etwa 250.000 Jahren entstandenen und in einer dritten Welle vor etwa 40.000 Jahren nach Europa vordringenden, weniger auf Fleisch angewiesenen *Homo sapiens sapiens*[30]? Mußte er – bei längerem Parallelsiedeln der beiden Spezies in unterschiedlichen Regionen Europas – diesem allmählich weichen oder wurde er von ihm als ein Konkurrent innerhalb kurzer Zeit ausgerottet? Es gibt auch die Vermutung, daß die Überlegenheit von Homo sapiens sapiens mit einem Fortschritt seines Sprechapparates zusammenhängen könnte. Erst ihm sei es durch die anatomische Senkung des Kehlkopfes möglich gewesen, gut unterscheidbare Laute mit Hilfe der Zunge in Rachenhöhle, Mund und Nasenhöhle zu bilden, was die Verständigung in der Gruppe verbessert und ihn insgesamt intelligenter gemacht habe. Danach würde die Sprachfähigkeit den Ur- und Frühmenschen zum Jetzt-Menschen gemacht haben.[31] Biologisch ist der Schritt zum *Homo sapiens sapiens* insgesamt jedoch klein. Es gilt als sicher, daß er bereits damals, in Europa also seit gut 30.000 Jahren, alle grundlegenden biologischen Voraussetzungen für die Ausbildung kultureller Fähigkeiten besessen hat, was sich unter anderem in der Totenbestattung und in den aufgefundenen künstlerischen Gebilden wie in der Höhlenmalerei und im Schmuck zeigt.

(3) Offene Fragen zur Herkunft des Menschen

Im Rückblick auf die neueren Antworten der Biowissenschaften auf die Fragen der Hominisation bleibt immer noch vieles im Dunkeln. Sicher scheint man sich allerdings zu sein, daß der früheste rezente Mensch als „Eva" – und nicht etwa als

---

[29] Sein erster Fund, durch Fuhlrott 1856, erfolgte fast zeitgleich mit Darwins Pionierarbeit.

[30] In der Frühgeschichtsforschung wird dieser nach seinem ersten Fundort auch Cro-Magnon-Mensch genannt.

[31] Insgesamt ist im Blick auf die Evolution des Menschen nach dem britischen Paläoanthropologen Paul A. Melllars auffällig, daß zwischen 1,6 Millionen und 600. 000, d.h. in der Zeit des Homo erectus, kaum ein technologischer Fortschritt festzustellen ist und eine gesteigerte Kulturfähigkeit (u.a. Schmuck, Totenbestattung) i.S. einer „human revolution" wirklich erst mit Homo sapiens vor etwa 160.000 in Afrika einsetzt. Sie könnte der Grund gewesen sein, weshalb er den seit 250.000 in Europa lebenden Neandertaler im Zeitraum zwischen 50.000–30.000 verdrängt hat.

"Adam" entstanden ist – und aus Afrika – und nicht etwa auch oder überhaupt von woanders her – kommt. Der Annahme der Weiblichkeit standen zuvor wohl vor allem sexistische Gründe entgegen, der Annahme der Herkunft aus Afrika – der „Out-of-Africa"-These – rassistische. Den Beweis für beide Auffassungen scheint heute die auf der genetischen Analyse der sog. Mitochondrien (deren Erbmaterial nur über die Mutter vererbt wird) beruhende Forschung der Molekularbiologie zu liefern.[32] Jedenfalls „scheint" es vielen so zu sein. Denn neben dieser Theorie, die alle heute lebenden Menschen auf eine gemeinsame Abstammungslinie von Homo sapiens zurückführt, wird weiterhin die multiregionale These der Herkunft der Menschheit vertreten. Auch sie sieht ihren Ursprung in Afrika, geht aber nur von einer Auswanderungswelle nach Eurasien aus, der von Homo erectus. Dort habe sich der moderne Mensch an mehreren Orten zunächst unabhängig von einander und dann im langsamen und differenzierten Genaustausch im Raum der Alten Welt entwickelt. Danach würde der rezente Mensch das in sich vielfältig bleibende Kreuzungsprodukt vieler älterer und jüngerer Abkömmlingsgruppen, einschließlich unter anderen die des Neandertalers, sein. Die Begründung für diesen Versuch, die Standard-Deutung in der Weise zu korrigieren, ist der Nachweis, daß sich das Genom der heute über die Erde verbreiteten Spezies Homo sapiens sapiens nicht nur interindividuell und intergruppal unterscheidet, sondern es auch aus DNA-Teilstücken unterschiedlicher zeitlicher und regionaler und kontinentaler Herkunft besteht.[33] Unbeschadet der vielfachen individuellen und populationsspezifischen Differenzen zwischen den Menschen geht aber auch diese Theorie von der grundsätzlichen biologischen Einheit aller heute lebenden Menschen aus und sie weist alle rassischen Ansätze zurück.[34] Im Zusammenhang mit der seit kurzem möglichen und begonnenen Entzifferung des Genoms des Menschen (und anderer Spezies) ist hier noch anzumerken, daß sich in ihm wie in einem Brennspiegel dessen Vergangenheit, Gegenwart und potentielle Zukunft zeigt, sich daraus die evolutiven Wege der Entstehung einzelner Eigenschaften und des ganzen Menschen erschließen lassen und so durch die molekularbiologischen Techniken ein neuer Zugang zur Evolution der Arten ermöglicht wird.

---

[32] Vgl. dazu Reichholf 1997, 22. Überhaupt kann die Molekulargenetik mit der Entschlüsselung des genetischen Codes des Menschen wichtige Hinweise nicht nur zur genaueren Rekonstruktion der Hominiden-Stammbäume, sondern auch zu den Verbreitungswegen der isolierten und Großgruppen der Menschheit geben.

[33] Das menschliche Genom ist in der Tat eine Abstraktion, denn mit Ausnahme eineiiger Zwillinge ist kein Genom mit dem eines anderen Individuums identisch. Bei der gegenwärtigen Kartierung des menschlichen Genoms ist dies von großer Bedeutung. Während sich das *Human Genome Project* (H.G.P.=) von *C. Venter* u.a. auf das Gemeinsame konzentriert, trägt das *Human Genome Diversity Project* (H.G.D.P.) von *L. Cavalli-Sforza* der Variation der Gene Rechnung.

[34] Mit großer Vorsicht muß wohl der 2003 gemachte fossile Fund eines *Homo floriensis* benannten kleinwüchsigen Hominiden bedacht werden. Er weist zahlreiche Merkmale des schon vor über 250.000 Jahren ausgestorbenen *Homo erectus*-Typus auf und soll in einem insulären Rückzugsgebiet, unabhängig von den Homo sapiens-Linien, bis etwa vor 12.000 Jahren gelebt haben.

2.2 Das Biogramm des Menschen als Produkt seiner Stammesgeschichte

Was macht nun auf der Grundlage dieser Hauptetappen der Hominisation die Sonderstellung des Menschen in biologischer Hinsicht im einzelnen aus? Auf den ersten Blick sind es die seit alters immer wieder genannten und oben aufgeführten Unterscheidungs- und Bestimmungsmerkmale des Menschen, die übrigens auch höher entwickelte Tiere am Menschen – in der Regel als bedrohlich – wahrzunehmen scheinen: die Nacktheit, der aufrechte, zweibeinige Gang und die freie Hand. Noch mehr grenzt den Menschen der Gebrauch, den er davon macht, von jenen ab. Im Vergleich zu den nahen Tierverwandten zeichnet er sich vor allem durch eine größere nicht-spezialisierte (Fort-)Beweglichkeit und manuelle Geschicklichkeit, ein intelligenteres Raum- und Situationsverständnis, ein vielfältigeres Ausdrucksverhalten und ein größeres lebenslang bestehendes Neugier- und Spielverhalten aus. Entgegen der „Mängelwesen"-These der älteren und neueren philosophischen Anthropologie ist der Mensch als „Spezialist auf Nicht-Spezialisiertsein" (K. Lorenz) in der Tat das geschickteste und vielseitigste Lebewesen überhaupt. Dies macht ihn – sieht man von seinen kulturellen Fähigkeiten ab – schon als Naturwesen allen Tieren überlegen.

Als Sozialwesen dann weist der Mensch von seinem Ursprung her einerseits fast noch alle „alten" Merkmale äffischer Geselligkeit auf, übertrifft andererseits durch die Erfindung einer neuen Kommunikationsform, der menschlichen Sprache, alle anderen Lebewesen prinzipiell. Dabei sind zunächst schon seine nonverbalen Verständigungsformen viel differenzierter als z.B. die der Affengesellschaften. Die bei ihnen im Vergleich zu anderen Tieren vielfältigere Körpersprache, also Mimik[35], Gestik und Proxemik, erweitert er zum immer feineren Ausdruck von Gefühlen und Absichten noch einmal beträchtlich, bedient sich dabei aber im Prinzip noch derselben alten Mechanismen interindividueller Kommunikation. Wie dies bei fast allen Formen des tierischen Erbes der Fall ist, hat der Mensch auch nach dem evolutionären Erwerb der Fähigkeit zur Wortsprache die Möglichkeiten dieser Ausdruckssprache in seiner ganzen Breite bewahrt.[36] In seiner komplexen und mit unaufhebbaren Spannungen erfüllten Sozialität ist der Mensch dennoch in vieler Hinsicht ganz Tier geblieben. So ist er schon von seiner äffischen Herkunft her ein Kleingruppenwesen, das bezogen auf die Artgenossen seiner Gruppe immer zugleich kooperativ und kompetitiv, „Demokrat" und Rang- und Rollenbewußter, „Sozialist" und Revierbesitzer, Konservativer und Neuerer ist.[37] Das heißt zunächst ganz fundamental, daß menschliches Leben nur in der Gruppe führbar ist, eine Vereinzelung allenfalls zeitweilig möglich ist. Als ein Wesen mit „Heimcharakter"[38] hat der von Natur aus gesellige Mensch stets ein Bedürfnis nach Anschluß an die Artgenossen. Immer lebt

---

[35] Über die alle Möglichkeiten der Tiere übertreffende nonverbale Kommunikation des menschlichen Gesichts und über die Parallelentwicklung von Gesicht und Innenleben vgl. *J. Cole*: Über das Gesicht. Naturgeschichte des Gesichts und natürliche Geschichte derer, die es verloren haben. Aus dem Engl. v. U. Blumenbach, München 1999.

[36] Zum evolutionären Status der Menschensprache vgl. Kapitel 55.3.

[37] Vgl. hierzu u.a. *A. Paul*: Von Affen und Menschen. Verhaltensbiologie der Primaten, Darmstadt 1998.

[38] Vgl. dazu Bischof 1989, 174-176.

so der Mensch unter Menschen, und gleich, ob sie mehr Konkurrenten oder mehr Helfer sind, bleiben sie seine wichtigsten Partner. Damit ist der einzelne Mensch zeitlebens in eine Polarität von Kollektivität und Individualität gestellt.

Das heißt zum einen Unter- und Einordnung. Will er die Geborgenheit in der Gruppe und ihren Schutz nicht verlieren, hat er jegliches gruppenabträgliches Verhalten zu vermeiden. Damit er sich der Unterstützung durch die anderen sicher sein kann, muß er die Mitglieder der Eigengruppe nicht nur persönlich kennen, er muß auch ständig Umgang mit ihnen haben, sich mit ihnen verständigen, sich in sie „einfühlen"[39], mit ihnen Freundschaft[40] – mitunter auch Bündnisse gegen andere – schließen und sie in Dienstleistungen „pflegen". Diese Fähigkeit und Bereitschaft ist dem menschlichen Individuum mit auf den Lebensweg gegeben. Als Kind erfährt es die fast totale Unterstützung der nahen Herkunftsgruppe. Als Heranwachsender und besonders als Erwachsener und Sexualpartner dienen diese Umgangsformen ihrerseits der Intim- und Verwandtschaftsgruppe zu ihrer Selbstbehauptung.[41] Ist der einzelne so lebenslang in einem engeren „Familienverband" mit z.T. komplexen Beziehungen aufgehoben, so erfährt er darüber hinaus in jedem Zeitpunkt seines Lebens die ganze Gruppe – mit ihren ursprünglich wohl höchstens drei bis vier Dutzend Mitgliedern – als ein soziales Netz, in welchem beim Nahrungserwerb und im „Gruppenleben" alle zusammenwirken und sich dennoch zugleich ständig im Wettstreit befinden.

Denn – und dies beleuchtet zum anderen die auf individuelle Profilierung bedachte Verhaltenstendenz des Menschen – als einzelner muß er sich zugleich in der Gruppe behaupten, sich mit den anderen in der Weise ins Benehmen setzen, daß er sich (s)einen Platz im Gefüge der Gruppe erkämpft und ihn verteidigt. Das ständige Aushandeln der Stellung der Individuen, die zugemutete Hinnahme von Hierarchien und die deswegen immer nur zeitweilig erreichte, immer prekär bleibende Balance zwischen Friedfertigkeit und Angriffsbereitschaft des Menschen rühren aus diesen beiden widerstreitenden Verhaltenstendenzen her. Ethologisch betrachtet, kann es deshalb keinen Zweifel daran geben, daß es in der Menschengruppe, wie bei anderen vergleichbaren soziallebenden Tieren auch, natürlicherseits eine Hierarchie („Hackordnung") gibt, die Individuen abgestuft Ränge besetzen, die Gruppe von einem „Alpha-Tier" angeführt wird, um das sich die Ranghöheren scharen, und ein gewisses Maß innergruppaler Aggressivität unvermeidbar ist. Dies bedeutet auch, daß Menschengemeinschaften ohne Streit und Rangkämpfe undenkbar sind. Die Vorzüge der eingespielten, zugleich immer wieder in Frage gestellten hierarchischen Organisation sind evolutions-theoretisch ersichtlich. Der wirklich Stärkste einer Gruppe verteidigt diese gegen äußere Feinde, „bezahlt" also die Vorzüge seiner Vorrangstelle mit der Pflicht, der Gruppe und Einzelnen in der Gefahr Schutz zu gewähren. Die prekäre Polarität von Kooperation und Konkurrenz hat so, als Gesamtsystem betrachtet, das „Überleben" der Gruppen über die Jahrhun-

---

[39] Ansätze von Empathie scheint es schon in Affengesellschaften zu geben.
[40] „Bandstiftende Riten" (K. Lorenz) sind in allen höher entwickelten Tiergemeinschaften verbreitet.
[41] Vgl. Bischof 1989, 60 ff.

derttausende über alle Krisen hinweg ermöglicht. In ihrer Existenz gefährdet sind die frühen Menschenkulturen nicht so sehr durch Konflikte innerhalb der Gruppen als durch den Wandel der natürlichen Lebensbedingungen und durch Kämpfe mit konkurrierenden menschlichen Gruppen. Wie es inzwischen auch für die „friedlichen" Schimpansen belegt ist, gibt es deshalb zweifellos im Ethogramm des Menschen eine erhöhte Aggressionsbereitschaft gegenüber dem Gruppenfremden. Im Gegensatz zum verhältnismäßig friedlichen Zusammenleben in der Eigengruppe scheinen – unter „kluger" Abwägung der eigenen Erfolgsaussichten – sowohl die gegenseitige Verständigung üblich als auch die gewaltsame Vertreibung und physische Vernichtung des und der „Feinde" als letztes Mittel immer einsatzbereit gewesen zu sein.

Gegenüber dieser humanethologisch begründeten Sicht der Natur des Menschen ist immer noch ihre Deutung entweder im Sinne einer vorherrschenden Aggression oder einer vorzivilisatorischen Friedfertigkeit weit verbreitetet. Nach allem, was die Humanwissenschaften insgesamt an Erkenntnisses zusammengetragen haben, muß heute aber als sicher gelten, daß der Mensch dem anderen Menschen weder immer nur als Wolf noch als Freund begegnet. Unzutreffend dürfte auch die von dem Altertumswissenschaftler *Walter Burkert*[42] aufgestellte pessimistische These über die Art der Vergeltung bei einem Vergehen sein. Nach ihr ist die auf Selbstbehauptung und auf Demütigung des anderen zielende Rache das historisch ältere biotische Erbteil und der auf Versöhnung zielende Schadensausgleich das historisch jüngere kulturelle Erbteil und obsiegt in individuellen und kollektiven Krisen zumeist die Natur über die Kultur, d.h. hier: die Rache über die Versöhnung. Es dürfte vielmehr so sein, daß im Natur- und Kulturwesen Mensch die Aggressivität und Kooperativität gleichursprünglich angelegt sind und die Individuen und Gruppen in ihrer (Lebens- und Bildungs-)Geschichte und der Einschätzung der jeweiligen Situation bald dem einem, bald dem anderem den Vorzug geben.

2.3. Ontogenese:
   Die Biologie der individuellen Lebensgeschichte

Von konstitutiver Bedeutung waren bei der evolutiven Entstehung des rezenten Menschen gewiß die hinzugewonnenen Möglichkeiten der Nutzung und der Ausfüllung der Lebensspanne im Sinne eines durch Erziehung und Bildung zur Person geprägten Lebenslaufs. Es besteht heute ein großer Konsens darüber, daß sich die spezifisch menschliche Lebensform in Abhängigkeit davon und in Verbindung damit herausgebildet hat. So ist es ein Erbe der Hominisation, daß und wie die lebenszeitliche Entwicklung des Menschen bis heute genetisch vorprogrammiert ist, und zwar im Körperlichen bei den Wachstums- und Reifeprozessen und im Psychischen und im Verhalten beim Erwerb der elementaren kognitiven, emotionalen und moto-

---

[42] *W. Burkert*: Homo necans. Interpretationen altgriechischer Opferriten und Mythen, Berlin 1972. Burkert setzt so die alteuropäische Linie von u.a. Platon, Augustinus und Hobbes fort, der auch Konrad Lorenz zugeneigt war, z.B. in seiner Schrift: Das sogenannte Böse. Zur Naturgeschichte der Aggression, Wien 1963. Die andere Linie von der natürlichen Güte des Menschen, wie sie in den kultur- und zivilisationskritischen Vorstellungen von guten und friedfertigen Wilden immer wieder auflebt, dürfte indessen genauso unzutreffend sein.

rischen Fähigkeiten der Weltbewältigung. Im Prinzip wie bei den hochentwickelten Tieren, jedoch mit höheren Graden kollektiver und individueller Varianz bewegt sich die Entwicklung selbst im Spannungsfeld zwischen anlage- und umweltbedingten Einflüssen: Während die Gene die Möglichkeit und die Spannweite der Entwicklung bestimmter Merkmale vorgeben, leisten die durch die Umwelt angestoßenen und unterhaltenen Prozesse – ebenfalls auf der Grundlage ererbter Programme – deren Ausrichtung, Ausprägung und aktuelle Anpassung an bestimmte Situationen. Dies setzt voraus, daß der Mensch – neben den anatomischen Merkmalen und innerkörperlichen Prozessen – auch über ein biotisches Programm für die Entwicklung *altersspezifischer Fähigkeiten und Verhaltensweisen* verfügt.

Nach einem anthropologischen Programm, verbunden freilich mit komplexen Formen kulturellen Lernens, erfolgt so zweifellos das körperliche, verhaltensmäßige und psychische Durchmessen der Lebensalter. Abfolge, Dauer und Art der Entwicklungsstufen des Embryos, des Fötus, des Säuglings, des Kleinkindes, des Kindes, des Pubertierenden, des Jugendlichen, des Erwachsenen und des alten Menschen folgen einem artspezifischen Lebenslaufschema. Ein zumeist wenig bedachtes, jedoch eindeutiges Beispiel hierfür ist die frühkindliche Ausbildung des aufrechten Ganges. Entgegen der bekannten Redewendung „lernt" das Kleinkindes nicht eigentlich laufen, sondern „kann" es, wenn in ihm die körperlichen Voraussetzungen dafür ausgereift sind – während es etwa ein Gorilla nie lernt. Was der Mensch bis zur vollkommenen Beherrschung des Gehens und Laufens in den es vorbereitenden, einleitenden und verbessernden Prozessen des Krabbelns, des allmählichen Aufrichtens, des Entlang-Hangelns an Stützen, des geführten Ganges, der ersten selbständigen freien Schritte, des sicheren Ganges und des schnellen Laufens nötig hat, dient nur der Bahnung, „Sensitivierung" (K. Lorenz), Gewöhnung und Funktionsverbesserung eines grundsätzlich angeborenen artspezifischen Verhaltens. Ob es beim Menschen während der frühen Kindheit echte Prägungsvorgänge gibt, bei denen in einer engbegrenzten „kritischen" bzw. „sensiblen" Phase wie bei manchen Tieren unumkehrbare offene oder verdeckte Weichenstellungen für das spätere Leben gestellt werden, ist umstritten. Während dann die Kindheit allgemein durch die angeborene Strategie der Supplikation gekennzeichnet ist - das hilfsbedürftige Kind macht sich klein und „lieb" und löst bei den Erwachsenen in der Wahrnehmung des sog. Kindchen-Schemas den Pflege-, Beschützer- und Tolerierungstrieb aus -, gehen das ältere Kind und noch mehr der Jugendliche bereits aktiv auf die Welt zu, indem sie sie spielerisch erforschen und die Ernstfälle des Lebens im „Als-ob"-Modus simulieren und durch Versuch und Irrtum erproben. In vieler Beziehung ähnelt das Sozialverhalten der Kinder und Jugendlichen dabei dem der nahen Tierverwandten. Wie bei ihnen ist es geprägt von Bewegungsdrang, im Balgen, im spielerischen Erjagen und Ergreifen einer „Beute", im Vertreiben von „Feinden" und Gruppenfremden und natürlich in fast allen Spielen. Bei den Jugendlichen und jungen Erwachsenen fällt in der Lust am Wettstreit, im Imponieren und Sich-Großmachen die Strategie der Selbstbehauptung und der Selbsterweiterung auf. Im Vergleich zu den näher und ferner verwandten Tieren charakterisiert den Menschen insgesamt freilich seine stark verlängerte Kindheit, die sog. *Neotenie*. Sie meint seine bis ins hohe Alter nicht erlöschende Lernfähigkeit, Spiellust und Neugier, was man auch als eine lebenslange Kindlichkeit des Menschen deuten kann.[43]

Natürlicherseits vorprogrammiert ist ferner der *lebensgeschichtliche Wandel des zwischenmenschlichen Beziehungsgefüges*. Das im vorliegenden Kapitel besonders oft herangezogene Buch des Biologen *Norbert Bischof*: Das Rätsel Ödipus. Die biologischen Wurzeln des Urkonflikts von Intimität und Autonomie (München 1985, 1989ff.), ist ganz diesem Thema gewidmet. Im vielfachen Tier-Mensch-Vergleich und unter kritischer Rezeption der gesamten humanwissenschaftlichen Tradition und Gegenwart zeigt der Autor dort, wie sich der menschliche Lebenslauf nach einem auch schon bei Tieren nachweisbaren Muster in drei Phasen gliedert: Als Kind wird der Mensch in die Intimität einer primären Vertrautheit mit seinen Eltern und Geschwistern hineingeboren. Als Jugendlicher löst er sich aus dieser Geborgenheit und gewinnt in affektiver und oft auch räumlicher Distanz zur Herkunftsfamilie und in lockerer Gemeinschaft mit Gleichaltrigen Autonomie in seiner Lebensführung. Als junger Erwachsener schließlich strebt er nach einer erneuten Intimität, die sich ihm in der sekundären Vertrautheit mit einem ihm – als Folge der natürlicherseits angelegten Neigung zur Exogamie – zunächst fremden Geschlechtspartner und mit eigenen Kindern erschließt.

3. Kulturalität: Der Mensch als Kulturwesen von Natur
3.1 Kulturalität als anthropologisches Fundament

Im Blick auf diese Versuche der Rekonstruktion der Evolution des Menschen mag man noch einmal die Frage stellen, was genau es ist, das den Hominiden zum Menschen gemacht hat. Dies ist schon deswegen eine schwierige Frage, weil wir uns nicht vorstellen können, was und wie wir wären, wenn auch nur eine der uns bekannten Fähigkeiten fehlte oder ganz anders wäre. Ganz allgemein dürfte zunächst die Antwort nicht falsch sein, daß alle menschlichen Neuerwerbungen eine Fortentwicklung animaler Fähigkeiten sind und unsere physisch-leiblichen Eigenschaften ebenso unabtrennbar zu unserem Selbstverständnis gehören wie die geistigen Fähigkeiten. Dennoch sind es gewiß letztere, die unsere Sonderstellung innerhalb der Formen des Lebens auf der Erde ausmachen. Es ist der evolutionäre Erwerb der Kulturalität, der den Menschen von allen Tieren abgrenzt und ihn - auf natürlichem Fundament – zum Kulturwesen gemacht hat. Damit ist „Ausdruck" und Produkt unserer Geistigkeit der Erwerb von und die Verfügung über Technik, Sprache, Wissen, Kunst, Moral, Intimität und Tradition gemeint. Allen diesen Erwerbungen ist gemeinsam, daß sie erstens im Erbgut des Menschen universell verankert sind und über sie deshalb prinzipiell alle gesunden Mitglieder des Menschengeschlechts verfügen, sie sich zweitens in der Geschichte der Menschheit jedoch kulturspezifisch ausgeprägt und damit sekundär Grenzlinien zwischen den Ethnien gezogen haben und sie drittens in jeweiliger kultureller Ausprägung erst noch von jedem Individuum durch Lernen lebensgeschichtlich in sich ausgebildet werden müssen und jeder

---

[43] Vgl. Bischof 1989, 343. Allgemein zur Ontogenese *D.W. Promp:* Sozialisation und Ontogenese – ein biologischer Ansatz, Berlin/Hamburg 1990.

Menschen dadurch, nämlich nach der Art und dem Grad seiner persönlichen Aneignung der Fähigkeiten, auch in kultureller Hinsicht einzigartig ist.

Dabei treten Kultur und Bildung im menschlichen Individuum nicht unverbunden zur Natur jeweils hinzu, sondern wirken in ihm alle drei Grundmomente von Anfang an und lebenslang zusammen, ihre jeweilige Potenz dabei wahrend. Die sog. „Anthropina", d.h. die natürlichen Konstituentien der Menschennatur, werden deshalb durch Kultur und Bildung nicht nur nicht „überdeckt", unterdrückt oder gar ausgelöscht, sondern ermöglichen überhaupt erst jene anderen Wirkmomente, gehen lebensgeschichtlich mit ihnen eine dynamische Verbindung ein und sichern über alle jeweils entstehenden ethnischen und individuellen Unterschiede hinweg die kulturelle Einheit des Menschengeschlechts. So hat jede „technische" Naturbemächtigung überall die gleichen körperlichen und geistigen Voraussetzungen, beruhen alle sog. natürlichen (und darüber hinaus auch alle „künstlichen") Sprachen auf denselben mentalen Grundstrukturen, ordnen Menschen die ihnen zugänglichen Seiten der Welt nach denselben Grundkategorien im Erkennen, Denken und Deuten, zeichnet Menschen ein kulturübergreifender ästhetischer Sinn aus, regeln alle menschlichen Gemeinschaften ihr Zusammenleben - über die sog. goldene Regel hinaus – nach prinzipiell gleichen moralischen, politischen und institutionellen Grundsätzen, nehmen Menschen überall nach denselben Mustern affektive Beziehungen zu verwandten und anderen nahen Mitmenschen auf und wird in allen Kulturen Wissen und Können an Gruppenmitglieder und in Sonderheit an Heranwachsende in denselben Grundformen weitergegeben. Dieses große Maß an Gemeinsamkeit im Grundlegenden ist dabei ein ebenso unumstößliches Faktum, wie es die große kultur- und individualspezifische Mannigfaltigkeit des Menschlichen als (lebens-)geschichtliches Produkt der schöpferischen Ausnutzung der durch die Menschennatur gegebenen Spielräume ist. Daran ist hier noch einmal erinnert worden, weil es insbesondere für die Kulturwissenschaften wichtig ist zu wissen, daß alles, was hier über die natürliche Ausstattung des Menschen gesagt worden ist, das bis heute unveränderte Fundament des „Menschen in seiner Geschichte" ist. Wie subtil auch die Kulturhistorie empirisch und hermeneutisch vorgeht, um das Spektrum der kulturellen Möglichkeiten des menschliches Handeln zu beschreiben, zu erklären und zu deuten, sie wird ihm auch in Zukunft nur dann gerecht werden können, wenn sie es auf der Grundlage der natürlichen Herkunft des Menschen versucht zu verstehen. Unter dieser Zielsetzung werden in den folgenden Kapiteln die natürlichen Voraussetzungen der kulturellen Leistungen dargestellt.

3.2 Koevolution von Natur und Kultur

Entgegen der in der Biologie nach Darwin zunächst verbreiteten „evolutionistischen" Annahme von der lückenlosen Erklärung des Menschlichen aus dem Animalen ist diesen Wissenschaftlern in den letzten Jahrzehnten gerade durch die genauere Erforschung der Begründung der Kultur durch die Natur erneut bewußt geworden, wie breit und tief der Graben dennoch ist, der Mensch und Tiere trennt. Insbesondere hat man sich die Doppelfrage gestellt, wie sich in der naturgeschichtlich kurzen Zeit von wenigen Jahrhunderttausenden überhaupt jene qualitativ andere, spezifisch menschliche Geistigkeit und Kulturalität hat entstehen können und welche evolutionären Neuerungen die entscheidenden Schrittmacher gewesen sind. Eine Antwort ist nur in Form von Vermutungen möglich, denn eine Rekonstruktion der Etappen und Weichenstellungen dieses Prozesses dürfte auch durch weitere fossile Funde nicht wesentlich verbessert werden. Denn die zweifellos über viele kleinere Schritte und wenige Makroevolutionen erfolgte Zunahme der kultureller Leistungsfähigkeit kann man aus Spuren nur indirekt erschließen, wie vor allem aus Funden von immer wirksameren Werkzeugen, von Feuerbeherrschung, Totenbestattung, künstlerischen Gebilden. Die überzeugendste, allerdings pauschale Antwort ist, daß sich die Hominisation dem sich wechselseitig verstärkenden und beschleunigenden evolutionären Zusammenspiel aller bzw. mehrerer der oben genannten Elemente der Kulturalität verdankt. Indem man so dem jeweils evolutionär ermöglichten und faktisch eingetretenen kulturellen Fortschritt eine Rückwirkung auf die weitere natürliche Evolution zuspricht, geht man einen Schritt über die klassischen Evolutionstheorie hinaus. Für diesen neueren Ansatz steht der Begriff der Koevolution.[44] Leitend ist dafür die Vorstellung, daß, wo immer in Fortpflanzungsgruppen Elemente leistungsfähiger Kulturalität bioevolutionär entstanden sind, diese sich im Zuge der Exogamie und der Migrationen genetisch außerordentlich rasch in größeren Menschengruppen ausgebreitet und zudem ihrerseits einen bioevolutionären Druck in Richtung auf eine weitere Steigerung jener kulturellen Eignung ausgeübt haben müssen.

3.3 Evolution der Kultur: Die bioevolutionäre Deutung der Geschichte der Kultur

Einer besonderen Bemerkung bedarf hier noch die inzwischen gängige, wenn auch nicht unumstrittene Vorstellung, daß die Naturhistorie des Menschen Grundkategorien auch für die Deutung seiner Kulturgeschichte bereitstelle und man deshalb von einer Evolution der Kultur sprechen könne. Danach trägt die Geschichte der Kultur als eine höhere Integrationsstufe der Geschichte des Lebens auf der Erde im Prinzip noch eben dieselben Strukturmerkmale wie jene früher entstandene Stufe der Evolution. Konrad Lorenz hat in seiner „Naturgeschichte menschlichen Erkennens" diesem Deutungsprinzip unter dem Titel „Die Kultur als lebendes System" (1977, 223-304) eine prominente, ja konstitutive Stellung zugesprochen. Die Parallelisierung von Natur- und Kulturgeschichte und damit die Begründung einer integrierten bio- und kulturevolutionären Anthropologie hat er sinngemäß so umrissen: Weil die Kultur als ein Produkt der Stammesgeschichte des Menschen deren Gesetzmäßigkeiten im Prinzip weiterhin unterworfen ist, schreitet die Kultur in Analogie zur natürlichen Evolution in eben der Weise historisch voran.[45]

---

[44] Vgl. besonders *Ch. Vogel/E. Voland*: Evolution und Kultur, in: Funkkolleg Psychobiologie. Studienbegleitbrief 2, Weinheim/Basel 1986, 42-80. Danach verbindet Natur und Kultur in ihrer Evolution auch ein „Sinn" für Ordnung und Schönheit. Vgl. dazu *K. Richter:* Die Herkunft des Schönen. Grundzüge einer evolutionären Ästhetik, Mainz 1999.

[45] Von amerikanischer Seite ist zu nennen *Ch.J. Lumsden/E.O. Wilson*: Das Feuer des Prometheus. Wie menschliches Denken entstand, München/Zürich 1983.

Dies geschehe, indem kulturell vorteilhafte Neuerungen sich zunächst immer Einzelnen und kleinen Gruppen verdanken, dort auf ihre Vorteilhaftigkeit erprobt und überliefert werden, sich dann in größeren Menschengemeinschaften verbreiten, durchsetzen und mit neuen Möglichkeiten angereichert werden und dadurch den sie nutzenden Ethnien einen Vorteil gegenüber anderen verschaffen. Dieser Effekt verstärke und potenziere sich, wenn mehrere zueinander passende kulturelle Neuerungen sich zu einer größeren kulturellen „Erfindung", sozusagen zu einer kulturellen Makroevolution verbinden und sich dadurch die zuvor nur verstreut in einzelnen Ethnien gegebenen kleineren Vorteile zu einer großen Überlegenheit aller der Großgruppen auswachsen, die darüber verfügen. Darauf würden alle anderen Ethnien, die sich diesem Hauptstrom der kulturellen Entwicklung nicht anschließen, entweder ganz zum Untergang bestimmt oder zu einem Ausweichen in schwer zugängliche, unwirtliche Regionen gezwungen sein, wo sie als „Überbleibsel" („survivals") früherer kultureller Standards ein zwar ursprünglicheres, jedoch sehr eingeschränktes Leben führen würden. Danach hätten die biologisch definierten Prinzipien der Varianz und Selektion also in der Kultur dieselben Auswirkungen wie in der Natur. Dieses Grundschema würde sich in der Kulturgeschichte der Menschheit allerdings sehr vielfältig als ein Neben- und Miteinander von wenig- und hochentwickelten Kulturen verwirklichen, als eine „konservative" Beibehaltung und eine zugleich mannigfaltige Variation der überlieferten Formen und als eine zur Zukunft hin und global zugleich immer differenziertere und in ihrer Verwobenheit grundstrukturell gleichbleibende Kulturalität. Auch zur Erklärung dessen trügen die biologischen Begriffe der Homologie, der Konvergenz und der Analogie, des Biotops, des Siedlungsraums, der Symbiose, der „Nische", der Konstanz und der Aufspaltung von Arten bei. Diesen Vorstellungen sind inzwischen zahlreiche theoretische Ansätze und konkrete Deutungsversuche von biologischer und kulturwissenschaftlicher Seite verpflichtet. Dafür sind - z.T. unter dem Begriff der „tradigenetischen Evolution" – beide schon mehrfach herangezogene Funkkollegs zu nennen und Bischofs Anthropologie, die das „Rätsel Ödipus" unter dem Titel „Natur und Kultur" im umfangreichen Schlußteil des Buches (1989, 501-594) konsequent koevolutionär „auflöst".[46]

In dieser Deutungslinie könnte man - um hier wenigstens ein wenn zunächst auch widersprüchlich erscheinendes, jedoch „evolutionskonformes" Beispiel zu nennen - die Koexistenz primitiver und zivilisierter Kulturen anführen. So haben sich die primitiven Kulturen in „Reichweite" zivilisierter Bauern- und Stadtkulturen während der letzten Jahrtausende fast bis heute in kultur-struktureller Stagnation erhalten. Das war ihnen möglich, weil sie – ähnlich wie die biologischen Arten des Nischentyps - die ihnen verbliebenen Lebensräume von ihren jeweiligen Voraussetzungen her optimal und erfindungsreich ausgenutzt, besondere Überlebensstrategien ent-

---

[46] Vgl. auch den „biokulturellen Ko-Konstruktivismus" des am Max-Planck-Institut für Bildungsforschung in Berlin forschenden Entwicklungspsychologen P. Baltes, wonach Gehirn und Kultur von einander abhängige Variablen sind und sich wechselseitig erschaffen. In gleicher Weise argumentiert der Entwicklungspsychologe *M. Tomasello* vom Max-Planck-Institut Leipzig für Evolutionäre Anthropologie in seinem Buch: Die kulturelle Entwicklung des menschlichen Denkens. Zur Evolution der Kognition. Aus dem Engl. von J. Schröder, Frankfurt/M. 2002.

wickelt und damit die Spielräume des Menschen-Möglichen bis zur Grenze erfolgreich ausgelotet haben.[47] Erst die neuere Globalisierung der modernen Zivilisation hat ihnen den bis vor kurzem relativ sicheren Ort im Gesamtgefüge der menschlichen Kulturen, im großen „Menschenzoo", genommen. Den relativ raschen und tiefgreifenden Wandel der Zivilisationen müßte man dagegen nach dem Modell des Zusammenschlusses überlegener evolutionärer Erfindungen deuten. Auch sie haben sich freilich während des stürmischen Wandels zumeist den Rückbezug auf ihre kulturelle Vergangenheit erhalten. Denn die viele Millionen Individuen umfassenden und global kommunizierenden und Handel betreibenden Massengesellschaften heutiger Großstaaten haben in ihrer Sprache, ihrer religiösen und mentalen Ausrichtung und ihrer nationalen Geschichte zumeist weiterhin ein eigenes ideelles Zentrum. Sie gleichen damit ihren bedeutenden Städten, die in alter Zeit gegründet worden sind, im Anwachsen der Bevölkerung und der wirtschaftlichen Aktivitäten den sie umschließenden Mauerring mehrfach gesprengt und vergrößert haben und heute zu einem unüberschaubaren Großgebilde geworden sind, die aber ihre historische und gegenwärtige Identität in bestimmten Plätzen und Gebäuden ihrer alten Gründungsstadt sehen.[48]

---

[47] Lange vor Lorenz und den anderen hat es allerdings in den Kulturwissenschaften selbst eine Orientierung am bioevolutionären Denken gegeben. In Kapitel 25 ist dargelegt worden, wie sich dieses Denken im *kulturellen Evolutionismus* der frühen Ethnologie und Urgeschichtsforschung niedergeschlagen hat. Vgl. dazu auch Barloewen 1988.

[48] Dieses Bild hat Geertz (1994, 261 ff.) – freilich mit anderer Aussageabsicht – von Wittgenstein übernommen.

54. Der menschliche Geist:
Zum Status der neueren Hirn- und Bewußtseinsforschung

1. Der menschliche Geist: Eine humanwissenschaftliche Vorverständigung   898
2. Die empirische und philosophische Neubegründung der Wissenschaften vom Geist   906
3. Die „Naturgeschichte menschlichen Erkennens" (K. Lorenz):
   Auf dem Wege zu einer Evolutionsbiologie des Geistes   913

Den Geist des Menschen kann man als *das „menschlichste" seiner „Organe"* bezeichnen, und das in mehrfacher Hinsicht. Er ist zunächst – und für das Selbstverständnis des Menschen am wichtigsten – die Instanz seines bewußten Wahrnehmens, Empfindens, Welt- und Selbsterkennens, Erinnerns, Denkens, Entscheidens, Planens und Handelns. In diesen Funktionen ist er zugleich das Integrations- und Lenkungsorgan allen seines Lernens und (Sich) Bildens im Sinne einer auf das eigene Selbst und auf Andere gerichteten Aktivität zur Formung dieses Organs selbst. Ihm – genauer: dem kollektiven und generationenübergreifenden schöpferischen Zusammenwirken des Geistes zahlloser menschlicher Individuen – verdanken die Menschen sodann ihre Kultur: Technik, Sprache, Moral, Intimität, Erziehung, Wissen(schaft), Kult, Kunst und Tradition. Zum heutigen Grundverständnis des Geistes gehört ferner, daß alle seine Leistungen in durchweg unbewußt bleibenden neuronalen Prozessen des menschlichen Gehirns begründet sind bzw. sie mit diesen eine Einheit bilden oder, wie indes einige Hirnforscher meinen, überhaupt nur illusionäre Epiphänomene dieser Prozesse sind.

Wegen dieser die Personalität des Menschen begründenden Bedeutung wird die Evolution des Geistes in den folgenden Kapiteln mit einer gewissen Ausführlichkeit dargestellt. Dabei wird das Phänomen des Geistes aus unterschiedlichen Blickwinkeln thematisiert. Denn es handelt sich in den auf ihn bezogenen Wissenschaften um einen heute äußerst kontrovers diskutierten Gegenstand, dessen Erfassung in einer transdisziplinär akzeptierten Systematik schon allein deshalb nicht in Sicht ist. In sechs „Anläufen" wird daher versucht, eine immer andere seiner Erscheinungsweisen in den Mittelpunkt zu rücken.[1] Das vorliegende Kapitel 54 dient im wesentlichen einer *Vorverständigung* über die Ausprägungen der heutigen *Hirn- und Bewußtseinsforschung,* zunächst durch eine Skizze des wissenschaftsgeschichtlichen Weges des „Geistes" von seiner traditionellen Philosophie zu seiner zwischenzeitlich fast gänzlichen „Vertreibung" aus den Wissenschaften (Abschnitt 1), dann durch die Darlegung der Versuche seiner neurologischen und philosophischen Neubegründung einschließlich eines Abrisses des theoretischen Standes der heutigen Hirnforschung (Abschnitt 2) und schließlich durch einen Überblick über Konrad Lorenz' „Versuch einer Naturgeschichte menschlichen Erkennens" (Abschnitt 3). Der Gegenstand von Kapitel 55 dann ist die Evolution des im Erleben, Erkennen, Denken, Erinnern und Sprechen begründeten und sich im Lernen entfaltenden *Handelns.* Dem folgen in Kapitel 56 Ausführungen über die Evolution des *personalen*

---

[1] Oeser (2006) betrachtet den menschlichen Geist in seiner Neurophilosophie unter zwölf Perspektiven.

Bewußtseins. Kapitel 57 gilt K. Lorenz' *Evolutionärer Erkenntnistheorie.* Kapitel 58 ist eine kritische Sichtung der heutigen *epistemologischen Positionen des Leib-Seele-Problems,* d.h. der Deutungen des menschlichen Selbst- und Weltverständnisses seitens der *Biologie und der Philosophie des Geistes.* Kapitel 59 schließlich wendet sich dem besonderen Problem der menschlichen Willensfreiheit zu.

Befragt werden in diesen neuro- und bewußtseinsphilosophischen Anläufen zumeist zugleich: die Evolutionstheorie und -biologie, die Neurowissenschaften, die Ethologie, die Handlungs- und Kommunikationstheorie, die Linguistik, die Persönlichkeitstheorie, die Lern-, Gedächtnis- und Entwicklungspsychologie, die Erkenntnis- und Bewußtseinsphilosophie und die Wissenschaftshistorie. Die Thematisierung so vieler Aspekte des menschlichen Geistes hat seinen Grund natürlich im Ziel dieses Buches. Wer den „Mensch in seiner Geschichte" aufsuchen will, muß ihn auch an dem Ort aufspüren, wo er von Anbeginn seiner evolutionären, kulturellen und individuellen Herkunft gleichsam zuhause ist, wo er sein Handeln in der Welt konzipiert, wo er über eigenes und fremdes Handeln nachdenkt und wo er, in einer späten Phase seiner menschheitsgeschichtlichen Entwicklung, dann auch erkenntniskritisch nach den fundamentalen Voraussetzungen von Historie fragt: in seinem Bewußtsein.[2]

1. Der menschliche Geist:
Eine humanwissenschaftliche Vorverständigung

Wenn die Biologie den Menschen als *Homo sapiens,* also als den verständigen, vernünftigen, klugen, weisen, wissenden Hominiden, charakterisiert, dann hebt sie auf eine Eigenschaft ab, die sich dieser schon seit alters, vor allem in der Bezeichnung *animal rationale,* selbst zuerkennt. Zwar ist seine „Vernünftigkeit" als ein hochdifferenzierter Komplex von Fähigkeiten empirisch nur indirekt belegbar – viel deut-

---

[2] Aus der übergroßen Menge der thematisch einschlägigen und im laufenden Text herangezognen Literatur werden hier vorweg nur einige wenige Titel genannt, die Grundinformationen geben und Grundfragen stellen: *H. von Ditfurth:* Der Geist fiel nicht vom Himmel – Die Evolution unseres Bewußtseins, Hamburg 1976 ff [das vor 30 Jahren erschienene und inzwischen zwar in zahllosen Details überholte populärwissenschaftliche Buch kann wegen der Entfaltung der zentralen Fragestellungen dem in der Sache noch wenig bewanderten Leser immer noch zur Einführung empfohlen werden]; *E. Oeser/F. Seitelberger:* Gehirn, Bewußtsein und Erkenntnis (1988), erw. Aufl. ²Darmstadt 1995 [eine philosophisch reflektierte und zugleich lehrbuchmäßig und kritisch abgefaßte „Biologie des Geistes"]; *E. Oeser:* Das selbstbewußte Gehirn. Perspektiven der Neurophilosophie, Darmstadt 2006 [eine problemorientierte integrative Fortführung des Beitrags des Autors im vorgenannten Buch],*Th. Metzinger*(Hg.):Bewußtsein.BeiträgeausderGegenwartsphilosophie,Paderborn³1996 [die Aufsätze geben einen repräsentativen Überblick über die neuere Bewußtseinsphilosophie; vgl. dort auch die umfangreiche Bibliographie, S. 731-779]; *H. Meier/D. Ploog* (Hg.): Der Mensch und sein Gehirn. Die Folgen der Evolution, München/Zürich 1997 [eine Sammlung von Aufsätzen, die die Vielfalt der neueren Ansätze widerspiegeln]; *H.Lenk:* Kleine Philosophie des Gehirns, Darmstadt 2001 [ein knapper systematischer Überblick], *H. Markl:* Gehirn und Geist. Biologie und Psychologie auf der Sche nach dem ganzen Menschen, in: Merkur 12, 2004, 1063-1077 [ein sehr gut informierender und zugleich engagierter Überblick über das Gehirn-Bewußtsein-Problem] und *H. Hastedt:* Bewußtsein, in: Martens/ Schnädelbach 2003, Bd. 2, 642-682 [eine gute Einordnung der gegenwärtigen Bewußtseinsphilosophie in ihre traditionelle Geschichte].

licher unterscheidet sich der Mensch von den mit ihm nahverwandten Menschenaffen durch sein Äußeres und einige Besonderheiten seines animalen Verhaltens -, dennoch trifft auch im biologischen Sinne die Bezeichnung *sapiens* recht genau die *differentia specifica* des Menschen. Denn seine Sonderstellung im Bereich des Lebendigen beruht letztlich auf seinem intelligenten Verhalten. Mit ihm übertrifft er nicht nur die am höchsten organisierten Tiere bei weitem, sondern hat er auch ein qualitativ anderes, nämlich ein ihn vom Diktat der biotischen Natur teilweise befreiendes Verhältnis zur Welt.

Nun ist es seit langem üblich, einfach vorauszusetzen, daß das Gehirn mit seinem Geist das Organ des Denkens und Handelns und der Träger unseres Ich- und Selbstbewußtseins ist. Wir spüren aber in unseren gewohnheitsmäßigen Lebensvollzügen nichts von einer uns die Welt erst vermittelnden inneren Instanz. Erst im Nachdenken über diese Fähigkeiten kommen wir dazu, als deren notwendige Voraussetzung eine zum Großteil unbewußt in uns wirkende, alle Lebenserfahrung integrierende und, trotz steten Wandels, lebensgeschichtlich beständige Instanz anzunehmen. In dieser Rückbesinnung – im Bewußtsein des eigenen Körpers und der ihn umgebenden Welt und, noch näher, im reflexiven Selbstbewußtsein – ist uns der Geist dann doch das Allergewisseste auf der Welt. Denn er allein verbürgt dem an allem zweifelnden Individuum seine eigene Existenz – wie seltsam ungreifbar, unstofflich, unlokalisierbar er uns auch erscheint.

Die Vorstellungen, die wir uns von dieser Instanz machen, entstammen so freilich zunächst ganz unserer subjektiven Bewußtseinssphäre, also dem Geist selbst. Das hat den Geistbegriff in den Naturwissenschaften und z.T. auch in den sich „analytisch" verstehenden und auf Objektivität und Verallgemeinerung zielenden neueren Richtungen in den Sozial- und „Geistes"wissenschaften und in der Philosophie zeitweilig als gänzlich unbrauchbar erscheinen lassen. Denn, so wurde argumentiert, Menschen könnten bei diesem Zugang zu den inneren Voraussetzungen ihres Denkens, Empfindens, Handelns und Welt-Erkennens zwar miteinander über das reden, was ihnen davon selbst bewußt wird, was sie also bezogen auf ihren „Leib" als Empfindungen, bezogen auf die sinnlich wahrgenommene Außenwelt als innerlich repräsentierte Welt und bezogen auf ihre im Innern willkürlich erzeugten „Bewegungen" und „Bilder" als Denk-, Willens- und Vorstellungsakte erleben. Aber alles dies bleibe im strengen Sinne subjektiv, sei individuelle Erfahrung und sei experimentell nicht überprüfbar. Mit einer solchen Kritik begegnete man auch den mit einer ähnlichen Bedeutung traditionell neben dem Geistesbegriff verwendeten Begriffen der *Seele* (bzw. des *Seelischen*), der *Psyche* (bzw. des *Psychischen*), des *Intellekts*, der *Erkenntnisfähigkeit* (*Kognition*), des *Bewußtseins,* der *mentalen Phänomene* und der *Vernunft*. Zudem, hieß es, seien alle diese Begriffe, besonders jedoch der des Geistes, durch eine lange philosophische und theologische Tradition je für sich vieldeutig und mit metaphysischen Vorstellungen belastet. Nimmt man diese Kritik am Geist- bzw. Bewußtseinsbegriff genauer in den Blick, dann zeigt sich, daß sie ebensoviel Berechtigung hat, wie sie ihrerseits problematisch ist. Im Sinne der Vorverständigung über den im folgenden gemeinten Sinn des Geistbegriffs ist deshalb hier zunächst noch einmal an einige seiner ihm traditionell zugeschriebenen und neuerdings abgeschriebenen Aspekte zu erinnern.

1.1 Die religiöse und philosophische Herkunft und Entfaltung der Vorstellung vom „Geist"

In einer groben Zweiteilung führt der Weg von der *beseelten einen* Welt in den naturreligiösen frühen (Hoch-)Kulturen zur Theologie und Philosophie der *zwei* Welten, und zwar der *von Körper* und *Geist*, in den entwickelten Hochkulturen Europas. In der Tat dürften die animistischen, pantheistischen und polytheistischen Vorstellungen von der Geisterfülltheit der sichtbaren Welt die erste und dann die ganze frühe Menschheit bis weit in die Hochkulturen hinein charakterisierende Deutung des Weltganzen gewesen sein. Auf diesem menschheitsgeschichtlichen Urgrund haben die griechische Philosophie und die jüdisch-christliche Theologie ihre komplexen Theorien von einer fundamentalen Differenz zwischen Körper (Materie) und Geist errichtet. Das große Wortfeld von „Geist" (u.a. gr. *psyché, noûs, lógos, idéa,* syneídesis und *pneûma*; hebr. *ruach*; lat. *animus, anima, forma, spiritus, intellectus, cogitatio, ingenium, sensus, conscientia* und *ratio*; frz. (*bon*) *sens, esprit* und *raison*; engl. mind und dt. *Geist, Seele, Verstand, Bewußtsein* und *Gewissen*) ist ein Ausweis des subtilen Nachdenkens über seine Aspekte im europäischen Kulturkreis.

Diesem Wortfeld liegt indes über alle begrifflichen Ausprägungen und Differenzierungen hinweg zumeist die schlichte Vorstellung zugrunde, daß der „Geist" eine immaterielle, vollkommene, unvergängliche Substanz ist, welche die Dinge der materiellen Sinnenwelt hervorbringt, erhält und beseelt.[3] Die philosophische Begründung dieser Annahme geht im wesentlichen auf den von Platon formulierten *Idealismus* zurück, wonach die Dinge der sichtbare Welt unvollkommene und vergängliche Abbilder der Welt der Ideen sind. Der religiöse Ausdruck dieser Annahme ist die jüdisch-christliche Lehre vom ewigen *göttlichen Geist*, der die sichtbare Welt ex nihilo geschaffen hat, sie nach seinem Willen lenkt und nach ebendiesem Willen in unvorhersagbarer Zukunft auch wieder vergehen lassen wird. Insofern jedoch jeder Mensch als sein Geschöpf Anteil an der Vollkommenheit, Ewigkeit, Allwissenheit und Schöpferkraft des göttlich-idealen Geistes hat, verweisen alle seine höheren Eigenschaften, wenn auch im minderen Rang, auf diese ihre Herkunft. Diese lassen ihn in den Grenzen seiner kreatürlichen Möglichkeiten und abgehoben von den Tieren gut, frei, wissend, einsichtig, schöpferisch und gut handeln. Wie sehr ihn auch die Sinnlichkeit des Körpers am Schauen („Theorie") und Erkennen der ganzen Wahrheit hindert, so ist er als Geistwesen doch grundsätzlich mit der Erkenntnis des Guten und Bösen ausgestattet, verfügt er über den freien Willen, das Gute oder das Böse zu tun, und muß er deshalb auch die Verantwortung für seine Taten gegenüber den Mitmenschen, dem eigenen Gewissen, d.h. der inneren geistigen Instanz, und, als Jude und Christ, schließlich auch und besonders gegenüber der jenseitigen geistigen Instanz tragen.

Die darauf aufbauende neuzeitliche Philosophie Europas kann man als einen Prozeß immer weiter vorangetriebener Entgegenstellung von Materie und Geist und zugleich als einen Prozeß der Naturalisierung und Objektivierung der Materie

---

[3] Vgl. die systematischen und historischen Begriffsbeschreibungen zum Wortfeld des „Humanen" bei *A. Diemer*: Philosophische Anthropologie. Elementarkurs Philosophie, Düsseldorf 1978, 75-149; und die Artikel „Geist", „Bewußtsein" und u.a. im Historischen Wörterbuch der Philosophie 1971 ff.

und der Entgöttlichung und Subjektivierung des „Geistes" betrachten. Einen ersten wichtigen Schritt hierzu vollzieht Descartes. Hatte im Christentum zuvor der Geist in Gestalt der gleichsam personal verstandenen „Seele" noch den ganzen Menschen erfaßt und umfaßt und nach dem irdischen Tod des Leibes die Fortexistenz des Menschen gesichert, entkleidet Descartes den Geist als „denkende Substanz" (res cogitans) ganz seiner Materialität und löst ihn aus allen sozialen und personalen Zusammenhängen heraus. In der Nachfolge der christlichen „Seele" dient diese Instanz dem menschlichen Individuum immerhin in zweierlei Hinsicht. Sie ermöglicht ihm zum einen, daß es sich selbst als existierendes, sich erkennendes und als handelndes Subjekt begreifen kann, zum andern, daß es auch die „ausgedehnte Substanz" (res extensa) der sichtbaren Dinge, einschließlich der Körper der tierischen und menschlichen Lebewesen wahrnehmen, sich ihr Funktionieren aufgrund methodisch angelegter und kontrollierter Erkenntnisakte erklären und sich in ein ausschließlich „objektives" Verhältnis zu ihnen bringen kann. Dadurch steht der menschliche Geist der materiellen, allein von Naturgesetzen bestimmten Welt in erhabener Einsamkeit fremd und grundsätzlich äußerlich gegenüber und wird diese selbst als ganz und gar geist- und seelenlos gesehen. Von Interesse ist die res extensa lediglich als Objekt des durch mathematisch-rationale Analyse, Erkenntnis und Technik vermittelten utilitaristischen Eingreifens in sie.

Mit dieser Anthropologie hebt jene neuzeitliche Bewußtseinsphilosophie an, die im Durchgang durch die aufeinanderbezogene rationalistische und empiristische Erkenntnistheorie, durch die transzendentale Erkenntniskritik Kants und durch die Geistphilosophie Hegels Natur und Geist im Menschen immer mehr auseinandertreten läßt. Danach herrscht – freilich unter den Bedingungen der Möglichkeit von Erkenntnis, Vernunft und Urteilskraft – im Reich der sichtbaren Natur Notwendigkeit und in dem des menschlichen Geistes Freiheit. Institutionell und methodologisch zieht dies seit dem Beginn des 19. Jahrhunderts die eigenständige Herausbildung der *Natur-* und der *Geisteswissenschaften* mit den sie nun ausschließlich charakterisierenden Gegenständen „Natur" und „Geist" nach sich.

In dieser gegenstandsdefinierten Abgrenzung und Aufgabenteilung haben die Natur- und die Geisteswissenschaften im allgemeinen kein Problem, vielmehr einen Vorteil gesehen, zumal ihnen die jeweiligen wissenschaftlichen Erfolge lange Zeit recht zu geben schienen. So hat die strikte Beschränkung der Naturwissenschaften auf die unbelebte Natur seit dem Beginn der Neuzeit zu immer umfassenderen und immer besser abgesicherten Erkenntnissen der Natur geführt und bereits im 18. Jahrhundert zudem einen erkenntnistheoretisch und empiristisch begründeten Materialismus ohne Geist entstehen lassen. Mit Darwins Evolutionstheorie gewinnt dann auch die Biologie, die sich bis dahin nur auf Naturbeschreibung („Naturgeschichte" im älteren Sinn) und auf vitalistische Spekulationen stützen konnte, ein Modell, das die Abstammung und die Vielfalt des Lebendigen mit den ausschließlich natürlichen Mechanismen von ungerichteter Variation und „natürlicher Zuchtwahl" (Selektion) zu erklären in der Lage war, also weder eines Schöpfergottes noch sonst einer planenden geistigen Wirkkraft bedurfte. Ohne dabei das Phänomen des menschlichen Geistes selbst in Frage stellen zu müssen, war mit dieser Naturalisierung der Entstehung der belebten Natur einschließlich des Menschen auch der Schritt zu einem physische und geistige Phänomene umfassenden und naturgesetzlich deutenden Monismus getan, wie ihn vor allem H. Spencer und E. Haeckel vertreten haben und wie er heute in neuer, d.h. neurophysiologischer Gestalt, in den Biowissenschaften vorherrschend ist.

Die führenden Physiker des 19. Jahrhunderts waren in dieser Frage allerdings zumeist zurückhaltender, und zwar indem sie sich gegenüber dem Phänomen „Geist" bzw. „Bewußtsein" einfach für unzuständig erklärt und es für ein zumindest mit naturwissenschaftlichen Mitteln nicht zu lösendes Rätsel gehalten haben. Eine zeittypische Begründung dieser – zugleich von Bewunderung für den Geist getragenen – Bescheidung der Naturwissenschaften ist das seither oft zitierte „Ignorabimus", mit dem der mechanistisch denkende und mit seiner Erforschung des Muskel- und Nervensystems sehr erfolgreiche deutsche Physiologe *Emil Du Bois-Reymond* seinen berühmten Vortrag „Über die Grenzen der Naturerkenntnis" (1872) schließt. Sie lautet in durchaus evolutionstheoretischer Sichtweise:

> [...] es tritt nunmehr, an irgend einem Punkt der Entwicklung des Lebens auf Erden, den wir nicht kennen [...] etwas Neues auf, [...] etwas Unbegreifliches. Der in negativ unendlicher Zeit angesponnene Faden des Verständnisses zerreißt, und unser Naturerkennen gelangt an eine Kluft, über die kein Steg, kein Fittich trägt [...] Dies [...] Unbegreifliche ist das Bewußtsein. Ich werde jetzt, wie ich glaube, in sehr zwingender Weise dartun, daß nicht allein bei dem heutigen Stand der Kenntnis das Bewußtsein aus seinen materiellen Bedingungen nicht erklärbar ist, [...] sondern daß es auch der Natur der Dinge nach aus diesen Bedingungen nicht erklärbar sein wird."[4]

Eine Bescheidung anderer Art haben parallel dazu die Philosophie und die Kulturwissenschaften gepflegt. Im Zuge der Herausbildung eines eigenen Gegenstands- und Methodenverständnisses und der disziplinären Verselbständigung als *Geisteswissenschaften* (in Frankreich als *sciences humaines*, in England als *moral sciences*) während des 19. Jahrhunderts haben sie immer seltener nach den *natürlichen* Voraussetzungen menschlichen Denkens, Handelns und Schaffens gefragt. Zumeist ohne jeden Bezug auf die damals entstehenden empirischen Wissenschaften des Geistes, nämlich auf die Soziologie in ihrer positivistischen Gestalt, auf die medizinische Gehirnforschung und auf die experimentelle Psychologie, wurden sie – und blieben sie bis in die Mitte des 20. Jahrhunderts – zu Wissenschaften, die ihren Gegenstand Kultur fast nur noch introspektiv und sinnverstehend ausgelegt haben. In der Philosophie entwickelte auf ebendieser methodologischen Grundlage Husserl seine Phänomenologie des Bewußtseins und entwarf Heidegger eine Fundamentalontologie der menschlichen Existenz und des „Seins des Seienden".

1.2 Ansätze des Ausschlusses des „Geistes" aus den Humanwissenschaften:
  Philosophie und Psychologie im Banne der naturwissenschaftlichen Methodik

Nun wird man angesichts der großen Erkenntnisleistungen, die in den letzten beiden Jahrhunderten von den Natur- und Geisteswissenschaften je für sich erbracht worden sind, den Sinn der jeweiligen thematischen Beschränkung und der jeweiligen Methodenspezifik nicht bestreiten können. Ein kritisches Nachdenken muß aber da

---

[4] *E. Du Bois-Reymond*: Vorträge über Philosophie und Gesellschaft (1872), Hamburg 1974, 65.

einsetzen, wo im Überschneidungsbereich der beiden Wissenschaftstypen der Erkenntnisgegenstand diese zu einem Zusammenwirken eigentlich zwingt. Dies ist vor allem da der Fall, wo es, paradox formuliert, um die Erforschung der Natur des Geistes, um die natürlichen Voraussetzungen kulturschaffender und -verstehender Bewußtseinsakte, also um das in diesem und den folgenden Kapiteln angegangene Problem geht. Dabei zeigt sich unter einer historischen Perspektive, daß die Philosophie, Soziologie und Psychologie seit dem frühen 19. Jahrhundert durchaus immer wieder und mit z.T. bis heute reichenden Auswirkungen zwar Anläufe zur Erfassung des geistig-seelischen Innenraums und des ihm zugeschriebenen Handelns unternommen, dabei aber zumeist versucht haben, die introspektiven Phänomene des menschlichen Geistes aus dem Erkenntnisprozeß selbst auszuschließen und sich auf seine ihm unterstellten und empirisch wahrnehmbaren Äußerungen „reduktionistisch" zu beschränken.

Da ist zunächst der erkenntnistheoretische *Materialismus* zu nennen, der vom 18. Jahrhundert bis heute in allen seinen Ausprägungen, zumeist in Verbindung mit den Grundsätzen des Positivismus und des Monismus des 19. Jahrhunderts, mentale Phänomene als sekundäre Phänomene, d.h. als „Widerspiegelungen", Funktionen, Ausdruck, der „einzigen Wirklichkeit", nämlich der materiellen Natur, begreift und für den deshalb der Weg zu ihnen über die Erforschung naturwissenschaftlicher Gesetzmäßigkeiten führt. Dazu gehört seit seiner Begründung um 1900 auch der *psychologische Behaviorismus*, der aus der Not der empirischen Unzugänglichkeit des Geistes die „Tugend" einer „Psychologie ohne Seele" gemacht hat, indem er ausdrücklich den Blick in die *black box* des Bewußtseins für unwissenschaftlich erklärt und Aussagen über das Wissen, das Lernen und die Verhaltensdispositionen von Menschen ausschließlich experimentell aus regelmäßig nach Reizen auftretenden Verhaltensreaktionen (besonders von Tieren) erschlossen hat.

Vom methodologischen Vorbild der Naturwissenschaften stark beeinflußt sind auch zwei am Beginn des 20. Jahrhunderts entstehende analytisch-exakte Richtungen in der Philosophie.[5] Deren Vertreter haben die Verwendung des Geistbegriffs nicht bloß für überflüssig, sondern letztlich auch verantwortlich für die Erzeugung von metaphysischen Scheinproblemen in der europäischen Tradition gehalten. Gemeint sind damit zum einen die Sprachkritik, die Wittgenstein und andere im ersten Drittel des 20. Jahrhunderts, zunächst vor allem in England, geübt haben, und zum andern der in den 20er und 30er Jahren vom sog. Wiener Kreises entwickelte Logische Empirismus (bzw. Neopositivismus). Die davon hier allein interessierenden Aspekte sind, daß ihre Vertreter, welche zumeist entweder Physiker oder Mathematiker waren oder als Philosophen deren Fächer nahestanden, sich das Ziel gesetzt hatten, das Modell einer szientistischen Einheitswissenschaft auszuarbeiten, und sie hierzu alle nicht-empirischen und nicht streng logisch definierten Begriffe, in Sonderheit die des ganzen Wortfeldes der Geistphilosophie, aus der wissenschaftlichen Terminologie ausschlossen. Dabei war Wittgensteins Sprachkritik vor allem ein „Kampf gegen die Verhexung unseres Verstandes durch die Mittel unserer

---

[5] Zum Kritischen Rationalismus und zur Analytischen Philosophie vgl. die Ausführungen in Kapitel 34.2.

Sprache". Deshalb galt sein Bestreben der Logik des rechten Gebrauchs der Begriffe und wollte er verhindern, daß man illusionären und mißverständlichen sprachlichen Gewohnheiten der traditionellen Philosophie auf den Leim geht. Die Philosophie des Wiener Kreises zielte stärker auf eine universale Wissenschaftstheorie, die der aus diesem Kreis hervorgegangene Karl R. Popper unter der Bezeichnung des Kritischen Rationalismus seit den 30er Jahren zu einer der am meisten beachteten Wissenschaftstheorien gemacht hat. Durch ein Verfahren wiederholter Hypothesenerstellung über die empirische Wirklichkeit und der methodisch kontrollierten experimentellen Überprüfung jeweils gewonnener Ergebnisse soll es nach ihm – jenseits aller sinnverstehender Vorgehensweisen - möglich sein, schrittweise ein immer dichter geknüpftes Netz bewährter Erkenntnisse über die Welt zu werfen.

Aus beiden Richtungen, die schon bei ihrem Ursprung inhaltlich und personell eng verflochten waren, ist nach dem Zweiten Weltkrieg die sog. *Analytische Philosophie* hervorgegangen. Zur bedeutendsten neueren Richtung in der Philosophie ist sie zunächst im englischen und amerikanischen und dann auch im kontinentaleuropäischen Wissenschaftsraum aufgestiegen. Einen für die beiden Jahrzehnte nach 1945 charakteristischen Höhepunkt erlangte sie in der erkenntnistheoretischen Schrift: Der Begriff des Geistes (engl. The Concept of Mind, 1949, dt. Stuttgart 1969) des britischen Philosophen *Gilbert Ryle*. Die Pointe seiner Argumentation ist, daß der „Geist" (engl. mind) und allgemein mentale Vorstellungen kein *fundamentum in re* und so natürlich auch ihre Begriffe keine Entsprechungen in der Wirklichkeit haben. Vorstellungen und Begriffe mögen allenfalls Vermutungen über Verhaltensdispositionen erlauben. Alle einigermaßen sicheren Zuschreibungen mentaler Prädikaten rühren so aus der Beobachtung und Beschreibung eigener und fremder Verhaltensäußerungen her. Insofern der Mensch nach Ryle innerlich nur das ist, was sich an ihm äußerlich beobachten und aus seinem Verhaltensweisen erschließen läßt, vertritt er letztlich einen *philosophischen Behaviorismus*.

Zwar hat sich die Analytische Philosophie seit den 80er schrittweise von dieser „geistlosen" Position distanziert, wovon weiter unten die Rede sein wird. Aber gerade deswegen finden sich in jener älteren Theorie von Ryle, wie in einem Brennpunkt vereinigt, alle die Momente, die die Analytische Philosophie von der traditionellen Philosophie abheben und sie in ihrem Kern tendenziell bis heute charakterisieren. In der Ablehnung aller „metaphysischen", „übernatürlichen", „idealistischen", „introspektiven", „subjektiv(istisch)en" und „Sinn" und „Teleologie" voraussetzenden Annahmen, Erklärungen und Deutungen ist sie ein spätes Kind der neuzeitlichen mathematisch-naturwissenschaftlich-empirischen Methode und ihrer Überzeugung, nur das für wissenschaftlich halten zu dürfen, was ihren Prinzipien genügt. Deshalb schließt sie auch alles Wissen über den menschlichen Geist, über vernünftiges und moralischen Handeln und über den freien Willen definitorisch aus dem wissenschaftlichen Diskurs aus, und kann es für sie auch keine „Wissenschaft" vom Bewußtsein geben. Dabei ist ihr Hauptkennzeichen nicht ein die Wirklichkeit im Experiment systematisch befragender Empirismus, sondern ein Rationalismus, der sich formal vor allem auf die Logik von Aussagen, inhaltlich im wesentlich auf die Bestimmung der Gütekriterien empirischer Forschung und in der Zieldimension auf die formalen Bedingungen der Sicherung und der Erweiterung menschlichen Wissens bezieht. In der Tat ist und bleibt die Analytische Philosophie „Philosophie", also Theorie des Allgemeinen. Sie hat sich nicht unmittelbar an der Erforschung der Wirklichkeit beteiligt und ihre Auswirkungen in der Forschungspraxis selbst sind gering geblieben.

Ihr deutlichster Niederschlag findet sich im analytischen Forschungsdesign der Sozialwissenschaften und der Psychologie, und zwar bei letzterer sowohl im Behaviorismus, wie oben schon erwähnt, als auch in der sog. *Kognitionspsychologie*. Diese unterscheidet sich zwar einerseits fundamental vom Behaviorismus, indem sie in den Begriffen der „kognitiven" Strukturen, Schemata und Funktionen das Erkenntnisvermögen des Menschen selbst und seine Produkte zum Gegenstand ihrer Forschung macht und damit scheinbar eine Wissenschaft des menschlichen Geistes ist. Aber indem sie – jedenfalls bis vor kurzem – bei der Erforschung die von ihr innerlich vorausgesetzten Strukturen ebenfalls, wie der Behaviorismus, sowohl auf die Methode der Introspektion als auch auf die Erkenntnisse der Neuropsychologie verzichtet und ihre Aussagen über die kognitiven Fähigkeiten und ihre Entwicklung ausschließlich an definierten (sprachlichen) Verhaltensäußerungen festmacht, verbleibt sie im Rahmen der Verhaltenswissenschaft und ist sie nicht als eine Bewußtseinswissenschaft anzusprechen. Der bedeutendste Vertreter dieser schon im ersten Drittel des 20. Jahrhunderts entstandenen, jedoch erst in seinem letzten Drittel im Zeichen der kritischen Abkehr von der behavioristischen (Entwicklungs- und Lern-)Psychologie weltweit bekannt gewordenen Psychologie ist *Jean Piaget* (1896-1980).[6] Grundlage seiner „genetischen" Psychologie und Epistemologie waren Experimente über angeborene und somit in allen Kulturen nachweisbare Phasen der Entwicklung von Sprechen und Denken, von Raum- und Zeitvorstellungen und des moralischen Urteils im Kindes- und Jugendalter. Kriterien der Definition dieser Phasen sind bestimmte Fähigkeiten, über die im Sinne von kognitiven Operationen Heranwachsende entsprechend ihrem jeweiligen Entwicklungsstand verfügen. Der Wechsel von einer Stufe zur nächsten wird mit einem mathematischen Modell erfaßt. Eine Fortsetzung haben die Verfahren der kognitiven Psychologie in den Versuchen gefunden, das Denken des Menschen nach dem Modell informationsverarbeitender Rechner mit Hilfe von algorithmischen Funktionen und seine Fortschritte mit der Integration immer weiterer Programmen zu erklären, wie umgekehrt die *Künstliche-Intelligenz-Forschung* jene älteren Modelle der Kognitionspsychologie für ihre Rechner-Psychologie nutzt.[7] Das Einmünden dieser Psychologie in eine auf rein mechanischen Prozessen beruhende Computerwissenschaft zeigt deutli-

---

[6] In Amerika ist die „kognitive Wende" in der Psychologie seit den 60er Jahren prominent von *G.A. Miller/E. Galanter/K.H. Pribram* (u.a. in ihrer Schrift: Plans and the Structure of Behavior, 1960; dt. Pläne und Strukturen des Verhaltens, Stuttgart 1973) und von *J.S. Bruner* (u.a. in seiner Schrift: Studies in Cognitive Growth, New York 1966; dt. Studien zur kognitiven Entwicklung, 1971) vorangetrieben worden.

[7] Vgl. hierzu *C. Niewels*: Die Evolution des Bewußtseins. Von Darwin zur KI-Forschung, Wiesbaden 2004, 105 ff., bes. der kritische Exkurs: Der menschliche Geist als Computerprogramm oder: Können Maschinen denken?, 118-121. Positive Seiten zur Deutung des Bewußtseins gewinnt der maschinellen Intelligenz Oeser (2006, 51-63) ab.

cher als die zuvor genannten philosophischen und psychologischen Richtungen die gemeinsame Herkunft aus dem frühneuzeitlichen Maschinenmodell des Menschen und damit die Verkürzung von Bewußtsein und Geist auf bloße Funktionalität und Technik.

2. Die neurologische und die philosophische Neubegründung der Wissenschaften vom Geist

Vom methodologisch begründeten Verzicht auf die Erforschung des geistig-seelischen Innenraums des Menschen sind in den letzten vier Jahrzehnten sowohl die Philosophie als auch die empirischen Verhaltenswissenschaften und vor allem auch die Hirnforschung abgerückt. Im Rückblick von heute fällt es einem leicht zu erkennen, welch unnötige Beschränkungen sich die im Schema der sog. exakten Wissenschaften befangene Forschung gegenüber geistigen Phänomenen zeitweilig auferlegt hat, auch, daß sich im teilweise emphatischen Verzicht auf den Geistbegriff und in der Abwehr des introspektiven Zugangs noch einmal das alte erkenntnistheoretische Mißtrauen gegenüber dem Wert der sinnlichen Erfahrung, der Gefühle und der „Ideen" der menschlichen Subjekte artikulierte. Der Rückkehr zum Begriff des Geistes bzw. des Bewußtseins in den Humanwissenschaften standen dennoch längere Zeit und stehen im gewissen Sinne bis heute große Bedenken im Wege. Sie – z.T. wider Willen – beseitigt zu haben, ist ein Verdienst vor allem der Neurowissenschaften und der Evolutionären Erkenntnistheorie in der Linie von Konrad Lorenz und, mit einer gewissen Verzögerung, seit dem 80er Jahren auch der neueren Philosophie des Bewußtseins. Ein Wendepunkt in der Rehabilitierung des Begriffs des Geistes ist im angloamerikanischen Wissenschaftsraum das 1963 in englischer Sprache erschienene Buch des Nobelpreisträgers *Roger W. Sperry*: Naturwissenschaft und Wertentscheidung (München/Zürich 1985) gewesen. Zur Wiederverwendung des Geistbegriffs dort und seine Verbreitung in der internationalen Wissenschaftssprache hat sicherlich auch der englische *mind*-Begriff beigetragen, welcher philosophiegeschichtlich weniger belastet ist als der deutsche Geistbegriff. Während man hier einer „Philosophie des Geistes" und einer „Biologie des Geistes" immer noch mit Zurückhaltung begegnet, ist dort die *theory of mind* – wie ähnlich übrigens auch die *history of ideas* – inzwischen ein gängiger Oberbegriff für die Erforschung der höherstufigen Fähigkeiten des Menschen.[8] Die folgenden Ausführungen gelten in Verbindung mit einem wissenschaftshistorischen Rückblick zunächst der neurologischen Begründung der Wissenschaft vom Geist und dann der im Rahmen der analytischen Philosophie entstandenen neueren Bewußtseinsphilosophie.

2.1 Die Geschichte der Hirnforschung und ihr heutiger humanwissenschaftlicher Status:
   Von der vormodernen Ventrikellehre zur Entdeckung des Nervensystems

Manipulationen am Gehirn lebender und toter Menschen belegen, daß man schon in vielen frühen (Hoch-)Kulturen eine Ahnung und seit dem klassischen Altertum dann auch ein Wissen davon gehabt hat, daß das Denken, Fühlen und Veranlassen

---

[8] Den mind-Begriff haben jedoch 1978 auch schon die Primatologen D. Premack und G. Woodruff in Bezug auf mentale Fähigkeit von Tieren verwendet.

von Bewegungen seinen Sitz im Kopf hat.[9] Deshalb sind schon früh auch von philosophischer Seite Vermutungen über die empirische Seite des Geistes angestellt worden. So ist der Sitz der „Seele" (*psyché*) z.B. nach Platon das Gehirn und nach Aristoteles das Herz und konkurrieren bis heute in der alltagssprachlichen Psychologie – auch in anderen Kulturen der Welt – eine zephalozentrische und eine kardiozentrische Annahme. Noch früher beginnt und empirisch gehaltvoller ist die an der Anatomie des Gehirns orientierte medizinische Forschung, welche mit Sektionen durch Alkmaion von Kroton im 6. Jahrhundert einsetzt und im 5. Jahrhundert v.u.Z. mit der genaueren Beschreibung des Aufbaus des Gehirns, mit der Lokalisierung der Epilepsie im Gehirn und mit der Erkenntnis des Primats des Gehirns über alle Körperfunktionen durch Hippokrates, den „Vater der Medizin", einen großen Fortschritt markiert.

Was die Deutung der Denk- und Bewußtseinsprozesse betrifft, kommt diese Forschung über eine bloß spekulative Seelenlehre gleichwohl nicht hinaus. In Form der sog. *Ventrikellehre* hat sie so die Vorstellungen von den Vorgängen im Gehirn bis ins 18. Jahrhundert geprägt. Sie ging davon aus, daß das Gehirn aus vielen dünnen Schläuchen und – zumeist – drei größeren Hohlräumen („Ventrikeln", „Zellen", Kammern) besteht, in welch letzteren die Grundvermögen des Menschen, insbesondere die Einbildungskraft (*vis imaginativa*), der Verstand (*vis cogitativa*) und das Gedächtnis (*vis memorativa*), als „animalische Geister" (*spiritus animales*), d.h. als Mischgebilde aus Luft, Blut und Wasser, hausen und in dessen Gängen Gedanken von Ventrikel zu Ventrikel huschen. Da man in der Regel eine autonome, immaterielle seelische Leitungsinstanz, wirkend zumeist als Wille, annahm, stellte sich schon in dieser vormodernen Psychologie das Leib-Seele-Problem. Eine gewisse Wirkung auf die Forschung hat Descartes' Annahme eines Umschlagsorgans, der Zirbeldrüse, im Gehirn getan, das zwischen sinnlichen Vorgängen im Körper und immaterielle Befehlen des Geistes vermitteln sollte. Zwar hatte zuvor schon *Andreas Vesalius* (1514-1564), der deutsch-flämische Begründer der neuzeitlichen Anatomie, mit der Ventrikellehre und den sich daran anschließenden philosophischen Spekulationen gebrochen, indem er erkannte, daß die *spiritus animales* unmöglich allein aus der Form und den materiellen Bestandteilen des Gehirns erklärt werden können. Dennoch ist die Mehrheit der frühneuzeitlichen Mediziner und Philosophen weiter von einer immateriellen Zentralinstanz ausgegangen und hat ihren Sitz weiterhin in einem bestimmten Bereich des Gehirns gesucht. Aus gänzlicher Unkenntnis über das empirische Geschehen dort waren aber Versuche dieser Art, die „Seele" dort zu finden bzw. das Problem auf eine andere Art zu lösen, schon von vornherein zum Scheitern verurteilt.

Daran ändern zunächst auch nichts die Annahmen der im 18. Jahrhundert aufkommenden sog. *Erfahrungsseelenkunde*, die eine Vielzahl seelischer Vermögen (Fähigkeiten und Triebe) an bestimmten Orten des Großhirns glaubt lokalisieren zu können. Der deutsche Anatom *Franz Josef Gall* (1758-1828), der Hauptvertreter

---

[9] Einen guten wissenschaftshistorischen Überblick gibt *E. Oeser*: Geschichte der Hirnforschung. Von der Antike bis zur Gegenwart, Darmstadt 2002; in Kurzform *ders./ F. Seitelberger*: Gehirn, Bewußtsein und Erkenntnis, Darmstadt (1988) 1995, 1-22.

dieser im 19. Jahrhundert vorherrschenden *Lokalisationstheorie*, welche auch als *Phrenologie* bekannt geworden ist, ist dennoch zu einem Wegbereiter der in der Mitte des 19. Jahrhunderts entstehenden modernen Hirnforschung geworden, weil er als einer der ersten die Feinstruktur des Gehirns studiert, nach den für bestimmte Funktionen zuständigen Gehirnzentren, wie insbesondere nach dem der Sprache, gesucht und so Forscher inspiriert hat, die Wirkmechanismen psychischer Funktionen, besonders aber die Ursachen von Ausfällen, wie sie sich im Verlust von Sprache, Objekterkenntnis und Willkürbewegung (Aphasien, Agnosien und Apraxien) äußern, gehirnanatomisch zu lokalisieren. Wenn diese Methode auch nur eingeschränkt zu bleibenden Erkenntnissen geführt hat, so wird doch durch sie erstmals eine grundsätzlich der Empirie zugängliche Verbindung zwischen der Struktur und der Funktion von Bereichen des Gehirns, des Geschehens in Sinnesorganen und bestimmten Bewegungen und komplexen Fähigkeiten angenommen und ein wichtiger Schritt zur Entdeckung des Zentralnervensystem als eines Organs gemacht, in dem alle Zellen funktionell miteinander verknüpft sind.

Seit dieser Zeit weiß man, daß Nerven elektrisch erregbar sind. Zwei weitere entscheidende Schritte zur Etablierung der Hirnforschung des 20. Jahrhunderts werden getan, als der spanische Histologe und Anatom *S. Ramón y Cajal* (1852-1934) 1888 erkennt, daß jede Nervenzelle (Neuron) vollständig eigenständig ist, also mit den anderen Nerven kein durchgehendes Netzwerk bildet, und der englische Physiologe *Ch.S. Sherrington* (1857-1952)[10] 1897 vermutet, daß die Verbindung zwischen den Nervenzellen an besonderen Kontaktstellen, den sog. *Synapsen*, physiologisch, d.h. durch elektrochemische Transmittersubstanzen, hergestellt wird. Mit diesen Erkenntnissen und den immer tiefer in die Feinstruktur des Nervensystems eindringenden Untersuchungsmethoden hat die Hirnforschung nach Jahrtausenden des bloßen Vermutens erstmals einen unmittelbareren Zugang zu den Orten des Empfangs und der Weiterleitung von Informationen innerhalb des Gehirns und des Rückmarks gewonnen. Halt gemacht hat sie allerdings nach längerer Zeit vor dem Versuch, das menschliche Bewußtsein naturwissenschaftlich zu erklären, wie exemplarisch oben am Vortrag von Du Bois-Reymond gezeigt worden ist.[11]

2.2 Neurologische Grundsätze, Grundbegriffe und Grundfragen

Von hier aus nimmt die Hirnforschung als Neurobiologie im 20. Jahrhundert gleichwohl einen großen, hier in seinen Etappen und der Fülle ihrer Einsichten nicht vorzustellenden Aufschwung. Als solche geht sie jedenfalls heute davon aus, daß das zentrale Nervensystem mit Hilfe seiner vielen Teilsysteme und in Verbindung mit dem hormonellen System die Grundlage aller Lebensfunktionen des Menschen – von den unbewußt bleibenden vegetativen Regelungen bis zu den höchsten bewußten geistigen Leistungen – ist und als steuernder Organzusammenhang für die struk-

---

[10] Zu seiner Pionierleistung und zu ihrem empirischen Nachweis vgl. *Ch. S. Sherrington*: Körper und Geist. Der Mensch über seine Natur (Man on his Nature, Cambridge 1940), Bremen 1964.

[11] *O. Breidbach*: Die Materialisierung des Ich. Zur Geschichte der Hirnforschung im 19. und 20. Jahrhundert, Frankfurt 1997.

turelle und funktionelle Einheit des lebenden Körpers sorgt. Die folgende knappe Skizze darüber dient dem Verständnis der Bedeutung, die die neurowissenschaftlichen Ausführungen in den folgenden Kapiteln im Hinblick auf die Naturgeschichte des Geistes und der Kultur haben.[12]

Danach ist die Grundlage der das Wahrnehmen und Verhalten vermittelnden physiologischen Prozesse des Menschen – wie allgemein bei den mit einem Gehirn ausgestatteten Wirbeltieren – strukturell und funktionell in zwei Systemen gegeben: im neuralen System, das im *Zentralnervösen System* (Gehirn und Rückenmark) sein steuerndes Zentrum hat, und im damit verbundenen *endokrinen* bzw. *hormonalen System*, welches über „Körpersäfte" wirkt. Die Grundleistung beider Systeme ist Informationsübermittlung und -verarbeitung. Während das hormonale System überwiegend für relativ langsame innerkörperliche, zumeist unbewußt bleibende, sog. vegetative Regelungsvorgänge zuständig ist, besteht die Hauptaufgabe des neuralen Systems darin, auf der Grundlage ererbter Wahrnehmungs- und Verhaltensprogramme und erlernter Fähigkeiten den Kontakt des Organismus zu seiner Umwelt in wechselnden Situationen momentan herzustellen.

Die Auseinandersetzung des Zentralnervensystem (ZNS) mit der Umwelt geschieht seinerseits mittels zweier eng aufeinander bezogener Systeme: des rezeptorischen und des motorischen Systems.[13] Das erstere ermöglicht dem Lebewesen über die Erregung von Sinnesorganen die Aufnahme von Reizen aus der Umwelt, deren periphere Codierung, ihre so transformierte Weiterleitung zum Gehirn und ihre zentralnervöse Verarbeitung, beim Menschen näherhin: die Prozesse des Wahrnehmens, Erkennens, Denkens, Urteilens, Entscheidens und Planens. Das letztere erlaubt dem Lebewesen mittels seines Muskelsystems und rückgekoppelter nervöser Impulse den bewegungsmäßigen Eingriff in die Umwelt. Alles dies geschieht indirekt und zum größten Teil unbewußt. Es ist indirekt, weil das Gehirn selbst und alle weiterleitenden Nervenzellen dabei mit der Außenwelt nicht in Berührung kommen. Das Nervensystem „spricht" und orientiert sich in seiner eigenen „Sprache", der der elektrochemischen Impulsübertragung und -verarbeitung. Es ist weitgehend unbewußt, insofern die elementaren Prozesse der Kognition und der Verhaltenssteuerung und auch der Großteil der routiniert vollbrachten Leistungen gleichsam von allein geschehen und die Einwirkungsmöglichkeiten des Menschen sich auf den ihm bewußtwerdenden Wahrnehmungs- und Verhaltensbereich beschränken. Nur weil vieles unbewußt bleibt, das Bewußte sozusagen eine winzige Insel im Meer unbewußt ablaufender Prozesse ist, können wir uns aktualiter auf etwas Bestimmtes konzentrieren und überlegt die Richtung des Handelns bestimmen.

---

[12] Einen guten einführenden Überblick über diese Forschung geben *G.M. Edelman*: Unser Gehirn – ein dynamisches System. Die Theorie des neuronalen Darwinismus und die biologischen Grundlagen der Wahrnehmung (engl. 1987), München/Zürich 1993; neuerdings *ders.*: Das Licht des Geistes. Wie Bewußtsein entsteht. Aus dem Engl. V. Ch. Trunk, Düsseldorf/Zürich 2004; *G. Roth*: Aus der Sicht des Gehirns, Frankfurt 2003.

[13] Im Anschluß an *J. v. Uexküll*: Umwelt und Innenwelt der Tiere, Berlin 1909, unterschied man die sich rezeptorisch bzw. effektorisch konstituierende Welt der Tiere längere Zeit auch mit den Begriffen *Merkwelt* und *Wirkwelt*.

Ohne diese neuronale Vorleistung hätten wir nicht den Freiraum, den Denken und Handeln benötigen.

Bei den unbewußt geschehenden Wahrnehmungen und Verhaltenssteuerungsprozessen unterscheidet sich der Mensch nur unwesentlich von seinen nahen Tierverwandten. Da die Sonderstellung des Menschen aber zweifellos auf der darüber hinaus gehenden informationsverarbeitenden Leistungsfähigkeit der evolutionär spät entstandenen Großhirnrinde beruht, ist der genauere Vergleich des menschlichen Gehirns mit dem der anderen Primaten von besonderem Belang. Dabei zeigt sich im Aufbau des Gehirns zunächst jedoch nur ein Unterschied, und zwar in der Existenz des sog. *Sprachzentrums* (Brocasches und Wernickes Areal). Zwar besitzt der Mensch auch das größte Primatengehirn, er hat aber nicht das absolut größte Gehirn. Wale und Elefanten übertreffen ihn zum Beispiel. Die geistige Sonderstellung des Menschen läßt sich so zumindest hirnanatomisch nicht begründen. Offensichtlich machen nicht der Aufbau und die Größe seines Gehirns, sondern dessen besondere Leistungsfähigkeit den Menschen aus. Diese besteht nicht so sehr im Erwerb einzelner neuer körperlicher und verhaltensmäßiger Fähigkeiten, sondern rührt vor allem aus dem Zusammenschluß mehrerer animaler Einzelfähigkeiten her, wobei die kognitiven Fähigkeiten und die sie begründenden neuronalen Strukturen und Funktionen als ein Produkt unterschiedlicher, jedoch einander ergänzender und einander benötigender Bausteine eine qualitativ ganz neue Fähigkeit, nämlich die der Geistigkeit des Menschen, „emergent" entstehen lassen.[14] Auf der Grundlage der nun rund hundert Jahre betriebenen neurophysiologischen Forschung kann mit guten Gründen dargelegt werden, daß und wie das Leben des Menschen auf Funktionen seines Gehirns beruht, in welcher Hinsicht seine geistigen Fähigkeit über die Möglichkeiten der entwickelten Tiere hinausreichen und inwiefern die dem menschlichen Geist zugeschriebenen höheren Leistungen ein neues Weltverhältnis begründen.

Es charakterisiert die so begründete *Biologie des Geistes*, daß ihr empirisches Fundament weiterhin nur das ist, was sich mit Hilfe der naturwissenschaftlichen Methoden aus Strukturen und Funktionen, aus Reizen und Reaktionen der belebten Materie erschließen und auf Naturgesetze zurückführen läßt. Zwar bestreitet sie nicht die Existenz von Bewußtseinsprozessen und verzichtet auch nicht gänzlich auf den Gebrauch mentalistischer Begriffe. Letzteres geschieht jedoch eher umgangssprachlich oder metaphorisch, wenn sie so z.B. weiter von „Geisteskranken" spricht, aber bei ihnen, zumeist unter einer anderen Begrifflichkeit, pathologische Defizite im zentralen Nervensystem meint. Als neurologische Hirnforschung aber ist sie streng empirisch-analytisch und im Prinzip auch deterministisch angelegt. Dabei ist zu bedenken, daß erst diese Methode die revolutionierenden Erkenntnisse der neueren Bewußtseinstheorien möglich gemacht hat. Erst sie hat der Erforschung der kognitiven Prozesse der Lebewesen und im besonderen dann auch des menschlichen Geistes einen wirklich neuen Weg gewiesen. Das heißt zugleich, daß dies eben gerade nicht von Seiten der traditionell und neuerlich eingeführten Ansätze geschehen ist, also nicht durch die Fortführung der klassischen Erkenntnistheorie in

---

[14] Vgl. dazu Kapitel 57.3.

der phänomenologischen und existentialistischen Philosophie, nicht durch die geisteswissenschaftliche Methodik der Kulturwissenschaften, nicht durch die behavioristische Psychologie und auch nicht durch die analytische (Sprach-) Philosophie.

2.3 Bedingtheit und Freiheit des Geistes: Ansätze der neueren Philosophie des Bewußtseins
Ein wichtiger Beitrag zur Theorie des menschlichen Geistes kommt seit den 70er Jahren indes auch von der Philosophie. Indem insbesondere die Analytische Philosophie schrittweise die neueren und älteren evolutionstheoretischen und neurowissenschaftlichen Erkenntnisse rezipiert und in ihre epistemologischen Fragestellungen integriert hat, ist sie zu einer sich von den älteren Formen prinzipiell unterscheidenden *Philosophie des Bewußtseins* (bzw. *des Geistes*) gelangt, die nach dem Ausweis ihrer Vertreter heute sogar so etwas wie die „Leitdisziplin des Fachs" ist.[15] Sie hat diese Stelle einnehmen können, weil sie erstens aus ihrer analytischen Tradition heraus ganz selbstverständlich ihre sprachphilosophischen und wissenschaftstheoretischen Grundsätze beibehält, zweitens die Erkenntnisse der Neurophysiologie zu ihrer empirischen Grundlage macht und drittens mit dem Bestehen auf einer Reflexion der „Perspektive der ersten Person"[16], also der der subjektiven Welterfahrung, auch noch der klassischen Erkenntnistheorie und Phänomenologie gerecht wird. Ihr hauptsächliches Verdienst ist es, die philosophischen Grundfragen nach den Bedingungen der Möglichkeit menschlicher Erkenntnis im Lichte der naturwissenschaftlichen Annahmen neu gestellt und so inhaltlich und begrifflich zumindest eine Art nachgeholter Klärung des empirischen Problemstandes bewirkt zu haben. Im Sinne einer solchen Klärung hat sie vor allem gefragt, was sinnvollerweise überhaupt als *Bewußtsein* zu bezeichnen ist und was es „zu einem Rätsel macht"[17], dann: was die allgemeinen Voraussetzungen und Folgen des Versuchs der *Naturalisierung des phänomenalen Bewußtseins* sind, ferner: wie man *phänomenale Zustände und Vorgänge* nach dem Vorgang der älteren Phänomenologie begrifflich neu gliedern kann[18], weiter: welchen *epistemologischen Status die sog. Qualia* haben, d.h. jene Bewußtseinszustände, deren Gehalt sich, wie z.B. der vom Schmerzempfinden oder Farbsehen, nur demjenigen erschließt, der sie selbst aus innerer Erfahrung kennt, und die prinzipiell gerade nicht objektivierbar sind, und schließlich und ganz besonders: wie es mit der *(Un-)Freiheit des bewußten Denkens und Handelns angesichts des neurophysiologischen Determinismus* bestellt ist.[19] Im Hinblick auf die letztere Frage schwankt die „Philosophie des Geistes" heute zwischen zwei Richtungen. Die eine ist der „Biologie des Geistes" nahe und nimmt wie diese an, daß nicht nur alle Bewußtseinsprozesse ein neurophysiologisches

---

[15] So *Th. Metzinger*(^{3}1996, 12) in dem von ihm herausgegebenen Sammelband.
[16] Vgl. auch *Th. Nagel*: Die Grenzen der Objektivität, Stuttgart 1991.
[17] Vgl. *P. Bieri*: Was macht Bewußtsein zu einem Rätsel?, in: Metzinger 1996, 61-77.
[18] Als eine Wissenschaft vom Allgemeinen klammert diese Bewußtseinsphilosophie freilich die besonderen Erkenntnisse der zumeist anwendungsbezogenen empirischen Wissenschaften vom menschlichen Bewußtsein, also etwa die der Psychologie, Psychotherapie und Psychiatrie, fast ganz aus.
[19] Allen genannten Aspekten sind in dem Band von Metzinger 1996 eigene Großkapitel gewidmet.

Korrelat haben, sondern das Trägermedium dafür auch allein das naturgesetzlich erfolgende materielle Geschehen des Gehirns ist und das phänomenale Bewußtsein von Freiheit eine Illusion ist. Die andere, heute die Mehrheitsmeinung ausmachende Richtung schreibt dem menschlichen Bewußtsein innerhalb der ihm gesetzten empirischen und lebensgeschichtlichen Bedingungen einen gewissen Freiraum im Denken und Handeln zu und wertet insgesamt das Gewicht der Subjekt-Perspektive der „ersten Person" auf.

Die Darstellung dieses Problems und seiner Lösungsansätze nach dem heutigen Stand des Wissens ist der Hauptgegenstand der Kapitel 58 und 59. Vorweg sei jedoch erklärt, daß der Verfasser dieses Buches ganz entschieden der zweiten Richtung zuneigt, er also bei der kritischen Auseinandersetzung mit den Annahmen der neodeterministischen Richtung nicht nur an der *Wirklichkeit des menschlichen Geistes*, welche ja auch z.T. bestritten wird, sondern auch an der *Möglichkeit des freien Willens* festhält. Es handelt sich gewiß um eine in vielerlei Hinsicht „bedingte Freiheit", jedoch eine, in der aus der Annahme der nicht vollständigen Determiniertheit der Welt, und das heißt auch: aus ihrer Geschichtlichkeit, Spielräume des selbstbestimmten Handelns möglich erscheinen. Was also in den Kapiteln 55 bis 57 davor über das Wahrnehmen und Handeln, das Denken, Erinnern und Planen und das Sprechen und selbstreflexive Nachdenken des bewußten Ich gesagt wird, wird so in den Schlußkapiteln nicht etwa als bloße Illusion eines ohnmächtigen Ich entlarvt, sondern gilt auch dann noch als Ausfluß eines in Grenzen freien menschlichen Willens.

Unabhängig aber von der jeweiligen Antwort auf diese Kernfrage verbindet heute die Neurologie und die Philosophie, daß sie das Erkenntnis- und Handlungsvermögen des Menschen nicht mehr entweder bloß idealistisch in einer nicht-materiellen Sphäre ansiedeln oder bloß materialistisch auf objektiv Beobachtbares reduzieren, sondern es als ein letztlich nur gemeinsam anzugehenden Problem begreifen. Dabei mag dem Begriff des Geistes (und ähnlich dem des Bewußtseins) eine gewisse Vagheit zugestanden werden, wie dies bei allen Grundbegriffen des menschlichen Wissens der Fall ist. So kann und soll der „Geist" hier ein *Integrationsbegriff* sein für alles, was dem Menschen auf der Grundlage seiner ererbten und erworbenen Fähigkeiten einen verständigen und reflexiven Umgang mit der physischen Welt, der Kultur, mit seinesgleichen und mit sich selbst erlaubt. „Geist" ist so natürlich ein *Konstrukt*, das Bewußtes und Unbewußtes, Wahrnehmen und Handeln, Empirisches und Immaterielles umfaßt, keinen bestimmten Ort im Gehirn hat und in seiner Funktion als zentrales Koordinationsorgan des Menschen dennoch so etwas wie der Inbegriff seiner Personalität ist. Wer sich an der Hypostasierung des Geist- bzw. des Bewußtseinsbegriffs stößt und gern die Wirklichkeitsfrage ausgeklammert sähe, dem steht seine *adjektivische Verwendung* frei, wenn er etwa von geistigen Fähigkeiten oder vom bewußtem Handeln spricht. Ganz ähnlich stehen die Begriffe der „Instanz", des „Ich", des „Selbst", der „Person" oder des „Unbewußten" nur für Modellvorstellungen vom Menschen, ohne die freilich keine Verständigung über seine Fähigkeiten möglich ist.

3. Die „Naturgeschichte menschlichen Erkennens" (K. Lorenz): Auf dem Wege zu einer Evolutionsbiologie des Geistes

Die stürmische Entwicklung der Neurowissenschaften und der Philosophie des Bewußtseins in der zweiten Hälfte des 20. Jahrhunderts verdankt sich in einem erheblichen Umfange der natur*geschichtlichen* Deutung ihrer Gegenstände und Phänomene. Schon in Darwins Werk ist neben der Annahme der Evolution der Körperformen und des Verhaltens von Tieren auch die der Evolution der dafür vorauszusetzenden Erkenntnisleistungen angelegt. Der Ethologe Konrad Lorenz ist dann in den 30er Jahren einer der ersten gewesen, der die angeborenen Erkenntnisleistungen und Lernfähigkeiten von Tieren bis herauf zum Menschen in diesem Sinne evolutionär gedeutet hat. Systematisch entfaltet hat er diesen Ansatz in seiner erkenntnistheoretischen Abhandlung: Die Rückseite des Spiegels. Versuch einer Naturgeschichte menschlichen Erkennens (München 1973/1977). Die Grundidee dieses Versuchs ergibt sich zwingend aus der allgemeinen Evolutionstheorie. Wie der Bau der Lebewesen und ihr Verhalten ist ihnen auch ihre angeborene Orientierung in der Welt und ihre ontogenetische Lernfähigkeit nicht in einem einzelnen Akt „evolutionärer Begabung" zuteil geworden, sondern hat sich in einem langen und umwegigen Prozeß herausgebildet. Was bei den einfach organisierten Lebewesen ausschließlich automatisch-reflexhaft und bei den höher organisierten Tieren zusätzlich über zumeist unbewußt bleibende hormonale und neuronale Informationsverarbeitung, Erbkoordinationen, vegetative Programme und Lernerfahrungen geschieht, wird bei den noch weiter entwickelten Säugetieren und näheren Verwandten des Menschen z.T. zusätzlich bewußt. Beim Menschen schließlich wird dies im Bereich der höheren Gehirnfunktionen zum bewußten Unterscheiden, Erkennen und Auswählen. Der vorläufige Schlußpunkt dieser Evolution ist die Fähigkeit des Menschen zur Selbstreflexion, zur „Zurückwendung" seines Denkens auf die Instanz, die ihm die denkende und handelnde Hinwendung zur Welt und zum eigenen Körper ermöglicht: die existentielle Erfahrung des eigenen Ich und des freien Handelns in der Welt.

Für diese Theorie hat sich in den Biowissenschaften und in der Philosophie die von dem amerikanischen Psychologen und Erkenntnistheoretiker *D. Campbell* (1959) verwendete Bezeichnung *Evolutionäre Erkenntnistheorie* (engl. *evolutionary epistemology*) seit längerem durchgesetzt. Sie meint, wie schon zuvor bei Lorenz unter einem anderen Begriff, freilich zumeist ein Doppeltes: zum einen, wie der Untertitel des zitierten Werks von Lorenz aussagt, die *Naturgeschichte der kognitiven Fähigkeiten von Lebewesen selbst*, zum andern eine aus dieser Evolutionstheorie des Geistes abgeleitete *epistemologische Position*, nach der die von Lebewesen und speziell auch vom Menschen innerlich wahrgenommene Welt in einem Abbildverhältnis zur für „real" gehaltenen „äußeren", „außersubjektiven" Welt steht. Diese Position hat Lorenz unter dem Begriff eines *Hypothetischen Realismus* versucht zu begründen. Während dieses erkenntnistheoretische Position erst in Kapitel 57 dargestellt wird, werden die ihn begründenden empirischen Grundsätze der Naturgeschichte des menschlichen Geistes bereits hier in vier Punkten vorgestellt. Denn sie sind in vieler Hinsicht ein Schlüssel zu den in den folgenden Kapiteln dargestellten

Erkenntnissen über den menschlichen Geist.[20] Die von Lorenz selbst vorgelegten Arbeiten und die vom Altenberger Kreis programmatisch formulierten „10 Thesen der Evolutionären Erkenntnistheorie"[21] sind die Grundlage des folgenden auf vier Aspekte beschränkten Kurzabrisses davon.

(1) Die Evolution der Erkenntnisfähigkeit als der Leitprozeß der Bioevolution

Eine erste Grundannahme der Naturgeschichte des Geistes nach Lorenz ist, daß sich die Erkenntnisfähigkeit der Lebewesen sowohl im Zusammenhang *mit* als auch *nach* denselben Prinzipien der allgemeinen Evolution entwickelt hat. Das heißt, daß sich auch der Geist des Menschen und das ihm entstammende Denken und Handeln dem Zusammenwirken von Variation und Selektion, der Erzeugung vielfältiger und der Auslese erfolgreicher Fähigkeiten verdankt. Wie auch sonst in der Evolution hat sich danach der menschliche Geist in der Wechselwirkung adaptiver und konstruktiver Lösungen herausgebildet, d.h. im Sinne eines neuralen Darwinismus in Prozessen der aktiven (An-)Passung, insbesondere der Sinnesorgane, an vorgefundene Lebensräume und zugleich der Produktion von das Leben optimierenden kognitiven Entwürfen. Und wie bei den körperlichen Merkmalen haben die kognitiven Funktionen im Prozeß ihres Entstehens zunächst immer nur der biotischen Fitneßmaximierung gedient und erst in phylogenetisch jüngerer Zeit – wohl im sich wechselseitig verstärkenden Prozeß biologischer und kultureller Evolution – durch Integration weiterer Fähigkeiten gänzlich neue und nunmehr typisch menschliche Funktionserweiterungen erfahren.

Der Blick auf den Gesamtprozeß der Evolution macht noch eine wichtige Folgerung aus dieser ersten Annahme der Evolutionären Erkenntnistheorie deutlich, nämlich wie fundamental die Entwicklung einer immer besseren Wahrnehmung, eines besseren „Verstehens" der Welt, für die Lebewesen von Anfang an gewesen ist. Der Begriff der Höherentwicklung der Lebewesen hat seine Berechtigung im

---

[20] Bekannt gemacht haben Lorenz' „Naturgeschichte menschlichen Erkennens" – außer dem genannten Werk von ihm selbst – in der größeren deutschsprachigen Öffentlichkeit zunächst vor allem zwei Bücher: *G. Vollmer*: Evolutionäre Erkenntnistheorie, Stuttgart 1975, und *V. Schurig*: Die Entstehung des Bewußtseins, Frankfurt/New York 1976. Lorenz' Mitarbeiter und Schüler wie auch eine Vielzahl anderer Biologen und sonstiger Humanwissenschaftlern haben sie inzwischen vielfältig weiterentwickelt. Tonangebend ist hierbei das nach seinem verstorbenen Begründer benannte „Konrad-Lorenz-Institut für Evolutions- und Kognitionsforschung" in Altenberg (Österreich). Seinen neueren Forschungsstand dokumentieren vor allem zwei Sammelbände: *R. Riedl und E.M. Bonet* (Hg.): Entwicklung der Evolutionären Erkenntnistheorie. Wiener Studien zur Wissenschaftstheorie, Wien 1987; und *R. Riedl und M. Delpos* (Hg.): Die Evolutionäre Erkenntnistheorie im Spiegel der Wissenschaften, Wien 1996. Grundlegend ist das im Erscheinen begriffene, sehr ambitionierte fünfbändige Werk von *H. Schüling*: System und Evolution des menschlichen Erkennens. Ein Handbuch der evolutionären Erkenntnistheorie. 5 Bde., Hildesheim 1998 ff.Die heutige Kritik an der Evolutionären Erkenntnistheorie der Lorenz-Schule und ihre anderweitige Fortführung stellt übersichtlich dar: *B. Irrgang*: Lehrbuch der Evolutionären Erkenntnistheorie. Thesen, Konzeptionen und Kritik, München ²2001.

[21] Vgl. den Abdruck dieser Thesen in der Formulierung M. Delpos' nach dem Stand von 1992 in: Riedl/Delpos 1996, 9 ff.. Eine übersichtliche Kurzdarstellung gibt *G. Vollmer*: Die Antwort der Evolutionären Erkenntnistheorie, in: Funkkolleg Der Mensch Studieneinheit 19: Was können wir wissen? Denken und Erkennen 1992, besonders 33-38.

wesentlichen daher. Im qualitativen Sinne ist die Evolution so weitgehend identisch mit der Evolution der Sinnesorgane und der zentralnervösen Verarbeitung. Wenn Lorenz das Leben als einen „erkenntnisgewinnenden Prozeß"[22] charakterisiert hat, dann ist dies nur eine andere Formulierung dafür, daß *alle Evolution im wesentlichen eine Evolution des Erkenntnisvermögens* ist.

(2) Die Evolution der Kognition auf der Grundlage der Evolution neuronaler Strukturen

Ein weiterer Grundsatz der Naturgeschichte des Geistes ergibt sich nach den Erfolgen der empirischen Erforschung des zentralen Nervensystems gleichsam von allein, nämlich daß die Evolution der Erkenntnisfähigkeit im wesentlichen eine der neuronalen Strukturen und Funktionen ist. Aus der Ethologie disziplinär entstanden, ist die Evolutionäre Erkenntnistheorie von der benachbarten Disziplin der Neurobiologie zu der Erkenntnis geführt worden, daß der morphologische Aufbau und der Zugewinn immer weiterer Funktionsweisen des Gehirns der Lebewesen im gewissen Sinne ein Abbild der Etappen ihrer Evolution ist.[23] Im Nervensystem zeigt sich der Konservativismus der Evolution u.a. darin, daß die Nervenzellen seit Jahrmillionen über sog. Dendritenbäume, welche Informationen von anderen Nervenzellen empfangen, und über sog. Axone verfügen, mit denen sie nachgeschalteten Zellen Nachrichten geben, und daß die Biochemie insgesamt in allen Organismen unverändert gleich geblieben ist. Zu einem Schlüssel der Deutung kognitiver Leistung des Menschen ist diese Einsicht insofern geworden, als mit dem Entstehen erster Wirbeltiere vor etwa 500 Millionen Jahren, dem Erscheinen von Säugetieren vor 250–200 Millionen Jahren und der Heraufkunft der Primaten vor etwa 50 Millionen Jahren und der Hominiden vor etwa 4 Millionen Jahren auch die Evolution ihrer Gehirne jeweils zu einem neuen Schub ansetzt und die einmal entstandenen Gehirnstrukturen bis heute ihre ursprünglichen Funktionen behalten haben. Das heutige von „unten nach oben" und von „innen nach außen" aufgeschichtete Gehirn des Menschen gibt so die evolutionären Stufen der Entfaltung der kognitiven Fähigkeiten von den niedrigsten bis zu den am nächsten verwandten Arten wieder. So werden in den Schichten des Gehirns nicht nur unterschiedliche kognitive Funktionen, sondern auch der Prozeß der Entstehung der Kognition erforschbar. Denn phylogenetisch alte Schichten – wie die des Stammhirns und des Kleinhirns – bewältigen elementare Überlebensprogramme (wie z.B. Atmung, Wärmehaushalt), jüngere – wie die des Zwischenhirns – organisieren Erbkoordinationen und Stimmungen und jüngste – wie die des End- bzw. Großhirns (Neocortex) – sind die Organe für Willkürbewegungen und für bewußtes Erleben, was die Vermutung nahelegt, daß zumindest die nahverwandten Tiere die Welt in ähnlicher Weise erleben wie der Mensch. Für die Evolution des Gehirns heißt dies: Ältere nervöse Einrichtungen werden nicht durch neue ersetzt, sondern „überbaut". Im Gehirnaufbau der entwickelten Lebewesen bildet sich in gewissem Sinne also die Naturgeschichte des Geistes auf der Erde ab.

---

[22] Lorenz 1977, 35.
[23] Zur evolutionären Deutung der „Architektur des Gehirns" vgl. Oeser 2006, 68-74.

(3) Die Evolution der höheren kognitiven Funktionen aus dem Zusammenschluß älterer und einfacherer Funktionen

Eine weitere Grundannahme der Naturgeschichte des Geistes – in der Linie der beiden ersten Annahmen – ist sodann das im Laufe der Evolution immer wieder feststellbare plötzliche Entstehen qualitativ neuartiger kognitiver Eigenschaften, die in Kapitel 52 behandelten Makroevolutionen. Immer wieder sind an bestimmten Punkten der Evolution zuvor nirgendwo vorhandene Formen der Kognition ganz plötzlich dadurch entstanden, daß sich einfachere, bisher unabhängig voneinander funktionierende kognitive Fähigkeiten und Systeme zusammengeschlossen und auf einer höheren Ebene eine Funktionseinheit mit neuen Leistungen gebildet haben. Der heutige menschliche Geist kann so als das vorläufige Endprodukt von Verbindungen kognitiver Funktionen betrachtet werden. Im Durchpassieren älterer Etappen der kognitiven Höherentwicklung, die der Mensch mit den Tieren teilt, haben seine noch tierischen Vorfahren im Tier-Mensch-Übergangsfeld und dann seine Hominidenvorläufer durch den Zusammenschluß älterer und neuerer „geistnaher" kognitiver Leistungen jenes Fähigkeitsensemble erworben, das den rezenten Menschen seither als das verständige Lebewesen charakterisiert.[24]

(4) Die artspezifische „Erkenntnistheorie" und die Umwelt der Lebewesen

Eine letzte hier angeführte Grundannahme der Naturgeschichte des Geistes ist, daß die *Erkenntnisfähigkeit* der Lebewesen im Zuge ihrer Evolution *eine artspezifische Form* annimmt. Die kognitive Evolution tendiert nicht zu einem mehr oder weniger genauen Abbild der Welt, sondern erzeugt – weil sie auf die besonderen Bedürfnisse der jeweiligen Lebewesenart zugeschnitten ist – der Fitneß dienende, d.h. utilitaristisch akzentuierte Erkenntnisse. Die die Erkenntnismöglichkeiten der Tiere weit übertreffenden Fähigkeiten des menschlichen Geistes dürfen nicht darüber hinwegtäuschen, daß auch er aus der theoretisch unbegrenzten Fülle des in der Welt Erkennbaren nur einen Teil und diesen in hominider „Verzerrung" wahrnimmt. Wenn so die Lebewesen einerseits die Welt immer nur durch ihre artspezifische „Brille" wahrnehmen können, so erkennen sie sie mit deren Hilfe andererseits doch in Bezug auf ihre Überlebensstrategien durchaus angemessen. Denn jede artspezifische Erkenntnisfähigkeit hat in der Keimbahn nur Eingang finden können, weil sie sich in der Einpassung der Individuen in ihre Welt bewährt hat. Die einfache „Erkenntnistheorie" einer Amöbe oder eines Regenwurms unterscheidet sich im neuralen Organisationsgrad zwar sehr von dem eines entwickelten Säugetieres oder des Menschen. Aber das durch angeborene kognitive Kategorien und Lernmechanismen vermittelte Bild von der Welt ist bei ihnen allen ein in bestimmten Aspekten objektiv zutreffendes, „richtiges" Bild. Die Begründung hierfür ist, daß sich im Prozeß der Evolution die kognitiven Fähigkeiten und neuronalen Strukturen in sich wechselseitig korrigierenden und optimierenden Anpassungs- und Konstruktionsprozessen herausgebildet haben. Dies bedeutet zugleich, daß es zumindest eine

---

[24] Grundlegendes zu diesem Prozeß findet sich bei Lorenz 1977, 148-211. Zur Deutung der Makroevolutionen im Sinne der „Fulguration" (K. Lorenz) bzw. der „Emergenz" (R. Sperry) vgl. Kapitel 57.3.

strukturelle Entsprechung zwischen der Umwelt und ihrem inneren Abbild in den Lebewesen geben muß. Diese Entsprechung zwischen Innen- und Außenwelt ist der Ausgangspunkt für Konrad Lorenz' oben schon angedeuteten erkenntnistheoretischen Realismus.

(5) Folgerungen

Faßt man diese Hauptaussagen nach dem heutigen Stand der Forschung der Lorenz-Schule noch einmal knapp zusammen, dann ergeben sich fünf Folgerungen:

Erstens muß danach die tabula-rasa-Annahme des neuzeitlichen Empirismus (Sensualismus) definitiv als widerlegt gelten. Es gibt wirklich angeborene Schemata der Erkenntnis und der Lernfähigkeit – auch beim Menschen.

Zweitens sind diese Schemata naturgeschichtlich entstanden, so daß der Jetztmensch – wie alle jeweils lebenden Organismen kraft ihrer Zugehörigkeit zu einer evolutionär entstandenen Spezies – über eine bestimmte, seinem phylogenetischen Stand entsprechende Erkenntnisfähigkeit verfügt und diese sich bei ihm, wie im Prinzip auch bei allen anderen Spezies, in Form einer spezifischen Orientierung in der Welt darstellen läßt.

Drittens ist in dieser Annahme eingeschlossen, daß das Wahrnehmen und Denken des Menschen auf einer weitgehend unbewußt bleibenden Grundlage im Grundsatz „vernünftig" ist, d.h. es ihm die äußere Welt und das innere Milieu sachangemessen abbildet und seinem lebenslangen Erhalt dient.

Viertens ist in jener Grundannahme außerdem enthalten, daß das Leben auf der Erde insgesamt als ein Prozeß zunehmender Erkenntnis- und Lernfähigkeit begriffen werden kann.

Fünftens schließlich ist dieser nicht kontinuierlich verlaufende, sondern sich über Zusammenschlüsse vorhandener Leistungen mitunter sprunghaft verändernde, gänzlich Neues hervorbringende und sich dabei über längere Zeiträume auf Ebenen der Erkenntnisfähigkeit stabilisierende Prozeß organisch im allgemeinen ein Prozeß zunehmender Komplexität und nach seiner Leistungsfähigkeit betrachtet ein Prozeß zunehmender Effektivität.

55. Die Evolution des Handelns:
Das im Erleben, Erkennen, Denken und Sprechen begründete Tun

1. „Einsichtiges" Verhalten: Animale Voraussetzungen des menschlichen Handelns   919
2. Denken, Erinnern, Planen:
   Inneres Handeln mit vorgestellten Objekten   923
3. Sprechen als zugleich natur- und kulturgeschichtlicher Erwerb:
   Das durch konventionelle Lautzeichen vermittelte Denken und Handeln   929

Tiere „verhalten sich", Menschen können darüber hinaus „handeln". Erstere sind alternativlos an das gebunden, was ihnen ihre artspezifischen Erbprogramme, ihre individuellen Lernerfahrungen und ihre aktuelle Befindlichkeit diktieren. Menschen eröffnet das Denken – d.h. die verstehende Einsicht in gegenwärtige und künftig mögliche Situationen, die bewußte Erinnerung an frühere Situationen und Gelerntes, das Entwerfen und innerliche Durchspielen von möglichen Tätigkeiten und die Antizipation der erwünschten und möglichen Folgen davon – Spielräume des Verhaltens; und indem dieses so bedachte und vorbereitete Verhalten dann in seinem faktischen äußeren Vollzug zudem einer ständigen Steuerung und „Tönung" durch das Wahrnehmen, Denken und Fühlen – mit der Möglichkeit der Korrektur *in actu*, des Aufschubs oder der gänzlichen Aufgabe – unterliegt, wird es zu dem, was wir, in Abhebung vom bloßen Verhalten der Tiere, das Handeln menschlicher Subjekte nennen. Eine fundamentale Stütze erfährt das Denken und Handeln durch das Sprechen. Die Möglichkeit der Kodierung komplexer Vorstellungen, Sachverhalte und Tätigkeiten durch konventionell-symbolische Laute erlaubt dem Menschen nicht nur, sich mit seinesgleichen darüber zu verständigen, sondern sich darüber auch allein und unwahrnehmbar für andere im eigenen Denken zu „beratschlagen". In der Tat ist von den zahlreichen Möglichkeiten, den Menschen von den Tieren abzugrenzen, der Sach- und Leistungszusammenhang von bewußtem Erkennen, Erinnern, Denken, Planen, Sprechen und Handeln das überzeugendste Unterscheidungsmerkmal. Diesem evolutionären Erwerb ist es zu verdanken, daß der Mensch einzig unter allen Lebewesen das „Tier" ist, das weiß, was es tut, warum es etwas tut, welche Folgen sein Tun hat oder haben könnte, und das deshalb für das Getane sich selbst und seinen Mitmenschen gegenüber auch verantwortlich ist.

In der folgenden Annäherung an diesen Fähigkeitskomplex wird dargelegt, welche Hauptwege die Evolution bei dessen Ausbildung eingeschlagen hat, welche es vor allem waren, die in ihrem Zusammenschluß den bewußt denkenden und handelnden menschlichen Geist hervorgebracht haben und wie in der so entstandenen Geistigkeit einfache und zumeist unbewußt bleibende kognitive Prozesse und komplexe und z.T. bewußt werdende und bewußt lenkbare Akte zusammenwirken. Abschnitt 1 legt zunächst die animalen Voraussetzungen des Handelns dar. Abschnitt 2 thematisiert den stammesgeschichtlichen Erwerb des menschlichen Handeln selbst. Abschnitt 3 fügt dem einige Grundüberlegungen zur Entstehung des Handelns im Kontext der Entstehung der menschlichen Sprache hinzu.

1. „Einsichtiges" Verhalten:
Animale Voraussetzungen des menschlichen Handelns

1.1 Orientierung durch innere Repräsentationen von Welt als Grundvoraussetzung lebender Organismen

Damit sich ein Organismus in der Welt behaupten kann, muß er in jedem Moment seines Lebens eine zutreffende Erkenntnis seiner selbst und seiner Umwelt haben. Die Sicherung der Orientierung in diesem Sinne ist die Grundfunktion des Nervensystem. Ihre Grundprinzipien sind beim Menschen die gleichen wie bei den entwickelten Tieren, wenn dabei auch seine Möglichkeiten um Größenordnungen gewachsen sind und damit auch ein qualitativ anderes Verhältnis zur Welt entstanden ist. Von daher erschließt sich das Verständnis des menschlichen Handelns zunächst am besten im Rückbezug auf dessen evolutionäre Vorstufen bei solchen Lebewesen, die stammesgeschichtlich als Vorläufer auch des Menschen gelten können, wie weit die Anfänge bestimmter neuraler Funktionen auch zurückliegen.[1] Beim Studium der einfacheren Strukturen bei Tieren zeigt sich, daß die Evolution der höheren Hirnleistungen zum Menschen hin im allgemeinen nicht durch eine Verbesserung der sinnesphysiologischen Fähigkeiten bewirkt worden ist – diese haben in den letzten Millionen Jahren keinen prinzipiellen Fortschritt mehr erfahren, so daß ein früher Hominide vermutlich nicht schlechter gehört und gesehen hat als der Jetztmensch –, sondern durch eine Evolution der Fähigkeit, die im peripheren Nervensystem bereits aufbereiteten Daten im zentralen Nervensystem differenzierter zu verarbeiten. Alles in allem verbindet auch hierbei den Menschen mit den Primaten und noch mit den entwickelten Säugetieren mehr, als ihn trennt. Die schon bei ihnen evolutionär fortgeschrittene Informationsverarbeitung manifestiert sich vor allem darin, daß sie in der Lage sind, eine Vielfalt von Situationen und Objekten unterscheidend zu erkennen, auf Körperempfindungen differenziert zu reagieren, aus Erfahrungen zu lernen und insgesamt Situationen „intelligent", d.h. durch „Einsicht" in sie, zu bewältigen.

Alles konkrete Wahrnehmen und Verhalten der Individuen hat so neben den instinktiven und erlernten Fähigkeiten zur allgemeinen Voraussetzung eine in jedem Moment der Existenz immer schon gegebene und sich der jeweiligen Situation ständig anpassende allgemeine innere Repräsentation der physischen Umwelt, des Verhaltens des eigenen Leibes und – ebenso wichtig und im gewissen Sinne noch fundamentaler – der *Befindlichkeit des Organismus*, welch letztere vitale Bedürfnisse auslöst, Indikator von Verhaltensbereitschaften und –kompetenzen ist und bei höher entwickelten Tieren und beim Menschen in Stimmungen, Gefühlen, Affekten, Wünschen und Trieben bewußt wird. Die Wahrnehmung der inneren Befindlichkeit ist der Erkenntnis der Umwelt insofern noch vorgeordnet, weil Schlüsselreize und zu einem bestimmten Verhalten anreizende Situationen bei Tieren nur dann Erbkoordinationen und erlerntes Verhalten auslösen, wenn in der komplexen „Stimmungshierarchie" eine innere Bereitschaft (Appetenz) momentan gerade dafür vorhanden ist, und weil Tiere im allgemeinen nicht nur reagieren, sondern auch

---

[1] Die Darstellung dieses Kapitels stützt sich vor allem auf Lorenz 1977, 65-211; auf Bischof 1989, 414-543 und auf Oeser/Seitelberger 1995, 69-90.

spontane, also aus einer inneren Disposition angetriebene Suchbewegungen – noch vor der jeweiligen genaueren Situationswahrnehmung – vollführen.

Allerdings greifen bei Tieren die Fähigkeit der aktuellen Umwelterkenntnis, das im individuellen Lernen erworbene Können und Wissen und die Wahrnehmung der aktuellen Befindlichkeit und Motivation bei allem komplexen Verhalten fein abgestimmt ineinander. Während die Einzeller und primitiven Mehrzeller – noch ohne Gehirn und Nerven – nur eine Handvoll Umweltqualitäten wahrnehmen, sie diese nur als Augenblicksinformation nutzen und auf sie nach ihrem jeweiligen leiblichen Vermögen instinktiv und starr antworten, unterscheiden und erkennen höher entwickelte Tiere – auch schon Insekten – nicht nur zahlreiche Qualitäten von Umweltreizen und Dingen in großer Präzision, sondern auch schon bestimmte Objekte, Gestalten und Situationen. Indem sie so die individuelle Identität von nicht bereits im Genom „vorgebildeten" Objekten zeitüberdauernd und ortsunabhängig wahrnehmen können, überschreitet auch ihr Erlebens- und Orientierungshorizont schon im gewissen Sinne das unmittelbare Hier und Jetzt. Unter einem stammesgeschichtlichen Blickwinkel kann der Erwerb dieser Fähigkeiten als ein wichtiger Schritt in Richtung auf die menschliche Objektwahrnehmung, als eine Voraussetzung für das spätere „Begreifen" und sprachliche Benennen bedeutsamer Dinge und Sachverhalte verstanden werden.

Mit dem Prozeß der Informationsverarbeitung ist näherhin folgendes gemeint: Er beginnt mit der Verarbeitung sensorischer Erregungszustände, durch welche der Organismus aus dem Ensemble der Umweltreize etwas Bestimmtes, etwa eine Figur vor einem Hintergrund, ausgrenzt, und damit eine erste Interpretation der Welt vornimmt. Er setzt sich fort in der zumeist nach Qualitäten aufgesplitteten nervösen Weiterleitung (und Transformation) dieser Information an hierfür bedeutsame Gehirnzentren, wo der in der Regel genetisch und durch Lernerfahrung vorbekannte Gegenstand „konstituiert" und nach seiner aktuellen Bedeutsamkeit eingeschätzt wird. Er erreicht hier, in der Prüfung und Auswahl von Verhaltensalternativen, seinen Umschlagspunkt von der Rezeptorik zur Motorik. Der ständig sich erneuernde rückgekoppelte sensorische, kognitive, emotionale Wahrnehmungs- und Steuerungsstrom mündet in eine Abfolge von immer nur vorläufig bestimmten Bewegungsimpulsen.

1.2 Raumzeitliche Koordinierung von Wahrnehmungen und Reaktionen in Elementareinheiten

Hatte die ältere spekulativ-philosophische Psychologie angenommen, daß Reize, Reflexe, Eindrücke und Assoziationen momentan, also ohne jeden Zeitverzug im Gehirn erfolgen, weiß man seit dem 19. Jahrhundert, daß auch im Nervensystem alles in der Zeit erfolgt und deshalb, wie durch Experimente im einzelnen herausgefunden, „Reaktionszeiten" in Rechnung zu stellen sind. So haben neuere Untersuchungen gezeigt, daß der Strom der Reize, der die Sinnesorgane ununterbrochen erreicht, zum Zwecke der neuralen Verarbeitung in rasch aufeinanderfolgende

„Elementareinheiten"[2] von etwa 30 Millisekunden Dauer zerlegt wird.[3] Während dieses knappen Zeitraums erfaßt das menschliche Nervensystem durch zahlreiche parallele und rückgekoppelte neuronale Kommunikationen die ganze „augenblickliche" Lage, in der sich der Organismus befindet, nimmt also in Form einer raum-zeitlichen Repräsentation von Welt gleichsam eine momentane Bestandsaufnahme vor. Das so erstellte „Bild" markiert für den Organismus *Gleichzeitigkeit*, insofern alles, was während der Zeit einer Elementareinheit nacheinander und oft in Rückwirkung geschieht und in einer Vereinheitlichung sozusagen „festgestellt" wird, von den Ereignissen und Lagen der vorhergehenden und der folgenden Elementareinheit abgrenzt wird. Die Leistung dieser Aufeinanderfolge von neuronalen „Schnappschüssen" („Gleichzeitigkeitsfenstern") besteht darin, daß der Organismus den Wandel der Welt in für seine Zwecke ausreichenden zeitlichen Ausschnitten registrieren und mit ausreichender Genauigkeit das Vor- und Nacheinander von Ereignissen erkennen kann. Die zeitliche Kalibrierung der inneren Welt hat bei den Gehirnwesen entsprechend ihrer Stellung im Tierreich und dem für sie charakteristischen Lebensraum in der Evolution optimale Gliederungseinheiten angenommen. Unabhängig davon, ob und gegebenenfalls wie deutlich daraus bereits Tiere ein elementares Verständnis des ständigen Wandels der Welt und ein damit verbundenes Empfinden des Flusses der Zeit haben, „weiß" dadurch doch ihr Organismus bei jedem Verhalten, was der rechte Moment für das rechte Tun ist. Die ununterbrochene Abfolge der auf 30 msec ausgedehnten Momente ist der elementare Bezugsrahmen aller gegliederten Aktivität des Körpers. Die dadurch ermöglichte Unterscheidung von Vorher und Nachher dürfte evolutionär der Keim und aktuell die Voraussetzung der menschlichen Kausalitätserfahrung sein. Im Grenzfall menschlichen Handelns dürfte es zudem die neuronal-bewußte Einschätzung eines einzigen „entscheidenden" 30-Millisekunden-Augenblicks sein, die „Geschichte macht".

1.3 Orientierung, Erinnerung und Erwartung eines *Proto-Ich* auf der Grundlage eines *Proto-Selbst*

Die Fähigkeiten der inneren Repräsentanz von Welt und ihrer raumzeitlichen Koordinierung setzen zugleich *Gedächtnis* voraus. Aus der Vielzahl flüchtiger bildhafter und affektiver Augenblicks-Wahrnehmungen muß der Organismus in der Lage sein, bestimmte Eindrücke im Hinblick auf ihre mögliche Nutzung in künftigen Situationen auszuwählen und dauerhaft aufzubewahren. Denn Objekte und Situationen können nur richtig als solche wahrgenommen werden, wenn das im Erleben jeweils Wahrgenommene mit dem bereits Erlernten und im Gedächtnisspeicher Vorhandenen verglichen und als Bekanntes oder Neues identifiziert wird. Daraus erhellt der schon bei Tieren gegebene unlösbare Zusammenhang von Wahrnehmung, Er-

---

[2] Hier wiederholt sich strukturell auf einer höheren Ebene, was die energetische Quantelung auf der mikrophysikalischen Ebene leistet (vgl. Kapitel 48).

[3] Die einschlägige Forschung hierzu hat in Deutschland vor allem E. Pöppel betrieben. Von seinen zahlreichen Schriften werden hier nur genannt: Grenzen des Bewußtseins. Zeit und Wirklichkeit (1985), Frankfurt ³1997, und: Zeitlose Zeiten: Das Gehirn als paradoxe Zeitmaschine, in: Meier/Ploog 1997, 67-97.

fahrung, Lernen und Gedächtnis.⁴ Zwar können Tiere gewiß nicht gezielt ihr Gedächtnis befragen, sie vergessen aber nicht, was sie einmal als eindrücklich erfahren haben. So können Tiere gewiß nicht Handlungen planen, dürften aber doch durch immer wieder vollzogene Triebhandlungen und erlernte Routinen von innerlich wahrgenommenen Dispositionen erfüllt sein, so wenn z.B. ein Hund den täglichen Spaziergang mit seinem Alphatier Mensch erwartet, die Vorbereitungsschritte dazu einleitet und unterwegs auch immer Zeichen von erwünschten Alternativen gibt. Die so im Interesse der überlebensnotwendigen Orientierung in der Welt zeitlebens ununterbrochene Rezeptivität der Organismen – eine „Wachheit", die auch im Ruhezustand und selbst noch im Schlaf fortbesteht – , ihr damit verbundenes kohärentes und situationsangemessenes Verhalten und ihr Rückgriff auf frühere Erfahrungen und ihr Vorgriff auf bevorstehende Ereignisse dürften bereits so etwas wie den Keim eines Ich und eines Selbst enthalten. Von einem *Proto-Ich* könnte man sprechen, insofern das Tier in seinem Verhalten aktuell immer eine eigenständige Handlungseinheit ist und in seinem Aufwachsen, Reifen und Altern über seinen lebenszeitlichen Wandel hinweg durchaus Züge eines seine Identität sichernden *Proto-Selbst* aufweist.⁵

1.4 Intelligentes Tierverhalten:
    Antizipation überschaubarer Situationen und elementare Problemlösungsstrategien

Wie wichtig auch die Erforschung der unbewußt ablaufenden Verhaltenssteuerung von Tieren für das Verständnis routinierter menschlicher Verhaltensweisen ist, so bedarf doch einer besonderen Beachtung jenes animale Verhalten, das evolutionär zum Typ des *bewußten* menschlichen Handelns führt, nämlich jene Fähigkeit, die wir Intelligenz nennen und ein zielgerichtetes Verhalten aus (bewußter) zeit- und situationsübergreifender Einsicht meint. Wie im vorigen Kapitel nach Lorenz' „Naturgeschichte des Erkennens" bereits theoretisch dargelegt, hat sich auch diese Fähigkeit schrittweise aus einfacheren kognitiven Leistungen bei Tieren entwickelt und finden sich so Vorstufen bei ihnen. Bekannte Beispiele hierfür sind deren explorativ-kreatives Verhalten gegenüber ihrer Um- und Mitwelt, das nicht unmittelbar zielgerichtete, neugierige Erforschen des Umfeldes, das spielerische Erproben der eigenen Kräfte, das „Hantieren" mit Vorfindlichem und ein einfacher Werkzeuggebrauch. Akte dieser Art zeichnen in der Tat auch Tiere aus, allerdings deren nur wenige, hochentwickelte.⁶ Gerade aber das Studium des Verhaltens solcher Tiere, die dies können und die wir deswegen klug nennen, zeigt am klarsten, wo der evolutionäre Beginn des bewußten Handelns liegt und wie die Begriffe Denken und Intelligenz bioanthropologisch zu definieren sind. Unter dem Begriff *Denken* ist danach der *innere Umgang mit wahrgenommenen oder bloß vorgestellten Objekten und Situationen* zu verstehen, unter dem Begriff *Intelligenz* – im Gleichklang mit seiner

---

⁴ Vgl. Roth 1993, 37, und die Artikel des Themenheftes „Gedächtnis" in der Zeitschrift: Spektrum der Wissenschaft Spezial, Heidelberg 2003.
⁵ Vgl. hierzu auch Kapitel 56.1.1.
⁶ In der evolutionären Stufung der Lernformen der Tiere steht nach K. Lorenz das Neugierverhalten an der Spitze; vgl. das Nähere dazu bei ihm 1977, 186-194.

lateinischen Herkunft – *die Einzelheiten unterscheidende und das Ganze begreifende Einsicht in eine vorfindliche oder vorgestellte Situation und ihre Bewältigung.*[7]

Daß Schimpansen zumindest in diesem Sinne intelligent sind, denken und deshalb handeln können, konkret: eine bestimmte, für sie neue Problemsituation einsehen und durch die innere Antizipation einer möglichen Lösung diese bewältigen können, haben die erstmals von *Wolfgang Köhler* (1887–1967) in den 20er Jahren gemachten und seither vielfach wiederholten und variierten Experimente gezeigt.[8] Wenn wir uns auch nicht in das Bewußtsein von Affen einblenden können, so läßt doch das bei ihnen beobachtbare Einhalten zwischen einer Problemwahrnehmung und ihrer nicht-zufälligen, sondern zielgerichteten Bewegungs-Lösung, keinen Zweifel daran, daß sie in einem inneren Vorstellungsraum mit dem im äußeren Raum sichtbaren Objekten probeweise handeln und so eine Stufe der Erkennens und des Lernens erreicht haben, die man sonst nur dem Menschen zuschreibt, nämlich die eines auf Einsicht und vorstellendem Denken beruhenden Verhaltens.

2. Denken, Erinnern, Planen: Inneres Handeln mit vorgestellten Objekten

2.1 Die Transzendenz des Hier und Jetzt im Handeln

Sind so bereits manche Tiere im (Wieder-)Erkennen individueller Objekte, im Folgern und im antizipierenden Problemlösen intelligent, so sind diese Fähigkeiten beim Menschen nochmals um ein Vielfaches gesteigert und als Ganzes auf eine qualitativ höhere Stufe gehoben. Dies zeigt sich vor allem daran, daß der Mensch durch Erinnerung und Planung die aktuelle Zeit und den aktuellen Raum in seinem Inneren bewußt und willentlich im großen Maßstab überschreiten kann. Menschliches Erleben und Verhalten orientiert sich an einem raumzeitlichen Gefüge, das ein längerfristiges „Antriebsmanagement" ermöglicht: Lösungen können vorbereitet, begonnen, aufgeschoben, ganz aufgegeben werden. Wechselnde leibliche und geistige Antriebe mischen sich zwar ständig ein, können jedoch durch übergeordnete Entscheidungen gewissermaßen entmachtet werden. Überhaupt gewinnt erst der Mensch in seinem Denken, Handeln und Planen auf der „inneren Probierbühne"[9], in der „Inszenierung" des inneren Geschehens, eine gewisse Selbständigkeit gegenüber den inneren Antrieben und den äußeren Zwängen. Eine solche situationsübergreifende Motivstruktur zeichnet in der Tat allein den Menschen aus.[10] Zwar können auch Menschenaffen vorausschauend handeln, dies jedoch nur kurzfristig und mit Bezug auf eine dies erfordernde aktuelle Antriebslage, z.B., um eine fast greifbare Banane auch wirklich zu bekommen. Eine Planung über die aktuelle Situation hinaus scheint Tieren jedoch versagt zu sein. Kein Tier vergegenwärtigt

---

[7] Vgl. hierzu die Arbeit von *J.L. Gould/C.G. Gould*: Bewußtsein bei Tieren. Ursprünge von Denken, Lernen und Sprechen, Heidelberg u.a. 1997.

[8] Vgl. *W. Köhler*: Intelligenzprüfungen an Menschenaffen, Berlin 1921. Eine neuere Darstellung ist die von *D. Premack/A. Premack*: Original Intelligence, New York 2003.

[9] Bischof 1989, 525.

[10] Für Bischof besteht hierin die „kopernikanische Wende" (1989, 541) des Menschen. Einschlägig ist im Hinblick darauf bei Bischof das ganze Kapitel 30: Imaginäre Dimension (1989, 519-543).

künftige Bedürfnislagen und erinnert sich an frühere Ereignisse – wenn auch sein faktisches Verhalten bedürfnisorientiert, also auf die nahe oder fernere Zukunft gerichtet ist, und auch auf Lernen und Gedächtnis gründet, also erfahrungsgeleitet ist. Der Raum- und Zeithorizont der Tiere ist verglichen mit dem des Menschen äußerst begrenzt. Während also die Tiere immer nur in ihrer jeweiligen Gegenwart leben und die Welt nicht als ein wirkliches Gegenüber wahrnehmen, sondern diese nur als Umwelt erleben, kann der Mensch in Distanz zu seinen Verhaltensimpulsen, zur Welt und zur Gegenwart gehen, Neues ins Auge fassen, fiktive Welten und Handlungsmöglichkeiten entwerfen usw.. Von dem evolutionären Stadium an, wo Verhalten der Initiierung, Kontrolle und Bewertung durch Bewußtseinsakte unterliegt und nicht einfach nur „geschieht", können wir es im Vollsinne Handeln nennen – noch bevor Sprache und Moral entstanden sind, welch beide ihm im Raum der Kultur freilich erst seine sozialkonstitutive Rolle geben und überhaupt mit ihm eine unlösbare Verbindung eingehen.

2.2 Artikulation des auf Handeln in der Welt gerichteten Denkens:
    Momente einer intentionalen Einheit

In näherer phänomenologischer Betrachtung hebt sich das durch bewußtes Handeln charakterisierte menschliche In-der-Welt-Sein vor allem in fünf Momenten grundlegend vom Verhalten der Tiere ab. Nur dem Menschen ist *erstens* die Fähigkeit gegebenen, in jedem Moment seines bewußten Lebens den jeweiligen Bewußtseins- und Handlungsstrom willentlich zu unterbrechen, einzuhalten, zu stocken, eine eingeleitete Handlung zu hemmen und sich des äußeren Handelns im zunächst beabsichtigen Sinne ganz zu enthalten, also eine „*Denkpause*" einzulegen bzw. so etwas wie „Handlungsaskese"[11] zu betreiben. Dies ist nur möglich, weil der Mensch die jeweils aktuellen Bedürfnisse „aus dem Modus unerbittlicher *Triebe* in die Rolle [bloß] *emotionaler Appelle* zurückdrängen"[12] kann. Erst dadurch muß kein Mensch „müssen".

Indem im Einhalten die Selbstverständlichkeit des Verhaltens aufgehoben, dem Menschen die Widerständigkeit der Welt bewußt wird, zu ihr ein Abstand entsteht und die Aufmerksamkeit in einer neuen Weise ausgerichtet wird, wird dem Menschen *zweitens* die erlebte Situation als ein „Problem" bewußt. Dieses *Problembewußtsein* nimmt ihm die Verhaltenssicherheit des Tieres und einen Teil seiner Geborgenheit in der Welt, verunsichert ihn in der Fülle der Möglichkeiten, setzt ihn in der nun offenen Zukunft und im Ausprobieren von Neuem Gefahren aus und bringt ihn im Bewußtsein dessen gerade von einer anderen Seite her, als dies bei den Tieren der Fall ist, unter einen Handlungszwang.

Der aus dem Problembewußtsein erwachsende Zwang zum Handeln nötigt ihn *drittens* zu einer genaueren, prüfenden *Situationseinschätzung*, zu einer deutenden Ausgestaltung des Hiatus, der sich zwischen Impuls und Reaktion, zwischen einem Bedürfnis und seiner Befriedigung aufgetan hat. Diese Situationseinschätzung wird

---

[11] Nach v. Weizsäcker (1991, 176) ist die „Handlungsaskese", das Innehalten zwischen Wahrnehmung und Handlung, der Ursprung der Kultur.
[12] Bischof 1989, 550 (Kursivierung durch Bischof).

zum einen von der im Gedächtnis enthaltenen Erfahrung, zum andern von dem emotionalen „Lagebericht" geprägt, der auch beim Menschen als „Indikator des Vitalbedarfs und der primären Verhaltensbereitschaften"[13] wirkt. Das Urteil selbst wird sowohl von den von dorther gespeisten Erwartungen als auch von den auf die Zukunft gerichteten Absichten gebildet.

Vor allem aber setzt diese Situationseinschätzung *viertens* einen Prozeß in Gang, in welchem dem Menschen wie „zufällig" viele Gedanken „durch den Kopf schießen", ihm „Ideen" „von irgendwoher" kommen und er im produktiven Denken *Handlungsmöglichkeiten* entwirft. Die konstruktiv-kreative Seite des Handelns schlägt sich vor allem im kulturellen Prozeß des Erfindens und Erweiterns immer neuer Gestalten nieder. Alle Theorie verdankt sich ihr.

Diese Entwürfe sind schließlich *fünftens* die Voraussetzung für das sog. *innere Probehandeln*, d.h. für die gedankliche Überprüfung von Zielen, Mitteln zur Realisierung auf der Grundlage der bisherigen Erfahrung, für das Verwerfen ungünstiger Möglichkeiten[14], für die (Neu-)Gewichtung und zeitliche Gliederung konkurrierender Entwürfe und überhaupt für die Planung kurz-, mittel- und langfristiger Handlungsabsichten.[15] Das diesem inneren Handeln möglicherweise folgende äußere Handeln artikuliert sich in der Abfolge von Entscheidung, Vollzug und ständiger korrigierender Bewertung und mit der Möglichkeit des jederzeitigen Einhalts, womit sich der Kreis der hier genannten Momente des Handelns schließt.

Alle genannten Momente des Handelns sind freilich nur analytisch aus dem Funktions- und Prozeßkontinuum bzw. phänomenologisch aus dem lebensweltlichen Ganzen des menschlichen Bewußtseinsstrom herauszulösen. So eingebettet in das ererbte und erlernte Verhalten, ist alles bewußte menschliche Handeln zudem immer zugleich trieb-, erinnerungs- und willensgeleitet und situationsbezogen. Es wird von Absichten bewegt, von Gefühlen begleitet, von Wissensbeständen gespeist und von einem kritischen Bewußtsein kommentiert und reguliert. Von zum größten Teil unbewußt bleibenden kognitiven und motivationalen Voraussetzungen herkommend, entwirft es sich unter der Maßgabe bewußter Intentionalität mehr oder weniger intuitiv in eine prinzipiell unsichere Zukunft. Gleichwohl begründet diese solchermaßen prekäre Handlungsfähigkeit des Menschen ein ganz neues Weltverhältnis, denn sie setzt eine Instanz voraus, die als „Subjekt" den autonom und unbewußt für sich funktionierenden kognitiven und affektiven Prozessen übergeordnet und in der Lage ist, bewußt zu handeln.

Ob diese Instanz den in unserem üblichen Selbstverständnis fraglos-selbstverständlich vorausgesetzten Rang wirklich hat oder ob dies nur eine menschliche Selbsttäuschung ist, ist freilich umstritten. Die damit verbundenen methodologischen und ontologischen Probleme werden in den nächsten Kapiteln im Zusammenhang besonders mit der Evolution des personalen (Selbst-) Bewußtseins und der Willensfreiheit nochmals aufgenommen. Hier wird die

---

[13] Seitelberger, in: Oeser/Seitelberger 1995, 98.
[14] Vgl. die Charakterisierung des Menschen als ein „Möglichkeitswesen" durch Hösle 1997, 285.
[15] Vgl. Bischof 532, 542 f.

alles Handeln des Menschen integrierende, bewußt steuernde und verantwortende Instanz des Subjekts, des bewußt handelnden Ich, zunächst schlicht vorausgesetzt.

2.3 Sich Erinnern:
Das bewußte Befragen des Gedächtnisses und Abrufen bestimmter Inhalte und Fähigkeiten
(1) Die Erinnerung phänomenal, behavioristisch und neuronal ein Rätsel der Gedächtnisforschung

Eine konstitutive Voraussetzung ist das dem menschlichen Selbst zuzurechende Gedächtnis. Es ist, wie freilich im Prinzip alle Bewußtseinsvorgänge, bis heute in vielem ein Rätsel geblieben. Zunächst, weil es bis ins letzte Drittel des 19. Jahrhunderts überhaupt nur introspektiv zugänglich war und es sich in dieser Weise als ein intuitives Phänomen – trotz seiner subjektiven Verfügbarkeit und Ergiebigkeit – sowieso aller erkenntnispsychologischen Verallgemeinerung entzieht. Dann, weil die erste empirische Gedächtnisforschung, nämlich die von dem deutschen Psychologen *Hermann Ebbinghaus* in den 1880er Jahren durchgeführten Experimente, das Behalten und das Vergessen bloß am Beispiel sinnfreien Sprachmaterials, und zudem nur quantitativ, erfaßt hat und die Vertreter des darauffolgenden mächtigen Stroms der behavioristischen Psychologie davon überzeugt waren, Naturgesetze auch des Gedächtnisses aus gewissen Verhaltensänderungen von Tieren und dann auch von Menschen erschließen zu können, beide Ansätze also sich eines Verfahrens bedient haben, dem man heute nur noch einen begrenzten Erkenntnisgewinn zuspricht. Schließlich, weil die Neurowissenschaften zwar inzwischen an den empirischen Geschehensort des Erinnerns und des Aufbaus des Gedächtnis vorgedrungen sind, sich aber eingestehen müssen, das angenommene neuronale Substrat des Gedächtnisses und der Erinnerungsprozesse inhaltlich-vorstellungsmäßig fast noch gar nicht zu deuten vermögen. Deshalb ist diese menschliche Leistung – ebenso wie das mit ihr ursächlich verbundene Lernen und Vergessen und überhaupt alle anderen komplexen Leistungen des Bewußtseins – trotz des transdisziplinären Zusammenwirkens der Neurowissenschaften, der (Human-)Ethologie, der Psychoanalyse, der Kognitionspsychologie, der Lebenswelttheorien, der Biographieforschung, der Kommunikations-, Enkulturations-, Lern-, Sozialisations- und Bildungstheorien und nicht zuletzt der vielen in diesem Buch dargestellten Ansätze der Geschichtstheorie immer noch nur wenig aufgeklärt. Infolgedessen übertreffen die mehr oder weniger reflektierten Annahmen menschlicher Subjekte über das Gedächtnis und, auf einem höheren Niveau der Introspektion und Sinnerschließung, die methodisch angelegte traditionelle philosophische Phänomenologie darüber von Augustinus bis zu Husserl und Bergson die empirischen Ansätze in der Plausibilität und Differenziertheit ihrer Einsichten immer noch bei weitem.

(2) Gedächtnis als eine unbewußte Instanz der Bereitstellung von bewußter Erinnerung
Immerhin läßt sich auf der Grundlage aller dieser heterogenen Forschungsbemühungen[16] über das Gedächtnis heute soviel sagen: Es handelt sich um eine sich un-

---

[16] Zur neueren Gedächtnisforschung vgl. *H. Welzer*: Das kommunikative Gedächtnis. Eine Theorie der Erinnerung, München 2002, und *H.-J. Markowitsch*: Dem Gedächtnis auf der Spur.

bewußt herausbildende und wandelnde und zugleich auch arbeitende Instanz des Selbst, die die unaufhörlich neu hinzukommenden zahllosen Eindrücke, Erkenntnisse, Empfindungen Erinnerungen, Bestrebungen und Reflexionen zu einem geordneten Ganzen verbindet und die trotz des Aktes der bewußten Erinnerung sich im Finden des Angeforderten nicht selbst zu erkennen gibt. Wenn sich so gerade die zentralen Momente dieses Geschehens, d.h. der lebensgeschichtliche Aufbau des Gedächtnisses, der Prozeß des Erinnerns selbst und sein „Subjekt", das Selbst, sich immer noch fast ganz unserer Kenntnis entziehen, haben die Neurowissenschaften immerhin Anhaltspunkte für die Annahme, daß das Gedächtnis Bilder, Wörter, Gedanken usw. nicht punktuell-präzis speichert und verortet, sondern sie entsprechend dem bisherigen Vorverständnis und Können individuell-spezifisch, kreativ und dynamisch bearbeitet, transformiert und in ein Netz unterschiedlicher Verwendungsweisen einfügt. Auf dieser Grundlage scheint das Gedächtnis, Erfahrungen mit einem Gitter von Zeit- und Ortskoordinaten zu überziehen, sie zu ordnen und einschließlich nur erdachter und geplanter, aber nicht äußerlich vollzogener Handlungen in eine autobiographische Geschichte einzufügen.

Wenn von der neueren Gedächtnisforschung bei dieser Beschreibung Metaphern des Raumes benutzt werden und „Gedächtnis" auch ausdrücklich räumlich definiert wird als „die Ablagerung (Speicherung) erworbener Information und Fähigkeiten, die als Erinnerung wieder rekrutierbar ist"[17], so gibt es dafür hirnanatomische und –physiologische Grundlagen und lassen sich unterschiedliche Gedächtnis-Systeme, wie die des Sehens, Hörens, Riechens und Tastens, als besondere Gruppen von Neuronen gegeneinander abgrenzen, weshalb in der Tat ja auch das Nachlassen und der Schwund der Gedächtnisleistung mit dem Abbau und Zerfall von Nervengewebe einhergehen. Dabei hängen allgemein das Behalten und gegenläufig das Vergessen unmittelbar von der Häufigkeit der Befragung des Gedächtnisses ab. So haben die immer wieder bedachten und in der Kommunikation geäußerten Erinnerungen eine größere Chance in das Langzeitgedächtnis einzugehen, während die für unbedeutend gehaltenen und nur zum kommunikativen „Verbrauch" bestimmten Bewußtseinsinhalte, nachdem sie das sog. Ultrakurzzeitgedächtnis passiert haben, zumeist auch rasch aus dem sog. Kurzzeitgedächtnis verschwinden oder zumindest nicht mehr zum aktiven Gebrauch zur Verfügung stehen und es sich allenfalls im Wiedererkennen zeigt, daß sie noch nicht ganz „gelöscht" sind. Schließlich hat die neuere Forschung entgegen der Auffassung der traditionellen kognitiven Theorien erkannt, daß bei der Bewertung von Erfahrung und bei der Zuweisung von Be-

---

Vom Erinnern und Vergessen, Darmstadt 2002, 11f.. Das letztere Buch ist informativ zum einen durch einen ausführlichen Überblick über Geschichte der kulturellen und physiologischen Gedächtnisforschung von der Antike bis heute (S. 30-73) und durch die zahlreichen Fallbeispiele, die zeigen, wie man von Ausfällen des Gedächtnisses auf seine normale Funktionstüchtigkeit schließen kann. Zusammen haben beide Forscher den Band vorgelegt: Das autobiographische Gedächtnis. Hirnorganische Grundlagen und biosoziale Entwicklung, Stuttgart 2005. Vgl. auch die Schrift des Pioniers der neurophysiologischen Gedächtnisforschung *E. Kandel:* Auf der Suche nach dem Gedächtnis. Die Entstehung einer neuen Wissenschaft des Geistes. Aus dem Engl. von H. Kobert, München 2006.

[17] Markowitsch 2002, 180.

deutung *Emotionen* den Ausschlag geben und deshalb Ausfälle und Störungen der Gefühle vermittelnden Hirnbereiche das Erinnerungsvermögen, die Zuordnung von Sinn und das Behalten von Wissen stark beeinträchtigen.

(3) Die Erinnerung als vergegenwärtigte individuelle und kollektive Geschichte
Im Hinblick auf das Thema dieses Buchs bedürfen das Phänomen des Erinnerns und die Instanz des Gedächtnisses hier noch einer besonderen Betrachtung. Denn das (willkürliche) Erinnern als ein Typ des Bewußtseinshandelns ist die elementare Voraussetzung aller Historie: nämlich sowohl der nur innerlich bedachten, der ausgesprochen und der (auto-)biographischen Lebensgeschichte als auch aller lebensweltlichen und wissenschaftlichen Formen des kulturhistorischen Denkens, also des „Betreibens von Geschichte". Und das Gedächtnis als die neuronal verfaßte und bewußt befragbare Instanz des Erinnerns ist zu jedem Lebenszeitpunkt das personale Produkt von Geschichte im weitesten Sinne des Begriffs: nämlich der „objektiven" Entwicklungs-, Sozialisations- und Bildungsgeschichte der Individuen, in der sich lebensgeschichtlich alles niedergeschlagen und aufgebaut hat, was diese als Mitglieder der Spezies Mensch und eines besonderen Kultur- und Lebenskreises leiblich, psychisch, intellektuell und personal unbewußt und bewußt erfahren und sich aktiv allein, medial und im Umgang mit anderen angeeignet haben. Die so an der Schnittstelle von Lebens-, Kultur- und Stammesgeschichte angesiedelte Fähigkeit des Menschen, sein Gedächtnis in der Erinnerung zu befragen und damit eine innere Zeitreise anzutreten, sich gemachte Erfahrungen erneut vorzustellen, Elemente des erworbenen Wissens momentan „aufzurufen", prozedurales Können, wie z.B. Singen oder Schwimmen, ebenso rasch auf inneren Befehl hin äußerlich zu reproduzieren und sich neues Können und Wissen prospektiv anzueignen, hat sich zweifellos bereits in der Ur- und Frühgeschichte des Menschen herausgebildet und dürfte unter der sie verstärkenden Wirkung der Fähigkeit, die Inhalte der Erinnerung in Wörtern und Sätzen zu versprachlichen, zu gliedern und damit zu handeln, zu den konstitutiven Momenten der Menschwerdung gehören. Das Phänomen des Gedächtnisses ist deshalb kulturgeschichtlich auch schon relativ früh zum Gegenstand vielfacher Deutung – u.a. in der Metaphorik von „Gedächtnisspuren" (Wachstafelanalogie), der „Gemeinplätze" (Topik) und der „Schatzkammer" des Wissens – und die Fähigkeit des Erinnerns zum Gegenstand der systematischen Förderung ihres Potentials durch Memoriertechniken geworden, zumal die Person in einem beliebigen Zeitpunkt des Lebens weitgehend identisch mit ihrem aktivierbaren Gedächtnis ist.

Ist so das Gedächtnis ganz wesentlich das Selbst des menschlichen Individuums, so trifft dies in Analogie auch auf menschliche Gemeinschaften, auf Kleingruppen wie auch auf Großgruppen und ganze Gesellschaften und, in noch einmal überhöhter Analogie, auf das in den Genen aufgehobene Gedächtnis der Spezies zu. Über das kulturelle und das kommunikative Gedächtnis von Völkern ist im Anschluß an die Arbeiten von J. Assmann und anderen bereits in mehreren kulturhistorischen Kapiteln[18] und über das phylogenetische Gedächtnis des menschlichen Genoms be-

---

[18] Vgl. besonders die Kapitel 3.3., 28.3. und 43 und 44.

reits in den vorigen naturhistorischen Kapiteln[19] gehandelt worden. Welches die neuronalen Voraussetzung freilich dafür sind, daß menschliche Individuen an einem Kollektivbewußtsein teilhaben und es mitzuerzeugen, scheint bisher noch nicht erforscht zu sein.

3. Sprechen als zugleich natur- und kulturgeschichtlicher Erwerb: Das durch konventionelle Lautzeichen vermittelte Denken und Handeln

3.1 Sprache als das naturgeschichtlich neue und universale Medium der Kommunikation
(1) Die durch konventionelle Symbole vermittelte Welt
Indem die kognitiv, imaginativ und memorativ am weitesten entwickelten Hominiden auf ihrem Wege zum Jetzt-Menschen immer häufiger typische Probleme durch bewußte Auswahl zwischen alternativen Lösungen bewältigen, im inneren Umgang mit Problemen bestimmte Handlungsstrategien entwerfen und über variable Teilziele immer deutlicher bestimmte Endziele anstreben konnten, dürfte ihnen dieser innere Weg des Abwägens, Entscheidens und Planens durch den Erwerb der Sprachfähigkeit, d.h. zunächst durch die Orientierung an leicht vorstellbar und einprägsamen Zeichen für komplexe Objekte, außerordentlich erleichtert worden sein. Damit ist gemeint, daß sich das Handeln innerlich wohl schon sehr früh in *symbolisch vermittelten Denkhandlungen* ausgebildet und verfestigt haben muß. Mit den Worten Oesers: „Der Übergang von einer präsymbolischen Repräsentation zu einer symbolischen Repräsentation geschieht [..]. durch eine Repräsentation zweiter Ordnung: an die Stelle eines für die Selbstbeobachtung unzugänglichen, unhandlichen neuralen Erregungskomplexes tritt ein reflexiv durchschaubares Symbol bzw. eine Symbolverkettung, die einen ökonomischen Verarbeitungsprozeß nach festgelegten Regeln ermöglicht." (1995, 221). Bestimmten Vorstellungen, Dingen und Tätigkeiten werden sinnlich wahrnehmbare Zeichen derart innerlich zugeordnet, daß damit ein geregelter innerer und äußerer Umgang möglich ist. Genetisch verankerte Signale und Schlüsselreize haben im Tierreich – und z.T. noch bei Menschen – dieselbe Funktion, wenn sie einen komplexen Erkenntnisvorgang oder eine Erbkoordination auslösen.[20] Im Unterschied aber zu dieser angeborenen Form der „Verständigung" erwachsen die Symbole der menschlichen Sprache aus dem „konventionellen" Gebrauch jeweiliger Kommunikationsgemeinschaften. Gerade weil sie nicht durch eine lange Naturgeschichte bereits festgelegt sind, sondern aus neu entstandenen Interaktions- und Verständigungsbedürfnissen entstanden sind und zugleich hochverdichtete abstrakte Zeichen sind und Repräsentationen auf einer höheren, bereits kulturellen Ebene geworden sind, verfügen Menschen im Gebrauch ihrer Sprache über ein Operationsmittel, das in seiner universellen Einsetzbarkeit alle Tätigkeiten mit materiellen Werkzeugen und alle Kommunikation mit angeborenen Signalen des Ausdrucks bei weitem übertrifft.[21] Konventionelle Zeichen konnten gewiß auch

---

[19] Vor allem in Kapitel 52.3: Evolution als ‚Lernen der Arten'.
[20] Vgl. das „Sprachverarbeitungsmodell" bei *A.D. Friederici*: Menschliche Sprachverarbeitung und ihre neuronalen Grundlagen, in: Meier/Ploog 1997, 144.
[21] Gleichwohl kann man die Entstehung der menschlichen Sprache als einen nach innen verlagerten Werkzeuggebrauch deuten, insofern Sprachsymbole nicht nur ebenso menschenge-

noch dem alten Medium des mimetischen und gestischen Ausdrucks abgewonnen werden. Die akustisch geäußerten Zeichen waren dem aber um ein Vielfaches überlegen. Mit anderen Worten dürfte hier in der Verbindung von erinnerten und vorgestellten Gegenständen und Tätigkeiten, von Denken und Handeln und von der auf gemeinschaftliches Handeln bezogenen Kommunikation der Ursprung der menschlichen Sprache liegen.[22]

(2) Äußerungen: Von der einfachen Begrifflichkeit zur Bildung von Sätzen
Bei der Evolution der Sprachfähigkeit dürfte es zwei Phasen gegeben haben.[23] In der ersten dürfte sich die Fähigkeit zur Bezeichnung von bestimmten Objekten herausgebildet haben, so daß es möglich wurde, gängige Sinngehalte der nonverbalen Kommunikation nicht nur von charakteristischen Lauten begleiten und jene dann auch vereinzelt durch bestimmte Laute ganz ersetzen zu lassen, sondern sie auch in großer Zahl in Lautverbindungen aufzufächern, so daß nunmehr Worte und Wortfelder komplexe Sinneinheiten meinen konnten Die zweite Phase, die diesen Erwerb einer einfachen Lexik und Semantik in Gestalt vor allem von Verben und Nomina qualitativ auf ein höheres Niveau gehoben hat, dürfte in der „Erfindung" der Grammatikalität bestanden haben, d.h. im Schritt zur Syntax, die den Wörtern und Partikeln in Gestalt vor allem von Konjunktionen, Präpositionen und Endungen entsprechend ihrem Ort in einer Wortfolge jeweils eine besondere Funktion zuordnet. Erst von da an dürfte es möglich geworden sein, über knappe Ein- und Zwei-Wort-Aufforderungen, Botschaften und Kundgaben hinaus „Aussagen" über gegenwärtige, vergangene und künftige, über faktische, erinnerte und imaginative Sachverhalte zu machen, Fragen zu stellen, in Dialoge einzutreten, Unternehmungen zu planen (z.B. bei einer kultischen Handlung), sich über eine etwas größere Distanz (z.B. bei der Jagd) zu verständigen, einander Geschichten zu erzählen und sich im Nachdenken selbst zu befragen.

---

macht sind wie Werkzeuge, sondern sie wie diese auch durch die Zuordnung einer bestimmten Funktion zu einem allgemein verfügbaren „Weltstoff", zu einem Medium der menschlichen Weltbewältigung geworden sind.

[22] Über die durch die Sprache neubegründete menschliche Sozialität vgl. *D. Ploog*: Das soziale Gehirn des Menschen, in: Meier/Ploog 1997, 235-252.

[23] Aus der großen Zahl älterer und neuerer Schriften über die Sprachentstehung werden hier nur genannt: *M. Hildebrand-Nilshon*: Die Entstehung der Sprache. Phylogenese und Ontogenese, Frankfurt 1980; *ders.*: Von der Kooperation zur symbolischen Praxis. Hypothesen zur Evolution von Sprache und Kommunikation im Rahmen einer kulturhistorischen Psychologie, in: Adick/Krebs 1992, 111 ff.; *H.M. Müller*: Sprache und Evolution. Grundlagen der Evolution und Ansätze einer evolutionstheoretischen Sprachwissenschaft, Berlin 1990; *St. Pinker*: Der Sprachinstinkt. Wie der Geist die Sprache bildet (amer. The Language Instinct, 1994), München/Zürich 1996; *M. Kuckenburg:* ... und sprachen das erste Wort. Die Entstehung von Sprache und Schrift. Eine Kulturgeschichte der menschlichen Verständigung, Düsseldorf 1996; *Ph. Liebermann:* Eve spoke. Human Language and Human Evolution, New York/London 1998; *S. Müller:* Probleme des Übergangs zur Sprache. Ein Beitrag zur Debatte um den Ursprung der Sprache, Marburg 2000.

(3) Die gemeinmenschliche Sprachfähigkeit und die ethnospezifischen Sprachen

Bei dieser Erweiterung des nonverbalen Erbes der hominiden Kommunikativität um den Erwerb der Sprachfähigkeit des Menschen gilt es freilich, die natürliche von der kulturellen Ebene zu unterscheiden. So ist die Sprachfähigkeit im Sinne einer Anlage universal im Genom von Homo sapiens verankert und damit ein natürliches Erbe, während ihre Nutzung im Erwerb und Gebrauch einer bestimmten Menschensprache zugleich ein ethniengebundenes, also ein kulturelles Phänomen ist. Während sich über die vermuteten urgeschichtlichen Sprachen aus Mangel an Quellen nichts im Detail sagen läßt, deuten die interkulturell einheitlichen sprachlichen Universalien darauf hin, daß die Sprachfähigkeit als eine natürliche Anlage recht alt ist. Indem menschliche Handlungen – äußere wie innere, Tun und Herstellen ebenso wie Denken und Sprechen – so bei aller (inter-)individuellen und inhaltlichen Vielfalt in Gestalt universeller Sprachstrukturen kommuniziert werden können, wird von dieser Seite her zugleich noch einmal die Annahme der grundsätzlichen gattungsgeschichtlichen Einheit des menschlichen Geistes und seiner „mentalesischen" Sprache bestätigt.[24]

3.2 Vom Verhalten zum Denken und (Sprech-) Handeln

Im Blick nun auf urgeschichtliche Evolution der Handlungsfähigkeit insgesamt läßt sich vermuten, daß mit ihr die Herrschaft des Menschen über die „Welt", also über die Natur, und dabei insbesondere über die Tiere, über die Mitmenschen und über sich selbst als Leib- und Geistwesen begonnen hat. Kultur im Sinne eines einsetzbaren Wissens zur Erreichung bestimmter Zwecke konnte von dem Zeitpunkt an entstehen, als es einem Lebewesen gegeben war, zwischen Reiz und Reaktion und zwischen Absicht und Handeln einzuhalten, sich in die Bewußtseinswelt seinesgleichen „hineinzuversetzen"[25], über die geeigneten und besten Handlungsalternativen erinnernd und planend nachzudenken und so „belehrt" handelnd in das Weltgeschehen einzugreifen.

Fragt man nun im einzelnen nach den evolutionären Schritten, durch die die Handlungsfähigkeit entstanden ist, so sind wir hier mehr als bei der Entwicklung des Körpers und der elementaren Verhaltensweisen auf Vermutungen angewiesen. Wir wissen nicht, ab wann sich Hominiden bewußt als Subjekte ihres Handelns erlebt, ab wann und in welcher Deutlichkeit sie das Innesein der Welt und des eigenen Ich im Bewußtsein als etwas Objektives wahrgenommen haben. Wir wissen deshalb auch nicht, ab wann wir sie als unseresgleichen betrachten können. Ab wann sind Hominiden Menschen? Ist es bereits der Werkzeuge herstellende Homo habilis der älteren Steinzeit oder der das Feuer beherrschende *Homo neanderthaliensis* der mittleren Steinzeit oder erst der seine Toten bestattende und Bilder malende *Cro-*

---

[24] Vgl. zur ethnologischen These der Universalität Kapitel 30. 3.1. In Abhebung von den vielen spezifischen Merkmalen der „natürlichen" Sprachen möchte *D.E. Zimmer:* Sprache in Zeichen ihrer Unverbesserlichkeit (Hamburg 2005), die Struktur und Logik der genetisch vererbten Sprachfähigkeit als die „mentalesische" Sprache des Menschen begreifen.

[25] Über die fast nie gegebene oder nur sehr begrenzt angelegte Fähigkeit von Tieren, sich in andere hineinzuversetzen, sie verstehend nachzuahmen und sie verständig zu belehren vgl. Premack/ Premack 2003.

Magnon-Mensch der jüngeren Steinzeit. Als gesichert kann vorerst nur gelten, daß Handeln nie im Gegensatz zum bloßen Verhalten gestanden hat, sondern es seit seinen ersten gattungsgeschichtlichen Anfängen im wesentlichen immer als eine dessen Möglichkeiten *verstärkende und sich in typischen Verhaltensweisen ausformende Fortsetzung* verstanden werden muß. Zu keinem Zeitpunkt der Evolution haben die hinzugetretenen Handlungsformen die Befriedigung der elementaren animalen Bedürfnisse gefährdet oder gar außer Kraft gesetzt. Vielmehr hat das Handeln als eine begrenzte Lockerung bestimmter Verhaltensweisen diese selbst als Möglichkeit bewahrt. Der Prozeß der immer größeren Ersetzung des Verhaltens durch Handeln muß sich in der Weise vollzogen haben, daß Individuen im Hinblick auf die Bewältigung bestimmter, im Leben immer wiederkehrender Situationen zunehmend zwischen mehreren erfolgversprechende Antworten haben auswählen können. Über menschheitsgeschichtlich lange Zeiträume müssen die alten, evolutionär bewährten und genetisch abgesicherten tiernahen Verhaltensweisen noch das Feld beherrscht haben und die bewußt vollzogenen riskanten Handlungen eher die Ausnahme gewesen sein. Erfolgreiche und häufiger vollzogene Handlungen dagegen müssen sich zu immer weniger bedachten routinierten Verhaltensweisen verwandelt haben – wie es auch im heutigen Alltagsleben der Fall ist, wo das gekonnte zivilisierte Verhalten der Individuen zumeist aus vorherigen bewußten Lernhandlungen hervorgegangen ist. Kultur im heutigen komplexen anthropologischen Sinne freilich hat erst eine Sprache ermöglicht, deren Semantik und Grammatik zur Mitteilung und zum wechselseitigen Verstehen der Vorstellungen und Absichten des jeweils anderen – auch solcher „Botschaften", die imaginativ andere Orte und andere Zeiten als das hic et nunc betrafen – geeignet waren.[26] Die Sprachphilosophie des 20. Jahrhunderts – von Wittgenstein bis Heidegger - hat in der Sprache des Menschen freilich weit mehr als eine bloße Vermittlerin, Trägerin und Beförderin der Kommunikation gesehen. Für sie ist der Erwerb der Sprache im anthropologischen Sinne schlechthin konstitutiv. Denn sie begründet allererst das Denken und Handeln und scheidet so das Wesen, das allein „Sprache hat" (lógon échon), vom Tier.

---

[26] Vgl. *M. Tomasello*: The Cultural Origins of Human Cognition, Cambridge 1999, ders.: Constructing a Language, Cambridge 2003.

56. Die Evolution des personalen (Selbst-)Bewußtseins:
Das sich im Denken, Handeln und Empfinden auf sein Selbst beziehende Ich

1. Bewußtsein: Annahmen zu seiner evolutionären Entstehung   934
2. Neurobiologische und bewußtseinsphilosophische Probleme und Einsichten   938
3. Die Theorie der Person und der Personalisation in evolutionstheoretischer Sicht   942

Daß „Bewußtsein" ein bzw. das konstitutive(s) Merkmal des menschlichen Geistes ist, wurde in den bisherigen Ausführungen ohne eine nähere Begründung einfach vorausgesetzt. Dies insofern zu Recht, als in der Innensicht Bewußtsein ein so selbstverständliches Moment allen Empfindens, Denkens, Handelns und Schaffens ist, daß wir uns seine Nicht-Existenz – paradox formuliert – gar nicht vorstellen können. Gleichwohl ist natürlich der Versuch einer Klärung des neurophysiologischen und personalen Status dieses Phänomens in der Theorie und in der Naturgeschichte des Geistes unabdingbar. Dabei stellt sich gleich zu Anfang als Schwierigkeit heraus, daß „Bewußtsein" in unterschiedlichen Graden auftritt und im wesentlichen auf unbewußt bleibenden Prozessen neuraler Informationsverarbeitung beruht. Letzteres hat sich bereits an den in Kapitel 54 (2.2.) dargestellten elementaren und dennoch hochkomplexen neurophysiologischen Prozessen des Wahrnehmens und Verhaltens gezeigt, die bei keinem der mit einem Zentralnervensystem ausgestatteten Lebewesen, unter Einschluß des Menschen, bewußt erlebt werden. Zu einer klärenden Einsicht gelangt man hierbei, wenn man hinsichtlich des Verhaltens von Lebewesen deutlich zwischen „Können" und „Wissen" unterscheidet. So zeichnen sich Tiere durchweg durch Können aus und haben so eine neuronal begründete und gesteuerte Befähigung für das, was sie und wie sie es machen müssen, wissen aber davon bewußt nichts. Der Mensch jedoch hat von seinem Können – natürlich mit Ausnahme dessen, was auch ihm unbewußt bleibt – auch ein bewußtes Wissen, insofern er einen Großteil seiner naturgegebenen und durch Lernen erworbenen Fähigkeiten bewußt einsetzen und davon sprechen kann und eine Optimierung seines Könnens bewußter Gegenstand seines Bemühens sein kann.

    Aufschluß darüber, was auf dem evolutionären Prozeß zum Menschen hin sinnvollerweise bereits als „Bewußtsein" anzusprechen ist und welche höchsten Formen es bei ihm annehmen kann, kommt auch hier wieder vor allem von den Beobachtungen, Experimenten und Rückschlüssen der tiervergleichenden Verhaltensforschung (Ethologie), der Neurologie und der Evolutionsbiologie, bedarf aber auch der Reflexion der neueren Philosophie des Geistes. Wenn es auf diese Fragen auch keine sicheren Antworten geben kann, gibt es doch einen gewissen Konsens darüber, daß sich in den unterschiedlichen Abstufungen und Ausprägungen, in denen Bewußtsein beim Menschen auftritt, so etwas wie die evolutionäre Archäologie des Bewußtseins der Lebewesen insgesamt abbildet und seine höchsten Bewußtseinsformen die differentia specifica des Menschen ausmachen.

    Die höchste Bewußtseinsstufe ist gewiß die Fähigkeit des Menschen, sich selbst zum Objekt des Denkens zu machen, sich im Denken also auf das eigene Denken

„zurückwenden", im Innern eine Differenz zwischen einem erkennenden und handelnden Ich als *Subjekt* und einem als *Objekt* wahrgenommenen und behandelten *Selbst* entstehen zu lassen und sich sozusagen von einer höheren Bewußtseinsebene aus zum Dirigenten der eigenen inneren und äußeren Handlungen zu machen. Diese Leistung überschreitet bei weitem die Möglichkeiten der am höchsten entwickelten Tiere und, heutzutage allemal und wohl auch in Zukunft, aller durch technische Informationsverarbeitung operationell gesteuerter Systeme. In der Tat sind jene kognitiven Akte des Menschen, die ihn auf der Grundlage seiner personalen Fähigkeiten selbstbestimmt und bewußt handeln lassen und ihn zudem auch selbst zum Gegenstand seines Nach-Denkens machen können, nicht nur um einige Stufe differenzierter als die sonst auf die „Welt" bezogenen Akte von Lebewesen, sondern von grundsätzlich anderer Art. Das macht die Beschäftigung mit der Frage umso dringlicher, worin genau sich die höchsten Formen des menschliche Bewußtseins in introspektiver, neurophysiologischer und epistemologischer Sicht von animalen Erkenntnis- und Verhaltensformen einerseits und vom technischen informationsverarbeitenden Systemen andererseits unterscheiden.

Abschnitt 1 dieses Kapitels beginnt mit Ausführungen über animale und zugleich weiterhin dem Menschen gegebene elementare Formen des Welt- und Körperbewußtseins und skizziert die Vermutung, daß die rückgekoppelten neuronalen Schleifen der inneren Repräsentation von Welt und der Dialog zwischen den beiden Gehirnhälften die Wurzeln des Bewußtseins sind. Abschnitt 2 fragt auf dieser Grundlage, ob es im Nervensystem überhaupt ein steuerndes Zentrum gibt, wie durch die Abfolge von Bewußtseinseinheiten ein „strömendes" Weltbewußtsein entstehen kann und welchen Beitrag die neuere „Philosophie des Bewußtseins" hierzu leistet. In Abschnitt 3 schließlich werden die das Wesen des Menschen ausmachenden Formen des personalen Bewußtseins, d.h. das Selbst- und Fremdverstehen, das schöpferische und das reflexive Bewußtsein und das existentielle Selbstbewußtsein unter einem evolutionsbiologischen Blickwinkel betrachtet. Insofern Prozesse der Ontogenie und der Phylogenie auch bei der Erforschung des menschlichen Bewußtseins z.T. aufeinander verweisen, wird hierbei auch die lebensgeschichtliche Herausbildung des personalen Bewußtseins, die Personalisation, einer besonderen Betrachtung unterzogen. Die mit alledem verbundenen Fragen nach dem erkenntnistheoretischen Status des Bewußtseins und nach der Freiheit oder Bestimmtheit des menschlichen Willens werden gesondert in den nächsten Kapiteln im Kontext des Gehirn-Bewußtsein-Problems aufgenommen.

1. Bewußtsein: Annahmen zu seiner evolutionären Entstehung
1.1 Das menschliche Ich und Selbst aus evolutionsbiologischer Sicht

Die Evolution des Bewußtseins nimmt ihren Ausgang vom elementaren Welt- und Selbstempfinden niederer Gehirnwesen und führt über das bewußte Welt- und Selbstverhältnis entwickelter Tiere und früher Hominiden zum personalen (Selbst-)Bewußtsein des Menschen. Nach dem Prinzip der phylogenetischen Bewahrung der evolutionären Schritte im Genom ist so das Bewußtsein des Jetztmenschen durch das Neben- und Miteinander der animalen Welterfahrung, des bewußten

Handelns und Fühlens und des seiner selbst bewußten Ich charakterisiert.[1] Der tief in die Hierarchie des Lebendigen hinabreichende Ausgangspunkt des Bewußtseins ist so jene Art der *Selbstempfindung*, die sich dem Individuum in seiner organismischen Abgrenzung, Eigenständigkeit und Einheit, im überlebensnotwendigen Gewahrwerden des umweltlichen und leiblichen Geschehens, im Vermeiden von durch Schmerz signalisierten inneren Ungleichgewichten und von äußeren Gefahren durch Flucht und Anngriff und in der Nutzung von sich bietenden Gelegenheiten der Selbstsicherung mitteilt.[2] Dieses animale Selbstbewußtsein – wie vage es auch bei niederen Tieren und anfangs auch beim menschlichen Fetus und Neugeborenen ist und wie verzerrt es beim Menschen im Dämmer-, Traum- und Rauschzustand und bei schweren Erkrankungen sein mag – ist lebenslang die Grundlage des Bewußtseinslebens von Lebewesen mit zentralnervöser Verhaltensorganisation. In ersten Umrissen zeichnet sich dann auf der prähominiden Stufe des Welt-, Selbst- und Verhaltensbewußtseins eine deutlichere Unterscheidung zwischen gegenständlicher Außenwelt und erlebter Innenwelt, zwischen Zuständlichem und Veränderlichem und zwischen erleidendem Geschehen und willentlich herbeigeführten Verhalten ab. Erst sehr spät in der Evolution und dann nur beim Menschen – sieht man von einigen Ansätzen bei den höheren Primaten ab – bildet sich so etwas wie eine Instanz aus, die als „Person" bewußt Entscheidungen trifft und handelt und sich im Handeln zugleich als Objekt eigener Willensentscheidungen begreift. Auch dies ist sicherlich nicht in einem einzigen großen evolutionären Sprung, sondern in mehreren Schritten geschehen. Keime der Selbst-Objektivierung und des Selbst-Bewußtseins in diesem Sinne deuten sich in der Fähigkeit von Affen an, unmittelbar bevorstehende Situationen innerlich zu antizipieren, Handlungsmöglichkeiten innerlich durchzuspielen und zur Grundlage des äußeren Tuns zu machen[3], Artgenossen „überlegt" zu täuschen und sich im Spiegel selbst zu erkennen. Die Annahme eines solchen Selbstbewußtseins bei Affen wird gestützt durch die nur noch bei wenigen anderen Tieren beobachtbare Fähigkeit, Artgenossen oder andere Lebewesen zu imitieren. Denn Nachahmung beruht auf einer zeitweiligen Identifikation mit einem fremden „Vorbild", auf einer Unterscheidung zwischen eigenem und fremdem Verhalten und zwischen Vor- und Nachgemachtem.[4]

Als eine sich wohl erst bei den frühen Menschen herausbildende Form des Bewußtseins gehören hierzu auch die sich im Umgang mit seinesgleichen spontan einstellenden Empfindungen des Mitgefühls, der Sympathie, der Antipathie, der Abscheu, allgemein: des Verstehen des anderen, indem man sich in ihn „hineinversetzt". Es ist dies eine vorrationale, sich vor aller Sprachfähigkeit und überhaupt sprachindifferent einstellende Form des Bewußtseins, deren Leistung dann freilich durch den evolutionären Erwerb der Sprache bedeutend verstärkt und differenziert

---

[1] Grundsätzliches bei Seitelberger 1995, 91 ff., und Oeser 1995, 181 ff.
[2] Vgl. Kapitel 51.3.
[3] Vgl. Kapitel 55.1.4.
[4] Diese Deutung ist inzwischen wieder einer vorsichtigeren Einschätzung gewichen. Es ist fraglich, ob es überhaupt und gegebenenfalls inwieweit es wirklich eine „Schimpansen-Pädagogik" im Sinne eines Vormachens und imitierenden Nachmachens gibt.

wird. Dies ist hier zu betonen, weil es auch unter Bewußtseinsphilosophen Forscher gibt, die, wie u.a. *D. C. Dennett,* Sprache für eine notwendige Voraussetzung von Bewußtsein überhaupt halten, Bewußtsein erst mit dem Erwerb der Sprachfähigkeit entstehen lassen und deshalb nicht nur allen Tieren, sondern auch allen sprachlosen Frühformen des Menschen Bewußtsein absprechen. Das Selbstbewußtsein, die personale Reflexivität und der freie Wille können nicht erst ein spätes *kulturelles* Produkt sein, sondern müssen als anthropologischen Voraussetzung ihrer Gegebenheit im rezenten Menschen entweder schon vor dem Erwerb der Sprache genetisch gegeben sein oder, was wahrscheinlicher ist, *gemeinsam* mit dem Gewahrwerden von Bewußtseinsinhalten und – prozessen, mit der personalen Selbst-Begegnung und Nachdenklichkeit bei Willensentscheidungen und mit der Entdeckung der kommunikativen Möglichkeiten erster einfacher Sprachsymbole *evolutionär entstanden* sein. Bei einer Ausbildung des (Selbst)Bewußtseins erst durch Sprache und Kultur würde dieses übrigens in den verschiedenen Kulturen noch heute strukturell und inhaltlich sehr unterschiedlich ausfallen und würden einzelne seiner Züge überhaupt nicht überall zum Zuge kommen. Die konstitutiven Merkmale des (Selbst-)Bewußtseins werden strukturell aber in allen Ethnien und bei den Individuen auch lebensgeschichtlich im gleichen Takt ausgebildet.

Gewiß dürfte der phylogenetische Weg von den animalen und prähominiden Möglichkeiten von Bewußtsein zu denen des rezenten Menschen sehr lang und von prinzipiellen Stufungen gekennzeichnet gewesen sein, wie auch der Weg, den das menschliche Individuum von der befruchteten Einzelle bis zum erwachsenen Menschen lebensgeschichtlich zurücklegt, einer über Stufen ist. Denn auf der Stufe des gegenwärtigen Menschen bestehen zwischen den Fähigkeiten, „nur" überlegt in den Lauf der Dinge eingreifen und etwa Gefühle und Handlungsbestrebungen anderer erahnen zu können, und der Fähigkeit, sich darüber hinaus selbst als ein denkendes, empfindendes und handelndes Wesen erkennen zu können, größere Unterschiede. Das zeigt sich u.a. darin, daß der Mensch beim üblichen zielgerechten Handeln - zumal als Kleinkind - noch ganz „mit sich eins" ist, d.h. sich selbst und andere nicht beim Handeln reflexiv beobachtet, sondern seine ganze (Bewußtseins-)Aufmerksamkeit auf dieses Tun selbst richtet. Vor allem in den Routinehandlungen pflegt er, sich ganz seiner inneren Handlungsinstanz, dem ihm Identität und Kontinuität über größere Zeitspannen sichernden Selbst, anzuvertrauen. Ohne jede bewußte Mitwirkung des Menschen ordnet dieses innere Selbst alle eingehenden Wahrnehmungen und Erfahrungen nach ihrer Bedeutung in sich ein und stimmt alle erlernten Verhaltensabläufe entsprechend den sich wandelnden Situationen aufeinander ab. Der evolutionäre Vorzug des Erwerbs dieser inneren Regulierungsinstanz besteht für den Menschen darin, daß sie ihn frei für anderes macht: für akute Notfallreflexionen und -handlungen, für die Lösung komplexer Probleme, für die Erledigung größerer Vorhaben und für die existentielle Vergewisserung und Selbstreflexion.[5]

---

[5] Die evolutionären Etappen zeichnet *V. Schurig*: Die Entstehung des Bewußtseins, Frankfurt 1976, nach.

1.2 Reafferenzen des Bewußtseins:
Seine Wurzeln in rückgekoppelten Schleifen innerer Repräsentation von Welt

Von dieser Stufung abgesehen, halten nicht wenige Neurophilosophen auch schon die einfacheren Formen des Bewußtsein für erklärungsbedürftig und fragen, warum es sich überhaupt ausgebildet hat, wo doch höchst komplexe Vorgänge auch ohne Bewußtsein geschehen. Ein konsequent evolutionsbiologischer Ansatz zu seiner Erklärung kommt neuerdings von *H. Markl* in seinem Aufsatz: Gehirn und Geist. Biologie und Psychologie auf der Suche nach dem ganzen Menschen (2004)[6]. Mit Bezug auf die erstmals 1950 in einer Arbeit von *E. von Holst* und *H. Mittelstaedt*: Das Reafferenzprinzip,[7] dargelegte Erkenntnis, daß sich Gehirnwesen durch ein permanent *rückgekoppeltes Durchlaufen von Schleifen der Informationsverarbeitung* in ihrer Welt orientieren, deutet er das sich ständig neu justierende Zusammenspiel von Verhaltensimpulsen (Efferenzen), Rückmeldungen innerkörperlicher Art (Reafferenzen) und Erkenntnissen über Umweltveränderungen (Exafferenzen) nicht nur als eine allgemeine Voraussetzung erfolgreichen tierischen Verhaltens und ebenso heute noch des routinierten menschlichen Handelns, sondern auch als evolutionärer Ursprung des Bewußtseins. Er vermutet, daß der Weg zu einer komplexen und zutreffenden und z.T. auch bewußt werdenden Repräsentation der Welt auf diese Weise bereits im Tierreich begonnen hat. Bei dem „so ungeheuer dicht gepackten und eng vernetzten Neuronen" des menschlichen Gehirns läge dann die Annahme nahe,

> daß aus der gigantischen geordneten, rekursiven Repräsentation unzähliger Efferenzkopien, Re- und Exafferenzen, dem ständigen Strom an Meldungen des eigenen inneren und äußeren Zustands und den Bedürfnissignalen und Bewertungen aus dem endokrinen System, dem limbischen System, den Informationsspeichern weiterer wichtiger Gehirnareale eine Gesamtrepräsentation des Individuums mit kontinuierlichen Update seiner Eigenschaft zustande kommt, in der all das verfügbar ist, was uns als bewußtes Selbst ausmacht" (2004, 1069).

Eine weitere Leistungssteigerung habe die Reafferenz erfahren erstens durch die Entwicklung des Gedächtnisses und damit des Lernens aus Erfahrung und zweitens, damit verbunden, durch die Entwicklung der Antizipation künftigen eigenen und fremden Verhaltens. „Vielleicht ist dies ein Weg, die Evolution menschlichen Bewußtseins, menschlichen Denk- und Sprachvermögens, menschlichen Gedankenlesekunst [...] zu verstehen." (2004, 1071). Diese Erklärung setzt eine „Theorie der Selektion neuronaler Gruppen" voraus, wie sie u.a. Edelman/Tononi 1993[8] entwickelt haben. Danach muß im mehrfachen Durchlaufen der Schleifen (*reentry loops*) nicht nur aktuell eine optimierende Auslese von Momenten bewußtwerdender Selbstrepräsentationen stattgefunden haben, sondern müßte sich eine solche

---

[6] In: Merkur 12, 2004, 1063-1077.
[7] In: Naturwissenschaften 1950, 464-476. Vgl. dazu auch *C.F. von Weizsäcker*: Die Einheit von Wahrnehmen und Bewegen, in: Ders. 1977, 206-224.
[8] Eine gute Kurzfassung ihrer Theorie findet sich in dem Aufsatz *G.M. Edelman/G. Tononi*: Neuronaler Darwinismus: Eine selektionistische Betrachtungsweise des Gehirns, in: Meier/Ploog 1997, 187-233.

Auslese über größere evolutionäre Zeiträume auch im Genom als vorteilhafte Fähigkeit niedergeschlagen haben.

2. Neurobiologische und bewußtseinsphilosophische Fragen, Einsichten und Probleme

2.1 Das dezentral arbeitende Nervensystem und die Frage nach einem steuernden Zentrum
Das hauptsächliche Forschungsinteresse der Neurowissenschaften gilt den Informationsverarbeitungsprozessen im Sinne einer Aufklärung der Kommunikation des Gehirns mit sich selbst und der Welt. Hierzu bedarf es auch beim Menschen nicht immer des Einbezugs des Bewußtseins, jedenfalls solange man im Nervensystem bloß ein funktionierendes Organ sieht, wie es deren viele, auch sehr entwickelte und komplexe ohne jedes Anzeichen von Bewußtsein gibt. Schon bei diesen aber stellt sich die Frage, wer oder was aus den vielen Organen eine Funktionseinheit macht. Erst recht verlangt es eine Antwort auf die Frage, wer oder was beim Menschen zwischen seinem ungeheuer komplexen organischen und neuralen Systemen Ordnung schafft und ihn koordiniert (bewußt) handeln läßt. Eine überzeugende Antwort erscheint noch schwieriger zu finden, wenn man der Annahme der Neurowissenschaften folgt, daß es auch beim Menschen, wie allgemein bei den Gehirnwesen, kein neurales Zentrum gibt. Danach wären die Eindrücke, Erinnerungen, Erwartungen und allgemein das Wissen und Können zwar in bestimmten Vernetzungen im Gehirn niedergelegt. Keine der komplexeren Fähigkeiten des Menschen aber hätte ein bestimmtes organisch-materielles Substrat. Sie „existierten" allesamt in Teilfunktionen verteilt im Gehirn, und die „Informationswechsel" – als „Einverleibung von Wirklichkeitsmustern" wie als Veranlassung von Verhaltensstrukturen – seien autonome neuronale Erregungsprozesse mit „kontinuierlich fluktuierenden" dynamischen Mustern.[9] Erläutert am gegensätzlichen Modell des Computers, heißt dies, daß das Gehirn keine Trennung von „(Rechner-)Hardware" und „(Programm-)Software" kennt und es nicht von der Spitze eines hierarchischen Gebildes (eines „Konvergenzzentrums") gesteuert wird, sondern seine Netzstruktur das Programm selbst schon ist.

Die von dieser Forschung festgestellte selbstständige „Zusammenarbeit" zwischen Gruppen von Neuronen und Gehirnbereichen, näherhin der Nachweis, daß das Gehirn zwar ein ganzheitlich vernetztes, aber verteilt und parallel arbeitendes, sog. modulares System zahlreicher autonomer Teilsysteme und milliardenfacher Nervenansatzpunkte ist, und die Folgerung daraus, daß es zumindest kein neuronales Zentrum des (Selbst-)Bewußtseins gibt, machen die sich daraus wiederum ergebene epistemologische Grundfrage noch schwieriger, nämlich wie die Vielzahl neuronal-natürlicher Funktionszusammenhänge eine ihnen gegenüberstehende und sie gleichsam befehligende *Bewußtseins*instanz phylogenetisch und ontogenetisch aus sich selbst hat hervorbringen können.[10] Die Lösung dieses Problems besteht für nicht wenige Neurowissenschaftler – und ihnen ist die neuere Philosophie z.T.

---

[9] Nach Seitelberger 1995, 46 f.
[10] Letztlich handelt es sich um das in Kapitel 58 ausführlicher erörterte Gehirn-Bewußtsein-Problem.

gefolgt –, darin, daß der vom menschlichen Bewußtsein vermittelte Eindruck, daß wir von einem Zentrum aus intentional wahrnehmen und handeln, genauso illusionär sei wie das Phänomen des Bewußtseins überhaupt.[11] Aber was ist überhaupt Bewußtsein? Welche neurophysiologischen Gründe gibt es, dieses dem denkenden Mensch abzusprechen, wo doch nur Wesen mit Bewußtsein aus ihrer introspektiver Erfahrung wissen können, was dieses ist, und deshalb eine neurowissenschaftliche Definition von „Bewußtsein" eigentlich nicht möglich ist.

2.2 Das bewußte Welt-Erleben in der Zeit:
    Der sich aus Bewußtseinseinheiten aufbauende Bewußtseinsstrom

Stellt man die Grundfrage nach der Bedingungen der Möglichkeit der Entsprechung von körperlichen und geistigen Zuständen und Prozessen in diesem Kapitel zunächst noch zurück und hält man die Entsprechung einfach für gegeben, dann eröffnet sich den Neurowissenschaften die Möglichkeit, im Experiment ein bestimmtes Verhalten, begleitet von einer bestimmten Bewußtseinserfahrung, mit einen bestimmten neurophysiologisches Geschehen zu identifizieren bzw. zumindest zu korrelieren. Exemplarisch und zugleich einschlägig für die Thematik des Buches sind hier die schon im vorigen Kapitel angeführten Experimente, die Pöppel und andere[12] zur neuronalen Erfassung des menschlichen Zeitsinns, gemacht haben. Das bewußte Zeitempfinden des Menschen entsteht danach aus der Zusammenfügung elementarer 30-msec-Einheiten zu einem changierenden Strom semantischer Einheiten von etwa 3 Sekunden und solchen größeren Sinneinheiten, die im Bewußtsein eine jeweils mehr oder weniger abgeschlossene aktuelle Erfahrung, Äußerung oder Situation bilden. Dieser Gliederung liegt zunächst die im vorigen Kapitel (1.2.) wiedergegebene Einsicht zugrunde, daß das Gehirn ein System ist, in welchem viele verschiedene Neuronengruppen nicht nur jeweils innerhalb der 30-msec-Einheiten parallel arbeiten, zur Lösung bestimmter Aufgaben temporär Verbindungen miteinander aufnehmen, Informationen austauschen und gemeinsam agieren, sondern im Zuge der neuronalen Integration verteilter Aktivitäten in der Innensicht auch eine Abfolge von Phänomenen hervorbringen, die je für sich *eine* – und nicht eine nach ihrer heterogenen Herkunft disparat erscheinende – Bewußtseinseinheit bilden (Ruhnau 1996, 206).

Dieses Phänomen ist in doppelter Hinsicht für die Ausbildung des Zeitbewußtseins bedeutsam. Denn indem von dem neuronalen Geschehen in rascher Abfolge „Pulse" ins Bewußtsein vordringen, begründet es erstens das im Wachzustand immer sozusagen mitlaufende *Kernbewußtsein* des Menschen, die Kontinuität des Bewußtseins. Und zweitens ist die ununterbrochene Übertragung neuronale Repräsentationen des körperlichen Zustands und der Umwelt in Bedeutungen tragende Bewußtseinspulse die Grundlage des *inhaltlich* bestimmten *Bewußtseinsstrom*.

---

[11] Vgl. die Zurückweisung der Annahme eines Homunkulus im Gehirn durch *W. Singer*: Der Beobachter im Gehirn, Frankfurt 2002.
[12] Einschlägig sind auch die Arbeiten von *E. Ruhnau,* vgl. hier: Zeit als Maß von Gegenwart, in: Weis 1998, 71-95.

Obwohl wir durch jene Elementareinheiten eigentlich in ein streng abgemessenes „zeitliches Korsett gepreßt" sind (Pöppel 1997, 81), der erlebte Bewußtseinsstrom genau genommen eine Abfolge von Momenten ist, verschmelzen diese in unserem Bewußtsein doch zu kleineren und größeren Sinneinheiten. Das Phänomen ist seit langem ist bekannt. Daß bei einer raschen Abfolge etwa von Bildern ab einem bestimmten Schwellenwert eine kontinuierlich in der Zeit sich verändernder, fließender Gesamteindruck entsteht, nutzt z.B. die Filmtechnik. Es läßt sich nachweisen, daß auch dieses im Bewußtsein erfahrbare Phänomen eine neuronale Integrationsleistung ist. Dies kann aus der Tatsache erschossen werden, daß mitunter bereits sehr kleine Veränderungen von einer 30msec-Einheit zu nächsten reichen, daß sie bewußt wahrgenommen und durch sie die nächst größere semantische Einheit eine Neuausrichtung erhält. Es ist zugleich aber auch ein *kulturelles* Konstrukt des menschlichen Bewußtseins, das das erlebte Geschehen und selbst erzeugte Denken und Handeln nach Sinneinheiten untergliedert. Eine universal-anthropologische Einheit scheint das etwa drei Sekunden umfassende Bewußtseins-Jetzt zu sein. Denn innerhalb dieses Zeitraums verschmelzen die im 3 Millisekundentempo aufeinanderfolgenden Elementareinheiten zu einer ersten bedeutungstragenden Einheit in dem Sinne, daß zumeist nicht die Reihenfolge, sondern die Funktion der Elemente in der entstehenden Sinneinheit den Ausschlag gibt. Als erweiterte Gegenwart kann das bezeichnet werden, was das Bewußtsein noch unmittelbar gedanklich und affektiv umfaßt, also z.B. die Äußerung eines Gedankens, der Vollzug einer Handlung in einem „Zug", eine die aktuelle Situation erfüllende Stimmung, wobei dieses Zeitkontinuum, wie auch alle größeren Einheiten, momentan und unvorhersehbar unterbrochen werden können. Gerade dann aber, wenn im ständig changierenden, aber nur wenig „bewegten" Horizont des Bewußtseins etwas gewollt oder ungewollt zum Thema wird, äußere Objekte und die eigene Person und ihr Handeln und Wahrnehmen als Objekte wahrgenommen werden, wird das Individuum zum selbstbewußten Subjekt.

Die Möglichkeit hierzu hat die Gehirnforschung u.a. in den unterschiedlichen, jedoch komplementären Arbeitsweisen der beiden Hirnhälften des Menschen gesehen. Danach stehen „den ganzheitlichen, geometrisch-räumlich-visuellen und musikalischen Leistungen, dem Sinn für Muster, Bilder und visuelle Ähnlichkeiten der rechten Hemisphäre die sprach-verbalen, arithmetisch-computerähnlichen Leistungen der linken Hemisphäre gegenüber" und operiert die linke Hälfte „ analytisch sequentiell und die rechte synthetisch-holistisch oder gestalthaft" (Oeser 2006, 34) Wichtig ist die hier sich für Oeser und Seitelberger daraus ergebende mögliche Folgerung: „Durch Trennung der Funktionen wird jene Leistungssteigerung erreicht, die kennzeichnend für die Hominidenevolution ist. Diese Trennung der Funktionen und die daraus entstehenden Leistungen bilden die Voraussetzung für das, was ‚Bewußtsein' genannt wird." (Oeser 2006, 35) Nur dadurch, daß zwischen den beiden Hirnhälften ein Dialog stattfindet und mal die Welt ganzheitlich, mal analytisch betrachtet werde, kann sich das Subjekt bewußt zum eigenen Objekt machen. Diese Deutung des Welt-Erlebens in der Zeit schließt an Grundsätze der älteren Phänomenologie an und findet sich auch in der neueren Philosophie des Bewußtseins.

2.3 Die „Philosophie des Bewußtseins":
Ansätze einer neuen Phänomenologie des Geistes

Wie in Kapitel 54.2.3. schon dargelegt, hat auch die Philosophie nach ihrer zeitweiligen Distanz zum Begriff und zum Phänomen des Geistes im letzten Drittel des 20. Jahrhunderts das Bewußtsein wieder zu einem zentralen Gegenstand ihrer Forschung gemacht.[13] In kritischer Absetzung von der älteren Phänomenologie Husserls, welche daran gescheitert war, daß sich ihre „Evidenzurteile" nicht haben intersubjektiv verifizieren bzw. falsifizieren lassen, strebt die neuere stark von der analytische Philosophie des angloamerikanischen Forschungsraums geprägte „Philosophie des Bewußtseins" bzw. „des Geistes" eine „objektive Phänomenologie" „phänomenaler Zustände" an und setzt dabei allgemein auf eine stringente Begrifflichkeit und, zumindest bei einer ihrer Hauptrichtungen, auf „mathematische Modelle" zur taxonomischen Erfassung mentaler Zustände (Metzinger 1996, 15-53, hier 48 f.). Epistemologisch neigt diese Bewußtseinsphilosophie einem „analytischen Naturalismus" bzw. „Physikalismus" (Metzinger 1996, 12 und 14) zu, der zumeist eine direkte Abhängigkeit des Geistigen vom Körperlichen annimmt, deshalb voraussetzt, daß sich das Bewußtsein im gleichen Takt mit dem physiologischen Geschehen verändert, und der, bei nicht wenigen seiner Vertreter, ein Determinismus der klassischen Form ist, wonach alles physische Geschehen und mit ihm auch das psychische lückenlos naturgesetzlich bestimmt ist. Obwohl so das Gehirn-Geist-Problem zumeist im Sinne der Unfreiheit des menschlichen Willens gelöst wird, ist das Ziel dieser Philosophie unter weitgehender Absehung von der neurophysiologischen Seite des menschlichen Geistes doch die Erarbeitung „einer umfassenden Theorie des bewußten Erlebens" und der „Aufbau einer Theorie phänomenalen Gehalts" (Metzinger 1996, 48 f.). Dabei nimmt diese Phänomenologie auch ganz traditionell die übliche Perspektive der „ersten Person", d.h. die Innenperspektive des reflektierenden Subjekts, ein, und zwar so, als wäre der Mensch entgegen der deterministischen Vorannahme im Denken und Handeln frei. Deshalb kommen in ihr dem „Bewußtsein" auch die Merkmale der Subjektivität, der Individualität, der Unvermitteltheit (Transparenz), der Gegenwärtigkeit, der Perspektivität usw. zu und ist jede Person in jedem Moment ihrer Existenz Zentrum eines individuellen Bewußtseins.[14] Dazu gehören dann auch Annahmen über die Stufen des menschlichen Bewußtseins, wonach das Subjekt erstens entweder bloß, d.h. „objektlos", bei Bewußtsein ist, es zweitens zudem einer Sache (eines Dinges in der Welt, des Körpers und der eigenen Lage in der Welt) bewußt ist oder es drittens außerdem in der Selbstreflexion seines eigenen Bewußtseins bewußt ist (Metzinger 1996, 36 f.).

Eine umfassende Einschätzung dieser erst im Status tastender Versuche befindlichen Phänomenologie ist hier nicht möglich. Im Hinblick auf das Thema dieses Buches scheint diese Bewußtseinsphilosophie vorerst jedoch wenig ergiebig zu sein,

---

[13] Die folgenden exemplarischen Hinweise sind alle dem repräsentativen Band von Metzinger1996 entnommen.

[14] Vgl. Näheres dazu allgemein bei *Th. Metzinger*: Subjekt und Selbstmodell, Paderborn 1993, im besonderen bei dems. 1996, 596 ff.

u.a. wegen der Ausklammerung der Affekte (mit Ausnahme der sog. Qualia), des situativen und historisch-gesellschaftlichen Kontextes von Bewußtseinsakten, der lebensgeschichtlichen personalen Dimension, der Geschichte der Kultur und der Natur ebenso wie auch wegen der fast totalen Ignorierung der Einsichten der älteren Phänomenologie einschließlich der Lebenswelttheorie und der Existenzphilosophie. Eine wichtige Ausnahme sind ihre Reflexionen über den epistemologischen Status des menschlichen Subjekts in der Welt und über das Problem der Möglichkeit des freien Willens, was Gegenstand von Kapitel 58 und 59 ist.

3. Die Theorie der Person und der Personalisation in evolutionstheoretischer Sicht

Nimmt man die in diesem und den vorigen Kapiteln entwickelten Vorstellungen über menschliches Handeln und Denken und die es anleitenden Bewußtseinsprozesse unter dem Blickwinkel ihrer evolutionären Genese, ihrer neuralen Empirie und ihres phänomenalen Bewußtseins zusammen, dann fehlt hier die allerdings bisher von keiner Wissenschaft des Geistes in ausreichendem Maße bedachte Theorie des *Aufbaus der Person* und der *Personalisation,* d.h. der lebensgeschichtlichem Herausbildung des personalen Bewußtseins. Beides ist gewiß ein schon lange und gründlich durchdachter Gegenstand der Psychologie (vor allem in der Entwicklungspsychologie), der Soziologie (vor allem in den Sozialisationstheorien) und der Pädagogik (vor allem in der Bildungstheorie), freilich ganz unabhängig von den hier dargestellten Bewußtseinstheorien. Dazu werden im folgenden versuchsweise einige Anmerkungen gemacht. Begrifflich ist zunächst grundlegend die Unterscheidung zwischen dem *Ich* und dem *Selbst* der *Person.* Das „Ich" meint hier die ihrer selbst bewußte und aktuell wahrnehmende und handelnde personale Instanz der Menschen. Das „Selbst" meint die sich lebensgeschichtlich aufbauende und die Einheit der Person begründende und über die Lebenszeit sichernde Instanz, welche in jedem Moment sozusagen als Inbegriff der Person „befragbar" ist und dennoch in allem Erleben und Handeln des Ich unbewußt bleibt. Unter dem Begriff der „Formen des personalen Bewußtseins" werden im folgenden zunächst einige jener evolutionär entstandenen Fähigkeiten beschrieben, die den Menschen qualitativ vom Tier abgrenzen und insofern seine Personalität begründen. Die Ausführungen zur „Personalisation" dann beschränken sich auf die Explikation einiger Grundfragen zu diesem Prozeß.

3.1 Formen des personalen Bewußtseins
(1) Selbst- und Fremdverstehen in der Kommunikation

Wie schon mehrfach angedeutet, gehört die Fähigkeit, sich selbst zum Objekt seines Bewußtseins zu machen und sich in das Bewußtsein anderer hineinzuversetzen, zu den konstitutiven Formen des menschlichen Bewußtseins. Dabei bedingen sich Selbst- und Fremdverstehen in der wechselseitigen Verschränkung. Denn der Mensch versteht die Gefühle und Motive seiner Partner so, wie ihm dies, aufgrund der von ihnen ausgehenden Reize und Signale, die eigene Lebenserfahrung sagt. Menschen lernen so von der Einsicht in die eigene Intentionalität auf die entsprechende Informations-, Motiv- und Gefühlslage der anderen zu schließen.[15] Deshalb weiß – und empfindet im gewissen Sinne auch – der Mensch im voraus, wie seine Partner handeln und empfinden werden oder könnten. Und weil sich Menschen „verstehen", haben sie sich auch immer etwas mitzuteilen, das über den Austausch von angeborenen feststehenden Signalen zur Erreichung einer festumrissenen Standardreaktion oder –situation hinausgeht. Die Befähigung zu dieser „Sympathie" ist dem Menschen natürlicherseits in unterschiedlichen Graden gegeben, seine Ausbildung und Verbesserung freilich ist eine Sache der Erfahrung, d.h. des kommunikativen Umgangs mit den Mitmenschen. So nimmt beispielsweise ein Säugling schon vom zweiten Lebensmonat an das Lächeln eines Erwachsenen fast reflexhaft auf. Was aber Lachen „ist" und worüber man lachen kann, weiß man erst, wenn man die Gründe für das Lachen in dazu reizenden Situationen bei sich selbst und in der Übertragung auf andere verstanden und empfunden hat. Unsere in lebenslangen Lern- und Ent-Täuschungsprozessen erworbene Menschenkenntnis lehrt uns dann aber schon aufgrund weniger nonverbaler Indizien und dann zudem verbaler Äußerungen, einen uns fremden Menschen momentan danach einzuschätzen, was er vorhat, was in ihm vorgeht, ob wir ihn mögen usw., also etwas, worüber die die Neurowissenschaften bislang fast noch nichts sagen können.

(2) Das schöpferische Bewußtsein und die Entwicklung der Kultur
Gestreift werden soll hier nur Fähigkeit des Menschen, im inneren Handeln mit vorgestellten Objekten nicht nur, wie im vorigen Kapitel dargestellt, übliches äußeres Handeln vorzubereiten, sondern im logisch-(sprachlich)en Denken und im Betrachten der physischen Natur auch zu neuen Erkenntnissen über die Welt zu gelangen und im zusätzlich manuellen Erproben und imaginativen und ästhetischen Denken auch Werke des Gebrauchs und der Kunst zu schaffen. Die menschliche Sprache und alle kommunikativen Umgangsformen, Wissenschaften und Künste, Techniken und Wirtschaftsformen, Kult, Moral und Recht und überhaupt alle kulturellen Erfindungen gründen im neugierigen schöpferischen Bewußtsein menschlicher Personen. Es sind diese in Bewußtseinsakten begründeten Fähigkeiten, denen sich Geschichte der Kultur von ihrer allerersten Anfängen bis heute verdankt. Wie aufschlußreich hierzu die Deutungen aus der Perspektive der ersten Person in den Wissenschaften und Künsten sind, so wenig aussagekräftig sind auch hierzu die neurobiologischen Annahmen aus der der dritten Person.

(3) Das reflexive Selbstbewußtsein:
    Die existentielle und „exzentrische" Begegnung des Ich mit dem Selbst
Der Erwerb des reflexiven Selbstbewußtseins ist wohl der letzte evolutionäre Schritt zum rezenten Menschen. Der existentielle Ausgangspunkt dieses Bewußtseins ist, wie dargelegt, zweifellos die in Gefühlen bewußt werdende eigene aktuelle Befindlichkeit und die sich dem Wahrnehmenden und Denkenden aufdrängenden Vorstellungen von seiner Situation in der Welt. Zumindest in prekären und erhebenden

---

[15] Dies ist der Grundgedanke des Symbolischen Interaktionismus nach G.H. Mead (1934) 1968. Vgl. hierzu die Ausführungen in Kapitel 37.3.

Lagen sieht sich der Mensch mit Gefühlen und Gedanken dieser Art konfrontiert. Aber auch die emotional weniger berührenden Erfahrungen des Alltags tragen die Zeichen dieses Selbstbewußtseins. Denn wenn wir im Alltag auch zumeist „selbstvergessen" handeln und auch in der bewußten Hinwendung zu unserem Bewußtsein dieses nicht als ein Objekt – wie etwa ein Bild oder ein Höreindruck – in unserer Vorstellung auftaucht, haben wir doch in jedem Moment unseres Lebens eine Art Mitwissen davon, daß wir selbst der „Grund" dieses Erlebens und Handelns sind. Dieses mitwissende Selbstbewußtsein vermittelt uns ein umfassendes, wenn auch perspektivisch vereinfachtes Bild unseres Selbst und ist die Voraussetzung dafür, daß wir in der uns innerlich erscheinenden Welt zwischen Objekten der Außenwelt, des eigenen Leibes und des eigenen Bewußtseins unterscheiden können. Das Selbstbewußtsein begründet so auch die menschliche Personalität, insofern jedes Individuum als Person zugleich Teil der Welt ist und ihr gegenübersteht und es in eben dieser Position befähigt ist, sich selbst und den Mitmenschen „von außen" wahrzunehmen und innerlich zu verstehen.

Welche neurophysiologischen Neuerungen den Erwerb des Selbstbewußtseins in diesem Sinne bewirkt oder auch nur befördert haben, entzieht sich der Kenntnis der Evolutionsbiologie noch mehr, als dies bei der Rekonstruktion der früheren Etappen der Geistigkeit bei Tieren und beim Menschen der Fall ist – der Dialog zwischen den beiden Gehirnhälften dürfte als Erklärung nicht hinreichend sein. Eine auf die Bioevolution des reflexiven Selbstbewußtseins von den frühen Hominiden zum rezenten Menschen zurückwirkende Rolle dürfte aber wohl die Evolution der Kulturalität in Verbindung mit der kulturellen Entfaltung in den Menschengemeinschaften selbst gespielt haben. Jedenfalls kann man vermuten, daß das zentrale Nervensystem erst im Zeitraum der sich durch die bewußte Handlungsfähigkeit immer deutlicher abzeichnenden Kulturalität begonnen hat, sich auf sich selbst „zurückzutasten". Auf der einen Seite dürfte die immer differenziertere Vorstellung von den Handlungsmöglichkeiten die frühen Menschen dazu gebracht haben, ihr Denken selbst und seinen Autor zum Gegenstand des Nachdenkens zu machen, ihr aktuelles Bewußtseins-Ich im Kontext des lebenszeitlichen Selbst zu begreifen, sich in der Erinnerung ein eigenes Lebensschicksal zuzuerkennen und sich in der Gegenwart gefährdet zu erleben. Auf der anderen Seite dürfte im Gegenzug ein evolutionärer Sog entstanden sein, der die Gene der jeweils verstärkt reflexiv denkenden und handelnden Menschen bevorzugt im Genpool der Populationen und über sie in der Menschheit verbreitet hat.

Dabei sind, wie u.a. Oeser (1995, 226) und J. Le Doux[16] annehmen, das Selbstbewußtsein und die Selbstreflexion evolutionär wohl zunächst nur zufällige Epiphänome der Kognition gewesen und haben sich erst allmählich bei den entwickelten Hominiden zu Basisphänomenen mit Selektionsvorteil entwickelt. Im strengem

---

[16] Für *J.L. Doux* ist in seinem Buch: Das Netz der Persönlichkeit. Wie unser Selbst entsteht. Aus dem Am. von Ch. Trunk, Düsseldorf 2003, die Schlüsselfrage der Neurowissenschaften deshalb nicht der Ursprung des Ich-Bewußtseins, sondern des Selbst. Denn in dem Lebewesen ist das unbewußte Arbeiten der Nerven die Regel, während die das Verhalten fundierende und koordinierende Instanz des Selbst eine späte Erfindung der Natur sei.

Sinne bleibt allerdings auch das reflektierende Ich unerkennbar, objekt- und organlos: Obwohl uns nichts näher ist als unserer eigenes Ich, wir dieses im eigentlichen personalen Sinne aktuell „sind", bleibt es uns immer unbekannt. Es ist – in einem Bild Oesers – ein „schwarzes Loch, an dessen Ereignishorizont die erkennbaren Gegenstände aufleuchten, bevor sie im Innern verschluckt werden. Denn das Ich ... ist nichts anderes als der Strudel der Selbstreferenz oder der Rückbezüglichkeit." (1995, 165) Neuronal ein Gegenstand der empirischen Welt und als Träger des bewußten Denkens und Handelns zugleich eine alles integrierende ortlose Gesamtleistung des Gehirns, nimmt das Ich mental eine Doppelstellung im Individuum ein. Als objektiviertes Ich ist es zum einen das „Selbst", das man in seinem Bewußtseinsleben jeweils „vorfindet", als objektivierendes Ich ist es zum andern das jeweils aktuelle Subjekt des Bewußtseinslebens. Die Möglichkeit der Distanzierung des Ich von seinem Selbst begründet die Exzentrizität der menschlichen Personalität im Unterschied zur „verankerten Zentralität" des Tieres.[17] Während das Tier immer mit sich selbst identisch ist, kann der Mensch mit sich selbst uneinig sein. In reflexiven Formulierungen wie z.B. „*Ich* hasse *mich*" kommen diese zwei Momente des menschlichen Selbstbewußtseins zum Ausdruck. Der Freitod kann die radikale Konsequenz des Auseinanderfallens, der Verschränkung und der Relativierung von Ich und Selbst sein. *V. Hösle*[18] hat deshalb gemeint, daß die Möglichkeit der „Selbstdistanzierung" des Ich von seinem Selbst das „eigentlich Menschliche" und das „größtmögliche Wagnis in der Geschichte des Seins" ist. Nicht also etwa die Eigenschaften des *animal rationale,* also das vernünftige Handeln, Sprechen, Lernen, Erinnern, Planen usw., würden den Menschen als Menschen definieren, sondern die Fähigkeit zur Brechung der ererbten Natur und der erworbenen Kultur in Akten der Selbstdistanzierung, etwa im Lachen über sich selbst und im Empfinden von Schuld, Scham und Verzweiflung.[19]

(4) Existentialität und Todesbewußtsein: Das (Selbst-)Bewußtsein von der *conditio humana*
Die hieraus folgende prinzipielle Verhaltensunsicherheit des Menschen ist der Preis, den er für das Wissen von seiner existentiellen Seite zahlen muß. Das ist das Thema der älteren und neueren Existenzphilosophie, wenn sie davon spricht, daß unsere persönliche Vergangenheit in ihren affektiven und dramatischen Aspekten nicht vergeht, wir in der Gegenwart trotz unserer Vorsorge ständig der Gefahr für Leib und Leben ausgesetzt sind und unsere Zukunft nur insoweit sicher erwartbar ist, als sie uns dem Tode entgegenführt. Die größte „Verstörung" des Menschen, der größte Anstoß zur Nachdenklichkeit, die größte existentielle Herausforderung unter diesen Formen der Vergegenwärtigung des Nicht-Gegenwärtigen dürfte dem Menschen in der Tat aus seinem Wissen vom unvermeidbaren eigenen Tod erwachsen sein.

---

[17] Zur Exzentrizität des Menschen vgl. vor allem die Ausführungen zu Plessner in Kapitel 53.1.1.; vgl. auch Scheler 1988, 55, über den Menschen als „Neinsagenkönner".
[18] *V. Hösle*: Moral und Politik. Grundlagen einer Politischen Ethik für das 21. Jahrhundert, München 1997, 290 und 293.
[19] In einer dialogisch inszenierten Reflexion des „kleinen Ich" mit dem „Selbst" hat *O.A. Böhmer*: Klein-Ich. Ein Dialog, in: Merkur 6, 1997, 510 ff., pointiert alle einschlägigen erkenntnistheoretischen Probleme angesprochen.

Es ist verschiedentlich vermutet worden, daß das Todesbewußtsein in der hominiden Evolution den letzten Reifungsschub darstellt.[20] Hunden und Schimpansen, die nichts von ihrem bevorstehenden Tod wissen und kein „Verständnis" für den Tod von Gefährten haben, fehlt deshalb – bei aller ihrer Geschicklichkeit, Gelehrigkeit, Klugheit und Anhänglichkeit – etwas, das wir als existentielles Bewußtsein und Mitgefühl bei jedem uns begegnenden Mitmenschen voraussetzen. Und *Homo erectus*, für den zwar Werkzeug- und Feuergebrauch, aber noch keine Totenbestattung nachgewiesen ist, ist für uns deswegen – im Unterschied zu *Homo sapiens*, der dies tut – noch vorhuman. Dieses Bewußtsein und die Erkenntnis, daß man im Töten eines Mitmenschen diesem mehr als nur Gewalt antut[21], dürfte schon seit der mittleren Steinzeit das menschliche Leben in seinem ganzen Ablauf im Sinne eines Gefühls grundsätzlicher und immer währender Gefährdetheit geprägt haben und wohl auch die erste Voraussetzung für die Annahme der Existenz einer Welt „hinter" der sinnlich wahrnehmbaren Welt und eines Weiterlebens dort nach dem Tode geschaffen haben. Ist der Tod einerseits die große Verletzung der Würde des seiner selbst bewußten Menschen, so macht andererseits das Bewußtsein von der eigenen Sterblichkeit und von der Tragik, die über allem menschlichen Leben liegt, die Würde des Menschen aus. Zu den unverzichtbaren und im Erleben auch ganz und gar unbestritten Grundbestimmungen des personalen Bewußtseins gehört die Verantwortlichkeit des Menschen für sein Tun. Worin sie besteht, müßte in dieser Skizze hier eigentlich aufgeführt werden. Weil aber nicht wenige Vertreter sowohl der Neurowissenschaften als auch der neueren Philosophie des Geistes die Freiheit des menschlichen Willens und damit die Verantwortlichkeit des Menschen für sein Tun bestreiten und sie zumindest nicht für beweisbar halten, wird dieser Aspekt der Personalität im Kontext der erkenntnistheoretischen Positionen im Kapitel 59 gesondert behandelt.

3.2 Die Personalisation:
   Aspekte der lebensgeschichtlichen Herausbildung des personalen Bewußtseins

Ist es schon schwierig, sehr einfach strukturierte und zeitlich sehr begrenzte Fähigkeiten auf das neuronale Substrat zurückzuführen, so liegt die Erforschung der immer sehr komplexen und sich über längere Zeiträume neuronal und bewußtseinsmäßig ausformenden personalen Fähigkeiten ganz und gar außerhalb der gegenwärtigen und wohl auch künftigen Möglichkeiten der Neurowissenschaften. Das ist auch deswegen bedauerlich, weil die Erforschung der Ontogenie in mancher Hinsicht als Königsweg der Phylogenie betrachtet werden kann. Wenn so z.B. W. Singer sagt:

> In der Phylogenese […], und gleichsam im Zeitraffer und vor aller Augen in der Ontogenese […] läßt sich Schritt für Schritt nachvollziehen, wie aus der Aggregation einfacher

---

[20] Vgl. Bischof 1989, 551.

[21] Nach Hösle (1997, 303) ist die Tötung eines Mitmenschen eine grundsätzlich andere Tat als die eines Artgenossen beim Tier, weil sich der Mörder dessen bewußt ist, ihm etwas Unwiderrufliches anzutun. Schauder und Lust an der eigenen Tötungsfähigkeit hätten vielleicht mehr noch als die Angst vor dem eigenen Tode die Emanzipation des menschlichen Ich von dem Selbst gefördert.

Grundbausteine der Materie zunehmend komplexere Strukturen entstehen, die schließlich in der Lage sind, über sich selbst und ihresgleichen nachzudenken [...]"[22]

benennt er gewiß ein wünschenswertes Ziel, es muß aber bezweifelt werden, ob der Hiat zwischen der lebensgeschichtlichen Entfaltung der materiellen und der geistigen Strukturen je überbrückbar sein wird. Im Unterschied zum Leib, der sich rein anatomisch und physiologisch immer eindeutig, auch in seinem Wandel, identifizieren läßt, entzieht sich das Entstehen und längerfristige Wirken des seiner selbst bewußtes Geistes auf der neurophysiologischen Ebene, noch ganz der Erforschung.[23] Vorerst jedenfalls muß man sich mit einer Beschreibung der Personalisation in der Sprache der klassischen Entwicklungspsychologie, Sozialisations- und Biographieforschung und Bildungstheorie begnügen.

Ihr Ausgangspunkt ist das anthropologische Faktum der Personalisation selbst: Jeder gesund geborene Mensch ist mit der Anlage zur Ausbildung des personalen (Selbst-)Bewußtseins ausgestattet. Das anfänglich bloß in leiblichen Empfindungen gegebene Bewußtsein des Embryos differenziert sich strukturell und inhaltlich von Tag zu Tag bis zum Neugeborenen und wird zum Erwachsenen hin im Selbst zu einer unglaublich vielfältigen inneren Welt, in welcher sich das Ich zeiträumlich bewußt bewegen kann. Unter der entwicklungspsychologischen Perspektive formt es sich in bestimmten Stufen vom Mutterleibe an bis zur vollen Personalität im Erwachsenenalter aus. Die Personagenese läßt sich theorienübergreifend als ein Prozeß der „Selbstkonstruktion des Bewußtseins" (Oeser 1995, 223) charakterisieren. Nicht zufällig weist die Begrifflichkeit dieser Leitvorstellung Anklänge an die Metaphorik der klassischen deutschen Bildungs- bzw. Persönlichkeitstheorie auf, wonach das Selbst (bzw. die Person) in der Fülle seiner Möglichkeiten als Individualität bereits am Beginn des Lebens „eingehüllt" da ist und in einem selbst vorangetriebenen, gestalteten, schöpferischen Prozeß – der freilich der kulturellen Anregung durch die Mitmenschen bedarf – sich aus Eigenem und Einzigartigem „entwickelnd" und „entfaltend" „ausbildet".

Sowie das Ich nur in seinem Tun und in seinen Werken in Erscheinung tritt, manifestiert sich auch die Entfaltung der Person nur in der wachsenden Komplexität und Souveränität ihrer Äußerungen in und gegenüber der Welt. Ist so das Selbst eine Instanz, die auf der Grundlage angeborener Vorstrukturierungen ständig neue Lebenserfahrung aufnimmt, diese in ihre bisherige Struktur integriert und dabei an

---

[22] *W. Singer*: Das Ziel der Hirnforschung, in: ders. (Hg.): Gehirn und Kognition, Heidelberg 1994, 8. Eine Skizze der ontogenetischen Herausbildung des Selbst vom Moment der Entstehung der Zygote bis zur Geburt i.S. eines „Proto-Selbst" ist auch der Versuch von *A.R. Damasio*: Eine Neurobiologie des Bewußtseins, in: *A. Newen/K. Vogeley* (Hg.): Selbst und Gehirn, Paderborn 2000, 315-331.

[23] Lediglich als eine formalistische Vermutung ist zu bewerten, was Singer über die Genese personaler Merkmale schreibt: „Das sich entwickelnde System sucht also nach konsistenten Relationen zwischen bestimmten Merkmalen der umgebenden Welt. [...] Konsistente, häufig vorkommende Konstellationen führen zur verstärkten Kopplung zwischen Neuronen, die auf die korreliert auftretenden Merkmale reagieren. Die Folge ist, daß bei späterem Wiederauftreten ähnlicher Merkmalskombinationen die entsprechenden Neuronen sich über Synchronisation ihrer Antworten zu Ensembles konfigurieren, die als Ganzes in unverwechselbarer Weise [...] das individuelle Wahrnehmungsobjekt repräsentieren." (1997, 61).

Handlungskompetenz gewinnt und dadurch die Identität der Person ausmacht, ist die Person das jeweilige Vereinigungsprodukt des ganzen bisherigen Bewußtseinslebens, und zwar dreifach, wie sich in Anlehnung an Seitelberger sagen läßt: erstens durch die „Vereinigung der Mannigfaltigkeit in der Subjektivität, d.h. bezogen auf das besondere [sc. lebens-]geschichtliche Ich", zweitens durch die Setzung der „Intersubjektivität, also bezogen auf die Kommunikationsgemeinschaft menschlicher Subjekte", drittens „durch die Gegenüberstellung zur Objektivität" [sc. der Kultur], bezogen auf die „Welt als Ganzes", so daß sich das bewußte Ich in der Person als ein lebensgeschichtlich Gewordenes erkennt und daraus seine Ich-Identität über den steten Wandel im Lebenslauf bezieht. „In der Person werden also das Ich, die Gemeinschaft und die Welt als innere Einheit konstituiert." (1995, 100). Das von verstehender Kommunikation getragene Selbstbewußtsein ist drittens schließlich zugleich die Voraussetzung jeglicher bewußter Selbstbildung im Medium der Kultur. Nur der Mensch kann sich seine innere Seite, sein Selbst zum Gegenstand einer lebenslangen bewußten Formung machen. Daß das Selbstbewußtsein der Anfang von Erziehung und Selbstbildung ist, meint das ganz elementare Faktum, daß Menschen – und nur sie – bewußt Anstrengungen hierzu unternehmen können. Wenn sie auch vieles – und dabei auch Fundamentales und Komplexes wie etwa die Sprache und die jeweilige Moral – zum großen Teil nebenbei und unbewußt erlernen, so verdankt sich doch der Grad ihrer individuellen Leistungsfähigkeit im Raum der Kultur zunehmend mehr der bewußt herbeigeführten und oft auch ebenso bewußt angeleiteten (Selbst-)Bildung.

In neuronaler und mentaler Hinsicht erhebt sich immerhin die Frage, ob es der natürlichen Anlage nach so etwas wie einen ursprünglichen Persönlichkeitskern gibt, dem sich lebensgeschichtlich zwar immer Neues zuordnet, der aber alles Weitere strukturiert und zusammenhält oder ob die Person – wie die gesellschaftliche Wirklichkeit, die sich in einer Vielzahl von relativ autonomen Funktionssystemen und Phänomenen manifestiert – letztlich kein Zentrum hat und je nach Situation eine andere Person ist. In der ersten Sicht wandelt sich die Person zwar dauernd und ist daher das bewußte Ich streng genommen in jeder Situation ein anderes, aber hält das Selbst immer alles zusammen und sorgt in der Vielfalt der Situationen für Einheit. In der anderen Sicht ist man skeptisch gegenüber der „Einheit der Person" in der Zeit, hält man die Existenz des „Selbst" für eine Illusion und sind wir in jeweiliger Gegenwart potentiell immer „Viele" und in der Zeit auch immer „Andere", haben wir keine Identität, sondern wohl nur so etwas wie ein sich proteushafter wandelndes Kaleidoskop temporärer Identitäten. Letzterem neigt insbesondere der Bewußtseinsphilosoph Peter Bieri zu, was in Kapitel 59 dargelegt wird.

57. Evolutionäre Erkenntnistheorie:
"Hypothetischer Realismus" und die Emergenz des Geistes

1. Grundsätze des „Hypothetischen Realismus" (K. Lorenz)   949
2. Die Unhintergehbarkeit der dem Subjekt bloß „erscheinenden Welt":
Erkenntnistheoretische Kritik am Hypothetischen Realismus   952
3. Die „Emergenz" des menschlichen Geistes und der Kulturalität als
ein grundlegender System- und Seinswechsel in der Geschichte der Natur   954

In diesem und in den beiden folgenden Kapiteln wird der Ertrag der in den vorangegangenen Kapiteln skizzierten evolutionsbiologischen und neurowissenschaftlichen Forschung in eine sich heute abzeichnende *philosophische Anthropologie* eingefügt, welche zugleich natur- und kulturhistorisch begründet ist. Wenn es auch dieser Anthropologie nicht möglich ist, die klassischen Grundfragen der philosophischen Erkenntnistheorie zu beantworten, so ermöglichen es ihr doch die *Evolutionäre Erkenntnistheorie* (im vorliegenden Kapitel) und die *Neuroepistemologie* und die *Philosophie des Geistes* (in den Kapiteln 58 und 59), jene Fragen auf eine neue Art zu stellen und mit Erkenntnisgewinn zu bearbeiten. Im Zentrum steht dabei die Frage, ob die evolutionär entstandene und neurophysiologisch funktionierende Geistigkeit uns – wenigstens in Grenzen - die Welt zutreffend erkennen und uns selbstbestimmt denken und handeln läßt.

Das vorliegende Kapitel ist zunächst den erkenntnistheoretischen Folgerungen aus dem von Konrad Lorenz gemachten „Versuch einer Naturgeschichte menschlichen Erkennens" (1973/1977) gewidmet.[1] Hierzu werden in Abschnitt 1 die Grundsätze von Lorenz' „Hypothetischen Realismus" vorgestellt und wird in Abschnitt 2 die gewichtige Kritik an dieser erkenntnistheoretischen Position wiedergegeben. Abschnitt 3 gilt dem Problem der Erklärung der evolutionären „Emergenz" des Geistigen aus materiellen Strukturen.

1. Grundsätze des „Hypothetischen Realismus" (K. Lorenz)
Die von dem amerikanischen Psychologen und Erkenntnistheoretiker D.T. Campbell 1959 vorgeschlagene und seit einiger Zeit terminologisch in den Biowissenschaften und in der Philosophie verwendete Bezeichnung *Evolutionäre Erkenntnistheorie* (engl. *evolutionary epistemology*) meint, wie bereits in Kapitel 54 erwähnt, zumeist zweierlei: zum einen die Theorie der „Naturgeschichte menschlichen Erkennens" selbst, d.h. den Versuch einer Rekonstruktion der evolutionären Schritte der Kognition von den Einzellern bis zum Menschen, zum andern jene erkenntniskritische Theorie, die auf dieser evolutionsbiologischen Grundlage versucht, Aussagen darüber zu machen, in welchen Verhältnis (der Repräsentanz) die von Lebewesen und speziell auch vom Menschen innerlich wahrgenommene Welt zur vorausgesetzten „äußeren", „außersubjektiven" Welt steht. Nur um die letztere Lesart der Evolutionären Erkenntnistheorie geht es im folgenden.

In kritischer Auseinandersetzung mit Kant hat Lorenz - als einer seiner Nachfolger auf einem Lehrstuhl in Königsberg - in seinem bereits 1941 erschienenen

---

[1] Dessen evolutionstheoretische Seite ist bereits in Kapitel 54.3. dargestellt worden ist.

Beitrag „Kants Lehre vom Apriorischen im Lichte der gegenwärtigen Biologie"[2] der von ihm und anderen in den 30er Jahren entwickelten (Human-)Ethologie und dem von ihm bereits damals skizzierten und dann 1973 ausgearbeiteten „Versuch einer Naturgeschichte menschlichen Erkennens"[3] eine Erkenntnistheorie unterlegt, welche er in Absetzung von Kants transzendentalem Idealismus mit dem Begriff „Hypothetischer Realismus" bezeichnet hat und die heute mitunter auch „Kritischer Realismus" genannt wird. Lorenz' Grundgedanke läßt sich knapp so zusammenfassen: Alle (animale) Erkenntnis beruht auf einem im Inneren eines Lebewesens erzeugten Abbild seiner Umwelt. Dieses Abbild ist zwar ein utilitaristisch beschränktes, insofern es nämlich von den vielen Seiten der physischen Wirklichkeit nur genau jene erfaßt, deren Kenntnis für die Individuen einer jeweiligen Art zuträglich und überlebensnotwendig ist, es ist aber immerhin insoweit „realistisch", als es sich artspezifischen Wahrnehmungsmechanismen verdankt, die das evolutionäre Produkt von in langen Zeiträumen erprobten Formen der animalen Auseinandersetzung mit der Welt ist. Danach ist die von dem angeborenen „ratiomorphen Erkenntnisapparat" des Menschen erzeugte Erkenntnis als eine anthropologisch" verzerrte zwar ebenso wenig objektiv wie bei allen anderen Lebewesen, jedoch, wie bei diesen, eine Strukturen der Welt „realistisch" abbildende Erkenntnis. Im Kreis von Lorenz' zahlreichen direkten und indirekten Schülern, zu denen alsbald auch Vertreter der Neurowissenschaften und der Philosophie getreten sind, ist dieser Ansatz immer weiter ausgearbeitet worden. Er stellt heute in der Biologie und in der philosophischen Erkenntnistheorie ein konstruktiv und zugleich kritisch beurteiltes Erklärungsmodell dar.[4]

Obwohl Lorenz' Theorie von einer Kritik der neuzeitlichen Erkenntnistheorie ausgeht, teilt sie doch zunächst viele ihrer Grundannahmen. Dazu gehört, daß es erstens eine bzw. die (äußere) Welt überhaupt gibt, es also neben der „bloß" im Bewußtsein erlebten auch eine jenseits des Bewußtseins bestehende Wirklichkeit gibt,

---

[2] In: Blätter für Deutsche Philosophie, 1941, 94–125. In Erinnerung an den dort waltenden *genius loci* hat Lorenz (1973) dann seine Erkenntnistheorie den „Königsberger Freunden" von damals gewidmet.

[3] Der Obertitel des Buches lautet: Die Rückseite des Spiegels, München 1973. Es wird im folgenden nach der Taschenbuchausgabe, München 1977, zitiert.

[4] Von den zahlreichen – inzwischen auch populärwissenschaftlichen – Arbeiten zur Evolutionären Erkenntnistheorie sei hier von biologischer Seite noch einmal auf die Schriften des „*Konrad-Lorenz-Instituts für Evolutions- und Kognitionsforschung*" (vgl. dazu auch die Literaturhinweise in Kapitel 54.3) und von philosophischer Seite auf *G. Vollmer*: Evolutionäre Erkenntnistheorie (Stuttgart 1975, [7]1998) hingewiesen. Letzterer hat – als Philosoph – den Begriff und die Vorstellung von einer „Evolutionären Erkenntnistheorie" in die deutsche Diskussion eingeführt. Vgl. auch ders.: Was können wir wissen? Bd. 1: Die Natur der Erkenntnis, Bd. 2: Die Erkenntnis der Natur, Stuttgart [2] (1988). Eine große Ausarbeitung des Ansatzes kommt von *H. Schüling*: System und Evolution des menschlichen Erkennens. Ein Handbuch der evolutionären Erkenntnistheorie. 5 Bände, Hildesheim 1998 ff. . Vgl. auch *V. Hösle*: Tragweite und Grenzen der evolutionären Erkenntnistheorie, in ders.: Die Philosophie und die Wissenschaften, München 1999, 74-103. Eine ausführliche Darstellung und kritische Würdigung der verschiedenen Ansätze und Anwendungen des Prinzips der Evolution in der Erkenntnis- und Wissenschaftstheorie ist das Buch von *B. Irrgang*: Lehrbuch der Evolutionären Erkenntnistheorie. Thesen, Konzeptionen und Kritik, München [2]2001.

zweitens der Mensch im Erkenntnisvorgang der „objektiven" Welt auch wirklich begegnet und er drittens als Subjekt die Welt und ihre Objekte nicht an und für sich, sondern nur in Kategorien und Anschauungsformen erkennt, welche dem Menschen „apriorisch", also vor aller individuellen empirischen und lebensgeschichtlichen Erfahrung, vorgegeben sind. In der Linie des Kantschen Transzendentalismus ermöglichen so auch für Lorenz allererst die spezifischen Denk- und Anschauungsformen des menschlichen „Weltbildapparates" Erkenntnisse und begrenzen sie diese in ebenso spezifischer Weise. Der Unterschied zu Kant besteht dann jedoch darin, daß für Lorenz die dem rezenten Menschen in seinem individuellen Leben qua Erbprogramm *apriori* gegebenen Erkenntnisformen in stammesgeschichtlicher Sicht *aposteriorisch* sind, sie also das evolutionär vorläufige Produkt des „Lernens" der Art Homo sapiens sind. Die Annahme, daß auch das menschliche Erkenntnisvermögen nicht „vom Himmel gefallen", nicht zeitenthoben wie bei Kant und in allen traditionellen Theorien des Allgemeinmenschlichen, sondern in einem langen naturgeschichtlichen Prozeß entstanden ist, ist nun für Lorenz gerade ein Beweis dafür, daß der Mensch und alle anderen Lebewesen die Welt „realistisch" wahrnehmen. Während für Kant das „Ding an sich" nicht nur grundsätzlich nicht erkennbar ist, sondern als innerlich erkanntes Ding auch nichts mit dessen Struktur in der Außenwelt gemein haben muß, ist Lorenz davon überzeugt, daß – wie in Kapitel 54.3.4. in Bezug auf die Evolution der kognitiven Fähigkeiten bereits angedeutet – in aller organismischen Existenz und Erkenntnis Wahres über die materielle Welt steckt. Denn das artspezifische Bild, das der „Weltbildapparat" der Lebewesen im Innern von der (objektiven) Außen- und organischen Innenwelt entwirft, trägt deren Spuren. Physisches Original und neuronal-mentales Bewußtseinsabbild gehören derselben empirischen Welt an und müssen sich deshalb zumindest strukturell entsprechen.[5] Der im gegenwärtigen Sein, Verhalten und Handeln des Menschen immer aufs neue erwiesene Erfolg seiner Erkenntnisfähigkeit der empirischen Außen- und Innenwelt ist für Lorenz ein Beweis, daß der Mensch die außersubjektive, bewußtseinstranszendente Wirklichkeit zumindest in den sein Leben ermöglichenden und sichernden Aspekten, in seinem „Mesokosmos" (Vollmer)[6] „richtig", d.h. objektadäquat, erkennt. Danach würden die ererbten Kategorien der menschliche Erkenntnisfähigkeit auf die Welt wie ein Werkzeug auf eine Werkstück passen (Vollmer [2]1988, 35). In philosophischer Begrifflichkeit heißt dies, daß Kants *„apriorische" Erkenntniskategorien evolutionär-aposteriorisch umdefiniert* werden.

Eine wichtige Voraussetzung ist hierbei „die Annahme, daß alles menschliche Erkennen auf einem Vorgang der *Wechselwirkung* beruht, in dem sich der Mensch, als durchaus *reales* und *aktives* lebendes System und als erkennendes *Subjekt*, mit den Gegebenheiten einer ebenso realen Außenwelt auseinandersetzt, die das *Ob-*

---

[5] Jede Tierart hat so eine spezifische „Erkenntnistheorie". Viel beachtet worden ist die der Fledermaus in der Schrift von *Th. Nagel*: Wie es ist, eine Fledermaus zu sein (What is it like to be a bat, 1974), in: Bieri 1981, 261-275.

[6] Im genannten Buch von Vollmer meint „Mesokosmos" im Unterschied sowohl zum atomaren Mikrokosmos als auch Makrokosmos des Weltalls jene mittleren Dimensionen, in denen sich der Mensch angeborenermaßen orientiert.

jekt seines Erkennens sind." (Lorenz 1977, 11; Kursiva K.L.) Diese Annahme hat Lorenz dazu bewogen, die traditionellen erkenntnistheoretischen Positionen des „naiven Realismus" und des „Kantschen Idealismus" durch einen „Hypothetischen Realismus" zu ersetzen. Danach ist die Evolution des Lebens auf der Erde insgesamt ein Prozeß fortschreitender Erkenntnis, und zwar weil sie sich schrittweise über verworfene und angenommene „Hypothesen" fortbewege. Mit ihren Sinnen und inneren Verarbeitungsmechanismen gelinge es den Lebewesen, die äußere Welt immer differenzierter und angemessener „abzutasten" und in sich „abzubilden". Den so in der materiellen und zeitlichen Kontinuität der Welt evolutionär entstandenen menschlichen „Erkenntnisapparat" hat Lorenz mit einem die Wirklichkeit zutreffend wiedergebenden Spiegel verglichen und von daher seine Kritik an der traditionellen philosophischen Erkenntnistheorie begründet: „Auch heute noch blickt der Realist nur nach außen und ist sich nicht bewußt, ein Spiegel zu sein. Auch heute noch blickt der Idealist nur *in* den Spiegel und kehrt der realen Außenwelt den Rücken zu. Die Blickrichtung *beider* verhindert sie zu sehen, daß der Spiegel eine nicht spiegelnde Rückseite hat, eine Seite, die ihn in eine Reihe mit den realen Dingen stellt, die er spiegelt ..." (1977, 33; Kursiva K.L.). Danach nimmt der *menschliche Geist* die Welt „realistisch" war, weil er *ein evolutionär erprobter „Spiegel"* eben dieser Welt ist.

2. Die Unhintergehbarkeit der dem Subjekt bloß „erscheinenden Welt": Erkenntnistheoretische Kritik am Hypothetischen Realismus

Lorenz' Hypothetischer Realismus hat, außer in der Biologie, auch in der Philosophie seither einerseits Zustimmung erfahren, und zwar insofern er Kants Ansatz um die Dimension der Naturgeschichte erweitert, andererseits jedoch auch prinzipielle Kritik, insofern seine erkenntnistheoretisch Begründung des *„Realismus" zirkulär* sei. Es scheint, daß Lorenz bei seiner Annahme, daß die im menschlichen Bewußtsein aufscheinende Welt ein wirkliches Abbild der außersubjektiven Welt ist, einem Trugschluß erlegen war. Von Weizsäcker hat diesen mit einem schlichten Argument offengelegt. Nachdem er in einer kritischen Würdigung der „Naturgeschichte menschlichen Erkennens" Lorenz in allen biologischen Ausführungen zugestimmt hat, macht er die eine, jedoch entscheidende Einschränkung, daß der menschliche „Erkenntnisapparat", die nicht-spiegelnde „Rückseite des Spiegels", ebenfalls nicht objektiv gegeben, sondern auch nur gespiegelt ist, nämlich im menschlichen Geist selbst, so daß alle unsere Erkenntnis eben doch der menschlichen Subjektivität verhaftet ist, wir auch in evolutionstheoretischer Sicht den Innenraum unseres Bewußtseins im strikten Sinne nicht verlassen können.[7] Lorenz' Fehler ist, daß er von einer objektivistischen Beobachterperspektive ausgeht, also glaubt, das Subjekt-Objekt-Verhältnis von außen beschreiben zu können, wo doch der Ausgangspunkt aller Aussagen über die Welt ein Subjekt ist, das ein befangener Teilnehmer des Erkenntnisvorganges selbst ist. Deshalb ist auch die Spiegel-Vergleich unangebracht. Denn ein Spiegel kann sich nicht selbst erkennen, eben weil er kein Ich hat. Auch noch aus anderen Gründen läßt sich eine grundsätzliche Kritik an Lorenz' Theorie üben.

---

[7] Vgl. Weizsäcker 1978, 187 ff.. Diese Widerlegung findet sich u.a. auch bei Hösle 1999, 88 ff.

Ein Ansatzpunkt der Kritik ist auch Lorenz' Annahme, daß die natürliche Erkenntnisfähigkeit des Menschen als ein Produkt der Evolution der philosophischen Reflexion grundsätzlich überlegen sei, also die auf Orientierung und Handeln in der Welt gerichtete Erkenntnishaltung im natürlichen Weltverhältnis sozusagen vernünftiger und klüger als die des menschlichen Subjekts sei und, weil die Instinktprogramme und die unbewußt gelernten Verhaltensdispositionen der Tiere diese im allgemeinen immer genau das machen ließen, was das Richtige in einer Situation ist, seien auch die natürlichen und ontogenetisch im Lebenszusammenhang erworbenen Verhaltensweisen und Fähigkeiten des Menschen dem rationalen Kalkül im allgemeinen überlegen. Diese Annahme ist schon empirisch nicht haltbar. Denn alle Lebewesen einschließlich des Menschen haben es mit einer sich in der Zeit und von Ort zu Ort wandelnden Welt zu tun und hat deshalb die Anpassung an die Welt kein festes Vorbild, so daß auch die „erfolgreichsten" evolutionären (kognitiven) Erwerbungen sich irgendwann als realitätsinadäquat herausstellen können.[8] Sie ist jedoch auch erkenntnistheoretisch problematisch, weil Lorenz der von ihm angenommenen außersubjektiven „Realität" eine *naturimmanente Geordnetheit und Rationalität unterstellt*.

Überhaupt ist von verschiedener Seite Kritik auch an Lorenz' Vernunftbegriff geübt worden. So argumentiert G. *Pöltner*[9], daß Erkennen zwar eine Naturgeschichte habe, aber nicht die *Vernunft*, denn diese sei *eine der transzendentalen Ermöglichkeitsbedingungen* von menschlicher Erkenntnis und lasse sich so prinzipiell nicht empirisch-naturgeschichtlich definieren. Ähnlich fällt die Kritik von *H.M. Baumgartner* aus[10], wenn er festhält, daß die Sinnesorgane und das Nervensystem nicht den Zusammenhang durchdringen können, in dem sie stehen, weil sie ja nicht wissen, was sie tun bzw. mit und in ihnen geschieht. Dazu müsse vielmehr das Vernunftvermögen bzw. eine unbewußt bleibende Vernünftigkeit der Nerven vorausgesetzt sein, wie überhaupt die „Natur" und ihre „Geschichte" Gedanken (Konstrukte) der Vernunft seien.

Damit hängt schließlich noch eine weitere, von B. Irrgang (2001) geäußerte Kritik zusammen, die an Lorenz' Vorstellung von „Erkenntnis" als von einer „Abbildung" von Welt ansetzt. Gegen ihn argumentiert er, daß „Erkenntnis" weder evolutionär noch aktuell adaptionistisch ein Abbild „realer" Strukturen und Prozesse der Welt sei, sondern primär ein Vorgang sei, der den Organismus orientiert, also ihn „nur" in ein richtiges Verhältnis zur Welt setzt. So zeige die tiervergleichende Naturgeschichte, daß bei der Orientierung *„Erkenntnisse"* keine Abbilder der Wirklichkeit seien, sondern *abstrakt verdichtete und verkürzte Handlungsschemata*, die in Erbkoordinationen und Körperbau zu festen Strukturen geronnen oder

---

[8] Dieselbe Kritik läßt sich gegen die Argumentation des Lorenz-Schülers *R. Riedl* vorbringen in seinen Schriften: Biologie der Erkenntnis (1979), Berlin ⁴1990; und: Begriff und Welt. Biologische Grundlagen des Erkennens und Begreifens, Berlin 1987.

[9] G. *Pöltner*: Evolutionäre Vernunft. Eine Auseinandersetzung mit der evolutionären Erkenntnistheorie, Stuttgart u.a 1993.

[10] *H.M. Baumgartner*: Über die Widerspenstigkeit der Vernunft, sich aus der Geschichte erklären zu lassen. Zur Kritik des Selbstverständnisses der evolutionären Erkenntnistheorie, in: H. Poser (Hg.): Wandel des Vernunftbegriffs, Freiburg 1981, 39-64.

kristallisiert sind. Und was die menschliche Erkenntnis in Vorstellung und Sprache anbetrifft, stehe auch sie nicht in einem Ähnlichkeitsverhältnis zu den Dingen, sondern zu den Vorstellungen, die Individuen haben und über die sie sich mit anderen verständigen

Gleichwohl ist *Lorenz' erkenntnistheoretische Position* eines naturgeschichtlich und wahrnehmungstheoretisch begründeten Realismus weiterhin *eine starke Hypothese*. Denn wenn es auch keine Möglichkeit gibt zu sagen, wofür Begriffe wie „Sein" oder „Wirklichkeit" letztlich stehen, so beziehen sie sich doch auf „etwas", das in unserer Vorstellung mit Gleichartigem und Mannigfaltigem geordnet verbunden ist und sich in der Zeit – was immer dieser ebenfalls nicht unabhängig von unserer Bewußtseinswelt zu definierende Begriff meint – regelhaft verändert. Gerade die in unserem Bewußtsein erkannten und in mathematischer Form durchsichtig gemachten naturwissenschaftlichen Theorien und Gesetze und ihre sich in – wirklicher oder nur scheinbarer – technischer Anwendung immer wieder erweisende Verläßlichkeit legen die Vermutung nahe, daß die phänomenale innere Welt eine außersubjektive Entsprechung hat und Strukturen der äußeren Welt, in Grenzen, auch erkennbar sind.[11]

3. Die „Emergenz" des menschlichen Geistes und der Kulturalität als ein grundlegender System- und Seinswechsel in der Geschichte der Natur

Während die zahllosen Mikroevolutionen und die weniger zahlreichen Makroevolutionen von der Entstehung des Lebens auf der Erde an bis zu den am höchsten entwickelten Tieren im Prozeß des Erkenntnisgewinns der belebten Materie zwar in jedem Einzelfall für die Arten und die Individuen einen großen Fortschritt bedeutet haben, dabei aber das neue Wissen und Können immer nach demselben evolutionären Prinzip im Genom gespeichert und so über die Generationen weitergereicht worden ist, beruht der Wissensfortschritt, der mit dem Erscheinen des rezenten Menschen beginnt, auf einem neuen Prinzip: dem Prinzip der vom menschlichen Geist bewußt initiierten und getragenen Erfindung und Überlieferung von Kultur. Danach trennt ein empirisch und theoretisch nicht erklärbarer Hiat die am höchsten entwickelten äffischen Primaten einschließlich der Prähominiden vom Menschen im Vollsinn des Begriffs. Dieser schlagartige Übergang auf eine neue Stufe des organischen Lebens ist freilich in evolutionären Bausteinen und Leistungen des „begrifflichen Denkens" der höher entwickelten Säugetiere, in Sonderheit natürlich der zum Menschen hinführenden Primatenlinie neurophysiologisch begründet, und zwar in der der „abstrahierenden Wahrnehmung", der „Einsicht und zentralen Repräsentation des Raumes", des „einsichtigen Lernens", der „Willkürbewegung", des gesteigerten „Neugierverhaltens und der Selbstexploration", der „Nachahmung" und schließlich der „Tradition" einfacher Verhaltensweisen (Lorenz 1977, 148- 211). Der Zusammenschluß aller dieser Leistungen im Genom einer einzigen Spezies läßt emergent den menschlichen Geist im Sinne der Befähigung zum Denken und bewußten Erkennen der Welt, zum ebenso so bewußten und autonom verantworteten Handeln

---

[11] Die Realismusthese wird ganz überwiegend vertreten in den Beiträgen des Sammelbandes von *M. Willaschek* (Hg.): Realismus, Paderborn 2000.

in der Welt und zur Erfindung intersubjektiv geteilter Sinnsysteme, d.h. der Kultur, und ihrer bewußten Weitergabe entstehen. Wie Lorenz die Entstehung des Lebens aus toter Materie letztlich für unerklärlich hält und bei ihr von einer „Fulguration" spricht, hält er mit Hinweis auf die „apriorische, in der Struktur unseres Erkenntnisapparates liegende prinzipielle Unfähigkeit zu wissen", wie das „Objektiv-Physiologische" mentale Phänomene ermöglicht (1977, 215) auch den Schritt vom Tier und Menschen für etwas ebenso prinzipiell Unerklärbares:

> Ich glaube, daß diese Kluft nicht etwa nur für den heutigen Stand unseres Wissens unüberbrückbar ist. Selbst eine utopische Zunahme unserer Kenntnisse würde uns der Lösung des Leib-Seele-Problems nicht näherbringen. Die Eigengesetzlichkeit des Erlebens können grundsätzlich nicht aus chemisch-physikalischen Gesetzen und aus der wenn auch noch so komplexen Struktur der neurophysiologischen Organisation erklärt werden. [...] Wollte man Leben definieren, so würde man sicher die Leistung des Gewinnens und Speicherns von Information in die Definition einbeziehen, ebenso wie die strukturellen Mechanismen, die beides vollbringen. In dieser Definition aber wären die spezifischen Eigenschaften und Leistungen des Menschen nicht enthalten. Es fehlt [...] ein essentieller Teil, nämlich alles das, was menschliches Leben, *geistiges* Leben, ausmacht. Es ist daher keine Übertreibung zu sagen, daß *das geistige Leben des Menschen eine neue Art von Leben sei.*" (1977, 216 f., Kursivierung K.L.)

Auffällig an dieser klaren Abgrenzung des Menschen vom Tier ist, daß „Geist" hier nur die kognitive Leistungsfähigkeit des Menschen meint, nicht auch das bewußte Erleben der Empfindungen aus der Körpersphäre einschließt: „Paradoxerweise ist die undurchdringliche Scheidewand [...] nur für unseren Verstand und nicht für unser Gefühl gezogen." (ebd.) An zahllosen Stellen seiner Schriften betont Lorenz immer wieder, daß wir – zumindest mit den höher entwickelten – Tieren das Bewußtwerden der elementaren leiblichen Empfindungen, wie z.B. Lust, Schmerz und Angst, was die die gegenwärtige Bewußtseinsphilosophie „Qualia" nennt, teilt. Die Paradoxie würde verschwinden, wenn man im bewußten Erleben zumindest ein wesentliches Moment des Geistes sähe. Die gegenwärtige Neurobiologie und -epistemologie und die Bewußtseinsphilosophie führen über Lorenz' Deutungsstand hinaus. Dies ist der Gegenstand der beiden folgenden Kapitel.

58. Gehirn und Bewußtsein:
Zum epistemologischen Status des menschlichen Subjekts in der Welt

1. Das Leib-Seele-Problem:
   Existentielle Herausforderungen und neurophilosophische Erkenntnisse   957
2. Monismus oder Dualismus von Körper und Geist:
   Epistemologische Positionen   962

In diesem und dem folgenden Kapitel geht es um die neueren Lösungsansätze des alten *Leib-Seele-Problems* bzw., in heutiger neurophilosophischer Terminologie, des *Gehirn-Bewußtsein-Problems*. Es umschließt zwei Grundfragen. Zum einen die Frage, welchen ontologischen Status Körper und Geist haben, also welcher Art von Wirklichkeit sie angehören und in welchen Verhältnis sie zueinander stehen, was zumeist auf die Alternative hinausläuft, ob sie sich dualistisch gegenüberstehen oder zwei Seiten einer einzigen Wirklichkeit sind. Zum andern die daraus folgende Frage, ob der Mensch in seinem Denken frei ist und seine Handlungen als Folge von bewußt getroffenen Entscheidungen persönlich verantworten muß oder ob er nach einer heute vertretenen Ansicht in allem Denken und Tun neuronal, also materiell, determiniert und im bewußten Erleben seines Tuns allenfalls dessen Zuschauer ist. Beide Fragen hängen nicht nur eng zusammen, sondern sind auch von großer erkenntnistheoretischer, ethischer und existentieller Bedeutung. Zwar gelten sie in der Introspektion bereits als eindeutig beantwortet. Denn jeder Menschen ist sich sicher, daß Körper und Geist prinzipiell different sind und er selbst als Person (Subjekt) die Welt nicht nur bewußt wahrnimmt, sondern mit seinem willentlich herbeigeführten Handeln auch gezielt in den Gang der Dinge eingreifen kann. In der wissenschaftlichen Sicht aber gehören diese Fragen zu den am allerschwierigsten zu bearbeitenden Erkenntnis- und Seinsproblemen überhaupt, vergleichbar wohl nur mit den zwei anderen großen naturwissenschaftlichen Fragen, mit der nach dem kosmischen Ursprung der Welt und der nach ihrem subatomaren Urgrund. Jedenfalls hält die Mehrheit der Philosophen – zumindest nach dem heutigen Problemverständnis – diese Fragen für nicht eindeutig beantwortbar und vermutet, daß sie dies wohl auch immer bleiben werden. Demgegenüber schätzen die meisten Neurowissenschaftler die Chancen für die Lösung dieser Probleme größer ein. So bestreiten sie zwar nicht, daß der gegenwärtige Wissensstand dafür bei weitem nicht ausreicht. Sie sind aber zumeist davon überzeugt, daß sich das Phänomen des menschlichen Bewußtsein irgendwann lückenlos aus neuronalen Strukturen erklären lassen werde und sich dann wohl auch herausstellen werde, daß die Annahme eines freien Willen eine Illusion ist. Im Vorgriff darauf halten sie deshalb die Annahmen der traditionellen Bewußtseinsphilosophie zumeist für unnütze Metaphysik In den letzten Jahrzehnten sind es dann aber gerade die philosophischen Köpfe unter den Naturwissenschaftlern und mit einer gewissen Verzögerung dann auch die Philosophen der analytischen Richtung gewesen, die sich auf der Grundlage sowohl der evolutionsbiologischen und der neurophysiologischen Erkenntnisse als auch der klassischen Erkenntnistheorie jenen Menschheitsfragen mit einer gewissen Offenheit gestellt und dadurch die bisherige Erkenntnistheorie und Anthropologie schon jetzt auf ein neues Niveau der Reflexion gehoben haben.

Ihre Lösungsversuche werden hier relativ ausführlich dargestellt, weil sie immer auch Antworten auf die in diesem Buch behandelte Grundfrage nach der Stellung des „Menschen in seiner Geschichte" sind. Die Darstellung ist auf zwei Kapitel verteilt. Abschnitt 1 des vorliegenden Kapitels gilt der neurowissenschaftlichen und –philosophischen *Exposition des Problems*. Sein Abschnitt 2 legt die kontrovers diskutierten *monistischen und dualistischen Positionen* der heutigen Neurophilosophie dar. Die Lösungsansätze zur Frage nach der *(Nicht-)Gegebenheit des freien Willens* sind dem darauffolgenden Kapitel vorbehalten. Die Behandlung in einem eigenen Kapitel geschieht, weil es diese Frage mit einer Reihe von besonderen Problemen zu tun hat und jede wie auch immer ausgerichtete Antwort besonders tief in das Selbstverständnis des Menschen einschneidet und auch von zentraler Bedeutung für die Theorie des historischen Denkens insgesamt ist

Die über diesen Fragenkomplex seit den 90er Jahren – der „Dekade des Gehirns" – sehr lebhaft nicht nur in den Wissenschaften, sondern auch in der größeren Öffentlichkeit geführte Diskussion hat sich in einer nicht mehr unüberschaubaren Flut von Veröffentlichungen niedergeschlagen.[1] Auf einige Werke davon ist schon in den vorigen Kapiteln aufmerksam gemacht worden.[2]

1. Das Leib-Seele-Problem:
Existentielle Herausforderungen und neurophilosophische Erkenntnisse

1.1. Bewußtsein und Willensfreiheit in einer naturgesetzlich bestimmten Welt

Beim Gehirn-Bewußtsein-Problem geht es im Kern um zwei ebenso einfach zu formulierende wie schwer zu beantwortende Fragen. Erstens: *„Wie ist es erklärbar, daß der Mensch willentlich, also über immaterielle Bewußtseinsakte, handelnd in das materielle Geschehen seines eigenen Leibes eingreifen kann?"* Zweitens: *„Tun*

---

[1] Wenn über Monate in der Frankfurter Allgemeinen Zeitung (2003/2004) in vielen Beiträgen eine lebhafte Diskussion über die Auswirkungen der neueren Erkenntnisse der Neurowissenschaften geführt worden ist, dann waren das Motiv dafür eben jene Grundfragen. Inzwischen sind die Beiträge in dem in der Auflistung genannten und von *Ch. Geyer* herausgegebenen Buch erschienen.

[2] Für die Ausführungen hier sind vor allem die folgenden Bücher herangezogen worden: *E. Oeser/F. Seitelberger*: Gehirn, Bewußtsein und Erkenntnis (1988), Darmstadt ²1995; *E. Oeser*: Das selbstbewußte Gehirn. Perspektiven der Neurophilosophie, Darmstadt 2006; *G. Roth*: Das Gehirn und seine Wirklichkeit. Kognitive Neurophilosophie/-physiologie und ihre philosophischen Konsequenzen, Frankfurt 1994; *Th. Metzinger* (Hg.): Bewußtsein. Beiträge aus der Gegenwartsphilosophie, Paderborn ³1996; *H. Meier/D. Ploog* (Hg.): Der Mensch und sein Gehirn, München/Zürich 1997; *D. Linke*: Das Gehirn, München 1999; *P. Bieri*: Was macht Bewußtsein zu einem Rätsel, in: Metzinger 1996, 61-77; *H. Lenk*: Kleine Philosophie des Gehirns, Darmstadt 2001; *W. Singer*: Der Beobachter im Gehirn. Essays zur Hirnforschung, Frankfurt 2002; ders.: Ein neues Menschenbild? Gespräche über Hirnforschung, Frankfurt 2003; *G. Rager/J. Quitterer/E. Runggaldier*: Unser Selbst. Identität im Wandel der neuronalen Prozesse, Paderborn ²2003; *C. Niewels*: Die Evolution des Bewußtseins. Von Darwin zur KI-Forschung, Paderborn 2004, bes. 79-124; *Ch. Geyer* (Hg.): Hirnforschung und Willensfreiheit. Zur Deutung der neuesten Experimente, Frankfurt 2004.

wir dabei, was wir wollen, oder wollen wir dabei, was wir tun?" Die erste Frage zielt auf die wissenschaftliche Aufklärung des Zusammenhanges von neuronalem und Bewußtseinsgeschehen. Ihr schließen sich viele weitere Fragen an, wie etwa: Warum gibt es beim Menschen und bei hochentwickelten Tieren überhaupt ‚Bewußtsein', wo es doch bei den meisten Lebewesen ohne dieses zu gehen scheint und zudem auch beim Menschen die komplexen innerkörperlichen Prozesse zur Erhaltung der Lebensfunktionen fast ganz unbewußt erfolgen? Wie ist es erklärbar, daß aus dem Zusammenspiel von menschlichen Nervenzellen, also materiellen Bausteinen, Bewußtseinsakte, also immaterielle Phänomene hervorgehen können? Wie ist es möglich, daß sich in jedem gesundem Menschen auf der Grundlage sinnindifferenter Nervenverbindungen ein innerer Kosmos kultureller Gegenstände und Fähigkeiten herausbildet? Besteht zwischen körperlichen Funktionen und geistigen Phänomenen eine prinzipielle Differenz oder handelt es sich dabei nur um verschiedene Seins- bzw. Wahrnehmensweisen ein und desselben Phänomens?. Schließlich: Gibt es, streng genommen, überhaupt eine Möglichkeit, Bewußtsein neurowissenschaftlich zu definieren, ohne den sog. Kategorienfehler zu machen, *zwei* an sich inkommensurable Sphären in *einem* Modell erfassen zu wollen? Die andere der beiden Grundfragen ist schlechthin konstitutiv für das menschliche Selbstverständnis. Ihr schließen sich ebenfalls viele weitere an, wie etwa: Ist der Mensch, mit Freud zu sprechen, Herr im eigenen geistigen Hause oder wird ihm sein Denken von unbewußt bleibenden körperlichen Vorgängen gleichsam vorgeschrieben? Ist er Subjekt seines Handelns oder handelt etwas für ihn? Wer oder was würde im letzteren Fall die Entscheidungen treffen? Ist der Mensch verantwortlich für sein Tun? Schließlich auch: Haben die von ihm unter „Anstiftung" seines Gewissens unternommenen Bemühungen, das Rechte zu tun und sich als Person zu bilden, überhaupt einen Sinn, wenn sie auf einer Selbsttäuschung beruhen sollten?.

Klammert man fürs erste die Frage nach der Willensfreiheit und der Verantwortung für das Handeln aus und wendet man sich nur dem ersten Fragenkomplex zu, so scheint es zunächst keinen Grund zu geben in Frage zu stellen, daß die mentalen Phänomene zumindest auch der physischen Welt angehören. Denn sie werden von Gehirnen hervorgebracht und ohne Gehirne gäbe es – zumindest auf der Erde – auch kein Bewußtsein. Wie der Leib insgesamt, „unser Anteil an der Welt", ein Weltgegenstand wie alle anderen ist und wie „die Sinne körperliche Werkzeuge zur Übersetzung des materiellen Weltgeschehens in die Sprache des Gehirns" (Seitelberger 1995, 86) sind, besteht auch die darauf beruhende Bewußtseinstätigkeit in empirisch erfaßbarer neurophysiologischer Aktivität. Und wenn das Bewußtsein auch keinen bestimmten Ort, kein wohlabgegrenztes neuronales Substrat im Gehirn hat und als Produkt jener Aktivität inhaltlich zunächst auch nur introspektiv erfahrbar ist, ist es doch in diesem sich ständig verändernden materiellen Systems begründet, unterliegt so allen Naturgesetzen und hat so von sich aus keine Macht, sie zu durchbrechen. Zugleich aber erlebt der Mensch seinen eigenen Geist als vom Körper unabhängige Instanz. Selbst wenn er sich immer wieder klarmacht, daß sein Denken körperliche Prozesse zur Voraussetzung hat, kann eigentlich nichts sein unmittelbares Selbstgefühl erschüttern, in Gedanken frei zu sein und willentlich über den Körper verfügen zu können. Und wenn er auch offensichtlich in seinem Urteilen immer wieder irrt, in seinem Handeln an Grenzen stößt und leibliche Beschwernisse wie Müdigkeit, Hunger und Schmerz ihm im schwer zu schaffen machen können, so ist doch er doch immer in der Lage, seine Urteile, Entscheidungen und Handlungen zu überprüfen und zu korrigieren und selbstreflexiv Vermutungen und Folgerungen solcher Art zu äußern, daß er selbst ein handelndes und urteilendes Ich ist und sehr wohl wisse, daß all sein Wissen subjektiv begrenztes Menschenwissen ist. Eine logisch akzeptable Vermittlung zwischen *diesen beiden Sichtweise, zwischen der aus der empirischen 3. Person und der aus der introspektiven 1. Person*, scheint deshalb eigentlich unmöglich.

1.2 Von den „Substanzen" zu den „Korrelationen" von Körper und Geist

Der sich zwischen Körper und Geist auftuende Hiat ist den Menschen als Gegebenheit bzw. Problem freilich in allen Kulturen seit frühester Zeit bewußt. Ein deutlicher Ausdruck davon ist die universale Entstehung von Moral und von Religion, also zum einen die Differenz von Sein und Sollen, zum andern das Dafürhalten einer Dimension hinter der mit den Sinnen wahrnehmbaren Welt. Die Philosophie hat darüber seit der Antike vor allem in Gestalt des Leib-Seele-Problems nachgedacht.[3] Sie hat es bis in die jüngste Zeit zumeist in der Form einer Gegenüberstellung zweier ontologisch differenter *Substanzen*, der von „Körper" und „Geist", getan. Heute indes ist man sich in der Philosophie über alle unterschiedlichen Auffassungen hinweg darin einig, daß die damals eingenommenen *alternativen* Positionen eines erkenntnistheoretischen Realismus oder Idealismus bzw. eines erkenntnismethodischen Empirismus oder Rationalismus nicht nur je für sich unhaltbar sind, sondern auch schon ihre Voraussetzungen dem heute möglichen und notwendigen Problemverständnis entweder überhaupt nicht oder nur unzureichend gerecht werden.

Es sind heute vor allem die Neurowissenschaften, welche überzeugt sind, allein durch Empirie die Last von über zweitausend Jahren spekulativer Reflexion über das Problem abschütteln und zu sicherem Wissen gelangen zu können. Sie werden dabei jedoch von zwei in ihrem Gefolge entstandenen Philosophien, von der *Neurophilosophie* (auch *Neuroepistemologie* genannt) und von der *Bewußtseinsphilosophie* (auch *Philosophie des Geistes* genannt), – immer wieder auf die alten, für erledigt gehaltenen, aber fortbestehenden erkenntnistheoretischen Grundfragen verwiesen. Die Bearbeitung des Gehirn-Bewußtsein-Problems durch die Neurowissenschaften hat jedoch zunächst den unbestreitbar großen Vorzug, daß durch sie diese Fragen erstmals überhaupt und zugleich schon sehr differenziert durch Experimente angegangen werden konnten und damit eine beide Forschungsrichtungen verpflichtende empirische Grundlage geschaffen werden konnte.

Gerade dieses neue Wissen aber hat sie von Anfang an mit dem Problem konfrontiert, daß menschliche Handlungen aus der Innensicht des Bewußtseins zwar *intentional* von Subjekten *erzeugt* scheinen, aus der neurophysiologischen Außensicht jedoch als ausschließlich *naturgesetzlich verursacht* gelten müssen. Die Empirie führt hier also nicht nur keine Lösung des Problems herbei, sondern macht es

---

[3] Zur Geschichte des Leib-Seele-Problems vgl. Oeser 1995, 1 ff.

noch deutlicher und verschärft es. Beide Richtungen stehen so vor der Aufgabe, eine systematische Verbindung zwischen diesen beiden Forschungsperspektiven herzustellen und dabei das Problem begrifflich immerhin so klar zu fassen, daß es unter Vermeidung der alten metaphysischen Fallen nach dem heutigen biowissenschaftlichen Stand reflektiert werden kann.

Ein erster Schritt hierzu ist der im Sinne eines kleinsten gemeinsamen Nenners gewonnene Konsens darüber, daß man, unter dem Vorbehalt einer genaueren Klärung des damit Gemeinten, eine grundsätzliche *Entsprechung* (*Korrelation*) *von Körperlichem und Geistigen* für gegeben hält.[4] Im Begriff der Entsprechung setzt man so eine körperlich-geistige Einheit des Menschen voraus und begreift die Funktionsreihen der neuronalen Gehirnaktivität und die Phänomenreihen des Bewußtseins als zwei unterschiedliche Seiten eines einzigen Vorgangs. Die Entsprechung der beiden Ebenen kann man zunächst an einer Ähnlichkeit der Geschehensabläufe ablesen. Was auf der Bewußtseinsebene als ein zugleich willentlich gerichteter, jedoch jederzeit leicht ablenkbarer, von irgendwoher inspirierter oder aufgezwungener und allemal „schweifender" Prozeß von Empfindungen, Wahrnehmungen, Erinnerungen, Gedanken und Impulsen erlebt wird, stellt sich auf der neuronalen Ebene ganz ähnlich als ein „modular" und systemisch verbundener Prozeß vielfacher Rückkoppelungs-, Verstärkungs- und Unterdrückungsschleifen dar, als ein Prozeß, der als ganzer betrachtet dann aber doch ein koordiniertes Zusammenwirken der Schichten und Gruppen im zentralen Nervensystem ist und im Ergebnis zumeist ein stimmiges und zielorientiertes Verhalten erzeugt. Nach N. Bischof (1989, 418) laufen so in unserem Gehirn „ [...] Vorgänge ab, die gewissermaßen in zwei Sprachen beschrieben werden können: von ‚außen' betrachtet, für den Neurophysiologen etwa, sind es einfach physiologische Daten. Vom Standpunkt der Person aus, [...] sind es jedoch Erlebnisinhalte, Gefühle, Gedanken, Träume, Wahrnehmungsgebilde.", so daß „ [...] die Beziehung zwischen Gehirn und Erleben [...] wohl nur als Komplementarität faßbar" (1989, 419) ist. Innerhalb des Bewußtseins überschneiden sich somit – wie F. Seitelberger (1995, 96) formuliert – „zwei verschiedenartige Beziehungsbereiche, der subjektiv-motivische und der objektiv-kausale, in ständig wechselndem Verhältnis." Hierbei ist freilich noch zu bedenken, daß zwar jedes Bewußtseinsgeschehen ein neuronales Geschehen voraussetzt, aber nur ein sehr geringer Teil der neuronalen Aktivität sich im Bewußtsein bemerkbar macht, der Umfang der Gehirnaktivität also weit größerer ist als der des Bewußtseins.

Die genauere Aufklärung des Zusammenwirkens beider Bereiche führt in den Kern des Gehirn-Bewußtsein-Problems. Für die Vertreter der Neurophilosophie und die Bewußtseinsphilosophie kann das nur heißen, daß sie von ihrer jeweiligen Kompetenz aus den Weg zu den Erkenntnissen der jeweils anderen einschlagen und einen transdisziplinären Diskurs über das gemeinsame Problem führen müssen. Zu solch einer integrativen Philosophie, die phänomenologisch-introspektive *und* empirisch-neurologische Verfahren und Erkenntnisse verschränkt, haben sich

---

[4] Vgl. *G. Rager*: Neuronale Korrelate von Bewußtsein und Selbst, in: Rager/Quitterer/Runggaldier ²2003, 15-59.

beide Seiten in den letzten Jahrzehnten bereits programmatisch bekannt, davon jedoch in der Forschungswirklichkeit vorerst nur einen geringen Gebrauch gemacht. Einige Aspekte dieser Bemühungen werden im folgenden skizziert. Dabei hat die Neurophilosophie zunächst ein Übergewicht, weil sie mit ihrer These vom unfreien Willen die Öffentlichkeit am meisten provoziert und in Verbindung mit den anwendungsbezogenen Erkenntnissen der Neurophysiologie in der Medizin und der Wissenschaften von der Künstlichen Intelligenz für die Zukunft ihrer Forschung große Erwartung geweckt hat. Die Bewußtseinsphilosophie steht dem im theoretischen Anspruch nicht nach, wenn ihre Forschung bisher auch weitgehend auf dem wissenschaftlichen Raum beschränkt geblieben ist. Zum besseren Verständnis der in den folgenden Abschnitten dargestellten Richtungen wird hier vorweg auf einige ihrer Voraussetzungen hingewiesen.

1.3 Voraussetzungen des neuronalen und bewußtseinsphilosophischen Determinismus

Es charakterisiert die heutige *Neurophilosophie*, daß sie durchweg einen neuronalen *Determinismus* vertritt. G. Roth (1997) und W. Singer (2002; 2003), ihre im deutschsprachigen Raum zur Zeit prominentesten Vertreter, haben in ihren zahlreichen Werken und noch häufigeren Äußerungen in der großen Öffentlichkeit immer wieder versucht zu zeigen, daß das neuronale Geschehen in menschlichen Hirnen denselben Naturgesetzen unterliegt wie sonst alles in der physischen Welt und daß es für ein übernatürliches Wirken seitens des menschlichen Bewußtseins auf das Nervensystem nicht nur keinen empirischen Beweis gibt, sondern es einen solchen auch nicht geben kann, ohne den Grundsatz der Kausalität und der dadurch ermöglichten Verständlichkeit der Welt im weitesten Sinne dieser beiden Begriffe aufzugeben. Man muß sich klarmachen, daß diese Wissenschaften unter der Voraussetzung, daß die Grundlage von Bewußtseinsvorgängen ausschließlich neurophysiologische Prozesse sind, gar nicht anders können, auch die des Bewußtseins für lückenlos determiniert zu halten.

Eine wesentliche Stütze dieses neurophilosophischen Grundsatzes sind die auf breiter Front in den Neurowissenschaften durchgeführten *Experimente*. Seit gut 100 Jahren können sie z.B. belegen, daß und wie bestimmte Hirnreizungen und der Konsum bestimmter Drogen zu genau bestimmbaren und sozusagen gesetzmäßig erfolgenden physiologischen Reaktionen und innerlich erlebbaren Empfindungen und Sinnestäuschungen führen und umgekehrt bestimmte Ausfälle üblicher Bewußtseinsleistungen in ebenso eindeutig nachweisbaren und oft auch genau lokalisierbaren gehirnphysiologischen Defekten begründet sind. Eine andere davon unabhängige Begründung kommt von der Evolutionsbiologie. Im Begriff des *neuronaler Darwinismus*[5] haben insbesondere *G.M.* Edelman und *G.* Tononi versucht zu zeigen, wie die Funktionsweisen des Gehirns und die daraus erwachsenen Leistungen seines Geistes ontogenetisch und phylogenetisch zu erklären sind. Dies ist zugleich eine Bekräftigung des Prinzips der Evolutionären Erkenntnistheorie von Lorenz. Im übrigen aber klammern die meisten Neurowissenschaftler dieser Richtung das

---

[5] *G.M. Edelman/G. Tononi*: Neuronaler Darwinismus: Eine selektionistische Betrachtungsweise des Gehirns, in: Meier/Ploog 1997, 187-234.

Wahrheits- und Seinsproblem auf eine naiv zu nennende Weise aus. So heißt es etwa bei Singer (2003, 60): „Uns gilt es als Wahrheitsbeweis, wenn wir ausprobiert haben, ob eine Sache so funktioniert, wie wir sie voraussagen. In der Wissenschaft ist der Wahrheitsbeweis das Experiment. Ob wir die Dinge so beschreiben, wie sie wirklich sind, bleibt dabei offen."

Daraus folgt, daß die meisten Neurophilosophen das, dessen sie sich als denkende Menschen sicher sind, nämlich daß sie im Denken nicht determiniert sind, kraft der empirischen Erkenntnisse leugnen bzw. es zu einer Illusion erklären müssen. Sie bestreiten dabei etwas, wovon sie von ihrer Warte aus eigentlich gar nichts wissen dürften. Denn nur dadurch, daß sie aus ihrer Primärerfahrung wissen, was Bewußtsein *ist*, was für Menschen Hören, Sehen, Farben, Schmerzen usw. *sind*, haben sie auf den Gedanken kommen können, Korrelationen zwischen Gehirn- und Bewußtseinsvorgängen zu erforschen. Die noch so gute Kenntnis der Mechanismen der neuronalen Informationsverarbeitungsprozesse allein hätte sie nie darauf gebracht, zumal sie, wenn sie sich, wie in dem seit Leibniz oft benutzten Gedankenexperiment, in das Gehirn von Menschen und dort in die feinsten Verästelungen des Nervensystems begeben könnten, sie dort wie in einer Maschine, z.B. in einem Computer, immer nur Materielles, d.h. Leitungen und elektrochemische Impulse, vorfinden würden.

Die *Bewußtseinsphilosophie* dann befindet sich in einer noch prekäreren Lage. Weil sie – und gemeint sind hier vor allem jene Philosophen, die im Sammelband von Metzinger (^{3}1995) die neuere Bewußtseinsphänomenologie vertreten – nicht auf eigene Experimente zurückgreifen und allgemein empirisch nichts ausrichten kann, läuft sie zum einen Gefahr, sich auf ihrem eigenen Felde der Reflexion und Theorie, gerade auch bei strengsten Begriffsgebrauch, zirkulär in abgehobenen Sprachspielen zu bewegen, und müßte sie, weil ihre Hauptvertreter jenen neuronalen Determinismus als Wirklichkeitsgrundlage akzeptiert haben, zum andern in der Spur von Wittgensteins berühmten Diktum eigentlich „verstummen".[6] Indem diese Philosophen aber in ihren Abhandlungen zumeist in traditioneller philosophischer Weise argumentieren, das Erleben aus der ersten Person zum Gegenstand einer neuen subtilen Phänomenologie machen und darüber einen theoretisch-argumentativen Dialog pflegen, tun sie so, als gäbe es für ihr Nachdenken keinen neuronalen Determinismus.

2. Monismus oder Dualismus von Körper und Geist: Epistemologische Positionen

Zur Klärung der Widersprüche trägt der Versuch bei, die im vorigen Abschnitt skizzierten Deutungen des Gehirn-Bewußtsein-Verhältnisses genauer nach neuroepistemologische Positionen zu unterscheiden. Sie lassen sich entweder einer der vielen Ausprägungen des modernen Monismus oder dem Dualismus in seiner klassischen Form zuordnen. Während der Monismus Bewußtseinsakte entweder für bloße Begleitphänomene neuronaler Akte hält oder das Bewußtsein als die phänomenale

---

[6] Vgl. *J.R. Searle*: Die wissenschaftliche Erforschung des Bewußtseins, in: Meier/Ploog 1997, 9-34.

Innenansicht des neuronal verfaßten Gehirns, d.h. als die andere Seite des Körperlichen, deutet, geht der Dualismus von einer substantiellen, also von einer nicht auf ein Gemeinsames zurückführbaren Differenz zwischen Materie und Geist aus, die aber in menschlichen Bewußtseinsakten dennoch in Wechselwirkung erscheint. Näherhin werden hier vier Positionen genauer betrachtet: der physikalische Monismus, der Körper-Geist-Monismus, der Körper-Geist-Dualismus und die transzendentale Neuroepistemologie von E. Oeser. Dazu vorweg einige charakterisierende Bemerkungen über den theoretischen Status dieser Positionen.

Der *physikalische Monismus*, welcher auch *eliminativer Materialismus*[7] genannt wird, begreift das Geschehen im Gehirn als ein ausschließlich neuronal-materielles Geschehen, das unter besonderen Umständen das „Epiphänomen" des Mentalen hervorbringt. Sein – von seinen Kritikern nicht als ein solcher betrachteter – Vorzug ist, daß er zur Erklärung der mentalen Phänomene keine Zusatzannahmen benötigt, die über die Naturgesetzlichkeit der Physik hinausgehen, und er damit vielen Problemen aus dem Weg geht, die mit der Annahme eines Sonderstatus des Bewußtseins verbunden sind. Der *Körper-Geist-Monismus* sodann beschränkt sich nicht auf die Feststellung einer Entsprechung zwischen körperlichen und bewußt werdenden Prozessen, sondern gesteht den beiden Seiten des einen Vorgangs, also dem neurophysiologischen ebenso wie dem Bewußtseinsgeschehen, einen je eigenen Status und eine Art von Interaktion zwischen ihnen zu.[8] Seine philosophiegeschichtlichen Vorzüge sind, daß er, indem er das Bewußtsein neurophysiologisch „materialisiert", den menschlichen Geist zu einem „Naturphänomen" macht, und indem er zugleich der Materie potentiell Bewußtsein zuerkennt, sich von der lange vorherrschenden Unterschätzung der „grobschlächtigen" Materie abkehrt und so die Naturwissenschaften potentiell zu Geisteswissenschaften macht Der *Substanzen-Dualismus* dann nimmt heute nur noch eine Randstellung ein und hat sich in seiner bewußtseinsphilosophischen Form zudem stark an dem Körper-Geist-Monismus angenähert, macht aber durch sein Festhalten an einer eigenständigen Existenz des Geistigen auf gegenwärtig möglicherweise übersehene Seiten des Geistigen aufmerksam. Seine Vorzüge scheinen zu sein oder sind wirklich, daß er erstens eine Philosophie des gängigen Welt- und Selbstverständnisses ist, er zweitens die subjektiv unerschütterliche Primärevidenz der Willensfreiheit gegenüber dem Körper bestätigt und drittens in seiner Argumentation auf die in Jahrhunderten metaphysischer bzw. metaempiristischer Reflexion gewonnene Erfahrung im Umgang mit dem Immateriellen zurückgreifen und so seinen Kritikern mit Gegengründen kommen kann. Eine die gegenwärtigen neurophysiologischen Einsichten aufnehmende, jedoch im Sinne des Kantschen Transzendentalismus erkenntniskritisch gewendete Position vertritt schließlich der Philosoph Erhard Oeser in seiner *Neuroepistemo-*

---

[7] Der Monismus, den das Ehepaar *P.M. und P.S. Churchland* vertritt, trägt diese Bezeichnung. Vgl. u.a. *P.S. Churchland*: Die Neurobiologie des Bewußtseins. Was können wir von ihr lernen?, in: Metzinger 1996, 463-490.

[8] Das im Oktober 2004 von elf Autoren der Zeitschrift „Gehirn und Geist", des zur Zeit in Deutschland wichtigsten Forums zu diesem Problemkreis, vorgelegte „Manifest über Gegenwart und Zukunft der Hirnforschung" favorisiert einen solchen monistischen Lösungsansatz.

logie. Sie wird hier etwas ausführlicher vorgestellt, weil sie eine der Antworten sein dürfte, die dem heute möglichen Verständnis des Gehirn-Geist-Problems nahe kommen.

2.1 Der physikalische Monismus: Das funktionalistische Verständnis des Bewußtsein

Für den *physikalischen Monismus* ist das Bewußtsein lediglich ein Scheinphänomen funktionierender Nervensysteme. Als ein solcher Monismus ist das Bewußtsein identisch mit der neuronalen Informationsverarbeitung selbst und kommt so etwa auch Insektenstaaten und Computern zu.[9] Hier taucht die Frage, was Bewußtsein *ist* und wie es evolutionär entstanden ist und sich ontogenetisch herausbildet, eigentlich gar nicht mehr als Problem auf. Mit der Entstehung von Informationsstrukturen und –prozessen ab einem bestimmten Komplexitätsgrad ist es einfach da und ist so eine immer mitgegebene Eigenschaft auch des menschlichen Gehirns. Danach habe das Gehirn aufgrund der Zunahme neuronaler Funktionen auf dem Wege zum rezenten Menschen zwar noch eine Ausweitung und Vergrößerung seines Informationsgehaltes erfahren und habe sich der Grad möglicher Bewußtheit erhöht. Dies ändere aber nichts an dem grundsätzlichen Sachverhalt, daß „Bewußtsein schlicht und einfach ein Aktivitätsmuster von Neuronen *ist.*" (Churchland 1996, 474; kursiv von der Autorin) und der Mensch allenfalls Beobachter eines Teils dieses Geschehens ist. Für die meisten Vertreter dieses neurobiologischen Reduktionismus hätten zwar die inneren Selbstrepräsentationen und die „Lebensgeschichte", deren sich die Individuen in „Erzählungen" (D.C. Dennett[10]) bewußt werden, durchaus eine nützliche, weil die biotische Fitness erhöhende Funktion, sie seien dennoch nur eine Fiktion, eine „Illusion ohne Illusionisten".

In dieser Linie bestreiten heute nicht wenige Vertreter der *artificial intelligence*-Forschung, daß es eines denkenden Subjekts bedürfte, damit gedacht werden könne. Denn wenn Computer nach vorgegebenen Algorithmen „ratiomorphe" Operationen – wie etwa solche des Reaktivierens von Wissen aus einem Speicher, des Erfassens von augenblicklichen Sachverhalten unter der Vorgabe bestimmter Kriterien, des Folgerns und Planens daraus, des dadurch ermöglichten Entscheidens und rückgekoppelten Ausführens, des Speicherns des bisherigen Geschehens und des „Lernens" daraus – vollzögen, dann geschehe in einem menschlichen Zentralnervensystem im Prinzip nichts anderes. Ebenso wenig wie die einzelnen Nervenzellen und die miteinander kommunizierenden Nervengruppen wüßten, welche Leistungen sie dem Gesamtsystem, d.h. dem Körper und der Person, erbringen, brauchten auch die technische Hardware der Rechner und die dort installierte Programme nichts von den Aufgaben wissen, die sie für den Benutzer erfüllen, und könnten sich doch in einem Zustand des (illusionären) Bewußtseins und Denkens befinden. Der funktionalistische System- und Prozeßbegriff ersetzt so vollständig den traditionellen Substanz- und der Subjektbegriff. Dahinter steht die Überzeugung, daß man alle menschlichen Leistungen mit Maschinen simulieren könne.

---

[9] Vgl. u.a. *J.-P. Changeux*: Der neuronale Mensch, Reinbek 1984; *F. Crick*: Was die Seele wirklich ist, München 1994.

[10] Vgl. die Schrift des vielbeachteten Forschers *D.C. Dennett*: Philosophie des menschlichen Bewußtseins (Conciousness Explained, Boston u.a. 1991), Hamburg 1994. Wenn nach ihm das Selbst ein „narratives Gravitationszentrum" ist, von dem aus das Ich dauernd Geschichten über sich selbst und andere erzählt, ist allerdings zu fragen, wie das Ich dazukommt, dies zu tun.

Letztlich ist diese Annahme der Künstliche-Intelligenz-Forschung eine moderne Fortsetzung des cartesischen Maschinenglaubens nach seiner materialistischen Seite hin.[11]

2.2 Der Körper-Geist-Monismus: Entsprechungen von neuronalen und bewußten Prozessen

Für den *Körper-Geist-Monismus,* zu dessen Vertretern man auch Lorenz zählen kann und zu dem sich heute unter dem Begriff des „interaktiven Monismus" z.B. G. Roth bekennt, ist Bewußtsein zwar zunächst auch „nur" ein physikalischer Zustand, insofern es auf neuronaler Materie beruht, aber zugleich ein bedeutungshaltiger Zustand, der so etwas wie eine zweite „Wirklichkeitsprovinz" der Materie begründet und als ein solcher nicht auf das Materiell-Körperliche „reduziert" werden darf. Psycho-physisch ist dieser Monismus insofern, als für ihn eine Isomorphie von neurophysiologischen und Bewußtseinsprozessen besteht, Materielles und Geistiges also immer von gleicher Differenziertheit sind. Dieser moderne Monismus integriert so Geistiges und Physisches, wobei Bewußtsein „die Manifestation eines kategorial verschiedenen Wirklichkeitsbereichs, eben des Geistes oder Mentalen [...]" ist (Seitelberger 1995, 106) und der „sprachendualistische" „Kategorienunterschied" Ausdruck von *zwei „Reihen der Wirklichkeit"* ist. Es entsprechen sich so auf der einen Seite mentale Entitäten wie Bewußtsein, Geist, Selbst, Person, Ich in der (Umgangs-)Sprache der „ersten Person" und körperliche Entitäten wie neuronale Muster, Information, Verhalten in der naturwissenschaftlichen Sprache der „dritten Person". Diese Auffassung hatte im Grundsatz freilich bereits Spinoza im 17. Jahrhundert – und vor ihm im gewissen Sinne schon die Stoa und der Epikureismus – vertreten: *Una eademque res sed duobus modis expressa*, d.h. Seelisches und Materielles sind nur zwei Erscheinungsformen einer und derselben Wirklichkeit.

Ein konstitutives Merkmal dieses Monismus ist schließlich, daß er im Begriff der Einheit von Körper und Geist die Frage, wer oder was das Geschehen bestimmt, entschärft. Dieses Geschehen mag entweder auf einer interaktionalen Wechselseitigkeit „gleichberechtigter Partner" beruhen und damit die im nächsten Kapitel bedachte Möglichkeit des „bedingten freien Willens" (P. Bieri) eröffnen oder – und das ist im Schlepptau der Neurowissenschaften die Mehrheitsmeinung heutiger Neuro- und Bewußtseinsphilosophen – ein im wesentlichen naturgesetzlich, und d.h. hier: deterministisch vom Körper, erzeugtes und ausgerichtetes Produkt sein und damit die Möglichkeit eines freien Willens gerade ausschließen.

2.3 Der Körper-Geist-Dualismus: Der den Körper beherrschende und lenkende Geist

Der den Geist über den Körper setzende „klassische" Körper-Geist-Dualismus hat, wie oben dargelegt, aus der Perspektive der 1. Person alle Gründe auf seiner Seite und ist in jüngerer Zeit noch einmal prominent von dem Neurophysiologen *John C. Eccles* (1903-1997) und dem Wissenschaftstheoretiker *Karl R. Popper* (1902-1994) in einer gemeinsamen Schrift vertreten worden.[12] Sein Problem ist allerdings von

---

[11] Eine eingehende Kritik hieran übt *C. Niewels* in ihrem Exkurs: Der menschliche Geist als Computerprogramm oder: Können Maschinen denken? (2004, 118-121).

[12] *K.R. Popper/J.C. Eccles*: Das Ich und sein Gehirn (The Self and its Brain. An Argument for Interactionism, Heidelberg/New York 1977), München 1982; *K.R. Popper*: Knowledge and the Body-Mind-Problem: A Defense of Interaction, London 1994.

Descartes an – in gewissen Sinne seit Platon – , wie man sich die Möglichkeit der Einwirkung des Geistes auf den Körper denken oder empirisch plausibel machen kann. Wenn es schon eine bis heute ungeklärte Frage ist, wie Bewußtsein aus neuronaler Aktivität entstehen kann, scheint es noch schwieriger verständlich zu sein, wie der immaterielle Geist „von oben nach unten" seinen Willen dem materiellen Körper aufzwingen kann. Deshalb wird dieser Dualismus in der Forschung heute überwiegend als eine nicht mehr akzeptable Position betrachtet. Er geht zudem nicht nur von einer wesensmäßigen Differenz von Materie und Geist aus, sondern auch von der Möglichkeit einer unabhängig von der Materie bestehenden Sonderexistenz des Geistes. Für den Katholiken Eccles war so der Geist ein „Geschenk Gottes an die Welt", für den Agnostiker Popper ein originärer Teil der „ideellen Welt".[13] Daß sich für uns der Geist primär in den Gehirnen von Menschen artikuliert und dabei eine individuelle Gestalt und Inhaltlichkeit annimmt, haben beide natürlich nicht bestritten. Als individueller Geist lenkt er über sein Gehirn den Körper und kann sich in materiellen Werken, Handlungen und kommunikativen Akten manifestieren. Seine relative Stärke bezieht der Dualismus aus der durch Argumente nicht zu erschütternden menschlichen Selbstgewißheit der Freiheit im Denken, Wollen und Handeln, theoretisch jedoch auch aus der nicht zu bestreitenden Differenz von Geistigem und Körperlichem.[14] Zwar weiß man auch bei den Dualisten – und Eccles als ein bedeutender Forscher auf diesem Gebiet -, daß das Gehirn ein Produkt der biologischen Evolution ist und Bewußtseinsakte von Gehirnen abhängen. Aber das Gehirn sei dabei doch „nur" so etwas wie ein Instrument, auf dem der Geist seine Musik spiele. Deshalb sei den Monisten vorzuwerfen, daß sie – um im Beispiel zu bleiben – die geistige Erschaffung und das verständige Spielen und Hören von musikalischen Werken auf die Erzeugung von akustisch wahrnehmbaren Lauten auf einem Musikinstrument reduzierten.[15] Wenn die Vertreter des ausschließlich materialistischen Körper-Geist-Monismus diese Differenz nicht anerkennten, dann sei dies vor allem ein Ausdruck der Befürchtung von Folgen, die einträten, wenn man die neuzeitliche Annahme der naturgesetzlichen Determiniertheit der Welt fallen lassen und damit einen „Kausalitätsbruch" im Weltgeschehen zulassen würde. Dieser Grundsatz sei jedoch von der heutigen Naturwissenschaft selbst schon aufgegeben worden. Diese schließe heute nicht mehr aus, daß die uns wissenschaftlich-empirisch zugängliche Welt auf einem sie erst ermöglichenden transzendenten Fundament ruhe. In diesem Sinne hält Eccles den Geist für eine von menschlichen Gehirnen – faktisch freilich auf der Erde nicht mögliche – prinzipiell unabhängige, naturgeschichtlich sozusagen prä- bzw. paraexistente Möglichkeit von Wirklichkeit. Im menschlichen Bewußtsein scheine diese andere Dimension der Wirklichkeit auf, wenn sie uns in ih-

---

[13] In dem genannten Band unterscheidet Popper drei „Welten": die physikalische Welt, die Bewußtseinswelt und die Welt der *intelligentia*, d.h. der „Ideen im objektiven Sinn".

[14] Instruktiv ist hier z.B. die nicht-deterministische Lehre der medizinischen Psychosomatik. Vgl. dazu das Standardwerk von ihrem Hauptvertreter *Thure von Uexküll* (1908-2004) (Hg.): Psychosomatische Medizin, München ⁶2003.

[15] Vgl. die zustimmenden Ausführungen zu diesem Vergleich bei *H.v. Ditfurth* (1985, 342 ff.), der sich damit als ein Dualist zu erkennen gibt, nachdem er in früheren Veröffentlichungen eher einen naturalistischen Monismus vertreten hatte.

rer vollen Erkenntnis auch verschlossen bleibe. Danach hätte es schon den Geist als Möglichkeit gegeben, bevor es Menschen gab, und wird er weiter „wehen", wenn es ihn einmal nicht (mehr) in menschlichen Hirnen geben sollte, nämlich als eine zur Verwirklichung immer bereitliegende und drängende Möglichkeit der Welt.

2.4 Der Versuch einer erkenntniskritischen Neuroepistemologie (E. Oeser)

In der Gegenüberstellung der Positionen der Formen des Monismus und Dualismus fällt immerhin auf, daß ihre Gegensätze nicht in jeder Hinsicht unüberbrückbar sind und sich in ihnen eine gemeinsame Erkenntnis, die Teil einer gemeinsamen Wahrheit sein könnte, andeutet. So begreifen auf der einen Seite Eccles und Popper die doppelt entfaltete Welt letztlich doch als eine Einheit und ist ihr Dualismus nicht der Versuch der Wiederaufnahme des alten metaphysischen Idealismus oder der christlichen Lehre von einer Seele, die als rein geistige und unsterbliche Substanz den Körper lenkt und nach dem Tode des irdischen Leibes in einer spirituellen Dimension weiterlebt. So ist auf der anderen Seite für die meisten Monisten denkbar, daß die eine Wirklichkeit nicht nur innerweltlich differenziert ist, sondern ihren Fluchtpunkt auf einer gemeinsamen höheren Ebene hat, daß „Geist und Hirn zwei unterschiedliche Ansichten einer dritten [...] Sache sind" (Roth 1993, 45). Mit Ausnahme des strengen physikalischen Monismus laufen alle Positionen auf eine Art Vermittlung zwischen Körper und Geist hinaus und sind sich fast alle Philosophen darin einig, daß man „nur durch Überschreiten der fachterminologischen Grenzen der Naturwissenschaften [...] Begriffe wie ‚Selbstbewußtsein', ‚Geist' und ‚freier Wille' in Verbindung zur experimentellen Hirnforschung bringen" (Oeser 2006, 15 f.) kann.[16]

Ein solcher Versuch, der traditionell und heute divergierende Positionen zu einer *„monistischen" Theorie der Dualität und Interaktion* zusammenführt, ist die von dem Philosophen Erhard Oeser vertretene *Neuroepistemologie*.[17] Ihr liegt die Auffassung zugrunde, daß sich im physiologisch begründeten menschlichen Bewußtsein innerhalb der *einen* Welt *zwei* ihrer Seiten *phänomenal* entfalten, wobei zwischen den Funktionen der materiellen und den Intentionen der mentalen Wirklichkeit eine „andere Art der Kausalbeziehung" (Oeser 1995, 154) besteht als zwischen den Elementen der bloß materiellen Welt untereinander. Daraus folgert er, daß man weder bewußtseinsphilosophisch noch neurophilosophischen eine ontologische Aussage über die Welt machen kann. Dies kommt einer Rückkehr zur Position Kants gleich.

---

[16] Unabhängig von diesen neuroepistemologischen Ansätzen gibt es in der Philosophie, besonders seitens *H.J. Sandkühlers* und seines Bremer Arbeitskreises, den Versuch, den älteren Monismus neu zu begründen. Dieser neuere Monismus strebt keine einheitliche Methodik mehr für alle Wissenschaften an wie früher oft der ältere, sondern vertritt unter der Prämisse, daß alles menschliche Wissen von der Welt immer nur phänomenal „für uns" ist und seine unterschiedlichen Formen symbolisch vermittelt sind, vielmehr einen Methodenpluralismus, der nach Sandkühler „auf der Einheit [kursiv J.H.S.] seiner Gründe und Funktionen in Erkenntnistheorie und Ontologie, in Ethik und Politik abheben muß." (in: ders., Einheit des Wissens. Zur Debatte über Monismus, Dualismus und Pluralismus, Bremen 1996).

[17] Der Begriff ist 1985 im Sinne einer erkenntniskritischen Prinzipienwissenschaft von E. Oeser zur Abgrenzung von den vielen bloß spekulativ-philosophischen und weltanschaulichen Reflexionen geprägt worden (Oeser 1985, in: Oeser/Seitelberger 1985).

Ebenso wie dieser in seinem Transzendentalismus die Welt – das „Ding an sich" – für nicht-erkennbar, für nur dem menschlichen Subjekt erscheinend erklärt hatte, hält Oeser die vom Subjekt außer seiner selbst angenommene Welt ebenso wie die bloß im Bewußtsein erzeugte Welt erkenntnismäßig nur für erscheinende Welten. Mit den Worten Oesers „ [...] die Erkenntnisrelation von Subjekt und Objekt ist selbst eine Beziehung zwischen Erscheinungen [...]" (1995, 205). Damit sind die Grenzen des menschlichen Erkenntnisvermögens abgesteckt: Das menschliche Bewußtsein mag der Spiegel sowohl seiner selbst wie der (oder einer) angenommenen außersubjektiven Welt sein, aber über die „Realität" der beide Erscheinungen umfassenden Wirklichkeit vermag dieser Spiegel nichts auszusagen. Hieraus folgt, daß der Begriff der „Realität" – wie in der Kritik an Lorenz' hypothetischen Realismus schon dargelegt – unter den genannten Voraussetzungen überhaupt keinen angebbaren Sinn hat. Denn es gibt keine unabhängige Position, von der aus wir den Realitätsgehalt unseres Spiegelbildes feststellen können. Oesers Theorie ist so auch eine Absage an die von nicht wenigen Naturwissenschaftlern heute noch gepflegte Hoffnung, Kants Transzendentalposition der Unerkennbarkeit des „Dinges an sich" in Richtung auf einen erkenntniskritischen Realismus zu überwinden[18], zumal die moderne Physik trotz der Einsicht in die neuronale Vermitteltheit von Bewußtseinsinhalten zumindest in ihrer Forschungspraxis weiterhin sozusagen noch vorkantisch-naiv von der objektiv gegebenen und objektiv durch Naturgesetze erfaßten Welt ausgeht. Damit vertritt Oeser zum einen eine Erkenntnistheorie, die die Grundsätze des Kantschen Transzendentalismus nicht aufhebt, sondern neurowissenschaftlich und naturhistorisch ergänzt und die dadurch – wie es jene Erkenntnistheorie lange Zeit tun konnte – wieder mit dem Anspruch auftreten kann, wenigstens versucht zu haben, die Bedingungen der Möglichkeit von wahrer Erkenntnis zu klären, und zum andern eine Handlungstheorie, die dem Ich in der Einheit von Körper und Geist – wie es dem Prinzip der Geschichtlichkeit der Welt entspricht – einen Spielraum von individuell zu nutzenden Möglichkeiten zugesteht. Letzteres ist das Thema des folgenden Kapitels

---

[18] Genau dies hat etwa Lorenz mit seinem „hypothetischen Realismus" versucht.

59. Determinismus oder (bedingte) Willensfreiheit?
Neuro- und bewußtseinsphilosophische Lösungsversuche

1. Die neurophilosophische These vom unfreien Willen und die Kritik daran 969
2. „Bedingte Willensfreiheit" in bewußtseinsphilosophischer Sicht (P. Bieri) 976
3. Der menschliche Wille und die Geschichtlichkeit der Welt 983
4. Das Problem der Verantwortung des Menschen angesichts seiner Befangenheiten 988

In der Frage nach der menschlichen Willensfreiheit beziehen die im vorigen Kapitel vorgestellten Erkenntnistheorien konsequenterweise unterschiedliche Positionen. Nach dem klassischen Dualismus lenkt der Geist den Körper. Nach dem physikalischen Monismus nimmt der Körper diesen Part wahr oder wird der Wille als bloße Illusion abgetan. Nach den verschiedenen Körper-Geist-Monismen und der Neuroepistemologie Oesers bleibt die Frage nach der Handlungsinstanz insofern offen, als der Gleichschritt, in dem sich Körper und Geist in der Zeit bewegen, ein Produkt von deren wechselseitigem Bezug ist, ohne daß dabei dessen Takt, Richtung und Inhalt als vollständig determiniert gelten.

Die Ausführungen in Abschnitt 1 beginnen mit der Darstellung der strikt deterministischen Position des physikalischen Monismus, die heute die meisten Hirnforscher und auch eines größeren Teils der Bewußtseinsphilosophen vertreten. Es folgt die daran heute mögliche Kritik, wobei besonders die Argumente herangezogen werden, die der Neurophysiologe F. Seitelberger und der Biologe H. Markl zur Möglichkeit des freien Willens von naturwissenschaftlicher Seite vorbringen. Abschnitt 2 stellt mit einer gewissen Ausführlichkeit die bewußtseinsphilosophische These Peter Bieris von der „bedingten Freiheit" des Menschen dar. Abschnitt 3 lenkt den Blick auf die Möglichkeit, den freien Willen des Menschen als eine komplexe Ausprägung des allgemeinen Prinzips der Geschichtlichkeit der Welt zu begreifen. Abschnitt 4 schließlich stellt pointiert noch einmal die Frage, ob und gegebenenfalls inwieweit der Mensch angesichts von objektiven Zwängen und persönlichen Befangenheiten verantwortlich für sein Tun zu machen ist.[1]

1. Die neurophilosophische These vom unfreien Willen und die Kritik daran
1.1 Die Begründung der These

Auf der Grundlage der seit der frühen Neuzeit so überaus erfolgreichen kausalanalytischen Methodik der Naturwissenschaften und ihrer Anwendung auch auf die belebte Natur einschließlich des Menschen sind die meisten gegenwärtigen Hirnforscher davon überzeugt, einen *neuronalen Determinismus* vertreten und dadurch dem Menschen die Willensfreiheit absprechen zu müssen. Diese Annahme ist die allgemeine Voraussetzung ihrer Forschung. Sie findet sich in zahllosen Veröffent-

---

[1] Zu der bereits genannten Literatur kommt hier noch hinzu *P. Bieri*: Das Handwerk der Freiheit: Über die Entdeckung des eigenen Willens (2001), München ⁴2005; *H. Markl*: Gehirn und Geist. Biologie und Psychologie auf der Suche nach dem ganzen Menschen, in: Merkur 12, 2004, 1063-1077; *Ch. Geyer* (Hg.): Hirnforschung und Willensfreiheit. Zur Deutung der neuesten Experimente, Frankfurt 2004; *J. Habermas*: Freiheit und Determinismus, in: ders.: Zwischen Naturalismus und Religion. Philosophische Aufsätze, Frankfurt 2005, 155-186.

lichungen und fast missionarisch vorgetragen in den Medien. So heißt es etwa bei *Singer* (2002, 75):

> Im Bezugssystem neurobiologischer Beschreibungen gibt es keinen Raum für objektive Freiheit [...] was wir als freie Entscheidung erfahren, ist nichts anderes als eine nachträgliche Begründung von Zustandsänderungen, die die ohnehin erfolgt wären.

Danach sind Empfindungen, Gedanken, Erinnerungen, Erwartungen, wenn sie bewußt werden, zuvor schon vollständig ausgebildet im Nervensystem vorhanden. Letzteres schaffe „selbstorganisatorisch" Ordnung im Körper und lasse das Bewußtsein davon in geringem Umfang etwas wissen. Nicht der Geist also regiert den Körper, sondern umgekehrt gibt dieser dem Geist vor, was er zu denken und zu wollen hat. Denn „koordiniertes Verhalten und kohärente Wahrnehmung müssen als emergente Qualitäten oder Leistungen eines Selbstorganisationsprozesses verstanden werden, der alle diese vernetzten Zentren gleichermaßen einbezieht." (Singer 2002, 66 f.).

Der Anspruch dieser Forschung, gleichsam im naturwissenschaftlichen Handstreich das Problem des (un-)freien Willen lösen zu können, leitet sich vor allem aus dem Ergebnis einiger *neurowissenschaftlicher Experimente* her. Exemplarisch hierfür sind einige von dem Amerikaner B. *Libet*[2] Anfang der 80er Jahre durchgeführte und seither berühmte Versuche. Danach scheint die Entscheidung zum Handeln bereits im Gehirn getroffen zu sein, wenn sie dem Ich als Wille dazu bewußt wird. So kann gezeigt werden, daß sich bei den Aufforderungen zur Ausführung einer bestimmten, dem Zeitpunkt nach jedoch unvorhersehbaren Handbewegung in den Probanden jeweils etwa eine Drittelsekunde vor dem bewußt werdenden Befehlsimpuls dazu schon ein elektrophysiologisches Bereitschaftspotential dazu ausgebildet hat.

Man kann sich den neurophysiologischen „Vorlauf" der unbewußten Informationsverarbeitung und der Entscheidung auch an anderen Beispielen klarmachen. So wird uns in einer Schrecksituation, etwa bei einem unerwartet vor uns auftauchenden und möglicherweise gefährlichen Objekt (im Straßenverkehr z.B. ein Hindernis), dieses und unsere Reaktionen darauf erst dann bewußt, wenn von ihm zuvor über den Sehnerv bereits ein Bild empfangen, dieses neuronal zur emotionalen Bewertung und zur Befragung des Gedächtnisses, was es sein könnte, weitergeleitet, Streßreaktionen (Erhöhung der Frequenz von Herzschlag und Atmung und Schweißproduktion) in Gang gesetzt worden sind, in der Hirnrinde Möglichkeiten der Vermeidung der Begegnung mit dem Objekt (Ausweichen, Bremsen) erwogen sind und eine mögliche Reaktion ausgewählt und veranlaßt worden ist.

1.2 Der Determinismus in der Kritik

So überzeugend, wie vielen „Deterministen" das Libet-Experiment im Verein mit anderen Experimenten bis heute erscheint, so sehr offenbart es doch allgemein die Schwächen der neurowissenschaftlichen Versuche, den freien Willen als mensch-

---

[2] *B. Libet*: Unconcious Cerebral Initiative and the Role of Concious Will in Voluntary Action, in: Behavioral and Brain Sciences 8, 1985, 529-566.

liche Selbsttäuschung zu entlarven. Die Kritik an der Beweisführung kann an drei Punkten ansetzen: an ihrem experimentellen Reduktionismus, an der Unangemessenheit des verwendeten Modells der Informationsverarbeitung und an dem ihr zumeist unterlaufenden sog. Kategorienfehler.[3]

(1) Die experimentell bedingte Reduktion des Körper-Geist-Geschehens

Anlaß zum Bezweifeln der Annahme des unfreien Willen gibt zunächst die den Experimenten zugrundeliegende rigorose *Reduktion der Komplexität menschlicher Entscheidungen*, und zwar sowohl das neuronale und das mentale Geschehen je für sich betreffend als auch das zwischen diesen beiden Geschehensebenen. So zeigen sich weiterhin unüberwindliche Schwierigkeiten, die durch Elektroden registrierten Muster neuronaler Aktivität als Substrate von bestimmten Bewußtseinsakten zu deuten. Zwar lassen sich bestimmte geistige Verluste, vor allem infolge von Schlaganfällen, schon seit langem neuronal genau verorten und kann man umgekehrt durch Reizung bestimmter neuronaler Verbindungen bestimmte Bewegungen und leibnahe Reaktionen und Empfindungen auslösen, wie die Molekulargenetik inzwischen auch dabei ist, die „Zuständigkeit" bestimmter Gen(teil)e für die Ausbildung von körperlichen Eigenschaften und Erkrankungen zu erkennen. Eine solche Zuordnung mißlingt aber im Hinblick auf die *Inhalte* denkerischer Akte fast immer noch gänzlich. immer noch gänzlich. Die methodische Umgehung dieser Schwierigkeit besteht darin, sich auf die Erklärung einfachster und zugleich hochkünstlich im Labor erzeugter Situationen bei Tieren und Menschen beziehen und so gerade den vielfältigen und größeren Zusammenhang, in dem jedwedes lebensweltliche Handeln sowohl innerzerebral und physiologisch als auch aktuell-mental und lebensgeschichtlich steht, aus der Betrachtung ausschließen. Dadurch erfassen diese Experimente nur relativ einfache Standardleistungen entweder des angeborenen Typs von Reflexen und instinktiven Reaktionen oder des Typs von erlernten Routinehandlungen und –reaktionen. So sind die Probanden bei Libet-Experimenten auf das plötzliche Auftauchen des verabredeten Signals vorbereitet und ist so die Bereitschaft zum Tun des Gewünschten ständig in Geist und Körper gegenwärtig.[4] Dasselbe gilt im Prinzip für das eben angeführte Gedankenexperiment der Bewältigung einer Notfallsituation. Denn über die dafür nötigen Mechanismen verfügen der Mensch wie alle anderen Lebewesen entsprechend ihrer spezifischen Ausstattung spontan, ohne daß hier eine vor dem Handeln bewußt oder gar reflexiv getroffene Entscheidung nötig wäre, zumal eine solche sogar hinderlich wäre. Dies Argument trifft vermutlich auf fast alle unsere tagtäglichen Handlungen zu. Fast nie werden da wirkliche Entscheidungen getroffen, sondern werden allbekannte Situationen mit Hilfe von Dispositionen gemeistert, die sozusagen auf Abruf ständig

---

[3] Ein wesentlicher Teil der folgenden Kritik, verbunden mit dem Versuch, den neuronalen Determinismus zu widerlegen, findet sich dargelegt bei *J. Quitterer*: Unser Selbst im Spannungsfeld von Alltagsintuition und Wissenschaft, in: Rager/Quitterer/Runggalier 2003, 61-142.

[4] An der Beweiskraft seiner Experiments zweifelt allerdings inzwischen *Libet* selbst, wie er in seinem letzten Buch: MindTime. Wie das Gehirn Bewußtsein produziert, Frankfurt 2005, bekannt hat.

im Nervensystem bereitliegen. Auch ein Großteil der kommunikativen Leistungen dürften so erbracht werden.

Zugleich aber ist aber der Mensch noch im das einfachsten und routiniertesten Welterleben und –handeln von dem Grundwissen durchdrungen, jederzeit den „Lauf der Dinge" unterbrechen, ihn durch bewußtes Nachdenken modifizieren und in eine neue Richtung lenken zu können. So stützen wir uns in unserem Sprechen gewiß auf unsere erworbene Sprachkompetenz und Menschen- und Weltkenntnis. Dennoch sind wir für unsere Gesprächspartner und auch für uns selbst nicht in unseren Äußerungen genau vorhersagbar, eben weil jede Situation in der momentanen Einschätzung neben der naheliegenden Routinehandlung die bewußte Auswahl zwischen anderen Möglichkeiten erlaubt.[5] Dies gilt erst recht für die nach gründlicher Überlegung und mitunter in langen Zeiträumen herangereiften und dann getroffenen wirklichen Entscheidungen. Diesen größeren Hintergrund des menschlichen Handelns blenden die neurowissenschaftlichen Experimente im Sinne einer durchaus dem Behaviorismus vergleichbaren Komplexitätsreduktion aus und beschränken sich auf die Beschreibung eingespielter Entsprechungen zwischen Körper und Geist. Damit wir die bei dieser Erfassung gewonnenen Erkenntnisse zur Erklärung unseres Bewußtseinsgeschehens ernstnehmen können, müßten sie dessen inhaltlicher Differenziertheit und dessen Umfang gerecht werden. Dies werden Experimente nie können. Dieses Unvermögen rührt schließlich auch noch aus dem Grund her, daß jede experimentelle elektrochemischen Erfassung von „Gehirnströmen" in das neuronale und damit indirekt auch in das mentale Geschehen selbst eingreift und es verändert, so daß diese Experimente es im Prinzip mit eben jenen Folgen zu tun haben, die nach dem quantentheoretischen Grundsatz Messungen im mikrophysikalischen Raum unvorhersagbar machen.

(2) Das Scheitern des Modells gegenüber der Einmaligkeit und Komplexität menschlicher Gehirne

Aber selbst wenn man der Auffassung ist, daß solche Einwände die Geltung der deterministischen These vom unfreien Willen nicht wirklich erschüttern können, und man die strikte Abhängigkeit geistiger Akte vom neuronalen Geschehen im Rahmen der Naturgesetzlichkeit der physischen Welt für gegeben hält, dann hat es das Modell der vorlaufenden unbewußten Informationsverarbeitung und Entscheidung immer noch mit einer Reihe anderer Bedenken innerhalb der eigenen neurophysiologischen Argumentation zu tun. So werden diese Experiment erstens nicht dem komplexen lebenszeitlichen Aufbau der Person und ihren vielen Möglichkeiten, situationsadäquat geeignete und beste Entscheidungen zu treffen, gerecht, zumal sie ignorieren, daß das Gehirn – anders als etwa ein Computer – *ununterbrochen* (sogar noch im Schlaf) tätig ist, immer als *ganzes* beteiligt ist, ständig *neue Erfahrungen* macht und deshalb nach dem bloßen Verstreichen von Zeit und erst recht nach einem bewegenden Ereignis ein *anderes ist als vorher.* Ein mit dem Aufbau und mit dem mitunter raschen Wandel jedes menschlichen Nervensystems zusammenhängendes Problem ist zweitens, daß die neuronalen Vernetzungen und die aus

---

[5] Vgl. die Ausführungen dazu in Kapitel 55.2.2.

ihnen hervorgehenden bewußten Phänomene wie auch die unbewußt bleibenden neuronalen Prozesse und Umstrukturierungen von Mensch zu Mensch *inhaltlich so unvergleichlich einmalig sind,* daß hier die Methodik der Erforschung funktioneller Zuständigkeiten und Abhängigkeiten von und zwischen gleichartig erscheinenden neuronalen Objekten versagen muß. In der Tat setzen die milliardenfache Zahl von Neuronen und ihre individuellen Verbindungen in menschlichen Hirnen – da kein Gehirn identisch mit einem anderen ist - allen Versuchen der Verallgemeinerung neuronal und bewußtseinsmäßig sehr viel engere Grenzen, als dies z.B. bei der Erforschung des Nervensystems und des Verhaltens von Tieren der Fall ist. Ein dritter gewichtiger Einwand ist schließlich, daß der neuronale Determinismus - unbelehrt durch die Einsicht in die Naturgeschichtlichkeit der Welt und des Lebens, in die Kulturgeschichtlichkeit der Menschheit und in die Lebensgeschichtlichkeit der menschlichen Individuen – zumeist immer noch die problematischen *Zeichen des Laplaceschen Determinismus* der Physik des 18. Jahrhunderts trägt.

(3) „Das Subjekt als kulturelles Konstrukt" (W. Singer)
Immerhin ist der Neurophilosoph Singer mit Bedenken der Art, wie sie hier geäußert worden sind, konstruktiv umgegangen. In einem Kapitel, das die Überschrift „Das Subjekt als kulturelles Konstrukt" trägt, hat er sich zur „wohl schwierigsten der Fragen, die gegenwärtig im Grenzgebiet zwischen Neurobiologie und Philosophie verhandelt werden [..., sc. nämlich,] ob wir innerhalb neurobiologischer Beschreibungssysteme angeben können, wie unsere Selbstkonzepte entstehen, unser Ichbewußtsein und unsere Erfahrung, ein autonomes Agens zu sein, das frei ist zu entscheiden." (2002, 73) geäußert. Auf die selbst gestellte Frage, woher das Ichbewußtsein kommt, verweist er so auf die Kultur:

> Mir scheint hingegen, daß die Ich-Erfahrung bzw. die subjektiven Konnotationen von Bewußtsein *kulturelle Konstrukte* sind, soziale Zuschreibungen, die dem Dialog zwischen Gehirnen erwuchsen und deshalb aus der Betrachtung einzelner Gehirne nicht erklärbar sind. Die Hypothese [...] ist, daß die Erfahrung, ein autonomes, subjektives Ich zu sein, auf Konstrukten beruht, die im Lauf der *kulturellen* [sic] Evolution entwickelt wurden. [...] In die Welt kamen diese [sc. Konstrukte] wie die sie ermöglichenden Kulturen erst, nachdem die [sc. Bio-]Evolution Gehirne hervorgebracht hatte, die zwei Eigenschaften aufwiesen: erstens, ein *inneres Auge* zu haben, also über die Möglichkeit zu verfügen, Protokoll zu führen *über hirninterne Prozesse,* diese in Metarepräsentationen zu fassen und deren Inhalt über Gestik, Mimik und Sprache anderen Gehirnen mitzuteilen; und zweitens, die Fähigkeit, *mentale Modelle* von den Zuständen der je anderen Gehirne zu erstellen [d.h. sich in die Bewußtseinslage von Mitmenschen zu versetzen]" (2002, 73; alle Kursiva E.W.)

Selbstkonzepte und Ichbewußtsein sind für Singer so in der zwischenmenschlichen Kultur entstanden und dort auch zu Hause. Lebensgeschichtlich erwachse beides aus dem Erziehungsprozeß während der Amnesiephase der ersten paar Lebensjahre:

> Dieser frühe Dialog zwischen Bezugsperson und Kind vermittelt diesem in sehr prägnanter und asymmetrischer Weise die Erfahrung, offenbar ein autonomes, frei agierendes Selbst zu sein, hört es doch ohne Unterlaß: ‚tu nicht dies, sondern tu das' [...] (2002,74)

So werde dem Kind dauernd unterstellt, ein frei handelndes Ich zu sein (bzw. haben), ohne daß es ein solches *ist*, und verantwortlich für sein Tun zu sein, ohne daß es darauf auch nur einen Einfluß hat. An dieser Argumentation mag durchaus etwas dran sein. Sie ist jedoch eine mehr oder weniger plausible „philosophische" Überlegung, keine neurophysiologische Beweisführung.

Auch fällt hier bei Singer das auf, wovor alle Neuro- und Bewußtseinsphilosophen ständig warnen und was doch fast alle begehen, nämlich den sog. Kategorienfehler, d.h. die Anwendung mentalistischer Begriffe auf neuronale Sachverhalte. Zwar versichern Deterministen dabei zumeist, daß Metaphern und Vergleiche bloß heuristische Mittel seien. Aber wer immer wieder neuronale Gruppen „Kontakt aufnehmen", „auswählen", „entscheiden", Gehirne „Protokoll führen", einen „Dialog mit anderen Hirnen" führen und von Gehirnen „mentale Modelle erstellen" läßt – wie sie sich z.B. im zitierten Aufsatz von Singer finden -, macht aus Neuronengruppen und -verbindungen Subjekte, „beseelt" so das Materielle auf unerklärliche Weise und hat die Ebene der naturwissenschaftlichen Begrifflichkeit verlassen. So stehen dann am Ende der vielen Dispute zwischen Vertretern des unfreien und des bedingt freien Willens Verlegensantworten oder vielleicht doch tragfähige Vermutungen derart, daß im Zusammenwirken von Gehirn und Bewußtsein die „Person als Ganze" die Entscheidungen trifft und so von einer „*bedingten* Willens*freiheit*" gesprochen werden kann, wie dies P. Bieri in seiner weiter unten dargestellten Theorie tut.

1.3 Der neuroepistemologisch begründete freie Wille (F. Seitelberger, H. Markl)

Gegen die prononcierte Überzeugung der meisten Hirnforscher, alle traditionell als mental bezeichneten Vorgänge entweder zu ignorieren oder als Ausfluß allein neurophysiologisch definierter Prozesse zu erklären, hat sich außer von philosophischer Seite auch seit längerem eine allerdings eher vorsichtig-verhaltene Kritik von neurowissenschaftlicher und biologischer Seite erhoben. Eine solche Kritik, verbunden mit der Verteidigung der *Möglichkeit* des freien Willens, haben im deutschsprachigen Raum erstmals 1988 der Neurophysiologe *Franz Seitelberger* und vor kurzem, 2004, pointiert der Biologe *Hubert Markl* geübt.

Seitelberger, der gemeinsam mit Oeser das Buch „Gehirn, Bewußtsein und Erkenntnis" (1988/1995) verfaßt hat, sieht die Willensfreiheit im Faktum der *Konvergenz von neuronalen und intentionalen Vorgängen* gegeben. Mit Bezug auf die im zentralen Nervensystem verteilte, vernetzte und verdichtete und dennoch zentral koordinierte neuronale Verarbeitung von Information in Richtung auf ein Bewußtseinszentrum hin kommt für ihn in der Willensfreiheit „ [...] die hohe Adäquatheit der menschlichen Wirklichkeitserkenntnis, ihre Wahrheit [...] zum Ausdruck, die den Menschen ermächtigt und nötigt, wirklichkeitskonforme, richtige und verantwortungsvolle Entscheidungen zu treffen." (1995, 102) Und indem das Selbstbewußtsein „die Dualität der Erfahrung [...] zu einer Einheit höheren Ranges: der menschliche Person" (1983, 191) transformiere, erwachse dem Menschen daraus die „Notwendigkeit, in Freiheit das erkannte Wahre als beste Möglichkeit zu wählen und zu tun." (1995, 102), so daß diese „*Freiheit des /Menschen* [...] letztlich selbst als *biologische Notwendigkeit* betrachtet werden" muß (1995, 102 f.; kursiv beide bei F.S.). „Im Bewußtsein geschieht sozusagen die Verwandlung des deterministischen Chaos der Gehirntätigkeit in die indeterminierte Autonomie des freien Willens." (ebd.) Danach ist der *Mensch bedingt frei*. Als Subjekt seines Bewußtseins ist der Mensch „naiv-willensfrei" und steuert sein Gehirn autonom, als Objekt seiner Gehirnvorgänge ist er determiniert. Mentale Selbstrepräsentate seien so von Gehirnen erzeugte und benutze Werkzeuge, die aber insofern den rein funktionellen Mechanismen der Informationsverarbeitung überlegen sind bzw. Funktionen einer höhere Ordnung erbringen, als sie kulturell gefaßt sind und so der Person eine Orientierung in ihrer „Welt" und ein sinnvolles Handeln ermöglichen.

Seitelbergers epistemologische Position der Konvergenz[6] berührt sich mit der der sog. „*Kompatibilisten*". Diese halten die Willens- und Handlungsfreiheit und den Determinismus für miteinander vereinbar, indem sie die Freiheit für die Entscheidungen selbst und die Unfreiheit, d.h. die Determiniertheit, für die naturgesetzliche Verwirklichung des jeweils Intendierten reklamieren. Damit würde auch das in den Libet-Experimenten festgestellte neuronale Funktionieren („Feuern" der Synapsen), bevor den Individuen ihr Handeln bewußt wird, eine Erklärung finden. Wenn man nämlich annimmt, daß zumindest alle kulturellen Handlungen in lebensgeschichtlich erworbenen und erprobten Fähigkeiten und Präferenzen, also im weitesten Sinne in personaler Lebenserfahrung begründet sind und ständig in den Subjekten entsprechend ihrer Situationseinschätzung des Handlungskontextes immer in größerer Zahl zur Auswahl und zum faktischen Vollzug bereitliegen, dann greifen im Handeln selbst übersituativ stabile personale Dispositionen, aktuell richtig erscheinende Entscheidungen und das neuronale Geschehen so ineinander, daß ein Vorher und ein Nachher der beteiligen Instanzen nicht nur nicht experimentell nachgewiesen werden kann, sondern auch nicht in der psycho-neuronalen Wirklichkeit gegeben ist.

Freiheit spricht der menschlichen Funktions- und personalen Einheit von Körper und Geist auch der Biologie *Markl* zu. Den Argumenten von Singer und anderen über die Unfreiheit des Willens hält er entgegen, daß es nicht das Gehirn ist, das handelt, sondern die *ungeteilte Person*. Die Neurobiologie nehme aber eine Persönlichkeitsspaltung zwischen Geist und Körper vor. Sie will uns „glauben machen,

---

[6] Das Konvergenz-Argument erinnert an Leibniz' Vorstellung von der prästabilisierten Harmonie, wonach die Dinge der Welt, bestehend aus „fensterlosen Monaden", seit der Schöpfung insgesamt wie vollkommen geeichte Uhren im gleichen Takt gehen und so auch im menschlichen Denken und Handeln keine Lücke (Differenz) zwischen Geist und Körper, modern gesprochen zwischen den Intentionen des Menschen und den Funktionen seines Körpers entsteht.

ein Mensch sei für seine Handlungen nicht verantwortlich [...] ; das mache alles ein unbewußtes Gehirn für ihn". (2004, 1075).

Aber, so Markl:
> Ich bin doch nur *ein* Individuum (kursiv H.M.) Das Ich ist immer der ganze Mensch, Leib und Seele, Unbewußtes und Bewußtsein, selbst wenn nur das von seinem gesamten senso-neuro-motorischen Leben in sein Bewußtsein dringt, was in der Entwicklung unseres Monstergehirns für nötig gehalten wurde, um ihm in den Evolutionsspielen der Wechselwirkung mit anderen Spielern Fitneßchancen, Erfolg, Befriedigung, Lust zu ermöglichen – was immer es ist, wozu das Ich mit seinem Handeln strebt. (2004,1075)

Zudem spricht sich Markl für eine Umkehrung der Beweislast aus, also dafür, daß die introspektive Erfahrung als vorgängig und die Empirie als nachgeordnet zu gelten hat, so daß es die Aufgabe letzterer ist, die Erfahrung ersterer zu ergründen. Ein solcher Perspektivenwechsel sei gerechtfertigt, weil die *Evidenzerfahrung der Freiheit des Willens* ihrer Erklärung vorausliegt. Auch wenn es uns auf diese Weise nicht gelingen sollte, die Möglichkeit des Vorrangs des selbständige Denkens vor dem neuronalen Geschehen zu beweisen, so wüßten wir doch de facto, daß es sich so verhält.

> Willensfreiheit ist eine primäre *Erfahrungstatsache*, unfreier Determinismus eine *Theorie* über die Wirklichkeit. Seit wann können Theorien Tatsachen widerlegen, die sie doch eigentlich erst erklären sollen? (kursiv E.W. 1074)

Allerdings sei die umgekehrte Perspektive weiterhin ebenso unabdingbar: „Wie das Nervensystem es zustande bringt, daß wir in diesem sicheren Bewußtsein leben, ist freilich eine andere Frage [...]" (ebd.) Aber welchen evolutionären Sinn hätte ein Bewußtsein, das uns systematisch über etwas nicht Existierendes täuscht? Gerade weil auch der menschliche Wille (s)eine Naturgeschichte hat und diese rational und realistisch angelegt ist, sei es mehr als plausibel, dem Menschen im Rahmen des Strebens aller Organismen nach Selbsterhalt und Vergrößerung eine dieses fördernde Funktion im Sinne von Freiheitsgraden zuzusprechen.

2. „Bedingte Willensfreiheit" in bewußtseinsphilosophischer Sicht (P. Bieri)

Auch die Philosophie hat sich in den letzten Jahrzehnten besonders gründlich mit dem Problem des (un-)freien Willens beschäftigt. Darüber sind hier mit Bezug vor allem auf die Schriften von Oeser und Metzinger bereits mehrfach Andeutungen gemacht worden. Deren Sichtweisen unterscheiden sich zwar durchaus.[7] Es verbindet sie jedoch ein *Naturalismus*, der es zum einen nicht mehr nötig hat, die im Fach schon lange aufgegebenen idealistischen Vorstellungen einer bedingungslosen Willensfreiheit nochmals zu widerlegen, wie dies gleichwohl nicht wenige Neurophilosophen meinen, heute noch tun zu müssen, der zum andern aber auf Distanz

---

[7] Beiträge zur Philosophie des Geistes sind im deutschsprachigen Raum darüber hinaus von sehr vielen Forschern gekommen, was der Sammelband von Metzinger ³1997 gut dokumentiert. Hier ist noch zu nennen M. *Pauen:* Illusion Freiheit? Mögliche und unmögliche Konsequenzen der Hirnforschung, Frankfurt 2004, und vor allem Habermas 2005 (s.o.).

zu einem Determinismus geht, der den freien Willen für eine bloße Illusion hält und ihn nicht selten fast noch in der Art der kruden Formen des Materialismus des 18. und 19. Jahrhunderts aus seinem Weltbild eliminiert. Ihre Argumentation zielt zumeist auf eine integrative Theorie der „*bedingten Willensfreiheit*". Ihre Ansätze hierzu lösen zwar die alten und neuen Paradoxien und Dilemmata des Status des menschlichen Geistes auch nicht auf, bringen aber die aus der wissenschaftlichen Beobachterperspektive behauptete lückenlose naturgesetzliche Bedingtheit des Willens und die aus der Ich-Perspektive angenommene Freiheit in ein komplementäres Verhältnis. Verständlich ist so das zähe Ringen um eine wenn schon nicht endgültige, so doch eine zumindest vorläufig annehmbare Lösung des Problems im Sinne der Willensfreiheit. Ohne diese Freiheit verlöre die menschliche Lebensführung ihren alltagspraktischen, ethischen und existentiellen Sinn. Auch hängt davon ganz und gar die Deutung des „Menschen in seiner Geschichte" ab, weshalb der Versuch einer positiven Lösung des Problems unabdingbar in ein Buch zur Theorie der Geschichte gehört.

Die größte Beachtung in Wissenschaft und Öffentlichkeit des deutschsprachigen Raums hat in den letzten zehn Jahren der schweizerische Philosoph *Peter Bieri* mit seiner Theorie über den „angeeigneten freien Willen" gefunden. Sein Buch: Das Handwerk der Freiheit. Über die Entdeckung des eigenen Willens (München 2001/Frankfurt 2003 ff.) ist eine Philosophie des Bewußtseins, die den Willen des Individuums sowohl deterministisch den physiologischen Bedingungen und seinem entwicklungspsychologischen Stand unterworfen sieht als ihm auch die Möglichkeit zutraut, daß es durch lebenslang betriebene Anstrengungen der Aneignung lebensgeschichtlicher Erfahrung einen Abstand vom Zwang der Welt zu gewinnen und sich mit dem erkannten eigenen Willen bewußt zu identifizieren. Im folgenden werden die Grundvorstellungen Bieris in einigen in Zitat und Umschreibung knapp erläuterten Punkten zusammengefaßt. Sie heben über das in diesem Kapitel bereits Ausgeführte hinaus noch einmal gedrängt die Bedeutung des (un-)freien Willens für das Selbstverständnis des Menschen hervor und leiten den Leser an, bei der Prüfung von Bieris Argumenten eine eigene Position zu beziehen. Denn dieses Buch ist in der Tat, wie sein Autor schreibt, „der Versuch, in einer verwirrenden Sache wie der Willensfreiheit zu einer begründeten Entscheidung zu gelangen." (153), ein Versuch, den es lohnt, in seiner Zentralaussage kritisch zu hinterfragen.

Es ist im übrigen eine sehr komplexe Argumentation, auf die sich der Leser des mit 446 Seiten recht umfangreichen, gleichwohl zu einem philosophischen Bestseller gewordenen Buches einlassen muß. Zum Erfolg hat sicherlich beigetragen, daß es in einer gemeinverständlichen Sprache, also unter weitgehendem Verzicht auf die philosophische Terminologie, abgefaßt ist, die behandelten Probleme an Beispielen, vor allem am Handeln Raskolnikovs in Dostojewskis Roman „Verbrechen und Strafe", illustriert werden und daß Bieri unter dem literarischen Pseudonym *Pascal Mercier* zudem einen Roman geschrieben hat, der unter dem Titel „Nachtzug nach Lissabon. Roman" (München 2004) die These vom „bedingten freien Willen" zum Gegenstand hat – ohne daß der Leser diesen theoretischen Hintergrund wissen müßte.

2.1 Bewußtsein als ein *natürliches Phänomen*

Nach Bieri lebt der Mensch in einer Welt, die erstens ausschließlich durch Naturgesetze geordnet ist und sich wandelt, in der zweitens folglich auch im Bereich des Menschlichen nicht nur überhaupt alles (s)einen Grund hat, sondern alles auch nach denselben physikalischen Gesetzen wie sonst in der Welt geschieht und damit in seinem Verlauf festgelegt ist und die sich der Mensch drittens durch Beobachtung (Empirie) und Denken und Sprechen (Rationalität) „verständlich" machen kann. Mit Bieris Worten, die das Buch eröffnen:

> Unsere Idee der Welt ist die Idee einer *verständlichen Welt*. Es ist die Idee einer Welt, in der wir verstehen können, warum etwas geschieht. […] Phänomene zu erklären ... heißt, die Bedingungen zu entdecken, von denen sie abhängen. Wenn sie erfüllt sind, und nur wenn sie erfüllt sind, tritt das Phänomen auf. […] Was etwas zu einer notwendigen und hinreichenden Bedingung macht, ist, daß es gesetzmäßig mit demjenigen verknüpft ist, wofür es eine Bedingung ist. ... die tatsächliche Vergangenheit dieser Welt, zusammen mit den in dieser Welt gültigen Gesetzen, läßt *nur ein einziges* zukünftiges Geschehen zu. Es gibt zu jedem Zeitpunkt nur eine einzige mögliche Zukunft. (2003, 15 f.)

Mit dieser programmatischen Erklärung begründet Bieri zum einen den Verzicht auf die Auseinandersetzung mit aller metaphysischen Geistphilosophie und erst recht mit allen religiösen und weltanschaulichen Annahmen, wonach die menschliche Freiheit etwa in der Unterwerfung unter Gottes Willen, in der mystischen Verbindung mit ihm, in der meditativen Versenkung, in der den Körper kasteienden und abtötenden und so den Menschen befreienden Askese bestehe. Zum andern besteht er darauf, daß auch der Geist ein natürliches Phänomen ist, Körper und Geist ein untrennbare Einheit sind und im Sinne eines epistemologischen Identismus die empirischen und die introspektiven Phänomene des Gehirns, weil sie derselben Welt angehören, einander streng entsprechen.[8] Letzteres dürfte der Grund dafür sein, daß Bieri trotz seines Bekenntnisses zur Forschung der Biologie und der Neurowissenschaften deren Experimente und Annahmen in seinem Buch überhaupt nicht heranzieht und sich auch nicht auf die Thesen der Evolutionären Erkenntnistheorie und der Neuroepistemologie bezieht, sich vielmehr auf die *bewußtseins*philosophische Analyse der mentalen Phänomene beschränkt. Ihm muß die introspektive Erfahrungsgrundlage in der Tat insofern ausreichend erscheinen, als sich für ihn das neuronale Substrat und das phänomenale Bewußtsein strukturell immer im Gleichklang befinden. Von der Analytischen Philosophie herkommend, betreibt er umso gründlicher eine Begriffsanalyse des Sprechens über die Inhalte des Bewußtseins. Der Schlüssel zur Erkenntnis der „bedingten Freiheit des Willens" besteht für ihn geradezu in der „Entbergung" des in der Wörtern, welche uns oft täuschen würden, enthaltenen wahren Sinns.

---

[8] In eben diesem Sinne reklamiert der Philosoph H. Schnädelbach in seinen Schriften zur Philosophie der Geschichte einen teleologiefreien Naturalismus der Geschichte der menschlichen Welt (u.a.. in: Philosophie und Geschichte, 1998, 616 f.).

2.2 Denken und Handeln unter natürlichen, kulturellen und individuellen *Bedingungen*

Eine erste Folgerung hieraus im Sinne eine Vorbedingung des Denkens und Sprechens über den freien Willen ist, daß es eine unbedingte Freiheit des Willens gar nicht geben kann und ein Wille, der in den Lauf der Welt „einzugreifen vermag, ohne ihm selbst unterworfen zu sein" (229) ebenso unsinnig sei wie die Forderung nach *Ursachenlosigkeit* menschlichen Handelns. Und dies aus natürlichen, kulturellen und individuellen Gründen. Denn Bewußtsein ist aktuell an alle Bedingungen der leiblichen Existenz gebunden, entsteht und entwickelt sich auf genetischer und neuronaler Grundlage und entstammt inhaltlich im wesentlichen der dem jeweiligen Individuum widerfahrenen

Möglichkeiten der Kultur. Alle daher rührenden lebensgeschichtlichen Erfahrungen machen die Bedingungen aus, unter denen Menschen handeln. Deshalb gibt es im Denken und Handeln kein reines Subjekt, sondern nur eines, das die Zeichen der menschlichen „Erdenschwere" und des subjektiven Hineinwachsens in eine Kultur trägt. Noch in sog. spontanen Äußerungen kann sich der Mensch davon nicht freimachen. Immer steht die „Erfahrung der Unfreiheit" *vor* dem „Ich könnte auch etwas anderes wollen."

2.3 Der aus Bedingungen herrührende und dabei Spielräume des Entscheidens gewinnende *Wille*

Der *Wille des Ich* als die aktuelle oder längerfristige Ausrichtung des Bewußtseins auf die Welt rührt aus eben diesen Bedingungen her, nämlich aus bestimmten Trieben, Neigungen, Überzeugungen, Fähigkeiten, Kenntnissen und Wünschen. Es charakterisiert den Willen, daß er sich den sich wandelnden Verhältnissen realistisch anpaßt bzw. sie konstruktiv nutzt, sich im Streben, Abwägen und Auswählen in der Art eines Bewußtseins-Darwinismus für das entscheidet, was ihm unter den jeweiligen Bedingungen als das Beste erscheint. Gerade dies ermöglicht zumindest eine partielle Wahlfreiheit, nämlich die Nutzung von dabei entstehenden Spielräumen des Denkens, Entscheidens und Handelns. Das jeweilige Tun ist so zugleich determiniert und nicht determiniert: Als Faktum ist es zwar vollständig in den es hervorbringenden Bedingungen begründet. Als Geschehen aber, d.h. im flexibles Reagieren auf gerade erst entstehende Situationen muß es als nicht gänzlich vorherbestimmt gelten. Aus unbewußten Schichten kommend, begründet in unbewußt bleibenden Bedingungen und konfrontiert mit unvorhersehbaren Umstände, stellen sich der handlungswirksame Wille und das Tun in seinem Verlauf als in Grenzen zukunftsoffen dar. *Kleists* berühmter Aufsatz „Über die allmähliche Verfertigung der Gedanken beim Reden" von 1810 expliziert sehr genau diese doppelgesichtige Deutung des Handelns in nicht anderweitig bereits festgelegten Strukturen am Beispiel einer dramatischen Situation während der Französischen Revolution.[9]

---

[9] Eine vorzügliche sprachwissenschaftliche Ausdeutung des Aufsatzes findet sich bei *R. Nissen:* Kritische Methodik des Englischunterrichts, Heidelberg 1974, 13-28.

2.4 Das *Selbst*: Genese, Kontinuität, Identität, Differenzierung und fließender Wandel

Als Grundlage des sich im Handeln äußernden Willens gilt näherhin das lebensgeschichtlich entstandene, übersituativ relativ beständige und inhaltlich alle Dispositionen und Fähigkeiten umfassende *Selbst*. Dieses sichert im fließenden Wandel der Verhältnisse und der momentanen Bewußtseinsausrichtungen des Ich die Kontinuität, Kohärenz und Identität des Individuums. Als die zugleich bedingende und ermöglichende Voraussetzung von Handeln und Wahlfreiheit macht das Konstrukt des Selbst mehr als anderes deutlich, daß und warum der Mensch immer nur das wollen und in die Tat umsetzen kann, was er gelernt hat, über das er jeweils verfügt und was zu ihm paßt. Deshalb verhält sich der Mensch, ohne daß er es als Zwang empfindet, affektiv, kognitiv und psychomotorisch im allgemeinen so, wie es der Anlage seines Selbst entspricht. Dies gilt auch für die Krisen und die Brüche einer Lebensgeschichte. Das schwankende und auch widersprüchliche Verhalten entspricht dann einem Wechsel zwischen jeweils vorherrschenden neuronalen Vernetzungen bzw. konkurrierenden Bewußtseinsausrichtungen. Nach Bieri nimmt in dieser Situation der Spielraum des freien Handelns nicht zu, sondern ab, und zwar, weil hier der Mensch ein Getriebener, Zerrissener, riskant Handelnder ist. Frei – im Rahmen seiner Möglichkeiten – handele das Ich nur dann, wenn es sich im Einklang mit seinem gewachsenen Selbst befindet, seine Entscheidungen sich also auf eine beständige Präferenz zurückführen lassen. Daraus folgt, daß die (Wieder-)Befestigung, Erweiterung und Stärkung der Bewußtseins-Innenwelt identisch ist mit der Gewinnung von Freiheit.

2.5 Die Erweiterung des personalen Selbst und Willens durch *identifikatorische Aneignung von Erfahrung*

Die Genese des Selbst im grundlegenden Sinne geschieht im wesentlichen genetisch vorprogrammiert und unbewußt, weshalb Bieri sagt, daß sich das Selbst in der Aneignung von Erfahrung „subjektlos", also gleichsam von allein herausbildet (414). Zugleich aber meint er mit Bezug auf Freuds berühmtes Diktum: „Wo Es war, soll Ich werden." (445), daß der Mensch *die Ausgestaltung des Selbst im Sinne eines realitätskonformen und „reicheren" personalen Willens* bewußt betreiben kann und soll. Mit seinen Worten:

> Die Gesamtheit der Dinge, die man unternehmen kann, um diesem Ideal näherzukommen, werde ich die *Aneignung* des Willens nennen, und entsprechend werde ich vom freien Willen als dem *angeeigneten* Willen sprechen.

Das Ziel der Aneignung des Willens sei das Subjekt im Sinne der „ganzen Person". So sei es unsere Aufgabe als Menschen, „unsere(r) Freiheitserfahrung fortzuentwickeln und anzureichern, bis wir uns darin vollständig wiedererkennen können". (381) Man müsse sich die Freiheit des Willens „erarbeiten" (383).

> Dabei geht es um Genauigkeit und Tiefe der Artikulation [sc. der inneren Bewußtmachung des Willens], die eine größere Reichweite des Verstehens vorbereitet, das wiederum zu einer Bewertung führen kann, die uns erlaubt, in größerem Umfang aus einem Willen heraus zu leben, den wir gutheißen können. Und dieser Zusammenhang gibt der Rede von der ‚Identifikation' mit dem eigenen Willen und seiner ‚Zugehörigkeit zu uns

selbst', die zunächst wie eine hohle Beschwörung von Worten aussehen konnte, einen reichen und genauen Sinn. (408)

Man handele also selbstbestimmt, wenn man es aus dem angeeigneten substantiellen Willen der Person heraus tut. Dies nun nicht im Sinne des Rückgriffs auf etwas „Feststehendes", „Dauerhaftes" und „Eindeutiges", denn

> die Freiheit des Willens ist etwas, das kommen und gehen, erreicht werden und wieder verloren gehen kann. Wie sollte es anders sein können, wo doch unsere Wünsche und alles, was wir über sie denken, offensichtlich in einem ständigem Fließen begriffen sind, weil wir uns in jeder Sekunde mit einer fließenden Welt auseinandersetzen müssen? (409)

Es kann sich immer nur um „die flukturierende Freiheit eines fließenden Selbst" (408)[10] handeln. Der Erfolg der lebensgeschichtlichen Bildung und der Aneignung des eigenen Willens muß so als ein Drama mit offenen Ende verstanden werden:

> Ich, die ganze Person, kann eine Vielfalt von Vorkehrungen treffen, um meine Willensbildung zu beeinflussen. Doch dann, wenn ich mir die Bühne gebaut habe, läuft das innere Drama der gelungenen oder mißlungenen Aneignung ab, ohne daß hinten im Dunkeln noch ein Regisseur säße. (415) [d.h: ohne daß es ein im traditionellen Sinne autonomes Ich, das das ganze Geschehen befehligt, gebe].

Auch im weniger geglückten Fall bleibe dem Menschen nichts anderes übrig, als sich mit dem eigenen Selbst anzufreunden, sich auch mit seinen problematischen Zügen auszusöhnen und Vertrauen in sich selbst zu fassen, weil man allein dadurch Freiheit gegenüber den Zumutungen der anderen gewinnt, nicht dem Getriebensein und der Verwirrung anheimfällt und die Gelegenheit erhält, in handelnder Erfahrung seinen Willen weiter und neu zu formen.

Die Frage eines möglichen Einwandes gegen diese Argumentation stellt Bieri selbst: „Aber was ist mit dem Willen zur Aneignung *selbst*? Ist er frei?" (410) Er beantwortet sie mit dem Hinweis auf die Lebens- und Bildungsgeschichte der Person bzw. des Subjekts: „... in einem volleren Sinn ..., als wenn wir uns nur aufgrund irgendwelcher [sc. uns aktuell frei erscheinenden] Überlegungen [...] entscheiden" (410) seien wir immer dann wirkliche Urheber und Subjekte unseres Handelns, wenn wir uns unserem personal gewachsenen Selbst anvertrauen und uns in der Aneignung des Willens „in unserem Subjektsein immer weiter nach innen ausbreiten" (411)

Implizit steckt so in Bieris Theorie von der angeeigneten Freiheit die traditionelle deutsche Bildungstheorie einschließlich der neueren Sozialisationstheorie. Denn die lebensgeschichtlich „angeeignete Freiheit" ist eine *Bildung zur Selbstbestimmung* und ihre Philosophie ist eine des *Person-Werdens und –Seins*.

---

[10] Darüber Näheres bei Bieri ebd. 408-415.

2.6 Das autonom handelnde *Subjekt* als der *Abstand gewährende und wahrende freie Wille des Selbst*

Der Idealvorstellung, die Bieri vom angeeigneten freien Willen entwirft, unterscheidet sich so gar nicht zu sehr vom traditionellen Begriff des sich im bewußten Handeln selbst hervorbringenden *Subjekts*:

> Was sich in diesem Sinne nach innen ausweitet und durch zunehmende Integration von zuvor unverstandenen oder geächteten Wünschen an Umfang und Stärke gewinnt, ist das, was man ein Selbst [sc. hier: im Sinne eines Selbst, das durch die Merkmale der Personalität] ausgezeichnet] ist nennen kann. Seine Entwicklung ist prinzipiell mit der Fähigkeit des *inneren Abstandes* gegeben, den wir uns gegenüber einnehmen können. (412; Kursiv E.W.)

Bieris Reflexion zielt auf ein Subjekt, das sich in seiner Person die Möglichkeiten seines Handelns und seines Willens in seinem Leben angeeignet hat. Unter dieser Perspektive ist der bedingte Wille kein ohnmächtiger Wille, gibt es nicht nur keinen Widerspruch zwischen Freiheit und Bedingtheit, sondern ergänzen sich beide, wobei die Reflexion das Gewicht der Freiheit vergrößert. Dennoch besteht Bieri darauf, daß die Freiheit des Willens letzten Endes ein Aspekt seiner vorgängigen Bedingtheit ist, der Wille auch im Versuch des Abstand-Haltens dem Subjekt nicht verfügbar ist und so von der Autonomie des Willens immer nur im eingeschränkten Sinne zu sprechen ist:

> Ein Selbst, wie es sich aus dem inneren Abstand zu uns selbst entwickelt, ist ein vorübergehendes Gebilde auf schwankenden Grund, und es gehört zu den Voraussetzungen für Willensfreiheit, diese einfache [...] Tatsache anzuerkennen. Genauso wie die Tatsache, daß es Zeiten gibt, in denen wir weder autonom sind noch das Gegenteil. Diese Erfahrung zu leugnen hieße, die wichtige Idee der Autonomie zu einer Chimäre zu machen. (423)

2.7 Die offen gebliebene Grundfrage:
Wer entscheidet? *Wer* trägt die Verantwortung für das Handeln?

Diese kurze – und unvermeidlich verkürzende – Nachzeichnung einer neueren Theorie des freien Willens dürfte gezeigt haben, daß auch die neuere Bewußtseinsphilosophie immer noch vor demselben Dilemma steht, wie es schon bei den alten Lösungsversuchen des Leib-Seele-Problems der Fall war und bei den anderen Theorien zum Gehirn-Bewußtsein-Problem heute noch ist, nämlich wie man das Geschehen in der Welt für lückenlos naturgesetzlich determiniert verstehen und dennoch dem Menschen im Denken und Handeln Freiheit zugestehen soll. So könnten gegenüber der Schlüssigkeit und Vollständigkeit der Argumentation Bieris genau an dem Punkt von neurowissenschaftlicher und -philosophischer Seite Bedenken vorgebracht werden, an dem traditionell immer schon alles auf dem Spiel steht, nämlich, ob unsere Annahme, in einer offenen Situation frei zwischen gegebenen Möglichkeiten auswählen und entscheiden zu können, nur eine Illusion ist oder nicht. Die paradox formulierte Theorie der „Aneignung des eigenen Willens" setzt jedenfalls eine innere Differenz von Ich und Selbst voraus, wie auch die Vorstellungen von „Abstand" und „Veto" von der Gegebenheit zweier relativ selbständiger „Instanzen" ausgehen. Das Grundproblem läßt sich in mehrere Teilfragen aufgliedern: Wer genau steht sich innerhalb des Bewußtseins beim „inneren Abstand" gegenüber? Sind die Gefühle, Gedanken, Handlungsimpulse, die aus dem Selbst kommen, das Gegenüber des Ich? Wie und warum kann das Ich ein Veto gegen die Bedingtheiten seitens des Selbst einlegen? Nimmt das Ich die höherstufige Position ein? Wie wäre das möglich, wo doch zugleich die ganze Person als die Einheit von Ich und Selbst die Entscheidung treffen soll? Setzt der innere Abstand des Ich vom Selbst in der selbstreflexiven Entscheidung nicht doch eine Instanz voraus, die in den Lauf der Dinge eingreift – obwohl Bieri immer wieder betont:

> Weiter innen in der Person gibt es keine Instanzen mehr, keine Minisubjekte, welche das verstehende und bewertende Geschehen zu lenken vermöchten. [...] Die Verdoppelung der Person nach innen [ist] zu vermeiden. (414)?

Ist die bedingte Freiheit der „Person" nicht solange eine Scheinlösung, wie nicht gesagt wird, wer oder was in Situationen, die der Person offen erscheinen, entscheidet? Was entgegnet man jemandem, der behauptet, daß das Handeln immer schon insoweit vorweg bestimmt ist, als es ausschließlich im autonomen neuronalen Geschehen begründet ist, und der (mit den Worten Singers) daraus folgert: „Keiner kann anders, als er ist."? Man gibt (mit den Worten des Philosophen Th. Buchheim) zu bedenken: „Wer kann, der kann auch anders".[11] Die Schwierigkeit, dieses Dilemma mit Hilfe von Bieris Ansatz zu beantworten, läßt einen fragen, ob es nicht noch von einer anderen Seite anzugehen ist. Dies wird im folgenden unter dem naturgeschichtlichen Blickwinkel immerhin mit einigen Überlegungen versucht.

3. Der menschliche Wille und die Geschichtlichkeit der Welt
3.1 Die Lebensgeschichtlichkeit des Willens als eine Ausprägung der allgemeinen Geschichtlichkeit

Die gegenwärtige Bewußtseinsphilosophie ist – wie zumeist auch die Neurophilosophie – ganz und gar systematisch angelegt. Die Geschichtlichkeit des Bewußtseins streift sie nur Hinblick auf seine Individualgeschichtlichkeit. Dort immerhin geht sie – zumindest in der Fassung von Bieri – davon aus, daß die im Innern lebensgeschichtlich bereits erfolgte Ausbildung des Selbst und die gegenwärtigen Erfahrungen die Zukunft der Person nicht lückenlos und alternativlos bestimmen, sondern unterschiedliche Möglichkeiten eröffnen, die die Menschen in ihrem Interesse nutzen können und die insgesamt das menschliche Handeln zur Zukunft hin als nicht gänzlich festgelegt erscheinen lassen. Weitet man die zeitliche und inhaltliche Perspektive auf die Geschichte der Kultur und der Natur aus, dann stellt sich die bedingte Freiheit des Individuums als eine Ausprägung des Phänomens der *Offenheit der Geschichte dar*. Was sich im menschlichen Lebenslauf als eine bedingte Handlungsfreiheit und Offenheit zur Zukunft hin zeigt, kann man so als die bio- und kulturevolutionär fortgeschrittene und deswegen hochkomplexe Form des das ganze Weltgeschehen durchwirkenden Prinzips der *Geschichtlichkeit* begreifen.

---

[11] Dies ist der Titel seines Beitrags im genannten Buch von Geyer (2004, 158-165). Eine auf einem Dualismus von materialistischem Determinismus und von metaphysisch vorauszusetzender Handlungsfreiheit bestehende Kritik an Bieris kompatibilistischer Position übt auch *G. Seebaß:* Handlung und Freiheit, Tübingen 2006.

Die Theorie dieses Prinzips ist im gewissen Sinne der Hauptgegenstand des vorliegenden Buches gewesen. Es ist deshalb in allen hier behandelten historischen Phänomenen aufgesucht und gedeutet worden: sowohl in der naturgeschichtlichen Selbstorganisation des Kosmos, im (möglichen) quantentheoretischen Indeterminismus auf der mikrophysikalischen Ebene, in der Fluktuation dissipativer Strukturen, in potentiell katastrophisch werdenden Systemen in der anorganischen Natur und in mathematisch definierten Figuren nicht-linearer Funktionen (im „deterministischen Chaos") und in der evolutionären Emergenz des Lebens und in seinen höherstufigen Formen einschließlich des Geistes als auch in der Geschichte der Kultur, der Kulturen, der kulturellen Systeme und in der Lebensgeschichte der Individuen, ihrer Werke und ihres Handelns. Es liegt deshalb nahe, das hier im letzten Kapitel des naturhistorischen Teils E erörterte Problem des freien Willens unter dieser größeren Perspektive zu betrachten und dabei noch einmal kurz an das in früheren Kapiteln Dargelegte zu erinnern.

3.2 Die Verschränkung von natur*gesetzlicher* Faktizität und natur*geschichtlicher* Offenheit

Die konstitutive Grundfigur bei der geschichtstheoretischen Erfassung des Geschehens in der *Natur* ist hier immer die wechselseitige und temporal zumeist zyklische Verschränkung von naturgesetzlicher Faktizität und naturgeschichtliche Offenheit gewesen. Wählt man dabei als Ausgangspunkt ein den Naturgesetzen folgendes Geschehen, dann läßt sich mit einem sehr hohen Grad an Wahrscheinlichkeit auch dessen weiterer Verlauf vorhersagen. Dies gilt auch dann noch, wenn an dem Geschehen sehr viele disparate Elemente beteiligt sind. Denn dessen Wandel bewegt sich allein schon deswegen innerhalb erwartbarer Grenzen, weil in den zahllosen aufeinander abgestimmten Funktionskreise der kosmischen und irdischen Systeme alles, was sich dort nicht gerade auflöst und zerfällt, sondern einen gewissen Bestand hat, sich im Kleinen wie im Großen in einem relativ stabilen Fließgleichgewicht befindet. Weil aber eben diese Ordnung durchweg Produkt einer früheren „Unordnung" ist, aus Chaos, Krise und Umstrukturierungen hervorgegangen ist, enthält sie in ihren zeitweilig stabilisierten Formen weiterhin Momente des grundsätzlichen Ungleichgewichts, die über kurz oder lang – und das kann im kosmischen Maßstab nach menschlichen Empfinden „unendlich" lang sein – durch „Fehler" das jeweilige System destabilisieren, es auflösen und es dabei entweder auf eine niedrigere Organisationsstruktur zurückfallen oder daraus ein höherstufiges System entstehen lassen. Im Rückblick scheint alles dabei jeweils neu Entstandene uneingeschränkt naturgesetzlich erklärbar, so, als müßte es vorherbestimmt auf genau dieses eine und kein anderes Ergebnis zugelaufen sein, während dieses Neue und Andere von einem früheren Zeitpunkt und von den Eigenschaften seiner Elemente aus betrachtet entweder noch nicht einmal als Möglichkeit vorhersehbar war oder nur vage als eine unter vielen mehr oder weniger unwahrscheinlichen Möglichkeiten gelten konnte. Prozesse dieser Art sind in den Kapiteln 47-50 vor allem mit den dialektisch aufeinanderbezogenen Begriffen von Zufall, Wahrscheinlichkeit und Notwendigkeit, von Ordnung und Chaos, von Naturgesetz und Naturgeschichte, von faktischer Vergangenheit und möglicher Gegenwart, von Entropie und Selbstorganisation beschrieben worden. Folgt man von Weizsäckers Annahmen, dann sind alle diese Phänomene Ausdruck der *Gerichtetheit der Zeit*[12], des Sachverhalts, daß vergangene Faktizitäten Ursache unbestimmter künftiger Möglichkeiten sind, die jeweilige Vergangenheit immer ärmer an Möglichkeiten ist als die sie beerbende Gegenwart und Zukunft, daß in der Zeit ein „Gestaltwachstum" angelegt ist und deshalb auch dem menschlichen Geist im Zuge seiner biotischen Evolution, der Geschichte der Kultur und der Kulturen und im Leben der Individuen ständig neue Möglichkeiten zugewachsen sind, so daß die Menschen als Erben bisheriger Evolution, Kultur und lebensgeschichtlicher Erfahrung in ihrem konkreten Denken, Wollen und Handeln einerseits nur fortsetzen, was bereits in ihrer Vergangenheit angelegt ist, andererseits dabei im strengen Sinne Unvorhersehbares, Einzigartiges und potentiell Umwälzendes entsteht.

3.3 Zufall und Notwendigkeit im Leben der menschlichen Individuen

Das Leben eines Menschen vom Moment des Entstehens einer befruchteten Eizelle bis zum Moment des Todes ist ein Beispiel hierfür. Daß es mich als ein sich von Milliarden anderen Individuen unterscheidendes Individuum je in genau der Weise geben würde, wie es mich in meinem Leben wirklich gibt, muß von einem früheren Zeitpunkt aus betrachtet als ganz und gar unwahrscheinlich gelten. So hat es unendlich viele Zufälle geben müssen, daß sich gerade die beiden Menschen gefunden haben, von denen ich abstamme, ich von den Milliarden Möglichkeiten, die die Rekombination ihres Erbguts ermöglicht, gerade das Genom erhalten habe, das meinen Lebensweg von den biotischen Voraussetzungen her bestimmt, ich bis zum heutigen Tag nicht durch eine Erkrankung, einen Unfall oder einen sonstigen Mangel bereits zu Tode gekommen bin wie unter sonst gleichen Voraussetzungen andere Zeitgenossen, daß ich, nimmt man die kulturtheoretische Perspektive hinzu, etwa durch einen bestimmten Lehrer, ein bestimmtes Buch und zahllose andere bestimmte Umstände mich zugleich für Biologie, Literatur, Geschichte, Bildung und Forschung interessiert habe und durch wiederum zahllose andere Umstände dazu gekommen bin, dieses Buch über die Geschichte des natur- und kulturgeschichtlichen Denkens zu schreiben. Und dennoch hat im Rückblick alles, in jedem Moment so kommen müssen, wie es nach den natürlichen, kulturellen und persönlichen Bedingtheiten gar nicht anders hätte sein können. Zufall und Notwendigkeit schließen sich so nicht nur nicht aus, sondern ergänzen sich und ist das eine nicht ohne das andere denkbar.

3.4 Einsicht in die *Möglichkeit von Alternativen*

Darin allein allerdings, d.h. im Prinzip der Geschichtlichkeit, das alles Geschehen in der Welt, das unbewußte ebenso wie das bewußte, charakterisiert, wird die Möglichkeit der Begründung des freien menschlichen Willens noch nicht wirklich sichtbar. Dieses Prinzip zeigt aber immerhin die Stelle auf, an der wir im Handeln zwischen Zufall und Notwendigkeit die *Einsicht in die Möglichkeit von Alternativen*

---

[12] Vgl. Kap. 48.3.5.

erhalten. Begreift man die „Einsicht in die eigene Lage" als eine allen Lebewesen – wie wenig bewußt auch immer – gegebene natürliche Mitgift zur Orientierung in der Welt und das daraufhin in aller Regel unbewußt erfolgende Verhalten als eine vom Organismus aufgrund der „Einsicht" richtig getroffene Auswahl aus dem Verhaltensrepertoire, dann ist der Schritt zur Erklärung des „bedingten freien Handelns" des Menschen, durchaus auch im Sinne Bieris, klein.

Man macht sich das am besten an der Unterscheidung zwischen fast gedankenlos und routiniert vollzogenen Handlungen zumeist kurzschrittiger Art einerseits und jenen Handlungen andererseits klar, die auf bewußt reflektierte Entscheidungen zurückgehen und meist ein die Situation überschreitendes Ziel zum Gegenstand haben. So finden bei den alltäglichen Verrichtungen, wie z.B. bei der Körperpflege, dem Essen und Trinken, dem Arbeiten usw., – wenn erst einmal die jeweilige Tätigkeit feststeht – kaum mehr Entscheidungen im eigentlichen Sinne statt, sondern überwiegen erlernte (Re-)Aktionen, die der Körper auf der Grundlage einer ständigen neuronalen Bereitschaft entsprechend den ständig wechselnden Erfordernissen der aktuellen Situation schon kaum mehr bewußt vollzieht. Der den routinierten Handlungsablauf unterbrechende Hiatus einer Denk- und Entscheidungspause wird aber immer dann momentan in sein Recht eingesetzt, wenn die Situation unklar ist und eine wirkliche Entscheidung gefällt werden muß. Deshalb wird das sich in Routinehandlungen ergehende Verhalten nicht nur ständig mehr oder weniger bewußt auf seine Effektivität überprüft wird, sondern ist es wegen der Vielfalt und der raschen Veränderung von Situationen auch ständig von Reflexionen durchsetzt, welche eine Korrektur des bisherigen Verlaufs veranlassen können. Während es das Tier in seinem Welterleben nur mit der Bewältigung relativ weniger Grundsituationen zu tun hat und hierzu im Wandel der Befindlichkeit des Tiers und der Außenwelt fast alternativlos die passende Verhaltensweise zu Zuge kommt, muß sich Mensch, vor allem im kommunikativen Kontakt, ständig auf immer nur teilweise erwartbare Situationen einstellen. Ist so sein Handeln einerseits zumeist nur selten Ergebnis einer Entscheidung und wird er wie die Tiere im erheblichen Umfange gleichsam „gelebt", ist er andererseits als Person ständig „auf dem Quivive" und muß er sein Wissen und Können überlegt einsetzen, um nicht in die Irre zu gehen. Daraus folgt einerseits, daß das zentrale Nervensystem im üblichen Verhalten den Verlauf weitgehend autonom steuert, das Bewußtsein seinen Vollzug, ihm gleichsam hinterherhinkend, kaum mehr wahrnimmt und Menschen sogar in einer Notfallsituation, wie etwa bei einem Unfall, einer Operation, ja selbst beim einem Suizid, fast immer wie an einem Gängelband Schritt für Schritt den üblichen Regeln folgen, so daß die angeborenen Reaktionsweisen und die erlernten Verhaltensweisen weniger als hemmende Bedingungen denn als ein sie vom Entscheidungsdruck entlastendes und ein gewisse Sicherheit gebendes Fundament empfunden werden. Dies ermöglicht dem Menschen andererseits, daß er mit Hilfe der ihm in Form eines höherstufigen Bewußtseinszustandes gegebenen Reflexion das vor seinem inneren Auge ablaufende Geschehen auf seine möglichen Folgen bewerten, mögliche Alternativen erwägen und die ihm davon am besten erscheinende wählen kann.

3.5 Überlegtes Handeln als *das dem Menschen jeweils am besten erscheinende Wollen und Tun*

Nun gibt es freilich keine scharfe Trennlinie zwischen routinemäßigem Verhalten und bewußt getroffener Handlungsentscheidung. Dennoch lassen sich idealtypisch die Bereiche des Lebens in Routinen und des bewußt erlebten, geführten, gewollten und (selbst-)reflexiv gedeuteten und geformten Lebens unterscheiden. Der eine Bereich ist der durch die Notdurft des Lebens, durch Arbeit, Pflichten und Unterhaltung erfüllte Alltag, wo es im Regelfall keine Differenz zwischen Wollen und Sollen gibt, d.h. der das Tun antreibende Wille kaum als solcher bewußt wird. Der andere Bereich, nicht frei von jenen Gegebenheiten, gehört dem durch einen bestimmten Willen getragenen und bewußt vollzogenen Handeln.

Ein solches reflexives Handeln kann durch eine akute Lebenskrise erzwungen, von einer besonderen Stimmung stimuliert oder vom Bestreben motiviert und getragen sein, ein lebenspraktisches, technisches oder wissenschaftliches Problem zu lösen oder sonst ein besonderes Lebensziel zu erreichen. Es kann seinen Ausgang auch vom Schaffen, Deuten und Genießen der Werke der Künste und allgemein vom Spiel der Phantasie nehmen. Alle diese Formen des Handelns zeichnen sich durch eine besondere Wachheit gegenüber neuen Möglichkeiten aus, gegenüber Ideen, die einem im Schweifen der Gedanken und Empfindungen urplötzlich „kommen", und gegenüber bisher noch nicht wahrgenommenen und durchdachten Querverbindungen und den möglichen Folgen ihrer praktischen Nutzung. Sie setzen uns so nicht nur in Freiheit gegenüber den üblichen vorgegeben Zwängen des Lebens, sondern erschließen uns auch imaginative Gegenwelten zur sonst erlebten Wirklichkeit und lassen uns durch die dabei gewonnenen Erkenntnisse, Einsichten, Überzeugungen und Alternativen auf eine neue Art handeln. Die willenstheoretische Pointe dieses Handelns ist, daß die im freien Spiel des Bewußtseins geschauten und natürlich zugleich in neuronalen Gruppen repräsentierten Möglichkeiten auch zum gewollten Handeln insofern werden können, als das Selbst bzw. die ganze Person diese noch unerprobten Möglichkeiten gegenüber den bisherigen für überlegen hält und verwirklicht. Dies geschieht, weil wir gar nicht anders können, als das im Moment des Entscheidens das zu *wählen, was uns als das jeweils Beste erscheint*.

Danach ist der Handelnde dann frei, wenn er will, was er als Ergebnis seiner Überlegungen für richtig hält. Als Unfreiheit erfährt er nur einen von außen auferlegten Zwang, der ihn nötigt, anders zu handeln, als er nach eigener Einsicht handeln will. Letzteres mag man sowieso nicht bestreiten, ersteres dagegen für zirkulär halten, zumal es an traditionelle ethische Begründungen derart erinnert, daß man nur das als gut Erkannte wollen kann. Und dennoch ist es nach dem heutigen Stand der bioevolutionären, neurowissenschaftlichen und jener neueren bewußtseinsphilosophischen Reflexion wohl die beste von allen angebotenen Antworten zur Frage nach dem freien Willen, und zwar dann, wenn man am kausal geschlossenen Naturalismus auch des menschlichen Bewußtseins festhalten will, man dieses für die andere Seite der Vorgänge im Gehirn hält und Körper und Geist in der Einheit der Ausbildung einer neuronalen und bewußtseinsmäßigen Ausrichtung zudem so „einsichtig" sind, das zu wollen und zu tun, was unter jeweils gegebenen äußeren Umständen und inneren Dispositionen das Richtige bzw. das einzig Mögliche ist.

Weil es in unserer Begrifflichkeit die in der Einheit von Körper und Geist handelnde Person ist, welche will, würde es dann auch überflüssig sein zu fragen, welche von ihren Seiten den Ausschlag gibt.

4. Das Problem der Verantwortung des Menschen angesichts seiner Befangenheiten

Auch wenn man so die ganze Person in der Einheit von Körper und Geist, von lebensgeschichtlich gewachsenen Selbst und aktuell handelnden Ich als Träger des Willens und des Handeln begreift, steht man immer noch vor dem großen praktischen Problem, ob und inwieweit man menschliche Individuen (und darüber hinaus handelnde Kollektive) angesichts der zahllosen natürlichen, kulturellen und personalen Bedingtheiten und der nur z.T. überschaubaren Folgen des (gemeinschaftlichen) Handelns dafür verantwortlich machen kann und soll. Dazu können hier nur einige wenige Anmerkungen gemacht werden.

Ein erster Aspekt dieses Problems ist in der Tat, daß Menschen immer nur eine *begrenzte Einsicht* in das haben, was die eigenen *subjektiven Bedingtheiten* sind, was in der jeweiligen Situation die objektiv beste Handlungsweise ist und was alles die möglichen Folgen eines Handelns sind. So kennt sich zumindest das bewußte Ich selbst zu wenig. Es wird beherrscht von unbewußt bleibenden Motiven im Freudschen Sinne, schöpft aus erworbenen Kenntnissen, Fähigkeiten, Haltungen und bleibt dabei dennoch immer vergleichsweise beschränkt und ist immer auch im erheblichen Ausmaß Opfer der Verhältnisse, die ihm ein überlegtes und überlegenes Handeln nicht ermöglichen. So entzieht sich uns auch immer ein Großteil der handlungsrelevanten äußeren Umstände, so daß auch nach „reiflicher Überlegung" strittig sein kann, was das Richtige ist. Schließlich sind die Folgen unseres Handelns zwar im Nahbereich erprobter Techniken und etablierter Handlungsstrategien noch einigermaßen vorhersehbar, aber im zwischenmenschlichen Bereich wie auch und gerade im politischen Handeln und im ideellen Schaffen längerfristig nur noch sehr begrenzt einschätzbar. Und dennoch treffen uns die Folgen des eigenen und fremden Handelns.

Damit ist bereits ein andere Aspekt des schwer auf uns lastenden Handelns angesprochen. Obwohl wir uns, in der Sprache Bieris ausgedrückt, unseren lebensgeschichtlich bedingten Willen eigentlich immer unzureichend „angeeignet" haben und ebenso unzureichend über die objektiven äußeren Bedingungen aufgeklärt sind, machen wir uns selbst und die anderen verantwortlich für das, was wir „angerichtet" haben. Erst im Nachhinein mag sich herausstellen, daß das im Moment des Handelns im Einklang mit üblichen Gewohnheiten und mit der Mehrheitsmeinung vollzogene Tun irrig und leichtfertig war. Das Problem der Verantwortung kennt nur der Mensch, und zwar gerade, weil er sich den freien Willen zuerkennt, sich als Subjekt seines Handelns versteht und deshalb nicht umhin kann, *sich vor seinem eigenen Gewissen und gegenüber der Gemeinschaft moralisch und rechtlich verantwortlich zu fühlen.*

Das Problem verschärft sich unter der Voraussetzung, daß Menschen mit guten Gründen *unterschiedliche Auffassungen von Vernunft und Moral* haben, wofür auch die Geschichte zahllose Beispiele bereithält. Am literarischen Musterbeispiel des Mordes, den Raskolnikov an einer Pfandleiherin verübt, geht Bieri sehr ausführlich alle Aspekte der Verantwortung durch. In diesem Beispiel wie dann aber auch bei allen Menschen, die, aus Überzeugung, Fanatismus oder Verblendung Verbrechen begangen haben, stellt sich die Frage nach der persönlichen Schuld. Kann man jemanden zur Verantwortung ziehen, der in Einklang mit seinem Selbst und dessen moralischen Kategorien, also nach „bestem Wissen und Gewissen", handelt und dabei Gesetze verstößt? Zwingt eine verfehlte Selbstaneignung des eigenen Willens den Menschen dazu, immer von Neuem die falschen und gesetzeswidrigen Entscheidungen zu treffen? Kann man die „Überzeugungstäter" vor ihrem Gewissen zur Verantwortung ziehen? Zugespitzt gefragt: Konnten ein Hitler und ein Stalin nicht anders handeln, als sie, aus ihrer Lebensgeschichte genötigt, wirklich gehandelt haben?

Damit ist die geschichtstheoretische Bedeutung des freien Willens angesprochen. In den historischen Wissenschaften, zumal in der Politischen Geschichte, geht es um Ursachen und Wirkungen, die zumeist die Handelnden zu verantworten haben, um das Wollen, Handeln, Scheitern von Menschen mit großer Verantwortung, auch um glückhaften Erfolg wie um unverdiente Niederlage. In alles spielt der (un-) freie Wille hinein. Ein Ausdruck davon ist Marx' Satz: „Die Menschen machen die Geschichte – aber nicht immer nach freien Stücken" (Marx).

Das hier unter drei Blickwinkeln angesprochene Problem des moralischen Handelns nimmt sich weniger gravierend aus, wenn man es im Kontext der natürlicherseits begründeten Kulturalität des Menschen betrachtet und damit auch dem moralischen Verhalten – neben dem des Denkens, Urteilens, Empfindens, des Kommunizierens, Sprechens, Schaffens und Erziehens – angeborene Grundstrukturen im Sinne einer natürlichen Moralität unterstellt. Danach wissen Menschen zumindest im Prinzip – also jenseits von kulturspezifischen Normen und egozentrischen Verunsicherungen –, wie man sich gegenüber dem Mitmenschen und der Gemeinschaft zu verhalten hat. Die sich in einer Situation spontan einstellenden Empfindungen und Gefühle der Empathie einerseits und die sich ebenso spontan meldenden Stimmen der Klugheit, Billigkeit und Vernunft andererseits dürften zusammengenommen die natürliche Grundlage einer universellen Moral, einer von den Individuen gleichsam von allein beschrittenen Brücke der Zwischenmenschlichkeit sein.

Ein umfassendes Fazit zu den in diesem Kapitel angesprochenen Problemen ist freilich nicht möglich. Der Durchgang durch das heutige naturhistorische Denken darüber mag einiges aufgeklärt haben. Eine definitive Lösung des Gehirn-Bewußtsein-Problems scheint aber, wie schon eingangs gesagt, grundsätzlich nicht in Sicht. Dafür müßten wir uns „von außen" in nicht-menschlichen Kategorien beschreiben können, einen unabhängigen Maßstab für Körperliches und Geistiges haben. Bis es den gibt, werden wir uns mit dem Grad an Einsicht begnügen müssen, den uns die Empirie und die Introspektion im Medium des kritischen Nachdenkens ermöglichen.

Teil F
Historie und Anthropologie

60. Der Mensch in seiner Geschichte:
Grundsätze einer Allgemeinen Historischen Anthropologie

1. Das Konzept einer Allgemeinen Historischen Anthropologie 993
2. Aspekte des Zusammenhangs der Natur-, Kultur- und Lebensgeschichte 998
3. Sinndimensionen der Theorie der Geschichte 1007

Am Ende dieses Durchgangs durch die Geschichte des historischen Denkens wird hier der Versuch gemacht, die vielen in diesem Buch angesponnenen Fäden unter der Bezeichnung einer *Allgemeinen Historischen Anthropologie* zu einem Ganzen zu verknüpfen. Dabei behalten die einzelnen Fäden und die von ihnen gebildeten größeren Muster ihre Merkmale und ihre relative Selbständigkeit. Deutlich gemacht und erneut reflektiert werden aber ihre Funktionen im größeren humanwissenschaftlichen Zusammenhang. Es kennzeichnet diese Anthropologie, daß sie umfassend und integrativ in einem dreifachen Sinne konzipiert ist. Sie ist es zunächst in der zeitlichen und kulturräumlich-ethnischen Erstreckung, insofern ihr Gegenstand im Prinzip die ganze Geschichte des Menschen und aller seiner Kulturen vom Tier-Mensch-Übergangsfeld bis heute ist. Sie ist es sodann wissenschaftsgegenständlich und -methodisch, indem sie die traditionellen und neueren Grenzziehungen zwischen Natur- und Geisteswissenschaften bzw. zwischen Natur-, Geistes- und Sozialwissenschaften und auch noch die neueste zwischen Natur- und Kulturwissenschaften aufhebt, ohne doch die in der Sache begründeten Unterschiede zu verwischen. Sie ist es schließlich in ihrer theoretischen Begründung, indem sie die Geschichtlichkeit des Menschen durchgehend in einem evolutionären Sinne deutet. Sie folgt damit jenem Verständnis von Geschichte, das von Weizsäcker bereits 1946 dem Geschichtsbegriff unterlegt und seither in mehreren Schriften unter dem Begriff der *Geschichtlichen Anthropologie* expliziert hat und das sich in ähnlich angelegten humanwissenschaftlichen Konzepten heute auch bei anderen Forschern findet. Dieses anthropologische Grundverständnis von Geschichte mündet freilich nicht in eine große, systematisch und logisch aufgebaute Theorie, die alles vom evolutionären Ansatz her vereinheitlicht, sondern bleibt offen für synchrone Vielfalt und „Ungleichzeitigkeiten" und für Heterogenität, diachrone Brüche und Sonderentwicklungen, läßt das Neben- und Gegeneinander unterschiedlicher Methoden und Deutungen zu, nimmt immer Interdependenzen an und nutzt – im Unterschied zu den zahlreichen Bereichsanthropologien, für die nur bestimmte Quellenarten einschlägig sind – potentiell alle überhaupt nur erreichbaren Dokumente und Spuren des Menschen.

Die zentralen Gegenstände dieser Allgemeinen Historischen Anthropologie sind nach ihrer groben Gliederung die *Geschichte der Entstehung des Menschen, die Geschichte der Kultur und der Kulturen und die Formen der Individualgeschichte (Lebensgeschichte) des Menschen*. Eines ihrer Hauptziele ist es zu klären, wie sich diese drei Arten der Geschichtlichkeit im Zusammenhang mit dem Wandel der physischen und biotischen Umwelt, der soziokulturellen Verhältnisse und Ordnungen (Institutionen) und der kulturellen Objektivationen im Verhalten, Denken, Handeln und Fühlen der Menschen, kurz: in ihrer Geistigkeit zeigen. Dabei ist der evolutionäre Erklärungsansatz mehr als eine bloße Erweiterung der kulturhistorischen und lebensgeschichtlichen Anthropologie um die naturhistorische Dimension. Denn er ist die fundamentale Voraussetzung der Entstehung der beiden anderen Dimensionen. Abschnitt 1 stellt den grundbegrifflichen Zusammenhang und die disziplinäre Gliederung dieser Historischen Anthropologie in diesem Sinn dar. Abschnitt 2 rekapituliert nochmals einige von den in diesem Buch dargestellten zentralen Aspekten der drei Zeit- und Geschichtshorizonte. Das Kapitel 3 schließlich wird mit einigen Bemerkungen über den Sinn der historischen Denkens und im besonderen der Theorie der Geschichte beschlossen.

1. Das Konzept einer Allgemeinen Historischen Anthropologie

1.1 Grundbegriffe, disziplinäre Gliederung und wissenschaftlicher Status

Gegenstand dieser Historischen Anthropologie sind die schon in der Einleitung dieses Buches beschriebenen und in seinem Fortgang vielfach thematisierten drei Arten der Geschichte des Menschen: seine bis heute reichende Naturgeschichte, seine ethnisch, epochal und thematisch differenzierte Kulturgeschichte und seine gleichfalls vielfach differenzierte Individualgeschichte, wobei sich das menschliche Subjekt immer zugleich in diesen drei „Geschichten" befunden hat und auch gegenwärtig befindet. Den hierbei vorausgesetzten begrifflichen und disziplinären Zusammenhang kann man sich an der folgenden Graphik noch einmal klarmachen:

Allgemeine Historische Anthropologie (nach den *Gegenständen*)		
naturhistorisch	**kulturhistorisch**	**lebensgeschichtlich**
Kosmogonie		
Evolution		Ontogenese
des Lebens,		Entwicklung
der Arten,		(Kognition...)
der Erkenntnis,		
der Motorik ...		
Anthropogenese	*Urgeschichte der*	Lernen, Sozialisation
der Geistigkeit und	*Menschheit*	Kulturation
Kulturalität,	*Geschichte der Kultur:*	Initiation
der Personalität	u.a. der Technik, Sprache	Personalisation
(Ich und Selbst) und	Moral, Erziehung, Lehre,	Bildung i.w.S.
der Bewußtseins-	Mythen, Riten, Bilder,	
reflexivität	Wissenschaften und	
	Künste	

Allgemeine Historische Anthropologie (nach den *Disziplinen***)**

naturhistorisch	kulturhistorisch	lebensgeschichtlich
Kosmologie		
Evolutionsbiologie und Ethologie		Ontogenie
Evolutionäre Erkenntnistheorie		Entwicklungs-/Lerntheorie
Paläoanthropologie, Humanethologie Humangenetik, Neurophysiologie Medizin, Psychologie Bildungstheorie i.w.S. Neuroepistemologie	*Theorie der Kultur:* u.a. Ethnologie, Soziologie, Linguistik, Literaturwiss. Historie, Ethik, Ökonomie Philosophie des Geistes	Sozialisations-/Persönlichkeitstheorie Erziehungswissenschaft Neuronaler Darwinismus

Die drei historischen Horizonte dieser Anthropologie markieren zwar eine grundsätzliche zeitliche Abfolge, sind jedoch seit dem Aufkommen des Menschen untereinander verzahnt und stehen in einem Verhältnis der Wechselwirkung zueinander. Weil jeder grundlegende natur-, kultur- und lebensgeschichtliche Neuerwerb auf allem Vorherigen aufbaut und dieser im jeweiligen Folgenden, sei es im Erbgut der Nachkommen, in der kulturellen Überlieferung an die Nachwelt oder in der persönlichen Bildungsgeschichte der Individuen fortwirkt, bedeutet dies, daß in jedem Moment von „Geschichte" – in jeder evolutionären Neuerung, in jedem überindividuellen kulturellen Geschehen und in jeder menschlichen Erfahrung und Handlung – potentiell die ganze darauf zulaufende Natur-, Kultur- und Lebensgeschichte nachwirkt und dieser historischer Moment, indem er in seiner jeweiligen Gegenwart dieses „Erbe" antritt, zum Ausgangspunkt weiterer „Geschichte" werden kann. Im Rahmen der hier vorgestellten Anthropologie folgt zunächst daraus, daß für das Verständnis einer einzigen genetischen Abweichung vom Bisherigen (sei es eines krankhaften Defektes oder des Erwerbs einer neuen menschlichen Möglichkeit), eines einzigen kulturellen Phänomens und einer beliebigen (historischen) Handlung, im Prinzip alle Wissenschaften (vom Menschen) von Bedeutung sein können.

Ihren disziplinären Ort hat diese Allgemeine Historische Anthropologie in der *Philosophie*, wo sie gemeinsam mit der Allgemeinen Systematischen Anthropologie die *Allgemeine Anthropologie* im denkbar weitesten Sinne des Begriffs begründet. Die so definierte Anthropologie steht in der Tradition der älteren *Philosophischen Anthropologie*. Als solche gibt sie einen transdisziplinären Rahmen vor, innerhalb dessen Anthropologen aller Wissenschaftsbereiche und Fächer ihre Erkenntnisse einbringen, ihre besonderen Sichtweisen der allgemeinen Kritik unterbreiten, Grundprobleme der Anthropologie erörtern und eine die speziellen Anthropologien verbindende Grundbegrifflichkeit erstellen und diskutieren können. Das hauptsächliche „Zuhause" der anthropologischen Forschung unterhalb dieser Ebene allgemein-anthropologischer Reflexion sind freilich weiterhin die gegenstandsspezifisch definierten Fächer. Deren Anthropologien – seien es etwa die Religions-, Musik-

oder Pädagogische Anthropologie – schaffen die Voraussetzung dafür, daß die Allgemeine Anthropologie mit der erforderlichen fachlichen Sachkompetenz betrieben werden kann, wie jene umgekehrt von dieser theoretisch fundiert werden. Das an sich selbstverständliche Zusammenwirken der Fach- und Bereichsanthropologien in einer Allgemeinen Anthropologie ist bisher durchaus gepflegt worden – was sich in den letzten Jahrzehnten in Deutschland z.B. in den transdisziplinär angelegten beiden großen Handbüchern der Anthropologie[1] niedergeschlagen hat. Es hat aber weder in der Philosophie noch in den Fächern bis heute ein größeres Echo gefunden, so daß der wissenschaftliche Status der Anthropologien durchweg ein prekärer ist. Das läßt sich vor allem daran ablesen, daß die *fach*gebundenen Anthropologien zumeist als „bloß philosophische" – und das meint hier: der „eigentlichen" Forschung des Fachs fernstehende – und somit als unbedeutende Subdisziplinen gelten und daß die *Philosophische* Anthropologie in ihrer Mutterdisziplin Philosophie ebenfalls nur als eine Subdisziplin neben den anderen wahrgenommen wird.

Angestoßen von der neueren kulturwissenschaftlichen Wende in den Geistes- und Sozialwissenschaften und von der stärker auf den Menschen bezogenen neueren biowissenschaftlichen Forschung, scheint sich hier indes seit einiger Zeit ein Wandel zu vollziehen, der das anthropologische Denken wieder näher in das Zentrum der Philosophie und der jeweiligen Fächer rückt oder es im seltenen Fall, wie z.B. in der neueren Ethnologie, sogar zu seinem Zentrum macht. Dabei dürfte das Ziel weniger eine Ausweitung und Verselbständigung der bisherigen anthropologischen Subdisziplinen als vielmehr eine deutlichere anthropologische Ausrichtung des allgemeinen Fachverständnisses selbst sein. Folgt man dieser Annahme, dann müßte sich der kulturwissenschaftlichen Wende der 90er Jahre auf einer noch umfassenderen Integrationsebene heute eine *anthropologische Wende* anschließen, die unter Hinzuziehung der Biowissenschaften eine humanwissenschaftliche Wende im vollen Wortsinn wäre.

Das hätte zunächst zur Folge, daß alles jeweilige Forschungsinteresse – z.B. das der Goetheforschung innerhalb der germanistischen Literaturwissenschaft – zwar im bisherigen fachlichen Sinn erhalten bleiben und sich fachlich eigenständig fortentwickeln müßte, es aber zusätzlich in den weiteren Horizont anthropologischer Fragestellungen gestellt werden müßte, hier also, um im Beispiel zu bleiben, das literatur- und kulturwissenschaftliche Interesse um das anthropologische Interesse erweitert und deshalb die Forschung etwa über Goethes „Faust" oder seine „Farbenlehre" auch als ein Beitrag zur Reflexion des Allgemeinmenschlichen begriffen werden müßte. Erst unter der anthropologischen Perspektive würde sich dann zeigen, daß so unterschiedliche Fächer und Theorien wie etwa die Zoologie, die Genetik, die Psychologie, die Wissenschaftstheorie, die Archäologie, die Religionswissenschaft, die Rechtswissenschaft, die Philologie, die Musikwissenschaft, die Pädagogik, die Ökonomie und die Ökologie sich in gemeinsamen Zielvorstellungen treffen und einem gemeinsamen Ethos der wissenschaftlichen Erkenntnis und

---

[1] Gadamer/Vogler 1972 ff., vor allem die Bände 2 und 4; und Kindlers Enzyklopädie: Der Mensch, 10 Bde., Hg. H. Wendt/N. Loacker, Zürich 1982-1985.

der lebenspraktischen Aufklärung und Orientierung des Menschen verpflichtet sein könnten.

Eine besondere Herausforderung wäre diese Allgemeine Historische Anthropologie für die Geschichtswissenschaft. Im Wechsel von der Politischen zur Sozialgeschichte und von dort zur Mentalitäts-, Alltags-, Lebenslauf- und neueren Kulturgeschichte hat sich schon in den letzten Jahrzehnten ihr Weg zum anthropologischen Denken abgezeichnet. Heute ist zu erwägen, ob ihre in Kapitel 39 vorgestellte *Historische Anthropologie* nicht – in einer freilich sehr viel umfassender begründeten Form – die *Allgemeine Geschichtswissenschaft* werden sollte, sie also der gemeinsame Fluchtpunkt bzw. die ideelle Klammer aller ihrer Teilfächer sein könnte.[2]

1.2. Evolution als allgemeines Deutungsprinzip der Historischen Anthropologie

Es ist in diesem Buch wiederholt und hier eingangs noch einmal betont worden, daß der „Evolution" als allgemeinem Deutungsprinzip auch im Hinblick auf die Geschichte des Menschen der Vorzug vor anderen Prinzipien gegeben worden ist. Dies mag wegen des naheliegenden Verdachts des wissenschaftsmethodischen Reduktionismus unter dem Begriff des Biologismus problematisch erscheinen. Die damit seit dem 19. Jahrhundert, besonders mit Bezug auf die Philosophie von Herbert Spencer, verbundene Kritik ist heute jedoch überholt, insofern der heutige Evolutionsbegriff in Anwendung auf die Kultur und auf Personalisation von vornherein der Natur dieser Gegenstände Rechnung trägt.[3]

Weit mehr als die alles einem einzigen Prinzip unterwerfenden Deutungen sind jedoch jene humanwissenschaftlichen Konzeptionen ausgearbeitet worden und bisher beherrschend gewesen, die die Differenz zwischen den drei Ebenen der Geschichtlichkeit betont und, darüber hinausgehend, die ungeheuer große Vielfalt der Formen auf jeder dieser drei Ebenen zum Anlaß für zahllose weitere konstitutive Unterscheidungen genommen haben. So gibt es in der Tat gute Gründe, in der Biologie etwa zwischen Mikro- und Makroevolutionen, in den Kulturwissenschaften etwa zwischen dem historischen Wandel in primitiven Ethnien und dem in entwickelten Zivilisationen und in der Bildungstheorie etwa zwischen Sozialisation, Erziehung und Personalisation zu unterscheiden. Treibt man Unterscheidungen dieser Art auf die Spitze, dann geht dies nicht, ohne daß man die Phänomene von ihrem Kontext abtrennt und sie enthistorisiert und singularisiert. Ein Beispiel hierfür ist der ethnologische Relativismus bzw. Kulturalismus, nach dem Völker in ihren „Weltanschauungen", Sitten und Gebräuchen und überhaupt in ihren Eigenheiten

---

[2] Die Forderung, die „Historische Anthropologie als den Kernbereich der Geschichtswissenschaft" zu betrachten, ist verschiedentlich erhoben worden, so z.B. von *L. Gall* auf dem 41. Historikertag in München 1996: Anthropologie als Argument. Wo bleibt der Zusammenhang der Geschichte nach dem Ende der Geschichtsphilosophie? Eine theoretische Erwägung in praktischer Absicht, abgedruckt in: FAZ 1996, Nr. 226 , 42). In diese Richtung zielen auch mehrere Beiträge in *F. Jaeger/J. Straub* (Hg.): Was ist der Mensch, was Geschichte? Annäherungen an eine kulturwissenschaftliche Anthropologie. Jörn Rüsen zum 65. Geburtstag, Bielefeld 2005. Ähnliche Bestrebungen hegt der Literaturwissenschaftler *W. Iser* (1991) mit seinem Versuch einer literarischen Anthropologie. Auch die Geschichtstheorie von Barloewen 1988 zielt auf eine „Geschichtsanthropologie".

[3] Vgl. dazu die Ausführungen in Kapitel 25, 13.

prinzipiell für unvergleichbar gelten. Man erhält so im Hinblick auf Ethnien, Gruppen, Clans, Familien und Individuen auf jeweils „gleicher Ebene" unendlich viele Singularitäten und im Hinblick auf ihren historischen Wandel zahllose „Geschichten", jedoch keine „Geschichte".

Die gegenläufige Folgerung aus der Tatsache der dia- und synchronen Vielfalt und Differenz des Menschlichen liegt freilich auch auf der Hand. Denn unter einer anthropologischen Perspektive übertrifft in jedem konkreten historischen Phänomen das Allgemeine immer bei weiten das Besondere und das Gemeinsame das Trennende. So erzeigt sich die Geschichte der Menschheitskultur in ihren grundlegenden Aspekten als eine Anschlußorganisation der Naturgeschichte des Menschen, hat die Geschichte jedes Kulturkreises und jeder einzelnen Ethnie Anteil an der Geschichte der menschlichen Kulturalität und ist die Geschichte jedes Menschenlebens kennzeichnet durch die es umschließenden Strukturen der Kultur- und Naturgeschichte der Menschheit. Mit dieser Spannweite von menschlichen Universalien, spezifisch-ethnischen Gemeinsamkeiten und unendlich vielen Eigenheiten von Menschengruppen und Individuen hat es die Allgemeine Historische Anthropologie potentiell zutun.[4]

Wenn gewiß auch Vorsicht gegenüber vorschnellen Gleichsetzungen in der Anthropologie geboten ist, so hat doch das Prinzip der Evolution, zusammen mit denen der „Selbstorganisation" und der „(Aus-)Bildung" i.w.S., eine solide Grundlage in allen historischen Phänomenen, gibt es zahlreiche strukturelle Parallelisierungen und Vergleichsmomente zwischen allen drei Formen der Geschichtlichkeit und hat das Verständnis jeder einzelnen dieser Formen das Verständnis der beiden anderen erweitert. So hat erstens die Entdeckung der Kulturgeschichtlichkeit der Völker und der „Ideen" in der Mitte des 18. Jahrhunderts wenig später die Erkenntnis der Geschichtlichkeit des individuellen Lebens und dann im 19. Jahrhundert die Entdeckung der Evolution des Lebens inspiriert, ist zweitens zu Recht der biologische Evolutionsbegriff dann auch auf die Kultur- und Lebensgeschichtlichkeit angewandt worden und hat drittens schon lange zuvor der Lebenslauf des Menschen zumindest metaphorisch bei der Annahme mythischer Weltzeitalter und bei der Deutung des Aufstiegs und Falls der Völker Pate gestanden.

Das vorliegende Buch enthält zahlreiche Beispiele der Anwendung des Evolutionsprinzips allgemein auf die Geschichte. Hier nur noch ein Beispiel aus neuerer Zeit: die „Allgemeine Evolutionstheorie" des Erziehungswissenschaftlers *A.K Treml*.[5] Ausgangspunkt seiner Theorie ist das menschliche Individuum, in welchem sich nach ihm drei Systemebenen überschneiden. Deren erste ist die der „Gene", die den Individuen die Information zum Aufbau und zum Erhalt ihrer Organe liefern und sich der biologischen Evolution, näherhin der Phylogenese des Menschen, verdanken. Deren zweite ist die der „Phäne", die Ausdruck der durch Erziehung und Bildung individuell erworbenen Fähigkeiten sind und, in evolutionstheoretischer Sprache, die Ontogenese ausmachen. Deren dritte ist die der „Meme", die

---

[4] Vgl. *H. Rössner* (Hg.): Der ganze Mensch. Aspekte einer pragmatischen Anthropologie, München 1986.
[5] Allgemeine Pädagogik. Grundlage, Handlungsfelder und Perspektiven der Erziehung, Stuttgart 2000.

als das in Büchern, Werken, Symbolen, Ideen, Institutionen usw. objektivierte Wissen die jeweilige Kultur sind und kulturevolutionär entstanden sind. Auf diese Weise lassen sich gewisse Merkmale der Gattungsgeschichte, Kulturgeschichte und Individualgeschichte des Menschen in einer einheitlichen Begrifflichkeit erfassen. Freilich unterschlägt eine solche en bloc-Verschränkung von drei Systemebenen gerade das Moment des historischen Wandels auf ihnen und im Zusammenhang.[6]

2. Aspekte des Zusammenhangs der Natur-, Kultur- und Lebensgeschichte des Menschen

2.1 Die *Naturgeschichte* des Menschen:
Die Evolution des Allgemeinmenschlichen
(1) Die Evolution des Menschen und seiner Geistigkeit und Kulturalität

Faßt man die in Teil E ausführlich explizierten Grundsätze der Naturgeschichte des Menschen nochmals kurz zusammen, dann werden in diesem größten Zeithorizont alle fundamentalen biotischen Eigenschaften und Fähigkeiten des Menschen herausgebildet: Als ein Wesen „mit Erdenschwere" ist der Mensch aus eben dem Stoff gemacht, aus dem die physische Welt überhaupt ist, und trägt er so in sich alle Spuren der auf ihn zulaufenden Geschichte des Kosmos. Als ein Wesen „von Fleisch und Blut" gehört er der belebten Natur an und ist so ganz in die Geschichte des Lebens auf der Erde, von seinen präbiotischen Vorformen über die Einzeller und einfachen Mehrzeller bis zu den hochkomplexen Organismen der jüngeren Naturgeschichte des Lebens, eingebunden. Als ein spätes Produkt der Bioevolution trägt der Mensch schließlich in sich die Merkmale der Naturgeschichte der Wirbeltiere, der Säugetiere und näherhin der Affenartigen, bevor er sich stammesgeschichtlich zu der Spezies Homo sapiens entwickelt und von den anderen Primaten entfernt.

Eine elementare Aufgabe der Allgemeinen Historischen Anthropologie ist deshalb die Erforschung dieser Herkunft. Im evolutionären Übergang von der Intelligenz subhumaner Hominiden zum Homo sapiens erwirbt der Mensch die Fähigkeiten zum entwickelten Werkzeuggebrauch, zum Spracherwerb, zur Lebensführung nach Gruppennormen und zur Tradition des darin enthaltenen kulturellen Wissens und Könnens, also jene durch Bewußtseinshandeln und Sinnbildung charakterisierte Geistigkeit, die wir Kultur nennen. Als angeborene Fähigkeit erlaubt die *Kulturalität* dem Menschen, die jeweils vorfindliche Kultur lernend zu erwerben, aktiv zu gebrauchen und produktiv weiterzuentwickeln. Sie vor allem ist es, die ihn – neben anderen vorteilhaften phylogenetischen Erwerbungen organischer Art – von den am höchsten entwickelten Tieren abhebt, ihn zu einem Kulturwesen von Natur gemacht hat und die das seither im wesentlichen unverändert gebliebene und ihn tragende natürliche Fundament ist.

---

[6] Evolutionär ist etwa auch die humanwissenschaftliche Theorie von *G. Bateson* (1904-1980) angelegt: Immer „handelt es sich um einen Strom von Ereignissen, der unter gewissen Aspekten zufällig ist und [...] haben wir einen nicht-zufälligen Selektionsprozeß, der verursacht, daß bestimmte unter den zufälligen Komponenten länger ‚überleben' als andere." (Geist und Natur: Eine notwendige Einheit, Frankfurt 2000, 181).

(2) Das Allgemeinmenschliche:
Die Natur des Menschen zwischen Wandel und Beständigkeit

Bei der Frage, wie weit der evolutionäre Deutungsansatz in erkenntnis- und kulturtheoretischer Hinsicht trägt, wird man auf zwei sich ergänzende Antworten verwiesen. Danach ist einerseits zwar unbestritten, daß alle Erkenntnisformen auf der Ebene der Naturgeschichte evolutionär entstanden sind und für den weiteren evolutionären Wandel offen sind, die „Evolutionäre Erkenntnistheorie" also – wie umstritten einzelne ihrer Prämissen und Folgerungen auch sein mögen – die klassische Erkenntnistheorie prinzipiell um die naturhistorische Dimension erweitert hat und damit *auch die Geistigkeit des Menschen prinzipiell ein sich in der Zeit wandelndes Merkmal* ist. Andererseits ist es aber weiterhin möglich und sogar sinnvoll und notwendig, gleichsam mittelfristig von einer stabilen Menschennatur zu sprechen und ähnlich wie die ältere, noch unhistorische Erkenntnistheorie nach den Bestimmungsmerkmalen des *Allgemeinmenschlichen* zu fragen. Denn zum einen sind viele Bedingungen der Möglichkeit menschlicher Erkenntnis grundsätzlich der Zeit enthoben – wie vor allem die Vermitteltheit aller Erkenntnis durch sog. transzendentale Voraussetzungen auf Seiten des Erkenntnissubjekts – und zum andern verharren, weniger prinzipiell, die menschlichen Erkenntnisformen und Fähigkeiten insgesamt wegen der relativen Langsamkeit der Bioevolution jeweils für längere Zeit stabil auf einem bestimmten Niveau. So macht gerade die Naturgeschichte des Menschen deutlich, daß mit dem Erscheinen von *Homo sapiens sapiens* vor gut 50 000 Jahren in Europa der Humanisierungsprozeß biotisch, wohl wegen des soviel schnelleren kulturellen Wandels, vorerst zu einem Stillstand gekommen ist, so daß seither alle Menschen ein gemeinsames Band von „Anthropina"[7], also von spezifisch-menschlichen Merkmalen im Unterschied zu denen der Tieren, verbindet und in kulturvergleichenden Untersuchungen der Begriff des Allgemeinmenschlichen eine durchaus tragfähige Grundlage für die sich in epochalen und ethnischen Ausprägungen vielfältig differenzierende Kulturgeschichte ist. Deshalb ist die paradoxe Formulierung durchaus berechtigt, daß das Allgemeinmenschliche zwar evolutionär entstanden und sich evolutionär auch wieder wandeln wird, es aber kulturgeschichtlich, also im Rahmen der von uns überschauten „historischen Zeiten", eine beständige Grundlage der Deutung des geschichtlichen Seins des Menschen abgibt. Jedenfalls scheinen sich die Grundformen der menschlichen Subjektivität, soweit wir sie beim rezenten Menschen überblicken können, außerordentlich stabil zu sein. Sie wandeln sich – im Unterschied zum raschen Wechsel und Austausch der Personen und der Umstände und der Dinge, die der Mensch hervorbringt – so langsam, daß das „Wesen" des Menschen fast der Zeit enthoben erscheint und die darauf bezogene Vorstellung von einer „Geschichte der langen Dauer" genau diesen Doppelaspekt von Beständigkeit und Geschichtlichkeit trifft. Ob sich dieses Allgemeinmenschliche schon in absehbarer Zeit mittels der Gentechnik verflüssigen und es neue konstitutive Eigenschaften dazugewinnen könnte, ist noch eine ganz offene Frage. Daß qualitative Veränderungen längerfristig zu erwarten sind, scheint jedoch sicher, wie jetzt schon unübersehbar ist, daß das Kulturwesen Mensch die äußere

---

[7] Vgl. etwa die dreiundzwanzig „Anthropina", die Landmann (1984, 139 ff.) formuliert hat.

Natur der Welt, die Tier- und Pflanzenwelt, die Biosphäre und die unbelebte Natur im erdnahen Bereich tiefgreifend verändert hat und damit auch das Lebensumfeld des Menschen ein anderes ist als das, was unsere Vorfahren vorfanden.

(3) Die Sprache als ein Beispiel der wechselseitig aufeinander angewiesenen natur- und kulturhistorischen Forschung

Der Fundierungscharakter der Evolution des Menschen für die Kultur- und Lebensgeschichte sei hier noch einmal an einem Beispiel, und zwar am frühkindliche Erwerb der Sprache, illustriert. Ausgehend einerseits von der evolutionär entstandenen Kulturalität, verweist hier andererseits jeder Lernakt auf die besondere Geschichte einer Sprachgemeinschaft und auf die bisherige Lerngeschichte eines bestimmten Menschen. So ist das Erlernen der (Mutter-)Sprache grundsätzlich *naturgeschichtlich* begründet, phylogenetisch zunächst im Erwerb der Sprachfähigkeit überhaupt, dann in der Fähigkeit menschlicher Gruppen, auf dieser anthropologischen Grundlage ihre eigene („ethnienspezifische") Sprache auszubilden, und schließlich in der Fähigkeit der Individuen, sich diese Sprachen in aller ihrer lautlichen, grammatischen, semantischen und pragmatisch-funktionalen Komplexität im bloßen zwischenmenschlichen Umgang innerhalb weniger Jahre nach einem lebensgeschichtlich universellen, also ebenfalls ererbten Schema anzueignen. *Kulturgeschichtlich* verweist der individuelle Spracherwerb sodann auf die schon genannte Ausbildung, Entwicklung und Überlieferung einer bestimmten (Mutter-)Sprache in den Ethnien. *Lebensgeschichtlich* schließlich hat der Erwerb dieser Sprache seinen Ort in jeweiliger leiblicher, affektiver und intellektueller Entwicklung des Kindes und in jeweiliger kultureller Praxis und Anregung seiner Umwelt. Deshalb tragen alle sog. natürlichen Sprachen von ihrem naturgeschichtlichen Fundament her einerseits universale Merkmale und zeichnen sie sich andererseits in Sprachfamilien und –zweigen entsprechend dem verstreuten Siedeln und den besonderen Bedürfnissen und Erfahrungen der Ethnien durch kulturell differente Laut- und Wortbedeutungen, Formen und Funktionen aus. Dieses Beispiel und andere lehren uns, daß sich die den Menschen von den Tieren abhebenden Fähigkeiten sowohl der bildenden Wirkung jeweiliger Kulturen als auch dem anthropologischen Erbe der Kulturalität verdanken und deshalb die Verständigung zwischen den Menschen aller Ethnien der Welt durch bloßes Lernen ihrer Sprachen und Verhaltensweisen möglich sind. Denn alles das, was uns an der Kultur der Anderen als Abweichendes, Unverständliches und Fremdes auffällt, hat durchweg dieselbe Grundlage wie das, was wir bei uns für das Selbstverständliche halten. So wichtig wie es deshalb einerseits ist, den Eigencharakter jeder Kultur im Bereich des Menschlichen ernst zu nehmen, so wichtig ist es andererseits, das Verbindende in der Vielfalt und Differenz der Phänomene zu suchen und zu verstehen. Aus alledem folgt forschungsmethodisch, daß sich die Kulturwissenschaften Grundkenntnisse des naturgeschichtlichen Fundaments aneignen müssen wie umgekehrt die Evolutionsbiologie, die Biologie des Geistes und überhaupt alle Neurowissenschaften nicht auf die grundlegenden kulturwissenschaftlichen und –historischen Kenntnisse verzichten können. Bislang scheint immer noch jede Seite zu naive Vorstellungen vom Wissen der anderen Seite zu haben und scheinen beide noch gar nicht einmal die produktiven Möglichkeiten zu ahnen, die ihnen eine engere Zusammenarbeit bringen würde.

2.2 Die Geschichte der Kultur: Das Ganze und seine Teile

Die in diesem Buch vorgeschlagene Neudefinition der *Geschichte der Kultur* besteht darin, daß damit potentiell alles das gemeint ist, was vom natürlichen Erwerb der Kulturalität an in Handlungen, Werken und Gedanken ein Ausdruck des menschlichen Geistes gewesen ist. Wie in aller neueren Kulturtheorie meint der Gegenstand „Kultur" näherhin dabei alle jene menschlichen Äußerungen, die als symbolisch verfaßte Gebilde Träger von individuellem oder kollektiven Sinn sind oder zumindest eine – nicht immer bewußt werdende – Funktion im menschlichen Handeln und in Institutionen haben. Gebunden an Erkennen, Verstehen, Deuten, Denken, Handeln, Sprechen und Schaffen, ist der Inbegriff von Kultur *Sinn*. *Kultur als Träger von Sinn* erlaubt Individuen und Gemeinschaften unter den Perspektiven von Erinnerung und Erwartung Orientierung in der Welt, welche allerdings ständig durch Kontingenz, d.h. durch das unvorhergesehene Hereinbrechen von Zufall und Chaos, bedroht ist und zu kulturschöpferischem Denken und Handeln motiviert und zwingt. Die „Geschichte der Kultur" läßt sich so als die in der Menschenwelt im Fluß der Zeit ständig erzeugte Herausforderung begreifen, ein Gleichgewicht zwischen Orientierung an der Vergangenheit, gegenwärtiger Sinnschöpfung und realistischer Zukunftserwartung herzustellen.[8] Die Geschichte der Kultur in diesem grundsätzlichen Sinne hat es deshalb weniger mit bestimmten Personen, Ideen, Situationen, Handlungen, Ereignissen und Dingen als vielmehr mit dem Wandel von deren Massenhaftigkeit zu tun.

(1) Gegenstände und Perspektiven der gegenwärtigen und künftigen Kulturhistorie

Wenn man sich heute im Zuge der kulturwissenschaftlichen Wende fragt, welchen Status die historischen Kulturwissenschaften beanspruchen können und welche ihrer früheren und heutigen Gegenstände dies auch in Zukunft sein sollen, dann zeigt sich auf den ersten Blick, daß das Interesse an der Geschichte der Kultur in den letzten Jahrzehnten nicht nur stark nachgelassen hat, sondern es sich – wie freilich auch früher – auch sehr ungleich auf ihre möglichen Gegenstände verteilt. Die Grenzlinie zwischen Eigenem und Fremden und zwischen naher und ferner Vergangenheit markiert zumeist die Bereiche, die in der Erforschung für bedeutend und die für unbedeutend gehalten werden, wobei jene Gegenstände den größten Vorzug genießen, bei denen Eigenes und Zeitnahes zusammenfallen. Die größten thematischen und wissenschaftsmethodischen Schwankungen verzeichnet natürlich die jeweils jüngere (Zeit-)Geschichte. Die sog. Wenden des 20. Jahrhunderts sind samt und sonders Ausdruck des sich zeitgeschichtlich wandelnden Interesses am Historischen.

---

[8] Eine Phänomenologie „historischer Sinnbildung" in diesem Sinne ist das Buch von *K.E. Müller/J. Rüsen* (Hg.): Historische Sinnbildung. Problemstellungen, Zeitkonzepte, Wahrnehmungshorizonte, Darstellungsstrategien, Reinbek 1997. Vgl. auch *J. Rüsen*: Typen des Zeitbewußtseins – Sinnkonzepte des geschichtlichen Wandels, in: Jaeger u.a. 2004, 365-384.

Das durchweg größere Interesse für das ethnisch und räumlich Nahe ist alt und auch dem allgemeinmenschlichen Motiv geschuldet, sich in ein Verhältnis zur eigenen (nationalen) Geschichte zu setzen. Entsprechendes gilt für die Bevorzugung jener Epochen der Geschichte, die noch unmittelbar die Gegenwart prägen. Aber wie sich gerade im Lauf der Geschichte wiederholt gezeigt hat, daß zuvor Unwichtiges wichtig wird, Fremdes plötzlich das Eigene in einem neuen Licht erscheinen läßt und weit Zurückliegendes aktuell wird, dürfte auch die gegenwärtige Historie gut daran tun, das historisch Ganze in den Blick zu nehmen, das Naheliegende von daher zu reflektieren und einer gegenwartsfixierten Kultur den Spiegel des scheinbar Abseitigen, Anderen und Fernen vorzuhalten. Wenn sie bei solch einem solchem Versuch zeitlich nicht zu kurz und thematisch nicht zu eng greifen will, wird sie, bei aller unumgänglichen disziplinären Begrenzung und Spezialisierung, zum einen nicht daran vorbeikommen, den Status der zahllosen historischen Phänomene in einer wirklich allgemeinen Theorie der Geschichte zu erfassen und zu reflektieren (wozu das vorliegende Buch einen Beitrag leisten will), sich zum andern bisher oder neuerdings wenig berücksichtigten Bereichen des Historischen zuzuwenden und sich dabei der komplexen Aufgabe der Ausarbeitung einer neuen Universalgeschichte zu unterziehen.

(2) Antike, Mittelalter und Frühe Neuzeit – Frühe Hochkulturen – Frühe Kulturen
Hierzu hält der Autor dieses Buches einen dreifach gestaffelten Rückgriff auf die Geschichte vor der Aufklärung des 18. Jahrhunderts für notwendig: erstens auf die hochkulturelle Geschichte des vormodernen Europas, zweitens auf die Geschichte des Alten Orients und Ägyptens und drittens auf die Ur- und Frühgeschichte der Menschheit unter Einschluß der Kultur der sog. Primitiven. Jeder dieser großen Forschungskomplexe hat heute mit einer ganzen Reihe von Disziplinen seinen Ort im Gefüge der Kulturwissenschaften und zumeist auch schon eine – z.T. sogar glanzvolle – wissenschaftliche Geschichte. Alle drei stehen aber mit ihren Fächern heute noch oder zunehmend wieder im Schatten der anderen historischen Forschung. Sie in ihrer Bedeutung für das historische Denken überhaupt erst zu entdecken bzw. wiederzugewinnen, ist deshalb keine leichte, jedoch im Interesse des Ganzen unverzichtbare Aufgabe unserer Zeit.

Damit ist *erstens* gemeint, daß sich die Historie bei ihrer allgemeinen Begründung wieder stärker auch des *alteuropäischen Fundaments* ihrer Gegenstände vergewissern muß. Für unabdingbar wird damit zunächst eine intensivere (Wieder-)Aneignung der Kenntnis der drei großen Traditionsströme der alteuropäischen Kultur durch Historiker aller Provenienz gehalten: der *Kultur des klassischen Altertums, der antiken und mittelalterlichen Glaubenslehre und -praxis des Judentums und Christentums und der kulturellen Impulse der frühen Neuzeit.* Dies wenigstens in ihren fortwirkenden Momenten. Denn die Europäer sind über zweitausend Jahre lang gleichsam in die Schule der Griechen und Römer gegangen, haben in einem fast ebenso langen Prozeß des Lernens und der Auseinandersetzung mit dem Denken von Juden und frühen Christen ihre erst heute sich auflösende religiöse Identität im Mittelalter gewonnen und verdanken ihre wissenschaftlich-technische Zivilisation, ihre beherrschende politische und wirtschaftliche Stellung in der Welt und ihr kulturelles Selbstverständnis den von der Renaissance, dem Humanismus und der Reformation bewirkten künstlerischen, geistigen und wissenschaftlichen Revolutionen. Die Kenntnis der voraufklärerischen Geschichte ist deshalb so etwas wie ein Schlüssel für das Verständnis der Entstehung, des Wandels und des z.T. problematischen Erbes der modernen europäischen Kultur und damit ein Grundgegenstand aller historischen Kulturwissenschaften. Freilich ist die Verwirklichung dieser Forderung heute sehr schwierig geworden, nachdem die Kenntnis der Sprachen und Literaturen der Antike fast zum exotischen Wissen von Spezialisten geworden ist, die Reflexion der historischen Grundlagen des Christentums nicht mehr zu der gleichsam natürlichen Welt- und Selbstvergewisserung der Gebildeten gehört und das Wissen über die vormodernen Grundlagen der Kultur allein schon deswegen kaum mehr nachgefragt wird, weil man kaum mehr die Erwartung hegt, von dort eine gehaltvolle Aufklärung über den „Menschen in der Geschichte" zu gewinnen. Die Neubegründung der Geisteswissenschaften als Kulturwissenschaften müßte aber ein Anlaß sein, historisch Interessierten Überblicke über die von weither kommenden Ursprünge der europäischen Kultur anzubieten.[9]

Zweitens muß, nach den in den letzten beiden Jahrhunderten gewonnenen Einsichten, der Rückgriff auf die frühe Geschichte Europas durch den Einbezug der *frühen Hochkulturen* noch weiter vorverlegt werden. Denn es zeigt sich immer mehr, daß die Kenntnis des *Alten Ägyptens* und des *Alten Orients* mit den sie begründenden Merkmalen der Staatlichkeit, eines alle Herrschaft legitimierenden Polytheismus und der Literalität für das Verständnis der europäischen Kulturgeschichte insgesamt von grundlegender Bedeutung ist.

Während sich die historischen Kulturwissenschaften bei einem solcherart erneuerten ersten und zweiten Ausgriff auf die frühe europäische Vergangenheit immerhin am einschlägigen Wissen der Ägyptologie, der Wissenschaften vom „fruchtbaren Halbmond", der klassischen Altertumswissenschaften, der Mediävistik, der Frühneuzeitforschung und der Philosophie- und Kirchenhistorie orientieren und sich an deren neueren methodischen Ansätzen abarbeiten und alte eigene Fäden neu knüpfen können, ist der *dritte* hier für notwendig gehaltene Ausgriff auf die Vormoderne, nämlich der auf die sog. *frühen Kulturen*, bisher fast nur Gegenstand der in den anderen Kulturwissenschaften wenig beachteten Forschung der *Prähistorie* und der *Ethnologie*. Um diesen Mangel wenigstens zum Teil abzuhelfen, sind die Einsichten und Methoden dieser beiden Forschungsrichtungen in mehren Kapiteln dieses Buches ausführlicher dargestellt worden, als dies bisher in jeder anderen Historiographiegeschichte der Fall ist.

---

[9] Solchen Überblicken dient der Typus der „Geschichte von den Anfängen bis zur Gegenwart", zu dem sich auch das vorliegende Buch rechnen darf. Zwei Beispiele aus neuerer Zeit sind die Bücher mit spezieller Thematik von *A. Gallus/E. Jesse* (Hg.): Staatsformen. Modelle politischer Ordnung von der Antike bis zur Gegenwart, Köln u.a. 2004; *M. Schmoekel:* Auf der Suche nach der verlorenen Ordnung. Eine Ideengeschichte des europäischen Rechts, Köln u.a. 2004.

(3) Die Urgeschichte im Überschneidungsfeld der Natur- und Kulturgeschichte der Menschheit

Von größter Bedeutung ist im Sinne der hier angestrebten Historischen Anthropologie schließlich, daß sich die Ur- und Frühgeschichte der Menschheit im Überschneidungsfeld ihrer Natur- und Kulturgeschichte befindet. Der Teil E dieses Buches ist den nur hier zu bearbeitenden Grundfragen einer integrierten natur- und kulturhistorischen Anthropologie gewidmet gewesen. Deren Fragestellungen haben jedoch das historische Denken der Menschheit selbst von Anfang an bis heute geprägt: in den Mythen von der Entstehung der Welt und des Menschengeschlechts, in den Erzählungen der Zivilisierten über ihre Begegnung mit den Primitiven, in den universalhistorischen Modellen etwa von Vico, Voltaire, Rousseau, Herder und Schiller im 18. Jahrhundert, im vom Darwinismus beeinflußten kulturellen Evolutionismus der Ethnologie des 19. Jahrhunderts und in der seither ununterbrochenen paläoanthropologischen Suche und Deutung des „Weges vom Affen zum Menschen". Zwar haben sich die Kulturwissenschaften nach der z.T. emphatischen Aufnahme des bioevolutionären Modells an der Wende vom 19. zum 20. Jahrhundert danach lange von diesem Modell ferngehalten, bis es in Gestalt des ethnologischen *Neoevolutionismus, der Evolutionären Erkenntnistheorie* in der Biologie, im *neuronalen Darwinismus* der neueren Hirnforschung und in der Theorie der *Selbstorganisation* und der *allgemeinen Systemtheorie* heute wieder zu einem allgemeinen Prinzip der Deutung der Geschichte der Welt, der Menschheit und der Kultur geworden ist. Infolgedessen ist die hier in Umrissen skizzierte allgemeine historische Anthropologie in allen ihren Zeithorizonten eine *evolutionstheoretische Anthropologie*.

2.3 Der Lebenslauf des Menschen als Lebensgeschichte

Auf der Grundlage der Natur- und Kulturgeschichte hat jeder einzelne Mensch durch sein Genom und in der Auseinandersetzung mit der aktuell ihn umgebenden, tragenden und fordernden Kultur auf einer dritten Ebene der menschlichen Geschichtlichkeit schließlich eine einzigartige *Lebensgeschichte*. Dabei trägt der Mensch durch sein *Genom*, das ihn als Lebewesen überhaupt erst ermöglicht und lebenszeitlich formt, steuert und begrenzt, einerseits in sich die Merkmal einer langen und mit vielen anderen Organismen geteilten Vergangenheit, und ist er andererseits durch seine mit der zufälligen Rekombination des elterlichen Erbguts in einer befruchteten Eizelle anhebenden Existenz und seiner sich neuronal – auch im Fall der eineiigen Zwillingen – individuell auf Zukunft gerichteten Ontogenese die Verkörperung einer im ganzen Universum *einmaligen Lebenseinheit*, welche ihrerseits zum möglichen Ausgangspunkt nicht nur eigener Nachkommen, sondern auch einer bioevolutionären Neuerung des Menschengeschlechts werden kann. Die auf der ontogenetischen Entwicklung aufruhende *kulturelle* Lebensgeschichte des Individuums dann kann man sich aus einer Vielzahl von thematisch und zeitlich über- und untergeordneter „Geschichten" zusammengesetzt denken, aus der Geschichte der verhaltensmäßigen, geistigen und personalen Entwicklung, der Geschichte der Lebensalter und ihrer Übergänge (der Embryonalzeit, Geburt, Kindheit, Pubertät,

Jugend, des Erwachsenseins und des Alters[10] und Sterbens), der Geschichte einzelner Lebensphasen und –abschnitte (z.B. der Schul- und Ausbildungszeiten, Spielgemeinschaften, Zeiten der Partnerschaften, der Familiengründung und -erweiterung, des Wechsels des Lebensraums, der Erkrankung usw.) bis herab aus der Geschichte typischer Begegnungen und Situationen (z.B. eines Verwandtenbesuchs, der Teilnahme an einem religiösen Ritus). Inwiefern diese im Vergleich zur Geschichte der Natur und der Kultur des Menschen soviel kürzere und inhaltsärmere Geschichte der Individuen wirklich auch „Geschichte" im hier explizierten Sinne ist, zeigt sich daran, daß die Lebensgeschichte alle in Kapitel 50 (Seite 11) dargelegten konstitutiven Momente von „Geschichte" aufweist, nämlich die eines unumkehrbaren, rückbezüglichen, gerichteten Prozesses, einer ständigen Veränderung des Ganzen und eines Herauswachsens des Neuen aus dem Alten, wobei das Frühere weiterhin insofern seine Geltung behält, als es im Neuen weiterwirkt und in Verbindung mit anderem Alten und Neuen weiteres Neue entstehen läßt.

In der Tat hat das historische Denken einen weiteren Schritt in das Innere des Menschen, in den innersten Bezirk, den die Philosophie seine Subjektivität nennt, getan, als es im 18. Jahrhundert begonnen hat, seine kulturellen Äußerungen auch individualgeschichtlich zu deuten. Insbesondere haben sich seither die klassische deutsche und dann die vielen anderen neueren Bildungstheorien, die Theorien zur Personagenese und die Biographieforschung immer gründlicher den lebensgeschichtlichen Wegen der Verarbeitung von Erfahrung und der Erzeugung von Kultur durch die Individuen zugewandt. Erst durch diese Sichtweise ist das Leben des Individuums objektiv, subjektiv und historiographisch zu einer unverwechselbar-einmaligen Lebens*geschichte* geworden: Gleichsam *objektiv* ist sie zunächst in dem Sinne gegeben, daß sie in jedem Moment des menschlichen Lebens das *ist*, was seinem Träger bisher unbewußt und bewußt widerfahren ist, was er daraus gemacht hat und was er aus freien Stücken getan hat, wobei weiterhin ungeklärt ist, ob es in dieser Lebensgeschichte eine lebenslang alles organisierende und im Wandel sich gleichbleibende psychische Instanz im Sinne eines Selbst gibt oder ob wir aktuell immer nur die „Resultante" unterschiedlicher Triebe, Strebungen und innerer und äußerer Verhältnisse sind. *Subjektiv* ist am Leben des Individuums sodann die Geschichte seiner Personalität und seines Selbstverständnisses, worin sich spiegelt, was es in früheren Lebensaltern einmal war, was es dann jeweils geworden ist, was die anderen in ihm sehen, was es aktuell ist und was es in Zukunft sein könnte oder sollte. Auf die jeweils eingenommene Perspektive kommt es an, ob wir – wie Peter Bieri in seinem Roman: Nachtzug nach Lissabon (München/Wien 2004, S. 9; mit Bezug auf F. Pessoa) meint – Zeit unseres Lebens im Wandel der Situationen immer „viele" und „andere" sind, wir also der personalen Identität entbehren oder ein unser Leben durchgängig organisierendes Selbst haben. Gewiß wiederholt sich in unserem Leben kein einziger Moment, ist jeder Augenblick eine Singularität und wandeln wir uns nicht nur körperlich, sondern auch geistig – gerade das macht ja

---

[10] Als ein Thema der Lebensgeschichte und der Historie wird das Thema des Alterns und des Alters im mehrfachen Sinne z.B. im: Funkkolleg Altern. Hg. G. Naegele/A. Niederfranke. 7 SBB, Tübingen 1996/97, behandelt.

unsere Lebensgeschichte aus. Es spricht jedoch vieles dafür, daß dieser Wandel nicht beliebig, sondern gerichtet ist und außer auf den sich ändernden Herausforderungen der äußeren Welt auf der steuernden Leistung eines lebensgeschichtlich entstandenen Selbst beruht, das auf der neurophysiologischen Grundlage des gleichbleibenden Genoms und der Gehirnentwicklung und auf der psychischen Grundlage der stetigen Integration von neuer in alter Erfahrung die Einheit und die Kontinuität der Person im Wandel stiftet.

Die so ontogenetisch wie kulturell bestimmte Lebensgeschichte der Individuen ist nicht nur ein äußerst komplexer Forschungsgegenstand, sondern steht wie die Natur- und die Kulturgeschichte ebenfalls vor eine Reihe kaum zu lösender Probleme. Denn wie eindeutig der Gegenstand dieser Forschung auch feststeht, nämlich die leibliche, verhaltensmäßige und psychische Einheit der menschlichen Person in ihrem Wandel von der Zeugung und Geburt bis zu ihrem Tod, so sehr entzieht er sich doch der wissenschaftlichen Erfassung, und zwar auf der Ebene des Faktischen ebenso wie auf der der Deutung lebender und toter Personen. Unsicher, unentwirrbar und unerkennbar ist zunächst schon auf der *Ebene des Faktischen* das meiste von dem, was in dieser Lebensgeschichte offen und verdeckt geschieht. Wenn es experimentell auch möglich erschiene, einen Menschen einer ständiger Fremdbeobachtung zu unterziehen, so ist es doch ethisch und faktisch unmöglich, wie es ebenso aus faktischen und aus prinzipiellen Gründen unmöglich ist, daß ein Menschen sich selbst in allem beobachtet, was er tut, und davon Aufzeichnungen macht. Zählt man zum Faktischen noch das neuronale Geschehen und das Bewußtseinsgeschehen der Empfindungen und Gedanken hinzu, dann muß jede Form der Erfassung, sei es durch experimentelle Erfassung von Gehirnströmen, durch momentane Aufzeichnung oder durch Erinnerung der Subjekte selbst, ganz und gar illusorisch erscheinen. Die Probleme potenzieren sich sodann auf der *Ebene der Deutung*. Immer willkürlich, selektiv und letztlich immer nur partiell zutreffend dürfte jene Deutung sein, die (Auto-)Biographen einer noch lebenden Person angedeihen lassen. Denn was diese aus der immer noch übergroßen Fülle der Zeugnisse und Erinnerungen thematisieren und zum Gegenstand von Urteilen machen und was sie – nicht eigentlich rekonstruktiv, sondern konstruktiv – zu einer in sich stimmigen erscheinenden Lebensgeschichte zusammenfügen, ist im nicht negativ gemeinten Sinne Nacherzählung, realitätshaltige Dichtung. Denn in der Tat dichtet ja nicht nur Klio, die Muse der Geschichte, sondern unvermeidlich auch und ganz besonders der (Auto-)Biograph. Ebenso interessegebunden und perspektivisch fällt schließlich auf der Ebene der Deutung die Darstellung des Handelns von *Personen der Geschichte* aus. Was Historiker aus originären, jedoch von Anfang an gedeuteten Lebensdokumenten und aus dem von späteren Historikern erzeugten weiteren Quellenmaterial im zeittypischen Vorverständnis des Lebenswerks, der Epoche und der Wirkung der Person und der eigenen Frage- und Forschungshaltung machen, wird zwangsläufig der Lebensgeschichte des Individuums noch weniger gerecht.

Sieht man indes von allen diesen Problemen und Beschränkungen ab und fragt man nach den verläßlichsten Zeugnissen, die wir zur historischen Erkenntnis der Welt und im besonderen auch der Geschichte haben, dann wird rasch deutlich, daß hier das menschliche Individuum und seine Lebensgeschichte eine Schlüsselstellung einnehmen. Denn alle Erkenntnis geht durch das Nadelöhr der Erkenntnisleistung von menschlichen Subjekten. Man kann sich dies leicht am Beispiel der Entdeckung der Naturgeschichtlichkeit des Lebens auf der Erde durch *Charles Darwin* klarmachen, und zwar indem man die damals erst gerade gewonnene Erkenntnis als bereits gegeben voraussetzt. Danach ist deren allgemeine Voraussetzung zum einen die in der Weltwirklichkeit bestehende Faktizität der Naturgeschichtlichkeit des Lebens selbst, zum andern die Tatsache, daß im Rahmen der Evolution ein Lebewesen entstanden ist, das von der Natur mit Fähigkeit ausgestattet worden ist, die Welt bewußt wahrzunehmen und das Geschehen in ihr durch Denken, Sprechen und Handeln reflexiv zu deuten. Schon auf dieser Stufe der Welterkenntnis verdankt sich alles Wissen der Leistung bestimmter Menschen, wie dann auch alles darüber hinaus führende neue Wissen auf der Grundlage kollektiver Anstrengungen der kulturellen Überlieferung von Individuen kommt, die hieran anknüpfen. Die Sammlung und Differenzierung dieses Wissens mit Hilfe von Begriffen wie u.a. „phýsis", „idéa", „eídos" und von empirischer Naturerforschung durch griechische Philosophen hat daraus das kulturelle Phänomen der Wissenschaft von der Natur gemacht. Nachdem zur Einsicht in die „Natur der Dinge" die Entdeckung der „Geschichte der Kultur" im 18. Jahrhundert hinzugetreten war, ist der Weg zu Darwins Entdeckung soweit bereitet gewesen, daß dieser kraft seiner naturkundlichen Bildung in Anknüpfung an Vermutungen über eine Geschichte auch der Natur nach einem Jahrzehnte in Anspruch nehmenden Forschungs- und Begründungsprozeß seine Theorie über Evolution des Lebens der Öffentlichkeit hat vorlegen können. Wenn Darwin so einerseits der Erbe einer jahrtausendelangen Forschung zahlloser Individuen ist, wird die sozusagen schon in der Luft liegende Vermutung andererseits erst durch ihn zu einer Erkenntnis. Seine Stelle in der Wissenschaftsgeschichte hätte gewiß sehr bald ein anderer einnehmen können – Darwins Kollege A.R. Wallace war ja fast ebenso nahe an dieser Entdeckung dran – , aber auch dann wäre dieser Fortschritt in der der *Kultur*geschichte der *Natur*geschichte in der *Lebens*geschichte eines Individuums begründet gewesen.

3. Sinndimensionen der Theorie der Geschichte

Der Weg des in 60 Kapiteln beschrittenen Durchgangs durch das historische Denken findet hier seinen vorläufigen Abschluß. Seine Ziele sind im Vorwort und im ersten Kapitel dieses Buches bereits programmatisch erklärt erklärt und seine Etappen und Ausrichtungen in den Hinführungen zu seinen größeren Teilen und zu den einzelnen Kapiteln skizziert worden. Deren eigentliche Explikation ist freilich in den Ausführungen dieses Buches selbst erfolgt. Eine gedrängte Nachzeichnung dessen könnte dem hier keine weitere Einsicht hinzufügen. Dagegen dürfte es nicht unnütz sein, noch einmal genauer nach dem *Sinn* der hier mit Hilfe der Geschichte des historischen Denkens und Forschens entwickelten *Theorie der Geschichte* zu fragen.

Die Antwort soll mit Bezug auf drei ihrer hauptsächlichen Sinndimensionen gegeben werden. Danach ist es erstens ihre Aufgabe, die *Wissenschaftstheorie* der historisch forschenden Fächer zu sein, zweitens, die wissenschaftliche *Legitimationsinstanz* des historischen Denkens und Forschens gegenüber den Menschen und ihren Gesellschaften zu sein, und drittens schließlich, unabhängig von allen unmittelbaren Zwecken, *Reflexionsinstanz* dessen zu sein, was Geschichte „ist", worin die Geschichtlichkeit der Welt und des Menschen besteht und welchen Beitrag das historische Denken zur Erkenntnis des Humanen leisten kann.

3.1 Die Theorie der Geschichte als die Wissenschaftstheorie der historischen Fächer

Es handelt sich also zunächst um die Selbstvergewisserung, um die kein wissenschaftliches Fach und kein wissenschaftlicher Bereich herumkommt, nämlich um die Aufgabe, die konstitutiven Ziele, Gegenstände und Methoden ihrer Forschung immer wieder einer kritischen Revision zu unterziehen, was die Geschichtswissenschaft im Rahmen ihrer Historik und die andern historischen Fächer und Teildisziplinen in ihrer besonderen Wissenschaftstheorie und alle zusammen in der allgemeinen Wissenschaftstheorie tun.

Entgegen einer verbreiteten Auffassung sind es hierbei weniger die Methoden und die Ziele als vielmehr die *Gegenstände*, die das weite Feld des (historischen) Forschens und Wissens disziplinär und nach größeren Bereichen gliedern. So stekken die „Natur", die „Kultur" und die „Individualexistenz des Menschen", wie allgemein in diesem Buch und im vorliegenden Kapitel noch einmal systematisch dargelegt, die drei großen Gegenstände der Historie und ihre bereichsspezifischen und disziplinären Untergliederungen ab. Dies reicht bis in die zahllosen feinen thematischen Untergliederungen des historischen Forschens hinab. So gibt es fast kein kulturelles Phänomen, keine Technik, kein Produkt, keine Institution, keine Tätigkeit, keine Verhaltensweise, keine Kommunikationsform, die nicht eine besondere Geschichtsschreibung (etwa des Rechts in einem Land, in einer Zeit, in einem Stand usw.; der Landwirtschaft, z.B. der Önologie usw.; der Medizin, z.B. der Augenheilkunde; der Dichtung z.B. im Elisabethanischen Zeitalter Englands) begründet. Den so vorwegbestimmten Gegenständen ordnen sich die passenden Methoden und interessierenden Ziele zumeist zu, wenn diese ihrerseits auch das Verständnis jener mitbestimmen. Die in den kulturhistorischen Kapiteln vorgestellten „Wenden" des 20. Jahrhunderts haben hinreichend gezeigt, wie neue Zielsetzungen andere Zugangs- und Darstellungsweisen nötig gemacht haben und wie neue Methoden die Forschung zu neuen Zielen inspiriert und mitunter ganz neue Gegenstände hervorgebracht haben.

3.2 Die Theorie der Geschichte als Legitimationsinstanz historischer Forschung

Der Sinn und die Aufgabe der Theorie der Geschichte besteht sodann in der Klärung der Bedeutung, die die historische Forschung insgesamt und in ihren einzelnen Fächern im wissenschaftlichen, kulturellen und gesellschaftlichen Ganzen und im Leben der Menschen beanspruchen kann. Es handelt sich also zunächst um Beitrag, den die historischen Fächer in produktiver Konkurrenz zu und im Zusammenwirken mit den systematisch forschenden Wissenschaften im Hinblick auf die Vermehrung des Wissens über bestimmte Gegenstände erbringen, dann um den Beitrag, den sie gegenüber der Gesellschaft, die sie erhält, und gegenüber der Menschheit, deren kultureller Fortschritt auch in ihrem Interesse liegen muß, leisten, und schließlich um den Gebrauch, den die einzelnen Menschen für ihre Lebensführung aus dem historischen Wissen ziehen können. Kurz gesagt, geht es, in Nietzsches Formulierung, um den „Nutzen der Historie für das Leben". Die Diskussion darüber ist in den letzten 20 Jahren vor allem im Kontext der kulturwissenschaftlichen Wende und der Kritik an den Geisteswissenschaften geführt worden.[11]

Fragt man so nach den zentralen Aufgaben der historischen Kulturwissenschaften, kann man sie mit der älteren Trias *von Bewahrung, Aufklärung und Orientierung* durchaus noch treffend bezeichnen. Denn es gilt weiterhin, daß es diesen Wissenschaften aufgetragen ist, die auf uns gekommenen Zeugnisse der Vergangenheit vor dem Verlust zu bewahren, das bisherige Wissen über die Vergangenheit zu überliefern und zu vermehren und die Einzelnen und die Gesellschaften über Bedeutsames und häufig auch Verdecktes in der Überlieferung aufzuklären und ihnen dadurch bei der Orientierung in der Gegenwart zu helfen.[12] Der Aufgabe der Orientierung kommt das historische Denken traditionell in der Pflege des jeweiligen kulturellen Gedächtnisses nach. Dessen Aneignung durch die nachwachsenden Generationen und seine wiederholte Erinnerung im öffentlichen Gedenken waren und sind im gewissen Sinne bis heute das Fundament der ethnischen und weltanschaulichen Identität von Gesellschaften. Die Historiker von Beruf als die Träger des nationalen Gedächtnisses und Gewissens haben es zumeist als ihre Aufgabe betrachtet, dieses Wissen nicht nur in seiner traditionellen Form wachzuhalten, sondern es immer wieder neu zu durchdenken und es im Sinne der sich wandelnden Verhältnisse und der „Gebote der Zeit" umzuschreiben.

Eine Neuakzentuierung dieser Aufgabe hat die Historie in der Moderne zum einen durch die demokratische Legitimierung staatlicher Herrschaft und zum andern durch die Internationalisierung und Globalisierung von Wirtschaft, Technik und Politik erfahren. Seitdem zielt der Umgang mit der Vergangenheit stärker auf ihre kritische Erfassung, auf die Erforschung der Herausbildung der Strukturen des modernen Verfassungsstaats und insgesamt auf eine historische Aufklärung in weltbürgerlicher Absicht. In der Tat muß man heute die Historie in ihrem Kern als eine Aufklärungswissenschaft verstehen, die die Vergangenheit und Gegenwart durch Traditions- und Kulturkritik differenziert in Beziehung setzt. Ziel einer solchen Historie ist so weniger die penible historistische Rekonstruktion der Vergangenheit als die Erinnerung an die nur z.T. verwirklichten oder ganz verschütteten und unterdrückten guten Traditionen und die Auseinandersetzung mit den schlimmen Traditionen, jedoch auch die Erinnerung an die großen künstlerischen, wissenschaftlichen und technischen Leistungen und Werke und an die humanitären Vorbilder. Die Aneignung historischen Wissens in diesem Sinne und die durch sie ermöglichte

---

[11] Als ein Beispiel unter vielen anderen sei hier dafür nur genannt der Aufsatz von *E. Tugendhat:* Die Geisteswissenschaften als Aufklärungswissenschaften. Auseinandersetzung mit Odo Marquard (in: ders.: Philosophische Aufsätze, Frankfurt 1992, 453-463), in dem er sich kritisch von der Auffassung Marquards absetzt, daß die Geisteswissenschaften bloß – wenn auch unverzichtbar – eine Kompensationsfunktion gegenüber dem gegenwartsbezogenen Wissen erfüllen. Eine ähnliche Kritik an der bloß philologischen Auslegung der „Klassiker" der Philosophie hat *H. Schnädelbach* geäußert in seinem Aufsatz: Morbus hermeticus – Thesen über eine philosophische Krankheit, in: ders. 1987, 279 ff.

[12] Vgl. hierzu die anregenden Ausführungen des unorthodoxen Marxisten *E. Hobsbawm:* Wieviel Geschichte braucht die Zukunft?, München 1998.

Aufklärung sind eine unersetzliche Voraussetzung allen Verständnisses auch der Gegenwart. Wieviel man auch gegen Ciceros „Historia magistra vitae" einwenden mag, Orientierung im weitesten Sinne des Worts ist auch heute noch die Hauptaufgabe der Historie. Wenn von den historischen Kulturwissenschaften immer wieder ein Nachweis über ihren Nutzen verlangt wird, dann können sie den nicht anders erbringen als dadurch, daß sie mit guten Gründen auf die „Zukunftsfähigkeit der Vergangenheit" verweisen und plausibel machen, daß aller Fortschritt eine Verwirklichung der in der Vergangenheit bereits angelegten und angedachten Möglichkeiten ist.

Orientierung ist auch das Schlüsselwort für die Leistung des *natur-* und des *lebens*geschichtlichen Wissens. Wie sich schon bei Pflanzen und Tieren zeigt, daß der Grad der Orientiertheit in ihrer Welt ein evolutionärer Maßstab ihrer Selbstbehauptung ist, so lehrt die Naturgeschichte der Menschheit, daß ihre Herausentwicklung aus dem Tierreich weitgehend identisch mit dem Fortschritt des Wissens war, das ihre Mitglieder über die Welt haben, und daß in Anwendung dieser Einsicht auf heutige Menschen diese unverändert die Lektionen beachten müssen, die ihnen die Natur zum Bestehen ihres Lebens auf den Weg gegeben hat. Wie schon seit Jahrhunderttausenden entscheiden auch heute noch das lebensgeschichtlich erworbene Natur- und Kulturwissen und den dadurch ermöglichten Grad der Orientiertheit des Menschen in seiner Welt über seine weitere Existenz.

3.3 Die Theorie der Geschichte als philosophisch-anthropologische Reflexionsinstanz

Der Sinn der hier entworfenen Theorie der Geschichte besteht schließlich noch in dem, was in diesem Kapitel als Aufgabe einer *Allgemeinen Historischen Anthropologie* bezeichnet worden ist. Damit ist eine Aufklärung jenseits der Beachtung wissenschaftsmethodischer Grundsätze und des unmittelbaren Nutzens des historischen Wissens für die Individuen und die Gesellschaft gemeint. Es ist jene Aufklärung, die die zentralen Fragen nach der Existenz des Menschen in seiner von sehr weit herkommenden Geschichte stellt und die ihn aus dem Erstaunen über den langen Lernprozeß des Lebens auf der Erde und in Anerkennung der Leistungen zahlloser zumeist unbekannt gebliebener Vorfahren während des ebenfalls sehr langen und umwegshaften Wegs der Menschheit lehrt, seine Möglichkeiten in einer entwickelten Kultur zu schätzen, seine Grenzen und Gefährdungen zu erkennen und sich selbst und die Mitmenschen in ihrer natürlichen, kulturellen und individuellen Geprägtheit – auch im Interesse des Zusammenlebens mit ihnen – zu verstehen. Dies ist der Grund, weshalb in dieser Theorie der Geschichte der Reflexion der Naturgeschichte der unbelebten und der belebten Welt und dann der Ur- und Frühgeschichte des Menschen ein relativ großes Gewicht beigemessen worden ist und in den letzten Kapiteln dieses Buchs unter der großen evolutionären Perspektive auch den neuroepistemologischen Fragen so ausführlich nachgegangen ist

Unter dieser anthropologischen Perspektive reiht sich die hier vorgestellte Theorie der Geschichte ideell in die Tradition der „Philosophie der Geschichte der Menschheit" ein, welche *avant la lettre* mit den mythologischen Erzählungen der frühen Kulturen anhebt, in den antiken religiösen und philosophischen Modellen der Entstehung und der Deutung der Welt eine erste reflektierte Fortsetzung erfährt, im 18. Jahrhundert dann unter dem genannten Begriff zu einer welthistorischen Anthropologie in aufsteigender Linie wird, in der Philosophischen Anthropologie des frühen 20. Jahrhunderts die natürliche Evolution des Menschen in ihr Denken aufnimmt und nun in Gestalt einer Allgemeinen Historischen Anthropologie eine durchgehende Theorie der Natur- und Kulturgeschichte des Menschen möglich macht. Es war Kant, der in einer alles umfassenden *Anthropologie* die gemeinsame Aufgabe aller Wissenschaften gesehen hat. Auf die in seiner „Philosophie in weltbürgerlicher Absicht" (1784) selbst gestellten Fragen „1. Was kann ich wissen? 2. Was soll ich tun? 3. Was darf ich hoffen? 4. Was ist der Mensch?" hat er die Antwort gegeben: „Die erste Frage beantwortet die Metaphysik, die zweite die Moral, die dritte die Religion, und die vierte die Anthropologie. Im Grunde könnte man aber alles dieses zur Anthropologie rechnen, weil sich die drei ersten Fragen auf die letzte beziehen."[13] Ein Beitrag zur historischen Seite der Anthropologie hat die hier dargestellte Geschichte des historischen Denkens sein wollen.

---

[13] I. Kant: Kants Werke. Akademie-Ausgabe. Band IX: Logik, Physische Geographie, Pädagogik, Berlin 1968, 25.

Literatur[1]

Acham, A. (1974), Analytische Geschichtsphilosophie. Eine kritische Einführung, Freiburg/München
Adler, G. (1885), Umfang, Methode und Ziel der Musikwissenschaft, in: Vierteljahresschrift für Musik wissenschaft, Leipzig
Adler, G. (1911), Der Stil in der Musik, Leipzig
Adler, G. (1971), Methode der Musikgeschichte (Leipzig 1919). Reprint Westmead
Adler, G. (1975), Handbuch der Musikgeschichte (1924). Gekürzter Reprint ²1930, München; Neudruck Darmstadt 1975
Adorno, Th.W. (1951), Minima Moralia. Reflexionen aus dem beschädigten Leben, Berlin/ Frankfurt
Adorno, Th.W. (1955), Prismen. Kulturkritik und Gesellschaft (1949), Berlin/Frankfurt
Adorno, Th.W. (1968), Der autoritäre Charakter (1946), Amsterdam
Adorno, Th.W. (1970 ff.), Gesammelte Schriften. 23 Bde., Frankfurt
Adorno, Th.W. (1972), Musik in der verwalteten Welt (1956), Göttingen
Adorno, Th.W. (1973), Ästhetische Theorie, Frankfurt
Adorno, Th.W./ Albert, H. u.a. (1969), Der Positivismusstreit in der deutschen Soziologie, Neuwied/ Berlin
Aertsen, J.A./Pickavé, M. (Hg.) (2002), Ende und Vollendung. Eschatologische Perspektiven im Mittelalter, Berlin
Aertsen, J.A./Speer, A. (Hg.) (1996), Individuum und Individualität im Mittelalter, Berlin/New York
Aland, K. (1983), Die 95 Thesen Martin Luthers und die Anfänge der Reformation, Gütersloh
Albert, H. u.a. (1968), Traktat über kritische Vernunft, Tübingen
Alembert, J.-B. d' (1997), Einleitung zur Enzyklopädie (Discours préliminaire de l' Encyclopédie, 1751, Notices et Notes par A.-V. Pierre, Paris 1952), hg. G. Mensching, Hamburg
Alonso-Nuñez, J.-M. (1991) (Hg.), Geschichtsbild und Geschichtsdenken im Altertum, Darmstadt
Alt, P.-A. (2000), Schiller. Leben – Werk – Zeit.2 Bde., München
Althoff, G. (2003), Inszenierte Herrschaft. Geschichtsschreibung und politisches Handeln im Mittelalter, Darmstadt
Altner, G. (Hg.) (1981), Der Darwinismus. Die Geschichte einer Theorie, Darmstadt
Aly, G. (1997), Macht – Geist – Wahn. Kontinuitäten deutschen Denkens, Frankfurt
Aly, G. (2005), Hitlers Volksstaat. Raub, Rassenkrieg und nationaler Sozialismus, Frankfurt
Aly, G. (2006), Logik des Grauens. Was wissen wir heute wirklich vom Holocaust? Eine Bestandsaufnahme 20 Jahre nach dem Historikerstreit, in: die Zeit 23, 2006, 59 f.
Ambros, A.W. (1862-82), Geschichte der Musik. 5 Bde., Leipzig
Andreae, J.V. (1977), Christianopolis. Utopie eines christlichen Staates aus dem Jahre 1619, mit einem Nachwort von G. Wirth, Leipzig
Andresen, S./Tröhler, D. (2001), Die Analogie von Menschheits- und Individualentwicklung Attraktivität, Karriere und Zerfall eines Denkmodells, in: Vierteljahresschrift für wissenschaftliche Pädagogik 2, 145-172
Angenendt, A. (1997), Geschichte der Religiosität im Mittelalter, Darmstadt
Anhalt, E. (1999), Bildsamkeit und Selbstorganisation, Weinheim
Ankermann, B. (1905), Kulturkreise und Kulturschichten in Afrika, in: Zeitschrift für Ethnologie 1905, 54-90
Anselm de Canterbury (1954), Fides quaerens intellectum, Paris
Anselm, G. (Hg.) (2000), Musikwissenschaft - eine verspätete Disziplin? Die akademische Musikforschung zwischen Fortschrittsglauben und Modernitätsverweigerung, Stuttgart
Ansorge, D./Geuenich, D./Loth, W. (Hg.) (2001), Wegmarken europäischer Zivilisation, Göttingen
Apel, K.-O. (1980), [2.]Geschichtliche Phasen der Herausforderung der praktischen Vernunft und Entwicklungsstufen des moralischen Bewußtseins; [3. und 4.] Zur geschichtlichen Entfaltung der ethischen Vernunft, [5.] Die Notwendigkeit einer reflektierenden Ethik, in: Funkkolleg Praktische Philosophie/Ethik. SBB 1, 1980, 38-60, und SBB 3-5, 1980, 11-97
Apel, K.-O. (Hg.) 1980, Praktische Philosophie/Ethik. Aktuelle Materialien. Reader zum Funkkolleg, Bd. 1, Frankfurt

---

[1] Weil keines der aufgeführten Bücher aus Frankfurt an der Oder kommt, wird bei der namensgleichen Stadt im Westen auf den Zusatz „am Main" verzichtet.

Apel, K.-O. u.a. (1976), Sprachpragmatik und Philosophie, Frankfurt
Arbeitsgruppe Bielefelder Soziologen (Hg.) (1973), Alltagswissen, Interaktion und gesellschaftliche Wirklichkeit, Hamburg
Arendt, H. (1951/55), Elemente und Ursprünge totaler Herrschaft, Frankfurt
Arendt, H. (1981), Vita activa oder Vom tätigen Leben, München
Arendt, H. (1986), Eichmann in Jerusalem – Ein Bericht über die Banalität des Bösen (1963), München
Ariès, Ph. (²1984), Geschichte der Kindheit (frz. L'enfant et la vie familiale sous l'ancien régime, Paris 1960) Mit einem Vorwort von H. von Hentig (1975), München
Aristoteles (1960), Metaphysik. Aus dem Griech. Übers. von F. Bassenger, Berlin
Aristoteles (1961), Poetik. Übersetzung, Einleitung und Anmerkungen von O. Gigon, Stuttgart
Aristoteles (1995), Philosophische Schriften in 6 Bänden, Darmstadt
Arnold, K./Schmolinsky, S./ Zahnd, U.M. (Hg.), Das dargestellte Ich. Studien zu Selbstzeugnissen des späteren Mittelalters und der frühen Neuzeit, Bochum 1999
Aron, R. (1967), Hauptströmungen des klassischen soziologischen Denkens. Montesquieu - Comte - Marx - Tocqueville (frz. Les étapes de la pensée sociologique, Paris 1967), Reinbek
Asmuth, Ch./Scholtz, G./Stammkötter, F.B. (Hg.) (1999), Philosophischer Gedanke und musikalischer Klang. Zum Wechselverhältnis von Musik und Philosophie, Frankfurt
Assmann, A. (1999), Zeit und Tradition. Kulturelle Strategien der Dauer, Köln
Assmann, A. (2001), Herder zwischen Nationalkulturen und Menschheitsgedächtnis, in: Saeculum 1, 41 ff.
Assmann, A. / Frevert, U. (1999), Geschichtsvergessenheit. Geschichtsversessenheit, Stuttgart
Assmann, A./Assmann, J. (1990), Das Gestern im Heute. Medien und soziales Gedächtnis, in: Funkkolleg Medien (1990/91), SBB 5, 41 ff.
Assmann, A./Harth, D. (Hg.) (1991), Kultur als Lebenswelt und Monument, Frankfurt
Assmann, A./Harth, D. (Hg.) (1991a), Mnemosyne. Formen und Funktionen kultureller Erinnerung , Frankfurt
Assmann, J. (1984), Ägypten. Theologie und Frömmigkeit einer frühen Hochkultur, Stuttgart
Assmann, J. (1991/1995), Stein und Zeit. Mensch und Gesellschaft im alten Ägypten, München
Assmann, J. (1992), Das kulturelle Gedächtnis. Schrift, Erinnerung und politische Identität in frühen Hochkulturen, München
Assmann, J. (1992a), Sentimental Journey zu den Wurzeln Europas. Zu M. Bernals 'Black Athena', in: Merkur 9,10/1992, 921-931
Assmann, J. (1995), Heiden: der religiöse Unterschied, in: Merkur 9/10/1995, 957 ff.
Assmann, J. (1996), Ägypten. Eine Sinngeschichte, München 1996
Assmann, J. (1998), Moses der Ägypter. Entzifferung einer Gedächtnisspur, Darmstadt
Assmann, J. (2003), Die mosaische Unterscheidung oder der Preis des Monotheismus, München
Assmann, J. (2004), Sinnkonstitution im alten Ägypten, in: Jaeger/Liebsch 2004, 454-461
Augustinus (1958), Bekenntnisse. Übertragen und eingeleitet von H. Hefele, Wiesbaden
Augustinus (1978), Vom Gottesstaat - De civitate Dei, München
Austin, J.L. (1972), Zur Theorie der Sprechakte (engl.: How to do things with Words, Oxford 1962), deutsche Bearbeitung von E. v. Savigny, Stuttgart
Autorenkollektiv (1965), Deutsche Literaturgeschichte in einem Band, (Ost-)Berlin
Autry, R. u.a. (Hg.) (1980 ff.), Lexikon des Mittelalters (LMA)
Babylonischer Talmud (2002), Übersetzung v. L. Goldschmidt (1930–1936), zwölfbändiger Neudruck, Darmstadt
Bachofen, J.J. (1943ff.), Gesammelte Werke in 10 Bänden, Basel/ Stuttgart
Bacon, F. (1960), Neu-Atlantis. Übersetzung und Einleitung, in: Heinisch 1960
Bacon, F. (1990), Neues Organon – Novum Organum. Lat.-Dt., hg. W. Krohn, übers. R. Hoffmann u. bearbeitet G. Korf, Hamburg
Bargatzky, Th. (1987), Ethnologie. Eine Einführung in die Wissenschaft von den urproduktiven Gesellschaften, Hamburg
Barloeven, W.D.v./Barloewen, C.v. (1988), Die Gesetzmäßigkeit der Geschichte. Evolution und Zivilisation. Von den Anfängen der Menschheit bis ins dritte Jahrtausend, Frankfurt
Barnes, H.E. (1962), History of Historical Writing (1937), New York
Barrelmeyer, U. (1997), Geschichtliche Wirklichkeit als Problem. Untersuchungen zu geschichtstheoretischen Begründungen historischen Wissens bei J. G. Droysen, G. Simmel und M. Weber, Münster

Barrow, J.D./ Tipler, F.J. (1988), The Anthropic Cosmological Principle, Oxford
Barsch, A./Hejl, P.M. (Hg.) (2000), Menschenbilder. Zur Pluralisierung der Vorstellung von der menschlichen Natur (1850-1914), Frankfurt
Bartels, K. (1996), Wie Berenike auf die Vernissage kam. 77 Wortgeschichten, Darmstadt
Barth, K. (1932-1959), Kirchliche Dogmatik. 12 Teile in 4 Bden., München und Zollikon
Barth, K. (²1922), Römerbrief (Bern 1919), München
Barthes, R. (1993-1995), La mort de l'auteur, Paris 1968, in: ders.: Ouevres Complètes, 3 t.s, Paris
Bartuschat, W. (1996), Baruch de Spinoza, München
Bastian, A. (1881), Der Völkergedanke im Aufbau einer Wissenschaft vom Menschen und seine Begründung auf ethnologischen Sammlungen [neuere Ausgabe in zwei Bänden 1896), Berlin
Bateson, G. (2000), Geist und Natur: Eine notwendige Einheit, Frankfurt
Baudrillard, J. (1953-1973), Le séminaire, Paris
Baudrillard, J. (1966), Ecrits, Paris
Baudrillard, J. (1979), Im Schatten der Mehrheiten oder Das Ende des Sozialen, in: Freibeuter. Vierteljahresschrift für Kultur und Politik 2,1979, 44
Baumann, H. (1940), Völker und Kulturen Afrikas, in: H. Baumann (Hg.) (1940), Völkerkunde von Afrika, Essen
Baumgart, B. (Hg.) (1960), Das Buch vom Hofmann (Libro del Cortegiano, 1500/1516, 1528), Bremen
Baumgart, R./Eichener, V. (1997), Norbert Elias zur Einführung, Hamburg
Baumgartner, H.-M. (1996), Philosophie der Geschichte nach dem Ende der Geschichtsphilosophie, in: Nagel-Docekal (1996, 151 ff.),
Baumgartner, H.-M. (³1991), Kants „Kritik der reinen Vernunft". Anleitung zur Lektüre, Freiburg
Baumgartner, H.-M.(1981), Über die Widerspenstigkeit der Vernunft, sich aus der Geschichte erklären zu lassen. Zur Kritik des Selbstverständnisses der evolutionären Erkenntnistheorie, in: H. Poser (Hg.): Wandel des Vernunftbegriffs, Freiburg 1981, 39-64
Bausinger, H. (o.J.), Volkskunde. Von der Altertumsforschung zur Kulturanalyse, Berlin/Darmstadt
Baxandall, M. (1987), Die Wirklichkeit der Bilder. Malerei und Erfahrung im Italien des 15. Jahrhunderts. Aus dem Englischen von H.G. Hole (1972), Frankfurt
Bayer, K. (²1996), Evolution - Kultur - Sprache. Eine Einführung, in: Bochumer Beiträge zur Semiotik 42, Bochum
Bayertz, K./Heidtmann, B./Rheinsberger, H.-J. (Hg.) (1982), Darwin und die Evolutionstheorie, Köln
Bayle, P. (1969), Dictionaire historique et critique (1697) [Reprint der Pariser Ausgabe von 1820-1824] Genève
Bayle, P. (1973-78), Historisches und critisches Wörterbuch. 4 Foliobände. Herausgegeben von J. Ch. Gottsched. Reprint der Leipziger Ausgabe von 1741-1744, Hildesheim
Bayle, P. (2003/2006), Historisches und kritisches Wörterbuch. Eine Auswahl der philosophischen Artikel, in zwei Teilen, übers. und hg. G. Gawlik u. L. Kreimendahl, Hamburg
Bayly, Ch.A. (2006), Die Geburt der modernen Welt. Eine Globalgeschichte 1780-1914. Aus dem Engl., Frankfurt
Beauvoir, S. de (1972), Das Alter. Essay (La Vieillesse, Paris 1970), Reinbek
Beauvoir, S. de (1968), Das andere Geschlecht. Sitte und Sexus der Frau (1951) (Le deuxième sexe, Paris 1949), Reinbek
Becher, U. u.a. (Hg.) (1986), Geschichte - Nutzen oder Nachteil für das Leben, Düsseldorf
Beck, H.G. (²1994), Das byzantinische Jahrtausend, München
Beck, U. (1986), Risikogesellschaft. Auf dem Weg in eine andere Moderne, Frankfurt
Becker, W. (2000), Das Dilemma der menschlichen Existenz. Die Evolution der Individualität und das Wissen um den Tod, Stuttgart
Beckermann, A. (1999), Analytische Einführung in die Philosophie des Geistes, Berlin/ New York
Behaghel, O. (⁵1928), Geschichte der deutschen Sprache (1898) Berlin/Leipzig
Bell, D. (1985), Nachindustrielle Gesellschaft, Reinbek 1985
Belting, H. (2005), Das echte Bild. Bildfragen als Glaubensfragen, München
Benda, J. (1983), Der Verrat der Intellektuellen (frz. La trahison des clercs, Paris 1927). Mit einem Vorwort von Jean Améry, Frankfurt
Benedict, R. (1955), Urformen der Kultur (engl. Patterns of Culture, Boston 1934), Reinbek
Benedictus (1992), Die Benediktusregel, hg. von der Salzburger Äbtekonferenz , Beuron
Benjamin, W. (1963), Das Kunstwerk im Zeitalter seiner technischen Reproduzierbarkeit. Drei Studien zur Kunstsoziologie (1931-1937), Frankfurt

Bennecke, G.F./ Müller, W./ Zarncke, F. (1854-66), Mittelhochdeutsches Wörterbuch, 3 Bde., Leipzig
Benner, D./Oelkers, J. (Hg.) (2004), Historisches Wörterbuch der Pädagogik, Weinheim/Basel
Ben-Sasson, H. (Hg.), (1978 ff.), Geschichte des jüdischen Volkes (History of Jewish People), X Bde., München
Benseler, F. (1995), Über Gewalt. Vorlesung 1994/95, Paderborn (Manuskript)
Benthien, C./Stephan, I. (2003), Männlichkeit als Maskerade. Kulturelle Inszenierungen vom Mittelalter bis zur Gegenwart, Wien
Benz, W. (Hg.) (1983), Die Bundesrepublik Deutschland. Geschichte in 3 Bden, Frankfurt
Benz, W. (Hg.) (1988), Die Juden in Deutschland 1933-1945. Leben unter nationalsozialistischer Herrschaft, München
Berg, Ch./Ellger-Rüttgardt, S. (1991), „Du bist nichts, Dein Volk ist alles". Forschungen zum Verhältnis von Pädagogik und Nationalsozialismus, Weinheim
Berg, E. /Fuchs, M. (Hg.) (1993), Kultur, soziale Praxis, Text. Die Krise der ethnographischen Repräsentation, Frankfurt
Berg, J.H. v. d. (1960), Metabletica. Über die Wandlungen des Menschen. Grundlinien einer historischen Psychologie, Göttingen
Berger, P.L. (1973), Zur Dialektik von Religion und Gesellschaft. Elemente einer sozialen Theorie (The Sacred Canopy. Elements of Sociological Theory of Religion, New York (1967), Frankfurt
Berger, P.L./Luckmann, Th. (1970), Die gesellschaftliche Konstruktion der Wirklichkeit. Eine Theorie der Wissenssoziologie, Frankfurt
Bergmann, J./Hahn, A./Luckmann, Th. (1993), Religion und Kultur. Sonderheft 33 der Kölner Zeitschrift für Soziologie und Sozialpsychologie, Opladen
Bergson, H. (1907), L'évolution créative, Paris
Bergson, H. (^{96}1961), Essai sur les données immédiates de la conscience (1889), Paris
Bernal, J. D. (1978), Sozialgeschichte der Wissenschaft. 4 Bände, Reinbek
Bernal, M. (1992), Schwarze Athene - Die afroasiatischen Wurzeln der griechischen Antike, München
Bernhardi, K. (1972), Sprachkarte von Deutschland (1843). Nachdruck der 2. Auflage von Kassel 1849, Hildesheim
Bernheim, E. (1889ff.), Lehrbuch der historischen Methode, Leipzig
Bertalanffy, L.v. (1971), General System Theory: Foundations, Development, Applications, New York/ London
Besson, W. (Hg.) (1961), Fischer Lexikon Geschichte, mit einer Einleitung von H. Rothfeld, Frankfurt
Betti, E. (1967), Allgemeine Auslegungslehre als Methodik der Geisteswissenschaften (aus It.), Tübingen
Bialas, W. (1997), Das Geschichtsdenken der klassischen deutschen Philosophie. Hegels Geschichtsphilosophie zwischen historischem Erfahrungsraum und utopischem Erwartungshorizont, in: Geschichtsdiskurs, Bd. 3, Frankfurt, 29-44
Bichler, R. (^{2}2001), Herodots Welt. Der Aufbau der Historie am Bild der fremden Länder und Völker, ihrer Zivilisation und ihrer Geschichte, Berlin
Bieri, P. (1996), Was macht Bewußtsein zu einem Rätsel ?, in: Metzinger 1996, 61-77
Bieri, P. (2001), Das Handwerk der Freiheit: Über die Entdeckung des eigenen Willens, München
Bieri, P. (Hg.) (1997), Analytische Philosophie des Geistes (1981), Königstein
Binder, G./Effe, B. (Hg.) (1990), Mythos. Erzählende Weltdeutung im Spannungsfeld von Ritual, Geschichte und Rationalität, Trier
Binford, L.R. (1984), Die Vorzeit war ganz anders, München
BIOS (1988), Zeitschrift für Biographieforschung und Oral History 1988 ff., Leverkusen
Bischof, N. (1989), Das Rätsel Ödipus. Die biologischen Wurzeln des Urkonflikts von Intimität und Autonomie (1985), München/Zürich
Bischof, N. (1992), Ordnung und Organisation als heuristisches Prinzip des reduktiven Denkens (1988), 1992, 79-128
Bismarck, O. von (2004 ff.), Gesammelte Werke. Neue Friedrichsruher Ausgabe, hg. von K. Caris, G. Gall, K. Hildebrand und E. Kolb, Paderborn
Bitterli, U. (1976), Die ‚Wilden' und die ‚Zivilisierten'. Grundzüge einer Geistes- und Kulturgeschichte der europäisch-überseeischen Begegnung, München
Bitterli, U. (1991), Die Entdeckung Amerikas. Von Kolumbus bis Alexander von Humboldt, München
Bitterli, U. (1992), Alte und neue Welt. Formen des europäisch-überseeischen Kulturkontaktes vom 15. bis zum 18. Jahrhundert, München

Blackmore, S. (2001), Die Macht der Meme oder Die Evolution von Kultur und Geist, Darmstadt
Blanke, H.W. (1991), Historiographiegeschiche als Historik, Stuttgart/Bad Canstatt
Blanke, H.W./Fleischer, D. (Hg.) (1990), Theoretiker der deutschen Aufklärungshistorie, 2 Bde., Stuttgart/Bad Canstatt
Blanke, H.W./Rüsen, J. (Hg.) (1984), Von der Aufklärung zum Historismus. Zum Strukturwandel des historischen Denkens, Paderborn
Blickle, P. (2000), Die leibhaftige Freiheit. Als Glaube, Herrschaft, Ordnung sich nicht mehr von selbst verstanden: Ringen um die Legitimität der Neuzeit, in: Jeismann 2000a, 9-25
Bloch, E. (1967ff./1985), Gesamtausgabe bzw. Werkausgabe, Frankfurt
Bloch, E. (1970), Das Prinzip Hoffnung (1949-59), 3 Bde., Frankfurt
Bloch, E. (2000), Geist der Utopie (1918), Neuaufl. von 1923, Frankfurt
Bloch, M. (1982), Die Feudalgesellschaft (La société féodale. 2 v., Paris 1939f.), Frankfurt
Bloch, M. (1998), Die wundertätigen Könige (frz. Les rois thaumaturges. Etudes sur le caractère surnaturel attribué à la puissance royale en France et Angleterre, Strasbourg 1924) Nachdruck mit einem Vorwort von J. Le Goff, Paris 1983), München
Bloch, M. (2002), Apologie der Geschichte oder Der Beruf des Historikers (1974) (Apologie de l'histoire ou Métier d´historien, Paris 1949), Stuttgart
Bloomfield, L. (1934ff.), Language, London
Blume, F. (Hg.), Epochen der Musikgeschichte, München/Kassel [6]1985
Blumenbach, J.F. (1782) Über die natürlichen Verschiedenheiten im Menschengeschlecht (zunächst lat. 1776), Göttingen
Blumenberg, H. (1960), Paradigmen einer Metaphorologie, Bonn
Blumenberg, H. (1979), Schiffbruch mit Zuschauer. Paradigma einer Daseinsmetapher, Frankfurt
Blumenberg, H. (1979a), Arbeit am Mythos, Frankfurt
Blumenberg, H. (1981), Die Lesbarkeit der Welt, Frankfurt
Blumenberg, H. (1988), Die Legitimität der Neuzeit (1966), Frankfurt
Blumenberg, H. (1989), Höhlenausgänge, Frankfurt
Blumenberg, H. (2003), Ästhetische und metaphorologische Schriften. Ausgew. und Nachwort A. Haverkamp, Frankfurt
Blumensath, H. (Hg.) (1972), Strukturalismus in der Literaturwissenschaft, Köln
Blumer, H. (1973), Der methodologische Standort des Symbolischen Interaktionismus (The Methodological Position of Symbolic Interactionism, 1969), in: Arbeitsgruppe Bielefelder Soziologen 1973, 80-146
Boas, F. (1914), Rasse, Sprache und Kultur (Race, Language, and Culture, New York), Leipzig (erweitert: New York 1940, Reprint Chicago 1982) [eine Auswahl von 62 zwischen 1887 und 1937 geschriebenen Aufsätzen]
Boas, F. (1970), The Social Organization and the Secret Societies of the Kwakiutl Indians (1897), New York
Bobzin, H. (1999), Der Koran. Eine Einführung, München
Bobzin, H. (Hg.) (2000), Der Koran in der Übersetzung von Friedrich Rückert, mit erklärenden Anmerkungen von W. Fischer, Würzburg
Böckmann, P. (1949), Formengeschichte der deutschen Dichtung, Hamburg 1949
Bödeker, H.E. (1994), Die Entstehung des modernen historischen Denkens als sozialhistorischer Prozess. Ein Essay, in: Geschichtsdiskurs (1993-98), Bd. 2, 295-319
Bödeker, H.E. (Hg.) (2002), Begriffsgeschichte, Diskursgeschichte, Metapherngeschichte, Reihe: Göttinger Gespräche zur Geschichtswissenschaft, Bd. 14, Göttingen
Bödeker, H.E. (Hg.) (2002a), Ausprägungen der historischen Semantik in den historischen Kulturwissenschaften, in: Bödeker 2002, 7-28
Bödeker, H.E. u.a. (Hg.) (1986), Aufklärung und Geschichte. Studien zur deutschen Geschichtswissenschaft im 18. Jahrhundert, Göttingen
Bödeker, H.E. u.a. (Hg.) (1999), Alphabetisierung und Literarisierung in Deutschland in der Frühen Neuzeit, Tübingen
Boedeker, D. (1988), Amerikanische Oral-Tradition-Forschung. Eine Einführung, in: Ungern-Sternberg/Reinan 1988, 34 ff.
Boethius, (1961), Trost der Philosophie. De consolatione philosophiae, München
Böhm, W. (1997), Entwürfe zu einer Pädagogik der Person. Gesammelte Aufsätze, Bad Heilbrunn
Böhm, W. (Hg.) ([15]2000), Wörterbuch der Pädagogik, Stuttgart

Böhme, Gernot (1987a), Historische Anthropologie, in: ders. 1987, 251 ff.
Böhme, Gernot (²1987), Anthropologie in pragmatischer Hinsicht. Darmstädter Vorlesungen, Frankfurt
Böhme, Gernot (Hg.) (1989), Klassiker der Naturphilosophie. Von den Vorsokratikern bis zur Kopenhagener Schule, München
Böhme, Günther (1984), Bildungsgeschichte des frühen Humanismus, Darmstadt
Böhme, Günther (1986), Bildungsgeschichte des europäischen Humanismus, Darmstadt
Böhme, Günther (1988), Wirkungsgeschichte des Humanismus im Zeitalter des Rationalismus, Darmstadt
Böhme, H. (2001), „Der Dämon des Zweiwegs". K. Breysigs Kampf um die Universalhistorie, in: Breysig 2001, Bd 1, S. V-XXVII, Berlin/New York
Böhme, H./ Scherpe, K.R. (Hg.) (1996), Literatur und Kulturwissenschaften. Positionen, Theorien, Modelle, Reinbek
Böhme, H./Matussek, P./Müller, L. (2000), Orientierung Kulturwissenschaft. Was sie kann, was sie will, Reinbek
Böhme, W. (1988), Evolution und Gottesglaube, Göttingen
Böhmer, O.A. (1997), Klein Ich. Ein Dialog, in: Merkur 6, 1997, 510-523
Bohn, C. (1991), Habitus und Kontext. Ein kritischer Beitrag zur Sozialtheorie Bourdieus, Opladen
Bohr, N. (1985), Atomphysik und menschliche Erkenntnis (1957), Braunschweig
Bohrer, K.H. (1970), Die gefährdete Phantasie, oder Surrealismus und Terror, München
Bohrer, K.H. (2002), Ästhetische Negativität, München
Bohrer, K.H. (Hg.) (1983), Mythos und Moderne. Begriff und Bild einer Rekonstruktion, Frankfurt
Bollacher, M. (Hg.)(1994), J.G. Herder: Geschichte und Kultur, Würzburg
Bollenbeck, G. (1994), Bildung und Kultur. Glanz und Elend eines deutschen Deutungsmusters, Frankfurt/Leipzig
Bollmann, R. (2006), Lob des Imperiums. Der Untergang Roms und die Zukunft des Westens, Berlin
Bolz, N. (1994), Für eine posthumane Kultur, in: Kuhlmann 1994, 133-154
Bonn, G. (2003), Engelbert Kaempfer (1651-1716). Der Reisende und sein Einfluß auf die europäische Bewußtseinsbildung über Asien, Frankfurt
Boor, H. de/ Newald, R. (Hg.) (1949-1994), Geschichte der deutschen Literatur von den Anfängen bis zur Gegenwart 12 Bde., München
Borges, J.L. (1981), Die Bibliothek von Babel, in: ders.: Gesammelte Werke. Bd. 3, München
Borgolte, M. (2002), Europa entdeckt seine Vielfalt 1050-1250, in: Handbuch der Geschichte: Bd. 3, hg. P. Blickle, Stuttgart
Borkenau, F. (1984), Ende und Anfang. Von den Generationen der Hochkulturen und von der Entstehung des Abendlandes. Neuherausgabe und Einführung durch R. Löwenthal, Stuttgart
Borneman, E. (1989), Das Patriarchat. Ursprung und Zukunft unseres Gesellschaftssystems (1975), Frankfurt
Bornkamm, H. (1955), Luther im Spiegel der deutschen Geistesgeschichte, Heidelberg
Bornkamm, H. (1961), Das Jahrhundert der Reformation - Gestalten und Kräfte, Göttingen
Borscheid, P. (1987), Geschichte des Alters. 16.-18. Jahrhundert, Münster
Borscheid, P. (2004), Das Tempo-Virus. Eine Kulturgeschichte der Beschleunigung, Frankfurt
Borsò, V./ Kann, Ch. (Hg.) (2004), Geschichtsdarstellung. Medien – Methoden – Strategien, Köln u.a.
Borst, A. (1973), Lebensformen im Mittelalter, Frankfurt
Borst, A. (1973), Weltgeschichte im Mittelalter, in: Koselleck/Stempel 1973, 452 ff.
Borst, A. (1991), Die Katherer (Diss. 1953), Freiburg
Borst, A. (1996), Der Turmbau von Babel - Geschichte der Meinungen über Ursprung und Vielfalt der Sprachen und Völker. 4 Bd., München
Borst, A. (1999), Zeit und Zahl in der Geschichte Europas, München
Boshof, E. u.a. (³1983), Grundlagen des Studiums des Geschichte, Köln
Bourdieu, P. (1970), Zur Soziologie der symbolischen Formen, Frankfurt
Bourdieu, P. (1982), Die feinen Unterschiede: Kritik der gesellschaftlichen Urteilskraft (La distinction. Critique sociale du jugement, Paris 1979), Frankfurt
Bourdieu, P. (1989), La noblesse d' Etat. Grandes Ecoles et esprit de corps, Paris
Bourdieu, P. (1990), Die biographische Illusion (mit Antworten von E. Liebau und L. Niethammer), in: BIOS 1/1990, 75-93
Bourdieu, P./Passeron, J.C. (1971), Illusion der Chancengleichheit (Les héritiers. Les étudiants et la culture, Paris 1964) Stuttgart

Bowler, P.J. (1995), Herbert Spencers Idee der Evolution und ihre Rezeption, in: Engels 1995, 309-325
Boyd, K. (Hg.) (1999), Encyclopedia of Historians and Historical Writing. 2 Bde., London/ Chicago
Bracher, K.D. (Hg.) (1981 ff.), Geschichte der Bundesrepublik, 5 Bde., Stuttgart
Brand, F. (1994), Relikte einer überwundenen Epoche oder Symbole ungebrochener nationaler Tradition und Identität? Zur Position des Hermannsdenkmals, in: Lippische Mitteilungen aus Geschichte und Landeskunde, Detmold, 253–284
Brand, G. (1971), Lebenswelt. Zur Philosophie des konkreten Apriori, Berlin
Braudel, F. (1958): Histoire et sciences sociales: la longue durée, in: Annales 1958, 725–753
Braudel, F. (1963), La grammaire des civilisations, Paris
Braudel, F. (1986), Sozialgeschichte des 15.-18. Jahrhunderts (Civilisation matérielle, économie et capitalisme, 3 t.s, Paris 1979) 3 Bde., München
Braudel, F. (1990), Das Mittelmeer und die mediterrane Welt in der Epoche Philipps II. (frz. La méditerranné et le monde méditerranéen à l'époque de Philipp II, Paris 1949/66), 3 Bde., Frankfurt

Braudel, F. (1992), Schriften zur Geschichte I. Gesellschaftliche und Zeitstrukturen, hg. P. Schötter, Stuttgart
Braun, H. (1984), Jesus - der Mann aus Nazareth und seine Zeit, Stuttgart
Braune, W. (^{12}1952), Althochdeutsches Lesebuch (1875). Bearbeitet von K. Helm, Tübingen
Braune, W. (^{15}1956), Gotische Grammatik mit Lesestücken und Wörterverzeichnis (1880). Bearbeitet v. K. Helm, Tübingen
Braune, W. (^{6}1944), Althochdeutsche Grammatik (1886), Halle/S.
Bredekamp, H. (1999), Thomas Hobbes visuelle Strategien. Der Leviathan: Urbild des modernen Staates, Berlin
Breidbach, O. (1997), Die Materialisierung des Ich. Zur Geschichte der Hirnforschung im 19. und 20. Jahrhundert, Frankfurt
Breisach, E. (1981), Historiography. Ancient, Medieval, and Modern, Chicago/London
Brek, A. (Hg.) (1983), Biographie und Autobiographie in der Renaissance, Wiesbaden
Bremmer, J.N. (1996) Götter, Mythen und Heiligtümer im antiken Griechenland, Darmstadt
Breton, A. (1924), Le Manifeste du surréalisme, Paris (dt. in: Die Manifeste des Surrealismus (^{10}2001), Reinbek
Breuer, R. (Hg.) (1993), Der Flügelschlag des Schmetterlings. Ein neues Weltbild durch die Chaosforschung, Herne
Breuer, S. (1994), Kulturen der Achsenzeit. Leistung eines geschichtsphilosophischen Konzepts, in: Saeculum 1994, 1-33
Breysig, K. (1900), Kulturgeschichte der Neuzeit, Berlin
Breysig, K. (1933), Naturgeschichte und Menschheitsgeschichte, Berlin
Breysig, K. (2001), Die Geschichte der Menschheit. Mit einer Einleitung von H. Böhme und einem Vorwort von A. Toynbee, 4 Bde., Berlin/New York
Brocker, M./Nau, H. (Hg.) (1997), Ethnozentrismus. Möglichkeiten und Grenzen des interkulturellen Dialogs, Darmstadt
Broglie, L. de (1949), Licht und Materie. [eine Auswahl in Übersetzung aus den Büchern „Matière et lumière" und „Physique et microphysique"], Hamburg
Brown, P. (1996), Die Entstehung des christlichen Europa. Aus dem Engl. von P. Hohlbrock, München
Brown, P. (1998), Autorität und Heiligkeit. Aspekte der Christianisierung des Römischen Reichs. Aus dem Engl. von D. Eibach, Stuttgart
Brown, P. (2000), Augustin von Hippo (Augustine of Hippo. A Biography, Berkeley 1967), München
Bruch, R.vom / Müller, R.A. (Hg.) (2002), Historikerlexikon. Von der Antike bis zur Gegenwart (1991), München
Bruhns, W. (2004), Meines Vaters Land. Geschichte einer deutschen Familie (Berlin)
Brumlik, M. (1992), Die Gnostiker. Der Traum von der Selbsterlösung des Menschen, Frankfurt
Brüning, J./Knobloch, E. (Hg.) (2005), Mathematische Innovationen und ihre Folgen, Paderborn
Brunner, H. (1983), Grundzüge der ägyptischen Religion, Darmstadt
Brunner, H. u.a. (Hg.) (1990), Lexikon Alte Kulturen. 3 Bde, Mannheim
Brunner, K. (^{2}1991), Einführung in den Umgang mit Geschichte, Wien
Brunner, O. (^{2}1984), Sozialgeschichte Europas im Mittelalter, Göttingen
Brunner, O. (^{5}1965), Land und Herrschaft. Grundfragen der territorialen Verfassungsgeschichte Österreichs im Mittelalter (1939), Baden bei Wien/ Leipzig

Brunner, O./Conze, W./Koselleck, R. (Hg.) (2004), Geschichtliche Grundbegriffe. Historisches Lexikon zur politisch-sozialen Sprache in Deutschland. 7 Bde. und Register, Stuttgart 1972-1997 (jetzt auch als Sonderausgabe Darmstadt 2004)
Bubner, R. (1990), Zur Wirkung der der analytischen Philosophie in Deutschland, in: Prinz/Weingart 1990, 448-458
Bubner, R. (Hg.) (1978-82), Geschichte der Philosophie in Text und Darstellung. 8 Bde., Stuttgart
Bubner, R. u.a. (Hg.) (1989), Rousseau und die Folgen, Göttingen
Buck, A. (1987), Humanismus. Seine europäische Entwicklung in Dokumenten und Darstellungen, Freiburg/München
Buckle, H.Th. (1904), Introduction of the History of Civilization in England, Bd. I, London
Budde, G.-F. (1997), Das Geschlecht der Geschichte, in: Mergel/ Welskopp 1997, 125-150
Budde, H. (1995), Das Altern einer Generation. Die Jahrgänge 1938-1948, Frankfurt
Buffon (1778), Époques de la nature, in: Buffon (1749-1804), Histoire naturelle. 44 vol., Paris
Bühler, K. (1965), Sprachtheorie (Jena 1934), Stuttgart
Bumke, J. (1986), Höfische Kultur. Literatur und Gesellschaft im hohen Mittelalter. 2 Bde., München
Burckhardt, J. (1960), Die Kultur der Renaissance in Italien (Basel 1860). Hg. W. Rehm, Stuttgart
Burckhardt, J. (1970), Gesammelte Werke, Darmstadt
Burckhardt, J. (1977/2003), Griechische Kulturgeschichte (Berlin 1898). (1) Mit einer Einführung von W. Kaegi. 4 Bde., München; (2) Ausgewählt und mit einem Vorwort versehen von R.-R. Wuthenow, Frankfurt/ Leipzig
Burckhardt, J. (1982), Über das Studium der Geschichte [erstmals veröffentlicht 1905 unter dem Titel: Weltgeschichtliche Betrachtungen]. Neue kritische Ausgabe nach den Handschriften hg. P. Ganz, München
Burckhardt, J. (2001 ff.), Werke. Gesamtausgabe, München/Basel
Burckhardt, J. (2002), Das Reformationsjahrhundert. Deutsche Geschichte zwischen Medienrevolution und Institutionenbildung 1517-1617, Stuttgart
Burenhult, G. (Hg.) (2000), Illustrierte Geschichte der Menschheit (The Illustrated History of Mankind). Bd. 1: Die ersten Menschen, Bd. 2: Die Menschen der Steinzeit. Jäger, Sammler und frühe Bauern, Bd. 3: Die Kulturen der Alten Welt. Die ersten Städte und Staaten, Bd. 4: Die Kulturen der Neuen Welt, Bd. 5: Naturvölker heute. Beständigkeit und Wandel in der modernen Welt, Augsburg
Burger, H.O. (Hg.) (1951), Annalen der deutschen Literatur, Stuttgart
Bürger, P. (1998), Das Verschwinden des Subjekts. Eine Geschichte der Subjektivität von Montaigne bis Barthes, Frankfurt
Burger, R. (2004), Geschichte als Therapie? Zur Konjunktur des historischen Bewußtseins, in: Merkur 5, 2004, 375-395
Burger, R. (2004), Kleine Geschichte der Vergangenheit. Eine pyrrhonische Skizze der historischen Vernunft, Graz
Burgmer, Ch. (2004), Der Streit um den Koran. Die Luxenberg-Debatte. Standpunkte und Hintergründe, Berlin
Burguière, A./Klapisch-Zuber, C./Segalen, M./Zonabend, F. (Hg.) (1996), Geschichte der Familie (frz. Histoire de la famille, 2 t.s, Préfaces de C. Lévi-Strauss et de G. Duby, Paris 1986), Frankfurt
Burke, P. (1984), Die Renaissance in Italien. Sozialgeschichte einer Kultur zwischen Tradition und Erfindung (engl. 1972), Berlin
Burke, P. (1990), Die Renaissance, Berlin 1990
Burke, P. (1999), Westliches historisches Denken in globaler Perspektive – 10 Thesen, in: Rüsen 1999, 31-52
Burkert, W. (1972), Homo necans. Interpretationen altgriechischer Opferriten und Mythen, Berlin
Burkert, W. (1981), Mythos und Mythologie, in: Propyläen Literaturgeschichte Bd. I, Berlin 1981, 11 ff.
Burkert, W. (2003), Die Griechen und der Orient. Von Homer bis zu den Magiern. Aus dem Italienischen ins Deutsche übertragen vom Verfasser, München
Busch, W. (Hg.) (²1997), Funkkolleg Kunst. Eine Geschichte der Kunst im Wandel ihrer Funktionen, München/ Zürich
Campanella, T. (1955), Der Sonnenstaat (it. La Città del Sole, 1602/1632). Idee eines philosophischen Gemeinwesens. Übersetzung und Deutung, Berlin (DDR); Übersetzung und Einleitung auch in: Heinisch 1960

Campbell, D.T. (1966), Evolutionary Epistemology, in: P.A. Schlipp, ed.: The Philosophy of K.R. Popper, La Salle, Ill.
Campbell, N.A./Reece, J.B. (Hg.) (⁶2003), Biologie (engl. 2002), Heidelberg
Cancik, H. (1987), „Die Würde des Menschen ist unantastbar." Religions- und philosophiegeschichtliche Bemerkungen zu Art. I, Satz 1 GG, in: Funke 1987, 73-107
Cancik, H./Gladimow, B./Laubscher, M. (Hg.) (1988), Handbuch religionswissenschaftlicher Grundbegriffe, Stuttgart
Canetti, E. (1980), Die gerettete Zunge. Die Geschichte einer Jugend, München 1980
Carbonell, Ch.-O. (1981/ 2002), L' historiographie, Paris
Cardini, F. (1989), Europa 1492. Ein Kontinent im Aufbruch. Illustrierte Kulturgeschichte des Abendlands an der Wende zur Neuzeit, Mailand/München
Cardini, F.(1991), Universitäten im Mittelalter. Die europäischen Stätten des Wissens, München
Carnap, R. (1934), Logische Syntax der Sprache, Wien
Carr, D. (1997), Die Realität der Geschichte, in: Müller/Rüsen1997, 309–327
Carr, E.H. (³1963), Was ist Geschichte?, Stuttgart
Casmann, O. (1594), Psychologia anthropologica sive animae humanae methodice informata, Hannoviae
Cassirer, E. (1990), Was ist der Mensch? Versuch einer Philosophie der menschlichen Kultur (engl. An Essay on Man. Introduction to a Philosophy of Human Nature, 1944), Stuttgart 1960, Neuausg. Frankfurt
Cassirer, E. (1998), Die Philosophie der Aufklärung (1932) in: G.W. 15, Hamburg
Cassirer, E. (1998ff.), Gesammelte Werke. 26 Bde. Hamburger Ausgabe, hg. B. Recki, Darmstadt
Cassirer, E. (2001-02), Philosophie der symbolischen Formen (1923-29). 3 Bde., in: G.W. 11-13
Casson, L. (2002), Bibliotheken in der Antike. Aus dem Engl. von A. Beck, Düsseldorf
Castex, P./ Surer, P. (1946), Manuel des études littéraires francaises, 6 t.s, Paris
Castiglione, B. (1960), Das Buch vom Hofmann (Libro del Cortegiano, 1500/1516, 1528), übers. u hg. B. Baumgart, Bremen
Cato (1986), Les Origines. Fragments. Texte établi, traduit et commenté, Paris
Cellini, B. (1957), Das Leben des Benvenuto Cellini, übers. J.W. v. Goethe (1803), Reinbek
Cellini, B. (2000), Mein Leben. Die Autobiographie eines Künstlers der Renaissance, übers. und mit einem Nachwort von J. Laager, Zürich 2000
Ceram, C.W. (1949ff.), Götter, Gräber und Gelehrte. Roman der Archäologie, Hamburg
Certeau, M. de (1991), Das Schreiben der Geschichte (frz. L´écriture de l´histoire, Paris 1975). Übers. von S. M. Schomburg-Scherff, Nachwort von R. Chartier, Frankfurt
Chadwick, H. (1987), Augustinus, Göttingen
Chamberlain, H.S. (²⁸1942), Die Grundlagen des 19. Jahrhunderts. 2 Bde. (1899), München
Changeux, J.-P. (1984), Der neuronale Mensch, Reinbek
Channu, P./Duby, G./Le Goff, J./Perrot, M. (1989), Leben mit der Geschichte. Vier Selbstbeschreibungen (frz. Essais d'ego-histoire, Paris 1987), Frankfurt
Chartier, R. (1995), L'histoire culturelle entre ‚Linguistic Turn' et Le retour au Sujet, in: Lehmann 1995, 29–58
Childe, G. (1936), Man Makes Himself, London
Childe, G.V. (1952), Stufen der Kultur. Von der Urzeit zur Antike (What Happened in History?, London 1942) Stuttgart
Chladenius, J.M. (1969), Einleitung zur richtigen Auslegung vernünftiger Reden und Schriften. Mit einer Einleitung von L. Geldsetzer (Photomechanischer Nachdruck der Ausgabe von 1742), Düsseldorf
Chomsky, N. (1969), Aspekte der Syntax-Theorie (Aspects of the Theory of Syntax, Cambridge, USA, 1965) Frankfurt
Chomsky, N. (1973), Sprache und Geist (Language and Mind, New York 1968), Frankfurt
Christes, J. (1975), Bildung und Gesellschaft. Die Einschätzung der Bildung und ihrer Vermittler in der griechisch-römischen Antike, Darmstadt
Christes, J. (1996), Der Gebildete im republikanischen Rom im Spannungsfeld von *neotium* und *otium* (mit besonderer Berücksichtigung Ciceros), in: Keck/Wiersing/Wittstadt 1996, 111-131
Christes, J. (1997), Rom und die Fremden. Bildungsgeschichtliche Aspekte des Akkulturation, in: Lüth/ Keck/Wiersing 1997, 99-116
Christes, J. (1998), Cicero und der römische Humanismus, in: „Humanismus in Europa" 1998, 45-74

Churchland, P.S. (1996), Die Neurobiologie des Bewußtseins. Was können wir von ihr lernen?, in: Metzinger 1996, 463-490
Ciafardone, R. (1990), Die Philosophie der deutschen Aufklärung. Texte und Darstellung, Stuttgart
Cicero (^{2}1991), De oratore. Über den Redner (lat./dt.), hg. H. Merklin Stuttgart
Cicero (1989), Werke in drei Bänden, in: Bibliothek der Antike, Berlin/Weimar
Cicero (1991), Von den Pflichten (lat.-dt.), Leipzig
Cicero (^{4}1994), Vom rechten Handeln (lat.-dt.). Mit einer Einführung hg. u. übers. von K. Büchner, München/Zürich
Cioran, E.M. (1979), Die verfehlte Schöpfung, Frankfurt
Cipolla,M./Borchardt, K. (Hg.) (1978), Europäische Wirtschaftsgeschichte, Stuttgart/New York
Clanchy, M.T. (2000), Abaelard. Ein mittelalterliches Leben, Darmstadt 2000
Clauss, M. (1999), Das alte Israel. Geschichte - Gesellschaft - Kultur, München
Cocks, G./Crosby, T. (ed.), Psychohistory: Readings in the Method of Psychology, psychoanalysis and History, New Haven/London 1987
Cole, J. (1999), Über das Gesicht. Naturgeschichte des Gesichts und natürliche Geschichte derer, die es verloren haben. Aus dem Engl. v. U. Blumenbach, München 1999
Comte, A. (1965), Kursus der positiven Philosophie. 6 Bde. (frz. Cours de philosophie positive, Paris 1830-42), Stuttgart
Condorcet, A. de (1963), Entwurf einer historischen Darstellung der Fortschritte des menschlichen Geistes. Frz.-dt., hg. W. Alff/H. Schweppenhäuser (frz. Esquisse d'un tableau historique des progrès de l'esprit humain, Paris 1795), Frankfurt
Conrad, A. (2003), Frauen- und Geschlechtergeschichte, in: Maurer Bd. 7, 2003, 230-293
Conrad, Ch. /Kessel, M. (Hg.) (1994), Geschichte schreiben in der Postmoderne. Beiträge zur aktuellen Diskussion, Stuttgart 1994
Conrad, Ch./ Kessel, M. (Hg.) (1998), Kultur & Geschichte. Neue Einblicke in eine alte Beziehung, Stuttgart
Conrad, Ch./Kondratowitz, H.-J (Hg.) (1983), Gerontologie und Sozialgeschichte. Wege zu einer historischen Betrachtung des Alters, Berlin
Conrady, K.O. (1966), Einführung in die Neuere deutsche Literaturwissenschaft, Reinbek
Conze, W. (1957), Die Strukturgeschichte des technisch-industriellen Zeitalters als Aufgabe für Forschung und Unterricht, Köln
Conze, W./ Lepsius, M.R. (Hg.) (1983), Sozialgeschichte der Bundesrepublik Deutschland. Beiträge zum Kontinuitätsproblem, Stuttgart
Corbin, A. (1999), Auf den Spuren eines Unbekannten. Ein Historiker rekonstruiert ein ganz gewöhnliches Leben (Le monde retrouvé de L.-F. Pinagot: Sur les traces d'un inconnu 1798-1876, Paris 1998), Frankfurt
Cornelißen, Ch. (Hg.) (2000), Geschichtswissenschaften. Eine Einführung, Frankfurt
Cornfeld, G./Botterweck, G.J. (Hg.) (1991), Die Bibel und ihre Welt. Eine Enzyklopädie zur Heiligen Schrift in zwei Bänden (engl. Tel Aviv 1964; dt. Herausgabe und Bearbeitung durch G.J. Botterweck, 1988), Hersching
Cramer, F. (1993), Chaos und Ordnung, Frankfurt
Cramer, F. (1993), Der Zeitbaum. Grundlegung einer allgemeinen Zeittheorie, Frankfurt
Crick, F. (1994), Was die Seele wirklich ist, München
Croby, A.W. (1991), Die Früchte des weißen Mannes. Ökologischer Imperialismus 900-1900, Frankfurt
Crystal, D. (Hg.) (1993), Die Cambridge Enzyklopäodie der Sprache. Übers. aus dem Engl. und deutsche Bearbeitung S.Röhrich, A. Böckler, M. Jansen, Frankfurt
Cunliffe, B. (Hg.) (1996), Illustrierte Vor- und Frühgeschichte Europas (engl.), Frankfurt
Curtius, E. (1935), Griechische Geschichte von den Uranfängen bis zum Tode des Perikles (1852-67). 3 Bde., Olten
Curtius, E.R. (1948), Europäische Literatur und lateinisches Mittelalter, Bern
Dahlhaus, C. (1980), Die Musik des 19. Jahrhunderts, Bd. 6 von Dahlhaus 1980-92
Dahlhaus, C. (1987), Was ist Musikgeschichte?, in: Funkkolleg Musikgeschichte. SBB 1, 66-92
Dahlhaus, C. (1988), Absolute Musik, in: ebd., SBB 7,11- 41
Dahlhaus, C. (^{2}1996), Musikwissenschaft, Artikel in: Musik in Geschichte und Gegenwart (MGG), Sachteil Bd. 6, Kassel
Dahlhaus, C. (Hg.) (1980-92), Neues Handbuch der Musikwissenschaft, fortgeführt von H. Danuser, 13 Bde., Wiesbaden (Sonderausgabe 1997)

Dahlheim, W. (⁶2002), Die Antike. Griechenland und Rom von den Anfängen bis zur Expansion des Islam, Paderborn
Dahrendorf, R. (1974), Pfade aus Utopia (1958), München
Damasio, A.R. (2000), Eine Neurobiologie des Bewußtseins, in: Newen/Vogeley 2000, 315-331
Daniel, C. (1983), Hegel verstehen. Einführung in sein Denken, Frankfurt/ New York
Daniel, G. (Hg.) (1980/96), Enzyklopädie der Archäologie (engl. London 1977), dt. Ausg. hg. J. Rehork, Bergisch Gladbach
Daniel, U. (2001), Kompendium Kulturgeschichte. Theorien, Praxis, Schüsselwörter, Franfurt
Daniel, U. (2003), Kulturgeschichte, in: Nünning/Nünning 2003, 186-204
Dann, O./Oellers, N./Osterkamp, B. (Hg.) (1995), Schiller als Historiker, Stuttgart/Weimar
Danneberg, L./Höppner, W./Klausnitzer, R. (Hg.) (2005), Stil, Schule, Disziplin. Analyse und Erprobung von Konzepten wissenschaftsgeschichtlicher Rekonstruktion, Frankfurt u.a
Dante (1962/2003), Die Göttliche Komödie. (1) Deutsch von K. Vossler (1941), München, (2) 2 Bde., Prosaübersetzung und Erläuterungen von F. Barth, Darmstadt
Dante (1964), Vita nuova - Das neue Leben (1293). It.-dt., Übers. K. Federn, Frankfurt
Danto, A.C. (1974), Analytische Philosophie der Geschichte, Frankfurt
Darwin, Ch. (1871), The Descent of Man, and Selection in Relation to Sex (dt.: Die Abstammung des Menschen und die geschlechtliche Auslese), London
Darwin, Ch. (²1980), Über die Entstehung der Arten durch natürliche Zuchtwahl. Übers. C.W. Neumann (engl. On the Origin of Species by Means of Natural Selections or the Preservation of Favoured Races in the Struggle for Life, London 1859), Stuttgart
Daum, A.W. (1998), Wissenschaftspopularisierung in Deutschland im 19. Jahrhundert. Bürgerliche Kultur, naturwissenschaftliche Bildung und die deutsche Öffentlichkeit 1848-1914, München
Dawkins, R. (1978), Das egoistische Gen (engl. 1976), Heidelberg
De Laet, S.J.(ed.) (1994), History of Humanity, 7 vol. published by the Unesco, London
De Libera, A. (2003), Denken im Mittelalter (frz. Pensée au Moyen Age, Paris 1991), übers. v. A. Knop, München
De Mause, L. (1978), Hört ihr die Kinder weinen? Eine psychogenetische Geschichte der Kindheit (History of Childhood, 1974), Frankfurt
De Mause, L. (1989), Grundlagen der Psychohistorie. Psychohistorische Schriften, Frankfurt
Decke-Cornill, A. (1999), Endzeitstimmung. Zur Psychologie apokalyptischer Phantasien, in: Neue Sammlung 4,1999, 631-658
Deininger, J. (1998), Alte Geschichte. Entwicklung und Hauptforschungsgebiete, in: Goertz 1998, 214-232
Deleuze, G./Guattari, F. (1977), Rhizom, Berlin
Delumeau, J. (1983), Le péché et la peur. La culpabilisation en occident. XIII-XVIII s., Paris
Demandt, A. (1978), Metaphern für Geschichte. Sprachbilder und Gleichnisse im historisch-politischen Denken, München
Demandt, A. (1986), Ungeschehene Geschichte. Ein Traktat über die Frage: Was wäre geschehen, wenn ...?, Göttingen
Demandt, A. (1993), Der Idealstaat. Die politischen Theorien der Antike, Köln u.a.
Demandt, A. (2003), Kleine Weltgeschichte, München
Dennett, D.C. (1994), Philosophie des menschlichen Bewußtseins (Conciousness Explained, Boston 1991), Hamburg
Derrida, J. (1974), Grammatologie (De la grammatologie, Paris 1967), Frankfurt
Derrida, J. (³1987), Die Schrift und die Differenz (L'écriture et la différence, dans: J. Derrida: La structure, le signe et le jeu dans le discours des sciences humaines, Paris 1967), Frankfurt
Descartes, R. (1956), Meditationes de prima philosophie (1641). Meditationen über die erste Philosophie. Nach der Ausg. v. A. Buchenau neu hg. v. E.Ch. Schröder, Hamburg
Descartes, R. (1960), Auswahl und Einleitung von I. Frenzel, Frankfurt
Descartes, R. (1961), Discours de la méthode. Avec introduction et notes par E. Gilson, Paris
Descartes, R. (1969), Discours de la Méthode (1637). Von der Methode des richtigen Vernunftgebrauchs und der wissenschaftlichen Forschung. Übers. von L. Gäbe, Hamburg
Descartes, R.(1973), Regulae ad Directionem Ingenii (postum 1701). Regeln zur Ausrichtung der Erkenntniskraft. Übers. v. H. Springmeyer, Hamburg
Deschner, K. (1986), Kriminalgeschichte des Christentums. Die Frühzeit, Reinbek

Detel, W./Zittel, C. (Hg.) (2002), Wissensideale und Wissenskulturen in der frühen Neuzeit, Reihe: Wissenskultur und gesellschaftlicher Wandel, Bd. 2, Berlin

Deutscher Bundestag (^{17}1991), Deutsche Geschichte. Fragen an die deutsche Geschichte. Ideen, Kräfte, Entscheidungen von 1800 bis zur Gegenwart. Historische Ausstellung im Reichstagsgebäude in Berlin, Bonn

Diamond, S. (1976), Kritik der Zivilisation. Anthropologie und die Wiederentdeckung des Primitiven. Eingel v. W.-D. Narr, Frankfurt

Diderot, D (ed.) (1984), Encyclopédie. Textes choisis. Nouvelle édition revue, augmentée et annotée par A. Soboul, Paris

Diderot, D. (Hg.) (1966), Enzyklopädie oder auf Vernunftkenntnis gegründetes Lexikon der Wissenschaften, der Künste und des Handwerks (frz. Encyclopédie ou Dictionaire raisonné des sciences des arts et des métiers), Faksimile der Ausgabe von 1751 bis 1780, Stuttgart

Dieckmann, H. (1973), Naturgeschichte von Bacon bis Diderot: Einige Wegweiser, in: Koselleck/Stempel 1973, 95–114

Diels, H. (^{8}1957), Die Fragmente der Vorsokratiker, hg. W. Kranz, mit Einführungen von G. Plamböck, Hamburg

Diemer, A. (1978), Philosophische Anthropologie. Elementarkurs Philosophie, Düsseldorf

Diemer, A./Frenzel, I. (Hg.) (1967), Das Fischer Lexikon Philosophie, Frankfurt

Dierse,U./Scholtz,G.(1974), Artikel „Geschichtsphilosophie", in: Hist. Wörterb. der Philosophie, Bd. 3, 415 ff.

Diesener, G. (Hg.) (1993), Karl Lamprecht weiterdenken. Universal- und Kulturgeschichte heute, Leipzig

Dihle, A. (1994), Die Griechen und die Fremden, München

Dihle, A. (^{2}1991), Griechische Literaturgeschichte. Von Homer bis zum Hellenismus, München (1967)

Dilly, H. (1979), Kunstgeschichte als Institution. Studien zur Geschichte einer Disziplin, Frankfurt

Dilthey, W. (1914), Einleitung in die Geisteswissenschaften. Versuch einer Grundlegung für das Studium der Gesellschaft und der Geschichte (1983), Bd. I der GS

Dilthey, W. (1924): Ideen über eine beschreibende und zergliedernde Psychologie (1894), in: ders.: Die geistige Welt. Einleitung in die Philosophie des Lebens. Bd. V der Ges Schr.

Dilthey, W. (1957 ff.), Gesammelte Schriften. 19 Bde., Hg. B. Groetenhuysen u.a. (Leipzig/Berlin 1914 ff.), Göttingen

Dilthey, W. (1983), Texte zur Kritik der historischen Vernunft, hg. und eingeleitet von H-U. Lessing, Göttingen

Diner, D. (1999), Das Jahrhundert verstehen. Eine universalhistorische Deutung, München

Dinzelbacher, P. (1996), Angst im Mittelalter. Mentalitätsgeschichte und Ikonographie von Teufels-, Todes- und Geisteserfahrung, Paderborn

Dinzelbacher, P. (Hg.) (1992), Sachwörterbuch der Mediävistik, Stuttgart

Dinzelbacher, P. (Hg.) (1993), Europäische Mentalitätsgeschichte. Hauptthemen in Einzeldarstellungen, Stuttgart

Diogenes Laertius (1967), Leben und Meinungen berühmter Philosophen (3. Jh. u.Z.). Buch I-X., hg. von K. Reich, Hamburg

Ditfurth, H.v. (1970), Kinder des Weltalls. Der Roman unserer Existenz, Hamburg

Ditfurth, H.v. (1976), Der Geist fiel nicht vom Himmel – Die Evolution unseres Bewußtseins, Hamburg

Ditfurth, H.v. (1985), So laßt uns denn ein Apfelbäumchen pflanzen, Hamburg

Döbert, R./Habermas, J./Nunner-Winkler, G. (Hg.) (1977), Entwicklung des Ich, Köln

Dodds, E.R. (1985), Heiden und Christen in einem Zeitalter der Angst. Aspekte religiöser Erfahrung von Marc Aurel bis Konstantin. Aus dem Engl. (1979), Frankfurt

Dohmen, Ch. (1994), Das Bilderverbot. Seine Entstehung und seine Entwicklung im Alten Testament, Frankfurt

Donadoni, S. (Hg.) (1992), Der Mensch des Alten Ägypten, Frankfurt/New York

Dönhoff, M. Gräfin v. (1963), Die Bundesrepublik in der Ära Adenauer. Kritik und Perspektiven, Reinbek

Doux, J.L. (2003), Das Netz der Persönlichkeit. Wie unser Selbst entsteht. Aus dem Am. von Ch. Trunk, Düsseldorf

Dressel, G. (1996), Historische Anthropologie. Eine Einführung, Wien

Drewermann, E. (^{3}1990), Ich steig hinab in die Barke der Sonne – Meditationen zu Tod und Auferstehung in Bezug auf Joh. 20/21, Freiburg

Driesch, H. (1909), Die Philosophie des Organischen, Leipzig
Droysen, J.G. (1937), Historik. Vorlesungen über Enzyklopädie und Methodologie der Geschichte (1857-83). Hg. R. Hübner Darmstadt (⁴1960).
Droysen, J.G. (1977), Historik. Textausgabe von P. Leyh, Stuttgart/Bad Cannstadt
Droysen, J.G. (1998), Geschichte des Hellenismus (1836-1843), 3 Bde, Nachdruck mit einer Einleitung von H.-J. Gehrke, Darmstadt
Duby, G. (1973), Le dimanche de Bouvines: le 27 juillet 1214, Paris
Duby, G. (1979a), L'Europe au moyen âge. Art roman, art gotique, Paris
Duby, G. (1981), Die drei Ordnungen. Das Weltbild des Feudalismus (Les trois ordres ou l' imaginaire du féodalisme, Paris 1978), Frankfurt
Duby, G. (1985), Ritter, Frau und Priester. Die Ehe im feudalen Frankreich. Übers. M. Schroter (Le chevalier, la femme et le prêtre. Le mariage dans la France féodale, Paris 1981), Frankfurt
Duby, G. (1988), Die Zeit der Kathedralen. Kunst und Gesellschaft 980-1420 (Le temps des cathédrales. 980-1420, Genève 1966/67), Frankfurt
Duby, G. (1996), Unseren Ängsten auf der Spur. Vom Mittelalter zum Jahr 2000 (frz. An 1000 – An 2000. Sur les traces de nos peurs, Paris 1995), Köln
Ducellier, A. (1990), Byzanz. Das Reich und die Stadt, Frankfurt
Duerr, H.P. (1978), Traumzeit. Über die Grenze zwischen Wildnis und Zivilisation, Frankfurt
Duerr, H.P. (1988-2002), Der Mythos vom Zivilisationsprozeß. 5 Bde., Bd. 1: Nacktheit und Scham (1988), Bd. 2: Intimität (1990), Bd. 3: Obzönität und Gewalt (1993), Bd. 4: Der ereotische Leib (1997), Bd. 5: Die Tatsachen des Lebens (2002), Frankfurt
Dülmen, R.van (1987), Reformation und Neuzeit. Ein Versuch, in: Zs. für Historische Forschung 14 (1987), 1-25.
Dülmen, R.van (1990 ff.), Kultur und Alltag in der Frühen Neuzeit, 3 Bde., München
Dülmen, R.van (1991), Historische Anthropologie in der deutschen Sozialgeschichtsschreibung. Ein Bericht, in: Geschichte in Wissenschaft und Unterricht 1991, 692-709.
Dülmen, R.van (1999), Kultur und Alltag in der Frühen Neuzeit. 16. bis 18. Jahrhundert. 3 Bde., München
Dülmen, R.van (2000), Historische Anthropologie. Entwicklung, Probleme, Aufgaben, Köln
Dülmen, R.van (Hg.) (1998), Erfindung des Menschen. Schöpfungsträume und Körperbilder 1500-2000, Köln u.a.
Dülmen, R.van (Hg.) (2001), Entdeckung des Ich. Die Geschichte der Individualisierung vom Mittelalter bis zur Gegenwart, Köln u.a.
Dülmen, R.van/ Schindler, N. (Hg.) (1984),Volkskultur. Zur Wiederentdeckung des vergessenen Alltags, Frankfurt
Dülmen, R.van/Rauschenbach, S. (Hg.) (i.E.) Macht des Wissens. Entstehung der modernen Wissensgesellschaft 1500-1820, Köln u.a.
Durant, W./ Durant A. (1981), Kulturgeschichte der Menschheit (The Story of Civilization, 1935 ff.), 18 Bde., hg. von H. Dollinger, Frankfurt
Durkheim, E. (1981), Die elementaren Formen des religiösen Lebens. Das totemistische System in Australien (Les formes élémentaires de la vie réligieuse. Le système totémique en Australie, Paris 1912), Frankfurt
Durkheim, E. (1988), Über die soziale Arbeitsteilung. Studie über die Organisation höherer Gesellschaften (De la division du travail social. Paris 1893), Frankfurt
Durkheim, E. (²1965), Die Regeln der soziologischen Methode (frz.: Les règles de la méthode sociologique, Paris 1895), hg. R. König, Neuwied
Dux, G. (1982), Die Logik der Weltbilder, Frankfurt
Dux, G. (1989), Die Zeit in der Geschichte. Ihre Entwicklungslogik vom Mythos zur Weltzeit, Frankfurt
Dux, G. (1997), Wie der Sinn in die Welt kam, und was aus ihm wurde, in: Müller/Rüsen 1997, 195 ff.
Dux, G. (2000), Historisch-genetische Theorie der Kultur. Instabile Welten. Zur prozessualen Logik im kulturellen Wandel, Weilerswist
Dyck, J. (Hg.) (1980 ff.), Rhetorik. Ein internationales Jahrbuch, Stuttgart
Eadmer (1923), Anselm von Canterbury. Das Leben des Heiligen, beschrieben von seinem Schüler Eadmer, in der Übersetzung von G. Müller, München
Eccles, J.C. (²1977), The Understanding of the Brain, New York
Eco, U. (1973), Das offene Kunstwerk (Opera aperta, Milano 1962), Frankfurt 1973

Eco, U. (1977), Zeichen. Einführung in einen Begriff und seine Geschichte (Il segno, Milano 1973), München
Eco, U. (1982/1987), Der Name der Rose. Aus dem italienischen B. Kroeber (it. Il nome della rosa, Milano1980), München/Wien (1987 eine „große, erweiterte Ausgabe. Mit Ecos Nachschrift und Kroebers Kommentar")
Eco, U. (1984/1986), Postmodernismus, Ironie und Vergnügen, in: ders., Nachschrift zum „Namen der Rose" (Postillea 'Il Nome della rosa', Milano 1983), München 1984, 76-83
Eco, U. (1985), Über Gott und die Welt. Essays und Glossen. Deutsch B. Kroeber, München/Wien
Eco, U. (1991), Kunst und Schönheit im Mittelalter (Arte e bellezza nell'estetica medivale, Milano 1987), München 1991
Eco, U. (1993), Kunst und Schönheit im Mittelalter, München
Eco, U. (^{7}1991): Einführung in die Semiotik (1971) (La struttura assente, Milano 1968) München (1972)
Edelman, G.M. /Tononi G. (1997), Neuronaler Darwinismus: Eine selektionistische Betrachtungsweise des Gehirns, in: Meier/Ploog 1997, 187-234
Edelmann, G.M. (1993), Unser Gehirn - ein dynamisches System. Die Theorie des neuronalen Darwinismus und die biologischen Grundlagen der Wahrnehmung (Neural Darwinism, New York 1987), München / Zürich
Edelmann, G.M. (2004), Das Licht des Geistes. Wie Bewußtsein entsteht. Aus dem Engl. v. Ch. Trunk, Düsseldorf/Zürich
Edelmann, G.M./Tononi, G. (2002), Gehirn und Geist. Wie aus Materie Geist entsteht. Aus dem Englischen von S. Kuhlmann-Krieg, München
Eder, K. (1976), Zur Entstehung staatlich organisierter Gesellschaften. Ein Beitrag zu einer Theorie sozialer Evolution, Frankfurt
Ehrenforth, K.H. (2005), Geschichte der musikalischen Bildung. Eine Kultur-, Sozial- und Ideengeschichte in 40 Stationen. Von den antiken Hochkulturen bis zur Gegenwart, Mainz
Eibach, J./Lottes, G. (Hg.) (2002), Kompaß Geschichtswissenschaft. Ein Handbuch, Göttingen
Eibl-Eibesfeldt, I. (1976), Menschenforschung auf neuen Wegen. Die naturwissenschaftliche Betrachtung kultureller Verhaltensweisen, Wien/München
Eibl-Eibesfeldt, I. (1995), Die Biologie des menschlichen Verhaltens. Grundriß der Humanethologie (1984), München
Eicke, D. (Hg.) (1976), Freud und die Folgen, 2 Bde. (als Bände II und III der „Psychologie des 20. Jahrhunderts"), Zürich
Eigen, M. (1990), Evolution und Zeitlichkeit, in: C.F.v.Siemens Stiftung (Hg.): Die Zeit. Dauer und Augenblick (1983), München ^{2}1990, 35-57
Eigen, M./Schuster, P. (1979), The Hypercycle. A Principle of Natural Self-Organisation, Berlin
Einstein, A. (1997), Über spezielle und allgemeine Relativitätstheorie. Nachdruck der Auflage von 1916, Hamburg
Einstein, A./Infeld, L. (1956), Die Evolution in der Physik. Von Newton bis zur Quantentheorie (engl. 1937), Hamburg
Eisenstadt, S.N. (Hg.) (1992), Kulturen der Achsenzeit. 3 Bde., Frankfurt
Eliade, M. (1980), Die Schöpfungsmythen, Darmstadt
Elias, N. (^{2}1977), Über den Prozeß der Zivilisation. 2 Bde. Soziogenetische und psychogenetische Untersuchungen, Bd. I: Wandlungen des Verhaltens in den weltlichen Oberschichten des Abendlandes, Bd. II: Wandlungen der Gesellschaft. Entwurf zu einer Theorie der Zivilisation (Basel 1939), München/Bern 1969 [mit neuer Einleitung des Autors], Frankfurt
Endress, G. (^{2}1991), Der Islam. Eine Einführung in seine Geschichte, München
Engelmann, P. (Hg.) (1991/93), Postmoderne und Dekonstruktivismus. Texte französischer Philosophien der Gegenwart, Stuttgart
Engels, E.-M. (2000), Darwins Popularität im Deutschland des 19. Jahrhunderts: Die Herausbildung der Biologie als Leitwissenschaft, in: Barsch u.a. 2000, 91-145
Engels, E.-M. (Hg.) (1995), Die Rezeption von Evolutionstheorien im 19. Jahrhundert. Herausg., eingleitet und mit einer Auswahlbibliographie versehen, Frankfurt
Engels, O./Schreiner, P. (Hg.) (1993), Die Begegnung des Westens mit dem Osten, Sigmaringen
Erasmus von Rotterdam (1995), Werke in 8 Bden., hg. W. Welzig Darmstadt
Erdheim, M. (1984), Die gesellschaftliche Produktion von Unbewußtheit. Eine Einführung in den ethnopsychoanalytischen Prozeß, Frankfurt

Erikson, E.H. (¹²1995), Kindheit und Gesellschaft (Childhood and Society,1950) (1957), Stuttgart
Erikson, E.H. (1981), Identität und Lebenszyklus, Frankfurt
Erll, A. (2005), Kollektives Gedächtnis und Erinnerungskulturen. Eine Einführung, Stuttgart/Weimar
Erzgräber, W. (Hg.) (1989), Kontinuität und Transformation der Antike im Mittelalter. Veröffentlichung der Kongreßakten zum Freiberger Symposion des Mediävistenverbandes, Sigmaringen
Ette, O. (2004), ÜberLebenswissen. Die Aufgabe der Philologie, Berlin
Euchner, W. (1982), Marx, München
Europäisches Geschichtsbuch (1992), Erarbeitet von 12 europäischen Historikern, dt. Fassung: D. Tiemann, Stuttgart
Evans, R.J. (1999), Fakten und Fiktionen. Über die Grundlagen historischer Erkenntnis, Frankfurt/New York
Evans-Prichard, E.E. (1968), Theorien über primitive Religionen, Frankfurt
Evans-Prichard, E.E./ Fortes, M. (1940), African Political System, London
Exempla classica (1960 ff.), Die Fischer Bibliothek der Hundert Bücher, hg. W. Killy, Frankfurt
Faber, K.-G. (⁴1978), Theorie der Geschichtswissenschaft, München
Falaturi, A. (1983a), Tod – Gericht - Auferstehung in koranischer Sicht, in: ders. u.a. 1983,
Falaturi, A. (Hg.) (1983), Zukunftshoffnung und Heilserwartung in den monotheistischen Religionen, Freiburg
Fäßler, P.E. (2007), Globalisierung. Ein historisches Kompendium, Köln
Fauser, M. (²2004), Einführung in die Kulturwissenschaft, Darmstadt
Febvre, L. (1922), La Terre et l'évolution humaine. Introduction géographique à l' histoire, Paris
Febvre, L. (1976), Martin Luther. Religion als Schicksal (frz.: Un destin. Martin Luther, Paris 1928), Berlin
Febvre, L. (2002), Das Problem des Unglaubens im 16. Jahrhundert. Zur Religion Rabelais' (frz. Le problème de l' incroyance au XVIe siècle. La religion de Rabelais, Paris 1942), mit einem Nachwort von K. Flasch, aus dem Frz. von G. Kurz und S. Summerer, Stuttgart
Feest, Ch.F./Kohl, K.-H. (Hg.) (2001), Hauptwerke der Ethnologie, Stuttgart
Feldmeier, R. (1992), Die Christen als Fremde. Die Metapher der Fremde in der antiken Welt, im Urchristentum und im 1. Petrusbrief, Tübingen
Fellmann, F. (1976), Das Vico-Axiom: Der Mensch macht die Geschichte, Freiburg/München
Fenske, H./Mertens, D./Reinhard, W./Rosen, K. (1996), Geschichte der politischen Ideen. Von der Antike bis zur Gegenwart, Frankfurt
Fernández-Armesto, F.(1998), Millenium. Die Weltgeschichte unseres Jahrtausends. Aus dem Engl. K. Kochmann, München
Fest, J.C. (1973), Hitler. Eine Biographie, Frankfurt u.a.
Fest, J.C. (1991), Der zerstörte Traum. Vom Ende des utopischen Zeitalters, Berlin
Fetscher, I. (1967), Artikel „Geschichtsphilosophie", in: Diemer/Frenzel 1967, 76-95
Fetscher, I. (1975), Rousseaus politische Philosophie (1960), Frankfurt
Fetscher, I. (1987), Philosophie und Soziologie – Vom Positivismusstreit zur Sozialphilosophie Marcuses, in: Hoffmann/Klotz 1987
Fetz, R.L./ Hagenbüchle, R./Schulz, P.(Hg) (1998), Geschichte und Vorgeschichte der modernen Subjektivität, Berlin
Feuerbach, L. (1974-76), Werke in sechs Bänden, hg. E. Thies, Frankfurt
Feyerabend, P. (1983), Wider den Methodenzwang (Against Method: Outline of an Anarchistic Knowledge, London 1975), Frankfurt
Fichte, J. O. (1996), Providentia - Fatum - Fortuna, in: Zs. Das Mittelalter 1, 1996, 5-20
Figal, G. (1999), Nietzsche. Eine philosophische Einführung, Stuttgart
Fink, G. (1986), Die griechische Sprache. Eine Einführung und eine kurze Grammatik des Griechischen, Darmstadt
Fink-Eitel, H. (1989/1997), Foucault zur Einführung, Hamburg
Fink-Eitel, H. (1994), Die Philosophie und die Wilden. Über die Bedeutung des Fremden für die europäische Geistesgeschichte, Hamburg
Finkelstein, K./ Silberman, N.A. (2002), Keine Posaunen vor Jericho. Die archäologische Wahrheit über die Bibel (engl. The Bible Unearthed), München
Finley, M.I. (1981), Die Sklaverei in der Antike. Geschichte und Problem (aus dem Englischen 1980), München
Finley, M.I. (1992), Die Welt des Odysseus (The World of Odysseus, New York 1954), Frankfurt

Fisch, J. (1992), Zivilisation, Kultur, in: Brunner u.a. Bd. 7, 2004, 679 -774
Fischer, E.P. (2001), Die andere Bildung. Was man von den Naturwissenschaften wissen sollte, München
Fischer, E.P./Mainzer, K. (Hg.) (1990), Die Frage nach dem Leben, in: Vortragsreihe in Konstanz aus Anlaß von Schrödingers Aufsatz von 1943 „Was ist Leben?", München
Fischer, F. (1960), Der Griff nach der Weltmacht – Die Kriegszielpolitik des kaiserlichen Deutschland 1914/18, Düsseldorf
Fischer, H. (Hg.) (1992), Ethnologie. Einführung und Überblick, Berlin
Fischer, J. (1957), Oriens - Occidens - Europa. Begriff und Gedanke ‚Europa' in der Spätantike und im frühen Mittelalter, Wiesbaden
Fischer, Th.E. (2000), Geschichte der Geschichtskultur. Über den öffentlichen Gebrauch der Vergangenheit von den antiken Hochkulturen bis zur Gegenwart, Köln
Fischer-Weltgeschichte in 34 Bänden (1964-75), Frankfurt
Flach, D. (^{3}1998), Römische Geschichtsschreibung, Darmstadt
Flaig, E. (1999), Kinderkrankheiten der Neuen Kulturgeschichte, in: Rechtshistorisches Journal 1999, 458-476
Flasch, K. (1980), Augustin. Einführung in sein Denken, Stuttgart
Flasch, K. (1993/^{2}2004), Was ist Zeit? Augustinus von Hippo. Das XI. Buch der Confessiones. Historisch-philosophische Studie. Text – Übersetzung – Kommentar, Frankfurt
Flasch, K. (1998), Das Selbstverständnis des historischen Wissens, in: Oexle 1998, 61 ff.
Flasch, K. (2000), Augustinus. Werkauswahl mit einem Vorwort von P. Sloterdijk, München
Flasch, K. (2003/2005), Philosophie hat Geschichte. Bd. 1: Historische Philosophie. Beschreibung einer Denkart; Bd.2: Theorie der Philosophiehistorie, Frankfurt
Flasch, K. (^{2}2000) Das philosophische Denken im Mittelalter. Von Augustin zu Machiavelli (1986), Stuttgart
Flasch, K. (Hg.) (1982), Mittelalter. Bd. 2 von: Bubner 1978-82, Stuttgart
Flasch, K. (Hg.) (1990), Logik des Schreckens: Augustinus von Hippo, De diversis quaestionibus ad Simpliciam I, 2 (lat.-dt.), Mainz
Fleischer, M. (Hg.) (1995), Philosophen des 20. Jahrhunderts. Eine Einführung, Darmstadt
Flitner, W. (^{2}1967), Die Geschichte der abendländischen Lebensformen (Europäische Gesittung. Ursprung und Aufbau abendländischer Lebensformen 1962), München
Fohrmann, J./Müller, H. (Hg) (1988), Diskurstheorien und Literaturwissenschaft, Frankfurt
Fohrmann, J./Voßkamp, W. (Hg.) (1994), Wissenschaftsgeschichte der Germanistik im 19. Jahrhundert, Stuttgart
Forst, F. (2003), Toleranz im Konflikt. Geschichte, Gehalt und Gegenwart eines umstrittenen Begriffs, Frankfurt
Forster, G. (1983), Reise um die Welt. Nach der 2. Aufl. von 1784, hg. G. Steiner, Frankfurt 1983
Fößl, A./ Kampmann, Ch. (Hg.) (1996), Wozu Historie heute?, Köln u.a.
Foucault, M. (1969), Wahnsinn und Gesellschaft (Folie et déraison. Historie de la folie à l'âge classique, Paris 1961). Übers. U. Köppen, Frankfurt
Foucault, M. (1971), Die Ordnung der Dinge. Eine Archeologie der Humanwissenschaften (frz. Les mots et les choses. Une archéologie des sciences humaines, Paris 1966), Übers. U. Köppen Frankfurt
Foucault, M. (1973), Die Archeologie des Wissens (frz. L'archéologie du savoir, Paris 1969), Übers. U. Köppen, Frankfurt
Foucault, M. (1973/1996), Die Geburt der Klinik (Naissance de la clinique, Paris 1963), Frankfurt
Foucault, M. (1974), Was ist ein Autor?, in: ders., Schriften zur Literatur, München
Foucault, M. (1976), Überwachen und Strafen (Surveiller et punir, Paris 1975). Übers. W. Seitter, Frankfurt
Foucault, M. (1977/1986), Sexualität und Wahrheit (Histoire de la sexualité, Paris, vol. 1: La volonté de savoir, 1976, vol. 2: L'usage de plaisir,1984, vol. 3: Le souci de soi, 1984). 3 Bde.: I. Der Wille zum Wissen, 1977, II. Der Gebrauch der Lüste, 1986, III. Die Sorge um sich, 1986, Übers. U. Raulff und W. Seitter, Frankfurt
Fournier, J. (1965), Le Registre d'Inquisition de J. Fourier, manuscrit latin no. 4030 édité par J. Duvernoy, 3 volumes, Toulouse
Frank, H.J. (1973), Geschichte des Deutschunterrichts. Von den Anfängen bis 1945, München
Frank, K.S. (^{2}1978), Grundzüge der Geschichte des christlichen Mönchtums, Darmstadt

Frank, M. (1986), Die Unhintergehbarkeit von Individualität. Reflexionen über Subjekt, Person und Individuum aus Anlaß ihrer „postmodernen" Toterklärung, Frankfurt
Frank, M. (1988), Die Frage nach dem Subjekt, Frankfurt
Frank, M. (2004), Was ist Neostrukturalismus? Derridas sprachphilosophische Grundoperationen im Ausgang vom klassischen Strukturalismus, in: Jaeger u.a. Bd. 2, 2004, 364-376
Frazer, J.G. (1928), Der Goldene Zweig. Das Geheimnis von Glauben und Sitten der Völker, [gekürzt] Übers. H. v. Bauer, Neudruck Köln 1968, Reinbek 1989 (engl. The Golden Bough. A Study in Comparative Religion, London 1890, 1907, 1911-15 und 1936; ein Reprint der Gesamtausgabe ist in Vorbereitung, Basingstoke 2002 ff.), Leipzig
Freeman, D. (1983), Liebe ohne Aggression. Margaret Meads Legende von der Friedfertigkeit der Naturvölker (engl. Margaret Mead and Samoa. The Making and Unmaking of an Anthropological Myth, New York), München
Frei, N. (2005), 1945 und wir. Das Dritte Reich im Bewußtsein der Deutschen, München
Frenzel, H.A./ Frenzel, E. (1953), Daten deutscher Dichtung. Chronologischer Abriß der deutschen Literaturgeschichte, 2 Bde., Köln
Freud, E./Freud, L./Grubrich-Simitis, I. (Hg.) (1976/85), Sigmund Freud. Sein Leben in Bildern und Texten. Mit einer biographischen Skizze von K.R. Eissler (engl. Colchester 1974), Frankfurt 1976/1985
Freud, S. (1940-52), Gesammelte Werke, hg. A. Freud u.a., London; seit 1960 (bei S. Fischer) Frankfurt (Gesamtregister 1968)
Freud, S. (1955), Standard Edition of the Complete Psychological Works of Sigmund Freud, 23 Vol., ed. by J. Strachey, London 1955-1974
Freud, S. (1969-75), Studienausgabe, 10 Bände, 1 Erg.sbd., hg. A. Mitscherlich u.a., Frankfurt (Tabu-Ausgabe, 1982 ff.)
Freud, S. (1972), Die Frage der Laienanalyse, in: ders.: Gesammelte Werke Bd. 14, Frankfurt 1972
Freud, S. (1977ff.) Vorlesungen zur Einführung in die Psychoanalyse (1915/17),Taschenbuch, Frankfurt
Freud, S. (1978), Werkausgabe in 2 Bden., hg. und mit Kommentaren versehen von A. Freud und I. Grubrich-Simitis, Frankfurt
Freyer, H. (^{6}1967), Theorie des gegenwärtigen Zeitalters, Stuttgart
Freytag, G. (1959), Die Ahnen (Leipzig 1872-80) [Zyklus von 6 Romanen] München/Zürich
Freytag, G. (1962), Bilder aus der deutschen Vergangenheit (Leipzig 1859-67). 5 Bde. in Auswahl, München.
Fricke, G. (1949 ff.), Geschichte der deutschen Dichtung, Tübingen
Fried, F. (2004), Der Schleier der Erinnerung. Grundzüge einer historischen Memorik, München
Fried, J. (1983), Studium und Gesellschaft im Mittelalter, Stuttgart
Fried, J. (2000), Das 11. Jahrhundert erwartet das Jüngste Gericht und erneuert die Kirche, in: Jeismann 2000, 13–34
Friedell, E. (1936/1950), Kulturgeschichte des Altertums (Bd. 1 1936, Bd. 2 postum 1950)
Friedell, E. (1985), Kulturgeschichte Griechenlands. Leben und Legende der vorchristlichen Seele, München
Friedell, E. (2003), Kulturgeschichte der Neuzeit (1927-1931, Untertitel der 2. Aufl.: Die Krisis der europäischen Seele von der schwarzen Pest bis zum Ersten Weltkrieg). 3 Bde., München
Friedenthal, R. (1967), Luther. Seine Zeit und sein Leben, München
Friedenthal, R. (1969), Entdecker des Ich. Montaigne - Pascal - Diderot, München
Friedenthal, R. (1981), Karl Marx. Sein Leben und seine Zeit, München
Friederici, A.D. (1997), Menschliche Sprachverarbeitung und ihre neuronalen Grundlagen, in: Meier/Ploog 1997, 144
Frisch, K. v. (^{7}1964), Aus dem Leben der Bienen, Berlin
Frobenius, L. (1898), Der Ursprung der afrikanischen Kulturen, Berlin
Frobenius, L. (1921), Paideuma. Umrisse einer Kultur- und Seelenlehre, München
Frobenius, L. (1925-29), Erlebte Erdteile. Ergebnisse eines deutschen Forscherlebens, 7 Bde., Frankfurt
Frobenius, L. u.a. (1933), Kulturgeschichte Afrikas. Prolegomena zu einer historischen Gestaltlehre, Wien
Frühwald, W. u.a. (1991), Geisteswissenschaften heute. Eine Denkschrift, Frankfurt

Fueter, E. (1985), Geschichte der neueren Historiographie (München/Berlin 1911; Reprint New York 1968). Mit einem Vorwort von H.D. Peyer, Zürich
Fuhrmann, M. (1982), Brechungen. Wirkungsgeschichtliche Studien zur antik-europäischen Bildungstradition, Stuttgart
Fuhrmann, M. (1987), Die antike Rhetorik. Eine Einführung, München
Fuhrmann, M. (1994), Rom und die Spätantike. Porträt einer Epoche, München
Fuhrmann, M. (1995), Europas fremd gewordene Fundamente. Aktuelles zu Themen aus der Antike, Zürich
Fuhrmann, M. (1996), Antike- Rezeption, in: Fischer Lexikon Literatur, hg. U. Ricklefs, Bd. I, Frankfurt 1996, 10 ff.
Fuhrmann, M. (1999a), Der europäische Bildungskanon des bürgerlichen Zeitalters, Frankfurt
Fuhrmann, M. (2001), Humanismus und Christentum. Die doppelte Orientierung des europäischen Lehrplans, in: Wiersing 2001, 96-111
Fuhrmann, M. (^{3}1991), Cicero und die römische Republik. Eine Biographie, Zürich/München
Fuhrmann, M. (Hg.) (1971), Terror und Spiel. Probleme der Mythenrezeption, München
Fukuyama, F. (1992), Das Ende der Geschichte. Wo stehen wir? (The End of History and the Last Man, New York 1992).Aus dem Amerikanischen H. Dierlamm u.a., München
Fulda, D. (1996), Wissenschaft aus Kunst. Die Entstehung der modernen deutschen Geschichtsschreibung 1760-1860, Berlin/New York
Funkkolleg Altern (1996/97), Hg. G. Naegele/A. Niederfranke. 7 SBB, Tübingen
Funkkolleg Der Mensch. (1992/93), Anthropologie heute. Hg. W. Schiefenhövel, G. Vollmer, Ch. Vogel, Tübingen
Funkkolleg Geschichte (1979/80), 13 SBB, hg. W. Conze/K.-G. Faber/A. Nitschke,Tübingen
Funkkolleg Jahrhundertwende (1988/89), 1880-1930. Die Entstehung der modernen Gesellschaft, Hg. A. Nitschke u.a., Weinheim/ Basel
Funkkolleg Kunst (1984/85), 30 Studieneinheiten, hg. W. Busch u.a., Tübingen
Funkkolleg Literarische Moderne (1993/94), Hg. R. Grimminger u.a., Tübingen
Funkkolleg Medien und Kommunikation (1990/91), Konstruktionen von Wirklichkeit, hg. K. Merten/ S. J. Schmidt/S. Weischenberg, Weinheim/Basel
Funkkolleg Musikgeschichte (1987/88), Europäische Musik vom 12.- 20. Jahrhundert, hg. C. Dahlhaus u.a., Weinheim u.a.
Funkkolleg Praktische Philosophie/Ethik (1980/81), Hg. K.-O. Apel u.a., Weinheim/Basel
Funkkolleg Psychobiologie (1986/87), Verhalten bei Mensch und Tier. Hg. K. Immelmann/K. R.Scherer/ Ch.Vogel, Weinheim
Funkkolleg Sprache (1973), Eine Einführung in die moderne Linguistik. 2 Bd., Frankfurt
Füßmann, K. (1994), Historische Formungen. Dimensionen der Geschichtsdarstellung, in: Ders./Grütter/Rüsen 1994, 27-44
Füßmann, K./Grütter, H.Th./ Rüsen, J. (Hg.) (1994), Historische Faszination. Geschichtskultur heute, Köln
Gadamer, H.-G. (1965), Wahrheit und Methode. Grundzüge einer philosophischen Hermeneutik, Tübingen
Gadamer, H.-G./Vogler, P. (Hg.) (1972 ff.), Neue Anthropologie, 6 Bde., Bde. 1 und 2: Biologische Anthropologie, Bd. 3: Sozialanthropologie, Bd. 4: Kulturanthropologie, Bd. 5: Psychologische Anthropologie, Bd. 6: Philosophische Anthropologie, Stuttgart
Gall, L. (1996), Anthropologie als Argument. Wo bleibt der Zusammenhang der Geschichte nach dem Ende der Geschichtsphilosophie? Eine theoretische Erwägung in praktischer Absicht, abgedruckt in: FAZ Nr. 226, 1996, 42
Gall, L. (1996), Natur und Geschichte - eine spezifische Antinomie des 20 Jahrhunderts?, Heidelberg
Gallus, A/Jesse, E. (Hg.) (2004), Staatsformen. Modelle politischer Ordnung von der Antike bis zur Gegenwart, Köln u.a.
Galtung, J. (2000), Welt-, Global-, Universalgeschichte und gegenwärtige Historiographie, in: Zeitschrift für Weltgeschichte. Interdisziplinäre Perspektiven (Frankfurt 1, 2000)
Garin, E. (Hg.) (1990), Der Mensch in der Renaissance, Frankfurt/New York
Gassen, K./Landmann, M. (Hg.) (1958), Buch des Dankes an Georg Simmel, Berlin
Gawlik, G./Kreimendahl, L. (Hg.) (2003), Historisches und kritisches Wörterbuch. Eine Auswahl der philosophischen Artikel, Hamburg

Gebauer, G. u.a. (1989), Historische Anthropologie. Zum Problem der Humanwissenschaften heute oder Versuche einer Neubegründung, Reinbek
Gedächtnis (2003), Themenheft der Zeitschrift: Spektrum der Wissenschaft Spezial, Heidelberg
Geertz, C. (^{3}1994), Dichte Beschreibung. Beiträge zum Verstehen kultureller Systeme (The Interpretation of Cultures. Selected Essays, New York 1973). Übers. B. Luchesi u. R. Bindemann (1983), Frankfurt
Gehlen, A. (^{12}1978), Der Mensch, seine Natur und seine Stellung in der Welt, Wiesbaden
Gehlen, A. (1957), Die Seele im technischen Zeitalter, Reinbek
Gehlen, A. (1961), Anthropologische Forschung. Zur Selbstauslegung und Selbstentdeckung des Menschen, Reinbek
Gehlen, A. (1973), Moral und Hypermoral, Frankfurt
Gehlen, A. (1974), Ende der Geschichte? Zur Lage der Posthistoire, in: O. Schatz (Hg.), Was wird aus dem Menschen, Graz u.a. 1974, 61 ff.
Gehlen, A. (1978 ff.), Gesamtausgabe. 10 Bde., hg. L. Samson, Frankfurt
Gehlen, A. (^{4}1977), Urmensch und Spätkultur. Philosophische Ergebnisse und Aussagen, Wiesbaden
Gehrke, H.-J. (2004), Die „klassische" Antike als Kulturepoche – Soziokulturelle Milieus und Deutungsmuster in der griechisch-römischen Welt, in: Jaeger/Liebsch 2004, 471-489
Geisenhanslüke, A. (2003), Einführung in die Literaturtheorie. Von der Hermeneutik zur Medienwissenschaft, Darmstadt
Geiss, I. (1988), Geschichte des Rassismus, Frankfurt
Geißler, H./Dürr, W. (Hg.) (1995), Selbstorganisation verstehen lernen, Frankfurt
Gellner, E. (1990), Pflug, Schwert und Buch. Grundlinien der Menschheitsgeschichte, Stuttgart
Gennep, A.v. (1986), Übergangsriten (frz.: Les rites de passage, Paris 1909), Frankfurt
Genz; H. (2001), Wie die Naturgesetze Wirklichkeit schaffen. Über Physik und Realität, München/ Wien
Gerchow, J. (2002), in: Maurer 2002, Bd. 6; 316-399
Gerhardt, V. (1992), Friedrich Nietzsche, München
Gerhardt, V. (2002), Immanuel Kant. Vernunft und Leben, Stuttgart
Gerlich, A. (1986), Geschichtliche Landeskunde des Mittelalters. Genese und Probleme, Darmstadt
Gerndt, H. (1988), Fach und Begriff ‚Volkskunde' in der Diskussion, Darmstadt 1988
Gervinus, G.G. (1840), Geschichte der poetischen National-Literatur der Deutschen. 5 Bde., Leipzig
Gesta Romanorum (1978), Übers. J.G.T. Graesse. Ausgewählt und eingeleitet Hermann Hesse 1915, Frankfurt
Gestrich, A. u.a. (Hg.) (1988), Biographie - sozialgeschichtlich, Göttingen
Geyer, Ch. (Hg.) (2004), Hirnforschung und Willensfreiheit. Zur Deutung der neuesten Experimente, Frankfurt
Giardina, A. (Hg.) (1991), Der Mensch in der römischen Antike (it. 1989), Frankfurt
Gibbon, E. (2003), Verfall und Untergang des römischen Imperiums. Bis zum Ende des Reiches im Westen (engl. History of the Decline and Fall of the Roman Empire, 1772-88), aus dem Engl. M. Walter, 6 Bde., München
Giesecke, H. (1998), Pädagogische Illusionen. Lehren aus 30 Jahren Bildungspolitik, Stuttgart 1998
Giesecke, M. (1998), Buchdruck in der frühen Neuzeit. Eine historische Fallstudie über die Durchsetzung neuer Informations- und Kommunikationstechnologien (1991), Frankfurt
Giesecke, M. (2002), Von den Mythen der Buchkultur zu den Visionen der Informationsgesellschaft. Trendforschungen zur kulturellen Medienökologie, Frankfurt
Giesen, B. (2005), Das Trauma der ‚Tätergeneration', in: Klein u.a. 2005, 387-414
Giesen, B./ Lau, Ch. (1981), Zur Anwendung darwinistischer Erklärungsstrategien in der Soziologie, in: Kölner Zeitschrift für Soziologie und Sozialpsychologie 2, 1981, 229-256
Gilcher-Holtey, I. (2001), Die 68er Bewegung: Deutschland – Westeuropa – USA, München
Gilson, E. (1972), Meditationen über die Grundlagen der Philosophie mit sämtlichen Einwänden und Erwiderungen, übersetzt A. Buchenau, Hamburg
Ginzburg, C. (1979), Der Käse und die Würmer. Die Welt eines Müllers um 1600 (it.1976), Frankfurt
Ginzburg, C. (1988), Spurensicherungen. Über verborgene Geschichte, Kunst und soziales Gedächtnis, München
Giovannoli, R. (Hg.) (1987), Zeichen in Umberto Ecos Roman ‚Der Name der Rose' (it. Saggi su 'Il nome della rosa', Mailand 1985), in: Eco 1987, 713 –1103
Girtler, R. (1979), Kulturanthropologie. Entwicklungslinien, Paradigmata, Methoden, München

Girtler, R. (1993), Zu Entwicklung und Theorie des Funktionalismus, in: Schmied-Kowarzik/Stagl 1993, 153–166
Girtler, R. (2006), Kulturanthropologie. Eine Einführung, Wien
Glaser, H. (1976), Sigmund Freuds Zwanzigstes Jahrhundert.Seelenbilder einer Epoche. Materialien und Analysen, München
Glaser, H. (1985), Kulturgeschichte der Bundesrepublik Deutschland, 3 Bde., München
Glaser, H. (1997), Deutsche Kultur 1945-2000, München
Glaser, H.A. (1996), Utopische Inseln. Beiträge zu ihrer Geschichte und Theorie, Frankfurt u.a.
Glaser, H.A. (Hg.) (1980ff.), Deutsche Literatur. Eine Sozialgeschichte. 10 Bde., Reinbek
Gloy, K. (1995), Das Verständnis der Natur. Band I: Die Geschichte des wissenschaftlichen Denkens, München
Glucksmann, A. (1978), Die Meisterdenker (frz. Les maîtres-penseurs, Paris 1977), Reinbek
Gobineau, J.A. (1939), Versuch über die Ungleichheit der Rassen (Essai sur l'inégalité des races humaines, Paris 1853-55). Hg. L. Schemann, Stuttgart
Godelier, M. (1990), Natur, Arbeit, Geschichte. Zu einer universalgeschichtlichen Theorie der Wirtschaftsformen, Hamburg
Goertz, H.-J. (1995), Umgang mit Geschichte. Eine Einführung in die Geschichtstheorie, Reinbek
Goertz, H.-J. (2001), Unsichere Geschichte. Zur Theorie der historischen Referentialität, Stuttgart
Goertz, H.-J. (Hg.) (1998), Geschichte. Ein Grundkurs, Reinbek
Goethe, J.W.v. (1795/96), Wilhelm Meisters Lehrjahre; HA Bd. 7
Goethes Werke (1948 ff.), Hamburger Ausgabe [HA] in 14 Bänden. Textkritisch durchgesehen und mit Anmerkungen versehen v. E. Trunz, Hamburg
Goetz, H.-W. (1985), Alltag im Mittelalter. Methodische Überlegungen anläßlich einer Neuerscheinung, in: Archiv für Kulturgeschichte 67, 1985, 2125 ff.
Goetz, H.-W. (1986), Leben im Mittelalter vom 7. bis zum 13 Jahrhundert, München
Goetz, H.-W. (1998), Theologischer Sinn und politisches Gegenwartsinteresse. Tendenzen, Formen und Funktionen der mittelalterlichen Geschichtsschreibung, in: Goertz 1998, 233-244
Goetz, H.-W. (2000), Mediävistische Kulturwissenschaft als Herausforderung und Aufgabe, in: Oexle 2000, 3–12
Goetz, H.-W./Jarnut, J. (Hg.) (2003), Mediävistik im 21. Jahrhundert. Stand und Perspektiven der internationalen und interdisziplinären Mittelalterforschung, München 2003
Goez, W. (1983), Gestalten des Hochmittelalters. Personengeschichtliche Essays im allgemeinhistorischen Kontext, Darmstadt
Goldhagen, D.J. (1996), Hitlers willige Vollstrecker. Ganz gewöhnliche Deutsche und der Holocaust, Berlin
Gombrich, E.H. ([16]1997), Die Geschichte der Kunst, Frankfurt
Gombrich, E.H. (1980), Studien zur Ikonologie. Humanistische Themen in der Kunst der Renaissance (1939), Köln
Gombrich, E.H. (1983), Die Krise der Kulturgeschichte. Gedanken zum Wertproblem in den Geisteswissenschaften (engl. 1979), Stuttgart
Gombrich, E.H. (1998), Eine kurze Weltgeschichte für junge Leser. Von der Urzeit bis zur Gegenwart (1935), Köln
Goody, J. (Hg.) (1981), Literalität in traditionalen Gesellschaften (engl. 1968), Frankfurt
Goody, J./Watt, I./ Gough, K. (1986), Entstehung und Folgen der Schriftkultur. Mit einer Einleitung von H. Schlaffer, Frankfurt
Görnitz, Th. (1992), Carl Friedrich von Weizsäcker. Ein Denker an der Schwelle zum neuen Jahrtausend, Freiburg i.B.
Gould, J.L/Gould, C.G. (1997), Bewußtsein bei Tieren. Ursprünge von Denken, Lernen und Sprechen, Heidelberg
Gould, S.J. (1998), Illusion Fortschritt. Die vielfältigen Wege der Evolution, Frankfurt
Grabner-Haider, A. (1993), Strukturen des Mythos. Theorie einer Lebenswelt, Würzburg.
Graebner, F. (1905), Kulturkreise und Kulturschichten in Ozeanien, in: Zeitschrift für Ethnologie 1905, 28–53
Graebner, F. (1911), Methode der Ethnologie, Heidelberg
Graevenitz, G.v. (1987), Mythos. Zur Geschichte einer Denkgewohnheit, Stuttgart
Graf, F. (1991), Griechische Mythologie. Eine Einführung, Darmstadt

Graf, F. W. (Hg.) (2006), Geschichte durch Geschichte überwinden. Ernst Troeltsch in Berlin, Gütersloh
Gräfrath, B. (1997), Evolutionäre Ethik? Philosophische Programme, Probleme und Perspektiven der Soziobiologie, Berlin
Gramsci, A. (1991ff.), Gefängnishefte (it. Quaderni del carcere, Turin 1975), Hamburg
Grant, M. (1981), Klassiker der antiken Geschichtsschreibung, München
Granz, D./ Lentes, Th. (Hg.) (2005), Ästhetik des Unsichtbaren. Bildtheorie und Bildgebrauch in der Vormoderne, Berlin
Graus, F. (1980), Europäisches Mittelalter: Schlagwort oder Forschungsaufgabe?, in: Z f Hist. Forschung 1980, 385 ff.
Greiffenhagen, M. (Hg.) (1984), Das evangelische Pfarrhaus. Eine Kultur- und Sozialgeschichte, Zürich/Stuttgart
Greiffenhagen, M./ Greiffenhagen, S. (^{3}1993), Ein schwieriges Vaterland. Zur politischen Kultur Deutschlands, München
Greil, M. (1996), Der Mülleimer der Geschichte: Über die Gegenwart der Vergangenheit, Hamburg
Greiner, U. (Hg.) (1993), Revision. Denker des 20. Jahrhunderts auf dem Prüfstand. Eine ZEIT-Serie, Hildesheim
Greschik, S. (1998), Das Chaos und seine Ordnung. Einführung in komplexe Systeme, München
Greverus, I.-M. (1978), Kultur und Alltagswelt. Eine Einführung in Fragen der Kulturanthropologie, München
Grewe, W.G. (Hg.) (1995), Fontes Historiae Juris Gentium. Quellen zur Geschichte des Völkerrechts, Berlin
Grimm, G. (1977), Rezeptionsgeschichte. Grundlegung einer Theorie, München
Grimm, J./Grimm, W. (1999), Deutsches Wörterbuch (1854-1960, 32 Bde., Neubearbeitung seit 1965), Leipzig [DWB]
Grimm, R./ Hermand, J. (Hg.) (1971), Die Klassik-Legende, Frankfurt
Grimminger, R. /Ueding, G. (Hg.) (1980 ff.), Hansers Sozialgeschichte der deutschen Literatur vom 16. Jahrhundert bis zur Gegenwart, München
Groebner,V. (2003), Ungestalten. Die visuelle Kultur der Gewalt im Mittelalter, München
Groh, D. (1973), Kritische Geschichtswissenschaft in emanzipatorischer Absicht. Überlegungen zur Geschichtswissenschaft als Sozialwissenschaft, Stuttgart u.a.
Groh, R./Groh, D. (1991/1996), Weltbild und Naturaneignung. Bd. 1: Die Außenwelt der Innenwelt (1991), Bd. 2: Zur Kulturgeschichte der Natur (1996), Frankfurt
Grosser, A. (1984), Geschichte Deutschlands seit 1945. Eine Bilanz, München
Grundmann, H. (1927), Studien über Joachim von Floris, Leipzig
Grupp, G. (1907), Kulturgeschichte des Mittelalters, Paderborn
Gruppe, G. u.a. (2005), Anthropologie. Ein einführendes Lehrbuch, Berlin u.a.
Guenée, G. (1987), Entre l'église et l'état. Quatre vies de prélats francais à la fin du moyen âge, Paris
Guenée, G. (^{2}1991), Histoire et culture dans l'occident médiéval, Paris
Guggisberg, H.R. (Hg.) (1994), Umgang mit Jacob Burckhardt. Zwölf Studien, Basel
Günther, R./Müller, R. (1988), Das Goldene Zeitalter. Utopien der hellenistisch-römischen Antike, Stuttgart
Gurjewitsch, A.J. (1986), Was ist die Zeit? In: ders. 1986, 98-187
Gurjewitsch, A.J. (1994), Das Individuum im europäischen Mittelalter (aus dem Russ. E. Glier), München
Gurjewitsch, A.J. (^{2}1986), Das Weltbild des mittelalterlichen Menschen (aus dem Russ. 1972 G. Lossack), München
Gusdorf, G. (1972), Dieu, la nature, l'homme au siècle des lumières, Paris
Guyot, P./Klein, R. (Hg.) (1993), Das frühe Christentum bis zum Ende der Verfolgungen. Eine Dokumentation in 2 Bden., Darmstadt
Haarmann, H. (1990), Universalgeschichte der Schrift, Frankfurt
Haarmann, M. (Hg.) (1995), Der Islam. Ein historisches Lesebuch, München
Haarmann, U. (Hg.) (^{2}1991), Geschichte der arabischen Welt, München
Haas, N./Metzger, H.-J. (Hg.) (1986 ff.), Lacan. Das Werk, Weinheim
Haas, S. (1994), Historische Kulturforschung in Deutschland 1880-1930. Geschichtswissenschaft zwischen Synthese und Pluralität, Köln
Habermas, J. (1961), Student und Politik, Neuwied

Habermas, J. (1962), Strukturwandel der Öffentlichkeit, Neuwied
Habermas, J. (1963), Theorie und Praxis, Frankfurt
Habermas, J. (1965), Erkenntnis und Interesse, in: ders. 1968, 146-168
Habermas, J. (1968), Technik und Wissenschaft als „Ideologie", Frankfurt
Habermas, J. (1969), Analytische Wissenschaftstheorie und Dialektik, in: Adorno/Albert 1969, 155 ff.
Habermas, J. (1970), Zur Logik der Sozialwissenschaften, Frankfurt
Habermas, J. (1971), Theorie der Gesellschaft oder Sozialtechnologie? Eine Auseinandersetzung mit N. Luhmann, in: Habermas/Luhmann 1971, 142-290
Habermas, J. (1971a), Vorbereitende Bemerkungen zu einer Theorie der kommunikativen Kompetenz, in: Habermas/Luhmann 1971, 101-141
Habermas, J. (1973), Erkenntnis und Interesse (1968). Mit einem Nachwort
Habermas, J. (1973a), Kultur und Kritik, Frankfurt
Habermas, J. (1976), Zur Rekonstruktion des Historischen Materialismus, Frankfurt
Habermas, J. (1976a), Evolution, in: ders. 1976, 129-267
Habermas, J. (1976b), Was heißt Universalpragmatik?, in: Apel 1976, 174-272.
Habermas, J. (1981), Die Moderne - ein unvollendetes Projekt, in: ders., Kleine politische Schriften, Frankfurt 1981, 444 ff.
Habermas, J. (1981f.), Theorie des kommunikativen Handelns, 2 Bde., Frankfurt
Habermas, J. (2001), Die Zukunft der menschlichen Natur. Auf dem Wege zu einer liberalen Eugenik?, Frankfurt
Habermas, J. (2005), Zwischen Naturalismus und Religion. Philosophische Aufsätze, Frankfurt
Habermas, J. (2005a), Freiheit und Determinismus, in: ders. 2005, 155-186
Habermas, J./ Luhmann, N. (1971), Theorie der Gesellschaft oder Sozialtechnologie – Was leitet die Systemforschung?, Frankfurt
Habermas, J./Reemtsma, J.Ph. (2003), Glauben und Wissen. Friedenspreis des Deutschen Buchhandels 2001, Frankfurt
Habermas, R. /Minkmar, N. (1992), Das Schwein des Häuptlings. Beiträge zur historischen Anthropologie, Berlin 1992
Hacking, I. (1996), Einführung in die Philosophie der Naturwissenschaften, Stuttgart
Haeckel, E. (^{11}1919)), Die Welträthsel. Gemeinverständliche Studien über Monistische Philosophie (Bonn 1899), Leipzig, Reprint Berlin (Ost) 1960
Haeckel, E. (1924), Gemeinverständliche Werke. 6 Bde., hg. H. Schmidt, Leipzig/Berlin
Haeckel, E. (1988), Generelle Morphologie der Organismen. Allgemeine Grundzüge der organischen Formen-Wissenschaft, mechanisch begründet durch die von Ch. Darwin reformirte Deszendenztheorie (Berlin 1866), Berlin/ New York
Häfner, R. (1995), Johann Gottfried Herders Kulturentstehungstheorie. Studien zu den Quellen und zur Methode seines Geschichtsdenkens, Hamburg 1995
Hagège, C. (1985), L'homme de paroles. Contributions linguistiques aux sciences humaines, Paris
Hagenbüchle, R. (1998), Subjektivität: Eine historisch-systematische Hinführung, in: Fetz/Hagenbüchle/Scholz 1998, 1-90
Hagner, M. (2004), Zur Geschichte der Elitegehirnforschung, Göttingen
Hagner, M. (Hg.) (2001), Ansichten der Wissenschaftsgeschichte, Frankfurt
Hahn, A. (2000), Konstruktionen des Selbst, der Welt und der Geschichte. Aufsätze zur Kultursoziologie, Frankfurt
Hahn, A./Kapp, V. (Hg.) (1987), Selbstthematisierung und Selbstzeugnis. Bekenntnis und Geständnis, Frankfurt
Haken, H./Haken-Krell, M. (1997), Gehirn und Verhalten. Unser Kopf arbeitet anders, als wir denken, Stuttgart
Haken, H./Haken-Krell, M. (^{2}1995), Entstehung von biologischer Information und Ordnung (1989), Darmstadt
Halbfas, H. (1976), Religion, Berlin
Halbwachs, M. (1985), Das kollektive Gedächtnis (frz. La mémoire collective, Paris 1950), Frankfurt
Halbwachs, M. (2003), Stätten der Verkündigung im Heiligen Land. Eine Studie zum kollektiven Gedächtnis. Hg. und übers. aus dem Frz. S. Egger, Konstanz
Haldane, J.S. (1932), Die philosophischen Grundlagen der Biologie, Berlin
Hale, J. (1994), Die Kultur der Renaissance in Europa, München

Hall, C. (2002), Civilizing Subjects. Metropole and Colony in the English Imagination, 1830-1867, Oxford 2002
Halliday, M.A.K. (1970), Language Structure and Language Function, in: Lyons 1970
Halliday, M.A.K. (1975), Beiträge zur funktionalen Sprachbetrachtung, Hannover
Hallpike, Ch.R. (1984), Die Grundlagen des primitiven Denkens, Stuttgart
Hammerstein, N. (Hg.) (1988), Deutsche Geschichtswissenschaft um 1900, Stuttgart
Hansen, K.P. (1995), Kultur und Kulturwissenschaft. Eine Einführung,Tübingen
Hanslick, E. (1898), Geschichte der Musiktheorie, Leipzig
Hanslick, E. (1976), Vom Musikalisch-Schönen. Ein Beitrag zur Revision der Aesthetik der Tonkunst, Nachdruck der 1. Aufl. von 1854, Darmstadt
Hardtwig, W. (1974), Geschichtsschreibung zwischen Alteuropa und moderner Welt. Jacob Burckhardt in seiner Zeit, München
Hardtwig, W. (1990), Geschichtskultur und Wissenschaft, München
Hardtwig, W. (1998), Die Verwissenschaftlichung der neueren Geschichtsschreibung, in: Goertz 1998, 245-260
Hardtwig, W. (Hg.) (1990), Über das Studium der Geschichte, München
Hardtwig, W./ Wehler, H.-U. (1996), Kulturgeschichte heute, Sonderheft 16 von „Geschichte und Gesellschaft", Göttingen
Harnack, A. v. (2005), Das Wesen des Christentums (Leipzig 1900, Neudruck mit einer Einführung von R. Bultmann, Stuttgart 1950), hg. C.-D. Osthövener,Tübingen
Harnack, A.v. (^{2}1924/1985), Marcion. Das Evangelium vom fremden Gott, Reprodruck Darmstadt
Harscheidt, M. (1989), Biographieforschung. Werden und Wandel einer komplexen Methode, in: Historical Social Research/Historische Sozialforschung 4,1989, 99-142
Härtel, G./Kaufmann, F.M. (Hg.) (1991), Codex Justinianus, Leipzig
Hartmann, N. (1912), Philosophische Grundfragen der Biologie, Göttingen
Hartmann, N. (1949), Einführung in die Philosophie, Hannover
Hartmann, N. (^{2}1949), Der Aufbau der realen Welt. Grundriß der allgemeinen Kategorienlehre, Meisenheim a. Glan
Haskell, F. (1995), Die Geschichte und ihre Bilder. Die Kunst und die Deutung der Vergangenheit (engl. 1993), München
Hastedt, H. (1998), Bewußtsein, in: Martens/Schnädelbach 2003, Bd. 2, 642-682
Haug, W./Warning, R. (Hg.) (1989), Das Fest, München
Hausen, K./ Wunder, H. (Hg.) (1992), Frauengeschichte, Geschlechtergeschichte, Frankfurt/New York
Hauser, A. (1990), Sozialgeschichte der Kunst und Literatur (1935). Ungekürzte Sonderausg. in einem Band, München
Havelock, E.A. (1990), Schriftlichkeit. Das griechische Alphabet als Revolution, Weinheim
Havelock, E.A. (1992), Als die Muse schreiben lernte, Frankfurt
Haverkamp, A./Heit, A. (Hg.) (1987), Ecos Rosenroman. Ein Kolloquium, München
Haverkamp, A./Lachmann, R. (Hg.) (1993), Memoria. Vergessen und Erinnern, München
Hawel, P. (1982), Klöster. Wie sie wurden, wie sie aussahen und wie man in ihnen lebte, München
Hawel, P. (1993), Das Mönchtum im Abendland. Geschichte - Kultur - Lebensform, Freiburg
Hawking, S. (1996), Eine kurze Geschichte der Zeit. Die Suche nach der Urkraft des Universums. Aus dem Engl. (Brief History of Time, 1988), Reinbek
Hawking, S. (Hg.) (2004), Die Klassiker der Physik. Ausgewählt und eingeleitet von Steven Hawking, Hamburg 2004
Hazard, P. (^{5}1965), Die Krise des europäischen Geistes (frz. La crise de la conscience européenne 1680-1715, Paris 1935) Übers. H. Wegener, Hamburg 1939/1965
Headland, T./Reid, L. (1989), Hunter-Gatherers and their Neighbours from Prehistory to Present, in: Current Anthropology, 43-46
Heberer, G. (1986), Die Herkunft des Menschen (1961), in: Propyläen Weltgeschichte, Bd. 1, 1986, 87-153
Heberer, G./Schwidetzki, I./Walter, H. (Hg.) (1970), Das Fischer Lexikon Anthropologie (1959, Neuausgabe 1970), Frankfurt
Hegel (1955), Ausgewählt und eingeleitet von F. Heer, Frankfurt
Hegel, G.W.F. (1955 ff.), Vorlesungen über die Philosophie der Religion. 3 Bde., Hamburg 1955/1994/1995

Hegel, G.W.F. (1955 ff.), Vorlesungen über die Philosophie der Weltgeschichte (1830). Bd. 1: Die Vernunft in der Geschichte Hamburg ⁶1994, Bde. 2-4: Die orientalische Welt. Die griechische und die römische Welt. Die germanische Welt, Hamburg 1988
Hegel, G.W.F. (1968 ff.), Gesammelte Werke, hg. von der Rheinisch-westfälischen Akademie der Wissenschaften, Hamburg
Hegel, G.W.F. (1968), Hegel Studienausgabe, Bd. 1: Gymnasialreden, Aufsätze, Rezensionen, Bd. 2: Rechtsphilosophie, Bd. 3: Propädeutik, Philosophie des Geistes, Stellung des Gedankens zur Objektivität, hg. K. Löwith und M. Riedel, Frankfurt
Hegel, G.W.F. (1974), Vorlesungen über Rechtsphilosophie, Stuttgart
Hegel, G.W.F. (1988), Phänomenologie des Geistes, [GW IX]
Hegel, G.W.F. (1991), Enzyklopädie der philosophischen Wissenschaften im Grundrisse (1830), Hamburg
Heidegger, M. ([17]1993), Sein und Zeit (1927), Tübingen
Heidegger, M. (1975 ff.), Gesamtausgabe, hg. F.-W. v. Herrmann, Frankfurt
Heil, J./Erb, R. (Hg.) (1998), Geschichtswissenschaft und Öffentlichkeit. Der Streit um Daniel J. Goldhagen, Frankfurt
Heinen, E. (2002), Sephardische Spuren. Einführung in die Geschichte des Iberischen Judentums, der Sepharden und Marranen, Kassel
Heinisch, K.J. (Hg.) (1960), Der utopischen Staat, Reinbek
Heinrich, K. (1992), Vernunft und Mythos. Ausgewählte Texte, Frankfurt
Heinrichs, H.-J. (1996), Erzählte Welt. Lesarten der Welt in Geschichte, Kunst und Wissenschaft, Reinbek
Heinrichs, H.-J. (1998), Die fremde Welt, das bin ich, Leo Frobenius: Ethnologe, Forschungsreisender, Abenteurer, Wuppertal
Heinz, R. (1968), Geschichtsbegriff und Wissenschaftscharakter der Musikwissenschaft in der zweiten Hälfte des 19. Jahrhunderts. Philosophische Aspekte einer Wissenschaftsentwicklung, Regensburg
Heisenberg, W. (1955), Das Naturbild der heutigen Physik, Hamburg
Heisenberg, W. (1969), Der Teil und das Ganze. Gespräche im Umkreis der Atomphysik, München
Heitsch, E. (Hg.) (1966), Hesiod, Darmstadt
Helbing, J. (1987), Theorie der Wildbeutergesellschaften. Eine ethnosoziologische Studie, Frankfurt/ New York
Held, K. (1990), Treffpunkt Platon. Philosophischer Reiseführer durch die Länder des Mittelmeers, Stuttgart
Helferich, Ch. (1992), Geschichte der Philosophie, Stuttgart
Heller, A. (1982), Der Mensch der Renaissance, Köln
Henke, W./Rothe, H. (1994), Paläoanthropologie, Berlin
Henke, W./Rothe, H. (1999), Stammesgeschichte des Menschen. Eine Einführung, Berlin u.a.
Henke, W./Rothe, H. (2005), Ursprung, Adaptation und Verbreitung der Gattung Homo. Marginalien zur Evolution eines *global player*, in: Kleeberg u.a. 2005, 89-123
Henrich, D. (1971), Hegel im Kontext, Frankfurt
Herbig, J. (1984), Im Anfang war das Wort. Die Evolution des Menschlichen, München
Herbig, J. (1991), Der Fluß der Erkenntnis. Vom mythischen zum rationalen Denken, Hamburg
Herder, J.G. (1960), Sprachphilosophische Schriften. Aus dem Gesamtwerk ausgewählt, mit einer Einleitung, Anmerkungen und Registern versehen von E. Heintel, Hamburg
Herder, J.G. (1967), Sämtliche Werke. 33 Bde., hg. B. Suphan (1877-1913), Neudruck
Herder, J.G. (1969–1975), Studienausgabe. 10 Bde., Frankfurt (als Taschenbuchausgabe, Frankfurt 1982 ff.)
Herder, J.G. (1985), Werke in zehn Bänden, hg. M. Bollack u.a., Frankfurt
Herder, J.G. (1990a), Auch eine Philosophie der Geschichte zur Bildung der Menschheit (1774), hg. H.-D. Irmscher (mit einem Nachwort außerdem von H.-G. Gadamer, Frankfurt 1967), Stuttgart
Herder, J.G. (1995), Ideen zur Philosophie der Geschichte der Menschheit. Mit einem Vorwort von Gerhart Schmidt (Wiesbaden 1985), Bodenheim
Herder, J.G. (2002), Werkausgabe in X Bänden, hg. und kommentiert v. W. Proß, München /Wien
Herder, J.G., Briefe zur Beförderung der Humanität (1793-1797). Suphan, Bde. 17 u. 18; Abdruck u.a. auch in: Wirsich-Irwin 1974, 55 ff.
Hermand, J. (1986), Kultur im Wiederaufbau. Die Bundesrepublik Deutschland 1945-1965, München
Hermand, J. (1994), Geschichte der Germanistik, Reinbek

Hermann, A. (Hg) (1989-94), Technik und Kultur. 10 Bde. und Registerband, Düsseldorf
Herodot (1971), Historien. Übersetzung von A. Horneffer, Stuttgart
Herodot (⁶2001), Historien. 2 Bde. Griechisch-deutsch, hg. J. Feix, München/Zürich
Herrmann, J./Ullrich, H. (Hg.) (1991), Menschwerdung. Millionen Jahre Menschheitsentwicklung - natur- und geisteswissenschaftliche Ergebnisse. Eine Gesamtdarstellung, Berlin
Herrmann, U. (1984), Geschichte und Theorie, in: Zs für Sozialisationsforschung und Erziehungssoziologie 1,1984, 11-28
Herrmann, U. (1986), Über den Gang der Geschichte in der Natur des Menschen. Einführende Überlegungen zur Geschichtlichkeit des Seelischen, in: Jüttemann 1986, 46-64
Herrmann, U. (1987), Biographische Konstruktionen und das gelebte Leben. Prolegomena zu einer Biographie- und Lebenslaufforschung in pädagogischer Absicht, in: ZfPäd 3/1987, 303 ff.
Herskovits, M.J. (1948), Man and his Works. The Science of Cultural Anthropology, New York
Herwig, M. (2004), Bildungsbürger auf Abwegen. Naturwissenschaft im Werk Thomas Manns, Frankfurt
Herzfeld, H. (Hg.) (1963), Geschichte in Gestalten, 4 Bde., Frankfurt
Herzog, R. (1988), Staaten der Frühzeit. Ursprünge und Herrschaftsformen, München
Hesiod (1970), Theogonie, übersetzt und kommentiert W. Marg, in: Sämtliche Gedichte, Zürich/ Stuttgart
Hesiod (1938), Sämtliche Werke. Theogonie/ Werke und Tage/ Der Schild des Achill. Übers. Th.v. Scheffer, Leipzig
Hesiod (2002), Theogonie. Übers. und hg. O. Schönberger (Stuttgart 1999), Ditzingen
Hesiod (⁵1993), Theogonie, hg., übers. und erläutert von K. Albert, Sankt Augustin
Heuß, A. (1956), Theodor Mommsen und das 19. Jahrhundert, Kiel
Heuß, A. (1973), Zum Problem einer geschichtlichen Anthropologie, in: Gadamer/Vogler Bd. 4 ,1973, 150–194
Heussi, K. (1932), Die Krisis des Historismus, Tübingen
Heydenreich, T./Blumenthal, P. (Hg.) (1989), Glaubensprozesse - Prozesse des Glaubens? Religiöse Minderheiten zwischen Toleranz und Inquisition, Tübingen
Hilberg, R. (1982 ff.), Die Vernichtung der europäischen Juden. Die Gesamtgeschichte des Holocaust. 3 Bde., Berlin
Hildebrand-Nilshon, M. (1978), Sprechen und Handeln, Münster [Diss.]
Hildebrand-Nilshon, M. (1980), Die Entstehung der Sprache. Phylogenese und Ontogenese, Frankfurt
Hildebrand-Nilshon, M. (1992), Von der Kooperation zur symbolischen Praxis. Hypothesen zur Evolution von Sprache und Kommunikation im Rahmen einer kulturhistorischen Psychologie, in: Adick/Krebs 1992, 111 ff.
Hildebrandt, H.-J. (1990), Rekonstruktionen. Zur Geschichte und Theorie der Ethnologie, Göttingen
Hirschberg, W. (Hg.) (1999), Wörterbuch der Völkerkunde. Neuausgabe v. Ch. Feest u.a., Berlin
Hirschberger, J. (¹²1980), Geschichte der Philosophie. 2 Bde. (1948 ff.), Freiburg i.B.
Historikerstreit (1987), Die Dokumentation der Kontroverse um die Einzigartigkeit der nationalsozialistischen Judenvernichtung, München/Zürich
Hitzler, R. (1988), Sinnwelten. Ein Beitrag zum Verstehen von Kultur, Opladen
Hobsbawm, E. (1962), Europäische Revolution, Zürich
Hobsbawm, E. (1977), Die Blütezeit des Kapitals: Eine Kulturgeschichte der Jahre 1848-1875, München
Hobsbawm, E. (1989), Das Zeitalter des Imperialismus: 1875-1914, Frankfurt
Hobsbawm, E. (1998), Wieviel Geschichte braucht die Zukunft. Aus dem Engl. U. Rennert (On History, London 1997), München/Wien
Hoepfner, W. (Hg.) (2002), Antike Bibliotheken, Mainz
Hofer, W. (Hg.) (1957), Der Nationalsozialismus. Dokumente 1933-1945, Frankfurt
Höffe, O. (2001), Kleine Geschichte der Philosophie, München
Hoffmann, H./ Klotz, H. (Hg.) (1987), Die Sechziger, Düsseldorf
Hofmann, Ch. (1990), Das spanische Hofzeremoniell, in: Knapp 1990, 142-148
Hofmann, F. (Hg.) (1992), Jan Amos Comenius. Allweisheit, Neuwied
Hofmann, M. (2003), Schiller. Epoche – Werke – Wirkung, München
Hofmann, M. (2006), Schillers Reaktion auf die Französische Revolution und die Geschichtsauffassung des Spätwerks, in: ders./Rüsen/Springer 2006, 180-194
Hofmann, M./Rüsen, J./Springer, M. (Hg.) (2006), Schiller und die Geschichte, Paderborn

Hofmann, W. (Hg.) (1983), Luther und die Folgen für die Kunst. Katalog der Ausstellung in der Hamburger Kunsthalle, München
Holenstein, E. (²2004), Philosophie-Atlas. Orte und Wege des Denkens, Zürich
Holl, A. (Hg.) (1994), Die Ketzer, Hamburg
Hölscher, U. (1989), Die Odyssee. Epos zwischen Märchen und Roman, München
Hölscher, L. (2005), Geschichte der protestantischen Frömmigkeit in Deutschland, München
Holst, E.v. (1969), Zur Verhaltensphysiologie bei Tieren und Menschen. Gesammelte Abhandlungen. 2 Bde., München
Holst, E.v./H. Mittelstaedt, H. (1950), Das Reafferenzprinzip, in: Naturwissenschaften, 464-476
Holz, H. (1975), Vom Mythos zur Reflexion. Thesen zum Strukturgesetz der Entwicklung des abendländischen Denkens, Freiburg
Holz, H. (1981), Evolution und Geist, Frankfurt
Holzkamp, K. (1983), Grundlegung der Psychologie, Frankfurt
Holzkamp, K. (³1976), Sinnliche Erkenntnis - Historischer Ursprung und gesellschaftliche Funktion der Wahrnehmung, Kronberg
Homer (1956), Die Odyssee, nach der Übertragung von J.H. Voss, München
Homer (1958), Die Odyssee, Deutsch von W. Schadewaldt, Hamburg
Homer (³1919), Homeri Opera edd. D.B. Monro et T.W. Allen, I-V, Oxford
Homer (⁹1989), Ilias, Übertr. von H. Rupé. Mit Urtext, Anhang und Registern, München/Zürich
Hommel, H./Ziegler, K. (1975), Rhetorik, in: Kleiner Pauly 1975, Bd 4, 1396 ff.
Hondrich, C. (1991), Und Abraham nahm das Messer - Gedanken wider die Opferung des Sohnes, Köln: WDR 3
Höneisen, M. (Hg.) (1990), Die ersten Bauern. Pfahlbaufunde Europas. Forschungsberichte zur Ausstellung in Zürich, Zürich
Horgan, J. (2000), Der menschliche Geist. Wie die Wissenschaften versuchen, die Psyche zu verstehen, München
Horkheimer, M. (1985 ff.), Gesammelte Schriften. 18 Bde. Hg. A. Schmidt/G. Schmid-Noerr, Frankfurt

Horkheimer, M. (Hg.) (1970), Zeitschrift für Sozialforschung (1932-1941). Reprint, München
Horkheimer, M./ Adorno, Th.W. (1969), Dialektik der Aufklärung. Philosophische Fragmente (Amsterdam 1947), Neuausgabe mit einem Vorwort, Frankfurt
Hornung, E. (1989), Geist der Pharaonenzeit, Zürich/München
Hornung, E. (1996), Grundzüge der ägyptischen Geschichte
Hösle, V. (1997), Moral und Politik. Grundlagen einer Politischen Ethik für das 21. Jahrhundert, München
Hösle, V. (1999), Die Philosophie und die Wissenschaften, München
Hösle, V. (1999a), Tragweite und Grenzen der evolutionären Erkenntnistheorie, in: ders. 1999, 74-103
Hösle, V. (1999b), Zur Philosophie der Geschichte der Sozialwissenschaften, in: ders. 1999, 125-165
Howald, E. (Hg.) (1949), Die Anfänge der abendländischen Philosophie. Fragmente und Lehrberichte der Vorsokratiker. Eingleitet von E. Howald, übertragen von M. Grünwald, Zürich
Howatson, M.C. (1996), Reclams Lexikon der Antike, Stuttgart
Huber, M./Lauer, G. (Hg.) (2000), Nach der Sozialgeschichte. Konzepte für eine Literaturwissenschaft zwischen Historischer Anthropologie, Kulturgeschichte und Medientheorie, Tübingen
Hübinger, G. u.a. (Hg.) (1997), Kultur und Kulturwissenschaften um 1900. Bd. 2: Idealismus und Positivismus, Stuttgart
Hübinger, P.E. (Hg.) (1968), Kulturbruch oder Kulturkontinuität im Übergang von der Antike zum Mittelalter, Darmstadt
Hübner, K. (1979), Mythische und wissenschaftliche Denkformen, in: Poser 1979, 75 ff.
Hübner, K. (1985), Die Wahrheit des Mythos, München
Hübner, K. (1994), Die zweite Schöpfung. Das Wirkliche in Kunst und Musik, München
Hügli, A. (1989), Artikel: Pädagogik, in: Hist. Wörterbuch der Philosophie, Bd.7, Sp. 1-35
Hügli, A. u.a.(1980), Artikel Mensch, in: Hist. Wörterbuch der Philosophie, Bd. 5, Sp. 1059-1105
Hügli, A./Lübcke, P. (Hg.) (1991), Philosophielexikon. Personen und Begriffe der abendländischen Philosophie von der Antike bis zur Gegenwart [dt. Neubearbeitung der dän. Erstfassung, Kopenhagen 1983], Reinbek
Huizinga, J. (1930/²1941), Wege der Kulturgeschichte, München bzw. Amsterdam/Leipzig

Huizinga, J. (1956), Homo ludens. Vom Ursprung der Kultur im Spiel (ndl.1938), Hamburg
Huizinga, J. (⁹1965), Herbst des Mittelalters. Studien über Lebens- und Geistesformen des 14. und 15. Jahrhunderts in Frankreich und in den Niederlanden (ndl. 1919, dt. 1921), Stuttgart
Humboldt, A.v. (1993/2004), Kosmos. Entwurf einer physischen Weltbeschreibung (Stuttgart/ Tübingen 1845- 62), Nachdruck und Hg. H.M. Enzensberger in der Anderen Bibliothek, Darmstadt/ Frankfurt
Humboldt, W. v. (⁴1985), Bildung und Sprache. Eine Auswahl aus seinen Schriften. Besorgt v. C. Menze, Paderborn
Humboldt, W.v. (1960), Theorie der Bildung des Menschen (1793), in: Humboldt-Werke, Bd. 1, 234-240
Humboldt, W.v. (1960), Über die Aufgaben des Geschichtsschreibers (1821), in: Humboldt-Werke, Bd. 1, 585-606
Humboldt, W.v. (1960/81), Werke in fünf Bänden, hg. A. Flitner und K. Giel, Darmstadt
Hunt, L. (1998), Psychologie, Ethnologie und „linguistic turn" in der Geschichtswissenschaft, in: Goertz 1998, 671–693
Hunt, L. (Hg.) (1989), The New Cultural History, Berkeley
Huntington, S.P. (1993), The Clash of Civilizations?, in: Foreing Affairs, 3, 1993, 22-49
Hurrelmann, K. (Hg.) (1976), Sozialisation und Lebenslauf, Reinbek
Husserl, E. (1950 ff.), Husserliana – Edmund Husserl. Gesammelte Werke. Hg. Husserl-Archiv (Leuven), Den Haag
Husserl, E. (1954), Die Krisis der europäischen Wissenschaften und die transzendentale Phänomenologie, hg. von W. Biemel Gesammelte Werke, Band VI, Den Haag
Husserl, E. (1976), Ideen zu einer reinen Phänomenologie und phänomenologischen Philosophie (1913), Bd. III, GW, neu hg. K. Schuhmann
Husserl, E. (1985), Die Phänomenologische Methode. Ausgewählte Texte I, hg. K. Held, Stuttgart
Husserl, E. (1985), Texte zur Phänomenologie des inneren Zeitbewußtseins (1893-1917), Hamburg
Husserl, E. (1986), Phänomenologie der Lebenswelt, Ausgewählte Texte II, hg. von K. Held, Stuttgart
Huyssen, A. (1986), Postmoderne eines kulturellen Wandels, Reinbek
Ickert, K./Schick, U. (1986), Das Geheimnis der Rose entschlüsselt. Zu U. Ecos Weltbestseller „Der Name der Rose", München
Ifrah, G. (1986), Universalgeschichte der Zahlen, Frankfurt/New York
Iggers, G.G. (1971), Deutsche Geschichtswissenschaft. Eine Kritik der traditionellen Geschichtsauffassung von Herder bis zur Gegenwart (The German Conception of History. The National Tradition of Historical Thougt from Herder to the Present), München
Iggers, G.G. (1994): Ist es in der Tat in Deutschland früher zur Verwissenschaftlichung der Geschichte gekommen als in anderen europäischen Ländern?, in: Geschichtsdiskurs, Bd. 2, 73-86
Iggers, G.G. (1997), Historisches Denken im 19. Jahrhundert. Überlegungen zu einer Synthese, in: Geschichtsdiskurs, Bd. 3, 459- 470
Iliffe, J. (1997), Geschichte Afrikas. Aus dem Engl. v. G. Gockel u. R. Seuß, (engl. 1995), München
Illies, Ch. (2006), Philosophische Anthropologie im biologischen Zeitalter. Zur Konvergenz von Moral und Natur, Frankfurt
Illies, J. (1979), Schöpfung oder Evolution. Ein Naturwissenschaftler zur Menschwerdung, Zürich
Imhof, A.E. (1988), Von der unsicheren zur sicheren Lebenszeit. Fünf historisch-demographische Studien, Darmstadt
Immelmann, K. (²1979), Einführung in die Verhaltensforschung, Berlin/Hamburg
Internationale(s) Germanistenlexikon 1800–1950 (2003), Hg. Arbeitsstelle für die Erforschung der Germanistik, Berlin
Irrgang, B. (²2001, Lehrbuch der Evolutionären Erkenntnistheorie. Thesen, Konzeptionen und Kritik, München
Irrlitz, G. (2002), Kant-Handbuch. Leben und Werk, Stuttgart/Weimar
Iselin, I. (1764), Philosophische Mutmaßungen über die Geschichte der Menschheit
Isenmann, E. (1988), Die deutsche Stadt im Spätmittelalter. Stadtgesellschaft, Recht, Kirche, Gesellschaft, Stuttgart
Iser, W. (1991), Das Fiktive und Imaginäre. Perspektiven einer literarischen Anthropologie, Frankfurt
Isidor von Sevilla (1911/1962), Etymologiae (auch: Origines, um 600), ed. W.M. Lindsay, Oxford
Jäckel, E. u.a. (Hg.) (1995), Enzyklopädie des Holocaust. Die Verfolgung und Ermordung der europäischen Juden. 4 Bde., Neuausgabe, München/Zürich

Jacobus de Voragine (1984), Die goldene Legende (Legenda aurea, 1263-1273), aus dem Lat. übers. von R. Benz (Jena 1917), Reprodruck Heidelberg
Jaeger, F. (1998), Geschichtstheorie, in: Goertz 1998, 724–756.
Jaeger, F. (Hg.) (2005 ff.), Enzyklopädie der Neuzeit. Kulturwissenschaftliches Institut Essen. 15 Bde. und 1 Registerband, Darmstadt
Jaeger, F./ Rüsen, J. (1992), Geschichte des Historismus. Eine Einführung, München
Jaeger, F./B. Liebsch (Hg.), Handbuch der Kulturwissenschaften. Bd.1: Grundlagen und Schlüsselbegriffe, Stuttgart/Weimar 2004
Jaeger, F./Rüsen, J. (Hg.), Handbuch der Kulturwissenschaften. Bd. 3: Themen und Tendenzen, Stuttgart/Weimar 2004
Jaeger, F./Straub, J. (Hg.) (2005), Was ist der Mensch, was Geschichte? Annäherungen an eine kulturwissenschaftliche Anthropologie. Jörn Rüsen zum 65. Geburtstag, Bielefeld
Jaeger, F./Straub, J. (Hg.), Handbuch der Kulturwissenschaften. Bd. 2: Paradigmen und Disziplinen, Stuttgart/Weimar 2004
Jaeger, W. (1933/1936/1947), Paideia. Die Formung des griechischen Menschen. 3 Bde., Berlin/Leipzig
Jaeggi, U./Honeth, A. (Hg.) (1977), Theorien des Historischen Materialismus, Frankfurt
Jakobeit, S. und W. (1988), Illustrierte Alltagsgeschichte des deutschen Volkes (Ostberlin 1988), 2. Aufl. mit einem Vorwort von J. Kuczynski, 3 Bde., Köln 1988
Jameson, F. (1991), Postmodernism, or The Cultural Logic of Late Capitalisme, London 1991.
Jantsch, E. (1979), Vom Urknall zum menschlichen Geist, München
Jaritz, G. (1989), Zwischen Augenblick und Ewigkeit. Einführung in die Alltagsgeschichte des Mittelalters, Köln u.a.
Jarnut, J. (2002), Herrschaft und Ethnogenese im Frühmittelalter. Gesammelte Aufsätze von Jörg Jarnut. Festgabe zum 60. Geburtstag, hg. von M. Becher u.a., Münster
Jaros, K. (1991), Kanaan, Israel, Palestina. Ein Gang durch die Geschichte des Heiligen Landes, Mainz
Jaros, K. (1995), Wurzeln des Glaubens. Zur Entwicklung der Gottesvorstellung bei Juden, Christen und Muslimen, Mainz
Jaspers, K. (1949), Vom Ursprung und Ziel der Geschichte, München/ Zürich
Jaspers, K. (1966), Wohin treibt die Bundesrepublik? Tatsachen, Gefahren, Chancen, München
Jaspers, K. (^{6}1965), Die geistige Situation der Zeit (1932), Berlin
Jauß, H.R. (1987), Die Theorie der Rezeptionsästhetik – Rückschau auf ihre unbekannte Vorgeschichte, Konstanz
Jauß, H.R. (1977), Alterität und Modernität der mittelalterlichen Literatur. Gesammelte Aufsätze 1956-1976, München
Jauß, H.R. (1994), Wege des Verstehens, München
Jaynes, J. (1988), Der Ursprung des Bewußtseins durch den Zusammenbruch der bikameralen Psyche, Reinbek
Jeismann, K.-E. (2000), Geschichte und Bildung. Beiträge zur Geschichtsdidaktik und zur Historischen Bildungsforschung. Hg. und eingel. von W. Jacobsmeyer und B. Schönemann, Paderborn
Jeismann, M. (Hg.) (2000), Das 11. Jahrhundert. Kaiser und Papst, München, 13-34
Jeismann, M. (Hg.) (2000a), Das 16. Jahrhundert. Freiheit und Glauben, München
Jens, W. (1988), Antiquierte Antike? Perspektiven eines neuen Humanismus, in: Jens 1988, 41 ff.
Jens, W. (1988), Feldzüge eines Republikaners, München 1988
Jens, W. (2000), Römerbrief. Übersetzung, Stuttgart
Joachim von Fiore (1955), Das Reich des Heiligen Geistes. Bearbeitung A. Rosenberg, München
Jodl, F. (1878), Die Culturgeschichtsschreibung, ihre Entwicklung und ihr Problem, Halle
Johann, H.-Th. (Hg.) (1976), Erziehung und Bildung in der heidnischen und christlichen Antike, Darmstadt
Johnson, A./Earle, T. (1987), The Evolution of Human Societies. From Foraging Group to Agrarian State, Stanford
Johnson, R.A. (Hg.) (1977), Psychohistory and Religion: The Case of Young Martin Luther, Philadelphia
Jonas, F. (^{2}1980), Geschichte der Soziologie. Bd. 1: Aufklärung, Liberalismus, Idealismus, Sozialismus, Übergang zur industriellen Gesellschaft, Bd. 2: Von der Jahrhundertwende bis zur Gegenwart. Mit Quellentexten, Opladen
Jones, E. (1960), Das Leben und Werk von Sigmund Freud, Bern/Stuttgart

Jordan, S. (1999), Geschichtstheorie in der ersten Hälfte des 19. Jahrhunderts. Die Schwellenzeit zwischen Pragmatismus und Klassischem Historismus, Frankfurt u.a.
Jostkleigrewe, Ch. u.a. (Hg.) (2005), Geschichtsbilder. Konstruktion – Reflexion – Transformation, Köln u.a.
Jung, M. (1996), Dilthey zur Einführung, Hamburg
Jung, W. (1990), G. Simmel zur Einführung, Hamburg
Jüttemann, G. (1986a), Die geschichtslose Seele – Kritik der Gegenstandsverkürzung in der traditionellen Psychologie, in: ders. 1986, 98 ff.
Jüttemann, G. (1998), Genetische Persönlichkeitspsychologie: eine neue Perspektive, in: Jüttemann /Thomas 1998, 111-131
Jüttemann, G. (Hg.) (1986), Die Geschichtlichkeit des Seelischen. Der historische Zugang zum Gegenstand der Psychologie, Weinheim
Jüttemann, G./Thomae, H. (Hg.) (1987), Biographie und Psychologie, Berlin
Jüttemann, G./Thomae, H. (Hg.) (1998), Biographische Methoden in den Humanwissenschaften, Weinheim
Kabisch, Th. (1988), Konservativ gegen Neudeutsch, oder: Was heißt „außermusikalisch"?, in: Funkkolleg Musikgeschichte, SBB 8 Tübingen
Kaegi, W. (1947 ff.), Jacob Burckhardt. Eine Biographie. 7 Bde., Basel
Kaempfer, E. (2001 ff.), Werke. Kritsche Ausgabe in 7 Einzelbänden, Hg. D. Haberland, W. Michel, E. Gössmann, München
Kaempfer, E. (2001-2003), Heutiges Japan (in englischer Übers. 1627), in: ders., Werke Bde. 1.1. u.1.2., hg. W. Michel u. B.J. Terwil
Kagan, D. (1992), Perikles. Die Geburt der Demokratie, Stuttgart
Kambartel, F. (1984), Artikel „Naturgeschichte", in: Hist. Wörterbuch der Philosophie, Bd. 6, Sp. 526-528
Kamlah, W./Lorenzen, P. (1967), Logische Propädeutik oder Vorschule des vernünftigen Redens, Mannheim
Kamper, D. (Hg.) (1975), Abstraktion und Geschichte. Rekonstruktion des Zivilisationsprozesses, München
Kandel, E. (2006), Auf der Suche nach dem Gedächtnis. Die Entstehung einer neuen Wissenschaft des Geistes. Aus dem Engl. von H. Kobert, München
Kanitscheider, B. (1996), Im Innern der Natur. Philosophie und moderne Physik, Darmstadt 1996
Kant, I (1977), Schriften zur Anthropologie, Geschichtsphilosophie, Politik und Pädagogik, in: Werke Bde. 11 f., Frankfurt
Kant, I (1983), Anthropologie in pragmatischer Hinsicht abgefaßt (1798), in: Werke Bd. 12, 395-690
Kant, I. (1977), Prolegomena zu einer jeden künftigen Metaphysik, die als Wissenschaft wird auftreten können (1783), in: Werke Bd. 5
Kant, I. (1977), Werkausgabe in 12 Bänden. Hg. W. Weischedel (Wiesbaden 1956-64), Frankfurt
Kant, I. (1983), Idee zu einer allgemeinen Geschichte in weltbürgerliche Absicht (1784), in: Werke Bd. 11, 33-50
Kant, I. (1983a) Mutmaßlicher Anfang der Menschheitsgeschichte, in: Werke Bd. 11, 85-102
Kant, I. (^{2}2004), Zum ewigen Frieden. Ein philosophischer Entwurf (1795), in: Werke Bd. 11, 195-251
Kantorowicz, E.H. (1957/1990), Die zwei Körper des Königs. ‚The Kings Two Bodies'. Eine Studie zur politischen Theologie des Mittelalters, München
Kardiner, A. (^{8}1965), The Individual and his Society. The Psychodynamics of Primitive Social Organization, New York
Kaschuba, W. (Hg.) (1995), Kulturen - Identitäten - Diskurse. Perspektiven europäischer Ethnologie, Berlin
Kater, Th. (1999), Politik, Recht, Geschichte. Zur Einheit der politischen Philosophie Immanuel Kants, Würzburg
Kaufmann, W. (^{2}1988), Nietzsche. Philosoph, Psychologe, Antichrist, Darmstadt
Kayser, W. (^{6}1960), Das sprachliche Kunstwerk (Bern 1948), Bern/München
Keck R.W./Wiersing E. (Hg.) (1994), Vormoderne Lebensläufe erziehungshistorisch betrachtet, Köln u.a.
Keck, R.W./Wiersing, E./Wittstadt, K. (Hg.) (1996), Literaten - Kleriker - Gelehrte. Zur Geschichte der Gebildeten im vormodernen Europa, Köln u.a.

Keller, W. (^{34}2001), Und die Bibel hat doch recht. Forscher beweisen die historische Wahrheit (Düsseldorf 1955), Neubearbeitung J. Rehork
Kempowski, W. (1993-2005), Echolot. Ein kollektives Tagebuch. Januar und Februar 1943. 10 Bde., München
Kerényi, K. (^{16}1994), Die Mythologie der Griechen. Bd. I: Die Götter- und Menschheitsgeschichten, Bd. II: Die Heroen-Geschichten. (1966), München
Kerényi, K. (^{5}1996), Die Eröffnung des Zugangs zum Mythos. Ein Lesebuch, (1967), Darmstadt
Kern, F./Valjavec, F. (Hg.) 1952 ff.), Historia Mundi. Ein Handbuch der Weltgeschichte, 10 Bde., Bern
Kersting, W. (1994), Die politische Philosophie des Gesellschaftsvertrags, Darmstadt
Kessler, E. (1982), Das rhetorische Modell des Historiographie, in: Koselleck 1982, 37-85
Kettermann, G. (2001), Atlas zur Geschichte des Islam, Darmstadt
Khoury, A.Th. (1987), Der Koran, Gütersloh
Khoury, A.Th./ Hagemann, L./ Heine, P. (1991), Islam-Lexikon. Geschichte - Ideen - Gestalten. 3 Bde., Freiburg u.a.
Kierkegaard, S. (1957 f.), Abschließende unwissenschaftliche Nachschrift zu den philosophischen Brocken, 2 Bde., übers. v. H.M. Junghans, Düsseldorf
Kilcher, A.B. u.a. (Hg.) (2003), Metzlers Lexikon jüdischer Philosophen. Philosophisches Denken des Judentums von der Antike bis zur Gegenwart, Stuttgart/Weimar
Kilian, L. (1988), Zum Ursprung des Indogermanischen, Bonn
Killy, W. (1958-62), Zeichen der Zeit. Ein deutsches Lesebuch, 4 Bde., Frankfurt
Killy, W./Vierhaus, R. (Hg.) (2002), Deutsche Biographische Enzyklopädie, München
Kindlers Enzyklopädie Der Mensch (1982-85), 10 Bde., hg. H. Wendt/N. Loacker, Zürich
Kindlers Literatur Lexikon (1965/), 12 Bde., hg. W.v. Einsiedel, Zürich (fotom. Nachdruck, München 1986); Kindlers Neues Literatur Lexikon (1996), 23 Bde., hg. W. Jens, Hamburg
Kingdon, J. (1997), Und der Mensch schuf sich selbst. Das Wagnis der menschlichen Evolution (engl. 1993), Frankfurt/Leipzig
Kinnebrock, W. (^{2}2002), Bedeutende Theorien des 20. Jahrhunderts. Ein Vorstoß zu den Grenzen von Berechenbarkeit und Erkenntnis, München
Kirn, P. (1955), Das Bild des Menschen in der Geschichtsschreibung von Polybios bis Ranke, Göttingen
Kittler, F.A. (2000), Eine Kulturgeschichte der Kulturwissenschaft, München
Kittler, F.A. (^{2}1995), Aufschreibesysteme 1800-1900 (1985), München
Kittsteiner, H.-D. (^{2}1994), Die Entstehung des modernen Gewissens, Frankfurt/Leipzig
Kittsteiner, H.-D. (Hg.) (2004), Was sind Kulturwissenschaften? 13 Antworten, München
Klauck, H.-J. (1995), Die religiöse Umwelt des Urchristentums, Bd. I.: Stadt- und Hausreligion, Mysterienkulte, Volksglaube, Stuttgart
Kleeberg, B./Walter, T./Crivellari, F. (Hg.) (2005), Urmensch und Wissenschaften. Eine Bestandsaufnahme, Darmstadt
Kleist, W.v. (1810), Über die allmähliche Verfassung der Gedanken beim Reden
Klemperer, V. (1947), LTI (Lingua Tertii Imperii), Berlin
Klemperer, V. (1995), Ich will Zeugnis ablegen bis zum letzten. Tagebücher 1933-1945. 2 Bde., Berlin
Klingenstein, G. (Hg.) (1979), Biographie und Geschichtswissenschaft. Aufsätze zur Theorie und Praxis biographischer Arbeit, München
Klocke-Daffa, S./Scheffler, J./Wilbertz, G. (Hg.) (2003), Engelbert Kaempfer (1651-1716) und die kulturelle Begegnung zwischen Europa und Asien, Lemgo
Kloepfer, R. (1975), Poetik und Linguistik, München
Kluge, F. (^{18}1960), Etymologisches Wörterbuch der deutschen Sprache (1881), bearbeitet v. W. Mitzka, Berlin
Knapp, V. (Hg.) (1990), Die Sprache der Zeichen und Bilder. Rhetorik und nonverbale Kommunikation in der frühen Neuzeit, Marburg
Knußmann, R. (^{2}1996), Vergleichende Biologie des Menschen. Lehrbuch der Anthropologie und Humangenetik (1980), Stuttgart/New York
Koch, G. (1994), Kausalität, Determinismus und Zufall in der wissenschaftlichen Naturbeschreibung, Berlin
Kocka, J. (1989), Geschichte und Aufklärung. Aufsätze, Göttingen
Kocka, J. (1975), Sozialgeschichte – Strukturgeschichte – Gesellschaftsgeschichte, in: Archiv für Sozialgeschichte

Kocka, J. (1977), Sozialgeschichte. Begriff - Entwicklung - Probleme, Göttingen
Kocka, J. (1984), Historisch-anthropologische Fragestellungen ein Defizit der Historischen Sozialwissenschaften? Thesen zur Diskussion", in: Süssmuth 1984, 73-83.
Kocka, J. (2002), Sozialgeschichte in Deutschland seit 1945. Aufstieg – Krise – Perspektiven, Bonn
Kocka, J. (Hg.) (1988), Bürgertum im 19. Jahrhundert. Deutschland im europäischen Vergleich. 3 Bde., München
Kocka, J./Nipperdey, Th. (1979), Theorie und Erzählung in der Geschichte, in: Beiträge zur Historik, Bd.3, München
Koenig, O. (1970), Kultur und Verhaltensforschung. Einführung in die Kulturethologie, München
Koepping, K.-P. (1984), Feldforschung als emanzipatorischer Akt? Der Ethnologe als Vermittler von Innen- und Außensicht, in: Müller 1984, 216 ff.
Kogon, E. (1946), Der NS-Staat. Das System der deutschen Konzentrationslager, Frankfurt
Kohl, K.-H. (1981), Entzauberter Blick. Das Bild vom Guten Wilden und die Erfahrung der Zivilisation, Berlin
Kohl, K.-H. (1987), Abwehr und Verlangen. Zur Geschichte der Ethnologie, Frankfurt/ New York
Kohl, K.-H. (1993), Ethnologie – die Wissenschaft vom Fremden. Eine Einführung, München 1993
Kohl, K.-H. (1995), Ethnologie. Die Wissenschaft vom kulturell Fremden, München
Kohl, K.-H. (1997), Edward Burnett Tylor (1832-1917), in: Michaels 1997, 41-59
Kohl, K.-H.(1993a), Geordnete Erfahrung: Wissenschaftliche Darstellungsformen und literarischer Diskurs in der Ethnologie, in: Schmied-Kowarzik/Stagl 1993, 407-420
Kohlberg, L. (1974), Zur kognitiven Entwicklung des Kindes, Frankfurt
Köhler, W. (1963), Intelligenzprüfungen an Menschenaffen (1921), Berlin
Kohli, M. (1980), Lebenslauftheoretische Ansätze in der Sozialisationsforschung, in: Hurrelmann/ Ulich 1980, 299-317
Kohli, M. (1983), Thesen zur Geschichte des Lebenslaufs als sozialer Institution, in: Conrad/Kondrawitz 1983, 133-147
Kohli, M. (1985), Die Institutionalisierung des Lebenslaufs. Historische Befunde und theoretische Argumente, in: Kölner Zeitschrift für Soziologie und Sozialpsychologie 1985, 1-29
Kohli, M. (Hg.) (1978), Soziologie des Lebenslaufs, Darmstadt/Neuwied
Köhnke, K.Ch. (1986), Entstehung und Aufstieg des Neukantianismus, Frankfurt
Kondylis, P. (1986), Die Aufklärung im Rahmen des neuzeitlichen Rationalismus, München
Konersmann, R. (2003), Kulturphilosophie zur Einführung, Hamburg
König, R. (1984), Soziologie und Ethnologie, in: Sonderheft 26 der Kölner Zs für Soziologie und Sozialpsychologie 1984, 17 ff.
König, R./Schmalfuß, A. (1972), Kulturanthropologie, Düsseldorf
Kopperschmidt, J. (2000), Rhetorische Anthropologie. Studien zu Homo rhetoricus, München
Koran (2000): Übersetzung v. Friedrich Rückert, hg. v. H. Bobzin. Mit erklärenden Anmerkungen von W. Fischer, Würzburg
Korff, H.A. ($^{4bzw.2}$1958), Geist der Goethezeit. Versuch einer ideellen Entwicklung der klassisch-romantischen Literaturgeschichte (1923 ff.), 4 Bde. und Registerband, Leipzig
Kornbichler, Th. (Hg.) (1990), Klio und Psyche, Pfaffenweiler
Korte, H. (1992), Einführung in die Geschichte der Soziologie, Opladen
Kortüm, H.H. (1996), Menschen und Mentalitäten. Einführung in Vorstellungswelten des Mittelalters, Berlin
Koselleck, R. (1975), Historie - Geschichte. Die Herausbildung des modernen Geschichtsbegriffs, in: Brunner/Conze/ Kosellek Bd. 2 1975, 647-691
Koselleck, R. (1979), Vergangene Zukunft. Zur Semantik geschichtlicher Zeiten, Frankfurt
Koselleck, R. (1992), Volk, Nation, Nationalismus, Masse, in: Brunner/Conze/ Koselleck 1992, Bd. 7, 141-151, 380-431.
Koselleck, R. (2000), Zeitschichten. Studien zur Historik. Mit einem Beitrag von H.G. Gadamer, Frankfurt
Koselleck, R./ Mommsen, W.J./ Rüsen, J. (Hg.) (1977), Objektivität und Parteilichkeit. Beiträge zur Historik, Bd.1, München
Koselleck, R./Lutz, H./Rüsen, J. (Hg.) (1982), Formen der Geschichtsschreibung, München
Koselleck, R./Stempel, W.D. (Hg.) (1973), Geschichte - Ereignis und Erzählung, Reihe: Poetik und Hermeneutik, München
Kosellek, R.u.a. (Hg.) (1982), Formen der Geschichtsschreibung, München

Koskenniemi, M. (2004), The Gentle Civilizer of Nations. The Rise and the Fall of Modern International Law 1870-1960, New York
Kötting, B. (1977), Religionsfreiheit und Toleranz im Altertum, Opladen
Kowalczuk, I.-S. (Hg.) (1994), Paradigmen deutscher Geschichtswissenschaft, Berlin
Krader, L. (1973), Ethnologie und Anthropologie bei Marx, München
Kraft, H. (1991), Einführung in die Patrologie, Darmstadt
Kramer, S. N. (1971), Mesopotamien. Frühe Staaten an Euphrat und Tigris, Reinbek ..
Kranz, W. (^{4}1958), Die griechische Philosophie. Zugleich eine Einführung in die Philosophie überhaupt, Bremen
Kraus, W. (1987), Zur Anthropologie des 18. Jahrhunderts. Die Frühgeschichte der Menschheit im Blickpunkt der Aufklärung (Ost-Berlin 1978), Frankfurt/ Berlin
Kraushaar, W. (2000), 1968 als Mythos. Chiffre und Zäsur, Hamburg
Kraushaar, W. (2000a), Der Zeitzeuge als ein Feind des Historikers? Ein Literaturüberblick zur 68er-Bewegung, in: Kraushaar 2000, 323–347
Kraushaar, W. (Hg.) (1998), Frankfurter Schule und Studentenbewegung. Von der Flaschenpost zum Molotowcocktail 1946-1995, Bd 1: Chronik, Bd. 2: Dokumente, Bd. 3: Aufsätze und Kommentare, Hamburg
Kretschmann, C. (Hg.) (2003), Wissenspopularisierung. Konzepte der Wissensverbreitung im Wandel, Wissen und soziale Konstruktion, Reihe: Wissenskultur und gesellschaftlicher Wandel, Bd. 4, Berlin
Kreuzer, H. (Hg.) (1987), Die zwei Kulturen. Literarische und naturwissenschaftliche Intelligenz. C.P. Snows These in der Diskussion, München
Kristeller, P.O. (1974/1976), Humanismus und Renaissance. Bd. I: Die antiken und mittelalterlichen Quellen, Bd. II: Philosophie, Bildung und Kunst, München
Krockow, Ch. Graf v. (1990), Die Deutschen in ihrem Jahrhundert 1890-1990, Reinbek
Kroeber, A.L./ Kluckhohn, C. (1952), Culture. A Critical Review of Concepts and Definitions, Cambridge
Kuckenburg, M. (1996), ...und sprachen das erste Wort. Die Entstehung von Sprache und Schrift. Eine Kulturgeschichte der menschlichen Verständigung, Düsseldorf
Kuckenburg, M. (1997), Lag Eden im Neandertal? Auf der Suche nach dem frühen Menschen, Düsseldorf/München
Kuckenburg, M. (2001), Als der Mensch zum Schöpfer wurde. An den Wurzeln der Kultur, Stuttgart
Kuczinski, J. (Hg.) (1980 ff.), Geschichte des Alltags des deutschen Volkes. 5 Bde., (Ost-)Berlin
Kuhlmann, A. (Hg.) (1994), Philosophische Ansichten der Kultur der Moderne, Frankfurt
Kuhn, Th.S. (1967), Die Struktur wissenschaftlicher Revolutionen (engl. 1962), Frankfurt
Kuhn, W. (2001), Ideengeschichte der Physik. Eine Analyse der Entwicklung der Physik im historischen Kontext, Braunschweig/Wiesbaden
Kullmann, W./Reichel, M. (Hg.) (1990), Der Übergang von der Mündlichkeit zur Literatur bei den Griechen, Tübingen
Kultermann, U. (1996), Geschichte der Kunstgeschichte. Der Weg einer Wissenschaft (Wien 1966), München
Küng, H. (1991), Das Judentum, München/Zürich
Küng, H. (^{2}1999), Das Christentum. Wesen und Geschichte, München
Küppers, G. (Hg.) (1996), Chaos und Ordnung. Formen der Selbstorganisation in Natur und Gesellschaft, Stuttgart
Kutschmann, W. (1989), Isaac Newton, in: Gernot Böhme 1989, 171-186
Küttler, W./Rüsen, J./Schulin, E. (Hg.) (1993–1999), Geschichtsdiskurs. 5 Bde., Frankfurt
Laak, D.van (2003), Alltagsgeschichte, in: Maurer VII 2003, 14-80
Lacan, J. (1953-1973), Le séminaire, Paris
Lacan, J. (1966), Ecrits, Paris
Ladenthin, V. (1985), Betrachtungen zur antiken Geschichtsschreibung, in: Geschichte in Wissenschaft und Unterricht 1985, 737-760
Laet, S.J. (Hg.) (2004), History of Humanity,7 vol., published by the Unesco (1994), London
Laffont, R. (Hg.) (1960), Cent mille ans de vie quotidienne, Paris
Lafitau, J.F. (1987), Die Sitten der amerikanischen Wilden im Vergleich zu den Sitten der Frühzeit (frz. Moeurs des sauvages amériquains, comparées aux moeurs des premiers temps, Paris 1724; Übersetzung in deutscher Sprache Halle 1752). Reprodruck, hg. und kommentiert von H. Reim, Leipzig

Lagarde, A./ Michard, L. (ed.) (1961 ff.), Les grands auteurs français. Textes et Littérature. 6 t.s, Paris (Moyen Age 1962, XVIIIème siècle 1961, XIXème Siècle 1962)
Lambrecht, L./ Tjaden, K.H./Tjaden-Steinhauer, M. (Hg.) (1998), Gesellschaft von Olduvai bis Uruk. Soziologische Exkursionen, Kassel
Lämmert, E. (1968), Bauformen des Erzählens (1955), Stuttgart
Lamprecht, K. (1891-1909), Deutsche Geschichte, 12 Bde. mit 3 Ergänzungsbänden, Berlin
Lamprecht, K. (1900), Die kulturhistorische Methode, Berlin
Lamprecht, K. (1912), Einführung in das historische Denken, Leipzig
Lamprecht, K. (1971), Moderne Geschichtswissenschaft (1905), Dublin/Zürich
Landmann, G.P. (1993), Thukydides - Geschichte des Peloponnesischen Krieges, 2 Bde, Darmstadt
Landmann, M. (1955), Philosophische Anthropologie, Berlin
Landmann, M. (1962), De homine – Der Mensch im Spiegel seines Gedankens, Freiburg
Landmann, M. (1984), Fundamental-Anthropologie, Bonn
Landwehr, A. (2001), Geschichte des Sagbaren. Einführung in die Historische Diskursanalyse, Tübingen
Landwehr, A. (2004), Einführung in die europäische Kulturgeschichte, Paderborn
Lang, B. (2002), Jahwe. Der biblische Gott, München
Lanson, G. (1894 ff.), Histoire de la littérature française, Paris
Lanson, G. (1965), Essais de méthode, de critique et d´histoire littéraire, Paris
Laplanche, J./ Pontalis, J. B. (1972), Das Vokabular der Psychoanalyse (frz. 1967). 2 Bde., Frankfurt
Latacz, J. (1991a), Homer. Die Dichtung und ihre Deutung, Darmstadt
Latacz, J. (^{2}1989), Homer. Der erste Dichter des Abendlandes, München/Zürich
Latacz, J. (Hg.) (1991b), Zweihundert Jahre Homerforschung. Rückblick und Ausblick, Stuttgart
Lausberg, H. (1960 ff.), Handbuch der literarischen Rhetorik, München
Lausberg, H. (^{2}1963), Elemente der literarischen Rhetorik (1949), München
Lawton, H. (ed.) (1988), The Psychohistorian's Handbook, New York
Lazarus, M. (2003), Grundzüge der Völkerpsychologie und Kulturwissenschaft (1863). Nachdruck mit einer Einleitung und Anmerkungen hg. K. Ch. Köhnke, Hamburg
Le Doux, J. (2003), Das Netz der Persönlichkeit. Wie unser Selbst entsteht. Aus dem Engl. v. Ch. Trunk, Düsseldorf
Le Goff, J. (1987), Für ein anderes Mittelalter. Zeit, Arbeit und Kultur in Europa des 5.–15. Jahrhunderts (Pour un autre Moyen Âge, Paris 1977), Frankfurt
Le Goff, J. (1990), Die Geburt des Fegefeuers. Vom Wandel des Weltbildes im Mittelalter (La naissance du purgatoire, Paris 1981), München
Le Goff, J. (1990a), Phantasie und Realität des Mittelalters (frz.: L' imaginaire médiéval, 1985), Stuttgart
Le Goff, J. (1992), Geschichte und Gedächtnis (frz. 1977), Frankfurt
Le Goff, J. (2002), Das Mittelalter in Bildern, Stuttgart
Le Goff, J. (^{2}1987), Die Intellektuellen im Mittelalter. Mit dem neuem Vorwort von 1985 (frz. Les intellectuels au Moyen Age, Paris 1957), Stuttgart
Le Goff, J./ Chartier, R./ Revel, J. (Hg.) (1990), Die Rückeroberung des historischen Denkens. Grundlagen der Neuen Geschichtswissenschaft (frz.1978, mit neuem Vorwort 1988, Paris). Aus dem Franz. v. W. Kaiser Frankfurt
Le Roy Ladurie, E. (1983), Die Bauern des Languedoc, Stuttgart
Le Roy Ladurie, E. (1983), Montaillou. Ein Dorf vor dem Inquisitor (frz. Montaillou, village occitan de 1294-1324, Paris 1975), Frankfurt
Leakey, R.E./Lewin, R. (1993), Der Ursprung des Menschen. Auf der Suche nach den Spuren des Humanum (engl. 1992), Frankfurt 1993
Leclerc, G. (1976), Anthropologie und Kolonialismus, München
Lee, R.B./Daly, R. (1999), The Cambridge Encyclopedia of Hunters and Gatherers. 2 Bde , Cambridge
Lehmann, A. (1998), Volkskunde, in: Goertz 1998, 456-472
Lehmann, H. (Hg.) (1995), Wege zu einer neuen Kulturgeschichte. Mit Beiträgen von R. Vierhaus und R. Chartier, Göttingen
Lehrbuch der deutschen Geschichte, (Ost-)Berlin 1959–1969
Leibniz, G.W. (1985), Philosophische Schriften, Bd. 2 : Die Theodizee (Essais de théodicée sur la bonté de dieu, la liberté de l'homme et l'origine du mal, 1710), übersetzt von H. Herring, Darmstadt

Leibniz, G.W. (²1982), Vernunftprinzipien der Natur und Gnade – Monadologie. Übers. A. Buchenau, Hg. H. Herring, Hamburg
Leiris, M. (1975), Mannesalter (frz. L'âge d'homme, Paris 1939, Vorwort 1946), Neuwied
Leiris, M. (1978), Das Auge des Ethnologen (mit einem Vorwort von H.J. Heinrichs, aus dem Frz.), Frankfurt
Leiris, M. (1985), Phantom Afrika. Tagebuch einer Expedition von Dakar nach Djibouti 1931-33 (L'Afrique fantôme. De Dakar à Djibouti 1931-1933, Paris 1934), 2 Bde. Übers. R. Wintermeyer, hg. und mit Einl. von H.-J. Heinrichs, Frankfurt
Leisewitz, A. (1982), Von der Darwinschen Evolutionstheorie zur Molekularbiologie: Wissenschaftshistorische und –soziologische Studien zu einer materialistischen Geschichte der Biologie, Köln
Lendle O. (1992), Einführung in die griechische Geschichtsschreibung, Darmstadt
Lenk, H. (2000), Denken und Handlungsbindung. Mentaler Geist und Handlungsregeln, Freiburg
Lenk, H. (2001), Kleine Philosophie des Gehirns, Darmstadt
Lenneberg, E.H. (1972), Biologische Grundlagen der Sprache, Frankfurt
Lepenies, W. (1976), Das Ende der Naturgeschichte. Wandel kultureller Selbstverständlichkeiten in den Wissenschaften des 18. und 19. Jahrhunderts, München/Wien
Lepenies, W. (2006), Kultur und Politik. Deutsche Geschichten, München
Lepenies, W. (Hg.) (1981), Geschichte der Soziologie. 4 Bde., Übersetzungen von W.-H. Krauth, Frankfurt
Leroi-Gourhan, A. (1980), Hand und Wort. Evolution von Technik, Sprache und Kunst (frz. Le geste et la parole, 1964/65), Frankfurt
Lesch, H./Müller, H. (2003), Big Bang zweiter Akt. Auf den Spuren des Lebens im All, München
Lesky, A. (³1971/1993), Geschichte der griechischen Literatur (¹1957/1958), München
Lessing, G.E. (²1964), Erziehung des Menschengeschlechts (1777), in: Ges. Werke. 2 Bde., hg. W. Stammler, München
Lessing, G.E.(1766), Laokoon oder Über die Grenzen der Malerei und Poesie
Lessing, H.-U. (1984), Die Idee einer Kritik der historischen Vernunft. Wilhelm Diltheys erkenntnistheoretisch-logisch-methodologische Grundlegung der Geisteswissenschaften, Freiburg/ München
Leuthäusser, W. (1996), Die Entwicklung staatlich organisierter Herrschaft in frühen Hochkulturen am Beispiel des Vorderen Orients, Paderborn: Diss. 1996
Levallois, A. (1993), Biographie, Psychohistorie und Psychoanalyse. Der Stand der Forschung in Frankreich, in: Röckelein 1993, 39–62
Levi, G./Schmitt, J.-C. (Hg.) (1996 f.), Geschichte der Jugend. Bd. 1: Von der Antike bis zum Absolutismus, Bd. 2: Von der Aufklärung bis zur Gegenwart (aus dem Frz.), Frankfurt
Lévi-Strauss, C. (1967), Strukturale Anthopologie (frz. Anthropologie structurale, Paris 1958). 2 Bde., Frankfurt
Lévi-Strauss, C. (1968), Das wilde Denken (fz.: La pensée sauvage, Paris 1962), Übers. H. Naumann, Frankfurt
Lévi-Strauss, C. (1975), Der Zauberer und seine Magie, in: ders. 1967 I, 183 ff.
Lévi-Strauss, C. (1981), Die elementaren Strukturen der Verwandtschaft (frz.: Structures élémentaires de la parenté, Paris 1949), Frankfurt
Lévi-Strauss, C. (1988), Tristes Tropiques (1955), Paris
Lévi-Strauss, C. (1989), Das Nahe und das Ferne. Eine Autobiographie in Gesprächen (frz. De près de de loin, Paris 1988), Frankfurt 1989
Lévi-Strauss, C. (1992), Rasse und Geschichte, in: ders. 1967, II, 363 ff.
Lévy-Bruhl, L. (1921), Das Denken der Naturvölker (frz. Les fonctions fondamentales dans les sociétés inférieurs, 1910), Wien/Leipzig
Lévy-Bruhl, L. (²1959), Die geistige Welt der Primitiven (La mentalité primitive, Paris 1922), Köln
Lexer, M. (²⁹1959), Mittelhochdeutsches Handwörterbuch (1872-78), Stuttgart
Lexer, M. (³⁹2003), Mittelhochdeutsches Taschenwörterbuch (1879), Stuttgart
Lexikon der Renaissance (1989), Hg. Gurst, G./ Hoyer, S./ Ullmann, E./ Zimmermann, Ch. Leipzig
Lexikon des Mittelalters (LMA) (1980 ff.), 9 Bde. Hg. R. Autry u.a., Zürich (Studienausg. Darmstadt 1999)
Lexikon Früher Kulturen (1984), 2 Bde., hg. J. Herrmann, Köln/Leipzig
Libanios (1979), Briefe. Griechisch-deutsch. In Auswahl hrsg., übers. u. erläutert von G. Fatouros u. T. Krischer, München

Libet, B. (1985), Unconcious Cerebral Initiative and the Role of Concious Will in Voluntary Action, in: Behavioral and Brain Sciences 8,1985, 529-566
Libet, B. (2005), MindTime. Wie das Gehirn Bewußtsein produziert, Frankfurt
Lieberman, Ph. (1998), Eve spoke. Human Language and Human Evolution, New York
Liedtke, M. (1972), Evolution und Erziehung, Göttingen
Liedtke, M. (Hg.) (1994), Kulturethologie. Über die Grundlagen kultureller Entwicklungen, München
Lilie, R.-J. (1999), Byzanz. Geschichte des oströmischen Reics 326 -1453, München
Lilie, R.-J. (2003), Byzanz. Das zweite Rom, Berlin
Linke, D. (1999), Das Gehirn, München
Livius: Römische Geschichte (lateinisch-deutsch). 11 Bde., Übers. J. Feix u. H.J. Hillen, München 1974 ff.
Lohse, E. (1996), Paulus. Eine Biographie, München
Lombard, J. (1998), Introduction à l' éthnologie, Paris
Loo, M.-J. v. de / Reinhart, M. (Hg.) (1993), Kinder. Ethnologische Forschungen in fünf Kontinenten, München
Lorenz, Ch. (1997), Konstruktion der Vergangenheit. Eine Einführung in die Geschichtstheorie, Köln
Lorenz, K. (1943), Die angeborenen Formen möglicher Erfahrung, in: Zeitschrift für Tierpsychologie 2, 235-409
Lorenz, K. (1965), Über tierisches und menschliches Verhalten. Aus dem Werdegang der Verhaltenslehre. Gesammelte Abhandlungen. 2 Bde., München
Lorenz, K. (1977), Die Rückseite des Spiegels. Versuch einer Naturgeschichte menschlichen Erkennens (1973), München.
Lorenz, K. (1984), Vergleichende Verhaltensforschung: Grundlage der Ethologie (1978), Wien u.a.
Lorenz, S. / Schmidt, J.M. (Hg.) (2004), „Wider alle Hexerei und Teufelswerk". Die europäische Hexenverfolgung und ihre Auswirkungen auf Südwestdeutschland, Ostfildern
Löther, R. (1990), Wegbereiter der Genetik. G.J. Mendel und A. Weismann, Neuausgabe, Frankurt
Lovelock, J. (1991), Das Gaia-Prinzip, Zürich
Löwe, H./Roepke, C.-J. (Hg.) (1983), Luther und die Folgen. Beiträge zur sozialgeschichtlichen Bedeutung der lutherischen Reformation, München
Löwith, K. (1953/1979), Weltgeschichte und Heilsgeschehen. Die theologischen Voraussetzungen der Geschichtsphilosophie (engl.: Meaning in History, Chicago 1947), Stuttgart
Löwith, K. (1964), Das Verhältnis von Gott, Mensch und Welt in der Metaphysik von Descartes und Kant, Heidelberg
Löwith, K. (1983), Sämtliche Schriften, Stuttgart
Löwith, K. (1999), Von Hegel zu Nietzsche. Der revolutionäre Bruch im Denken des 19. Jahrhunderts (New York 1941, Nachdruck der gekürzten 2. Aufl. Stuttgart 1950, Hamburg
Löwith, K./ Riedel, M. (Hg.) (1968), Hegel Studienausgabe, Ausgabe in 3 Bänden, Frankfurt
Lübbe, H. (1977), Geschichtsbegriff und Geschichtsinteresse. Analytik und Pragmatik der Historie, Basel/Stuttgart
Lübbe, H. (1996), Zeit-Erfahrungen. Sieben Begriffe zur Beschreibung moderner Zivilisationsdynamik, Mainz
Lüdtke, A. (Hg.) (1989), Alltagsgeschichte, Frankfurt
Ludz, P.Ch. (Hg.) (1972), Soziologie und Sozialgeschichte. Aspekte und Probleme. Sonderheft 16 der Kölner Zs. für Soziologie, Opladen
Ludz, P.Ch. (Hg.) (1980), Spengler heute. 6 Essays, München
Luhmann, N. (1971), Moderne Systemtheorien als Form gesamtgesellschaftlicher Analyse (1968), in: Habermas/Luhmann 1971, 7-24
Luhmann, N. (1974), System - Systemtheorie, in: Ch. Wulf (Hg.), Wörterbuch der Erziehung 1974
Luhmann, N. (1997), Die Gesellschaft der Gesellschaft. 2 Teilbände, Frankfurt
Luhmann, N. (2003), Einführung in die Systemtheorie, mit einer Einleitung und herausgegeben von D. Baecker, Darmstadt
Lukács, G. (1968 ff.), Werke, hg. F. Benseler, Neuwied/Berlin
Lukács, G. (1968), Die Zerstörung der Vernunft. Der Weg des Irrationalismus von Schelling zu Hitler (1954), Neuwied
Lukács, G. (1968), Geschichte und Klassenbewußtsein. Studien über marxistische Dialektik (Berlin) 1923), Neuwied/Berlin
Lull, R. (1998), Das Buch vom Heiden und den drei Weisen, Stuttgart

Lumsden, Ch. J./Wilson, E.O. (1984), Das Feuer des Prometheus. Wie das menschliche Denken entstand, München
Lundt, B. (1998), Frauen- und Geschlechtergeschichte, in: Goertz 1998, 579-597
Lüning, J. (1989), Siedlungen der Steinzeit. Haus, Festung und Kult, Heidelberg
Lüth, Ch./ Keck, R.W./ Wiersing, E. (1997), Der Umgang mit dem Fremden in der Vormoderne. Studien zur Akkulturation in bildungshistorischer Sicht, Köln u.a.
Luther, M. (1979 ff.), Studienausgabe. 6 Bde., Hg. H.-U. Delius, u.a., Berlin-Ost
Luther, M. (1982), Ausgewählte Schriften. 6 Bde., hg. K. Bornkamm/G. Ebeling, Frankfurt
Lutz, G. (1958), Volkskunde. Ein Handbuch zur Geschichte ihrer Probleme, Berlin 1958
Luxenberg, Ch. (^{4}2004), Die syro-aramäische Lesart des Koran. Ein Beitrag zur Entschlüsselung der Koransprache, Berlin
Luyten, N.A. (Hg.) (1978), Aspekte der Hominisation. Auf dem Wege zum Menschsein, Freiburg
Lyell, Ch. (1833-1835), Lehrbuch der Geologie. Ein Versuch, die früheren Veränderungen der Erdoberfläche durch noch jetzt wirkende Veränderungen zu erklären (engl. Principles of Geology. Being an Attempt to Explain the Former Changes of the Earth's Surface, by Referedes to Causes Now in Operation, London 1830-1833). 3 Bde., Quedlinburg
Lyell, Ch. (1864), Das Alter des Menschengeschlechtes auf der Erde und der Ursprung der Arten durch Abänderung nebst Beschreibung der Eiszeit in Europa und Amerika (engl.Geological evidences of the Antiquity of Man, London 1963)
Lyons, J. (Hg.) (1971), Einführung in die moderne Linguistik (New Horizons in Linguistics, Harmondsworth) 1970), München
Lyotard, J.-F. (1987), Der Widerstreit (Le différend, Paris 1983), München
Lyotard, J.-F. (1994), Das postmoderne Wissen. Bericht (1986) (La condition postmoderne, Paris 1979), Wien
Maalouf, A. (1997), Der Heilige Krieg der Barbaren aus der Sicht der Araber, München
Machiavelli, N. (1934), Geschichte von Florenz (Istorie Fiorentine 1532). Übersetzung A. von Reumont, Wien
Machiavelli, N. (2000), Discorsi. Staat und Politik, übers. F. v. Oppeln-Bronowski, hg. und mit einem Nachwort versehen von H. Günther, Frankfurt
Machiavelli, N. (^{3}1963), Der Fürst (Il principe, 1513/1532), übers. R. Zorn, Stuttgart
Mainzer, K. (1996), Zeit als Richtungspfeil. Die Entwicklung der unumkehrbaren Zeit in Selbstorganisationsprozessen von der kosmisch-physikalischen über die biologische bis zur soziokulturellen Evolution, in: Weis 1996, 27-70
Malinowski, B. (1962), Geschlecht und Verdrängung in primitiven Gesellschaften (Sex and Repression in Savage Society, London 1953)
Malinowski, B. (1973), Magie, Wissenschaft und Religion. Und andere Schriften (Magic, Science and Religion and Other Essays, New York 1948), München/ Frankfurt
Malinowski, B. (1975), Eine wissenschaftliche Theorie der Kultur. Und andere Aufsätze (engl. 1944), Frankfurt
Malinowski, B. (1979), Argonauten des westlichen Pazifik. Ein Bericht über Unternehmungen und Abenteuer der Eingeborenen in den Inselwelten von Melanesisch-Neuguinea (Argonauts of the Western Pacific. An Account of Native Enterprise and Adventure in the Archipelagoes of Melanesian New Guinea, London/New York 1922), Frankfurt
Malinowski, B. (1986), Ein Tagebuch im strikten Sinn des Wortes. Neuguinea 1914-1918 (A Diary in the Strict Sense of the Term, London 1967), Frankfurt
Mandelbrot, B.B. (1991), Die fraktale Geometrie der Natur. Aus dem Engl., Neuaufl., Basel
Manetti, G. (1990), Über die Würde und Erhabenheit des Menschen (De excellentia et dignitate hominis 1452), übers. H. Leppin, Hamburg
Mann, G./Heuß, A./Nitschke, A. (Hg.) (1960-1964), Propyläen Weltgeschichte. Eine Universalgeschichte. 10 Bde., Berlin (identischer Nachdruck Frankfurt 1986)
Mannheim, K. (^{2}1970), Wissenssoziologie. Auswahl aus dem Werk, eingeleitet und hg. von K.H. Wolff, Neuwied/ Berlin
Manning, P. (2003), Navigating World History. Historians Create a Global Past, New York
Mansfeld, J. (1987), Die Vorsokratiker. Griechisch-Deutsche Auswahl der Fragmente, übers. und erläutert, Stuttgart
Marcuse, H. (1965), Triebstruktur und Gesellschaft, Frankfurt
Marcuse, H. (1965a), Kritik der reinen Toleranz, Frankfurt

Marcuse, H. (1967), Der eindimensionale Mensch (engl. 1964), Neuwied/ Berlin
Marcuse, H. (⁸1970), Kultur und Gesellschaft. 2 Bde., Frankfurt
Marg, W. (Hg.) (1965), Herodot. Wege der Forschung, Darmstadt
Markl, H. (1985), Evolution, Genetik und menschliches Verhalten. Zur Frage wissenschaftlicher Verantwortung, München/Zürich
Markl, H. (1998), Homo sapiens: Zur fortwirkenden Naturgeschichte des Menschen, in: Merkur 7, S. 564-581
Markl, H. (2003), Chemie und Leben, in: Merkur 3, 2003, 219 ff.
Markl, H. (2004), Gehirn und Geist. Biologie und Psychologie auf der Suche nach dem ganzen Menschen, in: Merkur 12, 2004, 1063-1077
Markowitsch, H.-J. (2002), Dem Gedächtnis auf der Spur. Vom Erinnern und Vergessen, Darmstadt
Markowitsch, H.-J./Welzer, H. (2005), Das autobiographische Gedächtnis. Hirnorganische Grundlagen und biosoziale Entwicklung, Stuttgart
Markschies, Ch. (1997), Zwischen den Welten wandern. Strukturen des antiken Christentums, Frankfurt
Markschies, Ch. (2001), Die Gnosis, München
Markschies, Ch. (2004), Warum Gott sterben mußte. Ein Streifzug durch die Deutung der Passion und Auferstehung Jesu, Berlin
Markus, R. (1993), Von Rom zu den Barbarenreichen (330 - 700), in: Mc Manners 1993, 29 ff.
Marquard, O. (1973), Abschied von der Philosophie der Geschichtsphilosophie/Geschichte, in: Koselleck/Stempel 1973, 241 ff.
Marquard, O. (1979), Lob des Polytheismus. Über Monomythie und Polymythie, in: Poser 1979, 40 ff.
Marquard, O. (1986), Über die Unvermeidlichkeit der Geisteswissenschaften, in: ders.: Apologie des Zufälligen, Stuttgart 1986, 98 ff.
Marrou, H.-I. (1994), Augustinus und das Ende der antiken Bildung (frz. St. Augustin et la fin de la culture antique, Paris ²1949), Paderborn u.a.
Marschall, W. (Hg.) (1996), Klassiker der Kulturanthropologie. Von Montaigne bis Margaret Mead, München
Martens, E./Schnädelbach, H. (Hg.) (⁷2003), Philosophie. Ein Grundkurs. 2 Bde. (1985), Reinbek
Martin, J. (Hg.) (1978 ff.), Reihe: Historische Anthropologie, München
Martin, J. /Zoepffel, R. (Hg.) (1989), Aufgaben, Rollen und Räume von Frau und Mann, 2 Bde., München
Martini, F. (¹⁷1991), Deutsche Literaturgeschichte von den Anfängen bis zur Gegenwart (1948), Stuttgart
Marx, Ch. (2004), Geschichte Afrikas. Von 1800 bis zur Gegenwart, Paderborn
Marx, K. (1953), Die Frühschriften, hg. von S. Landshut, Stuttgart
Marx, K./ Engels, F. (1956 ff.), Werke, hg. vom Institut für Marxismus-Leninismus beim ZK der SED, 42 Bde., Berlin
Marx, K./ Engels, F. (1981), Ausgewählte Werke in sechs Bänden, Berlin
Marx, K./Engels, F. (1966), Studienausgabe in vier Bänden, hg. von I. Fetscher, Frankfurt
Maschmann, M. (1963/79), Fazit – Kein Rechtfertigungsversuch. Mein Weg in die Hitlerjugend, Stuttgart
Maturana, H.K./Varela, F.J. (1987), Der Baum der Erkenntnis. Die biologischen Wurzeln des menschlichen Erkennens (sp. El árbol del conocimiento), Bern u.a.
Maurer, M. (2003), Geschichte der Menschheit und Kulturmorphologie, in: Maurer Bd. 5, 324-326, 328-33
Maurer, M. (2003), Neuzeitliche Geschichtsschreibung, II. Reformation und Gegenreformation, in: ders. Bd. 5, 281-499
Maurer, M. (Hg.) (2001 ff.), Aufriß der Historischen Wissenschaften in sieben Bänden. Bd. 1: Epochen, Bd. 2: Räume (2001), Bd. 3: Sektoren (2004), Bd. 4: Quellen, Bd. 5: Mündliche Überlieferung und Geschichtsschreibung (2003), Bd. 6: Institutionen (2002), Bd. 7: Neue Themen und Methoden, Stuttgart
Mauss, M. (1968), Die Gabe. Form und Funktion des Austauschs in archaischen Gesellschaften (Essai sur le don, dans: L'Année sociologique, Paris 1923/24, 30–186), Frankfurt
Mayr, E. (1984), Die Entwicklung der biologischen Gedankenwelt. Vielfalt, Evolution und Vererbung, Berlin
Mayr, E. (1991), Eine neue Philosophie der Biologie, München

Mayr, E. (1998), Das ist Biologie. Die Wissenschaft des Lebens, Heidelberg
Mayr, E. (2003), Das ist Evolution. Mit einem Vorwort von J. Diamond, München
Mc Manners, J. (Hg.) (1993), Geschichte des Christentums, Frankfurt/New York
McNeill, W. (1986), Mythistory and Other Essays, Chicago 1986, 1-43
McNeill, W.H. (1963), The Rise of the West: A History of the Human Community, Chicago 1963
McNeill, W.H. (1963), The Rise of the West: A History of the Human Community, Chicago
Mead, G.H. (1968), Geist, Identität und Gesellschaft aus der Sicht des Sozialbehaviorismus (Mind, Self and Society. From the Standpoint of a Social Behaviorist, Chicago 1934), mit einer Einleitung von Ch.W. Morris, Frankfurt
Mead, M. (1959), Geschlecht und Temperament in primitiven Gesellschaften, Hamburg
Mead, M. (1970), Kindheit und Jugend in Samoa, Jugend und Sexualität in primitiven Gesellschaften (Comming of Age in Samoa. A Psychological Study of Primitive Youth for West Civilization, New York 1928), München
Meckseper, C./Schrant, E. (Hg.) (1985), Mentalität und Alltag im Spätmittelalter, Göttingen
Medick, H. (1984), Missionare im Ruderboot? Ethnologische Erkenntnisweisen als Herausforderungen an die Sozialgeschichte, in: Geschichte und Gesellschaft 1984, 295-319
Mehl, A. (2001), Römische Geschichtsschreibung. Grundlagen und Entwicklungen. Eine Einführung, Stuttgart
Meier, Ch. (1973), Die Entstehung der Historie, in: Koselleck/Stempel 1973, 251-305
Meier, Ch. (1980), Die Entstehung des Politischen bei den Griechen, Frankfurt
Meier, Ch. (1993), Athen. Ein Neubeginn der Weltgeschichte, Berlin
Meier, Ch. (1995), Gleichheit und Grenzen. Aristoteles, die Griechen, die Barbaren, die Sklaven, in: Merkur 9/1995, 825 ff.
Meier, Ch. (1999), Vor einer neuen Herausforderung? Die Hochschulen angesichts des kulturellen Defizits, in: Hochschulkonferenz (Hg.): Hochschulen als Stätten der Kultur, Bonn 1999, 19–34
Meier, Ch./Rüsen, J. (Hg.) (1988), Historische Methode, München
Meier, H. (Hg.) (1988), Die Herausforderung der Evolutionsbiologie, München/Zürich
Meier, H./Ploog, D. (Hg.) (1997), Der Mensch und sein Gehirn. Die Folgen der Evolution, München/ Zürich
Meillasseaux, C. (1983), Die wilden Früchte der Frau. Über häusliche Produktion und kapitalistische Wirtschaft (frz. Femmes, greniers et capitaux, Paris 1975), Frankfurt
Meinecke, F. (1946), Die deutsche Katastrophe, Wiesbaden
Meinecke, F. (1959, ²1965), Zur Theorie und Philosophie in der Geschichte, hg. und eingel. von E. Kessel Stuttgart
Meinecke, F. (1969), Weltbürgertum und Nationalstaat (1908). Bd. V der Werke, Darmstadt
Meinecke, F. (²1965), Die Entstehung des Historismus (1936), in: ders., Werke. Bd.3, hg. und eingeleitet von C. Hinrichs, München
Meister, K. (1990), Die griechische Geschichtsschreibung. Von den Anfängen bis zum Ende des Hellenismus, Stuttgart 1990
Melichar, H.Z. (1985), Manifestationen des Religiösen in der Urzeit?, in: Schmied-Kowarzik 1985, 297-311
Menze, C. (1965), Wilhelm von Humboldts Lehre und Bild vom Menschen, Ratingen
Mercier, P. [= P. Bieri] (2004), Nachtzug nach Lissabon. Roman, München/Wien
Mergel, Th./Welskopp, Th. (Hg.) (1997), Geschichte zwischen Kultur und Gesellschaft. Beiträge zur Theoriedebatte, München
Merker, P./Stammler, W. (Hg.) (2001), Reallexikon der deutschen Literaturgeschichte (1925-1931). 5 Bde., ³Berlin/N.Y.
Merten, K./ Schmidt, S.J./Weischenberg, S. (Hg.) (1990/91), Funkkolleg Medien und Kommunikation. Konstruktionen von Wirklichkeit, Weinheim/Basel
Metzinger, Th. (Hg.) (³1996), Bewußtsein. Beiträge aus der Gegenwartsphilosophie, Paderborn
Metzner, H. (2000), Vom Chaos zum Bios. Gedanken zum Phänomen Leben, Stuttgart/Leipzig
Meyer-Abich, K.M. (1989), Der Holismus im 20. Jahrhundert, in: Böhme 1989, 313-329
Meyer-Drawe, K. (1990), Illusionen von Autonomie. Diesseits von Ohnmacht und Allmacht des Ich, München
Michaels, A. (Hg.) (1997), Klassiker der Religionswissenschaft. Von F. Schleiermacher bis M. Eliade, Darmstadt

Middell, M. (2006) Weltgeschichtsschreibung im Zeitalter der Verfachlichung und Professionalisierung. Das Leipziger Institut für Kultur und Universalgeschichte 1890-1990; 3 Bde., Leipzig

Middell, M./ Sammler, S. (Hg.) (1994), Alles Gewordene hat Geschichte. Die Schule der Annales in ihren Texten 1929-1992, Leipzig

Miles, J. (1996), Gott. Eine Biographie. Aus dem Amerikanischen M. Pfeiffer, München

Miles, J. (2001), Jesus. Der Selbstmord des Gottessohnes. Aus dem Engl. F. Griese, München

Mill, J.St. (1968), System der deductiven und inductiven Logik. Eine Darlegung der Grundsätze der Beweislehre und der Methoden wissenschaftlicher Forschung (A System of Logic, 2 vol., London 1843), Leipzig ²1884, Nachdruck Aalen 1968

Miller, G.A./Galanter, E./Pribram, K.H. (1974), Strategien des Handelns. Pläne und Strukturen des Verhaltens, Stuttgart

Minois, G.(1998), Geschichte der Zukunft. Orakel, Prophezeiungen, Utopie, Düsseldorf/ Zürich

Misch, G. (1949-1069), Geschichte der Autobiographie, 3 Bde., Frankfurt

Mitscherlich, A./ Mitscherlich, M. (1967), Die Unfähigkeit zu Trauern. Grundlage des kollektiven Verhaltens, München

Mitterauer, M. (2003), Warum Europa? Mittelalterliche Grundlage eines Sonderwegs, München

Mitterauer, M./Siedler, R. (1980), Vom Patriarchat zur Partnerschaft, München

Möller, H. (1986) Vernunft und Kritik. Deutsche Aufklärung im 17. und 18. Jahrhundert, Frankfurt

Momigliano, A. (1995), Begegnung mit dem Hellenismus, in: Stemberger 1995, 55–64

Mommsen, W.J. (2000), Die Geschichtswissenschaft am Ende des 20. Jahrhunderts, in: Cornelißen 2000, 26-38.

Momsen, W.J. (1992), Geschichte und Geschichten. Über die Möglichkeit und Grenzen der Universalgeschichtsschreibung, in: Saeculum 1992, 124-135

Monod, J. (1971/1975), Zufall und Notwendigkeit. Philosophische Fragen der modernen Biologie (Le hazard et la nécessité. Essai sur la philosophie naturelle de la biologie moderne, Paris 1970), München

Montesquieu (1950-1955), Oeuvres complètes. Ed. A. Masson. 3 t.s, Paris

Montesquieu (1953), De l' esprit des lois. Introduction et notes par P. Lemaire, Paris

Montesquieu (1987), Considérations sur les causes de la grandeur des Romains et de leur décadence (1734), ed. A. Peyrefitte,

More (Morus), Th. (1976 ff.), The Complete Works, London/New Haven

More (Morus), Th. (1982), Utopia. Hg. J. Teller. Aus dem Lat. übers. V.C. Woyte, Leipzig

Morel, B.A. (1976), Traité des dégénérences physiques, intellectuelles et morales de l' espèce humaine et des causes qui produisent ces variétés maladives (Paris 1857), Wiederabdruck, New York

Morgan, L.H. (1891), Die Urgesellschaft (Ancient Society. Or: Researches in the Lines of Human Progress from Savagery through Barbarism to Civilisation, New York 1877), Stuttgart

Moritz, K.Ph. (1986), Gnoti sauton. Magazin zur Erfahrungsseelenkunde. 10 Bde. (1783- 1793), Nachdruck, Nörtlingen

Moritz, K.Ph. (1999), Anton Reiser (1785), in: Werke in 2 Bden., hg. H. Holmder/A. Meier, Frankfurt

Morkel, A. (2000), Die Universität muss sich wehren. Ein Plädoyer für ihre Erneuerung, Darmstadt

Morris, D. (1970), Der nackte Affe (1967), München

Morris, S.C. (2003), Life's Solution Inevitable Humans in a Lonely Universe, Cambridge

Muhlack, U. (1991), Geschichtswissenschaft im Humanismus und in der Aufklärung. Die Vorgeschichte des Historismus, München

Muhlack, U. (1998), Verstehen, in: Goertz 1998, 99-131

Mühlmann, W.E. (1986), Geschichte der Anthropologie (Frankfurt 1948), Wiesbaden

Muhri, J.G. (1991), Herbert Spencer, in: Scheuerl, Bd. I, 1979, 299-309

Mukarovsky, J. (³1978), Ästhetik, Frankfurt

Mulisch, H. (1993), Die Entdeckung des Himmels (ndl.: Amsterdam 1992), München/Wien

Müller, E.W. (Hg.) (1984), Ethnologie als Sozialwissenschaft, in: Sonderheft 26/1984 der Kölner Zeitschrift für Soziologie und Sozialpsychologie, Opladen

Müller, F./Müller, M. (2001), Pädagogik und „Biogenetisches Grundgesetz". Wissenschaftshistorische Grundlagen des pädagogischen Naturalismus, in: Z f Päd 5, 767ff.

Müller, H.M. (1990), Sprache und Evolution. Grundlagen der Evolution und Ansätze einer evolutionstheoretischen Sprachwissenschaft, Berlin

Müller, K.E. (1987), Das magische Universum der Identität. Elementarformen des sozialen Verhaltens. Ein ethnologischer Grundriß, Frankfurt/New York

Müller, K.E. (1993), Grundzüge des ethnologischen Historismus, in: Schmied-Kowarzik /Stagl 1993, 197-232
Müller, K.E. (1995), Prähistorisches Geschichtsbewußtsein. Versuch einer ethnologischen Strukturbestimmung, in: Univ. Bielefeld ZiF (=Zentrum für interdisziplinäre Forschung) - Mitteilungen 3, 1995, 3-17
Müller, K.E. (1997), Zeitkonzepte in traditionellen Kulturen, in: Müller/Rüsen 1997, 221-39
Müller, K.E. (2004), Anfänge der Kulturentwicklung, in: Jaeger/Liebsch Bd.1, 401-416.
Müller, K.E. (^{2}1997), Geschichte der antiken Ethnographie und ethnologischen Theoriebildung. Von den Anfängen bis auf die byzantinischen Historiographen. 2 Bde. (1972), Wiesbaden
Müller, K.E. (Hg.) (1983), Menschenbilder früher Gesellschaften. Ethnologische Studien zum Verhältnis von Mensch und Natur, Frankfurt/New York
Müller, K.E./Rüsen, J. (1997), Historische Sinnbildung. Problemstellungen, Zeitkonzepte, Wahrnehmungshorizonte, Darstellungsstrategien, Reinbek
Müller, R. (1997), Anthropologie und Geschichte. Rousseaus frühe Schriften und die antike Tradition, Berlin
Müller, R. (2003), Die Entdeckung der Kultur. Antike Theorien über Ursprung und Entwicklung der Kultur von Homer bis Seneca, Düsseldorf/Zürich
Müller, S. (2000), Probleme des Übergangs zur Sprache. Ein Beitrag zur Debatte um den Ursprung der Sprache, Marburg
Müller-Beck, H. (1998), Die Steinzeit. Der Weg des Menschen in die Geschichte, München
Müller-Doohm, S. (Hg.) (2000), Das Interesse der Vernunft. Rückblicke auf das Werk von Jürgen Habermas, Frankfurt
Müller-Karpe, H. (1998), Grundzüge früher Menschheitsgeschichte. 5 Bde., Darmstadt
Mulsow, M. (2000), Moderne aus dem Untergrund. Radikale Frühaufklärung in Deutschland 1680-1720, Hamburg
Münch, R. (1986), Die Kultur der Moderne. 2 Bde., Band 1: Ihre Grundlagen und ihre Entwicklung in England und Amerika, Band 2: Ihre Entwicklung in Frankreich und Deutschland, Frankfurt
Münkler, H. (1994), Politische Bilder, Politik der Metaphern, Frankfurt
Münkler, H. (2005), Imperien. Die Logik der Weltherrschaft vom Alten Rom bis zu den Vereinigten Staaten, Berlin
Musik in der Geschichte und der Gegenwart [MGG] (1995 ff.), Allgemeine Enzyklopädie der Musik. 14 Bde., Hg. F. Blume (1949-68). Zweite Ausgabe, 20 Bde., hg. L. Finscher, Kassel
Mythen alter Kulturen (1996), 8 Bde., Stuttgart
Nagel, Th. (1991), Die Grenzen der Objektivität, Stuttgart
Nagel, Th. (1993), What is it like to be a bat?, in: Bieri ^{2}1993,
Nagel-Docekal, H. (Hg.) (1996), Der Sinn des Historischen. Geschichtsphilosophische Debatten, Frankfurt
Nagl, W./Wuketits, F.M.(Hg) (^{2}1995), Dimensionen der modernen Biologie. 7 Bde. (1987), Darmstadt
Nahmer, D. v. d. (1994), Die lateinische Heiligenvita. Eine Einführung in die lateinische Hagiographie, Darmstadt
Naimark, N.M. (2004), Flammender Hass. Ethnische Säuberungen im 20. Jahrhundert. Aus dem Engl. M. Richter, München
Narr, K.J. (1973), Beiträge der Urgeschichte zur Kenntnis der Menschennatur, in: Gadamer/ Vogler Bd. 4, 1973, 3 ff.
Nestle, W. (^{2}1975), Vom Mythos zum Logos. Die Selbstentfaltung des griechischen Denkens von Homer bis auf die Sophistik und Sokrates (1940), Stuttgart
Neumann, G. (Hg.) (1997), Poststrukturalismus. Herausforderungen an die Literaturwissenschaft, Stuttgart/Weimar
Neumeyer, H., Historische Anthropologie und literarische Anthropologie, in: Nünning/Nünning 2003, 108-131
Newen, A./Vogeley, K. (Hg.) (2000), Selbst und Gehirn, Paderborn
Newton, I. (1988), Mathematische Grundlagen der Naturphilosophie (Philosophiae naturalis principia mathematica, London 1687, überarbeitete Fassungen ^{2}1713, ^{3}1726). Übers. E. Dellian, [mit Scholium generale der 2. Auflage], Hamburg
Nietzsche, F. (1956), Vom Nutzen und Nachteil der Historie für das Leben (1874), in: Nietzsche 1956, 38-58

Nietzsche, F. (1956), Zeitgemäßes und Unzeitgemäßes, ausgewählt und eingeleitet von K. Löwith, Frankfurt/Hamburg
Nietzsche, F. (1966), Werke in drei Bänden, hg. K. Schlechta (München 1954-56), Darmstadt
Nietzsche, F. (1967 ff.), Sämtliche Werke. Kritische Gesamtausgabe. Hg. M. Montinari und G. Colli. 15 Bde., Berlin [als „Kritische Studienausgabe", München/Berlin 1980]
Nietzsche, F. (1994), Das Hauptwerk. 4 Bde., hg. J. Perfahl, München
Niewels, C. (2004), Die Evolution des Bewußtseins. Von Darwin zur KI-Forschung, Wiesbaden
Niewöhner, F. (Hg.) (1995), Klassiker der Religionsphilosophie. Von Platon bis Kierkegaard, München
Niggl, G. (Hg.) (1989), Die Autobiographie. Zu Form und Geschichte einer literarischen Gattung, Darmstadt
Nippel, W. (1990), Griechen, Barbaren und „Wilde", Frankfurt
Nippel, W. (1993) (Hg.), Über das Studium der Alten Geschichte, München
Nipperdey, Th. (1967), Bemerkungen zum Problem einer historischen Anthropologie, in: Festschrift S. Moser, Meißenheim 1967, 350 ff.
Nipperdey, Th. (1975), Reformation, Revolution, Utopie (1966), Göttingen
Nipperdey, Th. (1976), Gesellschaft, Kultur, Theorie. Gesammelte Aufsätze zur neueren Geschichte, Göttingen,
Nipperdey, Th. (1976a), Nationalidee und Nationaldenkmal in Deutschland im 19. Jahrhundert, in: Nipperdey 1976, 133–163
Nipperdey, Th. (1976b), Ein Jahrhundert Hermannsdenkmal 1875-1975, Detmold 1976
Nipperdey, Th. (1983), Deutsche Geschichte. Bürgerwelt und starker Staat 1800-1866, München
Nipperdey, Th. (1983a), Luther und die Bildung der Deutschen, in: Löwe/Roepke 1983, 13 ff.
Nipperdey, Th. (1985), Luther und die moderne Welt, in: Geschichte in Wissenschaft und Unterricht 12,1985, 803-813
Nipperdey, Th. (1986), Nachdenken über die deutsche Geschichte, München
Nipperdey, Th. (1986a), Die Aktualität des Mittelalters. Über die historischen Grundlagen der Modernität, in: Nipperdey 1986, 21-30
Nipperdey, Th. (1990/1992), Deutsche Geschichte 1866-1918. Bd. I: Arbeitswelt und Bürgergeist, Bd. II: Machtstaat vor Demokratie, München
Nissen, R. (1974), Kritische Methodik des Englischunterrichts, Heidelberg
Nitschke, A. (1981), Historische Verhaltensforschung. Analysen gesellschaftlicher Verhaltensweisen – Ein Arbeitsbuch, Stuttgart
Nitschke, A. (1986), Die Voraussetzungen für eine Historische Psychologie, in: Jüttemann 1986, 31–45
Nitschke, A. (1989), Körper in Bewegung, Gesten, Tänze und Räume im Wandel der Geschichte, Stuttgart
Nitschke, A. (1991), Die Mutigen in einem System. Wechselwirkungen zwischen Mensch und Umwelt. Ein Vergleich der Kulturen, Köln/Wien
Nolte, E. (2002), Historische Existenz. Zwischen Anfang und Ende der Geschichte? Mit zwei kritischen Durchgängen und 2 Repliken, in: Zs. Erwägen - Wissen - Ethik, 1, 2002, 72
Nora, P. (1998), Zwischen Geschichte und Gedächtnis (aus dem Frz., Paris 1990), Frankfurt
Nora, P. (Hg.) (1984–92), Les lieux de mémoire, Paris
Nordhofen, E. (1999), Die Zukunft des Monotheismus, in: 9-10, Merkur 1999, 828-846
Norwich, J.J. (1996), Byzanz, 3 Bde.Bd. I: Der Aufstieg des oströmischen Reiches, Bd. II: Auf dem Höhepunkt der Macht 800-1071, Bd. III: Verfall und Untergang 1072-1453, Düsseldorf
Nottmeier, Ch. (2004), Adolf von Harnack und die deutsche Politik 1890-1930. Eine biographische Studie zum Verhältnis von Protestantismus, Wissenschaft und Politik. Beiträge zur historischen Theologie, Tübingen
Nova, A. (Hg.) (2004), Kunstgeschichte und Kunsttheorie. Eine Einführung in die „Lebensbeschreibungen berühmter Künstler" (G. Vasari), Berlin
Nowak, K. /Oexle, O.G. (Hg.) (2001), Adolf von Harnack. Theologe, Historiker, Wissenschaftspolitiker, Göttingen
Nünning, A. (Hg.) (1998), Metzler Lexikon. Literatur- und Kulturtheorie, Stuttgart
Nünning, A./Nünning, V. (Hg.) (2003), Konzepte der Kulturwissenschaften. Theoretische Grundlagen - Ansätze - Perspektiven, Stuttgart/Weimar
Nussbaum, M. (1997), Cultivating Humanity: A Classical Defense of Reform in Liberal Education, Cambridge, Mass.
Nussbaum, M. (2003), Gerechtigkeit und das gute Leben, Frankfurt

Nüsslein-Volhard, Ch. (2004), Das Werden des Lebens. Wie Gene die Entwicklung steuern, München
Oberkrone, W. (1993), Volksgeschichte. Methodische Innovation und völkische Ideologisierung in der deutschen Geschichtswissenschaft 1918-1945, Göttingen
Oelkers, J./Schulz, W.K./Tenorth, H.-E. (Hg.) (1989), Neukantianismus. Kulturtheorie, Pädagogik und Philosophie, Weinheim
Oelmüller, W./Dölle, R./Piepmeier, R. (1980), Diskurs: Geschichte, Paderborn
Oelmüller, W./Dölle, R./Piepmeier, R. (^{2}1980), Diskurs Politik, Paderborn
Oelze, B. (1991), Wilhelm Wundt. Die Konzeption der Völkerpsychologie, Münster/New York
Oeser, E. (2002), Geschichte der Hirnforschung. Von der Antike bis zur Gegenwart, Darmstadt
Oeser, E. (2006), Das selbstbewußte Gehirn. Perspektiven der Neurophilosophie, Darmstadt
Oeser, E./Seitelberger, F. (^{2}1995), Gehirn, Bewußtsein und Erkenntnis (1988), Bd. 2 von Nagl/Wuketis 1995
Oexle, O.G. (1984), Sozialgeschichte - Begriffsgeschichte - Wissenschaftsgeschichte, in: Vierteljahrsschrift für sozial- und Wirtschaftsgeschichte 1984, 305-341
Oexle, O.G. (1994), Kulturwissenschaftliche Reflexionen über soziale Gruppen in der mittelalterlichen Gesellschaft, in: Beiheft 17 der Hist. Zeitschrift 1994, 115-159
Oexle, O.G. (1996), Geschichtswissenschaft im Zeichen des Historismus. Studien zu Problemgeschichten der Moderne, Göttingen
Oexle, O.G. (1996a), Meineckes Historismus. Über Kontext und Folgen einer Definition, in: ders. 1996, 95-136
Oexle, O.G. (Hg.) (1998), Naturwissenschaft, Geisteswissenschaft, Kulturwissenschaft: Einheit - Gegensatz - Komplementarität?, Göttingen
Oexle, O.G. (1998a), Naturwissenschaft und Geschichtswissenschaft. Momente einer Problemgeschichte, in: ders. 1998, 99 ff.
Oexle, O.G. (2000), Kultur, Kulturwissenschaft, Historische Kulturwissenschaft. Überlegungen zur kulturwissenschaftlichen Wende, in: Das Mittelalter. Perspektiven mediävistischer Forschung 1, 2000, 13–33
Olson, S. (2003), Herkunft und Geschichte des Menschen. Was die Gene über unsere Vergangenheit verraten, Berlin
Ong, W.J. (1987), Oralität und Literalität. Die Technologisierung des Wortes (engl. 1982), Opladen
Oppitz, M. (1984), Verwandtschaft im Mythos, in: Müller 1984, 255 ff. .
Oppitz, M. (^{2}1993), Notwendige Beziehungen. Abriß der strukturalen Anthropologie (1975), Frankfurt
Orosius (1889), Weltgeschichte gegen die Heiden (Historiarum adversum paganos libri VII), hg. C. Zangemeister, Leipzig
Ortheil, H.-J. (1994), Texte im Spiegel von Texten. Postmoderne Literaturen, in: Funkkolleg Literarische Moderne. Studieneinheit 30, Tübingen
Osterhammel, J. (1993), Epochen der britischen Geschichtsschreibung, in: Geschichtsdiskurs 1, 157-188
Ottmann, H. (2002), Geschichte des politischen Denkens. Von den Anfängen bei den Griechen bis auf unsere Zeit, Bd. 1: Die Griechen, Bd. 2: Die Römer. Teilband 1: Die Römer, Stuttgart
Otto von Freising (1960), Chronik, hg. von W. Lammers, übersetzt von A. Schmidt, Darmstadt
Otto, W.F. (1956), Die Musen und der göttliche Ursprung des Singens und Sagens, Düsseldorf/Köln
Padberg, L.E. v. (1995), Mission und Christianisierung. Formen und Folgen bei Angelsachsen und Franken im 7. und 8. Jahrhundert, Stuttgart
Padberg, L.E. v. (1998), Die Christianisierung Europas im Mittelalter, Stuttgart
Pannenberg, W. (1973), Weltgeschichte und Heilsgeschichte, in: Koselleck/Stempel 1973, 307-324
Panoff, M./Perrin, M. (^{3}2000), Taschenwörterbuch der Ethnologie. Begriffe und Definitionen zur Einführung. Hg. und aus dem Frz. übers. v. J. Stagl 1975)
Panofsky, E. (1980), Studien zur Ikonologie. Humanistische Themen in der Kunst der Renaissance (1939), Köln
Paret, R. (^{7}2005), Der Koran. Kommentar und Konkordanz (1966), Stuttgart
Parin, P. (1978), Der Widerspruch im Subjekt. Ethnopsychoanalytische Studien, Frankfurt Paris
Parmenides (1986) Vom Wesen des Seienden. Die Fragmente. Griechisch-Deutsch, hg., übers. und erl. von U. Hölscher, Frankfurt
Parry, C. (1993), Menschen. Werke. Epochen. Eine Einführung in die deutsche Kulturgeschichte, Ismaning
Parsons, T. (1976), Zur Theorie sozialer Systeme, hg. S. Jensen, Opladen

Parsons, T. (1985), Das System moderner Gesellschaften (The Social System, Glencoe/Ill. 1951), München
Parsons, T./Skills (Hg.) (1962), Toward a general Theory of Action, New York
Patzer, A. (Hg.) (1995), Streifzüge durch die antike Welt. Ein historisches Lesebuch, München
Pauen, M. (2004), Illusion Freiheit? Mögliche und unmögliche Konsequenzen der Hirnforschung, Frankfurt
Paul, A. (1998), Von Affen und Menschen. Verhaltensbiologie der Primaten, Darmstadt
Paul, H. (^{18}1959), Mittelhochdeutsche Grammatik (1881), Tübingen
Paul, H. (1880), Prinzipien der Sprachgeschichte, Halle
Paul, H. (1891), Grundriss der germanischen Philologie, Halle
Paul, L. (1978), Gesetze der Geschichte, Weinheim
Pauly (1975), Der Kleine Pauly. Lexikon der Antike. Auf der Grundlage von Pauly's Realenzyklopädie der classischen Altertumswissenschaft unter Mitwirkung zahlreicher Fachgelehrter bearbeitet und herausgegeben von K. Ziegler und W. Sontheimer. 5 Bde., München
Pauly (1996 ff.), Neuer Pauly. Enzyklopädie der Antike. Hg. H. Cancik/H. Schneider, Darmstadt
Pausanias (1954), Beschreibung Griechenlands (in Auswahl übersetzt und kommentiert) durch E. Meyer, Zürich
Peirce, Ch.S. (2000), Semiotische Schriften. 3 Bde., Darmstadt
Perler, D. (1998), René Descartes, München
Peter, M./ Schröder, H.-J. (1994), Einführung in das Studium der Zeitgeschichte, Paderborn u.a.
Petermann, W. (2004), Die Geschichte der Ethnologie, Wuppertal
Peters, U. (2000), Text und Kontext: Die Mittelalter-Philologie zwischen Gesellschaftsgeschichte und Kulturanthropologie, Wiesbaden
Pfeiffer, R. (1978), Geschichte der Klassischen Philologie. Von den Anfängen bis zum Ende des Hellenismus (engl. 1968), München
Piaget, J. (1973), Die Entwicklung der elementaren logischen Strukturen (frz. 1959), Düsseldorf
Pico della Mirandola, G. (1990), Über die Würde des Menschen - De dignitate hominis (1496 postum veröff.), Hamburg
Pieper, J. (1978), Scholastik (1960), München
Pinker, S. (1996), Der Sprachinstinkt. Wie der Geist die Sprache bildet (The Language Instinct, 1994), München/Zürich
Pitz, E. (Hg.) (1990), Leben im Mittelalter. Ein Lesebuch, München/Zürich
Platon (1973), Der Staat. Deutsch von A. Horneffer, eingel. v. K. Hildebrandt (Neuaufl. von 1933), Stuttgart
Platon (1977), Werke in acht Bänden. [Studienausg.] Griechisch und Deutsch. Hg. G. Eigler, Übers. F. Schleiermacher, Darmstadt
Platon (2000), Sämtliche Werke in acht Bänden, übertr. v. R. Rufener, Düsseldorf/Zürich
Plessner, H. (1975), Die Stufen des Organischen und der Mensch. Einleitung in die philosophische Anthropologie (1928), Berlin
Plessner, H. (^{2}1959), Die verspätete Nation (1935), 2. erw. Aufl. Stuttgart
Pleticha, H. (Hg.) (1976/1996), Weltgeschichte in 12 Bänden. Von den frühen Hochkulturen bis zur unmittelbaren Gegenwart, eingeleitet von G. Mann, Gütersloh
Ploog, D. (1997), Das soziale Gehirn des Menschen, in: Meier/Ploog 1997, 235-252
Plöse, D./Vogler, G. (1989), Buch der Reformation. Eine Auswahl zeitgenössischer Zeugnisse (1476-1555), Berlin
Plutarch (1954/79), Große Griechen und Römer. 6 Bde., Übers. K. Ziegler, Zürich/München
Pocock, J.G. (1999-2005), Barbarism and Religion. 4 vol. Cambridge
Pöltner, G. (1993), Evolutionäre Vernunft. Eine Auseinandersetzung mit der evolutionären Erkenntnistheorie, Stuttgart u.a.
Polybios (1978/79), Geschichte (gr. Historiai. 40 Bücher). 2 Bde. Übers. H. Drexler, Zürich/München
Pöppel, E. (1997), Zeitlose Zeiten: Das Gehirn als paradoxe Zeitmaschine, in: Meier/Ploog 1997, 67-97
Pöppel, E. (^{3}1997), Grenzen des Bewußtseins. Zeit und Wirklichkeit (1985), Frankfurt
Popper, K.R. (^{10}1994), Logik der Forschung (1935), Tübingen
Popper, K.R. (1992), Die offene Gesellschaft und ihre Feinde. Bd 1: Der Zauber Platons, Bd. 2: Hegel, Marx und die Folgen (engl. 1944), übers. P. Feyerabend 1957/65, München
Popper, K.R. (1994), Knowledge and the Body-Mind-Problem: A Defense of Interaction, London

Popper, K.R./ Eccles, J.C. (1982), Das Ich und sein Gehirn (The Self and its Brain. An Argument for Interactionism, Heidelberg/New York 1977), München
Porombka, S. (2001), Hypertext. Zur Kritik eines digitalen Mythos, München 2001
Portmann, A. (1971), Vom Lebendigen, Frankfurt
Poser, H. (Hg.) (1979), Philosophie und Mythos. Ein Kolloquium, Berlin/New York
Prange, K. (1991), Pädagogik im Leviathan. Ein Versuch über die Lehrbarkeit der Erziehung, Bad Heilbrunn
Prause, G. (1981), Die kleine Welt des Jesus Christus. Was Theologen, Philologen, Historiker und Archäologen erforschen, Hamburg
Premack, D./Premack, A. (2003), Original Intelligence, New York
Preston, J. (Hg.) (1998), Thought and Language, Cambridge
Preuß, H.D./Berger, K. (Hg.) (1984), Bibelkunde des Alten und Neuen Testaments, 2 Bde., Heidelberg
Prigogine, I. (1979), Vom Sein zum Werden. Zeit und Komplexität in den Naturwissenschaften, München
Prigogine, I. (1998), Die Gesetze des Chaos, Frankfurt
Prinz, F. (1989), Mönchtum, Kultur und Gesellschaft. Beiträge zum Mittelalter. Zum 60sten Geburtstag des Autors. Hg. A. Haverkamp/A. Heit, München 1989
Prinz, F. (1989a), Der Heilige und seine Lebenswelt. Überlegungen zum gesellschafts- und kulturgeschichtlichen Aussagewert von Viten und Wundererzählungen, in: Prinz 1989, 251-268
Prinz, F. (2003), Das wahre Leben der Heiligen. Zwölf historische Portraits von Kaiserin Helena bis Franz von Assisi, München
Prinz, W./Weingart, P. (1990), Die sogenannten Geisteswissenschaften. Innenansichten, Frankfurt
Promp, D.W., Sozialisation und Ontogenese - ein biologischer Ansatz, Berlin / Hamburg 1990
Propp, V.J. (1975), Morphologie des Märchens (1928), Frankfurt
Propyläen Geschichte der Literatur (1981-1984), Literatur und Gesellschaft der westlichen Welt. 6 Bde., hg. E. Wischer, Frankfurt/Berlin (Reprint 1988)
Propyläen Technik-Geschichte (1991), 5 Bde., hg. W. König, Berlin
Propyläen Weltgeschichte (1986), Eine Universalgeschichte. 10 Bde., Hg. G. Mann/A. Heuß,/ A. Nitschke (1960 ff.) Berlin
Proust, M. (1981), Auf der Suche nach der verlorenen Zeit (A la recherche du temps perdu, Paris 1913-1927), Frankfurt
Prüfer, Th. (2002), Die Bildung der Geschichte. Friedrich Schiller und die Anfänge der modernen Geschichtswissenschaft, Köln
Quispel, G. (1951), Gnosis als Weltreligion, Zürich
Quitterer, J. (2003), Unser Selbst im Spannungsfeld von Alltagsintuition und Wissenschaft, in: Rager/ Quitterer/Runggalier 2003, 61-142
Rabelais, F. (1955/1995), Gargantua (1542), dans: Oeuvres complètes, Paris
Rachet, G. (1999), Lexikon des alten Ägypten. Aus dem Frz., Darmstadt
Rad, G.v. (1957/1960),Theologie des alten Testaments, Bd. 1: Die Theologie der geschichtlichen Überlieferungen Israels, München 1957, Bd. 2: Die Theologie der prophetischen Überlieferungen Israels, München 1960
Radcliffe-Brown, A.R. (1922), The Andaman Islanders. A Study in Social Anthropology, Cambridge
Radcliffe-Brown, A.R. (1952), Structure and Function in Primitive Society, London
Radcliffe-Brown, A.R. (1957), A Natural Science of Society, Chicago
Raddatz, F.J. (1975), Karl Marx. Der Mensch und seine Lehre, München
Radkau, J. (2000), Natur und Macht. Eine Weltgeschichte der Umwelt, München
Radkau, J. (2005), Max Weber. Die Leidenschaft des Denkens, München
Rager, G. (2003), Neuronale Korrelate von Bewußtsein und Selbst, in: Rager/Quitterer/ Runggaldier ²2003, 15-59
Rager, G./Quitterer, J./Runggalier, E. (²2003), Unser Selbst. Identität im Wandel der neuronalen Prozesse, Paderborn
Rang, M. (1976), „Einleitung" zu der von E. Sckommodau besorgten Übersetzung von Rousseaus „Emile oder Über die Erziehung", Stuttgart, 5-97
Rang, M.(²1965), Rousseaus Lehre vom Menschen (1959), Göttingen
Ranke, L.v. (1867-90), Sämtliche Werke. 54 Bde., Leipzig
Ranke, L.v. (1954), Über die Epochen der neueren Geschichte (Vorträge aus dem Jahr 1854, erstmals postum veröffentlicht von A. Dove 1888), Darmstadt

Raphael, L. (1993), Epochen der französischen Geschichtsschreibung, in: Geschichtsdiskurs 1, 1993, 101-132
Raphael, L. (2003), Geschichtswissenschaft im Zeitalter der Extreme. Theorien, Methoden, Tendenzen von 1900 bis zur Gegenwart, München
Ratzel, F. (1882/91), Anthropogeographie. Bd. 1: Grundzüge der Anwendung der Erdkunde auf die Geschichte (1882), Bd. 2: Die geographische Verbreitung des Menschen (1891). 2 Bde., Stuttgart
Raulff, U. (1986), Die Annales E.S.C. und die Geschichte der Mentalitäten, in: Jüttemann 1986, 145-166
Raulff, U. (^{2}2000), Der unsichtbare Augenblick. Zeitkonzepte in der Geschichte, Göttingen
Raulff, U. (Hg.) (1987), Mentalitäten. Geschichte zur historischen Rekonstruktion geistiger Prozesse, Berlin
Rebenich, S. (2002), Theodor Mommsen. Eine Biographie, München
Reichardt, R. (Hg.) (1998), Aufklärung und Historische Semantik. Interdisziplinäre Beiträge zur westeuropäischen Kulturgeschichte (Beiheft 21 der Zeitschrift für historischen Forschung) Berlin
Reichardt, S. (1997), Bourdieu für Historiker? Ein kultursoziologisches Angebot an die Sozialgeschichte, in: Mergel/Welskopp 1997, 39-70
Reichholf, J.H. (1997), Das Rätsel der Menschwerdung. Die Entstehung des Menschen im Wechselspiel der Natur, München
Reill, P.H. (1994), Die Historisierung von Natur und Mensch. Der Zusammenhang von Naturwissenschaften und historischem Denken im Entstehungsprozeß der moderenen Naturwissenschaften, in: Geschichtsdiskurs Bd. 2, 1994, 48-61
Reinhard, W. (1976), Gelenkter Kulturwandel. Akkulturation in den Jesuitenmissionen als universalhistorisches Problem, in: Historische Zeitschrift 1976, 529-590
Reinhard, W. (1996), Vom italienischen Humanismus bis zum Vorabend der Französischen Revolution, in: Fenske u.a.1996, 241-376
Reinhard, W. (2004), Lebensformen Europas. Eine historische Anthropologie, München
Reinwald, H. (1991), Mythos und Methode. Zum Verhältnis von Wissenschaft, Kultur und Erkenntnis, München
Religion in Geschichte und Gegenwart [RGG] (1998), 8 Bände, Tübingen
Renner, R.G. (1991), Denken, das die Welt veränderte. Schlüsseltexte der europäischen Geistes- und Wissenschaftsgeschichte. 2 Bde., Freiburg
Rensch, B. (1977), Das universale Weltbild. Evolution und Naturphilosophie, Frankfurt
Rensch, B. (^{2}1991), Evolution und Naturphilosophie, Darmstadt
Rensch, B. (^{3}1970), Homo sapiens. Vom Tier zum Halbgott, Göttingen
Rhein, R. (1995), Die Legenda Aurea des Jacobus de Voragine. Die Entfaltung von Heiligkeit in „Historia" und „Doctrina", Köln u.a.
Richter, H.E. (1979), Der Gotteskomplex. Die Geburt und die Krise des Glaubens an die Allmacht des Menschen, Reinbek
Richter, K. (1999), Die Herkunft des Schönen. Grundzüge einer evolutionären Ästhetik, Mainz
Rickert, H. (^{3}1915), Kulturwissenschaft und Naturwissenschaft. Ein Vortrag (1899), Tübingen
Ricoeur, P. (1988), Zeit und Erzählung. 3 Bde.: I. Zeit und historische Erzählung, II. Zeit und literarische Erzählung, III. Die erzählte Zeit (frz. Temps et récit, Paris 1983-85), München
Ricoeur, P. (1990), Die lebendige Metapher, München
Ricoeur, P. (1996), Das Selbst als ein Anderer, München
Ricoeur, P. (2004), Gedächtnis, Geschichte, Vergessen. Aus d. Frz, hg. von H.-D. Gondek/H. Jatho/ M. Sedlaczek, München
Riedl, R./Bonet, E.M. (Hg.) (1987), Entwicklung der Evolutionären Erkenntnistheorie. Wiener Studien zur Wissenschaftstheorie, Wien
Riedl, R./Delpos, M. (Hg.) (1996), Die evolutionäre Erkenntnistheorie im Spiegel der Wissenschaften, Wien
Riehl, W.H. v. (1925-1930), Die Naturgeschichte des Volkes als Grundlage einer deutschen Social-Politik (1851-69), ungekürzt in 4 Bd.en, Stuttgart/ Berlin
Riemann, H. (1898), Geschichte der Musiktheorie, Leipzig
Riemann, H. (^{2}1919-21), Handbuch der Musikgeschichte. 2 Bde. in 4 Teilen, Leipzig 1904-13
Riethmüller, A. (1985), Stationen des Begriffs Musik, in: Zaminer 1985, 59-95
Rioux, J.-P./Sirinelli, J.-F. (Hg.) (1997), Pour une Histoire culturelle, Paris

Rißmann, M. (2001), Hitlers Gott. Vorsehungsglaube und Sendungsbewusstsein des deutschen Diktators, Zürich / München
Rittelmeyer, Ch. (2005), „Über die ästhetische Erziehung des Menschen." Eine Einführung in F. Schillers pädagogische Anthropologie, Weinheim
Rittelmeyer, Ch./Wiersing, E. (Hg.), Bild und Bildung. Ikonologische Interpretationen vormoderner Dokumente von Erziehung und Bildung, Wiesbaden 1991
Ritter, A.M. (1991), Alte Kirche (Kirchen - und Theologiegeschichte in Quellen, Bd. I.), Heidelberg
Ritter, G. (1946), Geschichte als Bildungsmacht. Ein Beitrag zur historisch-politischen Besinnung, Stuttgart
Ritter, J./Gründer, K. (Hg.) (1971-2004), Historisches Wörterbuch der Philosophie. 12 Bde., Darmstadt/Basel
Robinson, F. (Hg.) (1997), Islamische Welt. Eine illustrierte Geschichte, Frankfurt/New York
Röckelein, H. (1993), Der Beitrag der psychohistorischen Methode zur „neuen historischen Biographie",in: dies. 1993, 17-38
Röckelein, H. (Hg.) (1993), Biographie als Geschichte, Tübingen
Röckelein, H. (Hg.) (2001), Kommunikation, in: Thema von Heft 1 der Zs. Mittelalter. Perspektiven mediävistischer Forschung, 2001
Röd, W. (^{3}1995), Descartes. Die Genese des Cartesianischen Rationalismus, München
Röd, W. (Hg.) (1976-1997), Geschichte der Philosophie in 4 Bänden, München
Röder, B./Hummel, J./Kunz, B. (1996), Göttinnendämmerung. Das Matriarchat aus archäologischer Sicht, München
Rohbeck, J. (1987), Die Fortschrittstheorie der Aufklärung. Französische und englische Geschichtsphilosophie in der zweiten Hälfte des 18. Jahrhunderts, Frankfurt
Rohbeck, J. (2000), Technik – Kultur – Geschichte. Eine Rehabilitierung der Geschichtsphilosophie, Frankfurt
Rohbeck, J. (2004), Geschichtsphilosophie, Hamburg
Rohbeck, J./Nagl-Docekal, H. (Hg.) (2003) Geschichtsphilosophie und Kulturkritik. Historische und systematische Studien, Darmstadt
Rorty, R. (Hg.) (1967), The Linguistic Turn. Recent Essays in Philosophical Method, Chicago/London
Rorty, R.R. (1981), Der Spiegel der Natur. Eine Kritik der Philosophie (Philosophy and the Mirror of Nature, Princeton 1979), Frankfurt
Rosa, H. (2005), Beschleunigung. Die Veränderung der Zeitstruktur in der Moderne, Frankfurt
Rosen, K. (2006), Julian. Kaiser, Gott und Christenhasser, Stuttgart
Rosenmayr, L. (1978), Die menschlichen Lebensalter in Deutungsversuchen der europäischen Kulturgeschichte, in: ders. 1978, 23 ff.
Rosenmayr, L. (Hg.) (1978), Die menschlichen Lebensalter. Kontinuität und Krisen, München
Rosenthal, E. (1932), Ibn Khalduns Gedanken über den Staat (mit Teilübersetzungen), München/Berlin
Rössner, H. (Hg.) (1986), Der ganze Mensch. Aspekte einer pragmatischen Anthropologie, München
Rostovtzeff, M. (1929/31), Gesellschaft und Wirtschaft im Römischen Kaiserreich (engl.: The Social and Economic History of Roman Empire, 1926), Leipzig
Rostovtzeff, M. (^{2}1998), Gesellschafts- und Wirtschaftsgeschichte der hellenistischen Welt (1941). 3 Bde. (1955/56), Reproduck mit Einleitung von H. Heinen, Darmstadt
Roth, G. (1992), Gehirn und Geist, in: Funkkolleg Der Mensch 1992, STE 5
Roth, G. (1994), Das Gehirn und seine Wirklichkeit. Kognitive Neurobiologie und ihre philosophischen Konsequenzen, Frankfurt
Roth, G. (2003), Aus der Sicht des Gehirns, Frankfurt
Roth, K. (2003), Genealogie des Staates. Prämissen des neuzeitlichen Politikdenkens, Berlin
Rothacker, E. (1920), Einleitung in die Geisteswissenschaften, Tübingen
Rothe, P. (2000), Erdgeschichte. Spurensuche im Gestein, Darmstadt
Rothermund, D. (1994), Geschichte als Prozeß und Aussage. Eine Einführung in die Theorie des historischen Wandels und der Geschichtsschreibung, München
Rothfels, H. (1953) Zeitgeschichte als Aufgabe, in: Vierteljahrhefte für Zeitgeschichte 1, 1953, 1-8
Rothfels, H. (1958), Die deutsche Opposition gegen Hitler. Eine Würdigung (1947), Neufassung Frankfurt
Rougemont, D. de (1944/1987), Die Liebe und das Abendland (L' amour et l' occident, Paris 1939), Zürich

Rousseau, J.-J. (1955), Über den Ursprung der Ungleichheit unter den Menschen (Discours sur l'origine et les fondements de l'inégalité parmi les hommes. Deuxième Discours, 1754, O.C., vol. III), Hamburg

Rousseau, J.-J. (1955), Über Kunst und Wissenschaft (Discours sur les sciences et les arts. Premier discours, 1750, O.C., vol. III), mit Einleitung, Übersetzung und Anmerkungen von K. Weigand, Hamburg

Rousseau, J.-J. (1959-69), Oevres complètes [O.C.], ed. B. Gagnebin/M. Raymond, 5 vol., Paris

Rousseau, J.-J. (1976), Emile oder Über die Erziehung (Emile ou de l'éducation, 1762, O.C., vol. IV), hg., eingel. und mit Anmerkungen versehen M. Rang, übers. E. Sckommodau, Stuttgart

Rousseau, J.-J. (1978), Die Neue Héloise (Julie ou la Nouvelle Héloise. Lettres de deux amants,1761, O.C.,vol. II), in: Werke in 4 Bden., Bd. I

Rousseau, J.-J. (1978-1981), Werke in vier Bänden, Zürich/München

Rousseau, J.-J. (1983), Vom Gesellschaftsvertrag oder Grundsätze des Staatsrechts (Du contrat social ou Principes du droit politique, 1762, O.C., vol. III*)*, übers. H. Brockard, Stuttgart

Rousseau, J.-J. (1985), Bekenntnisse (Confessions, 1765- 1770, postum 1782- 89, O.C., vol. III), übers. E. Hardt, Frankfurt

Rousseau, J.-J.(1981), Die Bekenntnisse. Mit 15 Kupferstichen, übers. A. Semerau, München

Rüdiger, H. (1966), Zwischen Interpretation und Geistesgeschichte (1963), in: Conrady 1966, 137-154

Rudolph, E. (Hg.) (1996), Polis und Kosmos. Naturphilosophie und politische Philosophie bei Platon, Darmstadt

Rudolph, K. (^{3}1990), Die Gnosis, Göttingen (Nachdruck 1994)

Ruhloff, J. (1989), Renaissance-Humanismus. Zugänge zur Bildungstheorie der frühen Neuzeit, Essen

Ruhnau, E. (1995), Zeit-Gestalt und Beobachter. Betrachtungen zum *tertium datur* des Bewußtseins, in: Metzinger 1995, 201-220

Ruhnau, E. (1998), Zeit als Maß von Gegenwart, in: Weis 1998, 71-95

Runciman, S. (1968), Geschichte der Kreuzzüge (A History of the Crusades), München

Runciman, S. (1990), Die Eroberung von Konstantinopel 1453, München

Rürup, R. (Hg.) (1977), Historische Sozialwissenschaft, Göttingen

Rüsen, J. (1969), Begriffene Geschichte. Genesis und Begründung der Geschichtstheorie J. G. Droysens, Paderborn

Rüsen, J. (1986), Rekonstruktionen der Vergangenheit. Grundzüge einer Historik II: Die Prinzipien der historischen Forschung, Göttingen

Rüsen, J. (1989), Lebendige Geschichte. Grundzüge einer Historik III: Formen und Funktionen des historischen Wissens, Göttingen

Rüsen, J. (1990), Zeit und Sinn. Strategien historischen Denkens, Frankfurt

Rüsen, J. (1991), Bürgerliche Identität zwischen Geschichtsbewußtsein und Utopie. Friedrich Schiller, in: D. Grathoff/E. Leibfried (Hg.): Schiller. Vorträge aus Anlaß seines 225. Geburtstages, Frankfurt 1991, 178-193

Rüsen, J. (1993), ‚Moderne' und ‚Postmoderne' als Gesichtspunkte einer Geschichte der modernen Geschichtswissenschaft, in: Geschichtsdiskurs 1,1993, 17-30

Rüsen, J. (1994), Historische Orientierung. Über die Arbeit des Geschichtsbewußtseins, sich in der Zeit zurechtzufinden, Köln

Rüsen, J. (1997), Historik - Überlegungen zur metatheoretischen Selbstauslegung und Interpretation des historischen Denkens im Historismus (und außerhalb), in: Geschichtsdiskurs, Bd. 3, 80-99, Frankfurt

Rüsen, J. (1999), Westliches Geschichtsdenken. Eine interkulturelle Debatte, Göttingen

Rüsen, J. (2000), Psychologie und Geschichtsbewußtsein. Grundlagen und Fallstudien, Köln u.a.

Rüsen, J. (2001), Geschichtsbewußtsein. Pychologische Grundlagen, Entwicklungskonzepte, empirische Befunde, Köln u.a.

Rüsen, J. (2003), Kann gestern besser werden? Essays zum Bedenken der Geschichte, Berlin

Rüsen, J. (2004), Typen des Zeitbewußtseins - Sinnkonzepte des geschichtlichen Wandels, in: Jaeger u.a. 2004, 365-384

Rüsen, J. (2006), Kultur macht Sinn. Orientierung zwischen Gestern und Morgen, Köln u.a.

Rüsen, J.(1983), Historische Vernunft. Grundzüge einer Historik I: Die Grundlagen der Geschichtswissenschaft, Göttingen

Rüsen, J.(1994), Historische Methode und religiöser Sinn - Vorüberlegungen zu einer Dialektik der Rationalisierung des historischen Denkens in der Moderne, in: Geschichtsdiskurs, Band 2, 365ff., Frankfurt

Ryle, G. (1969, 1982), Der Begriff des Geistes (The Concept of Mind, 1949), Stuttgart

Sabrow, M. (2001), Das Diktat des Konsenses. Geschichtswissenschaft in der DDR 1949-1969, München

Sabrow, M./Jessen, R./Große Kracht, K. (2003), Zeitgeschichte als Streitgeschichte, München

Saeverin, P.F./Südkamp, H./Klein, Ch. (Hg.) (2005), Geschichtsbilder. Konstruktion – Reflexion – Transformation, Köln u.a.

Safranski, R. (2000), Nietzsche. Biographie seines Denkens, München/Wien

Safranski, R. (2004), Friedrich Schiller oder die Erfindung des Deutschen Idealismus, München

Said, E.W. (1981/²1995), Orientalismus. Übers. L. Weißberg (Orientalism, Harmondsworth 1978), Frankfurt u.a.

Said, E.W. (1994), Kultur und Imperialismus. Einbildungskraft und Politik im Zeitalter der Macht. Übers. H.-H.Henschen (Culture and Imperialism, New York 1993), Frankfurt

Salamun, K. (1980), Was ist Philosophie?, Tübingen

Salamun, K. (1980a), Kritische Theorie, in: ders. 1980, 109 ff.

Sandkühler, H.J. (1996), Einheit des Wissens. Zur Debatte über Monismus, Dualismus und Pluralismus, Bremen

Sandkühler, H.J. (Hg.) (1990), Europäische Enzyklopädie zu Philosophke und Wissenschaften, Hamburg

Sandkühler, H.J. (Hg.) (2005), Handbuch Deutscher Idealismus, Stuttgart/Weimar

Sandvoss, E.R. (1996), Sternstunden des Prometheus. Vom Weltbild zum Weltmodell, Frankfurt/ Leipzig

Sarasin, Ph. (1996), Subjekte, Diskurse, Körper. Überlegungen zu einer diskursanalytischen Kulturgeschichte, in: Hardtwig/Wehler 1996, 131-164

Sartre, J.-P. (1960), Critique de la raison dialectique, Paris

Sartre, J.-P. (1964), Drei Essays, Frankfurt

Sartre, J.-P. (1964), Ist der Existentialismus ein Humanismus? (1947), in: Sartre 1964

Sartre, J.-P. (1965), Die Wörter (Les mots, Paris 1964), Reinbek

Sartre, J.-P. (1977), Der Idiot der Familie. Gustave Flaubert von 1821 bis 1857 (L'idiot de la famille. Gustave Flaubert de 1821 à 1857 , 3 t.s, Paris 1971/72) 5 Bde., Reinbek 1976–80

Sasson, J.M. (Hg.) (1995), Civilizations of the Ancient Near East. 4 vol. , New York

Savigny, E.v. (1969), Die Philosophie der normalen Sprache, Frankfurt

Savigny, F.C.v. (2004), Vorlesungen über juristische Methodologie (1802-1842), hg. A. Mazzacane, neue erweiterte Aufl., Frankfurt

Sbrik, H. Ritter v. (1950/51), Geist und Geschichte vom deutschen Humanismus bis zur Gegenwart. 2 Bde., München/ Salzburg

Scarre, Ch. (Hg.) (1990), Weltatlas der Archäologie (engl. 1988), München

Schadewaldt, W. (1978), Die Anfänge der Philosophie bei den Griechen. Die Vorsokratiker und ihre Voraussetzungen. Tübinger Vorlesungen, Bd.1, Frankfurt

Schanze, H. (Hg.) (2001), Handbuch der Mediengeschichte, Stuttgart

Scheffel, J.V. v. (1985), Ekkehard. Eine Geschichte aus dem zehnten Jahrhundert (1855), Zürich

Scheibe, E. (1989), Die Kopenhagener Schule, in: Böhme 1989, 374-392

Scheibelreiter, G. (1999), Die barbarische Gesellschaft. Mentalitätsgeschichte der europäischen Achsenzeit (5.- 8. Jh.), Darmstadt

Scheler, M. (1960), Versuche einer Soziologie des Wissens. Die Wissensformen und die Gesellschaft (1926), in: Gesammelte Werke, Bern ⁷1960

Scheler, M. (1966), Die Stellung des Menschen im Kosmos (1928), Bern/München

Schelsky, H. (1963), Die skeptische Generation, Düsseldorf

Scherer, W. (1883 ff.), Geschichte der deutschen Literatur bis zum Tode Goethes

Scheuerl, H. (Hg.) (²1991), Klassiker der Pädagogik. 2 Bde. (1979), München

Schieder, Th. (²1968), Geschichte als Wissenschaft. Eine Einführung, München /Wien

Schieder, W./ Sellin, V. (Hg.) (1986/87), Sozialgeschichte in Deutschland. Entwicklungen und Perspektiven im internationalen Zusammenhang (Gedächtnisschrift für W. Conze), 4 Bde., Göttingen

Schildt, A. (1998), Zeitgeschichte, in: Goertz 1998, 318–330

Schiller, F. (1943 ff.), Schillers Werke. Nationalausgabe [NA], Weimar

Schiller, F. (1954/55), Gesammelte Werke in acht Bänden, hg. und eingeleitet v. A. Abusch, (Ost-) Berlin [GW]
Schiller, F. (1955), Über die ästhetische Erziehung des Menschen in einer Reihe von Briefen (1794/95), in: GW, Achter Bd., Philosophische Schriften, 399-497
Schiller, F. (1989), Was heißt und zu welchem Ende studiert man Universalgeschichte (1789). Reprint des Erstdrucks: Friedrich Schiller, Jenaer Reden und Schriften, Jena
Schiller, F. (2004), Sämtliche Werke in 5 Bänden. Auf der Grundlage der Textedition von H.G. Göpfert, hg. P.-A. Alt, A. Meier u. W. Riedel, München/Wien [SW]
Schilling, H. (1997), Literaturbericht Konfessionelles Zeitalter, Teile I-IV, in: Geschichte in Wissenschaft und Unterricht 1997, 350-370, 618-627, 682-691, 748-766
Schilling, H. (2000), Zeit der Bekenntnisse.Die Konfessionalisierung als Geburtszange der Neuzeit, in: Jeismann 2000, 44-48
Schimmel, A. (1951), Ibn Chaldun. Ausgewählte Abschnitte aus der muqaddima, Tübingen
Schimmel, A. (1994), Das Thema des Weges und der Reise im Islam, Opladen
Schlegel, F. (1815), Geschichte der alten und neuen Literatur (nach den „Vorlesungen gehalten zu Wien im Jahre 1812")
Schlegel, F. (1913), Geschichte der deutschen Sprache und Poesie (Vorlesung aus dem Jahre 1818/19)
Schleichert, H. (^{2}1999), Von Platon bis Wittgenstein. Ein philosophisches Lesebuch, München
Schleier, H. (1997), Kulturgeschichte im 19. Jahrhundert: Oppositionswissenschaft, Modernisierungsgeschichte, Geistesgeschichte, spezialisierte Sammlungsbewegung, in: Geschichtsdiskurs, Band 3, Frankfurt 1993, 424 ff.
Schleier, H. (2000), Historisches Denken in der Krise der Kultur. Fachhistorie, Kulturgeschichte und Anfänge der Kulturwissenschaften in Deutschland, Göttingen
Schleier, H. (Hg.) (1988), Karl Lamprecht. Alternativen zu Ranke. Schriften zur Geschichtstheorie, Leipzig
Schleiermacher, F.E.D. (1799), Über die Religion. Reden an die Gebildeten unter ihren Verächtern, in: KG,
Schleiermacher, F.E.D. (1959 ff.), Kritische Gesamtausgabe, München [KG]
Schleiermacher, F.E.D. (1977), Hermeneutik und Kritik, hg. und eingeleitet von M. Frank, Frankfurt in: KG
Schlesier, R. (1994), Kulte, Mythen und Gelehrte. Anthropologie der Antike seit 1800, Frankfurt
Schlesier, R. (1997), Warum und zu welchem Ende Kulturwissenschaften?, in: E. Fisch/H. Vollmer (Hg.): Einblicke – Ausblicke. 25 Jahre Universität Paderborn, Paderborn 1997, 123–131
Schlögel, K. (2003), Im Raume lesen wir die Zeit. Über Zivilisationsgeschichte und Geopolitik, München
Schlott, A. (1989), Schrift und Schreiber im alten Ägypten, München
Schluchter, W. (1979), Die Entwicklung des okzidentalen Rationalismus. Eine Analyse von Max Webers Gesellschaftsgeschichte, Tübingen
Schlumberger, J.A./Segl, P. (Hg.) (1994), Europa – aber was ist es? Aspekte seiner Identität in interdisziplinärer Sicht, Köln
Schlumbohm, J. (1994), Lebensläufe, Familien, Höfe. Die Bauern und Heuerleute des Osnabrücker Kirchspiels Belm in protoindustrieller Zeit. 1650-1860, Göttingen
Schmale, F.-J. (^{2}1993), Funktion und Formen mittelalterlicher Geschichtsschreibung. Eine Einführung, Darmstadt
Schmale, W. (2000), Geschichte Europas, Wien u.a.
Schmale, W. (2003), Geschichte der Männlichkeit in Europa (1450-2000), Wien
Schmid, E.A. (1985), Zeit und Geschichte bei Augustinus, Heidelberg
Schmidt, Th.E. (2004), Dialektik der Aufklärung. Zu einer Grundschrift des kulturkritischen Ressentiments, in: Merkur 9/10, 2004, 745-753
Schmidt, W. (1926-55), Der Ursprung der Gottesidee. Eine historisch-kritische und positive Studie. 12 Bde., Münster
Schmied-Kowarzik, W. (1995), Ernst Bloch. Suche nach uns selbst ins Utopische, in: Fleischer 1995, 216–240
Schmied-Kowarzik, W./ Stagl, J. (Hg) (^{2}1993), Grundfragen der Ethnologie. Beiträge zur gegenwärtigen Theorie-Diskussion (1981), Berlin

Schmitt, A. (2001), Antike Bildung und moderne Wissenschaft. Von den artes liberales zu den Geistes- und Naturwissenschaften der Gegenwart. Anmerkungen zu einer problematischen Entwicklung, in: Gymnasium. Zs. f. Kultur der Antike und humanistische Bildung 4, 2001, 311 ff.
Schmitt, C. (1963), Der Begriff des Politischen (1927/32), Nachdruck Berlin
Schmitt, E. (Hg.) (1984), Dokumente zur Geschichte der europäischen Expansion. Bd. 2: Die großen Entdeckunen, München
Schmitt, H.H/Vogt, E. (Hg.), Lexikon des Hellenismus, Wiesbaden 2005
Schmitt-Brandt, R. (1996), Einführung in die Indogermanistik, Tübingen
Schmitz, B. (1993), Das Zeiterleben im altägyptischen Kulturkreis, in: Keck/Wiersing 1994, 49-58
Schmitz, B. (1995), Das alte Ägypten: Die Idee von der geordneten Welt, in: Praxis Geschichte 4/1995, 4-11
Schmoeckel, R. (1999), Die Indoeuropäer. Ausbruch aus der Vorgeschichte, Bergisch Gladbach
Schmoekel, M. (2004), Auf der Suche nach der verlorenen Ordnung. Eine Ideengeschichte des europäischen Rechts, Köln u.a. 2004
Schmolinsky, S./Arnold, K./Zahnd, U.M. (Hg.) (1999), Das dargestellte Ich. Studien zu Selbstzeugnissen des späteren Mittelalters und der frühen Neuzeit, Bochum
Schnabel, J.G. (1959), Insel Felsenburg. Hg. v. L. Tieck nach dem Original „Wunderliche Fata einiger See-Fahrer ..." (1731-43) Breslau 1828, Stuttgart
Schnädelbach, H. (1974), Geschichtsphilosophie nach Hegel. Die Probleme des Historismus, Freiburg/ München
Schnädelbach, H. (1987), Vernunft und Geschichte. Vorträge und Abhandlungen, Frankfurt
Schnädelbach, H. (1987a), Morbus hermeticus – Thesen über eine philosophische Krankheit, in: ders. 1987, 279 ff.
Schnädelbach, H. (1991), Philosophie in Deutschland 1831-1933, Frankfurt
Schnädelbach, H. (1998), Philosophie und Geschichte, in: Goertz 1998, 598-620
Schnädelbach, H. (2000), Philosophie in der modernen Kultur, Frankfurt
Schnädelbach, H. (2000a), Das kulturelle Erbe der Kritischen Theorie, in: ders. 2000, 104 ff.
Schnädelbach, H. (2000c), Hegels Philosophie. Kommentare zu den Hauptwerken, 3 Bde., Frankfurt
Schnädelbach, H. (2000d), Der Fluch des Christentums, in: Die Zeit 20, 2000, 41
Schnädelbach, H. (2003), Geschichte als kulturelle Evolution, in: Rohbeck/H. Nagl-Docekal 2003, 329 ff.
Schnädelbach, H.(2000b), ‚Sinn' in der Geschichte? Über Grenzen des Historismus, in: ders. 2000, 127-149
Schneider, M. (1997), Der Barbar. Genealogie der Endzeitstimmungen, München
Schneider, U.J. (1999), Philosophie und Universität. Historisierung der Vernunft im 19. Jahrhundert, Hamburg
Schnelle, H. (1973), Sprachphilosophie und Linguistik. Prinzipien der Sprachanalyse a priori und a posteriori, Reinbek
Scholtz, G. (1997), Zum Strukturwandel in den Grundlagen kulturwissenschaftlichen Denkens (1880-1945), in: Geschichtsdiskurs, Band 4, 19-50
Scholtz, G. (Hg.) (2000), Die Interdisziplinarität der Begriffsgeschichte, Hamburg
Scholtz, H. (1957), Evangelischer Utopismus bei J.V. Andreä, ein geistiges Vorspiel zum Pietismus, Stuttgart
Schöne, A. (^{2}1968), Säkularisation als sprachbildende Kraft. Studien zur Dichtung deutscher Pfarrersöhne, Göttingen
Schönwälder, K. (1992), Historiker und Politik. Geschichtswissenschaft und Nationalsozialismus, Frankfurt/New York
Schott, R. (1990), Die Macht des Überlieferungswissens in schriftlosen Gesellschaften, in: Saeculum 1990, 273-316
Schöttler, P. (Hg.) (1997), Geschichtsschreibung als Legitimationswissenschaft 1918-1945, Frankfurt
Schramm, G. (2004), Fünf Wegscheiden der Weltgeschichte. Ein Vergleich, Göttingen
Schrimpf, H.J. (1983), Karl Philipp Moritz, Stuttgart
Schröder, W.H. (1985), Lebenslauf und Gesellschaft. Zum Einsatz kollektiver Biographien in der historischen Sozialforschung, Stuttgart
Schrödinger, E. (1959), Geist und Materie, Braunschweig
Schröter, J. (1987), Zeit, Raum-Zeit und Relativität, in: Breuer, R./Meyer, J./ Schröter, J., Zeit: Geschichtlichkeit und vierte Dimension, Paderborn 1987, 71-114

Schubert, K. (1995), Jüdische Geschichte, München
Schulin, E. (1979), Die historische Zeit - Dauer und Wandel, in: Funkkolleg Geschichte SBB 5,11- 43,
Schulin, E. (1980), Traditionen des Geschichtsdenkens, Funkkolleg Geschichte, SBB 11,11-48
Schulin, E. (1997), Luther und die Reformation. Historisierungen und Aktualisierungen im Laufe der Jahrhunderte (1982), in: ders.: Arbeit an der Geschichte. Etappen der Historisierung auf dem Wege zur Moderne, Frankfurt 1997, 13-61
Schulin, E. (Hg.) (1974), Universalgeschichte, Köln
Schüling, H. (1998 ff.), System und Evolution des menschlichen Erkennens. Ein Handbuch der evolutionären Erkenntnistheorie. 5 Bde., Bd. 1: System des menschlichen Erkennens, 1998, Bd. 2: Die Entwicklung der Sprache [i.Vorb.], Bd. 3: Die Entwicklung der Operation „Messen", 1999, Bd. 4: Die Evolution der instrumentellen Wahrnehmung, 2000, Bd. 5: Die Genesis des schlußfolgernden Denkens [i.Vorb.], Hildesheim
Schulze, W. (1989), Deutsche Geschichtswissenschaft nach 1945. Beiheft 10 der Historischen Zeitschrift, München
Schulze, W. (1994a), Die Frühe Neuzeit als Vorlauf der Moderne, in: Kowalczuk 1994, 64-80
Schulze, W. (Hg.) (1994), Sozialgeschichte, Alltagsgeschichte, Mikro-Historie, Göttingen
Schulze, W./Oexle, O.G. (Hg.) (^{2}2000), Deutsche Historiker im Nationalsozialismus, Frankfurt
Schupp, F. (1975), Poppers Methodologie der Geschichtswissenschaft. Historische Erklärung und Interpretation, Bonn
Schupp, F. (1990), Schöpfung und Sünde. Von der Verheißung einer wahren und gerechten Welt, vom Versagen der Menschen und vom Widerstand gegen Zerstörung, Düsseldorf
Schupp, F. (2003), Geschichte der Philosophie im Überblick. 3 Bde., Bd. 1: Antike, Bd. 2: Christliche Antike und Mittelalter, Bd. 3: Neuzeit, Hamburg
Schurig, V. (1976), Die Entstehung des Bewußtseins, Frankfurt
Schütz, A. (^{2}1974), Der sinnhafte Aufbau der sozialen Welt. Eine Einleitung in die verstehende Soziologie (Wien 1932, 1960), Frankfurt
Schütz, A./Luckmann, Th. (^{2}1984), Strukturen der Lebenswelt. 2 Bde., Frankfurt
Schüz, M. (1986), Die Einheit des Wirklichen. C. F. von Weizsäckers Denkweg, Pfullingen 1986
Schwab, G. (1965), Die schönsten Sagen des klassischen Altertums. Nach seinen Dichtern und Erzählern (1838-40). 2 Bände, Leipzig
Schwanitz, D. (1999), Bildung - Alles, was man wissen muss, Frankfurt
Schwerte, H. (1962), Faust und das Faustische. Ein Kapitel deutscher Ideologie, Stuttgart
Schwinge, E.-R. (Hg.) (1995), Die Wissenschaften vom Altertum am Ende des 2. Jahrtausends n. Chr., Stuttgart/Leipzig
Schwinges, R.Ch. (2001), Zur Professionalisierung gelehrter Tätigkeit im deutschen Spätmittelalter, Göttingen
Searle, J.R. (1971), Sprechakte. Ein sprachphilosophischer Essay (Speech Acts. An Essay on the Philosophy of Language, Cambridge 1969), Frankfurt
Searle, J.R. (1993), Die Wiederentdeckung des Geistes (The Rediscovery of the Mind, Cambridge, Mass.), München 1993
Searle, J.R. (1997), Die wissenschaftliche Erforschung des Bewußtseins, in: Meier/Ploog 1997, 9-34
Sebeok, Th.A. (1979), Theorie und Geschichte der Semiotik, Reinbek
Sedlmayr, H. (^{2}1988), Verlust der Mitte. Die bildende Kunst im 19. und 20. Jahrhundert als Symptom und Symbol der Zeit (Salzburg 1948), Gütersloh
Seeba, H.C. (1980), Hermeutische Ansätze zu einer Poetik der Geschichtsschreibung, in: Akten des VI Internationalen Germanisten-Kongreses, Basel 1980, 201-208
Seeba, H.C. (1982), Historiographischer Idealismus? Fragen zu Schillers Geschichsbild, in: Wittkowski 1982, 229-251
Seeba, H.C. (1985), Geschichte als Dichtung. Herders Beitrag zur Ästhetisierung der Geschichtsschreibung, in: Storia della Storiographia. Revista Internationale 8, 50-72
Seeba, H.C. (1995), Deutsche und amerikanische Geisteswissenschaften. *German Studies* in Amerika. Ein interdisziplinäres Modell der Kulturtheorie, Bonn
Seeba, H.C. (2003), Interkulturelle German Studies in den USA, in: Handbuch Interkulturelle Germanistik, Stuttgart
Seeba, H.C.(1994), Hermanns Kampf für Deutschlands Not. Zur Topographie der nationalen Identität, in: Lippische Mitteilungen aus Geschichte und Landeskunde, Detmold 1994, 237–252
Seebaß, G. (2006), Handlung und Freiheit, Tübingen

Seibt, F. (1987), Glanz und Elend des Mittelalters. Eine endliche Geschichte, Berlin
Seibt, F. (2002), Die Begründung Europas. Ein Zwischenbericht über die letzten tausend Jahre, Frankfurt
Seibt, G. (1988), Eine Epoche ohne Humanismus? Nähe und Ferne des Mittelalters im Spiegel von Mode und Wissenschaft, in: Merkur 12,1988, 1062-67.
Seidel, H. (1994), Spinoza zur Einführung, Hamburg
Seiffert, H. (1985), Einführung in die Wissenschaftstheorie. 3 Bde. (2 Bde. 1970), München
Sellin, V. (1997), Einführung in die Geschichtswissenschaft, Göttingen
Service, E.R. (1977), Ursprünge des Staates und der Zivilisation. Der Prozeß der kultuturellen Evolution (1975), Frankfurt
Shaw,I./Nickolson, P. (Hg.) (1998), Reclams Lexikon des alten Ägypten. Aus dem Engl., Stuttgart
Sherrington, Ch.S. (1964), Körper und Geist. Der Mensch über seine Natur (Man on his Nature, Cambridge 1940), Bremen
Signori, G. (1997), Frauengeschichte/Geschlechtergeschichte/Sozialgeschichte. Forschungsfelder – Forschungslücken: Eine bibliographische Annäherung an das späte Mittelalter, in: Kuhn/ Lundt 1997, 29-53
Simmel, G. (1922), Zur Philosophie der Kunst, in: ders. (1922), Aufsätze und Abhandlungen zur Kunst, Bd. 13 der Gesamtausgabe, Potsdam
Simmel, G. (1923), Die Probleme der Geschichtsphilosophie. Eine erkenntnistheoretische Studie (1892), München/ Leipzig, (Bd. 9 der Gesamtausgabe)
Simmel, G. (1989 ff.), Gesamtausgabe. 23 Bde., hg. O. Rammstedt, Frankfurt
Simmel, G. (1990), Vom Wesen der Moderne, hg. W. Jung, Hamburg
Simon, Ch. (1996), Historiographie. Eine Einführung, Stuttgart
Simon, H. (1959), Ibn Khalduns Wissenschaft von der menschlichen Kultur, Leipzig
Simon, H./ Simon, M. (1984), Geschichte der jüdischen Philosophie, Berlin (Ost)/München
Singer, W. (2002), Der Beobachter im Gehirn. Essays zur Hirnforschung, Frankfurt
Singer, W. (2003), Ein neues Menschenbild? Gespräche über Hirnforschung, Frankfurt
Singer, W. (Hg.) (1994), Gehirn und Kognition, Heidelberg
Sloterdijk, P. (1983), Kritik der zynischen Vernunft. 2 Bde., Frankfurt
Sloterdijk, P. (1991), Die wahre Irrlehre. Über die Religion der Weltlosigkeit, in: Sloterdijk/Macho 1991, 17-56
Sloterdijk, P. (1998-2004), Sphären. Bd. I. Blasen, II. Globen. III. Schäume, Frankfurt
Sloterdijk, P./Macho, Th.H. (1991), Weltreligion der Seele. Ein Lese- und Arbeitsbuch der Gnosis von der Spätantike bis zur Gegenwart. 2 Bde., Gütersloh
Smend, R. (1992), Die einzigartige Karriere der Zehn Gebote, in: Forschung/ Mitteilungen der DFG, 3-4,1992, Exkurs
Smith, A. (1988), Untersuchung der Natur und der Ursachen des Reichtums der Nationen (An Inquiry into the Nature and the Causes of the Wealth of Nations, 1776), München
Smuts, J.Ch. (1938), Die holistische Welt (Holism and Evolution, London 1926), Berlin
Snell, B. (1962), Die alten Griechen und wir, Göttingen
Snell, B. (^{3}1955), Die Entdeckung des Geistes. Studien zur Entstehung des europäischen Denkens bei den Griechen, Hamburg
Snow, Ch.P. (1967), Die zwei Kulturen. Literarische und naturwissenschaftliche Intelligenz. Aus dem Engl.(1959), Stuttgart
Sokal, A./Bricmont, J. (1999), Eleganter Unsinn. Wie die Denker der Postmoderne die Wissenschaften mißbrauchen, München.
Sokoll, Th. (1997), Kulturanthropologie und Historische Sozialwissenschaft, in: Mergel/Welskopp 1997, 233-272
Sombart, W. (1916/17/27), Der moderne Kapitalismus. Historisch- systematische Darstellung des gesamteuropäischen Wirtschaftslebens von seinen Anfängen bis zur Gegenwart. 3 Bde., München
Sommer, U. (2003), Geschichte als Trost. Isaak Iselins Geschichtsphilosophie, Basel
Sonntag, M. (1998), ‚Zeitlose Dokumente der Seele' – Von der Abschaffung der Geschichte in der Geschichtsschreibung, In: Jüttemann 1986, 116 ff.
Speer, A. (Hg.): Philosophie und geistiges Erbe des Mittelalters, Köln 1994
Spencer, H. (1862-1896), A System of Synthetic Philosophy, London
Spengler, O. (1918/22), Der Untergang des Abendlandes. Umrisse einer Morphologie der Weltgeschichte. 2 Bde., München

Sperry, R.W. (1985), Naturwissenschaft und Wertentscheidung (engl. 1963), München/Zürich
Spielberg , S.(,1994 ff.), Survivors of the Shoa, Video-Archivierung
Sprandel, R. (1976), Historische Anthropologie. Zugänge zum Forschungsstand, in: Saeculum, 1976, 121-142
Spranger, E. (1950), Lebensformen. Geisteswissenschaftliche Psychologie und Ethik der Persönlichkeit (1921), Tübingen
Stadler, H. (Hg.) (1983), Hermes Handlexikon: Martin Luther und die Reformation, Düsseldorf
Stagl, J. (1993), Malinowskis Paradigma, in: Schmied-Kowarzik/Stagl 1993, 93–105
Staiger, E. (1951), Grundbegriffe der Poetik, Zürich
Staiger, E. (1953), Die Zeit als Einbildungskraft des Dichters (1939), Zürich
Staiger, E. (1955), Die Kunst der Interpretation, Zürich
Stammler, W. (Hg.) (^{2}1955 ff.), Deutsche Philologie im Aufriß (1. Aufl. 3 Bde. Berlin 1952-57), Berlin
Starobinski, J. (1988), J.-J. Rousseau - Eine Welt von Widerständen. Aus dem Franz. (1961), München
Starobinski, J. (1993), Montaigne. Denken und Existenz, Frankfurt
Stegmüller, W. (1969 ff.), Probleme und Resultate der Wissenschaftstheorie und Analytischen Philosophie, Berlin
Stehr, N./Meja, V. (Hg.) (1981), Wissenssoziologie, Opladen
Steidle, B. (1963), Die Benediktusregel. Lateinisch-Deutsch, Beuron
Steiner, G. (^{2}1990), Von realer Gegenwart. Hat unser Sprechen Inhalt? Mit einem Nachwort von Botho Strauß. Aus dem Engl. von J. Trobitius, München/Wien
Steinfeld, Th. (2004), Der leidenschaftliche Buchhalter. Philologie als Lebensform, München
Steitz, E. (1993), Die Evolution des Menschen, Stuttgart
Stemberger, D./Storz, G./Süsskind, W.E. (1968), Aus dem Wörterbuch des Unmenschen, Düsseldorf
Stemberger, G. (1979), Das klassische Judentum. Kultur und Geschichte der rabbinischen Zeit (70-1040 n. Chr.), München
Stemberger, G.(1995), Die Juden. Ein historisches Lesebuch, München
Stemberger,G. (Hg.) (1994), 2000 Jahre Christentum. Illustrierte Kirchengeschichte in Farbe mit mehr als 1300 Bildern und kirchengeschichtliches Lexikon, Erlangen
Stephan, R. (1987), Die ästhetische Gegenwart der alten Musik, in: Funkkolleg Musikgeschichte, SBB 1,93-131
Stepper, R. (1997), Leiden an der Geschichte. Ein zentrales Motiv in der Griechischen Kulturgeschichte Jacob Burckhards und seine Bedeutung in der altertumswissenschaftlichen Geschichtsschreibung des 19. und 20. Jahrhunderts, Bodenheim
Stern, C./ Winkler, H.A. (Hg.) (1994), Wendepunkte deutscher Geschichte 1848-1990, Frankfurt
Sternberger, D. u.a. (^{3}1986), Aus dem Wörterbuch des Unmenschen (1945), Frankfurt
Steuer, H./Zimmermann, U. (Hg.) (1994), Streifzüge durch die frühen Hochkulturen. Ein historisches Lesebuch, München
Stolleis, M. (1998), Rechtsgeschichte, Verfassungsgeschichte, in: Goertz 1998, 340-361
Störig, H.J. (^{11}1970), Kleine Weltgeschichte der Philosophie, Stuttgart (als Tabu Frankfurt 1976)
Strasburger, H. (1980), Die griechische Antike, in: Funkkolleg Geschichte, SBB 6, Weinheim/Basel 1980, 59-100,
Strauß, B. (1993), Anschwellender Bocksgesang, in: Der Spiegel 6/1993, 202-207
Strosetzki, Ch. (Hg.) (1991), Der Griff nach der Neuen Welt. Der Untergang der indianischen Kulturen im Spiegel zeitgenössischer Texte, Frankfurt
Suppan, W. (1984), Der musizierende Mensch, Mainz
Süssmuth, H. (Hg.) (1984), Historische Anthropologie. Der Mensch in der Geschichte, Göttingen
Szalay, M. (1980), Ethnologie und Geschichte: Zur Grundlegung der Ethnohistorie, München
Szalay, M. (1993), Historismus und Kulturrelativismus, in: Schmied-Kowarzik/Stagl 1993, 233–253
Szondi, P. (1966), Zur Erkenntnisproblematik in der Literaturwissenschaft (1962), Auszüge in: Conrady 1966, 155-164
Szondi, P. (1975), Einführung in die literarische Hermeneutik, hg. J. Bollack/H. Stierlin, Studienausgabe der Vorlesungen, Frankfurt 1975
Tacitus (1963-68), Annalen. 4 Bde. Übers. E. Koestermann, Heidelberg
Tacitus (1984), Historien. Übers. J. Borst, Darmstadt
Talenberger, H. (1998), Historische Erkenntnis durch Bilder, in: Goertz 1998, 83 ff.
Tarnas, R. (2006), Das Wissen des Abendlandes. Die Weltbilder Europas im Wandel der Zeiten (The Passion of Western Mind, New York 1991), Düsseldorf

Taubes, J. (1947), Abendländische Eschatologie, Bern 1947
Taubes, J. (1996), Vom Kult zur Kultur. Bausteine zu einer Kritik der historischen Vernunft. Gesammelte Aufsätze zur Religions- und Geistesgeschichte, München
Taylor, T./Aston, M. (1998), Atlas Archäologie. Die faszinierende Welt unserer Vorfahren, München
Teilhard de Chardin, P. (1959), Der Mensch im Kosmos (frz. Le phènomène humain, Paris 1955), München
Theorie der Geschichte (1977-1990), Beiträge zur Historik. 6 Bde., München
Thielen, J. (1999), Wilhelm Dilthey und die Entwicklung des geschichtlichen Denkens in Deutschland im ausgehenden 19. Jahrhundert, Würzburg
Thomas von Aquin (1959), Über das Sein und das Wesen (De ente et essentia), Frankfurt
Thomas von Aquin (^{3}1954), Summe der Theologie. Zusammengefaßt, eingeleitet und erläutert v. J. Bernhart (1933). Erster Band: Gott und Schöpfung, Zweiter Band: Die sittliche Weltordnung, Dritter Band: Der Mensch und das Heil , Stuttgart
Thomas, K. (1988), Vergangenheit, Zukunft, Lebensalter. Zeitvorstellungen im England der frühen Neuzeit, Berlin
Thorau, P. (2004), Die Kreuzzüge, München
Thukydides (1991), Geschichte des Peloponnesischen Krieges (Ho pólemos ton Peloponnesíon kaì Athenaíon. 2 Bde. Hg. C. Hude, Leipzig 1901/1925). Eingeleitet und übersetzt von G.P. Landmann, Zürich/München
Timpe, D. (1993), Die alte Geschichte und das moderne Geschichtsbewußtsein (1973), in: Nippel 1993, 353–72
Timpe, D. (2007), Antike Geschichtsschreibung. Studien zur Historiographie, Darmstadt
Tinbergen, N. (1969), Instinktlehre (1951), Berlin
Tinnefeld, F. (2001), Abendland und Byzanz: Ein Europa?, in: Zs. Das Mittelalter 2, 19-38
Todorov, T. (1985), Die Eroberung Amerikas. Das Problem des Anderen (1982), Frankfurt
Tomasello, M. (1999), The Cultural Origins of Human Cognition, Cambridge
Tomasello, M. (2002), Die kulturelle Entwicklung des menschlichen Denkens. Zur Evolution der Kognition, Frankfurt
Tomasello, M. (2003), Constructing a Language, Cambridge
Tönnies, F. (1963), Gemeinschaft und Gesellschaft (1887), Nachdruck der Ausgabe von 1912/26 (Leipzig), Darmstadt
Topitsch, E. u.a. (1966), Sozialphilosophie zwischen Ideologie und Wissenschaft (1961), Neuwied/Berlin
Toynbee, A.J. (1949), Der Gang der Weltgeschichte. Aufstieg und Verfall der Kulturen (A Study of History, 12 vol., London 1928-39; 1954-59), Zürich
Treitschke, H.v. (1879-1894), Deutsche Geschichte im 19. Jahrhundert. 5 Bde. (ND Königstein/T. 1981)
Treml, A.K. (2000), Allgemeine Pädagogik. Grundlage, Handlungsfelder und Perspektiven der Erziehung, Stuttgart
Treue, W. (1961), Kulturgeschichte des Alltags (München 1952), unveränderte Taschenbuchauflage, Frankfurt
Trillitzsch, W. (Hg.) (1981), Der deutsche Renaissance-Humanismus, Leipzig
Troeltsch, E. (1961), Der Historismus und seine Probleme (Tübingen 1923), Aalen
Troeltsch, E. (1963), Die Bedeutung des Protestantismus für die Entstehung der modernen Welt (1906/^{2}1911), ND Aalen
Troeltsch, E. (1998), Kritische Gesamtausgabe, Berlin
Tuchman, B. (1982), Der ferne Spiegel. Das dramatische 14. Jahrhundert. Aus dem Amerik. (New York 1978), München
Tugendhat, E. (1992), Die Geisteswissenschaften als Aufklärungswissenschaften. Auseinandersetzung mit Odo Marquard, in: ders.: Philosophische Aufsätze, Frankfurt 1992, 453-463
Türcke, Ch. (1994), Einführung in die kritische Theorie, Darmstadt
Türcke, Ch. (1995), Religionswende. Eine Dogmatik in Bruchstücken, Lüneburg
Türcke, Ch. (2000), Humanismus und kritische Theorie. Nach ihrer jüngsten Verabschiedung, in: Merkur 11,2000, 1126-1132
Tworuschka, M. (2003), Grundwissen Islam. Religion, Politik, Gesellschaft, Münster

Tylor, E.B. (1866), Forschungen über die Urgeschichte der Menschheit und die Entwicklung der Zivilisation (Researches Into the Early History of Mankind and the Development of Civilization, London1865), Leipzig 1866
Tylor, E.B. (1873), Die Anfänge der Cultur. Untersuchungen über die Entwicklung der Mythologie, Philosophie, Religion, Kunst und Sitte (Primitive Culture. Researches into the Development of Mythology, Philosophy, Religion, Art and Custom, London 1871), 2 Bde., Leipzig
Ueberweg, F. (1983), Grundriss der Geschichte der Philosophie. 3 Bde. (1863- 66), Nachdruck Basel 1951-53, neubearbeitete Ausgabe, Basel/Stuttgart
Ueding, G. (Hg.) (1992 ff.), Historisches Wörterbuch der Rhetorik. 8. Bde., Darmstadt
Uexküll, J. v. (1909), Umwelt und Innenwelt der Tiere, Berlin
Uexküll, Th. v. (^{6}2003), (Hg.): Psychosomatische Medizin, München
Ullmaier, J. (2001), Kulturwissenschaften im Zeichen der Moderne. Hermeneutische und kategoriale Probleme, Tübingen
Ullrich, H./Rottländer, R.C.A. (1992), Homo faber. Vom Faustkeil zum Laser. 1. Der Mensch und sein Werkzeug, 2. Ein Gang durch Urgeschichte und Geschichte, in: Funkkolleg Der Mensch 1992, STE 15
Ungern-Sternberg, J.v./Reinan, H.J. (Hg.) (1988), Vergangenheit in der mündlichen Überlieferung. Colloquium Rauricum Bd. 1, Stuttgart
Vansina, J. (1965), Oral Tradition. A Study in Historical Methodology, Harmondsworth
Vasari, G. (1983), Lebensbeschreibungen der hervorragendsten Maler, Bildhauer und Architekten (Le Vite de' più ecellenti pittori, scultori e architettori, 1550/1568), übers. L. Schorn und E. Förster, neu hg. und eingeleitet von J. Kliemann, Worms
Vasari, G. (2004 ff.), Lebensbeschreibungen berühmter Künstler. Hg. von A. Nova, übers. von V. Lorini, bearbeitet von M. Burioni und S. Feser, Berlin
Vercoutter, J. u.a. (Hg.) (1990-95), Die Wiederentdeckung der Alten Welt (frz. Paris 1986-91). 5 Bde.: Ägypten, Griechenland, Rom, Pompeji, Byzanz, Ravensburg
Veyne, P. (1990), Geschichtsschreibung - und was sie nicht ist (frz. Comment on écrit l'histoire, Paris 1971), Frankfurt
Vico, G.B. (^{2}2000), Die neue Wissenschaft. Über die gemeinschaftliche Natur der Völker (it. Princpji di una scienza nuova d'intorno alla natura delle nazioni, 1725/1736/1744). Nach der Ausgabe von 1744 übers. u. eingeleitet von E. Auerbach, 2. Aufl. mit einem Nachwort von W. Schmidt-Biggemann, Berlin
Vierhaus, R. (1995), Die Rekonstruktion historischer Lebenswelten. Probleme moderner Kulturgeschichtsschreibung, Göttingen
Vietta, S. (2007), Europäische Kulturgeschichte, Paderborn
Voegelin, E. (2002), Die kosmologischen Reiche des alten Orients - Mesopotamien und Ägypten, hg. J. Assmann, Bd. 1 von Voegelin 2002 München
Voegelin, E. (2002/2005), Ordnung und Geschichte. 10 Bde. (engl. Louisiana 1956), hg. P.J. Opitz und D. Herz, übers. R.W. Sonnenschmidt, München 2002
Vogel, Ch./Voland, E. (1986), Evolution und Kultur, in: Funkkolleg Psychobiologie. SBB 2, Weinheim/ Basel
Völkel, M. (2005), Geschichtsschreibung. Eine Einführung in globaler Perspektive, Köln
Vollmer, G. (1975), Evolutionäre Erkenntnistheorie, Stuttgart
Vollmer, G. (1992), Die Antwort der Evolutionären Erkenntnistheorie, in: Funkkolleg Der Mensch Studieneinheit 19: Was können wir wissen? Denken und Erkennen
Vollmer, G. (^{2}1988), Was können wir wissen? Bd. 1: Die Natur der Erkenntnis, Bd. 2: Die Erkenntnis der Natur, Stuttgart
Voltaire (1877-1883), Oeuvres complètes. Ed. L. Moland. 50 t.s, Paris
Voltaire (1957), Candide. Neu übertragen von H. Studniczka, Hamburg
Voltaire (1990), Essai sur l'histoire générale et sur les moeurs et l'esprit des nations (Genève 1756, Oeuvres complètes 1879, t.s 10-13 [mehrere Übersetzungen ins Deutsche seit 1760, deren letzte jedoch 1867/68], Paris
Vonessen, F. (1992), Signaturen des Kosmos. Welterfahrung in Mythen, Märchen und Träumen, Reutlingen
Vorländer; K. (1990), Geschichte der Philosophie (2 Bde. 1903 ff.). Mit Quellentexten hg. H. Schnädelbach. 3 Bde., Reinbek

Voßkamp, W. (Hg.) (1982), Utopieforschung. Interdisziplinäre Studien zur neuzeitlichen Utopie. 3 Bde., Stuttgart
Vovelle, M. (Hg.) (1996), Der Mensch der Aufklärung, Frankfurt/New York
Waardenburg, J. (1986), Religionen und Religion. Systematische Einführung in die Religionswissenschaft, Berlin/New York
Wachtler, L. (1812-1820), Geschichte der historischen Forschung und Kunst, Göttingen
Wagenbach, K. u.a. (Hg.) (1979), Vaterland, Muttersprache. Deutsche Schriftsteller und ihr Staat seit 1945, Berlin
Walbe, B. (1984/85), Das französische Schloss, in: Funkkolleg Kunst, SSB 6,95-124
Waldenfels, B.(1995), Michel Foucault. Auskehr des Denkens, in: Fleischer 1995, 195-203
Waldenfels, H. (Hg.) (^{3}1996), Lexikon der Religionen. Phänomene - Geschichte - Ideen, Freiburg
Wallerstein, I. (1986/1998), Das moderne Weltsystem (The Modern Worldsystem. 3 vol., San Diego u.a. 1974/81), 2 Bde., Frankfurt/Wien
Walzel, O. (^{2}1957), Gehalt und Gestalt im Kunstwerk des Dichters (1923), Darmstadt
Warburg, A. (1969), Gesammelte Schriften, hg. von G. Bing, Nendeln
Weber, A. (1963), Kulturgeschichte als Kultursoziologie, München
Weber, M. (1922), Gesammelte Aufsätze zur Religionssoziologie. 3 Bde., Tübingen
Weber, M. (1979), Die protestantische Ethik und der Geist des Kapitalismus (1905), Gütersloh
Weber, M. (1982 ff.), Max Weber- Gesamtausgabe, Tübingen
Weber, M. (1982), Wissenschaft als Beruf (1919), in: ders. 1982
Weber, M. (1993), Eine Aufsatzsammlung, hg. J. Winckelmann, Gütersloh
Weber, M. (^{5}1972), Wirtschaft und Gesellschaft: Grundriss der verstehenden Soziologie (1922), Tübingen
Weber, M. (^{7}1988), Gesammelte Aufsätze zur Wissenschaftslehre (1922), hg. von J. Winckelmann, Tübingen
Weber, Th.P. (2005), Darwin und die neuen Biowissenschaften. Eine Einführung, Köln
Weber, W.E.J. (2001), Universalgeschichte, in: Maurer 2001, Bd. 2: Räume, 15-98, Stuttgart
Weeber, K.-W. (1995), Alltag im alten Rom. Ein Lexikon, Zürich
Weeber, K.-W. (2001), *Scribere aude!* Antike-Vemittlung im Spannungsfeld zwischen Wissenschaft und Publizistik, in: Wiersing 2001, 396-410
Wehler, H.-U. (Hg.) (1977-90), Deutsche Histoiker. 9 Bde., Göttingen
Wehler, H.-U. (1975 ff.), Historische Sozialwissenschaft und Geschichtsschreibung. Studien zu Aufgaben und Traditionen deutscher Geschichtswissenschaft, Göttingen
Wehler, H.-U. (1975), Modernisierungstheorien und Geschichte, Göttingen
Wehler, H.-U. (1987-2005), Deutsche Gesellschaftsgeschichte. 5 Bde., München
Wehler, H.-U. (Hg.) (1971), Geschichte und Psychoanalyse, Köln
Wehr, M./Weimann, M. (Hg.) (1999), Die Hand - Werkzeug des Geistes, Heidelberg
Weinberg, S. (1977/1994), Die ersten drei Minuten. Der Ursprung des Universums. Aus dem Amerikanischen, München
Weinrich, H. (1986), Für eine Literaturgeschichte des Lesers, in: ders.: Literatur für Leser (1971), München
Weinrich, H. (1991), Gedächtniskultur - Kulturgedächtnis, in: Merkur 7,1991, 569 ff.
Weinrich, H. (1997), Lethe. Kunst und Kritik des Vergessens, München
Weinrich, H. (2004), Knappe Zeit. Kunst und Ökonomie des befristeten Daseins, München
Weis, K (Hg.) (^{2}1998), Was treibt die Zeit? Entwicklung und Herrschaft der Zeit in Wissenschaft, Technik und Religion, München
Weizsäcker, C.F.v. (1948), Die Geschichte der Natur. Zwölf Vorlesungen, Göttingen
Weizsäcker, C.F.v. (1964), Die Tragweite der Wissenschaft, Stuttgart
Weizsäcker, C.F.v. (1971), Die Einheit der Natur, München
Weizsäcker, C.F.v. (1977), Der Garten des Menschlichen. Beiträge zur geschichtlichen Anthropologie, München/Wien
Weizsäcker, C.F.v. (1981), Ein Blick auf Platon, Stuttgart
Weizsäcker, C.F.v. (1983), Wahrnehmung der Neuzeit, München
Weizsäcker, C.F.v. (1988), Bewußtseinswandel, München
Weizsäcker, C.F.v. (1991), Der Mensch in seiner Geschichte, München
Weizsäcker, C.F.v. (1992), Zeit und Wissen. 2 Bde., München /Wien
Weizsäcker, C.F.v. (1998), Zeit als Träger von Erfahrung in der Quantentheorie, in: Weis 1998, 97-130

Weizsäcker, E.U. (1999), Wider den Sozialdarwinismus. Ökologisch- evolutionäre Reflexion, in: Neue Sammlung 4, 1999, 531 ff.
Wellek, R./ Warren, A. (1958 ff.), Theorie der Literatur (A Theory of Literature, New York 1942 ff.), übersetzt von E. und M. Lohner, Frankfurt/Berlin
Wellenreuther, H. (Hg.) (1987), Geschichtswissenschaft in Göttingen, Göttingen
Welsch, W. (1987), Unsere postmoderne Moderne, Weinheim
Welsch, W. (Hg.) (1988), Wege aus der Moderne. Schlüsseltexte der Postmoderne-Diskussion, Weinheim
Welskopf, E.Ch.(Hg.) (1981), Soziale Typenbegriffe und ihr Fortleben in den Sprachen der Welt. Bd. V, Berlin
Welzer, H. (2002), Das kommunikative Gedächtnis. Eine Theorie der Erinnerung, München
Wendorff, R. (1980), Zeit und Kultur. Geschichte des Zeitbewußtseins in Europa, Wiesbaden
Wendt, H./Loacker, N. (Hg.) (1982-85) Kindlers Enzyklopädie Der Mensch. 10 Bde., Zürich
Werner, H. (Hg.) (2002), Das islamische Totenbuch. Jenseitsvorstellungen des Islam, Bergisch Gladbach
Werner, K.F. (1967), Das NS-Geschichtsbild und die deutsche Geschichtswissenschaft, Stuttgart u.a.
Wernhart, K.R.(Hg.) (1986), Ethnohistorie und Kulturgeschichte. Ein Studienbehelf, Wien/Köln
Wesel, U. (1997), Geschichte des Rechts. Von den Frühformen bis zum Vertrag von Maastricht, München
White, H.V. (1986), Auch Klio dichtet oder die Fiktion des Faktischen. Studien zur Tropologie des historischen Diskurses (The Tropics of Discourse. Essays in Cultural Criticism, Baltimore 1978), Stuttgart
White, H.V. (1991), 'Metahistorie'. Die historische Einbildungskraft im 19. Jahrhundert in Europa, (Metahistory. The Historical Imagination in Nineteenth-Century Europe, Baltimore 1973), Frankfurt
Whitehead, A.N./ Russel, B. (^{3}1950), Principia Mathematica. 3 Bde. (1910-1913), Cambridge
Whitrow, G.J. (1991), Die Erfindung der Zeit. Aus dem Engl. D. Gerstner, Hamburg
Wickler, W./Seibt, U. (1977), Das Prinzip Eigennutz. Ursachen und Konsequenzen sozialen Verhaltens, Hamburg
Wieland, Ch.M. (1984), Sämtliche Werke, Reprintausgabe des Faksimile der Ausgabe letzter Hand (Leipzig 1794-1811). 14 Bde.und J.G. Gruber: C.H. Wielands Leben, Hamburg
Wierlacher, A. (Hg.) (2003), Handbuch Interkulturelle Germanistik, Stuttart
Wiersing, E. (1984), Der ferne Luther. Überlegungen zu einer schwierig gewordenen Begegnung, Detmold
Wiersing, E. (1991), Der Schild des Achill. Zur erziehungshistorischen Bedeutung des literarischen und bildlichen Kunstwerks, in: Rittelmeyer/Wiersing 1991, 1-22
Wiersing, E. (1991), Zur Wiederentdeckung des Renaissance-Humanismus in der Geschichte der Erziehung, in: Pädagogische Rundschau, 1991, 215-226
Wiersing, E. (1993), Überlegungen zum Problem mittelalterlicher Personalität, in: Röckelein 1993, 184-218
Wiersing, E. (1994), Zum Problem der Lebens-Führung im altgriechischen Mythos, in: Keck/ Wiersing 1994, 59–74
Wiersing, E. (1996), Musiké und Paideía. Die Dichter als Erzieher der Hellenen, in: Keck/Wiersing/ Wittstadt 1996, 67-88
Wiersing, E. (1997), Vormoderne Lebensformen als Thema und Herausforderung der neuen Lebenslauf- und Biographieforschung am Beispiel des Edelherrn Bernhard zur Lippe (1140-1224), in: BIOS. Zeitschrift für Biographieforschung und Oral History, 2, 1997, 161-185
Wiersing, E. (2001a), Humanismus und Menschenbildung. Zu Geschichte, Gegenwart und Zukunft der bildenden Begegnung der Europäer mit der Kultur der Griechen und Römer, Essen. Einleitung zu: ders. 2001, 15-93
Wiersing, E. (2001b), Humanistische Bildung und Platons „Politeia" heute. Anmerkungen zum Schrekkensbild des Erziehungsstaat, in: ders. 2001, 244–313
Wiersing, E. (2004), Rhetorik und Unterricht, in: L. Koch (Hg.): Pädagogik und Rhetorik, Würzburg 2004, 111-141
Wiersing, E. (2006a), Schillers Idee vom Fortschritt der Menschheit. Aktuelle und bildungshistorische Reflexionen zu Schillers Rede aus dem Jahre 1789: Was heißt und zu welchem Ende studiert man Universalgeschichte, in: Päd. Rundschau 2, 2006, 149-165

Wiersing, E. (2006b), „Über die ästhetische Erziehung des Menschen". Schillers Theorie der ästhetischen Bildung als ein Gegenentwurf zum technokratischen Verständnis von Bildung, in: Päd. Rundschau 4, 2006, 423-435
Wiersing, E. (Hg.) (2001), Humanismus und Menschenbildung. Zu Geschichte, Gegenwart und Zukunft der bildenden Begegnung der Europäer mit der Kultur der Griechen und Römer, Essen
Wiese, B.v. (1943), Kommentar zur National-Ausgabe der Schriften Schillers, Weimar
Wiggershaus, R. (1986), Die Frankfurter Schule. Geschichtlich- theoretische Entwicklung – Politische Bedeutung, München
Willaschek, M. (Hg.) (2000), Realismus, Paderborn.
Wilpert, G.v. (1955), Sachwörterbuch der Literatur, Stuttgart
Wilpert, G.v. (1963), Deutsches Dichterlexikon. Biographisch–bibliographisches Handwörterbuch zur deutschen Literaturgeschichte, Stuttgart
Wilpert, G.v. (^{4}2004), Lexikon der Weltliteratur Stuttgart (1963 ff.), völlig überarbeitete Auflage in drei Bänden, Stuttgart
Wilson, E.O. (1975), Soziobiology – The New Synthesis, Cambridge/Mass.
Wimmel, W. (1981), Die Kultur holt uns ein. Die Bedeutung der Textualität für das geschichtliche Werden, Würzburg
Wimmer, A. (1997), Die Pragmatik der kulturellen Produktion. Anmerkungen zur Ethnozentrismusproblematik aus ethnologischer Sicht, in: Brocker/Nau 1997, 120 ff.
Winckelmann, J.J.(1969), Gedanken über die Nachahmung der griechischen Werke in der Malerei und Bildhauerkunst (1755), Hg. L. Uhlig, Stuttgart
Windelband, W. (^{15}1957), Lehrbuch der Geschichte der Philosophie (1892), Tübingen
Winckelmann, J.J. (2002), Kleine Schriften, Berlin
Winghart, S. (1996), Wann beginn die Geschichte? Oder die Ur- und Frühgeschichte als das „nächste Fremde" des Historikers, in: Fößl/Kampmann 1996, 1-16
Winkler, H.A (2000), Der lange Weg nach Westen. 2 Bde., Bonn
Wirsich-Irwin, G. (Hg.) (1974), Klassik, Stuttgart
Wischer, E. (Hg.) (1981-1984), Propyläen Geschichte der Literatur. 6 Bde., Berlin (Nachdruck 1988)
Wittgenstein, L. (1960), Philosophische Untersuchungen (Oxford 1953), Werkausgabe Bd. 1., Frankfurt
Wittgenstein, L. (1960), Tractatus logico-philosophicus (1921), Werkausgabe Bd. 1, Frankfurt
Wittgenstein, L. (1984), Werkausgabe in acht Bänden. Texte neu durchgesehen von J. Schulte, Frankfurt
Wittkau, A. (^{4}1994), Historismus. Zur Geschichte des Begriffs des Problems, Göttingen
Wittkowski, W. (Hg.) (1982), Friedrich Schiller. Kunst, Humanität und Politik in der späten Aufklärung. Ein Symposion, Tübingen
Wöhler, H.-U. (Hg.) (1992), Texte zum Universalienstreit. Bd. I: Vom Ausgang der Antike bis zur Frühscholastik, Berlin 1992, 131-183
Wolf, E. R. (1986), Die Völker ohne Geschichte. Europa und die andere Welt seit 1400 (Aus dem Amerik. 1982), Frankfurt
Wolf, F.A. (1908), Prolegomena ad Homerum (1787/ Halle 1794), deutsche Übersetzung, Leipzig
Wölfel, K. (2004), Friedrich Schiller, München
Wolfgang Mommsen, W. (1961), Artikel „Historisches Denken der Gegenwart", in: Besson 1961, 92-102
Wolfrum, E. (2002), Geschichte als Waffe. Vom Kaiserreich bis zur Wiedervereinigung, Göttingen
Wollschläger, H. (1973), Die bewaffneten Wallfahrten nach Jerusalem, Zürich
Woolf, D.R. (Hg.) (1998), Global Encyclopedia of Historical Writing. 2 Vol., New York/London
Wuketis, F.M. (1995), Evolutionstheorien. Historische Voraussetzungen, Positionen, Kritik. Bd. 7 von Nagl/Wuketis 1995
Wulf, Ch. (2004), Pädagogische Anthropologie, in: Benner/Oelkers 2004, 33-57
Wulf, Ch. (Hg.) (1997), Vom Menschen. Handbuch historischer Anthropologie, Weinheim/Basel
Wulf, Ch., Einführung in die Anthropologie der Erziehung, Weinheim 2001
Wunderlich, D. (1974), Grundlagen der Linguistik, Reinbek
Wunderlich, D. (Hg.) (1972), Linguistische Pragmatik, Frankfurt
Wundt, W. (1900-20), Völkerpsychologie: Eine Untersuchung der Entwicklungsgesetze von Sprache, Mythos und Sitte. 10 Bde., Leipzig

Wundt, W. (1912), Elemente der Völkerpsychologie. Grundlinien einer psychologischen Entwicklungsgeschichte der Menschheit, Leipzig
Wuthenow, R.R. (1974), Das erinnerte Ich. Europäische Autobiographie und Selbstdarstellung im 18. Jahrhundert, München
Xenophon (1987), Erinnerungen an Sokrates, München/Zürich
Young, D. (1994), Die Entdeckung der Evolution. Aus dem Engl. v. K. Riedl, Basel u.a.
Zaminer, F. u.a. (1985), Ideen zu einer Geschichte der Musiktheorie, Darmstadt
Zaminer, F./Ertelt, Th. (Hg.); Geschichte der Musiktheorie. 15 Bde. Im Erscheinen, Darmstadt 1984 ff.
Zapf, H. (1998), Artikel „Dekonstruktion" und „Dekonstruktivismus", in: Nünning 1998, 82f. und 83-86
Zaremba, M. (2002), Johann Gottfried Herder. Prediger der Humanität. Eine Biographie, Köln u.a
Zedler, J.H. (Hg.) (1961), Das Grosse vollständige Universal Lexikon Aller Wissenschaften und Künste, Welche bishero durch menschlichen Verstand und Witz erfunden und verbessert worden 64 Bde. und 4 Supplementbde. (Halle/Leipzig 1832-54), Nachdruck, Graz
Zeeden, E.W. (1965), Die Entstehung der Konfessionen, München
Zeitschrift für Sozialforschung (1970), Hg. Frankfurter Institut für Sozialforschung (1932-41) Reprint, München
Zeitschrift für Weltgeschichte. Interdisziplinäre Perspektiven" (2000 ff.) Frankfurt
Zentrum für Antisemitismusforschung (Hg.) (2003), Der „Berliner Antisemitismusstreit" 1879-1881. Eine Kontroverse um die Zugehörigkeit der deutschen Juden zur Nation. Kommentierte Quellenedition, 2 Teile, bearb. von K. Krieger, München
Zima, P.W. (1997), Moderne/Postmoderne. Gesellschaft, Philosophie, Literatur, Tübingen u.a.
Zimmer, D.E. (2005), Sprache in Zeichen ihrer Unverbesserlichkeit, Hamburg
Zimmerli, W.Ch./Sandbothe, M. (Hg.) (1993), Klassiker der modernen Zeitphilosophie. Schlüsseltexte, Darmstadt
Zimmermann, B. (1977), Literaturrezeption im historischen Prozeß. Zur Theorie einer Rezeptionsgeschichte der Literatur, München
Zittel, C. (Hg.) (2002), Wissen und soziale Konstruktion, Reihe: Wissenskultur und gesellschaftlicher Wandel, Bd. 3, Berlin
Zs. Das Mittelalter. Perspektiven mediävistischer Forschung" (1996 ff.)
Zs. Historische Anthropologie. Kultur – Gesellschaft – Alltag, Köln u.a. 1993 ff.
Zs. Saeculum (1950 ff.), Jahrbuch für Universalgeschichte
Zumbini, M.F. (2003), Die Wurzeln des Bösen. Gründerjahre des Antisemitismus: Von der Bismarckzeit zu Hitler, Frankfurt
Zurhorst, G. (1986), Zur Methodologie der historischen Rekonstruktion des Psychischen, in: Jüttemann 1986, 79 ff.
Zweig, S. (1962), Die Welt von Gestern. Erinnerungen eines Europäers (1942, postum Stockholm 1944), Frankfurt

Personenregister

Acham, K. 580
Adalbero de Laon 138
Adelung, J.Ch. 261
Adler, G. 365
Adorno, Th.W. 567, 598 ff.
Adorno, Th.W./Albert, H. u.a. 603
Aertsen, J.A./Pickavé, M. (Hg.) 145
Aertsen, J.A./Speer, A. (Hg.) 652
Aland, K. 188
Albert, H. 584
Alberti, B. 181
Alembert, J,-B. d' 251
Alonso-Nunez, J.-M. (Hg.) 77
Alt, P.-A. 301
Althoff, G. 704
Altner, G. (Hg.) 421, 859
Aly, G. 578, 758 f.
Anaxagoras 85
Anaximander 85
Andreae, J.V. 228
Angenendt, A. 149
Ankermann, B. 501
Anselm v. Canterbury 141
Apel, K.-O. (Hg.) 607, 610
Arendt, H. 529, 544, 569
Arezzo, G. 366
Ariès, Ph. 651
Aristoteles 87 ff.
Arndt, E.M. 385
Arnold, K. u.a. (Hg.) 652
Aron, R. 235
Arrhenius, S.A. 845
Assmann, A. 280, 545
Assmann, A./Assmann, J. 56, 771
Assmann, A./Frevert, U. 545, 757
Assmann, J. 24, 39, 53, 56, 90, 104, 698
Assmann, J./Mittag, A. 53
Auerochs, B. 43
Augustinus 120 ff., 790 f.
Austin, J.L. 582
Bach, Th. 294
Bachofen, J.J. 437
Bacon, F. 214 f., 228
Baechler, J. 767
Barloewen, C.v. 31, 896, 996
Barnes, H.E. 496
Barrelmeyer, U. 710
Barsch, A./Hejl, P.H. (Hg.) 415

Barth, K. 532
Barthes, R. 671
Bartolomé de Las Casas 226
Bartuschat, W. 221
Bastian, A. 500, 513
Bateson, G. 998
Baudrillard, J. 672
Baumann, H. u.a. (Hg.) 502 f.
Baumgart, R./Eichener, V. 642
Baumgartner, H.M. 953
Bausinger, H. 623
Baxandall, M. 182
Bayertz, K. u.a. (Hg.) 421
Bayle, P. 233, 251
Bayly, Ch.A. 766
Beauvoir, S. de 627 f.
Beck, H.-G. 156
Beck, U. 660
Becker, W. 37
Behaghel, O. 353
Bell, D. 660
Belting, H. 157, 169, 181
Benedict, R. 514
Benjamin, W. 593, 771
Benner, D./Oelkers, J. (Hg.) 655
Ben-Sasson, H.H. (Hg.) 91
Benseler, F. 594
Benthien, C./Stephan, I. 629
Benz, W. (Hg.) 566
Berg, E. /Fuchs, M. (Hg.) 682
Berg, J.H.v.d. 639
Berger, P.L. 91; 630
Bergson, H. 485
Bernhardi, K. 350
Bernheim, E. 475
Bertalanffy, L. v. 583
Besson, W. (Hg.) 561
Betti, E. 550
Bialas, W. 323, 411
Bichler, R. 76
Bieri, P. (Pseudonym P. Mercier) 581, 634, 911, 969, 976 ff.
Binford, R. 877
Bischof, N. 37, 784, 846, 851, 856, 865, 874, 889, 892, 919, 923 ff., 946
Bismarck, O. v. 498
Bitterli, U. 227
Blanke, H.W. 28, 571, 707
Blanke, H.W./Fleischer, D. (Hg.) 260
Blanke, H.W./Rüsen, J. (Hg.) 247

Blickle, P. 199
Bloch, E. 491, 595, 870
Bloch, M. 492
Bloomfield, L. 554
Blumenberg, H. 40, 51, 113, 115, 143, 177, 658 f., 740
Blumensath, H. (Hg.) 555
Blumer, H. 630
Boas, F. 512 f.
Bobzien, H. 165
Boccaccio, G. 177
Böckmann, P. 551
Bödeker, H.E. 247, (Hg.) 260, 739
Bodin, J. 231, 14
Boethius 124
Böhme, Gernot (Hg.) 82, 636, 790
Böhme, Günther 174
Böhme, H. 475
Böhme, H. u.a. 689, 784
Böhmer, O.A. 945
Bohn, C. 618
Bohr, N. 804
Bohrer, K.-H. 745
Boileau, N. 241
Bollacher, M. (Hg.) 159
Bollenbeck, G. 284
Bollmann, R. 126
Bolz, N. 686
Bonn, G. 233
Bopp, F. 349
Borges, J.L. 774
Bornemann, E. 628
Bornkamm, K./Ebeling, G. (Hg.) 187
Borscheid, P. 627, 764
Borsò, V./ Kann, Ch. (Hg.) 741, 742
Borst, A. 139, 148, 151, 154;, 225, 625 f.
Boshof, E. 30
Bossuet, J.B. 257
Botterweck, G. 102
Bourdieu, P. 616 ff.
Bourdieu, P./Passeron, J.-C. 617
Bowler, P.J. 424
Boyd, K. (Hg.) 30
Bracher, K.D. (Hg.) 571
Brand, F. 387
Braudel, F. 493, 766
Braun, H. 107
Bredekamp, H. 229

Breisach, E. 694
Bremmer, J.N. 63
Brendel, F. 364
Breton, A. 678
Breuer, R. (Hg.) 817
Breuer, S. 530
Breysig, K. 475 ff.
Brocker, M. /Nau, H. (Hg.) 518
Broglie, L.de 805
Brown, P. 111, 121
Bruch, R.v./Müller, R.A. (Hg.) 30
Bruhns, W. 756 f.
Brumlik, M. 113
Bruner, J.S. 905
Brunner, O. 575
Bruno, G. 208
Bubner, R. u.a. (Hg.) 268, 580
Buck, A. 174
Buckle, H.Th. 376
Budde, G.-F. 628
Budde, H. 567
Buffon 420
Bultmann, R. 531
Bumke, J. 155
Burckhardt, J. 77, 174, 195, 393, 441 ff.
Burenhult, G. 39
Bürger, P. 669
Burger, R. 760
Burgmer, Ch. 165
Burguière, A. u.a. (Hg.) 495
Burke, P. 174
Burkert, W. 39, 69, 890
Busch, W. (Hg.) 368, 588
Caesar 79
Calderon de la Barca, P. 236
Calvin, J. 201
Campanella, T. 227
Campbell, D. 913
Campbell, N.A./Reece, J.B. (Hg.) 844
Camus, A. 530 f.
Canzik, H./Schneider, H. 498
Carbonell, Ch.-O. 31
Carnap, R. 581
Carr, D. 21, 727
Casmann, O. 175
Cassirer, E. 247, 486 f.
Casson, L. 80
Castex, P./Surer, P. 553
Castiglione, B. 180
Cato 78
Ceram, C.W. 430
Cervantes 238
Chadwick, H. 121
Chamberlain 458

Changeux, J.-P. 964
Chartier, R. 647
Childe, G. 431
Chladenius, J.M. 287
Chomsky, N. 554 f.
Christes, J. 78
Churchland, P.M./ P.S. 963 f.
Ciafardone, R. 247
Cicero 89, 746
Cioran, E.M.
Cipolla, M./Borchardt, K. (Hg.) 572
Clanchi, M.T. 647
Claus, M. 53
Clausius, R. 819
Clauß, M. 91
Cole, J. 888
Comte, A. 342 f.
Condorcet, A. de 263
Conrad, A. 628
Conrad, Ch./ Kessel, M. (Hg.) 665, 702
Conrady, K.O. 349, 570
Conze, W. u.a. (Hg.) 30, 575
Conze, W./Lepsius, M.R. (Hg.) 544
Corbin, A. 624
Corneille 239
Cornelißen, Ch. (Hg.) 30
Cornfeld, G./Botterweck, G.J. (Hg.) 91
Cramer, F. 211, 790, 817
Crick, F.H.C. 862
Crosby, A.W. 227
Cunliffe, B. (Hg.) 432
Curtius, E. 368
Curtius, E.R. 139
Cuvier, G. de 420
Dahlhaus, C. 360 ff., 731
Dahlheim, W. 74
Damasio, A.R. 947
Daniel, C. 322
Daniel, U. 469, 481, 689
Dann, O. u.a. (Hg.) 301
Danneberg, L. u.a. (Hg.), 338
Dante 153 f., 177
Danto, A.C. 580
Darwin, Ch. 418 ff.
Daum, A.W. 418
Dawkins, R. 865
Deck-Cornill, A. 109
Defoe, D. 249
Deininger, J. 77
Deleuze, G. 673
Delius, H.-U. (Hg.) 187
Delouche, F. 755
Delumeau, J. 131, 140

Demandt, A. 128, 740, 766
Demokrit 85
Dennett, D.C. 936, 964
Derrida, J. 672 f.
Descartes, R. 215 ff.
Devereux, G. 516
Diamond, S. 616
Diderot, D. 250 ff., 283, 419 f.
Dieckmann, H. 415, 419
Diels, H. 82
Diemer, A. 878, 900
Diesener, G. (Hg.) 475
Dihle, A. 77
Dilly, H. 368
Dilthey, W. 345, 460 ff.
Dinzelbacher, P. (Hg.) 135, 151, 652
Diogenes Laertios 80
Diognet 114
Dithfurt, H. v. 843, 850, 898, 966
Dodds, E.R. 113
Dohmen, Ch. 103, 284
Dölle, R. 31
Donadoni, S. 48
Dönhoff, M. Gräfin 566
Dressel, B. 651
Driesch, H. 812
Droysen, J.G. 26, 371, 376 ff.
Du Bellay, J. 240
Du Bois-Reymond, E. 902
Dubiel, H. 593
Duby, G. 138, 151, 494, 588, 651
Ducellier, A. 156
Duerr, H.P. 40, 642 f.
Dülmen, R. van (Hg.) 174, 176, 234 f., 651 f.
Dülmen, R. van/Schindler, N. (Hg.) 621
Durant, W. u. A. 32, 496 f.
Durkheim, E. 465 f., 519, 521 ff.
Dux, G. 38
Dyck, J. 664
Ebbinghaus, H. 926
Eccles, J.C. 966
Eco, U. 140, 142, 665, 679 ff.
Edelman, G.M. 909
Edelman, G.M./Tononi, G. 937, 961
Eder, K. 47, 611
Ehrenforth, K.H. 8
Eibach, J./Lottes, G. (Hg.) 30
Eibl-Eibesfeldt, I. 882
Eicke, D. (Hg.) 448
Eigen, M./Schuster, P. 817, 846

Einstein, A. 795 ff., 804, 809 f.
Eliade, M. 63
Elias, N. 154, 320, 641 f., 716
Engelmann, P. 666
Engels, E.-M. (Hg.) 422
Engels, F. 404, 407 f.
Engels, O. Schreiner, P. (Hg.) 157
Epikur 85
Erasmus v. Rotterdam 179 f.
Erikson, E.H. 608
Erll, A. 698
Ette, O. 691
Euchner, W. 396
Evans-Prichard, E.E. 522
Faber, K.G. 30
Falaturi, A. 170
Fauser, M. 689
Febvre, L. 237, 492, 647
Feldmeier, R. 114
Fellmann, F. 258
Fetscher, I. 260, 268, 597
Fetz, R.L. u.a. (Hg.) 659
Feuerbach, L. 354, 396 f., 402
Feyerabend, P. 683
Fichte, J.O. 147
Ficino, M. 176
Figal, G. 446
Fink, G. 71
Fink-Eitel, H. 227, 667
Finkelstein, K./Silberman, N.A. 91
Finley, M.I. 69
Fisch, J.C 8
Fischer, E.P. 785
Fischer, F. 568
Fischer, J. 136
Fischer, K. 341
Fischer, Th.E. 31, 698
Flach, D. 79
Flaig, E. 734
Flasch, K. 120, 131, 142, 232, 342, 485, 791
Flitner, W. 626
Fohrmann, J./Müller, H. (Hg) 675
Fohrmann, J./Voßkamp, W. (Hg.) 349
Forst, F. 278
Forster, G. 233
Fortes, M. 522
Fößl, A./Kampmann, Ch. (Hg.) 31, 430
Foucault, M. 663, 667 ff., 678
Francis, E.K. 425
Frank, H.J. 312
Frank, M. 661, 672

Frazer, J.G. 436
Freeman, D. 515
Frei, N. 755
Freising, O. v. 147
Freud, E. u.a. (Hg.) 448
Freud, S. 422, 448 ff.
Freyer, H. 540
Freytag, G. 387, 512
Fricke, G. 548
Fried, J. 148, 726
Friedell, E. 496, 651
Friedenthal, R. 237, 396, 647
Friederici, A.D. 929
Fries, H. de 860
Frisch, K. v. 861
Frobenius, L. 490, 501
Fueter, E. 492
Fuhrmann, M. 63, 79, 137
Fukuyama, F. 590, 767
Fulda, D. 301, 743
Furguson, A. 262
Füßmann, K. 743
Fustel de Coulanges, N.D. 493
Gadamer, H.-G. 550
Gadamer, H.-G./Vogler, P. (Hg.) 432, 877
Galilei, G. 208
Gall, F.J. 907
Gall, L. 415, 996
Gallus, A./Jesse, E. (Hg.) 1003
Galtung, J. 768
Garin, E. (Hg.) 174
Gasdorf, R.G. 247
Gatterer, J.Ch. 261
Gay, P. 702
Geary, P.J. 454
Gebauer, G. u.a. 636
Geertz, C. 698 ff., 896
Gehlen, A. 566, 609, 768, 879
Gehring, P. 673
Gehrke, H.-J. 77
Geisenhanslüke, A. 343, 705
Genette, G. 680
Gennep, A. van 523
Genz, H. 836
Gerchow, J. 779
Gerhardt, V. 294, 445
Gerhardt, V./Kaulbach, F. 294
Gerlich, A. 623
Gerndt, H. 623
Gervinus, G.G. 350 f.
Geyer, Ch. 957, 969
Gibbon, E. 261 f.
Giesecke, H. 565
Giesecke, M. 179, 769
Giesen, B. 760
Giesen, B./Lau, Ch. 865

Gilcher-Holtey, I. 565
Gilson, E. 215
Ginzburg, C. 24
Girtler, R. 519, 588
Glaser, H.A. (Hg.) 184, 448, 540, 588
Glucksmann, A. 670
Gobineau, J.A. 457
Goertz, H.J. (Hg.) 30 f., 191, 468, 716, 729
Goethe, J.W. 290 ff.
Goetz, H.-W. 146, 160, 689
Goetz, H.-W./Jarnut, J. (Hg.) 135
Goez, W. 153, 647
Goldhagen, D.J. 757
Gombocz, W.L. 107
Gombrich, E.H. 182, 489
Goody, J. (Hg.) 50
Gould, J.L./Gould, C.G. 923
Gould, S.J. 870
Grabner-Haider, A. 40
Graebner, F. 501
Graeser, A. 88
Graf, F. 63
Graf, F.W. 484
Gramsci, A. 595
Granz, D./ Lentes, Th. (Hg.) 158, 728
Greschik, S. 817
Grimm, G. 677
Grimm, J./W. 349 f.
Grimmelshausen, J.J.Ch. 234
Grimmiger, R. (Hg.) 444, 588
Groebner, V. 153
Groh, D. 572, 588
Groh, R./Groh, D. 784
Grosser, A. 566
Grotius, H. 231
Grundmann, H. 148
Gruppe, G. u.a. 881
Gryphius, A. 235
Guardini, R. 548
Guenée, B. 495, 650
Guggisberg, H.R. (Hg.) 442
Guido v. Arezzo 367
Günther, R./Müller, R. 66
Gurjewitsch, A.J. 153, 651
Gutenberg, J. 179
Guyot, P./Klein, R. (Hg.) 110
Haarmann, M. (Hg.) 162
Haas, N./Metzger, H.-J. (Hg.) 672
Haas, S. 481
Habermas, J. 449, 594, 602 ff., 660, 715, 727, 969
Habermas, J./Luhmann,N. 603

Habermas, J./Reemtsma, J.Ph. 603
Habermas, R./Minkmar, N. 644
Hacking, I. 785
Haeckel, E. 424 f.
Häfner, R. 275
Hagemann, L. 170
Hagenbüchle, R. 659
Hagner, M. 415, 785 (Hg.), 790, 881
Haken, H./Haken-Krell, M. 847
Halbwachs, M. 58, 142, 698
Haldane, J.S. 812
Hale, J. 174
Hall, C. 767
Hammerstein, N. (Hg.) 460
Hammurabi 58
Hansen, K./Wunder, H. (Hg.) 629
Hansen, K.P. 688
Hanslick, E. 363
Hardtwig, W. (Hg.) 31, 318, 370, 385, 442, 728
Hardtwig, W./Wehler, H.-U. (Hg.) 591,688
Harnack, A.v. 116, 531 f.
Harris, M. 616
Harscheidt, M. 627
Hartmann, N. 878
Haskell, F. 728
Hastedt, H. 898
Havelock, E.A. 68
Haverkamp, A./ Lachmann, R. (Hg.) 24
Haverkamp, A./Heit, A. 681
Haverkamp, A./Lachmann, R. (Hg.) 728
Hawking, S. 209, 795, 798
Hazard, P. 247
Heberer, G. 562
Hegel, F. 321 ff., 344, 395, passim, bes. 407
Heidegger, M. 529, 549
Heil, J./Erb, R. (Hg.) 757
Heimpel, H. 569
Heinisch, K.J. (Hg.) 228
Heinrichs, H.-J. 501, 675
Heinsohn, G. 768
Heinz, R. 363
Heisenberg, W. 784, 806
Heitsch, E. (Hg.) 66
Hekataios 73
Held, K. 82, 115, 121, 484
Heller, A. 174
Helmholtz, H. 817
Henke, W./Rothe, H. 884
Henrich, D. 322

Heraklit 84 f.
Herbst, L. 717
Herder, J.G. 274 ff., 725
Hermand, J. 349, 539, 570
Herodot 73 f.
Herrmann, J./Ullrich, H. (Hg.) 438, 883
Herrmann, U. 274, 640
Herskovits, M.J. 514
Herwig, M. 785
Herzfeld, H. (Hg.) 646
Hesiod 66
Heuß, A. 371, 650
Heussi, K. 483
Hilberg, R. 757
Hildebrand-Nilshon, M. 930
Hildebrandt, H.-J. 437, 571
Hirschberger, J. 341
Hitler, A. 534 ff.
Hobbes, Th. 229
Hobsbawm, E. 385, 598, 749, 1009
Hoepfner, W. (Hg.) 80
Hofer, W. 543
Hofmann, Ch. 235
Hofmann, M. 301, 306
Hofmann, M./Rüsen, J./Springer, M. (Hg.), 301
Hofmann, W. (Hg.), 203
Holbach, P.H.D. de 395
Holenstein, E. 767
Holl, A. (Hg.) 139
Holst, E.v./Mittelstaedt, H. 937
Holst, W. v. 861
Holzkamp, K. 399, 640
Homer 67 ff.
Horaz 78
Horkheimer, M. 598 ff.
Hösle, V. 251, 316, 945 f., 949 f., 952
Hossenfelder, M. 88
Hubble, E. 797
Huber, M./Lauer, G. (Hg.) 621, 689
Hübinger, G. (Hg.) 697
Hübner, K. 40, 357
Huizinga, J. 489
Humboldt, A.v. 417
Humboldt, W.v. 309, 373, 383 f., 398
Hume, D. 261
Hunt, L. 638
Huntington, S.P. 767
Husserl 483 ff.
Ibn Chaldun 171 f., 257
Ibn Rushd (Averroes) 167
Ibn Sina (Avicenna) 168

Ickert, K./Schick, U. 681
Iggers, G.G. 246, 318, 370, 707
Ignatius v. Loyola 201
Illies, Ch. 989
Imhof, A.E. 151, 580
Immelmann, K. u.a. 877
Irrgang, B. 914, 950, 953 f.
Iselin, I. 260
Iser, W. 680, 996
Isidor v. Sevilla 124
Jäckel, E. u.a. (Hg.) 757
Jacobus v. Voragine 149
Jaeger, F. 31, (Hg.) 704
Jaeger, F./Liebsch, B. (Hg.) 38, 704
Jaeger, F./Rüsen, J. 370, (Hg.) 704
Jaeger, F./Straub, J. (Hg.) 704, 996
Jaeger, W. 116
Jaeggi, U./Honeth, A. (Hg.) 598
Jakobson, R. 555
Jameson, F. 684
Jantsch, E. 817
Jaros, K. 91
Jaspers, K. 530, 636
Jauß, H.-R. 160, 451, 677, 745
Jaynes, J. 636
Jeismann, K.-E. 284
Jeismann, M. (Hg.) 148
Jens, W. 110
Jesus 107 ff.
Joachim v. Fiore 147 f.
Jodl, F. 389
Jonas, F. 253 572
Jones, E. 448
Jordan, S. 320
Jostkleigrewe, Ch. u.a. (Hg.) 741
Joyce, J. 451
Julian Apostata 127
Jung, C.G. 452
Jung, M. 460
Jüttemann, G. 639 f.
Kabisch, Th. 363
Kaegi, W. 441
Kaempfer, E. 233
Kambartel, F. 22
Kamlah, W./Lorenzen, P. 582
Kandel, E. 927
Kanitscheider, B. 790
Kant, I. 248, 294 ff., 420, 815, 817, 950, 1011
Kardiner, A. 516
Karl d. Gr. 136
Katherer 139
Kayser, W. 551

Keck, R.W./Wiersing, E. (Hg.) 647
Keller, W. 90
Kempowski, W. 756
Kepler, J. 208
Kerényi, K. 63
Kersting, W. 229
Khoury, A.Th. u.a. 165
Kierkegaard, S. 528
Kilcher, A.B. (Hg.) 91
Kilian, L. 349
Killy, W. 548
Kinnebrock, W. 790
Kintzinger, M. 141
Kirn, P. 646
Kittler, F.A. 258, 372, 386, 677, 770
Kittsteiner, H.D. 203, 652
Kittsteinerm H.-D. (Hg.) 689
Klauck, H.-J. 107
Kleeberg, B. u.a. (Hg.) 877
Kleist, W.v. 979
Klemm, G.F. 389
Klemperer, V. 541, 757
Klingenstein, G. (Hg.) 646
Klocke-Daffa, S. u.a. (Hg.) 233
Kloepfer, R. 555
Klotz, H./Warnke, M. 588
Kluckhohn, C. 514
Kluge, F. 353
Knapp, V. (Hg.) 235
Knußmann, R. 881
Koch, G. 810
Kocka, J. (Hg.) 385, 569, 576, 656
Kocka, J./Nipperdey, Th. (Hg.) 745
Koepping, K.P. 511
Kogon, E. 541
Kohl, K.-H. 40, 226, 436, 571, 782, 700, 744
Kohlberg, L. 608
Köhler, W. 923
Kohli, M. (Hg.) 627
Köhnke, K.Ch. 484
Konersmann, R. 484
König, R./Schmalfuß, A. (Hg.) 560
Kopernikus, N. 208
Kopperschmidt, J. 664
Korff, H.A. 348
Kornbichler, Th. (Hg.) 641
Kortüm, H.H. 652
Koselleck, R. 30 f., 247, 315, 568, 575 f.
Koselleck, R. u.a. (Hg.) 733, 744

Koselleck, R./Stempel, W.-D. (Hg.) 30, 745
Koskenniemi, M. 232
Kötting, B. 120
Kowalczuk, I.S. (Hg.) 31
Krader, L. 408
Kranz, W. 82
Kraushaar, W. (Hg.) 565, 726
Kreuzer, H. (Hg.) 784
Kristeller, P.O. 174
Krockow, Ch. v. 536
Kroeber, A.L. 514
Kuckenburg, M. 877, 930
Kuczinski; J. 621
Kugler, F. 368
Kuhlmann, A. (Hg.) 770
Kuhlmann, A. 686
Kuhn, Th.S. 572, 827 f.
Kuhn, W. 790
Kullmann, W./Reichel, M. (Hg.) 68
Kultermann, U. 368
Küng, H. 91, 107
Küppers, G. (Hg.) 584, 817
Küttler, W. u.a. (Hg.) 31
La Bruyère, J. de 239
La Fontaine, J. 239
La Rochefoucauld 236
Laak, D. van 621
Lacan, J. 556, 671 f.
Ladenthin, V. 77
Lafitau, J.F. 257
Lagarde, A./Michard, L. (ed.) 254, 553
Lamarck, J-B. de 420
Lambrecht, L. u.a.. (Hg.) 884
Lämmert, E. 551
Lamprecht, K. 474 f.
Landmann, M. 880, 999
Lang, B. 91
Lanson, G. 553
Laplace, P.S. de 810
Laplanche, J./Pontalis, J.B. 448
Las Casas, B. de 226
Latacz, J. 67 f.
Lausberg, H. 80, 664
Lawton, H. (Hg.) 638
Lazarus, M. 471
Le Doux, J.L. 944
Le Goff, J. 140, 156, 160, 494 f., 651
Le Goff, J. u.a. (Hg.) 493
Le Roy Ladurie, E. 24, 181, 493, 495
Leakey, R.E./Lewin, R. 884
Leclerc, G. 700
Lehmann, A. 390, 623

Leibniz, G.W. 211 f., 212, 222 f., 232, 975
Leiris, M. 560 f.
Leisewitz, A. 422, 859
Lem, S. 764
Lendle, O. 77
Lenk, H. 898, 957
Leonhardt, R.W. 570
Lepenies, W. 247, 320
Lerner, G. 628
Lesch, H./Müller, M. 848
Lessing, G.E. 278 f., 357
Lessing, H.-U. 460
Leukipp 85
Leuthäusser, W. 47
Levallois, A. 641
Lévi, G./Schmitt, J.-C. (Hg.) 495
Lévi-Strauss, C. 556 ff.
Lévy, B.-H. 183
Lévy-Bruhl, L. 524
Lexer, M. 353
Libanios 127
Libet, B. 970 ff.
Lieberman, Ph. 930
Lilie, R.-J. 156
Linke, D. 957
Linné, C.v. 419
Livius 78
Locke, J. 217
Lohse, E. 110
Lombard, J. 435
Loo, M.J.v.de/Reinhart, M. (Hg.) 515
Lorenz, Ch. 31, 737, 872
Lorenz, K. 423, 861, 894, 913 ff., 919 ff., 949 ff.
Lorenz, S./Schmidt, J.M. (Hg.) 235
Löther, R. 421
Lovelock, J. 849
Löwith 104, 106, 176, 215, 326, 446, 529
Lübbe, H. 30, 764
Luckmann, Th. 630
Lüdtke, A. (Hg.) 620
Ludwig XIV. 230
Ludz, P.Ch. (Hg.) 491; 577
Luhmann, N. 583 f., 603
Lukács, G. 374, 536, 594 f.
Lukrez 85
Lullus, R. 168
Lumsden, Ch.J./Wilson, E.O. 894
Lundt, B. 629
Lüning, J. 432
Lüth, Ch. u.a. (Hg.) 53

Luther 181, 186 ff.
Lutz, G. 623
Luxenberg, Ch. 165
Lyell, Ch. 429, 800 f.
Lyotard, J.-F. 670
Maalouf, A. 139
Machiavelli, N. 184, 224
Maimonides 103
Mainzer, K. 817, 844
Malinowski, B. 509 ff., 561
Malthus, Th.R. 421, 768
Mandelbrot, B.B. 821
Mandeville, B. de 262
Manetti, G. 175
Mann, G. u.a. (Hg.) 562
Mann, J.G. 278
Mannheim, K. 488
Manning, P. 767
Mansfeld, J. 82
Marcuse, H. 597
Marg, W. (Hg.) 73
Markl, H. 885, 898, 937, 969, 995 ff.
Markowitsch, H.-J. 926 f.
Markschies, Ch. 113, 129
Marquard, O. 616, 748
Martens, E./Schnädelbach, H. (Hg.) 326
Martin, J./Zoepffel, R. (Hg.) 652
Martini, F. 548
Marx, Ch. 767
Marx, K. 395 ff.
Maschmann, M. 542
Maurer, M. (Hg.) 30, 174, 275, 375, 724
Mause, Ll. De 638
Mauss, M. 523
Mayr, E. 418, 423, 859
Mc Manners, H. (Hg.) 119
McNeill, W.H. 767
Mead, G.H. 608, 630
Mead, M. 514 f.
Medick, H. 622
Mehl, A. 79
Meier, Ch. 23, 77, 691
Meier, Ch./Rüsen, J. (Hg.) 31
Meier, H. (Hg.) 859
Meier, H./Ploog, D. (Hg.) 898, 957
Meinecke, F. 30, 369, 455, 541, 568
Meister, K. 77
Melanchthon, Ph. 199
Mendel, G.J. 421, 860
Mergel, Th./Welskopp, Th. (Hg.) 31, 688

Merriam, A.P. 360
Merten, K. u.a. (Hg.) 771
Metzinger, Th. 898, 911, 941, 957, 962
Metzner, H. 844
Meyer-Abich, A. 812
Meyer-Drawe, K. 684
Michelet, J. 375
Middell, M. 475, 491
Middell, M./Sammler, S. (Hg.) 493, 650
Miles, M. 91, 99
Mill, J.St. 464
Miller, G.A./Galanter, E./Pribram, K.H. 905
Milton, J. 242
Minois, G. 133
Misch, G. 153, 646
Mitscherlich, A./M. 539
Mitterauer, M. 159
Modifikation, adaptive 854
Molière 239
Möller, H. 247
Momigliano, A. 103
Mommsen, H. 569 f.
Mommsen, Th. 371
Mommsen, W.J. 689
Monod, M. 800
Montaigne, M. de 237 f.
Montesquieu 253 ff.
Monteverdi, C. 237
Morel, B.A. 426
Morgan, L.H. 408, 435 f.
Moritz, K.Ph. 271, 289, 646
Morkel, A. 691
Morris, D. 882
Morris, S.C. 849, 871
Mortillet, G. de 431
Morus (More), Th. 183 f.
Muhlack, U. 370, 463
Mühlmann, W.E. 77, 500, 623
Muhri, J.G. 424
Mukarovsky, J. 555, 588
Mulisch, H. 114, 387
Müller, H.M. 930
Müller, K.E. 40 ff., 77, 503, 629, 1002
Müller, K.E./Rüsen, J. (Hg.) 31, 1001
Müller, R. 63, 77, 90, 268
Müller, S. 930
Müller-Beck, H. 432
Müller-Doohm, St. (Hg.) 605
Müller-Karpe, H. 432
Mulsow, M. 250
Münch, R. 320
Münkler, H. 740, 768

Müntzer, Th. 193 f.
Muschg, W. 549
Nagel, Th. 911, 951
Nahmer, D. 148
Naimark, N.M. 758
Narr, K.J. 432
Nestle, W. 63, 82
Neumann, G. (Hg.) 675
Neumeyer, H. 651
Newen, A./Vogeley, K. (Hg.) 947
Newton, I. 209 ff., 797
Niebuhr, B.G. 371
Niethammer, L. 622
Nietzsche, F. 20, 443, 445 ff.
Niewels, C. 450, 905, 957, 964
Niggl, G. (Hg.) 646
Nippel, W. 77
Nipperdey, Th. 184, 204, 318, 323, 330, 370, 385, 387, 392, 587, 444, 587, 649
Nissen, R. 979
Nitschke, A. 641
Nolte, E. 757
Nora, P. (Hg.) 58, 698
Nottmeier, Ch. 532
Nowak, K./Oexle, O.G. (Hg.) 532
Nünning, A. (Hg.) 675
Nussbaum, M. 696
Nüsslein-Volhard, Ch. 854
Oberkrone, W. 537
Oelmüller, W. u.a. 31
Oeser, E. 784, 898, 905, 907, 915, 940, 944, 947, 957, 963, 967
Oeser, E./Seitelberger, F. 898, 957 ff.
Oexle, G.O. 370, 386, 417, 423, 467, 568, 689, 697, 784
Oexle, O.G. (Hg.) 784
Ohlig, K.-H. 50
Olson, S. 881
Ong, W.J. 50
Oppitz, M. 556
Orosius 123
Ortheil, H.-J. 676
Osterhammel, J. 375
Ottmann, H. 74, 128
Otto v. Freising 147
Otto, W.F. 4,7
Padberg, L.E.v. 136
Panofsky, E. 489
Parmenides 86
Parsons, T. 466, 582 f.
Pascal, B. 221, 235
Pauen, M. 976

Paul, A. 888 f.
Paul, H./Braune, W. (Hg.) 353
Paul, L. 30
Paulus (Apostel) 110
Pausanias 73
Peirce, Ch.S. 665
Pelagius 130
Pessoa, F. 1005
Peter, M./Schröder, H.-J. 542
Petermann, W. 34, 261, 435, 500, 623, 763
Peters, U. 703
Petrarca, F. 177
Pfeiffer, R. 80, 353
Piaget, J. 608, 905
Pichot, A. 82
Pico della Mirandola 174 ff.
Pieper, J. 141
Piepmeier, R. 31
Pinker, S. 930
Planck, M. 803 f.
Platon 64, 86 ff.
Platter, Th. u. F. 181
Plessner, H. 544, 856, 879
Pleticha, H. (Hg.) 765
Ploog, D. 930
Plotin 121
Plutarch 79
Pocock, J.G. 261
Pöltner, G. 953
Polybios 78
Pöppel, E. 921, 939
Popper, K.R. 581, 584 ff., 904, 966
Portmann, A. 878
Poser, H. (Hg.) 63
Prange, K. 229
Prause, G. 107
Premack, D./Premack, A. 923, 931
Preuß, H.D./Berger, K. 91
Prigogine, I. 823, 826, 845 f.
Prinz, F. 149
Prinz, W./Weingart, P. (Hg.) 691
Promp, D.W. 892
Proudhon, P.-J. 403
Proust, M. 451, 647
Prüfer, Th. 301
Pufendorf, S.v. 231
Quispel, G. 113
Quitterer, J. 971
Rabelais, F. 237
Rachet, G. 48
Rad, G.v. 97
Radcliffe-Brown, A.R. 519, 525
Raddatz, F.J. 396
Radkau, J. 466

Raffael, L. 32, 176
Rager, G. 960
Rager, G./Quitterer, J./Runggaldier, E. 957
Ramón y Cajal 908
Rang, M. 268
Ranke, L. 370, 373 ff.
Raphael, L. 31, 375, 587
Ratzel, F. 500 f.
Raulff, U. (Hg.) 492, 733
Rebenich, S. 371
Reemtsma, J.Ph. 755
Reichardt, R. (Hg.) 739
Reichardt, R. 728, 739
Reichardt, S. 619
Reichert, F. 226
Reichholf, A. 877, 887
Reill, P.H. 415
Reinhard, W. 229 f., 651, 653 f.
Reinhardt, V. (Hg.) 30
Reinwald, H. 63
Rensch, B. 868
Rhein, R. 149
Richter, H.E. 452, 641
Richter, K. 894
Rickert, H. 482 f.
Ricoeur, P. 645, 740, 743, 761
Riedl, R. 953
Riedl, R./Bonet, E.M. (Hg.) 914
Riedl, R./Delpos, M. (Hg.) 914
Riehl, W.H. 390 f.
Riemann, H. 365
Riethmüller, A. 360
Rißmann, M. 534
Rittelmeyer, Ch. 307 f.
Ritter, A.M. 107
Ritter, G. 541
Robinson, F. (Hg.) 162
Robinson, J.H. 496
Röckelein, H. (Hg.) 154, 626, 641
Röd, W. 82, 215
Rohbeck, J. 31, 247, 270, 315, 721
Rohbeck, J./Nagl-Docekal, H. (Hg.) 721
Rorty, 581; 672
Rosa, H. 764
Rosen, K. 127
Rosenmayer, L. 627
Rosenthal, E. 171
Rössner, H. 880, (Hg.) 997
Rostovtzeff, M. 575
Roth, G. 909, 957, 961 f., 957
Rothacker, E. 463
Rothermund, D. 715
Rothfels, H. 542 f., 23

Rougemont, D. de 495
Rousseau, J.-J. 267 ff.
Rückert, F. 165
Rüdiger, H. 570
Rudolph, E. (Hg.) 87
Rudoph, K. 113
Ruhloff, J. (Hg.) 184
Ruhnau, E. 817, 939
Rumohr, K.F.v. 368
Runciman, S. 139
Rüsen, J. (Hg.) 765
Rüsen, J. 26, 30 f., 370, 386, 633, 661, 708, 728, 737, 1002
Russel, B. 581, 826
Rutherford, E. 805
Ryle, G. 581, 904
Sabean, D. 625
Sabrow, M. u.a. 542, 546
Saeverin, P.F. u.a. (Hg.) 740
Safranski, R. 301
Sahlins, M. 617
Said, E.W. 168
Salamun, K. 596
Sallust 78
Salutati 178
Sandkühler, H.L. 965
Sapir, E. 514
Sarasin, Ph. 663
Sartre, J.-P. 530 f., 559, 647
Sasson, J.M. (Hg.) 45
Saussure, F. de 554
Savigny, F.C.v. 354
Sbrik, H. v. 497
Scarre, Ch. (Hg.) 883
Schadewaldt, W. 70, 83
Schanze, H. 770
Scheffel, J.V.v. 387
Scheibe, E. 803
Scheibelreiter, G. 154
Scheler, M. 488, 879
Schelsky, H. 566
Scherer, W. 352
Schieder, Th./Sellin, V. (Hg.) 575, 578
Schiefenhövel, W. u.a. 877
Schildt, A. 542
Schiller, F. 300 ff., 734
Schilling, H. 202, 205
Schimmel, A. 170 f.
Schlegel, A.-W. u. F. 347 f.
Schleier, H. (Hg.) 389, 474
Schleiermacher, F.E.D. 344, 373
Schlesier, R. 689
Schlosser, F.Ch. 370
Schlott, A. 51
Schlözer, A.L. 261

Schluchter, W. 468
Schlumberger, J.A./Segl, P. (Hg.) 136
Schlumbohm, J. 625
Schmale, F.-J. 146
Schmale, W. 629
Schmidt, E.A. 122
Schmidt, Th.E 668
Schmidt, W. 502
Schmied-Kowarzik, W. (Hg.) 492, 500; 557
Schmitt, C. 535
Schmitt, E. (Hg.) 227
Schmitt, H.H./Vogt, E. (Hg.) 79
Schmitt-Brandt, R. 349
Schmitz, B. 56
Schmoeckel, R. 349
Schnabel, J.G. 250
Schnädelbach, H. 130 ff., 260, 322, 326, 372, 392 f., 444, 484, 718 ff., 748, 783, 978, 1009
Schneider, J.U. 340
Schneider, M. 133
Schnelle, H. 582
Schnitzler, A. 451, 458
Scholtz, G. 481, (Hg.)739
Scholtz, H. 228
Schöne, A. 204
Schönwälder, K. 537
Schopenhauer, A. 446
Schott, R. 36
Schöttler, P. (Hg.) 537
Schramm, G. 766
Schrimpf, H.J. 289
Schröder, W.H. 627
Schröter, J. 796
Schubert, K. 91
Schulin, E. 146, 205
Schüling, H. 950
Schulze, G. 660
Schulze, W. 174, 541
Schulze, W./ Oexle O.G. (Hg.) 569
Schupp, F. 32, 82, 107, 111, 142, 167 f., 209, 212, 232, 322, 333, 396, 410, 586
Schurig, V. 914
Schütz, A. 630
Schüz, M. 658
Schwerte, H. 352
Schwidetzky, I. 881
Schwinge, E.-R. (Hg.) 77
Schwinges, R.Ch. 589
Searle, J.R. 582, 962
Sebeok, Th.A. 665
Sedlmayr, H. 548

Seeba, H.C. 275, 287, 301, 387, 694, 745
Seebaß, G. 983
Segl, P. 156
Seibt, G. 158
Seidel, H. 221
Seidel, W. 361
Seiffert, H. 30, 322
Seitelberger, F. 935, 938, 975 ff.
Sellin, V. 30
Sepúlveda 226
Service, E. 617
Shakespeare, W. 238
Shaw, I./Nickolson, P. (Hg.) 48
Sherrington, Ch.S. 908
Signori, G. 629
Simmel, G. 468 f.
Simon, Ch. 31, 590
Simon, H. 31, 171, 393
Singer, W. (Hg.) 947
Singer, W. 939, 946 f., 957, 961 ff., 970, 973 f.
Sloterdijk, P./Macho, Th.H. 685
Sloterdijk, P.113, 685
Smend, R. 99
Smith, A. 262
Smuts, J.Ch. 812
Snell, B. 636
Snow, C.P. 784
Sokal, A./Bricmont, J. 683
Sokoll, Th. 622
Sombart, W. 468
Sommer, U. 261
Sonntag, M. 640
Speer, A. (Hg.) 145
Spencer, H. 424
Spengler, O. 490
Sperry, R.W. 906
Spielberg, S. 757
Spinoza, B. de 221
Sprandel, R. 652
Spranger, E. 625
Stadler, H. (Hg.) 187
Staiger, E. 549
Stammler, W. 548
Starobinski, J. 237, 268
Stegmüller, W. 584
Stehr, N./Meja, V. (Hg.) 488
Steiner, G. 685
Steinhausen, G. 472
Steinthal, H. 471
Steitz, E. 884
Stemberger, G. (Hg.) 102, 107, 541
Stephan, R. 361
Stepper, R. 443

Stern, C./Winkler, H.A. (Hg.) 568
Steuer, H./Zimmermann, U. (Hg.) 45
Stockmeier, P. 116
Stolleis, M. 355
Strasburger, H. 77
Strauß, B. 685
Strauß, D.F. 354
Streck, B. 472
Striedter, K.H. 501
Strosetzki, C. 227
Suppan, W. 360
Süssmuth, H. 656
Szalay, M. 512
Szondi, P. 287; 570
Tacitus 78
Taubes, J. 40; 110
Teilhard de Chardin 872
Thielen, J. 460
Thomas v. Aquin 145
Thomas, K. 454, 15
Thompson, J.W. 496; 598
Thorau, P. 139
Thukydides 73
Thurnwald, R. 623
Timpe, D. 77
Tinbergen, N. 861
Tinnefeld, F. 157
Todorov, T. 227
Toleranz, religiöse 278
Tomasello, M. 895, 932
Tönnies, F. 470 f.
Topitsch, E.
Toynbee, A.J. 103, 491
Treitschke, H.v. 458
Treml, A.K. 997
Treue, W. 576
Troeltsch, E. 203, 484
Tuchman, B. 148, 647
Tugendhat, E. 748, 1009
Türcke, Ch. 593, 616
Turgot, A.R.J. 262
Tylor, E.B. 436, 513
Ueberweg, F. 341
Uexküll, J.v. 852
Uexküll, Th.v. 966
Ullmaier, J. 689
Ungern-Sternberg, J.v./Reinan, H.J. (Hg.) 63
Valla, L. 178
Vansina, J. 726
Vasari, G. 181; 238
Vercoutter, J. 367
Vergil 78
Vesalius, A. 907
Veyne, P. 707

Vico, G.B. 258
Vierhaus, R. (Hg.) 247
Voegelin, E. 44, 722
Vogel, Ch./Voland, E. 894
Völkel, M. 32, 77, 156
Volkmann-Schluck, K.H. 82
Vollmer, G. 914, 950
Vollmer, G./Vogel, Ch. (Hg.) 433
Voltaire 258 ff.
Vonessen, F. 38
Vorländer, K. 341
Voß, J.H. 70
Voßkamp, W. (Hg.) 184
Vovelle, M. (Hg.) 247
Vries, H. de 860
Wachtler, L. 370
Wagenbach, K. (Hg.) 567
Walbe, B. 230
Waldenfels, B. 667
Waldenfels, H. (Hg.) 107
Wallace, A.R. 420
Wallerstein, I. 598
Walzel, O. 552
Warburg, A. 488 f.
Watson, J.D. 862
Weber, A. 488
Weber, M. 203, 466 ff., 737 f.
Weber, Th.P. 420
Weber, W.E.J. 30, 439, 766
Weeber K.-W. 79, 620, 744
Wehler, H.-U. 30, 452, 569, 572, 576 f.
Weinberg, S. 798
Weinrich, H. 50, 677, 720, 728, 761
Weis, K (Hg.) 817
Weis, K. 817
Weismann, A. 421
Weizsäcker, C.F. v. 33, 129, 218, 317, 656 ff., 719, 798, 814 f., 828 ff., 839, 872, 937, 952, 984
Weizsäcker, E.U.v. 426
Wellek, R./Warren, A. 552
Wellenreuther, H. (Hg.) 569
Welsch, W. 661
Welzer, H. 53, 926
Wendorf, R. 97
Wenker, G. 350
Werner, H. (Hg.) 169
Werner, K.F. 537
Wernhart, K.R. (Hg.) 508
Wesel, U. 355
White, H.V. 681 f.
Whitehead, A.N. 826
Whitrow, G.J. 791

Whorf, B.L. 514
Wickler, W./Seibt, U. 865
Wieland, Ch.M. 287 f.
Wiersing, E. 50, 67, 70, 74, 87, 151, 188, 301, 307, 626, 646, 690, 744
Wiggershaus, R. 593
Willaschek, M. (Hg.) 954
Wilpert, G.v. 548
Wilson, E.O. 865
Wimmer, A. 518
Winckelmann, J.J. 285 f.
Windelband, W. 341, 482 f.
Winghart, S. 430
Winkler, H.A. 320, 566
Wittgenstein, L. 580 f.
Wittkau, A. 370
Wittkowski, W. (Hg.) 301
Wöhler, H.-U. (Hg.) 144
Wolf, F.A. 345
Wölfel, K. 301
Wolff, Ch. 250
Wölfflin, H. 489
Wolfrum, E. 726
Wollschläger, H. 139
Woolf, D.R. (Hg.) 31
Wuketits, F.M. 783, 859, 869
Wulf, Ch. 654 f.
Wunderlich, D. 582
Wundt, W. 471 f.
Wuthenow, R.R. 289
Xenophon 73
Young, D. 418
Zaminer, F./Erltelt, Th. (Hg.) 361
Zaremba, M. 275
Zedler, J.H. 251
Ziegler, K./Sontheimer, W. (Hg.) 498
Zimmer, D.E. 931
Zimmerli, W.Ch./Sandbothe, M. (Hg.) 795
Zimmermann, B. 677
Zinser, H. (Hg.) 91
Zumbini, M.F. 458
Zurhorst, G. 640
Zwingli, H. 201

Sachregister

Abendmahl(sstreit) 205 f.
Absolute Musik 362
Absolutismus 229 ff.
ad fontes 187 f.
Achtundsechziger Bewegung 564 ff.
Aggressivität 888 f.
Agrarzeit 154 f.
Ahistorizität 207 ff., 518 ff., 533 f., 546, 553 ff.
Ahnenkult 40
Akkulturation 53
Allgemeinmenschliches 224, 10 ff., 291, 423, 561 f., 635 ff., 999
Alltagsgeschichte 495, 576, 621 ff., 11 ff.
Alltagshandeln/-wissen 630
Alter 1005
Alterität, kulturelle 160, 515 ff.
Altertum 345 f.
Altertumswissenschaften 693
Altgermanistik 349
Altphilologie 345 f.
Altruismus, biologischer 866
Amerika 226 ff.
Amnestie 760
analogia entis 142
Analytische Philosophie 580 f., 904 f.
Angepaßtheit, genetische 853 f.
Annales-Schule 492 ff., 650 ff.
Anthropina 880, 893, 999
Anthropisches Prinzip 848 f.
Anthropologie der frühen Neuzeit 174 ff.
Anthropologie, Allg. u. Hist.: Schema 993 f.
Anthropologie, Allgemeine Historische 992 ff.
Anthropologie, antike 76 ff.
Anthropologie, biologische 881 ff.
Anthropologie, Evolutionäre 877
Anthropologie, Fundamental- 880
Anthropologie, Geschichtliche (v. Weizs.) 656 ff.
Anthropologie, historische 637, 649 ff.
Anthropologie, marxistische 396 ff. Anthropologie, philosophische 656, 877 ff., 994 f.

Anthropologie, sinnliche 396 f., 399
Anthropologie, strukturale 556 ff.
Anthropologie, vergleichende 656 f.
Anthropologie, Wesens- 880
anthropology, cultural 511 ff., 700
Antisemitismus 457 f., 534, 537
Antizipation 922 f.
APO 566
Apokalypse 100, 109
apollinisch-dionysisch 446
Apriori, lebensweltliches 485
Arbeit 397
Archäologie, klassische 367 f.
Archäologie, paläoanthropologische 4 ff.
arché (Anfang, Ursprung, Herrschaft, Ursache) 84
artes liberales 80, 178, 695 f.
Ästhetik 307 ff., 343, 745
Ästhetik, evolutionäre 894
Ästhetik, postmoderne 680 f.
Astrologie 235
Atomtheorie 85, 212 f., 805
Aufklärung, Begriff u. Programm 248 f.
Aufklärung, europäische 249 f.
Aufklärung, historische 1009
Augustinismus 120 ff.
Auserwähltheit 96, 120
(Auto-)Biographien 181, 273 f., 642 ff.
Autopoiese (s. Selbstorganisation)
Autor, Tod des 40, 12
Barbaren 76
Barock 236 ff.
Bauernkrieg 194
Begriffsgeschichte 578
Behaviorismus 904
Bekehrung 135 ff.
Bekenntnisse 273 f.
Bewußtsein, animales 921 ff.
Bewußtsein, Evolution 934 ff.
Bewußtsein, kollektives 30,16
Bewußtsein, moralisches 608
Bewußtsein, personales 942 ff.
Bewußtsein, reflexives 943 ff.
Bewußtsein, rückgekoppelte Reafferenzen 937

Bewußtsein: Elementareinheiten 939 f.
Bewußtseinsphilosophie 911 ff., 941 ff., 959 ff.
Bewußtseinsstrom 939 f.
Beziehungen, zwischenmenschliche (ihr Wandel) 892
Bibliotheken 80
Bielefelder Soziologen 577
Bildende Künste 181 f., 356 ff.
Bilder als historische Quellen 728 f.
Bilderstreit 157, 203
Bildgeschichte 739 f.
Bildung durch Künste 307 ff.
Bildung durch Sprache 276 f.
Bildung zur Humanität 274 ff.
Bildung, historische 775 ff.
Bildungsroman 273, 287 ff.
Bioevolution 830 f.
Biogenese 844 ff.
Biogramm des Menschen 888 ff.
Biographieforschung, historische 644 ff.
Biographien, kollektive 627
Biographik 238
Biologie des Geistes 910
Biosphäre 867
Buchdruck 179, 208, 677
Byzanz 156 ff.
Chaos und Ordnung 717, 821 ff.
Chaostheorie 821
Christentum, Kritik an 126 ff.
Christenverfolgung 127
Christianisierung 135 ff., 456
Christologie vs. Jesuanismus 107 ff., 128 ff.
Chroniken, Welt- 147 f.
Chronologie 508
conditio animalis 854 ff.
conditio humana 94 f., 150 f., 527 ff., 621 ff.
Criticism, new bzw. *modern* 552
cross-cultural-studies 763
cultural anthropology 436, 511 ff.
cultural studies 694
culture and history 514
culture and personality 514
Darwinismus 422 ff.
Darwinismus, neuronaler 961

Dauer u. Ereignis 733
DDR-Germanistik 546 f.
DDR-Historie 545 f.
Dekadenz 443
Dekonstruktivismus 674
Denken 923
Denken/Handeln, Artikulation 922 ff.
Denkmäler 388
description, thick d. 699
Determinismus u. Kritik 970 f.
Determinismus, neuronaler 961 f., 969 ff.
Determinismus, physikalischer 809 f.
Deutung, Subjektivität 725 f.
Dia- und Synchronizität 731 ff.
Dialektik der Aufklärung 598 ff.
Dialektik, dialektische Methode: 329 ff., 407 f., 594 f., 612 ff.
Dichter-Sänger (Aoden) 66 f.
Dichtung, klassisch-deutsche 290 ff., 311 ff.
Diffusionismus, historisch-ethnologischer 499 ff.
Diskurs, herrschaftsfreier 606
Diskursanalyse 40, 7 ff.
Diskursbegriff 40, 4 ff.
Diskurse der Herrschaft 40, 8
Diskursgeschichte 40
dissipative Strukturen 823
Disziplinierung 40, 8 f.
Divina Comedia 153 f.
Dogmatisierung 119 f.
Dokumentation, mediale 771 ff.
Dokumente 724 ff.
Dominikaner 140
Drei-Stadien-Gesetz 342 f.
Dualismus von Teilchen und Welle 804 ff.
Dualismus, erkenntnistheoretischer 965 ff.
Ebenen und Krisen 827 f.
Eigen-Sinn, ethnischer 508, 515 f.
Eigen-Sinn, historischer 372
Einmaligkeit (in) der Geschichte 713 f.
Elementarteilchen, Verhalten 793 ff.
Emergenz 824 f., 954 f.
empirisch-analytisch 579 f.
Empirismus 214 ff.
Empirismus, logischer 903
Encyclopédie française 251 ff.
Enkulturation 40

enkýklios paideía 80
Entfremdung 403 f., 596
Entropie 814, 817 ff.
Entwicklung (Ontogenese) 890 ff.
Entwicklung, genetisch-organische 282, 284 ff.
Entwicklung, kognitive 608 f.
Enzyklopädien 232 f., 497 f., 774 f.
Epik, Helden- 67 ff., 155
Epochen 278, 712
Epochen-Imaginationen 740
Erbkoordination 874
Erbsünde 120, 130 f.
Erdgeschichte/-zeitalter 420, 800 f.
Ereigniszeit 40
Erinnern 926 ff.
Erinnerungskulturen, *mémoire collective* 698
Erinnerungsorte 58, 142, 698
Erkenntnis, artspezifische 916
Erkenntnis, historische 731 f.
Erkenntnistheorie, evolutionäre 913 ff., 949 ff.
Erklären (und Verstehen) 378 f., 383 ff., 462, 467 f., 737 f.
Erzählte Geschichte 743 f.
Erzählungen, „große" 670
Erziehung, natürliche 271 f.
Eschatologie 115
esprit des lois 254 ff.
Ethik, protestantische 468
Ethik, relative und universale 517
Ethnographie, antike 73 ff.
Ethnographien 509 ff.
Ethnohistorie 437, 503 ff., 511 f.
Ethnologie, empirische 509 ff.
Ethnologie, europäische 623
Ethnologie, Geschichte 500
Ethnomethodologie 516
Ethnozentrismus 518
Ethologie 434, 861 f.
Etymologie 143
Eugenik 426
Eurozentrismus 453 ff.
Evangelium 107
Evolution als „Lernen" der Arten 872
Evolution der Arten 418 ff., 858 ff.
Evolution der Kultur 611 f., 762 f., 830 f., 894 ff.
Evolution des Geistes 713 ff.
Evolution u. Umwelt 868

Evolution von Homo sapiens 611 f., 885 ff.
Evolution, allgemeines Prinzip 996 ff.
Evolution, chemische 844 f.
Evolution, synthetische Theorie 859 ff.
Evolutionäre Erkenntnistheorie 949 ff.
Evolutionen, Makro- 869 f.
Evolutionen, Mikro- 868
Evolutionismus, ethnologischer 433 ff.
Evolutionismus, kultureller 427 ff., 762 f.
Exegese (typologische) 143
Existentialismus 235, 527 ff.
Existentialismus, literarischer 530 f.
Existenz, organismische 849 ff., 855 ff.
Existenzphilosophie 527 ff.
Exogamie 39, 452
Experimente, quantenmechanische 807 ff.
explication de texte 552 f.
Exzentrizität 879, 945
Fakten 713 f.
Fallstudien 624 f.
familia 196
Familie 277 f., 523, 580
Fegefeuer 140 f., 153 f., 651
Feldforschung 509 ff.
Feudalismus 137 ff.
Fiktionalität 679 ff.
Filme 776 f.
fin de siècle 444
Fitneß 864
Florenz 183
Fluktuationen 823 f.
Fortschritt 126, 259 ff., 278, 301 ff., 315, 721 ff., 763 ff.
Fortschritt als verborgene Naturabsicht 294 ff.
Fortuna 81, 147
Forum Psychohistorie 641
Frankfurter Institut/Schule 593 ff.
Franziskaner 140
Frauengeschichte 628
Fremdenfeindlichkeit 518
„Frieden, ewiger" 296
Frühaufklärung 249 f.
Frühe Kulturen 36 ff., 427 ff., 791 f.
Frühmenschen 884 ff.
Führerschaft (Charisma) 535 f.

Führerstaat 534
Fundamentalkritik 600
Funkkolleg Geschichte 578 f.
Funktionalismus, anthropologischer 553 ff.
Funktionalismus, ethnologischer 518 ff.
Funktionalismus, soziologischer 465
Funktionen, proximate/ultimaten 864
Funktionskreise von Lebewesen 851 f.
Gabentausch 523
Gaia-Prinzip 819, 849
Gang, aufrechter 884, 891
Ganzes und Teile 335 ff., 1000 ff.
Gedächtnis, genealogisches 42
Gedächtnis, kommunikatives 52 f.
Gedächtnis, kulturelles 23, 40 f., 151 f., 524, 698, 928
Gedächtnis, textuelles 56 ff.
Gedächtnisforschung 926 ff.
Gedächtniskultur 50
Gegenstände der Historie 747
Gehirn-Bewußtsein-Problem 902, 956 ff.
Geist der Völker 279 f.
Geist der Zeit 727
Geist, absoluter, objektiver, subjektiver 326 f.
Geist, Begriff(sgeschichte) 633 ff., 898 ff.
Geist, Evolution/Naturgeschichte 913
Geisteswissenschaften 460 ff., 546 ff., 902
Geisteswissenschaften, Krise 689 ff.
Geist-Philosophie 322 ff.
Gemeinden, (ur-)christliche 108, 228
Gemeinschaft – Gesellschaft 470 f.
Gene, Eigennutz 866
Genealogie 2,4
Genetik, Geschichte und Grundbegriffe 421, 859 ff., 862
Gen-Kartierung 887
Genotyp/Phänotyp 860
Geologie, historische 500, 800
Gerichtetheit der Zeit 814 f.
Germanistik 349 ff., 547 ff., 588
Gesamtkunstwerk 364

Geschehen, geschichtliches 714 ff.
Geschehnisse 713 f.
Geschichte „von unten" 622
Geschichte als Menschenwirklichkeit 709 ff.
Geschichte als Prozeß, Wandel u. Wirkung 714 ff.
Geschichte als übliches Geschehen 712
Geschichte der Kultur 1001
Geschichte der Kultur und der Natur 782 ff.
Geschichte des Alters 627
Geschichte des Seelischen (der Psyche) 633 ff., 8 ff.
Geschichte in Bildern 728 f.
Geschichte ohne Subjekte
Geschichte, einmaliges 713 f.
Geschichte, erzählte 743 ff., 590
Geschichte, geschehende 526 ff.
Geschichte, in Kultur aufgehoben 729 ff.
Geschichte, medial vergegenwärtigt 775
Geschichte, Phänomenologie 708 ff.
Geschichte, Sinn 720
Geschichte, Theorie 66 f., 257 ff., 280 f., 829 f., 996
Geschichte, Theorie: Sinndimensionen 1007 ff.
Geschichtlichkeit der Natur 836
Geschichtlichkeit von Strukturen 826
Geschichtlichkeit, Def. 282 f., 317 f., 841 f.
Geschichtsbegriff 19
Geschichtsbewußtsein 750 ff.
Geschichtsbilder 25, 739 f.
Geschichtskultur 325 ff., 386 ff., 623 f., 698, 751 ff.
Geschichtspessimismus 599
Geschichtsphilosophie 259, 274 ff., 321 ff., 392 ff., 612 ff., 718 ff.
Geschichtsprozeß 716
Geschichtstheorie, marxist. 407 ff.
Geschichtsvergessenheit 751 ff.
Geschlechter-/Frauengeschichte 628 f.
Gesellschaften, „offene" 343
Gesellschaften, segmentäre 520
Gesellschaftlich-Abweichendes 40 (Fouc.)

Gesellschaftskritik 267 ff., 564 ff., 593 ff.
Gesellschaftsvertrag 229, 269 f.
Gesetze (Geschichts-) 256
Gesetze (Natur-) 208 ff.
Gesetzesreligion 97 f.
Gesetzmäßigkeiten (historische) 256, 612, ff., 734 ff.
Gesta Romanorum 150 f.
Gestalt(en)wachstum 825, 829 f.
Gewalt, strukturelle 667 ff. (Foucault)
Glauben und Wissen 141
Gleichzeitigkeit, kosmische 796
Gleichzeitigkeit, neuronale 920 f.
Globalgeschichte, amerikanische 767 f.
Gnadentheologie 120, 190
Gnosis 112 ff.
Gottesbeweise 144 f., 220 f.
Gottesstaat 122 ff.,
Grammatikalität 930
Große Erzählungen 670
Grund, zureichender 811 f.
Gruppenverhalten 888 ff.
Habitus 616 ff.
Habitus, protestantischer 202 ff.
Hagiographie 148 f.
Handeln (soziales) 466
Handeln, reflexives 987
Handlungstheorie 923 ff.
Harmonie, prästabilisierte 222
Heidenmission 110
Heiliges 523 f.
Heilsgeschichte 100, 106, 132 ff., 793
Heilsgeschichte, säkulare 275, 298, 331 ff., 408 ff.
Heimat- und Regionalgeschichte 391, 623 f.
Heldenepik 66 ff.
Hermannsschlacht, Rezeption 387
Hermeneutik 344 f., 460 ff., 1009
Hermeneutik, philosophische 550
Herrschaft (Legitimation) 49 f., 468, 522
Hexenwahn 235
Hierachien 889 f.
Hirnforschung, Geschichte 906 ff.
histoire de longue durée, totale 492 ff.
historia 22, 72 ff.

historia magistra vitae 79, 749
Historie als Legitimationsinstanz 1008 f.
Historie heute 750 ff.
Historie i.S. von Forschung 723 ff.
Historie, Abkehr von ihr 753
Historie, inszenierte 775 ff.
Historie, Sinndimensionen 747 ff., 1001
Historie: Überlieferung, Aufklärung, Deutung 748, 1010 f.
Historik 707 f., 747 ff.
Historiker 727
Historikerstreit, deutscher sog. 757
Historiographie, analytisch-begründende 745 f.
Historiographie, dialogische 746
Historiographie, Entstehung und Formen 59 f., 742 f.
Historiographie, erzählende 743 ff.
Historiographie, literarische 682 f.
Historische Anthropologie (Berlin) 654 ff.
Historische Kulturforschung (Saarbrücken) 652
Historische Verhaltensforschung 641
historisch-kritisch 371 ff.
Historismus 369 ff.
Historismus des Bürgertums 385 ff.
Historismus, ethnologischer 503, 511 ff.
Historismus, franz. u. brit. 375 f.
Historizität (Geschichtlichkeit), als Weltprinzip 832 ff.
history of civilization 496
history of ideas 495, 697
Hochkultur, Def. 47 ff.
Hochkulturen, Entstehung 44 ff.
Höfische Kultur 155, 180 f., 235 f.
Höherentwicklung, evolutionäre 869 ff.
Holismus (versus Analytik) 812 f., 838
Hominiden 432, 884 ff.
Hominisation 884 ff.
Homo sapiens 876 ff., 898 f.
Homologien, evolutionäre 882
Human Genom (Diversity) Project 887

Humanethologie 881 f.
Humangenetik 881
Humanismus, Renaissance-H. 177 ff.
Humanität 275 ff.
humanities, humanités 464
Hypertext 774
Hyperzyklus 823 f., 846 f.
Hypolepse 83
Ich und Selbst 928, 934 ff., bes. 14 ff.
Idealismus, deutscher 294 ff., 309 f.
Idealtypen 467
Ideen von 1914 536
Ideengeschichte 339 ff.
Ideenlehre 86 ff.
Identifikation 980
Identität(sdiffusion), personale 980
Ideologiekritik 406 f.
Ikonologie als Methode 488 f.
Ilias 69 f.
Imagination des Nicht-Hier und Nicht-Jetzt 923 f.
Imperialismus 456
Indeterminismus, mikrophysikalische 809 ff.
Individualentwicklung 282 f., 607 ff., 890 f.
Individualexistenz von Lebewesen 850
Individualität (moderne) 181 f., 190, 195, 652
Indogermanistik 349
Initiationsriten 523
Inquisition 139, 202
Instinkte 874
Institutionen 521 f.
Intelligenz („Einsicht") 922 f.
Inter- bzw. Transdisziplinarität 693
Interaktionismus, Symbolischer 630 f.
Interesse, emanzipatorisches 604
Interesse, erkenntnisleitendes 603 ff.
Internet 773 ff.
Interpretation, werkimmanente 365, 551 ff.
Irreversibilität 824
Islam 161 ff.
Jäger- und Sammlerkulturen 432
Jahwe 91 ff.
Jansenismus 235

Jenseitsvorstellungen 140, 153 f.
Jesuanismus 128 f.
Jesuiten 228
Jesus 107 ff.
Jugendbewegung 445
kairós 81
Kanon, musikalischer 361 ff.
Kanonisierung (jüdisch/christlich) 102, 116
Kapitalismus(kritik) 595 f.
Katechismus 190
Kategorienfehler 974
Katherer 139
Katholizismus, römischer 124
Kausalität 806 ff.
Kirche, Begriff 118
Kirchengeschichte 148 f.
Klassenkampf 404 ff.
Ko-Evolution von Natur und Kultur 893 f.
Koexistenz, evolutionäre 867
Kognition, evolutionäre 915
Kognitionspsychologie 905
Kolonialismus 226 f., 456; 700
Kommunikation, symbolische 704
Kommunikationstheorien 605 ff.
Kommunikativität 888
Kommunismus, christlicher 228
Komplementarität in der Quantentheorie 812
Konfessionalismus 201 ff.
Konkurrenz, evolutionäre 867
Konstantin 119
Konstruktionen, historische 736 ff., 743
Konstruktivismus, mathematischer 826 f.
Kontingenz (Zufall) 1001
Kontingenz, Bewältigung 42
Kontinuität der Geschichte 712
Kopenhagener Deutung der Qu.theorie 809 ff.
Koran 164 f.
Körper-Geist-Dualismus 900 ff., 966 f.
Körper-Geist-Korrelationen 959 f.
Körper-Geist-Monismus 964 f.
Kosmogonie 797 ff.
Kreationismus 872
Kreativität 943
Kreuzzüge 138 f.
Krieg 229

Sachregister

Kritische Theorie in der Kritik 614 ff.
Kritische Theorie, Geschichte 593 ff., bes. 6 ff.
Kritische Theorie, Wissenschaftstheorie 603 ff.
Kritischer Rationalismus 584 ff., 904
Kultur – psychoanalytisch 450 ff.
Kultur – Ursprung 452 f.
Kultur – Zivilisation 320
Kultur, Begriff 691 f.
Kultur, Träger von Sinn 1001
Kulturalismus 688, 691 ff., 699.
Kulturalität 892 ff., 998
Kulturanthropologie (vergleichende) 471 f.
Kulturation 454 ff.
Kulturforschung, Historische 652
Kulturgeographie, Historische 500, 504
Kulturgeschichte, Gegenstände u. Perspektiven 1001 f.
kulturhistorische Völkerkunde 499 ff.
Kulturkomplexe 501
Kulturkreise 490, 501 ff.
Kulturkritik 267 ff., 443 ff.
Kulturmorphologie 490 f.
Kulturnation 454 f.
Kulturphilosophie 482 ff., 696 f.
Kulturprotestantismus 483, 531 f.
Kulturrelativismus 511 ff.
Kulturschichten 501
Kulturtheorie, interpretative 698 f.
Kulturverbreitung 505 ff.
Kulturwesen von Natur 881
Kulturwissenschaft, empirische 623
Kulturwissenschaften 483, 689 ff., bes. 701 ff.
Kulturwissenschaften, Probleme 704
Kunst- und Naturschönes 358
Kulturgeschichte, Begriff 388 f., 701 f.
Kunstgeschichte 285 f., 357 ff., 12 ff., 488 f., 588
Künstlerbiographien 181
Künstliche Intelligenz 905, 964
Kunsttheorie, postmodernistische 40, 16
Kunstwerk, autonomes 551 ff.

Kunstwerk, sprachliches 551
Laienkultur (MA) 155
Landeskirchentum 198 ff.
Landeskunde/Regionalgeschichte 623 f.
Laufen „lernen" 891
Leben, Entstehung 848 f.
Lebensalter 277, 627, 890 ff.
Lebensformen, historische 625 f.
Lebensformen, mittelalterlich 150 ff., 625 f.
Lebensgeschichten 272 f.
Lebensgeschichtlichkeit 271 ff., 284 ff., 607 ff., 983 ff., 1005 ff.
Lebensläufe, historische 150 ff., 627 f., 1004
Lebensphilosophie 444 ff.
Lebenswelt(en) 484, 630 f.
Legenda aurea 149
Legenden 151
Leib-Seele-Problem 956 ff.
Lernen, evolutionäre Stufen 873
„Lernen der Arten" 872 ff.
Libet-Experimente und ihre Kritik 971 ff.
Licht, Teilchen und Welle 803 ff.
Linguistik 554 ff.
Literalität 50 ff., 68 f.
Literaturhistorie 311 f., 347 ff., 13 ff., 553
Literaturtheorie 676 ff.
Logographen 73
lógos 84 und passim
Logozentrismus 673
Lokalgeschichte 622 f.
longue durée 492 ff.
Ma'at 58
Magie 216
Makroevolutionen 869 ff.
Mängelwesen-These 879, 882 f.
Manichäismus 112 ff.
Marx' Lehre 396 ff.
Marxismus 410 ff.
Massenpsychologie 453
Materialismus 840, 903, 963
Materialismus, Historischer 399 f., 602
Mathematik, (historisch-)konstruktivistisch 826
Matriarchat 437
Mediävistik 135 ff., 694, 703
Medien, Dokumente 771
Medien, historischer Forschung 778 f.

Medienrevolutionen 50 f., 179, 769 ff.
Medienwirklichkeit 770 f.
Menschenrechte 279
Menschheitsgeschichte 408 f.
Mentalität der Primitiven 636
Mentalitäten 492 ff., 524, 643, 649 ff.
Mesokosmos 951
Messianismus 99 f., 108, 535 f.
Metaphern 739 f.
Mikroevolutionen 868
Mikrohistorie 624 f.
Mikrowelt, Grundstrukturen 803 ff.
Mission 135 ff., 456
Moderne, Selbstkritik 686 f.
Modernisierung 589 f.
Modifikationen, adaptive 874
Mohammed 166
Molekulargenetik 862
Monismus (physikalischer) 424, 838 f., 963
Monismus, Körper-Geist 964 f.
Monotheismus, islamischer 162 ff.
Monotheismus, jüdischer 95 ff.
Monumenta GermaniaeHistorica 388
Moral 452, 988 f.
Moralentwicklung, individuelle 608
Moralentwicklung,, universalhistorisch 609 ff.
Morphogenese 854
Museen 367 f., 778 f.
Musen 69
Musenkünste 71
Musik, Klassische u. Kanon 361
Musikgeschichte 356 ff.
Mutation 860, 862
Mutterrecht 437
Mythos 39 ff.
Mythos, griechischer 61 ff.
Mythos, literarischer 67 ff.
Nachkriegszeit 539 ff.
Narrativität 743 ff.
Nationalgeschichte 370
Nationalismus 281 f., 453 ff., 534 ff.
Nationalkultur 279 f.
Nationalökonomie 468
Nationalsozialismus 534 ff., 755 ff.
Nationalsprachen 240
Nationalstaat 454
Natur der Dinge 207 ff., 793

natura naturans 416
Naturalismus 978
Naturgeschichte des Erkennens 913 ff.
Naturgeschichte, Begriff 789
Naturgeschichtlichkeit 836 ff., 998 ff.
Naturgesetze 208 ff., 796, 835 f.
Naturphilosophie 783 f.
Naturphilosophie, antike 81 ff., 832 ff.
Naturphilosophie, neuzeitliche 415 f.
Naturrecht 229 ff.
Naturwissenschaften 208 ff., 416, 783 f.
Neandertaler 885 f.
Neo- bzw. Poststrukturalismus 661 ff., 670 f.
Neolithikum (n. Revolution) 431
Neomarxismus 594 f.
Neotenie 891
Nervensystem: (de-)zentrale Funktionalität 938
Neue Medien 769 ff.
Neuhumanismus 346
Neukantianismus 482 ff.
Neuphilologien 346 ff.
Neuplatonismus 121 f.
Neuroepistemologie 949 ff., 967 f.
Neurophilosophie 959 ff.
Neurophysiologie 908 ff., 971
Neurosen 452 f.
Neuzeit 173 f.
new history 495
NS-Trauma 755 ff., 10 ff.
Objektivität bzw. Nicht-O. in der Physik 807
Objektivität, historische 373
Odyssee 69 f.
Offenheit 314 f.
Okkasionalismus 222
Ökonomie, historische 262, 401
Okzident 136
Ontogenese 634, 854, 890 ff.
Ontologie, antike 88
Opfertheologie 129
oral history 647, 726
Oralität 50 f., 67
Ordnung aus Chaos 820 ff.
Orientalismus 168
Orientierung, historische 748 f., 1009 f.
Orientierung, organismische und animale 919 ff.

Out-of-Africa-These 887
Paläoanthropologie 430 ff., 883 ff.
Panspermie 845
Pantheismus 291 f.
Pantheon, griechisches 63 ff.
Papsttum der Renaissance 188
Paradigmenwechsel 828
Parteilichkeit 733
Parusie 109
Patriarchat 196, 437
Patristik 119
Paulus (Apostel) 110
Person, Theorie und Aufbau 942
Personalisation/Personagenese 946 ff., 980 f.
Perspektivität (im Bild) 182
Phänomenalismus 832 f.
Phänomenologie 484 ff.
Phänomenologie der Vergangenheit 708 ff.
Phänomenologie des Bewußtseins 941 f.
Philologie 343 ff.
Philologie 80, 179, 344 f.
Philologie, Klassische 345 f.
Philologien, Neu- 346 f.
Philosophie, Analytische 580 f.; 904 f.
Philosophiegeschichte 339 ff.
Phrenologie 908
Phylogenese des M. 883 ff.
Physik, klassische 209 ff., 793 f., 807
Physikalismus 840 f.
Physiokraten 262
phýsis 84
Pietismus 288
Planen 923
Poesie 67
Politik, Freund-Feind 535
Polyhistorie 232 f.
Polytheismus 49 f., 63
Populärgeschichte 385 ff., 495
Porträts 181 f.
Positivismus (philosophischer, historischer) 342 f., 15 f., 372
Posthistoire 768
Postmoderne, Kritik der P. 683 ff.
Postmodernismus (Ursprünge, literaturtheoretisch) 675 f
Prädestination 120 f., 130 f., 147
Pragmalinguistik 606

Prägung 861, 891
Prähistorie („Vorgeschichte") 428 f.
Primitive 225 ff., 257 f., 433 ff.
Primitive, frühe und rezente 433 ff.
Probehandeln, inneres 925
Problemgeschichte 697
Problemlösen, animales 922 f.
Problemlösen 923 ff.
Profanzeit 154
Programme, offene 874 f.
Programmusik 363
Prophetie 99 f., 107 ff.
Prosopographie 575
Protestantismus 194, 202
Protestantismus u. Kapitalismus 468
Proto-Ich (-Selbst), animales 922
Psychoanalyse 448 ff., 516, 641
psychohistory 637 f.
Psychologie, genetische 905
Psychologie, historische 633 ff., 7 ff.
Quantentheorie 803 ff.
Quellen, fiktionale 450 f.
Quellen, historische 724 ff.
Quellen, Mangel 724 f.
Quellen: Bilder 728, 739 f.
querelle des anciens et des modernes 241
Rassismus 425 f., 457 f., 892 f.
Rationalismus 214 ff.
Rationalismus, Kritischer 584 ff.
Rationalität, technologische 596
Rätsel der Menschwerdung 876
Raum, absoluter 211 f.
Raum-Zeit 796
Reafferenz-Prinzip 861, 937
Realismus, Hypothetischer (K. Lorenz) u. Kritik 949 ff., 4 ff.
Rechtsgeschichte 155 f., 354 f.
Rechtsstaat 253
reconquista 138, 167
Reduktionismus, neuronaler 971
reeducation 541
reformatio als Revolution 190 ff.
Reformation 187 ff., 716
Rekombination, genetische 862 f.
Rekonstruktionen, historische 736 ff.
Relativismus, kultureller 516 f.

Relativitätstheorie 795 ff.
Religion als Illusion, Projektion 400 ff.
Religion und Wirtschaft 468
Religionsgeschichte 278, 353 f., 531 f.
Religionskriege 202
Religionskritik 400 ff., 453
Religionsphilosophie 331 ff.
Religiosität 49 f., 524
Reliquien 152
Renaissance, Begriff 173 ff.
Renaissance, karolingische 137 f.
Renaissance, Kultur 180 ff.
Repräsentation (von Welt), innere 919 ff.
Repräsentation, mediale 771 ff.
Repression 596
Restauration nach 1945 541 f.
Reversibilität 818
Revolution 405 f.
Revolution, neolithische 431
Rezeptionsästhetik 745
Rezeptionsgeschichte 137 ff.; 676
Rhetorik 40, 5
Robinsonaden 250
Romane, Dramen, historische 386, 744
Saeculum, Zs. 652
Sagen 4,4
Säkularisierung 204, 275 f., 331 ff.
Schelmenroman 238
Schichtung, ontologische 878
Schicksal 81, 147
Scholastik 141 ff.;
Schöne Künste 235 ff., 356 ff.
Schöpfung 92 f.
Schreiber/Schriftgelehrte 52, 163
Schrift 50 ff.
Schriftgelehrte 101 ff., 163
Schriftsinn 142 f.
Seele/Psyche, Begriffsgeschichte 901
Seele/Psyche, Geschichtlichkeit 633 ff.
Seelenwanderung 153
Segmentäre Gesellschaften 520
Sehepunkt, historischer 287
Selbst- und Fremdverstehen 942 f.
Selbst, personales 979 f.
Selbst-Bewußtsein 943 ff.
Selbstorganisation 584

Selbstorganisation, bioevolutionäre 868 f.
Selbstorganisation, physikalische 816 ff.
Selbstreflexion 936, 943 ff.
Selbstregulation von Lebewesen 851 ff.
Selektion, natürliche 420 f., 862 ff.
Semiotik 487, 40, 5 ff.
Sendungsbewußtsein 456
Sepharden 167
Sexualität 40 (Foucault)
Sichtweise, historische 287
Singularität, historische 317, 372
Sinn, historischer 451, 491, 718 ff.
Sinn, kultureller 1001
Sinndimensionen, historische 747, 1007 ff.
Sittengeschichte 390 f.
Sklaverei 226
social anthropology 521 f.
sola fide 187
Sonderweg, deutscher 307 ff., 320 f., 454 f., 544
Sophisten 89
Sozialdarwinismus 425
Sozialgeschichte 473 ff., 571 ff.
Sozialgeschichte, empirische 574 ff.
Sozialgeschichte, Kritik 587 ff.
Sozialgeschichte, kritische 571 ff.
Sozialgeschichte, Theorie 579 ff.
Sozialität 888 f.
Sozialphilosophie 411
Sozialwissenschaften 464 ff., 689 ff.
Sozialwissenschaften, historische 381, 473, 572
Soziobiologie 865 ff.
Soziologie, ethnologische 519 f.
Soziologie, historische 468 f., 572
Soziologie, verstehende 466 ff.
Spätantike 125
Sprache und Denken 936
Sprache(n) und Geschichte 276 ff., 349 f.
Sprache, Evolution 929 ff., 1000 f.
Sprache, Ursprung (Herder) 276 ff.
Sprache/Sprechen 929 ff., 1000

Sprachen, natürliche (ethnospezifische) 930
Sprachfähigkeit 931 f., 1000
Sprachkritik 903
Sprachsymbole 929 f.
Sprechhandeln 931 f.
Spurensuche 388
Staat(lichkeit) 47 ff.
Staat, Genealogie 87
Staatsgründungsmythos 54 f.
Staatstheorie(-recht) 183 ff., 231
Städte (Neuzeit) 183
Standartmodell, kosmologisches 799 f.
Ständegesellschaft 48 ff.;
Steady-State-Theorie 799
Steinzeit 431 f.
Sterblichkeit 945 f.
Stringtheorie 799
Strukturalismus, anthropologischer
Strukturalismus, linguistischer 554 ff.
Strukturen, dissipative 823
Strukturfunktionalismus 521, 582 f.
Strukturgeschichte 571, 587
Studentenbewegung 564 f.
studia humanitatis 178 f.
studies, german 694
Sturm und Drang 288
Subjekt 933 ff., 982, 1004 ff.
Subjekt, Disziplinierung 667 ff.
Subjekt, Tod des 671 ff.
Subjektive Wende 632 ff.
Subjektivität, historisch 589, 659
Sündenfall 93 ff.
Symbolische Formen 486 f.
Symbolismus, historisch-christlicher 142 f.
Synergetik 847
Systemtheorie 583 f.
Szientismus, historischer 580 f.
Tagebücher 622
Talmud 101 f.
Tatsachen (soziale), „Feststellen" 465 f., 732
Täufer 193
Technik 208
Teleologie 296 ff., 408 ff., 422 f.
Teleonomie 294 ff.
Theodizee-Problem 94, 222
Theokratie 49 ff., 117 ff., 135 ff.
Theologie, dialektische 631 ff.
theoría 81

Tier-Mensch-Übergangsfeld 884
Tier-Mensch-Vergleiche 881 ff.
Tierverhaltensforschung 861
Todesbewußtsein 851, 945
Toleranz, religiöse 15
Tora u. Talmud 101 f.
Totalitarismus 270, 544
Totem u. Tabu 452
Totengedächtnis 56, 152
Traditionalismus 41 ff.
Traditionskritik 187 ff., 248, 751 ff.
Tragödie, klassische 70, 238
Transdisziplinarität 693 f.
translatio imperii/scientiae/sapientiae 137 ff., 767
Tridentinum 201
Trivium 696
Übergangsriten 523
Überlieferung 748
Umgangsformen 235
Unbestimmtheit (Unschärfe), quantentheoretische 806, 809 ff.
Unbewußtes 449 f.
Universal- und Individualgeschichte 294 ff.
Universalgelehrter 232
Universalhistorie 259, 275 ff., 300 ff., 407 f., 475 ff., 496 f., 611 f., 721, 761 ff.
Universalia 930 f.
Universalienstreit 144
Universalismus, kultureller 517, 520 f.
Universalpragmatik 605 ff.
Unumkehrbarkeit der Zeit 801 f.
uomo universale 181
Ur- und Frühgeschichte 428 ff., 762 f., 1004
Urbanität 183
Urgemeinde 109, 193 ff.
Urknall 797
Urzeit-Mythos 41
Utopien 183 f., 227 ff., 409 f., 491
vanitas 235
Variation, biologische 862
Variation, genetische 862 f.
Ventrikellehre 907
Verallgemeinerungen 734 ff.
Verantwortung des Menschen 988 f.
Verfall 268 ff., 316
Verfallsgeschichte 269 ff.
Verfassungsstaat 232

Vergangenheit, Epochen 712
Vergangenheit, ihre Phänomenologie
Vergangenheit, in Gegenwart „aufgehobene" 729 f.
Vergangenheitsbewältigung 541 ff., 23 ff., 564 ff., 755 ff.
Vergangenheitsbewältigung, Germanistik 570 f.
Vergangenheitsbewältigung, Geschichtswissenschaft 568 f., 759 f.
Vergangenheitskritik 751 ff.
Vergegenwärtigung 738 f., 775 ff.
Vergleichende Historische Anthropologie 652 ff.
Verhalten, „einsichtiges", intelligentes 922 f.
Verhalten, zweckmäßiges 852
Verhaltensforschung, historische 640
Verhaltensprogramme 875
Verlust der Geschichte 751 ff.
Vernunft und Natur 953
Vernunft, instrumentelle 596
Verstehen (und Erklären) 378 f., 382 ff., 461 ff., 735 ff.
Vertreibungen 759
Verwandtenaltruismus (Nepotismus) 866
Verwandtschaft 321 ff., 523
Verwissenschaftlichung 318
Vielfalt der Arten 867
Vitalismus 416
Völkerkunde, deutsche (kulturhistorische) 499 ff., 623
Völkermord 227, 758
Völkerpsychologie 471 f.
Völkerrecht 231
Volksgeist 279 f., 359 f.
Volksgemeinschaft 534 ff.
Volksgeschichte 536 f., 575
Volkskunde 390 f., 623 f.
Vormoderne 1002 ff.
Vorsokratiker 82 ff.
Vorverständnis 726
Wachstum von Möglichkeiten in der Zeit 829 f.
Wahrnehmung(seinheiten) von Welt 920 f.
Wahrscheinlichkeiten 809 ff.
Wandel, geschichtlicher 39 f., 253 ff., 381, 484, 506 f., 714 ff.
Weltalter 132, 147 f.

Weltbild, mechanistisches 208 ff.
Weltbildapparat (K. Lorenz) 951
Welterkundung 72 ff., 225 f., 232 f.
Weltgeist 326
Wertphilosophie/Wertrelativismus 482 ff.
Wesens-Anthropologie 880, 959
Wikipedia 774
Wille, lebensgeschichtlich 983
Wille, unfreier 969 ff.
Willensfreiheit 912, 957 ff., 974 ff.
Willensfreiheit, bedingte 969 ff., bes. 8 ff.
Wirkungsgeschichte 734
Wirtschaftsgeschichte 262, 396 ff., 474 f., 783 ff.
Wissenschaftskritik 567 ff.
Wissenschaftskulturen 783 f.
Wissenschaftstheorie der Historie 584 ff., 603 ff., 745, 1008
Wissenssoziologie 488 f.
Zeit als Bedingung der Möglichkeit von Erfahrung 830
Zeit, absolute 211 f.
Zeit, beschleunigte 763 f.
Zeit, diskontinuierlich 824
Zeit, Ereigniszeit 39
Zeit, Gerichtetheit 814, 985
Zeit, kosmische 801 f.
Zeit, relativistische 795
Zeitbewußtsein (Geschichte) 154 f., 485, 790 ff.
Zeitbewußtsein, pragmatisch
Zeitgeschichte (Institut für) 542 f., 755
Zeitkreis und Zeitpfeil 42 f., 792 f.
„Zeitliches" 133
Zeitlichkeit, starke/schwache 846
Zeitmessen 792
Zeitzeugenschaft (mediale) 726, 773
Zentrale Nervensystem (ZNS) 909 ff.
Zivilisation, Def. 47 ff.
Zivilisationen, Entstehung 45 ff., 449 ff.
Zivilisierung (Geschichte) 155, 642 f.
Zivilisierung, historische 642 f.
Zufall und Notwendigkeit 809 ff., 985

Zufall, absoluter/relativer 422,
   809 ff., 985
Zwei-Reiche-Lehre 121 f.,
   197 ff.
Zyklizität 43, 792 f.